W0034052

BERTELSMANN

TASCHENWÖRTERBUCH

RUSSISCH

RUSSISCH/DEUTSCH · DEUTSCH/RUSSISCH

von

Prof. Vladimir A. Gandelman

BERTELSMANN LEXIKON VERLAG

Herausgegeben vom Lexikon-Institut Bertelsmann

Unter Mitarbeit von: Marina Bujanovskaja, Faina Kraverskaja,
Johann Peters, Bärbel Renner, Olga Stockmeier

Redaktion: Thekla Sielemann
Projektleitung: Dr. Beate Varnhorn
Abbildungen: Dieter Stadler
Einbandgestaltung: Martina Eisele

Druck: GGP Media, Pößneck
Printed in Germany
ISBN 3-577-10558-5

Inhalt

Hinweise für das Nachschlagen

Im Hinblick auf den umfangreichen Wortschatz einer Sprache kann ein Wörterbuch dieser Größenordnung lediglich einen Ausschnitt anbieten. Dieses Wörterbuch bietet jedoch nicht nur eine Wortliste mit deren Übersetzungen, sondern auch eine Vielzahl an Informationen zu unregelmäßigen Formen, zur Konstruktion eines Satzes, zur Bedeutung eines Wortes und zu vielen typischen Wortverbindungen.

Darüber hinaus ist das Buch nicht nur Wörterbuch, sondern es ist durch den Anhang in hohem Maße auch anwendungsbezogen. Dies ist einerseits durch das „Kurz-Reisewörterbuch“ gewährleistet, das die wichtigsten Anwendungs-Situationen berücksichtigt, andererseits durch die „Abbildungen“ die optisch auf ein gesuchtes Wort schließen lassen. Eine Kurz-Grammatik führt in den korrekten Umgang mit der Sprache ein.

Der Wörterbuchteil allein enthält rund 200 000 Informationseinheiten zu unterschiedlichsten Phänomenen. Die nachfolgenden Angaben helfen Ihnen, sich alle diese Informationen zu erschließen.

1. Die Ordnung der Stichwörter

Die Wörter sind rein alphabetisch angeordnet. Im deutsch-russischen Teil sind die deutschen Umlaute wie die nichtumgelauteten Formen behandelt; das ‘ß’ wird wie ‘ss’ behandelt. Sind Wortteile in Klammern, so können diese wahlweise verwendet werden: z.B. wack[e]lig = wackelig oder wacklig.

Eigennamen und Abkürzungen finden Sie ebenfalls in der entsprechenden alphabetischen Reihe.

Ableitungen und zusammengesetzte Wörter sind, wenn dies alphabetisch möglich war, unter dem Hauptstichwort zusammengefaßt.

Homographe sind mit einem Exponenten gekennzeichnet: **Bank**^{1}.

Tiefgestellte Zahlen hinter Verben und Substantiven verweisen auf Konjugations- und Deklinationstabellen in der Kurzgrammatik.

Die Stichwörter sind fett ausgezeichnet. Kurzformen von diesen Stichwörtern stehen in runden Klammern, kursiv und mit Tilde, z.B. Bahn → (*Eisen ~).*

2. Die Struktur des Eintrags

Die notwendigen Informationen, die eine umfangreiche Auskunft über Formen zur Deklination/Konjugation, zur Satzkonstruktion, zur Bedeutung eines Stichwortes usw. geben, sind von Stichworteinheit zu Stichworteinheit unterschiedlich. Trotzdem finden Sie eine durchgehende Systematik beim Aufbau eines Stichwortartikels:

Da ist einmal das Stichwort mit seinen Varianten (z.B. unterschiedliche Schreibmöglichkeiten), dann folgen die Angaben zur Morphologie (z.B. Angaben zur Konjugation, die grammatikalische Einordnung), dann die Angaben zur Bedeutung (z.B. typische Subjekte, Objekte, Synonyme), dann die Übersetzung[en] und schließlich Ergänzungen zur Satzkonstruktion (d.h. Angaben zum unterschiedlichen Kasus, zur Rektion); nachfolgend ein Beispiel zur Grob-Struktur:

- Stichwort
- Angaben zur Grammatik
- Angaben zur Bedeutung (Synonym, typisches Objekt etc.)
- Übertragung
- Ergänzung zur Satzkonstruktion

Lache[1] *f* ‹-, *-n*› (*Wasser~*) лу́жа *ж*
Lache[2] *f* ‹-› *FAM* (*das Lachen*) смех *м*

nachreichen *vt* 1 (*zeitlich später abgeben*) сда‹ва́›ть 2 (*Essen*) под|кла́дывать ‹ложи́ть›; ◇ **darf ich Ihnen noch ~?** разреши́те подложи́ть Вам доба́вку?

вдоль I. *нареч* (*по длине*) der Länge nach; ◇ **разре́зать бума́гу ~** das Papier der Länge nach durchschneiden **II.** *предлог с род* (*в направлении длины чего-л*) entlang *akk* längs *gen*; ◇ **идти́ ~ бе́рега** am Ufer entlanggehen; *разг* (*во всех направлениях*) ◇ **~ и попере́к** kreuz und quer; (*хорошо знать*) ◇ **знать что-л ~ и попере́к** etwas in- und auswendig kennen

2.1 Angaben zur Form und Syntax

Je nach Wortart sind dem Stichwort unterschiedliche grammatische Informationen beigegeben.

Die Informationen lassen sich dabei in zwei größere Einheiten unterteilen. Auf der einen Seite ist dies die grammatische Kategorisierung, d.h. die Zuordnung zu einer Wortklasse, auf der anderen Seite sind dies unregelmäßige Formen zur Deklination und zur Konjugation, zur Steigerung bei den Adjektiven usw.

Beispiel: Die Zuordnung zu einer grammatikalischen Kategorie erfolgt mit römischen Ziffern.

за́втра I. *нареч* morgen; ◇ **~ у́тром** morgen früh; ◇ **отложи́ть дела́ на ~** Geschäfte auf morgen verschieben; ◇ **до ~!** bis morgen! **II.** *с* ‹*нескл*› (*недалёкое будущее*) Morgen *n*; ◇ **на́ше ~** unsere Zukunft

Ferner finden sich z.B. Ergänzungen, die auf die Satzkonstruktion abzielen. Dies gilt insbesondere für die Rektionsangaben der russichen Verben:

греши́ть V_{4a} *несов* ‹-шу́ -ши́шь› [**по~, со~** *сов*] *без доп (1), против чего род или чем тв (2), на кого вин (3)* 1 (*у верующих*) sündigen 2 (*нарушать правила*) gegen etw verstoßen; ◇ **~ про́тив ло́гики** unlogisch handeln 3 (*напрасно обвинять*) zu unrecht beschuldigen

Die in Klammern gesetzten Zahlen beziehen sich auf die entsprechend numerierte Bedeutungseinheit und geben Aufschluß über den geforderten Kasus. Unregelmäßig konjugierte Verben sind mit einem Verweis (z.B. дать *) auf die Konjugationstabellen versehen.

2.2 Angaben zur Bedeutung und Übersetzung

Das Wort, das Sie in der Fremdsprache nicht verstehen oder das Sie in die Fremdsprache übersetzen möchten, steht nicht für sich allein; es ist stets eingebunden in sein Sprachsystem und in den jeweiligen Kontext. Sehen wir uns hierzu folgenden Beispielsatz an:

Er drehte | ihn/es/sie | ab.

Dieser Satz wird erst durch seinen Kontext klar. Vergleichen Sie hierzu folgende Sätze:

Er drehte	den Film/das Video	ab.	Synonyme hierzu:	- zu Ende drehen
	den Hahn			- zudrehen
	das Wasser			- zudrehen
	die Schraube usw.			- herunterdrehen

Die Bedeutung des Wortes ‘abdrehen’ ist, wie das Beispiel und die Synonyme zeigen, von dem Wort abhängig, das als typisches Objekt zum Tätigkeitswort hinzutritt und mit diesem eine enge Bedeutungsbeziehung eingeht.

Beim Übersetzungsprozeß muß gerade auf diese Kollokatoren bzw. Wortverbindungen geachtet werden. Je nach Kollokator muß das gesuchte Wort unterschiedlich übersetzt werden.

Dieses Wörterbuch ist reich an solchen Kollokatoren, d. h. Bedeutungsdifferenzierungen und wird Ihnen nicht nur beim Verstehen des fremdsprachlichen Wortes eine nützliche Hilfe sein, sondern auch bei der Bildung und Konstruktion eines fremdsprachlichen Textes.

Der Schlüssel zur richtigen Übersetzung ist also vielfach die Bedeutungsdifferenzierung. Diese bestimmt den Bedeutungsgehalt eines Stichworts mit, der in einem Synonym zusammengefaßt werden kann (vgl. abdrehen).

Größere Bedeutungseinheiten sind mit arabischen Ziffern zusammengefaßt.

Die Bedeutungsdifferenzierung steht entweder in runden Klammern und ist von der Schriftart her ‘kursiv’ oder sie wird durch Sachgebietsangaben gekennzeichnet.

> **schalten I.** *vt* (*ein~*) вклю|ча́ть ‹-чи́ть›; (*aus~*) выключа́ть ‹вы́ключить›; (*um~*) переклю|ча́ть ‹-чи́ть› **II.** *vi* 1 AUTO (*Gang wechseln*) ◇ **in den dritten Gang ~** переключи́ть на тре́тью ско́рость 2 MEDIA (*Verbindung*) нала́|живать ‹-дить› связь (*in/nach* с кем-чем-л) 3 *FAM* (*reagieren*) сообра|жа́ть ‹-зи́ть›

Weitere Angaben, die wie ein Zeiger den Rahmen einer Bedeutung wiedergeben, sind rhetorische und stilistische, sowie regionale Angaben.

Synonyme Übersetzungen sind mit einem Komma abgetrennt und sind untereinander austauschbar. Nicht austauschbare Übersetzungen eines Stichworts sind mit einem Semikolon abgetrennt.

Nach der Übersetzung folgen die Angaben zur regionalen Verwendungsweise oder aber Angaben zur Satzkonstruktion (d.h. Kasusangaben, präpositionale Anschlüsse).

2.3 Anwendungssätze und Wendungen

Anwendungssätze und Wendungen sind vor allem auch dann ausgewählt worden, um komplexe Einträge verständlicher zu machen. Diese sind, wenn möglich, den jeweiligen Bedeutungseinheiten zugeordnet.

> **Geschmack** *m* ‹-[e]s, -schmäcke› 1 (*von Speisen*) вкус *м* 2 (*Gefallen, Vorliebe*) пристра́стие *с*, одолже́ние *с*; ◇ **auf den ~ kommen** войти́ во вкус; ◇ **~ an jd-m finden** ‹по-›чу́вствовать симпа́тию [расположе́ние] к кому́-л; ◇ **nach jd-s ~** на чей-л вкус 3 (*ästhetisches Urteil*) вкус *м*

Die Übersetzung [расположе́ние] ist eine Variante zu симпа́тию. Angaben in runden Klammern dagegen sind fakultative Ergänzungen (◇ **danke gleichfalls** спаси́бо, и вам того́ же (жела́ю).

3. Abkürzungen und Symbole

3.1 Symbole

Tilde ersetzt das Stichwort	~
Römische Ziffern (Grammatische Kategorien)	I, II, etc.
Arabische Ziffern (größere Bedeutungseinheiten)	1, 2 etc.
Runde Klammern (mögliche Ergänzung)	( )
Eckige Klammern (mögliche Variante)	[ ]

3.2 Verwendete Abkürzungen

AERO/ав	Luftfahrt	авиа́ция
AGR/с.-х.	Landwirtschaft	се́льское хозя́йство
ANAT/анат	Anatomie	анато́мия
ARCHIT/архит	Architektur	архитекту́ра
ASTROL	Astrologie	астроло́гия
ASTRON/астр	Astronomie	астроно́мия
AUTO/авто	Automobil-Verkehr	автотра́нспорт
BAHN/ж.-д.	Eisenbahn	железнодоро́жный тра́нспорт
BIOL/биол	Biologie	биоло́гия
BOT/бот	Botanik	бота́ника
CHEM/хим	Chemie	хи́мия
COMM/ком	Handel	комме́рция
ELECTR/эл	Elektrizität	электри́чество
FILM/кино	Film, Kino	кинематогра́фия
FIN/фин	Finanzen	фина́нсовый те́рмин
FOTO/фото	Fotographie	фотогра́фия
GASTRON	Gastronomie	рестора́нное де́ло
GEOL/геол	Geologie	геоло́гия
GEO/геогр	Geographie	геогра́фия
GEOM	Geometrie	геоме́трия
GRAM/грам	Grammatik	грамма́тика
HIST/ист	Geschichte	исто́рия
JURA/юр	Jura	юриди́ческий те́рмин
KARTEN/карт	Kartenspiel	те́рмин ка́рточной игры́
KUNST/иск	Kunst	иску́сство
LIT/лит	Literatur	литерату́ра
MATH/мат	Mathematik	матема́тика
MED/мед	Medizin	медици́на
MEDIA/радио, теле	Radio, Fernsehen	ра́дио, телеви́дение
METEO/метео	Meteorologie	метеороло́гия
MIL/воен	Militär	вое́нное де́ло
MIN/горн	Bergbau	го́рное де́ло

MUS/муз	Musik	му́зыка
MYTH	Mythologie	мифоло́гия
NAUT/мор	Seefahrt	морско́й те́рмин
PC	Computer	компью́тер
PHIL/филос	Philosophie	филосо́фия
PHYS/физ	Physik	фи́зика
POL/полит	Politik	поли́тика
PSYCH/психол	Psychologie	психоло́гия
REL/рел	Religion	рели́гия
SCH	Schule	шко́льное де́ло
SCHACH/шахм	Schach	ша́хматы
SPORT/спорт	Sport	спорт
SPRACHW/лингв	Sprachwissenschaft	лингви́стика
TECH/тех	Technik	те́хника
TELEC	Fernmeldewesen	телекоммуника́ция
THEAT/театр	Theater	театра́льный те́рмин
TYP/полигр	Buchdruck	полигра́фия
UNI	Universität	университе́т
ZOOL/зоол	Zoologie	зооло́гия

a.	auch	то́же
Abk.	Abkürzung	сокраще́ние
adj	Adjektiv	и́мя прилага́тельное
adv	Adverb	наре́чие
akk	Akkusativ	вини́тельный паде́ж
Akr.	Akronym	акро́ним
Akt.	Aktiv	действи́тельный зало́г
allg.	allgemein	о́бщий
attr	attributiv	определи́тельный
bes.	besonders	осо́бенно
CH	Schweiz	Швейца́рия
cj	Konjunktion	сою́з
dat	Dativ	да́тельный паде́ж
etc.	etcetera	и так да́лее
etw	etwas	что́-либо
f	Femininum	же́нский род
FAM	umgangssprachlich	разгово́рный
FIG	übertragen	перено́сно
gen	Genitiv	роди́тельный паде́ж
Ggs.	Gegensatz	контра́ст
Imp.	Imperativ	императи́в
impf	Imperfekt	имперфе́кт
inf	Infinitiv	инфинити́в
Instr	Instrumental	твори́тельный паде́ж
intj	Interjektion	междоме́тие
inv	unveränderlich	несклоня́емый
jd	jemand	кто́-либо

jd-m	jemandem	кому́-либо
jd-n	jemanden	кого́-либо
jd-s	jemandes	чей́-либо, кого́-либо
kompar	Komparativ	сравни́тельная сте́пень
m	Maskulinum	мужско́й род
n	Neutrum	сре́дний род
NORDDT	Norddeutschland	Се́верная Герма́ния
nr	Numerale	и́мя числи́тельное
o.	oder	и́ли
ÖST	Österreich	А́встрия
Part.	Partizip	прича́стие
Pass.	Passiv	страда́тельный зало́г
PEJ	abwertend	пренебрежи́тельно
pers	persönlich	ли́чный
pl	Plural	мно́жественное число́
poss	besitzanzeigend	притяжа́тельный
präd	prädikativ	предикати́вный
präp	Präposition	предло́г
Präp	Präpositiv	предло́жный паде́ж
Präs.	Präsens	настоя́щее вре́мя
Prät.	Präteritum	прете́рит
pron	Pronomen	местоиме́ние
refl	reflexiv	возвра́тный
rel	Relativ-	относи́тельный
sg	Singular	еди́нственное число́
SÜDDT	Süddeutschland	Ю́жная Герма́ния
superl	Superlativ	превосхо́дная сте́пень
u.	und	и
unpers	unpersönlich	безли́чный
unreg	unregelmäßig	непра́вильный
vi	intransitives Verb	неперехо́дный глаго́л
vr	reflexives Verb	возвра́тный глаго́л
vt	transitives Verb	перехо́дный глаго́л
VULG	vulgär	вульга́рный

безл	безли́чный	unpersönlich
вин	вини́тельный паде́ж	Akkusativ
вопр	вопроси́тельное местоиме́ние	Interrogativpronomen
груб	гру́бый	derb
дат	да́тельный паде́ж	Dativ
доп	дополне́ние	Objekt
ед	еди́нственное число́	Singular
ж	же́нский род	Femininum
инф	инфинити́в	Infinitiv
и т. п.	и тому́ подо́бное	und dergleichen mehr
кто-л	кто́-либо	jemand
кул	кулина́рия	Kochkunst

л.	лицо́	Person
личн	ли́чный	persönlich
м	мужско́й род	Maskulinum
межд	междоме́тие	Interjektion
мест	местоиме́ние	Pronomen
мн	мно́жественное число́	Plural
нареч	наре́чие	Adverb
неодобр	неодобри́тельно	mißbilligend
неопр	неопределённое местоиме́ние	Indefinitpronomen
неопред	неопределённый глаго́л	unbestimmtes Verb
нескл	несклоня́емый	unveränderlich
несов	несоверше́нный вид	unvollendeter Aspekt
не употр	не употребля́ется	ungebräuchlich
опред	определённо	bestimmt
относ	относи́тельное местоиме́ние	Relativpronomen
перен	перено́сно	übertragen
погов	погово́рка	sprichwörtliche Redensart
предик	предикати́вный	prädikativ
предл	предло́жный паде́ж	Präpositiv
пренебр	пренебрежи́тельно	geringschätzig
прил	и́мя прилага́тельное	Adjektiv
притяж	притяжа́тельный	besitzanzeigend
прич	прича́стие	Partizip
разг	разгово́рный	umgangssprachlich
род	роди́тельный паде́ж	Genitiv
с	сре́дний род	Neutrum
см.	смотри́	siehe
сов	соверше́нный вид	vollendeter Aspekt
сравн	сравни́тельная сте́пень	Komparativ
стр	строи́тельное де́ло	Bauwesen
сущ	и́мя существи́тельное	Substantiv
тв	твори́тельный паде́ж	Instrumental
тж	то́же	auch
тк	то́лько	nur
уст	устаре́вшее сло́во	veraltet
фольк	фолькло́р	Folklore
ч	число́	Numerus
числ	и́мя числи́тельное	Numerale
что-л	что́-либо	etwas
шутл	шутли́вое сло́во	scherzhaft
эк	эконо́мика	Ökonomie

4. Das russische Alphabet

Buchstabe		Aussprache	Russische Benennung
А а	*А а*	a	а
Б б	*Б б*	b	бэ
В в	*В в*	w	Вэ
Г г	*Г г*	g	гэ
Д д	*Д д*	d	дэ
Е е	*Е е*	e, je	е
Ё ё	*Ё ё*	o, jo	ё
Ж ж	*Ж ж*	wie g in Orange	жэ
З з	*З з*	s (stimmhaft wie in See)	зэ
И и	*И и*	i	и
Й й	*Й й*	i, j	и кра́ткое
К к	*К к*	k	ка
Л л	*Л л*	l	эль
М м	*М м*	m	эм
Н н	*Н н*	n	эн
О о	*О о*	o	о
П п	*П п*	p	пэ
Р р	*Р р*	r	эр
С с	*С с*	s	эс
Т т	*Т т*	t	тэ
У у	*У у*	u	у
Ф ф	*Ф ф*	f	эф
Х х	*Х х*	ch	ха
Ц ц	*Ц ц*	z	цэ
Ч ч	*Ч ч*	tsch	чэ
Ш ш	*Ш ш*	sch	ша
Щ щ	*Щ щ*	schtsch	ща
Ъ ъ	*Ъ ъ*	wird nicht wiedergegeben	твёрдый знак[1]
Ы ы	*Ы ы*	y	ы
Ь ь	*Ь ь*	wird nicht wiedergegeben	мя́гкий знак[2]
Э э	*Э э*	e	э оборо́тное
Ю ю	*Ю ю*	ju	ю
Я я	*Я я*	ja	я

[1] hartes Zeichen
[2] weiches Zeichen

WÖRTERBUCH

RUSSISCH-DEUTSCH

а б в г д е ж з и й к л м н о п р с т у ф х ц ч ш щ э ю я

а

а I. *союз* ① (*противительный*) und, aber, dagegen, jedoch; ◇ **сади́сь на сту́л, а не на дива́н** setz dich auf den Stuhl, und nicht auf das Sofa; (*после отрицания*) sondern; ◇ **я прие́ду к вам не сего́дня, а за́втра** ich komme nicht heute zu Ihnen, sondern morgen; (*после уступительного предложения*) (je)doch, allein, aber, dennoch; ◇ **хотя́ я и о́чень уста́л, а всё же пойду́ гуля́ть** ich bin zwar sehr müde, aber ich gehe trotzdem spazieren ② (*присоединительный*) und (dann), dann aber; ◇ **он позвони́л по телефо́ну, а зате́м уе́хал** er telefonierte und fuhr dann weg; (*а потому, а следовательно*) darum, deshalb, auch, also, folglich; ◇ **Вы о́чень больны́, а потому́ Вам ну́жно пойти́ к врачу́** Sie sind sehr krank, deshalb sollten Sie zum Arzt gehen; ◇ ~ **и́менно** und zwar, nämlich; ◇ ~ **то,** ~ **не то́** sonst, anderenfalls **II.** (*вопросительная частица*) ~? wie?, was?, wie bitte? **III.** *межд* ~! ha!, ach!, ah!

абажу́р *м₁* <-а> Lampenschirm *m*

абза́ц *м₅* <-а> (*в тексте*) Absatz *m*

або́рт *м₁* <-а> ① (*прерывание беременности*) Abtreibung *f* ② (*выкидыш*) Fehlgeburt *f*

абрико́с *м₁* <-а> ① (*плод*) Aprikose *f* ② (*дерево*) Aprikosenbaum *m*

абсолю́тно *нареч* ① (*безусловно*) absolut ② (*совершенно*) durchaus; **абсолю́тный** *прил* <-ая, -ое, -ые> ① (*совершенный*) absolut; ◇ **~ое большинство́** absolute Mehrheit ② (*безусловный*) unbedingt

абсу́рд *м₁* <-а> (*нелепость*) Unsinn *m*; ◇ **довести́ до ~а** ad absurdum führen; **абсу́рдность** *ж₅* <-и> Unsinnigkeit *f*, Absurdität *f*; **абсу́рдный** *прил* <-ая, -ое, -ые> unsinnig, absurd, ungereimt

абха́зец *м₅* <-зца> Abchase *m*; **абха́зка** *ж₁* <-и, *род мн:* -зок> Abchasin *f*; **абха́зский** *прил* <-ая, -ое, -ые> abchasisch

ава́нс *м₁* <-а> Vorschuß *m*; ◇ **~ом** im voraus, vorschußweise; ◇ **получи́ть** ~ einen Vorschuß bekommen

авантю́ра *ж₁* <-ы> Abenteuer *n*; **авантюри́ст** *м₁* <-а> Abenteurer *m*; (*аферист*) Hochstapler *m*

ава́рия *ж₄* <-и> ① (*судна, самолёта*) Störung *f*, Panne *f*, Havarie *f*; ◇ **потерпе́ть ~ю** eine Panne haben ② (*несчастный случай*) Unfall *m*, Unglück *n*

а́вгуст *м₁* <-а> August *m*; ◇ **в нача́ле (в середи́не, в конце́)** ~а Anfang (Mitte, Ende) August; ◇ **в ~е э́того го́да** im August dieses Jahres; ◇ **в ~е про́шлого (бу́дущего) го́да** im August (des) letzten (nächsten) Jahres

авиакомпа́ния *ж₄* <-и> Fluggesellschaft *f*; **авиано́сец** *м₅* <-сца> Flugzeugträger *m*; **авиапо́чта** *ж₁* <-ы> Luftpost *f*; **авиа́ция** *ж₄* <-и> Flugwesen *n*, Luftfahrt *f*

австри́ец *м₅* <-йца> Österreicher *m*; **австри́йка** *ж₁* <-и, *род мн:* -ри́ек> Österreicherin *f*; **австри́йский** *прил* <-ая, -ое, -ие> österreichisch

авто́бус *м₁* <-а> (Omni-)Bus *m*

авто́граф *м₁* <-а> Autogramm *n*; ◇ **охо́тник за ~ами** Autogrammjäger

автозаво́д *м₁* <-а> Autofabrik *f*

автома́т *м₁* <-а> ① (*автоматический аппарат*) Automat *m*; ◇ **биле́тный** ~ Fahrkartenautomat ② (*оружие*) Maschinenpistole *f*; **автомати́ческий** *прил* <-ая, -ое, -ие> ① automatisch, selbsttätig; ◇ **две́ри открыва́ются автомати́чески** die Türen öffnen sich selbsttätig ② (*непроизвольный*) unwillkürlich, unbewußt

автомоби́ль *м₂* <-я> Auto *n*, Kraftfahrzeug *n*; *разг* Wagen *m*, PKW *m*; ◇ **малолитра́жный** ~ Kleinwagen

автопортре́т *м₁* <-а> Selbstporträt *n*

а́втор *м₁* <-а> Autor *m*, Verfasser *m*

авторита́рный *прил* <-ая, -ое, -ые> autoritär; ◇ ~ **режи́м** autoritäres Regime

авторите́т *м₁* <-а> ① (*престиж, значение*) Autorität *f*, Ansehen *n*; ◇ **по́льзоваться ~ом** Autorität genießen ② (*лицо*) Autorität *f*, Kapazität *f*; ◇ **он для меня́** ~ er ist für mich maßgebend; **авторите́тный** *прил* <-ая, -ое, -ые> ① (*пользующийся авторитетом*) Autorität besitzend; (*заслуживающий доверия*) maßgebend, maßgeblich ② (*не допускающий возражений*) autoritär; ◇ ~ **тон** autoritärer Ton

автору́чка *ж₁* <-и, *род мн:* -чек> Füllfederhalter *m*, Füller *m*

автостра́да *ж₁* <-ы> Autobahn *f*

аге́нт *м₁* <-а> ① (*шпион*) Spion *m* ② (*уполномоченное лицо*) Vertreter *m*, Agent *m*; ◇ **страхово́й** ~ Versicherungsvertreter ③ (*посредник*) Vermittler *m*; **аге́нтство** *с₂* <-а> Agentur *f*; (*представительство*) Vertretung *f*; ◇ **информацио́нное** ~ Nachrichtenagentur; ◇ **тра́нспортное** ~ Spedition *f*

агра́рный *прил* <-ая, -ое, -ые> landwirtschaftlich, Agrar-; ◇ **~ая страна́** Agrarland *n*

агресси́вный *прил* <-ая, -ое, -ые> ① (*захватнический*) Angriffs-, aggressiv; ◇ **~ые це́ли** Angriffsziele *n pl* ② *перен* aggressiv, ausfällig; **агре́ссия** *ж₄* <-и> Überfall *m*, Angriff *m*, Aggression *f*; ◇ **развяза́ть ~ю** jd-n überfallen; **агре́ссор** *м₁* <-а> Aggressor *m*

ад *м₁* <-а> Hölle *f*

адвока́т *м₁* <-а> Rechtsanwalt *m*

администрати́вный *прил* <-ая, -ое, -ые> administrativ, Verwaltungs-; ◇ **в ~ом поря́дке** auf dem Verwaltungsweg; **администра́тор** *м* <-а> Verwalter *m*; **администра́ция** *ж₄* <-и> ① (*должностные лица*) Verwaltung *f*, Administration *f* ② (*в гостинице*) Rezeption *f*

а́дрес *м₁* <-а, *мн:* -а́> ① (*надпись на конверте*) Adresse *f*; ◇ **обрати́ться не по ~у** an die falsche Adresse geraten; ◇ **э́то в мой ~** das ist an meine Adresse gerichtet ② (*письменное приветствие*) Begrüßungsschreiben *n*; **адреса́т** *м₁* <-а> Adressat *m*, Empfänger *m*; ◇ **~ вы́был** Empfänger verzogen

а́дский *прил* <-ая, -ое, -ие> höllisch, Höllen-; (*коварный*) fürchterlich; (*ужасный*) entsetzlich; (*невыносимый*) unerträglich; ◇ **я а́дски уста́л** ich bin hundemüde; ◇ **~ хо́лод** grimmige Kälte; ◇ **~ шум** Höllenlärm

аза́рт *м₁* <-а> ① (*страстность*) Leidenschaftlichkeit *f* ② (*увлечение*) Eifer *m*, Begeisterung *f*; ◇ **войти́ в ~** sich ereifern; **аза́ртный** *прил* <-ая, -ое, -ые> ① (*страстный*) leidenschaftlich; ◇ **~ая игра́** Glücksspiel *n* ② (*горячий*) hitzig

а́збука *ж₁* <-и> ① (*алфавит*) Alphabet *n*, Abc *n*; ◇ **~ Мо́рзе** Morsealphabet ② (*букварь*) Fibel *f* ③ *перен* (*основа*) Abc *n*, Basis *f*

азербайджа́нец *м₅* <-нца> Aserbaidschaner *m*; **азербайджа́нка** *ж₁* <-и, *род мн:* -нок> Aserbaidschanerin *f*; **азербайджа́нский** <-ая, -ое, -ие> aserbaidschanisch

азиа́тский *прил* <-ая, -ое, -ие> asiatisch; **Азия** *ж₄* <-и> Asien *n*

ай! *межд* ① (*выражает испуг, боль, упрёк*) ach!, au!, o weh! ② (*выражает восхищение, похвалу, удивление*) ◇ **~ да!** sieh da!

айва́ *ж₁* <-ы́> ① (*плод*) Quitte *f* ② (*дерево*) Quittenbaum *m*

акаде́мик *м₁* <-а> Akademiemitglied *n*; **акаде́мия** *ж₄* <-и> Akademie *f*; ◇ **~ худо́жеств** Kunstakademie

акваре́ль *ж₅* <-и> ① (*краска*) Wasserfarbe *f*, Aquarellfarbe *f* ② (*картина*) Aquarell *n*, Aquarellbild *n*

аккомпанеме́нт *м₁* <-а> муз Begleitung *f*; ◇ **под ~ роя́ля** mit Klavierbegleitung; **аккомпаниа́тор** *м₁* <-а> Begleiter *m*; **аккомпани́ровать** V_{3a} *несов* <-рую, -руешь> *кому-чему дат на чём предл* муз begleiten

аккордео́н *м₁* <-а> Akkordeon *n*; **аккордеони́ст** *м₁* <-а> Akkordeonspieler *m*

аккура́тность *ж₅* <-и> ① (*тщательность*) Sorgfalt *f* ② (*точность*) Genauigkeit *f*, Pünktlichkeit *f*; **аккура́тный** *прил* <-ая, -ое, -ые> ① (*тщательный*) sorgfältig, genau ② (*точный*) pünktlich, genau

акроба́т *м₁* <-а> Akrobat *m*

акт *м₁* <-а> ① (*действие*) Akt *m*, Handlung *f*, Tat *f*; ◇ **террористи́ческий ~** Terrorakt ② (*документ*) Akte *f*, Urkunde *f*; ◇ **обвини́тельный ~** Anklageschrift *f* ③ театр Akt *m*; ◇ **траге́дия в трёх ~ах** eine Tragödie in drei Akten ④ (*торжественное собрание*) Feierlichkeit *f*, Festakt *m*

актёр *м₁* <-а> Schauspieler *m*; ◇ **веду́щий ~** Hauptdarsteller *m*

акти́вность *ж₅* <-и> Aktivität *f*; (*деловитость*) Geschäftigkeit *f*; ◇ **проявля́ть ~** Aktivität an den Tag legen; **акти́вный** *прил* <-ая, -ое, -ые> (*деятельный*) aktiv; (*действующий*) geschäftig; ◇ **~ член о́бщества** aktives Vereinsmitglied; ◇ **~ое избира́тельное пра́во** aktives Wahlrecht

актри́са *ж₁* <-ы> Schauspielerin *f*

актуа́льность *ж₅* <-и> Aktualität *f*; ◇ **де́ло потеря́ло свою́ ~** die Sache ist nicht mehr aktuell; **актуа́льный** *прил* <-ая, -ое, -ые> aktuell, zeitgemäß

аку́ла *ж₁* <-ы> Hai(-fisch) *m*

аку́стика *ж₁* <-и> Akustik *f*

акуше́р *м₁* <-а> Geburtshelfer *m*; **акуше́рка** *ж₁* <-и, *род мн:* -рок> Hebamme *f*

акце́нт *м₁* <-а> ① (*ударение*) Akzent *m*, Betonung *f* ② (*произношение*) Akzent *m*, Aussprache *f*; ◇ **говори́ть без ~а** akzentfrei sprechen ③ (*интонация*) Intonation *f*, Tonfall *m* ④ *перен* Betonung *f*, Nachdruck *m*; ◇ **сде́лать ~ на чём-л** einen besonderen Akzent auf etw legen; **акценти́ровать** V_{3a} *несов и сов* <-рую, -руешь> *что вин* лингв akzentuieren, betonen; *перен* ◇ **осо́бенно ~ что-л** etw mit Nachdruck betonen

акционе́р *м₁* <-а> Aktionär *m*; **акционе́рный** *прил* <-ая, -ое, -ые> Aktien-; ◇ **~ое о́бщество** Aktiengesellschaft *f*

а́кция[1] *ж₄* <-и> (*ценная бумага*) Aktie *f*; ◇ **~и подняли́сь/упа́ли** die Aktien sind gestiegen/gefallen

áкция [2] *ж$_4$* <-и> (*действие*) Aktion *f;* ◇ **провести́ ~ю** eine Aktion durchführen

албáнец *м$_5$* <-нца> Albaner *m;* **албáнка** *ж$_1$* <-и, *род мн:* -нок> Albanerin *f;* **албáнский** *прил* <-ая, -ое, -ие> albanisch

алжи́рец *м$_5$* <-рца> Algerier *m;* **алжи́рка** *ж$_1$* <-и, *род мн:* -рок> Algerierin *f;* **алжи́рский** *прил* <-ая, -ое, ие> algerisch

алиме́нты *мн$_1$* <-ов> Alimente *pl,* Unterhaltsbeitrag *m;* ◇ **уклоня́ться от уплáты ~ов** Unterhaltszahlungen verweigern

алкоголи́зм *м$_1$* <-а> Alkoholismus *m;* ◇ **лечéние от ~а** Entziehungskur für Alkoholiker; **алкогóлик** *м$_1$* <-а> Alkoholiker *m;* **алкогóльный** *прил* <-ая, -ое, -ые> alkoholisch; ◇ **~ое опьянéние** Betrunkenheit *f;* ◇ **~ое отравлéние** Alkoholvergiftung *f*

аллерги́я *ж$_4$* <-и> мед Allergie *f*

аллéя *ж$_3$* <-и> Allee *f*

алмáз *м$_1$* <-а> Diamant *m*

алтáрь *м$_2$* <-я́, *мн:* -и́> Altar *m*

алфави́т *м$_1$* <-а> Alphabet *n;* ◇ **расстáвить по ~у** alphabetisch ordnen

áлчность *ж$_5$* <-и> Gier *f,* Habsucht *f;* **áлчный** *прил* <-ая, -ое, -ые> habsüchtig, (hab-)gierig; ◇ ~ **до дéнег** geldgierig

áлый *прил* <-ая, -ое, -ые> purpurrot

альбóм *м$_1$* <-а> ① (*тетрадь*) Album *n,* ◇ ~ **для мáрок** Briefmarkenalbum; ◇ ~ **для рисовáния** Zeichenblock *m* ② (*собра-ние репродукций*) Bildband *m*

альманáх *м$_1$* <-а> Almanach *m*

альпи́йский *прил* <-ая, -ое, -ие> Alpen-, alpin; **альпини́зм** *м$_1$* <-а> спорт Alpinistik *f,* Bergsteigen *n;* **альпини́ст(ка** *ж$_1$*) *м* <-а> Bergsteiger(in *f*) *m,* Alpinist(in *f*) *m*

альт *м$_1$* <-á, *мн:* -ы́> ① (*инструмент*) Bratsche *f,* Altgeige *f* ② (*голос*) Alt *m,* Altstimme *f*

альтернати́ва *ж$_1$* <-ы> Alternative *f;* ◇ **предлагáть ~у** einen Alternativvorschlag machen

амбáр *м$_1$* <-а> Speicher *m*

амби́ция *ж$_4$* <-и> (*самолюбие*) Ehrgeiz *m;* (*претензии*) Ambitionen *f pl;* ◇ **удáриться в ~ю** den Beleidigten spielen

амбразу́ра *ж$_1$* <-ы> ① (*узкий оконный проём*) Fensternische *f* ② (*бойница*) Schießscharte *f*

амбулатóрия *ж$_4$* <-и> Ambulanz *f;* **амбулатóрный** *прил* <-ая, -ое, -ые> ambulant

америкáнец *м$_5$* <-нца> Amerikaner *m;* **америкáнка** *ж$_1$* <-и, *род мн:* -нок> Amerikanerin *f;* **америкáнский** *прил* <-ая, -ое, -ие> amerikanisch; ◇ **~ие гóры** Achterbahn *f*

амнисти́ровать V_{3a} *несов и сов* <-рую, -руешь> *кого-что вин* amnestieren, begnadigen; **амни́стия** *ж$_4$* <-и> Amnestie *f;* ◇ **объяви́ть ~ю** eine Amnestie erlassen

амортизáция *ж$_4$* <-и> ① эк (*снижение ценности*) Wertverlust *m;* (*погашение*) Schuldentilgung *f* ② тех (Stoß-)Dämpfung *f* ③ (*изнашивание*) Abnutzung *f,* Verschleiß *m*

амплуá *с* <нескл> театр Rollenfach *n;* ◇ **э́то не егó** ~ das ist nicht sein Fach

ампути́ровать V_{3a} *несов и сов* <-рую, -руешь> *что вин* amputieren, abnehmen; ◇ **емý ампути́ровали нóгу** ihm wurde das Bein abgenommen

анáлиз *м$_1$* <-а> ① (*метод*) Analyse *f;* хим ◇ **хими́ческий** ~ chemische Analyse; ~ **крóви** Blutprobe *f* ② (*рассмотрение*) Untersuchung *f;* **анализи́ровать** V_{3a} *несов и сов* <-рую, -руешь> *что вин* analysieren, auswerten

аналоги́чный *прил* <-ая, -ое, -ые> analog, gleichartig; (*подобный*) ähnlich; **аналóгия** *ж$_4$* <-и> Analogie *f;* (*сходство*) Ähnlichkeit *f;* ◇ **провести́ ~ию мéжду чем-л** einen Vergleich anstellen

ананáс *м$_1$* <-а> Ananas *f*

анархи́ст(ка *ж$_1$*) *м* <-а> Anarchist(in *f*) *m;* **анархи́стский** *прил* <-ая, -ое, -ие> anarchistisch, **анáрхия** *ж$_4$* <-и> Anarchie *f*

анатóмия *ж$_4$* <-и> Anatomie *f*

áнгел *м$_1$* <-а> ① рел Engel *m;* ◇ **~-храни́тель** Schutzengel; ◇ **день ~а** Namenstag ② *перен* (*о человеке*) ◇ ~ **неви́нности** Unschuldsengel; **áнгельский** *прил* <-ая, -ое, -ие> Engels-, engelhaft; *разг* ◇ **~ое терпéние** Engelsgeduld *f*

ангúна *ж$_1$* <-ы> Mandelentzündung *f,* Angina *f*

англи́йский *прил* <-ая, -ое, -ие> englisch; ◇ **~ая булáвка** Sicherheitsnadel *f;* ◇ ~ **замóк** Sicherheitsschloß *n;* **англичáнин** *м$_1$* <-а, *мн:* -áне, *род:* -áн> Engländer *m;* **англичáнка** *ж$_1$* <-и, *род мн:* -нок> Engländerin *f*

анекдóт *м$_1$* <-а> ① (*шутка*) Witz *m,* Anekdote *f* ② *перен* (*происшествие*) lustiger Vorfall; ◇ **с ним случи́лся** ~ ihm ist etw Witziges passiert

анкéта *ж$_1$* <-ы> ① (*сбор сведений*) Umfrage *f;* ◇ **провести́ ~у** eine Umfrage durchführen ② (*опросный лист*) Fragebogen *m;* ◇ **запóлнить ~у** einen Fragebogen ausfüllen

аннекси́ровать V_{3a} *несов и сов* <-рую, -руешь> *что вин* annektieren; **аннéксия** *ж$_4$* <-и> Annexion *f*

аннули́ровать V_{3a} *несов и сов* <-рую, -руешь> *что вин* annulieren, für ungültig erklären; ◇ ~ **догово́р** einen Vertrag annulieren; ◇ ~ **зака́з** einen Auftrag stornieren

анса́мбль *м₂* <-я> ① (*единое целое*) Ensemble *n,* Gesamtheit *f;* ◇ **архитекту́рный** ~ Gebäudekomplex *m* ② (*согласованность*) Zusammenspiel *n* ③ (*коллектив*) Ensemble *n*

Анта́рктика *ж₁* <-и> Antarktis *f*

анте́нна *ж₁* <-ы> радио, теле Antenne *f*

анти- (*в словосочетаниях*) Anti-, -feindlich; ◇ ~ **прави́тельственный** regierungsfeindlich

антиква́р *м₁* <-а> Antiquitätenhändler *m;* (*букинист*) Antiquar *m;* **антиква́рный** *прил* <-ая, -ое, -ые> Antiquitäten-, antiquarisch; ◇ **~ая ва́за** antike Vase; ◇ **кни́жный ~ магази́н** Antiquariat *n*

антило́па *ж₁* <-ы> Antilope *f*

антипа́тия *ж₄* <-и> Antipathie *f,* Abneigung *f;* ◇ **испы́тывать ~ю к кому́-л** eine Abneigung gegen jd-n haben; **антипо́д** *м₁* <-а> ① (*по убеждениям, вкусам и т. п.*) Antipode *m* ② *перен* (*противник*) Widersacher *m,* Gegner *m;* **антисанита́рный** *прил* <-ая, -ое, -ые> unhygienisch

антисеми́т *м₁* <-а> Antisemit *m;* **антисемити́зм** *м₁* <-а> Antisemitismus *m;* **антисеми́тский** *прил* <-ая, -ое, -ые> antisemitisch

антифаши́ст *м₁* <-а> Antifaschist *m;* **антифаши́стский** *прил* <-ая, -ое, -ие> antifaschistisch

антицикло́н *м₁* <-а> Hoch(-druckgebiet) *n*

анти́чность *ж₅* <-и> Antike *f;* (*древность*) Altertum *n;* **анти́чный** *прил* <-ая, -ое, -ые> antik; ◇ ~ **мир** Antike *f*

антра́кт *м₁* <-а> ① театр Pause *f* ② муз Zwischenaktmusik *f*

аншла́г *м₁* <-а> ① театр Kassenerfolg *m;* ◇ **спекта́кль прошёл с ~ом** das Theaterstück war ein Kassenknüller ② (*заголовок в газете*) fette Schlagzeile *f;* ◇ ~ **на всю полосу́** ganzspaltige Schlagzeile

апартейд *м₁* <-а> Apartheid *f*

апа́тия *ж₄* <-и> ① (*безразличие*) Apathie *f;* ◇ **впасть в ~ю** in Apathie versinken ② (*равнодушие*) Gleichgültigkeit *f* ③ (*безучастие*) Teilnahmslosigkeit *f* ④ (*вялость*) Trägheit *f*

апелли́ровать V_{3a} *несов и сов* <-рую, -руешь> *без доп (1), к кому-чему дат (2)* ① юр Berufung einlegen ② *перен* (*взывать*) appellieren (an); ◇ ~ **к обще́ственному мне́нию** an die Öffentlichkeit appellieren; **апелля́ция** *ж₄* <-и> ① юр Berufung *f;* ◇ **пода́ть ~ю** Berufung einlegen ② (*обращение*) Appell *m*

апельси́н *м₁* <-а> ① (*плод*) Apfelsine *f* ② (*дерево*) Apfelsinenbaum *m*

аплоди́ровать V_{3a} *несов* <-рую, -руешь> *кому-чему дат* applaudieren; **аплодисме́нты** *мн₁* <-ов> Applaus *m,* Beifall *m;* ◇ **пу́блика не скупи́лась на** ~ die Zuschauer geizten nicht mit Beifall

апоге́й *м₃* <-я> ① астр Apogäum *n,* Erdferne *f* ② *перен* (*расцвет*) Höhepunkt *m,* Glanzpunkt *m*

апо́стол *м₁* <-а> рел Apostel *m,* Jünger *m*

аппара́т *м₁* <-а> ① (*прибор*) Apparat *m,* Gerät *n;* ◇ **фотографи́ческий** ~ Fotoapparat *m;* ◇ **слухово́й** ~ Hörgerät *n* ② (*совокупность учреждений*) Apparat *m;* ◇ **госуда́рственный** ~ Staatsapparat; ◇ **сократи́ть администрати́вный** ~ den Verwaltungsapparat abbauen ③ (*персонал*) Belegschaft *f* ④ анат Organe *n pl,* Apparat *m;* ◇ **дыха́тельный** ~ Atmungsorgane; ◇ **пищевари́тельный** ~ Verdauungsapparat

аппарату́ра *ж₁* <-ы> тех Apparatur *f,* Geräte *n pl,* Anlage *f;* ◇ **измери́тельная** ~ Meßgeräte

аппендици́т *м₁* <-а> мед Blinddarmentzündung *f*

аппети́т *м₁* <-а> Appetit *m;* ◇ **отсу́тствие ~а** Appetitlosigkeit *f;* ◇ **она́ лиши́лась ~а** der Appetit ist ihr vergangen; ◇ **э́то отби́ло у него́** ~ das hat ihm den Appetit verdorben; ◇ **прия́тного ~а!** guten Appetit!; **аппети́тный** *прил* <-ая, -ое, -ые> appetitlich; (*возбуждающий аппетит*) appetitanregend

апре́ль *м₂* <-я> April *m;* ◇ **в нача́ле ~я** Anfang April; ◇ **подшути́ть над кем-л пе́рвого ~я** jd-n in den April schicken

апте́ка *ж₁* <-и> Apotheke *f;* ◇ **доро́жная** ~ Reiseapotheke; *шутл* ◇ **как в ~е** peinlich genau, exakt; **апте́чка** *ж₁* <-и> (*домашняя*) Hausapotheke *f;* (*для оказания первой помощи*) Verbandskasten *m*

ара́б *м₁* <-а> Araber *m;* **ара́бский** *прил* <-ая, -ое, -ие> arabisch; ◇ **~ие ци́фры** arabische Zahlen

ара́хис *м₁* <-а> Erdnuß *f*

арби́тр *м₁* <-а> ① (*третейский судья*) Schiedsrichter *m,* Schiedsmann *m* ② спорт (*судья*) Kampfrichter *m,* Schiedsrichter *m;* **арбитра́ж** *м₁* <-а> ① (*решение*) Schiedsspruch *m* ② (*суд*) Schiedsgericht *n;* **арбитра́жный** *прил* <-ая, -ое, -ые> Schieds-; ◇ **~ая коми́ссия** Schiedskomission *f*

арбу́з *м*$_1$ ‹-а› Wassermelone *f*

аргенти́нец *м*$_5$ ‹-нца› Argentinier *m;* **аргенти́нка** *ж*$_1$ ‹-и, *род мн:* -нок› Argentinierin *f;* **аргенти́нский** *прил* ‹-ая, -ое, -ие› argentinisch

аргуме́нт *м*$_1$ ‹-а› Argument *n,* Beweis *m;* ◇ **неопровержи́мый** ~ unwiderlegbarer Beweis; ◇ **выдвига́ть убеди́тельные ~ы** überzeugende Argumente vorbringen

аре́на *ж*$_1$ ‹-ы› ① Arena *f;* ◇ ~ **ци́рка** Zirkusarena ② *перен* (*поприще*) Schauplatz *m* ③ (*спортивная*) Kampfbahn *f,* Sportplatz *m;* полит ◇ ~ **полити́ческой жи́зни** politische Bühne

аре́нда *ж*$_1$ ‹-ы› ① (*наём*) Pacht *f;* ◇ **брать в ~у** pachten; ◇ **сдава́ть в ~у** verpachten ② (*плата*) Pachtzins *m;* **аренда́-тор** *м*$_1$ ‹-а› (*помещения*) Mieter *m;* (*земли*) Pächter *m;* **аре́ндный** *прил* ‹-ая, -ое, -ые› Pacht-; ◇ ~ **догово́р** Pachtvertrag *m;* **арендова́ть** V$_{3a}$ *несов и сов* ‹-ду́ю, -ду́ешь› *что вин* (*помещение*) mieten; ◇ ~ **дом** ein Haus mieten; (*землю*) pachten; ◇ ~ **зeме́льный уча́сток** ein Grundstück pachten

аре́ст *м*$_1$ ‹-а› ① (*заключение под стражу*) Verhaftung *f;* ◇ **о́рдер на** ~ Haftbefehl *m;* ◇ **взять под** ~ verhaften; ◇ **освободи́ть из-под ~а** aus der Haft entlassen ② (*на имущество*) Beschlagnahme *f;* ◇ **наложи́ть ~ на това́ры** Waren beschlagnahmen; **арестова́ть** V$_{3a}$ *несов и сов* ‹-ту́ю, -ту́ешь› *кого-что вин* ① (*задержать*) verhaften ② (*имущество*) beschlagnahmen

аристократи́ческий *прил* ‹-ая, -ое, -ие› aristokratisch; **аристокра́тия** *ж*$_4$ ‹-и› Aristokratie *f,* Adel *m*

а́рия *ж*$_4$ ‹-и› муз Arie *f*

а́рка *ж*$_1$ ‹-и› Bogen *m;* ◇ **Триумфа́льная** ~ Triumphbogen, Siegestor *n*

Арктика *ж*$_1$ ‹-и› Arktis *f;* **аркти́ческий** *прил* ‹-ая, -ое, -ие› arktisch, Polar-; метео ◇ ~ **фронт** Polarfront *f*

а́рмия *ж*$_4$ ‹-и› ① (*вооружённые силы*) Armee *f;* ◇ **призыва́ться в ~ю** einberufen werden; ◇ **служи́ть в ~и** den Militärdienst leisten ② *перен* (*масса*) Heer *n,* Menge *f;* ◇ ~ **чита́телей** ein Heer von Lesern

армяни́н *м*$_1$ ‹-а, *мн:* -я́не, *род:* -я́н› Armenier *m;* **армя́нка** *ж*$_1$ ‹-и, *род мн:* -нок› Armenierin *f*

арсена́л *м*$_1$ ‹-а› ① (*склад*) Arsenal *n,* Zeughaus *n,* Waffenhaus *n;* ◇ **замора́живание ~ов я́дерного ору́жия** Einfrieren der Atomwaffenarsenale ② (*предприятие*) Waffenschmiede *f,* Rüstungsschmiede *f* ③ *перен* ◇ ~ **зна́ний** Quelle des Wissens

арте́рия *ж*$_4$ ‹-и› ① анат Arterie *f;* ◇ **со́нная** ~ Halsschlagader *f* ② *перен* (*путь*) Verkehrsader *f*

артилле́рия *ж*$_4$ ‹-и› Artillerie *f;* *перен* ◇ **пусти́ть в ход тяжёлую ~ю** ein schweres Geschütz auffahren

арти́ст *м*$_1$ ‹-а› ① (*исполнитель*) Künstler *m,* Schauspieler *m;* ◇ **о́перный** ~ Opernsänger ② (*лёгкого жанра и цирка*) Artist *м* ③ *разг* (*мастер*) Könner *м;* ◇ ~ **в своём де́ле** ein Meister seines Faches; **арти́стка** *ж*$_1$ ‹-и, *род мн:* -ток› ① (*исполнительница*) Künstlerin *f* ② (*актриса*) Bühnenkünstlerin *f,* Schauspielerin *f*

а́рфа *ж*$_1$ ‹-ы› Harfe *f*

архи́в *м*$_1$ ‹-а› Archiv *n;* ◇ **сдать в** ~ zu den Akten legen; *перен* (*о человеке*) zum alten Eisen zählen; **архива́риус** *м*$_1$ ‹-а› Archivar *m;* **архи́вный** *прил* ‹-ая, -ое, -ые› Archiv-; ◇ **~ые дела́** Archivakten *f pl,* Archivalien *pl*

архиепи́скоп *м*$_1$ ‹-а› Erzbischof *m*

архите́ктор *м*$_1$ ‹-а› Architekt *m;* ◇ **же́нщина-~** Architektin *f;* **архитекту́ра** *ж*$_1$ ‹-ы› ① (*зодчество*) Architektur *f,* Baukunst *f* ② (*стиль*) Architekturstil *m;* ◇ **готи́ческая** ~ gotischer Stil; **архитекту́рный** *прил* ‹-ая, -ое, -ые› architektonisch, Architektur-; ◇ ~ **анса́мбль** Gebäudekomplex *m*

ас *м*$_1$ ‹-а› As *n,* Spitzenkönner *m*

аспе́кт *м*$_1$ ‹-а› Aspekt *m,* Gesichtspunkt *m;* ◇ **в ино́м ~е** unter einem anderen Aspekt

ассамбле́я *ж*$_3$ ‹-и› (Voll-)Versammlung *f;* ◇ **Генера́льная Ассамбле́я ООН** Gereralversammlung der Vereinten Nationen

ассигнова́ние *с*$_4$ ‹-я› ① (*действие*) Bewilligung *f* ② (*сумма*) bewilligte Summe *f;* ◇ **о́бщие ~я** allgemeine Aufwendungen *f pl;* ◇ **~я на социа́льные ну́жды** Aufwendungen für soziale Zwecke; **ассигнова́ть** V$_{3a}$ *несов и сов* ‹-ну́ю, -ну́ешь› *что вин* Geldmittel bewilligen, bereitstellen

ассортиме́нт *м*$_1$ ‹-а› (*подбор*) Sortiment *n;* (*выбор*) Auswahl *f;* (*предложение*) Angebot *n;* ◇ **основно́й** ~ Grundsortiment; ◇ **бога́тый ~ това́ров** breites Warenangebot

ассоциа́ция *ж*$_4$ ‹-и› ① (*объединение*) Assoziation *f,* Verband *m;* ◇ **торго́вая** ~ Handelsverband; ◇ ~ **предпринима́телей** Unternehmerverband ② психол Assoziation *f;* ◇ ~ **иде́й** Kettenassoziation *f;* ◇ **вызыва́ть ~и** Assoziationen erwecken; **ассоции́ровать** V$_{3a}$ *несов и сов* ‹-рую, -руешь› *что вин или что с чем тв* assoziieren, verknüpfen, verbinden; **ассоции́роваться** *несов и сов* <-руюсь, -руешься> *с кем-чем тв* sich assoziieren, sich verbinden

а́стма *ж₁* <-ы> Asthma *n;* **астма́тик** *м₁* <-а> Asthmatiker *m*

а́стра *ж₁* <-ы> бот Aster *f*

астро́лог *м₁* <-а> Astrologe *m,* Sterndeuter *m*

астрона́вт *м₁* <-а> Astronaut *m;* **астрона́втика** *ж₁* <-и> Astronautik *f,* Raumfahrt *f*

астроно́м *м₁* <-а> Astronom *m;* **астроно́мия** *ж₄* <-и> Astronomie *f*

асфа́льт *м₁* <-а> Asphalt *m;* **асфальти́ровать** V_{3a} *несов и сов* <-рую, -руешь> *что вин* asphaltieren

ата́ка *ж₁* <-и> ① (*нападение*) Angriff *m;* (*наступление*) Vorstoß *m;* ◇ **отрази́ть ~у** einen Angriff abwehren; ◇ **перейти́ в ~у** zum Angriff übergehen ② (*штурм*) Ansturm *m;* ◇ **бро́ситься в ~у** Sturm laufen ③ *перен* (*в споре, игре*) Angriff *m,* Attacke *f;* **атакова́ть** V_{3a} *несов и сов* <-ку́ю, -ку́ешь> *кого-что вин* ① (*нападать*) angreifen; (*наступать*) vorstoßen; (*штурмовать*) stürmen; (*о кавалерии*) attackieren

атама́н *м₁* <-а> ① ист (*в казачьих войсках*) Ataman *m* ② *перен* (*предводитель*) Anführer *m,* Rädelsführer *m;* (*разбойничий*) Bandenführer *m*

атеи́зм *м₁* <-а> Atheismus *m;* **атеи́ст** *м₁* <-а> Atheist *m*

ателье́ *с* <нескл> (*студия*) Atelier *n;* ◇ ~ **худо́жника** Künstleratelier

атланти́ческий *прил* <-ая, -ое, -ие> Atlantik-, atlantisch; ◇ **А~ океа́н** Atlantischer Ozean; ◇ **А~ пакт** Nordatlantikpakt *m,* Nato *f*

а́тлас *м₁* <-а> Atlas *m;* ◇ ~ **ми́ра** Weltatlas; ◇ ~ **автомоби́льных доро́г** Straßenatlas

атле́т *м₁* <-а> ① (*спортсмен*) Athlet *m,* Sportler *m* ② (*человек крепкого телосложения*) Athlet *m,* Kraftmensch *m;* **атле́тика** *ж₁* <-и> Athletik *f;* ◇ **лёгкая** ~ Leichtathletik *f;* ◇ **тяжёлая** ~ Schwerathletik *f*

атмосфе́ра *ж₁* <-ы> ① астр Atmosphäre *f;* ◇ **земна́я** ~ Erdatmosphäre ② *перен* Atmosphäre *f,* Klima *n,* Umgebung *f;* ◇ **напряжённая** ~ gespanntes Klima; ◇ **произво́дственная** ~ Betriebsklima; ◇ **отравля́ть ~у** die Atmosphäre vergiften ③ (*единица давления*) Atmosphäre *f;* **атмосфе́рный** *прил* <-ая, -ое, -ые> atmosphärisch, Atmosphären-; ◇ **~ое давле́ние** Luftdruck *m;* ◇ **~ые оса́дки** Niederschläge *m pl*

а́том *м₁* <-а> Atom *n;* ◇ **расщепле́ние ~а** Atomspaltung *f;* **а́томник** *м₁* <-а> *разг* Atomwissenschaftler *m,* Atomforscher *m;* **а́томный** *прил* <-ая, -ое, -ые> Atom-, atomar; ◇ **~ая бо́мба** Atombombe *f;* ◇ **~ое вооруже́ние** atomare Aufrüstung *f;* ◇ **~ое ору́жие** Atomwaffe *f;* ◇ **~ая электроста́нция** Atomkraftwerk *n;* ◇ **~ая эне́ргия** Atomenergie *f;*

атомохо́д *м₁* <-а> Atomschiff *n*

атташе́ *м* <нескл> Attaché *m;* ◇ ~ **по вопро́сам культу́ры/печа́ти** Kulturattaché/Presseattaché

аттеста́т *м₁* <-а> Zeugnis *n;* ◇ **шко́льный** ~ Schulzeugnis *n;* ◇ ~ **зре́лости** Abiturzeugnis *n;* **аттеста́ция** *ж₄* <-и> ① (*проверка*) Eignungsprüfung *f* ② (*отзыв, документ*) Attestierung *f,* Bescheinigung *f*

аттестова́ть V_{3a} *несов и сов* <-ту́ю, -ту́ешь> *кого-что вин* ① (*дать отзыв*) attestieren, bescheinigen ② (*присвоить звание*) ernennen; ◇ ~ **кого́-л профе́ссором** jd-n zum Professor ernennen ③ (*оценить знания*) beurteilen

аттракцио́н *м₁* <-а> ① (*карусель и т. п.*) Rummelplatzvergnügen *n* ② (*цирковой или эстрадный номер*) Attraktion *f,* Zugnummer *f*

аудие́нция *ж₄* <-и> Audienz *f*

аудито́рия *ж₄* <-и> ① (*помещение*) Hörsaal *m* ② (*слушатели*) Hörerschaft *f,* Publikum *n;* ◇ **собра́ть большу́ю ~ю** großen Zuspruch haben

аукцио́н *м₁* <-а> Auktion *f;* ◇ **прода́ть с ~а** versteigern; ◇ **купи́ть на ~е** ersteigern

ау́л *м₁* <-а> (*селение*) Aul *m*

афга́нец *м₅* <-нца> Afghane *m;* **афга́нка** *ж₁* <-и, *род мн:* -нок> Afghanin *f;* **афга́нский** *прил* <-ая, -ое, -ие> afghanisch

афе́ра *ж₁* <-ы> unsauberes Geschäft, Schwindel *m;* ◇ **пуска́ться в ~ы** sich auf unsaubere Geschäfte einlassen; **афери́ст(ка** *ж₁*) *м₁* <-а> Schwindler(in *f*) *m,* Hochstapler(in *f*) *m;* ◇ **бра́чный** ~ Heiratsschwindler

афи́ша *ж₁* <-и> Aushang *m,* Anschlag *m;* **афиши́ровать** V_{3a} *несов и сов* <-рую, -руешь> *что вин* ① (*выставить напоказ*) zur Schau tragen, an die große Glocke hängen ② (*хвастаться*) prahlen

афори́зм *м₁* <-а> Aphorismus *m*

африка́нец *м₅* <-нца> Afrikaner *m;* **африка́нка** *ж₁* <-и, *род мн:* -нок> Afrikanerin *f*

ах! *межд* ach!, ah; ◇ ~ **да!** ah ja!

а́хать V_{1a} *kein Part. Präs. Pass.* несов от **а́хнуть**

ахине́я *ж₃* <-и> *разг* Ungereimtheit *f,* Unsinn *m,* Quatsch *m;* ◇ **нести́ ~ю** Blödsinn reden

áхнуть V_2 *сов* ‹-ну, -нешь› [**áхать** *несов*] *разг* (1) (*ударить*) einen Hieb, Stoß versetzen (2) (*громыхнуть*) donnern, krachen
аэродрóм *м₁* ‹-а› Flugplatz *m;* **аэропóрт** *м₁* ‹-а› Flughafen *m;* **аэростáт** *м₁* ‹-а› Ballon *m;* ◇ **привязнóй** ~ Fesselballon; **аэрофлóт** *м₁* ‹-а› *Fluggesellschaft f Rußlands* "Aeroflot"

б

ба! *межд разг* ach! sieh mal an!; ◇ ~! **когó я вúжу!** ja, wen sehe ich denn da!
бáба *ж₁* ‹-ы› (1) (*о женщине*) Weib *n,* Frauenzimmer *n* (2) (*жена*) Ehefrau *f* (3) *пренебр* (*о слабохарактерном мужчине*) Feigling *m*
бáба-ягá *ж₁* ‹-и› Hexe *f*
бáбник *м₁* ‹-а› Schürzenjäger *m*
бáбочка *ж₁* ‹-и, *род мн:* -чек› (1) зоол Schmetterling *m* (2) *перен* (*галстук*) Fliege *f*
бáбушка *ж₁* ‹-и, *род мн:* -шек› Großmutter *f,* Oma *f;* ◇ **э́то ещё ~ нáдвое сказáла** das steht noch nicht fest, das werden wir noch sehen; *погов* ◇ **вот тебé, и Юрьев день!** da haben wir die Bescherung!
бавáрец *м₅* ‹-рца› Bayer *m;* **баварка** *ж₁* ‹-и, *род мн:* -рок› Bayerin *f;* **бавáрский** *прил* ‹-ая, -ое, -ие› bayrisch
багáж *м₁* ‹-á› (1) (*вещи, груз*) Gepäck *n;* ◇ **ручнóй** ~ Handgepäck; ◇ **сдавáть вéщи в** ~ Gepäck aufgeben (2) *перен* (*запас знаний*) Kenntnisse *f pl,* Wissen *n;* ◇ **ýмственный** ~ Wissensschatz *m;* **багáжник** *м₁* ‹-а› (*в автомобиле*) Kofferraum *m;* (*на велосипеде*) Gepäckträger *m*
багровéть V_5 *несов* ‹-éю, -éешь› [**по~** *сов*] *без доп* rot anlaufen, glutrot werden; **багрóвый** *прил* ‹-ая, -ое, -ые› feuerrot, glutrot
бадминтóн *м₁* ‹-а› Badminton *n*
бáза *ж₁* ‹-ы› (1) (*основа*) Basis *f,* Grundlage *f;* ◇ **на ~е чегó-л** auf der Grundlage von etw (2) воен Stützpunkt *m* (3) (*учреждение*) Station *f;* ◇ **турúстская** ~ Touristenzentrum *n* (4) (*склад*) Lager *n;* ◇ **овощнáя** ~ Gemüselager
базáр *м₁* ‹-а› (1) (*торг*) (Wochen-)Markt *m;* ◇ **прáздничный** ~ Jahrmarkt *m;* (*базарная площадь*) Marktplatz *m* (2) *разг* (*шум, гам*) Gejohle *n,* Rummel *m*
базúровать V_{3a} *несов* ‹-рую, -руешь› *что вин на чём предл* basieren (auf), sich stützen;
базúроваться *несов* ‹-руюсь, -руешься› *на чём-л предл (1), на что вин или на чём предл (2)* (1) (*основываться*) sich gründen auf; ◇ ~ **на конкрéтных примéрах** auf konkreten Beispielen beruhen (2) (*располагаться*) stationiert sein, als Stützpunkt haben
байдáрка *ж₁* ‹-и, *род мн:* -рок› Paddelboot *n,* Kajak *m;* ◇ **разбóрная** ~ Faltboot *n;* ◇ **катáться на ~е** mit dem Paddelboot fahren
бак *м₁* ‹-а› Tank *m;* (*для воды*) Wassertank *m;* ◇ ~ **для мáсла** Öltank *m;* (*для горючего*) Benzintank *m*
баклажáн *м₁* ‹-а› бот Aubergine *f*
бактéрия *ж₄* ‹-и› Bakterie *f*
балалáйка *ж₁* ‹-и, *род мн:* -лáек› Balalaika *f*
балáнс *м₁* ‹-а› (1) (*равновесие*) Gleichgewicht *n;* ◇ **изменúть существýющий ~ сил** das herrschende Kräftegleichgewicht verschieben (2) фин, эк Bilanz *f;* ◇ **годовóй** ~ Jahresbilanz; ◇ **составля́ть** ~ eine Bilanz aufstellen; ◇ **подводúть** ~ Bilanz ziehen
балансúровать [1] V_{3a} *несов на чём или чем* (*сохранять равновесие*) balancieren, das Gleichgewicht halten; ◇ ~ **на канáте** auf einem Seil balancieren; *перен* ◇ ~ **на грáни конфлúкта** am Rande eines Konflikts stehen
балансúровать [2] *несов* ‹-рую, -руешь› [**с~** *сов*] *что вин* (1) фин Bilanz ziehen (2) (*уравновешивать*) ausgleichen (3) тех auswuchten
балерúна *ж₁* ‹-ы› Ballerina *f*
балéт *м₁* ‹-а› Ballett *n*
балкóн *м₁* ‹-а› (1) (*здания*) Balkon *m* (2) театр Rang *m*
балл *м₁* ‹-а› (1) (*единица шкалы*) Grad *m,* Stärke *f;* ◇ **землетрясéние в шесть ~ов** ein Erdbeben der Stärke sechs (2) (*очко*) Punkt *m;* ◇ **óбщее колúчество ~ов** Gesamtpunktzahl *f* (3) (*отметка*) Note *f,* Punkt *m;* ◇ **проходнóй ~ при поступлéнии в вуз** *Mindestpunktzahl für die Zulassung zu einem Studium*
баллáда *ж₁* ‹-ы› Ballade *f*
баллóн *м₁* ‹-а› (1) Ballon *m;* ◇ **запустúть** ~ einen Ballon aufsteigen lassen (2) (*шина*) Schlauch *m,* Reifen *m;* ◇ **у негó спустúл** ~ er hat einen Platten
баллотúроваться V_{3a} *несов* ‹-руюсь, -руешься› *без доп* (1) (*выставлять свою кандидатуру*) kandidieren (2) (*быть поставленным на голосование*) zur Abstimmung gebracht werden
баловáть V_{3a} *несов* ‹-лую, -луешь› [**из~**

сов] *кого-что вин* verwöhnen; (*изнеживать*) verhätscheln; **балова́ться** V$_{3a}$ *несов* <-лую́сь, -лу́ешься> *без доп (1), чем тв (2)* ① (*шалить*) unartig sein, Unfug treiben ② (*обращать в забаву*) sich vergnügen; **ба́ловень** *м*$_2$ <вня, *мн:* вни> (*любимец*) Liebling *m;* (*человек, которого балуют*) verwöhntes Kind; ◇ **э́тот ребёнок - о́бщий** ~ dieses Kind wird von allen verhätschelt; ◇ ~ **судьбы́** Glückspilz *m;* **баловство́** *с*$_2$ <-á> ① (*потворство*) Verwöhnung *f,* Verhätschelung *f* ② (*проказы*) Übermut *m,* Mutwille *m,* Ungezogenheit *f;* ◇ **э́то одно́** ~ das ist nur Spielerei

балы́к *м*$_1$ <-á, *мн:* -и́> gedörrter Fisch

ба́мпер *м*$_1$ <-а> *авто* Stoßstange *f*

бана́льный *прил* <-ая, -ое, -ые> (*тривиальный*) banal; (*избитый*) abgedroschen

бана́н *м*$_1$ <-а> ① (*плод*) Banane *f* ② (*дерево*) Bananenbaum *m*

ба́нда *ж*$_1$ <-ы> (Verbrecher-)Bande *f*

бандеро́ль *ж*$_5$ <-и> ① (*почтовое отправление*) Päckchen *n;* ◇ **отпра́вить кни́гу** ~**ю** das Buch als Päckchen verschicken ② (*бумажная обёртка*) Streifband *n* ③ (*ярлык об уплате пошлины*) Banderole *f*

банди́т *м*$_1$ <-а> Bandit *m*

банк *м*$_1$ <-а> ① (*учреждение*) Bank *f;* ◇ **Междунаро́дный ~ реконстру́кции и разви́тия** Weltbank *f;* ◇ **закры́ть/откры́ть счёт в ~е** ein Bankkonto eröffnen/auflösen ② (*центр, где сосредоточены какие-л предметы, сведения*) Bank *f;* ◇ ~ **да́нных** Datenbank ③ (*в карточной игре: поставленные на кон деньги*) Bank *f,* Spielbank *f;* ◇ **сорва́ть** ~ die Bank sprengen

ба́нка *ж*$_1$ <-и, *род мн:* -нок> ① (*жестяная*) (Konserven-)Büchse *f,* Dose *f* ② *мед* (*банки*) Schröpfköpfe *m*

банке́т *м*$_1$ <-а> Bankett *n*

банки́р *м*$_1$ <-а> Bankier *m*

ба́нковский *прил* <-ая, -ое, -ие> Bank-; ◇ **~ое де́ло** Bankwesen *n;* ◇ ~ **перево́д** Banküberweisung *f;* ◇ ~ **счёт** Bankkonto *n*

банкро́т *м*$_1$ <-а> Bankrotteur *m;* ◇ **объяви́ть себя́ ~ом** den Bankrott erklären, Konkurs anmelden; **банкро́тство** *с*$_2$ <-а> ① (*разорение*) Bankrott *m;* ◇ **находи́ться на гра́ни ~а** am Rande des Bankrotts stehen ② *перен* (*провал*) Zusammenbruch *m;* ◇ **мора́льное** ~ moralischer Verfall

бант *м*$_1$ <-а> Schleife *f;* ◇ **завяза́ть ~о́м** eine Schleife binden

ба́ня *ж*$_2$ <-и> ① (*мытьё*) Bad *n;* ◇ **устро́ить де́тям ~ю** die Kinder baden ② (*помещение*) Dampfbad *n;* ◇ **фи́нская** ~ Sauna *f* ③ *разг* (*жара*) Schwitzbad *n,* (Affen-)Hitze *f;* *перен разг* ◇ **зада́ть ~ю кому́-л** jd-m ordentlich den Kopf waschen

бар *м*$_1$ <-а> ① (*маленький ресторан*) kleines Restaurant *m;* ◇ **ночно́й** ~ Nachtbar *f;* ◇ **пивно́й** ~ Kneipe *f* ② (*в шкафу*) Schrankbar *f*

бараба́н *м*$_1$ <-а> ① *муз* Trommel *f;* ◇ **бить в** ~ trommeln ② *тех* Trommel *f,* Zylinder *m;* **бараба́нить** V$_{4b}$ *несов* <-ню, -нишь> *без доп (1), по чему дат (2), на чём предл (3)* ① (*бить в барабан*) trommeln ② (*дробно стучать*) trommeln; ◇ ~ **па́льцами по столу́** mit den Fingern auf den Tisch trommeln ③ (*на рояле*) klimpern; **бараба́нщик** *м*$_1$ <-а> Trommler *m*

бара́к *м*$_1$ <-а> Baracke *f*

бара́н *м*$_1$ <-а> Hammel *m;* ◇ **смотре́ть как ~ на но́вые воро́та** wie die Kuh vorm neuen Tor stehen; **бара́нина** *ж*$_1$ <-ы> Hammelfleisch *n*

барахло́ *с*$_2$ <-á> Plunder *m,* Kram *m;* **барахо́лка** *ж*$_1$ <-и, *род мн:* -лок> *разг* Trödelmarkt *m,* Flohmarkt *m*

бара́хтаться V$_{1a}$ *несов, kein Part. Präs. Pass.* <-аюсь, -аешься> *без доп* zappeln, strampeln

барбари́с *м*$_1$ <-а> *бот* Berberitze *f*

ба́ржа *ж*$_1$ <-и> Lastkahn *m*

барито́н *м*$_1$ <-а> ① (*голос*) Bariton *m* ② (*певец*) Bariton *m* ③ (*инструмент*) Baryton *n*

баро́метр *м*$_1$ <-а> Barometer *n;* ◇ ~ **па́дает/поднима́ется** das Barometer fällt/steigt

баррика́да *ж*$_1$ <-ы> Barrikade *f;* ◇ **устра́ивать ~ы на у́лицах** Straßensperren errichten

барс *м*$_1$ <-а> Schneeleopard *m*

ба́рство *с*$_2$ <-а> ① (*высокомерие*) arrogantes Gebaren, Hochmut *m* ② (*паразитизм*) Schmarotzertum *n* ③ *устар* (*господа*) Herrschaften *pl,* Gutsherren *m pl*

барсу́к *м*$_1$ <-á, *мн:* -и́> *зоол* Dachs *m*

ба́рхат *м*$_1$ <-а> Samt *m;* **ба́рхатный** *прил* <-ая, -ое, -ые> ① (*относящийся к бархату*) Samt-; ◇ **~ое пла́тье** Samtkleid ② *перен* (*мягкий*) samtweich; ◇ ~ **го́лос** weiche Stimme

барье́р *м*$_1$ <-а> ① (*преграда*) Barriere *f,* Schranke *f* ② *перен* Barriere *f,* Schranke *f;* ◇ **ве́домственные ~ы** bürokratische Hindernisse; ◇ **звуково́й** ~ Schallmauer; ◇ **ра́совые** ~ Rassenschranken; ◇ **языково́й** ~ Sprachbarriere ③ *спорт* Hürde *f; тж перен* ◇ **взять** ~ eine Hürde nehmen

бас *м*$_1$ <-а, *мн:* -ы́> ① (*голос*) Baß *m;* ◇ **говори́ть ~ом** eine tiefe Stimme haben ② (*певец*) Baß(-sänger) *m* ③ (*инструмент*) Baß *m*

баскетбо́л $м_1$ <-а> Basketball *m*

басносло́вный *прил* <-ая, -ое, -ые> ① (*легендарный*) legendär; ◇ **~ые времена́** legendäre Zeiten ② (*невероятный*) fabelhaft, unglaublich, traumhaft; ◇ **она́ установи́ла ~ мирово́й реко́рд** sie hat einen fabelhaften Weltrekord aufgestellt; ◇ **~о дёшево** spottbillig

ба́сня $ж_2$ <-и, *род мн:* -сен> ① (*рассказ*) Fabel *f* ② (*вымысел*) Faselei *f;* ◇ **расска́зывать ~и** Märchen erzählen

бассе́йн $м_1$ <-а> ① (*водоём*) Becken *n;* ◇ **~ для пла́вания** Schwimmbad *n* ② (*~ реки*) Flußbecken *n*

ба́ста! *межд разг* basta! Schluß jetzt!

бастио́н $м_1$ <-а> ① (*укрепление*) Bastion *f* ② *перен* Bollwerk *n*

бастова́ть V_{3a} *несов, kein Part. Präs. Pass.* <-ту́ю, -ту́ешь> *без доп* streiken

баталь́он $м_1$ <-а> воен Bataillon *n*

батаре́йка $ж_1$ <-и, *род мн:* -ре́ек> эл Batterie *f*

бато́н $м_1$ <-а> längliches Weißbrot *n*

бахча́ $ж_1$ <-и́, *род мн:* -че́й> Melonenfeld *n*

бац! *межд* (*о резком звуке*) bums!; ◇ **он ~ его́ по голове́** er schlug ihm auf den Kopf

бачо́к $м_1$ <-чка́, *мн:* -и́> Behälter *m*

башма́к $м_1$ <-а́, *мн:* -и́> Schuh *m;* ◇ **быть под ~о́м у кого́-л** bei jd-m unter dem Pantoffel stehen

ба́шня $ж_2$ <-и, *род мн:* -шен> Turm *m;* ◇ **смотрова́я ~** Aussichtsturm; ◇ **телевизио́нная ~** Fernsehturm

бая́н $м_1$ <-а> муз Bandoneon *n*

бди́тельность $ж_5$ <-и> Wachsamkeit *f;* ◇ **проявля́ть ~** ein wachsames Auge haben

бег $м_1$ <-а> Lauf *m;* ◇ **эстафе́тный ~** Staffellauf; ◇ **~ с препя́тствиями** Hindernislauf; **бега́** $мн_1$ <-о́в> Pferderennen *n,* Trabrennen *n;* ◇ **она́ всё вре́мя в ~а́х** sie ist immer unterwegs

бе́гать V_{1a} *несов, неопред, см.* **бежа́ть**, *kein Part. Präs. Pass.* <-аю, -аешь> *без доп (1, 4), за кем тв (2), от кого-чего род (3)* ① (*бежать*) laufen; (*стремительно*) rennen; ◇ **~ на конька́х** Schlittschuh laufen ② *разг* (*ухаживать*) jd-m nachlaufen, hinter jd-m herlaufen ③ (*избегать*) meiden, ausweichen ④ (*глаза*) umherschweifen

бегемо́т $м_1$ <-а> Nilpferd *n*

бегле́ц $м_1$ <-а́, *мн:* -ы́> Flüchtling *m;* (*из заключения*) Entlaufener *m*

бе́гло *нареч* ① (*свободно*) fließend; ◇ **~ говори́ть по-ру́сски** fließend russisch sprechen ② (*поверхностно*) flüchtig, oberflächlich; **бе́глый** *прил* <-ая, -ое, -ые> ① (*быстрый*) flüchtig; ◇ **броса́ть ~ взгляд на кого́/что-л** auf jd-n/etw einen flüchtigen Blick werfen ② (*поверхностный*) oberflächlich; ◇ **~ замеча́ние** oberflächliche Bemerkung ③ (*убежавший из заключения*) flüchtig, entlaufen; ◇ **~ заключённый** entflohener Häftling; **бего́м** *нареч* laufend, im Laufschritt; **бе́гство** $с_2$ <-а> (*побег*) Flucht *f;* ◇ **спаса́ться ~ом** entfliehen; ◇ **обрати́ться в ~** die Flucht ergreifen

бегу́н $м_1$ <-а́, *мн:* -ы́> спорт Läufer *m;* ◇ **~ на дли́нные диста́нции** Langstreckenläufer

беда́ I. $ж_1$ <-ы́, *мн:* бе́ды> Unglück *n,* Not *f;* ◇ **попа́сть в ~у́** in die Klemme geraten; ◇ **вы́ручить кого́-л из ~ы́** jd-m aus der Not helfen; ◇ **в то́м-то и ~** das ist ja gerade das Schlimme **II.** *предик* schlimm; ◇ **не ~** nicht schlimm

бе́дность $ж_5$ <-и> (*нужда*) Armut *f;* (*скудость*) Dürftigkeit *f;* **бе́дный** *прил* <-ая, -ое, -ые> ① (*неимущий*) arm ② (*несчастный, жалкий*) arm, unglücklich ③ (*скудный*) kümmerlich, dürftig; ◇ **~ая приро́да** karge Natur; **бедня́к** $м_1$ <-а, *мн:* и́> ① (*неимущий человек*) armer Mensch, Arme *m* ② (*маломощный крестьянин*) Kleinbauer *m*

бедро́ $с_2$ <-а́, *мн:* бёдра, *род:* -дер, *дат:* -драм> Hüfte *f*

бе́дствие $с_4$ <-я> (*несчастье*) Unglück *n;* (*катастрофа*) Katastrophe *f;* ◇ **стихи́йное ~** Naturkatastrophe; мор ◇ **терпе́ть ~** in Seenot geraten

бежа́ть * *несов, опред, см.* **бе́гать** <бегу́, бежи́шь> *без доп* ① laufen; (*стремительно*) rennen; ◇ **~ ры́сью** traben ② (*спасаться бегством*) fliehen ③ *перен* (*о времени*) verfliegen, vergehen; ◇ **вре́мя бежи́т** die Zeit verfliegt; ◇ **часы́ бегу́т** die Uhr geht vor ④ (*о жидкости*) überkochen; ◇ **молоко́ бежи́т** die Milch läuft über

бе́женец $м_5$ <-нца> Flüchtling *m;* ◇ **пото́к ~цев** Flüchtlingsstrom *m*

без *предлог с род* ① (*указывает на недостаток чего-л*) ohne; ◇ **~ сомне́ния** ohne Zweifel, zweifellos; ◇ **не ~ причи́ны** nicht ohne Grund; ◇ **~ его́ ве́дома** ohne sein Wissen; ◇ **~ огово́рок** ohne Vorbehalt; ◇ **~ внима́ния к чему́-л** ohne Rücksicht auf etw; ◇ **оста́вить ~ внима́ния** außer acht lassen; ◇ **~ исключе́ния** ohne Ausnahme ② (*в* *отсутствие кого-л*) in Abwesenheit von; ◇ **э́то произошло́ ~ меня́** das geschah in meiner Abwesenheit ③ (*за вычетом*) weniger als; ◇ ~ **ста грамм килогра́мм** weniger als 100 Gramm ④ (*о времени*) ◇ ~ **че́тверти три** Viertel vor drei; ◇ ~ **двадцати́ мину́т пять** zwanzig Minuten vor fünf; ◇ **и ~ того́** ohnehin

безала́берный *прил* ‹-ая, -ое, -ые› ① (*бестолковый*) chaotisch ② (*беспорядочный*) unordentlich, schlampig

безалкого́льный *прил* ‹-ая, -ое, -ые› alkoholfrei

безбе́дный *прил* ‹-ая, -ое, -ые› sorgenfrei; ◇ **~ое существова́ние** gesicherte Existenz

безболе́зненный *прил* ‹-ая, -ое, -ые› ① (*не вызывающий боли*) schmerzlos ② *перен* reibungslos, ohne Schwierigkeiten

безвку́сный *прил* ‹-ая, -ое, -ые› ① (*еда*) geschmacklos, fad ② *перен* geschmacklos, abgeschmackt; ◇ **~ая ме́бель** geschmacklose Möbel

безвла́стие *с₄* ‹-я› Anarchie *f*

безвозду́шный *прил* ‹-ая, -ое, -ые› luftleer; ◇ **~ое простра́нство** Vakuum *n*

безвозме́здный *прил* ‹-ая, -ое, -ые› (*неоплачиваемый*) unentgeltlich, kostenlos

безво́льный *прил* ‹-ая, -ое, -ые› willensschwach, willenlos

безвре́дный *прил* ‹-ая, -ое, -ые› (*не причиняющий вреда*) unschädlich; (*безобидный*) harmlos

безвре́менный *прил* ‹-ая, -ое, -ые› vorzeitig, verfrüht

безвы́ходность *ж₅* ‹-и› Ausweglosigkeit *f;* (*безнадёжность*) Hoffnungslosigkeit *f;* **безвы́ходный** *прил* ‹-ая, -ое, -ые› ① (*безотлучный*) ständig ② (*безнадёжный*) aussichtslos, hoffnungslos

безгра́мотность *ж₅* ‹-и› ① (*неграмотность*) Analphabetentum *n* ② (*невежество*) Unwissenheit *f;* **безгра́мотный** *прил* ‹-ая, -ое, -ые› ① (*неграмотный*) des Lesens und Schreibens nicht mächtig; ◇ **~ый челове́к** Analphabet *m* ② (*невежественный*) unwissend, ungebildet ③ (*содержащий много ошибок*) fehlerhaft, voller Fehler

безграни́чный *прил* ‹-ая, -ое, -ые› *тж перен* grenzenlos; ◇ **~ая ра́дость** grenzenlose Freude; ◇ **~ое уваже́ние** größte Hochachtung

безда́рность *ж₅* ‹-и› ① (*лишённый таланта человек*) untalentierter Mensch; (*халтурщик*) Stümper *m;* ◇ **э́тот певе́ц - соверше́нная ~** dieser Sänger ist absolut untalentiert ② *разг* (*без таланта*) Talentlosigkeit *f;* **безда́рный** *прил* ‹-ая, -ое, -ые› ① (*лишённый таланта*) untalentiert ② (*халтурный*) stümperhaft, schlecht

безде́йствие *с₄* ‹-я› Untätigkeit *f;* (*безделье*) Müßiggang *m;* **безде́йствовать** V_{3a} *несов, kein Part. Präs. Pass.* ‹-вую, -вуешь› *без доп* ① (*о человеке*) untätig sein, nichts tun ② (*о машине*) stillstehen, außer Betrieb sein

безде́льник *м₁* ‹-а› Faulenzer *m,* Nichtstuer *m*

бездоро́жье *с₄* ‹-я› ① (*непроходимость*) Unwegsamkeit *f* ② (*плохое состояние дорог*) Unbefahrbarkeit *f*

безду́шный *прил* ‹-ая, -ое, -ые› ① (*бессердечный*) herzlos, hartherzig ② (*лишённый живого чувства*) leblos, tot

безжа́лостный *прил* ‹-ая, -ое, -ые› (*немилосердный*) unbarmherzig; (*беспощадный*) erbarmungslos

беззако́ние *с₄* ‹-я› ① (*отсутствие законности*) Gesetzlosigkeit *f* ② (*произвол*) Willkür *f;* ◇ **соверша́ть ~ия** gesetzwidrig handeln; **беззако́нный** *прил* ‹-ая, -ое, -ые› ① (*противозаконный*) gesetzwidrig ② (*произвольный*) willkürlich

беззасте́нчивый *прил* ‹-ая, -ое, -ые› (*бесцеремонный*) rücksichtslos; (*бессовестный*) skrupellos; (*наглый*) unverfroren

беззащи́тный *прил* ‹-ая, -ое, -ые› (*незащищённый*) ungeschützt, schutzlos; (*беспомощный*) wehrlos, hilflos

безлю́дный *прил* ‹-ая, -ое, -ые› ① (*где мало или совсем нет людей*) menschenleer ② (*малонаселённый*) schwach besiedelt [bewohnt] ③ (*малопосещаемый*) schwach besucht

безмяте́жность *ж₅* ‹-и› (*душевное равновесие*) Ruhe *f,* Gemütsruhe *f,* Friedlichkeit *f;* **безмяте́жный** *прил* ‹-ая, -ое, -ые› ① (*спокойный*) (seelen-)ruhig ② (*мирный*) friedlich ③ (*беззаботный*) sorglos

безнадёжный *прил* ‹-ая, -ое, -ые› ① (*не дающий надежд*) hoffnungslos; ◇ ~ **слу́чай** ein hoffnungsloser Fall ② (*неисправимый*) ausgesprochen, ausgemacht; ◇ ~ **тупи́ца** ausgesprochener Dummkopf

безнака́занный *прил* ‹-ая, -ое, -ые› unbestraft, straffrei

безнра́вственность *ж₅* ‹-и› Unmoral *f,* Unsittlichkeit *f;* **безнра́вственный** *прил* ‹-ая, -ое, -ые› unmoralisch, sittenlos

безоби́дный *прил* ‹-ая, -ое, -ые› harmlos, ungefährlich

безобра́зие *с₄* ‹-я› ① (*уродство*) Häßlichkeit *f* ② (*беспорядок*) Unordnung *f* ③ (*неприличие*) Unanständigkeit *f,* Unfug *m;* ◇ **како́е ~!** so eine Gemeinheit!; **безобра́зничать** V_{1a} *несов* ‹-аю, -аешь› [**на~** *сов*] *без доп* Unfug treiben

безопа́сность *ж₅* ‹-и› Sicherheit *f;* ◇ **быть в ~и** sich in Sicherheit befinden

безотве́тственность *ж₅* ‹-и› Verantwortungslosigkeit *f;* **безотве́тственный** *прил* ‹-ая, -ое, -ые› verantwortungslos; ◇ **~ое реше́ние** unverantwortliche Entscheidung

безотка́зный *прил* ① (*не отказывающийся от просьбы*) hilfsbereit, gefällig ② (*бесперебойный*) störungsfrei, einwandfrei

безотлага́тельно *нареч* (*спешно*) unverzüglich, dringend

безотчётный *прил* ‹-ая, -ое, -ые› (*бессознательный*) unbewußt; (*невольный*) unwillkürlich; (*инстинктивный*) instinktiv; (*необъяснимый*) unerklärlich

безоши́бочный *прил* ‹-ая, -ое, -ые› ① (*не содержащий ошибок*) fehlerlos; (*несомненный*) untrüglich; (*совершенно правильный*) richtig; ◇ **~ое реше́ние** richtige Entscheidung ② (*не совершающий ошибок*) unfehlbar ③ (*надёжный*) zuverlässig

безрабо́тица *ж₁* ‹-ы› Arbeitslosigkeit *f,* ◇ **дли́тельная ~** Langzeitarbeitslosigkeit; ◇ **части́чная ~** Kurzarbeit *f;* ◇ **посо́бие по ~е** Arbeitslosengeld *n;* **безрабо́тный I.** *прил* ‹-ая, -ое, -ые› arbeitslos, erwerbslos; ◇ **быть ~ым** arbeitslos sein **II.** *м* (*A₁*) ‹-ого› Arbeitsloser *m;* ◇ **части́чно ~** Kurzarbeiter *m*

безразли́чие *с₄* ‹-я› Gleichgültigkeit *f;* **безразли́чный I.** *прил* ‹-ая, -ое, -ые› ① gleichgültig **II.** *нареч* gleich; ◇ **э́то мне ~о** das ist mir gleich; ◇ **~о кто** gleich [egal] wer

безрезульта́тный *прил* ‹-ая, -ое, -ые› (*безуспешный*) erfolglos; (*бесплодный*) ergebnislos; ◇ **~ спор** ergebnisloser Streit

безрука́вка *ж₁* ‹-и, *род мн:* -вок› ärmellose Jacke *f,* Weste *f*

безукори́зненный *прил* ‹-ая, -ое, -ые› (*безупречный*) tadellos, makellos; ◇ **~ая красота́** makellose Schönheit

безу́мие *с₄* ‹-я› ① (*сумасшествие*) Wahnsinn *m,* Verrücktheit *f* ② (*безрассудство*) Unbesonnenheit *f,* Unvernunft *f;* **безу́мный** *прил* ‹-ая, -ое, -ые› ① (*сумасшедший*) verrückt ② (*безрассудный*) unsinnig, unbesonnen, töricht; ◇ **~ое наме́рение** unsinniges Vorhaben ③ *перен разг* (*чрезвычайный*) wahnsinnig; ◇ **~но дорого́й** irrsinnig teuer

безупре́чный *прил* ‹-ая, -ое, -ые› einwandfrei, tadellos; ◇ **~ая репута́ция** makelloser Ruf

безусло́вно *нареч* ① (*безоговорочно*) unbedingt, völlig ② (*несомненно*) zweifellos; **безусло́вный** *прил* ‹-ая, -ое, -ые› ① (*безоговорочный*) unbedingt, absolut, völlig; ◇ **~ое подчине́ние** bedingungslose Unterwerfung; ◇ **~ая уда́ча** ein voller Erfolg ② (*несомненный*) zweifellos, sicher

безуспе́шный *прил* ‹-ая, -ое, -ые› (*неудачный*) erfolglos

безысхо́дный *прил* ‹-ая, -ое, -ые› ausweglos, trostlos; ◇ **~ое положе́ние** hoffnungslose Lage

белена́ *ж₁* ‹-ы́› бот Bilsenkraut *n;* ◇ **ты ви́дно бу́дто ~ы́ объе́лся** du bist wohl nicht recht bei Trost

белиберда́ *ж₁* ‹-ы́› *разг* Unsinn *m,* Blödsinn *m*

бели́ть V_{4a} *несов* ‹белю́, бе́лишь› [**вы́~** (1), **на~** (2), **по~** (3) *сов*] *что вин* ① (*красить потолок, стены*) weißen, tünchen, weiß anstreichen ② (*~ лицо*) weiß schminken ③ (*отбеливать ткани*) bleichen

бе́лка *ж₁* ‹-и, *род мн:* -лок› Eichhörnchen *n;* ◇ **верте́ться как ~ в колесе́** ohne Rast und Ruh arbeiten

бело́к *м₁* ‹-лка́› ① хим, биол Eiweiß *n* ② (*оболочка глаза*) das Weiße des Auges ③ (*часть яйца*) Eiweiß *n;* ◇ **отдели́ть ~ от желтка́** das Eiweiß vom Eigelb trennen

белору́с *м₁* ‹-а› Weißrusse *m;* **белору́ска** *ж₁* ‹-и, *род мн:* -сок› Weißrussin *f;* **белору́сский** *прил* ‹-ая, -ое, -ие› weißrussisch

белу́га *ж₁* ‹-и› зоол Beluga *f;* ◇ **реве́ть ~ой** zetern, brüllen

бе́лый *прил* ‹-ая, -ое, -ые› Weiß-, weiß; ◇ **~ хлеб** Weißbrot; ◇ **~ое вино́** Weißwein; мед ◇ **~ая горя́чка** Säuferwahn *m,* Delirium *n;* ◇ **~ гриб** Steinpilz *m;* ◇ **средь ~а дня** am helllichten Tag(e); ◇ **на ~ом све́те** in der weiten Welt

бельё *с₅* ‹-ья́› Wäsche *f;* ◇ **ни́жнее ~** Unterwäsche

бензи́н *м₁* ‹-а› Benzin *n*

бензоколо́нка *ж₁* ‹-и, *род мн:* -нок› Zapfsäule *f*

бе́рег *м₁* ‹-а, *предл*: на берегу́, *мн:* -а́› ① (*побережье*) Ufer *n,* Küste *f;* (*морской*) Strand *m;* ◇ **вы́йти из ~о́в** über die Ufer treten ② (*суша*) Land *n;* ◇ **сойти́ на ~** an Land gehen; ◇ **приста́ть к ~у** anlegen

бережли́вость *ж₅* ‹-и› Sparsamkeit *f;*

бережли́вый *прил* ‹-ая, -ое, -ые› ① (*бережный*) sorgsam ② (*экономный*) wirtschaftlich, sparsam

берёза *ж$_1$* ‹-ы› Birke *f*

береме́нная *прил* ‹-ые› schwanger

бере́т *м$_1$* ‹-а› Baskenmütze *f*

бере́чь * *несов* ‹-егу́, -ежёшь› *кого-что вин* ① (*охранять*) hüten, bewachen ② (*сохранять*) (auf-)bewahren, verwahren; ◇ ~ **та́йну** das Geheimnis wahren ③ (*копить*) sparen ④ (*щадить*) schonen; ◇ ~ **свой си́лы** seine Kräfte schonen; **бере́чься** *несов* ‹-егусь, -ежёшься› *кого-чего род* ① (*быть осторожным*) sich schonen, sich vorsehen; (*предупреждение*) ◇ **береги́сь!** Vorsicht! ② (*остерегаться*) sich hüten, sich in acht nehmen; ◇ ~ **просту́ды** sich vor einer Erkältung schützen; (*угроза*) ◇ **береги́сь!** nimm dich in acht!

берли́нец *м$_5$* ‹-нца› Berliner *m*

берло́га *ж$_1$* ‹-и› Bärenhöhle *f*

бесе́да *ж$_1$* ‹-ы› ① (*разговор*) Gespräch *n*, Unterhaltung *f*; ◇ ~ **за кру́глым столо́м** Gespräch am runden Tisch; ◇ ~ **с гла́зу на гла́з** Aussprache unter vier Augen; ◇ ~ **продолжа́лась два часа́** das Gespräch dauerte zwei Stunden ② (*интервью*) Interview *n* ③ (*собеседование*) Besprechung *f*

бесе́дка *ж$_1$* ‹-и, *род мн:* -док› (Garten-) Laube *f*

бесе́довать V$_{3a}$ *несов* ‹-дую, -дуешь› *с кем-чем тв* ein Gespräch führen, sich unterhalten

бесконе́чно *нареч* ① (*без предела*) unendlich ② (*о времени*) ohne Ende; (*вечно*) ewig; **бесконе́чность** *ж$_5$* ‹-и› Unendlichkeit *f*; (*о времени*) Endlosigkeit *f*; (*вечность*) Ewigkeit *f*; ◇ **до ~и** bis ins Unendliche; **бесконе́чный** *прил* ‹-ая, -ое, -ые› ① (*не имеющий конца*) endlos; ◇ **~ое мирово́е простра́нство** das unendliche Weltall ② (*о времени*) unendlich; (*вечный*) ewig, fortwährend; ◇ **~ые спо́ры** ewige Streiterei ③ (*чрезвычайный*) unendlich, grenzenlos; ◇ **~ое воодушевле́ние** grenzenloser Enthusiasmus

бескоры́стие *с$_4$* ‹-я› Uneigennützigkeit *f*; **бескоры́стный** *прил* ‹-ая, -ое, -ые› uneigennützig, selbstlos

бесноваться V$_{3a}$ *несов* ‹-ну́юсь, -ну́ешься› *без доп* rasen, toben

бесперебо́йный *прил* ‹-ая, -ое, -ые› (*без помех*) störungsfrei; (*непрерывный*) reibungslos, glatt; (*регулярный*) regelmäßig

бесперспекти́вный *прил* ‹-ая, -ое, -ые› perspektivlos, aussichtslos

беспе́чность *ж$_5$* ‹-и› ① (*беззаботность*) Sorglosigkeit *f*; (*легкомыслие*) Leichtsinn *m* ② (*халатность*) Fahrlässigkeit *f*; ◇ **престу́пная** ~ grobe Fahrlässigkeit; **беспе́чный** *прил* ‹-ая, -ое, -ые› ① (*беззаботный*) unbekümmert, sorglos; (*легкомысленный*) leichtsinnig ② (*халатный*) fahrlässig; ◇ **быть ~ым** alles auf die leichte Schulter nehmen

беспла́тный *прил* ‹-ая, -ое, -ые› kostenlos, unentgeltlich; ◇ **~ый биле́т** Freikarte *f*

беспло́дный *прил* ‹-ая, -ое, -ые› ① (*о живых существах*) unfruchtbar, steril ② (*о почве*) unergiebig ③ *перен* (*безрезультатный*) fruchtlos, nutzlos, vergeblich

бесповоро́тный *прил* ‹-ая, -ое, -ые› ① unabänderlich, unwiderruflich; ◇ **~ое реше́ние** endgültige Entscheidung

беспоко́ить V$_{4b}$ *несов* ‹-о́ю, -о́ишь› [**о**~, **по**~ *сов*] *кого-что вин* ① (*волновать*) beunruhigen, jd-m Sorgen machen; ◇ **э́то меня́ беспоко́ит** das macht mir Sorgen ② (*мешать*) stören ③ (*обременять*) belästigen; **беспоко́иться** *несов* ‹-о́юсь, -о́ишься› [**о**~, **по**~ *сов*] *о ком-чём предл (1), без доп (2)* ① (*тревожиться*) sich beunruhigen, besorgt sein; ◇ **не ~о́йся о нём** mach dir keine Sorgen um ihn ② (*утруждать себя*) sich bemühen; ◇ **не ~о́йтесь, я сам сде́лаю** machen Sie sich keine Mühe, ich erledige das selbst; **беспоко́йный** *прил* ‹-ая, -ое, -ые› ① (*испытывающий волнение*) unruhig, ruhelos ② *перен* bewegt; **беспоко́йство** *с$_2$* ‹-а› ① (*волнение*) Aufregung *f*; (*озабоченность*) Besorgnis *f*, Unruhe *f* ② (*хлопоты*) Störung *f*; ◇ **прости́те за** ~ entschuldigen Sie die Störung

беспо́мощность *ж$_5$* ‹-и› ① (*несамостоятельность*) Hilflosigkeit *f* ② (*неловкость*) Unbeholfenheit *f* ③ (*бессилие*) Ohnmacht *f* ④ *перен* (*слабость*) Schwäche *f*; **беспо́мощный** *прил* ‹-ая, -ое, -ые› ① (*несамостоятельный*) hilflos ② (*слабый*) schwach ③ (*неловкий*) unbeholfen ④ (*бессильный*) ohnmächtig

беспоря́док *м$_1$* ‹-дка› ① Unordnung *f* ② ◇ **~дки** *мн* (*волнения*) Unruhen *f pl*; ◇ **зачи́нщики ~дков** Unruhestifter *m*

беспоря́дочный *прил* ‹-ая, -ое, -ые› ① (*бессистемный*) ungeordnet ② (*неряшливый*) liederlich, unordentlich ③ (*хаотичный*) chaotisch

беспо́шлинный *прил* ‹-ая, -ое, -ые› zollfrei, unverzollt

беспоща́дный *прил* ‹-ая, -ое, -ые› ① (*непримиримый*) schonungslos; (*неумолимый*) unerbittlich ② (*жестокий*) erbarmungslos, grausam

беспра́вие $с_4$ ‹-я› ① (*беззаконие*) Gesetzlosigkeit *f* ② (*бесправность*) Rechtlosigkeit *f*; **беспра́вный** *прил* ‹-ая, -ое, -ые› ① (*лишённый прав*) rechtlos ② (*неравноправный*) nicht gleichberechtigt

беспредме́тный *прил* ‹-ая, -ое, -ые› (*бессодержательный*) inhaltslos, gegenstandslos; (*бессмысленный*) sinnlos

беспрепя́тственный *прил* ‹-ая, -ое, -ые› frei, ungehindert; ◇ ~ **въезд в страну́** ungehinderte Einreise in ein Land

беспреры́вный *прил* ‹-ая, -ое, -ые› ununterbrochen, kontinuierlich

бесприме́рный *прил* ‹-ая, -ое, -ые› (*исключительный*) einmalig; (*несравненный*) unvergleichlich, beispiellos; ◇ **быть ~ым в исто́рии Герма́нии** beispiellos in der deutschen Geschichte

беспричи́нный *прил* ‹-ая, -ое, -ые› grundlos; ◇ ~ **смех** grundloses Gelächter

беспро́игрышный *прил* ‹-ая, -ое, -ые› gewinnsicher, verlustlos

бессерде́чный *прил* ‹-ая, -ое, -ые› herzlos, hartherzig

бесси́льный *прил* ‹-ая, -ое, -ые› ① (*слабый*) schwach; (*обессиленный*) kraftlos ② *перен* (*о чувствах*) machtlos, hilflos; ◇ ~ **гнев** ohnmächtige Wut

бессме́ртие *с* ‹-я› Unsterblichkeit *f*; **бессме́ртный** *прил* ‹-ая, -ое, -ые› ① (*живущий вечно*) unsterblich ② (*незабываемый*) unvergeßlich; ◇ **он стяжа́л себе́ ~ую сла́ву** er hat unsterblichen Ruhm erlangt

бессмы́сленный *прил* ‹-ая, -ое, -ые› sinnlos

бессо́вестный *прил* ‹-ая, -ое, -ые› ① (*нечестный*) gewissenlos ② (*наглый*) unverschämt, frech

бессозна́тельный *прил* ‹-ая, -ое, -ые› ① (*с потерей сознания*) bewußtlos, besinnungslos; ◇ ~**ое состоя́ние** Bewußtlosigkeit ② (*неосознанный*) unbewußt; (*непроизвольный*) unbeabsichtigt

бессо́нница $ж_1$ ‹-ы› Schlaflosigkeit *f*; ◇ **сре́дство от ~ы** Schlafmittel *n*

бесспо́рный *прил* ‹-ая, -ое, -ые› (*несомненный*) unbestreitbar; (*неопровержимый*) unumstößlich

бессро́чный *прил* ‹-ая, -ое, -ые› unbefristet; ◇ **~ый трудово́й догово́р** unbefristeter Arbeitsvertrag

бесстра́шный *прил* ‹-ая, -ое, -ые› furchtlos; (*отважный*) kühn

бессты́дный *прил* ‹-ая, -ое, -ые› ① (*непристойный*) schamlos ② (*наглый*) unverschämt

бестолко́вый *прил* ‹-ая, -ое, -ые› ① (*непонятливый*) verständnislos; (*тупой*) begriffsstutzig ② (*невразумительный*) unverständlich

бесхозя́йственность $ж_5$ ‹-и› Mißwirtschaft *f*; **бесхозя́йственный** *прил* ‹-ая, -ое, -ые› unwirtschaftlich; (*непрактичный*) unpraktisch

бесце́нный *прил* ‹-ая, -ое, -ые› ① (*очень ценный*) unschätzbar ② (*дорогой, любимый*) kostbar, wertvoll

бесчелове́чность $ж_5$ ‹-и› Unmenschlichkeit *f*, Grausamkeit *f*

бесчи́нствовать V_{3a} *несов* ‹-твую, -твуешь› *без доп* randalieren; (*безобразничать*) Unfug treiben

бесчу́вственный *прил* ‹-ая, -ое, -ые› ① (*лишённый чувства сострадания*) teilnahmslos, gefühllos ② (*беспощадный*) erbarmungslos, mitleidslos

бечёвка $ж_1$ ‹-и, *род мн:* -вок› Schnur *f*, Bindfaden *m*

бе́шенство $с_2$ ‹-а› ① (*болезнь*) Tollwut *f* ② (*неистовство*) Raserei *f*, Wut *f*; ◇ **прийти́ в** ~ in Wut geraten; **бе́шеный** *прил* ‹-ая, -ое, -ые› ① (*больной*) tollwütig ② (*необузданный*) wütend, rasend; ◇ ~ **хара́ктер** aufbrausender Charakter ③ *перен* (*чрезмерный*) rasend; ◇ **~ая ско́рость** rasende Geschwindigkeit; ◇ **~ые це́ны** horrende Preise

библиоте́ка $ж_1$ ‹-и› Bibliothek *f*

би́блия $ж_4$ ‹-и› Bibel *f*

бидо́н $м_1$ ‹-а› (Blech-)Kanne *f*; ◇ ~ **для молока́** Milchkanne

би́знес $м_1$ ‹-а› Geschäft *n*; ◇ **де́лать большо́й ~ на чём-л** ein großes Geschäft mit etw machen

биле́т $м_1$ ‹-а› ① (*проездной*) Fahrkarte *f*; Ticket *n*; ◇ **ме́сячный** ~ Monatskarte *f*; ◇ **обра́тный** ~ Rückfahrkarte *f*; ◇ **ра́зовый** ~ Einzelkarte; ◇ ~ **на самолёт** Flugticket *n*; ◇ **заказа́ть** ~ eine Fahrkarte vorbestellen ② (*входной*) Eintrittskarte *f*; ◇ **предъявля́ть** ~ die Eintrittskarte vorzeigen ③ (*лотерейный*) Lotterieschein *m* ④ (*членский*) Buch *n*,

Karte *f;* (*удостоверение*) Ausweis *m;* ◇ **партийный** ~ Parteibuch *n;* ◇ **студенческий** ~ Studentenausweis; ◇ **членский** ~ Mitgliederausweis

бильярд $м_1$ <-а> Billard *n*

бинокль $м_2$ <-я> Fernglas *n;* ◇ **театральный** ~ Opernglas *n*

бинт $м_1$ <-á, *мн:* -ы́> ① мед Binde *f* ② спорт Bandage *f*

биржа $ж_1$ <-и> Börse *f;* ◇ ~ **труда** Arbeitsamt *n;* **биржевой** *прил* <-ая, -ое, -ые> Börsen-; ◇ **~ая сделка** Börsengeschäft *n*

бис! *межд* (*вторично*) Zugabe!; ◇ **исполнить что-л на** ~ eine Zugabe geben

битва $ж_1$ <-ы> Schlacht *f;* ◇ ~ **под...** die Schlacht bei...

бить * *несов* <бью, бьёшь> [**по**~ (3), **про**~ (2), **раз**~ (8) *сов*] *по чему дат или во что вин (1), без доп (7), кого-что вин* ① (*ударять*) schlagen; ◇ ~ **в барабан** trommeln; ◇ ~ **в ладоши** in die Hände klatschen; *перен* ◇ ~ **по недостаткам** Mängel bekämpfen ② (*давать сигнал*) schlagen, läuten; ◇ ~ **в колокол** die Glocken läuten; ◇ **часы бьют** die Uhr schlägt; *тж перен* ◇ ~ **отбой** zum Rückzug blasen ③ (*избивать*) (ver-)prügeln ④ (*побеждать*) schlagen, besiegen ⑤ (*резать скот*) schlachten ⑥ (*убивать*) schießen, erlegen; ◇ ~ **кабана** ein Wildschwein schießen ⑦ (*о воде, нефти*) sprudeln, quellen; ◇ ~ **ключом** hervorsprudeln; ◇ ~ **в глаза** in die Augen springen ⑧ (*разбивать*) zerschlagen, zerbrechen; ◇ ~ **посуду** Geschirr zerschlagen; ◇ **его бьёт лихорадка** er hat Schüttelfrost; ◇ ~ **по чьим-л интересам** jd-s Interessen verletzen

бич $м_2$ <-á, *мн:* -и́> ① (*кнут*) Peitsche *f;* ◇ **хлопать ~ом** mit der Peitsche knallen ② *перен* (*бедствие*) Geißel *f*, Plage *f*

благо $с_2$ <-а> ① (*благополучие*) Wohl *n;* (*польза*) Nutzen *m;* ◇ **общественное** ~ Gemeinwohl *n;* ◇ **на** ~ **человечества** zum Wohle der Menschheit ② ◇ **~а** *мн* (*ценности*) Güter *pl;* ◇ **культурные ~а** Kulturgüter; ◇ **всех благ!** alles Gute!

благодарить V_{4a} *несов* <-рю, -ришь> [**по**~ *сов*] *кого-что вин за что вин* danken, sich bedanken; **благодарность** $ж_5$ <-и> ① (*чувство признательности*) Dankbarkeit *f;* ◇ **принять с ~ью что-л** etw mit Dankbarkeit annehmen ② (*слова благодарности*) Dank *m;* ◇ **приносить** ~ seinen Dank aussprechen ③ (*оценка труда*) (offizielle) Dankesbezeigung *f;* **благодаря** *предлог с дат* dank, durch, infolge; ◇ **он выздоровел** ~ **медикаментам** er wurde dank der Medikamente wieder gesund; ◇ ~ **расследованию преступник был наказан** dank der Ermittlungen wurde der Täter bestraft; ◇ ~ **случайности** durch einen Zufall; ◇ ~ **тому, что...** dadurch, daß...

благодетель $м_2$ <-я> Wohltäter *m*

благодушный *прил* <-ая, -ое, -ые> ① (*добродушный*) gut, gutmütig; ◇ **~ое настроение** gute Stimmung ② (*беспечный*) sorglos

благополучие $с_4$ <-я> ① (*спокойствие*) Wohlergehen *n;* (*процветание*) Gedeihen *n;* ◇ **семейное** ~ Familienglück *n* ② (*обеспеченность*) Wohlstand *m;* **благополучный** *прил* <-ая, -ое, -ые> ① (*удачный*) erfolgreich, glatt; ◇ **операция прошла ~о** die Operation verlief erfolgreich; (*счастливый*) glücklich; ◇ ~ **исход** glücklicher Ausgang ② (*благоприятный*) günstig

благоприятный *прил* <-ая, -ое, -ые> ① (*способствующий*) günstig; ◇ **~ая возможность** günstige Gelegenheit ② (*одобрительный*) lobend, anerkennend; ◇ **оставить ~ое впечатление** einen vorteilhaften Eindruck hinterlassen

благоразумие $с_4$ <-я> ① (*рассудительность*) Vernunft *f;* ◇ **проявить** ~ vernünftig handeln ② (*осторожность*) Umsicht *f;* **благоразумный** *прил* <-ая, -ое, -ые> vernünftig, einsichtig, besonnen; ◇ **будьте ~ны!** nehmt Vernunft an!

благосостояние $с_4$ <-я> Wohlstand *m*

благотворительный *прил* <-ая, -ое, -ые> wohltätig, Wohltätigkeits-, Wohlfahrts-; ◇ ~ **концерт** Benefizkonzert *n;* ◇ **~ое учреждение** Wohlfahrtsamt *n;* ◇ ~ **фонд** Wohltätigkeitsfonds *m*

благоустроенный *прил* <-ая, -ое, -ые> gut ausgestattet, bequem, wohlgeordnet, komfortabel

бланк $м_1$ <-а> Formular *n*, Vordruck *m;* ◇ ~ **заказа** Bestellschein *m*

бледнеть V_5 *несов* <-éю, -éешь> [**по**~ *сов*] *без доп (1), перед чем тв (2)* ① (*становиться бледным*) erblassen, blaß werden; ◇ ~ **от страха** vor Angst erbleichen ② *перен* (*казаться незначительным*) verblassen; ◇ **её успех ~ет перед твоим** ihr Erfolg ist nichts gegen deinen

блеск $м_1$ <-а> ① (*сверкание*) Glanz *m*, Blitzen *n*, Funkeln *n* ② *перен* (*великолепие*) Glanz *m*, Pracht *f*, Prunk *m;* ◇ **показать себя во всём ~е** sich von der besten Seite zeigen

блесте́ть * *несов* ‹блещу́, блести́шь› [**блесну́ть** *сов*] *без доп* ① (*ярко светиться*) strahlen, blitzen, funkeln ② (*сверкать*) schimmern; (*светиться*) leuchten; ◇ **глаза́ ~я́т ра́достью** die Augen leuchten vor Freude ③ *перен* (*выделяться*) glänzen; ◇ **~ на экза́менах** beim Examen glänzen; ◇ **он не бле́щет умо́м** er ist nicht der Hellste;

блестя́щий *прил* ‹-ая, -ее, -ие› ① (*сверкающий*) glänzend ② (*великолепный*) prächtig; ◇ **~ее зре́лище** prächtiger Anblick ③ (*выдающийся*) glänzend; ◇ **она́ ~ая актри́са** sie ist eine brillante Schauspielerin

бли́зкий *прил* ‹-ая, -ое, -ие› (*сравн:* бли́же) ① (*недалёкий*) nah ② (*сходный*) nah, ähnlich; ◇ **они́ близки́ во мне́ниях** sie haben ähnliche Meinungen ③ (*о родстве*) nah, nahestehend; ◇ **~ ро́дственник** ein naher Verwandter; ◇ **~ друг** ein enger Freund

близнецы́ *мн$_I$* ‹-о́в› ① (*двойня*) Zwillinge *pl* ② астр Zwillinge *pl*

близору́кий *прил* ‹-ая, -ое, -ие› *тж перен* kurzsichtig

блин *м$_I$* ‹-а́, *мн:* -ы́› Pfannkuchen *m;* ◇ **пе́рвый ~ ко́мом** aller Anfang ist schwer; ◇ **печь что-л как ~ы́** flink bei der Hand sein

блок [1] *м$_I$* ‹-а› ① тех Block *m*, Rolle *f*, Flaschenzug *m* ② стр Block *m;* ◇ **~ домо́в** Häuserblock

блок [2] *м* ‹-а› полит Block *m;* ◇ **страна́, не присоедини́вшаяся к ~у** blockfreies Land

блока́да *ж$_I$* ‹-ы› Blockade *f;* ◇ **подве́ргнуть ~е каку́ю-л страну́** eine Blockade über ein Land verhängen; ◇ **снять торго́вую ~у** die Handelsblockade aufheben

блокно́т *м$_I$* ‹-а› Notizblock *m*

блоха́ *ж$_I$* ‹-и́, *мн:* бло́хи, *род:* блох, *дат:* блоха́м› Floh *m*

блу́за *ж$_I$* ‹-ы› (Arbeits-)Kittel *m*

блу́зка *ж$_I$* ‹-и› Bluse *f*

блю́до *с$_2$* ‹-а› ① (*тарелка*) flache Schüssel *f*, Schale *f;* ◇ **фарфо́ровое ~** Porzellanschale ② (*кушанье*) Gericht *n*, Gang *m;* ◇ **обе́д из двух блюд** Mittagessen aus zwei Gängen

блю́дце *с$_3$* ‹-а, *род мн:* -дец› Untertasse *f*

бобр *м$_I$* ‹-а́, *мн:* -ы́› зоол Biber *m; перен* ◇ **убить ~а́** einen Bock schießen

бог *м$_I$* ‹-а, *мн:* -и, *род:* -о́в, *дат:* -а́м, *тв:* -а́ми, *предл:* -а́х› Gott *m;* ◇ **~ зна́ет** weiß der Himmel; ◇ **сла́ва ~у** Gott sei Dank; ◇ **не дай ~!** Gott bewahre!; ◇ **ра́ди ~а!** um Gottes willen; ◇ **~ с ним!** meinetwegen

бога́тство *с$_2$* ‹-а› ① (*ценности*) Reichtum *m*, Vermögen *n* ② (*роскошь*) Pracht *f;*

бога́тый I. *прил* ‹-ая, -ое, -ые› (*сравн:* бога́че) ① (*зажиточный*) reich ② (*обильный*) reich, reichhaltig; ◇ **~ урожа́й** üppige Ernte; ◇ **Росси́я ~а поле́зными ископа́емыми** Rußland ist reich an Bodenschätzen ③ *перен* (*великолепный*) großartig, herrlich; ◇ **~ го́лос** großartige Stimme II. *мн (A$_I$)* die Reichen *pl*

богаты́рь *м$_2$* ‹-я́, *мн:* -и́› ① (*герой русских былин*) Recke *m*, Held *m* ② *перен* Kraftpaket *n*

бога́че *сравн от* **бога́тый**

богослуже́ние *с$_4$* ‹-я› Gottesdienst *m*

бodри́ться V_{4a} *несов* ‹-рю́сь, -и́шься› [**о~** *сов, Adv. Part. Prät.* ободри́вшись] *без доп* Mut fassen, sich Mut machen

бо́дрость *ж$_5$* ‹-и› (*энергичность*) Munterkeit *f;* (*свежесть*) Frische *f;* (*о пожилом человеке*) Rüstigkeit *f;* ◇ **~ ду́ха** Lebensmut; ◇ **э́то придаёт мне ~** das hebt meine Stimmung;

бо́дрствовать V_{3a} *несов* ‹-твую, -твуешь› *без доп* wach bleiben, wachen;

бо́дрый *прил* ‹-ая, -ое, -ые› (*полный сил*) munter; (*свежий*) frisch; (*живой*) quicklebendig; (*о старике*) rüstig

боево́й *прил* ‹-а́я, -о́е, -ы́е› ① (*относящийся к ведению боя*) Gefechts-, Kampf-; ◇ **~а́я гото́вность** Kampfbereitschaft *f* ② (*воинственный*) kämpferisch ③ (*бойкий*) flink, schneidig; *разг* ◇ **~ па́рень** schneidiger Bursche; ◇ **~о́е креще́ние** Feuertaufe *f*

боеголо́вка *ж$_I$* ‹-и, *род мн:* -вок› ◇ **я́дерная ~** atomarer Sprengkopf *m*

бо́жий *прил* ‹-ья, -ье, -ьи› göttlich, Gottes-; *разг* ◇ **ка́ждый ~ день** tagtäglich; *разг* ◇ **я́сно как ~ день** sonnenklar; ◇ **~ья коро́вка** Marienkäfer *m*

бой *м$_3$* ‹бо́я, *мн:* бои́› ① (*сражение войск*) Gefecht *n;* ◇ **рукопа́шный ~** Handgemenge *n;* ◇ **взять с бо́ю** erstürmen ② (*единоборство*) Kampf *m;* ◇ **кула́чный ~** Faustkampf; ◇ **~ быко́в** Stierkampf ③ (*битое стекло*) Scherben *f pl*, Bruch *m*

бо́йкий *прил* ‹-ая, -ое, -ие› (*сравн:* **бо́йче**) ① (*расторопный*) behend; (*быстрый*) flink; (*живой*) lebhaft; (*находчивый*) findig, schlagfertig; ◇ **име́ть ~ язы́к** schlagfertig sein ② (*оживлённый*) belebt, rege

бойко́т *м$_I$* ‹-а› Boykott *m;* ◇ **присоедини́ться к ~у** sich einem Boykott anschließen

бо́йня *ж$_2$* ‹-и, *род мн:* бо́ен› ① (*скотобойня*) Schlachthof *m* ② *перен* Gemetzel *n;* ◇ **крова́вая ~** Blutbad *n*

бо́йче *сравн от* **бо́йкий**

бок *м₁* ‹-а/-у, *мн:* бокá, *род:* -óв› ① (*сторона*) Seite *f;* ◇ **по ~áм** von beiden Seiten ② (*тела*) Seite *f;* (*у животных*) Flanke *f* ③ *мн* (*бёдра*) Hüften *f pl;* ◇ **у меня́ кóлет в ~ý** ich habe Seitenstechen; ◇ **с ~у нá ~** von einer Seite auf die andere; ◇ **~ ó ~** Seite an Seite; ◇ **под ~ом** in der Nähe; *перен* ◇ **лежáть на ~ý** auf der faulen Haut liegen

бокáл *м₁* ‹-а› (*для вина*) Weinglas *n;* (*для шампанского*) Sektglas *n;* (*для пива*) Bierkrug *m*

бокс *м₁* ‹-а› ① спорт Boxen *n* ② (*состязание*) Boxkampf *m*

боксёр *м₁* ‹-а› Boxer *m*

болвáн *м₁* ‹-а› Tölpel *m,* Dummkopf *m*

бóлее *нареч* ① (*больше*) mehr; ◇ **~ чем** mehr als; ◇ **~ чем когдá-л** mehr denn je; ◇ **~ и́ли мéнее** mehr oder weniger; ◇ **ни ~ ни мéнее** nicht mehr und nicht weniger; ◇ **~ тогó** noch mehr; ◇ **все ~ и ~** immer mehr und mehr; ◇ **тем ~** um so mehr ② (*для образования сравнительной степени прилагательного*) ◇ **~ вáжная задáча** eine wichtigere Aufgabe; ◇ **~ подрóбное сообщéние** eine ausführlichere Information

болéзненный *прил* ‹-ая, -ое, -ые› ① (*склонный к болезни*) kränklich ② *перен* (*неестественный*) krankhaft; ◇ **~о воспринимáть кри́тику** keine Kritik ertragen können ③ (*вызывающий боль*) schmerzhaft;

болéзнь *ж₅* ‹-и› Krankheit *f,* Leiden *n;* ◇ **зарáзная ~** ansteckende Krankheit; ◇ **профессионáльная ~** Berufskrankheit

болéльщик *м₁* ‹-а› спорт Fan *m*

болéть [1] V₅ *несов* ‹-éю, -éешь› *чем тв (1), о ком-чём предл или за кого-что вин (2), за кого-что вин (3)* ① (*быть больным*) krank sein; (*прихварывать*) kränkeln; (*хронически*) leiden an; ◇ **~ ревмати́змом** an Rheuma leiden ② (*заботиться*) sich sorgen, bangen (um); ◇ **~ душóй за что-л** sich etw zu Herzen nehmen ③ спорт jd-m die Daumen halten, Fan sein; ◇ **он ~ет за "Спартáк"** "Spartak" ist seine Lieblingsmannschaft

болéть [2] V₅ *несов* ‹-ли́т, -ля́т, 1 и 2 л. не употр, *Imp.* не боли́› (*испытывать боль*) schmerzen, weh tun; ◇ **у меня́ боли́т живóт** ich habe Bauchschmerzen

болóто *с₂* ‹-а› Sumpf *m*

болтáть [1] V₁ₐ *несов* ‹-áю, -áешь› *что вин (1), чем тв (2)* ① (*размешивать*) rühren, schütteln ② (*покачивать*) baumeln, schlenkern; ◇ **~ ногáми** mit den Beinen baumeln

болтáть [2] *несов* ‹-áю, -áешь› *без доп или о чём предл, разг* plaudern, schwatzen, plappern; ◇ **~ без ýмолку** reden wie ein Wasserfall; ◇ **~ вздор** Blödsinn daherreden

болтовня́ *ж₂* ‹-й› Geschwätz *n;* ◇ **пустáя ~** leeres Geschwätz; ◇ **занимáться ~ёй** tratschen

боль *ж₅* ‹-и› Schmerz *m*

больни́ца *ж₁* ‹-ы› Krankenhaus *n*

бóльно [1] *нареч* ① (*чувствуется боль*) schmerzhaft, empfindlich ② *безл* ◇ **мне ~** es tut mir weh, ich habe Schmerzen; ◇ **дéлать комý-л ~** jd-m weh tun; ◇ **мне ~ за негó** es tut mir leid um ihn

бóльно [2] *нареч, разг* (allzu-)sehr, höchst; ◇ **~ интерéсно** es ist höchst interessant

больнóй I. *прил* ‹-áя, -óе, -ы́е› ① (*нездоровый*) krank; ◇ **он тяжелó бóлен** er ist schwer krank ② *перен* empfindlich, wund; ◇ **~ вопрóс** heikle Frage; ◇ **~ мéсто** wunder Punkt II. *м (А р)* ‹-ого› Kranker *m,* Patient *m;* ◇ **лежáчий ~** bettlägeriger Patient

бóльше ① *прил* (*сравн от прил большой*) größer (als) ② *нареч* (*сравн от нареч много*) mehr; ◇ **~ тогó** noch mehr; ◇ **как мóжно ~** möglichst viel; ◇ **немнóго ~** etwas mehr; ◇ **я ждал ~ двух часóв** ich habe über zwei Stunden gewartet; ◇ **э́то стóит не ~ десяти́ рублéй** das kostet höchstens zehn Rubel; ◇ **~ ничегó** sonst nichts; ◇ **чтоб э́того ~ нé было!** daß das nie wieder vorkommt!; ◇ **всё ~ и ~** immer mehr und mehr

большинствó *с₂* ‹-á› Mehrheit *f,* Mehrzahl *f;* ◇ **подавля́ющее ~** überwiegende Mehrheit; ◇ **~óм в 5 голосóв** mit einer Mehrheit von 5 Stimmen; ◇ **решéние ~а** Mehrheitsbeschluß *m;* ◇ **в ~é слýчаев** meistens

большóй *прил* ‹-áя, -óе, -и́е› (*сравн:* бóльше) ① (*по величине, силе*) groß; ◇ **~ дом** großes Haus; ◇ **~áя рáдость** große Freude ② (*значительный*) groß, bedeutend; ◇ **~áя писáтельница** große Dichterin ③ (*взрослый*) groß; ◇ **~áя дочь** eine erwachsene Tochter ④ (*многочисленный*) groß, viel; ◇ **~áя родня́** große Verwandtschaft; ◇ **~и́е друзья́** dicke Freunde

бóмба *ж₁* ‹-ы› Bombe *f;* ◇ **неразорвáвшаяся ~** Blindgänger *m;* **бомбардирóвка** *ж₁* ‹-и, *род мн:* -вок› (*сбрасывание бомб*) Bombardierung *f;* (*налёт авиации*) Bombenangriff *m*

борéц *м₁* ‹-рцá, *мн:* -рцы́› ① Kämpfer *m,* Verfechter *m* ② спорт Ringer *m*

борови́к *м₁* ‹-á, *мн:* -и́› бот Steinpilz *m*

бородá *ж₁* ‹-ы́, *вин:* бóроду, *мн:* бóроды, *род:* боро́д, *дат:* борода́м> Bart *m;* ◇ **окла́дистая** ~ Vollbart; ◇ **отпусти́ть ~у** sich einen Bart wachsen lassen

борозда́ *ж$_1$* <-ы́, *мн:* бо́розды, *род:* боро́зд, *дат:* борозда́м> Furche *f*

боро́ться * *несов* <борю́сь, бо́решься> *с кем тв за что вин (1), с кем-чем тв или против кого-чего род (2), с чем тв (3)* (1) (*в единоборстве*) kämpfen, ringen; ◇ ~ **за зва́ние чемпио́на** um den Meistertitel ringen (2) (*стремиться уничтожить*) bekämpfen; ◇ ~ **с предрассу́дками** gegen Vorurteile ankämpfen; ◇ ~ **с престу́пностью** die Kriminalität bekämpfen (3) (*о чувствах, стремлениях*) mit sich kämpfen; ◇ ~ **с сомне́ниями** gegen seine Zweifel ankämpfen

борт *м$_1$* <-а, на борту́, *мн:* -а́, *род:* -о́в> (1) мор Bord *m;* ◇ **взять на** ~ an Bord nehmen; *перен* ◇ **оста́ться за ~о́м** übergangen werden, leer ausgehen (2) авто (*стенка кузова*) Seitenwand *f* (3) (*край одежды*) Kleiderborte *f*

борщ *м$_2$* <-а́> Borschtsch *m*

борьба́ *ж$_1$* <-ы́> (1) Kampf *m;* ◇ ~ **за существова́ние** Existenzkampf; ◇ ~ **не на жизнь, а на́ смерть** Kampf um Leben und Tod; ◇ **вести́ ~у́ с чем-л** mit jd-m einen Kampf austragen (2) спорт Ringen *n,* Ringkampf *m;* ◇ **во́льная ~а́** Freistilringen *n*

боти́нок *м$_1$* <-нка, *род мн:* -нок> Schuh *m*

бо́чка *ж$_1$* <-и, *род мн:* -чек> Faß *n,* Tonne *f*

боязли́вый *прил* <-ая, -ое, -ые> ängstlich; (*робкий*) scheu

боя́ться * *несов* <бою́сь, бои́шься (2) 1 и 2 л. не употр> [**по~** *сов*] *кого-чего род или с инф* (1) (*испытывать страх*) Angst haben, (sich) fürchten; ◇ **не бо́йтесь!** keine Bange! (2) (*не переносить*) nicht vertragen; ◇ **цветы́ боя́тся моро́за** die Blumen vertragen keinen Frost

брак [1] *м$_1$* <-а> Ehe *f;* ◇ **незарегистри́рованный** ~ wilde Ehe; ◇ **вступи́ть в** ~ eine Ehe schließen; ◇ **расто́ргнуть** ~ sich scheiden lassen; ◇ **состоя́ть в ~е** verheiratet sein

брак [2] *м* <-а> Ausschußware *f;* ◇ **борьба́ с ~ом** Maßnahmen zur Qualitätssteigerung

брасле́т *м$_1$* <-а> Armband *n*

брат *м$_1$* <-а, *мн:* -тья, *род:* -тьев, *дат:* -тьям, *тв:* -тьями, *предл:* -тьях> (1) Bruder *m;* ◇ **сво́дный** ~ Stiefbruder; ◇ **двоюро́дный** ~ Cousin *m* (2) (*дружеское обращение*) mein Lieber, mein Bester; ◇ **наш** ~ unsereiner; ◇ **на ~а** pro Person

брать * *несов* <беру́, берёшь, (8) 1 и 2 л. не употр> [**взять** *сов*] *кого-что вин* (1) (*схватывать*) nehmen, greifen (2) (~ *с собой*) mitnehmen (3) (*одолжить*) borgen, leihen (4) (*принять на работу*) einstellen; воен ◇ ~ **в солда́ты** (zum Militär) einziehen (5) übernehmen; ◇ ~ **на себя́ отве́тственность** Verantwortung übernehmen (6) (*требовать*) (ein-)fordern, erheben; ◇ ~ **до́лги** Schulden einfordern (7) (*купить*) kaufen; ◇ ~ **входно́й биле́т** eine Eintrittskarte besorgen [kaufen] (8) (*о чувствах*) ergreifen; ◇ **её брал страх** Entsetzen erfaßte sie; ◇ ~ **на учёт** registrieren, berücksichtigen; ◇ ~ **приме́р с кого́-л** sich an jd-m ein Beispiel nehmen; ◇ ~ **себя́ в ру́ки** sich beherrschen; (*о реке*) ◇ ~ **нача́ло** entspringen

бревно́ *с$_2$* <-а́, *мн:* брёвна, *род:* -вен, *дат:* -внам> (1) (*ствол дерева*) Baumstamm *m* (2) *перен* (*о человеке*) ungehobelter Kerl! (3) спорт Schwebebalken *m*

бред *м$_1$* <-а> (1) мед Wahn *m;* (*бессвязная речь*) Delirium *n;* ◇ **больно́й в ~у́** der Kranke phantasiert (2) (*перен вздор*) Unsinn *m;* ◇ **рассужде́ния его́ - сплошно́й** ~ seine Überlegungn sind völlig unsinnig

брезгли́вый *прил* <-ая, ое, -ые> (1) (*привередливый*) Ekel empfindend; ◇ **~ое чу́вство** Ekelgefühl (2) (*выражающий отвращение*) angewidert

бре́мя *с$_6$* <-мени> *тж перен* Last *f,* Bürde *f;* ◇ **взять на себя́ непоси́льное** ~ eine schwere Bürde auf sich nehmen

брести́ * *несов, опред, см.* **броди́ть** <бреду́, бредёшь> *без доп* (1) (*идти с трудом*) sich schleppen (2) schlendern, langsam gehen

брига́да *ж$_1$* <-ы> (1) воен Brigade *f* (2) (*производственная*) Mannschaft *f,* Brigade *f,* Team *n;* ж.-д. ◇ **поездна́я** ~ Zugpersonal *n*

бри́тва *ж$_1$* <-ы> Rasiermesser *n;* (*лезвие*) Rasierklinge *f;* ◇ **безопа́сная** ~ Rasierapparat *m;* ◇ **име́ть язы́к как** ~ Haare auf den Zähnen haben; **бри́ться** * *несов* <бре́юсь, бре́ешься> [**по~** *сов*] *без доп* sich rasieren; (*у парикмахера*) sich rasieren lassen

бровь *ж$_5$* <-и, *род мн:* -ве́й> (Augen-)Braue *f;* ◇ **хму́рить ~и** die Stirn runzeln; ◇ **она́ и ~ью не повела́** sie hat mit keiner Wimper gezuckt

броди́ть * *несов, неопред, см.* **брести́** <брожу́, бро́дишь> *без доп* (*брести*) wandern; (*бесцельно*) umherstreichen; (*слоняться*) umherschlendern; ◇ ~ **по́ лесу** im Wald spazierengehen

бродя́га *м, как ж$_1$* <-и> Landstreicher *m*

брони́ровать V_{3a} *несов* <-рую, -руешь> [**за**~ *сов*] *что вин* reservieren, sichern

бро́ня *ж*$_4$ <-и> ① (*закрепление*) Reservierung *f,* Sicherung *f;* ◇ ~ **на кварти́ру** Wohnungsreservierung *f* ② (*о военнообязанных*) Freistellung *f*

бро́сить * *сов* <бро́шу, бро́сишь> [**броса́ть** V_{1a} *несов*] *кого-что вин или чем тв (1), кого-что или с инф (2, 3), кого-что вин (4)* ① (*кинуть*) werfen; ◇ ~ **снежко́м в кого́-л** mit einem Schneeball nach jd-m werfen ② (*покинуть*) verlassen; ◇ ~ **семьё** die Familie verlassen ③ (*перестать*) aufhören, aufgeben; ◇ ~ **кури́ть** aufhören zu rauchen; ◇ **брось!** laß das! ④ *перен* (*срочно направить*) werfen; ◇ ~ **това́ры на ры́нок** Waren auf den Markt werfen; ◇ ~ **кому́-л упрёк** jd-m einen Vorwurf machen; ◇ **меня́ ~ло в жар** mir wurde ganz anders; **бро́ситься** *сов* <-о́шусь, -сишься> [**броса́ться** *несов*] *без доп или с инф (1), без доп (2)* ① (*устремиться*) sich stürzen; ◇ ~ **на ше́ю кому́-л** sich jd-m an den Hals werfen; ◇ ~ **в сто́рону** zur Seite springen; ◇ ~ **бежа́ть** davonlaufen; ◇ ~ **помога́ть** jd-m zu Hilfe eilen; ◇ ~ **в глаза́** ins Auge springen, auffallen ② (*прыгнуть с высоты*) sich stürzen; ◇ ~ **с моста́** sich von der Brücke stürzen

бро́шка *ж*$_1$ <-и, *род мн:* -шек>, **брошь** *ж*$_5$ <-и> Brosche *f*

брошю́ра *ж*$_1$ <-ы> Broschüre *f*

бруснúка *ж*$_1$ <-и> Preiselbeere *f*

бры́нза *ж*$_1$ <-ы> Schafskäse *m*

брю́ки *мн*$_1$ <брюк> Hose *f*

бу́блик *м*$_1$ <-а> Kringel *m*

буди́льник *м*$_1$ <-а> Wecker *m;* **буди́ть** V_{4a} *несов* <бужу́, бу́дишь> [**раз**~ (1), **про**~ (2) *сов*] *кого-что вин* ① (*заставлять проснуться*) (auf-)wecken ② *перен* erwecken, hervorrufen; ◇ ~ **до́брые чу́вства** angenehme Gefühle erwecken

бу́дни *мн*$_2$ <-ей> ① (*рабочие дни*) Werktag *m,* Wochentag *m;* ◇ **по ~ям** an Wochentagen ② *перен* Alltag *m*

бу́дто I. *союз* ① (*словно, как если бы*) als, als ob, als wenn; ◇ **он продолжа́л спать,** ~ **звоно́к не слы́шал** er schlief weiter, als hätte er die Klingel nicht gehört; ◇ ~ **ты сам э́того не зна́ешь** als ob du das nicht wüßtest ② (*что – выражает неуверенность*) daß; ◇ **говоря́т,** ~ **она́ укра́ла** man sagt, daß sie gestohlen habe II. *частица разг* (*кажется*) es scheint; ◇ **мне ка́жется,** ~ **кто-то идёт** mir scheint, da kommt jemand

бу́дущее *с (А₂)* <-его> Zukunft *f;* ◇ **в ближа́йшем ~ем** in absehbarer Zeit; ◇ **неуве́ренность в ~ем** Zukunftsangst *f*

бу́йвол *м*$_1$ <-а> Büffel *m*

бу́йный *прил* <-ая, -ое, -ые> ① (*порывистый*) stürmisch, wild ② (*своенравный*) unbändig, ungestüm; ◇ ~ **нрав** unbändiges Wesen; ◇ ~ **рост** üppiges Wachstum; ◇ ~**ое помеша́тельство** Tobsucht *f*

бук *м*$_1$ <-а> Buche *f*

бу́ква *ж*$_1$ <-ы> ① *полигр* Letter *f* ② (*печатная*) Buchstabe *m;* ◇ **прописна́я** ~ Großbuchtabe; ◇ **нача́льная** ~ Anfangsbuchstabe; ◇ ~ **в ~у** buchstäblich; **буква́льный** *прил* <-ая, -ое, -ые> ① (*дословный*) buchstäblich; ◇ ~ **перево́д** wörtliche Übersetzung ② (*точный, прямой*) buchstäblich, tatsächlich; ◇ **в ~ом смы́сле сло́ва** im wahrsten Sinne des Wortes

буква́рь *м*$_2$ <-я́, *мн:* -и́> Fibel *f*

буке́т *м*$_1$ <-а> Blumenstrauß *m*

була́вка *ж*$_1$ <-и, *род мн:* -вок> Stecknadel *f*

бу́лка *ж*$_1$ <-и, *род мн:* -лок> Brötchen *n;* ◇ **сдо́бная** ~ Milchbrötchen

бу́лочная *ж (А₁)* <-ой> Bäckerei *f*

бульдо́зер *м*$_1$ <-а> Bulldozer *m*

бума́га *ж*$_1$ <-и> ① (*материал*) Papier *n* ② (*письменный документ*) Schriftstück *n,* Schreiben *n* ③ ◇ **~и** *мн* (*документы*) Papiere *n pl,* Dokumente *n pl;* ◇ **це́нные ~и** Wertpapiere

бума́жник *м*$_1$ <-а> Brieftasche *f*

бунт *м*$_1$ <-а> (*восстание*) Aufruhr *m,* Rebellion *f,* Revolte *f;* (*мятеж*) Meuterei *f;* **бунтова́ть** V_{3a} *несов* <-ту́ю, -ту́ешь> [**вз**~ *сов*] *без доп (1, 3), кого-что вин (2)* ① (*участвовать в бунте*) sich empören, rebellieren, meutern ② (*подстрекать*) aufwiegeln; ◇ ~ **наро́д** das Volk aufwiegeln ③ *перен* (*протестовать*) einen Aufstand machen, protestieren

бура́н *м*$_1$ <-а> Schneesturm *m,* Schneegestöber *n*

буржуази́я *ж*$_3$ <-и> Bourgeoisie *f*

бу́рный *прил* <-ая, -ое, -ые> ① (*стремительный*) heftig, stürmisch; ◇ ~ **океа́н** stürmische See; ◇ ~ **поры́в ве́тра** heftiger Windstoß ② (*неистовый*) ungestüm, leidenschaftlich; ◇ ~ **восто́рг** stürmische Begeisterung ③ *перен* (*полный событий*) stürmisch; ◇ **~ая жизнь** bewegtes Leben

бу́ря *ж*$_2$ <-и> Sturm *m,* Unwetter *n*

бу́сы *мн*$_1$ <бус> Halskette *f*

бутербро́д *м*$_1$ <-а> belegtes Brot *n*

буты́лка *ж*$_1$ <-и, *род мн:* -лок> Flasche *f*

буфе́т *м*$_1$ ‹-а› ① (*шкаф*) Geschirrschrank *m* ② (*стойка*) Theke *f* ③ (*закусочная*) Schnellimbiß *m*

бухгалте́рия *ж*$_4$ ‹-и› Buchhaltung *f*, Buchführung *f*

бу́хта *ж*$_1$ ‹-ы› Bucht *f*

бушева́ть V$_{3b}$ *несов* ‹-шу́ю, -шу́ешь, (1) 1 и 2 л. не употр› *без доп* ① (*о стихии*) tosen, wüten, brausen; (*о волнах, море*) branden, hochgehen ② *разг перен* (*скандалить*) toben, randalieren

бы *частица* ① (*при выражении пожелания*) ◇ **я ~ охо́тно посети́л э́ту вы́ставку** ich würde gern diese Ausstellung besuchen; ◇ **дождя́ ~** wenn es doch regnen würde; ◇ **побо́льше ~ вре́мени** wenn man mehr Zeit hätte ② (*при выражении вежливого предложения*) ◇ **ты ~ пое́л немно́го** iß doch ein wenig; ◇ **вы ~ присе́ли** nehmen Sie doch Platz ③ (*для выражения сослагательного наклонения*) ◇ **е́сли ~ он был в го́роде, он пришёл ~ к нам** wenn er in der Stadt wäre, würde er zu uns kommen

быва́ть V$_{1a}$ *несов* ‹-а́ю, -а́ешь, (2, 4) 1 и 2 л. не употр› *без доп* ① (*находиться*) sich befinden, sein; ◇ **по суббо́там он ~ет до́ма** samstags ist er zu Hause ② (*случаться*) vorkommen, geschehen; ◇ **ча́сто ~ет, что...** es kommt oft vor, daß...; ◇ **не ~ э́тому** das wird nie geschehen ③ (*посещать*) zu sein pflegen, besuchen; ◇ **~ у друзе́й** Freunde (regelmäßig) besuchen ④ (*происходить*) stattfinden; ◇ **экску́рсии ~ют по воскресе́ньям** Führungen finden sonntags statt; ◇ **как ни в чём не ~ло** als ob nichts gewesen wäre

бы́вший *прил* ‹-ая, -ее, -ие› ehemalig, früher, einstig; ◇ **~ая руководи́тельница отде́ла** die frühere Abteilungsleiterin; ◇ **~ чемпио́н ми́ра** der Ex-Weltmeister

бык *м*$_1$ ‹-а́, *мн:* -и́› Stier *m*; (*племенной*) Zuchtbulle *m*; ◇ **он здоро́в как ~** er ist kerngesund

бы́ло *частица* ① (*сначала*) zuerst, anfangs; ◇ **я ~ на́чал чита́ть, но пото́м усну́л** zuerst fing ich an zu lesen, aber dann bin ich eingeschlafen; ◇ **я ~ во́все тебя́ не заме́тил** ich habe dich zuerst gar nicht bemerkt ② (*собственно говоря*) eigentlich; ◇ **я ~ во́все не хоте́л идти́ сего́дня за поку́пками** eigentlich wollte ich heute nicht einkaufen gehen ③ (*чуть было не...*) fast, beinahe; ◇ **чуть ~ не забы́л** fast hätte ich es vergessen

бы́стрый *прил* ‹-ая, -ое, -ые› (*скорый*) schnell; (*проворный*) flink, fix

быт *м*$_1$ ‹-а› ① (*уклад жизни*) Lebensweise *f* ② (*нравы и обычаи*) Sitten und Bräuche *pl* ③ (*повседневность*) Alltag *m*; ◇ **слу́жба ~а** Dienstleistungen *f pl*; ◇ **э́то про́чно вошло́ в ~** das hat sich fest eingebürgert

бытие́ *с*$_4$ ‹-я́› (Da-)Sein *n*

бытово́й *прил* ‹-а́я, -о́е, -ы́е› ① (*повседневный*) Lebens-, Umgangs-; ◇ **~ые усло́вия** Lebensumstände *m pl* ② (*используемый в домашнем хозяйстве*) Haushalts-; ◇ **~ые прибо́ры** Haushaltsgeräte

быть * *несов* ‹тк 3 л. *ед:* есть› *без доп* ① (*вспомогательный глагол*) (*существовать*) sein, werden; ◇ **кем ты хо́чешь ~?** was willst du mal werden? ② (*присутствовать, иметься*) anwesend sein, beiwohnen; ◇ **~ в отсу́тствии** abwesend sein, fehlen; ◇ **~ в шко́ле** in der Schule sein ③ (*иметь место*) stattfinden; ◇ **за́втра ве́чером бу́дет интере́сный конце́рт** morgen abend wird ein interessantes Konzert stattfinden; ◇ **бу́дьте так добры́** seien Sie so gut [liebenswürdig]; ◇ **как ~?** was tun?; ◇ **мо́жет ~** vielleicht, kann sein; ◇ **~ в си́лах** imstande sein; ◇ **бу́дет тебе́!** genug davon!; ◇ **~ в тя́гость кому́-л** jd-m zur Last fallen

бюдже́т *м*$_1$ ‹-а› Budget *n*, Haushalt *m*, Etat *m*; ◇ **госуда́рственный ~** Staatshaushalt; ◇ **утвержда́ть ~** den Haushaltsentwurf verabschieden

бюллете́нить V$_{4b}$ *несов* ‹-ню, -нишь› *без доп разг* (*болеть*) krankgeschrieben sein

бюллете́нь *м*$_2$ ‹-я› ① (*сообщение*) Bekanntmachung *f*, Bericht *m*; ◇ **метеорологи́ческий ~** Wetterbericht ② (*для голосования*) Schein *m*; ◇ **избира́тельный ~** Stimmzettel *m* ③ *разг* (*листок нетрудоспособности*) Krankenschein *m* ④ (*периодическое издание*) Bulletin *n*

бюро́ *с* ‹нескл› ① (*учреждение*) Büro *n*; ◇ **посре́дническое ~** Vermittlungsbüro; ◇ **похоро́нное ~** Bestattungsunternehmen *n*; ◇ **спра́вочное ~** Auskunftsbüro; ◇ **~ нахо́док** Fundbüro *n*; ◇ **~ путеше́ствий** Reisebüro ② (*письменный стол*) Sekretär *m*, Schreibtisch *m*

бюрокра́т *м*$_1$ ‹-а› Bürokrat *m*

бюст *м*$_1$ ‹-а› ① (*скульптура*) Büste *f* ② (*женская грудь*) Büste *f*, Brust *f*

бюстга́льтер *м*$_1$ ‹-а› BH *m*, Büstenhalter *m*

В

в I. *предлог с вин или предл* ① (*для обозначения места, направления куда-л, нахождения где-л*) in, nach; ◇ **он живёт ~ Сиби́ри** er lebt in Sibirien; ◇ **он е́дет ~ Петербу́рг** er fährt nach St. Petersburg ② (*при обозначения сферы деятельности*) zu, bei, in; ◇ **вовле́чь ~ рабо́ту** zu einer Arbeit heranziehen; ◇ **она́ весь день ~ рабо́те** sie ist den ganzen Tag bei der Arbeit ③ (*для обозначения состояния*) in, zu; ◇ **растере́ть ~ порошо́к** zu Pulver verreiben; ◇ **все па́льцы ~ черни́лах** alle Finger sind mit Tinte verschmiert; ◇ **са́хар ~ куска́х** Würfelzucker *m* ④ (*при указании на внешний вид*) in; ◇ **ходи́ть ~ шу́бе** einen Pelzmantel tragen; ◇ **наряди́ться ~ но́вое пла́тье** das neue Kleid anziehen ⑤ (*для обозначения количества*) von, in; ◇ **ко́мната ~ два́дцать ме́тров** ein zwanzig Meter langes Zimmer; ◇ **коме́дия ~ трёх а́ктах** eine Komödie in drei Akten ⑥ (*для обозначения качества, свойства*) in; ◇ **~ све́тлых тона́х** in hellen Tönen; ◇ **~ хоро́шем настрое́нии** in guter Stimmung ⑦ (*при обозначении времени*) in, an, um; ◇ **~ ночь на пя́тницу** in der Nacht zu Freitag; ◇ **~ про́шлом году́** im letzten Jahr; ◇ **~ пя́том часу́** kurz nach vier Uhr II. *предлог с вин* ① (*при обозначении соотношений чисел*) ◇ **~ три ра́за ме́ньше** dreimal weniger ② (*ради, для, в качестве чего-л*) zu, um; ◇ **сде́лать что-л ~ насме́шку** etw zum Spott tun; ◇ **не ~ оби́ду будь ска́зано** nichts für ungut ③ (*для указания на сходство с кем-л*) ◇ **весь ~ мать** ganz die Mutter III. *предлог с предл* ① (*при обозначении расстояния от чего-л*) ◇ **~ двух шага́х от до́ма** ein paar Schritte vorm Haus; ◇ **она́ живёт ~ пяти́ мину́тах езды́ от го́рода** sie wohnt fünf Minuten mit dem Auto von der Stadt entfernt ② (*при обозначении состояния*) ◇ **~ дождь** bei Regenwetter; ◇ **~ знак дру́жбы** als Zeichen der Freundschaft; ◇ **сло́во ~ сло́во** Wort für Wort; **быть ~ о́тпуске** im Urlaub sein; ◇ **~ откры́том мо́ре** auf offener See; ◇ **игра́ть ~ футбо́л** Fußball spielen

ваго́н *м*$_1$ ‹-а› Waggon *m;* ◇ **спа́льный ~** Schlafwagen; ◇ **това́рный ~** Güterwagen; *перен* ◇ **вре́мени у нас ~** wir haben noch massig Zeit

ва́жность *ж*$_5$ ‹-и› ① (*значительность*) Wichtigkeit *f*, Bedeutung *f;* ◇ **велика́ ~!** das ist ganz unwichtig! ② (*надменность*) Wichtigtuerei *f;* **ва́жный** *прил* ‹-ая, -ое, -ые› ① (*значительный*) wichtig, bedeutend; ◇ **~ое сообще́ние** wichtige Mitteilung ② (*серьёзный*) gewichtig, maßgebend; (*высокий по должности*) einflußreich; *разг* ◇ **~ая пти́ца** hohes Tier ③ (*надменный*) hochmütig, aufgeblasen

ва́за *ж*$_1$ ‹-ы› Schale *f*

вака́нсия *ж*$_4$ ‹-и› offene, unbesetzte Stelle *f;* **вака́нтный** *прил* ‹-ая, -ое, -ые› unbesetzt, frei

вал[1] *м*$_1$ ‹-а, *мн:*-ы́, *род:*-о́в› ① (*земляная насыпь*) Wall *m* ② (*волна*) Welle

вал[2] *м*$_1$ ‹-а› *тех* Welle *f;* ◇ **коле́нчатый ~** Kurbelwelle

ва́ленки *мн*$_1$ ‹-нок› Filzstiefel *m pl*

вальс *м*$_1$ ‹-а› Walzer *m*

валю́та *ж*$_1$ ‹-ы› *эк* ① (*денежная система страны*) Währung *f* ② (*платёжные средства*) Devisen *f pl;* ◇ **обме́н ~ы** Geldumtausch *m;* ◇ **плати́ть в твёрдой ~е** mit harter Währung bezahlen; **валю́тный** *прил* ‹-ая, -ое, -ые› Währungs-, Devisen-; ◇ **~ курс** Wechselkurs *m;* ◇ **Междунаро́дный ~ фонд** Internationaler Währungsfond

вам *см.* **вы**

ва́ми *см.* **вы**

ва́нна *ж*$_1$ ‹-ы› ① (*для купания*) (Bade-) Wanne *f;* ◇ **сесть в ~у** sich in die Wanne setzen ② (*процедура*) Bad *n;* ◇ **со́лнечная ~** Sonnenbad; ◇ **приня́ть ~у** ein Bad nehmen; **ва́нная** *ж (А j)* ‹-ой› Badezimmer *n*

ва́рварство *с*$_2$ ‹-а› ① (*дикость*) Barbarei *f* ② (*жестокость*) Grausamkeit *f*

варе́нье *с*$_5$ ‹-я› Konfitüre *f*

вари́ть V$_{4a}$ *несов* ‹варю́, ва́ришь› [**с~** *сов*] *что вин* kochen; ◇ **~ суп/обе́д** Suppe/Mittagessen kochen; ◇ **~ пи́во** Bier brauen

ватру́шка *ж*$_1$ ‹-и, *род мн:* -шек› Käsekuchen *m*

ва́хта *ж*$_1$ ‹-ы› *мор* Wache *f;* ◇ **нести́ ~у** Wache halten

вахтёр *м*$_1$ ‹-а› Wächter *m*, Pförtner *m*

ваш(а, е, и) *притяж мест* ① (*принадлежащий вам*) euer; (*форма вежливости*) Ihr; (*без сущ*) der (die, das) eure, der (die, das) eurige; (*форма вежливости*) der (die, das) Ihrige; ◇ **э́та кни́га ~а** das ist Ihr/euer Buch; ◇ **да́йте мне мою́ кни́гу, а я дам вам ~у** gebt mir mein Buch, und ich gebe euch eures ② (*в значении сущ*) (*собственность*) das eure, das Ihre ③ *мн* (*в значении сущ*) (*родные*) die Euren, die Eurigen, die Ihrigen; ◇ **лу́чше ~его** besser als ihr/Sie; ◇ **э́то ~е де́ло** das ist eure/Ihre Sache

вбить *сов* ‹вобью́, вобьёшь› [**вбива́ть** *несов*] *что вин во что вин (1), что вин кому дат (2)* ① (*вколотить*) (hin-)einschlagen; ◇ **~ гвоздь в сте́ну** einen Nagel in die Wand schlagen ② *перен* (*убедить*) eintrichtern; ◇ **э́тому не́учу ничего́ в го́лову не вобьёшь** diesem Trottel ist nichts beizubringen; ◇ **~ себе́ в го́лову** sich etw in den Kopf setzen

вблизи́ *нареч* in der Nähe, nahe bei

ввали́ться V_{4a} *сов* ‹ввалю́сь, ввáлишься, (2) 1 и 2 л. не употр› [**ввáливаться** *несов*] *во что вин (1, 3) без доп (2)* ① (*упасть внутрь*) hineinfallen; ◇ **~ в я́му** in eine Grube fallen ② (*стать впалым*) einfallen; ◇ **щёки ввали́лись** die Wangen sind eingefallen ③ *разг* (*войти*) hineinstürzen; ◇ **в дом ввали́лась це́лая вата́га** eine ganze Bande platzte in das Haus hinein

введе́ние c_4 ‹-я› ① (*действие*) Einführung *f;* ◇ **~ в до́лжность** Einführung in ein Amt ② (*вступление*) Einleitung *f*

ввезти́ * *сов* ‹-зу, -зёшь› [**ввози́ть** *несов*] *кого-что вин во что вин* ① (*доставить куда-л*) bringen, hineinfahren ② эк einführen, importieren

вверх *нареч* (*в высоту*) nach oben, hinauf; ◇ **~ по реке́** flußaufwärts; (*внутренней стороной наружу*) ◇ **носи́ть шу́бу ме́хом ~** den Pelzmantel verkehrt herum tragen; ◇ **ру́ки ~!** Hände hoch!; ◇ **стоя́ть ~ нога́ми** auf dem Kopf stehen

ввести́ * *сов* ‹введу́, введёшь› [**вводи́ть** *несов*] *кого-что вин во что вин, что вин (6)* ① (*привести*) hin(ein)führen; ◇ **~ ло́шадь в коню́шню** das Pferd in den Stall führen ② (*поместить*) eingeben; ◇ **~ да́нные в ЭВМ** Daten in den Computer eingeben ③ (*сделать действующим*) in Betrieb nehmen ④ (*вовлечь*) hineinziehen; ◇ **~ в заблужде́ние** irreführen; ◇ **~ в расхо́д** Kosten verursachen ⑤ (*ознакомить*) einführen; ◇ **~ сотру́дника в курс де́ла** den Mitarbeiter in eine Sache einweihen ⑥ (*положить начало*) einführen, einsetzen; ◇ **~ но́вую мето́дику преподава́ния** eine neue Lehrmethode einführen

ввиду́ *предлог с род* angesichts *gen,* wegen *gen;* ◇ **~ моє́й боле́зни** wegen meiner Krankheit; ◇ **~ того́, что** angesichts dessen, daß

ввод $м_1$ ① (*действие*) Einführung *f;* ◇ **~ в эксплуата́цию** Inbetriebnahme *f* ② тех Anschluß *m;* ◇ **электри́ческий ~** Stromanschluß

вводи́ть * *несов от* **ввести́**

ввоз $м_1$ ‹-а› Einfuhr *f,* Import *m*

ввози́ть * *несов от* **ввезти́**

ввяза́ться * *сов* ‹ввяжу́сь, ввя́жешься› [**ввя́зываться** *несов*] *во что вин, разг* (*вмешаться*) sich einmischen, verwickelt werden

вдалеке́, вдали́ *нареч* in der Ferne; ◇ **~ от ро́дины** fern der Heimat

вдво́е *нареч* ① (*в два раза*) zweimal, zweifach, doppelt; ◇ **увели́чивать ~** um das Zweifache erhöhen; (*по количеству*) ◇ **~ бо́льше** zweimal [doppelt] soviel; (*по размеру*) ◇ **~ бо́льше** zweimal so groß; (*по количеству*) ◇ **~ ме́ньше** halb soviel; (*по размеру*) ◇ **~ ме́ньше** halb so groß ② (*в два слоя; согнув пополам*) in zwei Hälften

вдеть * *сов* ‹-е́ну, -е́нешь› [**вдева́ть** V_{1a} *несов*] *что вин во что вин* (*вдёрнуть*) durchziehen, einfädeln; ◇ **~ ни́тку в иго́лку** einen Faden in die Nadel einfädeln

вдоба́вок *нареч* zusätzlich, außerdem, obendrein

вдова́ $ж_1$ ‹-ы́, *мн:* вдо́вы, *дат:* вдо́вам› Witwe *f;* ◇ **соло́менная ~** Strohwitwe

вдоль I. *нареч* (*по длине*) der Länge nach; ◇ **разре́зать бума́гу ~** das Papier der Länge nach durchschneiden **II.** *предлог с род* (*в направлении длины чего-л*) entlang *akk,* längs *gen;* ◇ **идти́ ~ бе́рега** am Ufer entlanggehen; *разг* (*во всех направлениях*) ◇ **~ и поперёк** kreuz und quer; (*хорошо знать*) ◇ **знать что-л ~ и поперёк** etw in- und auswendig kennen

вдох $м_1$ ‹-а› Atemzug *m;* ◇ **сде́лать глубо́кий ~** tief Luft holen

вдохнове́ние c_4 ‹-я› ① (*творческий подъём*) Inspiration *f* ② (*воодушевление*) Begeisterung *f,* Elan *m*

вдохнови́ть V_{4a} *сов* ‹-влю́, -ви́шь, *Part. Prät. Pass.* -влённый› [**вдохновля́ть** V_{1b} *несов*] *кого-что вин (1), кого-что вин на что вин (2)* ① (*воодушевить*) begeistern ② (*побудить*) inspirieren, anregen

вдохну́ть V_2 *сов, kein Part. Prät. Pass.* ‹-ну́, -нёшь› [**вдыха́ть** V_{1a} *несов*] *что вин (1), что вин в кого-что вин (2)* ① (*сделать вдох*) einatmen ② (*возбудить*) einhauchen, einflößen; ◇ **~ в кого́-л уве́ренность** jd-n zuversichtlich stimmen

вдруг *нареч* ① (*внезапно*) plötzlich ② (*разом*) auf einmal; ◇ **пришли́ все** ~ alle kamen auf einmal; ◇ **а ~?** und wenn doch?

ве́домость *ж₅* <-и> Verzeichnis *n, Liste f*

ве́домственный *прил* <-ая, -ое, -ые> ① (*официальный*) amtlich, behördlich ② (*ограниченный интересами ведомства*) bürokratisch; **ве́домство** *с₂* <-а> Amt *n*

ведро́ *с₂* <-á, *мн:* вёдра, *род:* вёдер, *дат:* вёдрам> Eimer *m;* ◇ **(дождь) льёт как из ~á** es schüttet wie aus Kübeln

ведь I. *усилительная частица* wirklich, ja, doch; ◇ **но я ~ э́того не говори́л** aber das habe ich doch gar nicht gesagt; ◇ **~ я не ребёнок** ich bin doch kein Kind **II.** *союз* (*дело в том, что*) ja, doch; ◇ **~ э́то ску́чно** das ist doch langweilig

ве́ер *м₁* <-а, *мн:* -рá, *род:* рóв> Fächer *m*

ве́жливость *ж₅* <-и> (*воспитанность*) Höflichkeit *f;* (*учтивость*) Zuvorkommenheit *f;* **ве́жливый** *прил* <-ая, -ое, -ые> (*воспитанный*) höflich; (*учтивый*) zuvorkommend

везде́ *нареч* überall; ◇ **он уже́ ~ побыва́л** er war schon überall

везти́ * *несов, опред, см.* **вози́ть** <-зý, -зёшь> *кого-что вин (1, 2), кому-чему дат в чём предл (3)* ① (*доставлять куда-л*) transportieren, befördern; ◇ **по́езд везёт пассажи́ров** der Zug befördert Fahrgäste ② (*перемещать*) hinbringen, (hin-)fahren; ◇ **~ дете́й в де́тский сад** die Kinder zum Kindergarten bringen; ◇ **он везёт меня́ домо́й** er fährt mich nach Hause ③ *безл* (*об удаче*) Glück haben; ◇ **ему́ во всём везёт** er hat immer Glück

век *м₁* <-а, *мн:* -á, *род:* -óв, *предл:* на векý> ① (*столетие*) Jahrhundert *n* ② (*эпоха*) Zeitalter *n* ③ (*жизнь*) Leben *n,* Lebenszeit *f;* ◇ **на моём ~ý** in meinem Leben; ◇ **весь свой ~** sein ganzes Leben ④ *перен разг* (*длительное время*) Ewigkeit *f;* ◇ **мы це́лый ~ не ви́делись** wir haben uns eine Ewigkeit nicht gesehen

ве́ко *с₂* <-а, *мн:* вéки> Augenlid *n*

веково́й *прил* <-ая, -ое, -ые> (*древний*) uralt; (*многовековой*) jahrhundertealt

велика́н *м₁* <-а> Riese *m*

вели́кий *прил* <-ая, -ое, -ие> ① (*очень большой*) sehr groß, gewaltig; ◇ **боти́нки ~ки́** die Schuhe sind zu groß; ◇ **~ие держа́вы** Großmächte *f pl* ② (*выдающийся*) groß, bedeutend; ◇ **~ие лю́ди** Größen *f pl;* ◇ **Пётр Вели́кий** Peter der Große; ◇ **от ма́ла до ~а** jung und alt

великоду́шие *с₄* <-я> Großherzigkeit *f,* Edelmut *m;* **великоду́шный** *прил* <-ая, -ое, -ые> großherzig, edelmütig

вели́чественный *прил* <-ая, -ое, -ые> ① (*исполненный величия*) majestätisch; ◇ **~ые сверше́ния** große Errungenschaften ② (*внушительный*) imposant; **вели́чество** *с₂* <-а> Majestät *f*

величина́ *ж₁* <-ы́, *мн:* -чи́ны, *род:* -чи́н> ① (*размер, объём*) Größe *f;* ◇ **второ́й по ~é** der Zweitgrößte; ◇ **в натура́льную ~ý** in Lebensgröße ② мат, тех Wert *m,* Größe *f;* ◇ **исхо́дная** ~ Bezugsgröße; ◇ **номина́льная** ~ Nominalwert; ◇ **сре́дняя** ~ Mittelwert ③ *перен* Größe *f;* ◇ **э́тот учёный - мирова́я** ~ dieser Wissenschaftler ist eine internationale Größe

велого́нка *ж₁* <-и, *род мн:* -нок> спорт Radrennen *n;* ◇ **~ тур де франс** die Tour de France; **велого́нщик** *м₁* <-а> Radrennfahrer *m;* **велосипе́д** *м₁* <-а> Fahrrad *n;* ◇ **го́ночный** ~ Rennrad *n;* ◇ **е́хать на ~е** mit dem Fahrrad fahren; **велосипеди́ст** *м₁* <-а> Radfahrer *m*

венери́ческий *прил* <-ая, -ое, -ие> мед Geschlechts-; ◇ **~ая боле́знь** Geschlechtskrankheit *f*

вено́к *м₁* <-нкá, *мн:* -нки́, *род:* -нкóв> Kranz *m;* ◇ **возлага́ть ~ к моги́ле** einen Kranz am Grab niederlegen

венча́ние *с₄* <-я> ① (*церковный обряд бракосочетания*) (kirchliche) Trauung *f* ② (*коронование*) Krönung *f;* **венча́ться** V_{1a} *несов* <-áюсь, -áешься, *Part. Prät. Pass.* вéнчанный> [**об~**, **по~** *сов*] *с кем тв* sich kirchlich trauen lassen

ве́ра *ж₁* <-ы> ① (*убеждённость*) Glaube *m,* Zuversicht *f* ② (*доверие*) Vertrauen *n* ③ рел Glaube *m*

верёвка *ж* <-и, *род мн:* -вок, *дат:* -вкам> Seil *n,* Strick *m*

ве́рить V_{4b} *несов* <-рю, -ришь> [**по~** *сов*] *во кого-что вин (1, 3), кому-чему дат (2)* ① (*быть уверенным в ком-чём-л*) an etw *akk* glauben; (*веровать*) ◇ **~ в Бо́га** an Gott glauben ② (*доверять*) glauben, vertrauen; ◇ **~ ка́ждому сло́ву** jedes Wort glauben

ве́рность *ж₅* <-и> ① (*правильность*) Richtigkeit *f;* (*точность*) Genauigkeit *f* ② (*преданность*) Treue *f,* Zuverlässigkeit *f*

верну́ть V_2 *сов, kein Part. Prät. Pass.* <-нý, -нёшь> *кого-что вин* ① (*отдать взятое*) zurückgeben, abgeben ② (*получить обратно*) wiedererlangen, zurückholen; **верну́ться**

сов ‹-ну́сь, -нёшься› *без доп* ① (*прийти обратно*) zurückkommen, zurückkehren ② (*обратиться к чему-л вновь*) zurückkommen (auf)

ве́рный *прил* ‹-ая, -ое, -ые› ① (*правильный*) richtig, wahr ② (*надёжный*) zuverlässig, sicher; ◇ **~ое сре́дство** ein wirksames Mittel ③ (*преданный*) treu; ◇ **быть ~ым своему́ сло́ву** zu seinem Wort stehen ④ (*неизбежный*) sicher, untrüglich; ◇ ~ **вы́игрыш** sicherer Gewinn ⑤ (*точный*) genau, getreu

вероиспове́дание *с₄* ‹-я› Konfession *f*

вероло́мный *прил* ‹-ая, -ое, -ые› (*коварный*) treulos; (*предательский*) verräterisch

вероя́тный *прил* ‹-ая, -ое, -ые› ① (*допустимый*) wahrscheinlich; (*предположительный*) vermutlich; ◇ **вполне́ ~ слу́чай** ein durchaus möglicher Fall; ◇ **о́чень ~о** mit hoher Wahrscheinlichkeit ② (*правдоподобный*) mutmaßlich

вертолёт *м₁* ‹-а› Hubschrauber *m*

верфь *ж₅* ‹-и› Werft *f*

верх *м₁* ‹-а/-у, *мн:* и́, *род:* о́в› ① (*верхняя часть*) Oberteil *n o. m;* ◇ **на са́мом ~у́** im obersten Teil; (*крыша экипажа, автомашины*) Verdeck *n* ② (*лицевая сторона одежды*) Vorderseite *f* ③ (*высшая степень*) Gipfel *m*, Spitze *f;* ◇ **это - ~ её спосо́бностей** sie ist auf dem Höhepunkt ihrer Leistungsfähigkeit ④ ◇ **~и́** *мн* (*правящие круги*) die Oberen *m pl*, die führenden Kreise *m pl*, Chefetage *f;* ◇ **встре́ча в ~а́х** Gipfeltreffen ⑤ *перен* Oberhand *f;* ◇ **взять** ~ die Oberhand gewinnen; **ве́рхний** *прил* ‹-яя, -ее, -ие› (*выше прочих*) ober-, Ober-; ◇ **~ее пла́тье** Oberbekleidung *f;* ◇ **~ее тече́ние Дуна́я** Oberlauf der Donau; ◇ **~яя пала́та (парла́мента)** Oberhaus *n;* **верхо́вный** *прил* ‹-ая, -ое, -ые› oberst, Ober-; *ист* ◇ **В~ Сове́т** Oberster Sowjet *m;* ◇ **В~ Суд** Oberster Gerichtshof *m*

вес *м₁* ‹-а› ① (*масса*) Gewicht *n;* ◇ **чи́стый** ~ Reingewicht; ◇ **~ом в пять кило́** fünf Kilo schwer ② *перен* (*влияние*) Gewicht *n;* Einfluß *m;* (*значение*) Bedeutung *f;* ◇ **она́ по́льзуется больши́м ~ом** sie ist sehr einflußreich ③ *спорт* ◇ **наилегча́йший** ~ Fliegengewicht; ◇ **сре́дний** ~ Mittelgewicht; ◇ **тяжёлый** ~ Schwergewicht

весёлый *прил* ‹-ая, -ое, -ые› heiter, lustig

весна́ *ж₁* ‹-ы́, *мн:* вёсны, *род:* вёсен, *дат:* вёснам› Frühling *m;* ◇ **наступа́ет** ~ es wird Frühling; ◇ **~о́й** im Frühling

весну́шка *ж₁* ‹-и, *род мн:* -шек, *дат:* -шкам› Sommersprosse *f*

вести́ * *несов, опред, см.* **води́ть** ‹веду́, ведёшь› *кого-что вин, к чему дат (5)* ① (*сопровождать*) führen, geleiten; ◇ ~ **больно́го под ру́ку** den Kranken am Arm führen; ◇ ~ **дете́й че́рез доро́гу** die Kinder über die Straße geleiten ② (*о дороге*) führen, gehen; ◇ **доро́га ведёт че́рез лес** der Weg führt durch den Wald ③ (*руководить*) leiten, verwalten; ◇ ~ **кружо́к** eine Gruppe leiten ④ (*управлять*) steuern, lenken ⑤ *перен* (*иметь следствием*) führen, zur Folge haben ⑥ (*осуществлять*) führen; ◇ ~ **перегово́ры** Verhandlungen führen; ◇ ~ **протоко́л** protokollieren; ◇ ~ **сле́дствие** Ermittlungen durchführen; ◇ ~ **себя́** sich benehmen

вестибю́ль *м₂* ‹-я› Eingangshalle *f*

весть *ж₅* ‹-и, *род мн:* -те́й› Nachricht *f;* ◇ **пода́ть ~ о себе́** von sich hören lassen; ◇ **он пропа́л бе́з ~и** er ist verschollen [vermißt]

весы́ *мн₁* ‹-о́в› Waage *f;* ◇ ~ **для взве́шивания пи́сем** Briefwaage

весь (вся, всё, все) *мест* **I.** ① alle ② (*полный*) ganz, all; ◇ **со всей эне́ргией** mit aller Energie ③ (*целиком*) ◇ **все тури́сты здесь** alle Touristen sind hier; ◇ ~ **дом освещён** das ganze Haus ist beleuchtet; ◇ **во ~ го́лос** lauthals, aus vollem Hals; ◇ **я ~ промо́к** ich bin ganz naß geworden **II.** (*в значении сущ*) (*всё, все*) alles, alle; ◇ **он всё забы́л** er hat alles vergessen; ◇ **пре́жде всего́** vor allem **III.** (*при сравн степени*) (*всего*) **лу́чше всего́** am besten; ◇ **прия́тнее всего́ отдыха́ть на мо́ре** am angenehmsten ist ein Urlaub am Meer; ◇ **всего́ хоро́шего!** alles Gute!; ◇ **всё равно́** egal; ◇ **все и вся** alle ohne Ausnahme

ветвь *ж₅* ‹-и, *род мн:* -ве́й, *дат:* -вя́м› Zweig *m*

ве́тер *м₁* ‹-а, *мн:* ве́тры, *род:* -ров, *дат:* -рам› Wind *m;* ◇ **попу́тный** ~ Rückenwind; ◇ **встре́чный** ~ Gegenwind; ◇ **броса́ть слова́ на** ~ in den Wind reden; ◇ **держа́ть нос по́ ~у** den Mantel nach dem Wind hängen

ветера́н *м₁* ‹-а› Veteran *m*

ветерина́р *м₁* ‹-а› Tierarzt *m*

ве́тка *ж₁* ‹-и, *род мн:* -ток› Zweig *m*

ве́то *с* ‹нескл› Veto *n;* ◇ **налага́ть ~ на како́е-л реше́ние** ein Veto gegen eine Entscheidung einlegen

ветчина́ *ж₁* ‹-ы́, *мн:* -чи́ны, *род:* -чи́н› Schinken *m*

ве́ха *ж₁* ‹-и› ① (*шест*) Absteckpfosten *m;* ◇

ста́вить ~и etw abstecken ② *перен* Meilenstein *m;* ◇ **кру́пная ~ в разви́тии нау́ки** ein großer Meilenstein in der Wissenschaft

ве́чер *м₁* ‹-а, *мн:* -а́, *род:* -о́в› ① (*часть суток*) Abend *m;* ◇ **к ~у** gegen Abend; ◇ **по ~а́м** abends ② (*мероприятие*) Abendveranstaltung *f;* ◇ **~ по по́воду дня рожде́ния** Geburtstagsfeier *f;* **вече́рний** *прил* ‹-ая, -ее, -ие› Abend-; ◇ **~яя шко́ла** Abendschule *f;* **ве́чером** *нареч* abends; ◇ **сего́дня ~** heute abend

ве́чный *прил* ‹-ая, -ое, -ые› ① (*не перестающий существовать*) ewig; ◇ **~ая мерзлота́** Dauerfrostboden *m* ② (*повторяющийся*) dauernd, fortwährend

ве́шалка *ж₁* ‹-и, *род мн:* -лок› ① (*крючок*) Kleiderhaken *m;* (*стойка*) Kleiderständer *m;* (*плечики*) Kleiderbügel *m* ② *разг* (*гардероб*) Garderobe *f* ③ (*петля*) Aufhänger *m*

ве́шать[1] V_{1a} *несов* ‹-аю, -аешь› [**пове́сить** * *сов*] *кого-что вин* ① (*помещать в висячем положении*) (auf-)hängen; ◇ **~ карти́ну на сте́ну** ein Bild an die Wand hängen ② (*казнить*) (er-)hängen; (*унывать*) ◇ **~ го́лову** den Kopf hängen lassen

ве́шать[2] V_{1a} *несов* ‹-аю, -аешь› [**с~** *сов*] *кого-что вин* (*взвешивать*) (ab-)wiegen

вещь *ж₅* ‹-и, *род мн:* -ще́й› ① (*предмет*) Sache *f,* Ding *n;* ◇ **антиква́рная ~** Antiquität *f* ② (*место багажа*) Gepäckstück *n;* ◇ **сдать ~и в бага́ж** das Gepäck aufgeben

взаи́мный *прил* ‹-ая, -ое, -ые› gegenseitig, beiderseitig

взаимопонима́ние *с₄* ‹-я› gegenseitiges (Ein-)Verständnis; ◇ **дости́гнуть ~я** zu einem Einvernehmen kommen

взбить * *сов* ‹взобью́, взобьёшь› [**взбива́ть** V_{1a} *несов*] *что вин* ① (*яйца*) rühren; (*сливки*) schlagen ② (*подушки*) aufschütteln

взбунтова́ть V_{3a} *несов от* **бунтова́ть**

взва́ливать V_{1a} *несов* ‹-аю, -аешь› [**взвали́ть** V_{4a} *сов*] *что вин на кого-что вин* ① (*подняв, навалить*) aufladen, aufpacken ② (*обременить*) abwälzen; ◇ **~ вину́ на кого́-л** die Schuld auf jd-n abwälzen

взви́ться * *сов* ‹взовью́сь, взовьёшься› [**взвива́ться** V_{1a} *несов*] *без доп* ① (*взлететь*) aufsteigen; ◇ **пти́ца ~ла́сь вверх** die Vögel schwangen sich in die Höhe; (*о лошади*) sich aufbäumen; (*о флаге*) wehen, flattern ② *перен* (*возмутиться*) sich aufregen; ◇ **~ из-за пустяка́** sich wegen einer Kleinigkeit aufregen

взвод *м₁* ‹-а› Zug *m;* ◇ **команди́р ~а** Zugführer *m*

взгляд *м₁* ‹-а› ① (*взор*) Blick *m;* ◇ **с пе́рвого ~а** auf den ersten Blick; ◇ **бро́сить ~ на кого́/что-л** einen Blick auf jd-n/etw werfen ② (*точка зрения*) Ansicht *f,* Meinung *f;* ◇ **измени́ть свой ~** seine Meinung ändern

вздор *м₁* ‹-а› dummes Zeug *n,* Unsinn *m*

вздро́гнуть V_2 *сов, kein Part. Prät. Pass.* ‹-ну, -нешь› [**вздра́гивать** *несов*] *без доп* zusammenzucken

взлёт *м₁* ‹-а› (*птиц*) Auffliegen *n;* (*самолёта*) Start *m* ② *перен* Aufschwung *m;*

взлете́ть * *сов* ‹взлечу́, взлети́шь› [**взлета́ть** V_{1a} *несов, kein Part. Präs. Pass.*] *без доп* (*о птицах*) (hin-)auffliegen; (*о самолётах*) starten; ◇ **~ на во́здух** in die Luft fliegen, explodieren

взмо́рье *с₅* ‹-я› Strand *m,* Küste *f*

взнос *м₁* ‹-а› ① (*внесение платы*) Zahlung *f* ② (*уплаченные деньги*) Beitrag *m;* ◇ **чле́нский ~** Mitgliedsbeitrag

взойти́ * *сов* ‹-йду́, -йдёшь› [**всходи́ть** *несов*] *на что вин (1), без доп (2, 3)* ① (*подняться наверх*) heraufsteigen, hinaufsteigen; ◇ **~ на́ гору** einen Berg besteigen; ◇ **~ по ле́стнице** die Treppe hinaufgehen ② (*о небесных светилах*) aufgehen; ◇ **со́лнце взошло́** die Sonne ging auf ③ (*о семенах*) aufgehen

взорва́ться * *сов* ‹-ву́сь, -вёшься, (1) 1 и 2 л. не употр› [**взрыва́ться** V_{1a} *несов*] *без доп* ① (*разрушиться от взрыва*) explodieren; (*о бомбе*) detonieren; (*о мине*) hochgehen ② *перен разг* (*возмутиться*) explodieren, platzen; ◇ **услы́шав ложь, он ~лся** als er die Lüge hörte, ging er in die Luft

взрыв *м₁* ‹-а› ① (*разрыв снаряда и т.п.*) Explosion *f,* Detonation *f* ② (*взрывание*) Sprengung *f* ③ *перен* (*сильное проявление*) Ausbruch *m;* ◇ **~ аплодисме́нтов** Beifallssturm *m;* ◇ **~ я́рости** Wutanfall *m;* ◇ **~ сме́ха** Lachanfall *m;* ◇ **демографи́ческий ~** Bevölkerungsexplosion *f*

взрыва́ться V_{1a} *несов от* **взорва́ться**

взыва́ть V_{1a} *несов* ‹-а́ю, -а́ешь› [**воззва́ть** *сов*] *к кому-чему дат о чём предл* anrufen, anflehen; ◇ **~ к кому́-л о по́мощи** jd-n um Hilfe anflehen

взыска́ние *с₄* ‹-я› ① (*наказание*) Strafe *f;* ◇ **наложи́ть на кого́-л ~** gegen jd-n eine Strafe verhängen ② (*принудительное взимание*) Eintreibung *f;* ◇ **~ нало́гов** Steuereintreibung

взыска́ть * *сов* ‹взыщу́, взы́щешь› [**взы́скивать** V_{1a} *несов*] *что вин с кого-чего род (1), с кого-чего род (2)* ① (*потребовать*) einziehen, erheben, einfordern ② (*подвергнуть наказанию*) (be-)strafen; ◇ **не взыщи́(те)** ich bitte um Nachsicht

взя́тка *ж₁* ‹-и, *род мн:* -ток› ① (*подкуп*) Bestechung *f,* Bestechungsgeld *n;* ◇ **дава́ть кому́-л ~у** jd-n bestechen; ◇ **он осуждён за ~у** er wurde wegen Bestechung verurteilt ② карт Stich *m*

взять * *сов* ‹возьму́, возьмёшь› [**брать** * *несов*] *кого-что вин* ① *см.* **брать** ② *разг* (*арестовать*) verhaften, festnehmen ③ (*заключить*) folgern, schließen; ◇ ~ **диста́нцию** auf Abstand gehen; ◇ ~ **курс на что-л** Kurs auf etw nehmen; ◇ ~ **о́тпуск** Urlaub nehmen; ◇ ~ **сло́во** das Wort ergreifen

взя́ться * *сов* ‹возьму́сь, возьмёшься› [**бра́ться** * *несов*] *за кого-что вин (1, 3), за кого-что вин или с инф (2)* ① (*соединиться*) einander anfassen ② (*обязаться*) sich verpflichten, auf sich nehmen; ◇ **он взя́лся написа́ть статью́** er verpflichtete sich, einen Artikel zu schreiben ③ (*приступить*) sich an etw heranmachen, in Angriff nehmen; ◇ ~ **за ум** zur Besinnung kommen; ◇ **отку́да ни возьми́сь** ganz unerwartet

вид [1] *м₁* ‹-а› ① (*внешность*) Aussehen *n;* ◇ **у него́ здоро́вый** ~ er sieht gesund aus; ◇ **ему́ на ~ лет со́рок** seinem Aussehen nach ist er ungefähr vierzig ② (*пейзаж, зрелище*) Landschaft *f,* Aussicht *f;* ◇ **с ~ом на мо́ре** mit Meeresblick ③ (*состояние*) Zustand *m;* ◇ **в нетре́звом ~е** in betrunkenem Zustand ④ (*поле зрения*) Sicht *f;* ◇ **на ~у́ у всех** für jedermann sichtbar; ◇ **скры́ться из ~у** von der Bildfläche verschwinden ⑤ (*видимость*) Schein *m,* Anschein *m;* ◇ **для ~а** zum Schein; ◇ **не показа́ть ~а** sich nichts anmerken lassen ⑥ ◇ **~ы** *мн перен* (*намерения*) Aussichten *f pl,* Absichten *f pl;* ◇ **~ы на бу́дущее** Zukunftsperspektiven; ◇ **ни под каки́м ~ом** auf keinen Fall; ◇ **в ~е доказа́тельства** als Beweis; ◇ **име́ть в ~у́** berücksichtigen

вид [2] *м* ‹-а› ① (*вид, род*) Art *f;* ◇ **~ы расте́ний, живо́тных** Pflanzenart, Tierart ② (*разновидность, тип*) Art *f;* ◇ **~ы обуче́ния** Unterrichtsformen *f pl;* ◇ **~ы спо́рта** Sportarten ③ грам Aspekt *m;* ◇ **(не)соверше́нный** ~ (un)vollendeter Aspekt

видеомагнитофо́н *м₁* ‹-а› Videorekorder *m*

ви́деть * *несов* ‹ви́жу, ви́дишь› [**ви́дывать** V_{1a} *сов*] *кого-что вин* ① (*воспринимать зрением*) sehen; ◇ ~ **во сне** träumen ② (*встречать*) sehen, treffen, begegnen; ◇ **рад Вас** ~ ich freue mich, Sie zu sehen ③ (*сознавать, усматривать*) einsehen; ◇ ~ **свою́ оши́бку** seine Fehler einsehen ④ (*пережить*) mitmachen, erleben; ◇ **он мно́гое ~ел на своём веку́** er hat in seinem Leben viel durchgemacht; ◇ ~ **кого́-л наскво́зь** jd-n durchschauen; **ви́дный** *прил* ‹-ая, -ое, -ые› ① (*заметный*) sichtbar; ◇ **дом ви́ден издалека́** das Haus ist von weitem zu sehen ② (*известный*) angesehen, bedeutend ③ (*статный*) stattlich, ansehnlich

ви́за *ж₁* ‹-ы› ① (*пометка на документе*) Sichtvermerk *m* ② (*разрешение на въезд*) Visum *n;* ◇ **въездна́я** ~ Einreisevisum; ◇ **постоя́нная** ~ unbefristete Aufenthaltserlaubnis; ◇ **запра́шивать ~у** ein Visum beantragen; ◇ **срок ~ы истёк** das Visum ist abgelaufen

визи́т *м₁* ‹-а› Besuch *m;* ◇ **нанести́** ~ einen Besuch abstatten; ◇ **прибы́ть с ~ом** zu Besuch kommen

ви́лка *ж₁* ‹-и, *род мн:* -лок› ① (*столовый прибор*) Gabel *f* ② тех Stecker *m;* ◇ **ште́псельная** ~ Stöpsel *m*

вина́ *ж₁* ‹-ы́› ① (*проступок*) Schuld *f;* (*преступление*) Vergehen *n;* ◇ **вся ~ па́дает на него́** er ist an allem Schuld; ◇ **загла́дить свою́ ~у́** seine Schuld wiedergutmachen ② (*причина*) Ursache *f;* ◇ **~ ава́рии - небре́жность** Fahrlässigkeit war die Unfallursache

винегре́т *м₁* ‹-а› ① (*кушанье*) Salat *m* (*aus Fleisch, Fisch, Gemüse und Eiern*) ② *перен* Mischmasch *m,* Durcheinander *n*

вини́ть V_{4a} *несов* ‹-ню́, -ни́шь› *кого-что вин в чём предл или кого-что вин за что вин* (*считать виноватым*) jd-m die Schuld geben, jd-n beschuldigen; (*упрекать*) vorwerfen; ◇ **я ~ю́ во всём самого́ себя́** ich gebe mir an allem selbst die Schuld

вино́ *с₂* ‹-а́, *мн:* -а› Wein *m*

винова́тый *прил* ‹-ая, -ое, -ые› ① (*виновный в чём-л*) schuldig; ◇ **я во всём винова́т** ich bin an allem schuld ② (*выражающий сознание виновности в чём-л*) schuldbewußt; ◇ **винова́т!** Entschuldigung!, das ist meine Schuld!

виногра́д *м₁* ‹-а› ① (*растение*) Weinrebe *f* ② (*плоды*) Weintrauben *f pl;* ◇ **сбор ~а** Weinlese *f*

винт *м₁* ‹-а́, *мн:* -ы́› Schraube *f;* ◇ **затяну́ть ~** die Schraube anziehen

винто́вка *ж₁* ‹-и, *род мн:* -вок› Gewehr *n*

ви́селица *ж₁* ‹-ы› Galgen *m*
висе́ть * *несов* ‹вишу́, виси́шь› *без доп* hängen; ◇ **карти́ны ~я́т на стене́** die Bilder hängen an der Wand; ◇ **~ на волоске́** am seidenen Faden hängen; ◇ **~ в во́здухе** in der Luft hängen
висо́к *м₁* ‹-ска́› Schläfe *f*
вито́к *м₁* ‹-тка́, *мн:* -тки́› ① (*оборот спирали*) Windung *f* ② (*оборот на орбите*) Erdumkreisung *f* ③ *перен* (*этап*) Etappe *f;* ◇ **но́вый ~ перегово́ров** neue Verhandlungsetappe
витри́на *ж₁* ‹-ы› (*магазина*) Schaufenster *n;* (*шкаф под стеклом*) Vitrine *f,* Schaukasten *m*
ви́ться * *несов* ‹вьюсь, вьёшься› *без доп* ① (*о растениях*) sich ranken; ◇ **плющ вьётся вокру́г де́рева** Efeu rankt sich um den Baum ② (*о волосах*) sich locken ③ (*кружиться*) kreisen; ◇ **пти́цы вью́тся над го́родом** die Vögel kreisen über der Stadt ④ (*о пыльe*) (auf-)wirbeln ⑤ (*о дороге*) sich winden, sich schlängeln
вихрь *м₂* ‹-я› ① (*о ветре*) Wirbelsturm *m;* ◇ **сне́жный ~** Schneegestöber *n* ② *перен* (*водоворот*) Wirbel *m,* Strudel *m;* ◇ **в ~е собы́тий** im Sog der Ereignisse
ви́шня *ж₂* ‹-и, *род мн:* -шен› ① (*плод*) Kirsche *f* ② (*дерево*) Kirschbaum *m*
вклад *м₁* ‹-а› ① (*в банк*) Einlage *f* ② *перен* (*участие*) Beitrag *m;* ◇ **внести́ свой ~ в реше́ние како́й-л пробле́мы** seinen Beitrag zur Lösung eines Problems leisten
включи́ть V₄ₐ *сов* ‹-чу́, -чи́шь, *Part. Prät. Pass.* -чённый, -чён, -чена́› [**включа́ть** *несов*] *кого-что вин во что вин* ① (*ввести в состав*) einfügen, einbeziehen, eingliedern; ◇ **~ но́вую статью́ в догово́р** einen neuen Paragraphen in den Vertrag einfügen; (*внести в число*) mitrechnen, einbeziehen; ◇ **~ в спи́сок уча́щихся** in die Teilnehmerliste aufnehmen ② тех anschließen; (*пустить в ход*) anmachen; ◇ **~ аппара́т в сеть** den Apparat an das Stromnetz anschließen; авто ◇ **~ да́льный/бли́жний свет** auf-/abblenden
вкра́тце *нареч* kurz, in Kürze; ◇ **изложи́ть де́ло ~** etw kurz darlegen
вкус *м₁* ‹-а› ① (*чувство*) Geschmackssinn *m* ② (*ощущение*) Geschmack *m;* ◇ **плоды́, прия́тные на ~** gut schmeckende Früchte ③ (*понимание изящного*) Geschmack *m,* Stil *m;* ◇ **входи́ть во ~** auf den Geschmack von etw kommen; ◇ **име́ть ~ к чему́-л** an etw Geschmack finden; ◇ **э́то де́ло ~а** das ist Geschmacksache; ◇ **э́то в его́ ~е** das gefällt ihm ④ (*манера*) Stil *m;* ◇ **та́нец в испа́нском ~е** spanischer Tanz; **вку́сный** *прил* ‹-ая, -ое, -ые› wohlschmeckend, lecker
владе́лец *м₅* ‹-льца, *мн:* -льцы› Besitzer *m,* Inhaber *m;* **владе́ть** V₅ *несов* ‹-е́ю, -е́ешь› *кем-чем тв* ① (*иметь своей собственностью*) besitzen; ◇ **~ иму́ществом** ein Vermögen besitzen ② *перен* (*подчинять себе*) jd-n/etw beherrschen; ◇ **одна́ мысль ~е́ет мной** ein Gedanke beherrscht mich ③ (*уметь обращаться*) beherrschen; ◇ **~ аудито́рией** die Zuschauer in seinen Bann ziehen; ◇ **~ собо́й** sich beherrschen
власть *ж₅* ‹-и, *род мн:* -те́й› (Staats-)Macht *f,* Gewalt *f;* ◇ **законода́тельная ~** gesetzgebende Gewalt, Legislative *f;* ◇ **исполни́тельная ~** vollziehende Gewalt, Exekutive *f;* ◇ **прийти́ к ~и** an die Macht kommen ② (*право распоряжаться*) Macht *f,* Befugnis *f,* Gewalt *f;* ◇ **превыше́ние ~и** Überschreitung der Machtbefugnisse; ◇ **находи́ться под ~ю кого́-чего́-л** sich in jd-s Macht befinden; ◇ **не в мое́й ~и реша́ть э́тот вопро́с** es steht nicht in meiner Macht, über diese Frage zu entscheiden ③ ◇ **~и** *мн* (*администрация*) Behörden *f pl*
влезть * *сов* ‹-зу, -зешь› [**влеза́ть** V₁ₐ *несов*] *на/во что вин* ① (*взобраться*) hinaufklettern; ◇ **~ на де́рево** auf einen Baum klettern ② (*войти*) sich hineindrängen, einsteigen; ◇ **~ в авто́бус** sich in einen Bus drängen ③ *разг* (*уместиться внутри*) hineinpassen, Platz finden; ◇ **все кни́ги вле́зли в портфе́ль** alle Bücher paßten in die Tasche ④ *разг* (*вмешаться*) sich einmischen; ◇ **~ не в своё де́ло** sich in fremde Angelegenheiten einmischen; ◇ **~ в долги́** sich in Schulden stürzen; ◇ **~ кому́-л в ду́шу** sich jd-m aufdrängen
влече́ние *с₄* ‹-я› (*склонность*) Neigung *f,* Hang *m;* (*страсть*) Leidenschaft *f*
влить * *сов* ‹волью́, вольёшь› [**влива́ть** V₁ₐ *несов*] *кого-что во что вин* ① (*налить внутрь*) eingießen; ◇ **~ но́вые си́лы в кого́-л** jd-m neue Kräfte verleihen ② *перен* (*внушить*) einflößen; ◇ **~ в кого́-л бо́дрость** jd-m Mut einflößen
влия́ние *с₄* ‹-я› ① (*воздействие*) Einfluß *m,* Auswirkung *f;* ◇ **ока́зывать ~ на ход дел** Einfluß auf den Verlauf der Dinge nehmen ② (*авторитет*) Einfluß *m;* (*вес*) Gewicht *n;* ◇ **челове́к с больши́м ~ем** einflußreiche Person; ◇ **по́льзоваться ~ем** Ansehen haben;

влия́ть V_{1b} *несов* [**по~** *сов*] <-я́ю, -я́ешь> *на кого-что вин* jd-n beeinflussen, Einfluß nehmen auf

вложи́ть V_{4a} *сов* <-ожу́, вло́жишь, *Part. Prät. Pass.* вло́женный> [**вкла́дывать** V_{1a} *несов*] *что вин во что вин* ① (*поместить внутрь*) hineinstecken, hineinlegen; ◇ ~ **письмо́ в конве́рт** den Brief ins Kuvert stecken ② (*делать вклад в банке*) anlegen, investieren; ◇ ~ **все си́лы** alle Kräfte aufbieten

влюби́ться * *сов* <влюблю́сь, влю́бишься> [**влюбля́ться** V_{1b} *несов*] *в кого-что вин* sich verlieben; ◇ ~ **с пе́рвого взгля́да** sich auf den ersten Blick verlieben

вме́сте *нареч* ① (*в соединении*) zusammen; ◇ **жить** ~ zusammenwohnen ② (*сообща*) gemeinsam; ◇ ~ **поду́маем** laßt uns gemeinsam nachdenken ③ (*одновременно*) zusammen, gleichzeitig; ◇ ~ **с телегра́ммой принесли́ письмо́** mit dem Telegramm kam ein Brief; ◇ **всё ~ взя́тое** alles in allem

вме́сто *предлог с род* anstelle *gen*, anstatt *gen*; ◇ **иди́ ~ меня́** geh für mich

вмеша́тельство c_2 <-a> ① (*вторжение в чьи-л дела*) Einmischung *f* ② (*медицинское воздействие*) Eingriff *m*; ◇ **хирурги́ческое** ~ chirurgischer Eingriff

вмеша́ться V_{1a} *сов* <-а́юсь, -а́ешься> [**вме́шиваться** V_{1a} *несов*] *во что вин* ① (*ввязаться*) sich einmischen, einschalten; ◇ **в конфли́кт пришло́сь ~ дире́ктору** der Direktor mußte sich in den Konflikt einschalten ② (*затеряться*) sich untermischen; ◇ ~ **в толпу́** sich unter die Menge mischen

вмиг *нареч* (*сразу*) im Nu; (*с быстротой молнии*) blitzschnell

внача́ле *нареч* (*сначала*) anfangs, zuerst; ◇ ~ **бы́ло тру́дно** am Anfang war es schwer

вне *предлог с род* außerhalb, außer; ◇ ~ **опа́сности** außer Gefahr; ◇ ~ **вся́ких пра́вил** entgegen allen Regeln; ◇ ~ **пла́на** außerplanmäßig; ◇ ~ **вся́ких сомне́ний** außer Zweifel; ◇ **быть ~ подозре́ний** außer Verdacht sein; ◇ ~ **зако́на** vogelfrei; **внебра́чный** *прил* <-ая, -ое, -ые> unehelich

внедре́ние c_4 <-я> (*использование*) Einführung *f*; (*укоренение*) Einbürgerung *f*

внеза́пный *прил* <-ая, -ое, -ые> (*происшедший вдруг*) plötzlich; (*неожиданный*) unerwartet; ◇ **~ая смерть** plötzlicher Tod

внеочередно́й *прил* <-ая, -ое, -ые> außerordentlich, außer der Reihe

внепла́новый *прил* <-ая, -ое, -ые> außerplanmäßig

внести́ * *сов* <-су́, -сёшь> [**вноси́ть** *несов*] *кого-что вин во что вин (1, 3), что вин (2, 4, 5)* ① (*принести внутрь*) (hinein-)bringen, hineintragen; ◇ ~ **ве́щи в ваго́н** das Gepäck in den Zug bringen ② (*сделать взнос*) entrichten, einzahlen; ◇ ~ **пла́ту за обуче́ние** eine Studiengebühr entrichten ③ (*добавить*) aufnehmen, eintragen; ◇ ~ **в спи́сок но́вых уча́стников** neue Teilnehmer in die Liste eintragen ④ (*представить для обсуждения*) einbringen; ◇ ~ **на рассмотре́ние но́вый прое́кт** einen neuen Entwurf zur Prüfung vorlegen ⑤ *перен* (*вызвать*) hineinbringen, beisteuern; ◇ ~ **оживле́ние во что-л** Leben in etw bringen

вне́шний *прил* <-яя, -ее, -ие> ① (*наружный*) Außen-; ◇ **~яя среда́** Außenwelt *f* ② (*поверхностный*) äußerer; ◇ ~ **лоск** der äußere Schein ③ (*иностранный*) Außen-, Auslands-; ◇ **~ие долги́** Auslandsverschuldung *f*; ◇ **~яя поли́тика** Außenpolitik *f*

вниз *нареч* ① (*по направлению к низу*) nach unten, abwärts, hinunter, hinab; ◇ **плыть ~ по Во́лге** die Wolga stromabwärts fahren; ◇ **све́рху** ~ von oben nach unten

внима́ние c_4 <-я> ① (*сосредоточенность*) Aufmerksamkeit *f*; ◇ **обрати́ть ~ на кого́/что-л** seine Aufmerksamkeit auf jd-n/etw richten; ◇ **по́льзоваться ~ем** Beachtung finden; ◇ **он весь** ~ er ist ganz Ohr; ◇ ~! Achtung! ② (*расположение*) Rücksicht *f*; ◇ **окружи́ть кого́-л ~ем** jd-m gegenüber rücksichtsvoll sein; ◇ **приня́ть во** ~ beachten; ◇ **принима́я во** ~ unter Berücksichtigung von; ◇ **оставля́ть без ~я** unbeachtet lassen

вноси́ть V_{4a} *несов от* **внести́**

внук $м_1$ <-a> ① Enkel *m*; ◇ **у неё уже́ вну́ки подраста́ют** sie hat schon große Enkelkinder ② ◇ **~и** *мн* (*потомки*) Nachkommen *m pl*

вну́тренний *прил* <-яя, -ее, -ие> ① (*находящийся внутри*) inner, innerlich; ◇ **~ие боле́зни** innere Krankheiten; (*о лекарстве*) ◇ **для ~его употребле́ния** innerlich anzuwenden ② (*в пределах одного государства*) Innen-, intern; ◇ **~ее мо́ре** Binnenmeer *n*; ◇ **~яя поли́тика** Innenpolitik *f*; ◇ ~ **ры́нок** Binnenmarkt *m*; ◇ **пра́вила ~его распоря́дка** Hausordnung *f*; ◇ ~ **смысл** eigentlicher Sinn

вну́чка $ж_1$ <-и, *род мн:* -чек> Enkelin *f*

внуши́ть V_{4a} *сов* <-шу́, -ши́шь> [**внуша́ть** V_{1a} *несов*] *что вин кому-чему дат* ① (*побудить*) einreden, einflößen; ◇ ~ **страх**

Angst einflößen; (*наставлять*) einschärfen ② (*подсказать*) suggerieren, eingeben

вовле́чь * *сов* <-еку́, -ечёшь> [**вовлека́ть** V_{1a} *несов*] *кого-что вин во что вин* ① (*привлечь к участию в чём-л*) heranziehen, hinzuziehen; ◇ ~ **детей в дома́шнюю рабо́ту** die Kinder zur Hausarbeit heranziehen ② (*склонить*) verleiten; ◇ ~ **в преступле́ние** zu einem Verbrechen verleiten

во́время *нареч* (*своевременно*) rechtzeitig; (*кстати*) zu geeigneter Zeit; ◇ **не** ~ ungelegen

вовсю́ *нареч разг* (*изо всех сил*) aus aller Kraft; ◇ **крича́ть** ~ aus Leibeskräften schreien

вогна́ть * *сов* <вгоню́, вго́нишь> [**вгоня́ть** V_{1b} *несов*] *кого-что вин во что вин* ① (*загнать внутрь*) hineinjagen, hineintreiben; ◇ ~ **ове́ц в сара́й** die Schafe in den Stall treiben ② (*вставить, вбить*) hineinschlagen; ◇ ~ **гвоздь в до́ску** einen Nagel in ein Brett schlagen ③ *перен* (*привести в неприятное состояние*) ◇ ~ **в кра́ску кого́-л** jd-m die Schamröte ins Gesicht treiben; ◇ **он меня́ в гроб вго́нит** der bringt mich noch ins Grab

вода́ *ж₁* <-ы́, *мн:* -ы> Wasser *n;* ◇ **водопрово́дная** ~ Leitungswasser; ◇ **отрабо́танная** ~ Abwasser *n;* ◇ **~о́й** zu Wasser, auf dem Seeweg; ◇ **как в ~у ка́нуть** spurlos verschwinden; ◇ **вы́вести кого́-л на чи́стую ~у** jd-n entlarven; ◇ **вы́йти сухи́м из ~ы́** noch einmal mit heiler Haut davonkommen

води́тель $м_2$ <-я> Fahrer *m*

води́ть V_{4a} *несов, неопред* <вожу́, во́дишь, *Part. Präs. Pass.* води́мый> *см.* **вести́**

во́дка $ж_1$ <-и> Wodka *m*

водоём $м_1$ <-а> (*водохранилище*) Stausee *m;* (*бассейн, пруд и т. п.*) Wasserreservoir *n;* **водопа́д** $м_1$ <-а> Wasserfall *m;* **водопрово́д** $м_1$ <-а> Wasserleitung *f;* **водоро́д** $м_1$ <-а> Wasserstoff *m;* **водоснабже́ние** $с_4$ <-я> Wasserversorgung *f*

водрузи́ть V_{4a} *сов* <-ужу́, -узи́шь, *Part. Prät. Pass.* водружённый> [**водружа́ть** V_{1a} *несов*] *что вин* (*поставить на высоте*) aufstellen; (*памятник*) errichten; (*укрепить*) befestigen; ◇ ~ **зна́мя** das Banner hissen

во́ды $мн_1$ <вод> ① (*водные пространства*) Gewässer *n pl* ② (*курорт*) Kurort *m*

воева́ть * *несов* <вою́ю, вою́ешь> *с кем-чем тв против кого-чего род* ① (*сражаться*) kämpfen, Krieg führen ② *перен* (*бороться*) gegen jd-n/etw kämpfen; ◇ ~ **с предрассу́дками** gegen Vorurteile ankämpfen ③ (*ссориться*) streiten; **военача́льник** $м_1$ <-а> Heerführer *m,* Feldherr *m;* **военкома́т** $м_1$ <-а> (= *военный комиссариат*) Wehrersatzbehörde *f;* **военнообя́занный** *м* (A_1) <-ого> Wehrpflichtige *m;* **военнопле́нный** *м* (A_1) <-ого> Kriegsgefangene *m;* **военнослу́жащий** *м* (A_2) <-его> Militärangehörige *m;* **вое́нный** *прил* <-ая, -ое, -ые> Militär-, Kriegs-; ◇ **~ая слу́жба** Wehrdienst *m*

вожа́к $м_1$ <-а́> ① (*руководитель*) Anführer *m* ② (*поводырь*) Führer *m,* Begleiter *m;* ◇ ~ **у слепо́го** Blindenführer

вождь $м_2$ <-я́, *мн:* -и́> Führer *m;* ◇ ~ **пле́мени** Stammesführer

возбуди́ть V_{4a} *сов* <-ужу́, -уди́шь, *Part. Prät. Pass.* возбуждённый> [**возбужда́ть** V_{1a} *несов*] *кого-что вин* ① (*вызвать*) erwecken, anregen; ◇ ~ **аппети́т** Appetit anregen; ◇ ~ **волне́ние** Aufregung hervorrufen ② (*привести в возбуждённое состояние*) aufreizen, aufbringen, aufwiegeln; (*настроить*) aufstacheln; ◇ ~ **всех про́тив себя́** alle gegen sich aufbringen ③ (*предложить для обсуждения*) ◇ ~ **вопро́с** eine Frage aufwerfen; ◇ ~ **иск** einen Prozeß anstrengen; ◇ ~ **хода́тайство** ein Gesuch einreichen

возбужде́ние $с_4$ <-я> ① (*действие*) Aufwiegelung *f,* Reizung *f,* Anregung *f* ② (*состояние*) Erregung *f* ③ (*волнение*) Aufregung *f*

возвести́ * *сов* <-еду́, -едёшь> [**возводи́ть** V_{4a} *несов* <-ожу́, -о́дишь>] *кого-что вин (1, 2), кого-что вин во что вин (3), на кого-что вин (4)* ① (*соорудить*) errichten, bauen ② (*возвысить*) erheben; ◇ ~ **что-л в зако́н** etw legalisieren; ◇ ~ **что-л в при́нцип** etw zum Prinzip erheben ③ мат potenzieren; ◇ ~ **в сте́пень** in eine Potenz erheben ④ ◇ ~ **обвине́ние на кого́-л** jd-n beschuldigen; ◇ ~ **клевету́ на кого́-л** jd-n verleumden

возвра́т $м_1$ <-а> ① (*имущества*) Rückgabe *f;* (*денег*) Rückzahlung *f* ② Rückkehr *f;* мед Rückfall *m*

возврати́ть V_{4a} *сов* <-ащу́, -ати́шь, *Part. Prät. Pass.* возвращённый> [**возвраща́ть** V_{1a} *несов*] *кого-что вин* (*вернуть*) zurückgeben; (*деньги*) zurückzahlen; (*что-л посылкой*) zurückschicken; ◇ ~ **к жи́зни кого́-что-л** jd-n ins Leben zurückholen; **возврати́ться** *сов* <-ащу́сь, -ати́шься> [**возвраща́ться** *несов*] *без доп* (*вернуться*) zurückkehren, zurückkommen; ◇ ~ **из путеше́ствия** von einer Reise zurückkommen; ◇ ~ **к вопро́су** auf eine Frage zurückkommen

возвраще́ние $с_4$ <-я>Rückkehr *f*

во́зглас $м_1$ ‹-а› Ausruf *m;* ◇ ~ **ра́дости** Freudenschrei *m*

воздви́гнуть V_2 *сов* ‹-ну, -нешь, *Part. Prät. Pass.* воздви́гнутый› [**воздвига́ть** V_{1a} *несов*] *что вин* (*соорудить*) errichten, erbauen; ◇ ~ **зда́ние** ein Gebäude errichten

возде́йствие $с_4$ ‹-я› Einwirkung *f;* (*влияние*) Einfluß *m;* ◇ **ока́зывать** ~ Einfluß ausüben

воздержа́ться * *сов* ‹-жу́сь, де́ржишься› [**возде́рживаться** V_{1a} *несов*] *от чего род* (*отказаться*) sich enthalten, verzichten; ◇ ~ **от голосова́ния** sich der Stimme enthalten

во́здух $м_1$ ‹-а› Luft *f;* ◇ **загрязне́ние** ~**а** Luftverschmutzung *f;* ◇ **быва́ть на** ~**е** an der frischen Luft sein; ◇ **на откры́том** ~**е** im Freien; **возду́шный** *прил* ‹-ая, -ое, -ые› Luft-; ◇ ~**ое сообще́ние** Flugverkehr *m;* ◇ ~ **поцелу́й** Kußhand *f*

воззва́ние $с_4$ ‹-я› Aufruf *m,* Appell *m*

воззва́ть V_{1a} *kein Part. Präs. Pass.,* **см. взыва́ть**

вози́ть * *неопред, см.* **везти́**

вози́ться * *несов* ‹вожу́сь, во́зишься› *с кем-чем тв (1, 3), без доп (2)* ① (*заниматься чем-л кропотливым*) sich abmühen; ◇ **ско́лько вози́лись с э́тим учени-ко́м** wie lange haben wir uns nur mit diesem Schüler abgemüht ② (*резвиться*) sich balgen; ◇ **ребя́та во́зятся в углу́** die Kinder toben in der Ecke ③ (*медлить*) trödeln

во́зле I. *предлог с род* (*вблизи*) neben, an; ◇ **дом стои́т** ~ **ле́са** das Haus steht am Waldrand **II.** *нареч* (*рядом*) daneben, nebenan; ◇ **он живёт** ~ er wohnt nebenan

возложи́ть V_{4a} *сов* ‹-жу́, -о́жишь, *Prät.* -жи́л, *Imp.* -жи́, *Part. Prät. Pass.* -ло́женный› [**возлага́ть** V_{1a} *несов*] *что вин на кого-что вин* ① (*торжественно положить*) niederlegen; ◇ ~ **вено́к на моги́лу** einen Kranz am Grab niederlegen ② *перен* (*поручить*) übertragen; ◇ ~ **обя́занность на замести́теля** dem Stellvertreter die Pflicht auferlegen; ◇ ~ **вину́ на кого́-л** jd-m die Schuld zuschreiben

возме́здие $с_4$ ‹-я› Vergeltung *f,* Strafe *f*

возмо́жность $ж_5$ ‹-и› ① (*допустимость*) Möglichkeit *f;* ◇ **предоста́вить** ~ eine Gelegenheit bieten; ◇ **по** ~**и** nach Möglichkeit ② ◇ ~**и** *мн* (*перспективы*) Aussichten *f pl;* ◇ **материа́льные** ~**и** Geldmittel; **возмо́жный** *прил* ‹-ая, -ое, -ые› (*допустимый*) möglich; (*мыслимый*) denkbar; ◇ **вполне́** ~ **слу́чай** durchaus möglicher Fall; ◇ **сде́лать что-л** ~**ым** etw möglich machen; ◇ **сде́лать всё** ~**ое** alles Mögliche tun; ◇ **в преде́лах** ~**ого** im Rahmen des Möglichen

вознагражде́ние $с_4$ ‹-я› ① (*награда*) Belohnung *f* ② (*оплата*) Entlohnung *f;* (*гонорар*) Honorar *n;* ◇ **за** ~ gegen Bezahlung

возобнови́ть V_{4a} *сов* ‹-влю́, -ви́шь, *Part. Prät. Pass.* -влённый› [**возобновля́ть** V_{1b} *несов*] *что вин* ① (*начать снова*) erneuern; ◇ ~ **перегово́ры** die Verhandlung wiederaufnehmen; ◇ ~ **спекта́кль** das Stück wiederaufführen ② (*обновить*) restaurieren

возража́ть V_{1a} *kein Part. Präs. Pass., несов от* **возрази́ть**

возраже́ние $с_4$ ‹-я› ① (*довод*) Einwand *m;* (*замечание*) Einspruch *m;* ◇ **прое́кт встре́тил** ~**я** das Projekt stieß auf Zweifel ② (*противоречие*) Widerspruch *m;* ◇ **без** ~**ий** widerspruchslos; ◇ **он не те́рпит** ~**ий** er duldet keine Widerrede; **возрази́ть** V_{4a} *сов, kein Part. Prät. Pass.* ‹-ажу́, -ази́шь› [**возража́ть** *несов*] *на что вин (1), кому дат (2)* ① (*ответить несогласием*) erwidern, einwenden ② (*противоречить*) jd-m widersprechen

во́зраст $м_1$ ‹-а› Alter *n;* ◇ **младе́нческий** Kindesalter; ◇ **сре́дний** ~ Durchschnittsalter; ◇ **ребёнок в** ~**е семи́ лет** ein Kind im Alter von sieben Jahren

возрожде́ние $с_4$ ‹-я› ① (*восстановление*) Wiedergeburt *f* ② (*разрушенного*) Wiederbelebung *f* ③ (*возобновление*) Erneuerung *f* ④ иск ◇ **эпо́ха Возрожде́ния** Renaissance *f*

во́ин $м_1$ ‹-а› (*военнослужащий*) Soldat *m;* (*боец*) Kämpfer *m;* **вои́нственный** *прил* ‹-ая, -ое, -ые› *перен* (*решительный*) kampflustig; ◇ ~ **хара́ктер** Kämpfernatur *f;*

война́ $ж_1$ ‹-ы, *мн:* во́йны› Krieg *m;* ◇ **Вели́кая Оте́чественная** ~ Großer Vaterländischer Krieg; ◇ **холо́дная** ~ kalter Krieg; ◇ **вести́** ~**у́** Krieg führen; **во́йско** $с_2$ ‹-а, *мн:* войска́, *род:* во́йск, *дат:* -ка́м› ① (*вооружённые силы*) Streitkräfte *f pl* ② (*подразделение армии*) Truppen *f pl*

войти́ * *сов* ‹-йду́, -йдёшь› [**входи́ть** *несов*] *во что вин* ① (*внутрь*) hineingehen; (*в вагон*) einsteigen; (*в комнату*) eintreten; ◇ **войди́те!** herein! ② (*уместиться*) hineinpassen, hineingehen; ◇ **в шкаф мо́жет** ~ **мно́го книг** in den Schrank passen viele Bücher ③ (*стать членом чего-л*) beitreten; ◇ ~ **в соста́в коми́ссии** Mitglied in einer Kommission werden ④ (*обратиться*) sich wenden an; ◇ ~ **с про́сьбой к нача́льнику** sich mit einer Bitte an den Chef wenden; ◇ ~ **в**

В

дове́рие Vertrauen erwerben; ◇ ~ **в исто́рию** in die Geschichte eingehen; ◇ ~ **в мо́ду** in Mode kommen; ◇ ~ **в чьё-л положе́ние** sich in jd-s Lage versetzen; ◇ ~ **в привы́чку** zur Gewohnheit werden

вокза́л *м₁* ‹-а› Bahnhof *m;* ◇ **центра́льный** ~ Hauptbahnhof

вокру́г I. *предлог с род* (*около, кругом*) um... herum, um; ◇ **ходи́ть** ~ **до́ма** um das Haus herum gehen; ◇ ~ **нас** um uns herum **II.** *нареч* (*в окружности*) ringsherum; ◇ ~ **ни души́** weit und breit ist keine Menschenseele

волк *м₁* ‹-а› Wolf *m;* ◇ **смотре́ть ~ом** finster blicken

волна́ *ж₁* ‹-ы́, *мн:* во́лны› ① (*водяной вал*) Welle *f* ② *физ* Welle *f;* ◇ **коро́ткие ~ы** Kurzwellen ③ *перен* (*проявление*) Welle *f;* ◇ ~ **проте́ста** Protestwelle

волне́ние *с₄* ‹-я› *перен* Aufregung *f;* **волнова́ться** V*₁a* *несов* ‹-ну́юсь, ну́ешься› [**вз~** *сов*] *без доп* ① (*приходить в движение*) wogen; (*о ниве, о поле*) gewellt sein ② (*беспокоиться*) sich aufregen, sich beunruhigen ③ (*протестовать*) rebellieren

волокно́ *с₂* ‹-а́, *мн:* воло́кна, *род:* воло́кон› Faser *f;* ◇ **иску́сственное** ~ Kunstfaser

во́лос *м₁* ‹-а, *род мн:* воло́с, *дат:* волоса́м› Haar *n*

во́льный *прил* ‹-ая, -ое, -ые› ① (*независимый*) frei, unabhängig; ◇ ~ **наро́д** freies Volk ② (*свободный*) frei, ungezwungen, ungebunden; ◇ **~ая прода́жа** freier Verkauf; ◇ **~ое обраще́ние** ungezwungener Umgang; ◇ **~ые шу́тки** lockere Späße; спорт ◇ ~ **стиль** Freistil *m;* ◇ ~ **перево́д** freie Übersetzung

во́ля *ж₂* ‹-и› ① (*свойство психики*) Wille *m;* ◇ **си́ла ~и** Willenskraft *f* ② (*желание*) Wille *m,* Wunsch *m;* ◇ **по до́брой ~е** aus freien Stücken; ◇ **не по свое́й ~е** entgegen seinem Willen ③ (*власть*) Ermessen *n,* Belieben *n;* ◇ **э́то в твое́й ~е** das liegt in deinem Ermessen ④ (*свобода*) Freiheit *f;* ◇ **отпусти́ть на ~ю** freilassen; ◇ **дать ~ю свои́м чу́вствам** seinen Gefühlen freien Lauf lassen

воня́ть V*₁b* *несов* ‹-я́ю, я́ешь› *без доп* stinken

вообрази́ть V*₄a* *сов* ‹-жу́, -зи́шь, *Part. Prät. Pass.* воображённый› [**вообража́ть** V*₁a* *несов*] *кого-что вин (1), кем-чем тв или с союзом "что" (2)* ① (*представить себе*) sich vorstellen, sich vergegenwärtigen; ◇ **вообрази́, он же ещё и спо́рит** stell dir vor, er bestreitet das auch noch ② (*предположить*) sich einbilden; ◇ **он ~и́л себя́ поэ́том** er hielt sich für einen Dichter; ◇ **он ~и́л, что без него́ не обойти́сь** er bildete sich ein, daß es ohne ihn nicht geht

вообще́ *нареч* ① (*всегда*) überhaupt; ◇ **э́тот челове́к ~ необщи́телен** dieser Mensch ist überhaupt nicht kontaktfreudig ② (*в общем*) im allgemeinen, im großen und ganzen; ◇ ~ **говоря́** allgemein gesagt

вооруже́ние *с₄* ‹-я› ① (*действие*) (Auf-)Rüstung *f;* ◇ **го́нка ~ий** Wettrüsten *n;* ◇ **произво́дство ~ий** Rüstungsbetrieb *m* ② (*средства ведения боя*) Waffen *f pl;*

вооружённый *прил* ‹-ая, -ое, -ые› ① (*имеющий оружие*) bewaffnet; ◇ **~ое нападе́ние** bewaffneter Überfall ② *перен* gewappnet, ausgerüstet; ◇ ~ **зна́ниями** mit Wissen gewappnet

вооружи́ться V*₄a* *сов* ‹-жу́сь, -жи́шься› [**вооружа́ться** V*₁a* *несов*] *чем тв* ① (*обеспечить себя оружием*) sich bewaffnen ② *перен* sich wappnen, sich versorgen; ◇ ~ **терпе́нием** sich mit Geduld wappnen

во-пе́рвых *нареч* erstens

вопию́щий *прил* ‹-ая, -ее, -ие› ① (*недопустимый*) (himmel-)schreiend; ◇ **~ая несправедли́вость** himmelschreiende Ungerechtigkeit ② (*возмутительный*) empörend

вопреки́ *предлог с дат* entgegen, gegen; ◇ **де́йствовать ~ его́ во́ле** gegen seinen Willen handeln; ◇ ~ **всему́** trotz allem

вопро́с *м₁* ‹-а› ① (*обращение*) Frage *f;* ◇ **зада́ть** ~ eine Frage stellen; ◇ **отве́тить на** ~ auf eine Frage antworten ② (*обстоятельство*) Frage *f,* Angelegenheit *f;* ◇ **по ли́чному ~у** in einer persönlichen Angelegenheit; ◇ **э́то ~ че́сти** das ist Ehrensache; ◇ **оста́вить ~ откры́тым** eine Frage offenlassen ③ (*проблема*) Problem *n,* Frage *f;* ◇ **нерешённый** ~ ungelöstes Problem; ◇ **круг ~ов** Fragenkomplex *m;* ◇ **поста́вить под** ~ in Frage stellen; ◇ **быть под ~ом** fraglich sein

вор *м₁* ‹-а, *род мн:* -о́в› Dieb *m;* ◇ **карма́нный** ~ Taschendieb

воробе́й *м₄* ‹-бья́› *зоол* Spatz *m;* ◇ **стре́ляный** ~ gerissener Bursche

воро́на *ж₁* ‹-ы› ① (*птица*) Krähe *f* ② *перен* (*ротозей*) Gaffer *m;* ◇ **воро́н счита́ть** Löcher in die Luft gucken; ◇ **бе́лая** ~ schwarzes Schaf

воро́та *мн₁* ‹воро́т› Tor *n;* ◇ **триумфа́льные** ~ Triumphbogen *m;* ◇ **э́то не ле́зет ни в каки́е** ~ das geht auf keine Kuhhaut

воротни́к *м₁* ‹-а́› Kragen *m*

воро́чать V$_{1a}$ *несов* ‹-аю, -аешь› *кого-что вин (1), чем тв (2)* ① (*передвигать*) schieben, wenden, wälzen ② *перен разг* (*распоряжаться*) schalten und walten, leiten, verfügen; ◇ ~ **миллио́нами** Millionengeschäfte machen

ворча́ть V$_{1a}$ *несов* ‹-чу́, -чи́шь› *без доп* ① (*брюзжать*) mürrisch brummen ② (*о собаке*) knurren

во́семь *числ* acht

воскресе́нье *с$_5$* ‹-я› Sonntag *m;* ◇ **в ~ у́тром/ве́чером** am Sonntag morgen/abend; ◇ **по ~ям** sonntags

воспале́ние *с$_4$* ‹-я› мед Entzündung *f;* ◇ **~ лёгких** Lungenentzündung

воспита́ние *с$_4$* ‹-я› ① (*деятельность*) Erziehung *f;* ◇ **отда́ть ребёнка на ~** ein Kind in Pflege geben ② (*воспитанность*) (gute) Erziehung *f;* ◇ **он получи́л хоро́шее ~** er hat eine gute Erziehung genossen; **воспита́тель** *м$_2$* ‹-я› Erzieher *m;* **воспита́ть** V$_{1a}$ *сов* ‹-а́ю, -а́ешь› [**воспи́тывать** V$_{1a}$ *несов*] *кого-что вин (1), что вин в ком предл (2)* ① (*вырастить и обучить*) erziehen ② (*привить*) anerziehen; ◇ **~ в ма́льчиках любо́вь к дома́шней рабо́те** den Jungen die Liebe zur Hausarbeit anerziehen

воспо́льзоваться *см.* **по́льзоваться**

воспомина́ние *с$_4$* ‹-я› ① (*мысли*) Erinnerung *f;* ◇ **~ де́тства** Kindheitserinnerung ② ◇ **~ия** *мн* лит Erinnerungen *pl,* Memoiren *pl*

восприи́мчивый *прил* ‹-ая, -ое, -ые› ① мед empfänglich, anfällig; ◇ **он восприи́мчив к боле́зням** er ist sehr anfällig für Krankheiten ② aufnahmefähig; (*впечатлительный*) empfänglich; ◇ **~ ум** Auffassungsgabe *f*

восприня́ть *сов* ‹-иму́, -и́мешь› [**воспринима́ть** V$_{1a}$ *несов*] *что вин* ① (*ощутить*) wahrnehmen; ◇ **~ прикоснове́ние** eine Berührung spüren ② (*усвоить*) auffassen, verstehen; ◇ **хорошо́ ~ содержа́ние кни́ги** den Inhalt des Buches gut verstehen ③ (*принять*) aufnehmen; ◇ **выступле́ние те́нора все ~яли с восто́ргом** den Auftritt des Tenors nahmen alle mit Begeisterung auf

воссоедине́ние *с$_4$* ‹-я› Wiedervereinigung *f*

восста́ние *с$_4$* ‹-я› Aufstand *m;* ист ◇ **~ декабри́стов** Dekabristenaufstand

восстанови́ть V$_{4a}$ *сов* ‹-влю́, -о́вишь, *Part. Prät. Pass.* востано́вленный› [**восстана́вливать** V$_{1a}$ *несов*] *кого-что вин* ① (*возродить*) wiederaufbauen; ◇ **~ разру́шенный го́род** die zerstörte Stadt wiederaufbauen ② (*починить*) ausbessern; ◇ **~ доро́гу** eine Straße ausbessern ③ *перен* (*воспроизвести*) wachrufen; ◇ **~ в па́мяти** sich etw ins Gedächtnis zurückrufen ④ (*враждебно настроить*) aufbringen; ◇ **~ окружа́ющих про́тив себя́** seine Umgebung gegen sich aufbringen; **восстановле́ние** *с$_4$* ‹-я› ① (*порядка, здоровья*) Wiederherstellung *f;* (*хозяйства, экономики*) Wiederaufbau *m;* (*здания*) Renovierung *f;* (*починка*) Ausbesserung *f* ② (*в памяти*) Wachrufen *n,* Auffrischung *f;* (*в должности*) Wiedereinstellung *f* ③ хим Reduktion *f*

восто́к *м$_1$* ‹-а› ① (*направление*) Osten *m;* ◇ **на ~е от чего́-л** östlich von etw ② (*восточные страны*) Osten *m,* Orient *m;* ◇ **Бли́жний/Да́льний Восто́к** der Nahe/Ferne Osten

восто́рг *м$_1$* ‹-а› Begeisterung *f;* ◇ **быть в ~е от чего́-л** von etw begeistert sein

восто́чный *прил* ‹-ая, -ое, -ые› ① (*в восточном направлении*) östlich ② (*восточные страны*) Ost-; ◇ **Восто́чная Евро́па** Osteuropa

восхо́д *м$_1$* ‹-а› Aufgang *m;* ◇ **перед ~ом со́лнца** vor Sonnenaufgang

восьмёрка *ж$_1$* ‹-и, *род мн:* -рок› ① (*цифра 8*) Acht *f* ② карт Acht *f* ③ (*обозначение цифрой 8*) ◇ **е́хать на ~е** mit Linie acht fahren ④ спорт Achter *m*

во́тум *м$_1$* ‹-а› Votum *n;* ◇ **~ недове́рия прави́тельству** Mißtrauensvotum gegen die Regierung

вошь *ж$_5$* ‹вши, *тв:* во́шью, *мн:* вши, *род:* вшей› Laus *f*

впасть * *сов* ‹впаду́, впадёшь, (2) 1 и 2 л. не употр› [**впада́ть** V$_{1a}$ *несов, kein Part. Präs. Pass.*] *во что вин (1), без доп (2)* ① (*в какое-л состояние*) geraten; ◇ **~ в де́тство** kindisch werden; ◇ **~ в отча́яние** in Verzweiflung geraten; ◇ **~ в оши́бку** einen Fehler begehen ② (*стать впалым*) einfallen; ◇ **щёки впа́ли** die Wangen sind eingefallen

вперёд *нареч* ① (*в направлении перед собой*) vorwärts; *тж перен* ◇ **идти́ ~** vorwärtsgehen ② (*авансом*) voraus; ◇ **заплати́ть ~** vorausbezahlen ③ (*сначала, сперва*) zuerst; ◇ **~ поду́май, а пото́м говори́** denke zuerst nach, bevor du etw sagst; ◇ **часы́ иду́т ~** die Uhr geht vor

впечатле́ние *с$_4$* ‹-я› Eindruck *m;* ◇ **находи́ться под ~ем чего́-л** unter dem Eindruck von etw stehen; ◇ **получи́ть ~** einen Eindruck gewinnen; ◇ **производи́ть ~** beeindrucken

вписа́ть * *сов* ‹-ишу́, -и́шешь› [**впи́сывать** V_{1a} *несов*] *кого-что вин во что вин* (1) (*включить куда-л*) hineinschreiben, einfügen; ◇ ~ **фами́лию в спи́сок** einen Namen in die Liste eintragen; *перен* ◇ ~ **сла́вную страни́цу в исто́рию** ruhmreich in die Geschichte eingehen (2) мат einzeichnen

вплавь *нареч* schwimmend

вплоть *предлог кого-чего род* bis; ◇ ~ **до** bis zu; ◇ **ждать ~ до са́мого ве́чера** bis zum Abend warten

впопыха́х *нареч* (1) (*в спешке*) in der Eile; ◇ ~ **забы́ть ключи́** in der Eile den Schlüssel vergessen (2) (*торопливо*) eilig, hastig

впосле́дствии *нареч* später, nachher

впредь *нареч* (1) (*в дальнейшем*) in Zukunft (2) (*на будущее время*) bis zu; ◇ ~ **до дальне́йшего распоряже́ния** bis auf weiteres; ◇ **отложи́ть реше́ние вопро́са** ~ die Lösung der Frage auf später verschieben

впро́голодь *нареч* (*питаясь не досыта*) hungend; (*жить бедно*) ärmlich; ◇ **они́ жи́ли** ~ sie führten ein ärmliches Dasein

впрок *нареч* (*про запас*) auf Vorrat; ◇ **загото́вить о́вощи** ~ einen Gemüsevorrat anlegen

впро́чем *союз* (1) (*однако, но, хотя и*) aber, jedoch (2) (*выражает нерешительность*) im übrigen; ◇ **я э́то ~ не зна́ю** das weiß ich übrigens nicht

впусту́ю *нареч разг* (*зря*) vergebens; ◇ **стара́ться** ~ vergebens versuchen

впятеро́м *нареч* zu fünft

враг $м_1$ ‹-а́› (1) (*недруг*) Feind *m;* ◇ **закля́тый** ~ Erzfeind; ◇ **нажива́ть себе́ ~о́в** sich Feinde machen (2) (*противник*) Gegner *m;* ◇ ~ **куре́ния** Gegner des Rauchens

вражда́ $ж_1$ ‹-ы› (1) (*неприязнь*) Feindseligkeit *f* (2) (*ненависть*) Feindschaft *f;* ◇ **пита́ть ~у́ к кому́-л** jd-m feindlich gesinnt sein; **вражде́бный** *прил* ‹-ая, -ое, -ые› (1) (*неприятельский*) feindlich (2) (*неприязненный*) feindselig

вразбро́д *нареч* getrennt, ungeordnet

вразре́з *нареч* (*против*) zuwider; ◇ **он де́йствовал ~ с инстру́кцией** er handelte den Vorschriften zuwider

вразуми́ть V_{4a} *сов* ‹-млю́, -ми́шь, *Part. Prät. Pass.* -млённый› [**вразумля́ть** V_{1b} *несов*] *кого-что вин* (1) (*наставить*) belehren, zur Vernunft bringen (2) (*убедить*) überzeugen, auf jd-n einreden (3) (*уговаривать*) überreden; ◇ **его́ не** ~ er läßt sich nicht überreden

врасплох *нареч* unerwartet, plötzlich; ◇ **заста́ть кого́-л** ~ jd-n überrumpeln

врата́рь $м_2$ ‹-я́› спорт Torwart *m*

врать V_{1a} *несов, kein Part. Präs. Pass.* ‹вру, врёшь, *Imp.* ври, *Part. Präs. Akt.* вру́щий› [**со-** *сов*] *без доп* lügen; ◇ **часы́ врут** die Uhr geht falsch

врач $м_2$ ‹-а́, *мн:* -и́› Arzt *m;* (*о женщине*) Ärztin *f;* ◇ **де́тский** ~ Kinderarzt

враща́ться V_{1a} *несов* ‹-а́юсь, -а́ешься› *вокруг чего род (1), без доп (2), в ком-чём предл (3)* (1) (*вертеться*) sich drehen; ◇ **Земля́ ~а́ется вокру́г свое́й оси́** die Erde dreht sich um ihre eigene Achse (2) тех rotieren (3) (*в обществе*) verkehren; ◇ ~ **в учёных круга́х** in Wissenschaftlerkreisen verkehren

вред $м_1$ ‹-а́› (1) (*ущерб*) Schaden *m;* ◇ **во** ~ zum Nachteil; ◇ **причини́ть кому́-л** ~ jd-m Schaden zufügen (2) (*порча*) Beschädigung *f*

вреди́ть V_{4a} *несов* ‹-ежу́, -еди́шь› [**на-** *сов*] *кому-чему дат* jd-m schaden, jd-n schädigen; ◇ **куре́ние ~и́т здоро́вью** Rauchen gefährdet die Gesundheit; **вре́дный** *прил* ‹-ая, -ое, -ые› (1) (*опасный*) schädlich; ◇ **~ая тео́рия** eine gefährliche Theorie; ◇ ~ **для здоро́вья** gesundheitsschädlich (2) (*недоброжелательный*) boshaft, gemein

времена́ми *нареч* (*иногда*) manchmal, von Zeit zu Zeit; ◇ ~ **шёл дождь** machmal regnete es; **вре́менный** *прил* ‹-ая, -ое, -ые› (1) (*непостоянный*) provisorisch, vorläufig; (*преходящий*) vorübergehend, zeitweilig; ◇ **~ая нетрудоспосо́бность** vorübergehende Arbeitsunfähigkeit (2) (*о должностных лицах*) Aushilfs-, temporär; ◇ **он - ~ рабо́тник** er ist als Aushilfe angestellt; **вре́мя** $с_6$ ‹-мени, *мн:* -мена́, *дат:* -мена́м, *тв:* -мена́ми, *предл*: -мена́х› (1) (*продолжительность*) Zeit *f,* Zeitraum *m;* ◇ **во вся́кое** ~ zu jeder Zeit; ◇ **за коро́ткое** ~ innerhalb kurzer Zeit (2) (*момент*) Zeit *f,* Zeitpunkt *m;* ◇ **в назна́ченное** ~ zum verabredeten Zeitpunkt (3) (*пора дня, года*) Zeit *f;* ◇ **послеобе́денное** ~ Nachmittag *m;* ◇ **времена́ го́да** Jahreszeit (4) (*эпоха*) Zeit *f;* ◇ **во времена́ Петра́ I** zur Zeit Peters des Großen; ◇ **с незапа́мятных времён** aus uralten Zeiten; ◇ **в на́ше** ~ heutzutage (5) грам Tempus *n;* ◇ **настоя́щее, проше́дшее, бу́дущее** ~ Präsens *n,* Präteritum *n,* Futur *n;* ◇ ~ **от ~ени** von Zeit zu Zeit; ◇ **тем ~енем** unterdessen; ◇ **че́рез не́которое** ~ in einiger Zeit; ◇ **на не́которое** ~ für einige Zeit; ◇ ~ **не ждёт** die Zeit drängt; ◇ **ско́лько ~ени?** wieviel Uhr ist es?

вручи́ть V_{4a} *сов* ‹-чу́, -чи́шь› [**вруча́ть**

V_{1a} *несов*] *кого-что вин кому дат* ① (*отдать в руки*) aushändigen, überreichen; ◇ ~ **ли́чно** persönlich überreichen ② (*поручить*) anvertrauen; ◇ ~ **свою́ судьбу́ кому́-л** sich jd-m anvertrauen

вручну́ю *нареч* ① (*ручным способом*) von Hand, mit der Hand, manuell; ◇ **обраба́тывать дета́ль** ~ ein Werkstück manuell bearbeiten ② (*о подсчётах без помощи машины*) im Kopf; ◇ **пересчита́ть** ~ im Kopf nachrechnen

вряд ли *нареч* kaum; ◇ ~ **он ещё позвони́т** er wird kaum noch anrufen

всё *нареч* ① (*всё время, постоянно*) immer; ◇ ~ **ещё** immer noch; ◇ **он** ~ **в разъе́здах** er ist immer verreist ② (*только*) nur; ◇ **вы́шла неприя́тность, и** ~ **из-за тебя́** nur deinetwegen kam es zu Unannehmlichkeiten; ◇ ~ **ты винова́т** nur du bist schuld ③ (*перед формой сравнительной степени и союзом "чем"*) immer; ◇ ~ **бо́льше** immer mehr; ◇ ~ **лу́чше почита́ть, чем сиде́ть без де́ла** es ist immer noch besser zu lesen als untätig herumzusitzen; ◇ ~ **же** dennoch; ◇ ~ **равно́** egal, sowieso

всегда́ *нареч* immer; ◇ **как** ~ wie immer

всего́ *см.* **весь**

вселе́нная *ж* ‹-ой› Weltall *n*

всели́ть V_{4a} *сов* ‹-лю́, -ли́шь› [**вселя́ть** V_{1b} *несов*] *кого-что вин во что (1), что вин в кого-что вин (2)* ① (*поселить*) einquartieren; ◇ ~ **бе́женцев в но́вый дом** die Flüchtlinge in ein neues Haus einquartieren ② *перен* (*внушить*) einflößen; ◇ ~ **беспоко́йство в кого́-л** jd-n in Unruhe versetzen; ◇ ~ **уве́ренность в кого́-л** jd-n zuversichtlich stimmen

всеми́рный *прил* ‹-ая, -ое, -ые› weltweit, Welt-; ◇ ~**ая я́рмарка** Weltausstellung *f;* **всенаро́дный** *прил* ‹-ая, -ое, -ые› Volks-; ◇ ~ **опро́с** Volksumfrage *f;* ◇ ~ **пра́здник** Feiertag *m;* **всео́бщий** *прил* ‹-ая, -ое, -ие› allgemein; ◇ ~**ее избира́тельное пра́во** allgemeines Wahlrecht; ◇ ~**ая забасто́вка** Generalstreik *m*

всерьёз *нареч* ernsthaft; ◇ **принима́ть чьи-л слова́** ~ jd-s Worte ernst nehmen

всесторо́нний *прил* ‹-яя, -ее, -ие› ① (*многосторонний*) allseitig, vielseitig ② (*подробный*) ausführlich; (*основательный*) gründlich

всё-таки *частица* (*скрытое противопоставление*) doch, trotzdem; (*несмотря на это*) trotz alledem; (*тем не менее*) nichtsdestoweniger; (*несмотря на то, что....*) ungeachtet dessen, daß...; (*всё же*) immerhin

всецело *нареч* (*полностью, целиком*) ganz, gänzlich; (*совершенно*) vollständig; (*исключительно*) ausschließlich; ◇ **он** ~ **пре́дан нау́ке** er hat sich ganz der Wissenschaft verschrieben

вско́ре *нареч* bald, in Kürze; ◇ ~ **всё узна́ем** bald werden wir alles erfahren

вскочи́ть V_{4a} *сов, kein Part. Prät. Pass.* ‹-чу́, -о́чишь, (3) 1 и 2 л. не употр› [**вска́кивать** V_{1a} *несов, kein Part. Präs. Pass.*] *на кого-что вин (1), без доп (2)* ① (*вспрыгнуть*) aufspringen; ◇ ~ **на коня́** auf ein Pferd aufspringen ② (*быстро подняться*) aufspringen; ◇ ~ **от испу́га** vor Schreck hochfahren

вскрыть * *сов* ‹-ро́ю, -ро́ешь› [**вскрыва́ть** V_{1a} *несов*] *что вин* ① (*распечатать*) öffnen; ◇ ~ **посы́лку** ein Päckchen aufmachen ② (*анатомировать*) öffnen; ◇ ~ **труп** eine Leiche obduzieren ③ (*обнаружить*) entdekken, bloßlegen; ◇ **при реставра́ции была́ вскры́та ста́рая ро́спись** bei der Restaurierung wurde eine alte Wandmalerei entdeckt

вследствие *предлог с род* infolge *gen;* ◇ **он отста́л в учёбе** ~ **боле́зни** infolge seiner Krankheit blieb er im Studium zurück; ◇ ~ **э́того** infolgedessen

всплыть * *сов* ‹-ыву́, -ывёшь, (2) 1 и 2 л. не употр› [**всплыва́ть** V_{1a} *несов, kein Part. Präs. Pass.*] *без доп* ① (*вынырнуть*) auftauchen, an der Oberfläche erscheinen; ◇ ~**ла́ затону́вшая ло́дка** ein versunkenes Boot tauchte auf ② *перен* (*обнаружиться*) auftauchen, zum Vorschein kommen; ◇ **при разбо́ре** ~**ли неожи́данные подро́бности** bei der Untersuchung kamen unerwartete Details zum Vorschein

вспо́мнить V_{4b} *сов, kein Part. Prät. Pass.* ‹-ню, -нишь, *Imp.* вспо́мни, ~те› [**вспомина́ть** V_{1a} *несов*] *кого-что вин или о ком-чём предл* sich an etw *akk* erinnern, sich ins Gedächtnis rufen

вспы́льчивый *прил* ‹-ая, -ое, -ые› jähzornig, hitzig

вспы́хнуть V_2 *сов* ‹-ну, -нешь› [**вспы́хивать** V_{1a} *несов, kein Part. Präs. Pass.*] *без доп* ① (*разгореться*) aufflammen; ◇ ~**нул пожа́р** ein Brand brach aus ② *перен* (*возникнуть*) ausbrechen; ◇ ~**ла па́ника** Panik brach aus; ◇ ~**ла страсть** Leidenschaft entbrannte ③ *перен* (*прийти в возбуждение*) (zornig) aufbrausen ④ *перен* (*покраснеть*) erröten; ◇ ~ **от стыда́** vor Scham erröten

встава́ть * *несов от* **встать**

вста́вить V_{4b} *сов* <-влю, -вишь, *Part. Prät. Pass.* вста́вленный> [**вставля́ть** V_{1b} *несов*] *кого-что вин во что вин* einsetzen; ◇ ~ **карти́ну в ра́му** ein Bild rahmen; ◇ ~ **себе́ зу́бы** sich eine Zahnbrücke machen lassen

встать V_{1a} *сов, kein Part. Prät. Pass.* <-а́ну, -а́нешь, *Imp.* встань, ~те> [**встава́ть** *несов*] *без доп (1, 2, 5, 6), на/за что-л вин (3, 4)* ① (*подняться на ноги*) aufstehen; ◇ **больно́й встал** der Kranke ist wieder auf den Beinen ② (*уместиться*) hinpassen; ◇ **шкаф встал в просте́нок** der Schrank paßte zwischen die Fenster ③ (*стать*) sich hinstellen; ◇ ~ **за стано́к** sich an die Maschine stellen; ◇ ~ **на́ ноги** auf eigenen Füßen stehen ④ *перен* (*для совершения чего-л*) eintreten für; ◇ ~ **на защи́ту чьих-л интере́сов** für jd-s Interessen eintreten ⑤ (*возникнуть*) auftauchen, erscheinen; ◇ **на окра́инах вста́ли но́вые дома́** am Ortsrand tauchten neue Häuser auf ⑥ *перен* (*о воспоминаниях*) erscheinen; ◇ **пе́ред его́ глаза́ми вста́ли карти́ны про́шлого** Bilder aus der Vergangenheit erschienen vor seinen Augen

встре́тить V_{4b} *сов* <-чу, -тишь, *Part. Prät. Pass.* встре́ченный> [**встреча́ть** V_{1a} *несов*] *кого-что вин* ① (*увидеть*) auf jd-n treffen, jd-m begegnen ② (*испытать*) erfahren, finden, auf etw *akk* stoßen; ◇ ~ **раду́шный приём** einen freudigen Empfang bekommen; ◇ ~ **отпо́р** auf Widerstand stoßen ③ (*пойти навстречу*) entgegenkommen ④ (*забрать откуда-л*) abholen; ◇ ~ **прие́зжих на вокза́ле** die Ankommenden am Bahnhof abholen ⑤ (*принять*) empfangen, gegrüßen; ◇ **хорошо́** ~ **новичка́** den Neuling gut aufnehmen; **встре́титься** *сов* <-чусь, -тишься> [**встреча́ться** *несов*] *с кем-чем тв* ① (*сойтись*) jd-n treffen, sich mit jd-m treffen; ◇ **на у́лице я ~лся со знако́мым** auf der Straße habe ich einen Bekannten getroffen ② (*наткнуться*) auf etw/jd-n stoßen; ◇ ~ **с препя́тствиями** auf Hindernisse stoßen ③ (*сразиться*) zusammenkommen, sich messen; ◇ **~лись лу́чшие шахмати́сты** es haben sich die besten Schachspieler gemessen

встре́ча *ж* <-и> ① (*собрание*) Treffen *n;* ◇ **ме́сто ~и** Treffpunkt *m* ② (*приём*) Treffen *n;* пол ◇ ~ **на вы́сшем у́ровне** Gipfeltreffen ③ спорт Begegnung *f;* ◇ **това́рищеская** ~ Freundschaftsspiel *n* ④ (*праздника*) Begehen *n;* ◇ ~ **Но́вого го́да** Neujahrsfeier

вступи́ть V_{4a} *сов, kein Part. Prät. Pass.* <-плю́, -у́пишь> [**вступа́ть** V_{1a} *несов, kein Part. Präs. Pass.*] *во что вин* ① (*войти куда-л*) einmarschieren, einrücken, einziehen ② (*стать членом чего-л*) eintreten; ◇ ~ **в па́ртию** in eine Partei eintreten ③ (*начать делать что-л*) beginnen, aufnehmen; ◇ ~ **в конта́кт** in Kontakt treten; ◇ ~ **в сою́з с кем-л** mit jd-m ein Bündnis eingehen; ◇ ~ **в строй** in Betrieb genommen werden; ◇ ~ **в си́лу** in Kraft treten;

вступле́ние c_4 <-я> ① (*вход*) Einmarsch *m;* (*в члены*) Eintreten *n* ② (*в книге*) Einleitung *f* ③ муз Vorspiel *n*

всходи́ть V_{4a} *несов от* **взойти́**

всю́ду *нареч мест* überall; ◇ ~ **побыва́л** ich war überall; ◇ **везде́ и** ~ überall

вся́кий *опред мест* <-ая, -ое> ① (*каждый любой*) jeder, jeder beliebige; ◇ ~ **раз одно́ и то́ же** es ist jedes Mal dasselbe ② (*всевозможный*) verschieden; ◇ **~ие кни́ги** alle möglichen Bücher ③ (*какой бы то ни было*) jeglicher; ◇ **отсу́тствие ~их жела́ний** Wunschlosigkeit *f* ④ (*любой*) jeder, irgendein ⑤ (*в сочетании с "без"*) ◇ **без ~ого сомне́ния** ohne den geringsten Zweifel ⑥ (*в значении сущ*) *(A 1)* jedermann; ◇ **хо́дят тут ~ие** hier treiben sich alle möglichen Typen herum

втере́ться * *сов* <вотру́сь, вотрёшься> [**втира́ться** V_{1a} *несов*] *во что вин* ① *разг* (*протиснуться*) sich in/unter etw mischen ② *перен* (*проникнуть*) sich einschleichen; ◇ ~ **в дове́рие к кому́-л** sich bei jd-m einschmeicheln

втихомо́лку *нареч разг* (*молча*) stillschweigend; (*тихо*) im stillen; (*тайком*) insgeheim

вторга́ться V_{1a} *несов, kein Part. Präs. Pass.* <-а́юсь, -а́ешься> [**вто́ргнуться** V_2 *сов*] *во что вин* ① (*врываться*) gewaltsam eindringen, einfallen ② *перен* (*вмешиваться*) sich einmischen; ◇ ~ **в чужу́ю жизнь** sich in das Leben eines anderen einmischen

вторже́ние c_4 <-я> Invasion *f*

втори́чный *прил* <-ая, -ое, -ые> ① (*повторный*) wiederholt ② (*побочный*) Neben-, sekundär; ◇ ~ **проду́кт** Nebenprodukt *n*

вто́рник $м_1$ <-а> Dienstag *m;* ◇ **во** ~ **у́тром** am Dienstag morgen; ◇ **по ~ам** dienstags

второ́е *с (A 1)* <-о́го> (*блюдо*) Hauptgericht *n;* ◇ **что сего́дня на ~?** was gibt es heute als Hauptgericht?

второпя́х *нареч* überstürzt, Hals über Kopf

второстепе́нный *прил* <-ая, -ое, -ые> ①

(*не главный*) nebensächlich, zweitrangig ② (*побочный*) Neben-; ◇ **~ая роль** Nebenrolle *f* ③ (*заурядный*) zweitklassig; ◇ ~ **писа́тель** zweitklassiger Schriftsteller

втроём *нареч* zu dritt; ◇ **жить в кварти́ре** ~ zu dritt in einer Wohnung wohnen

втяну́ть V_2 *сов* ‹-ну́, -я́нешь, *Part. Prät. Pass.* втя́нутый› [**втягивать** V_{1a} *несов*] *кого-что вин* ① (*втащить*) zu sich ziehen; ◇ ~ **внутрь** hineinziehen; ◇ ~ **наве́рх** hinaufziehen; ◇ ~ **ло́дку на бе́рег** das Boot ans Ufer ziehen ② *перен* (*вовлечь*) hineinzerren, verstricken; ◇ ~ **в беду́** ins Unglück stürzen ③ (*привлечь*) heranziehen; ◇ ~ **в рабо́ту** zur Arbeit heranziehen ④ (*вобрать в себя*) einziehen, einsaugen; **втяну́ться** *сов* ‹-ну́сь, -я́нешься, (1) 1 и 2 л. не употр› [**втя́гиваться** *несов*] *без доп (1), во что вин (2, 3)* ① (*вобраться внутрь*) einfallen; ◇ **щёки по́сле боле́зни втяну́лись** nach der Krankheit sind die Wangen eingefallen ② *перен* (*освоить*) sich eingewöhnen; ◇ ~ **в рабо́ту** sich einarbeiten ③ *перен* (*включиться*) sich einschalten; ◇ ~ **в бесе́ду** sich in ein Gespräch einschalten

вуз *м*$_1$ ‹-а› (= *вы́сшее учéбное заведéние*) Hochschule *f*, Universität *f*

вход *м*$_1$ ‹-а› ① (*место*) Eingang *m* ② (*вступление*) Eintritt *m*

входи́ть V_{4a} *несов от* **войти́** *

вчера́ *нареч* gestern; ◇ ~ **ве́чером** gestern abend; ◇ ~ **днём** gestern tagsüber

въезд *м*$_1$ ‹-а› ① (*место*) Einfahrt *f* ② (*действие*) Einfahrt *f* ③ (*вступление войск*) Einzug *m*

въе́хать V_{1a} *сов*, *kein Imp., kein Part. Prät. Pass.* ‹въе́ду, въе́дешь› [**въезжа́ть** V_{1a} *несов*, *kein Part. Präs. Pass.*] *во/на что вин (1), во что вин (2, 4), на что вин (3)* ① (*проникнуть внутрь*) einfahren; ◇ ~ **в го́род** in die Stadt hineinfahren ② (*вселиться куда-л*) einziehen; ◇ ~ **в но́вую кварти́ру** in eine neue Wohnung einziehen ③ (*подняться*) hinauffahren; ◇ ~ **на́ гору** den Berg hinauffahren ④ (*в страну*) einreisen

вы (**вас, вам, вас, ва́ми, о вас**) *личн мест (2 л. мн ч)* ihr (euer, euch, euch); (*вежливая форма*) Sie (Ihrer, Ihnen, Sie); ◇ **я сказа́л вам/Вам всё** ich haben euch/Ihnen alles gesagt; ◇ **мы с ним на "Вы"** wir siezen uns

вы́бить * *сов* ‹-бью, -бьешь› [**выбива́ть** V_{1a} *несов*] *кого-что вин* ① (*ударом удалить*) herausschlagen; ◇ ~ **стекло́ из ра́мы** das Glas aus dem Rahmen schlagen ② (*очистить*) ausklopfen; ◇ ~ **ковёр** den Teppich ausklopfen ③ (*отчеканить*) prägen; ◇ ~ **меда́ль** eine Münze prägen ④ *разг* (*добиться*) herausschlagen; ◇ ~ **дополни́тельные сре́дства** zusätzliche Mittel herausschlagen; ◇ ~ **из коле́и** aus der Bahn werfen

вы́бор *м*$_1$ ‹-а› ① (*отбор*) Auswahl *f* ② (*о человеке, предмете*) Wahl *f;* ◇ **сде́лать** ~ eine Wahl treffen; ◇ ~ **пал на него́** die Wahl fiel auf ihn; **вы́боры** *мн* ‹-ов› Wahlen *f pl;* ◇ **парла́ментские** ~ Parlamentswahlen; ◇ ~ **в ме́стные о́рганы** Kommunalwahlen

вы́брать * *сов* ‹-беру, -берешь› [**выбира́ть** V_{1a} *несов*] *кого-что вин* ① (*извлечь*) wählen, auswählen ② (*отобрать нужное*) aussuchen, wählen; ◇ ~ **кни́гу для чте́ния** ein Buch zum Lesen aussuchen; ◇ ~ **профе́ссию** einen Beruf wählen ③ (*избрать голосованием*) wählen; ◇ ~ **председа́теля** den Vorsitzenden wählen ④ *разг* (*о времени*) finden; ◇ ~ **свобо́дную мину́тку** eine freie Minute finden

вы́бросить * *сов* ‹-шу, -осишь› [**выбра́сывать** V_{1a} *несов*] *кого-что вин* ① (*освободиться*) wegwerfen, hinauswerfen; ◇ ~ **му́сор** Müll wegwerfen ② *перен* (*уволить*) hinauswerfen, entlassen; ◇ ~ **за заводски́е воро́та** aus der Firma hinauswerfen; ◇ ~ **на у́лицу** auf die Straße setzen ③ (*травить*) vergeuden; ◇ ~ **зря де́ньги** Geld zum Fenster hinauswerfen; ◇ ~ **что-л из головы́** sich etw aus dem Kopf schlagen

вы́везти * *сов* ‹-зу, -зешь, (3) 1 и 2 л. не употр› [**вывози́ть** V_{4a} *несов* ‹-ожу́, -о́зишь›] *кого-что вин* ① (*увозить*) wegbringen, abtransportieren ② (*привезти с собой*) mitbringen; ◇ ~ **из экспеди́ции образцы́ минера́лов** Mineralproben von der Expedition mitbringen ③ *разг* (*выручить*) aus der Patsche helfen

вы́веска *ж*$_1$ ‹-и, *род мн:* -сок› ① (*надпись*) Aushängeschild *n;* ◇ ~ **фи́рмы** Firmenschild *n* ② *перен* (*показная сторона*) Fassade *f;* ◇ **его́ слова́ - то́лько** ~ seine Worte sind nur Fassade; ◇ **под ~ой чего́-л** unter dem Deckmäntelchen von etw

вы́вести * *сов* ‹-еду, -едешь› [**выводи́ть** V_{4b} *несов* ‹-ожу́, -о́дишь, *Imp.* -оди́, ~те›] *кого-что вин* ① (*направить куда-л*) herausführen, hinausführen, wegbringen; ◇ ~ **маши́ну из гаража́** das Auto aus der Garage fahren; ◇ ~ **ребёнка на прогу́лку** mit dem Kind spazierengehen; ◇ ~ **из равнове́сия** aus dem Gleichgewicht bringen; ◇ ~ **из терпе́ния**

aus der Fassung bringen ② (*исключить*) ausschließen; ◇ ~ **из па́ртии** aus der Partei ausschließen ③ (*уничтожить*) vernichten, ausrotten, entfernen; ◇ ~ **пятно́** einen Fleck entfernen ④ (*умозаключить*) ableiten, schlußfolgern; ◇ **из ска́занного мо́жно вы́вести, что** daraus kann man schließen, daß ⑤ (*произвести на свет*) zur Welt bringen, ausbrüten; ◇ **насе́дка ~ла цыпля́т** die Glucke brütete Küken aus ⑥ (*вырастить*) züchten; ◇ ~ **но́вый сорт расте́ний** eine neue Pflanzensorte züchten ⑦ (*старательно изобразить*) sorgfältig ausführen; ◇ ~ **на чи́стую во́ду** entlarven

вы́вих *м₁* <-а> ① (*смещение суставов*) Verrenkung *f;* (*пальца, кисти*) Verstauchung *f* ② (*растяжение*) Zerrung *f;* **вы́вихнуть** V_2 *сов* <-ну, -нешь, *Part. Prät. Pass.* -нутый> [**выви́хивать** V_{1a} *несов*] *что вин* (*растянуть*) verrenken, verstauchen, zerren

вы́вод *м₁* <-а> ① (*удаление*) Abzug *m,* Entfernung *f* ② (*заключение*) Schlußfolgerung *f;* ◇ **ло́жный** ~ Trugschluß *m;* ◇ **прийти́ к ~у** zu dem Schluß kommen; ◇ **сде́лать необходи́мые ~ы** die notwendigen Konsequenzen ziehen ③ тех Anschluß *m*

выводи́ть V_{4b} *несов от* **вы́вести** *

вы́воз *м₁* <-а> ① (*отправка*) Abtransport *m;* ◇ ~ **ле́са** Holztransport *m* ② эк Export *m;* ◇ **предме́т ~а** Exportartikel *m*

вывози́ть V_{4a} *несов от* **вы́везти**

вы́глядеть * *несов* <-яжу, -ядишь> *без доп* aussehen; ◇ ~ **больны́м** krank aussehen; ◇ **она́ ~ит значи́тельно моло́же** sie sieht bedeutend jünger aus

вы́гнать * *сов* <-гоню, -гонишь> [**выгоня́ть** V_{1b} *несов*] *кого-что вин* (*прогнать*) hinausjagen, hinauswerfen; ◇ ~ **дебоши́ра из за́ла** den Ruhestörer aus dem Saal werfen; (*уволить*) ◇ ~ **с рабо́ты** feuern; ◇ ~ **прочь** wegjagen; (*скот*) hinaustreiben; ◇ ~ **лошаде́й в ночно́е** die Pferde nachts auf die Weide treiben

вы́говор *м₁* <-а> ① (*произношение*) Aussprache *f;* ◇ **чи́стый** ~ saubere Aussprache; (*акцент*) Akzent *m* ② (*взыскание*) Verweis *m,* Rüge *f;* ◇ **сде́лать кому́-л** ~ jd-m einen Verweis erteilen

вы́года *ж₁* <-ы> ① (*польза*) Nutzen *m;* ◇ **извле́чь ~у из чего́-л** Nutzen aus etw ziehen; ◇ **кака́я мне от э́того ~?** was bringt mir das? ② (*прибыль*) Profit *m;* ◇ **ду́мать о свое́й ~е** an seinen Profit denken ③ (*преимущество*) Vorteil *m;* **вы́годный** *прил* <-ая, -ое, -ые> ① (*приносящий выгоду*) vorteilhaft ② (*прибыльный*) gewinnbringend, einträglich; ◇ **~ое де́ло** gewinnbringendes Geschäft ③ (*полезный*) nützlich, lohnend; ◇ **~ое знако́мство** nützliche Bekanntschaft; ◇ **предста́вить что-л в ~ом све́те** etw in ein vorteilhaftes Licht rücken

вы́гон *м₁* <-а> Auftrieb *m*

вы́дать * *сов* <-дам, -дашь> [**выдава́ть** V_{1a} *несов* <-даю, -даёшь, *Part. Präs. Akt.* -дающий>] *кого-что вин (1, 2, 3, 5) за кого-что вин (4)* ① (*предоставить*) ausstellen, aushändigen; (*изготовить*) ausgeben; ◇ ~ **зарпла́ту** das Gehalt auszahlen; ◇ **маши́на ~ла информа́цию** der Computer gab Informationen aus ② (*предать*) verraten; ◇ ~ **секре́т** ein Geheimnis preisgeben ③ (*передать преступника*) ausliefern ④ (*объявить*) ausgeben; ◇ ~ **себя́ за киноактёра** sich als Schauspieler ausgeben ⑤ (*высказаться*) mit etw herausplatzen; ◇ ~ **всю пра́вду в глаза́** jd-m die Wahrheit ins Gesicht schleudern; **вы́дача** *ж₂* <-и, *род мн:* -дач> ① (*предоставление*) Erteilung *f* ② (*вручение*) Aushändigung *f* ③ (*передача*) Übergabe *f* ④ (*документа*) Ausgabe *f* ⑤ (*преступника другому государству*) Auslieferung *f* ⑥ (*выплата*) Auszahlung *f*

вы́двинуть V_2 *сов* <-ну, -нешь, *Part. Prät. Pass.* -нутый> [**выдвига́ть** V_{1a} *несов*] *кого-что вин* ① (*переместить*) (vor-)rükken; ◇ ~ **шкаф на середи́ну ко́мнаты** den Schrank in die Mitte des Zimmers rücken; *перен* ◇ ~ **на пе́рвый план** in den Vordergrund rücken ② *перен* (*представить на обсуждение*) vorbringen; ◇ ~ **обвине́ние про́тив кого́-л** eine Beschuldigung gegen jd-n vorbringen; ◇ ~ **чью-л кандидату́ру** jd-n als Kandidaten aufstellen ③ *перен* (*повысить*) befördern; ◇ ~ **на руководя́щую до́лжность** in eine führende Position befördern

вы́делить V_{4b} *сов* <-лю, -лишь, (5) 1 и 2 л. не употр> [**выделя́ть** V_{1b} *несов*] *кого-что вин* ① (*предоставить*) zuweisen, zur Verfügung stellen; ◇ ~ **кварти́ру пенсионе́рам** Rentnern eine Wohnung zuweisen ② (*отметить*) hervorheben; ◇ ~ **строку́ осо́бым шри́фтом** eine Zeile durch eine besondere Schrift hervorheben ③ (*отличить*) auszeichnen; ◇ ~ **лу́чшего ученика́** den besten Schüler auszeichnen ④ (*назначить*) einteilen; ◇ ~ **люде́й для по́мощи бе́женцам** Hilfspersonal für die Flüchtlinge einteilen ⑤ (*назначать*) bestimmen ⑥ хим ausscheiden, abgeben; ◇ ~ **углеки́слый газ** Kohlendioxid ausstoßen

вы́держанный *прил* ‹-ая, -ое, -ые› ① (*последовательный*) konsequent, folgerichtig ② (*обладающий выдержкой*) ausdauernd; ◇ ~ **спортсме́н** ausdauernder Sportler ③ (*дисциплинированный*) diszipliniert, beherrscht ④ (*о продуктах*) abgelagert; ◇ ~ **сыр** gereifter Käse

вы́держать V_{1a} *сов* ‹-жу, -жишь, (4) 1 и 2 л. не употр, *Imp.* -жи, ~те› [**выде́рживать** V_{1a} *несов*] *что вин* ① (*устоять*) standhalten; ◇ ~ **напо́р воды́** dem Wasserdruck standhalten ② (*вытерпеть*) aushalten, ertragen ③ (*оказаться годным*) bestehen; ◇ ~ **экза́мен** das Examen bestehen; ◇ ~ **не́сколько изда́ний** in mehreren Auflagen erschienen ④ (*о продуктах*) ablagern; ◇ ~ **вино́** Wein ablagern

вы́держка *ж$_1$* ‹-и› ① (*цитата*) Zitat *n*, Auszug *m;* ◇ **~и из докла́да** Auszug aus dem Vortrag; ◇ **привести́ ~у** ein Zitat anführen ② (*самообладание*) Selbstbeherrschung *f* ③ (*постоянство*) Ausdauer *f* ④ фото Belichtungszeit *f;* ◇ **снять с большо́й ~ой** das Bild lange belichten

вы́думать V_{1a} *сов* ‹-аю, -аешь› [**выду́мывать** V_{1a} *несов*] *что вин* ① (*придумать*) sich ausdenken; (*изобрести*) erfinden; (*сфантазировать*) erdichten; ◇ ~ **но́вую игру́** sichein neues Spiel ausdenken

вы́езд *м$_1$* ‹-а› ① (*место*) Ausfahrt; ◇ **на ~е из го́рода** Ausfahrt aus der Stadt ② (*отъезд*) Abreise *f*, Ausreise *f;* ◇ ~ **назна́чен на коне́ц ме́сяца** die Abreise ist für Ende des Monats geplant ③ *устар* Gespann *n*

вы́ехать V_{1a} *сов*, *kein Imp., kein Part. Prät. Pass.* ‹-еду, -едешь› [**выезжа́ть** V_{1a} *несов*, *kein Part. Präs. Pass.*] *без доп* ① (*уехать*) abreisen ② (*из дома*) wegziehen, ausziehen, umziehen; ◇ **жильцы́ ~али** die Bewohner sind weggezogen ③ (*из страны)* emigrieren ④ *(в путешествие*) verreisen, wegfahren; ◇ ~ **в кругосве́тное путеше́ствие** sich auf eine Weltreise begeben ⑤ (*переселиться*) übersiedeln; ◇ ~ **в друго́й го́род** in eine andere Stadt übersiedeln

вы́жать V_{1a} *сов* ‹-жму, -жмешь, *Imp.* -жми, *Part. Prät. Pass.* -жатый› [**выжима́ть** V_{1a} *несов*] *что вин* ① (*сжать*) ausdrücken; auspressen; ◇ ~ **сок из лимо́на** eine Zitrone auspressen; *перен* ◇ ~ **все со́ки из кого́-л** jd-n ausbeuten ② (*отжать*) auswringen ③ спорт (*штангу, гирю*) stemmen, heben; ◇ ~ **руко́й 50 кг** mit der 50 kg stemmen

вы́жить [1] * *сов* ‹-ву, -вешь› [**выжива́ть** V_{1a} *несов*, *kein Part. Präs. Pass.*] *без доп (1), что вин (2)* ① (*остаться в живых*) überleben, am Leben bleiben; ◇ **ра́неный ~ил** der Verletzte überlebte; ◇ ~ **из ума́** den Verstand verlieren ② (*переносить*) ertragen

вы́жить [2] * *сов* ‹-ву, -вешь, *Part. Prät. Pass.* -житый› [**выжива́ть** V_{1a} *несов*] *кого-что вин* (*вытеснить*) hinausekeln, verdrängen; (*отделаться*) sich jd-n vom Halse schaffen

вы́звать V_{1a} *сов* ‹-зову, -зовешь, *Imp.* -зови› [**вызыва́ть** V_{1a} *несов*] *кого-что вин* ① (*позвать, пригласить*) herbeirufen, kommen lassen, bestellen, vorladen; ◇ ~ **кого́-л к себе́** jd-n zu sich kommen lassen ② (*побудить*) auffordern ③ (*породить*) hervorrufen, erregen; ◇ ~ **чей-л гнев** jd-s Zorn heraufbeschwören; ◇ ~ **воспомина́ния** Erinnerungen wachrufen

вы́здороветь V_5 *сов* ‹-ею, -еешь› [**выздора́вливать** V_{1a} *несов*, *kein Part. Präs. Pass.*] *без доп* gesund werden, genesen

вы́зов *м$_1$* ‹-а› ① (*приглашение*) Aufforderung *f*, Einladung *f*, Vorladung *f;* ◇ **напра́вить ~ кому́-л** jd-m eine Einladung schicken; ◇ ~ **в суд** Vorladung vor Gericht ② (*призыв к борьбе, спору*) Herausforderung *f;* ◇ **бро́сить ~ кому́-л** jd-n (zum Kampf) herausfordern; ◇ **в его́ слова́х прозвуча́л ~** seine Worte klangen provozierend; ◇ ~ **по телефо́ну** Notruf *m*

вызыва́ть V_{1a} *несов от* **вы́звать**

вы́играть V_{1a} *сов* ‹-аю, -аешь› [**вы́игрывать** V_{1a} *несов*] *что вин (1), от чего род (2)* ① (*победить*) gewinnen; ◇ ~ **де́ло в суде́** einen Gerichtsprozeß gewinnen ② (*приобрести*) gewinnen; ◇ ~ **мно́го де́нег** viel Geld gewinnen; ◇ ~ **вре́мя** Zeit gewinnen ③ (*выгадать*) einen Gewinn haben; ◇ ~ **от сниже́ния цен** von der Preissenkung profitieren

вы́игрыш *м$_2$* ‹-а› ① (*в лотерее*) Gewinn *m;* (*в игре*) Sieg *m;* ◇ **быть в ~е** gewinnen, siegen ② (*выгода*) Vorteil *m;* (*польза*) Nutzen *m*

вы́йти * *сов* ‹-йду, -йдешь, (6) 1 и 2 л. не употр› [**выходи́ть** * *несов*] *без доп (1, 3, 4, 5), из чего род (2, 7, 8), кем-чем тв (6)* ① (*покинуть*) verlassen, hinausgehen; ◇ ~ **из-за стола́** vom Tisch aufstehen; ◇ ~ **из соста́ва коми́ссии** aus der Kommission ausscheiden ② (*быть изданным*) verlegt werden; ◇ **кни́га вы́шла из печа́ти** das Buch erschien im Druck; ◇ **фильм вы́шел на экра́ны** der Film kam in die Kinos ③ (*кончиться*) zu Ende gehen, ausgehen; ◇ **запа́сы все вы́шли** die Vorräte sind alle; ◇ **срок вы́шел** die Frist ist abgelaufen ④ (*получиться*) gelingen, werden; ◇ **из него́ вы́шел хоро́ший инжене́р** er wurde ein guter Ingenieur; ◇ **из куска́ тка́ни вы́шло два пла́тья** aus dem Stück Stoff konnte man zwei Kleider anfertigen ⑤ (*произойти*) folgen; ◇ **из э́той зате́и ничего́ не вы́шло** aus dieser Idee wurde nichts; ◇ **вы́шла неприя́тность** es kam zu einer Unannehmlichkeit ⑥ (*стать кем-л*) hervorgehen als; ◇ ~ **победи́телем в состяза́нии** als Sieger aus dem Wettbewerb hervorgehen ⑦ (*произойти от кого-л*) abstammen (von) ⑧ (*нарушить что-л*) sprengen; ◇ ~ **из берего́в** über die Ufer treten; ◇ ~ **в отста́вку** in den Ruhestand treten; ◇ ~ **из стро́я** ausfallen; ◇ ~ **из положе́ния** einen Ausweg finden; *перен* ◇ ~ **из мо́ды** aus der Mode kommen; ◇ ~ **из терпе́ния** die Geduld verlieren; ◇ ~ **из употребле́ния** aus dem Gebrauch kommen; ◇ **из него́ ничего́ не вы́шло** aus ihm wurde nichts; ◇ ~ **из себя́** ausrasten

вы́кидыш *м*$_2$ ‹-а› ① (*естественный*) Fehlgeburt *f* ②(*искусственный*) Abtreibung *f*

вы́кинуть V$_2$ *сов* ‹-ну, -нешь› [**выки́дывать** V$_{1a}$ *несов*] *что вин* (*выбросить*) wegwerfen, hinauswerfen

выкла́дывать V$_{1a}$ *несов от* **вы́ложить**

выключа́тель *м*$_2$ ‹-я› эл Schalter *m;* **вы́ключить** V$_{4b}$ *сов* ‹-чу, -чишь, *Imp.* -ключи› [**выключа́ть** V$_{1a}$ *несов*] *кого-что вин* ① тех, эл ausschalten; ◇ ~ **ток** den Strom abstellen ② (*исключить*) ausschließen; ◇ ~ **из клу́ба** aus dem Klub ausschließen

вы́копать V$_{1a}$ *сов* ‹-аю, -аешь› [**выка́пывать** V$_{1a}$ *несов*] *кого-что вин* ① (*рыть*) graben ② *перен разг* (*отыскать*) auftreiben; ◇ **где вы тако́го инжене́ра** ~**али?** wo habt ihr einen solchen Ingenieur aufgetrieben?

вы́кормить V$_{4b}$ *сов* ‹-млю, -мишь, *Imp.* -корми, *Part. Prät. Pass.* -кормленный› [**выка́рмливать** V$_{1a}$ *несов*] *кого-что вин* ① (*вырастить*) großziehen ② (*скот*) mästen

вы́куп *м*$_1$ ‹-а› Lösegeld *n*

вы́лезть * *сов* ‹-зу, -зешь, (4) 1 и 2 л. не употр› [**вылеза́ть** V$_{1a}$ *несов*, *kein Part. Präs. Pass.*] *без доп* ① (*выползти*) herauskriechen, heraussteigen; ◇ ~ **из норы́** aus der Höhle kriechen ② *разг* (*выйти*) aussteigen; ◇ ~ **из-за стола́** vom Tisch aufstehen ③ *разг* (*о шерсти, волосах*) zum Vorschein kommen; ◇ **во́лосы** ~**ут из-под ша́пки** die Haare schauen unter der Mütze hervor ④ (*волосы*) ausfallen

вы́лет *м*$_1$ ‹-а› Abflug *m;* **вы́лететь** V$_5$ *сов* ‹-лечу, -летишь, *Imp.* -лети› [**вылета́ть** V$_{1a}$ *несов*, *kein Part. Präs. Pass.*] *без доп* ① (*отправиться куда-л*) abfliegen; ◇ **самолёт** ~**ел по расписа́нию** das Flugzeug flog planmäßig ab ② *перен* (*стремительно выйти*) losgehen, losfahren; ◇ **я че́рез пять мину́т** ~**а́ю** in fünf Minuten gehe ich los ③ *разг* (*быть уволенным*) fliegen; ◇ **неда́вно он** ~**ел с рабо́ты** vor kurzem ist er gefeuert worden; ◇ **э́то у меня́** ~**ло из головы́** das war mir völlig entfallen

вы́лить V$_{4b}$ *сов* ‹-лью, -льешь, *Imp.* -лей, *Part. Prät. Pass.* -литый› [**вылива́ть** V$_{1a}$ *несов*] *что вин из чего род (1), что вин (2)* ① (*жидкость*) ausgießen; (*пролить*) vergießen ② (*изготовить литьём*) gießen; ◇ ~ **оловя́нную фигу́рку** eine Zinnfigur gießen; **вы́литься** *сов* ‹-льется, -льются, 1 и 2 л. не употр› [**вылива́ться** *несов*] *из чего род (1), во что вин (2)* ① (*о жидкости*) ausfließen; (*через край*) überfließen ② *перен* (*принять какой-л вид*) in etw *akk* übergehen, eine Form annehmen

вы́ложить V$_{4b}$ *сов* ‹-жу, -жишь, *Imp.* -ложи› [**выкла́дывать** V$_{1a}$ *несов*] *что вин* ① (*разложить*) herauslegen; (*развернуть*) auspacken; (*выставить*) auslegen; ◇ ~ **това́ры** Waren auslegen ② (*покрыть*) belegen; ◇ ~ **сте́ну пли́ткой** die Wand fliesen; ◇ ~ **дёрном уча́сток во́зле до́ма** auf dem Grundstück am Haus einen Rasen anlegen ③ *перен* (*высказать*) offen sagen; ◇ ~ **всю пра́вду** die ganze Wahrheit aussprechen

вымира́ть *несов* ‹-а́ет, -а́ют, 1 и 2 л. не употр› [**вы́мереть** * *сов*] *без доп* aussterben

вымога́ть V$_{1a}$ *несов* ‹-а́ю, -а́ешь› *что вин* erpressen

вы́мокнуть V$_2$ *сов* ‹-ну, -нешь, *Prät.* -мок, -кла, -кло, -кли, *Part. Prät. Akt.* -мокший› [**вымока́ть** V$_{1a}$ *несов*] *без доп* ① (*с водой*) wässern ② (*промокнуть*) durchnässen; ◇ ~ **до ни́тки** bis auf die Haut naß werden

вы́мысел *м*$_1$ ‹-сла, *мн:* -слы› ① (*воображение*) Erfindung *f;* ◇ **поэти́ческий** ~ Dichtung *f;* (*фантазия*) Fantasie *f* ③ (*ложь*) Lüge *f;* **вы́мышленный** *прил* ‹-ая, -ое, -ые› ① (*не существующий*) erfunden; (*выдуманный*) ausgedacht ② (*чужой*) fiktiv; ◇ ~ **слу́чай** ein fiktiver Fall ③ (*ложный*) falsch

вы́нести * *сов* ‹-су, -сешь› [**выноси́ть** V_{4a} *несов* ‹-ношу́, -но́сишь, -но́сят, *Part. Präs. Pass.* -носи́мый›] *кого-что вин* ① (*выставить*) hinaustragen; ◇ ~ **ве́щи из ваго́на** die Sachen aus dem Zug tragen ② (*переместить*) wegtragen; ◇ ~ **столы́ в другу́ю ко́мнату** die Tische in ein anderes Zimmer tragen; мат ◇ ~ **за ско́бки** ausklammern ③ (*извлечь*) erhalten, gewinnen; ◇ ~ **впечатле́ние** einen Eindruck gewinnen ④ (*объявить*) verkünden, fällen; ◇ ~ **пригово́р** ein Urteil fällen; ◇ ~ **реше́ние** eine Entscheidung treffen ⑤ (*выдержать*) ertragen; ◇ **не мог** ~ **оскорбле́ния** er konnte die Beleidigungen nicht ertragen; ◇ ~ **вопро́с на обсужде́ние** ein Problem zur Diskussion stellen

выно́сливый *прил* ‹-ая, -ое, -ые› ① (*сильный*) widerstandsfähig, zäh, ausdauernd ② (*упорный*) hartnäckig

вы́нудить V_{4b} *сов* ‹-ужу, -удишь, *Imp.* -нуди, ~те, *Part. Prät. Pass.* -нужденный› [**вынужда́ть** V_{1a} *несов*] *кого-что вин к чему дат или с инф (1), что вин (2)* ① (*заставить*) zwingen, nötigen; ◇ ~ **проти́вника к отступле́нию** den Gegner zur Aufgabe zwingen ② (*добиться*) erzwingen; ◇ ~ **призна́ние у кого́-л** bei jd-m ein Geständnis erzwingen

вы́нуть V_2 *сов* ‹-ну, -нешь, *Imp.* вынь, ~те, *Part. Prät. Pass.* -нутый› [**вынима́ть** V_{1a} *несов*] *что вин* herausnehmen; ◇ ~ **ру́ки из карма́нов** die Hände aus den Taschen nehmen; (*занозу*) herausziehen; (*землю*) ausheben; ◇ **вынь да поло́жь!** gib sofort her!

вы́пасть * *сов* ‹-аду, -адешь, (2, 3) 1 и 2 л. не употр› [**выпада́ть** V_{1a} *несов, kein Part. Präs. Pass.*] *без доп* ① (*вывалиться*) herausfallen; ◇ **плато́к вы́пал из карма́на** das Tuch fiel aus der Tasche ② (*об осадках*) fallen; ◇ **вы́пал ра́нний снег** es hat früh geschneit ③ (*случиться*) auf jd-n entfallen, jd-m zuteil werden; ◇ **ей вы́пало сча́стье** sie hatte Glück

вы́писать V_{1a} *сов* ‹-ишу, -ишешь, *Imp.* -иши, ~те› [**выпи́сывать** V_{1a} *несов*] *кого-что вин* ① (*выбрать из текста*) herausschreiben ② (*заказать доставку*) abonnieren; (*по каталогу*) bestellen ③ (*исключить*) entlassen, streichen; ◇ ~ **футболи́ста из больни́цы** den Fußballspieler aus dem Krankenhaus entlassen; **вы́писка** $ж_1$ ‹-и, *род мн:* -сок› ① (*из текста*) Auszug *m* ② (*заказ*) Bestellung *f* ③ (*из клуба и т. п.*) Abmeldung *f*

вы́пить V_{4b} *сов* ‹-пью, -пьешь, *Imp.* -пей, ~те, *Part. Prät. Pass.* -питый› [**выпива́ть** V_{1a} *несов*] *что вин или чего род (1), без доп (2) разг* ① (*пить*) trinken ② (*напиваться*) sich betrinken

вы́плата $ж_1$ ‹-ы› Zahlung *f;* ◇ ~ **зарпла́ты** Gehaltszahlung; ◇ ~ **в рассро́чку** Ratenzahlung; **вы́платить** V_{4b} *сов* ‹-ачу, -атишь, *Imp.* -плати, ~те, *Part. Prät. Pass.* -плаченный› [**выпла́чивать** V_{1a} *несов*] *что вин* zahlen; ◇ ~ **до́лги** Schulden abtragen; ◇ ~ **дивиде́нды** Dividenden ausschütten

выполне́ние $с_4$ ‹-я› ① (*осуществление*) Ausführung *f,* Verwirklichung *f* ② (*заказа и т. п.*) Erfüllung *f;* **вы́полнить** V_{4b} *сов* ‹-ню, -нишь, *Imp.* -ни, ~те› [**выполня́ть** V_{1b} *несов*] *что вин* (*осуществить*) ausführen; (*исполнить*) erfüllen; ◇ ~ **зака́з** einen Auftrag ausführen; ◇ ~ **рабо́ту** eine Arbeit erledigen; ◇ ~ **своё обеща́ние** sein Versprechen erfüllen

вы́править V_{4b} *сов* ‹-влю, -вишь› [**выправля́ть** V_{1b} *несов*] *что вин* ① (*расправить*) geradebiegen; ◇ ~ **погну́вшийся сте́ржень** die verbogene Stange geradebiegen ② (*внести исправления*) berichtigen, korrigieren ③ *перен* (*улучшить*) verbessern; ◇ ~ **положе́ние** die Lage verbessern

вы́правка $ж_1$ ‹-и› (*осанка*) Haltung *f;* (*манера держаться*) Auftreten *n*

вы́просить V_{4b} *сов* ‹-шу, -сишь, *Imp.* -проси, ~те, *Part. Prät. Pass.* -прошенный› [**выпра́шивать** V_{1a} *несов*] *что вин* erbitten; ◇ ~ **ми́лостыню** um Almosen bitten

вы́пуклый *прил* ‹-ая, -ое, -ые› ① (*выгнутый наружу*) konvex; ◇ **~ая ли́нза** Konvexlinse ② (*рельефный*) gewölbt; ◇ ~ **лоб** gewölbte Stirn ③ *перен* (*отчётливый*) klar, deutlich

вы́пуск $м_1$ ‹-а› ① (*действие*) Ausgabe *f;* (*денег, займов*) Ausgabe *f,* Emission *f;* (*из печати*) Herausgabe *f;* (*товаров на рынок*) Freigabe *f;* (*учеников из школы*) Entlassung *f* ② (*продукция*) Produktion *f* ③ (*группа окончивших школу в один срок*) Jahrgang *m* ④ (*пропуск в тексте*) Auslassung *f* ⑤ (*номер журнала*) Ausgabe *f,* Heft *n*

выпускни́к $м_1$ ‹-а́, *мн:* -и́› (*вуза*) Hochschulabsolvent *m;* (*гимназии*) Abiturient *m;* ◇ **встре́ча ~о́в** Entlassungsfeier *f*

вы́пустить V_{4b} *сов* ‹-ущу, -устишь, *Imp.* -пусти, ~те, *Part. Prät. Pass.* -пущенный› [**выпускáть** V_{1a} *несов*] *кого-что вин* (1) (*дать выйти*) hinauslassen; ◇ ~ **вóду из вáнны** das Wasser aus der Wanne lassen; (*уронить*) fallen lassen; ◇ ~ **из рук** aus den Händen lassen (2) (*из учебного заведения*) entlassen; ◇ ~ **молоды́х специали́стов** junge Fachkräfte entlassen (3) (*пустить в обращение*) in Umlauf bringen; ◇ ~ **издéлие в продáжу** ein Produkt in den Handel bringen (4) (*исключить*) auslassen, streichen; ◇ ~ **однý главý из рýкописи** ein Kapitel aus dem Manuskript streichen (5) (*издать*) herausgeben; ◇ ~ **нóвый ромáн** einen neuen Roman herausgeben (6) (*при шитье*) auslassen; ◇ ~ **шов** den Saum auslassen

вы́работать V_{1a} *сов* ‹-аю, -аешь› [**вырабáтывать** V_{1a} *несов*] *что вин* (1) (*произвести*) produzieren, erzeugen, herstellen (2) (*отработать*) ausarbeiten; ◇ ~ **прогрáмму заседáния** das Sitzungsprogramm ausarbeiten (3) (*заработать*) erarbeiten, verdienen; ◇ ~ **725 рублéй** 725 Rubel erarbeiten; **вы́работка** *ж₁* ‹-и, *мн:* -ток› (1) (*действие*) Herstellung *f* (2) (*составление*) Ausarbeitung *f* (3) (*выработанное*) Ausstoß *m;* ◇ **дневнáя** ~ Tagesleistung *f* (4) (*качество*) Qualität *f* (5) горн (Ab-)Bau *m*

выражéние c_4 ‹-я› (1) (*проявление*) Ausdruck *m* (2) (*внешний вид*) Ausdruck *m;* ◇ **недовóльное** ~ **лицá** unzufriedener Gesichtsausdruck (3) (*оборот речи*) Redensart *f,* Ausdruck *m;* ◇ **идиомати́ческое** ~ idiomatische Wendung (4) мат Formel *f;* **вырази́тельный** *прил* ‹-ая, -ое, -ые› (1) (*ясный*) ausdrucksvoll (2) (*многозначительный*) bedeutsam

вы́разить V_{4b} *сов* ‹-жу, -зишь, *Imp.* -рази, ~те, *Part. Prät. Pass.* -раженный› [**выражáть** V_{1a} *несов*] *что вин* (1) (*высказать*) ausdrücken; ◇ ~ **мысль словáми** einen Gedanken in Worte fassen (2) (*проявить*) aussprechen, äußern; ◇ ~ **желáние** einen Wunsch äußern; **вы́разиться** *сов* ‹-жусь, -зишься, (1) 1 и 2 л. не употр› [**выражáться** *несов*] *без доп* (1) (*проявиться*) zum Ausdruck kommen, sich äußern; ◇ **на егó лицé** ~**лся ýжас** der Schrecken stand ihm im Gesicht geschrieben (2) (*высказаться*) sich ausdrücken, darstellen; ◇ ~ **тóчно и крáтко** sich kurz und präzise ausdrücken; (*передать в цифрах*) betragen, sich belaufen auf; ◇ **расхóды** ~**лись в сýмме ...** die Ausgaben betrugen...

вы́расти * *сов* ‹-сту, -стешь› [**вырастáть** V_{1a} *несов, kein Part. Präs. Pass.*] *из чего род (1), без доп (2, 4), в кого-что вин (3)* (1) (*стать выше*) groß werden; ◇ **мáльчик вы́рос из пальтó** der Junge ist aus dem Mantel herausgewachsen (2) (*увеличиться*) sich erhöhen, steigen; ◇ **проивóдство вы́росло на 10 процéнтов** die Produktion ist um 10 Prozent gestiegen (3) (*достигнуть*) werden; ◇ ~ **в крýпного учёного** ein großer Gelehrter werden (4) (*обнаружиться*) aufwachsen; ◇ **вдали́ вы́росли очертáния гор** in der Ferne wuchsen die Umrisse der Berge auf; ◇ **он вы́рос в мои́х глазáх** er stieg in meinen Augen

вы́рвать V_{1a} *сов* ‹-ву, -вешь, *Imp.* -ви, ~те› [**вырывáть** V_{1a} *несов*] *кого-что вин* (1) (*удалить*) herausreißen; ◇ ~ **больнóй зуб** einen kranken Zahn ziehen; ◇ ~ **дéрево с кóрнем** einen Baum mit seinen Wurzeln ausreißen (2) *перен* (*принудить*) erzwingen, abzwingen; ◇ ~ **признáние у когó-л** jd-m ein Geständnis abzwingen (3) *безл* (*о рвоте*) (sich) erbrechen; ◇ **егó** ~**ло** er hat sich erbrochen

вы́резать V_{1a} *сов* ‹-ежу, -ежешь, *Imp.* -ежи, ~те› [**вырезáть** V_{1a} *несов*] *кого-что вин* (1) (*удалить*) herausschneiden; ◇ ~ **óпухоль** eine Geschwulst entfernen (2) (*начертить чем-л острым*) einritzen; (*гравировать на металле, камне*) gravieren; ◇ ~ **свои́ инициáлы на доскé** seine Initialen in die Tafel eingravieren (3) (*из дерева*) schnitzen; (*из камня*) meißeln (4) (*истребить*) niedermetzeln; **вы́резка** *ж₁* ‹-и, *род мн:* -зок› (1) (*вырезанное место*) Ausschnitt *m;* ◇ **газéтная** ~ Zeitungsausschnitt (2) (*о мясе*) Lendenstück *n*

вырождéние c_4 ‹-я› (1) (*ухудшение*) Entartung *f* (2) (*дегенерация*) Degeneration *f* (3) (*упадок*) Verfall *m*

вы́рубить V_{4b} *сов* ‹-блю, -бишь, *Imp.* -би, ~те, *Part. Prät. Pass.* -бленный› [**вырубáть** V_{1a} *несов*] *что вин (1, 2, 4), что вин из чего род (3)* (1) (*уничтожить*) abholzen (2) (*срубить*) fällen; ◇ ~ **хорóшую ёлку** eine schöne Tanne fällen (3) (*изготовить*) heraushacken (4) (*выключить*) ausschalten; ◇ ~ **сигнализáцию** die Alarmanlage ausschalten

вы́ручить V_{4b} *сов* ‹-чу, -чишь, *Imp.* -чи, ~те› [**выручáть** V_{1a} *несов*] *кого-что вин* (1) (*помочь*) (aus der Patsche) helfen; ◇ ~ **когó-л из беды́** jd-m in der Not helfen (2) (*получить за проданное*) verdienen; ◇ ~ **дéньги за товáр** an einer Ware Geld verdienen

вы́ручка *ж$_1$* ‹-и› ① (*вырученные деньги*) Erlös *m;* ◇ **дневна́я** ~ Tagesertrag *m* ② *разг* (*помощь*) Hilfe *f;* ◇ **приходи́ть на ~у кому́-л** jd-m zu Hilfe kommen

вы́рыть *см.* **рыть**

вы́садить V$_{4b}$ *сов* ‹-жу, -дишь, *Imp.* -ди, ~те, *Part. Prät. Pass.* -женный› [**выса́живать** V$_{1a}$ *несов*] *кого-что вин* ① (*заставить выйти*) absetzen, aussteigen lassen; ◇ ~ **с су́дна на бе́рег** ausschiffen ② (*посадить*) verpflanzen; ◇ ~ **помидо́ры из парнико́в** Treibhaustomaten verpflanzen ③ *разг* (*выломать*) einstoßen; ◇ ~ **дверь** die Tür einschlagen

выселе́ние *с$_4$* ‹-я› ① (*переселение*) Aussiedelung *f* ② (*принудительное из квартиры*) (Zwangs-)Räumung *f* ③ (*из города или страны*) Ausweisung *f;* **вы́селить** V$_{4b}$ *сов* ‹-лю, -лишь, *Imp.* -ли, ~те› [**выселя́ть** V$_{1b}$ *несов*] *кого-что вин* ① (*переселить*) umsiedeln ② (*из квартиры*) räumen ③ (*выслать*) ausweisen

вы́сечь * *сов* ‹-еку, -ечешь› [**высека́ть** V$_{1a}$ *несов*] *кого-что вин* meißeln; ◇ ~ **бюст** eine Büste meißeln; ◇ ~ **и́скру** Funken schlagen

вы́сказать V$_{1a}$ *сов* ‹-жу, -жешь, *Imp.* -жи, ~те› [**выска́зывать** V$_{1a}$ *несов*] *что вин* ausdrücken, äußern; **вы́сказаться** *сов* ‹-жусь, -жешься› [**выска́зываться** *несов*] *без доп* sich äußern, die Meinung sagen; ◇ ~ **про́тив внесённого предложе́ния** sich gegen den eingebrachten Vorschlag aussprechen; **выска́зывание** *с$_4$* ‹-я› ① (*суждение*) Äußerung *f* ② (*заявление*) Erklärung *f* ③ (*изречение*) Ausspruch *m*

вы́скочить V$_{4b}$ *сов, kein Part. Prät. Pass.* ‹-чу, -чишь, *Imp.* -чи, ~те› [**выска́кивать** V$_{1a}$ *несов, kein Part. Präs. Pass.*] *без доп* ① (*выпрыгнуть*) hinausspringen, hervorspringen; ◇ **за́яц ~ил из кусто́в** der Hase sprang aus dem Gebüsch hervor ② *разг* (*вылезти*) herausrutschen; ◇ ~ **с неуме́стным вопро́сом** mit einer unpassenden Frage herausplatzen ③ (*выпасть*) ausfallen, herausfallen; ◇ **э́то ~ло у меня́ из головы́** das ist mir entfallen

вы́скочка *м/ж$_1$* ‹-и, *род мн:* -чек› *разг* (*карьерист*) Emporkömmling *m*

вы́слать V$_{1a}$ *сов* ‹вы́шлю, вы́шлешь, *Imp.* вы́шли, ~те› [**высыла́ть** V$_{1a}$ *несов*] *кого-что вин* ① (*послать откуда-л*) abschicken ② (*сослать*) verbannen; (*административно удалить*) ausweisen

вы́смеять V$_{1b}$ *сов* ‹-ею, -еешь, *Imp.* -ей, ~те› [**высме́ивать** V$_{1a}$ *несов*] *кого-что вин* auslachen, lächerlich machen

высо́кий *прил* ‹-ая, -ое, -ие› (*сравн:* **вы́ше**) ① (*не низкий*) hoch, groß; ◇ **~ая гора́** hoher Berg; ◇ **~ого ро́ста** groß ② (*выше среднего уровня*) hoch; ◇ **~ое кровяно́е давле́ние** hoher Blutdruck; ◇ ~ **проце́нт** hoher Prozentsatz; ◇ **~ая температу́ра** hohes Fieber; ◇ **~ие те́мпы** hohe Geschwindigkeit ③ (*выдающийся*) hoch, groß; ◇ ~ **гость** hoher Gast; ◇ **~ая награ́да** hohe Auszeichnung; ◇ **~ая честь** große Ehre ④ (*очень хороший*) hoch; ◇ ~ **ое ка́чество това́ров** hohe Warenqualität; ◇ **быть ~ого мне́ния о ком-л** von jd-m eine hohe Meinung haben ⑤ (*о звуке, голосе*) hoch; ◇ ~ **го́лос** hohe Stimme ⑥ *эл* hoch; ◇ **~ое напряже́ние** Hochspannung *f* ⑦ (*возвышенный*) erhaben; ◇ **~ие иде́и** große Ideen; ◇ ~ **стиль** gehobener Stil; **высокока́чественный** *прил* ‹-ая, -ое, -ые› (qualitativ) hochwertig; **высококвалифици́рованный** *прил* ‹-ая, -ое, -ые› hochqualifiziert; **высокопроизводи́тельный** *прил* ‹-ая, -ое, -ые› hochproduktiv, sehr leistungsfähig **высокора́звитый** *прил* ‹-ая, -ое, -ые› hochentwickelt; **высокоурожа́йный** *прил* ‹-ая, -ое, -ые› ertragreich

высота́ *ж$_1$* ‹-ы́, *мн:* -со́ты› ① (*величина по вертикали*) Höhe *f;* ◇ ~ **над у́ровнем мо́ря** Höhe über dem Meeresspiegel ② (*расстояние от земли вверх*) Höhe *f;* ◇ **самолёт набира́ет ~у́** das Flugzeug gewinnt an Höhe ③ (*возвышение*) Anhöhe *f* ④ (*уровень развития*) hohes Niveau; *перен* ◇ **быть на ~е́ положе́ния** einer Situation gewachsen sein

вы́спаться V$_{1a}$ *сов, kein Part. Prät. Pass.* ‹-плюсь, -пишься, *Imp.* -пись, -питесь› [**высыпа́ться** V$_{1a}$ *несов, kein Part. Präs. Pass.*] *без доп* ausschlafen

вы́ставить V$_{4b}$ *сов* ‹-влю, -вишь, *Part. Prät. Pass.* -вленный› [**выставля́ть** V$_{1b}$ *несов*] *кого-что вин, кого-что вин кем-чем тв (3)* ① (*поставить, выдвинув вперёд или наружу*) vorrücken, nach vorne stellen; ◇ ~ **шкаф в коридо́р** den Schrank in den Flur stellen ② (*выдвинуть*) aufstellen; ◇ ~ **тре́бование** eine Forderung stellen ③ *перен* (*показать*) sich ausgeben als; ◇ ~ **себя́ знатоко́м дре́вней исто́рии** sich als Kenner der Antike ausgeben; ◇ ~ **кого́-л в дурно́м све́те** jd-n in ein schlechtes Licht rücken ④ (*написать*) geben; ◇ ~ **ученику́ годовы́е**

отме́тки dem Schüler Jahresnoten geben ⑤ (*поставить*) aufstellen; ◇ ~ **охра́ну** eine Wache aufstellen ⑥ *разг* (*выгнать*) hinauswerfen; ◇ ~ **кого́-л за дверь** jd-n vor die Tür setzen; **вы́ставка** *ж*$_1$ ‹-и, *род мн:* -вок› Ausstellung *f;* ◇ **всеми́рная ~ откры́лась** die Weltausstellung ist eröffnet

вы́стрел *м*$_1$ ‹-а› Schuß *m*

вы́ступить V$_{4b}$ *сов, kein Part. Prät. Pass.* ‹-плю, -пишь, *Imp.* -пи, ~те› [**выступа́ть** V$_{1a}$ *несов, kein Part. Präs. Pass.*] *без доп* ① (*выйти за пределы*) hervortreten; ◇ ~ **из берего́в** über die Ufer treten ② (*отправиться*) aufbrechen ③ (*исполнить публично*) auftreten; ◇ ~ **на сце́не** auf der Bühne auftreten; ◇ ~ **с докла́дом** einen Vortrag halten; ◇ ~ **в газе́те** einen Artikel in der Zeitung veröffentlichen ④ (*просочиться*) hervortreten; ◇ **у него́ ~ил пот** er schwitzte; **выступле́ние** *с*$_4$ ‹-я› ① (*исполнение*) Auftritt *m* ② (*речь*) Rede *f* ③ (*акция*) Kundgebung *f*

высыла́ть V$_{1a}$ *несов от* **вы́слать**

вы́сылка *ж*$_1$ ‹-и, *род мн:* -лок› ① (*отправка*) Versenden *n* ② (*ссылка*) Ausweisung *f*

вы́сыпать V$_{1a}$ *сов* ‹-плю, -плешь, (2, 3) 1 и 2 л. не употр, *Imp.* -сыпь, ~те› [**высыпа́ть** V$_{1a}$ *несов*] *что вин (1), без доп (2, 3)* ① (*удалить*) ausschütten, ausstreuen ② *разг* (*появиться*) hinausströmen; ◇ **на у́лицу ~ал наро́д** Menschenmengen strömten auf die Straße ③ (*о сыпи*) einen Ausschlag bekommen

высыпа́ться V$_{1a}$ *несов от* **вы́спаться**

вытека́ть V$_{1a}$ *несов, kein Part. Präs. Pass.* ‹-а́ет, -а́ют, 1 и 2 л. не употр› [**вы́течь** * *сов*] *без доп* ① (*брать начало*) entspringen, entströmen; ◇ **Ангара́ ~а́ет из Байка́ла** die Angara entspringt dem Baikalsee ② (*литься*) herausfließen, ausfließen ③ *перен* (*являться следствием*) folgen, sich ergeben aus; ◇ **из э́того ~а́ет, что...** daraus folgt, daß...

вы́тереть * *сов* ‹-тру, -трешь› [**вытира́ть** V$_{1a}$ *несов*] *кого-что вин* ① (*сделать сухим*) abtrocknen; (*сделать чистым*) abwischen; ◇ ~ **посу́ду** das Geschirr abtrocknen; ◇ ~ **пыль со стола́** den Staub vom Tisch wischen; ◇ ~ **ру́ки** die Hände abtrocknen ② (*износить*) abtragen, abnutzen; ◇ ~ **рукава́ на локтя́х** die Ärmel am Ellbogen abscheuern

вытрезви́тель *м*$_2$ ‹-я› Ausnüchterungszelle *f*

вы́тянуть V$_2$ *сов* ‹-ну, -нешь, *Part. Prät. Pass.* -нутый› [**вытя́гивать** V$_{1a}$ *несов*] *кого-что вин* ① (*удалить*) abziehen; ◇ ~ **дым** den Rauch abziehen lassen ② (*вытащить*) herausziehen; ◇ ~ **не́вод** das Fischernetz einholen ③ (*увеличить в длину*) dehnen; ◇ ~ **ко́жу** das Leder dehnen ④ *перен разг* (*вытерпеть*) aushalten; ◇ **больно́й до́лго не ~ет** der Kranke wird es nicht mehr lange machen; **вы́тянуться** *сов* ‹-нусь, -нешься, (1) 1 и 2 л. не употр› [**вытя́гиваться** *несов*] *без доп* ① (*стать длиннее*) lang werden, sich ausdehnen; ◇ **лицо́ ~лось** ein langes Gesicht machen; ◇ **сви́тер ~лся по́сле сти́рки** der Pullover verzog sich nach dem Waschen ② (*вырасти*) wachsen ③ *разг* (*растянуться*) sich ausstrecken; ◇ ~ **на дива́не** sich auf dem Sofa ausstrecken

вы́учить *см.* **учи́ть**

вы́ход *м*$_1$ ‹-а› ① (*место*) Ausgang *m;* ◇ **запа́сный** ~ Notausgang; ◇ **стоя́ть у ~а** am Ausgang stehen ② (*действие*) Austritt *m;* Verlassen *n;* ◇ **знать все ~ы** alle Schlichen kennen ③ *перен* (*способ*) Ausweg *m;* ◇ ~ **из положе́ния** Ausweg aus einer Lage; ◇ **дать ~ чу́вствам [эмо́циям]** seinen Gefühlen freien Lauf lassen ④ (*произведённый продукт*) Ertrag *m* ⑤ театр Auftritt *m* ⑥ (*прекращение деятельности*) Pensionierung *f;* пол Rücktritt *m* ⑦ (*опубликование*) Erscheinen *n*

вы́ходец *м*$_5$ ‹-дца› ① (*переселенец*) Zugewanderte *m/f;* ◇ **её оте́ц ~ из Аргенти́ны** sein Vater ist gebürtiger Argentinier ② (*о социальном происхождении*) ◇ **он ~ из рабо́чих** er stammt aus einer Arbeiterfamilie

выходи́ть[1] V$_{4a}$ *несов от* **вы́йти**

вы́ходить[2] V$_{4b}$ *сов* ‹-жу, -дишь, *Imp.* -ди, ~те, *Part. Prät. Pass.* -женный› [**выха́живать** *несов*] *кого-что вин* ① (*вернуть в здоровое состояние*) gesundpflegen ② (*вырастить*) großziehen; ◇ ~ **де́ревце** ein Bäumchen großziehen

вы́ходка *ж*$_1$ ‹-и, *род мн:* -док› ① (*шалость*) Streich *m* ② (*бесчинство*) Ausschreitung *f*

выходно́й I. *прил* ‹-а́я, -о́е, -ы́е› ① (*ведущий к выходу*) Ausgangs-; ◇ **~а́я дверь** Ausgangstür *f* ② (*нарядный*) Ausgeh-; ◇ ~ **костю́м** Ausgehanzug *m* **II.** *м (А р)* ‹-ого› ① (*выходной день*) freier Tag; ◇ **у меня́ сего́дня ~** ich habe heute frei ② *м/ж разг* Person, die frei hat

вы́хухоль *ж*$_5$ ‹-и› ① зоол Bisamratte *f* ② (*мех*) Bisam *m*

вы́черкнуть V$_2$ *сов* ‹-ну, -нешь, *Part. Prät. Pass.* -нутый› [**вычёркивать** V$_{1a}$ *несов*] *кого-что вин* (durch-)streichen; ◇ ~ **две стро́чки** zwei Zeilen streichen; *перен* ◇ ~ **из па́мяти кого́/что-л** jd-n/etw aus dem Gedächtnis streichen

вы́числить V_{4b} *сов* ‹-лю, -лишь, *Imp.* -ли, ~те› [**вычисля́ть** V_{1b} *несов*] *кого-что вин тж перен* berechnen, ausrechnen

вы́ше *нареч* ① *сравн от* **высо́кий** höher; ◇ ~ **ро́стом** größer; ◇ **семь гра́дусов ~ нуля́** plus sieben Grad ② (*сверх чего-л, вне чего-л*) über, mehr; ◇ **э́то ~ моего́ понима́ния** das geht über meinen Verstand; ◇ **быть ~ предрассу́дков** über Vorurteile erhaben sein ③ (*вверх по течению реки от какого-л места*) stromaufwärts; ◇ **теплохо́д поплы́л** ~ der Dampfer fuhr stromaufwärts ④ (*раньше в тексте*) oben; ◇ ~ **об э́том уже́ говори́лось** dies wurde oben bereits erwähnt; ◇ **смотри́** ~ siehe oben; **вышеизло́женный** *прил* ‹-ая, -ое, -ые› oben erwähnt, weiter vorne im Text genannt; **вышена́званный** *прил* ‹-ая, -ое, -ые› obengenannt, obenerwähnt; ◇ **~ые уча́стники конгре́сса** obengenannte Kongreßteilnehmer; **вышестоя́щий** *прил* ‹-ая, -ее, -ие› übergeordnet; **вышеупомя́нутый** *прил* ‹-ая, -ое, -ые› oben erwähnt; ◇ **~ые произведе́ния писа́теля** die obenerwähnten Werke des Schriftstellers

вы́шивка *ж$_1$* ‹-и, *род мн:* -вок› Stickerei *f;* **вы́шить** V_{4b} *сов* ‹-шью, -шьешь, *Imp.* -шей, ~те, *Part. Prät. Pass.* -шитый› [**вышива́ть** V_{1a} *несов*] *что вин на чём предл (1), что вин чем тв (2)* ① (*изобразить шитьём*) sticken; ◇ ~ **узо́р на ковре́** ein Muster auf den Teppich sticken ② (*украсить шитьём*) besticken; ◇ ~ **поду́шку шёлком** das Kopfkissen mit Seide besticken

вы́шка *ж$_1$* ‹-и, *род мн:* -шек› Turm *m;* ◇ **бурова́я** ~ Bohrturm; ◇ **сторожева́я** ~ Wachturm

вы́явить V_{4b} *сов* ‹-влю, -вишь, *Imp.* -ви, ~те, *Part. Prät. Pass.* -вленный› [**выявля́ть** V_{1b} *несов*] *кого-что вин* ① (*обнаружить*) zeigen, herausstellen; ◇ ~ **недоста́тки** Mängel offenbaren ② (*разоблачить*) aufdecken, ausfindig machen, enthüllen; ◇ ~ **хулига́нов** die Rowdys ausfindig machen

выясне́ние *с$_4$* ‹-я› Klärung *f;* **вы́яснить** V_{4b} *сов* ‹-ню, -нишь, *Imp.* -ни, ~те› [**выясня́ть** V_{1b} *несов*] *что вин* klären, klarstellen

вьетна́мец *м$_5$* ‹-мца› Vietnamese *m;* **вьетна́мка** *ж$_1$* ‹-и, *род мн:* -мок› Vietnamesin *f*

вью́га *ж$_1$* ‹-и› Schneesturm *m*

вяз *м$_1$* ‹-а› (*лиственное дерево*) Ulme *f*

вяза́ние *с$_4$* ‹-я› ① (*на спицах*) Stricken *n;* (*крючком*) Häkeln *n* ② (*изделие*) Strickzeug *n;* **вяза́ть** V_{1a} *несов, kein Part. Präs. Pass.* ‹вяжу́, вя́жешь, *Imp.* вяжи́, ~те, *Part. Präs. Akt.* вя́жущий, *Part. Prät. Pass.* вя́занный› [**с**~ *сов*] *кого-что вин, без доп (4)* ① (*закручивать*) binden; ◇ ~ **снопы́** Garben binden ② (*спицами*) stricken; (*крючком*) häkeln ③ (*лишать свободы движений*) fesseln; ◇ ~ **ру́ки кому́-л** jd-n an den Händen fesseln ④ (*быть терпким*) zusammenziehen; ◇ **от э́тих фру́ктов вя́жет во рту́** von diesem Obst zieht sich mir der Mund zusammen; **вяза́ться** *несов* ‹вяжу́сь, вя́жешься, 1 и 2 л. не употр› *с чем тв (1), во что вин (2)* ① (*соответствовать чему-л*) zusammenpassen; ◇ **одно́ с други́м не вя́жется** das eine paßt nicht zum anderen; ◇ **де́ло не вя́жется** die Sache klappt nicht ② (*вмешиваться, ввязываться*) sich einmischen

вя́зка *ж$_1$* ‹-и, *род мн:* -зок› Stricken *n,* Häkeln *n*

вя́зкий *прил* ‹-ая, -ое, -ие› ① (*тягучий*) zähflüssig ② (*густой – о жидкости*) dickflüssig ③ (*липкий*) klebrig ④ (*илистый*) schlammig; ◇ **~ое дно** schlammiger Grund ⑤ (*топкий*) sumpfig; ◇ **~ое боло́то** Sumpf *m*

вя́лость *ж$_5$* ‹-и› ① (*мышц, кожи*) Schlaffheit *f* ② (*усталость*) Trägheit *f;* **вя́лый** *прил* ‹-ая, -ое, -ые› ① welk; ◇ **~ые ли́стья** welke Blätter; ◇ **~ая ко́жа** welke Haut ② *перен* träge, schlaff

вя́нуть * *несов* ‹-ну, -нешь› [**за**~ *сов*] *без доп* (*увядать*) (ver-)welken; *перен* ◇ **вя́нет чья-л красота́** jd-s Schönheit verwelkt; ◇ **у́ши вя́нут** das kann man sich nicht anhören

Г

га *см.* **гекта́р**

га́вань *ж$_5$* ‹-и› Hafen *m;* ◇ **вы́йти из ~и** auslaufen

гада́ть V_{1a} *несов, kein Part. Präs. Pass.* ‹-а́ю, -а́ешь› *без доп (1), о чём предл (2)* ① (*у гадалки*) wahrsagen, vorhersagen; ◇ ~ **на ка́ртах** aus den Karten lesen ② *разг* (*строить догадки*) vermuten, mutmaßen; ◇ **не ду́мал не ~а́л** das hätte ich nie gedacht

га́дить V_{4b} *несов* ‹га́жу, га́дишь› [**на**~

сов] *без доп (1), кому дат (2)* ① *разг* (*испражняться – о животных*) etw besudeln, etw beschmutzen ② (*вредить*) schaden, (ver-)pfuschen, verderben

га́дкий *прил* ‹-ая, -ое, -ие› (*мерзкий*) abscheulich, widerlich; (*вызывающий отвращение*) abstoßend

га́дость *ж₅* ‹-и› ① *разг* (*нечто отвратительное*) Schmutz *m,* Schweinerei *f;* ◇ **вы́брось э́ту ~!** wirf dieses ekelhafte Zeug weg! ② (*поступок, слова*) Niederträchtigkeit *f,* Gemeinheit *f*

гадю́ка *ж₁* ‹-и› ① (*змея*) Otter *f,* Viper *f* ② *перен разг* (*о злом человеке*) Schlange *f,* Giftkröte *f,* Scheusal *n*

газ *м₁* ‹-а› Gas *n;* ◇ **приро́дный** ~ Erdgas; ◇ **ядови́тый** ~ Giftgas

газе́та *ж₁* ‹-ы› Zeitung *f;* ◇ **ежедне́вная** ~ Tageszeitung; ◇ **приложе́ние к ~е** Zeitungsbeilage *f;* ◇ **выпи́сывать ~у** eine Zeitung abonnieren; **газе́тный** *прил* ‹-ая, -ое, -ые› Zeitungs-; ◇ **~ая статья́** Zeitungsartikel *m;* ◇ **~ые заголо́вки** Schlagzeilen *f pl*

газопрово́д *м₁* ‹-а› Gasleitung *f*

га́йка *ж₁* ‹-и, *род мн:* га́ек› (Schrauben-) Mutter *f*

гала́ктика *ж₁* ‹-и› Galaxis *f*

галере́я *ж₃* ‹-и› ① (*узкое крытое помещение*) Galerie *f,* Gang *m;* ◇ **карти́нная** ~ Gemäldegalerie; ◇ **национа́льная** ~ Nationalgalerie ② *геол* Stollen *m*

галёрка *ж₁* ‹-и, *род мн:* -рок› *разг театр* (*верхний ярус*) Galerie *f*

га́лка *ж₁* ‹-и, *род мн:* -лок› Dohle *f*

га́лстук *м₁* ‹-а› Krawatte *f,* Schlips *m;* ◇ **завяза́ть** ~ die Krawatte binden

га́лька *ж₁* ‹-и› ① (*мелкая*) Kiesel *m* ② (*крупная*) Geröll *n*

гама́к *м₁* ‹-а́, *мн:* -и́› Hängematte *f*

га́мбургер *м* ‹-а› *кул* Hamburger *m*

гара́ж *м₁* ‹-а́› Garage *f;* ◇ **подзе́мный** ~ Tiefgarage; ◇ **многоэта́жный** ~ Parkhaus *n*

гаранти́ровать V_{3a} *несов и сов* ‹-рую, -руешь› *что вин кому дат (1), кого-что вин от чего род (2)* ① (*давать гарантию*) garantieren; ◇ ~ **про́чность изде́лия** für die Haltbarkeit einer Ware garantieren ② (*защищать*) schützen, sichern; ◇ **никто́ не мо́жет быть гаранти́рован от оши́бок** niemand ist vor Fehlern gefeit; **гара́нтия** *ж₄* ‹-и› (*порука*) Garantie *f;* ◇ **дать ~ю** eine Garantie geben; (*ручательство*) Bürgschaft *f;* ◇ **без ~ии** ohne Gewähr

гардеро́б *м₁* ‹-а› ① (*шкаф*) Kleiderschrank *m* ② (*помещение*) Garderobe *f* ③ (*одежда*) Garderobe *f,* Kleidung *f;* ◇ **обнови́ть** ~ sich neu einkleiden

гарди́на *ж₁* ‹-ы› Gardine *f*

гармони́ровать V_{3a} *несов* ‹-рую, -руешь› *с чем тв* harmonieren, zusammenpassen; **гармо́ния** *ж₄* ‹-и› ① (*благозвучие*) Harmonie *f,* Wohlklang *m;* ◇ ~ **зву́ков** Klangharmonie ② *перен* Harmonie *f,* Übereinstimmung *f;* ◇ ~ **кра́сок** Farbharmonie

гарнизо́н *м₁* ‹-а› Garnison *f*

гарни́р *м₁* ‹-а› *кул* Beilage *f*

гарниту́р *м₁* ‹-а› Garnitur *f,* Satz *m;* ◇ ~ **ме́бели** Möbelgarnitur

гаси́ть V_{4a} *несов* ‹гашу́, га́сишь, *Part. Präs. Pass.* -си́мый, *Part. Prät. Pass.* га́шенный› [**за~, по~** *сов*] *что вин* ① (*тушить*) löschen; ◇ ~ **свечу́** die Kerze (aus-)löschen ② *перен* (*заглушать*) auslöschen, ersticken; ◇ ~ **чьи-л поры́вы гне́ва** jd-s Zornausbruch im Keim ersticken ③ (*ослаблять, прекращать*) dämpfen; ◇ ~ **ско́рость** die Geschwindigkeit drosseln

га́снуть V_2 *несов* ‹-ну, -нешь, (1) 1 и 2 л. не употр, *Prät.* -нул/гас, *Part. Präs. Pass.* -нущий› [**за~, по~** *сов*] *без доп* ① (*перестать гореть*) erlöschen; ◇ **звёзды ~ут** die Sterne gehen unter; ◇ **ого́нь ~ет** das Feuer erlischt ② *перен* (*ослабевать*) versiegen, schwinden; ◇ **наде́жды ~ут** die Hoffnungen schwinden

гастри́т *м₁* ‹-а› *мед* Gastritis *f*

гастро́ли *мн₅* ‹-ей› Gastspiel *n;* ◇ **пригласи́ть теа́тр на** ~ das Theater zu einem Gastspiel einladen; **гастроли́ровать** V_{3a} *несов, kein Part. Präs. Pass.* ‹-рую, -руешь› *без доп* ein Gastspiel geben

гастроно́м *м₁* ‹-а› ① (*гурман*) Feinschmekker *m* ② (*магазин*) Lebensmittelgeschäft *n,* Feinkostladen *m*

гашёный *прил* ‹-ая, -ое, -ые› gelöscht, entwertet; ◇ **~ые почто́вые ма́рки** gestempelte Briefmarken

гаши́ш *м₁* ‹-а› Haschisch *n*

гвозди́ка *ж₁* ‹-и› ① (*садовое растение*) Nelke *f* ② (*пряность*) Gewürznelke *f*

гвоздь *м₂* ‹-я́, *мн:* гво́зди, *род:* -де́й› ① (*железный*) Nagel *m;* ◇ **заби́ть** ~ einen Nagel einschlagen ② *перен* (*самое интересное*) Clou *m;* ◇ ~ **сезо́на** Star *m* [Zugpferd *n*] der Saison

где *нареч* wo; ◇ ~ **Вы рабо́таете?** wo arbeiten Sie?; ◇ ~ **он ни появля́ется, везде́ ему́ ра́ды** wo auch immer er erscheint, ist er willkommen; ◇ ~ **бы то ни́было** wo auch immer das sein mag

гекта́р *м₁* <-а> Hektar *m*

генера́л *м₁* <-а> General *m*

генера́льный *прил* <-ая, -ое, -ые> Haupt-, General-; ◇ **~ая ли́ния разви́тия** Hauptentwicklung *f;* ◇ **~ая убо́рка** Großreinigung *f;* ◇ **~ая репети́ция** Generalprobe *f*

гене́тика *ж₁* <-и> Genetik *f*

гениа́льный *прил* <-ая, -ое, -ые> genial

ге́ний *м₃* <-я> (1) (*высшая творческая способность*) Genie *n;* ◇ **литерату́рный ~ Толсто́го** das literarische Genie Tolstojs (2) (*о человеке*) Genie *m*

геогра́фия *ж₄* <-и> Geographie *f*

геоло́гия *ж₄* <-и> Geologie *f*

геоме́трия *ж₄* <-и> Geometrie *f*

георги́н *м₁* <-а> бот Dahlie *f*

герб *м₁* <-а́> Wappen *n*

геркуле́с *м₁* <-а> (1) (*человек*) Herkules *m,* kräftiger Mensch (2) (*сорт овсяной крупы*) Haferflocken *f pl*

герма́нский *прил* <-ая, -ое, -ие> (1) ист, лингв germanisch (2) (*немецкий*) deutsch; ◇ **~ое госуда́рство** der deutsche Staat

геро́изм *м₁* <-а> Heldentum *n,* Heroismus *m;* **герои́ческий** <-ая, -ое, -ие> heldenhaft, heroisch; **геро́й** *м₃* <-я> Held *m;* ◇ ~ **рома́на** Romanheld, Hauptfigur *f*

ге́тто *с* <нескл> Ghetto *n*

ги́бель *ж₅* <-и> (1) (*смерть*) Tod *m;* (*падение*) Fall *m;* (*упадок*) Verfall *m;* (*разрушение*) Verderben *n;* (*о человеке*) Untergang *m;* ◇ **траги́ческая** ~ tragischer Tod; ◇ **обречённый на** ~ dem Untergang geweiht; ◇ ~ **всех наде́жд** das Ende aller Hoffnungen (2) *разг* (*множество*) Unmenge *f;* ◇ **в лесу́ ~ комаро́в** im Wald sind Unmengen von Mükken

ги́бкий *прил* <-ая, -ое, -ие> (1) (*гнущийся*) biegsam, elastisch (2) (*легко перестраивающийся*) flexibel, anpassungsfähig; ◇ **~ое рабо́чее вре́мя** flexible Arbeitszeit

ги́бнуть V_2 *несов* <-ну, -нешь, *Part. Präs. Pass.* -нущий> [**по**~ *сов*] *без доп* (*умирать*) sterben, ums Leben kommen, umkommen; ◇ ~ **от моро́за** erfrieren; бот eingehen

гига́нт *м₁* <-а> (1) (*великан*) Riese *m,* Gigant *m* (2) ◇ **заво́д-~** Riesenbetrieb *m*

гид *м₁* <-а> Reiseführer *m,* Fremdenführer *m*

гидроста́нция *ж₄* <-и> Wasserkraftwerk *n*

гимн *м₁* <-а> Hymne *f;* ◇ **госуда́рственный** ~ Nationalhymne

гимна́зия *ж₄* <-и> Gymnasium *n*

гимна́ст *м₁* <-а> Turner *m;* ◇ ~ **на трапе́ции** Trapezkünstler *m;* **гимна́стика** *ж₁* <-и> Gymnastik *f;* ◇ **занима́ться ~ой** Gymnastik machen

гипертони́я *ж₄* <-и> Bluthochdruck *m*

гипно́з *м₁* <-а> Hypnose *f;* ◇ **находи́ться в состоя́нии ~а** unter Hypnose stehen

гипо́теза *ж₁* <-ы> Hypothese *f;* ◇ **вы́двинуть ~у** eine Hypothese aufstellen

ги́ря *ж₂* <-и> Gewicht *n*

гита́ра *ж₁* <-ы> Gitarre *f*

глава́[1] *м₁* <-ы́, *мн:* гла́вы> (1) (*руководитель, начальник*) Oberhaupt *n,* Leiter *m;* ◇ ~ **госуда́рства** Staatsoberhaupt; ◇ ~ **прави́тельства** Regierungschef *m;* (*считать самым важным*) ◇ **ста́вить что-л во главу́ угла́** etw an erste Stelle setzen; ◇ **во ~е́** an der Spitze (2) (*купол церкви*) Kuppel *f;* ◇ **~ы собо́ра** die Kuppeln der Kathedrale

глава́[2] *ж* <-ы́> (*раздел книги*) Kapitel *n*

глава́рь *м₂* <-я́, *мн:* -и́> Anführer *m*

главнокома́ндующий *м* (A_2) <-его> Oberbefehlshaber *m*

гла́вный *прил* <-ая, -ое, -ые> (1) (*основной*) Haupt- Ober-; ◇ **~ая у́лица** Hauptstraße *f;* ◇ ~ **врач** Oberarzt (2) (*наиболее существенный*) wesentlich, hauptsächlich; ◇ ~ **мысль докла́да** Grundgedanke eines Vortrags; ◇ **~ым о́бразом** hauptsächlich

гла́дить V_{4b} *несов* <гла́жу, гла́дишь, *Part. Prät. Pass.* гла́женный> [**вы́**~ (1), **по**~ (2) *сов*] *кого-что вин* (1) (*утюгом*) bügeln, plätten (2) (*ласкать*) streichen, streicheln; ◇ ~ **во́лосы** über die Haare streichen; ◇ ~ **по голо́вке кого́-л** jd-n begünstigen; ◇ ~ **про́тив ше́рсти** gegen das Fell streicheln

гла́дкий *прил* <-ая, -ое, -ие> (1) (*ровный*) glatt, eben (2) *перен* (*плавный*) fließend, flüssig; ◇ **~ая речь** flüssige Rede

глаз *м₁* <-а, *мн:* -а́, *род:* глаз, *дат:* а́м, *тв:* -а́ми, *предл:* -а́х> Auge *n;* ◇ **зо́ркие ~а́** scharfe Augen; ◇ **с ~у на́ ~** unter vier Augen; ◇ **броса́ться в ~а́** in die Augen springen; ◇ **закрыва́ть ~а́ на что-л** vor etw die Augen verschließen; ◇ **наско́лько хвата́ет ~** soweit das Auge reicht; **глazни́к** *м₁* <-а́> *разг* Augenarzt *m*

глазу́нья *ж₄* <-и> (*яичница*) Spiegelei *n*

гла́нды *мн₁* <гланд> анат Mandeln *f pl*

гла́сность *ж₅* <-и> Offenheit *f,* Glasnost *f;* ◇ **преда́ть ~и** bekanntgeben; ◇ **стать достоя́нием ~и** an die Öffentlichkeit gelangen

гли́на *ж₁* <-ы> (1) (*горная порода*) Lehm *m* (2) (*сырьё*) Ton *m*

Г

глота́ть V_{1a} *несов* ‹-а́ю, -а́ешь› [**глотну́ть** *сов*] *кого-что вин* (1) (*проглатывать*) (hinunter-)schlucken (2) *перен* (*молча принимать обиду*) schlucken; ◇ ~ **оскорбле́ния** Beleidigungen schlucken (3) *перен* (*читать залпом*) verschlingen; ◇ ~ **одну́ кни́гу за друго́й** ein Buch nach dem anderen verschlingen; ◇ ~ **слёзы** die Tränen unterdrükken; ◇ ~ **слова́** Worte verschlucken

гло́тка $ж_1$ ‹-и, *род мн:* -ток› анат Rachen *m; разг* (*кричать*) ◇ **драть ~у** aus vollem Halse schreien; *груб* ◇ **заткну́ть кому́-л ~у** jd-m das Maul stopfen; ◇ **схвати́ть за ~у ко́го-л** jd-m an die Gurgel gehen

глотну́ть V_2 *kein Part. Prät. Pass.* *см.* **глота́ть**

гло́хнуть V_2 *несов* ‹-ну, -нешь, (2, 3) 1 и 2 л. не употр, *Part. Präs. Pass.* -нущий› [**за~** (2, 3), **о~** (1) *сов*] *без доп* (1) (*о человеке, животных*) taub werden (2) (*о шуме*) verhallen, erlöschen (3) (*дичать*) verwildern; ◇ **сад ~ет** der Garten verwildert

глубина́ $ж_1$ ‹-ы́, *мн:* -би́ны, *род:* -би́н› (1) (*расстояние*) Tiefe *f;* ◇ **на ~е́ 300 ме́тров** 300 Meter tief; ◇ **в ~е́ ле́са** tief im Wald (2) *перен* (*сила проявления*) Tiefe *f;* ◇ ~ **чу́вства** Gefühlstief; ◇ **в ~е́ веко́в** in grauer Vorzeit; ◇ **он был потрясён до ~ы́ души́** er war zutiefst ergriffen; **глубо́кий** *прил* ‹-ая, -ое, -ие› (1) (*глубинный*) tief; ◇ **~ая река́** tiefer Fluß (2) *перен* (*большой и сильный*) tief; ◇ ~ **кри́зис** tiefe Krise; ◇ ~ **сон** tiefer Schlaf; (*отдалённый*) ◇ **~ая прови́нция** tiefe Provinz; (*достигший предела*) ◇ **~ая ста́рость** hohes Alter; ◇ **до ~ой но́чи** bis tief in die Nacht; ◇ **~ие зна́ния** profundes Wissen; ◇ **~ое изуче́ние** gründliche Untersuchung

глубокоуважа́емый *прил* ‹-ая, -ое, -ые› sehr geehrt, hochverehrt

глу́пость $ж_5$ ‹-и› Dummheit *f;* ◇ **что за ~и!** was für ein Blödsinn!; **глу́пый** *прил* ‹-ая, -ое, -ые› dumm; ◇ **он глуп как про́бка** er ist strohdoof

глухо́й I. *прил* ‹-а́я, -о́е, -и́е› (1) (*лишённый слуха*) taub; ◇ **быть ~и́м к чему́-л** sich einer Sache verschließen (2) (*незвонкий*) klanglos, dumpf (3) (*окраинный*) abgelegen; ◇ **~а́я дере́вня** abgelegenes Dorf; ◇ **~а́я ночь** stockfinstere Nacht **II.** *м (A 1)* ‹-о́го› Tauber *m,* Gehörloser *m;* ◇ **а́збука для ~и́х** Gebärdensprache *f*

глухонемо́й *прил* ‹-а́я, -о́е, -и́е› taubstumm

глуши́ть V_{4a} *несов* ‹-шу́, -шишь› [**за~** (2, 3, 4), **о~** (1) *сов*] *кого-что вин* (1) (*ударом*) ersticken, betäuben (2) (*делать менее слышным*) dämpfen; ◇ ~ **шум** den Lärm dämpfen (3) (*мешать росту*) nicht wachsen lassen; (*подавлять*) unterdrücken; ◇ **сорняки́ ~а́т сад** vor Unkraut kann im Garten nichts wachsen; *перен* ◇ ~ **инициати́ву** eine Initiative im Keim ersticken (4) (*выключать*) abdrosseln, abwürgen; ◇ ~ **мото́р** den Motor abwürgen (5) (*напиваться*) bechern; ◇ ~ **во́дку** Wodka bechern

глушь $ж_5$ ‹-и́› (1) (*заросшее место*) Dikkicht *n* (2) *перен* (*захолустье*) Öde *f,* kleines Nest *n;* ◇ **жить в ~и́** in der Pampa wohnen

гляде́ть V_5 *несов* ‹-яжу́, -ди́шь, *Imp.* -яди́, ~те, *Part. Präs. Akt.* -дя́щий, *Adv. Part. Präs.* гля́дя› [**по~** *сов*] *на кого-что вин (1), за кем-чем тв (2)* (1) (*смотреть*) schauen, blikken; ◇ ~ **на де́ло тре́зво** etw nüchtern betrachten (2) (*присматривать*) aufpassen, achtgeben; ◇ **того́ и гляди́ дождь пойдёт** es kann jeden Augenblick anfangen zu regnen

гнать * *несов, опред, см.* **гоня́ть** ‹гоню́, го́нишь› *кого-что вин* (1) (*направлять*) treiben, jagen (2) (*прогонять*) fortjagen, vertreiben (3) (*ускорять движение*) antreiben, hetzen; ◇ ~ **маши́ну** mit dem Auto rasen (4) (*дистиллировать*) destillieren

гнев $м_1$ ‹-а› (*негодование*) Zorn *m;* (*ярость*) Wut *f;* ◇ **вспы́шка ~а** Wutanfall *m;* ◇ **быть в ~е** zornig sein

гнездо́ $с_2$ ‹-а́, *мн:* гнёзда, *род:* гнёзд› (1) (*птиц*) Nest *n;* (*хищных птиц*) Horst *m;* ◇ **вить** ~ ein Nest bauen (2) тех Buchse *f*

гнёт $м_1$ ‹-а› (1) (*тяжесть, груз*) Druck *m,* Presse *f* (2) (*притеснение*) Joch *n,* Unterdrükkung *f;* ◇ ~ **ра́бства** Sklaverei *f*

гнило́й *прил* ‹-а́я, -о́е, -ы́е› (1) (*затхлый*) faul, verfault; ◇ **~ые проду́кты** verfaulte [schlechte] Lebensmittel (2) (*сырой*) feucht; ◇ **~ая пого́да** nasses Wetter (3) *перен* (*нездоровый*) ungesund; **гнить** V_{4a} *несов, kein Imp.* ‹гнию́, гниёшь, *Part. Präs. Akt.* гнию́щий, *Adv. Part. Präs.* гния́› [**по~**, **с~** *сов*] *без доп* (*разрушаться*) faulen; (*истлевать*) vermodern; ◇ **я́блоки гнию́т** die Äpfel verfaulen

гной $м_3$ ‹-я› Eiter *m*

гну́сный *прил* ‹-ая, -ое, -ые› abscheulich, widerlich

гнуть V_2 *несов* ‹гну, гнёшь, *Part. Präs. Akt.* гну́щий› [**со~** (1, 2), **по~** (2) *сов*] *кого-что вин (1, 2), к чему дат (3)* (1) (*изгибать*) biegen, krümmen; ◇ ~ **про́волоку** Draht biegen (2) (*пригибать*) biegen, neigen; ◇ **бу́ря гнёт дере́вья** die Bäume biegen sich im Sturm (3) *перен* (*клонить к чему-л*) auf etw *akk* abzielen; ◇ **к чему́ он гнёт?** worauf zielt er ab?, worauf will er hinaus?; **гну́ться** *несов* ‹гнусь, гнёшься› [**со~** *сов*] *без доп* sich krümmen, sich biegen

говори́ть V_{4a} *несов* ‹-рю́, -ри́шь› *без доп (1), что вин или о ком-чём предл или с союзом "что" (2), с кем тв о ком-чём предл (3), о чём предл (4)* 1 (*произносить*) sprechen; ◇ **ребёнок ещё не ~и́т** das Kind kann noch nicht sprechen; ◇ **~ по-ру́сски** russisch sprechen 2 (*сообщать*) sprechen, reden; ◇ **~ пра́вду** die Wahrheit sagen; ◇ **~и́т, что за́нят** er sagt, er sei beschäftigt 3 (*разговаривать*) sprechen, sich unterhalten; ◇ **~ по телефо́ну с колле́гами** mit Kollegen telefonieren; ◇ **они́ уже́ давно́ не ~я́т друг с дру́гом** sie sprechen schon lange nicht mehr miteinander 4 (*свидетельствовать о чём-л*) besagen, zeugen von; ◇ **да́нный факт о мно́гом ~и́т** diese Tatsache besagt viel; ◇ **э́то ~и́т само́ за себя́** das spricht für sich; ◇ **открове́нно говоря́** offen gesagt; ◇ **стро́го говоря́** streng genommen; ◇ **что и ~** was soll man da sagen

говя́дина *ж₁* ‹-ы› Rindfleisch *n*

год *м₁* ‹-а, в году́, *мн:* го́ды, *род:* -о́в› 1 (*промежуток времени*) Jahr *n;* ◇ **теку́щий ~** laufendes Jahr; ◇ **в бу́дущем ~у́** nächstes Jahr; ◇ **високо́сный ~** Schaltjahr; ◇ **из ~а в ~** von Jahr zu Jahr; ◇ **учёбный ~** Schuljahr; ◇ **~ тому́ наза́д** vor einem Jahr; ◇ **бе́з ~у неде́ля** vor kurzem; ◇ **не ви́деться ~а́ми** sich eine halbe Ewigkeit nicht sehen 2 ◇ **~ы** *мн* (*время*) Jahre *n pl,* Alter *n;* ◇ **шестидеся́тые ~ы** die sechziger Jahre 3 *мн* (*возраст*) Jahre *n pl;* ◇ **де́тские ~ы** Kinderjahre; ◇ **челове́к в ~а́х** betagter Mensch

го́дный *прил* ‹-ая, -ое, -ые› 1 (*пригодный*) geeignet, brauchbar; ◇ **ни на что не ~ челове́к** Nichtsnutz *m* 2 (*подходящий*) passend 3 (*о билете*) gültig

годовщи́на *ж₁* ‹-ы› Jahrestag *m;* ◇ **~ сва́дьбы** Hochzeitstag *m;* ◇ **~ сме́рти** Todestag *m*

гол *м₁* ‹-а, *мн:* -ы́› *спорт* Tor *n;* ◇ **заби́ть ~** ein Tor schießen

го́лень *ж₅* ‹-и› *анат* Unterschenkel *m*

голова́ *ж₁* ‹-ы́, *вин:* го́лову, *мн:* го́ловы, *род:* голо́в, *дат:* -ва́м› 1 (*человека или животного*) Kopf *m;* ◇ **у меня́ боли́т ~** ich habe Kopfschmerzen; ◇ **забра́ть себе́ в ~у** sich etw in den Kopf setzen; ◇ **вы́кинуть из ~ы́** sich aus dem Kopf schlagen; ◇ **с ~ы́ до ног** von Kopf bis Fuß; ◇ **лома́ть ~у над чем-л** sich den Kopf über etw zerbrechen; ◇ **уйти́ с ~о́й во что-л** in etw aufgehen; ◇ **рискова́ть ~о́й** Kopf und Kragen riskieren 2 (*ум*) Verstand *m;* (*рассудок*) Vernunft *f;* ◇ **он совсе́м без ~ы́** er ist völlig kopflos; ◇ **у неё све́тлая ~** sie ist ein heller Kopf 3 (*первые ряды*) Spitze *f;* ◇ **ваго́н в ~е́ соста́ва** vorderer Waggon 4 (*единица счёта скота*) Stück *n;* ◇ **ста́до в 200 голо́в** Herde von 200 Tieren; **головно́й** *прил* ‹-а́я, -о́е, -ы́е› 1 (*имеющий отношение к голове*) Kopf-; ◇ **~ убо́р** Kopfbedeckung *f;* ◇ **~ мозг** Gehirn *n* 2 (*ведущий*) Haupt-; ◇ **~о́е предприя́тие** Hauptbetrieb *m;* **головоло́мка** *ж₁* ‹-и, *род мн:* -мок› (*загадка*) Denk(sport)aufgabe *f,* Rätsel *n;* *перен* ◇ **зада́ть ~у кому́-л** jd-m Kopfzerbrechen bereiten

го́лод *м₁* ‹-а› 1 (*ощущение*) Hunger *m;* ◇ **почу́вствовать ~** Hunger haben; ◇ **утоли́ть ~** den Hunger stillen; ◇ **умере́ть с ~у** verhungern 2 (*бедствие*) Hungersnot *f* 3 *перен* (*недостаток чего-л*) Mangel *m;* ◇ **бума́жный ~** Papiermangel; **голода́ть** V_{1a} *несов, kein Part. Präs. Pass.* ‹-а́ю, -а́ешь› *без доп* 1 (*испытывать голод*) hungern 2 (*поститься*) fasten; **голодо́вка** *ж₁* ‹-и, *род мн:* -вок› Hungerstreik *m;* ◇ **объяви́ть ~у** in den Hungerstreik treten

гололе́дица *ж₁* ‹-ы› Glatteis *n*

го́лос *м₁* ‹-а, *мн:* -а́, *род:* -о́в› 1 (*звук*) Stimme *f;* ◇ **во весь ~** aus vollem Halse 2 *перен* (*мнение*) Stimme *f;* ◇ **~ наро́да** die Stimme des Volkes 3 (*голосование*) Stimme *f;* ◇ **недействи́тельный ~** ungültige Stimme; ◇ **подсчита́ть ~а́** die Stimmen auszählen; ◇ **в оди́н ~** einstimmig; **голосова́ние** *с₄* ‹-я› Abstimmung *f;* ◇ **поста́вить вопро́с на ~** über eine Frage abstimmen lassen; **голосова́ть** V_{3a} *несов, kein Part. Präs. Pass.* ‹-су́ю, -су́ешь› [**про~** *сов*] *за кого-что вин (1), что вин (2), без доп (3)* 1 (*подавать голос*) abstimmen, für/gegen jd-n stimmen; ◇ **~ за кандида́та** für den Kandidaten stimmen 2 (*поставить на голосование*) über etw *akk* abstimmen 3 (*останавливать попутную машину*) per Anhalter fahren

голубо́й *прил* ‹-а́я, -о́е, -ы́е› 1 (*цвет*) blau, hellblau 2 (*гомосексуальный*) schwul

го́лубь *м₂* ‹-я, *род мн:* -бе́й› Taube *f;* ◇ **почто́вые ~и** Brieftauben

го́лый *прил* ‹-ая, -ое, -ые› 1 (*нагой*) nackt, bloß; ◇ **соверше́нно ~** splitternackt 2 (*чистый*) kahl; ◇ **~ыми рука́ми** mit bloßen Händen; ◇ **~ая пра́вда** die nackte Wahrheit; ◇ **гол как со́кол** arm wie eine Kirchenmaus

гольф *м₁* <-а> спорт Golf *n*

гомосексуали́ст *м₁* <-а> Homosexueller *m*

го́нка *ж₁* <-и, *род мн:* -нок> ① (*езда*) Raserei *f* ② (*спешка*) Eile *f;* ◇ **пе́ред отъе́здом начала́сь** ~ vor der Abreise wurde es hektisch ③ ◇ **~и** *мн* спорт Wettrennen *n,* Rennen *n;* ◇ **велосипе́дные ~и** Fahrradrennen; ◇ **лы́жные ~и** Skirennen; ◇ **па́русные ~и** Segelregatta *f;* ◇ ~ **вооруже́ний** Wettrüsten *n*

гонора́р *м₁* <-а> Honorar *n*

го́нщик *м₁* <-а> Rennfahrer *m*

гоня́ть V*₁b* *несов, неопред, см.* **гнать**

гора́ *ж₁* <-ы́, *вин:* го́ру, *мн:* го́ры, *род:* гор, *дат:* -ра́м > ① (*возвышенность*) Berg *m;* (*горная цепь*) Gebirge *n;* ◇ **взбира́ться на́ ~у** einen Berg besteigen ② *перен* (*куча, множество*) Berg *m,* Haufen *m;* ◇ **~ы книг** Berge von Büchern; ◇ **ве́щи сва́лены ~о́й** die Sachen liegen auf einem Haufen ③ (*гористая местность*) Gebirge *n;* ◇ **жи́тели гор** Bergvölker *n pl;* ◇ **ле́то уже́ не за ~а́ми** der Sommer steht schon vor der Tür; ◇ **стоя́ть ~о́й за кого́-л** entschlossen für jd-n einstehen; ◇ **у меня́ как ~ с плеч** mir ist ein Stein vom Herzen gefallen

горб *м₁* <-а́> Buckel *m*

горди́ться V*₄a* *несов* <-ржу́сь, -рди́шься> *кем-чем тв (1), без доп (2)* ① (*испытывать гордость*) stolz auf jd-n sein; (*кичиться*) sich brüsten mit etw; ◇ ~ **успе́хами** stolz auf die Erfolge sein ② (*важничать*) den Kopf hoch tragen; **го́рдость** *ж₅* <-и> ① (*достоинство, удовлетворение*) Stolz *m;* ◇ **э́тот спортсме́н - на́ша** ~ dieser Sportler ist unser ganzer Stolz ② (*высокомерие*) Stolz *m,* Überheblichkeit *f;* ◇ **из-за свое́й ~и он ни с кем не дру́жит** wegen seiner Überheblichkeit hat er keine Freunde; **го́рдый** *прил* <-ая, -ое, -ые> ① (*исполненный достоинства*) stolz; ◇ **он горд успе́хом свое́й до́чери** er ist stolz auf den Erfolg seiner Tochter ② (*самоуверенный*) hochmütig, überheblich

го́ре *с₁* <-я> ① (*скорбь*) Kummer *m;* ◇ **заболе́ть с ~я** vor Kummer krank werden; ◇ **причини́ть кому́-л** ~ jd-m Kummer bereiten ② (*огорчение*) Verdruß *m;* ◇ ~ **нам с ним** wir haben unsere liebe Not mit ihm ③ (*несчастье*) Unglück *n;* ◇ **на моё** ~ zu meinem Ungück; **горева́ть** V*₃b* *несов* <-рю́ю, -рю́ешь> *о ком-чём предл* sich grämen, traurig sein, trauern; ◇ **не горю́й, всё пройдёт** sei nicht traurig, das geht alles vorbei

горемы́ка *м, ж₁* <-и> *разг* Pechvogel *m*

горе́ть V*₅* *несов* <-рю́, -ри́шь, (2, 4) 1 и 2 л. не употр, *Imp.* гори́, ~те, *Part. Präs. Akt.* -ря́щий, *Adv. Part. Präs.* горя́> [**с~** *сов*] *без доп* ① (*сгорать*) (ver-)brennen; ◇ **де́рево легко́ ~и́т** Holz brennt leicht ② (*об источнике света*) brennen; ◇ **ла́мпочка ~и́т?** brennt die Lampe? ③ (*краснеть*) rot werden, röten; ◇ **лицо́ ~и́т от стыда́** jd wird rot vor Scham; ◇ **щёки ~я́т** die Wangen glühen ④ (*сверкать, блестеть*) leuchten, funkeln; ◇ **глаза́ ~я́т от ра́дости** die Augen glänzen vor Freude; ◇ ~ **на рабо́те** vollen Einsatz bringen; ◇ ~ **жела́нием** einen brennenden Wunsch verspüren; ◇ **не гори́т!** es eilt nicht!

го́рец *м₅* <-рца> Bergbewohner *m*

го́речь *ж₅* <-и> ① (*вкус*) bitterer Geschmack *m* ② *перен* (*чувство*) Bitterkeit *f*

горизо́нт *м₁* <-а> ① (*небосклон*) Horizont *m;* ◇ **кора́бль скры́лся за ~ом** das Schiff verschwand am Horizont ② *перен* (*круг знаний*) geistiger Horizont *m,* Niveau *n* ③ (*уровень*) Wasserstand *m;* ◇ ~ **по́чвенных вод** Grundwasserspiegel *m* ④ ◇ **~ы** *мн перен* (*круг возможностей*) Perspektiven *f pl;* ◇ **у неё больши́е ~ы** sie hat gute Perspektiven für die Zukunft

го́рло *с₂* <-а> ① (*часть шеи*) Kehle *f,* Gurgel *f,* Hals *m;* ◇ **стоя́ть по ~ в воде́** bis zum Hals im Wasser stehen; ◇ **схвати́ть за ~ кого́-л** jd-m an die Gurgel gehen; ◇ **крича́ть во всё ~** lauthals schreien; ◇ **у меня́ боли́т ~** ich habe Halsschmerzen; ◇ **стать кому́-л поперёк ~а** jd-m zum Halse heraushängen ② (*часть бутылки*) Flaschenhals *m*

горноста́й *м₃* <-я> ① (*хищный зверёк*) Hermelin *n* ② (*мех*) Hermelinpelz *m*

го́рный *прил* <-ая, -ое, -ые> ① (*гористый*) Berg-, bergig, gebirgig; ◇ ~ **хребе́т** Gebirgskamm *m;* ◇ ~ **кли́мат** Höhenklima *n* ② (*рудниковый*) Gruben-, Bergbau-

горня́к *м₁* <-а́, *мн:* -и́, *род:* -о́в> ① (*шахтёр*) Kumpel *m,* Bergarbeiter *m* ② (*горный инженер*) Bergbauingenieur *m*

го́род *м₁* <-а, *мн:* -а́, *род:* -о́в> Stadt *f;* ◇ ~**-побрати́м** Partnerstadt; ◇ **пое́хать за́ ~** aufs Land fahren; ◇ **в черте́ ~а** im Stadtgebiet

горожа́нин *м₁* <-а, *мн:* -жа́не, *род:* -жа́н> Städter *m*

горо́х *м₁* <-а> Erbse *f*

горчи́ца *ж₁* <-ы> Senf *m;* **горчи́чник** *м₁* <-а> Senfpflaster *n*

горшóк $м_1$ ‹-шкá› Topf *m;* ◇ **цветóчный** ~ Blumentopf
гóрький *прил* ‹-ая, -ое, -ие› ① (*на вкус*) bitter; ◇ **~ое лекáрство** bittere Medizin; ◇ **~ миндáль** bittere Mandeln ② *перен* (*горестный*) bitter; ◇ **~ая и́стина** bittere Wahrheit; ◇ **~ пья́ница** Trunkenbold *m*
горю́чее *с* (A_2) ‹-его› Treibstoff *m,* Brennstoff *m*
горя́чий *прил* ‹-ая, -ее, -ие› ① (*сильно нагретый*) heiß; ◇ **~ая пи́ща** warmes Essen; (*жгучий*) brennend; (*раскалённый*) glühend; (*огненный*) feurig ② *перен* (*страстный*) heiß, brennend; ◇ **~ приём** herzlicher Empfang; ◇ **~ая любóвь** heiße Liebe ③ *перен* (*вспыльчивый*) hitzig, heftig; ◇ **~ая головá** Hitzkopf *m* ④ *перен* (*напряжённый*) gespannt, stressig; ◇ **~ее врéмя** stressige Zeit; ◇ **~ая порá** Hochsaison *f,* Hochbetrieb *f*
госбáнк $м_1$ ‹-а› (= *государственный банк*) Staatsbank *f*
гóспиталь $м_2$ ‹-я› Lazarett *n*
господи́н $м_1$ ‹-а, *мн:* -дá, *род:* -пóд, *дат:* -дáм› ① (*привилегированное лицо*) Herr *m;* ◇ **вáжный** ~ wichtiger Herr ② (*повелитель, властелин*) Herr *m;* ◇ **~ положéния** Herr der Lage; ◇ **он сам себé** ~ er ist sein eigener Herr ③ (*форма обращения*) Herr; ◇ **уважáемые дáмы и ~дá!** sehr geehrte Damen und Herren!
госпóдство $с_2$ ‹-а› Herrschaft *f;* ◇ **полити́ческое** ~ politische Macht
госпожá $ж_1$ ‹-и́› Frau *f*
гостеприи́мный *прил* ‹-ая, -ое, -ые› gastfreundlich, gastlich; **гостеприи́мство** $с_2$ ‹-а› Gastfreundschaft *f,* Gastlichkeit *f*
гости́ница $ж_1$ ‹-ы› Hotel *n;* ◇ **заказáть нóмер в ~е** ein Hotelzimmer buchen
гость $м_2$ ‹-я, *род мн:* -éй› Gast *m;* ◇ **у нас ~и** wir haben Gäste [Besuch]; ◇ **идти́ в ~и** jd-n besuchen; ◇ **быть в ~я́х** zu Besuch sein
госудáрственный *прил* ‹-ая, -ое, -ые› Staats-, staatlich; ◇ **~ аппарáт** Staatsapparat *m;* ◇ **~ бюджéт** Staatshaushalt *m;* ◇ **~ экзáмен** Staatsexamen *n;* **госудáрство** $с_2$ ‹-а› Staat *m;* ◇ **федерати́вное** ~ Bundesstaat; ◇ **стоя́ть во главé ~а** Staatsoberhaupt sein
готи́ческий *прил* ‹-ая, -ое, -ие› gotisch
готовáльня *ж* ‹-и› Reißzeug *n*
готóвить V_{4b} *несов* ‹-влю, -вишь› [**с~** *сов*] *кого-что вин* ① (*подготавливать*) vorbereiten, bereitmachen ② (*разрабатывать*) bearbeiten, vorbereiten; ◇ **~ урóки** Hausaufgaben machen; ◇ **~ материáл к доклáду** den Vortragsstoff bearbeiten ③ (*стряпать*) Essen zubereiten, kochen; ◇ **онá умéет хорошó ~** sie kann gut kochen; **готóвиться** *несов* ‹-влюсь, -вишься, (2) 1 и 2 л. не употр› *к чему дат или с инф (1), без доп (2)* ① (*делать приготовления*) sich vorbereiten, sich fertigmachen ② (*предстоять*) bevorstehen, sich anbahnen; ◇ **готóвятся вáжные собы́тия** wichtige Ereignisse stehen bevor; **готóвность** $ж_5$ ‹-и› Bereitschaft *f;* ◇ **вы́разить ~** sich bereit erklären; ◇ **~ нóмер оди́н** Alarmstufe eins; **готóвый** *прил* ‹-ая, -ое, -ые› ① (*к чему дат или с инф*) bereit, fertig; ◇ **~ое издéлие** Fertigprodukt *n* ② (*согласный*) bereit, willig; ◇ **быть ~ым на всё** zu allem bereit sein; ◇ **~ к компроми́ссам** kompromißbereit
грабёж $м_2$ ‹-á› ① (*похищение*) Raub *m,* Plünderung *f* ② *перен разг* (*о непомерно высокой цене*) Wucher *m;* **граби́тель** $м_2$ ‹-я› Räuber *m,* Plünderer *m;* **грáбить** V_{4b} *несов* ‹-блю, -бишь› [**о~** *сов, Part. Prät. Pass.* огрáбленный] *кого-что вин* ① (*отнимать силой*) rauben, plündern; ◇ **вооружённые бáнды ~или банк** bewaffnete Banden raubten die Bank aus ② *перен* (*разорять*) berauben; ◇ **госудáрство ~ит пенсионéров** der Staat beutet die Rentner aus
грáбли $мн_2$ ‹грáбель› Rechen *m*
гравю́ра $ж_1$ ‹-ы› Gravur *f;* ◇ **~ на мéди** Kupferstich *m*
град $м_1$ ‹-а› ① (*осадки*) Hagel *m;* ◇ **вы́пал ~** es hat gehagelt ② *перен* (*множество*) Menge *f;* ◇ **~ упрёков** Lawine von Vorwürfen; ◇ **под ~ом пуль** im Kugelhagel
грáдус $м_1$ ‹-а› Grad *m;* ◇ **вóсемь ~ов морóза** acht Grad minus; **грáдусник** $м_1$ ‹-а› Thermometer *n;* ◇ **постáвить больнóму ~** beim Kranken Fieber messen
граждани́н $м_1$ ‹-а, *мн:* грáждане, *род:* грáждан› (Staats-)Bürger *m;* **граждáнка** $ж_1$ ‹-и, *род мн:* -нок› (Staats-)Bürgerin *f;* **граждáнский** *прил* ‹-ая, -ое, -ие› bürgerlich, Bürger-, zivil; ◇ **~ое прáво** Zivilrecht *n;* ◇ **~ долг** Bürgerpflicht *f;* ◇ **~ое мýжество** Zivilcourage *f;* ◇ **~ая войнá** Bürgerkrieg *m;* **граждáнство** *с* ‹-а› Staatsbürgerschaft *f,* Staatsangehörigkeit *f;* ◇ **двойнóе ~** doppelte Staatsbürgerschaft; ◇ **приня́ть немéцкое ~** die deutsche Staatsbürgerschaft annehmen; ◇ **утрáтить ~** die Staatsbürgerschaft verlieren; ◇ **получи́ть правá ~а** sich einbürgern, eingebürgert werden

Г

грамза́пись *ж*$_5$ ‹-и› Plattenaufnahme *f;* ◇ **сту́дия ~и** Plattenstudio *n*

грамм *м*$_1$ ‹-а› Gramm *n;* (*нет совсем*) ◇ **ни ~а нет** es ist nichts mehr da

гра́мота *ж*$_1$ ‹-ы› ① (*умение читать и писать*) Lesen *n* und Schreiben *n* ② (*документ*) Urkunde *f,* Schreiben *n;* ◇ **вери́тельная** ~ Beglaubigungsschreiben; ◇ **почётная** ~ Ehrenurkunde; **гра́мотность** *ж*$_5$ ‹-и› Kenntnis *f* des Lesens und Schreibens, Schriftkundigkeit *f;* **гра́мотный** *прил* ‹-ая, -ое, -ые› ① (*умеющий читать и писать*) des Lesens und Schreibens mächtig; ◇ **быть ~ым** lesen und schreiben können ② (*выполненный без ошибок*) einwandfrei, fehlerlos ③ (*обладающий знаниями*) sachkundig, geschult

грана́т *м*$_1$ ‹-а › ① бот (*дерево*) Granatapfelbaum *m* ② (*плод*) Granatapfel *m*

грана́та *ж*$_1$ ‹-ы› Granate *f;* ◇ **ручна́я** ~ Handgranate

грани́ца *ж*$_1$ ‹-ы› ① (*рубеж*) Grenze *f;* ◇ **закры́ть/откры́ть ~у** die Grenze schließen/öffnen; ◇ **переходи́ть ~у** die Grenze überqueren; ◇ **за ~ей** im Ausland; ◇ **из-за ~ы** aus dem Ausland ② *перен* (*предел*) Grenze *f;* ◇ **его́ самолю́бие не зна́ет грани́ц** sein Ehrgeiz kennt keine Grenzen; ◇ **всему́ есть** ~ alles hat seine Grenzen; **грани́чить** V$_{4b}$ *несов, kein Imp.* ‹-чу, -чишь, (2) 1 и 2 л. не употр› *с чем тв* ① (*иметь общую границу*) an etw *akk* angrenzen; ◇ **Казахста́н ~ит с Кита́ем** Kasachstan grenzt an China ② (*совпадать*) nahekommen, grenzen an; ◇ **така́я пози́ция ~ит с на́шей то́чкой зре́ния** diese Postion kommt unserem Standpunkt sehr nahe

гра́фик *м*$_1$ ‹-а› ① (*изображение*) Graphik *f;* (*диаграмма*) Diagramm *n* ② (*план работы*) Terminplan *m,* Zeitplan *m;* ◇ **рабо́тать стро́го по ~у** streng nach Plan arbeiten

графи́н *м*$_1$ ‹-а› Karaffe *f*

гре́бень *м*$_2$ ‹-бня, *мн:* -бни› ① (*гребёнка*) Kamm *m* ② (*верх*) Kamm *m,* Grat *m;* ◇ ~ **горы́** Berggrat; ◇ ~ **кры́ши** Dachfirst *m* ③ (*на голове птиц*) Kamm *m;* ◇ **петуши́ный** ~ Hahnenkamm

гребешо́к *м*$_1$ ‹-шка́› Kamm *m*

гре́бля *ж*$_2$ ‹-и› Rudern *n*

гре́лка *ж*$_1$ ‹-и, *род мн:* -лок› Wärmflasche *f;* ◇ **электри́ческая** ~ elektrisches Heizkissen

греме́ть V$_5$ *несов* ‹-млю́, -ми́шь, *Imp.* греми́, ~те, *Part. Präs. Akt.* -мя́щий, *Adv. Part. Präs.* -мя́› [**про**~ *сов*] *без доп* ① (*шуметь*) donnern, dröhnen; ◇ **гром ~и́т** es donnert; (*звякать*) klirren, rasseln; ◇ ~ **ключа́ми** mit den Schlüsseln rasseln ② *перен* (*иметь громкую известность*) erschallen, ertönen

греть V$_5$ *несов* ‹гре́ю, гре́ешь, *Part. Prät. Pass.* гре́тый› [**со**~ *сов*] *без доп (1), кого-что вин (2)* ① (*передавать тепло*) wärmen, warm halten; ◇ **шу́ба хорошо́ гре́ет** der Pelz hält gut warm ② (*разогревать*) aufwärmen, erwärmen; ◇ ~ **во́ду на огне́** Wasser auf dem Feuer erwärmen; ◇ ~ **ру́ки над огнём** sich die Hände über dem Feuer wärmen; **гре́ться** *несов* ‹гре́юсь, гре́ешься, (2) 1 и 2 л. не употр› [**со**~ *сов*] *без доп* ① (*греть себя, своё тело*) sich wärmen; ◇ ~ **у костра́** sich am Lagerfeuer aufwärmen ② (*становиться теплым*) warm werden; ◇ **вода́ ~ гре́ется** das Wasser wird warm

грех *м*$_1$ ‹-а́› ① (*у верующих*) Sünde *f* ② (*вина*) Schuld *f;* ◇ **брать ~ на́ душу** Schuld auf sich laden ③ (*проступок*) Sünde *f,* Vergehen *n;* ◇ **~и́ мо́лодости** Jugendsünden; ◇ **с ~о́м попола́м** mit Mühe und Not; ◇ **как на** ~ ausgerechnet

гречи́ха *ж*$_1$ ‹-и› Buchweizen *m*

греши́ть V$_{4a}$ *несов* ‹-шу́, -ши́шь› [**по**~, **со**~ *сов*] *без доп (1), против чего род или чем тв (2), на кого вин (3)* ① (*у верующих*) sündigen ② (*нарушать правила*) gegen etw verstoßen; ◇ ~ **про́тив ло́гики** unlogisch handeln ③ (*напрасно обвинять*) zu unrecht beschuldigen; **гре́шный** *прил* ‹-ая, -ое, -ые› sündig, sündhaft

гриб *м*$_1$ ‹-а́› Pilz *m;* ◇ **ядови́тый** ~ Giftpilz; *перен* ◇ **а́томный** ~ Atompilz

грим *м*$_1$ ‹-а› Schminke *f,* Maske *f;* ◇ **снима́ть** ~ abschminken

грима́са *ж*$_1$ ‹-ы› Grimasse *f*

гримирова́ться V$_{3a}$ *несов* ‹-ру́юсь, -ру́ешься› [**за**~ *сов*] *без доп* sich schminken

грипп *м*$_1$ ‹-а› Grippe *f*

гроб *м*$_1$ ‹-а, в гробу́, *мн:* -ы́› Sarg *m;* ◇ **идти́ за ~ом** das letzte Geleit geben; ◇ **стоя́ть одно́й ного́й в ~у́** mit einem Bein im Grab stehen

гроза́ *ж*$_1$ ‹-ы́, *мн:* гро́зы› ① (*ненастье*) Gewitter *n;* ◇ **разрази́лась** ~ ein Gewitter ging nieder ② *перен* (*ужас*) Schrecken *m*

гроздь *ж*$_5$ ‹-и, *мн:* гро́зди/гро́здья, *род:* гроздей/гро́здьев› Traube *f;* ◇ ~ **виногра́да** Weintraube

грози́ть V$_{4a}$ *несов* ‹-ожу́, -зи́шь, (3) 1 и 2 л. не употр› [**по**~, **при**~ *сов*] *кому дат* *чем тв (1), чем тв (2)* ① (*угрожать*) drohen; ◇ ~ **разры́вом отноше́ний** mit dem Abbruch der Beziehungen drohen ② (*предвещать*) drohen, ankündigen; ◇ **скала́ ~и́т обва́лом** der Fels droht einzustürzen; ◇ **ему́ ~и́т смерть** ihm droht der Tod

гро́зный *прил* <-ая, -ое, -ые> ① (*жестокий*) schrecklich, fürchterlich ② (*строгий*) streng ③ (*угрожающий*) drohend; ◇ **~ая опа́сность** drohende Gefahr; ◇ **~ое письмо́** Drohbrief *m*

гром *м₁* <-а> ① (*во время грозы*) Donner *m* ② *перен* (*грохот*) Donnern *n*, Lärm *m;* ◇ ~ **аплодисме́нтов** Beifallssturm *m;* ◇ **как ~ среди я́сного не́ба** wie ein Blitz aus heiterem Himmel

грома́дный *прил* <-ая, -ое, -ые> ① (*огромный*) riesig, kolossal, immens ② (*обширный*) unermeßlich, ausgedehnt, riesig

громи́ть V_{4a} *несов* <-млю, -ми́шь> [**раз~** *сов*, *Part. Prät. Pass.* разгро́мленный] *кого-что вин* ① (*разрушать, уничтожать*) zertrümmern, zerstören, demolieren; (*грабить*) plündern ② *перен* (*обличать*) gegen jd-n wettern

гро́мкий *прил* <-ая, -ое, -ие> (*сравн:* **гро́мче**) ① (*звучный*) laut; ◇ ~ **хо́хот** schallendes Gelächter; ◇ **~о рассмея́ться** laut loslachen ② *перен* (*получивший огласку*) berühmt, glänzend; ◇ ~ **проце́сс** aufsehenerregender Prozeß; ◇ ~ **сканда́л** großer Skandal; ◇ ~ **успе́х** glänzender Erfolg ③ (*напыщенный*) aufgeblasen; ◇ **~ие фра́зы** hochtrabende Worte

громоотво́д *м₁* <-а> Blitzableiter *m*

гро́мче *сравн от* **гро́мкий**

гроссме́йстер *м₁* <-а> Großmeister *m*

грош *м₂* <-á, *мн:* -и́> Groschen *m;* ◇ **прода́ть что-л за ~и́** etw gegen einen Spottpreis verkaufen; ◇ **у меня́ нет ни ~á** ich habe keinen Pfennig; ◇ **э́тому ~ цена́** das ist nichts wert; ◇ **она́ ни на ~ ему́ не ве́рит** sie glaubt ihm kein Wort

грубия́н *м₁* <-а> Grobian *m;* **гру́бость** *ж₅* <-и> Grobheit *f;* **гру́бый** *прил* <-ая, -ое, -ые> ① (*неделикатный*) grob, rauh; спорт ◇ **~ая игра́** Foul *n;* ◇ **~ые мане́ры** rauhe Manieren ② (*жёсткий*) rauh, derb; ◇ **~ые ру́ки** rauhe Hände; ◇ **~ая шерсть** grobe Wolle; ◇ **~ая пи́ща** derbe Kost; ◇ **~ая оши́бка** grober Fehler

груди́нка *ж₁* <-и, *род мн:* -нок> кул Bruststück *n*

грудь *ж₅* <-и́, *мн:* гру́ди, *род:* груде́й> ① (*часть туловища*) Brust *f;* ◇ **дыша́ть по́лной ~ью** tief durchatmen; ◇ **стоя́ть ~ью за что-л** etw tapfer verteidigen ② (*молочная железа*) Brust *f*, Busen *m;* ◇ **дать ~ ребёнку** dem Kind die Brust geben; ◇ **корми́ть ~ью** stillen

груз *м₁* <-а> ① (*тяжесть*) Last *f*, Gewicht *n*, Bürde *f;* ◇ **подве́сить ~** ein Gewicht aufhängen ② (*товар*) Fracht *f*, Ladung *f;* ◇ ~ **большо́й ско́рости** Eilgut *n;* ◇ ~ **ма́лой ско́рости** Frachtgut *n*

грузи́н *м₁* <-а> Georgier *m;* **грузи́нка** *ж₁* <-и, *род мн:* -нок> Georgierin *f;* **грузи́нский** *прил* <-ая, -ое, -ие> georgisch

грузи́ть V_{4a} *несов* [**на~** (1), **по~** (2) *сов*] <гружу́, гру́зишь, *Part. Präs. Akt.* гру́-, *Part. Prät. Pass.* гру́женный/гружённый> *кого-что вин* ① (*наполнять грузом*) beladen; ◇ ~ **баржу́ ле́сом** den Lastkahn mit Holz beladen ② (*складывать груз*) (ver-)laden, einladen

грузови́к *м₁* <-á, *мн:* и́> Lastwagen *m;* **грузооборо́т** *м₁* <-а> Güterverkehr *m*

грунт *м₁* <-а> ① (*почва*) Boden *m;* ◇ **песча́ный ~** Sandboden; ◇ **пересади́ть цветы́ из горшка́ в ~** die Topfblumen in den Boden umpflanzen; ◇ **лу́нный ~** Mondgestein *n* ② (*в живописи*) Grund *m*, Grundfarbe *f*

гру́ппа *ж₁* <-ы> ① (*совокупность предметов или людей*) Gruppe *f;* ◇ ~ **учёных** Forschungsgruppe ② (*класс, категория*) Gruppe *f;* ◇ ~ **кро́ви** Blutgruppe

гру́стный *прил* <-ая, -ое, -ые> (*печальный*) traurig, betrübt; **грусть** *ж₅* <-и> (*чувство печали, уныния*) Traurigkeit *f*, Wehmut *f*

гру́ша *ж₁* <-и> ① (*плод*) Birne *f* ② (*дерево*) Birnbaum *m*

гры́жа *ж₁* <-и> мед Bruch *m*

грызть * *несов* [**раз~** (1) *сов*] <-зу́, -зёшь> *кого-что вин* ① (*кусать*) an etw *dat* nagen, knabbern; ◇ ~ **но́гти** an den Fingernägeln kauen; ◇ **сомне́ние грызёт ду́шу** Zweifel nagen an jd-m ② *перен* (*придираться*) schikanieren, ärgern, reizen

грызу́н *м₁* <-á> зоол Nagetier *n*

гряда́ *ж₁* <-ы́, *мн:* гря́ды, *дат:* -áм> ① (*на огороде*) Beet *n* ② (*ряд, полоса*) Reihe *f*, Kette *f;* ◇ ~ **барха́нов** Wanderdünenkette

гря́дка *ж₁* <-и, *род мн:* -док> Beet *n*

грязелече́ние *с₄* <-я> Schlammbäderkur *f*

гря́зи *мн₅* <-ей> мед (*грязевые ванны*) Heilschlamm *m;* ◇ **лечи́ться ~ями** Moorbäder nehmen

гря́зный *прил* <-ая, -ое, -ые> ① (*нечистый*) schmutzig, dreckig; ◇ **~ое бельё** schmutzige Wäsche *f* ② (*мутный*) trüb, matt; ◇ **~ цвет** matte Farbe ③ *перен* (*аморальный*) schmutzig, häßlich, gemein; ◇ **~ая война́** schmutziger Krieg; ◇ **~ая исто́рия** häßliche Geschichte; **грязь** *ж$_5$* <-и> ① (*уличная*) Schlamm *m;* ◇ **валя́ться в ~и́** im Schlamm liegen ② (*мусор*) Schmutz *m,* Dreck *m;* ◇ **не уда́рить лицо́м в ~** sich nicht blamieren; (*клеветать*) ◇ **втопта́ть в ~ кого́-л** jd-n mit Schmutz bewerfen

гря́нуть V$_2$ *сов* <-ну, -нешь, (1, 3) 1 и 2 л. не употр, *Imp.* грянь, ~те> *без доп (1, 3), что вин (2)* ① (*загрохотать*) knallen, krachen; ◇ **~л вы́стрел** ein Schuß knallte; ◇ **~л гром** es donnerte; ◇ **~ла му́зыка** die Musik dröhnte los ② (*запеть, заиграть*) erschallen, ertönen; ◇ **музыка́нты ~ли марш** die Musiker schmetterten einen Marsch ③ *перен* (*разразиться*) ausbrechen; ◇ **~ла война́** Krieg brach aus

губа́ [1] *ж$_1$* <-ы́, *мн:* гу́бы> Lippe *f;* ◇ **ве́рхняя ~** Oberlippe; ◇ **ни́жняя ~** Unterlippe; (*обидеться*) ◇ **наду́ть ~ы** schmollen; *перен* (*расплакаться*) ◇ **распусти́ть ~ы** losweinen; (*быть неопытным*) ◇ **у него́ молоко́ на ~а́х не обсо́хло** er ist noch nicht trocken hinter den Ohren

губа́ [2] *ж* <-ы́> геогр Bucht *f,* Meerbusen *m*

губерна́тор *м$_1$* <-а> Gouverneur *m*

губи́тельный *прил* <-ая, -ое, -ые> (*ведущий к гибели, пагубный*) unheilbringend, verheerend; (*вредный*) schädlich; (*роковой*) verhängnisvoll; ◇ **~ые после́дствия** verheerende Folgen; ◇ **~ шаг** verhängnisvoller Schritt; **губи́ть** V$_{4a}$ *несов* <гублю́, гу́бишь, *Part. Präs. Akt.* гу́бящий> [**по~** *сов, Part. Prät. Pass.* погу́бленный] *кого-что вин* (*уничтожать*) vernichten, zugrunde richten; (*разрушать*) zerstören; ◇ **град ~ит урожа́й** der Hagel vernichtet die Ernte

гу́бка *ж$_1$* <-и, *мн:* -бок> Schwamm *m;* ◇ **~ для мытья́** Badeschwamm

гуде́ть V$_5$ *несов* <гужу́, гуди́шь, *Imp.* гуди́, ~те, *Part. Präs. Akt.* гудя́щий, *Adv. Part. Präs.* гудя́> [**про~** *сов*] *без доп* (*издавать однотонный звук*) tönen, klingen; (*о колоколе*) läuten; (*о жуке*) summen; (*о самолёте*) brummen; (*о сирене, гудке*) heulen; (*о гудке автомобиля*) hupen; ◇ **~ одно́ и то́ же** immer mit derselben Leier kommen

гудо́к *м$_1$* <-дка́, *мн:* дки́> ① (*свисток*) Hupe *f;* ◇ **автомоби́льный ~** Autohupe ② (*звук*) Pfeifen *n,* Heulen *n;* ◇ **трево́жный ~** (Alarm-)Signal *n*

гул *м$_1$* <-а> dumpfes Getöse, Grollen *n;* ◇ **~ голосо́в** Stimmengewirr *n*

гуля́ка *м, ж$_1$* <-и> Herumtreiber *m;* **гуля́нье** *с$_5$* <-я> ① (*прогулка*) Spaziergang *m* ② (*празднество*) Straßenfest *n;* ◇ **наро́дное ~** Volksfest *n;* **гуля́ть** V$_{1b}$ *несов, kein Part. Präs. Pass.*<-я́ю, -я́ешь> [**по~** (1, 2) *сов, kein Part. Prät. Pass.*] *без доп* ① (*совершать прогулку*) spazierengehen; ◇ **~ с соба́кой** den Hund ausführen ② (*веселиться*) feiern, zechen ③ (*быть свободным от службы*) frei haben; ◇ **на пра́здники мы ~ли три дня** über die Feiertage hatten wir drei Tage frei

гуманита́рный *прил* <-ая, -ое, -ые> (*о науках*) geisteswissenschaftlich; ◇ **~ые нау́ки** Geisteswissenschaften *f pl*

гума́нный *прил* <-ая, -ое, -ые> menschlich, human

гурма́н *м$_1$* <-а> Gourmet *m,* Feinschmecker *m*

гу́сеница *ж$_1$* <-ы> ① зоол (*личинка бабочки*) Raupe *f* ② тех (*гусеница*) Raupe *f*

густо́й *прил* <-а́я, -о́е, -ы́е> ① (*о жидком*) dick(-flüssig); ◇ **~а́я смета́на** dicke saure Sahne; (*вязкий*) zäh ② (*частый*) dicht; ◇ **~ы́е за́росли** dichtes Gestrüpp ③ (*полнозвучный*) tief; ◇ **~ бас** tiefer Baß

гусь *м$_2$* <-я, *мн:* гу́си, *род:* -се́й> Gans *f;* ◇ **с него́ как с ~я вода́** das berührt ihn nicht; ◇ **~е́й дразни́ть** jd-n absichtlich ärgern; ◇ **хоро́ш ~!** du bist mir vielleicht einer!

гутали́н *м$_1$* <-а> Schuhcreme *f*

гу́ща *ж$_1$* <-и> ① (*осадок в жидкости*) Satz *m,* Bodensatz *m;* ◇ **кофе́йная ~** Kaffeesatz ② (*чаща*) Dickicht *n* ③ *перен* (*середина*) Menschengewühl *n;* ◇ **находи́ться в ~е собы́тий** mittendrin sein

Д

да I. *частица* ① (*утвердительная*) ja; ◇ **~ или нет?** ja oder nein? ② (*выражает удивление*) oder, ja; ◇ **он уе́хал. - ~?** er ist weggefahren. ja? ③ (*усилительная*) doch; ◇ **~ не мо́жет быть!** das kann doch nicht sein! ④ (*модальная*) es; ◇ **~ здра́вствует мир!** es lebe der Frieden! II. *союз* ① (*соединительный*) und; ◇ **ты ~ он** du und er ② (*противительный*) doch, aber; ◇ **я охо́тно**

сде́лал бы э́то, ~ **у меня́ вре́мени нет** ich würde das gerne tun, doch ich habe keine Zeit ③ (*в начале предложения при повелительном наклонении*) so; ◇ ~ **оста́вь ты меня́ в поко́е!** so laß mich endlich in Ruhe!

дава́ть V_{1a} ‹даю́, даёшь, *Part. Präs. Akt.* даю́щий› *несов от* **дать**

дави́ть V_{4a} *несов* ‹-влю́, да́вишь, (2) 1 и 2 л. не употр, *Part. Präs. Akt.* да́вящий› [**за**~ (6), **раз**~ (5, 6) *сов*, *Part. Prät. Pass.* -да́вленный] *на кого-что вин (1), кого-что вин* ① drücken (auf), lasten (auf); ◇ **реме́нь ~ит на плечи́** der Riemen drückt auf die Schulter ② (*жать*) drücken; ◇ **сапо́г ~ит но́гу** der Stiefel drückt; *перен* ◇ **го́ре ~ит грудь** Kummer bedrückt jd-n ③ *перен* (*угнетать*) unterdrücken, bedrücken; ◇ ~ **кого́-л свои́м авторите́том** jd-n durch seine Autorität unterdrücken ④ (*выжимать*) auspressen; ◇ ~ **лимо́н** eine Zitrone auspressen ⑤ (*раздавить*) zerdrücken, zerquetschen; ◇ ~ **мух** Fliegen totschlagen ⑥ (*переехать*) überfahren

да́вка *ж*$_1$ ‹-и› Gedränge *n*

давле́ние *с*$_4$ ‹-я› Druck *m; мед* ◇ **коровяно́е** ~ Blutdruck; ◇ **ока́зывать** ~ **на кого́-л** Druck auf jd-n ausüben

да́вний *прил* ‹-яя, -ее, -ие› ① (*бывший*) längst gewesen; ◇ **с ~их пор** seit jeher, seit alters; ◇ ~ **слу́чай** lange zurückliegendes Ereignis ② (*существующий издавна*) alt; ◇ **~яя привя́занность** alte Liebe

давно́ *нареч* ① (*много времени тому назад*) vor langer Zeit, längst; ◇ **он ~ возврати́лся** er ist längst zurückgekehrt; ◇ **э́то бы́ло не так** ~ das ist noch nicht allzu lange her ② (*в течение долгого времени*) lange; ◇ **она́ ~ здесь живёт** sie lebt schon lange hier; ◇ ~ **бы так!** höchste Zeit!

да́же *частица* sogar, selbst; ◇ ~ **о́н придёт** sogar er kommt; ◇ ~ **свои́м друзья́м он э́того не сообщи́л** nicht einmal seinen Freunden hat er das gesagt

да́лее *нареч* ① (*дальше*) weiter; ◇ **до ста́нции не ~ двух киломе́тров** bis zur Haltestelle sind es höchstens zwei Kilometer ② (*затем*) im weiteren; ◇ **об э́том бу́дет ска́зано** ~ darüber wird im weiteren gesprochen; ◇ **не ~ как вчера́** erst gestern; ◇ **и так** ~ und so weiter

далёкий *прил* ‹-ая, -ое, -ие› (*сравн:* **да́льше**) ① (*отдалённый*) weit, fern, entfernt; ◇ ~ **путь** weiter Weg ② (*по времени*) fern; ◇ **~ое бу́дущее** ferne Zukunft; ◇ **~ая старина́** uralte Zeiten ③ *перен* (*чуждый*) fremd; ◇ **мы с ним лю́ди ~ие** wir sind uns fremd ④ (*не намеревающийся*) fern; ◇ **я далёк от мы́сли спо́рить с ним** es liegt mir fern, mit ihm zu streiten

даль *ж*$_5$ ‹-и› Ferne *f*, Weite *f*

дальнови́дный *прил* ‹-ая, -ое, -ые› (*предусмотрительный*) umsichtig; (*предвидящий что-л*) vorausschauend, weitsichtig

дальнозо́ркий *прил* ‹-ая, -ое, -ие› weitsichtig; *перен* weitblickend

да́льше *сравн от* **далёкий**

да́ма *ж*$_1$ ‹-ы› Dame *f*

да́мба *ж*$_1$ ‹-ы› Damm *m*

да́мка *ж*$_1$ ‹-и, *род мн:* -мок› (*в шашках*) Dame *f;* ◇ **быть в ~ах** eine Dame haben

да́нные *мн (А р)* ‹-ых› ① (*сведения*) Angaben *f pl,* Daten *pl;* ◇ **обрабо́тка ~ых** Datenverarbeitung *f;* ◇ **по официа́льным ~ым** offiziellen Angaben zufolge ② (*обстоятельства дела*) Sachverhalt *m* ③ (*способности*) Anlagen *f pl,* Eigenschaften *f pl,* Fähigkeiten *f pl;* (*предпосылки*) Voraussetzungen; ◇ **у неё все ~ для нау́чного ро́ста** sie hat alle Voraussetzungen für eine wissenschaftliche Karriere; ◇ **для э́того есть все** ~ dafür gibt es allen Grund

да́нный *прич* (-ая, -ое, -ые) (*именно этот*) gegeben, vorliegend; ◇ ~ **слу́чай** der vorliegende Fall; (*соответствующий*) entsprechend; ◇ **в ~ое вре́мя** zur gegebenen Zeit; *мат* ◇ **~ая величина́** gegebene Größe

дар *м*$_1$ ‹-а, *мн:* -ы́, *род:* -о́в› ① (*подарок*) Geschenk *n;* ◇ **принести́ что-л в ~ кому́-л** jd-m etw zum Geschenk machen ② (*талант*) Talent *n,* Gabe *f;* ◇ **он лиши́лся ~а ре́чи** es hat ihm die Sprache verschlagen

дари́ть V_{4a} *несов* ‹дарю́, да́ришь, *Part. Präs. Pass.* дари́мый› [**по**~ *сов*] *кого-что вин кому дат* (be-)schenken; ◇ ~ **что-л ко дню рожде́ния** etw zum Geburtstag schenken

дармое́д *м*$_1$ ‹-а› Schmarotzer *m,* Parasit *m*

да́ром *нареч* ① (*бесплатно*) umsonst, unentgeltlich ② (*напрасно, бесполезно*) umsonst, vergeblich; ◇ ~ **потеря́ть вре́мя** umsonst seine Zeit verschwenden; ◇ **э́то не ~ доста́лось** das hat viel Mühe gekostet; ◇ **э́то ему́ ~ не пройдёт** das wird noch Folgen für ihn haben

да́та *ж*$_1$ ‹-ы› Datum *n*

дать * *сов* ‹дам, дашь› [**дава́ть** *несов*] *кого-что вин кому дат (1, 4), кому дат с инф (2), кому дат (3)* ① (*то же, что вручить*) geben; (*предоставить*) gewähren;

◇ ~ **де́ньги де́тям** den Kindern Geld geben; ◇ ~ **о́тпуск** Urlaub gewähren; ◇ ~ **возмо́жность что-л де́лать** die Möglichkeit zu etw geben; ◇ ~ **помеще́ние** einen Raum zur Verfügung stellen; ◇ ~ **у́жин** ein Abendessen geben; ◇ ~ **конце́рт** ein Konzert geben ② (*позволить*) lassen; ◇ ~ **свече́ догоре́ть** die Kerze abbrennen lassen; ◇ **да́йте мне поду́мать** lassen Sie mich nachdenken ③ (*ударить*) schlagen; ◇ **я тебе́ дам!** ich werde es dir zeigen! ④ (*определить возраст*) schätzen; ◇ **ему́ не дашь сорока́ лет** man schätzt ihn nicht auf vierzig; ◇ ~ **доро́гу** ausweichen; ◇ ~ **кля́тву** einen Eid leisten; ◇ ~ **обеща́ние** ein Versprechen geben; ◇ ~ **по́вод** Anlaß geben; ◇ ~ **телегра́мму** ein Telegramm aufgeben; ◇ ~ **себе́ труд** sich die Mühe machen

да́ча *ж₁* ‹-и› Wochenendhaus *n,* Datscha *f;* ◇ **вы́ехать на ~у** auf die Datscha fahren

да́чник *м₁* ‹-а› Besitzer *m*/Bewohner *m* einer Datscha

два *м/с,* **две** *ж* ‹**двух, двум, двумя́**› *числ* ① (*число, цифра и количество*) zwei; ◇ **за ~ дня** innerhalb von zwei Tagen; ◇ **ка́ждые ~ дня** alle zwei Tage; ◇ **в двух слова́х** kurz gesagt; ◇ **в ~ счёта** im Handumdrehen; ◇ **на ~ сло́ва** auf ein paar Worte ② (*"двойка"*) Fünf *f;* ◇ **за сочине́ние он получи́л ~** für den Aufsatz hat er eine Fünf bekommen

два́дцать *числ* zwanzig; ◇ ~ **раз тебе́ говори́л** das habe ich dir hundertmal gesagt

дверь *ж₅* ‹-и, о две́ри, на двери́, *род мн:* двере́й, *дат:* дверя́м› Tür *f;* ◇ **входна́я ~** Eingangstür; ◇ **хло́пнуть ~ью** die Tür zuschlagen; ◇ **жить ~ в ~** Tür an Tür wohnen; *перен* ◇ **ломи́ться в откры́тую ~** offene Türen einrennen; ◇ **при закры́тых ~я́х** hinter verschlossenen Türen, unter Ausschluß der Öffentlichkeit

две́сти ‹двухсо́т, двумста́м, двумяста́ми› *числ* zweihundert

дви́гатель *м₂* ‹-я› ① тех (*мотор*) Motor *m;* ◇ ~ **самолёта** Triebwerk *n* ② *перен* (*сила*) Triebkraft *f,* Motor *m*

дви́гать V*₁ₐ* *несов* ‹-аю, -аешь, (3) 1 и 2 л. не употр› [**дви́нуть** *сов*] *кого-что вин, чем тв (2)* ① (*толкать или тащить*) verrücken, schieben ② (*шевелить*) bewegen, rühren, zucken; ◇ ~ **па́льцами** die Finger bewegen ③ (*приводить в движение*) bewegen, in Bewegung setzen ④ *перен* (*быть причиной*) vorantreiben, fördern; ◇ **им дви́жет тщесла́вие** der Ehrgeiz treibt ihn voran; (*развивать*) ◇ ~ **нау́ку** die Wissenschaft vorantreiben ⑤ (*заставлять действовать*) vorrücken lassen; ◇ ~ **войска́ к перепра́ве** die Truppen bis zur Fähre vorrücken lassen

движе́ние *с₄* ‹-я› ① (*перемещение*) Bewegung *f;* ◇ ~ **вперёд** Vorwärtsbewegung; ◇ **привести́ в ~ что-л** etw in Bewegung setzen;◇ ~ **сопротивле́ния** Widerstandsbewegung ② (*езда, ходьба*) Verkehr *m;* ◇ **пра́вила доро́жного ~я** Verkehrsregeln *f pl* ③ (*внутреннее побуждение*) (innere) Bewegung; ◇ ~ **се́рдца** Rührung *f*

дви́нуть V*₂* ‹*Imp.* двинь, ~те› *см.* **дви́гать**

двоебо́рье *с₅* ‹-я› Zweikampf *m;* **двоевла́стие** *с₄* ‹-я› Doppelherrschaft *f;* **двоето́чие** *с₄* ‹-я› Doppelpunkt *m*

дво́йка *ж₁* ‹-и, *род мн:* -о́ек› ① (*цифра*) Zwei *f* ② (*отметка "неудовлетворительно"*) mangelhaft

двойно́й *прил* ‹-а́я, -о́е, -ы́е› ① (*вдвое больший*) doppelt, zweifach; ◇ **~а́я по́рция** doppelte Portion; ◇ **в ~о́м разме́ре** in doppeltem Ausmaß ② (*состоящий из двух частей*) doppelt, Doppel-; ◇ **~о́е дно** doppelter Boden

дво́йня *ж₂* ‹-и, *род мн:* дво́ен› Zwillinge *pl,* Zwillingspaar *n*

двор *м₁* ‹-а́, *мн:* -ы́› ① Hof *m;* ◇ **на ~е́** auf dem Hof ② (*крестьянское хозяйство*) Gehöft *n;* ◇ **дере́вня в сто ~о́в** Dorf mit hundert Gehöften; ◇ **ни кола́ ни ~а́** weder Haus noch Hof

дворе́ц *м₅* ‹-рца́, *тв:* -рцо́м, *род мн:* -рцо́в› Palast *m,* Schloß *n;* ◇ ~ **спо́рта** Sportpalast *m*

дво́рник *м₁* ‹-а› Hausmeister *m*

дворя́нство *с₂* ‹-а› Adel *m*

двукра́тный *прил* ‹-ая, -ое, -ые› zweimalig; (*двойной*) doppelt; ◇ **в ~ом разме́ре** in doppeltem Ausmaß; **двули́чие** *с₄* ‹-я› Heuchelei *f;* **двули́чный** *прил* ‹-ая, -ое, -ые› heuchlerisch, falsch; **двусмы́сленный** *прил* ‹-ая, -ое, -ые› ① zweideutig, doppeldeutig ② (*шутка*) wzweideutig, anzüglich; **двусторо́нний** *прил* ‹-яя, -ее, ие› ① (*с двумя равноценными сторонами*) zweiseitig, doppelseitig ② (*обоюдный*) gegenseitig; ◇ **~ее соглаше́ние** bilaterales Abkommen

двухгоди́чный *прил* ‹-ая, -ое, -ые› zweijährig; ◇ ~ **курс обуче́ния** zwei Jahre dauernder Lehrgang; **двухме́стный** *прил* ‹-ая, -ое, -ые› zweisitzig; ◇ ~ **но́мер** Doppelzimmer *n,* Zweibettzimmer *n;* **двухсотле́тие** *с₄*

<-я> (1) (*срок в двести лет*) zweihundert Jahre (2) (*годовщина, юбилей*) zweihundertjähriges Jubliläum, zweihundertster Jahrestag

дебати́ровать V_{3a} *несов* <-рую, -руешь> *что вин или без доп* (*обсуждать*) debattieren; (*дискутировать*) diskutieren; (*спорить*) streiten

дебю́т $м_1$ <-а> (1) театр Debüt *n* (2) шахм (*начало партии*) Eröffnung *f*

девальва́ция $ж_4$ <-и> эк Geldabwertung *f*

де́верь $м_2$ <-я, *мн:* -рья́, *род:* -ре́й> (*брат мужа*) Schwager *m*

деви́з $м_1$ <-а> Devise *f*, Motto *n*

де́вочка $ж_1$ <-и, *род мн:* -чек> Mädchen *n*

де́вственный *прил* <-ая, -ое, -ые> (1) (*целомудренный*) jungfräulich, keusch (2) *перен* (*невозделанный*) jungfräulich, unberührt

де́вушка $ж_1$ <-и, *род мн:* -шек> junges Mädchen *n*

девяно́сто *числ* neunzig; ◇ **ему́ уже́ за** ~ er ist schon über neunzig

де́вять *числ* neun

деграда́ция $ж_4$ <-и> Verfall *m*; **деgради́ровать** V_{3a} *несов и сов* <-рую, -руешь> *без доп* verfallen

дегуста́ция $ж_4$ <-и> (Kost-)Probe *f*, Verkosten *n*; ◇ ~ **вина́** Weinprobe

дед $м_1$ <-а> Großvater *m*; ◇ **Дед-Моро́з** Väterchen *n* Frost, Weihnachtsmann *m*

де́душка $м_1$ <-и, *род мн:* -шек> Großvater *m*

дежу́рить V_{4b} *несов* <-рю, -ришь, *Adv. Part. Prät.* -жу́рив> *без доп* (1) Dienst haben; ◇ ~ **по кла́ссу** Klassendienst haben (2) (*присутствовать*) wachen, Wache halten; ◇ ~ **у скла́да** das Lager bewachen; **дежу́рный I.** *прил* <-ая, -ое, -ые> diensthabend, Bereitschafts-; ◇ ~ **врач** Bereitschaftsarzt *m*; ◇ **~ое блю́до** Tagesgericht *n* **II.** *м (A p)* <-ого> (*тот, кто дежурит*) Aufseher *m*; ◇ **вы́ставить ~ого у вхо́да** eine Aufsicht am Eingang aufstellen; **дежу́рство** $с_2$ <-а> Wachdienst *m*; ◇ **ночно́е** ~ Nachtwache *f*

дезерти́р $м_1$ <-а> Deserteur *m*, Fahnenflüchtiger *m*; **дезерти́ровать** V_{3a} *несов и сов* <-рую, -руешь> *без доп* desertieren, fahnenflüchtig werden; **дезерти́рство** $с_2$ <-а> Fahnenflucht *f*, Desertion *f*

де́йственный *прил* <-ая, -ое, -ые> wirksam; ◇ **~ое сре́дство** effektives Mittel

де́йствие $с_4$ <-я> (1) (*деятельность*) Handlung *f*, Aktion *f*; ◇ **привести́ что-л в** ~ etw in Gang bringen; ◇ **продли́ть ~ догово́ра** einen Vertrag verlängern; ◇ **противозако́нные ~я** gesetzeswidrige Taten; ◇ **самово́льные ~я** Willkürhandlungen; театр Handlung *f*; ◇ ~ **происходи́ло в шестна́дцатом столе́тии** die Handlung spielte im 16. Jahrhundert (2) (*влияние, воздействие*) Einfluß *m*, Wirkung *f*; ◇ **предупрежде́ние не возыме́ло ~я** die Warnung nützte nichts; ◇ **лека́рство оказа́ло своё** ~ die Arznei entfaltete ihre Wirkung (3) театр Akt *m*; ◇ **коме́дия в трёх ~ях** Komödie in drei Akten (4) (*закона, договора*) Gültigkeit *f*, Wirkung *f*

действи́тельность $ж_5$ <-и> (1) (*реальность*) Wirklichkeit *f*; ◇ **совреме́нная** ~ Gegenwart *f*; ◇ **в ~и** in Wirklichkeit (2) (*действенность*) Wirksamkeit *f* (3) (*годность*) Gültigkeit *f*; ◇ ~ **па́спорта** Gültigkeit des Passes; **действи́тельный** *прил* <-ая, -ое, -ые> (1) (*существующий на самом деле*) wirklich; ◇ **э́то не вы́думка, а ~ факт** das ist keine Erfindung, sondern eine Tatsache (2) (*действенный*) wirksam (3) (*сохраняющий силу*) gültig; ◇ **удостовере́ние ~о год** der Ausweis ist ein Jahr lang gültig; ◇ **~ый член Акаде́мии нау́к** aktives Mitglied der Akademie der Wissenschaften;

де́йствовать V_{3a} *несов*, *kein Part. Präs. Pass.* <-твую, -твуешь> [**по**~ *сов*] *без доп (1-3), на кого-что вин (4)* (1) handeln; ◇ ~ **реши́тельно** entschieden vorgehen (2) (*функционировать*) funktionieren (3) (*вступить в силу*) in Kraft treten; (*быть в силе*) gültig sein (4) (*влиять*) wirken; ◇ **угово́ры на него́ не ~уют** er läßt sich nicht überreden; ◇ **э́то мне ~ует на не́рвы** das geht mir auf die Nerven

декабри́ст $м_1$ <-а> (*уча́стник восста́ния 14 декабря́ 1825 г.*) Dekabrist *m*

дека́брь $м_2$ <-я́, *мн:* -и́> Dezember *m*

деклара́ция $ж_4$ <-и> Erklärung *f*, Deklaration *f*; ◇ **прави́тельственная** ~ Regierungserklärung; ◇ **тамо́женная** ~ Zollerklärung

декре́т $м_1$ <-а> (1) (*постановление*) Verfügung *f*, Dekret *n* (2) (*декретный отпуск*) Schwangerschaftsurlaub *m*

де́лать V_{1a} *несов* <-аю, -аешь> [**с**~ *сов*] *что вин (1, 2), кого-что вин кем тв (3)* (1) machen, tun; ◇ ~ **гимна́стику** Gymnastik machen; ◇ ~ **вы́вод** einen Schluß ziehen; ◇ ~ **докла́д** einen Vortrag halten; ◇ ~ **оши́бки** Fehler begehen; ◇ ~ **попы́тку** einen Versuch unternehmen; ◇ ~ **вы́бор** eine Wahl treffen; ◇ ~ **любе́зность** einen Gefallen tun; ◇ ~ **вы́говор** eine Rüge erteilen; ◇ ~ **вид, что...** so tun, als ob...; ◇ ~ **так** ~ wenn schon, denn schon; ◇

~ **переса́дку** umsteigen ② (*производить*) herstellen ③ (*назначать*) einsetzen als; ◇ ~ **кого́-л насле́дником** jd-n als Erben einsetzen; ◇ ~ **помо́щником** zum Helfer ernennen

делега́т *м₁* ‹-а› Delegierter *m;* **делега́ция** *ж₄* ‹-и› Delegation *f;* ◇ **входи́ть в соста́в ~ии** Delegationsmitglied werden

деле́ние *с₄* ‹-я› ① (*разделение*) Teilung *f,* Einteilung *f;* ◇ ~ **иму́щества** Vermögensteilung ② мат Division *f,* Teilen *n* ③ (*на шкале*) Teilstrich *m;* ◇ **ртуть в термо́метре подняла́сь на два ~я** das Quecksilber im Thermometer stieg um zwei Striche

делика́тный *прил* ‹-ая, -ое, -ые› ① (*вежливый*) rücksichtsvoll, dezent ② (*щекотливый*) heikel

дели́ть V₄ₐ *несов* ‹-лю́, де́лишь, *Part. Präs. Akt.* де́лящий, *Part. Präs. Pass.* -ли́мый› [**по**~ (1), **раз**~ (1, 2) *сов*] *кого-что вин (1, 2), что вин с кем тв (3)* ① (*распределять*) teilen, verteilen, einteilen; ◇ ~ **на ра́вные по́рции** in gleiche Portionen ② мат dividieren; ◇ ~ **на два** durch zwei dividieren ③ (*делиться*) teilen; *перен* (*переживать*) ◇ ~ **с друзья́ми го́ре** das Leid mit den Freunden teilen

де́ло *с₂* ‹-а, *мн:* -а́› ① (*предмет*) Sache *f,* Angelegenheit *f,* Ding *n;* ◇ **привы́чное** ~ nichts Ungewöhnliches; ◇ **вме́шиваться не в своё** ~ sich in fremde Angelegenheiten mischen; ◇ **э́то не твоё** ~ das ist nicht deine Sache; ◇ **по ли́чному ~у** in einer persönlichen Angelegenheit ② (*работа, деятельность*) Arbeit *f,* Tätigkeit *f;* ◇ **быть без ~а** nichts zu tun haben; ◇ **по ~а́м слу́жбы** in dienstlicher Angelegenheit; (*предприятие*) Unternehmen *n;* ◇ **откры́ть своё** ~ sich selbständig machen ③ (*поступок*) Tat *f;* ◇ **сделать до́брое** ~ eine gute Tat vollbringen ④ (*надобность, нужда*) Angelegenheit *f,* Bitte *f;* ◇ **у меня́ к Вам** ~ ich habe eine Bitte an Sie, ich habe ein Anliegen; ◇ **прийти́ по ~у** in einer geschäftlichen Angelegenheit kommen ⑤ юр Fall *m,* Verfahren *n;* ◇ **возбуди́ть** ~ **про́тив кого́-л** einen Prozeß gegen jd-n anstrengen ⑥ (*собрание документов*) Akte *f;* ◇ **ли́чное** ~ Personalakte ⑦ (*сфера знаний*) (Fach-) Gebiet *n;* ◇ **го́рное** ~ Bergbau *m* ⑧ (*событие*) Sache *f,* Ereignis *n;* ◇ ~ **бы́ло зимо́й** es geschah im Winter; ◇ **э́то** ~ **про́шлое** das gehört der Vergangenheit an; ◇ **в са́мом ~е** in Wirklichkeit; ◇ **э́то друго́е** ~ das ist etw anderes

делово́й *прил* ‹-а́я, -о́е, -ы́е› ① (*связанной с делом*) Geschäfts-, geschäftlich; ◇ **~о́е письмо́** Geschäftsbrief *m* ② (*толковый, дельный*) sachkundig, geschäftserfahren, sachlich ③ (*пригодный для обработки*) ◇ **~а́я древеси́на** Nutzholz *n*

де́льный *прил* ‹-ая, -ое, -ые› ① tüchtig; (*разумный*) gescheit ② (*серьёзный*) ernsthaft; (*толковый*) vernünftig; ◇ **~ая мысль** ein vernünftiger Gedanke

дельфи́н *м₁* ‹-а› Delphin *m*

демаго́гия *ж₄* ‹-и› Demagogie *f*

демогра́фия *ж₄* ‹-и› Demographie *f*

демократи́ческий *прил* ‹-ая, -ое, -ие› demokratisch; **демокра́тия** *ж₄* ‹-и› Demokratie *f*

демонстрати́вный *прил* ‹-ая, -ое, -ые› (*вызывающий*) demonstrativ; ◇ ~ **отка́з от чего́-л** demonstrative Verweigerung von etw; **демонстра́ция** *ж₄* ‹-и› ① полит (*шествие*) Demonstration *f,* Kundgebung *f* ② (*показ*) Vorführung *f;* ◇ ~ **фи́льма** Filmvorführung; **демонстри́ровать** V₃ₐ *несов и сов* [**про**~ (2) *сов*] ‹-рую, -руешь› *без доп (1), что вин (2)* ① demonstrieren; ◇ ~ **у зда́ния посо́льства** vor der Botschaft demonstrieren ② (*показывать*) demonstrieren, vorführen; ◇ ~ **рабо́ту но́вой маши́ны** die neue Maschine vorführen

демонта́ж *м₂* ‹-а› Abbau *m,* Demontage *f*

де́нежный *прил* ‹-ая, -ое, -ые› ① Geld-; ◇ ~ **перево́д** Geldanweisung *f;* ◇ ~ **рефо́рма** Währungsreform *f* ② *разг* (*богатый*) reich

день *м₂* ‹дня, *мн:* дни› Tag *m;* ◇ **бу́дний** ~ Alltag; ◇ **выходно́й** ~ freier Tag; ◇ **це́лый** ~ den ganzen Tag; ◇ **че́рез** ~ jeden zweiten Tag; ◇ **на друго́й** ~ am anderen Tag; ◇ ~ **рожде́ния** Geburtstag; ◇ **со дня на́** ~ von einem Tag auf den anderen; ◇ **средь бе́ла дня** am hellichten Tag; *разг* ◇ **на чёрный** ~ für den Notfall

де́ньги *мн₁* ‹де́нег, *дат:* деньга́м› Geld *n;* ◇ **бума́жные** ~ Geldscheine *m pl;* ◇ **ме́лкие** ~ Kleingeld; ◇ **нали́чные** ~ Bargeld; ◇ **ни за каки́е** ~ um keinen Preis; ◇ **быть при ~а́х** Geld haben

департа́мент *м₁* ‹-а› Departement *n;* (*в США*) ◇ **госуда́рственный** ~ Außenministerium *n* der USA

депо́ *с* ‹нескл› Depot *n;* ◇ **пожа́рное** ~ Feuerwache *f*

депре́ссия *ж₄* ‹-и› эк, мед Depression *f;* ◇ **впасть в ~ю** depressiv werden

депута́т *м₁* ‹-а› Abgeordneter *m;* ◇ ~ **парла́мента** Parlamentarier *m;* ◇ **де́нежное содержа́ние ~а** Diäten *f pl*

дёргать V_{1a} *несов* <-аю, -аешь> [**дёрнуть** V_2 *сов*] *кого-что вин* (1) ruckartig ziehen, zupfen; ◇ ~ **верёвку** an der Leine ziehen (2) *разг* (*удалять*) ausreißen; ◇ ~ **зýбы** Zähne ziehen (3) *безл* (*о болевых ощущениях*) zucken; ◇ **у меня́ ~ет пáлец** mir zuckt der Finger

деревéнский *прил* <-ая, -ое, -ие> Land-, ländlich, dörflich; **дерéвня** $ж_2$ <-и, *род мн:* -вéнь, *дат:* -вьня́м> (1) (*селение*) Dorf *n;* ◇ **Олимпи́йская** ~ Olympisches Dorf (2) (*сельская местность*) Land *n;* ◇ **в ~е** auf dem Land; ◇ **éхать в ~ю** aufs Land fahren

дéрево $с_2$ <-а, *мн:* дерéвья, *род:* -рéвьев, *дат:* -рéвьям> (1) Baum *m;* ◇ **плодóвое** ~ Obstbaum; ◇ **ли́ственное** ~ Laubbaum; ◇ **хвóйное** ~ Nadelbaum (2) (*древесина*) Holz *n;* ◇ **крáсное** ~ Mahagoni *n; перен* ◇ **родословное** ~ Stammbaum; ◇ **из-за дерéвьев лéса не ви́дно** vor lauter Bäumen den Wald nicht sehen

держáва $ж_1$ <-ы> (*государство*) Macht *f;* ◇ **вели́кие ~ы** Großmächte; ◇ **~ы-победи́тельницы** Siegermächte

держáть V_{1a} *несов* <-жý, дéржишь, *Imp.* держи́, ~те, *Part. Präs. Akt.* -жáщий, *Adv. Part. Präs.* держá> *кого-что вин* (1) (*удерживать*) (fest-)halten; ◇ ~ **кни́гу в рукáх** ein Buch in den Händen halten; ◇ ~ **ребёнка зá руку** ein Kind an der Hand halten; ◇ ~ **речь** eine Rede halten; ◇ ~ **чью-л стóрону** für jd-n Partei ergreifen; ◇ ~ **слóво** sein Wort halten (2) (*сохранять*) aufbewahren; ◇ ~ **дéньги в бáнке** Geld auf der Bank haben; ◇ ~ **под арéстом** gefangenhalten; ◇ ~ **в тáйне** geheimhalten (3) (*владеть*) halten; ◇ ~ **кур/скоти́ну** Hühner/Vieh halten; **держáться** *несов* <-жýсь, дéржишься, (4) 1 и 2 л. не употр> *за кого-что вин (1, 3), чего род (2), без доп (4, 5, 6)* (1) (*ухватиться*) sich festhalten; ◇ ~ **рукáми за пери́ла** sich am Geländer festhalten (2) (*следовать чему-л*) sich halten an; ◇ ~ **стрóгих прáвил** sich an strenge Regeln halten; ◇ ~ **своегó мнéния** an seiner Meinung festhalten (3) *перен* (*стараться сохранить*) klammern an, behalten, festhalten an; ◇ ~ **за дóлжность** sich an einen Posten klammern (4) (*удерживаться*) hängen, halten; ◇ **лю́стра ~ится на крюкé** der Leuchter hängt an einem Haken (5) (*вести себя*) sich benehmen, sich geben; ◇ ~ **увéренно** sich überzeugt geben (6) (*сопротивляться*) durchhalten, Widerstand leisten; ◇ **тóлько держи́сь!** halte durch!

дерзáть V_{1a} *несов, kein Part. Präs. Pass.* <-áю, -áешь> *без доп* wagen, riskieren; **дéрзкий** *прил* <-ая, -ое, -ие> (1) (*смелый*) tollkühn, kühn (2) (*непочтительный*) dreist, unverschämt; (*бессовестный*) frech

десéрт $м_1$ <-а> Nachtisch *m;* ◇ **на ~ - пирóжное** zum Nachtisch gibt es Kuchen

деснá $ж_1$ <-ы́, *мн:* дёсны, *род:* дёсен, *дат:* дёснам> Zahnfleisch *n*

десятилéтие $с_4$ <-я> (1) (*период*) Jahrzehnt *n* (2) (*годовщина*) zehnter Jahrestag

дéсять *числ* zehn

детáль $ж_5$ <-и> (1) (*подробность*) Detail *n;* (*частность*) Einzelheit *f;* ◇ **изложи́ть со всéми ~ями** detailliert darlegen (2) *тех* Einzelteil *n;* **детáльный** *прил* <-ая, -ое, -ые> (*подробный*) ausführlich, detailliert

дéти *мн* <детéй, *дат:* дéтям, *тв:* детьми́, *предл:* дéтях> Kinder *n pl*

дéтская *ж* *(A 1)* <-ой> Kinderzimmer *n;* **дéтский** *прил* <-ая, -ое, -ие> (1) Kinder-; ◇ ~ **дом** Kinderheim *n;* ◇ ~ **сад** Kindergarten *m;* ◇ **~ая площáдка** Spielplatz *m* (2) *перен* (*незрелый*) kindlich, naiv; **дéтство** $с_2$ <-а> Kindheit *f;* ◇ **с ~а** von Kindheit an; ◇ **впасть в** ~ senil werden

дефéкт $м_1$ <-а> (*недостаток*) Mangel *m,* Defekt *m*

дефици́т $м_1$ <-а> (1) эк (*убыток*) Defizit *n* (2) (*нехватка*) Mangel *m;* ◇ **э́ти товáры сейчáс в ~е** dies sind zur Zeit Mangelwaren

дешёвый *прил* <-ая, -ое, -ые> (*сравн:* **дешéвле**) (1) (*недорого*) billig (2) *перен* (*пустой*) billig; ◇ **~ые шýточки** platte Witze

дéятель $м_2$ <-я> ◇ **госудáрственный** ~ Staatsmann *m;* ◇ **политѝческий** ~ Politiker *m;* **дéятельность** $ж_5$ <-и> (*занятие, труд*) Aktivität *f,* Tätigkeit *f;* ◇ **профессионáльная** ~ Berufstätigkeit; ◇ ~ **вулкáна** Vulkanaktivität; **дéятельный** *прил* <-ая, -ое, -ые> (1) (*живой, энергичный*) tatkräftig (2) (*активно действующий*) aktiv; ◇ **принимáть ~ое учáстие в чём-л** aktiv an etw teilnehmen

джаз $м_1$ <-а> (1) (*оркестр*) Jazzband *f;* ◇ **игрáть в ~е** in einer Jazzband spielen (2) (*музыка*) Jazz *m*

диабéт $м_1$ <-а> мед Diabetes *m,* Zuckerkrankheit *f*

диáгноз $м_1$ <-а> Diagnose *f;* ◇ **постáвить предвари́тельный** ~ eine vorläufige Diagnose stellen

диалéкт $м_1$ <-а> лингв Dialekt *m;* ◇ **говори́ть на ~е** mit Dialekt sprechen

Д

диало́г *м*$_1$ <-а> Dialog *m,* Zwiegespräch *n;* ◇ **избега́ть ~а** einem Gespräch aus dem Weg gehen; ◇ **возобнови́ть ~** den Dialog wiederaufnehmen; ◇ **подтверди́ть гото́вность к ~у** Dialogbereitschaft bekräftigen

диа́метр *м*$_1$ <-а> Durchmesser *m;* ◇ **~ом в 15 см** mit einem Durchmesser von 15 cm

диапазо́н *м*$_1$ <-а> ① тех Bereich *m;* ◇ **~ измере́ний** Meßbereich; ◇ **~ радиочасто́т** Frequenzbereich *m* ② *перен* (*объём, размер*) Spektrum *n;* ◇ **учёный широ́кого ~а** ein Wissenschaftler mit breitem Wissensspektrum

диафра́гма *ж*$_1$ <-ы> ① анат Zwerchfell *n* ② фото Blende *f*

диве́рсия *ж*$_4$ <-и> ① Diversion *f;* (*вредительство*) Sabotage *f* ② воен Ablenkungsmanöver *n*

диви́зия *ж*$_4$ <-и> воен Division *f*

ди́вный *прил* <-ая, -ое, -ые> ① (*удивительный*) wunderlich, erstaunlich; ◇ **творя́тся ~ые дела́** wundersame Dinge geschehen ② (*прекрасный*) wunderbar; ◇ **~ го́лос** eine herrliche Stimme

дие́та *ж*$_1$ <-ы> Diät *f;* ◇ **стро́гая ~** strenge Diät; ◇ **больно́й нахо́дится на ~е** der Patient ist auf Diät; ◇ **соблюда́ть ~у** Diät halten

ди́кий *прил* <-ая, -ое, -ие> ① (*неприручённый*) wild; ◇ **~ие зве́ри** wilde Tiere; ◇ **~ая ме́стность** Wildnis *f* ② (*грубый, необузданный*) wild, ungezügelt, grob; ◇ **~ие нра́вы** rauhe Sitten ③ *перен* (*нелепый*) absurd, unsinnig; ◇ **~ая мысль** ein absurder Gedanke ④ (*робкий*) schüchtern, menschenscheu

дикобра́з *м*$_1$ <-а> Stachelschwein *n*

дикта́нт *м*$_1$ <-а> Diktat *n;* ◇ **написа́ть контро́льный ~** ein Diktat schreiben

диктату́ра *ж*$_1$ <-ы> Diktatur *f*

ди́ктор *м*$_1$ <-а> Rundfunksprecher *m,* Nachrichtensprecher *m,* Ansager *m*

дина́стия *ж*$_4$ <-и> Dynastie *f*

дипло́м *м*$_1$ <-а> Diplom *n*

диплома́т *м*$_1$ <-а> Diplomat *m;* ◇ **вы́дворить ~а из страны́** einen Diplomaten aus einem Land ausweisen; **дипломати́ческий** *прил* <-ая, -ое, -ие> diplomatisch; ◇ **~ая неприкоснове́нность** diplomatische Immunität; ◇ **~ое представи́тельство** diplomatische Vertretung; **диплома́тия** *ж*$_4$ <-и> Diplomatie *f*

директи́ва *ж*$_1$ <-ы> Richtlinie *f,* Direktive *f*

дире́ктор *м*$_1$ <-а, *мн:*-á, *род:* -óв> Direktor *m*

дирижа́бль *м*$_2$ <-я> Luftschiff *n*

дирижёр *м*$_1$ <-а> Dirigent *m*

диск *м*$_1$ <-а> ① (*пластинка*) Schallplatte *f;* ◇ **компа́кт-~** Compact Disc (CD) *f* ② спорт Diskus *m;* ◇ **мета́ние ~а** Diskuswerfen *n*

дискримина́ция *ж*$_4$ <-и> Diskriminierung *f;* ◇ **ра́совая ~** Rassendiskriminierung

диску́ссия *ж*$_4$ <-и> Diskussion *f,* Besprechung *f;* ◇ **вступи́ть в ~ию** eine Diskussion beginnen; **дискути́ровать** V$_{3a}$ *несов* <-рую, -руешь> *что вин или о чём предл* diskutieren, erörtern

диссерта́ция *ж*$_4$ <-и> Dissertation *f;* ◇ **до́кторская ~** Habilitationsschrift *f;* ◇ **защища́ть кандида́тскую ~ию** promovieren

диста́нция *ж*$_4$ <-и> ① (*расстояние*) Entfernung *f,* Distanz *f;* ◇ **соблюда́ть ~ю** Abstand halten ② спорт, ж-д Strecke *f;* ◇ **пройти́ ~ю** eine Strecke zurücklegen

дисципли́на *ж*$_1$ <-ы> ① Disziplin *f,* Ordnung *f;* ◇ **трудова́я ~** Arbeitsdisziplin; ◇ **наруша́ть ~у** gegen die Disziplin verstoßen ② (*отрасль науки*) Disziplin *f;* ◇ **истори́ческие ~ы** geschichtswissenschaftliche Disziplinen

дифтери́я *ж*$_4$ <-и> мед Diphtherie *f*

дичь *ж*$_5$ <-и> ① (*дикие животные*) Wild *n* ② (*мясо этих животных*) Wild *n;* ◇ **паштéт из ~и** Wildpastete *f* ③ *разг* (*вздор*) Unsinn *m* ④ *разг* (*глухое место*) Wildnis *f;* ◇ **тури́сты зашли́ в боло́тную ~** die Touristen sind in ein Sumpfgebiet geraten

длина́ *ж*$_1$ <-ы́> Länge *f;* ◇ **~о́й в два ме́тра** zwei Meter lang; ◇ **ме́ра ~ы́** Längenmaß *n*

дли́нный *прил* <-ая, -ое, -ые> ① lang; ◇ **~ рука́в** langer Ärmel; радио ◇ **~ые во́лны** Langwellen ② (*длительный*) lang; ◇ **~ переры́в** lange Pause; ◇ **~ое путеше́ствие** lange Reise; ◇ **~ рубль** leichtverdientes Geld

дли́тельный *прил* <-ая, -ое, -ые> anhaltend, lange dauernd; ◇ **на ~ пери́од** für eine lange Zeit

для *предлог с род* ① (*указывает назначение*) für; ◇ **уче́бник ~ шко́льников** Schulbuch *n;* ◇ **я́щик ~ бума́г** Papierkiste *f;* ◇ **вре́дно ~ здоро́вья** gesundheitsschädlich ② (*в отношении кого-чего-л*) für; ◇ **~ ма́тери все де́ти равны́** für eine Mutter sind alle Kinder gleich ③ (*сравнительно с чем-л*) für; ◇ **он о́чень о́пытен ~ свои́х лет** für sein Alter ist er sehr erfahren ④ (*указывает цель*) zu, um ... zu; ◇ **~ достиже́ния це́ли** um das Ziel zu erreichen; ◇ **~ ва́шей по́льзы** zu Ihrem Nutzen; ◇ **~ того́, что́бы всё узна́ть** um alles zu erfahren

дневни́к *м*$_1$ ‹-а́, *мн:* -и́› Tagebuch *n;* ◇ **вести́** ~ Tagebuch führen; ◇ **шко́льный** ~ Hausaufgabenheft *n*

дневно́й *прил* ‹-а́я, -о́е, -ы́е› Tages-; ◇ **~а́я сме́на** Tagesschicht *f;* ◇ ~ **за́работок** Tageslohn *m;* ◇ ~ **перехо́д** Tagesmarsch *m*

дно *с*$_2$ ‹-а› (1) Grund *m,* Boden *m;* ◇ **морско́е** ~ Meeresgrund; *тж перен* ◇ **идти́ ко дну** untergehen (2) *перен* (*среда*) Elend *n;* ◇ ~ **о́бщества** unterste Gesellschaftsschichten; ◇ **пить до дна** (auf) ex trinken; ◇ **переверну́ть вверх дном** etw auf den Kopf stellen

до *предлог с род* (1) (*указывает на расстояние или время*) bis; ◇ **от Москвы́** ~ **Берли́на** von Moskau bis Berlin; ◇ **от меня́** ~ **вокза́ла недалеко́** von mir bis zum Bahnhof ist es nicht weit (2) (*указывает на предел чего-л*) auf, bis; ◇ **отложи́ть** ~ **ве́чера** auf den Abend verschieben; ◇ **дойти́** ~ **реки́** bis zum Fluß gehen; ◇ ~ **сих пор** bis heute (3) (*раньше*) vor; ◇ ~ **но́вого го́да** noch in diesem Jahr; ◇ ~ **на́шей э́ры** vor Christus; ◇ **успе́ли всё сде́лать** ~ **тебя́** wir waren mit allem vor dir fertig (4) (*около, приблизительно*) bis zu, ungefähr; ◇ **зал вмеща́ет** ~ **700 челове́к** der Saal faßt an die 700 Personen; ◇ ~ **двадцати́ гра́дусов моро́за** ungefähr minus 20 Grad; ◇ **от вре́мени** ~ **вре́мени** von Zeit zu Zeit; ◇ ~ **свида́ния** auf Wiedersehen; ◇ **я промо́к** ~ **косте́й** ich bin bis auf die Haut durchnäßt

доба́вить V$_{4b}$ *сов* ‹-влю, -вишь, *Part. Prät. Pass.* доба́вленный› [**добавля́ть** V$_{1b}$ *несов*] *что вин или чего род* (1) (*дать дополнительно*) hinzufügen, dazugeben; ◇ ~ **со́ли в суп** Salz in die Suppe geben (2) (*сказать или написать в дополнение*) ergänzen; ◇ **всё я́сно,** ~ **не́чего** alles klar, es ist nichts mehr hinzuzufügen

добела́ *нареч* (*чисто*) strahlend weiß

доби́ться V$_{4a}$ *сов* ‹-бью́сь, -бьёшься, *Imp.* -бе́йся, -бе́йтесь, *Part. Prät. Pass.* -би́тый› [**добива́ться** V$_{1a}$ *несов*] *чего род* erreichen, erlangen; ◇ ~ **успе́ха** Erfolg haben; ◇ ~ **це́ли** sein Ziel erreichen; ◇ ~ **своего́** sich durchsetzen; ◇ **я ничего́ не ~лся** ich habe nichts erreicht

до́блесть *ж*$_5$ ‹-и› Heldenmut *m,* Tapferkeit *f*

добра́ться V$_{1a}$ *сов* ‹-беру́сь, -берёшься, *Imp.* -бери́сь, ~тесь› [**добира́ться** V$_{1a}$ *несов*] *до кого-чего род* (1) (*достичь*) erreichen; ◇ ~ **до до́ма** das Haus erreichen; *перен* ◇ ~ **до су́ти де́ла** zum Kern der Sache kommen (2) *прост* (*расправиться*) jd-n kriegen; ◇ **я ещё до тебя́ доберу́сь** dich kriege ich noch; ◇ **до него́ не доберёшься** er ist unnahbar

добро́ *с*$_2$ ‹-а́› (1) (*хорошее, полезное*) das Gute; ◇ **жела́ть ~а́ кому́-л** jd-m alles Gute wünschen; ◇ **э́то не к ~у́** das hat nichts Gutes zu bedeuten; ◇ ~ **пожа́ловать** herzlich willkommen (2) *разг* (*имущество, вещи*) Hab und Gut *n;* ◇ **чужо́е** ~ fremdes Eigentum; ◇ **накопи́ть ~а́** ein Vermögen anhäufen (3) *пренебр* (*о плохом, негодном*) Kram *m;* ◇ **тако́го ~а́ и да́ром не на́до** auf diesen Kram kann ich verzichten

доброво́лец *м*$_5$ ‹-льца› Freiwilliger *m;* **доброво́льный** *прил* ‹-ая, -ое, -ые› freiwillig; **доброде́тель** *ж*$_2$ ‹-и› Tugend *f;* **доброжела́тельный** *прил* ‹-ая, -ое, -ые› wohlmeinend, wohlwollend; **доброка́чественный** *прил* ‹-ая, -ое, -ые› (1) qualitativ gut; ◇ ~ **това́р** Qualitätsware (2) мед gutartig; ◇ **~ая о́пухоль** gutartiger Tumor; **добросерде́чный** *прил* ‹-ая, -ое, -ые› gutherzig; **добросо́вестный** *прил* ‹-ая, -ое, -ые› gewissenhaft; **доброта́** *ж*$_1$ ‹-ы́› Güte *f,* Gutherzigkeit *f*

добро́тный *прил* ‹-ая, -ое, -ые› (1) (*прочный*) gut, haltbar; ◇ **~ое изде́лие** haltbare Ware (2) (*солидный*) solide

до́брый *прил* ‹-ая, -ое, -ые› (*милый*) lieb; (*отзывчивый*) gut, gütig, gutherzig; ◇ **оста́вить по себе́ ~ую па́мять** in guter Erinnerung bleiben; ◇ **бу́дьте добры́** seien Sie so gut; ◇ ~ **день!** Guten Tag!; ◇ **по ~ой во́ле** freiwillig; ◇ **в** ~ **час!** viel Glück!

добы́ть * *сов* ‹-бу́ду, -бу́дешь› [**добыва́ть** V$_{1a}$ *несов*] *что вин* (1) (*приобрести*) erwerben, beschaffen, besorgen; ◇ ~ **де́нег** Geld auftreiben; ◇ ~ **све́жую информа́цию** eine neue Information bekommen (2) (*извлечь из недр земли*) fördern, gewinnen; ◇ ~ **нефть/руду́** Erdöl/Erz fördern; **добы́ча** *ж*$_1$ ‹-и› (1) (*добывание*) Beute *f;* ◇ **идти́ на ~у** auf Beutefang gehen; ◇ **дом стал ~ей огня́** das Haus wurde ein Raub der Flammen (2) (*добытое*) Ausbeute *f,* Gewinnung *f,* Förderung *f*

дове́ренность *ж*$_5$ ‹-и, -и› Vollmacht *f*

дове́рие *с*$_4$ ‹-я› Vertrauen *n;* ◇ **взаи́мное** ~ gegenseitiges Vertrauen; ◇ **оказа́ть** ~ **кому́-л** jd-m Vertrauen entgegenbringen; ◇ **отнести́сь с ~ем к чему́-л** zu jd-m Vertrauen haben; ◇ **пита́ть** ~ **к кому́-л** Vertrauen in/auf jd-n setzen; **дове́рить** V$_{4b}$ *сов* ‹-рю, -ришь› [**доверя́ть** V$_{1b}$ *несов*] *кого-что вин*

Д

кому-чему дат или с инф (1) (*вверять*) anvertrauen; ◇ ~ **кому́-л свои́ ве́щи** jd-m seine Sachen anvertrauen (2) (*уполномочивать*) bevollmächtigen; **дове́рчивый** *прил* ‹-ая, -ое, -ые› (*доверяющий*) zutraulich; (*основанный на доверии*) vertrauensvoll

довести́ * *сов* ‹-еду́, -едёшь› [**доводи́ть** V_{4a} *несов* ‹-вожу́, во́дишь, *Part. Präs. Pass.* -води́мый›] *кого-что вин до чего род* (1) (*доставить*) hinführen, begleiten; ◇ **он довёл старика́ до́ дому** er brachte den alten Mann bis nach Hause (2) (*продолжить*) führen, bauen; ◇ ~ **доро́гу до мо́ря** eine Straße bis zum Meer bauen; ◇ ~ **де́ло до конца́** eine Sache zu Ende führen (3) *перен* (*до какого состояния*) bringen, führen zu; ◇ ~ **до кра́йности** bis zum Äußersten treiben; *разг* (*рассердить*) ◇ **ты реши́л меня́ сего́дня** ~ willst du mich heute ärgern?; ◇ ~ **до све́дения** zur Kenntnis bringen

до́вод $м_1$ ‹-а› Argument *n*, Beweis *m;* ◇ **ве́ский** ~ schwerwiegendes Argument; ◇ **приводи́ть ~ы** Argumente anführen

дово́льно *нареч* (1) (*достаточно*) genügend; ◇ **с тебя́ и э́того** ~ mehr ist von dir nicht zu erwarten (2) (*до некоторой степени*) ziemlich; ◇ ~ **си́льный** ziemlich stark; ◇ ~ **хорошо́** recht gut; ◇ **прошло́ уже́ ~ вре́мени** es ist schon recht viel Zeit vergangen (3) (*восклицание*) genug!; ◇ ~ **слов!** genug der Worte!

дово́льный *прил* ‹-ая, -ое, -ые› zufrieden; ◇ **у него́ ~ вид** er sieht zufrieden aus; ◇ **она́ ~а рабо́той** sie ist mit der Arbeit zufrieden

дога́дка $ж_1$ ‹-и, *род мн:* -док› (1) (*предположение*) Vermutung *f*, Mutmaßung *f;* ◇ **у меня́ мелькну́ла** ~ ich hatte einen Gedankenblitz (2) *разг* (*догадливость*) Auffassungsgabe *f;* ◇ **ему́ не хвата́ет ~ки** er ist schwer von Begriff

до́гма $ж_1$ ‹-ы› Dogma *n*

догна́ть V_{1a} *сов* ‹-гоню́, -го́нишь, *Imp.* -гони́, ~те, *Part. Prät. Pass.* до́гнанный› [**догоня́ть** V_{1b} *несов*] *кого-что вин* (1) (*настигнуть*) einholen; ◇ ~ **беглеца́** den Ausreißer einholen (2) *перен* (*наверстать*) aufholen; ◇ ~ **передовы́х уча́щихся в учёбе** die Klassenbesten einholen

догово́р $м_1$ ‹-а› (1) (*соглашение*) Vertrag *m;* ◇ ~ **о на́йме** Mietvertrag; ◇ **францу́зский президе́нт нару́шил ~ о нераспростране́нии я́дерного ору́жия** der französische Präsident hat gegen den Atomwaffensperrvertrag verstoßen; ◇ **заключи́ть** ~ einen Vertrag abschließen; ◇ **соблюда́ть** ~ einen Vertrag einhalten; ◇ **расто́ргнуть** ~ einen Vertrag auflösen/kündigen (2) (*пакт*) Pakt *m;* ◇ ~ **о ненападе́нии** Nichtangriffspakt; **договорённость** $ж_5$ ‹-и› Vereinbarung *f*, Absprache *f*, Übereinkunft *f;* ◇ **де́йствовать согла́сно ~и** vereinbarungsgemäß handeln; ◇ **при́нятые ~и** die getroffenen Vereinbarungen; **договори́ться** V_{4a} *сов* ‹-рю́сь, -ри́шься› [**догова́риваться** V_{1a} *несов*] *с кем тв о чём предл (1), до чего род (2)* (1) (*прийти к соглашению*) vereinbaren; (*условиться*) verabreden; (*согласиться*) sich einigen, übereinkommen; ◇ **~, как де́йствовать** sich über die Vorgehensweise einigen (2) (*дойти до*) sich in etw versteigen; ◇ ~ **до неле́постей** etw zusammenspinnen; **догово́рный** *прил* ‹-ая, -ое, -ые› Vertrags-, vertraglich; ◇ **~ые обяза́тельства** vertragliche Verbindlichkeiten; ◇ **на ~ых нача́лах** auf vertraglicher Grundlage

догоня́ть V_{1b} *несов от* **догна́ть**

догоре́ть V_5 *сов* ‹-рю́, -ри́шь, 1 и 2 л. не употр, *Imp.* -гори́, ~те› [**догора́ть** V_{1a} *несов*] *без доп* abbrennen, niederbrennen; ◇ **заря́ ~ла** das Morgenrot erlosch; ◇ **свеча́ ~ла** die Kerze brannte nieder

доде́лать V_{1a} *сов* ‹-аю, -аешь› [**доде́лывать** V_{1a} *несов*] *что вин* (1) (*закончить работу*) zu Ende bringen, fertigmachen; ◇ ~ **рабо́ту над прое́ктом** die Arbeit an dem Projekt zu Ende bringen (2) (*устранить недоделки*) nacharbeiten; ◇ ~ **ру́копись кни́ги** das Buchmanuskript überarbeiten

дожда́ться * *сов* ‹-ду́сь, -дёшься› [**дожида́ться** V_{1a} *несов*] *кого-чего род* (*обрести*) erwarten, warten bis; ◇ **ждём, не мо́жем** ~ wir können es gar nicht mehr erwarten; *разг* (*неприятностей*) ◇ **э́тот обма́нщик дождётся неприя́тностей** dieser Betrüger wird Unannehmlichkeiten bekommen; ◇ **ты у меня́ дождёшься!** du lernst mich noch kennen!

дождеви́к $м_1$ ‹-а́, *мн:* -и́› (1) (*гриб*) Staubpilz *m*, Stäubling *m* (2) *разг* (*плащ*) Regenmantel *m*

дождь $м_2$ ‹-я́, *мн:* -и́› (*осадки*) Regen *m;* ◇ **проливно́й** ~ strömender Regen; ◇ **идёт** ~ es regnet; ◇ ~ **льёт как из ведра́** es schüttet wie aus Kübeln; ◇ **стоя́ть под дождём** im Regen stehen

дожи́ть * *сов* ‹-иву́, -ивёшь› [**дожива́ть** *несов*] *до чего род (1), что вин (2)* (1) etw erleben, leben bis; ◇ ~ **до глубо́кой ста́рости** sehr alt werden; ◇ **вот до чего́ он**

до́жил! so weit hat er es also gebracht! ② (*пробыть где-л*) verbringen; ◇ ~ **неде́лю в санато́рии** eine Woche im Sanatorium verbringen

до́за *ж₁* ‹-ы› Dosis *f;* ◇ **принима́ть лека́рство небольши́ми ~ми** die Arznei in kleinen Dosen einnehmen

дозна́ние *с₄* ‹-я› Ermittlung *f;* ◇ **произвести́ ~я** Ermittlungen durchführen

доистори́ческий *прил* ‹-ая, -ое, -ие› vorgeschichtlich, prähistorisch

дои́ть V_{4a} *несов* ‹дою́, до́ишь, *Part. Prät. Pass.* дое́нный› [**по~** *сов*] *кого-что вин* melken; ◇ ~ **коро́ву** eine Kuh melken

дойти́ * *сов* ‹-йду́, -йдёшь› [**доходи́ть** V_{4a} *несов* ‹-хожу́, -хо́дишь›] *до кого-чего род, без доп (4)* ① (*достичь*) gehen bis; ◇ ~ **до ста́нции** bis zum Bahnhof gehen ② (*достичь какого-л предела, уровня*) erreichen, gelangen; ◇ **вода́ дошла́ до краёв** das Wasser stieg bis zum Rand; ◇ **температу́ра дошла́ до 40 гра́дусов** die Temperatur erreichte 40 Grad; ◇ **письмо́ дошло́ бы́стро** der Brief kam schnell an ③ *перен* (*достичь крайней степени проявления*) in etw geraten, gelangen; ◇ ~ **до изнеможе́ния** völlig erschöpft sein ④ *разг* (*стать готовым*) gar werden, reif werden; ◇ **помидо́ры дойду́т на со́лнце** die Tomaten reifen in der Sonne nach ⑤ *разг* (*достигнуть понимания*) ankommen; ◇ **смысл мои́х слов до него́ не дошёл** er hat den Sinn meiner Worte nicht verstanden; ◇ **он дошёл до э́того свои́м умо́м** er kam selbst darauf; ◇ **до моего́ све́дения дошло́, что...** mir kam zu Ohren, daß...

доказа́тельство *с₂* ‹-а› ① (*факт, довод*) Beweis *m;* ◇ **неопровержи́мые ~а** unwiderlegbare Beweise; ◇ **приводи́ть ~а** Beweise erbringen; ◇ **в** ~ zum Beweis ② (*доказывание*) Beweisführung *f;* **доказа́ть** V_{1a} *сов* ‹-ажу́, -а́жешь, *Imp.* -ажи́, ~те, *Part. Prät. Pass.* -а́занный› [**дока́зывать** V_{1a} *несов*] *что вин* (*подтвердить фактами*) beweisen, nachweisen; ◇ **как дока́зано** erwiesenermaßen; **доказу́емый** *прил* ‹-ая, -ое, -ые› beweisbar

до́кер *м₁* ‹-а› Hafenarbeiter *m*

докла́д *м₁* ‹-а› ① (*публичное сообщение*) Vortrag *m,* Referat *n;* ◇ **вы́ступить [прочита́ть] с ~ом** einen Vortrag halten ② (*сообщение начальнику о служебном деле*) Bericht *m;* ◇ **яви́ться с ~ом** Bericht erstatten ③ (*сообщение о приходе посетителя*) Voranmeldung *f;* ◇ **без ~а не входи́ть!** kein Zutritt ohne Voranmeldung!;

докла́дчик *м₁* ‹-а› Redner *m,* Referent *m*

до́ктор *м₁* ‹-а, *мн:* -а́, *род:* -о́в› ① (*врач*) Arzt *m* ② (*ученая степень*) Doktor habilitatus *m* (Dr. habil.); ◇ ~ **филологи́ческих нау́к** Dr. phil. habil.; ◇ **получи́ть сте́пень ~а** sich habilitieren

доктри́на *ж₁* ‹-ы› Doktrin *f*

докуме́нт *м₁* ‹-а› ① (*деловая бумага*) Dokument *n;* ◇ **расхо́дные ~ы** Ausgabenbelege *m pl* ② (*удостоверение личности*) Ausweis *m,* Urkunde *f;* ◇ **проездно́й** ~ Fahrschein *m;* ◇ ~ **об образова́нии** Abschlußzeugnis *n;* ◇ **по́длинный** ~ Originalurkunde *f;*

документа́льный *прил* ‹-ая, -ое, -ые› dokumentarisch; ◇ ~ **фильм** Dokumentarfilm *m*

долби́ть V_{4a} *несов* ‹-блю́, -би́шь, *Part. Präs. Pass.* -би́мый, *Part. Prät. Pass.* -блённый› *что вин* ① (*инструментом*) meißeln, aushöhlen; (*клювом*) hacken; ◇ ~ **лёд** ein Loch in die Eisdecke schlagen ② *разг* (*ударять, колотить*) klopfen, hämmern; ◇ ~ **в дверь** gegen die Tür hämmern ③ *разг* (*повторять*) jd-m etw einschärfen, ständig wiederholen; ◇ **це́лый день ~ одно́ и то́ же** den ganzen Tag ein und dasselbe wiederholen ④ *разг* (*зубрить*) pauken, sich eintrichtern; ◇ ~ **табли́цу умноже́ния** das Einmaleins pauken [büffeln]

долг *м₁* ‹-а, *мн:* -и́› ① (*обязанность*) Pflicht *f;* ◇ **вы́полнить свой** ~ seine Pflicht erfüllen ② (*взятое взаймы*) Schuld *f;* ◇ **взять в** ~ leihen, borgen; ◇ **дать в** ~ verleihen; ◇ **влезть в ~и́** sich in Schulden stürzen; ◇ **по́ уши в ~а́х** bis über die Ohren verschuldet; ◇ **пе́рвым ~ом** vor allen Dingen; ◇ **отда́ть после́дний** ~ die letzte Ehre erweisen; ◇ **не оста́ться в ~у́** nichts schuldig bleiben

до́лгий *прил* ‹-ая, -ое, -ие› ① (*продолжительный*) lang; ◇ **~ая жизнь** langes Leben; ◇ **~ое молча́ние** langanhaltendes Schweigen; ◇ ~ **срок** lange Zeit; ◇ **откла́дывать в ~ я́щик** auf die lange Bank schieben ② лингв lang; ◇ ~ **гла́сный** langer Vokal

долгожда́нный *прил* ‹-ая, -ое, -ые› langersehnt, langerwartet

долголе́тний *прил* ‹-ая, -ое, -ие› langjährig; ◇ **~ее знако́мство** langjährige Bekanntschaft

долгосро́чный *прил* ‹-ая, -ое, -ые› langfristig; ◇ ~ **креди́т** langfristiger Kredit

до́лжен *предик* ‹-на́ -но́, -ны́› ① (*с инф*)

müssen, sollen; ◇ **я ~ тебе́ переда́ть э́ту кни́гу** ich soll dir dieses Buch überreichen (2) (*кому-л*) schulden

должни́к *м₁* <-á, *мн:* -и́> Schuldner *m;* ◇ **счита́йте меня́ свои́м ~о́м** ich bin Ihnen sehr verpflichtet

должностно́й *прил* <-áя, -óе, -ы́е> Amts-; ◇ **~о́е лицо́** Amtsperson; **до́лжность** *ж₅* <-и, *род мн:* -те́й> (*служебная обязанность*) Amt *n,* Funktion *f;* ◇ **отве́тственная ~** verantwortungsvolle Funktion; (*пост*) Dienststelle *f,* Posten *m;* ◇ **шта́тная ~** Planstelle; ◇ **занима́ть ~ мини́стра** ein Ministeramt bekleiden; ◇ **освободи́ть кого́-л от ~и** jd-n seines Amtes entheben

до́лжный *прил* <-ая, -ое, -ые> gebührend, gehörig; ◇ **на ~ой высоте́** auf entsprechender Höhe; ◇ **с ~ым внима́нием** mit gebührender Aufmerksamkeit; ◇ **~ым о́бразом** wie es sich gehört

до́лжное *с* <-ого> (*то, что нужно*) das Gebührende; ◇ **возда́ть ~ кому́-л** jd-m Gerechtigkeit widerfahren lassen

доли́на *ж₁* <-ы> Tal *n*

доли́ть V_{4a} *сов* <-лью́, -льёшь, *Imp.* -ле́й, ~те, *Part. Prät. Pass.* -ли́тый> [**долива́ть** V_{1a} *несов*] *что вин или чего род* (*добавить*) vollgießen, nachgießen; (*дополна*) auffüllen

доложи́ть [1] V_{4a} *сов* <-ожу́, -о́жишь, *Part. Prät. Pass.* -о́женный> [**докла́дывать** V_{1a} *несов*] *что вин или чего род* (*добавить*) dazulegen, hinzufügen

доложи́ть [2] *сов* <-ожу́, -о́жишь> [**докла́дывать** *несов*] *что вин или о чём предл* (*сделать сообщение*) berichten, melden

доло́й *нареч разг* (*прочь*) nieder; ◇ **уйди́ с глаз ~!** geh mir aus den Augen!

до́ля *ж₂* <-и, *род мн:* -ле́й> (1) (*часть*) Teil *m;* ◇ **льви́ная ~** Löwenanteil *m;* ◇ **войти́ в ~ю с кем-л** Teilhaber werden; ◇ **раздели́ть на ра́вные ~и** in gleiche Teile teilen; ◇ **в ~ю секу́нды** im Bruchteil einer Sekunde (2) (*судьба*) Schicksal *n,* Los *n;* ◇ **вы́пасть на чью-л ~ю** jd-m zufallen

дом *м₁* <-а, *мн:* -á, *род:* -о́в> (1) (*здание*) Haus *n;* ◇ **одноквартирный ~** Einfamilienhaus; ◇ **~-новостро́йка** Neubau *m;* ◇ **ба́нковский ~** Bankhaus (2) (*жильё, хозяйство*) Heim *n;* ◇ **родно́й ~** trautes Heim (3) (*семья*) Familie; ◇ **он прие́хал со всем ~ом** er kam mit der ganzen Familie (4) (*культурно-бытовое учреждение*) Heim *n;* ◇ **~ о́тдыха** Erholungsheim; ◇ **~ тво́рчества** Kulturzentrum *n*

до́ма *нареч* zu Hause, daheim; ◇ **~ никого́ нет** es ist niemand zu Hause; ◇ **бу́дьте как ~** fühlen Sie sich wie zu Hause; *разг* ◇ **у него́ не все ~** er hat sie nicht mehr alle

дома́шний I. *прил* <-яя, -ее, -ие> Haus-, häuslich; ◇ **~ее хозя́йство** Haushalt *m;* ◇ **~яя хозя́йка** Hausfrau *f;* ◇ **~ое живо́тное** Haustier *n* II. ◇ **~ие** *мн (А₂)* (*семья*) Angehörige *m pl,* Familie *f*

домини́ровать V_{3a} *несов* <-рую, -руешь> *без доп или над чем тв* (*преобладать*) dominieren, vorherrschen; ◇ **гора́ ~ует над го́родом** der Berg erhebt sich über der Stadt

домино́ *с* <нескл> (*игра*) Domino *n*

домкра́т *м₁* <-а> авто Wagenheber *m*

до́мна *ж₁* <-ы, *род мн:* -ме́н> Hochofen *m*

домовладе́лец *м₅* <-льца> Hausbesitzer *m*

домо́й *нареч* nach Hause; ◇ **мне ну́жно ~** ich muß nach Hause; ◇ **я до́лжен позвони́ть ~** ich muß zu Hause anrufen; ◇ **на кани́кулы пое́ду ~** in den Ferien fahre ich heim

до́мысел *м₁* <-сла, *мн:* -слы> (*предположение*) Vermutung *f,* Mutmaßung *f*

донесе́ние *с₄* <-я> Meldung *f,* Bericht *m*

донести́ [1] * *сов* <-су́, -сёшь> [**доноси́ть** V_{4a} *несов*] *кого-что вин (1), что вин до кого-чего род (2)* (1) (*доставить*) hinbringen, tragen; ◇ **~ ве́щи до до́ма** die Sachen zum Haus bringen (2) (*сделать слышным*) vermitteln; ◇ **~ смысл ска́занного до слу́шателей** den Zuhörern den Sinn des Gesagten vermitteln

донести́ [2] * *сов* <-су́, -сёшь> [**доноси́ть** *несов*] *о чём предл (1), на кого-что вин (2)* (1) (*доложить*) berichten, melden (2) (*сделать донос*) jd-n denunzieren

до́нор *м₁* <-а> Spender *m*

доно́с *м₁* <-а> Denunziation *f*

допла́та *ж₁* <-ы> Zuschlag *m;* (*дополнительная плата*) Nachzahlung *f;* **доплати́ть** V_{4a} *сов* <-ачу́, -а́тишь, *Part. Prät. Pass.* -а́ченный> [**допла́чивать** V_{1a} *несов*] *что вин* nachzahlen, zuzahlen

дополне́ние *с₄* <-я> (1) Ergänzung *f;* (*к резолюции*) Zusatz *m;* ◇ **в ~** ergänzend; ◇ **~я к оде́жде** Accessoires *n pl* (2) грам Objekt *n;* ◇ **прямо́е/ко́свенное ~** direktes/indirektes Objekt; **дополни́тельный** *прил* <-ая, -ое, -ые> (1) zusätzlich, ergänzend; ◇ **~ о́тпуск** Zusatzurlaub *m;* ◇ **~ за́работок** Nebenverdienst *m;* ◇ **~ые расхо́ды** Nebenkosten *pl;* ◇ **~ые вы́боры** Nachwahlen *f pl* (2) грам ◇ **~ое прида́точное предложе́ние** Objektsatz *m;* **допо́лнить** V_{4b} *сов* <-ню, -нишь,

Imp. -ни́, ~те> [**дополня́ть** V_{1b} *несов*] *кого-что вин* ergänzen; ◇ ~ **сообще́ние но́выми фа́ктами** die Meldung durch neue Fakten ergänzen

допра́шивать V_{1a} *несов от* **допроси́ть**

допро́с *м*$_{1}$ <-а> Verhör *n;* ◇ **перекрёстный** ~ Kreuzverhör; ◇ **подве́ргнуть кого́-л ~у** jd-n einem Verhör unterziehen; **допроси́ть** V_{4a} *сов* <-ошу́, -о́сишь, *Part. Prät. Pass.* -о́шенный> [**допра́шивать** V_{1a} *несов*] *кого-что вин* verhören, vernehmen

до́пуск *м*$_{1}$ <-а> (1) Zutritt *m,* Einlaß *m;* ◇ ~ **к секре́тным докуме́нтам** Zugang zu geheimen Dokumenten (2) тех Toleranz *f*

допуска́ть V_{1a} *несов от* **допусти́ть**

допусти́мый *прил* <-ая, -ое, -ые> (*возможный, разрешенный*) zulässig; (*позволительный*) gestattet; авто ◇ **~ая преде́льная ско́рость** zulässige Höchstgeschwindigkeit; **допусти́ть** V_{4a} *сов* <-ущу́, -у́стишь, *Part. Prät. Pass.* -у́щенный> [**допуска́ть** *несов*] *кого-что вин до кого-чего род или к кому-чему дат или с инф (1), что вин (2, 3)* (1) (*разрешить*) zulassen; ◇ ~ **к ко́нкурсу** zum Wettbewerb zulassen; ◇ **я не допущу́ э́того** das lasse ich nicht zu; ◇ **э́того нельзя́** ~ das darf man nicht zulassen (2) (*сделать что-л случайно*) etw versehentlich tun (3) (*предположить*) annehmen; ◇ **допу́стим, он прав** nehmen wir an, daß er recht hat

дорабо́тать V_{1a} *сов* <-аю, -аешь> [**дораба́тывать** V_{1a} *несов*] *что вин (1), до чего род (2)* (1) (*довести до готовности*) fertigstellen, ausarbeiten, zu Ende bringen (2) (*окончить работу*) arbeiten bis; ◇ ~ **до утра́** bis zum Morgen durcharbeiten; ◇ ~ **до пе́нсии** bis zur Rente arbeiten

доро́га *ж*$_{1}$ <-и> (1) Weg *m,* Straße *f;* ◇ **просёлочная** ~ Landstraße; ◇ **обо́чина ~и** Straßenrand *m;* ◇ **подъездна́я** ~ Zufahrtsstraße; ◇ **желе́зная** ~ Eisenbahn *f;* ◇ **кана́тная** ~ Seilbahn *f;* ◇ **подвесна́я** ~ Schwebebahn *f* (2) (*путь следования*) Weg *m;* ◇ **сби́ться с ~и** sich verfahren; ◇ **на полови́не ~и** auf halbem Wege (3) (*путешествие*) Reise *f;* ◇ **отпра́виться в ~у** sich auf den Weg machen; ◇ **в ~е** unterwegs; ◇ **я уста́л с ~и** ich bin müde von der Reise (4) *перен* Weg *m;* ◇ **идти́ свое́й ~ой** seinen Weg gehen; ◇ **туда́ ему́ и ~!** das geschieht ihm recht!

дорого́й *прил* <-а́я, -о́е, -и́е> (1) teuer; (*дорогостоящий*) kostspielig; ◇ **получи́ть что-л ~ ceно́й** etw teuer erstehen (2) *перен* (*драгоценный*) kostbar, teuer; ◇ **~а ка́ждая мину́та** jede Minute ist kostbar; ◇ **~а́я побе́да** teuer bezahlter Sieg (3) (*милый*) lieb, teuer; ◇ ~ **друг** lieber Freund

доро́жка *ж*$_{1}$ <-и, *род мн:* -жек> (1) (*тропинка*) Pfad *m,* Fußweg *m;* ◇ **посы́пать ~и песко́м** die Wege mit Sand bestreuen (2) (*спорт*) Bahn *f;* ◇ **бегова́я** ~ Laufbahn; ◇ **ледяна́я** ~ Eisbahn; (*для конного спорта*) Rennbahn (3) (*коврик, скатерть*) Läufer *m;* ◇ **постели́ть ~у** den Läufer ausrollen (4) муз ◇ **звукова́я** ~ Tonspur *f*

доро́жный *прил* <-ая, -ое, -ые> (1) (*необходимое для дороги*) Reise-; ◇ **~ые расхо́ды** Reiseausgaben *pl;* ◇ ~ **чек** Reisescheck *m* (2) (*связанное с дорогами*) Straßen-; ◇ **~ое строи́тельство** Straßenbau *m;* ◇ **~ая сеть** Straßennetz *n;* ◇ **~ое происше́ствие** Verkehrsunfall *m*

доса́да *ж*$_{1}$ <-ы> Ärger *m,* Verdruß *m*

доска́ *ж*$_{1}$ <-и́, *вин:* до́ску, *мн:* до́ски, *род:* досо́к, *дат:* -ка́м> Tafel *f,* Brett *n;* ◇ **ша́хматная** ~ Schachbrett; эл ◇ **распредели́тельная** ~ Schaltbrett; ◇ **вы́звать ученика́ к ~е** den Schüler an die Tafel rufen; ◇ ~ **объявле́ний** schwarzes Brett; ◇ **от ~и́ до ~и́** von A bis Z; ◇ **ста́вить на одну́ ~у** auf die gleiche Stufe stellen

досмотре́ть V_{5} *сов* <-рю́, -о́тришь, *Imp.* -ри́, ~те, *Part. Prät. Pass.* -о́тренный> [**досма́тривать** V_{1a} *несов*] *кого-что вин* (1) (*посмотреть до конца*) bis zu Ende sehen; ◇ ~ **кинофи́льм** den Film bis zum Schluß ansehen (2) (*произвести досмотр*) kontrollieren; ◇ ~ **бага́ж на грани́це** das Gepäck an der Grenze durchsuchen

досро́чный *прил* <-ая, -ое, -ые> vorzeitig, vorgezogen; ◇ **~ые вы́боры** vorgezogene Wahlen

доста́вить V_{4b} *сов* <-влю, -вишь, *Part. Prät. Pass.* -вленный> [**доставля́ть** V_{1b} *несов*] *кого-что вин* (1) (*принести*) liefern, zustellen; ◇ ~ **посы́лку в срок** das Päckchen fristgerecht zustellen (2) (*причинить*) bereiten; ◇ ~ **беспоко́йство кому́-л** jd-m Sorgen bereiten; ◇ **э́то ~ло мне большу́ю ра́дость** das hat mir eine große Freude bereitet

доста́вка *ж*$_{1}$ <-и, *род мн:* -вок> Lieferung *f;* (*почты*) Zustellung *f;* ◇ **беспла́тная ~ на́ дом** Lieferung frei Haus

доста́ток *м*$_{1}$ <-тка> Wohlstand *m;* ◇ **в до́ме** ~ die Familie ist gut betucht

доста́точно *нареч* genug, ausreichend; ◇ **у неё ~ основа́ний** sie hat guten Grund; ◇

мне э́того ~ das reicht mir; ◇ **э́того бы́ло бы доста́точно, что́бы** das wäre genug, um

доста́ть V_{1a} *сов, kein Part. Prät. Pass.* <-а́ну, -а́нешь, *Imp.* -а́нь, ~те> [**достава́ть** V_{1a} *несов* <-стаю́, -аёшь, *Part. Präs. Akt.* -стаю́щий>] *что вин (1, 2), до кого-чего род (3)* ① (*извлечь*) nehmen, herausziehen; ◇ ~ **ведро́ из коло́дца** den Eimer aus dem Brunnen ziehen ② (*раздобыть*) ergattern, auftreiben; ◇ ~ **биле́т в теа́тр** eine Theaterkarte ergattern ③ (*дотянуться*) reichen bis, erreichen (können); ◇ **я не могу́ ~ так далеко́** da komme ich nicht dran

достига́ть V_{1a} *несов от* **дости́чь**

достиже́ние c_4 <-я> ① Erreichen *n;* ◇ **по ~ии 60-ле́тнего во́зраста** nach Vollendung des 60. Lebensjahres ② (*успех*) Errungenschaft *f,* Erfolg *m*

дости́чь, дости́гнуть V_2 *сов* <-и́гну, -и́гнешь, *Prät.* -и́г, *Part. Prät. Akt.* -и́гший, *Part. Prät. Pass.* -и́гнутый> [**достига́ть** *несов*] *чего род* ① (*добраться*) erreichen, gelangen zu ② (*дожить*) erreichen; ◇ ~ **глубо́кой ста́рости** ein hohes Alter erreichen ③ (*добиться*) erreichen, erlangen, erringen; ◇ ~ **успе́ха в чём-л** einen Erfolg in etw erzielen

достове́рный *прил* <-ая, -ое, -ые> ① (*правильный*) richtig ② (*подлинный*) echt, Original-; ◇ **~ые докуме́нты** Originaldokumente *n pl* ③ (*надёжный*) zuverlässig ④ (*правдоподобный*) glaubwürdig, wahrheitsgetreu; ◇ **~ые показа́ния** glaubwürdige Aussagen

досто́инство c_2 <-а> ① (*качество*) Wert *m,* Qualität *f;* (*преимущество*) Vorzug *m;* ◇ **в спекта́кле мно́го досто́инств** das Stück ist von hoher Qualität ② (*моральные качества*) Würde *f;* ◇ **чу́вство со́бственного ~а** Selbstbewußtsein *n;* ◇ **роня́ть своё ~** seine Würde verlieren; ◇ **э́то ни́же моего́ ~а** das ist unter meiner Würde ③ (*стоимость*) Wert *m;* ◇ **банкно́та ~ом в 1000 рубле́й** Tausend-Rubel-Schein *m;* **досто́йный** *прил* <-ая, -ое, -ые> ① (*заслуживающий чего-л*) würdig, wert; ◇ ~ **подража́ния** nachahmenswert; ◇ ~ **похвалы́** lobenswert ② (*уважаемый*) würdig; ◇ **~ая ли́чность** geschätzte Persönlichkeit ③ (*заслуженный, справедливый*) verdient, gerecht; ◇ **~ое наказа́ние** gerechte Strafe

достопримеча́тельность $ж_5$ <-и> Sehenswürdigkeit *f;* ◇ **осмо́тр истори́ческих ~ей го́рода** Besichtigung der historischen Sehenswürdigkeiten einer Stadt

достоя́ние c_4 <-я> Eigentum *n,* Vermögen *n; перен* Gemeingut *n*

до́ступ $м_1$ <-а> Einlaß *m,* Zutritt *m;* ◇ ~ **посети́телей в больни́цу** Besuchszeit im Krankenhaus; ◇ **дать ~ кому́-л куда́-л** jd-m Zutritt zu etw gestatten; **досту́пный** *прил* <-ая, -ое, -ые> ① zugänglich, geöffnet; ◇ **места́, ~ые для тури́стов** für Touristen zugängliche Orte ② (*доходчивый; подходящий*) verständlich; ◇ **кни́га досту́пна всем** das Buch ist für jedermann verständlich ③ (*товары*) erschwinglich; ◇ **~ые це́ны** erschwingliche Preise ④ (*не высокомерный*) aufgeschlossen, zugänglich

досу́г $м_1$ <-а> Freizeit *f;* ◇ **провести́ свой ~ с по́льзой** seine Freizeit sinnvoll gestalten

дотла́ *нареч* bis auf den Grund; ◇ **сжечь ~** bis auf die Grundmauern abbrennen

дотро́нуться V_2 *сов* <-нусь, -нешься, *Imp.* -тро́нься, ~тесь> [**дотра́гиваться** V_{1a} *несов*] *до кого-чего род* etw/jd-n berühren, betasten

дотяну́ть V_2 *сов* <-яну́, -я́нешь, *Part. Prät. Pass.* -я́нутый> [**дотя́гивать** V_{1a} *несов*] *что вин до чего род* ① (*протянуть*) schleppen, bis zu etw ziehen; ◇ ~ **ка́бель до посёлка** eine Leitung zum Dorf legen ② (*добраться*) etw gerade noch erreichen; ◇ **самолёт ~у́л до аэродро́ма** das Flugzeug schaffte es gerade noch bis zum Flughafen ③ (*замедлить выполнение*) in die Länge ziehen; ◇ ~ **рабо́ту до ве́чера** die Arbeit bis zum Abend hinauszögern ④ *разг* (*обойтись*) mit etw auskommen; ◇ ~ **до зарпла́ты** bis zum Zahltag mit seinem Geld auskommen ⑤ (*дожить*) erleben; ◇ **больно́й не ~у́л до весны́** der Kranke erlebte den Frühling nicht mehr

дохо́д $м_1$ <-а> ① Einkommen *n;* (*со сборов*) Einnahme *f;* (*прибыль*) Gewinn *m;* ◇ **побо́чные ~ы** Nebeneinnahmen; ◇ **приноси́ть ~** Gewinn bringen; **дохо́дный** *прил* <-ая, -ое, -ые> rentabel, gewinnbringend

до́чиста *нареч* ① (*до чистоты*) sauber ② *перен разг* (*полностью, целиком*) vollständig; ◇ **съесть всё ~** alles aufessen

дочь $ж_5$ <до́чери, *мн:* до́чери, *род:* дочере́й, *тв:* дочерьми́> Tochter *f*

дошко́льник $м_1$ <-а> ① Kind *n* im Vorschulalter ② (*педагог*) Erzieher(in *f*) *m*

драгоце́нность $ж_5$ <-и> ① (*сокровище*) Schatz *m* ② (*ювелирное изделие*) Juwel *m* ③ (*ценность*) Kostbarkeit *f;* ◇ **э́то письмо́ - семе́йная ~** dieser Brief ist ein wertvoller

Familienbesitz; **драгоце́нный** *прил* ‹-ая, -ое, -ые› wertvoll; ◇ ~ **ка́мень** Edelstein *m*

дразни́ть V_{4a} *несов* ‹-ню́, -а́знишь› *кого-что вин* (1) (*злить*) hänseln, necken, reizen (2) (*возбуждать*) anregen, erregen; ◇ **за́пахи ~ят аппети́т** die Düfte sind appetitanregend

дра́ка *ж₁* ‹-и› Schlägerei *f*, Rauferei *f*; (*потасовка*) Handgemenge *n*; ◇ **затея́ть ~у** eine Schlägerei anzetteln

дра́ма $ж_1$ ‹-ы› театр, *тж перен* Drama *n*;

драмату́рг $м_1$ ‹-а› Dramatiker *m*

драть * *несов* ‹деру́, дерёшь› [**вы́**~ (3) *сов*] *что вин (1), без доп (2), кого-что вин чем тв (3), что вин с кого-чего род (4)* (1) *разг* (*изнашивать*) abtragen, zerfetzen; ◇ ~ **о́бувь** Schuhe abtragen (2) *разг* (*раздражать*) kratzen, reizen; ◇ **горчи́ца дерёт рот** Senf brennt im Mund (3) *разг* (*наказывать поркой*) verprügeln (4) *перен разг* (*обирать*) überteuern; ◇ ~ **втри́дорога** Wucherpreise verlangen; ◇ ~ **шку́ру с кого́-л** jd-n ausnehmen; ◇ ~ **го́рло** sich die Kehle aus dem Hals schreien; ◇ **меня́ моро́з дерёт по ко́же** es überläuft mich kalt; **дра́ться** *несов* ‹деру́сь, дерёшься› [**по**~ (1) *сов*] *с кем-чем тв (1), за что (2)* (1) (*бить друг друга*) sich schlagen, sich prügeln (2) *перен разг* (*добиваться*) um etw ringen, kämpfen um

драчу́н $м_1$ ‹-а́, *мн:* -ы́› Raufbold *m*

древеси́на $ж_1$ ‹-ы› Holz *n*, Nutzholz *n*

дре́вний *прил* ‹-яя, -ее, -ие› (1) (*давний*) alt, altertümlich; ◇ **~ие преда́ния** altertümliche Überlieferungen; (*античный*) antik (2) (*очень старый*) uralt; ◇ ~ **дуб** uralte Eiche

дрель $ж_5$ ‹-и› тех (Schlag-)Bohrmaschine *f*

дрема́ть V_{1a} *несов* ‹-млю́, дре́млешь, *Imp.* дремли́, ~те, *Part. Präs. Akt.* дре́млющий, *Adv. Part. Präs.* дремля́› *без доп* im Halbschlaf sein; ◇ ~ **в кре́сле** im Sessel schlummern

дрессиро́вщик $м_1$ ‹-а› Dompteur *m*

дроби́ть V_{4a} *несов* ‹-блю́, -би́шь› [**раз**~ *сов*, ‹*Part. Prät. Pass.* дро́бленый›] *кого-что вин* (*разбивать*) zerstückeln, zerkleinern; ◇ ~ **ка́мни** Steine zermalmen; **дро́бный** *прил* ‹-ая, -ое, -ые› (1) (*рачленённый*) zerstückelt, aufgeteilt (2) (*частый и мелкий*) fein; ◇ ~ **дождь** Nieselregen *m*; ◇ ~ **шаг** Trippeln *n* (3) мат Bruch-; ◇ **~ое число́** Bruchzahl *f*

дробь $ж_5$ ‹-би, *род мн:* -бе́й› (1) (*для стрельбы*) Schrot *n o. m* (2) мат (*число*) Bruch *m*; ◇ **десяти́чная** ~ Dezimalbruch (3) (*звуки*) ◇ **бараба́нная** ~ Trommelwirbel *m*

дрова́ $мн_1$ ‹дров› (Brenn-)Holz *n*; ◇ **коло́ть** ~ Brennholz hacken; ◇ **налома́ть дров** Dummheiten machen

дро́гнуть [1] V_2 *несов* ‹-ну, -нешь› *без доп* (*мёрзнуть*) frösteln, frieren

дро́гнуть [2] *сов* ‹-ну, -нешь› *без доп* (*вздрогнуть*) erzittern, erbeben

дрожа́ть V_{1a} *несов* ‹-жу́, -жи́шь, (2) 1 и 2 л. не употр, *Imp.* дрожи́, ~те, *Part. Präs. Akt.* -жа́щий, *Adv. Part. Präs.* дрожа́› *без доп (1, 2), за кого-что вин или над кем-чем тв (3), перед кем-чем тв (4)* (1) (*трястись*) zittern, beben; ◇ **у него́ коле́ни ~а́т от стра́ха** die Knie zittern ihm vor Angst (2) (*о свече*) flackern (3) *перен* (*опасаться*) sich sorgen um, ängstigen; ◇ ~ **за своего́ ребёнка** sich um sein Kind sorgen (4) *перен* (*трепетать*) vor jd-m (er-)zittern; ◇ ~ **пе́ред самоду́ром** vor einem Despoten erzittern; ◇ ~ **над копе́йкой** jeden Pfennig umdrehen

дро́жжи $мн_5$ ‹-же́й› Hefe *f*

дрозд $м_1$ ‹-а́, *мн:* -ы́› Drossel *f*

друг [1] $м_1$ ‹-а, *мн:* друзья́, *род:* -зе́й, *дат:* -зья́м, *тв:* -зья́ми, *предл:* -зья́х› Freund *m*

друг [2] ‹**друг дру́га, друг дру́гу, друг дру́гом, друг о дру́ге**› einander; ◇ ~ **за ~ом** nacheinander; ◇ ~ **от ~а** voneinander; ◇ ~ **про́тив ~а** gegeneinander

друго́й *прил* ‹-а́я, -о́е, -и́е› anderer; ◇ **он стал совсе́м ~и́м** er wurde ein anderer Mensch; ◇ **э́то ~о́е де́ло** das ist etw anderes; ◇ **в ~ раз поговори́м** wir sprechen ein anderes Mal darüber; ◇ **с ~о́й стороны́** andererseits; ◇ **на ~ день** am anderen [nächsten] Tag

дру́жба $ж_1$ ‹-ы› Freundschaft *f*; ◇ **быть в ~е с кем-л** mit jd-m befreundet sein; ◇ **не в слу́жбу, а в ~у** (tu das) mir zuliebe; **дру́жеский** *прил* ‹-ая, -ое, ие› freundschaftlich; ◇ **быть с кем-л на ~ой ноге́** auf gutem Fuße mit jd-m stehen; **дру́жественный** *прил* ‹-ая, -ое, -ые› freundschaftlich, Freundschafts-; ◇ **~ые свя́зи** freundschaftliche Beziehungen

дру́жный *прил* ‹-ая, -ое, -ые› (1) (*единодушный*) einträchtig, einmütig; ◇ **~ая семья́** harmonische Familie (2) (*бщий*) allgemein, vereint; ◇ **~ыми усилиями** mit vereinten Kräften; ◇ ~ **хо́хот** allgemeines Gelächter

дрянь $ж_5$ ‹-и› (1) *разг* (*хлам*) Gerümpel *n*, Plunder *m* (2) (*плохой товар*) Schund *m*; ◇ **купи́л каку́ю-то** ~ da habe ich einen Schund gekauft (3) (*о ничтожном человеке*) Abschaum *m*; ◇ **челове́к он** ~ dieser Mensch ist das Letzte; ◇ **де́ло** ~ es sieht schlecht aus

дуб $м_1$ ‹-а, *мн:* -ы́› (1) (*дерево*) Eiche *f* (2)

Д

(*материал*) Eichenholz *n* ③ *перен* (*о человеке*) Schwachkopf *m; разг* (*умереть*) ◇ **дать ~а** den Löffel abgeben

дуби́нка *ж$_1$* <-и, *род мн:* -нок> Knüppel *m*

дубли́ровать V$_{3a}$ *несов* <-рую, -руешь> *кого-что вин* ① кино synchronisieren; ◇ **фильм дубли́рован на ру́сский язы́к** der Film läuft in russischer Fassung ② театр, кино ◇ **~ роль** jd-n doubeln

ду́ма *ж$_1$* <-ы> ① (*размышление*) Gedanke *m* ② (*парламент России*) Duma *f;* ◇ **городска́я ~** Stadtrat *m*

ду́мать V$_{1a}$ *несов* <-аю, -аешь> *о ком-чём предл или над чем тв (1), без доп (2), с инф (3)* ① (*размышлять*) denken (an), nachdenken; ◇ **~ о бу́дущем** über die Zukunft nachdenken; ◇ **кто бы мог по~!** wer hätte das gedacht! ② (*полагать*) meinen, denken; ◇ **~аю, что он не пра́в** ich meine, daß er unrecht hat ③ (*иметь намерение*) beabsichtigen, etw vorhaben; ◇ **~аю оста́ться до́ма** ich habe vor, zu Hause zu bleiben; ◇ **я ~аю поменя́ть рабо́ту** ich habe vor, die Arbeit zu wechseln

дупло́ *с$_2$* <-а́, *мн:* ду́пла, *род:* ду́пел> ① (*в де́реве*) (Baum-)Höhlung *f* ② (*в зу́бе*) (Zahn-)Loch *n*

дура́к *м$_1$* <-а́, *мн:* -и́> *разг* Dummkopf *m,* Schwachkopf *m;* ◇ **оста́вить кого́-л в ~а́х** jd-n zum Narren halten; ◇ **оста́ться в ~а́х** der Dumme sein

дурма́н *м$_1$* <-а> *перен* Betäubungsmittel *n*

дурно́й *прил* <-а́я, -о́е, -ы́е> übel, schlecht; ◇ **~о́е настрое́ние** üble Stimmung

дуршла́г *м$_1$* <-а> Durchschlag *m,* Sieb *n*

ду́тый *прил* <-ая, -ое, -ые> ① (*полый*) hohl ② *перен разг* (*преувеличенный*) übertrieben, aufgebauscht

дуть * *несов* <ду́ю, ду́ешь> [**вы́~** (3) *сов*] *без доп (1), что вин (2, 3)* ① (*веять*) blasen, wehen; *безл* ◇ **ду́ет от окна́** durch das Fenster zieht es; ◇ **он в ус себе́ не ду́ет** darüber läßt er sich keine grauen Haare wachsen ② (*задувать*) blasen; ◇ **~ на све́чку** die Kerze auspusten; ◇ **~ стекло́** Glas blasen ③ *разг* (*пить*) viel trinken, bechern

дух *м$_1$* <-а> ① Geist *m;* ◇ **в ~е вре́мени** zeitgemäß; ◇ **в э́том ~е** in diesem Sinne ② (*состояние*) Stimmung *f;* (*бодрость*) Mut *m;* ◇ **прису́тствие ~а** Geistesgegenwart *f;* ◇ **па́дать ~ом** den Mut verlieren; ◇ **подня́ть ~** Mut machen; ◇ **быть не в ~е** schlechte Laune haben ③ (*дыхание*) Atem *m;* ◇ **перевести́ ~** Atem holen; ◇ **у меня́ ~ захва́тывает** mir stockt der Atem ④ (*привидение*) Geist *m,* Gespenst *n* ⑤ *разг* (*запах*) Duft *m;* ◇ **расположе́ние ~а** Verfassung *f,* Stimmung *f;* ◇ **одни́м ~ом** in einem Zug; ◇ **э́то в моём ~е** das ist nach meinem Geschmack

духи́ *мн$_1$* <-о́в> Parfüm *n*

духове́нство *с$_2$* <-а> Geistlichkeit *f,* Klerus *m*

духо́вка *ж$_1$* <-и, *род мн:* -вок> Backofen *m*

духо́вный *прил* <-ая, -ое, -ые> ① geistig, seelisch; ◇ **~ая бли́зость** geistige Nähe ② (*церковный*) geistlich, kirchlich; ◇ **~ое лицо́** Geistlicher *m*

душ *м$_2$* <-а> Dusche *f;* ◇ **принима́ть ~** duschen

душа́ *ж$_1$* <-и́, *вин:* ду́шу, *мн:* ду́ши> ① (*сознание*) Seele *f;* ◇ **~ не лежи́т к кому́/чему́-л** jd/etw ist einem nicht sympathisch; ◇ **вложи́ть ~у в де́ло** mit Leib und Seele bei einer Sache sein; ◇ **от всей ~и́** von ganzem Herzen ② (*характер*) Wesen *n,* Seele *f;* ◇ **ни́зкая ~** schlechter Charakter ③ *перен* (*вдохновитель*) Seele *f,* Triebkraft *f* ③ ист (*крепостной крестьянин*) Leibeigener *m;* ◇ **на ~у населе́ния** pro Kopf der Bevölkerung; ◇ **криви́ть ~о́й** heucheln; ◇ **э́то мне по ~е́** das liegt mir; ◇ **взять на́ ду́шу что́-л** für etw die Verantwortung übernehmen

ду́шный *прил* <-ая, -ое, -ые> schwül, drükkend; ◇ **~ во́здух** stickige Luft

дуэль *ж$_5$* <-и> Duell *n;* ◇ **вы́звать на ~** zum Duell herausfordern; ◇ **слове́сная ~** Wortgefecht *n*

дуэт *м$_1$* <-а> Duett *n*

дым *м$_1$* <-а, *мн:* -ы́, *род:* -о́в> Rauch; ◇ **густо́й ~** dichter Rauch; ◇ **там стои́т ~ коромы́слом** dort geht es hoch her

ды́ня *ж$_2$* <-и> Melone *f*

дыра́ *ж$_1$* <-ы́, *мн:* ды́ры> ① (*отверстие*) Loch *n;* ◇ **~ в кры́ше** Loch im Dach ② *разг* (*захолустье*) (Provinz-)Nest *n,* Loch *n,* Kaff *n;* ◇ **жить в ~е́** in einem Kaff wohnen; ◇ **зае́хал в каку́ю-то ~у́** ich kam in ein Provinznest

дыря́вый *прил* <-ая, -ое, -ые> ① löchrig, durchlöchert ② *перен* (*всё забывающий*) vergeßlich; ◇ **~ая голова́** Gedächtnis wie ein Sieb

дыха́ние *с$_4$* <-я> ① Atmung *f;* ◇ **сде́рживать ~** den Atem anhalten ② *перен* Hauch *m;* ◇ **~ ве́тра** Windhauch; ◇ **второ́е ~** neue Kräfte; ◇ **на одно́м ~ии** in einem Zug

дыша́ть V$_{1a}$ *несов* <дышу́, ды́шишь, *Imp.* -ши́, ~те, *Part. Präs. Akt.* ды́шащий, *Adv. Part. Präs.* дыша́> *без доп (1), чем тв (2)* ① atmen; ◇ **не́чем** ~ man kriegt kaum Luft; *разг* ◇ ~ **не́когда** keine Zeit, um einmal Luft zu holen ② strahlen; ◇ ~ **здоро́вьем** vor Gesundheit strotzen

ды́шло c_2 ‹-а› Deichsel *f*

дья́вол $м_1$ ‹-а› Teufel *m*

дю́жина $ж_1$ ‹-ы› Dutzend *n;* ◇ **чёртова** ~ die Unglückszahl 13

дюйм $м_1$ ‹-а› Zoll *m*

дю́на $ж_1$ ‹-ы› Düne *f*

дя́дя $м_2$ ‹-и› Onkel *m*

дя́тел $м_1$ ‹-тла, *мн:* -тлы› Specht *m*

е

ева́нгелие c_4 ‹-я› Evangelium *n*

е́внух *м* ‹-а› Eunuch *m*

евре́й $м_3$ ‹-я› Jude *m;* **евре́йка** $ж_1$ ‹-и, *род мн:* -е́ек› Jüdin *f;* **евре́йский** *прил* ‹-ая, -ое, -ие› jüdisch

европе́ец $м_5$ ‹-е́йца› Europäer *m;* **европе́йский** *прил* ‹-ая, -ое, -ие› europäisch

его́ *мест* ① *личн мест см.* **он** ② *притяж мест (принадлежащий ему)* sein, seine ③ *притяж мест (в значении сущ)* der/die/das seine, seiner/seine/seins; ◇ **э́то моя́ тетра́дь, а э́то** ~ dies ist mein Heft, und das ist seins [das seine]

еда́ $ж_1$ ‹-ы́› ① *(пища)* Essen *n;* ◇ **пита́тельная** ~ nahrhaftes Essen; ◇ **во вре́мя ~ы́** während des Essens ② *(кушанье)* Speise *f*

едва́ I. *нареч* ① *(с трудом)* kaum; ◇ ~ **дошёл** er hat es kaum bis dorthin geschafft ② *(чуть)* kaum; ◇ ~ **ды́шит** er atmet kaum ③ *(только что)* gerade; ◇ **ему́** ~ **испо́лнилось де́сять лет** er ist gerade 10 Jahre alt geworden **II.** *союз (как только)* kaum, sobald; ◇ ~ **вошёл, на́чал расска́зывать** kaum war er hereingekommen, fing er an zu erzählen; ◇ ~ **ли** kaum; ◇ ~ **она́ уе́хала, как...** kaum war sie weggefahren, als...; *(еле-еле)* ◇ ~ - ~ mit Müh und Not

едини́ца $ж_1$ ‹-ы› ① *(величина)* Einheit *f;* ◇ **де́нежная** ~ Geldeinheit ② *(цифра, число один)* Eins *f* ③ ◇ **~ы** *мн (отдельные предметы и люди)* Einzelne *pl;* ◇ **таки́х люде́й-~ы** solche Menschen gibt es nur selten ④ *(отметка)* ungenügend, Sechs *f;* ◇ **получи́ть ~у** eine Sechs bekommen

едини́чный *прил* ‹-ая, -ое, -ые› *(отдельный)* einzeln, vereinzelt, Einzel-; ◇ **~ые экземпля́ры** Einzelexemplare *n pl*

единовла́стие c_4 ‹-я› Alleinherrschaft *f;* **единовре́менный** *прил* ‹-ая, -ое, -ые› einmalig; **единогла́сный** *прил* ‹-ая, -ое, -ые› einstimmig; ◇ **при́нято ~но** einstimmig angenommen; **единоду́шный** *прил* ‹-ая, -ое, -ые› einmütig, einhellig; **единомы́шленник** $м_1$ ‹-а› ① *(человек одинаковых взглядов)* Gleichgesinnter *m,* Gesinnungsgenosse *m* ② *(сообщник)* Mitbeteiligter *m;* ◇ **вы́дать свои́х ~ов** seine Komplizen verraten

еди́нственный *прил* ‹-ая, -ое, -ые› *(только один)* einziger; ◇ **~ая ули́ка** der einzige Beweis; ◇ **~ые свиде́тели преступле́ния** die einzigen Zeugen des Verbrechens; ◇ ~ **в своём ро́де** einzigartig; **грам** ◇ **~ое число́** Singular *m*

еди́нство c_2 ‹-а› *(общность)* Einheit *f,* Einigkeit *f;* ◇ ~ **взгля́дов** gleiche Ansichten haben; ◇ **стреми́ться к ~у** eine Einheit anstreben

еди́ный *прил* ‹-ая, -ое, -ые› ① *(объединённый, общий)* einheitlich; ◇ **~ое це́лое** einheitliches Ganzes ② *(только один)* einzig; ◇ **ни ~ого пя́тнышка нет** da ist kein einziger Fleck

е́дкий *прил* ‹-ая, -ое, -ие› ① *(разъедающий)* ätzend, beißend: ◇ ~ **раство́р** ätzende Lösung; ◇ ~ **дым** beißender Rauch ② *перен (язвительный)* bissig; ◇ **~ая насме́шка** beißender Spott

её *мест* ① *личн мест см.* **она́** ② *притяж мест (принадлежащий ей)* ihr, ihre ③ *притяж мест (в значении сущ)* der/die/das ihre, ihrer/ihre/ihres; ◇ **э́то моя́ соба́ка, а э́то её** das ist mein Hund, und das ist ihrer [der ihre]

ёж $м_2$ ‹-а́, *мн:* -и́› Igel *m;* ◇ **ежу́ поня́тно** das versteht doch jedes kleine Kind

ежеви́ка $ж_1$ ‹-и› ① *(ягода)* Brombeere *f* ② *(куст)* Brombeerstrauch *m*

ежего́дный *прил* ‹-ая, -ое, -ые› jährlich; **ежедне́вный** *прил* ‹-ая, -ое, -ые› ① *(каждодневный)* täglich; ◇ **~ая газе́та** Tageszeitung *f* ② *(повседневный)* Alltags-; ◇ **~ые забо́ты** Alltagssorgen *f pl;* **ежеме́сячный** *прил* ‹-ая, -ое, -ые› monatlich; ◇ ~ **взнос** monatlicher Beitrag, Monatsrate *f;* **еженеде́льник** $м_1$ ‹-а› Wochenzeitung *f;* **еженеде́льный** *прил* ‹-ая, -ое, -ые› wöchentlich

езда́ $ж_1$ ‹-ы́› *(поездки)* Reisen *n,* Fahren *n;*

◇ **верховая** ~ Reiten *n;* ◇ ~ **на велосипеде** Fahrradfahren; ◇ **в трёх часах ~ы от Москвы** drei Autostunden von Moskau entfernt

ездить V_{4b} *несов, неопред, см.* **ехать** ‹езжу, ездишь, *Imp.* езди, ~те, *Adv. Part. Prät.* ездив› *без доп (1, 2), на ком предл (3, 4)* ① (*ехать*) fahren; ◇ ~ **на поезде** mit dem Zug fahren ② (*посещать*) ◇ ~ **в гости** zu Besuch fahren; ◇ ~ **по стране** im Land herumreisen ③ (*уметь пользоваться*) fahren; ◇ ~ **верхом** reiten; ◇ **хорошо ~ на велосипеде** gut radfahren können ④ *перен* (*выезжать*) auf jd-m herumreiten; ◇ ~ **на подчинённых** auf seinen Untergebenen herumreiten

ей *см.* **она**

еле *нареч* (*едва*) kaum; ◇ ~-~ mit Müh und Not; ◇ ~ **дошёл** er hat es kaum bis dorthin geschafft; ◇ ~ **жив** halbtot

ёлка *ж₁* ‹-и, *род мн:* ёлок› бот Tanne *f,* Fichte *f*

ель *ж₅* ‹-и› бот Tanne *f,* Fichte *f*

ёмкий *прил* ‹-ая, -ое, -ие› ① (*вместительный*) geräumig ② (*объёмистый*) umfangreich; **ёмкость** *ж₅* ‹-и› ① (*сосуд*) Tank *m,* Behälter *m;* ◇ **~и для зерна** Kornsilo ② (*вместимость*) Fassungsvermögen *n,* Kapazität *f*

ему *см.* **он**

енот *м₁* ‹-а› ① (*хищное млекопитающее*) Waschbär *m* ② (*мех*) Waschbärpelz *m*

епископ *м₁* ‹-а› Bischof *m*

ерунда *ж₁* ‹-ы› ① *разг* (*вздор*) Blödsinn *m,* Quatsch *m;* ◇ **вот ~!** so ein Quatsch!; ◇ **молоть всякую ~у** Blödsinn daherreden ② (*о незначительном*) Kleinigkeit *f*

ёрш *м₂* ‹ерша, *мн:* -ши› ① (*рыба*) Kaulbarsch *m* ② (*щётка для чистки бутылок*) Flaschenbürste *f* ③ *разг* (*смесь*) Bier *n* mit Wodka

если *союз* ① (*выражает условие совершения чего-л*) wenn, falls; ◇ ~ **у меня будет время, позвоню тебе** falls ich Zeit habe, rufe ich dich an; ◇ ~ **бы что-нибудь случилось, нас бы известили?** wenn etw passiert wäre, hätte man uns benachrichtigt; ◇ ~ **просишь, я приеду** wenn du mich bittest, komme ich ② (*выражает желательность*) wenn; ◇ ~ **бы ты был рядом!** wenn du nur hier wärst!

естественный *прил* ‹-ая, -ое, -ые› ① (*относящийся к природе*) natürlich, Natur-; ◇ **~ые науки** Naturwissenschaften *f pl;* ② (*натуральный*) natürlich; (*нормальный*) normal; ◇ **~ым образом** auf natürliche Weise; **естествознание** c_4 ‹-я› Naturkunde *f,* Naturwissenschaften *f pl*

есть [1] * *несов* ‹ем, ешь, (2, 3) 1 и 2 л. не употр› [**съ~** *сов*] *кого-что вин* ① (*кушать*) essen; ◇ ~ **с удовольствием** es sich schmecken lassen; (*обедать*) zu Mittag essen; (*о животных*) fressen; ◇ ~ **глазами кого-л** sich an jd-m nicht sattsehen können ② (*разрушать химически*) zerfressen; ◇ **ржавчина ест железо** Rost zerfrißt Eisen ③ (*разъедать*) beißen; ◇ **дым ест глаза** Rauch beißt in den Augen ④ (*бранить*) jd-m zusetzen, jd-n drangsalieren; ◇ **он с утра до вечера ест домашних** er quält den ganzen Tag seine Familie

есть [2] ① *см.* **быть** sein ② *предик* (*имеется*) ◇ **в этой работе ~ одна грубая ошибка** in dieser Arbeit ist ein grober Fehler; ◇ **у меня ~ что-л** ich habe etw ③ (*существует*) es gibt; ◇ ~ **надежда** es besteht Hoffnung

ехать * *несов, опред, см.* **ездить** ‹еду, едешь› *без доп* reisen, fahren

ещё *нареч* ① (*опять*) noch; ◇ ~ **раз** noch einmal; ◇ **приходи** ~ komm mal wieder ② (*уже, в прошлом*) schon; ◇ **он уехал ~ неделю назад** er ist schon vor einer Woche weggefahren ③ (*до сих пор*) noch; ◇ ~ **не приходила** sie ist noch nicht gekommen; ◇ **нет** ~ noch nicht (vorhanden); ◇ ~ **успею на поезд** ich schaffe den Zug noch; ◇ **ты ~ молод** du bist noch jung; ◇ ~ **бы!** und ob!; ◇ **вот ~!** das fehlte noch!

ею *см.* **она**

Ж

жаба [1] *ж₁* ‹-ы› зоол Kröte *f*

жаба [2] *ж* ‹-ы› мед ◇ **грудная** ~ Angina pectoris *f*

жаворонок *м₁* ‹-нка, *мн:* -нки› зоол Lerche *f*

жадничать V_{1a} *несов, kein Part. Präs. Pass.* ‹-аю, -аешь› [**по~** *сов*] *без доп* ① (*скупиться*) geizig sein, geizen ② (*проявлять жадность*) gierig sein; **жадность** *ж* ‹-и› ① (*алчность*) Habsucht *f,* Habgier *f* ② (*к еде*) Gefräßigkeit *f* ③ (*скупость*) Geiz *m;*

жадный *прил* ‹-ая, -ое, -ые› ① (*скупой*)

geizig; ◇ ~ **человек** Geizkragen *m* ② (*падкий*) gierig; ◇ ~ **к деньгам** geldgierig; ◇ ~ **на еду** gefräßig; ◇ ~ **на работу** arbeitssüchtig ③ *перен* (*желающий познать*) wißbegierig; ◇ **~ое любопытство** Wissensdrang *m*

жажда *ж*$_1$ ‹-ы› ① (*потребность пить*) Durst *m;* ◇ **испытывать ~у** Durst haben; ◇ **утолять ~у** den Durst stillen ② *перен* (*желание*) Drang *m,* Gier *f,* Begierde *f;* ◇ ~ **знаний** Wissensdurst *m*

жалеть V$_5$ *несов* ‹-ею, -еешь› [**по**~ *сов*] *кого-что вин (1), о ком-чём предл или чего род или с союзом "что" (2), что вин или чего род (3)* ① (*сострадать*) bedauern, Mitleid haben ② (*сожалеть*) bedauern, beklagen, bereuen; ◇ **он ~ет, что сделал это** er bereut, daß er das getan hat ③ (*беречь, экономить*) sparen, schonen; ◇ ~ **деньги** Geld sparen; ◇ **трудиться, не жалея сил** arbeiten, ohne seine Kräfte zu schonen

жалкий *прил* ‹-ая, -ое, -ие› (*сравн:* **жальче**) ① (*несчастный*) bemitleidenswert, bedauernswert, kläglich; ◇ **он мне жалок** er tut mir leid ② (*ничтожный*) erbärmlich, jämmerlich; ◇ **одежда в ~ом состоянии** die Kleidung ist in einem erbärmlichen Zustand

жалоба *ж*$_1$ ‹ы› ① (*выражение неудовольствия*) Klage *f;* ◇ **горькая** ~ bittere Klage ② юр Beschwerde *f,* Klage *f;* ◇ **подать ~у** eine Klage einreichen; ◇ **обратиться к кому-л с ~ой на кого/что-л** sich bei jd-m über jd-n/etw beschweren;

жалобный *прил* ‹-ая, -ое, -ые› kläglich, jämmerlich; ◇ **~о плакать** jämmerlich weinen

жаловаться V$_{1a}$ *несов, kein Part. Präs. Pass.* ‹-луюсь, -луешься› [**по**~ *сов*] *на кого-что вин или с союзом "что" (1), на кого-что вин (2, 3)* ① (*высказывать жалобы*) sich beklagen, sich beschweren; ◇ ~ **на шум соседа** sich über den Krach des Nachbarn beklagen; ◇ **на что Вы жалуетесь?** was fehlt Ihnen? ② юр Klage erheben; ◇ ~ **в суд** jd-n verklagen ③ (*ябедничать*) verpetzen, verleumden, denunzieren; ◇ ~ **учителю на одноклассника** einen Klassenkameraden beim Lehrer verpetzen

жалость *ж*$_5$ ‹-и› ① (*сострадание*) Mitleid *n* ② (*сожаление*) Bedauern *n;* ◇ **какая ~!** wie schade!

жаль *предик, безл* ① (*кого-что вин, чего род или с инф*) (*о чувстве жалости*) es tut mir leid, schade; ◇ **мне ~ брата** mein Bruder tut mir leid; (*прискорбно*) ◇ **мне ~ слышать это** es tut mir leid, das zu hören ② (*кого-чего род или с инф*) (*о сожалении*) schade; ◇ ~ **потраченного времени** schade um die verlorene Zeit; ◇ **для тебя мне ничего не** ~ für dich ist mir nichts zu schade ③ (*с союзами "что", "если"*) (*приходится пожалеть*) schade; ◇ **~, что он не придёт** schade, daß er nicht kommt

жальче *сравн от* **жалкий**

жар *м*$_1$ ‹-а› ① (*зной*) Hitze *f;* ◇ **меня обдало ~ом** es überlief mich heiß ② (*горячие уголья*) Glut *f;* ◇ **загребать ~ чужими руками** sich die Kastanien aus dem Feuer holen lassen ③ (*температура*) Fieber *n* ④ (*рвение*) Glut *f,* Eifer *m;* ◇ **работать с ~ом** mit Begeisterung arbeiten

жара *ж*$_1$ ‹-ы› Hitze *f;* ◇ **всё лето стоит** ~ den ganzen Sommer ist es heiß

жареный *прил* ‹-ая, -ое, -ые› gebraten; Brat-; ◇ **~ое мясо** Braten *m;* ◇ ~ **картофель** Bratkartoffeln *f pl*

жарить V$_{4b}$ *несов* ‹-рю, -ришь, (3) 1 и 2 л. не употр, *Part. Prät. Pass.* -реный› [**за**~ (1), **из**~ (1) *сов*] *кого-что вин (1, 2), без доп (3)* ① (*на масле и т.п.*) braten; ◇ ~ **котлеты** Frikadellen braten ② (*прокаливать*) rösten; ◇ ~ **кофе** Kaffee rösten ③ (*о солнце*) brennen; ◇ **ну и ~ит солнце сегодня!** ist das eine Hitze heute!

жаркий *прил* ‹-ая, -ое, -ие› ① (*знойный*) heiß ② *перен* (*страстный*) heiß, heftig; ◇ ~ **поцелуй** heißer Kuß; ◇ ~ **спор** heftiger Streit

жатва *ж*$_1$ ‹-ы› Ernte *f*

жать [1] * *несов* ‹жму, жмёшь, (2, 3) 1 и 2 л. не употр› *кого-что вин* ① (*давить, стискивать*) drücken; ◇ ~ **руку** die Hand drücken ② (*быть тесным*) drücken; ◇ **сапог жмёт ногу** der Stiefel drückt ③ (*выдавливать*) (aus-)pressen

жать [2] * *несов* ‹жну, жнёшь› [**с**~ *сов*] *что вин* (*убирать урожай*) ernten, mähen

ждать * *несов* ‹жду, ждёшь› *кого-что вин или кого-чего род (1), чего род (2), с чем тв (3)* ① (*ожидать*) auf jd-n/etw warten; ◇ ~ **поезда** auf den Zug warten; ◇ **время не ждёт** die Zeit drängt ② (*надеяться*) etw erwarten; (*предполагать*) rechnen mit; ◇ ~ **награды** mit einer Belohnung rechnen ③ (*медлить*) sich Zeit lassen; ◇ **заставить себя** ~ auf sich warten lassen

же I. *союз* ① (*при противопоставлении*) und, aber, jedoch; ◇ **я уезжаю, он ~ остаётся** ich reise ab, er bleibt aber noch; ◇ **я**

рабо́таю в университе́те, он ~ в сре́дней шко́ле ich arbeite an der Universität, er hingegen an einer Mittelschule (2) (*в значении "ведь"*) ja, doch; ◇ **я ~ сказа́л тебе́** das habe ich dir doch gesagt **II.** *частица* (1) (*усилительная*) aber, denn, doch; ◇ **говори́те ~** sagen Sie doch mal; ◇ **ну и уста́л ~ я** jetzt bin ich aber müde; ◇ **когда́ ~ вы придёте к нам?** wann kommt ihr denn zu uns? (2) (*для обозначения тождества*) ◇ **тот (та, то) ~** derselbe (dieselbe, dasselbe); ◇ **я прие́хал и в тот ~ день заболе́л** ich kam an und wurde am gleichen Tag noch krank; ◇ **там ~** ebenda

жева́ть * *несов* ‹жу́ю, жуёшь› *что вин* kauen

жезл $м_1$ ‹-а› Stab *m*

жела́ние $с_4$ ‹-я› (*потребность*) Wunsch *m*, Bitte *f*, Verlangen *n*; (*воля*) Wille *m*; ◇ **горе́ть ~ем** einen brennenden Wunsch haben; ◇ **~ учи́ться** studieren wollen; ◇ **по ~ию** auf Wunsch; ◇ **про́тив моего́ ~ия** gegen meinen Willen; ◇ **при всём ~ии** beim besten Willen; **жела́тельный** *прил* ‹-ая, -ое, -ые› (*с инф или с союзом "чтобы"*) erwünscht, wünschenswert; ◇ **~о получи́ть отве́т** um Antwort wird gebeten; ◇ **~о, что́бы всё ула́дилось** es wäre gut, wenn alles gelingen würde; **жела́ть** V_{1a} *несов* ‹-а́ю, -а́ешь, *Part. Prät. Pass.* -а́нный› [**по~** *сов*, *kein Part. Prät. Pass.*] *чего род или кого-что вин или с инф или с союзом "чтобы" (1), кого-что вин (2)* (1) (*хотеть*) wünschen, wollen; (*требовать*) verlangen; ◇ **я ~а́ю Вам хорошо́ отдохну́ть** ich wünsche Ihnen gute Erholung; ◇ **~а́ю, что́бы он верну́лся** ich möchte, daß er zurückkommt; ◇ **кого́ Вы ~а́ете ви́деть?** wen möchten Sie sehen? (2) (*стремиться*) streben nach; (*страстно ~*) begehren; ◇ **э́то оставля́ет ~ мно́го лу́чшего** das läßt viel zu wünschen übrig

железа́ $ж_1$ ‹-ы́, *мн:* же́лезы, *род:* желёз, *дат:* железа́м› Drüse *f*; ◇ **щитови́дная ~** Schilddrüse; ◇ **поджелу́дочная ~** Bauchspeicheldrüse

железнодоро́жник $м_1$ ‹-а› Eisenbahner *m*; **железнодоро́жный** *прил* ‹-ая, -ое, -ые› Eisenbahn-, Bahn-; ◇ **~ путь** Bahnstrecke *f*

желе́зный *прил* ‹-ая, -ое, -ые› (1) (*содержащий железо*) Eisen-; ◇ **~ая руда́** Eisenerz *n* (2) *перен* (*непреклонный,*) eisern; (*сильный*) stählern; ◇ **~ая дисципли́на** eiserne Disziplin; **желе́зо** $с_2$ ‹-а› Eisen *n*

жёлоб $м_1$ ‹-а, *мн:* желоба́, *род:* -бо́в› Rinne *f*; ◇ **водосто́чный ~** Wasserrinne

желто́к $м_1$ ‹-тка́, *мн:* -тки́› Eigelb *n*, Dotter *m*

желту́ха $ж_1$ ‹-и› мед Gelbsucht *f*

жёлтый *прил* ‹-ая, -ое, -ые› (*цвет*) gelb; *перен* (*низкопробный*) ◇ **~ая пре́сса** Regenbogenpresse *f*

желу́док $м_1$ ‹-дка, *мн:* -дки› Magen *m*; ◇ **несваре́ние ~дка** Verdauungsstörung *f*; ◇ **расстро́йство ~дка** Magenverstimmung *f*

жёлудь $м_2$ ‹-я, *род мн:* желуде́й, *дат:* желудя́м› анат, бот Eichel *f*

жёлчный *прил* ‹-ая, -ое, -ые› (1) (*относящийся к желчи*) Gallen-; ◇ **~ые ка́мни** Gallensteine *m pl*; ◇ **~ пузы́рь** Gallenblase *f* (2) *перен* (*раздражительный*) bitter; (*злобный*) gehässig; **жёлчь** $ж_5$ ‹-и› (1) (*жидкость-секрет*) Galle *f* (2) *перен* (*раздражение*) Gehässigkeit *f*; ◇ **он по́лон ~и** er spuckt Gift und Galle

же́мчуг $м_1$ ‹-а, *мн:* -а́, *род:* -о́в› Perlen *f pl*

жемчу́жина $ж_1$ ‹-ы› Perle *f*

жена́ $ж_1$ ‹-ы́, *мн:* жёны› Frau *f*; (*супруга*) Ehefrau *f*, Gattin *f*

жена́тый *прил* ‹-ая, -ое, -ые› verheiratet; ◇ **они́ жена́ты уже́ 10 лет** sie sind schon 10 Jahre verheiratet; **жени́тьба** $ж_1$ ‹-ы› Heirat *f*; **жени́ться** V_{4a} *несов* ‹-ню́сь, же́нишься, *Part. Präs. Akt.* же́нящийся› [**по~** *сов*] *на ком предл* (*о мужчине*) heiraten, die Ehe schließen; **жени́х** $м_1$ ‹-а́, *мн:* -и́› Bräutigam *m*, Verlobter *m*

же́нский *прил* ‹-ая, -ое, -ие› weiblich, Frauen-; грам ◇ **~ род** Femininum *n*; ◇ **~ое движе́ние** Frauenbewegung; ◇ **Междунаро́дный ~ день** Internationaler Frauentag; **же́нственный** *прил* ‹-ая, -ое, -ые› weiblich, feminin; ◇ **~ая интуи́ция** weibliche Intuiton; **же́нщина** $ж_1$ ‹-ы› Frau *f*; ◇ **~-врач** Ärztin *f*

жеребе́ц $м_5$ ‹-бца́, *мн:* -бцы́, *род:* -бцо́в› Hengst *m*

жеребьёвка $ж_1$ ‹-и, *род мн:* -вок› Verlosung *f*

же́рло $с_2$ ‹-а› (1) (*дуло*) Schlund *m* (2) (*вулкана*) Krater *m*

же́ртва $ж_1$ ‹-ы› (1) (*насилия, несчастья*) Opfer *n*; ◇ **пасть ~ой** zum Opfer fallen; ◇ **стать ~ой чего́-л** Opfer von etw werden (2) (*самопожертвование*) Opfer *n*; ◇ **принести́ себя́ в ~у семье́** sich für die Familie aufopfern; **же́ртвовать** V_{3a} *несов* ‹-твую, -твуешь› [**по~** *сов*] *кем-чем тв (1), что вин (2)* (1) (*поступаться*) opfern; ◇ **~ собо́й**

sich aufopfern ② (*приносить в дар*) spenden; ◇ ~ **деньги на что-л** Geld für etw spenden

жест *м₁* ‹-а› ① (*движение рукой*) Geste *f;* ◇ **язык ~ов** Gebärdensprache *f* ② *перен* Geste *f;* ◇ **её присутствие - благородный** ~ ihre Anwesenheit ist eine edle Geste

жёсткий *прил* ‹-ая, -ое, -ие› ① (*твёрдый*) fest, hart, rauh; ◇ **~ие волосы** struppige Haare; ◇ **~ое мясо** zähes Fleisch; ◇ **~ие стулья** harte Stühle ② *перен* (*суровый*) schroff, barsch, hart, streng; ◇ ~ **тон** schroffer Ton; ◇ **~ие черты лица** harte Gesichtszüge; ◇ **~ая экономия** rigorose Sparmaßnahmen

жестокий *прил* ‹-ая, -ое, -ие› ① (*беспощадный*) grausam, brutal, hart; ◇ **~ие нравы** rauhe Sitten ② *перен* (*очень сильный*) hart, heftig; ◇ ~ **мороз** strenger Frost; ◇ **~ая засуха** große Dürre; **жестокость** *ж₅* ‹-и› ① (*поступок, обращение*) Grausamkeit *f* ② (*суровость*) Härte *f*

жесть *ж₅* ‹-и› Blech *n*

жетон *м₁* ‹-а› ① (*значок*) Münze *f* ② (*фишка*) Jeton *m,* Spielmarke *f*

жечь * *несов* ‹жгу, жжёшь, (1, 2) 1 и 2 л. не употр› [**с~** *сов*] *кого-что вин (1), без доп (2, 3)* ① (*уничтожать*) verbrennen, anzünden ② (*обжигать*) brennen; ◇ **мороз жжёт щёки** der Frost brennt auf den Wangen; ◇ **солнце жжёт** die Sonne brennt ③ *безл* (*о ране*) brennen; (*болеть*) weh tun, schmerzen

живой *прил* ‹-ая, -ое, -ые› ① (*живущий*) lebend; ◇ **~ое существо** Lebewesen *n;* ◇ **остаться в ~ых** am Leben bleiben ② (*полный энергии*) lebendig, lebhaft; ◇ ~ **темперамент** lebhaftes Temperament; ◇ **~ое воображение** rege Phantasie ③ (*остро переживаемый*) lebendig; ◇ **~ое воспоминание** lebendige Erinnerung ④ (*жизненный*) lebensnah; ◇ **~ое начинание** realistisches Vorhaben

живописец *м₅* ‹-сца› Maler *m;* **живописный** *прил* ‹-ая, -ое, -ые› ① Malerei-, Gemälde- ② (*красивый*) malerisch; ◇ **~ая природа** malerische Natur ③ (*выразительный*) bildhaft, ausdrucksvoll; ◇ **~ое сравнение** bildhafter Vergleich; **живопись** *ж₅* ‹-и› Malerei *f*

живот *м₁* ‹-а› Bauch *m;* ◇ **боль в ~е** Bauchschmerz *m*

животновод *м₁* ‹-а› Viehzüchter *m;* **животноводство** *с₂* ‹-а› Tierzucht *f,* Viehzucht *f;* ◇ **продукты ~а** tierische Erzeugnisse; **животное** *с (А р)* ‹-ого› Tier *n;* ◇ **хищное** ~ Raubtier; ◇ **домашнее** ~ Haustier; **животный** *прил* ‹-ая, -ое, -ые› ① (*о живых существах*) Tier-; ◇ ~ **мир** Tierwelt *f* ② *перен* (*грубо чувственный*) tierisch, animalisch; ◇ **~ое поведение** animalisches Verhalten

живучий *прил* ‹-ая, -ее, -ие› ① (*выносливый*) lebensfähig; ◇ **~ее растение** robuste Pflanze ② (*устойчивый*) zählebig, beharrlich; ◇ ~ **обычай** standhafte Traditionen

жидкий *прил* ‹-ая, -ое, -ие› (*сравн:* **жиже**) ① (*текучий*) flüssig; физ ◇ **~ие тела** flüssige Stoffe ② (*водянистый*) wäßrig; (*редкий*) licht, dünn; ◇ ~ **лес** lichter Wald ③ *перен* (*неполноценный*) dünn, spärlich; ◇ ~ **аргументы** kraftlose Argumente; ◇ ~ **голос** dünne Stimme; ◇ **~ие волосы** schütteres Haar; **жидкость** *ж₅* ‹-и› Flüssigkeit *f;* ◇ ~ **для бритья** Rasierwasser *n*

жиже *сравн от* **жидкий**

жизнедеятельность *ж₅* ‹-и› (*энергичность*) Lebenstätigkeit *f;* (*деятельность организма*) Lebensfunktion *f;* **жизненный** *прил* ‹-ая, -ое, -ые› ① (*реальный*) Lebens-; ◇ ~ **путь** Lebensweg *m* ② (*необходимый*) lebenswichtig, wesentlich; ◇ ~ **вопрос** essentielle Frage; **жизнерадостный** *прил* ‹-ая, -ое, -ые› lebensfroh, lebenslustig; **жизнеспособность** *ж₅* ‹-и› Lebensfähigkeit *f;* **жизнеутверждающий** *прил* ‹-ая, -ее, -ие› lebensbejahend

жизнь *ж₅* ‹-и› Leben *n;* ◇ **образ ~и** Lebensweise *f;* ◇ **при ~и кого-л** zu jd-s Lebzeiten; ◇ **зарабатывать себе на** ~ seinen Lebensunterhalt verdienen; ◇ **как ~?** wie geht's?; (*осуществить*) ◇ **провести в** ~ in die Tat umsetzen

жила *ж₁* ‹-ы› ① (*кровеносный сосуд*) Blutgefäß *n,* Ader *f* ② геол Ader *f;* ◇ **напасть на золотую ~у** auf eine Goldader stoßen ③ (*в мясе*) Sehne *f*

жилет *м₁,* **жилетка** *ж₁* ‹-а, *род мн:* -ток› Weste *f*

жилец *м₅* ‹-льца, *мн:* -льцы, *род:* -льцов› Bewohner *m;* ◇ **он не ~ на белом свете** er ist ein Todeskandidat

жилище *с₃* ‹-а› Wohnung *f;* **жилищный** *прил* ‹-ая, -ое, -ые› Wohnungs-; ◇ **~ое строительство** Wohnungsbau *m*

жилой *прил* ‹-ая, -ое, -ые› ① (*предназначенный для жилья*) Wohn-; ◇ **~ая площадь** Wohnfläche *f* ② (*обитаемый*) bewohnt; ◇ **~ая комната** bewohntes Zimmer

жир *м₁* ‹-а, *мн:* -ы› Fett *n;* ◇ **растительные ~ы** Pflanzenfette; ◇ **рыбий** ~ Lebertran *m*

жира́ф *м₁* ‹-а›, **жира́фа** *ж* ‹-ы› Giraffe *f*

жире́ть V₅ *несов* ‹-е́ю, -е́ешь› [**о**~, **раз**~ *сов*] *без доп* dick [fett] werden, Fett ansetzen;

жи́рный *прил* ‹-ая, -ое, -ые› (1) (*обильный жирами*) fett, fettig, fetthaltig; ◇ ~**ое мя́со** fettes Fleisch (2) (*толстый*) fett, dick; ◇ ~ **кот** fetter Kater (3) (*со следами жира*) fettig, Fett-; ◇ ~**ые ру́ки** fettige Hände; ◇ ~**ое пятно́** Fettfleck *m* (4) полигр fett; ◇ ~ **шрифт** Fettschrift *f* (5) (*насыщенный полезными веществами*) fruchtbar; ◇ ~ **чернозём** fruchtbare Schwarzerde

жи́тель *м₂* ‹-я› Bewohner *m*, Einwohner *m;* ◇ **городско́й** ~ Stadtbewohner; ◇ **коренно́й** ~ Ureinwohner; ◇ **се́льский** ~ Landbewohner

жить * *несов* ‹живу́, живёшь› *без доп (1, 2), чем тв или на что вин (3), кем–чем тв (4), с кем тв (5)* (1) (*существовать*) leben; ◇ ~ **по́лной жи́знью** das Leben genießen (2) (*проживать*) leben, wohnen; ◇ ~ **в Москве́** in Moskau leben (3) (*работать*) von etw leben; ◇ ~ **на литерату́рный за́работок** von der Schriftstellerei leben (4) *перен* (*быть поглощённым*) für jd-n/etw leben; ◇ ~ **детьми́** nur für seine Kinder leben; ◇ ~ **нау́кой** in der Wissenschaft aufgehen (5) (*сосуществовать*) leben, verkehren mit; ◇ ~ **дру́жно с сосе́дями** ein freundschaftliches Verhältnis zu den Nachbarn haben

жре́бий *м₃* ‹-я› (1) (*условный значок*) Los *n;* ◇ **броса́ть** ~ das Los entscheiden lassen; ◇ **тяну́ть** ~ ein Los ziehen; ◇ ~ **пал на него́** das Los ist auf ihn gefallen (2) *перен* (*участь*) Schicksal *n*, Los *n;* ◇ **ему́ вы́пал тру́дный** ~ er hat ein schweres Schicksal

жук *м₁* ‹-а́, *мн:* -и́› Käfer *m;* ◇ **ма́йский** ~ Maikäfer; ◇ **колора́дский**~ Kartoffelkäfer

жу́лик *м₁* ‹-а› (*вор*) Dieb *m;* (*мелкий мошенник*) Gauner *m;* (*озорник*) Spitzbube *m*

жу́льничать V₁ₐ *несов, kein Part. Präs. Pass.* ‹-аю, -аешь› [**с**~ *сов*] *без доп разг* betrügen; ◇ ~ **в игре́** im Spiel mogeln

жура́вль *м₂* ‹-я́, *мн:*-вли́› зоол Kranich *m*

журна́л *м₁* ‹-а› (1) (*периодическое издание*) Zeitschrift *f;* ◇ **литерату́рный** ~ Literaturzeitschrift (2) (*книга для записей*) Buch *n;* ◇ **кла́ссный** ~ Klassenbuch; ав ◇ **путево́й** ~ Bordbuch *n*

журнали́ст *м₁* ‹-а› Journalist *m*

журча́ть V₁ₐ *несов* ‹-чу́, -чи́шь, 1 и 2 л. не употр, *Imp.* -чи́, ~те, *Part. Präs. Akt.* -ча́щий, *Adv. Part. Präs.* -ча́› *без доп* rauschen, leise plätschern

жу́ткий *прил* ‹-ая, -ое, -ие› (1) (*тягостный*) unheimlich, gruselig (2) (*скверный*) schrecklich, schlimm; ◇ ~**ая пого́да** scheußliches Wetter; ◇ ~**ое самочу́вствие** miserables Befinden; **жу́тко I.** *нареч* gruselig, unheimlich **II.** *предик, безл* ◇ **мне ~о** mir gruselt

жуть *ж₅* ‹-и› Grauen *n*, Schrecken *m;* ◇ ~ **берёт кого́-л** jd-n packt das Grauen; ◇ ~ **ско́лько наро́ду!** hier ist eine fürchterliche Menschenansammlung

жюри́ *с* ‹нескл› Jury *f*, Preisgericht *n*

З

за *предлог с вин и тв* (1) (*позади, сзади*) hinter, jenseits, außerhalb; ◇ ~ **забо́ром** hinter dem Zaun; ◇ **за́ городом** außerhalb der Stadt (2) (*за кого-что-л*) für; ◇ **голосова́ть** ~ **кого́-л** für jd-n stimmen (3) (*на расстоянии*) entfernt; ◇ ~ **150 киломе́тров от Петербу́рга** 150 Kilometer von Petersburg entfernt (4) (*раньше на какое-л время*) vor; ◇ ~ **ме́сяц до его́ прие́зда** einen Monat vor seiner Ankunft (5) (*в течение*) während, im Laufe; ◇ ~ **после́дние пять лет** während der letzten fünf Jahre (6) (*следом*) hinter; ◇ **поспеши́ть** ~ **кем-л** jd-m nacheilen; ◇ **оди́н** ~ **други́м** einer nach dem anderen (7) (*около, возле, вокруг*) an *akk* (*куда*), *dat* (*где*); ◇ **сиде́ть** ~ **столо́м** am Tisch sitzen (8) (*вместо, взамен*) für; ◇ **рабо́тать** ~ **двои́х** für zwei arbeiten (9) (*о цене*) für; ◇ **я купи́л э́ту карти́ну** ~ **2000 рубле́й** ich habe dieses Bild für 2000 Rubel gekauft (10) (*с целью получить, привести*) ◇ **пойти́** ~ **проду́ктами** Lebensmittel einkaufen gehen; ◇ **пойти́** ~ **кем-л** jd-n abholen (11) (*вследствие*) wegen, infolge *gen* (12) (*по причине*) wegen, für; ◇ **её поблагодари́ли** ~ **хоро́шую рабо́ту** sie dankten ihr für die gute Arbeit; ◇ **взя́ться** ~ **рабо́ту** sich an die Arbeit machen; ◇ **день** ~ **днём** Tag für Tag; ◇ **ему́** ~ **пятьдеся́т** er ist über fünfzig; ◇ **за́ полночь** nach Mitternacht; ◇ ~ **и про́тив** Pro und Contra; ◇ ~ **счёт чего́-л** auf Kosten von etw

забавля́ть V₁ᵦ *несов* ‹-я́ю, -я́ешь› *кого-что вин* (*развлекать*) belustigen, erheitern; **забавля́ться** *несов* ‹-я́юсь, -я́ешься› *без доп* sich amüsieren, sich vergnügen

заба́вный *прил* ‹-ая, -ое, -ые› spaßig; (*весёлый*) lustig; (*комичный*) komisch

забастова́ть V_{3a} *сов* ‹-ту́ю, -ту́ешь› *без доп* streiken, in den Streik treten; **забасто́вка** *ж*$_1$ ‹-и, *род мн:* -вок› Streik *m;* ◇ **объяви́ть ~у** in den Streik treten; **забасто́вочный** *прил* ‹-ая, -ое, -ые› Streik-; ◇ ~ **пике́т** Streikposten *m;* **забасто́вщик** *м*$_1$ ‹-а› Streikender *m*

забе́г *м*$_1$ ‹-а› спорт Wettlauf *m;* ◇ **победи́тель в ~е на 200 ме́тров** Sieger über 200 Meter

забежа́ть * *сов* ‹-егу́, -ежи́шь› [**забега́ть** V_{1a} *несов*] *к кому (1), без доп (2)* (1) kurz aufsuchen; ◇ ~ **к знако́мым на часо́к** für ein Stündchen bei einem Bekannten vorbeischauen (2) (*убежать далеко*) sich weit entfernen; ◇ **де́ти ~а́ли далеко́ от до́ма** die Kinder liefen weit vom Haus weg; ◇ ~ **вперёд** etw vorwegnehmen

забира́ться V_{1a} *несов от* **забра́ться**

заби́тый *прил* ‹-ая, -ое, -ые› (*запуганный*) eingeschüchtert; (*угнетённый*) unterdrückt

заби́ть * *сов* ‹-бью́, -бьёшь› [**забива́ть** V_{1a} *несов*] *кого-что вин, без доп (7)* (1) (*вбить глубоко*) einschlagen; ◇ ~ **гвоздь** einen Nagel einschlagen (2) (*наполнить*) vollstopfen; ◇ **трубу́ ~и́ло песко́м** der Sand hat das Rohr verstopft; ◇ ~ **го́лову пустяка́ми** den Kopf mit unnötigen Dingen belasten (3) (*заделать*) vernageln, zunageln (4) спорт (*загнать*) schießen; ◇ ~ **гол** ein Tor schießen; ◇ ~ **шар в лу́зу** die Billiardkugel ins Loch schießen (5) (*убить*) schlachten; ◇ ~ **три́дцать голо́в скота́** dreißig Stück Vieh schlachten (6) (*превзойти*) jd-n übertreffen; ◇ **э́тот спортсме́н всех ~и́л** dieser Sportler hat alle übertroffen (7) (*начать бить*) sprudeln; ◇ **из сква́жины ~и́ла нефть** aus dem Bohrloch sprudelte Erdöl; ◇ ~ **трево́гу** Alarm schlagen

заблаговре́менный *прил* ‹-ая, -ое, -ые› (1) (*осуществляемый заранее*) frühzeitig; (*своевременный*) rechtzeitig; ◇ **предупреди́ меня́ ~о** gib mir rechtzeitig Bescheid

заблуди́ться V_{4a} *сов* ‹-ужу́сь, -у́дишься› *без доп* sich verirren, sich verlaufen

заблужда́ться V_{1a} *несов* ‹-а́юсь, -а́ешься› *без доп* sich irren, im Irrtum sein; ◇ **глубоко́ ~ насчёт кого́-л** sich gründlich in jd-m irren; **заблужде́ние** *с*$_4$ ‹-я› Irrtum *m;* ◇ **ввести́ в ~** irreführen; ◇ **впасть в ~** einem Irrtum unterliegen

заболева́ние *с*$_4$ ‹-я› Erkrankung *f;* ◇ **ви́русное ~** Viruserkrankung

заболе́ть [1] V_5 *сов* ‹-е́ю, -е́ешь› [**заболева́ть** V_{1a} *несов*] *кем-чем тв* (1) (*начать болеть*) erkranken (an) (2) *разг* (*увлечься*) sich begeistern (für)

заболе́ть [2] *сов* ‹-е́ю, -е́ешь, 1 и 2 л. не употр› [**заболева́ть** *несов*] *без доп* anfangen zu schmerzen; ◇ **вдруг ~ла голова́** plötzlich bekam ich Kopfschmerzen

забо́р *м*$_1$ ‹-а› Zaun *m,* Umzäunung *f;* ◇ ~ **вокру́г са́да** Gartenzaun

забо́та *ж*$_1$ ‹-ы› (1) (*беспокойство*) Sorge *f;* ◇ **жить без забо́т** ein sorgenfreies Leben führen (2) (*деятельность*) (Für-)Sorge *f* (3) (*попечение, уход*) Fürsorge *f,* Betreuung *f;* ◇ **окружи́ть кого́-л ~ой** jd-n umsorgen; ◇ **э́то уж моя́ ~** laß das meine Sorge sein; **забо́титься** V_{4b} *несов* ‹-о́чусь, -о́тишься› [**по~** *сов*] *о ком-чём предл* (1) (*проявлять заботу*) sorgen (für), sich kümmern um; ◇ ~ **о здоро́вье** auf seine Gesundheit achten; ◇ ~ **расте́ниях** sich um die Pflanzen kümmern (2) (*тревожиться*) sich sorgen um jd-n/etw; **забо́тливый** *прил* ‹-ая, -ое, -ые› (1) (*проявляющий заботу*) besorgt, fürsorglich (2) (*добросовестный*) gewissenhaft, sorgfältig (3) (*внимательный*) aufmerksam, sorgsam

забра́сывать V_{1a} *несов от* **заброса́ть** *и* **забро́сить**

забра́ть V_{1a} *сов* ‹-беру́, -берёшь, *Imp.* -бери́, ~те, *Part. Prät. Pass.* -бранный› [**забира́ть** V_{1a} *несов*] *кого-что вин* (1) (*взять*) nehmen; ◇ **он забра́л дете́й и уе́хал** er nahm die Kinder und fuhr weg; ◇ ~ **с собо́й** mitnehmen (2) (*арестовать*) festnehmen, verhaften (3) (*захватить*) ergreifen; ◇ ~ **власть в свои́ ру́ки** die Macht an sich reißen (4) (*ушить, укоротить*) einnähen, kürzer machen, enger machen; **забра́ться** *сов* ‹-беру́сь, -берёшься› [**забира́ться** *несов*] *без доп* (1) (*залезть*) hinaufklettern; (*проникнуть*) hineinschlüpfen, unter/in etw kriechen; ◇ ~ **под одея́ло** unter die Decke kriechen (2) (*тайком*) sich einschleichen; ◇ ~ **в чужо́й дом** sich in ein fremdes Haus einschleichen (3) *разг* (*уехать далеко*) wegfahren

заброса́ть V_{1a} *сов* ‹-а́ю, -а́ешь› [**забра́сывать** V_{1a} *несов*] *кого-что вин чем тв* (1) (*покрыть*) zuschütten, überschütten; ◇ ~ **я́му землёй** die Grube mit Erde zuschütten (2) *перен* (*засыпать*) überschütten, überhäufen; ◇ ~ **певи́цу цвета́ми** die Sängerin mit Blumen überhäufen

Ж
З

забро́сить V_{4b} *сов* ‹-о́шу, -о́сишь, *Part. Prät. Pass.* -о́шенный› [**забра́сывать** V_{1a} *несов*] *кого-что вин* ① (*бросить, метнуть куда-л или далеко*) werfen; ◇ ~ **мяч в кусты́** den Ball in die Büsche werfen ② *разг* (*направить, доставить*) hinschaffen, einschleusen; ◇ ~ **разве́дчика** einen Spion einschleusen; ◇ **судьба́ ~ла его́ в чужи́е края́** das Schicksal hat ihn in ein fernes Land verschlagen ③ (*оставить без внимания*) vernachlässigen ④ (*засунуть*) verlegen; **забро́шенный** *прил* ‹-ая, -ое, -ые› ① (*оставленный без внимания*) vernachlässigt, ungepflegt ② (*потерянный*) verloren, verlassen

забы́вчивый *прил* ‹-ая, -ое, -ые› (*легко забывающий*) vergeßlich; (*рассеянный*) zerstreut

забы́ть * *сов* ‹-бу́ду, -бу́дешь› [**забыва́ть** V_{1a} *несов*] *кого-что вин или о ком-чём предл* vergessen, sich nicht mehr erinnern an; ◇ **я э́то совсе́м ~ы́л** das habe ich ganz vergessen; ◇ **э́того я Вам никогда́ не забу́ду** das werde ich Ihnen niemals vergessen; **забы́ться** *сов* ‹-бу́дусь, -бу́дешься› [**забыва́ться** *несов*] *без доп* ① (*задремать*) einschlafen ② (*отвлечься*) sich verlieren; ◇ ~ **в мечта́х** in Träumereien versinken ③ (*не сдержать себя*) die Beherrschung verlieren, sich vergessen; ◇ **в спо́ре он ~лся и допусти́л де́рзость** beim Streit verlor er die Beherrschung und wurde grob

зава́л $м_1$ ‹-а› Verschüttung *f;* ◇ **сне́жный ~** Schneeverwehung *f*

завали́ть V_{4a} *сов* ‹-лю́, -а́лишь, *Part. Prät. Pass.* -а́ленный› [**зава́ливать** V_{1a} *несов*] *кого-что вин* ① (*загромоздить*) zuschütten; (*преграждать*) versperren; ◇ ~ **доро́гу камня́ми** die Straße mit Steinen versperren; *безл* ◇ **доро́гу ~ло обва́лом** der Weg wurde durch einen Erdrutsch verschüttet ② (*обрушить, накренить*) umwerfen; ◇ ~ **сте́ну** die Wand abreißen ③ (*провалить*) verhauen, durchfallen; ◇ ~ **экза́мен** eine Prüfung in den Sand setzen

завари́ть V_{4a} *сов* ‹-рю́, -а́ришь, *Part. Prät. Pass.* -а́ренный› [**зава́ривать** V_{1a} *несов*] *что вин* ① (*кипятком*) aufbrühen ② *тех* verschweißen; ◇ ~ **шов** eine Naht verschweißen ③ *перен* (*затеять*) sich etw einbrocken; ◇ **ну и ~и́л же ты ка́шу!** da hast du dir ja eine Suppe eingebrockt!

заведе́ние $с_4$ ‹-я› Einrichtung *f,* Institution *f;* ◇ **вы́сшее уче́бное ~** Hochschule *f*

заве́дующий *м* (A_2) ‹-его› Leiter *m,* Verwalter *m;* ◇ ~ **клу́бом** Klubleiter

завезти́ * *сов* ‹-зу́, -зёшь› [**завози́ть** V_{4a} *несов*] *кого-что вин* ① (*по пути*) vorbeibringen; ◇ ~ **посы́лку по доро́ге** auf dem Weg ein Päckchen vorbeibringen ② (*не туда, куда следует*) verschleppen; ◇ ~ **кого́-л в глушь** jd-n an einen abgelegenen Ort verschleppen

завере́ние $с_4$ ‹-я› ① (*уверение*) Beteuerung *f,* Versicherung *f;* ◇ ~ **в свое́й правоте́** Wahrheitsbeteuerung *f* ② (*обещание*) Zusicherung *f;* **заве́рить** V_{4b} *сов* ‹-рю, -ришь› [**заверя́ть** V_{1b} *несов*] *кого-что вин в чём предл (1), что вин (2)* ① (*обещать*) versichern; ◇ ~ **в свое́й пре́данности** jd-m seine Treue versichern ② (*подписью, печатью*) beglaubigen; ◇ ~ **ко́пию** eine Kopie beglaubigen

заверну́ть V_2 *сов* ‹-ну́, -нёшь, *Part. Prät. Pass.* -вёрнутый› [**завёртывать** V_{1a} *несов*] *кого-что вин (1, 4, 5), без доп (2, 3)* ① (*упаковывать*) einwickeln, einpacken; ◇ ~ **ребёнка в одея́ло** das Kind in eine Decke einwickeln ② (*сделать поворот*) einbiegen; ◇ ~ **за́ угол** um die Ecke biegen ③ *разг* (*зайти куда-л мимоходом*) vorbeischauen; ◇ ~ **к прия́телю** einen Abstecher zu einem Bekannten machen ④ (*завинтить*) anziehen, festschrauben; ◇ ~ **га́йку** die Schraube anziehen ⑤ (*загнуть, подвернуть*) hochkrempeln

заверше́ние $с_4$ ‹-я› Beendigung *f;* (*окончание*) Abschluß *m;* ◇ **в ~ состоя́лся конце́рт** zum Abschluß fand ein Konzert statt; **заверши́ться** V_{4a} *сов* ‹-шу́сь, -ши́шься, 1 и 2 л. не употр› [**заверша́ться** V_{1a} *несов*] *чем тв* enden, zu Ende gehen; ◇ **де́ло ~и́лось успе́хом** die Sache endete erfolgreich

заверя́ть V_{1b} *несов от* **заве́рить**

заве́са $ж_1$ ‹-ы› ① (*занавес*) Vorhang *m;* *перен* ◇ **приподня́ть ~у над чем-л** den Schleier über etw lüften ② (*пелена*) *тж перен* Schleier *m;* ◇ **дымова́я ~** Rauchwand *f*

завести́ * *сов* ‹-еду́, -едёшь› [**заводи́ть** V_{4a} ‹-вожу́, -во́дишь› *несов*] *кого-что вин* ① (*поместить*) hin(ein)fahren; ◇ ~ **маши́ну в гара́ж** das Auto in die Garage fahren ② (*доставить*) hinbringen; ◇ ~ **дете́й к сосе́дке** die Kinder zur Nachbarin bringen ③ (*устроить*) einführen; ◇ ~ **но́вые поря́дки** Neuerungen einführen ④ (*приобрести*) anschaffen; ◇ ~ **хозя́йство** einen Betrieb gründen ⑤ (*начать*) anfangen, anknüpfen ⑥ (*пустить в ход*) ◇ ~ **мото́р**

den Motor anlassen; ◇ ~ **часы́** die Uhr aufziehen; ◇ ~ **кого́-л в тупи́к** jd-n in eine Sackgasse führen; **завести́сь** *сов* ‹-дётся, -ду́тся, 1 и 2 л. не употр› [**заводи́ться** *несов*] *без доп* ① (*появиться*) auftauchen, sich einfinden; ◇ **у него́ завели́сь де́ньги** er ist jetzt gut bei Kasse; (*о насекомых*) ◇ **в ку́хне завели́сь тарака́ны** in der Küche haben sich Kakerlaken eingenistet ② (*начать действовать*) anspringen, laufen; ◇ **маши́на завела́сь** der Motor sprang an ③ (*установиться*) sich einbürgern ④ *перен* (*горячиться*) sich aufregen; ◇ ~ **из-за пустяко́в** sich wegen Kleinigkeiten aufregen

заве́т *м₁* ‹-а› Vermächtnis *n;* ◇ **Ве́тхий** ~ Altes Testament; ◇ **Но́вый** ~ Neues Testament

завеща́ние *с₄* ‹-я› Testament *n,* Vermächtnis *n;* ◇ **сде́лать** ~ das Testament machen; ◇ **по ~ю** testamentarisch; **завеща́ть** V₁ₐ *сов и несов* ‹-а́ю, -а́ешь, *Part. Prät. Pass.* -ве́щанный› *кого-что вин кому-чему дат* vermachen

зави́вка *ж₁* ‹-и, *род мн:* -вок› ① (*действие*) das Wellen *n* ② (*причёска*) Dauerwelle *f*

зави́довать V₃ₐ *несов* ‹-дую, -дуешь› [**по~** *сов*] *кому-чему дат* jd-n beneiden; ◇ **я Вам не ~ую** Sie sind nicht zu beneiden

завинти́ть V₄ₐ *сов* ‹-нчу́, -ти́шь, *Part. Prät. Pass.* -ви́нченный› [**зави́нчивать** V₁ₐ *несов*] *что вин* festschrauben, anziehen

зави́сеть * *несов* ‹-и́шу, -и́сишь› *от кого-чего род* abhängen von; ◇ **э́то ~ит от нас сами́х** das hängt ganz von uns ab; **зави́симость** *ж₅* ‹-и› Abhängigkeit *f;* ◇ **быть в постоя́нной ~и от кого́-л** sich in ständiger Abhängigkeit von jd-m befinden; ◇ **в ~и от обстоя́тельств** je nach den Umständen; ист ◇ **крепостна́я** ~ Leibeigenschaft *f*

зави́стливый *прил* ‹-ая, -ое, -ые› neidisch; **за́висть** *ж₅* ‹-и› Neid *m;* ◇ **чёрная** ~ blasser Neid; ◇ **возбужда́ть ~ в ком-л** Neid bei jd-m erwecken

завладе́ть V₅ *сов* ‹-е́ю, -е́ешь› [**завладева́ть** V₁ₐ *несов*] *кем-чем тв* ① (*захватить*) an sich reißen; ◇ ~ **чужи́м иму́ществом** sich fremden Eigentums bemächtigen ② *перен* (*подчинить*) in Beschlag nehmen; ◇ ~ **чьим-л внима́нием** jd-s ganze Aufmerksamkeit beanspruchen

завле́чь * *сов* ‹-еку́, -ечёшь› [**завлека́ть** V₁ₐ *несов*] *кого-что вин* ① (*заманить*) verführen, (ver-)locken ② (*склонить*) verleiten, hinreißen, fesseln

заво́д [1] *м₁* ‹-а› ① (*предприятие*) Fabrik *f;* ◇ **металлурги́ческий** ~ Eisenhütte *f* ② Zuchtanstalt *f;* ◇ **ко́нный** ~ Gestüt *n;* ◇ **рыбово́дный** ~ Fischzuchtbetrieb *m*

заво́д [2] *м* ‹-а› ① (*приспособление в механизме*) Aufzug *m;* ◇ **игру́шка с ~ом** aufziehbares Spielzeug ② (*действие*) Anlassen *n,* Andrehen *n;* (*часов*) Aufziehen *n*

завоева́ние *с₄* ‹-я› ① (*то, что завоёвано*) Eroberung *f* ② (*достижение*) Errungenschaft *f;* **завоева́тель** *м₂* ‹-я› Eroberer *m;* **завоева́ть** * *сов* ‹-ою́ю, -ою́ешь› [**завоёвывать** V₁ₐ *несов*] *кого-что вин* ① (*овладеть*) erobern ② *перен* (*добиться*) gewinnen, erwerben; ◇ ~ **чьё-л дове́рие** jd-s Vertrauen gewinnen

завсегда́тай *м₃* ‹-я› *разг* Stammgast *m*

за́втра I. *нареч* morgen; ◇ ~ **у́тром** morgen früh; ◇ **отложи́ть дела́ на** ~ Geschäfte auf morgen verschieben; ◇ **до ~!** bis morgen! **II.** *с* ‹нескл› (*недалёкое будущее*) Morgen *n;* ◇ **на́ше** ~ unsere Zukunft

за́втрак *м₁* ‹-а› Frühstück *n;* **за́втракать** V₁ₐ *несов* ‹-аю, -аешь› [**по~** *сов*] *без доп* frühstücken

за́втрашний *прил* ‹-яя, -ее, -ие› morgig; ◇ **с ~его дня** vom morgigen Tag an; ◇ **неуве́ренность в ~ем дне** Zukunftsangst *f*

завяза́ть V₁ₐ *сов* ‹-яжу́, -я́жешь, *Imp.* -яжи́, ~те, *Part. Prät. Pass.* -я́занный› [**завя́зывать** V₁ₐ *несов*] *что вин* ① (*связать*) (zu-)binden, zuschnüren; ◇ ~ **га́лстук** die Krawatte (um-)binden; ◇ ~ **у́зел** einen Knoten machen ② *перен* (*начать*) anknüpfen, anbahnen; ◇ ~ **знако́мство с кем-л** mit jd-m Bekanntschaft schließen; **завя́зка** *ж₁* ‹-и, *род мн:* -зок› ① (*лента, верёвка*) Band *n* ② (*начало*) Auftakt *m*

загада́ть V₁ₐ *сов* ‹-а́ю, -а́ешь, *Part. Prät. Pass.* -га́данный› [**зага́дывать** V₁ₐ *несов*] *что вин* ① (*предложить для разгадки*) zu raten aufgeben; ◇ ~ **зага́дку** ein Rätsel aufgeben ② (*задумать*) sich etw ausdenken ③ (*предсказать*) ◇ ~ **на ка́ртах** aus den Karten lesen ④ *разг* (*предположить*) vorausplanen

зага́дка *ж₁* ‹-и, *род мн:* -док› Rätsel *n;* ◇ **разгада́ть ~у** ein Rätsel lösen; (*нечто непонятное*) ◇ **куда́ он исче́з - э́то** ~ es bleibt ein Rätsel, wohin er verschwunden ist

зага́р *м₁* ‹-а› Sonnenbräune *f*

загво́здка *ж₁* ‹-и, *род мн:* -док› *разг* (*помеха*) Haken *m;* (*трудность*) Schwierigkeit *f;* ◇ **тут есть одна́** ~ die Sache hat einen Haken

З

загла́вие *c_4* ‹-я› Titel *m*, Überschrift *f*

загла́дить V_{4b} *сов* ‹-а́жу, -а́дишь, *Part. Prät. Pass.* -а́женный› [**загла́живать** V_{1a} *несов*] *что вин* (1) (*сделать гладким*) glätten, (aus-)bügeln; ◇ ~ **скла́дки утюго́м** die Falten ausbügeln (2) *перен* (*смягчить*) ausbügeln, wiedergutmachen

загло́хнуть *см.* **гло́хнуть**

загляну́ть V_2 *сов* ‹-ну́, -я́нешь› [**загля́дывать** V_{1a} *несов*] *без доп (1), к кому дат (2)* (1) (*взглянуть*) einen Blick werfen (auf), kurz schauen; ◇ ~ **в слова́рь** im Wörterbuch nachschlagen (2) *разг* (*зайти*) kurz vorbeischauen; ◇ ~ **к прия́телю на мину́ту** kurz bei einem Bekannten vorbeischauen

загна́ть * *сов* ‹-гоню́, -го́нишь› [**загоня́ть** V_{1b} *несов*] *кого-что вин* (1) treiben; ◇ ~ **ове́ц в хлев** die Schafe in den Stall treiben; ◇ ~ **мяч в воро́та** den Ball ins Tor schießen (2) (*вбить*) (hinein-)schlagen; ◇ ~ **гвоздь в до́ску** einen Nagel ins Brett schlagen (3) (*измучить*) hetzen, jagen (4) *прост* (*продать*) verkloppen, verkaufen; ◇ **он реши́л ~ телеви́зор** er beschloß, den Fernseher zu verkloppen

загни́ть V_{4a} *сов* ‹-ию́, -иёшь› [**загнива́ть** V_{1a} *несов*] *без доп* verfaulen, anfaulen

загну́ть V_2 *сов* ‹-ну́, -нёшь, *Part. Prät. Pass.* за́гнутый› [**загиба́ть** V_{1a} *несов*] *что вин (1, 3), без доп (2)* (1) (*согнуть, изогнуть*) umbiegen; ◇ ~ **рукава́** die Ärmel hochkrempeln; ◇ ~ **страни́цу** Eselsohren in eine Seite machen (2) *разг* (*повернуть*) einbiegen; ◇ ~ **за́ угол** um die Ecke biegen (3) *разг* (*преувеличить*) frech werden, übertreiben; ◇ **ну э́то уж ты ~у́л!** da übertreibst du aber!

за́говор *$м_1$* ‹-а› Verschwörung *f*

заговори́ть [1] V_{4a} *сов* ‹-рю́, -ри́шь› [**загова́ривать** V_{1a} *несов*] *без доп (1), кого-что вин (2)* (1) *перен* (*пробудиться*) erwachen, sich regen; ◇ **в нём ~ла со́весть** in ihm erwachte sein Gewissen (2) *разг* (*утомить разговором*) jd-n durch ständiges Reden ermüden

заговори́ть [2] *сов* ‹-рю́, -ри́шь› [**загова́ривать** *несов*] *без доп (1), с кем тв (2)* (1) (*начать говорить*) anfangen zu sprechen (2) (*вступить в разговор*) ansprechen; ◇ **я ~л с ним по-ру́сски** ich sprach ihn auf russisch an

загово́рщик *$м_1$* ‹-а› Verschwörer *m*

заголо́вок *$м_1$* ‹-вка› Überschrift *f*, Titel *m;* (*газетный*) Schlagzeile *f*

загора́живать V_{1a} *несов от* **загороди́ть**

загора́ть V_{1a} *несов от* **загоре́ть**

загоре́лый *прил* ‹-ая, -ое, -ые› braungebrannt, sonnengebräunt; **загоре́ть** V_5 *сов* ‹-рю́, -ри́шь, *Imp.* -ри́, ~те› [**загора́ть** V_{1a} *несов*] *без доп* sich bräunen, braun werden; ◇ ~ **на со́лнце** sich sonnen; **загоре́ться** *сов* ‹-рю́сь, -ри́шься› [**загора́ться** *несов*] *без доп* (1) (*начать гореть*) anfangen zu brennen; ◇ **склад ~лся** das Lager fing Feuer; *перен* ◇ **его́ глаза́ ~лись** seine Augen leuchteten auf (2) *перен* (*начаться*) ausbrechen, entbrennen; ◇ **из-за э́того весь сыр-бо́р ~лся** deshalb ist der ganze Streit entbrannt

загороди́ть V_{4a} *сов* ‹-ожу́, -о́дишь, *Part. Prät. Pass.* -ро́женный› [**загора́живать** V_{1a} *несов*] *кого-что вин* (1) (*поставить ограду*) umzäunen, einzäunen (2) (*закрыть проход*) versperren; ◇ ~ **собо́й свет** jd-m im Licht stehen; ◇ ~ **доро́гу кому́-л** jd-m den Weg verstellen; **загоро́дка** *$ж_1$* ‹-и, *род мн:* -док› (*ограда*) Umzäunung *f;* (*забор*) Zaun *m;* (*перегородка*) Verschlag *m*

загото́вить V_{4b} *сов* ‹-влю, -вишь, *Part. Prät. Pass.* -то́вленный› [**заготовля́ть** V_{1b} и **загота́вливать** V_{1a} *несов*] *что вин или чего род* (1) (*заранее приготовить*) vorbereiten (2) (*запасти впрок*) Vorräte anlegen, sich *dat* etw beschaffen; **загото́вка** *$ж_1$* ‹-и, *род мн:* -вок› (1) (*подготовка*) Beschaffung *f*, Bereitstellung *f;* (*закупка продуктов*) Besorgung *f* (2) тех Werkstück *n*

загра́ница *$ж_1$* ‹-ы, *тв:* -цей› Ausland *n;* **загрaни́чный** *прил* ‹-ая, -ое, -ые› Auslands-, ausländisch; ◇ ~ **па́спорт** Reisepaß *m*

загримирова́ться *см.* **гримирова́ться**

загрузи́ть V_{4a} *сов* ‹-ужу́, -у́зишь, *Part. Prät. Pass.* -у́женный› [**загружа́ть** V_{1a} *несов*] *кого-что вин* (1) (*грузить*) beladen (2) *перен* (*работой*) beschäftigen, auslasten; ◇ ~ **преподава́телей** die Lehrer mit Arbeit überhäufen

загрязне́ние *c_4* ‹-я› Verschmutzung *f*, Verunreinigung *f;* ◇ ~ **окружа́ющей среды́** Umweltverschmutzung; **загрязня́ть** V_{1b} *несов* ‹-я́ю, -я́ешь› [**загрязни́ть** *сов*] *кого-что вин* (1) (*пачкать*) verschmutzen, verunreinigen; (*окружающую среду*) Schadstoffe ausstoßen (2) *перен* (*обесчестить*) beschmutzen, entehren

загс *$м_1$* ‹-а› (= *отдел записи актов гражданского состояния*) Standesamt *n*

зад *$м_1$* ‹-а, на заду́, *мн:* -ы́› (1) (*задняя часть*) Hinterseite *f;* ◇ ~ **автомоби́ля** Heck *n;* ◇ **наде́ть пла́тье ~ом напере́д** das Kleid verkehrt herum anziehen (2) (*часть туло-*

вища) Hintern *m;* ◇ **то́лстый ~** dicker Hintern; *груб* ◇ **дать кому́-л под ~ коле́нкой** jd-m in den Hintern treten ③ ◇ **~ы́** *мн (то, что всем известно)* altbekannte Dinge

задава́ть V_{1a} *несов от* **зада́ть**

задави́ть *см.* давить

зада́ние c_4 ‹-я› Aufgabe *f; (поручение)* Auftrag *m;* ◇ **дома́шнее ~** Hausaufgabe; ◇ **произво́дственное ~** Soll *n,* Produktionsvorgabe *f*

зада́тки $мн_1$ ‹-ков› Anlagen *f pl,* Veranlagung *f*

зада́ток $м_1$ ‹-тка› Anzahlung *f; (аванс)* Vorschuß *m;* ◇ **внести́ ~** eine Anzahlung leisten

зада́ть V_{1a} *сов* ‹-а́м, -а́шь, *Part. Prät. Pass.* за́данный› [**задава́ть** *несов*] *что вин кому дат (1), что вин (2,3)* ① *(дать задание)* aufgeben, auftragen; ◇ **~ уро́ки** Hausaufgaben aufgeben ② *(указать)* angeben, vorgeben; ◇ **~ ну́жный темп** das Tempo vorgeben; ◇ **~ тон** den Ton angeben ③ *разг (устроить)* veranstalten; ◇ **~ пир** ein Gelage veranstalten; *(причинить)* ◇ **~ стра́ху** jd-m Angst einjagen; ◇ **~ трёпку** jd-n verhauen; ◇ **я тебе́ зада́м!** gleich setzt es was; ◇ **~ вопро́с** eine Frage stellen; **зада́ча** $ж_1$ ‹-и› Aufgabe *f; (проблема)* Problem *n;* ◇ **поста́вить ~у** eine Aufgabe stellen

задвига́ть V_{1a} *несов от* **задви́нуть**

задви́жка $ж_1$ ‹-и, *род мн:* -жек› Riegel *m;* ◇ **закры́ть дверь на ~у** die Tür verriegeln

задви́нуть V_2 *сов* ‹-ну, -нешь, *Imp.* -нь, ~те, *Part. Prät. Pass.* -нутый› [**задвига́ть** V_{1a} *несов*] *что вин* ① *(закрыть)* zuschieben ② *(поместить)* hineinschieben, unterschieben; ◇ **~ чемода́н под крова́ть** den Koffer unter das Bett schieben

задво́рки $мн_1$ ‹-рок› Hinterhof *m*

заде́лать V_{1a} *сов* ‹-аю, -аешь› [**заде́лывать** V_{1a} *несов*] *что вин (забить)* zumachen; *(гвоздями)* zunageln; *(заткнуть)* zustopfen; *(замуровать)* zumauern; *(замазать)* verkitten; *(заклеить)* zukleben

задержа́ние c_4 ‹-я› Festnahme *f,* Verhaftung *f;* **задержа́ть** V_{1a} *сов* ‹-жу́, -е́ржишь, *Imp.* -жи́, ~те, *Part. Prät. Pass.* -е́ржанный› [**заде́рживать** V_{1a} *несов*] *кого-что вин* ① *(воспрепятствовать)* zurückhalten; ◇ **меня́ ~ли дела́** ich wurde von Geschäften aufgehalten ② *(отсрочить)* verzögern; ◇ **~ поса́дку на самолёт** den Abflug verschieben; ◇ **~ упла́ту до́лга на ме́сяц** einen Monat mit der Schuldentilgung im Verzug sein ③ *(арестовать)* festnehmen; **задержа́ться** *сов* ‹-жу́сь, -е́ржишься› [**заде́рживаться** *несов*] *без доп* ① *(остановиться)* innehalten; *(остаться)* sich aufhalten; *(замедлиться)* stehenbleiben; ◇ **дыха́ние ~лось** der Atem stockte ② *(не сделать вовремя)* verzögern, ins Stocken geraten; ◇ **~ с рабо́той** mit der Arbeit im Rückstand sein; **заде́ржка** $ж_1$ ‹-и, *род мн:* -жек› ① *(остановка)* Aufenthalt *m* ② *(препятствие, помеха)* Störung *f,* Hemmung *f; (промедление)* Verzögerung *f,* Aufschub *m;* ◇ **без ~и** unverzüglich

заде́ть V_5 *сов* ‹-е́ну, -е́нешь, (4) 1 и 2 л. не употр, *Imp.* -е́нь, ~те, *Part. Prät. Pass.* -е́тый› [**задева́ть** V_{1a} *несов*] *кого-что вин* ① *(коснуться)* berühren, streifen, stoßen ② *перен (обидеть)* verletzen, treffen, kränken ③ мед angreifen; ◇ **боле́знь ~ла верху́шку лёгкого** die Krankheit griff die Lungenspitze an

за́дний *прил* ‹-яя, -ее, -ие› Hinter-; ◇ **~ие но́ги** Hinterbeine *n pl;* тех ◇ **~ ход** Rückwärtsgang *m;* ◇ **~яя мысль** Hintergedanke *m;* ◇ **поме́тить ~им число́м** zurückdatieren

задо́лго *нареч* lange; ◇ **~ до о́сени** lange vor dem Herbst

задо́лженность $ж_5$ ‹-и› Verschuldung *f;* ◇ **име́ть ~ по чему́-л** wegen etw verschuldet sein

за́дом *нареч* rückwärts; ◇ **стоя́ть ~ к кому́-л** jd-m den Rücken zukehren; ◇ **~ наперёд** verkehrt herum

задохну́ться V_2 *сов* ‹-ну́сь, -нёшься› [**задыха́ться** V_{1a} *несов*] *без доп* ① *(умереть)* ersticken ② *(прервать дыхание)* keuchen, außer Atem sein

задра́ть V_{1a} *сов* ‹-деру́, -дерёшь, *Imp.* -дери́, ~те, *Part. Prät. Pass.* за́дранный› [**задира́ть** V_{1a} *несов*] *кого-что вин* ① *разг (поднять кверху)* (hoch-)heben; ◇ **~ го́лову** den Kopf heben ② *(растерзать)* reißen; ◇ **волк задра́л овцу** der Wolf hat ein Schaf gerissen; ◇ **~ хвост** überheblich sein

заду́мать V_{1a} *сов* ‹-аю, -аешь› [**заду́мывать** V_{1a} *несов*] *что вин или с инф (1), что вин (2)* ① *(мысленно решить сделать)* sich etw vornehmen, etw vorhaben; ◇ **он что́-то ~л** er führte irgendetwas im Schilde ② *(загадать)* sich ausdenken; **заду́маться** *сов* ‹-аюсь, -аешься› [**заду́мываться** *несов*] *без доп (1), с инф (2)* ① *(предаться думам)* nachdenken, in Gedanken versunken sein ② *(колебаться)* zögern, zaudern

заду́мчивость $ж_5$ ‹-и› Nachdenklichkeit *f;* **заду́мчивый** *прил* ‹-ая, -ое, -ые› nachdenklich

З

задушéвный *прил* ‹-ая, -ое, -ые› herzlich, innig

задыхáться V_{1a} *несов от* **задохнýться**

заéзд $м_1$ ‹-а› (1) (*прибытие*) Anreise *f* (2) спорт Lauf *m;* ◇ **победи́тель в пéрвом ~е** Sieger der ersten Runde

заезжáть V_{1a} *несов от* **заéхать**

заём $м_1$ ‹зáйма, *мн:* зáймы› Anleihe *f,* Darlehen *n;* ◇ **госудáрственный** ~ Staatsanleihe

заéхать V_{1a} *сов* ‹-éду, -éдешь› [**заезжáть** *несов*] *к кому-чему дат (1), за кем-чем (2), без доп (3), во что вин (4)* (1) (*побывать*) kurz besuchen, eine Stippvisite machen (2) (*за кем-чем-л*) jd-n abholen (3) (*объехать*) heranfahren; ◇ ~ **слéва** von links heranfahren (4) (*попасть куда-л*) in etw geraten; ◇ ~ **в тряси́ну** in einen Sumpf geraten

зажáть V_{1a} *сов* ‹-жмý, -жмёшь, *Imp.* -жми́, ~те, *Part. Prät. Pass.* -жáтый› [**зажимáть** V_{1a} *несов*] *кого-что вин* (1) (*сжать*) festklemmen; ◇ ~ **карандáш в рукé** den Stift in der Hand festhalten (2) (*закрыть*) zuhalten; ◇ ~ **ýши** sich die Ohren zuhalten (3) *перен разг* (*стеснить, помешать*) unterdrücken; ◇ ~ **рот комý-л** jd-n zum Schweigen bringen

зажéчь * *сов* ‹-жгý, -жжёшь› [**зажигáть** V_{1a} *несов*] *кого-что вин* (1) anzünden; ◇ ~ **свет** das Licht anmachen; ◇ ~ **спи́чку** einen Streichholz anzünden (2) *перен* (*вдохновить*) anfeuern, begeistern; ◇ ~ **слýшателей рéчью** die Zuhörer mit einer Rede begeistern; **зажéчься** *сов* ‹-жгýсь, -жжёшься, (1) 1 и 2 л. не употр› [**зажигáться** *несов*] *без доп* (1) (*загореться*) sich entzünden, zu brennen anfangen (2) *перен* (*вдохновиться*) entflammen; ◇ **в нём зажглáсь рéвность** in ihm entflammte Eifersucht

зáживо *нареч* bei lebendigem Leibe, lebendig; ◇ ~ **погребённый** lebendig begraben

зажигáлка $ж_1$ ‹-и, *род мн:* -лок› Feuerzeug *n*

зажигáться V_{1a} *несов от* **зажéчься**

зажи́м $м_1$ ‹-а› (1) (*приспособление*) Halter *m,* Klemme *f* (2) (*действие*) Einklemmen *n* (3) *перен* Unterdrückung *f*

зажимáть V_{1a} *несов от* **зажáть**

зажи́точный *прил* ‹-ая, -ое, -ые› wohlhabend, vermögend

зажи́ть V_{4a} *сов* ‹-живёт, -живýт, 1 и 2 л. не употр, *Prät.* зáжил, -á, -о, *Imp.* -живи́, ~те› [**заживáть** V_{1a} *несов*] *(о ране)* (ab-)heilen; (*зарубцевáться*) vernarben; ◇ **до свáдьбы ~ёт** das geht vorbei

зазнáйство $с_2$ ‹-а› Überheblichkeit *f,* Großtuerei *f*

зазóр $м_1$ ‹-а› тех Spielraum *m,* Spiel *n*

зáйка $м/ж_1$ ‹-и› Stotterer *m,* Stotterin *f;* **заикáние** $с_4$ ‹-я› Stottern *n;* **заикáться** V_{1a} *несов* ‹-áюсь, -áешься› [**заикнýться** V_2 *сов*] *без доп (1), о ком-чём предл (2)* (1) stottern, stammeln; ◇ ~ **от волнéния** vor Aufregung stottern (2) *перен разг* (*упоминать вскользь*) eine Andeutung machen; ◇ **о поéздке он и не ~лся** über die Reise hat er kein Wort verlauten lassen

заимообрáзно *нареч* leihweise; ◇ **получи́ть дéньги** ~ Geld geliehen bekommen

заинтересóванность $ж_5$ ‹-и› Interesse *n,* Interessiertheit *f*

заинтриговáть V_{3a} *сов* ‹-гýю, -гýешь, *Part. Prät. Pass.* -гóванный› [**заинтригóвывать** V_{1a} *несов*] *кого-что вин* neugierig machen

заи́скивать V_{1a} *несов* ‹-аю, -аешь› *перед кем-чем тв* sich bei jd-m einschmeicheln

зайти́ * *сов* ‹-йдý, -йдёшь, (5) 1 и 2 л. не употр› [**заходи́ть** V_{4a} *несов*] *к кому-чему дат (1), за кем-чем тв (2), что вин (3, 4), без доп (5)* (1) (*посетить*) kurz besuchen, vorbeigehen (2) (*прийти за кем-чем-л*) etw (ab-)holen; ◇ ~ **за коллéгами** die Kollegen abholen (3) (*войти*) hineingehen; ◇ **мы зашли́ далекó в лес** wir gingen weit in den Wald hinein (4) (*попасть куда-л далеко*) (hin-)geraten, weit in eine bestimmte Richtung gehen; ◇ **кудá мы зашли́?** wo sind wir gelandet [hingeraten]? (5) (*возникнуть*) auf etw (zu sprechen) kommen; ◇ **наш разговóр зашёл о егó рабóте** in dem Gespräch kamen wir auf seine Arbeit zu sprechen

закабали́ть V_{4a} *сов* ‹-лю́, -ли́шь› [**закабаля́ть** V_{1b} *несов*] *кого-что вин* (*поработить*) knechten; (*подчинить себе*) unterwerfen

закáз $м_1$ ‹-а› Bestellung *f,* Auftrag *m;* ◇ **по ~у** auftragsgemäß; **заказáть** V_{1a} *сов* ‹-ажý, -áжешь, *Imp.* -ажи́, ~те, *Part. Prät. Pass.* -áзанный› [**закáзывать** V_{1a} *несов*] *что вин или с инф* bestellen, in Auftrag geben; **заказнóй** *прил* ‹-áя, -óе, -ы́е› (1) (*сделанный на заказ*) Auftrags-, bestellt (2) (*о письме*) Einschreibe-; ◇ **послáть письмó ~ы́м** etw per Einschreiben schicken; **закáзчик** $м_1$ ‹-а› Auftraggeber *m,* Kunde *m*

закáзывать *несов от* **заказáть**

закáлка $ж_1$ ‹-и› (1) тех Härtung *f* (2) (*выносливость*) Abhärtung *f,* Härte *f*

закáпать [1] V_{1a} *сов* ‹-аю, -аешь› *без доп*

(*начать капать*) anfangen zu tropfen; ◇ **~али слёзы** die Tränen fingen an zu fließen

зака́пать [2] *сов* ‹-аю, -аешь› [**зака́пывать** V_{1a} *несов*] *кого-что вин* (1) (*забрызгать*) bespritzen; ◇ ~ **пол кра́ской** den Boden mit Farbe bespritzen (2) *разг* (*о лекарстве*) einträufeln; ◇ ~ **ка́пли в глаза́** Tropfen in die Augen tröpfeln

зака́т $м_1$ ‹-а› (1) Untergang *m;* ◇ ~ **со́лнца** Sonnenuntergang (2) *перен* (*упадок*) Niedergang *m,* Untergang *m;* ◇ ~ **жи́зни** Lebensabend *m;* ◇ **на ~е дней** am Ende seiner Tage

заката́ть V_{1a} *сов* ‹-а́ю, -а́ешь, *Part. Prät. Pass.* -ка́танный› [**зака́тывать** V_{1a} *несов*] *кого-что вин во что вин (1), что вин (2, 3)* (1) (*обмотать, облепить*) einrollen, einwickeln (2) *разг* (*засучить*) hochkrempeln; ◇ ~ **рукава́** die Ärmel hochkrempeln

зака́шляться V_{1b} *сов* ‹-яюсь, -яешься› [**зака́шливаться** V_{1a} *несов*] *без доп* loshusten, einen Hustenanfall bekommen

заки́нуть V_2 *сов* ‹-ну, -нешь, *Imp.* -нь, ~те, *Part. Prät. Pass.* -нутый› [**заки́дывать** V_{1a} *несов*] *кого-что вин* (1) (*забросить*) (aus-)werfen, schleudern; *тж перен* ◇ ~ **у́дочку** die Angel auswerfen (2) (*придать чему-л другое положение*) nach oben/hinten werfen; ◇ ~ **го́лову** den Kopf zurückwerfen; ◇ ~ **но́гу на́ ногу** die Beine übereinanderschlagen; ◇ ~ **слове́чко** ein Wort für jd-n einlegen

закла́д $м_1$ ‹-а› (1) (*залог*) Pfand *n;* ◇ **отнести́ вещь в** ~ etw verpfänden; ◇ **принима́ть в** ~ in Zahlung nehmen (2) (*спор на какую-л вещь*) Wette *f*

закла́дка $ж_1$ ‹-и, *род мн:* -док› (1) (*начало строительства*) Baubeginn *m,* Grundsteinlegung *f* (2) (*для книги*) Lesezeichen *n*

закла́дывать V_{1a} *несов от* **заложи́ть**

заклёпка $ж_1$ ‹-и, *род мн:* -пок› *тех* Niet *m*

заклина́ние $с_4$ ‹-я› Beschwörung *f;* ◇ **произноси́ть ~я** etw beschwören

заключа́ть V_{1a} *несов от* **заключи́ть**

заключе́ние $с_4$ ‹-я› (1) (*окончание*) Abschluß *m,* Schluß *m,* Ende *n;* ◇ **в** ~ zum Abschluß (2) (*соглашения*) Abschluß *m;* ◇ ~ **догово́ра** Vertragsunterzeichnung *f* (3) (*утверждение, вывод*) Schluß *m,* Schlußfolgerung *f;* ◇ ~ **эксперти́зы** Gutachten *n;* ◇ **предста́вить на** ~ begutachten lassen; ◇ **прийти́ к ~ю** zu einer Schlußfolgerung kommen (4) (*тюремное*) Haft *f,* Inhaftierung *f;* ◇ **ме́сто ~я** Haftanstalt *f;* ◇ **приговори́ть к пяти́ года́м ~я** zu fünf Jahren Freiheitsentzug verurteilen

заключённый *м* (A_1) ‹-ого› Gefangener *m,* Häftling *m*

заключи́тельный *прил* ‹-ая, -ое, -ые› Schluß-; ◇ ~ **экза́мен** Abschlußexamen *n;*

заключи́ть V_{4a} *сов* ‹-чу́, -чи́шь› [**заключа́ть** *несов*] *что вин чем тв (1), с союзом "что" (3), кого-что вин (2, 4), что вин во что вин (5)* (1) (*закончить, завершить*) beenden, abschließen (2) (*подписать*) (ab-)schließen; ◇ ~ **догово́р** Vertrag unterzeichnen; ◇ ~ **пари́** eine Wette abschließen; ◇ ~ **соглаше́ние** eine Vereinbarung treffen (3) (*сделать вывод*) etw aus etw schließen, schlußfolgern; ◇ **отсю́да я заключи́л, что он прав** daraus habe ich geschlossen, daß er recht hat (4) (*поместить в тюрьму*) inhaftieren (5) (*поместить*) einschließen; ◇ ~ **в объя́тия** umarmen; ◇ ~ **в ско́бки** in Klammern setzen

закола́чивать V_{1a} *несов от* **заколоти́ть**

зако́лка $ж_1$ ‹-и, *род мн:* -лок› Haarspange *f*

заколоти́ть V_{4a} *сов* ‹-очу́, -о́тишь, *Part. Prät. Pass.* -о́ченный› [**закола́чивать** *несов*] *что вин* (1) (*гвоздями*) zunageln (2) (*вбить*) einschlagen

заколо́ть *см.* **коло́ть**

зако́н $м_1$ ‹-а› Gesetz *n;* ◇ **основно́й** ~ Grundgesetz; ◇ **и́менем ~а** im Namen des Gesetzes; **зако́нность** $ж_5$ ‹-и› (1) (*соблюдение законов*) Gesetzlichkeit *f* (2) (*правомерность*) Rechtmäßigkeit *f;* **зако́нный** *прил* ‹-ая, -ое, -ые› (1) (*соответствующий закону*) gesetzlich, rechtmäßig; ◇ ~ **докуме́нт** rechtskräftiges Dokument (2) (*правовой*) Rechts-; ◇ **~ое основа́ние** Rechtsgrundlage *f* (3) (*справедливый*) berechtigt; ◇ ~ **упрёк** berechtigter Vorwurf; **законода́тель** $м_2$ ‹-я› Gesetzgeber *m;* **законода́тельный** *прил* ‹-ая, -ое, -ые› gesetzgeberisch; ◇ **~ая власть** gesetzgebende Gewalt; **закономе́рность** $ж_5$ ‹-и› Gesetzmäßigkeit *f;* **закономе́рный** *прил* ‹-ая, -ое, -ые› (1) (*причинно обусловленный*) gesetzmäßig (2) (*обоснованный*) legitim, berechtigt; ◇ **Ваш вопро́с вполне́ закономе́рен** Ihre Frage ist durchaus legitim; **законопрое́кт** $м_1$ ‹-а› Gesetzesentwurf *m*

зако́нченный *прил* ‹-ая, -ое, -ые› (1) (*цельный*) vollendet, abgeschlossen (2) (*полный, совершенный*) vollendet, völlig; ◇ ~ **негодя́й** ein ausgemachter Schurke

зако́нчить V_{4b} *сов* ‹-чу, -чишь, *Imp.* -чи, ~те› [**зака́нчивать** V_{1a} *несов*] *что вин* beenden, abschließen

закорене́лый *прил* ‹-ая, -ое, -ые› (1) (*укоренившийся*) eingebürgert, hartnäckig; ◇ ~ **предрассу́док** fest verwurzeltes Vorurteil (2) (*неисправимый*) unverbesserlich

закоу́лок $м_1$ ‹-лка, *мн:* -лки› (1) (*переулок*) Seitengasse *f* (2) (*недоступное место в помещении*) Winkel *m*

закочене́ть *см.* **коченеть**

закрепи́ть V_{4a} *сов* ‹-плю́, -пи́шь, *Part. Prät. Pass.* -плённый› [**закрепля́ть** V_{1b} *несов*] *что вин, кого-что вин за кем-чем тв (4)* (1) (*укрепить*) befestigen, festmachen; ◇ ~ **до́ску гвоздём** das Brett festnageln (2) *перен* (*упрочить*) festigen; ◇ ~ **свои́ зна́ния** sein Wissen festigen (3) тех, фото fixieren (4) (*обеспечить право*) reservieren, zuteilen

закрепости́ть V_{4a} *сов* ‹-ощу́, -ости́шь, *Part. Prät. Pass.* -ощённый› [**закрепоща́ть** V_{1a} *несов*] *кого-что вин* (1) (*сделать крепостным*) die Leibeigenschaft einführen (2) *перен* (*подчинить себе*) knechten, versklaven

закро́йщик $м_1$ ‹-а› Zuschneider *m*

закрути́ть *см.* **крути́ть**

закры́тие $с_4$ ‹-я› (1) (*прекращение*) Einstellung *f*, Aufhebung *f*; (*окончание*) Beendigung *f*, Abschluß *m* (2) (*границы*) Schließung *f*; **закры́тый** *прил* ‹-ая, -ое, -ые› (1) (*ограждённый*) geschlossen; ◇ **~ая бесе́дка** Gartenlaube *f*; ◇ **~ое простра́нство** geschlossener Raum (2) (*недоступный*) geschlossen, nichtöffentlich; ◇ **~ое заседа́ние** geschlossene Sitzung; ◇ **~ое голосова́ние** geheime Abstimmung (3) (*об одежде*) (hoch-)geschlossen; ◇ **~ое пла́тье** hochgeschlossenes Kleid; ◇ **~ые ту́фли** geschlossene Schuhe (4) (*внутренний*) unterschwellig; ◇ **боле́знь протека́ет в ~ой фо́рме** die Krankheit schreitet unsichtbar fort (5) (*о границе, пути*) geschlossen, gesperrt; ◇ **~ое мо́ре** Binnenmeer *n*; **закры́ть** * *сов* ‹-ро́ю, -ро́ешь› [**закрыва́ть** V_{1a} *несов*] *кого-что вин* (1) (*опустить крышку, сдвинуть створку*) schließen, zumachen; ◇ ~ **окно́** das Fenster schließen; ◇ ~ **на ключ** zuschließen; ◇ ~ **глаза́** die Augen schließen; ◇ ~ **зонт** den Schirm zumachen (2) (*сделать недоступным*) sperren; ◇ ~ **грани́цу** die Grenze sperren (3) (*покрыть, накрыть*) bedecken, verdecken; ◇ ~ **го́лову платко́м** den Kopf mit einem Tuch bedecken; ◇ ~ **лицо́ рука́ми** das Gesicht mit den Händen verdecken (4) (*прекратить действие*) abdrehen; ◇ ~ **во́ду/газ** das Wasser/das Gas zudrehen; ◇ ~ **кран** den Hahn abdrehen (5) (*положить конец деятельности*) schließen, beenden; ◇ ~ **заседа́ние** die Sitzung schließen; ◇ ~ **счёт в ба́нке** ein Konto bei der Bank auflösen; ◇ ~ **глаза́ на что-л** die Augen vor etw verschließen

закули́сный *прил* ‹-ая, -ое, -ые› (1) театр hinter den Kulissen (2) *перен* (*тайный*) geheim, hinter den Kulissen; ◇ **~ые перегово́ры** Geheimgespräche *n pl*

закупи́ть V_{4a} *сов* ‹-уплю́, -у́пишь, *Part. Prät. Pass.* -у́пленный› [**закупа́ть** V_{1a} *несов*] *что вин* in großen Mengen kaufen; ◇ ~ **проду́кты на неде́лю** Lebensmittel für eine Woche einkaufen

закуси́ть[1] V_{4a} *сов* ‹-ушу́, -у́сишь, *Part. Prät. Pass.* -у́шенный› [**заку́сывать** V_{1a} *несов*] *что вин* (*захватить зубами*) beißen; ◇ ~ **гу́бы** sich auf die Lippen beißen; *перен* ◇ ~ **удила́** über die Stränge schlagen

закуси́ть[2] *сов* ‹-ушу́, -у́сишь› [**заку́сывать** *несов*] *без доп или чем тв* (*поесть*) eine Kleinigkeit essen; ◇ ~ **пе́ред доро́гой** vor der Reise einen Imbiß zu sich nehmen

заку́ска $ж_1$ ‹-и, *род мн:* -сок› (1) (*после выпитого*) Häppchen *n* (*zu einem alkoholischen Getränk*) (2) (*перед основным блюдом*) Vorspeise *f*; ◇ **на ~у сего́дня икра́** als Vorspeise gibt es heute Kaviar

заку́сочная *ж (A p)* ‹-ой› Imbiß *m*

заку́сывать V_{1a} *несов от* **закуси́ть**

зал $м_1$ ‹-а› Saal *m*, Raum *m*; ◇ ~ **ожида́ния** Wartesaal; ◇ **спорти́вный** ~ Sporthalle *f*

залежа́ться V_{1a} *сов* ‹-жу́сь, -жи́шься, (2) 1 и 2 л. не употр, *Imp.* -жи́сь, ~тесь› [**залёживаться** V_{1a} *несов*] *без доп* (1) (*о товарах*) keinen Absatz finden; ◇ **тако́й това́р в магази́не не ~и́тся** so eine Ware wird nicht zum Ladenhüter (2) (*испортиться*) verderben; ◇ **зерно́ ~а́лось** das Getreide verdarb

зале́зть * *сов* ‹-е́зу, -е́зешь› [**залеза́ть** V_{1a} *несов*] *на что вин (1), во что вин (2, 3)* (1) (*подняться, взобраться*) hinaufklettern, hinaufkriechen (2) *разг* (*проникнуть*) hineinklettern, eindringen; ◇ ~ **в чужо́й дом** in ein fremdes Haus eindringen (3) (*забраться*) hineingreifen; ◇ ~ **в карма́н** in die Tasche greifen; ◇ ~ **в долги́** in Schulden geraten

зали́в $м_1$ ‹-а› Meerbusen *m*; (*бухта*) Bucht *f*

заливно́е *с (A p)* ‹-го› кул Aspik *m*

зали́ть V_{4a} *сов* ‹-лью́, -льёшь, *Imp.* -ле́й, ~те, *Part. Prät. Pass.* -ли́тый› [**залива́ть** V_{1a} *несов*] *что вин* (1) (*разлиться*) überschwemmen; ◇ **река́ ~ла́ луга́** der Fluß überflutete die Wiesen ② (*испачкать*) verschütten; ◇ ~ **ска́терть черни́лами** Tinte über das Tischtuch verschütten ③ (*потушить*) löschen; ◇ ~ **ого́нь** das Feuer löschen ④ (*наполнить*) füllen; ◇ ~ **горю́чее в бак** Treibstoff in den Kanister füllen; ◇ ~ **доро́гу асфа́льтом** die Straße asphaltieren

зало́г[1] *м₁* ‹-а› ① (*обеспечение ссуды*) Verpfändung *f,* Pfand *n;* ◇ ~ **иму́щества** Hypothek *f;* ◇ **отда́ть кольцо́ в** ~ einen Ring verpfänden ② (*денежная гарантия*) Kaution *f;* ◇ **освободи́ть под** ~ gegen Kaution freilassen ③ *перен* (*доказательство*) Gewähr *f*

зало́г[2] *м* ‹-а› грам Genus verbi *n;* ◇ **действи́тельный** ~ Aktiv *n;* ◇ **страда́тельный** ~ Passiv *n*

заложи́ть V_{4a} *сов* ‹-жу́, -о́жишь, *Part. Prät. Pass.* -о́женный› [**закла́дывать** V_{1a} *несов*] *что вин* ① (*засунуть*) legen, stecken; ◇ ~ **поду́шку за го́лову** ein Kopfkissen unter den Kopf legen ② (*заделать щели*) ausfüllen ③ (*отдать в залог*) verpfänden; ◇ ~ **часы́** eine Uhr verpfänden ④ (*начать постройку*) den Grundstein legen ⑤ (*запрячь*) einspannen; ◇ ~ **тро́йку** eine Troika einspannen ⑥ (*для хранения*) (ein-)lagern; ◇ ~ **карто́фель на́ зиму** Winterkartoffeln einlagern

зало́жник *м₁* ‹-а› Geisel *f;* ◇ **взять ~ов** Geiseln nehmen; **зало́жница** *ж₁* ‹-ы› Geisel *f*

залп *м₁* ‹-а› Salve *f*

зама́зать V_{1a} *сов* ‹-а́жу, -а́жешь, *Imp.* -а́жь, ~те› [**зама́зывать** V_{1a} *несов*] *что вин* ① (*закрасить*) übermalen; ◇ ~ **на́дпись** eine Aufschrift übermalen ② (*заделать замазкой*) verkitten; ◇ ~ **о́кна на́ зиму** die Fenster für den Winter verkitten ③ *перен разг* (*замаскировать*) verhüllen; ◇ ~ **недоста́тки** Mängel vertuschen

зама́лчивать V_{1a} *несов от* **замолча́ть**[2]

зама́нчивый *прил* ‹-ая, -ое, -ые› verlockend; ◇ **~ое предложе́ние** verlockendes Angebot

замедле́ние *с₄* ‹-я› (*действие*) Verlangsamung *f;* (*задержка*) Verzögerung *f;* ◇ **без ~я** unverzüglich; **заме́дленный** *прил* ‹-ая, -ое, -ые› verlangsamt, verzögert; ◇ **~ая съёмка** Zeitlupenaufnahme *f;* **заме́длить** V_{4b} *сов* ‹-лю, -лишь, *Imp.* -ли, ~те› [**замедля́ть** V_{1b} *несов*] *что вин (1), с чем тв или с инф (2)* ① (*уменьшить скорость*) verlangsamen ② (*задержать*) zögern, auf sich warten lassen

заме́на *ж₁* ‹-ы› ① (*действие*) Ersetzen *n;* (*заменяющее*) Ersatz *m* ② (*тот, кто заменяет*) Vertretung *f,* Ersatz *m;* ◇ **полноце́нная** ~ vollwertiger Ersatz

замени́ть V_{4a} *сов* ‹-ню́, -е́нишь› [**заменя́ть** V_{1b} *несов*] *кого-что вин кем-чем тв (1), кого-что вин (2, 3)* ① (*использовать взамен другого*) ersetzen; ◇ ~ **мета́лл пластма́ссой** Metall durch Plastik ersetzen ② (*стать заместителем*) vertreten, ersetzen; ◇ **кни́га ~ла ему́ все удово́льствия** das Buch ersetzte ihm alle anderen Vergnügungen ③ (*прийти на смену*) ablösen

замере́ть * *сов* ‹-ру́, -рёшь, (2) 1 и 2 л. не употр› [**замира́ть** V_{1a} *несов*] *без доп* ① (*затаить дыхание*) stillstehen, stocken; (*оцепенеть*) erstarren; ◇ ~ **от стра́ха** vor Angst erstarren; ◇ **у меня́ се́рдце за́мерло** das Herz blieb mir stehen; ◇ **слова́ за́мерли на его́ уста́х** die Worte erstarben auf seinen Lippen ② *перен* (*прекратиться*) verhallen, aufhören; ◇ **к но́чи движе́ние на у́лицах за́мерло** gegen Nacht erstarb der Verkehr auf den Straßen

замерза́ть V_{1a} *несов* ‹-а́ю, -а́ешь› [**замёрзнуть** V_2 *сов*] *без доп* gefrieren, einfrieren; ◇ **вода́ ~а́ет** das Wasser gefriert; ◇ **он совсе́м замёрз** er ist völlig durchgefroren

за́мертво *нареч* leblos, bewußtlos

замести́ * *сов* ‹-ету́, -етёшь, (2) 1 и 2 л. не употр› [**замета́ть** V_{1a} *несов*] *что вин* ① (*веником*) fegen; ◇ ~ **му́сор в одно́ ме́сто** den Dreck auf einen Haufen zusammenfegen ② *безл* (*засыпать*) zuwehen; ◇ **вью́гой ~ло́ доро́гу** der Schneesturm wehte den Weg zu; ◇ ~ **следы́ преступле́ния** die Spuren des Verbrechens verwischen

замести́тель *м₂* ‹-я› Stellvertreter *m;* **замести́ть** V_{4a} *сов* ‹-ещу́, -ести́шь, *Part. Prät. Pass.* -ещённый› [**замеща́ть** V_{1a} *несов*] *кого-что вин кем-чем тв (1, 3), кого-что вин (2)* ① (*заменить*) ersetzen ② (*кого-л на работе*) jd-n bei der Arbeit vertreten ③ (*занять должность*) besetzen; ◇ ~ **до́лжность секретаря́** die Stelle des Sekretärs besetzen

замета́ть V_{1a} *несов от* **замести́**

заме́тить V_{4b} *сов* ‹-е́чу, -е́тишь, *Part. Prät. Pass.* -е́ченный› [**замеча́ть** V_{1a} *несов*] *кого-что вин или с союзом "что" (1), что вин (2, 4), без доп (3)* ① (*обнаружить*) bemerken, wahrnehmen; ◇ **я его́ сра́зу ~ил** ich habe ihn sofort gesehen; ◇ **не ~ кого́-л** jd-n übersehen ② (*запомнить*) sich merken; ◇ ~

3

доро́гу sich den Weg einprägen ③ (*сказать*) bemerken, eine Bemerkung machen ④ (*отметить*) notieren, anmerken; ◇ **заме́ть себе́ э́то** notiere dir das; **заме́тка** *ж₁* ‹-и, *род мн:* -ток› ① (*знак*) Zeichen *n* ② (*запись*) Notiz *f;* ◇ **путевы́е ~и** Reiseaufzeichnungen ③ (*сообщение*) Notiz *f;* ◇ **газе́тная ~** Zeitungsnotiz; **заме́тный** *прил* ‹-ая, -ое, -ые› ① (*очевидный*) merklich, bemerkbar; ◇ **на снегу́ заме́тны следы́** im Schnee sind Spuren zu sehen ② (*выдающийся*) bemerkenswert, auffallend; ◇ **~ая ли́чность** herausragende Persönlichkeit

замеча́ние *с₄* ‹-я› ① (*суждение*) Bemerkung *f* ② (*выговор*) Verweis *m*

замеча́тельный *прил* ‹-ая, -ое, -ые› (*примечательный*) bemerkenswert; (*превосходный*) hervorragend; (*отличный*) ausgezeichnet; ◇ ~ **результа́т** ausgezeichnetes Ergebnis; (*выдающийся*) herausragend

замеча́ть V_{1a} *несов от* **заме́тить**

замеща́ть *см.* **замести́ть**

замо́к *м₁* ‹-мка́, *мн:* -мки́› Schloß *n;* ◇ **запере́ть на ~** verschließen; ◇ **пове́сить ~** ein Schloß vorhängen; ◇ **под ~мко́м** unter Verschluß; ◇ **за семью́ ~мка́ми** hinter Schloß und Riegel

за́мок *м₁* ‹-мка› Schloß *n*, Burg *f*

замолча́ть [1] V_{1a} *сов* ‹-чу́, -чи́шь› *без доп* schweigen, verstummen; ◇ **он постоя́нно писа́л пи́сьма, а тепе́рь что-то ~а́л** er schrieb regelmäßig Briefe, jetzt läßt er nichts mehr von sich hören; ◇ **заста́вить ~** zum Schweigen bringen; ◇ **~чи́!** sei still!

замолча́ть [2] V_{1a} *сов* ‹-чу́, -чи́шь› [**зама́лчивать** V_{1a} *несов*] *что вин* verschweigen; ◇ ~ **неприя́тный инциде́нт** einen unangenehmen Vorfall totschweigen

заморо́зить V_{4b} *сов* ‹-о́жу, -о́зишь, *Part. Prät. Pass.* -о́женный› [**замора́живать** V_{1a} *несов*] *кого-что вин (1, 2, 4), без доп (3)* ① einfrieren; ◇ ~ **ры́бу/фру́кты** Fisch/Obst einfrieren ② (*сильно охладить*) kalt stellen; ◇ ~ **вино́** Wein kalt stellen ③ *разг* (*обезболить*) vereisen ④ *перен* (*задержать*) einfrieren; ◇ ~ **фо́нды** Geldmittel einfrieren

за́морозки *мн₁* ‹-ов› Frost *m;* ◇ **~ на по́чве** Bodenfrost

замочи́ть *см.* **мочи́ть**

за́муж *нареч* ◇ **вы́йти ~ за кого́-л** jd-n heiraten; ◇ **отда́ть ~ за кого́-л** jd-n verheiraten; **за́мужем** *нареч* ◇ **быть ~** verheiratet sein; **заму́жество** *с₂* ‹-а› Heirat *f;* (*брак*) Ehe *f*

заму́чить V_{4b} *сов* ‹-чу, -чишь› [**заму́чивать** V_{1a} *несов*] *кого-что вин* ① (*довести до смерти*) zu Tode quälen; (*истязать*) foltern ② *перен* (*надоедать*) quälen, plagen

за́мша *ж₁* ‹-и› Wildleder *n*

замыка́ние *с₄* ‹-я› *эл* ◇ **коро́ткое ~** Kurzschluß

за́мысел *м₁* ‹-сла, *мн:* -слы› ① (*намерение*) Vorhaben *n;* ◇ **осуществи́ть свой ~** sein Vorhaben verwirklichen ② (*идея*) (Grund-) Idee *f*, Konzept *n*

замышля́ть V_{1b} *несов* ‹-я́ю, -я́ешь› [**замы́слить** V_{4b} *сов* ‹*Imp.* -мысли, ~те, *Part. Prät. Pass.* -мышленный›] *что вин или с инф* planen, vorhaben

за́навес *м₁* ‹-а› *театр* Vorhang *m;* ◇ **~ па́дает/поднима́ется** der Vorhang fällt/geht hoch; ◇ **под ~** gegen Ende

занаве́ска *ж₁* ‹-и, *род мн:* -сок› Vorhang *m*, Gardine *f*

занести́ * *сов* ‹-су́, -сёшь, (4) 1 и 2 л. не употр› [**заноси́ть** V_{4a} *несов*] *кого-что вин* ① (*доставить*) vorbeibringen; ◇ ~ **кни́гу прия́телю** dem Bekannten ein Buch vorbeibringen ② (*забросить*) verschlagen; ◇ **судьба́ ~ла его́ на се́вер** das Schicksal verschlug ihn in den Norden ③ (*вписать*) eintragen, einschreiben; ◇ ~ **в спи́сок** in die Liste eintragen ④ *безл* (*замести*) verwehen; ◇ **доро́гу ~ло сне́гом** der Weg wurde vom Schnee verweht ⑤ (*поднять, отвести в сторону*) (hoch-)heben; ◇ ~ **ру́ку для уда́ра** die Hand zum Schlag erheben ⑥ (*отклонить, накренить*) ins Schleudern geraten; *перен* ◇ **докла́дчика ~ло** der Redner geriet ins Schleudern

занима́тельный *прил* ‹-ая, -ое, -ые› (*интересный*) unterhaltsam, interessant; ◇ ~ (*рассказ*) fesselnd; (*увлекательный*) spannend; (*забавный*) amüsant

занима́ться V_{1a} *несов* ‹-а́юсь, -а́ешься› [**заня́ться** *сов*] *чем тв (1), с кем-чем тв (2)* ① sich beschäftigen mit, betreiben, sich befassen mit; ◇ ~ **спо́ртом** Sport treiben; ◇ ~ **хозя́йством** den Haushalt führen ② (*о школьниках*) lernen; (*о студентах*) studieren

зано́за *ж₁* ‹-ы› ① Splitter *m* ② *разг* (*о язвительным человеке*) Streithammel *m*, Nörgler *m*

зано́счивость *ж₅* ‹-и› Hochmut *m*, Arroganz *f*

заня́тие *с₄* ‹-я› ① (*дело, труд*) Beschäftigung *f;* ◇ **люби́мое ~** Lieblingsbeschäftigung ② (*взятие, вступление куда-л*) Einnahme *f;* ◇ ~ **кре́пости** Besetzung der Festung ③ ◇

~я *мн* (*учебные часы*) Unterricht *m;* ◇ **в шко́лах начали́сь ~я** in der Schule hat der Unterricht begonnen

заня́ть[1] V_{1b} *сов* ‹займу́, займёшь, *Imp.* займи́, ~те, *Prät.* за́нят, -á, -о, *Part. Prät. Pass.* за́нятый› [**занима́ть** *несов*] *что вин* (*взять взаймы*) sich leihen, sich borgen

заня́ть[2] *сов* ‹займу́, займёшь› [**занима́ть** *несов*] *кого-что вин* (1) (*заполнить пространство, время*) in Anspruch nehmen, beanspruchen; ◇ **кни́ги за́няли всю по́лку** die Bücher nahmen das ganze Regal in Anspruch (2) (*расположиться*) besetzen; ◇ ~ **ме́сто в ваго́не** einen Platz im Zug einnehmen; ◇ ~ **вре́мени** Zeit beanspruchen; (*закрепить за кем-л*) Platz freihalten (3) (*вступить в должность*) antreten; ◇ ~ **пост мини́стра** den Ministerposten antreten (4) (*развлечь*) beschäftigen, unterhalten; ◇ ~ **дете́й игро́й** die Kinder mit Spielen beschäftigen

заодно́ *нареч* (1) (*сообща, единодушно*) im gegenseitigen Einvernehmen, einträchtig (2) (*попутно, кстати*) zugleich, gleichzeitig; ◇ **е́ду по дела́м, ~ навещу́ друзе́й** während meiner Geschäfte besuche ich zugleich noch Freunde

заостри́ть V_{4a} *сов* ‹-рю́, -ри́шь› [**заостря́ть** V_{4b} *несов*] *что вин* (1) (*сделать острым*) spitzen, schärfen (2) *перен* (*подчеркнуть*) zuspitzen, verschärfen; ◇ ~ **внима́ние на чём-л** die Aufmerksamkeit auf etw konzentrieren

зао́чник $м_1$ ‹-а› Fernstudent *m;* **зао́чный** *прил* ‹-ая, -ое, -ые› (1) юр in Abwesenheit; (*в суде*) ◇ ~ **пригово́р** Abwesenheitsurteil *n* (2) (*об обучении*) Fern-; ◇ **~ое обуче́ние** Fernstudium *n*

за́пад $м_1$ ‹-а› (1) Westen *m;* ◇ **к ~у** westlich; ◇ **на** ~ nach Westen; ◇ **на ~е** im Westen (2) ◇ З~ (*западные страны*) der Westen; ◇ **иску́сство За́пада** die Kunst des Westens; **за́падный** *прил* ‹-ая, -ое, -ые› westlich, West-; ◇ ~ **ве́тер** Westwind *m;* (*о культуре*) abendländisch; ◇ **~ая жи́вопись** abendländische Malerei

запа́с $м_1$ ‹-а› (1) Vorrat *m,* Reserve *f;* ◇ **име́ть в ~е** auf Vorrat haben; ◇ **у нас ещё два часа́ в ~е** wir haben noch zwei Stunden Zeit; ◇ **про** ~ auf Vorrat (2) (*состояние*) Umfang *m,* Bestand *m;* ◇ ~ **слов** Wortschatz *m* (3) (*в шитье, одежде*) Einschlag *m,* Saum *m* (4) воен Reserve *f;* ◇ **офице́р ~а** Reserveoffizier *m;* **запасно́й, запа́сный** *прил* ‹-ая, -ое, -ые› (1) vorrätig; ◇ **~ое продово́льствие** Lebensmittelvorrat (2) (*резервный*) Reserve-; (*для замены*) Ersatz-; ◇ ~ **вы́ход** Notausgang *m;* ж.-д. ◇ ~ **путь** Abstellgleis *n;* спорт ◇ ~ **игро́к** Ersatzspieler *m;* тех ◇ **~ые ча́сти** Ersatzteile *n pl*

запасти́сь * *сов* ‹-су́сь, -сёшься› [**запаса́ться** V_{1a} *несов*] *чем тв* sich versorgen (mit); ◇ ~ **тёплой оде́ждой** sich warme Kleidung besorgen; *перен* ◇ ~ **терпе́нием** sich mit Geduld wappnen

за́пах $м_1$ ‹-а› Geruch *m;* (*аромат*) Duft *m*

запева́ла $м/ж_1$ ‹-а› (1) Vorsänger *m* (2) *перен* (*инициатор*) Initiator *m*

запека́нка $ж_1$ ‹-и, *род мн:* -нок› Auflauf *m;* ◇ **карто́фельная** ~ Kartoffelauflauf

запере́ть * *сов* ‹-пру́, -прёшь› [**запира́ть** V_{1a} *несов*] *кого-что вин* (1) (*закрыть на замок*) abschließen, zuschließen; ◇ ~ **сара́й на задви́жку** die Scheune verriegeln (2) (*поместить куда-л*) einschließen, einsperren; ◇ ~ **ко́шку в чула́не** die Katze in der Rumpelkammer einsperren

запечатле́ть V_5 *сов* ‹-е́ю, -е́ешь, *Part. Prät. Pass.* -лённый› [**запечатлева́ть** V_{1a} *несов*] *кого-что вин* (1) (*изобразить*) darstellen, verkörpern (2) (*сохранить в памяти*) sich einprägen; ◇ ~ **что-л в па́мяти пото́мков** der Nachwelt eine bleibende Erinnnerung hinterlassen; ◇ ~ **что-л в се́рдце** etw im Herzen bewahren

записа́ть * *сов* ‹-ишу́, -и́шешь› [**запи́сывать** V_{1a} *несов*] *кого-что вин* (1) (*отметить, зафиксировать*) notieren, aufschreiben; ◇ ~ **ле́кцию** eine Vorlesung mitschreiben (2) (*внести в список*) aufnehmen, anmelden; ◇ ~ **на приём к врачу́** für die Sprechstunde anmelden (3) (*на плёнку*) aufzeichnen, aufnehmen; ◇ ~ **конце́рт** ein Konzert mitschneiden; **записа́ться** *сов* ‹-ишу́сь, -и́шешься› [**запи́сываться** *несов*] *без доп* (1) (*вступить*) sich anmelden, einschreiben; ◇ ~ **в спорти́вную се́кцию** sich bei einem Sportverein anmelden (2) (*на приём*) sich bei jd-m anmelden; ◇ ~ **на приём к массажи́сту** sich einen Termin beim Masseur geben lassen

запи́ска $ж_1$ ‹-и, *род мн:* -сок› Notizzettel *m;* ◇ **докладна́я** ~ schriftliche Mitteilung

запи́ски *мн* ‹-сок› (1) (*мемуары*) Memoiren *pl,* Notizen *f pl,* Aufzeichnungen *f pl;* (*дневник*) Tagebuch *n;* ◇ **путевы́е** ~ Reisetagebuch (2) (*название научных журналов*) wissenschaftliche Schriften *f pl*

запи́сываться *несов от* **записа́ться**

запись *ж₅* ‹-и› ① (*действие*) Notieren *n;* ◇ ~ **на приём к кому-л** sich bei jd-m voranmelden ② радио, теле Aufzeichnung *f;* ◇ ~ **на плёнку** Mitschnitt auf Band

заплата *ж₁* ‹-ы› Flicken *m;* ◇ **положить ~у** einen Flicken aufnähen

заплатить *см.* **платить**

заплыв *м₁* ‹-а› спорт Schwimmen *n;* ◇ ~ **брассом на сто метров** 100-Meter-Brustschwimmen *n*

заповедник *м₁* ‹-а› Naturschutzgebiet *n*

заповедь *ж₅* ‹-и› рел Gebot *n; перен* ◇ **первая** ~ oberstes Gebot

заполнить V_{4a} *сов* ‹-ню, -нишь, *Imp.* -ни, ~те› [**заполнять** V_{1b} *несов*] *что вин* ① (*занять целиком*) füllen; ◇ **зрители ~ли зал** die Zuschauer füllten den Saal ② (*вписать сведения*) ausfüllen; ◇ ~ **анкету** ein Formular ausfüllen

заполярный *прил* ‹-ая, -ое, -ые› Polar-; ◇ ~ **город** Polarstadt *f*

запомнить V_{4b} *сов* ‹-ню, -нишь, *Imp.* -ни, ~те› [**запоминать** V_{1a} *несов*] *кого-что вин* sich etw merken, sich etw einprägen; ◇ **я этого не могу** ~ ich kann mir das nicht merken; ◇ **~и мои слова!** denk an meine Worte!

запонка *ж₁* ‹-и, *род мн:* -нок› Manschettenknopf *m*

запор [1] *м₁* ‹-а› Verschluß *m,* Riegel *m*

запор [2] *м* ‹-а› мед Verstopfung *f;* ◇ **страдать ~ами** an Verstopfung leiden

заправить V_{4b} *сов* ‹-влю, -вишь, *Part. Prät. Pass.* -вленный› [**заправлять** V_{1b} *несов*] *что вин (1, 2), что вин чем тв (3)* ① (*вставить, всунуть*) hineinstecken; ◇ ~ **брюки в сапоги** die Hose in die Stiefel stecken ② (*приготовить для работы*) fertigmachen; ◇ ~ **машину бензином** das Auto tanken ③ кул anmachen, würzen; ◇ ~ **салат майонезом** den Salat mit Mayonnaise anmachen

заправка *ж₁* ‹-и, *род мн:* -вок› ① (*машины*) Tanken *n* ② кул Zutat *f*, Gewürz *n;* ◇ ~ **для салата** Salatdressing *n*

заправлять V_{1b} *несов от* **заправить**

запрашивать V_{1a} *несов от* **запросить**

запрет *м₁* ‹-а› Verbot *n;* ◇ **наложить ~ на что-л** etw verbieten; ◇ **быть под ~ом** verboten sein; ◇ **без ~а** unbeschränkt; **запретить** V_{4a} *сов* ‹-ещу, -етишь, *Part. Prät. Pass.* -ещённый› [**запрещать** V_{1a} *несов*] *кому-чему дат что вин или с инф* verbieten, untersagen; ◇ ~ **курить** das Rauchen verbieten; ◇ **проезд запрещён** Durchfahrt verboten; **запрещение** *с₄* ‹-я› Verbot *n*

запрос *м₁* ‹-а› Anfrage *f;* **запросить** V_{4a} *сов* ‹-ошу, -осишь, *Part. Prät. Pass.* -прошенный› [**запрашивать** V_{1a} *несов*] *кого-что вин о чём предл (1), что вин или чего род (2), что вин (3)* ① (*обратиться*) anfragen; ◇ ~ **в парламенте** beim Parlament anfragen ② (*затребовать*) anfordern; ◇ ~ **мнение специалистов** eine Expertenaussage anfordern ③ *разг* (*назначить слишком высокую цену*) einen überhöhten Preis verlangen; ◇ ~ **1000 рублей** den Wucherpreis von 1000 Rubeln verlangen; **запросы** *мн₁* ‹-сов› ① (*потребности*) Bedürfnisse *n pl;* ◇ **удовлетворять ~ людей** die Bedürfnisse der Menschen befriedigen ② (*притязания*) Ansprüche *m pl,* Forderungen *f pl;* ◇ **отвергать необоснованные** ~ ungerechtfertigte Ansprüche zurückweisen

запрячь * *сов* ‹-ягу, -яжёшь› [**запрягать** V_{1a} *несов*] *кого-что вин* ① (*лошадь*) einspannen, anspannen ② *перен разг* (*нагрузить работой*) jd-n einspannen

запугать V_{1a} *сов* ‹-аю, -аешь› [**запугивать** V_{1a} *несов*] *кого-что вин* bange machen, einschüchtern

запуск *м₁* ‹-а› (*мотор*) Anlassen *n*

запустить [1] V_{4a} *сов* ‹-ущу, -устишь, *Part. Prät. Pass.* -ущенный› [**запускать** V_{1a} *несов*] *что вин или чем тв в кого-что вин (1), что вин (2, 3)* ① (*бросить с размаху*) schleudern; ◇ ~ **камнем в окно** einen Stein gegen das Fenster schleudern ② (*привести в движение*) anwerfen, anlassen; ◇ ~ **бумажного змея** einen Drachen steigen lassen; ◇ ~ **мотор** den Motor anlassen ③ (*засунуть*) hineinstecken; ◇ ~ **руку в карман** mit der Hand in die Tasche greifen

запустить [2] *сов* ‹-ущу, -устишь› [**запускать** *несов*] *что вин* vernachlässigen; ◇ ~ **учёбу** das Studium vernachlässigen

запутать *см.* **путать**

запястье *с₅* ‹-я› анат Handgelenk *n*

запятая *ж (А₁)* ‹-ой› Komma *n*

заработать [1] V_{1a} *сов* ‹-аю, -аешь› [**зарабатывать** V_{1a} *несов*] *что вин* (*приобрести трудом*) verdienen, erarbeiten; ◇ ~ **право на отпуск** sich den Urlaub verdienen

заработать [2] *сов* ‹-аю, -аешь› *без доп* (*начать работать*) in Gang kommen, anfangen zu arbeiten

заработаться V_{1a} *сов* ‹-аюсь, -аешься› [**зарабатываться** V_{1a} *несов*] *без доп* ① (*увлечься работой*) über der Arbeit die Zeit vergessen; ◇ ~ **до полуночи** bis tief in die

Nacht hinein arbeiten ② (*устать от работы*) sich überarbeiten; ◇ **он совсе́м ~лся** er ist ganz überarbeitet

за́работок *м₁* ‹-тка› ① (*у рабочих*) Lohn *m;* (*у служащих*) Gehalt *n;* (*у артистов*) Gage *f;* (*доход*) Einkommen *n;* ◇ **годово́й** ~ Jahreseinkommen *n* ② (*работа временная*) Saisonarbeit *f;* ◇ **отпра́виться на ~тки** jobben gehen

заража́ть(ся) V_{1a} *несов от* **зарази́ть(ся)**

зара́за *ж₁* ‹-ы› Infektion *f;* ◇ **исто́чники ~ы** Ansteckungsherd *m;* **зарази́ть** V_{4a} *сов* ‹-ажу́, -ази́шь, *Part. Prät. Pass.* -ажённый› [**заража́ть** *несов*] *кого-что вин чем тв* ① (*передать заразу*) anstecken, infizieren; ◇ ~ **кого́-л гри́ппом** jd-n mit einer Grippe anstecken ② (*отравить*) verseuchen; ◇ ~ **во́ду** das Wasser verseuchen ③ *перен* (*увлечь*) anstecken, mitreißen; ◇ ~ **кого́-л весе́льем** jd-n mit seiner guten Laune anstecken; ◇ ~ **свои́м приме́ром** mit gutem Beispiel vorangehen; **зарази́ться** V_{4a} *сов* ‹-ажу́сь, -зи́шься› [**заража́ться** *несов*] *чем тв* ① (*заболеть*) sich anstecken ② *перен* (*воспринять*) sich anstecken lassen; ◇ ~ **чьей-л эне́ргией** sich von jd-s Energie anstecken [mitreißen] lassen; **зара́зный** *прил* ‹-ая, -ое, -ые› Infektions-; ◇ **~ая боле́знь** Infektionskrankheit

зара́нее *нареч* im voraus, von vornherein; (*заблаговременно*) frühzeitig

зарасти́ * *сов* ‹-ту́, -тёшь, (1, 3) 1 и 2 л. не употр› [**зараста́ть** V_{1a} *несов*] *чем тв (1, 2), без доп (3)* ① zuwachsen; ◇ ~ **мхом** mit Moos zuwachsen; (*одичать*) verwildern; ◇ **сад заро́с** der Garten ist verwildert ② (*покрыться волосами, шерстью*) (zu-)wachsen lassen; ◇ ~ **бородо́й** sich einen Vollbart wachsen lassen ③ (*зарубцеваться*) verheilen; ◇ **ра́на заросла́** die Wunde ist verheilt

зарегистри́ровать *см.* **регистри́ровать**

зарисова́ть V_{1a} *сов* ‹-су́ю, -су́ешь, *Imp.* -су́й, ~те, *Part. Prät. Pass.* -со́ванный› [**зарисо́вывать** V_{1a} *несов*] *кого-что вин* (*запечатлеть*) (auf-)zeichnen; (*набросать*) skizzieren; **зарисо́вка** *ж₁* ‹-и, *род мн:* -вок› ① (*действие*) Skizzieren *n* ② (*рисунок*) Zeichnung *f* ③ (*набросок*) Skizze *f*

зарисо́вывать *несов от* **зарисова́ть**

зарни́ца *ж₁* ‹-ы› Wetterleuchten *n*

зароди́ться V_{4a} *сов* ‹-ди́тся, -дя́тся, 1 и 2 л. не употр› [**зарожда́ться** V_{1a} *несов*] *без доп перен* (*возникнуть*) entstehen, aufkommen

заро́дыш *м₂* ‹-а› ① (*организм*) Keim *m,* Embryo *m* ② *перен* (*состояние*) Keim *m;* ◇ **подави́ть дурну́ю привы́чку в ~е** eine schlechte Angewohnheit im Keim ersticken

зарожда́ться *несов от* **зароди́ться**

зарожде́ние *с₄* ‹-я› (*появление*) Erscheinen *n;* (*образование*) Bildung *f;* (*возникновение*) Entstehung *f*

за́росль *ж₅* ‹-и› ① (*частый кустарник*) Gestrüpp *n* ② (*чаща*) Dickicht *n*

зарпла́та *ж₁* ‹-ы› (= *за́работная пла́та*) Arbeitslohn *m;* ◇ **основна́я** ~ Grundgehalt *n;* ◇ **повыша́ть ~у** den Lohn erhöhen

зарубе́жный *прил* ‹-ая, -ое, -ые› ausländisch, Auslands-; ◇ **~ые стра́ны** Ausland *n*

заруби́ть V_{4a} *сов* ‹-блю́, -у́бишь, *Part. Prät. Pass.* -у́бленный› [**заруба́ть** V_{1a} *несов*] *кого-что вин* ① (*убить*) erschlagen, niedermetzeln ② (*сделать зарубку*) einkerben; ◇ **~и́ себе́ на носу́!** schreib dir das hinter die Ohren!

заря́ *ж₂* ‹-и́, *мн:* -зо́ри› ① ◇ **у́тренняя** ~ Morgenrot *n;* ◇ **вече́рняя** ~ Abendrot *n;* ◇ **встать с ~ёй** vor Tagesanbruch aufstehen ② воен (*сигнал*) ◇ **вече́рняя** ~ Zapfenstreich *m;* ◇ **от ~и́ до ~и́** von früh bis spät

заря́дка *ж₁* ‹-и› ① (*действие*) Laden *n;* ◇ ~ **ружья́** Laden des Gewehrs ② спорт Gymnastik *f* ③ *перен* (*настрой*) Aufmunterung *f;* ◇ **получи́ть хоро́шую ~у** neue Energie bekommen

засади́ть V_{4a} *сов* ‹-ажу́, -а́дишь, *Part. Prät. Pass.* -а́женный› [**заса́живать** V_{1a} *несов*] *кого-что вин, кого-что вин за что вин или с инф (3)* ① (*растениями*) bepflanzen; ◇ ~ **клу́мбу цвета́ми** das Beet mit Blumen bepflanzen ② (*заключить*) (ein-)sperren; ◇ ~ **зве́ря в кле́тку** ein Tier in den Käfig sperren ③ *разг* (*заставить заниматься*) zwingen etw zu tun; ◇ ~ **за рабо́ту** jd-n zur Arbeit zwingen ④ *разг* (*воткнуть*) hineinschlagen; ◇ ~ **топо́р в бревно́** die Axt in den Balken hauen

засвиде́тельствовать *см.* **свиде́тельствовать**

заседа́ние *с₄* ‹-я› Sitzung *f;* ◇ **откры́тое** ~ öffentliche Sitzung; **заседа́тель** *м₂* ‹-я› Beisitzer *m;* юр ◇ **наро́дный** ~ Schöffe *m;* **заседа́ть** V_{1a} *несов* ‹-а́ю, -а́ешь› *без доп* ① an einer Sitzung teilnehmen; ◇ **все ~ют уже́ три часа́** die Sitzung läuft schon drei Stunden ② (*о конференции и т. п.*) tagen

засели́ть V_{4a} *сов* ‹-лю́, -ли́шь› [**заселя́ть** V_{1b} *несов*] *что вин* (*местность*) besiedeln, bevölkern; (*дом*) beziehen; ◇ **э́тот дом неда́вно ~ли** das Haus wurde erst vor kurzem bezogen

засе́сть * *сов* <-ся́ду, -ся́дешь, (4) 1 и 2 л. не употр> [**заседа́ть** V_{1a} *несов*] *без доп (1, 3), за что вин или с инф (2), в чём предл (4)* ① (*лентяйничать*) ◇ ~ **до́ма** zu Hause hocken ② (*сесть надолго*) sich an etw heranmachen; ◇ ~ **за кни́ги** sich hinter die Bücher klemmen ③ (*скрыться*) lauern; ◇ ~ **в заса́ду** sich auf die Lauer legen ④ (*застрять*) steckenbleiben; ◇ **пу́ля ~ла в лёгком** die Kugel blieb in der Lunge stecken; *перен* ◇ **э́та мысль ~ла у меня́ в голове́** der Gedanke geht mir nicht mehr aus dem Kopf

заси́лье $с_4$ <-я> Übermacht *f*, Vorherrschaft *f*

заслу́га $ж_1$ <-и> Verdienst *n;* ◇ **у него́ больши́е ~и пе́ред нау́кой** ihm gebühren große Verdienste um die Wissenschaft; ◇ **награди́ть по ~ам** gebührend belohnen

заслу́женный *прил* <-ая, -ое, -ые> verdienstvoll, verdient; ◇ **уйти́ на ~ о́тдых** in den verdienten Ruhestand gehen; **заслужи́ть** V_{4a} *сов* <-жу́, -у́жишь, *Part. Prät. Pass.* -у́женный> [**заслу́живать** V_{1a} *несов*] *что вин* verdienen; ◇ ~ **почётное зва́ние** einen Ehrentitel erwerben

засну́ть V_2 *сов* <-ну́, -нёшь> [**засыпа́ть** V_{1a} *несов*] *без доп* einschlafen

засо́в $м_1$ <-а> Riegel *m;* ◇ **запере́ть на ~** verriegeln

засоре́ние $с_4$ <-я> (*загрязнение*) Verunreinigung *f;* (*закупорка*) Verstopfung *f;* мед ◇ ~ **желу́дка** Magenverstimmung *f*

застава́ть * *несов от* **заста́ть**

заставля́ть V_{1b} *несов* <-я́ю, -я́ешь> *кого-что вин с инф* zwingen, nötigen

застаре́лый *прил* <-ая, -ое, -ые> (*укоренившийся*) eingebürgert; ◇ ~ **предрассу́док** hartnäckiges Vorurteil; ◇ **~ые представле́ния** tief verwurzelte Vorstellungen; ◇ **~ая боле́знь** verschleppte Krankheit

заста́ть V_{1a} *сов* <-а́ну, -а́нешь, *Imp.* -а́нь> [**застава́ть** *несов*] *кого-что вин* ① (*найти, увидеть*) antreffen, vorfinden; ◇ **я ~л его́ за рабо́той** als ich traf ihn bei der Arbeit an ② (*застичь*) erwischen, ertappen; ◇ ~ **кого́-л на ме́сте преступле́ния** jd-n auf frischer Tat ertappen

застегну́ть V_2 *сов* <-ну́, -нёшь, *Part. Prät. Pass.* -стёгнутый> [**застёгивать** V_{1a} *несов*] *что вин* schließen, zumachen; (*на пуговицы*) zuknöpfen; (*на пряжку*) zuschnallen

застёжка $ж_1$ <-и, *род мн:* -жек> (*для одежды*) Verschluß *m;* (*молния*) Reißverschluß *m;* (*пряжка*) Schnalle *f*

засте́нчивый *прил* <-ая, -ое, -ые> schüchtern, verlegen

застла́ть V_{1a}, **застели́ть** V_{4a} *сов* <-телю́, -те́лешь> [**застила́ть** V_{1a} *несов*] *что вин чем тв (1), что вин (2)* ① (*закрыть*) bedekken, zudecken; ◇ ~ **пол ковро́м** den Boden mit Teppich belegen ② (*заволочь*) überziehen; ◇ **ту́чи ~ли не́бо** Wolken bedeckten den Himmel; (*затуманить*) verschleiern, verhüllen

засто́й $м_3$ <-я> (*остановка, задержка*) Stillstand *m* ② эк Stagnation *f*, Flaute *f;* **засто́йный** *прил* <-ая, -ое, -ые> эк stokkend, stagnierend

застра́ивать V_{1a} *несов от* **застро́ить**

застрахова́ть *см.* страхова́ть

застрева́ть V_{1a} *несов от* **застря́ть**

застре́льщик $м_1$ <-а> Initiator *m*, Urheber *m*

застро́ить V_{4b} *сов* <-о́ю, -о́ишь, *Imp.* -о́й, ~те> [**застра́ивать** V_{1a} *несов*] *что вин* bebauen; **застро́йка** $ж_1$ <-и, *род мн:* -о́ек> Bebauung *f*

застря́ть V_{1b} *сов* <-я́ну, -я́нешь, *Imp.* -я́нь, ~те> [**застрева́ть** V_{1a} *несов*] *без доп* (*в грязи*) steckenbleiben, festsitzen; ◇ **слова́ ~ли у него́ в го́рле** die Worte blieben ihm im Hals stecken

заступи́ться V_{4a} *сов* <-уплю́сь, -у́пишься> [**заступа́ться** V_{1a} *несов*] *за кого-что вин* eintreten (für), sich für jd-n einsetzen, jd-n in Schutz nehmen; **засту́пник** $м_1$ <-а> Verteidiger *m*, Fürsprecher *m*

за́суха $ж_1$ <-и> Dürre *f*

засу́шливый *прил* <-ая, -ое, -ые> dürr, trokken; ◇ **~ое ле́то** regenarmer Sommer

засы́пать V_{1a} *сов* <-плю, -плешь, *Imp.* -сыпь, ~те> [**засыпа́ть** V_{1a} *несов*] *кого-что вин* ① (*заполнить*) zuschütten ② (*покрыть слоем*) auf etw streuen, bedecken; ◇ ~ **стол муко́й** Mehl auf den Tisch streuen; *перен* ◇ ~ **вопро́сами** mit Fragen bestürmen; ◇ ~ **пода́рками** mit Geschenken überhäufen ③ *перен разг* (*провалить на экзамене*) jd-n durchfallen lassen

затаи́ть V_{4a} *сов* <-аю́, -аи́шь> [**зата́ивать** V_{1a} *несов*] *что вин* verbergen, verstecken

затво́р $м_1$ <-а> ① (*запор*) Schloß *n;* ◇ **дверно́й ~** Türschloß ② (*устройство*) Absperrvorrichtung *f*

зате́йливый *прил* <-ая, -ое, -ые> (*причудливый*) verschnörkelt; (*сложный*) kompliziert; ◇ ~ **узо́р** kompliziertes Muster; (*занимательный*) unterhaltsam; (*забавный*) lustig

затéм *нареч* (1) (*после этого, потом*) dann, danach; ◇ **отдохнём, ~ поговорúм** wir ruhen uns aus, dann reden wir (2) (*с этой целью, для этого*) deshalb, dafür; ◇ **обсýдим, ведь я ~ и пришёл** laß uns das besprechen, deshalb bin ich schließlich gekommen; ◇ **~, чтóбы** um zu

затемнúть V_{4a} *сов* ‹-ню́, -ни́шь› [**затемня́ть** V_{1b} *несов*] *что вин* (1) (*замаскировать*) verdunkeln, abdecken; ◇ **~ освещéние** das Licht abdecken (2) *перен* (*затуманить*) trüben, verschleiern; ◇ **~ сознáние** das Bewußtsein trüben

затéчь * *сов* ‹-течёт, -теку́т, 1 и 2 л. не употр› [**затекáть** V_{1a} *несов*] *без доп* (1) (*проникнуть*) hineinfließen; ◇ **водá ~клá в щéли** das Wasser floß in die Ritzen (2) (*онеметь*) einschlafen; ◇ **у неё ~клú нóги** ihre Beine sind eingeschlafen (3) (*распухнуть*) anschwellen; ◇ **у неё затёк глаз** sie hat ein geschwollenes Auge

затéя *ж₃* ‹-и› (1) (*замысел*) Einfall *m;* ◇ **нелéпая ~** absurder Einfall (2) (*забава*) Streich *m;* ◇ **ребя́чьи ~и** Kinderstreiche (3) (*вычурность*) Schnörkel *m;* ◇ **у негó пóчерк с ~ями** er hat eine verschnörkelte Handschrift

затéять V_{1b} *сов* ‹-éю, -éешь, *Imp.* -éй› [**затевáть** V_{1a} *несов*] *что вин или с инф* (*предпринять*) arrangieren, organisieren, beginnen; ◇ **мы ~ли поéздку по гóроду** wir haben eine Stadtrundfahrt unternommen; (*устроить*) vorhaben, sich vornehmen; ◇ **что это вы ~ли?** was habt ihr da angestellt?

затúхнуть V_2 *сов* ‹-ну, -нешь› [**затихáть** V_{1a} *несов*] *без доп* (1) (*прекратиться*) still werden, verhallen, nachlassen; (*замолчать*) verstummen; ◇ **звýки ~ли** die Laute verhallten (2) *перен* (*успокоиться*) sich legen, aufhören; ◇ **дождь затúх** der Regen ließ nach

затúшье *с₄* ‹-я› (1) (*тишина*) Stille *f;* ◇ **наступúло ~** es wurde still (2) (*безветрие*) Windstille *f;* ◇ **~ пéред грозóй** die Ruhe vor dem Sturm (3) воен Feuerpause *f* (4) *перен* (*застой*) Stillstand *m,* Flaute *f*

заткнýть V_2 *сов* ‹-ну́, -нёшь, *Part. Prät. Pass.* зáткнутый› [**затыкáть** V_{1a} *несов*] *что вин чем тв (1), кого-что вин за что вин (2)* (1) (*закрыть*) verstopfen, zustopfen; ◇ **~ буты́лку прóбкой** eine Flasche verkorken; ◇ **~ ýши вáтой** Watte in die Ohren stopfen; ◇ **~ рот комý-л** jd-m den Mund stopfen (2) (*засунуть*) hineinstecken; ◇ **~ за пóяс когó-л** jd-m überlegen sein

затмéние *с₄* ‹-я› (1) астр Finsternis *f;* ◇ **пóлное сóлнечное ~** totale Sonnenfinsternis (2) *перен* Verwirrung *f;* ◇ **на негó нашлó ~** er ist geistig verwirrt

затовáривание *с₄* ‹-я› Horten *n* von Waren

затопúть [1] V_{4a} *сов* ‹-плю́, -óпишь, *Part. Prät. Pass.* -óпленный› [**затáпливать** V_{1a} *несов*] *что вин* (*начать топить*) anheizen, einheizen

затопúть [2] *сов* ‹-плю́, -óпишь› [**затопля́ть** V_{1b} *несов*] *что вин* (1) (*залить поверхность*) überschwemmen, überfluten; *безл* ◇ **~ло лугá в пóймах** in den Flußauen wurden die Wiesen überflutet (2) (*потопить*) versenken; ◇ **~ корáбль** ein Schiff versenken

затóр *м₁* ‹-а› (*задержка в движении*) Verkehrsstörung *f,* (*пробка*) Stau *m;* ◇ **на перекрёстке образовáлся ~** an der Kreuzung hat sich ein Stau gebildet

затрáгивать V_{1a} *несов от* **затрóнуть**

затрáта *ж₁* ‹-ы› (*денежные расходы*) Ausgaben *f pl;* ◇ **непроизводúтельные ~ы** Unkosten *pl;* (*силы, энергии*) Aufwand *m;* ◇ **с большóй ~ой сил** mit einem hohen Kraftaufwand; **затрáтить** V_{4b} *сов* ‹-áчу, -áтишь, *Part. Prät. Pass.* -áченный› [**затрáчивать** V_{1a} *несов*] *что вин на что вин* ausgeben, verbrauchen; ◇ **~ большúе сýммы** große Summen ausgeben; ◇ **~ усúлия на что-л** viel Kraft aufbringen

затрéбовать V_{3a} *сов* ‹-бую, -буешь› *кого-что вин* anfordern

затрóнуть V_2 *сов* ‹-ну, -нешь, *Imp.* -нь, ~те, *Part. Prät. Pass.* -нутый› [**затрáгивать** V_{1a} *несов*] *кого-что вин* (1) (*коснуться*) berühren; ◇ **оскóлок ~ул лёгкие** der Splitter hat die Lunge gestreift (2) *перен* (*обидеть*) berühren, verletzen; ◇ **~ чьё-л самолю́бие** jd-s Eitelkeit verletzen; *перен* ◇ **~ больнóе мéсто** den wunden Punkt treffen (3) *перен* (*касаться*) berühren, streifen; ◇ **~ вáжный вопрóс** eine wichtige Frage berühren

затруднéние *с₄* ‹-я› (1) (*препятствие, помеха*) Schwierigkeit *f;* ◇ **встрéтить ~я** auf Schwierigkeiten stoßen (2) (*затруднительное положение*) schwierige Lage *f;* ◇ **быть в ~и** in Schwierigkeiten sein; ◇ **вы́вести когó-л из ~я** jd-m aus der Patsche helfen; **затруднúтельный** *прил* ‹-ая, -ое, -ые› schwierig, kompliziert, schwer; ◇ **постáвить когó-л в ~ое положéние** jd-n in Schwierigkeiten bringen

затруднúть V_{4a} *сов* ‹-ню́, -ни́шь› [**затрудня́ть** V_{1b} *несов*] *кого-что вин* (1)

З

(*обременить*) beschwerlich fallen; ◇ **не ~и́т ли Вас переда́ть письмо́?** macht es Ihnen etwas aus, den Brief zu überbringen? ② (*сделать затруднительным*) erschweren; ◇ ~ **до́ступ куда́-л** jd-m den Zugang zu etw erschweren

затыка́ть V_{1a} *несов от* **заткну́ть**

заты́лок $м_1$ ‹-лка, *мн:* -лки, *род:* -лков› Hinterkopf *m;* ◇ **идти́ друг дру́гу в** ~ im Gänsemarsch gehen; ◇ **в** ~ hintereinander

затя́жка $ж_1$ ‹-и, *род мн:* -жек› ① (*проволо́чка*) Verzögerung *f;* (*опоздание*) Verspätung *f* ② (*при курении*) Zug *m;* **затяжно́й** *прил* ‹-а́я, -о́е, -ы́е› (*продолжительный*) schleppend, sich hinziehend; ◇ **~а́я боле́знь** langwierige Krankheit; ◇ **~ы́е дожди́** Dauerregen *m*

затяну́ть V_2 *сов* ‹-ну́, -я́нешь, *Part. Prät. Pass.* -я́нутый› [**затя́гивать** V_{1a} *несов*] *что вин (1, 2, 6), что вин чем тв (3), кого-что вин во что вин (4, 5), что вин или с чем тв (7)* ① (*завязать, закрепить*) zubinden, festziehen; *тж перен* ◇ ~ **по́яс поту́же** den Gürtel enger schnallen ② (*натянуть*) straff anziehen; ◇ ~ **пово́дья** die Zügel straff anziehen ③ *безл* (*покрыть*) bedecken; ◇ **не́бо ~ло ту́чами** der Himmel ist wolkenbedeckt; ◇ **ра́ну ~ло** die Wunde ist vernarbt ④ (*засосать*) hineinziehen, verwickeln ⑤ *безл* hineinziehen; ◇ **его́ ~ло в трясину** er wurde in den Sumpf gezogen ⑥ (*задержать*) hinauszögern; ◇ ~ **с отчётом** den Bericht hinauszögern ⑦ (*начать петь*) ein Lied anstimmen

зауря́дный *прил* ‹-ая, -ое, -ые› mittelmäßig, gewöhnlich; ◇ ~ **челове́к** Durchschnittsmensch *m*

зафрахтова́ть *см.* **фрахтова́ть**

захва́т $м_1$ ‹-а› ① (*завоевание*) Ergreifung *f,* Eroberung *f;* ◇ ~ **вла́сти** Machtergreifung; (*отнятие*) Wegnahme *f;* (*похищение*) Bemächtigung *f;* (*присвоение*) Aneignung *f* ② спорт (*борьба, дзюдо*) Griff *m;* (*бокс*) Festhalten *n;* **захвати́ть** V_{4a} *сов* ‹-ачу́, -а́тишь, (7) 1 и 2 л. не употр, *Part. Prät. Pass.* -а́ченный› [**захва́тывать** V_{1a} *несов*] *кого-что вин* ① (*схватить, взять*) nehmen, greifen; ◇ ~ **горсть конфе́т** eine Handvoll Bonbons nehmen ② (*владеть*) an sich reißen, einnehmen; ◇ ~ **чужу́ю террито́рию** fremdes Territorium einnehmen; *перен* ◇ ~ **инициати́ву** die Initiative ergreifen ③ (*взять с собой*) mitnehmen; ◇ ~ **в го́сти дете́й** mit den Kindern zu Besuch kommen; ◇ **не забу́дь ~ зо́нтик** vergiß nicht, deinen Schirm mitzunehmen ④ (*застигнуть, застать*) erwischen, antreffen; ◇ ~ **на ме́сте преступле́ния** auf frischer Tat ertappen; ◇ **в пути́ нас ~ла гроза́** auf dem Weg wurden wir von einem Gewitter überrascht ⑤ *перен* (*увлечь*) jd-n begeistern; ◇ **рабо́та ~ла его́ целико́м** die Arbeit fesselte ihn ⑥ (*распространиться*) erfassen; ◇ **эпиде́мия ~ла це́лые райо́ны** ganze Regionen wurden von der Seuche erfaßt ⑦ *разг* (*принять меры против чего-л*) einschreiten gegen, vorbeugen; ◇ ~ **боле́знь** einer Krankheit vorbeugen

захва́тнический *прил* ‹-ая, -ое, -ие› Eroberungs-; ◇ **~ие во́йны** Eroberungskriege *m pl;* **захва́тчик** $м_1$ ‹-а› Eroberer *m,* Eindringling *m*

захва́тывать V_{1a} *несов от* **захвати́ть**

захире́ть *см.* **хире́ть**

захлебну́ться V_2 *сов* ‹-ну́сь, -нёшься› [**захлёбываться** V_{1a} *несов*] *без доп* ① (*поперхнуться*) sich verschlucken ② (*почувствовать перебои в дыхании*) außer sich sein; ◇ ~ **от сме́ха** vor Lachen fast erstikken; ◇ ~ **от слёз** schluchzen; ◇ ~ **от сча́стья** vor Glück ganz außer sich geraten ③ (*потерпеть неудачу*) scheitern ④ тех (*о двигателе*) versagen

захо́д $м_1$ ‹-а› ① (*попытка*) Anlauf *m;* ◇ **со второ́го ~а** beim zweiten Anlauf ② (*посещение*) Besuch *m;* (*остановка в пути*) Aufenthalt *m* ③ ав Anflug *m;* ◇ ~ **на поса́дку** Landeanflug ④ (*закат*) Untergang *m;* ◇ ~ **со́лнца** Sonnenuntergang *m*

заходи́ть V_{4a} *несов от* **зайти́**

зацепи́ть V_{4a} *сов* ‹-плю́, -е́пишь, *Part. Prät. Pass.* -е́пленный› [**зацепля́ть** V_{1b} *несов*] *кого-что вин* ① (*поддеть*) einhaken; (*схватить*) ergreifen ② *разг* (*случайно задеть*) hängenbleiben; ◇ ~ **ного́й за ковёр** über den Teppich stolpern ③ *перен* (*обидеть*) empfindlich treffen, kränken; ◇ ~ **за живо́е** am wunden Punkt treffen

заче́м *нареч* wozu, zu welchem Zweck, weswegen; ◇ ~ **ты пришёл?** wozu bist du gekommen?

зачеркну́ть V_2 *сов* ‹-ну́, -нёшь, *Part. Prät. Pass.* -чёркнутый› [**зачёркивать** V_{1a} *несов*] *кого-что вин* durchstreichen, streichen; ◇ ~ **кого́-л в спи́ске** jd-n aus der Liste streichen

зачёт $м_1$ ‹-а› ① (*принятие в счёт*) Anrechnung *f,* Verrechnung *f* ② (*в учебном заведении*) Test *m;* ◇ **сдать** ~ einen Test machen ③ спорт Wertung *f;* ◇ **вы́играть соревно-**

вáние в комáндном ~е in der Mannschaftswertung gewinnen

зачинáтель $м_2$ <-я> Wegbereiter *m,* Bahnbrecher *m;* (*застрельщик*) Urheber *m;* (*инициатор*) Initiator *m*

зачи́нщик $м_1$ <-а> Anstifter *m;* (*вожак*) Anführer *m;* (*подстрекатель*) Aufwiegler *m*

зачислéние c_4 <-я> ① (*начисление*) Anrechnung *f,* Gutschrift *f* ② (*приём*) Anstellung *f,* Einstellung *f;* ◇ ~ **на рабóту** Einstellung *f;* (*в списки*) Aufnahme *f;* **зачи́слить** V_{4b} *сов* <-лю, -лишь, *Imp.* -ли, ~те> [**зачисля́ть** V_{1b} *несов*] *что вин на что вин (1), кого-что вин (2)* ① (*записать на чей-л счёт*) anrechnen, gutschreiben; ◇ ~ **на текýщий счёт 10 000 рублéй** 10 000 Rubel auf das Girokonto überweisen ② (*включить в число*) aufnehmen; ◇ ~ **в спи́ски** in die Liste aufnehmen; ◇ ~ **в штат** fest anstellen; (*принять в университет*) immatrikulieren

защи́та $ж_1$ <-ы> ① Schutz *m,* Verteidigung *f;* ◇ **взять под свою́ ~у** unter seinen Schutz stellen; ◇ **искáть ~ы** Schutz suchen ② юр Verteidigung *f* ③ спорт Verteidigung *f,* Abwehr *f* ④ (*в университете*) ◇ ~ **диссертáции** Verteidigung der Dissertation

защити́ть V_{4a} *сов* <-щищý, -щити́шь, *Part. Prät. Pass.* -щищённый> [**защищáть** V_{1a} *несов*] *кого-что вин* ① (*оградить от опасности*) (be-)schützen ② (*предохранить*) schützen; ◇ ~ **от хóлода** vor Kälte schützen ③ (*отстоять*) verteidigen; ◇ ~ **свою́ тóчку зрéния** seinen Standpunkt verteidigen ④ (*обосновать*) verteidigen; ◇ ~ **диссертáцию** eine Dissertation verteidigen; **защи́тник** $м_1$ <-а> ① Beschützer *m,* Verteidiger *m* ② юр Anwalt *m,* Verteidiger *m* ③ спорт Verteidiger *m*

защищáть *несов от* **защити́ть**

заяви́ть V_{4a} *сов* <-влю́, -я́вишь, *Part. Prät. Pass.* -я́вленный> [**заявля́ть** V_{1a} *несов*] *что вин или о чём предл или с союзом "что" (1, 2), кем-чем тв (3)* ① (*сделать заявление*) erklären; (*сообщить*) mitteilen; ◇ ~ **о своём соглáсии** sein Einverständnis erklären ② (*засвидетельствовать*) beantragen, anmelden; ◇ ~ **вид на жи́тельство** eine Aufenthaltsbewilligung beantragen; ◇ ~ **свои́ правá на что-л** seine Rechte auf etw geltend machen ③ (*обнаружить*) sich erweisen (als)

зая́вка $ж_1$ <-и, *род мн:* -вок> ① (*заявление о правах*) Antrag *m* ② (*заявление о потребностях*) Anforderung *f;* ◇ **концéрт по ~ам** Wunschkonzert *n*

заявлéние c_4 <-я> ① (*сообщение*) Erklärung *f;* ◇ **сдéлать ~ для печáти** eine Presseerklärung abgeben ② (*просьба*) Eingabe *f,* Gesuch *n;* (*ходатайство*) Antrag *m;* ◇ **подáть ~** beantragen; ◇ **написáть ~ об óтпуске** einen Urlaubsantrag stellen

заявля́ть *несов от* **заяви́ть**

зáяц $м_3$ <зáйца, *мн:* зáйцы> ① зоол Hase *m;* ◇ **одни́м вы́стрелом двух зáйцев уби́ть** zwei Fliegen mit einer Klappe schlagen ② *разг* (*безбилетный пассажир*) Schwarzfahrer *m,* blinder Passagier *m*

звáние c_4 <-я> Titel *m;* ◇ ~ **почётного дóктора** Ehrendoktortitel

звать * *несов* <зовý, зовёшь> [**по~** *сов*] *кого-что вин (1, 2), кого-что вин кем-чем тв (3)* ① (herbei-)rufen; ◇ ~ **когó-л на пóмощь** jd-n zu Hilfe rufen ② (*приглашать*) einladen; ◇ ~ **в гóсти** zu sich einladen ③ (*именовать, называть*) nennen, rufen; ◇ **как тебя́ зовýт?** wie heißt du?; ◇ **мáльчика зовýт Вáней** der Junge heißt Wanja

звездá $ж_1$ <-ы́, *мн:* звёзды> ① (*небесное тело*) Stern *m;* ◇ **поля́рная ~** Polarstern; ◇ **морскáя ~** Seestern *m* ② *перен* (*о личности*) Star *m;* ◇ ~ **экрáна** Filmstar; ◇ **он звёзд с нéба не хватáет** er ist kein großes Licht

звёздный *прил* <-ая, -ое, -ые> Sternen-; ◇ **~ое нéбо** Sternenhimmel *m;* ◇ **~ая болéзнь** Starallüren *pl*

звенéть V_5 *несов* <-ню́, -ни́шь, *Imp.* -ни́, ~те, *Part. Präs. Akt.* -ня́щий, *Adv. Part. Präs.* звеня́> [**про~** *сов*] *без доп (1), чем тв (2)* ① klingen, tönen; (*звучать*) erklingen; ◇ **~я́т голосá** Stimmen erklingen ② (*дребезжать*) klirren; ◇ ~ **монéтами** mit den Münzen klimpern; ◇ **у меня́ ~и́т в ушáх** mir klingen die Ohren

звенó c_2 <-á, *мн:* звéнья, *род:* -ньев, *дат:* -ньям> ① (*в цепи*) Kettenglied *n;* ◇ **соедини́тельное ~** Verbindungsglied *n* ② (*составная часть*) Glied *n;* ◇ ~ **произвóдства** Betriebsteil *m*

зверёныш $м_2$ <-а> Jungtier *n*

звéрство c_2 <-а> (*поступок*) Greueltat *f;* (*жестокость*) Grausamkeit *f,* Bestialität *f*

зверь $м_2$ <-я, *мн:* звéри, *род:* зверéй, *дат:* зверя́м> ① Tier *n;* ◇ **пушнóй ~** Pelztier; ◇ **хи́щный ~** Raubtier ② *перен* (*о человеке*) Bestie *f;* ◇ **смотрéть ~ем** grimmig blicken

звони́ть V_{4a} *несов* <-ню́, -ни́шь> [**по~** *сов*] *без доп (1), кому дат (2), о ком-чем предл (3)* ① klingeln, läuten; ◇ **телефóн ~и́т** das

Telefon klingelt; ◇ ~ **у дверéй** an der Tür klingeln ② (*вызывать звонком*) anrufen; ◇ **~й мне зáвтра** ruf mich morgen an ③ *перен разг* (*разглашать*) ausposaunen; ◇ **нéчего об э́том повсю́ду** ~ das muß nicht überall ausposaunt werden; ◇ ~ **во все колоколá** etw an die große Glocke hängen

звóнкий *прил* ‹-ая, -ое, -ие› (*сравн:* **звóнче**) ① (*звучный*) klangvoll, klingend; ◇ ~ **гóлос** klangvolle Stimme ② лингв stimmhaft; ◇ **~ие соглáсные** stimmhafte Konsonanten; **звонóк** *м₁* ‹-нкá, *мн:* -нкú› ① (*устройство*) Klingel *f;* ◇ **двернóй** ~ Türklingel ② (*звуковой сигнал*) Klingeln *n,* Läuten *n;* ◇ **раздáлся** ~ es klingelte; ◇ **заня́тия начинáются по ~ý** der Unterricht beginnt mit dem Klingelzeichen ③ (*телефонный разговор*) Anruf *m*

звóнче *сравн от* **звóнкий**

звук *м₁* ‹-а› ① Ton *m,* Laut *m,* Klang *m;* ◇ **не издáть ни ~а** keinen Ton von sich geben ② лингв Laut *m;* ◇ **глáсные ~и** Vokale *m pl;* ◇ **соглáсные ~и** Konsonanten *m pl;* ◇ **пустóй** ~ leere Worte ③ физ Schall *m;* ◇ **скóрость ~а** Schallgeschwindigkeit *f;* **звукозáпись** *ж₅* ‹-и› Tonaufzeichnung *f*

звучáть V*₁a* *несов* ‹-чúт, -чáт, 1 и 2 л. не употр, *Imp.* -чú, ~те, *Part. Präs. Akt.* -чáщий, *Adv. Part. Präs.* звучá› *что вин (1), что вин в чём предл (2), без доп (3)* ① (*раздаваться*) (er-) klingen, (er-)tönen ② *перен* mitklingen, heraushören; ◇ **гóлос ~úт тревóгой** die Stimme klingt besorgniserregend ③ *разг* (*впечатлять*) klingen; ◇ **журналúстика - это ~úт!** Journalistik - das klingt doch gut!

здáние *с₄* ‹-я› Gebäude *n,* Bau *m*

здорóваться V*₁a* *несов* ‹-аюсь, -аешься› [**по**~ *сов*] *с кем тв* (be-)grüßen; ◇ ~ **зá руку** jd-n mit Handschlag begrüßen

здóрово *нареч* ① *разг* (*очень сильно*) ganz schön; ◇ ~ **устáл** ich bin ganz schön müde; ◇ ~ **погуля́ли** wir haben tüchtig gefeiert ② (*отлично*) prima, gut ③ (*основательно*) tüchtig, gründlich; ◇ ~ **сдéлано!** gute Leistung!; ◇ **вы** ~ **порабóтали** ihr habt tüchtig gearbeitet ④ (*восклицание*) super, prima, klasse; ◇ **вот** ~! das ist klasse!; **здорóвый** *прил* ‹-ая, -ое, -ые› ① (*сильный*) kräftig; ◇ ~ **пáрень** kräftiger Bursche ② *разг* (*о предметах, явлениях*) kräftig, stark; ◇ ~ **гóлос** kräftige Stimme; ◇ ~ **морóз** starker Frost ③ (*не больной*) gesund; ◇ ~ **вид** gesundes Aussehen ④ (*полезный для здоровья*) heilsam, gesund; ◇ **~ая пúща** gesundes Essen; (*целебный*) gut; ◇ ~ **вóздух** gute Luft; ◇ **бýдьте ~ы!** Gesundheit! ⑤ *перен* (*полезный*) nützlich, angebracht; ◇ **~ая идéя** gute Idee; ◇ **~ая крúтика** angebrachte Kritik; **здорóвье** *с₅* ‹-я› Gesundheit *f;* ◇ **расстрóить** ~ seine Gesundheit ruinieren; ◇ **за вáше ~!** auf Ihr Wohl!

здрáвница *ж₁* ‹-ы› Erholungstätte *f,* Sanatorium *n;* **здравоохранéние** *с₄* ‹-я› Gesundheitswesen *n;* **здрáвый** *прил* ‹-ая, -ое, -ые› (*здравомыслящий*) vernünftig, verständig, gesund; ◇ ~ **смысл** gesunder Menschenverstand; ◇ **в ~ом умé** bei vollem Verstand

зéбра *ж₁* ‹-ы› Zebra *n*

зевáть V*₁a* *несов* ‹-áю, -áешь› [**про**~ *сов*] *без доп* ① gähnen; ◇ ~ **во весь рот** mit aufgerissenem Mund gähnen ② (*глазеть*) gaffen ③ *разг* (*упускать благоприятный случай*) verschlafen; ◇ **не ~áй!** paß auf!

зелёный *прил* ‹-ая, -ое, -ые› ① (*цвéт*) grün ② (*поросший растительностью*) Grün-; ◇ **~ые насаждéния** Grünanlagen *f pl* ③ (*неспелый*) grün, unreif; ◇ **~ые помидóры** unreife Tomaten ④ *перен разг* (*неопытный*) unerfahren, grün hinter den Ohren; полит ◇ **Движéние ~ых** Bewegung der Grünen

зéлень *ж₅* ‹-и› ① (*растительност*) Grün *n* ② (*овощи и травы*) Gemüse *n,* Grünzeug *n;* ◇ **свéжая** ~ frisches Gemüse

земéльный *прил* ‹-ая, -ое, -ые› Land-, Boden-, Grund-; ◇ **~ая реформа** Bodenreform *f;* ◇ ~ **учáсток** Grundstück *n*

землепéлец *м₅* ‹-льца› Grundbesitzer *m;* **земледéлие** *с₄* ‹-я› Landwirtschaft *f;* **землепóльзование** *с₄* ‹-я› Bodennutzung *f;* **землетрясéние** *с₄* ‹-я› Erdbeben *n*

земля́ *ж₂* ‹-й, *вин:* зéмлю, *мн:* -и, *род:* земéль, *дат:* -ям› ① (*планета*) Erde *f,* Erdkugel *f* ② (*почва*) Erde *f,* Boden *m,* Erdoberfläche *f;* ◇ **рабóтать под ~ёй** unter Tage arbeiten; ◇ **добы́ть из-под ~ú** das Unmögliche möglich machen ③ (*суша*) Festland *n,* Land *n;* ◇ ~! Land in Sicht! ④ (*страна, государство*) Land *n;* ◇ **роднáя** ~ Heimat *f;* ◇ **чужúе ~и** fremde Länder ⑤ (*собственность*) Grund und Boden *m,* Landbesitz *m;* ◇ **владéть ~ёй** Grundbesitz haben; ◇ **сровня́ть с ~ёй** dem Erdboden gleichmachen

земля́к *м₁* ‹-á› Landsmann *m;* ◇ **мы с ним ~ú** er ist mein Landsmann

земляни́ка *ж₁* ‹-и› Erdbeere *f*

земля́нка *ж₁* ‹-и, *род мн:* -нок› Lehmhütte *f*

земнóй *прил* ‹-áя, -óе, -ы́е› ① Erd-; ◇ **~ая**

кора́ Erdkruste *f;* ◇ ~а́я ось Erdachse *f;* ◇ ~о́е притяже́ние Erdanziehung *f;* ◇ ~ шар Erdkugel *f* ② *перен* (*обыденный*) irdisch

зе́ркало c_2 ‹-а, *мн:* -а́, *род:* зерка́л, *дат:* -а́м› Spiegel *m;* ◇ стенно́е ~ Wandspiegel; ◇ смотре́ться в ~ sich im Spiegel betrachten

зерно́ c_2 ‹-а́, *мн:* зёрна, *род:* зёрен, *дат:* зёрнам› ① (*плод, семя*) Korn *n;* ◇ ржано́е ~ Roggenkorn; ◇ ко́фе в зёрнах Bohnenkaffee *m;* (*семена*) Getreide *n* ② *перен* (*зародыш*) Kern *m,* Keim *m;* ◇ ~ и́стины ein Körnchen Wahrheit; **зернохрани́лище** c_3 ‹-а› Kornkammer *f*

зима́ $ж_1$ ‹-ы́, *мн:* зи́мы› Winter *m;* ◇ ~ наступа́ет es wird Winter; ◇ ~ минова́ла der Winter ist vorüber; **зимова́ть** V_{3a} *несов* ‹-му́ю, -му́ешь› *без доп* überwintern; ◇ показа́ть, где ра́ки зиму́ют jd-m zeigen, wo es langgeht; **зимо́вка** $ж_1$ ‹-и, *род мн:* -вок› ① (*действие*) Überwinterung *f;* ◇ оста́ться на ~у über Winter bleiben ② (*станция*) Überwinterungsstation *f,* Winterlager *n;* ◇ расположи́ться на ~е das Winterlager aufschlagen

злить V_{4a} *несов* ‹злю, злишь› [**разо**~, **обо**~ *сов*] *кого-что вин* (*сердить*) erzürnen, böse machen; (*раздражать*) ärgern; **зли́ться** V_{4a} *несов* ‹злюсь, зли́шься› [**разо**~, **обо**~ *сов*] *на кого-что вин* (auf jd-n) böse sein, sich ärgern

зло c_2 ‹-а, *род мн:* зол› ① Übel *n,* Böse *n;* ◇ причини́ть ~ кому́-л jd-m etw Böses zufügen; ◇ ко́рень зла die Wurzel des Übels; ◇ вы́брать из двух зол ме́ньшее sich für das kleinere Übel entscheiden ② (*беда, неприятность*) Unheil *n,* Unglück *n* ③ (*злость*) Wut *f,* Zorn *m;* ◇ име́ть [держа́ть] ~ на кого́-л auf jd-n wütend sein; ◇ сде́лать что-л со зла́ etw aus Wut tun; ◇ меня́ ~ берёт die Wut packt mich; **зло́ба** $ж_1$ ‹-ы› (*недоброжелательство*) Bosheit *f;* (*враждебность*) Gehässigkeit *f;* (*ярость*) Wut *f;* (*озлобление*) Erbitterung *f;* ◇ пита́ть ~у про́тив кого́-л auf jd-n wütend sein; ◇ ~ дня Tagesgespräch *n;* **зло́бный** *прил* ‹-ая, -ое, -ые› böse; (*озло́бленный*) erbittert; (*враждебный*) gehässig; (*коварный*) boshaft

злободне́вный *прил* ‹-ая, -ое, -ые› aktuell, Tages-; ◇ ~ вопро́с aktuelle Frage

зловре́дный *прил* ‹-ая, -ое, -ые› (*очень вредный*) äußerst schädlich; (*губительный*) verderblich; (*пагубный*) unheilvoll; (*о человеке*) boshaft

злоде́й $м_3$ ‹-я› Bösewicht *m;* *разг* Halunke *m;* ◇ что же ты наде́лал, ~ ты э́дакий! du elender Halunke, was hast du nur angerichtet!; **злодея́ние** c_4 ‹-я› (*преступление*) Verbrechen *n;* (*зверство*) Greueltat *f*

злой *прил* ‹-ая, -ое, -ые› ① (*дурной*) böse, boshaft; ◇ ~ у́мысел Boshaftigkeit *f* ② (*полный злобы*) böse; ◇ он зол на всех er ist auf alle böse; ◇ ~ая насме́шка beißender Spott ③ (*бедственный*) schlimm, erbärmlich, unheilvoll ④ (*жестокий*) grimmig, grausam, schlimm; ◇ ~ая горчи́ца scharfer Senf; ◇ ~ая тоска́ schlimmes Heimweh; ◇ ~ моро́з strenger Frost

злока́чественный *прил* ‹-ая, -ое, -ые› bösartig; мед ◇ ~ая о́пухоль bösartiger Tumor; **злопа́мятный** *прил* ‹-ая, -ое, -ые› nachtragend; (*мстительный*) rachsüchtig

злоупотреби́ть V_{4a} *сов* ‹-блю́, -би́шь› [**злоупотребля́ть** V_{1b} *несов*] *чем тв* ① mißbrauchen; ◇ ~ вла́стью Macht mißbrauchen ② (*во вред себе*) Mißbrauch treiben; ◇ ~ сла́дким Süßigkeiten im Übermaß essen; ◇ ~ спиртны́м in Mengen Alkohol trinken; **злоупотребле́ние** c_4 ‹-я› Mißbrauch *m,* Veruntreuung *f*

змея́ $ж_3$ ‹-и́, *мн:* зме́и› Schlange *f;* ◇ ядови́тая ~ Giftschlange; ◇ извива́ться ~ёй sich schlängeln

знак $м_1$ ‹-а› ① (*пометка, изображение*) Zeichen *n;* ◇ доро́жный ~ Verkehrsschild *n;* ◇ това́рный ~ Warenzeichen; ◇ подава́ть ~и руко́й mit der Hand Zeichen geben; ◇ ~ трево́ги Alarmsignal ② (*признак*) Zeichen *n,* Merkmal *n;* ◇ ~и разли́чия Unterscheidungsmerkmale *n pl;* (*предзнаменование*) Vorzeichen *n*

знако́мить V_{4b} *несов* ‹-млю, -мишь› [**по**~, **о**~ (2) *сов*] *кого-что вин с кем-чем тв* ① bekannt machen; ◇ ~ с но́выми сотру́дниками mit den neuen Mitarbeitern bekannt machen; (*представить*) vorstellen ② (*давать сведения*) bekannt machen, einführen; ◇ ~ с дела́ми mit den Geschäften vertraut machen; **знако́миться** *несов* ‹-млюсь, -мишься› [**по**~, **о**~ *сов*] *с кем-чем тв* ① sich vorstellen, sich bekannt machen ② (*получать сведения*) sich vertraut machen; ◇ ~ с обстано́вкой sich mit der Umgebung vertraut machen; **знако́мство** c_2 ‹-а› ① Bekanntschaft *f,* Kontakt *m;* ◇ завяза́ть ~а Kontakte knüpfen; ◇ подде́рживать ~ с кем-л mit jd-m bekannt sein; ◇ порва́ть ~ den Kontakt zu jd-m abbrechen ② (*круг знакомых*) Bekanntenkreis *m* ③ (*знания, сведения*)

3

Kenntnis *f;* ◇ **хоро́шее** ~ **с литерату́рой** gute Literaturkenntnisse; **знако́мый I.** *прил* <-ая, -ое, -ые> bekannt; ◇ **~ая мело́дия** bekannte Melodie; ◇ **быть ~ым с кем-л** mit jd-m bekannt sein; ◇ **мы бли́зко ~ы** wir kennen uns gut **II.** *м (A p)* <-ого> Bekannter *m;* ◇ **мы ста́рые ~ые** wir sind alte Bekannte; ◇ **на у́лице встре́тил ~ого** auf der Straße habe ich einen Bekannten getroffen

знамена́тель $м_2$ <-я> мат Nenner *m; тж перен* ◇ **привести́ к одному́ ~ю** etw auf einen Nenner bringen

знамена́тельный *прил* <-ая, -ое, -ые> ① (*значительный*) denkwürdig, bedeutend; ◇ **~ые собы́тия** wichtige Ereignisse ② (*многозначительный*) bedeutsam; (*характерный*) charakteristisch

знамени́тый *прил* <-ая, -ое, -ые> ① (*известный*) berühmt; ◇ **стать ~ым** berühmt werden ② (*славный*) ruhmreich, großartig

зна́мя c_6 <-мени> Banner *n,* Fahne *f;* ◇ **водрузи́ть** ~ die Fahne hissen

зна́ние c_4 <-я> ① (*познания*) Wissen *n;* ◇ **специали́ст с хоро́шими ~ями** kompetente Fachperson; ◇ **она́ говори́ла со ~ем де́ла** sie hat sachkundig gesprochen ② (*наука*) Wissenschaft *f* ③ ◇ **~я** *мн* Kenntnisse *f pl;* ◇ **приобрести́ ~я** Kenntnisse erwerben

зна́тный *прил* <-ая, -ое, -ые> ① (*выдающийся*) angesehen, namhaft, ausgezeichnet ② (*известный*) bekannt, berühmt ③ (*принадлежащий к знати*) Adels-; ◇ ~ **род** Adelsgeschlecht *n*

знато́к $м_1$ <-а́, *мн:* -и́> Kenner *m;* (*специалист*) Spezialist *m;* (*эксперт*) Experte *m;* ◇ ~ **жи́вописи** Kunstkenner *m*

знать V_{1a} *несов* <-а́ю, -а́ешь> *о ком-чём предл (1), кого-что вин (2, 3)* ① (*иметь сведения*) wissen, kennen; ◇ **дать о себе́** ~ von sich hören lassen; ◇ **зна́ю, что он прав** ich weiß, daß er recht hat; ◇ ~ **не зна́ю!** keine Ahnung!; ◇ **как ~?** wer weiß? ② (*обладать познаниями*) kennen, Spezialist auf einem Gebiet sein; ◇ ~ **исто́рию** Historiker sein; ◇ ~ **своё де́ло** seine Sache verstehen ③ (*быть знакомым*) kennen, bekannt sein (mit); ◇ ~ **по и́мени** dem Namen nach kennen; ◇ ~ **кого́-л с де́тства** jd-n von Kindheit an kennen; ◇ **не ~ уста́лости** keine Müdigkeit kennen; ◇ ~ **ме́ру** Maß halten; ◇ ~ **что-л как свой пять па́льцев** etw wie seine Westentasche kennen

зна́харь $м_2$ <-я> Scharlatan *m,* Kurpfuscher *m*

значе́ние c_4 <-я> ① (*смысл*) Bedeutung *f,* Sinn *m;* ◇ **перено́сное** ~ übertragene Bedeutung; ◇ **прямо́е** ~ eigentliche Bedeutung ② (*важность, роль*) Bedeutung *f,* Wichtigkeit *f;* ◇ **придава́ть чему́-л большо́е** ~ einer Sache große Bedeutung beimessen; ◇ **э́то не име́ет никако́го ~я** das hat keinerlei Bedeutung ③ мат Wert *m;* **значи́тельный** *прил* <-ая, -ое, -ые> ① (*большой по размерам, силе*) bedeutend, groß, wichtig; ◇ **~ая су́мма де́нег** beträchtliche Summe Geld; ◇ **~ый успе́х** großer Erfolg ② (*выразительный,*) bedeutungsvoll; ◇ **~ый взгляд** vielsagender Blick; **зна́чить** V_{4b} *несов* <-чу, -чишь> *что вин* bedeuten, heißen, Bedeutung haben; ◇ **что́ э́то ~ит?** was soll das heißen; ◇ **э́то что́-нибудь да ~ит** das hat was zu sagen

значо́к $м_1$ <-чка́, *мн:* чки́> Abzeichen *n;* ◇ **спорти́вный** ~ Sportabzeichen

зола́ $ж_1$ <-ы́, *мн:* зо́лы> Asche *f*

золо́вка $ж_1$ <-и, *род мн:* -вок> Schwägerin *f*

зо́лото c_2 <-а> Gold *n;* ◇ **сли́ток ~а** Goldbarren *m;* ◇ **добы́ча ~а** Goldgewinnung *f;* ◇ **быть на вес ~а** Gold wert sein; **золотоиска́тель** $м_2$ <-я> Goldsucher *m,* Goldgräber *m;* **золото́й** *прил* <-а́я, -о́е, -ы́е> Gold-; ◇ **~ая моне́та** Goldmünze *f;* ◇ **~ая середи́на** goldene Mitte; ◇ **~ые ру́ки** geschickte Hände haben

зо́лушка $ж_1$ <-и, *род мн:* -шек> фольк Aschenputtel *n,* Aschenbrödel *n*

зо́на $ж_1$ <-ы> Zone *f,* Gebiet *n;* ◇ **беза́томная** ~ atomwaffenfreie Zone; ◇ **запре́тная** ~ Sperrgebiet; ◇ ~ **о́тдыха** Erholungsgebiet

зо́нтик $м_1$ <-а> ① (*от дождя*) Regenschirm *m;* (*от солнца*) Sonnenschirm *m;* ◇ **раскры́ть** ~ den Schirm aufspannen ② бот Dolde *f*

зоопа́рк $м_1$ <-а> Zoo *m,* Tiergarten *m*

зрачо́к $м_1$ <-чка́, *мн:* -чки́> Pupille *f*

зре́лость $ж_5$ <-и> Reife *f;* ◇ **сдать экза́мен на аттеста́т ~и** Abitur machen; **зре́лый** *прил* <-ая, -ое, -ые> ① (*спелый*) reif; ◇ **~ые я́блоки** reife Äpfel ② (*сложившийся*) gereift; *перен* ◇ **в ~ом во́зрасте** im reif(er)en Alter ③ (*опытный*) reif, reiflich; ◇ **~ое размышле́ние** reifliche Überlegung; ◇ ~ **учёный** gereifter Wissenschaftler

зре́ние c_4 <-я> Sehvermögen *n;* ◇ **острота́ ~я** Sehschärfe *f;* ◇ **лиши́ться ~я** das Augenlicht verlieren; ◇ **то́чка ~я** Gesichtspunkt *m*

зреть V_5 *несов* <зре́ю, зре́ешь, (2) 1 и 2 л. не употр> **[со~** *сов*] *без доп* ① reifen, reif werden; ◇ **я́блоки ~ют** die Äpfel werden reif

(2) *перен* (*наступать*) (heran-)reifen; *перен* ◇ **в ю́ноше ~ет учёный** in dem jungen Mann reift ein Wissenschaftler heran; ◇ **у него́ ~ет оби́да** langsam ist er beleidigt

зри́тель *м₂* ‹-я› Zuschauer *m*

зря *нареч* (1) (*напрасно*) umsonst, unnütz; ◇ **~ тра́тить вре́мя** unnütz die Zeit verschwenden (2) (*необдуманно*) unüberlegt; ◇ **болта́ть ~** dummes Zeug reden

зуб *м₁* ‹-а, *мн:* зу́бы, *род:* -о́в› Zahn *m;* ◇ **коренны́е ~ы** Backenzähne; ◇ **моло́чные ~ы** Milchzähne; ◇ **~ му́дрости** Weisheitszahn; ◇ **говори́ть сквозь ~ы** etw murmeln; ◇ **ухо́д за ~а́ми** Zahnpflege *f;* ◇ **у меня́ боля́т ~ы** ich habe Zahnschmerzen; ◇ **у меня́ ~ про́тив него́** ich kann ihn nicht leiden; ◇ **э́то навя́зло у меня́ в ~а́х** das hängt mir zum Halse raus

зуби́ло *с₂* ‹-а› Meißel *m*

зубочи́стка *ж₁* ‹-и, *род мн:* -ток› Zahnstocher *m*

зубр *м₁* ‹-а› (1) зоол Wisent *m* (2) *разг* (*знаток*) alter Hase *m;* ◇ **он ~ в э́том де́ле** er ist ein alter Hase auf diesem Gebiet

зы́бкий *прил* ‹-ая, -ое, -ие› (1) schwankend; ◇ **~ое боло́то** Sumpfland *n* (2) *перен* (*непостоянный*) wackelig, unzuverlässig; ◇ **~ое положе́ние** unsichere Lage

зыбь *ж₅* ‹-и› leichter Seegang; (*на реке, озере*) Kräuseln *n;* (*на море*) Dünung *f*

зя́блик *м₁* ‹-а› зоол Fink *m*

зять *м₂* ‹-я, *мн:* -ья́, *род:* -ьёв› (*муж дочери*) Schwiegersohn *m;* (*муж сестры*) Schwager *m*

И

и I. *союз* (1) (*обозначает соединение*) und; ◇ **рабо́тать ~ учи́ться** arbeiten und lernen (2) (*в смысле "действительно"*) und...tatsächlich; ◇ **он собира́лся уе́хать ~ уе́хал** er beabsichtigte abzureisen und ist auch tatsächlich weggefahren (3) (*в смысле "именно"*) gerade, eben; ◇ **об э́том ~ говори́тся в докла́де** gerade darüber wird auch im Vortrag gesprochen (4) (*в смысле "хотя"*) obwohl, zwar; ◇ **~ ра́д бы вам помо́чь, да не могу́** zwar würde ich euch gerne helfen, aber ich kann nicht (5) (*при повторении и... и...*) sowohl ... als auch; ◇ **~ так да́лее** und so weiter (usw.); ◇ **~ тому́ подо́бное** und dergleichen mehr II. (*усилительная частица*) auch (1) (*в смысле "также"*) auch; ◇ **~ в э́том слу́чае** auch in diesem Fall (2) (*в смысле "ещё", "даже"*) selbst, nicht einmal, sogar; ◇ **я ~ не поду́маю сде́лать э́то** ich denke nicht einmal daran, das zu tun; ◇ **ты ~ э́того не зна́ешь?** selbst das weißt du nicht? (3) (*в смысле "неужели"*) wie, wie ist es möglich; ◇ **~ вы могли́ ему́ э́то сказа́ть!** wie konntet ihr ihm das nur sagen!

и́ва *ж₁* ‹-ы› бот Weide *f;* ◇ **плаку́чая ~** Trauerweide

игла́ *ж₁* ‹-ы́, *мн:* и́глы› (1) Nadel *f;* (*для шитья*) ◇ **шве́йная ~** Nähnadel; ◇ **вяза́льная ~** Stricknadel; ◇ **пи́хтовая ~** Tannenadel (2) (*у животных*) Stachel *m*

игра́ *ж₁* ‹-ы́, *мн:* и́гры› (1) (*деятельность*) Spiel *n;* ◇ **ша́хматная ~** Schachspiel; ◇ **Олимпи́йские ~ы** Olympische Spiele (2) (*комплект предметов*) Spiel *n;* ◇ **де́тские насто́льные ~ы** Brettspiele für Kinder (3) *перен* Spiel *n;* ◇ **биржева́я ~** Börsenspekulation; ◇ **~ воображе́ния** Phantasie *f;* ◇ **~ слов** Wortspiel; ◇ **~ не сто́ит свеч** das ist nicht der Mühe wert; ◇ **~ приро́ды** ein Spiel der Natur; ◇ **вести́ двойну́ю ~у́** ein doppeltes Spiel spielen; **игра́ть** V_{1a} *несов* ‹-а́ю, -а́ешь, (5) 1 и 2 л. не употр› [**сыгра́ть** (2, 3) *сов*] *без доп (1), во что вин или на чём предл (2), кого-что вин или на чём предл (3), (с) кем-чем тв (4), на/в чём предл (5)* (1) (*развлекаться*) spielen, tummeln; ◇ **де́ти ~ют в саду́** die Kinder spielen im Garten (2) (*проводить досуг*) spielen; ◇ **~ на билья́рде** Billard spielen; ◇ **Вы ~ете в ша́шки?** spielen Sie Dame? (3) (*исполнять*) spielen; ◇ **~ вальс** einen Walzer spielen; ◇ **~ роль Га́млета** die Rolle des Hamlet spielen; ◇ **что сего́дня ~ют?** was wird heute gespielt?; *тж перен* ◇ **~ пе́рвую скри́пку** die erste Geige spielen (4) *перен* (*обращаться легкомысленно*) spielen; ◇ **~ свое́й жи́знью** mit seinem Leben spielen; ◇ **~ с огнём** mit dem Feuer spielen; ◇ **~ с кем-л как ко́шка с мы́шкой** mit jd-m Katz und Maus spielen (5) (*сверкать*) glitzern, funkeln; ◇ **со́лнце ~ет на пове́рхности воды́** die Sonne schimmert auf der Wasseroberfläche; *перен* ◇ **~ кому́-л на́ руку** jd-m nützlich sein; **игро́к** *м₁* ‹-а́, *мн:* -и́› Spieler *m;* ◇ **~ в футбо́л** Fußballspieler; ◇ **~ сбо́рной страны́** Nationalspieler; ◇ **завзя́тый ~** leidenschaftlicher Spieler

игру́шка *ж₁* ‹-и, *род мн:* -шек› Spielzeug *n*

идеа́л *м₁* <-а> ① (*цель*) Ideal *n*, Ziel *n* ② (*воплощение*) Vorbild *n*; **идеа́льный** *прил* <-ая, -ое, -ые> ① (*возвышенный*) vollkommen; (*отличный*) ideal ② (*нематериальный*) ideell

идеоло́гия *ж₄* <-и> Ideologie *f*

иде́я *ж₃* <-и> ① (*убеждение*) Idee *f*, Überzeugung *f*; ◇ **боро́ться за ~ю** für eine Idee kämpfen ② (*мысль*) Grundgedanke *m*; ◇ **~ рома́на** Grundgedanke eines Romans ③ (*намерение*) Idee *f*, Einfall *m*; ◇ **навя́зчивая ~** fixe Idee; ◇ **кто пода́л э́ту ~ю?** wer hatte diese Idee?

идиоти́зм *м₁* <-а> ① (*слабоумие*) Schwachsinn *m* ② (*глупость*) Blödsinn *m*

идти́ * *несов, опред, см.* **ходи́ть** <иду́, идёшь> *без доп (1-4, 7, 11-16), за кем-чем тв (5), во/на что вин (6, 8, 17), из чего род или без доп (9), через что вин (10), чем тв или с чего род (18), против кого-чего род (19), в кого- что вин или с инф (20), к кому-чему дат (21)* ① (*двигаться*) gehen laufen; ◇ **~ домо́й** nach Hause gehen; ◇ **~ пешко́м** zu Fuß gehen ② (*ехать, плыть*) fahren, gehen; ◇ **по́езд идёт в Москву́** der Zug fährt nach Moskau; ◇ **~ под паруса́ми** segeln ③ (*отправляться*) gehen, abfahren; ◇ **парохо́д ~ в шесть часо́в** der Dampfer fährt um sechs Uhr ab ④ (*приближаться*) kommen, sich nähern; ◇ **идёт гроза́** es kommt ein Gewitter; ◇ **идёт весна́** der Frühling kommt ⑤ (*следовать кому-л в чём-л*) folgen; ◇ **~ за свои́м учи́телем** seinem Lehrer folgen ⑥ (*вступить*) eintreten, beitreten; ◇ **~ в хор** in einen Chor eintreten ⑦ (*доставляться*) eingehen, geliefert werden; ◇ **пи́сьма иду́т бы́стро** die Briefe kommen schnell an; ◇ **в коми́ссию иду́т предложе́ния** bei der Kommission gehen Vorschläge ein ⑧ (*входить*) hineingehen, passen; ◇ **гвоздь не идёт в сте́ну** der Nagel geht nicht in die Wand ⑨ (*распространяться*) kommen, ausströmen; ◇ **из трубы́ идёт дым** Rauch kommt aus dem Schornstein; ◇ **из ра́ны идёт кровь** aus der Wunde tritt Blut ⑩ (*пролегать, тянуться*) führen; ◇ **доро́га идёт че́рез лес** der Weg führt durch den Wald ⑪ (*о механизмах*) gehen, laufen, funktionieren; ◇ **часы́ иду́т** die Uhr geht ⑫ (*протекать, совершаться*) vergehen, zu Ende gehen; ◇ **вре́мя идёт** die Zeit vergeht; ◇ **перегово́ры иду́т к концу́** die Verhandlungen gehen ihrem Ende entgegen ⑬ (*находить сбыт*) gehen, Absatz finden; ◇ **това́р идёт хорошо́** die Ware geht gut ⑭ (*об осадках*) fallen; ◇ **идёт снег** es schneit; ◇ **дождь идёт** es regnet ⑮ (*происходить*) stattfinden, im Gange sein ⑯ (*о спектакле, фильме*) laufen; ◇ **э́тот фильм бо́льше нигде́ не идёт** dieser Film läuft nirgends mehr; ◇ **в теа́тре идёт но́вая о́пера** im Theater wird eine neue Oper gespielt ⑰ (*расходоваться*) verbraucht werden; ◇ **на сти́рку идёт мно́го порошка́** beim Waschen wird viel Pulver gebraucht; ◇ **я́блоки иду́т на варе́нье** die Äpfel werden für die Konfitüre gebraucht ⑱ (*делать ход в игре*) ziehen, ausspielen; ◇ **~ королём** mit dem König ziehen; ◇ **~ с туза́** ein As ausspielen ⑲ (*поступать каким-л образом*) handeln; ◇ **~ про́тив во́ли роди́телей** gegen den Willen der Eltern handeln; ◇ **~ наперекор** zuwiderhandeln ⑳ (*становиться кем-л, ступать куда-л*) ◇ **идти́ в музыка́нты** Musiker werden; ◇ **реши́л ~ учи́ться на инжене́ра** er beschloß, ein Ingenieurstudium zu beginnen; ◇ **молодёжь идёт в нау́ку** die Jugend geht in die Forschung ㉑ (*быть к лицу*) stehen, passen; ◇ **шля́па тебе́ не идёт** der Hut steht dir nicht; ◇ **~ на всё** aufs Ganze gehen; ◇ **~ в счёт** mitzählen, mitgerechnet werden; ◇ **не ~ в сравне́ние с кем-л/чем-л** dem Vergleich mit etw/jd-m nicht standhalten; ◇ **как иду́т твои́ дела́?** wie läufts bei dir?; ◇ **~ к наме́ченной це́ли** das gesteckte Ziel verfolgen; ◇ **иду́т слу́хи** Gerüchte gehen um

иждиве́нец *м₅* <-нца> Familienmitglied *n* ohne Einkommen; ◇ **у неё трое ~нцев** sie hat drei Personen zu unterhalten; ◇ **он постоя́нно живёт ~нцем** er läßt sich dauernd aushalten; **иждиве́нчество** *с₂* <-а> (*несамостоятельность*) materielle Abhängigkeit *f*; (*паразитизм*) Schmarotzertum *n*

из *предлог с род* ① (*откуда, из чего*) aus; ◇ **~ кварти́ры** aus dem Zimmer; ◇ **самолёт при́был ~ Пари́жа** das Flugzeug kam aus Paris; ◇ **статья́ ~ журна́ла** Artikel aus der Zeitschrift ② (*из числа*) von; ◇ **ка́ждый ~ нас** jeder von uns; ◇ **оди́н ~ мои́х друзе́й** einer meiner Freunde ③ (*о материале*) aus; ◇ **~ пластма́ссы** aus Kunststoff ④ (*о происхождении*) aus; ◇ **он ~ крестья́н** er stammt aus einer Bauernfamilie; ◇ **он ро́дом ~ Петербу́рга** er stammt aus St. Petersburg ⑤ (*по причине*) aus; ◇ **~ любопы́тства** aus Neugierde; ◇ **~ го́да в год** von Jahr zu Jahr; ◇ **вы́йти ~ мо́ды** aus der Mode kommen; ◇

потеря́ть из ви́ду aus den Augen verlieren; ◇ ~ **э́того ничего́ не вы́йдет** daraus wird nichts

избá *ж$_1$* <-ы́, *мн:* и́збы> Hütte *f,* Bauernhaus *n*

изба́вить V_{4b} *сов* <-влю, -вишь, *Part. Prät. Pass.* -ба́вленный> [**избавля́ть** V_{1b} *несов*] *кого-что вин от кого-чего род* ① (*освободить*) befreien, erlösen; ◇ ~ **от назо́йливого посети́теля** einen aufdringlichen Besucher loswerden ② (*спасти*) retten; ◇ ~ **от сме́рти** vor dem Tod retten ③ (*не обременять*) jd-n verschonen, jd-m etw abnehmen; **изба́виться** *сов* <-влюсь, -вишься> [**избавля́ться** *несов*] *от кого-чего род* sich befreien, etw loswerden, entgehen; **избавле́ние** *с$_4$* <-я> (*освобождение*) Befreiung *f;* (*спасение*) Rettung *f*

избало́ванный *прил* <-ая, -ое, -ые> verwöhnt, verzogen; ◇ ~ **ребёнок** verhätscheltes Kind

избежа́ть * *сов* <-егу́, -ежи́шь> [**избега́ть** V_{1a} *несов*] *кого-чего род или с инф* etw/jd-m aus dem Weg gehen, meiden; ◇ ~ **опа́сности** einer Gefahr ausweichen

избива́ть V_{1a} *несов от* **изби́ть**

избира́тель *м$_2$* <-я> Wähler *m;* ◇ **~и, голосу́ющие впервы́е** Erstwähler *m pl;* ◇ **нака́зы ~ей** Wählerauftrag *m;* **избира́тельный** *прил* <-ая, -ое, -ые> Wahl-; ◇ ~ **бюллете́нь** Wahlzettel *m;* ◇ **~ая систе́ма** Wahlsystem *n;* ◇ **~ая кампа́ния** Wahlkampf *m;* ◇ ~ **о́круг** Wahlkreis *m;* ◇ ~ **уча́сток** Wahlbezirk *m*

избира́ть V_{1a} *несов от* **избра́ть**

изби́ть * *сов* <изобью́, изобьёшь> [**избива́ть** V_{1a} *несов*] *кого-что вин* ① (*нанести увечья*) verprügeln; ◇ ~ **до полусме́рти** halbtot prügeln ② (*испортить*) beschädigen, zurichten

и́збранный *прил* <-ая, -ое, -ые> ① (*отобранный для издания*) ausgewählt; ◇ **~ые сочине́ния Пу́шкина** ausgewählte Werke Puschkins ② (*лучший*) auserwählt, ausgesucht; ◇ ~ **круг люде́й** auserwählter Personenkreis **II.** *мн (A)* <-ых> die Auserwählten *pl,* Elite *f;* ◇ **э́то для ~ых** das ist nicht für jedermann

избра́ть * *сов* <-беру́, -берёшь> [**избира́ть** V_{1a} *несов*] *кого-что вин* (aus-)wählen; ◇ ~ **профе́ссию** einen Beruf wählen

избы́ток *м$_1$* <-тка> ① (*излишек*) Überschuß *m;* (*остаток*) Rest *m;* ◇ ~ **тепла́** Restwärme ② (*изобилие*) Übermaß *n,* Überfluß *m;* ◇ **быть в ~тке** im Überschuß vorhanden sein; *перен* ◇ **от ~тка чу́вств** im Überschwang der Gefühle

изверже́ние *с$_4$* <-я> Ausstoßung *f;* ◇ ~ **вулка́на** Vulkanausbruch

изве́стие *с$_4$* <-я> ① (*сообщение*) Nachricht *f;* (*весть*) Kunde *f;* ◇ **сро́чное** ~ dringende Nachricht ② (*название некоторых изданий*) Nachrichten *f pl;* ◇ **газе́та "Изве́стия"** die Zeitung "Izvestija"; **извести́ть** V_{4a} *сов* <-ещу́, -ести́шь, *Part. Prät. Pass.* -ещённый> [**извеща́ть** V_{1a} *несов*] *кого-что вин о чём предл или с союзом "что"* benachrichten, jd-m etw mitteilen

изве́стный *прил* <-ая, -ое, -ые> ① (*знакомый*) bekannt; *разг* ◇ **э́то ~ое де́ло** das ist geläufig ② (*популярный*) bekannt, berühmt; ◇ ~ **писа́тель** berühmter Schriftsteller; (*несомненный*) berüchtigt ③ (*установленный*) festgesetzt, bestimmt; ◇ **соблюда́ть ~ режи́м** eine feste Ordnung einhalten

и́звесть *ж$_5$* <-и> Kalk *m*

извеща́ть *несов от* **извести́ть**

извеще́ние *с$_4$* <-я> Benachrichtigung *f,* Mitteilung *f*

извине́ние *с$_4$* <-я> Entschuldigung *f;* ◇ **вы́сказать ~ кому́-л** sich bei jd-m entschuldigen; ◇ **проси́ть ~ия** um Entschuldigung bitten; ◇ **тако́му посту́пку нет ~я** für diese Tat gibt es keine Entschuldigung; **извини́ть** V_{4a} *сов* <-ню́, -ни́шь> [**извиня́ть** V_{1b} *несов*] *кого-что вин за что вин* ① (*простить*) entschuldigen, verzeihen; ◇ **~те!** entschuldigen Sie!, Entschuldigung! ② (*оправдать*) entschuldigen, rechtfertigen; ◇ ~ **посту́пок мо́лодостью** etw als Jugendsünde entschuldigen; **извини́ться** *сов* <-ню́сь, -ни́шься> [**извиня́ться** *несов*] *за кого-что вин (1), чем тв (2)* ① (*попросить прощения*) sich entschuldigen; ◇ ~ **за опозда́ние** sich für die Verspätung entschuldigen ② (*оправдаться*) sich mit etw rechtfertigen; ◇ ~ **неосведомлённостью** etw mit Informationsmangel begründen

извне́ *нареч* (*снаружи*) von außen; ◇ **звук прони́к ~** der Schall drang von außen herein; ◇ **ждать по́мощи ~** fremde Hilfe erwarten

извращённый *прил* <-ая, -ое, -ые> ① (*искажённый*) entstellt, verzerrt ② (*уродливый*) pervers, widernatürlich

изгна́ние *с$_4$* <-я> ① (*действие*) Vertreibung *f* ② (*состояние*) Verbannung *f;* (*ссылка*) Exil *n;* ◇ **жить в ~и** im Exil leben; **изгна́ть** *сов* <-гоню́, -го́нишь> [**изгоня́ть** *несов*] *кого-что вин* (*выгнать*) verjagen, vertreiben; ◇ ~

И

когó-л из своéй средьí jd-n aus seiner Umgebung verjagen; (*выслать*) verbannen; ◇ ~ **из страньí** aus dem Land verbannen

изготóвить V_{4b} *сов* ‹-влю, -вишь, *Part. Prät. Pass.* -вленный› [**изготовля́ть** V_{1b} и **изготáвливать** V_{1a} *несов*] *что вин* (1) (*выработать*) herstellen, anfertigen; ◇ ~ **макéт здáния** das Modell eines Gebäudes anfertigen (2) (*подготовить*) Essen zubereiten

издавáть V_{1a} ‹*Part. Präs. Akt.* издаю́щий› *несов от* **издáть** *

издáние c_4 ‹-я› (1) (*действие*) Herausgabe *f*, Veröffentlichung *f* (2) (*выпуск книги*) Auflage *f;* ◇ **вы́пущено дéсятое ~ словаря́** das Wörterbuch erschien in zehnter Auflage (3) (*произведение печати*) Ausgabe; ◇ **испрáвленное и допóлненное** ~ verbesserte und erweiterte Ausgabe; ◇ **многотóмное** ~ mehrbändige Ausgabe; ◇ **периоди́ческое** ~ Zeitschrift *f;* ◇ **стереоти́пное** ~ Nachdruck *m;* **издáтель** $м_2$ ‹-я› Verleger *m*, Herausgeber *m;* **издáтельство** c_2 ‹-а› Verlag *m;* ◇ ~ **дéтской литератýры** Kinderbuchverlag

издáть [1] * *сов* ‹-áм, -áшь› [**издавáть** *несов*] *что вин* (1) (*выпустить в свет*) verlegen, auflegen, herausgeben (2) (*обнародовать*) erlassen; ◇ ~ **постановлéние** eine Verfügung erlassen

издáть [2] * *сов* ‹-áм, -áшь› [**издавáть** *несов*] *что вин* (*произвести звук*) hervorbringen, von sich geben; ◇ **он не ~л ни звýка** er gab keinen Ton von sich

издевáтельство c_2 ‹-а› (1) (*поступок*) Verspottung *f*, Verhöhnung *f* (2) (*издёвка*) Hohn *m*, Spott *m;* ◇ **э́то прóсто ~!** das ist der reine Hohn!; **издевáться** V_{1a} *несов* ‹-áюсь, -áешься› *над кем-чем тв* (*оскорблять*) verhöhnen, verspotten

издéлие c_4 ‹-я› (1) (*производство*) Herstellung *f* (2) (*продукт*) Erzeugnis *n;* (*товар*) Ware *f;* ◇ **конди́терские ~ия** Konditoreierzeugnisse

издéржки $мн_1$ ‹-жек› Ausgaben *f pl*, Kosten *pl;* ◇ **больши́е ~ на ремóнт** hohe Reparaturkosten; ◇ ~ **произвóдства** Herstellungskosten; ◇ **нести́** ~ die Kosten tragen

изжóга $ж_1$ ‹-и› Sodbrennen *n*

из-за *предлог с род* (1) (*обозначает направление, движение откуда-л*) aus, von; ◇ ~ **лéса** aus dem Wald; ◇ **встать ~ столá** vom Tisch aufstehen (2) (*по причине, вследствие*) wegen, infolge; ◇ ~ **дождя́ опоздáл** wegen des Regens kam ich zu spät; ◇ ~ **негó неприя́тности** seinetwegen gibt es Schwierigkeiten; ◇ **э́то призошлó ~ его небрéжности** das geschah infolge seiner Nachlässigkeit; ◇ **ссóриться ~ пустякóв** sich wegen Kleinigkeiten streiten

излечéние c_4 ‹-я› (1) (*лечение*) Behandlung *f*, Kur *f;* ◇ **находи́ться на ~и в гóспитале** sich zur Behandlung im Krankenhaus befinden (2) (*выздоровление*) Genesung *f*, Heilung *f*

изли́шество c_2 ‹-а› Übermaß *n*, Übertreibung *f;* **изли́шний** *прил* ‹-яя, -ее, -ие› (1) (*лишний*) übermäßig (2) (*ненужный*) unnötig, überflüssig; ◇ **~яя осторóжность** unnötige Vorsicht; ◇ ~ **вес** Übergewicht *n*

изложéние c_4 ‹-я› (1) (*действие*) Darstellung *f*, Wiedergabe *f* (2) (*письменный пересказ*) schriftliche Nacherzählung *f* (3) (*стиль изложенного*) Darstellungsweise *f;* **изложи́ть** V_{4a} *сов* ‹-жý, -лóжишь, *Part. Prät. Pass.* -лóженный› [**излагáть** V_{1a} *несов*] *что вин* (*передать устно или письменно*) darlegen, darstellen; (*объяснить*) jd-m etw auseinandersetzen, erläutern; (*высказать*) vorbringen; ◇ ~ **свои́ трéбования** seine Forderungen darlegen; ◇ ~ **в немнóгих словáх** mit wenigen Worten berichten

излýчина $ж_1$ ‹-ы› Windung *f*, Krümmung *f*

измéна $ж_1$ ‹-ы› (1) (*предательство*) Verrat *m;* ◇ **обвинéние в ~е** des Verrats beschuldigen; ◇ **соверши́ть ~у** einen Verrat begehen (2) (*нарушение верности*) Untreue *f;* ◇ **супрýжеская** ~ Ehebruch *m;* ◇ ~ **дóлгу** Pflichtverletzung *f*

изменéние c_4 ‹-я› (1) (*поправка*) (Ver-) Änderung *f;* ◇ **внести́ ~я в закóн** Gesetzesänderungen vornehmen; (*преобразование*) Wandlung *f* (2) (*перемена*) Wechsel *m;* ◇ ~ **погóды** Wetterumschwung *m*

измени́ть [1] V_{4a} *сов* ‹-ню́, -éнишь› [**изменя́ть** V_{1b} *несов*] *кого-что вин* (1) (*сделать иным*) ändern; ◇ ~ **покрóй плáтья** den Schnitt des Kleides abändern; ◇ ~ **свою́ жизнь** sein Leben ändern (2) (*преобразовать*) umwandeln, umgestalten, ändern; ◇ **э́то положéние необходи́мо** ~ diese Verordnung muß geändert werden

измени́ть [2] *сов* ‹-еню́, -éнишь, (3) 1 и 2 л. не употр› [**изменя́ть** *несов*] *кому-чему дат* (1) (*предать*) etw/jd-n verraten (2) (*нарушить верность*) untreu sein, brechen (mit); ◇ ~ **женé/мýжу** die Ehefrau/den Ehemann betrügen; ◇ ~ **своемý слóву** sein Wort brechen (3) *перен* (*о силах, способностях*) versagen, im Stich lassen; ◇ **пáмять емý ~ла** sein Gedächtnis versagte; ◇ **си́лы ~ли емý**

seine Kräfte verließen ihn; ◇ **сча́стье ей ~ло** das Glück verließ sien; **изме́нник** *м₁* <-а> Verräter *m*

изме́нчивый *прил* <-ая, -ое, -ые> veränderlich, wechselhaft, unbeständig; ◇ ~ **кли́мат** unbeständiges Klima

изменя́ть *несов от* **измени́ть**

измере́ние *c₄* <-я> ① (*действие*) (Ver-)Messung *f* ② мат (*величина*) Dimension *f;* ◇ **в трёх ~ях** dreidimensional

изме́рить V₄b *сов* <-рю, -ришь> [**измеря́ть** V₁b *несов*] *кого-что вин* messen; ◇ ~ **температу́ру** die Temperatur messen; *перен* ◇ ~ **взгля́дом** von oben bis unten mustern

измождённый *прил* <-ая, -ое, -ые> (*изнурённый*) erschöpft; (*измученный*) abgequält; (*исхудалый*) ausgemergelt; ◇ **у неё ~ вид** sie macht einen erschöpften Eindruck

и́зморозь *ж₅* <-и> Rauhreif *m*

измышле́ние *c₄* <-я> ① (*выдумка*) Ersinnen *n;* (*изобретение*) Ausdenken *n* ② (*вымысел*) Erfindung *f*

изнаси́лование *c₄* <-я> Vergewaltigung *f;* **изнаси́ловать** V₃a *сов* <-лую, -луешь> *кого-что вин* vergewaltigen

изнемо́чь * *сов* <-огу́, -о́жешь> [**изнемога́ть** V₁a *несов*] *без доп* (*ослабеть*) verschmachten, erschöpft sein; ◇ ~ **от уста́лости** vor Müdigkeit umfallen; ◇ ~ **под тя́жестью чего́-л** einer Last erliegen

износи́ть V₄a *сов* <-ошу́, -о́сишь, *Part. Prät. Pass.* -о́шенный> [**изна́шивать** V₁a *несов*] *что вин* (*сделать негодным*) abtragen, abnutzen; ◇ ~ **пла́тье** das Kleid abtragen; ◇ ~ **до дыр** auftragen; **изно́шенный** *прил* <-ая, -ое, -ые> abgenutzt, verschlissen

изнутри́ *нареч* von innen; ◇ **дверь заперта́ ~** die Tür ist von innen verschlossen

изоби́лие *c₄* <-я> Überfluß *m*, Übermaß *n;* ◇ **путь к ~ю** Weg zum Reichtum; ◇ **в ~ии** in Hülle und Fülle

изобличи́ть V₄a *сов* <-чу́, -чи́шь> [**изобличáть** V₁a *несов*] *кого-что вин в чём предл* (*уличить*) überführen; (*разоблачить*) entlarven, die Schuld nachweisen; ◇ ~ **взя́точника** jd-n der Bestechung überführen

изображе́ние *c₄* <-я> ① (*действие*) Darstellung *f;* (*описание*) Schilderung *f* ② (*рисунок*) Bild *n*, Abbildung *f;* ◇ **уви́деть своё ~ в зе́ркале** sein Spiegelbild sehen; **изобрази́тельный** *прил* <-ая, -ое, -ые> darstellend; ◇ **~ые иску́сства** bildende Künste; **изобрази́ть** V₄a *сов* <-ажу́, -зи́шь, *Part. Prät. Pass.* -ажённый> [**изобража́ть** V₁a *несов*] *кого-что вин* ① (*воспроизвести в художественном образе*) darstellen, malen, gestalten; (*описать*) schildern ② (*представить*) darstellen, spielen; ◇ ~ **на сце́не кло́уна** einen Clown spielen ③ (*выразить*) zeigen, ausdrücken; ◇ ~ **из себя́** sich verstellen, spielen; ◇ ~ **на своём лице́ сочу́вствие** ein mitleidiges Gesicht machen

изобрести́ * *сов* <-рету́, -ретёшь> [**изобрета́ть** V₁a *несов*] *что вин* erfinden; ◇ ~ **но́вую маши́ну** eine neue Maschine erfinden; **изобрета́тель** *м₂* <-я> Erfinder *m*

изощрённый *прил* <-ая, -ое, -ые> verfeinert, raffiniert; ◇~ **вкус** verfeinerter Geschmack; ◇ ~ **слух** scharfes Gehör

израсхо́довать *см.* **расхо́довать**

и́зредка *нареч* (*иногда*) bisweilen, hin und wieder; ◇ **встреча́ться ~** sich ab und zu treffen

изрече́ние *c₄* <-я> Ausspruch *m;* ◇ **~я вели́ких люде́й** Aussprüche berühmter Leute

изуве́рство *c₂* <-а> (*поступок*) Brutalität *f;* (*жестокость*) Grausamkeit *f*

изуве́чить V₄b *сов* <-чу, -чишь> [**изуве́чивать** V₁a *несов*] *кого-что вин* (*нанести увечья*) verstümmeln; (*искалечить*) zum Krüppel machen

изуми́тельный *прил* <-ая, -ое, -ые> (*необыкновенный*) erstaunlich; (*чудесный*) wundervoll

изумру́д *м₁* <-а> Smaragd *m*

изуче́ние *c₄* <-я> ① Studium *n*, Erlernen *n* ② (*обследование*) Untersuchung *f*

изучи́ть V₄a *сов* <-чу́, -у́чишь, *Part. Prät. Pass.* -у́ченный> [**изуча́ть** V₁a *несов*] *кого-что вин* ① (*усвоить*) studieren, erlernen; ◇ ~ **иностра́нный язы́к** eine Fremdsprache lernen; ◇ ~ **ремесло́** ein Handwerk erlernen ② (*ознакомиться*) kennenlernen; ◇ ~ **обстано́вку** die Umgebung kennenlernen; ◇ ~ **чьи-л накло́нности** sich mit jd-s Neigungen vertraut machen ③ (*исследовать*) erforschen, untersuchen, studieren; ◇ ~ **дре́внюю ру́копись** eine antike Handschrift erforschen

изъяви́ть V₄a *сов* <-явлю́, -я́вишь, *Part. Prät. Pass.* -я́вленный> [**изъявля́ть** V₁b *несов*] *что вин* (*выразить*) äußern, bekunden; ◇ ~ **согла́сие** sein Einverständnis erklären

изъя́н *м₁* <-а> ① (*недостаток*) Mangel *m;* (*ошибка*) Fehler *m;* ◇ **това́р с ~ом** fehlerhafte Ware ② (*ущерб*) Schaden *m*, Verlust *m;* ◇ **ввести́ в ~** Schaden zufügen

изъясни́ться V₄a *сов* <-ню́сь, -ни́шься> [**изъясня́ться** V₁b *несов*] *без доп* sich aus-

И

drücken, zum Ausdruck bringen; ◇ ~**тесь, пожа́луйста, поня́тнее** drücken Sie sich bitte verständlicher aus; (*высказаться*) sich verständigen; ◇ ~ **по-неме́цки** sich auf Deutsch verständigen

изъя́тие *с₄* ‹-я› ① (*устранение*) Herausnahme *f*, Streichung *f*; (*конфискация*) Beschlagnahme *f* ② (*исключение*) Ausnahme *f*; ◇ **без ~я** ohne Ausnahme; **изъя́ть** V_{1b} *сов* ‹изыму́, изы́мешь, *Imp.* изыми́, ~те, *Part. Prät. Pass.* изъя́тый› [**изыма́ть** V_{1a} *несов*] *кого-что вин* ① (*устранить*) herausnehmen; ◇ ~ **банкно́ты из обраще́ния** Geldscheine aus dem Umlauf nehmen ② (*конфисковать*) beschlagnahmen; ◇ ~ **запрещённую литерату́ру** verbotene Literatur beschlagnahmen

изыска́ние *с₄* ‹-я› ① (*отыскание*) (Auf-)Finden *n*, Ausfindigmachen *n* ② (*исследование*) Erforschung *f*, Untersuchung *f*

изю́м *м₁* ‹-а› Rosinen *f pl*; ◇ **не фунт ~у** das ist kein Pappenstiel

изя́щный *прил* ‹-ая, -ое, -ые› fein, elegant

ико́на *ж₁* ‹-ы› Ikone *f*

ико́та *ж₁* ‹-ы› Schluckauf *m*; ◇ **на него́ напа́ла** ~ er bekam Schluckauf

икра́ *ж₁* ‹-ы́› ① зоол (*выметанная*) Fischlaich *m*; ◇ **мета́ть ~у́** laichen ② кул (*продукт*) Kaviar *m*

и́кры *мн* ‹икр› Waden *f pl*

ил *м₁* ‹-а› Schlamm *m*

и́ли *союз* ① oder; ◇ **он ~ я** er oder ich; ◇ **за́втра ~ послеза́втра** morgen oder übermorgen; ◇ **и́ли...и́ли** entweder...oder; ◇ ~ **в понеде́льник, ~ в сре́ду** entweder am Montag oder am Mittwoch ② (*разве*) oder, denn; ◇ ~ **вы э́того не слы́шали?** oder haben Sie das nicht gehört?

иллю́зия *ж₄* ‹-и› ① (*нечто кажущееся*) Täuschung *f*; ◇ **опти́ческая** ~ optische Täuschung ② *перен* (*мечта*) Illusion *f*; ◇ **разве́ять ~и** Illusionen zerstören; ◇ **стро́ить себе́ ~и** sich Illusionen machen

иллюмина́тор *м₁* ‹-а› Bullauge *n*

иллюстри́ровать V_{3a} *несов и сов* ‹-рую, -руешь› *что вин* ① (*текст*) illustrieren, bebildern; ◇ ~ **кни́гу** ein Buch illustrieren ② *перен* veranschaulichen; ◇ ~ **свою́ мысль приме́ром** seinen Gedanken an einem Beispiel veranschaulichen

им *см.* **он, оно́, они́**

име́ние *с₄* ‹-я› (Land-)Gut *n*

и́менно *частица* (*как раз, действительно*) genau, eben; ◇ ~ **э́ту кни́гу я ищу́** genau das Buch suche ich; ◇ ~ **поэ́тому** eben deshalb; ◇ ~ **так** genauso; ◇ **вот ~!** jawohl!, eben!

име́ть V_5 *несов* ‹-е́ю, -е́ешь› *кого-что вин* haben, besitzen; ◇ ~ **при себе́** dabeihaben; ◇ ~ **пра́во** das Recht haben; ◇ **ко́мната име́ет одно́ окно́** das Zimmer hat ein Fenster; ◇ ~ **большо́е значе́ние** von großer Bedeutung sein; ◇ ~ **наме́рение** die Absicht haben; ◇ ~ **основа́ние** einen Grund haben; ◇ ~ **си́лу** gültig sein; ◇ ~ **це́лью** zum Ziel haben; ◇ ~ **в виду́** beabsichtigen

и́ми *см.* **они́**

имита́ция *ж₄* ‹-и› ① (*воспроизведение*) Imitation *f*; (*подражание*) Nachahmung *f* ② (*подделка*) Nachbildung *f*, Imitation *f*; ◇ ~ **кра́сного де́рева** Mahagoniimitation ③ (*суррогат*) Ersatz *m*

иммигра́ция *ж₄* ‹-и› Immigration *f*

импера́тор *м₁* ‹-а› Kaiser *m*, Imperator *m*; **импе́рия** *ж₄* ‹-и› Reich *n*; ◇ **паде́ние Ри́мской ~ии** der Fall des Römischen Reiches

и́мпорт *м₁* ‹-а› Import *m*, Einfuhr *f*; ◇ **статья́ ~а** Importartikel *m*; ◇ **ограни́чивать** ~ den Import beschränken; **и́мпортный** *прил* ‹-ая, -ое, -ые› Import-, Einfuhr-; ◇ **~ая сде́лка** Importgeschäft *n*; ◇ **~ая кво́та** Einfuhrquote *f*; ◇ **~ые ограниче́ния** Einfuhrbeschränkungen *f pl*; ◇ **~ая по́шлина** Einfuhrzoll

иму́щество *с₂* ‹-а› ① (*собственность*) Vermögen *n*, Eigentum *n*, Gut *n*; ◇ **госуда́рственное** ~ Staatsvermögen; ◇ **недви́жимое** ~ Immobilie *f* ② (*вещи*) Hab und Gut *n*, Habseligkeiten *f pl*; ◇ **ча́стное** ~ Privatvermögen *n*; **иму́щий** *прил* ‹-ая, -ее, -ие› (*состоятельный*) vermögend; (*зажиточный*) wohlhabend; ◇ **власть ~ие** herrschende Klasse

и́мя *с₆* ‹и́мени, *мн:* имена́, *род:* имён, *дат:* имена́м› ① (*без фамилии*) Vorname *m*; ◇ **я зна́ю её то́лько по и́мени** ich kenne ihn nur dem Namen nach; ◇ **от и́мени [во]** ~ im Namen; ◇ **музе́й и́мени Пу́шкина** Puschkinmuseum *n* ② (*фамилия*) (Familien-)Name *m* ③ (*репутация*) Ruf *m*, Name *m*; ◇ **учёный с миро́вым и́менем** Wissenschaftler von Weltbedeutung; ◇ **приобрести́** ~ sich einen Namen machen ④ грам Nomen *n*; ◇ ~ **существи́тельное** Substantiv *n*

и́на́че I. *нареч* (*иным способом*) anders; ◇ ~ **поступи́ть нельзя́** man darf nicht anders handeln; ◇ **как-нибу́дь** ~ irgendwie anders **II.** *союз* (*а то*) sonst, andernfalls; ◇ **беги́, ~ опозда́ешь** lauf, sonst verspätest du dich

инвалид *м₁* ‹-а› Invalide *m*; **инвали́дность** *ж₅* ‹-и› (*состояние*) Invalidität *f*; (*нетрудо-*

способность) Arbeitsunfähigkeit *f;* ◇ **посóбие по ~и** Invalidenrente *f*

индéйка *ж₁* <-и, *род мн:* -éек> Pute *f,* Truthenne *f*

и́ндекс *м₁* <-а> Verzeichnis *n* Index *m; фин* ◇ **~ Доу-Джóнса** Dow-Jones-Index; ◇ **почтóвый ~** Postleitzahl *f*

индиáнка *ж₁* <-и, *род мн:* -нок> (*в Индии*) Inderin *f;* (*в Америке*) Indianerin *f*

индивидуáльный *прил* <-ая, -ое, -ые> ① (*личный*) individuell, persönlich; ◇ **~ые осóбенности** individuelle Besonderheiten ② (*особенный для каждого*) individuell; ◇ **~ое обслýживание** individuelle Bedienung; ◇ **~ подхóд** individuelle Herangehensweise ③ (*единичный*) Einzel-; ◇ **~ слýчай** Einzelfall *m*

инди́ец *м₅* <-йца> Inder *m*

индýстрия *ж₄* <-и> Industrie *f;* ◇ **тяжёлая ~** Schwerindustrie

индю́к *м₁* <-á, *мн:* -и́> Truthahn *m*

и́ней *м₃* <-я> (Rauh-)Reif *m*

инéртный *прил* <-ая, -ое, -ые> ① *физ* träge ② (*безынициативный*) träge, tatenlos; **инéрция** *ж₄* <-и> Trägheit *f;* ◇ **дéлать что-л по ~и** etw mechanisch [aus Gewohnheit] tun

инженéр *м₁* <-а> Ingenieur *m*

инжи́р *м₁* <-а> ① (*плод*) Feige *f* ② (*дерево*) Feigenbaum *m*

инициати́ва *ж₁* <-ы> ① (*предприимчивость*) Initiative *f;* ◇ **по сóбственной ~е** aus eigenem Antrieb; ◇ **взять ~у в свои́ рýки** die Initiative ergreifen ② (*руководящая роль*) Initiative *f;* ◇ **поддéрживать ~у** eine Initiative unterstützen

иногдá *нареч* (*время от времени*) manchmal, bisweilen; ◇ **~ так, ~ инáче** mal so, mal so; ◇ **~ вéсел, ~ грýстит** mal ist er fröhlich, mal traurig

иногорóдний *прил* <-ая, -ое, -ие> aus einer anderen Stadt, auswärtig

инóй I. *прил* <-áя, -óе, -ы́е> (*другой*) anderer; ◇ **никтó ~ э́того не сдéлает** niemand anderes wird das tun; ◇ **э́то ничтó ~óе, как обмáн** das ist nichts anderes als Betrug; ◇ **нéкто ~ как** kein anderer als **II.** *неопр мест* (*некоторый, какой-то*) mancher; ◇ **~ые лю́ди** manche Leute; **~ раз** manchmal

инострáнец *м₅* <-нца> Ausländer *m;* **инострáнка** *ж₁* <-и, *род мн:* -нок> Ausländerin *f;* **инострáнный** *прил* <-ая, -ое, -ые> ① (*заграничный*) ausländisch, Auslands-; (*не родной*) Fremd-; ◇ **~ язы́к** Fremdsprache *f* ② (*относящийся к внешней политике*) Außen-; ◇ **министéрство ~ых дел** Außenministerium *n*

инстáнция *ж₄* <-и> Instanz *f;* ◇ **вы́сшая ~** höchste Instanz; ◇ **соответ́ствующие ~и** zuständige Stellen; ◇ **дéло пошлó по ~ям** die Angelegenheit ging ihren behördlichen Gang

инститýт *м₁* <-а> ① (*высшее учебное заведение*) Hochschule *f;* ◇ **медици́нский ~** Medizinische Hochschule; ◇ **поступи́ть в ~** sich immatrikulieren; ◇ **учи́ться в ~е** studieren ② (*научно-исследовательский*) Forschungsinstitut *n;* ◇ **~ы Акадéмии наýк** Forschungsinstitute der Akademie der Wissenschaften ③ (*нормы права*) Institut *n,* Einrichtung *f;* ◇ **~ брáка** Institut der Ehe

инстрýкция *ж₄* <-и> Anweisung *f,* Vorschrift *f,* Instruktion *f;* ◇ **служéбная ~** Dienstvorschrift

инструмéнт *м₁* <-а> ① (*орудие*) Instrument *n,* Gerät *n* ② (*музыкальный*) Instrument *n;* ◇ **стрýнные ~ы** Saiteninstrumente; ◇ **удáрный ~** Schlagzeug *n* ③ *перен* (*средство для достижения*) Instrument *n,* Mittel *n*

инсцени́ровать V_{3a} *несов и сов* <-рую, -руешь> *что вин* ① (*в театре, кино*) inszenieren ② *перен* (*изобразить*) vortäuschen; ◇ **~ óбморок** eine Ohnmacht vortäuschen

интегрáция *ж₄* <-и> Integration *f*

интеллéкт *м₁* <-а> (*умственное начало*) Intellekt *m;* (*разум*) Verstand *m;* ◇ **высóкий ~** geistige Größe

интеллигéнтный *прил* <-ая, -ое, -ые> ① (*образованный, культурный*) intelligent, gebildet ② (*свойственный интеллигенту*) intelligent, intellektuell; **интеллигéнция** *ж₄* <-и> ① (*люди умственного труда*) Intelligenz *f* ② (*интеллигенты*) die Intellektuellen

интервáл *м₁* <-а> ① (*промежуток*) Intervall *n;* ◇ **~ мéжду стрóчками** Zeilenabstand *m;* (*перерыв*) Unterbrechung *f;* ◇ **с ~ом в 10 минýт** im Abstand von 10 Minuten ② *муз* Intervall *n*

интервéнция *ж₄* <-и> Intervention *f*

интервью́ *с* <нескл> Interview *n;* ◇ **взять ~ у когó-л** jd-n interviewen

интерéс *м₁* <-а> ① (*внимание*) Interesse *n,* Aufmerksamkeit *f;* ◇ **обострённый ~ ко всемý нóвому** starkes Interesse an allem Neuen; ◇ **возбуждáть ~** das Interesse wekken ② (*значительность*) Interesse *n;* ◇ **дéло имéет общéственный ~** die Sache ist von gesellschaftlichem Interesse ③ ◇ **~ы** *мн* (*потребности*) Interessen *n pl,* Belange *pl;* ◇ **защищáть свои́ ~ы** seine Interessen verteidigen; ◇ **э́то в на́ших ~ах** das liegt in unserem Interesse ④ *разг* (*корысть*) Nutzen *m*, Gewinn *m*; **интере́сный** *прил* ‹-ая, -ое, -ые› ① (*любопытный*) interessant, spannend; (*увлекательный*) unterhaltsam ② (*привлекательный*) interessant, attraktiv; ◇ **~ая вне́шность** attraktives Äußeres; **интересова́ть** V_{3a} *несов* ‹-су́ю, -су́ешь› *кого-что вин* interessieren; ◇ **её ~у́ет те́хника** sie ist an Technik interessiert; **интересова́ться** *несов* ‹-су́юсь, -су́ешься› [**по~** *сов*] *кем-чем тв (1), без доп (2)* ① (*проявлять интерес*) sich interessieren für etw/jd-n; ◇ **~ жи́вописью** sich für Malerei interessieren ② (*осведомляться*) sich interessieren, fragen; ◇ **он интересу́ется, как иду́т дела́** er fragt, wie die Dinge stehen

интерпрета́ция $ж_4$ ‹-и› Interpretation *f*, Auslegung *f*

интри́га $ж_1$ ‹-и› ① (*происки*) Intrige *f*; ◇ **вести́ про́тив кого́-л ~у** gegen jd-n intrigieren; ◇ **плести́ ~и** Intrigen spinnen ② лит Knoten *m* der Handlung; ◇ **запу́танная ~** verwickelte Handlung

инфе́кция $ж_4$ ‹-и› Infektion *f*, Ansteckung *f*

инфля́ция $ж_4$ ‹-и› эк Inflation *f*, Geldentwertung *f*

информацио́нный *прил* ‹-ая, -ое, -ые› Informations-, Nachrichten-; ◇ **~ое аге́нтство** Nachrichtenagentur *f*; ◇ **~ая сеть** Informationsnetz *n*; **информа́ция** $ж_4$ ‹-и› ① (*действие*) Informierung *f*; (*оповещение*) Benachrichtigung *f*; ◇ **сре́дства ма́ссовой ~и** Massenmedien *n pl* ② (*сообщения*) Information *f*, Bericht *m*; (*справка*) Auskunft *f*; ◇ **получи́ть ~ю** eine Information erhalten; ◇ **обрабо́тка ~ии** Datenverarbeitung *f*; **информи́ровать** V_{3a} *несов и сов* ‹-рую, -руешь› *кого-что вин* informieren

инциде́нт $м_1$ ‹-а› Zwischenfall *m*

инъе́кция $ж_4$ ‹-и› мед Injektion *f*, Spritze *f*; ◇ **сде́лать ~ю кому́-л** jd-m eine Spritze geben

ипподро́м $м_1$ ‹-а› Rennbahn *f*

иро́ния $ж_4$ ‹-и› Ironie *f*; ◇ **е́дкая ~** beißende Ironie; ◇ **~ судьбы́** Ironie des Schicksals; ◇ **по зло́й ~и** wie zum Hohn

ирига́ция $ж_4$ ‹-и› Bewässerung *f*

иск $м_1$ ‹-а› юр Klage *f*; ◇ **гражда́нский ~** Zivilklage; ◇ **предъяви́ть кому́-л ~** Klage gegen jd-n erheben

искаже́ние $с_4$ ‹-я› (*ошибка*) Verdrehung *f*, Entstellung *f*; (*фальсификация*) Verfälschung *f*; **искази́ть** V_{4a} *сов* ‹-ажу́, -зи́шь, *Part. Prät. Pass.* -ажённый› [**искажа́ть** V_{1a} *несов*] *что вин* ① (*извратить*) entstellen, verzerren; (*фальсифицировать*) verfälschen; ◇ **~ смысл чьих-л слов** den Sinn von jd-s Worten verdrehen ② (*изменить лицо*) verzerren, entstellen; ◇ **боль ~ла лицо́** das Gesicht war schmerzverzerrt

иска́ть * *несов* ‹ищу́, и́щешь› *кого-что вин (1), кого-что вин или чего род (2)* ① (*стараться найти*) suchen; ◇ **~ ну́жную кни́гу** das benötigte Buch suchen; *перен* ◇ **~ иго́лку в сто́ге се́на** eine Nadel im Heuhaufen suchen ② (*стараться получить*) suchen, zu bekommen versuchen; ◇ **~ рабо́ту** Arbeit suchen; ◇ **~ по́вода** nach einem Vorwand suchen

исключе́ние $с_4$ ‹-я› ① (*действие*) Ausschließung *f*, Ausschluß *m*; (*из списков*) Streichung *f* ② (*из правила*) Ausnahme *f*; ◇ **за ~ем** mit Ausnahme; ◇ **в ви́де ~я** ausnahmsweise; ◇ **нет пра́вила без ~я** Ausnahmen bestätigen die Regel; **исключи́тельно** *нареч* ① (*лишь, только*) ausschließlich, nur ② (*особенно*) äußerst, außerordentlich; ◇ **~ тру́дная пробле́ма** äußerst schwieriges Problem; **исключи́тельный** *прил* ‹-ая, -ое, -ые› ① (*являющийся исключением*) ausschließlich ② (*особенный*) Ausnahme-; ◇ **~ слу́чай** Ausnahmefall *m* ③ (*чрезвычайный*) außerordentlich; ◇ **де́ло ~ой ва́жности** Sache von außerordentlicher Wichtigkeit; (*выделяющийся среди других*) außergewöhnlich; ◇ **изде́лия ~ого ка́чества** Waren von außergewöhnlicher Qualität; **исключи́ть** V_{4a} *сов* ‹-чу́, -чи́шь› [**исключа́ть** V_{1a} *несов*] *кого-что вин из чего (1), что вин (2)* ① (*удалить из состава*) ausschließen, ausscheiden, entfernen; ◇ **~ из спи́сков** von der Liste streichen ② (*устранить*) ausschließen; ◇ **~ возмо́жность оши́бки** die Möglichkeit eines Fehlers ausschließen

иско́нный *прил* ‹-ая, -ое, -ые› althergebracht, angestammt; ◇ **~ые жи́тели** Ureinwohner *m pl*

искорени́ть V_{4a} *сов* ‹-ню́, -ни́шь› [**искореня́ть** V_{1b} *несов*] *что вин* ausmerzen, ausrotten

и́скра $ж_1$ ‹-ы, *мн:* -ы› ① (*частица*) Funke *m*; ◇ **электри́ческая ~** elektrischer Funke ② *перен* (*признак, зачаток*) Funke *m*; ◇ **~ наде́жды** ein Fünkchen Hoffnung; ◇ **у него́ ~ы посы́пались из глаз** er sah Sterne

и́скренний *прил* ‹-яя, -ее, -ие› ① (*подлинный*) aufrichtig; (*откровенный*) offen, offenherzig; ◇ ~ее призна́ние offenes Bekenntnis ③ (*душевный*) innig; **и́скренность** *ж₅* ‹-и› ① (*откровенность*) Aufrichtigkeit *f* ② (*душевность*) Innigkeit *f*

искри́ться V_{4a} *несов* ‹-ри́тся, -ря́тся, 1 и 2 л. не употр› *без доп* (*сверкать*) funkeln; (*о вине*) perlen; (*о глазах*) glänzen

искупа́ть *см.* **купа́ть**

искупи́ть V_{4a} *сов* ‹-плю́, -у́пишь, *Part. Prät. Pass.* -плённый› [**искупа́ть** V_{1a} *несов*] *что вин чем тв* ① (*заслужить прощение*) sühnen; ◇ ~ **свою́ вину́ чем-л** seine Schuld sühnen ② (*возместить*) ersetzen, wettmachen, ausgleichen

иску́сственный *прил* ‹-ая, -ое, -ые› ① (*не природный*) künstlich, unecht; ◇ ~ **интелле́кт** künstliche Intelligenz; мед ◇ **~ое дыха́ние** künstliche Beatmung; ◇ **~ое пита́ние** künstliche Ernährung; ◇ **~ые зу́бы** Gebiß *n* ② (*неискренний*) künstlich, gekünstelt; (*жеманный*) geziert; **иску́сство** *с₂* ‹-а› ① (*творчество*) Kunst *f;* ◇ **разбира́ться в ~е** Kunstkenner sein; ◇ **из любви́ к ~у** aus Liebe zur Kunst ② (*мастерство*) Kunst *f,* Fertigkeit *f;* ◇ **владе́ть ~ом шитья́** die Kunst des Nähens beherrschen; ◇ **с больши́м ~ом** kunstvoll; **искусствове́д** *м₁* ‹-а› Kunsthistoriker *m*

искуше́ние *с₄* ‹-я› Versuchung *f,* Verführung *f;* ◇ **вводи́ть кого́-л в ~** jd-n in Versuchung führen; ◇ **подда́ться ~ю** einer Versuchung erliegen

исла́м *м₁* ‹-а› Islam *m*

испаре́ние *с₄* ‹-я› ① (*пар*) Verdunstung *f;* (*горячее*) Verdampfung *f* ② ◇ **~я** *мн* (*пары*) Ausdünstung *f,* Dünste *m pl;* **испари́ться** V_{4a} *сов* ‹-ри́тся, -ря́тся, 1 и 2 л. не употр› [**испаря́ться** V_{1b} *несов*] *без доп* ① (*обратиться в пар*) verdunsten, verdampfen; ◇ **вода́ ~лась** das Wasser verdampfte ② *перен* (*исчезнуть*) verschwinden, verduften; ◇ **посети́тель незаме́тно ~лся** der Besucher machte sich unbemerkt aus dem Staub

исписа́ть * *сов* ‹-ишу́, -и́шешь› [**испи́сывать** V_{1a} *несов*] *что вин* (*заполнить*) vollschreiben; ◇ ~ **всю тетра́дь** das ganze Heft vollschreiben

испове́довать V_{3a} *несов и сов* ‹-дую, -дуешь› *что вин (1), кого-что вин (2), что вин кому дат (3)* ① рел sich bekennen (zu); ◇ ~ **исла́м** sich zum Islam bekennen ② (*подвергнуть исповеди*) beichten, die Beichte abnehmen ③ (*доверять*) anvertrauen; **испове́доваться** V_{3a} *несов и сов* ‹-дуюсь, -дуешься› *кому-чему дат или у кого-чего род (1), кому дат или перед кем-чем тв (2)* ① (*каяться*) beichten; ◇ ~ **у свяще́нника** dem Priester beichten ② *перен* (*признаваться*) jd-m sein Herz öffnen, etw eingestehen; **и́споведь** *ж₅* ‹-и› ① (*таинство*) Beichte *f;* ◇ **быть на ~и** beichten ② *перен* (*признание*) Geständnis *n*

исподтишка́ *нареч разг* (*втихомолку*) heimlich; (*украдкой*) verstohlen

исполко́м *м₁* ‹-а› (= *исполнительный комитет*) Exekutivkomitee *n*

исполне́ние *с₄* ‹-я› ① (*выполнение*) Ausführung *f,* Erfüllung *f;* (*осуществление*) Verwirklichung *f;* ◇ ~ **до́лга** Pflichterfüllung; ◇ ~ **жела́ния** Erfüllung eines Wunsches; ◇ **привести́ в ~** ausführen, verwirklichen; ◇ **приступи́ть к ~ю свои́х обя́занностей** sein Amt antreten ② (*в кино, театре*) Aufführung *f,* Darstellung *f,* Darbietung *f;* ◇ **а́рия в ~и ...** Arie, gesungen von...; ◇ **роль в ~и ...** Rolle, gespielt von...; **исполни́тель** *м₂* ‹-я› ① (*исполняющий*) ausführende Person, Vollstrecker *m;* ◇ **суде́бный ~** Gerichtsvollzieher *m* ② (*артист*) Darsteller *m;* (*певец*) Sänger *m,* Interpret *m;* (*музыкант*) Musiker; **исполни́тельный** *прил* ‹-ая, -ое, -ые› ① (*старательный*) sorgfältig; (*добросовестный*) pflichtbewußt; (*аккуратный*) verläßlich ② полит vollziehend, Exekutiv-; ◇ **~ые о́рганы** Exekutivorgane *n pl;* юр ◇ ~ **лист** Vollstreckungsbefehl *m;* **испо́лнить** V_{4b} *сов* ‹-ню, -нишь, *Imp.* -ни, ~те› [**исполня́ть** V_{1b} *несов*] *что вин* ① (*выполнить*) erfüllen, in die Tat umsetzen; ◇ ~ **жела́ние** einen Wunsch erfüllen; ◇ ~ **свой долг** seine Pflicht erfüllen; ◇ ~ **своё обеща́ние** sein Versprechen einlösen ② (*осуществить*) ausführen; ◇ ~ **прика́з** einen Befehl ausführen ③ театр (*воспроизвести*) vortragen, (vor-)spielen, darbieten; ◇ ~ **та́нец** einen Tanz vorführen; **испо́лниться** *сов* ‹-нится, нятся, 1 и 2 л. не употр› [**исполня́ться** *несов*] *без доп (1), кому-чему дат (2)* ① (*осуществиться*) in Erfüllung gehen, sich erfüllen; ◇ **жела́ние ~ лось** der Wunsch ging in Erfüllung ② (*о возрасте*) ◇ **ребёнку ~ился год** das Kind wurde ein Jahr alt

испо́льзование *с₄* ‹-я› (Aus-)Nutzung *f,* Verwendung *f,* Einsatz *m;* ◇ ~ **рабо́чей си́лы** Einsatz von Arbeitskräften; **испо́льзовать** V_{3a} *несов и сов* ‹-зую, -зуешь› *кого-что вин* (*воспользоваться*) ausnutzen, benutzen, einsetzen; ◇ ~ **слу́чай** eine Gelegenheit nutzen; (*употребить*) verwenden; ◇ ~ **но́вый материа́л** neues Material verwenden; (*реализовать*) nutzen, einsetzen; ◇ ~ **о́пыт други́х** sich die Erfahrung anderer zunutze machen; ◇ ~ **что-л в свои́х це́лях** etw für seine Zwecke nutzen

испо́ртить(ся) *см.* **по́ртить(ся)**

испо́рченный *прил* ‹-ая, -ое, -ые› ① (*гнилой*) verdorben; (*прогнивший*) angefault; ◇ **~ее мя́со** angefaultes Fleisch; (*повреждённый*) beschädigt, kaputt ② (*развращённый*) verdorben; (*безнравственный*) schlecht, verdorben, verkommen; ◇ ~ **челове́к** schlechter Mensch

испра́вить V_{4b} *сов* ‹-влю, -вишь, *Part. Prät. Pass.* -вленный› [**исправля́ть** V_{1b} *несов*] *кого-что вин* ① (*устранить*) verbessern, ausbessern; (*подчинить*) reparieren ② (*сделать лучше*) bessern; ◇ ~ **хара́ктер** sich bessern; ◇ ~ **тру́дного подро́стка** den schwierigen Jugendlichen umerziehen; **исправле́ние** c_4 ‹-я› ① (*улучшение*) Verbesserung *f,* Besserung *f* ② (*изменение*) Korrektur *f;* ◇ **внести́ ~я в корректу́ру** Korrekturen eintragen ③ (*ремонт*) Reparatur *f,* Ausbesserung *f*

испра́вный *прил* ‹-ая, -ое, -ые› ① (*годный*) intakt ② (*хорошо сохранившийся*) gut erhalten; ◇ **дом в ~ом состоя́нии** das Haus ist in einem guten Zustand ③ (*старательный*) sorgfältig, zuverlässig

испу́г $м_1$ ‹-а› Erschrecken *n,* Schreck *m;* ◇ **в ~е** erschrocken; ◇ **отде́латься лёгким ~ом** mit einem Schrecken davonkommen; **испу́ганный** *прил* ‹-ая, -ое, -ые› erschrocken; ◇ **~ое ста́до** erschrockene Herde

испуга́ть(ся) *см.* **пуга́ть(ся)**

испусти́ть V_{4a} *сов* ‹-ущу́, -у́стишь, *Part. Prät. Pass.* -у́щенный› [**испуска́ть** V_{1a} *несов*] *что вин* ① (*издать*) ausstoßen; ◇ ~ **крик** einen Schrei von sich geben ② (*выделить*) abgeben, ausströmen; ◇ ~ **арома́т** Aroma abgeben; (*умереть*) ◇ ~ **дух** den Geist aufgeben

испыта́ние c_4 ‹-я› ① (*проба, проверка*) Versuch *m,* Probe *f;* ◇ **производи́ть** ~ einen Versuch durchführen ② (*экзамен*) Test *m,* Prüfung *f;* ◇ **приёмные ~я** Aufnahmeprüfung ③ (*несчастье*) Heimsuchung *f,* Prüfung *f,* Schicksalsschlag *m;* **испы́танный** *прил* ‹-ая, -ое, -ые› geprüft, erprobt; **испыта́ть** V_{1a} *сов* ‹-а́ю, -а́ешь, *Part. Prät. Pass.* -пы́танный› [**испы́тывать** V_{1a} *несов*] *кого-что вин* ① (*проверить*) testen, ausprobieren, auf die Probe stellen ② (*пережить*) erleiden, erfahren, empfinden; ◇ ~ **го́ре** Leid erfahren; ◇ ~ **страх** Angst ausstehen; ◇ ~ **удовлетворе́ние** Befriedigung empfinden

иссле́дование c_4 ‹-я› ① (*действие*) Untersuchung *f;* ◇ **вести́** ~ eine Untersuchung durchführen ② (*научная деятельность*) Forschung *f,* wissenschaftliche Abhandlung *f;* ◇ **фундамента́льное** ~ Grundlagenforschung; **иссле́дователь** $м_2$ ‹-я› Forscher *m;* ◇ ~ **Арктики** Polarforscher; **иссле́довать** V_{1a} *несов и сов* ‹-дую, -дуешь, *Imp.* -дуй, ~те› *кого-что вин* ① (*изучить*) erforschen, studieren; ◇ ~ **зако́ны приро́ды** die Naturgesetze wissenschaftlich erforschen ② (*осмотреть*) untersuchen, betrachten

иссяка́ть V_{1a} *несов* ‹-а́ет, -а́ют, 1 и 2 л. не употр› [**исся́кнуть** V_2 *сов* ‹*Prät.* исся́к›] *без доп* ① (*истощиться*) versiegen; ◇ **вода́ в исто́чнике ~ла** das Quellwasser versiegte ② *перен* (*исчезнуть*) schwinden; ◇ **си́лы ~ли** die Kräfte schwanden; ◇ **терпе́ние ~ло** die Geduld war zu Ende

истека́ть V_{1a} *несов от* **исте́чь**

исте́рика $ж_1$ ‹-и› hysterischer Anfall *m;* ◇ **впасть в ~у** hysterisch werden; **истери́чный** *прил* ‹-ая, -ое, -ые› hysterisch; ◇ ~ **смех** hysterisches Lachen; **истери́я** $ж_4$ ‹-и› Hysterie *f;* ◇ **при́ступ ~и** Hysterieanfall *m*

истёртый *прил* ‹-ая, -ое, -ые› ① (*в порошок*) zerrieben, gerieben; ◇ ~ **сыр** geriebener Käse ② (*поношенный*) abgetragen, abgenutzt; ◇ **~ая подо́шва** abgelaufene Sohle

исте́ц $м_1$ ‹-тца́, *мн:*-тцы́› Kläger *m*

исте́чь * *сов* ‹-еку́, -чёшь› [**исте́чь** *несов*] *без доп (1, 2), чем тв (3)* ① (*вытечь*) (her-) ausfließen, hervorsprudeln; ◇ **из скалы́ истёк пото́к** aus dem Fels sprudelte Wasser ② (*окончиться*) ablaufen; ◇ **срок догово́ра истёк** die Vertragsfrist ist verstrichen ③ ◇ ~ **кро́вью** verbluten

и́стина $ж_1$ ‹-ы› (*правда*) Wahrheit *f;* ◇ **в э́том есть до́ля ~ы** da ist etwas Wahres dran; **и́стинный** *прил* ‹-ая, -ое, -ые› ① (*соответствующий истине*) wahr; ◇ **~ая пра́вда** reine Wahrheit ② (*точный*) genau, richtig ③ (*настоящий, подлинный*) wahr, echt; ◇ **~ое происше́ствие** eine wahre Begebenheit

исто́к $м_1$ ‹-а› ① (*река, ручей*) Quelle *f;* ◇ **от ~а до у́стья** von der Quelle bis zur Mündung ② ◇ **~и** *мн* (*начало*) Ursprung *m*

истолкова́ть V_{3a} *сов* ‹-ку́ю, -ку́ешь, *Part. Prät. Pass.* -ко́ванный› [**истолко́вывать** V_{1a} *несов*] *что вин* (*расъяснить*) interpretieren, auslegen, deuten; (*объяснить*) erklären

исто́рик *м₁* ‹-а› Historiker *m,* Geschichtswissenschaftler *m;* **истори́ческий** *прил* ‹-ая, -ое, -ие› historisch; **исто́рия** *ж₄* ‹-и› ① (*наука*) Geschichte *f;* ◇ **всеми́рная** ~ Weltgeschichte; ◇ **но́вая** ~ Geschichte der Neuzeit; ◇ ~ **сре́дних веко́в** Geschichte des Mittelalters ② (*ход развития*) Geschichte *f;* ◇ ~ **на́ших отноше́ний** Geschichte unserer Beziehungen ③ *разг* (*происшествие*) Geschichte *f;* ◇ **це́лая** ~ **произошла́ с кем-л** jd hatte ein Erlebnis; ◇ **попа́сть в** ~**ю** in eine unangenehme Lage geraten; ◇ **ве́чная** ~! immer die alte Leier!

исто́чник *м₁* ‹-а› ① (*водная струя*) Quelle *f;* ◇ **целе́бный** ~ Heilquelle; ◇ ~ **минера́льной воды́** Mineralquelle; ◇ ~ **све́та** Lichtquelle ② *перен* (*начало*) Quelle *f,* Ursprung *m;* ◇ ~ **всех зол** Quelle allen Übels; ◇ **из достове́рных** ~**ов** aus zuverlässigen Quellen; (*документ*) ◇ ~**и для исто́рии** historische Quellen

истоще́ние *с₄* ‹-я› ① (*изнурённость*) Erschöpfung *f,* Auszehrung *f;* ◇ **дойти́ до по́лного** ~**я** völlig erschöpft sein ② (*уменьшение*) Erschöpfung *f;* ◇ ~ **средств** Erschöpfung der Mittel; **истощи́ться** V_{4a} *сов* ‹-щу́сь, -щи́шься, (2) 1 и 2 л. не употр› [**истоща́ться** V_{1a} *несов*] *без доп* ① (*дойти до истощения*) erschöpft sein, schwinden; ◇ **си́лы** ~**лись** die Kräfte schwanden; ◇ **по́чва** ~**лась** der Boden ist ausgelaugt ② *перен* (*исчезнуть*) schwinden, versiegen; ◇ **запа́сы** ~**лись** die Vorräte waren erschöpft; ◇ **терпе́ние** ~**лось** die Geduld war zu Ende

истра́тить *см.* **тра́тить**

истреби́ть V_{4a} *сов* ‹-блю́, -би́шь, *Part. Prät. Pass.* -блённый› [**истребля́ть** V_{1b} *несов*] *кого-что вин* vernichten, ausrotten; ◇ ~ **крыс** Ratten vernichten; ◇ **град** ~**и́л посе́вы** der Hagel zerstörte die Saat; **истребле́ние** *с₄* ‹-я› (*уничтожение*) Vernichtung *f;* ◇ ~ **вреди́телей** Schädlingsbekämpfung *f;* (*искоренение*) Ausrottung *f*

истребля́ть V_{1a} *несов от* **истреби́ть**

истяза́ние *с₄* ‹-я› Folter *f;* ◇ **подве́ргнуться** ~**ям** gefoltert werden; **истяза́ть** V_{1a} *несов* ‹-а́ю, -а́ешь› *кого-что вин* (*мучить*) mißhandeln; (*пытать*) foltern, quälen

исхо́д *м₁* ‹-а› ① (*результат*) Ergebnis *n,* Ausgang *m;* ◇ ~ **вы́боров** Ausgang der Wahlen ② (*конец*) Ausgang *m;* ◇ **лета́льный** ~ tödlicher Ausgang; ◇ **счастли́вый** ~ **де́ла** glückliches Ende; ◇ **быть на** ~**е** ausgehen

исходи́ть[1] V_{4a} *сов* ‹-жу́, -о́дишь, *Part. Prät. Pass.* -хо́женный› *что вин* (*обойти*) durchwandern, durchstreifen; ◇ **я** ~**и́л всё Подмоско́вье** ich durchstreifte die ganze Moskauer Umgebung

исходи́ть[2] *сов* ‹-жу́, -о́дишь, (1) 1 и 2 л. не употр› *от кого-чего род или из чего род (1), из чего род (2)* ① (*происходить*) ausgehen, stammen; ◇ **све́дения** ~**ят из ве́рных исто́чников** die Nachricht stammt aus zuverlässigen Quellen; ◇ **слух** ~**ит от сосе́дей** das Gerücht wurde von den Nachbarn in die Welt gesetzt ② (*основываться*) ausgehen (von), basieren (auf); ◇ ~ **из ве́рного предположе́ния** von einer richtigen Annahme ausgehen

исхо́дный *прил* ‹-ая, -ое, -ые› Ausgangs-; ◇ ~**ая пози́ция** Ausgangsposition *f*

исчеза́ть *см.* **исче́знуть**

исче́знуть V_2 *сов* ‹-ну, -нешь› [**исчеза́ть** V_{1a} *несов*] *без доп* ① (*перестать существовать*) verschwinden; ◇ **страх исче́з** die Angst verging ② (*скрыться*) verschwinden, abhanden kommen; ◇ ~ **в толпе́** in der Menge verschwinden; ◇ ~ **бессле́дно** spurlos verschwinden

исчерпа́ть V_{1a} *сов* ‹-аю, -аешь, *Part. Prät. Pass.* -че́рпанный› [**исче́рпывать** V_{1a} *несов*] *что вин* ① (*израсходовать*) ausschöpfen; ◇ ~ **все сре́дства** alle Mittel ausschöpfen; *перен* ◇ ~ **чьё-л терпе́ние** jd-s Geduld auf eine harte Probe stellen ② (*уладить*) erledigen, regeln; ◇ **инциде́нт исче́рпан** der Zwischenfall ist geklärt

исчисля́ться V_{1b} *несов* ‹-я́ется, -я́ются, 1 и 2 л. не употр› *чем тв* betragen, sich belaufen auf; ◇ **дохо́ды** ~**ются миллио́нами рубле́й** die Einnahmen belaufen sich auf mehrere Millionen Rubel

ита́к *союз* (*таким образом*) also, nun; (*следовательно*) folglich

ито́г *м₁* ‹-а› ① (*общая сумма*) Endergebnis *n;* ◇ **в** ~**е - 1000 рубле́й** alles in allem sind es 1000 Rubel ② *перен* (*результат*) Resultat *n,* Ergebnis *n;* ◇ **предвари́тельный** ~ vorläufiges Ergebnis; ◇ ~**и перегово́ров** Verhandlungsergebnisse; (*вывод*) Fazit *n,* Bilanz *f;* ◇ **подводи́ть** ~**и** Bilanz ziehen; ◇ **в коне́чном** ~**е** letzten Endes

итого́ *нареч* (*в общей сумме*) insgesamt; ◇ ~ **э́то составля́ет ...** insgesamt macht das...

ито́говый *прил* ‹-ая, -ое, -ые› Gesamt-; ◇ ~**ая су́мма** Gesamtsumme

их I. *личн мест см.* **они́ II.** *притяж мест* ihr (ihre, ihres, ihre), ihnen gehörig; ◇ **э́то моя́**

машина, а это их das ist mein Auto, und das gehört ihnen

ишáк *м₁* <-á, *мн:* -и́> ① (*осёл, мул*) Esel *m* ② *перен* (*о человеке*) Arbeitstier *n*; ◇ **сдéлали из пáрня ~á** man läßt den Burschen malochen; ◇ **что я, ~?** bin ich euer Sklave?

ищéйка *ж₁* <-и, *род мн:* -éек> Spürhund *m*

ию́ль *м₂* <-я> Juli *m*

ию́нь *м₂* <-я> Juni *m*

Й

йéменец *м₅* <-нца> Jemeniter *m*; **йéменка** *ж₁* <-и, *род мн:* -нок> Jemeniterin *f*

йог *м₁* <-а> (*последователь йоги*) Yogi *m*

йóга *ж₁* <-и> Yoga *n*; ◇ **занимáться ~ой** Yoga machen

йóгурт *м₁* <-а> Joghurt *m o. n*

йод *м₁* <-а> ① (*химический элемент*) Jod *n*; ◇ **кристáллы ~а** Jodkristalle *n pl* ② (*раствор*) Jodtinktur *f*

йóдистый *прил* <-ая, -ое, -ые> jodhaltig; **йóдный** *прил* <-ая, -ое, -ые> Jod-; ◇ **~ая настóйка** Jodtinktur *f*; ◇ **~ раствóр** Jodlösung *f*

йóта *ж₁* <-ы> Jota *n*; ◇ **ни на ~у** nicht im geringsten; ◇ **ни на ~у не уступи́ть** nicht nachgeben; ◇ **он ни на ~у не поумнéл** er hat nichts dazugelernt

К

к *предлог с дат* ① (*обращение*) an; ◇ **ко всéм грáжданам Росси́и** an alle Bürger Rußlands ② (*направление, назначение*) zu; ◇ **дорóга ~ рекé** der Weg zum Fluß; ◇ **подойти́ к телефóну** ans Telefon gehen ③ (*по направлению*) nach; ◇ **~ востóку** nach Osten ④ (*вплотную к*) an; ◇ **я подошёл ~ окну́** ich ging ans Fenster; ◇ **плечóм ~ плечу́** Schulter an Schulter ⑤ (*присоединение к чему-л*) an; ◇ **приклéить ~ стенé** an die Wand kleben ⑥ (*по отношению к*) gegenüber, gegen; ◇ **внимáтельный ко всем** aufmerksam gegenüber jedermann; ◇ **из любви́ ~ вам** aus Liebe zu euch ⑦ (*во временном смысле*) gegen; ◇ **он придёт ~ вéчеру** er kommt gegen Abend; ◇ **~ счáстью** zum Glück; ◇ **~ сожалéнию** leider

-ка *частица* ① (*при повелительном наклонении*) ◇ **дáй-ка мне твою́ ру́чку!** gib mir mal deinen Füller ② (*выражает намерение*) ◇ **пойдём-ка поигрáем!** gehen wir doch spielen!

кабалá *ж₁* <-ы> Sklaverei *f*, Knechtschaft *f*; ◇ **быть у когó-л в ~é** von jd-m geknechtet werden

кабáн *м₁* <-á, *мн:* -ы́> ① (*дикая свинья*) Keiler *m*, Wildschwein *n* ② (*самец домашней свиньи*) Eber *m*; ◇ **откорми́ть ~á** ein Schwein mästen

кабачóк [1] *м₁* <-чкá, *мн:* -чки́> бот Melonenkürbis *m*

кабачóк [2] *м* <-чкá> (*ресторанчик*) Kneipe *f*

каби́на *ж₁* <-ы> Kabine *f*; ◇ **~ для тáйного голосовáния** Wahlkabine; ◇ **телефóнная ~** Telefonkabine *f*; ◇ **~ пилóта** Pilotenkanzel *f*

кабинéт *м₁* <-а> ① (*для занятий, работы*) Arbeitszimmer *n*; (*приёмная*) Sprechzimmer *n*; (*учебный класс*) Klassenzimmer *n* ② (*комплект мебели*) Arbeitszimmereinrichtung *f* ③ полит Kabinett *n*; ◇ **сформировáть ~** das Kabinett bilden

каблу́к *м₁* <-á, *мн:* -и́> Absatz *m*; ◇ **ту́фли на высóких ~áх** Schuhe mit hohen Absätzen; ◇ **быть под ~óм** unter dem Pantoffel stehen

кавы́чки *мн₁* <-чек> Anführungszeichen *n pl*, Gänsefüßchen *n pl*; *разг* ◇ **взять цитáту в ~** ein Zitat in Anführungszeichen setzen

кадр *м₁* <-а> (*снимок*) (Foto-)Aufnahme *f*, Foto *n*; (*эпизод*) Bild *n*; ◇ **удáчный ~** eine gelungene Aufnahme

кáдры *мн₁* <-ов> Kader *m*; ◇ **молоды́е ~** Nachwuchskräfte *f pl*; ◇ **отдéл ~ов** Personalabteilung *f*

кáждый I. *прил* <-ая, -ое, -ые> jeder, alle; ◇ **~ые 10 мину́т** alle 10 Minuten; ◇ **с ~ым рáзом** von Mal zu Mal; ◇ **~ое у́тро** jeden Morgen; ◇ **на ~ом шагу́** auf Schritt und Tritt **II.** *м* (*A₁*) <-ого> jeder; ◇ **э́то касáется всех и ~ого** das betrifft jeden

кáжется *см.* **казáться**

казáк *м₁* <-á, *мн:* -и́> Kosake *m*; ◇ **донскóй ~** Donkosake

казáрма *ж₁* <-ы> Kaserne *f*

казáться V₁ₐ *несов* <кажу́сь, кáжешься, *Imp.* кажи́сь, ~тесь, *Part. Präs. Akt.* кáжущийся, *Adv. Part. Prät.* казáвшись> [**по-** *сов*] *кем-чем тв (1), кому дат (2)* ① (er-)scheinen, vorkommen; ◇ **ты кáжешься мне**

больны́м du scheinst mir krank zu sein, du kommst mir krank vor; ◇ ~ у́мным einen klugen Eindruck machen; (*выглядеть*) aussehen, wirken; ◇ **он кáжется молóже своúх лет** er wirkt jünger als er ist ② *безл* (*представляться*) es scheint; ◇ **э́то кáжется мне необы́чным** das scheint mir ungewöhnlich zu sein; ◇ **мне казáлось, что он прав** ich hatte den Eindruck, daß er recht hat; ◇ **кáжется, я пришёл без опоздáния** wie es scheint, bin ich pünktlich

казáх *м₁* <-а> Kasache *m;* **казáхский** *прил* <-ая, -ое, -ие> kasachisch; **казáшка** *ж₁* <-и, *род мн:* -шек> Kasachin *f*

казнúть V_{4a} *несов* <-ню́, -нúшь, *Part. Präs. Pass.* -нúмый, *Part. Prät. Pass.* -нённый, *Adv. Part. Prät.* -нúв> *кого-что вин* ① (*убить*) hinrichten ② *перен* (*мучить*) strafen; ◇ ~ **презрéнием когó-л** jd-n mit Verachtung strafen

кáзнь *ж₅* <-и> Hinrichtung *f*

как I. *нареч* ① (*каким образом*) wie; ◇ ~ **вы поживáете?** wie geht es Ihnen?; ◇ ~ **э́то случúлось?** wie ist das passiert? ② (*в какой степени, насколько*) wie; ◇ ~ **недáвно э́то бы́ло?** vor wie langer Zeit war das?; ◇ ~ **далекó ну́жно éхать?** wie weit muß man fahren? ③ (*до какой степени, до чего*) wie; ◇ ~ **хорошó здесь** wie gut es hier ist; ◇ ~ **я рад!** wie ich mich freue! **II.** *частица* ① (*выражает удивление*) wie; ◇ **~!, ты опя́ть здесь!** wie!, du bist schon wieder hier? ② (*означает внезапность действия*) ◇ **он ~ закричúт** und da schreit er plötzlich los **III.** *союз* ① (*выражает сравнение*) wie; ◇ **бéлый ~ снег** schneeweiß; ◇ **он такóй же, ~ прéжде** er ist wie immer ② (*в качестве кого-чего*) wie; ◇ **совéтую ~ друг** als Freund rate ich dir ③ (*в составе вводных сочетаний и предложений*) wie; ◇ ~ **говоря́т** wie es heißt; ◇ ~ **наприме́р** wie zum Beispiel ④ (*выражает временные отношения*) wenn, seit; ◇ ~ **вспóмнить, стрáшно станóвится** wenn man daran denkt, wird einem ganz anders zumute; ◇ **прошёл год, ~ мы вúделись** ein ganzes Jahr ist vergangen, seit wir uns zum letzten Mal gesehen haben ⑤ (*кроме, только*) ◇ **бóльше нéкому, ~ тебé** niemandem außer dir; ◇ **кто, ~ не мы?** wer, wenn nicht wir?; ◇ ~ **бы онá не опоздáла** wenn sie sich nur nicht verspätet; ◇ ~ **он ни старáлся** wie sehr er sich auch bemühte; ◇ **э́то мне ~ раз** das paßt mir genau; ◇ ~ **бы не так** kommt nicht in Frage

как-нибу́дь *нареч мест* ① (*так или иначе*) irgendwie; ◇ **нáдо ~ помóчь емý** wir müssen ihm irgendwie helfen ② (*когда-нибудь*) irgendwann, gelegentlich; ◇ **зайдúте ко мне** ~ kommen Sie gelegentlich bei mir vorbei ③ (*кое-как*) nachlässig, schlampig; ◇ **он всё дéлает** ~ er gibt sich mit nichts Mühe

какóй I. *мест* <-áя, -óе, -úе> ① *вопр* (*о качестве, свойстве, признаке*) welche(r, s); ◇ ~ **дом?** welches Haus?; ◇ **~áя сегóдня погóда?** wie ist das Wetter heute?; ◇ **забы́л, ~ сегóдня день** ich habe vergessen, was heute für ein Tag ist ② *определит* (*выражает восхищение, удивление*) ◇ ~ **красúвый гóрод!** was für eine schöne Stadt!; ◇ **~óе счáстье!** was für ein Glück! ③ (*обозначает отрицание*) ◇ **какóй он знатóк!** der hat ja keine Ahnung! ④ *неопр* (*какой-нибудь*) irgenwelche; ◇ **нет ли ~úх поручéний?** haben Sie irgendwelche Aufträge? ⑤ *относ* wie; ◇ **муж, ~óго я никогдá не видáл** ein Mann, wie ich noch nie einen gesehen habe **II.** *частица* (*выражает уверенное отрицание*) von wegen!, ach wo!; ◇ **ты отдохну́л? - какóе там!** hast du dich gut erholt? von wegen!

как-то I. *нареч* ① (*каким-то образом*) irgendwie; ◇ **он ~ сумéл улáдить дéло** irgendwie konnte er die Sache regeln ② (*в некоторой степени*) irgendwie; ◇ **он говорúт ~ непоня́тно** er spricht irgendwie unverständlich; ◇ **здесь ~ неую́тно** irgendwie ist es hier ungemütlich ③ (*однажды*) einmal, eines Tages; ◇ **зашёл к немý ~ вечеркóм** ich schaute einmal abends bei ihm vorbei **II.** *союз* (*а именно*) wie zum Beispiel, und zwar

каланчá *ж₃* <-ú, *род мн:* -éй> ① (*вышка*) Wachturm *m* ② *разг шутл* (*о человеке*) langer Lulatsch, Riese; ◇ **ну и ~!** was für ein Riese!

калéка *м₁* <-и> Krüppel *m*

календáрь *м₂* <-я́, *мн:* -рú> ① Kalender *m;* ◇ **настéнный** ~ Wandkalender ② (*распределение по времени*) Zeitplan *m;* ◇ ~ **заня́тий** Stundenplan *m;* ◇ ~ **футбóльных игр** Fußballspielplan

калорúйный *прил* <-ая, -ое, -ые> kalorienreich; ◇ **~ая пúща** kalorienreiches Essen

кáлька *ж₁* <-и, *род мн:* -лек> ① (*бумага*) Pauspapier *n* ② (*копия чертежа*) Pause *f;* ◇ **нóвый райóн ещё в ~е** das neue Gebiet ist noch im Entwurf ③ *лингв* Lehnübersetzung *f*

кальсóны *мн₁* <-сон> lange Unterhose *f*

ка́мбала *ж₁* <-ы> (*рыба*) Flunder *f*

ка́менный *прил* <-ая, -ое, -ые> (1) Stein-; ◇ ~ **у́голь** Steinkohle *f;* ◇ ~ **век** Steinzeit *f* (2) *перен* (*безжизненный*) versteinert; ◇ **~ое выраже́ние лица́** versteinerter Gesichtsausdruck; *перен* (*безжалостный*) steinern; ◇ **~ое се́рдце** ein Herz aus Stein

ка́менщик *м₁* <-а> Maurer *m*

ка́мень *м₂* <-мня, *мн:* -мни, *род:* -мне́й, *дат:* -мня́м> Stein *m;* ◇ ~ **преткнове́ния** Stein des Anstoßes; ◇ **у меня́ ~ с души́ свали́лся** mir ist ein Stein vom Herzen gefallen; ◇ **держа́ть ~ за па́зухой** Groll gegen jd-n hegen

ка́мера *ж₁* <-ы> (1) (*помещение*) Zelle *f;* ◇ **одино́чная ~** Einzelzelle; ◇ **тюре́мная ~** Gefängniszelle (2) тех Kammer *f;* ◇ ~ **хране́ния ручно́го багажа́** Gepäckaufbewahrung *f* (3) авто Schlauch *m;* ◇ **велосипе́дная ~** Fahrradschlauch *m* (4) (*аппарат*) Kamera *f;* ◇ **фотографи́ческая ~** Fotoapparat *m;* ◇ **снима́ть скры́той ~ой** mit versteckter Kamera aufnehmen

кампа́ния *ж₄* <-и> Kampagne *f;* ◇ **избира́тельная ~** Wahlkampf *m;* ◇ ~ **по сбо́ру по́дписей** Unterschriftenaktion *f*

камы́ш *м₂* <-а́, *мн:* -и́> Schilf *n*

кана́ва *ж₁* <-ы> Graben *m,* Abfluß *m*

кана́л *м₁* <-а> (1) (*русло*) Kanal *m;* ◇ **судохо́дный ~** Schiffahrtskanal (2) (*линия связи*) Kanal *m;* ◇ **телевизио́нный ~** Fernsehkanal (3) ◇ **~ы** *перен мн* (*пути средства*) Kanäle *m pl;* ◇ **по дипломати́ческим ~ам** über diplomatische Kanäle (4) анат ◇ **мочеиспуска́тельный ~** Harnröhre *f*

канаре́йка *ж₁* <-и, *род мн:* -е́ек> Kanarienvogel *m*

кана́т *м₁* <-а> (*верёвка*) Seil *n,* Tau *n;* ◇ **про́волочный ~** Drahtseil; ◇ **перетя́гивание ~а** Tauziehen; ◇ **ходи́ть по ~у** seiltanzen

канатохо́дец *м₅* <-дца> Seiltänzer *m*

канва́ *ж₁* <-ы́> (*основа*) Grundstock *m,* Grundlage *f;* ◇ ~ **собы́тий** die wesentlichen Ereignisse

кандалы́ *мн₁* <-о́в> Fesseln *f pl,* Ketten *f pl;* ◇ **закова́ть в ~** in Ketten legen

кандида́т *м₁* <-а> (1) (*к избранию*) Kandidat *m,* Anwärter *m* (2) (*учёная степень*) Doktorgrad *m,* Doktor *m;* ◇ ~ **медици́нских нау́к** Doktor der Medizin; **кандидату́ра** *ж₁* <-ы> Kandidatur *f;* ◇ **снять ~у** die Kandidatur zurückziehen

кани́кулы *мн₁* <-кул> Ferien *pl;* ◇ **уча́щиеся распу́щены на ле́тние ~** die Schüler sind in die Sommerferien gefahren

кано́э *с* <нескл> спорт Kanu *n;* ◇ **~-одино́чка** Einerkanadier *m*

канцеля́рия *ж₄* <-и> Kanzlei *f,* Büro *n*

ка́нцлер *м₁* <-а> Kanzler *m;* ◇ **Федера́льный ~** Bundeskanzler *m*

ка́пать V_{1a} *несов* <-аю, -аешь, (1) 1 и 2 л. не употр> [**на~** (2) *сов*] *без доп (1), что вин (2), на кого-что вин (3)* (1) (*падать каплями*) tropfen, tröpfeln; ◇ **дождь ~ет** es tröpfelt; ◇ **над на́ми не ка́плет** das hat keine Eile (2) (*наливать каплями*) tropfenweise hineingeben, hineintröpfeln; ◇ ~ **лека́рство в стака́н** Arznei in ein Glas tröpfeln; ◇ **не ка́пай на́ пол!** schütte nichts auf den Boden! (3) *разг* (*доносить*) denunzieren; ◇ ~ **на сосе́да** den Nachbarn denunzieren

капе́лла *ж₁* <-ы> (1) (*хор*) Chor *m* (2) (*часовня*) Kapelle *f*

капе́ль *ж₅* <-и> Tauwetter *n*

капита́л *м₁* <-а> (1) эк Kapital *n;* ◇ **фина́нсовый ~** Finanzkapital (2) (*капитализм*) Kapital *n,* Vermögen *n* (3) (*состояние*) Kapital *n;* ◇ **нажи́ть ~ на чём-л** aus etw Kapital schlagen; **капиталовложе́ние** *с₄* <-я> Investition *f;* **капита́льный** *прил* <-ая, -ое, -ые> (*основной*) Kapital-, General-, Haupt-; ◇ ~ **ремо́нт** Generalüberholung *f;* ◇ **~ое строи́тельство** Investbau *m*

капита́н *м₁* <-а> (1) (*звание*) Hauptmann *m* (2) (*судна*) Kapitän *m* (3) спорт (Mannschafts-)Kapitän *m*

капитули́ровать V_{3a} *несов и сов* <-рую, -руешь> *без доп (1), перед тв (2)* (1) (*сдаться*) kapitulieren, sich ergeben (2) *перен* (*отступить от цели*) kapitulieren; ◇ ~ **пе́ред тру́дностями** vor Schwierigkeiten kapitulieren; **капитуля́ция** *ж₄* <-и> Kapitulation *f*

ка́пля *ж₂* <-и, *род мн:* ка́пель> (1) (*частица*) Tropfen *m;* ◇ ~ **за ~ей** nach und nach; ◇ **вы́пить всё до ~и** bis auf den letzten Tropfen austrinken; ◇ **серде́чные ~и** Herztropfen; ◇ **они́ похо́жи как две ~и воды́** sie gleichen sich wie ein Ei dem anderen; ◇ **э́то ~ в мо́ре** das ist ein Tropfen auf den heißen Stein (2) *перен* (*малое количество*) ein bißchen, ein wenig; ◇ **у него́ нет ни ~и благоразу́мия** er hat keinen Funken Verstand

капри́зный *прил* <-ая, -ое, -ые> (1) (*с причудами*) seltsam, wunderlich (2) *перен* (*изменчивый*) launenhaft, kapriziös, eigensinnig

капу́ста *ж₁* <-ы> Kohl *m;* ◇ **ква́шеная ~** Sauerkraut *n;* ◇ **цветна́я ~** Blumenkohl *m*

ка́ра *ж₁* <-ы> (*наказание*) Strafe *f;* (*возмездие*) Abrechnung *f*

карава́н *м₁* <-а> Karawane *f*

кара́куль *м₂* <-я> (*мех*) Persianer *m*

каранда́ш *м₂* <-а́, *мн:* -и́> Bleistift *m;* ◇ **цветно́й** ~ Buntstift

каранти́н *м₁* <-а> Quarantäne *f;* ◇ **вы́держать** ~ unter Quarantäne stehen

карау́л *м₁* <-а> ① (*охрана*) Bewachung *f,* Wache *f;* ◇ **вы́ставить** ~ Wachposten aufstellen ② (*крик о помощи*) Hilfe!; ◇ **хоть ~ кричи́** es ist zum Verzweifeln!; ◇ **взять на ~** das Gewehr präsentieren

карбюра́тор *м₁* <-а> авто Vergaser *m*

кардина́л *м₁* <-а> Kardinal *m*

каре́та *ж₁* <-ы> Kutsche *f,* Wagen *m*

карикату́ра *ж₁* <-ы> Karikatur *f*

карка́с *м₁* <-а> Gestell *n,* Gerüst *n;* ◇ ~ **зда́ния** Gebäudegerüst

ка́рлик *м₁* <-а> Zwerg *m*

карма́н *м₁* <-а> Tasche *f;* ◇ ~ **брюк** Hosentasche; *тж перен* ◇ **наби́ть себе́** ~ sich die Tasche vollstopfen; ◇ **э́то мне не по ~у** das kann ich mir nicht leisten; ◇ **он за сло́вом в ~ не поле́зет** er ist nicht auf den Mund gefallen

карнава́л *м₁* <-а> (*празднество*) Karneval *m;* (*бал-маскарад*) Maskenball *m*

карни́з *м₁* <-а> ① стр (*выступ*) Sims *m* ② (*для штор*) Gardinenstange *f*

карп *м₁* <-а> Karpfen *m*

ка́рта *ж₁* <-ы> ① (*чертёж*) Karte *f;* ◇ **географи́ческая** ~ Landkarte ② (*игра*) (Spiel-)Karte *f;* ◇ **игра́ть в ~ы** Karten spielen; ◇ **поста́вить всё на ~у** alles auf eine Karte setzen; *перен* ◇ **раскры́ть свои́ ~ы** seine Karten offen auf den Tisch legen; ◇ **смеша́ть чьи-л ~ы** jd-s Pläne durchkreuzen

карти́на *ж₁* <-ы> ① (*произведение живописи*) Bild *n,* Gemälde *n* ② (*вид чего-л*) Bild *n;* ◇ ~ **запусте́ния** Bild der Verwüstung ③ *разг* (*кинофильм*) (Kino-)Film *m*

карто́фель *м₂* <-я> Kartoffel *f;* ◇ **варёный** ~ Salzkartoffel; ◇ **жа́реный** ~ Bratkartoffel

ка́рточка *ж₁* <-и, *род мн:* -чек> Kärtchen *n,* Zettel *m;* ◇ **катало́жная** ~ Karteikarte *f;* ◇ **креди́тная** ~ Kreditkarte *f*

карусе́ль *ж₅* <-и> Karussell *n;* ◇ **ката́ться на ~и** Karussell fahren

карье́ра *ж₁* <-ы> ① (*деятельность*) Laufbahn *f;* ◇ **артисти́ческая** ~ künstlerische Laufbahn ② (*путь к успеху*) Karriere *f;* ◇ **сде́лать ~у** Karriere machen

каса́ться V*₁ₐ* *несов* <-а́юсь, -а́ешься, (3) 1 и 2 л. не употр> [**косну́ться** V₂ *сов*] *кого-чего род* ① (*дотрагиваться*) berühren, streifen ② *перен* (*в докладе, речи*) streifen, zu sprechen kommen (auf); ◇ **он не ~ется э́того вопро́са** auf dieses Problem kommt er nicht zu sprechen ③ (*иметь отношение к кому-чему-л*) betreffen; ◇ **э́то её не ~ется** das betrifft sie nicht; ◇ **что ~ется меня́, то...** was mich betrifft, so...

ка́ска *ж₁* <-и, *род мн:* -сок> Helm *m*

ка́сса *ж₁* <-ы> ① (*помещение*) Kasse *f;* ◇ **сберега́тельная** ~ Sparkasse *f* ② (*окошечко*) Schalter *m;* ◇ **биле́тная** ~ Fahrkartenschalter, Theaterkasse; ◇ **прове́рить ~у** die Kasse prüfen

кастрю́ля *ж₂* <-и> Topf *m;* ◇ **~-скорова́рка** Schnellkochtopf

катало́г *м₁* <-а> Katalog *m*

ката́ние *с₄* <-я> ① (*действие*) Rollen *n* ② (*прогулка*) Spazierfahrt *f;* ◇ ~ **на конька́х** Schlittschuhlaufen *n;* ◇ ~ **с гор** Rodeln *n;* ◇ ~ **в ло́дке** Bootfahren *n*

катара́кта *ж₁* <-ы> мед grauer Star

катастро́фа *ж₁* <-ы> Katastrophe *f,* Unglück *n;* ◇ **авиацио́нная** ~ Flugzeugunglück *n;* ◇ **автомоби́льная** ~ Autounfall *m;* ◇ **семе́йная** ~ Familientragödie *f*

ката́ть V*₁ₐ* *несов, неопред, см.* **кати́ть** <-а́ю, -а́ешь, *Part. Prät. Pass.* ка́танный> *кого-что вин* ① (*катить*) rollen, schieben; ◇ ~ **шары́ на билья́рде** Kugeln auf dem Billardtisch rollen ② (*разглаживать*) ausrollen; ◇ ~ **те́сто** Teig ausrollen ③ (*возить*) spazierenfahren; ◇ ~ **в коля́ске** im Kinderwagen spazierenfahren ④ тех (*обрабатывать*) walzen; ◇ ~ **мета́лл** Metall walzen

ката́ться V*₁ₐ* *несов* <-а́юсь, -а́ешься> *без доп* ① (*катиться*) rollen ② (*прогуливаться*) spazierenfahren; ◇ ~ **верхо́м** ausreiten; ◇ ~ **на конька́х** Schlittschuh laufen; ◇ ~ **с гор** rodeln ③ *разг* (*переваливаться*) sich wälzen; ◇ ~ **от бо́ли** sich krümmen vor Schmerzen; ◇ ~ **со́ смеху** sich kugeln vor Lachen; ◇ ~ **как сыр в ма́сле** wie die Made im Speck leben

категори́ческий *прил* <-ая, -ое, -ие> (*решительный*) entschieden, kategorisch; (*определённый*) bestimmt

ка́тер *м₁* <-а, *мн:* -а́> мор Kutter *m;* ◇ **сторожево́й** ~ Küstenschutzboot *n*

кати́ть V*₄ₐ* *несов, опред, см.* **ката́ть** <качу́, ка́тишь> *кого-что (1), без доп (2)* ① (*двигать*) rollen, schieben, anschieben; ◇ ~ **коля́ску** den Kinderwagen schieben; ◇ ~

К

са́нки den Schlitten ziehen (2) *разг* (*ехать*) (schnell) fahren; **кати́ться** *несов* ‹качу́сь, ка́тишься, (2) 1 и 2 л. не употр› *без доп* (1) (*двигаться*) rollen; ◇ **мяч ка́тится по площа́дке** der Ball rollt über den Platz; ◇ **автомоби́ль ка́тится по доро́ге** das Auto fährt die Straße entlang (2) (*о звуках*) grollen, ertönen; ◇ **ка́тятся громовы́е раска́ты** der Donner grollt (3) *перен* (*струиться*) fließen, strömen; ◇ **слёзы ка́тятся из глаз** Tränen fließen; *груб* ◇ **кати́сь отсю́да!** mach die Flatter!

като́к $м_1$ ‹-тка́, *мн:* -тки́› (1) (*площадка*) Eisbahn *f;* ◇ **иску́сственный** ~ Kunsteisbahn (2) тех (*машина*) Walze *f;* ◇ **доро́жный** ~ Straßenwalze (3) (*для глажения тканей*) Mangel *f*

като́лик $м_1$ ‹-а› Katholik *m;* **католи́чка** $ж_1$ ‹-и, *род мн:* -чек› Katholikin *f*

ка́торга $ж_1$ ‹-и› Zuchthaus *n,* Zwangsarbeit *f; перен* Schinderei *f,* Plackerei *f;* **ка́торжник** $м_1$ ‹-а› Zwangsarbeiter *m*

кату́шка $ж_1$ ‹-и, *род мн:* -шек› Rolle *f;* ◇ ~ **ни́ток** Zwirnrolle; тех ◇ ~ **про́волоки** Drahtspule *f;* ◇ **на всю ~у** mit Volldampf

кафе́ *с* ‹нескл› Café *n;* ◇ **~-моро́женое** Eisdiele *f*

ка́федра $ж_1$ ‹-ы› (1) (*для лектора*) (Redner-)Pult *n;* ◇ **подня́ться на ~у** ans Pult treten (2) (*в вузе*) Fachbereich *m,* Lehrstuhl *m;* ◇ **заве́довать ~ой** einen Lehrstuhl haben

ка́фель $м_2$ ‹-я› Kachel *f*

кача́лка $ж_1$ ‹-и, *род мн:* -лок› Schaukelstuhl *m*

кача́ть V_{1a} *несов* ‹-а́ю, -а́ешь› *кого-что вин (1, 2), чем тв (3), что вин (4)* (1) (*приводить в движение*) schaukeln, wiegen; ◇ ~ **ребёнка на каче́лях** das Kind schaukeln (2) *разг* (*подбрасывать на руках*) in die Luft werfen (unter Hochrufen); ◇ **спортсме́ны ~ют своего́ капита́на** die Sportler werfen ihren Kapitän in die Luft (3) (*покачивать*) hin- und herwiegen, schütteln; ◇ ~ **голово́й** den Kopf schütteln (4) (*насосом*) pumpen; ◇ ~ **во́ду** Wasser pumpen

каче́ли $мн_2$ ‹-ей› Schaukel *f;* ◇ **кача́ться на ~ях** schaukeln

ка́чественный *прил* ‹-ая, -ое, -ые› (*очень хороший*) qualitativ, Qualitäts-; (*высококачественный*) erstklassig; ◇ **~ое изде́лие** Qualitätsprodukt *n;* **ка́чество** $с_2$ ‹-а› (1) Qualität *f,* Güte *f* (2) (*свойство*) Eigenschaft *f;* ◇ **в ~е чего́-л** als

ка́ша $ж_1$ ‹-и› (1) (*кушанье*) Brei *m;* ◇ **завари́ть ~у кипятко́м** Brei kochen (2) *перен разг* (*месиво*) Gemisch *n;* ◇ ~ **из песка́ и сне́га** Gemisch aus Sand und Schnee (3) *перен разг* (*путаница*) Durcheinander *n,* Wirrwarr *n;* ◇ **у него́ ~ в изложе́нии** seine Darstellung ist ein einziges Durcheinander; ◇ **ма́слом ~и не испо́ртишь** es ist nie zuviel des Guten; ◇ **с ним ~и не сва́ришь** mit ihm ist nicht gut Kirschen essen

ка́шель $м_2$ ‹-шля› Husten *m*

ка́шлять V_{1b} *несов* ‹-яю, -яешь› *без доп* husten; ◇ ~ **кро́вью** Blut spucken

кашта́н $м_1$ ‹-а› (1) (*дерево*) Kastanienbaum *m* (2) (*плод*) Kastanie *f;* ◇ **жа́реные ~ы** Maronen; ◇ **таска́ть ~ы из огня́ для кого́-л** für jd-n die Kastanien aus dem Feuer holen

каю́та $ж_1$ ‹-ы› Kajüte *f*

ка́яться V_{1b} *несов* ‹ка́юсь, ка́ешься› [**по~** *сов*] *в чём предл (1), кому дат (2)* (1) (*на исповеди*) bereuen (2) (*сознаваться в чём-л*) gestehen; ◇ ~ **в свои́х оши́бках** seine Fehler gestehen; ◇ **ка́юсь, винова́т** offen gestanden, es ist meine Schuld

квадра́т $м_1$ ‹-а› Quadrat *n;* мат ◇ **возвести́ в** ~ ins Quadrat erheben

квалифика́ция $ж_4$ ‹-и› (1) (*оценка*) Qualifikation *f;* ◇ **повыше́ние ~и** Weiterbildung *f* (2) (*специальность*) Beruf *m;* ◇ **приобрести́ ~ю сле́саря** den Beruf des Schlossers erlernen

кварта́л $м_1$ ‹-а› (1) (*часть города*) Stadtviertel *n* (2) (*часть года*) Quartal *n,* Vierteljahr *n;* ◇ **отчёт за** ~ Quartalsabschluß *m*

кварти́ра $ж_1$ ‹-ы› (1) (*жилое помещение в доме*) Wohnung *f;* ◇ **сдаётся** ~ Wohnung zu vermieten; ◇ **съе́хать с ~ы** ausziehen (2) воен Quartier *n;* ◇ **гла́вная** ~ Hauptquartier

квартпла́та $ж_1$ ‹-ы› Miete *f;* ◇ **внести́ ~у** Miete zahlen

квита́нция $ж_4$ ‹-и› Quittung *f;* ◇ **бага́жная** ~ Gepäckschein *m*

кво́рум $м_1$ ‹-а› Quorum *n;* ◇ **по́лный** ~ Vollversammlung *f*

кедр $м_1$ ‹-а› бот Zeder *f*

кекс $м_1$ ‹-а› Rührkuchen *m*

кем *см.* **кто**

ке́пка $ж_1$ ‹-и, *род мн:* -пок› Schirmmütze *f*

кероси́н $м_1$ ‹-а› Petroleum *n,* Kerosin *n*

кефи́р $м_1$ ‹-а› Kefir *m*

кива́ть V_{1a} *несов* ‹-а́ю, -а́ешь› [**кивну́ть** V_2 *сов*] *чем тв (1), на кого-что вин (2)* (1) (*головой*) nicken; ◇ ~ **кому́-л** jd-m zunicken (2) *перен* jd-m die Schuld in die Schuhe schieben

кида́ть V_{1a} *несов* <-а́ю, -а́ешь> [**ки́нуть** V_2 *сов* <*Imp.* кинь, ~те>] *кого-что вин* (1) (*бросать*) (weg-)werfen; (*швырять*) schleudern; (*с силой*) schmeißen; *перен* ◇ ~ **взгля́ды на кого́-что-л** jd-m Blicke zuwerfen; ◇ **меня́ кида́ет в жар** es überläuft mich heiß (2) (*покинуть*) im Stich lassen; **кида́ться** *несов* <-а́юсь, -а́ешься> [**ки́нуться** *сов*] *на кого-что вин (1), к кому-чему дат (2), чем тв (3)* (1) (*бросаться*) sich werfen, sich stürzen (auf); ◇ **соба́ка ~ется на прохо́жих** der Hund fällt die Passanten an; ◇ ~ **из стороны́ в сто́рону** hin und her rennen (2) (*устремляться*) eilen, sich stürzen (auf); ◇ ~ **на по́мощь кому́-л** jd-m zu Hilfe eilen; ◇ ~ **в объя́тия к кому́-л** sich in jd-s Arme werfen (3) (*забрасывать*) sich bewerfen; ◇ ~ **снежка́ми** sich mit Schneebällen bewerfen; ◇ ~ **деньга́ми** mit Geld um sich werfen

килогра́мм $м_1$ <-а> Kilogramm *n*

киломе́тр $м_1$ <-ра> Kilometer *m*

кинжа́л $м_1$ <-а> Dolch *m*

кино́ *с* <нескл> (1) (*кинематография*) Filmkunst *f;* ◇ **немо́е** ~ Stummfilmzeit (2) *разг* (*фильм*) Film *m;* ◇ **документа́льное** ~ Dokumentarfilm *m;* ◇ **вчера́ ви́дел интере́сное** ~ gestern habe ich einen interessanten Film gesehen (3) *разг* (*кинотеатр*) Kino *n;* ◇ **постро́ено но́вое** ~ ein neues Kino wurde gebaut (4) *перен* (*комичная ситуация*) komische Situation *f;* ◇ **с э́тим де́лом у нас це́лое ~ получи́лось** das war vielleicht eine Show; **киноаппара́т** $м_1$ <-а> (*съёмочный*) Filmkamera *f;* (*проекционный*) Projektor *m;* **кинокарти́на** $ж_1$ <-ы> Film *m;* ◇ **сего́дня идёт но́вая** ~ heute läuft ein neuer Film; **киносцена́рий** $м_3$ <-я> Drehbuch *n;* **кинотеа́тр** $м_1$ <-а> Kino *n;* **кинофестива́ль** $м_2$ <-я> Filmfestival *n;* **кинофи́льм** $м_1$ <-а> Film *m;* ◇ **цветно́й** ~ Farbfilm; **чёрно-бе́лый** ~ Schwarzweißfilm

ки́нуть *см.* **кида́ть**

кио́ск $м_1$ <-а> Kiosk *m,* Verkaufsstand *m;* ◇ **газе́тный** ~ Zeitungskiosk

кипе́ть V_5 *несов* <-плю́, -пи́шь, (1-3) 1 и 2 л. не употр, *Imp.* -пи́, ~те, *Part. Präs. Akt.* -пя́щий, *Adv. Part. Präs.* -пя́> [**вс~** (1, 3) *сов*] *без доп* (1) (*бурлить*) kochen, sieden; ◇ **вода́ ~и́т** das Wasser kocht (2) (*вспениться*) schäumen, brausen; ◇ **мо́ре ~и́т** das Meer schäumt; *перен* ◇ **кровь ~и́т в ком-л** das Blut kocht jd-m in den Adern (3) (*о деятельности*) in vollem Gang sein; ◇ **жизнь ~и́т** das Leben pulsiert; ◇ **рабо́та ~и́т** die Arbeit läuft auf Hochtouren (4) (*о чувстве*) toben, kochen; ◇ ~ **негодова́нием** vor Entrüstung rasen; ◇ **стра́сти ~я́т** die Emotionen nehmen überhand

кипяти́льник $м_1$ <-а> Siedekessel *m,* Boiler *m;* ◇ **погружа́емый** ~ Tauchsieder *m;* **кипято́к** $м_1$ <-тка́> kochendes Wasser

кири́ллица $ж_1$ <-ы> kyrillische Schrift *f*

кирпи́ч $м_2$ <-а́, *мн:* -и́> (1) стр Ziegel *m* (2) (*камень*) Ziegelstein *m*

кисе́ль $м_2$ <-я́, *мн:* -ли́> (*süßsaurer eingedickter Fruchtsaft*) *m*

кислоро́д $м_1$ <-а> Sauerstoff *m*

кислота́ $ж_1$ <-ы́, *мн:* -о́ты> хим Säure *f;* **ки́слый** *прил* <-ая, -ое, -ые> (1) (*по вкусу*) sauer; ◇ **~ое молоко́** saure Milch; ◇ **~ое те́сто** Hefeteig *m* (2) *перен* (*недовольный*) sauer, säuerlich, verdrießlich; ◇ **~ое выраже́ние лица́** saure Miene; ◇ **~ое настрое́ние** schlechte Stimmung

кисть $ж_5$ <-и, *мн:* ки́сти, *род:* кисте́й, *дат:* кистя́м> (1) (*для рисования*) Pinsel *m* (2) (*соцветие*) Traube *f;* ◇ **виногра́дная** ~ Weintraube (3) (*украшение*) Quaste *f* (4) Hand *f;* (*часть руки*) Handgelenk *n*

кит $м_1$ <-а́, *мн:* -ы́> Wal *m*

кита́ец $м_5$ <-а́йца> Chinese *m;* **кита́янка** $ж_1$ <-и, *род мн:* -нок> Chinesin *f*

кичли́вый *прил* <-ая, -ое, -ые> hochmütig, eingebildet

кишка́ $ж_1$ <-и́, *род мн:* -шок> (1) анат Darm *m;* ◇ **двенадцатипе́рстная** ~ Zwölffingerdarm; ◇ **то́нкая** ~ Dünndarm; ◇ **то́лстая** ~ Dickdarm; ◇ **слепа́я** ~ Blinddarm (2) *разг* (*труба*) Schlauch *m;* ◇ **рези́новая** ~ Gummischlauch; ◇ **у него́ ~ тонка́** er hat nicht den Mumm

кла́виша $ж_2$ <-и, *род мн:* кла́виш> Taste *f*

клад $м_1$ <-а> Schatz *m;* ◇ **найти́** ~ einen Schatz finden

кла́дбище $с_3$ <-а> Friedhof *m*

кла́дка $ж_1$ <-и, *род мн:* -док> Mauerwerk *n*

кладова́я *ж (А)* <-о́й> (1) (*помещение для хранения*) Vorratsraum *m,* Speisekammer *f* (2) (*складское помещение*) (Lager-)Raum *m*

кладь $ж_5$ <-и> Gepäck *n;* ◇ **ручна́я** ~ Handgepäck *n*

кла́няться V_{1b} *несов* <-я́юсь, -я́ешься> [**поклони́ться** V_{4a} *сов*] *кому дат (1, 3), с кем тв (2), кому дат или перед кем тв (4)* (1) (*делать поклон*) sich vor jd-m verneigen (2) (*приветствовать*) jd-n (be-)grüßen (3) (*передавать привет*) jd-n grüßen lassen; ◇ **кла́няйся от меня́ друзья́м** grüß die

К

Freunde von mir ④ *перен* (*униженно просить*) untertänigst bitten; ◇ ~ **пе́ред нача́льством** den Chef demütig um etwas bitten

кла́пан *м₁* <-а> ① тех Ventil *n;* ◇ **предохрани́тельный** ~ Sicherheitsventil ② мед Herzklappe *f*

кларне́т *м₁* <-а> Klarinette *f*

класс *м₁* <-а> ① (*социальная группа*) Klasse *f;* ◇ **рабо́чий** ~ Arbeiterklasse ② (*категория*) Gattung *f,* Kategorie *f;* биол ◇ ~ **расте́ний** Pflanzengattung ③ (*в школе*) Klasse *f;* ◇ **ста́ршие ~ы** Oberstufe *f* ③ (*классная комната*) Klassenzimmer *n* ④ (*уровень*) Klasse *f;* ◇ **игра́ высо́кого ~а** erstklassiges Spiel; ◇ **специали́ст вы́сшего ~а** erstklassiger Fachmann

класть * *несов* <кладу́, кладёшь> [**положи́ть** V_{4a} <*Part. Prät. Pass.* поло́женный> (1, 2) и **с**~ (4) *сов*] *кого-что вин* ① (*помещать*) legen, stecken; ◇ ~ **плато́к в карма́н** das Tuch in die Tasche stecken; ◇ ~ **больно́го в больни́цу** den Patienten ins Krankenhaus einweisen; ◇ ~ **повя́зку на́ руку** den Arm verbinden; ◇ ~ **коне́ц чему́-л** einer Sache ein Ende bereiten; ◇ ~ **я́йца** Eier legen; ◇ ~ **но́гу на́ ногу** die Beine übereinanderschlagen ② (*накладывать*) auf etw legen, auftragen; ◇ ~ **кра́ски на холст** Farbe auf die Leinwand auftragen ③ (*прибавлять*) hinzugeben; ◇ ~ **припра́ву в ку́шанье** das Essen würzen ④ (*сооружать*) errichten, erbauen; ◇ ~ **нача́ло чему́-л** den Grundstein für etw legen; ◇ ~ **под сукно́** auf die lange Bank schieben

клева́ть V_{1a} *несов* <клюю́, клюёшь, *Imp.* клю́й, ~те, *Part. Präs. Akt.* клю́ющий, *Adv. Part. Präs.* клюя́> [**клю́нуть** V_2 <*Imp.* клюнь> *сов*] *кого-что вин (1, 2), без доп (3, 4)* ① (*клювом*) picken; ◇ ~ **зёрна** ein Korn picken; ◇ **я́стреб клюёт свою́ же́ртву** der Habicht hackt seine Beute ② *перен разг* (*бранить*) auf jd-m herumhacken ③ (*попадаться на удочку*) anbeißen; ◇ **ры́ба хорошо́ клюёт** die Fische beißen gut an ④ (*задремать*) ◇ ~ **но́сом** einnicken

кле́вер *м₁* <-а, *мн:* -а́> бот Klee *m*

клевета́ *ж₁ kein pl* <-ы́> Verleumdung *f;* ◇ **возводи́ть ~у́ на кого́-л** jd-n verleumden; **клевета́ть** V_{1a} *несов* <-ещу́, -е́щешь, *Imp.* -ещи́, ~те, *Part. Präs. Akt.* -е́щущий, *Adv. Part. Präs.* -еща́> [**на**~ *сов*] *на кого-что вин* verleumden, diffamieren; **клеветни́ческий** *прил* <-ая, -ое, -ие> verleumderisch

клей *м₃* <-я, на клею́> Leim *m,* Klebstoff *m*

клейми́ть V_{4a} *несов* <-млю́, -ми́шь, *Part. Prät. Pass.* -мённый> [**за**~ *сов*] *кого-что вин* ① (*ста́вить клеймо*) markieren, stempeln; ◇ ~ **скот** Vieh markieren; ◇ ~ **това́ры** Waren markieren ② *перен* (*осуждать*) brandmarken, anprangern; **клеймо́** c_2 <-а́, *мн:* -а> ① (*печать*) Zeichen *n;* ◇ **ли́чное** ~ Signatur *f* ② (*знак*) Stempel *m* ③ *перен* (*след*) Mal *n;* ◇ ~ **позо́ра** Schandmal

клён *м₁* <-а> Ahorn *m*

клепа́ть V_{1a} *несов, kein Pass.* <-а́ю, а́ешь> *что вин* тех nieten

кле́тка *ж₁* <-и, *род мн:* -ток> ① (*из прутьев*) Käfig *m;* ◇ ~ **для птиц** Vogelbauer *m;* ◇ ~ **для звере́й** Zwinger *m* ② (*на бумаге, ткани*) Kästchen *n,* Quadrat *n;* ◇ **бума́га в ~у** kariertes Papier ③ биол (*клетка*) Zelle *f;* ◇ анат **грудна́я** ~ Brustkorb *m;* стр ◇ **ле́стничная** ~ Treppenhaus *n*

клетча́тка *ж₁* <-и> ① (*целлюлоза*) Zellulose *f* ② (*в организме*) Zellgewebe *n*

клёцка *ж₁* <-и, *мн:* -цок> кул Kloß *m,* Knödel *m*

клещ *м₂* <-а́, *мн:* -и́> зоол Zecke *f*

кле́щи *мн₂* <-е́й> тех Zange *f*

клие́нт *м₁* <-а> ① юр Mandant *m,* Klient *m* ② (*посетитель*) Kunde *m*

кли́ка *ж₁* <-и> Bande *f;* ◇ **престу́пная** ~ Verbrecherbande *f*

кли́мат *м₁* <-а> ① метео Klima *n;* ◇ **уме́ренный** ~ gemäßigtes Klima ② *перен* (*обстановка*) Klima *n,* Atmosphäre *f*

клин *м₁* <-а, *мн:* кли́нья, *род:* -ьев, *дат:* -ьям, *тв:* -ьями, *предл:* -ьях> ① (*дерева, металла*) Keil *m;* ◇ **вбить [загна́ть]** ~ einen Keil in etw treiben ② (*ткани*) Zwickel *m* ③ с.-х. Acker *m;* ◇ **ярово́й** ~ Sommeracker; ◇ **свет не ~ом сошёлся** es gibt noch einen Ausweg

кли́ника *ж₁* <-и> Klinik *f*

клино́к *м₁* <-нка́, *мн:* -нки> Klinge *f*

кли́чка *ж₁* <-и, *род мн:* -чек> ① (*животного*) Name *m* ② (*прозвище*) Spitzname *m,* Deckname *m*

клоп *м₁* <-а́, *мн:* -ы́> ① (*насекомое*) Wanze *f* ② *шутл* (*малыш*) kleiner Knirps

клочо́к *м₁* <-чка́, *мн:* -чки́> ① (*клок*) Fetzen *m;* ◇ ~ **бума́ги** Papierfetzen ② (*участок*) Flecken *m;* ◇ ~ **земли́** ein Flecken Erde, Parzelle *f*

клуб *м₁* <-а> ① (*объединение*) Klub *m,* Verein *m;* ◇ **спорти́вный** ~ Sportverein ② (*учреждение*) Kulturzentrum *n* ③ (*здание, помещение*) Klubhaus *n,* Vereinslokal *n*

клубы́ *мн* ‹-ов› (*дым*) Schwaden *m;* ◇ ~ **ды́ма** Rauchschwaden; ◇ ~ **пы́ли** Staubwolken; ◇ ~ **тума́на** Nebelschwaden

клубни́ка *ж₁* ‹-и› Erdbeere *f*

клу́мба *ж₁* ‹-ы› Beet *n;* ◇ **разби́ть ~у** ein Beet anlegen

клык *м₁* ‹-а́, *мн:* -и́› ① (*у человека*) Eckzahn *m* ② (*у животных*) Stoßzahn *m;* (*бивень*) Hauer *m*

клюв *м₁* ‹-а› Schnabel *m*

клю́ква *ж₁* ‹-ы› Moosbeere *f*

клю́нуть *см.* **клева́ть**

ключ [1] *м₂* ‹-а́, *мн:* -и́› ① (*замка*) Schlüssel *m;* ◇ **запере́ть на** ~ zuschließen ② (*для завинчивания*) Schlüssel *m;* ◇ **га́ечный** ~ Schraubenschlüssel; ◇ **консе́рвный** ~ Dosenöffner *m* ③ *перен* (*для разгадки*) Schlüssel *m;* ◇ ~ **к разга́дке та́йны** Schlüssel zum Geheimnis ④ муз Notenschlüssel *m;* ◇ **скрипи́чный** ~ Violinschlüssel

ключ [2] *м* ‹-а́› (*родник*) Quelle *f; перен* ◇ **жизнь в нём бьёт ~о́м** er ist voller Lebensfreude

ключи́ца *ж₁* ‹-ы› анат Schlüsselbein *n*

клю́шка *ж₁* ‹-и, *род мн:* -шек› спорт (Hockey-)Schläger *m*

кля́сться * *несов* ‹кляну́сь, клянёшься› [**по**~ *сов*] *в чём предл или с инф или союзом "что"* (be-)schwören, beteuern; ◇ **кляну́сь, что испо́лню обеща́ние** ich schwöre, das Versprechen zu halten; **кля́тва** *ж₁* ‹-ы› (*уверение*) Schwur *m;* (*присяга*) Eid *m;* ◇ **дать ~у** einen Eid leisten; ◇ **нару́шить ~у** den Schwur brechen

клятвопреступле́ние *с₄* ‹-я› Meineid *m*

кля́уза *ж₁* ‹-ы› *разг* ① (*интрига*) Intrige *f,* Verleumdung *f;* ◇ **занима́ться ~ами** Intrigen spinnen ② (*донос*) Denunziation *f;* ◇ **сочини́ть ~у** denunzieren ③ (*сплетни*) Klatsch *m;* ◇ **распространя́ть ~у** Gerüchte verbreiten

кни́га *ж₁* ‹-и› Buch *n;* ◇ **сесть за ~и** sich hinter seine Bücher klemmen

книгоизда́тельство *с₂* ‹-а› Buchverlag *m;* **книгохрани́лище** *с₃* ‹-а› (*в библиотеке*) Magazin *n*

кно́пка *ж₁* ‹-и, *род мн:* -пок› ① (*канцелярская*) Reißzwecke *f* ② (*застёжка*) Druckknopf *m* ③ тех Knopf *m*

кнут *м₁* ‹-а́, *мн:* -ы́› Peitsche *f*

княги́ня *ж₂* ‹-и› Fürstin *f;* **князь** *м₂* ‹-я, *мн:* -зья́, *род:* -зе́й, *дат:* -зья́м, *тв:* -зья́ми, *предл:* -зья́х› Fürst *m*

коали́ция *ж₄* ‹-и› Koalition *f*

кова́рный *прил* ‹-ая, -ое, -ые› hinterhältig, heimtückisch; **кова́рство** *с₂* ‹-а› Tücke *f,* Hinterlist *f*

кова́ть * *несов* ‹кую́, куёшь› [**под**~ (2) *сов*] *кого-что вин* ① (*металл*) schmieden; *перен* ◇ ~ **своё сча́стье** sein Glück schmieden ② (*набивать подковы*) beschlagen; ◇ ~ **коня́** ein Pferd beschlagen

ковёр *м₁* ‹-вра́, *мн:* -вры́› Teppich *m;* ◇ ~ **ручно́й рабо́ты** handgewebter Teppich; ◇ **расстели́ть** ~ einen Teppich verlegen

ковш *м₂* ‹-а́, *мн:* -и́› ① (*сосуд*) Kelle *f* ② тех Kübel *m;* ◇ ~ **экскава́тора** Baggerlöffel *m*

когда́ I. *нареч* ① (*в какое время*) wann; ◇ ~ **он придёт?** wann kommt er? ② (*иногда*) mal; ◇ ~ **я иду́ пешко́м,** ~ **е́ду тролле́йбусом** mal gehe ich zu Fuß, mal fahre ich mit dem Bus II. *союз* wenn, als; ◇ ~ **насту́пит ле́то** wenn der Sommer beginnt; ◇ ~ **я находи́лся в Герма́нии** als ich in Deutschland war; ◇ ~ **бы то ни́ было** wann immer es auch sei

когда́-то *нареч* (*в прошлом*) einst, irgendwann; ◇ ~ **чита́л э́ту кни́гу** irgendwann habe ich dieses Buch gelesen; (*в будущем*) es fragt sich, wann...

кого́ *см.* **кто**

ко́готь *м₂* ‹-гтя, *мн:* -гти, *род:* -гте́й› (*у зверей*) Klaue *f;* (*у птиц*) Kralle *f; перен* ◇ **показа́ть ~ти** die Krallen zeigen; ◇ **рвать ~ти** sich schnell davonmachen

ко́декс *м₁* ‹-а› ① (*свод законов*) Gesetzbuch *n;* ◇ **гражда́нский** ~ Bürgerliches Gesetzbuch; ◇ **уголо́вный** ~ Strafgesetzbuch ② *перен* (*совокупность убеждений*) Kodex *m;* ◇ ~ **че́сти** Ehrenkodex

ко́е-где *нареч* mancherorts, hier und da

ко́е-как *нареч* ① (*с большим трудом*) mit Mühe und Not ② (*небрежно*) nachlässig; (*поверхностно*) oberflächlich

ко́е-како́й *неопр мест* ‹-ая, -ое, -ие› ① (*некоторый*) einige ② (*немногочисленный*) einige (wenige); ◇ **у него́ есть ~ие друзья́** er hat einige Freunde

ко́е-кто *неопр мест* gewisse Leute, einige; ◇ ~ **ещё оста́лся** einige sind noch hiergeblieben; ◇ **на́до ко́е к кому́ сходи́ть** ich muß bei einigen Leuten vorbeigehen

ко́е-куда́ *нареч* irgendwohin; ◇ **вчера́ я съе́здил** ~ gestern habe ich noch einen Abstecher gemacht

ко́е-что *неопр мест* etwas, einiges; ◇ **он** ~ **уже́ купи́л** er hat schon etwas gekauft

ко́жа *ж₁* ‹-и› ① (*человека, животного*) Haut *f;* ◇ **морщи́нистая** ~ faltige Haut;

К

перен ◇ **гуси́ная** ~ Gänsehaut ② (*выделанная шкура*) Leder *n;* ◇ **чемода́н из свино́й ~и** Koffer aus Schweinsleder ③ *разг* (*оболочка плодов*) Schale *f;* ◇ **я́блоко с то́лстой ~ей** Apfel mit dicker Schale; ◇ **лезть из ~и (вон)** sich ins Zeug legen

ко́жник *м₁* ‹-а› (*дерматолог*) Hautarzt *m*

кожура́ *ж₁* ‹-ы́› dicke Schale *f*

коза́ *ж₁* ‹-ы́, *мн:* -ы› Ziege *f*

козёл *м₁* ‹-зла́, *мн:* -злы́› ① (*животное*) Ziegenbock *m;* ◇ **го́рный** ~ Steinbock *m* ② спорт (*снаряд*) Bock *m;* ◇ **пры́гать че́рез ~ла́** über den Bock springen; *перен* ◇ ~ **отпуще́ния** Sündenbock; ◇ **от него́ как от ~зла́ молока́** er taugt zu nichts

ко́злы *мн₁* ‹-зел› ① (*для кучера*) Kutschbock *m* ② (*подставка*) Gestell *n;* (*для кровати*) Bettgestell; (*для пилки дров*) Sägebock *m*

ко́зни *мн₅* ‹-ей› Intrigen *f pl;* ◇ **стро́ить** ~ Intrigen spinnen

козу́ля *ж₂* ‹-и› Reh *n*

козырёк *м₁* ‹-рька́, *мн:* -рьки́› ① (*головного убора*) Mützenschirm *m;* ◇ **взять под** ~ grüßen, salutieren ② (*навес над входом*) Vordach *n*

ко́зырь *м₂* ‹-я, *род мн:* козыре́й› ① карт Trumpf *m;* ◇ **ходи́ть ~ем** einen Trumpf ausspielen ② *перен* (*преимущество*) Trumpf *m;* ◇ **вы́бить у кого́-л ~ из рук** jd-m die Trümpfe aus der Hand nehmen

ко́йка *ж₁* ‹-и, *род мн:* ко́ек› ① (*кровать*) Bett *n,* Unterkunft *f;* ◇ **сдава́ть ~у** eine Übernachtungsmöglichkeit anbieten; ◇ **снять ~у** ein Zimmer nehmen ② (*на судне*) Koje *f;* ◇ **подвесна́я** ~ Hängematte *f*

коклю́ш *м₂* ‹-а› Keuchhusten *m*

кокс *м₁* ‹-а› Koks *m*

колбаса́ *ж₁* ‹-ы́, *мн:* -ба́сы› Wurst *f;* ◇ **копчёная** ~ geräucherte Wurst; ◇ **ли́верная** ~ Leberwurst

колго́тки *мн₁* ‹-ток› Strumpfhosen *pl*

колдова́ть V *₁a* *несов* ‹-ду́ю, -ду́ешь, *Imp.* -ду́й, ~те, *Part. Präs. Akt.* -ду́ющий, *Adv. Part. Präs.* -ду́я› *без доп (1), над чем тв (2)* ① (*заниматься колдовством*) zaubern ② *разг* (*углубиться в какое-л дело*) verweilen an; ◇ **весь день ~ду́ет над ста́рым приёмником** den ganzen Tag bastelt er an dem alten Radiogerät herum

колеба́ние *с₄* ‹-я› ① физ Schwingung *f;* ◇ **электромагни́тные ~ия** elektromagnetische Schwingungen ② (*изменение*) Schwankung *f;* ◇ **~ия температу́ры** Temperaturschwankungen ③ (*сомнение*) Bedenken *n pl;* ◇ **де́йствовать без ~ий** entschlossen handeln; **колеба́ться** V *₁a* *несов* ‹-ле́блюсь, -ле́блешься, (1, 2) 1 и 2 л. не употр, *Imp.* -ле́блись, *Part. Präs. Akt.* -ле́блющийся, *Adv. Part. Präs.* -ле́блясь› [**по**~ (1, 2) *сов*] *без доп* ① (*раскачиваться*) schwingen; ◇ **ве́тки коле́блются от ве́тра** die Zweige wiegen sich im Wind; (*о маятнике*) pendeln ② (*терять устойчивость*) schwanken; ◇ **це́ны ~лю́тся** die Preise schwanken; ◇ **его́ авторите́т ~лется** seine Autorität gerät ins Wanken ③ (*сомневаться*) unschlüssig sein, zögern

коле́но *с₂* ‹-а, *мн:* -и, *род:* -ней› ① (*ноги*) Knie *n;* ◇ **сиде́ть у кого́-л на ~ях** bei jd-m auf dem Schoß sitzen; ◇ **стоя́ть на ~ях** knien; ◇ **поста́вить на ~и кого́-л** jd-n in die Knie zwingen ② тех (*колено*) Knie *n,* Gelenk *n* ③ (*изгиб*) Biegung *f,* Flußkrümmung *f* ④ (*в танцах*) Tanzfigur *f;* ◇ **выде́лывать ~а** meisterhaft tanzen ⑤ (*в родословной*) Generation *f;* ◇ **родня́ в шесто́м ~е** Verwandtschaft sechsten Grades

колесо́ *с₂* ‹-а́, *мн:* колёса› Rad *n;* ◇ **зубча́тое** ~ Zahnrad; ◇ **рулево́е** ~ Lenkrad; ◇ **но́ги ~о́м** O-Beine *n pl;* ◇ **пя́тое ~ в теле́ге** fünftes Rad am Wagen; ◇ **ходи́ть ~ом** ein Rad schlagen

колея́ *ж₃* ‹-и́› ① (*на дороге*) Fahrrinne *f;* (*след*) Radspur *f* ② (*железнодорожный путь*) Gleis *n;* *перен* ◇ **вы́бить из ~и́** aus dem Gleis bringen

ко́лики *мн₁* ‹-ков› мед Kolik *f;* ◇ **по́чечные** ~ Nierenkolik

коли́чество *с₂* ‹-а› Menge *f*

колле́га *м/ж₁* ‹-и› Kollege *m,* Kollegin *f*

коллекти́в *м₁* ‹-а› Team *n,* Arbeitsgemeinschaft *f;* ◇ **нау́чный** ~ Forschungsteam; ◇ ~ **рабо́чих** Belegschaft *f;* **коллекти́вный** *прил* ‹-ая, -ое, -ые› kollektiv

коллекционе́р *м₁* ‹-а› Sammler *m;* **колле́кция** *ж₄* ‹-и› Sammlung *f;* ◇ ~ **моде́лей оде́жды** Modekollektion *f*

коло́дец *м₅* ‹-дца› ① (*скважина*) Brunnen *m* ② тех Brunnen *m,* Schacht *m*

ко́локол *м₁* ‹-а, *мн:* -а́› Glocke *f;* ◇ **бить [звони́ть] в** ~ die Glocken läuten; ◇ **звони́ть во все ~а́** etw an die große Glocke hängen

колониали́зм *м₁* ‹-а› Kolonialismus *m;* **колониа́льный** *прил* ‹-ая, -ое, -ые› kolonial; ◇ **~ая держа́ва** Kolonialmacht *f;* ◇ **~ые стра́ны** Kolonien *f pl*

колониза́ция *ж₄* ‹-и› (*захват*) Kolonisation *f;* (*заселение*) Besiedlung *f,* Ansiedlung *f*

коло́ния *ж₄* ‹-и› ① (*страна*) Kolonie *f* ② (*поселение*) Ansiedlung *f*

коло́нка *ж₁* ‹-и, *род мн:* -нок› ① (*устройство*) Säule *f;* ◇ **звукова́я** ~ Lautsprecherbox *f* ② (*бензозаправочная*) Zapfsäule *f* ③ (*водопроводная*) Hydrant *m* ④ (*столбец*) Spalte *f;* ◇ **газе́тная** ~ Zeitungsspalte; ◇ ~ **цифр** Kolonne *f*

коло́нна *ж₁* ‹-ы› ① стр (*столб*) Säule *f;* ◇ **зал с ~ами** Säulenhalle *f* ② (*о людях*) Kolonne *f*

ко́лос *м₁* ‹-а, *мн:* коло́сья, *род:* -ьев, *дат:* -ьям› Ähre *f*

коло́ть [1] * *несов* ‹колю́, ко́лешь› [**рас~** *сов*] *что вин* spalten, hacken; ◇ ~ **дрова́** Holz zerhacken; ◇ ~ **оре́хи** Nüsse knacken

коло́ть [2] *несов* ‹колю́, ко́лешь› [**за~** (4) *сов*] *кого-что вин (1, 2), без доп (3)* ① (*чем-то острым*) stechen; ◇ ~ **була́вкой** mit einer Nadel stechen ② *разг* (*делать инъекции*) spritzen ③ (*о боли*) stechen; ◇ **у меня́ ко́лет в боку́** ich habe Seitenstechen ④ (*скот*) schlachten, abstechen ⑤ *перен разг* (*упрекать*) sticheln, jd-m etw unter die Nase reiben; ◇ ~ **насме́шками** spöttische Bemerkungen machen

колпа́к *м₁* ‹-а́, *мн:* -и́› ① (*головной убор*) Mütze *f,* Kappe *f* ② (*для лампы*) Lampenschirm *m;* ◇ **быть под ~о́м** beschattet werden ③ тех Kappe *f*

колыбе́ль *ж₅* ‹-и› Wiege *f;* ◇ **с ~и** von Kindheit an

кольцо́ *с₂* ‹-а́, *мн:* ко́льца, *род:* коле́ц, *дат:* ко́льцам› Ring *m;* ◇ **годи́чное** ~ Jahresring; ◇ **обруча́льное** ~ Ehering

коля́ска *ж₁* ‹-и, *род мн:* -сок› ① (*для детей*) Kinderwagen *m* ② (*повозка*) Wagen *m;* ◇ **мотоци́кл с ~ой** Motorrad mit Beiwagen; ◇ ~ **инвали́да** Rollstuhl *m*

ком [1] *м₁* ‹-а, *мн:* ко́мья, *род:* -ьев, *дат:* -ьям› Klumpen *m;* ◇ ~ **гли́ны** Tonklumpen; ◇ ~ **земли́** Erdscholle *f;* ◇ ~ **сне́га** Schneeball *m;* ◇ **что-л растёт как сне́жный** ~ etw wächst lawinenartig an; ◇ **у него́ ~ стои́т в го́рле** er hat einen Kloß im Hals

ком [2] *см.* **кто**

кома́нда *ж₁* ‹-ы› ① воен Kommando *n;* ◇ **пода́ть ~у** einen Befehl geben; ◇ **по ~е** auf Befehl ② (*начальствование*) Kommando *n,* Oberbefehl *m;* ◇ **под ~ой кого́-л** unter jd-s Kommando ③ (*воинское подразделение*) Kommando *n,* Trupp *m,* Mannschaft *f;* ◇ **пожа́рная** ~ Löschmannschaft *f;* ◇ **сапёрная** ~ Pioniertrupp ④ мор (*экипаж*) Besatzung *f;* ◇ ~ **корабля́** Schiffsbesatzung ⑤ спорт Mannschaft *f;* ◇ **футбо́льная** ~ Fußballmannschaft ⑥ *разг* (*окружение*) Kreis von Gleichgesinnten; ◇ ~ **президе́нта** Mitarbeiterstab des Präsidenten

командирова́ть V_{1a} *несов и сов* ‹-ру́ю, -ру́ешь, *Imp.* -ру́й, *Part. Präs. Akt.* -ру́ющий, *Part. Präs. Pass.* -ру́емый, *Adv. Part. Präs.* -ру́я› *кого-что вин* (*направить*) (ab-)kommandieren; ◇ ~ **на конфере́нцию** jd-n zu einer Konferenz abkommandieren; **командиро́вка** *ж₁* ‹и, *род мн:* -вок› ① (*поездка*) Dienstreise *f;* ◇ **нау́чная** ~ Studienreise; ◇ **находи́ться в ~е** auf Dienstreise sein; ◇ **уе́хать в ~у** eine Dienstreise machen ② (*удостоверение*) Dienstreisebescheinigung *m;* ◇ **предъяви́ть свою́ ~у** die Dienstreisebescheinigung vorlegen

кома́р *м₁* ‹-а́, *мн:* -ы́› Mücke *f*

комба́йн *м₁* ‹-а› с.-х. ◇ **зерново́й** ~ Mähdrescher *m*

комбина́ция *ж₄* ‹-и› ① (*сочетание*) Kombination *f;* (*сопоставление*) Zusammenstellung *f;* ◇ ~ **цифр** Zahlenkombination ② (*замысел*) System *n;* ◇ **хи́трая** ~ ausgeklügeltes System ③ (*женское бельё*) (seidenes) Damenunterhemd *n*

коме́дия *ж₄* ‹-и› ① театр Komödie *f* ② *перен* (*притворство*) Komödie *f,* Heuchelei *f;* *разг* ◇ **лома́ть ~ю** eine Komödie vorspielen; (*умора*) Affentheater *n*

коме́та *ж₁* ‹-ы› Komet *m*

ко́мик *м₁* ‹-а› ① (*актёр*) Komiker *m* ② *перен* (*о человеке*) Spaßvogel *m,* Witzbold *m*

коми́ссия *ж₄* ‹-и› ① (*орган*) Kommission *f,* Ausschuß *m;* ◇ **избира́тельная** ~ Wahlkommission ② ком (*поручение*) Kommission *f;* ◇ **брать това́р на ~ю** eine Ware in Kommission nehmen

комите́т *м₁* ‹-а› Komitee *n,* Ausschuß *m;* ◇ **Олимпи́йский** ~ Olympisches Komitee; ◇ **специа́льный** ~ Sonderkomitee *n*

коммента́рий *м₃* ‹-я› (*примечание*) Kommentar *m;* (*рассуждения*) Anmerkung *f;* ◇ **сочине́ния Толсто́го с ~ми** kommentierte Werke Tolstojs; ◇ **~и изли́шни** Kommentar überflüssig

коммерса́нт *м₁* ‹-а› Kaufmann *m*

коммуна́льный *прил* ‹-ая, -ое, -ые› Gemeinde-, Kommunal-; ◇ **~ая кварти́ра** (*Wohnung, in der mehrere Familien zusammenleben*); ◇ **~ые вы́боры** Gemeindewahlen

К

коммуника́ция *ж*$_4$ ‹-ии› ① (*путь сообщения*) Verbindung *f;* ◇ **возду́шные ~и** Flugverbindungen ② (*сообщение, общение*) Kommunikation *f,* Mitteilung *f;* ◇ **сре́дства ма́ссовой ~и** Massenmedien *n pl*

коммунисти́ческий *прил* ‹-ая, -ое, -ие› kommunistisch; ◇ **~ая па́ртия** Kommunistische Partei

коммюнике́ *с* ‹нескл› Kommuniqué *n;* ◇ **заключи́тельное ~** Schlußkommuniqué

ко́мната *ж*$_1$ ‹-ы› Zimmer *n;* ◇ **ва́нная ~** Badezimmer; ◇ **де́тская ~** Kinderzimmer

компа́ния *ж*$_4$ ‹-и› ① (*группа лиц*) Gesellschaft *f;* ◇ **соста́вить ~ию** jd-m Gesellschaft leisten ② ком (*предприятие*) Gesellschaft *f;* ◇ **акционе́рная ~** Aktiengesellschaft; ◇ **нефтяна́я ~** Erdölgesellschaft

компенса́ция *ж*$_4$ ‹-и› Entschädigung *f,* Kompensation *f,* (*за причинённый ущерб*) Schaden(s)ersatz *m;* ◇ **получа́ть ~ю** eine Entschädigung bekommen; **компенси́ровать** V$_{3a}$ *несов и сов* ‹-рую, -руешь› *кого-что вин* ausgleichen, kompensieren; ◇ **~ упу́щенное вре́мя** verlorene Zeit wieder aufholen

компете́нтный *прил* ‹-ая, -ое, -ые› ① (*знающий*) kompetent, sachkundig; (*авторитетный*) maßgebend ② (*обладающий компетенцией*) zuständig, befugt; ◇ **~ ое учрежде́ние** die zuständige Behörde; **компете́нция** *ж*$_4$ ‹-и› ① (*осведомлённость*) Kompetenz *f,* Kenntnis *f* ② (*круг полномочий*) Kompetenz *f,* Zuständigkeit *f;* ◇ **э́то не вхо́дит в ва́шу ~ю** dafür seid ihr nicht zuständig

компле́кт *м*$_1$ ‹-а› (*полный набор*) Satz *m;* (*белья*) Garnitur *f;* (*книг*) Reihe *f;* (*открыток*) Serie *f;* ◇ **годово́й ~ журна́ла** Jahrgang einer Zeitschrift; (*полное число*) ◇ **кома́нда в по́лном ~е** die Mannschaft ist vollzählig; ◇ **сверх ~а** zusätzlich

комплектова́ние *с*$_4$ ‹-я› Komplettierung *f,* Vervollständigung *f,* Ergänzung *f;* воен ◇ **~ отря́да** Truppenaufstockung

компле́кция *ж*$_4$ ‹-ии› Körperbau *m*

комплиме́нт *м*$_1$ ‹-а› Kompliment *n;* ◇ **сказа́ть ~ кому́-л** jd-m ein Kompliment machen

компози́тор *м*$_1$ ‹-а› Komponist *m*

компо́т *м*$_1$ ‹-а› Kompott *m*

компре́сс *м*$_1$ ‹-а› Umschlag *m;* ◇ **ста́вить вла́жный ~** einen feuchten Umschlag machen

компроми́сс *м*$_1$ ‹-а› Kompromiß *m;* ◇ **доби́ться ~а** einen Kompromiß erzielen

компью́тер *м*$_1$ ‹-а› Computer *m;* ◇ **персона́льный ~** Personalcomputer (PC) *m*

кому́ *см.* кто

комфо́рт *м*$_1$ ‹-а› Komfort *m;* ◇ **устро́иться с ~ом** sich bequem einrichten

конве́йер *м*$_1$ ‹-а› тех Fließband *n;* ◇ **тра́нспортный ~** Förderband *n;* ◇ **рабо́тать на ~е** am Fließband arbeiten; *перен* ◇ **поста́вить что-л на ~** etw in Gang bringen

конве́нция *ж*$_4$ ‹-и› (*договор*) Konvention *f;* (*соглашение*) Abkommen *n;* ◇ **тамо́женная ~** Zollabkommen

конве́рсия *ж*$_4$ ‹-и› эк Konvertierung *f,* Konversion *f*

конве́рт *м*$_1$ ‹-а› Kuvert *n,* Umschlag *m;* ◇ **почто́вый ~** Briefumschlag

конво́й *м*$_3$ ‹-я› ① (*охрана*) Eskorte *f;* ◇ **вести́ под ~ем** eskortieren ② мор Konvoi *m*

конгре́сс *м*$_1$ ‹-а› Kongreß *m*

кондиционе́р *м*$_1$ ‹-а› Klimaanlage *f*

конду́ктор *м*$_1$ ‹-а, *мн:* -á, *род:* -óв› Schaffner *m*

коне́ц *м*$_1$ ‹-нцá, *мн:* -нцы́› ① (*предел*) Ende *n,* Schluß *m;* ◇ **~ го́да** Jahresende; ◇ **~ рабо́чего дня** Feierabend *m;* ◇ **в ~нце́ ма́я** Ende Mai; ◇ **положи́ть ~ чему́-л** einer Sache ein Ende bereiten; ◇ **без ~нца́** endlos; (*завершение*) Beendigung *f;* ◇ **доводи́ть до ~нца́** etw zu Ende bringen; ◇ **приходи́ть к ~нцу́** zu Ende gehen; ◇ **под ~** gegen Ende; ◇ **из ~нца́ в ~** von Anfang bis Ende ② (*у предметов*) Spitze *f;* ◇ **о́стрый/тупо́й ~** scharfe/stumpfe Spitze ③ *разг* (*крах*) Ende *n;* ◇ **без его́ по́мощи мне ~** ohne seine Hilfe bin ich verloren ④ *разг* (*путь*) Strecke *f;* ◇ **де́лать больши́е ~нцы́** eine weite Strecke zurücklegen; ◇ **идти́ в о́ба ~нца́ пешко́м** hin und zurück zu Fuß gehen ⑤ *перен* (*кончина*) Tod *m;* ◇ **отда́ть ~нцы́** den Löffel abgeben; (*о суде*) losmachen; ◇ **~ пришёл кому́-л** jd ist gestorben; ◇ **в ~нце́ ~цо́в** letzten Endes; ◇ **на худо́й ~** schlimmstenfalls; *погов* ◇ **~ - де́лу вене́ц** Ende gut, alles gut

коне́чно *частица* (*без сомнения*) natürlich, selbstverständlich

коне́чный *прил* ‹-ая, -ое, -ые› ① (*во времени*) vergänglich ② (*вершающий*) End-; ◇ **~ проду́кт** Endprodukt *n* ③ мат endlich; ◇ **~ая величина́** endliche Größe; ◇ **в ~ом ито́ге** letzten Endes

конкуре́нция *ж*$_4$ ‹-ии› Konkurrenz *f;* (*соревнование*) Wettbewerb *m;* ◇ **нече́стная ~** unlauterer Wettbewerb; ◇ **вне ~ии** außer Konkurrenz; **конкури́ровать** V$_{3a}$ *несов* ‹-рую, -руешь› *с кем-чем тв в чём предл* (*соперничать*) konkurrieren

ко́нкурс *м*$_1$ ‹-а› ① (*на приз*) Preisausschreiben *n* ② (*соревнование*) Wettbewerb *m;* ◇ ~ **скрипаче́й** Geigerwettbewerb ③ (*для поступающих в вуз*) Hochschulaufnahmeprüfung *f* ④ (*на должность*) Stellenausschreibung *f;* ◇ **вне ~а** konkurrenzlos

ко́нный *прил* ‹-ая, -ое, -ые› ① Pferde-; ◇ ~ **заво́д** Gestüt *n* ② (*верхом*) beritten; ◇ **~ая поли́ция** berittene Polizei

конопля́ *ж*$_2$ ‹-и́› Hanf *m*

конспе́кт *м*$_1$ ‹-а› Konzept *n,* Plan *m;* ◇ ~ **ле́кции** Vorlesungskonzept

конспирати́вный *прил* ‹-ая, -ое, -ые› konspirativ, Geheim-; ◇ **~ое собра́ние** konspirative Sitzung

констати́ровать V$_{3a}$ *несов и сов* ‹-рую, -руешь› *что вин* feststellen, konstatieren

конституцио́нный *прил* ‹-ая, -ое, -ые› verfassungsmäßig, Verfassungs-, konsitutionell; ◇ ~ **суд** Verfassungsgericht *n;* **конститу́ция** *ж*$_4$ ‹-ии› ① (*закон*) Verfassung *f,* Grundgesetz *n* ② мед Konstitution *f,* Körperbau *m;* ◇ ~ **органи́зма** körperliche Verfassung

констру́кция *ж*$_4$ ‹-и› Konstruktion *f,* Aufbau *m;* (*способ конструкции*) Bauweise *f;* (*сооружение*) Bau *m;* ◇ ~ **моста́** Brückenkonstruktion

ко́нсул *м*$_1$ ‹-а› Konsul *m;* **ко́нсульство** *с*$_2$ ‹-а› Konsulat *n;* ◇ **Генера́льное** ~ Generalkonsulat

консульта́ция *ж*$_4$ ‹-и› ① (*совет*) Beratung *f,* Konsultation *f;* ◇ **получи́ть ~ю** sich beraten lassen ② (*учреждение*) Beratungsstelle *f;* ◇ **юриди́ческая** ~ Rechtsberatung *f* ③ (*помощь учащимся*) Nachhilfe *f;* **консульти́роваться** V$_{3a}$ *несов* ‹-руюсь, -руешься› [**про**~ *сов*] *с кем тв* jd-n konsultieren; ◇ ~ **с врачо́м** den Arzt konsultieren

конта́кт *м*$_1$ ‹-а› ① эл Kontakt *m;* ◇ **неплóтный** ~ Wackelkontakt ② *перен* (*деловая связь*) Kontakt *m,* Verbindung *f;* ◇ **войти́ в ~ с кем-л** mit jd-m Kontakt aufnehmen; ◇ **де́йствовать в ~е с кем-л** mit jd-m in Verbindung stehen ③ (*общение*) Kontakt *m,* Berührung *f*

конте́йнер *м*$_1$ ‹-а› Container *m*

континге́нт *м*$_1$ ‹-а› Kontingent *n*

контраба́нда *ж*$_1$ ‹-ы› ① (*провоз*) Schmuggel *m;* ◇ ~ **нарко́тиков** Rauschgiftschmuggel ② (*товар*) Schmuggelware *f*

контраба́с *м*$_1$ ‹-а› муз Kontrabaß *m*

контра́кт *м*$_1$ ‹-а› Vertrag *m;* ◇ **растóргнуть** ~ einen Vertrag auflösen

контра́ст *м*$_1$ ‹-а› Kontrast *m,* Gegensatz *m;* ◇ **по́лный** ~ krasser Gegensatz; ◇ **по ~у с чем-л** im Gegensatz zu etw

контрата́ка *ж*$_1$ ‹-и› Gegenangriff *m;* ◇ **перейти́ в ~у** zum Gegenangriff übergehen;

контро́ль *м*$_2$ ‹-я› Kontrolle *f,* Überwachung *f;* ◇ ~ **ка́чества** Qualitätskontrolle; ◇ **теря́ть ~ над чем-л** die Kontrolle über etw verlieren

конфедера́ция *ж*$_4$ ‹-и› Konföderation *f*

конферансье́ *м* ‹нескл› Conférencier *m*

конфере́нция *ж*$_4$ ‹-ии› Konferenz *f;* ◇ ~ **в верха́х** Gipfelkonferenz; ◇ ~ **кру́глого стола́** Konferenz am runden Tisch

конфе́та *ж*$_1$ ‹-ы› Bonbon *n,* Konfekt *n*

конфиденциальный *прил* ‹-ая, -ое, -ые› (*доверительный*) vertraulich

конфиска́ция *ж*$_4$ ‹-и› Konfiszierung *f,* Beschlagnahmung *f;* **конфискова́ть** V$_{3a}$ *несов и сов* ‹-ку́ю, -ку́ешь› *что вин* beschlagnahmen, konfiszieren

конфли́кт *м*$_1$ ‹-а› Konflikt *m;* ◇ **вступи́ть в ~** in einen Konflikt geraten

концентра́ция *ж*$_4$ ‹-и› Konzentration *f;* ◇ ~ **войск** Truppenkonzentration

конце́рн *м*$_1$ ‹-а› Konzern *m*

конце́рт *м*$_1$ ‹-а› Konzert *n;* ◇ ~ **по зая́вкам** Wunschkonzert; ◇ **вы́ступить с ~ом** ein Konzert geben

конча́ть V$_{1a}$ *несов от* **ко́нчить**

конча́на *ж*$_1$ ‹-ы› Ende *n;* ◇ **в час ~ы** auf dem Sterbebett; **ко́нчить** V$_{4b}$ *сов* ‹-чу, -чишь, *Imp.*-ко́нчи, ~те› [**конча́ть** *несов*] *что вин или с инф (1), что вин (2), что вин кем-чем тв (3)* ① (*завершить*) beenden, aufhören; ◇ ~ **рабо́тать в 8 часо́в** um 8 Uhr aufhören zu arbeiten ② (*завершить обучение*) absolvieren; ◇ ~ **университе́т** ein Studium absolvieren ③ (*прекратить*) (ab-) schließen, beenden; ◇ ~ **речь приве́тствием** die Rede mit einem Grußwort schließen; ◇ **пло́хо** ~ ein schlimmes Ende nehmen; **ко́нчиться** *сов* ‹-чусь, -чишься, 1 и 2 л. не употр› [**конча́ться** *несов*] *без доп (1, 3), чем тв (2)* ① (*прекратиться*) zu Ende gehen, enden; ◇ **уро́к ~лся** die Unterrichtsstunde endete; ◇ **запа́сы ~лись** die Vorräte gingen zur Neige ② (*завершиться*) enden, schließen; ◇ ~ **ниче́м** ergebnislos enden ③ *уст* (*умереть*) sterben; ◇ **э́тим де́ло не ~лось** damit war die Sache noch nicht abgetan

конъюнкту́ра *ж*$_1$ ‹-ы› Konjunktur *f*

конь *м*$_2$ ‹-я́, *мн:* ко́ни, *род:* коне́й› ① (*лошадь*) Pferd *n;* ◇ **на ~е́** hoch zu Roß; ◇ **по ~ям!** aufsitzen! ② шахм Springer *m;* ◇ **ход ~ём** Rösselsprung *m*

конькѝ *мн₁* ‹-óв› Schlittschuhe *m pl;* ◇ **рóликовые** ~ Rollschuhe *m pl;* **конькобéжец** *м₅* ‹-жца› Schlittschuhläufer *m*

конюшня *ж₂* ‹-и, *род мн:* -шен› Pferdestall *m*

кооператѝв *м₁* ‹-а› Kooperative *f,* Genossenschaft *f;* ◇ **жилѝщно-стройтельный** ~ Wohnungsbaugenossenschaft

кооперáция *ж₄* ‹-ии› ① (*сотрудничество*) Kooperation *f,* Zusammenarbeit *f* ② (*объединение*) Genossenschaft *f*

копáть V_{1a} *несов* ‹-áю, -áешь› [**вы́**~ (2) *сов*] *что вин* ① (*разрыхлять*) umgraben; ◇ ~ **зéмлю** den Boden umgraben ② (*делать углубление*) graben; ◇ ~ **канáву/я́му** einen Graben/eine Grube ausheben; **копáться** *несов* ‹-áюсь, -áешься› *в чём тв (1), с чем тв (2)* ① *разг* (*раскапывать*) wühlen, herumkramen; ◇ ~ **на огорóде** im Garten herumwursteln; ◇ ~ **в кнѝгах** in Büchern stöbern; ◇ ~ **в чужóй душé** in jd-s Privatleben herumstochern ② *разг* (*медлить*) (herum-)trödeln

копéйка *ж₁* ‹-и, *род мн:* -éек› Kopeke *f;* ◇ **знать счёт** ~**е** sparsam sein; ◇ **потрáтиться до** ~**и** bis auf den letzten Pfennig ausgeben

кóпи *мн₅* ‹-ей› Bergwerk *n;* ◇ **ýгольные** ~ Kohlebergwerk

копѝлка *ж₁* ‹-и, *род мн:* -лок› Sparbüchse *f*

копѝровать V_{3a} *несов* ‹-рую, -руешь› [**с**~ *сов*] *что вин (1), кого-что вин (2)* ① (*снимать копию*) kopieren; (*переписывать*) abschreiben ② (*подражать*) kopieren, nachahmen; ◇ ~ **чьи-л манéры** jd-s Verhalten kopieren

копѝть V_{4a} *несов* ‹-плю́, кóпишь› [**на**~ *сов*] *что вин* sparen, anhäufen; ◇ ~ **дéньги** Geld sparen; *перен* ◇ ~ **сѝлы** Kräfte sparen

кóпия *ж₄* ‹-и› ① (*воспроизведение*) Kopie *f;* (*через копирку*) Durchschrift *f;* ◇ **снять** ~**ю с докумéнта** eine Kopie von einem Dokument machen; (*фото*) Abzug *m* ② *перен* (*о ком-чём похожем*) Kopie *f,* Ebenbild *n;* ◇ **сын -** ~ **отцá** der Sohn ist ganz der Vater

копнá *ж₁* ‹-ы́, *мн:* кóпны, *род:* копён› (Heu-)Haufen *m; перен* ◇ ~ **волóс** Haarschopf *m*

кóпоть *ж₅* ‹-и› Ruß *m*

коптѝть V_{4a} *несов* ‹-пчý, -птѝшь, (1) 1 и 2 л. не употр, *Part. Prät. Pass.* -пчённый› [**за**~ (2) *сов*] *без доп (1), кого-что вин (2)* ① (*дымить*) rußen, qualmen ② (*провяливать*) räuchern; ◇ ~ **óкорок** Schinken räuchern

копчёный *прил* ‹-ая, -ое, -ые› geräuchert; ◇ ~**ая ры́ба** geräucherter Fisch

копы́то *с₂* ‹-а› Huf *m;* ◇ **конь бьёт** ~**ом** das Pferd schlägt aus

копьё *с₅* ‹-я́, *мн:* кóпья› Speer *m;* (*пика*) Spieß *m;* спорт ◇ **метáние** ~**я́** Speerwerfen *n*

корá *ж₁* ‹-ы́› Rinde *f,* Kruste *f;* ◇ **древéсная** ~ Baumrinde; ◇ **земнáя** ~ Erdkruste

кораблекрушéние *с₄* ‹-я› Schiffbruch *m;* ◇ **потерпéть** ~ Schiffbruch erleiden; **кораблестроéние** *с₄* ‹-я› Schiffbau *m;* **корáбль** *м₂* ‹-я́, *мн:* -блѝ› Schiff *n;* ◇ **воздýшный** ~ Luftschiff; ◇ **космѝческий** ~ Raumschiff

коренáстый *прил* ‹-ая, -ое, -ые› stämmig, untersetzt

кореннóй *прил* ‹-áя, -óе, -ы́е› ① (*главный, решающий*) Kern-, grundlegend; ◇ ~ **вопрóс** Kernfrage *f* ② (*обстоятельный*) gründlich; ◇ **изменѝть** ~**ы́м óбразом** radikal ändern ③ (*исконный*) ursprünglich, Ur-; ◇ ~**ое населéние** Urbevölkerung; ◇ ~**ы́е зýбы** Backenzähne *m pl;* **кóрень** *м₂* ‹-рня, *мн:* кóрни, *род:* -рнéй› ① (*растения*) Wurzel *f;* ◇ ~ **зýба** Zahnwurzel; ◇ **вы́рвать с** ~**нем** mit der Wurzel ausreißen; *разг* ◇ **пустѝть** ~**рни** Wurzeln schlagen; ◇ **покраснéть до** ~**рнéй волóс** bis über beide Ohren erröten ② *перен* (*источник*) Wurzel *f,* Quelle *f,* Ursprung *m;* ◇ ~ **зла** die Wurzel des Übels ③ мат Wurzel *f;* ◇ **извлéчь** ~ die Wurzel ziehen ④ грам Wurzel *f;* ◇ ~ **слóва** Wurzel eines Wortes; ◇ **в** ~**не невéрно** völlig falsch; ◇ **изменѝть в** ~**не** von Grund auf ändern; ◇ **смотрéть в** ~ einer Sache auf den Grund gehen

корзѝна *ж₁* ‹-ы›, **корзѝнка** *ж₁* ‹-и, *род мн:* -нок› Korb *m*

коридóр *м₁* ‹-а› Korridor *m*

корѝть V_{4a} *несов* ‹-рю́, -рѝшь› *кого-что вин* ① (*порицать*) tadeln ② (*попрекать*) jd-m etw vorwerfen

корѝца *ж₁* ‹-ы› Zimt *m;* **корѝчневый** *прил* ‹-ая, -ое, -ые› braun, zimtfarben

кóрка *ж₁* ‹-и, *род мн:* -рок› ① (*плодов, фруктов*) Schale *f;* ◇ **апельсѝнная** ~ Orangenschale ② (*хлеба*) Kruste *f* ③ (*деревьев*) (Baum-)Rinde *f* ④ (*переплёт*) Bucheinband *m;* ◇ **прочитáть кнѝгу от** ~**и до** ~**и** ein Buch von vorne bis hinten durchlesen

корм *м₁* ‹-а, *мн:* -á› Futter *n;* ◇ **задавáть** ~ **скотý** das Vieh füttern

кормá *ж₁* ‹-ы́› мор Heck *n*

кормѝлица *ж₁* ‹-ы› Amme *f*

кормѝть V_{4a} *несов* ‹-млю́, кóрмишь› [**на**~ *сов*] *кого-что вин* ① (*животных*) füttern, zu essen geben; ◇ ~ **больнóго с**

лóжки den Kranken mit dem Löffel füttern; ◇ ~ **сы́тно** gut verpflegen ② (~ *грудью*) stillen, säugen ③ (*содержать*) ernähren, unterhalten; ◇ ~ **всю семью́** die ganze Familie ernähren; *разг* ◇ ~ **обещáниями** mit Versprechungen abspeisen

кормýшка *ж₁* ‹-и, *род мн:* -шек› ① (*для животных*) Futtertrog *m;* (*в птичьей клетке*) Näpfchen *n* ② *перен, разг, неодобр* Bereicherungsquelle *f,* Futterkrippe *f*

корóбка *ж₁* ‹-и, *род мн:* -бок› ① (*ящичек*) Schachtel *f;* ◇ **деревя́нная** ~ Holzschachtel; авто ◇ ~ **передáч** Getriebe *n* ② стр Gerüst *n* ③ эл (Steck-)Dose *f;* **коробóк** *м₁* ‹-бкá, *мн:* -бки́› Schächtelchen *n;* ◇ **спи́чечный** ~ Streichholzschachtel *f*

корóва *ж₁* ‹-ы› Kuh *f;* ◇ **дои́ть ~у** eine Kuh melken; ◇ **идёт как ~е седлó что-л комý-л** etw paßt wie die Faust aufs Auge; **корóвник** *м₁* ‹-а› Kuhstall *m*

королéва *ж₁* ‹-ы› Königin *f;* **корóль** *м₂* ‹-ля́, *мн:* -ли́› König *m*

коромы́сло *с₂* ‹-а, *род мн:* -сел› тех Schwengel *m; разг* ◇ **дым ~ом** es geht hoch her

корóна *ж₁* ‹-ы› ① (*венец*) Krone *f* ② астр ◇ **сóлнечная** ~ Korona *f;* **коронáция** *ж₄* ‹-ии› Krönung *f*

корóткий *прил* ‹-ая, -ое, -ие› (*сравн:* **корóче**) ① (*в длину*) kurz; ◇ **~ое плáтье** kurzes Kleid; ◇ **~ое расстоя́ние** kurze Entfernung ② (*по времени*) kurz; ◇ **на ~ срок** für eine kurze Zeit ③ (*близкий*) nah, eng; ◇ **~ие отношéния** enge Beziehungen; ◇ **~ая пáмять** kurzes Gedächtnis; ◇ **у негó рýки ~и** das schafft er nicht; эл ◇ **~ое замыкáние** Kurzschluß *m;* **кóротко** *нареч* (*вкратце*) kurz; ◇ ~ **и я́сно** kurz und bündig; ◇ ~ **говоря́** kurz gesagt

корóче *сравн от* **корóткий**

корпорáция *ж₄* ‹-и› Korporation *f,* Körperschaft *f*

кóрпус *м₁* ‹-а, *мн:* кóрпусы, *род:*-ов, *дат:* -ам или *мн:* -á *род:* -óв, *дат:* -áм› ① (*туловище*) Rumpf *m,* Körper *m* ② тех (*остов*) Rumpf *m;* ◇ ~ **корабля́** Schiffsrumpf; ◇ ~ **часóв** Uhrgehäuse *n* ③ воен Korps *n;* ◇ **депутáтский** ~ Abgeordnete *m pl;* ◇ **дипломати́ческий** ~ diplomatisches Korps ④ (*здание*) Gebäude *n;* ◇ **боковóй** ~ Nebengebäude

корректýра *ж₁* ‹-ы› ① (*исправление ошибок*) Korrektur *f;* ◇ **прáвить ~у** Korrektur lesen ② (*гранка*) Korrekturfahne *f*

корреспондéнт *м₁* ‹-а› Korrespondent *m,* Reporter *m;* ◇ **специáльный** ~ Sonderberichterstatter *m;* **корреспондéнция** *ж₄* ‹-и› ① (*переписка*) Korrespondenz *f;* ◇ **вести́ ~ю** Korrespondenz führen ② (*сообщения*) Korrespondenz *f,* Berichterstattung *f;* ◇ ~ **с кинофестивáля** Berichterstattung vom Filmfestival

кóршун *м₁* ‹-а› Geier *m;* ◇ **налетéть ~ом на когó-л** über jd-n herfallen

коры́стный *прил* ‹-ая, -ое, -ые›) eigennützig, gewinnsüchtig; **коры́сть** *ж₅* ‹-и› ① (*корыстолюбие*) Eigennutz *m* ② (*выгода*) Gewinn *m,* Vorteil *m;* ◇ **какáя емý в э́том ~?** was hat er davon?

коры́то *с₂* ‹-а› (Futter-)Trog *m;* ◇ **остáться у разби́того ~а** jd-m sind alle Felle davongeschwommen

корь *ж₅* ‹-и› мед Masern *pl*

косá [1] *ж₁* ‹-ы́, *вин:* кóсу, *мн:* кóсы› (*волос*) Zopf *m;* ◇ **заплести́ ~у** einen Zopf flechten

косá [2] *ж ж₁* ‹-ы́, *вин:* кóсу, *мн:* кóсы› Sense *f;* ◇ **точи́ть ~у** die Sense schleifen; ◇ **нашлá ~ на кáмень** da sind zwei Dickschädel aneindandergeraten

косá [3] *ж ж₁* ‹-ы́, *вин:* кóсу, *мн:* кóсы› геогр Landzunge *f*

коси́лка *ж₁* ‹-и, *род мн:* -лок› с.-х. Mähmaschine *f*

коси́ть [1] V_{4a} *несов* [**с**~ (1, 2), **по**~ (1, 2) *сов*] ‹кошý, коси́шь, (2) 1 и 2 л. не употр› *что вин (1), что вин или чем тв (2), без доп (3)* ① (*кривить*) schief machen, das Gesicht verziehen ② (*коситься*) jd-n schief ansehen; ◇ ~ **глазá на когó-л** jd-n schief anschielen ③ (*быть косоглазым*) schielen; ◇ ~ **на óба глáза** auf beiden Augen schielen

коси́ть [2] *несов* ‹кошý, кóсишь› [**с**~ *сов*] *кого-что вин* ① (*срезать косой или косилкой*) mähen ② *перен* (*губить*) dahinraffen

коси́ться *несов* ‹кошýсь, коси́шься, (1) 1 и 2 л. не употр› [**по**~ *сов*] *без доп (1), на кого-что вин (2)* ① (*кривиться*) schief werden; ◇ **избýшка ~тся нáбок** die Hütte steht windschief ② *разг* (*смотреть искоса*) anschielen, von der Seite ansehen; ◇ ~ **на незнакóмца** den Unbekannten scheel ansehen

косми́ческий *прил* ‹-ая, -ое, -ие› ① (*относящийся к космосу*) Raum-, kosmisch; ◇ ~ **корáбль** Raumschiff *n;* ◇ **~ое прострáнство** Weltall *n* ② *перен* (*грандиозный*) gigantisch (groß); **космонáвт** *м₁* ‹-а›

Kosmonaut *m,* Raumfahrer *m;* **ко́смос** *м$_1$* <-а> (Welt-)All *n,* Kosmos *m*

ко́сность *ж$_5$* <-и> (*инертность*) Trägheit *f*

косо́й *прил* <-а́я, -о́е, -ы́е> ① (*наклонный*) schräg, schief; ◇ **~а́я черта́** Schrägstrich *m* ② (*косоглазый*) schielend ③ (*о глазах*) schräg, schrägstehend; ◇ **глаза́ с ~ы́м разре́зом** Schlitzaugen; *разг* ◇ **~а́я са́жень в плеча́х** breitschultrig

костёр *м$_1$* <-тра́, *мн:* -тры́> Lagerfeuer *n;* ◇ **гре́ться у ~а́** sich am Feuer wärmen

косты́ль *м$_2$* <-я́, *мн:* -ли́> ① (*для опоры*) Krücke *f;* ◇ **ходи́ть на ~я́х** an Krücken gehen ② тех (*гвоздь*) Haken *m*

кость *ж$_5$* <-и, *мн:* ко́сти, *род:* косте́й> ① анат (*человека и животного*) Knochen *m;* ◇ **грудна́я ~** Brustbein *n;* ◇ **берцо́вая ~** Schienbein *n;* ◇ **промо́кнуть до ~е́й** bis auf die Haut durchnäßt werden; ◇ **ры́бья ~** Fischgräte *f;* ◇ **слоно́вая ~** Elfenbein *n* ② ◇ **~и** *мн* (*игральные*) Würfel *m*

костю́м *м$_1$* <-а> ① (*одежда*) Anzug *m,* Kleidung *f;* ◇ **национа́льный ~** Nationaltracht *f;* ◇ **рабо́чий ~** Arbeitskleidung *f;* ◇ **спорти́вный ~** Trainingsanzug *m* ② (*женский*) Kostüm *n;* (*мужский*) Anzug *m;* ◇ **~ на зака́з** Maßanzug

косы́нка *ж$_1$* <-и, *род мн:* -нок> (*головная*) Kopftuch *n;* (*шейная*) Halstuch *n*

córя́к *м$_1$* <-а́, *мн:* -и́> Schwarm *m;* ◇ **~ се́льди** Heringssschwarm; ◇ **лете́ть ~о́м** im Schwarm fliegen

кот *м$_1$* <-а́, *мн:* -ы́> Kater *m;* ◇ **~ напла́кал** jämmerlich wenig; фольк ◇ **~ в сапога́х** der Gestiefelte Kater

котёл *м$_1$* <-тла́, *мн:* -тлы́> Kessel *m;* ◇ **парово́й ~** Dampfkessel; ◇ **кипе́ть как в ~тле́** fieberhaft arbeiten

котело́к *м$_1$* <-лка́, *мн:* -лки́> ① (*для еды*) Kochgeschirr *n* ② (*мужская шляпа*) Melone *f* ③ *перен разг* (*голова*) Kopf *m;* ◇ **у неё ~ ва́рит хорошо́** sie hat ein helles Köpfchen

коти́роваться V_{3a} *несов* <-рует, -руют, 1 и 2 л. не употр> *без доп* ① фин notieren ② (*иметь хождение на бирже*) an der Börse zugelassen sein ③ *перен* (*иметь авторитет*) hoch im Kurs stehen; **котиро́вка** *ж$_1$* <-и, *род мн:* -вок> Bewertung *f,* Notierung *f*

котле́та *ж$_1$* <-ы> (*рубленая*) Frikadelle *f;* (*отбивная*) Schnitzel *n*

котлова́н *м$_1$* <-а> тех Baugrube *f*

кото́рый *мест* <-ая, -ое, -ые> ① *вопр* (*какой именно?*) welcher, der/die/das wievielte; ◇ **~ раз** das wievielte Mal?; ◇ **~ зонт вы хоти́те?** welchen Schirm möchten Sie?; ◇ **~ час?** wie spät ist es? ② *относ* (*связывает придаточное предложение с главным*) der, die, das; ◇ **студе́нты, пе́ред ~ыми я вчера́ выступа́л** die Studenten, vor denen ich gestern gesprochen habe; ◇ **го́род, в ~ом прошло́ де́тство** die Stadt, in der ich meine Kindheit verbracht habe

ко́фе *м* <нескл> Kaffee *m;* ◇ **~ в зёрнах** Kaffeebohnen *f pl;* ◇ **раствори́мый ~** löslicher Kaffee; ◇ **~ с молоко́м** Milchkaffee

ко́фта *ж$_1$* <-ы>, **ко́фточка** *ж$_1$* <-и, *род мн:* -чек> (*женская*) Jacke *f,* Weste *f;* ◇ **вя́заная ~** Strickjacke

коче́вник *м$_1$* <-а> Nomade *m*

кочега́р *м$_1$* <-а> Heizer *m*

кочене́ть V_5 *несов* <-е́ю, -е́ешь> [**за~** *сов*] *без доп* erstarren, steif werden

кошелёк *м$_1$* <-лька́, *мн:* -льки́> Geldbeutel *m*

ко́шка *ж$_1$* <-и, *род мн:* -шек> Katze *f;* ◇ **перси́дская ~** Perserkatze; ◇ **жить как ~ с соба́кой** wie Hund und Katze sein; *разг* ◇ **~и скребу́т на се́рдце** sich todunglücklich fühlen

кошма́р *м$_1$* <-а> ① (*сновидение*) Alptraum *m;* ◇ **по ноча́м его́ му́чают ~ы** nachts wird er von Alpträumen gequält ② (*нечто ужасное*) Grauen *n;* **кошма́рный** *прил* <-ая, -ое, -ые> schrecklich; ◇ **~ сон** Alptraum *m;* ◇ **~ое зре́лище** grauenhafter Anblick; *разг* (*скверный*) gräßlich; ◇ **~ая пого́да** gräßliches Wetter

краб *м$_1$* <-а> Krabbe *f*

краеве́дение *с$_4$* <-я> Heimatkunde *f*

кра́жа *ж$_1$* <-и> Diebstahl *m;* ◇ **соверши́ть ~у** einen Diebstahl begehen

край *м$_3$* <-я, *мн:* края́, *род:* краёв> ① (*предельная линия*) Rand *m,* Kante *f;* ◇ **на ~ю́ села́** am Dorfrand; ◇ **по ~я́м** an den Enden; ◇ **хвати́ть че́рез ~** zu weit gehen; *разг* ◇ **непоча́тый ~** unendlich viel ② (*страна, область*) Land *n;* ◇ **родно́й ~** Heimat *f;* ◇ **в на́ших ~я́х** bei uns in der Gegend ③ (*административно-территориальная единица в России*) Gebiet *n,* Region *f;* ◇ **Примо́рский ~** der Bezirk Primorskij

кра́йне *нареч* äußerst, sehr; ◇ **~ огорчён** unendlich traurig; **кра́йний** *прил* <-яя, -ее, -ие> ① (*находящийся на краю*) äußerst; ◇ **~ дом на у́лице** das Haus am Ende der Straße; ◇ **на Кра́йнем Се́вере** im hohen Norden; ◇ **в ~ем слу́чае** im äußersten Fall, notfalls; ◇ **по ~ей мéре** mindestens ② (*исключительный*) dringend; ◇ **~ие мéры** dringende Maßnahmen; **крáйность** *ж*$_5$ <-и> Extrem *n;* ◇ **бросáться от однóй ~и в другýю** sich von einem Extrem ins nächste stürzen; ◇ **впадáть в** ~ etw auf die Spitze treiben; ◇ **дойти́ до послéдней ~и** bis zum Äußersten gehen; *разг* ◇ **довести́ когó-л до ~и** jd-n aus der Fassung bringen; ◇ **~и** im schlimmsten Fall

кран [1] *м*$_1$ <-а> Hahn *m;* ◇ **водопровóдный** ~ Wasserhahn; ◇ **откры́ть** ~ den Hahn aufdrehen

кран [2] *м*$_1$ <-а> (*машина*) Kran *m;* ◇ **подъёмный** ~ Hebekran

крапи́ва *ж*$_1$ <-ы> Brennessel *f;* **крапи́вница** *ж*$_1$ <-ы> мед Nesselfieber *n*

краси́вый *прил* <-ая, -ое, -ые> (*сравн:* **крáше** *или* **краси́вее**) ① (*прекрасный*) schön, hübsch; ◇ ~ **вид** ein netter Anblick ② (*высоконравственный*) schön, edel; ◇ ~ **постýпок** edle Tat

краси́тель *м*$_2$ <-я> хим Farbstoff *m*

крáсить V$_{4b}$ *несов* <крáшу, крáсишь, (3) 1 и 2 л. не употр, *Part. Prät. Pass.* крáшенный> [**вы́**~ (1, 2), **по**~ (1, 2) *сов*] *кого-что вин* ① (*покрывать краской*) (an-)streichen, färben; ◇ ~ **стéны** die Wände streichen ② хим färben; ◇ ~ **гýбы/ресни́цы** (sich) die Lippen/Wimpern schminken ③ (*украшать*) verzieren, schmücken; ◇ ~ **помещéние к прáзднику** den Raum für das Fest schmücken; **крáситься** *несов* <крáшусь, крáсишься, (2, 3) 1 и 2 л. не употр> [**о**~ (3), **на**~ (1) *сов*] *без доп* ① (*подкрашиваться*) färben, sich schminken; *разг* ◇ ~ **себé лицó** sich das Gesicht schminken; ◇ ~ **себé вóлосы** sich die Haare färben ② *разг* (*пачкать*) abfärben; ◇ **стéны ещё крáсятся** die Wände färben noch ab ③ (*пропитываться краской*) sich färben lassen; ◇ **ткань хорошó крáсится** der Stoff läßt sich gut färben

крáска *ж*$_1$ <-и, *род мн:* -сок> ① (*вещество*) Farbe *f;* ◇ **мáсляные ~и** Ölfarben; ◇ **писáть ~ами** malen ② (*тон, колорит, цвет*) Farbe *f,* Ton *m* ③ (*действие*) Färben *n* ④ (*румянец*) gesunde Gesichtsfarbe; ◇ **вогнáть в ~у когó-л** jd-m die Schamröte ins Gesicht treiben

краснéть V$_5$ *несов* <-éю, -éешь, (1) 1 и 2 л. не употр> [**по**~ (1, 2) *сов*] *без доп (1, 2), за кого род (3)* ① (*становиться красным*) sich röten, rot werden; ◇ **нéбо ~ет на зарé** der Himmel wird rot im Morgengrauen ② (*покрываться румянцем*) rot werden, erröten; ◇ ~ **от стыдá** rot werden vor Scham ③ *безл перен* (*стыдиться*) sich schämen; ◇ **мне чáсто прихóдится ~ за негó** ich muß mich oft wegen ihm schämen

красноречи́вый *прил* <-ая, -ое, -ые> ① (*одарённый красноречием*) redegewandt, eloquent ② *перен* (*выразительный*) aufschlußreich; ◇ ~ **взгляд** vielsagender Blick;

красноре́чие *с*$_4$ <-я> Redegewandtheit *f*

краснýха *ж*$_1$ <-и> мед Röteln *pl*

крáсный *прил* <-ая, -ое, -ые> (*цвет*) rot; ◇ **~ое винó** Rotwein *m;* ◇ ~ **цвет** Rot *n,* rote Farbe; ◇ **проходи́ть ~ой ни́тью** sich wie ein roter Faden hindurchziehen; (*в Москве*) ◇ **Крáсная плóщадь** der rote Platz; ◇ **Крáсное мóре** Rotes Meer

красотá *ж*$_1$ <-ы́, *мн:* -сóты> Schönheit *f*

крáсочный *прил* <-ая, -ое, -ые> (*колоритный*) farbenreich; (*яркий*) farbenfroh, farbenprächtig; (*выразительный*) bildhaft; ◇ ~ **язы́к** bildhafte Sprache

красть * *несов* <крадý, крадёшь> [**у**~ *сов*] *кого-что вин* stehlen, klauen

крáткий I. *прил* <-ая, -ое, -ие> (*сравн:* **крáтче**) (*короткий*) kurz, knapp; ◇ **в ~их словáх** in wenigen Worten; лингв ◇ ~ **глáсный** kurzer Vokal II. *нареч* ◇ **говори́ ~о!** faß dich kurz

краткосрóчный *прил* <-ая, -ое, -ые> kurzfristig; ◇ ~ **óтпуск** kurzfristiger Urlaub

крáтче *сравн от* **крáткий**

крах *м*$_1$ <-а> ① (*банкротство*) Zusammenbruch *m,* Bankrott *m* ② *перен* (*провал*) Niederlage *f;* ◇ **потерпéть** ~ eine Niederlage erleiden

крахмáл *м*$_1$ <-а> Stärke *f*

крáше *сравн от* **краси́вый**

креди́т *м*$_1$ <-а> ① (*ссуда*) Kredit *m;* ◇ **купи́ть что-л в** ~ etw auf Kredit kaufen; ◇ **предостáвить ~ комý-л** jd-m einen Kredit bewilligen ② *перен* (*доверие*) Vertrauen *n;* **креди́тный** *прил* <-ая, -ое, -ие> Kredit-; ◇ **~ая кáрточка** Kreditkarte *f;* **кредитóр** *м*$_1$ <-а> Kreditgeber *m,* Gläubiger *m;* **кредитоспосóбный** *прил* <-ая, -ое, -ые> kreditwürdig

крем *м*$_1$ <-а> ① (*кушанье*) Creme *f* ② (*для обуви*) Schuhcreme *f* ③ (*косметический*) Hautcreme *f*

крематóрий *м*$_3$ <-я> Krematorium *n*

кремль *м*$_2$ <-я́> Kreml *m*

крепи́ть V$_{4a}$ *несов* <-плю́, -пи́шь, (3) 1 и 2

л. не употр, *Part. Prät. Pass.* -плёный> *что вин* ① (*усиливать*) festigen, verstärken; ◇ ~ **леса́ на постро́йке** das Baugerüst stabilisieren ② (*присоединять*) festbinden, befestigen; ◇ ~ **кана́ты** die Seile festbinden ③ мед (*вызывать запор*) stopfen

кре́пкий *прил* <-ая, -ое, -ие> (*сравн:* **кре́пче**) ① (*прочный*) fest; ◇ **~ая ткань** festes Material ② (*твёрдый*) stark, fest; ◇ **~ая дисципли́на** starke Disziplin ③ (*сильный*) stark, kräftig; ◇ ~ **органи́зм** gute körperliche Verfassung ④ (*значительный по степени проявления*) hart, fest; ◇ ~ **моро́з** strenger Frost; ◇ ~ **сон** fester Schlaf ⑤ (*насыщенный*) stark; ◇ ~ **чай** starker Tee; ◇ **~ое словцо́** Schimpfwort *n;* **крепле́ние** *с*$_4$ <-я> ① (*действие*) Festigung *f;* (*закрепление*) Befestigung *f* ② (*лыжное*) Bindung *f*

крепостни́чество *с*$_2$ <-а> ист Leibeigenschaft *f*

кре́пость [1] *ж*$_5$ <-и, *мн:* -ти, *род:* -те́й> Festung *f;* **(*в Петербурге*)** ◇ **Петропа́вловская** ~ Peter-Pauls-Festung

кре́пость [2] *ж*$_5$ <-и> ① (*прочность*) Festigkeit *f* ② (*стойкость*) Dauerhaftigkeit *f* ③ (*насыщенность*) Stärke *f,* Alkoholgehalt *m*

кре́пче *сравн от* **кре́пкий**

кре́сло *с*$_2$ <-а, *род мн:* -сел> Sessel *m;* ◇ **плетёное** ~ Korbsessel; ◇ **~-кача́лка** Schaukelstuhl *m;* ◇ ~ **на колёсах** Rollstuhl *m; перен* ◇ **лиши́ться своего́ ~а** seinen Posten verlieren

крест *м*$_1$ <-а́, *мн:* -ы́> ① (*символ*) Kreuz *n;* ◇ **сложи́ть ру́ки ~о́м** die Arme verschränken; ◇ **Кра́сный крест** Rotes Kreuz; ◇ **поста́вить ~ на чём-л** die Hoffnung aufgeben ② (*орден*) Kreuz *n;* ◇ **Гео́ргиевский** ~ Georgskreuz

крести́ны *мн*$_1$ <-и́н> рел Taufe *f;* **крести́ть** V$_{4a}$ *несов* <крещу́, кре́стишь, *Part. Prät. Pass.* крещённый> [**о~** (1), **пере~** (2) *сов*] *кого-что вин* ① рел taufen ② (*осенять крестным знамением*) bekreuzigen; ◇ ~ **себе́ лоб** sich bekreuzigen

крёстный *прил* <-ая, -ое, -ые> ◇ **~ая мать** Patentante *f,* Patin *f;* ◇ ~ **оте́ц** Patenonkel *m,* Pate *m;* ◇ **~ая дочь** weibliches Patenkind *n*

крестья́нин *м*$_1$ <-а, *мн:* -я́не, *род:* -я́н> Bauer *m;* **крестья́нка** *ж*$_1$ <-и, *род мн:* -нок> Bäuerin *f;* **крестья́нский** *прил* <-ая, -ое, -ие> Bauern-, bäuerlich

креще́ние *с*$_4$ <-я> ① рел Taufe *f;* ◇ **приня́ть** ~ getauft werden; ◇ **боево́е** ~ Feuertaufe *f* ② (*праздник*) Dreikönigsfest *n*

криво́й *прил* <-а́я, -о́е, -ы́е> ① (*не прямой*) krumm, gebogen; ◇ **~ая ли́ния** Kurve *f; перен* ◇ **~ая душа́** falscher Charakter ② *разг* (*слепой на один глаз*) einäugig

кри́зис *м*$_1$ <-а> Krise *f;* ◇ **экономи́ческий** ~ Wirtschaftskrise; ◇ **быть в тиска́х ~а** in einer Krise stecken; ◇ **пережива́ть** ~ eine Krise durchmachen

крик *м*$_1$ <-а> Schrei *m;* (*призыв*) Ruf *m;* (*восклицание*) Ausruf *m;* ◇ ~ **ра́дости** Freudenschrei; ◇ ~ **о по́мощи** Hilferuf; *перен* ◇ **после́дний ~ мо́ды** der letzte Schrei, die neueste Mode

крите́рий *м*$_3$ <-я> (*оценка*) Kriterium *n;* (*признак*) Merkmal *n*

кри́тика *ж*$_1$ <-и> Kritik *f;* ◇ **навести́ ~у на что-л** an jd-m Kritik üben; ◇ **ни́же вся́кой ~и** unter aller Kritik; ◇ **э́то не выде́рживает ~и** das spottet jeder Kritik

крича́ть V$_{1a}$ *несов* <-чу́, -чи́шь, *Imp.* -чи́, ~те, *Part. Präs. Akt.* -ча́щий, *Adv. Part. Präs.* -ча́> [**кри́кнуть** *сов*] *без доп (1), на кого-что вин (2), о ком-чём предл (3)* ① (*издавать крик*) schreien; ◇ **не кричи́, говори́ споко́йно** schrei nicht so, sprich leise ② (*бранить*) anschreien ③ *разг* (*привлекать внимание*) etw verbreiten; ◇ **газе́ты ~а́т о сенса́ции** die Zeitungen schlachten die Sensation aus

кров *м*$_1$ <-а> ① (*укрытие*) Schutz *m;* ◇ **под ~ом ветве́й** unter dem Schutz der Zweige ② *перен* (*жилище*) (Ob-)Dach *n;* ◇ **дать ~ кому́-л** jd-m ein Dach über den Kopf geben; ◇ **оста́ться без ~а** obdachlos werden

крова́вый *прил* <-ая, -ое, -ые> ① (*ярко-красный*) blutrot ② (*кровопролитный*) blutig ③ (*с кровью*) blutbefleckt

крова́ть *ж*$_5$ <-и> Bett *n;* ◇ **двуспа́льная** ~ Doppelbett; ◇ **раскладна́я** ~ Klappbett

кро́вельщик *м*$_1$ <-а> Dachdecker *m*

кро́вный *прил* <-ая, -ое, -ые> ① (*от одних родителей*) Bluts-; ◇ ~ **брат** leiblicher Bruder; ◇ **~ое родство́** Blutsverwandtschaft ② (*породистый*) reinrassig, Rasse- ③ *перен* (*близкий*) eng, innig; ◇ **~ые де́ньги** sauer verdientes Geld; ◇ **~ые интере́сы** ureigene Interessen; ◇ **~ая месть** Blutrache *f*

кровоизлия́ние *с*$_4$ <-я> мед Bluterguß *m;*

кровообраще́ние *с*$_4$ <-я> Kreislauf *m;*

кровопроли́тие *с*$_4$ <-я> Blutvergießen *n;*

кровотече́ние *с*$_4$ <-я> Blutung *f;* ◇ **вну́треннее** ~ innere Blutung; ◇ ~ **из но́са** Nasenbluten *n;* ◇ **останови́ть** ~ die Blutung stillen

кровь *ж₅* ‹-и, в крови́, о кро́ви, *род мн:* -ве́й› Blut *n;* ◇ **взять** ~ Blut abnehmen; ◇ **истека́ть ~ью** verbluten; ◇ **по́ртить себе́/кому́-л** ~ sich/jd-m die Laune verderben; ◇ ~ **из но́су** um jeden Preis; **кровяно́й** *прил* ‹-а́я, -о́е, -ы́е› Blut-; ◇ **~ое давле́ние** Blutdruck *m;* ◇ **~ые ша́рики** Blutkörperchen *n pl*

крокоди́л *м₁* ‹-а› Krokodil *n*

кро́лик *м₁* ‹-а› Kaninchen *n; перен* ◇ **подо́пытный** ~ Versuchskaninchen

кро́ме *предлог с род* (1) (*за исключением*) außer; ◇ ~ **сосе́да ни с кем не знако́м** außer dem Nachbarn kenne ich niemanden (2) (*в добавление*) außer, neben; ◇ ~ **я́блонь на уча́стке мно́го я́годных кусто́в** außer dem Apfelbaum wachsen viele Beerensträucher auf dem Grundstück; ◇ ~ **того́, что...** abgesehen davon, daß.... .

кро́на [1] *ж₁* ‹-ы› (*денежная единица*) Krone *f*

кро́на [2] *ж* ‹-ы› (Baum-)Krone *f*

кропотли́вый *прил* ‹-ая, -ое, -ые› (1) (*усердный*) eifrig (2) (*требующий такого усердия*) sorgfältig, mühsam; ◇ **~ые разыска́ния** sorgfältige Nachforschungen

кросс *м₁* ‹-а› спорт Geländelauf *m,* Waldlauf *m;* ◇ **лы́жный** ~ Skilanglauf *m*

крот *м₁* ‹-а́, *мн:* -ы́› Maulwurf *m*

круг *м₁* ‹-а, *мн:* -и́› (1) (*геометрическая фигура*) Kreis *m;* ◇ **начерти́ть** ~ einen Kreis ziehen (2) (*предмет в форме окружности*) Ring *m,* Gürtel *m;* ◇ **спаса́тельный** ~ Rettungsring (3) *перен* (*область, сфера*) Kreis *m;* ◇ ~ **де́ятельности** Wirkungskreis; ◇ ~ **чьих-л обя́занностей** Aufgabenbereich *m* (4) (*группа людей*) Kreis *m;* ◇ **прави́тельственные ~и́** Regierungskreise; ◇ **широ́кий** ~ **знако́мых** großer Bekanntenkreis; ◇ **в своём ~у́** unter sich; ◇ **на** ~ rund, ungefähr

круглосу́точный *прил* ‹-ая, -ое, -ые› (*длящийся круглые сутки*) 24 Stunden lang, Tag und Nacht; (*непрерывный*) rund um die Uhr

кру́глый *прил* ‹-ая, -ое, -ые› (1) (*в форме круга или шара*) rund, kreisförmig (2) (*совершенный*) Voll-, komplett, ganz; ◇ **он** ~ **неве́жда** er hat keine Ahnung; ◇ ~ **сирота́** Vollwaise *m;* ◇ ~ **год** das ganze Jahr hindurch; ◇ **~ые су́тки** rund um die Uhr; ◇ **~ая да́та** rundes Datum; ◇ **~ая су́мма** runde Summe; ◇ **для ~ого счёта** machen wir eine runde Summe; ◇ ~ **дура́к** totaler Blödmann

кругозо́р *м₁* ‹-а› (1) (*пространство, окидываемое взором*) Gesichtskreis *m;* (*горизонт*) Horizont *m* (2) *перен* (*объём интересов*) Horizont *m;* ◇ **у неё широ́кий** ~ sie hat einen weiten Horizont

круго́м **I.** *нареч* (1) (*вокруг*) im Kreis (herum); ◇ **поверну́ться** ~ sich im Kreis drehen; ◇ **огляде́ться** ~ herumschauen (2) (*со всех сторон*) ringsherum (3) *разг* (*полностью*) völlig; ◇ **он** ~ **винова́т** er trägt die volle Schuld **II.** *предлог с род* (*вокруг кого-чего-л*) um ... herum; ◇ ~ **до́ма** um das Haus herum

кругосве́тный *прил* ‹-ая, -ое, -ые› Welt-; ◇ **~ое путеше́ствие** Weltreise *f*

кру́жево *с₂* ‹-а, *мн:* -á, *род:* кру́жев, *дат:* -áм› Spitze *f,* Rüsche *f*

кружи́ть V_{4a} *несов* ‹кружу́, кру́жишь› *кого-что вин (1), без доп (2, 3)* (1) (*двигаться кругообразно*) im Kreis drehen (2) (*кружиться*) kreisen; ◇ **ко́ршун ~ит** der Geier zieht seine Kreise (3) (*блуждать*) umherirren; ◇ ~ **по ле́су** im Wald umherirren; ◇ ~ **го́лову кому́-л** jd-m dreht sich der Kopf

кру́жка *ж₁* ‹-и, *род мн:* -жек› (1) (*сосуд*) Krug *m;* (*небольшая*) Glas *n;* (*пивная*) Bierkrug *m* (2) (*для сбора денег*) Sammelbüchse *f*

кружо́к *м₁* ‹-жка́, *мн:* -жки́› (1) (*диск*) Scheibe *f* (2) (*группа лиц*) Gruppe *f,* Kreis *m*

крупа́ *ж₁* ‹-ы́, *мн:* кру́пы› (1) (*зерно*) Graupen *f pl,* Grütze *f;* ◇ **овся́ная** ~ Hafergrütze (2) *перен* (*снег*) Graupel *f*

кру́пный *прил* ‹-ая, -ое, -ые› (1) (*большой*) groß; кино ◇ ~ **план** Großaufnahme *f* (2) (*не мелкий*) groß, grob; ◇ ~ **песо́к** grober Sand; ◇ **~ые черты́ лица́** grobe Gesichtszüge (3) *перен* (*значительный*) bedeutend; ◇ ~ **обще́ственный де́ятель** bedeutende Persönlichkeit (4) (*серьёзный*) ernst; ◇ ~ **разгово́р** ernstes Gespräch

крути́ть V_{4a} *несов* ‹кручу́, кру́тишь, (4) 1 и 2 л. не употр, *Part. Prät. Pass.* кручёный› [**за**~ (2), **с**~ (2) *сов*] *кого-что вин (1, 2), без доп (3, 4)* (1) (*вращать*) drehen; ◇ ~ **кран** den Hahn auf-/zudrehen; ◇ ~ **руль** das Auto lenken (2) (*скручивать*) winden, drehen; ◇ ~ **жгут** einen Strick drehen (3) *перен* (*обманывать*) unehrlich sein; ◇ **не крути́, говори́ пра́вду** sag die Wahrheit, red nicht um den heißen Brei herum (4) *перен* ◇ **весь день ~ит мете́ль** den ganzen Tag wirbelt ein Schneesturm

круто́й *прил* ‹-а́я, -о́е, -ы́е› (1) (*отвесный*) steil, abschüssig; ◇ ~ **обры́в** steiler Abhang (2) (*резкий*) jäh, plötzlich; ◇ ~ **поворо́т** jähe

Wendung ③ (*суровый, строгий*) streng, hart; ◇ **~ые мéры** strenge Maßnahmen; ◇ **~ харáктер** schroffer Charakter ④ (*загустевший*) ◇ **~áя кáша** dicker Brei; ◇ **~óе яйцó** hartgekochtes Ei

крушéние $с_4$ <-я> ① (*катастрофа*) Unfall *m,* Katastrophe *f;* ◇ **~ корабля́** Seenot *f;* ◇ **потерпéть ~** Schiffbruch erleiden ② *перен* (*утрата*) Zusammenbruch *m,* Scheitern *n*

крыжóвник $м_1$ <-а> ① (*ягода*) Stachelbeere *f* ② (*куст*) Stachelbeerstrauch *m*

крылó $с_2$ <-á, *мн:* кры́лья, *род:* -ьев, *дат:* -ьям> ① (*у птиц, насекомых*) Flügel *m;* ◇ **опусти́ть ~ья** den Mut sinken lassen; ◇ **подрéзать кры́лья комý-л** jd-m die Flügel stutzen ② (*летательного аппарата*) Tragfläche *f* ③ (*лопасть колеса*) Flügel *m;* ◇ **~ ветрянóй мéльницы** Windmühlenflügel ④ (*над колесом*) Kotflügel *m*

крыльцó $с_2$ <-á, *мн:* -а, *род:* -лéц, *дат:* -цáм> Vorbau *m*

кры́са $ж_1$ <-ы> Ratte *f*

крыть * *несов* <крóю, крóешь> [**по~** *сов*] *кого-что вин* ① (*кровлю*) decken; ◇ **~ дом ши́фером** ein Dach mit Schiefer decken; (*обтягивать*) beziehen ② (*красить*) streichen ③ *разг* (*грубо бранить*) scharf kritisieren, ausschimpfen ④ (*в карточной игре*) stechen; ◇ **~ тузóм** mit dem As stechen; ◇ **емý ~ нéчем** dagegen kann er nichts sagen

кры́ша $ж_1$ <-и> Dach *n;* ◇ **черепи́чная ~** Ziegeldach; ◇ **под однóй ~ей с кем-л** mit jd-m unter einem Dach leben

кры́шка $ж_1$ <-и, *род мн:*-шек> Deckel *m*

крюк $м_1$ <-á, *мн:* -и́> ① (*крючок*) Haken *m;* ◇ **повéсить карти́ну на ~** ein Bild an einem Haken aufhängen ② *разг* (*окольный путь*) Umweg *m;* ◇ **сдéлать ~** einen Umweg machen; **крючóк** $м_1$ <-чкá, *мн:* -чки́> Haken *m;* ◇ **рыболóвный ~** Angelhaken; (*об оружии*) ◇ **спусковóй ~** Abzug *m*

кстáти *нареч* ① (*вовремя*) rechtzeitig; (*уместно*) wie gerufen, gerade recht; ◇ **посы́лка пришлá ~** das Päckchen kam rechtzeitig an ② (*пользуясь случаем*) bei dieser Gelegenheit; ◇ **~ зайди́ и в магази́н** geh bei dieser Gelegenheit auch ins Geschäft ③ (*в дополнение с сказанному*) übrigens, apropos; ◇ **а я ~ э́того человéка давнó знáю** ich kenne diesen Menschen übrigens schon lange; ◇ **~ говоря́** nebenbei gesagt

кто (**когó, комý, когó, кем, о ком**) *мест* ① (*вопр мест*) wer; ◇ **~ такóй?** wer ist das?; ◇ **~ там?** wer ist da?; ◇ **с кем вы говори́ли?** mit wem habt ihr gesprochen; ◇ **комý Вы написáли?** wem haben Sie geschrieben? ② (*относ мест*) wer; ◇ **~ бы то ни́ был** wer auch immer es sei; ◇ **не ~ инóй, как моя́ сестрá** niemand anderes als meine Schwester; ◇ **~ когó?** wer wird gewinnen?

ктó-ли́бо (**когó-л, комý-л, когó-л, кем-л, о ком-л**) *неопр мест* irgend jemand

кто-нибýдь (**когó-н, комý-н, когó-н, кем-н, о ком-н**) *неопр мест* irgend jemand; ◇ **~ знáет об э́том?** weiß irgend jemand was davon?; ◇ **позвони́ комý-нибýдь** ruf irgend jemanden

ктó-то (**когó-то, комý-то, когó-то, кем-то, о ком-то**) *неопр мест* jemand; ◇ **~ пря́чется в кустáх** jemand versteckt sich in den Büschen

кýбик $м_1$ <-а> ① (*игрушка*) Würfel *m;* ◇ **дéтские ~и** Bausteine *m pl* ② *разг* (*мера объёма*) Kubikzentimeter *m*

кýбок $м_1$ <-бка, *мн:* -бки> ① (*бокал*) Becher *m;* ◇ **подня́ть здрáвный ~ за когó-л** einen Trinkspruch auf jd-n ausbringen ② (*приз*) Pokal *m;* ◇ **переходя́щий ~** Wanderpokal; ◇ **игрá на ~** Pokalspiel *n*

кувши́н $м_1$ <-а> Krug *m*

кудá *нареч* **I.** ① (*в какую сторону*) wohin; ◇ **~ идёшь?** wohin gehst du?; ◇ **дом, ~ он переéхал** das Haus, in das er gezogen ist ② *разг* (*для чего*) wofür, wozu; ◇ **~ тебé стóлько дéнег?** wofür brauchst du soviel Geld? **II.** *частица* ① (*выражает сомнение, отрицание*) *разг* ◇ **~ тебé равня́ться с ним?** du kannst dich doch nicht mit ihm vergleichen ② (*в сочетании со сравнительной степенью – гораздо*) viel, bei weitem; *разг* ◇ **~ лýчше** viel besser; *разг* ◇ **~ ни шлó!** meinetwegen; ◇ **~ там!** ach wo! was du nicht sagst!; ◇ **хоть ~!** sehr schön!

кýдри $мн_5$ <-éй> Locken *f pl*

кузнéц $м_1$ <-á, *мн:* -ы́> Schmied *m*

кузнéчик $м_1$ <-а> Grashüpfer *m*

кýзница $ж_1$ <-ы> Schmiede *f*

кýзов $м_1$ <-а, *мн:* -á> Karosserie *f*

кýкла $ж_1$ <-ы, *род мн:* кýкол> Puppe *f; перен* Marionette

кукурýза $ж_1$ <-ы> Mais *m*

кукýшка $ж_1$ <-и, *род мн:* -шек> Kuckuck *m*

кулáк[1] $м_1$ <-á, *мн:* -и́> (*руки*) Faust *f;* ◇ **сжимáть ~и́** die Fäuste ballen; ◇ **величинóй с ~** faustgroß

кулáк[2] *м* <-á> Kulak *m,* Großbauer *m*

кули́са $ж_1$ <-ы> театр Kulisse *f;* ◇ **за ~ми** hinter den Kulissen

культ *м₁* <-а> ① (*служение божеству*) Kult *m;* ◇ **служи́тели ~а** Diener eines Kultes ② *перен* (*преклонение*) Kult *m;* ◇ **~ ли́чности** Personenkult

культиви́ровать V_{3a} *несов* <-рую, -руешь, *Part. Prät. Pass.* -рованный> *что вин* ① (*выращивать*) kultivieren, anbauen ② *перен* (*насаждать*) einführen; ◇ **~ но́вые ме́тоды** neue Verfahren einführen

культу́ра *ж₁* <-ы> ① (*духовные достижения*) Kultur *f;* ◇ **исто́рия ~ы** Kulturgeschichte *f* ② (*выращивание*) Züchtung *f;* ◇ **~ роз** Rosenzüchtung ③ (*высокий уровень*) Gepflogenheiten *f pl;* ◇ **~ ре́чи** Sprachgepflogenheiten; (*культурность*) Kultiviertheit *f;* ◇ **челове́к высо́кой ~ы** kultivierter Mensch

культу́рный *прил* <-ая, -ое, -ые> ① (*образованный*) gebildet, kultiviert ② (*интеллектуальный*) Kultur-, kulturell; ◇ **~ые свя́зи** kulturelle Kontakte ③ (*возделанный*) Kultur-; ◇ **~ые расте́ния** Kulturpflanzen *f pl*

куми́р *м₁* <-а> ① (*предмет преклонения*) Götzenbild *n* ② *перен* Abgott *m*

куни́ца *ж₁* <-ы> (*хищный зверёк*) Marder *m*

купа́льник *м₁* <-а> Badeanzug *m*

купа́ть V_{1a} *несов* <-а́ю, -а́ешь> [**вы́~, ис~** *сов*] *кого-что вин* baden; **купа́ться** <-а́юсь, -а́ешься> [**вы́~, ис~** *сов*] *без доп* sich baden; *перен* ◇ **~ в луча́х сла́вы** sich in seinem Ruhm sonnen

купе́ *с* <нескл> Abteil *n;* ◇ **~ для некуря́щих** Nichtraucherabteil

купе́ц *м₁* <-пца́, *мн:* -пцы́> Kaufmann *m*

купи́ть V_{4a} *сов* <-плю́, ку́пишь, *Part. Präs. Akt.* ку́пленный, *Adv. Part. Prät.* -пи́в> [**покупа́ть** V_{1a} *несов*] *кого-что вин* ① (*приобрести*) kaufen; ◇ **~ дёшево** billig kaufen ② (*подкупить*) bestechen, kaufen; *перен* ◇ **его́ не ку́пишь** er ist nicht käuflich

ку́пол *м₁* <-а, *мн:* -а́> Kuppel *f*

купо́н *м₁* <-а> ① (*отрез ткани*) Stück *n* Stoff ② (*ценная бумага*) Coupon *m,* Zinsschein *m;* ◇ **стричь ~ы** von Zinsen leben

курга́н *м₁* <-а> Hünengrab *n;* (*возвышенность*) Hügel *m*

куре́ние *с₄* <-я> Rauchen *n;* ◇ **прекрати́ть [бро́сить] ~** das Rauchen aufgeben; **кури́льщик** *м₁* <-а> Raucher *m;* ◇ **закорене́лый ~** starker Raucher; **кури́ть** V_{4a} *несов* <курю́, ку́ришь> *что вин* ① rauchen; ◇ **~ тру́бку** eine Pfeife rauchen; ◇ **~ запреща́ется** Rauchen verboten ② (*добывать перегонкой*) brennen, destillieren

ку́рица *ж₁* <-ы> Huhn *n;* ◇ **разводи́ть кур** Hühner züchten; (*наседка*) Glucke *f;* ◇ **как мо́края ~** wie ein begossener Pudel; *разг* ◇ **ку́рам на́ смех** da lachen ja die Hühner

куро́к *м₁* <-рка́, *мн:* -рки́> (*у огнестрельного оружия*) Hahn *m,* Abzug *m;* ◇ **нажа́ть на ~** abdrücken

куропа́тка *ж₁* <-и, *род мн:* -ток> Rebhuhn *n*

куро́рт *м₁* <-а> Kurort *m;* (*во́ды*) Kurbad *n;* ◇ **морско́й ~** Seebad *n;* ◇ **пое́хать на ~** zur Kur fahren

курс *м₁* <-а> ① (*путь*) Kurs *m,* Richtung *f;* ◇ **взять ~ на что-л** auf etw Kurs nehmen; ◇ **идти́ по за́данному ~у** dem vorgegebenen Kurs folgen ② (*цена*) Kurs *m;* ◇ **валю́тный ~** Devisenkurs; ◇ **усто́йчивый ~ како́й-л валю́ты** stabiler Kurs einer Währung; (*на бирже*) ◇ **~ понижа́ется/повыша́ется** der Kurs fällt/steigt ③ (*цикл*) Kurs *m;* ◇ **ко́нчить ~ в университе́те** einen Kurs in der Uni abschließen ④ (*год обучения в вузе*) Studienjahr *n;* ◇ **студе́нт тре́тьего ~а** Student im dritten Studienjahr ⑤ (*дисциплина*) Zyklus *m;* ◇ **прочита́ть ~ ле́кций** eine Vorlesungsreihe halten; ◇ **быть в ~е де́ла** auf dem laufenden sein; ◇ **~ лече́ния** Kur *f;* **курса́нт** *м₁* <-а> ① (*учащийся курсов*) Kursteilnehmer *m* ② (*военного училища*) Offiziersschüler *m;* **ку́рсы** *мн₁* <-ов> Kurse *m pl,* Lehrgang *m;* ◇ **зао́чные ~** Fernstudium *n;* ◇ **~ стеногра́фии** Stenographiekurs

ку́ртка *ж₁* <-и, *род мн:* -ток> Jacke *f;* ◇ **ко́жаная ~** Lederjacke

курье́р *м₁* <-а> ① (*посыльный*) Bote *m* ② (*должностное лицо*) Kurier *m*

куря́тник *м₁* <-а> Hühnerstall *m*

куса́ть V_{1a} *несов* <-а́ю, -а́ешь> [**кусну́ть** V_2 *сов*] *кого-что вин* ① (*хватать*) beißen; ◇ **соба́ка ~а́ла его́ за́ ногу** der Hund biß ihm ins Bein ② (*пчела, комар*) stechen

куса́чки *мн₁* <-чек> тех (Kneif-)Zange *f*

кусо́к *м₁* <-ска́, *мн:* -ски́> ① (*часть*) Stück *n;* ◇ **~ земли́** ein Stück Land; ◇ **разби́ть на ~ки́** in Stücke zerschlagen; *перен разг* ◇ **урва́ть ~** sich etw unter den Nagel reißen; ◇ **име́ть ве́рный ~ (хле́ба)** sein sicheres Auskommen haben ② *перен* (*отрезок*) Ausschnitt *m;* ◇ **це́лый ~ жи́зни** ein ganzer Lebensabschnitt

куст *м₁* <-а́, *мн:* -ы́> Strauch *m;* ◇ **~ сире́ни** Fliederstrauch; *перен* ◇ **отсиде́ться в ~а́х** sich vor etw drücken; **куста́рник** *м₁* <-а> Gebüsch *n*

куста́рный *прил* <-ая, -ое, -ые> ① (*не фабричный*) Heim-, Handwerks-; ◇ **~ая**

К

мастерска́я private kleine Werkstatt ② *перен* (*несовершенный*) primitiv, einfach

ку́тать V_{1a} *несов* ‹-аю, -аешь› [**за~** *сов*] *кого-что вин во что вин (1), кого-что вин (2)* ① (*завёртывать*) einhüllen, umwickeln; ◇ ~ **ребёнка в шаль** dem Kind einen Schal umwickeln ② (*одевать слишком тепло*) warm anziehen, einmummen

куха́рка *ж₁* ‹-и, *род мн:* -рок› Köchin *f*

ку́хня *ж₂* ‹-и, *род мн:* ку́хонь› ① (*помещение*) Küche *f* ② (*мебель*) Küche *f*, Kücheneinrichtung *f* ③ (*кушанья*) Küche *f*; ◇ **блю́да ру́сской ~и** ein Gericht der russischen Küche ④ *перен* (*закулисная сторона*) Machenschaften *f pl*

ку́ча *ж₁* ‹-и› ① (*чего-л сыпучего, мелкого*) Haufen *m*; ◇ **сгрести́ сухи́е ли́стья в ~у** trockene Blätter auf einen Haufen zusammenharken ② *разг* (*нагромождение*) Haufen *m*, Menge *f*; ◇ ~ **де́нег** ein Haufen Geld; ◇ **вали́ть всё в одну́ ~у** alles in einen Topf werfen

ку́шанье *с₅* ‹-я› Essen *n*; **ку́шать** V_{1a} *несов* ‹-аю, -аешь› [**по~** *сов*] *что вин* essen; ◇ **ку́шайте, пожа́луйста** greift zu

куше́тка *ж₁* ‹-и, *род мн:* -ток› Liege *f*

кюве́т *м₁* ‹-а› Straßengraben *m*

Л

лаборато́рия *ж₄* ‹-и› Labor *n*

лави́на *ж₁* ‹-ы› Lawine *f*; ◇ **схо́дит** ~ eine Lawine geht nieder

ла́вка[1] *ж₁* ‹-и, *род мн:* -вок› (*скамья*) (Sitz-)Bank *f*

ла́вка[2] *ж₁* ‹-и, *род мн:* -вок› (*магазин*) Laden *m*; ◇ **передвижна́я** ~ Verkaufsstand *m*

лавр *м₁* ‹-а› ① бот Lorbeer *m* ② ◇ **~ы** *перен мн* (*венок как символ*) Lorbeerkranz *m*, Lorbeeren *pl*; *перен* ◇ **пожина́ть ~ы** Lorbeeren ernten; *перен* ◇ **почи́ть на ~ах** sich auf seinen Lorbeeren ausruhen

ла́герь *м₂* ‹-я, *мн:* -ря́, *род:* -ре́й› ① (*стоянка*) Lager *n*; ◇ **тури́стский** ~ Campingplatz *m*; ◇ **разби́ть** ~ ein Lager aufschlagen ② (*для заключённых*) Lager *n* ③ *перен* полит Lager *n*; ◇ ~ **демокра́тов** Lager der Demokraten

лад *м₁* ‹-а, *мн:* -ы́, *род:* -о́в› ① (*согласие*) Eintracht *f*; ◇ **он с ним не в ~а́х** er steht mit ihm auf Kriegsfuß; ◇ **де́ло не идёт на ~** die Sache klappt nicht ② (*способ*) Weise *f*; ◇ **сде́лать что-л на свой** ~ etw auf seine Art und Weise machen; ◇ **настро́иться на друго́й** ~ sich umstellen

ла́дно I. *частица разг* (*хорошо, да*) einverstanden, gut, meinetwegen; ◇ **~, согла́сен** schon gut, ich bin einverstanden II. *нареч* ① (*мирно*) einträchtig ② (*хватит*) es reicht; ◇ **~ же!** jetzt reichts aber!

ладо́нь *ж₅* ‹-и› Handfläche *f*; ◇ **хло́пать в ~и** in die Hände klatschen; ◇ **я́сно как на ~и** das liegt klar auf der Hand

ладья́ *ж₃* ‹-и, *мн:* -ьи́, *род:* ладе́й› ① шахм Turm *m* ② (*лодка*) Kahn *m*

ла́зать V_{1a} *неопред, см.* **лезть**

лазе́йка *ж₁* ‹-и, *род мн:* -зе́ек› ① (*отверстие*) Schlupfloch *n*; ◇ ~ **в забо́ре** Schlupfloch im Zaun ② *перен* (*уловка*) Hintertürchen *n*; ◇ **оста́вить себе́ ~у** sich ein Hintertürchen offenlassen

ла́зер *м₁* ‹-а› Laser *m*; ◇ **лече́ние ~ом** Lasertherapie *f*

ла́зить V_{4b} ‹ла́жу, лази́шь› *неопред, см.* **лезть**

лай *м₃* ‹ла́я› Gebell *n*; (*тявканье*) Kläffen *n*

ла́йнер *м₁* ‹-а› (*су́дно*) Liniendampfer *m*; (*самолёт*) ◇ **возду́шный** ~ Passagierflugzeug *n*

лак *м₁* ‹-а› Lack *m*; ◇ ~ **для ногте́й** Nagellack; ◇ **покры́ть ~ом** lackieren

ла́комиться V_{4b} *несов* ‹-млюсь, -мишься› [**по~** *сов*] *чем тв* etw naschen; **ла́комство** *с₂* ‹-а› (*лакомое блюдо*) leckeres Essen; (*сладости*) Süßigkeiten *f pl*; **ла́комка** *м/ж₁* ‹-и, *род мн:* -мок› (*о человеке*) Leckermaul *n*; **ла́комый** *прил* ‹-ая, -ое, -ые› ① (*вкусный*) lecker; *тж перен* ◇ ~ **кусо́к** Leckerbissen *m* ② (*падкий*) lüstern, gierig; ◇ **ла́ком до де́нег** geldgierig

ла́мпа *ж₁* ‹-ы› Lampe *f*; радио Röhre *f*; фото ◇ **~-вспы́шка** Blitzlicht *n*

ла́ндыш *м₂* ‹-а› бот Maiglöckchen *n*

лань *ж₅* ‹-и› Damhirsch *m*; (*самка*) Hirschkuh *f*

ла́па *ж₁* ‹-ы› ① (*стопа ноги животного*) Pfote *f*, Tatze *f*; ◇ **медве́жья** ~ Bärentatze; ◇ **попа́сть к кому́-л в ~ы** in jd-s Klauen geraten; ◇ **положи́ть на ла́пу** bestechen, schmieren ② (*ветвь хвойного дерева*) Ast *m*

ла́поть *м₂* ‹-птя, *мн:* ла́пти, *род:* -те́й› Bastschuh *m*

лапта́ *ж₁* ‹-ы́› ① (*русская игра*) Schlagballspiel *n* ② (*бита*) Schlagholz *n*

лапша́ *ж₁* <-и́> Nudeln *f pl;* (*суп*) Nudelsuppe *f*

ларёк *м₁* <ларька́, *мн:* ларьки́> (*торговая палатка*) Bude *f,* Verkaufsstand *m,* Kiosk *m*

ларе́ц *м₅* <-рца́, *мн:* -рцы́> (*ящичек*) Kästchen *n;* (*шкатулка*) Schatulle *f*

ла́ска *ж₁* <-и, *род мн:* -сок> (*нежность*) Zärtlichkeit *f,* Liebkosung *f;* (*приветливость*) Güte *f;* **ласка́ть** V*₁a* *несов* <-а́ю, -а́ешь> [**при~** *сов*] *кого-что вин* liebkosen; (*гладить*) streicheln; **ла́сковый** *прил* <-ая, -ое, -ые> zärtlich; (*приветливый*) freundlich

ла́сточка *ж₁* <-и, *род мн:* -чек> Schwalbe *f*

ла́сты *мн₁* <ласт *и* ла́стов> (1) зоол Flossen *f pl* (2) спорт Schwimmflossen *f pl*

латви́йский *прил* <-ая, -ое, -ие> lettisch

лату́нь *ж₅* <-и> Messing *n*

лауреа́т *м₁* <-а> Preisträger *m;* ◇ ~ **Но́белевской пре́мии** Nobelpreisträger

ла́ять V*₁b* *несов* <ла́ю, ла́ешь> [**про~** (1) *сов*] *на кого-что вин* (1) (*о животных*) (an-)bellen (2) *разг* (*ругать*) jd-n anschnauzen

лгать V*₁a* *несов, kein Adv. Part.* <лгу, лжёшь, *Imp.* лги, ~те, *Part. Präs. Akt.* лгу́щий> [**со~** (1) *сов*] *без доп (1), на кого-что вин (2)* (1) (*говорить неправду*) lügen; ◇ **он лжёт и не красне́ет** er lügt, ohne rot zu werden (2) (*клеветать*) jd-n verleumden, Lügen verbreiten

лгун *м₁* <-а́, *мн:* -ы́> Lügner *m;* **лгу́нья** *ж₃* <-ьи> Lügnerin *f*

лебёдка *ж₁* <-и, *мн:* -док> Schwanenweibchen *n;* **ле́бедь** *м₂* <-я, *род мн:* -де́й> Schwan *m*

лев *м₁* <льва́, *мн:* львы́> Löwe *m;* ◇ **кто-л сража́ется как** ~ jd kämpft wie ein Löwe

левша́ *м/ж₁* <-и́, *род мн:* -ше́й> Linkshänder *m*

ле́вый I. *прил* <-ая, -ое, -ые> (1) linke(-r, -s); ◇ **~ая сторона́ доро́ги** linke Straßenseite; ◇ **по ~ую сто́рону от кого́-чего́-л** links von jd-m/etw; ◇ **ты сего́дня встал с ~ой ноги́** du bist wohl heute mit dem linken Fuß aufgestanden; ◇ **де́лать что-л ~ой ного́й** sich mit etw keine Mühe geben (2) полит linksstehend, linksorientiert; (*радикальный*) linksradikal (3) (*заработок*) schwarz; ◇ **~ые де́ньги** Schwarzgeld *n* **II.** *мн* <-ых> полит die Linke *f;* ◇ **демонстра́ция ~ых** Kundgebung der Linken

леге́нда[1] *ж₁* <-ы> (1) (*предание*) Legende *f;* (*вымысел*) Erdichtung *f,* Erfindung *f;* (*сказка*) Märchen *n* (2) (*о героических событиях прошлого*) Sage *f;* ◇ **челове́к из ~ы** Sagengestalt *f*

леге́нда[2] *ж₁* <-ы> (*поясняющий текст к картам, планам*) Legende *f*

легио́н *м₁* <-а> воен Legion *f;* ◇ **иностра́нный** ~ Fremdenlegion

лёгкий *прил* <-ая, -ое, -ие> (*сравн:* **ле́гче**) (1) (*не отягощающий*) leicht, Leicht-; ◇ ~ **за́втрак** leichtes Frühstück; ◇ **~ая атле́тика** Leichtathletik *f; перен* ◇ **~ая рука́** glückliche Hand; **с ~им се́рдцем** leichten Herzens (2) (*преодолеваемый*) leicht (bezwingbar); ◇ **~ая доро́га** leichter Weg; ◇ **~ая побе́да** leichter Sieg (3) (*малозаметный*) leicht; ◇ ~ **ветеро́к** leichte Brise (4) (*слабый*) leicht; ◇ ~ **сон** leichter Schlaf (5) (*не суровый*) mild; ◇ **~ое наказа́ние** milde Strafe (6) (*покладистый*) verträglich, umgänglich; ◇ ~ **челове́к** ein umgänglicher Mensch (7) (*легкомысленный*) leichtsinnig, leichtfertig

легкоатле́т *м₁* <-а> спорт Leichtathlet *m*

лёгкое *с (А ₁)* <-ого> анат Lunge *f*

легкомы́сленный *прил* <-ая, -ое, -ые> (1) (*несерьёзный*) leichtfertig, leichtsinnig (2) (*поверхностный*) oberflächlich

ле́гче *сравн от* **лёгкий**

лёд *м₁* <льда, *мн:* льды́> Eis *n;* ◇ **иску́сственный** ~ Kunsteis; ◇ **холо́дный как** ~ eiskalt; *перен* ◇ ~ **тро́нулся** das Eis ist gebrochen

ледене́ц *м₅* <-нца́, *мн:* -нцы́> Fruchtbonbon *n;* ◇ **соса́ть** ~ ein Fruchtbonbon lutschen

ледоко́л *м₁* <-а> Eisbrecher *m;* **ледохо́д** *м₁* <-а> Eisgang *m;* **ледяно́й** *прил* <-а́я, -о́е, -ы́е> (1) (*очень холодный*) eisig, eiskalt (2) *перен* (*окоченевший*) steif; ◇ **~ы́е па́льцы** steife Finger (3) (*враждебный*) eisig, frostig

лежа́ть * *несов* <-жу́, -жи́шь, (2-4) 1 и 2 л. не употр> *без доп (1, 2), на/в ком-чём предл (3, 4)* (1) liegen; ◇ ~ **на боку́** auf der Seite liegen; *перен* faulenzen; (*о предметах*) ◇ **кни́га ~и́т на столе́** das Buch liegt auf dem Tisch; ◇ ~ **в больни́це** im Krankenhaus liegen; ◇ **ключ ~и́т в карма́не** der Schlüssel ist in der Tasche; ◇ ~ **в осно́ве** zugrunde liegen (2) (*быть расположенным*) liegen, sich befinden; ◇ **го́род ~и́т в доли́не** die Stadt liegt im Tal (3) (*вести*) führen; ◇ **э́та доро́га ~и́т на Москву́** diese Straße führt nach Moskau (4) *перен* (*находиться на чьей-л ответственности*) lasten; ◇ **на мне ~и́т отве́тственность** ich trage die Verantwortung; ◇ **у меня́ душа́ не ~и́т к э́тому** das liegt mir nicht; **лежа́чий** *прил* <-ая, -ее, -ие> liegend; ◇ **он ~ больно́й** er ist bettlägerig; ◇ **в ~ем положе́нии** liegend

К Л

ле́звие *$с_4$* ‹-я› ① (*орудия*) Schneide *f,* Klinge *f;* ◇ ~ **ножа́** Messerklinge ② (*бритвы*) Rasierklinge *f*

лезть * *несов, опред, см.* **ла́зить** и **ла́зать** ‹ле́зу, ле́зешь, (5, 7) 1 и 2 л. не употр› *на что вин или во что вин (1), во что вин (2, 3, 4), без доп (5), к кому дат с чем тв или с инф (6), на кого-что вин (7)* ① (*взбираться, проникать*) klettern, steigen; ◇ ~ **на́ гору** auf den Berg steigen; ◇ ~ **в окно́** durchs Fenster klettern ② *разг* (*проникать тайком*) eindringen, sich einschleichen; ◇ ~ **без спро́су в ко́мнату** ohne zu fragen, ins Zimmer eindringen ③ (*внутрь*) fahren, greifen, langen; ◇ ~ **в карма́н за сигаре́тами** in die Tasche greifen, um Zigaretten herauszuholen ④ *разг* (*вмешиваться*) sich einmischen; ◇ ~ **не в своё де́ло** sich in fremde Angelegenheiten einmischen ⑤ (*о волосах, шерсти*) ausfallen ⑥ (*приставать*) aufdringlich sein, belästigen; ◇ ~ **к сы́ну с сове́тами** den Sohn mit Ratschlägen belästigen; ◇ ~ **в дра́ку** Streit suchen ⑦ *разг* (*быть в пору*) passen, hineingehen; ◇ **сапо́г с трудо́м ле́зет на́ ногу** der Stiefel geht kaum über den Fuß; ◇ **ни́тка не ле́зет в иго́лку** der Faden geht nicht in die Nadel

лейтена́нт *$м_1$* ‹-а› Leutnant *m*

лека́рство *$с_2$* ‹-а› Arznei *f,* Medizin *f;* ◇ ~ **от ка́шля** Hustenmittel *n;* ◇ **приня́ть** ~ Arznei einnehmen; *перен* ◇ ~ **от всех бед** Allheilmittel *n*

лексико́н *$м_1$* ‹-а› ① (*словарь*) Lexikon *n* ② (*запас слов*) Wortschatz *m;* ◇ **у него́ бе́дный** ~ er hat einen kleinen Wortschatz

ле́ктор *$м_1$* ‹-а› Lektor *m;* (*докладчик*) Referent *m*

ле́кция *$ж_4$* ‹-и› Vorlesung *f,* Vortrag *m;* ◇ **чита́ть ~ии** Vorlesungen halten

леле́ять V_{1b} *несов* ‹-е́ю, -е́ешь, *Imp.* леле́й, *Part. Prät. Pass.* леле́янный, *Adv. Part. Präs.* леле́я› *кого-что вин* ① (*нежить*) umhegen; ◇ ~ **ребёнка** ein Kind verhätscheln ② *перен* (*услаждать*) erfreuen, ergötzen

лён *$м_1$* ‹льна› Flachs *m,* Lein *m*

лени́вый *прил* ‹-ая, -ое, -ые› ① (*избегающий труда*) faul; ◇ ~ **учени́к** fauler Schüler ② (*вялый*) schlapp, träge; ◇ **~ые движе́ния** träge Bewegungen; **лени́ться** V_{1a} *несов* ‹-ню́сь, ле́нишься› [**по**~ *сов*] *без доп или с инф* faul sein, faulenzen

ле́нта *$ж_1$* ‹-ы› (*полоса*) Streifen *m,* Band *n;* ◇ **бума́жная** ~ Papierstreifen; ◇ **изоляцио́нная** ~ Isolierband

лень *$ж_5$* ‹-и› Faulheit *f,* Trägheit *f;* ◇ **мне ~ э́то сде́лать** dazu bin ich zu faul

леопа́рд *$м_1$* ‹-а› Leopard *m*

лепета́ть V_{1a} *несов* ‹-печу́, -пе́чешь, *Imp.* -печи́, ~те, *Part. Präs. Akt.* -пе́чущий, *Adv. Part. Präs.* -печа́› [**про**~ *сов*] *что вин* lallen, stammeln; ◇ **ребёнок лепе́чет** das Kind brabbelt

лепи́ть V_{4a} *несов* ‹леплю́, ле́пишь, (3) 1 и 2 л. не употр› [**вы**~ (1), **на**~ (2) *сов,* ‹*Part. Prät. Pass.* -ле́пленный›] *кого-что вин (1), что вин (2), без доп (3)* ① (*изображать*) formen, modellieren; ◇ ~ **сне́жную ба́бу** einen Schneemann bauen ② (*приклеивать*) ankleben, aufkleben; ◇ ~ **ма́рки на конве́рты** Briefmarken auf Umschläge kleben ③ (*забрасывать*) peitschen; ◇ **снег ~ит в о́кна** Schnee peitscht gegen die Scheiben

лес *$м_1$* ‹-а/-у, *мн:* -а́, *род:* -о́в› ① (*пространство*) Wald *m;* ◇ **идти́ по ~у** durch den Wald gehen; *перен* ◇ **э́то для него́ тёмный** ~ davon hat er keine Ahnung ② (*материал*) Holz *n;* **лесни́к** *$м_1$* ‹-а́, *мн:* -и́› Förster *m;* **лесно́й** *прил* ‹-а́я, -о́е, -ы́е› ① (*относящийся к лесу*) Wald-; ◇ **~о́е хозя́йство** Forstwirtschaft *f* ② (*относящийся к материалу*) Holz-; ◇ **~а́я промы́шленность** Holzindustrie *f;* **лесозагото́вки** *$мн_1$* ‹-вок› Holzbeschaffung *f,* Holzaufbereitung *f;* **лесонасажде́ние** *$с_4$* ‹-я› Waldanpflanzung *f,* Aufforstung *f;* **лесору́б** *$м_1$* ‹-а› Holzfäller *m*

ле́стница *$ж_1$* ‹-ы› ① Treppe *f;* ◇ **винтова́я** ~ Wendeltreppe ② Leiter *f;* ◇ **выдвижна́я** ~ ausziehbare Leiter; ◇ **поднима́ться/спуска́ться по ~е** die Treppe hinaufgehen/hinuntergehen ③ *перен* ◇ **служе́бная** ~ Karriereleiter *f*

лесть *$ж_5$* ‹-и› Schmeichelei *f*

лете́ть V_5 *несов, опред, см.* **лета́ть** ‹лечу́, лети́шь, (4, 5) 1 и 2 л. не употр, *Imp.* лети́, ~те, *Part. Präs. Akt.* летя́щий, *Adv. Part. Präs.* летя́› *без доп* ① (*передвигаться*) fliegen; ◇ ~ **над како́й-л террито́рией** über ein Territorium fliegen ② (*мчаться*) fliegen, dahineilen; ◇ ~ **стрело́й** schnell wie ein Pfeil; ◇ ~ **в автомоби́ле** mit dem Auto rasen ③ (*падать*) fallen; ◇ ~ **со сту́ла** vom Stuhl fallen; ◇ **кни́ги ~я́т с по́лки** die Bücher fallen vom Regal herunter ④ *перен* (*о времени*) verfliegen, schnell vergehen; ◇ **часы́ ~я́т** die Stunden verfliegen ⑤ *перен* (*изменяться в цене, уровне*) (schnell) fallen, steigen; ◇ **це́ны ~я́т вверх** die Preise schnellen nach oben; ◇ **а́кции ~я́т вниз** die Aktien fallen rapide

лётный *прил* <-ая, -ое, -ые> ав Flieger-, Flug-; ◇ **~ое де́ло** Flugwesen *n*

ле́то *с$_2$* <-а> Sommer *m;* ◇ **середи́на ~а** Hochsommer; ◇ **уе́хать на всё ~** für den ganzen Sommer wegfahren; ◇ **про́шлым/бу́дущим ~ом** letzten/nächsten Sommer

ле́топись *ж$_5$* <-и> Annalen *pl,* Chronik *f*

летосчисле́ние *с$_4$* <-я> Zeitrechnung *f*

лету́чий *прил* <-ая, -ее, -ие> ① (*способный летать*) fliegend, Flug-; ◇ **~ая мышь** Fledermaus *f;* фольк ◇ **~ голла́ндец** fliegender Holländer ② хим flüchtig, leicht verdunstend ③ *перен* (*мимолётный*) flüchtig; ◇ **~ая встре́ча** flüchtiges Treffen

лётчик *м$_1$* <-а> Pilot *m*

лече́бница *ж$_1$* <-ы> Klinik *f,* Heilanstalt *f;* **лече́бный** *прил* <-ая, -ое, -ые> Heil-; ◇ **~ые сре́дства** Heilmittel *n pl;* ◇ **~ые тра́вы** Heilkräuter *n pl*

лече́ние *с$_4$* <-я> Behandlung *f;* ◇ **ме́тод ~я** Behandlungsmethode *f;* ◇ **пройти́ курс ~я** eine Therapie machen

лечи́ть V$_{4a}$ *несов* <лечу́, ле́чишь, *Part. Präs. Akt.* ле́чащий, *Part. Prät. Pass.* ле́ченный> *кого-что вин чем тв (1), что вин (2)* ① behandeln, kurieren; (*излечивать*) heilen; ◇ **~ лека́рствами** medikamentös behandeln ② behandeln lassen (gegen); **лечи́ться** V$_{4a}$ *несов* <лечу́сь, ле́чишься> *без доп* sich behandeln lassen

лечь * *сов* <ля́гу, ля́жешь, (3, 4) 1 и 2 л. не употр> [**ложи́ться** V$_{4a}$ *несов*] *без доп (1, 2, 3), на кого-что вин (4, 5)* ① sich (hin-) legen; ◇ **~ на дива́н** sich auf das Sofa legen; ◇ **~ на́ спину/живо́т** sich auf den Rücken/den Bauch legen ② (*спать*) sich schlafen legen, zu Bett gehen; ◇ **де́ти уже́ легли́** die Kinder sind schon im Bett ③ (*распространиться на поверхности*) legen, sich ausbreiten; ◇ **снег лёг на поля́** Schnee fiel auf die Felder ④ *перен* (*лежать на ком*) lasten, liegen (auf); ◇ **отве́тственность ля́жет на кого́-л** jd wird die Verantwortung tragen (müssen); ◇ **на кого́-л легло́ подозре́ние** auf jd-n fiel der Verdacht ⑤ (*о судах, самолётах*) drehen, Kurs nehmen; ◇ **~ на за́падный курс** Kurs nach Westen nehmen; ◇ **~ в осно́ву чего́-л** zugrunde liegen

лещ *м$_2$* <-а́, *мн:* лещи́> (*рыба*) Brasse *f*

лжесвиде́тель *м$_2$* <-я> falscher Zeuge

лжец *м$_1$* <-а́, *мн:* -цы́> Lügner *m*

лжи́вый *прил* <-ая, -ое, -ые> ① (*склонный к обману*) verlogen ② (*неискренний*) lügnerisch, lügenhaft

ли I. *частица* (*в вопросительных и относительных предложениях*) ◇ **придёшь ~ ты?** kommst du?; ◇ **не зна́ю, прие́ду ~** ich weiß nicht, ob ich komme **II.** *союз* ① (*при косвенном вопросе*) ob; ◇ **не зна́ю, смогу́ ~ я позвони́ть Вам** ich weiß nicht, ob ich euch anrufen kann ② (*или*) ◇ **идёт ~ дождь, идёт ~ снег - ему́ всё равно́** ob Regen oder Schnee, das ist ihm egal; ◇ **шу́тка ~** das ist nicht so einfach ③ (*с оттенком сомнения*) ◇ **едва́ [вряд] ~** kaum, wohl nicht

либера́льничать V$_{1a}$ *несов* <-аю, -аешь> [**с~** *сов*] *с кем тв разг* sich liberal geben; (*попустительствовать*) nachsichtig sein; (*отпускать вожжи*) die Zügel lockerlassen

ли́бо *союз* oder; ◇ **~ ..., ~...** entweder..., oder; ◇ **~ пан, ~ пропа́л** jetzt setze ich alles auf eine Karte

ли́вень *м$_2$* <-ня, *мн:* -ни> Regenguß *m;* ◇ **хлы́нул ~** ein Platzregen ging nieder

ли́га *ж$_1$* <-и> ① (*объединение*) Liga *f;* ист ◇ **Ли́га на́ций** Völkerbund *m* ② спорт Liga *f;* ◇ **кома́нды вы́сшей ~и** Mannschaften der ersten Liga

ли́дер *м$_1$* <-а> ① полит Führer *m,* führender Funktionär; ◇ **профсою́зный ~** Gewerkschaftsführer ② спорт (*в состязании*) Spitzenreiter *m;* (*ведущий гонку*) Spitze; ◇ **быть ~ом турни́ра** beim Turnier führen/an der Spitze liegen; **лиди́ровать** V$_{1a}$ *несов* <-рую, -руешь> *без доп* führen, an der Spitze liegen

лиза́ть * *несов* <лижу́, ли́жешь> *кого-что вин* (ab-)lecken

ликвида́ция *ж$_4$* <-и> ① эк Auflösung *f,* Liquidation *f* ② (*уничтожение, устранение*) Abschaffung *f,* Beseitigung *f* **ликвиди́ровать** V$_{1a}$ *несов и сов* <-рую, -руешь> *кого-что вин* ① эк auflösen, abwickeln ② (*устранить*) abschaffen, beseitigen

ликова́ть V$_{1a}$ *несов* <-ку́ю, -ку́ешь> *без доп* jubeln, triumphieren

лимо́н *м$_1$* <-а> ① (*плод*) Zitrone *f;* ◇ **она́ была́ как вы́жатый ~** sie fühlte sich ausgelaugt ② (*дерево*) Zitronenbaum *m*

лине́йка *ж$_1$* <-и, *род мн:* -не́ек> ① (*черта*) Linie *f,* Zeile *f;* ◇ **тетра́дь в ~у** liniertes Heft ② (*строй*) Linie *f;* ◇ **постро́иться в ~у** sich in einer Reihe aufstellen ③ (*планка*) Lineal *n* ④ (*сбор*) Appell *m;* ◇ **торже́ственная ~** feierlicher Appell

ли́ния *ж$_4$* <-и> ① (*черта на плоскости*) Linie *f;* мат ◇ **пряма́я ~** Gerade *f* ② (*путь*) Linie *f;* ◇ **возду́шная ~** Luftlinie; ◇ **морски́е ~й** Meeresstraßen *f pl* ③ (*предки или*

Л

потомки) (Verwandtschafts-)Linie *f;* ◇ **родня́ по отцóвской/матери́нской ~и** Verwandtschaft väterlicherseits/mütterlicherseits ④ *перен* (*направление, взгляды*) Linie *f;* ◇ ~ **поведéния** Handlungsweise *f;* ◇ **проводи́ть свою́ ~ю** seinen Standpunkt durchsetzen ⑤ эл Leitung *f;* ◇ **по ~и** im Rahmen

линкóр *м$_1$* <-а> воен, мор (= *линейный корабль*) Schlachtschiff *n*

линя́ть V$_{1b}$ *несов* <-я́ет, -я́ют, 1 и 2 л. не употр> [**по**~ (1), **с**~ (2) *сов*] *без доп* ① (*о ткани*) ausbleichen; (*выцветать*) die Farbe verlieren; (*краситься*) abfärben ② зоол (*менять шерсть*) haaren; (*о птицах*) sich mausern; (*о пресмыкающихся*) sich häuten

ли́па[1] *ж$_1$* <-ы> (*дерево*) Linde *f*

ли́па[2] *ж$_1$* <-ы> *разг* (*подделка*) Fälschung *f;* (*обман*) Betrug *m*

ли́пнуть V$_2$ *несов* <-ну, -нешь, (1) 1 и 2 л. не употр> *к кому-чему дат* ① (*прилипать*) kleben, klebenbleiben; ◇ **тéсто ~ет к рукáм** der Teig klebt an den Händen ② *перен разг* (*приставать*) jd-m nicht von der Seite weichen ③ (*слипаться*) zusammenkleben

ли́ра[1] *ж$_1$* <-ы> муз Lyra *f*, Leier *f*

ли́ра[2] *ж$_1$* <-ы> (*денежная единица*) Lira *f*

лисá *ж$_1$* <-ы́, *мн:* ли́сы> Fuchs *m*

лист *м$_1$* <-á, *мн:* ли́стья, *род:* -тьев, *дат:* -тьям, *тв:* -тьями, *предл*: -тьях> ① бот Blatt *n;* ◇ **осéнние ~ья** Herbstlaub *n* ② (*материала*) Bogen *m*, Blatt *n;* ◇ ~ **бумáги** ein Blatt Papier; ◇ ~ **желéза** Stahlblech *n;* ◇ муз **игрáть с ~á** vom Blatt spielen ③ (*документ*) Liste *f*, Urkunde *f;* ◇ **исполни́тельный** ~ Vollstreckungsbefehl *m;* ◇ **опрóсный** ~ Fragebogen *m*

листáть V$_{1a}$ *несов* <-áю, -áешь> *что вин* (um-)blättern, durchblättern

листвá *ж$_1$* <-ы́> Laub *n*

ли́ственница *ж$_1$* <-ы> бот Lärche *f*

листóвка *ж$_1$* <-и, *род мн:* -вок> Flugblatt *n;* ◇ **распространя́ть ~и** Flugblätter verteilen

литáвры *мн$_1$* <литáвр> муз Pauke *f;* ◇ **бить в** ~ auf die Pauke hauen

литéйщик *м$_1$* <-а> (Metall-)Gießer *m*

литерáтор *м$_1$* <-а> Literat *m;* **литератýра** *ж$_1$* <-ы> Literatur *f;* ◇ **худóжественная** ~ Belletristik *f;* ◇ **указáтель ~ы** Literaturnachweis *m*

литр *м$_1$* <-а> Liter *m*

лить * *несов* <лью, льёшь, (2) 1 и 2 л. не употр> *что вин (1, 3), без доп (2)* ① (*заставлять течь*) gießen; ◇ ~ **вóду из лéйки** Wasser aus der Gießkanne gießen; ◇ ~ **слёзы** Tränen vergießen; *перен* (*распространять*) verströmen; ◇ **лáмпа льёт свет** die Lampe verströmt Licht ② *разг* (*литься струёй*) strömen, fließen; ◇ **водá льёт из крáна** Wasser strömt aus dem Hahn; ◇ **дождь льёт как из ведрá** es gießt wie aus Kübeln ③ тех gießen; ◇ ~ **свéчи** Kerzen gießen

литьё *с$_5$* <-ья́> ① (*процесс*) Gießen *n* ② (*изделия*) Guß *m*, Gußstück *n*

лифт *м$_1$* <-а> Aufzug *m;* ◇ **подня́ться на ~е** mit dem Fahrstuhl nach oben fahren

ли́фчик *м$_1$* <-а> Mieder *n*

лихорáдка *ж$_1$* <-и, *род мн:* -док> ① (*состояние*) Fieber *n*, Schüttelfrost *m;* ◇ **трясти́сь в ~е** Schüttelfrost haben ② (*на губах*) Herpes *m o. f* ③ *перен* (*волнение*) Fieber *n;* ◇ **биржевáя** ~ Börsenfieber; ◇ **золотáя** ~ Goldfieber

лицевáть V$_{1a}$ *несов* <-цýю, -цýешь, *Imp.* -цýй, ~те, *Part. Präs. Pass.* -цýемый, *Part. Prät. Pass.* -цóванный> [**пере**~ *сов*] *что вин* wenden; ◇ ~ **пальтó** den Mantel wenden; (*отдавать в перелицовку*) wenden lassen

лицевóй *прил* <-áя, -óе, -ы́е> ① (*относящийся к лицу*) Gesichts-; ◇ **~ы́е чáсти** Gesichtszüge *m pl* ② (*передний*) Vorder-; ◇ **~áя сторонá** Vorderseite *f* ③ ◇ ~ **счёт** privates Konto

лицемéрить V$_{4b}$ *несов* <-рю, -ришь> *без доп* heucheln; **лицемéрный** *прил* <-ая, -ое, -ые> heuchlerisch

лицéнзия *ж$_4$* <-и> эк Lizenz *f;* ◇ **патéнтная** ~ Patent *n;* ◇ ~ **на ввоз** Einfuhrlizenz; ◇ ~ **на вы́воз** Ausfuhrlizenz

лицó *с$_2$* <-á, *мн:* ли́ца> ① (*человека*) Gesicht *n;* ◇ **говори́ть прáвду в** ~ die Wahrheit offen ins Gesicht sagen; ◇ **знать когó-л в** ~ jd-n vom Sehen kennen ② (*предмета*) Vorderseite *f;* *перен* ◇ **показáть товáр ~óм** etw von der besten Seite zeigen ③ (*личность*) Person *f*, Persönlichkeit *f;* ◇ **довéренное** ~ Vertrauensperson; ◇ **чáстное** ~ Privatperson ④ грам Person *f;* ◇ **в трéтьем ~é** in der dritten Person; ◇ **э́то тебé к ~ý** das steht dir gut; ◇ **~óм к ~ý** von Angesicht zu Angesicht; ◇ **от ~á когó-л** im Namen (von)

ли́чность *ж$_5$* <-и> Persönlichkeit *f*, Person *f;* ◇ **удостовéрить свою́** ~ sich ausweisen; ◇ **установи́ть чью-л** ~ jd-s Identität feststellen; ◇ **перейти́ на ~и** persönlich werden;

ли́чный *прил* <-ая, -ое, -ые> ① persönlich; ◇ **~ое присýтствие** persönliche Anwesenheit; ◇ **~ое дéло** Privatangelegenheit; ◇ ~

соста́в Personalbestand *m;* ◇ ~ое иму́щество Privateigentum *n* (2) грам ◇ ~ое местоиме́ние Personalpronomen *n*

лише́ние $с_4$ ‹-я› (1) (*действие*) Entzug *m;* ◇ ~ свобо́ды Freiheitsentzug (2) ◇ ~я *мн* (*нищета*) Entbehrungen *f pl,* Not *f;* ◇ терпе́ть ~я Not leiden

лиши́ть V_{4a} *сов* ‹-шу́, -ши́шь› [**лиша́ть** V_{1a} *несов*] *кого-что вин чего род* (*отнять*) entziehen, wegnehmen; ◇ ~ жи́зни töten; ◇ ~ насле́дства enterben; ◇ ~ кого́-л сло́ва jd-m das Wort entziehen; ◇ он не лишён чу́вства ю́мора er hat Humor; ◇ Ва́ши опасе́ния не лишены́ основа́ний Ihre Befürchtungen sind berechtigt; **лиши́ться** *сов* ‹-шу́сь, -ши́шься› [**лиша́ться** *несов*] *кого-чего род* einbüßen, verlieren; ◇ ~ чувств bewußtlos werden; *перен* ◇ он ~лся да́ра ре́чи es hat ihm die Sprache verschlagen

ли́шний *прил* ‹-яя, -ее, -ие› (1) (*избыточный*) überschüssig, übrig; ◇ ~ вес Übergewicht *n* (2) (*ненужный*) unnötig, nutzlos; ◇ ~ расхо́д überflüssige Ausgaben; ◇ я здесь ~ ich bin hier überflüssig; ◇ ~ раз напо́мнить не меша́ет es kann nicht schaden, noch einmal daran zu erinnern

лишь I. *частица* (*только*) nur, bloß, erst; ◇ э́то ~ нача́ло das ist erst der Anfang; ◇ я ду́маю ~ о тебе́ ich denke nur an dich; (*о времени*) erst; ◇ мы верну́лись ~ к утру́ wir kamen erst gegen Morgen zurück II. *союз* (*едва, как только*) kaum, sobald; ◇ ~ вошёл, она́ ему́ навстре́чу kaum ging er hinein, kam sie ihm entgegen

лоб $м_1$ ‹лба, *мн:* лбы› Stirn *f;* ◇ пусти́ть себе́ пу́лю в ~ sich eine Kugel in den Kopf jagen; *разг* ◇ на лбу напи́сано что-л у кого́-л etw steht jd-m auf der Stirn geschrieben; ◇ спроси́ть в ~ geradeheraus fragen; ◇ что в ~, что по́ лбу das ist Jacke wie Hose

ло́бзик $м_1$ ‹-а› Laubsäge *f*

лови́ть V_{4a} *несов* ‹-влю́, ло́вишь› [**пойма́ть** V_{1a} *сов* ‹*Part. Prät. Pass.* по́йманный›] *кого-что вин (1, 2), кого-что вин на чём предл (3)* (1) (*подхватить*) (auf-)fangen; ◇ ~ мяч einen Ball fangen; ◇ ~ ры́бу Fische fangen; *перен* ◇ ~ ры́бу в му́тной воде́ im trüben fischen (2) *перен* (*использовать*) (aus-)nutzen; ◇ ~ слу́чай eine Gelegenheit nutzen (3) *перен* (*застигнуть*) erwischen; ◇ ~ себя́ на како́й-л мы́сли sich bei einem Gedanken ertappen; ◇ ~ кого́-л на сло́ве jd-n beim Wort nehmen

ло́вкий *прил* ‹-ая, -ое, -ие› (1) (*искусный*) gewandt, geschickt (2) (*хитрый*) pfiffig; (*изворотливый*) gerissen (3) *разг* (*удобный*) bequem

ло́вля $ж_2$ ‹-и› Fang *m;* ◇ ры́бная ~ Fischfang

лову́шка $ж_1$ ‹-и, *род мн:* -шек› Falle *f;* ◇ подстро́ить ~у кому́-л jd-m eine Falle stellen; ◇ попа́сть в ~у in die Falle gehen

ло́дка $ж_1$ ‹-и, *род мн:* -док› Boot *n;* ◇ мото́рная ~ Motorboot; ◇ надувна́я ~ Schlauchboot; ◇ па́русная ~ Segelboot; ◇ спаса́тельная ~ Rettungsboot; ◇ подво́дная ~ U-Boot; ◇ ката́ться на ~е Boot fahren

ложби́на $ж_1$ ‹-ы› (*овраг*) Vertiefung *f;* (*низина*) Niederung *f*

ло́жка $ж_1$ ‹-и, *род мн:* -жек› Löffel *m;* ◇ десе́ртная ~ Dessertlöffel; ◇ столо́вая ~ Suppenlöffel; ◇ ча́йная ~ Teelöffel; ◇ в час по ча́йной ~е sehr langsam

ло́жный *прил* ‹-ая, -ое, -ые› falsch, unwahr; ◇ представля́ть что-л в ~ом све́те etw in einem falschen Licht darstellen; ◇ ~ шаг unüberlegter Schritt; ◇ ~ая скро́мность falsche Bescheidenheit; ◇ ~ стыд falsche Scham; ◇ ~ вы́вод Trugschluß *m;* ◇ быть на ~ом пути́ auf dem Holzwege sein; ◇ ~ трево́га blinder Alarm

ложь $ж_5$ ‹лжи› Lüge *f;* ◇ ~ во спасе́ние Notlüge

лоза́ $ж_1$ ‹-ы́, *мн:* ло́зы› (1) (*стебель*) Rebe *f;* ◇ виногра́дная ~ Weinrebe (2) (*ива*) Weide *f*

ло́зунг $м_1$ ‹-а› (1) (*призыв*) Losung *f;* (*девиз*) Devise *f;* ◇ вы́двинуть ~ eine Losung ausgeben; ◇ под ~ом nach der Devise (2) (*плакат*) Spruchband *n*

лока́ут $м_1$ ‹-а› Aussperrung *f;* ◇ объяви́ть ~ aussperren

ло́кон $м_1$ ‹-а› Locke *f*

ло́коть $м_2$ ‹-ктя, *мн:* ло́кти, *род:* -кте́й, *дат:* -ктя́м› (1) (*руки*) Ellbogen *m;* ◇ согну́ть ру́ку в ~е den Arm beugen; *разг* ◇ рабо́тать локтя́ми rücksichtslos vorgehen; ◇ чу́вство ~ктя Tuchfühlung *f* (2) *уст* (*старинная мера длины*) Elle *f*

лом $м_1$ ‹-а› (1) (*металлический стержень*) Brecheisen *n* (2) (*ломаные предметы*) Schrott *m;* (*из металла*) Altmetall *n;* ◇ пуска́ть на ~ auf den Schrott werfen

лома́ть V_{1a} *несов* ‹-а́ю, -а́ешь, *Part. Prät. Pass.* ло́манный› [с~ *сов*] *кого-что вин* (1) (*разделять*) (zer-)brechen, abbrechen; ◇ ~ сук einen Ast abbrechen (2) (*сносить*) nieder-

Л

reißen; ◇ ~ ста́рый дом ein altes Haus abreißen ③ *перен* (*уничтожать*) (mit etw) brechen, zunichte machen; ◇ ~ **сопротивле́ние проти́вника** gegnerischen Widerstand brechen ④ *перен* (*изменять*) ändern, umkrempeln; ◇ ~ **свою́ жизнь** sein Leben umkrempeln; ◇ ~ **себя́** sich von Grund auf ändern; ◇ ~ **ста́рые обы́чаи** alte Gewohnheiten ablegen; ◇ ~ **го́лову над чем-л** sich den Kopf über etw zerbrechen

ломба́рд *м₁* ‹-а› Pfandhaus *n;* ◇ **заложи́ть ве́щи в** ~ (Wert-)Sachen verpfänden

ломи́ться V_{4a} *несов* ‹ломлю́сь, ло́мишься, (1) 1 и 2 л. не употр› *от чего род (1), без доп (2)* ① (*прогибаться*) sich biegen; ◇ **ве́тки ло́мятся от я́блок** die Zweige biegen sich unter der Last der Äpfel ② *разг* (*идти напролом*) stürmen, sich (gewaltsam) Zutritt verschaffen; *перен* ◇ ~ **в откры́тую дверь** offene Türen einrennen

ло́мка *ж₁* ‹-и, *род мн:* -мок› ① (*разделение надвое*) Bruch *m,* Zerbrechen *n;* ② *перен* (*преобразование*) Umwälzung *f;* (*переворот*) Umbruch *m;* **ло́мкий** *прил* ‹-ая, -ое, -ие› zerbrechlich, brüchig; (*хрупкий*) spröde

ломо́ть *м₂* ‹-тя́, *мн:* -ти́, *род:* -те́й› Schnitte *f,* Scheibe *f;* ◇ ~ **хле́ба** Brotscheibe; ◇ **отре́занный** ~ auf eigenen Füßen stehender Mensch

ло́пасть *ж₅* ‹-и› Schaufel *f;* ◇ ~ **весла́** Ruderblatt *n*

лопа́та *ж₁* ‹-ы› Schaufel *f,* Schippe *f;* (*заступ*) Spaten *m; разг* ◇ **он гребёт де́ньги ~ой** er scheffelt Geld

ло́паться V_{1a} *несов* ‹-аюсь, -аешься, (2) 1 и 2 л. не употр› *без доп* ① (*разрываться*) platzen, bersten, (zer-)reißen; ◇ **шар ~ется** der Luftballon zerplatzt ② *перен разг* (*терпеть крах*) platzen, scheitern; ◇ **терпе́ние ~ется** der Geduldsfaden reißt

ло́пнуть V_2 *сов* ‹-ну, -нешь, (2) 1 и 2 л. не употр› *без доп* ① (*разорваться*) platzen, zerspringen, zerreißen; ◇ **стака́н ло́пнул** das Glas zersprang; ◇ **струна́ ло́пнула** die Saite riß ② *перен разг* (*потерпеть крах*) zusammenbrechen, scheitern, platzen; ◇ **карье́ра ло́пнула** die Karriere scheiterte; ◇ **банк ло́пнул** die Bank ging pleite

лопу́х *м₁* ‹-а́, *мн:* -и́› бот Klette *f*

лосо́сь *м₂* ‹-я› Lachs *m*

лось *м₂* ‹-я, *мн:* ло́си, *род:* лосе́й› Elch *m*

лотере́я *ж₃* ‹-и› ① (*розыгрыш*) Lotterie *f;* (*с немедленной выдачей выигрышей*) Tombola *f;* ◇ **разы́грывать ~ею** etw verlosen ② *перен* (*дело*) Lotterie *f*

лото́к *м₁* ‹-тка́, *мн:* -тки́› ① (*открытый прилавок*) offener Verkaufsstand *m;* (*переносной*) Bauchladen *m;* ◇ **торгова́ть с ~тка́** auf der Straße verkaufen ② (*жёлоб для стока*) (Abfluß-)Rinne *f*

лоха́нка *ж₁* ‹-и, *род мн:* -нок› Kübel *m;* **лоха́нь** *ж₅* ‹-и› Kübel *m*

лохмо́тья *мн₅* ‹-ьев› (*одежда*) Lumpen *m pl;* (*клочья*) Fetzen *m pl;* ◇ **изорва́ть в ~я что-л** etw zerfetzen

ло́шадь *ж₅* ‹-и, *род мн:* -де́й› Pferd *n;* (*конь*) Roß *n;* ◇ **бе́лая** ~ Schimmel *m;* ◇ **сади́ться на** ~ aufs Pferd steigen; ◇ **верхо́м на ~и** zu Pferde; ◇ **рабо́тать как** ~ arbeiten wie ein Pferd

лощи́на *ж₁* ‹-ы› Bodensenkung *f*

луг *м₁* ‹-а, *мн:* луга́, *род:* луго́в› Wiese *f*

лу́жа *ж₁* ‹-и› (*на улице*) Pfütze *f,* Lache *f;* *перен* ◇ **сесть в ~у** in der Patsche sitzen

лужа́йка *ж₁* ‹-и, *род мн:* -жа́ек› kleine Wiese; ◇ **лесна́я** ~ kleine Waldlichtung

лу́за *ж₁* ‹-ы› Billardloch *n*

лук [1] *м₁* ‹-а/-у› Zwiebel *f;* ◇ **зелёный** ~ Schnittlauch *m;* ◇ **~-поре́й** Porree *m*

лук [2] *м* ‹-а› спорт Bogen *m;* ◇ **стрельба́ из ~а** Bogenschießen *n*

лука́вить V_{4b} *несов* ‹-влю, -вишь› [**с~** *сов*] *без доп* (*хитрить*) sich verstellen; (*быть неискренним*) hinterlistig sein; **лука́вый** I. *прил* ‹-ая, -ое, -ые› ① (*коварный*) arglistig, hinterlistig ② (*игривый*) verschmitzt, schlau II. *м* ‹-ого› (*дьявол*) Teufel *m*

луна́ *ж₁* ‹-ы́, *мн:* лу́ны› Mond *m;* ◇ **по́лная** ~ Vollmond; **лу́нный** *прил* ‹-ая, -ое, -ые› Mond-; ◇ **~ое затме́ние** Mondfinsternis *f;* ◇ ~ **свет** Mondschein *m*

лунохо́д *м₁* ‹-а› Mondfahrzeug *n*

лу́па *ж₁* ‹-ы› Lupe *f;* ◇ ~ **вре́мени** Zeitlupe

луч *м₂* ‹-а́, *мн:* -и́› Strahl *m;* ◇ **рентге́новские ~и́** Röntgenstrahlen; ◇ **со́лнечные ~и́** Sonnenstrahlen; ◇ **испуска́ть ~и́** strahlen

лу́чше I. *сравн от прил* **хоро́ший** *и нареч* **хорошо́** besser; ◇ **тем** ~ um so besser; ◇ **всё ~ и ~** immer besser; ◇ **как мо́жно** ~ so gut wie möglich; ◇ **ребёнку сего́дня** ~ dem Kind geht es heute besser II. *сравн от нареч охотно* lieber; ◇ **я ~ позвоню́** ich rufe lieber an; ◇ ~ **не ходи́ть** es ist besser, nicht zu gehen; ◇ **дела́ иду́т как нельзя́** ~ besser könnte es nicht laufen

лу́чший *см.* **хоро́ший** I. *прил* ‹-ая, -ее, -ие› (*высшего качества*) bester, besser; ◇

~ие спортсме́ны го́да die besten Sportler des Jahres; ◇ **в ~ем слу́чае** bestenfalls **II.** *с (А 2)* ‹-его› Beste *n;* ◇ **са́мое ~** das Allerbeste; ◇ **всё меня́ется к ~ему** alles wendet sich zum Besseren; ◇ **всего́ ~его!** alles Gute!

лы́жа *ж₁* ‹-и› Ski *m;* (*полоз*) Kufe *f;* ◇ **ходи́ть на ~ах** Ski laufen; ◇ **навостри́ть ~и** sich auf die Beine [Socken] machen; ◇ **во́дные ~и** Wasserskier; **лы́жник** *м₁* ‹-а› Skiläufer *m;* **лыжня́** *ж₂* ‹-ни́, *род мн:* -не́й› Loipe *f*

лысе́ть V₅ *несов* ‹-е́ю, -е́ешь› [**об~, по~** *сов*] *без доп* eine Glatze bekommen

лы́сина *ж₁* ‹-ы› Glatze *f;* ◇ **~ во всю го́лову** Vollglatze *f*

льви́ца *ж₁* ‹-ы› Löwin *f*

льго́та *ж₁* ‹-ы› Privileg *n,* Vergünstigung *f;* ◇ **предоставля́ть ~ы кому́-л** jd-m Privilegien einräumen; **льго́тный** *прил* ‹-ая, -ое, -ые› Vorzugs-, ermäßigt; ◇ **~ биле́т** ermäßigte Fahrkarte

льди́на *ж₁* ‹-ы› Eisscholle *f*

льнуть V₂ *несов* ‹льну, льнёшь› [**при~** (1) *сов*] *к кому-чему дат* ① (*прижиматься*) sich anschmiegen (an) ② *разг* (*приставать*) sich bei jd-m einschmeicheln

льняно́й *прил* ‹-а́я, -о́е, -ы́е› Flachs-, leinen, Lein-; ◇ **~о́е се́мя** Leinsamen *m;* ◇ **~о́е полотно́** Leinwand *f*

льстец *м₅* ‹-а́› Schmeichler *m;* **льстить** V₄ₐ *несов* ‹льщу, льстишь› [**по~** *сов*] *кому-чему дат* ① (*хвалить из лести*) sich einschmeicheln, sich anbiedern ② (*доставлять удовлетворение*) schmeicheln

любе́зничать V₁ₐ *несов* ‹-аю, -аешь› *с кем-чем тв разг* liebenswürdig sein/tun; (*флиртовать*) flirten; **любе́зность** *ж₅* ‹-и› ① (*обходительность*) Liebenswürdigkeit *f;* (*приветливость*) Freundlichkeit *f;* (*одолжение*) Gefälligkeit *f;* ◇ **оказа́ть кому́-л ~** jd-m eine Gefälligkeit erweisen; ◇ **не откажи́те в ~и!** seien Sie so liebenswürdig! ② (*учтивые слова*) Kompliment *n;* **любе́зный** *прил* ‹-ая, -ое, -ые› ① (*обходительный*) freundlich, liebenswürdig; ◇ **э́то о́чень ~о с твое́й стороны́** das ist sehr liebenswürdig von dir; ◇ **бу́дьте ~ы!** seien Sie so gut! ② *уст* (*дорогой*) lieb; ◇ **~ друг** lieber Freund

люби́мый *прил* ‹-ая, -ое, -ые› geliebt, Lieblings-; ◇ **~ое блю́до** Leibgericht *n;* **люби́тель** *м₂* ‹-я› ① (*чего-л*) Liebhaber *m;* ◇ **~ му́зыки** Musikliebhaber ② (*не профессионал*) Amateur *m;* ◇ **садово́д-~** Hobbygärtner *m;* **люби́ть** V₄ₐ *несов* ‹-блю́, лю́бишь, (4) 1 и 2 л. не употр, *Part. Präs. Akt.* лю́бящий, *Part. Präs. Pass.* люби́мый› *кого-что вин (1, 4), что вин или с инф (2), кого-что вин или с союзом "чтобы" (3)* ① (*испытывать любовь*) lieben, liebhaben; ◇ **~ друг дру́га** sich gegenseitig lieben ② (*иметь склонность*) mögen, gerne tun; ◇ **~ чита́ть** gerne lesen ③ (*быть довольным*) mögen; ◇ **он не ~ит, что́бы его́ гла́дили** er mag es nicht, gestreichelt zu werden ④ (*нуждаться*) nach etw verlangen; ◇ **цветы́ ~ят тепло́** Blumen verlangen nach Wärme

любова́ться V₁ₐ *несов* ‹-бу́юсь, -бу́ешься› [**по~** *сов*] *кем-чем тв или на кого-что вин* etw bewundern, mit Vergnügen betrachten; ◇ **~ карти́ной** sich an einem Bild erfreuen

любо́вник *м₁* ‹-а› Liebhaber *m;* **любо́вница** *ж₁* ‹-ы› Liebhaberin *f;* **любо́вь** *ж₅* ‹-бви́, *тв:* -бо́вью› Liebe *f;* ◇ **взаи́мная ~** gegenseitige Liebe; ◇ **~ с пе́рвого взгля́да** Liebe auf den ersten Blick; ◇ **из ~ви́ к иску́сству** aus Liebe zur Kunst

любозна́тельный *прил* ‹-ая, -ое, -ые› wißbegierig

любо́й *определит мест* ‹-а́я, -о́е, -ы́е› ① (*каждый, всякий*) beliebige(r, s), jede(r, s); ◇ **в ~о́е вре́мя** jederzeit; ◇ **в ~ы́х усло́виях** unter allen Umständen; ◇ **добива́ться успе́ха ~ цено́й** Erfolg um jeden Preis haben wollen ② (*первый попавшийся*) beliebig, irgendein; ◇ **да́йте ему́ ~ конве́рт** geben Sie ihm irgendeinen Umschlag

любопы́тный *прил* ‹-ая, -ое, -ые› ① (*выражабщий любопытство*) neugierig, wißbegierig ② (*занятный*) interessant; ◇ **~ая то́чка зре́ния** ein interessanter Aspekt; **любопы́тство** *с₂* ‹-а› Neugier *f,* Wißbegierde *f;* ◇ **из пусто́го ~а** aus reiner Neugier; ◇ **возбуди́ть/удовлетвори́ть чьё-л ~** jd-s Neugier erwecken/befriedigen

лю́ди *мн₂* ‹-е́й, *дат мн:* лю́дям, *тв:* людьми́, *предл:* лю́дях› Leute *pl,* Menschen *m pl;* ◇ **зна́тные ~** angesehene Leute ② (*работники, кадры*) Personal *n,* Leute *pl;* ◇ **предприя́тию нужны́ ~** das Unternehmen braucht noch Leute; ◇ **вы́йти в ~** etw erreichen im Leben; **лю́дный** *прил* ‹-ая, -ое, -ые› (*густонаселённый*) dicht bevölkert; (*оживлённый*) belebt; ◇ **~ое ме́сто** belebter Platz

людое́д *м₁* ‹-а› Kannibale *m*

людско́й *прил* ‹-а́я, -о́е, -и́е› menschlich, Menschen-; ◇ **~а́я молва́** Gerede *n;* ◇ **~ пото́к** Menschenstrom *m*

Л

лю́стра *жс$_1$* <-ы> Kronleuchter *m*
лютера́нство *с$_2$* <-а> Luthertum *n*
лю́тый *прил* <-ая, -ое, -ые> ① (*беспощадный*) grausam, grimmig; (*хищный*) wild; ◇ ~ **зверь** wildes Tier ② *перен* (*причиняющий мучения*) hart, grausam; ◇ **~ое го́ре** quälender Kummer; ◇ ~ **моро́з** grimmige Kälte
лягу́шка *жс$_1$* <-и, *род мн:* -шек> Frosch *m;* ◇ **зелёная** ~ Laubfrosch
ля́жка *жс$_1$* <-и, *род мн:* -жек> Schenkel *m*
ля́мка *жс$_1$* <-и, *род мн:* -мок> (*ремень*) Tragriemen *m;* (*верёвка*) Schleppseil *n;* ◇ **тяну́ть ~у** malochen
ля́псус *м$_1$* <-а> Lapsus *m,* Schnitzer *m*

М

мавзоле́й *м$_3$* <-я> Mausoleum *n*
магази́н *м$_1$* <-а> ① (*учреждение торговли*) Geschäft *n,* Laden *m;* ◇ **универса́льный** ~ Kaufhaus *n,* Warenhaus *n* ② (*оружия, машины*) Magazin *n;* ◇ **бараба́нный** ~ Trommelmagazin *n*
магистра́ль *жс$_5$* <-и> ① (*главная улица*) Hauptverkehrsstraße *f,* Verkehrsader *f;* ◇ **во́дная** ~ Hauptwasserweg *m* ② тех, эл Hauptleitung *f;* (*кабель*) Hauptkabel *n;* (*труба*) Hauptleitungsrohr *n*
магистра́т *м$_1$* <-а> Stadtverwaltung *f*
магни́т *м$_1$* <-а> Magnet *m;* ◇ **он притя́гивает люде́й как** ~ er zieht die Menschen an wie ein Magnet; **магни́тный** *прил* <-ая, -ое, -ые> magnetisch, Magnet-; ◇ **~ое по́ле** Magnetfeld *n;* ◇ **~ая стре́лка** Magnetnadel *f*
магнитофо́н *м$_1$* <-а> Tonbandgerät *n;* ◇ **кассе́тный** ~ Kassettenrekorder *m*
магно́лия *жс$_4$* <-и> бот Magnolie *f*
ма́зать * *несов* <ма́жу, ма́жешь> [**за**~ (3), **на**~ (2, 4) *сов*] *кого-что вин, что вин или без доп (4)* ① (*смазывать*) einölen, schmieren ② (*намазывать*) bestreichen, auftragen; ◇ ~ **хлеб ма́слом** ein Butterbrot schmieren ③ (*пачкать*) schmutzig machen, beschmieren ④ *разг* (*плохо рисовать*) schmieren, klecksen ⑤ *разг* (*красить лицо, губы*) schminken; **мазо́к** *м$_1$* <-зка́, *мн:* -зки́> ① Pinselstrich *m* ② мед Abstrich *m;* ◇ **взять** ~ einen Abstrich machen
мазу́т *м$_1$* <-а> Heizöl *n*
мазь *жс$_5$* <-и> ① мед Salbe *f* ② (*смазка*) Schmiere *f,* Schmierfett *n;* ◇ **колёсная** ~ Wagenschmiere *f;* ◇ **лы́жная** ~ Skiwachs *n;* ◇ ~ **для о́буви** Schuhcreme *f;* ◇ **де́ло на ~и́** die Sache läuft wie geschmiert
май *м$_3$* <ма́я> Mai *m*
ма́йка *жс$_1$* <-и, *род мн:* ма́ек, *дат:* ма́йкам> спорт Turnhemd *n,* Trikot *n;* (*нижняя рубашка*) Herrenunterhemd *n*
майоне́з *м$_1$* <-а> Mayonnaise *f*
майо́р *м$_1$* <-а> Major *m*
мак *м$_1$* <-а/-у> ① (*травянистое растение*) Mohn *m,* Mohnblume *f;* ◇ **о́пиумный** ~ Schlafmohn *m* ② (*семена*) Mohnsamen *m;* ◇ **бу́лочки с ~ом** Mohnbrötchen *n*
макаро́ны *мн$_1$* <-ро́н> Makkaroni *f pl*
мака́ть V_{1a} *несов* <-а́ю, -а́ешь> [**макну́ть** V_2 *сов*] *что вин* eintauchen, eintunken, stippen; ◇ ~ **кисть в кра́ску** einen Pinsel in Farbe tauchen
маке́т *м$_1$* <-а> ① (*модель*) Modell *n;* (*проект*) Entwurf *m;* ◇ ~ **кни́ги** Blindband *m* ② (*бутафория*) Attrappe *f,* Nachbildung *f*
ма́клер *м$_1$* <-а> Makler *m,* Geschäftsvermittler *m;* ◇ **биржево́й** ~ Börsenmakler *m*
максима́льный *прил* <-ая, -ое, -ые> maximal, Höchst-; ◇ ~ **за́работок** maximales Einkommen; ◇ **~ое коли́чество** Maximum *n,* Höchstmaß *n*
макулату́ра *жс$_1$* <-ы> ① Altpapier *n;* ◇ **сбор ~ы** Altpapiersammlung *f* ② *перен* Schundliteratur *f*
ма́ленький *прил* <-ая, -ое, -ие> (*сравн:* **ме́ньше**) ① (*небольшой по размеру, количеству*) klein; ◇ ~ **рост** kleiner Wuchs; ◇ ~ **до́мик** kleines Häuschen; (*крошечный*) winzig ② (*незначительный*) unbedeutend, geringfügig; ◇ **~ая неприя́тность** kleines Ärgernis ③ (*малолетний*) minderjährig, klein; ◇ **он ведёт себя́ как** ~ er führt sich kindisch auf
мали́на *жс$_1$ kein pl* <-ы> ① (*ягода*) Himbeere *f* ② (*куст*) Himbeerstrauch *m*
мали́новка *жс$_1$* <-и, *род мн:* -вок> зоол Rotkehlchen *n*
ма́ло *нареч* (*немного*) wenig; (*недостаточно*) ungenügend; ◇ **у меня́ ~ свобо́дного вре́мени** ich habe wenig Freizeit; ◇ **сли́шком** ~ zu wenig; ◇ ~ **того́, что. . .** nicht genug, daß...; ◇ ~ **ли что мо́жет случи́ться** wer weiß, was noch alles passieren kann; ◇ **ни мно́го, ни** ~ nicht mehr und nicht weniger
малогра́мотный *прил* <-ая, -ое, -ые> ① (*малообразованный*) ungebildet ② (*хал-*

турный) fehlerhaft, stümperhaft ③ (*плохо владеющий своей специальностью*) dilettantisch; ◇ ~ **те́хник** schlechter Techniker; **малоду́шный** *прил* ‹-ая, -ое, -ые› mutlos; **малозаме́тный** *прил* ‹-ая, -ое, -ые› ① (*едва приметный*) kaum bemerkbar, fast unmerklich ② *перен* unauffällig, unscheinbar; **малоиму́щий** *прил* ‹-ая, -ое, -ие› arm, einkommensschwach; **малоле́тний I.** *прил* ‹-яя, -ее, -ие› im Kindesalter, minderjährig **II.** *м* (*А 2*) ‹-его› Minderjähriger *m;* **малолитра́жка** *ж₁* ‹-и, *род мн:* -жек› *разг* Kleinwagen *m;* **маломо́щный** *прил* ‹-ая, -ое, -ые› ① (*слабый*) schwach, kraftlos ② тех (*малой мощности*) leistungsarm, leistungsschwach; ◇ ~ **дви́гатель** Kleinmotor *m;* **малонаселённый** *прил* ‹-ая, -ое, -ые› dünn besiedelt, wenig bevölkert; **малора́звитый** *прил* ‹-ая, -ое, -ые› unterentwickelt; (*умственно*) geistig zurückgeblieben; (*ограниченный*) beschränkt; **малосодержа́тельный** *прил* ‹-ая, -ое, -ые› inhaltsarm; (*поверхностный*) oberflächlich; **малосо́льный** *прил* ‹-ая, -ое, -ые› (*немного просоленный*) leicht gesalzen; (*недавно посоленный*) frisch gesalzen; **малочи́сленный** *прил* ‹-ая, -ое, -ые› klein (an der Zahl), nicht zahlreich

ма́лый *прил* ‹-ая, -ое, -ые› (*сравн:* **ме́ньше**) ① (*маленький*) gering, klein; ◇ **~ое предприя́тие** Kleinbetrieb *m;* ◇ **с ~ыми поте́рями** mit kleinen Verlusten ② (*узкий, тесный*) zu klein, zu eng; ◇ **ку́ртка ему́ мала́** die Jacke ist ihm zu klein; ◇ **с ~ых лет** von Kindesbeinen an; **малы́ш** *м₂* ‹-а› kleiner Junge, Knirps *m;* **ма́льчик** *м₁* ‹-а› Junge *m; уст* Knabe *m;* фольк ◇ ~ **с па́льчик** Däumling *m*

маля́р *м₁* ‹-а́, *мн:* -ы́› Maler *m,* Anstreicher *m*

маляри́я *ж₄* ‹-и› мед Malaria *f*

ма́ма *ж₁* ‹-ы› Mama *f,* Mutti *f*

ма́монт *м₁* ‹-а› зоол Mammut *n*

мандари́н *м₁* ‹-а› ① (*плод*) Mandarine *f* ② (*дерево*) Mandarinenbaum *m*

манда́т *м₁* ‹-а› Mandat *n;* (*полномочие*) Vollmacht *f*

мандоли́на *ж₁* ‹-ы› муз Mandoline *f*

манёвр *м₁* ‹-а› ① воен Manöver *n* ② *перен (ловкий ход)* Trick *m,* Schachzug *m;* ◇ **уда́чный** ~ gelungener Schachzug ③ ◇ **~ы** *мн* ж.-д. Rangieren *n;* **маневри́ровать** V_{3a} *несов* ‹-рую, -руешь› **[с~** *сов*] *без доп (1, 2, 3), чем тв (4)* ① (*производить маневр*) manövrieren, ein Manöver abhalten ② ж.-д. rangieren ③ *перен (ловко действовать)* (heraus-)manövrieren; ◇ ~ **в сло́жной обстано́вке** sich aus einer schwierigen Lage herausmanövrieren ④ *перен (заведовать)* disponieren; ◇ ~ **резе́рвами** Reserven richtig einsetzen

мане́ж *м₂* ‹-а› ① (*для верховой езды*) Manege *f;* (*крытый*) Reithalle *f* ② (*детский ~*) Laufgitter *n* ③ (*арена цирка*) (Zirkus-)Manege *f* ④ (*помещение*) Halle *f;* ◇ **спорти́вный** ~ Sporthalle *f*

мане́ра *ж₁* ‹-ы› ① (*образ действия*) Art *f,* Art und Weise *f;* ◇ ~ **держа́ть себя́** Verhaltensweise *f* ② ◇ **~ы** *мн (поведение)* Manieren *f pl,* Umgangsformen *f pl;* ◇ **учи́ть кого́-л хоро́шим ~ам** jd-m gute Manieren beibringen

манипуля́ция *ж₄* ‹-и› ① Manipulation *f;* (*приём*) Handgriff *m* ② *перен* (*махинация*) Machenschaft *f*

мани́ть V_{4a} *несов* ‹маню́, ма́нишь› **[по~** *сов*] *кого-что вин* ① (*звать*) herbeiwinken ② *перен* (*привлекать*) anlocken, anziehen; ◇ **юг ~ит тепло́м мно́гих тури́стов** der Süden lockt mit seiner Wärme viele Touristen an

манифе́ст *м₁* ‹-а› Manifest *n*

манифеста́ция *ж₄* ‹-и› Demonstration *f,* Massenkundgebung *f*

ма́ния *ж₄* ‹-и› ① психол Manie *f,* Wahn *m;* ◇ ~ **вели́чия** Größenwahn *m;* ◇ ~ **пресле́дования** Verfolgungswahn *m* ② (*пристрастие*) Besessenheit *f,* Sucht *f;* ◇ ~ **игра́ть в ка́рты** mit Leidenschaft Karten spielen

мануфакту́ра *ж₁* ‹-ы› ① эк Fabrik *f* ② *уст* (*ткани*) Stoffe *m pl,* Textilien *f pl*

марафо́н *м₁* ‹-а› спорт Marathon *m*

маринова́ть V_{3a} *несов* ‹-ну́ю, -ну́ешь, *Part. Prät. Pass.* -но́ванный› **[за~** *сов*] *что вин* ① кул einlegen, marinieren; ◇ ~ **огурцы́** Gurken einlegen ② *перен, разг* (*откладывать*) aufschieben, auf die lange Bank schieben

марионе́тка *ж₁* ‹-и, *род мн:* -ток› ① театр Marionette *f;* ◇ **теа́тр ~ток** Marionettentheater *n* ② *перен* Marionette *f*

ма́рка[1] *ж₁* ‹-и, *род мн:* -рок› ① Marke *f;* ◇ **ге́рбовая** ~ Stempelmarke *f;* ◇ **почто́вая** ~ Briefmarke *f* ② (*клеймо, торговый знак*) Warenzeichen *n,* Marke *f* ③ (*сорт*) Marke *f,* Sorte *f,* Qualität *f;* ◇ **това́р вы́сшей ~и** Spitzenerzeugnis *n;* ◇ **держа́ть свою́ ~у** viel auf seinen Ruf halten

ма́рка[2] *ж* ‹-и› (*денежная единица*) Mark *f*

ма́рля *ж₂* ‹-и› (*ткань*) Mull *m*

Л М

мармела́д *м₁* <-а/-у> Geleekonfekt *n*
март *м₁* <-а> März *m*
ма́ршал *м₁* <-а> Marschall *m*
маршру́т *м₁* <-а> (*путь следования*) Strecke *f*, Marschroute *f;* (*путешествия*) Reiseroute *f;* (*автобуса*) Buslinie *f;* (*трамвая*) Straßenbahnlinie *f;* ◇ ~ **перелёта** Flugstrecke *f*
ма́ска *ж₁* <-и, *род мн:* -сок> ① Maske *f*, Schutzmaske *f* ② (*слепок с лица умершего*) Totenmaske *f;* ◇ **снять ~у с кого́-л** einen Abguß vom Gesicht nehmen ③ *перен* Maske *f*, Deckmantel *m;* ◇ **сбро́сить ~у** sein wahres Gesicht zeigen; **маскара́д** *м₁* <-а> ① (*бал*) Kostümfest *n*, Maskenball *m;* ◇ **новогодний** ~ Silvesterball *m* ② *перен* (*притворство*) Maskerade *f*, Täuschung *f;* ◇ **всё э́то-оди́н** ~ alles nur Heuchelei; **маскирова́ться** V_{3a} *несов* <-ру́юсь, -ру́ешься> [**за~** *сов*] *без доп* ① (*переодеваться*) sich maskieren, sich verkleiden ② *перен* sich verstellen ③ воен sich tarnen
ма́сленица *ж₁* <-ы> Fastnachtswoche *f;* ◇ **не всё коту́** ~ es ist nicht alle Tage Sonntag
маслёнка *ж₁* <-и, *род мн:* -нок> ① Butterdose *f* ② тех Ölkanne *f;* **маслёнок** *м₁* <-нка, *мн:* -ля́та, *род:* -лят> (*гриб*) Butterpilz *m*
масли́на *ж₁* <-ы> ① (*плод*) Olive *f* ② (*дерево*) Olivenbaum *m*
ма́сло *с₂* <-а, *мн:* масла́, *род:* ма́сел, *дат:* -ла́м> ① (*растительное, минеральное*) Öl *n;* ◇ **маши́нное** ~ Maschinenöl; ◇ **оли́вковое** ~ Olivenöl; ◇ **расти́тельное** ~ Pflanzenöl ② (*сливочное*) Butter *f;* ◇ **жа́рить на ~е** in Butter anbraten; ◇ **де́ло идёт как по ~у** die Sache läuft wie geschmiert; ◇ **ката́ться как сыр в ~е** wie die Made im Speck sitzen ③ (*масляные краски*) Ölfarbe *f;* ◇ **писа́ть ~ом** mit Ölfarbe malen; **ма́сляный** *прил* <-ая, -ое, -ые> ① Öl-, Fett-; ◇ **~ое пятно́** Fettfleck *m* ② хим Öl-; ◇ **~ая жи́вопись** Ölgemälde *n*
ма́сса *ж₁* <-ы> ① (*большое количество*) Masse *f*, Menge *f;* ◇ **у меня́ ~ новосте́й** ich habe eine Menge Neuigkeiten ② (*густая смесь*) Masse *f;* ◇ **древе́сная** ~ Holzschliff *m;* ◇ **сырко́вая** ~ (*süße Quarkspeise*) ③ ◇ **~ы** *мн* (*народ*) Masse(n) *f (pl);* ◇ **широ́кие ~ы** die breiten Massen; ◇ **в ~е** größtenteils, vorwiegend
масса́ж *м₂* <-а> Massage *f*
ма́ссовый *прил* <-ая, -ое, -ые> Massen-; ◇ **сре́дства ~ой информа́ции** Massenmedien *n pl*
ма́стер *м₁* <-а, *мн:* -а́, *род:* -о́в> ① (*на производстве*) Meister *m;* ◇ **рабо́тать ~ом** als Meister arbeiten ② (*специалист*) Meister *m*, Spezialist *m;* (*знаток*) Kenner *m;* ◇ **скрипи́чный** ~ Geigenbauer *m;* ◇ **часовы́х дел** ~ Uhrmacher *m;* **мастери́ца** *ж₁* <-ы> Meisterin *f*, Spezialistin *f;* **мастерство́** *с₂* <-а́> ① (*ремесло*) Handwerk *n*, Gewerbe *n;* ◇ **обуча́ться ~у** ein Handwerk erlernen ② (*умение*) (meisterhaftes) Können *n*, Meisterschaft *f*
масть *ж₅* <-и, *мн:* ма́сти, *род:* масте́й> ① (*у животных*) Fellfarbe *f* ② карт Farbe *f;* ◇ **бубно́вая** ~ Karo *n;* ◇ **всех ~е́й** aller Arten, aller Schattierungen
масшта́б *м₁* <-а> ① (*соотношение*) Maßstab *m;* (*размер*) Dimension *f* ② (*размах, значение*) Ausmaß *n*, Maß *n;* ◇ **широ́кий ~ рабо́т** großer Arbeitsumfang; ◇ **в мирово́м ~е** global betrachtet
мат *м₁* <-а> ① шахм Matt *n;* ◇ **объяви́ть ~ сопе́рнику** jd-n matt setzen ② (*неприличная брань*) unanständiges, obszönes Fluchen
материа́л *м₁* <-а> ① (*вещество*) Material *n*, Werkstoff *m;* ◇ **строи́тельный** ~ Baustoff *m* ② (*ткань*) Material *n*, Stoff *m*, Gewebe *n* ③ ◇ **~ы** *мн (собрание документов)* Material *n;* (*сведения*) Belege *m pl*, Quellen *f pl;* ◇ **~ы сле́дствия** Ermittlungsunterlagen *f pl*
матери́к *м₁* <-а́, *мн:* -и́, *род:* -о́в> Kontinent *m*, Festland *n*
матери́нство *с₂* <-а> Mutterschaft *f;* ◇ **охра́на ~а** Mutterschutz *m*
мате́рия *ж₄* <-и> ① филос Materie *f*, Urstoff *m* ② физ Materie *f*, Substanz *f* ③ (*ткань*) Stoff *m*, Gewebe *n;* ◇ **шёлковая** ~ Seidenstoff *m* ④ разг (*тема*) Thema *n;* ◇ **говори́ть о высо́ких ~ях** über hochgeistige Dinge sprechen
ма́тка *ж₁* <-и, *род мн:* -ток> ① анат Gebärmutter *f* ② зоол Weibchen *n*, Muttertier *n;* ◇ **пчели́ная** ~ Bienenkönigin *f*
матра́с, матра́ц *м₁* <-а> Matratze *f;* ◇ **надувно́й** ~ Luftmatratze *f*
матро́с *м₁* <-а> Matrose *m*
матч *м₂* <-а> спорт (*игра*) Spiel *n*, Match *n;* (*состязание*) Wettkampf *m*
мать *ж₅* <ма́тери, *дат:* ма́тери, *тв:* ма́терью, *предл:* ма́тери, *мн:* ма́тери, *род:* матере́й> Mutter *f;* ◇ **~-одино́чка** alleinerziehende Mutter; ◇ **в чём ~ родила́** splitternackt
мах *м₁* <-а/-у> Schwung *m*, Schlag *m;* ◇ **одни́м ~ом** auf Anhieb; ◇ **с ~у** Hals über Kopf, blindlings; ◇ **дать ~у** sich irren

махáть V_{1a} *несов* ‹машу́, мáшешь, *Imp.* маши́, ~те› [**махну́ть** V_2 *сов*] *чем тв* winken, ein Handzeichen geben; (*о собаке*) wedeln; ◇ ~ **рукóй** jd-m zuwinken

махови́к $м_1$ ‹-á› тех Schwungrad *n*

махрóвый *прил* ‹-ая, -ое, -ые› ① *перен* (*отъявленный*) Erz-, ausgesprochen; ◇ ~ **реакционéр** Erzreaktionär ② (*ткань*) Frottier-, frottiert

мáчеха $ж_1$ ‹-и› Stiefmutter *f*

мáчта $ж_1$ ‹-ы› мор Mast *m*

маши́на $ж_1$ ‹-ы› ① Maschine *f;* ◇ **вычисли́тельная** ~ Computer *m;* ◇ **швéйная** ~ Nähmaschine *f* ② *разг* (*автомобиль*) Auto *n,* Wagen *m;* ◇ **грузовáя** ~ Lastkraftwagen *m;* ◇ **служéбная** ~ Dienstwagen *m* ③ *перен* Maschinerie *f;* **маши́нка** $ж_1$ ‹-и, *род мн:* -нок› ① (*пишущая*) Schreibmaschine *f;* ◇ **печáтать на ~е** tippen ② (*швейная*) Nähmaschine *f;* ◇ **шить на ~е** nähen; **маши́нный** *прил* ‹-ая, -ое, -ые› ① mechanisch, maschinell; ◇ **~ая обрабóтка** mechanische Bearbeitung ② (*относящийся к машинам*) Maschinen-; ◇ **~ое отделéние** Maschinenraum *m;* **машиностроéние** $с_4$ ‹-я› Maschinenbau *m*

мая́к $м_1$ ‹-á, *мн:* -и́› Leuchtturm *m*

мáятник $м_1$ ‹-а› Pendel *n;* ◇ **онá хóдит как** ~ sie geht ständig auf und ab

мгновéние $с_4$ ‹-я› Augenblick *m,* Moment *m;* ◇ **в однó** ~ im Nu; ◇ **на** ~ für einen Augenblick; **мгновéнный** *прил* ‹-ая, -ое, -ые› (*возникающий сразу*) augenblicklich, blitzschnell; (*внезапный*) plötzlich, jäh

мéбель $ж_5$ ‹-и› Möbel *n pl;* (*обстановка*) Einrichtung *f;* ◇ **встрóенная** ~ Einbaumöbel; ◇ **кýхонная** ~ Küchenmöbel; ◇ **мя́гкая** ~ Polstermöbel; ◇ **для ~и** nutzlos herumstehen

мегафóн $м_1$ ‹-а› Megaphon *n*

мёд $м_1$ ‹-а/-у, в меду́› ① Honig *m;* ◇ **слáдкий как** ~ honigsüß ② (*напиток*) Met *m,* Honigwein *m*

медáль $ж_5$ ‹-и› Medaille *f;* (*памятная*) Gedenkplakette *f;* ◇ **оборóтная сторонá ~и** die Kehrseite der Medaille

медвéдица $ж_1$ ‹-ы› ① зоол Bärin *f* ② астр ◇ **Большáя/Мáлая М~** der Große/Kleine Bär; **медвéдь** $м_2$ ‹-я› ① зоол Bär *m;* ◇ **бéлый** ~ Eisbär *m;* ◇ **бýрый** ~ Braunbär *m* ② *перен* (*о человеке*) Tollpatsch *m;* ◇ **медвéдь нá ухо наступи́л** jd ist unmusikalisch

медикамéнт $м_1$ ‹-а› Arznei *f,* Medikament *n*

медици́на $ж_1$ ‹-ы› Medizin *f;* ◇ **судéбная** ~ Gerichtsmedizin *f;* **медици́нский** *прил* ‹-ая, -ое, -ие› medizinisch, ärztlich; ◇ **~ая пóмощь** ärztliche Behandlung; ◇ ~ **пункт** medizinische Versorgungsstelle

медли́тельный *прил* ‹-ая, -ое, -ые› langsam, zögerlich; ◇ ~ **ум** träger Verstand; ◇ **~ый человéк** schwerfälliger Mensch; **мéдлить** V_{4b} *несов* ‹-лю, -лишь, *Imp.* мéдли› *с чем тв или с инф* etw hinausschieben, zögern; ◇ ~ **с отвéтом** zögernd antworten; ◇ **нельзя́** ~ **ни минýты** man darf keine Sekunde zögern

медýза $ж_1$ ‹-ы› зоол Meduse *f,* Qualle *f*

медь $ж_5$ ‹-и› ① (*металл*) Kupfer *n;* ◇ **жёлтая** ~ Messing *n;* ◇ **гравю́ра на ~и** Kupferstich *m* ② *разг* (*медные деньги*) Kupfermünzen *f pl;* (*мелочь*) Kleingeld *n*

межá $ж_1$ ‹-и́, *мн:* -и, *дат:* -áм› (*граница земельных участков*) Rain *m,* Ackergrenze *f;* ◇ **знак на ~é** Grenzstein *m*

мéжду *предлог с тв* ① (*положение предмета, лица*) zwischen; ◇ **сядь ~ мной и отцóм** setz dich zwischen mich und Vater; ◇ ~ **четырьмя́ и пятью́ (часáми)** zwischen vier und fünf Uhr ② (*среди*) unter; ◇ **обсуди́ть ~ собóй** etw unter sich besprechen; ◇ ~ **нáми говоря́** unter uns gesagt; ◇ ~ **прóчим** übrigens; ◇ ~ **тем** in der Zwischenzeit

междугорóдный *прил* ‹-ая, -ое, -ые› Fern-, Überland-; ◇ ~ **разговóр** Ferngespräch *n;* **междунарóдный** *прил* ‹-ая, -ое, -ые› international; ◇ **~ое прáво** Völkerrecht *n*

мел $м_1$ ‹-а/-у, в мелу́› Kreide *f;* ◇ **бéлый как** ~ kreidebleich

мéлкий *прил* ‹-ая, -ое, -ие› (*сравн:* **мéльче**) ① (*небольшой*) klein, Klein-; ◇ **~ие дéньги** Kleingeld *n* ② (*неглубокий*) seicht; ◇ **~ая рекá** seichter Fluß; (*о посуде*) flach; ◇ ~ **тарéлка** flacher Teller ③ (*состоящий из малых частиц*) fein, feinkörnig; ◇ ~ **дождь** Nieselregen ④ *перен* (*ничтожный*) unbedeutend; (*мелочный*) kleinherzig, kleinlich; ◇ ~ **чинóвник** kleinlicher Beamter

мелоди́чный *прил* ‹-ая, -ое, -ые› melodisch; (*благозвучный*) wohlklingend; **мелóдия** $ж_4$ ‹-и› Melodie *f;* (*напев*) Weise *f*

мéлочь $ж_5$ ‹-и, *мн:* мéлочи, *род:* -чéй› ① (*мелкие предметы*) kleines Zeug ② (*мелкие монеты*) Kleingeld *n;* ◇ **получи́ть сдáчу ~ю** Kleingeld herausbekommen ③ (*пустяк*) Lappalie *f,* Bagatelle *f,* Belanglosigkeit *f;* ◇ **размéниваться на ~и** seine Kraft vergeuden

мель $ж_5$ ‹-и, на мели́› Sandbank *f;* ◇ **сесть на** ~ auf Grund laufen; *перен* in Schwierigkei-

М

ten geraten; ◇ **снять с ~и́** ein Schiff flottmachen; ◇ **сиде́ть на ~и́** auf dem Trockenen sitzen

ме́льком *нареч* flüchtig; ◇ ~ **ознако́миться** sich flüchtig umschauen

ме́льник *м₁* ‹-а› Müller *m;* **ме́льница** *ж₁* ‹-ы› Mühle *f;* ◇ **ветряна́я** ~ Windmühle *f;* ◇ **лить во́ду на чью-л ~у** Wasser auf jd-s Mühlen gießen

ме́льче *сравн от* **ме́лкий**

мемора́ндум *м₁* ‹-а› Memorandum *n*

мемуа́ры *мн₁* ‹-ов› Memoiren *pl*

ме́нее *нареч, сравн от нареч* **ма́ло** weniger, minder; ◇ ~ **чем когда́-л** weniger denn je; ◇ **тем** ~ um so weniger; ◇ ~ **всего́** am wenigsten; ◇ **тем не** ~ dennoch, nichtsdestoweniger; ◇ **не бо́лее, не** ~ nicht mehr und nicht weniger; ◇ **бо́лее или** ~ mehr oder weniger

мензу́рка *ж₁* ‹-и, *род мн:* -рок› Meßbecher *m*

менструа́ция *ж₄* ‹-и› Menstruation *f*

ме́ньше *сравн от* **ма́ленький** и **ма́лый**

меньшинство́ *с₂* ‹-а́, *мн:* -ши́нства› Minderheit *f,* Minorität *f;* ◇ **ничто́жное** ~ verschwindende Minderheit; ◇ **быть в ~е́** in der Minderheit sein; ◇ **национа́льные меньши́нства** nationale Minoritäten

меню́ *с* ‹нескл› (1) (*кушанье*) Menü *n* (2) (*листок*) Speisekarte *f*

меня́ *см.* **я**

меня́ть V*₁b* *несов* ‹-я́ю, -я́ешь› [**по**~ (1) *сов*] *кого-что вин на что вин (1), кого-что вин (2, 3)* (1) (*обменивать*) tauschen, umtauschen, eintauschen; ◇ ~ **кварти́ру на да́чу** die Wohnung gegen eine Datscha tauschen (2) (*разменивать*) wechseln; ◇ ~ **де́ньги** Geld wechseln; (*сменить*) ◇ ~ **бельё** Wäsche wechseln; ◇ ~ **рабо́ту** den Arbeitsplatz wechseln (3) (*изменять*) ändern; ◇ **э́ти обстоя́тельства ~ют всё де́ло** diese Umstände ändern alles; ◇ ~ **мне́ние** die Meinung ändern; **меня́ться** *несов* ‹-я́юсь, -я́ешься, (1, 3) 1 и 2 л. не употр› [**по**~ (2) *сов*] *без доп (1), кем-чем тв с кем тв (2)* (1) (*изменяться*) sich ändern, sich verändern; ◇ **ве́тер ~ется** der Wind dreht sich; ◇ **привы́чки ~ются** Gewohnheiten ändern sich (2) (*обмениваться*) (aus-)tauschen; (*заменять друг друга*) gegenseitig austauschen; ◇ ~ **ма́рками с това́рищем** Briefmarken mit einem Freund tauschen

ме́ра *ж₁* ‹-ы› (1) (*единица измерения*) Maßeinheit *f,* Maß *n;* ◇ ~ **длины́** Längenmaß *n* (2) Maß *n,* Ausmaß *n;* (*граница, предел*) Grenze *f;* ◇ **без ~ы** maßlos; ◇ **знать ~у** seine Grenzen kennen; ◇ ~ **наказа́ния** Strafmaß *n;* ◇ **в по́лной ~е** in vollem Umfang; ◇ **сверх ~ы** über die Maßen; ◇ **по ~е того́, как...** je nach...; ◇ **по ~е возмо́жности** nach Möglichkeit; ◇ **име́ть чу́вство ~ы** taktvoll sein, sich angemessen verhalten (3) ◇ **~ы** *мн* (*мероприятие*) Maßnahmen *f pl;* ◇ **приня́ть ~ы** Maßnahmen ergreifen; ◇ **сро́чные ~ы** Sofortmaßnahmen *f pl*

мерза́вец *м₅* ‹-вца, *мн:* -вцы› Schuft *m*

ме́рзкий *прил* ‹-ая, -ое, -ие› (*гадкий*) gemein, gräßlich; ◇ **~ая пого́да** scheußliches Wetter

ме́рить V*₄b* *несов* ‹ме́рю, ме́ришь› [**по**~ (2) *сов*] *кого-что вин* (1) (aus-)messen; ◇ ~ **на глаз** nach dem Augenmaß bestimmen (2) (*примерять*) anprobieren

ме́рка *ж₁* ‹-и, *род мн:* -рок› Maß *n;* ◇ **снять ~у** Maß nehmen; ◇ **подходи́ть ко всем с одно́й ~ой** alle(s) über einen Kamm scheren

мероприя́тие *с₄* ‹-я› (1) (*кампания*) Veranstaltung *f* (2) (*мера*) Maßnahme *f*

мёртвый I. *прил* ‹-ая, -ое, -ые› tot, leblos; ◇ **~ая то́чка** toter Punkt; ◇ **~ая тишина́** Totenstille *f;* ◇ ~ **язы́к** tote Sprache; эк ◇ ~ **сезо́н** Flaute *f;* ◇ **спать ~ым сном** schlafen wie ein Murmeltier II. *м (A₁)* ‹-ого› Toter *m;* ◇ **хорони́ть ~ых** die Toten begraben

мерца́ть V*₁a* *несов* ‹-а́ет, -а́ют, 1 и 2 л. не употр› *без доп* (*слабо светиться*) flimmern, blinken; (*о свече*) flackern; (*о звёздах*) funkeln

мести́ * *несов* ‹мету́, метёшь, (2) 1 и 2 л. не употр› *что вин* (1) (*подметать*) (zusammen-)kehren, (zusammen-)fegen; ◇ ~ **двор** den Hof fegen (2) (*развевать*) aufwirbeln, stöbern; ◇ **ве́тер метёт пыль** der Wind wirbelt den Staub auf

ме́стность *ж₅* ‹-и› (1) (*характер земной поверхности*) Gelände *n;* (*ландшафт*) Gegend *f;* ◇ **гори́стая** ~ Berglandschaft *f;* ◇ **се́льская** ~ ländliche Gegend (2) (*край, округа*) Kreis *m,* Gebiet *n;* **ме́стный** *прил* ‹-ая, -ое, -ые› (1) (*относящийся к данной местности*) örtlich, Orts-, lokal; ◇ **~ое вре́мя** Ortszeit *f;* ◇ ~ **обы́чай** lokaler Brauch; ◇ ~ **го́вор** Mundart *f,* Dialekt *m* (2) (*здешний*) einheimisch, hiesig; ◇ ~ **жи́тель** Einheimischer *m* (3) (*не общегосударственный*) kommunal; **ме́сто** *с₂* ‹-а, *мн:* -а́, *дат:* -а́ми› (1) (*пространство*) Ort *m,* Platz *m;* (*пункт*) Stelle *f;* (*для сидения*) Sitzplatz *m;* ◇ **больно́е** ~ wunde Stelle; *перен* der wunde Punkt; ◇ **заня́ть** ~ Platz nehmen; ◇ **на ~е** vor Ort; ◇ ~

встре́чи Treffpunkt *m;* ◇ ~ **назначе́ния** Zielort *m;* ◇ ~ **преступле́ния** Tatort *m;* ◇ ~ **рожде́ния** Geburtssort; ◇ **не дви́гаться с ~а** sich nicht von der Stelle rühren ② (*работа*) Stelle *f;* (*должность*) Position *f,* Amt *n;* ◇ **вака́нтное** ~ freie Stelle; ◇ **занима́ть** ~ ein Amt bekleiden; ◇ **иска́ть** ~ eine Stelle suchen; спорт ◇ **заня́ть пе́рвое** ~ den ersten Platz belegen ③ (*часть текста*) Stelle *f,* Abschnitt *m,* Passage *f;* ◇ **са́мое интере́сное ~ в пье́се** die interessanteste Stelle im Stück ④ (*багаж*) (Gepäck-)Stück *n;* ◇ **сдать в бага́ж четы́ре ~а** vier Gepäckstücke aufgeben; ◇ **она́ не нахо́дит себе́ ~а** sie ist außer sich; ◇ **поста́вить кого́-л на** ~ jd-n zurechtweisen

местожи́тельство $с_2$ ‹-а› Wohnort *m;* ◇ **постоя́нное** ~ ständiger Wohnsitz

местоиме́ние $с_4$ ‹-я› грам Pronomen *n;* ◇ **ли́чное** ~ Personalpronomen

местопребыва́ние $с_4$ ‹-я› Aufenthalt(-sort) *m*

месторожде́ние $с_4$ ‹-я› геол Vorkommen *n,* Lagerstätte *f;* ◇ ~ **не́фти** Erdölvorkommen *n*

месть $ж_5$ ‹-и› Rache *f;* ◇ **кро́вная** ~ Blutrache *f;* ◇ **жа́жда ~и** Rachedurst *m*

ме́сяц $м_3$ ‹-а› ① (*календарный*) Monat *m;* ◇ **в теку́щем ~е** in diesem Monat; ◇ **в про́шлом ~е** letzten Monat; ◇ **~а́ми** monatelang; ◇ **в конце́ ~а** Ende des Monats; ◇ ~ **тому́ наза́д** vor einem Monat ② (*луна*) Mond *m;* ◇ **по́лный** ~ Vollmond *m*

мета́лл $м_1$ ‹-а› Metall *n;* ◇ **благоро́дный** ~ Edelmetall *n;* **металлоло́м** $м_1$ ‹-а› Schrott *m;* ◇ **сбор ~а** Schrottsammlung *f;* **металлу́рг** $м_1$ ‹-а› Hüttenarbeiter *m;* **металлурги́я** $ж_4$ ‹-и› Metallurgie *f,* Hüttenkunde *f;* (*промышленность*) Hüttenindustrie *f*

мета́ние $с_4$ ‹-я› ① спорт Werfen *n,* Wurf *m;* ◇ ~ **копья́** Speerwerfen *n;* ◇ ~ **ди́ска** Diskuswerfen *n* ② ◇ ~ **икры́** Laichen *n*

мете́ль $ж_5$ ‹-и› Schneesturm *m*

метеоро́лог $м_1$ ‹-а› Meteorologe *m;* **метеорологи́ческий** *прил* ‹-ая, -ое, -ие› meteorologisch; ◇ **~ая сво́дка** Wetterbericht *m;* ◇ **~ие усло́вия** Witterungverhältnisse *n pl*

ме́тить [1] V_{4b} *несов* ‹ме́чу, ме́тишь, *Part. Prät. Pass.* ме́ченный› [**на~, по~** *сов*] *что вин* kennzeichnen, markieren

ме́тить [2] *несов* ‹ме́чу, ме́тишь› [**на~** (1) *сов*] *в кого-что вин* ① (*в цель*) zielen; ◇ **она́ ~ла пря́мо в центр** sie zielte genau auf die Mitte ② (*стремиться*) anstreben, auf etw hinauswollen; ◇ **он ~ит в мини́стры** er hat es auf einen Ministerposten abgesehen

ме́тка $ж_1$ ‹-и, *род мн:* -ток› Markierung *f,* Zeichen *n*

ме́ткий *прил* ‹-ая, -ое, -ие› ① (*точно попадающий в цель*) sicher, treffsicher, treffend; ◇ ~ **глаз** scharfes Auge; ◇ ~ **стрело́к** Scharfschütze ② *перен* treffend, scharfsinnig; ◇ **~ое сравне́ние** treffender Vergleich

метла́ $ж_1$ ‹-ы́, *мн:* мётлы, *род:* мётел, *дат:* мётлам› Besen *m*

ме́тод $м_1$ ‹-а› (*действие*) Methode *f;* (*способ*) Verfahren *n;* **мето́дика** $ж_1$ ‹-и› Methodik *f;* **методи́ческий** *прил* ‹-ая, -ое, -ие› methodisch; (*систематический*) systematisch

метр [1] $м_1$ ‹-а› ① (*единица длины*) Meter *m;* ◇ **квадра́тный** ~ Quadratmeter *m;* ◇ **куби́ческий** ~ Kubikmeter *m* ② (*измерительная линейка*) Metermaß *n;* ◇ **складно́й** ~ Zollstock *m*

метр [2] $м_1$ ‹-а› лит Versmaß *n,* Metrum *n;* ◇ **дактили́ческий** ~ Daktylus *m*

ме́трика $ж_1$ ‹-и› Geburtsurkunde *f*

метро́ *с* ‹нескл› U-Bahn *f;* ◇ **е́хать на** ~ mit der U-Bahn fahren

метропо́лия $ж_4$ ‹-и› Kolonialmacht *f*

мех $м_1$ ‹-а, *мн:* -а́, *род:* -о́в› ① (*шерсть животного*) Fell *n;* ◇ **ли́сий** ~ Fuchspelz *m* ② ◇ **~а́** *мн* Pelzkleidung *f*

механиза́ция $ж_4$ ‹-и› Mechanisierung *f;* **механи́зм** $м_1$ ‹-а› ① (*устройство прибора*) Mechanismus *m;* (*приспособление*) Vorrichtung *f;* ◇ **переда́точный** ~ Getriebe *n;* ◇ **часово́й** ~ Uhrwerk *n* ② *перен* Mechanismus *m;* ◇ **госуда́рственный** ~ Staatsapparat *m;* **меха́ника** $ж_1$ ‹-и› ① Mechanik *f;* ◇ **то́чная** ~ Feinmechanik ② *перен* Sinn *m,* Zusammenhang *m,* Aufbau *m;* ◇ **хи́трая** ~ schlaues Machwerk; **механи́ческий** *прил* ‹-ая, -ое, -ие› ① тех mechanisch, maschinell; ◇ ~ **при́вод** mechanischer Antrieb ② (*привычный*) gewohnheitsmäßig; (*непроизвольный*) unwillkürlich; (*автоматический*) automatisch; ◇ **~ое движе́ние** mechanische Bewegung

меч $м_2$ ‹-а́, *мн:* -и́› Schwert *n;* ◇ **обнажи́ть** ~ das Schwert ziehen

мече́ть $ж_5$ ‹-и› Moschee *f*

мечта́ $ж_1$ ‹-ы́, *мн:* -ы́, *род:* -а́ний, *дат:* -а́м› Traum *m;* (*желание*) Wunschtraum *m;* ◇ ~ **сбыла́сь** der Traum ging in Erfüllung; (*обманчивая*) Hirngespinst *n;* (*фантазия*) Phantasie *f,* Träumerei *f;* **мечта́ть** V_{1a} *несов* ‹-а́ю, -а́ешь› *о ком-чём предл или с инф* träumen (von), sich sehnen (nach)

меша́ть [1] V_{1a} *несов* ‹-а́ю, -а́ешь› [**по~** *сов*]

М

кому-чему дат или с инф jd-n stören; (*препятствовать*) im Weg stehen, hindern bei etw; (*стеснять*) belästigen; ◇ **не ~а́й мне чита́ть** stör mich nicht beim Lesen; ◇ **что меша́ет тебе́ вы́сказаться?** was hindert dich deine Meinung zu sagen? ◇ **не меша́ло бы** es würde nicht schaden, es wäre gut

меша́ть [2] *несов* ‹-а́ю, -а́ешь› [**по~** (1), **с~** (2, 3) *сов*] *кого-что вин* ① (*размешивать*) (um-)rühren; ◇ ~ **чай ло́жкой** den Tee mit einem Löffel umrühren ② (*смешивать*) (ver-) mischen; ◇ ~ **вино́ с водо́й** Wein mit Wasser mischen ③ (*путать*) verwechseln, durcheinanderbringen

мешо́к $м_1$ ‹-шка́, *мн:* -шки́› Sack *m;* ◇ **похо́дный** ~ Rucksack *m;* ◇ **спа́льный** ~ Schlafsack *m;* ◇ **~шки́ под глаза́ми** Tränensäcke *m pl*

меща́нский *прил* ‹-ая, -ое, -ие› ① ист kleinbürgerlich ② *перен* spießig, kleinkariert; ◇ **~ые взгля́ды** spießige Ansichten; **меща́нство** $с_2$ ‹-а› ① ист Kleinbürgertum *n* ② *перен* Spießbürgertum *n*

миг $м_1$ ‹-а› Augenblick *m;* ◇ **в оди́н** ~ im Nu; ◇ **на** ~ für einen kurzen Augenblick

мига́ть V_{1a} *несов* ‹-а́ю, -а́ешь, (3) 1 и 2 л. не употр› [**мигну́ть** V_2 *сов*] *без доп* ① (*моргать*) blinzeln, zwinkern ② (*давать знак*) zuzwinkern, zublinzeln ③ (*звезды*) funkeln, flimmern; (*свеча*) flackern

ми́гом *нареч* im Nu, blitzschnell

мигра́ция $ж_4$ ‹-и› Migration *f,* Wanderung *f*

мигре́нь $ж_5$ ‹-и› Migräne *f*

ми́зерный *прил* ‹-ая, -ое, -ые› (*ничтожный*) miserabel, nichtig; (*бедный*) kümmerlich, armselig; (*жалкий*) erbärmlich

мизи́нец $м_5$ ‹-нца› (*на руке*) kleiner Finger *m;* (*на ноге*) kleine Zehe *f;* ◇ **он не сто́ит твоего́ ~нца** er ist deiner nicht würdig

микроволно́вый *прил* ‹-ая, -ое, -ые› ◇ **~ая печь** Mikrowellenherd *m*

микроско́п $м_1$ ‹-а› Mikroskop *n;* ◇ **рассма́тривать что-л под ~ом** etw durch das Mikroskop anschauen; **микроскопи́ческий** *прил* ‹-ая, -ое, -ие› mikroskopisch; (*очень маленький*) mikroskopisch klein, winzig; ◇ **~ая по́рция** winzige Portion

милитариза́ция $ж_4$ ‹-и› Militarisierung *f*

милиционе́р $м_1$ ‹-а› Milizionär *m,* Polizist *m;* **мили́ция** $ж_4$ ‹-и› Miliz *f,* Polizei *f*

миллиа́рд $м_1$ ‹-а› Milliarde *f*

миллио́н $м_1$ ‹-а› Million *f; разг* ◇ **нажи́ть ~ы** Millionen verdienen; **милионе́р** $м_1$ ‹-а› Millionär *m*

милосе́рдие $с_4$ ‹-я› Barmherzigkeit *f;* ◇ **без ~я** unbarmherzig

ми́лостыня $ж_2$ ‹-и› Almosen *n;* ◇ **проси́ть ~ю** um Almosen betteln

ми́лость $ж_5$ ‹-и› ① (*расположение*) Gunst *f,* Gnade *f,* Wohlwollen *n;* ◇ **быть в ~и у кого́-л** in jd-s Gunst stehen ② (*благодеяние*) Gnadenbezeugung *f* ③ (*милосердие*) Barmherzigkeit *f,* Gnade *f;* ◇ **смени́ть гнев на** ~ Gnade vor Recht ergehen lassen; ◇ **по ва́шей ~и** dank Ihnen, durch Sie; ◇ **~и про́сим!** seien Sie willkommen!; ◇ **сде́лайте** ~ haben Sie die Güte

ми́лый **I.** *прил* ‹-ая, -ое, -ые› ① (*приятный*) lieb ② (*миловидный*) nett, hübsch; ◇ **э́то о́чень ~о с Ва́шей стороны́** das ist sehr nett von Ihnen ③ (*как обращение*) lieb, teuer; ◇ **~ая Ве́ра** liebe Vera **II.** *м* (*A 1*) ‹-ого› Liebling *m,* Geliebte *m*

ми́ля $ж_2$ ‹-и› Meile *f;* ◇ **морска́я** ~ Seemeile

ми́мо **I.** *нареч* vorbei, vorüber; ◇ **прое́хать** ~ vorbeifahren; ◇ **пройти́** ~ vorbeigehen; ◇ ~! daneben!; ◇ **пропусти́ть что-л** ~ **уше́й** etw überhören **II.** *предлог с род* (*не достигая*) an etw vorbei; ◇ **бить** ~ **це́ли** das Ziel verfehlen

мимо́за $ж_1$ ‹-ы› бот Mimose *f*

мимохо́дом *нареч* ① (*по пути*) im Vorübergehen, auf dem Weg; ◇ ~ **зайти́ куда́-л** auf dem Weg irgendwo vorbeischauen ② (*между прочим*) übrigens, nebenbei; ◇ ~ **сказа́ть** etw nebenbei sagen

ми́на [1] $ж_1$ ‹-ы› воен Mine *f;* (*миномётная*) Granate *f;* ◇ **закла́дывать ~ы** Minen legen

ми́на [2] *ж* ‹-ы› (*выражение лица*) Miene *f;* ◇ **сде́лать ки́слую ~у** eine saure Miene machen; ◇ **де́лать хоро́шую ~у при плохо́й игре́** gute Miene zum bösen Spiel machen

минда́лина $ж_1$ ‹-ы› ① (*орех миндаля*) Mandelkern *m* ② анат Mandel *f;* ◇ **воспале́ние минда́лин** Mandelentzündung *f;* **минда́ль** $м_2$ ‹-я́› ① (*плоды*) Mandeln *f pl* ② (*дерево*) Mandelbaum *m*

минера́льный *прил* ‹-ая, -ое, -ые› mineralisch, Mineral-; ◇ **~ая вода́** Mineralwasser *n*

минима́льный *прил* ‹-ая, -ое, -ые› minimal, Mindest-; ◇ **с ~ой затра́той** mit minimalem Aufwand; ◇ **в** ~ **срок** in kürzester Zeit; **ми́нимум** $м_1$ ‹-а› Minimum *n,* Mindestwert *m,* Tiefstwert *m;* ◇ **прожи́точный** ~ Existenzminimum *n*

министе́рство $с_2$ ‹-а› Ministerium *n;* ◇ ~ **вну́тренних дел** Innenministerium *n;* ◇ ~ **иностра́нных дел** Außenministerium *n,*

(BRD) Auswärtiges Amt; ◇ ~ оборо́ны Verteidigungsministerium *n;* **мини́стр** *м₁* <-а> Minister *m;* ◇ **замести́тель ~а** stellvertretender Minister; ◇ **премье́р -** ~ Premierminister *m,* Ministerpräsident *m*

минова́ть V_{3a} *несов* <-ну́ю, -ну́ешь, (3) 1 и 2 л. не употр> [**ми́нуть** (1) *сов*] *кого-что вин (1), чего род или с инф (2), без доп (3)* ① (*проехать мимо*) vorüberfahren; (*пройти мимо*) vorübergehen ② (*избежать*) vermeiden; (*уклониться*) ausweichen; ◇ **опа́сный эта́п нам удало́сь** ~ es gelang uns, die gefährliche Strecke zu umgehen ③ (*окончиться*) vorübergehen, vergehen; ◇ **опа́сность ~а́ла** die Gefahr ist vorüber; ◇ **о́тпуск ~а́л** der Urlaub ist zu Ende

ми́нус I. *м₁* <-а> ① мат (*знак*) Minus(-zeichen) *n* ② *перен* Minus *n,* Schattenseite *f;* ◇ **прое́кт име́ет мно́го ~ов** das Projekt hat viele Mängel **II.** *нареч* ① (*без чего-л, вычтя*) minus, weniger; ◇ **семь ~ три** sieben minus drei ② (*температура*) minus; ◇ **вчера́ бы́ло ~ 25 гра́дусов** gestern war es 25 Grad unter Null

мину́та *ж₁* <-ы> ① (*единица времени*) Minute *f;* ◇ **пять мину́т деся́того** fünf nach neun; ◇ ~ **молча́ния** Schweigeminute *f* ② (*мгновение*) Augenblick *m;* ◇ **сию́ ~у!** gleich!, sofort!; ◇ **одну́ ~у!** Sekunde noch!; ◇ **с ~ы на ~у** jeden Augenblick

мир[1] *м₁* <-а/-у, *мн:* -ы́> ① Welt *f;* (*земля*) Erde *f;* ◇ **во всём ~е** auf der ganzen Welt ② (*вселенная*) Weltall *n,* Universum *n* ③ (*сфера, область*) Welt *f,* Reich *n;* ◇ **артисти́ческий** ~ Künstlerkreis *m;* ◇ **живо́тный** ~ Tierreich *n,* Fauna *f;* ◇ **расти́тельный** ~ Pflanzenwelt *f,* Flora *f;* ◇ **окружа́ющий** ~ Umwelt *f;* ◇ **пусти́ть по́ ~у** jd-n an den Bettelstab bringen

мир[2] *м* <-а> (*отсутствие войны*) Frieden *m;* (*согласие*) Eintracht *f;* ◇ ~ **во всём ~е** Weltfrieden; ◇ **заключи́ть** ~ Frieden schließen; ◇ **движе́ние за** ~ Friedensbewegung *f*

мира́ж *м₂* <-а́, *мн:* -и́> Fata Morgana *f,* Luftspiegelung *f; перен* Trugbild *n*

мири́ть V_{4a} *несов* <-рю́, -ри́шь> [**по~, при~** *сов*] *кого-что вин с кем тв* versöhnen, aussöhnen; **мири́ться** *несов* <-рю́сь, -ри́шься> [**по~** (1), **при~** (2) *сов*] *с кем-чем тв или без доп (1), с чем тв (2)* ① (*прекращать вражду*) sich versöhnen, Frieden schließen ② (*терпимо относиться*) sich abfinden (mit), in Kauf nehmen; ◇ ~ **с пораже́нием** sich mit der Niederlage abfinden

ми́рный *прил* <-ая, -ое, -ые> ① Friedens-; ◇ ~ **догово́р** Friedensvertrag *m* ② (*миролюбивый*) friedliebend, friedlich; ◇ **~ым путём** auf friedlichem Wege; ◇ ~ **населе́ние** Zivilbevölkerung *f*

мировоззре́ние *с₄* <-я> Weltanschauung *f*

мирово́й *прил* <-а́я, -о́е, -ы́е> ① (*всемирный*) Welt-; ◇ **~а́я война́** Weltkrieg *m;* ◇ ~ **реко́рд** Weltrekord *m;* ◇ **~а́я сла́ва** Weltruhm *m;* ◇ **собы́тие ~о́го значе́ния** Ereignis von internationaler Bedeutung; ◇ **в ~о́м масшта́бе** aus globaler Sicht ② *перен, разг* (*замечательный*) prima, klasse; ◇ **он - ~ па́рень** er ist ein Mordskerl

миролюби́вый *прил* <-ая, -ое, -ые> friedliebend, friedfertig

ми́ска *ж₁* <-и, *род мн:* -сок> Schüssel *f*

ми́ссия *ж₄* <-и> ① (*поручение*) Mission *f,* Auftrag *m;* ◇ **возложи́ть ва́жную ~ю на кого́-л** jd-m eine wichtige Mission übertragen ② (*постоянное дипломатическое представительство*) Gesandtschaft *f,* ständige Vertretung *f* ③ (*дипломатическая*) Mission *f;* ◇ **торго́вая** ~ Handelsmission

ми́тинг *м₁* <-а> (Massen-)Kundgebung *f,* Versammlung *f*

миф *м₁* <-а> ① (*древнее сказание*) Mythos *m;* (*легенда*) Legende *f* ② *перен* (*выдумка*) Erfindung *f,* Erdichtung *f;* ◇ **~ы баро́на Мюнхау́зена** die Lügengeschichten des Barons von Münchhausen

мише́нь *ж₅* <-и> ① (*для стельбы*) Zielscheibe *f* ② *перен* Zielscheibe *f;* ◇ **сде́лать кого́-л ~ю для насме́шек** jd-n zur Zielscheibe des Spotts machen

младе́нец *м₅* <-нца> (*маленький ребёнок*) Kleinkind *n;* (*грудной*) Säugling *m*

млекопита́ющее *с (А₂)* <-его> зоол Säugetier *n*

мне *см.* **я**

мне́ние *с₄* <-я> (*суждение, оценка*) Meinung *f;* (*взгляд*) Ansicht *f;* (*высказывание*) Äußerung *f;* ◇ **быть хоро́шего ~я о ком-л** eine gute Meinung von jd-m haben; ◇ **высказа́ть своё** ~ seine Meinung zum Ausdruck bringen; ◇ **по моему́ ~ю** meiner Meinung nach; ◇ **быть одного́ ~я** einer Meinung sein

мни́тельный *прил* <-ая, -ое, -ые> argwöhnisch, mißtrauisch

мно́гие *(А₁)* <-их> **I.** *прил* viele, manche; ◇ **во ~их отноше́ниях** in vielerlei Hinsicht **II.** *мн* viele, manche Leute

мно́го *нареч* viel; ◇ ~ **лет** viele Jahre; ◇ ~ **раз** oftmals, mehrmals; ◇ **э́то о́чень ~ зна́-**

М

чит das hat viel zu bedeuten; ◇ ~ шу́му из ничего́ viel Lärm um nichts; ◇ ни ~, ни ма́ло nicht mehr und nicht weniger; ◇ ~-~ höchstens

многовеково́й *прил* <-а́я, -о́е, -ы́е> jahrhundertelang; **многоде́тный** *прил* <-ая, -ое, -ые> kinderreich; ◇ **~ая семья́** kinderreiche Familie; **многожёнство** c_2 <-а> Polygamie *f;* **многозначи́тельный** *прил* <-ая, -ое, -ые> ① (*важный*) bedeutend, wichtig ② (*выразительный*) vielsagend; ◇ **~ое молча́ние** vielsagendes Schweigen; **многоле́тний** *прил* <-яя, -ее, -ие> langjährig; (*старый*) alt; **многолю́дный** *прил* <-ая, -ое, -ые> belebt; (*о стране*) dichtbevölkert; (*о улице*) belebt, verkehrsreich; (*о концерте*) gut besucht; **многонациона́льный** *прил* <-ая, -ое, -ые> multinational, Vielvölker-; ◇ **~ое госуда́рство** Vielvölkerstaat *m;* **многообеща́ющий** *прил* <-ая, -ее, -ие> vielversprechend; **многострада́льный** *прил* <-ая, -ое, -ые> leidgeprüft, leidvoll; **многото́чие** c_4 <-я> Gedankenpunkte *m pl;* **многоуважа́емый** *прил* <-ая, -ое, -ые> (*обращение*) sehr geehrt(e, r); **многочи́сленный** *прил* <-ая, -ое, -ые> zahlreich, vielköpfig **многоэта́жный** *прил* <-ая, -ое, -ые> mehrstöckig; **многоязы́чный** *прил* <-ая, -ое, -ые> mehrsprachig, vielsprachig

мно́жество c_2 <-а> ① große Anzahl *f,* Menge *f;* (*очень большое количество*) Vielzahl *f,* Unmenge *f;* ◇ **~ люде́й** eine Menge Leute ② мат Menge *f;* ◇ **тео́рия мно́жеств** Mengenlehre *f*

мно́жить V_{4b} *несов* <-жу, -жишь, *Part. Präs. Pass.* -жимый> [**по**~ (1), **у**~ *сов*] *что вин на что вин (1), кого-что вин (2)* ① мат multiplizieren, malnehmen; ◇ **~ пять на четы́ре** fünf mit vier multiplizieren ② (*увеличивать*) vervielfältigen, vermehren

мной, мно́ю *см.* **я**

мобилиза́ция $ж_4$ <-и> ① воен Mobilisierung *f,* Mobilmachung *f* ② *перен* Mobilisierung *f,* Aufbietung *f;* ◇ **~ всех ресу́рсов** Aufbietung aller Mittel

моги́ла $ж_1$ <-ы> Grab *n;* ◇ **бра́тская ~** Massengrab; ◇ **возложи́ть вено́к на ~у** einen Kranz am Grab niederlegen; ◇ **свести́ кого́-л в ~у** jd-n ins Grab bringen; ◇ **стоя́ть одно́й ного́й в ~е** mit einem Fuß im Grab stehen **моги́льщик** $м_1$ <-а> Totengräber *m*

могу́щественный *прил* <-ая, -ое, -ые> mächtig, stark

мо́да $ж_1$ <-ы> Mode *f;* ◇ **по после́дней ~е** nach der neuesten Mode; ◇ **войти́ в ~у** in Mode kommen; ◇ **сле́довать за ~ой** die Mode mitmachen

модерниза́ция $ж_4$ <-и> Modernisierung *f*

мо́дный *прил* <-ая, -ое, -ые> ① (*элегантный*) modisch, schick; (*быть в моде, актуальный*) modern, aktuell, in; ◇ **~ костю́м** schickes Kostüm; ◇ **~ая пе́сенка** Schlager *m;* ◇ **ми́ни-ю́бки вновь ста́ли ~ыми** Miniröcke sind wieder in ② Mode-; ◇ **~ журна́л** Modezeitschrift *f*

можжеве́льник $м_1$ <-а> бот Wacholder *m*

мо́жно *предик, безл* ① (*возможно*) es ist möglich, man kann; ◇ **е́сли ~** wenn möglich ② (*позволительно*) man darf, es ist erlaubt; ◇ **~ кури́ть здесь?** darf man hier rauchen?; ◇ **как ~ скоре́е** so schnell wie möglich

мозг $м_1$ <-а, *мн:* -и́> ① анат Gehirn *n,* Hirn *n;* ◇ **воспале́ние ~а** Hirnhautentzündung *f;* ◇ **сотрясе́ние ~а** Gehirnerschütterung *f* ② (*костный*) Knochenmark *n;* ◇ **спинно́й ~** Rückenmark *n* ③ *перен* Verstand *m;* ◇ **шевели́ть ~а́ми** seinen Verstand anstrengen ④ ◇ **~и́** *мн* (*кушанье*) Hirn *n;* ◇ **до ~а косте́й** bis auf die Knochen

мозо́ль $ж_5$ <-и> Schwiele *f,* Blase *f;* (*на пальцах ног*) Hühnerauge *n;* ◇ **наступи́ть кому́-л на люби́мую ~** jd-s wunden Punkt treffen

мой *м* (<-его́>, **моя́** *ж* <-е́й>, **моё** *с* <-его́>, **мои́** *мн* <-и́х>) *притяж мест* **I.** mein, meine; ◇ **э́то моя́ кварти́ра** das ist meine Wohnung; ◇ **э́то моё де́ло** das ist meine Sache; ◇ **с мое́й стороны́** meinerseits **II.** (*в значении сущ*) meiner, der Meine, meine, die Meine, meins, das Meine, meine, die Meinen; ◇ **э́то твои́ тетра́ди, а э́то мои́** das sind deine Hefte und das die Meinen **III.** ◇ **мои́** *мн* (*родные*) die Meinen, meine Angehörigen

мо́йка $ж_1$ <-и, *род мн:* мо́ек> ① (*мытьё*) Waschen *n* ② (*приспособление*) Waschstelle *f;* (*на кухне*) Spülbecken *n;* (*для машин*) Autowaschanlage *f*

мо́кнуть V_2 *несов* <-ну, -нешь, (2) 1 и 2 л. не употр, *Part. Präs. Akt.* -нущий> [**вы**~ (1) *сов*] *без доп* ① (*становиться мокрым*) naß werden, durchweichen ② (*бельё*) eingeweicht werden

мо́крый *прил* <-ая, -ое, -ые> naß; (*сырой*) feucht

молва́ $ж_1$ <-ы́> (*разговоры*) Gerede *n;* (*слухи*) Gerücht *n;* (*репутация*) Ruf *m;* ◇ **о ней идёт хоро́шая ~** sie hat einen guten Ruf

моле́кула $ж_1$ <-ы> Molekül *n*

моли́тва *ж₁* ‹-ы› Gebet *n;* ◇ **чита́ть ~у** ein Gebet sprechen; **моли́ть** V_{4a} *несов* ‹молю́, мо́лишь› *кого-что вин о чём предл* jd-n anflehen, jd-n flehentlich bitten; ◇ ~ **о поща́де** um Gnade flehen; ◇ ~ **Бо́га о проще́нии** Gott um Vergebung bitten; **моли́ться** *несов* ‹-лю́сь, мо́лишься› *кому-чему дат (1), на кого-что вин (2)* ① (*обраща́ться с моли́твой*) beten, jd-n anbeten ② *разг* (*боготвори́ть*) anbeten, vergöttern; ◇ ~ **на актёра** den Schauspieler vergöttern

молниено́сный *прил* ‹-ая, -ое, -ые› blitzschnell, blitzartig; **мо́лния** *ж₄* ‹-и› ① (*искрово́й разря́д*) Blitz *m;* ◇ **шарова́я** ~ Kugelblitz; ◇ **сверка́ет** ~ es blitzt; ◇ **с быстрото́й ~ии** blitzschnell ② (*экстренный выпуск газеты*) Sonderausgabe *f;* ◇ **стенгазе́та-**~ Anschlag *m (einer Blitzmeldung in Form einer Wandzeitung)* ③ (*телегра́мма*) Eiltelegramm *n* ④ *разг* (*застёжка*) Reißverschluß *m*

молодёжь *ж₅* ‹-и› (*молодо́е поколе́ние*) Jugend *f;* (*молоды́е лю́ди*) Jugendliche *pl,* junge Leute *pl;* **молоде́ц** *м₅* ‹-дца́› ① (*молодчи́на*) Prachtkerl *m,* Prachtmädchen *n;* ◇ ~! gut gemacht! Klasse!; *разг* ◇ **вести́ себя́ ~цо́м** sich tapfer schlagen ② (*удале́ц, храбре́ц*) kräftiger junger Mann *m;* **молодня́к** *м₁* ‹-а́› ① (*молодо́й лес*) Jungholz *n,* junger Waldbestand ② зоол Jungtiere *n pl* ③ *разг* (*подраста́ющее поколе́ние*) Nachwuchs *m;* (*молодёжь*) Jugend *f;* **молодожёны** *мн₁* ‹-ов› Jungverheiratete *pl,* Jungvermählte *pl;* **молодо́й** *прил* ‹-а́я, -о́е, -ы́е› (*сравн:* **моло́же**) (*не ста́рый*) jung, neu; ◇ ~ **ме́сяц** Neumond *m;* ◇ ~ **специали́ст** Nachwuchsfachkraft *f;* ◇ ~ **карто́фель** neue Kartoffeln; (*обраще́ние*) ◇ ~ **челове́к!** junger Mann!; **мо́лодость** *ж₅* ‹-и› Jugend *f;* ◇ **в дни ~и** in jungen Jahren; ◇ **быть не пе́рвой ~и** nicht mehr der/die Jüngste sein

моло́же *сравн от* **молодо́й**

молоко́ *с₂* ‹-а́› Milch *f;* ◇ **сгущённое** ~ Kondensmilch; ◇ **це́льное** ~ Vollmilch *f; перен* ◇ **впита́ть что-л с ~о́м ма́тери** etw mit der Muttermilch einsaugen

мо́лот *м₁* ‹-а› ① (*большо́й молото́к*) (Vorschlag-)Hammer *m;* ◇ **отбо́йный** ~ Preßlufthammer ② спорт Hammer *m*

молото́к *м₁* ‹-тка́, *мн:* -тки́› Hammer *m;* ◇ **бури́льный** ~ Bohrhammer; ◇ **продава́ться с ~тка́** unter den Hammer kommen, versteigert werden

моло́чный *прил* ‹-ая, -ое, -ые› Milch-, milchig; ◇ **~ое хозя́йство** Molkerei *f;* ◇ ~ **зуб** Milchzahn *m*

молчали́вый *прил* ‹-ая, -ое, -ые› ① (*немногосло́вный*) schweigsam, still; (*скупо́й на слова́*) wortkarg ② (*понима́емый без слов*) wortlos; ◇ **~ое согла́сие** stillschweigende Übereinkunft; **молча́ние** *с₄* ‹-я› Schweigen *n,* Stillschweigen *n;* ◇ **обойти́ ~ем** sich über etw ausschweigen; **молча́ть** V_{1a} *несов* ‹-чу́, -чи́шь, *Imp.* -чи́, ~те, *Part. Präs. Akt.* -ча́щий, *Adv. Part. Präs.* мо́лча› *без доп (1), о ком-чём предл (2)* ① (*не говори́ть*) schweigen; ◇ ~! Ruhe! ② *перен* (*соблюда́ть что-л в та́йне*) Stillschweigen bewahren

моль *ж₅* ‹-и› Motte *f;* ◇ **пальто́ изъе́дено ~ью** der Mantel ist von Motten zerfressen

мольбе́рт *м₁* ‹-а› Staffelei *f*

моме́нт *м₁* ‹-а› ① (*пери́од вре́мени*) Moment *m,* Augenblick *m;* ◇ **в настоя́щий** ~ im Augenblick; ◇ **в подходя́щий** ~ im geeigneten Augenblick ② (*обстоя́тельство*) Moment *n;* ◇ **отрица́тельный** ~ negatives Moment ③ физ Moment *n;* ◇ ~ **ине́рции** Trägheitsmoment

мона́рх *м₁* ‹-а› Monarch *m;* **мона́рхия** *ж₄* ‹-и› Monarchie *f*

монасты́рь *ж₂* ‹-я́, *мн:* -ри› Kloster *n*

мона́х *м₁* ‹-а› Mönch *m;* ◇ **постри́чься в ~и** Mönch werden; **мона́хиня** *ж₂* ‹-и› Nonne *f*

моне́та *ж₁* ‹-ы› Münze *f;* ◇ **золота́я** ~ Goldmünze; *перен* ◇ **приня́ть что-л за чи́стую ~у** etw für bare Münze nehmen; ◇ **плати́ть кому́-л той же ~ой** Gleiches mit Gleichem vergelten

моноло́г *м₁* ‹-а› Monolog *m,* Selbstgespräch *n;* ◇ **произноси́ть** ~ einen Monolog halten

монопо́лия *ж₄* ‹-и› Monopol *n;* ◇ **получи́ть ~ию на что-л** eine Monopolstellung einnehmen

монта́ж *м₂* ‹-а́, *мн:* -и́› ① (*сбо́рка*) Montage *f,* Zusammenbau *m* ② кино, фото Schnitt *m;* ◇ **фотографи́ческий** ~ Fotomontage *f* ③ муз, лит Komposition *f;* **монти́ровать** V_{3a} *несов* ‹-рую, -руешь› [**с~** *сов*] *что вин* aufstellen, aufbauen, montieren; кино ◇ ~ **фильм** einen Film schneiden

монуме́нт *м₁* ‹-а› Monument *n,* Denkmal *n*

мора́ль *ж₅* ‹-и› ① (*вы́вод*) Moral *f;* ◇ ~ **ба́сни** Moral einer Fabel ② (*но́рмы поведе́ния*) Moral *f,* Sittlichkeit *f;* ◇ **чита́ть ~ кому́-л** jd-m eine Moralpredigt halten

морг *м₁* ‹-а› (*зда́ние*) Leichenschauhaus *n;* (*зал*) Leichenhalle *f*

М

моргáть V_{1a} *несов* ‹-áю, -áешь› [**моргнýть** V_2 *сов*] *без доп* ① (*мигать*) blinzeln, zwinkern ② (*подавать знак*) jd-m zuzwinkern; ◇ **он ~áет мне, чтóбы я замолчáл** er gibt mir ein Zeichen, daß ich schweigen soll

мóрда *ж₁* ‹-ы› ① (*у животного*) Maul *n,* Schnauze *f;* ◇ **собáчья** ~ Hundeschnauze ② *груб* (*о человеке*) Fresse *f,* Fratze *f*

мóре *с₁* ‹-я, *мн:* -я́› ① (*океан*) Meer *n,* See *f;* ◇ **внýтреннее** ~ Binnenmeer; ◇ **Балтúйское** ~ Ostsee *f;* ◇ **в открытом** ~ auf hoher See; ◇ **поéхать к ~ю** ans Meer fahren; *перен* ◇ **э́то кáпля в** ~ das ist ein Tropfen auf den heißen Stein ② *перен* (*большое количество*) Menge *f;* ◇ ~ **людéй** Menschenmenge; ◇ ~ **слов** Wortschwall *m;* **мореплáвание** *с₄* ‹-я› Seefahrt *f,* Schiffahrt *f*

морж *м₂* ‹-á, *мн:* -ú› ① зоол Walroß *n* ② *перен* (*jd, der im Winter im eisigen Wasser schwimmt*)

морúть V_{4a} *несов* ‹-рю́, -рúшь› [**за**~ (2), **по**~ (1) *сов*] *кого-что вин* ① (*уничтожать*) vertilgen; (*травить*) vergiften ② *разг* (*мучить*) quälen; ◇ ~ **когó-л гóлодом** jd-n hungern lassen

моркóвь *ж₅* ‹-и› Karotte *f,* Möhre *f*

морóженое *с (А₁)* ‹-ого› Eis *n;* ◇ **шоколáдное** ~ Schokoladeneis

морóз *м₁* ‹-а› Frost *m;* ◇ **трескýчий** ~ klirrende Kälte; ◇ **меня́ ~ по кóже продирáет** es überläuft mich eiskalt; **морóзить** V_{4b} *несов* ‹-жу, -зишь, *Part. Prät. Pass.* -женный› *кого-что вин (1), без доп (2)* ① (*замораживать*) einfrieren; ◇ ~ **рыбу** Fische einfrieren ② *безл* es friert; ◇ **к утрý стáло** ~ gegen Morgen fing es an zu frieren; **морóзный** *прил* ‹-ая, -ое, -ые› eiskalt, frostig; ◇ ~ **вéтер** eisiger Wind

морс *м₁* ‹-а/-у› Most *m*

морскóй *прил* ‹-áя, -óе, -úе› Meer(es)-, See-; (*флотский*) Marine-; ◇ ~ **залúв** Meerbusen *m;* ◇ **~áя мúля** Seemeile *f;* ◇ **~óе путешéствие** Seereise *f;* ◇ **страдáть** ~ **болéзнью** seekrank sein

морщúна *ж₁* ‹-ы› (*о человеке*) Falte *f,* Runzel *f;* ◇ **кóжа в ~ах** faltige Haut

мóрщить V_{4b} *несов* ‹-щу, -щишь› [**на**~ (1), **с**~ (2) *сов*] *что вин* ① (*лоб*) runzeln ② (*лицо*) verziehen; (*губы*) schürzen; (*нос*) rümpfen; ◇ ~ **лицó от бóли** das Gesicht vor Schmerz verziehen

морщúть *несов* ‹-щúт, -щáт, 1 и 2 л. не употр, *Part. Präs. Pass.* -щимый› (*о одежде, ткани*) Falten schlagen, schlecht sitzen

мóрщиться *несов* ‹-щусь, -щишься, (2) 1 и 2 л. не употр› [**на**~ (1), **с**~ (2) *сов*] *без доп* ① (*о лице*) die Stirn runzeln; ◇ ~ **от неудовóльствия** ein unzufriedenes Gesicht machen ② (*об одежде*) sich in Falten legen

моря́к *м₁* ‹-á› Seemann *m;* (*матрос*) Matrose *m*

Москвá *ж₁* ‹-ы́› *(город)* Moskau; *(река)* Moskwa; **москвúч(ка** *ж₁*) *м₂* ‹-á› Moskauer(in *f*) *m*

мост *м₁* ‹-á› ① (*сооружение*) Brücke *f;* *перен* ◇ **сжечь за собóй все ~ы́** alle Brükken hinter sich abbrechen ② (*воздушная связь*) Schaltung *f;* ◇ **космúческий телевизиóнный** ~ Satelliten(konferenz)schaltung ③ авто Achse *f* ④ (*зубной*) Zahnbrücke *f;*

мóстик *м₁* ‹-а› ① (*небольшой мост*) Steg *m;* (*пешеходный*) Fußgängerüberweg *m* ② (*на судне*) Brücke *f;* ◇ **капитáнский** ~ Kommandobrücke ③ спорт Brücke *f*

мостовáя *ж (А₁)* ‹-óй› Pflaster *n;* ◇ **булы́жная** ~ Kopfsteinpflaster *n*

мотáть V_{1a} *несов* ‹-áю, -áешь› [**на**~ (1) *сов*] *что вин (1), чем тв (2)* ① (*навивать*) (auf-)spulen; (*на клубок*) (auf-)wickeln; ◇ ~ **шерсть** Wolle aufwickeln ② *разг* (*качать*) ~ **головóй** den Kopf schütteln; ◇ ~ **себé на ýс** sich etw hinter die Ohren schreiben; **мотáться** *несов* ‹-áюсь, -áешься› *без доп* ① (*носиться, хлопотать*) umherlaufen; (*слоняться*) sich herumtreiben; ◇ **цéлый день ~ по гóроду** sich den ganzen Tag in der Stadt herumtreiben ② (*скитаться*) umherwandern

мотúв *м₁* ‹-а› ① муз Motiv *n,* Weise *f;* ◇ **весёлый** ~ fröhliche Melodie ② (*повод*) Beweggrund *m,* Motiv *n;* ◇ **по лúчным ~ам** aus persönlichen Gründen ③ лит (*сюжет*) Motiv *n;* ◇ **занимáтельные ~ы рýсских скáзок** spannende Motive russischer Märchen;

мотивирóвка *ж₁* ‹-и, *род мн:* -вок› Motivierung *f,* Begründung *f*

мотогóнки *мн₁* ‹-нок› спорт Motorradrennen *n*

motóк *м₁* ‹-ткá, *мн;* -ткú› Knäuel *m o. n;* ◇ **шерсть в ~ткáх** Wollknäuel

мотóр *м₁* ‹-а› Motor *m;* ◇ **запустúть** ~ den Motor anlassen; **мотоцúкл** *м₁* ‹-а› Motorrad *n;* **мотоциклúст** *м₁* ‹-а› Motorradfahrer *m*

мотылёк *м₁* ‹-лькá, *мн:* -льки› Falter *m,* Schmetterling *m;* ◇ **ночнóй** ~ Nachtfalter

мох *м₁* ‹мха, *мн:* мхи› Moos *n;* ◇ **порóсший мхом** moosbedeckt; ◇ **обрастú мхом** verkommen, in der Gosse landen

мохнáтый *прил* ‹-ая, -ое, -ые› ① (*оброс-*

ший шерстью) zottig ② (*пушистый*) flauschig; ◇ **~ое полоте́нце** Frottierhandtuch *n*

моцио́н *м₁* ‹-а› Spaziergang *m;* ◇ **соверша́ть** ~ einen Spaziergang machen

моча́ *ж₁* ‹-и́› Harn *m,* Urin *m;* ◇ **ана́лиз ~и́** Urinprobe *f*

моча́лка *ж₁* ‹-и, *род мн:* -лок› Schwamm *m*

мочето́чник *м₁* ‹-а› анат Harnleiter *m*

мочи́ть V*₄ₐ* *несов* ‹мочу́, мо́чишь› [**за~, на~** *сов*] *что вин* ① (*смочить*) naß machen, anfeuchten; ◇ **дождь ~ит прохо́жих** der Regen durchnäßt die Passanten ② (*вымочить*) einweichen; ◇ ~ **бельё** Wäsche einweichen ③ (*приготовлять*) einmachen; ◇ ~ **я́блоки** Äpfel einmachen

мо́чка *ж₁* ‹-и, *род мн:* -чек› анат Ohrläppchen *n*

мочь * *несов* ‹могу́, мо́жешь› [**с~** *сов*] *с инф* ① (*быть в состоянии*) können, vermögen; (*быть способным*) fähig sein; ◇ **она́ не могла́ прийти́** sie konnte nicht kommen; ◇ **кто бы э́то мог быть?** wer könnte das gewesen sein? ② (*иметь право*) dürfen; ◇ **могу́ ли я войти́?** darf ich eintreten?; ◇ **о́чень мо́жет быть** das kann sehr gut sein; ◇ **не мо́жет быть!** das ist unmöglich!

мочь *ж₅* ‹-и› *разг* Kraft *f;* ◇ **изо всей мо́чи** mit aller Kraft; ◇ **бежа́ть во всю** ~ laufen, was das Zeug hält

моше́нник *м₁* ‹-а› Gauner *m,* Betrüger *m;* **моше́нничать** V*₁ₐ* *несов* ‹-аю, -аешь› [**с~** *сов*] *без доп* mogeln, betrügen

мо́шка *ж₁* ‹-и, *род мн:* -шек› sehr kleine Mücke *f*

мо́щность *ж₅* ‹-и› ① (*сила, мощь*) Stärke, Macht *f* ② тех, эк Leistung *f,* Kapazität *f;* ◇ **произво́дственная** ~ Produktionskapazität; ◇ **рабо́тать на по́лную** ~ auf Hochtouren laufen ③ геол Mächtigkeit *f,* Dicke *f;* **мо́щный** *прил* ‹-ая, -ое, -ые› ① (*сильный*) mächtig, stark, gewaltig; ◇ ~ **промы́шленный ко́мплекс** Industriekomplex *m* ② тех Hochleistungs-; ◇ ~ **дви́гатель** leistungsstarker Motor ③ геол mächtig, massiv; **мощь** *ж₅* ‹-и› Macht *f,* Stärke *f;* ◇ **вое́нная** ~ militärische Stärke

мрак *м₁* ‹-а› Finsternis *f,* Dunkelheit *f; перен* ◇ **всё э́то покры́то ~ом неизве́стности** das liegt alles noch im dunkeln; **мракобе́с** *м₁* ‹-а› obskure Gestalt *f,* Reaktionär *m*

мра́мор *м₁* ‹-а› Marmor *m*

мра́чный *прил* ‹ая, -ое, -ые› ① (*тёмный*) düster, dunkel; (*о погоде*) trist, trübe ② *перен* trist; (*о характере*) schwermütig; ◇ **~ое настрое́ние** düstere Stimmung; ◇ **ви́деть всё в ~ом све́те** alles schwarz sehen

мсти́тельность *ж₅* ‹-и› Rachsucht *f,* Rachgier *f;* **мсти́тельный** *прил* ‹-ая, -ое, -ые› rachgierig, rachsüchtig; **мсти́ть** V*₄ₐ* *несов* ‹мщу, мстишь› [**ото~** *сов*] *кому дат за что вин* sich rächen, Rache üben

мудрёный *прил* ‹-ая, -ое, -ые› ① (*непонятный*) seltsam, wunderlich ② (*замысловатый*) schwierig; (*сложный*) kompliziert; (*запутанный*) verwickelt; ◇ **~ая исто́рия** eine verwickelte Geschichte

мудре́ц *м₁* ‹-а́, *мн:* -цы́› Weise *m;* ◇ **на вся́кого ~а́ дово́льно простоты́** auch die Klügsten machen Fehler; **му́дрость** *ж₅* ‹-и› Weisheit *f;* ◇ **зуб ~и** Weisheitszahn *m;* **му́дрый** *прил* ‹-ая, -ое, -ые› (*умный*) klug; (*опытный*) weise

муж *м₂* ‹-а, *мн:* -жья́, *род:* -же́й, *дат:* -жья́м› (*супруг*) (Ehe-)Mann *m,* Ehegatte *m*

мужа́ться V*₁ₐ* *несов* ‹-а́юсь, -а́ешься› *без доп* Mut fassen; **му́жественный** *прил* ‹-ая, -ое, -ые› mutig; (*храбрый*) tapfer; **му́жество** *с₂* ‹-а› Mut *m,* Tapferkeit *f;* ◇ **прояви́ть** ~ Mut beweisen; ◇ **гражда́нское** ~ Zivilcourage *f*

мужско́й *прил* ‹-а́я, -о́е, -и́е› männlich, Männer-; спорт ◇ **~а́я кома́нда** Herrenmannschaft; грам ◇ ~ **род** Maskulinum; ◇ **~а́я мане́рность** männliches Gehabe;

мужчи́на *м₁* ‹-ы› Mann *m*

музе́й *м₃* ‹-я› Museum *n;* ◇ **краеве́дческий** ~ Heimatmuseum

му́зыка *ж₁* ‹-и› Musik *f;* ◇ **класси́ческая** ~ klassische Musik; ◇ **положи́ть на ~у** vertonen, musikalisch unterlegen; ◇ **надое́ла мне вся э́та** ~ ich habe die Schnauze voll davon; **музыка́льность** *ж₅* ‹-и› ① (*одарённость*) Musikalität *f,* musikalische Begabung *f* ② (*благозвучие*) Wohlklang *m;* (*гармония*) Harmonie *f;* **музыка́льный** *прил* ‹-ая, -ое, -ые› ① Musik-; ◇ ~ **инструме́нт** Musikinstrument *n* ② (*способный к музыке*) musikalisch, musikbegabt; ◇ ~ **слух** musikalisches Gehör ③ (*мелодичный*) wohlklingend; **музыка́нт** *м₁* ‹-а› Musiker *m;* (*композитор*) Komponist *m;* **музыкове́дение** *с₄* ‹-я› Musikwissenschaft *f*

му́ка *ж₁* ‹-и› Qual *f,* Tortur *f;* ◇ **хожде́ние по ~ам** Leidensweg *m*

мука́ *ж₁* ‹-и́› Mehl *n;* ◇ **пшени́чная** ~ Weizenmehl; ◇ **ржана́я** ~ Roggenmehl

мул *м₁* ‹-а› Maultier *n*

мультиплика́ция *ж₄* ‹-и› (*киносъёмка*

рисунков) Trickfilmaufnahme *f;* (*фильм*) Zeichentrickfilm *m*

мунди́р *м₁* <-а> Uniform *f,* Dienstkleidung *f;* ◇ **карто́фель в ~е** Pellkartoffel *f*

мундшту́к *м₁* <-á, *мн:* -и́> (1) муз Mundstück *n* (2) (*курительный*) Zigarettenspitze *f*

муниципалите́т *м₁* <-а> (*городской*) Stadtverwaltung *f;* (*сельский*) Gemeinderat *m*

мураве́й *м₃* <-вья́, *мн:* -вьи́> Ameise *f;* **мураве́йник** *м₁* <-а> Ameisenhaufen *m*

мурлы́кать V*₁a* *несов* <-чу, -чешь, (1) 1 и 2 л. не употр> *без доп (1), что вин (2)* (1) (*тихо урчать*) schnurren (2) *перен* (*напевать*) summen; ◇ **~ себе́ под нос** vor sich hinsummen

муска́т *м₁* <-а> (*орех*) Muskatnuß *f*

му́скул *м₁* <-а> Muskel *m;* ◇ **развиты́е ~ы** ausgeprägte Muskeln; ◇ **ни оди́н ~ не дро́гнул** keine Regung zeigen

му́сор *м₁* <-а> (1) (*сор, отбросы*) Müll *m,* Abfall *m;* (*нечистоты*) Dreck *m;* ◇ **корзи́на для ~а** Abfallkorb *m;* ◇ **вы́возка ~а** Müllabfuhr *f* (2) (*строительный*) Bauschutt *m;* **му́сорить** V*₄b* *несов* <-рю, -ришь> [**на~** *сов*] *без доп* Dreck machen, Schmutz machen; **мусоропрово́д** *м₁* <-а> Müllschlucker *m*

муссо́н *м₁* <-а> геогр Monsun *m*

мусульма́нин *м₁* <-а, *мн:* -мáне, *род:* -мáн> Moslem *m,* Mohammedaner *m;* **мусульма́нка** *ж₁* <-и, *род мн:* -нок> Moslime *f,* Mohammedanerin *f*

мути́ть V*₄a* *несов* <мучý, мути́шь> [**за~** (1), **по~** (2) *сов*] *кого-что вин* (1) (*делать мутным*) trüben, trübe machen (2) *перен* (*делать неясным*) verschleiern, vertuschen; (*затуманивать*) vernebeln; ◇ **боль ~и́т созна́ние** der Schmerz benebelt das Bewußtsein (3) *разг* (*подстрекать*) aufhetzen (gegen) (4) *безл* (*подташнивать*) Übelkeit empfinden; ◇ **меня́ мути́т** mir ist übel; **му́тный** *прил* <-ая, -ое, -ые> (1) (*непрозрачный*) trübe; ◇ **~ раство́р** trübe Lösung (2) (*затуманенный*) matt, glanzlos; ◇ **~ое зе́ркало** matter Spiegel (3) *перен* (*неясный*) verschleiert, getrübt; ◇ **у меня́ ~ая голова́** ich bin ganz wirr im Kopf

му́ха *ж₁* <-и> Fliege *f;* ◇ **кака́я ~ тебя́ укуси́ла?** was ist dir über die Leber gelaufen?; ◇ **де́лать из ~и слона́** aus einer Mücke einen Elefanten machen; ◇ **быть под ~ой** einen Schwips haben; **мухоло́вка** *ж₁* <-и, *род мн:* -вок> (1) (*ловушка*) Fliegenfänger *m* (2) бот Venusfliegenfalle *f;* **мухомо́р** *м₁* <-а> бот Fliegenpilz *m*

муче́ние *с₄* <-я> Qual *f,* Marter *f;* ◇ **э́то и́стинное ~** das ist die reinste Qual; **му́ченик** *м₁* <-а> Märtyrer *m;* **мучи́тель** *м₂* <-я> Peiniger *m;* **му́чить** V*₄b* *несов* <-чу, -чишь> [**за~, из~** *сов*] *кого-что вин* quälen, peinigen; (*донимать*) plagen; (*пытать*) foltern; **му́читься** *несов* <-чусь, -чишься> [**за~, из~** *сов*] *чем тв (1), с кем-чем тв или над чем тв (2)* (1) sich quälen, Qualen erleiden; ◇ **~ угрызе́ниями со́вести** von Gewissensbissen geplagt werden (2) (*испытывать затруднения*) sich abquälen, sich abplagen; ◇ **три дня он ~лся с э́той зада́чей** er hat sich drei Tage mit dieser Aufgabe herumgequält

му́шка [1] *ж₁* <-и, *род мн:* -шек> (1) (*маленькая муха*) kleine Fliege *f* (2) (*на лице*) Schönheitspflaster *n* (3) (*узелок на ткани*) Tupfen *m*

му́шка [2] *ж* <-и> Korn *n;* ◇ **взять на ~у кого́-л** jd-n aufs Korn nehmen

муштра́ *ж₁* <-ы́> Drill *m*

мча́ться V*₁a* *несов* <мчусь, мчи́шься, *Imp.* мчи́сь, ~тесь, *Part. Präs. Akt.* мча́щийся, *Adv. Part. Präs.* мчась> *без доп* dahineilen, dahinjagen; (*бежать*) rasen; ◇ **~ со всех ног** sich die Beine aus dem Leib rennen; ◇ **вре́мя мчи́тся** die Zeit rast

мы (**нас, нам, нас, на́ми, о нас**) *личн мест, 1. л. мн* wir; ◇ **у нас нет вре́мени** wir haben keine Zeit; ◇ **нас не́ было до́ма** wir waren nicht zuhause; ◇ **нам необходи́мо** wir brauchen; ◇ **они́ на́ми дово́льны** sie sind zufrieden mit uns; (*в значении первого лица*) ◇ **~ с тобо́й** du und ich

мы́ло *с₂* <-а, *мн:* -á> (1) Seife *f;* ◇ **жи́дкое ~** Schmierseife *f;* ◇ **ядро́вое ~** Kernseife *f* (2) (*у лошади*) Schaum *m;* **мы́льница** *ж₁* <-ы> Seifenschale *f*

мыс *м₁* <-а> геогр Kap *n;* ◇ **Мыс Горн** Kap Hoorn; ◇ **Мыс До́брой Наде́жды** Kap der Guten Hoffnung

мысли́тель *м₂* <-я> Denker *m;* **мы́слить** V*₄b* *несов* <-лю, -лишь, *Imp.* -ли, ~те, *Part. Präs. Pass.* -лимый> *о ком-чём предл или без доп (1), кого-что вин (2), о ком-чём предл или с инф (3)* (1) (*рассуждать*) denken (an), nachdenken (2) (*представлять в мыслях*) sich vorstellen; ◇ **как ты ~лишь себе́ э́то?** wie stellst du dir das vor (3) (*предполагать*) an etw denken; ◇ **он и не ~лил возража́ть** er dachte nicht daran zu widersprechen; **мысль** *ж₅* <-и> Gedanke *m;* (*идея*) Einfall *m;* (*мышление*) Gedankengang *m;* ◇ **блестя́щая ~** glänzende Idee; ◇ **за́дняя ~**

Hintergedanke; ◇ **основна́я** ~ Grundgedanke; ◇ **о́браз ~ей** Denkweise *f*, Gesinnung *f*; ◇ **собра́ться с ~ями** sich sammeln

мыта́рство *с*$_2$ ‹-а› Strapaze *f*, Plage *f*

мыть * *несов* ‹мо́ю, мо́ешь› [**вы́**~, **по**~ *сов*] *кого-что вин* waschen; (*полы, окна*) putzen; (*посуду*) spülen; ◇ **рука́ ру́ку мо́ет** eine Hand wäscht die andere; ◇ ~ **золото́й песо́к** Gold waschen; (*размывать*) ◇ **река́ мо́ет берега́** der Fluß spült das Ufer aus; **мы́ться** *несов* ‹мо́юсь, мо́ешься› [**вы́**~, **по**~ *сов*] *без доп* sich waschen

мыча́ть V$_{1a}$ *несов* ‹-чу́, -чи́шь, (1) 1 и 2 л. не употр, *Imp.* чи́, ~те, *Part. Präs. Akt.* -ча́щий, *Adv. Part. Präs.* -ча́› [**мы́кнуть** *сов*] *без доп* ① (*о корове, быке*) muhen, brüllen ② *перен, разг* (*невнятно говорить*) unartikuliert sprechen, lallen

мышело́вка *ж*$_1$ ‹-и, *род мн:* -вок› Mausefalle *f*

мышле́ние *с*$_4$ ‹-я› Denken *n*; (*способ мышления*) Denkweise *f*

мы́шца *ж*$_1$ ‹-ы› Muskel *m*

мышь *ж*$_5$ ‹-и, *род мн:* -ше́й, *дат:* -ша́м› Maus *f*; ◇ **полева́я** ~ Feldmaus; ◇ **бе́ден как церко́вная** ~ arm wie eine Kirchenmaus

мышья́к *м*$_1$ ‹-а́› хим Arsen *n*

мэр *м*$_1$ ‹-а› Bürgermeister *m*

мя́гкий *прил* ‹-ая, -ое, -ие› (*сравн:* **мя́гче**) ① weich; (*нежный*) zart; (*размягчённый*) mürbe; (*эластичный*) biegsam; ◇ **~ие во́лосы** geschmeidiges Haar; ◇ **~ое кре́сло** weicher Sessel; ◇ ~ **хлеб** frisches Brot ② *перен* (*кроткий*) sanft, mild; (*уступчивый*) nachgiebig; (*мелкий*) weich, seicht; ◇ ~ **кли́мат** mildes Klima; ◇ ~ **свет** gedämpftes Licht; ◇ **~ие движе́ния** seichte Bewegungen; ◇ **~ая поса́дка** weiche Landung; ◇ ~ **пригово́р** mildes Urtei; ◇ **~о выража́ясь** milde gesagt

мягкосерде́чный *прил* ‹-ая, -ое, -ые› gutmütig, weichherzig

мягкоте́лый *прил* ‹-ая, -ое, -ые› ① (*с мягким, полным телом*) schlapp, energielos ② (*слабохарактерный*) willensschwach, energielos

мя́гче *сравн от* **мя́гкий**

мя́коть *ж*$_5$ ‹-и› ① (*мясо*) (*weiches Fleisch ohne Knochen*) ② (*мягкая часть плодов*) Fruchtfleisch *n*

мя́млить V$_{4b}$ *несов* ‹-лю, -лишь, *Imp.* -ли, ~те› [**про**~ *сов*] *без доп* ① *разг* (*говорить невнятно и вяло*) murmeln, undeutlich sprechen, nuscheln ② (*тянуть*) unentschlossen sein, zögerlich handeln

мясни́к *м*$_1$ ‹-а́, *мн:* -и́› Fleischer *m*, Metzger *m*; **мясно́й** *прил* ‹-а́я, -о́е, -ы́е› Fleisch-; ◇ **~о́е блю́до** Fleischgericht *n*; ◇ ~ **магази́н** Metzgerei *f*; **мя́со** *с*$_2$ ‹-а› Fleisch *n*; ◇ **говя́жье** ~ Rindfleisch; ◇ **жа́реное** ~ Braten *m*; ◇ **ру́бленое** ~ Hackfleisch; ◇ **свино́е** ~ Schweinefleisch; ◇ **сыро́е** ~ rohes Fleisch; **мясору́бка** *ж*$_1$ ‹-и, *род мн:* -бок› ① (*машинка*) Fleischwolf *m*; ◇ **пропусти́ть мя́со че́рез ~у** Fleisch durch den Fleischwolf drehen ② *перен* Gemetzel *n*

мя́та *ж*$_1$ ‹-ы› бот Pfefferminze *f*

мяте́ж *м*$_2$ ‹-а́, *мн:* -и́› Meuterei *f*; (*восстание*) Aufstand *m*; (*путч*) Putsch *m*; ◇ **подави́ть** ~ einen Aufstand niederschlagen; **мяте́жный** *прил* ‹-ая, -ое, -ые› ① (*поднимающий мятеж*) rebellisch, aufrührerisch ② *перен* (*тревожный*) stürmisch, rastlos, unruhig; ◇ **~ая жизнь** stürmisches Leben

мять * *несов* ‹мну, мнёшь› [**из**~ (1), **раз**~ (2) *сов*] *что вин* ① (*делать мятым*) zerknittern, zerknüllen ② (*месить*) kneten; ~ **гли́ну** Ton kneten; (*давить*) quetschen ③ (*лён, пеньку*) brechen

мя́ться[1] *несов* ‹мнёт, мнут, 1 и 2 л. не употр› [**из**~, **по**~ *сов*] *без доп* (*о ткани*) knittern; ◇ **пла́тье мнётся** das Kleid ist faltig

мя́ться[2] *несов* ‹мнусь, мнёшься› *без доп разг* (*колебаться*) unentschlossen sein

мяу́кать V$_{1a}$ *несов* ‹-ает, 1 и 2 л. не употр› [**мяу́кнуть** V$_2$ *сов*] *без доп* miauen

мяч *м*$_2$ ‹-а́, *мн:* -и́› Ball *m*; ◇ **ручно́й** ~ Handball; ◇ **те́ннисный** ~ Tennisball; ◇ **футбо́льный** ~ Fußball; ◇ **игра́ть в** ~ Ball spielen

Н

на *предлог с вин и предл* ① (*наверх, наверху*) auf; ◇ **я кладу́ тетра́ди ~ по́лку** ich lege die Hefte auf das Regal ② (*на вопрос "куда?", на вопрос "где?"*) an, in, nach; ◇ **я ве́шаю портре́т ~ сте́ну** ich hänge das Bild an die Wand; ◇ **портре́т виси́т ~ стене́** das Bild hängt an der Wand ③ (*при обозначении направления*) auf, nach; ◇ ~ **у́лицу** auf die Straße; ◇ **по́езд ~ Берли́н** Zug nach Berlin ④ (*при обозначении цели*) zu; ◇ **я иду́ ~ консульта́цию** ich gehe zur Beratung ⑤ (*в определённом месте*) in, auf; ◇ ~ **у́лице**

М Н

Толстóго in der Tolstojstraße; ◇ ~ **горé** auf dem Berg; ◇ ~ **Кавкáзе** im Kaukasus; ◇ ~ **Востóке** im Osten (6) (*при обозначении времени, срока и т. п.*) an, in, für; ◇ ~ **слéдующий день** am nächsten Tag; ◇ **он взял кни́гу ~ три дня** er lieh das Buch für drei Tage; ◇ **недéли ~ две** für ungefähr zwei Wochen (7) (*для*) für; ◇ ~ **что́ тебé э́то?** wofür brauchst du das?; ◇ ~ **пáмять** zur Erinnerung (8) (*на сумму и т. п.*) für; ◇ **он купи́л продýктов ~ сто рублéй** er kaufte Lebensmittel für hundert Rubel (9) (*при сравнении*) um; ◇ **он ~ семь лет молóже меня́** er ist sieben Jahre jünger als ich; ◇ **произвóдство упáло ~ 14 процéнтов** die Produktion ist um 14 Prozent zurückgegangen (10) (*при обозначении множителя или делителя*) durch, mit; ◇ **дели́ть ~ пять** durch fünf teilen; ◇ **мнóжить ~ пять** mit fünf multiplizieren (11) (*при распределении*) pro; ◇ ~ **дýшу населéния** pro Kopf der Bevölkerung (12) (*ехать*) ◇ **катáться ~ лóдке** Boot fahren; ◇ ~ **нáших глазáх** vor unseren Augen

набéг *м₁* ‹-а› Überfall *m*; ◇ **разбóйничий ~** Raubzug *m*

набежáть * *сов* ‹-егý, -жи́шь, (2, 3) 1 и 2 л. не употр› [**набегáть** V₁ₐ *несов*] *на кого-что вин (1), без доп (2, 3)* (1) (*натолкнуться*) gegen jd-n/etw rennen, gegen jd-n/etw stoßen; ◇ **волнá ~áла на бéрег** die Welle schlug ans Ufer; ◇ **~áл вéтер** es kam ein Windstoß (2) (*скопиться*) zusammenströmen (3) *разг* (*увеличиться в количестве*) sich anhäufen, sich ansammeln; ◇ **~ла недéля дополни́тельного óтпуска** eine Woche Zusatzurlaub sammelte sich an

нáбережная *ж (А р)* ‹-ой› Uferpromenade *f*, Uferstraße *f*

наби́тый *прич* ‹-ая, -ое, -ые› (*наполненный*) gefüllt; (*полный*) voll, vollgestopft; (*переполненный*) überfüllt; **наби́ть** * *сов* ‹-бью, -бьёшь› [**набивáть** V₁ₐ *несов*] *что вин чем тв (1), что вин или чего род (2), что вин (3), кого-чего род (4)* (1) (*наполнить*) füllen, (aus-)stopfen; ◇ ~ **до откáза** vollstopfen (2) (*вколотить*) hineinschlagen; ◇ ~ **гвоздéй в стéнку** Nägel in die Wand schlagen (3) (*причинить вред*) schlagen, hauen; ◇ ~ **мóрду комý-л** jd-m in die Fresse hauen (4) (*настрелять*) schießen, erlegen; ◇ ~ **ýток** Enten schießen

наблюдáтель *м₂* ‹-я› Beobachter *m*; **наблюдáтельный** *прил* ‹-ая, -ое, -ые› (1) (*контролирующий*) Beobachtungs-; эк ◇ ~ **совéт** Aufsichtsrat *m* (2) (*внимательный*) aufmerksam; ◇ ~ **слýшатель** aufmerksamer Zuhörer; **наблюдáть** V₁ₐ *несов* ‹-áю, -áешь› *кого-что вин или за кем-чем тв (1), кого-что вин (2), за кем-чем тв (3)* (1) (*следить*) beobachten, betrachten; ◇ ~ **за полётом пти́цы** den Flug eines Vogels verfolgen (2) (*исследовать*) beobachten, erforschen (3) (*присматривать*) etw/jd-n beaufsichtigen, überwachen; ◇ ~ **за детьми́** die Kinder beaufsichtigen; **наблюдéние** *с₄* ‹-я› (1) Beobachtung *f* (2) (*надзор*) Aufsicht *f*, Überwachung *f*; (*контроль*) Kontrolle *f*; ◇ **взять под ~** überwachen

набóйка *ж₁* ‹-и, *род мн:* -óек› (1) (*ткань*) bedruckter Stoff (2) (*на каблуке*) Schuhabsatz *m*

наболéвший *прич* ‹-ая, -ее, -ие› (1) (*болезненный*) schmerzlich; (*чувствительный*) empfindlich (2) (*актуальный*) brennend, dringend

набóр *м₁* ‹-а› (1) (*приём учащихся*) Aufnahme *f*; (*служащих*) Einstellung *f* (2) (*вербовка*) Anwerbung *f* (3) полигр (*действие*) Setzen *n*; (*набранный текст*) Satz *m* (4) (*комплект*) Satz *m*, Garnitur *f*; ◇ ~ **слов** leere Worte; **набóрщик** *м₁* ‹-а› Setzer *m*

набрáть * *сов* ‹-берý, -берёшь› [**набирáть** V₁ₐ *несов*] *что вин или чего род (1), кого-что вин (2), что вин (3-5)* (1) (*взять*) (ein-)sammeln; ◇ ~ **товáров в магази́не** einen Großeinkauf machen (2) (*принять учащихся*) aufnehmen; (*принять на работу*) einstellen (3) полигр setzen (4) ◇ ~ **нóмер (телефóна)** eine (Telefon-)Nummer wählen (5) (*достичь*) erreichen; ◇ ~ **высотý** an Höhe gewinnen; ◇ ~ **тéмпы в рабóте** bei der Arbeit in Schwung kommen

набросáть V₁ₐ *сов* ‹-áю, -áешь, *Part. Prät. Pass.* -брóсанный› [**набрáсывать** V₁ₐ *несов*] *что вин или чего род (1), что вин (2)* (1) (*бросить*) werfen; (*повсюду*) überall hinwerfen; (*наполнить*) vollwerfen (2) (*изобразить*) entwerfen, skizzieren; ◇ ~ **эски́з** eine Skizze entwerfen; ◇ **пéред доклáдом он ~áл нéсколько фраз** vor dem Vortrag machte er sich ein paar Notizen

набрóсить V₄ₐ *сов* ‹-óшу, -óсишь, *Imp.* -óсь, ~те, *Part. Prät. Pass.* -óшенный› [**набрáсывать** V₁ₐ *несов*] *что вин на кого-что вин* (*накинуть*) umwerfen, überwerfen, umlegen; ◇ ~ **шаль на плéчи** einen Schal um die Schultern legen; **набрóситься** *сов* ‹-óшусь,

-о́сишься> [**набра́сываться** *несов*] *на кого-что вин* (1) (*напасть*) sich werfen, sich stürzen; ◇ **хи́щник ~лся на свою́ добы́чу** das Raubtier warf sich auf seine Beute (2) *разг* (*приняться*) sich stürzen; ◇ ~ **на еду́** sich auf das Essen stürzen (3) *разг* (*начать бранить*) über jd-n herfallen, jd-n mit etw überschütten; ◇ ~ **на кого́-л с упрёками** jd-n mit Vorwürfen überschütten

набро́сок *м₁* <-ска, *мн:* -ски> Entwurf *m;* (*эскиз*) Skizze *f*

набу́хнуть V_2 *сов* <-нет, нут, 1 и 2 л. не употр> [**набуха́ть** V_{1a} *несов*] *без доп* anschwellen, aufquellen

навали́ть V_{4a} *сов* <-лю́, -а́лишь, *Part. Prät. Pass.* -а́ленный> [**нава́ливать** V_{1a} *несов*] *кого-чего род или что вин (1), что вин на кого-что вин (2), что вин или чего род (3)* (1) (*наложить сверху*) aufhäufen; (*нагромоздить*) auftürmen; (*набросать в беспорядке*) aufeinanderwerfen (2) *перен разг* (*обременить*) aufbürden, jd-m etw anhängen; ◇ ~ **ку́чу поруче́ний на кого́-л** einen Haufen Aufträge auf jd-n abwälzen (3) *безл* fallen; ◇ ~**ло мно́го сне́гу** es ist viel Schnee gefallen; **навали́ться** *сов* <-алю́сь, -а́лишься> [**нава́ливаться** *несов*] *на кого-что вин* (1) (*налечь, придавить*) sich (mit voller Kraft auf etw) stützen; (*напрячь силы*) alle Kräfte anspannen (2) *перен* (*обрушиться*) über jd-n/etw herfallen; (*наброситься*) sich stürzen (auf)

наве́к, наве́ки *нареч* für immer, auf ewig

наве́рно, наве́рное *нареч* (1) (*по всей вероятности*) vermutlich, wahrscheinlich (2) (*несомненно*) sicher, bestimmt, gewiß

наверста́ть V_{1a} *сов* <-а́ю, -а́ешь, *Part. Prät. Pass.* -вёрстанный> [**навёрстывать** V_{1a} *несов*] *что вин* einholen, aufholen, nachholen; ◇ ~ **поте́рянное вре́мя** die verlorene Zeit aufholen

наверху́ *нареч* oben

наве́с *м₁* <-а> (*перед входом*) Vordach *n*

навести́ * *сов* <-еду́, -едёшь> [**наводи́ть** V_{4a} *несов*] *кого-что вин на что вин (1, 2), что вин (3)* (1) (*направить*) (hin-)führen (2) (*нацелить*) lenken (auf); ◇ ~ **на мысль** auf einen Gedanken bringen (3) (*придать вид*) auftragen, überziehen (mit); ◇ ~ **гля́нец** polieren; ◇ ~ **красоту́** sich schön machen; ◇ ~ **страх** Angst einjagen

навести́ть V_{4a} *сов* <-ещу́, -ти́шь, *Part. Prät. Pass.* -ещённый> [**навеща́ть** V_{1a} *несов*] *кого-что вин* aufsuchen, einen Besuch machen

нavéять V_{1b} *сов* <-е́ю, -е́ешь, *Imp.* -е́й, ~те> [**навева́ть** V_{1a} *несов*] *что вин* (1) (*надуть*) heranwehen; ◇ **ве́тер ~л прохла́ду** der Wind brachte Kälte (2) (*пробудить*) wachrufen; ◇ ~ **грусть на кого́-л** Traurigkeit in jd-m hervorrufen

на́взничь *нареч* rücklings, auf dem/den Rükken; ◇ **упа́сть** ~ auf den Rücken fallen

навига́ция *ж₄* <-и> (1) (*судоходство*) Schiffahrt *f* (2) (*наука*) Navigation *f*

нави́снуть V_2 *сов* <-нет, -нут, 1 и 2 л. не употр> [**нависа́ть** V_{1a} *несов*] *над кем-чем тв* (1) (*склониться, опуститься*) vorspringen; (*повиснуть*) (über-)hängen; ◇ **ту́чи ~ли над мо́рем** die Wolken hingen (tief) über dem Meer (2) *перен* (*появиться*) (be-)drohen

наводи́ть *несов от* **навести́**

наводне́ние *с₄* <-я> Überschwemmung *f*

наво́з *м₁* <-а> Mist *m;* (*удобрение*) Dung *m*

на́волочка *ж₁* <-и, *род мн:* -чек> Kissenbezug *m*

навсегда́ *нареч* für immer; ◇ **раз и** ~ ein für allemal

навстре́чу *нареч* entgegen; ◇ **идти́** ~ **кому́-л** jd-m entgegengehen; *перен* jd-m entgegenkommen

на́вык *м₁* <-а> Fertigkeit *f,* Geübtheit *f;* (*привычка*) Gewohnheit *f,* Routine *f;* ◇ **приобрести́** ~ Übung bekommen

навяза́ть * *сов* <-яжу́, -я́жешь> [**навя́зывать** V_{1a} *несов*] *что вин или чего род (1), кого-что вин кому дат (2), что вин на что вин (3)* (1) (*спицами*) (viel) stricken; (*крючком*) (viel) häkeln (2) *перен* (*принудить*) aufzwingen, aufdrängen (3) (*привязать*) anbinden, umbinden; ◇ ~ **ле́ску на у́дочку** die Leine an die Angel binden; **навя́зчивый** *прил* <-ая, -ое, -ые> aufdringlich, zudringlich; ◇ ~ **посети́тель** aufdringlicher Besucher

нагле́ть V_5 *несов* <-е́ю, -е́ешь> [**об~** *сов*] *без доп разг* frech, unverschämt werden; **нагле́ц** *м₁* <-а́, *мн:* -ы́> Frechdachs *m,* unverschämter Mensch; **на́глость** *ж₅* <-и> Frechheit *f,* (*бесстыдство*) Unverschämtheit *f;* ◇ **э́то верх ~и** das ist ein starkes Stück

на́глухо *нареч* dicht, fest (zugemacht); ◇ ~ **закры́ть дверь** die Tür hermetisch verriegeln

на́глый *прил* <-ая, -ое, -ые> frech, (*бесстыдный*) unverschämt, unverfroren

нагля́дность *ж₅* <-и> Anschaulichkeit *f;* (*обозримость*) Überschaubarkeit *f;* **нагля́дный** *прил* <-ая, -ое, -ые> anschaulich; ◇ ~**ое обуче́ние** Anschauungsunterricht *m*

нагна́ть * *сов* <-гоню́, -го́нишь> [**нагоня́ть**

V$_{Ib}$ *несов*] *кого-что вин (1), что вин (2), что вин или чего род на кого-что вин (3), что вин или кого-чего род (4)* ① (*догнать*) einholen, erreichen ② (*наверстать*) aufholen; ◇ ~ **упу́щенное** das Versäumte nachholen ③ *перен разг* (*внушить какое-л чувство*) einflößen; ◇ ~ **стра́ху** Angst einjagen ④ (*сосредоточить*) zusammentreiben

нагное́ние *c$_4$* <-я> Eiterung *f*

нагну́ться V$_2$ *сов* <-ну́сь, -нёшься> [**нагиба́ться** V$_{Ia}$ *несов*] *без доп* ① (*наклониться*) sich beugen, sich neigen ② (*только о человеке*) sich bücken

наговори́ть V$_{4a}$ *сов* <-рю́, -ри́шь, *Part. Prät. Pass.* -рённый> [**натова́ривать** V$_{Ia}$ *несов*] *что вин или чего род (1), на кого-что вин (2), что вин (3)* ① (*сообщить*) daherreden; *разг* ◇ ~ **в три ко́роба** jd-m die Ohren vollabern ② *разг* (*оклеветать*) verleumden ③ (*для звукозаписи*) besprechen; ◇ ~ **магнитофо́нную плёнку** ein Tonband besprechen

нагоня́ть *несов от* **нагна́ть**

нагото́ве *нареч* bereit, in Bereitschaft; ◇ **держа́ть** ~ parat halten

награ́да *ж$_I$* <-ы> Belohnung *f;* (*отличие*) Auszeichnung *f;* ◇ **в ~у** zur Belohnung; **награди́ть** V$_{4a}$ *сов* <-ажу́, -ди́шь, (2), 1 и 2 л. не употр, *Part. Prät. Pass.* -аждённый> [**награжда́ть** V$_{Ia}$ *несов*] *кого-что вин чем тв* ① (*за усердие*) belohnen, auszeichnen; (*премировать*) prämieren ② *перен* (*наделить*) beschenken, bedenken; ◇ **приро́да ~ла его́ тала́нтом** die Natur hat ihn mit Talent bedacht; **награжде́ние** *c$_4$* <-я> Ehrung *f,* Auszeichnung *f*

нагрева́ние *c$_4$* <-я> Erwärmen *n,* Erhitzen *n;* **нагрева́тель** *м$_2$* <-я> Heizkörper *m*

нагру́зка *ж$_I$* <-и, *род мн:* -зок> ① (*действие*) Beladen *n* ② тех (*груз*) Last *f,* Fracht *f* ③ (*загруженность работой*) Auslastung *f* ④ (Arbeits-)Pensum *n*

над *предлог с тв* ① (*указывает на пребывание кого-чего выше кого-чего*) über; ◇ **ла́мпу пове́сили ~ столо́м** sie hingen die Lampe über den Tisch ② (*указывает направленность действия*) über; ◇ **сиде́ть ~ кни́гой** über einem Buch sitzen; ◇ **смея́ться ~ това́рищем** über einen Mitschüler lachen

надви́нуться V$_2$ *сов* <-нусь, -нешься, *Imp.* -дви́нься> [**надвига́ться** V$_{Ia}$ *несов*] *без доп* ① (*сдвинуться*) auf etw rutschen; ◇ **ша́пка ~лась на лоб** der Hut rutschte auf die Stirn ② (*приблизиться*) heranrücken, näherkommen; ◇ **ту́ча ~лась** die Wolke kam näher

надгро́бный *прил* <-ая, -ое, -ые> Grab-; ◇ ~ **ка́мень** Grabstein *m*

надева́ть *несов от* **наде́ть**

наде́жда *ж$_I$* <-ы> Hoffnung *f;* ◇ **молодо́й шахмати́ст подаёт больши́е ~ы** der junge Schachspieler erweckt große Hoffnungen; ◇ **теря́ть ~у** die Hoffnung verlieren; ◇ **на него́ плоха́я** ~ auf ihn ist kein Verlaß

надёжный *прил* <-ая, -ое, -ые> zuverlässig, sicher

наде́лать V$_{Ia}$ *сов* <-аю, -аешь> *что вин или чего род разг* ① (*произвести*) machen, anfertigen ② (*совершить*) machen, verursachen; ◇ ~ **глу́постей** Dummheiten anstellen; ◇ ~ **хлопо́т кому́-л** jd-m viel Mühe machen

наде́ть * *сов* <-ну, -нешь> [**надева́ть** V$_{Ia}$ *несов*] *что вин* ① (*укрепить*) anstecken, anlegen, aufsetzen; ◇ ~ **кольцо́ на па́лец** einen Ring an den Finger stecken; ◇ ~ **очки́** die Brille aufsetzen ② (*одежду, обувь*) anziehen, überziehen, umlegen; ◇ ~ **пальто́ на ребёнка** dem Kind einen Mantel anziehen

наде́яться V$_{Ib}$ *несов* <-е́юсь, -е́ешься, *Imp.* -е́йся, *Part. Präs. Akt.* -е́ющийся, *Adv. Part. Präs.* -е́ясь> [**по~** *сов*] *на что вин или с инф или с союзом "что" (1), на кого-что вин (2)* ① (*рассчитывать*) hoffen, Hoffnung haben; ◇ **я хочу́ на э́то** ~ das will ich hoffen ② (*полагаться*) sich auf jd-n verlassen, vertrauen (auf); ◇ **мо́жете на ме́ня** ~ Sie können auf mich bauen

надзира́тель *м$_2$* <-я> Aufseher *m*

надзо́р *м$_I$* <-а> Aufsicht *f,* Überwachung *f,* Inspektion *f;* ◇ **находи́ться под ~ом** überwacht werden

надко́стница *ж$_I$* <-ы> анат Knochenhaut *f;* ◇ **воспале́ние ~ы** Knochenhautentzündung *f*

надлежа́щий *прил* <-ая, -ее, -ие> gehörig, gebührend; (*соответствующий*) entsprechend; ◇ **~ие ме́ры** entsprechende Maßnahmen; ◇ **в ~ срок** termingerecht

надло́м *м$_I$* <-а> Bruchstelle *f,* Bruch *m*

надме́нный *прил* <-ая, -ое, -ые> hochmütig; (*высокомерный*) überheblich; (*дерзкий*) vermessen; (*заносчивый*) arrogant

на́до *предик* ① *кого-что вин или чего род* brauchen, benötigen; ◇ **так ему́ и** ~ das geschieht ihm ganz recht; ◇ ~ **же?** mußte das sein?; ◇ **пода́рок что ~!** das Geschenk ist ein Volltreffer ② *с инф* man muß; ◇ **его́ беспоко́йство ~ поня́ть** man muß seine Unruhe verstehen

на́добность *ж$_5$* <-и> Bedürfnis *n;* (*необходимость*) Notwendigkeit *f;* ◇ **в слу́чае ~и**

wenn nötig, notfalls; ◇ **нет никако́й ~и** kein Bedarf; ◇ **по ме́ре ~и** nach Bedarf

надоеда́ть V_{1a} *несов* <-а́ю, -а́ешь> [**надое́сть** * *сов*] *кому-чему дат* (1) (*стать скучным*) einer Sache/jd-s überdrüssig werden, etw satt haben (2) (*докучать*) auf die Nerven gehen, belästigen; ◇ **я не хочу́ ~ тебе́** ich möchte dir nicht auf die Nerven gehen

надое́дливый *прил* <-ая, -ое, -ые> lästig; (*скучный*) langweilig; (*назойливый*) aufdringlich

надо́лго *нареч* für lange

надо́мник $м_1$ <-а> Heimarbeiter *m*; **надо́мница** $ж_1$ <-ы> Heimarbeiterin *f*

на́дпись $ж_5$ <-и> (1) (*заглавие*) Überschrift *f*; (*под рисунком*) Beschriftung *f* (2) (*на камне, медали*) Inschrift *f*

надре́з $м_1$ <-а> Einschnitt *m*, Kerbe *f*

надруга́тельство $с_2$ <-а> Verhöhnung *f*, Beschimpfung *f*; (*осквернение*) Schändung *f*

надры́в $м_1$ <-а> (1) (*надорванное место*) Einriß *m* (2) *перен* Überanstrengung *f*

надсмо́трщик $м_1$ <-а> Aufseher *m*

надстра́ивать V_{1a} *несов* <-аю, -аешь> [**надстро́ить** V_{4b} *сов*] *что вин* aufstocken, daraufbauen; ◇ **~ эта́ж** ein Stockwerk aufsetzen; **надстро́йка** $ж_1$ <-и, *род мн:* -о́еек> (1) (*действие*) Aufbau *m*; (*этажа*) Aufstockung *f* (2) (*надстроенное*) Aufbau *m*

надува́тельство $с_2$ <-а> Prellerei *f*, Betrug *m*

надувно́й *прил* <-а́я, -о́е, -ы́е> Luft-; ◇ **~ матра́ц** Luftmatratze *f*; ◇ **~а́я ло́дка** Schlauchboot *n*

наду́манный *прич* <-ая, -ое, -ые> erdacht, ersonnen; (*искусственный*) gekünstelt, unnatürlich

наду́ть * *сов* <-у́ю, -у́ешь> [**надува́ть** V_{1a} *несов*] *что вин (1), кого-что вин (2)* (1) (*наполнить воздухом*) aufblasen, aufpumpen; ◇ **~ велосипе́дную ка́меру** das Rad aufpumpen; ◇ **ве́тер ~у́л паруса́** der Wind blähte die Segel auf (2) *разг* (*обмануть*) betrügen; (*подвести*) reinlegen; (*водить за нос*) an der Nase herumführen; *разг* ◇ **~ гу́бы** schmollen

наедине́ *нареч* (*вдвоём*) zu zweit; (*с глазу на глаз*) unter vier Augen

нае́здник $м_1$ <-а> Reiter *m*; **нае́здница** $ж_1$ <-ы> Reiterin *f*

наём $м_1$ <на́йма> (1) (*рабочих*) Anwerben *n*; (*матросов*) Anheuern *n*; ◇ **рабо́тать по на́йму** als Tagelöhner arbeiten (2) (*квартиры*) Mieten *n*; ◇ **пла́та за ~** Miete *f*; **наёмник** $м_1$ <-а> *ист* Tagelöhner *m*; (*солдат*) Söldner *m*; **наёмный** *прил* <-ая, -ое, -ые> (1) (*о людях, о труде*) Lohn-; ◇ **~ труд** Lohnarbeit *f*; ◇ воен **~ая а́рмия** Söldnerheer *n* (2) (*о помещении*) Miet-, gemietet (3) *перен* (*продажный*) käuflich; ◇ **~ уби́йца** Berufskiller *m*

нае́хать * *сов* <-е́ду, -е́дешь> [**наезжа́ть** V_{1a} *несов*] *на кого-что вин (1), без доп (2)* (1) (*натолкнуться*) anfahren, gegen etw fahren; ◇ **~ на пешехо́да** einen Fußgänger anfahren (2) *разг* (*съехаться*) zusammenkommen, ankommen; ◇ **~ло мно́го тури́стов** viele Touristen sind angereist

нажа́рить *см.* **жа́рить**

нажа́ть * *сов* <-жму́, -жмёшь> [**нажима́ть** V_{1a} *несов*] *что вин или на что вин (1), на кого-что вин (2)* (1) (*надавить*) drücken; ◇ **~ кно́пку** auf den Knopf drücken (2) *перен разг* (*оказать воздействие*) Druck ausüben (auf); ◇ **~ на все пружи́ны** alle Register ziehen

нажи́ва $ж_1$ <-ы> Gewinn *m*, Profit *m*; ◇ **лёгкая ~а** schnelles Geld

нажи́вка $ж_1$ <-и, *род мн:* -вок> Köder *m*

нажи́м $м_1$ <-а> *тж перен* Druck *m*

нажи́ть * *сов* <-иву́, -ивёшь> [**нажива́ть** V_{1a} *несов*] *что вин* (1) (*накопить, получить*) erwerben; (*заработать*) verdienen; ◇ **~ состоя́ние свои́м трудо́м** durch seine Arbeit ein Vermögen anhäufen (2) *перен разг* (*приобрести*) sich zuziehen, sich holen; ◇ **~ неприя́тность** sich Unannehmlichkeiten einholen

наза́д *нареч* (1) (*в обратном направлении*) zurück, rückwärts (2) (*обратно*) zurück-; ◇ **верну́ться ~** zurückkehren (3) (*раньше*) vor; ◇ **не́сколько лет ~** vor einigen Jahren

назва́ние $с_4$ <-я> Benennung *f*; (*географическое*) Name *m*; (*книги*) Titel *m*; (*обозначение*) Bezeichnung *f*

назва́ть [1] * *сов* <-зову́, -зовёшь> [**называ́ть** V_{1a} *несов*] *кого-что вин кем-чем тв (1), кого-что вин (2, 3)* (1) (*дать имя*) nennen, einen Namen geben; ◇ **де́вочку назва́ли Ната́шей** das Mädchen bekam den Namen Natascha; ◇ **~ ве́щи свои́ми имена́ми** die Dinge beim Namen nennen (2) (*объявить*) nennen, aufzählen; ◇ **он ~а́л лу́чших спортсме́нов го́да** er nannte die besten Sportler des Jahres; ◇ **я ~а́л себя́** ich stellte mich vor (3) (*охарактеризовать*) nennen, bezeichnen; ◇ **как ~ тако́й посту́пок?** was soll man zu dieser Tat sagen?

назва́ть [2] * *сов* <-зову́, -зовёшь> [**назы-**

ва́ть V_{1a} *несов*] *кого-что вин разг* (*пригласить*) (viele) einladen, zusammenrufen

назло́ *нареч* zum Trotz, zum Ärger; ◇ **как** ~ ausgerechnet

назнача́ть *несов от* **назна́чить**

назначе́ние c_4 ‹-я› ① (*определение на работу*) Bestimmung *f*, Ernennung *f* ② (*предписание*) Vorschrift *f*, Verordnung *f*; ◇ **по** ~**ю врача́** auf ärztliche Verordnung ③ (*установлениие*) Festsetzung *f*, Bestimmung *f*; ◇ ~ **сро́ка** Festlegung eines Termins ④ (*цель, предназначение*) Zweck *m*; ◇ **не по** ~**ю** zweckentfremdet; **назна́чить** V_{4b} *сов* ‹-чу, -чишь› [**назнача́ть** V_{1a} *несов*] *кого-что вин кем тв (1), что вин (2), что вин кому дат (3)* ① (*на должность*) ernennen (zu), einsetzen (als); ◇ ~ **мини́стром** zum Minister ernennen ② (*установить, определить*) festsetzen, festlegen; ◇ ~ **заседа́ние на ве́чер** die Sitzung für den Abend anberaumen ③ (*предписа́ть*) vorschreiben, anordnen; (*лекарство*) verschreiben

назо́йливый *прил* ‹-ая, -ое, -ые› zudringlich, aufdringlich; (*надоедливый*) lästig

назре́ть V_5 *сов* ‹-еет, е́ют, 1 и 2 л. не употр› [**назрева́ть** V_{1a} *несов*] *без доп* ① (*созреть*) reifen, reif werden; ◇ **нары́в** ~**е́л** das Geschwür ist reif ② *перен* heranreifen; (*стать неизбежным*) akut werden; ◇ **собы́тия** ~**е́ли** die Ereignisse spitzten sich zu

называ́ть *несов от* **назва́ть**

наибо́лее *нареч* höchst-, am meisten; ◇ ~ **развито́й** höchstentwickelt; ◇ ~ **уда́чный спо́соб** die günstigste Methode

наи́вный *прил* ‹-ая, -ое, -ые› naiv; (*простодушный*) einfältig

наизна́нку *нареч* verkehrt; (*о ткане*) links; ◇ **вы́вернуть** ~ linksherum drehen

наизу́сть *нареч* auswendig; ◇ **вы́учить** ~ auswendig lernen

наименова́ние c_4 ‹-я› Benennung *f*; (*имя*) Name *m*; (*обозначение*) Bezeichnung *f*; (*книги и т. п.*) Titel *m*

наиме́ньший *прил* ‹-ая, -ее, -ие› der kleinste, der geringste, der mindeste; ◇ ~ **риск** das geringste Risiko

наискосо́к *нареч разг* schräg

найти́ [1] * *сов* ‹-йду́, -йдёшь› [**находи́ть** V_{4a} *несов*] *кого-что вин (1-3), с союзом "что" (4)* ① (*обнаружить*) finden; ◇ ~ **ве́рное реше́ние** zur richtigen Entscheidung kommen; ◇ **я нигде́ не мог их** ~ ich konnte sie nirgends ausfindig machen ② (*открыть*) entdecken; (*изобрести*) erfinden; ◇ ~ **но́вый хими́ческий элеме́нт** ein neues chemisches Element entdecken ③ (*застать*) vorfinden, antreffen; ◇ ~ **кого́-л в тяжёлом состоя́нии** jd-n in einer schwierigen Lage vorfinden ④ (*считать*) meinen, finden

найти́ [2] * *сов* ‹-йду́, -йдёшь, 1 и 2 л. не употр› [**находи́ть** *несов*] *на кого-что вин (1, 2), что вин (3)* ① (*закрыть собой*) sich über/vor etw schieben; ◇ **ту́ча нашла́ на со́лнце** eine Wolke verdeckte die Sonne ② *разг* (*о чувстве*) überkommen; *безл* ◇ **на него́ нашло́** etw ist in ihn gefahren ③ (*скопиться*) zusammenkommen, sich versammeln

нака́з $м_1$ ‹-а› (*наставление*) Anweisung *f*; (*поручение*) Auftrag *m*; ◇ ~ **избира́телей** Wählerauftrag

наказа́ние c_4 ‹-я› Strafe *f*; (*действие*) Bestrafung *f*

наказа́ть [1] V_{1a} *сов* ‹-ажу́, -а́жешь, *Imp.* -ажи́, ~те, *Part. Prät. Pass.* -а́занный› [**нака́зывать** V_{1a} *несов*] *кого-что вин* (be-)strafen

наказа́ть [2] V_{1a} *сов* ‹-ажу́, -а́жешь, *Imp.* -ажи́, ~те› [**нака́зывать** *несов*] *кому дат или с инф разг* (*велеть*) beauftragen, einen Auftrag geben; ◇ **мать** ~**а́ла пригля́дывать за малыша́ми** die Mutter gab die Anweisung, auf die Kleinen aufzupassen

нака́л $м_1$ ‹-а› Glühen *n*, Glut *f*; ◇ **температу́ра** ~**а** Bullenhitze *f*; **накалённый** *прил* ‹-ая, -ое, -ые› ① glühend ② *перен* (*напряжённый*) gespannt, geladen; ◇ ~**ая атмосфе́ра** gespannte Atmosphäre

накали́ться V_{4a} *сов* [**накаля́ться** V_{1b} и **нака́ливаться** V_{1a} *несов*] *без доп* ① (*нагреться*) sich erhitzen ② *перен* sich äußerst zuspannen, sich zuspitzen; ◇ **обстано́вка** ~**лась** die Lage spitzte sich zu

накану́не I. *нареч* (*в предыдущий день*) am Vortag, tags zuvor **II.** *предлог с род* (*перед чем-л*) *перен* am Vorabend, kurz vor; ◇ **фи́рма** ~ **банкро́тства** die Firma steht kurz vor dem Bankrott

нака́пать *см.* **ка́пать**

наки́дка $ж_1$ ‹-и, *род мн:* -док› Umhang *m*

наки́нуть V_2 *сов* ‹-ну, -нешь, *Imp.* -ки́нь, ~те, *Part. Prät. Pass.* -ки́нутый› [**наки́дывать** V_{1a} *несов*] *что вин на что вин (1), что вин (2)* ① (*набросить*) überwerfen, überhängen ② *разг* (*увеличить цену*) den Preis erhöhen, aufschlagen

накладна́я *ж (А_1)* ‹-о́й› Frachtbrief *m*, Begleitpapier *n*; ◇ ~ **на това́р** Lieferschein *m*

накла́дывать *несов от* **наложи́ть**

накле́йка *ж₁* ‹-и, *род мн:* -ле́ек› ① (*действие*) Aufkleben *n* ② (*ярлык*) Aufkleber *m;* (*этикетка*) Etikett *n*

наклоне́ние *с₄* ‹-я› ① (*действие*) Neigung *f* ② грам Modus *m;* ◇ **изъяви́тельное** ~ Indikativ *m;* ◇ **повели́тельное** ~ Imperativ *m*

накло́нность *ж₅* ‹-и› Neigung *f;* (*предрасположение*) Veranlagung *f;* ◇ **име́ть** ~ **к чему́-л** einen Hang zu etw haben

накова́льня *ж₂* ‹-и, *род мн:*-лен› Amboß *m*

наколо́ть [1] * *сов* ‹-лю́, -о́лешь› [**нака́лывать** V₁ₐ *несов*] *что на что (1, 4), что вин (2), кого-что вин (3)* ① (*приколоть*) anstecken, befestigen ② (*поранить*) (sich) stechen; ◇ ~ **па́лец** sich in den Finger stechen ③ *разг* (*обмануть*) betrügen ④ (*пронзать*) aufspießen; ◇ ~ **мя́со на шампу́р** Fleisch auf einen Spieß stecken

наколо́ть [2] * *сов* ‹-лю́, -о́лешь› [**нака́лывать** *несов*] *что вин или чего род* (zer-) hacken, (zer-)spalten

наконе́ц *нареч* ① (*в конце концов*) zu guter Letzt, endlich ② (*в заключение*) zum Abschluß, zum Schluß; ◇ ~**-то!** na endlich!

наконе́чник *м₁* ‹-а› Endstück *n;* (*у зонтика*) Spitze *f*

накопи́ть *см.* **копи́ть**

накопле́ние *с₄* ‹-я› Ansammlung *f;* (*о богатствах*) Anhäufung *f;* (*сбережение*) Ersparnisse *f pl;* эк Akkumulation *f*

накра́пывать V₁ₐ *несов* ‹-ает, -ают, 1 и 2 л. не употр› *без доп* (*о дожде*) tröpfeln

накры́ть * *сов* ‹-ро́ю, -ро́ешь› [**накрыва́ть** V₁ₐ *несов*] *кого-что вин* ① (*покрыть*) bedecken, zudecken; ◇ ~ **на стол** den Tisch decken ② *разг* (*поймать*) erwischen, überraschen; ◇ ~ **во́ра** den Dieb ertappen

нала́дить V₄ᵦ *сов* ‹-а́жу, -а́дишь, *Part. Prät. Pass.* -а́женный› [**нала́живать** V₁ₐ *несов*] *что вин* ① (*отрегулировать*) reparieren, wieder in Gang setzen ② (*организовать*) organisieren; ◇ ~ **де́ло** die Sache in Gang bringen; ◇ ~ **конта́кты** Kontakte herstellen

нала́дчик *м₁* ‹-а› Monteur *m*

нале́во *нареч* (*куда*) nach links; (*где*) links, linker Hand; ◇ **мы идём** ~ wir gehen nach links; ◇ ~ **от тебя́** links von dir

налегке́ *нареч* ① (*без ноши*) ohne Gepäck ② (*в лёгкой одежде*) leicht bekleidet; ◇ **хо́лодно, а ты** ~ es ist kalt, und du bist so dünn angezogen

нале́зть * *сов* ‹-зет, -зут, (1, 2) 1 и 2 л. не употр› [**налеза́ть** V₁ₐ *несов*] *на кого-что вин (1, 3), без доп (2)* ① (*об одежде*) passen; ◇ **сапоги́ е́ле ~ли на́ ноги** die Stiefel passen kaum ② (*наползти*) zusammenkriechen, sich ansammeln ③ (*надвинуться*) herabfallen, herunterrutschen; ◇ **во́лосы ~ли на лицо́** die Haare hängen ins Gesicht

налёт *м₁* ‹-а› ① (*грабёж*) Überfall *m;* (*вторжение*) Einbruch *m;* ◇ **возду́шный** ~ Luftangriff ② (*слой*) Schicht *f;* ◇ ~ **пы́ли** Staubschicht ③ мед Belag *m* ④ *перен* (*оттенок*) Anflug *m,* Andeutung *f;* ◇ **с ~а** ohne lang zu zögern

налете́ть V₅ *сов* ‹-лечу́, -лети́шь, (1) 1 и 2 л. не употр, *Imp.* -лети́, ~те› [**налета́ть** V₁ₐ *несов*] *на кого-что вин* ① (*напасть*) sich stürzen (auf), herfallen (über); ◇ **я́стреб ~е́л на цыпля́т** der Habicht stürzte sich auf die Küken ② (*наскочить*) stoßen; (*натолкнуться*) zusammenstoßen; ◇ **ма́шина ~ла на столб** das Auto raste gegen einen Pfosten

налётчик *м₁* ‹-а› Einbrecher *m,* Räuber *m*

нале́чь * *сов* ‹-ля́гу, -ля́жешь› [**налега́ть** V₁ₐ *несов*] *на кого-что вин* ① (*навалиться*) sich stemmen (gegen); ◇ ~ **плечо́м на дверь** sich mit der Schulter gegen die Tür stemmen; (*опереться*) sich auf etw stützen ② *перен разг* (*приняться*) sich ins Zeug legen, sich anstrengen

нали́вка *ж₁* ‹-и, *род мн:*-вок› Fruchtlikör *m*

нали́ть * *сов* ‹-лью́, -льёшь› [**налива́ть** V₁ₐ *несов*] *что вин или чего род* ① (*наполнить*) eingießen, einschenken, nachgießen; ◇ **~е́й мне ещё со́ку!** gieße mir noch Saft nach ② (*пролить*) verschütten

налицо́ *нареч* (*о людях*) anwesend; (*о вещах*) vorhanden; ◇ **факт** ~ es liegt auf der Hand

нали́чный *прил* ‹-ая, -ое, -ые› ① (*имеющийся в наличии*) vorhanden; (*такой, которым можно располагать*) verfügbar ② эк bar; ◇ **за** ~ **расчёт** gegen Barzahlung; ◇ **плати́ть ~ми** in bar zahlen ③ (*о людях*) ◇ ~ **соста́в** Personalbestand *m*

нало́г *м₁* ‹-а› Steuer *f;* ◇ ~ **с оборо́та** Umsatzsteuer; ◇ ~ **на доба́вленную сто́имость** Mehrwertsteuer *f* (MwSt); ◇ **взима́ть** ~ Steuern einziehen; ◇ **обложи́ть ~ом** besteuern; ◇ **подохо́дный** ~ Lohnsteuer *f*

наложи́ть V₄ₐ *сов* ‹-жу́, -о́жишь, *Part. Prät. Pass.* -о́женный› [**накла́дывать** (1-3) V₁ₐ, **налага́ть** (4, 5) V₁ₐ *несов*] *что вин (1, 2, 3, 5), что вин на кого-что вин (4)* ① (*положить сверху*) auflegen ② мед anlegen; ◇ ~ **повя́зку** einen Verband anlegen ③ (*наполнить*) füllen, volladen ④ *перен* (*предписать*) verhängen; ◇ ~ **штраф** eine Strafe verhängen; юр ◇ ~ **арéст на имýщество** ein Vermögen beschlagnahmen; ◇ ~ **на себя́ рýки** sich das Leben nehmen; ◇ ~ **свой отпечáток на что-л** einer Sache seinen Stempel aufdrücken ⑤ (*пометить*) versehen; ◇ ~ **ви́зу** ein Visum erteilen; ◇ ~ **резолю́цию** eine Anordnung treffen

нам *см.* **мы**

намёк *м₁* <-а> Anspielung *f*, Andeutung *f*; (*совет*) Wink *m*; ◇ **грýбый** ~ ein Wink mit dem Zaunpfahl; ◇ **и ~а нет** nicht einmal andeutungsweise vorhanden

намекáть V_{1a} *несов* <-áю, -áешь> [**намекнýть** V_2 *сов*] *на кого-что вин (1), без доп (2)* ① anspielen auf; (*дать совет*) einen Wink geben; ◇ **на что ты ~áешь?** worauf spielst du an? ② (*дать понять*) zu verstehen geben, andeuten; ◇ **прозрáчно** ~ durch die Blume sprechen

намеревáться V_{1a} *несов* <-áюсь, -áешься> *с инф* beabsichtigen, vorhaben, wollen;

намéрение *с₄* <-я> Absicht *f*, Vorhaben *n*, Vorsatz *m*; ◇ **дóбрые ~я** gute Vorsätze; ◇ **с ~ем** absichtlich; ◇ **без ~я** versehentlich, unabsichtlich

намéтить V_{4b} *сов* <-éчу, -éтишь, *Part. Prät. Pass.* -éченный> [**намечáть** V_{1a} *несов*] *что вин* ① (*обозначить*) entwerfen, skizzieren ② (*отметить*) kennzeichnen, markieren

нáми *см.* **мы**

намóрдник *м₁* <-а> Maulkorb *m*; ◇ **надéть** ~ einen Maulkorb anlegen

намочи́ть *см.* **мочи́ть**

нанести́ * *сов* <-сý, -сёшь, (5) 1 и 2 л. не употр> [**наноси́ть** V_{4a} *несов* <*Part. Präs. Pass.* -си́мый>] *что вин или чего род (1, 5), что вин на что вин (2, 3), что вин (4)* ① (*принести*) zusammentragen; (*притащить*) anschleppen; ◇ **гóсти ~ли подáрков** die Gäste brachten (viele) Geschenke ② (*отметить*) einzeichnen, eintragen ③ (*покрыть слоем*) auftragen; ◇ ~ **лак** lackieren ④ (*причинить*) zufügen, antun; ◇ ~ **оскорблéние комý-л** jd-n beleidigen ⑤ (*водой*) anschwemmen

нанимáтель *м₂* <-я> ① (*квартиры*) Mieter *m* ② (*работодатель*) Arbeitgeber *m*

наня́ть * *сов* <наймý, наймёшь> [**нанимáть** V_{1a} *несов*] *что вин (1), кого-что вин (2)* ① (*арендовать*) mieten, pachten ② (*взять на работу*) einstellen

наоборóт I. *нареч* ① (*в обратную сторону*) umgekehrt ② (*иначе*) verkehrt, umgekehrt; ◇ **он дéлает всё** ~ er macht alles verkehrt; ◇ **как раз** ~ genau umgekehrt **II.** *вводное слово* (*напротив*) dagegen, vielmehr, im Gegenteil

нападáть *несов от* **напáсть**

нападéние *с₄* <-я> Überfall *m*; (*атака*) Angriff *m*; ◇ **внезáпное** ~ Überraschungsangriff

напáдки *мн₁* <-док> Angriffe *m pl*; (*обвинения*) Beschuldigungen *f pl*

напáсть * *сов* <-адý, -адёшь, (3) 1 и 2 л. не употр> [**нападáть** V_{1a} *несов*] *на кого-что вин* ① (*наброситься*) herfallen (über), angreifen; ◇ **граби́тель напáл на прохóжего** der Räuber überfiel den Passanten ② (*натолкнуться*) stoßen (auf), antreffen; (*открыть*) entdecken ③ *перен* (*овладеть*) überkommen, packen; ◇ **на негó напáл страх** die Angst packte ihn

напáсть *ж₅* <-и> *разг* Mißgeschick *n*; (*невезение*) Pech *n*; ◇ **что за ~ такáя!** was für ein Pech!

наперебóй *нареч* durcheinander, um die Wette; ◇ **все заговори́ли** ~ alle fingen an, durcheinander zu reden

наперекóр *нареч* zum Trotz, zuwider

напёрсток *м₁* <-тка, *мн:* -тки> Fingerhut *m*; ◇ **с** ~ winzig klein

напивáться *несов от* **напи́ться**

напи́льник *м₁* <-а> тех Feile *f*

напи́ток *м₁* <-тка, *мн:* -тки> Getränk *n*; ◇ **спиртны́е ~ки** alkoholische Getränke

напи́ться * *сов* <-пьюсь, -пьёшься> [**напивáться** V_{1a} *несов*] *чем тв или чего род (1), без доп (2)* ① (*утолить жажду*) den Durst löschen ② *разг* (*опъянеть*) sich betrinken

наплы́в *м₁* <-а> ① *перен* (*скопление*) Zustrom *m*, Andrang *m* ② кино Überblendung *f*

наповáл *нареч* mit einem Schlag/Hieb; ◇ **он был уби́т** ~ er war auf der Stelle tot

напóлнить V_{4b} *сов* <-ню, -нишь, *Imp.* -ни, ~те> [**наполня́ть** V_{1b} *несов*] *что вин кем-чем тв* ① (voll-)füllen ① (*о чувстви*) ganz erfüllen; ◇ **чьё-л сéрдце напóлнено гнéвом** jd ist voller Zorn

наполови́ну *нареч* zur Hälfte, halb

напоминáние *с₄* <-я> Erinnerung *f*, Mahnung *f*; **напóмнить** V_{4b} *сов* <-ню, -нишь, *Imp.* -ни, ~те> [**напоминáть** V_{1a} *несов*] *кому дат о ком-чём предл (1), кого-что вин (2)* ① (*вызвать воспоминания*) jd-n erinnern (an) ② (*показаться похожим*) an jd-n erinnern; ◇ **твой друг когó-то мне ~ил** dein Freund hat mich an jd-n erinnert

напóр *м$_1$* ‹-а› (*давление*) Druck *m*

напрáвить V$_{4b}$ *сов* ‹-влю, -вишь, *Part. Prät. Pass.* -вленный› [**направля́ть** V$_{1b}$ *несов*] *кого-что вин* ① (*устремить*) richten, lenken; ◇ ~ **взгляд на когó-л** seinen Blick auf jd-n richten ② (*отправить*) schicken, einteilen; ◇ ~ **больнóго к врачý** den Kranken zum Arzt schicken ③ (*отточить*) schärfen; ◇ ~ **брúтву** das Rasiermesser schärfen

направлéние *с$_4$* ‹-я› ① (*линия движения*) Richtung *f;* ◇ **по ~ю к...** in Richtung ...; ◇ **взять ~ на юг** die südliche Richtung einschlagen ② (*документ*) Überweisungsschein *m;* (*в санаторий и т. п.*) Überweisung *f* ④ (*тенденция*) Tendenz *f;* (*течение*) Strömung *f*

напрáво *нареч* (*куда*) nach rechts; (*где*) rechts, rechter Hand; ◇ ~ **от меня́** rechts von mir; ◇ **идтú** ~ nach rechts gehen

напрáсно *нареч* ① (*тщетно*) vergeblich, umsonst ② (*несправедливо*) ohne Grund; ◇ **ты ~ так дýмаешь** du irrst dich

напримéр *вводное слово* zum Beispiel

напрокáт *нареч* leihweise, mietweise; ◇ **брать** ~ ausleihen; (*нанимать*) mieten; ◇ **отдавáть** ~ vermieten

напрóтив I. *нареч* ① (*наоборот*) im Gegenteil ② (*на противоположной стороне*) gegenüber; ◇ **мы живём** ~ wir wohnen gegenüber II. *предлог с род* gegenüber; ◇ ~ **э́того магазúна** gegenüber von diesem Geschäft

напряжéние *с$_4$* ‹-я› ① (*усилие*) Anstrengung *f,* Bemühung *f;* ◇ **с ~ем всех сил** unter Aufbringung aller Kräfte ② физ Spannung *f* ③ *перен* (An-)Spannung *f;* **напряжённый** *прил* ‹-ая, -ое, -ые› gespannt, angespannt; (*интенсивный*) angestrengt, intensiv; ◇ **~ое вниманúе** gespannte Aufmerksamkeit

напрямúк *нареч* ① geradeaus ② *перен* geradeheraus, offen

напря́чь * *сов* ‹-ягý, -яжёшь› [**напрягáть** V$_{1a}$ *несов*] *что вин* anstrengen, anspannen; ◇ ~ **все сúлы** alle Kräfte anspannen; ◇ ~ **пáмять** das Gedächtnis anstrengen

наравнé *нареч с тв* ① (*на одной линии*) in gleicher Höhe, auf gleichem Niveau; ◇ **летéть ~ с облакáми** in Wolkenhöhe fliegen ② (*одинаково*) gleich, ebenso wie; (*на равных условиях*) auf gleicher Grundlage

нарасхвáт *нареч* rasch; ◇ **раскупáться** ~ reißenden Absatz finden

нарвáть[1] * *сов* ‹-вёт, вýт, 1 и 2 л. не употр› [**нарывáть** V$_{1a}$ *несов*] *без доп* (*нагноиться*) eitern, anschwellen

нарвáть[2] *сов* ‹-вý, -вёшь› [**нарывáть** *несов*] *что вин или чего род* ① (*набрать*) pflücken; ◇ ~ **грибы́** Pilze sammeln ② (*разорвать*) zerreißen; ◇ ~ **бумáги** Papiere zerreißen

нарéз *м$_1$* ‹-а› Einschnitt *m;* (*зарубка*) Kerbe *f*

нарекáние *с$_4$* ‹-я› (*упрёк*) Vorwurf *m;* (*порицание*) Tadel *m;* (*жалоба*) Klage *f*

нарисовáть *см.* **рисовáть**

наркóз *м$_1$* ‹-а› Narkose *f,* Betäubung *f;* ◇ **óбщий** ~ Vollnarkose; ◇ **мéстный** ~ örtliche Betäubung

наркомáн *м$_1$* ‹-а› Drogensüchtiger *m,* Rauschgiftsüchtiger *m;* **наркомáния** *ж$_4$* ‹-и› Drogensucht *f,* Rauschgiftsucht *f;* **наркóтик** *м$_1$* ‹-а› Droge *f,* Rauschgift *n*

нарóд *м$_1$* ‹-а› ① (*население, нация*) Volk *n;* ◇ **россúйский** ~ das russische Volk ② *разг* (*люди*) Leute *pl,* Menschen *m pl;*

нарóдность *ж$_5$* ‹-и› ① (*народ*) Volk *n* ② (*близость к народу*) Volksverbundenheit *f,* Volkstümlichkeit *f;* **нарóдный** *прил* ‹-ая, -ое, -ые› ① (*принадлежащий народу*) Volks-; ◇ **~ое хозя́йство** Volkswirtschaft *f;* ◇ **~ая пéсня** Volkslied *n* ② (*государственный*) volkstümlich; ◇ ~ **худóжник** volkstümlicher Künstler

нарóчно *нареч* ① (*с намерением*) absichtlich, mit Absicht ② (*специально*) extra, eigens; ◇ **он ~ предупредúл нас об э́том** er hat uns extra davor gewarnt ③ (*в шутку*) zum Spaß; ◇ **как** ~ ausgerechnet

нарýжность *ж$_5$* ‹-и› Äußere *n,* Aussehen *n;* ◇ ~ **обмáнчива** der Schein trügt; **нарýжный** *прил* ‹-ая, -ое, -ые› ① (*внешний*) Außen-; ◇ **~ая стенá** Außenwand *f* ② (*показной*) äußerlich, vorgetäuscht; ◇ **~ое спокóйствие** äußerliche Ruhe

нарýчники *мн$_1$* ‹-ов› Handschellen *f pl*

нарушáть *несов от* **нарýшить**

нарушéние *с$_4$* ‹-я› Verstoß *m,* Verletzung *f,* Übertretung *f;* ◇ ~ **закóна** Gesetzesübertretung; ◇ ~ **спокóйствия** Ruhestörung *f;* **нарушúтель** *м$_2$* ‹-я› Rechtsbrecher *m,* Störer *m;* **нарýшить** V$_{4b}$ *сов* ‹-шу, -шишь› [**нарушáть** V$_{1a}$ *несов*] *что вин* ① (*помешать*) unterbrechen, stören ② (*не соблюсти*) brechen, verstoßen (gegen); (*преступить*) überschreiten; ◇ ~ **слóво** sein Wort brechen

нарцúсс *м$_1$* ‹-а› бот Narzisse *f*

нары́в *м$_1$* ‹-а› Geschwür *n,* Abszeß *m*

нарывáть *несов от* **нарвáть**

наря́д[1] *м$_1$* ‹-а› Kleidung *f,* Tracht *f;* ◇ **прáздничный** ~ Festkleid *n*

наря́д[2] $м_1$ <-а> (1) (*поручение*) Anordnung *f;* (*документ*) Order *f* (2) (*отряд*) Abteilung *f;* ◇ **пограни́чный** ~ Grenzposten *m;* ◇ **полице́йский** ~ Polizeistreife *f*

наря́дный *прил* <-ая, -ое, -ые> festlich; (*элегантный*) elegant; ◇ **~о оде́тый** elegant gekleidet

наряду́ *нареч с тв* zusammen mit, neben; ◇ ~ **с э́тим** daneben, zugleich

нас *см.* **мы**

насажде́ние $с_4$ <-я> (1) (*действие*) Pflanzen *n,* Anpflanzen *n* (2) (*растения*) Anpflanzung *f,* Anlage *f* (3) *перен (введение)* Einbürgerung *f,* Einführung *f;* (*распространение*) Verbreitung *f*

насе́дка $ж_1$ <-и, *род мн:* -док> Bruthenne *f,* Glucke *f*

насеко́мое *с (А р)* <-ого> Insekt *n*

населе́ние $с_4$ <-я> (*страны, города*) Bevölkerung *f;* (*дома*) Bewohner *m pl;* ◇ **пе́репись ~я** Volkszählung *f;* **населённый** *прил* <-ая, -ое, -ые> (1) (*обитаемый*) bewohnt; ◇ ~ **дом** bewohntes Haus (2) (*густо населённый*) dichtbevölkert; ◇ ~ **пункт** Ortschaft *f*

наси́лие $с_4$ <-я> (1) (*принуждение*) Gewalt *f,* Zwang *m;* ◇ **акт ~я** Gewalttat *f;* ◇ **примени́ть** ~ Gewalt anwenden (2) (*изнасилование*) Vergewaltigung *f;* **наси́ловать** V_{3a} *несов* <-лую, -луешь> [**из~** (2) *сов*] *кого-что вин* (1) (*принуждать*) zwingen, jd-m Gewalt antun (2) (*изнасилием*) vergewaltigen; **наси́льник** $м_1$ <-а> Vergewaltiger *m*

наскво́зь *нареч* durch und durch; (*совершенно*) völlig; ◇ **я** ~ **промо́к** ich bin völlig durchnäßt; ◇ **ви́деть кого́-л** ~ jd-n durchschauen

наско́лько *нареч* (1) (*в вопросительном предложении*) inwieweit?, inwiefern?; ◇ ~ **э́то соотве́тствует действи́тельности?** inwiefern entspricht das der Realität? (2) (*как союзное слово*) soweit, soviel, sofern; ◇ ~ **нам изве́стно** soviel wir wissen

наскочи́ть V_{4a} *сов* <-чу́, -о́чишь> [**наска́кивать** V_{1a} *несов*] *на кого-что вин* (1) (*натолкнуться*) fahren (gegen) (2) *перен разг* (*встретиться*) auf jd-n/etw stoßen (auf) (3) *разг* (*придраться*) über jd-n herziehen, über jd-n herfallen

наслади́ться V_{4a} *сов* <-ажу́сь, -ди́шься> [**наслажда́ться** V_{1a} *несов*] *кем-чем тв* genießen, sich ergötzen (an); **наслажде́ние** $с_4$ <-я> Genuß *m;* (*блаженство*) Wonne *f;* (*удовольствие*) Vergnügen *n*

насле́дие $с_4$ <-я> (geistiges) Erbe *n,* Nachlaß *m;* **насле́дник** $м_1$ <-а> (*собственности*) Erbe *m;* (*преемник*) Nachfolger *m;* (*рода*) Stammhalter *m;* (*престола*) Thronfolger *m;* **насле́довать** V_{3a} *несов и сов* <-дую, -дуешь> [**у** ~ (1) *сов*] *что вин (1), кому дат (2)* (1) (*получить в наследство*) erben; ◇ ~ **иму́щество** ein Vermögen erben (2) (*иметь право на наследство*) nachfolgen, das Erbe antreten, beerben; **насле́дственность** $ж_5$ <-и> Erblichkeit *f,* Vererbung *f;* ◇ **с дурно́й ~ью** erblich belastet; **насле́дство** $с_2$ <-а> Erbe *n,* Erbschaft *f;* ◇ **получи́ть в** ~ erben; ◇ **лиши́ть ~а** enterben

на́смерть *нареч* tödlich, zu Tode; ◇ **сражён пу́лей** ~ tödlich von der Kugel getroffen; ◇ ~ **перепуга́ться** sich zu Tode erschrecken

насме́шка $ж_1$ <-и, *род мн:* -шек> Spott *m,* Hohn *m;* (*издёвка*) Verhöhung *f;* ◇ **осы́пать кого́-л ~ми** jd-n mit Spott überschütten

на́сморк $м_1$ <-а> Schnupfen *m;* ◇ **схвати́ть** ~ sich einen Schnupfen holen

насори́ть *см.* **сори́ть**

насо́с $м_1$ <-а> Pumpe *f;* ◇ **возду́шный** ~ Luftpumpe; ◇ **кача́ть ~ом** pumpen

на́спех *нареч* (*торопливо*) in aller Eile, hastig; ◇ ~ **перекуси́ть** schnell eine Kleinigkeit essen; (*кое-как*) flüchtig

наставле́ние $с_4$ <-я> (1) (*объяснение*) Anweisung *f,* Anordnung *f,* Instruktion *f* (2) (*поучение*) Belehrung *f;* ◇ **чита́ть кому́-л** ~ jd-m die Leviten lesen; **наста́вник** $м_1$ <-а> Lehrer *m,* Mentor *m*

наста́ть * *сов* <-а́нет, а́нут, 1 и 2 л. не употр> [**настава́ть** V_{1a} *несов*] *без доп* (*начаться*) beginnen, anbrechen, kommen; ◇ **~ла тишина́** Ruhe kehrte ein; ◇ **~ло у́тро** es wurde Morgen

насти́чь * *сов* <-и́гну, -и́гнешь> [**настига́ть** V_{1a} *несов*] *кого-что вин* (*догнать*) einholen, erreichen; (*схватить*) fassen

насто́йчивость $ж_5$ <-и> Beharrlichkeit *f;* (*выдержка*) Ausdauer *f;* (*упорство*) Hartnäckigkeit *f;* **насто́йчивый** *прил* <-ая, -ое, -ые> beharrlich; (*упрямый*) eigensinnig, stur; (*упорный*) hartnäckig; (*о просьбе*) inständig

насто́лько *нареч* soweit, soviel, so; ◇ ~ **я и сам понима́ю** soweit verstehe ich das selbst

настоя́тельный *прил* <-ая, -ое, -ые> dringend, inständig; (*упорный*) beharrlich

настоя́ть[1] V_{1b} *сов* <-ою́, -ои́шь, *Imp.* -стой, -те> [**наста́ивать** V_{1a} *несов*] *на чём предл* (*добиться*) auf etw bestehen, beharren; ◇ ~ **на своём** bei seiner Meinung bleiben

настоя́ть[2] V_{1b} *сов* <-ою́, -ои́шь, *Part. Prät.*

Pass. -о́янный, *Imp.* -стой, ~те> [**наста́ивать** *несов*] *что вин на чём предл* ansetzen, ziehen lassen; ◇ ~ **вино́ на я́годах** Beerenwein ansetzen

настоя́ться *сов* <ойтся, оя́тся, 1 и 2 л. не употр> [**наста́иваться** *несов*] *без доп* (*образовать настой*) ziehen; ◇ **на́до дать ча́ю** ~ der Tee muß ziehen

настоя́щее *с* (A_2) <-его> Gegenwart *f;* **настоя́щий** *прил* <-ая, -ее, -ие> ① (*теперешний*) jetzig, gegenwärtig; ◇ **в ~ее вре́мя** in der jetzigen Zeit, heutzutage; ◇ **в ~ую мину́ту** momentan, im Augenblick ② (*подлинный*) echt, wahr, wahrhaftig; ◇ **э́то ~ее чу́до** das ist ein wahres Wunder; (*не поддельный*) echt; ◇ ~ **бриллиа́нт** echter Brillant ③ (*данный*) gegeben, vorliegend; ◇ ~ **слу́чай** der vorliegende Fall

настра́ивать *несов от* **настро́ить**

настрое́ние $с_4$ <-я> Stimmung *f,* Laune *f;* (*расположение духа*) Verfassung *f;* ◇ **быть в хоро́шем ~ии** gut gelaunt sein; ◇ **у него́ нет ~я чита́ть** er hat keine Lust zu lesen; ◇ **испо́ртить кому́-л** ~ jd-m die Laune verderben

настро́ить[1] V_{4b} *сов* <-о́ю, -о́ишь, *Imp.* -о́й, ~те> [**настра́ивать** V_{1a} *несов*] *кого-что вин* ① (*отрегулировать*) einrichten, einstellen; ◇ ~ **телеви́зор** den Fernseher einstellen ② *перен* (*внушить*) stimmen, beeinflussen; ◇ ~ **на весёлый лад** jd-n fröhlich stimmen; (*расположить*) jd-n für sich einnehmen, gewinnen; ◇ **он ~ен про́тив меня́** er ist gegen mich eingenommen ③ муз stimmen

настро́ить[2] V_{4b} *сов* <-о́ю, -о́ишь, *Imp.* -о́й, ~те> [**настра́ивать** *несов*] *что вин или чего род* bauen; ◇ ~ **домо́в** Häuser bauen

наступа́ть[1] V_{1a} *несов* <-а́ю, -а́ешь> *без доп (1), с чем тв (2)* ① воен angreifen, vorrücken; (*в походном порядке*) vormarschieren ② *перен* ◇ ~ **с расспро́сами** jd-n mit Fragen bedrängen

наступа́ть[2] *несов от* **наступи́ть**

наступи́ть[1] V_{4a} *сов* <-плю́, -у́пишь> [**наступа́ть** *несов*] *на кого-что вин* (*придавить ногой*) treten; ◇ ~ **кому́-л на́ ногу** jd-m auf den Fuß treten

наступи́ть[2] V_{4a} *сов* <-пит, -пят, 1 и 2 л. не употр> [**наступа́ть** *несов*] *без доп тж перен* (*начаться*) anbrechen, beginnen; ◇ **~ла ночь** es wurde Nacht

наступле́ние $с_4$ <-я> ① (*начало*) Anbruch *m,* Einbruch *m,* Antritt *m;* ◇ **с ~ем холодо́в** mit dem Kälteeinbruch ② воен Angriff *m,* Vormarsch *m,* Offensive *f;* ◇ **перейти́ в** ~ zum Angriff übergehen

насу́щный *прил* <-ая, -ое, -ые> (*важный*) wichtig; (*неотложный*) dringend; (*жизненный*) lebensnotwendig; (*существенный*) wesentlich

натере́ть * *сов* <-тру́, -трёшь> [**натира́ть** V_{1a} *несов*] *кого-что вин чем тв (1), что вин (2-4)* ① (*намазать*) einreiben; ◇ ~ **ру́ки кре́мом** die Hände eincremen ② (*навести лоск*) polieren, bohnern ③ (*измельчить*) reiben; ◇ ~ **я́блоко** einen Apfel reiben ④ (*повредить*) sich wund reiben; ◇ ~ **себе́ мозо́ли на нога́х** sich Blasen laufen

на́тиск $м_1$ <-а> Andrang *m,* Ansturm *m*

натоща́к *нареч* nüchtern, auf leeren Magen

натрави́ть V_{4a} *сов* <-влю́, -а́вишь, *Part. Prät. Pass.* -а́вленный> [**натра́вливать** V_{1a} *несов*] *кого-что вин на кого-что вин (1, 2), кого-чего род (3)* ① (*к нападению*) hetzen; ◇ ~ **соба́к на за́йца** den Hund auf den Hasen hetzen ② *перен* (*подстрекнуть*) aufhetzen, aufwiegeln; ◇ ~ **сосе́дей друг на дру́га** die Nachbarn gegeneinander aufstacheln ③ (*уничтожить*) vergiften

нату́ра $ж_1$ <-ы> ① (*характер, темперамент*) Natur *f,* Wesensart *f;* ◇ **он по ~е ро́бкий ма́льчик** er ist von Natur aus ein schüchterner Junge ② иск Modell *n;* (*натурщик*) (lebendes) Modell; ◇ **снима́ть ~у** ein Modell fotografieren ③ (*товары, продукты*) Naturalien *pl;* ◇ **распла́чиваться ~ой** in Naturalien bezahlen; **натура́льный** *прил* <-ая, -ое, -ые> natürlich, der Natur entsprechend; ◇ **в ~ую величину́** in Lebensgröße; ◇ ~ **ко́фе** Bohnenkaffee *m*

натюрмо́рт $м_1$ <-а> иск Stilleben *n*

натя́нутый *прил* <-ая, -ое, -ые> (*неискренний*) gezwungen, gespannt; (*неестественный*) unnatürlich

науга́д *нареч* aufs Geratewohl, auf gut Glück

нау́ка $ж_1$ <-и> ① Wissenschaft *f;* ◇ **гуманита́рные ~и** Geisteswissenschaften; ◇ **есте́ственные ~и** Naturwissenschaften; ◇ **де́ятель ~и** Wissenschaftler *m* ② (*поучение*) Lehre *f;* *разг* ◇ **э́то тебе́ ~!** laß dir das eine Lehre sein!; **нау́чный** *прил* <-ая, -ое, -ые> wissenschaftlich

нау́шники $мн_1$ <-ов> ① (*части шапки*) Ohrenschützer *m pl* ② (*прибор*) Kopfhörer *m*

наха́л $м_1$ <-а> frecher Kerl *m,* Flegel *m;* **наха́льный** *прил* <-ая, -ое, -ые> *разг* frech; (*бессовестный*) unverschämt

находи́ть *несов от* **найти́**

находи́ться *несов* ‹-ожу́сь, -о́дишься› *без доп* (*быть, пребывать*) sich befinden, sein; (*о человеке*) sich aufhalten; ◇ ~ **под подозре́нием** unter Verdacht stehen

нахо́дка *ж$_1$* ‹-и, *род мн:* -док› ① (*найденная вещь*) Fund *m;* ◇ **бюро́ ~док** Fundbüro *n;* ◇ **для меня́ э́то настоя́щая** ~ das ist ein gefundenes Fressen für mich ② *перен* (*идея*) guter Einfall; (*открытие*) Entdeckung *f;* **нахо́дчивый** *прил* ‹-ая, -ое, -ые› ① (*удачный*) findig, schlagfertig ② (*сообразительный*) einfallsreich; ◇ **быть ~ым** sich zu helfen wissen

наци́зм *м$_1$* ‹-а› Nazismus *m*

национали́зм *м$_1$* ‹-а› Nationalismus *m*

национа́льность *ж$_5$* ‹-и› Nationalität *f;* **национа́льный** *прил* ‹-ая, -ое, -ые› National-, national; ◇ ~ **костю́м** Nationaltracht *f;* ◇ ~ **флаг** Nationalflagge *f*

на́ция *ж$_4$* ‹-и› Nation *f*

нача́ло *с$_2$* ‹-а› ① Beginn *m,* Anfang *m;* (*старт*) Start *m;* ◇ **в ~е ма́рта** Anfang März; ◇ **с са́мого ~а** von Anfang an; ◇ **с ~а до конца́** von Anfang bis Ende ② ◇ **~а** *мн* (*основные положения*) Grundlagen *f pl,* Basis *f;* ◇ **~а фи́зики** Grundlagen der Physik; ◇ **на обще́ственных ~ах** ehrenamtlich ③ (*первоисточник*) Ursache *f,* Quelle *f;* ◇ **брать** ~ seinen Ursprung nehmen; (*о реке*) entspringen

нача́льник *м$_1$* ‹-а› Vorgesetzter *m,* Chef *m;* (*руководитель*) Leiter *m;* ◇ ~ **ста́нции** Stationsvorsteher *m;* ◇ ~ **отде́ла** Abteilungsleiter

нача́ть * *сов* ‹-чну́, -чнёшь› [**начина́ть** V$_{1a}$ *несов*] *что вин или с инф (1), что вин чем тв или с кого-чего род (2)* ① (*приступить*) beginnen, anfangen; (*стартовать*) starten; ◇ ~ **всё снача́ла** alles von vorn anfangen ② (*предварить*) einleiten, eröffnen; ◇ ~ **речь приве́тствием** eine Rede mit der Begrüßung einleiten

начина́ние *с$_4$* ‹-я› Vorhaben *n,* Unternehmen *n*

начина́ть *несов от* **нача́ть**

начи́нка *ж$_1$* ‹-и, *род мн:* -нок› *кул* Füllung *f;* ◇ **шокола́дные конфе́ты с ~ой** gefüllte Pralinen

начистоту́ *нареч* aufrichtig, freimütig; ◇ **объясни́ться** ~ sich offen aussprechen

наш I. *притяж мест* ‹-а, -е, -и› ① (*перед сущ*) unser; ◇ **с ~ей стороны́** unsererseits ② (*в качестве сказуемого*) unser, der/die/das unsere; ◇ **э́то твои́ тетра́ди, а э́то ~и** das sind deine Hefte und das unsere **II.** (*в значении сущ*) ◇ **~е** *с* ‹-его› das Unsrige **III.** ◇ **~и** ‹-их› *мн* die Unsrigen; ◇ **по ~ему мне́нию** unserer Meinung nach; ◇ **э́то ~е де́ло** das ist unsere Sache

наше́ствие *с$_4$* ‹-я› Einfall *m;* (*вторжение*) Invasion *f;* (*нападение*) Überfall *m*

наяву́ *нареч* wachend, im wachem Zustand; ◇ **гре́зить** ~ mit offenen Augen träumen

не *частица* nicht, kein; ◇ **я ~ приду́ за́втра** ich komme morgen nicht; ◇ ~ **то́лько** nicht nur; ◇ **я бо́льше ~ бу́ду тебе́ меша́ть** ich werde dich nicht mehr stören; ◇ ~ **пра́вда ли?** nicht wahr?; ◇ **не́ за что!** keine Ursache!; ◇ ~ **без того́** höchstwahrscheinlich

неаккура́тный *прил* ‹-ая, -ое, -ые› ① (*неточный*) unpünktlich ② (*небрежный*) nachlässig; (*беспорядочный*) unordentlich ③ (*неряшливый*) liederlich, schlampig

неблагода́рный *прил* ‹-ая, -ое, -ые› undankbar; ◇ ~ **труд** undankbare Arbeit

неблагоприя́тный *прил* ‹-ая, -ое, -ые› ungünstig; ◇ **де́ло при́няло ~ оборо́т** die Sache nahm eine ungünstige Wende

не́бо *с$_2$* ‹-а, *мн:* небеса́, *род:* небе́с, *дат:* -беса́м› Himmel *m;* (*небесный свод*) Firmament *n;* ◇ **на ~е** am Himmel; ◇ **под откры́тым ~ом** im Freien; ◇ **как с ~а свали́лся** wie vom Himmel gefallen

небоеспосо́бный *прил* ‹-ая, -ое, -ые› kampfunfähig

небоскрёб *м$_1$* ‹-а› Wolkenkratzer *m*

небре́жность *ж$_5$* ‹-и› Nachlässigkeit *f,* Fahrlässigkeit *f;* (*неряшливость*) Schlamperei *f;* ◇ **по ~и** aus Nachlässigkeit ② (*пренебрежение*) Geringschätzung *f,* Verachtung *f*

небри́тый *прил* ‹-ая, -ое, -ые› unrasiert

небыва́лый *прил* ‹-ая, -ое, -ые› nie dagewesen, beispiellos; (*вымышленный*) unvorstellbar, phantastisch

нева́жный *прил* ‹-ая, -ое, -ые› ① (*посредственный*) nicht besonders, mittelmäßig ② (*несуще́ственный*) unbedeutend, geringfügig

невдалеке́ *нареч* unweit, nicht weit von

неве́дение *с$_4$* ‹-я› Unkenntnis *f,* Unwissen *n;* ◇ **быть в по́лном ~ии** keine Ahnung haben

неве́жа *м, ж$_1$* ‹-и› Rüpel *m,* Grobian *m*

неве́жественный *прил* ‹-ая, -ое, -ые› unwissend; (*необразованный, малокультурный*) ungebildet, unkundig

неве́жливый *прил* ‹-ая, -ое, -ые› unhöflich; (*грубый*) grob

невезе́ние *с$_4$* ‹-я› Mißgeschick *n,* Pech *n*

неве́рный *прил* ‹-ая, -ое, -ые› ① (*неправильный*) unwahr; (*ложный*) falsch; (*не-

точный) ungenau ② (*неуверенный*) unsicher, unzuverlässig; (*слабый*) schwach ③ (*вероломный*) untreu, treulos

невероя́тный *прил* ‹-ая, -ое, -ые› ① (*неправдоподобный*) unwahrscheinlich, (*необычайный*) unglaublich; ◇ **~о, но факт** kaum zu glauben, aber wahr ② (*очень большой, чрезвычайный*) unglaublich; ◇ **~ое уси́лие** unglaubliche Anstrengung

неве́рующий I. *прил* ‹-ая, -ее, -ие› ungläubig II. *м* (*А*$_2$) ‹-его› Ungläubiger *m*, Atheist *m*

невесо́мый *прил* ‹-ая, -ое, -ые› ① (*лёгкий*) schwerelos, leicht ② *перен* bedeutungslos

неве́ста *ж*$_1$ ‹-ы› Braut *f*

неве́стка *ж*$_1$ ‹-и, *род мн:* -ток› (*жена сына*) Schwiegertochter *f;* (*жена брата*) Schwägerin *f*

невзго́да *ж*$_1$ ‹-ы› Mißgeschick *n;* (*несчастье*) Unglück *n;* ◇ **на э́ту семью́ обру́шились ~ы** diese Familie wurde von einem Unglück heimgesucht

невзира́я *предлог с вин* (*вопреки*) ungeachtet, trotz, ohne Rücksicht auf; ◇ **кри́тика, ~ на ли́ца** Kritik ohne Ansehen der Person; ◇ **~ ни на что́** trotz alledem

неви́нность *ж*$_5$ ‹-и› ① (*невиновность*) Unschuld *f,* Schuldlosigkeit *f* ② (*наивность*) Naivität *f* ③ (*девственность*) Jungfräulichkeit *f;* (*целомудрие*) Keuschheit *f;* **неви-но́вный** *прил* ‹-ая, -ое, -ые› unschuldig

невмеша́тельство *с*$_2$ ‹-а› Nichteinmischung *f*

невнима́тельный *прил* ‹-ая, -ое, -ые› ① (*рассеянный*) unaufmerksam, zerstreut ② (*небрежный*) nachlässig

не́вод *м*$_1$ ‹-а› Fischernetz *n*

невозмо́жность *ж*$_5$ ‹-и› Unmöglichkeit *f;* ◇ **в слу́чае ~и** falls unmöglich; ◇ **до ~и** über alle Maßen; **невозмо́жный** *прил* ‹-ая, -ое, -ые› *разг* (*невыносимый*) unerträglich; (*неосуществимый*) unmöglich; ◇ **примире́ние ~о** eine Versöhnung ist unmöglich

невозмути́мый *прил* ‹-ая, -ое, -ые› ① (*хладнокровный*) unerschütterlich, gelassen, ungerührt; ◇ **оста́ться ~ым** gelassen bleiben ② (*ничем не нарушаемый*) ungestört; ◇ **~ая тишина́** tiefe Stille

нево́ля *ж*$_2$ ‹-и› Unfreiheit *f;* (*рабство*) Sklaverei *f;* (*плен, заключение*) Gefangenschaft *f*

невооружённый *прил* ‹-ая, -ое, -ые› unbewaffnet; ◇ **~ым гла́зом** mit bloßem Auge

невоспи́танный *прил* ‹-ая, -ое, -ые› ungezogen

невразуми́тельный *прил* ‹-ая, -ое, -ые› unverständlich, nicht einleuchtend

невреди́мый *прил* ‹-ая, -ое, -ые› unversehrt; (*целый*) heil

невро́з *м*$_1$ ‹-а› мед Neurose *f*

невы́годный *прил* ‹-ая, -ое, -ые› ① (*убыточный*) unvorteilhaft, nachteilig ② (*непривлекательный*) unschön; (*неблагоприятный*) ungünstig; ◇ **показа́ть себя́ с ~ой стороны́** sich von seiner unvorteilhaften Seite zeigen

невыноси́мый *прил* ‹-ая, -ое, -ые› unerträglich; (*несносный*) unausstehlich; ◇ **бы́ло ~о ску́чно** es war unerträglich langweilig

невыполне́ние *с*$_4$ ‹-я› Nichterfüllung *f,* Nichtbefolgung *f*

невы́ход *м*$_1$ ‹-а› ① (*неявка*) Fernbleiben *n;* ◇ **~ на рабо́ту** Fernbleiben von der Arbeit ② (*газеты*) Nichterscheinen *n*

не́где *нареч с инф* ① (*нет места*) es ist nirgends Platz; ◇ **нам ~ положи́ть кни́ги** nirgends können wir unsere Bücher hinlegen ② (*неоткуда*) nirgendwoher, nirgends; ◇ **нам ~ э́то узна́ть** wir können das nirgends erfahren

него́ *см.* **он**

него́дный *прил* ‹-ая, -ое, -ые› ① (*непригодный*) untauglich, unbrauchbar; воен ◇ **~ к вое́нной слу́жбе** untauglich; ◇ **~ к употребле́нию** unbenutzbar; (*о пищевых продуктах*) ungenießbar ② (*бессовестный*) nichtswürdig, gemein; ◇ **~ челове́к** Taugenichts *m*

негодова́ние *с*$_4$ ‹-я› Entrüstung *f,* Empörung *f;* ◇ **привести́ в ~** sich entrüsten

негодя́й *м*$_3$ ‹-я› Schurke *m,* Halunke *m*

негр *м*$_1$ ‹-а› Schwarzer *m*

негра́мотный I. *прил* ‹-ая, -ое, -ые› ① (*невежественный*) des Lesens und Schreibens unkundig ② (*безграмотный*) mit Rechtschreibfehlern, fehlerhaft II. *м* (*А*$_1$) ‹-ого› Analphabet *m*

неда́вно *нареч* vor kurzem, neulich

недалёкий *прил* ‹-ая, -ое, -ие› ① (*близкий по расстоянию*) nicht weit, unweit; ◇ **~ое путеше́ствие** kleine Reise ② (*близкий по времени*) nah, nicht lange zurückliegend; ◇ **в ~ом про́шлом** in jüngster Vergangenheit; ◇ **в ~ом бу́дущем** in naher Zukunft ③ (*ограниченный*) beschränkt, borniert

недальнови́дный *прил* ‹-ая, -ое, -ые› kurzsichtig

неда́ром *нареч* (*не без причины*) nicht ohne Grund; (*не напрасно*) nicht umsonst; (*неспроста*) nicht von ungefähr

недвижи́мость *ж*$_5$ ‹-и› Immobilien *f pl*, Liegenschaften *f pl*

недействи́тельный *прил* ‹-ая, -ое, -ые› ① юр ungültig; (*потерявший силу*) außer Kraft; ◇ **объяви́ть зако́н ~ым** ein Gesetz für ungültig erklären ② (*не действующий*) unwirksam, wirkungslos

неде́ля *ж*$_2$ ‹-и› Woche *f;* ◇ **че́рез ~ю** in einer Woche; ◇ **ка́ждые две ~и** alle zwei Wochen; ◇ **на бу́дущей ~е** nächste Woche

недоброжела́тельный *прил* ‹-ая, -ое, -ые› nicht wohlwollend, mißgünstig

недобросо́вестный *прил* ‹-ая, -ое, -ые› nicht gewissenhaft, unzuverlässig; (*небрежный*) nachlässig; (*нечестный*) gewissenlos

недове́рие *с*$_4$ ‹-я› Mißtrauen *n;* (*подозрительность*) Argwohn *m;* ◇ **во́тум ~я** Mißtrauensvotum *n;* ◇ **отнести́сь с ~ем** mißtrauisch sein

недово́льство *с*$_2$ ‹-а› Unzufriedenheit *f*, Mißfallen *n*

недоеда́ние *с*$_4$ ‹-я› Unterernährung *f;* ◇ **страда́ть от ~я** an Unterernährung leiden

недолгове́чный *прил* ‹-ая, -ое, -ые› (*о живых существах*) kurzlebig; (*о явлениях*) von kurzer Dauer; ◇ **ра́дость была́ ~ой** die Freude war nur von kurzer Dauer

недомога́ние *с*$_4$ ‹-я› Unwohlsein *n*, Unpäßlichkeit *f*

недопусти́мый *прил* ‹-ая, -ое, -ые› unzulässig

недора́звитый *прил* ‹-ая, -ое, -ые› unterentwickelt; ◇ **~ органи́зм** unterentwickelter Organismus

недоразуме́ние *с*$_4$ ‹-я› Mißverständnis *n;* ◇ **здесь како́е-то ~** hier liegt ein Mißverständnis vor

недосмо́тр *м*$_1$ ‹-а› Versehen *n*, Unachtsamkeit *f;* ◇ **по ~у** aus Versehen; ◇ **допусти́ть ~** unachtsam sein

недостава́ть V$_{Ia}$ *несов* ‹-аёт, *kein Imp., kein Adv. Part. Präs.*› [**недоста́ть** V$_{Ia}$ *сов* ‹-ста́нет, *Part. Prät. Akt.* -ста́вший, *kein Imp., kein Adv. Part. Prät.*›] *чего род безл* unzureichend sein, mangeln; ◇ **~аёт о́пыта** es mangelt an Erfahrung; ◇ **кому́-л ~аёт слов** jd hat keine Worte; ◇ **э́того ещё ~а́ло!** das hat noch gefehlt!; **недоста́ток** *м*$_1$ ‹-тка, *мн:* -тки› ① (*нехватка*) Mangel *m;* ◇ **за ~тком до́водов** aus Mangel an Beweisen ② (*дефект*) Fehler *m*, Mangel *m*, Nachteil *m*

недостижи́мый *прил* ‹-ая, -ое, -ые› unerreichbar; ◇ **~ая цель** unerreichbares Ziel

недостове́рный *прил* ‹-ая, -ое, -ые› unglaubwürdig; (*сомнительный*) zweifelhaft; (*ненадёжный*) unzuverlässig

недосту́пный *прил* ‹-ая, -ое, -ые› (*неприступный*) unzugänglich; (*непонятный*) unverständlich; ◇ **~ые це́ны** unerschwingliche Preise; ◇ **э́то ~о моему́ понима́нию** das geht über meinen Verstand

недоуме́ние *с*$_4$ ‹-я› Befremden *n;* (*удивление*) Erstaunen *n;* (*сомнение*) Zweifel *m;* ◇ **быть в ~и** im Zweifel sein; ◇ **э́то вы́звало у нас ~** das befremdet uns

не́дра *мн*$_2$ ‹недр› *перен* das Innere; ◇ **в ~ах души́** im tiefsten Inneren

неду́г *м*$_1$ ‹-а› Leiden *n;* (*болезнь*) Krankheit *f*

неё *см.* **она́**

нежена́тый *прил* (*о мужчине*) unverheiratet, ledig

нежило́й *прил* ‹-ая, -ое, -ые› ① (*необитаемый*) unbewohnt, leerstehend ② (*непригодный для жилья*) unbewohnbar

не́жный *прил* ‹-ая, -ое, -ые› ① (*ласковый*) zärtlich, liebevoll ② (*мягкий*) sanft ③ (*приятный*) fein, zart; ◇ **~ая ко́жа** zarte Haut; ◇ **~ые цвета́** zarte Farben ④ (*хрупкий*) fein, zerbrechlich, zart

незабу́дка *ж*$_1$ ‹-и, *род мн:* -док› бот Vergißmeinnicht *n*

незави́симость *ж*$_5$ ‹-и› Unabhängikeit *f;* (*самостоятельность*) Selbständigkeit *f;* ◇ **национа́льная ~** nationale Unabhängigkeit;

незави́симый *прил* ‹-ая, -ое, -ые› ① (*самостоятельный*) unabhängig; (*свободный*) selbständig; ◇ **быть ~ым от кого́/чего́-л** unabgängig von jd-m/etw sein; ◇ **~о от э́того** unabhängig davon ② (*уверенный*) selbstsicher

незако́нный *прил* ‹-ая, -ое, -ые› illegal, ungesetzlich

незамедли́тельно *нареч* unverzüglich, ohne Verzug

незамени́мый *прил* ‹-ая, -ое, -ые› unersetzlich; (*необходимый*) unentbehrlich

незаме́тный *прил* ‹-ая, -ое, -ые› ① (*трудно различимый*) nicht wahrnehmbar, unauffällig, unmerklich ② (*незначительный*) unbedeutend

незаму́жняя *прил* (*о женщине*) unverheiratet, ledig

neзáнятый *прил* ‹-ая, -ое, -ые› ① (*о месте*) frei, nicht besetzt ② (*не имеющий занятия*) beschäftigungslos

незара́зный *прил* ‹-ая, -ое, -ые› nicht ansteckend

незаслу́женно *нареч* unverdient(erweise)

незауря́дный *прил* <-ая, -ое, -ые> außergewöhnlich; (*выдающийся*) hervorragend; ◇ **~ые спосо́бности** ungewöhnliche Fähigkeiten

незащищённый *прич* <-ая, -ое, -ые> ungeschützt, schutzlos; ◇ **~ от ве́тра** nicht windgeschützt

незва́ный *прил* <-ая, -ое, -ые> ungerufen, ungeladen; (*непрошеный*) ◇ **~ гость** ungebetener Gast

незде́шний *прил* <-яя, -ее, -ие> ① (*приезжий, чужой*) fremd, zugereist, zugezogen ② (*неземной*) nicht von dieser Welt

нездоро́вый *прил* <-ая, -ое, -ые> ① (*болезненный*) ungesund, kränklich ② (*вредный для здоровья*) ungesund, gesundheitsschädlich ③ (*больной*) krank ④ *перен* schlecht, falsch, ungesund; ◇ **~ые отноше́ния** ungesunde Beziehung

незнако́мец *м*$_5$ <-мца, *мн:* -мцы> Unbekannter *m;* **незнако́мка** *ж*$_1$ <-и, *род мн:* -мок> Unbekannte *f*

незначи́тельный *прил* <-ая, -ое, -ые> (*маловажный*) unbedeutend; (*несущественный*) unerheblich; (*небольшой*) geringfügig; ◇ **~ое большинство́** geringe Mehrheit

незы́блемый *прил* <-ая, -ое, -ые> (*устойчивый*) unerschütterlich; (*неизменяемый*) unveränderlich

неизбе́жный *прил* <-ая, -ое, -ые> unvermeidlich, unweigerlich; (*неминуемый*) unumgänglich; ◇ **~ коне́ц** unvermeidliches Ende

неизве́стный I. *прил* <-ая, -ое, -ые> (*незнакомый*) unbekannt, nicht bekannt; (*чужой*) fremd; мат ◇ **~ая величина́** unbekannte Größe II. *м* <-ого> Unbekannter *m*

неизглади́мый *прил* <-ая, -ое, -ые> unauslöschbar; (*незабываемый*) unvergeßlich; ◇ **~ое впечатле́ние** unvergeßlicher Eindruck

неизме́нный *прил* <-ая, -ое, -ые> ① (*постоянный*) unveränderlich; (*стабильный*) stabil, beständig ② (*преданный*) treu

неимове́рный *прил* <-ая, -ое, -ые> unglaublich; (*чрезвычайный*) ungeheuerlich; ◇ **~ хо́лод** unglaubliche Kälte

неиму́щий *прил* <-ая, -ее, -ие> mittellos, besitzlos

нei

не́искренний *прил* <-яя, -ее, -ие> unehrlich, unaufrichtig; (*лицемерный*) heuchlerisch

неисполни́мый *прил* <-ая, -ое, -ые> (*о просьбе, желании*) unerfüllbar; (*о приказании*) unausführbar; ◇ **~ое тре́бование** unerfüllbare Forderung

неиспра́вность *ж*$_5$ <-и> Störung *f,* Defekt *m;* ◇ **быть в ~и** defekt sein

неистощи́мый *прил* <-ая, -ое, -ые> (*неиссякаемый*) unerschöpflich; ◇ **~ исто́чник** unversiegliche Quelle

ней *см.* **она́**

нейтралите́т *м*$_1$ <-а> Neutralität *f;* **нейтра́льный** *прил* <-ая, -ое, -ые> neutral

нека́чественный *прил* <-ая, -ое, -ые> qualitativ schlecht, von schlechter Qualität

неквалифици́рованный *прил* <-ая, -ое, -ые> unqualifiziert, ungelernt

не́когда *нареч* ① (*когда-то*) einst, ehemals; ◇ **~ изве́стный писа́тель** ein einst bekannter Schriftsteller ② *предик* (*нет времени*) ◇ **мне сего́дня ~** ich habe heute keine Zeit

некомпете́нтный *прил* <-ая, -ое, -ые> inkompetent; (*не ведающий*) nicht zuständig

некорре́ктный *прил* <-ая, -ое, -ые> ① (*невежливый*) unhöflich; (*грубый*) grob ② (*неправильный*) unrichtig, inkorrekt; ◇ **соверши́ть ~ посту́пок** sich falsch verhalten

не́который *мест* <-ая, -ое, -ые> ① ein gewisser ② *мн* einige, manche; ◇ **с ~ых пор** seit einiger Zeit

некредитоспосо́бный *прил* <-ая, -ое, -ые> kreditunwürdig

некроло́г *м*$_1$ <-а> Nachruf *m*

некста́ти *нареч* ungelegen, unangebracht; (*не во́время*) im falschen Augenblick; ◇ **э́то замеча́ние бы́ло так ~!** diese Bemerkung war völlig fehl am Platz!

некульту́рный *прил* <-ая, -ое, -ые> unkultiviert; (*необразованный*) ungebildet

некуря́щий *м (А$_2$)* <-его> Nichtraucher *m*

нелега́льный *прил* <-ая, -ое, -ые> illegal

неле́пость *ж*$_5$ <-и> Unsinn *m,* Ungereimtheit *f;* ◇ **наговори́ть ~ей** dummes Zeug daherreden; **неле́пый** *прил* <-ая, -ое, -ые> unsinnig, sinnlos

неле́стный *прил* <-ая, -ое, -ые> wenig schmeichelhaft; (*неодобри́тельный*) mißbilligend

нело́вкий *прил* <-ая, -ое, -ие> ① (*неуклюжий*) ungeschickt ② (*затруднительный*) peinlich; (*неудобный*) unangenehm; ◇ **попа́сть в ~ое положе́ние** in eine peinliche Lage geraten ③ (*неудачный*) ungeschickt; (*неуместный*) unpassend; **нело́вкость** *ж*$_5$ <-и> ① (*стеснительность*) Peinlichkeit *f* ② (*смущение*) Verlegenheit *f;* (*неприятное чувство*) Unannehmlichkeit *f* ③ (*неловкий поступок*) Ungeschicklichkeit *f*

нелоги́чный *прил* <-ая, -ое, -ые> unlogisch; (*непоследовательный*) inkonsequent

Н

нельзя́ *нареч, предик с инф* (*нет возможности*) man kann nicht; ◇ **э́то ~ объясни́ть** das kann man nicht erklären; (*не разрешено*) es ist verboten; ◇ **по газо́нам ходи́ть ~** Rasen betreten verboten; (*не следует*) man soll nicht; ◇ **мне ~ гро́мко говори́ть** ich soll nicht laut sprechen; ◇ **ника́к ~** ganz ausgeschlossen; ◇ **с э́тим ~ не согласи́ться** dagegen läßt sich nichts einwenden; ◇ **~ теря́ть ни мину́ты** wir dürfen keine Minute verlieren

нелюбе́зный *прил* ‹-ая, -ое, -ые› unfreundlich

нелюби́мый *прил* ‹-ая, -ое, -ые› (*непопулярный*) unpopulär, unbeliebt; (*ненавистный*) verhaßt

нелюбо́вь *ж*$_5$ ‹-бви, *тв:* -бо́вью› Abneigung *f*, Widerwille *m;* (*отвращение*) Abscheu *f*

нелюди́мый *прил* ‹-ая, -ое, -ые› menschenscheu, ungesellig

нём *см.* **он** и **оно́**

нема́ло *нареч* ① (*при существительном*) viel, nicht wenig(e); ◇ **у него́ ~ рабо́ты** er hat viel Arbeit ② (*при глаголе*) viel, nicht wenig; ◇ **он ~ пережи́л** er hat viel erlebt

немалова́жный *прил* ‹-ая, -ое, -ые› wesentlich; ◇ **~ до́вод** ein wichtiges Argument

нема́лый *прил* ‹-ая, -ое, -ые› nicht gering; (*значительный*) bedeutend, erheblich

неме́дленно *нареч* sofort, unverzüglich, ohne Aufschub; (*тут же, на месте*) auf der Stelle; ◇ **она́ про́сит ~ позвони́ть ей** sie bittet um einen sofortigen Anruf; **неме́дленный** *прил* ‹-ая, -ое, -ые› unverzüglich, sofortig

неме́ть V$_5$ *несов* ‹-е́ю, -е́ешь, (2) 1 и 2 л. не употр› [**за**~ (1), **о**~ *сов*] *без доп* ① (*терять дар речи*) stumm werden, verstummen; *перен* ◇ **~ пе́ред авторите́тами** obrigkeitshörig sein ② (*цепенеть*) erstarren, starr werden; ◇ **па́льцы ~е́ют от хо́лода** die Finger sind vor Kälte abgestorben

не́мец *м*$_5$ ‹-мца, *мн:* -мцы› Deutscher *m;* **неме́цкий** *прил* ‹-ая, -ое, -ие› deutsch; ◇ **~ язы́к** die deutsche Sprache, das Deutsche

немилосе́рдный *прил* ‹-ая, -ое, -ые› unbarmherzig; (*жестокий*) grausam

неми́лость *ж*$_5$ ‹-и› Ungnade *f;* ◇ **впасть в ~** in Ungnade fallen

неминуе́мый *прил* ‹-ая, -ое, -ые› unausweichlich, unumgänglich

не́мка *ж*$_1$ ‹-и, *род мн:* -мок› Deutsche *f*

немно́го *нареч* nicht viel, ein wenig, ein bißchen; ◇ **я ~ уста́л** ich bin ein wenig müde; ◇ **~ люде́й** nicht viele Menschen; ◇ **э́то совсе́м ~** das ist überhaupt nicht viel

немногосло́вный *прил* ‹-ая, -ое, -ые› wortkarg; (*неразговорчивый*) nicht redselig;

немногочи́сленный *прил* ‹-ая, -ое, -ые› nicht zahlreich

немо́й I. *прил* ‹-ая, -ое, -ые› stumm; ◇ **~ фильм** Stummfilm *m* **II.** *м (A))* ‹-о́го› Stummer *m*

не́мощный *прил* ‹-ая, -ое, -ые› kraftlos; (*болезненный*) krank; (*слабый*) schwach

нему́ *см.* **он**

немы́слимый *прил* ‹-ая, -ое, -ые› ① (*невероятный*) unvorstellbar, undenkbar ② (*невозможный*) unmöglich

ненави́деть * *несов, kein Pass.* ‹-и́жу, -и́дишь, *Imp.* -и́дь, ~те› *кого-что вин или с инф* hassen, verabscheuen; **ненави́стный** *прил* ‹-ая, -ое, -ые› verhaßt; ◇ **~ое заня́тие** verhaßter Unterricht; **не́нависть** *ж*$_5$ ‹-и› Haß *m;* ◇ **из ~и** aus Haß; ◇ **с ~ью** haßerfüllt

ненадёжный *прил* ‹-ая, -ое, -ые› ① (*непрочный*) nicht fest; (*о постройке*) instabil, unsolide ② (*о человеке*) unzuverlässig

ненадо́лго *нареч* nicht für lange, nicht auf Dauer; (*на короткое время*) für eine kurze Zeit

ненападе́ние *с*$_4$ ‹-я› **пакт о ~и** Nichtangriffspakt *m*

нена́стный *прил* ‹-ая, -ое, -ые› trübe, regnerisch

ненасы́тный *прил* ‹-ая, -ое, -ые› *тж перен* (*прожорливый*) unersättlich; ◇ **~ челове́к** Nimmersatt *m*

ненорма́льный *прил* ‹-ая, -ое, -ые› ① unnormal; (*необычный*) ungewöhnlich ② *разг* (*душевнобольной*) geistig nicht normal; (*безумный*) verrückt

нену́жный *прил* ‹-ая, -ое, -ые› unnötig; (*бесполезный*) unnütz, nutzlos

необлага́емый *прил* ‹-ая, -ое, -ые› unversteuert

необозри́мый *прил* ‹-ая, -ое, -ые› unübersehbar

необосно́ванный *прил* ‹-ая, -ое, -ые› unbegründet, grundlos

необрабо́танный *прил* ‹-ая, -ое, -ые› ① (*о земле*) brachliegend, unbebaut; (*о материале*) unbearbeitet ② (*о стиле*) nicht ausgefeilt

необразо́ванный *прил* ‹-ая, -ое, -ые› ungebildet

необу́зданный *прил* ‹-ая, -ое, -ые› schrankenlos, unbändig, zügellos

необу́ченный *прил* ‹-ая, -ое, -ые› unausgebildet, ungeschult

необходи́мость *ж₅* ‹-и› Notwendigkeit *f;* ◇ **в слу́чае ~и** falls notwendig, im Notfall; ◇ **сде́лать что-л по ~и** etw notgedrungen tun; **необходи́мый** *прил* ‹-ая, -ое, -ые› ① (*нужный*) notwendig, nötig, unentbehrlich; ◇ **ему́ ~а подде́ржка** er braucht unbedingt Unterstützung ② (*неизбежный*) notwendig, nötig; ◇ **сде́лать ~ые вы́воды** die notwendigen Schlußfolgerungen ziehen

необщи́тельный *прил* ‹-ая, -ое, -ые› ungesellig; ◇ ~ **ребёнок** kontaktscheues Kind

необъясни́мый *прил* ‹-ая, -ое, -ые› unerklärbar, unerklärlich

необъя́тный *прил* ‹-ая, -ое, -ые› unermeßlich, riesengroß

необыкнове́нный *прил* ‹-ая, -ое, -ые› ① (*необычный*) ungewöhnlich ② (*чрезвычайный*) außergewöhnlich, unglaublich

необыча́йный *прил* ‹-ая, -ое, -ые› ungewöhnlich; (*поразительный*) erstaunlich

необы́чный *прил* ‹-ая, -ое, -ые› ungewohnt, ungewöhnlich; (*странный*) seltsam; ◇ **в ~ое вре́мя** zu ungewohnter Zeit

неограни́ченный *прил* ‹-ая, -ое, -ые› uneingeschränkt, grenzenlos; ◇ **~ые полномо́чия** uneingeschränkte Vollmachten

неодина́ковый *прил* ‹-ая, -ое, -ые› (*различный*) verschieden, ungleich

неоднокра́тный *прил* ‹-ая, -ое, -ые› mehrfach, mehrmals; (*повторный*) wiederholt

неодноро́дность *ж₅* ‹-и› Ungleichartigkeit *f,* Heterogenität *f;* **неодноро́дный** *прил* ‹-ая, -ое, -ые› ungleich, verschiedenartig, heterogen

неодобре́ние *с₄* ‹-я› Mißbilligung *f;* ◇ **вы́разить своё ~** seiner Mißbilligung Ausdruck verleihen; **неодобри́тельный** *прил* ‹-ая, -ое, -ые› mißbilligend

неодоли́мый *прил* ‹-ая, -ое, -ые› unüberwindlich; (*непобедимый*) unbezwingbar

неожи́данность *ж₅* ‹-и› Überraschung *f;* ◇ **от ~и** vor Überraschung; **неожи́данный** *прил* ‹-ая, -ое, -ые› unerwartet; (*внезапный*) überraschend, unvermittelt

неоко́нченный *прил* ‹-ая, -ое, -ые› unvollendet, unbeendet, nicht abgeschlossen

неопису́емый *прил* ‹-ая, -ое, -ые› (*непередаваемый*) unbeschreiblich

неопла́тный *прил* ‹-ая, -ое, -ые› unbezahlbar; ◇ **я ваш ~ должни́к** ich stehe tief in Ihrer Schuld

неопо́знанный *прил* ‹-ая, -ое, -ые› unbekannt; ◇ **~ые лета́ющие объе́кты (НЛО)** unbekannte Flugobjekte (UFOs); юр nicht identifiziert; ◇ ~ **труп** nicht identifizierte Leiche

неопра́вданный *прил* ‹-ая, -ое, -ые› unberechtigt, ungerechtfertigt, unbegründet

неопределённость *ж₅* ‹-и› Unbestimmtheit *f;* (*неуверенность*) Ungewißheit *f;* **неопределённый** *прил* ‹-ая, -ое, -ые› ① (*точно не установленный*) unbestimmt, ungewiß ② (*неотчётливый*) undeutlich; (*неясный*) unklar, undefinierbar; (*неуверенный, уклончивый*) unsicher; грам ◇ ~ **арти́кль** unbestimmter Artikel; грам ◇ **~ая фо́рма глаго́ла** Infinitiv *m*

неопровержи́мый *прил* ‹-ая, -ое, -ые› unumstößlich, unwiderlegbar

неопря́тный *прил* ‹-ая, -ое, -ые› unsauber, unordentlich; (*небрежный*) nachlässig

неопублико́ванный *прил* ‹-ая, -ое, -ые› unveröffentlicht

нео́пытный *прил* ‹-ая, -ое, -ые› unerfahren

неорганизо́ванность *ж₅* ‹-и› Desorganisation *f*

неосведомлённый *прил* ‹-ая, -ое, -ые› nicht informiert, nicht unterrichtet

неосла́бный *прил* ‹-ая, -ое, -ые› unablässig, unvermindert; (*постоянный*) ständig; ◇ **с ~ым внима́нием** mit unverminderter Aufmerksamkeit

неосмотри́тельность *ж₅* ‹-и› Unvorsichtigkeit *f;* ◇ **мы допусти́ли большу́ю ~** wir waren sehr unbedacht; **неосмотри́тельный** *прил* ‹-ая, -ое, -ые› (*необдуманный*) unbedacht; (*неосторожный*) unvorsichtig; (*неблагоразумный*) unvernünftig

неоснова́тельный *прил* ‹-ая, -ое, -ые› ① (*необоснованный*) unbegündet, haltlos ② (*легкомысленный*) leichtfertig; (*поверхностный*) oberflächlich

неоспори́мый *прил* ‹-ая, -ое, -ые› unbestreitbar, unanfechtbar; (*неопровержимый*) unumstößlich

неосторо́жность *ж₅* ‹-и› ① (*опрометчивость*) Unvorsichtigkeit *f;* ◇ **прояви́ть ~** unvorsichtig sein ② (*неосторожный поступок*) Fahrlässigkeit *f;* **неосторо́жный** *прил* ‹-ая, -ое, -ые› (*опрометчивый*) unvorsichtig; (*непродуманный*) unbedacht

неосуществи́мый *прил* ‹-ая, -ое, -ые› unrealisierbar, nicht durchführbar

неотврати́мый *прил* ‹-ая, -ое, -ые› unvermeidlich; (*неизбежный*) unabwendbar; ◇ **~ые после́дствия** unabwendbare Folgen

Н

неотдели́мый *прил* <-ая, -ое, -ые> unteilbar, untrennbar

неотёсанный *прил* <-ая, -ое, -ые> ① (*необработанный*) ungehobelt, unbearbeitet; ◇ ~ **ка́мень** unbehauener Stein ② *перен разг* (*некультурный*) ungehobelt, grob; ◇ ~ **неве́жда** unkultivierter Banause

не́откуда *нареч с инф* nirgendwoher; ◇ **нам ~ взять э́то** wir wissen nicht, woher wir das nehmen sollen

неотло́жный *прил* <-ая, -ое, -ые> unaufschiebbar, dringend

неотрази́мый *прил* <-ая, -ое, -ые> ① (*убедительный*) unwiderlegbar, unumstößlich ② (*о человеке*) unwiderstehlich

неотсту́пный *прил* <-ая, -ое, -ые> beständig, unablässig; (*назойливый*) zudringlich

неотъе́млемый *прил* <-ая, -ое, -ые> unabdingbar, unverrückbar; ◇ **~ое пра́во** verbrieftes Recht; ◇ **~ая часть** nicht wegzudenkender Bestandteil

неофициа́льный *прил* <-ая, -ое, -ые> inoffiziell, nicht amtlich; ◇ ~ **исто́чник** inoffizielle Quelle

неохо́тно *нареч* ungern, lustlos; ◇ **он пошёл на конце́рт** ~ er ging lustlos in das Konzert

неоцени́мый *прил* <-ая, -ое, -ые> unschätzbar

непереводи́мый *прил* <-ая, -ое, -ые> unübersetzbar

неплатёж $м_2$ <-а́, *мн:* -и́> Nichtzahlung *f*

неплатежеспосо́бность $ж_5$ <-и> *юр* Zahlungsunfähigkeit *f;* **неплатежеспосо́бный** *прил* <-ая, -ое, -ые> zahlungsunfähig, insolvent

неплате́льщик $м_1$ <-а> Nichtzahler *m;* (*должник*) säumiger Schuldner *m*

неплодоро́дный *прил* <-ая, -ое, -ые> unfruchtbar; ◇ **~ые зе́мли** unfruchtbare Böden; **неплодотво́рный** *прил* <-ая, -ое, -ые> fruchtlos; (*безрезультатный*) ergebnislos

непло́тный *прил* <-ая, -ое, -ые> undicht, nicht fest; ◇ **ты ~о закры́л окно́** du hast das Fenster nicht fest geschlossen

неплохо́й *прил* <-а́я, -о́е, -и́е> nicht schlecht, ganz gut; (*удовлетворительный*) zufriedenstellend; (*сносный*) passabel

непобеди́мый *прил* <-ая, -ое, -ые> unbesiegbar; (*непреодолимый*) unüberwindlich

неповинове́ние $с_4$ <-я> Ungehorsam *m*

неповоро́тливый *прил* <-ая, -ое, -ые> ① (*неуклюжий*) linkisch, ungeschickt, plump ② *перен* schwerfällig, langsam

непого́да $ж_1$ <-ы> Unwetter *n;* ◇ **разыгра́лась** ~ ein Unwetter brach los

непогреши́мый *прил* <-ая, -ое, -ые> (*безупречный*) unfehlbar; hundertprozentig richtig; ◇ **он возомни́л себя́ ~ым** er hielt sich für unfehlbar

неподалёку *нареч разг* unweit, in der Nähe; ◇ **он живёт** ~ er wohnt in der Nähe

неподви́жно *нареч* unbeweglich, regungslos; **неподви́жный** *прил* <-ая, -ое, -ые> ① (*не передвигающийся*) unbeweglich, regungslos ② (*оцепеневший*) starr

неподку́пный *прил* <-ая, -ое, -ые> unkäuflich, unbestechlich

неподража́емый *прил* <-ая, -ое, -ые> unnachahmbar; (*несравненный*) unvergleichlich, einzigartig

неподходя́щий *прил* <-ая, -ее, -ие> unpassend, ungelegen; ◇ ~ **моме́нт** ungünstiger Moment

неподчине́ние $с_4$ <-я> Ungehorsam *m*

непозволи́тельный *прил* <-ая, -ое, -ые> unerlaubt, unzulässig; ◇ **вести́ себя́ ~ым о́бразом** sich unmöglich benehmen

непоколеби́мый *прил* <-ая, -ое, -ые> unerschütterlich; (*стойкий*) standhaft; (*надёжный*) zuverlässig; ◇ **он оста́лся ~ым** er blieb standhaft

непоко́рный *прил* <-ая, -ое, -ые> aufsässig; (*непослушный*) ungehorsam; (*строптивый*) widerspenstig

непокры́тый *прил* <-ая, -ое, -ые> unbedeckt; ◇ **с ~ой голово́й** ohne Kopfbedeckung

непола́дки $мн_1$ <-док> *разг* ① (*дефекты*) Störungen *f pl,* Defekte *m pl;* ◇ **организацио́нные** ~ organisatorische Probleme ② (*несогласие*) Streitigkeiten *f pl;* (*трения*) Reibereien *f pl*

неполноце́нность $ж_5$ <-и> Minderwertigkeit *f;* ◇ **ко́мплекс ~и** Minderwertigkeitskomplex *m;* **неполноце́нный** *прил* <-ая, -ое, -ые> minderwertig, nicht vollwertig

непо́лный *прил* <-ая, -ое, -ые> nicht voll, unvollständig; (*по числу*) unvollzählig; ◇ **рабо́тать ~ рабо́чий день** Kurzarbeit machen

непоме́рный *прил* <-ая, -ое, -ые> unmäßig, maßlos; ◇ **~ые тре́бования** maßlose Forderungen

непонима́ние $с_4$ <-я> Unverständnis *n;* ◇ **взаи́мное** ~ Mißverständnis *n*

непоня́тный *прил* <-ая, -ое, -ые> ① (*неясный*) unverständlich ② (*недоступный пониманию*) unbegreiflich ③ (*странный*) unerklärlich, merkwürdig

непоправи́мый *прил* ‹-ая, -ое, -ые› unverbesserlich; ◇ **~ая оши́бка** nicht wiedergutzumachender Fehler

непопуля́рный *прил* ‹-ая, -ое, -ые› unpopulär, unbeliebt

непоря́док *м$_1$* ‹-дка, *мн:* -дки› Unordnung *f*

непосе́дливый *прил* ‹-ая, -ое, -ые› unruhig, rastlos

непоси́льный *прил* ‹-ая, -ое, -ые› die Kräfte übersteigend, über die Kräfte gehend

непосле́довательность *ж$_5$* ‹-и› Inkonsequenz *f;* **непосле́довательный** *прил* ‹-ая, -ое, -ые› inkonsequent

непослуша́ние *с$_4$* ‹-я› Ungehorsam *m,* Unfolgsamkeit *f;* ◇ **наказа́ть ребёнка за ~** das Kind für seinen Ungehorsam bestrafen; **непослу́шный** *прил* ‹-ая, -ое, -ые› ungehorsam; (*непокорный*) aufsässig

непосре́дственный *прил* ‹-ая, -ое, -ые› ① (*вытекающий из чего-л*) unmittelbar; (*прямой*) direkt; ◇ **~ нача́льник** direkter Vorgesetzter ② (*естественный*) unbefangen

непостижи́мый *прил* ‹-ая, -ое, -ые› unbegreiflich, unfaßbar

непостоя́нный *прил* ‹-ая, -ое, -ые› unbeständig; (*переменчивый*) veränderlich; **непостоя́нство** *с$_2$* ‹-а› Unbeständigkeit *f,* Veränderlichkeit *f*

непочти́тельный *прил* ‹-ая, -ое, -ые› respektlos

непра́вда *ж$_1$* ‹-ы› Unwahrheit *f;* ◇ **ты сказа́л ~у** du hast nicht die Wahrheit gesagt; ◇ **все́ми пра́вдами и ~ми** mit allen Mitteln

неправдоподо́бный *прил* ‹-ая, -ое, -ые› unwahrscheinlich

непра́вильный *прил* ‹-ая, -ое, -ые› (*неверный*) nicht richtig; (*ошибочный*) falsch, Fehl-; (*непропорциональный*) unregelmäßig; ◇ **~ые черты́ лица́** unregelmäßige Gesichtszüge; ◇ **поня́ть что-л ~о** etw falsch verstehen

неправомо́чный *прил* ‹-ая, -ое, -ые› *юр* unberechtigt, nicht bevollmächtigt

непра́вый *прил* ‹-ая, -ое, -ые› unrecht; (*несправедливый*) ungerecht; ◇ **они́ ~ы** sie sind im Unrecht

непревзойдённый *прил* ‹-ая, -ое, -ые› ① (*совершенный*) unübertroffen ② (*достигший крайней степени*) äußerst; ◇ **~ая жесто́кость** äußerste Grausamkeit

непредви́денный *прил* ‹-ая, -ое, -ые› unvorhergesehen, ungeahnt

непредубеждённый *прил* ‹-ая, -ое, -ые› unvoreingenommen

непредусмо́тренный *прил* ‹-ая, -ое, -ые› unvorhergesehen, nicht vorgesehen

непрекло́нность *ж$_5$* ‹-и› Unbeugsamkeit *f;* **непрекло́нный** *прил* ‹-ая, -ое, -ые› unbeugsam; (*непоколебимый*) unerschütterlich

непрело́жный *прил* ‹-ая, -ое, -ые› (*обязательный*) unumstößlich, unbestreitbar; (*неоспоримый*) unanfechtbar

непреме́нно *нареч* ganz bestimmt, ganz sicher; **непреме́нный** *прил* ‹-ая, -ое, -ые› unbedingt, unerläßlich

непреодоли́мый *прил* ‹-ая, -ое, -ые› unüberwindbar; ◇ **~ое препя́тствие** unüberwindbares Hindernis

непререка́емый *прил* ‹-ая, -ое, -ые› unbestreitbar

непреры́вный *прил* ‹-ая, -ое, -ые› ununterbrochen, unablässig

неприве́тливый *прил* ‹-ая, -ое, -ые› unfreundlich; (*холодный*) kühl

непривлека́тельный *прил* ‹-ая, -ое, -ые› unattraktiv

неприры́чка *ж$_1$* ‹-и› *разг* Mangel *m* an Gewohnheit; ◇ **с ~и уста́л** ich wurde müde, weil ich es nicht gewohnt war

непригля́дный *прил* ‹-ая, -ое, -ые› unansehnlich, häßlich

неприго́дный *прил* ‹-ая, -ое, -ые› untauglich, unbrauchbar

неприе́млемый *прил* ‹-ая, -ое, -ые› unannehmbar; (*недопустимый*) unzulässig

непри́знанный *прил* ‹-ая, -ое, -ые› nicht anerkannt; (*недооценённый*) verkannt; ◇ **~ ге́ний** verkanntes Genie

неприкоснове́нность *ж$_5$* ‹-и› Unantastbarkeit *f,* Unverletzlichkeit *f;* ◇ **парла́ментская ~** parlamentarische Immunität; **неприкоснове́нный** *прил* ‹-ая, -ое, -ые› unantastbar, unangreifbar, unverletzlich

неприкра́шенный *прил* ‹-ая, -ое, -ые› ungeschminkt, unverblümt

неприли́чие *с$_4$* ‹-я› Unanständigkeit *f;* ◇ **допусти́ть ~** sich unanständig benehmen; **неприли́чный** *прил* ‹-ая, -ое, -ые› unanständig, ungehörig; ◇ **~ое выраже́ние** unanständiger Ausdruck

неприме́тный *прил* ‹-ая, -ое, -ые› unmerklich; (*невзрачный*) unauffällig, unscheinbar; (*непримечательный*) nicht bemerkenswert; ◇ **~ая ра́зница** kaum merklicher Unterschied

непримири́мый *прил* ‹-ая, -ое, -ые› unversöhnlich, unnachgiebig

непринуждённый *прил* ‹-ая, -ое, -ые› ungezwungen, zwanglos, natürlich

Н

неприспосо́бленный *прил* <-ая, -ое, -ые> ungeeignet, unpraktisch

непристо́йный *прил* <-ая, -ое, -ые> unanständig, obszön

непристу́пный *прил* <-ая, -ое, -ые> unbezwingbar, unzugänglich; (*о человеке*) unnahbar

непритво́рный *прил* <-ая, -ое, -ые> ungeheuchelt; (*искренний*) aufrichtig

непритяза́тельный *прил* <-ая, -ое, -ые> anspruchslos, bescheiden; ◇ ~ **костю́м** einfacher Anzug

неприхотли́вый *прил* <-ая, -ое, -ые> anspruchslos; (*скромный*) bescheiden

непричáстность *ж*$_5$ <-и> Nichtbeteiligung *f;* ◇ **все зна́ли о её ~и к э́тому слу́чаю** alle wußten, daß sie mit diesem Fall nichts zu tun hatte

неприя́зненный *прил* <-ая, -ое, -ые> feindselig; **неприя́знь** *ж*$_5$ <-и> Feindseligkeit *f;* ◇ **испы́тывать ~к кому́-л** jd-m gegenüber feindselig gesinnt sein

неприя́тель *м*$_2$ <-я> Feind *m,* Gegner *m*

неприя́тность *ж*$_5$ <-и> Unannehmlichkeit *f;* ◇ **произошла́** ~ es gab Ärger; **неприя́тный** *прил* <-ая, -ое, -ые> (1) (*противный*) unangenehm (2) (*нарушающий покой*) unangenehm, unbehaglich, peinlich; ◇ **попа́сть в ~ое положе́ние** in eine peinliche Lage geraten

непродолжи́тельный *прил* <-ая, -ое, -ые> kurz, von kurzer Dauer

непроизводи́тельный *прил* <-ая, -ое, -ые> unproduktiv, unnütz; ◇ **~ая тра́та вре́мени** sinnlose Zeitverschwendung

непроизво́льный *прил* <-ая, -ое, -ые> unwillkürlich; ◇ **~ые движе́ния** unbewußte Bewegungen

непромока́емый *прил* <-ая, -ое, -ые> wasserdicht, wasserundurchlässig

непроница́емый *прил* <-ая, -ое, ые> undurchdringlich; ◇ ~ **для воды́** wasserdicht; ◇ ~ **для во́здуха** luftdicht

непропорциона́льный *прил* <-ая, -ое, -ые> unproportional

непрости́тельный *прил* <-ая, -ое, -ые> unverzeihlich; ◇ **~ое легкомы́слие** ein nicht zu entschuldigender Leichtsinn

непроходи́мый *прил* <-ая, -ое, -ые> unpassierbar, unbefahrbar; (*о дороге*) unwegsam; (*о лесе*) undurchdringlich; ◇ ~ **дура́к** totaler Idiot

непро́чный *прил* <-ая, -ое, -ые> nicht fest; (*ломкий*) zerbrechlich, brüchig

неработоспосо́бный *прил* <-ая, -ое, -ые> arbeitsunfähig; ◇ **вре́менно ~ сотру́дник** krank geschriebener Mitarbeiter

нера́венство *с*$_2$ <-а> Ungleichheit *f;* мат ◇ **знак ~а** Ungleichheitszeichen *n*

неравноду́шный *прил* <-ая, -ое, -ые> (1) (*небезучастный*) nicht gleichgültig; ◇ **быть ~ым к кому́-л** jd-m gegenüber nicht gleichgültig sein (2) (*питающий склонность*) etw für jd-n/etw übrig haben, mögen; ◇ **ребёнок неравноду́шен к сла́дкому** das Kind mag Süßigkeiten; ◇ **она́ к нему́ не ~а** er gefällt ihr

неравноме́рный *прил* <-ая, -ое, -ые> ungleichmäßig

неравнопра́вный *прил* <-ая, -ое, -ые> nicht gleichberechtigt

нера́вный *прил* <-ая, -ое, -ые> nicht ebenbürtig, ungleich; ◇ **~ые супру́ги** ungleiche Ehepartner

неради́вость *ж*$_5$ <-и> (*небрежность*) Nachlässigkeit *f;* (*беспечность*) Sorglosigkeit *f;* (*халатность*) Schlamperei *f;* **неради́вый** *прил* <-ая, -ое, -ые> (*небрежный*) nachlässig; (*беспечный*) sorglos; (*халатный*) schlampig

неразбери́ха *ж*$_1$ <-и> *разг* Durcheinander *n,* Wirrwarr *n;* ◇ **там цари́т** ~ dort herrscht ein Tohuwabohu

неразбо́рчивость *ж*$_5$ <-и> (1) (*нечёткость*) Unleserlichkeit *f* (2) (*нетребовательность*) Skrupellosigkeit *f;* **неразбо́рчивый** *прил* <-ая, -ое, -ые> (1) (*нечёткий*) unleserlich (2) (*без претензий*) anspruchslos; (*неприхотливый*) nicht wählerisch (3) (*беспринципный*) skrupellos

неразвито́й *прил* <-а́я, -о́е, -ы́е> (1) (*физически*) unentwickelt (2) (*духовно*) zurückgeblieben, beschränkt

неразгово́рчивый *прил* <-ая, -ое, -ые> wortkarg; (*молчаливый*) schweigsam

неразлу́чный *прил* <-ая, -ое, -ые> unzertrennlich, untrennbar

неразрешённый *прил* <-ая, -ое, -ые> (1) (*нерешённый*) ungelöst, ungeklärt (2) (*запрещённый*) untersagt, verboten

неразры́вный *прил* <-ая, -ое, -ые> unzertrennlich, untrennbar

неразу́мный *прил* <-ая, -ое, -ые> unvernünftig

нерасторжи́мый *прил* <-ая, -ое, -ые> unauflöslich; (*неразрывный*) unzerreißbar

нерасторо́пный *прил* <-ая, -ое, -ые> (*неловкий*) ungeschickt

нерасчётливый *прил* <-ая, -ое, -ые> (1) (*о

хозяйке) unwirtschaftlich ② (*непредусмотрительный*) nicht vorsorgend

нерациона́льный *прил* ‹-ая, -ое, -ые› irrational; (*нецелесообразный*) unzweckmäßig

нерв *м₁* ‹-а› *анат* Nerv *m;* ◇ **у неё желе́зные ~ы** sie hat Nerven wie Drahtseile; ◇ **э́то де́йствует мне на ~ы** das geht mir auf die Nerven; **не́рвничать** V₁ₐ *несов* ‹-аю, -аешь› [**по~** *сов*] *без доп* nervös werden; **не́рвный** *прил* ‹-ая, -ое, -ые› ① Nerven-; ◇ **~ое заболева́ние** Nervenkrankheit *f;* ◇ **~ая систе́ма** Nervensystem *n* ② (*легко возбудимый*) leicht reizbar ③ (*судорожный*) nervös, krampfhaft; **нерво́зность** *ж₅* ‹-и› Nervosität *f;* ◇ **в обстано́вке ~и** in gereizter Atmosphäre

нереа́льный *прил* ‹-ая, -ое, -ые› ① (*не существующий*) irreal, unwirklich; ◇ **~ мир** Traumwelt *f* ② (*невыполнимый*) unerfüllbar; ◇ **~ прое́кт** nicht realisierbares Projekt

нерегуля́рный *прил* ‹-ая, -ое, -ые› unregelmäßig; (*от случая к случаю*) von Fall zu Fall

нере́дкий *прил* ‹-ая, -ое, -ие› nicht selten

нерента́бельный *прил* ‹-ая, -ое, -ые› unrentabel

не́рест *м₁* ‹-а› *биол* Laichen *n*

нерешённый *прил* ‹-ая, -ое, -ые› ungelöst, offen; ◇ **~ вопро́с** offene Frage

нереши́тельность *ж₅* ‹-и› Unentschlossenheit *f,* Unschlüssigkeit *f;* ◇ **быть в ~и** unentschlossen sein; **нереши́тельный** *прил* ‹-ая, -ое, -ые› unentschlossen, unschlüssig, zögernd

нержаве́ющий *прил* ‹-ая, -ее, -ие› rostfrei, nichtrostend; ◇ **~ая сталь** rostfreier Stahl

неро́вный *прил* ‹-ая, -ое, -ые› uneben; (*шероховатый*) nicht glatt; (*непрямой*) schief, krumm; (*о пульсе*) unregelmäßig

неря́ха *м, ж₁* ‹-и› *разг* (*грязнуля*) Schmutzfink *m;* (*о женщине*) Schlampe *f*

неря́шливый *прил* ‹-ая, -ое, -ые› (*неопрятный*) unordentlich, schluderig; (*небрежный*) schlampig

несамостоя́тельность *ж₅* ‹-и› Unselbständigkeit *f*

несвоевре́менный *прил* ‹-ая, -ое, -ые› nicht rechtzeitig, nicht zur richtigen Zeit; (*запоздалый*) verspätet

несво́йственный *прил* ‹-ая, -ое, -ые› nicht charakteristisch, untypisch; (*чуждый*) fremd; ◇ **э́то ей ~о** das ist untypisch für sie

несгиба́емый *прил* ‹-ая, -ое, -ые› nicht biegbar, starr; *перен* (*непреклонный*) unbeugsam

несгово́рчивый *прил* ‹-ая, -ое, -ые› widerspenstig; (*упрямый*) starrköpfig

несде́ржанность *ж₅* ‹-и› Ungehaltenheit *f;* (*вспыльчивость*) Hitzigkeit *f;* **несде́ржанный** *прил* ‹-ая, -ое, -ые› ungehalten; (*горячий*) hitzig; (*вспыльчивый*) aufbrausend

несерьёзный *прил* ‹-ая, -ое, -ые› ① (*о человеке*) nicht ernst; (*легкомысленный*) leichtsinnig; ◇ **~о относи́ться к чему́-л** etw auf die leichte Schulter nehmen ② (*о вопросе, проблеме*) unwichtig, unbedeutend

нескла́дный *прил* ‹-ая, -ое, -ые› ① (*нестройный*) ungereimt; (*бессвязный*) unzusammenhängend ② *разг* (*неуклюжий*) ungeschickt, plump

не́сколько I. *числ* (*небольшое количество*) einige, mehrere; ◇ **~ лет** etliche Jahre; ◇ **рассказа́ть в ~их слова́х** in wenigen Worten erzählen **II.** *нареч* (*немного, отчасти*) etwas, ein wenig; ◇ **сде́лать ~ бо́льше** etwas mehr machen; ◇ **~ отвле́чься от осно́вной те́мы** ein wenig vom eigentlichen Thema abweichen

нескончáемый *прил* ‹-ая, -ое, -ые› endlos, unaufhörlich

нескро́мный *прил* ‹-ая, -ое, -ые› ① unbescheiden ② (*неделикатный*) indiskret; ◇ **~ вопро́с** taktlose Frage ③ (*бесстыдный*) unanständig; ◇ **~ жест** schamlose Geste

нескрыва́емый *прил* ‹-ая, -ое, -ые› unverhüllt, unverhohlen

несло́жный *прил* ‹-ая, -ое, -ые› unkompliziert; (*простой*) einfach

несльı́ханный *прил* ‹-ая, -ое, -ые› unerhört; ◇ **~ая де́рзость** unerhörte Frechheit

несмолка́емый *прил* ‹-ая, -ое, -ые› (*о звуках*) andauernd, unaufhörlich; (*продолжительный*) andauernd, anhaltend

несмотря́ *предлог с вин* ungeachtet, trotz; ◇ **~ на запреще́ние** ungeachtet des Verbots; ◇ **~ на то, что** ungeachtet dessen, daß, obwohl; ◇ **~ ни на что** trotz alledem

несоблюде́ние *с₄* ‹-я› (*правил*) Nichtbeachtung *f;* (*пренебрежение*) Mißachtung *f;* (*невыполнение*) Nichteinhaltung *f*

несовершенноле́тний I. *прил* ‹-яя, -ее, -ие› minderjährig, unmündig **II.** *м* (*А₂*) ‹-его› Minderjähriger *m;* ◇ **охра́на прав ~их** Jugendschutz *m*

несоверше́нный *прил* ‹-ая, -ое, -ые› unvollendet, unvollkommen; *грам* ◇ **~ вид** unvollendeter [imperfektiver] Aspekt

несовмести́мый *прил* <-ая, -ое, -ые> unvereinbar, unverträglich, inkompatibel; ◇ **~ые систе́мы ЭВМ** inkokompatible Computersysteme

несовпаде́ние *с₄* <-я> Nichtübereinstimmung *f*, Inkongruenz *f*

несогла́сие *с₄* <-я> ① (*разногласие*) Uneinigkeit *f*; ◇ ~ **во мне́ниях** Meinungsverschiedenheit *f* ② (*разлад*) Zwist *m* ③ (*отказ*) Ablehnung *f*, fehlendes Einverständnis; **несогла́сный** *прил* <-ая, -ое, -ые> ① (*имеющий разногласия*) nicht einverstanden ② (*недружный*) uneinig

несогласо́ванность *ж₅* <-и> fehlende Übereinstimmung *f*, mangelnde Koordination *f*

несозна́тельный *прил* <-ая, -ое, -ые> (*отсталый*) unbewußt

несокруши́мый *прил* <-ая, -ое, -ые> unzerstörbar; (*непобедимый*) unbesiegbar; (*непреодолимый*) unüberwindlich; ◇ **~ая во́ля** unerschütterlicher Wille

несомне́нный *прил* <-ая, -ое, -ые> zweifellos; (*явный*) offensichtlich

несоотве́тствие *с₄* <-я> Nichtübereinstimmung *f*, Mißverhältnis *n*

несостоя́тельный *прил* <-ая, -ое, -ые> ① (*неплатежеспособный*) zahlungsunfähig, insolvent ② (*безосновательный*) haltlos; (*слабый*) schwach; ◇ ~ **до́вод** haltloses Argument

неспоко́йный *прил* <-ая, -ое, -ые> unruhig, ruhelos; (*неутомимый*) rastlos

неспосо́бный *прил* <-ая, -ое, -ые> (*неодарённый*) unfähig, unbegabt; (*не в состоянии*) nicht fähig

несправедли́вость *ж₅* <-и> Ungerechtigkeit *f*; (*о поступке*) Unrecht *n*; ◇ **допусти́ть** ~ ein Unrecht zulassen; **несправедли́вый** *прил* <-ая, -ое, -ые> ungerecht

несравне́нный I. *прил* <-ая, -ое, -ые> (*превосходный*) unvergleichlich; ◇ ~ **тала́нт** einzigartiges Talent II. *нареч* (*употр со сравн степенью*) ◇ **~о краси́вее** bedeutend schöner; ◇ **~о лу́чше** unvergleichlich besser

нести́ * *несов, опред, см.,* **носи́ть** <-су́, -сёшь, (3, 4, 6) 1 и 2 л. не употр> [**с~** (6) *сов*] *кого-что вин (1, 3), что вин (2, 6), без доп (4), чем тв (5)* ① (*доставлять*) tragen, bringen; ◇ ~ **покла́жу** Gepäck tragen ② *перен* ◇ ~ **отве́тственность** Verantwortung tragen; ◇ ~ **наказа́ние** eine Strafe verbüßen; ◇ ~ **поте́ри** Verluste erleiden; ◇ ~ **расхо́ды** die Kosten tragen; ◇ ~ **вздор** Unsinn reden ③ (*гнать*) treiben, jagen; ◇ **ве́тер ~ёт пыль** der Wind trägt Staub mit sich ④ *безл* (*дуть*) ziehen; ◇ **из-под по́лу ~ет хо́лодом** es zieht kalt vom Boden ⑤ *безл* (*пахнуть*) riechen, stinken (nach); ◇ **от неё несёт табако́м** sie riecht nach Tabak ⑥ (*класть яйца*) Eier legen

несура́зный *прил* <-ая, -ое, -ые> wirr; (*глупый*) unsinnig; (*нескладный*) ungereimt; ◇ **~ые слова́** wirres Gerede

несча́стный I. *прил* <-ая, -ое, -ые> unglücklich, unglückselig; ◇ ~ **слу́чай** Unfall *m* II. *м (А р)* <-ого> Unglücklicher *m*, Unglücksmensch *m*, Pechvogel *m*; **несча́стье** *с₅* <-я> Unglück *n*; (*невезение*) Pech *n*; ◇ **произошло́** ~ es geschah ein Unglück

несъедо́бный *прил* <-ая, -ое, -ые> nicht eßbar, ungenießbar

нет *частица* ① nein; ◇ ~ **ещё** noch nicht; ◇ **во́все** ~ überhaupt nicht; ◇ **да ~ же!** aber nein! ② *предик, безл* (*не имеется*) es gibt nicht, es ist nicht vorhanden; ◇ **для тебя́ ~ ме́ста** für dich gibt es keinen Platz; ◇ **у меня́ ~ вре́мени** ich habe keine Zeit; ◇ **у него́ ничего́** ~ er hat nichts; ◇ **све́та** ~ das Licht ist ausgefallen; ◇ **сходи́ть на** ~ null und nichtig werden

нетвёрдый *прил* <-ая, -ое, -ые> (*неуверенный*) schwankend, wankelmütig; (*нерешительный*) unentschlossen

нетерпели́вый *прил* <-ая, -ое, -ые> ungeduldig; **нетерпе́ние** *с₄* <-я> Ungeduld *f*; ◇ **прояви́ть** ~ ungeduldig sein

нетерпи́мость *ж₅* <-и> Unduldsamkeit *f*, Intoleranz *f*; **нетерпи́мый** *прил* <-ая, -ое, -ые> ① (*непримиримый*) intolerant, unduldsam; ◇ **он нетерпи́м к чужо́му мне́нию** er toleriert keine andere Meinung ② (*недопустимый*) unzulässig

нетре́звый *прил* <-ая, -ое, -ые> nicht nüchtern, betrunken; ◇ **в ~ом ви́де** in betrunkenem Zustand

нетрудоспосо́бность *ж₅* <-и> Arbeitsunfähigkeit *f*; ◇ **вре́менная** ~ vorübergehende Arbeitsunfähigkeit

неуваже́ние *с₄* <-я> Nichtachtung *f*; (*непочтительность*) Respektlosigkeit *f*; (*пренебрежение*) Mißachtung *f*

неуважи́тельный *прил* <-ая, -ое, -ые> nicht stichhaltig; ◇ **это ~ая причи́на** das ist kein triftiger Grund

неуве́ренность *ж₅* <-и> Unsicherheit *f*, Ungewißheit *f*; ◇ ~ **в себе́** Mangel an Selbstbewußtsein; **неуве́ренный** *прил* <-ая, -ое, -ые> unsicher

неувяда́ющий *прил* <-ая, -ее, -ие> unvergänglich; (*бессмертный*) unsterblich; ◇ **~ая красота́** unvergängliche Schönheit

неувя́зка *ж₁* <-и, *род мн:* -зок> Unstimmigkeit *f*, fehlende Übereinstimmung *f*

неуго́дный *прил* <-ая, -ое, -ые> unangenehm; (*нежелательный*) unerwünscht

неуда́ча *ж₁* <-и> (*неуспех*) Mißerfolg *m;* (*провал*) Fehlschlag *m;* ◇ **око́нчиться ~ей** mißlingen; ◇ **меня́ пресле́дуют ~и** ich werde vom Pech verfolgt; **неуда́чник** *м₁* <-а> Pechvogel *m;* **неуда́чный** *прил* <-ая, -ое, -ые> ① (*неудовлетворительный*) mißraten; ◇ **~ая фотогра́фия** mißglückte Fotografie ② (*несчастливый*) gescheitert, erfolglos, schiefgegangen; ◇ **~ый брак** gescheiterte Ehe

неудержи́мый *прил* <-ая, -ое, -ые> (*безудержный*) unaufhaltsam; (*непреодолимый*) unwiderstehlich

неудо́бный *прил* <-ая, -ое, -ые> ① unbequem; ◇ **~ая оде́жда** unbequeme Kleidung ② *перен* (*неприятный*) unangenehm, heikel; (*неловкий*) peinlich ③ (*неуместный*) unpassend, unangebracht; ◇ **он пришёл в ~ое вре́мя** er kam ungelegen; **неудо́бство** *с₂* <-а> ① (*отсутствие удобств*) Unbequemlichkeit *f*, Mangel *m;* ◇ **терпе́ть ~а** Unbequemlichkeiten hinnehmen ② *перен* Peinlichkeit *f*

неудовлетворённость *ж₅* <-и> Unzufriedenheit *f*

неудовлетвори́тельный *прил* <-ая, -ое, -ые> unbefriedigend, nicht zufriedenstellend

неудово́льствие *с₄* <-я> Unzufriedenheit *f*

неуже́ли *частица (употр при вопросе)* wirklich?, echt?, ist es möglich?; ◇ **~ ты э́того не понима́ешь?** verstehst du das wirklich nicht?; ◇ **~ она́ э́то сказа́ла?** hat sie das echt gesagt?; ◇ **~ всё э́то пра́вда?** kann das denn stimmen?

неукло́нный *прил* <-ая, -ое, -ые> unentwegt, unbeirrt; (*неизменный*) stetig

неуклю́жий *прил* <-ая, -ее, -ие> plump, unbeholfen; (*неловкий в движениях*) linkisch, ungeschickt

неулови́мый *прил* <-ая, -ое, -ые> ① unerreichbar, nicht zu erreichen, nicht zu fassen ② (*еле заметный*) kaum merklich; ◇ **~ для гла́за** unsichtbar; ◇ **~ для слу́ха** unhörbar

неуме́стный *прил* <-ая, -ое, -ые> unangebracht; (*неподходящий*) unpassend, deplaziert; ◇ **~ая шу́тка** unpassender Scherz

неумы́шленный *прил* <-ая, -ое, -ые> unbeabsichtigt, unabsichtlich; *юр* nicht vorsätzlich

неупла́та *ж₁* <-ы> Nichtzahlung *f;* ◇ **зло́стная ~ нало́гов** Steuerhinterziehung *f*

неупотреби́тельный *прил* <-ая, -ое, -ые> ungebräuchlich

неуравнове́шенный *прил* <-ая, -ое, -ые> unausgeglichen

неурожа́й *м₃* <-а́я> Mißernte *f*

неуси́дчивый *прил* <-ая, -ое, -ые> ohne Ausdauer, unstet; (*неспокойный*) unruhig

неуспе́х *м₁* <-а> Mißerfolg *m*, Mißlingen *n;* (*провал*) Scheitern *n*

неуста́нный *прил* <-ая, -ое, -ые> unermüdlich; (*постоянный*) ständig, unablässig

неусто́йка *ж₁* <-и, *род мн:* -оек> *юр* Konventionalstrafe *f*

неусто́йчивый *прил* <-ая, -ое, -ые> ① (*шаткий*) instabil; ◇ **~ые подмо́стки** wakkeliges Gerüst ② *перен* (*непостоянный*) schwankend, veränderlich; ◇ **~ая пого́да** unbeständiges Wetter ③ *перен* (*легко поддающийся влиянию*) nicht standhaft, labil

неустраши́мый *прил* <-ая, -ое, -ые> unerschrocken, furchtlos

неусту́пчивый *прил* <-ая, -ое, -ые> unnachgiebig; (*упрямый*) starrsinnig

неутеши́тельный *прил* <-ая, -ое, -ые> unerfreulich

неутоми́мый *прил* <-ая, -ое, -ые> unermüdlich, rastlos; (*упорный*) beharrlich

неую́тный *прил* <-ая, -ое, -ые> unbequem, unwohnlich, ungemütlich

неуязви́мый *прил* <-ая, -ое, -ые> unverletzlich, unverwundbar; ◇ **~ое доказа́тельство** hieb- und stichfester Beweis

нефтедобыва́ющий *прил* <-ая, -ее, -ие> erdölfördernd; **нефтеперераба́тывающий** *прил* <-ая, -ее, -ие> erdölverarbeitend; **нефтепрово́д** *м₁* <-а> Erdölleitung *f*, Pipeline *f;* **нефть** *ж₅* <-и> Erdöl *n;* **нефтяно́й** *прил* <-а́я, -о́е, -ы́е> Erdöl-; ◇ **~о́е месторожде́ние** Erdölvorkommen *n*

нехорошо́ *нареч* ① (*неважно, плохо*) schlecht, nicht gut; ◇ **он ~ себя́ чу́вствует** er fühlt sich nicht wohl ② *предик* schlecht; ◇ **ей на душе́ ~** sie fühlt sich miserabel

неча́янный *прил* <-ая, -ое, -ые> ① (*случайный*) unabsichtlich, versehentlich ② (*неожиданный*) zufällig

не́чего (**не́чему, не́чем, не́ о чем**) **I.** *отрицат мест с инф* nichts; ◇ **ему́ ~ чита́ть** er hat nichts zu lesen; ◇ **в за́ле не́чем дыша́ть** in dem Raum kriegt man kaum Luft; ◇ **не́чему удивля́ться, что** es ist nicht verwunderlich, daß; ◇ **~ де́лать!** kein Problem!;

Н

◇ ~ **сказáть!** da kann man nichts sagen! II. *предик, с инф, безл* (*не следует*) es hat keinen Zweck, es bringt nichts, es lohnt sich nicht

нечéстный *прил* <-ая, -ое, -ые> unehrlich

нечёткий *прил* <-ая, -ое, -ие> ① (*неразборчивый*) unleserlich, schwer zu lesen ② (*неясный*) unklar, undeutlich; ◇ **~ое произношéние** undeutliche Aussprache ③ (*неточный*) ungenau; (*расплывчатый*) verschwommen; ◇ **~ие очертáния** verschwommene Umrisse

нечётный *прил* <-ая, -ое, -ые> ungerade; ◇ **~ое числó** ungerade Zahl

нечистоплóтный *прил* <-ая, -ое, -ые> ① (*неопрятный*) unsauber, unreinlich ② *перен* (*непорядочный*) unehrlich; **нечистóты** *мн*$_I$ <-тóт> (*мусор*) Müll *m*, Abfälle *m pl*;

нечи́стый I. *прил* <-ая, -ое, -ые> ① (*запачканный*) unsauber, schmutzig, unrein ② (*с примесью*) unrein, vermischt; ◇ ~ **цвет** unreine Farbe ③ (*неточный*) unsauber, ungenau; ◇ **~ое признoшéние** unklare Aussprache ④ (*нечестный*) unsauber, unehrlich; ◇ **~ая игрá** falsches Spiel; ◇ **быть ~ым нá руку** lange Finger haben II. *м* (*A*$_I$) <-ого> das Böse, Teufel *m*; ◇ **егó слóвно ~ попýтал** in ihn ist wohl der Teufel gefahren

нéчто *мест* etwas; ◇ ~ **стрáнное** etwas seltsames

нéю *см.* **она**

нея́вка *ж*$_I$ <-и, *род мн:* -вок> Nichterscheinen *n*, Abwesenheit *f*; ◇ **за ~ой** wegen Abwesenheit

нея́сность *ж*$_5$ <-и> Unklarheit *f*; ◇ **устрани́ть ~и** Unklarheiten beseitigen; **нея́сный** *прил* <-ая, -ое, -ые> (*лишённый ясности*) unklar; (*неопределённый*) unbestimmt; (*неразборчивый*) undeutlich

ни I. *частица (при глаголе с отрицанием)* nicht, kein; ◇ ~ **оди́н** kein einziger; ◇ ~ **в кóем слýчае** auf keinen Fall; ◇ **он тут ~ при чём** er kann nichts dafür, er hat damit nichts zu tun II. *частица (после мест и нареч перед глаголом)* was, wie auch immer; ◇ **как я ~ старáлся** wie sehr ich auch versuchte; ◇ **во что бы то ~ стáло** um jeden Preis III. *союз* ◇ **~... ~ ...** weder ... noch; ◇ ~ **тот ~ другóй** keiner von beiden; ◇ ~ **бóльше ~ мéньше** nicht mehr und nicht weniger

ни́ва *ж*$_I$ <-ы> (Getreide-)Feld *n*

нигдé *нареч* nirgends; ◇ **её ~ нельзя́ застáть** sie ist nirgends anzutreffen

ни́же I. *сравн от прил* **ни́зкий:** niedriger; (*меньше ростом*) kleiner; (*глубже*) tiefer II. *нареч* niedriger, tiefer; (*далее*) unten; ◇ **об э́том бýдет скáзано ~** dies wird nachstehend behandelt; ◇ **этажóм ~** eine Etage tiefer; ◇ **смотри́ ~** siehe unten III. *предлог с род* (*вниз от чего-л*) unter; ◇ **уши́б ~ колéна** eine Prellung unter dem Knie

нижеподписáвшийся *м* (*A*$_2$) <-егося> Unterzeichner *m*; **нижеслéдующий** *прил* <-ая, -ее, -ие> folgend; ◇ **~ие фи́рмы обанкрóтились** die folgenden Firmen machten bankrott; **нижестоя́щий** *прил* <-ая, -ее, -ие> untergeordnet

ни́жний *прил* <-яя, -ее, -ие> (*расположенный внизу*) unterer, Unter-; ◇ **~яя ступéнька** untere Stufe; полит ◇ **~яя палáта** Unterhaus *n*; ◇ **~ее бельё** Unterwäsche *f*

низвéргнуть V$_2$ *сов* <-ну, -нешь, *Part. Prät. Pass.* -нутый/-ржённый> [**низвергáть** V$_{1a}$ *несов*] *кого-что вин* ① (*сбросить сверху*) hinabstürzen, hinabwerfen ② (*свергнуть*) stürzen; ◇ ~ **воéнную хýнту** die Militärjunta stürzen

низи́на *ж*$_I$ <-ы> Niederung *f*

ни́зкий *прил* <-ая, -ое, -ие> (*сравн:* **ни́же**) ① niedrig, tief; ◇ ~ **ýровень знáний** niedriges Bildungsniveau; ◇ **~ие цéны** niedrige Preise ② (*неудовлетворительный*) schlecht; ◇ **~ое кáчество** schlechte Qualität; ◇ **быть ~ого мнéния о ком-чём-л** eine schlechte Meinung von jd-m haben ③ (*подлый*) niedrig, niederträchtig, gemein; ◇ **э́то ~о с егó стороны́** das ist gemein von ihm ④ (*о звуке, голосе*) tief; ◇ ~ **бас** tiefer Baß; ◇ **~ая нóта** tiefe Note

низкопоклóнство *с*$_2$ <-а> Kriecherei *f*, Schleimerei *f*

ни́зменность *ж*$_5$ <-и> геогр Tiefebene *f*

никáк I. *нареч* (*никоим образом*) überhaupt nicht, auf keinen Fall; ◇ ~ **не получáется** das gelingt auf keinen Fall; ◇ ~ **нельзя́** ganz ausgeschlossen II. *частица разг* (*как будто*) scheinbar, anscheinend; ◇ ~ **ктó-то пришёл** anscheinend ist jd gekommen

никакóй *мест* <-áя, -óе, -и́е> kein, keinerlei; ◇ **~и́е угрóзы их не слóмят** keine Drohung kann ihren Widerstand brechen; ◇ **нет ~óго сомнéния, что...** es besteht keinerlei Zweifel, daß...; ◇ **не имéть ~óго представлéния** keinen blassen Schimmer haben

ни́кель *м*$_2$ <-я> хим Nickel *n*

никогдá *нареч* niemals, nie; ◇ ~ **в жи́зни** nie im Leben; ◇ ~ **не повéрю** das glaube ich niemals; ◇ **как ~** wie noch nie

никтó (**никогó, никомý, никéм, ни о**

ко́м) *мест* niemand, keiner; ◇ ~ **из нас** keiner von uns; ◇ ~ **ино́й** niemand anderer; ◇ ~ **как она́** keine andere als sie

никуда́ *нареч* nirgendwohin, nirgends; ◇ **я сего́дня у́тром ~ не пое́ду** heute morgen fahre ich nirgendwohin; ◇ **э́то ~ не годи́тся** das ist zu nichts nütze

ним *см.* **он**

нима́ло *нареч* (*нисколько*) gar nicht, kein bißchen; ◇ **ты удивлён? - ~!** bist du überrascht? kein bißchen!; (*вовсе не*) nicht im geringsten

нипочём I. *предик* ① *разг* (*просто*) leicht, einfach; ◇ **ей ~ подня́ть большу́ю тя́жесть** es fällt ihr nicht schwer, etw Schweres hochzuheben ② *разг* (*ничего не значит*) jd-m nichts ausmachen, jd-m egal sein; ◇ **ве́тер и хо́лод ей ~** Wind und Kälte machen ihr nichts aus ③ *разг* (*очень дёшево*) spottbillig **II.** *нареч* (*ни за что*) auf keinen Fall, um keinen Preis

ниско́лько *нареч* ganz und gar nicht, nicht im geringsten, überhaupt nicht

ни́тка *ж$_1$* ‹-и, *род мн:* -ток› Faden *m;* (*для вышивания, вязания*) Zwirn *m,* Garn *n;* ◇ **промо́кнуть до ~и** bis auf die Haut naß werden; ◇ **ши́то бе́лыми ~ами** leicht durchschaubar

ничего́ *нареч* ① *см.* **ничто́** ② *разг* (*удовлетворительно*) ganz gut, passabel, einigermaßen; ◇ **как дела́? - ~** wie gehts? ganz gut ③ (*несущественно*) ◇ **~!** das macht nichts!, keine Ursache; ◇ ~ **подо́бного** keine Spur, nichts dergleichen

ниче́й (**ничья́, ничьё**) *мест* ① (*никому не принадлежащий*) niemandem gehörig; ◇ **ничья́ земля́** Niemandsland *n;* ◇ **э́тот щено́к ниче́й** das Hündchen ist herrenlos ② (*чей бы то ни́ было*) keinerlei; ◇ **ни в чьей по́мощи не нужда́юсь** ich brauche keinerlei Hilfe

ничто́ (**ничего́, ничему́, ниче́м, ни о чём**) *мест* nichts; ◇ ~ **ино́е как** nichts anderes als; ◇ **его́ ~ не волну́ет** nichts regt ihn auf

ничто́жный *прил* ‹-ая, -ое, -ые› ① (*незначительный*) winzig, geringfügig, unbedeutend ② (*пустячный*) nichtig, armselig

ничу́ть *нареч* gar nicht, überhaupt nicht, keineswegs; ◇ ~ **не быва́ло** nicht im geringsten, überhaupt nicht

ничья́ *ж* ‹-е́й› *спорт* Unentschieden *n;* ◇ **сопе́рники согласи́лись на ~ю́** die Gegner einigten sich auf ein Unentschieden

ни́щенка *ж$_1$* ‹-и, *род мн:* -нок› Bettlerin *f;*

ни́щенский *прил* ‹-ая, -ое, -ие› ① (*нищий*) bettelarm ② *перен разг* armselig, miserabel; **ни́щенствовать** V_{3a} *несов* ‹-твую, -твуешь› *без доп* ① (*жить в нищете*) bettelarm sein, in Armut leben ② (*просить милостыню*) betteln; **нищета́** *ж$_1$* ‹-ы› Elend *n,* große Armut *f;* ◇ **впасть в ~у́** bettelarm werden; **ни́щий I.** *прил* ‹-ая, -ее, -ие› bettelarm, elend **II.** *м* (A_2) ‹-его› Bettler *m*

но I. *союз* (*однако*) aber; ◇ **вещь хоро́шая, ~ дорога́я** die Sache ist gut, aber teuer; ◇ **не то́лько..., ~ и** nicht nur, sondern auch **II.** *с* ‹нескл› (*возражение*) Aber *n;* ◇ **никаки́х ~ - мы ждём вас в го́сти** kein Aber, wir erwarten euren Besuch

нова́тор *м$_1$* ‹-а› Erneuerer *m,* Neuerer *m*

новизна́ *ж$_1$* ‹-ы› Neuheit *f*

нови́нка *ж$_1$* ‹-и, *род мн:* -нок› Neuheit *f;* (*новый спектакль*) Neuaufführung *f;* ◇ **кни́жная ~** Neuerscheinung *f;* ◇ **что-л кому́-л не в ~у** etw ist für jd-n nichts Neues

новичо́к *м$_1$* ‹-чка́, *мн:* -чки́› ① (*новый ученик*) Neue *m;* ◇ **в класс пришёл ~** ein Neuer kam in die Klasse ② (*в каком-л деле*) Anfänger *m;* ◇ **он ~ в столя́рном де́ле** er ist ein Anfänger im Tischlerberuf

новобра́нец *м$_5$* ‹-нца, *мн:* -нцы› Rekrut *m;* **новобра́чные** *мн* (A_1) ‹-ых› Jungverheiratete *pl;* **нововведе́ние** *с$_4$* ‹-я› Neueinführung *f,* Neuerung *f;* **новогóдний** *прил* ‹-яя, -ее, -ие› Neujahrs-; ◇ **~ие поздравле́ния** Neujahrswünsche *m pl;* **новолу́ние** *с$_4$* ‹-я› *астр* Neumond *m;* **новоро́жденный I.** *прил* ‹-ая, -ое, -ые› neugeboren **II.** *м* (A_1)′ ‹-ого› (*новорождённый*) Neugeborenes *n;* neugeborenes Kind; (*празднующий день рождения*) Geburtstagskind *n;* ◇ **поздра́вить ~ого** dem Geburtstagskind gratulieren; **новосе́лье** *с$_5$* ‹-я› ① (*новое место жительства*) neue Wohnung *f* ② (*празднование*) Einweihungsfeier *f;* **новостро́йка** *ж$_1$* ‹-и, *род мн:* -óек› Neubau *m*

но́вость *ж$_5$* ‹-и, *род мн:* -те́й› ① (*известие*) Neuigkeit *f* ② (*нечто новое*) Neuheit *f;* ◇ **кни́жные ~и** Neuerscheinungen *f pl*

но́вшество *с$_2$* ‹-а› Neuerung *f;* (*нововведение*) Neueinführung *f;* ◇ **техни́ческие ~а** technische Innovationen

но́вый *прил* ‹-ая, -ое, -ые› neu, Neu-; ◇ **соверше́нно ~** ganz neu; ◇ **что ~ого?** was gibts Neues?; ◇ **Н~ год** Neujahr *n*

нога́ *ж$_1$* ‹-и́, *вин:* но́гу, *мн:* -и, *род:* ног, *дат:* -а́м› (*нога выше ступни*) Bein *n;* (*ступня*) Fuß *m;* ◇ **шага́ть в ~у с кем-л** mit jd-m im Gleichschritt gehen; ◇ **сбúться с ног** sich die Hacken ablaufen; ◇ **поднять всё нá ~и** alle Hebel in Bewegung setzen; ◇ **стать нá ~и** wieder auf die Beine kommen; ◇ **жить на ширóкую ~у** auf großem Fuße leben; ◇ **стоять на свойх ~áх** auf eigenen Füßen stehen; ◇ **бежáть со всех ног** laufen, was das Zeug hält; ◇ **быть без зáдных ног** todmüde sein

нóготь $м_2$ <-тя, *мн:* нóгти, *род:* -тéй> (*на руке*) Fingernagel *m;* (*на ноге*) Zehennagel *m;* ◇ **до кóнчиков ~тéй** durch und durch

нож $м_2$ <-á, *мн:* -ú> Messer *n;* ◇ **приставáть к комý-л с ~óм к гóрлу** jd-m das Messer an die Kehle setzen; ◇ **быть с кем-л на ~áх** spinnefeind mit jd-m sein

нóжницы $мн_1$ <-ниц> Schere *f;* ◇ **садóвые** ~ Heckenschere

нóжны $мн_1$ <-жен> (*от кинжала*) Scheide *f*

ноздря $ж_3$ <-ú, *мн:* -и, *род:* -рéй> Nasenloch *n;* (*у животных*) Nüster *f*

нокáут $м_1$ <-а> спорт Knockout *m,* K.o.; ◇ **оказáться в ~е** k.o. sein; **нокаутúровать** V_{3a} *несов и сов* <-рую, -руешь> *кого-что вин* спорт k.o. schlagen

ноль *см.* **нуль**

нóмер $м_1$ <-а, *мн:* -á> ① Nummer *f;* ◇ **послéдний ~ журнáла** letzte Ausgabe einer Zeitschrift; (*о трамвае, автобусе*) ◇ **вот идёт мой** ~ eben kommt meine Bahn/mein Bus ② (*в гостинице*) (Hotel-)Zimmer *n;* ◇ **заказáть** ~ ein Zimmer reservieren ③ (*размер*) Größe *f;* ◇ ~ **перчáток** Handschuhgröße; ◇ **э́тот ~ не пройдёт** das wird nicht durchgehen

норá $ж_1$ <-ы́, *мн:* нóры> ① Höhle *f,* Bau *m,* Loch *n;* ◇ **лúсья** ~ Fuchsbau ② *перен* Loch *n;* ◇ **он живёт в какóй-то ~é** er haust in einem Loch

норд $м_1$ <-а> мор ① (*север*) Norden *m* ② (*северный ветер*) Nordwind *m*

нóрка $ж_1$ <-и, *род мн:* -рок> зоол Nerz *m*

нóрма $ж_1$ <-ы> Norm *f,* Regel *f,* Richtschnur *f;* ◇ ~ **поведéния** Verhaltensnorm; ◇ **войтú в ~у** zur Norm werden; ◇ ~ **выпадéния осáдков** durchschnittliche Niederschlagsmenge; ◇ ~ **вы́работки** Soll *n*

нормализáция $ж_4$ <-и> Normalisierung *f*

нормáльный *прил* <-ая, -ое, -ые> ① (*обычный*) normal, Normal-, üblich; ◇ ~ **вес** Normalgewicht; ◇ **~ые услóвия** übliche Bedingungen ② (*психически здоровый*) normal; ◇ **кто-л не вполнé нормáлен** jd ist nicht ganz normal

норматúв $м_1$ <-а> Richtschnur *f;* спорт vorgegebene Mindestleistung *f*

нормировáть V_{3a} *несов и сов* <-рýю, -рýешь> *что вин* normen, vereinheitlichen

нос $м_1$ <-а, о нóсе, в/на носý, *мн:* -ы́> ① Nase *f;* ◇ **вздёрнутый** ~ Stupsnase; ◇ **говорúть в** ~ durch die Nase sprechen; ◇ **под ~ом** vor der Nase; ◇ **повéсить** ~ den Kopf hängen lassen; ◇ **не вúдеть дáльше своегó ~а** beschränkt sein; ◇ **держáть ~ пó ветру** den Mantel nach dem Wind hängen; ◇ **зимá на ~ý** der Winter steht vor der Tür ② (*клюв птицы*) Schnabel *m* ③ (*судна, самолёта*) Bug *m;* ◇ ~ **лóдки** Schiffsbug

носúлки $мн_1$ <-лок> Tragbahre *f;* ◇ **санитáрные** ~ Krankenbahre; **носúльщик** $м_1$ <-а> Gepäckträger *m;* **носúтель** $м_2$ <-я> ① (*представитель*) Vertreter *m* ② (*инфекции*) Krankheitsüberträger *m;* **носúть** V_{4a} *несов, неопред, см.* **нестú** <ношý, нóсишь, *Part. Präs. Pass.* носúмый, *Part. Prät. Pass.* нóшенный, *Adv. Part. Prät.* носúв> *кого-что вин* ① (*нести*) tragen; ◇ ~ **вéщи в вагóн** die Sachen in den Zug tragen ② (*об одежде, причёске*) tragen; ◇ ~ **свéтлые плáтья** helle Kleider tragen; ◇ ~ **очкú** eine Brille tragen; ◇ ~ **когó-л на рукáх** jd-n auf Händen tragen ③ (*характеризоваться*) haben, sein; ◇ **спор ~ит бýрный харáктер** der Streit ist stürmisch ④ (*имя, фамилию*) tragen; ◇ **онá ~ит свою́ дéвичью фамúлию** sie trägt ihren Mädchennamen; **носúться** *несов* <ношýсь, нóсишься> *без доп (1, 2), с кем-чем тв (3)* ① (*нестись*) umherlaufen, herumrennen; ◇ **он ~ится как угорéлый** er rennt herum wie ein Besessener ② (*об одежде*) sich tragen; ◇ **костю́м ~ится хорошó** der Anzug trägt sich gut ③ (*быть увлечённым*) sich mit etw/jd-m beschäftigen, sich mit einem Gedanken tragen; ◇ ~ **в вóздухе** in der Luft liegen

носóк $м_1$ <-скá, *мн:* -скú> ① (*обуви, чулка*) Spitze *f;* ◇ ~ **ботúнка** Schuhspitze ② (*кончики пальцев ног*) Fußspitze *f;* ◇ **подняться на ~кú** sich auf die Zehenspitzen stellen ③ (*короткий чулок*) Socke *f*

носорóг $м_1$ <-а> Nashorn *n*

ностальгúя $ж_4$ <-и> Nostalgie *f*

нóта $ж_1$ <-ы> ① муз Note *f;* ◇ **игрáть по ~ам** nach Noten spielen; ◇ **положúть на ~ы** vertonen; ◇ **как по ~ам** wie am Schnürchen ② *перен* (*тон речи*) Unterton *m;* ◇ ~ **неудовóльствия в гóлосе** Unzufriedenheit in der Stimme ③ полит Note *f;* ◇ **дипло-**

мати́ческая ~ diplomatische Note; ◇ ~ **проте́ста** Protestnote

нота́риус *м₁* <-а> Notar *m*

нота́ция *ж₄* <-и> (*нравоучение*) Strafpredigt *f*, Standpauke *f*; ◇ **чита́ть кому́-л ~ю** jd-m die Leviten lesen

ночева́ть V_{3b} *несов* <-чу́ю, -чу́ешь> [**пере~** *сов*] *без доп* übernachten; **ночёвка** *ж₁* <-и, *род мн:* -вок> Übernachtung *f*; ◇ **останови́ться на ~у** über Nacht bleiben; **ночле́г** *м₁* <-а> Nachtlager *n*, Übernachtungsmöglichkeit *f*, Schlafstätte *f*; ◇ **расположи́ться на** ~ sein Nachtlager aufschlagen; **ночь** *ж₅* <-и, о но́чи, в ночи́, *мн:* но́чи, *род:* -че́й> Nacht *f*; ◇ **за́** ~ über Nacht; ◇ **до по́здней ~и** bis spät in der Nacht; ◇ **по ~а́м** nachts; ◇ **споко́йной ~и!** gute Nacht!; **но́чью** *нареч* nachts, in der Nacht, bei Nacht; ◇ **ду́мать о чём-л и днём и** ~ Tag und Nacht über etw nachdenken; ◇ **сего́дня** ~ heute nacht

ноя́брь *м₂* <-я́, *мн:*-ри́> November *m*

нрав *м₁* <-а> ① (*характер*) Wesen *n*, Gemüt *n*; ◇ **до́брый** ~ Gutmütigkeit *f*; ◇ **круто́й** ~ schroffes Wesen; ◇ **э́то ему́ не по ~у** das geht ihm gegen den Strich ② ◇ **~ы** *мн* (*уклад жизни*) Sitten *f pl*, Bräuche *m pl*

нра́виться V_{4b} *несов* <-влюсь, -вишься> [**по~** *сов*] *кому-чему дат или с инф* gefallen, zusagen; ◇ **э́тот арти́ст мне ~тся** dieser Schauspieler gefällt mir

нравоуче́ние *с₄* <-я> Moralpredigt *f*; ◇ **чита́ть ~я кому́-л** jd-m eine Moralpredigt halten

нра́вственность *ж₅* <-и> Moral *f*, Sittlichkeit *f*; ◇ **челове́к высо́кой ~и** hochmoralischer Mensch; **нра́вственный** *прил* <-ая, -ое, -ые> moralisch

ну I. *межд* ① (*выражает побуждение*) los, nun, na; ◇ **~, расска́зывай!** na, erzähl schon!; ◇ ~ **дава́й же!** nun mach schon! ② (*выражает удивление, восхищение, возмущение*) was; ◇ **сего́дня он уезжа́ет. ~?!** er fährt heute weg. was?!; ◇ ~ **и денёк!** was für ein Tag! II. *частица* also, nun; ◇ ~ **хорошо́!** also gut; ◇ ~ **тебя́!** du kannst mir den Buckel herunterrutschen!; ◇ **да ~?** ist das möglich?; ◇ ~ **и что же?** ja und?

ну́дный *прил* <-ая, -ое, -ые> langweilig, fade

нужда́ *ж₁* <-ы́, *мн:* -ы> ① (*потребность*) Bedarf *m*; ◇ **испы́тывать ~у́ в деньга́х** in finanziellen Schwierigkeiten stecken; ◇ **в слу́чае ~ы́** im Notfall ② (*бедность*) Elend *n*, Armut *f*, Not *f*; ◇ **он вы́рос в ~е́** er wuchs in Armut auf; *разг* ◇ **справля́ть ~у́** seine Notdurft verrichten; **нужда́ться** V_{1a} *несов* <-а́юсь, а́ешься> *без доп (1), в ком-чём предл (2)* ① (*жить в бедности*) bedürftig sein, Not leiden ② (*испытывать потребность*) brauchen, benötigen; ◇ **мы ~а́емся в ва́шей по́мощи** wir brauchen ihre Hilfe; **нужда́ющийся** *м (A₂)* <-егося> Bedürftiger *m*; (*бедняк*) Armer *m*

ну́жно *предик, безл, с инф* ① (*необходимо, следует*) es ist nötig; ◇ **мне ~ торопи́ться** ich muß mich beeilen; ◇ **бо́льше чем** ~ mehr als nötig ② (*требуется*) brauchen; ◇ **сро́чно ~ врача́** jd braucht dringend einen Arzt; ◇ **мне ничего́ не** ~ ich brauche nichts; **ну́жный** *прил* <-ая, -ое, -ые> ① (*необходимый*) notwendig, nötig; ◇ **не счита́ю ~ым** das halte ich nicht für nötig ② *разг* (*полезный*) unentbehrlich

нуль *м₂* <-я́, *мн:* -ли́> Null *f*; ◇ **температу́ра ~ гра́дусов** es ist null Grad; ◇ **начина́ть с ~я́** bei Null anfangen

нумерова́ть V_{3a} *несов* <-ру́ю, -ру́ешь, *Part. Prät. Pass.* -ро́ванный> [**за~** *сов*] *кого-что вин* numerieren

ны́нешний *прил* <-яя, -ее, -ие> *разг* ① (*сегодняшний*) derzeitig, diesjährig; ◇ **в ~ем году́** in diesem Jahr ② (*современный*) heutig; ◇ **~яя молодёжь** die heutige Jugend

ны́нче *нареч разг* ① (*теперь*) jetzt, heutzutage ② (*сегодня*) heute; ◇ ~ **моро́зно** heute friert es

ныря́ть V_{1b} *несов* <-я́ю, -я́ешь> [**нырну́ть** V_2 *сов*] *без доп* (unter-)tauchen

ны́тик *м₁* <-а> *разг* Nörgler *m*; **ныть** * *несов* <но́ю, но́ешь, (1) 1 и 2 л. не употр> *без доп* ① (*болеть*) schmerzen, weh tun; ◇ **у меня́ но́ет зуб** ich habe Zahnschmerzen; *перен* ◇ **у кого́-л но́ет се́рдце** jd-m ist es schwer ums Herz ② *разг* (*жаловаться*) nörgeln, jammern; **нытьё** *с₅* <-я́> *разг* Jammern *n*, Nörgeln *n*

нюа́нс *м₁* <-а> Nuance *f*, Schattierung *f*

ню́хать V_{1a} *несов* <-аю, -аешь> [**по~** *сов*] *что вин* ① (*обонять*) an etw riechen; (*вдыхать*) schnupfen; ◇ ~ **таба́к** Tabak schnupfen ② *перен* (*испытывать*) erfahren, spüren

ня́нчиться V_{4b} *несов* <-чусь, -чишься> *с кем-чем тв* ① (*нянчить*) babysitten, auf jd-n aufpassen; ◇ ~ **с малышо́м** bei dem Jungen babysitten ② *перен разг* (*возиться*) sich intensiv mit jd-m/etw beschäftigen

ня́ня *ж₂* <-и> ① Kindermädchen *n*, Babysitterin *f*; (*в яслях, детском саду*) Kindergärtnerin *f* ② (*санитарка*) Krankenpflegerin *f*

Н

О

о (об, о́бо) *предлог с вин и предл* ① (*относительно*) an, über, von, um; ◇ **бесе́довать о ком/чём-л** über jd-n/etw sprechen; ◇ **ду́мать о ком/чём-л** an jd-n/etw denken; ◇ **забо́титься о ком/чём-л** sich um jd-n/etw kümmern; ◇ **речь идёт о...** es geht um... ② (*для обозначения соприкосновения, приближения*) an, gegen, über; ◇ **споткну́ться о ка́мень** über einen Stein stolpern ③ (*возле, рядом*) an; ◇ **бок о́ бок** Seite an Seite; ◇ **рука́ о́б руку** Hand in Hand

о *межд* o!; ◇ ~ **да!** o ja!; ◇ ~ **нет!** o nein!

оа́зис *м*$_1$ <-а> Oase *f*

о́ба *числ* beide, die beiden; ◇ **гляде́ть в** ~ auf der Hut sein

обанкро́титься V$_{4b}$ *сов* <-о́чусь, -о́тишься> *без доп* ① (*стать банкротом*) bankrott gehen ② *перен* (*потерпеть крах*) zunichte werden, zusammenbrechen

обая́ние *с*$_4$ <-я> Charme *m,* Reiz *m;* (*очарование*) Zauber *m;* **обая́тельный** *прил* <-ая, -ое, -ые> charmant, bezaubernd

обва́л *м*$_1$ <-а> Einsturz *m,* Lawine *f;* ◇ ~ **в гора́х** Erdrutsch *m;* ◇ **сне́жный** ~ Schneelawine *f*

обвести́ * *сов* <-еду́, -едёшь> [**обводи́ть** * *несов*] *кого-что вин (1, 4), что вин чем тв (2, 3)* ① (*провести вокруг чего-л*) um etw herumführen ② (*оградить*) umgeben, umzäunen; ◇ ~ **забо́ром** einzäunen ③ (*очертить*) einkreisen, umranden ④ спорт umspielen, ausspielen

обве́тренный *прил* <-ая, -ое, -ые> verwittert; (*огрубевший*) rauh

обветша́лый *прил* <-ая, -ое, -ые> alt, brüchig; (*о строении*) verfallen, baufällig; *перен* veraltet

обвине́ние *с*$_4$ <-я> Beschuldigung *f;* (*перед судом*) Anklage *f;* юр ◇ **свиде́тель ~я** Belastungszeuge *m;* **обвини́тель** *м*$_2$ <-я> Ankläger *m,* Kläger *m;* **обвини́ть** V$_{4a}$ *сов* <-ню́, -ни́шь> [**обвиня́ть** V$_{1b}$ *несов*] *кого-что вин в чём предл (1), кого-что вин (2)* ① (*счесть виновным*) beschuldigen, bezichtigen ② юр anklagen; **обвиня́емый** *м (А)* <-ого> юр Beschuldigter *m,* Angeklagter *m*

обвиня́ть *несов от* **обвини́ть**

обводне́ние *с*$_4$ <-я> Bewässerung *f*

обвяза́ть V$_{1a}$ *сов* <-яжу́, -я́жешь, *Imp.* -яжи́, ~те, *Part. Prät. Pass.* -я́занный> [**обвя́зывать** V$_{1a}$ *несов*] *что вин чем тв* ① (*обмотать*) umbinden, umwickeln; ◇ **он ~л ше́ю платко́м** er band sich ein Halstuch um ② (*кружевом*) mit Spitzen besetzen; (*спицами*) stricken; (*крючком*) umhäkeln

обгоня́ть *несов от* **обогна́ть**

обдава́ть V$_{1a}$ *несов* <-даю, -даёшь, *Part. Präs. Akt.* -дающий> [**обда́ть** * *сов*] *кого-что вин чем тв* ① (*облить*) übergießen, überschütten ② *перен безл* überkommen, ergreifen; ◇ **её обда́ло хо́лодом** es überlief sie kalt

обде́лать V$_{1a}$ *сов* <-аю, -аешь> [**обде́лывать** V$_{1a}$ *несов*] *что вин* ① (*устроить*) managen, deichseln ② (*обработать*) bearbeiten

обдели́ть V$_{4a}$ *сов* <-лю́, -е́лишь> [**обделя́ть** V$_{1b}$ *несов*] *кого-что вин чем тв* (*обойти*) übervorteilen

о́бе *см.* о́ба

обе́д *м*$_1$ <-а> Mittagessen *n;* (*официальный*) Essen *n;* ◇ **звать к ~у** zu Tisch bitten; ◇ **пе́ред ~ом** (*до обеда*) vor dem Mittagessen; (*до полудня*) vormittags, am Vormittag; ◇ **по́сле ~а** nach dem Mittagessen; (*после полудня*) nachmittags, am Nachmittag

обе́дать V$_{1a}$ *несов* <-аю, -аешь> [**по~** *сов*] *без доп* zu Mittag essen; ◇ **они́ оста́лись у нас** ~ sie blieben bei uns zum Mittagessen

обедне́ние *с*$_4$ <-я> Verarmung *f;* (*обнищание*) Verelendung *f*

обе́дня *ж*$_2$ <-и, *род мн:* -ден> рел Liturgie *f*

обезбо́ливание *с*$_4$ <-я> мед Betäubung *f,* Anästhesie *f*

обезвре́дить V$_{4b}$ *сов* <-е́жу, -е́дишь, *Part. Prät. Pass.* -е́женный> [**обезвре́живать** V$_{1a}$ *несов*] *кого-что вин* unschädlich machen; ◇ ~ **взрывно́е устро́йство** einen Sprengkörper entschärfen

обезу́меть V$_5$ *сов* <-ею, -еешь> *без доп* den Verstand verlieren, wahnsinnig werden

обезья́на *ж*$_1$ <-ы> Affe *m;* (*самка*) Äffin *f*

обели́ск *м*$_1$ <-а> Obelisk *m*

обели́ть V$_{4a}$ *сов* <-лю́, -ли́шь> [**обеля́ть** V$_{1b}$ *несов*] *кого-что вин* (*оправдать*) jd-n reinwaschen, rechtfertigen

оберну́ть V$_2$ *сов* <-ну́, -нёшь, *Part. Prät. Pass.* обёрнутый> [**обёртывать** V$_{1a}$ *несов*] *кого-что вин* (*во что-л, чем-л*) einpacken; (*обмотать*) einwickeln

обёртка *ж*$_1$ <-и, *род мн:* -ток> Verpackung *f,* Hülle *f;* (*бумага*) Einschlagpapier *n*

обеспе́чение *с*$_4$ <-я> ① (*действие*) Sicherstellung *f;* (*снабжение*) Versorgung *f* ② (*гарантия*) Gewährleistung *f,* Garantie *f;* (*денеж-*

ное) Deckung *f* ③ (*средства к жизни*) Existenzgrundlage *f;* ◇ **социа́льное** ~ Sozialfürsorge *f;* **обеспе́ченный** *прил* <-ая, -ое, -ые> ① (*чем-л*) versorgt ② (*зажиточный*) wohlhabend, bemittelt ③ (*гарантированный*) garantiert; **обеспе́чивать** V_{1a} *несов* <-аю, -аешь> [**обеспе́чить** V_{4b} *сов*] *кого-что вин чем тв (1, 3), что вин (2)* ① (*снабжать*) versorgen, ausstatten ② (*гарантировать*) garantieren, gewährleisten, sichern ③ (*материально*) versorgen

обессме́ртить V_{4b} *сов* <-рчу, -ртишь, *Imp.* -рти, -ьте, *Part. Prät. Pass.* -рченный> *кого-что вин* verewigen, unsterblich machen

обесце́нивать V_{1a} *несов* <-аю, -аешь> [**обесце́нить** V_{4b} *сов*] *кого-что вин* entwerten, wertlos machen

обе́т $м_1$ <-а> Gelübde *n,* Gelöbnis *n;* ◇ **дать** ~ ein Gelübde ablegen

обеща́ние $с_4$ <-я> Versprechen *n;* ◇ **сдержа́ть** ~ ein Versprechen (ein-)halten; **обеща́ть** V_{1a} *несов и сов* <-а́ю, -а́ешь, *Part. Prät. Pass.* -е́щанный> [**по**~ *сов*] *кому-чему дат с союзом "что" или с инф* versprechen, zusichern

обжа́ловать V_{1a} *сов* <-лую, -луешь, *Imp.* -луй> *что вин* юр Beschwerde/Berufung einlegen

обже́чь * *сов* <обожгу́, обожжёшь> [**обжига́ть** V_{1a} *несов*] *кого-что вин (1), что вин (2)* ① (*руку и т. п.*) sich etw verbrennen; (*опалить*) versengen; (*кипятком*) verbrühen ② тех (*кирпич*) brennen; (*руду*) rösten

обжо́ра *м/ж*$_1$ <-ы> *разг* Vielfraß *m,* Freßsack *m*

обзо́р $м_1$ <-а> ① (*осмотр*) Besichtigung *f;* (*наблюдение*) Inspektion *f* ② (*поле зрения*) Blickfeld *n,* Sicht *f* ③ (*очерк и т. п.*) Überblick *m,* Übersicht *f*

обзыва́ть *несов от* **обозва́ть**

оби́вка $ж_1$ <-и, *род мн:* -вок> ① (*действие*) Beschlagen *n,* Beziehen *n* ② (*материал*) Bezug *m,* Überzug *m;* (*мебельная ткань*) Möbelstoff *m*

оби́да $ж_1$ <-ы> Beleidigung *f;* (*оскорбление*) Kränkung *f;* (*боль*) Verletzung *f;* ◇ **нанести́ кому́-л ~у** jd-n kränken/beleidigen; ◇ **не дать себя́ в ~у** sich nichts gefallen lassen; **оби́деть** V_5 *сов* <-и́жу, -дишь, *Imp.* -и́дь, ~те, *Part. Prät. Pass.* -и́женный> [**обижа́ть** V_{1a} *несов*] *кого-что вин* ① (*оскорбить*) kränken, beleidigen ② (*обмануть*) übervorteilen, benachteiligen; **оби́деться** V_5 *сов* <-и́жусь, -дишься> [**обижа́ться** V_{1a} *несов*] *на кого-что вин за что вин* übelnehmen, beleidigt sein; **оби́дный** *прил* <-ая, -ое, -ые> beleidigend; (*оскорбительный*) kränkend; (*досадный*) ärgerlich; **оби́дчивый** *прил* <-ая, -ое, -ые> empfindlich, reizbar

обижа́ть(ся) *несов от* **оби́деть(ся)**

оби́лие $с_4$ <-я> Überfluß *m,* Fülle *f;* (*богатство*) Reichtum *m;* **оби́льный** *прил* <-ая, -ое, -ые> reichlich, üppig

обита́тель $м_2$ <-я> Bewohner *m*

обихо́д $м_1$ <-а> Alltag *m,* Alltagsdinge *n pl;* ◇ **предме́ты ~а** Gebrauchsgegenstände *m pl;* ◇ **пусти́ть что-л в** ~ in Gebrauch nehmen; **обихо́дный** *прил* <-ая, -ое, -ые> alltäglich, gebräuchlich; (*повседневный*) Alltags-; (*употребительный*) geläufig; (*обычный*) gewöhnlich; ◇ ~ **язы́к** Alltagssprache *f*

обла́ва $ж_1$ <-ы> (*полицейская*) Razzia *f*

облада́ть V_{1a} *несов* <-а́ю, -а́ешь> *чем тв* haben; (*иметь*) besitzen; (*располагать*) über etw verfügen; ◇ ~ **тала́нтом** Talent besitzen

о́блако $с_2$ <-а, *мн:* -а́, *род:* -о́в> Wolke *f;* ◇ **грозовы́е ~а́** Gewitterwolken *f pl;* ◇ ~ **пы́ли** Staubwolke

о́бласть $ж_5$ <-и, *род мн:* -те́й, *дат:* -тя́м> ① геогр Gebiet *n* ② анат Gegend *f,* Bereich *m;* ◇ **в ~и желу́дка** in der Magengegend ③ *перен* Gebiet *n;* ◇ **в ~и филоло́гии** auf dem Gebiet der Philologie

о́блачность $ж_5$ <-и> Bewölkung *f*

облегче́ние $с_4$ <-я> Erleichterung *f;* (*приговора*) Milderung *f;* (*боли*) Linderung *f;* ◇ **принести́** ~ Besserung bringen; **облегчи́ть** V_{4a} *сов* <-чу́, -чи́шь> [**облегча́ть** V_{1a} *несов*] *что вин* (*убавить груз*) entlasten, verringern; (*работу*) erleichtern; (*наказание, условие*) mildern; (*боль*) lindern; (*успокоить*) erleichtern; (*упростить*) vereinfachen

облеза́ть V_{1a} *несов* <-а́ю, -а́ешь> [**обле́зть** * *сов*] *без доп* ① *разг* (*о животном*) (sich) haaren; (*о мехе*) kahl werden, sich abreiben ② (*о лаке, краске*) abgehen, abblättern, abbröckeln

облета́ть V_{1a} *несов* <-а́ю, -а́ешь, *Part. Prät. Pass.* -блётанный> [**облете́ть** V_5 *сов* <-лечу́, -лети́шь, *Imp.* -лети́, ~те>] *кого-что вин (1), без доп (2), что вин (3)* ① (*вокруг чего-л*) umfliegen, einen Rundflug machen ② (*о листьях*) herabfallen ③ (*распространяться*) sich verbreiten, durchlaufen; (*о слухах*) von Mund zu Mund gehen

облива́ть *несов от* **obли́ть**

облига́ция $ж_4$ <-ии> Obligation *f*

О

облиза́ться V_{1a} *сов* <-ижу́сь, -и́жешься, *Imp.* -ижи́сь, ~тесь> [**обли́зываться** V_{1a} *несов*] *без доп* sich die Lippen anfeuchten; *перен* sich die Finger nach etw lecken

о́блик *м₁* <-a> Äußere *n*, Aussehen *n*; (*душевный склад*) Charakter *m*; ◇ **вне́шний ~** äußeres Erscheinungsbild

обли́ть * *сов* <оболью́, обольёшь> [**облива́ть** V_{1a} *несов*] *кого-что вин* ① übergießen; (*обдать*) überschütten ② (*оклеветать*) verleumden; ◇ **~ гря́зью** jd-n in den Schmutz ziehen

облицева́ть V_{1a} *сов* <-цу́ю, -цу́ешь, *Imp.* -цу́й, ~те, *Part. Prät. Pass.* -цо́ванный> [**облицо́вывать** V_{1a} *несов*] *что вин* verkleiden; (*отштукатурить*) verputzen; **облицо́вка** *ж₁* <-и> Verkleidung *f*; (*штукатурка*) Putz *m*

обличи́ть V_{4a} *сов* <-чу́, -чи́шь> [**облича́ть** V_{1a} *несов*] *кого-что вин* (*в чём-л*) überführen; (*разоблачить*) entlarven

обложи́ть V_{4a} *сов* <-жу́, -о́жишь, *Part. Prät. Pass.* -о́женный> [**обкла́дывать** (1-3) **облага́ть** (2) V_{1a} *несов*] *кого-что вин* ① (*покрыть*) bedecken, zudecken; (*затянуть*) bedecken; ◇ **круго́м ~и́ло** es ist bedeckt ② (*налогом*) besteuern ③ воен (*осадить*) belagern; (*окружить*) einschließen, umzingeln

обло́жка *ж₁* <-и, *род мн:* -жек> Umschlag *m*, Hülle *f*; (*переплёт*) Einband *m*

обло́мок *м₁* <-мка, *мн:* -мки> Bruchstück *n*; ◇ **~мки** Trümmer *m pl*; (*корабля*) Wrack *n*

облуче́ние *с₄* <-я> Bestrahlung *f*

облысе́ть *см.* **лысе́ть**

обма́н *м₁* <-a> ① (*ложь*) Betrug *m*; (*введение в заблуждение*) Irreführung *f* ② (*ложное представление*) Täuschung *f*; (*заблуждение*) Irrtum *m*; ◇ **~ зре́ния** optische Täuschung; ◇ **~ чувств** Sinnestäuschung; **обману́ть** V_2 *сов* <-ну́, -а́нешь, *Part. Prät. Pass.* -а́нутый> [**обма́нывать** V_{1a} *несов*] *кого-что вин* betrügen; (*подвести*) hereinlegen; (*надуть*) übers Ohr hauen; (*ввести в заблуждение*) irreführen; (*ожидания*) täuschen; **обма́нщик** *м₁* <-a> Betrüger *m*

обме́н *м₁* <-a> Austausch *m*; (*замена*) Wechsel *m*; ◇ **~ де́нег** Geldumtausch *m*; ◇ **~ мне́ниями** Meinungsaustausch; мед ◇ **~ веще́ств** Stoffwechsel; **обменя́ть** V_{1b} *сов* <-я́ю, -я́ешь, *Part. Prät. Pass.* -ме́нянный> [**обме́нивать** V_{1a} *несов*] *что вин на что вин (1), кого-что вин (2)* ① tauschen; (*выменять*) gegen etw eintauschen; (*заменить*) austauschen, ersetzen; (*переменить*) wechseln ② vertauschen, vewechseln; **обменя́ться** *сов* <-я́юсь, -я́ешься> [**обме́ниваться** *несов*] *чем тв с кем-чем тв* austauschen, wechseln; ◇ **~ не́сколькими слова́ми** einige Worte wechseln; ◇ **~ о́пытом** Erfahrungen austauschen

о́бморок *м₁* <-a> Ohnmacht *f*; ◇ **упа́сть в ~** in Ohnmacht fallen

обмота́ть V_{1a} *сов* <-а́ю, -а́ешь, *Part. Prät. Pass.* -мо́танный> [**обма́тывать** V_{1a} *несов*] *кого-что вин чем тв (1), что вин вокруг чего род (2)* ① (*вокруг чего-л*) umwickeln, winden ② (*о верёвке, петле*) schlingen (um), umschnüren

обмундирова́ние *с₄* <-я> Uniform *f*

обнагле́ть *см.* **нагле́ть**

обнадёживать V_{1a} *несов* <-аю, -аешь> [**обнадёжить** V_{4b} *сов*] *кого-что вин* jd-m Hoffnung machen; (*ободрять*) ermutigen

обнажи́ть V_{4a} *сов* <-жу́, -жи́шь> [**обнажа́ть** V_{1a} *несов*] *кого-что вин* ① (*оставить нагим*) entblößen; (*раздеть*) entkleiden ② (*меч*) ziehen, zücken ③ (*раскрыть*) aufdecken, bloßlegen; ④ *перен* (*разоблачить*) enthüllen, aufdecken; **обнажи́ться** *сов* <-жу́сь, -жи́шься> [**обнажа́ться** *несов*] *без доп* ① (*остаться нагим*) sich entblößen; (*раздеться*) sich entkleiden ② (*лишиться листвы*) kahl werden, die Blätter verlieren ③ (*обнаружиться*) zutage treten, zum Vorschein kommen

обнаро́дование *с₄* <-я> Veröffentlichung *f*, Bekanntmachung *f*; **обнаро́довать** V_{1a} *сов* <-дую, -дуешь, *Imp.* -дуй, ~те> *что вин* veröffentlichen, publik machen

обнару́жение *с₄* <-я> ① (*открытие*) Entdeckung *f*; (*установление наличия*) Feststellung *f* ② (*разоблачение*) Aufdeckung *f*, Enthüllung *f*, Herausfinden *n*; **обнару́жить** V_{4b} *сов* <-жу, -жишь> [**обнару́живать** V_{1a} *несов*] *что вин* ① (*открыть*) entdecken; (*найти*) auffinden; (*установить наличие*) feststellen, herausfinden ② (*раскрыть*) aufdecken; (*ошибку*) erkennen; (*разоблачить*) enthüllen, entlarven, feststellen ③ (*проявить*) zeigen, an den Tag legen

обнести́ * *сов* <-су́, -сёшь> [**обноси́ть** V_{4a} *несов*] *кого-что вин вокруг чего род (1), что вин чем тв (2), кого-что вин чем тв (3), кого-что вин (4)* ① (*пронести вокруг*) herumtragen (um) ② (*окружить*) umgeben; ◇ **~ забо́ром** umzäunen ③ (*кушаньем*) herumreichen, bewirten ④ (*пропустить при угощении*) übergehen

обнища́ние *с₄* <-я> Verelendung *f*, Verarmung *f*
обнови́ть V_{4a} *сов* <-влю́, -ви́шь, *Part. Prät. Pass.* -влённый> [**обновля́ть** V_{1b} *несов*] *что вин* ① (*заменить устаревшее*) erneuern; (*восстановить*) wiederherstellen ② (*употребить*) einweihen; (*надеть в первый раз*) zum ersten Mal anziehen; **обновле́ние** *с₄* <-я> Erneuerung *f;* (*восстановление*) Wiederherstellung *f*
обня́ть * *сов* <-ниму́, -ни́мешь> [**обнима́ть** V_{1a} *несов*] *кого-что вин* ① umarmen, in die Arme schließen; (*за шею*) jd-m um den Hals fallen ② *перен* (*охватить*) erfassen, ergreifen
обобра́ть * *сов* <оберу́, оберёшь, *Part. Prät. Pass.* -о́бранный> [**обира́ть** V_{1a} *несов*] *кого-что вин* ① (*собрать всё*) einsammeln, abpflücken ② (*ограбить*) ausplündern, ausrauben
обобще́ние *с₄* <-я> ① (*основное значение*) Verallgemeinerung *f* ② (*резюме́*) Zusammenfassung *f;* **обобщи́ть** V_{4a} *сов* <-щу́, -щи́шь> [**обобща́ть** V_{1a} *несов*] *что вин* ① (*соединить вместе*) verallgemeinern ② zusammenfassen
обогати́ть V_{4a} *сов* <-ащу́, -ти́шь, *Part. Prät. Pass.* -ащённый> [**обогоща́ть** V_{1a} *несов*] *кого-что вин* ① reich machen, bereichern; ◇ ~ **свой слова́рный запа́с** seinen Wortschatz erweitern ② тех anreichern, aufbereiten; ◇ ~ **ура́н** Uran anreichern
обогна́ть * *сов* <обгоню́, обго́нишь, *Part. Prät. Pass.* -о́гнанный> [**обгоня́ть** V_{1b} *несов*] *кого-что вин* ① (*опередить*) überholen ② (*превзойти*) übertreffen
о́бод *м₁* <-а> Felge *f;* ◇ ~ **колеса́** Radfelge
ободра́ть * *сов* <обдеру́, обдерёшь, *Part. Prät. Pass.* -о́дранный> [**обдира́ть** V_{1a} *несов*] *кого-что вин* ① (*дерево*) ablösen, (ab-)schälen ② (*содрать кожу*) abziehen, abhäuten ③ *разг* (*оцарапать*) verkratzen, zerkratzen ④ *разг* (*ограбить*) ausrauben; ◇ ~ **как ли́пку** jd-m das Fell über die Ohren ziehen
ободри́ть V_{4a} *сов* <-рю́, -ри́шь> [**ободря́ть** V_{1b} *несов*] *кого-что вин* ermuntern, ermutigen, Mut machen
обожа́ть V_{1a} *несов* <-а́ю, -а́ешь> *кого-что вин или с инф* jd-n sehr gern haben; (*обоготворять*) vergöttern; (*увлекаться*) schwärmen (für); ◇ **она́ ~а́ет своего́ вну́ка** sie liebt ihren Enkel über alles; ◇ **он ~а́ет рыба́чить** er ist ein begeisterter Angler
обозва́ть * *сов* <обзову́, обзовёшь, *Part. Prät. Pass.* -о́званный> [**обзыва́ть** V_{1a} *несов*] *кого-что вин кем-чем тв* (*обругать*) beschimpfen
обозна́чить V_{4b} *сов* <-чу, -чишь> [**обознача́ть** V_{1a} *несов*] *что вин* bedeuten; (*знаками*) kennzeichnen, markieren
обозрева́тель *м₂* <-я> Kommentator *m;* (*корреспондент*) Berichterstatter *m*
обозре́ние *с₄* <-я> ① Betrachtung *f* ② (*в газете и т. п.*) Kommentar *m*
обо́и *мн₃* <-ев> Tapete *f;* ◇ **окле́ить ~ями** tapezieren
обойти́ * *сов* <-йду́, -йдёшь> [**обходи́ть** V_{4a} *несов*] *кого-что вин* ① (*вокруг чего-л*) umgehen, um etw herumgehen ② (*избегнуть*) umgehen, vermeiden; (*уклониться*) ausweichen; ◇ **э́тот вопро́с ~ нельзя́** dieses Problem können wir nicht umgehen ③ (*побывать*) einen Rundgang machen, umwandern; ◇ **он обошёл всех свои́х друзе́й** er ging bei allen seinen Freunden vorbei ④ (*пропустить при распределении*) übergehen, nicht erwähnen ⑤ (*распространиться*) sich verbreiten, rundgehen; ◇ **э́то сообще́ние обошло́ все газе́ты** diese Meldung ging durch alle Zeitungen ⑥ (*перегнать*) überholen ⑦ *разг* (*обмануть*) hintergehen, hinters Licht führen; **обойти́сь** * *сов* <-йду́сь, -йдёшься> [**обходи́ться** *несов*] *кому-чему дат (1), с кем-чем тв (2), без кого-чего род (3), кем- чем тв (4), без доп или без чего род (5)* ① (*стоить*) kosten, zu stehen kommen; ◇ **э́то обошло́сь нам недо́рого** das hat uns nicht viel gekostet ② (*обращаться*) jd-n behandeln, mit jd-m umgehen; ◇ **ве́жливо ~ с посети́телями** mit den Besuchern höflich umgehen ③ (*без чего-л*) entbehren können, auskommen können ④ (*удовлетвориться имеющимся*) auskommen (mit); ◇ **я ~ду́сь э́тими деньга́ми** ich werde mit diesem Geld auskommen ⑤ (*закончиться благополучно*) glatt ablaufen, gut ausgehen; ◇ **обойдётся!** es wird schon gut gehen
оболо́чка *ж₁* <-и, *род мн:* -чек> ① (*плёнка, кожура*) Hülle *f*, Schale *f* ② тех Mantel *m* ③ анат Haut *f*
обо́лтус *м₁* <-а> Schafskopf *m*, Blödmann *m*
обольсти́ть V_{4a} *сов* <-льщу́, -льсти́шь, *Part. Prät. Pass.* -льщённый> [**обольща́ть** V_{1a} *несов*] *кого-что вин* verführen, verleiten; (*увлечь*) durch etw bestechen
обоня́ние *с₄* <-я> Geruchssinn *m*
оборва́нец *м₅* <-нца> Lump *m;* (*бродяга*) Landstreicher *m*

оборва́ть V_{4a} *сов* ‹-ву́, -вёшь, *Imp.* -ви́, ~те, *Part. Prät. Pass.* -о́рванный› [**обрыва́ть** V_{1a} *несов*] *что вин (1, 2), кого-что вин (3)* (1) (*сорвать*) abreißen; (*ягоды*) abpflücken (2) (*разорвать*) zerreißen (3) (*прервать*) abbrechen; ◇ ~ **разгово́р** das Gespräch abbrechen; (*перебить*) unterbrechen, ins Wort fallen; **оборва́ться** *сов* ‹-ву́сь, -вёшься, 1 и 2 л. не употр› [**обрыва́ться** *несов*] *без доп* (1) abreißen; (*о струне*) reißen, platzen; ◇ **трос оборва́лся** das Drahtseil zerriß (2) (*обноситься*) zerlumpen (3) (*сорваться*) herunterstürzen, herabfallen (4) (*прерваться*) plötzlich aufhören, verstummen, stocken

оборо́на $ж_1$ ‹-ы› Verteidigung *f,* Abwehr *f;* ◇ **перейти́ к ~е** in die Defensive gehen; **обороня́ть** V_{1b} *несов* ‹-я́ю, -я́ешь› [**оборони́ть** V_{4a} *сов*] *кого-что вин* verteidigen; (*защищать*) schützen; **обороня́ться** *несов* ‹-я́юсь, -я́ешься› [**оборони́ться** *сов*] *без доп* sich verteidigen; (*защищаться*) sich schützen

оборо́т $м_1$ ‹-а› (1) (*круговой поворот*) Umdrehung *f;* (*перемена направления*) Wende *f;* ◇ **соверши́ть ~ вокру́г земли́** die Erde umkreisen (2) (*направление*) Wendung *f,* Verlauf *m;* ◇ **де́ло при́няло неожи́данный ~** die Entwicklung nahm eine überraschende Wendung (3) эк Umlauf *m;* ◇ **пусти́ть в ~** in Umlauf bringen; *тж перен* ◇ **взять кого́-л в ~** jd-n in die Mangel nehmen (4) (*оборотная сторона*) Rückseite *f,* Kehrseite *f;* ◇ **смотри́ на ~е** siehe umseitig (5) (*в языке*) Wendung *f;* ◇ ~ **ре́чи** Redewendung *f;* **оборо́тный** *прил* ‹-ая, -ое, -ые› umgekehrt; ◇ ~ **сторона́** Rückseite *f*

обору́дование c_4 ‹-я› Ausstattung *f,* Einrichtung *f,* Ausrüstung *f*

обоснова́ние c_4 ‹-я› (*мотивы*) Begründung *f;* (*мотивирование*) (Beweg-)Grund *m*; (*доводы*) Beweis *m,* Argument *n;* **обосно́ванный** *прил* ‹-ая, -ое, -ые› begründet, fundiert; (*оправданный*) berechtigt; **обоснова́ть** V_{1a} *сов* ‹-ну́ю, -ну́ешь, *Imp.* -сну́й, ~те, *Part. Prät. Pass.* -но́ванный› [**обосно́вывать** V_{1a} *несов*] *что вин* begründen; (*мотивировать*) motivieren; **обоснова́ться** *сов* ‹-ну́юсь, -ну́ешься› [**обосно́вываться** *несов*] *без доп* sich niederlassen; (*поселиться*) sich ansiedeln; (*устроиться*) sich einrichten

обостре́ние c_4 ‹-я› Verschärfung *f,* Zuspitzung *f;* (*болезни*) Verschlimmerung *f;* **обостри́ться** V_{4a} *сов* ‹-ри́тся, -ря́тся, 1 и 2 л. не употр› [**обостря́ться** V_{1b} *несов*] *без доп* sich verschärfen, sich zuspitzen; (*ухудшиться*) sich verschlimmern; ◇ **ситуа́ция ~лась** die Lage spitzte sich zu

обою́дный *прил* ‹-ая, -ое, -ые› gegenseitig, wechselseitig; ◇ **по ~ому согла́сию** mit beiderseitigem Einvernehmen

обрабо́тать V_{1a} *сов* ‹-аю, -аешь› [**обраба́тывать** V_{1a} *несов*] *что вин (1, 2), кого-что вин (3)* (1) (*отделать*) bearbeiten; (*сырьё*) verarbeiten (2) (*землю*) bestellen, bebauen (3) *перен* (*воздействовать*) jd-n bearbeiten; **обрабо́тка** $ж_1$ ‹-и› (1) (*отделка*) Bearbeitung *f;* (*сырья*) Verarbeitung *f* (2) (*земли*) Bestellung *f,* Bebauung *f;* ◇ **взять в ~у** jd-n in die Mangel nehmen

обра́доваться *см.* **ра́доваться**

о́браз $м_1$ ‹-а› (1) (*способ*) Art *f,* Weise *f;* (*форма*) Form *f;* ◇ ~ **жи́зни** Lebensweise *f;* ◇ ~ **мы́слей** Denkweise *f;* ◇ **каки́м ~ом?** auf welche Art und Weise?; ◇ **наилу́чшим ~ом** hervorragend; ◇ **нико́им ~ом** auf (gar) keinen Fall (2) (*вид, облик*) Gestalt *f,* Bild *n* (3) лит Gestalt *f,* Figur *f*

образе́ц $м_1$ ‹-зца́, *мн:* -зцы́› (1) (*пример*) Muster *n,* Musterbeispiel *n,* Vorbild *n;* ◇ **по ~зцу́** nach einem Muster; ◇ **брать за ~** als Beispiel nehmen (2) (*товарный*) Muster *n,* Probe *f* (3) тех Muster *n,* Prototyp *m*

о́бразный *прил* ‹-ая, -ое, -ые› bildhaft, bildlich; (*наглядный*) anschaulich; ◇ **~ое выраже́ние** bildhafter Ausdruck

образова́ние [1] c_4 ‹-я› (1) (*действие*) Bildung *f,* Schaffung *f;* (*возникновение*) Entstehung *f;* (*формирование*) Gestaltung *f* (2) (*то, что образовалось*) Gebilde *n,* Formation *f*

образова́ние [2] c_4 ‹-я› (*просвещение*) Bildung *f,* Ausbildung *f;* ◇ **всео́бщее обяза́тельное сре́днее ~** allgemeine Schulpflicht (*in Rußland heute: 11 Jahre*); ◇ **вы́сшее ~** Hochschulbildung *f;* ◇ **нача́льное ~** Grundschulabschluß *m;* ◇ **профессиона́льное ~** Berufsausbildung *f;* ◇ **с вы́сшим ~ием** mit Hochschulabschluß

образо́ванный *прил* ‹-ая, -ое, -ые› gebildet; **образова́ть** V_{1a} *несов и сов* ‹-зу́ю, -зу́ешь, *Imp.* -зу́й, ~те, *Part. Präs. Akt.* -зу́ющий, *Part. Präs. Pass.* -зу́емый, *Adv. Part. Präs.* -зу́я› [**образо́вывать** V_{1a} *несов*] *что вин* (1) (*создать*) bilden, schaffen (2) (*основать*) gründen; (*организовать*) bilden

образцо́вый *прил* ‹-ая, -ое, -ые› mustergültig, Muster-; (*примерный*) vorbildlich, beispielhaft

обрати́ть V_{4a} *сов* <-ащу́, -ти́шь, *Part. Prät. Pass.* -ащённый> [**обраща́ть** V_{1a} *несов*] *что вин (1), кого-что вин в кого-что вин (2)* ① (*повернуть*) (hin-)wenden; (*направить*) richten; ◇ ~ **внима́ние на кого́/что-л** seine Aufmerksamkeit auf jd-n/etw richten ② (*превратить*) verwandeln; ◇ ~ **в пе́пел** in Schutt und Asche legen; ◇ ~ **в бе́гство** in die Flucht schlagen; ◇ ~ **что-л в шу́тку** etw als Scherz darstellen; **обрати́ться** *сов* <-ащу́сь, -ти́шься> [**обраща́ться** *несов*] *к кому-чему дат (1), в кого-что вин (2)* ① (*адресоваться*) sich an jd-n wenden; ◇ ~ **с призы́вом** an jd-n appelieren; ◇ **заговори́ть с кем-л** jd-n ansprechen ② (*превратиться*) sich verwandeln, sich umwandeln

обра́тный *прил* <-ая, -ое, -ые> ① (*ведущий назад*) rückwärts (gerichtet), Rück-; ◇ ~ **путь** Rückweg *m,* Rückreise *f;* ◇ ~ **ход** Rückwärtsgang *m;* ◇ ~ **биле́т** Rückfahrkahrte *f* ② (*противоположный*) entgegengesetzt, gegensätzlich; ◇ **в ~ом направле́нии** in der entgegengesetzten Richtung; ◇ **име́ть ~ую си́лу** rückwirkend gelten

обраща́ть(ся) *несов от* **обрати́ть(ся)**

обраще́ние c_4 <-я> ① (*устное*) Anrede *f;* (*письменное*) Anschreiben *n;* (*воззвание*) Appell *m* ② (*обхождение*) Umgang *m,* Behandlung *f* ③ (*пользование*) Umgang *m,* Handhabung *f* ④ (*оборот*) Umlauf *m,* Zirkulation *f;* эк ◇ **де́нежное** ~ Geldumlauf *m;* ◇ **изъя́ть из ~я** aus dem Verkehr ziehen ⑤ (*превращение*) Verwandlung *f*

обре́зать V_{1a} *сов* <-е́жу, -е́жешь, *Imp.* -е́жь, ~те> [**обреза́ть** и **обре́зывать** V_{1a} *несов*] *что вин (1), кого-что вин (2)* ① (*укорачивать*) abschneiden, beschneiden; (*подрезать*) stutzen; (*отрезать*) ◇ ~ **но́гти** sich die Fingernägel schneiden ② *разг* (*прервать*) jd-m das Wort abschneiden

обречённость $ж_5$ <-и> Verdammnis *f,* Hoffnungslosigkeit *f;* **обречённый** *прил* <-ая, -ое, -ые> verurteilt; (*на что-л*) verdammt sein zu etw; ◇ ~ **на ги́бель** dem Untergang geweiht

о́бруч $м_2$ <-а, *род мн:* -е́й> Reif *m,* Reifen *m*

обруче́ние c_4 <-я> Verlobung *f;* **обручи́ться** V_{4a} *сов* <-чу́сь, -чи́шься> [**обруча́ться** V_{1a} *несов*] *без доп* sich verloben

обру́шиться V_{4b} *сов* <-шусь, -шишься> [**обру́шиваться** V_{1a} *несов*] *на кого-что вин* ① (*обвалиться*) herabstürzen, einstürzen, zusammenstürzen ② *разг* (*накинуться*) sich stürzen (auf), herfallen (über)

обры́в $м_1$ <-а> Abhang *m,* Steilwand *f*

обры́вок $м_1$ <-вка> Fetzen *m,* Bruchstück *n;* ◇ **~вки слов** Wortfetzen

обря́д $м_1$ <-а> Ritual *n;* (*обычай*) Brauch *m;* (*церемониал*) Zeremonie *f;* (*ритуал*) Ritus *m*

обсервато́рия $ж_4$ <-ии> Observatorium *n;* (*астрономическая*) Sternwarte *f*

обсле́дование c_4 <-я> Untersuchung *f;* (*расследование*) Erforschung *f;* (*осмотр, ревизия*) Revision *f,* Überprüfung *f;* **обсле́довать** V_{1a} *несов и сов* <-дую, -дуешь, *Imp.* -дуй, ~те, *Part. Präs. Akt.* -дующий, *Part. Präs. Pass.* -дуемый, *Adv. Part. Präs.* -дуя> *кого-что вин* untersuchen; (*расследовать*) erforschen, ergründen; (*проверять*) überprüfen

обслу́живание c_4 <-я> Bedienung *f,* Betreuung *f;* ◇ **медици́нское** ~ medizinische Versorgung; ◇ **техни́ческое** ~ Wartung *f;* **обслу́живать** V_{1a} *несов* <-аю, -аешь> [**обслужи́ть** V_{4a} *сов* <*Part. Prät. Pass.* -слу́женный>] *кого-что вин* bedienen, betreuen

обста́вить V_{4b} *сов* <-влю, -вишь, *Part. Prät. Pass.* -вленный> [**обставля́ть** V_{1b} *несов*] *что вин чем тв (1), что вин (2, 3), кого-что (4)* ① umstellen, umgeben (mit) ② (*квартиру*) einrichten; (*меблировать*) möblieren ③ *разг* (*организовать*) arrangieren, ausrichten ④ *разг* (*надуть*) betrügen, hereinlegen

обстано́вка $ж_1$ <-и> ① (*мебель*) Einrichtung *f,* Möbel *n pl* ② (*окружение*) Umgebung *f;* (*среда*) Milieu *n;* (*положение*) Lage *f*

обстоя́тельный *прил* <-ая, -ое, -ые> ① (*о человеке*) gründlich; (*солидный*) solide ② (*о докладе*) detailliert; (*подробный*) ausführlich; **обстоя́тельство** c_2 <-а> ① (*событие, факт*) Umstand *m;* ◇ **семе́йные ~а** Familienverhältnisse *n pl;* юр ◇ **смягча́ющие (вину́) ~а** mildernde Umstände; ◇ **при всех ~ах** unter allen Umständen; ◇ **смотря́ по ~ам** je nachdem ② грам Adverbialbestimmung *f;* ◇ ~ **ме́ста/вре́мени/о́браза де́йствия** adverbiale Bestimmung des Ortes/der Zeit/der Art und Weise

обстре́л $м_1$ <-а> Beschuß *m,* Beschießen *n;* **обстре́ливать** V_{1a} *несов* <-аю, -аешь> [**обстреля́ть** V_{1b} *сов* <*Part. Prät. Pass.* -стре́лянный>] *кого-что вин* beschießen, unter Beschuß nehmen

обсуди́ть V_{4a} *сов* <-ужу́, -у́дишь, *Part. Prät. Pass.* -уждённый> [**обсужда́ть** V_{1a} *несов*] *что вин* besprechen, diskutieren; (*подробно*) erörtern; **обсужде́ние** c_4 <-я> Besprechung *f;* (*подробное*) Erörterung *f;* (*дискуссия*) Diskussion *f;* ◇ **поста́вить на** ~ zur Debatte

О

stellen; ◇ **быть предме́том ~я** Diskussionsgegenstand sein

обтека́емый *прил* ‹-ая, -ое, -ые› ① *тех* stromlinienförmig ② *разг* ausweichend

обтере́ться * *сов* ‹оботру́сь, оботрёшься› [**обтира́ться** V_{1a} *несов*] *без доп* ① (*вытереться*) sich abtrocknen, sich abreiben ② *перен разг* (*приобрести манеры, навыки*) Schliff bekommen ③ (*освоиться*) sich anpassen, sich eingewöhnen

обтяну́ть V_2 *сов* ‹-ну́, -я́нешь, *Part. Prät. Pass.* -я́нутый› [**обтя́гивать** V_{1a} *несов*] *что вин* ① (*материалом*) beziehen, überziehen ② (*натянуться*) eng anliegen

о́бувь *ж*$_5$ ‹-и› Schuhe *m pl,* Schuhwerk *n;* ◇ **ко́жаная** ~ Lederschuhe

обу́за *ж*$_1$ ‹-ы› (*ноша*) Last *f;* (*забота*) Bürde *f;* ◇ **быть ~ой для кого́-л** jd-m zur Last fallen

обусло́вить V_{4b} *сов* ‹-влю, -вишь, *Part. Prät. Pass.* -вленный› [**обусло́вливать** V_{1a} *несов*] *что вин* bedingen, hervorrufen

о́бух *м*$_1$ ‹-а› Beilrücken *m;* ◇ **как ~ом по голове́** wie vor den Kopf geschlagen

обуче́ние *с*$_4$ ‹-я› Unterricht *m;* (*в вузе*) Studium *n;* (*приобретение квалификации*) Ausbildung *f,* Lehre *f*

обучи́ть *см.* **учи́ть**

обхо́д *м*$_1$ ‹-а› ① (*действие*) Rundgang *m;* (*врача*) Visite *f* ② (*обходной манёвр*) Umgehungsmanöver *n,* Umgehung *f;* ◇ **в ~ зако́на** unter Umgehung des Gesetzes

обходи́тельный *прил* ‹-ая, -ое, -ые› umgänglich; (*предупредительный*) zuvorkommend; (*любезный*) liebenswürdig

обчи́стить V_{4b} *сов* ‹-и́щу, -тишь, *Imp.* -ти, ~те, *Part. Prät. Pass.* -и́щенный› [**обчища́ть** V_{1a} *несов*] *кого-что вин* ① (*сделать чистым*) säubern, reinigen ② (*снять кожицу*) schälen ③ *разг* (*обокрасть*) bestehlen, ausplündern

обши́вка *ж*$_1$ ‹-и› ① (*отделка*) Besatz *m* ② *стр* Verkleidung *f,* Verschalung *f*

обши́рный *прил* ‹-ая, -ое, -ые› ① groß, weit; (*просторный*) geräumig ② *перен* umfangreich, umfassend; (*объёмистый*) großräumig; ◇ **~ые зна́ния** umfassendes Wissen

обшла́г *м*$_1$ ‹-а́, *мн:* -а́› Ärmelaufschlag *m*

обща́ться V_{1a} *несов* ‹-а́юсь, -а́ешься› *с кем тв* verkehren, Umgang haben (mit), Kontakt haben (zu)

общедосту́пный *прил* ‹-ая, -ое, -ые› ① (*популярный*) allgemeinverständlich, allen zugänglich ② (*о цене*) erschwinglich; (*дешевый*) günstig ③ (*открытый для всех*) für alle offen

общежи́тие *с*$_4$ ‹-я› ① (*помещение*) Wohnheim *n;* ◇ **студе́нческое** ~ Studentenwohnheim *n* ② (*общественный быт*) Zusammenleben *n* ③ (*повседневность*) Alltag *m*

общенаро́дный *прил* ‹-ая, -ое, -ые› Gemein-, Volks-; ◇ ~ **пра́здник** Volksfeiertag *m;* ◇ **~ая со́бственность** Volkseigentum *n*

обще́ние *с*$_4$ ‹-я› Gemeinschaft *f,* Verkehr *m,* Umgang *m;* ◇ **подде́рживать ~ с кем-л** mit jd-m Umgang pflegen, mit jd-m verkehren

общепри́знанный *прил* ‹-ая, -ое, -ые› allgemein anerkannt; **общепри́нятый** *прил* ‹-ая, -ое, -ые› allgemein üblich; (*обычный*) landläufig; (*ходячий*) geläufig; ◇ **~ые взгля́ды** gängige Meinung; **обще́ственность** *ж*$_5$ ‹-и› Öffentlichkeit *f;* **обще́ственный** *прил* ‹-ая, -ое, -ые› gesellschaftlich, öffentlich; ◇ **~ые нау́ки** Gesellschaftswissenschaften *f pl;* ◇ **~ое положе́ние** gesellschaftliche Stellung; ◇ ~ **строй** Gesellschaftsordnung *f;* ◇ **на ~ых нача́лах** ehrenamtlich

о́бщество *с*$_2$ ‹-а› ① (*общественный строй*) Gesellschaft *f* ② (*объединение*) Gesellschaft *f,* Verein *m;* ◇ **акционе́рное** ~ Aktiengesellschaft; ◇ **спорти́вное** ~ Sportverein *m* ③ (*компания*) Gesellschaft *f,* Vereinigung *f;* ◇ **све́тское** ~ vornehme Gesellschaft

общечелове́ческий *прил* ‹-ая, -ое, -ие› allgemein menschlich, den Menschen eigentümlich

о́бщий *прил* ‹-ая, -ее, -ие› ① (*общий с другими*) gemeinsam, gemein; ◇ **~ими си́лами** mit vereinten Kräften ② (*всеобщий*) allgemein, Allgemein-, Gemein-; ◇ **~ее бла́го** Allgemeinwohl *n;* ◇ **~ее образова́ние** Allgemeinbildung *f* ③ (*совокупный*) Gesamt-; ◇ **~ее впечатле́ние** Gesamteindruck *m;* ◇ **~ее собра́ние** Generalversammlung *f;* ◇ **в ~ей сло́жности** insgesamt

общи́на *ж*$_1$ ‹-ы› Gemeinde *f*

общи́тельный *прил* ‹-ая, -ое, -ые› gesellig, kontaktfreudig

о́бщность *ж*$_5$ ‹-и› ① (*совпадение*) Übereinstimmung *f,* Gemeinsamkeit *f* ② (*единство*) Gesamtheit *f*

объедине́ние *с*$_4$ ‹-я› ① (*действие*) Vereinigung *f,* Zusammenschluß *m* ② (*союз*) Verein *m,* Union *f;* ◇ **тво́рческое** ~ Künstlerverein; **объедини́ться** V_{4a} *сов* ‹-ню́сь, -ни́шься› [**объединя́ться** V_{1b} *несов*] *без доп* sich vereinigen, sich zusammenschließen

объе́зд $м_1$ ‹-а› ① (*основное значение*) Umfahrt *f*, Rundfahrt *f* ② (*крюк*) Umweg *m;* (*для транспорта*) Umleitung *f;* ◇ **поéхать в** ~ einen Umweg machen

объéкт $м_1$ ‹-а› ① (*предмет*) Objekt *n*, Gegenstand *m* ② грам (*дополнение*) Objekt *n;* **объекти́вный** *прил* ‹-ая, -ое, -ые› ① objektiv, sachlich ② (*беспристрастный*) unparteiisch

объём $м_1$ ‹-а› Umfang *m;* мат Rauminhalt *m;* физ Volumen *n;* ◇ **óбщий** ~ Gesamtvolumen; ◇ **во всём ~е** in vollem Umfang

объяви́ть V_{4a} *сов* ‹-влю́, -я́вишь, *Part. Prät. Pass.* -я́вленный› [**объявля́ть** V_{1b} *несов*] *что вин или о чём предл (1), кого-что вин кем-чем тв (2)* ① (*заявить*) erklären; (*опубликовать*) bekanntmachen, veröffentlichen, verlautbaren; ◇ ~ **благодáрность комý-л** jd-m seinen Dank aussprechen; ◇ ~ **войнý** den Krieg erklären; ◇ ~ **вы́говор** eine Rüge erteilen; ◇ ~ **забастóвку** einen Streik ausrufen; ◇ ~ **о своём соглáсии** sein Einverständnis erklären; ◇ ~ **чрезвычáйное положéние** den Ausnahmezustand verhängen ② (*о предстоящем*) ankündigen; ◇ ~ **собрáние откры́тым** die Versammlung für eröffnet erklären; ◇ ~ **приговóр** das Urteil verkünden; **объявлéние** $с_4$ ‹-я› ① (*заявление*) Erklärung *f*, Bekanntmachung *f;* (*о предстоящем*) Ankündigung *f* ② (*извещение*) Mitteilung *f;* (*афиша*) Anschlag *m;* (*в газете, журнале*) Anzeige *f*

объяснéние $с_4$ ‹-я› ① (*разъяснение*) Erklärung *f;* (*пояснение*) Erläuterung *f;* (*истолкование*) Auslegung *f* ② (*разговор*) Aussprache *f;* (*выяснение отношений*) Auseinandersetzung *f;* ◇ ~ **в любви́** Liebeserklärung; **объясни́ть** V_{4a} *сов* ‹-ню́, -ни́шь› [**объясня́ть** V_{1b} *несов*] *что вин* erklären; (*пояснить*) erläutern; **объясни́ться** *сов* ‹-ню́сь, -ни́шься› [**объясня́ться** *несов*] *без доп* ① (*переговорить*) sich aussprechen; (*выяснить отношения*) sich mit jd-m auseinandersetzen ② (*стать ясным*) sich aufklären, deutlich werden; (*выясниться*) sich erklären lassen

обывáтель $м_2$ ‹-я› Spießer *m*, Philister *m*

обыкновéнный *прил* ‹-ая, -ое, -ые› ① (*обычный*) gewöhnlich, üblich, gewohnt ② (*заурядный*) gewöhnlich; (*простой*) einfach; (*посредственный*) mittelmäßig; ◇ ~ **человéк** Durchschnittsmensch

óбыск $м_1$ ‹-а› (*квартиры*) Hausdurchsuchung *f;* (*личный*) Leibesvisitation *f;* **обыскáть** V_{1a} *сов* ‹-ыщý, -ы́щешь, *Imp.* -ыщи́, ~те, *Part. Prät. Pass.* -ы́сканный› [**обы́скивать** V_{1a} *несов*] *кого-что вин* ① (*сделать обыск*) eine Hausdurchsuchung vornehmen ② (*осмотреть всё*) absuchen; (*обшарить*) durchstöbern; (*местность*) durchkämmen

обы́чай $м_3$ ‹-я› Brauch *m*, Sitte *f;* (*привычка*) Gewohnheit *f;* **по ~аю** traditionsgemäß

обы́чный *прил* ‹-ая, -ое, -ые› üblich, ständig

обя́занность $ж_5$ ‹-и› Pflicht *f;* (*обязательство*) Verpflichtung *f;* (*должностная*) Aufgabe *f;* ◇ **по ~и** pflichtgemäß; ◇ **врéменно исполня́ющий ~и дирéктора** amtierender Direktor; ◇ **считáть что-л своéй ~ю** etw für seine Pflicht halten

обязáтельно *нареч* auf jeden Fall; (*непременно*) unbedingt; ◇ **он ~ бýдет с нáми** er wird auf jeden Fall bei uns sein; **обязáтельный** *прил* ‹-ая, -ое, -ые› obligatorisch, bindend; ◇ ~ **предмéт** Pflichtfach *n;* спорт ◇ **~ые упражнéния** Pflichtübungen *f pl;* **обязáтельство** $с_2$ ‹-а› Verpflichtung *f;* (*договор*) Verbindlichkeit *f;* ◇ **соглáсно ~у** laut Vertrag

овáция $ж_4$ ‹-ии› Ovation *f;* ◇ **устрóить комý-л ~ю** jd-m Ovationen bereiten

овдовéть V_5 *сов* ‹-éю, -éешь› *без доп* verwitwen, Witwe(r) werden

овёс $м_1$ ‹овсá› Hafer *m*

овладевáть *несов от* **овладéть**

овладéние $с_4$ ‹-я› ① (*захват*) Besitzergreifung *f*, Besetzung *f;* (*приобретение*) Aneignung *f* ② *перен* (*усвоение*) Beherrschung *f*, Meisterung *f*, Aneignung *f;* **овладéть** V_5 *сов* ‹-éю, -éешь› [**овладевáть** V_{1a} *несов*] *кем-чем тв* ① (*захватить*) sich bemächtigen, besetzen, ergreifen ② *перен* (*о чувствах*) befallen, erfassen, Besitz ergreifen (von); ◇ **éю ~л страх** Angst befiel sie; ◇ ~ **собóй** sich beherrschen ③ (*изучить*) beherrschen; (*усвоить*) sich etw zu eigen machen, sich aneignen

óвод $м_1$ ‹-а› зоол Bremse *f*

óвощи $мн_2$ ‹-éй› Gemüse *n*

оврáг $м_1$ ‹-а› Schlucht *f*

овцá $ж_1$ ‹-ы́, *мн:* óвцы, *род:* овéц› Schaf *n;* **овцевóд** $м_1$ ‹-а› Schafzüchter *m*

овчáрка $ж_1$ ‹-и, *род мн:* -рок› Schäferhund *m*

оглавлéние $с_4$ ‹-я› Inhaltsverzeichnis *n*

огласи́ть V_{4a} *сов* ‹-ашý, -си́шь, *Part. Prät. Pass.* -ашённый› [**оглашáть** V_{1a} *несов*] *что вин (1), чем тв (2)* ① (*сообщить*) bekanntmachen; (*официально*) verlautbaren;

О

(*опубликовать*) veröffentlichen; (*зачитать*) verlesen ② (*о звуках*) erschallen, erfüllen

огло́бля *ж$_2$* ‹-и, *род мн:* -бель› Deichsel *f;* ◇ **поверну́ть ~и** unverrichteter Dinge abziehen

огло́хнуть *см.* глóхнуть

огляде́ться V_5 *сов* ‹-яжу́сь, -ди́шься, *Imp.* -дись, ~тесь› [**огля́дываться** V_{1a} *несов*] *без доп* ① (*осмотреться*) sich umsehen, zurückblicken ② *перен* sich einleben; (*привыкнуть*) sich eingewöhnen

огнетуши́тель *м$_2$* ‹-я› Feuerlöscher *m*

оговори́ть V_{4a} *сов* ‹-рю́, -ри́шь› [**огова́ривать** V_{1a} *несов*] *кого-что вин* ① (*в договоре*) vereinbaren, sich etw vorbehalten ② (*оклеветать*) verleumden; (*обвинить*) bezichtigen; **оговори́ться** *сов* ‹-рю́сь, -ри́шься› [**огова́риваться** *несов*] *без доп* ① (*ошибиться*) sich versprechen ② (*сделать оговорку*) sich etw vorbehalten

оголённый *прил* ‹-ая, -ое, -ые› bloß; (*обнажённый*) entblößt; (*голый*) nackt

ого́нь *м$_2$* ‹огня́, *мн:* огни́› ① (*пламя*) Feuer *n,* Flamme *f;* ◇ **развести́** ~ Feuer machen ② (*свет*) Licht *n* ③ воен Feuer *n,* Beschuß *m;* ◇ **прекрати́ть** ~ das Feuer einstellen ④ *перен* Feuer *n;* (*воодушевление*) Begeisterung *f;* ◇ ~ **души́** Leidenschaft; ◇ **пройти́ сквозь ~ и во́ду** mit allen Wassern gewaschen sein

огоро́д *м$_1$* ‹-а› Gemüsegarten *m*

огорче́ние *с$_4$* ‹-я› Verdruß *m;* (*раздражение*) Ärger *m;* (*печаль*) Betrübnis *f;* ◇ **быть в ~ии** verdrossen sein

ограбле́ние *с$_4$* ‹-я› ① Beraubung *f,* Raub *m* ② (*нападение*) Überfall *m*

огра́да *ж$_1$* ‹-ы› Zaun *m,* Umzäunung *f;* (*каменная*) Mauer *f;* (*решётка*) Gitter *n;* (*живая изгородь*) Hecke *f*

ограниче́ние *с$_4$* ‹-я› ① Begrenzung *f* ② Einschränkung *f,* Restriktion *f;* ◇ **без ~я** ohne Einschränkung; **ограни́ченный** *прил* ‹-ая, -ое, -ые› ① begrenzt, eingeschränkt; (*скудный*) knapp; ◇ **~ые возмо́жности** begrenzte Möglichkeiten ② (*о человеке*) beschränkt, stumpfsinnig; **ограни́чить** V_{4b} *сов* ‹-чу, -чишь› [**ограни́чивать** V_{1a} *несов*] *кого-что вин* beschränken, begrenzen, einschränken; ◇ ~ **себя́ в чём-л** sich einschränken; **ограни́читься** *сов* ‹-чусь, -чишься› [**ограни́чиваться** *несов*] *чем тв* sich beschränken (auf); (*удовлетвориться*) sich begnügen mit; (*умерить свои требования*) es bei etw bewenden lassen

огро́мный *прил* ‹-ая, -ое, -ые› sehr groß, riesig, Riesen-; (*мощный*) gewaltig; (*чудовищный*) ungeheuer; (*колоссальный*) kolossal; ◇ ~ **прогре́сс** gewaltiger Fortschritt

огры́зок *м$_1$* ‹-зка, *мн:* -зки› (*остаток*) Rest *m;* (*карандаша*) Stummel *m*

огуре́ц *м$_1$* ‹-рца́, *мн:* -рцы́› Gurke *f*

одарённый *прил* ‹-ая, -ое, -ые› (*способный*) begabt; (*талантливый*) talentiert

одева́ть *несов от* **оде́ть**

оде́жда *ж$_1$* ‹-ы› Kleidung *f,* Bekleidung *f;* ◇ **ве́рхняя** ~ Oberbekleidung; ◇ **предме́т ~ы** Kleidungsstück *n*

одёрнуть V_2 *сов* ‹-ну, -нешь, *Part. Prät. Pass.* -нутый› [**одёргивать** V_{1a} *несов*] *кого-что вин* ① (*платье*) zurechtziehen, zurechtrücken ② *перен* zurechtweisen; (*призвать к порядку*) jd-n zur Ordnung rufen

оде́ть V_5 *сов* ‹-е́ну, -е́нешь, *Imp.* -е́нь, ~те, *Part. Prät. Pass.* -е́тый› [**одева́ть** V_{1a} *несов*] *кого-что вин во что вин или чем тв (1), кого-что вин (2)* ① (*облечь в одежду, нарядить*) anziehen, ankleiden, bekleiden ② (*покрыть*) zudecken, einhüllen

одея́ло *с$_2$* ‹-а› (Bett-)Decke *f*

одея́ние *с$_4$* ‹-я› Gewand *n*

оди́н (одного́ *м;* **одна́, одно́й** *ж;* **одно́,** одного́ *с*) **I.** *числ* ein; (*при счёте*) eins; ◇ ~ **из мои́х друзе́й** einer meiner Freunde; ◇ ~ **еди́нственный** ein einziger **II.** *мест* ① (*в одиночестве*) allein; ◇ **я могу́ э́то сде́лать** ~ ich kann das allein tun; ◇ **он живёт совсе́м** ~ er lebt ganz allein ② (*тот же самый*) derselbe, der gleiche; ◇ ~ **и тот же** derselbe; ◇ **быть одного́ во́зраста** gleichen Alters sein ③ (*только*) nur, allein, kein anderer; ◇ **э́то одни́ разгово́ры** das ist nur Gerede; ◇ **одного́ э́того ма́ло** das allein genügt nicht ④ (*какой-то, некий*) ein (gewisser); ◇ **одно́ вре́мя** eine Zeitlang **III.** *м* (*в значении сущ*) einer, der eine; ◇ ~ **за други́м** einer nach dem anderen; ◇ **ни** ~ kein einziger; ◇ **все до одного́** alle, sämtliche; ◇ ~ **в по́ле не во́ин** einer allein schafft das nicht; ◇ **все как** ~ einmütig

одина́ковый *прил* ‹-ая, -ое, -ые› gleich; (*один и тот же*) ein und derselbe; ◇ **~ой высоты́** gleich hoch; ◇ **в ~ой ме́ре** gleichermaßen

оди́ннадцать *числ* elf

одино́кий *прил* ‹-ая, -ое, -ие› einsam; (*бессеме́йный*) alleinstehend; (*нежена́тый*) ledig; **одино́чество** *с$_2$* ‹-а› Einsamkeit *f,* Alleinsein *n;* **одино́чка** *м/ж$_1$* ‹-и, *род мн:* -чек› ① einzelner Mensch; (*действующий в* *одиночку*) Einzelgänger(in *f*) *m* ② (*не имеющий семьи*) Alleinstehende/r *m/f*; **мать-~** alleinerziehende Mutter ③ *разг* (*камера*) Einzelzelle *f* ④ спорт (*лодка*) Einer *m*; ◇ **в ~у** allein, mit eigenen Kräften

однá *см.* один

однáжды *нареч* ① (*как-то*) eines Tages, einst, einmal ② (*один раз*) (nur) einmal

однáко I. *союз* (*но*) doch, jedoch, aber; (*всё же*) dennoch, immerhin II. *межд* ◇ ~! das ist ja allerhand!

одновремéнно *нареч* gleichzeitig; **одноднéвный** *прил* <-ая, -ое, -ые> eintägig, Tages-; ◇ ~ **зáработок** Tageslohn *m*; **однозначный** *прил* <-ая, -ое, -ые> ① (*имеющий одно значение*) eindeutig; (*тождественный*) gleichbedeutend ② мат einstellig; **однокláссник** $м_1$ <-а> Klassenkamerad *m*, Mitschüler *m*; **однообрáзный** *прил* <-ая, -ое, -ые> einförmig, eintönig; (*монотонный*) monoton; **однорóдный** *прил* <-ая, -ое, -ые> ① (*по составу, по виду*) gleichartig, homogen ② (*сходный*) verwandt; **одностороннний** *прил* <-яя, -ее, -ие> ① (*совершаемый одной стороной в одну сторону*) einseitig ② *перен* (*ограниченный*) einseitig, einspurig; ◇ **~ее движéние** Einbahnstraße *f*; **однотóмный** *прил* <-ая, -ое, -ые> einbändig; **однофамúлец** $м_5$ <-льца, *мн:* -льцы> Namensvetter *m*

одобрéние $с_4$ <-я> Zustimmung *f*, Billigung *f*; **одобрúтельный** *прил* <-ая, -ое, -ые> lobend, beifällig, billigend; ◇ **~ая рецéнзия** positive Rezension; **одóбрить** V_{4b} *сов* <-рю, -ришь, *Imp.* -ри, ~те> [**одобрять** V_{1a} *несов*] *что вин* gutheißen, beipflichten, billigen

одолевáть V_{1a} *несов* <-áю, -áешь> [**одолéть** V_5 *сов*] *кого-что вин* ① (*преодолевать*) überwältigen, überwinden, bezwingen ② *перен* (*овладевать*) meistern; (*усвоить*) bewältigen ③ *перен* (*о состоянии*) überkommen

одолжéние $с_4$ <-я> Gefallen *m*; (*любезность*) Gefälligkeit *f*; (*услуга*) Dienst *m*

одувáнчик $м_1$ <-а> бот Löwenzahn *m*

одýматься V_{1a} *сов* <-аюсь, -аешься> [**одýмываться** V_{1a} *несов*] *без доп* ① sich (anders) besinnen ② (*образумиться*) zur Vernunft kommen

одышка $ж_1$ <-и> Atemnot *f*, Kurzatmigkeit *f*

ожесточённый *прил* <-ая, -ое, -ые> erbittert, hart

оживлéние $с_4$ <-я> ① (*действие*) Belebung *f* ② (*состояние*) Belebtheit *f*; (*на улицах и т. п.*) Betrieb *m*; **оживлённый** *прил* <-ая, -ое, -ые> ① (*исполненный жизни*) belebt ② *перен* (*активный*) lebhaft, rege, anregend

ожидáние $с_4$ <-я> ① (*состояние*) Warten *n*, Erwartung *f*; ◇ **в ~ии** in Erwartung ② Erwartung *f*, Hoffnung *f*; ◇ **прóтив всякого ~я** wider Erwarten; **ожидáть** V_{1a} *несов* <-áю, -áешь> *кого-что вин или кого-чего род (1), чего род или с инф (2)* ① erwarten; (*дожидаться*) auf jd-n warten; ◇ ~ **слýчая** eine Gelegenheit abwarten ② (*надеяться*) erhoffen

ожирéние $с_4$ <-я> Verfettung *f*; (*болезненное*) Fettsucht *f*; ◇ **лечéние от ~ия** Abmagerungskur *f*

ожóг $м_1$ <-а> Verbrennung *f*, Brandwunde *f*

озабóченность $ж_5$ <-и> Besorgnis *f*, Besorgtheit *f*; **озабóченный** *прил* <-ая, -ое, -ые> besorgt, sorgenvoll

озаглáвить V_{4b} *сов* <-влю, -вишь, *Part. Prät. Pass.* -вленный> [**озаглáвливать** V_{1a} *несов*] *что вин* betiteln

озвýчить V_{4b} *сов* <-чу, -чишь> [**озвýчивать** V_{1a} *несов*] *что вин* (*фильм*) vertonen

оздоровлéние $с_4$ <-я> ① Gesundung *f* ② *перен* Verbesserung *f*, Erneuerung *f*

озеленéние $с_4$ <-я> Begrünung *f*, Anlegen *n* von Grünanlagen

óзеро $с_2$ <-а, *мн:* озёра> See *m*

озúмый *прил* <-ая, -ое, -ые> с.-х. Winter-; ◇ **~ые культýры** Wintersaat *f*

озлоблéние $с_4$ <-я> Erbitterung *f*, Gereiztheit *f*; (*гнев*) Grimm *m*; **озлóбленный** *прил* <-ая, -ое, -ые> erbittert, gereizt, grimmig

óзнóб $м_1$ <-а> Kälteschauer *m*, Schüttelfrost *m*; ◇ **я чýвствую** ~ mich fröstelt

озорнúк $м_1$ <-á, *мн:* -ú> Strolch *m*, Schlingel *m*

озорствó $с_2$ <-á> Ausgelassenheit *f*, Ungezogenheit *f*, Unfug *m*; (*поступок*) Streich *m*

оказáть V_{1a} *сов* <-ажý, -áжешь, *Imp.* -ажú, ~те, *Part. Prät. Pass.* -áзанный> [**окáзывать** V_{1a} *несов*] *что вин* erweisen, bezeigen, leisten, ausüben; ◇ ~ **пóмощь** Hilfe leisten; ◇ ~ **влияние** Einfluß ausüben; **оказáться** *сов* <-ажýсь, -áжешься> [**окáзываться** *несов*] *кем-чем тв (1), без доп (2)* ① (*обнаружиться*) sich herausstellen, sich erweisen (als) ② (*очутиться*) hingeraten, sich vorfinden; ◇ **он ~áлся вынужденным** er war gezwungen; ◇ ~ **в налúчности** vorhanden sein

окáнчивать *несов от* **окóнчить**

океáн $м_1$ <-а> Ozean *m*

окислéние $с_4$ <-я> хим Oxydation *f*, Oxidierung *f*; **óкись** $ж_5$ <-и> хим Oxyd *n*

О

оккупа́нт *м₁* ‹-а› Okkupant *m*, Besatzer *m*; (*захватчик*) Eindringling *m*; **оккупа́ция** *ж₄* ‹-ии› Besetzung *f*, Okkupation *f*

окла́д *м₁* ‹-а› Gehalt *n*; ◇ **основно́й** ~ Grundgehalt

оклевета́ть V_{1a} *сов* ‹-ещу́, -е́щешь, *Imp.* -ещи́, ~те, *Part. Prät. Pass.* -е́танный› *кого-что вин* verleumden

окно́ *с₂* ‹-а́, *мн:* о́кна, *род:* о́кон› ① Fenster *n*; ◇ **вы́бросить за** ~ zum Fenster hinauswerfen; ◇ **смотре́ть в** ~ aus dem Fenster schauen ② тех (*вырез*) Luke *f*, Öffnung *f*

око́вы *мн₁* ‹око́в› Fesseln *f pl*, Ketten *f pl*; ◇ **сбро́сить** ~ sich befreien

о́коло I. *предлог с род* ① (*возле*) neben, an ② (*приблизительно*) etwa, ungefähr, gegen; ◇ **бы́ло** ~ **ча́су но́чи** es war gegen ein Uhr nachts; ◇ **ей** ~ **тридцати́ лет** sie ist etwa 30 Jahre alt II. *нареч* (*вокруг*) um, herum, in der Nähe

оконча́ние *с₄* ‹-я› ① (*завершение*) Beendigung *f*, Abschluß *m* ② (*учебного заведения*) Absolvierung *f* ③ грам Endung *f*

оконча́тельный *прил* ‹-ая, -ое, -ые› End-, endgültig

око́нчить V_{4b} *сов* ‹-чу, -чишь› [**ока́нчивать** V_{1a} *несов*] *что вин* ① (*завершить*) beenden, abschließen ② (*учебное заведение*) absolvieren

око́п *м₁* ‹-а› Schützengraben *m*

о́корок *м₁* ‹-а› (*ветчины*) Schinken *m*; (*баранины*) Keule *f*

окра́ина *ж₁* ‹-ы› ① (*пограничная область*) Grenzgebiet *n*, Randgebiet *n* ② (*города*) Peripherie *f*; (*пригород*) Vorstadt *f*

окра́ска *ж₁* ‹-и, *род мн:* -сок› ① (*действие*) Färben *n* ② (*цвет*) Farbe *f*, Ton *m*, Färbung *f* ③ *перен* (*оттенок*) Färbung *f*, Nuance *f*; ◇ **прида́ть расска́зу юмористи́ческую** ~**у** der Erzählung einen humorvollen Touch geben

окрести́ть *см.* **крести́ть**

окре́стность *ж₅* ‹-и› Gegend *f*, Umgebung *f*

о́крик *м₁* ‹-а› (*возглас*) Anruf *m*, Zuruf *m*

окрова́вленный *прил* ‹-ая, -ое, -ые› blutüberströmt, blutdurchtränkt

о́круг *м₁* ‹-а, *мн:* -а́› Bezirk *m*; (*административная единица*) Kreis *m*; ◇ **избира́тельный** ~ Wahlkreis

окружа́ющий *прил* ‹-ая, -ее, -ие› umgebend, umliegend; ◇ ~**ая среда́** Umwelt *f*

окруже́ние *с₄* ‹-я› ① (*действие*) Einkreisen *n*, Umringen *n*; воен Umzingelung *f*; ◇ **попа́сть в** ~ in einen Kessel geraten ② (*обрамление*) Einfassung *f*, Rahmen *m* ③ (*среда*) Umgebung *f*, Milieu *n*, Umfeld *n*;

окружи́ть V_{4a} *сов* ‹-жу́, -жи́шь› [**окружа́ть** V_{1a} *несов*] *кого-что вин (1), чем тв (2)* ① (*расположиться вокруг*) umgeben, einkreisen; (*взять в кольцо*) umringen, umzingeln; воен einkesseln; (*зверя на охоте*) umstellen ② *перен* (*заботой и т. п.*) umhegen, umgeben (mit)

октя́брь *м₂* ‹-я́, *мн:* -ри́› Oktober *m*

окули́ст *м₁* ‹-а› Augenarzt *m*

окуну́ться V_2 *сов* ‹-ну́сь, -нёшься› [**окуна́ться** V_{1a} *несов*] *во что вин* ① (*погрузиться*) untertauchen, eintauchen ② *перен* sich in etw vertiefen, sich in etw hineinstürzen; ◇ **с голово́й** ~ **в дела́** sich in eine Arbeit stürzen

о́кунь *м₂* ‹-я, *род мн:* -не́й› Barsch *m*; ◇ **морско́й** ~ Rotbarsch

окупи́ться V_{4a} *сов* ‹-у́пится, -у́пятся, 1 и 2 л. не употр› [**окупа́ться** V_{1a} *несов*] *без доп* sich bezahlt machen, sich rentieren; ◇ **расхо́ды** ~**лись с лихво́й** die Ausgaben haben sich mehr als gelohnt

оку́рок *м₁* ‹-рка, *мн:* -рки› Kippe *f*, Zigarettenstummel *m*

ола́дья *ж₂* ‹-ьи, *род мн:* -дий, *дат:* -дьям› Pfannkuchen *m*, Fladen *m*

оленево́д *м₁* ‹-а› Rentierzüchter *m*; **оле́нь** *м₂* ‹-я› Hirsch *m*; ◇ **се́верный** ~ Rentier *n*

оли́ва *ж₁* ‹-ы› ① (*плод*) Olive *f* ② (*дерево*) Olivenbaum *m*

олимпиа́да *ж₁* ‹-ы› Olympiade *f*; **олимпи́йский** *прил* ‹-ая, -ое, -ие› olympisch; ◇ ~**ие и́гры** Olympische Spiele; ◇ ~ **чемпио́н** Olympiasieger

о́лово *с₂* ‹-а› Zinn *n*

ольха́ *ж₁* ‹-и́, *мн:* о́льхи› бот Erle *f*

ома́р *м₁* ‹-а› Hummer *m*

омерзи́тельный *прил* ‹-ая, -ое, -ые› abscheulich, widerlich, ekelhaft

омле́т *м₁* ‹-а› Omelett *n*, Eierkuchen *m*

омрачи́ть V_{4a} *сов* ‹-чу́, -чи́шь› [**омрача́ть** V_{1a} *несов*] *кого-что вин* ① (*покрыть мраком*) verfinstern, verdunkeln ② *перен* (*опечалить*) betrüben, verdüstern

о́мут *м₁* ‹-а› ① (*яма*) Untiefe *f* ② (*водоворот*) Strudel *m*, Wasserwirbel *m*

он (его́, ему́, его́, им, о нём) *личн мест* er; ◇ **его́ на рабо́те нет** er ist nicht auf der Arbeit; ◇ **с ним тру́дно говори́ть** es ist schwierig, mit ihm zu reden; ◇ **э́тот перево́д вы́полнен им** er hat diese Übersetzung gemacht

она́ (её, ей, её, е́ю, о ней) *личн мест* sie; ◇ **расскажи́те ей обо всём** erzählt ihr alles; ◇ **мы восторга́емся е́ю** wir sind begeistert von ihr; ◇ **её никогда́ нет до́ма** sie ist nie zu Hause

онда́тра *ж₁* ‹-ы› ① (*зверёк*) Bisamratte *f* ② (*мех*) Bisam *m*

они́ (их, им, их, и́ми, о них) *личн мест, мн* sie; ◇ ~ **обо всём зна́ют** sie wissen alles; ◇ **с ни́ми на́до сотру́дничать** mit ihnen muß man zusammenarbeiten

оно́ (его́, ему́, его́, им, о нём) **I.** *личн мест, с* es, *см.* **он II.** *мест* es, das; ◇ **так во́т оно что!** so ist das also!

опа́ла *ж₁* ‹-ы› (*немилость*) Ungnade *f;* ◇ **впасть в ~у** in Ungnade fallen

опаса́ться V_{1a} *несов* ‹-а́юсь, -а́ешься› *чего род или с инф* befürchten; (*сомневаться*) Bedenken haben

опа́сно *нареч* gefährlich; ◇ ~ **для жи́зни** lebensgefährlich; **опа́сность** *ж₅* ‹-и› Gefahr *f;* ◇ **быть вне ~и** außer Gefahr sein; ◇ **подверга́ться ~и** sich einer Gefahr aussetzen; ◇ ~ **нави́сла над кем-л** jd schwebt in Gefahr; ◇ **с ~ю для жизни́** unter Lebensgefahr; **опа́сный** *прил* ‹-ая, -ое, -ые› gefährlich

опе́ка *ж₁* ‹-и› ① Vormundschaft *f,* Obhut *f* ② (*попечение*) Bevormundung *f*

о́пера *ж₁* ‹-ы› ① (*произведение*) Oper *f* ② (*театр*) Opernhaus *n,* Oper *f;* ◇ **петь в ~е** in der Oper singen; ◇ **из друго́й ~ы, не из той ~ы** das ist ein anderes Kapitel

опеча́тка *ж₁* ‹-и, *род мн:* -ток› Druckfehler *m;* (*при печатании*) Tippfehler *m*

опи́лки *мн₁* ‹-лок› Sägespäne *pl*

описа́ть * *сов* ‹ишу́, -и́шешь› [**опи́сывать** V_{1a} *несов*] *кого-что вин* (*изобразить*) beschreiben, schildern; (*охарактеризовать*) darlegen, charakterisieren

опла́та *ж₁* ‹-ы› Bezahlung *f,* Lohn *m;* (*вознаграждение*) Entlohnung *f;* ◇ **дополни́тельная** ~ Zuschlag *m;* ◇ **почасова́я** ~ Stundenlohn *m;* ◇ **сде́льная** ~ **труда́** Akkordlohn; **оплати́ть** V_{4a} *сов* ‹-ачу́, -а́тишь, *Part. Prät. Pass.* -а́ченный› [**опла́чивать** V_{1a} *несов*] *кого-что вин* bezahlen, entlohnen; ◇ ~ **счёт** eine Rechnung begleichen; ◇ ~ **расхо́ды по командиро́вке** die Kosten für eine Dienstreise vergüten; ◇ ~ **письмо́** einen Brief frankieren

оплодотворе́ние *с₄* ‹-я› Befruchtung *f;* ◇ **иску́сственное** ~ (*о животных*) künstliche Besamung; (*о человеке*) künstliche Befruchtung

оповеще́ние *с₄* ‹-я› Benachrichtigung *f;* (*объявление*) Bekanntmachung *f*

опозда́ние *с₄* ‹-я› Verspätung *f;* ◇ **по́езд при́был с ~ем** der Zug kam mit Verspätung [verspätet] an; ◇ **яви́ться без ~я** ohne Verspätung [pünktlich] kommen; **опозда́ть** V_{1a} *сов* ‹-а́ю, -а́ешь› [**опа́здывать** V_{1a} *несов*] *без доп (1), с чем тв или с инф (2)* ① (*прибыть позже*) sich verspäten, zu spät kommen; ◇ ~ **на полчаса́** sich um eine halbe Stunde verspäten ② (*упустить время*) versäumen, verpassen

опо́мниться V_{4b} *сов* ‹-нюсь, -нишься, *Imp.* -нись, ~тесь› [**опомина́ться** V_{1a} *несов*] *без доп* ① (*прийти в сознание*) zu sich kommen; (*успокоиться*) sich fassen ② (*одуматься*) zur Vernunft kommen, Vernunft annehmen

опо́ра *ж₁* ‹-ы› ① (*подпорка*) Stütze *f,* Pfeiler *m* ② *перен* Halt *m,* Rückhalt *m*

оппози́ция *ж₄* ‹-ии› Opposition *f*

оппоне́нт *м₁* ‹-а› Gegner *m*

оппортуни́зм *м₁* ‹-а› Opportunismus *m*

опра́ва *ж₁* ‹-ы› (Ein-)Fassung *f,* Rahmen *m;* ◇ ~ **очко́в** Brillengestell *n;* ◇ **вста́вить в ~у** einrahmen

оправда́ние *с₄* ‹-я› ① (*довод*) Rechtfertigung *f;* (*извинение*) Entschuldigung *f;* ◇ **привести́ что-л в своё** ~ etw zu seiner Entschuldigung vorbringen ② (*оправдательный приговор*) Freispruch *m;* **оправда́ть** V_{1a} *сов* ‹-а́ю, -а́ешь, *Part. Prät. Pass.* -пра́вданный› [**опра́вдывать** V_{1a} *несов*] *что вин чем тв (1), кого-что вин (2, 3)* ① (*поступок и т.д.*) rechtfertigen; (*извинить*) entschuldigen; *перен* (*о методе и т. п.*) ◇ ~ **себя́** sich bewähren ② (*подсудимого*) freisprechen ③ (*расхо́ды*) rechtfertigen, lohnen; **оправда́ться** *сов* ‹-а́юсь, -а́ешься› [**опра́вдываться** *несов*] *без доп* ① (*оказаться не напрасным*) sich rechtfertigen ② (*сбыться*) in Erfüllung gehen, eintreffen, sich bewahrheiten ③ (*о расходах*) sich bezahlt machen, sich lohnen

опра́виться V_{4b} *сов* ‹-влюсь, -вишься› [**оправля́ться** V_{1b} *несов*] *от чего род (1), без доп (2, 3)* ① (*выздороветь*) sich erholen, wieder auf die Beine kommen ② (*прийти в себя*) zu sich kommen, sich fassen ③ (*поправить платье*) sich zurechtmachen

определе́ние *с₄* ‹-я› ① (*установление*) Bestimmung *f,* Festlegung *f* ② (*научное*) Definition *f* ③ *юр* (*суда*) Beschluß *m* ④ *грам* Attribut *n;* **определённый** *прил* ‹-ая, -ое,

-ые› bestimmt, festgelegt; (*установленный*) festgesetzt; ◇ **к ~ому сро́ку** zu einem bestimmten Zeitpunkt; ◇ **в ~ых слу́чаях** in bestimmten [gewissen] Fällen; **определи́ть** V$_{4a}$ *сов* ‹-лю́, -ли́шь› [**определя́ть** V$_{1b}$ *несов*] *что вин (1, 2), кого-что вин (3)* ① (*дать определение*) definieren, bestimmen ② (*установить*) festsetzen, festlegen ③ (*назначить*) bestimmen, zuweisen; ◇ **~ на рабо́ту** jd-m eine Arbeit zuweisen

опроверга́ть V$_{1a}$ *несов* ‹-а́ю, -а́ешь› [**опрове́ргнуть** V$_{2}$ *сов* ‹*Part. Prät. Pass.* -нутый›] *что вин* widerlegen, dementieren; **опроверже́ние** *с$_4$* ‹-я› ① (*действие*) Widerrufen *n* ② (*заявление*) Widerlegung *f*, Dementi *n*

опроки́нуться V$_{2}$ *сов* ‹-нусь, -нешься, *Imp.* -нься, ~тесь› [**опроки́дываться** V$_{1a}$ *несов*] *без доп* umfallen, umkippen, umstürzen; (*о судне*) kentern

опроме́тчивый *прил* ‹-ая, -ое, -ые› unüberlegt, unbedacht, vorschnell

опро́с *м$_1$* ‹-а› Umfrage *f*, Befragung *f;* юр Vernehmung *f;* (*допрос*) Verhör *n;* ◇ **~ обще́ственного мне́ния** Meinungsumfrage

опры́скать V$_{1a}$ *сов* ‹-аю, -аешь› [**опры́скивать** V$_{1a}$ *несов*] *кого-что вин* bespritzen, besprengen

опря́тный *прил* ‹-ая, -ое, -ые› sauber, reinlich; (*аккуратный*) akkurat

оптимисти́ческий *прил* ‹-ая, -ое, -ие› optimistisch

о́птовый *прил* ‹-ая, -ое, -ые› Großhandels-; ◇ **~ая торго́вля** Großhandel

о́птом *нареч* en gros

опубликова́ние *с$_4$* ‹-я› Veröffentlichung *f;* **опубликова́ть** V$_{3a}$ *сов* ‹-у́ю, -у́ешь, *Part. Prät. Pass.* -о́ванный› [**опублико́вывать** V$_{1a}$ *несов*] *что вин* veröffentlichen

опусти́ть V$_{4a}$ *сов* ‹-ущу́, -у́стишь, *Part. Prät. Pass.* -у́щенный› [**опуска́ть** V$_{1a}$ *несов*] *кого-что вин* ① (*переместить вниз, погрузить*) herunterlassen, herablassen, senken; ◇ **~ воротни́к** den Kragen umschlagen; ◇ **~ глаза́** die Augen niederschlagen; ◇ **~ го́лову** den Kopf senken ② (*письмо*) einwerfen, einstecken ③ (*пропустить*) auslassen, weglassen; (*вычеркнуть*) streichen; ◇ **~ ру́ки** den Mut verlieren; **опусти́ться** *сов* ‹-ущу́сь, -у́стишься› [**опуска́ться** *несов*] *без доп* ① (*в кресло и т. п.*) (herab-)sinken ② (*о тумане*) fallen, sich herabsenken; (*о птице*) sich setzen; (*в шахту и т. п.*) hinuntersteigen, einfahren; (*о летательном аппарате*) hinunterfliegen; (*приземлиться*) landen; ◇ **за́навес ~лся** der Vorhang fiel ③ (*морально*) herunterkommen, verkommen

опустоши́ть V$_{4a}$ *сов* ‹-шу́, -ши́шь› [**опустоша́ть** V$_{1a}$ *несов*] *кого-что вин* ① (*разорить*) verwüsten, verheeren; (*разрушить*) zerstören ② *разг* (*опорожнить*) ausleeren ③ (*нравственно*) zugrunde richten, zerstören

о́пухоль *ж$_5$* ‹-и› Geschwulst *f;* мед Tumor *m*

о́пыт *м$_1$* ‹-а› ① Erfahrung *f;* (*практика*) Praxis *f;* (*навык*) Routine *f;* ◇ **жите́йский ~** Lebenserfahrung; ◇ **по ~у** erfahrungsgemäß; ◇ **обме́н ~ом** Erfahrungsaustausch *m* ② (*эксперимент*) Versuch *m*, Experiment *n;* **о́пытный** *прил* ‹-ая, -ое, -ые› ① (*о человеке*) erfahren; (*бывалый*) bewandert ② (*относящийся к опытам*) Versuchs-; ◇ **~ уча́сток** Versuchsfeld ③ (*экспериментальный*) experimentell; (*эмпирический*) empirisch; ◇ **в ~ом поря́дке** versuchsweise

опьяне́ние *с$_4$* ‹-я› ① (*состояние*) Trunkenheit *f*, Rausch *m* ② *перен* (*экстаз*) Rausch *m*, Taumel *m*

опьяне́ть *см.* **пьяне́ть**

опя́ть *нареч* wieder, nochmals; (*вновь*) erneut; ◇ **~-таки́** dennoch; ◇ **кро́ме того́** außerdem

ора́тор *м$_1$* ‹-а› Redner *m*

ора́ть * *несов* ‹ору́, орёшь› *без доп (1), на кого-что вин (2)* ① (*кричать*) schreien, brüllen ② anschreien

орби́та *ж$_1$* ‹-ы› ① астр Orbit *m*, Umlaufbahn *f* ② (*глазная*) Augenhöhle *f* ③ *перен* Bereich *m;* ◇ **~ влия́ния** Einflußsphäre *f*

о́рган *м$_1$* ‹-а› ① анат Organ *n;* ◇ **~ зре́ния** Sehorgan; ◇ **~ы ре́чи** Sprechorgane; ◇ **переса́дка ~ов** Organtransplantation *f* ② (*учреждение*) Organ *n*, Gremium *n;* ◇ **печа́тный ~** Presseorgan

орга́н *м$_1$* ‹-а› муз Orgel *f*

организа́ция *ж$_4$* ‹-ии› ① (*действие*) Organisieren *n* ② (*объединение*) Organisation *f;* ◇ **О~ Объединённых На́ций (ООН)** die Vereinten Nationen (UNO) ③ (*структура*) Struktur *f*, Aufbau *m*

органи́зм *м$_1$* ‹-а› Organismus *m*

организо́ванный *прил* ‹-ая, -ое, -ые› ① organisiert ② (*дисциплинированный*) diszipliniert; **организова́ть** V$_{3a}$ *несов и сов* ‹-зу́ю, -зу́ешь› *что вин* organisieren, gründen; (*устроить*) einrichten

орда́ *ж$_1$* ‹-ы́, *мн:* -ы› *перен* Horde *f*, Rotte *f;* (*банда*) Bande *f*

о́рден *м$_1$* ‹-а, *мн:* -а́› ① (*знак отличия*)

Orden *m;* ◊ **награди́ть ~ом кого́-л** jd-m einen Orden verleihen ② ист (*организация*) Orden *m;* ◊ **ры́царский** ~ Ritterorden

о́рдер *м₁* ‹-а› Order *f;* (*поручение*) Anweisung *f;* ◊ ~ **на аре́ст** Haftbefehl *m*

орёл *м₁* ‹орла́, *мн:* орлы́› Adler *m*

оре́х *м₁* ‹-а› ① (*плод*) Nuß *f;* ◊ **гре́цкий** ~ Walnuß; ◊ **лесно́й** ~ Haselnuß; ◊ **земляно́й** ~ Erdnuß ② (*дерево*) Nußbaum *m* ③ (*материал*) Nußbaumholz *n;* ◊ **ему́ доста́лось на ~и** er hat seine Strafe bekommen

оре́шник *м₁* ‹-а› Nußstrauch *m*

оригина́л *м₁* ‹-а› ① лит Original *n,* Urfassung *f* ② (*рукопись*) Manuskript *n* ③ (*о человеке*) komischer Kauz *m,* Sonderling *m;* **оригина́льный** *прил* ‹-ая, -ое, -ые› ① (*подлинный*) echt, original ② (*своеобразный*) originell

ориенти́роваться V_{3a} *несов и сов* ‹-руюсь, -руешься› *на кого-что вин* sich orientieren (an), sich einstellen (auf)

орке́стр *м₁* ‹-а› Orchester *n*

ороше́ние *с₄* ‹-я› ① с.-х. Bewässerung *f,* Berieselung *f* ② (*увлажнение*) Befeuchten *n*

ору́дие *с₄* ‹-я› ① (*инструмент*) Werkzeug *n,* Gerät *n;* ◊ **~я труда́** Arbeitsgeräte ② воен Geschütz *n* ③ *перен* Instrument *n,* Werkzeug *n;* (*средство*) Mittel *n*

ору́жие *с₄* ‹-я› Waffe *f;* ◊ **бра́ться за** ~ zu den Waffen greifen

орфогра́фия *ж₄* ‹-ии› Orthographie *f,* Rechtschreibung *f*

оса́ *ж₁* ‹-ы́, *мн:* о́сы› Wespe *f*

оса́да *ж₁* ‹-ы› Belagerung *f*

оса́дка *ж₁* ‹-и› ① (*почвы*) Senkung *f* ② (*судна*) Tiefgang *m*

оса́док *м₁* ‹-дка, *мн:* -дки› ① (*на дне*) Ablagerung *f,* Sediment *n* ② ◊ **~дки** *мн* метеор Niederschläge *m pl* ③ *перен* unangenehmer Nachgeschmack *m*

оса́нка *ж₁* ‹-и› (Körper-)Haltung *f*

осве́домить V_{4b} *сов* ‹-млю, -мишь, *Imp.* -ми, ~те, *Part. Prät. Pass.* -млённый› [**осведомля́ть** V_{1b} *несов*] *кого-что вин* benachrichtigen, informieren; (*о чём-л*) über etw in Kenntnis setzen; **осведомлённый** *прил* ‹-ая, -ое, -ые› ① (*получивший информацию*) informiert; ◊ **быть хорошо́ ~ым** im Bilde sein ② (*знающий*) beschlagen, kundig

освежи́ть V_{4a} *сов* ‹-жу́, -жи́шь› [**освежа́ть** V_{1a} *несов*] *что вин* ① (*охладить*) kühlen, erfrischen ② (*восстановить*) auffrischen; (*силы*) wiederbeleben, erneuern; ◊ ~ **зна́ния** Kenntnisse auffrischen

освеще́ние *с₄* ‹-я› ① (*свет*) Beleuchtung *f,* Licht *n* ② *перен* Erklärung *f,* Auslegung *f*

освиде́тельствование *с₄* ‹-я› (*исследование*) genaue Untersuchung *f;* (*осмотр*) Besichtigung *f;* (*испытание*) Prüfung *f;* воен Musterung *f*

освиста́ть V_{1a} *сов* ‹-ищу́, -и́щешь, *Imp.* -ищи́, ~те, *Part. Prät. Pass.* -и́станный› [**осви́стывать** V_{1a} *несов*] *что вин* auspfeifen

освободи́тель *м₂* ‹-я› Befreier *m;* (*спаситель*) Retter *m;* **освободи́ть** V_{4a} *сов* ‹-ожу́, -ди́шь, *Part. Prät. Pass.* -ождённый› [**освобожда́ть** V_{1a} *несов*] *кого-что вин (1), кого-что вин от чего род (2, 3), что вин (4)* ① (*дать свободу*) befreien; (*отпустить*) freilassen ② (*избавить*) erlösen von; (*от тяжести*) entlasten; (*от слова, обещания*) entbinden; ◊ ~ **кого́-л от наказа́ния** jd-m eine Strafe erlassen ③ (*уволить*) entlassen; (*сместить*) absetzen; ◊ ~ **от до́лжности администра́тора** als Geschäftsführer absetzen ④ (*очистить*) freimachen; (*место и т. п.*) räumen; **освободи́ться** *сов* ‹-ожу́сь, -ди́шься› [**освобожда́ться** *несов*] *без доп (1, 3), от кого-чего род (2)* ① (*приобрести свободу*) sich befreien, Freiheit erlangen ② (*избавиться*) etw loswerden, sich etw vom Halse schaffen, sich lossagen ③ (*о квартире, должности*) frei werden; **освобожде́ние** *с₄* ‹-я› ① (*из заключения*) Freilassung *f,* Freisetzung *f;* (*о человеке*) Befreiung *f* ② (*избавление*) Erlösung *f,* Befreiung *f;* (*от налогов, наказания*) Erlassen *n* ③ (*увольнение*) Entlassung *f,* Enthebung *f;* (*смещение*) Absetzung *f* ④ (*помещения*) Räumung *f*

освое́ние *с₄* ‹-я› ① Aneignung *f;* (*овладение*) Beherrschung *f,* Meisterung *f* ② (*использование*) Erschließung *f,* Urbarmachung *f;* **осво́ить** V_{4b} *сов* ‹-о́ю, -о́ишь, *Imp.* -о́й, ~те› [**осва́ивать** V_{1a} *несов*] *что вин* aneignen; (*овладеть*) beherrschen, meistern; **осво́иться** *сов* ‹-о́юсь, -о́ишься› [**осва́иваться** *несов*] *с чем тв* (*привыкнуть*) sich einleben, sich eingewöhnen; (*с работой*) sich einarbeiten; (*ознакомиться*) warm werden mit etw; (*акклиматизироваться*) sich akklimatisieren

освяти́ть V_{4a} *сов* ‹-ящу́, -яти́шь, *Part. Prät. Pass.* -ящённый› [**освяща́ть** V_{1a} *несов*] *что вин* рел weihen, heiligen

осе́длость *ж₅* ‹-и› Seßhaftigkeit *f;* **осе́длый** *прил* ‹-ая, -ое, -ые› seßhaft

осёл *м₁* ‹осла́, *мн:* ослы́› Esel *m*

о́сень *ж₅* ‹-и› Herbst *m;* ◊ **глубо́кая** ~ Spätherst; ◇ **наступа́ет** ~ es wird Herbst; **о́сенью** *нареч* im Herbst

осе́сть * *сов* ‹ося́ду, ося́дешь› [**оседа́ть** V_{1a} *несов*] *без доп* ① (*о земле*) sich senken, absacken ② (*о росе*) fallen; (*о пыли*) sich absetzen; ХИМ sich ablagern ③ (*поселиться*) sich niederlassen, seßhaft werden

осётр $м_1$ ‹-á, *мн:* осетры́› Stör *m*

осе́чка $ж_1$ ‹-и, *род мн:* -чек› Versagen *n; разг* Reinfall *m;* (*промах*) Fehlschlag *m;* ◇ дать ~у versagen

оси́на $ж_1$ ‹-ы› бот Espe *f*

оскверни́ть V_{4a} *сов* ‹-ню́, -ни́шь› [**оскверня́ть** V_{1b} *несов*] *кого-что вин* schänden; (*запятнать*) besudeln

оско́лок $м_1$ ‹-лка, *мн:* -лки› Splitter *m;* (*битое стекло*) Scherbe *f*

оскорби́тельный *прил* ‹-ая, -ое, -ые› beleidigend, kränkend, verletzend; ◇ **~ые слова́** verletzende Worte; **оскорби́ть** V_{4a} *сов* ‹-блю́, -би́шь, *Part. Prät. Pass.* -блённый› [**оскорбля́ть** V_{1a} *несов*] *кого-что вин* beleidigen, kränken; (*задеть*) verletzen; **оскорбле́ние** $с_4$ ‹-я› Beleidigung *f,* Kränkung *f,* Verletzung *f;* ◇ **нанести́** ~ **кому́-л** jd-n beleidigen

осла́бить V_{4b} *сов* ‹-блю, -бишь, *Part. Prät. Pass.* -бленный› [**ослабля́ть** V_{1b} *несов*] *кого-что вин* ① (*лишить прежней силы*) schwächen, entkräften ② (*смягчить*) abschwächen, mildern, vermindern ③ (*распустить*) lockern; ◇ ~ **винт** eine Schraube lockern; **ослабле́ние** $с_4$ ‹-я› Schwächung *f,* Erschlaffung *f;* (*дисциплины*) Nachlassen *n;* (*смягчение*) Milderung

осложне́ние $с_4$ ‹-я› Komplizierung *f,* Verwicklung *f;* МЕД Komplikation *f*

осме́литься V_{4b} *сов* ‹-люсь, -лишься, *Imp.* -лься, ~тесь› [**осме́ливаться** V_{1a} *несов*] *на что вин или с инф* etw wagen; (*решиться*) sich zu etw entschließen; (*посметь*) sich erdreisten; ◇ **~юсь сказа́ть...** ich erlaube mir zu sagen...

осмея́ть V_{1b} *сов* ‹-ею́, -еёшь, *Imp.* -е́й, ~те, *Part. Prät. Pass.* -е́янный› [**осме́ивать** V_{1a} *несов*] *кого-что вин* auslachen; (*зло*) verspotten

осмо́тр $м_1$ ‹-а› Besichtigung *f,* Prüfung *f;* (*исследование*) Untersuchung *f;* (*ревизия*) Revision *f;* **осмотре́ть** V_5 *сов* ‹-трю́, -о́тришь, *Imp.* -три́, ~те, *Part. Prät. Pass.* -о́тренный› [**осма́тривать** V_{1a} *несов*] *кого-что вин* ① anschauen, betrachten; (*внимательно*) mustern; (*город, музей*) besichtigen; (*исследовать*) untersuchen; (*проверить*) überprüfen; (*обследовать*) revidieren ② МЕД untersuchen

осмотри́тельный *прил* ‹-ая, -ое, -ые› umsichtig; (*осторожный*) vorsichtig

осно́ва $ж_1$ ‹-ы› ① (*фундамент*) Grundlage *f,* Basis *f;* ◇ **лежа́ть в ~е** zugrunde liegen; ◇ **положи́ть в ~у чего́-л** etw zugrunde legen; ◇ **взять за ~у** als Basis nehmen ② ◇ **~ы** *мн* Grundlagen *pl;* (*принципы*) Grundprinzipien *n pl* ③ (*текстиль*) Kette *f* ④ ЛИНГВ Stamm *m;* ◇ ~ **сло́ва** Wortstamm

основа́ние $с_4$ ‹-я› ① (*действие*) Gründung *f;* (*обоснование*) Stiftung *f* ② (*фундамент*) Grundlage *f,* Fundament *n* ③ (*причина*) Grund *m,* Begründung *f;* (*мотив*) Beweggrund *m;* (*повод*) Anlaß *m;* ◇ **на ~ии чего́-л** aufgrund von; ◇ **на како́м ~ии?** aus welchem Grund?; ◇ **с по́лным ~ем** mit gutem Grund ④ МАТ Grundlinie *f;* ◇ ~ **треуго́льника** Grundlinie eines Dreiecks; **основа́тель** $м_2$ ‹-я› Gründer *m;* (*основоположник*) Begründer *m;* **основа́тельный** *прил* ‹-ая, -ое, -ые› ① (*обоснованный*) begründet, stichhaltig; (*о причинах и т. п.*) triftig ② (*серьёзный*) gründlich; (*солидный*) gediegen ③ (*прочный*) solide, stabil ④ *разг* (*изрядный*) tüchtig, ordentlich; **основа́ть** V_{3a} *сов* ‹-ную́, -нуёшь, *Part. Prät. Pass.* -но́ванный› [**осно́вывать** V_{1a} *несов*] *что вин (1), на чём предл (2)* ① (*создать*) gründen; (*учредить*) stiften ② (*обосновать*) begründen, auf etw aufbauen; ◇ **на чём э́то осно́вано?** worauf beruht das?

основно́й *прил* ‹-а́я, -о́е, -ы́е› grundlegend; (*главный*) Haupt-; (*существенный*) wesentlich; ◇ ~ **зако́н** Grundgesetz *n;* ◇ ~ **вопро́с** der springende Punkt; ◇ **в ~ом** hauptsächlich, im wesentlichen

осно́вывать *несов от* **основа́ть**

осо́бенность $ж_5$ ‹-и› Besonderheit *f,* Eigentümlichkeit *f,* Eigenheit *f;* ◇ **в ~и** insbesondere; **осо́бенный** *прил* ‹-ая, -ое, -ые› besonders; (*своеобразный*) eigenartig; (*чрезвычайный*) außergewöhnlich; ◇ **ничего́ ~ого** nichts Besonderes

осо́бо *нареч* ① (*особенно*) besonders ② (*отдельно*) gesondert, speziell; **осо́бый** *прил* ‹-ая, -ое, -ые› ① (*особенный*) besonders, eigen ② (*необычный*) ungewöhnlich ③ (*отдельный*) gesondert, Sonder-, Extra-; (*специальный*) speziell; ◇ **~ого назначе́ния** zur besonderen Verwendung; ◇ **~ые полномо́чия** Sondervollmachten *f pl*

осознава́ть V_{1a} *несов* ‹-на́ю, -наёшь› [**осозна́ть** V_{1a} *сов* ‹*Part. Prät. Pass.* -осо́знанный›] *что вин* einsehen, sich einer Sache bewußt werden, begreifen

о́спа *ж*$_1$ ‹-ы› мед Pocken *f pl*

оспа́ривать V_{1a} *несов* ‹-аю, -аешь› [**оспо́рить** V_{4b} *сов*] *что вин* (1) (*мнение*) bestreiten, abstreiten; юр anfechten; ◇ **никто́ не собира́лся э́то** ~ niemand wollte das bestreiten (2) *перен* (*добиваться*) um etw kämpfen, um etw ringen

остава́ться *несов от* **оста́ться**

оста́вить V_{4b} *сов* ‹-влю, -вишь, *Part. Prät. Pass.* -вленный› [**оставля́ть** V_{1b} *несов*] *кого-что вин* (1) lassen; (*как остаток*) zurücklassen; (*предоставить*) überlassen; (*после себя*) hinterlassen; (*забыть*) liegenlassen; ◇ ~ **без внима́ния** unbeachtet lassen; ◇ ~ **следы́** Spuren hinterlassen; ◇ **~вь меня́ в поко́е!** laß mich in Ruhe! (2) (*покинуть*) im Stich lassen, verlassen; ◇ **си́лы ~вили его́** seine Kräfte verließen ihn (3) (*сохранить*) (bei-)behalten; (*сберечь*) aufheben; ◇ ~ **как бы́ло** etw so lassen wie es war; ◇ ~ **за собо́й пра́во** sich ein Recht vorbehalten; ◇ ~ **на второ́й год** (einen Schüler) nicht versetzen

остально́й I. *прил* ‹-а́я, -о́е, -ы́е› übrig, restlich II. ◇ **~ы́е** *мн* (*A1*) ‹-ых› (*о людях*) die anderen, die übrigen; ◇ **в ~о́м** im übrigen, ansonsten

оста́нки *мн*$_1$ ‹-ков› (*труп*) Leichnam *m;* ◇ **бре́нные** ~ die sterblichen Überreste

останови́ть V_{4a} *сов* ‹-влю́, -о́вишь, *Part. Prät. Pass.* -о́вленный› [**остана́вливать** V_{1a} *несов*] *кого-что вин (1, 2), что вин на ком-чём предл (3)* (1) (*прекратить движение*) anhalten, stoppen; (*задержать*) aufhalten, abbremsen; (*отключить мотор*) abstellen (2) (*удержать*) zurückhalten; (*задержать*) aufhalten; (*прервать*) unterbrechen (3) *перен* (*направить*) lenken (auf), richten (auf); (*концентрировать*) konzentrieren (auf); ◇ ~ **чьё-л внима́ние на чём-л** jd-s Aufmerksamkeit auf etw lenken; ◇ ~ **свой вы́бор на чём-л** sich für etw entscheiden; **останови́ться** *сов* ‹-влю́сь, -о́вишься› [**остана́вливаться** *несов*] *без доп (1-3), на чём предл (4)* (1) stehenbleiben; (*сделать остановку*) anhalten; ◇ **по́езд здесь не остано́вится** der Zug hält hier nicht; ◇ **на чём мы ~и́лись** wo sind wir stehengeblieben? (2) (*прекратиться*) aufhören (3) (*в гостинице*) ein Zimmer nehmen, sich einquartieren (4) (*сосредоточиться на чём-л*) sich konzentrieren (auf), eingehen (auf); **остано́вка** *ж*$_1$ ‹-и, *род мн:* -вок› (1) Anhalten *n*, Halt *m;* (*помеха*) Stopp *m;* (*задержка*) Aufenthalt *m;* (*перерыв*) Unterbrechung *f;* ◇ **сде́лать ~у** haltmachen (2) (*пребывание*) Aufenthalt *m* (3) (*станция*) Haltestelle *f;* (*железнодорожная*) Station *f*

оста́ток *м*$_1$ ‹-тка, *мн:* -тки› (1) Rest *m* (2) ◇ **~тки** *мн* (Über-)Reste *m pl;* (*излишки*) Überbleibsel *n pl;* (*отходы*) Abfälle *m pl* (3) мат Restbetrag *m;* ◇ **без ~тка** ganz und gar

оста́ться V_{1a} *сов* ‹-а́нусь, -а́нешься, *Imp.* -а́нься, ~тесь› [**остава́ться** V_{1a} *несов*] *без доп* bleiben; (*в школе*) ◇ ~ **на второ́й год** sitzenbleiben; ◇ ~ **при своём мне́нии** auf seiner Meinung beharren; ◇ **до ста́нции ~лось три киломе́тра** bis zur Haltestelle sind es noch drei Kilometer; ◇ **всё ~лось как бы́ло** alles blieb beim alten; ◇ ~ **в живы́х** mit dem Leben davonkommen; ◇ ~ **в дурака́х** (immer) der Dumme sein

осторо́жный *прил* ‹-ая, -ое, -ые› vorsichtig, behutsam; ◇ **~о!** Vorsicht!, Achtung!

остриё *с*$_1$ ‹-я́, *род мн:* -ёв› (1) (*острый конец*) Spitze *f* (2) (*ножа*) Schneide *f* (3) *перен* (*сатиры и т. п.*) Schärfe *f*

остри́ть[1] V_{4a} *несов* ‹-рю́, -ри́шь› [**с~** *сов*] *без доп* witzig sein, geistreich sein

остри́ть[2] *несов* ‹-рю́, -ри́шь› (*нож*) schärfen, schleifen

о́стров *м*$_1$ ‹-а, *мн:* -а́› Insel *f*

остро́та *ж*$_1$ ‹-ы, *мн:* -ы› witzige Bemerkung *f*, Witz *m;* ◇ **отпуска́ть ~ы** Witze reißen

острота́ *ж*$_1$ ‹-ы́› Schärfe *f*

остроу́мный *прил* ‹-ая, -ое, -ые› geistreich, scharfsinnig; (*с юмором*) witzig

о́стрый *прил* ‹-ая, -ое, -ые› (1) (*о ноже*) scharf; (*об игле*) spitz (2) (*о зрении, слухе*) scharf (3) (*о запахе*) scharf, beißend (4) (*критический*) gespannt, heftig, zugespitzt; ◇ **~ое заболева́ние** eine akute Krankheit; ◇ ~ **недоста́ток в чём-л** akuter Mangel an etw (5) (*язвительный*) bissig, spitz, scharf; (*остроумный*) geistreich; ◇ **~ый вопро́с** eine heikle Frage; ◇ ~ **язы́к** eine spitze Zunge

осуди́ть V_{4a} *сов* ‹-ужу́, -у́дишь, *Part. Prät. Pass.* -ужденный› [**осужда́ть** V_{1a} *несов*] *кого-что вин (1, 2), кого-что вин на что вин или с инф (3)* (1) (*порицать*) tadeln; (*не одобрять*) mißbilligen; (*отрицательно отозваться*) verurteilen (2) юр (*приговорить*) verurteilen (3) (*обречь*) verurteilen, verdammen (zu); **осужде́ние** *с*$_4$ ‹-я› (1) (*порицание*) Tadel *m;* (*неодобрение*) Mißbilligung *f* ② (*судебное*) Verurteilung *f;* **осуждённый** *м (A 1)* <-ого> Verurteilter *m;* ◇ ~ **на сме́рть** zum Tode Verurteilter

осуществи́ть V_{4a} *сов* <-влю́, -ви́шь, *Part. Prät. Pass.* -влённый> [**осуществля́ть** V_{1b} *несов*] *что вин* verwirklichen, in die Tat umsetzen; (*выполнить*) erfüllen, ausführen; (*реализовать*) realisieren; **осуществле́ние** *с₄* <-я> Verwirklichung *f*, Durchführung *f;* (*выполнение*) Erfüllung *f;* (*реализация*) Realisierung *f*

ось *ж₅* <оси́, *род мн:* осе́й> Achse *f;* ◇ **за́дняя** ~ Hinterachse; ◇ **пере́дняя** ~ Vorderachse

осьмино́г *м₁* <-а> зоол Krake *f*

осяза́ть V_{1a} *несов* <-а́ю, -а́ешь> *кого-что вин* ① (*касаться*) betasten, befühlen ② *перен* (*ощущать*) wahrnehmen; (*чувствовать*) fühlen, spüren

от *предлог с род* ① (*для указания источника*) von; ◇ **я узна́л об э́том ~ друзе́й** ich erfuhr von Freunden davon ② (*для обозначения исходного пункта или расстояния*) von; ◇ ~ **одного́ го́рода до друго́го** von einer Stadt zur anderen ③ (*для обозначения исходного пункта при определении времени*) von; ◇ **газе́та ~ пя́того декабря́** Zeitung vom fünften Dezember; ◇ ~ **пе́рвого до после́днего экза́мена** von der ersten bis zur letzten Prüfung ④ (*для обозначения удаления, отстранения*) von, vor; ◇ **отойти́ ~ наме́ченного пла́на** vom vorgegebenen Plan abweichen; ◇ **скрыва́ть что-л ~ кого́-л** etw vor jd-m verbergen ⑤ (*в защиту от чего-л*) gegen, vor; ◇ **пря́таться ~ дождя́** sich vor dem Regen schützen; ◇ **сре́дство ~ на́сморка** Mittel gegen Schnupfen ⑥ (*при обозначении причины*) vor, aus, von; ◇ ~ **ра́дости** vor Freude; ◇ ~ **любви́** aus Liebe; ◇ ~ **бо́ли** vor Schmerz ⑦ (*для обозначения принадлежности*) ◇ **кры́шка ~ ба́нки** Dosendeckel *m;* ◇ **ру́чка ~ две́ри** Türklinke *f* ⑧ (*при противопоставлении*) von; ◇ **отлича́ться ~ кого́-л** sich von jd-m unterscheiden

отби́ть * *сов* <отобью́, отобьёшь> [**отбива́ть** V_{1a} *несов*] *кого-что вин* ① (*отразить*) abweisen, zurückweisen; (*дать отпор*) abwehren; (*атаку*) zurückschlagen; спорт (*мяч*) wegschießen ② (*отломить*) abschlagen, abbrechen ③ (*отнять*) entreißen ④ (*переманить*) abspenstig machen, wegschnappen, ausspannen; ◇ ~ **аппети́т** den Appetit verderben; ◇ ~ **охо́ту к чему́-л** die Lust nehmen

отбо́й *м₃* <-я> Schlußsignal *n;* воен Zapfenstreich *m;* (*воздушной тревоги*) Entwarnung *f;* ◇ **бить** ~ zum Rückzug blasen; (*по телефону*) ◇ **дать** ~ den Hörer auflegen

отбо́р *м₁* <-а> Auslese *f*, Auswahl *f;* ◇ **сде́лать** ~ eine Auswahl treffen

отбро́сить V_{4b} *сов* <-о́шу, -о́сишь, *Part. Prät. Pass.* -о́шенный> [**отбра́сывать** V_{1a} *несов*] *кого-что вин* ① (*выбросить*) wegwerfen; (*отшвырнуть*) wegschleudern ② (*неприятеля*) zurückschlagen, zurückwerfen; (*оттеснить*) zurückdrängen ③ *перен* (*отказаться*) aufgeben, verwerfen, fallenlassen

отбро́сы *мн₁* <-ов> Abfälle *m pl;* ◇ ~ **о́бщества** Abschaum *m* der Gesellschaft

отбукси́ровать V_{3a} *сов* <-рую, -руешь> *что вин* (*машину*) abschleppen

отбыва́ть *несов от* **отбы́ть**

отбы́тие *с₄* <-я> ① (*отъезд*) Abreise *f;* (*поезда*) Abfahrt *f* ② (*срока наказания*) Verbüßen *n*, Verbüßung *f;* **отбы́ть** * *сов* <-бу́ду, -бу́дешь> [**отбыва́ть** V_{1a} *несов*] *без доп* ① (*уехать*) abfahren, abreisen ② (*срок*) verbüßen, ableisten; ◇ ~ **наказа́ние** eine Strafe absitzen

отва́га *ж₁* <-и> Kühnheit *f*, Mut *m*, Tapferkeit *f*

отвали́ть V_{4a} *сов* <-лю́, -а́лишь, *Part. Prät. Pass.* -а́ленный> [**отва́ливать** V_{1a} *несов*] *что вин* ① мор (*отчалить*) auslaufen, ablegen ② *разг* (*дать*) verschenken, spendieren ③ (*откатить в сторону*) fortwälzen

отва́р *м₁* <-а> Brühe *f;* (*лечебный*) Sud *m*

отве́ргнуть V_2 *сов* <-ну, -нешь, *Part. Prät. Pass.* -нутый> [**отверга́ть** V_{1a} *несов*] *кого-что вин* zurückweisen, ablehnen; (*с пренебрежением*) verschmähen

отверну́ть V_2 *сов* <-ну́, -нёшь, *Part. Prät. Pass.* -вёрнутый> [**отвёртывать** V_{1a} *несов*] *что вин, без доп (2)* ① (*отвинтить*) abdrehen, abschrauben; (*кран*) aufdrehen ② (*отогнуть*) abbiegen ③ (*рукава*) aufkrempeln; (*одеяло и т. п.*) zurückschlagen ④ (*голову, лицо*) abwenden, zur Seite drehen

отве́рстие *с₄* <-я> Öffnung *f*, Loch *n*, Spalt *m*

отвёртка *ж₁* <-и, *род мн:* -ток> Schraubenzieher *m*

отвести́ * *сов* <-еду́, -едёшь> [**отводи́ть** V_{4a} *несов* <*Part. Präs. Pass.* -ди́мый>] *кого-что вин* ① (*куда-л*) (hin-)bringen; (*доставить*) liefern; (*провести*) hin-/wegführen; (*под конвоем*) geleiten ② (*в сторону*) entfernen, abwenden; ◇ ~ **глаза́** die Augen abwenden; ◇ ~ **удáр** einen Schlag parieren ③ (*помещение*) zuweisen; (*предоставить*) überlassen ④ (*отклонить*) ablehnen, zurückweisen, verwerfen, ausschlagen; ◇ ~ **от себя́ подозрéние** eine Verdächtigung zurückweisen; ◇ ~ **чью-л кандидатýру** eine Kandidatur ablehnen

отвéт *м$_1$* ‹-a› Anwort *f;* (*возражение*) Erwiderung *f,* Entgegnung *f;* ◇ **призвáть когó-л к ~у** jd-n zur Verantwortung ziehen; ◇ **быть в ~е за что-л** verantwortlich sein für etw; **отвéтить** V$_{4b}$ *сов* ‹-вéчу, -вéтишь, *Part. Prät. Pass.* -вéченный› [**отвечáть** V$_{1a}$ *несов*] *на что вин или чем тв (1), за кого-что вин (2)* ① (*на что-л*) antworten; (*возразить*) erwidern, entgegnen; (*отреагировать*) beantworten; ◇ ~ **на чýвство** ein Gefühl erwidern ② (*платить*) vergelten, büßen

отвéтственность *ж$_5$* ‹-и› Verantwortung *f,* Verantwortlichkeit *f;* юр Haftung *f;* ◇ **взять [нести́] на себя́ ~ за что-л** die Verantwortung für etw übernehmen; ◇ **возложи́ть на когó-л ~ за что-л** jd-n für etw verantwortlich machen; ◇ **снять с себя́ ~ за что-л** sich der Verantwortung für etw entledigen; **отвéтственный** *прил* ‹-ая, -ое, -ые› ① (*за что-л*) verantwortlich ② verantwortungsvoll; (*важный*) wichtig; (*серьёзный*) ernst, schwerwiegend; ◇ **~ая задáча** verantwortungsvolle Aufgabe ③ (*осознающий ответственность*) verantwortungsbewußt

отвечáть *несов от* **отвéтить**

отвлéчь * *сов* ‹-екý, -ечёшь› [**отвлекáть** V$_{1a}$ *несов*] *кого-что вин* ① (*от чего-л*) ablenken (von), abbringen ② филос abstrahieren

отвóд *м$_1$* ‹-a› ① воен Rückzug *m* ② юр Einspruch *m;* (*кандидатура*) Ablehnung *f;* ◇ **дать ~** ablehnen; ◇ **для ~а глаз** zum Schein

отврати́тельный *прил* ‹-ая, -ое, -ые› abscheulich, scheußlich; (*отталкивающий*) abstoßend, widerlich; **отвращéние** *с$_4$* ‹-я› Abscheu *f,* Widerwille *m,* Abneigung *f;* ◇ **питáть ~ к комý/чемý-л** Abscheu gegen jd-n/etw empfinden; ◇ **внушáть ~** Ekel erregen

отвыкáть V$_{1a}$ *несов* ‹-áю, -áешь› [**отвы́кнуть** V$_2$ *сов*] *от чего род или с инф* ① sich abgewöhnen ② (*намеренно*) sich entwöhnen; ◇ **он ужé отвы́к от э́той рабóты** er ist diese Arbeit nicht mehr gewöhnt

отгадáть V$_{1a}$ *сов* ‹-áю, -áешь, *Part. Prät. Pass.* -гáданный› [**отгáдывать** V$_{1a}$ *несов*] *что вин* erraten; (*загадку*) lösen, enträtseln; **отгáдка** *ж$_1$* ‹-и, *род мн:* -док› Lösung *f*

отговóрка *ж$_1$* ‹-и, *род мн:* -рок› Ausrede *f,* Ausflucht *f;* (*предлог*) Vorwand *m;* ◇ **пустáя ~** faule Ausrede; ◇ **без ~рок** ohne Ausflüchte

отгрýзка *ж$_1$* ‹-и, *род мн:* -зок› ① Verladung *f,* Verladen *n;* (*на судно*) Verschiffung *f* ② (*отправка*) Versand *m,* Abtransport *m*

отгýл *м$_1$* ‹-a› ◇ **пойти́ в ~ы** Überstunden *f pl* abfeiern

отдалённость *ж$_5$* ‹-и› Entfernung *f;* (*удалённость*) Abgelegenheit *f;* (*расстояние*) Abstand *m*

отдáть * *сов* ‹-áм, -áшь› [**отдавáть** V$_{1a}$ *несов*] *что вин (1, 3), кого-что вин (2)* ① (*дать*) abgeben; (*уступить*) weggeben, abtreten; (*возвратить*) zurückgeben ② (*отправить*) (weg-)geben, schicken; ◇ ~ **ребёнка в дéтский сад** das Kind in den Kindergarten schicken; ◇ ~ **под сýд** vor Gericht bringen ③ мор (*отвязать*) losmachen, loslassen; ◇ ~ **я́корь** Anker werfen

отдéл *м$_1$* ‹-a› ① (*в учреждении*) Abteilung *f,* Bereich *m* ② (*раздел*) Abschnitt *m,* Rubrik *f*

отдéлать V$_{1a}$ *сов* ‹-аю, -аешь› [**отдéлывать** V$_{1a}$ *несов*] *что вин (1), что вин чем тв (2), кого-что (3)* ① (*закончить*) fertigstellen ② (*украсить*) verzieren, ausschmükken ③ *разг* (*повредить*) jd-n ausschimpfen

отделéние *с$_4$* ‹-я› ① (*действие*) (Ab-)Trennung *f,* Ausscheidung *f,* Absonderung *f* ② (*часть*) Abteilung *f;* (*филиал*) Filiale *f,* Zweigstelle *f;* (*в вагоне*) Abteil *n;* (*в столе, шкафу*) Fach *n* ③ (*концерта, представления*) Teil *m* ④ воен Gruppe *f;* **отдели́ться** V$_{4a}$ *сов* ‹-лю́сь, -éлишься› [**отделя́ться** V$_{1b}$ *несов*] *от кого-чего род* ① (*отпасть*) sich trennen, sich absondern, sich loslösen ② (*отойти*) sich entfernen (von), sich absondern ③ (*стать самостоятельным*) sich selbständig machen

отдéлка *ж$_1$* ‹-и, *род мн:* -лок› ① (*действие*) Bearbeitung *f;* (*окончательная*) Fertigstellung *f;* стр Putz *m;* (*квартиры, помещения*) Innenausbau *m* ② (*украшение*) Verzierung *f;* (*платья*) Besatz *m*

отдéльный *прил* ‹-ая, -ое, -ые› ① (*единичный*) einzeln; (*особый*) gesondert; ◇ ~ **слýчай** Einzelfall *m* ② (*отделённый от других*) (ab-)getrennt, besonderer

отдохнýть V$_2$ *сов* ‹-нý, -нёшь› [**отдыхáть** V$_{1a}$ *несов*] *без доп* sich erholen, ausspannen, sich ausruhen

óтдых *м$_1$* ‹-a› Erholung *f;* (*досуг*) Freizeit *f;* (*передышка*) Rast *f;* ◇ **организáция ~а** Freizeitgestaltung *f;* ◇ **без ~а** ohne Unterlaß

О

отдыха́ть *несов от* **отдохну́ть**

отдыха́ющий *м* $_{(A_2)}$ ‹-его› Urlaubsgast *m*, Feriengast *m;* (*на курорте*) Kurgast *m*

отдыша́ться V_{1a} *сов* ‹-шу́сь, -ы́шишься, *Imp.* -ши́сь, ~тесь› *без доп* verschnaufen; (*прийти в себя*) zu sich kommen, sich erholen

оте́ц $м_1$ ‹отца́, *мн:* отцы́› Vater *m*

оте́чественный *прил* ‹-ая, -ое, -ые› einheimisch, inländisch; **оте́чество** *с* ‹-а› Vaterland *n*

отжа́ть * *сов* ‹отожму́, отожмёшь› [**отжима́ть** V_{1a} *несов*] *что вин* (1) (*прессом*) ausdrücken (2) (*бельё*) auswringen

отжи́вший *прил* ‹-ая, -ое, -ие› (1) (*устаревший*) überholt, überlebt; ◇ ~ **обы́чай** veraltete Sitte (2) (*о человеке*) verlebt, das Leben hinter sich habend

о́тзвук $м_1$ ‹-а› (1) (*эхо*) Echo *n*, Widerhall *m* (2) *перен* Resonanz *f;* (*отголосок*) Nachhall *m*

о́тзыв $м_1$ ‹-а› (1) (*высказывание*) Äußerung *f;* (*заключение*) Urteil *n;* (*мнение*) Meinung *f;* (*рецензия*) Rezension *f;* ◇ **дать** ~ sich zu etw äußern (2) (*посла и т. п.*) Abberufung *f*

отзы́вчивый *прил* ‹-ая, -ое, -ые› mitfühlend, verständnisvoll, anteilnehmend

отка́з [1] $м_1$ ‹-а› (1) (*несогласие*) Absage *f;* (*отклонение*) Ablehnung *f;* ◇ **получи́ть** ~ eine Absage erhalten; ◇ **до ~а** bis zum äußersten; ◇ **без ~а** einwandfrei (2) (*нежелание*) Verzicht *m* (3) тех (*механизма*) Versagen *n*

отка́з [2] *м* ‹-а› муз Auflösungszeichen *n*

отказа́ть V_{1a} *сов* ‹-ажу́, -а́жешь, (3) 1 и 2 л. не употр, *Imp.* -ажи́, ~те, *Part. Prät. Pass.* -а́занный› [**отка́зывать** V_{1a} *несов*] *кому-чему дат в чём предл (1, 2), без доп (3)* (1) (*отклонить*) ablehnen, verweigern, absagen; (*ответить отказом*) negativ antworten; (*жениху, невесте*) einen Korb geben (2) (*лишить себя*) absprechen; ◇ **ему́ нельзя́** ~ **в ве́жливости** man kann ihm seine Höflichkeit nicht absprechen (3) (*о механизме*) aussetzen, versagen; **отказа́ться** *сов* ‹-ажу́сь, -а́жешься› [**отка́зываться** *несов*] *от чего или с инф* (1) (*не согласиться*) etw ablehnen; (*сопротивляться*) etw verweigern, nicht wollen; ◇ ~ **от предло́женной до́лжности** einen Posten ausschlagen (2) (*оставить мысль*) aufgeben, verzichten (auf); (*отречься*) sich lossagen; ◇ ~ **от со́бственных слов** seine Worte zurücknehmen

откача́ть V_{1a} *сов* ‹-а́ю, -а́ешь, *Part. Prät. Pass.* -а́чанный› [**отка́чивать** V_{1a} *несов*] *что вин (1), кого-что вин (2)* (1) (*воду*) abpumpen; ◇ ~ **во́ду из о́зера** Wasser aus einem See abpumpen (2) (*привести в чувство*) reanimieren; ◇ ~ **уто́пленника** den Ertrunkenen wieder ins Leben zurückholen

отка́шляться V_{1b} *сов* ‹-яюсь, -яешься› [**отка́шливаться** V_{1a} *несов*] *без доп* sich räuspern

отки́нуть V_2 *сов* ‹-ну, -нешь, *Imp.* -нь, ~те, *Part. Prät. Pass.* -нутый› [**отки́дывать** V_{1a} *несов*] *кого-что вин* (1) (*отбросить*) wegwerfen; (*в сторону*) beiseite werfen (2) (*отогнуть*) zurückschlagen; (*занавеску*) aufziehen; (*крышку*) aufklappen (3) (*голову*) zurückwerfen (4) *перен разг* (*отбросить*) verwerfen; (*оставить без внимания*) unberücksichtigt lassen

о́тклик $м_1$ ‹-а› (1) (*эхо*) Echo *n*, Widerhall *m* (2) (*ответ*) Reaktion *f* (3) *перен* Echo *n;* (*резонанс*) Resonanz *f;* ◇ **~и в печа́ти** Pressestimmen *f pl;* ◇ **найти́** ~ Resonanz finden

отклони́ть V_{4a} *сов* ‹-ню́, -о́нишь› [**отклоня́ть** V_{1b} *несов*] *что вин* (1) (*отвести в сторону*) abwenden, ablenken (2) (*отвергнуть*) ablehnen; **отклони́ться** *сов* ‹-ню́сь, -о́нишься, (1) 1 и 2 л. не употр› [**отклоня́ться** *несов*] *от чего род* (1) (*переместиться*) abweichen; (*о стрелке*) ausschlagen (2) (*от темы*) abkommen, abweichen

отключи́ть V_{4a} *сов* ‹-чу́, -чи́шь› [**отключа́ть** V_{1a} *несов*] *что вин* эл ausschalten, abschalten; ◇ ~ **телефо́н** das Telefon abstellen

отко́рм $м_1$ ‹-а› Mast *f*, Mästung *f*

отко́с $м_1$ ‹-а› Abhang *m*, Böschung *f;* ◇ **пусти́ть по́езд под** ~ einen Zug zum Entgleisen bringen

открове́нный *прил* ‹-ая, -ое, -ые› offen; (*искренний*) aufrichtig; (*прямодушный*) offenherzig; (*нескрываемый*) unverhohlen; ◇ **~о говоря́** offen gesagt

откры́тие $с_4$ ‹-я› (1) (*научное*) Entdeckung *f* (2) (*конференции, заседания*) Eröffnung *f;* (*торжественная церемония*) Beginn *m;* (*памятника*) Enthüllung *f*

откры́тка $ж_1$ ‹-и, *род мн:* -ток› Postkarte *f;* (*с видом*) Ansichtskarte *f*

откры́тый *прил* ‹-ая, -ое, -ые› (1) (*не закрытый*) offen, geöffnet (2) (*прямой*) direkt; (*искренний*) aufrichtig; ◇ **с ~ой душо́й** offenherzig (3) (*явный*) offenkundig, offensichtlich; (*нескрываемый*) unverhohlen, im Klartext (4) (*непокрытый*) bloß, unbedeckt; ◇ **в ~ом мо́ре** auf hoher See; ◇ **на ~ом во́здухе** an der frischen Luft; ◇ **под ~ым не́бом** im Freien; **откры́ть** * *сов* ‹-ро́ю, -ро́ешь› [**открыва́ть** V_{1a} *несов*] *что вин* ① (*раскрыть*) öffnen, aufmachen; (*распахнуть*) aufschlagen; (*крышку, книгу, глаза*) öffnen ② (*покрытое*) aufdecken, enthüllen ③ (*о научном открытии*) entdekken, aufdecken ④ (*новое учреждение*) eröffnen, einweihen ⑤ (*начать*) eröffnen; ◇ ~ **конфере́нцию** die Konferenz eröffnen; ◇ ~ **ду́шу кому́-л** jd-m sein Herz ausschütten; **откры́ться** *сов* <-ро́юсь, -ро́ешься> [**открыва́ться** *несов*] *без доп* ① (*раскрыться*) sich öffnen, aufgehen ② (*начаться*) beginnen, eröffnet werden; (*об эпидемии*) ausbrechen ③ (*представиться*) sich eröffnen, sich zeigen ④ (*открыть свои мысли*) sich öffnen ⑤ (*обнаружиться*) sich erweisen, sich herausstellen, zutage treten

отку́да *нареч* woher, von wo; ◇ ~ **Вы?** woher kommen Sie?; ◇ ~ **бы ни** woher auch immer; ◇ ~ **бы он ни пришёл** woher auch immer er kommen mag; ◇ ~ **ни возьми́сь** wie vom Himmel gefallen

откупо́ривать V_{1a} *несов* <-аю, -аешь> [**откупо́рить** V_{4b} *сов*] *что вин* ① (*бутылку*) entkorken; (*бочку*) anstechen ② (*ящик, консервы*) öffnen

откуси́ть V_{4a} *сов* <-ушу́, -у́сишь, *Part. Prät. Pass.* -у́шенный> [**отку́сывать** V_{1a} *несов*] *что вин или чего род* ① (*зубами*) abbeißen ② (*клещами*) abkneifen, abklipsen

отлежа́ть V_{1a} *сов* <-жу́, -жи́шь, *Imp.* -жи́, ~те, *Part. Prät. Pass.* -лёжанный> [**отлёживать** V_{1a} *несов*] *что вин* (*руку, ногу*) steif, taub werden; **отлежа́ться** *сов* <-жу́сь, -жи́шься> [**отлёживаться** *несов*] *без доп* (*отдохнуть*) ruhig liegen, eine Zeitlang liegen; (*после болезни*) das Bett hüten

отлёт $м_1$ <-а> Abflug *m;* ◇ **дом стоит на ~е** das Haus liegt abgelegen

отли́в $м_1$ <-а> ① (*моря*) Ebbe *f* ② *перен* (*спад*) Abebben *n,* Rückgang *m* ③ (*отблеск*) Schillern *n;* (*оттенок*) Schattierung *f,* Farbton *m*

отлива́ть *несов от* **отли́ть**

отли́вка $ж_1$ <-и, *род мн:* -вок> ① (*действие*) Gießen *n,* Guß *m* ② (*изделие*) Abguß *m;* **отли́ть** * *сов* <отолью́, отольёшь> [**отлива́ть** V_{1a} *несов*] *что вин или чего род (1), что вин (2)* ① (*воду*) abgießen ② (*статую и т. п.*) gießen

отлича́ть *несов от* **отличи́ть**

отли́чие $с_4$ <-я> ① (*различие*) Unterschied *m;* ◇ **в ~ от** im Unterschied zu ② (*заслуга*) Auszeichnung *f;* ◇ **с ~ем** mit Auszeichnung; **отличи́ть** V_{4a} *сов* <-чу́, -чи́шь> [**отлича́ть** V_{1a} *несов*] *кого-что вин* ① (*различить*) unterscheiden ② (*наградить*) auszeichnen; **отличи́ться** *сов* <-чу́сь, -чи́шься> [**отлича́ться** *несов*] *от кого-чего род (1), чем тв (2)* ① sich unterscheiden (von) ② sich auszeichnen (durch); **отли́чный** *прил* <-ая, -ое, -ые> ① (*различный*) verschieden ② (*превосходный*) hervorragend, ausgezeichnet; (*выдающийся*) herausragend; (*блестящий*) glänzend

отложи́ть V_{4a} *сов* <-ожу́, -о́жишь, *Part. Prät. Pass.* -о́женный> [**откла́дывать, отлага́ть** (3) V_{1a} *несов*] *что вин* ① (*в сторону*) beiseite legen, weglegen ② (*скопить*) sparen, zurücklegen, aufbewahren; ◇ ~ **на чёрный день** für den Notfall zurücklegen ③ (*отсрочить*) aufschieben, verschieben; (*перенести*) verlegen; ◇ ~ **встре́чу** das Treffen verschieben; ◇ ~ **в до́лгий я́щик** auf die lange Bank schieben

отломи́ть V_{4a} *сов* <-млю́, -о́мишь, *Part. Prät. Pass.* -о́мленный> [**отла́мывать** V_{1a} *несов*] *что вин* abbrechen; ◇ ~ **горбу́шку** ein Stück Brot abbrechen

отлучи́ться V_{4a} *сов* <-чу́сь, -чи́шься> [**отлуча́ться** V_{1a} *несов*] *без доп* (*уйти*) weggehen, ausgehen; (*удалиться*) sich entfernen; ◇ ~ **на час** für eine Stunde weggehen; **отлу́чка** $ж_1$ <-и, *род мн:* -чек> Abwesenheit *f,* Fernbleiben *n;* ◇ **быть в ~е** abwesend sein

отма́лчиваться V_{1a} *несов* <-аюсь, -аешься> [**отмолча́ться** V_{1a} *сов*] *без доп* sich ausschweigen, in Schweigen hüllen

отма́хиваться V_{1a} *несов* <-аюсь, -аешься> [**отмахну́ться** V_2 *сов*] *от кого-чего род* ① (*от кого-л*) verjagen, abwehren; ◇ ~ **от комара́** eine Mücke verjagen ② (*от чего-л*) sich drücken (wollen); ◇ ~ **от зада́чи** vor einer Aufgabe kneifen

отмежева́ться V_{1a} *сов* <-жу́юсь, -жу́ешься, *Imp.* -жу́йся> [**отмежёвываться** V_{1a} *несов*] *от кого-чего род* ① (*отделиться межой*) sich abgrenzen ② *перен* sich absondern, sich distanzieren

о́тмель $ж_5$ <-и> Untiefe *f,* seichte Stelle *f;* ◇ **песча́ная** ~ Sandbank *f*

отме́на $ж_1$ <-ы> Abschaffung *f,* Aufhebung *f;* **отмени́ть** V_{4a} *сов* <-ню́, -е́нишь> [**отменя́ть** V_{1b} *несов*] *что вин* abschaffen, aufheben; (*приказ*) rückgängig machen; (*закон*) außer Kraft setzen; (*заседание и т. п.*) absagen; ◇ ~ **зака́з** einen Auftrag zurückziehen

отме́нный *прил* <-ая, -ое, -ые> ausgezeichnet; (*выдающийся*) hervorragend

отменя́ть *несов от* **отмени́ть**

отмере́ть V_5 *сов* ‹отомрёт, отомру́т, 1 и 2 л. не употр, *Prät.* о́тмер, -ла́, *Part. Prät. Akt.* отме́рший› [**отмира́ть** V_{1a} *несов*] *без доп* ① (*омертветь*) absterben ② *перен* (*исчезнуть*) aussterben

отмерза́ть V_{1a} *несов* ‹-а́ет, а́ют, 1 и 2 л. не употр› [**отмёрзнуть** V_2 *сов*] *без доп* abfrieren; (*замёрзнуть*) erfrieren; ◇ **па́льцы отмёрзли** die Finger sind ihm erfroren

отме́рить V_{4b} *сов* ‹-рю, -ришь› [**отмеря́ть** и **отме́ривать** V_{1a} *несов*] *что вин* ① abmessen; ◇ ~ **два ме́тра тка́ни** zwei Meter Stoff abmessen ② (*пройти*) zurücklegen; ◇ ~ **шага́ми** abschreiten

отме́тить V_{4b} *сов* ‹-ме́чу, -ме́тишь, *Part. Prät. Pass.* -ме́ченный› [**отмеча́ть** V_{1a} *несов*] *кого-что вин* ① (*обозначить*) bezeichnen, kennzeichnen, anstreichen ② (*указать*) bemerken; (*упомянуть*) erwähnen, feststellen ③ (*подчеркнуть*) unterstreichen, hervorheben; ◇ **сле́дует отме́тить, что...** es muß betont werden, daß ④ (*записать*) vermerken, notieren; (*внести в список*) eintragen ⑤ (*день рождения*) feiern, begehen; **отме́титься** *сов* ‹-ме́чусь, -ме́тишься› [**отмеча́ться** *несов*] *без доп разг* (*зарегистрироваться*) sich registrieren lassen, sich anmelden; **отме́тка** *ж₁* ‹-и, *род мн:* -ток› ① (*пометка*) Vermerk *m,* Notiz *f* ② (*знак*) Kennzeichen *n,* Zeichen *n* ③ (*балл*) Note *f,* Zensur *f*

отмока́ть V_{1a} *несов* ‹-а́ет, а́ют, 1 и 2 л. не употр› [**отмо́кнуть** V_2 *сов*] *без доп* ① (*отсыревать*) feucht werden ② (*отставать*) sich loslösen, abgehen

отморо́зить V_{4b} *сов* ‹-о́жу, -о́зишь, *Part. Prät. Pass.* -о́женный› [**отмора́живать** V_{1a} *несов*] *что вин* erfrieren

отмы́ть * *сов* ‹-мо́ю, -мо́ешь› [**отмыва́ть** V_{1a} *несов*] *что вин* abwaschen; (*смыть*) abspülen; **отмы́ться** *сов* ‹-мо́ется, -мо́ются, 1 и 2 л. не употр› [**отмыва́ться** *несов*] *без доп* ① (*о пятне*) beim Waschen herausgehen, sich herauswaschen lassen; ◇ **кра́ска не отмо́ется** die Farbe geht nicht heraus ② (*вымыться*) sauber werden

отмы́чка *ж₁* ‹-и, *род мн:*-чек› Dietrich *m*

отне́киваться V_{1a} *несов* ‹-аюсь, -аешься› *без доп разг* (*отказываться*) ablehnen; (*отрицать*) verneinen

отнести́ * *сов* ‹-су́, -сёшь› [**относи́ть** V_{4a} *несов*] *кого-что вин (1, 2), кого-что вин к кому-чему дат (3)* ① (*прочь*) wegbringen, fortbringen, wegtragen; (*доставить*) hinbringen ② (*перенести – о сроке*) verlegen, verschieben ③ (*причислить*) zuordnen, zurechnen, zählen (zu); ◇ ~ **кого́-л к числу́ свои́х единомы́шленников** jd-n zu seinen Gleichgesinnten zählen; ◇ **к чему́ ~ э́ту цита́ту?** worauf ist dieses Zitat zurückzuführen; **отнести́сь** *сов* ‹-су́сь, -сёшься› [**относи́ться** *несов*] *к кому-чему дат* sich verhalten, eine bestimmte Einstellung gegenüber jd-m/etw haben; ◇ ~ **к кому́-л с понима́нием** jd-m gegenüber Verständnis zeigen

относи́тельно I. *нареч* verhältnismäßig, relativ **II.** *предлог с род* bezüglich, in bezug auf, hinsichtlich; ◇ ~ **э́того** diesbezüglich; **относи́тельность** *ж₅* ‹-и› Relativität *f* Verhältnismäßigkeit *f; физ* ◇ **тео́рия ~и** Relativitätstheorie *f;* **относи́тельный** *прил* ‹-ая, -ое, -ые› ① (*связанный с чем-л, сравнительный*) relativ; *грам* ◇ **~ое местоиме́ние** Relativpronomen ② (*умеренный*) mäßig; (*ограниченный*) begrenzt

относи́ть(ся) *несов от* **отнести́(сь)**

отноше́ние *с₄* ‹-я› ① (*к кому-чему-л*) Verhalten *n,* Behandlung *f;* (*позиция*) Haltung *f;* ◇ **небре́жное** ~ Nachlässigkeit *f;* ◇ ~ **к де́лу** Arbeitseinstellung *f* ② (*связь*) Beziehung *f,* Verhältnis *n;* ◇ **по ~ию ко мне́** was mich betrifft; ◇ **в э́том ~ии** in dieser Beziehung; ◇ **во всех ~ях** in jeder Hinsicht ③ ◇ **~я** *мн* (*сношения, связи*) Beziehungen *f pl,* Verhältnisse *n pl;* ◇ **быть в дру́жеских ~ях с кем-л** zu jd-m ein freundschaftliches Verhältnis haben

отны́не *нареч* von nun an/ab, ab heute

отню́дь *нареч* keineswegs, mitnichten, in keinster Weise; ◇ ~ **не наме́рен возража́ть** ich will hier keineswegs widersprechen

отня́ть V_{1b} *сов* ‹-ниму́, -ни́мешь, *Prät.* -нял, -а́, *Imp.* -ними́, ~те, *Part. Prät. Pass.* -нятый› [**отнима́ть** V_{1a} *несов*] *кого-что вин (1), что вин (2), что вин от чего род (3)* ① (*отобрать*) wegnehmen; (*вырвать*) entreißen; ◇ ~ **мно́го вре́мени** viel Zeit in Anspruch nehmen; ◇ ~ **от груди́** abstillen ② (*ампутировать*) amputieren, abnehmen ③ *мат* abziehen, subtrahieren; **отня́ться** *сов* ‹-ни́мется, ни́мутся, 1 и 2 л. не употр› [**отнима́ться** *несов*] *без доп* (*быть парализованным*) gelähmt sein

отображе́ние *с₄* ‹-я› (*изображение*) Darstellung *f;* (*картина, копия*) Abbildung *f;* (*отражение*) Widerspiegelung *f;* **отобрази́ть** V_{4a} *сов* ‹-ажу́, -зи́шь, *Part. Prät. Pass.*

-ажённый› [**отобража́ть** V_{1a} *несов*] *кого-что вин* (*изобразить*) darstellen, abbilden; (*передать*) wiedergeben; (*отразить*) widerspiegeln

отобра́ть * *сов* ‹отберу́, отберёшь› [**отбира́ть** V_{1a} *несов*] *кого-что вин* ① (*отнять*) wegnehmen, sich aneignen ② (*выбрать*) auswählen, aussuchen

отовсю́ду *нареч* von überall(her); (*со всех сторон*) von allen Seiten, von allen Ecken und Enden

отогна́ть * *сов* ‹отгоню́, отго́нишь› [**отгоня́ть** V_{1b} *несов*] *кого-что вин* (*прогнать*) wegjagen, vertreiben; (*изгнать*) verjagen; (*отпугнуть*) verscheuchen

отогну́ть V_2 *сов* ‹-ну́, -нёшь, *Part. Prät. Pass.* -о́гнутый› [**отгиба́ть** V_{1a} *несов*] *что вин* ① (*распрямить*) geradebiegen ② (*воротник и т. п.*) umschlagen, aufkrempeln; ◇ ~ **страни́цу** eine Seite umknicken

отогре́ть V_5 *сов* ‹-е́ю, -е́ешь, *Part. Prät. Pass.* -е́тый› [**отогрева́ть** V_{1a} *несов*] *кого-что вин* aufwärmen; ◇ ~ **помеще́ние** einen Raum heizen; *перен* ◇ ~ **сироту́** sich eines Waisenkindes annehmen

отодви́нуть V_2 *сов* ‹-ну, -нешь, *Imp.* -нь, ~те, *Part. Prät. Pass.* -нутый› [**отодвига́ть** V_{1a} *несов*] *кого-что вин (1), что вин (2)* ① (*переместить*) wegschieben, wegrücken; (*в сторону*) beiseite schieben; (*назад*) zurückschieben; ◇ ~ **на за́дний план** in den Hintergrund drängen ② *перен* (*отсрочить*) aufschieben, verschieben, verlegen

отодра́ть * *сов* ‹отдеру́, отдерёшь› [**отдира́ть** V_{1a} *несов*] *что вин (1), кого-что вин (2), разг* ① (*оторвать*) abreißen; (*сорвать*) herunterreißen ② (*высечь*) verprügeln, verdreschen; **отодра́ться** *сов* ‹отдерёт, отдерут, 1 и 2 л. не употр› [**отдира́ться** *несов*] *без доп разг* (*оторваться*) abreißen, losgehen, abgehen

отождестви́ть V_{4a} *сов* ‹-влю́, -ви́шь, *Part. Prät. Pass.* -влённый› [**отождествля́ть** V_{1b} *несов*] *кого-что вин* gleichsetzen, identifizieren; **отождествле́ние** c_4 ‹-я› Gleichsetzung *f*, Identifikation *f*

отозва́ть * *сов* ‹отзову́, отзовёшь› [**отзыва́ть** V_{1a} *несов*] *кого-что вин* ① (*в сторону*) beiseite nehmen, jd-n zur Seite rufen ② (*посла и т. п.*) abberufen; **отозва́ться** *сов* ‹отзову́сь, отзовёшься› [**отзыва́ться** *несов*] *на что вин (1), о ком-чём предл (2), на ком-чём предл (3)* ① (*ответить*) antworten, erwidern, zurückrufen ② (*дать отзыв*) sich äußern, seine Meinung sagen; ◇ **хорошо́ ~ о ком-л** gut von jd-m sprechen ③ (*повлиять*) sich auf etw/jd-n auswirken, jd-n/etw beeinflussen

отойти́ * *сов* ‹-йду́, -йдёшь, (5) 1 и 2 л. не употр› [**отходи́ть** V_{4a} *несов*] *без доп, от кого-чего род (4, 6)* ① (*уйти*) weggehen; (*удалиться*) sich entfernen; (*в сторону*) zur Seite treten ② *воен* (*отступить*) sich zurückziehen ③ (*о поезде, пароходе*) abfahren ④ (*отклониться*) abweichen von, abrücken von ⑤ (*отпасть, отвалиться*) abgehen, abfallen, sich ablösen ⑥ (*отступиться*) von etw/jd-m abrücken, sich abwenden von ⑦ *разг* (*прийти в себя*) wieder zu sich kommen; (*успокоиться*) sich beruhigen ⑧ (*миновать*) vorübergehen, vorbei sein, enden; ◇ ~ **в про́шлое** der Vergangenheit angehören

отомсти́ть *см.* **мстить**

отопле́ние c_4 ‹-я› ① (*действие*) Heizen *n* ② (*система*) Heizung *f*

ото́рванность $ж_5$ ‹-и› Abgeschiedenheit *f*; (*изоляция*) Isoliertheit *f*; (*одиночество*) Einsamkeit *f*; **ото́рванный** *прил* ‹-ая, -ое, -ые› (*утративший связь*) isoliert, getrennt; (*одинокий*) einsam, abgeschieden; ◇ ~ **от жи́зни** weltfremd

оторва́ть V_{1a} *сов* ‹-ву́, -вёшь, *Imp.* -ви́, ~те, *Part. Prät. Pass.* -о́рванный› [**отрыва́ть** V_{1a} *несов*] *кого-что вин (1), кого-что вин от чего род (2, 3)* ① (*отдёрнуть*) abreißen ② *перен* (*отвлечь*) losreißen; ◇ ~ **глаза́ от кни́ги** die Augen vom Buch abwenden ③ (*разлучить*) trennen, loslösen; **оторва́ться** *сов* ‹-ву́сь, -вёшься› [**отрыва́ться** *несов*] *от кого-чего род* ① (*отделиться*) sich losreißen, sich lösen, abbrechen; ◇ **я не мог ~ от интере́сной кни́ги** ich konnte mich von dem interessanten Buch nicht losreißen ② *перен* (*утратить связь*) die Verbindung verlieren, sich trennen; ◇ ~ **от жи́зни** weltfremd sein

оторопе́ть V_5 *сов* ‹-е́ю, -е́ешь› [**оторопева́ть** V_{1a} *несов*] *без доп* verdutzt, verblüfft sein

отосла́ть V_{1a} *сов* ‹отошлю́, отошлёшь, *Imp.* отошли́, ~те, *Part. Prät. Pass.* ото́сланный› [**отсыла́ть** V_{1a} *несов*] *кого-что вин* ① abschicken, senden ② (*прочь*) fortschicken; (*удалить*) entfernen

отоспа́ться V_{1a} *сов* ‹-плю́сь, -пи́шься, *Imp.* -пись, ~тесь› [**отсыпа́ться** V_{1a} *несов*] *без доп* sich ausschlafen

отпа́рить V_{4b} *сов* ‹-рю, -ришь› [**отпа́ривать** V_{1a} *несов*] *что вин* bügeln

отпа́сть * *сов* ‹-адёт, -аду́т, 1 и 2 л. не употр› [**отпада́ть** V_{1a} *несов*] *без доп* ① (*отвалиться*) abfallen, sich loslösen; ◇ **штукату́рка** ~**ла** der Putz hat sich gelöst ② (*утратить смысл*) wegfallen; ◇ **обвине́ние** ~**ло** die Anklage wurde hinfällig; ◇ **у меня́** ~**ла охо́та к чему́-л** mir ist die Lust zu etw vergangen

отпе́тый *прил* ‹-ая, -ое, -ые› *разг* (*безнадёжный*) hoffnungslos; (*неисправимый*) unverbesserlich

отпеча́тать V_{1a} *сов* ‹-аю, -аешь› [**отпеча́тывать** V_{1a} *несов*] *что вин* ① (*закончить печатание*) drucken ② (*на машинке*) abtippen, tippen ③ фото einen Abzug machen; **отпеча́таться** *сов* ‹-ает, -ают, 1 и 2 л. не употр› [**отпеча́тываться** *несов*] *без доп* ① (*оставить след*) eine Spur, Abdrücke hinterlassen ② *перен* sich einprägen; **отпеча́ток** $м_1$ ‹-тка, *мн:* -тки› ① (*след*) Abdruck *m*, Spur *f;* ◇ ~**тки па́льцев** Fingerabdrücke *m pl* ② *перен* (*особенность*) Stempel *m;* ◇ **наложи́ть свой** ~ seinen Stempel aufdrücken

отпи́ска $ж_1$ ‹-и, *род мн:* -сок› Wisch *m*

отпи́ть * *сов* ‹отопью́, отопьёшь› [**отпива́ть** V_{1a} *несов*] *что вин или чего род* (*немного выпить*) einen Schluck trinken; (*пригубить*) nippen

отпихну́ть V_2 *сов* ‹-ну́, -нёшь, *Part. Prät. Pass.* -пи́хнутый› [**отпи́хивать** V_{1a} *несов*] *кого-что вин* wegstoßen; (*лодку от берега*) abstoßen; (*отодвинуть*) wegschieben, zurückstoßen

отпла́та $ж_1$ ‹-ы› ① Vergeltung *f*, Rache *f* ② Revanche *f*, Gegenleistung *f;* **отплати́ть** V_{4a} *сов* ‹-ачу́, -а́тишь, *Part. Prät. Pass.* -а́ченный› [**отпла́чивать** V_{1a} *несов*] *кому-чему дат за что вин* ① (*брать реванш*) vergelten, danken (für); ◇ ~ **неблагода́рностью за добро́** sich undankbar zeigen ② (*рассчитаться*) abrechnen; ◇ ~ **тем же** Gleiches mit Gleichem vergelten

отплыва́ть *несов от* **отплы́ть**

отплы́тие $с_4$ ‹-я› Abfahrt *f*

отплы́ть * *сов* ‹-ыву́, -ывёшь› [**отплыва́ть** V_{1a} *несов*] *без доп* ① (*удалиться*) wegschwimmen, fortschwimmen ② (*на судне*) abfahren; (*под парусами*) lossegeln; ◇ ~ **в мо́ре** in See stechen

о́тповедь $ж_1$ ‹-и› Abfuhr *f;* (*выговор*) Verweis *m*

отпо́р $м_1$ ‹-а› Abwehr *f*, Widerstand *m*, Zurückweisung *f;* ◇ **встре́тить** ~ auf Widerstand stoßen; *перен* ◇ **дать** ~ **кому́-л** jd-m eine Abfuhr erteilen

отпоро́ть * *сов* ‹-рю́, -о́решь› [**отпа́рывать** V_{1a} *несов*] *что вин* abtrennen, lostrennen

отправи́тель $м_2$ ‹-я› Absender *m;* **отпра́вить** V_{4b} *сов* ‹-влю, -вишь, *Part. Prät. Pass.* -вленный› [**отправля́ть** V_{1b} *несов*] *кого-что вин* ① (*послать*) versenden, absenden, abschicken; (*письмо, посылку*) (ver-)schicken; ◇ ~ **на тот свет** jd-n ins Jenseits befördern ② (*поезд*) abfertigen; **отпра́виться** *сов* ‹-влюсь, -вишься› [**отправля́ться** *несов*] *куда вин* sich begeben; (*пойти*) aufbrechen; (*о поезде*) abfahren; ◇ ~ **в путеше́ствие** eine Reise antreten; ◇ ~ **в путь** sich auf den Weg machen; **отпра́вка** $ж_1$ ‹-и, *род мн:* -вок› ① (*писем*) Versendung *f*, Absendung *f;* (*багажа*) Abfertigung *f* ② (*поезда*) Abfahrt *f*

отправле́ние $с_4$ ‹-я› ① (*отсылка*) Absendung *f*, Abfertigung *f* ② (*поезда*) Abfahrt *f* ③ (*отъезд*) Abreise *f*, Abfahrt *f* ④ (*почтовое*) (Post-)Sendung *f;* ◇ **заказно́е** ~ Einschreiben *n*

отправля́ть(ся) *несов от* **отпра́вить(ся)**

отпра́здновать *см* **пра́здновать**

отпроси́ться V_{4a} *сов* ‹-ошу́сь, -о́сишься› [**отпра́шиваться** V_{1a} *несов*] *без доп разг* sich frei nehmen, sich beurlauben lassen

о́тпрыск $м_1$ ‹-а› ① бот Sproß *m* ② *перен* Sprößling *m*

отпря́нуть V_2 *сов* ‹-ну, -нешь, *Imp.* -нь, ~те› [**отпря́дывать** V_{1a} *несов*] *без доп* zurückprallen; (*отскочить*) zurückspringen

отпу́гивать V_{1a} *несов* ‹-аю, -аешь› [**отпугну́ть** V_2 *сов* ‹*Part. Prät. Pass.* -пу́гнутый›] *кого-что вин* ① (*отогнать*) abschrecken ② (*животных, насекомых*) verscheuchen

о́тпуск $м_1$ ‹-а, *мн:* -а́› ① (*освобождение*) Urlaub *m*, Beurlaubung *f;* ◇ **дополни́тельный** ~ Zusatzurlaub; ◇ **ежего́дный** ~ Jahresurlaub; ◇ **быть в** ~**е** im Urlaub sein ② (*товара*) Auslieferung *f*, Ausgabe *f*

отпуска́ть *несов от* **отпусти́ть**

отпускни́к $м_1$ ‹-а́, *мн:* -и́› Urlauber *m*

отпусти́ть V_{4a} *сов* ‹-ущу́, -у́стишь, *Part. Prät. Pass.* -у́щенный› [**отпуска́ть** V_{1a} *несов*] *кого-что вин* ① (*позволить уйти*) gehen lassen, ziehen lassen; (*выпустить*) entlassen ② (*дать отпуск*) beurlauben, freigeben ③ (*на свободу*) freilassen, entlassen ④ (*товар*) verkaufen, ausliefern; (*деньги*) bewilligen ⑤ (*волосы*) wachsen lassen; (*бороду*) stehen lassen ⑥ (*ослабить*) lockern; (*о *боли)* nachlassen; ◇ ~ **шу́тку** einen Witz reißen

отрабо́тать V_{1a} *сов* ‹-аю, -аешь› [**отраба́тывать** V_{1a} *несов*] *что вин (1-3), без доп (4)* ① *(срок)* arbeiten; ◇ **он два го́да ~ал разнорабо́чим** er hat zwei Jahre als Aushilfe gearbeitet ② *(возместить трудом)* abarbeiten; ◇ ~ **долг** seine Schuld abarbeiten ③ *(отделать)* durcharbeiten, letzte Hand anlegen ④ *(кончить работать)* eine Arbeit beenden; ◇ **он ~ал своё** er hat genug gearbeitet

отра́ва *жс*$_1$ ‹-ы› Gift *n;* ◇ ~ **для крыс** Rattengift; **отрави́ть** V_{4a} *сов* ‹-влю́, -а́вишь, *Part. Prät. Pass.* -а́вленный› [**отравля́ть** V_{1b} *несов*] *кого-что вин* ① *(причинить вред)* vergiften; ◇ ~ **органи́зм алкого́лем** eine Alkoholvergiftung bekommen; *(заразить)* verseuchen ② *перен* jd-m etw verderben; *(лишить радости)* jd-n verbittern; ◇ ~ **кому́-л пра́здник** jd-m das Fest verderben; **отрави́ться** *сов* ‹-влю́сь, -а́вишься› [**отравля́ться** *несов*] *чем тв* sich vergiften, Gift nehmen; **отравле́ние** *с*$_4$ ‹-я› Vergiftung *f;* ◇ **пищево́е** ~ Lebensmittelvergiftung; ◇ ~ **га́зом** Gasvergiftung; **отравля́ющий** *прил* ‹-ая, -ее, -ие› Gift-, giftig

отра́да *жс*$_1$ ‹-ы› *(радость)* Freude *f;* *(наслаждение)* Genuß *m;* *(утешение)* Trost *m;* *(удовлетворение)* Befriedigung *f;* **отра́дный** *прил* ‹-ая, -ое, -ые› erfreulich

отраже́ние *с*$_4$ ‹-я› ① *(воспроизведение)* Widerspiegelung *f,* Reflexion *f* ② *(изображение)* Abbild *n,* Spiegelbild *n* ③ *(нападения)* Abwehr *f;* *(удара)* Gegenwehr *f;* **отрази́ть** V_{4a} *сов* ‹-ажу́, -зи́шь, *Part. Prät. Pass.* -ажённый› [**отража́ть** V_{1a} *несов*] *кого-что вин* ① *(воспроизвести)* widerspiegeln, reflektieren ② *(передать)* widerspiegeln, darstellen ③ *(отбить)* abwehren; ◇ ~ **уда́р** einen Schlag parieren ④ *(опровергнуть)* widerlegen, zurückweisen; **отрази́ться** *сов* ‹-зи́тся, -зя́тся, 1 и 2 л. не употр› [**отража́ться** *несов*] *без доп (1), что вин (2), на ком-чём предл (3)* ① *(о свете, тепле)* reflektieren ② *(появиться)* sich widerspiegeln, erscheinen; ◇ **в глаза́х ~лась трево́га** in den Augen spiegelte sich Besorgnis wider ③ *(оказать влияние)* einwirken, sich auswirken (auf); ◇ **переутомле́ние ~лось на здоро́вье** die Übermüdung wirkte sich auf seine Gesundheit aus

о́трасль *жс*$_5$ ‹-и› Zweig *m,* Branche *f;* ◇ ~ **наро́дного хозя́йства** Wirtschaftszweig

отрасти́ть V_{4a} *сов* ‹-ащу́, -асти́шь, *Part. Prät. Pass.* -ащённый› [**отра́щивать** V_{1a} *несов*] *что вин* wachsen lassen; ◇ ~ **себе́ усы́** sich einen Schnurrbart stehen lassen

отре́зать V_{1a} *сов* ‹-е́жу, -е́жешь, *Imp.* -режь, ~те› [**отреза́ть** V_{1a} *несов*] *что вин или чего род (1-3), что вин или без доп (4)* ① *(отделить)* (ab-)schneiden; ◇ ~ **кусо́к хле́ба** Brot schneiden ② *(ампутировать)* amputieren ③ *(преградить путь)* abschneiden; ◇ ~ **пути́ к отступле́нию** den Rückzug abschneiden ④ *разг (резко ответить)* eine scharfe Antwort geben

отрезвле́ние *с*$_4$ ‹-я› Ernüchterung *f*

отре́зок *м*$_1$ ‹-зка, *мн:* -зки› Abschnitt *m;* *(пути)* Strecke *f;* ◇ ~ **вре́мени** Zeitraum *m*

отрека́ться *несов от* **отре́чься**

отрече́ние *с*$_4$ ‹-я› ① *(от награды, благ)* Verzicht *m* ② *(от идей, религии)* Verleugnung *f,* Lossagung *f* ③ *(от престола)* Abdankung *f;* **отре́чься** * *сов* ‹-еку́сь, -ечёшься› [**отрека́ться** V_{1a} *несов*] *от кого-чего род* ① *(от награды, благ)* auf etw verzichten ② *(от взглядов)* sich lossagen (von); *(от религии)* verleugnen; *(от слова)* etw zurücknehmen;◇ ~ **от престо́ла** abdanken

отреша́ться *несов от* **отреши́ться**

отрешённость *жс*$_5$ ‹-и› Abgeschiedenheit *f,* Weltfremdheit *f*

отреши́ться V_{4a} *сов* ‹-шу́сь, -ши́шься› [**отреша́ться** V_{1a} *несов*] *от чего род* *(отказаться от чего-л)* verzichten (auf), sich lossagen (von); *(освободиться)* sich befreien (von); *(отречься)* entsagen

отрица́ние *с*$_4$ ‹-я› Verneinung *f,* Negieren *n;* *(своих слов)* Leugnung *f* ② *грам* Negation *f,* Verneinungswort *n;* **отрица́тельный** *прил* ‹-ая, -ое, -ые› ① *(отвергающий)* negativ; ◇ ~ **результа́т** negatives Ergebnis ② *(неблагоприятный)* schlecht; ◇ **~ое влия́ние** schlechter Einfluß; **отрица́ть** V_{1a} *несов* ‹-а́ю, -а́ешь› *что вин* ① verneinen, negieren ② *(отвергать)* ablehnen; *(отпираться)* abstreiten; *(оспаривать)* bestreiten; ◇ **нельзя́ ~, что он спосо́бный** man kann seine Fähigkeit nicht leugnen

отро́г *м*$_1$ ‹-а› *геогр* Ausläufer *m*

о́троду *нареч разг* niemals, nie im Leben

отро́сток *м*$_1$ ‹-тка, *мн:*-тки́› ① *бот* Sproß *m,* Schößling *m* ② *анат* Fortsatz *m;* *(нарост)* Auswuchs *m*

о́трочество *с*$_2$ ‹-а› Jugendjahre *n pl*

о́труби *мн*$_2$ ‹-е́й› Kleie *f*

отруби́ть V_{4a} *сов* ‹-блю́, -у́бишь, *Part. Prät. Pass.* -у́бленный› [**отруба́ть** V_{1a} *несов*] *что вин (1), что вин или без доп (2)* ① (*отделить*) abhacken, abschlagen, abhauen ② *разг* (*резко ответить*) grob antworten

отры́в *м₁* <-а> ① (*действие*) Abreißen *n*, Loslösen *n* ② *перен* (*отчуждение*) Entfremdung *f*, Loslösung *f*; ◇ **учи́ться без ~а от произво́дства** ein Fern- oder Abendstudium absolvieren *(neben einer beruflichen Tätigkeit)*

отрыва́ть *несов от* **оторва́ть**

отры́вок *м₁* <-вка, *мн:* -вки> Ausschnitt *m*, Fragment *n*; (*выдержка из книги*) Auszug *m*; **отры́вочный** *прил* <-ая, -ое, -ые> fragmentarisch; (*без связи*) zusammenhanglos; (*в отрывках*) bruchstückhaft; (*с пробелами*) lückenhaft

отры́жка *ж₁* <-и, *род мн:* -жек> ① Rülpser *m*, Aufstoßen *n* ② *перен* Überbleibsel *n*; ◇ ~ **про́шлого** ein Relikt aus der Vergangenheit

отры́ть *см.* **рыть**

отря́д *м₁* <-а> Abteilung *f*, Truppe *f*; ◇ **головно́й** ~ Vorhut *f*

отряхну́ть V_2 *сов* <-ну́, -нёшь, *Part. Prät. Pass.* -ря́хнутый> [**отря́хивать** V_{1a} *несов*] *что вин* abschütteln, abstreifen; ◇ ~ **пыль с оде́жды** den Staub von der Kleidung abklopfen

отсади́ть V_{4a} *сов* <-ажу́, -а́дишь, *Part. Prät. Pass.* -а́женный> [**отса́живать** V_{1a} *несов*] *кого-что вин* ① (*растение*) umpflanzen, verpflanzen ② (*ученика и т. п.*) umsetzen

о́тсвет *м₁* <-а> Schimmer *m*, Widerschein *m*

отсе́в *м₁* <-а> (*учащихся*) Ausscheiden *n*, Aussieben *n*; ◇ **проце́нт ~а** Durchfallquote *f*

отсе́чь * *сов* <-еку́, -ечёшь> [**отсека́ть** V_{1a} *несов*] *что вин (1), кого-что вин (2)* ① (*отрубить*) abschneiden, abhacken, abhauen ② (*отрезать*) abriegeln; (*прервать*) abtrennen

отсе́ять V_{1b} *сов* <-е́ю, -е́ешь, *Imp.* -е́й, ~те> [**отсе́ивать** V_{1a} *несов*] *что вин (1), кого-что вин (2)* ① (*просеять*) (aus-)sieben; (*выбрать*) auswählen ② *перен* (*устранить*) absondern; (*исключить*) aussieben

отсиде́ть V_5 *сов* <-ижу́, -ди́шь, *Imp. Part. Prät. Pass.* -и́женный> [**отси́живать** V_{1a} *несов*] *что вин* ① (*вызвать онемение*) ◇ ~ **себе́ но́гу** der Fuß schläft ein [wird steif] vom Sitzen ② (*отбыть наказание*) absitzen; ◇ ~ **год в тюрьме́** ein Jahr im Gefängnis absitzen

отска́кивать V_{1a} *несов* <-аю, -аешь> [**отскочи́ть** V_{4a} *сов*] *без доп* ① (*о мяче, пуле*) abprallen, zurückspringen ② (*отпрянуть*) abspringen, zurückspringen; (*в сторону*) zur Seite springen ③ (*отломиться*) abreißen, abgehen

отслужи́ть V_{4a} *сов* <-ужу́, -у́жишь, *Part. Prät. Pass.* -у́женный> [**отслу́живать** V_{1a} *несов*] *что вин (1, 3), без доп (2)* ① (*проработать некоторое время*) ableisten; (*отбыть срок службы*) abdienen; ◇ ~ **пять лет в а́рмии** fünf Jahre in der Armee dienen ② (*прийти в негодность*) ausdienen ③ (*совершить обряд*) Gottesdienst (ab-)halten

отсове́товать V_{1a} *сов* <-тую, -туешь, *Imp.* -туй, ~те> *кому дат с инф* abraten; (*отговорить*) ausreden; ◇ **друзья́ ~ли уезжа́ть** Freunde rieten von der Reise ab

отсро́чить V_{4b} *сов* <-чу, -чишь> [**отсро́чивать** V_{1a} *несов*] *что вин* ① aufschieben; (*заседание*) vertagen; ◇ ~ **платежи́** einen Betrag stunden ② (*продлить срок действия*) verlängern; ◇ ~ **удостовере́ние** den Ausweis verlängern; **отсро́чка** *ж₁* <-и, *род мн:* -чек> Aufschub *m*; (*уплаты*) Stundung *f*; (*продление срока*) Fristverlängerung *f*

отстава́ние *ж₄* <-я> Rückstand *m*; (*недовыполнение*) Nichterfüllen *n*; (*о часах*) Nachgehen *n*; ◇ **преодоле́ть** ~ den Rückstand aufholen

отстава́ть *несов от* **отста́ть**

отста́вить V_{4b} *сов* <-влю, -вишь, *Part. Prät. Pass.* -вленный> [**отставля́ть** V_{1b} *несов*] *что вин* ① (*в сторону*) beiseite stellen, wegstellen; (*отодвинуть*) wegrücken ② *разг* (*отменить*) aufheben, rückgängig machen

отста́вка *ж₁* <-и, *род мн:* -вок> Abschied *m*; (*увольнение*) Entlassung *f*; (*министра, кабинета*) Rücktritt *m*; ◇ **быть в ~е** außer Dienst sein; ◇ **пода́ть в ~у** zurücktreten

отставля́ть *несов от* **отста́вить**

отста́ивать *несов от* **отстоя́ть**

отста́лость *ж₅* <-и> Rückständigkeit *f*

отста́лый *прил* <-ая, ое, -ые> rückständig, zurückgeblieben; ◇ **у́мственно** ~ geistig zurückgeblieben; ◇ **~ые взгля́ды** rückständige Ansichten

отста́ть V_{1a} *сов* <-а́ну, -а́нешь, (2, 3) 1 и 2 л. не употр, *Imp.* -стань, ~те> [**отстава́ть** V_{1a} *несов*] *от кого-чего род, без доп (2)* ① (*остаться позади*) zurückbleiben; ◇ ~ **от вре́мени** hinter seiner Zeit zurückbleiben ② (*о часах*) nachgehen; ◇ **буди́льник ~а́л на 20 мину́т** der Wecker geht 20 Minuten nach ③ (*отделиться*) sich abtrennen; (*об обоях*) sich lösen ④ (*отдалиться*) sich trennen, die Verbindung abbrechen ⑤ *разг* (*оставить в покое*) in Ruhe lassen

отстегну́ть V_2 *сов* <-ну́, -нёшь, *Part. Prät. Pass.* -стёгнутый> [**отстёгивать** V_{1a}

несов] *что вин* (*пуговицу*) aufknöpfen; (*пряжку*) losschnallen; (*крючок*) aufhaken

отстоя́ть V_{1b} *сов*, *kein Imp.* ‹-ою́, -ои́шь› [**отста́ивать** V_{1a} *несов*] *кого-что вин* ① (*защитить*) verteidigen, schützen ② (*удержать за собой*) behaupten; (*о мнении*) bei etw bleiben; (*добиться*) duchsetzen; ◇ ~ **свои́ права́** seine Rechte durchsetzen; ◇ ~ **свою́ то́чку зре́ния** seinen Standpunkt behaupten

отстране́ние c_4 ‹-я› Entfernung *f;* ◇ ~ **от до́лжности** Amtsenthebung *f;* (*увольнение*) Entlassung *f*

отстрани́ть V_{4a} *сов* ‹-ню́, -ни́шь› [**отстраня́ть** V_{1b} *несов*] *кого-что вин* ① beiseite schieben; (*удалить*) entfernen ② (*от должности*) absetzen; (*сместить*) entheben; (*уволить*) entlassen; **отстрани́ться** *сов* ‹-ню́сь, -ни́шься› [**отстраня́ться** *несов*] *от кого-чего род* zur Seite treten, ausweichen; (*избегать*) sich von etw fernhalten, meiden

отступи́ть V_{4a} *сов* ‹-плю́, -у́пишь› [**отступа́ть** V_{1a} *несов*] *перед кем-чем тв* (*1*), *без доп* (*2*), *от чего род* (*3, 4*) ① (*отойти*) zurücktreten, zurückgehen ② воен sich zurückziehen, zurückweichen ③ (*от правила*) abweichen ④ полигр absetzen; **отступле́ние** c_4 ‹-я› ① (*отход*) Rückzug *m*, Rückmarsch *m;* ◇ **нача́ть** ~ den Rückzug antreten ② (*от правила*) Abweichung *f;* (*исключение*) Ausnahme *f;* (*от темы*) Abschweifung *f;* ◇ **сде́лать** ~ ausschweifen

отступя́ *нареч* (*ниже*) weiter unten; (*недалеко*) unweit; (*в стороне*) abseits, seitlich; (*назад*) weiter zurück

отсу́тствие c_4 ‹-я› ① (*людей*) Abwesenheit *f;* ◇ **в моё** ~ in meiner Abwesenheit ② (*недостаток*) Mangel *m*, Fehlen *n;* ◇ ~ **средств** Geldmangel *m;* ◇ **освобождён за ~ем ули́к** mangels Beweisen entlassen; **отсу́тствовать** V_{3a} *несов* ‹-твую, -твуешь› *без доп* ① (*о людях*) abwesend sein; (*на занятиях*) fehlen ② (*недоставать*) fehlen, mangeln

отсы́лка $ж_1$ ‹-и, *род мн:* -лки› Versand *m*, Absenden *n* ② (*ссылка в тексте*) Verweis *m*

отсыпа́ться *несов от* **отоспа́ться**

отсю́да *нареч* ① (*из этого или от этого места*) von hier (aus) ② *перен* hieraus, daraus, infolgedessen; ◇ ~ **сле́дует, что** hieraus folgt, daß

отте́нок $м_1$ ‹-нка, *мн:* -нки› Schattierung *f*, Nuance *f;* ◇ **цветово́й** ~ Farbton *m;* ◇ ~ **иро́нии в го́лосе** mit einem Anflug von Ironie

о́ттепель $ж_5$ ‹-и› Tauwetter *n*

оттере́ть * *сов* ‹ототру́, ототрёшь› [**оттира́ть** V_{1a} *несов*] *что вин* (*1*), *кого-что вин* (*2, 3*) ① (*стереть*) abreiben, abwischen ② (*замёрзшего*) (warm-)reiben ③ *разг* (*вытеснить*) wegdrängen; (*оттеснить*) verdrängen

о́ттиск $м_1$ ‹-а› Abdruck *m;* полигр Abzug *m*

оттолкну́ть V_2 *сов* ‹-ну́, -нёшь, *Part. Prät. Pass.* -то́лкнутый› [**отта́лкивать** V_{1a} *несов*] *кого-что вин* ① (*отстранить*) wegstoßen; (*назад*) zurückstoßen ② *перен* (*отдалить от себя*) zurückweisen, abweisen; **оттолкну́ться** *сов* ‹-ну́сь, -нёшься› [**отта́лкиваться** *несов*] *от чего род* ① (*отодвинуться толчком*) abstoßen; ◇ ~ **весло́м от бе́рега** sich mit dem Ruder vom Ufer abstoßen ② *перен* (*в рассуждениях*) ausgehen (von)

отторга́ть V_{1a} *несов* ‹-а́ю, -а́ешь› [**отто́ргну́ть** V_2 *сов*] *кого-что вин* ① (*отрывать*) abtrennen, gewaltsam trennen; (*у кого-л*) jd-m etw entreißen; ◇ ~ **чужи́е зе́мли** annektieren ② мед (*не принимать*) abstoßen

отторже́ние c_4 ‹-я› ① (*отделение*) Abtrennung *f* ② (*отнятие*) Annektierung *f* ③ мед Abstoßen *n*

отту́да *нареч* (*из того или от того места*) von dort, von drüben, daher; ◇ **они́** ~ **давно́ уе́хали** sie sind dort schon lange ausgezogen

оття́гивать *несов от* **оттяну́ть**

оття́жка $ж_1$ ‹-и, *род мн:* -жек› (*промедление*) Aufschub *m*, Verzögerung *f;* (*затягивание*) Hinausziehen *n*

оттяну́ть V_2 *сов* ‹-ну́, -я́нешь, *Part. Prät. Pass.* -я́нутый› [**оття́гивать** V_{1a} *несов*] *что вин* ① (*назад*) zurückziehen ② (*отсрочить*) aufschieben, hinauszögern; ◇ ~ **вре́мя** Zeit gewinnen

отучи́ть V_{4a} *сов* ‹-чу́, -у́чишь, *Part. Prät. Pass.* -у́ченный› [**отуча́ть** V_{1a} *несов*] *кого-что вин от чего род или с инф* abgewöhnen, anerziehen; ◇ ~ **от куре́ния** jd-m das Rauchen abgewöhnen; ◇ ~ **сы́на опа́здывать** dem Sohn Pünktlichkeit beibringen; **отучи́ться** *сов* ‹-чу́сь, -у́чишься› [**отуча́ться** (1) *несов*] *от чего род или с инф* ① (*отвыкнуть*) sich etw abgewöhnen; ◇ ~ **от дурно́й привы́чки** eine schlechte Gewohnheit ablegen ② *разг* (*кончить учиться*) das Studium beenden

отхо́д $м_1$ ‹-а› ① (*отправление*) Weggang *m*, Abfahrt *f* ② воен Rückzug *m* ③ (*разрыв в чём-л*) Abkehr *f*

отхо́ды *мн₁* ‹-ов› Abfälle *m pl*, Abfallstoffe *m pl*

отцвести́ * *сов* ‹-ету́, -етёшь› [**отцвета́ть** V_{1a} *несов*] *без доп* (*кончить цвести*) verblühen, verwelken

отцепи́ть V_{4a} *сов* ‹-плю́, -е́пишь, *Part. Prät. Pass.* -е́пленный› [**отцепля́ть** V_{1b} *несов*] *что вин* loshaken, aushaken; (*вагон*) abkoppeln, abhängen; **отцепи́ться** *сов* ‹-плю́сь, -е́пишься› [**отцепля́ться** *несов*] *от чего род (1), без доп (2)* ① (*отделиться*) sich lösen, sich aushaken; (*о вагоне*) sich abkoppeln ② *перен разг* (*оставить в покое*) in Ruhe, Frieden lassen

отча́иваться *несов от* **отча́яться**

отча́ливать V_{1a} *несов* ‹-аю, -аешь› [**отча́лить** V_{1a} *сов*] *что вин* auslaufen, ablegen

отча́сти *нареч* (*не вполне, частично*) teilweise, zum Teil

отча́яние c_4 ‹-я› Verzweiflung *f*; ◇ **приходи́ть в ~** in Verzweiflung geraten; **отча́янный** *прил* ‹-ая, -ое, -ые› ① (*безвыходный*) verzweifelt ② (*ужасный*) fürchterlich, hoffnungslos; ◇ **~ое положе́ние** aussichtslose Lage ③ (*смелый*) verwegen, tollkühn ④ (*неисправимый*) unverbesserlich; **отча́яться** V_{1b} *сов* ‹-а́юсь, -а́ешься› [**отча́иваться** V_{1a} *несов*] *с инф или в чём предл* verzweifeln, die Hoffnung verlieren

отчего́ *нареч и союз* weshalb, warum; ◇ **~ он не пришёл?** weshalb kam er nicht?; ◇ **не зна́ю, ~ э́то случи́лось** ich weiß nicht, warum das passierte

о́тчество c_2 ‹-а› Vatersname *m*

отчёт *м₁* ‹-а› ① (*доклад*) Bericht *m*, Rechenschaftsbericht *m* ② Rechenschaft *f*; ◇ **дать кому́-л ~ в чём-л** vor jd-m Rechenschaft ablegen; ◇ **депута́т дал ~ пе́ред избира́телями** der Abgeordnete stellte sich seinen Wählern vor

отчётливый *прил* ‹-ая, -ое, -ые› klar umrissen; (*определённый*) bestimmt; (*ясный*) klar, deutlich

отчётность *ж₅* ‹-и› ① Abrechnung *f* ② (*подотчётность*) Rechenschaftspflicht *f*; **отчётный** *прил* ‹-ая, -ое, -ые› Rechnungs-, Rechenschafts-; ◇ **~ год** Rechnungsjahr *n*; ◇ **~ докла́д** Rechenschaftsbericht *m*

отчи́зна *ж₁* ‹-ы› Vaterland *n*, Heimat *f*

о́тчим *м₁* ‹-а› Stiefvater *m*

отчисле́ние c_4 ‹-я› ① (*вычет*) Abzug *m* ② (*в бюджет*) Zahlung *f*, Abführung *f* ③ (*увольнение со службы*) Entlassung *f*; (*из учебного заведения*) Exmatrikulation *f*;

отчи́слить V_{4b} *сов* ‹-лю, -лишь, *Imp.* -ли, ~те› [**отчисля́ть** V_{1b} *несов*] *кого-что вин* ① (*вычесть*) abziehen, einbehalten ② (*в бюджет*) abführen ③ (*уволить*) entlassen, ausschließen; (*из учебного заведения*) exmatrikulieren

отчужде́ние c_4 ‹-я› ① юр Enteignung *f* ② (*от общества*) Entfremdung *f*; (*замкнутость*) Isoliertheit *f*

отше́льник *м₁* ‹-а› Einsiedler *m*, Eremit *m*

отщепе́нец *м₅* ‹-нца› Abtrünniger *m*

отщипну́ть V_2 *сов* ‹-ну́, -нёшь, *Part. Prät. Pass.* -щи́пнутый› [**отщи́пывать** V_{1a} *несов*] *что вин* abrupfen; (*оторвать*) abreißen; (*отломить*) abbröckeln

отъе́зд *м₁* ‹-а› Abfahrt *f*, Abreise *f*; ◇ **он в ~е** er ist verreist

отъе́хать V_{1a} *сов*, *kein Imp.* ‹-е́ду, -е́дешь› [**отъезжа́ть** V_{1a} *несов*] *без доп* abfahren, fortfahren; (*удалиться*) sich entfernen

отыгра́ться V_{1a} *сов* ‹-а́юсь, -а́ешься› [**оты́грываться** V_{1a} *несов*] *без доп* ① (*отыграть проигранное*) zurückgewinnen, wiedergewinnen ② *разг* (*выкрутиться*) sich aus der Affäre ziehen

отыска́ть V_{1a} *сов* ‹-ыщу́, -ы́щешь, *Imp.* -ыщи́, ~те, *Part. Prät. Pass.* -ы́сканный› [**оты́скивать** V_{1a} *несов*] *кого-что вин* ausfindig machen

офице́р *м₁* ‹-а› Offizier *m*

официа́льный *прил* ‹-ая, -ое, -ые› offiziell, amtlich; ◇ **~ое распоряже́ние** amtliche Verordnung; ◇ **~ язы́к** Amtssprache

официа́нт *м₁* ‹-а› Kellner *m*

офо́рмить V_{4a} *сов* ‹-млю, -мишь, *Part. Prät. Pass.* -мленный› [**оформля́ть** V_{1b} *несов*] *что вин* ① (*дело*) ausfertigen, regeln, abwickeln; (*узаконить*) rechtskräftig machen; ◇ **~ докуме́нт** ein Dokument ausstellen (lassen) ② (*придать законченную форму*) ausgestalten; (*украсить*) ausstatten, gestalten; **офо́рмиться** *сов* ‹-млюсь, -мишься, (1) 1 и 2 л. не употр› [**оформля́ться** *несов*] *без доп* ① (*принять законченную форму*) endgültige Gestalt annehmen; (*созреть*) sich konstituieren; (*выкристаллизоваться*) sich herausbilden ② (*зачислиться*) Formalitäten erledigen; **оформле́ние** c_4 ‹-я› ① (*выполнение формальностей*) Erledigung *f* (der Formalitäten); (*узаконение*) Registrierung *f* ② иск Gestaltung *f*, Dekorieren *n*; (*газеты, журнала*) Aufmachung *f*; ◇ **пра́здничное ~ у́лиц** feierliche Straßendekoration

офо́рт *м₁* ‹-а› иск Radierung *f*

охарактеризова́ть *см.* характеризова́ть

о́хать V_{1a} *несов* ‹-аю, -аешь› [**о́хнуть** V_2 *сов*] *без доп, разг* (*выражать сожаление, печаль, боль и т. п.*) ächzen; (*вздыхать*) seufzen; (*стонать*) stöhnen

оха́ять V_{1b} *сов* ‹-а́ю, -а́ешь› [**оха́ивать** V_{1a} *несов*] *кого-что вин разг* verunglimpfen, schmähen; (*очернить*) anschwärzen

охва́т $м_1$ ‹-а› ① (*обхват*) Umfang *m* ② (*включение*) Erfassung *f* ③ *воен* Einkreisung *f;* (*с фланга*) Umgehung *f*

охвати́ть V_{4a} *сов* ‹-ачу́, -а́тишь, *Part. Prät. Pass.* -а́ченный› [**охва́тывать** V_{1a} *несов*] *кого-что вин* ① (*обхватить*) umfassen, erfassen; (*умом*) ermessen ② (*о чувстве*) ergreifen, packen; ◊ **ра́дость ~и́ла ду́шу** Freude ergriff ihn ③ *воен* einkreisen, umgeben

охладе́ть V_5 *сов* ‹-е́ю, -е́ешь› [**охладева́ть** V_{1a} *несов*] *к кому-чему дат перен* gleichgültig werden, das Interesse verlieren

охлади́ть V_{4a} *сов* ‹-ажу́, -ди́шь, *Part. Prät. Pass.* -аждённый› [**охлажда́ть** V_{1a} *несов*] *что вин* ① (*сделать холодным*) kühlen, abkühlen; (*остудить*) kalt werden lassen ② *перен* abkühlen; (*пыл*) schwächen, dämpfen

о́хнуть *см.* **о́хать**

охо́та[1] $ж_1$ ‹-ы› Jagd *f;* ◊ ~ **на медве́дя** Bärenjagd

охо́та[2] $ж_1$ ‹-ы› Lust *f;* ◊ **име́ть ~ к чему́-л** Lust zu etwas haben

охо́титься V_{4b} *несов* ‹-о́чусь, -тишься› *на кого-что вин (1), за кем-чем тв (2)* ① (*заниматься охотой*) jagen; ◊ **лиси́ца ~ится на мыше́й** der Fuchs jagt Mäuse ② *перен* jd-n jagen, hinter jd-m/etw her sein; ◊ ~ **за ре́дкой кни́гой** ein seltenes Buch suchen

охо́тник[1] $м_1$ ‹-а› Jäger *m*

охо́тник[2] *м* ‹-а› ① (*любитель*) Liebhaber *m;* ◊ **он ~ до развлече́ний** er amüsiert sich gern ② (*что-л сделать*) Interessent *m;* (*доброволец*) Freiwilliger *m*

охо́тно *нареч* gerne, mit Vergnügen; ◊ **~ее** eher, lieber

о́хра $ж_1$ ‹-ы› Ocker *m o.n,* Ockerfarbe *f*

охра́на $ж_1$ ‹-ы› ① (*действие*) Bewachung *f,* Schutz *m;* (*интересов*) Wahrung *f;* ◊ ~ **грани́ц** Grenzschutz; ◊ ~ **окружа́ющей среды́** Umweltschutz; ◊ **находи́ться под ~ой** unter Denkmalschutz stehen ② (*стража*) Wache *f;* ◊ **берегова́я ~** Küstenwache; **охраня́ть** V_{1b} *несов* ‹-я́ю, -я́ешь› [**охрани́ть** V_{4a} *сов*] *кого-что вин* bewachen; (*защищать*) (be-)schützen; (*интересы*) wahren

оцара́пать *см.* цара́пать

оце́нивать V_{1a} *несов* ‹-аю, -аешь› [**оцени́ть** V_{4a} *сов*] *во/на что вин (1), кого-что вин (2, 3)* ① (*определять цену*) bewerten, einschätzen; (*о предполагаемых расходах*) veranschlagen; ◊ ~ **в сто рубле́й** auf einhundert Rubel schätzen ② (*определить на глаз*) abschätzen ③ *перен* (*качество*) schätzen, würdigen; (*признавать*) anerkennen; **оце́нка** *ж* ‹-и› ① (*определение*) Bewertung *f,* Beurteilung *f,* Note *f* ② *перен* (*мнение*) Einschätzung *f,* Wertung *f,* Urteil *n;* ◊ **дать ~у чему́-л** etw beurteilen; (*признание*) Anerkennung *f,* Wertschätzung *f*

оцепене́ние $с_4$ ‹-я› Erstarrung *f*

оцепле́ние $с_4$ ‹-я› Umzingelung *f*

оча́г $м_1$ ‹-а́, *мн:* ги́› ① (*устройство*) Feuerstelle *f,* Herd *m* ② *перен* (*средоточие*) Herd *m,* Zentrum *n;* ◊ ~ **инфе́кции** Infektionsherd

очарова́ние $с_4$ ‹-я› Zauber *m,* Zauberkraft *f;* (*обаяние*) Charme *m;* **очарова́тельный** *прил* ‹-ая, -ое, -ые› bezaubernd, entzückend; (*обаятельный*) charmant; **очарова́ть** V_{1a} *сов* ‹-ру́ю, -ру́ешь, *Imp.* -ру́й, ~те, *Part. Prät. Pass.* -ро́ванный› [**очаро́вывать** V_{1a} *несов*] *кого-что вин* bezaubern, verzücken; ◊ **певе́ц ~а́л слу́шателей** der Sänger zog die Zuhörer in seinen Bann

очеви́дец $м_5$ ‹-дца, *мн:* -дцы› Augenzeuge *m;* ◊ **быть ~дцем происше́ствия** Augenzeuge des Ereignisses sein

очеви́дный *прил* ‹-ая, -ое, -ые› ① offensichtlich, offenkundig ② unbestritten

очередно́й *прил* ‹-а́я, -о́е, -ы́е› ① (*следующий*) nachfolgend, darauffolgend ② (*повторяющийся*) turnusmäßig, ordentlich; ◊ ~ **о́тпуск** Jahresurlaub *m;* **очерёдность** $ж_5$ ‹-и› Reihenfolge *f;* (*последовательность*) Aufeinanderfolge *f*

о́чередь $ж_5$ ‹-и› ① (*порядок*) Reihe *f;* ◊ **быть на ~и** an der Reihe sein; ◊ **тепе́рь моя́ ~** jetzt bin ich an der Reihe ② (*вереница*) Schlange *f;* ◊ **стоя́ть в ~и за биле́тами** am Fahrkartenschalter Schlange stehen; ◊ **в свою́ ~** seinerseits; ◊ **по ~и** nacheinander

о́черк $м_1$ ‹-а› ① (*изложение вопроса*) Abhandlung *f;* ◊ ~ **ру́сской исто́рии** eine Abhandlung über die russische Geschichte ② (*литературный*) Essay *m o. n,* Abriß *m*

очерта́ние $с_4$ ‹-я› Umriß *m,* Konturen *f pl;* **очерти́ть** V_{4a} *сов* ‹-рчу́, -е́ртишь, *Part. Prät. Pass.* -е́рченный› [**оче́рчивать** V_{1a} *несов*] *что вин* ① (*обвести чертой*) umreißen ② *перен* (*набросать*) skizzieren, umreißen, beschreiben, schildern

очи́стить V_{4b} *сов* <-и́щу, -тишь, *Part. Prät. Pass.* -и́сщенный> [**очища́ть** V_{1a} *несов*] *кого-что вин* (1) (*удалить грязь*) reinigen, säubern (2) (*от примесей*) läutern, raffinieren, reinigen (3) (*от кожицы, шелухи*) schälen (4) (*освободить помещение*) räumen, freimachen; (*покинуть*) verlassen (5) *разг* (*обокрасть*) ausräumen; *мед* ◇ ~ **желу́док** den Magen auspumpen; **очи́стка** *ж₁* <-и, *род мн:* -ток> (1) (*чистка*) Reinigung *f*, Säuberung *f* (2) (*от примесей*) Läuterung *f*, Raffination *f* (3) (*от шелухи и т. п.*) Schälen *n*; ◇ **для ~и со́вести** zur Gewissensberuhigung

очки́ *мн₁* <-ко́в> Brille *f*; ◇ **солнцезащи́тные** ~ Sonnenbrille; ◇ **надева́ть** ~ die Brille aufsetzen; ◇ **втира́ть ~ кому́-л** jd-n täuschen, betrügen; ◇ **смотре́ть на всё сквозь ро́зовые** ~ alles durch die rosarote Brille sehen

очко́ *с₂* <-а́, *род мн:* -о́в> (1) (*в картах, домино*) Auge *n* (2) (*в игре*) Punkt *m*; ◇ **дать кому-л сто ~о́в вперёд** jd-m einen Vorsprung von hundert Punkten geben

очковтира́тельство *с₄* <-а> (1) Augenwischerei *f*, Schönfärberei *f* (2) (*обман*) Schwindel *m*; (*введение в заблуждение*) Betrug *m*

очну́ться V_2 *сов* <-ну́сь, -нёшься> *без доп (1), от чего род (2)* (1) (*пробудиться*) aufwachen; ◇ ~ **по́сле сна** wach werden (2) (*опомниться*) zur Besinnung kommen; ◇ ~ **от испу́га** sich von einem Schreck erholen

очути́ться V_{4a} *сов* <1 л. ед не употр, -у́тишься> *где предл* (1) (*оказаться где-л*) hingeraten; ◇ ~ **в незнако́мом ме́сте** an einem unbekannten Ort landen (2) (*в каком-л положении*) hineingeraten; ◇ ~ **в нело́вком положе́нии** in eine mißliche Lage geraten

оше́йник *м₁* <-а> Halsband *n*

ошеломи́ть V_{4a} *сов* <-млю́, -ми́шь, *Part. Prät. Pass.* -млённый> [**ошеломля́ть** V_{1b} *несов*] *кого-что вин* überwältigen, frappieren; ◇ ~ **неожи́данным вопро́сом** eine verblüffende Frage stellen; (*потрясти*) erschüttern

ошиби́ться V_{4a} *сов* <-бу́сь, -бёшься, *Prät.* -бся, ~лась> [**ошиба́ться** V_{1a} *несов*] *без доп* sich irren, sich täuschen; (*при счёте*) sich verrechnen; (*оговориться*) sich versprechen; (*сделать ошибку*) einen Fehler machen; ◇ ~ **но́мером телефо́на** sich verwählen; ◇ ~ **две́рью** sich in der Tür irren; ◇ ~ **в челове́ке** sich in einem Menschen irren; **оши́бка** *ж₁* <-и, *род мн:* -бок> Fehler *m*; (*недосмотр*) Versehen *n*; (*заблуждение*) Irrtum *m*; (*в счёте*) Rechenfehler *m*; (*в речи*) Versprecher *m*; (*неправильный поступок*) Fehlverhalten *n*; ◇ **орфографи́ческая** ~ Rechtschreibfehler; ◇ **испра́вить ~у** einen Fehler korrigieren; ◇ **писа́ть без ~бок** fehlerfrei schreiben; **оши́бочный** *прил* <-ая, -ое, -ые> falsch, irrig, Fehl-; ◇ ~ **вы́вод** Trugschluß; ◇ **~ое реше́ние** Fehlentscheidung *f*

оштрафова́ть *см.* штрафова́ть

ощу́пать V_{1a} *сов* <-аю, -аешь> [**ощу́пывать** V_{1a} *несов*] *кого-что вин* betasten, befingern, befühlen; ◇ ~ **что-л в темноте́** etw im Dunkeln betasten

о́щупью *нареч* tastend; ◇ **передвига́ться в темноте́** ~ sich im Dunkeln vortasten

ощути́мый *прил* <-ая, -ое, -ые> spürbar, wahrnehmbar; (*осязаемый*) fühlbar; (*заметный*) merklich; ◇ **~ая поте́ря** spürbarer Verlust; **ощути́ть** V_{4a} *сов* <-ущу́, -ути́шь, *Part. Prät. Pass.* -ущённый> [**ощуща́ть** V_{1a} *несов*] *кого-что вин* spüren, fühlen, wahrnehmen; ◇ ~ **прикоснове́ние** die Berührung spüren; ◇ ~ **недомога́ние** sich unwohl fühlen; **ощуще́ние** *с₄* <-я> Empfindung *f*; ◇ ~ **стра́ха** Angstgefühl *n*; ◇ ~ **оби́ды** Beleidigung *f*; (*восприятие*) Wahrnehmung *f*

П

павли́н *м₁* <-а> Pfau *m*

па́водок *м₁* <-дка, *мн:* -дки> Hochwasser *n*

па́губный *прил* <-ая, -ое, -ые> verderblich, unheilvoll; (*роковой*) verhängnisvoll

па́даль *ж₅* <-и> Kadaver *m*

па́дать V_{1a} *несов* <-аю, -аешь, (2, 3, 4, 5), 1 и 2 л. не употр> [(**у**)**пасть** * *сов*] *без доп, на кого-что вин (4)* (1) (*валиться*) (um-)fallen; (*стремительно*) stürzen; (*опуститься*) herunterfallen; ◇ ~ **на зе́млю** auf den Boden fallen; ◇ ~ **от уста́лости** vor Müdigkeit umfallen (2) *перен* (*понижаться*) fallen, sinken; (*уменьшаться*) zurückgehen; ◇ **це́ны ~ают** die Preise sinken (3) (*обрушиться*) einfallen, einstürzen, verfallen (4) *перен* (*ложиться*) sich legen; (*приходиться на долю*) entfallen auf; (*об ответственности*) lasten auf; ◇ **вы́бор ~ает на Вас** die Wahl fällt auf Sie (5) (*дохнуть*) eingehen, verenden

паде́ние *с$_4$* ‹-я› ① Fallen *n,* Fall *m;* (*стремительное*) Sturz *m* ② *перен* (*свержение*) Fallen *n,* Sinken *n;* воен (*крепости*) Fall *m* ③ (*понижение*) Rückgang *m,* Sinken *n;* ◇ **бы́строе ~ цен** Preissturz ⑤ (*упадок*) Verfall *m;* ◇ ~ **нра́вов** Sittenverfall

па́дчерица *ж$_1$* ‹-ы› Stieftochter *f*

паёк *м$_1$* ‹пайка́, *мн:* пайки́› (*порция*) Portion *f;* (*довольствие*) Ration *f*

па́йка *ж$_1$* ‹-и› тех Löten *n*

паке́т *м$_1$* ‹-а› ① (*свёрток*) Paket *n;* (*кулёк*) Tragetasche *f* ② (*почтовый*) Paket *n*

пакова́ть V$_{3a}$ *несов* ‹-ку́ю, -ку́ешь› [**за~, у~** *сов*] *что вин* (ein-)packen

па́кость *ж$_5$* ‹-и› *разг* ① (*низость*) Gemeinheit *f* ② (*гадость*) Unrat *m,* ekelerregender Schmutz *m* ③ (*непристойность*) Zote *f,* derbe Redensart *f*

пакт *м$_1$* ‹-а› Pakt *m,* Vertrag *m;* ◇ ~ **о ненападе́нии** Nichtangriffspakt

пала́та *ж$_1$* ‹-ы› ① полит Kammer *f;* ◇ **ве́рхняя** ~ Oberhaus *n;* ◇ **ни́жняя** ~ Unterhaus *n* ② (*государственное или общественное учреждение*) Kammer *f,* Amt *n;* ◇ **торго́во-промы́шленная** ~ Industrie- und Handelskammer ③ (*в больнице*) Krankenzimmer *n* ④ ◇ **~ы** *мн* (*хоромы*) Gemächer *n pl;* (*в Кремле*) ◇ **Оруже́йная** ~ Rüstkammer *f*

пала́тка *ж$_1$* ‹-и, *род мн:* -ток› ① Zelt *n;* ◇ **тури́стская** ~ Reisezelt ② (*ларёк, киоск*) Bude *f,* (Verkaufs-)Stand *m*

пала́ч *м$_2$* ‹-а́, *мн:* -и́› Henker *m,* Scharfrichter *m*

па́лец *м$_5$* ‹-льца, *мн:* -льцы› (*руки*) Finger *m;* (*ноги*) Zeh *m;* ◇ **большо́й** ~ (*руки*) Daumen *m;* (*ноги*) großer Zeh; ◇ **счита́ть по ~льцам** an den Fingern abzählen; ◇ **~льцем не пошевели́ть** keinen Finger rühren; ◇ **смотре́ть сквозь ~льцы на что-л** ein Auge zudrücken; ◇ **она́ и ~льцем никого́ не тро́нет** sie kann niemandem ein Haar krümmen

палиса́дник *м$_1$* ‹-а› Vorgarten *m*

пали́тра *ж$_1$* ‹-ы› Palette *f*

па́лка *ж$_1$* ‹-и, *род мн:* -лок› Stock *m,* Stab *m;* (*трость*) Spazierstock *m;* (*у метлы, щётки*) Stiel *m;* ◇ **ходи́ть с ~ой** am Stock gehen; ◇ **вставля́ть ~и в колёса кому́-л** jd-m Knüppel zwischen die Beine werfen; ◇ **из-под ~и** erzwungen; ◇ **перегну́ть ~у** den Bogen überspannen

пало́мник *м$_1$* ‹-а› Pilger *m*

па́луба *ж$_1$* ‹-ы› Deck *n;* ◇ **ве́рхняя** ~ Oberdeck *n;* ◇ **ни́жняя** ~ Unterdeck *n*

па́льма *ж$_1$* ‹-ы› Palme *f*

пальто́ *с* ‹нескл› Mantel *m;* ◇ **ле́тнее** ~ Sommermantel; ◇ ~ **на меху́** Pelzmantel

па́мятка *ж$_1$* ‹-и, *род мн:* -ток› Notizzettel *m,* Merkzettel *m;* (*инструкция*) Merkblatt *n;*

па́мятник *м$_1$* ‹-а› Denkmal *n;* (*жертвам трагических событий*) Gedenkstein *m;* (*мемориал*) Mahnmal *n;* ◇ ~ **Го́голю** Gogol-Denkmal; ◇ **охра́на ~ов** Denkmalschutz *m;* ◇ **поста́вить ~ кому́-л** jd-m ein Denkmal setzen; **па́мятный** *прил* ‹-ая, -ое, -ые› denkwürdig; (*достойный воспоминаний*) Gedenk-; ◇ **~ая меда́ль** Gedenkmedaille; ◇ **~ое собы́тие** denkwürdiges Ereignis; ◇ **~ая запи́ска** Denkschrift *f,* Memorandum *n*

па́мять *ж$_5$* ‹-и› ① Gedächtnis *n;* ◇ **сохрани́ть что-л в ~и** etw im Gedächtnis behalten ② (*воспоминание*) Erinnerung *f,* Andenken *n,* Gedenken *n;* ◇ **оста́вить по себе́ до́брую** ~ in guter Erinnerung bleiben; ◇ **быть без ~и от кого́/чего́-л** von jd-m/etw völlig begeistert sein; ◇ **по ста́рой ~и** aus alter Gewohnheit; ◇ **вы́учить на** ~ auswendig lernen; ◇ **е́сли мне ~ не изменя́ет** wenn mich mein Gedächtnis nicht täuscht

панаце́я *ж$_4$* ‹-и› Allheilmittel *n*

пане́ль *ж$_5$* ‹-и› ① (*на улице*) Fußweg *m* ② (*на стенах*) Wandtäfelung *f* ③ стр Platte *f*

панибра́тство *с$_2$* ‹-а› *разг* Kumpanei *f*

па́ника *ж$_1$* ‹-и› Panik *f;* ◇ **наводи́ть ~у** Panik verbreiten

панихи́да *ж$_1$* ‹-ы› рел Trauergottesdienst *m,* Totenmesse *f;* ◇ **гражда́нская** ~ Trauerfeier *f*

пани́ческий *прил* ‹-ая, -ое, -ие› panisch; ◇ **~ое настрое́ние** Panik *f;* ◇ ~ **страх** panische Angst

пансио́н *м$_1$* ‹-а› ① (*учебное заведение*) Pensionat *n* ② (*гостиница*) Pension *f;* ◇ **на по́лном ~е** Vollpension

панте́ра *ж$_1$* ‹-ы› Panther *m*

па́па[1] *м$_1$* ‹-ы› *разг* (*отец*) Papa *m,* Vati *m*

па́па[2] *м$_1$* ‹-ы› (*римский*) Papst *m*

папиро́са *ж$_1$* ‹-ы› (*сигарета*) Zigarette *f*

па́пка *ж$_1$* ‹-и, *род мн:* па́пок› Pappe *f;* (*для бумаг*) (Akten-)Ordner *m*

па́поротник *м$_1$* ‹-а› бот Farn *m,* Farnkraut *n*

пар[1] *м$_1$* ‹-а, о па́ре, в/на пару́, *мн:* -ы́› Dampf *m;* ◇ **водяно́й** ~ Wasserdampf; ◇ **на всех ~а́х** mit Volldampf; (*в бане*) ◇ **подда́ть ~у** einen Aufguß machen

пар[2] *м* ‹-а› с.-х. (*поле*) Brachfeld *n;* ◇ **земля́ под ~ом** brachliegendes Feld

па́ра *ж$_1$* ‹-ы› ① (*два лица, предмета*) Paar *n;* ◇ **супру́жеская** ~ Ehepaar; ◇ ~ **ту́фель** ein Paar Schuhe; ◇ ~ **ми** paarweise ② (*костюм*) Herrenanzug *m* ③ (*несколько*) ein paar, einige; ◇ **на ~у мину́т** für ein paar Minuten

пара́д *м₁* <-а> воен Parade *f;* ◇ **пра́здничный** ~ Festzug *m;* **пара́дный** *прил* <-ая, -ое, -ые> ① (*торжественный*) Parade-, Gala-; ◇ ~ **зал** Festsaal ② (*главный*) Haupt-; ◇ ~ **подъе́зд** Haupteingang *m*

паразити́зм *м₁* <-а> Parasitismus *m,* Schmarotzertum *n*

парализова́ть V_{3a} *несов и сов* <-зу́ю, -зу́ешь, (1) 1 и 2 л. не употр, *Part. Prät. Pass.* -зо́ванный> *кого-что вин* ① lähmen; ◇ **рука́ ~на** die Hand ist gelähmt ② *перен* lahmlegen; ◇ ~ **си́лы проти́вника** den Gegner lahmlegen; **парали́ч** *м₂* <-а́, *мн:* -и́> Lähmung *f;* ◇ **де́тский** ~ Kinderlähmung; ◇ **разби́тый ~ом** gelähmt sein

паралле́ль *ж₅* <-и> ① мат Parallele ② геогр Breitenkreis *m* ③ *перен* Entsprechung *f;* (*аналогичное явление*) Analogie *f;* ◇ **провести́** ~ einen Vergleich anstellen

парашю́т *м₁* <-а> Fallschirm *m;* ◇ **прыжо́к с ~ом** Fallschirmsprung; **парашюти́ст** *м₁* <-а> Fallschirmspringer *m*

па́рень *м₂* <-рня, *мн:* -рни, *род:* -рне́й> junger Mann *m,* Bursche *m; разг* Kerl *m*

пари́ *с* <нескл> Wette *f;* ◇ **держа́ть** ~ wetten; ◇ **(хо́чешь) ~?** was gilt die Wette?

пари́к *м₁* <-а́, *мн:* -и́> Perücke *f;* **парикма́хер** *м₁* <-а> Friseur *m;* (*женщина*) Friseuse *f;* **парикма́херская** *ж (А ј)* <-ой> Friseursalon *m*

парите́т *м₁* <-а> Parität *f*

па́риться V_{4b} *несов* <-рюсь, -ришься> [**по~** (1) *сов*] *без доп* ① (*в бане*) ein Dampfbad nehmen ② *разг* (*страдать от жары*) schwitzen

парк *м₁* <-а> Park *m,* Parkanlage *f;* ◇ ~ **культу́ры и о́тдыха** Erholungspark ② (*депо*) Depot *n;* (*автопарк*) Fahrzeugpark *m* ③ (*совокупность транспортных средств*) Fuhrpark *m*

парке́т *м₁* <-а> Parkett *n;* (*пол*) Parkettboden *m;* ◇ **настила́ть** ~ Parkett legen

парла́мент *м₁* <-а> Parlament *n;* **парла́ментский** *прил* <-ая, -ое, -ие> parlamentarisch; ◇ **~ие вы́боры** Parlamentswahlen

парни́к *м₁* <-а́, *мн:* -и́> Frühbeet *n*

па́рный *прил* <-ая, -ое, -ые> ① (*составляющий пару*) paarig ② (*расположенный парами*) gepaart ③ (*об экипаже*) zweispännig ④ спорт Doppel-; ◇ **~ая игра́** Doppel(-spiel) *n*

парово́з *м₁* <-а> Dampflokomotive *f*

паро́ль *м₂* <-я> Parole *f,* Kennwort *n*

паро́м *м₁* <-а> Fähre *f;* ◇ **морско́й** ~ Fährschiff *n;* **паро́мщик** *м₁* <-а> Fährmann *m*

парохо́д *м₁* <-а> Dampfer *m;* **парохо́дство** *с₂* <-а> (*предприятие*) Reederei *f*

па́рта *ж₁* <-ы> Schulbank *f*

парте́р *м₁* <-а> кино, театр Parkett *n*

партиза́н *м₁* <-а> Partisan *m;* **партиза́нский** *прил* <-ая, -ое, -ие> Partisanen-; ◇ **~ая война́** Partisanenkrieg *m*

парти́йный *прил* <-ая, -ое, -ые> Partei-; ◇ ~ **съезд** Parteitag *m;* **па́ртия** *ж₄* <-ии> ① полит Partei *f;* ◇ **исключи́ть из ~ии** aus der Partei ausschließen ② (*отряд*) Gruppe *f* ③ (*товара*) Partie *f,* Posten *m* ④ спорт Partie *f;* (*в теннисе, волейболе*) Satz *m;* ◇ **сыгра́ть ~ию в кроке́т** eine Partie Kricket spielen ⑤ муз Part *m,* Partie *f;* ◇ ~ **скри́пки** Geigenpart

партнёр *м₁* <-а> Partner *m;* (*в игре*) Mitspieler *m;* (*противник*) Gegner *m*

па́рус *м₁* <-а, *мн:* -а́> Segel *n;* ◇ **идти́ под ~а́ми** segeln; ◇ **подня́ть ~а́** die Segel setzen; *перен* ◇ **на всех ~а́х** mit Volldampf;

па́русник *м₁* <-а> (*лодка*) Segelboot *n*

парфюме́рия *ж₄* <-ии> Parfümerie *f*

па́сека *ж₁* <-и> Imkerei *f,* Bienenstand *m;*

па́сечник *м₁* <-а> Imker *m*

па́смурный *прил* <-ая-ое, -ые> ① (*о небе*) bedeckt ② (*хмурый*) trübe, düster

па́спорт *м₁* <-а, *мн:* -а́> ① Paß *m,* Personalausweis *m;* ◇ **загран́ичный** ~ Reisepaß; ◇ **вы́дать** ~ einen Paß ausstellen ② (*машины и т. п.*) Karte *f,* Schein *m;* ◇ **техни́ческий** ~ **автомоби́ля** Kraftfahrzeugbrief *m*

пассажи́р *м₁* <-а> Passagier *m;* (*на самолёте*) Fluggast *m;* ◇ **безбиле́тный** ~ blinder Passagier

пасси́вный *прил* <-ая, -ое, -ые> passiv; (*бездеятельный*) untätig

па́ста *ж₁* <-ы> Pasta *f,* Paste *f;* ◇ **зубна́я** ~ Zahnpasta; ◇ **творо́жная** ~ Quarkspeise *f*

па́стбище *с₄* <-а> Weide *f*

пасте́ль *ж₅* <-и> иск ① (*карандаш*) Pastellfarbe *f* ② (*рисунок*) Pastellbild *n;* (*живопись*) Pastellmalerei *f*

пасти́ * *несов* <-су́, -сёшь> *кого-что вин* weiden, grasen lassen; (*стеречь*) hüten

пасту́х *м₁* <-а́, *мн:* -и́> Hirte *m*

пасть *несов от* **па́дать**

пасть *ж₅* <-и> Rachen *m;* ◇ **раскры́ть** ~ das Maul aufreißen

па́сха *ж₁* <-и> рел Ostern *n,* Osterfest *n*

па́сынок *м₁* <-нка, *мн:* -нки> Stiefsohn *m*

патéнт *м₁* <-a> Patent *n*
патриáрх *м₁* <-a> Patriarch *m*
патриóт *м₁* <-a> Patriot *m;* **патриотúческий** *прил* <-ая, -ое, -ие> patriotisch
патрóн *м₁* <-a> ① воен Patrone *f;* ◇ **холостóй** ~ Platzpatrone ② тех Fassung *f,* Einsatz *m* ③ (*выкройка*) Schnittmuster *n*
пáтрубок *м₁* <-бка, *мн:* -бки> тех Stutzen *m*
патрýль *м₂* <-я́, *мн:* -лú> воен Patrouille *f,* Streife *f*
пáуза *ж₁* <-ы> Pause *f*
паýк *м₁* <-á, *мн:* -ú> Spinne *f*
паутúна *ж₁* <-ы> Spinnwebe *f*
пахáть * *несов* <пашý, пáшешь> [**вс~** *сов*] *что вин* pflügen, umgraben
пáхнуть V₂ *несов* <-ну, -нешь, *Part. Präs. Akt.* -нущий> *чем тв* nach etw riechen; (*благоухать*) duften; (*неприятно*) nach etw stinken; **пахýчий** *прил* <-ая, -ее, -ие> stark riechend; (*благоухающий*) duftend, wohlriechend
пациéнт *м₁* <-a> Patient *m*
пáчка *ж₁* <-и, *род мн:* -чек> Packung *f,* Päckchen *n;* (*связка*) Paket *n;* ◇ ~ **сигарéт** eine Schachtel Zigaretten
пáчкаться V₁ₐ *несов* <-аюсь, -аешься> [**вы́~** *сов*] *чем тв* sich schmutzig machen, sich beschmieren (mit)
пáшня *ж₂* <-и, *род мн:* -шен> Acker *m*
паяльник *м₁* <-a> тех Lötkolben *m*
паять V₁ᵦ *несов* <-яю, -яешь, *Part. Prät. Pass.* пáянный> *что вин* löten; ◇ ~ **óловом** mit Zinn löten
певéц *м₁* <-вцá, *мн:* -вцы́> Sänger *m;* **певúца** *ж₁* <-ы, *тв:* -цей> Sängerin *f*
педагóг *м₁* <-a> Pädagoge *m;* (*о женщине*) Pädagogin *f;* (*учитель/ница*) Lehrer(in *f*) *m;* **педагогúка** *ж₁* <-и> Pädagogik *f*
педáль *ж₅* <-и> Pedal *n;* *разг* ◇ **нажáть на все ~и** alle Hebel in Bewegung setzen
педантúчный *прил* <-ая, -ое, -ые> pedantisch; (*мелочный*) peinlich genau, kleinlich
педиáтр *м₁* <-a> мед Kinderarzt *m*
педикю́р *м₁* <-a> Pediküre *f,* Fußpflege *f*
пейзáж *м₂* <-a> Landschaft *f*
пекáрня *ж₂* <-и, *род мн:* -рен> Bäckerei *f;* **пéкарь** *м₂* <-я> Bäcker *m*
пéкло *с₂* <-a> ① (*жар*) Glut *f;* Gluthitze *f* ② *перен* (*ад*) Hölle *f*
пеленá *ж₁* <-ы́, *мн:* -ы́, *род:* -лён> Schleier *m;* (*покров*) Schicht *f;* ◇ **у меня́ слóвно ~ с глаз упáла** es fiel mir wie Schuppen von den Augen
пелёнка *ж₁* <-и, *род мн:* -нок> Windel *f;* ◇ **с ~нок** von klein auf
пелерúна *ж₁* <-ы> Pelerine *f,* Umhang *m*
пеликáн *м₁* <-a> зоол Pelikan *m*
пéна *ж₁* <-ы> Schaum *m;* ◇ **мы́льная** ~ Seifenschaum; ◇ **морскáя** ~ Meeresschaum; ◇ **с ~ой у рта** voller Wut
пенáл *м₁* <-a> Federmappe *f*
пенсионéр *м₁* <-a> Rentner *m,* Pensionär *m;* **пéнсия** *ж₄* <-ии> Rente *f;* ◇ ~ **по стáрости** Altersrente; ◇ **вы́йти/уйтú на ~ию** in Rente gehen; ◇ **получáть ~ию** Rente bekommen
пень *м₂* <пня, *мн:* пни> Baumstumpf *m;* *разг* ◇ **стоя́ть как** ~ dastehen wie ein Klotz
пенькá *ж₁* <-ú> Hanf *m*
пéпел *м₁* <-пла> Asche *f;* ◇ **обратúть в** ~ in Schutt und Asche legen; **пéпельница** *ж₁* <-ы> Aschenbecher *m*
пéрвенец *м₅* <-нца, *мн:* -нцы> ① Erstgeborenes *n* ② *перен* Erstlingswerk *n*
пéрвенство *с₂* <-a> ① (*превосходство*) Vorrang *m,* Spitzenstellung *f;* ◇ **сохранúть за собóй** ~ seine Spitzenstellung behaupten; ◇ **уступúть** ~ **комý-л** jd-m den Vorrang geben ② спорт Meisterschaft *f;* ◇ ~ **мúра** Weltmeisterschaft
первúчный *прил* <-ая, -ое, -ые> primär; (*первоначальный*) ursprünglich; ◇ **~ая обрабóтка** Erstbearbeitung *f*
первобы́тный *прил* <-ая, -ое, -ые> ① ursprünglich, Ur-; ◇ ~ **человéк** Urmensch ② *перен* unkultiviert, primitiv; **первоистóчник** *м₁* <-a> Urquelle *f;* (*оригинал*) Original *n;* **первоклáссник** *м₁* <-a> Schulanfänger *m;* *разг* Erstkläßler *m;* **первоочереднóй** *прил* <-ая, -ое, -ые> vorrangig, vordringlich; (*самый важный*) allerwichtigst; ◇ **~ая задáча** vorrangige Aufgabe; **первостепéнный** *прил* <-ая, -ое, -ые> erstrangig, vorrangig; (*в высшей степени*) höchst; ◇ **дéло ~ой вáжности** eine höchst wichtige Angelegenheit
пéрвый *прил* <-ая, -ое, -ые> erste(r, s); ◇ ~ **этáж** Erdgeschoß *n,* Parterre *n;* ◇ **в ~ раз** zum ersten Mal; ◇ **с ~ого взгля́да** auf den ersten Blick; ◇ **заня́ть ~ое мéсто** den ersten Platz belegen; ◇ **половúна ~ого** halb eins; ◇ **на ~ое (блю́до)** Suppe *f;* ◇ **из ~ых рук** aus erster Hand; ◇ **в ~ую óчередь** in erster Linie; мед ◇ **~ая пóмощь** Erste Hilfe
перебазúровать V₃ₐ *сов* <-рую, -руешь> *кого-что вин* verlagern, verlegen
перебéжчик *м₁* <-a> Überläufer *m*
перебúть * *сов* <-бью, -бьёшь> [**перебивáть** V₁ₐ *несов*] *кого-что вин (1-4), что вин у кого-чего род (5)* ① (*уничтожить*

П

многих) erschlagen, niedermetzeln ② (*разбить*) zerschlagen, zerbrechen ③ (*мебель*) neu beziehen ④ (*прервать*) unterbrechen, das Wort abschneiden ⑤ *разг* jd-m etw vor der Nase wegschnappen

перебо́й *м$_3$* <-я, *мн:* -о́и> ① (*задержка*) Verzug *m;* (*перерыв*) Unterbrechung *f;* (*помеха*) Störung *f;* (*неравномерность*) Unregelmäßigkeit *f;* ◇ **~о́и с доста́вкой материа́лов** Lieferungsverzug ② мед Aussetzen *n;* ◇ **~о́и в се́рдце** unregelmäßiger Herzschlag

переборо́ть * *сов* <-рю́, -о́решь> [**пере-ба́рывать** V$_{1a}$ *несов*] *кого-что вин* ① (*победить*) besiegen ② *перен* überwinden; ◇ ~ **себя́** sich selbst überwinden

перебра́ть * *сов* <-беру́, -берёшь> [**перебира́ть** V$_{1a}$ *несов*] *что вин (1), кого-что вин (2)* ① (*рассортировать*) aussortieren, durchsehen; (*пересмотреть*) durchschauen ② (*вспомнить*) sich erinnern an; **перебра́ться** *сов* <-беру́сь, -берёшься> [**перебира́ться** *несов*] *через что вин (1), без доп (2)* ① (*через реку*) übersetzen, hinüberkommen ② (*переселиться*) umziehen, übersiedeln

перебро́сить V$_{4b}$ *сов* <-о́шу, -о́сишь, *Part. Prät. Pass.* -бро́шенный> [**перебра́сывать** V$_{1a}$ *несов*] *кого-что вин* ① (*через что-л*) hinüberwerfen, über etw werfen ② (*строить*) schlagen; ◇ ~ **мост че́рез ре́ку** eine Brücke über den Fluß schlagen ③ (*переместить*) verlagern; (*о войсках*) verlegen; (*на новую должность*) versetzen; (*перевезти*) befördern, transportieren; ◇ ~ **че́рез грани́цу** über die Grenze schaffen

перева́л *м$_1$* <-а> Gebirgspaß *m*

перевезти́ * *сов* <-зу́, -зёшь> [**перевози́ть** V$_{4a}$ *несов* <*Part. Präs. Pass.* -вози́мый>] *кого-что вин* ① (*доставить*) hinbringen, hinfahren; (*транспортировать*) transportieren, befördern ② (*на другой берег*) übersetzen

переверну́ть V$_2$ *сов* <-ну́, -нёшь, *Part. Prät. Pass.* -вёрнутый> [**перевёртывать** V$_{1a}$ *несов*] *что вин* ① (*повернуть противоположной стороной*) umdrehen, umwenden ② (*опрокинуть*) umstülpen, umkippen, umwerfen; ◇ ~ **всё вверх дном** alles auf den Kopf stellen

переве́с *м$_1$* <-а> ① Übergewicht *n* ② *перен* (*превосходство*) Übermacht *f;* (*большинство*) Mehrheit *f;* ◇ **чи́сленный** ~ zahlenmäßige Überlegenheit

перевести́ * *сов* <-еду́, -едёшь> [**переводи́ть** V$_{4a}$ *несов* <*Part. Präs. Pass.* -води́мый>] *кого-что вин* ① hinüberführen, hinüberbringen ② (*по службе; в следующий класс*) jd-n versetzen ③ (*на другой язык*) übersetzen, übertragen; (*устно*) dolmetschen ④ (*по почте, через банк*) überweisen, anweisen ⑤ (*стрелку часов и т. п.*) umstellen; (*вперёд*) vorstellen; (*назад*) zurückstellen ⑥ (*одну меру в другую*) umrechnen; ◇ ~ **разгово́р на другу́ю те́му** das Gespräch zu einem anderen Thema überleiten; ◇ ~ **дух** Luft holen

перево́д *м$_1$* <-а> ① (*учреждения*) Verlegung *f;* (*людей*) Versetzung *f;* (*войск*) Verlagerung *f* ② (*на другой язык*) Übersetzung *f,* Dolmetschen *n;* (*стихов*) Übertragung *f* ③ (*пересылка*) Überweisung *f,* Anweisung *f* ④ (*стрелки часов и т. п.*) Umstellen *n* ⑤ (*пересчёт*) Umrechnung *f* ⑥ (*рисунка*) Durchpausen *n;* **переводно́й** *прил* <-а́я, -о́е, -ы́е> ① übersetzt; ◇ **~а́я литерату́ра** übersetzte Literatur ② фин übertragbar, Überweisungs-; ◇ ~ **рубль** transferabler Rubel; **перево́дчик** *м$_1$* <-а> (*письменный*) Übersetzer *m;* (*устный*) Dolmetscher *m*

перевози́ть *несов от* **перевезти́**

перево́зка *ж$_1$* <-и, *род мн:* -зок> Beförderung *f,* Transport *m;* ◇ ~ **по желе́зной доро́ге** Schienentransport

перевооружи́ться V$_{4a}$ *сов* <-жу́сь, -жи́шься> [**перевооружа́ться** V$_{1a}$ *несов*] *без доп* ① воен umrüsten ② тех neu ausrüsten

переворо́т *м$_1$* <-а> Umwälzung *f,* Umschwung *m;* (*ниспровержение*) Umsturz *m;* ◇ **госуда́рственный** ~ Staatsstreich *m*

перевоспита́ние *с$_4$* <-я> Umerziehung *f*

перевы́боры *мн$_1$* <-ов> Neuwahlen *f pl*

перевыполне́ние *с$_4$* <-я> Übererfüllung *f,* Überbietung *f*

перевяза́ть V$_{1a}$ *сов* <-яжу́, -я́жешь, *Imp.* -вяжи́, *Part. Prät. Pass.* -вя́занный> [**перевя́зывать** V$_{1a}$ *несов*] *кого-что вин* ① (*рану*) verbinden ② (*связать*) zubinden; (*обвязать*) umbinden

перегиб *м$_1$* <-а> ① (*сгиб*) Biegung *f;* (*на листе бумаги*) Knick *m* ② *перен* Übertreibung *f,* Überspitzung *f*

перегна́ть * *сов* <-гоню́, -го́нишь> [**перегоня́ть** V$_{1b}$ *несов*] *кого-что вин* ① (*в другое место*) hinüberjagen, an einen anderen Ort treiben ② (*обогнать*) überholen, überflügeln; ◇ ~ **кого́-л в учёбе** jd-n im Studium überflügeln ③ хим, тех destillieren

перегова́риваться V_{1a} *несов* ‹-аюсь, -аешься› *с кем тв* sich unterhalten; (*беседовать*) ein Gespräch führen; (*обменяться фразами*) Worte wechseln

перегово́ры *мн*$_I$ ‹-ов› ① (*обсуждение*) Verhandlungen *f pl;* ◇ **вступи́ть в** ~ Verhandlungen aufnehmen; ◇ **путём ~ов** auf dem Verhandlungswege ② (*разговоры*) Gespräche *n pl;* ◇ ~ **по телефо́ну** Telefongespräche

перегороди́ть V_{4a} *сов* ‹-ожу́, -о́дишь, *Part. Prät. Pass.* -горо́женный› [**перегора́живать** V_{1a} *несов*] *что вин* sperren, in den Weg stellen; (*разделить*) trennen; (*отделить перегородкой*) abtrennen; **перегоро́дка** *ж*$_I$ ‹-и, *род мн:* -док› Trennwand *f,* Zwischenwand *f*

перегре́в *м*$_I$ ‹-а› *тех* Überhitzung *f*

перегрузи́ть V_{4a} *сов* ‹-ужу́, -у́зишь, *Part. Prät. Pass.* -гру́женный› [**перегружа́ть** V_{1a} *несов*] *кого-что вин* ① (*нагрузить*) überladen, überbelasten; *перен* überanstrengen ② (*в другое место*) umladen, umschlagen; (*на другое судно*) umschiffen; **перегру́зка** *ж*$_I$ ‹-и, *род мн:* -зок› ① *тж перен* (*нагрузка*) Überlastung *f* ② (*в другое место*) Umladen *n*

пе́ред *предлог с тв* ① (*при обозначении места: впереди кого-чего-л*) vor; ◇ **сад нахо́дится ~ до́мом** der Garten befindet sich vor dem Haus; ◇ **стул стои́т ~ столо́м** der Stuhl steht am Tisch ② (*при обозначении времени: до чего-л*) vor; ◇ ~ **нача́лом конце́рта** vor Beginn des Konzerts; ◇ ~ **отъе́здом** vor der Abreise ③ (*по сравнению с кем-чем-л*) neben; ◇ ~ **ней он ничто́** neben ihr ist er ein Nichts; ◇ **извини́ться ~ кем-л** sich bei jd-m entschuldigen

перёд *м*$_I$ ‹пе́реда, *мн:* переда́› Vorderteil *n,* Vorderseite *f*

переда́тчик *м*$_I$ ‹-а› *радио* Sender *m,* Sendegerät *n*

переда́ть * *сов* ‹-а́м, -а́шь› [**передава́ть** V_{1a} *несов* ‹*Part. Präs. Akt.* -даю́щий›] *кого-что вин* ① (*отдать, сообщить*) übergeben, übertragen; (*приглашение и т. п.*) übermitteln; (*вручить*) aushändigen; ◇ ~ **в со́бственность** übereignen; ◇ ~ **да́льше** weitergeben; ◇ ~ **по насле́дству** vererben; ◇ ~ **приве́т** einen Gruß ausrichten ② (*воспроизвести*) wiedergeben, schildern ③ (*сообщить*) melden; (*сказать*) mitteilen; (*сообщение, приказ и т. п.*) weitergeben; (*знания, впечатления*) vermitteln; (*данные*) übertragen ④ (*по радио*) senden, ausstrahlen ⑤ (*инфекцию и т. п.*) übertragen ⑥ *спорт* abspielen, zuspielen; **переда́ча** *ж*$_I$ ‹-и› ① (*действие*) Übergabe *f;* (*известия*) Übermittlung *f* ② (*воспроизведение*) Wiedergabe *f* ③ (*в больницу, тюрьму и т. п.*) Mitgebrachtes *n* ④ (*по радио*) Sendung *f,* Übertragung *f;* (*по телевидению*) Fernsehsendung *f;* ◇ **пряма́я** ~ Direktübertragung ⑤ *тех* Getriebe *n,* Antrieb *m;* ◇ ~ **эне́ргии** Kraftübertragung

передвиже́ние *с*$_4$ ‹-я› Verschiebung *f;* (*перестано́вка*) Umstellung *f;* (*перемеще́ние*) Verlegung *f;* **передви́нуть** V_2 *сов* ‹-ну, -нешь, *Imp.* -дви́нь, ~те, *Part. Prät. Pass.* -дви́нутый› [**передвига́ть** V_{1a} *несов*] *кого-что вин* ① verschieben; (*подвинуть*) verrücken; (*переставить*) umstellen ② (*перенести*) verschieben, verlegen; ◇ ~ **сро́ки экза́менов** die Prüfungstermine verschieben

переде́л *м*$_I$ ‹-а› Umverteilung *f,* Neuverteilung *f*

переде́лать V_{1a} *сов* ‹-аю, -аешь› [**переде́лывать** V_{1a} *несов*] *кого-что вин* ① (*сделать заново*) umgestalten, umformen; (*перестроить*) umbauen; (*изменить*) ändern ② (*сделать многое*) schaffen, leisten; ◇ ~ **мно́го дел за день** sehr viel schaffen an einem Tag; **переде́лка** *ж*$_I$ ‹-и, *род мн:* -лок› (*переработка*) Umarbeitung *f;* (*изменение*) Änderung *f,* Umgestaltung *f;* (*перестройка*) Umbau *m;* ◇ **отда́ть костю́м в ~у** den Anzug zum Ändern weggeben

передёрнуть V_2 *сов* ‹-ну, -нешь, *Part. Prät. Pass.* -дёрнутый› [**передёргивать** V_{1a} *несов*] *что вин (1, 2), кого-что вин (3)* ① (*в картах*) falschspielen; (*жульничать*) betrügen ② (*исказить факты*) Tatsachen verdrehen ③ *безл* sich schütteln

пере́дний *прил* ‹-яя, -ее, -ие› vordere(r, s), Vorder-; ◇ ~ **зуб** Schneidezahn *m;* ◇ ~ **план** Vordergrund *m;* ◇ **~яя часть** Vorderteil *n; перен* ◇ **вы́двинуться на ~ план** in den Vordergrund treten

пере́дник *м*$_I$ ‹-а› Schürze *f;* ◇ **наде́ть** ~ sich eine Schürze umbinden

пере́дняя *ж (A₂)* ‹-ей› Diele *f,* Vorzimmer *n*

передови́ца *ж*$_I$ ‹-ы› *разг* Leitartikel *m*

передово́й *прил* ‹-а́я, -о́е, -ы́е› ① Vorder-; (*выдвинутый вперёд*) vorgeschoben ② (*прогрессивный*) fortschrittlich, progressiv; ◇ **~ы́е взгля́ды** fortschrittliche Ansichten ③ (*ведущий*) führend, leitend; ◇ **~о́е предприя́тие** führendes Unternehmen

переду́мать V_{1a} *сов* ‹-аю, -аешь› [**переду́мывать** V_{1a} *несов*] *без доп (1), что вин* *или о чём предл (2)* ① (*перерешить*) sich etw anders überlegen ② (*обдумать всё*) nachdenken, überlegen

передышка *ж₁* ‹-и, *род мн:* -шек› Ruhepause *f;* (*отдых*) Erholung *f;* (*короткая*) Rast *f;* ◇ **дать ~у кому-л** jd-m eine Atempause geben; ◇ **без ~и** ununterbrochen

переезд *м₁* ‹-а› ① (*через что-л*) Überfahrt *f,* Übergang *m;* (*на другую квартиру*) Umzug *m* ② ж.-д. Bahnübergang *m*

переехать * *сов* ‹-еду, -едешь› [**переезжать** V₁ₐ *несов*] *что вин или через что вин (1), без доп (2), кого-что вин (3)* ① (*через что-л*) überqueren, hinüberfahren ② (*куда-л*) umziehen, übersiedeln ③ (*раздавить*) überfahren

переживание *с₄* ‹-я› Erlebnis *n;* (*впечатление*) tiefer Eindruck *m;* (*душевное состояние*) Gemütszustand *m*

пережить * *сов* ‹-иву, -ивёшь› [**переживать** V₁ₐ *несов*] *что вин (1, 2), кого-что вин (3)* ① (*испытать*) erleben, durchmachen ② (*перенести*) ertragen ③ (*прожить*) überleben; ◇ ~ **всех друзей** alle Freunde überleben

перезимовать *см.* **зимовать**

переиграть V₁ₐ *сов* ‹-аю, -аешь, *Part. Prät. Pass.* -игранный› [**переигрывать** V₁ₐ *несов*] *что вин (1, 2), кого-что вин (3, 4)* ① (*сыграть заново*) noch einmal spielen; ◇ ~ **партию** die Partie wiederholen ② (*одно за другим*) durchspielen; ◇ ~ **все пьесы** alle Stücke durchspielen ③ (*превзойти*) übertreffen, im Spiel überlegen sein ④ театр überspitzt darstellen

переизбрание *с₄* ‹-я› Neuwahl *f*

переиздавать *несов от* **переиздать**

переиздание *с₄* ‹-я› Neuausgabe *f,* Neuauflage *f;* **переиздать** * *сов* ‹-ам, -ашь› [**переиздавать** V₁ₐ *несов*] *что вин* neu herausgeben, neu auflegen

переименование *с₄* ‹-я› Umbenennung *f*

перейти * *сов* ‹-йду, -йдёшь› [**переходить** V₄ₐ *несов*] *что вин или через что вин (1), к чему дат или во что вин (2), во что вин (3)* ① (*переместиться*) (hin-)übergehen, überwechseln; (*улицу и т. п.*) überqueren; (*перешагнуть*) überschreiten; ◇ ~ **в наступление** zum Angriff übergehen; ◇ ~ **в следующий класс** in die nächste Klasse versetzt werden; ◇ ~ **к новому вопросу** zu einer neuen Frage übergehen ② *перен* (*на чью-л сторону*) übertreten, überlaufen; ◇ ~ **в ислам** zum Islam übertreten ③ (*превратиться*) sich wandeln, in etw übergehen

переквалификация *ж₄* ‹-ии› Umschulung *f;* **переквалифицироваться** V₃ₐ *сов* ‹-руюсь, -руешься› *без доп* umschulen; (*переучиться*) umlernen

перекинуть V₂ *сов* ‹-ну, -нешь› [**перекидывать** V₁ₐ *несов*] *кого-что вин* ① (*через что-л*) (über etw) hinüberwerfen ② *разг* (*доставить*) befördern, transportieren, hinüberbringen ③ стр ◇ ~ **мост** eine Brücke schlagen

перекладина *ж₁* ‹-ы› ① (*балка*) Querbalken *m* ② спорт Reck *n*

перекличка *ж₁* ‹-и, *род мн:* -чек› Aufruf *m;* воен Appell *m;* ◇ **делать ~у** aufrufen (nach einer Namensliste)

переключатель *м₂* ‹-я› эл Umschalter *m;* **переключение** *с₄* ‹-я› ① эл Umschaltung *f* ② *перен* Umstellung *f;* **переключиться** V₄ₐ *сов* ‹-чусь, -чишься› [**переключаться** V₁ₐ *несов*] *на что вин* sich umstellen auf, zu etw anderem übergehen; ◇ ~ **на экспериментальные исследования** zu experimentellen Untersuchungen übergehen

перекочевать V₁ₐ *сов* ‹-чую, -чуешь, *Imp.* -чуй, ~те› [**перекочёвывать** V₁ₐ *несов*] *без доп* (*перебраться*) weiterziehen, umherziehen

перекрёсток *м₁* ‹-тка, *мн:* -тки› Kreuzung *f;* (*распутье*) Scheideweg *m*

перекрыть * *сов* ‹-рою, -роешь› [**перекрывать** V₁ₐ *несов*] *что вин* ① (*покрыть заново*) neu decken ② (*превзойти*) überbieten; карт überstechen; ◇ ~ **рекорд** den Rekord brechen; ◇ ~ **норму** das Plansoll überschreiten ③ *перен* (*закрыть для движения*) (ab-)sperren; ◇ ~ **реку плотиной** den Fluß abdämmen

перекупить V₄ₐ *сов* ‹-плю, -упишь, *Part. Prät. Pass.* -упленный› [**перекупать** V₁ₐ *несов*] *что вин (1), что вин у кого род (2)* ① (*для продажи*) (für den Weiterverkauf) aufkaufen ② (*купить ранее купленное*) (vor der Nase) wegschnappen

перекупщик *м₁* ‹-а› Zwischenhändler *m*

перекур *м₁* ‹-а› *разг* Zigarettenpause *f*

перекусить V₄ₐ *сов* ‹-ушу, -усишь, *Part. Prät. Pass.* -ушенный› [**перекусывать** V₁ₐ *несов*] *что вин* ① (*зубами*) durchbeißen, zerbeißen ② *разг* (*закусить*) eine Kleinigkeit essen, einen Imbiß zu sich nehmen

перелезть * *сов* ‹-зу, -зешь› [**перелезать** V₁ₐ *несов*] *через что вин* über etw klettern, hinüberklettern; ◇ ~ **через канаву** über einen Graben springen

перелёт m_1 ‹-а› (1) (*самолёта*) Flug *m*, Überflug *m*; ◇ **беспоса́дочный** ~ Nonstopflug *m*; ◇ **да́льний** ~ Langstreckenflug *m* (2) (*птиц*) (Vogel-)Zug *m*

перелете́ть * *сов* ‹-ечу́, -ти́шь› [**перелета́ть** V_{1a} *несов*] *через что вин (1), что вин (2)* (1) (*через что-л*) fliegen über, (hin-)überfliegen; ◇ **мяч ~ел че́рез забо́р** der Ball flog über den Zaun (2) (*преодолеть какое-л пространство*) (über-)fliegen; ◇ ~ **из Евро́пы в Азию** von Europa nach Asien fliegen

перелива́ние c_4 ‹-я› (1) (*в другой сосуд*) Umschütten *n*, Umgießen *n* (2) мед Transfusion *f*; ◇ ~ **кро́ви** Bluttransfusion

перелистать V_{1a} *сов* ‹-а́ю, -а́ешь, *Part. Prät. Pass.* -ли́станный› [**перели́стывать** V_{1a} *несов*] *что вин* durchblättern, blättern (in)

перели́ть * *сов* ‹-лью́, -льёшь› [**перелива́ть** V_{1a} *несов*] *что вин* (1) (*в другой сосуд*) umgießen, umschütten (2) (*через край*) zu voll gießen (3) мед (*о крови*) übertragen

перелицева́ть *см.* **лицева́ть**

переложе́ние c_4 ‹-я› (1) (*пересказ*) Übertragung *f*, Überarbeitung *f* (2) муз Vertonung *f*; **переложи́ть** V_{4a} *сов* ‹-жу́, -о́жишь, *Part. Prät. Pass.* -о́женный› [**перекла́дывать** V_{1a} *несов*] *что вин* (1) (*в другое место*) woanders hinlegen, umräumen; (*на другой срок*) verlegen (2) (*положить слишком много*) zu viel hineinlegen (3) (*чем-л*) dazwischen legen (4) лит übertragen (5) муз vertonen

перело́м m_1 ‹-а› (1) мед Bruch *m* (2) (*перемена*) Umschwung *m*; (*поворот*) Wende *f*; (*поворотный пункт*) Wendepunkt *m*

переломи́ть V_{4a} *сов* ‹-млю́, -о́мишь, *Part. Prät. Pass.* -о́мленный› [**перела́мывать** V_{1a} *несов*] *кого-что вин* (1) (*сломать*) zerbrechen; (*пополам*) durchbrechen (2) *перен* bezwingen; ◇ ~ **себя́** sich selbst überwinden

перема́нивать V_{1a} *несов* ‹-аю, -аешь› [**перемани́ть** V_{4a} *сов* ‹*Part. Prät. Pass.* -ма́ненный›] *кого-что вин* weglocken; (*о специалистах*) abwerben; ◇ ~ **кого́-л на свою́ сто́рону** jd-n auf seine Seite locken

переме́на $ж_1$ ‹-ы› (1) (Ver-)Änderung *f*, Umschwung *m*; (*смена*) Wechsel *m*; (*поворот*) Wende *f*, Wendung *f*; ◇ ~ **декора́ций** Szenenwechsel; ◇ ~ **пого́ды** Wetterumschwung; ◇ **произвести́ ~ы** Veränderungen vornehmen (2) (*в школе*) Pause *f*; **перемени́ть** V_{4a} *сов* ‹-ню́, -е́нишь› [**переменя́ть** V_{1b} *несов*] *кого-что вин* (1) (*изменить*) (ver-)ändern; ◇ ~ **своё мне́ние о ком/чём-л** seine Meinung über jd-n/etw ändern (2) (*сменить*) wechseln; ◇ ~ **ме́сто рабо́ты** den Arbeitsplatz wechseln; **перемени́ться** *сов* ‹-ню́сь, -е́нишься› [**переменя́ться** *несов*] *без доп* sich (ver-)ändern, sich wandeln; (*внезапно*) umschlagen; ◇ **пого́да ~лась** das Wetter schlug um; ◇ **времена́ ~лись** die Zeiten haben sich geändert; ◇ ~ **в лице́ от волне́ния** vor Aufregung die Gesichtsfarbe wechseln; **переме́нный** *прил* ‹-ая, -ое, -ые› wechselhaft, Wechsel-, veränderlich; мат ◇ **~ая величина́** variable Größen; эл ◇ ~ **ток** Wechselstrom

перемести́ть V_{4a} *сов* ‹-ещу́, -ти́шь, *Part. Prät. Pass.* -ещённый› [**перемеща́ть** V_{1a} *несов*] *кого-что вин (1), что вин (2, 3)* (1) (*на другую работу*) versetzen (2) (*переставить*) umstellen (3) (*перевести куда-л*) verlagern

перемеша́ть V_{1a} *сов* ‹-а́ю, -а́ешь, *Part. Prät. Pass.* -ме́шанный› [**переме́шивать** V_{1a} *несов*] *кого-что вин* (1) (*смешать*) (ver-)mischen, vermengen; ◇ ~ **ка́рты в коло́де** Karten mischen (2) (*размешать*) (ver-)rühren (3) (*спутать*) verwechseln; (*привести в беспорядок*) durcheinanderbringen

перемеще́ние c_4 ‹-я› (1) Verlegung *f*, Verlagerung *f*, Verschiebung *f*; (*перестановка*) Umstellung *f* (2) (*перевод*) Versetzung *f* (3) геол Verschiebung *f*

переми́гиваться V_{1a} *несов* ‹-аюсь, -аешься› [**перемигну́ться** V_2 *сов*] *с кем тв разг* einander zublinzeln, zuwinkern

переми́рие c_4 ‹-я› Waffenstillstand *m*

перемножа́ть V_{1a} *несов* ‹-а́ю, -а́ешь› [**перемно́жить** V_{4b} *сов*] *что вин* multiplizieren

перемоло́ть * *сов* ‹-мелю́, -ме́лешь› [**перема́лывать** V_{1a} *несов*] *что вин* (*измельчить*) mahlen; ◇ ~ **зерно́ на ме́льнице** Getreide in der Mühle mahlen

перемота́ть V_{1a} *сов* ‹-а́ю, -а́ешь, *Part. Prät. Pass.* -мо́танный› [**перема́тывать** V_{1a} *несов*] *что вин* (1) (*намотать*) umwickeln; ◇ ~ **ни́тки с клубка́ на кату́шку** das Knäuel auf eine Spule wickeln (2) тех umspulen; **перемо́тка** $ж_1$ ‹-и, *род мн:* -ток› тех Umwicklung *f*; (*плёнки*) Umspulen *n*

перенапряга́ться V_{1a} *несов* ‹-а́юсь, -а́ешься› [**перенапря́чься** * *сов*] *без доп* sich überanstrengen; (*переутомляться*) sich überarbeiten; **перенапряже́ние** c_4 ‹-я› (1) тех Überspannung *f*, Überbeanspruchung *f* (2) (*переутомление*) Überanstrengung *f*

П

перенаселённость *ж₅* ‹-и› Überbevölkerung *f;* **перенаселённый** *прил* ‹-ая, -ое, -ые› übervölkert; (*о квартире*) überbelegt

перенасыщенный *прил* ‹-ая, -ое, -ые› übersättigt

перенесение *с₄* ‹-я› (1) (*с места на место*) Hinübertragen *n,* Hinüberbringen *n* (2) (*на другой срок*) Verlegung *f,* Verschiebung *f;* (*заседания*) Vertagung *f;* **перенести** * *сов* ‹-су́, -сёшь› [**переносить** V₄ₐ *несов* ‹*Part. Präs. Pass.* -носимый, *Adv. Part. Prät.* -носив›] *кого-что вин* (1) (*через что-л*) hinüberbringen, hinübertragen (2) (*отложить*) verlegen, verschieben; (*заседание*) vertagen (3) (*на другую строку*) trennen (4) (*пережить*) ertragen, erdulden; (*вынести*) aushalten

перенос *м₁* ‹-а› (1) (*перенесение*) Hinübertragen *n* (2) лингв ◇ ~ **слова** Silbentrennung

переносица *ж₁* ‹-ы› анат Nasenwurzel *f*

переносной *прил* ‹-ая, -ое, -ые› tragbar, transportabel; (*в виде чемодана*) Koffer-; ◇ ~ **радиоприёмник** Kofferradio

переносный *прил* ‹-ая, -ое, -ые› лингв übertragen, figurativ; ◇ **в ~ом смысле** im übertragenen Sinne

переночевать *см.* **ночевать**

перенять V₁ᵦ *сов* ‹-ейму́, -еймёшь, *Imp.* -йми́, ~те, *Part. Prät. Pass.* перенятый› [**перенимать** V₁ₐ *несов*] *что вин* (*заимствовать*) entlehnen, übernehmen; (*усвоить*) aneignen; ◇ **у кого ты ~ял это?** von wem hast du das (übernommen)?

переоборудование *с₄* ‹-я› Umrüstung *f;* (*перестройка*) Umbau *m;* **переоборудовать** V₃ₐ *сов* ‹-дую, -дуешь› *что вин* umrüsten, neu ausstatten

переодеть V₅ *сов* ‹-ену, -енешь, *Imp.* -ень, ~те, *Part. Prät. Pass.* -етый› [**переодевать** V₁ₐ *несов*] *кого-что вин* umziehen, umkleiden, wechseln; ◇ ~ **рубашку** das Hemd wechseln; **переодеться** *сов* ‹-енусь, -енешься› [**переодеваться** *несов*] *без доп (1), чем тв (2)* (1) (*переменить одежду*) sich umkleiden, sich umziehen (2) (*кем-л*) sich verkleiden (als)

переосвидетельствование *с₄* ‹-я› (1) Nachprüfung *f* (2) мед Nachuntersuchung *f*

переоценивать V₁ₐ *несов* ‹-аю, -аешь› [**переоценить** V₄ₐ *сов*] *кого-что вин* überschätzen, überbewerten; ◇ ~ **свои силы** seine Kräfte überschätzen; **переоценка** *ж₁* ‹-и, *род мн:* -нок› (1) Überschätzung *f,* Überbewertung *f* (2) (*заново*) Neubewertung *f;* (*имущества*) Neuschätzung *f*

перепалка *ж₁* ‹-и, *род мн:* -лок› *разг* Streit *m,* Reibereien *f pl*

перепел *м₁* ‹-а, *мн:* -а́› Wachtel *f*

перепеленать V₁ₐ *сов* ‹-аю, -аешь, *Part. Prät. Pass.* -пелёнатый› [**перепелёнывать** V₁ₐ *несов*] *кого-что вин* neue Windeln anziehen, trockenlegen

перепечатать V₁ₐ *сов* ‹-аю, -аешь› [**перепечатывать** V₁ₐ *несов*] *что вин* (1) (*напечатать заново*) neu drucken; (*переиздать*) nachdrucken (2) (*на пишущей машинке*) abtippen, abschreiben; **перепечатка** *ж₁* ‹-и, *род мн:* -ток› (1) (*книги*) Nachdruck *m;* ◇ ~ **воспрещается** alle Rechte vorbehalten (2) (*на пишущей машинке*) Abtippen *n,* Abschreiben *n*

перепечатывать *см.* **перепечатать**

переписать * *сов* [**переписывать** V₁ₐ *несов*] ‹-ишу́, -ишешь› *что вин* (1) (*вновь*) neu schreiben; (*на пишущей машинке*) abtippen; ◇ ~ **начисто** ins Reine schreiben (2) (*списать*) abschreiben (3) (*составить список*) auflisten, ein Verzeichnis erstellen, registrieren; **переписка** *ж₁* ‹-и, *род мн:* -сок› (1) (*действие*) Abschreiben *n;* ◇ ~ **на машинке** Abtippen *n* (2) (*корреспонденция*) Briefwechsel *m;* (*служебная*) Schriftverkehr *m;* ◇ **состоять в ~е с кем-л** korrespondieren, sich schreiben; **переписываться** V₁ₐ *несов* ‹-аюсь, -аешься› *с кем тв* korrespondieren; ◇ **дети хотят ~** die Kinder möchten sich schreiben

перепись *ж₅* ‹-и› Zählung *f;* ◇ ~ **населения** Volkszählung

переплести * *сов* ‹-лету́, -летёшь, *Adv. Part. Prät.* -летя› [**переплетать** V₁ₐ *несов*] *что вин* (*книгу*) einbinden

переплетение *с₄* ‹-я› (1) (*сплетение*) Verflechtung *f,* Geflecht *n* (2) (*срастание*) Verwachsung *f* (3) (*в ткани*) Bindung *f*

переплёт *м₁* ‹-а› (*книги*) Einband *m;* ◇ **отдать книгу в ~** das Buch einbinden lassen; ◇ **в ~е** gebunden

переплывать V₁ₐ *несов* ‹-аю, -аешь› [**переплыть** * *сов*] *что вин или через что вин* (*через что-л*) (hinüber-)schwimmen; (*на лодке, пароходе*) hinüberfahren

переподготовка *ж₁* ‹-и, *род мн:* -вок› Fortbildung *f,* Weiterbildung *f*

переполнить V₄ᵦ *сов* ‹-ню, -нишь› [**переполнять** V₁ᵦ *несов*] *что вин* (*наполнить сверх меры*) überfüllen, überladen; (*набить*) vollstopfen; ◇ **сердце ~ится гневом** vor Wut schäumen

переполо́х *м₁* ‹-а› Tumult *m;* (*сутолока*) Gedränge *n*

переполоши́ть V$_{4a}$ *сов* ‹-шу́, -ши́шь› *кого-что разг* in (helle) Aufregung versetzen; (*напугать*) aufschrecken

перепо́нка *ж₁* ‹-и, *род мн:* -нок› Häutchen *n;* анат ◇ **бараба́нная перепо́нка** Trommelfell *n*

перепоруча́ть V$_{1a}$ *несов* ‹-а́ю, -а́ешь› [**перепоручи́ть** V$_{4a}$ *сов*] *что вин кому дат* übergeben; (*доверить*) anvertrauen, übertragen

перепра́ва *ж₁* ‹-ы› (*переход*) Übergang *m;* (*переезд*) Überfahrt *f;* ◇ **речна́я** ~ Fähre *f;*

перепра́вить V$_{4b}$ *сов* ‹-влю, -вишь, *Part. Prät. Pass.* -вленный› [**переправля́ть** V$_{1b}$ *несов*] *кого-что вин* ① (*перевезти*) hinüberfahren, übersetzen; ◇ ~ **на друго́й бе́рег** ans andere Ufer fahren ② (*доставить*) befördern; (*нелегально*) schleusen; ◇ ~ **че́рез грани́цу** über die Grenze schleusen ③ (*исправить*) ausbessern, verbessern; (*переделать*) umändern

перепро́бовать V$_{3a}$ *сов* ‹-бую, -буешь› *кого-что вин* durchprobieren; ◇ ~ **мно́гих исполни́телей на гла́вную роль** nacheinander mit vielen Darstellern die Hauptrolle durchspielen; (*испытать*) ausprobieren; (*на вкус*) versuchen, kosten

перепроизво́дство *с₂* ‹-а› Überproduktion *f*

перепу́г *м₁* ‹-а› Schreck *m;* ◇ **с ~у** vor Schreck

перепу́тье *с₅* ‹-я› (*перекрёсток*) Kreuzweg *m;* ◇ **быть на** ~ am Scheidewege stehen

перераба́тывать V$_{1a}$ *несов* ‹-аю, -аешь› [**перерабо́тать** V$_{1a}$ *сов*] *что вин* ① (*переделывать*) überarbeiten, umarbeiten ② (*сырьё*) verarbeiten; ◇ ~ **нефть** Erdöl verarbeiten ③ (*сверх нормы*) Überstunden machen, Mehrarbeit leisten; **перерабо́тка** *ж₁* ‹-и, *род мн:* -ток› ① (*переделка*) Umarbeitung *f;* (*текста и т. п.*) Überarbeitung *f;* (*новая редакция*) Neufassung *f* ② (*сырья*) Verarbeitung *f* ③ (*сверх нормы*) Mehrarbeit *f,* Überstunden *f pl*

перераспределе́ние *с₄* ‹-я› Umverteilung *f,* Neuverteilung *f*

перераста́ние *с₄* ‹-я› Hinauswachsen *n*

перерасти́ * *сов* ‹-ту́, -тёшь, (3) 1 и 2 л. не употр› [**перераста́ть** V$_{1a}$ *несов*] *кого-что вин (1, 2), во что вин (3)* ① (*кого-л*) größer werden (als); (*перегнать*) überholen; ◇ **сын перерос отца́** der Sohn ist größer als der Vater ② *перен* hinauswachsen (über), überflügeln ③ (*во что-л*) werden zu; (*превратиться*) sich verwandeln (in), übergehen (in)

перерасхо́д *м₁* ‹-а› (*денег*) Mehrausgabe *f;* (*материалов и т. п.*) Mehrverbrauch *m*

перерасчёт *м₁* ‹-а› Neuberechnung *f,* Umrechnung *f*

перерегистра́ция *ж₄* ‹-ии› Neuregistrierung *f;* **перерегистри́роваться** V$_{3a}$ *несов и сов* ‹-руюсь, -руешься› *без доп* sich neu registrieren lassen

перере́зать V$_{1a}$ *сов* ‹-е́жу, -е́жешь, *Imp.* -е́жь, ~те, *Part. Prät. Pass.* -ре́занный› [**перере́зывать** (1, 2), **перереза́ть** (1, 2) V$_{1a}$ *несов*] *кого-что вин* ① (*верёвку*) durchschneiden, zerschneiden ② (*преградить*) abschneiden; ◇ ~ **кому́-л доро́гу** jd-m den Weg abschneiden ③ (*зарезать*) niedermetzeln; (*животных*) abschlachten

перероди́ться V$_{4a}$ *сов* ‹-ожу́сь, -ди́шься› [**перерожда́ться** V$_{1a}$ *несов*] *без доп* ① (*стать совсем иным*) sich völlig verändern, ein neuer Mensch werden ② (*выродиться*) ausarten, entarten; (*дегенерировать*) degenerieren; **перерожде́ние** *с₄* ‹-я› ① (*изменение*) Wiedergeburt *f,* Neugeburt *f* ② (*вырождение*) Entartung *f,* Ausartung *f;* (*дегенерация*) Degeneration *f*

переры́в *м₁* ‹-а› ① (*нарушение*) Unterbrechung *f* ② (*в школе и т. п.*) Pause *f;* ◇ **обе́денный** ~ Mittagspause; ◇ **без ~а** ununterbrochen

переры́ть * *сов* ‹-ро́ю, -ро́ешь› [**перерыва́ть** V$_{1a}$ *несов*] *что вин* ① (*землю*) umgraben ② (*перебрать*) durchwühlen, durchsuchen; ◇ ~ **все ве́щи в чемода́не** den ganzen Koffer durchwühlen

переса́дка *ж₁* ‹-и, *род мн:* -док› ① (*в пути*) Umsteigen *n;* ◇ **без ~док** ohne umzusteigen ② с.-х. Umpflanzen *n,* Umtopfen *n* ③ мед (*тканей*) Transplantation *f*

пересдава́ть V$_{1a}$ *несов* ‹-а́м, -а́шь› [**пересда́ть** * *несов*] *что вин* ① (*внаём*) untervermieten ② (*экзамен*) noch einmal ablegen, wiederholen ③ (*карты*) neu verteilen

переселе́нец *м₅* ‹-нца› Umsiedler *m;* (*эмигрант*) Auswanderer *m;* **переселе́ние** *с₄* ‹-я› ① Umsiedlung *f;* (*эмиграция*) Auswanderung *f* ② (*на другую квартиру*) Umzug *m;* **пересели́ться** V$_{4a}$ *сов* ‹-лю́сь, -ли́шься› [**переселя́ться** V$_{1b}$ *несов*] *без доп* ① (*на другое место*) übersiedeln; (*поселиться*) umsiedeln; (*эмигрировать*) auswandern ② (*на другую квартиру*) umziehen

П

пересе́сть * *сов* ‹-ся́ду, -ся́дешь› [**переса́живаться** V_{1a} *несов*] *без доп* (1) (*на другое место*) sich umsetzen; ◇ ~ **со сту́ла на дива́н** sich vom Stuhl auf das Sofa setzen (2) (*сделать пересадку*) umsteigen; ◇ ~ **на ско́рый по́езд** in den Schnellzug umsteigen

пересече́ние c_4 ‹-я› (1) Kreuzung *f;* (*дорог*) Straßenkreuzung *f;* ◇ **то́чка ~я** Schnittpunkt *m* (2) (*действие*) Überquerung *f*

переска́з $м_1$ ‹-а› Wiedergabe *f;* (*изложение*) Nacherzählung *f;* **пересказа́ть** V_{1a} *сов* ‹-ажу́, -а́жешь› [**переска́зывать** V_{1a} *несов*] *что вин* (1) (*изложить содержание*) nacherzählen, wiedergeben (2) (*сообщить*) mitteilen; (*изложить*) berichten

пересла́ть V_{1a} *сов* ‹-ешлю́, -ешлёшь, *Imp.* -шли́, ~те, *Part. Prät. Pass.* пере́сланный› [**пересыла́ть** V_{1a} *несов*] *что вин* übersenden, schicken

пересма́тривать *несов от* **пересмотре́ть**

пересмо́тр $м_1$ ‹-а› (1) (*просмотр*) Durchsicht *f;* (*проверка*) Überprüfung *f* (2) (*дела, приговора*) Revision *f;* **пересмотре́ть** V_5 *сов* ‹-трю́, -о́тришь› [**пересма́тривать** V_{1a} *несов*] *что вин* (1) (*осмотреть*) durchsehen, durchgehen (2) (*проверить*) überprüfen, nachprüfen (3) (*решение и т. п.*) abändern, revidieren

пересоли́ть V_{4a} *сов* ‹-лю́, -ли́шь, *Part. Prät. Pass.* -со́ленный› [**переса́ливать** V_{1a} *несов*] *что вин* (1) versalzen (2) *разг перен* (*перейти меру*) es zu weit treiben, übertreiben

пересо́хнуть V_2 *сов* ‹-нет, -нут, 1 и 2 л. не употр, *Prät.* -со́х, *Part. Prät. Pass.* -ший› [**пересыха́ть** V_{1a} *несов*] *без доп* (*о ручье*) austrocknen; (*иссякнуть*) versiegen; ◇ **гу́бы ~ли** die Lippen wurden spröde; (*засохнуть*) ◇ **земля́ ~ла** der Boden trocknete aus

переспра́шивать V_{1a} *несов* ‹-аю, -аешь› [**переспроси́ть** V_{4a} *сов* ‹*Part. Prät. Pass.* -спро́шенный›] *кого-что вин* nachfragen

перест́авить V_{4b} *сов* ‹-влю, -вишь, *Part. Prät. Pass.* -вленный› [**переставля́ть** V_{1b} *несов*] *кого-что вин* (1) (*на другое место*) umstellen, verrücken (2) (*часы*) umstellen; (*вперёд*) vorstellen; (*назад*) zurückstellen

перестано́вка $ж_1$ ‹-и, *род мн:* -вок› (*изменение*) Umstellung *f*

переста́ть * *сов* ‹-а́ну, -а́нешь› [**перестава́ть** V_{1a} *несов*] *с инф (1), без доп (2)* (1) (*прекратить делать*) mit etw aufhören; ◇ ~ **кури́ть** aufhören zu rauchen (2) (*прекратиться*) aufhören; ◇ **дождь ~а́л** es hörte auf zu regnen

перестрахова́ться V_{3a} *сов* ‹-ху́юсь, -ху́ешься› [**перестрахо́вываться** V_{1a} *несов*] *без доп* (1) (*застраховаться снова*) sich neu versichern (2) *перен* sich absichern

перестро́ить V_{4b} *сов* ‹-о́ю, -о́ишь› [**перестра́ивать** V_{1a} *несов*] *что вин* (1) (*дом и т. п.*) umbauen (2) (*реорганизовать*) reorganisieren, umgestalten; (*изменить структуру*) umstrukturieren (3) *воен* umgruppieren (4) *муз* umstimmen, anders stimmen; **перестро́иться** *сов* ‹-о́юсь, -о́ишься› [**перестра́иваться** *несов*] *без доп* (1) *воен* sich umgruppieren (2) (*изменить деятельность*) sich umstellen; **перестро́йка** $ж_1$ ‹-и, *род мн:* -о́ек› (1) (*здания*) Umbau *m* (2) (*реорганизация*) Umgestaltung *f* (3) *полит* Perestroika *f* (4) *радио* Umschaltung *f,* Neueinstellung *f*

переступа́ть V_{1a} *несов* ‹-а́ю, -а́ешь› [**переступи́ть** V_{4a} *сов*] *что вин или через что вин* (1) (*порог*) übertreten, überschreiten; ◇ ~ **с ноги́ на́ ногу** von einem Fuß auf den anderen treten (2) *перен* übertreten; ◇ ~ **зако́н** ein Gesetz übertreten

пересчита́ть V_{1a} *сов* ‹-а́ю, -а́ешь, *Part. Prät. Pass.* -счи́танный› [**пересчи́тывать** V_{1a} *несов*] *кого-что вин* (1) (*сосчитать заново*) durchzählen, nachzählen; (*путём вычислений*) durchrechnen (2) (*выразить в других единицах*) umrechnen

пересы́лка $ж_1$ ‹-и, *род мн:* -лок› Übersendung *f,* Versand *m*

пересы́пать V_{1a} *сов* ‹-плю, -плешь› [**пересыпа́ть** V_{1a} *несов*] *что вин (1), что вин или чего род (2)* (1) (*в другое место*) umschütten (2) (*насыпать слишком много*) zu viel hineinschütten, über den Rand schütten

перетя́гивать V_{1a} *несов* ‹-аю, -аешь› [**перетяну́ть** V_2 *сов* ‹*Part. Prät. Pass.* -тя́нутый›] *кого-что вин* (1) (*передвинуть*) hinüberziehen, herüberziehen (2) *перен* (*на свою сторону*) auf seine Seite ziehen, für sich gewinnen (3) (*затянуть*) festziehen (4) (*натянуть заново*) neu aufspannen (5) (*обтянуть*) zuschnüren

переубеди́ть V_{4a} *сов* ‹1 л. ед не употр, -ди́шь, *Part. Prät. Pass.* -ждённый› [**переубежда́ть** V_{1a} *несов*] *кого-что вин* überzeugen; (*убедить в обратном*) umstimmen; (*уговорить*) überreden

переу́лок $м_1$ ‹-лка, *мн:* -лки› Gasse *f,* Querstraße *f*

переустро́йство c_2 ‹-а› Umgestaltung *f,* Neugestaltung *f*

переутоми́ться V_{4a} *сов* ‹-млю́сь, -ми́шься› [**переутомля́ться** V_{1b} *несов*] *без доп* übermüden, sich überanstrengen; (*от работы*) sich überarbeiten; **переутомле́ние** c_4 ‹-я› Übermüdung *f*, Überanstrengung *f*

переучёт $м_1$ ‹-а› ① (*перерегистрация*) Neuregistrierung *f* ② (*товаров*) Inventur *f*, Bestandsaufnahme *f*

переу́чиваться V_{1a} *несов* ‹-аюсь, -аешься› [**переучи́ться** V_{4a} *сов*] *без доп* umschulen

перефрази́ровать V_{3a} *несов и сов* ‹-рую, -руешь› *что вин* mit anderen Worten ausdrücken; (*описать*) umschreiben; (*заново сформулировать*) umbilden

перехвати́ть V_{4a} *сов* ‹-ачу́, -а́тишь, *Part. Prät. Pass.* -а́ченный› [**перехва́тывать** V_{1a} *несов*] *кого-что вин (1, 2), что вин (3, 5, 6), без доп (4)* ① (*схватить*) abfangen, erwischen ② (*письма, сведения*) abfangen; (*подслушивать*) abhorchen ③ *разг* (*наскоро поесть*) einen Bissen zu sich nehmen ④ *разг* (*преувеличить*) übertreiben ⑤ (*взять взаймы*) kurz ausleihen ⑥ (*что-л чем-л*) umschlingen, umspannen; ◇ ~ **чемода́н ремнём** einen Gurt um den Koffer spannen; *разг* ◇ **у него́ ~ло го́рло** die Kehle war ihm wie zugeschnürt

перехитри́ть V_{4a} *сов* ‹-рю́, -ри́шь› *кого-что вин* überlisten

перехо́д $м_1$ ‹-а› ① (*проход*) Übergang *m*; ◇ **подзе́мный** ~ Unterführung *f*; (*брод*) Furt *f* ② (*на чью-л сторону*) Übertritt *m* ③ воен Marsch *m*; ◇ **су́точный** ~ Tagesmarsch ④ (*чего-л во что-л*) Übergang *m*; ◇ ~ **коли́чества в ка́чество** Übergang von Quantität in Qualität

переходи́ть *несов от* **перейти́**

перехо́дный *прил* ‹-ая, -ое, -ые› ① (*промежуточный*) Übergangs-; ◇ ~ **пери́од** Übergangsphase *f*; ◇ **~ое прави́тельство** Übergangsregierung *f* ② грам transitiv

пе́рец $м_5$ ‹-рца› Pfeffer *m*; ◇ **кра́сный** ~ Paprika *m*; ◇ **чёрный** ~ schwarzer Pfeffer; ◇ **зада́ть пе́рцу кому́-л** jd-m Zunder geben

пе́речень $м_2$ ‹-чня, *мн:* -чни› Verzeichnis *n*, Register *n*; (*список*) Liste *f*

перечисле́ние c_4 ‹-я› ① (*перечень*) Aufzählung *f*, Aufzählen *n* ② фин Überweisung *f*, Umbuchung *f*, Transfer *m*; **перечи́слить** V_{4b} *сов* ‹-лю, -лишь, *Imp.* -ли, ~те› [**перечисля́ть** V_{1b} *несов*] *кого-что вин* ① (*упомянуть всех*) aufzählen; (*составить список*) auflisten; ◇ ~ **по па́льцам** an den Fingern abzählen ② (*в другую категорию*) versetzen ③ фин überweisen, transferieren

пе́речница $ж_1$ ‹-ы› Pfefferstreuer *m*

переше́ек $м_1$ ‹-ейка, *мн:* -е́йки› геогр Landenge *f*

переэкзамено́вка $ж_1$ ‹-и, *род мн:* -вок› Nachprüfung *f*

пери́ла $мн_1$ ‹пери́л› Geländer *n*; (*балюстрада*) Brüstung *f*; ◇ **опере́ться на** ~ sich an die Brüstung lehnen

пери́на $ж_1$ ‹-ы› Federbett *n*

пери́од $м_1$ ‹-а› Periode *f*, Zeitabschnitt *m*, Zeitraum *m*; ◇ **послевое́нный** ~ Nachkriegszeit *f*; ◇ ~ **расцве́та** Blütezeit *f*; спорт ◇ **пе́рвый ~ игры́** erste Spielhälfte; ◇ ~ **полово́го созрева́ния** Pubertät *f*; **периоди́ческий** *прил* ‹-ая, -ое, -ие› periodisch; ◇ **~ая печа́ть** Zeitschriften *f pl*; хим ◇ **~ая систе́ма элеме́нтов** das Periodensystem

periско́п $м_1$ ‹-а› тех Periskop *n*, Sehrohr *n*

перифери́я $ж_4$ ‹-ии› Peripherie *f*, Randgebiet *n*

перламу́тр $м_1$ ‹-а› Perlmutt *n*

перо́ c_2 ‹-а́, *мн:*-пе́рья, *род:* -ьев, *дат:* -ьям› ① (*птичье*) Feder *f* ② (*писчее*) Schreibfeder *f*; ◇ **ве́чное** ~ Füllfederhalter *m*; ◇ **взя́ться за** ~ zur Feder greifen; ◇ **ни пу́ха, ну пера́** Hals- und Beinbruch

перро́н $м_1$ ‹-а› Bahnsteig *m*

пе́рсик $м_1$ ‹-а› ① (*плод*) Pfirsich *m* ② (*дерево*) Pfirsichbaum *m*

персо́на $ж_1$ ‹-ы› Person *f*; ◇ **обе́д на де́сять персо́н** ein Essen für zehn Personen; ◇ **со́бственной ~ой** höchstpersönlich

перспекти́ва $ж_1$ ‹-ы› ① (*вид*) Perspektive *f*, Aussicht *f* ② *перен (виды на будущее)* Zukunftsaussichten *f pl*; **перспекти́вный** *прил* ‹-ая, -ое, -ые› ① (*с учётом перспективы*) Perspektiv-, perspektivisch ② (*многообещающий*) aussichtsreich

пе́рстень $м_2$ ‹-тня, *мн:* -тни› Fingerring *m*

перфока́рта $ж_1$ ‹-ы› Lochkarte *f*;

перфоле́нта $ж_1$ ‹-ы› Lochstreifen *m*

пе́рхоть $ж_5$ ‹-и› (Kopf-)Schuppen *m pl*

перча́тка $ж_1$ ‹-и, *род мн:* -ток› Handschuh *m*; ◇ **ко́жаные ~и** Lederhandschuhe; ◇ **бро́сить ~у кому́-л** jd-n herausfordern

пёс $м_1$ ‹пса, *мн:* псы› Hund *m*, Köter *m*

пе́сня $ж_2$ ‹-и, *род мн:* -сен› Lied *n*; ◇ **ста́рая** ~ immer das alte Lied

песо́к $м_1$ ‹-ска́, *мн:* -ски́› Sand *m*; *перен* ◇ **стро́ить на ~ске́ что-л** auf Sand bauen

пессими́зм $м_1$ ‹-а› Pessimismus *m*

петли́ца $ж_1$ ‹-ы› (*петля*) Knopfloch *n*

П

пéтля *ж₂* <-и, *род мн:* -тель> (1) Schlinge *f,* Schlaufe *f;* ◇ **лезть в ~ю** den Hals in die Schlinge stecken (2) (*в вязании*) Masche *f;* ◇ **поднять ~ю** eine Masche aufnehmen; ◇ **спýщенная ~** Laufmasche (3) (*в одежде*) Knopfloch *n;* (*для крючка*) Öse *f*

петрýшка *ж₁* <-и, *род мн:* -шек> Petersilie *f*

петýх *м₁* <-á, *мн:* -ú> Hahn *m;* ◇ **вставáть с ~áми** mit dem ersten Hahnenschrei aufstehen

петь * *несов* <пою, поёшь> [**про~** *сов*] *что вин* (1) singen; ◇ **~ тéнором/бáсом** Tenor/Baß singen (2) (*о соловье*) singen; (*о петухе*) krähen

пехóта *ж₁* <-ы> Infanterie *f*

печáль *ж₅* <-и> Kummer *m;* (*скорбь*) Trauer *f,* Traurigkeit *f;* ◇ **тебé что за ~?** was geht dich das an?; **печáльный** *прил* <-ая, -ое, -ые> (1) (*проникнутый печалью*) traurig, betrübt (2) (*прискорбный*) traurig, betrüblich; (*достойный сожаления*) bedauerlich

печáтать V_{1a} *несов* <-аю, -аешь> [**на~** *сов*] *что вин* (1) (*размножать*) drucken; ◇ **~ на пи́шущей маши́нке** tippen (2) (*помещать в печати*) drucken lassen, veröffentlichen (3) фото abziehen; **печáтаться** *несов* <-аюсь, -аешься> [**на~** *сов*] *без доп* (1) (*быть в печати*) im Druck sein (2) (*издавать свои труды*) veröffentlichen; **печáтник** *м₁* <-а> Drucker *m;* **печáть** *ж₅* <-и> (1) (*печатка*) Stempel *m;* ◇ **стáвить ~** abstempeln (2) *перен* Stempel *m,* Gepräge *n* (3) (*пресса*) Presse *f;* ◇ **óтзывы ~и** Pressestimmen *f pl* (4) (*печатание*) Druck *m;* ◇ **быть в ~и** in Druck sein; ◇ **готóвый к ~и** druckreif sein; ◇ **вы́йти из ~и** erscheinen; ◇ **мéлкая ~** Kleingedruckte *n*

пéчень *ж₅* <-и> Leber *f*

печéнье *с₅* <-я> Gebäck *n;* (*сухое*) Biskuit *n*

печь[1] *ж₅* <-и, о пéчи, в печи́, *мн:* -чи, *род:* -чéй> Ofen *m;* ◇ **дóменная ~** Hochofen; ◇ **микроволнóвая ~** Mikrowellenherd *m;* ◇ **лежáть на ~и́** auf der faulen Haut liegen

печь[2] * *несов* <пекý, печёшь> [**ис~** *сов*] *что вин* backen; ◇ **~ пироги́** Kuchen backen

пешехóд *м₁* <-а> Fußgänger *m*

пéшка *ж₁* <-и, *род мн:* -шек> (1) шахм Bauer *m* (2) *перен* (*о незначительном человеке*) Marionette *f*

пешкóм *нареч* zu Fuß

пещéра *ж₁* <-ы> Höhle *f*

пиани́но *с* <нескл> Klavier *n;* **пиани́ст** *м* <-а> Klavierspieler *m,* Pianist *m*

пивнáя *ж (А₁)* <-ой> Kneipe *f*

пи́во *с₂* <-а> Bier *n*

пиджáк *м₁* <-á, *мн:* -и́> Jacke *f,* Jackett *n;* ◇ **без ~á** hemdsärmelig, salopp

пижáма *ж₁* <-ы> Schlafanzug *m*

пи́ка *ж₁* <-и> (*оружие*) Lanze *f*

пилá *ж₁* <-ы́, *мн:* -ы> Säge *f;* ◇ **ди́сковая ~** Kreissäge; ◇ **лéнточная ~** Bandsäge

пили́ть V_{4a} *несов* <-лю, пи́лишь, *Part. Präs. Akt.* пи́лящий, *Part. Prät. Pass.* пи́ленный> *кого-что вин* (1) (*резать пилой*) sägen (2) (*напильником*) feilen (3) *разг перен* (*попрекать*) nörgeln

пилóт *м₁* <-а> Pilot *m;* ◇ **вторóй ~** Kopilot

пилю́ля *ж₂* <-и, *род мн:* -ль> Pille *f; перен* ◇ **проглоти́ть ~ю** eine bittere Pille schlucken

пингви́н *м₁* <-а> Pinguin *m*

пинóк *м₁* <-нкá, *мн:* -нки́> Fußtritt *m;* (*толчок*) Stoß *m*

пионéр *м₁* <-а> Pionier *m,* Wegbereiter *m*

пипéтка *ж₁* <-и, *род мн:* -ток> Pipette *f*

пир *м₁* <-а, о пи́ре, в пирý, *мн:* -ы́> Gastmahl *n,* Gelage *n;* ◇ **~ на весь мир** fürstliches Mahl

пирáт *м₁* <-а> Pirat *m,* Seeräuber *m*

пирóг *м₁* <-á, *мн:* -и́> Pirogge *f;* ◇ **~ с мя́сом** Fleischpastete *f;* **пирóжное** *с (А₁)* <-ого> Törtchen *n;* **пирожóк** *м₁* <-жкá, *мн:* -жки́> kleine Pirogge, Teigtasche *f*

пирс *м₁* <-а> мор Pier *m*

пи́сарь *м₂* <-я, *мн:* -ря́, *род:* -éй> Schreiber *m*

писáтель *м₂* <-я> Schriftsteller *m;* ◇ **~и-клáссики** Klassiker *m pl;* ◇ **Союз ~ей** Schriftstellerverband *m;* **писáть** * *несов* <пишý, пи́шешь> [**на~** *сов*] *что вин или без доп* (1) schreiben; ◇ **~ разбóрчиво** deutlich schreiben (2) (*картины*) malen; ◇ **~ мáслом** in Öl malen; ◇ **пиши́ пропáло!** das kannst du abhaken!

пистолéт *м₁* <-а> Pistole *f;* ◇ **сигнáльный ~** Leuchtpistole; ◇ **~-пулемёт** Maschinenpistole

пи́сьменный *прил* <-ая, -ое, -ые> Schreib-, schriftlich; **письмó** *с₂* <-á, *мн:* -а, *род:* -сем, *дат:* -ам> (1) Brief *m,* Schreiben *n;* ◇ **деловóе ~** Geschäftsbrief; ◇ **заказнóе ~** Einschreiben *n;* ◇ **откры́тое ~** Postkarte *f* (2) (*манера письма*) Schreibweise *f* (3) (*письменность*) Schrift *f* (4) (*искусство письма*) Schreiben *n;* ◇ **научи́ться ~у** schreiben lernen; **письмонóсец** *м₅* <-сца, *мн:* -сцы> Briefträger *m*

питáние *с₄* <-я> (1) (*пища*) Nahrung *f,* Speise *f* (2) (*действие*) Ernährung *f,* Verpflegung *f;* ◇ **дéтское ~** Kindernahrung; ◇ **недостáточное ~** mangelhafte Ernährung; ◇ **общéст-**

венное ~ Gastronomie *f* ③ тех (*энергия*) Speisung *f;* **питáть** V_{1a} *несов* ‹-áю, -áешь› [**на**~ *сов*] *кого-что вин (1), что вин (2,3)* ① (*кормить*) ernähren, verpflegen ② тех speisen, versorgen ③ *перен* (*испытывать*) hegen, nähren; (*чувствовать*) fühlen; ◇ ~ **довéрие к комý-л** zu jd-m Vertrauen haben; ◇ ~ **надéжду** Hoffnung hegen

питóмец $м_5$ ‹-мца, *мн:* -мцы› Zögling *m*

питóмник $м_1$ ‹-а› (*для разведения растений*) Baumschule *f;* (*для разведения животных*) Tierzucht *f*

пить * *несов* ‹пью, пьёшь› [**вы**~ *сов*] *что вин (1), без доп (2)* ① trinken; (*о животных*) saufen; ◇ ~ **мáленькими глоткáми** in kleinen Schlucken trinken; ◇ **как ~ дать** todsicher ② (*пьянствовать*) trinken; ◇ ~ **запóем** sich besaufen

пи́хта $ж_1$ ‹-ы› бот (Edel-)Tanne *f*

пи́ща $ж_1$ ‹-и› ① (*питание*) Nahrung *f,* Kost *f;* (*еда*) Speise *f;* ◇ **здорóвая** ~ gesunde Nahrung ② *перен* Nahrung *f;* ◇ ~ **для умá** geistige Nahrung; ◇ **давáть ~у подозрéниям** den Verdacht nähren; ◇ **давáть ~у слýхам** Gerüchten neue Nahrung geben

пищеварéние $с_4$ ‹-я› Verdauung *f*

пищевóд $м_1$ ‹-а› анат Speiseröhre *f*

пиявка $ж_1$ ‹-и, *род мн:* -вок› Blutegel *m*

плáвание $с_4$ ‹-я› ① (*действие*) Schwimmen *n* ② (*на судах*) Schiffahrt *f;* ◇ **ходи́ть в ~** zur See fahren

плáвать *неопред, см.* **плыть**

плáвки $мн_1$ ‹-вок› спорт Badehose *f*

плáвный *прил* ‹-ая, -ое, -ые› ① (*размеренный*) fließend; (*равномерный*) gleichmäßig; (*лёгкий*) leicht; ◇ **~ая речь** fließende Rede ② тех stufenlos

плакáт $м_1$ ‹-а› Plakat *n;* ◇ **реклáмный** ~ Werbeplakat

плáкать * *несов* ‹-áчу, -áчешь› *без доп (1), по кому дат (2)* ① (*лить слёзы*) weinen ② (*по кому*) jd-n beweinen, jd-m nachweinen, jd-m nachtrauern; ◇ **пáлка по немý плáчет** er verdient eine Tracht Prügel; ◇ **плáкала нáша прéмия** unsere Prämie ist dahin; ◇ **хоть плачь!** es ist zum Weinen!

плáкса $м/ж_1$ ‹-ы› Heulpeter *m; разг* (*о девочке, женщине*) Heulsuse *f*

плáмя $с_6$ ‹-мени› Flamme *f;* ◇ **вспы́хнуть ~менем** auflodern

план $м_1$ ‹-а› ① (*порядок, замысел*) Plan *m;* ◇ **составля́ть/вы́полнить** ~ einen Plan aufstellen/erfüllen; ◇ **рабóтать по ~ у** nach Plan arbeiten ② (*чертёж*) Plan *m,* Grundriß *m;* ◇ ~ **гóрода** Stadtplan; ◇ ~ **здáния** Gebäudegrundriß *m;* ◇ **на перéднем ~е** im Vordergrund; фото, кино ◇ **крýпным ~ом** Großaufnahme *f*

планёр $м_1$ ‹-а› Segelflugzeug *n*

планéта $ж_1$ ‹-ы› Planet *m*

плани́рование[1] $с_4$ ‹-я› Planung *f*

плани́рование[2] *с* ‹-я› ав Gleitflug *m*

плáнка $ж_1$ ‹-и, *род мн:* -нок› Leiste *f,* Latte *f*

планомéрный *прил* ‹-ая, -ое, -ые› planmäßig

пласт $м_1$ ‹-á, *мн:* -ы́› Schicht *f;* горн Flöz *n;* ◇ **~áми** schichtweise; ◇ **лежáть ~óм** kraftlos daliegen

плáстика $ж_1$ ‹-и› (*скульптура*) Plastik *f*

пласти́нка $ж_1$ ‹-и, *род мн:* -нок› Platte *f,* Schallplatte *f;* ◇ **напéть ~у** eine Schallplatte aufnehmen

пластмáсса $ж_1$ ‹-ы› Kunststoff *m,* Plastik *n;* ◇ **издéлия из ~ы** Kunststoffprodukte *n pl*

плáстырь $м_2$ ‹-я› Pflaster *n*

плáта $ж_1$ ‹-ы› Zahlung *f;* (*уплата*) Bezahlung *f;* (*вознаграждение*) Entlohnung *f;* ◇ **входнáя** ~ Eintrittsgeld *n;* ◇ **зáработная** ~ Arbeitslohn *m;* ◇ ~ **за учéние** Schulgeld *n*

платёж $м_2$ ‹-á› Zahlung *f;* ◇ ~ **в рассрóчку** Ratenzahlung; ◇ **прекрати́ть платежи́** Zahlungen einstellen; ◇ **налóженным платежóм** per Nachnahme; **платёжеспособный** *прил* ‹-ая, -ое, -ые› zahlungsfähig, solvent

плáтина $ж_1$ ‹-ы› Platin *n*

плати́ть V_{4a} *несов* ‹-ачý, -áтишь, *Part. Prät. Pass.* -áченный› [**за**~ *сов*] *(за) что вин (1), чем тв за что вин (2)* ① zahlen; (*за что-л*) etw bezahlen; ◇ ~ **долги́** Schulden bezahlen ② *перен* vergelten; ◇ ~ **услýгой за услýгу** eine Gefälligkeit erwidern; ◇ ~ **комý-л той же монéтой** jd-m etw mit gleicher Münze heimzahlen

платóк $м_1$ ‹-ткá, *мн:* -тки́› Tuch *n;* ◇ **головнóй** ~ Kopftuch; ◇ **носовóй** ~ Taschentuch

платфóрма $ж_1$ ‹-ы› ① (*перрон*) Bahnsteig *m* ② полит Plattform *f*

плáтье $с_5$ ‹-ья, *род мн:* -ьев› ① (*одежда вообще*) Kleidung *f;* ◇ **вéрхнее** ~ Oberbekleidung *f* ② (*женское*) Kleid *n*

плащ $м_2$ ‹-á, *мн:* -и́› Regenmantel *m*

плебисци́т $м_1$ ‹-а› Volksbefragung *f,* Plebiszit *n*

плевáть * *несов* ‹плюю́, плюёшь› [**на**~ *сов*] *без доп (1), на кого-что вин (2)* ① (*выплёвывать*) spucken ② *перен разг* (*презирать*) pfeifen (auf), geringschätzen

плед *м₁* <-а> Wolldecke *f*

пле́мя *с₆* <-мени, *мн:* -мена́, *род:* -мён, *дат:* -мена́м> ① (*основное значение*) Stamm *m;* ◇ **вождь ~мени** Stammesführer *m* ② (*поколение*) Generation *f,* Geschlecht *n*

племя́нник *м₁* <-а> Neffe *m;* **племя́нница** *ж₁* <-ы> Nichte *f*

плен *м₁* <-а> Gefangenschaft *f;* ◇ **быть в ~у́** in Gefangenschaft sein; ◇ **взять в ~** gefangennehmen; ◇ **сда́ться в ~** sich ergeben; *перен* ◇ **в ~у предрассу́дков** in Vorurteilen verhaftet sein

плени́тельный *прил* <-ая, -ое, -ые> bezaubernd, reizend; (*захватывающий*) fesselnd

плёнка *ж₁* <-и, *род мн:* -нок> ① хим, тех (*материал*) Film *m* ② биол Haut *f* ③ кино, фото Film *m;* ◇ **засня́ть на ~у** filmen; ◇ **прояви́ть ~у** einen Film entwickeln

пле́нник *м₁* <-а> Gefangener *m;* **пле́нница** *ж₁* <-ы> Gefangene *f*

пле́сень *ж₅* <-и> (*грибок*) Schimmelpilz *m*

пле́сневеть V₅ *несов* <-неет, -еют, 1 и 2 л. не употр> [**за**~ *сов*] *без доп* schimm(e)lig werden

плести́ * *несов* <плету́, плетёшь> [**с**~ *сов*] *что вин* (*корзину, косу, венок*) flechten; (*кружева*) häkeln; (*сети*) knüpfen; ◇ ~ **интри́ги** Intrigen spinnen

плётка *ж₁* <-и, *род мн:* -ток> Reitpeitsche *f*

пле́чики *мн₁* <-ов> (*вешалка*) Kleiderbügel *m*

плечо́ *с₂* <-а́, *мн:* -и, *род:* плеч, *дат:* -а́м> ① Schulter *f,* Achsel *f;* ◇ **~о́м к ~у́** Schulter an Schulter; ◇ **э́то ему́ не по ~у́** er ist dem nicht gewachsen; ◇ **име́ть го́лову на ~а́х** Köpfchen haben; ◇ **с плеч доло́й** das hätten wir hinter uns; ◇ **руби́ть с ~а́** kein Blatt vor den Mund nehmen ② тех, физ Arm *m;* ~ **рычага́** Hebelarm

плешь *ж₅* <-и> Glatze *f*

плита́ *ж₁* <-ы́, *мн:* -ы> ① (*кусок металла, камня*) Kachel *f,* Platte *f;* (*каменная*) Fliese *f* ② (*кухонная*) Herd *m;* ◇ **га́зовая** ~ Gasherd

пли́тка *ж₁* <-и, *род мн:* -ток> ① (*облицовочная*) Fliese *f,* Kachel *f* ② (*шоколада*) Tafel *f* ③ (*для разогревания*) Kochplatte *f*

плове́ц *м₁* <-вца́, *мн:* -вцы> Schwimmer *m;* **пловчи́ха** *ж₁* <-и> Schwimmerin *f*

плод *м₁* <-а́, *мн:* -ы́> Frucht *f;* ◇ **приноси́ть ~ы́** Früchte tragen; **плодово́дство** *с₂* <-а> Obstanbau *m;* **плодоро́дный** *прил* <-ая, -ое, -ые> fruchtbar, ergiebig; **плодотво́рный** *прил* <-ая, -ое, -ые> fruchtbringend; (*успешный*) erfolgreich; (*полезный*) nützlich, günstig; (*продуктивный*) produktiv

пло́мба *ж₁* <-ы> ① (*на двери и т. п.*) Plombe *f;* ◇ **наложи́ть ~у** etw versiegeln ② (*в зубе*) Zahnfüllung *f,* Zahnplombe *f;* ◇ **поста́вить ~у** plombieren

пло́ский *прил* <-ая, -ое, -ие> flach, platt, eben; ◇ **~ая стопа́** Plattfuß *m* ② *перен* flach, fade; (*тривиальный*) trivial; ◇ **~ая шу́тка** ein platter Witz

плот *м₁* <-а́, *мн:* -ы́> Floß *n*

плоти́на *ж₁* <-ы> Damm *m,* Deich *m;* (*крупная*) Staudamm *m*

пло́тник *м₁* <-а> Zimmermann *m*

пло́тный *прил* <-ая, -ое, -ые> ① (*густой*) dicht ② (*крепкий, прочный*) fest, dicht ③ *разг* (*о человеке*) stämmig, robust ④ *разг* (*о пище*) kräftig, reichlich

плохо́й *прил* <-а́я, -о́е, -и́е> (*сравн:* **ху́же**) schlecht, schlimm; ◇ ~ **за́пах** übler Geruch; ◇ **~ое здоро́вье** angeschlagene Gesundheit; ◇ **~ое настрое́ние** miese Stimmung; ◇ **с э́тим шу́тки пло́хи** damit ist nicht zu spaßen

пло́щадь *ж₅* <-и, *мн:* -ди, *род:* -де́й> ① (*пространство*) Fläche *f;* ◇ **поле́зная** ~ Nutzfläche ② (*в городе*) Platz *m* ③ мат Flächeninhalt *m*

плуг *м₁* <-а, *мн:* -и́> с.-х. Pflug *m*

плыть * *несов, опред, см.* **пла́вать** <плыву́, плывёшь> *без доп* ① schwimmen; ◇ ~ **по́ морю** zur See fahren; ◇ ~ **с аквала́нгом** tauchen ② (*на чём-л*) fahren; (*под парусами*) segeln; ◇ ~ **на плоту́** auf dem Floß treiben ③ *перен* (*об облаках*) ziehen; ◇ **луна́ плывёт по не́бу** der Mond steht am Himmel

плюс *м₁* <-а> ① (*знак*) Plus *n,* Pluszeichen *n;* ◇ **под зна́ком** ~ positiv ② (*преимущество*) Plus *n,* Vorteil *m;* ◇ **взве́сить все ~ы и ми́нусы** alle Vor- und Nachteile abwägen

пляж *м₂* <-а> (Bade-)Strand *m;* ◇ **песча́ный** ~ Sandstrand

пля́ска *ж₁* <-и, *род мн:* -сок> Tanz *m*

по *предлог с дат и вин* ① (*на поверхности*) über, auf; ◇ **пти́цы лета́ют ~ во́здуху** die Vögel kreisen in der Luft; ◇ **путеше́ствие ~ мо́рю** Fahrt übers Meer; ◇ **хло́пнуть ~ плечу́** auf die Schulter klopfen ② (*вдоль чего-л*) entlang; ◇ **идти́ ~ у́лице** die Straße entlanggehen ③ (*где-л*) in, durch; ◇ **гуля́ть ~ у́лицам** durch die Straßen schlendern; ◇ **ходи́ть ~ магази́нам** die Geschäfte abklappern ④ (*в направлении*) mit; ◇ **плыть ~ тече́нию** mit dem Strom schwimmen; ◇ **идти́ ~ следа́м зве́ря** den Spuren eines Tieres folgen ⑤ (*согласно*) laut, nach, gemäß; ◇ рабо́тать ~ пла́ну laut Plan arbeiten; ◇ суди́ть ~ вне́шности nach dem Äußeren urteilen; ◇ поступа́ть ~ зако́ну nach dem Gesetz handeln; ◇ одева́ться ~ мо́де sich modebewußt kleiden **6** (*вследствие*) aus, wegen, halber; ◇ ошиби́ться ~ рассе́янности aus Zerstreutheit einen Fehler machen; ◇ не прие́хать ~ боле́зни krankheitshalber nicht kommen **7** (*до*) bis; ◇ ~ настоя́щее вре́мя bis jetzt; ◇ ~ янва́рь включи́тельно bis einschließlich Januar **8** (*при указании на количество*) je, zu; ◇ входи́ть ~ одному́ einzeln eintreten **9** ◇ говори́ть по-ру́сски russisch sprechen **10** (*посредством*) mit, per, über; ◇ переда́ть ~ ра́дио über Funk senden; ◇ посла́ть ~ по́чте mit der [per] Post schicken **11** (*после*) nach; ◇ ~ истече́нии го́да nach Ablauf des Jahres **12** (*при указании родства, близости*) ◇ това́рищ ~ рабо́те Arbeitskollege *m* **13** (*при временных обозначениях*) an; ◇ гуля́ть ~ утра́м morgens spazierengehen; ◇ приём ~ среда́м Sprechstunde mittwochs **14** (*в области чего-л*) in; ◇ отли́чные зна́ния ~ фи́зике gute Physikkenntnisse; ◇ соревнова́ние ~ ша́хматам Schachturnier *n* **15** *разг* (*за чем-л*) nach, um; ◇ идти́ ~ грибы́ Pilze sammeln

побе́г [1] *м₁* ‹-а› (*бегство*) Flucht *f*

побе́г [2] *м* ‹-а› (*росток*) Trieb *m*, Sprößling *m*

побе́да *ж₁* ‹-ы› Sieg *m;* ◇ одержа́ть ~у einen Sieg erringen; **победи́тель** *м₂* ‹-я› Sieger *m;* ◇ вы́йти ~ем aus etw als Sieger hervorgehen; **победи́ть** V_{4a} *сов* ‹1 л. ед не употр, -ди́шь, *Part. Prät. Pass.* -ждённый› [**побежда́ть** V_{1a} *несов*] *кого-что вин (1), что вин (2)* **1** (*кого-л*) siegen über, besiegen; ◇ на́ши спортсме́ны ~ли unsere Sportler haben gesiegt **2** *перен* (*о чувстве*) überwinden; ◇ ~ страх Angst überwinden

побели́ть *см.* бели́ть

побере́жье *с₅* ‹-я› (*морское*) Küste *f*

поби́ть * *сов* ‹-бью, -бьёшь› [**побива́ть** V_{1a} *несов*] *кого-что вин* **1** (*избить*) schlagen, prügeln **2** (*победить*) schlagen, besiegen **3** (*перебить*) erschlagen, totschlagen; (*истребить*) ausrotten **4** (*разбить*) zerschlagen, zerbrechen; ◇ гра́дом ~и́ло сады́ der Hagel beschädigte die Gärten

поблагодари́ть *см.* благодари́ть

побли́зости *нареч* in der Nähe

побо́рник *м₁* ‹-а› Verfechter *m*, Anhänger *m*

побо́чный *прил* ‹-ая, -ое, -ые› Neben-; (*второстепенный*) nebensächlich, zweitrangig; ◇ ~ое де́йствие Nebenwirkung *f;* ◇ ~ проду́кт Nebenprodukt *n;* ◇ в ка́честве ~ой профе́ссии nebenberuflich

побрати́м *м₁* ‹-а› ◇ мы ~ы wir sind dicke Freunde; ◇ города́- ~ы Partnerstädte *f pl*

побуди́ть V_{4a} *сов* ‹-ужу́, -ди́шь, *Part. Prät. Pass.* -уждённый› [**побужда́ть** V_{1a} *несов*] *кого-что вин к чему дат или с инф* anspornen, animieren, bewegen (zu)

повали́ть *см.* вали́ть

по́вар *м₁* ‹-а, *мн:* -а́› Koch *m*

поведе́ние *с₄* ‹-я› Verhalten *n;* ◇ ~ в быту́ Lebensführung *f;* (*в школе*) Betragen *n;* психол Verhaltensweise *f*

повенча́ться *см.* венча́ться

пове́ренный *м (A₁)* ‹-ого› Bevollmächtigter *m*

пове́рить *см.* ве́рить

поверну́ть V_2 *сов* ‹-ну́, -нёшь, *Part. Prät. Pass.* -вёрнутый› [**повёртывать** и **повора́чивать** V_{1a} *несов*] *кого-что вин (1), без доп (2)* **1** (*перевернуть*) umdrehen, wenden; ◇ ~ рыча́г den Hebel umlegen; ◇ ~ больно́го на друго́й бок den Patienten auf die andere Seite drehen **2** (*сделать поворот*) wenden, abbiegen; ◇ ~ де́ло по-сво́ему seinen Willen durchsetzen; ◇ ~ разгово́р в другу́ю сто́рону dem Gespräch eine andere Wendung geben; **поверну́ться** *сов* ‹-ну́сь, -нёшься› [**повёртываться** и **повора́чиваться** *несов*] *без доп* sich umdrehen, sich wenden; ◇ ~ круго́м kehrtmachen; ◇ ~ на друго́й бок sich umdrehen; ◇ ~ спино́й к кому́-л jd-m den Rücken zukehren

пове́рхностный *прил* ‹-ая, -ое, -ые› oberflächlich; (*беглый*) flüchtig; **пове́рхность** *ж₅* ‹-и› Oberfläche *f*, Fläche *f;* ◇ ~ о́зера Wasserspiegel *m;* *перен* ◇ держа́ться на ~и sich über Wasser halten; *перен* ◇ лежа́ть на ~и offensichtlich sein

пове́сить *см.* ве́шать

повествова́ние *с₄* ‹-я› **1** (*действие*) Erzählen *n* **2** (*повесть*) Erzählung *f*

пове́стка *ж₁* ‹-и, *род мн:* -ток› **1** (*извещение*) Benachrichtigung *f;* юр Vorladung *f* **2** ◇ ~ дня Tagesordnung *f;* ◇ быть на ~е дня auf der Tagesordnung stehen

по́весть *ж₅* ‹-и, *мн:* -ти, *род:* -те́й› Erzählung *f*

по-ви́димому *вводное слово* anscheinend; (*вероятно*) voraussichtlich

пови́дло *с₂* ‹-а› Marmelade *f*

пови́нность *ж₅* ‹-и› Pflicht *f;* ◇ во́инская ~ Wehrpflicht

повинова́ться V_{3a} *несов* ‹-ну́юсь,

-нýешься› *кому-чему дат* gehorchen; (*подчиняться*) sich unterwerfen; *перен* ◇ ~ **гóлосу рассýдка** der Stimme der Vernunft folgen; **повиновéние** c_4 ‹-я› Gehorsam *m;* ◇ **вы́йти из ~я** den Gehorsam verweigern; ◇ **держáть когó-л в ~ии** sich jd-n untertan machen

пóвод [1] $м_1$ ‹-а› Anlaß *m,* Veranlassung *f;* ◇ ~ **для беспокóйства** Anlaß zur Sorge; ◇ **по ~у чегó-л** anläßlich

пóвод [2] *м* ‹-а, о пóводе, на -ý, *мн:* повóдья, *род:* -вóдьев› (*у лошади*) Zügel *m;* ◇ **быть на ~ý у когó-л** sich von jd-m gängeln lassen

поводóк $м_1$ ‹-дкá, *мн:* -дкú› Leine *f*

повóзка $ж_1$ ‹-и, *род мн:* -зок› Fuhrwerk *n,* Wagen *m*

поворóт $м_1$ ‹-а› (1) Wendung *f,* Drehung *f;* (*колеса, ключа*) Umdrehung *f* (2) (*место поворота*) Kurve *f,* Biegung *f* (3) *перен* Wende *f,* Umschwung *m;* ◇ ~ **к лýчшему** eine Wende zum Besseren; **поворóтливый** *прил* ‹-ая, -ое, -ые› behende; (*быстрый*) flink, hurtig; (*манёвренный*) wendig

поворóтный *прил* ‹-ая, -ое, -ые› Wende-; *перен* ◇ ~ **момéнт** Wende *f,* Wendepunkt *m*

повредúть V_{4a} *сов* ‹-ежý, -едúшь› [**повреждáть** V_{1a} *несов*] *что вин (1), кому-чему дат (2)* (1) (*что-л*) beschädigen; (*ранить*) verletzen (2) (*навредить*) schaden, Schaden zufügen

повседнéвный *прил* ‹-ая, -ое, -ые› alltäglich, Alltags-; (*обычный*) gewöhnlich; ◇ **~ые забóты** Alltagssorgen

повстáнец $м_5$ ‹-нца, *мн:* -нцы› Aufständischer *m*

повсю́ду *нареч* überall; ◇ ~ **рáдостное оживлéние** überall herrscht lebhaftes Treiben

повторéние c_4 ‹-я› Wiederholung *f;* ◇ ~ - **мать учéнья** Übung macht den Meister; **повторúть** V_{4a} *сов* ‹-рю́, -рúшь› [**повторя́ть** V_{1b} *несов*] *что вин* wiederholen; ◇ ~ **за кем-л** jd-m nachsprechen

повторúться *сов* ‹-рúтся, -ря́тся, 1 и 2 л. не употр› [**повторя́ться** *несов*] *без доп* sich wiederholen, wiederkehren; ◇ **стáрое бóльше не ~úтся** was war, wird nie wieder sein

повы́сить V_{4b} *сов* ‹-ы́шу, -ы́сишь, *Part. Prät. Pass.* -вы́шенный› [**повышáть** V_{1a} *несов*] *кого-что вин* erhöhen, heben, steigern; ◇ ~ **гóлос** die Stimme heben; ◇ ~ **зáработную плáту** den Lohn erhöhen; ◇ ~ **по слýжбе** jd-n befördern; **повышéние** c_4 ‹-я› Erhöhung *f,* Steigerung *f;* ◇ ~ **жúзненного ýровня** Steigerung des Lebensstandards; ◇ ~ **зарплáты** Lohnerhöhung; ◇ **она́ получúла ~** sie wurde befördert; ◇ ~ **цен** Preiserhöhung

повя́зка $ж_1$ ‹-и, *род мн:* -зок› Binde *f;* ◇ **нарукáвная ~** Armbinde *f;* (*перевязка*) Verband *m;* ◇ **наложúть ~у на рáну** eine Wunde verbinden

погáнка $ж_1$ ‹-и, *род мн:* -нок› Giftpilz *m*

погашéние c_4 ‹-я› Tilgung *f,* Begleichung *f*

погибáть *см.* **гúбнуть**

поглáдить *см.* **глáдить**

поглотúть V_{4a} *сов* ‹-ощý, -óтишь, *Part. Prät. Pass.* -ощённый› [**поглощáть** V_{1a} *несов*] *что вин (1, 2), кого-что вин (3)* (1) (*съесть*) verschlingen (2) (*впитать*) aufnehmen, aufsaugen; ◇ **пóчва ~úла влáгу** der Boden saugte die Feuchtigkeit auf (3) *перен* verschlingen, sich in etw vertiefen; ◇ **быть поглощённым чем-л** mit Leib und Seele dabei sein

погля́дывать V_{1a} *несов* ‹-аю, -аешь› *на кого-что вин (1), за кем-чем тв (2)* (1) (*глядеть*) ansehen, hinsehen (2) *разг* (*следить*) jd-n beaufsichtigen, auf jd-n aufpassen, überwachen; ◇ **ты за ним ~ай!** paß auf ihn auf!

поговорúть V_{4a} *сов* ‹-рю́, -рúшь› *с кем тв* reden; (*побеседовать*) sich mit jd-m unterhalten; (*обсудить*) etw besprechen; ◇ **мы ещё ~úм!** wir sprechen uns noch!

поговóрка $ж_1$ ‹-и, *род мн:* -рок› Redensart *f;* ◇ **нарóдные ~и** volkstümliche Redensarten

погóда $ж_1$ ‹-ы› Wetter *n;* ◇ **прогнóз ~ы** Wettervorhersage *f;* ◇ **э́то не дéлает ~ы** das ist nicht entscheidend

поголóвье c_5 ‹-я› с.-х. Bestand *m*

погóня $ж_2$ ‹-и› (1) (*преследование*) Verfolgung *f,* Verfolgungsjagd *f;* ◇ **в ~е за** auf der Jagd nach; ◇ ~ **за прúбылью** Profitstreben *n;* ◇ ~ **за сенсáцией** Sensationssucht *f* (2) (*преследователи*) Verfolger *m pl*

погорéть V_5 *сов* ‹-рю́, -рúшь, (1) 1 и 2 л. не употр› [**погорáть** V_{1a} *несов*] *без доп (1, 2, 4), на чём предл (3)* (1) (*о лесе*) brennen (2) (*пострадать*) abbrennen; ◇ **всё имýщество ~éло** ihr Hab und Gut ist verbrannt (3) *разг* (*потерпеть неудачу*) einen Mißerfolg erleiden; ◇ **он ~éл на махинáциях** seine Machenschaften sind aufgeflogen (4) (*вылететь с работы*) gefeuert werden

погранúчник $м_1$ ‹-а› Grenzsoldat *m;* **погранúчный** *прил* ‹-ая, -ое, -ые› Grenz-; ◇ ~ **инцидéнт** Grenzzwischenfall *m*

по́греб *м*$_1$ ‹-а, *мн:* -á› Keller *m;* ◇ **ви́нный** ~ Weinkeller

погребе́ние *с*$_4$ ‹-я› Beerdigung *f,* Bestattung *f*

погре́шность *ж*$_5$ ‹-и› (*оши́бка*) Fehler *m;* (*недоста́ток*) Mangel *m;* ◇ ~ **в расчётах** Berechnungsfehler; ◇ **допусти́ть** ~ einen Fehler machen

погро́м *м*$_1$ ‹-а› Pogrom *m o. n*

погрузи́ть V$_{4a}$ *сов* ‹-ужу́, -у́зишь, *Part. Prät. Pass.* -у́женный› [**погружа́ть** V$_{1a}$ *несов*] *кого-что вин во что вин* ① (*нагрузить*) verladen ② (*в воду*) versenken; (*окунуть*) eintauchen; **погру́зка** *ж*$_1$ ‹-и, *род мн:* -зок› Beladung *f,* Verladung *f;* (*посадка на судно*) Einsteigen *n;* **погру́зчик** *м*$_1$ ‹-а› тех Lader *m;* ◇ **ви́лочный** ~ Gabelstapler *m*

погуля́ть *см.* **гуля́ть**

под *предлог с вин и тв* ① (*ниже чего-л*) unter; ◇ **поста́вить ~ стол** unter den Tisch stellen; ◇ **спусти́ться ~ во́ду** unter Wasser tauchen ② (*в*) in, unter; ◇ ~ **дождём** im Regen; ◇ ~ **огнём** unter Beschuß ③ (*возле*) bei, vor; ◇ **жить ~ Москво́й** bei Moskau wohnen ④ (*при*) unter; ◇ **взять ~ свою́ защи́ту** unter seinen Schutz nehmen; ◇ **рабо́тать ~ руково́дством кого́-л** unter jd-s Leitung arbeiten ⑤ (*во временном смысле*) gegen, an, vor; ◇ ~ **ве́чер** gegen Abend; ◇ ~ **Но́вый год** kurz vor Neujahr ⑥ (*наподобие*) -artig; ◇ **обо́и ~ де́рево** Tapeten mit Holzmuster; *разг* ◇ **отде́лать ~ оре́х** herunterputzen ⑦ (*для*) für; ◇ **помеще́ние ~ клуб** Raum für den Klub ⑧ (*в сопровождении*) unter, mit; ◇ **петь ~ аккомпанеме́нт** mit Begleitung singen

подави́ть V$_{4a}$ *сов* ‹-влю́, -а́вишь, *Part. Prät. Pass.* -а́вленный› [**подавля́ть** V$_{1b}$ *несов*] *кого-что вин* ① unterdrücken; ◇ ~ **смех** sich das Lachen verkneifen ② воен niederschlagen; ◇ ~ **восста́ние** einen Aufstand niederschlagen; **подавле́ние** *с*$_4$ ‹-я› Unterdrükkung *f;* (*восстания*) Niederschlagung *f;* **пода́вленный** *прич* ‹-ая, -ое, -ые› niedergeschlagen, deprimiert

подавля́ющий *прич* ‹-ая, -ее, -ие› überwältigend, erdrückend; ◇ **~ее большинство́** überwältigende Mehrheit

пода́гра *ж*$_1$ ‹-ы› мед Gicht *f*

подари́ть *см.* **дари́ть**

пода́рок *м*$_1$ ‹-рка, *мн:* -рки› Geschenk *n;* *перен* ◇ ~ **судьбы́** ein Geschenk des Himmels

пода́тливый *прил* ‹-ая, -ое, -ые› ① (*о предметах*) geschmeidig; (*эластичный*) elastisch ② (*о человеке*) nachgiebig, gefügig

пода́ть * *сов* ‹-а́м, -а́шь› [**подава́ть** V$_{1a}$ *несов*] *что вин* ① (*поднести*) reichen; ◇ ~ **обе́д** das Mittagessen servieren; ◇ ~ **кому́-л пальто́** jd-m den Mantel reichen ② (*заявление*) einreichen; ◇ ~ **на алиме́нты** Alimente beantragen; ◇ ~ **зая́вку** einen Antrag stellen; ◇ ~ **на кого́-л в суд** jd-n verklagen; ◇ ~ **в отста́вку** zurücktreten ③ спорт (*мяч*) aufschlagen, anstoßen

пода́ча *ж*$_1$ ‹-и› ① (*заявления*) Einreichung *f* ② (*голосов*) Abgabe *f* ③ спорт (*в волейболе*) Aufschlag *m,* Angabe *f;* (*в футболе*) Zuspiel *n,* Anstoß *m* ④ тех Zuführung *f,* Vorschub *m;* (*снабжение*) Belieferung *f*

пода́чка *ж*$_1$ ‹-и, *род мн:* -чек› *разг* Almosen *n;* (*милостыня*) milde Gabe *f*

подая́ние *с*$_4$ ‹-я› Almosen *n*

подба́вить V$_{4b}$ *сов* ‹-влю, -вишь› [**подбавля́ть** V$_{1b}$ *несов*] *что вин или чего род* hinzufügen, hinzutun; ◇ ~ **са́хару в ко́фе** ein bißchen Zucker in den Kaffee geben

подбежа́ть * *сов* ‹-егу́, -жи́шь› [**подбега́ть** V$_{1a}$ *несов*] *к кому-чему дат* herbeilaufen

подби́ть * *сов* ‹-добью́, -добьёшь› [**подбива́ть** V$_{1a}$ *несов*] *кого-что вин* ① (*гвоздями снизу*) beschlagen (von unten); ◇ ~ **подмётки** besohlen ② (*подшить подкладку*) füttern; ◇ ~ **ва́той** wattieren ③ (*подстрелить*) anschießen, treffen ④ (*причинить увечье*) schlagen, verletzen; ◇ **подби́тый глаз** blaues Auge

подбодри́ть V$_{4a}$ *сов* ‹-рю́, -ри́шь› [**подбодря́ть** V$_{1b}$ *несов*] *кого-что вин* ermutigen, aufmuntern

подбо́р *м*$_1$ ‹-а› ① (*отбор*) Auslese *f,* Auswahl *f* ② (*набор*) Zusammenstellung *f;* ◇ ~ **кра́сок** Farbzusammenstellung; ◇ ~ **материа́лов** Materialwahl; ◇ **как на** ~ (wie) ausgesucht

подборо́док *м*$_1$ ‹-дка, *мн:*-дки› Kinn *n;* ◇ **двойно́й** ~ Doppelkinn

подбро́сить * *сов* ‹-о́шу, -о́сишь› [**подбра́сывать** V$_{1a}$ *несов*] *кого-что вин, что вин или чего род (2)* ① (*вверх*) hochwerfen ② (*подбавить*) hinzutun, nachlegen; ◇ ~ **дров в печь** Brennholz in den Ofen nachlegen ③ *разг* (*доставить*) hinbringen, schicken ④ *перен* unterschieben, heimlich zustecken

подва́л *м*$_1$ ‹-а› ① (*помещение*) Keller *m* ② (*в газете*) untere Hälfte einer Zeitungsseite

подве́домственный *прич* ‹-ая, -ое, -ые› untergeordnet; ◇ **учрежде́ние, ~ое министе́рству** dem Ministerium unterstellte Behörde

П

подвезти́ * *сов* <-зу́, -зёшь> [**подвози́ть** V_{4a} *несов* <*Part. Präs. Pass.* -вози́мый>] *кого-что вин* (1) (*привезти*) heranfahren, heranbefördern (2) (*попутчика*) mitnehmen

подве́ргнуть V_2 *сов* <-ну, -нешь, *Part. Prät. Pass.* -нутый> [**подверга́ть** V_{1a} *несов*] *кого-что вин чему дат* (1) (*проверке*) unterziehen; ◇ ~ **испыта́нию** einer Prüfung unterziehen (2) (*чему-л неприятному*) aussetzen; ◇ ~ **свою́ жизнь опа́сности** sein Leben einer Gefahr aussetzen

подверну́ть V_2 *сов* <-ну́, -нёшь, *Part. Prät. Pass.* -вёрнутый> [**подвёртывать** V_{1a} *несов*] *что вин* (1) (*подвинтить*) anziehen (2) (*загнуть*) umschlagen, umkrempeln (3) *разг* (*вывихнуть*) sich das Bein verrenken

подвести́ * *сов* <-еду́, -едёшь> [**подводи́ть** V_{4a} *несов* <*Part. Prät. Pass.* -едённый>] *кого-что вин* (1) (*привести*) zuführen, zuleiten; ◇ ~ **доро́гу к стро́йке** eine Straße bis zur Baustelle bauen (2) *разг* (*обмануть*) hereinlegen; (*не помочь*) im Stich lassen

по́двиг $м_1$ <-а> große Tat *f*, Heldentat *f*

подвижно́й *прил* <-а́я, -о́е, -ы́е> (1) (*двигающийся, не укреплённый*) beweglich, verstellbar (2) (*о человеке*) rege; (*живой, подвижный*) lebhaft; ◇ ~ **ребёнок** aufgewecktes Kind

подви́нуть V_2 *сов* <-ну, -нешь> [**подвига́ть** V_{1a} *несов*] *кого-что вин* (1) (*переместить*) verrücken, verschieben; ◇ ~ **стул в сто́рону** einen Stuhl zur Seite rücken (2) *перен* (*продвинуть*) vorwärtsbringen, vorantreiben, Fortschritte machen

подво́да $ж_1$ <-ы> Fuhrwerk *n*

подводи́ть *несов от* **подвести́**

подво́дный *прил* <-ая, -ое, -ые> Unterwasser-, Untersee-; ◇ **~ая ло́дка** Unterseeboot *n;* ◇ **су́дно на ~ых кры́льях** Tragflügelboot *n*

подво́х $м_1$ <-а> *разг* (*хитрость*) List *f;* (*ловушка*) Falle *f*

подгото́вить V_{4b} *сов* <-влю, -вишь> [**подготовля́ть** и **подгота́вливать** V_{1b} *несов*] *что вин (1), кого-что вин к чему дат (2)* (1) (*приготовить*) vorbereiten; (*заготовить*) fertigmachen (2) (*обучить*) schulen, ausbilden; ◇ ~ **ученика́ к экза́менам** einen Schüler auf die Prüfung vorbereiten; **подгото́виться** *сов* <-влюсь, -вишься> [**подгота́вливаться** и **подготовля́ться** *несов*] *к чему дат* sich vorbereiten; **подгото́вка** $ж_1$ <-и, *род мн:* -вок> (1) Vorbereitung *f* (2) (*обучение*) Schulung *f*, Ausbildung *f;* (*запас знаний*) Vorbildung *f*

подгру́ппа $ж_1$ <-ы> Untergruppe *f*, Unterabteilung *f*

по́дданный *м (А 1)* <-ого> Staatsangehöriger *m;* **по́дданство** $с_2$ <-а> Staatsangehörigkeit *f*

подда́ться * *сов* <-а́мся, -а́шься> [**поддава́ться** V_{1a} *несов*] *на что вин* (1) nachgeben; ◇ **дверь с трудо́м ~ла́сь** die Tür ließ sich nur schwer öffnen (2) (*сдаться*) nachgeben; ◇ ~ **на уговоры** sich überreden lassen; ◇ **не ~ угро́зам** sich nicht einschüchtern lassen; ◇ ~ **чьему́-л влия́нию** sich beeinflussen lassen

подде́лать V_{1a} *сов* <-аю, -аешь> [**подде́лывать** V_{1a} *несов*] *что вин* fälschen, verfälschen; ◇ ~ **чью-л по́дпись** jd-s Unterschrift fälschen; **подде́лка** $ж_1$ <-и, *род мн:* -лок> Fälschung *f;* (*подражание*) Nachahmung *f;* (*имитация*) Imitation *f*

поддержа́ть V_{1a} *сов* <-жу́, -е́ржишь, *Imp.* -жи́, ~те, *Part. Prät. Pass.* -е́ржанный> [**подде́рживать** V_{1a} *несов*] *кого-что вин* (1) (*подпереть*) halten, stützen (2) *перен* (*помочь*) unterstützen, jd-m beistehen (3) (*одобрить*) unterstützen, befürworten (4) (*дружбу, знакомство*) unterhalten; ◇ ~ **отноше́ния с кем-л** Beziehungen zu jd-m aufrechterhalten; **подде́ржка** $ж_1$ <-и, *род мн:* -жек> (1) Unterstützung *f;* (*помощь*) Beistand *m* (2) (*опора*) Stütze *f*

поде́йствовать *см.* **де́йствовать**

подели́ть(ся) *см.* **дели́ть(ся)**

поделóм *нареч* ◇ ~ **ему́!** das geschieht ihm recht!

подёнщик $м_1$ <-а> Tagelöhner *m*

подéржанный *прич* <-ая, -ое, -ые> gebraucht; (*об одежде*) getragen; ◇ **~ая маши́на** Gebrauchtwagen *m*

поджа́ристый *прил* <-ая, -ое, -ые> gut angebraten, geröstet; (*хрустя́щий*) knusprig

поджéчь * *сов* <-дожгу́, -дожжёшь> [**поджига́ть** V_{1a} *несов*] *что вин* anzünden, anstecken; (*вызвать пожар*) Feuer legen; ◇ ~ **сара́й** eine Scheune anzünden; **поджо́г** $м_1$ <-а> Brandstiftung *f*

подзаголо́вок $м_1$ <-вка, *мн:* -вки> Untertitel *m*

подзащи́тный *м (А 1)* <-ого> юр Mandant *m*

подземе́лье $с_5$ <-я> unterirdisches Gewölbe *n*, Verließ *n;* (*подвал*) Kellergeschoß *n;* **подзе́мный** *прил* <-ая, -ое, -ые> unterirdisch, unter Tage; ◇ ~ **ход** Fußgängerunterführung

подкарау́ливать V_{1a} *несов* <-аю, -аешь> [**подкарау́лить** V_{4b} *сов*] *кого-что вин разг* jd-m auflauern; (*перехватить*) abfangen

подкача́ть V_{1a} *сов* ‹-а́ю, -а́ешь, *Part. Prät. Pass.* -ка́чанный› [**подка́чивать** V_{1a} *несов*] *что вин или чего род (1), без доп (2)* ① (*раскачать*) hinzupumpen, aufpumpen ② (*подвести*) versagen; ◇ **его́ здоро́вье ~а́ло** seine Gesundheit ließ es nicht zu; (*разочаровать*) enttäuschen

подки́дыш $м_2$ ‹-а› Findelkind *n*, ausgesetztes Kind *n*

подкла́дка $ж_1$ ‹-и, *род мн:* -док› ① (*одежды*) Futter *n;* ◇ **пальто́ на ~е** gefütterter Mantel ② *перен* Hintergrund *m* ③ *тех* Unterlage *f*

подко́ва $ж_1$ ‹-ы› Hufeisen *n*

подко́п $м_1$ ‹-а› ① (*подземный ход*) Mine *f*, unterirdischer Gang *m* ② *разг перен* Unterminierung *f*, Intrige *f*

подкрепи́ть V_{4a} *сов* ‹-плю́, -пи́шь, *Part. Prät. Pass.* -плённый› [**подкрепля́ть** V_{1b} *несов*] *кого-что вин* ① (*едой*) stärken; (*питьём*) erfrischen ② *воен* verstärken ③ (*подтвердить*) untermauern; (*обосновать*) bekräftigen, erhärten; ◇ **~ своё мне́ние ве́скими до́водами** seine Meinung mit gewichtigen Argumenten untermauern; **подкрепле́ние** $ж_4$ ‹-я› ① (*едой*) Stärkung *f;* (*питьём*) Erfrischung *f* ② *воен* Verstärkung *f* ③ (*подтверждение*) Bekräftigung *f*

по́дкуп $м_1$ ‹-а› Bestechung *f;* **подкупи́ть** V_{4a} *сов* ‹-плю́, -у́пишь, *Part. Prät. Pass.* -у́пленный› [**подкупа́ть** V_{1a} *несов*] *кого-что вин (1, 2), чего род (3)* ① (*деньгами и т. п.*) bestechen, Schmiergelder zahlen ② (*очаровать*) bezaubern, bestechen; ◇ **~ улы́бкой** mit einem Lächeln bezaubern ③ (*купить дополнительно*) dazukaufen; **подку́пный** *прил* ‹-ая, -ое, -ые› bestechlich, käuflich; ◇ **~ые чино́вники** bestechliche Beamten

подлежа́ть * *несов* ‹-жу́, -жи́шь› *чему дат* unterliegen, unterworfen sein; ◇ **~ обложе́нию нало́гами** steuerpflichtig sein; ◇ **э́то не ~и́т сомне́нию** das steht außer Zweifel; ◇ **не ~и́т оглаше́нию!** vertraulich!

подлежа́щее *с* (A_2) ‹-его› *грам* Subjekt *n*

подле́ц $м_1$ ‹-а́, *мн:* -ы́› Schuft *m*, Schurke *m*

подли́вка $ж_1$ ‹-и, *род мн:* -вок› Soße *f*

подли́за *м*, $ж_1$ ‹-ы› *разг* Schmeichler *m*, Schleimer *m*

по́длинник $м_1$ ‹-а› Original *n*, Urtext *m;* ◇ **в ~е** im Original; **по́длинный** *прил* ‹-ая, -ое, -ые› ① (*оригинальный*) Original-, authentisch ② (*истинный*) echt; ◇ **он показа́л своё ~ое лицо́** er zeigte sein wahres Gesicht

подли́ть * *сов* ‹-долью́, -дольёшь› [**подлива́ть** V_{1a} *несов*] *что вин или чего род* hinzugießen; (*позже*) nachgießen; ◇ **~ ма́сла в ого́нь** Öl ins Feuer gießen

подлоко́тник $м_1$ ‹-а› Armlehne *f*

по́длость $ж_5$ ‹-и› Niedertracht *f*, Gemeinheit *f;* ◇ **соверши́ть ~** eine Gemeinheit begehen; **по́длый** *прил* ‹-ая, -ое, -ые› niederträchtig, gemein

подма́зать * *сов* ‹-а́жу, -а́жешь› [**подма́зывать** V_{1a} *несов*] *что вин (1), кого-что вин (2)* ① (*мазью*) einschmieren; (*жиром*) einfetten ② *разг* (*подкупить*) schmieren, bestechen, Schmiergelder zahlen

подмасте́рье $м_5$ ‹-я› Geselle *m*

подме́на $ж_1$ ‹-ы› Auswechslung *f;* (*тайная замена*) Unterschiebung *f*, Vertauschung *f;* **подмени́ть** V_{4a} *сов* ‹-ню́, -е́нишь› [**подме́нивать** V_{1a} и **подменя́ть** V_{1b} *несов*] *кого-что вин* ① (*заменить*) (heimlich) austauschen; (*неправомерно*) jd-m etw unterschieben ② *перен* (*брать на себя чьи-л обязанности*) ablösen; ◇ **его́ как бу́дто ~ли** er ist wie ausgetauscht

подмести́ * *сов* ‹-мету́, -метёшь› [**подмета́ть** V_{1a} *несов*] *что вин* kehren, fegen; ◇ **~ му́сор под крыльцо́** den Müll unter die Treppe kehren

подмётка $ж_1$ ‹-и, *род мн:* -ток› Schuhsohle *f;* ◇ **поста́вить но́вые ~и** die Schuhe neu besohlen; ◇ **он ему́ в ~и не годи́тся** er kann ihm das Wasser nicht reichen

подмо́га $ж_1$ ‹-и› (*содействие*) Beistand *m;* (*помощь*) Hilfe *f;* (*поддержка*) Unterstützung *f;* ◇ **прийти́ на ~у кому́-л** jd-m helfen

подмо́стки $мн_1$ ‹-ков› ① (*настил*) Gerüst *n*, Gestell *n* ② (*сцена*) Bühne *f*

подмы́шка $ж_1$ ‹-и, *род мн:* -шек› Achselhöhle *f*, Achsel *f;* ◇ **нести́ что-л под мы́шкой** etw unter dem Arm tragen

поднево́льный *прил* ‹-ая, -ое, -ые› ① (*принуди́тельный*) Zwangs-, erzwungen; ◇ **~ труд** Zwangsarbeit *f* ② (*зависимый*) abhängig; (*подчинённый*) untertan

поднести́ * *сов* ‹-су́, -сёшь› [**подноси́ть** V_{4a} *несов*] *кого-что вин (1), что вин кому дат (2, 3)* ① (*принести*) heranbringen, herantragen; ◇ **~ кни́гу к глаза́м** das Buch nah an die Augen halten; ◇ **~ ло́жку ко рту́** den Löffel zum Mund führen ② (*преподнести*) überreichen, bringen ③ (*угостить*) bewirten, anbieten; ◇ **~ торт** eine Torte servieren

подно́жие $с_4$ ‹-я› ① (*пьедестал*) Sockel *m* ② (*горы*) Fuß *m*

П

подно́жка *жс₁* ‹-и, *род мн:* -жек› (1) (*автомобиля и т. п.*) Trittbrett *n* (2) ◇ **подста́вить ~у кому́-л** jd-m ein Bein stellen

подно́с *м₁* ‹-а› Tablett *n*

подноси́ть *несов от* **поднести́**

подноше́ние *с₄* ‹-я› (*подарок*) Geschenk *n*

подня́тие *с₄* ‹-я› Heben *n;* (*кверху*) Aufheben *n;* (*занавеса*) Aufziehen *n;* (*флага*) Hissen *n;* ◇ **голосова́ть ~ем рук** durch Handzeichen abstimmen

подня́ть * *сов* ‹-ниму́, -ни́мешь› [**поднима́ть** V_{1a} *несов*] *кого-что (1, 3, 4), что вин (2, 5)* (1) (*взять*) heben, aufheben; (*кверху*) hochheben; ◇ ~ **пыль** Staub aufwirbeln; ◇ ~ **тя́жесть** Gewicht heben; ◇ ~ **флаг** die Flagge hissen; ◇ ~ **я́корь** den Anker werfen (2) *перен* (*повысить*) erhöhen, steigern; ◇ ~ **производи́тельность труда́** die Arbeitsproduktivität steigern; ◇ ~ **у́ровень воды́** den Wasserspiegel erhöhen (3) (*разбудить*) aufwecken; ◇ ~ **с посте́ли** jd-n aus dem Bett holen (4) (*поставить на ноги*) (auf-)stellen (5) *перен* (*вопрос и т. п.*) anschneiden; ◇ ~ **вопро́с** eine Frage aufwerfen; ◇ ~ **крик** in Geschrei ausbrechen; ◇ ~ **восста́ние** einen Aufstand machen; **подня́ться** *сов* ‹-ниму́сь, -ни́мешься, (3, 5) 1 и 2 л. не употр› [**поднима́ться** *несов*] *без доп (1, 3, 5), на что вин (2), на/против кого-что вин (4)* (1) (*встать*) sich erheben, aufstehen; ◇ **ра́но** ~ **с посте́ли** früh aufstehen; ◇ ~ **по́сле боле́зни** nach einer Krankheit wieder auf die Beine kommen (2) (*наверх*) steigen, heraufkommen, besteigen (3) (*повыситься*) sich erhöhen, steigen; ◇ **це́ны ~ли́сь** die Preise sind gestiegen (4) (*восстать*) sich erheben, einen Aufstand machen; ◇ ~ **на борьбу́** sich zum Kampf erheben (5) (*возникнуть*) entstehen, aufkommen, sich erheben; ◇ ~ **ла́сь бу́ря** ein Sturm kam auf; ◇ ~ **лся шум** es wurde laut

подо́бный *прил* ‹-ая, -ое, -ые› (1) (*сходный*) ähnlich, gleichartig; (*аналогичный*) analog; ◇ **~ым о́бразом** in gleicher Weise (2) (*такой*) solche(r, s); ◇ **в ~ых слу́чаях** in solchen Fällen; ◇ **ничего́ ~ого** nichts dergleichen; ◇ **и тому́ ~ое (и т. п.)** und dergleichen mehr

подобра́ть * *сов* ‹-дберу́, -дберёшь› [**подбира́ть** V_{1a} *несов*] *кого-что вин* (1) (*поднять*) aufsammeln, aufheben, auflesen; ◇ ~ **рассы́павшиеся бума́ги** heruntergefallene Blätter aufheben (2) (*выбрать*) auswählen; ◇ ~ **га́лстук к руба́шке** eine Krawatte zum Hemd aussuchen; (*составить*) zusammenstellen; ◇ ~ **му́зыку к слова́м** einen Text musikalisch unterlegen (3) ◇ ~ **пла́тье** das Kleid hochraffen; ◇ ~ **во́лосы** die Haare hochstecken; ◇ ~ **живо́т** den Bauch einziehen

подогна́ть * *сов* ‹-дгоню́, -дго́нишь› [**подгоня́ть** V_{1b} *несов*] *кого-что вин* (1) (*поторопить*) antreiben, anspornen (2) (*приспособить*) abstimmen; ◇ ~ **о́тпуск к прие́зду сы́на** den Urlaub auf die Ankunft des Sohnes abstimmen; (*приладить*) anpassen

пододея́льник *м₁* ‹-а› Bettbezug *m*

подозрева́ть V_{1a} *несов* ‹-а́ю, -а́ешь› *кого-что вин в чём предл (1), что вин (2)* (1) (*иметь подозрение*) verdächtigen, gegen jd-n Verdacht hegen; ◇ ~ **в обма́не** jd-n des Betrugs verdächtigen (2) (*предполагать*) vermuten, ahnen; ◇ **у больно́го ~ют анги́ну** bei dem Kranken wird eine Angina vermutet;

подозре́ние *с₄* ‹-я› (1) (*предположение*) Verdacht *m;* ◇ **заде́ржан по ~ию в кра́же** wegen des Verdachts auf Diebstahl festgenommen (2) (*недоверие, предчувствие*) Mißtrauen *n,* Argwohn *m;* ◇ **навле́чь на себя́** ~ sich verdächtig machen; **подозри́тельный** *прил* ‹-ая, -ое, -ые› (1) (*вызывающий подозрение*) verdächtig (2) (*недоверчивый*) mißtrauisch, argwöhnisch

подойти́ * *сов* ‹-ойду́, -ойдёшь› [**подходи́ть** V_{4a} *несов*] *к кому-чему дат (1, 2), на что вин (3)* (1) herankommen, herantreten; (*приблизиться*) sich nähern; ◇ ~ **к окну́** an das Fenster treten; (*наступить*) kommen, heranrücken (2) (*отнестись*) behandeln, gegenüberstehen; ◇ **крити́чески** ~ jd-m kritisch gegenüberstehen (3) (*годиться*) taugen; ◇ **он не ~ёт на э́ту до́лжность** er taugt für dieses Amt nicht (4) (*соответствовать*) entsprechen, passen; ◇ **э́то пальто́ мне ~ёт** der Mantel steht mir; ◇ **э́то мне не ~ёт** das paßt mir nicht, ich bin dagegen

подоко́нник *м₁* ‹-а› Fensterbank *f*

подопе́чный I. *прил* ‹-ая, -ое, -ые› (1) *юр* (*о лицах*) unter Vormundschaft stehend; (*об имуществе*) Treuhand- II. *м* (*A₁*) ‹-ого› *перен* Zögling *m*

подоплёка *жс₁* ‹-и› *разг* (*причина*) Beweggrund *m;* (*взаимосвязь*) Hintergrund *m*

подорва́ть V_{1a} *сов* ‹-ву́, -вёшь, *Imp.* -ви́, ~те, *Part. Prät. Pass.* -до́рванный› [**подрыва́ть** V_{1a} *несов*] *что вин* (1) (*взорвать*) sprengen (2) *перен* (*нанести вред*) untergraben, unterminieren; ◇ ~ **чей-л авторите́т** jd-s Autorität untergraben

подотчётный *прил* ‹-ая, -ое, -ые› (1) (*о*

человеке) rechenschaftspflichtig ② фин *(требующий отчёта)* abrechnungspflichtig

подписа́ние *с₄* <-я> Unterzeichnung *f;* ◇ ~ **догово́ра** Vertragsunterzeichnung *f;* **подписа́ть** * *сов* <-ишу́, -и́шешь> [**подпи́сывать** V*1a* *несов*] *что вин* ① *(заверить)* unterschreiben, unterzeichnen ② *(дополнить)* hinzufügen, dazuschreiben; **подписа́ться** *сов* <-ишу́сь, -и́шешься> [**подпи́сываться** *несов*] *на что вин* abonnieren; ◇ ~ **на газе́ту** eine Zeitung abonnieren; **подпи́ска** *ж₁* <-и, *род мн:* -сок> ① *(договор на доставку)* Abonnement *n;* *(на издание)* Bestellung *f;* *(на многотомное издание)* Subskription *f* ② *(письменное обязательство)* schriftliche Verpflichtung *f;* **подпи́счик** *м₁* <-а> Abonnent *m;* **по́дпись** *ж₅* <-и> Unterschrift *f;* ◇ **поста́вить свою́** ~ seine Unterschrift unter etw setzen; ◇ **за** ~**ю** unterzeichnet

подполко́вник *м₁* <-а> Oberstleutnant *m*

подпо́лье *с₅* <-я> ① *(помещение)* Keller *m;* ◇ **спусти́ться в** ~ in den Keller gehen ② *(организации)* Untergrundbewegung *f,* Illegalität *f;* ◇ **рабо́тать в** ~ im Untergrund arbeiten; ◇ **уйти́ в** ~ untertauchen; **подпо́льщик** *м₁* <-а> Illegaler *m*

подпра́вить V*4b* *сов* <-влю, -вишь> [**подправля́ть** V*1b* *несов* <*Part. Prät. Pass.* -вленный>] *что вин* *(исправить)* ein wenig ausbessern; *(починить)* reparieren; *(внести поправки)* korrigieren

подража́ние *с₄* <-я> Nachahmung *f;* **подража́ть** V*1a* *несов* <-а́ю, -а́ешь> *кому-чему дат в чём предл* nachmachen, nachahmen

подразделе́ние *с₄* <-я> ① *(действие)* Unterteilung *f,* Gliederung *f;* ◇ **глава́ име́ет не́сколько** ~**ий** das Kapitel ist in einige Punkte untergliedert ② *(часть раздел)* Unterabteilung *f* ③ воен Einheit *f*

подразумева́ть V*1a* *несов* <-а́ю, -а́ешь> *кого-что вин* *(под чем-л)* (darunter) verstehen; *(иметь в виду)* (damit) meinen

подро́бность *ж₅* <-и> Detail *n,* Einzelheit *f;* ◇ **не вдава́ться в** ~**и** nicht ins Detail gehen; ◇ **рассказа́ть со все́ми** ~**ями** in allen Einzelheiten erzählen; **подро́бный** *прил* <-ая, -ое, -ые> ausführlich, detailliert

подро́сток *м₁* <-тка, *мн:* -тки> Jugendlicher *m,* Teenager *m*

подру́га *ж₁* <-и> Freundin *f*

по-дру́жески *нареч* freundschaftlich; *(по-товарищески)* kameradschaftlich

подружи́ться *см.* **дружи́ться**

подру́чный *м (А₁)* <-ого> Handlanger *m,* Hilfsarbeiter *m*

подры́в *м₁* <-а> ① воен Sprengung *f* ② *перен (авторитета)* Unterminierung *f;* *(здоровья)* Schädigung *f*

подры́ть * *сов* <-ро́ю, -ро́ешь> [**подрыва́ть** V*1a* *несов*] *что вин или чего род* untergraben, tiefer graben

подря́д [1] *м₁* <-а> Auftrag *m;* *(договор)* (Werk-)Vertrag *m;* ◇ ~ **на постро́йку** Bauauftrag; ◇ **по** ~**у** auftragsgemäß

подря́д [2] *нареч* der Reihe nach, nacheinander

подря́дчик *м₁* <-а> Unternehmer *m;* *(предприниматель)* Lieferant *m*

подсади́ть V*4a* *сов* <-ажу́, -а́дишь, *Part. Prät. Pass.* -а́женный> [**подса́живать** V*1a* *несов*] *кого-что вин (1), кого-что вин к кому-чему дат (2), что вин или чего род (3)* ① *(помочь взобраться)* hinaufhelfen; ◇ ~ **ребёнка в авто́бус** dem Kind in den Bus helfen ② *(поместить рядом)* sich zu jd-m setzen ③ *(растения)* nachpflanzen; ◇ ~ **капу́сты** Kohl nachpflanzen

подсве́чник *м₁* <-а> Kerzenständer *m*

подсе́сть * *сов* <-ся́ду, -ся́дешь> [**подса́живаться** V*1a* *несов*] *без доп* sich setzen (neben, zu); *(пододвинуться)* näher heranrücken

подсказа́ть V*1a* *сов* <-ажу́, -а́жешь> [**подска́зывать** V*1a* *несов*] *что вин кому дат* ① *(указать)* vorsagen; театр soufflieren ② *(внушить)* eingeben, auf den Gedanken bringen; **подска́зка** *ж₁* <-и, *род мн:* -зок> Vorsagen *n;* ◇ **де́йствовать по чьей-л** ~**е** auf jd-s Rat hin handeln

подскочи́ть V*4a* *сов* <-очу́, -о́чишь> [**подска́кивать** V*1a* *несов*] *без доп* ① *(кверху)* hochspringen, aufspringen; ◇ ~ **от ра́дости** vor Freude hochspringen ② *(о температуре, ценах)* hochschnellen, abrupt ansteigen; ◇ **давле́ние** ~**и́ло** der Druck stieg schnell an

подсле́дственный *м (А₁)* <-ого> Untersuchungshäftling *m*

подсме́иваться V*1a* *несов* <-аюсь, -аешься> *над кем-чем тв* sich lustig machen über; *(высмеять)* jd-n auslachen

подсне́жник *м₁* <-а> бот Schneeglöckchen *n*

подсо́бный *прил* <-ая, -ое, -ые> Neben-, Hilfs-; ◇ ~**ые помеще́ния** Nebenräume; ◇ ~ **рабо́чий** Hilfsarbeiter

подсо́лнечник *м₁* <-а> Sonnenblume *f*

подста́вить V*4b* *сов* <-влю, -вишь> [**подставля́ть** V*1b* *несов*] *кого-что вин* ① *(подо что-л)* unterstellen, untersetzen;

П

(*пододвинуть*) unterschieben (2) (*придвинуть*) hinstellen; ◇ ~ **но́жку кому́-л** jd-m ein Bein stellen (3) (*поставить взамен*) ersetzen; мат substituieren

подста́вка *ж$_1$* ‹-и, *род мн:* -вок› Untergestell *n;* (*опора*) Ständer *m*

подставля́ть *несов от* **подста́вить**

подстака́нник *м$_1$* ‹-а› Teeglasuntersatz *m*

подста́нция *ж$_4$* ‹-ии› ◇ **трансформа́торная** ~ Umspannwerk *n;* ◇ **телефо́нная** ~ Vermittlungsstelle *f*

подсти́лка *ж$_1$* ‹-и, *род мн:* -лок› Unterlage *f;* ◇ **спать на мя́гкой ~е** auf einer weichen Unterlage schlafen; (*для скота*) Streu *f*

подстрека́тель *м$_2$* ‹-я› Aufwiegler *m,* Anstifter *m;* **подстрека́тельство** *с$_2$* ‹-а› (*к бунту*) Aufwiegelung *f;* (*к преступлению*) Anstiftung *f;* **подстрека́ть** V$_{1a}$ *несов* ‹-а́ю, -а́ешь› [**подстрекну́ть** V$_2$ *сов*] *кого-что вин* (1) (*на что-л*) aufhetzen; (*к бунту*) aufwiegeln, anstiften (2) (*возбуждать*) reizen, anregen; ◇ ~ **чьё-л любопы́тство** jd-s Neugier wecken

подстри́чь * *сов* ‹-игу́, -ижёшь› [**подстрига́ть** V$_{1a}$ *несов*] *кого-что вин* (*волосы*) schneiden, stutzen; (*кусты*) beschneiden; ◇ ~ **бо́роду** den Bart stutzen; **подстри́чься** *сов* ‹-игу́сь, -ижёшься› [**подстрига́ться** *несов*] *без доп* sich die Haare schneiden lassen

по́дступ *м$_1$* ‹-а› Zugang *m,* Zufahrtsweg *m;* (*местность*) Vorraum *m;* ◇ **к нему́ нет ~а** er ist schwer zugänglich

подсуди́мый *м (А 1)* ‹-ого› Angeklagter *m*

подсу́нуть V$_2$ *сов* ‹-ну, -нешь, *Imp.* -нь, ~те, *Part. Prät. Pass.* -нутый› [**подсо́вывать** V$_{1a}$ *несов*] *что вин* (1) (*подо что-л*) unter etw schieben; ◇ ~ **рюкза́к под сиде́ние** den Rucksack unter den Sitz schieben (2) (*незаметно положить*) unterschieben, zustecken (3) (*навязать*) aufschwätzen, unterjubeln; ◇ ~ **плохо́й това́р** schlechte Ware aufschwätzen

подсчёт *м$_1$* ‹-а› Zählung *f;* (*вычисление*) Berechnung *f;* ◇ ~ **голосо́в** Stimmenauszählung

подсчита́ть V$_{1a}$ *сов* ‹-а́ю, -а́ешь, *Part. Prät. Pass.* -счи́танный› [**подсчи́тывать** V$_{1a}$ *несов*] *что вин* zusammenzählen; (*вычислить*) berechnen

подтасова́ть V$_{3a}$ *сов* ‹-су́ю, -су́ешь, *Part. Prät. Pass.* -со́ванный› [**подтасо́вывать** V$_{1a}$ *несов*] *что вин* (1) карт mogeln beim Kartenmischen (2) *перен* entstellen, falsch darstellen; ◇ ~ **фа́кты** Tatsachen verdrehen

подтверди́ть V$_{4a}$ *сов* ‹-ржу́, -рди́шь› [**подтвержда́ть** V$_{1a}$ *несов*] *что вин* (*удостоверить*) bestätigen; ◇ ~ **пра́вильность чьих-л слов** die Richtigkeit von jd-s Worten bestätigen; (*подкрепить*) bekräftigen; ◇ ~ **докуме́нтами** mit Dokumenten untermauern

подточи́ть V$_{4a}$ *сов* ‹-очу́, -о́чишь, *Part. Prät. Pass.* -о́ченный› [**подта́чивать** V$_{1a}$ *несов*] *что вин* (1) (*заострить*) (ab-)schleifen, anspitzen (2) (*подгрызть*) annagen (3) *перен* (*силы, здоровье*) an etw nagen, an etw zehren; ◇ **боле́знь ~и́ла его́** die Krankheit hat ihn (stark) mitgenommen [geschwächt]

подтя́жки *мн$_1$* ‹-жек› Hosenträger *m pl*

подтяну́ть V$_2$ *сов* ‹-яну́, -я́нешь, *Part. Prät. Pass.* -я́нутый› [**подтя́гивать** V$_{1a}$ *несов*] *что вин (1, 6), кого-что вин (2, 3, 4, 5)* (1) (*стянуть*) zusammenziehen; (*затянуть*) festziehen; (*натянуть*) straffen (2) (*наверх*) hochziehen, nach oben ziehen (3) (*войска*) heranziehen; ◇ ~ **резе́рвы** Reservetruppen heranziehen (4) (*дисциплинировать*) zur Disziplin anhalten, sich zusammennehmen; ◇ ~ **ученика́** den Schüler zurechtweisen (5) (*отстающих*) nachhelfen, antreiben (6) (*песню*) mitsingen

поду́шка *ж$_1$* ‹-и, *род мн:* -шек› (Kopf-) Kissen *n;* (*диванная*) Polster *n*

подхали́м *м$_1$* ‹-а› *разг* Schleimer *m,* Kriecher *m;* **подхали́мство** *с$_2$* ‹-а› unterwürfige Schmeichelei *f,* Speichelleckerei *f*

подхвати́ть V$_{4a}$ *сов* ‹-ачу́, -а́тишь, *Part. Prät. Pass.* -а́ченный› [**подхва́тывать** V$_{1a}$ *несов*] *кого-что вин (1), что вин (2-4)* (1) (*поднять*) von unten packen, auffangen; (*схватить*) ergreifen; ◇ ~ **больно́го под мы́шки** den Kranken stützen (2) (*болезнь*) sich holen; ◇ ~ **на́сморк** sich einen Schnupfen holen (3) (*песню*) in etw einstimmen, einfallen (4) (*мысль, идею*) aufgreifen, übernehmen; ◇ ~ **положи́тельный о́пыт** sich positive Erfahrungen zunutze machen

подхо́д *м$_1$* ‹-а› (1) (*действие*) Herantreten *n,* Herangehen *n;* воен Anmarsch *m* (2) (*место*) Zugang *m* (3) (*отношение*) Herangehensweise *f,* Ansatz *m,* Weg *m;* ◇ **име́ть пра́вильный ~ к де́лу** eine Sache richtig anpacken (4) (*точка зрения*) Standpunkt *m;* (*установка*) Einstellung *f*

подходи́ть *несов от* **подойти́**

подчеркну́ть V$_2$ *сов* ‹-ну́, -нёшь, *Part. Prät. Pass.* -чёркнутый› [**подчёркивать** V$_{1a}$ *несов*] *что вин* (1) (*провести черту*) unterstreichen; ◇ ~ **сло́во волни́стой ли́нией** das Wort mit einer geschlängelten Linie unterstreichen ② *перен* (*выделить*) unterstreichen, betonen

подчине́ние *с*$_4$ <-я> ① (*действие*) Unterordnung *f;* (*покорение*) Unterwerfung *f;* ◇ **быть в ~ии у кого́-л** jd-m unterstellt sein ② *грам* Unterordnung *f;* **подчини́ться** V$_{4a}$ *сов* <-ню́сь, -ни́шься> [**подчиня́ться** V$_{1b}$ *несов*] *кому-чему дат* sich unterordnen; (*примириться*) sich fügen, gehorchen; (*покориться*) sich unterwerfen

подше́фный *прил* <-ая, -ое, -ые> unter Patenschaft stehend

подши́вка *ж*$_1$ <-и, *род мн:* -вок> ① (*платья*) Annähen *n;* (*подкладки*) Einnähen *n;* (*обуви*) Besohlen *n* ② (*бумаг*) Abheften *n;* ◇ **прошлого́дняя ~ газе́ты** die abgehefteten Zeitungen vom letzten Jahr ③ (*у платья*) Saum *m*

подши́пник *м*$_1$ <-а> *тех* Lager *n*

подши́ть * *сов* <-дошью́, -дошьёшь> [**подшива́ть** V$_{1a}$ *несов*] *что вин* ① (*платье*) annähen, umsäumen ② (*подкладку*) einnähen ③ (*валенки кожей*) besohlen ④ (*бумаги*) abheften

подъе́зд *м*$_1$ <-а> ① (*место*) Zufahrtsweg *m,* Auffahrt *f,* Rampe *f* ② (*вход*) Eingang *m;* (*внутри здания*) Aufgang *m*

подъём *м*$_1$ <-а> ① (*вверх*) Aufstieg *m;* ◇ **круто́й** ~ steiler Aufstieg; ◇ ~ **на́ гору** Bergbesteigung *f;* ◇ **преодоле́ть** ~ den Berg erklimmen ② (*грузов и т. п.*) (Hoch-)Heben *n,* Aufheben *n* ③ (*воды*) Ansteigen *n* ④ (*склон горы*) Steigung *f* ⑤ (*развитие*) Aufschwung *m,* Aufwärtsentwicklung *f;* (*рост*) Steigerung *f;* ◇ **вы́звать ~ эконо́мики** einen wirtschaftlichen Aufschwung bewirken ⑥ (*воодушевление*) Schwung *m,* Begeisterung *f;* (*энтузиазм*) Enthusiasmus *m;* ◇ **рабо́тать с ~ом** mit Begeisterung arbeiten ⑦ (*ноги*) Spann *m;* ◇ **ту́фли жмут в ~е** die Schuhe drücken am Spann; ◇ **он тяжёл на** ~ schwerfällig, träge sein

подъёмник *м*$_1$ <-а> (Lasten-)Aufzug *m,* Fahrstuhl *m*

подъе́хать * *сов* <-е́ду, -е́дешь> [**подъезжа́ть** V$_{1a}$ *несов*] *к кому-чему дат* ① (*приблизиться*) heranfahren, vorfahren; (*верхом*) heranreiten ② *перен* (*к кому-л*) sich einschmeicheln

поеди́нок *м*$_1$ <-нка, *мн:* -нки> Zweikampf *m;* (*дуэль*) Duell *n*

по́езд *м*$_1$ <-а> Zug *m,* Bahn *f;* ◇ **ско́рый** ~ Schnellzug; ◇ **това́рный** ~ Güterzug; ◇ **при́городный** ~ Nahverkehrszug

пое́здка *ж*$_1$ <-и, *род мн:* -док> Fahrt *f;* (*путешествие*) Reise *f;* (*экскурсия*) Ausflug *m;* ◇ **делова́я** ~ Geschäftsreise; ◇ ~ **за́ город** Ausflug ins Grüne

пожа́луйста *частица* bitte (sehr), bitte schön; ◇ **принеси́те, ~, кни́гу** zeigen Sie mir bitte das Buch; ◇ **скажи́те, ~, кото́рый час** sagen Sie mir bitte, wie spät es ist

пожа́р *м*$_1$ <-а> Brand *m,* (Groß-)Feuer *n;* ◇ **лесно́й** ~ Waldbrand; ◇ **туши́ть** ~ einen Brand löschen; ◇ **вспы́хнул** ~ ein Feuer ist ausgebrochen; ◇ **бежа́ть как на** ~ rennen wie der Blitz; **пожа́рник** *м*$_1$ <-а> Feuerwehrmann *m*

пожа́ть * *сов* <-жму́, -жмёшь> [**пожима́ть** V$_{1a}$ *несов*] *что вин* drücken; ◇ ~ **ру́ку кому́-л** jd-m die Hand drücken; ◇ ~ **плеча́ми** mit den Schultern zucken

пожела́ние *с*$_4$ <-я> Wunsch *m;* ◇ **новогодние ~я** Neujahrswünsche; ◇ ~ **сча́стья** Glückwunsch

поже́ртвование *с*$_4$ <-я> Spende *f;* ◇ **сбор ~ий** Spendensammlung *f*

пожи́зненный *прил* <-ая, -ое, -ые> lebenslang, auf Lebenszeit; ◇ **~ое заключе́ние** lebenslängliche Haft

пожило́й *прил* <-ая, -ое, -ые> älter, bejahrt; ◇ ~ **во́зраст** fortgeschrittenes Alter

пожи́тки *мн*$_1$ <-ов> *разг* Habseligkeiten *f pl,* Hab und Gut *n;* ◇ **со все́ми ~ками** mit Sack und Pack

по́за *ж*$_1$ <-ы> Pose *f,* Stellung *f;* ◇ **встать в ~у** sich in Pose rücken

позавчера́ *нареч* vorgestern

позади́ I. *предлог с род* hinter; ◇ **сад ~ до́ма** der Garten ist hinter dem Haus **II.** *нареч* vorbei, vorüber; (*в прошлом*) vergangen; (*вслед за кем-л, чем-л*) hinter; ◇ **он шёл** ~ er ging hinten; ◇ **са́мое тру́дное** ~ das Schlimmste ist vorbei

позва́ть *см.* **звать**

позво́лить V$_{4b}$ *сов* <-лю, -лишь> [**позволя́ть** V$_{1b}$ *несов*] *кому-чему дат что вин или с инф* erlauben, gestatten; (*допустить*) zulassen; ◇ **~льте спроси́ть** gestatten Sie mir die Frage; ◇ **обстоя́тельства не ~ли уе́хать** die Umstände erlaubten es nicht abzufahren; ◇ ~ **себе́ что-л** sich etw herausnehmen

позвоно́чник *м*$_1$ <-а> *анат* Wirbelsäule *f,* Rückgrat *n*

по́здний *прил* <-яя, -ее, -ие> ① spät; ◇ ~ **ве́чер** am späten Abend; ◇ **~яя о́сень** im

П

Spätherbst; ◇ до ~ей но́чи bis tief in der Nacht ② (*запоздалый*) verspätet, spät; ◇ ~ее раска́яние späte Reue

поздра́вить V_{4b} *сов* ‹-влю, -вишь› [**поздравля́ть** V_{1b} *несов*] *кого-что вин с чем тв* jd-m gratulieren (zu), jd-n zu etw beglückwünschen; ◇ ~ с днём рожде́ния zum Geburtstag gratulieren; **поздравле́ние** c_4 ‹-я› Glückwunsch *m,* Gratulation *f*

пози́ровать V_{3a} *несов* ‹-рую, -руешь› *без доп* ① (*служить моделью*) Modell stehen, sitzen ② *перен* (*рисоваться*) posieren, sich gekünstelt benehmen

пози́ция $ж_4$ ‹-и› ① (*расположение*) Position *f,* Stellung *f* ② *перен* Position *f;* (*установка*) Einstellung *f;* (*точка зрения*) Standpunkt *m;* ◇ заня́ть ~ю Stellung beziehen ③ (*поза*) Haltung *f;* ◇ пе́рвая ~ Grundhaltung *f*

познава́тельный *прил* ‹-ая, -ое, -ые› erkenntnisbringend; (*поучительный*) lehrreich; **позна́ние** c_4 ‹-я› ① филос Erkenntnis *f;* ◇ ~ зако́нов приро́ды Begreifen der Naturgesetze ② ◇ ~ия *мн* (*све́дения*) Kenntnisse *f pl;* ◇ у него́ больши́е ~я в литерату́ре er hat sehr gute Literaturkenntnisse; **позна́ть** V_{1a} *сов* ‹-а́ю, -а́ешь, *Part. Prät. Pass.* по́знанный› [**познава́ть** V_{1a} *несов*] *что вин* ① (*постигнуть*) erkennen, verstehen; ◇ ~ су́щность веще́й das Wesen der Dinge erkennen ② (*испытать*) erfahren, kennenlernen, erleben

позо́р $м_1$ ‹-а› Schande *f,* Schmach *f;* ◇ клейми́ть ~ом кого́-л jd-n in Verruf bringen; ◇ покры́ть себя́ ~ом Schande auf sich laden; **позо́рный** *прил* ‹-ая, -ое, -ые› schändlich, blamabel; ◇ поста́вить к ~ому столбу́ jd-n an den Pranger stellen

позы́в $м_1$ ‹-а› Verlangen *n,* Drang *m;* ◇ ~ на рво́ту Brechreiz *m*

позывны́е *мн (А р)* ‹-ы́х› радио Rufzeichen *n;* (*радиовещательные*) Pausenzeichen *n*

поимённый *прил* ‹ая, -ое, -ые› namentlich; ◇ ~ спи́сок Namensliste *f*

по́иск $м_1$ ‹-а› ① ◇ ~и *мн* Suche *f,* Nachforschungen *f pl;* ◇ в ~ах чего́-л auf der Suche nach etw; ◇ отпра́виться на ~и sich auf die Suche nach etw machen; ◇ ночно́й ~ nächtliche Suchaktion ② геол Suche *f,* Schürfen *n*

поистине *нареч* (*в самом деле*) wahrlich, wahrhaftig

пои́ть V_{4a} *несов* ‹пою́, пои́шь› [**на**~ *сов*] *кого-что вин* jd-m zu trinken geben; ◇ ~ и корми́ть семью́ die Familie ernähren; (*животных*) tränken

по́йма $ж_1$ ‹-ы› Überschwemmungsgebiet *n;* (*луговая*) Aue *f*

пойма́ть V_{1a} *сов от* **лови́ть**

пойти́ * *сов* ‹-йду́, -йдёшь› *без доп* gehen; ◇ ~ куда́-л irgendwo hingehen; ◇ ребёнок пошёл das Kind hat laufen gelernt; *разг* ◇ пошёл вон! hau ab!; ◇ ей пошла́ пятна́дцатый год sie ist jetzt vierzehn Jahre alt; ◇ сын пошёл в отца́ der Sohn ähnelt dem Vater; ◇ так не пойдёт so geht das nicht

пока́ I. *нареч* (*в течение некоторого времени*) vorläufig, einstweilen; (*сперва*) fürs erste; ◇ ~ ! bis dann!, tschüs! II. *союз* (*в течение того времени как*) während; (*до тех пор пока*) solange, bis; ◇ ~ он у́чится, на́до ему́ помо́чь solange er studiert, muß man ihm helfen

пока́з $м_1$ ‹-а› Show *f,* Vorführung *f*

показа́ние c_4 ‹-я› ① (*свидетельство*) Bericht *m;* (*в суде*) Aussage *f;* ◇ ~я очеви́дцев Augenzeugenberichte *m pl* ② (*прибора*) Anzeige *f,* Stand *m;* ◇ ~ счётчика Zählerstand

показа́тель $м_2$ ‹-я› ① Kennziffer *f,* Meßwert *m;* ◇ вы́сший ~ Höchstwert *m;* ◇ реко́рдные ~и Rekordwerte *m pl;* ◇ сре́дние ~и Durchschnittswerte *m pl* ② мат Index *m;*

показа́тельный *прил* ‹-ая, -ое, -ые› ① (*образцовый*) mustergültig, Vorzeige-; ◇ ~ое хозя́йство Musterbetrieb ② (*устроенный для ознакомления*) Schau-, öffentlich; ◇ ~ проце́сс Schauprozeß ③ (*характерный*) bezeichnend, charakteristisch, kennzeichnend; ◇ ~ при́знак charakteristisches Merkmal

показа́ть V_{1a} *сов* ‹-ажу́, -а́жешь› [**пока́зывать** V_{1a} *несов*] *кого-что вин кому дат (1), кому дат на кого-что вин (2), с союзом "что" (3), кого-что вин (4)* ① (*дать возможность увидеть*) zeigen; (*продемонстрировать*) vorführen ② (*обратить чьё-л внимание*) auf etw hinweisen, auf etw zeigen; ◇ ~ па́льцем на кого́-что-н mit dem Finger auf jd-n zeigen ③ (*дать показания*) angeben; (*на допросе и т. п.*) aussagen ④ (*обнаружить знания*) zeigen, aufweisen, zu verstehen geben; ◇ ~ себя́ (*положи́тельно*) sich bewähren; (*отрица́тельно*) sein wahres Gesicht zeigen; **показа́ться** *сов* ‹-ажу́сь, -а́жешься› [**пока́зываться** *несов*] *без доп* ① (*стать видным*) sich zeigen, auftauchen; (*появиться*) sich erweisen, erscheinen; (*обратиться для осмотра*) sich jd-m zeigen ② *безл* (*почудиться*) scheinen, vorkommen; ◇ мне ~лось mir schien es

показно́й *прил* ‹-а́я, -о́е, -ы́е› ① (*внеш-*

ний) Muster; ◊ ~ **това́р** ausgestellte Ware ② (*мнимый*) Schein-, vorgetäuscht; ◊ ~**ое сочу́вствие** vorgetäuschtes Mitleid

показу́ха *ж₁* <-и> *разг* Schau *f;* (*очковтирательство*) Augenwischerei *f*

покая́ние *с₄* <-я> ① (*признание вины*) Buße *f;* (*исповедь*) Beichte *f;* ◊ **принести́ ~** Buße tun ② (*раскаяние*) Reue *f*

поки́нуть V_2 *сов* <-ну, -нешь, *Imp.* -нь, ~те, *Part. Prät. Pass.* -нутый> [**покида́ть** *несов*] *кого-что вин* (*оставить*) verlassen; ◊ ~ **родно́й го́род** die Heimatstadt verlassen; (*пренебречь*) ◊ **не ~ семью́ в беде́** die Familie in der Not nicht im Stich lassen

покло́н *м₁* <-а> Verbeugung *f;* (*приветствие*) Gruß *m;* ◊ **переда́ть ~ кому́-л** jd-m einen Gruß ausrichten lassen; **поклоне́ние** *с₄* <-я> Anbetung *f;* (*почитание*) Verehrung *f;* (*культ*) Kult *m;* **покло́нник** *м₁* <-а> (*почитатель*) Verehrer *m;* (*любитель*) Liebhaber *m;* **поклоня́ться** V_{1b} *несов* <-я́юсь, -я́ешься> *кому-чему дат* ① (*благоговеть*) verehren, sich vor jd-m verneigen; ◊ **поклони́ться святы́м места́м** sich vor heiligen Stätten verneigen; (*почитать*) anbeten, vergöttern ② (*веровать как в божество*) jd-n anbeten; ◊ ~ **и́долам** Götzen anbeten

покля́сться *см.* **кля́сться**

поко́иться V_{4b} *несов* <-о́юсь, -о́ишься, *Imp.* -о́йся, ~тесь> *на чём предл (1, 2), без доп (3)* ① (*опираться на какое-л основание*) fußen auf, stehen auf; ◊ **зда́ние ~ится на про́чном фунда́менте** das Gebäude steht auf einem festen Fundament ② *перен* (*основываться*) beruhen (auf), basieren (auf) ③ (*об умершем*) ruhen, begraben liegen

поко́й *м₃* <-я> ① (*спокойствие*) Ruhe *f;* ◊ **не име́ть ни мину́ты ~я** keine Minute Ruhe haben; ◊ **не дава́ть кому́-л ~я** jd-m keine Ruhe lassen ② *уст* (*комната*) Gemach *n;* (*в больнице*) ◊ **приёмный** ~ Aufnahmeraum *m,* Aufnahme *f*

поко́йник *м₁* <-а> Verstorbener *m;* **поко́йница** *ж₁* <-ы> Verstorbene *f*

поколеба́ть(ся) *см.* **колеба́ть(ся)**

поколе́ние *с₄* <-я> Generation *f;* ◊ **из ~я в ~** von Generation zu Generation

поко́нчить *сов* <-чу, -чишь> *кого-что вин или с кем-чем тв* ① (*закончить*) etw beenden, etw erledigen; ◊ **с э́тим челове́ком у меня́ поко́нчено** dieser Mensch ist für mich erledigt ② (*уничтожить, устранить*) töten, umbringen; ◊ ~ **с преда́телем** den Verräter erledigen; ◊ ~ **с собо́й** sich das Leben nehmen

покоре́ние *с₄* <-я> (*завоевание*) Eroberung *f;* (*подчинение*) Unterwerfung *f;* **покори́тель** *м₂* <-я> Eroberer *m;* *шутл* ◊ ~ **серде́ц** Herzensbrecher *m;* **покори́ть** V_{4a} *сов* <-рю́, -ри́шь> [**покоря́ть** V_{1b} *несов*] *кого-что вин* ① (*завоевать*) erobern; (*подчинить*) unterwerfen ② *перен* fesseln, bezwingen; ◊ ~ **го́рную верши́ну** einen Berg bezwingen; *перен* ◊ ~ **се́рдце** ein Herz erobern;

поко́рность *ж₅* <-и> Ergebenheit *f,* Unterwürfigkeit *f;* (*смирение*) Demut *f;* (*послушание*) Gehorsam *m;* **поко́рный** *прил* <-ая, -ое, -ые> ergeben, unterwürfig; (*смиренный*) demütig; (*послушный*) gehorsam

покро́в *м₁* <-а> ① (*верхний слой, оболочка*) Decke *f,* Schicht *f;* ◊ **сне́жный ~** Schneedecke ② (*покрывало*) Schleier *m;* ◊ **набро́сить ~ на что-л** etw vertuschen, verschleiern

покрови́тельство *с₂* <-а> Schirmherrschaft *f;* (*защита*) Schutz *m;* (*протекция*) Protektion *f;* ◊ **взять под своё ~** jd-n unter seine Fittiche nehmen; ◊ **иска́ть чьего́-л ~а** jd-s Schutz suchen; ◊ **попа́сть под чьё-л ~** von jd-m begünstigt werden

покрыва́ло *с₂* <-а> Decke *f;* (*вуаль*) Schleier *m;* ◊ ~ **на крова́ть** Tagesdecke; ◊ **снять ~ со ста́туи** die Statue enthüllen

покры́ть * *сов* <-ро́ю, -ро́ешь> [**покрыва́ть** V_{1a} *несов*] *кого-что вин* ① (*положить сверху*) bedecken, zudecken; ◊ ~ **дом кры́шей** das Dach decken ② (*намазать*) anstreichen, übertünchen, auftragen; ◊ ~ **забо́р кра́ской** den Zaun anstreichen ③ (*расходы*) bestreiten; ◊ ~ **задо́лженность** Schulden tilgen; (*счёт*) begleichen ④ (*заглушить*) übertönen; ◊ ~ **позо́ром** Schande bereiten; ◊ ~ **себя́ сла́вой** Ruhm davontragen

покры́шка *ж₁* <-и, *род мн:* -шек> ① (*чехол*) Überzug *m;* (*крышка*) Deckel *m* ② (*шины*) Mantel *m*

покупа́тель *м₂* <-я> Käufer *m;* ◊ **запро́сы ~ей** Kundenwünsche *m pl*

покупа́ть *см.* **купи́ть**

поку́пка *ж₁* <-и, *род мн:* -пок> Kauf *m;* ◊ **де́лать ~и** Einkäufe machen; ◊ **отпра́виться за ~ми** einkaufen gehen

покуше́ние *с₄* <-я> Anschlag *m,* Attentat *n;* ◊ ~ **на убийство** Mordanschlag

пол [1] *м₁* <-а, о по́ле, на полу́, *мн:* -ы́> (*настил*) Boden *m,* Fußboden *m;* ◊ **парке́тный ~** Parkettboden; ◊ **мести́ ~** den Boden fegen; ◊ **упа́сть на́ ~** auf den Boden fallen

пол [2] *м* <-а, *мн:* -ы, *род:* -о́в, *дат:* -а́м>

биол Geschlecht *n;* ◇ **мужскóй** ~ das männliche Geschlecht; ◇ **обóего ~а** beiderlei Geschlechts; ◇ **жéнский** ~ das weibliche Geschlecht

полагáть V_{1a} *несов* ‹-áю, -áешь› *с союзом "что" или с инф* (*считать, думать*) denken, glauben, meinen; (*допускать*) annehmen; ◇ **~áю, что он прав** ich meine, daß er recht hat; ◇ **~áю целесообрáзным сдéлать что-л** ich halte es für sinnvoll, etw zu tun; ◇ **нáдо** ~ es ist anzunehmen

полагáться [1] *несов* ‹-áется, -áются, 1 и 2 л. не употр› *что вин или с инф (1), кому дат (2)* ① *безл* ◇ **э́то не ~áется** das gehört sich nicht; ◇ **как ~áется** wie es sich gehört ② (*причитаться*) zustehen, gebühren; ◇ **ей ~áется óтпуск** ihr steht ein Urlaub zu

полагáться [2] *несов от* **положи́ться**

пóлдень $м_2$ ‹-я› Mittag *m;* ◇ **к полýдню** gegen Mittag; ◇ **до полýдня** am Vormittag; ◇ **пóсле полýдня** am Nachmittag

пóле c_1 ‹-я, *мн:* -я́› ① Feld *n;* (*пашня*) Acker *m* ② (*поприще*) Feld *n,* Bereich *m;* ◇ ~ **дéятельности** Wirkungskreis *m;* ◇ ~ **би́твы** Schlachtfeld; ◇ **находи́ться вне ~я зрéния когó-л** sich außerhalb des Blickfeldes befinden; ◇ **~ем** querfeldein ③ (*фон*) Grund *m;* ◇ **жёлтые цветы́ по голубóму пóлю** gelbe Blumen auf blauem Grund ④ ◇ **~я́** *мн* (*у книги*) Rand *m;* ◇ **замéтки на ~я́х** Randbemerkungen *f pl* ⑤ физ Feld *n,* Körper *m;* ◇ **силовóе** ~ Kraftfeld ⑥ ◇ **~я́** *мн (шляпы)* Hutkrempe *f*

полевóй *прил* ‹-áя, -óе, -ы́е› Feld-, Acker-; ◇ **~ы́е рабóты** Feldarbeiten *f pl;* ◇ ~ **бинóкль** Feldstecher *m*

полéзный *прил* ‹-ая, -ое, -ые› ① (*приносящий пользу*) nützlich, nutzbringend; ◇ **~ое насекóмое** nützliches Insekt; ◇ ~ **для здорóвья** gut für die Gesundheit ② (*пригодный*) Nutz-, nutzbar; ◇ **~ые ископáемые** Bodenschätze *pl*

полéно c_2 ‹-а, *мн:* -нья, *род:* -ньев, *дат:* -ньям› Holzscheit *n*

полёт $м_1$ ‹-а› Flug *m;* ◇ **брéющий** ~ Tiefflug; ◇ **счастли́вого ~а!** guten Flug!; ◇ **с пти́чьего ~а** aus der Vogelperspektive; *шутл* ◇ **пти́ца высóкого ~а** ein hohes Tier

пóлзать *несов, неопред, см.* **ползти́**

ползти́ * *несов, опред, см.* пóлзать ‹-зý, -зёшь, (1, 3) 1 и 2 л. не употр› *без доп* ① (*о пресмыкающихся*) kriechen, krabbeln; ◇ **черепáха ~ёт** die Schildkröte kriecht ② *разг* (*едва передвигаться*) sich mühsam fortbewegen; ◇ **ребёнок ~ёт** das Kind krabbelt; ◇ ~ **по-пластýнски** robben ③ (*о растениях*) sich ranken, klettern; ◇ **плющ ~ёт по стенé** Efeu rankt sich an der Wand hoch ④ *перен* (*распространяться*) sich verbreiten; ◇ **слýхи ~ýт** Gerüchte gehen um

ползунки́ $мн_1$ ‹-кóв› Strampelanzug *m*

поливнóй *прил* ‹-ая, -ое, -ые› Bewässerungs-, Berieselungs-; ◇ **~ые поля́** bewässerte Flächen

полигóн $м_1$ ‹-а› воен Truppenübungsplatz *m;* тех ◇ **испытáтельный** ~ Versuchsgelände *n*

поликли́ника $ж_1$ ‹-и› Poliklinik *f*

поли́тик $м_1$ ‹-а› Politiker *m;* **поли́тика** $ж_1$ ‹-и› Politik *f;* ◇ **внéшняя** ~ Außenpolitik; ◇ **внýтренняя** ~ Innenpolitik; ◇ **интересовáться ~ой** politisch interessiert sein; **политикáн** $м_1$ ‹-а› (*беспринципный политик*) Möchtegernpolitiker *m,* Stammtischpolitiker *m;*

полити́ческий *прил* ‹-ая, -ое, -ие› politisch; ◇ ~ **дéятель** Politiker *m;* ◇ **в ~их кругáх** in Politikerkreisen

поли́ция $ж_4$ ‹-ии› Polizei *f;* ◇ **вы́звать ~ию** die Polizei rufen

полк $м_1$ ‹-á, о пóлке, в полкý, *мн:* -и́› воен Regiment *n*

пóлка $ж_1$ ‹-и, *род мн:* -лок› ① (*на стене, в шкафу*) Fach *n,* Regal *n;* ◇ **кни́жная** ~ Bücherregal ② ж.-д. (*в вагоне*) Bank *f,* Liegesitz *m*

полкóвник $м_1$ ‹-а› Oberst *m;* **полковóдец** $м_5$ ‹-дца› Heerführer *m*

полнéть V_5 *несов* ‹-éю, -éешь› [**по**~ *сов*] *без доп* dicker werden; ◇ ~ **к стáрости** mit dem Alter zunehmen

полнокрóвный *прил* ‹-ая, -ое, -ые› ① мед vermehrt durchblutet ② *перен* (*насыщенный*) vollblütig, vital; ◇ **~ая жизнь** das pulsierende Leben; **полнолýние** c_4 ‹-я› Vollmond *m;* **полномóчие** c_4 ‹-я› Vollmacht *f,* Befugnis *f;* ◇ **дать комý-л неограни́ченные ~я** jd-m uneingeschränkte Vollmachten einräumen; ◇ **сложи́ть с себя́ ~я** sein Mandat niederlegen; **полномóчный** *прил* ‹-ая, -ое, -ые› bevollmächtigt

полнопрáвный *прил* ‹-ая, -ое, -ые› gleichberechtigt; **пóлностью** *нареч* vollständig, ganz, völlig; ◇ ~ **с Вáми соглáсен** ich stimme voll und ganz mit Ihnen überein

полнотá $ж_1$ ‹-ы› ① (*наполненность*) Fülle *f;* ◇ **от ~ы чýвств** überwältigt von Gefühlen ② (*толщина*) Beleibtheit *f,* Korpulenz *f;* (*тучность*) Körperfülle *f,* Fettleibigkeit *f*

полноцéнный *прил* ‹-ая, -ое, -ые› ① (*о

деньгах, валюте) vollwertig ② *перен* (*полностью соответствующий*) vollwertig, hochwertig

по́лночь *ж₅* ‹-и› Mitternacht *f;* ◇ **часы́ бьют** ~ die Uhr schlägt Mitternacht; ◇ **в** ~ um Mitternacht; ◇ **уже́ далеко́ за́** ~ es ist schon weit nach Mitternacht

по́лный *прил* ‹-ая, -ое, -ые› ① (*наполненный, занятый*) voll, gefüllt; ◇ **~ая таре́лка** voller Teller; ◇ **нали́ть ~ графи́н воды́** eine Karaffe mit Wasser füllen ② (*целый, весь*) ganz, vollständig; ◇ **~ое собра́ние сочине́ний** gesammelte Werke; ◇ **в ~ой ме́ре** in vollem Maße; ◇ **говори́ть ~ым го́лосом** mit lauter Stimme sprechen; ◇ **в ~ом соста́ве** vollzählig ③ (*абсолютный*) absolut, völlig; ◇ **~ая тишина́** absolute Stille; ◇ **в ~ом соотве́тствии** in völliger Übereinstimmung ④ (*о человеке*) beleibt, korpulent

полови́на *ж₁* ‹-ы› Hälfte *f;* ◇ ~ **всех избира́телей** die Hälfte aller Wähler; ◇ ~ **ле́та прошла́** die Hälfte des Sommers ist vorüber; ◇ **три с ~ой** dreieinhalb; ◇ ~ **пя́того** halb fünf

полови́к *м₁* ‹-а́› Fußmatte *f*

полово́дье *с₄* ‹-я› (*разлив*) Hochwasser *n*, hoher Wasserstand

полово́й [1] *прил* ‹-а́я, -о́е, -ы́е› Boden-; ◇ **~ая тря́пка** Aufwischlappen *m;* **~ая щётка** Besen *m*

полово́й [2] *прил* ‹-а́я, -о́е, -ы́е› *биол* Geschlechts-, geschlechtlich, sexuell; ◇ **~ая жизнь** Sexualleben *n;* ◇ **~ая зре́лость** Geschlechtsreife *f;* ◇ **~ые о́рганы** Geschlechtsorgane *n pl*, Genitalien *n pl*

положе́ние *с₄* ‹-я› ① (*местонахождение*) Lage *f*, Standort *m* ② (*расположение, поза*) Lage *f*, Stellung *f;* ◇ **в сидя́чем ~ии** sitzend ③ *перен* Sachlage *f*, Stand *m;* (*ситуация*) Situation *f;* ◇ **войти́ в чьё-л** ~ sich in jd-s Lage versetzen; ◇ **быть на высоте́ ~я** auf der Höhe sein ④ (*состояние*) Zustand *m*, Lage *f;* ◇ **быть на ~ии больно́го** krank (geschrieben) sein; ◇ **быть в ~ии** in anderen Umständen sein ⑤ (*тезис*) These *f*, Leitsatz *m* ⑥ (*социальное, общественное*) Lage *f*, Stellung *f;* ◇ **занима́ть осо́бое** ~ eine Sonderstellung einnehmen ⑦ (*свод правил, законов*) (Ver-)Ordnung *f*, Bestimmung *f;* ◇ ~ **о вы́борах** Wahlordnung

положи́тельный *прил* ‹-ая, -ое, -ые› ① (*утвердительный*) positiv ② (*определённый*) bestimmt; (*решительный*) entschieden ③ *мат* positiv

положи́ться V_{4a} *сов* ‹-жу́сь, -о́жишься› [**полага́ться** V_{1a} *несов*] *на кого-что вин* sich auf jd-n verlassen; ◇ **на э́того челове́ка мо́жно** ~ auf diesen Menschen kann man sich verlassen; ◇ ~ **на обстоя́тельства** auf die Umstände vertrauen; ◇ **я по́лностью ~жу́сь на тебя́** ich verlasse mich voll auf dich

по́лоз *м₁* ‹-а, *мн:* -ло́зья, *род:* -ло́зьев, *дат:* -ло́зьям› (Schlitten-)Kufe *f*

полоса́ *ж₁* ‹-ы́, *мн:* по́лосы, *род:* поло́с, *дат:* полоса́м› ① Streifen *m;* (*лента*) Band *n* ② (*область*) Zone *f*, Landstrich *m;* ◇ **взлётно-поса́дочная** ~ Start- und Landebahn *f* ③ *перен* (*период*) Zeitspanne *f;* ◇ **све́тлая ~ жи́зни** glücklicher Lebensabschnitt ④ *полигр* Kolumne *f*

полоса́тый *прил* ‹-ая, -ое, -ые› gestreift

полоска́ть * *несов* ‹-ощу́, -о́щешь› [**вы́~** (1) и **про~** *сов*] *что вин* ① (*посуда*) spülen ② (*горло*) gurgeln; ◇ ~ **рот по́сле еды́** den Mund nach dem Essen ausspülen

по́лость *ж₁* ‹-и› *анат* Höhle *f;* ◇ ~ **рта** Mundhöhle

полоте́нце *с₃* ‹-а, *род мн:* -нец› Handtuch *n;* ◇ **ба́нное** ~ Badetuch *n;* ◇ **ку́хонное** ~ Geschirrtuch *n*

полотно́ *с₂* ‹-а́, *мн:* -ло́тна, *род:* -ло́тен, *дат:* -ло́там› ① (*ткань*) Leinwand *f*, Leinen *n* ② (*картина*) Gemälde *n* ③ *ж.-д.* Bahndamm *m*

поло́ть * *несов* ‹-лю́, по́лешь› [**вы́~** *сов*] *что вин* jäten

полоу́мный *прил* ‹-ая, -ое, -ые› schwachsinnig; (*сумасшедший*) verrückt

полти́нник *м₁* ‹-а› halber Rubel; (*монета*) Halbrubelstück *n;* **полтора́** *числ* anderthalb, eineinhalb; ◇ ~ **ли́тра** anderthalb Liter; ◇ **~ы́ ты́сячи** fünfzehnhundert; ◇ **в ~ ра́за** um das Anderthalbfache; **полуго́дие** *с₄* ‹-я› Halbjahr *n;* **полуживо́й** *прил* ‹-а́я, -о́е, -ы́е› halbtot; **полузащи́тник** *м₁* ‹-а› *спорт* Mittelfeldspieler *m;* **полукру́г** *м₁* ‹-а› Halbkreis *m;* ◇ **расположи́ться ~ом** einen Halbkreis bilden; **полуме́сяц** *м₃* ‹-а› Halbmond *m;* **полуо́стров** *м₁* ‹-а, *мн:* -а́› Halbinsel *f;* **полуподва́л** *м₁* ‹-а› Kellergeschoß *n*, Souterrain *n;* **полупроводни́к** *м₁* ‹-а́, *мн:* -и́› *эл* Halbleiter *m;* **полуфабрика́т** *м₁* ‹-а› Halbfabrikat *n;* ◇ **пищевы́е ~ы** Fertiggerichte *n pl;* **полуфина́л** *м₁* ‹-а› *спорт* Halbfinale *n*

получа́тель *м* ‹-я› Empfänger *m*, Adressat *m;* **получи́ть** V_{4a} *сов* ‹-чу́, -у́чишь, *Part. Prät. Pass.* -у́ченный› [**получа́ть** V_{1a} *несов*] *что* *вин* (1) (*принять*) erhalten, bekommen, kriegen; (*зарплату, пенсию*) beziehen; ◇ ~ **письмо́** einen Brief bekommen; ◇ ~ **пре́мию** eine Prämie erhalten (2) (*заболеть*) kriegen, sich holen; ◇ ~ **на́сморк** sich einen Schnupfen holen (3) (*о результате*) finden, bekommen; ◇ ~ **призна́ние** Anerkennung finden; ◇ ~ **распростране́ние** Verbreitung finden; ◇ ~ **удово́льствие** Spaß haben; **полу́чка** *жс*$_1$ <-и, *род мн:* -чек> (1) *разг* (*зарпла́та рабо́чих*) Lohn *m;* (*зарпла́та слу́жащих*) Gehalt *n;* ◇ **расплати́ться из ~и́** von seinem Lohn bezahlen (2) (*выплата денег*) Auszahlung *f;* ◇ **день ~и** Zahltag *m*

полуша́рие *с*$_4$ <-я> Halbkugel *f,* Hemisphäre *f;* ◇ **се́верное/ю́жное** ~ nördliche/südliche Halbkugel

полушу́бок *м*$_1$ <-бка, *мн:* -бки> Pelzjacke *f,* kurzer Pelz *m*

по́лчище *с*$_3$ <-а> (1) (*войско*) Horde *f* (2) *перен* Schar *f,* Menge *f*

полы́нь *жс*$_5$ <-и> Beifuß *m*

по́льза *жс*$_1$ <-ы> Nutzen *m;* (*преимущество*) Vorteil *m;* ◇ **извле́чь ~у из чего́-л** aus etw Nutzen ziehen; ◇ **принести́ ~у** von Nutzen sein; ◇ **реши́ть де́ло в ~у потерпе́вшего** etw zugunsten des Geschädigten entscheiden; ◇ **э́то говори́т в его́ ~у** das spricht für ihn; **по́льзование** *с*$_4$ <-я> Nutzung *f,* Gebrauch *m;* ◇ **вре́менное** ~ zeitlich befristete Nutzung; ◇ **пра́вила ~я** Gebrauchsanleitung *f;* ◇ **переда́ть в ве́чное** ~ zur unbefristeten Nutzung übergeben; **по́льзоваться** V$_{3a}$ *несов* <-зуюсь, -зуешься> [**вос**~ (2) *сов*] *чем тв* (1) (*употреблять*) nutzen, benutzen, gebrauchen, von etw Gebrauch machen; ◇ ~ **телефо́ном** das Telefon benutzen; ◇ ~ **нау́чной литерату́рой** wissenschaftliche Literatur benutzen (2) (*извлекать выгоду*) ausnutzen; ◇ ~ **удо́бным слу́чаем** eine gute Gelegenheit beim Schopfe packen (3) (*обладать*) besitzen; ◇ ~ **все́ми права́ми** alle Rechte genießen; ◇ ~ **заслу́женной сла́вой** zu Recht einen guten Ruf genießen

по́люс *м*$_1$ <-а> Pol *m;* ◇ ~ **хо́лода** Kältepol

поля́на *жс*$_1$ <-ы> Waldwiese *f,* Lichtung *f*

поля́рник *м*$_1$ <-а> Polarforscher *m;* **поля́рный** *прил* <-ая, -ое, -ые> Polar-, polar; ◇ ~ **звезда́** Polarstern; ◇ ~ **круг** Polarkreis

пома́да *жс*$_1$ <-ы> Pomade *f;* ◇ **губна́я** ~ Lippenstift *m*

помазо́к *м*$_1$ <-зка́, *мн:* -зки́> Pinsel *m;* (*для бритья*) Rasierpinsel *m*

помале́ньку *нареч разг* (1) (*постепенно*) allmählich, nach und nach (2) (*сносно*) erträglich

пома́рка *жс*$_1$ <-и, *род мн:* -рок> (*исправление*) Verbesserung *f;* (*исправленное место*) ausgebesserte Stelle; ◇ **писа́ть без ~рок** sauber schreiben

поме́ньше *нареч* (1) (*о количестве*) etwas weniger; (*о росте*) etwas kleiner (2) (*ещё меньше*) noch kleiner

помести́ть V$_{4a}$ *сов* <-ещу́, -ти́шь, *Part. Prät. Pass.* -ещённый> [**помеща́ть** V$_{1a}$ *несов*] *кого-что вин (1, 3), что вин (2, 4)* (1) (*найти место*) unterbringen, (hin-)setzen; (*поставить*) (hin-)stellen; (*положить*) (hin-)legen; ◇ ~ **кни́ги на по́лку** Bücher auf das Regal stellen (2) (*деньги*) anlegen; ◇ ~ **сбереже́ния в сберба́нк** Ersparnisse bei der Sparkasse anlegen (3) (*в институт*) einliefern, unterbringen; ◇ ~ **ребёнка в де́тский сад** das Kind in den Kindergarten bringen (4) (*опубликовать*) veröffentlichen, publizieren

поме́стье *с*$_5$ <-я> Landgut *n,* Gutshof *m*

по́месь *жс*$_5$ <-и> (1) (*о животном*) Mischling *m,* Bastard *m* (2) *перен* Gemisch *n*

помёт *м*$_1$ <-а> (1) (*испражнения животного*) Mist *m* (2) (*выводок*) Wurf *m*

поме́тка *жс*$_1$ <-и, *род мн:* -ток> Vermerk *m;* (*заметка*) Notiz *f*

поме́ха *жс*$_1$ <-и> Hindernis *n,* Störung *f;* ◇ **не хочу́ быть ~ой** ich will nicht stören; радио ◇ **атмосфе́рные ~и** atmosphärische Störungen; ◇ **без поме́х** störungsfrei

поме́шанный I. *прил* <-ая, -ое, -ые> (1) verrückt, geistesgestört (2) *перен* (*на чём-л*) nach etw verrückt sein **II.** *м (А 1)* <-ого> Verrückter *m,* Geisteskranker *m;* **помеша́ться** V$_{1a}$ *сов* <-а́юсь, -а́ешься> *без доп (1), на ком-чём предл (2)* (1) (*сойти с ума*) verrückt werden (2) *перен* (*увлечься*) in etw vernarrt sein, auf etw versessen sein

помеще́ние *с*$_4$ <-я> (1) Raum *m;* ◇ **жило́е** ~ Wohnraum; ◇ **обору́довать ~ для рабо́ты** ein Arbeitszimmer ausstatten (2) (*действие*) Unterbringung *f;* ◇ ~ **капита́ла** Kapitalanlage *f*

поме́щик *м*$_1$ <-а> Gutsbesitzer *m,* Gutsherr *m*

помидо́р *м*$_1$ <-а> Tomate *f*

поми́лование *с*$_4$ <-я> Begnadigung *f,* Amnestie *f*

поми́мо *предлог с род* außer, abgesehen von; (*вопреки чему-л*) ungeachtet; ◇ ~ **меня́** ohne mein Wissen; ◇ **всё соверши́лось ~ меня́** alles wurde ohne mich zu Ende gebracht

по́мнить V$_{4b}$ *несов* <-ню, -нишь, *Imp.* -ни́, ~те> *кого-что вин или о ком-чём предл* sich erinnern (an); (*вспоминать*) zurückdenken (an); (*думать*) denken (an); ◇ ~ **о своих обязанностях** an seine Pflichten denken; ◇ **не ~ себя от рáдости** außer sich sein vor Freude

помогáть *несов от* **помóчь**

по-мóему *нареч* (1) (*о мнении*) meiner Meinung nach, meines Erachtens (2) (*о желании*) nach meinem Willen, wenn es nach mir geht

помóи *мн*$_3$ <-ев> Spülwasser *n*

помóйка *ж*$_1$ <-и, *род мн:* -мóек> (*контейнер*) Müllcontainer *m;* (*яма*) Müllgrube *f*

помóл *м*$_1$ <-а> Mahlen *n;* ◇ **мéлкий** ~ feingemahlenes Mehl

помóлвка *ж*$_1$ <-и, *род мн:* -вок> Verlobung *f*

помóрщиться V$_{4b}$ *сов* <-щусь, -щишься> *без доп* (*от боли*) das Gesicht verziehen; ◇ ~ **от неудовóльствия** ein unzufriedenes Gesicht machen

помóст *м*$_1$ <-а> Podium *n,* Podest *n*

пóмочи *мн*$_2$ <-éй> Hosenträger *m pl*

помóчь * *сов* <-огý, -óжешь> [**помогáть** V$_{1a}$ *несов*] *кому-чему дат* helfen; (*оказать помощь*) Hilfe leisten; (*прийти на помощь*) zu Hilfe kommen; ◇ **слезáми гóрю не помóжешь** da hilft auch kein Weinen; **помóщник** *м*$_1$ <-а> Helfer *m;* (*подручный*) Gehilfe *m;* (*должностного лица*) Assistent *m;* **пóмощь** *ж*$_5$ <-и> Hilfe *f;* (*содействие*) Beistand *m;* ◇ **медицúнская** ~ ärztliche Hilfe; ◇ ~ **в развúтии** Entwicklungshilfe; ◇ **просúть о ~и** um Hilfe ersuchen; ◇ **без посторóнней ~и** ohne fremde Hilfe; ◇ **с ~ю чегó-л** mit Hilfe von

пóмысел *м*$_1$ <-сла, *мн:* -слы> (*мысль*) Gedanke *m;* (*намерение*) Vorhaben *n,* Absicht *f*

помышлять V$_{1b}$ *несов* <-яю, -яешь> [**помы́слить** V$_{4b}$ *сов*] *о ком-чём предл* denken (an), träumen; (*намереваться*) etw vorhaben

помянýть V$_2$ *сов* <-нý, -янешь, *Part. Prät. Pass.* -янутый> [**поминáть** V$_{1a}$ *несов*] *кого-что вин* sich erinnern (an); ◇ ~ **когó-л дóбрым слóвом** gut über jd-n sprechen

помять * *сов* <-мнý, -мнёшь> *кого-что вин* (1) (*материю, бумагу*) zerknüllen, zerknittern (2) (*повредить*) beschädigen; *разг* ◇ ~ **бокá комý-л** jd-n grün und blau schlagen

понапрáсну *нареч разг* vergebens, umsonst; (*без причины*) überflüssigerweise

понаслы́шке *нареч разг* vom Hörensagen

по-настоящему *нареч* (1) (*должным образом*) wie es sich gehört (2) (*на самом деле*) richtig, ordentlich

по-нáшему *нареч* (1) (*о мнении*) unserer Meinung nach (2) (*как у нас*) auf unsere Art (3) (*о желании*) wenn es nach uns geht

поневóле *нареч* (*вопреки желанию*) notgedrungen, gezwungenermaßen; (*против воли*) wider Willen; ◇ ~ **пришлóсь согласúться** notgedrungen mußten wir zustimmen

понедéльник *м*$_1$ <-а> Montag *m;* ◇ **по ~ам** montags

понемнóгу, понемнóжку *нареч* (1) (*небольшими долями*) ein bißchen; ◇ **есть** ~ ein wenig essen (2) (*постепенно*) allmählich, nach und nach

пóни *м* <нескл> Pony *n;* ◇ **катáться на** ~ auf einem Pony reiten

понижáть *несов от* **понúзить**

понижéние *с*$_4$ <-я> (*уменьшение, ослабление*) Herabsetzung *f,* Verringerung *f;* (*цен*) Senkung *f;* (*уровня воды*) Sinken *n;* (*температуры*) Rückgang *m;* ◇ ~ **кáчества** Qualitätsrückgang; ◇ ~ **в дóлжности** Degradierung *f*

понúзить V$_{4b}$ *сов* <-úжу, -зишь, *Part. Prät. Pass.* -úженный> [**понижáть** V$_{1a}$ *несов*] *кого-что вин* herabsetzen, reduzieren; (*цены*) senken; ◇ ~ **гóлос** die Stimme senken; ◇ ~ **напряжéние тóка** Stromspannung reduzieren

понимáние *с*$_4$ <-я> (1) (*способность понять*) Verständnis *n,* Begreifen *n;* ◇ **э́то вы́ше моегó ~я** das geht über meinen Verstand (2) (*толкование*) Auffassung *f;* **понимáть** V$_{1a}$ *несов* <-áю, -áешь> [**понять** *сов*] *кого-что вин (2), о ком-чём предл (3)* (1) *см.* **понять** (2) (*обладать пониманием*) sich auskennen (in), verstehen; ◇ ~ **чужýю речь** eine fremde Sprache verstehen; ◇ **я ничегó в э́том не ~áю** davon habe ich keine Ahnung (3) (*осмыслять, толковать*) auffassen, verstehen; ◇ **как ~ э́то выскáзывание?** wie ist diese Aussage aufzufassen?

понóс *м*$_1$ <-а> мед Durchfall *m*

понóшенный *прил* <-ая-ое, -ые> abgenutzt; (*потёртый*) schäbig

понрáвиться *см.* **нрáвиться**

пóнчик *м*$_1$ <-а> Pfannkuchen *m*

поны́не *нареч* bis jetzt; ◇ ~ **не забы́т** bis auf den heutigen Tag nicht vergessen

понюхать *см.* **ню́хать**

понятие *с*$_4$ <-я> (1) (*идея*) Begriff *m;* ◇ ~ **врéмени** Zeitbegriff; ◇ ~ **кáчества** Qualitätsbegriff; (*представление*) Vorstellung *f;* ◇ **у детéй свои ~я** Kinder haben ihre eigenen Vorstellungen; ◇ **получúть ~ о чём-л** eine

П

Vorstellung von etw bekommen; ◇ **соста́вить себе́ ~ о чём-л** sich ein Bild von etw machen; ◇ **не име́ть ни мале́йшего ~ о чём-л** nicht die geringste Vorstellung von etw haben ② *филос* Begriff *m*

поня́тно I. *нареч* verständlich, begreiflich; (*ясно*) klar; (*объяснимо*) erklärbar; ◇ **~?** ist das klar? II. *вводное слово* (*конечно, разумеется*) selbstverständlich, das versteht sich von selbst; **поня́тный** *прил* <-ая, -ое, -ые> verständlich, begreiflich; (*ясный*) klar; (*вразумительный*) einleuchtend; **поня́ть** * *сов* <пойму́, поймёшь> *кого-что вин* (*уяснить*) verstehen; (*постичь*) begreifen; ◇ **~ чьи-л слова́** jd-s Worte verstehen; ◇ **дать ~ кому́-л** jd-m zu verstehen geben; ◇ **~ свою́ оши́бку** seinen Fehler einsehen

пообе́дать *см.* **обе́дать**

поодино́чке *нареч* einzeln; ◇ **вызыва́ть ~** einzeln aufrufen

поочерёдно *нареч* der Reihe nach; (*посменно*) abwechselnd

поощре́ние c_4 <-я> ① (*одобрение*) Aufmunterung *f*, Ermutigung *f;* (*содействие*) Förderung *f;* (*стимул*) Ansporn *m* ② (*благодарность*) Prämie *f;* ◇ **получи́ть ~** eine Prämie bekommen; (*награда*) Belohnung *f*

поощри́ть V_{4a} *сов* <-рю́, -ри́шь> [**поощря́ть** V_{1b} *несов*] *кого-что вин* aufmuntern, anspornen, fördern

поп $м_1$ <-а́, *мн:* -ы́> *разг* Pfaffe *m;* (*в русской православной церкви*) Pope *m*

попада́ние c_4 <-я> Treffer *m;* ◇ **прямо́е ~** Volltreffer *m*

попа́рно *нареч* paarweise

попа́сть * *сов* <-аду́, -адёшь> [**попада́ть** V_{1a} *несов*] *в кого-что вин (1, 2), кому дат (3)* ① (*достигнуть*) geraten, gelangen; (*очутиться*) hingeraten; ◇ **~ в плоху́ю компа́нию** in schlechte Gesellschaft geraten; ◇ **он не ~а́л в институ́т** er bekam keinen Studienplatz; (*добраться*) gelangen; ◇ **письмо́ ~а́ло по а́дресу** der Brief ist an die richtige Adresse gelangt; ◇ **прости́те, я не туда́ ~а́л** Entschuldigung, ich habe mich verwählt ② (*при стрельбе*) treffen; ◇ **~ в цель** das Ziel treffen ③ *безл* Schläge bekommen; ◇ **тебе́ ~адёт** gleich setzt es Hiebe; ◇ **как ~а́ло** wie es gerade kommt, auf gut Glück; ◇ **куда́ ~а́ло** wohin auch immer; ◇ **~ па́льцем в не́бо** etw zu unpassender Zeit sagen; **попа́сться** *сов* <-аду́сь, -адёшься> [**попада́ться** *несов*] *без доп (1), в/на чём предл (2), кому дат (3)* ① (*оказаться*) geraten; (*в ловушку*) hineinfallen ② *перен* (*быть уличённым*) bei etw ertappt werden ③ (*встретиться*) jd-n treffen, jd-m begegnen; (*наткнуться*) auf etw stoßen; ◇ **~ навстре́чу** jd-m über den Weg laufen; ◇ **ему́ ~лась хоро́шая кни́га** ein gutes Buch ist ihm in die Hände gefallen; ◇ **~ на глаза́** jd-m unter die Augen kommen

попереме́нно *нареч* abwechselnd

попече́ние c_4 <-я> Fürsorge *f*, Sorge *f;* (*покровительство*) Obhut *f;* ◇ **быть на ~ии у кого́-л** bei jd-m in Pflege sein; ◇ **име́ть кого́-л на ~ии** für jd-n sorgen; ◇ **оста́вить дете́й на ~ ба́бушки** die Kinder in die Obhut der Großmutter geben

попола́м *нареч* ① (*надвое*) in zwei Hälften, mittendurch; ◇ **раздели́ть хлеб ~** das Brot halbieren ② (*наполови́ну с чем-л*) zur Hälfte; ◇ **вино́ ~ с водо́й** halb Wein und halb Wasser ③ (*в равной доле*) halbe-halbe, zur Hälfte; ◇ **дели́ть ~ с кем-л** mit jd-m halbe-halbe machen

поползнове́ние c_4 <-я> Anspruch *m;* ◇ **име́ть ~ на что-л** Anspruch auf etw haben

попо́лнить V_{4b} *сов* <-ню, -нишь> [**пополня́ть** V_{1b} *несов*] *что вин чем тв* ergänzen; ◇ **~ отря́д све́жими си́лами** Verstärkung für die Abteilung heranziehen; ◇ **~ свои́ зна́ния** sein Wissen erweitern; (*потери*) auffüllen; **попо́лниться** *сов* <-нится, -нятся, 1 и 2 л. не употр> [**пополня́ться** *несов*] *чем тв* sich vervollständigen, ergänzt werden; ◇ **колле́кция ~лась но́выми экземпля́рами** die Sammlung wurde durch neue Exemplare ergänzt

попра́вить V_{4b} *сов* <-влю, -вишь> [**поправля́ть** V_{1b} *несов*] *кого-что вин* ① (*исправить*) verbessern, ausbessern; (*сделать правильным*) berichtigen; ◇ **~ здоро́вье** die Gesundheit wiederherstellen ② (*починить*) reparieren, instandsetzen ③ (*указать на ошибку*) korrigieren; **попра́виться** *сов* <-влюсь, -вишься, (3) 1 и 2 л. не употр> [**поправля́ться** *несов*] *без доп* ① (*выздороветь*) genesen, sich erholen, auf dem Wege der Besserung sein ② (*пополнеть*) zunehmen; ◇ **~ на два килогра́мма** zwei Kilogramm zunehmen ③ (*о делах*) sich bessern, besser gehen ④ (*в речи*) sich verbessern; ◇ **оговори́лся и тут же ~лся** er verbesserte seinen Versprecher sofort; **попра́вка** $ж_1$ <-и, *род мн:* -вок> ① (*здоровья*) Besserung *f*, Wiederherstellung *f;* (*выздоровление*) Genesung *f;* ◇ **у него́ де́ло идёт на ~у** es geht mit ihm bergauf ② (*исправление, дополнение*)

Korrektur *f,* Verbesserung *f;* ◇ **на́до внести́ ~у** es muß eine Korrektur vorgenommen werden ④ (*к резолюции*) Änderungsvorschlag *m;* (*изменение*) Änderung *f*

по-пре́жнему *нареч* nach wie vor, wie ehemals; (*как всегда*) wie immer; ◇ **всё оста́лось** ~ alles blieb beim alten

по́прище *с₃* ‹-а› (*область деятельности*) Arbeitsfeld *n,* Wirkungskreis *m;* ◇ **на ~ нау́ки** auf dem Gebiet der Wissenschaft

попро́бовать *см.* **про́бовать**

попроща́ться V_{1a} *сов* ‹-а́юсь, -а́ешься› *с кем-чем тв* sich verabschieden (von), von jd-m Abschied nehmen; ◇ **уезжа́ю, пришёл** ~ ich fahre weg und möchte mich verabschieden

попуга́й *м₃* ‹-я› Papagei *m*

популя́рность *ж₅* ‹-и› ① (*доступность*) Zugänglichkeit *f,* allgemeine Verständlichkeit ② (*известность*) Beliebtheit *f,* Popularität *f;* ◇ **по́льзоваться ~ю** sich großer Beliebtheit erfreuen; **популя́рный** *прил* ‹-ая, -ое, -ые› ① (*известный*) populär, beliebt, bekannt ② (*доступный*) allgemein verständlich, gut zugänglich

попусти́тельство *с₂* ‹-а› (*снисходительность*) sträfliche Nachsicht *f,* Fahrlässigkeit *f*

попу́тчик *м₁* ‹-а› ① Reisegefährte *m,* Weggefährte *m* ② *перен* Mitläufer *m*

попы́тка *ж₁* ‹-и, *род мн:* -ток› Versuch *m;* ◇ ~ **не пы́тка** Probieren geht über Studieren

пора́ *ж₁* ‹-ы́, вин: -у, *мн:* -ы, *дат:* -а́м› ① (*время, период, срок*) Zeit *f;* ◇ **весе́нняя** ~ Frühlingszeit; (*в работе*) ◇ **горя́чая** ~ arbeitsreiche Zeit ② *безл* es wird/ist Zeit; ◇ ~ **домо́й** es ist Zeit heimzugehen; ◇ ~ **зака́нчивать** es ist Zeit aufzuhören; ◇ **до каки́х пор?** bis wann?; ◇ **до тех пор пока́** so lange, bis; ◇ **на пе́рвых пора́х** in der ersten Zeit; ◇ **до ~ы́, до вре́мени** bis zu einer gewissen Zeit; ◇ **с э́тих пор** seit der Zeit

поража́ть *несов от* **порази́ть**

пораже́ние *с₄* ‹-я› ① (*неудача*) Niederlage *f;* ◇ **нанести́ ~ врагу́** dem Feind eine Niederlage beifügen; ◇ **потерпе́ть** ~ eine Niederlage einstecken müssen ② мед Verletzung *f;* (*травма*) Verwundung *f*

порази́тельный *прил* ‹-ая, -ое, -ые› auffallend, verblüffend; ◇ ~ **слу́чай** ein ungewöhnlicher Vorfall; (*удивительный*) erstaunlich; (*ошеломляющий*) frappierend; ◇ ~ **наха́л** ein unglaublicher Flegel; **порази́ть** V_{4a} *сов* ‹-ажу́, -зи́шь, *Part. Prät. Pass.* -ражённый› [**поража́ть** V_{1a} *несов*] *кого-что вин* ① (*нанести удар*) einen Schlag versetzen; (*попасть в цель*) treffen ② (*победить*) schlagen, siegen; ◇ ~ **врага́** den Feind schlagen ③ (*удивить*) erstaunen, verblüffen, überraschen; (*ошеломить*) frappieren; ◇ ~ **неожи́данным изве́стием** mit einer unerwarteten Nachricht überraschen ④ (*о болезни*) verletzen, befallen; ◇ **боле́знь ~ла органи́зм** die Krankheit griff den Organismus an; **порази́ться** *сов* ‹-ажу́сь, -зи́шься› [**поража́ться** *несов*] *чем тв, чему дат* (*удивиться*) verblüfft sein, erstaunt sein, überrascht sein; ◇ ~ **чьей-л красото́й** von jd-s Schönheit überwältigt sein

порва́ть V_{1a} *сов* ‹-ву́, -вёшь› [**порыва́ть** V_{1a} *несов*] *что вин (1), с кем-чем тв (2)* ① (*разорвать*) zerreißen ② *перен* (*прекратить*) (ab-)brechen; ◇ ~ **все свя́зи с пре́жними друзья́ми** alle Verbindungen mit ehemaligen Freunden abbrechen

поре́з *м₁* ‹-а› Schnitt *m;* (*рана*) Schnittwunde *f;* **поре́зать** * *сов* ‹-е́жу, -е́жешь› *что вин (1), кого-что вин (2)* ① (*нарезать*) (auf-)schneiden; ◇ ~ **хле́ба** Brot schneiden ② (*поранить*) sich schneiden, sich ritzen

порица́ние *с₄* ‹-я› Tadel *m,* Rüge *f;* ◇ **вы́нести** ~ jd-n tadeln

поро́г *м₁* ‹-а› ① (*дверной*) (Tür-)Schwelle *f;* ◇ **переступи́ть** ~ die Schwelle überschreiten; ◇ **на ~е сме́рти** an der Schwelle des Todes; ◇ **не пуска́ть на** ~ jd-n nicht ins Haus lassen ② (*речной*) Stromschnelle *f* ③ (*предел*) Schwelle *f,* Grenze *f*

поро́да *ж₁* ‹-ы› ① бот Art *f;* (*животных*) Rasse *f* ② геол, горн Gestein *n;* ◇ **пуста́я** ~ taubes Gestein ③ *перен* (*о людях*) Schlag *m;* ◇ **челове́к осо́бой ~ы** ein besonderer Menschenschlag; ◇ **мы из ~ы оптими́стов** wir sind von Natur aus optimistisch

породи́ть V_{4a} *сов* ‹-ожу́, -ди́шь, *Part. Prät. Pass.* -рождённый› [**порожда́ть** V_{1a} *несов*] *кого-что вин* (*вызвать*) hervorrufen; (*возбудить*) erwecken; (*произвести*) erzeugen

поро́й *нареч* manchmal, bisweilen; ◇ ~ **быва́ет нелегко́** manchmal ist es nicht leicht

поро́к *м₁* ‹-а› ① (*уродство*) Laster *n,* Untugend *f* ② (*недостаток*) Mangel *m,* Übel *n;* ◇ **~и ре́чи** Spachfehler *m;* мед ◇ ~ **се́рдца** Herzfehler *m*

поросёнок *м₁* ‹-нка, *мн:* -ся́та, *род:* -ся́т› Ferkel *n*

по́рох *м₁* ‹-а, *мн:* -а́› Pulver *n,* Schießpulver *n;* ◇ **ей не хвати́ло ~а** ihr ging die Puste aus

порошо́к *м₁* ‹-шка́, *мн:* -шки́› Pulver *n;* ◇ **зубно́й** ~ Zahnpulver; ◇ **стира́льный** ~

П

Waschpulver; ◇ **стерéть когó-л в** ~ jd-n fertigmachen

порт *м₁* <-а, о пóрте, в портý, *мн:*-ы, *род:* -óв> Hafen *m;* ◇ **речнóй** ~ Binnenhafen; ◇ **войтú в** ~ in den Hafen einlaufen

портвéйн *м₁* <-а> Portwein *m*

пóртить V₄b *несов* <-рчу, -тишь, *Imp.* -рти, ~те/-рть, ~те, *Part. Prät. Pass.* -рченный> [**ис~** *сов*] *кого-что вин* ① (*приводить в негодность*) verderben, ruinieren; (*вредить*) beschädigen; ◇ ~ **настроéние** die Stimmung verderben ② (*кого-л*) verderben verschlechtern; ◇ ~ **ребёнка плохи́м воспитáнием** das Kind verziehen

портни́ха *ж₁* <-и> Schneiderin *f;* **портнóй** *м (А 1)* <-ого> Schneider *m*

портрéт *м₁* <-а> Porträt *n,* Bildnis *n;* (*живописный*) Porträtzeichnung *f;* ◇ **группово́й** ~ Gruppenbild *n*

портсигáр *м₁* <-а> (*для сигарет, папирос*) Zigarettenetui *n;* (*для сигар*) Zigarrenetui *n*

портфéль *м₂* <-я> ① (*для книг, бумаг*) Aktentasche *f,* Aktenmappe *f* ② (*должность*) Geschäftsbereich *m,* Ressort *n;* ◇ **мини́стр без ~я** Minister ohne Geschäftsbereich

портьéра *ж₁* <-ы> Türvorhang *m,* Vorhang *m*

порýка *ж₁* <-и> Bürgschaft *f;* ◇ **взять на ~и когó-л** für jd-n bürgen; ◇ **отдáть на ~и когó-л** in jd-s Obhut geben

поручéние *с₄* <-я> Auftrag *m;* ◇ **дать** ~ **комý-л** jd-m einen Auftrag erteilen; ◇ **испóлнить чьё-л** ~ einen Auftrag erledigen

поручи́тельство *с₂* <-а> Bürgschaft *f*

поручи́ть V₄a *сов* <-чý, -ýчишь, *Part. Prät. Pass.* -ýченный> [**поручáть** V₁a *несов*] *кому-чему дат что вин или с инф (1), кому-чему дат кого-что вин (2)* ① (*дать поручение*) beauftragen, Auftrag erteilen ② (*доверить кому-л*) anvertrauen; ◇ ~ **детéй комý-л** jd-m die Kinder anvertrauen

пóручни *мн₂* <-ей> Geländerstange *f*

пóрция *ж₄* <-ии> Portion *f*

пóршень *м₂* <-шня, *мн:* -шни> Kolben *m*

поры́в *м₁* <-а> ① (*ветра*) Windstoß *m* ② *перен* Ausbruch *m,* Anwandlung *f;* (*припадок*) Anfall *m;* ◇ **душéвный** ~ Gefühlsausbruch; ◇ ~ **гнéва** Wutanfall

поря́дком *нареч* (*как следует*) gehörig, ordentlich; ◇ ~ **надоéло** ich habe es gründlich satt; (*основательно*) gründlich, tüchtig; ◇ ~ **разбирáться в чём-л** sich gründlich in etw auskennen

поря́док *м₁* <-дка, *мн:* -дки> ① (*состояние*) Ordnung *f;* ◇ **навести́ поря́док где-л** Ordnung schaffen; ◇ **привести́ в** ~ in Ordnung bringen ② (*ход*) Reihenfolge *f;* ◇ **рассказáть всё по ~дку** alles der Reihe nach erzählen; ◇ **в установленном ~дке** in der festgesetzten Reihenfolge ③ (*способ*) Ordnung *f,* Weg *m,* Bestimmungen *f pl;* (*метод*) Verfahren *n;* ◇ **в спéшном ~дке** im Eilverfahren ④ (*режим*) Methode *f,* Verfahren *n;* ◇ ~ **вы́боров** Wahlmodus *m* ⑤ ◇ **~и** *мн* (*обы́чаи*) Sitten *f pl,* Tradition *f;* ◇ **ну и ~и!** hier herrschen seltsame Sitten ⑥ воен Aufstellung *f;* ◇ **дéло идёт свои́м ~дком** das nimmt jetzt seinen Lauf; ◇ **э́то в ~ке вещéй** das ist ganz normal

поря́дочный *прил* <-ая, -ое, -ые> ① (*честный*) anständig, ehrenhaft ② (*довольно хороший*) ziemlich gut ③ (*довольно большой*) gehörig, bedeutend, ziemlich groß

посади́ть *см.* **сажáть**

посáдка *ж₁* <-и, *род мн:* -док> ① (*растений*) Pflanzen *n,* Setzen *n* ② (*в поезд*) Einsteigen *n;* ◇ ~ **на пароxóд** Einschiffen *n* ③ (*самолёта, ракеты*) Landung *f,* Aufsetzen *n;* ◇ **вы́нужденная** ~ Notlandung; ◇ **заходи́ть на ~у** zum Landen ansetzen ④ (*при верховой езде*) Haltung *f,* Sitz *m*

по-свóйски *нареч разг* (*по своей воле*) nach eigenem Ermessen; ◇ ~ **раздéлаться с кем-л** auf seine Art mit jd-m verfahren

посвяти́ть V₄a *сов* <-ящý, -яти́шь, *Part. Prät. Pass.* -ящённый> [**посвящáть** V₁a *несов*] *что вин кому-чему дат (1), кого-что вин во что вин (2)* ① (*в честь кого-л или в память о ком-л*) weihen, widmen; ◇ ~ **кни́гу пáмяти отцá** ein Buch seinem Vater widmen; ◇ ~ **свою́ жизнь рабóте** sich der Arbeit verschreiben ② (*осведомить о тайном*) einweihen; ◇ ~ **дрýга в свою́ тáйну** einen Freund in seine Geheimnisse einweihen; ◇ ~ **в секрéты мастерствá** jd-n in die Geheimnisse eines Handwerks einweihen

посéв *м₁* <-а> ① (*действие*) Säen *n,* Aussaat *f* ② (*посеянное*) Saat *f*

поселéние *с₄* <-я> ① (*водворение на жительство*) (Zwangs-)Umsiedlung *f;* ◇ **сослáть на** ~ zwangsumsiedeln, deportieren ② (*посёлок*) Siedlung *f;* (*колония*) Kolonie *f*

посели́ться *см.* **сели́ться**

посёлок *м₁* <-лка, *мн:* -лки́> Siedlung *f,* kleiner Ort *m;* ◇ **дáчный** ~ Feriensiedlung; ◇ **рабóчий** ~ Arbeitersiedlung *m*

посети́тель *м₂* <-я> Besucher *m;* (*гость*) Gast *m;* (*клиент*) Kunde *m;* **посети́ть** V₄a *сов* <-ещý, -ти́шь, *Part. Prät. Pass.* -сещённый> [**посеща́ть** V_{1a} *несов*] *кого-что вин* besuchen; ◇ ~ **знако́мого** einen Bekannten aufsuchen

посеща́емость $ж_5$ <-и> Zulauf *m,* Zuspruch *m;* (*число посетителей*) Besucherzahl *f;* (*присутствие на занятиях*) Teilnehmerzahl *f;* ◇ **хоро́шая** ~ gut besucht; ◇ ~ **кинотеа́тров возросла́** die Kinos haben mehr Zulauf

поси́льный *прил* <-ая, -ое, -ые> nach Kräften; ◇ **~ая зада́ча** machbare Aufgabe

поско́льку *союз* (1) (*насколько*) insofern, sofern, insoweit; ◇ ~ **э́то каса́ется нас** sofern wir davon betroffen sind (2) (*так как*) da; ◇ ~ **ты согла́сен, я не возража́ю** da du einverstanden bist, habe ich nichts dagegen

посла́нец $м_5$ <-нца> Abgesandte *m,* Bote *m;* **посла́ние** c_4 <-я> Schreiben *n,* Botschaft *f;* ◇ ~ **президе́нта конгре́ссу** Schreiben des Präsidenten an den Kongreß; **посла́нник** $м_1$ <-а> Gesandter *m*

посла́ть * *сов* <пошлю́, пошлёшь> [**посыла́ть** V_{1a} *несов*] *кого-что вин (1), что вин (2-4)* (1) (*направить*) schicken, beordern; ◇ ~ **за до́ктором** den Arzt kommen lassen (2) (*отправить для доставки*) senden, schicken; ◇ ~ **письмо́ по по́чте** einen Brief mit der Post schicken (3) (*бросить*) schießen, werfen; ◇ ~ **мяч в се́тку воро́т** den Ball ins Tor schießen (4) (*выразить свои чувства*) übermitteln; ◇ ~ **приве́т кому́-л** jd-n grüßen lassen

по́сле I. *нареч* nachher, später; (*после этого*) danach; ◇ ~ **расскажу́ обо всём** später werde ich alles erzählen II. *предлог с род* nach; ◇ ~ **еды́** nach dem Essen; ◇ ~ **таки́х слов** nach solchen Worten

после́дний *прил* <-яя, -ее, -ие> (1) (*конечный в ряду*) letzter; ◇ **са́мый** ~ der allerletzte; (*окончательный*) endgültig; ◇ **э́то моё ~ее сло́во** das ist mein letztes Wort (2) (*самый новый*) neuste(r, s); ◇ **одет по ~ей мо́де** nach der allerneusten Mode gekleidet (3) (*наихудший*) schlechteste(r, s), schlimmste(r, s); ◇ **изруга́ть ~ими слова́ми** mit den schlimmsten Worten beschimpfen (4) (*только что упомянутый*) letztere(r, s), eben genannt (5) (*предшествующий*) vorig; ◇ **на ~ем заседа́нии** auf der letzten Sitzung

после́дователь $м_2$ <-я> Anhänger *m,* Nachfolger *m;* **после́довательный** *прил* <-ая, -ое, -ые> (1) (*последующий*) aufeinanderfolgend, fortlaufend (2) (*логичный*) folgerichtig, konsequent

после́дствие c_4 <-я> Folge *f,* Konsequenz *f;* (*результат*) Ergebnis *n;* ◇ **далеко́ иду́щие ~я** weitreichende Konsequenzen; ◇ **неожи́данные ~я встре́чи** überraschende Folgen einer Begegnung; ◇ **нести́ ~я** Folgen haben;

после́дующий *прил* <-ая, -ее, -ие> nachfolgend, darauffolgend; ◇ **во всё ~ее вре́мя** in der darauffolgenden Zeit; ◇ **с ~им обсужде́нием** mit anschließender Diskussion

послеза́втра *нареч* übermorgen

послесло́вие c_4 <-я> Nachwort *n*

посло́вица $ж_1$ <-ы> Sprichwort *n;* ◇ **войти́ в ~у** sprichwörtlich werden

послуша́ние c_4 <-я> (*покорность*) Gehorsam *m;* ◇ **тре́бовать от дете́й ~я** von Kindern Gehorsam verlangen

послу́шать *см.* **слу́шать**

посме́ртный *прил* <-ая, -ое, -ые> postum, nach dem Tod; ◇ **~ое изда́ние сочине́ний** postume Ausgabe der Werke

посме́шище c_3 <-а> Zielscheibe *f* des Spottes; ◇ **вы́ставить кого́-л на** ~ jd-n dem Spott preisgeben

посмотре́ть *см.* **смотре́ть**

посо́бие c_4 <-я> (1) (*денежная помощь*) Unterstützung *f;* ◇ **выходно́е** ~ Abfindung *f;* ◇ ~ **по безрабо́тице** Arbeitslosengeld *n;* ◇ ~ **по боле́зни** Krankengeld (2) (*учебник*) Lehrbuch *n;* (*справочник*) Handbuch *n;* ◇ **нагля́дное** ~ Anschauungsmaterial *n*

посо́бник $м_1$ <-а> Mithelfer *m,* Helfershelfer *m;* (*соучастник*) Komplize *m;* ◇ **~и преступле́ния** Mittäter *m;* ◇ **назва́ть свои́х ~ов** seine Komplizen nennen

посо́л $м_1$ <-сла́, *мн:* -слы́> Botschafter *m*

посоли́ть *см.* **соли́ть**

посо́льство c_2 <-а> Botschaft *f*

поспе́ть [1] V_5 *сов* <-пе́ет, -пе́ют, 1 и 2 л. не употр> [**поспева́ть** V_{1a} *несов*] *без доп* (1) (*созреть*) reifen, reif werden; ◇ **я́блоки ~и** die Äpfel sind reif (2) (*о еде*) gar werden; ◇ **обе́д поспе́л** das Mittagessen ist fertig

поспе́ть [2] *сов* <-е́ю, -е́ешь> [**поспева́ть** *несов*] *без доп* (*прийти вовремя*) schaffen, zurechtkommen; ◇ ~ **к сро́ку** rechtzeitig kommen; ◇ **не ~ к по́езду** den Zug verpassen

поспе́шность $ж_5$ <-и> Eile *f,* Hast *f;* **поспе́шный** *прил* <-ая, -ое, -ые> (1) (*торопливый*) eilig, hastig (2) (*необдуманный*) überstürzt; (*преждевременный*) voreilig, verfrüht

поспо́рить V_{4b} <-рю, -ришь> *с кем-чем тв о чём предл (1), без доп (2), с кем-тв (3)* (1) (*о чём-л*) streiten, sich auseinandersetzen

П

(mit) ② (*держать пари*) wetten, eine Wette abschließen; ◇ **поспо́рим!** laß uns wetten! ③ *перен* (*соревноваться*) wetteifern

посре́дник $м_1$ ‹-а› Vermittler *m;* (*арбитр*) Schlichter *m;* **посре́дничество** c_2 ‹-а› Vermittlung *f;* ◇ **при ~е** unter Vermittlung; ◇ **предложи́ть своё ~** seine Dienste als Vermittler anbieten

посре́дственный *прил* ‹-ая, -ое, -ые› mittelmäßig; (*средний*) durchschnittlich

поссо́риться *см.* **ссо́риться**

пост[1] $м_1$ ‹-а́, *мн:* -ы́› ① (*должность*) Posten *m,* Stellung *f,* Amt *n;* ◇ **заня́ть ~ дире́ктора** das Amt des Direktors bekleiden ② воен Posten *m,* Wache *f;* ◇ **сторожево́й ~** Wachposten; ◇ **быть всегда́ на своём ~у́** stets auf dem Posten sein

пост[2] $м_1$ ‹-а́› рел Fastenzeit *f*

поста́вить[1] *см.* **ста́вить**

поста́вить[2] *сов* ‹-влю, -вишь› [**поставля́ть** V_{1b} *несов*] *что вин* (*произвести поставки*) liefern

поста́вка $ж_1$ ‹-и, *род мн:* -вок› Lieferung *f;* (*доставка*) Zustellung *f;* ◇ **срок ~и** Lieferfrist *f;* **поставщи́к** $м_1$ ‹-а́, *мн:* -и́› Lieferant *m*

постаме́нт $м_1$ ‹-а› Postament *n,* Sockel *m*

постано́вка $ж_1$ ‹-и, *род мн:* -вок› ① (*действие*) Aufstellung *f,* Errichtung *f* ② театр Inszenierung *f*

постановле́ние c_4 ‹-я› ① (*решение*) Beschluß *m;* (*резолюция*) Resolution *f* ② (*распоряжение*) Verordnung *f;* (*указ*) Erlaß *m,* Bestimmung *f;* ◇ **вы́нести ~** einen Beschluß fassen; ◇ **по ~ию** gemäß Beschluß

по-ста́рому *нареч* auf hergebrachte Weise; (*как прежде*) wie früher

посте́ль $ж_5$ ‹-и› Bett *n;* ◇ **встать с ~и** aufstehen; ◇ **лежа́ть в ~и** im Bett liegen, das Bett hüten; ◇ **убра́ть ~** das Bett machen

постепе́нно *нареч* allmählich, stufenweise; ◇ **де́лать что-л ~** etw nach und nach tun

по́стер $м_1$ ‹-а› Poster *n*

пости́чь * *сов* ‹-и́гну, -и́гнешь, (2) 1 и 2 л. не употр› [**постига́ть** V_{1a} *несов*] *кого-что вин* ① (*понять*) begreifen, fassen; ◇ **~ смысл чего́-л** den Sinn verstehen ② (*о горе и т. п.*) treffen, heimsuchen; ◇ **его́ пости́гла неуда́ча** er hat einen Mißerfolg erlitten; ◇ **го́ре пости́гло семью́** die Familie erfuhr großes Leid

по́стный *прил* ‹-ая, -ое, -ые› ① (*о пище*) mager; ◇ **~ое мя́со** mageres Fleisch ② *перен* (*скучный*) langweilig

посторо́нний **I.** *прил* ‹-яя, -ее, -ие› ① (*чужой*) fremd; ◇ **~ее влия́ние** fremder Einfluß; (*незнакомый*) unbekannt; мед ◇ **~ее те́ло** Fremdkörper *m* ② (*побочный*) Neben-, nebensächlich **II.** *м* (A_2) ‹-его› Unbefugter *m,* Fremder *m;* ◇ **~им вход воспрещён** Unbefugten ist der Zutritt verboten

постоя́нный *прил* ‹-ая, -ое, -ые› ständig, fortwährend; (*неизменный*) konstant, stetig; (*непрерывный*) kontinuierlich, dauernd; мат ◇ **~ая величина́** Konstante *f;* ◇ **~ое местожи́тельство** ständiger Wohnsitz; ◇ **~ посети́тель** Stammgast *m;* ◇ **~ая рабо́та** fester Arbeitsplatz; **постоя́нство** c_2 ‹-а› Beständigkeit *f;* (*неизменность*) Konstanz *f;* ◇ **~ в любви́** Treue (in der Liebe) *f*

пострада́ть *см.* **страда́ть**

постριга́ть V_{1a} *несов кого-что вин* [**постри́чь** * *сов* ‹-игу́, -ижёшь›] (*волосы*) schneiden; (*машинкой*) scheren; **постри́чься** *сов* ‹-игу́сь, -ижёшься› [**постριга́ться** *несов*] *без доп* sich die Haare schneiden lassen

построе́ние c_4 ‹-я› Bau *m,* Aufbau *m;* (*сооружение*) Errichtung *f* ② (*строение, конструкция*) Konstruktion *f,* Bau *m* ③ воен Aufstellung *f,* Gliederung *f*

постро́йка $ж_1$ ‹-и, *род мн:* -оек› ① (*действие*) Bauen *n,* Errichtung *f* ② (*здание*) Bau *m,* Gebäude *n*

поступи́ть V_{4a} *сов* ‹-плю́, -у́пишь› [**поступа́ть** V_{1a} *несов*] *без доп* ① (*совершить*) handeln, verfahren; (*действовать каким-л образом*) vorgehen ② (*быть зачисленным*) etw antreten; ◇ **~ на рабо́ту** die Arbeit aufnehmen; ◇ **~ в университе́т** sich immatrikulieren ③ (*дойти*) eingehen; ◇ **в коми́ссию ~ло заявле́ние** bei der Kommission ging der Antrag ein; ◇ **де́ло ~ло в суд** die Sache kam vor Gericht; ◇ **кни́га ~ла в прода́жу** das Buch ist im Handel erhältlich

поступле́ние c_4 ‹-я› ① (*куда-л*) Eintritt *m* ② (*о сумме*) Eingang *m,* Zugang *m* ③ ◇ **~я** *мн* Einkünfte *f pl;* (*сборы*) Einnahmen *f pl;* ◇ **нало́говые ~я** Steuereinnahmen

посту́пок $м_1$ ‹-пка, *мн:* -пки› Tat *f,* Handlung *f;* ◇ **отвеча́ть за свои́ ~пки** für seine Taten verantwortlich sein; ◇ **соверши́ть необду́манный ~** unüberlegt handeln; (*поведение*) Verhalten *n*

посу́да $ж_1$ ‹-ы› ① Geschirr *n;* ◇ **ку́хонная ~** Küchengeschirr; ◇ **столо́вая ~** Tafelgeschirr ② (*отдельный предмет*) Flasche *f,* Gefäß *n*

посыла́ть *несов от* **посла́ть**

посы́лка $ж_1$ ‹-и, *род мн:* -лок› ① (*дейст-

вие) (Ab-)Sendung *f* (2) (*пакет*) Päckchen *n*, Paket *n;* ◇ **я привёз тебе́ ~у и́з дому** ich habe dir ein Päckchen von zu Hause mitgebracht

посяга́тельство c_2 ‹-а› Eingriff *m*, Anschlag *m;* ◇ ~ **на чью-л жизнь** Anschlag auf jd-s Leben, Attentat *n;* ◇ ~ **на чьи-л права́** Eingriff in jd-s Rechte

пот $м_1$ ‹-а, о по́те, в поту́, *мн:* -ы́› Schweiß *m;* ◇ **вогна́ть кого́-л в** ~ jd-n zum Schwitzen bringen; ◇ **вытира́ть ~ с лица́** sich den Schweiß vom Gesicht wischen; ◇ **его́ бро́сило в** ~ er geriet in Schwitzen; ◇ **он прибежа́л весь в ~у́** er kam schweißgebadet angelaufen

потасо́вка $ж_1$ ‹-и, *род мн:* -вок› *разг* Prügelei *f*, Handgemenge *n*

по-тво́ему *нареч* (1) (*по твоему́ мнению*) deiner Meinung nach (2) (*по твоему́ желанию*) nach deinem Wunsch

потенциа́л $м_1$ ‹-а› Potential *n*

потепле́ние c_4 ‹-я› Temperaturanstieg *m;* ◇ **ожида́ется** ~ es soll wärmer werden

потерпе́ть * *сов* ‹-плю́, -е́рпишь› [**терпе́ть** * *несов*] *что вин или без доп (1), что вин (2)* (1) (*проявить терпение*) sich gedulden, aushalten; ◇ **~и́те немно́го, боль пройдёт** haben Sie etwas Geduld, der Schmerz vergeht (2) (*пострадать*) erleiden; ◇ ~ **пораже́ние/убы́тки** eine Niederlage/Verluste erleiden (3) sich (nicht) bieten lassen, (nicht) dulden; ◇ **я не ~лю́ таки́х оскорбле́ний** diese Beleidigungen werde ich mir nicht gefallen lassen

поте́ря $ж_2$ ‹-и› Verlust *m*, Einbuße *f;* ◇ ~ **ве́са** Gewichtsabnahme *f;* ◇ ~ **вре́мени** Zeitverlust *m;* ◇ ~ **кро́ви** Blutverlust *m;* ◇ **нести́ больши́е ~и** massive Verluste erleiden; **поте́рянный** *прил* ‹-ая, -ое, -ые› (1) (*расстроенный и растерянный*) verloren; ◇ **~ое поколе́ние** verlorene Generation (2) (*удручённый*) niedergeschlagen; (*смущённый*) verwirrt (3) (*морально опустившийся*) heruntergekommen; ◇ **~ая ли́чность** heruntergekommener Mensch

поте́ть V_5 *несов* ‹-е́ю, -е́ешь, (3) 1 и 2 л. не употр› [**вс**~ (1), **за**~ (3) *сов*] *без доп (1, 3), над чем тв или без доп (2)* (1) (*о теле*) schwitzen (2) *перен* über etw schwitzen; ◇ ~ **над зада́чей** sich mit einer Aufgabe abplagen (3) (*о стекле*) beschlagen

потихо́ньку *нареч* (1) (*медленно*) langsam; ◇ **е́хать** ~ langsam fahren (2) (*тихо*) leise; ◇ **напева́ть** ~ leise singen (3) (*тайно*) heimlich; ◇ ~ **уйти́ и́з дому** sich heimlich aus dem Haus schleichen (4) (*постепенно*) allmählich, nach und nach

по́тный *прил* ‹-ая, -ое, -ые› (1) (*покрытый потом*) schweißbedeckt; (*вспотевший*) verschwitzt (2) (*о стёклах*) beschlagen, angelaufen

пото́к $м_1$ ‹-а› (1) (*река, ручей*) Strom *m* (2) *перен* (*множество*) Strom *m*, Masse *f;* ◇ **людско́й** ~ Menschenstrom; ◇ **тра́нспортный** ~ Verkehrsfluß *m;* ◇ ~ **слов** Wortschwall *m* (3) *тех* (*поточное производство*) Fließbandherstellung *f;* (*поточная линия*) Fließband *n;* ◇ **поста́вить произво́дство на** ~ auf Fließbandfertigung umstellen

потоло́к $м_1$ ‹-лка́, *мн:* -лки́› (1) (*в помещении*) (Zimmer-)Decke *f* (2) *ав* maximale Höhe *f* (3) (*предельная степень*) Gipfel *m*, Gipfelpunkt *m;* ◇ **э́тот реко́рд - ещё не** ~ mit diesem Rekord ist die Höchstgrenze noch nicht erreicht; ◇ **э́ти ци́фры взя́ты с ~лка́** die Zahlen sind aus der Luft gegriffen

пото́мок $м_1$ ‹-мка, *мн:* -мки› Nachkomme *m*

пото́м *нареч* (1) (*позже*) später (2) (*после*) dann, danach, nachher

пото́мство c_2 ‹-а› Nachkomme *m;* (*будущие поколения*) Nachkommenschaft *f*, Nachwelt *f;* ◇ **оста́ться в па́мяти ~а** der Nachwelt in Erinnerung bleiben

потону́ть *см.* **тону́ть**

пото́п $м_1$ ‹-а› (*наводнение*) Sintflut *f*, Überschwemmung *f;* ◇ **по́сле нас хоть ~!** nach mir die Sintflut!

потреби́тель $м_2$ ‹-я› Verbraucher *m*, Konsument *m;* (*покупатель*) Käufer *m;* **потребле́ние** c_4 ‹-я› Verbrauch *m*, Konsum *m;* ◇ **това́ры широ́кого ~я** Konsumgüter *n pl*

потре́бность $ж_5$ ‹-и› (1) (*надобность*) Bedürfnis *n*, Bedarf *m;* ◇ **удовлетворя́ть ~и** Bedürfnisse befriedigen; ◇ **смотря́ по ~и** nach Bedarf (2) (*желание*) Bedürfnis *n*, Wunsch *m;* ◇ **испы́тывать ~ в чём-л** Bedürfnis nach etw verspüren

потре́бовать(ся) *см.* **тре́бовать(ся)**

потрёпанный *прил* ‹-ая, -ое, -ые› (1) (*поношенный*) abgetragen; ◇ ~ **костю́м** zerschlissener Anzug; (*истрёпанный*) abgenutzt; ◇ **~ая кни́га** abgegriffenes Buch (2) (*о человеке*) mitgenommen, schwer angeschlagen (3) (*о войсках*) kampfunfähig

потряса́ющий *прил* ‹-ая, -ее, -ие› (1) (*поразительный*) erschütternd; (*волнующий*) ergreifend; ◇ ~ **успе́х** überwältigender Erfolg (2) *разг* riesig, ganz toll; (*неслыханный*) unerhört; **потрясе́ние** c_4 ‹-я› (1) (*переживание*) Erschütterung *f;* ◇ **не́рвное**

П

~ Nervenzusammenbruch *m* (2) (*ломка*) Erschütterung *f,* Zerrüttung *f;* ◇ **социáльные ~я** sozialer Umbruch

потýги *мн₁* <-ýг> (1) (*напряжение мышц*) Anstrengungen *f pl;* ◇ **родовы́е** ~ Geburtswehen *f pl* (2) *перен* (*усилия*) Anstrengungen *f pl,* Bemühungen *f pl*

потусторóнний *прил* <-яя, -ее, -ие> jenseitig; (*неземной*) überirdisch; ◇ ~ **мир** Jenseits *n*

потянýть V_2 *сов* <-янý, -я́нешь, *Part. Prät. Pass.* -я́нутый> [**тянýть** V_2 *несов* <*Part. Präs. Akt.* -тя́нущий>] *кого-что вин* (1) (*за что-л*) ziehen (2) (*за собой*) mitschleppen (3) *безл* hinziehen; ◇ **егó ~ло на рóдину** es zog ihn in die Heimat

поучáть V_{1a} *несов* <-áю, -áешь> *кого-что вин чему дат* belehren, unterweisen; (*муштровать*) drillen

поучи́тельный *прил* <-ая, -ое, -ые> (1) (*назидательный*) lehrreich, aufschlußreich (2) *ирон* (*наставнический*) belehrend, schulmeisterlich

похвалá *ж₁* <-ы́> Lob *n;* ◇ **отозвáться с ~óй о ком-л** jd-n lobend erwähnen; ◇ **расточáть ~ы́** jd-m höchstes Lob spenden

похити́тель *м₂* <-я> (*вор*) Dieb *m,* Räuber *m;* (*кого-л*) Entführer *m,* Kidnapper *m;* **похи́тить** V_{4b} *сов* <-и́щу, -и́тишь, *Part. Prät. Pass.* -и́щенный> [**похищáть** V_{1a} *несов*] *кого-что вин* (*украсть*) wegnehmen, stehlen, entwenden; (*о гангстерах, похищающих людей*) entführen, kidnappen; **похищéние** *с₄* <-я> Wegnahme *f;* (*кража*) Diebstahl *m,* Entwendung *f;* (*кого-л*) Entführung *f,* Raub *m*

похлёбка *ж₁* <-и, *род мн:* -бок> Suppe *f;* ◇ **жи́дкая** ~ dünne Brühe

похмéлье *с₅* <-я> Kater *m,* Katzenjammer *m;* ◇ **наступи́ло тяжёлое** ~ einen fürchterlichen Kater haben; ◇ **головá боли́т с ~я** einen dicken Kopf haben; ◇ **в чужóм пирý** ~ für fremde Fehler büßen

похóд *м₁* <-а> (1) воен Feldzug *m,* Marsch *m;* ◇ **крестóвый** ~ Kreuzzug *m* (2) (*туристический*) Wanderung *f;* ◇ **лы́жный** ~ Skiwanderung; (*экскурсия*) Ausflug *m;* ◇ **вы́ступить в** ~ aufbrechen

похóдка *ж₁* <-и, *род мн:* -док> Gang *m,* Gangart *f;* ◇ **чёткая** ~ fester Schritt

похождéние *с₄* <-я> Abenteuer *n;* ◇ **любóвное** ~ Liebesabenteuer

похóжий *прил* <-ая, -ее, -ие> ähnlich; ◇ **быть ~им на когó-л** jd-m ähneln; ◇ **сын похóж на отцá** der Sohn sieht seinem Vater ähnlich; ◇ **э́то на тебя́ ~е** das sieht dir ähnlich

похолодáние *с₄* <-я> Abkühlung *f,* Temperaturrückgang *m;* ◇ **ожидáется си́льное** ~ es soll sich stark abkühlen

пóхороны *мн₁* <-рóн, *дат:* -ронáм> Beerdigung *f,* Bestattung *f;* ◇ **пойти́ на** ~ zu einer Beerdigung gehen

поцелýй *м₃* <-я> Kuß *m;* **осы́пать когó-л ~ями** jd-n mit Küssen überhäufen

почáток *м₁* <-тка, *мн:* -тки> бот Kolben *m;* ◇ ~ **кукурýзы** Maiskolben

пóчва *ж₁* <-ы> (1) (*земля*) Boden *m,* Grund *m;* ◇ **гли́нистая** ~ Lehmboden *m;* ◇ **черноземная** ~ Schwarzerde *f* (2) *перен* (*основа*) Grund *m,* Grundlage *f;* ◇ **на ~е чегó-л** infolge von; ◇ **на ~е неоспори́мых фáктов** aufgrund unwiderlegbarer Tatsachen; ◇ **имéть твёрдую ~у под ногáми** festen Boden unter den Füßen haben; ◇ **терять ~у под ногáми** den Boden unter den Füßen verlieren

почемý *нареч* warum, weshalb; ◇ ~ **ты сéрдишься?** weswegen ärgerst du dich?; ◇ **не понимáю, ~ он не пришёл** ich verstehe nicht, aus welchem Grund er nicht gekommen ist

пóчерк *м₁* <-а> (1) (*манера писать*) Handschrift *f,* Schriftzug *m* (2) *перен* (*характерные черты*) Manier *f,* Eigenart *f*

пóчести *мн₂* <-ей> Ehrenbezeugung *f,* Ehrung *f*

почёт *м₁* <-а> Ehre *f,* Achtung *f,* Hochachtung *f;* ◇ **доскá ~а** Ehrentafel *f;* ◇ **окáзывать ~ комý-л** jd-m Ehre erweisen; ◇ **быть в ~е** ein hohes Ansehen genießen; **почётный** *прил* <-ая, -ое, -ые> ehrenvoll, Ehren-; ◇ ~ **граждани́н гóрода** Ehrenbürger der Stadt; ◇ **~ое звáние** Ehrentitel *m*

почи́н *м₁* <-а> (1) (*инициатива*) Initiative *f;* ◇ **по сóбственному ~у** aus eigenem Antrieb; ◇ **по ~у спортсмéнов** auf Initiative der Sportler; ◇ **взять на себя́** ~ die Initiative ergreifen (2) *разг* (*начало*) Anfang *m,* Beginn *m;* ◇ **для ~а** für den Anfang

почи́нка *ж₁* <-и, *род мн:* -нок> Ausbesserung *f,* Reparatur *f;* (*штопка*) Ausbessern *n,* Flicken *n;* ◇ **отдáть в ~у что-л** etw in Reparatur geben

почитáтель *м₂* <-я> Verehrer *m,* Bewunderer *m;* ◇ **окружён ~ями** von Verehrern umschwärmt

пóчка [1] *ж₁* <-и, *род мн:* -чек> бот Knospe *f;* ◇ **распускáются ~и** die Knospen gehen auf

пóчка [2] *ж* <-и> анат Niere *f*

пóчта *ж₁* <-ы> (1) (*учреждение*) Post *f,* Postamt *n;* ◇ **сдать бандерóль на ~у** ein Päckchen zur Post bringen (2) (*пересылка*) Zustellung *f;* ◇ **воздýшной ~ой** per Luftpost;

◇ **по ~е** auf dem Postweg; ◇ **полевáя ~** Feldpost ③ (*корреспонденция*) Post *f,* Korrespondenz *f;* ◇ **читáтельская ~** Leserbriefe *m pl;* ◇ **разносúть ~у** die Post austragen; **почтальóн** *м₁* <-а> Briefträger *m,* Postbote *m;* **почтáмт** *м₁* <-а> Postamt *n*

почтéние *с₄* <-я> Achtung *f,* Ehrerbietung *f,* Respekt *m;* ◇ **относúться с ~ием к комý-л** jd-n achten; ◇ **моё ~!** alle Achtung!

почтú *нареч* fast, nahezu, beinahe; ◇ **истрáтил ~ все дéньги** er hat fast das ganze Geld ausgegeben; ◇ **онá ~ вы́здоровела** sie ist fast gesund; ◇ **~ что** so gut wie; ◇ **~ что ничегó** so gut wie nichts

почтúть V_{4a} *сов* <-чтý, -чтúшь> *кого-что вин* ehren, jd-m Ehre erweisen

почтóвый *прил* <-ая, -ое, -ые> Post-; ◇ **~ая бумáга** Briefpapier *n;* ◇ **~ úндекс** Postleitzahl *f;* ◇ **~ая мáрка** Briefmarke *f;* ◇ **~ сбор** Postgebühr *f;* ◇ **~ое отделéние** Postamt *n;* ◇ **~ я́щик** Briefkasten *m*

почýвствовать *см.* **чýвствовать**

пошатнýться V_2 *сов* <-нýсь, -нёшься> *без доп* ① (*накрениться*) wanken, schwanken; (*о строении*) baufällig werden ② *перен* (*поколебаться*) ins Wanken geraten; (*прийти в расстройство*) angeschlagen sein; ◇ **её здорóвье ~лось** ihre Gesundheit war angeschlagen

пошúв *м₁* <-а> Nähen *n*

пóшлина *ж₁* <-ы> Zoll *m,* Abgabe *f;* (*сбор*) Gebühr *f;* ◇ **судéбные ~ы** Gerichtskosten; ◇ **тамóженные ~ы** Zollgebühren; ◇ **обложúть ~ой** auf etw Zoll erheben

пóшлость *ж₅* <-и> Gemeinheit *f;* (*безвкусица*) Geschmacklosigkeit *f;* **пóшлый** *прил* <-ая, -ое, -ые> gemein, unanständig, banal; (*безвкусный*) fade; ◇ **~ анекдóт** schmutziger Witz; **пошля́к** *м₁* <-á, *мн:* -ú> *разг* Rüpel *m,* gemeiner Kerl *m*

пощáда *ж₁* <-ы> Gnade *f,* Schonung *f;* ◇ **без ~ы** schonungslos; ◇ **просúть ~ы** um Gnade bitten

пощёчина *ж₁* <-ы> ① (*удар*) Ohrfeige *f;* ◇ **дать ~у** ohrfeigen ② (*оскорбление*) Beleidigung *f,* Affront *m;* (*вызов*) Schlag ins Gesicht

поэзия *ж₄* <-ии> Dichtung *f,* Poesie *f;* ◇ **совремéнная ~** zeitgenössische Dichtung; **поэма** *ж₁* <-ы> Poem *n,* Gedicht *n;* **поэт** *м₁* <-а> Dichter *m,* Poet *m;* **поэтéсса** *ж₁* <-ы> Dichterin *f,* Poetin *f*

поэтому *нареч* deshalb, deswegen, darum; ◇ **тебя́ ждут, ~ поторопúсь** du wirst erwartet, beeile dich deshalb

появúться V_{4a} *сов* <-влю́сь, -я́вишься> [**появля́ться** V_{1b} *несов*] *без доп* ① (*показаться*) erscheinen, sich zeigen; (*выступить*) auftauchen, zum Vorschein kommen ② (*возникнуть*) auftreten, entstehen, aufkommen; ◇ **когдá ~лась жизнь на землé?** wann ist auf der Erde Leben entstanden?; ◇ **~лась надéжда** man schöpfte Hoffnung

пóяс *м₁* <-а, *мн:* -á> ① (*лента, шнур*) Gürtel *m,* Gurt *m;* (*ремень*) Riemen *m;* ◇ **кóжаный ~** Ledergürtel; *перен* ◇ **затянýть потýже ~** den Gürtel enger schnallen; ◇ **по ~** bis zur Gürtellinie; ◇ **по ~ гóлый** mit nacktem Oberkörper ② *геогр* (*часть земной поверхности*) Gürtel *m;* (*зона*) Zone *f;* ◇ **тропúческий ~** Tropenzone; ◇ **часовóй ~** Zeitzone

пояснéние *с₄* <-я> Erklärung *f,* Erläuterung *f;* ◇ **~я к тéксту** Erläuterungen zum Text

пояснúть V_{4a} *сов* <-ню́, -нúшь> [**поясня́ть** V_{1b} *несов*] *что вин* erklären, erläutern; ◇ **~ что-л примéром** etw durch ein Beispiel verdeutlichen

пояснúца *ж₁* <-ы> *анат* Kreuz *n;* ◇ **боль в ~е** Kreuzschmerzen *m pl*

поясня́ть *несов от* **пояснúть**

прабáбка *ж₁* <-и, *род мн:* -бок>, **прабáбушка** *ж₁* <-и, *род мн:* -шек> Urgroßmutter *f*

прáвда I. *ж₁* <-ы> ① (*истина*) Wahrheit *f;* ◇ **сказáть комý-л ~у в глазá** jd-m die Wahrheit ins Gesicht sagen; ◇ **услы́шать ~у о случúвшемся** die Wahrheit über den Vorfall erfahren; ◇ **в э́том нет ни слóва ~ы** da ist nichts Wahres dran; ◇ **всéми ~ами и неправдами** mit allen Mitteln; ◇ **смотрéть ~е в глазá** der Wahrheit ins Gesicht sehen; ◇ **по ~е говоря́** ehrlich gesagt ② (*справедливость*) Recht *n,* Gerechtigkeit *f;* ◇ **твоя́ ~** du hast recht; ◇ **стоя́ть за ~у** sich für Gerechtigkeit einsetzen **II.** *предик* wahr; ◇ **э́то ~?** ist das wahr?; ◇ **не ~ ли?** nicht wahr? **III.** *нареч* freilich, tatsächlich; ◇ **я, ~, не знал э́того** ich wußte wirklich nichts davon **IV.** *союз* obwohl, zwar; ◇ **погуля́ли хорошó, ~ óчень устáли** zwar sind wir jetzt sehr müde, aber wir haben uns gut amüsiert; **правдúвый** *прил* <-ая, -ое, -ые> ① (*реалистический*) wahr, wahrheitsgetreu ② (*искренний*) wahrheitsliebend, aufrichtig; ◇ **~ человéк** aufrichtiger Mensch; **правдоподóбный** *прил* <-ая, -ое, -ые> glaubwürdig, glaubhaft; (*вероятный*) wahrscheinlich

прáвило *с₂* <-а> ① (*предписание*) Regel *f,* Vorschrift *f;* ◇ **~а внýтреннего распоря́дка** Geschäftsordnung *f;* ◇ **~а ýличного**

П

движе́ния Verkehrsregeln; ◇ **соблюда́ть ~а** die Regeln befolgen; ◇ **по всем ~ам иску́сства** nach allen Regeln der Kunst ② мат Regel *f,* Gesetzmäßigkeit *f;* ◇ **~а арифме́тики** Grundrechenarten *f pl;* грам Regel *f;* ◇ **граммати́ческие ~а** grammatische Regeln ③ (*поведение, мысли*) Prinzip *n,* Grundsatz *m;* ◇ **челове́к стро́гих пра́вил** prinzipientreuer Mensch; ◇ **обма́нывать не в его́ ~ах** er betrügt grundsätzlich nicht; ◇ **взять себе́ что-л за ~** sich etw zur Regel machen; ◇ **как ~** in der Regel; **нет ~а без исключе́ний** Ausnahmen bestätigen die Regel; **пра́вильный** *прил* ‹-ая, -ое, -ые› ① (*верный*) richtig; (*без ошибок*) korrekt; ◇ **~ отве́т** korrekte Antwort ② (*регулярный*) regelmäßig ③ грам, мат regelmäßig, ohne Ausnahme

прави́тель $м_2$ ‹-я› Regent *m;* (*властелин*) Herrscher *m;* ◇ **единовла́стный ~** Alleinherrscher; **прави́тельственный** *прил* ‹-ая, -ое, -ые› Regierungs-; ◇ **~ые учрежде́ния** Regierungsorgane *n pl;* ◇ **на ~ом у́ровне** auf Regierungsebene; **прави́тельство** c_2 ‹-а› Regierung *f;* ◇ **перехо́дное ~** Übergangsregierung; ◇ **сформирова́ть ~** die Regierung bilden

пра́вить [1] V_{4b} *несов* ‹-влю, -вишь› *кем-чем тв* ① (*управлять*) regieren; ◇ **~ госуда́рством** einen Staat regieren ② (*управлять*) lenken, steuern; (*рулём*) lenken; ◇ **~ лошадьми́** kutschieren; ◇ **~ маши́ной** das Auto lenken

пра́вить [2] *несов* ‹-влю, -вишь› *что вин* ① (*исправлять ошибки*) korrigieren, verbessern; ◇ **~ корректу́ру** Korrektur lesen ② (*оттачивать*) schärfen; ◇ **~ бри́тву** die Klinge schärfen

пра́вка $ж_1$ ‹-и, *род мн:* -вок› ① (*ошибок*) Korrektur *f;* ◇ **внести́ ~у в вёрстку** den Umbruch korrigieren ② (*бритвы*) Schärfen *n*

правле́ние c_4 ‹-я› ① (*страной*) Regierung *f;* ◇ **о́браз ~я** Regierungsform ② (*орган управления*) Vorstand *m,* Verwaltung *f;* ◇ **~ ба́нка** Bankvorstand; ◇ **председа́тель ~я** Vorstandsvorsitzender *m;* ◇ **член ~я** Vorstandsmitglied *n;* ◇ **бразды́ ~ия** die Zügel der Regierung

пра́внук $м_1$ ‹-а› Urenkel *m;* **пра́внучка** $ж_1$ ‹-и, *род мн:* -чек› Urenkelin *f*

пра́во c_2 ‹-а, *мн:* -а́, *род:* прав, *дат:* -а́м› ① (*свобода*) Recht *n;* ◇ **гражда́нские ~а́** Bürgerrechte; ◇ **избира́тельное ~** Wahlrecht; ◇ **~ го́лоса** Stimmrecht; ◇ **~ на образова́ние** Recht auf Bildung; ◇ **доби́ться ~а** sein Recht durchsetzen; ◇ **нару́шить чьи-л ~а́** jd-s Rechte verletzen; ◇ **по́льзоваться ~а́ми** Rechte genießen; ◇ **предъявля́ть свои́ ~а́** seine Rechte geltend machen; (*основание*) Anspruch *m;* (*полномочие*) Befugnis *f* ② (*законность*) Recht *n;* ◇ **гражда́нское ~** Zivilrecht; ◇ **междунаро́дное ~** Völkerrecht; ◇ **уголо́вное ~** Strafrecht; ◇ **изуча́ть ~** Jura studieren ③ (*документ*) Erlaubnis *f;* ◇ **~ на рабо́ту** Arbeitserlaubnis; ◇ **води́тельские ~а́** Führerschein; ◇ **у шофёра отобра́ли ~а́** dem Fahrer wurde der Führerschein entzogen

правоме́рный *прил* ‹-ая, -ое, -ые› rechtmäßig, gesetzlich; (*оправданный*) gerechtfertigt; **правонаруше́ние** c_4 ‹-я› Rechtsbruch *m,* Rechtsverletzung *f;* ◇ **профила́ктика ~ий** vorbeugende Verbrechensbekämpfung; **правонаруши́тель** $м_2$ ‹-я› Rechtsbrecher *m;* **правописа́ние** c_4 ‹-я› Rechtschreibung *f,* Orthographie *f;* **правосла́вие** c_4 ‹-я› Orthodoxie *f;* **правосла́вный** *прил* ‹-ая, -ое, -ые› рел orthodox; **правосу́дие** c_4 ‹-я› Rechtspflege *f,* Rechtssprechung *f,* Justiz *f;* ◇ **иска́ть ~ия** sein Recht fordern, sich ans Gericht wenden

правота́ $ж_1$ ‹-ы́› (*правильность*) Richtigkeit *f;* (*обоснованность*) Stichhaltigkeit *f;* (*невиновность*) Schuldlosigkeit *f;* ◇ **доказа́ть свою́ ~у** seine Schuldlosigkeit beweisen

пра́вый I. *прил* ‹-ая, -ое, -ые› ① rechter; ◇ **~ бе́рег реки́** rechtes Ufer; ◇ **по ~ую сто́рону** rechts ② полит rechts, rechtsgerichtet; ◇ **~ые па́ртии** rechte Parteien ③ (*справедливый*) gerecht, rechtschaffen ④ (*невиновный*) schuldlos, unschuldig; ◇ **призна́ть кого́-л ~ым** jd-n für unschuldig erklären **II.** *м* (*A 1*) ‹-ого› полит Rechter *m*

пра́дед $м_1$ ‹-а› Urgroßvater *m*

пра́здник $м_1$ ‹-а› Feiertag *m,* Fest *n;* ◇ **нового́дний ~** Neujahrsfest; ◇ **семе́йный ~** Familienfest; ◇ **спорти́вный ~** Sportfest; ◇ **с ~ом!** frohes Fest!; ◇ **~ Рождества́** Weihnachtsfest; **пра́здничный** *прил* ‹-ая, -ое, -ые› festlich, feiertäglich; ◇ **~ое настрое́ние** Festtagsstimmung *f;* **пра́здновать** V_{3a} *несов* ‹-ную, -нуешь› [**от~** *сов*] *что вин* feiern; (*отмечать*) begehen; ◇ **~ день рожде́ния** Geburtstag feiern

пра́ктика $ж_1$ ‹-и› ① (*врача, юриста*) Praxis *f;* ◇ **ча́стная ~** Privatpraxis; ◇ **име́ть ~у** eine Praxis haben, praktizieren ② (*у студентов*) Praktikum *n;* ◇ **произво́дствен-**

ная ~ Betriebspraktikum; ◇ **быть на ~е** ein Praktikum machen; **практиковать** V_{3a} *несов* ‹-кую, -куешь› *что вин* ① (*применять на практике*) anwenden, in die Praxis umsetzen; ◇ ~ **новый способ** eine neue Methode anwenden ② (*о враче, юристе*) praktizieren, eine Praxis haben ③ ◇ **студенты ~уют в клинике** die Studenten machen ein klinisches Praktikum; **практичный** *прил* ‹-ая, -ое, -ые› ① (*о человеке*) praktisch; (*опытный*) erfahren ② (*о вещи*) praktisch, brauchbar, zweckmäßig

прах $м_1$ ‹-а› (*пыль*) Staub *m;* (*после кремации*) Asche *f;* (*останки*) sterbliche Überreste; ◇ **обратиться в** ~ zu Staub werden; ◇ **здесь покоится** ~ hier ruht die sterbliche Hülle von...; ◇ **всё пошло ~ом** alles ging zugrunde; ◇ **мир ~у его** Friede seiner Asche

прачечная *ж* $(А_1)$ ‹-ой› (*предприятие*) Wäscherei *f;* (*помещение*) Waschküche *f*

пребывание $с_4$ ‹-я› Aufenthalt *m;* ◇ **страна ~ия** Aufenthaltsland

превзойти * *сов* ‹-йду, -йдёшь› [**превосходить** V_{4a} *несов*] *кого-что вин в чём-л предл* übertreffen; ◇ ~ **прежний уровень развития** über den früheren Entwicklungsstand hinausgehen; ◇ ~ **самого себя** sich selbst übertreffen; (*обнаружить превосходство*) überlegen sein; ◇ ~ **всех в остроумии** geistreicher sein als alle anderen

превосходительство $с_2$ ‹-а› (*титул*) Exzellenz *f;* ◇ **Ваше ~!** Eure Exzellenz!

превосходить *несов от* **превзойти**

превосходство $с_2$ ‹-а› Überlegenheit *f;* ◇ **численное** ~ zahlenmäßgie Überlegenheit; ◇ **доказать своё** ~ seine Übelegenheit zeigen

превратить V_{4a} *сов* ‹-ащу, -атишь, *Part. Prät. Pass.* -ащённый› [**превращать** V_{1a} *несов*] *кого-что вин в кого-что вин* verwandeln, umändern; ◇ ~ **дело в шутку** etw ins Lächerliche ziehen; ◇ **болезнь ~ла его в старика** die Krankheit machte einen alten Mann aus ihm; (*преобразовать*) umgestalten; мат reduzieren; хим umwandeln; **превратный** *прил* ‹-ая, -ое, -ые› ① (*ложный*) irrig, falsch; ◇ ~ **взгляд на вещи** falsche Sichtweise der Dinge; (*искажённый*) verzerrt; ◇ **составить ~ое представление о чём-л** eine falsche Vorstellung von etw haben ② (*изменчивый*) veränderlich, wandelbar; (*непостоянный*) unbeständig; **превращение** $с_4$ ‹-я› Verwandlung *f;* (*преобразование*) Umgestaltung *f;* (*метаморфоза*) Metamorphose *f*

превысить V_{4b} *сов* ‹-ышу, -ысишь, *Part. Prät. Pass.* -ышенный› [**превышать** V_{1a} *несов*] *что вин* ① (*превзойти*) übertreffen, überragen, übersteigen; ◇ **вес ~ил 150 ~ килограмм** mehr als 150 kg wiegen; ◇ **спрос ~ил предложение** die Nachfrage war größer als das Angebot; ◇ ~ **норму выработки** das Produktionssoll überschreiten; ◇ ~ **чьи-л силы** über jd-s Kräfte hinausgehen ② (*выйти за пределы допустимого*) überschreiten; ◇ ~ **власть** Machtbefugnisse überschreiten

преграда $ж_1$ ‹-ы› Schranke *f,* Hindernis *n;* ◇ **быть ~ой кому-чему-л** jd-m ein Hindernis sein; ◇ **преодолеть все ~ы** alle Hindernisse überwinden

предание $с_4$ ‹-я› (*легенда*) Überlieferung *f,* Legende *f;* ◇ **народное** ~ Volkssage *f;* ◇ **по ~ию** der Überlieferung zufolge

преданность $ж_5$ ‹-и› Ergebenheit *f;* (*верность*) Treue *f;* (*самоотверженность*) Hingabe *f;* **преданный** *прил* ‹-ая, -ое, -ые› ergeben; (*верный*) treu; ◇ **он предан своему делу** er widmet sich voll seiner Arbeit

предатель $м_2$ ‹-я› Verräter *m*

предать * *сов* ‹-ам, -ашь, *Prät.* предал, -а, *Part. Prät. Pass.* преданный› [**предавать** V_{1a} *несов*] *кого-что вин кому-чему дат* ① (*подвергнуть действию*) übergeben, überliefern; ◇ ~ **земле** beerdigen; ◇ ~ **суду** vor Gericht stellen ② (*изменить*) verraten; ◇ ~ **общее дело** eine gemeinsame Sache verraten

предварительный *прил* ‹-ая, -ое, -ые› ① (*предшествующий*) Vor-, vorangehend; ◇ **~ая подготовка** Vorbereitungen im Vorfeld; ◇ **~ые переговоры** Vorverhandlungen *f pl;* юр ◇ **~ое следствие** Voruntersuchung *f;* (*вводный*) einleitend ② (*неокончательный*) vorläufig; (*временный*) provisorisch; ◇ **~ое соглашение** vorläufiges Abkommen; ◇ **по ~ым данным** vorläufigen Angaben zufolge

предвестник $м_1$ ‹-а› Vorbote *m;* ◇ ~ **беды** Vorbote des Unglücks

предвещать V_{1a} *несов* ‹-аю, -аешь› *что вин* ankündigen; (*предсказывать*) vorhersagen; (*указывать*) hindeuten; ◇ **молодому артисту всё ~ет успех** alles deutet auf den Erfolg des jungen Schauspielers hin; ◇ **это не ~ет ничего хорошего** das bedeutet nichts Gutes

предвзятый *прил* ‹-ая, -ое, -ые› voreingenommen, vorgefaßt; (*предубеждённый*) befangen; (*пристрастный*) parteiisch; ◇ **~ое мне́ние** vorgefaßte Meinung

предви́дение c_4 <-я> Voraussicht *f;* ◇ **нау́чное** ~ wissenschaftliche Weitsicht; ◇ **дар ~я** seherische Gabe; ◇ **в ~ии чего́-л** mit Hinblick auf etw; **предви́деть** * *несов* <-и́жу, -и́дишь> *что вин* vorhersehen, voraussehen; ◇ ~ **ход собы́тий** den Gang der Dinge vorhersehen

предвкуша́ть V_{1a} *несов* <-а́ю, -а́ешь> [**предвкуси́ть** V_{4a} *сов*] *что вин* im voraus genießen; (*заранее радоваться*) die Vorfreude haben; ◇ ~ **встре́чу** sich auf ein Treffen freuen

предводи́тель $м_2$ <-я> Anführer *m;* ◇ ~ **пле́мени** Stammesführer *m*

преде́л $м_1$ <-а> (1) (*граница*) Grenze *f;* ◇ **за ~ами страны́** über die Landesgrenzen hinaus; ◇ **в ~ах теку́щего го́да** im Laufe dieses Jahres (2) (*крайняя степень*) Höchstgrenze *f,* Höchstmaß *n;* ◇ ~ **соверше́нства** Höchstmaß an Perfektion; ◇ **на ~е сил** am Ende seiner Kräfte; ◇ **всему́ есть** ~ alles hat seine Grenzen (3) мат Grenzwert *m*

предзнаменова́ние c_4 <-я> Vorzeichen *n*

предисло́вие c_4 <-я> Vorwort *n;* ◇ **без ~ий** ohne Umschweife, ohne lange Vorreden

предлага́ть *см.* **предложи́ть**

предло́г [1] $м_1$ <-а> (*повод*) Vorwand *m;* (*отговорка*) Ausrede *f;* ◇ **под ~ом** unter dem Vorwand; ◇ **отказа́ться под ~ом за́нятости** unter dem Vorwand absagen, viel zu tun zu haben

предло́г [2] $м_1$ <-а> грам Präposition *f*

предложе́ние [1] c_4 <-я> (1) (*то, что предлагается*) Angebot *n,* (*заявление о готовности*) Vorschlag *m;* ◇ **внести́** ~ einen Vorschlag einbringen; ◇ **по его́ ~ию** nach seinem Vorschlag (2) (*о вступлении в брак*) (Heirats-)Antrag *m;* ◇ **сде́лать** ~ einen Heiratsantrag machen; ◇ **приня́ть** ~ einen Heiratsantrag annehmen (3) эк Angebot *n;* ◇ **спрос и ~ие** Angebot und Nachfrage

предложе́ние [2] c_4 <-я> грам Satz *m;* ◇ **сло́жное** ~ zusammengesetzter Satz

предложи́ть V_{4a} *сов* <-жу́, -о́жишь> [**предлага́ть** V_{1a} *несов*] *кого-что вин (1), что вин (2, 3), что или с инф (4)* (1) (*представить на обсуждение*) vorschlagen; ◇ ~ **но́вый прое́кт** einen neuen Entwurf vorlegen (2) (*спросить*) beantragen; ◇ ~ **вопро́с** eine Frage stellen; ◇ ~ **зада́чу** eine Aufgabe stellen (3) (*предоставить*) anbieten; ◇ ~ **интере́сную рабо́ту** eine interessante Arbeit anbieten (4) (*распорядиться*) ersuchen, (auf-)fordern; ◇ ~ **поки́нуть помеще́ние** jd-n auffordern, den Raum zu verlassen

предме́т $м_1$ <-а> (1) (*объект*) Gegenstand *m,* Sache *f;* (*вещь*) Ding *n;* ◇ **~ы дома́шнего обихо́да** Haushaltsartikel *m pl;* ◇ ~ **неопределённой фо́рмы** Gegenstand von undefinierbarer Form; ◇ ~ **ро́скоши** Luxusartikel *m* (2) (*тема*) Thema *n;* ◇ ~ **перегово́ров** Verhandlungsthema; ◇ ~ **спо́ра** Streitobjekt *n* (3) (*дисциплина*) Fach *n;* ◇ **успева́ть по всем ~ам** in allen Fächern gute Leistungen erbringen (4) (*объект*) Gegenstand *m,* Objekt *n;* ◇ ~ **насме́шек** Gegenstand des Spottes

предназна́чить V_{4b} *сов* <-чу, -чишь> [**предназнача́ть** V_{1a} *несов*] *кого-что вин* im voraus bestimmen, festsetzen

пре́док $м_1$ <-дка, *мн:* -дки> Vorfahr *m;* (*в далёком прошлом*) Ahn *m;* ◇ **чтить па́мять свои́х ~дков** seiner Vorfahren gedenken

предоста́вить V_{4b} *сов* <-влю, -вишь> [**предоставля́ть** V_{1b} *несов*] *кого-что вин кому-чему дат (1), кому-чему дат что вин или с инф (2)* (1) (*дать возможность и т. п.*) überlassen, freistellen; ◇ ~ **вы́бор** jd-m die Wahl lassen; ◇ ~ **реши́ть самому́** jd-m die Entscheidung überlassen (2) (*дать в пользование*) überlassen, gewähren, zur Verfügung stellen; (*достать*) verschaffen; ◇ ~ **рабо́ту** jd-m Arbeit verschaffen; ◇ ~ **кому́-л сло́во** jd-m das Wort erteilen

предостереже́ние c_4 <-я> Warnung *f*

предотврати́ть V_{4a} *сов* <-ащу́, -ати́шь, *Part. Prät. Pass.* -ащённый> [**предотвраща́ть** V_{1a} *несов*] *что вин* vorbeugen, verhüten, (rechtzeitig) abwenden; **предотвраще́ние** c_4 <-я> Vorbeugung *f,* Verhinderung *f*

предохрани́ть V_{4a} *сов* <-ню́, -ни́шь> [**предохраня́ть** V_{1b} *несов*] *кого-что вин* schützen, vorbeugen, verhüten; тех sichern; ◇ ~ **от поврежде́ния** vor Schaden schützen

предписа́ние c_4 <-я> Vorschrift *f,* Verordnung *f;* (*распоряжение*) Anordnung *f;* ◇ **по ~ию врача́** auf Anordnung des Arztes

предполага́ть V_{1a} *несов* <-а́ю, -а́ешь> [**предположи́ть** V_{4a} *сов*] *что вин* (1) (*думать*) annehmen (2) (*допускать*) annehmen; (*в качестве предпосылки*) voraussetzen (3) (*иметь намерение*) beabsichtigen, vorhaben; ◇ **~а́ю за́втра вы́ехать** ich beabsichtige, morgen abzureisen

предположе́ние c_4 <-я> (1) (*догадка*) Vermutung *f,* Mutmaßung *f* (2) (*предпосылка*) Voraussetzung *f* (3) (*намерение*) Absicht *f*

предпосы́лка *ж*$_{1}$ <-и, *род мн:* -лок> Voraussetzung *f;* (*условие*) Vorbedingung *f;* ◇ **~и успе́ха** Voraussetzungen für den Erfolg

предпоче́сть * *сов* <-чту́, -чтёшь> [**предпочита́ть** V$_{1a}$ *несов*] *кого-что вин кому-чему дат или с инф* vorziehen, bevorzugen; ◇ ~ **чте́ние посеще́нию кино́** Lesen dem Kino vorziehen; ◇ **он ~ёл промолча́ть** er zog es vor zu schweigen

предприи́мчивый *прил* <-ая, -ое, -ые> unternehmungslustig; (*находчивый*) findig; ◇ ~ **деле́ц** findiger Geschäftemacher

предпринима́тель *м*$_{2}$ <-я> Unternehmer *m,* Geschäftsmann *m;* ◇ **ассоциа́ция ~ей** Unternehmerverband *m;* **предпринима́ть** V$_{1a}$ *несов* <-а́ю, -а́ешь> [**предприня́ть** * *сов*] *что вин* unternehmen, vornehmen; ◇ ~ **шаги́** Schritte unternehmen

предприя́тие *с*$_{4}$ <-я> ① (*дело*) Vorhaben *n,* Unternehmen *n;* ◇ **зама́нчивое** ~ verlockendes Vorhaben; ◇ **риско́ванное** ~ riskantes Unternehmen ② (*учреждение*) Betrieb *m,* Unternehmen *n;* ◇ **сре́днее** ~ mittelständischer Betrieb; ◇ ~ **бытово́го обслу́живания** Dienstleistungsunternehmen

предрассу́док *м*$_{1}$ <-дка, *мн:* -дки> Vorurteil *n;* ◇ **укорени́вшийся** ~ althergebrachte Vorurteile; ◇ **без ~ков** vorurteilsfrei

председа́тель *м*$_{2}$ <-я> Vorsitzender *m;* ◇ ~ **Госуда́рственной Ду́мы** Vorsitzender der Staatsduma; ◇ ~ **Сове́та мини́стров** Vorsitzender des Ministerrats

предсказа́ть V$_{1a}$ *сов* <-ажу́, -а́жешь> [**предска́зывать** V$_{1a}$ *несов*] *что вин* ① (*предположить*) voraussagen, vorhersagen; ◇ **сино́птики ~ли дождь** die Meteorologen sagten Regen voraus ② (*пророчить*) prophezeihen, weissagen; (*гадать*) wahrsagen

представи́тель *м*$_{2}$ <-я> ① (*выразитель*) Vertreter *m,* Repräsentant *m;* ◇ ~ **фи́рмы** Firmenrepräsentant ② (*образец*) Vertreter *m;* ◇ **э́тот цвето́к -~ се́верной фло́ры** diese Blume ist ein Vertreter der nördlichen Flora

представи́тельство *с*$_{2}$ <-а> ① (*учреждение*) Vertretung *f;* ◇ **торго́вое** ~ Handelsvertretung ② (*наличие представителей*) Vertretung *f,* Repräsentation *f;* ◇ **но́рмы ~а в парла́менте** Schlüssel für die Sitzverteilung im Parlament

предста́вить V$_{4b}$ *сов* <-лю, -вишь> [**представля́ть** V$_{1b}$ *несов*] *кого-что вин (1, 3, 4), кого-что вин кому-чему дат (2, 5)* ① (*предъявить*) vorlegen, vorweisen, erbringen; (*на обсуждение*) einbringen; ◇ ~ **необходи́мые докуме́нты** die erforderlichen Unterlagen vorlegen; ◇ ~ **доказа́тельства** Beweise liefern; ◇ ~ **удостовере́ние ли́чности** den Personalausweis vorlegen ② (*познакомить*) vorstellen ③ (*изобразить*) darstellen; ◇ ~ **де́ло в смешно́м ви́де** etw ins Lächerliche ziehen ④ (*в театре*) aufführen; ◇ ~ **сце́ну из "Фа́уста"** eine Szene aus "Faust" aufführen ⑤ vorschlagen; ◇ ~ **к награ́де** für eine Auszeichnung vorschlagen; ◇ ~ **себе́** sich etw vorstellen; ◇ ~ **себя́ на ме́сте друго́го** sich in jd-n hineinversetzen

представле́ние *с*$_{4}$ <-я> ① (*понятие*) Vorstellung *f;* (*понимание чего-л*) Auffassung *f;* ◇ **не име́ть никако́го ~я о чём-л** keine Vorstellung von etw haben; ◇ **соста́вить себе́ ~ о чём-л** sich ein Bild von etw machen; ◇ **кни́га даёт хоро́шее ~ о чём-л** das Buch vermittelt eine gute Vorstellung von etw ② (*предъявление*) Vorweisung *f;* (*документа*) Vorlage *f;* (*доказательства*) Lieferung *f* ③ театр Aufführung *f,* Vorstellung *f;* ◇ **пе́рвое ~ но́вой пье́сы** die Erstaufführung des neuen Stücks ④ (*изображение*) Darstellung *f* ⑤ (*при знакомстве*) Vorstellung *f*

предстоя́ть * *несов* <-ои́т, -оя́т, 1 и 2 л. не употр, *kein Imp*>. *кому-чему дат* bevorstehen

предупреди́тельный *прил* <-ая, -ое, -ые> ① (*о человеке*) zuvorkommend, verbindlich; (*любезный*) entgegenkommend ② (*о мерах*) vorbeugend, präventiv; ◇ **~ая забасто́вка** Warnstreik *m;* **предупреди́ть** V$_{4a}$ *сов* <-ежу́, -еди́шь, *Part. Prät. Pass.* -еждённый> [**предупрежда́ть** V$_{1a}$ *несов*] *кого-что вин о чём предл (1), кого-что вин (2, 3)* ① (*осведомить*) vorher informieren, rechtzeitig benachrichtigen, warnen, vorwarnen; ◇ ~ **об опа́сности** jd-n vor einer Gefahr warnen ② (*предотвратить*) verhüten, vorbeugen ③ (*опередить*) zuvorkommen; ◇ ~ **собы́тия** den Ereignissen zuvorkommen

предусма́тривать V$_{1a}$ *несов* <-аю, -аешь> [**предусмотре́ть** V$_{5}$ *сов*] *что вин* ① (*предвидеть*) voraussehen, vorhersehen; ◇ ~ **возмо́жные тру́дности** mögliche Schwierigkeiten vorhersehen ② (*намечать*) vorsehen, bestimmen

предусмотри́тельный *прил* <-ая, -ое, -ые> vorsorglich, bedachtsam, umsichtig

предчу́вствие *с*$_{4}$ <-я> Vorahnung *f,* Vorgefühl *n;* ◇ **ра́достное** ~ freudiges Vorgefühl; ◇ **в ~ии перемéн** im Vorgefühl der Veränderungen

предше́ственник *м*$_{1}$ <-а> Vorgänger *m*

предъяви́ть V_{4a} *сов* <-явлю́, -я́вишь, *Part. Prät. Pass.* -я́вленный> [**предъявля́ть** V_{1b} *несов*] *что вин* ① (*показать*) vorweisen, vorlegen; ◇ ~**и́те проездны́е биле́ты!** die Fahrkarten bitte! ② (*заявить*) erheben; ◇ ~ **иск** Klage erheben

прее́мник $м_1$ <-а> Nachfolger *m;* ◇ **назна́чить себе́ ~а** seinen Nachfolger bestimmen; ◇ **стать ~ом кого́-л** jd-s Nachfolge antreten; **прее́мственность** $ж_1$ <-и> ① (*связь*) Nachfolge *f;* (*наследственность*) Erbe *n* ② (*последовательность*) Aufeinanderfolge *f;* (*непрерывность*) Kontinuität *f*

пре́жде *нареч* ① (*раньше*) früher, ehemals; (*некогда*) ehedem; ◇ **как и** ~ wie früher ② (*сначала*) zuerst; ◇ ~ **поду́май - пото́м скажи́** erst denken, dann sprechen; ◇ ~ **чем уйти́** bevor ich gehe; ◇ ~ **всего́** vor allem

пре́жний *прил* <-яя, -ее, -ие> vorig, früher; (*прошлый*) ehemalig, vergangen

президе́нт $м_1$ <-а> Präsident *m;* ◇ **кандида́т на пост ~а** Präsidentschaftskandidat *m;* ◇ **вступи́ть на пост ~а** die Präsidentschaft antreten

прези́диум $м_1$ <-а> Präsidium *n*

презира́ть V_{1a} *несов* <-а́ю, -а́ешь> [**презре́ть** V_5 *сов* <-зрю́, -зри́шь, *Imp.* -зри́, ~те, *Part. Prät. Pass.* -зре́нный>] *кого-что вин* ① (*относиться с презрением*) verachten ② (*пренебрегать*) mißachten, geringschätzen; ◇ ~ **опа́сность** eine Gefahr mißachten;

презре́ние $с_4$ <-я> Verachtung *f,* Mißachtung *f;* (*пренебрежение*) Geringschätzung *f;* ◇ ~ **к сме́рти** Todesverachtung

преиму́щественно *нареч* hauptsächlich, vorzugsweise, größtenteils

преиму́щество $с_2$ <-а> ① (*выгода*) Vorteil *m,* (*превосходство*) Vorzug *m;* ◇ **получи́ть** ~ Vorzug genießen; ◇ **име́ть я́вное ~ пе́ред кем-чем-л** jd-m/einer Sache etw voraushaben ② (*исключительное право*) Vorrecht *n;* (*привилегия*) Privileg *n;* ◇ **по ~у** vorzugsweise

прейскура́нт $м_1$ <-а> Preisliste *f*

преклоне́ние $с_4$ <-я> Hochachtung *f;* (*почтение*) Ehrfurcht *f;* (*поклонение*) Verehrung *f*

прекра́сный *прил* <-ая, -ое, -ые> ① (*красивый*) (wunder-)schön; (*великолепный*) herrlich; ◇ **в оди́н ~ день** eines schönen Tages ② (*отличный*) ausgezeichnet, vortrefflich

прекрати́ть V_{4a} *сов* <-ащу́, -ати́шь, *Part. Prät. Pass.* -ащённый> [**прекраща́ть** V_{1a} *несов*] *что вин или с инф* (*положить конец*) mit etw aufhören, etw ein Ende bereiten; (*приостановить*) einstellen; (*закончить*) beenden; (*пресечь*) unterbinden; (*прервать*) abbrechen; ◇ ~ **перегово́ры** Verhandlungen abbrechen

прекраще́ние $с_4$ <-я> Aufhören *n,* Einstellung *f;* (*разрыв*) Abbruch *m;* (*окончание*) Beendigung *f;* (*перерыв*) Unterbrechung *f;* (*пресечение*) Aufhebung *f;* воен ◇ ~ **огня́** Feuereinstellung; ◇ ~ **рабо́ты** Arbeitseinstellung *f*

пре́лесть $ж_5$ <-и> Schönheit *f,* Anmut *f;* (*привлекательность*) Reiz *m;* ◇ **в суро́вости се́вера есть своя́** ~ der rauhe Norden hat seinen Reiz; ◇ **кака́я** ~! wie schön!

пре́лый *прил* <-ая, -ое, -ые> (*гнилой*) verfault, angefault, faul

прельсти́ть V_{4a} *сов* <-льщу́, -льсти́шь, *Part. Prät. Pass.* -льщённый> [**прельща́ть** V_{1a} *несов*] *кого-что вин* (ver-)locken, reizen, verführen; ◇ **прельсти́ла перспекти́ва путеше́ствия** die Aussicht auf die Reise war verlockend

прелю́дия $ж_4$ <-ии> *перен* Auftakt *m,* Vorspiel *n;* ◇ ~ **больши́х собы́тий** Auftakt zu großen Ereignissen

пре́мия $ж_4$ <-ии> ① (*награда*) Preis *m;* ◇ ~ **и́мени Рахма́нинова** Rachmaninow-Preis; ◇ **получи́ть ~ию на ко́нкурсе** einen Preis im Wettbewerb gewinnen ② эк Prämie *f;* ◇ **страхова́я** ~ Versicherungsprämie *f*

премье́р $м_1$ <-а> ① (*премьер-министр*) Ministerpräsident *m* ② (*артист*) Hauptdarsteller *m*

премье́ра $ж_1$ <-ы> Premiere *f,* Erstaufführung *f*

пренебрега́ть *см.* **пренебре́чь**

пренебрежи́тельный *прил* <-ая, -ое, -ые> (*небрежный*) nachlässig; (*презрительный*) verächtlich, geringschätzig; ◇ **~о относи́ться к кому́-л** jd-n geringschätzig behandeln

пренебре́чь * *сов* <-егу́, -ежёшь> [**пренебрега́ть** V_{1a} *несов*] *кем-чем тв* ① (*проявить высокомерие*) etw verschmähen, geringschätzen, vernachlässigen ② (*не посчитаться*) etw mißachten, geringschätzen, sich über etw hinwegsetzen; ◇ ~ **опа́сностью** einer Gefahr trotzen

пре́ния $мн_4$ <-ий> Diskussion *f,* Aussprache *f;* (*спор*) Debatte *f;* ◇ **жа́ркие** ~ heiße Debatten; ◇ **выступле́ние в ~ях** Diskussionsbeitrag *m;* ◇ **откры́ть ~ по докла́ду** die Diskussion zu einem Vortrag eröffnen; ◇ **прекрати́ть** ~ die Diskussion beenden; ◇ **уча́ствовать в ~ях** an einer Debatte teilnehmen

преобрази́ть V_{4a} *сов* ‹-ажу́, -ази́шь, *Part. Prät. Pass.* -ажённый› [**преобража́ть** V_{1a} *несов*] *кого-что вин* verwandeln, umwandeln, umgestalten; ◇ **зима́ ~ла всю приро́ду** der Winter hat die ganze Natur verwandelt; **преобразова́ние** c_4 ‹-я› Veränderung *f,* Umgestaltung *f;* (*реорганизация*) Neugestaltung *f;* (*реформа*) Reform *f*

преодоле́ть V_5 *сов* ‹-е́ю, -е́ешь, *Part. Prät. Pass.* -ённый› [**преодолева́ть** V_{1a} *несов*] *что вин* überwinden, bewältigen; ◇ ~ **прегра́ду** ein Hindernis überwinden

преподава́ние c_4 ‹-я› Unterricht *m;* ◇ ~ **иностра́нных языко́в** Fremdsprachenunterricht

преподава́тель $м_2$ ‹-я› Lehrer *m,* Lehrkraft *f;* ◇ ~ **вы́сшей шко́лы** Dozent *m;* **преподава́ть** V_{1a} *несов* ‹-аю́, -аёшь› *что вин* unterrichten, lehren; ◇ ~ **исто́рию** Geschichte unterrichten; ◇ ~ **в университе́те** an einer Universität lehren

преподнести́ * *сов* ‹-су́, -сёшь› [**преподноси́ть** V_{4a} *несов*] *что вин кому дат* ① (*подарить*) darbringen, feierlich überreichen; ◇ ~ **буке́т** einen Blumenstrauß überreichen ② (*изложить, представить*) (gekonnt) darstellen; ◇ **уме́ло ~ материа́л на уро́ке** den Unterrichtsstoff gekonnt vermitteln; ◇ ~ **сюрпри́з** eine Überraschung bereiten

препя́тствие c_4 ‹-я› Hindernis *n;* (*помеха*) Störung *f;* ◇ **натолкну́ться на ~** auf eine Hindernis stoßen; ◇ **чини́ть ~ия кому́-л** jd-m Hindernisse in den Weg legen; ◇ **преодоле́ть все ~ия** alle Hindernisse überwinden

препя́тствовать V_{3a} *несов* ‹-твую, -твуешь› [**воспрепя́тствовать** *сов*] *кому-чему дат* (be-)hindern, hemmen, jd-m/etw hinderlich sein, im Wege stehen; ◇ ~ **чьим-л наме́рениям** jd-s Vorhaben im Wege stehen

прерва́ть * *сов* ‹-ву́, -вёшь› [**прерыва́ть** V_{1a} *несов*] *что вин (1), кого-что вин (2)* ① (*прекратить*) unterbrechen, abbrechen; ◇ ~ **перегово́ры** die Verhandlungen abbrechen ② (*перебить*) unterbrechen; ◇ ~ **докла́дчика вопро́сом** den Redner mit einer Frage unterbrechen

пререка́ние c_4 ‹-я› Wortwechsel *m;* (*спор*) Streit *m;* (*ссора*) Streitigkeit *f;* ◇ **вступи́ть в ~я** sich auf einen Wortwechsel einlassen

преры́вистый *прил* ‹-ая, -ое, -ые› unterbrochen, ruckartig; (*о дыхании*) stockend

пресе́чь * *сов* ‹-еку́, -ечёшь› [**пресека́ть** V_{1a} *несов*] *что вин* abstellen, unterbinden; (*устранить*) beseitigen

пресле́дование c_4 ‹-я› ① (*погоня*) Verfolgung *f* ② юр Fahndung *f;* (*гонение*) Unterdrückung *f;* **пресле́довать** V_{3a} *несов* ‹-дую, -дуешь› *кого-что вин* ① (*гнаться*) verfolgen, jd-m nachstellen ② юр (gerichtlich) verfolgen ③ (*о мысли*) nicht in Ruhe lassen, keine Ruhe lassen; ◇ **его́ ~уют воспомина́ния** seine Erinnerungen lassen ihm keine Ruhe; (*мучить*) verfolgen ④ (*стремиться*) verfolgen; ◇ ~ **благоро́дные це́ли** edle Ziele verfolgen ⑤ (*притеснять*) unterdrücken; ◇ ~ **свои́х полити́ческих проти́вников** seine politischen Gegner verfolgen

пресловýтый *прил* ‹-ая, -ое, -ые› berüchtigt

пресмыка́ющееся *c* (A_2) ‹-егося› зоол Reptil *n,* Kriechtier *n*

пре́сный *прил* ‹-ая, -ое, -ые› ① (*без соли*) ungesalzen, gewürzlos; ◇ **~ая вода́** Süßwasser *n;* ◇ **~ая еда́** ungesalzene Speise; (*о хлебе*) ungesäuert ② *перен* (*скучный*) fade, langweilig, abgeschmackt; ◇ **~ые шу́тки** langweilige Witze

пре́сса $ж_1$ ‹-ы› Presse *f;* ◇ **по о́тзывам ~ы** Pressestimmen zufolge

престаре́лый *прил* ‹-ая, -ое, -ые› hochbetagt, sehr alt; ◇ **дом для ~ых** Altersheim *n*

прести́ж $м_2$ ‹-а› Prestige *n,* Ansehen *n;* ◇ **подде́рживать свой ~** sein Prestige wahren; ◇ **роня́ть свой ~** sein Prestige verlieren

престо́л $м_1$ ‹-а› Thron *m;* ◇ **взойти́ на ~** den Thron besteigen

преступле́ние c_4 ‹-я› Verbrechen *n;* (*проступок*) Vergehen *n;* юр (*уголовное*) Straftat *f;* ◇ **должностно́е ~** Dienstvergehen; ◇ **уголо́вное ~** Straftat; ◇ **~ия про́тив челове́чества** Verbrechen gegen die Menschheit; ◇ **заста́ть кого́-л на ме́сте ~ия** jd-n auf frischer Tat ertappen; ◇ **соверши́ть ~** ein Verbrechen begehen; **престу́пник** $м_1$ ‹-а› Verbrecher *m;* ◇ **вое́нный ~** Kriegsverbrecher; ◇ **~ осуждён** der Verbrecher ist verurteilt; **престу́пность** $ж_5$ ‹-и› Kriminalität *f;* ◇ **организо́ванная ~** organisierte Kriminalität ◇ **сокраще́ние ~и** Senkung der Kriminalitätsrate; ◇ **борьба́ с ~ю** Verbrechensbekämpfung *f;* **престу́пный** *прил* ‹-ая, -ое, -ые› ① (*являющийся преступлением*) verbrecherisch; ◇ **~ое дея́ние** verbrecherische Tat ② (*совершающий преступление*) kriminell; ◇ **~ая ба́нда** Verbrecherbande *f;* ◇ **~ая ли́чность** Krimineller *m* ③ *перен* (*недопустимый*) sträflich; ◇ **~ое легкомы́слие** sträflicher Leichtsinn

претенде́нт *м₁* ‹-а› Anwärter *m,* Bewerber *m;* (*кандидат*) Kandidat *m;* ◇ ~ **на освободи́вшуюся до́лжность** Anwärter auf einen freien Posten

претендова́ть V_{3a} *несов* ‹-ду́ю, -ду́ешь› *на кого-что вин* (*предъявлять права*) für sich beanspruchen, Anspruch erheben auf; ◇ ~ **на остроу́мие** sich für besonders klug halten;

прете́нзия *ж₄* ‹-ии› ① Anspruch *m,* Forderung *f;* ◇ **заявля́ть ~ии на насле́дство** Erbansprüche erheben; ◇ **отклони́ть чьи-л ~ии** jd-s Ansprüche zurückweisen ② (*необоснованная*) Anmaßung *f;* ◇ **быть в ~ии на кого́-л за что-л** jd-m etw verübeln

преть V_5 *несов* ‹-е́ю, -е́ешь, (1, 2) 1 и 2 л. не употр› [**со~** (1) *сов*] *без доп* ① (*гнить*) faulen, verrotten ② (*тушиться*) dämpfen, dünsten ③ *разг* (*потеть*) schwitzen; ◇ ~ **над зада́чей** über einer Aufgabe schwitzen

преувеличе́ние c_4 ‹-я› Übertreibung *f;*

преувели́чить V_{4b} *сов* ‹-чу, -чишь› [**преувели́чивать** V_{1a} *несов*] *что вин* (*утрировать*) übertreiben; (*раздуть*) aufbauschen; (*приврать*) aufschneiden, dick auftragen

преуме́ньшить V_{4b} *сов* ‹-шу, -шишь› [**преуменьша́ть** V_{1a} *несов*] *что вин* verkleinern, verniedlichen; (*умалить*) schmälern, unterschätzen; ◇ ~ **чьи-л заслу́ги** jd-s Verdienste schmälern

преуспева́ть V_{1a} *несов* ‹-а́ю, -а́ешь› [**преуспе́ть** V_5 *сов*] *без доп* ① (*иметь успех*) erfolgreich sein, Fortschritte machen; ◇ **гуманита́рные нау́ки ~а́ли** die Geisteswissenschaften erlebten eine Blütezeit ② (*процветать*) gut leben; ◇ ~ **в жи́зни** ein Leben in Wohlstand führen

прецеде́нт *м₁* ‹-а› Präzedenzfall *m;* ◇ **тако́й посту́пок не име́ет ~ов** diese Tat ist beispiellos

при *предлог с предл* ① (*вблизи, возле*) bei, an; ◇ ~ **вхо́де** am Eingang ② (*в присутствии*) im Beisein, in Gegenwart, in der Anwesenheit; ◇ **э́то произошло́ ~ свиде́телях** dies passierte im Beisein von Zeugen ③ (*во время, в эпоху*) unter, zur Zeit; ◇ ~ **Петре́ I (пе́рвом)** unter Peter I; ◇ ~ **жи́зни кого́-л** zu jd-s Lebzeiten ④ (*указание на наличие*) bei; ◇ **держа́ть ~ себе́** etw bei sich haben; ◇ **быть ~ ору́жии** bewaffnet sein; ◇ ~ **университе́те есть общежи́тие** die Universität hat ein Wohnheim ⑤ (*при обозначении обстоятельств действия*) bei; ◇ ~ **его́ возмо́жностях** bei seinen Möglichkeiten; ◇ ~ **всём том** bei alledem; ◇ ~ **э́том** dabei

приба́вить V_{4b} *сов* ‹-влю, -вишь, *Part. Prät. Pass.* -вленный› [**прибавля́ть** V_{1b} *несов*] *что вин или чего род* ① (*увеличить*) vergrößern; (*приложить*) zulegen; (*к сказанному*) hinzufügen; ◇ ~ **в ве́се** zunehmen; ◇ ~ **де́нег** Geld zugeben; ◇ ~ **ша́гу** einen Schritt zulegen ② мат addieren

приба́вка *ж₁* ‹-и, *род мн:* -вок› Zulage *f,* Zugabe *f;* ◇ ~ **в ве́се** Gewichtszunahme *f;* ◇ ~ **к зарпла́те** Gehaltserhöhung *f*

прибау́тка *ж₁* ‹-и, *род мн:* -ток› Scherz *m*

прибе́гнуть V_2 *сов* ‹-ну, -нешь› [**прибега́ть** V_{1a} *несов*] *к кому-чему дат* greifen (zu), zu etw Zuflucht nehmen; ◇ ~ **к ору́жию** zu den Waffen greifen; ◇ ~ **к реши́тельным ме́рам** entschiedene Maßnahmen ergreifen; ◇ ~ **к си́ле** Gewalt anwenden; ◇ ~ **к чьей-л по́мощи** bei jd-m Hilfe suchen

прибе́жище c_3 ‹-а› Zufluchtsort *m,* Zuflucht *f*

приби́ть * *сов* ‹-бью́, -бьёшь› [**прибива́ть** V_{1a} *несов*] *кого-что вин* ① (*прикрепить*) anschlagen, annageln ② (*пригнать*) anspülen; ◇ **волно́й ~ло к бе́регу ло́дку** die Welle spülte das Boot ans Ufer ③ (*к земле*) niederschlagen; ◇ **пыль ~ло дождём** der Staub wurde vom Regen weggewaschen ④ (*побить*) (ver-)prügeln

приближа́ть *несов от* **прибли́зить**

приблизи́тельный *прил* ‹-ая, -ое, -ые› ungefähr, zirka; ◇ ~ **подсчёт** ungefähre Berechnung, Überschlag *m;* **прибли́зить** V_{4b} *сов* ‹-и́жу, -и́зишь, *Part. Prät. Pass.* -бли́женный› [**приближа́ть** V_{1a} *несов*] *кого-что вин (1), что вин (2), кого-что вин к себе или к чему (3)* ① (*придвинуть*) annähern, näher rücken ② (*ускорить*) beschleunigen ③ (*привлечь*) für sich gewinnen, für sich einnehmen können

прибо́й *м₃* ‹-я› Brandung *f*

прибо́р *м₁* ‹-а› ① (*приспособление*) Gerät *n,* Instrument *n;* (*устройство*) Vorrichtung *f;* ◇ **измери́тельный ~** Meßinstrument; ◇ **электри́ческие ~ы** Elektrogeräte ② (*комплект*) Garnitur *f,* Satz *m;* ◇ **бри́твенный ~** Rasierzeug; ◇ **столо́вый ~** Eßbesteck

при́быль *ж₅* ‹-и› ① (*доход*) Gewinn *m,* Profit *m;* ◇ **извлека́ть ~** Profit machen; ◇ **получа́ть ~ от чего́-л** aus etw Nutzen ziehen, von etw profitieren; ◇ **приноси́ть ~** Gewinn bringen; ◇ **чи́стая ~** Reingewinn *m* ② *перен* (*выгода*) Vorteil *m;* ◇ **кака́я мне в э́том ~?** was bringt mir das? ③ *разг* (*при-

бавление) Zunahme *f,* Zuwachs *m;* ◇ ~ **населе́ния** Bevölkerungszuwachs; ◇ ~ **воды́ в реке́** Ansteigen des Flusses; **при́быльный** *прил* ‹-ая, -ое, -ые› gewinnbringend, einträglich; (*выгодный*) vorteilhaft

прибы́тие *с*$_4$ ‹-я› Ankunft *f,* Eintreffen *n;* **прибы́ть** * *сов* ‹-бу́ду, -бу́дешь› [**прибыва́ть** V$_{1a}$ *несов*] *без доп* ① (*прийти, приехать*) ankommen, eintreffen; ◇ ~ **к ме́сту назначе́ния** am Reiseziel eintreffen ② (*увеличиться*) zunehmen, sich vergrößern; (*о воде*) steigen

прива́л *м*$_1$ ‹-а› (*отдых*) Rast *f,* Rastplatz *m;* ◇ **отдохну́ть на ~е** sich an einem Rastplatz ausruhen

привезти́ * *сов* ‹-зу́, -зёшь› [**привози́ть** V$_{4a}$ *несов* ‹*Part. Präs. Pass.* -вози́мый›] *кого-что вин* (*доставить*) bringen, (an-)liefern; ◇ ~ **гру́зы** Fracht anliefern; ◇ ~ **с собо́й** mitbringen

привере́дливый *прил* ‹-ая, -ое, -ые› (*придирчивый*) nörglerisch; (*капризный*) launisch; (*разбо́рчивый*) wählerisch; ◇ **привере́длив в еде́** wählerisch beim Essen

приве́рженец *м*$_5$ ‹-нца› Anhänger *m;* ◇ ~ **но́вого уче́ния** Anhänger einer neuen Lehre

привести́ * *сов* ‹-еду́, -едёшь› [**приводи́ть** V$_{4a}$ *несов* ‹*Part. Präs. Pass.* -води́мый›] *кого-что вин (1), что вин (2, 3), кого-что вин во что вин (4)* ① (*куда либо*) (her-)bringen, (her-)führen, holen; ◇ ~ **ребёнка домо́й** das Kind nach Hause bringen ② (*к чему-л*) zu etw führen; (*вызвать*) hervorrufen; ◇ **фа́кты ~ли к но́вому откры́тию** die Fakten führten zu einer Neuentdeckung ③ (*напомнить, назвать*) anführen, nennen; anführen; ◇ ~ **цита́ту** zitieren ④ (*в какое-л состояние*) bringen, (ver-)setzen; ◇ ~ **в де́йствие** in Gang bringen; ◇ ~ **в отча́яние** zur Verzweiflung bringen; ◇ ~ **в чу́вство** zur Besinnung bringen; ◇ ~ **пригово́р в исполне́ние** das Urteil vollstrecken

приве́т *м*$_1$ ‹-а› Gruß *m;* ◇ **переда́ть кому́-л серде́чный** ~ jd-m einen herzlichen Gruß ausrichten; **приве́тливый** *прил* ‹-ая, -ое, -ые› freundlich; ◇ ~ **приём** ein freundlicher Empfang; **приве́тствие** *с*$_4$ ‹-я› ① (*при встрече*) (Willkommens-)Gruß *m,* Begrüßung *f;* ◇ **обменя́ться ~ями** sich grüßen ② (*приветственная речь*) Begrüßungsansprache *f,* Begrüßungsrede *f;* (*письменное*) Begrüßungsschreiben *n;* (*послание*) Grußbotschaft *f;* **приве́тствовать** V$_{3a}$ *несов* ‹-твую, -твуешь› [**по~** *сов*] *кого-что вин* ① (*обращаться с приветствием*) grüßen, begrüßen; (*при чьём-л приходе, приезде*) jd-n willkommen heißen; ◇ ~ **делега́тов конфере́нции** die Konferenzteilnehmer begrüßen ② *перен* (*одобрять*) begrüßen, gutheißen; ◇ ~ **но́вое реше́ние** die neue Entscheidung begrüßen

приви́вка *ж*$_1$ ‹-и, *род мн:* -вок› ① *бот* Veredlung *f* ② *мед* Impfung *f;* ◇ **профилакти́ческие ~и** Schutzimpfung; ◇ **де́лать ~у про́тив чего́-л** sich gegen etw impfen lassen

привиде́ние *с*$_4$ ‹-я› Gespenst *n;* (*дух*) Geist *m*

привиле́гия *ж*$_4$ ‹-ии› Privileg *n;* (*преимущество*) Vorrecht *n;* ◇ **~ии пенсионе́рам** Vergünstigungen für Rentner

при́вкус *м*$_1$ ‹-а› ① (*кушанья, питья*) Beigeschmack *m,* Eigengeschmack *m;* ◇ **у ка́ждого со́рта ча́я свой** ~ jeder Tee hat seinen spezifischen Geschmack ② *перен* (*оттенок*) Nachgeschmack *m*

привлека́тельный *прил* ‹-ая, -ое, -ые› anziehend, attraktiv; ◇ **~ая перспекти́ва** verlockende Perspektive; **привлека́ть** V$_{1a}$ *несов* ‹-а́ю, -а́ешь› [**привле́чь** * *сов*] *кого-что вин* ① (*побуждать*) heranziehen, hinzuziehen; ◇ ~ **к уча́стию в обсужде́нии** in die Diskussion mit einbeziehen; ◇ ~ **на свою́ сто́рону** auf seine Seite bringen; ◇ ~ **к себе́ внима́ние** die Aufmerksamkeit auf sich ziehen ② (*вызвать интерес*) anziehen, herbeilocken; ◇ **вы́ставка ~ла мно́го посети́телей** die Messe zog viele Besucher an ③ (*заставить отвечать за свои действия*) gerichtlich belangen; ◇ ~ **к отве́тственности** zur Verantwortung ziehen; ◇ ~ **к суду́** vor Gericht bringen

приво́з *м*$_1$ ‹-а› (An-)Lieferung *f,* angelieferte Ware *f;* ◇ **на база́ре сего́дня большо́й** ~ auf dem Wochenmarkt ist das Angebot heute groß; (*из-за границы*) Einfuhr *f*

приврáтник *м*$_1$ ‹-а› Pförtner *m*

привы́кнуть V$_2$ *сов* ‹-ну, -нешь, *Prät.* привы́к, *Part. Prät. Akt.* -ший› [**привыка́ть** V$_{1a}$ *несов*] *с инф (1), к кому-чему дат (2)* ① (*усвоить*) sich angewöhnen, gewöhnt sein; ◇ ~ **ра́но встава́ть** sich angewöhnen, früh aufzustehen ② (*приучиться*) sich an etw gewöhnen; (*свыкнуться*) sich eingewöhnen; ◇ ~ **к но́вому ме́сту** sich am neuen Ort einleben; **привы́чка** *ж*$_1$ ‹-и, *род мн:* -чек› (An-)Gewohnheit *f;* ◇ **по ~е** aus Gewohnheit; ◇ **си́ла ~и** die Macht der Gewohnheit; ◇ **войти́ в ~у** zur Gewohnheit werden

привяза́ть V_{1a} *сов* <-яжу́, -я́жешь, *Imp.* -яжи́, ~те, *Part. Prät. Pass.* -я́занный> [**привя́зывать** V_{1a} *несов*] *кого-что вин к кому-чему дат* ① (*завязать*) anbinden, festbinden; (*прикрепить*) befestigen ② *перен* (*к себе*) an sich binden, an sich ziehen, für sich einnehmen ③ *перен* (*соотнести*) in Verbindung bringen, verknüpfen

при́вязь *ж*$_5$ <-и> (*поводок*) Leine *f;* (*верёвка*) Strick *m;* ◇ **оторва́ться от ~и** sich von der Leine losreißen; ◇ **держа́ть соба́ку на ~и** den Hund an der Leine halten

пригласи́ть V_{4a} *сов* <-ашу́, -аси́шь, *Part. Prät. Pass.* -ашённый> [**приглаша́ть** V_{1a} *несов*] *кого-что вин* ① (*предложить*) einladen, zum Besuch auffordern; ◇ ~ **в го́сти на пра́здник** Gäste zu einer Feier einladen; (*врача*) den Arzt kommen lassen; (*на танец*) zum Tanzen auffordern ② (*попросить*) einladen, laden; ◇ ~ **на заседа́ние** zu einer Sitzung laden; ◇ ~ **на рабо́ту** eine Stelle anbieten; **приглаше́ние** *с*$_4$ <-я> Einladung *f;* ◇ **отмени́ть** ~ jd-n ausladen; ◇ **разосла́ть ~я** Einladungen verschicken; (*на работу*) Stellenangebot *n*

пригово́р *м*$_1$ <-а> (*решение суда*) Urteil *n;* ◇ **обвини́тельный** ~ Schuldspruch *m;* ◇ **оправда́тельный** ~ Freispruch *m;* ◇ ~ **обжа́лованию не подлежи́т** gegen das Urteil kann keine Berufung eingelegt werden; ◇ **вы́нести** ~ ein Urteil fällen; ◇ **привести́** ~ **в исполне́ние** ein Urteil vollstrecken

пригоди́ться V_{4a} *сов* <-ожу́сь, -ди́шься> *кому дат* (*оказаться полезным*) nützlich sein; ◇ ~ **для де́ла** der Sache nützlich sein; (*прийтись*) sich eignen, taugen; ◇ **у́мный сове́т всегда́ ~и́тся** ein kluger Ratschlag ist immer von Nutzen; **приго́дный** *прил* <-ая, -ое, -ые> geeignet, brauchbar; ◇ ~ **для обрабо́тки** verarbeitungsfähig; (*подходящий*) passend; ◇ **ни к чему́ не** ~ zu nichts nütze

при́город *м*$_1$ <-а> Vorstadt *f,* Vorort *m*

при́горшня *ж*$_2$ <-и, *род мн:* -ей> Handvoll *f;* ◇ **це́лая** ~ **оре́хов** eine ganze Handvoll Nüsse

пригото́вить V_{4b} *сов* <-влю, -вишь> [**приготовля́ть** V_{1b} и **пригота́вливать** V_{1a} *несов*] *кого-что вин к кому-чему (1), что вин (2)* ① (*сделать годным, освоить*) vorbereiten, fertigmachen; ◇ ~ **ру́копись к набо́ру** ein Manuskript druckfertig machen; ◇ ~ **уро́ки** Unterrichtsstunden vorbereiten; ◇ ~ **ученика́ к экза́мену** den Schüler aufs Examen vorbereiten; (*устроить*) ◇ ~ **сюрпри́з** eine Überraschung bereiten ② (*сготовить*) zubereiten; (*сварить*) kochen; **пригото́вле́ние** *с*$_4$ <-я> ① (*подготовка*) Vorbereitung *f* ② (*изготовление*) Anfertigung *f;* (*пищи*) Zubereitung *f*

приѓубить V_{4b} *сов* <-блю, -бишь, *Part. Prät. Pass.* -бленный> [**приѓубливать** V_{1a} *несов*] *что вин* nippen (an)

прида́ное *с (А 1)* <-ого> Mitgift *f;* (*бельё и т. п.*) Aussteuer *f*

прида́ток *м*$_1$ <-тка, *мн:* -тки> Beiwerk *n; перен* Anhängsel *n*

прида́ть * *сов* <-а́м, -а́шь> [**придава́ть** V_{1a} *несов*] *кого-что вин (1), что вин кого-чего род (2)* ① (*прибавить*) zulegen, hinzufügen ② (*качество, особенность*) verleihen, geben, beimessen; ◇ ~ **зако́нную фо́рму докуме́нту** dem Dokument Gesetzescharakter verleihen; ◇ ~ **но́вый о́блик го́роду** der Stadt ein neues Äußeres geben; ◇ ~ **значе́ние чьим-л слова́м** jd-s Worten Bedeutung beimessen; ◇ **не** ~ **ва́жности сообще́нию** der Mitteilung keine Wichtigkeit beimessen; **прида́ча** *ж*$_1$ <-и> Zulage *f,* Zugabe *f;* ◇ **дать де́сять рубле́й в ~у** zehn Rubel zusätzlich geben

придви́нуть V_2 *сов* <-ну, -нешь> [**придвига́ть** V_{1a} *несов*] *кого-что вин* heranrücken; ◇ ~ **стул к столу́** den Stuhl an den Tisch rücken; (*ближе*) näher rücken; ◇ ~ **что-л к глаза́м** etw nah vor die Augen halten

приди́рчивый *прил* <-ая, -ое, -ые> nörgelig; *перен* (*требовательный*) anspruchsvoll

придра́ться * *сов* <-деру́сь, -дерёшься> [**придира́ться** V_{1a} *несов*] *к кому-чему дат (1), к чему дат (2)* ① (*упрекнуть*) herumkritisieren, herummäkeln; ◇ ~ **по пустяка́м** an Kleinigkeiten herummäkeln; (*критиковать*) nörgeln ② (*использовать как предлог*) etw zum Vorwand nehmen; ◇ ~ **к слу́чаю** eine Gelegenheit beim Schopfe ergreifen

придурковатый *прил* <-ая, -ое, -ые> (*простоватый*) einfältig; (*глупый*) dumm; (*ограниченный*) beschränkt; ◇ ~ **вид** dümmliches Aussehen

прие́зд *м*$_1$ <-а> Ankunft *f*

прие́зжий *м (А 2)* <-его> Angereister *m,* Zugereister *m*

приём *м*$_1$ <-а> ① (*в члены*) Aufnahme *f;* ◇ **заявле́ние о ~е** Aufnahmeantrag *m;* ◇ ~ **на рабо́ту** Einstellung *f* ② (*посетителей, гостей*) Empfang *m;* ◇ **оказа́ть тёплый** ~ einen freundlichen Empfang bereiten; (*приём-

ные часы) Sprechzeiten *f pl* ③ (*писем, посылок*) Empfang *m,* Annahme *f* ④ (*лекарства*) Einnahme *f;* (*доза*) Dosis *f* ⑤ (*действие*) Verfahren *n,* Handgriff *m;* ◇ **гру́бые ~ы** gemeine Tricks; спорт ◇ **~ы борьбы́** Griffe beim Ringen; ◇ **в оди́н ~** mit einem Zug; **прие́млемый** *прил* <-ая, -ое, -ые> annehmbar; ◇ **вполне́ ~ое предложе́ние** akzeptabler Vorschlag; **приёмная** *ж* (*A1*) <-ой> (*комната*) Empfangszimmer *n;* (*для ожидания*) Warteraum *m,* Wartezimmer *n;* **приёмник** $м_1$ <-а> радио (Radio-)Empfänger *m;* ◇ **телевизио́нный ~** Fernsehgerät *n*

прие́хать * *сов* <-е́ду, -е́дешь> [**приезжа́ть** V_{1a} *несов*] *без доп* (*прибыть*) ankommen, eintreffen; (*подъехать*) heranfahren; (*из путешествия*) anreisen; ◇ **~ на по́езде** mit dem Zug kommen

прижа́ть * *сов* <-жму́, -жмёшь> [**прижима́ть** V_{1a} *несов*] *кого-что вин* ① (*к чему-л*) drücken; ◇ **~ ру́ки к груди́** die Hände an die Brust drücken ② *перен* (*притеснить*) in die Enge treiben

приз $м_1$ <-а, *мн:* -ы́> Preis *m;* ◇ **присуди́ть ~** einen Preis zuerkennen

призва́ние $с_4$ <-я> ① (*склонность*) Neigung *f,* Hang *m* ② (*дело жизни*) Berufung *f;* (*предназначение*) Bestimmung *f;* ◇ **его́ ~ - воспи́тывать дете́й** es ist seine Berufung, Kinder zu erziehen; ◇ **чу́вствовать ~ к чему́-л** sich zu etw berufen fühlen; **призва́ть** * *сов* <-зову́, -зовёшь> [**призыва́ть** V_{1a} *несов*] *кого-что вин (1, 3), кого-что вин к чему дат (2)* ① (*позвать, пригласить*) (herbei-)rufen, aufrufen; ◇ **~ на по́мощь** zu Hilfe rufen; ◇ **~ к борьбе́** zum Kampf aufrufen ② (*обратиться*) rufen (zu), auffordern; ◇ **~ к благоразу́мию** zur Vernunft aufrufen; ◇ **~ к повинове́нию** von jd-m Gehorsam fordern ③ (*на военную службу*) einberufen; ◇ **~ в а́рмию** in die Armee einziehen

приземле́ние $с_4$ <-я> ав Landung *f*

приземли́ться V_{4a} *сов* <-лю́сь, -ли́шься> [**приземля́ться** V_{1b} *несов*] *без доп* landen

призёр $м_1$ <-а> спорт Preisträger *m;* (*победитель*) Sieger *m*

признава́ть *несов от* **призна́ть**

при́знак $м_1$ <-а> Merkmal *n,* Anzeichen *n,* Kennzeichen *n;* ◇ **~и весны́** Frühlingsanzeichen *n;* (*отличительный*) Unterscheidungsmerkmal *n;* (*симптом*) Symptom *n;* ◇ **он не подава́л ~ов жи́зни** er gab kein Lebenszeichen mehr von sich

призна́ние $с_4$ <-я> ① (*отношение*) Anerkennung *f;* ◇ **получи́ть всео́бщее ~** allgemeine Anerkennung finden ② (*объяснение в любви*) Liebeserklärung *f* ③ (*сообщение*) Bekenntnis *n,* Geständnis *n;* ◇ **~ вины́** Schuldbekenntnis; **при́знанный** *прил* <-ая, -ое, -ые> anerkannt; ◇ **~ знато́к** anerkannter Fachmann

призна́тельный *прил* <-ая, -ое, -ые> dankbar, verbunden; ◇ **я Вам о́чень призна́телен** ich bin Ihnen sehr verbunden

призна́ть V_{1a} *сов* <-аю́, -аёшь, *Part. Prät. Pass.* при́знанный> [**признава́ть** V_{1a} *несов*] *кого-что вин* ① (*считать законным*) anerkennen; ◇ **~ прави́тельство** die Regierung anerkennen ② (*осознать*) zugeben, eingestehen; (*согласиться*) jd-m recht geben; ◇ **~ свои́ оши́бки** seine Fehler eingestehen; ◇ **~ чью-л правоту́** jd-m recht geben ③ *разг* (*узнать*) erkennen, wiedererkennen; ◇ **в темноте́ не ~а́л сосе́да** in der Dunkelheit hat er seinen Nachbarn nicht erkannt

при́зрак $м_1$ <-а> Gespenst *n;* (*привидение*) Erscheinung *f;* (*обманчивое видение*) Trugbild *n*

призы́в $м_1$ <-а> ① (*зов*) Aufruf *m,* Appell *m* ② (*лозунг*) Losung *f* ③ (*просьба, мольба*) Bitte *f,* Flehen *n;* ◇ **откли́кнуться на чей-л ~** jd-s Ruf folgen ④ воен Einberufung *f;* ◇ **очередно́й ~** Jahrgang *m;* ◇ **новобра́нцы осе́ннего ~а** die im Herbst einberufenen Rekruten

призыва́ть *несов от* **призва́ть**

при́иск $м_1$ <-а> (*рудник*) Fundgrube *f;* (*месторождение*) Fundort *m*

прийти́ * *сов* <приду́, придёшь, (2) 1 и 2 л. не употр> [**приходи́ть** V_{4a} *несов*] *без доп (1, 2), во что вин (3), к чему дат (4)* ① (*дойти*) kommen; (*прибыть*) ankommen, eintreffen; ◇ **~ в го́сти** zu Besuch kommen; (*за кем-чем-л*) jd-n/etw abholen kommen ② (*наступить*) kommen, heranrücken; (*внезапно*) hereinbrechen; (*приблизиться*) sich nähern; ◇ **пришло́ вре́мя обе́дать** es wurde Zeit, Mittag zu essen ③ (*в какое-л состояние*) geraten; ◇ **~ в я́рость** in Wut geraten ④ (*достигнуть*) zu etw kommen; ◇ **~ к согла-ше́нию** zu einer Übereinkunft kommen; ◇ **~ к вы́воду** zu dem Schluß kommen; ◇ **~ в го́лову** einfallen, in den Sinn kommen; ◇ **~ в чу́вство** zu sich kommen

прика́з $м_1$ <-а> Befehl *m,* Order *f,* Anweisung *f;* ◇ **по ~у** auf Befehl; ◇ **испо́лнить ~** einen Befehl ausführen; **приказа́ть** V_{1a} *сов* <-ажу́, -а́жешь, *Imp.* -ажи́, ~те, *Part. Prät. Pass.*

П

-а́занный> [**прика́зывать** V_{1a} *несов*] *кому-чему дат или с инф или с союзом "что"* (*повелевать*) befehlen, anordnen; (*предписать*) vorschreiben; ◇ **что ~ете?** was kann ich tun?; ◇ **как ~ете** wie Sie wünschen

прикла́д $м_1$ <-а> (1) (*у винтовки*) (Gewehr-)Kolben *m* (2) (*портновский*) Schneidereibedarf *m*

прикладно́й *прил* <-а́я, -о́е, -ы́е> angewandt; ◇ **~о́е иску́сство** angewandte Kunst

приключе́ние $с_4$ <-я> Abenteuer *n;* ◇ **весёлое** ~ lustige Begebenheit; ◇ **любо́вное** ~ Liebesaffäre *f;* ◇ **дое́хать без ~ий** ohne besondere Vorkommnisse ankommen

прикова́ть V_{3a} *сов* <-кую́, -куёшь, *Part. Prät. Pass.* -ко́ванный> [**прико́вывать** V_{1a} *несов*] *кого-что вин* (1) (*ковкой*) anschmieden; (*цепями*) anketten; (*оковами*) fesseln (2) *перен* (*о неподвижном состоянии*) fesseln; ◇ **боле́знь ~ла его́ к посте́ли** die Krankheit fesselte ihn ans Bett; ◇ ~ **чьё-л внима́ние** jd-s Aufmerksamkeit auf sich lenken

прико́рм $м_1$ <-а> (1) (*грудных детей*) Zusatznahrung *f* (2) (*скота*) Beifutter *n;* (*приманка*) Köder *m*

прикрепи́ть V_{4a} *сов* <-плю́, -пи́шь, *Part. Prät. Pass.* -плённый> [**прикрепля́ть** V_{1b} *несов*] *кого-что вин к кому-чему дат* (1) (*приделать*) befestigen, festmachen; (*привязать*) festbinden (2) (*зарегистрировать*) anmelden, zuweisen; ◇ ~ **к поликли́нике** in eine Poliklinik einweisen

прикры́ть * *сов* <-ро́ю, -ро́ешь> [**прикрыва́ть** V_{1a} *несов*] *кого-что вин чем тв (1), что вин (2-5)* (1) (*покрыть, накрыть*) bedecken, zudecken; ◇ ~ **во́лосы платко́м** die Haare mit einem Tuch bedecken (2) (*затворить не до конца*) anlehnen, nicht ganz zumachen (3) *перен* (*замаскировать*) verdecken, vertuschen (4) воен decken, schützen (5) *разг* (*ликвидировать магазин*) schließen, zumachen

прила́вок $м_1$ <-вка, *мн:* -вки> Ladentisch *m;* (*стойка*) Theke *f;* ◇ **торгова́ть из-под ~вка** unter dem Ladentisch verkaufen

прилежа́ние $с_4$ <-я> Fleiß *m;* (*рвение*) Eifer *m;* (*в учёбе*) Lerneifer; ◇ **отлича́ться ~ем** sich durch besonderen Fleiß auszeichnen; **приле́жный** *прил* <-ая, -ое, -ые> fleißig, eifrig

прилёт $м_1$ <-а> (*птиц, самолёта*) Anflug *m*

прили́в $м_1$ <-а> (1) (*морской*) Flut *f;* ◇ ~ **и отли́в** Ebbe und Flut (2) мед Andrang *m,* Hitzewallung *f* (3) *перен* (*чувств, энергии*) Ausbruch *m;* (*приступ*) Anfall *m;* (*гнева*) Wutanfall *m* (4) (*скопление публики*) Andrang *m*

прили́чие $с_4$ <-я> Anstand *m;* ◇ **соблюда́ть пра́вила ~я** Anstandsregeln beachten; **прили́чный** *прил* <-ая, -ое, -ые> (1) (*пристойный*) anständig (2) (*удовлетворительный*) ordentlich, ganz gut, ziemlich gut; ◇ ~ **за́работок** ordentliches Gehalt

приложе́ние $с_4$ <-я> (1) (*к книге, письму*) Beilage *f* (2) (*применение*) Anwendung *f,* Verwendung *f,* Aufbietung *f;* ◇ ~ **капита́ла** Investition *f* (3) грам Apposition *f,* Beifügung *f;* **приложи́ть** V_{4a} *сов* <-жу́, -о́жишь> [**прилага́ть** (1, 3) и **прикла́дывать** (2) V_{1a} *несов*] *что вин к чему дат* (1) (*представить*) beifügen, beilegen; ◇ ~ **к письму́ ко́пию докуме́нта** dem Brief eine Kopie des Dokuments beifügen (2) (*наложить*) auflegen; ◇ ~ **печа́ть** Stempel aufdrücken (3) (*применить*) anwenden; ◇ ~ **все си́лы** alle Kräfte aufbieten; ◇ ~ **ру́ки к чему́-л** etw anpacken

примене́ние $с_4$ <-я> Anwendung *f,* Verwendung *f;* (*употребление*) Gebrauch *m;* ◇ **в ~ии к** in bezug auf

примени́ть V_{4a} *сов* <-ню́, -е́нишь> [**применя́ть** V_{1b} *несов*] *что вин к кому-чему дат* anwenden, verwenden; (*употребить*) gebrauchen; ◇ ~ **но́вый ме́тод** eine neue Methode anwenden; ◇ ~ **стро́гие ме́ры** strenge Maßnahmen ergreifen

приме́р $м_1$ <-а> (1) Beispiel *n;* (*образец*) Musterbeispiel *n,* Muster *n;* ◇ **показа́ть на ~е** an einem Beispiel demonstrieren; ◇ **сле́довать чьему́-л ~у** jd-s Beispiel folgen (2) мат Aufgabe *f;* ◇ **реша́ть ~ы** Aufgaben lösen

приме́рить V_{4b} *сов* <-рю, -ришь> [**примеря́ть** V_{1b} *несов*] *что вин* anprobieren, anproben; ◇ ~ **пиджа́к** eine Jacke anprobieren; **приме́рка** $ж_1$ <-и, *род мн:* -рок> Anprobe *f,* Anprobieren *n*

приме́рный *прил* <-ая, -ое, -ые> (1) (*образцовый*) beispielhaft, vorbildlich (2) (*приблизительный*) ungefähr, etwa; ◇ ~ **подсчёт расхо́дов** Überschlag der Ausgaben

при́месь $ж_5$ <-и> (1) (*подмесь*) Beimischung *f;* (*добавление*) Zusatz *m;* (*загрязнение*) Fremdstoffe *m pl* (2) *перен* Anflug *m;* ◇ **с ~ю иро́нии** mit einem Anflug von Ironie

приме́та $ж_1$ <-ы> (1) (*признак*) Merkmal *n,* Kennzeichen *n;* (*симптом*) Symptom *n;* ◇ **осо́бые ~ы** besondere Kennzeichen (2) (*предзнаменование*) Omen *n,* Vorbedeutung *f;* ◇ **дурна́я** ~ schlechtes Omen; ◇ **ве́рить в ~ы** abergläubisch sein

примеча́ние *с₄* ‹-я› (*дополнение*) Anmerkung *f;* (*пояснение*) Erläuterung *f;* (*сноска*) Fußnote *f;* ◇ ~ **на поля́х** Randbemerkung *f*

примире́ние *с₄* ‹-я› ① (*врагов*) Versöhnung *f,* Aussöhnung *f* ② (*противоречий*) Schlichtung *f*

примкну́ть V₂ *сов* ‹-ну́, -нёшь› [**примыка́ть** V₂ *несов*] *к кому-чему дат* (*присоединиться*) sich anschließen; (*вступить*) beitreten; ◇ ~ **к большинству́** sich der Mehrheit anschließen

примо́рье *с₅* ‹-я› Küstengebiet *n*

при́мула *ж₁* ‹-ы› бот Primel *f*

принадлежа́ть * *несов* ‹-жу́, -жи́шь› *кому-чему дат* ① (*быть чьим-л достоянием*) gehören; ◇ **не́дра земли́ ~а́т госуда́рству** die Bodenschätze gehören dem Staat; *перен* ◇ ~ **кому́-л всей душо́й** ganz zu jd-m gehören ② (*входить в состав*) zu etw gehören, angehören; ◇ ~ **к числу́ лу́чших** zu den Besten gehören; ◇ ~ **к како́й-л па́ртии** einer Partei angehören; **принадле́жность** *ж₅* ‹-и› ① (*предмет*) Artikel *m;* (*составная часть*) Zubehör *n;* (*инструменты*) Werkzeug *n;* (*приспособления*) Vorrichtungen *f pl;* ◇ **доро́жные ~и** Reiseartikel *m pl;* ◇ **канцеля́рские ~и** Schreibbedarf *m;* ◇ **спорти́вные ~и** Sportausrüstung *f* ② (*к организации*) Angehörigkeit *f,* Zugehörigkeit *f*

принести́ * *сов* ‹-су́, -сёшь, (2, 4) 1 и 2 л. не употр› [**приноси́ть** V₄ₐ *несов*] *кого-что вин* ① (*доставить*) (her-)bringen; (*пойти за чем-л*) holen; (*передать*) überbringen; ◇ ~ **с собо́й** mitbringen ② (*пригнать ветром, течением*) heranwehen; (*о воде*) herantreiben, anschwemmen ③ (*давать*) (ein-)bringen; ◇ ~ **дохо́д** Gewinn einbringen; (*осуществить*) bringen; ◇ ~ **благода́рность** seine Dankbarkeit erweisen; ◇ ~ **извине́ния** sich entschuldigen; ◇ ~ **кля́тву** einen Eid leisten ④ (*дать приплод*) werfen ⑤ *безл* (*появиться*) herkommen; ◇ **отку́да тебя́ принесло́ в таку́ю по́ру?** wo kommst du denn um diese Zeit her?

при́нтер *м* ‹-а› Drucker*m;* ◇ **ла́зерный** ~ Laserdrucker; ◇ **ма́тричный** ~ Matrixdrucker

принуди́тельный *прил* ‹-ая, -ое, -ые› Zwangs-, gezwungen; ◇ **~ое лече́ние** Zwangstherapie *f;* юр ◇ **в ~ом поря́дке** zwangsweise; **прину́дить** V₄ᵦ *сов* ‹-у́жу, -у́дишь, Part. Prät. Pass. -уждённый› [**принужда́ть** V₁ₐ *несов*] *кого-что вин к чему дат или с инф* zwingen, nötigen; ◇ ~ **к молча́нию** zum Schweigen bringen; ◇ ~ **сда́ться** zur Aufgabe zwingen

принц *м₃* ‹-а› Prinz *m;* **принце́сса** *ж₁* ‹-ы› Prinzessin *f*

при́нцип *м₁* ‹-а› Prinzip *n,* Grundsatz *m;* ◇ **в ~е** im Prinzip; ◇ **держа́ться твёрдых при́нципов** strenge Prinzipien haben; ◇ **из ~а** aus Prinzip; **принципиа́льный** *прил* ‹-ая, -ое, -ые› ① (*касающийся принципов*) prinzipiell, grundsätzlich ② (*придерживающийся принципов*) prinzipientreu, prinzipienfest

приня́ть * *сов* ‹приму́, при́мешь› [**принима́ть** V₁ₐ *несов*] *кого-что вин (1, 2, 3, 8), что вин (4, 5, 6, 7, 9, 10)* ① (*взять, получить*) annehmen, empfangen, entgegennehmen ② (*посетителя*) empfangen, aufnehmen; ◇ **врач ~ял больно́го** der Arzt empfing den Patienten ③ (*включить в состав*) aufnehmen; ◇ ~ **на рабо́ту** einstellen; ◇ ~ **в игру́** mitspielen lassen ④ радио empfangen ⑤ (*лекарство*) einnehmen ⑥ (*закон, постановление*) annehmen, akzeptieren ⑦ (*взять на себя*) auf sich nehmen; ◇ ~ **ме́ры** Maßnahmen ergreifen; ◇ ~ **обяза́тельство** Verpflichtungen übernehmen; ◇ ~ **уча́стие** teilnehmen ⑧ (*за кого-л*) halten für, ansehen als; ◇ ~ **за знако́мого** jd-n für einen Bekannten halten; ◇ ~ **что-л в шу́тку** etw als Spaß auffassen ⑨ (*вид, форму*) annehmen, bekommen; ◇ ~ **затяжно́й хара́ктер** sich in die Länge ziehen; ◇ **спор ~ял о́струю фо́рму** der Streit nahm heftige Ausmaße an ⑩ эк, тех abnehmen; ◇ ~ **чью-л сто́рону** sich auf jd-s Seite schlagen; ◇ ~ **прися́гу** einen Eid abnehmen

приобрести́ * *сов* ‹-ету́, -тёшь› [**приобрета́ть** V₁ₐ *несов*] *кого-что вин* ① (*получить*) erwerben; ◇ ~ **власть** Macht bekommen ② (*усвоить*) gewinnen, erwerben; ◇ ~ **значе́ние** an Bedeutung gewinnen; ◇ ~ **о́пыт** Erfahrungen sammeln; **приобрете́ние** *с₄* ‹-я› Erwerbung *f;* (*достижение*) Errungenschaft *f* ② (*покупка*) Kauf *m,* Anschaffung *f*

приобщи́ться V₄ₐ *сов* ‹-щу́сь, -щи́шься› [**приобща́ться** V₁ₐ *несов*] *к чему дат* (*присоединиться*) sich anschließen; (*включиться*) sich einschalten; (*принять участие*) teilnehmen (an)

приорите́т *м₁* ‹-а› Vorrang *m,* Priorität *f;* (*преимущество*) Vorrecht *n*

припа́док *м₁* ‹-дка, *мн:* -дки› Anfall *m;*

П

перен Ausbruch *m;* ◇ **серде́чный** ~ Herzanfall; ◇ ~ **сме́ха** Lachanfall; ◇ **в ~дке гне́ва** im Zorn

припа́сы *мн₁* ‹-ов› Vorräte *m pl;* ◇ **боевы́е** ~ Munition *f;* ◇ **съестны́е** ~ Nahrungsmittelvorräte

припе́в *м₁* ‹-а› Refrain *m,* Kehrreim *m*

приписа́ть * *сов* ‹-ишу́, -и́шешь› [**припи́сывать** V_{1a} *несов*] *что вин (1), что вин кому-чему дат (2)* ① (*прибавить*) hinzuschreiben; ◇ ~ **не́сколько строк** einige Zeilen hinzufügen ② (*причислить*) zuschreiben; ◇ ~ **свои́ неуда́чи чьим-л про́искам** seine Mißerfolge jd-s Intrigen zuschreiben

припи́ска *ж₁* ‹-и, *род мн:* -сок› ① (*дополнение*) Nachschrift *f;* (*вставка*) Zusatz *m;* (*в конце письма*) Postskriptum *n* ② (*ложные данные*) Fälschung *f* der Ergebnisse

припла́та *ж₁* ‹-ы› Zulage *f,* Zuschlag *m*

припло́д *м₁* ‹-а› Wurf *m,* Jungen *n pl*

приплюсова́ть V_{3a} *сов* ‹-су́ю, -су́ешь, *Part. Prät. Pass.* -со́ванный› [**приплюсо́вывать** V_{1a} *несов*] *что вин* dazurechnen, hinzufügen; ◇ **к полу́чке ~ли пре́мию** zum Lohn kam eine Prämie hinzu

припо́днятый *прил* ‹-ая, -ое, -ые› (leicht) gehoben, festlich; ◇ **в ~ом настрое́нии** in festlicher Stimmung; ◇ ~ **стиль** gehobener Stil

припра́ва *ж₁* ‹-ы› Würze *f;* (*пряность*) Gewürz *n*

припу́хлость *ж₅* ‹-и› Anschwellung *f*

при́работок *м₁* ‹-тка, *мн:* -тки› Nebenverdienst *m;* ◇ ~ **к зарпла́те** Zusatzeinkommen *n*

приравня́ть V_{1b} *сов* ‹-я́ю, -я́ешь, *Part. Prät. Pass.* -ра́вненный› [**прира́внивать** V_{1a} *несов*] *кого-что вин к кому-чему дат* ① gleichstellen, gleichsetzen; ◇ ~ **к вы́сшей катего́рии рабо́тников** auf die gleiche Stufe mit den besten Fachkräften stellen ② мат gleichsetzen

приро́да *ж₁* ‹-ы› ① (*мир*) Natur *f;* ◇ **охра́на ~ы** Naturschutz ② *перен* (*свойство*) Natur *f,* Wesen *n,* Charakter *m;* ◇ **от ~ы** von Geburt an; ◇ **по ~е** dem Wesen nach; **приро́дный** *прил* ‹-ая, -ое, -ые› ① (*естественный, натуральный*) natürlich; ◇ **~ые бога́тства** Naturschätze, Bodenschätze; ◇ ~ **газ** Erdgas *n* ② (*врождённый*) angeboren; ◇ ~ **тала́нт** Naturtalent *n*

прирождённый *прил* ‹-ая, -ое, -ые› ① (*врождённый*) angeboren ② (*настоящий*) geboren; ◇ ~ **худо́жник** geborener Künstler; (*подлинный*) echt

приро́ст *м₁* ‹-а› Zunahme *f,* Anwachsen *n,* Zuwachs *m;* ◇ ~ **населе́ния** Bevölkerungszuwachs; ◇ ~ **произво́дства** Produktionssteigerung

приручи́ть V_{1a} *несов* ‹-а́ю, -а́ешь› [**приручи́ть** V_{4a} *сов*] *кого-что вин* ① (*животных*) zähmen; (*дрессировать*) dressieren; (*укротить*) bändigen ② *перен* zutraulich machen; ◇ ~ **нелюди́мого ребёнка** das schüchterne Kind für sich gewinnen

присвое́ние *с₄* ‹-я› ① (*собственности*) Aneignung *f* ② (*звания, имени*) Verleihung *f*

присво́ить V_{4b} *сов* ‹-о́ю, -о́ишь› [**присва́ивать** V_{1a} *несов*] *кого-что вин (1), что вин кому-чему дат (2)* ① (*выдать за своё*) sich aneignen, in Besitz nehmen; (*украсть*) klauen; (*утаить*) unterschlagen; ◇ ~ **себе́ пра́во** sich ein Recht nehmen; ◇ ~ **чужу́ю мысль** sich fremde Gedanken zu eigen machen ② (*дать имя*) verleihen, zuerkennen; ◇ ~ **зва́ние профе́ссора** jd-m den Professorentitel verleihen

присе́сть * *сов* ‹-ся́ду, -ся́дешь› [**приседа́ть** (2) и **приса́живаться** (1) V_{1a} *несов*] *без доп* ① (*сесть*) sich ein wenig hinsetzen ② (*на корточки*) sich niederhocken, in die Hocke gehen ③ (*сделать реверанс*) einen Knicks machen

приско́рбие *с₄* ‹-я› Trauer *f;* ◇ **с глубо́ким ~ем** in tiefer Trauer; ◇ **ко всео́бщему ~ию** zum allgemeinen Bedauern

прислони́ться V_{4a} *сов* ‹-ню́сь, -ло́нишься› [**прислоня́ться** V_{1b} *несов*] *к кому-чему дат* sich anlehnen; ◇ ~ **к стене́** sich an die Wand lehnen; ◇ **ребёнок ~лся к ма́тери** das Kind schmiegte sich an die Mutter

прислу́шаться V_{1a} *сов* ‹-аюсь, -аешься› [**прислу́шиваться** V_{1a} *несов*] *к кому-чему дат* ① (*напрячь слух*) horchen, belauschen; ◇ ~ **к разгово́ру** einem Gespräch lauschen ② *перен* (*принять к сведению*) hören auf etw; ◇ ~ **к мне́нию колле́г** der Meinung der Kollegen Gehör schenken; ◇ ~ **к го́лосу ра́зума** der Stimme der Vernunft folgen

присмо́тр *м₁* ‹-а› Aufsicht *f,* Beaufsichtigung *f;* ◇ **быть под ~ом** unter Aufsicht stehen; ◇ **хозя́йство тре́бует ~а** der Haushalt muß geführt werden

присоедине́ние *с₄* ‹-я› ① (*чего-л*) Anschluß *m;* (*к организации, договору*) Beitritt *m* ② (*областей*) Angliederung *f;* (*аннексия*) Annexion *f;* ист Anschluß *m* ③ эл Anschluß *m;* **присоедини́ться** V_{4a} *сов* ‹-ню́сь, -ни́шься› [**присоединя́ться** V_{1b} *несов*] *к кому-чему дат* sich anschließen (an); (*к организации*) beitreten; ◇ ~ **к о́бщему мне́нию** sich der allgemeinen Meinung anschließen; ◇ **к боле́зни ~лось одино́чество** zu der Krankheit kam die Einsamkeit

приспе́шник *м₁* ‹-а› Helfershelfer *m*

приспосо́биться V_{4b} *сов* ‹-блюсь, -бишься› [**приспособля́ться** V_{1b} и **приспоса́бливаться** V_{1a} *несов*] *к чему дат* sich an etw anpassen; ◇ ~ **к но́вым усло́виям** sich an die neuen Bedingungen anpassen; **приспособле́ние** *с₄* ‹-я› (1) (*организма*) Anpassung *f* (2) (*применение*) Anwendung *f*, Verwendung *f;* (*использование*) Gebrauch *m* (3) (*устройство*) Vorrichtung *f*, Einrichtung *f;* (*механизм*) Mechanismus *m*

приста́вка *ж₁* ‹-и, *род мн:* -вок› (1) тех Aufsatz *m*, Vorsatz *m* (2) грам Vorsilbe *f*, Präfix *n*

приста́нище *с₃* ‹-а› Bleibe *f*, Unterkunft *f;* (*кров*) Obdach *n;* (*убежище*) Asyl *n;* ◇ **после́днее** ~ letzte Ruhestätte; ◇ **найти́ себе́** ~ Zuflucht finden

при́стань *ж₅* ‹-и› Anlegestelle *f;* (*причал*) Landungsbrücke *f;* (*гавань*) Hafen *m; перен* ◇ **найти́ ти́хую** ~ ein ruhiges Plätzchen finden

приста́ть * *сов* ‹-а́ну, -а́нешь, (2, 3) 1 и 2 л. не употр› [**пристава́ть** V_{1a} *несов*] *к кому-чему дат* (1) (*о плавучих средствах*) anlegen, landen; ◇ ~ **к бе́регу** am Ufer anlegen (2) (*прилипнуть*) hängenbleiben, klebenbleiben; ◇ **к оде́жде ~ла грязь** der Schmutz setzte sich in die Kleidung (3) (*о животных*) zulaufen, sich anschließen; ◇ **к нам ~ла чужа́я соба́ка** ein fremder Hund ist uns zugelaufen (4) *разг* (*надоедать*) lästig werden; (*навязаться*) sich aufdrängen; ◇ **к** ~ **кому́-л с расспро́сами** jd-n mit Fragen belästigen (5) *безл разг* (*подобает*) passen, sich gehören; ◇ **не ~ло ему́ так говори́ть** es paßte nicht zu ihm, so zu sprechen

присто́йный *прил* ‹-ая, -ое, -ые› anständig, schicklich

пристра́стие *с₄* ‹-я› (1) (*склонность*) Hang *m*, Vorliebe *f;* ◇ ~ **к теа́тру** Leidenschaft fürs Theater (2) (*предвзятость*) Voreingenommenheit *f*, Parteilichkeit *f;* ◇ ~ **в сужде́ниях** Vorurteil *n;* **пристра́стный** *прил* ‹-ая, -ое, -ые› (*предвзятый*) voreingenommen; (*предубеждённый*) befangen; (*несправедливый*) ungerecht; ◇ **~ое отноше́ние** Befangenheit *f*

пристро́ить V_{4b} *сов* ‹-о́ю, -о́ишь› [**пристра́ивать** V_{1a} *несов*] *что вин к чему дат* (1), *кого-что вин* (2) (1) (*построить в дополнение*) anbauen (2) (*определить*) unterbringen, verschaffen; ◇ ~ **в ученики́** in die Lehre schicken; (*на работу*) jd-m eine Stelle verschaffen; **пристро́йка** *ж₁* ‹-и, *род мн:* -о́ек› (1) (*действие*) Anbauen *n* (2) (*помещение*) Anbau *m*, Nebengebäude *n*

при́ступ *м₁* ‹-а› (1) мед Anfall *m;* ◇ ~ **ка́шля** Hustenanfall (2) воен Attacke *f*, Sturm *m;* ◇ **взять ~ом** im Sturm nehmen

приступи́ть V_{4a} *сов* ‹-плю́, -у́пишь› [**приступа́ть** V_{1a} *несов*] *к кому-чему дат* (*начать*) sich heranmachen (an), beginnen (mit), etw in Angriff nehmen; ◇ ~ **к де́лу** sich an die Arbeit machen; ◇ ~ **к строительству** mit dem Bau beginnen

присуди́ть V_{4a} *сов* ‹-ужу́, -у́дишь, *Part. Prät. Pass.* -уждённый› [**присужда́ть** V_{1a} *несов*] *кого-что вин чему дат* (1), *что вин кому дат* (2) (1) (*приговорить*) verurteilen, ein Urteil ergehen lassen; ◇ ~ **кого́-л к штра́фу** jd-n zu einer Strafe verurteilen (2) (*постановить*) zuerkennen, verleihen; ◇ ~ **пре́мию** einen Preis verleihen; **присужде́ние** *с₄* ‹-я› Verleihung *f*, Zuerkennung *f*

прису́тствие *с₄* ‹-я› Anwesenheit *f*, Präsenz *f;* ◇ **в моём ~ии** in meiner Gegenwart, in meinem Beisein; ◇ **Ва́ше ~ жела́тельно** Ihre Anwesenheit ist wünschenswert; **прису́тствовать** V_{3a} *несов* ‹-твую, -твуешь› *без доп* anwesend sein, etw beiwohnen; ◇ ~ **на заседа́нии** einer Sitzung beiwohnen

присыла́ть *несов от* **присла́ть**

прися́га *ж₁* ‹-и› Eid *m;* (*клятва*) Schwur *m*

притвори́ться V_{4a} *сов* ‹-рю́сь, -ори́шься› [**притворя́ться** V_{1b} *несов*] *чем тв* vortäuschen, sich verstellen, so tun als ob; ◇ ~ **больны́м** sich krank stellen; ◇ ~ **равноду́шным** Gleichgültigkeit vortäuschen; **притво́рство** *с₂* ‹-а› Heuchelei *f*, Verstellung *f*

притесне́ние *с₄* ‹-я› Repressalien *f pl;* (*преследование*) Unterdrückung *f*

притесни́ть V_{4a} *сов* ‹-ню́, -ни́шь› [**притесня́ть** V_{1b} *несов*] *кого-что вин* verfolgen; (*угнетать*) Repressalien aussetzen; (*преследовать*) unterdrücken, verfolgen

прито́к *м₁* ‹-а› (1) (*реки*) Nebenfluß *m*, Zufluß *m* (2) (*наплыв*) Zufuhr *f*, Zustrom *m;* ◇ ~ **све́жего во́здуха** Luftzufuhr; ◇ ~ **посети́телей** Besucherandrang *m*

прито́м *союз* dabei; (*кроме того*) außerdem; (*к тому же*) obendrein

прито́н *м₁* ‹-а› Spelunke *f;* ◇ **воровско́й** ~ Diebesnest *n;* ◇ **иго́рный** ~ Spielhölle *f*

П

при́торный *прил* ‹-ая, -ое, -ые› ① (*слишком сладкий*) zu süß, übersüß ② *перен* (*излишне любезный*) überfreundlich, zuckersüß

притро́нуться V_2 *сов* ‹-нусь, -нешься, Imp. -нься› [**притра́гиваться** V_{1a} *несов*] *к кому-чему дат* streifen, (leicht) berühren; ◇ ~ **к руке́** die Hand streifen; ◇ **он не ~лся к обе́ду** er rührte das Essen nicht an

притупи́ться V_{4a} *сов* ‹-у́пится, -у́пятся, 1 и 2 л. не употр› [**притупля́ться** V_{1b} *несов*] *без доп* ① (*затупиться*) stumpf werden; ◇ **ле́звие ~лось** die Klinge wurde stumpf ② *перен* (*ослабеть*) schwächer werden, nachlassen; ◇ **зре́ние/па́мять ~лась** die Sehkraft/das Gedächtnis ließ nach

притяга́тельный *прил* ‹-ая, -ое, -ые› anziehend, faszinierend; ◇ **~ая си́ла иску́сства** die Faszination der Kunst

притяже́ние c_4 ‹-я› физ Anziehung *f;* (*сила притяжения*) Anziehungskraft *f*

притяза́ние c_4 ‹-я› ① (*предъявление прав*) Anspruch *m;* ◇ ~ **на насле́дство** Erbanspruch ② (*необоснованное стремление к признанию*) Anmaßung *f,* Dünkel *m*

приуро́чить V_{4b} *сов* ‹-чу, -чишь› [**приуро́чивать** V_{1a} *несов*] *что вин к чему дат* anberaumen, (terminlich) abstimmen; ◇ ~ **отъе́зд к весне́** die Abreise zum Frühling anberaumen

приучи́ть V_{4a} *сов* ‹-чу́, -у́чишь, Part. Prät. Pass. -у́ченный› [**приуча́ть** V_{1a} *несов*] *кого-что вин к кому-чему дат или с инф* jd-m etw beibringen, anerziehen; ◇ ~ **к поря́дку** Ordnung beibringen; **приучи́ться** *сов* ‹-чу́сь, -у́чишься› [**приуча́ться** *несов*] *к чему дат или с инф* sich etw angewöhnen; (*научиться*) lernen

при́хвостень $м_2$ ‹-тня, *мн:* -тни› *пренебр* Speichellecker *m,* Schleimer *m*

прихлеба́тель $м_2$ ‹-я› *разг* Schmarotzer *m,* Parasit *m*

прихло́пнуть V_2 *сов* ‹-ну, -нешь, Part. Prät. Pass. -нутый› [**прихло́пывать** V_{1a} *несов*] *что вин (1), кого-что вин (2, 3)* ① (*закрыть*) zuschlagen, zuwerfen; (*с треском*) zuknallen; ◇ ~ **дверь** die Tür zuschlagen ② (*прищемить*) einklemmen; ◇ ~ **па́лец две́рью** sich den Finger in der Tür einklemmen ③ *разг* (*убить*) jd-n fertigmachen; *перен* ◇ **пора́ ~ э́ту банду́** es wird Zeit, diese Bande zu erledigen

прихо́д $м_1$ ‹-а› ① (*прибытие*) Eintreffen *n,* Ankunft *f;* ◇ ~ **к вла́сти** Machtantritt *m* ② (*доход*) Einnahme *f;* ◇ ~ **превыша́ет расхо́д** die Einnahmen übersteigen die Ausgaben; ◇ ~ **и расхо́д** Soll und Haben; ◇ **записа́ть в ~** als Einnahme verbuchen ③ (*церковный*) Kirchengemeinde *f*

приходи́ть *несов от* **прийти́**

прихо́жая *ж* (A_2) ‹-ей› Diele *f,* Flur *m*

прихотли́вый *прил* ‹-ая, -ое, -ые› ① (*капризный*) launisch, kapriziös; (*разборчивый*) wählerisch ② (*причудливый*) bizarr, seltsam

при́хоть $ж_5$ ‹-и› Laune *f,* Grille *f;* ◇ **исполня́ть чьи-л ~и** jd-s Launen ertragen

прихра́мывать V_{1a} *несов* ‹-аю, -аешь› *без доп* leicht hinken; (*ковылять*) humpeln; ◇ ~ **на пра́вую но́гу** mit dem rechten Bein hinken

прице́л $м_1$ ‹-а› ① (*прицеливание*) Zielen *n;* ◇ **да́льний** ~ weitgesteckte Ziele; ◇ **взять на** ~ aufs Korn nehmen ② (*приспособление*) Visier *n;* ◇ **опти́ческий** ~ Zielfernrohr *n;* **прице́литься** V_{4b} *сов* ‹-люсь, -лишься› [**прице́ливаться** V_{1a} *несов*] *в кого-что вин* zielen, anvisieren, anlegen

прице́п $м_1$ ‹-а› Anhänger *m;* ◇ **жило́й** ~ Wohnwagen *m*

прича́л $м_1$ ‹-а› ① (*у берега*) Anlegestelle *f,* Ankerplatz *m;* ◇ **парохо́д стои́т у ~а** der Dampfer liegt im Hafen ② (*канат*) Tau *n,* Seil *n;* **прича́лить** V_{4b} *сов* ‹-лю, -лишь› [**прича́ливать** V_{1a} *несов*] *без доп (1), что вин к чему дат (2)* ① (*пристать*) anlegen ② (*пришвартовать*) vertäuen

прича́стие c_4 ‹-я› рел Abendmahl *n*

прича́стность $ж_5$ ‹-и› Mitwirkung *f,* Beteiligung *f*

причём *союз* wobei; ◇ ~ **сле́дует уче́сть, что...** wobei man berücksichtigen muß, daß...; ◇ **непра́в, ~ ещё спо́рит** obwohl er unrecht hat, besteht er auf seiner Meinung; ◇ ~ **я здесь?** was kann ich dafür?

причеса́ть * *сов* ‹-ешу́, -е́шешь› [**причёсывать** V_{1a} *несов*] *кого-что вин* ① (*сделать причёску*) frisieren; (*гребнем*) kämmen ② *перен* (*упорядочить*) beschönigen; **причеса́ться** *сов* ‹-ешу́сь, -че́шешься› [**причёсываться** *несов*] *без доп* sich kämmen, sich frisieren; **причёска** $ж_1$ ‹-и, *род мн:* -сок› Frisur *f*

причи́на $ж_1$ ‹-ы› ① (*обстоятельство*) Ursache *f;* ◇ ~ **пожа́ра** Brandursache *f;* ◇ ~ **и сле́дствие** Ursache und Wirkung ② (*основание*) Grund *m;* ◇ **уважи́тельная** ~ triftiger Grund; ◇ **смея́ться без ~ы** grundlos lachen; (*повод*) Anlaß *m;* ◇ **без вся́кой ~ы** ohne jeglichen Grund; ◇ **по ~е боле́зни** krankheitshalber; ◇ **по ~е того́, что...** aus dem Grunde, weil...; **причини́ть** V_{4a} *сов* ‹-ню́, -ни́шь› [**причиня́ть** V_{1b} *несов*] *что вин* verursachen, bereiten; ◇ ~ **боль** Schmerzen verursachen; ◇ ~ **огорче́ния** Kummer bereiten; ◇ ~ **убы́тки** finanziellen Schaden zufügen

причи́слить V_{4b} *сов* ‹-лю, -лишь› [**причисля́ть** V_{1b} *несов*] *кого-что вин к чему дат* (1) (*прибавить при подсчёте*) hinzuzählen, hinzurechnen (2) воен beordern, abkommandieren (3) (*отнести к числу*) zu etw zählen, einreihen

причу́дливый *прил* ‹-ая, -ое, -ые› (1) (*затейливый*) verschnörkelt; (*запутанный*) kompliziert; (*странный*) merkwürdig, bizarr; ◇ ~ **наря́д** merkwürdige Tracht (2) (*капризный*) launenhaft; (*с чудачествами*) sonderbar

прише́лец $м_5$ ‹-льца› Neuankömmling *m;* (*чужой*) Fremdling *m;* ◇ **~льцы из ко́смоса** Außerirdische *m pl*

прище́пка $ж_1$ ‹-и, *род мн:* -пок› Wäscheklammer *f*

прию́т $м_1$ ‹-а› (1) (*учреждение*) Heim *n;* ◇ **сиро́тский** ~ Waisenheim (2) (*пристанище*) Obdach *n,* Bleibe *f;* (*убежище*) Asyl *n*

прия́тель $м_2$ ‹-я› Freund *m,* Kamerad *m;* **прия́тельница** $ж_1$ ‹-ы› Freundin *f*

прия́тный *прил* ‹-ая, -ое, -ые› (1) (*доставляющий удовольствие*) angenehm; ◇ ~ **-ая но́вость** erfreuliche Neuigkeit; ◇ ~ **на вкус** angenehm im Geschmack, lecker; ◇ **о́чень ~о** sehr erfreut (2) (*привлекательный*) sympathisch

про *предлог с вин разг* (1) (*о*) über, von; ◇ **я слы́шал ~ э́тот фильм** ich habe von diesem Film gehört; ◇ **он рассказа́л мне ~ всё э́то** er hat mir das alles erzählt (2) (*для, ради*) für; ◇ **оста́вить что-л ~ запа́с** etw auf Vorrat zurücklassen; ◇ **чита́ть ~ себя́** für sich lesen

про́ба $ж_1$ ‹-ы› (1) (*проверка*) Probe *f,* Versuch *m;* ◇ ~ **голосо́в** Stimmprobe; ◇ **на ~у** auf Probe (2) (*образец*) Muster *n,* Probe *f;* ◇ **взять ~у** eine Probe (ent-)nehmen (3) (*содержание благородного металла*) Feingehalt *m;* ◇ **зо́лото высо́кой ~ы** Feingold *n;* (*клеймо*) Repunze *f*

пробе́г $м_1$ ‹-а› (1) (*состязание*) (Wett-)Rennen *n,* Lauf *m;* ◇ **лы́жный** ~ Skilauf (2) ав (*при посадке*) Ausrollen *n* (3) (*расстояние*) zurückgelegter Weg *m,* Strecke *f* (4) (*время нахождения в пути*) Fahrzeit *f*

пробе́л $м_1$ ‹-а› (1) (*в тексте*) Lücke *f,* unbeschriebene Stelle; ◇ **оста́вить** ~ Platz freilassen (2) полигр (*между строками*) Durchschuß *m* (3) (*упущение*) Lücke *f,* Mangel *m;* ◇ ~ **в зна́ниях** Wissenslücke

пробива́ть *несов от* **проби́ть**

проби́рка $ж_1$ ‹-и, *род мн:* -рок› Reagenzglas *n*

проби́ть * *сов* ‹-бью́, -бьёшь, (4) 1 и 2 л. не употр› [**пробива́ть** V_{1a} *несов*] *что вин* (1) (*проломить*) durchschlagen, einschlagen; (*сделать отверстие*) ◇ ~ **сте́ну** die Wand durchbrechen; ◇ **пу́ля ~ла дверь** die Kugel durchschlug die Tür (2) (*билет*) entwerten (3) (*добиться продвижения*) durchsetzen; ◇ ~ **прое́кт чего́-л** ein Projekt durchsetzen; ◇ ~ **себе́ доро́гу** sich einen Weg bahnen (4) *безл перен* (*о часах*) schlagen; **проби́ться** *сов* ‹-бью́сь, -бьёшься› [**пробива́ться** *несов*] *без доп* (1) (*преодолеть*) durchdringen, drängen; ◇ ~ **сквозь толпу́** sich durch die Menge drängen; (*о свете*) durchdringen; (*с боем*) sich durchschlagen (2) (*потратить много усилий*) sich abrackern; ◇ ~ **це́лый день над зада́чей** sich den ganzen Tag mit einer Aufgabe abplagen (3) *разг* (*добиться*) sich bahnen, sich drängen; ◇ ~ **в лю́ди** es zu etw bringen, Erfolg haben (4) (*о ростках*) aufspießen, aufgehen

про́бка $ж_1$ ‹-и, *род мн:* -бок› (1) (*материал*) Kork *m* (2) (*закупорка*) Korken *m;* (*деревянная*) Dübel *m;* (*стеклянная*) Stöpsel *m* (3) (*предохранитель*) Sicherung *f;* ◇ **вы́вернуть ~у** die Sicherung herausdrehen (4) (*затор*) Stau *m,* Verstopfung *f;* ◇ **на перекрёстке образова́лась** ~ an der Kreuzung ist ein Stau; ◇ **глуп как** ~ dumm wie Bohnenstroh

пробле́ма $ж_1$ ‹-ы› Problem *n;* ◇ **постано́вка ~ы** Problemstellung *f;* ◇ **~ы воспита́ния** Erziehungsproblem; (*вопрос*) Frage *f*

про́блеск $м_1$ ‹-а› (1) (*свет*) Lichtschimmer *m,* Schein *m;* ◇ **~и зарни́цы** Wetterleuchten *n;* (*вспышка*) Aufblitzen *n* (2) *перен* (*проявление*) Schimmer *m;* ◇ ~ **наде́жды** Hoffnungsschimmer; ◇ **у него́ бы́ли ~и созна́ния** er kam mehrmals kurz zu Bewußtsein; ◇ ~ **чу́вств** Gemütsregung *f*

про́бовать V_{3a} *несов* ‹-бую, -буешь› [**ис~, по~** *сов*] *что вин (1, 3), с инф (2)* (1) (*испытывать*) testen, ausprobieren; ◇ ~ **арти́ста на каку́ю-л роль** einen Schauspieler für eine Rolle testen (2) (*пытаться*) versuchen, probieren (3) (*на вкус*) kosten, versuchen

пробо́ина *ж₁* <-ы> durchgeschlagenes Loch *n;* (*брешь*) Bresche *f;* (*в судне*) Leck *n;* ◇ **заде́лать ~у** ein Leck stopfen

пробо́р *м₁* <-а> Scheitel *m;* ◇ **прямо́й ~** Mittelscheitel; ◇ **косо́й ~** Seitenscheitel

пробра́ться * *сов* <-беру́сь, -берёшься> [**пробира́ться** V_{1a} *несов*] *без доп* ① (*с трудом пройти*) sich durchdrängen; ◇ **~ сквозь толпу́** sich durch die Menge drängen ② (*незаметно проникнуть*) eindringen; ◇ **~ че́рез окно́** durch das Fenster einsteigen; (*прокрасться*) sich einschleichen

прова́л *м₁* <-а> ① (*провалившееся место*) Einsturzstelle *f,* Senkung *f* ② (*неудача*) Mißerfolg *m,* Scheitern *n;* (*на экзамене*) Durchfallen *n;* ◇ **потерпе́ть ~** scheitern ③ (*сознания*) Schwinden *n;* ◇ **~ па́мяти** Gedächtnisschwund *m;* **провали́ться** V_{4a} *сов* <-лю́сь, -а́лишься, (1) 1 и 2 л. не употр> [**прова́ливаться** V_{1a} *несов*] *без доп* ① (*рухнуть*) einstürzen, einfallen; ◇ **мост ~лся** die Brücke ist eingestürzt ② (*упасть*) hineinstürzen, hinabstürzen, einbrechen; ◇ **~ в я́му** in eine Grube stürzen; ◇ **гото́в сквозь зе́млю ~** am liebsten wäre er im Erdboden versunken ③ *перен* (*потерпеть неудачу*) mißlingen; ◇ **пла́ны ~лись** die Pläne sind fehlgeschlagen; (*о деле*) scheitern; (*об экзамене*) durchfallen ④ *перен* (*пропасть*) verschwinden; ◇ **куда́ ты ~лся?** wo hast du gesteckt? ⑤ *разг* (*об агенте*) verschwinden, untertauchen; ◇ **провали́сь э́ти де́ньги!** das Geld interessiert mich einen Dreck

проведе́ние *с₄* <-я> ① (*постройка*) Bau *m;* ◇ **~ желе́зной доро́ги** Eisenbahnbau; ◇ **~ электри́чества** Stromverlegung ② (*осуществление*) Durchführung *f;* (*выполнение*) Ausführung *f;* ◇ **~ в жизнь** Realisierung *f;* ◇ **~ кампа́нии** Durchführung einer Kampagne

прове́рить V_{4b} *сов* <-рю, -ришь> [**проверя́ть** V_{1b} *несов*] *кого-что вин* (*удостовериться*) kontrollieren, (über-)prüfen; ◇ **~ биле́ты при вхо́де** die Eintrittskarten kontrollieren; ◇ **~ зна́ния уча́щихся** das Wissen der Schüler überprüfen; ◇ **~ часы́** die Zeit vergleichen; ◇ **~ на пра́ктике** in der Praxis erproben; **прове́рка** *ж₁* <-и, *род мн:* -рок> Prüfung *f,* Überprüfung *f;* (*контроль*) Kontrolle *f;* ◇ **~ часо́в** das Stellen der Uhr; ◇ **~ успева́емости** Leistungskontrolle; ◇ **~ докуме́нтов** Ausweiskontrolle

проверну́ть V_2 *сов* <-ну́, -нёшь, *Part. Prät. Pass.* -вёрнутый> [**провёртывать** V_{1a} *несов*] *что вин* ① (*сделать отверстие*) (durch-)bohren; ◇ **~ ды́рку** ein Loch bohren ② (*измельчить*) (durch-)drehen; ◇ **~ мя́со че́рез мясору́бку** Fleisch durch den Fleischwolf drehen ③ *перен разг* (*осуществить*) deichseln; ◇ **~ де́ло** die Sache deichseln; ◇ **мы э́то жи́во ~ём!** wir werden das Kind schon schaukeln

проверя́ть *несов от* **прове́рить**

провести́ * *сов* <-еду́, -едёшь> [**проводи́ть** V_{4a} *несов*] *кого-что вин (1, 7), что вин (2, 3, 5, 6), что вин чем тв (4)* ① (*помочь пройти*) hindurchführen, vorbeiführen; (*сопровождать*) begleiten; ◇ **~ ми́мо до́ма** am Haus vorbeiführen ② (*обозначить*) ziehen; ◇ **~ черту́** eine Linie ziehen ③ (*проложить*) (an-)legen, bauen; ◇ **~ газопрово́д** eine Gasleitung legen ④ (*сделать движение*) über etw streichen, über etw fahren; ◇ **~ руко́й по столу́** mit der Hand über den Tisch fahren ⑤ (*осуществить*) durchführen, verwirklichen, realisieren; ◇ **~ заседа́ние** eine Sitzung abhalten; ◇ **~ кампа́нию** eine Kampagne durchführen; ◇ **~ в жизнь** verwirklichen ⑥ (*время*) verbringen, zubringen; ◇ **ве́село ~ пра́здник** gut feiern ⑦ *разг* (*перехитрить*) hinters Licht führen, anführen; ◇ **ста́рого воробья́ на мяки́не не проведёшь** dem kann man kein X für ein U vormachen

прове́трить V_{4b} *сов* <-рю, -ришь> [**прове́тривать** V_{1a} *несов*] *что вин* (durch-)lüften; ◇ **~ ко́мнату** das Zimmer lüften

провини́ться V_{4a} *сов* <-ню́сь, -ни́шься> *в чём предл или чем тв перед кем-чем тв* sich (einer Sache) schuldig machen, sich vergehen (gegen); **прови́нность** *ж₅* <-и> Verschulden *n,* Vergehen *n*

прови́нция *ж₄* <-ии> Provinz *f*

про́вод *м₁* <-а, *мн:* -а́> Leitung *f;* (*электрический*) elektrische Leitung; (*кабель, шнур*) Kabel *n;* ◇ **телефо́нный ~** Telefonleitung

проводни́к [1] *м₁* <-а́, *мн:* -и́> ① (*провожатый*) Führer *m;* ◇ **~ по го́рным тро́пам** Bergführer ② (*железнодорожный служащий*) Zugschaffner *m*

проводни́к [2] *м₁* <-а́> ① *физ* Leiter *m;* ◇ **~ то́ка** Stromleiter ② *перен* (*посредник*) Übermittler *m;* (*распространитель*) Träger *m;* ◇ **кни́га - ~ зна́ний** das Buch vermittelt Wissen

проводи́ть [1] *несов от* **провести́**

проводи́ть [2] *сов* <-ожу́, -о́дишь> [**провожа́ть** V_{1a} *несов*] *кого-что вин* ① (*сопроводить*) begleiten, geleiten; ◇ **~ госте́й до**

ста́нции метро́ die Gäste zur U-Bahn bringen ② (*расстаться*) sich verabschieden; ◇ ~ **в после́дний путь** jd-m das letzte Geleit geben ③ (*проследить*) nachsehen; ◇ ~ **глаза́ми кого́-л** jd-m mit den Augen folgen

про́воды *мн₁* ‹-ов› Verabschiedung *f*, Abschied *m*, Abschiedsfeier *f*

провозгласи́ть V_{4a} *сов* ‹-ашу́, -си́шь, *Part. Prät. Pass.* -ашённый› [**провозглаша́ть** V_{1a} *несов*] *что вин (1), кого-что вин кем тв (2)* ① (*произнести*) ausrufen; ◇ ~ **тост** einen Toast ausbringen; (*возвестить*) verkünden ② (*объявить*) ausrufen; ◇ ~ **победи́телем** jd-n zum Sieger proklamieren; **провозглаше́ние** c_4 ‹-ия› Verkündigung *f*, Ausrufung *f*, Proklamierung *f*

провока́тор $м_1$ ‹-а› Provokateur *m*; (*сыщик*) Lockspitzel *m*; **провока́ция** $ж_4$ ‹-ии› Provokation *f*, Herausforderung *f*; ◇ **не поддава́ться на** ~**ию** sich nicht provozieren lassen

про́волока $ж_1$ ‹-и› Draht *m*; ◇ **колю́чая** ~ Stacheldraht; ◇ **ме́дная** ~ Kupferdraht

прово́рный *прил* ‹-ая, -ое, -ые› behend; (*ловкий*) geschickt

прогада́ть V_{1a} *сов* ‹-а́ю, -а́ешь, *Part. Prät. Pass.* -га́данный› [**прога́дывать** V_{1a} *несов*] *без доп разг* (*ошибиться в расчётах*) sich verrechnen; (*остаться в проигрыше*) hereinfallen

прога́лина $ж_1$ ‹-ы› Zwischenraum *m*; (*в лесу*) (Wald-)Lichtung *f*,

прогно́з $м_1$ ‹-а› Prognose *f*; ◇ ~ **пого́ды** Wettervorhersage *f*; ◇ **де́лать** ~**ы** Prognosen anstellen; **прогнози́ровать** V_{3a} *несов и сов* ‹-рую, -руешь› *что вин* prognostizieren; ◇ ~ **разви́тие собы́тий** die Entwicklung der Ereignisse voraussagen

проговори́ть V_{4a} *сов* ‹-рю́, -ри́шь› [**прогова́ривать** V_{1a} *несов*] *что вин* ① (*произнести*) sagen, reden; ◇ **ни сло́ва не** ~**ил** er sagte kein Wort ② (*провести время в разговорах*) sich unterhalten

проголода́ться V_{1a} *сов* ‹-а́юсь, -а́ешься› *без доп* hungrig sein

програ́мма $ж_1$ ‹-ы› ① (*план*) Plan *m*; ◇ ~ **де́йствий** Handlungsplan ② (*организации*) Programm *n* ③ (*учебная*) Lehrplan *m* ④ (*мероприятий*) Programm *n*; театр ◇ **театра́льная** ~ Spielplan *m*; ◇ **телевизио́нная** ~ Fernsehprogramm

прогре́сс $м_1$ ‹-а› Fortschritt *m*; ◇ **идти́ по пути́** ~**а** den Weg des Fortschritts beschreiten; **прогресси́вный** *прил* ‹-ая, -ое, -ые› (*передовой*) progressiv, fortschrittlich; ◇ ~**ая техноло́гия** fortschrittliche Technologie; ◇ ~ **нало́г** Progressivsteuer

прогу́л $м_1$ ‹-а› Fernbleiben *n* vom Arbeitsplatz; ◇ **вы́нужденный** ~ unverschuldeter Arbeitsausfall; (*об уроках*) Schwänzen *n*; ◇ **соверши́ть** ~ blaumachen

прогу́лка $ж_1$ ‹-и, *род мн:* -лок› Spaziergang *m*; ◇ **за́городная** ~ Ausflug ins Grüne; (*на машине*) Spazierfahrt *f*; (*экскурсия*) Ausflug *m*; (*поход*) Wanderung *f*

прогу́льщик $м_1$ ‹-а› Schwänzer *m*, jd, der nicht zur Arbeit erscheint

продава́ть *несов от* **прода́ть**

продаве́ц $м_1$ ‹-вца́› Verkäufer *m*; (*торговец*) Händler *m*; **продавщи́ца** $ж_1$ ‹-ы› Verkäuferin *f*; (*торговка*) Händlerin *f*

прода́жа $ж_1$ ‹-и› Verkauf *m*; (*торговля*) Handel *m*; ◇ **предвари́тельная** ~ Vorverkauf; ◇ **вы́пустить в** ~**у** auf den Markt bringen; ◇ **име́ться в** ~**е** im Handel (erhältlich) sein; **прода́жный** *прил* ‹-ая, -ое, -ые› ① (*предназначенный для продажи*) verkäuflich ② *перен* (*подкупный*) käuflich, bestechlich; ◇ ~ **поли́тик** korrupter Politiker

прода́ть * *сов* ‹-а́м, -а́шь› [**продава́ть** V_{1a} *несов*] *кого-что вин* ① (*отдать за плату*) verkaufen; ◇ **дёшево** ~ billig verkaufen; ◇ ~ **о́птом** im Großhandel verkaufen ② *перен* (*предать*) verraten; ◇ ~ **свои́х друзе́й** seine Freunde verraten

продвиже́ние c_4 ‹-я› ① Vorrücken *n*, Vordringen *n*; (*движение вперёд*) Vorwärtsbewegung *f* ② (*выдвижение*) Aufstieg *m*; (*повышение*) Beförderung *f*; ◇ ~ **по слу́жбе** Aufstieg in einen höheren Dienstrang *m*

продви́нуться V_2 *сов* ‹-нусь, -нешься, *Imp.* -ньсся› [**продвига́ться** V_{1a} *несов*] *без доп* ① (*двигаться вперёд*) vorwärtskommen, vorrücken; ◇ ~ **в толпе́** sich (durch die Menge) nach vorne drängen ② *перен* (*выдвинуться*) aufrücken, aufsteigen; (*по службе*) befördert werden; (*делать успехи*) Erfolg haben ③ (*о деле*) Fortschritte machen

проде́ть * *сов* ‹-е́ну, -е́нешь› [**продева́ть** V_{1a} *несов*] *что* durchstecken, durchziehen; ◇ ~ **ни́тку в иго́лку** eine Nadel einfädeln

продле́ние c_4 ‹-я› Verlängerung *f*

продли́ть V_{4a} *сов* ‹-лю́, -ли́шь› [**продлева́ть** V_{1a} *несов*] *что вин* verlängern; ◇ ~ **о́тпуск** den Urlaub verlängern; ◇ ~ **срок рабо́ты** eine Nachfrist gewähren; (*затянуть*) hinauszögern

продово́льствие c_4 <-я> Lebensmittel *n pl*, Nahrungsmittel *n pl*

продолжа́ть *несов от* **продо́лжить**

продолжа́ться *несов* <-а́ется, -а́ются, 1 и 2 л. не употр> [**продо́лжиться** *сов*] *без доп* dauern, andauern; ◇ **жизнь ~а́ется** das Leben geht weiter; (*затяну́ться*) sich hinziehen; ◇ **разгово́р ~а́лся** das Gespräch zog sich in die Länge; **продолже́ние** c_4 <-я> (1) (*действие*) Fortsetzung *f*, Fortführung *f*; (*линии*) Weiterführung *f*; (*во времени*) Fortdauer *f* (2) (*часть*) Fortsetzung *f*; ◇ ~ **сле́дует** Fortsetzung folgt; ◇ **в ~ всего́ го́да** im Laufe des ganzen Jahres; **продолжи́тельный** *прил* <-ая, -ое, -ые> (an-)dauernd, lang; (*о болезни*) langwierig; (*о морозе, дожде*) anhaltend; ◇ **~ые аплодисме́нты** anhaltender Applaus; ◇ **~ое отсу́тствие** dauernde Abwesenheit; **продо́лжить** V_{4b} *сов* <-жу, -жишь> [**продолжа́ть** V_{1a} *несов*] *что вин* (1) (*продлевать*) verlängern (2) (*делать что-л*) fortführen, weiterführen; ◇ ~ **разгово́р** das Gespräch fortführen; ◇ ~ **рабо́тать** mit der Arbeit fortfahren; ◇ **~ите!** fahren Sie fort!

проду́кт $м_1$ <-а> (1) (*предмет*) Produkt *n*, Erzeugnis *n* (2) *перен* (*результат*) Produkt *n* (3) ◇ **~ы** *мн* (*питания*) Nahrungsmittel *n pl*, Lebensmittel *n pl*

продукти́вный *прил* <-ая, -ое, -ые> (*производительный*) leistungsfähig, produktiv; *перен* (*плодотворный*) fruchtbar; **проду́кция** $ж_4$ <-ии> Produktion *f*, Erzeugnisse *n pl*; ◇ **гото́вая** ~ Fertigprodukte *n pl*

проду́мать V_{1a} *сов* <-аю, -аешь> [**проду́мывать** V_{1a} *несов*] *что вин* (1) (*обдумать*) durchdenken; (*основательно подумать*) überlegen, gründlich nachdenken; ◇ ~ **до конца́** sich etw reiflich überlegen (2) (*провести время в думах*) hin und her überlegen, nachdenken

прое́зд $м_1$ <-а> (1) (*действие*) Durchfahrt *f*, Durchreise *f*; ◇ **~а нет!** Durchfahrt verboten! (2) (*место*) Durchfahrt *f* (3) (*езда*) Fahrt *f* (4) (*улица*) Nebengasse *f*

прое́кт $м_1$ <-а> (1) (*план*) Entwurf *m*, Projekt *n*; ◇ **дипло́мный** ~ Diplomarbeit *f*; ◇ **быть в ~е** sich in der Entwicklungsphase befinden (2) (*замысел*) Vorhaben *n*, Plan *m*

прое́сть * *сов* <-е́м, -е́шь> [**проеда́ть** V_{1a} *несов*] *что вин* (*проделать дыру*) zerfressen, durchfressen; ◇ **моль ~ла сукно́** die Motten haben das Tuch zerfressen; (*прогрызть*) durchnagen; (*ржавчиной*) durchrosten; (*кислотой*) zersetzen

проже́ктор $м_1$ <-а> Scheinwerfer *m*

прожо́рливый *прил* <-ая, -ое, -ые> gefräßig

про́за $ж_1$ <-ы> (1) лит Prosa *f* (2) *перен* (*обыденность*) der graue Alltag; ◇ **жите́йская** ~ Alltagssorgen

прозва́ть * *сов* <-зову́, -зовёшь> [**прозыва́ть** V_{1a} *несов*] *кого-что вин кем тв* nennen, einen Spitznamen geben; **про́звище** c_3 <-а> Beiname *m*; (*обидное*) Spitzname *m*

прозева́ть *см.* **зева́ть**

прозорли́вый *прил* <-ая, -ое, -ые> scharfsichtig; (*проницательный*) scharfsinnig; ◇ ~ **ум** scharfsinniger Verstand

прозра́чный *прил* <-ая, -ое, -ые> (1) (*пропускающий свет*) durchsichtig, transparent; ◇ **~ое стекло́** durchsichtiges Glas (2) *перен* (*ясный*) klar; (*недвусмысленный*) eindeutig; (*очевидный*) offensichtlich

прозре́ть V_5 *сов* <-рю́, -ри́шь, *Imp.* -ри́, ~те> [**прозрева́ть** V_{1a} *несов*] *без доп* (1) (*стать зрячим*) sehend werden, das Augenlicht wiedererlangen (2) *перен* (*начать понимать*) zu begreifen beginnen, wie Schuppen von den Augen fallen; ◇ **я заблужда́лся, но тепе́рь я ~ре́л** ich habe mich geirrt, doch jetzt geht mir ein Licht auf

прозяба́ть V_{1a} *несов* <-а́ю, -а́ешь> *без доп* ein kümmerliches Dasein führen, dahinvegetieren; ◇ ~ **в нищете́** in Armut leben

проигра́ть V_{1a} *сов* <-а́ю, -а́ешь, *Part. Prät. Pass.* -и́гранный> [**прои́грывать** V_{1a} *несов*] *что вин* (1) (*потерпеть неудачу*) verlieren, verspielen; ◇ ~ **пари́** die Wette verlieren (2) шахм (*лишиться*) verlieren; ◇ ~ **пе́шку** den Bauer verlieren (3) муз (*исполнить*) spielen; ◇ ~ **вальс на роя́ле** einen Walzer auf dem Flügel vorspielen (4) (*провести время в игре*) spielen; ◇ **весь ве́чер ~ал в ша́шки** er spielte den ganzen Abend Dame; **прои́грыватель** $м_2$ <-я> Plattenspieler *m*; **про́игрыш** $м_1$ <-а> (1) (*исход игры*) Verlieren *n*; ◇ **оста́ться в ~е** Verlierer sein (2) (*сумма*) Spielverlust *m*

произведе́ние c_4 <-я> (1) (*творение*) Werk *n*; ◇ ~ **иску́сства** Kunstwerk; (*изделие*) Erzeugnis *n* (2) мат Ergebnis *n*

произвести́ * *сов* <-еду́, -едёшь> [**производи́ть** V_{4a} *несов*] *кого-что вин* (1) (*сделать*) ausführen, durchführen; ◇ ~ **реконстру́кцию** etw umgestalten (2) (*вызвать*) hervorrufen; (*породить*) erzeugen; ◇ ~ **на свет** zur Welt bringen; ◇ ~ **впечатле́ние на кого́-л** auf jd-n Eindruck machen; ◇ ~ **переполо́х** einen Tumult verursachen (3) (*присвоить чин, звание*) ernennen; (*повысить*) befördern

производи́тельность *ж*$_5$ ‹-и› Produktivität *f;* (*мощность*) Leistung *f*

производи́ть *несов от* **произвести́**

произво́дство *с*$_2$ ‹-а› ① (*процесс*) Produktion *f,* Herstellung *f;* ◇ **спад ~а** Produktionsrückgang *m;* ◇ **рабо́тать на ~е** in der Produktion arbeiten ② (*создание продукции*) Erzeugung *f,* Fertigung *f* ③ (*предприятие*) Betrieb *m* ④ (*отрасль*) Branche *f;* ◇ **сельскохозя́йственное ~** Landwirtschaft *f* ⑤ юр ◇ **суде́бное ~** Gerichtsverfahren *n*

произво́л *м*$_1$ ‹-а› ① (*самовластие*) Willkür *f;* ◇ **твори́ть ~** Willkür walten lassen ② (*необоснованность*) Haltlosigkeit *f;* ◇ **~ в рассужде́ниях** unbegründete Überlegungen; ◇ **оста́вить на ~ судьбы́** seinem Schicksal überlassen; **произво́льный** *прил* ‹-ая, -ое, -ые› ① (*по желанию*) willkürlich ② (*самовольный*) eigenmächtig; (*необоснованный*) unbegründet

произнести́ * *сов* ‹-су́, -сёшь› [**произноси́ть** V$_{4a}$ *несов*] *что вин* ① (*звук*) aussprechen, artikulieren ② (*сказать*) sagen, sprechen; ◇ **~ речь** eine Rede halten; **произноше́ние** *с*$_4$ ‹-я› Aussprache *f;* (*артикуляция*) Artikulation *f;* ◇ **узна́ть иностра́нца по ~ию** einen Ausländer an seiner Aussprache erkennen

произойти́ * *сов* ‹-ойдёт, -ойду́т, 1 и 2 л. не употр› [**происходи́ть** V$_{4a}$ *несов*] *без доп (1), от кого-чего род (2), от чего род (3)* ① (*случиться*) sich ereignen, vorfallen, passieren, stattfinden; ◇ **что ~шло́?** was ist passiert ② (*появиться*) (ab-)stammen, entstammen; ◇ **от пра́деда ~шло́ большо́е пото́мство** der Urgroßvater hat viele Nachkommen ③ (*из-за чего-л*) entstehen (durch), herrühren; ◇ **взрыв ~шёл из-за небре́жности** zur Explosion kam es wegen Nachlässigkeit; ◇ **все ~шло́ из-за того́, что** alles geschah dadurch, daß

про́иски *мн*$_1$ ‹-ов› Ränke *m pl,* Machenschaften *f pl;* (*интриги*) Intrigen *f pl*

происходи́ть *несов от* **произойти́**

происхожде́ние *с*$_4$ ‹-я› ① (*принадлежность к нации, сословию*) Abstammung *f,* Herkunft *f;* ◇ **ру́сский по ~ию** russischer Abstammung ② (*возникновение*) Entstehung *f,* Ursprung *m*

происше́ствие *с*$_4$ ‹-я› (*событие*) Ereignis *n;* (*случай*) Vorfall *m,* Begebenheit *f;* ◇ **доро́жное ~** Unfall *m*

пройдо́ха *м, ж*$_1$ ‹-и› *разг* durchtriebener Kerl; (*жулик*) Ganove *m*

пройти́ * *сов* ‹-йду́, -йдёшь, (4, 5, 7) 1 и 2 л. не употр› [**проходи́ть** V$_{4a}$ *несов*] *без доп, что вин (2, 6, 10)* ① (*передвинуться*) durchgehen, vorbeigehen; ◇ **~ вперёд** nach vorne durchgehen; ◇ **~ ми́мо** an jd-m/etw vorbeigehen ② (*совершить путь*) zurücklegen; ◇ **~ путь** eine Strecke zurücklegen ③ (*о времени*) vergehen, verstreichen; ◇ **прошёл це́лый час** eine ganze Stunde verstrich; ◇ **боль прошла́** der Schmerz verging ④ (*проникнуть*) durchdringen, durch etw durchgehen; ◇ **шкаф не прошёл в дверь** der Schrank ging nicht durch die Tür; ◇ **вода́ не прохо́дит** das Wasser fließt nicht ab ⑤ (*прекратиться*) aufhören, vergehen; ◇ **гроза́ прошла́** das Gewitter hörte auf ⑥ (*изучить*) durchnehmen; ◇ **~ програ́мму сре́дней шко́лы** den Lehrplan der Mittelschule durchnehmen ⑦ (*распространиться*) sich verbreiten; ◇ **прошёл трево́жный слух** ein beunruhigendes Gerücht ging um ⑧ (*завершиться*) verlaufen; ◇ **докла́д прошёл уда́чно** der Vortrag verlief gut ⑨ (*получить утверждение*) durchgehen, angenommen werden; ◇ **Ва́ше предложе́ние прошло́** Ihr Vorschlag ging durch ⑩ (*выполнить*) durchlaufen, leisten, absolvieren; ◇ **~ курс лече́ния** eine Therapie durchlaufen; ◇ **~ вое́нную слу́жбу** Militärdienst leisten; ◇ **э́то тебе́ да́ром не пройдёт** das wird noch ein Nachspiel haben; ◇ **э́то не пройдёт!** das wird nicht gelingen!

прока́за [1] *ж*$_1$ ‹-ы› мед Aussatz *m,* Lepra *f*

прока́за [2] *ж* ‹-ы› (*шалость*) Streich *m*

прока́зник *м*$_1$ ‹-а› Schelm *m,* Schalk *m*

прока́т [1] *м*$_1$ ‹-а› (*пользование*) Mieten *n;* (*наём*) Verleih *m;* (*действие*) Verleihen *n;* ◇ **~ фи́льмов** Filmverleih; ◇ **взять в ~** etw ausleihen, mieten

прока́т [2] *м* ‹-а› тех ① (*действие*) Walzen *n* ② (*изделие*) Walzgut *n*

прокати́ть V$_{4a}$ *сов* ‹-ачу́, -а́тишь, Part. Prät. Pass. -а́ченный› [**прока́тывать** (2, 3) V$_{1a}$ *несов*] *кого-что вин (1, 4), без доп (2), что вин (3)* ① (*провезти*) spazierenfahren ② (*проехать мимо*) vorbeirasen ③ (*о мяче, шаре*) rollen; ◇ **~ мяч по́ полу** den Ball über den Boden rollen ④ (*при голосовании*) abwählen, durchfallen lassen; ◇ **~ на вороны́х** jd-n durchfallen lassen (in einer Abstimmung)

прокла́дка *ж*$_1$ ‹-и, *род мн:* -док› ① (*действие*) Verlegung *f;* ◇ **~ доро́ги** Straßen-

П

bau *m;* ◇ ~ **проводо́в** Kabelverlegung ② (*изоляция*) Dichtung *f*

прокла́дывать *несов от* **проложи́ть**

прокламáция *ж₄* <-ии> ① (*провозглашение*) Verkündigung *f,* Veröffentlichung *f* ② (*листовка*) Flugblatt *n*

прокля́сть * *сов* <-яну́, -янёшь, *Prät.* про́клял, -á, *Part. Prät. Pass.* про́клятый> [**проклина́ть** V_{1a} *несов*] *кого-что вин* verdammen, verwünschen; ◇ ~ **изме́нника** den Verräter verfluchen; (*ругать про себя*) fluchen; **прокля́тие** *с₄* <-я> Fluch *m,* Verwünschung *f;* ◇ ~! verdammt!

прокурату́ра *ж₁* <-ы> Staatsanwaltschaft *f;* ◇ **де́ло пе́редано в ~у** die Sache wurde an die Staatsanwaltschaft weitergeleitet; **прокуро́р** *м₁* <-а> Staatsanwalt *m*

проле́зть * *сов* <-зу, -зешь> [**пролеза́ть** V_{1a} *несов*] *через что вин (1), во что вин (2, 3)* ① (*проникнуть с трудом*) durchkriechen, sich durchzwängen ② (*проникнуть тайком*) sich einschleichen; ◇ **во́ры ~ли в сад** die Diebe schlichen sich in den Garten ein ③ *перен* (*проникнуть обманом*) sich etw erschleichen, sich einschmuggeln; ◇ ~ **в чле́ны клу́ба** sich die Klubmitgliedschaft erschleichen

пролёт [1] *м₁* <-а> (*моста*) Spannweite *f*

пролёт [2] *м* <-а> ① (*передвижение*) (Über-) Flug *m* ② Vogelzug *m*

пролетариа́т *м₁* <-а> Proletariat *n*

пролете́ть * *сов* <-лечу́, -лети́шь> [**пролета́ть** V_{1a} *несов*] *что вин (1, 2), без доп (3, 4, 5)* ① (*пронестись*) fliegen, hindurchfliegen ② (*какое-л расстояние*) zurücklegen; (*самолётом*) ◇ ~ **ты́сячу киломе́тров** 1000 km zurücklegen ③ (*переместиться*) vorbeifliegen, überfliegen; ◇ ~ **ми́мо кого́/чего́-л** an jd-m/etw vorbeifliegen ④ (*миновать*) vorbeirasen; ◇ **~е́л ско́рый по́езд** der Schnellzug raste vorbei ⑤ (*о времени*) verfliegen, wie im Fluge vergehen

проли́в *м₁* <-а> Meerenge *f,* Meeresstraße *f*

проли́ть * *сов* <-лью́, -льёшь> [**пролива́ть** V_{1a} *несов*] *что вин* verschütten, vergießen; ◇ ~ **свет на что-л** etw ins rechte Licht rücken

проло́г *м₁* <-а> Vorwort *n*

проложи́ть V_{4a} *сов* <-ожу́, -о́жишь> [**прокла́дывать** и **пролага́ть** V_{1a} *несов*] *что вин* ① (*протянуть*) legen, bauen; ◇ ~ **нефтепрово́д** eine Pipeline legen ② (*между чем-л*) bahnen; ◇ ~ **себе́ доро́гу** sich einen Weg bahnen

про́мах *м₁* <-а> ① (*непопадание*) Fehlschuß *m;* ◇ **бить без ~а** treffsicher schießen; ◇ **дать** ~ danebenschießen ② *перен* (*неудача*) Fehlgriff *m,* Fehltritt *m;* (*ошибка*) Fehler *m;* **промахну́ться** V_2 *сов* <-ну́сь, -нёшься> [**прома́хиваться** V_{1a} *несов*] *без доп* ① (*не попасть в цель*) danebenschießen, nicht treffen ② *разг* (*оплошать*) einen Fehler machen

промедле́ние *с₄* <-ия> Verzögerung *f;* (*отсрочка*) Aufschub *m;* (*затяжка*) Hinziehen *n;* ◇ **без вся́ких ~ий** ohne Verzögerungen

промежу́ток *м₁* <-тка, *мн:* -тки> ① (*времени*) Zwischenzeit *f,* Zeitraum *m;* (*интервал*) Zeitabschnitt *m;* ◇ ~ **в де́сять лет** im Zeitraum von zehn Jahren ② (*пространство*) Zwischenraum *m;* (*расстояние*) Abstand *m*

промо́зглый *прил* <-ая, -ое, -ые> (*о погоде*) naßkalt, feucht; (*о воздухе*) moderig

про́мысел *м₁* <-сла, *мн:* -слы> ① (*добывание*) Erwerb *m,* Jagd *f;* ◇ **китобо́йный** ~ Walfang *m;* ◇ ~ **тюле́ня** Robbenjagd *f* ② (*занятие*) Gewerbe *n,* Erwerbszweig *m;* ◇ **худо́жественный** ~ Kunstgewerbe ③ (*предприятие*) ◇ **го́рные ~лы** Bergwerk *n;* ◇ **нефтяны́е ~слы** Ölfelder *n pl*

промы́шленник *м₁* <-а> Industrieller *m;* **промы́шленность** *ж₅* <-и> Industrie *f;* ◇ **обраба́тывающая** ~ verarbeitende Industrie; ◇ **тяжёлая** ~ Schwerindustrie

пронзи́тельный *прил* <-ая, -ое, -ые> durchdringend; (*о взгляде*) bohrend; (*о голосе*) schrill, durchdringend; (*о звуке*) ohrenbetäubend

прони́кнуть V_2 *сов* <-ну, -нешь, *Part. Prät. Pass.* -нутый> [**проника́ть** V_{1a} *несов*] *во что вин (1, 2, 3), кого-что вин (4)* ① (*пробраться внутрь*) durchdringen, eindringen; (*вперёд*) vordringen; (*просочиться*) durchsickern; ◇ **свет прони́к в ко́мнату** Licht drang ins Zimmer ② *перен* (*распространиться*) zu jd-m vordringen, erreichen, sich verbreiten; ◇ **све́дения ~ли в печа́ть** die Informationen sind zur Presse durchgedrungen ③ (*вникнуть*) ergründen, durchschauen; ◇ ~ **в суть де́ла** den Kern einer Sache ergründen; (*отгадать*) erraten ④ (*охватить*) ergreifen, befallen

проница́тельный *прил* <-ая, -ое, -ые> (*наблюдательный*) scharfsichtig; (*взгляд*) durchdringend

прообраз *м₁* <-а> Urbild *n;* (*прототип*) Prototyp *m*

пропага́нда *ж₁* <-ы> Propaganda *f*

про́пасть *ж$_5$* ‹-и› (1) (*обрыв*) Abgrund *m,* Kluft *f; перен* ◇ **на краю́ ~и** am Rande des Abgrunds (2) *перен* (*расхождение*) Kluft *f;* ◇ **по́сле ссо́ры ме́жду ни́ми возни́кла ~** nach dem Streit tat sich eine Kluft zwischen ihnen auf

пропа́сть * *сов* ‹-аду́, -адёшь› [**пропада́ть** V$_{1a}$ *несов*] *без доп* (1) (*исчезнуть*) verschwinden; ◇ **~ на неде́лю** eine Woche lang nichts von sich hören lassen; ◇ **куда́ ты пропа́л?** wo steckst du?; ◇ **~ бе́з вести** verschollen sein (2) (*потеряться*) verlorengehen, abhanden kommen; ◇ **~ли ну́жные бума́ги** wichtige Papiere sind abhanden gekommen (3) (*утратиться*) zugrunde gehen, kaputtgehen; ◇ **вдруг пропа́л го́лос** plötzlich versagte ihm die Stimme; ◇ **пропа́ла охо́та** die Lust ist mir vergangen; ◇ **все труды́ ~ли да́ром** alle Arbeit war umsonst (4) (*пройти безрезультатно*) für die Katz sein, hin sein; ◇ **зря ~ло вре́мя** das war Zeitverschwendung; **весь день пропа́л** der ganze Tag war dahin; ◇ **пиши́ ~ло** das kannst du vergessen

прописа́ть * *сов* ‹-ишу́, -и́шешь› [**пропи́сывать** V$_{1a}$ *несов*] *кого-что вин (1), что вин кому дат (2)* (1) (*оформить проживание*) anmelden (2) (*назначить лекарство*) verschreiben; (*предписать*) verordnen; **пропи́ска** *ж$_1$* ‹-и, *род мн:* -сок› (*регистрация места жительства*) Anmeldung *f,* Registrierung *f;* ◇ **получи́ть ~у** (beim Einwohnermeldeamt) registriert werden

пропита́ние *с$_4$* ‹-я› Lebensunterhalt *m;* ◇ **зарабо́тать себе́ на ~** seinen Lebensunterhalt verdienen; ◇ **найти́ себе́ ~** ein (sicheres) Auskommen finden

пропове́дник *м$_1$* ‹-а› (1) (*священнослужитель*) Prediger *m* (2) (*распространитель идей*) Verkünder *m,* Anhänger *m;* **пропове́довать** V$_{3a}$ *несов* ‹-дую, -дуешь› *что вин* (1) (*произносить проповедь*) predigen (2) *перен* (*распространять идеи, взгляды*) verbreiten; (*отстаивать*) eintreten (für), verteidigen; **про́поведь** *ж$_5$* ‹-и› (1) рел Predigt *f* (2) *перен* Verbreitung *f*

про́пуск *м$_1$* ‹-а, *мн:* -а́› (1) (*документ*) Passierschein *m;* ◇ **предъяви́ть ~** den Passierschein vorzeigen (2) (*пробел*) Auslassung *f,* Lücke *f;* ◇ **в конспе́кте мно́го ~ов** das Konzept ist sehr lückenhaft (3) воен (*пароль*) Parole *f,* Kennwort *n* (4) (*занятий*) Versäumnis *n* (5) (*впуск*) Einlaß *m*

пропусти́ть V$_{4a}$ *сов* ‹-ущу́, -у́стишь, *Part. Prät. Pass.* -у́щенный› [**пропуска́ть** V$_{1a}$ *несов*] *кого-что вин* (1) (*кого-л куда-л*) durchlassen; (*впустить*) einlassen; ◇ **~ кого́-л вперёд** jd-m den Vortritt lassen; (*дать место*) Platz machen (2) (*не заметить*) überspringen, übersehen; ◇ **~ опеча́тку** einen Tippfehler übersehen (3) (*через что-л*) durchlassen (4) (*не явиться*) versäumen; ◇ **~ уро́к** eine Unterrichtsstunde verpassen (5) (*упустить*) sich etw entgehen lassen (6) (*обслужить*) abfertigen, aufnehmen; ◇ **столо́вая ~ла три́ста челове́к** in der Kantine wurden 300 Personen abgefertigt

прора́б *м$_1$* ‹-а› Bauleiter *m,* Bauführer *m*

прорабо́тать V$_{1a}$ *сов* ‹-аю, -аешь› [**прораба́тывать** V$_{1a}$ *несов*] *что вин (1, 2), кого-что вин (3)* (1) (*определённое время*) eine Zeitlang arbeiten (2) (*изучить*) durcharbeiten; (*проштудировать*) durchstudieren (3) (*подвергнуть критике*) sich jd-n vorknöpfen, heruntermachen

прорва́ть V$_{1a}$ *сов* ‹-ву́, -вёшь, *Imp.* ви́, ~те, *Part. Prät. Pass.* про́рванный› [**прорыва́ть** V$_{1a}$ *несов*] *что вин* (1) (*разорвать*) durchreißen, zerreißen; ◇ **~ карма́н** sich ein Loch in die Hosentasche reißen (2) (*пробиться*) durchbrechen; ◇ **~ ли́нию оборо́ны проти́вника** die Verteidigungslinie des Gegners durchbrechen (3) *безл* aufbrausen

проре́ха *ж$_1$* ‹-и› (1) (*дыра*) Loch *n,* Riß *m* (2) (*у брюк*) Schlitz *m,* Hosenschlitz *m* (3) *перен* Mangel *m,* Fehler *m,* Lücke *f*

проро́к *м$_1$* ‹-а› Prophet *m*

про́рубь *м$_5$* ‹-и› Eisloch *n*

проры́в *м$_1$* ‹-а› (1) (*разрыв*) Durchbruch *m,* Einbruch *m;* ◇ **заде́лать ~ в плоти́не** den Dammbruch schließen (2) *перен* (*срыв*) Rückstand *m;* ◇ **вы́йти из ~а** den Rückstand aufholen

просве́т *м$_1$* ‹-а› (1) (*полоса света*) Lichtstreif *m,* Lichtschimmer *m* (2) (*окна*) Fensteröffnung *f;* (*двери*) Türöffnung *f* (3) спорт Abstand *m* (4) *перен* Lichtblick *m;* (*луч надежды*) Hoffungsstrahl *m*

просвети́тель *м$_2$* ‹-я› Aufklärer *m;* **просвеще́ние** *с$_4$* ‹-я› Bildungswesen *n;* (*образование*) Bildung *f;* ◇ **забо́титься о ~ии населе́ния** sich um die Volksbildung kümmern; ист ◇ **эпо́ха Просвеще́ния** Zeitalter der Aufklärung; **просвещённый** *прил* ‹-ая, -ое, -ые› aufgeklärt; (*образованный*) gebildet

про́сека *ж$_1$* ‹-и› Schneise *f;* ◇ **проруби́ть ~у** eine Schneise schlagen

проси́тель *м$_2$* ‹-я› Bittsteller *m*

П

проси́ть V_{4a} *несов* <-ошу́, -о́сишь> [**по~**
сов] *кого-что вин или кого-чего род или кого-что вин о кём-чём предл или с инф (1), кого-что вин за кого-что вин (2), кого-что вин на что вин (3), что вин (4)* ① (*обращаться с просьбой*) bitten, ersuchen; ◇ ~ **поща́ды** um Gnade bitten; ◇ ~ **не кури́ть** jd-n bitten, nicht zu rauchen; ◇ ~ **ми́лостыню** betteln ② (*хлопотать*) für jd-n ein gutes Wort einlegen, für jd-n eintreten ③ (*приглашать*) einladen (zu) ④ (*назначать цену*) verlangen; **ско́лько про́сишь?** was verlangst du dafür?

прослези́ться V_{4a} *сов* <-ежу́сь, -зи́шься> *без доп* zu Tränen gerührt sein; ◇ ~ **при проща́нии** beim Abschied in Tränen ausbrechen

просло́йка *ж*$_1$ <-и, *род мн:* -о́ек> ① (*слой*) Zwischenlage *f*, Schicht *f*; ◇ ~ **кре́ма в пиро́жном** Cremeschicht im Kuchen ② *перен* (*часть общества*) Schicht *f*

прослу́шать V_{1a} *сов* <-аю, -аешь> [**прослу́шивать** V_{1a} *несов*] *кого-что вин* ① (*слушать*) hören ② (*выслушать*) anhören ③ (*не услышать*) überhören, verpassen; ◇ **он отвлёкся и ~ал объясне́ния учи́теля** er ließ sich ablenken und verpaßte die Erklärungen des Lehrers ④ *мед* abhorchen

просма́тривать *несов от* **просмотре́ть**

просмо́тр *м*$_1$ <-а> ① (*книг, документов*) Durchsicht *f* ② (*фильма*) Vorführung *f*; ◇ **закры́тый ~ фи́льма** geschlossene Filmvorführung ③ (*недосмотр*) Versehen *n*, Fehler *m*; **просмотре́ть** V_5 *сов* <-рю́, -о́тришь> [**просма́тривать** V_{1a} *несов*] *кого-что вин* ① (*бегло прочитать*) durchsehen, überfliegen ② (*не заметить*) nicht bemerken, auslassen; (*не обратить внимания*) außer Acht lassen; ◇ ~ **оши́бку** einen Fehler übersehen ③ (*знакомиться*) sich etw ansehen; ◇ ~ **но́вую экспози́цию** sich eine neue Ausstellung ansehen

просну́ться V_2 *сов* <-ну́сь, -нёшься> [**просыпа́ться** V_{1a} *несов*] *без доп* ① (*пробудиться*) wach werden; ◇ ~ **ра́но** früh aufwachen ② (*о чувствах*) erwachen ③ *перен* (*оживиться*) erwachen; ◇ **вулка́н ~лся** der Vulkan wurde aktiv

про́со *с*$_2$ <-а> Hirse *f*

проспа́ть V_{1a} *сов* <-плю́, -пи́шь, *Imp.* -пи́, ~те> [**просыпа́ть** (2, 3) V_{1a} *несов*] *без доп (1, 2), кого-что вин (3)* ① (*какое-л время*) eine Zeitlang schlafen ② (*проснуться позже, чем нужно*) verschlafen; ◇ **он ~а́л и опозда́л на по́езд** er verschlief und verpaßte den Zug ③ (*пропустить*) etw verschlafen, verpassen; ◇ ~ **свою́ ста́нцию** seine Haltestelle verschlafen

просро́чить V_{4b} *сов* <-чу, -чишь> [**просро́чивать** V_{1a} *несов*] *что вин* einen Termin versäumen; ◇ ~ **платежи́** die Zahlungsfrist überschreiten

проста́ивать *несов от* **простоя́ть**

простира́ться V_{1a} *несов* <-а́ется, а́ются, 1 и 2 л. не употр> [**простере́ться** * *сов*] *без доп* (*о пространстве*) sich erstrecken, sich ausdehnen, reichen

проститу́тка *ж*$_1$ <-и, *род мн:* -ток> Prostituierte *f*; **проститу́ция** *ж*$_4$ <-ии> Prostitution *f*

прости́ть V_{4a} *сов* <-ощу́, -ти́шь, *Part. Prät. Pass.* -ощённый> [**проща́ть** V_{1a} *несов*] *кого-что вин или что вин кому дат* ① (*извинить*) verzeihen, vergeben; ◇ ~ **нево́льную оши́бку** jd-m einen ungewollten Fehler verzeihen; ◇ **~и́те!** verzeihen Sie!, Verzeihung! ② (*освободить от обязательства*) erlassen; ◇ ~ **долг кому́-л** jd-m seine Schuld erlassen

про́сто I. *нареч* (*без лишних сложностей*) einfach; ◇ **зови́те меня́ ~ по и́мени** nennen Sie mich einfach beim Vornamen **II.** *предикат* ① einfach; ◇ **э́то о́чень** ~ das ist ganz einfach ② (*попросту*) geradezu; ◇ ~ **зашёл на огонёк** ich kam einfach, weil ich Licht brennen sah; ◇ ~ **та́к** einfach so; ◇ ~ **на́просто** einfach

просто́й[1] *прил* <-а́я, -о́е, -ы́е> (*сравн:* **про́ще**) ① (*несложный*) einfach, leicht; ◇ **~о́е реше́ние** einfache Lösung ② (*обыкновенный*) gewöhnlich, einfach; ◇ ~ **сме́ртный** ein gewöhnlicher Sterblicher; (*скромный*) bescheiden, schlicht; (*естественный*) natürlich, einfach ③ (*простоватый*) einfältig

просто́й[2] *м*$_3$ <-о́я> (*бездействие*) Stillstand *m*, Arbeitsausfall *m*, Wartezeit *f*; ◇ **произво́дственный** ~ Produktionsausfall *m*

простоква́ша *ж*$_1$ <-и> Dickmilch *f*

просто́р *м*$_1$ <-а> ① (*пространство*) Weite *f* ② (*раздолье*) Freiheit *f*; ◇ **де́тям на да́че** ~ die Kinder haben im Ferienhaus viel Auslauf; **просто́рный** *прил* <-ая, -ое, -ые> (*о помещении*) geräumig; (*об одежде*) weit

простота́ *ж*$_1$ <-ы́> ① (*несложность*) Schlichtheit *f*; (*скромность*) Bescheidenheit *f* ② (*простодушие*) Treuherzigkeit *f*; (*прямодушие*) Offenherzigkeit *f* ② (*естественность*) Natürlichkeit *f*

простофи́ля *м, ж$_2$* <-и> *разг* Einfaltspinsel *m,* Idiot *m*

простоя́ть V$_{1b}$ *сов* <-ою́, -ои́шь, *Imp.* -о́й, ~те> [**проста́ивать** V$_{1a}$ *несов*] *без доп* (1) (*какое-л время*) eine Zeitlang stehen, stehenbleiben; ◇ **по́езд ~я́л два часа́** der Zug hatte einen Aufenthalt von zwei Stunden; ◇ **~ во́семь часо́в у станка́** acht Stunden lang an der Werkzeugmaschine stehen (2) (*бездействовать*) untätig sein, stillstehen; ◇ **стано́к ~я́л из-за неиспра́вности** die Maschine stand wegen eines Defekts still

простра́нство *с$_2$* <-а> (1) (*место*) Raum *m;* ◇ **косми́ческое ~** Weltraum (2) (*площадь*) Fläche *f;* ◇ **степны́е ~а** Steppe *f*

простре́л *м$_1$* <-а> *разг* Hexenschuß *m*

просту́да *ж$_1$* <-ы> Erkältung *f;* ◇ **схвати́ть ~у** sich eine Erkältung holen; ◇ **лечи́ться от ~ы** eine Erkältung kurieren; **простуди́ться** V$_{4a}$ *сов* <-ужу́сь, -у́дишься, *Part. Prät. Pass.* -у́женный> [**простужа́ться** V$_{1a}$ *несов*] *без доп* sich erkälten

просту́пок *м$_1$* <-пка, *мн:* -пки> Vergehen *n;* (*ложный шаг*) Fehltritt *m;* (*нарушение правил*) Verstoß *m;* ◇ **незначи́тельный ~** leichtes Vergehen

простыня́ *ж$_2$* <-и́, *мн:* -стыни, *дат:* -я́м> Laken *n,* Bettuch *n;* ◇ **купа́льная ~** Badetuch *n*

просчёт *м$_1$* <-а> (1) (*ошибка в подсчёте*) Rechenfehler *m,* Fehlkalkulation *f* (2) *перен* (*промах*) Fehlschlag *m;* ◇ **допусти́ть ~** sich verrechnen

просчита́ться V$_{1a}$ *сов* <-а́юсь, -а́ешься> [**просчи́тываться** V$_{1a}$ *несов*] *без доп* sich verrechnen, sich irren

про́сьба *ж$_1$* <-ы> (1) Bitte *f;* ◇ **невыполни́мая ~** unerfüllbare Bitte; ◇ **обрати́ться с ~ой к кому́-л** sich mit einer Bitte an jd-n wenden; ◇ **отказа́ть кому́-л в ~е** jd-m eine Bitte abschlagen (2) (*прошение*) Gesuch *n;* ◇ **пода́ть ~у** ein Gesuch einreichen; (*официальная*) Bittschrift *f*

проте́з *м$_1$* <-а> Prothese *f;* ◇ **зубно́й ~** Gebiß *n;* ◇ **~ по́чки** künstliche Niere

протека́ть V$_{1a}$ *сов* <-а́ет, -а́ют, 1 и 2 л. не употр> [**проте́чь** *сов*] *без доп* (1) (*о реке*) fließen; (*мимо*) vorbeifließen (2) (*просачиваться*) durchsickern, durchfließen (3) (*о крыше*) durchlässig, undicht sein; (*о лодке*) leck werden (4) (*о времени*) verfließen, vergehen (5) (*о процессе*) verlaufen; ◇ **перегово́ры ~а́ют успе́шно** die Verhandlungen verlaufen erfolgreich

проте́ст *м$_1$* <-а> Protest *m;* ◇ **демонстра́ция ~а** Protestkundgebung *f;* ◇ **заяви́ть ~** Protest einlegen; (*в письменной форме*) Protestschreiben *n;* (*заявление*) Einspruch *m*

протеста́нт *м$_1$* <-а> *рел* Protestant *m*

протестова́ть V$_{3a}$ *сов* <-ту́ю, -ту́ешь> *против чего род* protestieren, Einspruch einlegen; ◇ **~ про́тив предлага́емого реше́ния** gegen die vorgeschlagene Lösung protestieren; ◇ **я ~у́ю** ich erhebe Einspruch

проте́чь *см.* **протека́ть**

про́тив *предлог с род* (1) (*напротив*) gegen, gegenüber; ◇ **сиде́ть друг ~ дру́га** sich gegenübersitzen (2) (*навстречу*) (ent-)gegen; ◇ **бежа́ть ~ ве́тра** gegen den Wind laufen (3) (*наперекор, вопреки*) gegen, wider, zuwider; ◇ **поступи́ть ~ со́вести** gegen das Gewissen handeln (4) (*по сравнению*) gegen, im Vergleich zu; ◇ **оса́дков бы́ло бо́льше ~ про́шлого го́да** die Niederschlagsmenge war im Vergleich zum Vorjahr größer (5) (*для противодействия*) gegen; ◇ **сре́дство ~ насеко́мых** Mittel gegen Insekten; ◇ **ничего́ не име́ть ~** nichts dagegen haben; ◇ **за и ~** Pro und Kontra

про́тивень *м$_2$* <-вня, *мн:* -вни> Backblech *n*

проти́виться V$_{4b}$ *несов* <-влюсь, -вишься> [**вос~** V$_{4b}$ *сов*] *кому-чему дат* sich widersetzen, widerstreben; (*сопротивляться*) Widerstand leisten

проти́вник *м$_1$* <-а> Gegner *m;* (*враг*) Feind *m*

проти́вный [1] *прил* <-ая, -ое, -ые> (1) (*противоположный*) entgegengesetzt, gegenteilig; ◇ **~ ве́тер** Gegenwind *m* (2) (*противоречащий*) entgegengesetzt, Gegen-; ◇ **~ое мне́ние** Gegenmeinung *f;* юр ◇ **~ая сторона́** die Gegenpartei; ◇ **в ~ом слу́чае** andernfalls, sonst

проти́вный [2] *прил* <-ая, -ое, -ые> (*неприятный*) ekelhaft; (*отвратительный*) widerlich; ◇ **~ за́пах** widerlicher Geruch

противобо́рство *с$_2$* <-а> Kampf *m,* Widerstand *m;* **противога́з** *м$_1$* <-а> Gasmaske *f;* **противоде́йствие** *с$_4$* <-я> (*сопротивление*) Widerstand *m;* (*реакция*) Gegenwirkung *f;* ◇ **оказа́ть ~ кому́/чему́-л** gegen jd-n/etw Widerstand leisten; **противозако́нный** *прил* <-ая, -ое, -ые> gesetzeswidrig, ungesetzlich; **противопоказа́ние** *с$_4$* <-я> мед Gegenindikation *f;* **противополо́жность** *ж$_5$* <-и> (1) (*противоречие*) Gegensatz *m,* Gegensätzlichkeit *f* (2) (*несходство*) Gegenteil *n;* ◇ **преврати́ться в свою́ ~** sich in sein Gegenteil verwandeln; ◇ **в ~ к чему́/кому́-л** im Gegensatz zu etw/jd-m; **противополо́жный**

прил <-ая, -ое, -ые> ① (*расположенный напротив*) gegenüberliegend ② (*противоречащий*) entgegengesetzt, gegensätzlich, gegenteilig; ◇ ~ **взгляд** gegenteilige Ansicht; **противопоста́вить** V_{4b} *сов* <-влю, -вишь> [**противопоставля́ть** V_{1b} *несов*] *кого-что вин кому-чему дат* ① (*направить против кого-чего-л*) entgegensetzen, entgegenhalten; ◇ ~ **ра́зум наси́лию** der Gewalt Verstand entgegensetzen ② (*сравнить*) gegenüberstellen, vergleichen; **противоречи́вый** *прил* <-ая, -ое, -ые> widersprüchlich; **противоре́чие** c_4 <-я> ① (*исключение одного другим*) Widerspruch *m;* ◇ **по́лный ~ий** voller Widersprüche; ◇ **впа́сть в** ~ sich widersprechen; ◇ **запу́таться в ~ях** sich in Widersprüche verwickeln; ◇ **находи́ться в ~ии** im Widerspruch stehen; ◇ **вну́тренние ~я** innerer Zwiespalt ② (*возражение*) Widerrede *f;* ◇ **он не те́рпит ~ий** er duldet keine Widerrede; ◇ **дух ~я** Trotz *m;* **противоре́чить** V_{4b} *несов* <-чу, -чишь, (2) 1 и 2 л. не употр> *кому-чему дат* ① (*возражать*) widersprechen ② (*не соответствовать*) nicht übereinstimmen, im Widerspruch stehen, zuwiderlaufen; ◇ **показа́ния свиде́телей ~ат друг дру́гу** die Zeugenaussagen stehen im Widerspruch zueinander; **противостоя́ть** V_{1b} *несов* <-ою́, -ои́шь> *кому-чему дат* ① (*сопротивляться*) widerstehen, sich behaupten (gegen), sich widersetzen; ◇ ~ **чьему́-л нажи́му** sich gegen jd-s Druck behaupten ② (*противоречить друг другу*) gegenüberstehen; **противоя́дие** c_4 <-я> Gegengift *n*

протоко́л $м_1$ <-а> ① (*документ, запись*) Protokoll *n;* ◇ ~ **допро́са** Vernehmungsprotokoll; ◇ **вести́** ~ Protokoll führen ② (*правила, традиции*) Protokoll *n,* Regel *f;* ◇ **соблюда́ть** ~ das Protokoll einhalten

промоти́п $м_1$ <-а> Prototyp *m,* Urbild *n*

протяже́ние c_4 <-я> ① (*о пространстве*) Ausdehnung *f,* Strecke *f;* ◇ **на большо́м ~ии** auf einer weiten Strecke ② (*о времени*) Zeitspanne *f*

протяжённость $ж_5$ <-и> Ausdehnung *f*

протяну́ть V_2 *сов* <-ну́, -я́нешь, *Part. Prät. Pass.* -я́нутый> [**протя́гивать** V_{1a} *несов*] *что вин (1, 3, 5), без доп (4), кого-что вин кому дат (2)* ① (*натянуть*) spannen, ziehen; ◇ ~ **ли́нию свя́зи** eine Telefonleitung legen ② (*вытянуть*) ausstrecken; (*подать*) reichen; ◇ ~ **ру́ку по́мощи** jd-m seine Hilfe anbieten ③ (*слова*) dehnen; ◇ ~ **что́-то невня́тное** undeutlich herumstammeln ④ *разг* (*просуществовать, прожить*) noch eine Zeitlang leben; ◇ **больно́й недо́лго ~ет** der Kranke macht es nicht mehr lange; ◇ ~ **но́ги** den Löffel abgeben ⑤ (*продлить*) hinauszögern, in die Länge ziehen

проучи́ть V_{4a} *сов* <-учу́, -у́чишь, *Part. Prät. Pass.* -у́ченный> [**прóучивать** V_{1a} *несов*] *кого-что вин (1), что вин (2)* ① (*наказать*) zurechtweisen, jd-m eine Lektion erteilen ② (*учить какое-л время*) (eine Zeitlang) unterrichten; ◇ **де́сять лет ~ил дете́й в шко́ле** zehn Jahre lang lehrte er an einer Schule

профессиона́льный *прил* <-ая, -ое, -ые> Berufs-, beruflich; ◇ **~ая подгото́вка** Berufsausbildung; ◇ ~ **сою́з** Gewerkschaft *f;*

профе́ссия $ж_4$ <-ии> Beruf *m;* ◇ **вы́бор ~ии** Berufswahl *f;* ◇ **кто она́ по ~ии?** was ist sie von Beruf?

профсою́з $м_1$ <-а> Gewerkschaft *f;* ◇ **член ~а** Gewerkschaftsmitglied *n;* **профсою́зный** *прил* <-а́я, -о́е, -ы́е> Gewerkschafts-, gewerkschaftlich; ◇ **~ая организа́ция** Gewerkschaftsverband *m*

прохво́ст $м_1$ <-а> *разг* Schurke *m,* Halunke *m*

прохла́дный *прил* <-ая, -ое, -ые> ① (*свежий*) kühl, frisch ② (*безразличный*) kalt, abweisend, kühl; ◇ ~ **приём** kühler Empfang

прохо́д $м_1$ <-а> Durchgang *m,* Passage *f;* (*в горах*) Paß *m;* ◇ анат **за́дний** ~ After *m;* ◇ **~а нет!** kein Durchgang!; ◇ **он не даёт нам ~а** er läßt uns nicht durch

проходна́я *ж (А₁)* <-ой> Werkstor *n,* Pforte *f*

прохо́жий *м (А₂)* <-его> Passant *m*

процвета́ние c_4 <-я> ① бот Blühen *n,* Gedeihen *n;* (*расцвет*) ◇ **эпо́ха ~я** Blütezeit ② эк Prosperität *f*

процеду́ра $ж_1$ <-ы> ① (*порядок действий*) Verfahren *n,* Prozedur *f;* ◇ ~ **подписа́ния догово́ра** die Zeremonie der Vertragsunterzeichnung ② мед (*способ лечения*) Heilverfahren *n*

проце́нт $м_1$ <-а> ① (*сотая часть*) Prozent *n;* ◇ **исчисле́ние ~ов** Prozentrechnung *f;* (*количество в сотых*) Prozentsatz *m* ② (*доход с капитала*) Zinsen *m pl,* Kapitalertrag *m;* ◇ **разме́р ~а** Zinssatz *m;* ◇ **обеща́ть что-л на все сто ~ов** jd-m etw hundertprozentig versprechen; ◇ **сберба́нк выпла́чивает ~ы** die Sparkasse zahlt Zinsen

проце́сс $м_1$ <-а> ① (*ход*) Prozeß *m;* ◇ ~ **ро́ста** Wachstumsprozeß; (*течение*) Verlauf *m;* (*развитие*) Entwicklung *f;* ◇ **произ-**

во́дственный ~ Herstellungsprozeß *m* ② юр Verfahren *n*, Prozeß *m*; ◇ **уголо́вный** ~ Strafverfahren; ◇ **вести́** ~ einen Prozeß anstrengen

проце́ссия *ж₄* ‹-ии› Prozession *f*; (*шествие*) Zug *m*; ◇ **тра́урная** ~ Trauerzug

про́чность *ж₅* ‹-и› Haltbarkeit *f*, Strapazierfähigkeit *f*; ◇ **запа́с ~и** Sicherheitsfaktor *m*; ◇ **испыта́ние на** ~ Zerreißprobe *f*; (*крепость*) Festigkeit *f*; **про́чный** *прил* ‹-ая, -ое, -ые› ① (*крепкий*) haltbar, (reiß-)fest, stabil ② *перен* dauerhaft, fest

прошлого́дний *прил* ‹-яя, -ее, -ие› vorjährig; ◇ **~ие собы́тия** die Ereignisse des letzten Jahres; ◇ **ну́жен как ~ снег** vollkommen überflüssig

про́шлое *с* (*A₁*) ‹-ого› Vergangenheit *f*; **про́шлый** *прил* ‹-ая, -ое, -ые› vergangen, vorig; ◇ **в ~о́м ме́сяце** im vorigen Monat; ◇ **э́то де́ло ~ое** das gehört der Vergangenheit an

проща́ние *с₄* ‹-я› Abschied *m*; ◇ **подари́ть что-л на** ~ ein Abschiedsgeschenk machen; ◇ **пожа́ть ру́ку на** ~ die Hand zum Abschied drücken

проща́ть *несов от* **прости́ть**

про́ще *сравн от* **просто́й**

прояви́ть V_{4a} *сов* ‹-влю, -я́вишь, *Part. Prät. Pass.* -я́вленный› [**проявля́ть** V_{1b} *несов*] *что вин* ① (*обнаружить*) zeigen, bekunden, äußern, an den Tag legen; ◇ **~ безразли́чие** sich gleichgültig zeigen ② фото entwickeln; ◇ **~ плёнку** einen Film entwickeln (lassen)

пруд *м₁* ‹-а́› Teich *m*; ◇ **хоть ~ пруди́** eine Unmenge

пружи́на *ж₁* ‹-ы› ① (*деталь, спираль*) Feder *f*, Sprungfeder *f*; ◇ **часова́я** ~ Uhrwerksfeder ② *перен* Triebfeder *f*, Triebkraft *f*

пры́гать V_{1a} *несов* ‹-аю, -аешь› [**пры́гнуть** V_2 *сов*] *без доп* springen, hüpfen; ◇ **вы́ше головы́ не пры́гнешь** jeder Mensch hat seine Grenzen

прыжо́к *м₁* ‹-жка́, *мн:* -жки́› Sprung *m*, Satz *m*; ◇ **одни́м ~ко́м** mit einem Satz; спорт ◇ **~жки́ с парашю́том** Fallschirmspringen *n*; ◇ **тройно́й** ~ Dreisprung; ◇ **~ в высоту́** Hochsprung; ◇ **~ в длину́** Weitsprung; ◇ **~ с шесто́м** Stabhochsprung

прыщ *м₂* ‹-а́, *мн:* -и́› Pickel *m*, Mitesser *m*

пря́жа *ж₁* ‹-и› Garn *n*

пря́жка *ж₁* ‹-и, *род мн:* -жек› Schnalle *f*; ◇ **~ на по́ясе** Gürtelschnalle; ◇ **застегну́ть ~у** zuschnallen

пря́лка *ж₁* ‹-и, *род мн:* -лок› (*с колесом*) Spinnrad *n*

прямо́й *прил* ‹-ая, -ое, -ые› ① (*без изгибов*) gerade, geradeaus ② (*вертикальный*) aufrecht ③ (*без промежуточных пунктов*) durchgehend, direkt; ◇ **~о́е сообще́ние** direkte Verbindung; ◇ **по ~о́му про́воду** über eine Direktleitung ④ (*непосредственный*) direkt, unmittelbar; ◇ **в ~о́м смы́сле сло́ва** im wahrsten Sinne des Wortes ⑤ (*откровенный*) direkt, offen; (*искренний*) aufrichtig ⑥ (*явный*) offen; ◇ **~а́я насме́шка** unverhohlener Spott; **прямота́** *ж₁* ‹-ы́› (*откровенность*) Offenheit *f*; ◇ **сказа́ть что-л со всей ~о́й** etw in aller Offenheit sagen; (*искренность*) Aufrichtigkeit *f*

пря́ник *м₁* ‹-а› Pfefferkuchen *m*

пря́ность *ж₅* ‹-и› ① (*свойство*) Würze *f* ② (*вещество*) Gewürz *n*

прясть * *несов* ‹-яду́, -ядёшь› [**с~** *сов*] *что вин* spinnen

пря́тать * *несов* ‹-я́чу, -я́чешь› [**с~** *сов*] *кого-что вин* ① (*скрывать*) verstecken, verbergen; ◇ **~ свои́ мы́сли** seine Gedanken verbergen; ◇ **~ улы́бку** verstohlen lächeln ② (*вложить*) (ein-)stecken; ◇ **~ лицо́ в ладо́ни** sein Gesicht in den Händen verbergen; ◇ **~ глаза́ от стыда́** beschämt wegschauen ③ (*сохранять*) aufheben, aufbewahren; **пря́тки** *мн₁* ‹-ток› Versteckspiel *n*; *перен* ◇ **игра́ть в ~ с кем-л** mit jd-m Versteck spielen

псевдони́м *м₁* ‹-а› Pseudonym *n*

пси́хика *ж₁* ‹-и› Psyche *f*, seelische Verfassung *f*; **психо́з** *м₁* ‹-а› Psychose *f*

пти́ца *ж₁* ‹-ы› ① Vogel *m*; ◇ **пе́вчие ~ы** Singvögel; ◇ **перелётные ~ы** Zugvögel; ◇ **э́то что за ~?** was ist das für ein seltsamer Vogel?; ◇ **ва́жная** ~ ein hohes Tier ② Geflügel *n*; **птицево́дство** *с₂* ‹-а› Geflügelzucht *f*

пу́блика *ж₁* ‹-и› Publikum *n*; ◇ **чита́ющая** ~ Leserschaft *f*

публика́ция *ж₄* ‹-ии› ① (*действие*) Veröffentlichung *f*, Publikation *f* ② (*объявление*) Bekanntmachung *f*; **публикова́ть** V_{3a} *несов* ‹-ку́ю, -ку́ешь› [**о~** *сов*] *что вин* veröffentlichen, publizieren; **публи́чный** *прил* ‹-ая, -ое, -ые› öffentlich; ◇ **~ое заявле́ние** öffentliche Erklärung; ◇ **~ дом** Bordell *n*

пуга́ть V_{1a} *несов* ‹-а́ю, -а́ешь› [**на~, ис~** *сов* ‹*Part. Prät. Pass.* -пу́ганный›] *кого-что вин* ① (*вызывать испуг*) erschrecken; ◇ **~ из-за угла́** jd-n aus dem Hinterhalt erschrecken ② (*угрожать*) jd-m drohen, einschüchtern ③ (*тревожить*) beunruhigen; ◇ **меня́ ~ет неизве́стность** die Ungewißheit macht mir Angst

П

пу́говица *ж*$_1$ <-ы> Knopf *m;* ◇ **застегну́ться на все ~ы** etw zuknöpfen

пу́дель *м*$_2$ <-я> Pudel *m*

пу́дра *ж*$_1$ <-ы> Puder *m;* **пу́дриться** V$_{4b}$ *несов* <-рюсь, -ришься> [**по~**, **на~** *сов*] *без доп* sich pudern

пузы́рь *м*$_2$ <-я́, *мн:* -ри́> ① (Luft-)Blase *f;* ◇ **пуска́ть мы́льные ~и** Seifenblasen machen ② анат ◇ **же́лчный ~** Gallenblase ③ (*волдырь*) Blase *f;* ◇ **~ от ожо́га** Brandblase ④ *разг* (*малыш*) Knirps *m*

пулемёт *м*$_1$ <-а> Maschinengewehr (MG) *n*

пульс *м*$_1$ <-а> мед, *тж перен* Puls(-schlag) *m;* ◇ **щу́пать ~** den Puls fühlen

пульт *м*$_1$ <-а> Pult *n;* тех ◇ **диспе́тчерский ~** Steuerungszentrale *f;* ◇ **~ управле́ния** Steuerpult

пу́ля *ж*$_2$ <-и> Kugel *f,* Geschoß *n*

пункт *м*$_1$ <-а> ① (*место*) Punkt *m;* ◇ **сбо́рный ~** Treffpunkt; ◇ **коне́чный ~** Endpunkt ② (*центр, помещение*) Stelle *f,* Punkt *m,* Zentrale *f;* ◇ **наблюда́тельный ~** Beobachtungszentrale; ◇ **населённый ~** Ortschaft *f;* ◇ **переговóрный ~** öffentliche Fernsprechzelle ③ (*раздел документа*) Punkt *m,* Paragraph *m;* ◇ **договóр из шести́ ~ов** Sechs-Punkte-Vertrag; ◇ **изложи́ть что-л по ~ам** Punkt für Punkt vortragen

пунктуа́льный *прил* <-ая, -ое, -ые> pünktlich

пупови́на *ж*$_1$ <-ы> анат Nabelschnur *f*

пурга́ *ж*$_1$ <-и́> Schneesturm *m,* Schneegestöber *n;* ◇ **подняла́сь ~** ein Schneesturm kam auf

пуск *м*$_1$ <-а> ① (*завода и т. п.*) Inbetriebnahme *f* ② (*машины*) Start *m,* Anfahren *n;* (*ракеты*) Start *m,* Abschießen *n*

пусти́ть V$_{4a}$ *сов* <пущу́, пу́стишь, *Part. Prät. Pass.* пу́щенный> [**пуска́ть** V$_{1a}$ *несов*] *кого-что вин* ① (*выпустить*) lassen; (*отпустить*) loslassen; (*дать свободу*) freilassen; ◇ **~ пти́цу на во́лю** einen Vogel freilassen ② (*впустить*) einlassen; ◇ **~ дете́й в теа́тр** die Kinder ins Theater lassen; (*пропустить*) durchlassen ③ (*позволить*) erlauben, lassen ④ (*привести в движение*) in Gang setzen, anlaufen lassen; ◇ **~ заво́д** eine Fabrik in Betrieb nehmen; ◇ **~ часы́** eine Uhr aufziehen; ◇ **~ по́езд под отко́с** ein Zug entgleisen lassen; (*при помощи ручки*) ankurbeln ⑤ (*бросить*) werfen, schießen; ◇ **~ себе́ пу́лю в лоб** sich die Kugel geben; ◇ **~ слух** ein Gerücht verbreiten; ◇ **~ в ход все сре́дства** alle Mittel einsetzen; ◇ **~ в прода́жу** zum Verkauf anbieten

пусто́й *прил* <-а́я, -о́е, -ы́е> ① (*не заполненный*) leer; (*необитаемый*) menschenleer ② (*полый*) hohl ③ (*бессодержательный*) nichtssagend, leer, hohlköpfig; ◇ **~ челове́к** hohle Nuß; ◇ **с ~ы́ми рука́ми** mit leeren Händen ③ (*напрасный*) nutzlos, nichtig; ◇ **~а́я зате́я** nutzloses Vorhaben; ◇ **он - ~о́е ме́сто** er ist eine Null

пусты́ня *ж*$_2$ <-и> Wüste *f*

пусты́шка *ж*$_1$ <-и, *род мн:* -шек> ① (*о человеке*) Null *f,* Nichts *n* ② (*соска*) Schnuller *m*

пусть I. *частица* soll, möge; ◇ **~ идёт** laß ihn gehen; ◇ **~ она́ де́лает, что хо́чет** soll sie doch machen, was sie will; ◇ **~ бу́дет так!** so machen wir es! **II.** *союз* (*положим, допустим, хотя бы, хотя и*) möge, angenommen, obwohl; ◇ **~ он не отли́чник, па́рень ведь хоро́ший** er mag kein Musterschüler sein, aber er ist ein guter Kerl

пустя́к *м*$_1$ <-а́, *мн:* -и́> Bagatelle *f,* Lappalie *f,* Kleinigkeit *f;* ◇ **ссо́риться из-за ~о́в** sich wegen Kleinigkeiten streiten; ◇ **всё э́то ~и́!** das sind alles nur Lappalien!

пу́тать V$_{1a}$ *несов* <-аю, -аешь> [**в~** (5), **за~** (1, 3, 4) *сов*] *что вин (1), кого-что вин с кем-чем тв (2), кого-что вин (3), без доп (4), кого-что вин во что вин (5)* ① (*приводить в беспорядок*) verwirren, in Unordnung bringen; ◇ **~ бума́ги на столе́** die Papiere auf dem Tisch durcheinanderbringen ② (*смешивать*) verwechseln; ◇ **~ ру́сскую речь с францу́зской** Russisch und Französisch durcheinanderbringen ③ (*сбивать с толку*) verwirren, durcheinanderbringen; ◇ **~ кого́-л вопро́сами** jd-n mit Fragen aus dem Konzept bringen ④ *разг* (*говорить сбивчиво*) faseln; ◇ **не пу́тай, говори́ то́лком** rede nicht so ein verworrenes Zeug, sondern sag deutlich, was du willst; (*запутываться*) sich in Widersprüche verwickeln ⑤ (*вовлекать*) jd-n in etw (mit) hineinziehen; ◇ **~ в неблагови́дное де́ло** jd-n in eine häßliche Sache verwickeln

путёвка *ж*$_1$ <-и, *род мн:* -вок> ① (*удостоверение*) Einweisung *f;* ◇ **туристи́ческая ~** gebuchte Reise; ◇ **~ на куро́рт** Einweisung in ein Kurheim ② (*у водителя*) Fahrbefehl *m*

путводи́тель *м*$_2$ <-я> Reiseführer *m;* ж.-д. Kursbuch *n;* **путепрово́д** *м*$_1$ <-а> Straßenüberführung *f;* **путеше́ственник** *м*$_1$ <-а> Reisender *m;* **путеше́ственница** *ж*$_1$ <-ы> Reisende *f;* **путеше́ствие** *с*$_4$ <-я> Reise *f;* ◇ **соверши́ть кругосве́тное ~** eine Weltreise machen; **путеше́ствовать** V_{3a} *несов* ‹-твую, -твуешь› *без доп* reisen; ◇ **отпра́виться** ~ auf Reisen gehen; ◇ ~ **по стране́** durch das Land reisen

пути́на *ж₁* ‹-ы› Fischfangsaison *f*

пу́тник *м₁* ‹-а› Wanderer *m;* (*путешественник*) Reisender *m*

путч *м₂* ‹-а› Putsch *m*

путь *м₂* ‹-и́, о пути́, *мн:* -и́› ① (*дорога*) Weg *m,* Route *f;* ◇ **~и́ сообще́ния** Verkehrswege ② ж.-д. Gleis *n;* ◇ **запасно́й** ~ Abstellgleis; (*линия*) Linie *f* ③ (*путешествие, поездка*) Reise *f;* ◇ **счастли́вого ~и́!** gute Reise!; ◇ **по ~и́** unterwegs, auf einem Weg; ◇ **таки́м ~ём** auf diese Weise; ◇ **идти́ свои́м ~ём** seine eigenen Wege gehen; ◇ **проложи́ть** ~ einen Weg bahnen; ◇ **стоя́ть на чьём-л ~и́** jd-m im Wege stehen

пух *м₁* ‹-а, о пу́хе, в пуху́› Daunen *f pl;* (*у птиц*) Flaum *m;* ◇ **лёгкий как** ~ federleicht; ◇ **ни ~а ни пера́!** Hals- und Beinbruch!; ◇ **разби́ть в ~ и прах** kurz und klein schlagen

пучи́на *ж₁* ‹-ы› ① Strudel *m,* Wasserwirbel *m,* Untiefe *f;* ◇ **затяну́ло в ~у кого́-л** jd ist in einen Strudel geraten ② *перен* Abgrund *m*

пучо́к *м₁* ‹-чка́, *мн:* -чки́› Bündel *n;* (*волос*) Büschel *n;* (*причёска*) Knoten *m;* ◇ **уложи́ть ко́су в** ~ das Haar zu einem Knoten hochstecken

пуши́стый *прил* ‹-ая, -ое, -ые› flaumig, flauschig; (*о материи*) wollig, kuschelig; (*о снеге*) weich

пу́шка *ж₁* ‹-и, *род мн:* -шек› Kanone *f*

пушни́на *ж₁ kein pl* ‹-ы› Pelzware *f;* **пушно́й** *прил* ‹-а́я, -о́е, -ы́е› Pelz-; ◇ ~ **зверь** Pelztier *n;* ◇ ~ **про́мысел** Pelztierjagd *f*

пчела́ *ж₁* ‹-ы́, *мн:* пчёлы› Biene *f;* **пчелово́д** *м₁* ‹-а› Imker *m;* **пчелово́дство** *с₂* ‹-а› Imkerei *f,* Bienenzucht *f*

пшени́ца *ж₁* ‹-ы› Weizen *m*

пшено́ *с₂* ‹-а́› Hirse *f*

пы́житься V_{4b} *несов* ‹-жусь, -жишься› [**на**~ *сов*] *без доп разг* ① (*важничать*) sich wichtig machen, sich aufblasen ② (*стараться*) sich anstrengen

пыл *м₁* ‹-а› ① (*жар*) Hitze *f;* ◇ **пирожки́ с ~у - с жа́ру** ofenfrische Piroggen ② *перен* (*душевный подъём*) Eifer *m;* ◇ **в ~у́ сраже́ния** im Eifer des Gefechts; (*страстность*) Leidenschaft *f;* ◇ **охлади́ть чей-л** ~ jd-s Leidenschaft zügeln

пылесо́с *м₁* ‹-а› Staubsauger *m;* **пыль** *ж₅* ‹-и› Staub *m;* ◇ **у́гольная** ~ Kohlenstaub; ◇ **быть в ~и́** verstaubt sein; ◇ **смести́** ~ Staub wischen; ◇ **пуска́ть кому́-л ~ в глаза́** jd-m Sand in die Augen streuen; **пы́льный** *прил* ‹-ая, -ое, -ые› verstaubt, Staub-; (*запылённый*) staubig, staubbedeckt; ◇ **~ая тря́пка** Staubtuch *n;* ◇ **рабо́та не ~ая** saubere Arbeit

пыльца́ *ж₁* ‹-ы́› бот Pollen *m,* Blütenstaub *m*

пыта́ть V_{1a} *несов* ‹-а́ю, -а́ешь› *кого-что вин* ① (*подвергать пытке*) foltern, martern; (*мучить*) quälen; *перен* (*мучить*) auf die Folter spannen ② (*выведывать*) ausfragen; ◇ **~а́йте, куда́ я ходи́л** ratet mal, wo ich war; **пыта́ться** *несов* ‹-а́юсь, -а́ешься› [**по**~ *сов*] *с инф* etw versuchen; ◇ ~ **поня́ть что-л** versuchen, etw zu verstehen; (*стараться*) sich bemühen

пы́тка *ж₁* ‹-и, *род мн:* -ток› ① (*при допросе*) Folter *f,* Marter *f;* ◇ **ору́дия ~и** Foltergeräte *n pl;* ◇ **подве́ргнуть ~е** foltern ② *перен* (*терзание*) Qual *f*

пытли́вый *прил* ‹-ая, -ое, -ые› (*любознательный*) wißbegierig; (*о взгляде*) forschend; ◇ ~ **ум** Forschergeist *m*

пы́шный *прил* ‹-ая, -ое, -ые› ① (*мягкий, пухный*) locker, weich; ◇ **~ые во́лосы** weiches Haar; (*о растительности*) üppig ② (*роскошный*) prachtvoll, prunkvoll, üppig; ◇ ~ **дворе́ц** prunkvolles Schloß; ◇ ~ **приём** prachtvoller Empfang

пьедеста́л *м₁* ‹-а› Sockel *m,* Postament *n;* *перен* ◇ **подня́ть на** ~ jd-m ein Denkmal setzen; ◇ **све́ргнуть с ~а** jd-s Denkmal stürzen

пье́са *ж₁* ‹-ы› Stück *n,* Theaterstück *n;* (*спектакль*) Schauspiel *n;* (*музыкальная*) Musikstück *n;* ◇ ~ **для аккордео́на** ein Musikstück für Akkordeon

пьяне́ть V_5 *несов* ‹-е́ю, -е́ешь› [**о**~ *сов*] *без доп* ① betrunken werden; ◇ ~ **от одно́й рю́мки** von einem Glas betrunken werden ② *перен* berauscht werden; ◇ ~ **от сча́стья** betrunken sein vor Freude; **пья́ница** *м/ж₂* ‹-ы, *род мн:* -ниц› Trinker *m;* *груб* Säufer *m;* (*о женщине*) Trinkerin *f;* *груб* Säuferin *f;* ◇ **го́рький** ~ Gewohnheitstrinker; **пья́нство** *с₂* ‹-а› Trunksucht *f;* **пья́нствовать** V_{3a} *несов* ‹-твую, -твуешь› *без доп* trinken; *груб* saufen; **пья́ный I.** *прил* ‹-ая, -ое, -ые› betrunken; (*навеселе*) angeheitert; *груб* besoffen **II.** *м (A₁)* ‹-ого› Betrunkener *m;* *груб* Besoffener *m*

пята́ *ж₁* ‹-ы́, *мн:* -ы, *дат:* -а́м› ① (*пятка, ступня*) Ferse *f;* ◇ **ходи́ть за кем-л по ~а́м** sich jd-m an die Fersen heften; ◇ **под ~о́й** unter jd-s Herrschaft; ◇ **с головы́ до пят** von Kopf bis Fuß ② тех Zapfen *m*

пята́к *м₁* <-а́, *мн:* -и́> *разг* Fünfer *m*, Fünfkopekenstück *n;* ◇ ~ **цена́ кому́/чему́-л** jd/etw ist keinen Pfifferling wert; **пятачо́к** *м₁* <-чка́, *мн:* -чки́> ① (*пятак*) Fünfkopekenstück *n* ② (*у свиньи*) Schweinerüssel *m* ③ *разг* (*площадка*) kleiner Platz; ◇ **вертолёт сел на бето́нный** ~ der Hubschrauber landete auf der Landeplattform; ◇ **юти́ться на ~е́** auf engstem Raum zusammengepfercht sein

пятибо́рье *с₄* <-я> спорт Fünfkampf *m;* **пятидне́вный** *прил* <-ая, -ое, -ые> fünftägig, Fünftage-; ◇ **~ая рабо́чая неде́ля** Fünftagewoche *f;* **пятикра́тный** *прил* <-ая, -ое, -ые> fünffach; ◇ **в ~ом разме́ре** fünffach; **пятиле́тка** *ж₁* <-и, *род мн:* -ток> (*пятилетний план*) Fünfjahresplan *m*

пя́титься V₄b *несов* <пя́чусь, пя́тишься> [**по~** *сов*] *без доп* zurückgehen, zurückweichen; ◇ ~ **за́дом** rückwärtsgehen

пятиэта́жный *прил* <-ая, -ое, -ые> vierstöckig, fünfgeschossig

пя́тка *ж₁* <-и, *род мн:* -ток> Ferse *f*, Hacke *f;* ◇ **у него́ душа́ ушла́ в ~и** sein Herz rutschte ihm in die Hose; ◇ **наступа́ть на ~и кому́-л** jd-m auf die Hacken treten; *перен* jd-n einholen

пятнадцатиле́тний *прил* <-яя, -ее, -ие> Fünfzehnjährige *m;* **пятна́дцать** *числ* fünfzehn

пятни́стый *прил* <-ая, -ое, -ые> fleckig, gefleckt, gesprenkelt

пя́тница *ж₁* <-ы> Freitag *m;* ◇ **по ~ам** freitags; ◇ **в ~у ве́чером** Freitag abend; ◇ **у него́ семь пя́тниц на неде́ле** er ändert ständig seine Meinung

пятно́ *с₂* <-а́, *мн:* -а, *род:* -тен, *дат:* -ам> ① (*запачканное место*) Fleck *m;* ◇ **в ~ах** fleckig; ◇ **и на со́лнце быва́ют ~а** kein Mensch ist vollkommen ② *перен* (*что-л позорящее*) Fleck *m;* ◇ **позо́рное** ~ Schandfleck; ◇ ~ **на его́ репута́ции** das ist für seinen guten Ruf schädlich

пя́тый *числ* <-ая, -ое, ые> fünfte(r, s); ◇ **~ая страни́ца** fünfte Seite; ◇ **в ~ом часу́** kurz nach vier; ◇ **~ая часть** ein Fünftel; ◇ **с ~ого на деся́тое** vom Thema abkommen

пять *числ* fünf; ◇ **уе́хать на ~ дней** für fünf Tage verreisen; *разг* ◇ **дай ~** gib mir deine Hand; **пятьдеся́т** *числ* fünfzig; **пятьсо́т** *числ* fünfhundert; **пятью́** *нареч* fünfmal; ◇ ~ **пять - два́дцать пять** fünf mal fünf ist fünfundzwanzig

Р

раб *м₁* <-а́, *мн:* -ы́> ① Sklave *m; перен* ◇ ~ **свои́х привы́чек** Sklave seiner Gewohnheiten ② *перен* (*угнетённый человек*) Unterdrückte *m;* **рабовладе́лец** *м₅* <-льца> Sklavenhalter *m*

рабо́та *ж₁* <-ы> ① (*действие*) Arbeit *f;* (*дело*) Werk *n;* ◇ **у́мственная** ~ geistige Arbeit; ◇ ~ **по специа́льности** Berufstätigkeit *f;* ◇ **вре́менная** ~ zeitlich befristete Arbeit; ◇ **вы́йти на ~у** die Arbeit antreten; ◇ **поступи́ть на ~у** eingestellt werden; ◇ **снять с ~ы** jd-m kündigen; ◇ **взять кого́-л в ~у** sich jd-n vorknöpfen, jd-n bearbeiten; ◇ ~ **налево** Schwarzarbeit ② (*продукт труда*) Arbeit *f*, Erzeugnis *n;* ◇ **печа́тные ~ы** Druckerzeugnisse *n pl* ③ тех Arbeit *f;* (*ход машины*) Betrieb *m*, Lauf *m;* **рабо́тать** V₁a *несов* <-аю, -аешь> *без доп* ① (*трудиться*) arbeiten; ◇ ~ **на заво́де** in der Fabrik arbeiten; (*по специальности*) berufstätig sein; ◇ ~ **врачо́м** Arzt sein ② (*быть открытым*) geöffnet haben; ◇ **музе́й ~ает с 9 часо́в** das Museum öffnet um 9 Uhr ③ (*действовать*) funktionieren, gehen, laufen; ◇ **маши́на ~ает бесперебо́йно** die Maschine läuft störungsfrei; **рабо́тник** *м₁* <-а> ① Arbeiter *m;* (*сотрудник*) Mitarbeiter *m;* ◇ **высококвалифици́рованный** ~ qualifizierte Fachkraft ② (*специалист*) ◇ **нау́чный** ~ Wissenschaftler *m;* ◇ ~ **иску́сства** Künstler *m* ③ (*служащий*) Beschäftigte *m*, Arbeitnehmer *m;* **работода́тель** *м₂* <-я> Arbeitgeber *m;* **работоспосо́бный** *прил* <-ая, -ое, -ые> ① (*трудоспособный*) erwerbsfähig, arbeitsfähig ② (*производительный*) leistungsfähig; (*прилежный*) fleißig

рабо́чий[1] *м* (*А₂*) <-его> Arbeiter *m;* ◇ **иностра́нный** ~ Gastarbeiter

рабо́чий[2] *прил* <-ая, -ее, -ие> ① Arbeiter-; ◇ **~ее движе́ние** Arbeiterbewegung *f;* ◇ ~ **класс** Arbeiterklasse *f;* ◇ ~ **райо́н** Arbeiterviertel *n;* ◇ **из ~ей среды́** aus Arbeiterkreisen ② Arbeits-; ◇ **~ее вре́мя** Arbeitszeit *f;* ◇ **~ее ме́сто** Arbeitsplatz *m;* ◇ **~ее колесо́** Laufrad *n;* ◇ **~ая пчела́** Arbeitsbiene *f;* ◇ ~ **скот** Lastvieh *n;* ◇ **~ая си́ла** Arbeitskraft *f*

рабы́ня *ж₂* <-и> Sklavin *f*

равви́н *м₁* <-а> Rabbiner *m*

ра́венство *с₂* <-а> ① (*сходство*) Gleichheit *f;* ◇ ~ **голосо́в** Stimmengleichheit ② (*равноправие*) Gleichstellung *f* ③ мат ◇ **знак**

~а Gleichheitszeichen *n;* ◇ **ста́вить знак ~а ме́жду кем/чем-л** gleichsetzen mit jd-m/etw

равни́на *ж$_1$* <-ы> Ebene *f,* Flachland *n*

равнове́сие *с$_4$* <-я> (*состояние покоя*) Gleichgewicht *n; перен* ◇ **экологи́ческое** ~ ökologisches Gleichgewicht; ◇ **вы́вести из ~я** aus dem Gleichgewicht bringen

равноду́шный *прил* <-ая, -ое, -ые> ① (*безучастный*) gleichgültig, teilnahmslos ② (*без склонности*) gleichgültig; ◇ **быть ~ым к жи́вописи** für Malerei nichts übrig haben; **равнопра́вие** *с$_4$* <-я> Gleichberechtigung *f,* rechtliche Gleichstellung; **равнопра́вный** *прил* <-ая, -ое, -ые> gleichberechtigt

ра́вный *прил* <-ая, -ое, -ые> gleich; ◇ **~ой длины́** gleich lang; ◇ **на ~ых нача́лах** gleichberechtigt; ◇ **все равны́ пе́ред зако́ном** vor dem Gesetz sind alle gleich; ◇ **при про́чих ~ых усло́виях** unter gleichen Bedingungen; ◇ **~ым о́бразом** ebenso wie

равня́ть V$_{1b}$ *несов* <-я́ю, -я́ешь> *кого-что вин (1), кого-что вин с кем-чем тв (2)* ① (*делать одинаковым*) gleichmachen; ◇ **нельзя́ всех ~ при оце́нке зна́ний** bei der Beurteilung der Kenntnisse kann man nicht alle über einen Kamm scheren ② (*сопоставлять*) vergleichen, gleichsetzen

рад *предик* froh, erfreut (über); ◇ ~ **не** ~ wohl oder übel

ра́ди *предлог с род* ① (*для кого-чего*) um ... willen, wegen ② (*с целью*) um ... willen, um zu; ◇ ~ **нажи́вы** um des Profits willen; ◇ ~ **о́тдыха** um sich zu erholen ③ (*по причине*) wegen; ◇ ~ **чего́ ему́ не пое́хать в о́тпуск?** weswegen soll er nicht in Urlaub fahren?; ◇ ~ **бо́га** um Gottes willen

радиа́тор *м$_1$* <-а> тех ① (*в двигателях*) Kühler *m* ② (*нагревательный прибор*) Heizkörper *m*

радиа́ция *ж$_4$* <-и> физ Strahlung *f*

радика́л *м$_1$* <-а> полит Radikaler *m,* Extremist *m*

ра́дио *с* <нескл> ① (*приёмник*) Radio *n,* Rundfunkgerät *n* ② (*радиовещание*) Rundfunk *m,* Radio *n;* ◇ **ме́стное** ~ Lokalradio; ◇ **передава́ть по** ~ im Radio übertragen; **радиогра́мма** *ж$_1$* <-ы> Funkspruch *m;* **радиокоммента́тор** *м$_1$* <-а> Rundfunkkommentator *m;* **радиолюби́тель** *м$_2$* <-я> (*конструктор-любитель*) Radiobastler *m;* (*коротковолновик*) Funkamateur *m;* **радиообозрева́тель** *м$_2$* <-я> Rundfunkkommentator *m;* **радиопереда́тчик** *м$_1$* <-а> Radiosender *m;* (*для радиовещания*) Funksender *m;* **радиопереда́ча** *ж$_1$* <-и> Radiosendung *f,* Rundfunksendung *f;* ◇ ~ **для шко́льников** Schulfunk *m;* **радиоприёмник** *м$_1$* <-а> Radioapparat *m,* Rundfunkgerät *n;* **радиосвя́зь** *ж$_5$* <-и> Funkverkehr *m;* **радиоце́нтр** *м$_1$* <-а> Funkhaus *n;* **ради́ст** *м$_1$* <-а> Funker *m*

ра́доваться V$_{3a}$ *несов* <-дуюсь, -дуешься> [**об~, по~** *сов*] *кому-чему дат* sich über etw freuen; ◇ ~ **про себя́** sich im stillen freuen; ◇ **душа́ ~ется** es ist eine wahre Freude; **ра́достный** *прил* <-ая, -ое, -ые> froh, freudig; **ра́дость** *ж$_5$* <-и> Freude *f;* ◇ **быть вне себя́ от ~и** außer sich sein vor Freude; ◇ **доста́вить** ~ Freude bereiten; ◇ **на ~ях** aus lauter Freude; ◇ **с ~ю помогу́ Вам** ich helfe Ihnen gerne

ра́дуга *ж$_1$* <-и> Regenbogen *m*

раду́шный *прил* <-ая, -ое, -ые> freundlich; (*гостеприимный*) gastfreundlich

раз[1] *м$_1$* <-а, *мн:* -ы́> ① Mal *n;* ◇ **три ~а** dreimal; ◇ **в пе́рвый** ~ zum ersten Mal; ◇ **вся́кий** ~ jedesmal; ◇ **на э́тот** ~ diesmal; ◇ **не** ~ mehrmals; ◇ **не́сколько** ~ einige Male; ◇ ~ **и навсегда́** ein für allemal; ◇ **как** ~ genau; ◇ **с пе́рвого ~а** vom ersten Augenblick an ② (*при счёте*) eins

раз[2] **I.** *союз* (*если*) wenn, da; ◇ ~ **обеща́л - сде́лай** wenn du es versprochen hast, dann tu es auch; ◇ ~ **так** wenn das so ist **II.** *нареч* (*однажды*) einmal, einst; ◇ **встре́тил его́** ~ **на у́лице и не узна́л** ich habe ihn einmal auf der Straße getroffen und nicht erkannt; ◇ ~ **по́здно ве́чером** einmal spät abends

разбира́тельство *с$_2$* <-а> Untersuchung *f;* ◇ **суде́бное** ~ Gerichtsverhandlung *f*

разби́тый *прил* <-ая, -ое, -ые> ① (*расколотый*) zerschlagen, zerbrochen ② (*повреждённый*) ◇ ~ **роя́ль** verstimmtes Klavier; ◇ **~ая доро́га** ausgefahrener Weg ③ (*побеждённый*) geschlagen, besiegt ④ *перен* (*обессиленный*) zerschlagen, müde; ◇ **чу́вствовать себя́ ~ым** sich gerädert fühlen; **разби́ть** * *сов* <-зобью, -зобьёшь> [**разбива́ть** V$_{1a}$ *несов*] *кого-что вин* ① (*расколоть, повредить*) (zer-)schlagen, zerbrechen; ◇ ~ **нос в кровь** die Nase blutig schlagen; ◇ ~ **яйцо́** das Ei aufklopfen ② (*разделить*) aufteilen; ◇ ~ **по́ле на уча́стки** das Feld parzellieren; ◇ ~ **тури́стов на гру́ппы** die Touristen in Gruppen aufteilen ③ (*расстроить*) vereiteln, zunichte machen; ◇ ~ **чьи-л пла́ны** jd-s Pläne zunichte machen; ◇ ~ **чьё-л сча́стье** jd-s Glück zerstören;

п
р

(*уничтожить*) zerstören; ◇ **бу́рей ~ло кора́бль** der Sturm zerstörte das Schiff ④ (*нанести поражение*) schlagen, zerschlagen; ◇ ~ **конкуре́нтов** die Konkurrenz schlagen; *перен* ◇ ~ **чьи-л до́воды** jd-s Argumente entkräften ⑤ (*расположить*) abstecken; ◇ ~ **виногра́дник** einen Weinberg abstecken; ◇ ~ **пала́тку** das Zelt aufschlagen

разба́вить V_{4b} *сов* <-влю, -вишь, *Part. Prät. Pass.* -вленный> [**разбавля́ть** V_{1b} *несов*] *что вин* verdünnen; (*водой*) verwässern; ◇ ~ **спирт водо́й** Alkohol mit Wasser verdünnen; *перен* ◇ ~ **расска́з подро́бностями** die Erzählung mit Einzelheiten überladen

разбе́г $м_1$ <-а> Anlauf *m;* ◇ **пры́гнуть с ~а** mit Anlauf springen

разби́вка $ж_1$ <-и> ① (*сада*) Zerschlagen *n;* (*при планировании*) Abstecken *n* ② (*разделение*) Aufteilung *f*

разбо́й $м_3$ <-я> Raub *m;* ◇ **междунаро́дный** ~ internationaler Terror; **разбо́йник** $м_1$ <-а> Räuber *m;* ◇ ~ **с большо́й доро́ги** Wegelagerer *m*

разбо́р $м_1$ <-а> ① (*анализ*) Analyse *f;* (*обсуждение*) Erörterung *f;* (*оценка*) Beurteilung *f* ② (*расследование*) Untersuchung *f;* юр Verhandlung *f* ③ грам Analyse *f* ④ (*отбор*) Wahl *f,* Auswählen *n;* ◇ **без ~а** wahllos; ◇ **прийти́ к ша́почному ~у** kurz vor Schluß kommen; **разбо́рчивый** *прил* <-ая, -ое, -ые> ① (*требовательный*) wählerisch; ◇ ~ **вкус** anspruchsvoller Geschmack ② (*чёткий*) deutlich, leserlich

разброса́ть V_{1a} *сов* <-а́ю, -а́ешь, *Part. Prät. Pass.* -бро́санный> [**разбра́сывать** V_{1a} *несов*] *что вин* ① (*рассыпать*) auseinanderwerfen, zerstreuen ② *перен* (*разместить далеко друг от друга*) verstreuen; ◇ **жизнь ~а́ла друзе́й по ра́зным города́м** das Leben hat die Freunde in unterschiedliche Städte verschlagen; ◇ **посёлки ~аны по побере́жью** die Dörfer liegen verstreut an der Küste

разбуди́ть *см.* **буди́ть**

разва́л $м_1$ <-а> (*беспорядок*) Zusammenbruch *m;* ◇ **у него́ ~ в дела́х** es geht ihm schlecht; ◇ **в ко́мнате** ~ im Zimmer herrscht Chaos; (*упадок*) Verfall *m,* Niedergang *m;* **разва́лина** $ж_1$ <-ы> ① *мн* (*остатки строения*) Ruine *f;* (*обломки*) Trümmer *m pl;* ◇ **гру́да разва́лин** Trümmerhaufen *m* ② *перен* (*о человеке*) Wrack *n;* ◇ **он преврати́лся в ~у** er ist zu einem Wrack geworden; **развали́ть** V_{4a} *сов* <-лю́, -а́лишь, *Part. Prät. Pass.* -а́ленный> [**разва́ливать** V_{1a} *несов*] *что вин* ① (*повалить, раскидать*) zerstören, umstürzen; ◇ ~ **сте́ну** die Mauer abreißen ② *перен* zerrütten; ◇ ~ **хозя́йство** die Wirtschaft zerrütten

ра́зве I. *частица* ① (*правда ли*) denn, etwa; ◇ ~ **она́ прие́хала?** ist sie denn gekommen? ② *разг* (*выражает неуверенность*) vielleicht; ◇ ~ **съе́здить туда́?** soll ich vielleicht dahin fahren? II. *разг* (*может быть только*) es sei denn, vielleicht; ◇ **приду́т все, кро́ме ~ сосе́да** es kommen alle, außer vielleicht dem Nachbarn

разведе́ние $с_4$ <-я> ① (*растений*) Anbau *m;* (*животных и растений*) Zucht *f,* Züchtung *f* ② (*растворов*) Verdünnung *f*

разведённый *прил* <-ая, -ое, -ые> ① (*о мосте*) geöffnet ② (*о супругах*) geschieden

разве́дка $ж_1$ <-и, *род мн:* -док> ① воен Aufklärung *f,* Erkundung *f* ② геол Erforschung *f,* Schürfen *n;* ◇ ~ **месторожде́ний не́фти** Schürfen nach Erdölvorkommen ③ (*разведслужба*) Geheimdienst *m;* (*агентурная*) Nachrichtendienst *m;* (*шпионская сеть*) Spionagenetz *n* ④ (*подразделение*) Spähtrupp *m*

развенча́ть V_{1a} *сов* <-а́ю, -а́ешь, *Part. Prät. Pass.* -ве́нчанный> [**разве́нчивать** V_{1a} *несов*] *кого-что вин* (*лишить уважения*) entehren; ◇ ~ **знамени́тость** einer Berühmtheit ihren Nimbus nehmen; (*разоблачать*) entlarven

разверну́ть V_2 *сов* <-ну́, -нёшь, *Part. Prät. Pass.* -вёрнутый> [**развёртывать** V_{1a} *несов*] *что вин* ① (*раскрыть*) entfalten; ◇ ~ **зна́мя** das Banner aufrollen; ◇ ~ **ка́рту** eine Karte auffalten ② *перен* (*осуществить*) entfalten, entwickeln; ◇ ~ **акти́вную де́ятельность** eine aktive Tätigkeit entfalten; ◇ ~ **свой тала́нт** sein Talent entfalten; ◇ ~ **строи́тельство** den Bau in Gang bringen ③ (*организовать*) aufbauen, organisieren

развести́ * *сов* <-еду́, -едёшь> [**разводи́ть** V_{4a} *несов* <*Part. Präs. Pass.* -води́мый>] *кого-что вин* ① (*доставить*) hinführen, auseinanderführen (in unterschiedliche Richtungen) ② (*разъединить*) trennen; ◇ **судьба́ ~ла́ друзе́й** das Schicksal trennte die Freunde ③ (*расторгнуть брак*) scheiden ④ (*направить в разные стороны*) auseinandernehmen, auseinanderbiegen; ◇ ~ **мост** eine Brücke aufziehen; ◇ ~ **рука́ми** die Arme ausbreiten ⑤ (*размножить*) züchten, anbauen; ◇ ~ **кро́ликов** Kaninchen züchten; ◇ ~ **сад**

einen Garten anlegen ⑥ *перен разг* (*делать что-л нудное*) etw Langwieriges beginnen; ◇ ~ **канитéль** sich mit etw abplagen ⑦ (*разжечь*) anmachen; ◇ ~ **огóнь** ein Feuer anmachen ⑧ (*растворить*) verdünnen; ◇ ~ **крáску водóй** Farbe mit Wasser anrühren; **развести́сь** *сов* ‹-едýсь, -едёшься› [**разводи́ться** *несов*] *с кем тв (1), без доп (2)* ① (*о супругах*) sich scheiden lassen, sich trennen ② (*размножиться, расплодиться*) sich vermehren

развéять V_{1b} *сов* ‹-éю, -éешь, (1) 1 и 2 л. не употр, Imp.* -éй, ~те› [**развéивать** V_{1a} *несов*] *что вин* ① (*разбросать*) auseinanderwehen; **вéтер ~ял облакá** der Wind hat die Wolken vertrieben ② *перен* (*уничтожить*) verjagen, vertreiben, zerstreuen

разви́лка *ж₁* ‹-и, *род мн:* -лок› (*дорог*) Gabelung *f,* Abzweigung *f*

разви́тие c_4 ‹-я› Entwicklung *f;* ◇ ~ **эконóмики** Wirtschaftsentwicklung; **развитóй** *прил* ‹-ая, -ое, -ые› ① entwickelt; ◇ **~ая промы́шленность** (hoch-)entwickelte Industrie ② (*зрелый, просвещенный*) reif, voll entwickelt ③ (*образованный*) gebildet, kultiviert

разви́ть * *сов* ‹-зовью́, -зовьёшь› [**развивáть** V_{1a} *несов*] *что вин* ① (*раскрутить*) abwickeln; ~ **верёвку** die Leine abwickeln ② (*усилить, укрепить*) entwickeln, entfalten, trainieren; ◇ ~ **в ребёнке интерéс к мýзыке** das Musikinteresse des Kindes fördern ③ (*поднять уровень*) ausbauen; ◇ ~ **произвóдство** die Produktion ausbauen ④ (*предпринять*) etw in Angriff nehmen, entfalten ⑤ (*рапространить, углубить*) vertiefen, weiterentwickeln

развлечéние c_4 ‹-я› ① (*времяпрепровождение*) Unterhaltung *f,* Zerstreuung *f* ② (*удовольствие*) Vergnügen *n;* **развлéчь** * *сов* ‹-екý, -ечёшь› [**развлекáть** V_{1a} *несов*] *кого-что вин* ① (*повеселить*) unterhalten, amüsieren; (*доставить удовольствие*) Vergnügen bereiten; ◇ ~ **гостéй** die Gäste unterhalten ② (*отвлечь*) zerstreuen, ablenken

развóд $м_1$ ‹-а› ① воен ◇ ~ **караýлов** Wachablösung *f* ② (*расторжение брака*) Scheidung *f,* Trennung *f;* ◇ **подáть на** ~ die Scheidung beantragen; ◇ **суприги давнó в ~е** das Ehepaar ist schon lange geschieden ③ (*выращивание*) Zucht *f*

разводи́ть *несов от* **развести́**

разворóт $м_1$ ‹-а› ① авто Wendemanöver *n;* ав Kurve *f* ② (*раскрытая книга*) zwei gegenüberliegende Seiten ③ (*развитие*) Entwicklung *f*

разврáт $м_1$ ‹-а› ① (*половая распущенность*) Unzucht *f* ② (*моральное разложение*) Sittenlosigkeit *f;* (*порок*) Laster *n;* ◇ **впасть в** ~ einem Laster verfallen ③ (*излишества*) Ausschweifung *f;* **разврáтник** $м_1$ ‹-а› Wüstling *m;* **разврáтница** $ж_1$ ‹-ы› lasterhafte Frau; **разврáтный** *прил* ‹-ая, -ое, -ые› verdorben, unzüchtig; (*порочный*) lasterhaft; **развращённый** *прил* ‹-ая, -ое, -ые› unzüchtig; (*испорченный*) verdorben; (*аморальный*) unmoralisch

развязáть V_{1a} *сов* ‹-яжý, -я́жешь, *Imp.* -яжи́, ~те, *Part. Prät. Pass.* -я́занный› [**развя́зывать** V_{1a} *несов*] *кого-что вин* ① (*освободить*) lösen, aufbinden, losbinden ② *перен* entfesseln, freie Hand lassen; ◇ ~ **язы́к комý-л** jd-n zum Reden bringen; **развя́зка** $ж_1$ ‹-и, *род мн:* -зок› ① (*действие*) Lösen *n,* Aufbinden *n* ② (*завершение*) Auflösung *f* (*выход*) Ausgang *m;* (*решение*) Entscheidung *f;* (*романа*) Lösung *f;* ◇ **дéло идёт к ~е** die Sache geht einer Lösung entgegen ③ (*транспортная*) Straßengabelung *f*

развя́зный *прил* ‹-ая, -ое, -ые› (*непринуждённый*) (betont) ungeniert, vorlaut; (*нахальный*) frech; ◇ ~ **ю́ноша** frecher Kerl

разгадáть V_{1a} *сов* ‹-áю, -áешь, *Part. Prät. Pass.* -áданный› [**разгáдывать** V_{1a} *несов*] *кого-что вин* ① (*найти ответ*) enträtseln, lösen ② (*понять смысл*) erraten, herausbekommen; ◇ ~ **чьи-л мы́сли** jd-s Gedanken erraten; ◇ **э́того человéка я ~áл** diesen Menschen habe ich durchschaut

разгильдя́йство c_2 ‹-а› Schlendrian *m*

разгласи́ть V_{4a} *сов* ‹-ашý, -си́шь, *Part. Prät. Pass.* -ашённый› [**разглашáть** V_{1a} *несов*] *что вин* ausposaunen; ausplaudern; (*что-л тайное*) ◇ ~ **тáйну** ein Geheimnis ausplaudern

разглядéть V_5 *сов* ‹-яжý, -ди́шь, *Imp.* -ди́, ~те› [**разгля́дывать** V_{1a} *несов*] *кого-что вин* ① (*заметить*) bemerken, erkennen, gut sehen ② *перен* (*распознать*) erkennen; ◇ **обмáнщика не ~ли** der Betrüger wurde nicht erkannt

разговáривать V_{1a} *несов* ‹-аю, -аешь› *с кем тв* (*вести разговор*) reden, sprechen, sich unterhalten; ◇ **не стóит об э́том и** ~ es lohnt sich nicht, darüber zu sprechen; ◇ **не ~ с кем-л** mit jd-m nicht mehr sprechen; **разговóр** $м_1$ ‹-а› Gespräch *n;* (*беседа*) Unterhaltung *f; разг* (*толки*) Aussprache *f;* ◇ **бéзо**

Р

вся́ких ~ов ohne viele Worte; ◇ **об э́том и ~а нет** davon ist gar keine Rede; ◇ **без ~ов!** ohne Widerrede!; **разгово́рник** *м₁* ‹-а› Sprachführer *m*

разго́н *м₁* ‹-а› ① (*разбег*) Anlauf *m*, Anfahren *n* ② (*демонстрации*) Auflösung *f*, Auseinanderjagen *n* ③ (*расстояние*) Zwischenraum *m*, Abstand *m* ④ *разг* (*взбучка*) Rüffel *m*

разгоре́ться V₅ *сов* ‹-ри́тся, -ря́тся, 1 и 2 л. не употр, *Imp.* -гори́сь› [**разгора́ться** V₁ₐ *несов*] *без доп* ① (*начать гореть*) entflammen, entbrennen; ◇ **пожа́р ~лся** ein Feuer brach aus ② (*покраснеть*) glühen, feuerrot werden; ◇ **глаза́ ~лись** die Augen leuchteten ③ *перен* (*о споре, битве*) entflammen, entbrennen; ◇ **стра́сти ~е́лись** Leidenschaften entbrannten

разграни́чить V₄b *сов* ‹-чу, -чишь› [**разграни́чивать** V₁ₐ *несов*] *что вин* (*разделить*) abgrenzen, die Grenzen ziehen; ◇ ~ **земе́льные уча́стки** Grundstücke abgrenzen; (*определить*) ◇ ~ **поня́тия** Begriffe (voneinander) abgrenzen

разгро́м *м₁* ‹-а› ① (*уничтожение*) Zerschlagung *f*; (*поражение*) Niederlage *f*, Niederwerfung *f* ② *разг* (*разорение*) Verwüstung *f*; ◇ **учини́ть ~ в кварти́ре** eine Wohnung verwüsten

разгрузи́ть V₄ₐ *сов* ‹-ужу́, -у́зишь, *Part. Prät. Pass.* -у́женный› [**разгружа́ть** V₁ₐ *несов*] *кого-что вин* ① (*освободить от груза*) entladen; (*судно*) löschen; (*сгрузить*) abladen ② *перен* (*освободить*) entlasten, jd-m etw abnehmen; ◇ ~ **шко́льную програ́мму** den Lehrplan lockerer gestalten

разгу́л *м₁* ‹-а› ① (*кутёж*) Zecherei *f*, Gelage *n*; ◇ **преда́ться ~у** zechen, bechern; (*излишества*) Ausschweifung *f* ② (*проявление*) Maßlosigkeit *f*

разда́ть * *сов* ‹-а́м, -а́шь› [**раздава́ть** V₁ₐ *несов*] *кого-что вин кому дат* austeilen, verteilen; ◇ ~ **зарпла́ту** den Lohn auszahlen

разда́ться[1] *сов* ‹-а́стся, аду́тся, 1 и 2 л. не употр› [**раздава́ться** *несов*] *без доп* (*о звуках*) ertönen, erschallen; ◇ **~лся гудо́к** ein Hupen ertönte; (*о выстреле*) krachen; (*о громе*) dröhnen

разда́ться[2] *сов* ‹а́мся, -а́шься, (1, 2) 1 и 2 л. не употр› [**раздава́ться** *несов*] *без доп* ① (*расступиться*) auseinandertreten; (*дать место, проход*) Platz machen; ◇ **толпа́ ~ла́сь** die Menge trat auseinander ② (*расшириться*) sich ausweiten ③ (*пополнеть*) in die Breite gehen, zunehmen

разда́ча *ж₁* ‹-и› Austeilung *f*, Verteilung *f*

раздви́нуть V₂ *сов* ‹-ну, -нешь, *Imp.* -двинь, *Part. Prät. Pass.* -нутый› [**раздвига́ть** V₁ₐ *несов*] *что вин* ① (*расставить*) auseinanderschieben, auseinanderziehen; ◇ ~ **но́ги** die Beine spreizen; ◇ ~ **стол** den Tisch ausziehen ② (*расширить границы*) ausweiten, erweitern ③ (*заставить расступиться*) auseinandertreiben; ◇ ~ **толпу́** eine Gasse bilden

раздева́лка *ж₁* ‹-и, *род мн:* -лок› Kleiderablage *f*, Garderobe *f*; (*помещение*) Umkleidekabine *f*

раздева́ться *несов от* **разде́ться**

разде́л *м₁* ‹-а› ① (*действие*) Aufteilung *f*; ◇ ~ **иму́щества** Vermögensaufteilung ② (*часть текста*) Abschnitt *m*; ◇ ~ **кни́ги** Buchabschnitt ③ (*область*) Disziplin *f*, Zweig *m*; ◇ ~ **матема́тики** mathematische Disziplin

разде́латься V₁ₐ *сов* ‹-аюсь, -аешься› [**разде́лываться** V₁ₐ *несов*] *с кем-чем тв* ① (*покончить*) fertig werden, erledigen; ◇ ~ **с поруче́ниями** die Aufträge erledigen ② (*освободиться*) sich etw vom Halse schaffen, etw loswerden ③ (*рассчитаться*) abrechnen; ◇ ~ **с долга́ми** seine Schulden bezahlen; *перен* ◇ ~ **с обма́нщиком** mit dem Betrüger abrechnen

разделе́ние *с₄* ‹-я› Teilung *f*, Verteilung *f*; (*распределение*) Einteilung *f*; ◇ ~ **труда́** Arbeitsteilung; **раздели́ть** V₄ₐ *сов* ‹-лю́, -е́лишь› [**разделя́ть** V₁b *несов*] *кого-что вин* ① (*делить*) teilen; мат dividieren ② (*выразить согласие*) teilen; ◇ ~ **чью-л то́чку зре́ния** jd-s Ansichten teilen ③ (*распределить между*) verteilen, aufteilen; ◇ ~ **по́ровну** in gleiche Teile teilen ④ (*разъединить*) trennen

разде́ться V₅ *сов* ‹-е́нусь, -е́нешься, *Imp.* -еньсь› [**раздева́ться** V₁ₐ *несов*] *без доп* ① (*снять с себя одежду*) sich ausziehen; ◇ ~ **догола́** sich ganz entkleiden ② (*снять пальто*) ablegen

раздо́лье *с₂* ‹-я› ① (*простор*) Weite *f*; ◇ ~ **луго́в** die Weite der Wiesen ② *перен разг* (*свобода*) Freiheit *f*; ◇ **ле́том ребя́там** ~ im Sommer können die Kinder sich austoben

раздо́р *м₁* ‹-а› (*разногласие*) Zwietracht *f*, Zwist *m*; ◇ **се́ять ~ы** böses Blut schaffen

раздраже́ние *с₄* ‹-я› ① (*действие*) Reiz *m*, Reizung *f* ② (*состояние недовольства*) Gereiztheit *f*; ◇ **в го́лосе сквози́т** ~ die Stimme klingt gereizt; (*возбуждение*) Erregtheit *f*; ◇ **в ~и** erregt; **раздражи́тельный**

прил <-ая, -ое, -ые> reizbar, gereizt; **раздражи́ться** V_{4a} *сов* <-жу́сь, -жи́шься (2) 1 и 2 л. не употр> [**раздража́ться** V_{1a} *несов*] *без доп* (1) (*рассердиться*) sich aufregen, sich ärgern; ◇ ~ **отка́зом** sich über eine Absage ärgern (2) (*стать воспалённым*) sich entzünden; ◇ **ве́ки ~и́лись** die Augenlider entzündeten sich

разду́мать V_{1a} *сов* <-аю, -аешь> *без доп или с инф* (*отказаться от задуманного*) seine Absicht ändern; ◇ **я ~ал** ich habe es mir anders überlegt; ◇ ~ **е́хать** nicht mehr fahren wollen

разду́мывать V_{1a} *несов* <-аю, -аешь> *о чём предл* (1) (*размышлять*) grübeln, nachdenken; ◇ ~ **о случи́вшемся** über den Vorfall nachdenken (2) (*колебаться*) hin und her überlegen, schwanken; (*быть в нерешительности*) unschlüssig sein; ◇ **не разду́мывая** ohne viel nachzudenken; **разду́мье** c_5 <-я> (*сосредоточенность*) Nachdenken *n;* (*задумчивость*) Nachdenklichkeit *f;* ◇ **впасть в** ~ nachdenklich werden; ◇ **вы́вести кого́-л из ~я** jd-n aus seinen Träumereien reißen; ◇ **в глубо́ком** ~ tief in Gedanken versunken

разду́ть * *сов* <-у́ю, -у́ешь, (4) 1 и 2 л. не употр> [**раздува́ть** V_{1a} *несов*] *что вин* (1) (*разжечь*) entfachen; ◇ ~ **ого́нь** ein Feuer entfachen (2) *разг перен* (*чрезмерно увеличить*) aufblähen, aufblasen; ◇ ~ **шта́ты** den Personalbestand vergrößern (3) (*создать шумиху вокруг*) aufbauschen; ◇ ~ **чью-л оши́бку** jd-s Fehler aufbauschen (4) *безл* (*распухнуть*) aufblähen; ◇ **у него́ щёку разду́ло** seine Wange ist geschwollen; (*надуть*) aufblasen; (*о парусах*) aufblähen

рази́ня *м/ж*$_2$ <-и> *разг* (*рассеянный*) zerstreuter Mensch; (*шляпа*) Schlafmütze *f*

рази́тельный *прил* <-ая, -ое, -ые> auffällig, frappierend

разла́д $м_1$ <-а> (1) (*отсутствие согласованности*) Unstimmigkeit *f,* Differenzen *f pl* (2) (*раздор*) Uneinigkeit *f,* Streit *m;* ◇ **жить в ~е** verfeindet sein

разлете́ться V_5 *сов* <-лечу́сь, -лети́шься, *Imp.* -лети́сь> [**разлета́ться** V_{1a} *несов*] *без доп* (1) (*в разные стороны*) auseinanderfliegen; (*рассеяться*) sich zerstreuen (2) (*рассыпаться*) zersplittern; ◇ **таре́лка ~лась вдре́безги** der Teller ging in die Brüche; (*лопнуть*) zerspringen, zerplatzen; *перен* ◇ **наде́жды ~лись** die Hoffnungen zerplatzten (3) *перен* (*о новости*) sich verbreiten (4) *разг* (*при беге*) stürzen, eilen

разли́в $м_1$ <-а> (1) (*половодье*) Überschwemmung *f* (2) (*вина*) Abfüllen *n*

разли́ть * *сов* <-золью́, -зольёшь> [**разлива́ть** V_{1a} *несов*] *что вин* (1) (*пролить*) ausgießen, vergießen, ausschütten; ◇ ~ **во́ду по́ полу** Wasser auf den Boden verschütten (2) (*перелить*) abfüllen; ◇ ~ **молоко́ по буты́лкам** Milch in Flaschen abfüllen; (*чай, вино*) ein-/ausschenken (3) *перен* (*разъединить*) entzweien; ◇ **их водо́й не разольёшь** sie sind wie Pech und Schwefel

различа́ть *несов от* **различи́ть**

разли́чие c_4 <-я> Unterschied *m,* Verschiedenheit *f;* ◇ **без ~я** unterschiedslos; **различи́ть** V_{4a} *сов* <-чу́, -чи́шь> [**различа́ть** V_{1a} *несов*] *кого-что вин* (1) (*распознать*) erkennen; ◇ **с трудо́м ~ в темноте́ что-л** etw in der Dunkelheit nur schwer erkennen (2) (*отличить*) unterscheiden; ◇ ~ **по цве́ту** der Farbe nach unterscheiden; **разли́чный** *прил* <-ая, ое, -ые> (1) (*разный*) verschieden, unterschiedlich; ◇ **на́ши мне́ния ~ы** wir haben verschiedene Meinungen; ◇ **за́нят ~ыми дела́ми** mit unterschiedlichen Dingen beschäftigt; ◇ **соверше́нно** ~ völlig verschieden (2) (*несходный*) unterschiedlich; (*отличный*) verschieden; (*разнообразный*) verschiedenartig

разложе́ние c_4 <-я> (1) (*на части*) Zerlegung *f* (2) мат Zerlegung *f,* Auflösung *f* (3) (*гниение*) Verwesung *f* (4) *перен* Demoralisierung *f;* (*упадок*) Zerfall *m;* (*нравственное*) moralischer Verfall; **разложи́ть** V_{4a} *сов* <-жу́, -о́жишь, *Part. Prät. Pass.* -о́женный> [**раскла́дывать** (1-4) V_{1a}, **разлага́ть** (5, 6) V_{1a} *несов*] *что вин (1-5), кого-что вин (6)* (1) (*разместить*) ausbreiten, auslegen; ◇ ~ **ве́щи** Sachen ausbreiten; ◇ ~ **ка́рты** Karten auslegen (2) (*расставить, распластать*) auslegen, ausbreiten; ◇ ~ **ковёр** einen Teppich auslegen; ◇ ~ **складно́й стул** einen Klappstuhl aufstellen (3) (*распределить между*) aufteilen; ◇ ~ **по́ровну** zu gleichen Teilen verteilen (4) (*зажечь*) anzünden; ◇ ~ **костёр** ein Lagerfeuer anmachen (5) (*отделить*) zersetzen, aufspalten; ◇ ~ **во́ду на кислоро́д и водоро́д** Wasser in Sauerstoff und Wasserstoff aufspalten (6) *перен* (*деморализовать*) demoralisieren, zersetzen; ◇ ~ **коллекти́в свои́м влия́нием** das Team durch seinen Einfluß demoralisieren

разло́м $м_1$ <-а> (1) (*разрушение*) Bruch *m* (2) (*место разлома*) Bruchstelle *f* (3) (*надломленность*) Zerrissenheit *f*

Р

разлу́ка *ж$_1$* ‹-и› Trennung *f;* (*расставание*) Scheiden *n;* (*прощание*) Abschied *m;* ◇ **жить в ~е с кем-л** getrennt von jd-m leben; **разлучи́ться** V$_{4a}$ *сов* ‹-чу́сь, -чи́шься› [**разлуча́ться** V$_{1a}$ *несов*] *с кем тв* sich trennen, scheiden

разма́зать V$_{1a}$ *сов* ‹-а́жу, -а́жешь, *Imp.* -а́жь, ~те› [**разма́зывать** V$_{1a}$ *несов*] *что вин* ① (*распространить*) verschmieren; ◇ ~ **грязь по лицу́** Dreck im Gesicht verschmieren; ◇ ~ **кра́ску** Farbe verstreichen ② *разг перен* (*длинно описать*) viele Worte machen, weitausholend erzählen

размазня́ *м/ж$_2$* ‹-и, *род мн:* -е́й› *разг* ① (*жидкая каша*) flüssiger Brei ② (*о человеке*) Waschlappen *m* ③ (*о чём-л расплывчатом*) Geschmiere *n,* Gekritzel *n;* ◇ **написа́л каку́ю-то ~ю́** er hat irgendeinen Schwachsinn hingeschmiert

разма́х *м$_1$* ‹-а› ① (*движение*) Ausholen *n,* Schwung *m* ② (*колебание, оборот*) Schwingungsweite *f,* Amplitude *f* ③ (*расстояние*) Spannweite *f;* ◇ ~ **кры́льев** Flügelspannweite ④ *перен* (*объём деятельности*) Ausmaß *n*

разма́шистый *прил* ‹-ая, -ое, -ые› ① (*широкий*) ausholend ② (*о почерке*) schwungvoll

размежева́ться V$_{1a}$ *сов* ‹-жу́юсь, -жу́ешься, *Imp.* -жу́йся› [**размежёвываться** V$_{1a}$ *несов*] *с кем тв* ① (*разделиться*) abgrenzen; ◇ ~ **с сосе́дом** die Grenzen zum Nachbarn festsetzen ② *перен* (*отмежеваться*) sich abgrenzen

разме́н *м$_1$* ‹-а› Wechseln *n;* ◇ ~ **де́нег** Geldwechsel (in Kleingeld) *m;* **разменя́ть** ‹-я́ю, -я́ешь, *Part. Prät. Pass.* -ме́нянный› V$_{1b}$ *сов* [**разме́нивать** V$_{1a}$ *несов*] *что вин* ① (*денег*) wechseln ② *перен* (*о возрасте*) überschreiten; ◇ **~я́л шесто́й деся́ток** er hat die sechzig überschritten ③ *перен* (*израсходовать впустую*) vergeuden; ◇ ~ **тала́нт на ме́лочи** sein Talent unnütz vergeuden ④ (*о квартире*) tauschen; ◇ ~ **большу́ю кварти́ру на две ма́ленькие** eine große Wohnung gegen zwei kleinere tauschen

разме́р *м$_1$* ‹-а› ① (*величина, объём, уровень*) Größe *f;* ◇ ~ **за́работной пла́ты** Höhe des Gehalts; ◇ ~ **о́буви** Schuhgröße ② (*масштаб*) Ausmaß *n,* Umfang *m;* ◇ **в широ́ких ~ах** in großem Ausmaß ③ *муз* Takt *m*

размести́ть V$_{4a}$ *сов* ‹-ещу́, -сти́шь, *Part. Prät. Pass.* -ещённый› [**размеща́ть** V$_{1a}$ *несов*] *кого-что вин (1), что вин (2)* ① (*расположить*) aufstellen, unterbringen; ◇ ~ **пассажи́ров** Passagieren Plätze zuweisen; *воен* ◇ ~ **по кварти́рам** einquartieren ② (*распределить между кем-л*) verteilen; **размести́ться** *сов* ‹-ещу́сь, -сти́шься› [**размеща́ться** *несов*] *без доп* (*поместиться*) unterkommen, Platz finden; ◇ **библиоте́ка ~лась на второ́м этаже́** die Bibliothek wurde im zweiten Stock untergebracht; (*занять места*) Platz einnehmen;

размеще́ние *с$_4$* ‹-я› ① (*вещей, людей*) Unterbringung *f;* *воен* Stationierung *f* ② (*система*) Anordnung *f;* (*распределение*) Verteilung *f*

размини́ровать V$_{3a}$ *несов и сов* ‹-рую, -руешь› *что вин* entminen, Minen entfernen

рази́нка *ж$_1$* ‹-и, *род мн:* -нок› *спорт* Aufwärmen *n*

размножа́ться *несов от* **размно́житься**

размноже́ние *с$_4$* ‹-я› ① (*о животных*) Fortpflanzung *f,* Vermehrung *f* ② (*материалов*) Vervielfältigung *f*

размно́житься V$_{4b}$ *сов* ‹-жится, -жатся, 1 и 2 л. не употр› [**размножа́ться** V$_{1a}$ *несов*] *без доп* sich fortpflanzen, sich vermehren

размо́л *м$_1$* ‹-а› (*помол*) Ausmahlung *f;* ◇ **мука́ кру́пного ~а** Vollkornmehl *n*

размо́лвка *ж$_1$* ‹-и, *род мн:* -вок› *разг* Verstimmung *f,* Unstimmigkeit *f*

размы́ть * *сов* ‹-мо́ет, -мо́ют, 1 и 2 л. не употр› [**размыва́ть** V$_{1a}$ *несов*] *что вин* (*разрушить течением*) ausspülen, wegschwemmen; ◇ **пото́ки воды́ ~ли доро́гу** die Wasserströme weichten den Weg auf

размышле́ние *с$_4$* ‹-я› Nachdenken *n,* Gedanken *m pl;* ◇ **проси́ть вре́мени на** ~ um eine Bedenkzeit bitten; ◇ **погрузи́ться в ~я** in Gedanken vertieft sein; ◇ **э́то наво́дит на ~я** das gibt Stoff zum Nachdenken; **размышля́ть** V$_{1b}$ *несов* ‹-я́ю, -я́ешь› *без доп* (*углубляться мыслью во что-л*) nachdenklich sein, in Gedanken versunken sein; (*задумываться*) über etw nachdenken

размя́ть V$_{1b}$ *сов* ‹-зомну́, -зомнёшь, *Imp.* -зомни́, ~те, *Part. Prät. Pass.* -мя́тый› [**размина́ть** V$_{1a}$ *несов*] *что вин* ① (*тесто, картофель*) durchkneten, stampfen ② (*физически*) aufwärmen; ◇ ~ **мы́шцы** die Muskeln aufwärmen; ◇ ~ **но́ги** sich die Beine vertreten; **размя́ться** *сов* ‹-зомну́сь, -зомнёшься, (1) 1 и 2 л. не употр› [**размина́ться** *несов*] *без доп* ① (*стать мягким*) weich werden; ◇ **жёсткая ко́жа ~лась** das harte Leder wurde geschmeidig ② *спорт* sich aufwärmen

разнаря́дка *ж₁* <-и, *род мн:* -док> Auftragsverteilung *f*

разнести́ * *сов* <-су́, -сёшь> [**разноси́ть** V_{4a} *несов* <*Part. Präs. Pass.* -носи́мый>] *кого-что вин* ① (*доставить*) austragen, zustellen; ◇ ~ **пи́сьма по адреса́м** Briefe austragen ② (*распространить*) in Umlauf bringen, verbreiten ③ (*разрушить*) zerstören, zertrümmern ④ (*развеять*) auseinandertreiben ⑤ (*расположить в каком-л порядке*) anordnen; ◇ ~ **све́дения по гра́фам** die Nachrichten in Spalten eintragen ⑥ *разг* (*разругать*) verreißen, heruntermachen

ра́зница *ж₁* <-ы> ① (*несходство*) Unterschied *m* ② (*разность величин*) Differenz *f;* ◇ ~ **в окла́дах** Gehaltsdifferenz; ◇ ~ **в том, что** der Unterschied liegt darin, daß; ◇ **кака́я ~?** macht das einen Unterschied?

разнобо́й $м_3$ <-я> *разг* (*несогласованность*) Unstimmigkeit *f;* (*расхождение*) Uneinigkeit *f;* (*непоследовательность*) Inkonsequenz *f*

разнови́дность $ж_5$ <-и> Variante *f;* биол Abart *f;* **разногла́сие** $с_4$ <-я> ① (*отсутствие согласия*) Meinungsverschiedenheit *f* ② (*противоречие*) Widerspruch *m;* ◇ ~ **в показа́ниях свиде́телей** Widerspruch in den Zeugenaussagen; **разнообра́зие** $с_4$ <-я> Vielfältigkeit *f,* Verschiedenartigkeit *f;* (*смена*) Abwechslung *f;* **разнообра́зный** *прил* <-ая, -ое, -ые> vielfältig, mannigfaltig, verschiedenartig; (*о времяпрепровождении*) abwechslungsreich; **разноро́дный** *прил* <-ая, -ое, -ые> verschiedenartig, ungleich, heterogen

разно́с *м₁* <-а> ① (*пакетов, писем*) Austragen *n* ② *разг* (*нагоняй*) strenge Zurechtweisung *f,* Verweis *m;* ◇ **получи́ть** ~ einen Rüffel bekommen

разноси́ть *несов от* **разнести́**

разносторо́нний *прил* <-яя, -ее, -ие> ① (*многообразный*) vielseitig; ◇ **~ее образова́ние** vielseitige Bildung ② мат ◇ ~ **треуго́льник** ungleichseitiges Dreieck; **разноцве́тный** *прил* <-ая, -ое, -ые> verschiedenfarbig; (*многоцветный*) vielfarbig; (*пёстрый*) bunt; **разношёрстный** *прил* <-ая, -ое, -ые> ① (*о животном*) scheckig; ◇ **~ая соба́ка** gescheckter Hund ② *разг перен* (*разнообразный*) verschiedenartig; (*пёстрый*) bunt; (*смешанный*) gemischt

разну́зданность $ж_5$ <-и> *разг* Zügellosigkeit *f;* **разну́зданный** *прил* <-ая, -ое, -ые> hemmungslos, zügellos

ра́зный *прил* <-ая, -ое, -ые> ① (*неодинаковый*) verschieden; (*разнообразный*) unterschiedlich; ◇ **жить в ~ых кварти́рах** in getrennten Wohnungen wohnen ② (*всякий*) allerlei, verschieden; ◇ ~ **хлам** allerlei Plunder

разоблаче́ние $с_4$ <-я> (*кого-л*) Entlarvung *f;* (*чего-л*) Aufdeckung *f,* Enthüllung *f;* **разоблачи́ть** V_{4a} *сов* <-чу́, -чи́шь> [**разоблача́ть** V_{1a} *несов*] *кого-что вин* ① (*кого-л*) *шутл* (*раздеть*) entkleiden ② (*изобличить*) entlarven; ◇ ~ **обма́нщика** den Betrüger überführen ③ (*раскрыть тайное*) enthüllen, aufdecken; ◇ ~ **злоупотребле́ния** Veruntreuungen aufdecken

разобра́ть * *сов* <разберу́, разберёшь> [**разбира́ть** V_{1a} *несов*] *что вин* ① (*на части*) auseinandernehmen, zerlegen; ◇ ~ **сара́й** die Scheune abreißen ② (*привести в порядок*) ordnen; ◇ ~ **бума́ги** die Papiere in Ordnung bringen ③ (*раскупить, расхватать*) aufkaufen; ◇ **това́р ходово́й, бы́стро ~а́ли** die Ware ist gefragt, sie war schnell vergriffen ④ (*рассмотреть*) untersuchen; (*проанализировать*) analysieren ⑤ (*понять*) verstehen, begreifen; ◇ ~ **по́черк** eine Schrift entziffern; ◇ **тру́дно ~, что он говори́т** es ist schwer zu verstehen, was er sagt ⑥ *безл* (*овладе́ть*) ergreifen, packen; ◇ **смех ~а́л её** sie schüttelte sich vor Lachen; ◇ **его́ ~ала́ за́висть** ihn packte der Neid; ◇ **его́ ~а́ло от вина́** er war total betrunken vom Wein; **разобра́ться** *сов* <разберу́сь, разберёшься> [**разбира́ться** *несов*] *без доп (1), в ком-чём предл или с кем-чем тв (2)* ① (*устроиться*) sich einrichten, auspacken ② (*понять*) sich über etw klarwerden, sich in etw auskennen

ра́зовый *прил* <-ая, -ое, -ые> einmalig; ◇ ~ **биле́т** Fahrkarte für eine einfache Fahrt; ◇ **шприцы́ ~ого по́льзования** Einwegspritzen *f pl*

разогна́ть * *сов* <разгоню́, разго́нишь, *Imp.* -гони́, ~те, *Part. Prät. Pass.* -о́гнанный> [**разгоня́ть** V_{1b} *несов*] *кого-что вин* ① (*прогнать*) auseinanderjagen; ◇ ~ **толпу́ зева́к** die Schaulustigen auseinandertreiben; *перен* ◇ **ве́тер ~а́л облака́** der Wind vertrieb die Wolken; (*изгнать*) verjagen ② (*уволить*) hinauswerfen, verscheuchen; *разг* ◇ ~ **печа́ль** Kummer vertreiben ③ (*развить скорость*) beschleunigen

разогре́ть V_5 *сов* <-е́ю, -е́ешь, *Part. Prät. Pass.* -е́тый> [**разогрева́ть** V_{1a} *несов*] *что вин* erhitzen, aufwärmen

Р

разойти́сь * *сов* ‹-йду́сь, -йдёшься, (1, 5, 7, 8) 1 и 2 л. не употр› [**расходи́ться** V_{4a} *несов*] *без доп (1, 5-9), с кем-чем тв (2, 4), с кем-чем тв в чём предл (3)* ① (*уйти в разные стороны*) auseinandergehen, (*рассеяться*) sich zerstreuen; ◇ **ту́чи разошли́сь** die Wolken verzogen sich; ◇ ~ **по швам** an den Nähten auseinandergehen ② (*разминуться*) aneinander vorbeigehen, sich verfehlen; ◇ ~ **с кем-л в темноте́** jd-n in der Dunkelheit verfehlen ③ (*проявить несогласие*) geteilter Meinung sein; ◇ ~ **во взгля́дах** die Meinungen gehen auseinander ④ (*расстаться*) sich trennen, sich scheiden lassen ⑤ (*оказаться распроданным*) vergriffen sein, ausverkauft sein; ◇ **запа́сы разошли́сь** die Vorräte sind ausgegangen ⑥ *разг* (*усилиться*) außer Rand und Band geraten; ◇ **дождь разошёлся** es gießt in Strömen; ◇ **буя́н разошёлся** der Raufbold geriet außer Rand und Band ⑦ (*раствориться*) sich auflösen ⑧ (*распространиться*) sich verbreiten, sich ausbreiten; ◇ **весть разошла́сь мгнове́нно** die Nachricht hat sich im Nu verbreitet ⑨ (*развить скорость*) beschleunigen; ◇ **по́езд разошёлся** der Zug kam in volle Fahrt

ра́зом *нареч* ① (*в один приём*) auf einmal; (*одним ударом*) mit einem Schlag; ◇ **сде́лать всё** ~ alles auf einmal machen ② (*сразу, мгновенно*) plötzlich, augenblicklich; ◇ ~ **поко́нчить с чем-л** plötzlich mit etw aufhören; ◇ ~ **все замолча́ли** mit einem Schlag schwiegen alle

разорва́ть * *сов* ‹-ву́, -вёшь, *Part. Prät. Pass.* -о́рванный› [**разрыва́ть** V_{1a} *несов*] *кого-что вин* ① (*разделить на части*) zerreißen, zerfetzen; ◇ ~ **письмо́** einen Brief in Stücke reißen; *перен* ◇ ~ **на ча́сти кого́-л** jd-n verreißen ② *перен* (*прервать*) abbrechen; ◇ ~ **дипломати́ческие отноше́ния** diplomatische Beziehungen abbrechen ③ (*взорвать*) zerspringen, explodieren; **разоре́ние** c_4 ‹-я› ① (*опустошение*) Verwüstung *f*, Zerstörung *f* ② (*потеря состояния*) Ruin *m;* **разори́тельный** *прил* ‹-ая, -ое, -ые› ① (*разрушительный*) verheerend ② (*разоряющий*) verlustbringend; ◇ **~ые тра́ты** horrende Ausgaben; **разори́ть** V_{4a} *сов* ‹-рю́, -ри́шь› [**разоря́ть** V_{1b} *несов*] *кого-что вин* ① (*довести до нищеты*) ruinieren; (*губить*) zugrunde richten ② (*разрушить*) verwüsten, zerstören

разоружа́ться *несов от* **разоружи́ться**

разоруже́ние c_4 ‹-я› Abrüstung *f;* (*обезоруживание*) Entwaffnung *f;* ◇ **поэта́пное я́дерное** ~ stufenweise Abrüstung der Atomwaffen; **разоружи́ться** *сов* ‹-жу́сь, -жи́шься› [**разоружа́ться** V_{1a} *несов*] *без доп* ① abrüsten ② *перен* (*отказаться от борьбы*) aufgeben; ◇ **иде́йно** ~ eine Ideologie aufgeben

разоря́ться *несов от* **разори́ться**

разочарова́ние c_4 ‹-я› Enttäuschung *f;* **разочарова́ться** V_{1a} *сов* ‹-ру́юсь, -ру́ешься, *Imp.* -ру́йся, *Part. Prät. Pass.* -ро́ванный› [**разочаро́вываться** V_{1a} *несов*] *в ком-чём предл* enttäuscht sein; ◇ **мы в нём ~лись** wir sind enttäuscht von ihm

разрабо́тать V_{1a} *сов* ‹-аю, -аешь› [**разраба́тывать** V_{1a} *несов*] *что вин* ① (*возделывать землю*) bearbeiten ② (*подготовить обработать*) ausarbeiten, entwickeln ③ мин (*исчерпать*) ausbeuten; ◇ **золото́й при́иск ~ан до конца́** die Goldmine ist vollständig ausgebeutet; **разрабо́тка** $ж_1$ ‹-и, *род мн:* -ток› ① (*участка*) Bearbeitung *f* ② мин Förderung *f*, Abbau *m;* ◇ **подзе́мная** ~ Untertagebau *m;* (*добыча*) Ausbeute *f* ③ (*плана, темы*) Ausarbeitung *f;* (*изобретения*) Entwicklung *f*

разрасти́сь * *сов* ‹-тётся, ту́тся, 1 и 2 л. не употр› [**разраста́ться** V_{1a} *несов*] *без доп* ① (*о растениях*) üppig wachsen, schnell wachsen; (*буйно*) wuchern ② (*расшириться*) wachsen, umfangreicher werden

разре́з $м_1$ ‹-а› ① (*порез*) Schnitt *m*, Einschnitt *m* ② (*платья*) Ausschnitt *m;* (*узкий*) Schlitz *m;* ◇ **ю́бка с ~ом** Rock mit Schlitz ③ (*на чертеже*) Schnitt *m*, Durchschnitt; ◇ **попере́чный** ~ Querschnitt ④ мин Tagebau *m;* ◇ **в э́том ~е** unter diesem Gesichtspunkt; ◇ **идти́ в** ~ **с чем-л** im Gegensatz stehen zu

разреша́ть *несов от* **разреши́ть**

разреше́ние c_4 ‹-я› ① (*позволение*) Erlaubnis *f;* (*официальное*) Bewilligung *f*, Genehmigung *f;* ◇ **с ва́шего ~ я** wenn Sie gestatten; ◇ ~ **на рабо́ту** Arbeitserlaubnis ② (*проблемы*) Lösung *f;* (*конфликта*) Beilegung *f;* (*завершение*) Erledigung *f;* ◇ ~ **от бре́мени** Entbindung *f;* **разреши́ть** V_{4a} *сов* ‹-шу́, -ши́шь› [**разреша́ть** V_{1a} *несов*] *что вин или с инф (1), что вин (2, 3)* ① (*дать согласие*) erlauben, genehmigen, gestatten; (*официально одобрить*) bewilligen ② (*найти ответ*) lösen, klären ③ (*рассудить, устранить*) beilegen, beheben; ◇ ~ **сомне́ния** Zweifel beseitigen; ◇ ~ **разногла́сия** Differenzen bereinigen

разро́зненный *прил* <-ая, -ое, -ые> ① (*разобщённый*) vereinzelt, einzeln ② (*некомплектный*) unvollständig; ◇ **~ые тома́** Einzelbände *m pl;* (*раздельный*) getrennt

разруша́ть *несов от* **разру́шить**

разруше́ние *с*$_4$ <-я> Zerstörung *f;* (*уничтожение*) Vernichtung *f;* **разруши́тельный** *прил* <-ая, -ое, -ые> zerstörerisch; (*опустошительный*) verheerend; (*губительный*) vernichtend; **разру́шить** V$_{4b}$ *сов* <-шу, -шишь> [**разруша́ть** V$_{1a}$ *несов*] *что вин* ① (*уничтожить*) zerstören, vernichten; ◇ ~ **мост взры́вом** die Brücke sprengen; ◇ ~ **до основа́ния** dem Erdboden gleichmachen ② (*расстроить*) ruinieren, zugrunde richten; ◇ ~ **своё здоро́вье** seine Gesundheit ruinieren

разры́в *м*$_1$ <-а> ① Riß *m;* (*разлом*) Bruch *m;* (*в электрической цепи*) Unterbrechung *f* ② (*снаряда*) Explosion *f* ③ (*связей*) Abbruch *m* ④ (*несоответствие*) Diskrepanz *f,* Kluft *f;* ◇ ~ **ме́жду це́нами** Preisspanne *f*

разрыва́ть *несов от* **разорва́ть**

разря́д [1] *м*$_1$ <-а> эл Entladung *f*

разря́д [2] *м* <-а> ① (*категория*) Kategorie *f;* ◇ **учени́к отно́сится к ~у лу́чших** der Schüler gehört zu den Klassenbesten ② (*квалификация*) (Leistungs-)Klasse *f,* Lohngruppe *f;* ◇ **спортсме́н пе́рвого ~а** Spitzensportler

разря́дка *ж*$_1$ <-и, *род мн:* -док> ① полигр Sperrung *f;* ◇ **набра́ть заголо́вок ~ой** die Überschrift gesperrt drucken ② (*ослабление*) Entspannung *f;* ◇ **не́рвная** ~ nervliche Entspannung

разубеди́ть V$_{4a}$ *сов* <-ежу́, -ди́шь, *Part. Prät. Pass.* -еждённый> [**разубежда́ть** V$_{1a}$ *несов*] *кого-что вин в чём предл* abbringen (von), ausreden; ◇ **он насто́лько упря́м, что его́ тру́дно** ~ er ist so stur, daß er kaum von seiner Überzeugung abzubringen ist

разукрупне́ние *с*$_4$ <-я> Verkleinerung *f;* (*децентрализация*) Dezentralisierung *f*

ра́зум *м*$_1$ <-а> Vernunft *f;* (*рассудок*) Verstand *m; разг* ◇ **ни ума́, ни ~а у кого́-л** jd hat keinen Funken Verstand; **разу́мный** *прил* <-ая, -ое, -ые> ① (*обладающий разумом*) vernünftig ② (*толковый*) gescheit

разучи́ть V$_{4a}$ *сов* <-чу́, -у́чишь, *Part. Prät. Pass.* -у́ченный> [**разу́чивать** V$_{1a}$ *несов*] *что вин* einstudieren, einüben; **разучи́ться** *сов* <-чу́сь, -у́чишься> [**разу́чиваться** *несов*] *с инф* verlernen

разъедини́ть V$_{4a}$ *сов* <-ню́, -ни́шь> [**разъединя́ть** V$_{1b}$ *несов*] *кого-что вин* (*прервать связь*) trennen, unterbrechen; ◇ **нас ~ли по телефо́ну** unsere Leitung wurde unterbrochen; ◇ **судьба́ ~ла друзе́й** das Schicksal trennte die Freunde

разъе́зд *м*$_1$ <-а> ① (*отъезд*) Abfahrt *f;* (*гостей*) Aufbruch *m* ② (*поездки*) Reise *f;* ◇ **провести́ ме́сяц в ~ах** einen Monat lang auf Reisen sein ③ ж.-д. Ausweichschienen *f pl;* (*станция*) Ausweichstelle *f*

разъе́хаться * *сов* <-е́дусь, -е́дешься, (1, 5) 1 и 2 л. не употр> [**разъезжа́ться** V$_{1a}$ *несов*] *без доп (1, 3, 5), с кем тв (2, 4)* ① (*уехать*) wegfahren, aufbrechen ② (*расстаться*) sich trennen; ◇ **она́ ~лась с му́жем** sie hat sich von ihrem Mann getrennt ③ (*не столкнуться*) einander ausweichen ④ (*разминуться*) aneinander vorbeifahren, sich verfehlen ⑤ (*расползтись*) auseinandergehen; ◇ **пиджа́к ~лся по швам** die Jacke ist an den Nähten auseinandergegangen

разъярённый *прил* <-ая, -ое, -ые> wutentbrannt, wutschnaubend

разъясне́ние *с*$_4$ <-я> Erklärung *f;* (*пояснение*) Erläuterung *f;* **разъясни́ть** V$_{4a}$ *сов* <-ню́, -ни́шь> [**разъясня́ть** V$_{1b}$ *несов*] *что вин* erklären, klarmachen; (*пояснить*) erläutern

разыгра́ть V$_{1a}$ *сов* <-а́ю, -а́ешь, *Part. Prät. Pass.* -ы́гранный> [**разы́грывать** V$_{1a}$ *несов*] *кого-что вин* ① (*исполнить*) vortragen, aufführen ② *перен* (*представить*) sich aufführen; ◇ ~ **пе́ред все́ми шута́** den Kasper spielen ③ (*подшутить*) zum Narren halten, foppen ④ (*сыграть*) austragen, spielen ⑤ (*в лотерее*) verlosen, auslosen; **разыгра́ться** *сов* <-а́юсь, -а́ешься, (3) 1 и 2 л. не употр> [**разы́грываться** *несов*] *без доп* ① (*увлечься игрой*) in Spieleifer geraten; ◇ **де́ти ~ли́сь** die Kinder wollen nicht aufhören zu spielen ② (*легко играть*) in Schwung kommen ③ (*усилиться*) ausbrechen; ◇ **бу́ря ~лась** ein Sturm tobt; ◇ **у него́ ~лись не́рвы** die Nerven gingen mit ihm durch

рай *м*$_3$ <-я> Paradies *n;* ◇ **земно́й** ~ das Paradies auf Erden

райо́н *м*$_1$ <-а> ① (*административная единица*) Bezirk *m,* Kreis *m;* (*районный центр*) Bezirkszentrum *n,* Kreisstadt *f;* (*в городе*) Stadtbezirk *m* ② (*местность*) Gegend *f,* Gebiet *n;* ◇ ~ **наводне́ния** Überschwemmungsgebiet ③ воен Gebiet *n,* Raum *m,* Abschnitt *m*

рак [1] *м*$_1$ <-а> (*животное*) Krebs *m;* ◇ **кра́сный как** ~ krebsrot; ◇ **пя́титься как** ~

Р

rückwärts gehen; *разг* ◇ **как ~ на мели́** völlig hilflos; *разг* ◇ **когда́ ~ сви́стнет** am Sankt-Nimmerleins-Tag

рак [2] *м$_1$* <-а> мед Krebs *m;* ◇ **~ желу́дка** Magenkrebs; ◇ **~ кро́ви** Leukämie *f*

раке́та *ж$_1$* <-ы> Rakete *f;* ◇ **сигна́льная ~** Leuchtrakete

раке́тка *ж$_1$* <-и, *род мн:* -ток> спорт (Tennis-)Schläger *m*

ра́ковина *ж$_1$* <-ы> (1) Muschel *f;* **у́шная ~** Ohrmuschel *f;* ◇ **~ ули́тки** Schneckenhaus *n* (2) (*водопроводная*) Waschbecken *n,* Spülstein *m* (3) тех Blase *f*

ра́ма *ж$_1$* <-ы> Rahmen *m;* ◇ **око́нная ~** Fensterrahmen; ◇ **вста́вить в ~у** einrahmen

ра́мпа *ж$_1$* <-ы> театр Rampe *f;* ◇ **огни́ ~ы** Rampenlicht *n;* ◇ **пье́са уви́дела ~у** das Stück kam auf die Bühne

ра́на *ж$_1$* <-ы> Wunde *f;* ◇ **огнестре́льная ~** Schußwunde; *перен* ◇ **душе́вная ~** seelischer Schmerz

ранг *м$_1$* <-а> (*звание, чин*) Rang *m;* ◇ **по ~у** rangmäßig

ране́ние *с$_4$* <-я> Verletzung *f;* (*рана*) Wunde *f*

ра́неный I. *прил* <-ая, -ое, -ые> verletzt, verwundet II. *м* (*А$_1$*) <-ого> Verletzter *m,* Verwundeter *m*

ра́нец *м$_5$* <-нца> Ranzen *m;* ◇ **учени́ческий ~** Schulranzen *m*

ра́нить V$_{4b}$ *несов и сов* <-ню, -нишь> *кого-что вин* verletzen, verwunden

ра́нний *прил* <-яя, -ее, -ие> früh, Früh-; (*преждевременный*) frühzeitig; ◇ **~ сев** Frühsaat *f;* ◇ **~им у́тром** frühmorgens

ра́но *нареч* (*сравн:* **ра́ньше**) (1) (*о времени*) früh; ◇ **де́ти ложа́тся ~** die Kinder gehen früh zu Bett; ◇ **~ и́ли по́здно** früher oder später (2) (*в детстве, молодости*) früh; ◇ **~ позна́л труд** früh fing er an zu arbeiten (3) (*преждевременно*) früh; ◇ **о́сень наступи́ла ~** es wurde früh Herbst

ра́ньше *нареч* (1) (*сравн от* **ра́но**) früher, eher; (*прежде*) bevor; ◇ **как мо́жно ~** so früh es geht; ◇ **не ~ чем...** nicht vor..., frühestens (2) (*в прежнее время*) früher, ehemals; (*когда-то*) einst

рапи́ра *ж$_1$* <-ы> спорт Florett *n;* ◇ **би́ться на ~ах** mit dem Florett fechten

ра́порт *м$_1$* <-а> (Dienst-)Meldung *f;* ◇ **отда́ть ~** Meldung machen

ра́са *ж$_1$* <-ы> Rasse *f*

раси́зм *м$_1$* <-а> Rassismus *m*

раска́иваться *несов от* **раска́яться**

раска́т *м$_1$* <-а> Donnern *n,* Grollen *n*

раската́ть V$_{1a}$ *сов* <-а́ю, -а́ешь, *Part. Prät. Pass.* -а́танный> [**раска́тывать** V$_{1a}$ *несов*] *что вин* (1) (*развернуть*) aufrollen (2) (*выровнять*) ausrollen; ◇ **~ бельё** Wäsche mangeln; ◇ **~ те́сто** Teig ausrollen

раскача́ть V$_{1a}$ *сов* <-а́ю, -а́ешь, *Part. Prät. Pass.* -а́чанный> [**раска́чивать** V$_{1a}$ *несов*] *кого-что вин* (1) (*заставить качаться*) stark schaukeln; ◇ **~ каче́ли** die Schaukel anstoßen (2) (*расшатать*) losrütteln, lockern (3) *перен разг* (*расшевелить*) aufrütteln, aufmuntern

раска́яние *с$_4$* <-я> Reue *f;* ◇ **по́лный ~я** reuevoll; **раска́яться** V$_{1b}$ *сов* <-а́юсь, -а́ешься> [**раска́иваться** V$_{1a}$ *несов*] *в чём предл* etw bereuen

раскла́дка *ж$_1$* <-и, *род мн:* -док> Verteilung *f,* Zusammenstellung *f;* ◇ **де́лать ~у** verteilen, zusammenstellen

раскладу́шка *ж$_1$* <-и, *род мн:* -шек> Klappbett *n*

раскла́няться V$_{1b}$ *сов* <-яюсь, -яешься> [**раскла́ниваться** V$_{1a}$ *несов*] *с кем тв* sich verbeugen, eine Verbeugung machen; (*при встрече*) einander begrüßen; (*при прощании*) sich voneinander verabschieden

раскле́иться V$_{4b}$ *сов* <-е́юсь, -е́ишься, (1, 2) 1 и 2 л. не употр, *Imp.* -е́йся> [**раскле́иваться** V$_{1a}$ *несов*] *без доп* (1) (*отклеиться*) sich ablösen, abgehen; ◇ **конве́рт ~лся** der Umschlag ist aufgegangen; ◇ **коро́бка ~лась** die Schachtel ging aus dem Leim (2) *разг* (*разладиться*) sich zerschlagen, nicht zustande kommen (3) *перен разг* (*расхвораться*) kränkeln, schwach werden; ◇ **стари́к совсе́м ~лся** der alte Mann ist ganz schwach geworden

раско́л *м$_1$* <-а> (1) (*наруше́ние единства*) Spaltung *f* (2) рел, ист (*старообрядчество*) Spaltung *f,* Schisma *n;* ◇ **уйти́ в ~** sich abspalten; **расколо́ть** * *сов* <-лю́, -о́лешь> [**раска́лывать** V$_{1a}$ *несов*] *что вин (1), кого-что вин (2, 3)* (1) (*дрова*) zerspalten; (*орех*) knacken; (*сахар*) hacken; (*стекло*) zerbrechen (2) *перен* (*нарушить единство*) entzweien; ◇ **~ коллекти́в** ein Team spalten (3) *разг* (*заставить говорить правду*) jd-n zum Reden bringen; **раско́льник** *м$_1$* <-а> (1) ист (*старообрядец*) Raskolnik *m,* Schismatiker *m* (2) *перен* Spalter *m*

раско́пки *мн$_1$* <-пок> археол Ausgrabungen *f pl*

раскра́сить V$_{4b}$ *сов* <-а́шу, -а́сишь, *Part. Prät. Pass.* -а́шенный> [**раскра́шивать** V$_{1a}$

несов] кого-что вин (расписать разными красками) bunt bemalen; *(рисунок)* anmalen, ausmalen; *(забор)* bunt anstreichen; *перен (разукрасить)* schmücken

раскрепоще́ние *с₄* ‹-я› ① *ист* Aufhebung *f* der Leibeigenschaft ② *перен* Befreiung *f*

раскрути́ть V_{4a} *сов* ‹-учу́, -у́тишь, *Part. Prät. Pass.* -у́ченный› [**раскру́чивать** V_{1a} *несов*] *что вин* ① *(развить скрученное)* loswinden, abschrauben; *(кран)* aufdrehen; *(винт)* aufschrauben ② *(заставить вращаться)* drehen; ◇ ~ **колесо́** ein Rad in Schwung bringen

раскры́ть * *сов* ‹-ро́ю, -ро́ешь› [**раскрыва́ть** V_{1a} *несов*] *кого-что вин* ① *(открыть)* öffnen, aufmachen; ◇ ~ **зонт** den Schirm aufspannen; ◇ ~ **кни́гу** ein Buch aufschlagen ② *(обнажить)* aufdecken, bloßlegen; *(обнаружить)* enthüllen; ◇ ~ **та́йну** ein Geheimnis enthüllen; ◇ ~ **глаза́ кому́-л** jd-m die Augen öffnen

раскуси́ть V_{4a} *сов* ‹-ушу́, -у́сишь, *Part. Prät. Pass.* -у́шенный› [**раску́сывать** V_{1a} *несов*] *кого-что вин* ① *(разъединить)* durchbeißen ② *перен (видеть кого насквозь)* durchschauen, dahinterkommen; ◇ ~ **хитреца́** dem Schlaumeier auf die Schliche kommen; ◇ ~, **в чём де́ло** der Sache auf den Grund kommen

ра́совый *прил* ‹-ая, -ое, -ые› Rassen-; ◇ ~**ая дискримина́ция** Rassendiskriminierung

распа́д *м₁* ‹-а› ① *(разделение на составные части)* Zerfall *m* ② *перен* Verfall *m*

распада́ться *несов от* **распа́сться**

распакова́ть V_{1a} *сов* ‹-ку́ю, -ку́ешь, *Imp.* -ку́й, ~те, *Part. Prät. Pass.* -ко́ванный› [**распако́вывать** V_{1a} *несов*] *что вин* auspacken

распа́сться * *сов* ‹-падётся, -паду́тся, 1 и 2 л. не употр› [**распада́ться** V_{1a} *несов*] *без доп* ① *(разъединиться)* zerfallen; *(разломиться)* auseinanderfallen ② *(прекратить существование)* auseinanderbrechen, sich auflösen

распахну́ть V_2 *сов* ‹-ну́, -нёшь, *Part. Prät. Pass.* -па́хнутый› [**распа́хивать** V_{1a} *несов*] *что вин (раскрыть)* aufreißen, weit öffnen; ◇ ~ **воро́та** das Tor weit aufmachen; *перен* ◇ ~ **ду́шу пе́ред кем-л** sein Innerstes vor jd-m ausbreiten

распашо́нка *ж₁* ‹-и, *род мн:* -нок› Säuglingshemdchen *n*

распеча́тать V_{1a} *сов* ‹-аю, -аешь› [**распеча́тывать** V_{1a} *несов*] *что вин* ① *(вскрыть)* entsiegeln, aufmachen; ◇ ~ **письмо́** einen Brief öffnen ② *(напечатать)* ausdrucken; *(размножить)* vervielfältigen

расписа́ние *с₄* ‹-я› Stundenplan *m; (график)* (Zeit-)Plan *m,* Liste *f;* ◇ ~ **авиали́ний** Flugplan; ◇ **поезда́ иду́т по ~ю** die Züge fahren planmäßig

расписа́ться * *сов* ‹-ишу́сь, -и́шешься› [**распи́сываться** V_{1a} *несов*] *в чём предл (1), без доп (2), с кем тв (3)* ① *(подписаться)* unterschreiben, unterzeichnen; ◇ ~ **в получе́нии телегра́ммы** den Empfang des Telegramms quittieren; ◇ ~ **в свое́й беспо́мощности** seine Hilflosigkeit eingestehen ② *(начав писать, увлечься)* ins Schreiben kommen ③ *разг (зарегистрировать брак)* sich standesamtlich trauen lassen

распи́ска *ж₁* ‹-и, *род мн:* -сок› Quittung *f,* Bescheinigung *f;* ◇ ~ **в получе́нии чего́-л** Empfangsbestätigung *f;* ◇ **дать ~у кому́-л** jd-m etw quittieren

распи́сываться *несов от* **раписа́ться**

распла́та *ж₁* ‹-ы› ① *(оплата)* Auszahlung *f,* Bezahlung *f; (расчёт)* Verrechnung *f* ② *перен (кара)* Abrechnung *f; (возмездие)* Vergeltung *f*

расплати́ться V_{4a} *сов* ‹-ачу́сь, -а́тишься› [**распла́чиваться** V_{1a} *несов*] *с кем-чем тв (1, 2), за что вин (3)* ① *(уплатить полностью)* auszahlen, bezahlen; ◇ ~ **по счёту** die Rechnung begleichen ② *перен (отомстить)* abrechnen ③ *перен (понести наказание)* büßen, sühnen; ◇ ~ **за преступле́ние** für ein Verbrechen büßen

расплеска́ть * *сов* ‹-ещу́, -е́щешь› [**расплёскивать** V_{1a} *несов*] *что вин* verschütten; *(пролить)* vergießen; ◇ ~ **во́ду из стака́на** Wasser aus dem Glas verschütten; *(разбрызгать)* verspritzen

расплы́вчатый *прил* ‹-ая, -ое, -ые› ① *(неотчётливый)* verschwommen ② *перен (неопределённый)* schwammig, unklar

распозна́ть V_{1a} *сов* ‹-а́ю, -а́ешь, *Part. Prät. Pass.* -по́знанный› [**распознава́ть** V_{1a} *несов*] *кого-что вин (узнать)* erkennen; *(установить)* feststellen; ◇ ~ **чьи-л наме́рения** jd-s Absichten erkennen; *(различить)* unterscheiden; ◇ **в темноте́ не ~ал знако́мого** in der Dunkelheit hat er den Bekannten nicht erkannt

расположе́ние *с₄* ‹-я› ① *(размещение)* Anordnung *f,* Aufstellung *f;* воен Stellung *f* ② *(местоположение)* Lage *f* ③ *(настроение)* Stimmung *f;* ◇ **нет ~я чита́ть** keine Lust haben zu lesen ④ *(симпатия)* Zuneigung *f;* ◇ **чу́вствовать серде́чное ~ к кому-л** herzliche Zuneigung für jd-n empfinden (5) (*восприимчивость*) Anlage *f,* Disposition *f,* Neigung *f;* **расположи́ть** V_{4a} *сов* <-жу́, -о́жишь> [**располага́ть** V_{1a} *несов*] *кого-что вин (1), кого-что вин к кому-чему дат (2)* (1) (*распределить*) anordnen, aufstellen; ◇ ~ **по алфави́ту** alphabetisch ordnen (2) (*вызвать симпатию*) Sympathie gewinnen; ◇ ~ **кого́-л в по́льзу чего́-л** jd-n für etw gewinnen

распоряди́тель $м_2$ <-я> (1) (*организатор*) Organisator *m,* Verantwortliche *m* (2) эк Disponent *m;* ◇ ~ **бюдже́тных креди́тов** Verfügungsberechtigter über Haushaltsmittel; **распоряди́ться** V_{4a} *сов* <-яжу́сь, -ди́шься> [**распоряжа́ться** V_{1a} *несов*] *о чём предл (1), чем тв (2)* (1) (*приказать*) anordnen, veranlassen (2) (*позаботиться об устройстве*) disponieren, verfügen über; ◇ ~ **отпу́щенными су́ммами** über die freigegebenen Mittel verfügen

распоря́док $м_1$ <-дка, *мн:* -дки> Ordnung *f;* ◇ **пра́вила вну́треннего ~дка** (*в учреждении*) Hausordnung; (*на производстве*) Betriebsordnung; ◇ ~ **дня** Tagesplan *m*

распоряже́ние $с_4$ <-я> (1) (*приказ, постановление*) Verfügung *f,* Anordnung *f,* Verordnung *f;* ◇ **отда́ть** ~ eine Verfügung erlassen (2) ◇ **быть в ~и кого́-л** jd-m zur Verfügung stehen; ◇ **командирова́ть кого́-л в ~ министе́рства** jd-n in ein Ministerium versetzen; ◇ **в на́шем ~и два часа́** uns stehen zwei Stunden zur Verfügung

распра́ва $ж_1$ <-ы> (*насилие*) Abrechnung *f;* (*месть*) Rache *f;* (*наказание*) Vergeltung *f;* ◇ **крова́вая** ~ Blutbad *n;* ◇ **производи́ть ~у над кем-л** mit jd-m kurzen Prozeß machen

распра́виться[1] V_{4b} *сов* <-вится, -вятся, 1 и 2 л. не употр> [**расправля́ться** V_{1b} *несов*] *без доп* (*разгладиться, выпрямиться*) sich glätten; ◇ **кры́лья пти́цы ~лись** der Vogel breitete seine Flügel aus

распра́виться[2] *сов* <-влю́сь, -вишься> [**расправля́ться** *несов*] *с кем-чем* (1) (*произвести расправу*) abrechnen, sich an jd-m rächen (2) *разг* (*управиться*) fertig werden, zurechtkommen; ◇ ~ **с обе́дом** das Mittagessen restlos aufessen

распределе́ние $с_4$ <-я> (*размещение*) Verteilung *f,* Einteilung *f* (2) эк Ausschüttung *f* (3) (*направление на работу*) Zuweisung *f* von Arbeitsplätzen; **распредели́тельный** *прил* <-ая, -ое, -ые> Verteilungs-, Verteiler-; ◇ **~ое устро́йство** Verteileranlage; эл ◇ ~ **щит** Schaltbrett *n;* **распредели́ть** V_{4a} *сов* <-лю́, -ли́шь> [**распределя́ть** V_{1b} *несов*] *кого-что вин* (1) (*разделить что-л между кем-л*) verteilen, aufteilen; (*раздать*) ◇ ~ **дохо́ды** die Gewinne austeilen (2) (*разместить*) einteilen (3) (*определить*) zuweisen; ◇ ~ **кого́-л на рабо́ту** jd-m eine Stelle zuweisen

распрода́жа $ж_1$ <-и> Ausverkauf *m;* ◇ **сезо́нная ~ това́ров** Schlußverkauf *m;* **распрода́ть** * *сов* <-а́м, -а́шь, *Part. Prät. Pass.* -про́данный> [**распродава́ть** V_{1a} *несов* <*Part. Präs. Akt.* -даю́щий>] *кого-что вин* ausverkaufen; ◇ ~ **иму́щество** Vermögen veräußern; ◇ **кни́га ~на** das Buch ist vergriffen

распростране́ние $с_4$ <-я> Verbreitung *f;* (*влияния*) Ausdehnung *f;* ◇ **име́ть** ~ verbreitet sein; **распространи́ть** V_{4a} *сов* <-ню́, -ни́шь> [**распространя́ть** V_{1b} *несов*] *кого-что вин* (1) (*увеличить*) erweitern; ◇ ~ **свои́ владе́ния** seinen Besitz erweitern (2) (*расширить круг действия*) ausdehnen (3) (*сделать известным*) verbreiten, zugänglich machen; ◇ ~ **слу́хи** in Umlauf setzen (4) (*раздать*) verteilen; **распространи́ться** *сов* <-ню́сь, -ни́шься, (1) 1 и 2 л. не употр> [**распространя́ться** *несов*] *без доп* (1) (*расширяться*) sich verbreiten; (*о влиянии*) sich ausdehnen, sich erstrecken; (*о свете, звуке*) sich ausbreiten; ◇ **ого́нь ~и́тся по ле́су** das Feuer greift im Wald um sich; ◇ **слу́хи бы́стро ~я́тся** Gerüchte gehen schnell um (2) (*пространно говорить*) weitschweifig erzählen, viele Worte machen; ◇ ~ **о свои́х успе́хах** sich lang und breit über seine Erfolge auslassen; ◇ **осо́бенно об э́том не ~я́йся** häng das bitte nicht an die große Glocke

распрями́ться V_{4a} *сов* <-млю́сь, -ми́шься> [**распрямля́ться** V_{1b} *несов*] *без доп* (*потянуться*) sich strecken; (*выпрямиться*) sich aufrichten; (*разгладиться*) sich glätten

распусти́ть V_{4a} *сов* <-ущу́, -у́стишь, *Part. Prät. Pass.* -у́щенный> [**распуска́ть** V_{1a} *несов*] *кого-что вин* (1) (*отпустить*) entlassen; ◇ ~ **ученико́в на кани́кулы** die Schüler in die Ferien entlassen (2) (*расформировать*) auflösen; ◇ ~ **парла́мент** das Parlament auflösen (3) (*развязать*) lösen, lockern; ◇ ~ **знамёна** Fahnen aufrollen; ◇ ~ **паруса́** die Segel hissen (4) (*растворить*) auflösen; ◇ ~ **кра́ску в воде́** Farbe in Wasser auflösen; (*растопить*) schmelzen, zerlassen; (*связан-*

ное) auftrennen, aufziehen ⑤ (*избаловать*) verwöhnen; (*испортить*) verderben ⑥ *разг* (*распространить*) in Umlauf bringen; ◇ ~ **спле́тню** Tratsch verbreiten; **распусти́ться** *сов* ‹-ущу́сь, -у́стишься, (1, 2) 1 и 2 л. не употр› [**распуска́ться** *несов*] *без доп* ① (*о цветках, почках*) aufgehen, Knospen treiben; (*о деревьях*) ausschlagen ② (*развязаться, ослабнуть*) sich lösen; ◇ **коса́ ~лась** der Zopf ging auf ③ *разг* (*стать непослушным*) sich gehen lassen

распу́тать V_{1a} *сов* ‹-аю, -аешь› [**распу́тывать** V_{1a} *несов*] *кого-что вин* ① (*размотать*) aufknüpfen, lösen; (*нитки*) ◇ ~ **клубо́к** ein Knäuel entwirren ② *перен* (*прояснить*) klären

распу́тица *ж*$_1$ ‹-ы› ① Matschwetter *n*; ◇ **пое́хал в са́мую ~у** er fuhr mitten im schlimmsten Matschwetter ② (*плохое состояние дорог*) schlechte Befahrbarkeit der Wege

распу́тник *м*$_1$ ‹-а› Wüstling *m*; **распу́тница** *ж*$_1$ ‹-ы› lasterhafte Frau *f*; **распу́тство** *с*$_2$ ‹-а› Ausschweifung *f*, Unzucht *f*; (*порочный образ жизни*) lasterhaftes Leben

распу́тье *с*$_5$ ‹-я› Wegegabelung *f*

распу́хнуть V_2 *сов* ‹-ну, -нешь, (2, 3) 1 и 2 л. не употр, *Prät.* -пу́х› [**распуха́ть** V_{1a} *несов*] *без доп* ① (*вздуться*) anschwellen, dick werden ② (*стать пухлым*) aufquellen ③ *перен* (*увеличиться*) aufblähen; **распу́хший** *прил* ‹-ая, -ее, -ие› angeschwollen, geschwollen; (*одутловатый*) aufgedunsen

распу́щенный *прил* ‹-ая, -ое, -ые› ① (*своевольный*) undiszipliniert ② (*безнравственный*) lasterhaft

распыле́ние *с*$_4$ ‹-я› ① (*рассеивание*) Zerstäuben *n*; (*о жидкости*) Versprühen *n* ② (*сил, средств*) Zersplitterung *f*

распя́тие *с*$_4$ ‹-я› ① (*действие*) Kreuzigung *f* ② (*изображение*) Kruzifix *n*

расса́да *ж*$_1$ ‹-ы› бот Setzlinge *m pl*

рассади́ть V_{4a} *сов* ‹-ажу́, -а́дишь, *Part. Prät. Pass.* -а́женный› [**расса́живать** V_{1a} *несов*] *кого-что вин* ① (*усадить*) Plätze anweisen, unterbringen ② (*посадить порознь*) auseinandersetzen, voneinander trennen ③ (*посадить реже*) umpflanzen; ◇ ~ **клубни́ку** die Erdbeeren weiter auseinandersetzen ④ (*поранить*) sich verletzen

расса́дник *м*$_1$ ‹-а› ① (*питомник*) Baumschule *f* ② *перен* (*источник*) Brutstätte *f*, Herd *m*; ◇ ~ **инфе́кции** Infektionsherd

рассвести́ *сов* ‹-ветёт, *Prät.* -вело́› [**рассвета́ть** V_{1a} *несов*] *без доп, безл* (*о рассвете*) dämmern, tagen; ◇ **уже́ рассвело́** die Sonne ist schon aufgegangen

рассве́т *м*$_1$ ‹-а› Morgendämmerung *f*, Morgengrauen *n*; ◇ **пе́ред ~ом** in aller Frühe

рассвета́ть *несов от* **рассвести́**

расселе́ние *с*$_4$ ‹-я› Ansiedeln *n*

рассе́лина *ж*$_1$ ‹-ы› Riß *m*, Spalte *f*; (*глубокая*) Kluft *f*; ◇ **го́рная** ~ Bergkluft

рассерди́ться *см.* **серди́ться**

рассе́янность *ж*$_5$ ‹-и› (*невнимательность*) Zerstreutheit *f*; **рассе́янный** *прил* ‹-ая, -ое, -ые› ① (*разбросанный*) verstreut, zerstreut; ◇ ~ **свет** Streulicht *n* ② (*невнимательный*) zerstreut, unaufmerksam; **рассе́ять** V_{1b} *сов* ‹-е́ю, -е́ешь, *Imp.* -е́й, ~те› [**рассева́ть** (1) и **рассе́ивать** (2-4) V_{1a} *несов*] *кого-что вин* ① (*посеять*) aussäen ② (*разогнать*) auseinanderjagen, zerstreuen; ◇ ~ **толпу́** die Menge auseinandertreiben ③ *перен* (*устранить*) zerstreuen; ◇ ~ **подозре́ния** Verdächtigungen zerstreuen ④ (*развлечь*) ablenken, zerstreuen; ◇ ~ **огорчённого дру́га** den betrübten Freund auf andere Gedanken bringen

расска́з *м*$_1$ ‹-а› ① (*произведение*) Erzählung *f*, Geschichte *f*; **коро́ткий** ~ Kurzgeschichte *f* ② (*сообщение*) Bericht *m*; ◇ ~ **очеви́дца** Augenzeugenbericht; **рассказа́ть** V_{1a} *сов* ‹-ажу́, -а́жешь, *Imp.* -ажи́, ~те, *Part. Prät. Pass.* -а́занный› [**расска́зывать** V_{1a} *несов*] *что вин или о ком-чём предл* erzählen, berichten; ◇ **расскажи́ кому́-л друго́му** das kannst du einem anderen erzählen

рассла́биться V_{4b} *сов* ‹-блюсь, -бишься› [**расслабля́ться** V_{1b} *несов*] *без доп* sich entspannen

рассле́дование *с*$_4$ ‹-я› Untersuchung *f*, Nachforschung *f*; **рассле́довать** V_{3a} *несов и сов* ‹-дую, -дуешь› *что вин* ① (*подвергнуть исследованию*) untersuchen, prüfen; ◇ ~ **обстоя́тельства де́ла** den Sachverhalt untersuchen ② (*установить*) ermitteln; ◇ ~ **преступле́ние** in einer Strafsache ermitteln

расслое́ние *с*$_4$ ‹-я› ① геол Schichtung *f* ② *перен* Schichtung *f*, Differenzierung *f*

рассма́тривать *несов от* **рассмотре́ть**

рассмотре́ние *с*$_4$ ‹-я› Betrachtung *f*, Prüfung *f*; (*расследование*) Untersuchung *f*; (*просмотр*) Durchsicht *f*; (*изучение*) Studium *n*; (*обсуждение*) Erörterung *f*; ◇ **переда́ть вопро́с на ~ коми́ссии** der Kommission eine Frage zur Prüfung vorlegen; ◇ **оста́вить про́сьбу без ~я** eine Bitte unberücksichtigt lassen; **рассмотре́ть** * *сов* <-рю́, -о́тришь> [**рассма́тривать** V_{1a} *несов*] *кого-что вин* (1) (*распознать*) erkennen (2) (*обсудить, разобрать*) genau betrachten, erörtern, prüfen; ◇ **тща́тельно ~ все да́нные** alle Angaben eingehend prüfen; (*изучить*) studieren; (*расследовать*) untersuchen

рассо́л $м_1$ <-а> Salzwasser *n;* (*раствор*) Salzlauge *f*

расспроси́ть V_{4a} *сов* <-ошу́, -о́сишь, *Part. Prät. Pass.* -о́шенный> [**расспра́шивать** V_{1a} *несов*] *кого-что вин о ком-чём предл* ausfragen, erfragen; (*осведомиться*) nachfragen; (*разведать*) sich erkundigen; (*навести справки*) nachforschen

расспро́сы $мн_1$ <-ов> Nachforschungen *f pl,* Fragen *f pl;* (*надоедание*) lästiges Ausfragen; ◇ **надоеда́ть кому́-л ~ами** jd-m mit seinen Fragen überdrüssig werden

рассро́чка $ж_1$ <-и, *род мн:* -чек> Stundung *f;* ◇ **платёж в ~у** Ratenzahlung *f*

расстава́ние $с_4$ <-я> Trennung *f,* Scheiden *n;* (*прощание*) Abschied *m*

расста́вить V_{4b} *сов* <-влю, -вишь, *Part. Prät. Pass.* -вленный> [**расставля́ть** V_{1b} *несов*] *кого-что вин* (1) (*поставить*) aufstellen, anordnen; (*распределить*) verteilen, einsetzen (2) (*раздвинуть*) spreizen

расстано́вка $ж_1$ <-и, *род мн:* -вок> (1) (*размещение*) Aufstellung *f;* (*расположение*) Anordnung *f* (2) (*последовательность*) Aufteilung *f* (3) (*пауза*) Pause *f;* ◇ **чита́ть с ~ой** Pausen machen beim Lesen

расста́ться * *сов* <-а́нусь, -а́нешься> [**расстава́ться** V_{1a} *несов*] *с кем-чем тв* (1) (*разойтись*) sich trennen, auseinandergehen; (*проститься*) Abschied nehmen (2) (*лишиться*) sich trennen; ◇ **со щенко́м придётся тебе́ ~** von dem Hündchen mußt du dich trennen

расстегну́ть V_2 *сов* <-ну́, -нёшь, *Part. Prät. Pass.* -стёгнутый> [**расстёгивать** V_{1a} *несов*] *что вин* (*ворот*) öffnen; (*пальто*) aufmachen; (*пуговицы*) aufknöpfen; (*пряжку*) aufschnallen; (*крючки*) aufhaken

расстоя́ние $с_4$ <-я> Entfernung *f,* Abstand *m;* ◇ **на ~и пяти́ киломе́тров** in einer Entfernung von fünf Kilometern; ◇ **держа́ть кого́-л на почти́тельном ~и от себя́** von jd-m respektvollen Abstand halten; ◇ **держа́ться на ~и** Distanz wahren; ◇ **на ~и вы́стрела** in Schußweite

расстре́л $м_1$ <-а> (1) Erschießung *f* (2) (*смертная казнь*) Erschießen *n;* ◇ **приговори́ть к ~у** zum Tod durch Erschießen verurteilen; **расстреля́ть** V_{1b} *сов* <-я́ю, -я́ешь> [**расстре́ливать** V_{1a} *несов*] *кого-что вин* (1) (*убить*) erschießen (2) воен (*обстрелять*) beschießen

расстро́ить V_{4b} *сов* <-о́ю, -о́ишь> [**расстра́ивать** V_{1a} *несов*] *кого-что вин* (1) (*нарушить порядок*) verwirren, desorganisieren (2) (*причинить ущерб*) schaden, zerrütten (3) (*помешать осуществлению*) vereiteln; (*сорвать*) hintertreiben; ◇ **~ чьи-л пла́ны** jd-s Pläne durchkreuzen (4) (*огорчить*) verstimmen, mißmutig machen; ◇ **~ неприя́тным изве́стием** mit einer unangenehmen Nachricht die Laune verderben (5) муз verstimmen; **расстро́йство** $с_2$ <-а> (1) Verwirrung *f;* (*беспорядок*) Unordnung *f* (2) мед (*заболевание*) Verstimmung *f;* ◇ **~ желу́дка** Magenverstimmung (3) (*плохое настроение*) schlechte Laune, Mißstimmung *f*

рассуди́тельный *прил* <-ая, -ое, -ые> (*благоразумный*) besonnen, verständig; (*осторожный*) behutsam; **рассуди́ть** V_{4a} *сов* <-ужу́, -у́дишь, *Part. Prät. Pass.* -у́женный> *кого-что вин (1), без доп (2)* (1) (*посредничать в споре*) schlichten; (*решить*) entscheiden (2) (*обдумать*) erwägen, überlegen, bedenken

рассу́док $м_1$ <-дка> (1) (*сознание*) Verstand *m;* ◇ **лиши́ться ~дка** den Verstand verlieren (2) (*здравый смысл*) Vernunft *f*

рассужда́ть V_{1a} *несов* <-а́ю, -а́ешь> *без доп* (1) (*мыслить*) überlegen, beurteilen, denken; (*судить*) über etw urteilen (2) (*вести беседу*) sprechen, reden; **рассужде́ние** $с_4$ <-я> (1) (*умозаключение*) Überlegung *f,* Erwägung *f* (2) (*высказывание*) Betrachtung *f,* Erörterung *f* (3) (*разговор*) Gerede *n,* Reden *n;* ◇ **без ~й** ohne Einwendungen

рассчита́ться V_{1a} *сов* <-а́юсь, -а́ешься> [**рассчи́тываться** V_{1a} *несов*] *с кем тв (1, 2), без доп (3)* (1) (*расплатиться*) abrechnen, die Rechnung begleichen (2) *перен* mit jd-m abrechnen (3) воен, спорт abzählen

рассы́лка $ж_1$ <-и> Versand *m,* Versendung *f;* **рассы́льный** *м (A l)* <-ого> Kurier *m,* Bote *m*

рассы́пать V_{1a} *сов* <-плю, -плешь, *Imp.* -пь, ~те> [**рассыпа́ть** V_{1a} *несов*] *что вин* (1) (*раскидать*) verstreuen; (*высыпать*) ausstreuen (2) (*разместить*) hineinschütten; ◇ **~ по паке́там** in Tüten abfüllen

рассы́пчатый *прил* <-ая, -ое, -ые> mürbe, bröckelig; ◇ **~ое те́сто** Mürbeteig *m*

растя́ять *см.* **та́ять**

раство́р [1] *м₁* <-а> (*отверстие*) Öffnung *f;* ◇ **стоя́ть в ~е двере́й** an der Türöffnung stehen

раство́р [2] *м₁* <-а> (1) хим Lösung *f* (2) стр Mörtel *m;* ◇ **строи́тельный** ~ Putz *m*

раствори́мый *прил* <-ая, -ое, -ые> löslich, auflösbar; ◇ ~ **ко́фе** löslicher Kaffee

раствори́тель $м_2$ <-я> хим Lösungsmittel *n*

раствори́ть [1] V_{4a} *сов* <-рю́, -ори́шь, *Part. Prät. Pass.* -о́ренный> [**растворя́ть** V_{1a} *несов*] *что вин* öffnen, aufmachen

раствори́ть [2] *сов* <-рю́, -ри́шь, *Part. Prät. Pass.* -рённый> [**растворя́ть** *несов*] *что вин* (1) auflösen (2) (*тесто*) verrühren

расте́ние $с_4$ <-я> Pflanze *f;* ◇ **сельскохозя́йственные ~я** landwirtschaftliche Nutzpflanzen; **растениево́дство** $с_2$ <-а> Pflanzenzucht *f,* Pflanzenanbau *m*

растере́ть * *сов* <разотру́, разотрёшь> [**растира́ть** V_{1a} *несов*] *что вин* (1) (*размельчить*) zerreiben, zermalmen; ◇ ~ **мел в порошо́к** Kreide zu Pulver verreiben; (*в ступке*) zerstoßen (2) (*размазать*) einreiben (3) (*натереть*) reiben; ◇ ~ **больно́е ме́сто** sich die wunde Stelle reiben; (*полотенцем*) abreiben; (*массировать*) massieren

растерза́ть V_{1a} *сов* <-а́ю, -а́ешь, *Part. Prät. Pass.* -те́рзанный> [**расте́рзывать** V_{1a} *несов*] *кого-что вин тж перен* (*разорвать на части*) zerfleischen, zerfetzen; ◇ **волк ~а́л ягнёнка** der Wolf riß das Lamm in Stücke

расте́рянность $ж_5$ <-и> (*беспомощность*) Hilflosigkeit *f;* (*смущение*) Verlegenheit *f;* (*замешательство*) Verwirrung *f;* **расте́рянный** *прил* <-ая, -ое, -ые> (*смущённый*) verdutzt; (*в замешательстве*) verwirrt; (*беспомощный*) verloren, hilflos

растеря́ться V_{1b} *сов* <-я́юсь, -я́ешься, (2) 1 и 2 л. не употр> (1) (*о человеке*) die Fassung verlieren, verwirrt sein (2) (*потеряться*) verlorengehen, abhanden kommen; ◇ **~лись ста́рые друзья́** die alten Freunde haben sich aus den Augen verloren

растеря́ха *м/ж₁* <-и> *разг* kopfloser Mensch *m,* Schussel *m*

расти́ * *несов* <-ту, -тёшь, (2, 3) 1 и 2 л. не употр> [**вы́**~ *сов*] *без доп* (1) (*о живых организмах*) wachsen, heranwachsen (2) (*произрастать*) gedeihen, wachsen; ◇ **кипари́сы ~у́т на ю́ге** Zypressen wachsen im Süden (3) (*увеличиваться, развиваться*) (an-)steigen, zunehmen, größer werden; (*крепнуть*) zunehmen, wachsen; ◇ **го́род ~ёт** die Stadt wird größer; ◇ **~у́т це́ны** die Preise steigen (4) (*совершенствоваться*) sich entwickeln, vollkommener werden (5) (*проводить детство*) aufwachsen; ◇ **он рос в го́роде** er ist in der Stadt aufgewachsen

растира́ние $с_4$ <-я> (1) (*измельчение*) Zerreibung *f* (2) (*массаж*) Frottieren *n,* Abreiben *n*

растира́ть *несов от* **растере́ть**

расти́тельность $ж_5$ <-и> (1) (*мир растений*) Pflanzenwuchs *m,* Vegetation *f,* Flora *f* (2) (*волосы на теле*) Behaarung *f,* Haarwuchs *m;* **расти́тельный** *прил* <-ая, -ое, -ые> Pflanzen-, pflanzlich; ◇ **~ое ца́рство** Pflanzenreich *n;* (*лишенный духовных интересов*) ◇ **~ый о́браз жи́зни** stumpfes Dahinvegetieren

расти́ть V_{4a} *несов* <ращу́, -ти́шь> *кого-что вин* (1) (*выращивать*) züchten (2) (*воспитывать*) erziehen, aufziehen (3) (*совершенствовать*) entwickeln; ◇ ~ **своё дарова́ние** seine Begabung ausbauen

растли́ть V_{4a} *сов* <-лю́, -ли́шь> [**растлева́ть** V_{1a} *несов*] *кого-что вин* (1) (*изнасиловать*) vergewaltigen (2) (*нравственно развратить*) moralisch verderben

растолка́ть V_{1a} *сов* <-а́ю, -а́ешь, *Part. Prät. Pass.* -то́лканный> [**раста́лкивать** V_{1a} *несов*] *кого-что вин* (1) (*протиснуться*) auseinanderstoßen; ◇ ~ **толпу́** sich einen Weg durch die Menge bahnen (2) (*разбудить*) aufrütteln, wachrütteln

растолкова́ть V_{3a} *сов* <-ку́ю, -ку́ешь, *Part. Prät. Pass.* -ко́ванный> [**растолко́вывать** V_{1a} *несов*] *что вин* erklären, verständlich machen

растопи́ть [1] V_{4a} *сов* <-плю́, -о́пишь, *Part. Prät. Pass.* -о́пленный> [**раста́пливать** V_{1a} *несов*] *что вин* (*печь, камин*) anheizen, Feuer anmachen

растопи́ть [2] V_{4a} *сов* <-плю́, -о́пишь, *Part. Prät. Pass.* -о́пленный> [**раста́пливать** *несов*] *что вин* (*воск и т. д.*) schmelzen; (*снег*) auftauen; (*жир, масло*) zerlassen; *перен* ◇ ~ **лёд** das Eis brechen

расто́ргнуть V_2 *сов* <-ну, -нешь, *Part. Prät. Pass.* -нутый> [**расторга́ть** V_{1a} *несов*] *что вин* (*прекратить действие*) auflösen; (*отменить*) aufheben; ◇ ~ **брак** die Ehe scheiden; ◇ ~ **догово́р** einen Vertrag annullieren

расторже́ние $с_4$ <-я> Auflösung *f,* Lösung *f;* (*отмена*) Aufhebung *f*

расторо́пный *прил* <-ая, -ое, -ые> behende, flink, rührig

расточи́тельный *прил* <-ая, -ое, -ые> verschwenderisch

растра́та *ж₁* <-ы> Veruntreuung *f,* Unterschlagung *f;* **растра́тить** V_{4b} *сов* <-а́чу, -а́тишь,

Р

Part. Prät. Pass. -áченный› [**растрáчивать** V_{1a} *несов*] *что вин* ① (*израсходовать*) ausgeben; ◇ ~ **дéньги на покýпки** Geld für Einkäufe ausgeben; ◇ ~ **сúлы** Kräfte vergeuden ② (*израсходовать незаконно*) veruntreuen, unterschlagen

растрёпа *м/ж₁* ‹-ы› *разг* schlampige Frau *f*, schlampiger Kerl; (*забывчивый*) Schussel *m;* **растрёпанный** *прил* ‹-ая, -ое, -ые› (*неаккуратный*) zerzaust, unordentlich, schlampig; (*о книге*) zerfleddert, zerknittert

растрóгать V_{1a} *сов* ‹-аю, -аешь› *кого-что вин* rühren, Mitgefühl hervorrufen; **растрóгаться** *сов* ‹-аюсь, -аешься› *без доп* gerührt sein

растягивать *несов от* **растянýть**

растяжéние c_4 ‹-я› Dehnen *n*, Ausdehnung *f;* тех ◇ **сúла ~я** Zugkraft *f;* ◇ ~ **свя́зок** Bänderzerrung *f;* **растяжúмый** *прил* ‹-ая, -ое, -ые› ① (*растягивающийся*) dehnbar, elastisch ② *перен* dehnbar; ◇ **~ое поня́тие** dehnbarer Begriff

растя́нутый *прил* ‹-ая, -ое, -ые› in die Länge gezogen; **растянýть** V_2 *сов* ‹-нý, -я́нешь, *Part. Prät. Pass.* -я́нутый› [**растя́гивать** V_{1a} *несов*] *что вин* ① (*натянуть*) (aus-)dehnen, (aus-)weiten, spannen; ◇ ~ **шкýру** das Fell spannen ② (*повредить*) zerren, verstauchen; ◇ ~ **нóгу** sich den Fuß verstauchen ③ *перен* (*продлить, затянуть*) in die Länge ziehen, hinausziehen; **растянýться** *сов* ‹-янýсь, -я́нешься, (3) 1 и 2 л. не употр› [**растя́гиваться** *несов*] *без доп* ① *разг* (*разлечься*) sich ausstrecken ② *разг* (*упасть*) hinfallen; ◇ ~ **во весь рост** der Länge nach hinschlagen ③ (*потерять упругость*) ausleiern

растя́па *м/ж₁* ‹-ы› *разг* Schlafmütze *f*, Tolpatsch *m*

расфасóванный *прил* ‹-ая, -ое, -ые› ◇ ~ **товáр** abgepackte Ware

расфасóвка *ж₁* ‹-и, *род мн:* -вок› ① (*действие*) Abpacken *n;* (*развеска*) Abwiegen *n* ② (*упакованный товар*) abgepackte Ware

расхватáть V_{1a} *сов* ‹-áю, -áешь, *Part. Prät. Pass.* -áтанный› [**расхвáтывать** V_{1a} *несов*] *кого-что вин разг* ① (*разобрать*) wegraffen; (*наброситься*) sich über etw hermachen; ◇ **птúцы ~ли корм** die Vögel fraßen das ganze Futter auf ② (*раскупить*) aufkaufen

расхитúтель $м_2$ ‹-я› Plünderer *m;* (*грабитель*) Räuber *m;* (*вор*) Dieb *m*

расхúтить V_{4b} *сов* ‹-йщу, -йтишь, *Part. Prät. Pass.* -йщенный› [**расхищáть** V_{1a} *несов*] *что вин* plündern, veruntreuen; (*разграбить*) rauben; (*красть*) stehlen; **расхищéние** c_4 ‹-я› Plünderung *f;* (*разграбление*) Raub *m;* (*кража*) Diebstahl *m*

расхля́банность $ж_5$ ‹-и› Undiszipliniertheit *f*, Schlamperei *f;* **расхля́банный** *прил* ‹-ая, -ое, -ые› (*разшатанный*) locker; (*недисциплинированный*) undiszipliniert; ◇ **~ая похóдка** schwankender Gang

расхóд *м₁* ‹-а› ① (*затраты*) Ausgabe *f;* ◇ **дéньги на домáшние ~ы** Haushaltsgeld *n;* ◇ **ввестú когó-л в** ~ jd-n in Unkosten stürzen; ◇ ~ **сил** Kraftaufwand *m* ② (*потребление*) Verbrauch *m;* ◇ ~ **электроэнéргии** Stromverbrauch ③ (*издержки*) Ausgaben *f pl*, Auslagen *f pl;* ◇ **дорóжные ~ы** Reisespesen *pl* ④ фин Soll *n;* **расхóдование** c_4 ‹-я› (*потребление*) Verbrauch *m;* (*денег*) Ausgabe *f;* **расхóдовать** V_{3a} *несов* ‹-дую, -дуешь, (2) 1 и 2 л. не употр› [**из~** *сов*] *что вин* ① (*тратить*) ausgeben; ◇ ~ **материáлы** Material verbrauchen; ◇ ~ **срéдства** Mittel aufwenden ② (*потреблять*) verbrauchen

расхождéние c_4 ‹-я› ① (*несовпадение*) Verschiedenheit *f*, Nichtübereinstimmung *f* ② (*несоответствие*) Divergenz *f*, Auseinandergehen *n;* (*противоречие*) Widerspruch *m;* (*отклонение*) Abweichung *f;* (*разрыв*) Bruch *m*

расцарáпать V_{1a} *сов* ‹-аю, -аешь› [**расцарáпывать** V_{1a} *несов*] *кого-что вин* (*поранить*) zerkratzen

расцвестú * *сов* ‹-ветý, -ветёшь, (1, 3) 1 и 2 л. не употр› [**расцветáть** V_{1a} *несов*] *без доп* ① (*распуститься*) aufblühen, erblühen ② *перен* (*похорошеть*) aufblühen, erblühen; ◇ **~ли наýка и искýсство** Wissenschaft und Kunst erlebten eine Blütezeit ③ (*просиять*) strahlen; **расцвéт** *м₁* ‹-а› ① (*цветение*) Blüte *f*, Blühen *n* ② *перен* (*развитие*) Blüte *f;* (*подъём*) Aufschwung *m;* ◇ ~ **экономúки** wirtschaftlicher Aufschwung; ◇ **перúод ~а** Blütezeit *f;* ◇ **в ~е сил** in den besten Jahren

расценúть V_{4a} *сов* ‹-н́ю, -éнишь› [**расцéнивать** V_{1a} *несов*] *кого-что вин* ① (*установить цену*) den Preis festsetzen, taxieren, bewerten ② *перен* (*квалифицировать*) beurteilen, einschätzen; ◇ ~ **чей-л постýпок как ошúбку** jd-s Tat als Fehler bewerten; **расцéнка** *ж₁* ‹-и, *род мн:* -нок› ① (*действие*) (Ab-)Schätzung *f* ② (*цена*) Preisfestsetzung *f;* ◇ ~ **трудá** Tarif *m*

расчеса́ть V_{1a} *сов* ‹-ешу́, -е́шешь, *Imp.* -еши́, ~те, *Part. Prät. Pass.* -ёсанный› [**расчёсывать** V_{1a} *несов*] *что вин* ① (*причесать*) kämmen ② (*повредить*) zerkratzen, aufkratzen; **расчёска** *ж₁* ‹-и, *род мн:* -сок› *разг* Kamm *m*

расчёт *м₁* ‹-а› ① (*калькуляция*) Berechnung *f*, Kalkulation *f;* ◇ **предвари́тельный** ~ Voranschlag *m* ② (*уплата*) Abrechnung *f;* ◇ **произвести́** ~ die Rechnung begleichen ③ (*увольнение с полной выплатой*) Entlassung *f* (mit Auszahlung des Lohnes); ◇ **дать** ~ **кому́-л** jd-n entlassen; ◇ **потре́бовать** ~**а** die Arbeit aufgeben ④ (*намерение*) Plan *m;* ◇ **э́та пое́здка не вхо́дит в мои́** ~**ы** diese Reise paßt nicht in meine Pläne; ◇ **обману́ться в** ~**ах** sich verrechnen ⑤ (*выгода*) Vorteil *m*, Nutzen *m;* ◇ **во всём соблюда́ть** ~ stets sparsam sein; ◇ **де́йствовать по** ~**у** auf seinen Vorteil bedacht sein; ◇ **брак по** ~**у** Vernunftheirat *f;* ◇ **приня́ть в** ~ in Betracht ziehen; ◇ **из** ~**а чего́-л** ausgehend von; ◇ **мы в** ~**е** wir sind quitt

расчётливость *ж₅* ‹-и› ① (*бережливость*) Sparsamkeit *f*, Berechnung *f* ② (*предусмотрительность*) Umsicht *f;* **расчётливый** *прил* ‹-ая, -ое, -ые› ① (*бережливый*) sparsam; (*хозяйственный*) wirtschaftlich ② (*предусмотрительный*) umsichtig

расчи́стить V_{4b} *сов* ‹-и́щу, -и́стишь› [**расчища́ть** V_{1a} *несов*] *что вин* säubern, aufräumen; ◇ ~ **лес** den Wald roden; *перен* ◇ ~ **путь** den Weg ebnen; ◇ ~ **сугро́бы** Schnee räumen; **расчи́стка** *ж₁* ‹-и› (*уборка*) Säubern *n*, Reinigung *f;* (*леса*) Rodung *f*

расчища́ть *несов от* **расчи́стить**

расша́танный *прил* ‹-ая-ое, -ые› ① (*шаткий*) locker, wackelig ② (*о здоровье*) instabil, labil; (*о дисциплине*) zerrüttet

расшата́ть V_{1a} *сов* ‹-а́ю, -а́ешь, *Part. Prät. Pass.* -а́танный› [**расша́тывать** V_{1a} *несов*] *что вин* ① (*сделать неустойчивым*) losrütteln, lockern ② *перен* (*расстроить*) untergraben, zerrütten; ◇ ~ **здоро́вье** seine Gesundheit ruinieren

расшире́ние *с₄* ‹-я› ① (*действие*) Erweiterung *f*, Ausdehnung *f*, Ausweitung *f;* (*развитие*) Ausbau *m;* (*распространение*) Verbreitung *f;* (*увеличение*) Zunahme *f*, Anwachsen *n*, Erweiterung *f;* ◇ ~ **своего́ кругозо́ра** seinen Horizont erweitern ② физ Ausdehnung *f* ③ мед Erweiterung *f;* **расши́ренный** *прил* ‹-ая, -ое, -ые› erweitert; (*зако́на*) ◇ ~**ое толкова́ние** breite Gesetzesauslegung; **расши́рить** V_{4b} *сов* ‹-рю, -ришь› [**расширя́ть** V_{1b} *несов*] *что вин* ① (*сделать шире*) verbreitern, erweitern, ausdehnen ② (*увеличить в объёме, в числе*) ausweiten ③ *перен* erweitern, vertiefen

расшифрова́ть V_{1a} *сов* ‹-ру́ю, -ру́ешь, *Imp.* -ру́й, ~те, *Part. Prät. Pass.* -ро́ванный› [**расшифро́вывать** *несов*] *что вин* entziffern, entschlüsseln, dechiffrieren; (*разгадать смысл*) enträtseln

расще́лина *ж₁* ‹-ы› Spalte *f*, Spalt *m*

расщепи́ть V_{4a} *сов* ‹-плю́, -пи́шь, *Part. Prät. Pass.* -плённый› [**расщепля́ть** V_{1b} *несов*] *что вин* ① (*разделить на части*) spalten, zerkleinern ② физ, хим zersetzen

ратифика́ция *ж₄* ‹-и› Ratifizierung *f*

ра́товать V_{1a} *несов* ‹-тую, -туешь, *Imp.* -туй, ~те› *за кого-что вин, против кого-чего род* sich einsetzen (für), für etw kämpfen, eintreten (für)

ра́унд *м₁* ‹-а› ① спорт Runde *f;* ◇ **бой из трёх** ~**ов** Kampf über drei Runden ② *перен* (*цикл*) Runde *f;* ◇ **очередно́й** ~ **перегово́ров** ordentliche Verhandlungsrunde

рафина́д *м₁* ‹-а› Würfelzucker *m;* **рафини́рованный** *прил* ‹-ая, -ое, -ые› ① (*очищенный*) raffiniert; тех veredeln ② *перен* (*изысканный*) raffiniert, verfeinert; ◇ ~ **вкус** verfeinerter Geschmack

рациона́льность *ж₅* ‹-и› Rationalität *f;* (*разумность*) Vernünftigkeit *f;* (*целесообразность*) Zweckmäßigkeit *f;* **рациона́льный** *прил* ‹-ая, -ое, -ые› ① (*разумный*) rational, vernünftig; (*целесообразный*) zweckmäßig; ◇ ~**ое пита́ние** vernünftige Ernährung ② мат rational

ра́ция *ж₄* ‹-и› Funkstelle *f;* ◇ **переда́ть по** ~**и** über Funk senden

ра́шпиль *м₂* ‹-я› тех Raspel *f*

рва́ный *прил* ‹-ая, -ое, -ые› ① (*разорванный на части*) zerrissen, zerfetzt ② (*с дырками*) löchrig ③ *перен* (*с неровными краями*) ◇ ~**ая ра́на** Rißwunde *f;* **рвань** *ж₅* ‹-и› *разг* Fetzen *m*, Lumpen *m*

рвать[1] * *несов* ‹рву́, рвёшь› *что вин* ① (*выдёргивать*) herausreißen, ausreißen; ◇ ~ **из рук что-л у кого́-л** jd-m etw aus der Hand reißen; ◇ ~ **зу́бы** Zähne ziehen ② (*на части*) zerreißen ③ (*собирать*) (ab-)pflücken ④ (*порывать*) (ab-)brechen; ◇ ~ **со свои́м про́шлым** mit seiner Vergangenheit brechen ⑤ (*взрывать*) sprengen, hochgehen lassen; ◇ ~ **и мета́ть** in Rage sein; ◇ **его́ рвут на ча́сти** alle reißen sich um ihn

Р

рвать[2] * *несов* ‹рвёт› *кого-что вин разг безл* (*о рвоте*) (sich) erbrechen, sich übergeben

рвач $м_2$ ‹-á, *мн:* -и́› *разг* raffgieriger Mensch

рве́ние $с_4$ ‹-я› Eifer *m;* (*старание*) Beflissenheit *f;* ◇ **рабо́тать с больши́м ~ем** großen Arbeitseifer zeigen

рво́та $ж_1$ ‹-ы› Erbrechen *n;* ◇ **позы́в на ~у** Brechreiz *m;* **рво́тное** *с* (*А ɪ*) ‹-ого› мед Brechmittel *n*

реабилита́ция $ж_4$ ‹-и› Rehabilitierung *f*

реакти́вный *прил* ‹-ая, -ое, -ые› ① ав Strahl-, Düsen-, Raketen-; ◇ ~ **самолёт** Düsenflugzeug *n* ② хим Reagenz-, reaktionsfähig, chemisch wirksam

реа́ктор $м_1$ ‹-а› физ Reaktor *m;* ◇ **я́дерный** ~ Atomreaktor

реа́кция[1] $ж_4$ ‹-и› физ, хим Reaktion *f*

реа́кция[2] $ж_4$ ‹-и› полит Reaktion *f*

реализа́ция $ж_4$ ‹-и› ① (*исполнение*) Realisierung *f,* Verwirklichung *f;* (*осуществление*) Durchführung *f* ② (*вещей, товаров*) Verkauf *m,* Absatz *m;* **реализова́ть** V_{3a} *несов и сов* ‹-зу́ю, -зу́ешь› *что вин* ① (*осуществить*) realisieren, verwirklichen; ◇ ~ **все пла́ны** alle Pläne in die Tat umsetzen ② (*продать*) verkaufen, absetzen; ◇ **вы́годно ~ това́р** die Ware gewinnbringend verkaufen

реа́льность $ж_5$ ‹-и› Realität *f;* (*действительность*) Wirklichkeit *f;* (*выполнимость*) Realisierbarkeit *f;* ◇ **чу́вство ~и** Realitätssinn *m;* **реа́льный** *прил* ‹-ая, -ое, -ые› ① (*действительно существующий*) real, wirklich, tatsächlich; ◇ **~ая действи́тельность** Realität *f;* ◇ **~ая за́работная пла́та** Reallohn *m* ② (*осуществимый*) realisierbar ③ (*практический*) realistisch, Real-; ◇ ~ **взгляд на ве́щи** realistische Betrachtung der Dinge

ребёнок $м_1$ ‹-нка, *мн:* де́ти, *род:* -éй, *дат:* -ям, *тв:* -ьми́, *предл:* -ях› Kind *n;* ◇ **грудно́й** ~ Säugling *m;* ◇ ~ **шко́льного во́зраста** Schulkind *n;* ◇ **он ведёт себя́ как** ~ er führt sich kindisch auf; ◇ **приёмный** ~ Pflegekind *n*

ребро́ $с_2$ ‹-á, *мн:* рёбра, *род:* рёбер, *дат:* рёбрам› ① анат Rippe *f* ② (*край или сторона предмета*) Rand *m,* Kante *f;* ◇ **поста́вить вопро́с ~о́м** eine Frage in aller Schärfe stellen ③ тех Kante *f,* Rippe *f*

ребя́та $мн_2$ ‹-бя́т› ① (*ребёнок*) Kinder *n pl* (*мальчики*) Jungen *m pl* ② *разг* (*о взрослых*) junge Leute, Jungs *pl;* **ребя́ческий** *прил* ‹-ая, -ое, -ие› ① (*детский*) kindlich, Kinder-; ◇ **~ие го́ды** Kinderjahre *n pl* ② (*несерьёзный*) kindisch

рёв $м_1$ ‹-а› ① (*вой*) Heulen *n,* Gebrüll *n;* ◇ **звери́ный** ~ Brüllen der Tiere; (*оленя*) Röhren *n;* ◇ ~ **бу́ри** Tosen des Sturms; ~ **мото́ров** Heulen der Motoren ② *разг* (*плач*) Heulen *n,* Geheul *n;* ◇ **де́ти подня́ли** ~ die Kinder fingen an zu heulen

рева́нш $м_2$ ‹-а› Revanche *f;* ◇ **матч-**~ Rückspiel *n;* ◇ **взять** ~ sich revanchieren

реве́нь $м_2$ ‹-я́› Rhabarber *m*

реве́ть * *несов* ‹-ву́, -вёшь› *без доп* ① (*о животных*) heulen, brüllen; (*о буре*) tosen; ◇ **~ут мото́ры** die Motoren heulen; ◇ **толпа́ ~ёт** die Menge tobt ② (*плакать*) laut weinen, flennen

реви́зия $ж_4$ ‹-и› (*обследование*) Revision *f;* ◇ **провести́ ~ю** eine Revision durchführen; (*просмотр*) Durchsicht *f*

ревмати́зм $м_1$ ‹-а› Rheuma *n*

ревни́вый *прил* ‹-ая, -ое, -ые› eifersüchtig; **ревнова́ть** V_{3a} *несов* ‹-ну́ю, -ну́ешь› [**при**~ *сов*] *кого-что вин к кому-чему дат* eifersüchtig sein

ре́вностный *прил* ‹-ая, -ое, -ые› (*усердный*) eifrig, engagiert; (*прилежный*) fleißig

ре́вность $ж_5$ ‹-и› Eifersucht *f;* ◇ **семе́йная дра́ма на по́чве ~и** Eifersuchtsdrama in der Familie

революцио́нный *прил* ‹-ая, -ое, -ые› Revolutions-, revolutionär; ◇ ~ **переворо́т** revolutionärer Umsturz; **револю́ция** $ж_4$ ‹-и› Revolution *f*

рега́та $ж_1$ ‹-ы› спорт Regatta *f;* ◇ **па́русная** ~ Segelregatta

ре́гент $м_1$ ‹-а› ① (*временный правитель*) Regent *m* ② (*дирижёр церковного хора*) Dirigent *m*

регистра́тор $м_1$ ‹-а› ① (*о человеке*) Empfangschef *m,* Empfangsdame *f;* (*у врача*) Sprechstundenhilfe *f* ② (*прибор*) Registriergerät *n* ③ (*папка*) Ordner *m;,* **регистри́ровать** V_{3a} *несов* ‹-рую, -руешь› [**за**~ *сов*] *кого-что вин* registrieren; (*вносить*) eintragen; ◇ **прибо́ры ~уют подзе́мные толчки́** Geräte registrieren die Erdstöße; **регистри́роваться** *несов* ‹-руюсь, -руешься› [**за**~ *сов*] *без доп* ① (*отмечаться*) sich eintragen lassen ② (*оформлять брак*) standesamtlich heiraten

регла́мент $м_1$ ‹-а› ① (*порядок работы*) Vorschrift *f,* Geschäftsordnung *f;* ◇ **наруше́ние ~а** Verstoß gegen die Geschäftsordnung; ◇ **по ~у** vorschriftsgemäß ② (*время для выступления*) Redezeit *f*

регули́рование $с_4$ ‹-я› Regelung *f;* ◇ ~

доро́жного движе́ния Verkehrsregelung; **регули́ровать** V_{3a} *несов* <-рую, -руешь> [**у**~ *сов*] *что вин* (1) (*налаживать*) regeln; (*упорядочивать*) regulieren; ◇ ~ **це́ны** Preise regulieren (2) (*двигатель*) einstellen, regulieren

редакти́ровать V_{3a} *несов и сов* <-рую, -руешь> [**от**~ (1) *сов*] *что вин* (1) (*проверять и исправлять текст*) redigieren (2) (*руководить изданием*) (redaktionell) leiten; **реда́ктор** *м₁* <-а> Redakteur *m;* ◇ **отве́тственный** ~ Herausgeber *m;* **реда́кция** *ж₄* <-ии> (1) (*редактирование*) Redaktion *f,* Redigierung *f* (2) (*формулировка*) Formulierung *f;* ◇ **измени́ть ~ю докуме́нта** die Formulierung des Dokuments ändern (3) (*вариант произведения*) Fassung *f;* ◇ **но́вая ~ по́вести** Neufassung der Erzählung (4) (*учреждение или коллектив*) Redaktion *f;* ◇ ~ **словаре́й** Wörterbuchredaktion

реди́ска *ж₁* <-и, *род мн:* -сок> Radieschen *n*

ре́дкий *прил* <-ая, -ое, -ие> (1) (*редко встречающийся*) selten; ◇ ~ **слу́чай** seltene Gelegenheit (2) (*не густой*) spärlich; ◇ ~ **лес** lichter Wald (3) (*не частый*) selten; ◇ **~ие вы́стрелы** vereinzelte Schüsse; ◇ ~ **пульс** langsamer Puls; **ре́дко** *нареч* selten; ◇ ~ **ви́деться** sich selten treffen; **ре́дкость** *ж₅* <-и> (1) (*явление*) Seltenheit *f* (2) (*вещь*) Seltenheit *f,* Rarität *f;* ◇ **на ~ сме́лый челове́к** ein außergewöhnlich mutiger Mensch

ре́дька *ж₁* <-и, *род мн:* -дек> Rettich *m;* ◇ **надое́сть ху́же го́рькой ~и** jd-m zum Halse heraushängen

рее́стр *м₁* <-а> Register *n,* Verzeichnis *n;* ◇ ~ **иму́щества** Vermögensaufstellung

режи́м *м₁* <-а> (1) (*распорядок действий*) Ordnung *f,* Lebensform *f;* ◇ **пра́вильный ~ пита́ния** richtige Ernährungsweise; ◇ ~ **дня** Tagesordnung; ◇ ~ **эконо́мии** Sparmaßnahmen *f pl;* ◇ **соблюда́ть** ~ sich an die Ordnung halten (2) (*условия работы*) Arbeitsweise *f;* ◇ **в автомати́ческом ~е** automatisch betrieben (3) полит Regime *n*

режиссёр *м₁* <-а> Regisseur *m*

ре́зать * *несов* <ре́жу, ре́жешь, (5) 1 и 2 л. не употр> [**за**~ (3), **раз**~ (1, 2) *сов*] *кого-что вин (6), что вин по чему дат (4), что вин (1-3, 5)* (1) (*на части*) schneiden, aufschneiden; (*отрезать*) abschneiden; ◇ ~ **хлеб ломтя́ми** Brot in Scheiben schneiden (2) *разг* (*вскрывать*) aufschneiden, operieren; ◇ ~ **нары́в** ein Geschwür aufschneiden (3) (*скот*) schlachten, abstechen (4) (*по дереву, металлу*) schnitzen, (ein-)gravieren (5) *безл* (*причинять боль*) schmerzen; ◇ **у меня́ ~ет в животе́** ich habe Magenschmerzen; ◇ **реме́нь ~ет плечо́** der Gürtel schneidet in die Schulter; ◇ ~ **слух** die Ohren beleidigen (6) *разг* (*проваливать на экзамене*) absägen, durchfallen lassen; ◇ ~ **пра́вду в глаза́** die Wahrheit ins Gesicht schleudern

ре́звый *прил* <-ая, -ое, -ые> (1) (*живой*) munter; (*подвижный*) lebhaft; (*шаловливый*) ausgelassen (2) (*быстрый*) schnell, flink

резе́рв *м₁* <-а> (1) (*запас, ресурсы*) Reserve *f;* ◇ **де́нежные ~ы** Rücklagen *f pl;* ◇ **испо́льзовать все ~ы** alle Reserven ausschöpfen; (*запас*) Vorrat *m;* ◇ **име́ть в ~е** vorrätig haben (2) воен Reserve *f*

резервуа́р *м₁* <-а> Behälter *m,* Reservoir *n*

рези́на *ж₁* <-ы> Gummi *m;* **рези́нка** *ж₁* <-и, *род мн:* -нок> (1) (*лента*) Gummiband *n;* (*подвязка*) Gummizug *m* (2) (*ластик*) Radiergummi *m;* ◇ **жева́тельная** ~ Kaugummi *m*

ре́зкий *прил* <-ая, -ое, -ие> (*сравн:* **ре́зче**) (1) (*сильный*) heftig, stark; ◇ ~ **хо́лод** grimmige Kälte (2) (*значительный*) plötzlich, rapide; ◇ **~ое похолода́ние** jäher Temperaturrückgang (3) (*неприятный*) schrill, grell; ◇ ~ **за́пах** beißender Geruch; ◇ ~ **свет** grelles Licht (4) (*грубый*) barsch, scharf, schroff; ◇ **~ие выраже́ния** schroffe Ausdrücke (5) (*отчётливый*) markant; ◇ **~ие черты́ лица́** markante Gesichtszüge

резня́ *ж₂* <-и́> Gemetzel *n;* ◇ **крова́вая** ~ Blutbad *n*

резолю́ция *ж₄* <-и> (1) (*постановление*) Resolution *f,* Beschluß *m;* ◇ **приня́ть ~ю** eine Resolution verabschieden (2) (*распоряжение*) Anordnung *f;* (*пометка на документе*) Vermerk *m;* ◇ **наложи́ть ~ю** einen Vermerk machen

результа́т *м₁* <-а> Ergebnis *n,* Resultat *n;* ◇ **~ы иссле́дования** Forschungsergebnisse; спорт Ergebnis *n,* Wertung *f;* ◇ **улу́чшить свой ~ы** bessere Ergebnisse erzielen; ◇ **в ~е** letzten Endes

ре́зче *сравн от* **ре́зкий**

резьба́ *ж₁* <-ы́> (1) (*вырезывание*) Schneiden *n,* Schnitzen *n* (2) (*вырезанное*) Schnitzerei *f;* ◇ ~ **по ко́сти** Elfenbeinschnitzerei (3) тех (*нарезка*) Gewinde *n*

рейд [1] *м₁* <-а> мор Reede *f;* ◇ **стоя́ть на ~е** auf der Reede liegen

рейд [2] *м₁* <-а, *мн:* -ы> (1) воен (*продвижение*) Streifzug *m;* (*нападение*) Überfall *m* (2) *перен* (*проверка*) Kontrollaktion *f*

Р

ре́йка *ж₁* ‹-и, *род мн:* ре́ек› тех Leiste *f*, Latte *f*

рейс *м₁* ‹-а› Fahrt *f*, Route *f*; ◇ **обра́тный** ~ Rückfahrt; ◇ ~ **самолёта** Flug *m*; ◇ **лете́ть ~ом...** mit Flug Nummer ... fliegen

рейхста́г *м₁* ‹-а› ист Reichstag *m*; ◇ **поджо́г ~а** Brand des Reichstages

река́ *ж₁* ‹-и́, *мн:* -и› ① Fluß *m*; (*большая*) Strom *m*; ◇ **на ~е́** auf dem Fluß; ◇ **вверх по ~е́** stromaufwärts ② *перен* (*масса*) Strom *m*; ◇ **людски́е ~и запо́лнили у́лицы** Menschenströme füllten die Straßen; ◇ **слёзы лью́тся ~о́й** Tränen fließen in Strömen

рекла́ма *ж₁* ‹-ы› ① (*средство информации*) Werbung *f*, Reklame *f*; ◇ **сде́лать ~у чему́-л** für etw Werbung machen; ◇ **завуали́рованная** ~ Schleichwerbung ② (*объявление*) Werbeanzeige *f*; (*в газете*) Inserat *n*

реклами́ровать V_{3a} *несов и сов* ‹-рую, -руешь› *кого-что вин* ① werben (für), für etw Werbung machen, anpreisen ② *перен* (*расхваливать*) herausstreichen, sich brüsten mit; ◇ ~ **свои́ успе́хи** sich mit seinen Erfolgen brüsten

рекоменда́ция *ж₄* ‹-и› Empfehlung *f*; ◇ ~ **врача́** ärztlicher Ratschlag; ◇ **по её ~и** auf ihre Empfehlung hin; **рекомендова́ть** V_{3a} *сов* ‹-ду́ю, -ду́ешь› [**по**~ (1, 2) *несов*] *кого-что вин* ① (*аттестовать*) empfehlen ② (*советовать*) empfehlen, raten; ◇ **врачи́ ~у́ют отдохну́ть** die Ärzte empfehlen Ruhe ③ (*представлять*) vorstellen

реконстру́кция *ж₄* ‹-и› ① (*восстановление*) Rekonstruktion *f* ② (*переустройство*) Umgestaltung *f*, Modernisierung *f*

реко́рд *м₁* ‹-а› Rekord *m*, Höchstleistung *f*; ◇ **поби́ть чей-л** ~ jd-s Rekord brechen; ◇ **устана́вливать мирово́й** ~ einen neuen Weltrekord aufstellen

религио́зный *прил* ‹-ая, -ое, -ые› (*верующий*) religiös, fromm; **рели́гия** *ж₄* ‹-и› Religion *f*

рельс *м₁* ‹-а› Schiene *f*; ж.-д. Eisenbahnschiene *f*; ◇ **~ы** Gleis *n*; ◇ **сойти́ с ~ов** entgleisen; *перен* ◇ **поста́вить на ~ы** wieder ins (rechte) Gleis bringen

реме́нь *м₂* ‹-мня́, *мн:* -мни́› Riemen *m*, Gurt *m*; ◇ **поясно́й** ~ Gürtel *m*; ◇ **привязно́й** ~ Sicherheitsgurt

реме́сленник *м₁* ‹-а› ① (*мастер*) Handwerker *m* ② *перен* (*пренебрежительный*) Stümper *m*, Dilettant *m*; **ремесло́** *с₂* ‹-а́, *мн:* -мёсла, *род:* -мёсел, *дат:* -мёслам› Handwerk *n*, Gewerbe *n*

ремо́нт *м₁* ‹-а› (*починка*) Reparatur *f*; (*восстановление*) Ausbesserung *f*; (*квартиры*) Renovierung *f*; ◇ **теку́щий** ~ laufende Instandsetzung; ◇ **капита́льный** ~ Generalüberholung *f*; ◇ **закры́то на** ~ wegen Renovierung geschlossen; **ремонти́ровать** V_{3a} *несов и сов* ‹-рую, -руешь› *что вин* reparieren, ausbessern

рента́бельный *прил* ‹-ая, -ое, -ые› rentabel; (*выгодный*) gewinnbringend, einträglich

рентге́н *м₁* ‹-а› ① физ Röntgenstrahlen *m pl* ② (*просвечивание*) Röntgen *n*; ◇ **назна́чить больно́го на** ~ einen Patienten zum Röntgen überweisen; ◇ **сде́лать** ~ röntgen ③ (*аппарат*) Röntgenapparat *m*

ре́па *ж₁* ‹-ы› Rübe *f*; ◇ **кормова́я** ~ Futterrübe; ◇ **де́шевле па́реной ~ы** spottbillig; ◇ **про́ще па́реной ~ы** kinderleicht

репатриа́нт *м₁* ‹-а› Heimkehrer *m*

репе́й *м₃* ‹-пья́› бот Klette *f*

репертуа́р *м₁* ‹-а› Repertoire *n*, Spielplan *m*; ◇ **снять с ~а** absetzen

репети́ровать V_{3a} *несов* ‹-рую, -руешь› [**про**~ (1), **с**~ (2) *сов*] *что вин или без доп (1), кого-что вин (2)* ① театр proben; ◇ ~ **пье́су** ein Stück einstudieren ② (*помогать в учении*) Nachhilfestunden geben; **репети́ция** *ж₄* ‹-и› Probe *f*

ре́плика *ж₁* ‹-и› ① (*ответ*) Entgegnung *f*; (*возглас*) Zwischenruf *m*; ◇ **обменя́ться ~ами** ein paar Worte wechseln; ◇ **пода́ть ~у** dazwischenrufen ② театр Stichwort *n*

репорта́ж *м₂* ‹-а› ① (*сообщение*) Berichterstattung *f*; ◇ ~ **о футбо́льном ма́тче** Fußballreportage ② (*работа корреспондента*) Reportage *f*; ◇ **занима́ться ~ем** eine Reportage machen

репре́ссия *ж₄* ‹-и› Repression *f*, Unterdrükkung *f*; ◇ **подве́ргнуться ~ям** Repressionsmaßnahmen ausgesetzt sein

репута́ция *ж₄* ‹-и› Ruf *m*; (*престиж*) Ansehen *n*; ◇ **по́льзоваться хоро́шей ~ей** einen guten Ruf genießen; ◇ **поро́чить чью-л ~ю** jd-n in Verruf bringen

ресни́ца *ж₁* ‹-ы› Wimper *f*

респу́блика *ж₁* ‹-и› Republik *f*

реставри́ровать V_{3a} *несов и сов* ‹-рую, -руешь› *что вин* restaurieren, wiederherstellen

рестора́н *м₁* ‹-а› Restaurant *n*; ж.-д. ◇ **ваго́н-~** Speisewagen *m*; ◇ **заказа́ть сто́лик в ~е** einen Tisch im Restaurant bestellen

ресу́рсы *мн₁* ‹-ов› Ressourcen *f pl*; ◇ **приро́дные** ~ Naturschätze *m pl*; ◇ **трудо-**

вы́е ~ Arbeitskräfte *f pl;* (*источники*) Quellen *f pl*

рети́вый *прил* ‹-ая, -ое, -ые› (*усердный*) eifrig, fleißig; (*быстрый*) flink

рефере́ндум *м₁* ‹-а› полит Referendum *n,* Volksentscheid *m*

рефо́рма *ж₁* ‹-ы› Reform *f;* ◇ ~ **шко́льного образова́ния** Bildungsreform; ◇ **произвести́** ~ **у чего́-л** etw reformieren

рефрижера́тор *м₁* ‹-а› ① (*судно*) Kühlschiff *n;* (*автомобиль, вагон*) Kühlwagen *m* ② тех (*испаритель*) Kältemaschine *f*

реце́нзия *ж₄* ‹-и› Rezension *f;* (*отзыв*) Beurteilung *f;* ◇ **отда́ть статью́ на** ~**ю** einen Artikel rezensieren lassen

реце́пт *м₁* ‹-а› ① (*для аптеки*) Rezept *n;* ◇ **вы́писать** ~ ein Rezept schreiben; ◇ **лека́рство отпуска́ется по** ~**у (без** ~**а)** die Arznei ist (nicht) rezeptflichtig ② кул Rezept *n* ③ *перен* (*рекомендация*) Rezept *n;* ◇ **в воспита́нии нет гото́вых** ~**ов** für die Kindererziehung gibt es keine Patentrezepte

рециди́в *м₁* ‹-а› ① юр Rückfall *m;* ◇ ~ **преступле́ния** wiederholte Straftat ② мед Rückfall *m;* **рецидиви́ст** *м₁* ‹-а› юр Rückfälliger *m*

речь *ж₅* ‹-и, *мн:* -чи, *род:* -че́й› ① (*говорение*) Reden *n,* Sprechfähigkeit *f;* ◇ **отчётливая** ~ deutliche Sprache; ◇ **владе́ть** ~**ю** die Redekunst beherrschen ② (*язык*) Sprache *f;* ◇ **разгово́рная** ~ Umgangssprache; ◇ **у́стная/пи́сьменная** ~ gesprochene/geschriebene Sprache; ◇ **ко́свенная** ~ indirekte Rede; ◇ **пряма́я** ~ direkte Rede; ◇ **ча́сти** ~**и** Wortarten *f pl* ③ (*выговор*) Redeweise *f,* Aussprache *f,* Sprachstil *m* ④ (*разговор, беседа*) Gespräch *n,* Rede *f;* ◇ **о чём идёт** ~**?** worum geht es?; ◇ **об э́том** ~**и не́ было** davon war keine Rede; ◇ **завести́** ~ **о ком/чём-л** das Gespräch auf jd-n/etw bringen ⑤ (*публичное выступление*) Ansprache *f,* Rede *f;* ◇ **вы́ступить с** ~**ю** eine Rede halten

реша́ющий *прил* ‹-ая, -ее, -ие› entscheidend; ◇ ~ **успе́х** durchschlagender Erfolg; **реше́ние** *с₄* ‹-я› ① (*альтернативное*) Entscheidung *f* ② (*постановление*) Beschluß *m;* (*приговор*) Urteil *n;* ◇ **суде́бное** ~ Gerichtsurteil *n* ③ (*заключение, вывод*) Schluß *m,* Entschluß *m;* ◇ **прийти́ к оконча́тельному** ~**ю** zu dem Schluß kommen ④ (*ответ к задаче*) Lösung *f;* ◇ **найти́** ~ eine Lösung finden

решётка *ж₁* ‹-и, *род мн:* -ток› Gitter *n;* ◇ **попа́сть за** ~**у** hinter Gitter kommen

решето́ *с₂* ‹-а́, *мн:* решёта› Sieb *n;* ◇ **просе́ивать че́рез** ~ sieben; ◇ ~**ом во́ду носи́ть** Wasser mit einem Sieb schöpfen

реши́мость *ж₅* ‹-и› Entschiedenheit *f,* Entschlossenheit *f;* ◇ **он по́лон** ~**и** er ist fest entschlossen; ◇ **прояви́ть** ~ Entschlossenheit beweisen; **реши́тельный** *прил* ‹-ая, -ое, -ые› ① (*смелый*) fest entschlossen; ◇ ~ **хара́ктер** resoluter Charakter ② (*окончательный*)Entscheidungs-, entscheidend; **реши́ть** V_{4a} *сов* ‹-шу́, -ши́шь› [**реша́ть** V_{1a} *несов*] *что или с инф (1), что вин (2)* ① (*прийти к выводу*) eine Entscheidung fällen, beschließen; ◇ ~ **учи́ться** beschließen zu studieren; (*вынести заключение*) entscheiden; ◇ **де́ло** ~**ено́ судо́м** die Sache ist gerichtlich entschieden; ◇ ~**и́ли созва́ть собра́ние** es wurde beschlossen, eine Versammlung einzuberufen; ◇ ~ **чью-л судьбу́** jd-s Schicksal entscheiden ② (*найти ответ*) lösen; ◇ **э́то не** ~**и́т вопро́са** das löst das Problem nicht; **реши́ться** *сов* ‹-шу́сь, -ши́шься, (2) 1 и 2 л. не употр› [**реша́ться** *несов*] *на что вин или с инф (1), без доп (2)* ① (*отважиться*) sich entschließen, sich entscheiden; ◇ ~ **на отча́янный посту́пок** sich zu einer Verzweiflungstat entschließen ② (*определиться*) entschieden werden; ◇ **де́ло** ~**лось в её по́льзу** die Sache entschied sich zu ihren Gunsten

ржаве́ть V_5 *несов* ‹-ве́ет, -ве́ют, 1 и 2 л. не употр› [**за**~ *сов*] *без доп* rosten; **ржа́вчина** *ж₁* ‹-ы› Rost *m*

ржать * *несов* ‹ржу́, ржёшь› *без доп* ① (*о лошади*) wiehern ② *прост* (*громко смеяться*) wiehernd, laut lachen

ринг *м₁* ‹-а› спорт Ring *m;* ◇ **вы́йти на** ~ in den Ring steigen

рис *м₁* ‹-а› Reis *m*

риск *м₁* ‹-а› Risiko *n;* ◇ **без вся́кого** ~**а** risikolos; ◇ **с** ~**ом для жи́зни** lebensgefährlich; ◇ **де́йствовать на свой страх и** ~ auf eigenes Risiko handeln; ◇ **идти́ на** ~ ein Risiko eingehen; **рискова́ть** V_{3a} *несов* ‹-ку́ю, -ку́ешь› *с инф (1), кем-чем тв (2)* ① (*решаться*) Gefahr laufen ② (*подвергать*) etw riskieren, wagen; ◇ ~ **свои́м здоро́вьем** seine Gesundheit aufs Spiel setzen

рисова́ть V_{3a} *несов* ‹-су́ю, -су́ешь› [**на**~ *сов*] *кого-что вин* ① (*изображать*) zeichnen, malen ② *перен* (*представлять мысленно*) sich ausmalen; ◇ **воображе́ние** ~**ет бу́дущее** sich in der Phantasie die Zukunft ausmalen ③ *перен* (*описывать*) beschreiben

р

рису́нок *м*$_1$ ‹-нка, *мн:* -нки› Zeichnung *f;* (*графика*) Graphik *f;* (*узор*) Muster *n*

ритм *м*$_1$ ‹-а› Rhythmus *m;* ◇ ~ **жи́зни** Lebensrhythmus; ◇ **чу́вство ~а** Rhythmusgefühl *n;* ◇ **войти́ в рабо́чий** ~ sich einarbeiten

ритуа́л *м*$_1$ ‹-а› ① (*обряд*) Ritual *n;* ◇ ~ **погребе́ния** Bestattungsritual ② (*церемониал*) Zeremoniell *n*

риф *м*$_1$ ‹-а› геол Riff *n,* Klippe *f*

ри́фма *ж*$_1$ ‹-ы› лит Reim *m*

ро́бкий *прил* ‹-ая, -ое, -ие› (*сравн:* **ро́бче**) schüchtern, scheu, zaghaft; (*боязливый*) ängstlich

ро́бче *сравн от* **ро́бкий**

ров *м*$_1$ ‹рва, *мн:* рвы› Graben *m;* ◇ **вы́рыть глубо́кий** ~ einen tiefen Graben ausheben

рове́сник *м*$_1$ ‹-а› Altersgenosse *m;* ◇ **мы с ним ~и** wir sind Altersgenossen; **рове́сница** *ж* ‹-ы› Altersgenossin *f*

ро́вно *нареч* ① (*одинаково*) gleich, ebenmäßig, gleichmäßig ② (*точно*) genau; ◇ **сто рубле́й** ~ genau hundert Rubel; (*о времени*) ◇ ~ **в три часа́** Punkt drei Uhr ③ *разг* (*совсем*) absolut ④ спорт Punktgleichheit *f,* Einstand *m;* **ро́вный** *прил* ‹-ая, -ое, -ые› ① (*гладкий*) eben, glatt; ◇ **~ая ме́стность** ebener Landstrich ② (*прямой*) gerade, schnurgerade ③ (*равномерный, спокойный*) gleichmäßig, ruhig ④ (*постоянно одинаковый*) gleichförmig, gleichmäßig; (*уравновешенный*) ruhig ⑤ (*одинаковый по величине*) gleich; ◇ **~ые до́ли** gleiche Anteile; ◇ **для ~ого счёта** um eine runde Summe zu erhalten; ◇ **я ~ым счётом ничего́ не зна́ю** ich habe keine blasse Ahnung

рог *м*$_1$ ‹-а, *мн:* -а́› ① Horn *n;* (*у оленя*) ◇ **~а́** Geweih *n* ② муз Horn *n;* ◇ **труби́ть в** ~ das Horn blasen; ◇ **взять быка́ за ~а́** den Stier bei den Hörnern packen

рога́тка *ж*$_1$ ‹-и, *род мн:* -ток› ① (*препятствие*) Hindernis *n; перен* (*преграда*) Schranke *f;* ◇ **~и ста́вить кому́-л** jd-m Steine in den Weg legen ② (*для стрельбы*) Schleuder *f*

рогови́ца *ж*$_1$ ‹-ы› анат Hornhaut *f*

рого́жа *ж*$_1$ ‹-и› Bastmatte *f*

род *м*$_1$ ‹-а, о ро́де, на/в роду́, *мн:* -ы́› ① Sippe *f;* ◇ **старе́йшина ~а** Sippenälteste *m* ② (*ряд поколений*) Geschlecht *n,* Generation *f;* ◇ **из ~а в** ~ von Generation zu Generation; ◇ **э́то у нас в ~у́** das liegt bei uns in der Familie; ◇ **вести́ свой ~ от кого́-л** sein Geschlecht zurückführen auf jd-n; ◇ **он ~ом из Петербу́рга** er ist gebürtig aus St. Petersburg ③ биол Gattung *f* ④ (*сорт, вид*) Art *f,* Gattung *f* ⑤ грам Geschlecht *n,* Genus *n;* ◇ **же́нский** ~ Femininum *n;* ◇ **мужско́й** ~ Maskulinum *n;* ◇ **сре́дний** ~ Neutrum *n;* ◇ **ему́ два́дцать лет о́т ~у** er ist zwanzig Jahre alt; ◇ **в не́котором ~е** gewissermaßen; ◇ **э́то ей бы́ло на ~у́ напи́сано** das war ihr Schicksal; ◇ ~ **заня́тий** Beschäftigungsart

ро́дина *ж*$_1$ ‹-ы› ① Heimat *f;* (*отечество*) Vaterland *n;* ◇ **любо́вь к ~е** Heimatliebe *f* ② (*место рождения*) Geburtsland *n*

ро́динка *ж*$_1$ ‹-и, *род мн:* -нок› Muttermal *n*

роди́тели *мн*$_2$ ‹-ей› Eltern *pl;* ◇ **оди́н из ~ей** ein Elternteil; **роди́тельский** *прил* ‹-ая, -ое, -ие› elterlich, Eltern-; (*в школе*) ◇ ~ **комите́т** Elternbeirat *m*

роди́ть V$_{4a}$ *несов и сов, kein Adv. Part. Präs.* ‹рожу́, -ди́шь, (3) 1 и 2 л. не употр, *Part. Prät. Pass.* -ждённый› [**рожда́ть** (1, 2) V$_{1a}$ *несов*] *кого-что вин (1, 2), что вин (3)* ① (*произвести на свет*) gebären, zur Welt bringen; (*разрешиться от бремени*) eine Last abwerfen; ◇ **в чём мать ~ла́** splitternackt ② *перен* (*дать начало*) hervorbringen, erzeugen ③ (*о почве*) (Früchte) tragen; ◇ **земля́ хорошо́ ~и́т** der Boden trägt gut; **роди́ться** *несов и сов* ‹рожу́сь, -ди́шься, (2, 3) 1 и 2 л. не употр› [**рожда́ться** (1, 2) *несов*] *без доп* ① (*появиться на свет*) geboren werden, zur Welt kommen; ◇ **у неё ~лся сын** sie hat einen Sohn bekommen ② *перен* (*возникнуть*) aufkommen, entstehen ③ (*об урожае*) gedeihen, wachsen; ◇ **пшени́ца ~лась хорошо́** der Weizen ist gut gediehen

родни́к *м*$_1$ ‹-а́, *мн:* -и́› Quelle *f*

родно́й I. *прил* ‹-а́я, -о́е, -ы́е› ① (*состоящий в прямом родстве*) blutsverwandt, leiblich ② (*свой по рождению, по духу*) Heimat-, Vater-, Mutter-; ◇ ~ **край** Heimatland *n;* ◇ ~ **язы́к** Muttersprache *f* ③ (*дорогой*) lieb; ◇ ~ **мой!** mein Lieber **II.** *м* (*A*$_1$) ‹-о́го› Verwandter *m*

родня́ *ж*$_2$ ‹-и́› ① Verwandtschaft *f;* ◇ **да́льняя** ~ entfernte Verwandtschaft ② (*родственник/-ница*) Verwandte *m/f;* ◇ **он мне** ~ er ist verwandt mit mir

родово́й [1] *прил* ‹-а́я, -о́е, -ы́е› ① (*семейный*) Familien-; (*наследственный*) Erb-; ◇ **~о́е име́ние** Erbgut *n* ② биол Gattungs-; ◇ **~ое назва́ние** Gattungsname *m*

родово́й [2] *прил* ‹-а́я, -о́е, -ы́е› ① грам Genus-; ◇ **~о́е оконча́ние** Genusendung *f* ② мед Geburts-; ◇ **~ы́е схва́тки** Geburtswehen

родонача́льник *м₁* <-а> ① (*предок*) Stammvater *m* ② *перен* Begründer *m*

ро́дственный *прил* <-ая, -ое, -ые> ① (*близкий*) verwandt; ◇ **~ые наро́ды** verwandte Völker ② (*связанный родством*) Verwandtschafts-, verwandt; ◇ **~ые отноше́ния** Verwandtschaftsbeziehungen *f pl* ③ (*душевный*) innig; ◇ **~ое расположе́ние к кому́-л** herzliche Gefühle für jd-n; **родство́** *с₂* <-а́> ① (*родственники*) Verwandtschaft *f;* ◇ **мы с ним в ~е́** ich bin verwandt mit ihm ② (*близость*) Verwandtschaft *f* ③ (*сходство*) Ähnlichkeit *f;* ◇ **~ душ** Seelenverwandtschaft

ро́ды *мн₁* <-ов> Geburt *f;* (*разрешение от бремени*) Entbindung *f*

рожда́емость *ж₅* <-и> Geburtenrate *f;* ◇ **рост ~и** Anstieg der Geburtenzahl

рожда́ть *несов от* **роди́ть**

рожде́ние *с₄* <-я> Geburt *f;* ◇ **год ~я** Geburtsjahr *n;* ◇ **ме́сто ~я** Geburtsort *m;* ◇ **слепо́й от ~я** von Geburt an blind

Рождество́ *с₂* <-а́> Weihnachten *n*

роже́ница *ж₁* <-ы> Gebärende *f*

рожь *ж₅* <ржи> Roggen *m*

ро́за *ж₁* <-ы> (*цветок*) Rose *f*

ро́зга *ж₁* <-и, *род мн:* -зог> Rute *f,* Gerte *f;* ◇ **наказа́ть кого́-л ~ми** jd-m die Rute geben

ро́зница *ж₁* <-ы> Stückware *f;* ◇ **продава́ть в ~у** stückweise [einzeln] verkaufen

рознь *ж₅* <-и> ① (*вражда*) Feindschaft *f,* Zwist *m;* (*споры*) Streitigkeiten *f pl* ② *предик* (*о различии между кем-чем*) einander nicht gleich

ро́зовый *прил* <-ая, -ое, -ые> ① (*цвет*) rosa, rosafarben; ◇ **~ая заря́** Morgenröte *f* ② *перен* (*радужный*) rosig; ◇ **видеть что-л в ~ом све́те** etw durch eine rosarote Brille sehen ③ (*из роз*) Rosen-; ◇ **~ое ма́сло** Rosenöl *n*

ро́зыгрыш *м₂* <-а> ① (*лотереи*) Ziehung *f,* Verlosung *f* ② спорт Spiel *n;* ◇ **~ пе́рвенства по хокке́ю** Hockeymeisterschaftsspiel ③ (*шутка*) Fopperei *f*

ро́зыск *м₁* <-а> ① (*поиски*) Suche *f;* ◇ **отпра́виться на ~и** sich auf die Suche begeben ② (*расследование*) Untersuchung *f,* Ermittlung *f;* юр Fahndung *f;* ◇ **уголо́вный ~** Kriminalabteilung *f;* ◇ **престу́пник нахо́дится в ~е** nach dem Verbrecher wird gefahndet; ◇ **объяви́ть ~** die Fahndung einleiten

рой *м₃* <ро́я, в рою́, *мн:* рои́, *род:* роёв> Schwarm *m;* ◇ **~ комаро́в** Mückenschwarm

рок *м₁* <-а> Verhängnis *n;* (*судьба*) Schicksal *n;* ◇ **по во́ле ~а** das Schicksal wollte es so;

рокова́й *прил* <-а́я, -о́е, -ы́е> (*предопределённый*) verhängnisvoll, fatal; (*гибельный*) folgenschwer; ◇ **~а́я оши́бка** folgenschwerer Fehler

роль *ж₅* <-и, *мн:* -ли, *род:* -ле́й> Rolle *f;* ◇ **быть на вторы́х ~я́х** Nebenrollen spielen; ◇ **войти́ в ~** sich in eine Rolle hineinfinden; ◇ **э́то не игра́ет никако́й ~и** das spielt überhaupt keine Rolle

ром *м₁* <-а> Rum *m*

рома́н [1] *м₁* <-а> лит Roman *m*

рома́н [2] *м* <-а> *разг* Liebesverhältnis *n;* ◇ **у неё с ним ~** sie hat ein Verhältnis mit ihm

рома́нс *м₁* <-а> Romanze *f*

рома́нтик *м₁* <-а> ① (*последователь романтизма*) Romantiker *m* ② (*мечтатель*) Träumer *m,* Schwärmer *m*

рома́шка *ж₁* <-и, *род мн:* -шек> бот Kamille *f*

роня́ть V_{1b} *несов* <-я́ю, -я́ешь> [**урони́ть** V_{4a} *сов* <*Part. Prät. Pass.* уро́ненный>] *кого-что вин* ① (*непроизвольно*) fallen lassen; ◇ **дере́вья ~ют после́дние ли́стья** die Bäume verlieren ihre letzten Blätter; *перен* ◇ **~ слёзы** Tränen vergießen ② (*бессильно*) hängen lassen, sinken; ◇ **~ го́лову на грудь** den Kopf hängen lassen ③ *перен* (*унижать*) erniedrigen, demütigen; ◇ **~ своё досто́инство** seine Würde verlieren; ◇ **~ себя́ в чьих-л глаза́х** in jd-s Ansehen fallen

ропта́ть * *несов* <-пщу́, ро́пщешь> *на что вин* murren, unwillig sein; (*ворчать*) brummen; ◇ **~ на судьбу́** mit dem Schicksal hadern

роса́ *ж₁* <-ы́, *мн:* -ы> Tau *m;* ◇ **коси́ть по ~е** im Morgentau mähen

роско́шный *прил* <-ая, -ое, -ые> ① (*богатый*) Luxus-, luxuriös; ◇ **~ о́браз жи́зни** luxuriöses Leben ② (*великолепный*) prächtig, prachtvoll ③ (*расточительный*) verschwenderisch, kostspielig; **ро́скошь** *ж₅* <-и> ① (*богатство и великолепие*) Luxus *m,* Prunk *m* ② (*излишества*) Pracht *f,* Üppigkeit *f*

ро́спуск *м₁* <-а> (*парламента*) Auflösung *f;* (*служащих*) Beurlaubung *f;* (*учащихся*) Freistellung *f*

росси́йский *прил* <-ая, -ое, -ие> russisch; ◇ **Р~ герб** russisches Wappen; ◇ **Р~ая Федера́ция** Russische Föderation; **Росси́я** *ж₄* <-и> Rußland *n*

рост *м₁* <-а> ① (*процесс*) Wachstum *n,* Wachsen *n* ② (*увеличение в числе, размерах*) Anwachsen *n,* Zunahme *f,* Vergrößerung *f;* (*прирост*) Zuwachs *m;* (*подъем*) Anstieg *m;*

◇ ~ **промы́шленности** Industriewachstum *n* ③ (*усиление, укрепление*) Steigerung *f* ④ (*совершенствование*) Heranreifen *n* ⑤ (*человека, животного*) Größe *f,* Wuchs *m;* ◇ **высо́кого/ни́зкого ~а** groß/klein; ◇ **костю́м не по ~у** der Anzug paßt nicht; ◇ **растяну́ться во весь** ~ der Länge nach hinschlagen; ◇ **~ом 180 санти́метров** ein Meter achtzig groß

ростовщи́к *м₁* <-á, *мн:* -и́> Wucherer *m*

рот *м₁* <ртá, *мн:* рты> ① (*полость рта*) Mund *m;* ◇ **не брать в ~ ничего́** keinen Bissen zu sich nehmen; ◇ **стоя́ть, рази́нув** ~ mit offenem Mund dastehen; ◇ **не сметь рта откры́ть** (vor Angst) den Mund nicht aufkriegen; ◇ **смотре́ть кому́-л в** ~ an jd-s Lippen hängen; ◇ **говори́ть, не закрыва́я рта** pausenlos plappern; ◇ **хлопо́т по́лон** ~ er hat alle Hände voll zu tun ② *перен* (*едок, иждивенец*) Esser *m;* ◇ **ли́шний ~ в семье́** ein Esser zuviel in der Familie

ро́та *ж₁* <-ы> *воен* Kompanie *f*

ро́ща *ж₁* <-и> Gehölz *n,* Hain *m;* (*лесок*) Wäldchen *n*

роя́ль *м₂* <-я> Klavier *n,* Flügel *m*

ртуть *ж₅* <-и> Quecksilber *n;* ◇ **он живо́й, как** ~ er ist sehr lebhaft, unruhig

руба́нок *м₁* <-нка, *мн:* -нки> Hobel *m*

руба́ха *ж₁* <-и> Hemd *n;* ◇ **ни́жняя** ~ Unterhemd *n; разг* ◇ **~-па́рень** fixer Kerl

руба́шка *ж₁* <-и, *род мн:* -шек> ① (*одежда*) Hemd *n;* ◇ **же́нская** ~ Damenunterhemd ② *тех* Mantel *m,* Ummantelung *f;* ◇ **она́ роди́лась в ~е** sie ist unter einem glücklichen Stern geboren; ◇ **своя́ ~ бли́же к те́лу** jeder ist sich selbst der Nächste; ◇ **в одно́й ~е** bettelarm

рубе́ж *м₂* <-á, *мн:* -и́> ① (*граница*) Grenze *f;* ◇ **за ~о́м** im Ausland; *перен* ◇ **на ~е́ двух эпо́х** an der Schwelle zu einem neuen Zeitalter; ◇ **вы́йти на но́вые ~и́** zu neuen Ufern aufbrechen ② *воен* Abschnitt *m,* Linie *f*

рубе́ц *м₁* <-бцá, *мн:* -бцы́> ① (*шов*) Naht *f;* (*край*) Saum *m* ② (*от ран*) Narbe *f;* (*от удара*) Striemen *m;* ◇ **~ на душе́** seelische Narbe

руби́льник *м₁* <-а> *эл* Hebelschalter *m*

руби́ть V_{4a} *несов* <-блю́, ру́бишь, *Part. Präs. Akt.* ру́бящий, *Part. Prät. Pass.* ру́бленный> [**рубну́ть** (1) V_2 *сов*] *кого-что вин* ① (*отсекать*) fällen, abhauen; (*колоть*) hacken; ◇ **~ лес** Holz fällen; ◇ **~ капу́сту** Kraut hakken ② (*строить*) bauen; ◇ **~ и́збу** eine Hütte bauen ③ *перен* (*говорить прямо*) direkt sein; ◇ **~ пра́вду-ма́тку в глаза́** die Wahrheit ins Gesicht schleudern; ◇ **~ с плеча́** kein Blatt vor den Mund nehmen

ру́бка [1] *ж₁* <-и> (*деревьев*) Fällen *n;* (*дров*) Holzeinschlag *m;* (*мяса, капусты*) Hacken *n*

ру́бка [2] *ж₁* <-и, *род мн:* -бок> *мор* Deckkabine *f;* ◇ **боева́я** ~ Kommandoturm *m*

рубль *м₂* <-я́, *мн:* ли́> Rubel *m*

ру́брика *ж₁* <-и> ① (*раздел, графа*) Rubrik *f* ② (*заголовок*) Rubrik *f,* Sparte *f;* ◇ **под ~ой** in der Rubrik

ру́гань *ж₅* <-и> Schimpfen *n;* (*ругательства*) Schimpfworte *n pl;* (*брань*) Fluchen *n;* **руга́тельство** *с₂* <-а> Schimpfwort *n;* **руга́ть** V_{1a} *несов* <-а́ю, -а́ешь> [**вы́~, об~** *сов*] *кого-что вин* beschimpfen; (*наброситься*) über jd-n herfallen; (*бранить*) heruntermachen, kritisieren; (*порицать*) rügen; **руга́ться** *несов* <-а́юсь, -а́ешься> [**по~** *сов*] *с кем-чем тв или без доп (1), без доп (2)* ① (*между собой*) miteinander schimpfen, sich Schimpfworte an den Kopf werfen; (*ссориться*) sich zanken; (*спорить*) sich streiten ② (*браниться*) schimpfen; (*грубо*) fluchen

руда́ *ж₁* <-ы́, *мн:* -ы> Erz *n;* ◇ **желе́зная** ~ Eisenerz; ◇ **добы́ча ~ы́** Erzgewinnung *f;* ◇ **за́лежи ~ы́** Erzvorkommen *n pl*

рудни́к *м₁* <-á, *мн:* -и́> Bergwerk *n,* Grube *f*

ружьё *с₅* <-я́, *мн:* -я, *род:* -жей, *дат:* -ям> Gewehr *n,* Flinte *f;* (*охотничье*) Jagdgewehr *n;* ◇ **заряди́ть** ~ das Gewehr laden

рука́ *ж₁* <-и́, *вин:* -у, *мн:* -и, *дат:* -а́м> ① (*от плеча до кисти*) Arm *m;* (*кисть*) Hand *f;* ◇ **держа́ть на ~а́х** auf dem Arm halten; ◇ **взять кого́-л по́д ~у** sich bei jd-m unterhaken; *муз* ◇ **игра́ть в четы́ре ~и́** vierhändig spielen; ◇ **идти́ с кем-л по́д ~у** mit jd-m Arm in Arm gehen ② *перен* (*почерк*) Handschrift *f;* ◇ **разобра́ть неразбо́рчивую ~у** eine unleserliche Handschrift entziffern ③ (*покровитель*) Helfer *m;* ◇ **своя́ ~ где-л у кого́-л** irgendwo gute Beziehungen haben ④ *перен* (*направление*) Hand *f,* Seite *f;* ◇ **по пра́вую ~у** rechter Hand; ◇ **э́то мне на́ ~у** das kommt mir gelegen; ◇ **умыва́ть ~и** die Hände in Unschuld waschen; ◇ **из пе́рвых рук** aus erster Hand; ◇ **наби́ть ~у на чём-л** etw im Griff haben; ◇ **сиде́ть сложа́ ~и** die Hände in den Schoß legen; ◇ **уда́рить по ~а́м** mit Handschlag besiegeln; ◇ **на ско́рую ~у** flüchtig; ◇ **как без рук** völlig hilflos; ◇ **прибра́ть что-л к ~а́м** sich etw aneignen; ◇ **~о́й пода́ть** nur ein Steinwurf entfernt

рука́в *м₁* <-á, *мн:* -á> ① (*часть одежды*)

Ärmel *m* (2) (*реки*) Flußarm *m* (3) (*шланг*) Rohr *n*, Schlauch *m;* ◇ **пожа́рный** ~ Feuerwehrschlauch

рукави́ца *ж₁* ‹-ы› Fausthandschuh *m;* ◇ **держа́ть в ежо́вых ~ах** jd-n kurz halten

руководи́тель *м₂* ‹-я› Leiter *m;* ◇ ~ **кружка́** Gruppenleiter; **руководи́ть** V_{4a} *несов* ‹-ожу́, -ди́шь› *кем-чем тв* (*управлять*) leiten, führen, betreuen; ◇ ~ **кружко́м** einen Arbeitskreis leiten; (*наставлять*) jd-n anleiten; ◇ ~ **аспира́нтами** Doktoranden betreuen; **руково́дство** *с₂* ‹-а› (1) (*управление*) Leitung *f*, Führung *f*, Lenkung *f* (2) (*учебное пособие*) Leitfaden *m;* ◇ ~ **по фотогра́фии** Handbuch des Fotografierens (3) (*руководители*) Leitung *f*, Verwaltung *f*

руково́дствоваться V_{3a} *несов* ‹-твуюсь, -твуешься› *кем-чем тв* sich richten (nach), sich orientieren (an); ◇ ~ **пра́вилами/инстру́кцией** sich nach den Regeln/Anweisungen richten; **руководя́щий** *прил* ‹-ая, -ее, -ие› führend, leitend, lenkend; ◇ **~ие круги́** Führungskreise *m pl*

рукоде́лие *с₄* ‹-я› Handarbeit *f;* ◇ **занима́ться ~ем** handarbeiten; **рукомо́йник** *м₁* ‹-а› Waschbecken *n;* **ру́копись** *ж₅* ‹-и› (1) Manuskript *n;* ◇ **переда́ть ~ в изда́тельство** ein Manuskript an einen Verlag geben (2) Handschrift *f;* **рукопожа́тие** *с₄* ‹-я› Händedruck *m;* (*в подтверждение договорённости*) Handschlag *m;* ◇ **обменя́ться ~ями** sich die Hand geben; **рукоя́тка** *ж₁* ‹-и, *род мн:* -ток› (1) (*ручка*) Griff *m* (2) (*часть механизма*) Kurbel *f;* (*рычаг*) Hebel *m*

руле́тка *ж₁* ‹-и, *род мн:* -ток› (1) *тех* (*инструмент*) Bandmaß *n* (2) (*игра*) Roulette *n*

руль *м₂* ‹-я́, *мн:* -ли́› (*на корабле*) Steuerrad *n;* (*у велосипеда*) Lenker *m;* (*у автомобиля*) Lenkrad *n;* ◇ **встать за** ~ das Steuer übernehmen; ◇ **без ~я́ и без ветри́л** ohne Ziel

румя́нец *м₅* ‹-нца› Rot *n*, Röte *f;* ◇ **покры́ться ~нцем** rot werden

ру́пор *м₁* ‹-а› (1) (*труба*) Sprachrohr *n;* (*мегафон*) Megaphon *n* (2) *перен* Sprachrohr *n;* ◇ ~ **чужи́х иде́й** Sprachrohr für fremde Ideen

руса́лка *ж₁* ‹-и, *род мн:* -лок› Meerjungfrau *f*, Nixe *f*

ру́сло *с₂* ‹-а› (1) (*реки*) Flußbett *n* (2) *перен* (*направление*) Bahn *f;* ◇ **жизнь вошла́ в своё обы́чное** ~ das Leben verlief wieder in seinen üblichen Bahnen

ру́сская *ж* ‹-ой› Russin *f;* **ру́сский I.** *прил* ‹-ая, -ое, -ие› russisch **II.** *м (А ₁)* ‹-ого› Russe *m*

рути́на *ж₁* ‹-ы› der alte Trott, Routine *f;* (*волокита*) Amtsschimmel *m*

ру́хнуть V_2 *сов* ‹-ну, -нешь, (2) 1 и 2 л. не употр› *без доп* (1) (*упасть*) niederstürzen; ◇ ~ **на зе́млю** auf den Boden stürzen; (*о здании*) einstürzen (2) *перен* (*разрушиться*) zusammenbrechen

руча́тельство *с₂* ‹-а› (*поручительство*) Bürgschaft *f*, Garantie *f;* ◇ **с ~ом** garantiert, unter Garantie; **руча́ться** V_{1a} *несов* ‹-а́юсь, -а́ешься› [**по~** *сов*] *за кого-что вин* sich verbürgen (für), haften (für); (*гарантировать*) garantieren; ◇ ~ **голово́й** seine Hand für etw ins Feuer legen

руче́й *м₃* ‹-чья́, *мн:* -чьи́› Bach *m;* ◇ **го́рный** ~ Wildbach

ру́чка *ж₁* ‹-и, *род мн:* -чек› (1) Händchen *n* (2) Griff *m;* ◇ **дверна́я** ~ Türklinke *f;* (*для вращения*) Kurbel *f* (3) (*подлокотник*) Armlehne *f* (4) (*пишущая*) Füller *m*, Federhalter *m;* **ручно́й** *прил* ‹-а́я, -о́е, -ы́е› (1) (*предназначенный для рук*) Hand-; ◇ ~ **бага́ж** Handgepäck *n;* ◇ **~ы́е часы́** Armbanduhr *f;* ◇ **~а́я прода́жа** Straßenverkauf *m;* (*в аптеке*) ◇ **~а́я прода́жа** Arzneiverkauf ohne Rezept (2) (*о животных*) zahm; ◇ **~а́я бе́лка** zahmes Eichhörnchen

ру́шиться V_{4b} *несов* ‹-шится, -шатся, 1 и 2 л. не употр› [**об~** (1) *сов*] *без доп* (1) (*валиться*) einstürzen, zusammenfallen (2) *перен* (*не осуществляться*) zusammenbrechen

ры́ба *ж₁* ‹-ы› Fisch *m;* ◇ **копчёная** ~ geräucherter Fisch; ◇ **би́ться как ~ об лёд** sich umsonst abmühen; ◇ **ни ~ ни мя́со** weder Fisch noch Fleisch; ◇ **лови́ть ~у в му́тной воде́** im trüben fischen; **рыба́к** *м₁* ‹-а́, *мн:* -и́› Fischer *m;* ◇ ~ **~а́ ви́дит издалека́** gleich und gleich gesellt sich gern; **рыболо́в** *м₁* ‹-а› Fischer *m;* (*удильщик*) Angler *m;* ◇ **люби́тель-~** Hobbyangler; **рыболо́вство** *с₂* ‹-а› Fischfang *m;* (*промысел*) Fischerei *f*

рыда́ть V_{1a} *несов* ‹-а́ю, -а́ешь› *без доп* schluchzen, weinen; ◇ ~ **над уме́ршим** den Toten beweinen

ры́жий *прил* ‹-ая, -ее, -ие› (*рыжеволосый*) rot, rothaarig; (*о лошадях*) rotbraun

ры́ло *с₂* ‹-а› (1) (*у животных*) Schnauze *f*, Maul *n;* (*у свиньи*) Rüssel *m*, Schnauze *f* (2) *груб* (*лицо*) Schnauze *f*, Fresse *f; груб* ◇ **~ом не вы́шел** er hat eine häßliche Fratze

ры́нок *м₁* ‹-нка, *мн:* -нки› (1) *эк* Markt *m;* ◇ **вну́тренний** ~ Binnenmarkt; ◇ **~и сбы́та** Absatzmärkte (2) (*базар*) Markt *m;* ◇ **кры́тый** ~ Markthalle *f*

Р

рыса́к *м*$_1$ ‹-а́, *мн:* -и́› (*лошадь*) Traber *m*
рысь [1] *ж*$_5$ ‹-и› зоол Luchs *m*
рысь [2] *ж* ‹-и› (*аллюр*) Trab *m;* ◇ **е́хать ~ю** im Trab reiten
ры́твина *ж*$_1$ ‹-ы› Furche *f,* Rille *f*
рыть * *несов* ‹ро́ю, ро́ешь› [**вы́~, от~** *сов*] *что вин* ① (*копать*) (um-)graben; ◇ **~ карто́шку** Kartoffeln ausgraben; ◇ **~ я́му** eine Grube ausheben; (*лапами*) scharren; (*лопатой*) schaufeln ② (*перебирать*) durchwühlen
ры́хлый *прил* ‹-ая, -ое, -ые› ① (*неплотный*) locker, leicht, porös; ◇ **~ая земля́** lokkerer Boden; ◇ **~ое те́сто** mürber Teig ② *перен* (*об изложении*) schwammig, unklar ③ *перен* (*о теле*) dick, fett; ◇ **~ мужчи́на** schwabbeliger Mann
ры́царь *м*$_2$ ‹-я› Ritter *m*
рыча́г *м*$_1$ ‹-а́› ① (*устройство*) Hebel *m;* ◇ **подня́ть ~о́м** hochhebeln ② *перен* (*средство*) Hebel *m;* ◇ **найти́ ~и́ возде́йствия на кого́-л** Mittel und Wege finden, auf jd-n einzuwirken
рыча́ть * *несов* ‹-чу́, -чи́шь, (2) 1 и 2 л. не употр› *без доп* ① (*о животных*) brüllen; (*о собаке*) knurren ② *перен* (*говорить злобно*) knurren, brummen
рюкза́к *м*$_1$ ‹-а́, *мн:* -и́› Rucksack *m*
рю́мка *ж*$_1$ ‹-и, *род мн:* -мок› Schnapsglas *n;* ◇ **~ для яи́ц** Eierbecher *m*
ряби́на *ж*$_1$ ‹-ы› ① (*дерево*) Eberesche *f* ② (*ягода*) Vogelbeere *f,* Ebereschenbeere *f*
ря́бчик *м*$_1$ ‹-а› Haselhuhn *n*
рябь *ж*$_5$ ‹-и› ① (*на воде*) Kräuseln *n* ② (*в глазах*) Flimmern *n* vor den Augen
ряд *м*$_1$ ‹-а, в ряду́, *мн:* -ы› ① (*линия*) Reihe *f;* ◇ **~ домо́в** Häuserzeile; ◇ **постро́иться в ~ы́** sich in Reihen aufstellen; ◇ **в ~а́х а́рмии** beim Militär; ◇ **в ~а́х учёных** in Wissenschaftlerkreisen ② (*количество*) Reihe *f,* Anzahl *f;* ◇ **есть ~ исключе́ний** es gibt eine Reihe von Ausnahmen ③ (*серия*) Serie *f; разг* ◇ **из ~а вон** unter aller Kritik
рядово́й I. *прил* ‹-а́я, -о́е, -ы́е› ① (*обычный*) Durchschnitts-; (*простой*) einfach; (*средний*) gewöhnlich ② Mannschafts- **II.** *м (A 1)* ‹-о́го› воен Soldat *m*
ря́дом *нареч* ① (*один возле другого*) nebeneinander, in einer Reihe ② (*близко*) in nächster Nähe, nahe bei; ◇ **он живёт совсе́м ~** er wohnt ganz in der Nähe
ря́са *ж*$_1$ ‹-ы› Priesterrock *m;* (*монашеская*) Mönchskutte *f*

С

с I. *предлог с род* ① (*от места, с поверхности предмета*) von; ◇ **упа́сть ~ ле́стницы** die Treppe hinunterfallen; ◇ **снять ~ по́лки** vom Regal nehmen; ◇ **уйти́ ~ рабо́ты** von der Arbeit weggehen ② (*обозначает место, откуда направлено движение*) von; ◇ **шум ~ у́лицы** Lärm von der Straße ③ (*обозначает лицо или предмет по его происхождению*) aus, von; ◇ **письмо́ ~ ро́дины** Brief aus der Heimat ④ (*обозначает место, с которым связано действие*) von ... her; ◇ **стреля́ть ~ горы́** von den Bergen her schießen ⑤ (*с какого момента*) ◇ **влюби́ться ~ пе́рвого взгля́да** sich auf den ersten Blick verlieben; ◇ **за́нят ~ утра́** vom frühen Morgen an beschäftigt; ◇ **начнём ~ Вас** beginnen wir bei Ihnen ⑥ (*о единице*) auf, von, pro; ◇ **урожа́й ~ гекта́ра** Ertrag pro Hektar; ◇ **по́шлина ~ това́ра** Zoll auf eine Ware ⑦ (*источник*) von; ◇ **писа́ть портре́т ~ кого́-л** ein Porträt von jd-m malen; ◇ **перево́д ~ неме́цкого языка́** Übersetzung aus dem Deutschen ⑧ (*достаточность*) ◇ **хва́тит ~ меня́** genug, mir reicht es ⑨ (*на основании*) mit; ◇ **де́лать что-л ~ чьего́-л разреше́ния** etw mit jd-s Erlaubnis tun ⑩ (*по причине*) vor, von; ◇ **уста́ть ~ доро́ги** müde werden von der Reise; ◇ **сгора́ть со стыда́** rot werden vor Scham ⑪ (*при помощи*) mit; ◇ **корми́ть ~ ло́жечки** mit dem Löffelchen füttern; ◇ **взять ~ бо́я** im Kampf einnehmen **II.** *предлог с вин* (*мера, количество*) ungefähr, etwa; ◇ **прожи́ть где-л ~ ме́сяц** etwa einen Monat irgendwo verbringen; ◇ **ро́стом ~ меня́** etwa so groß wie ich **III.** *предлог с тв* ① (*указывает на участие двух или более лиц, в одном действии*) und, mit; ◇ **мы ~ ним** er und ich; ◇ **говори́ть ~ друзья́ми** mit Freunden sprechen ② (*указывает на смежность, близость*) an, mit; ◇ **грани́чить ~ Ве́нгрией** an Ungarn angrenzen; ◇ **связа́ть оди́н паке́т ~ други́м** ein Päckchen mit dem anderen zusammenbinden ③ (*указывает на наличие*) mit; ◇ **пиро́г ~ начи́нкой** gefüllte Piroggen; ◇ **челове́к ~ тала́нтом** talentierter Mensch ④ (*обозначает состояние действия*) mit; ◇ **слу́шать ~ улы́бкой** mit einem Lächeln zuhören; ◇ **найти́ ~ трудо́м** nur schwer finden ⑤ (*при посредстве*) durch, mit; ◇ **посла́ть ~ курье́ром** durch einen

Boten schicken; ◇ **уе́хать ~ пе́рвым по́ездом** mit dem ersten Zug wegfahren ⑥ (*указывает на объект действия или состояния*) mit; ◇ **спра́виться ~ тру́дностями** mit Schwierigkeiten fertig werden; ◇ **пло́хо ~ се́рдцем** Herzbeschwerden haben ⑦ (*обозначает субъект состояния*) ◇ **~ ним случи́лась беда́** ihm geschah ein Unglück; ◇ **~ же́нщиной о́бморок** die Frau ist ohnmächtig ⑧ (*при наступлении*) mit; ◇ **~ во́зрастом хара́ктер испра́вился** mit zunehmendem Alter besserte sich der Charakter; ◇ **~ года́ми вку́сы меня́ются** mit den Jahren ändert sich der Geschmack ⑨ (*обозначает цель действия*) mit; ◇ **пришёл ~ про́сьбой** ich bin mit einer Bitte gekommen; ◇ **яви́ться ~ докла́дом** zur Berichterstattung erscheinen

са́бля *ж₂* ‹-и, *род мн:* -бель› Säbel *m*

сад *м₁* ‹-а, о са́де, в саду́, *мн:* -ы́› Garten *m*

сади́ться *несов от* **сесть**

садо́вник *м₁* ‹-а› Gärtner *m*

са́жа *ж₁* ‹-и› Ruß *m;* ◇ **дела́ как ~ бела́** es geht mir nicht besonders

сажа́ть V_{1a} *несов* ‹-а́ю, -а́ешь› [**посади́ть** V_{4a} *сов* ‹*Part. Prät. Pass.* -а́женный›] *кого-что вин* ① (*просить сесть*) setzen, Platz nehmen lassen; ◇ **~ кого́-л за стол** jd-n zu Tisch bitten ② (*растения*) setzen, pflanzen; ◇ **~ карто́фель** Kartoffeln stecken; ◇ **~ леса́** aufforsten, bewalden ③ (*помещать куда-л*) setzen, stecken; ◇ **~ в тюрьму́** ins Gefängnis stecken; ◇ **~ на цепь** an die Kette legen; ◇ **~ кур на я́йца** Hühner brüten lassen ④ ав landen; ◇ **он ~а́ет самолёт** er landet das Flugzeug ⑤ (*принуждать к какому-л занятию*) ◇ **~ за па́рту** zum Lernen bringen; ◇ **~ за рабо́ту** zum Arbeiten zwingen

саза́н *м₁* ‹-а́› Karpfen *m*

сала́ка *ж₁* ‹-и› (*рыба*) Sprotte *f*

сала́т *м₁* ‹-а› ① бот Kopfsalat *m* ② кул Salat *m*

са́лки *мн₁* ‹-лок› (*детская игра*) Fangen *n*

са́ло *с₂* ‹-а› Speck *m,* Fett *n;* (*топлёное*) Schmalz *n*

салфе́тка *ж₁* ‹-и, *род мн:* -ток› Serviette *f;* мед Mulltupfer *m*

салю́т *м₁* ‹-а› (*приветствие*) Salut *m,* Begrüßung *f;* воен ◇ **отда́ть ~** salutieren

сам (**самого́** *м;* **сама́, само́й** *ж;* **само́, самого́** *с;* **са́ми, сами́х** *мн*) *мест* ① (*лично*) selbst, selber; ◇ **он ~ э́то сде́лал** er hat das selbst gemacht; ◇ **скажи́те э́то ей само́й** sagen Sie ihr das selbst ② (*один, сам по себе*) selbst, allein; ◇ **она́ ~а́ вернётся** sie wird von alleine zurückkommen ③ (*своими силами*) selbst, alleine; ◇ **~ спра́вился** er kam alleine zurecht ④ (*никто иной*) selbst; ◇ **~ дире́ктор распоряди́лся** der Direktor selbst hat es angeordnet; ◇ **~о́ собо́й разуме́ется** es versteht sich von selbst; ◇ **~ не свой** ganz außer sich, verstört

саме́ц *м₁* ‹-мца́, *мн:* -мцы́› зоол Männchen *n;* **са́мка** *ж₁* ‹-и, *род мн:* -мок› зоол Weibchen *n;* ◇ **~ с детёнышами** Muttertier mit Jungen

самова́р *м₁* ‹-а› Samowar *m*

самовла́стие *с₄* ‹-я› Selbstherrschaft *f,* Autokratie *f;* **самово́льный** *прил* ‹-ая, -ое, -ые› eigenmächtig; (*о детях*) eigensinnig; ◇ **~ая отлу́чка** unerlaubtes Fernbleiben; **самого́н** *м₁* ‹-а› schwarzgebrannter Schnaps, Hausbranntwein *m;* **самоде́льный** *прил* ‹-ая, -ое, -ые› selbstgemacht, selbstgebastelt; **самодержа́вие** *с₄* ‹-я› Selbstherrschaft *f,* Autokratie *f;* **самоде́ятельность** *ж₅* ‹-и› ① (*личный почин*) Eigeninitiative *f* ② (*непрофессиональное творчество*) Laienkunst *f*

самоду́р *м₁* ‹-а› Dickschädel *m;* (*упрямец*) Starrkopf *m;* (*деспот*) Despot *m*

самока́т *м₁* ‹-а› (*детский*) Roller *m*

самолёт *м₁* ‹-а› Flugzeug *n*

самолюби́вый *прил* ‹-ая, -ое, -ые› ehrgeizig; (*гордый*) stolz; (*чувствительный к обиде*) empfindlich; **самолю́бие** *с₄* ‹-я› (*самоутверждение*) Ehrgefühl *n;* (*честолюбие*) Ehrgeiz *m,* Eitelkeit *f;* (*гордость*) Stolz *m;* ◇ **щади́ть чьё-л ~** auf jd-s Ehrgefühl Rücksicht nehmen; **самомне́ние** *с₄* ‹-я› Einbildung *f,* Dünkel *m;* ◇ **он челове́к с больши́м ~ем** er ist ein sehr eingebildeter Mensch; **самонаде́янный** *прил* ‹-ая, -ое, -ые› selbstgefällig, überheblich; (*самодовольный*) selbstzufrieden; (*заносчивый*) anmaßend; **самооблада́ние** *с₄* ‹-я› Selbstbeherrschung *f;* (*выдержка*) Fassung *f;* ◇ **потеря́ть/сохраня́ть ~** die Fassung verlieren/bewahren; **самообма́н** *м₁* ‹-а› Selbstbetrug *m,* Selbsttäuschung *f;* **самооборо́на** *ж₁* ‹-ы› Selbstverteidigung *f,* Selbstschutz *m;* **самообслу́живание** *с₄* ‹-я› Selbstbedienung *f;* ◇ **столо́вая ~я** Kantine *f;* **самоокупа́емость** *ж₅* ‹-и› Eigenfinanzierung *f,* Rentabilität *f;* **самоопределе́ние** *с₄* ‹-я› полит Selbstbestimmung *f;* **самоотве́рженный** *прил* ‹-ая, -ое, -ые› selbstlos, selbstverleugnend; (*беззаветный*) hinge-

Р
С

bungsvoll; **самопоже́ртвование** *$с_4$* <-я> Selbstaufopferung *f*

самосва́л *$м_1$* <-а> *тех* Kipper *m*

самосозна́ние *$с_4$* <-я> Selbstbewußtsein *n;* **самостоя́тельность** *$ж_5$* <-и> Selbständigkeit *f;* (*независимость*) Unabhängigkeit *f;* **самостоя́тельный** *прил* <-ая, -ое, -ые> selbständig; (*независимый*) unabhängig; **самосу́д** *$м_1$* <-а> Lynchjustiz *f,* Selbstjustiz *f;* **самотёк** *$м_1$* <-а> *перен* (*стихийный ход дела*) Selbstlauf *m,* Spontaneität *f;* ◇ **не полага́ться на** ~ die Dinge nicht sich selbst überlassen; ◇ **пусти́ть де́ло на** ~ den Dingen ihren Lauf lassen; **самоуби́йство** *$с_2$* <-а> Selbstmord *m;* ◇ **довести́ до ~а** zum Selbstmord treiben; ◇ **поко́нчить жизнь ~ом** Selbstmord begehen; **самоуби́йца** *м/$ж_2$* <-ы, *род мн:* -уби́йц> Selbstmörder(in *f*) *m;* **самоуве́ренный** *прил* <-ая, -ое, -ые> selbstbewußt, selbstsicher; (*самонадеянный*) selbstgefällig; (*высокомерный*) arrogant; **самоуправле́ние** *$с_4$* <-я> Selbstverwaltung *f;* **самоупра́вство** *$с_2$* <-а> eigenmächtiges, willkürliches Verfahren; **самоучи́тель** *$м_2$* <-я> autodidaktisches Lehrbuch; ◇ **изуча́ть иностра́нный язы́к по ~ю** eine Fremdsprache autodidaktisch lernen; **само-у́чка** *м, $ж_1$* <-и, *род мн:* -чек> Autodidakt *m;* ◇ **худо́жник-~** naiver Maler; **самохо́дный** *прил* <-ая, -ое, -ые> selbstfahrend; **самоце́ль** *$ж_5$* <-и> Selbstzweck *m;* **самочу́вствие** *$с_4$* <-я> Befinden *n;* ◇ **как Ва́ше ~?** wie fühlen Sie sich?

са́мый *мест* ① (*при словах – тот, этот*) der, die, das nämliche; ◇ **тот** ~ derselbe; ◇ **э́та ~ая кни́га** genau dieses Buch ② (*прямо, как раз, непосредственно*) direkt, gerade, gleich, ganz; ◇ **у ~ого мо́ря** direkt am Meer; ◇ **с ~ого утра́** vom frühen Morgen an; ◇ **сейча́с ~ая пора́ обе́дать** es ist genau Zeit zum Mittagessen; ◇ **в ~ом нача́ле** ganz am Anfang; ◇ **до ~ого конца́** bis ganz zum Schluß ③ (*как таковой*) allein, an sich; ◇ **доста́точен ~ факт согла́сия** die Zusage an sich ist ausreichend ④ (*указывает на крайнюю степень количества и качества*) ◇ **~ая ма́лость** das Mindeste; ◇ **~ мо́дный** der Modischste; ◇ **~ хоро́ший кни́жный магази́н** der beste Buchladen; ◇ **в ~ом разга́ре собы́тий** auf dem Höhepunkt der Ereignisse; ◇ **~ое гла́вное** die Hauptsache; ◇ **в ~ом де́ле** tatsächlich

сан *$м_1$* <-а> Würde *f,* Rang *m;* ◇ **носи́ть высо́кий** ~ einen hohen Rang innehaben

санда́лии *$мн_4$* <-ий> Sandalen *f pl*

са́ни *$мн_2$* <-не́й> Schlitten *m;* ◇ **е́хать в ~я́х** Schlitten fahren

санита́р(ка *$ж_1$*) *$м_1$* <-а> Sanitäter(in *f*) *m;* (*в больнице*) Krankenpfleger(in *f*) *m;* **санита́рный** *прил* <-ая, -ое, -ые> Hygiene-, Sanitäts-, Gesundheits-; ◇ **~ая маши́на** Krankenwagen *m;* ◇ **~ надзо́р** Hygieneaufsicht *f*

са́нки *$мн_1$* <-нок> Schlitten *m;* (*спортивные*) Rennschlitten; ◇ **ката́ться с горы́ на ~ах** den Berg hinunterrodeln

са́нкция *$ж_4$* <-и> ① (*утверждение*) Sanktion *f;* (*разрешение*) Genehmigung *f* ② (*меры воздействия*) Sanktionen *f pl,* Zwangsmaßnahmen *f pl;* ◇ **экономи́ческие ~и** Wirtschaftssanktionen; ◇ **применя́ть ~и про́тив кого́-л** Sanktionen gegen jd-n verhängen

сано́вник *$м_1$* <-а> Würdenträger *m*

сантиме́тр *$м_1$* <-а> ① (*единица длины*) Zentimeter *m* ② *разг* (*линейка, лента*) Zentimetermaß *n*

сапёр *$м_1$* <-а> *воен* Pionier *m*

сапо́г *$м_1$* <-а́, *мн:* -и́, *род:* -по́г, *дат:* -а́м> Stiefel *m;* ◇ **рези́новые ~и́** Gummistiefel; *разг* ◇ **два ~а́ па́ра** gleich und gleich gesellt sich gern; **сапо́жник** *$м_1$* <-а> Schuster *m,* Schuhmacher *m*

сара́й *$м_3$* <-я> Schuppen *m;* (*для сена*) Scheune *f*

саранча́ *$ж_1$* <-и́> Heuschrecke *f*

сарафа́н *$м_1$* <-а> ① (*русская женская крестьянская одежда*) Sarafan *m* ② (*платье*) Trägerkleid *n*

сарде́лька *$ж_1$* <-и, *род мн:* -лек> Bockwurst *f*

сарди́на *$ж_1$* <-ы> Sardine *f*

сателли́т *$м_1$* <-а> *астр* Satellit *m,* Trabant *m;* ◇ **луна́ - ~ земли́** der Mond ist ein Trabant der Erde

са́хар *$м_1$* <-а> Zucker *m;* ◇ **кусково́й** ~ Würfelzucker; ◇ **тростнико́вый** ~ Rohrzucker; **са́харница** *$ж_1$* <-ы> Zuckerdose *f*

сачо́к *$м_1$* <-чка́, *мн:* -чки́> ① (*для ловли рыб*) Kescher *m,* kleines Fischnetz; (*для бабочек*) Schmetterlingsnetz *n* ② *разг* (*лентяй*) Faulpelz *m*

сбежа́ть * *сов* <-егу́, -ежи́шь> [**сбега́ть** V_{1a} *несов*] *с чего род (1), без доп (2)* ① (*вниз*) hinunterlaufen; ◇ **снега́ сбежа́ли с гор** der Schnee auf den Bergen ist geschmolzen ② (*тайком*) weglaufen, fliehen

сбереже́ние *$с_4$* <-я> ① (*сохранение*) Aufbewahrung *f* ② (*денежное*) Sparen *n* ③ *перен* (*сил*) Schonen *n* ④ (*деньги*) Ersparnisse *f pl;* **храни́ть ~я на сберкни́жке** Geld auf dem Sparbuch haben

сберкни́жка *ж₁* ‹-и, *род мн:* -жек› (= *сберегательная книжка*) Sparbuch *n*

сбить * *сов* ‹собью́, собьёшь› [**сбива́ть** V_{1a} *несов*] *кого-что вин* ① (*сшибить*) herunterschlagen, abschlagen; (*опрокинуть*) umwerfen; ◇ ~ **с ног** zu Boden werfen ② (*повредить*) anstoßen, verletzen; ◇ ~ **но́ги** sich die Füße wund laufen ③ *разг* (*запутать*) verwirren, irremachen; ◇ ~ **с доро́ги** vom Weg abbringen; ◇ ~ **с то́лку** verwirren ④ *разг* (*снизить, убавить*) drücken, senken; ◇ ~ **це́ну** den Preis drücken ⑤ (*сколотить*) zusammennageln; ◇ ~ **я́щик из досо́к** eine Kiste aus Brettern zusammennageln ⑥ (*в массу*) schlagen; ◇ ~ **сли́вки** Sahne schlagen ⑦ *разг* (*соединить*) versammeln; ◇ ~ **всех в ку́чу** alle zusammentrommeln

сбли́зиться V_{4b} *сов* ‹-и́жусь, -и́зишься› [**сближа́ться** V_{1a} *несов*] *без доп* ① (*сделаться близким*) sich nähern, (näher) zusammenrücken; ◇ **интере́сы ~лись** die Interessen näherten sich einander an ② *перен* (*сдружиться*) sich anfreunden (mit), vertraut werden; ◇ **де́ти бы́стро ~лись** die Kinder freundeten sich schnell an

сбор *м₁* ‹-а› ① (*то, что собрано*) Ernte *f,* Sammeln *n;* ◇ ~ **по́дписей** Unterschriftensammlung; ◇ ~ **чле́нских взно́сов** Einkassieren der Mitgliedsbeiträge ② (*за вечер, спектакль*) Einnahme *f,* Ertrag *m* ③ (*собранные на что-л деньги*) Abgabe *f;* (*взносы*) Gebühren *f pl;* (*налог*) Steuer *f;* ◇ **тамо́женный** ~ Zollgebühr ④ (*собрание*) Versammlung *f;* (*встреча*) Treffen *n;* ◇ **ме́сто ~а** Sammelplatz *m;* ◇ **все в ~е** alle sind versammelt ⑤ (*пребывание для обучения, тренировок*) Lehrgang *m* ⑥ (*приготовление*) Vorbereitungen *f pl*

сбо́рная *ж (А)* ‹-ой› *спорт* Mannschaft *f;* ◇ ~ **страны́** Nationalmannschaft; ◇ **игро́к ~ой** Mannschaftsspieler *f;* **сбо́рник** *м₁* ‹-а› (*книга*) Sammlung *f,* Sammelband *m;* ◇ ~ **стихо́в** Gedichtband *m;* **сбо́рщик** *м₁* ‹-а› ① Sammler *m;* ◇ ~ **нало́гов** Steuereintreiber *m;* ◇ ~ **хло́пка** Baumwollpflücker *m* ② (*рабочий*) Monteur *m*

сбро́сить * *сов* ‹-о́шу, -о́сишь› [**сбра́сывать** V_{1a} *несов*] *кого-что вин* ① (*вниз с чего-л*) hinunterwerfen, abwerfen; ◇ ~ **снег с кры́ши** Schnee vom Dach werfen; (*в кучу*) zusammenwerfen ② (*скинуть*) von sich werfen, ausziehen; *перен* ◇ ~ **хандру́** Schwermut überwinden ③ (*дать отток*) ausstoßen, ablassen; ◇ ~ **во́ды в о́зеро** Wasser in den See ablassen

сбыт *м₁* ‹-а› *эк* Absatz *m,* Vertrieb *m;* ◇ **това́р не нахо́дит ~а** die Ware findet keinen Absatz; **сбыть** * *сов* ‹сбу́ду, сбу́дешь› [**сбыва́ть** V_{1a} *несов*] *что вин (1), кого-что вин (2)* ① (*продать*) absetzen, verkaufen ② (*отделаться*) abschaffen, loswerden; ◇ ~ **с рук** sich etw vom Halse schaffen; ◇ ~ **от навя́зчивого посети́теля** einen aufdringlichen Besucher loswerden

сва́дьба *ж₁* ‹-ы, *род мн:* -деб› Hochzeit *f;* ◇ **спра́вить ~у** Hochzeit feiern; *разг* ◇ **до ~ы заживёт** das geht vorbei

сва́лка *ж₁* ‹-и, *род мн:* -лок› ① (*место для мусора*) Schuttabladeplatz *m,* Müllhalde *f* ② *разг* (*драка*) Handgemenge *n,* Rauferei *f*

сва́рка *ж₁* ‹-и› *тех* Schweißen *n*

сварли́вый *прил* ‹-ая, -ое, -ые› zänkisch, zanksüchtig

сва́рщик *м₁* ‹-а› *тех* Schweißer *m*

сва́стика *ж₁* ‹-и› Hakenkreuz *n*

сват *м₁* ‹-а› Heiratsvermittler *m;* ◇ **он мне ни ~, ни брат** ich habe nichts mit ihm zu tun

сва́я *ж₃* ‹-и› Pfahl *m*

све́дение *с₄* ‹-я› ① (*познание*) Kenntnis *f,* Wissen *n;* ◇ **облада́ть больши́ми ~ями** gute Kenntnisse besitzen ② (*известие, сообщение*) Mitteilung *f,* Nachricht *f;* ◇ **получи́ть ва́жные ~я** wichtige Nachrichten erhalten; ◇ **собра́ть ~я** Erkundigungen einziehen; ◇ **по мои́м ~ям** nach meiner Kenntnis; (*данные*) Angaben *f;* ◇ **предста́вить ~я о чём-л** Angaben zu etw vorlegen ③ (*представление*) Kenntnis(-nahme) *f;* ◇ **довести́ что-л до всео́бщего ~я** etw allgemein bekannt machen

све́жий *прил* ‹-ая, -ее, -ие› ① (*недавно приготовленный*) frisch; ◇ **собы́тия ещё ~и в па́мяти** die Ereignisse sind noch in frischer Erinnerung ② (*прохладный*) frisch, erfrischend; ◇ **на ~ем во́здухе** an der frischen Luft ③ (*новый*) frisch, neu, aktuell; ◇ **~ие кра́ски** frische Farben

свезти́ * *сов* ‹-зу́, -зёшь› [**свози́ть** V_{4a} *несов* ‹*Part. Präs. Pass.* -зи́мый›] *кого-что вин* ① (*доставить*) hinbringen, transportieren; ◇ ~ **зерно́ на элева́тор** Getreide auf den Getreidespeicher bringen ② (*спустить*) hinunterbringen, hinuntertransportieren ③ (*увезти*) wegfahren, wegbringen ④ (*привезти в одно место*) zusammenbringen; ◇ **на вы́ставку ~ли́ экспона́ты со всего́ ми́ра** für

С

die Ausstellung wurden Exponate aus der ganzen Welt herbeigeschafft

свёкла *ж$_1$* <-ы> Rübe *f;* ◇ **столóвая** ~ rote Bete

свёкор *м$_1$* <-кра, *мн:* -кры> Schwiegervater *m*

свекрóвь *ж$_5$* <-и> Schwiegermutter *f*

свéргнуть V_2 *сов* <-ну, -нешь, *Part. Prät. Pass.* -нутый> [**свергáть** V_{1a} *несов*] *кого-что вин* (1) (*сбросить*) stürzen, hinabwerfen (2) (*низложить*) beseitigen; ◇ ~ **существýющий строй** das herrschende System zu Fall bringen

свержéние *с$_4$* <-я> Sturz *m*

свéрить V_{4b} *сов* <-рю, -ришь> [**сверя́ть** V_{1b} *несов*] *что вин с чем тв* (*сличить*) vergleichen; (*текст*) überprüfen

сверкáть V_{1a} *несов* <-áю, -áешь> *без доп* blitzen; (*искриться*) funkeln; (*блестеть*) glitzern; ◇ ~**áет мóлния** es blitzt; ◇ **глазá** ~**áют гнéвом** die Augen funkeln vor Zorn; *перен* ◇ ~ **талáнтом** mit seinem Talent glänzen

сверли́ть V_{4a} *несов* <-лю́, -ли́шь, *Part. Präs. Pass.* -ли́мый> [**про**~ *сов*] *кого-что вин* bohren; ◇ ~ **дóску** in ein Brett bohren; *перен* ◇ ~ **взгля́дом когó-л** jd-n mit Blicken durchbohren; **сверлó** *с$_2$* <-á, *мн:* свёрла> *тех* Bohrer *m*

сверну́ть V_2 *сов* <-нý, -нёшь, *Part. Prät. Pass.* свёрнутый> [**свёртывать** и **сворáчивать** V_{1a} *несов*] *что вин* (1) (*скрутить*) zusammenrollen, zusammenwickeln; (*сложить*) zusammenlegen; (*завернуть*) einwickeln (2) (*сократить*) abbauen, verringern, stillegen; (*сузить, ограничить*) einschränken; ◇ ~ **лáгерь** das Lager abbrechen (3) (*повернуть в сторону*) einbiegen, abbiegen; ◇ ~ **с дорóги** vom Weg abbiegen; *перен* ◇ ~ **разговóр на прéжнее** das Gespräch auf das Vergangene lenken; *перен* ◇ ~ **гóлову кому-л** jd-m den Hals umdrehen, jd-n umbringen

свéрстник *м$_1$* <-а> Altersgenosse *m;* **свéрстница** *ж$_1$* <-ы> Altersgenossin *f*

свёрток *м$_1$* <-тка, *мн:* -тки> (*трубка*) Rolle *f;* (*пакет*) Tüte *f;* ◇ ~ **с бельём** Wäschebündel *n*

свёртывание *с$_4$* <-я> (1) (*молока, крови*) Gerinnen *n,* Gerinnung *f* (2) (*производства*) Stillegung *f;* (*сокращение*) Abbau *m*

сверхсрóчный *прил* <-ая, -ое, -ые> (1) (*длящийся дольше положенного срока*) die Frist überschreitend; воен ◇ **остáться на** ~**ой слýжбе** sich als Zeitsoldat verpflichten (2) (*особо срочный*) äußerst dringend

свéрху I. *нареч* (1) (*наверху*) oben; ◇ **пирóг подрумя́нился** ~ der Kuchen ist oben braun geworden (2) (*по направлению вниз*) von oben **II.** *предлог с род* (*сверх*) über; ◇ **повязáть платóк** ~ **шáпки** ein Tuch über die Mütze binden

сверхурóчный *прил* <-ая, -ое, -ые> Überstunden-; ◇ **рабóтать** ~**о** Überstunden machen

сверчóк *м$_1$* <-чкá, *мн:* -чки́> Heimchen *n;* Grille *f*

сверя́ть *несов от* **свéрить**

свести́ * *сов* <-едý, -едёшь, (7) 1 и 2 л. не употр> [**своди́ть** V_{4a} *несов* <*Part. Präs. Pass.* -ди́мый>] *кого-что вин (1, 2, 3, 7), что вин (4), кого что вин во что вин (5), что вин к чему дат или на что вин (6), что вин на что вин (8)* (1) (*отвести*) (hin-)führen; ◇ ~ **гостéй на вы́ставку** die Gäste zur Ausstellung führen; ◇ ~ **в моги́лу** ins Grab bringen (2) (*помочь сойти вниз*) hinunterführen, hinabführen (3) (*удалить*) wegführen; ◇ ~ **лóшадь с дорóги** das Pferd von der Straße führen (4) (*соединить*) zusammenführen, vereinigen; ◇ ~ **брóви** die Augenbrauen zusammenziehen (5) (*собрать в одно целое*) zusammenfassen (6) *перен* (*упросить*) auf etw reduzieren, auf etw beschränken; ◇ ~ **расхóды к сáмому необходи́мому** die Ausgaben auf das Allernötigste reduzieren (7) *безл* (*согнуть, скорчить*) zusammenziehen, zusammenkrampfen; ◇ **футболи́сту** ~**лó сýдорогой нóгу** der Fußballspieler bekam einen Krampf im Bein (8) (*перенести изображение*) abpausen; ◇ ~ **на нет** zunichte machen

свет [1] *м$_1$* <-а/-у> (1) (*солнечный*) Licht *n;* (*освещение*) Beleuchtung *f;* ◇ **при дневнóм** ~**е** bei Tageslicht; ◇ **при** ~**е луны́** im Mondschein (2) *перен* Licht *n;* ◇ **предстáть совсéм в другóм** ~**е** in einem ganz anderen Licht erscheinen; ◇ **э́ти фáкты бросáют нóвый** ~ **на дéло** diese Tatsachen werfen ein neues Licht auf die Sache

свет [2] *м$_1$* <-а> (1) (*мир, Земля*) Welt *f;* ◇ **путешéствие вокрýг** ~**а** Weltreise; ◇ **странá** ~**а** Himmelsrichtung *f;* ◇ **шесть частéй** ~**а** sechs Erdteile; ◇ **вы́йти в** ~ erscheinen, veröffentlicht werden; ◇ **появи́ться на** ~ zur Welt kommen; ◇ **произвести́ на** ~ **детéй** Kinder in die Welt setzen; ◇ **сжить со** ~**а** jd-n unter die Erde bringen; ◇ **ни за что на** ~**е** um nichts auf der Welt; ◇ **отпрáвиться на тот** ~ ins Gras beißen (2) (*общество*) Gesellschaft *f,* (alle) Welt; ◇ **всемý** ~**у извéстно** alle Welt weiß das; ◇ ~ **не без дóбрых людéй** es gibt doch noch gute Menschen

свети́льник *м₁* <-а> Öllampe *f;* тех Leuchte *f;* **све́тлый** *прил* <-ая, -ое, -ые> (1) (*наполненный светом*) hell; ◇ **~ая ла́мпочка** helles Licht; (*прозрачный*) klar; ◇ **~ ручеёк** klares Bächlein; (*бледный*) ◇ **~ые во́лосы** helle Haare; *перен* ◇ **~ая голова́** heller Kopf; ◇ **~ая ли́чность** prächtiger Mensch (2) (*радостный*) fröhlich, heiter; ◇ **~ое бу́дущее** glänzende Zukunft; ◇ **~ миг** lichter Augenblick; **светлячо́к** *м₁* <-чка́, *мн:* -чки́> Leuchtkäfer *m,* Glühwürmchen *n;* **светопреставле́ние** *с₄* <-я> (1) Weltuntergang *m* (2) (*сумятица*) Durcheinander *n;* **светофи́льтр** *м₁* <-а> фото Lichtfilter *m;* **светофо́р** *м₁* <-а> (Verkehrs-)Ampel *f*

све́тский *прил* <-ая, -ое, -ие> (1) (*не церковный, гражданский*) weltlich; ◇ **~ое образова́ние** weltliche Bildung (2) (*принадлежащий к избранному кругу*) von Welt, weltgewandt, mondän; ◇ **~ая да́ма** Dame von Welt; ◇ **~ая жизнь** mondänes Leben

свеча́ *ж₁* <-и́, *мн:* -и, *род:* -е́й, *дат:* -а́м> (1) Kerze *f* (2) авто Kerze *f;* ◇ **~ зажига́ния** Zündkerze (3) мед Zäpfchen *n*

свида́ние *с₄* <-я> (*встреча*) Wiedersehen *n;* (*условленное*) Verabredung *f;* (*официальная встреча*) Zusammenkunft *f;* (*в больнице, тюрьме*) Besuch *m;* ◇ **ра́дость ~я** Wiedersehensfreude *f;* (*влюблённых*) Rendezvous *n;* ◇ **до ~я** auf Wiedersehen; (*по телефону*) ◇ **до ~я** auf Wiederhören; ◇ **до ско́рого ~я** bis bald

свиде́тель *м₂* <-я> Zeuge *m;* юр ◇ **~ защи́ты** Entlastungszeuge; юр ◇ **~ обвине́ния** Belastungszeuge; (*очевидец*) Augenzeuge *m;* ◇ **~ а́кта бракосочета́ния** Trauzeuge; ◇ **быть ~ем чего́-л** Zeuge von etw sein; ◇ **проходи́ть по де́лу ~ем** als Zeuge in einer Sache auftreten; **свиде́тельница** *ж₁* <-ы> Zeugin *f;* **свиде́тельство** *с₂* <-а> (1) (*показание*) Aussage *f;* ◇ **~ очеви́дцев** Aussage von Augenzeugen (2) (*удостоверение*) Bescheinigung *f,* Urkunde *f;* Zeugnis *n;* ◇ **~ о бра́ке** Heiratsurkunde; ◇ **медици́нское ~** ärztliches Attest; ◇ **~ о рожде́нии** Geburtsurkunde; ◇ **~ о сме́рти** Totenschein *m;* ◇ **истори́ческие ~а** historische Zeugnisse; **свиде́тельствовать** V_{3a} *несов* <-твую, -твуешь> [**за~** (3), **о~** (4) *сов*] *что вин или о чём предл (1), о чём предл (2), что вин (3), кого-что (4)* (1) (*в качестве очевидца*) etw bezeugen, Zeugnis über etw ablegen; ◇ **~ о кра́же** einen Diebstahl bezeugen (2) (*доказывать*) sprechen (für), zeugen (von); ◇ **ци́фры ~ют об успе́хах** die Zahlen bestätigen die Erfolge (3) (*удостоверять подлинность*) beglaubigen (4) мед untersuchen

свина́рник *м₁* <-а> Schweinestall *m*

свине́ц *м₅* <-нца́> Blei *n*

свини́на *ж₁* <-ы> Schweinefleisch *n*

сви́нка *ж₁* <-и> мед Mumps *m*

свиново́дство *с₂* <-а> Schweinezucht *f*

сви́нство *с* <-а> Schweinerei *f,* Gemeinheit *f*

свинья́ *ж₃* <-ьи́, *мн:* -ьи, *род:* -не́й, *дат:* -ьям> (1) Schwein *n;* (*самка*) Sau *f* (2) *разг* (*о человеке*) Schwein *n,* Ferkel *n;* ◇ **ну и ~ же ты!** du bist vielleicht ein Ferkel!; ◇ **подложи́ть кому́-л ~ю́** jd-n hereinlegen

свире́ль *ж₅* <-и> Hirtenflöte *f,* Schalmei *f*

свире́пствовать V_{3a} *несов* <-твую, -твуешь> *без доп* (1) (*о человеке*) rasen, toben (2) (*о стихийном бедствии*) wüten, toben; ◇ **эпиде́мия ~ет** eine Epidemie grassiert

свисте́ть * *несов* <-ищу́, ти́шь> [**просов**] *без доп* (*издавать свист*) pfeifen; **свисто́к** *м* <-тка́> (1) Pfeife *f* (2) (*свист*) Pfiff *m;* спорт ◇ **заключи́тельный ~ судьи́** Schlußpfiff des Schiedsrichters

сви́тер *м₁* <-а> Pullover *m*

свобо́да *ж₁* <-ы> Freiheit *f;* ◇ **~ печа́ти** Pressefreiheit; ◇ **~ сло́ва** Meinungsfreiheit *f;* ◇ **на ~е** auf freiem Fuße; ◇ **вы́пустить на ~у** freilassen; ◇ **предоста́вить кому́-л по́лную ~у вы́бора** jd-m die freie Wahl lassen; **свобо́дный** *прил* <-ая, -ое, -ые> (1) (*пользующийся свободой*) frei, unabhängig (2) (*беспрепятственный*) ungehindert; ◇ **~ прое́зд** ungehinderte Durchfahrt; ◇ **вход ~** freier Eintritt (3) (*непринуждённый*) ungezwungen, frei; ◇ **~ое поведе́ние** ungezwungenes Verhalten (4) (*не занятый*) frei, nicht besetzt (5) (*лишний*) frei, verfügbar; ◇ **~ое вре́мя** Freizeit *f;* ◇ **~ые де́ньги** flüssiges Geld (6) (*бесплатный*) frei, unentgeldlich; ◇ **вход ~** freier Eintritt (7) (*просторный*) weit; ◇ **~ое пла́тье** weites Kleid; ◇ **~ перево́д** freie Übersetzung; **свободолюби́вый** *прил* <-ая, -ое, -ые> freiheitsliebend

свод *м₁* <-а> (1) архит Gewölbe *n;* (*арка*) Bogen *m* (2) (*собрание материалов*) Sammlung *f;* ◇ **~ зако́нов** Gesetzbuch *n,* Kodex *m;* ◇ **летопи́сный ~** Annalensammlung

своди́ть *несов от* **свести́**

сво́дка *ж₁* <-и, *род мн:* -док> Zusammenstellung *f,* Zusammenfassung *f,* Bericht *m;* ◇ **соста́вить ~у** einen Bericht verfassen

сво́дня *ж₃* <-и, *род мн:* -ей> Kupplerin *f*

своево́льный *прил* <-ая, -ое, -ые> eigen-

С

willig; (*упрямый*) stur, starrköpfig; **своевре́менный** *прил* <-ая, -ое, -ые> rechtzeitig; (*в назначенный срок*) termingerecht; **своенра́вный** *прил* <-ая, -ое, -ые> eigensinnig; (*упрямый*) stur; (*непредсказуемый*) launisch; ◇ ~ **челове́к** launenhafter Mensch; **своеобра́зный** *прил* <-ая, -ое, -ые> (*отличный от других*) eigentümlich, eigenwillig; (*оригинальный*) originell

свой (своего́ *м;* **своя́, свое́й** *ж;* **своё, своего́** *с;* **свои́, свои́х** *мн*) *мест* ① (*при сущ*) mein(e), dein(e), sein(e), ihr(e), unser(e), euer(eure); ◇ **я забы́л ~ портфе́ль** ich habe meine Tasche vergessen; ◇ **ты потеря́л ~ па́спорт** du hast deinen Paß verloren ② (*соответствующий*) sein, eigen; ◇ **в своё время** seinerzeit; ◇ **на всё есть свои́ пра́вила** alles hat seine eigenen Regeln ③ (*собственный*) sein; ◇ **де́лать своё де́ло** seine Arbeit tun ④ (*своеобразный*) eigen, eigentümlich; ◇ **в э́той му́зыке есть своя́ пре́лесть** diese Musik ist von eigentümlicher Schönheit; ◇ **он сам не ~** er ist außer sich; ◇ **он там ~ челове́к** er ist dort wie zu Hause; ◇ **умере́ть свое́й сме́ртью** eines natürlichen Todes sterben; ◇ **ка́ждому своё** jedem das Seine; ◇ **своё и чужо́е** Eigenes und Fremdes; ◇ **стоя́ть на своём** auf seiner Meinung bestehen ⑤ (*в значении сущ*) (*свои, родные*) die Verwandten, Familie *f;* (*близкие*) nahestehende Personen; ◇ **здесь все свои́** hier sind wir unter uns

сво́йство c_2 <-а> (*особенность*) Eigenschaft *f,* Beschaffenheit *f;* ◇ **э́то де́ло делика́тного ~а** das ist eine delikate Angelegenheit; (*черта характера*) Charakterzug *m;* ◇ **облада́ть осо́быми ~ами** besondere Eigenschaften haben

своя́к $м_1$ <-а́, *мн:* -и́> Schwager *m;* **своя́ченица** $ж_1$ <-ы> Schwägerin *f*

свы́ше I. *нареч* ① (*от властей*) von oben; ◇ **по предписа́нию ~** auf Verordnung von oben ② рел (*от Бога*) von oben, von Gott **II.** *предлог с род* (*сверх меры*) über; ◇ **прие́хало ~ ста челове́к** es kamen mehr als hundert Personen; ◇ **э́то ~ мои́х сил** das geht über meine Kräfte

связа́ть V_{1a} *сов* <-яжу́, -я́жешь, *Imp.* -яжи́, ~те, *Part. Prät. Pass.* -я́занный> [**свя́зывать** V_{1a} *несов*] *кого-что вин* ① (*соединить*) binden, verbinden; ◇ ~ **вме́сте** zusammenbinden; ◇ ~ **кого́-л по рука́м и нога́м** jd-n an Händen und Füßen fesseln ② *перен* (*установить связь*) verbinden; ◇ **свяжи́те меня́ с Ва́шим руково́дством** verbinden Sie mich mit der Firmenleitung ③ (*вязать, крючком*) häkeln; (*на спицах*) stricken ④ (*установить зависимость между чем-л*) in Verbindung bringen, einen Zusammenhang herstellen, verknüpfen; ◇ **он двух слов ~ не мо́жет** er kann nicht bis drei zählen; **свя́зка** $ж_1$ <-и, *род мн:* -зок> ① (*группа*) Bündel *n;* ◇ ~ **ключе́й** Schlüsselbund *m* ② анат Band *n;* ◇ **голосовы́е ~и** Stimmbänder; ◇ **растяже́ние свя́зок** Bänderzerrung *f* ③ лингв Kopula *f;* **связно́й** *м* (*A 1*) <-о́го> Verbindungsmann *m;* **связь** $ж_5$ <-и, о свя́зи, в связи́> ① (*отношения, обусловленность*) Verbindung *f,* Zusammenhang *m;* ◇ **в ~и́ с чем-л** im Zusammenhang mit etw; ◇ **в ~и́ с тем, что...** im Zusammenhang damit, daß ② (*общение, отношения*) Beziehung *f,* Verhältnis *n;* ◇ **любо́вная ~** Liebesverhältnis; ◇ **потеря́ть ~ с кем-л** den Kontakt zu jd-m verlieren; ◇ **име́ть ~и во влия́тельных круга́х** Kontakte in einflußreichen Kreisen haben; ◇ **укрепля́ть междунаро́дные ~и** die internationalen Beziehungen stärken ③ (*почта, телеграф*) Nachrichtenwesen *n;* ◇ **косми́ческая ~** Satellitenverbindung *f;* ◇ **междугоро́дняя телефо́нная ~** Fernverbindung *f;* ◇ **слу́жба ~и** Post- und Fernmeldedienst *m*

свято́й I. *прил* <-а́я, -о́е, -ы́е> рел heilig; *перен* (*возвышенный*) hoch, erhaben; ◇ **~а́я вода́** Weihwasser *n;* ◇ **~ долг** heilige Pflicht; ◇ **~а́я цель** erhabenes Ziel; ◇ **для него́ нет ничего́ ~о́го** nichts ist ihm heilig; ◇ **~а́я ~ы́х** das Allerheiligste **II.** *м* (*A 1*) <-ого> Heilige *m*

святота́тство c_2 <-а> рел Gotteslästerung *f;* *перен* Frevel *m*

святы́ня $ж_2$ <-и> Heiligtum *n*

свяще́нник $м_1$ <-а> Pfarrer *m,* Priester *m;* **свяще́нный** *прил* <-ая, -ое, -ые> heilig, geheiligt

сгнить *см.* **гнить**

сго́вор $м_1$ <-а> (*соглашение*) Verabredung *f;* (*сделка*) Abmachung *f;* (*заговор*) Komplott *n;* ◇ **де́йствовать по ~у с кем-л** ein Komplott mit jd-m schmieden; **сговори́ться** V_{4a} *сов* <-рю́сь, -ри́шься> [**сгова́риваться** V_{1a} *несов*] *с кем тв о чём предл или с инф* ① (*условиться*) sich verabreden, etw abmachen ② (*договориться*) zu einem Einvernehmen kommen; ◇ **с ним тру́дно ~** mit ihm ist nicht leicht auszukommen

сгоряча́ *нареч* in der Hitze des Gefechts; (*необдуманно*) unbedacht; ◇ ~ **сказа́ть де́рзость** im Eifer etw Unverschämtes sagen

сгрести́ * *сов* <-ебу́, -ебёшь> [**сгреба́ть** V_{1a} *несов*] *что вин (1, 2), кого-что вин (3)* ① (*собрать в одно место*) zusammenscharren; ◇ ~ **сор в ку́чу** Müll auf einen Haufen zusammenkehren ② (*сбросить*) hinunterwerfen, hinunterfegen ③ (*обхватить*) umklammern, umfassen; ◇ ~ **в оха́пку** packen; ◇ ~ **в свои́ объя́тия** jd-n an sich drücken

сгу́сток $м_1$ <-тка, *мн:* -тки> Klumpen *m;* (*крови*) Gerinsel *n*

сдать * *сов* <-ам, -ашь> [**сдава́ть** V_{1a} *несов* <*Part. Präs. Akt.* сдающий>] *что вин (1-6), без доп (7)* ① (*передать*) übergeben; (*отдать*) abgeben; ◇ ~ **ве́щи на хране́ние** Dinge zur Aufbewahrung abgeben ② (*отдать внаём*) vermieten; (*в аренду*) verpachten ③ (*уступить*) aufgeben; ◇ ~ **свои́ пози́ции** seine Position aufgeben ④ (*ослабить, уменьшить*) nachlassen, verlangsamen ⑤ (*при денежном расчёте*) Wechselgeld herausgeben ⑥ (*экзамен*) ablegen, Prüfung machen ⑦ *разг* (*постареть*) schwächer werden, nachlassen; ◇ **моро́з сдал** der Frost hat nachgelassen; ◇ **стари́к сдал** der alte Mann ist schwach geworden; **сда́ться** *сов* <-а́мся, -а́шься> [**сдава́ться** *несов*] *без доп* ① (*признать себя побеждённым*) sich ergeben, aufgeben; (*капитулировать*) kapitulieren ② (*уступить*) nachgeben; ◇ ~ **на уговоры** sich überreden lassen

сда́ча $ж_1$ <-и> ① (*передача*) Übergabe *f;* (*багажа, телеграммы*) Aufgabe *f* ② (*внаём, в аренду*) Vermietung *f,* Verpachtung *f* ③ (*капитуляция*) Kapitulation *f* ④ (*денег*) Wechselgeld *n;* ◇ **дать де́сять рубле́й ~и** zehn Rubel herausgeben ⑤ *карт* Verteilen *n,* Ausgeben *n*

сдвиг $м_1$ <-а> ① (*перемещение*) Verschiebung *f,* Versetzung *f* ② *перен* (*улучшение*) Fortschritt *m;* (*изменение*) Wandlung *f;* (*перелом*) Umschwung *m*

сдви́нуть V_2 *сов* <-ну, -нешь, *Imp.* -нь, ~те, *Part. Prät. Pass.* -нутый> [**сдвига́ть** V_{1a} *несов*] *кого-что вин* ① (*переместить*) rücken, schieben, umstellen; *перен* etw in Gang bringen; (*передвинуть*) umschieben; (*отодвинуть*) wegrücken ② (*сблизить*) zusammenrücken, zusammenziehen

сде́лка $ж_1$ <-и, *род мн:* -лок> ① (*договор*) Geschäft *n,* Vertrag *m;* ◇ **торго́вая** ~ Handel *m* ② (*неблаговидный сговор*) Abmachung *f;* ◇ **та́йная** ~ Geheimabsprache *f;* ◇ **пойти́ на ~ с со́бственной со́вестью** gegen sein Gewissen handeln

сде́льщина $ж_1$ <-ы> Stücklohnsystem *n,* Akkordarbeit *f*

сде́ржанный *прил* <-ая, -ое, -ые> zurückhaltend, reserviert; ◇ ~ **смех** unterdrücktes Lachen; ◇ ~ **челове́к** zugeknöpfter Mensch;

сдержа́ть V_{1a} *сов* <-жу́, -е́ржишь, *Imp.* -жи́, ~те, *Part. Prät. Pass.* -е́ржанный> [**сде́рживать** V_{1a} *несов*] *кого-что вин* ① (*удержать*) zügeln, zurückhalten ② *перен* (*затаить*) zurückhalten, unterdrücken, beherrschen; ◇ ~ **гнев** Zorn unterdrücken ③ (*исполнить обещанное*) halten; ◇ ~ **своё сло́во** sein Wort halten

сдо́ба $ж_1$ <-ы> süßer Hefeteig *m;* (*булочка*) süßes Brötchen *n*

сдружи́ться V_{4a} *сов* <-жу́сь, -у́жишься> *с кем-чем тв* sich anfreunden (mit)

сеа́нс $м_1$ <-а> ① (*в кинотеатре*) Vorstellung *f,* Vorführung *f;* *шахм* ◇ ~ **одновре́менной игры́ в ша́хматы** Simultanspiel *n* ② (*осуществление*) Sitzung *f*

себе́ *частица* ① ◇ **тебя́ не тро́гают, и молчи́** ~ dich lassen sie in Ruhe, also sei still; ◇ **иди́ ~!** geh! ② (*сносно, довольно хорошо*) passabel; ◇ **обе́д был ничего́** ~ das Essen war ganz passabel ③ (*о ком-чём-л неважном*) mäßig, nicht besonders; ◇ **помо́щник он так** ~ als Helfer ist er nicht besonders; ◇ **мне не по** ~ mir ist unheimlich; ◇ **так** ~ es geht so, nicht besonders

себесто́имость $ж_5$ <-и> *эк* Selbstkostenpreis *m;* ◇ **по ~и** zum Selbstkostenpreis

себя́ (себе́, себя́, собо́й/собо́ю, о себе́) *возвратное мест* (*при подлежащем в 1 л. ед и мн числа*) mich, mir, uns; (*при подлежащем во 2 л. ед и мн числа*) dich, dir, euch; (*в вежливой форме и при подлежащем в 3 л. ед и мн числа*) sich; ◇ **она́ ви́дит ~ в зе́ркале** sie sieht sich im Spiegel; ◇ **вы́йти из себя́** außer sich geraten; ◇ **чита́ть про** ~ für sich lesen; ◇ **прийти́ в** ~ zu sich kommen; ◇ **сам по** ~ an (und für) sich; ◇ **быть не в себе́** außer sich sein

сев $м_1$ <-а> Saat *f,* Aussaat *f;* (*время посева*) Saatzeit *f;* ◇ **весе́нний** ~ Frühjahrsbestellung *f*

се́вер $м_1$ <-а> ① (*страна света*) Norden *m;* ◇ **на Кра́йнем Се́вере** im hohen Norden; ◇ **к ~у от чего́-л** nördlich von; ◇ **на** ~ in den Norden ② (*направление*) Norden *m;* ◇ **на ~е Росси́и** im Norden Rußlands

се́веро-восто́к $м_1$ <-а> Nordosten *m;*

се́веро-за́пад $м_1$ <-а> Nordwesten *m*

сего́дня I. *нареч* ① (*в этот день*) heute; ◇ ~ **у́тром** heute morgen ② *перен* (*теперь* *время*) heute; ◇ **вчера́ был учени́ком, ~ стал учи́телем** gestern war er noch Schüler, heute ist er schon Lehrer **II.** *с* ‹нескл› Heute *n;* (*настоящее*) Gegenwart *f;* ◇ **не ~ за́втра** in allernächster Zeit

седина́ *ж₁* ‹-ы́, *мн:* -ди́ны› graues Haar; ◇ **дожить до седи́н** ein hohes Alter erreichen

седло́ *с₂* ‹-а́, *мн:* сёдла, *род:* сёдел, *дат:* сёдлам› Sattel *m*

седо́й *прил* ‹-а́я, -о́е, -ы́е› (*о волосах*) grau, weiß; (*о человеке*) grau(-haarig); *перен* ◇ **~а́я старина́** graue Vorzeit

сейсмосто́йкий *прил* ‹-ая, -ое, -ие› erdbebensicher

сейф *м₁* ‹-а› Safe *m;* (*для денег*) Geldschrank *m,* Tresor *m;* (*хранилище*) Panzerschrank *m*

сейча́с *нареч* ① (*теперь*) jetzt, augenblicklich; (*в данный момент*) im Moment, in diesem Augenblick ② (*только что*) jetzt, eben, gerade ③ (*очень скоро*) gleich, sofort; ◇ **де́лай ~ же!** mach es sofort!

секре́т *м₁* ‹-а› ① (*тайна*) Geheimnis *n;* ◇ **по ~у** im geheimen, im Vertrauen; ◇ **вы́дать чей-л ~** jd-s Geheimnis preisgeben; ◇ **держа́ть в ~е** geheimhalten; ◇ **сказа́ть под больши́м ~ом** etw unter dem Siegel der Verschwiegenheit sagen ② (*тайный способ*) Geheimnis *n;* ◇ **~ы произво́дства** Betriebsgeheimnis ③ (*скрытая причина*) Geheimnis *n;* ◇ **вот в чём ~!** das steckt also dahinter!; ◇ **замо́к с ~ом** Schloß mit Geheimcode

секрета́рша *ж₁* ‹-и› *разг* Sekretärin *f;* **секрета́рь** *м₂* ‹-я́, *мн:* -ри́› ① (*организации, отдельного лица*) Sekretär *m;* ◇ **Генера́льный ~** Generalsekretär; ◇ **госуда́рственный ~** Außenminister *m* ② Schreibtisch *m,* Sekretär *m*

секре́тничать V_{1a} *несов* ‹-аю, -аешь› *без доп* (*скрывать*) etw geheimhalten, geheimnisvoll tun; ◇ **о чём э́то вы там ~аете?** was tut ihr denn so geheimnisvoll?; **секре́тный** *прил* ‹-ая, -ое, -ые› ① geheim; ◇ **~ докуме́нт** Geheimdokument *n;* (*конфиденциальный*) vertraulich ② (*потайной*) versteckt

секс *м₁* ‹-а› Sex *m;* **сексуа́льный** *прил* ‹-ая, -ое, -ые› Sexual-, sexuell

се́кта *ж₁* ‹-ы› Sekte *f;* **секта́нство** *с₂* ‹-а› Sektentum *n,* Sekten *f pl*

се́ктор *м₁* ‹-а› ① мат (*часть круга*) Sektor *m* ② (*участок*) Abschnitt *m* ③ (*отдел*) Abteilung *f;* ◇ **~ учёта** Buchführungsabteilung ④ (*область деятельности*) Sektor *m*

секу́нда *ж₁* ‹-ы› Sekunde *f;* (*мгновение*) Moment *m;* ◇ **сию́ ~у** sofort; **секундоме́р** *м₁* ‹-а› Stoppuhr *f;* (*у часов*) Sekundenanzeige *f*

селёдка *ж₁* ‹-и, *род мн:* -док› Hering *m;* **селёдочница** *ж₁* ‹-ы› Heringsplatte *f*

селезёнка *ж₁* ‹-и, *род мн:* -нок› анат Milz *f*

се́лезень *м₂* ‹-зня, *мн:* -зни› Enterich *m*

селе́ктор *м₁* ‹-а› ① эл (Strom-)Wähler *m* ② (*переговорное устройство*) (interne) Telefonanlage

селекционе́р *м₁* ‹-а› (Pflanzen-)Züchter *m*

селе́ние *с₄* ‹-я› Siedlung *f,* Ortschaft *f*

сели́тра *ж₁* ‹-ы› хим Salpeter *m*

сели́ться V_{4a} *несов* ‹-лю́сь, -ли́шься› [**по~** *сов*] *без доп* sich ansiedeln, sich niederlassen

село́ *с₂* ‹-а́, *мн:* сёла› Dorf *n;* ◇ **на ~е́** auf dem Lande; ◇ **ни к ~у́, ни к го́роду** fehl am Platze

сель *м₂* ‹-я› Mure *f,* Schlammlawine *f*

сельдере́й *м₃* ‹-е́я› бот Sellerie *m*

се́льский *прил* ‹-ая, -ое, -ие› Dorf-, Land-, ländlich; ◇ **~ая молодёжь** Dorfjugend *f;* ◇ **~ое хозя́йство** Landwirtschaft *f;* **сельскохозя́йственный** *прил* ‹-ая, -ое, -ые› Landwirtschafts-, landwirtschaftlich

сёмга *ж₁* ‹-и› Lachs *m,* Salm *m*

семе́йный *прил* ‹-ая, -ое, -ые› Familien-, familiär; ◇ **~ые обстоя́тельства** familiäre Umstände; **семе́йственность** *ж₅* ‹-и› (*в делах*) Vetternwirtschaft *f*

семеново́дство *с₂* ‹-а› Saatzucht *f*

семёрка *ж₁* ‹-и, *род мн:* -рок› (*линия автобуса*) *тж* карт Sieben *f*

се́меро *числ* sieben; ◇ **нас бы́ло ~** wir waren zu siebt

семе́стр *м₁* ‹-а› Semester *n;* ◇ **тре́тий ~** Praktikum *n*

семидесятиле́тие *с₄* ‹-я› ① (*период*) siebzig Jahre, ein Zeitraum von siebzig Jahren; ◇ **за после́днее ~** in den letzten siebzig Jahren ② (*годовщина*) siebzigster Jahrestag, siebzigjähriges Jubiläum; **семидне́вный** *прил* ‹-ая, -ое, -ые› siebentägig; **семиме́сячный** *прил* ‹-ая, -ое, -ые› siebenmonatig

семина́р *м₁* ‹-а› Seminar *n*

семиуго́льник *м₁* ‹-а› мат Siebeneck *n;* **семичасово́й** *прил* ‹-а́я, -о́е, -ы́е› ① (*продолжительностью в семь часов*) siebenstündig; ◇ **~ рабо́чий день** Siebenstundentag *m* ② (*назначенный на семь часов*) ◇ **~ по́езд** Siebenuhrzug *m;* **семна́дцать** *числ* siebzehn

семь *числ* sieben; *посл* ◇ ~ **бед - оди́н отве́т** das kommt alles aufs gleiche raus; ◇ **у семи́ ня́нек дитя́ без гла́зу** viele Köche verderben den Brei; ◇ **у неё ~ пя́тниц на неде́ле** sie ändert ständig ihre Meinung; **се́мьдесят** *числ* siebzig; **семьсо́т** *числ* siebenhundert

семья́ *ж*$_3$ ‹-и́, *мн:* -и, *род:* -е́й, *дат:* -ьям› Familie *f*; ◇ ~ **в шесть челове́к** sechsköpfige Familie; ◇ **всей ~ёй** mit der ganzen Familie; *перен* Gemeinschaft *f*, Familie *f*; ◇ **студе́нческая** ~ Studentengemeinschaft

се́мя *с*$_6$ ‹-мени, *мн:* -мена́, *род:* -я́н, *дат:* -мена́м› Samen *m*; ◇ **посевны́е ~ена́** Saatgut *n*

се́ни *мн*$_2$ ‹сене́й› Flur *m*, Diele *f*

се́но *с*$_2$ ‹-а› Heu *n*; **сеноко́с** *м*$_1$ ‹-а› Heuernte *f*

сенса́ция *ж*$_4$ ‹-и› (1) (*впечатление*) Sinneseindruck *m*, Empfindung *f* (2) (*событие, сообщение*) Sensation *f*, sensationelle Nachricht; ◇ **па́дкий на ~ю** sensationsgierig; ◇ **производи́ть ~ю** Aufsehen erregen

сентимента́льный *прил* ‹-ая, -ое, -ые› sentimental, rührselig

сентя́брь *м*$_2$ ‹-я́, *мн:* -ри́› September *m*; ◇ **в нача́ле ~я́** Anfang September

сепара́тный *прил* ‹-ая, -ое, -ые› separat, gesondert; ◇ **~ое совеща́ние** Sonderkonferenz

се́ра *ж*$_1$ ‹-ы› (1) хим Schwefel *m* (2) (*ушная*) Ohrenschmalz *n*

серви́з *м*$_1$ ‹-а› Service *n*, Tafelgeschirr *n*

се́рвис *м*$_1$ ‹-а› Service *m*, Kundendienst *m*

серде́чный *прил* ‹-ая, -ое, -ые› (1) (*связанный с болезнями сердца*) herz-, Herz-; ◇ ~ **больно́й** herzkrank (2) (*задушевный*) herzlich, warmherzig, innig; ◇ **оказа́ть ~ приём** einen herzlichen Empfang bereiten (3) *разг* (*любовный*) Herzens-, Liebes-; ◇ **~ые дела́** Herzensangelegenheiten *f pl*

серди́тый *прил* ‹-ая, -ое, -ые› (1) (*раздражительный*) böse, zornig; (*рассерженный*) verärgert, aufgebracht; ◇ **быть ~ым** verärgert, zornig sein (2) *разг* (*крепкий*) streng, scharf; ◇ **~ая горчи́ца** scharfer Senf; **серди́ться** V$_{4a}$ *несов* ‹-ржу́сь, се́рдишься› [**рас~** *сов*] *на кого-что вин* sich ärgern (über), auf jd-n böse sein

се́рдце *с*$_3$ ‹-а, *мн:* -а́, *род:* -де́ц, *дат:* -ца́м› Herz *n*; ◇ **поро́к** ~ Herzfehler *m*; ◇ ~ **ка́менное** ~ ein Herz aus Stein; ◇ **всем ~ем** von ganzem Herzen; ◇ ~ **кро́вью облива́ется** jd-m blutet das Herz; ◇ **у меня́ ~ не лежи́т к э́тому** daran kann ich keinen Gefallen finden; ◇ **у меня́ отлегло́ от ~а** mir fiel ein Stein vom Herzen; ◇ **приня́ть что-л бли́зко к ~у** sich etw zu Herzen nehmen; **сердцеви́на** *ж* ‹-ы› Herz *n*, Mark *n*; *перен* Zentrum *n*, Herzstück *n*

серебро́ *с*$_2$ ‹-а́› (1) (*металл*) Silber *n* (2) (*изделия*) Silber *n*; (*посуда*) Silbergeschirr *n*; ◇ **столо́вое** ~ Tafelsilber *n*; ◇ **на́шим спортсме́нам доста́лось** ~ unsere Sportler haben Silber gewonnen (3) (*разменные монеты*) Kleingeld *n*, Münzen *f pl*

середи́на *ж*$_1$ ‹-ы› (1) (*о времени*) Mitte *f*; ◇ **в са́мой ~е** genau in der Mitte; ◇ **в ~е дня** in der Mittagszeit; ◇ **в ~е ию́ня** Mitte Juni (2) (*место, позиция*) Mitte *f*; ◇ **в ~е пути́** auf halbem Weg; ◇ **бро́сить де́ло на ~е** mittendrin mit etw aufhören; ◇ **держа́ться ~ы** den Mittelweg gehen

середня́к *м*$_1$ ‹-а́, *мн:* -и́› (*крестьянин*) mittelständischer Bauer *m*

серёжка *ж*$_1$ ‹-и, *род мн:* -жек› (1) (*украшение*) Ohrring *m* (2) бот Kätzchen *n*

сери́йный *прил* ‹-ая, -ое, -ые› Serien-, Reihen-; ◇ **~ое произво́дство** Serienproduktion

се́рия *ж*$_4$ ‹-и› (1) (*ряд*) Serie *f*; ◇ ~ **о́пытов** Versuchsreihe *f*; ◇ **изде́лие выпуска́ется ма́лыми ~ями** das Produkt wird in kleinen Mengen produziert (2) кино Teil *m*; ◇ **фильм в двух ~я́х** zweiteiliger Film

серп *м*$_1$ ‹-а́, *мн:* -ы́› Sichel *f*; ◇ **жать ~о́м** mit der Sichel mähen

се́рый *прил* ‹-ая, -ое, -ые› (1) (*цвет*) grau; ◇ **~ые ту́чи** graue Wolken (2) *перен* (*посредственный*) mittelmäßig, langweilig, grau; ◇ ~ **челове́к** unscheinbarer Mensch

серьга́ *ж*$_1$ ‹-и́, *мн:* -и, *род:* -рёг› Ohrring *m*

серьёзный *прил* ‹-ая, -ое, -ые› ernst, ernsthaft, ernstlich; (*важный*) wichtig; (*действенный*) wirksam; ◇ ~ **недоста́ток** schwerwiegender Mangel; ◇ ~ **разгово́р** wichtiges Gespräch; ◇ ~ **уда́р** empfindlicher Schlag

се́ссия *ж*$_4$ ‹-и› (1) (*заседания*) Sitzung *f*, Sitzungsperiode *f* (2) (*сдача экзаменов*) Prüfungszeit *f*

сестра́ *ж*$_1$ ‹-ы́, *мн:* сёстры, *род:* сестёр, *дат:* сёстрам› Schwester *f*; ◇ **двою́родная** ~ Cousine *f*; ◇ **медици́нская** ~ Krankenschwester *f*

сесть * *сов* ‹ся́ду, ся́дешь, (8, 9) 1 и 2 л. не употр› [**сади́ться** V$_{4a}$ *несов*] *без доп (1, 3, 8, 9), во/на что вин (2, 4, 6), за что вин или с инф (5), за что вин (7)* (1) (*занять место*) sich setzen; ◇ ~ **за стол** sich an den

С

Tisch setzen; (*опуститься*) sich niederlassen, herabsinken (2) (*войти, поместиться*) einsteigen; ◇ ~ **на кора́бль** an Bord gehen (3) (*о солнце*) untergehen (4) (*прекратить полёт*) landen; ◇ **самолёт сел на льди́ну** das Flugzeug landete auf einer Eisscholle (5) (*приступить к делу*) sich an etw machen, an etw gehen; ◇ ~ **за кни́ги** sich hinter die Bücher klemmen (6) (*ограничить себя*) ◇ ~ **на дие́ту** eine Diät machen; ◇ ~ **на стипе́ндию** auf ein Stipendium angewiesen sein (7) *разг* (*в тюрьму*) hinter Gitter kommen; ◇ ~ **на три го́да за кра́жу** drei Jahre Gefängnis wegen Diebstahls bekommen; *разг* ◇ ~ **на ше́ю кому́-л** jd-m auf der Tasche liegen (8) (*сузиться*) eingehen, einlaufen; ◇ **костю́м сел по́сле чи́стки** der Anzug ist beim Reinigen eingelaufen (9) (*ослабеть*) nachlassen; ◇ **батаре́йки се́ли** die Batterien sind leer

се́тка *ж*$_1$ ‹-и, *род мн:* -ток› (*небольшая сеть*) Netz *n;* ◇ ~ **от комаро́в** Mückennetz; (*сумка*) ◇ ~ **для поку́пок** Einkaufsnetz; (*расписание*) ◇ **тари́фная** ~ Tarifstaffelung *f*

сетча́тка *ж*$_1$ ‹-и› анат Netzhaut *f*

сеть *ж*$_5$ ‹-и, о се́ти, в сети́, *мн:* се́ти, *род:* -те́й, *дат:* -тя́м› (1) (*изделие*) Netz *n;* ◇ **рыболо́вная** ~ Fischnetz; (*западня*) Falle *f;* (*тенёта*) Garn *n;* ◇ **плести́ ~и** Netze knüpfen; ◇ **попа́сться в ~и** in die Falle gehen; ◇ **расста́вить ~и** Fallen aufstellen; *перен* ◇ **плести́ ~и** Intrigen spinnen (2) *перен* (*коммуникации*) Netz *n;* ◇ **железнодоро́жная** ~ Eisenbahnnetz; ◇ **электри́ческая** ~ Stromnetz (3) (*совокупность однородных учреждений*) Netz *n,* Kette *f;* ◇ **торго́вая** ~ Handelskette

сече́ние *с*$_4$ ‹-я› Schnitt *m;* ◇ **попере́чное** ~ Querschnitt; мед ◇ **ке́сарево** ~ Kaiserschnitt

се́чка *ж*$_1$ ‹-и› (1) (*нож*) Hackmesser *n* (2) с.-х. (*корм*) Häcksel *m*

сечь * *несов* ‹секу́, сечёшь› [**вы́**~ (1) *сов*] *кого-что вин* (1) (*бить*) prügeln; ◇ ~ **кнуто́м** peitschen (2) (*рубить*) hacken; ◇ ~ **капу́сту** Kraut hacken

се́ять * *несов* ‹се́ю, се́ешь› [**по**~ *сов*] *что вин* (1) (*семена*) säen (2) (*просеивать*) durchsieben; ◇ ~ **муку́** Mehl sieben (3) *перен* (*распространять*) verbreiten; ◇ ~ **зна́ния** Wissen verbreiten; ◇ ~ **слу́хи** Gerüchte in Umlauf bringen

сжа́тый *прил* ‹-ая, -ое, -ые› (1) (*прижатый, соединённый*) zusammengepreßt, zusammengedrückt; ◇ ~ **кула́к** geballte Faust (2) тех, физ komprimiert, gepreßt; ◇ ~ **во́здух** Preßluft *f* (3) (*краткий по времени, объёму*) kurz, knapp, gedrängt; ◇ **в ~ые сро́ки** in kurzer Zeit

сжать [1] * *сов* ‹сожму́, сожмёшь› [**сжима́ть** V_{1a} *несов*] *кого-что вин* (1) (*сдавить*) zusammenpressen, zusammedrükken; ◇ ~ **па́льцы в кула́к** die Hand zu einer Faust ballen (2) (*охватив, стиснуть*) umarmen, an sich drücken; ◇ ~ **кого́-л в объя́тиях** jd-n in die Arme schließen

сжать [2] *см.* **жать**

сза́ди I. *нареч* (*с задней стороны*) hinten; ◇ **пальто́ разорвало́сь** ~ der Mantel ist hinten zerrissen **II.** *предлог с род* (*позади кого-чего-л*) hinter; ◇ **встать** ~ **това́рища** sich hinter einen Freund stellen

сибиря́к *м*$_1$ ‹-á, *мн:* -и́› Sibirier *m;* **сибиря́чка** *ж*$_1$ ‹-и, *род мн:* -чек› Sibirierin *f*

сиг *м*$_1$ ‹-á› (*рыба*) Renke *f*

сига́ра *ж*$_1$ ‹-ы› Zigarre *f;* **сигаре́та** *ж*$_1$ ‹-ы› Zigarette *f*

сигна́л *м*$_1$ ‹-а› (1) (*условный знак*) Signal *n,* Zeichen *n;* ◇ ~ **бе́дствия** Notruf *m;* ◇ ~ **возду́шной трево́ги** Luftalarm *m;* авто ◇ **дать** ~ hupen (2) *перен* (*побуждение*) Anstoß *m* (3) *перен* (*предупреждение*) Warnsignal *n*

сиде́лка *ж*$_1$ ‹-и, *род мн:* -лок› Krankenpflegerin *f*

сиде́ть * *несов* ‹сижу́, -ди́шь, (3) 1 и 2 л. не употр› *без доп (1, 3), за или над чем тв или на чём предл (2)* (1) (*находиться в сидячем положении или внутри чего-л*) sitzen; ◇ ~ **за рабо́той** an der Arbeit sitzen; ◇ **гвоздь кре́пко ~и́т в стене́** der Nagel sitzt fest in der Wand; *перен* ◇ **у неё одна́ мысль ~и́т в голове́** sie hat nur einen Gedanken im Kopf; ◇ ~ **без де́нег** ohne Geld dastehen; ◇ ~ **взаперти́** hinter Schloß und Riegel sitzen (2) (*заниматься*) an etw sitzen; ◇ ~ **без де́ла** untätig sein; ◇ ~ **за кни́гой** über einem Buch sitzen (3) (*об одежде*) sitzen, passen

си́ла *ж*$_1$ ‹-ы› (1) (*человека*) Kraft *f,* Stärke *f,* Gewalt *f;* ◇ **нет бо́льше сил** keine Kraft mehr; ◇ **примени́ть ~у** Gewalt anwenden; ◇ **приня́ться за рабо́ту со све́жими ~ами** sich mit neuen Kräften an die Arbeit machen (2) тех, физ Kraft *f,* Stärke *f;* ◇ ~ **притяже́ния** Anziehungskraft; ◇ ~ **то́ка** Stromstärke; ◇ ~ **тя́жести** Schwerkraft (3) (*власть, влияние*) Macht *f,* Kraft *f;* ◇ ~ **убежде́ния** Überzeugungskraft; ◇ **всё, что в мои́х ~ах** alles, was in meinen Kräften steht (4) ◇ **~ы** *мн* воен

Streitkräfte *f pl* (5) (*правомочность*) Rechtskraft *f;* ◇ **зако́н вступи́л в ~у** das Gesetz trat in Kraft; ◇ **в ~у чего́-л** infolge; ◇ **э́то мне не под ~у** das geht über meine Kräfte; ◇ **он хо́дит че́рез ~у** er kann kaum gehen; **сила́ч** *м₂* ‹-а́, *мн:* -и́› Athlet *m,* Kraftmensch *m;* **си́лой** *нареч* mit Gewalt, gewaltsam

си́лос *м₁* ‹-а› (1) с.-х. (*сооружение*) Silo *n,* Speicher *m* (2) (*корм*) Silofutter *n*

си́льный *прил* ‹-ая, -ое, -ые› (1) (*мощный*) stark, heftig (2) (*убедительный*) schwer, gewichtig; ◇ **~ые до́воды** gewichtige Argumente (3) (*волевой*) willensstark; ◇ **~ая во́ля** energischer Wille (4) (*талантливый*) stark, groß; ◇ **он силён в фи́зике** seine Stärke liegt in Physik (5) (*значительный*) stark, schwer; ◇ **~ое го́ре** schweres Unglück

си́мвол *м₁* ‹-а› Symbol *n,* Sinnbild *n;* (*города*) Wahrzeichen *n*

симпатизи́ровать V_{3a} *несов* ‹-рую, -руешь› *кому-чему дат* sympathisieren (mit), jd-n sympathisch finden

симпто́м *м₁* ‹-а› Symptom *n,* Anzeichen *n*

симули́ровать V_{3a} *несов и сов* ‹-рую, -руешь› *что вин* simulieren, vortäuschen

синаго́га *ж₁* ‹-и› Synagoge *f*

си́ний *прил* ‹-яя, -ее, -ие› blau; *перен* ◇ **~ чуло́к** Blaustrumpf *m*

сини́ца *ж₁* ‹-ы› (*птица*) Meise *f*

сино́ним *м₁* ‹-а› Synonym *n*

сино́птик *м₁* ‹-а› Meteorologe *m*

си́нтез *м₁* ‹-а› Synthese *f*

синхро́нный *прил* ‹-ая, -ое, -ые› synchron, simultan; ◇ **~ перево́дчик** Simultandolmetscher *m*

си́нька *ж₁* ‹-и, *род мн:* -нек› (1) (*для тканей*) blaue Textilfarbe *f* (2) (*бумага*) Blaupause *f*

синя́к *м₁* ‹-а́, *мн:* -и́› blauer Fleck *m;* ◇ **~и́ под глаза́ми** Augenringe

сире́на *ж₁* ‹-ы› (*сигнальный гудок*) Sirene *f;* авто Hupe *f*

сире́нь *ж₅* ‹-и› Flieder *m*

сирота́ *м, ж₁* ‹-ы́, *мн:* -о́ты› Waise *f,* Waisenkind *n;* ◇ **кру́глый ~** Vollwaise *f*

систе́ма *ж₁* ‹-ы› (*порядок, структура*) System *n;* ◇ **избира́тельная ~** Wahlsystem; хим ◇ **периоди́ческая ~ элеме́нтов** Periodensystem; (*конструкция*) ◇ **самолёт но́вой ~ы** Flugzeug neuer Bauart; ◇ **преврати́ться в ~у** zur Normalität werden

си́то *с₂* ‹-а› Sieb *n*

ситуа́ция *ж₄* ‹-и› Situation *f,* Lage *f;* ◇ **о́страя ~** gespannte Lage

си́филис *м₁* ‹-а› мед Syphilis *f*

сия́ние *с₄* ‹-я› Glanz *m,* Strahlen *n;* (*блеск*) Schein *m;* ◇ **Се́верное ~** Nordlicht *n,* Polarlicht *n;* **сия́ть** V_{1b} *несов* ‹-я́ю, -я́ешь› *без доп или от чего род* leuchten, strahlen

сказа́ние *с₄* ‹-я› Legende *f,* Sage *f*

сказа́ть V_{1a} *сов* ‹-ажу́, -а́жешь, *Imp.* -ажи́, -те, *Part. Prät. Pass.* -а́занный› [**говори́ть** V_{4a} *несов*] *что вин* sagen; (*сообщить*) mitteilen; ◇ **хорошо́ ска́зано!** gut gesagt!; ◇ **мне не́чего ~** ich habe nichts zu sagen; ◇ **ну поезжа́й, ~ем, за́втра** fahr doch, sagen wir, morgen; ◇ **ска́зано - сде́лано** gesagt, getan; ◇ **так ~** sozusagen; ◇ **по пра́вде ~** ehrlich gesagt; **сказа́ться** *сов* ‹-ажу́сь, -а́жешься, (2) 1 и 2 л. не употр› [**ска́зываться** *несов*] *кем-чем тв (1), на/в ком-чём предл (2)* (1) (*сообщить о себе ложные сведения*) sich ausgeben (als); (*притвориться*) vortäuschen (2) (*проявиться*) sich zeigen, zutage treten, zum Ausdruck kommen; ◇ **~лось переутомле́ние** Übermüdung kam auf

ска́зка *ж₁* ‹-и, *род мн:* -зок› Märchen *n*

сказу́емое *с (A₁)* ‹-ого› грам Prädikat *n*

скака́лка *ж₁* ‹-и, *род мн:* -лок› Springseil *n;* **скака́ть** * *несов* ‹-скачу́, ска́чешь› *без доп* (1) (*бежать скачками*) springen, hüpfen; ◇ **за́яц ~ет че́рез по́ле** der Hase hoppelt über das Feld (2) (*ехать вскачь*) galoppieren, schnell reiten; ◇ **~ верхо́м** (im Galopp) reiten (3) *перен* (*изменяться*) stark schwanken; ◇ **температу́ра у больно́го ~ет** die Temperatur des Patienten schwankt stark

скаку́н *м₁* ‹-а́, *мн:* -ы́› Rennpferd *n*

скала́ *ж₁* ‹-ы́, *мн:* -ы› Felsen *m*

ска́лка *ж₁* ‹-и, *род мн:* -лок› (1) Rolle *f;* ◇ **~ для те́ста** Teigrolle (2) (*для белья*) Mangel *f*

скамья́ *ж₃* ‹-и́, *мн:* -и́, *род:* -ме́й, *дат:* -ья́м› Bank *f;* юр ◇ **попа́сть на ~ю подсуди́мых** auf die Anklagebank geraten

сканда́л *м₁* ‹-а› Skandal *m;* ◇ **разрази́лся ~** es gab einen Skandal; (*шум*) Krach *m,* Lärm *m;* ◇ **у сосе́дей опя́ть ~** bei den Nachbarn geht es wieder hoch her; ◇ **устро́ить кому́-л ~** jd-m eine Szene machen; **сканда́льный** *прил* ‹-ая, -ое, -ые› (1) (*постыдный*) skandalös, anstößig (2) (*присущий скандалу*) skandalsüchtig; ◇ **по́льзоваться ~ой изве́стностью** einen schlechten Ruf haben

скарлати́на *ж₁* ‹-ы› мед Scharlach *m*

ска́терть *ж₅* ‹-и, *мн:* -ти, *род:* -те́й, *дат:* -тям› Tischdecke *f,* Tischtuch *n;* фольк ◇ **~-самобра́нка** Tischleindeckdich *n;* ◇ **~ью доро́га!** hau ab!

С

скафа́ндр *$м_1$* ‹-а› (*космический*) Raumanzug *m;* (*водолазный*) Taucheranzug *m*

ска́чки *$мн_1$* ‹-чек› Pferderennen *n;* ◇ **игра́ть на ~ах** Pferdewetten abschließen

скачо́к *$м_1$* ‹-чка́, *мн:* -чки́› ① (*прыжок*) Sprung *m* ② *перен* (*изменение*) Sprung *m;* ◇ **ре́зкий ~ цен** Preissprung

сква́жина *$ж_1$* ‹-ы› (*отверстие*) Spalte *f,* Ritze *f;* ◇ **замо́чная ~** Schlüsselloch *n;* ◇ **бурова́я ~** Bohrloch *n*

сквер *$м_1$* ‹-а› (Grün-)Anlage *f*

скверносло́вить V_{4b} *несов* ‹-влю, -вишь› *без доп* unflätig schimpfen, Zoten reißen

скве́рный *прил* ‹-ая, -ое, -ые› ① (*гадкий*) ekelhaft, abscheulich, schlecht ② (*плохой*) schlecht, mies; ◇ **~ая пого́да** scheußliches Wetter

сквози́ть V_{4a} *несов* ‹-зи́т, -зя́т, 1 и 2 л. не употр› *без доп* ① (*виднеться*) durchscheinen; ◇ **че́рез щель ~и́т свет** durch den Spalt schimmert Licht ② (*о ветре*) *безл* ziehen ③ *перен* (*обнаружиться*) durchblicken lassen, anklingen; ◇ **в его́ отве́те ~и́т раздраже́ние** in seiner Antwort schwang Verärgerung mit

сквозня́к *$м_1$* ‹-а́, *мн:* -и́› Zugluft *f,* Durchzug *m;* ◇ **не сиди́ на ~е́** setz dich nicht in den Zug

сквозь *предлог с вин* (*через что-л*) (hin-) durch; ◇ **смотре́ть ~ щель** durch die Ritze schauen; ◇ **пробира́ться ~ толпу́** sich durch die Menge drängen; ◇ **услы́шать ~ сон** im Halbschlaf hören

скворе́ц *$м_1$* ‹-рца́, *мн:* -рцы́› зоол Star *m;*

скворе́чник *$м_1$* ‹-а› Vogelhäuschen *n*

скеле́т *$м_1$* ‹-а› Skelett *n,* Gerippe *n;* ◇ **худ, как ~** spindeldürr; *перен* (*остов*) Gerüst *n*

ски́дка *$ж_1$* ‹-и, *род мн:* -док› ① (*на цену*) Rabatt *m,* Preisnachlaß *m* ② *перен* (*уступка*) Zugeständnis *n;* ◇ **рабо́тать без ~док на тру́дности** arbeiten ohne Rücksicht auf damit verbundene Schwierigkeiten

ски́нуть V_2 *сов* ‹-ну, -нешь, *Imp.* -нь, ~те, *Part. Prät. Pass.* -нутый› [**ски́дывать** V_{1a} *несов*] *кого-что вин (1, 2), что вин или в чём предл (3)* ① (*книгу*) hinunterwerfen ② (*платье*) ausziehen, ablegen ③ (*цены*) herabsetzen

ски́петр *$м_1$* ‹-а› Zepter *n*

скипида́р *$м_1$* ‹-а› Terpentin *n*

скита́ться V_{1a} *несов* ‹-а́юсь, -а́ешься› *без доп* umherirren, umherwandern; ◇ **~ по бе́лу све́ту** sich in aller Welt herumtreiben

склад [1] *$м_1$* ‹-а› ① (*помещение*) Lager *n;* ◇ **заводско́й ~** Fabriklager ② (*запас*) Lager *n,* Vorrat *m;* ◇ **лежа́ть на ~е** lagern

склад [2] *м* ‹-а› (*образ мыслей, характер поведения*) Verfassung *f,* Anlage *f,* Beschaffenheit *f;* ◇ **~ ума́** Mentalität *f;* ◇ **челове́к осо́бенного ~а** Mensch von besonderem Schlag

скла́дка *$ж_1$* ‹-и, *род мн:* -док› (*на ткани*) Falte *f;* ◇ **юбка́ со ~ами** Faltenrock *m;* (*морщина*) Runzel *f,* Falte *f;* (*борозда*) Furche *f;* (*изгиб*) Falte *f*

склеп *$м_1$* ‹-а› Grabgewölbe *n,* Gruft *f*

склеро́з *$м_1$* ‹-а› мед Sklerose *f*

скло́ка *$ж_1$* ‹-и› *разг* Zank *m;* (*интриги*) Intrigen *f pl;* (*распри*) Ränke *m pl;* ◇ **устро́ить ~у** zanken

склон *$м_1$* ‹-а› Abhang *m,* Hang *m;* ◇ **круто́й ~** Steilhang; ◇ **на ~е лет** im Alter

склоне́ние *$с_4$* ‹-я› грам Deklination *f;* ◇ **~ прилага́тельных** Adjektivdeklination

склони́ть V_{4a} *сов* ‹-ню́, -о́нишь› [**склоня́ть** V_{1b} *несов*] *что вин (1), кого-что вин к чему дат или на что вин (2)* ① (*нагнуть*) neigen, niederbeugen, senken ② (*убедить*) überreden, bewegen; ◇ **~ на свою́ сто́рону** auf seine Seite ziehen; ◇ **~ к побе́гу** zur Flucht bewegen

скло́нность *$ж_5$* ‹-и› ① (*влечение*) Neigung *f,* Hang *m* ② (*расположение*) Zuneigung *f* ③ (*предрасположенность*) Veranlagung *f;* ◇ **~ к полноте́** Veranlagung zu Fettleibigkeit

скло́чник *$м_1$* ‹-а› Intrigant *m*

ско́бка *$ж_1$* ‹-и, *род мн:* -бок› Klammer *f;* мат ◇ **откры́ть ~и** die Klammern auflösen; ◇ **поста́вить сло́во в ~и** ein Wort in Klammern setzen; *перен* ◇ **заме́тить в ~ах** nebenbei bemerken

скобли́ть V_{4a} *несов* ‹-лю́, -ли́шь, *Part. Prät. Pass.* -лённый› *что вин* (*лезвием, ножом*) schaben, rasieren

ско́ванность *$ж_5$* ‹-и› (*движений*) Gehemmtheit *f;* (*связанность*) Gebundenheit *f;* (*смущение*) Befangenheit *f*

сковорода́ *$ж_1$* ‹-ы́, *мн:* -ы, *род:* -род, *дат:* -а́м› Bratpfanne *f*

сколоти́ть V_{4a} *сов* ‹-очу́, -о́тишь, *Part. Prät. Pass.* -о́ченный› [**скола́чивать** V_{1a} *несов*] *что вин* ① (*соединить, сбить*) zusammennageln, zusammenschlagen; ◇ **~ я́щик** eine Kiste zusammenzimmern ② *перен разг* (*накопить*) zusammensparen; ◇ **~ ты́сячу рубле́й** tausend Rubel zusammenkratzen ③ *перен разг* (*организовать*) zusammenbringen, organisieren, aufbauen

скользи́ть V_{4a} *несов* ‹-льжу́, -льзи́шь›

без доп (1) (*двигаться*) rutschen, gleiten; ◇ ~ **по льду** auf dem Eis rutschen; ◇ ~ **на конька́х** auf Schlittschuhen gleiten (2) (*поскользнуться*) ausrutschen

ско́льзкий *прил* <-ая, -ое, -ие> (1) (*гладкий*) rutschig, glatt (2) *перен* (*ненадёжный*) instabil; (*щекотливый*) heikel; (*опасный*) gefährlich; ◇ **встать на ~ путь** einen gefährlichen Weg einschlagen

ско́лько *мест* (1) (*вопросительное мест*) wieviel; ◇ ~ **Вам лет?** wie alt sind Sie?; ◇ ~ **вре́мени дли́тся ле́кция?** wie lange dauert die Vorlesung? (2) (*относительное мест*) soviel, soweit; ◇ ~ **по́мню, он всегда́ был тако́й** soweit ich mich erinnere, war er immer so

скоморо́х *м₁* <-а> (1) ист Spielmann *m*, Gaukler *m* (2) *перен разг* Spaßmacher *m*, Possenreißer *m*

скопле́ние *с₄* <-я> Anhäufung *f*, Ansammlung *f*; (*людей*) Auflauf *m*; ◇ ~ **автомаши́н на перекрёстке** Stau an der Kreuzung; ◇ ~ **наро́да** Volksauflauf

скорбь *ж₅* <-и, *мн:* -би, *род:* -бе́й> Trauer *f*, Leid *n*; ◇ **мирова́я** ~ Weltschmerz *m*

скорлупа́ *ж₁* <-ы́, *мн:* -лу́пы> Schale *f*; ◇ **яи́чная** ~ Eierschale; ◇ **снима́ть ~у́** schälen; *перен* ◇ **уйти́ в свою́ ~у́** sich abkapseln

скорня́к *м₁* <-а́, *мн:* -и́> Kürschner *m*

ско́ро *нареч* (1) (*быстро*) schnell, rasch, geschwind (2) (*вскоре*) in Kürze; ◇ **она́ ~ прие́дет** sie kommt bald; **скорогово́рка** *ж₁* <-и, *род мн:* -рок> (1) (*быстрая речь*) schnelles Sprechen (2) (*прибаутка*) Zungenbrecher *m*; **скороспе́лый** *прил* <-ая, -ое, -ые> (1) (*растения*) frühreif, schnellreifend; ◇ ~ **сорт я́блок** frühe Apfelsorte (2) *перен* (*поспешный*) voreilig, unüberlegt; **скоростно́й** *прил* <-ая, -ое, -ые> Schnell-, Eil-; ◇ ~ **бег на конька́х** Eisschnellauf *m*; ◇ **~ым ме́тодом** im Eilverfahren; **ско́рость** *ж₅* <-и, *мн:* -ти, *род:* -те́й> Geschwindigkeit *f*; ◇ ~ **зву́ка** Schallgeschwindigkeit; ◇ **дви́гаться на больши́х ~я́х** schnell fahren; ◇ **е́хать на пе́рвой ~и** im ersten Gang fahren; ◇ **разви́ть ~** beschleunigen; ◇ **отпра́вить груз ма́лой ~ю** etw als Frachtgut versenden; **ско́рый** *прил* <-ая, -ое, -ые> (1) (*быстрый*) schnell, geschwind, eilig; ◇ **~ая медици́нская по́мощь** Rettungswagen *m*, Ambulanz *f*; ◇ ~ **по́езд** Eilzug *m* (2) (*близкий по времени*) bald; ◇ **до ~ого свида́ния** bis bald; ◇ **в ~ом вре́мени** bald, demnächst, in nächster Zeit (3) (*о человеке*) flink, fix; ◇ **сде́лать что-л на ~ую ру́ку** etw flüchtig [nachlässig] machen

скоси́ть *см.* **коси́ть**

скот *м₁* <-а́> Vieh *n*; ◇ **кру́пный рога́тый ~** Rindvieh; **скотобо́йня** *ж₂* <-и, *род мн:* -бо́ен> Schlachthof *m*; **скотово́дство** *с₂* <-а> Viehzucht *f*

скребо́к *м₁* <-бка́, *мн:* -бки́> Schabeisen *n*, Schaber *m*; (*садовый*) Schippe *f*

скрепи́ть V_{4a} *сов* <-плю́, -пи́шь, *Part. Prät. Pass.* -плённый> [**скрепля́ть** V_{1b} *несов*] *что вин (1), что вин чем тв (2)* (1) (*соединить*) verbinden, befestigen, zusammenklammern (2) (*удостоверить*) bestätigen; ◇ ~ **по́дпись печа́тью** die Unterschrift mit einem Stempel besiegeln

скре́пка *ж₁* <-и, *род мн:* -пок> Büroklammer *f*

скрести́ * *несов* <-ебу́, -ебёшь> *кого-что вин* (1) (*царапать*) schaben, kratzen; ◇ ~ **когтя́ми** mit den Krallen kratzen (2) (*чистить*) schrubben

скре́щивание *с₄* <-я> биол Kreuzung *f*

скрипа́ч *м₂* <-а́, *мн:* -и́> Geiger *m*

скрипе́ть * *несов* <-плю́, -пи́шь> [**скри́пнуть** V_2 *сов*] *без доп* (1) (*производить скрип*) knarren, scharren; (*о пере*) kratzen; ◇ **дверь ~и́т** die Tür knarrt; ◇ ~ **зуба́ми** mit den Zähnen knirschen (2) *перен* (*жить коекак*) dahinvegetieren; ◇ **наш дед ещё ~и́т** unser Großvater lebt noch

скри́пка *ж₁* <-и, *род мн:* -пок> Geige *f*, Violine *f*; *тж перен* ◇ **игра́ть пе́рвую ~у** die erste Geige spielen

скри́пнуть *см.* **скрипе́ть**

скро́мный *прил* <-ая, -ое, -ые> (1) (*не хвастливый*) bescheiden, zurückhaltend (2) (*простой*) anspruchslos, einfach (3) *перен* (*ограниченный, едва достаточный*) bescheiden; ◇ **весьма́ ~ результа́т** ein überaus dürftiges Ergebnis; ◇ ~ **за́работок** kärglicher Verdienst

скрыва́ть *несов от* **скрыть**

скры́тый *прил* <-ая, -ое, -ые> (1) (*закрытый*) verborgen, versteckt (2) (*тайный*) heimlich, geheim; ◇ **~ая насме́шка** latenter Spott; ◇ **~ая угро́за в го́лосе** drohender Unterton in der Stimme (3) (*незаметный*) heimlich; ◇ **снима́ть ~ой ка́мерой** mit versteckter Kamera aufnehmen; **скрыть** * *сов* <-ро́ю, -ро́ешь> [**скрыва́ть** V_{1a} *несов*] *кого-что вин (1), что вин от кого-чего род (2)* (1) (*спрятать*) verstecken, verbergen (2) (*утаить*) verheimlichen, geheimhalten, verhehlen

С

скря́га *м, ж₁* <-и> *разг* Geizhals *m*, Geizkragen *m*

ску́дный *прил* <-ая, -ое, -ые> (*убогий*) dürftig, kärglich; ◇ **~ая степна́я расти́тельность** karge Steppenvegetation; (*бедный*) arm (an); ◇ **о́зеро ~о ры́бой** der See ist fischarm

ску́ка *ж₁* <-и> Langeweile *f;* ◇ **нагоня́ть ~у на кого́-л** jd-n langweilen; ◇ **от/со ~и** vor/aus Langeweile; ◇ **на вечери́нке была́ ужа́сная ~** auf der Party war es entsetzlich öde; ◇ **кака́я ~!** wie langweilig!

скула́ *ж₁* <-ы́, *мн:* -ы> анат Backenknochen *m*, Jochbein *n*

скули́ть V_{4a} *несов* <-лю́, -ли́шь> *без доп* ① (*о животном*) winseln ② *перен разг* (*о человеке*) flennen; (*докучать*) klagen, jammern

ску́льптор *м₁* <-а> Bildhauer *m;* (*о женщине*) Bildhauerin *f;* **скульпту́ра** *ж₁* <-ы> ① (*искусство*) Bildhauerei *f;* ◇ **занима́ться ~ой** als Bildhauer(in) tätig sein ② (*произведение*) Skulptur *f*, Plastik *f*

ску́мбрия *ж₄* <-и> зоол Makrele *f*

ску́пка *ж₁* <-и> Aufkauf *m;* (*закупка*) Ankauf *m*

скупо́й I. *прил* <-а́я, -о́е, -ы́е> ① (*о человеке*) geizig, knauserig; ◇ **~ на что-л** geizen mit etw ② (*недостаточный*) spärlich, kärglich ③ (*скудный*) kümmerlich II. *м* (*A₁*) <-ого> (*скряга*) Geizkragen *m*

скуча́ть V_{1a} *несов* <-а́ю, -а́ешь> *без доп (1), о ком-чём предл или по кому-чему дат (2)* ① (*испытывать скуку*) sich langweilen ② (*тосковать*) sich sehnen (nach); **ску́чный** *прил* <-ая, -ое, -ые> ① (*унылый*) gelangweilt, traurig; ◇ **мне ~о** mir ist langweilig; (*в дурном настроении*) mißgestimmt ② (*неинтересный*) langweilig, öde, fade

слаби́тельное *с* (*A₁*) <-ого> Abführmittel *n*

сла́бить V_{4b} *несов* <-бит, -бят, 1 и 2 л. не употр> [**про~** *сов*] *без доп (1), кого-что вин (2)* ① мед *безл* ◇ **больно́го ~ит** der Kranke hat Durchfall ② (*о лекарстве*) abführen; ◇ **касто́рка хорошо́ сла́бит** Rizinusöl wirkt abführend

сла́бо *нареч* ① (*не сильно*) schwach; (*не туго*) lose; ◇ **завяза́ть ~** lose zubinden ② (*плохо*) schlecht, schwach; ◇ **он ~ зна́ет матема́тику** er hat schwache Mathematikkenntnisse; **слабора́звитый** *прил* <-ая, -ое, -ые> unterentwickelt; **сла́бость** *ж₅* <-и> ① (*упадок*) Schwäche *f*, Kraftlosigkeit *f;* (*усталость*) Schlaffheit *f* ② (*малодушие*) Schwäche *f*, Kleinmut *m;* ◇ **прояви́ть ~** Schwäche zeigen ③ (*болезненность*) Kränklichkeit *f;* (*дряхлость*) Gebrechlichkeit *f* ④ *перен* (*склонность*) Schwäche *f*, Vorliebe *f;* ◇ **кино́ - её ~** sie hat eine Schwäche fürs Kino; ◇ **пита́ть ~ к кому́/чему́-л** ein Faible für jd-n/etw haben ⑤ (*недостаток*) Mangel *m*, Fehler *m;* ◇ **у ка́ждого есть свои́ ма́ленькие ~и** jeder hat seine kleinen Fehler; **сла́бый** *прил* <-ая, -ое, -ые> ① (*не сильный*) schwach; ◇ **~ая во́ля** schwacher Wille; ◇ **~ чай** dünner Tee; ◇ **э́то его́ ~ое ме́сто** das ist seine schwache Stelle ② (*не тугой*) lose, locker ③ (*болезненный*) gebrechlich, kränklich ④ (*незначительный*) leicht; ◇ **~ ве́тер** leichter Wind ⑤ (*неискусный*) schwach, schlecht, mittelmäßig

сла́ва *ж₁* <-ы> ① (*почётная известность*) Ruhm *m;* ◇ **неувяда́емая ~** unvergänglicher Ruhm; (*честь*) Ehre *f* ② (*репутация*) Ruf *m* ③ (*слухи, молва*) Gerücht *n;* ◇ **о ней идёт ~** es wird über sie geredet

славяни́н *м₁* <-а, *мн:* -я́не, *род:* -я́н> Slawe *m;* **славя́нка** *ж₁* <-и, *род мн:* -нок> Slawin *f;* **славя́нский** *прил* <-ая, -ое, -ие> slawisch

сла́дкий *прил* <-ая, -ое, -ие> ① (*на вкус*) süß ② *перен* (*приятный*) süß, lieblich ③ *перен* (*льстивый*) zuckersüß; ◇ **~ие ре́чи** schmeichlerische Worte; **сла́дкое** *с* (*A₁*) <-ого> ① (*десерт*) Nachspeise *f*, Nachtisch *m* ② (*сладости*) Süßigkeiten *f pl*

сла́женный *прил* <-ая, -ое, -ые> gut organisiert, gut eingespielt

сле́ва *нареч* (*с левой стороны*) von links, von der linken Seite; (*на левой стороне*) links, linker Hand; ◇ **проходи́те ~** gehen Sie links vorbei; ◇ **~ напра́во** von links nach rechts

слегка́ *нареч* (*не сильно, немного*) leicht, kaum merklich; ◇ **его́ ~ знноби́т** es fröstelt ihn ein wenig

след *м₁* <-а́, сле́дом, *мн:* -ы́> ① (*отпечаток*) Spur *f*, Fährte *f;* (*человека*) Fußstapfen *m;* ◇ **за́ячий ~** Hasenfährte; ◇ **~ самолёта** Kondensstreifen *m;* ◇ **идти́ по чьим-л ~а́м** jd-s Fährte folgen; *перен* in jd-s Fußstapfen treten ② *перен* (*результат, последствия*) Spur *f;* ◇ **~ы́ боле́зни** Anzeichen der Krankheit; ◇ **напа́сть на чей-л ~** jd-m auf die Spur kommen; *перен* ◇ **замести́ ~ы́** die Spuren verwischen; ◇ **исче́знуть без ~а́** spurlos verschwinden; ◇ **его́ и ~ просты́л** er ist längst über alle Berge

следи́ть V_{4a} *несов* ‹-ежу́, -ди́шь› *за кем-чем тв* (1) (*наблюдать*) folgen, verfolgen, beobachten; ◇ ~ **глаза́ми за кем-л** jd-m mit den Augen folgen; ◇ ~ **за успе́хами нау́ки** die Erfolge der Wissenschaft verfolgen (2) (*исподтишка*) bespitzeln, observieren (3) (*заботиться*) sorgen (für), aufpassen (auf), achtgeben (auf); ◇ ~ **за собо́й** auf sich achtgeben

сле́дование c_4 ‹-я› (1) (*продвижение*) Zug *m*, Vorbeiziehen *n;* ◇ **по пути́ ~я** auf der Strecke (2) (*подражание*) (Be-)Folgen *n;* ◇ ~ **обы́чаям** Einhalten von Sitten und Bräuchen

сле́дователь $м_2$ ‹-я› юр Untersuchungsrichter *m*

сле́довательно *союз* also, folglich

сле́довать V_{3a} *несов* ‹-дую, -дуешь, (4) 1 и 2 л. не употр› [**по~** *сов*] *за кем-чем тв (1), через что вин или до чего род (2), кому-чему дат (3), из чего род (4), с инф (5), с кого-чего род (6)* (1) (*идти следом*) (ver-)folgen, nachfolgen; ◇ ~ **за кем-л по пята́м** jd-m auf den Fersen folgen (2) (*отправляться, двигаться*) fahren, ziehen; ◇ **коло́нна демонстра́нтов ~ует че́рез пло́щадь** der Demonstrationszug zieht über den Platz (3) (*руководствоваться*) folgen, befolgen; ◇ ~ **пра́вилам** Regeln befolgen (4) (*являться следствием*) folgen, resultieren; ◇ **отсю́да ~ует вы́вод** daraus folgt; ◇ **из его́ заявле́ния ещё ничего́ не ~ует** aus seinen Erklärungen ergibt sich noch gar nichts (5) (*нужно*) *безл* es ist nötig, man muß, man soll; ◇ **сообщи́ть, кому́ ~ует** der zuständigen Person melden (6) *безл* (*полагаться*) zukommen, gebühren; ◇ **ско́лько с меня́ ~ует?** wieviel bin ich schuldig?

следопы́т $м_1$ ‹-а› Spurenleser *m*, Fährtensucher *m*

сле́дствие[1] c_4 ‹-я› (1) (*вывод*) Schluß *m*, Folgerung *f;* ◇ **причи́на и** ~ Ursache und Wirkung (2) (*последствие*) Folge *f;* ◇ **пожа́р был ~ем небре́жности** der Brand brach infolge von Fahrlässigkeit aus

сле́дствие[2] *с* ‹-я› юр Untersuchung *f*, Ermittlung *f;* ◇ **он нахо́дится под ~ем** gegen ihn wird ermittelt

сле́дующий *прил* ‹-ая, -ее, -ие› nächst, folgend; ◇ **в ~ раз** nächstes Mal; ◇ **кто ~?** wer ist der Nächste?; ◇ **~им о́бразом** folgendermaßen

сле́жка $ж_1$ ‹-и, *род мн:* -жек› Beobachtung *f*, Bespitzelung *f*

слеза́ $ж_1$ ‹-ы́, *мн:* слёзы, *род:* слёз, *дат:* -а́м› Träne *f;* ◇ **зали́ться ~а́ми** in Tränen ausbrechen; ◇ **не пророни́т ни еди́ной ~ы́** keine einzige Träne vergießen; ◇ **смея́ться до слёз** Tränen lachen; ◇ **оби́дно до слёз** es ist zum Weinen

слезть * *сов* ‹-зу, -зешь, (3) 1 и 2 л. не употр› [**слеза́ть** V_{1a} *несов*] *с чего род (1, 2), без доп (3)* (1) (*спуститься*) hinunterklettern, hinuntersteigen; ◇ ~ **с ло́шади** absitzen (2) *разг* (*сойти*) aussteigen (3) *перен* (*отпасть*) sich lösen, abgehen; (*отвалиться*) abfallen; ◇ **ко́жа ~ла** die Haut löste sich; ◇ **кра́ска ~ла** die Farbe ging ab

слепе́нь $м_2$ ‹-пня́, *мн:* -пни› зоол Bremse *f*

слепо́й I. *прил* ‹-а́я, -о́е, -ы́е› (1) (*лишённый зрения*) blind; ◇ ~ **на оди́н глаз** auf einem Auge blind (2) (*неотчётливый*) undeutlich, unleserlich (3) *перен* (*безосновательный*) blind, unvernünftig; ◇ **~ое повинове́ние** blinder Gehorsam (4) (*совершаемый вслепую*) Blind-; ◇ ~ **полёт** Blindflug *m;* анат ◇ **~а́я кишка́** Blinddarm *m* **II.** *м* (A_1) ‹-ого› Blinder *m*

сле́пок $м_1$ ‹-пка, *мн:* -пки› Abdruck *m;* (*оттиск*) Abzug *m*

слепота́ $ж_1$ ‹-ы́› Blindheit *f*

сле́сарь $м_2$ ‹-я, *мн:* -ря́/-ри› Schlosser *m*

слёт $м_1$ ‹-а› (1) (*птиц*) Schwarm *m* (2) (*встреча*) (Zusammen-)Treffen *n*

сли́ва $ж_1$ ‹-ы› (1) (*плод*) Pflaume *f* (2) (*дерево*) Pflaumenbaum *m*

сли́вки $мн_1$ ‹-вок, *дат:* -вкам› Sahne *f*, Rahm *m;* ◇ **сби́тые** ~ Schlagsahne; *перен* ◇ **снима́ть** ~ den Rahm abschöpfen; ◇ ~ **о́бщества** Crème *f* de la crème

слизня́к $м_1$ ‹-а́, *мн:* -и́› (1) зоол Wegschnecke *f* (2) *разг* (*о человеке*) willenloser, charakterloser Mensch

слизь $ж_5$ ‹-и› Schleim *m;* (*мокрота*) Auswurf *m*

слиня́ть *см.* **линя́ть**

сли́ток $м_1$ ‹-тка, *мн:* -тки› (*заготовка*) Block *m;* (*продолговатый*) Stange *f;* (*золотой или серебряный*) Barren *m*

слить * *сов* ‹солью́, сольёшь› [**слива́ть** V_{1a} *несов*] *что вин* (1) (*отлить*) abgießen; (*вылить*) ausgießen; ◇ ~ **сли́вки с молока́** Rahm von der Milch abgießen (2) (*смешать*) zusammengießen (3) *перен* (*объединить*) verschmelzen, zusammenlegen; ◇ ~ **це́хи предприя́тия** die Abteilungen eines Unternehmens zusammenlegen

сли́шком *нареч* zu, zuviel, zu sehr; ◇ ~ **до́рого** überteuert; ◇ **э́то уж ~!** das geht zu weit!

слия́ние *с₄* <-я> (1) (*водных потоков*) Zusammenfluß *m,* Zusammenfließen *n* (2) *перен* (*соединение*) Vereinigung *f,* Verschmelzung *f;* (*фирм, банков*) Fusion *f;* (*подразделений в учреждении*) Zusammenlegung *f*

слова́рь *м₂* <-я́, *мн:* -ри́> (1) (*книга*) Wörterbuch *n;* ◇ **энциклопеди́ческий** ~ Lexikon *n* (2) (*запас слов*) Wortschatz *m,* ◇ **поэти́ческий ~ Пу́шкина** der poetische Sprachschatz Puschkins; ◇ **его́ ~ о́чень бе́ден** sein Wortschatz ist sehr schwach

сло́вно I. *союз* (*как, подобно*) gleichsam, wie **II.** *частица* (*как будто, кажется*) als ob, es scheint; ◇ ~ **кто стучи́тся?** klopft da jemand?

сло́во *с₂* <-а, *мн:* -а́, *род:* слов, *дат:* -а́м> (1) (*отдельное*) Wort *n;* ◇ **иностра́нное** ~ Fremdwort; ◇ **вво́дное** ~ Schaltwort; ◇ **не обмо́лвиться ~ом** kein Wort von sich geben; ◇ **~а не доби́ться от кого́-л** kein Wort aus jd-m herausbekommen; ◇ **двух слов связа́ть не мо́жет** er kann nicht bis drei zählen; ◇ **по её ~а́м** ihr zufolge (2) (*выступление, речь*) Ansprache *f,* Rede *f* (3) (*способность говорить*) Rede *f,* Redegewandtheit *f* (4) (*право говорить*) Redeerlaubnis *f,* Wort *n;* ◇ **свобо́да ~а** Redefreiheit *f;* ◇ **брать ~о** das Wort ergreifen; ◇ **лиши́ть кого́-л ~а** jd-m das Wort entziehen; ◇ **предоста́вить** ~ jd-m das Wort erteilen; ◇ **проси́ть ~а** sich zu Wort melden (5) (*обещание*) Wort *n,* Versprechen *n;* ◇ **че́стное ~!** Ehrenwort!; ◇ **наруша́ть** ~ sein Wort brechen; ◇ **пове́рить кому́-л на́** ~ jd-m aufs Wort glauben (6) (*разговор, беседа*) Wort *n;* ◇ **поня́ть друг дру́га без слов** sich ohne Worte verstehen; ◇ **спаси́бо на до́бром ~е** danke für die Anteilnahme; ◇ **перейти́ от слов к де́лу** Worte in Taten umsetzen; ◇ **взять свои́ ~а́ обра́тно** sein Wort zurücknehmen; ◇ ~ **в** ~ Wort für Wort; ◇ **к ~у** übrigens, nebenbei; ◇ **броса́ть ~а́ на ве́тер** in den Wind reden; ◇ **с чужи́х слов** vom Hörensagen; **словосочета́ние** *с₄* <-я> Wortverbindung *f;* **словотво́рчество** *с₂* <-а> Wortschöpfung *f;* **словоупотребле́ние** *с₂* <-я> Wortgebrauch *m*

сложи́ть V_{4a} *сов* <-жу́, сло́жишь, *Part. Prät. Pass.* сло́женный> [**скла́дывать** (1-5) V_{1a} *несов*] *что вин, с кого-чего род (3)* (1) (*уложить*) zusammenlegen; ◇ ~ **ве́щи** (seine Sachen) packen; ◇ ~ **дрова́** Holz stapeln (2) (*уложить, придав какую-л форму*) zusammenfalten; ◇ ~ **лист попола́м** ein Blatt einmal falten; ◇ ~ **складно́й стул** den Klappstuhl zusammenklappen (3) (*положить куда-л*) ablegen, abladen; ◇ ~ **но́шу с плеч** eine Last von den Schultern laden (4) (*произвести сложение*) addieren, zusammenzählen (5) (*сочинить*) komponieren, verfassen (5) (*отказать*) ablehnen, abgeben; ◇ ~ **с себя́ обя́занности** sich seiner Verpflichtungen entledigen; ◇ ~ **го́лову** sein Leben lassen; **сложи́ться** *сов* <-жу́сь, сло́жишься> [**скла́дываться** *несов*] *без доп* (1) (*создаться*) sich bilden, sich gestalten; ◇ **у них ~лось определённое мне́ние** sie hatten einen bestimmten Eindruck gewonnen; ◇ **у меня́ ~лось твёрдое убежде́ние** ich bin zur festen Überzeugung gekommen; (*возникнуть*) entstehen; (*осуществиться*) zustandekommen (2) (*стать зрелым*) zur vollen Reife gelangen (3) (*собрать деньги*) Geld sammeln; ◇ ~ **на пода́рок** Geld für ein Geschenk zusammenlegen

сло́жный *прил* <-ая, -ое, -ые> (1) (*состоящий из нескольких частей*) zusammengesetzt; грам ◇ **~ое сло́во** zusammengesetztes Wort, Kompositum *n* (2) (*трудный*) kompliziert; ◇ **~ая зада́ча** schwierige Aufgabe; ◇ **~ое положе́ние** verzwickte Lage

слой *м₃* <-я, *мн:* -и́> (1) (*пласт*) Schicht *f;* ◇ **~я́ми** schichtweise (2) *перен* (*группа людей*) Schicht *f;* ◇ **широ́кие ~и́ населе́ния** breite Bevölkerungsschichten

сло́йка *ж₁* <-и, *род мн:* -оек> Blätterteigbrötchen *n*

слома́ть *см.* **лома́ть**

слон *м₁* <-а́, *мн:* -ы́> (1) зоол Elefant *m;* *перен разг* ◇ **~а́ - то и не приме́тить** das Wesentliche nicht bemerken; ◇ **де́лать из му́хи ~а́** aus einer Mücke einen Elefanten machen (2) шахм Läufer *m*

слуга́ *м₁* <-и́, *мн:*-и> (1) Diener *m;* ◇ **наня́ть ~у́** einen Diener einstellen (2) ◇ **~и** *мн* Dienerschaft *f*

служа́нка *ж₁* <-и, *род мн:*-нок> Dienerin *f,* Hausangestellte *f;* **слу́жащий** *м* (A_2) <-его> Angestellter *m;* ◇ **госуда́рственный** ~ Beamter *m;* ◇ **он из ~их** er ist Angestellter;

слу́жба *ж₁* <-ы> (1) (*работа и область работы*) Dienst *m;* ◇ **быть на ~е** im Dienst sein; ◇ **поступи́ть на ~у** eine Stelle antreten; ◇ **приня́ть на ~у** anstellen; ◇ **уйти́ со ~ы** den Dienst quittieren; ◇ ~ **движе́ния** Fahrdienst; ◇ ~ **свя́зи** Post- und Fernmeldewesen *n;* ◇ **не в ~у, а в дру́жбу** tu das mir zuliebe; ◇ **по до́лгу ~ы** von Amts wegen (2) (*исполнение воинских обязанностей*) Dienst; ◇

вое́нная ~ Wehrdienst; ◇ **срок ~ы** Dienstzeit *f* ③ рел (*богослужение*) Gottesdienst *m;* **служе́бный** *прил* <-ая, -ое, -ые> ① (*имеющий отношение к службе*) Dienst-, dienstlich, Amts-; ◇ **~ые дела́** dienstliche Angelegenheiten ② (*вспомогательный*) Hilfs-, dienend; (*второстепенный*) Neben-; лингв ◇ **~ое сло́во** Hilfswort *n;* **служи́ть** V_{4a} *несов* <-жу́, слу́жишь, (4) 1 и 2 л. не употр, *Part. Präs. Akt.* слу́жащий> *кем тв или в чём (1), кому-чему дат (2), что вин или без доп (3), чем тв (4), без доп (5)* ① (*нести службу*) dienen, eine Stelle haben; ◇ ~ **в конто́ре** im Büro beschäftigt sein ② *перен* (*трудиться во имя кого-чего-л*) dienen; ◇ ~ **иску́сству** der Kunst dienen ③ рел ◇ ~ **обе́дню** Gottesdienst abhalten ④ (*быть пригодным*) dienen (als); ◇ ~ **приме́ром** als Beispiel dienen ⑤ (*о собаках*) Männchen machen

слух $м_1$ <-а> ① (*способность слышать*) Gehör *n;* ◇ **воспринима́ть на** ~ akustisch wahrnehmen; ◇ **игра́ть на** ~ nach dem Gehör spielen ② (*молва*) Gerücht *n;* (*разговоры*) Gerede *n;* ◇ **пусти́ть** ~ ein Gerücht in Umlauf bringen; ◇ **по ~ам** den Gerüchten zufolge; ◇ **она́ вся обрати́лась в** ~ sie war ganz Ohr; ◇ **ни ~у, ни ду́ху о ком-чём-л** jd ist wie vom Erdboden verschluckt

слу́чай $м_3$ <-я> ① (*происшествие*) Vorfall *m;* (*событие*) Ereignis *n;* (*инцидент*) Zwischenfall *m;* ◇ **несча́стный** ~ Unfall *m;* ◇ ~ **из жи́зни** reale Begebenheit ② (*подходящее обстоятельство*) Gelegenheit *f;* ◇ **по́льзоваться ~ем** die Gelegenheit nutzen; ◇ **предста́вился** ~ es bot sich eine Gelegenheit; ◇ **при ~е** gelegentlich ③ (*случайность*) Zufall *m;* ◇ **во вся́ком ~е** in jedem Fall; ◇ **в кра́йнем ~е** im äußersten Fall; ◇ **в лу́чшем ~е** bestenfalls; ◇ **в ~е, е́сли...** im Falle, daß

случа́йность $ж_5$ <-и> Zufall *m;* ◇ **по счастли́вой ~и** durch einen glücklichen Zufall; **случа́йный** *прил* <-ая, -ое, -ые> zufällig, Zufalls-; (*непредвиденный*) Gelegenheits-; ◇ **~ое знако́мство** zufällige Bekanntschaft; ◇ **~ая оши́бка** Flüchtigkeitsfehler *m*

случи́ться V_{4a} *сов* <-чи́тся, -ча́тся, 1 и 2 л. не употр> [**случа́ться** V_{1a} *несов*] *без доп* ① (*произойти*) passieren, geschehen, vorkommen; ◇ **что бы ни ~лось** was auch immer geschehen mag ② *безл* (*довестись*) sich ergeben; ◇ **прие́дешь сно́ва? - как ~и́тся** kommst du noch einmal? Wie es sich ergibt

слу́чка $ж_1$ <-и, *род мн:* -чек> Decken *n,* Belegen *n*

слу́шать V_{1a} *несов* <-аю, -аешь> [**по**~ (5) *сов*] *кого-что вин* ① (*слышать*) hören, zuhören; ◇ ~ **ле́кции/му́зыку** Vorlesungen/Musik hören; ◇ **~ай, что тебе́ говоря́т** hör zu, was man dir sagt ② (*исследовать*) abhören; ◇ **врач ~ает больно́го** der Arzt hört den Patienten ab ③ (*повиноваться*) gehorchen

слы́шать * *несов* <-шу, -шишь> [**у**~ (1, 3) *сов*] *кого-что вин (1), что вин или с союзом "что" (2), о ком-чём предл или с союзом "что" (3)* ① (*воспринимать*) hören, vernehmen; ◇ **пло́хо** ~ schlecht hören ② *перен разг* (*чувствовать*) spüren, riechen; ◇ ~ **за́пах** etw riechen ③ (*знать*) hören, erfahren; ◇ **я ~ал, что он ско́ро прие́дет** ich habe gehört, daß er bald kommt

слюда́ $ж_1$ <-ы́> мин Glimmer *m*

слюна́ $ж_1$ <-ы́, *мн:* -и, *род:* -ей> Speichel *m*

сля́коть $ж_5$ <-и> Schlamm *m;* (*о погоде*) Matschwetter *n*

сма́зать * *сов* <-а́жу, -а́жешь> [**сма́зывать** V_{1a} *несов*] *что вин* ① (*покрыть слоем*) einreiben, einschmieren; ◇ ~ **лы́жи ма́зью** die Skier einfetten; ◇ ~ **цара́пину йо́дом** Jod auf den Kratzer geben ② *перен* (*лишить определённости*) verwischen, vertuschen ③ фото verwackeln; **сма́зка** $ж_1$ <-и> ① (*действие*) Einreiben *n,* Einschmieren *n;* (*маслом*) Einölen *n;* (*жиром*) Einfetten *n* ② (*смазочный материал*) Schmiermittel *n;* тех Schmierfett *n,* Schmieröl *n*

сме́жный *прил* <-ая, -ое, -ые> angrenzend; (*прилежащий*) anliegend; (*соседний*) benachbart, Neben-; *перен* ◇ **~ые поня́тия** verwandte Begriffe

смека́лка $ж_1$ <-и> *разг* (*сообразительность*) Auffassungsgabe *f,* Scharfsinn *m;* (*находчивость*) Schlagfertigkeit *f*

сме́лость $ж_5$ <-и> Mut *m,* Kühnheit *f,* Tapferkeit *f;* ◇ **взять на себя́** ~ **сде́лать что-л** sich die Freiheit nehmen, etw zu tun; ◇ **ему́ не хвати́ло ~и** er traute sich nicht; **сме́лый** *прил* <-ая, -ое, -ые> ① (*решительный,*) mutig; (*отважный*) kühn; (*бесстрашный*) furchtlos ② *перен* (*вызывающий*) gewagt; ◇ ~ **туале́т** gewagte Kleidung

сме́на $ж_1$ <-ы> ① (*замена*) Wechsel *m,* Ablösung *f;* ◇ ~ **времён го́да** Jahreszeitenwechsel ② (*на предприятии*) Schicht *f;* ◇ **дежу́рить в ночну́ю ~у** Nachtwache halten; ◇ **заво́д рабо́тает в две ~ы** in der Fabrik wird in zwei Schichten gearbeitet ③ (*под-*

С

растающее поколение) Nachwuchs *m;* ◇ **готовить себе ~у** für seinen Nachwuchs sorgen; ◇ **прийти кому-л на ~у** an jd-s Stelle treten; ◇ **одна ~ белья** eine Wäschegarnitur

сменить V_{4a} *сов* ‹-ню, сменишь› [**сменять** V_{1b} *несов*] *кого-что вин* ① (*переменить*) (aus-)wechseln, umtauschen; ◇ ~ **работу** die Arbeit wechseln ② (*заменить*) ablösen; ◇ ~ **сиделку у постели больного** die Pflegerin am Krankenbett ablösen; ◇ **вечерняя прохлада ~ла зной** nach der Hitze kam die Abendkühle

смертельный *прил* ‹-ая, -ое, -ые› ① (*приводящий к смерти*) tödlich, todbringend, Tod-; ◇ **~ая болезнь** tödliche Krankheit ② (*ожесточённый*) schwer, heftig, äußerst; ◇ **нанести ~ удар по врагу** dem Feind einen schweren Schlag versetzen; **смертность** *ж*$_5$ ‹-и› Sterblichkeit *f;* **смертоносный** *прил* ‹-ая, -ое, -ые› tödlich, todbringend; ◇ ~ **яд** tödliches Gift; **смерть** *ж*$_5$ ‹-и, *мн:* -ти, *род:* -тей› Tod *m;* ◇ **насильственная** ~ gewaltsamer Tod; ◇ **быть при ~и** im Sterben liegen; ◇ **спасти от ~и** vor dem Tode retten; ◇ **умереть своей ~ью** eines natürlichen Todes sterben; ◇ **устать до~и** todmüde werden; ◇ **бледен как** ~ leichenblaß

смерч *м*$_2$ ‹-а› Windhose *f,* Wirbelsturm *m*

сместить V_{4a} *сов* ‹-ещу, -тишь, *Part. Prät. Pass.* -ещённый› [**смещать** V_{1a} *несов*] *что вин (1), кого-что вин (2)* ① (*сдвинуть*) verschieben; ◇ ~ **точку наблюдения** den Beobachtungsstand verlagern ② (*устранить*) absetzen, des Amtes entheben

смесь *ж*$_5$ ‹-и› Mischung *f,* Gemisch *n*

смета *ж*$_1$ ‹-ы› Etat *m,* Haushaltsplan *m,* Kostenplan *m;* ◇ **составить ~у расходов** einen Kostenvoranschlag machen

сметана *ж*$_1$ ‹-ы› saure Sahne *f*

сметь V_5 *несов* ‹-ею, -еешь› *с инф* ① (*осмеливаться*) wagen, sich trauen ② (*иметь право*) dürfen; ◇ **никто не ~ет нарушать закон** niemand darf das Gesetz überschreiten; ◇ **не смей брать мои вещи** laß meine Sachen in Ruhe

смех *м*$_1$ ‹-а› Lachen *n,* Gelächter *n;* ◇ **не до ~а** nicht zum Lachen; ◇ **поднять кого-л на** ~ jd-n auslachen; ◇ **умирать со ~у** sich totlachen; ◇ **это курам на** ~ da lachen ja die Hühner

смешать *см.* **мешать**

смешной *прил* ‹-ая, -ое, -ые› ① (*забавный*) lustig, komisch ② (*вызывающий насмешку, нелепый*) lachhaft, lächerlich; ◇ ~ **наряд** lächerliche Aufmachung; ◇ **представить в ~ом свете** ins Lächerliche ziehen; ◇ **ставить себя в ~ое положение** sich lächerlich machen

смеяться V_{1b} *несов* ‹-еюсь, -ёшься, *Imp.* -ейся, *Part. Präs. Akt.* -еющийся, *Adv. Part. Präs.* -еясь› [**по~** *сов*] *без доп (1, 4), над кем-чем тв (2, 3)* ① lachen; ◇ ~ **от души** von Herzen lachen ② (*насмехаться*) auslachen, sich lustig machen (über) ③ *перен* (*пренебрегать*) mißachten; ◇ ~ **над опасностью** eine Gefahr mißachten ④ *перен* (*шутить*) Spaß machen; ◇ **не принимай всерьёз, он ~ётся** nimm das nicht ernst, er macht Spaß

смириться V_{4a} *сов* ‹-рюсь, -ришься› [**смиряться** V_{1b} *несов*] *с или перед кем-чем тв* ① (*подчиниться*) sich unterwerfen, klein beigeben ② (*примириться*) sich abfinden (mit); (*успокоиться*) sich zufriedengeben; ◇ ~ **с судьбой** sich seinem Schicksal fügen

смирно *нареч* ruhig, still; *(команда)* ◇ **~!** Achtung, stillgestanden!

смог *м*$_1$ ‹-а› Smog *m*

смола *ж*$_1$ ‹-ы, *мн:* -ы› Teer *m;* (*древесная*) Harz *n;* (*вар*) Pech *n*

смородина *ж*$_1$ ‹-ы› ① (*ягода*) Johannisbeere *f* ② (*кустарник*) Johannisbeerstrauch *m*

сморчок *м*$_1$ ‹-чка, *мн:* -чки› (*гриб*) Morchel *f*

сморщиться *см.* **морщиться**

смотр *м*$_1$ ‹-а› ① (*ознакомление*) Besichtigung *f* ② *перен* (*показ*) Leistungsschau *f,* Besichtigung *f;* ◇ **~-конкурс** Ausscheidungswettkampf *m*

смотреть * *несов* ‹-рю, смотришь› [**по~** *сов*] *во или на кого-что вин (1), что вин (2), кого-что вин (3), за кем-чем тв (4), кем-чем тв (5)* ① (*глядеть*) schauen, sehen; ◇ ~ **в глаза кому-л** jd-m in die Augen sehen; (*оценивать*) beurteilen; ◇ **как вы на это ~ите?** wie sehen Sie das? ② (*посещать*) sich ansehen, besuchen; ◇ ~ **фильм** einen Film sehen ③ (*обследовать*) untersuchen; ◇ **врач ~ит больного** der Arzt untersucht den Patienten ④ (*присматривать*) beaufsichtigen; ◇ ~ **за детьми** auf die Kinder aufpassen ⑤ (*иметь какой-л вид*) aussehen (wie); ◇ **окна ~ят во двор** die Fenster gehen auf den Hof; ◇ ~ **в лицо опасности** der Gefahr ins Auge sehen; ◇ ~ **в оба** auf der Hut sein; ◇ **смотря по...** je nach...; ◇ **смотря по тому, как** je nachdem, wie; **смотритель** *м*$_2$ ‹-я› Aufseher *m*

смута *ж*$_1$ ‹-ы› ① (*мятеж*) Unruhen *f pl,*

Aufruhr *m,* Wirren *pl* (2) (*раздоры*) Zwist *m;* ◇ **се́ять ~у** Zwist stiften; **смути́ть** V_{4a} *сов* ‹-ущу́, -ти́шь, *Part. Prät. Pass.* -ущённый› [**смуща́ть** V_{1a} *несов*] *кого-что вин* (1) (*сконфузить*) in Verlegenheit bringen, verwirren (2) (*растревожить*) stören

смысл $м_1$ ‹-а› (1) (*содержание*) Sinn *m;* (*значение*) Bedeutung *f;* ◇ **в прямо́м ~е** im eigentlichen Sinne; ◇ **в по́лном ~е сло́ва** im wahrsten Sinne des Wortes (2) (*разум*) Verstand *m;* ◇ **здра́вый** ~ gesunder Menschenverstand; ◇ **не ви́жу ~а в тако́м реше́нии** ich sehe keinen Sinn in dieser Entscheidung (3) (*назначение*) Sinn *m,* Inhalt *m;* ◇ **жизнь получи́ла но́вый** ~ das Leben erhielt einen neuen Sinn

смыть * *сов* ‹смо́ю, смо́ешь, (2) 1 и 2 л. не употр› [**смыва́ть** V_{1a} *несов*] *что вин (1), кого-что вин (2)* (1) (*удалить*) abwaschen, abspülen; *перен* ◇ ~ **с себя́ позо́р** sich von der Schande befreien (2) *безл* (*унести течением*) wegspülen; ◇ **водо́й смы́ло ло́дку** das Boot wurde vom Wasser fortgeschwemmt

смычо́к $м_1$ ‹-чка́, *мн:* -чки́› муз (Violin-) Bogen *m*

смышлёный *прил* ‹-ая, -ое, -ые› (*понятливый*) aufgeweckt, gescheit; (*разумный*) verständig

смягчи́ть V_{4a} *сов* ‹-чу́, -чи́шь› [**смягча́ть** V_{1a} *несов*] *кого-что вин* (1) (*сделать мягким*) weich machen; (*воду*) enthärten (2) (*ослабить*) lindern, mildern; *перен* ◇ ~ **пригово́р** ein Urteil mildern (3) (*умерить суровость*) milde stimmen, besänftigen

смяте́ние $с_4$ ‹-я› (*растерянность*) Verwirrung *f,* Bestürzung *f*

снабди́ть V_{4a} *сов* ‹-бжу́, -ди́шь, *Part. Prät. Pass.* -бжённый› [**снабжа́ть** V_{1a} *несов*] *кого-что вин чем тв* versorgen, versehen; ◇ ~ **продово́льствием** mit Lebensmitteln versorgen; (*оборудовать*) ausrüsten, ausstatten; **снабже́ние** $с_4$ ‹-я› Versorgung *f,* Ausstattung *f;* (*оснащение*) Ausrüstung *f;* (*поставка*) Belieferung *f;* ◇ ~ **электроэне́ргией** Stromversorgung

сна́йпер $м_1$ ‹-а› Scharfschütze *m*

снару́жи *нареч* (1) (*с внешней стороны*) von außen, von draußen; ◇ **запере́ть воро́та** ~ das Tor von außen verschließen (2) (*на внешней стороне*) draußen, außen; ◇ **приколо́ть запи́ску ~ две́ри** eine Mitteilung außen an die Tür heften (3) (*по внешности*) dem Äußeren nach, von außen

снаря́д $м_1$ ‹-а› (1) (*вид боеприпасов*) Geschoß *n,* Projektil *n* (2) (*приспособление*) Gerät *n,* Vorrichtung *f;* ◇ ~ **для буре́ния** Bohrmaschine *f* (3) спорт Gerät *n;* ◇ **гимнасти́ческий** ~ Turngerät

снаряже́ние $с_4$ ‹-я› Ausstattung *f,* Ausrüstung *f;* ◇ **тури́стское** ~ Reiseausrüstung

снасть $ж_5$ ‹-и, *мн:* -ти, *род:* -те́й› (1) мор Tau *n;* (*такелаж*) Takelwerk *n* (2) (*приборы, инструменты*) Gerät *n,* Werkzeug *n*

снача́ла *нареч* (1) (*прежде, сперва*) am Anfang, zuerst; ◇ ~ **поду́май, пото́м отвеча́й** denke zuerst nach, bevor du antwortest (2) (*опять*) nochmal, von neuem

снег $м_1$ ‹-а, *мн:* -а́› Schnee *m;* ◇ **свежевы́павший** ~ Neuschnee; ◇ **вы́пал** ~ es hat geschneit; ◇ **как ~ на го́лову** wie ein Blitz aus heiterem Himmel; ◇ **ну́жен как прошлого́дний** ~ überflüssig wie ein Kropf

снеги́рь $м_2$ ‹-я́, *мн:* -ри́› бот Dompfaff *m*

снегопа́д $м_1$ ‹-а› Schneefall *m*

снегу́рочка $ж_1$ ‹-и› фольк Schneewittchen *n*

снежи́нка $ж_1$ ‹-и, *род мн:* -нок› Schneeflocke *f;* **снежо́к** $м_1$ ‹-жка́, *мн:* -жки́› (1) (*негустой снег*) Schnee *m* (2) (*комок снега*) Schneeball *m;* ◇ **игра́ть в ~ки́** eine Schneeballschlacht machen

снести́ * *сов* ‹-су́, -сёшь› [**сноси́ть** V_{4a} *несов* ‹*Part. Präs. Pass.* -си́мый›] *кого-что вин* (1) (*доставить*) fortbringen, wegbringen; ◇ ~ **письмо́ на по́чту** einen Brief zur Post bringen (2) (*отнести сверху вниз*) hinuntertragen; ◇ ~ **ве́щи в подва́л** die Sachen in den Keller bringen; (*принести в одно место*) zusammentragen (3) (*сбросить, скинуть*) fortreißen, fortwehen; ◇ **бу́рей ~ло кры́шу** das Dach wurde vom Wind weggerissen; (*водой*) fortschwemmen (4) (*сломать*) niederreißen, abreißen (5) (*стерпеть*) ertragen, aushalten, sich gefallen lassen (6) (*о птице*) ◇ ~ **яйцо́** ein Ei legen

сниже́ние $с_4$ ‹-я› (1) (*уменьшение*) Senkung *f,* Herabsetzung *f;* Kürzung *f;* (*в статистике*) Abnahme *f;* ◇ ~ **себесто́имости** Herabsetzung des Selbstkostenpreises; ◇ ~ **цен** Preissenkung (2) ав (*перед посадкой*) Landeanflug *m*

сни́зить V_{4b} *сов* ‹-и́жу, -зишь, *Part. Prät. Pass.* -и́женный› [**снижа́ть** V_{1a} *несов*] *кого-что вин* (1) (*опустить*) senken, herabsetzen; ◇ ~ **це́ны** die Preise herabsetzen; ◇ ~ **шум** den Lärm reduzieren (2) (*уменьшить*) die Höhe verringern; ◇ ~ **самолёт** zur Landung ansetzen

С

сни́зу *нареч* (1) (*с нижней стороны*) unten (2) (*по направлению вверх*) von unten; ◇ **подня́ться ~ вверх** von unten nach oben steigen (3) *перен* (*со стороны народа*) von unten; ◇ **кри́тика ~** Kritik von unten

сни́мок *м₁* <-мка, *мн:* -мки> Bild *n*, Fotografie *f;* ◇ **рентге́новский ~** Röntgenaufnahme

сниска́ть V$_{1a}$ *сов* <-ищу́, -и́щешь> [**сни́скивать** V$_{1a}$ *несов*] *что (устар) вин* (*приобрести, найти*) erwerben, gewinnen; ◇ **~ себе́ пропита́ние** seinen Lebensunterhalt verdienen; ◇ **~ чьё-л расположе́ние** jd-s Sympathie erwerben

снисходи́тельный *прил* <-ая, -ое, -ые> (1) (*не строгий*) nachsichtig (2) (*высокомерный*) überheblich, herablassend

сни́ться V$_{4a}$ *несов* <снюсь, сни́шься, *Adv. Part. Prät.* сни́вшись> *что вин кому дат* im Traum erscheinen; ◇ **~тся хоро́ший сон** einen schönen Traum haben

сно́ва *нареч* (1) (*опять*) erneut, wieder, von neuem; ◇ **~ и ~** immer und immer wieder (2) (*сначала*) von Anfang an

сновиде́ние *c₄* <-я> Traum *m*

сноп *м₁* <-а́, *мн:* -ы́> (1) (*связка*) Garbe *f*, Bündel *n* (2) *перен* (*излучение*) Bündel *n;* ◇ **~ луче́й** Strahlenbündel

сно́ска *ж₁* <-и, *род мн:* -сок> Fußnote *f*

снотво́рное *c (A₁)* <-ого> Schlafmittel *n*

сноха́ *ж₁* <-и́, *мн:* -и> Schwiegertochter *f*

сноше́ние *c₄* <-я> (1) (*связь, общение*) Verbindung *f*, Beziehung *f;* ◇ **вступи́ть в ~я с кем-л** mit jd-m in Verbindung treten (2) (*совокупление*) ◇ **половы́е ~я** Geschlechtsverkehr *m*

снять * *сов* <сниму́, сни́мешь> [**снима́ть** V$_{1a}$ *несов*] *кого-что вин с кого-чего род (1), что вин (2, 4, 6), с чего род (3), кого-что вин (5)* (1) (*убрать*) abnehmen; ◇ **~ очки́** die Brille absetzen (2) (*раздеться*) ausziehen, ablegen; ◇ **~ ша́пку** den Hut abnehmen (3) (*лишить*) streichen; ◇ **~ с дово́льствия** aus der Verpflegung streichen; ◇ **~ с рабо́ты** entlassen; ◇ **~ с учёта** abmelden (4) *перен* (*отменить*) aufheben; ◇ **~ запре́т** ein Verbot aufheben; ◇ **~ своё предложе́ние** sein Angebot zurückziehen (5) фото aufnehmen, fotografieren (6) (*взять внаём*) mieten; ◇ **~ показа́ния с кого́-л** jd-n verhören; ◇ **~ боль** den Schmerz nehmen; ◇ **~ ко́пию** eine Kopie machen; ◇ **~ ме́рку** Maß nehmen

соа́втор *м₁* <-а> Mitautor *m*, Mitverfasser *m*

соба́ка *ж₁* <-и> Hund *m;* ◇ **охо́тничья ~** Jagdhund; *разг* ◇ **сторожева́я ~** Wachhund *m;* ◇ **вот где ~ зары́та!** da liegt der Hund begraben!; ◇ **он на э́том ~у съел** darauf versteht er sich; ◇ **что-л кому́-л ну́жен как ~е пя́тая нога́** völlig überflüssig

собесе́дник *м₁* <-а> Gesprächspartner *m;*

собесе́дование *c₄* <-я> Gespräch *n*, Aussprache *f;* (*беседа*) Unterhaltung *f;* (*совещание*) Besprechung *f*, Beratung *f;* (*коллоквиум*) Kolloquium *n;* ◇ **провести́ ~** ein Gespräch führen

собира́ть *несов от* **собра́ть**

собла́зн *м₁* <-а> Versuchung *f*, Verführung *f;* ◇ **ввести́ кого́-л в ~** jd-n in Versuchung führen; ◇ **не устоя́ть про́тив ~а** einer Versuchung widerstehen; **соблазни́ть** V$_{4a}$ *сов* <-ню́, -ни́шь> [**соблазня́ть** V$_{1b}$ *несов*] *кого-что вин* (1) (*прельстить*) verführen, verleiten; ◇ **~ кого́-л вы́годой** jd-n mit einem Profit lokken (2) (*обесчестить*) verführen

соблюда́ть V$_{1a}$ *несов* <-а́ю, -а́ешь> [**соблюсти́** * *сов*] *что вин* einhalten, befolgen; (*исполнять*) erfüllen; ◇ **~ дисципли́ну** Disziplin wahren; ◇ **~ очерёдность** die Reihenfolge einhalten

соболе́знование *c₄* <-я> Beileid *n*, Kondolenz *f;* (*сочувствие*) Mitgefühl *n;* ◇ **вы́разить ~** sein Beileid aussprechen, kondolieren; ◇ **прими́те мои́ ~я** herzliches Beileid

со́боль *м₂* <-я, *мн:* -ли/-ля́, *род:* -лей/-ле́й> зоол Zobel *m*

собо́р *м₁* <-а> (1) рел Konzil *n;* (2) ист ◇ **зе́мский ~** Ständeversammlung *f;* ◇ **церко́вный ~** Kirchenkonzil (3) (*храм*) Kathedrale *f*

собра́ние *c₄* <-я> (1) (*заседание*) Versammlung *f* (2) (*коллекция*) Sammlung *f;* ◇ **~ ре́дкостей** Raritätensammlung; ◇ **по́лное ~ сочине́ний** gesammelte Werke; юр ◇ **~ зако́нов** Gesetzesbuch *n*

собра́т *м₁* <-а, *мн:* -ья, *род:* -ьев> Mitmensch *m*, Nächste *m;* ◇ **~ по профе́ссии** Berufskollege *m*

собра́ть * *сов* <-беру́, -берёшь> [**собира́ть** V$_{1a}$ *несов*] *кого-что вин* (1) (*сосредоточить*) versammeln, zusammenrufen (2) (*с пола*) aufheben, aufsammeln (3) (*сорвать*) pflücken, sammeln, lesen; ◇ **~ я́годы с кусто́в** Beeren von den Sträuchern pflücken (4) (*составить*) einholen, einziehen; ◇ **~ све́дения** Nachrichten einholen (5) (*получить*) bekommen; ◇ **~ бо́лее 50% голосо́в** über 50 % der Stimmen bekommen (6) (*приготовить*) packen, fertigmachen; ◇ **~ ве́щи в доро́гу** packen für die Reise (7) (*напрячь*) zusammennehmen, sammeln; ◇ ~ **мы́сли** seine Gedanken sammeln ⑧ тех montieren, zusammenbauen; **собра́ться** * *сов* <-беру́сь, -берёшься> [**собира́ться** V_{1a} *несов*] *во что вин или с инф* sich fertigmachen, beabsichigen; ◇ ~ **в доро́гу** sich auf den Weg machen

со́бственник *м₁* <-а> Eigentümer *m,* Besitzer *m;* **со́бственность** *ж₅* <-и> Eigentum *n,* Besitz *m;* ◇ **ли́чная** ~ persönliches Eigentum; ◇ **ча́стная** ~ Privatbesitz; ◇ **переда́ть в** ~ übereignen; ◇ **приобрести́ в** ~ **что-л** die Eigentumsrechte von etw erwerben; **со́бственный** *прил* <-ая, -ое, -ые> ① eigen, Eigen-; ◇ **ви́деть ~ыми глаза́ми** mit eigenen Augen sehen; ◇ **чу́вство ~ого досто́инства** Selbstwertgefühl *n;* ◇ **по ~ому жела́нию** auf eigenen Wunsch; ◇ **~ой персо́ной** persönlich ② (*действительный*) eigentlich, wirklich

собы́тие c_4 <-я> Ereignis *n;* (*случай*) Begebenheit *f;* ◇ **бога́тый ~ями** ereignisreich

сова́ *ж₁* <-ы́, *мн:* -ы> Eule *f*

соверша́ть *несов от* **соверши́ть**

совершенноле́тие c_4 <-я> Volljährigkeit *f;* юр Mündigkeit *f;* ◇ **дости́гнуть ~я** die Volljährigkeit erlangen; **соверше́нно** *нареч* (*в полной мере*) vollkommen, völlig; ◇ ~ **ве́рно** völlig richtig; ◇ ~ **секре́тно** streng geheim; ◇ **ты** ~ **прав** du hast völlig recht; **соверше́нный** *прил* <-ая, -ое, -ые> ① (*превосходный*) vollkommen, vollendet; ◇ **~ое творе́ние** vollkommenes Werk ② (*несомненный*) vollkommen, ganz, völlig; ◇ ~ **наха́л** absoluter Flegel; ◇ **~ая пра́вда** reine Wahrheit ③ грам ◇ ~ **вид** vollendeter [perfektiver] Aspekt; **соверше́нствование** c_4 <-я> Vollendung *f,* Vervollkommnung *f;* (*повышение квалификации*) Weiterbildung *f;* **соверши́ть** V_{4a} *сов* <-шу́, -ши́шь> [**соверша́ть** V_{1a} *несов*] *что вин* ① (*осуществить*) verrichten, vollbringen; (*исполнить*) vollziehen; (*ошибку, проступок*) begehen; ◇ ~ **преступле́ние** ein Verbrechen begehen; ◇ **самолёт ~и́л поса́дку** das Flugzeug landete ② (*оформить*) abschließen; ◇ ~ **сде́лку** ein Geschäft abschließen

со́весть *ж₅* <-и> Gewissen *n;* ◇ **с чи́стой ~ью** mit reinem Gewissen; ◇ **угрызе́ния ~и** Gewissensbisse *m pl;* ◇ **поступи́ть по ~и** gewissenhaft handeln; ◇ **на́до и** ~ **знать** man muß wissen, wie weit man gehen kann; ◇ **на** ~ einwandfrei

сове́т *м₁* <-а> ① (*мнение*) Rat *m;* ◇ **после́довать чьему́-л ~у** jd-s Rat befolgen; ◇ **проси́ть ~а** um Rat fragen ② (*совещание*) Rat *m,* Beirat *m;* ◇ ~ **трудово́го коллекти́ва** Betriebsrat ③ (*орган государственной власти*) Rat *m,* Organ *n;* ◇ **райо́нный** ~ Bezirksrat; ◇ **се́льский** ~ Gemeinderat; ист ◇ **Верхо́вный** ~ **Росси́йской Федера́ции** Oberster Sowjet der Russischen Föderation; ◇ **Госуда́рственный** ~ Staatsrat; **сове́тник** *м₁* <-а> ① (*советчик*) Berater *m,* Ratgeber *m* ② (*должностное лицо*) Rat *m;* **сове́товать** V_{3a} *несов* <-тую, -туешь> [**по~** *сов*] *кому-чему дат что вин или с инф* raten, einen Rat geben; ◇ **~ую тебе́ отдохну́ть** ich rate dir, dich auszuruhen

сове́тский *прил* <-ая, -ое, -ие> ист sowjetisch, Sowjet-; ◇ **С~ая власть** Sowjetmacht *f;* ◇ **~ая респу́блика** Sowjetrepublik *f*

совеща́ние c_4 <-я> Beratung *f;* (*конференция*) Konferenz *f;* (*обсуждение*) Besprechung *f;* **совеща́ться** V_{1a} *несов* <-а́юсь, -а́ешься> *о чём предл* sich beraten, beratschlagen

совмести́мый *прил* <-ая, -ое, -ые> (miteinander) vereinbar, kompatibel

совмести́тельство c_2 <-а> ◇ **рабо́тать по ~у** nebenberuflich tätig sein

совме́стный *прил* <-ая, -ое, -ые> gemeinsam, zusammen; ◇ **~ое обуче́ние ма́льчиков и де́вочек** koedukativer Unterricht

сово́к *м₁* <-вка́, *мн:* -вки́> Handschaufel *f;* ◇ ~ **для песка́** Sandschaufel

совоку́пность *ж₅* <-и> Gesamtheit *f;* ◇ **всё в ~и** alles zusammen; **по ~и** insgesamt

совпада́ть *несов от* **совпа́сть**

совпаде́ние c_4 <-я> ① (*одновременность событий*) Zusammenfallen *n,* Zusammentreffen *n* ② (*общность*) Übereinstimmung *f;* ◇ ~ **то́чек зре́ния** Meinungsübereinstimmung ③ мат Kongruenz *f*

совпа́сть * *сов* <-падёт, -паду́т, 1 и 2 л. не употр> [**совпада́ть** V_{1a} *несов*] *с чем тв* ① (*произойти в одно время*) zusammenfallen, zusammentreffen; ◇ **экза́мены ~ли с о́тпуском** die Prüfungen fielen in den Urlaub ② (*оказаться одинаковым*) sich decken, übereinstimmen; ◇ **показа́ния свиде́телей ~ли** die Zeugenaussagen deckten sich ③ мат kongruieren; ◇ **геометри́ческие фигу́ры ~ли** die geometrischen Figuren waren kongruent

совреме́нник *м₁* <-а> Zeitgenosse *f;* **совреме́нность** *ж₅* <-и> ① (*действительность настоящего*) Gegenwart *f* ② (*соответствие нашей эпохе*) Aktualität *f,* das Zeitgemäße; **совреме́нный** *прил* <-ая, -ое, -ые> ①

С

(*относящийся к какому-л времени*) zeitgenössisch; ◇ ~**ое искусство** zeitgenössische Kunst; (*тогдашний*) damalig ② (*относящийся к настоящему времени*) zeitgemäß, heutig, gegenwärtig; ◇ ~**ое состояние науки** heutiger Stand der Wissenschaft ③ (*стоящий на уровне своего века*) modern, aktuell

совсем *нареч* ① (*вполне*) ganz, völlig; ◇ **не ~ здоров** nicht ganz gesund ② (*нисколько*) überhaupt; ◇ **я этого ~ не ожидал** das habe ich überhaupt nicht erwartet

согласие *с₄* <-я> ① (*разрешение*) Einverständnis *n*, Zustimmung *f* ② (*единодушие*) Einvernehmen *n*, Eintracht *f*; ◇ **прийти к ~ю** zu einem Einvernehmen kommen; **согласиться** V$_{4a}$ *сов* <-ашусь, -сишься> [**соглашаться** V$_{1a}$ *несов*] *на что вин или с инф (1), с кем-чем тв (2), о или на чём предл (3)* ① (*дать согласие*) in etw einwilligen, einverstanden sein ② (*подтвердить что-л*) zustimmen, beipflichten; ◇ **~ с мнением специалиста** der Expertenmeinung beipflichten ③ (*договориться*) vereinbaren, übereinkommen; ◇ **~ о цене** einen Preis vereinbaren; **согласование** *с₄* <-я> ① (*приведение в соответствие*) Abstimmung *f*; (*договорённость*) Vereinbarung *f* ② (*координация*) Koordination *f* ③ грам Kongruenz *f*; **согласованный** *прил* <-ая, -ое, -ые> übereinstimmend, koordiniert; **согласовать** V$_{1a}$ *сов* <-сую, -суешь, *Imp.* -суй, ~те, *Part. Prät. Pass.* -сованный> [**согласовывать** V$_{1a}$ *несов*] *что вин с кем-чем тв* ① (*привести в соответствие*) in Einklang bringen, in Übereinstimmung bringen, koordinieren; ◇ **~ расписание поездов с движением автобусов** den Zugabfahrplan mit dem Busverkehr abstimmen ② (*обсудить*) vereinbaren, absprechen ③ грам in Kongruenz bringen

соглашение *с₄* <-я> ① (*взаимное согласие*) Übereinkunft *f*; (*договорённость*) Vereinbarung *f*; ◇ **прийти к ~ю** mit jd-m übereinkommen; ◇ **по ~ию с кем-л** vereinbarungsgemäß; ◇ **по взаимному ~ию** in beiderseitigem Einverständnis ② (*договор*) Abkommen *n*, vertragliche Vereinbarung; ◇ **трудовое ~** Arbeitsvertrag *m*

согнать * *сов* <сгоню, сгонишь, *Part. Prät. Pass.* согнанный> [**сгонять** V$_{1b}$ *несов*] *кого-что вин* ① (*прогнать*) verjagen, vertreiben; (*спугнуть*) verscheuchen ② (*пригнать*) zusammentreiben; ◇ **~ коров на луг** die Kühe auf die Wiese treiben ③ (*удалить*) beseitigen; ◇ **~ лишний вес** überflüssige Pfunde loswerden

согнуть *см.* **гнуть**

сограждане *мн₁* <-ждан> Mitbürger *m pl*

согрешить *см.* **грешить**

сода *ж₁* <-ы> Soda *n*, Natriumkarbonat *n*

содействие *с₄* <-я> Beistand *m*; (*помощь*) Mithilfe *f*, Mitwirkung *f*; (*поддержка*) Unterstützung *f*; (*поощрение*) Förderung *f*; ◇ **комиссия ~я** Förderungsausschuß *m*; ◇ **оказать ~** Beistand leisten; ◇ **при ~ии** unter Mitwirkung; **содействовать** V$_{3a}$ *несов и сов* <-твую, -твуешь> *кому-чему дат* mitwirken; (*поддерживать*) unterstützen; (*способствовать*) beitragen; (*поощрять*) fördern

содержание *с₄* <-я> ① (*действие*) Erhaltung *f* ② (*рабочего*) Lohn *m*; (*служащего*) Gehalt *n*; (*военнослужащего*) Sold *m*; ◇ **отпуск с сохранением ~я** bezahlter Urlaub ③ (*иждивение*) Unterhalt *m*, Unterstützung *f*; ◇ **быть на ~ии у кого-л** von jd-m Unterhalt beziehen; ◇ **расходы по ~ю** Unterhaltskosten *pl* ④ (*суть*) Inhalt *m*; ◇ **пересказать ~ доклада** den Inhalt des Vortrags wiedergeben ⑤ (*оглавление*) Inhaltsverzeichnis *n* ⑥ (*количество чего в чём*) Gehalt *m*; ◇ **~ витаминов в лесных ягодах** Vitamingehalt von Waldbeeren; **содержательный** *прил* <-ая, -ое, -ые> inhaltsreich, gehaltvoll; **содержаться** * *несов* <-жусь, -ержишься> *без доп* ① (*находиться, храниться*) sich befinden; ◇ **дело ~ится в тайне** die Sache wird geheimgehalten; ◇ **~ под стражей** sich in Haft befinden ② (*сохраняться*) aufrechterhalten, instandgehalten werden, in Ordnung halten ③ (*заключаться в чём*) enthalten sein; ◇ **в книге ~атся нужные сведения** das Buch enthält die nötigen Informationen

содружество *с₂* <-а> ① (*единение*) Zusammenwirken *n*, Zusammenarbeit *f* ② (*сообщество*) Gemeinschaft *f*, Bund *m*; ◇ **С~ Независимых Государств (СНГ)** Gemeinschaft Unabhängiger Staaten [GUS]

соединение *с₄* <-я> ① (*действие*) Vereinigen *n*, Zusammenschließen *n* ② (*место*) Verbindung *f*, Anschluß *m* ③ тех Verbindung *f*, Kupplung *f* ④ воен Verband *m* ⑤ хим Verbindung *f*; **соединить** V$_{4a}$ *сов* <-ню, -нишь> [**соединять** V$_{1b}$ *несов*] *кого-что вин* ① (*объединить*) verbinden, vereinigen; ◇ **~ два города автострадой** zwei Städte durch eine Autobahn verbinden ② (*скрепить*) verbinden, anschließen

сожале́ние *с₄* ‹-я› (1) (*огорчение*) Bedauern *n;* ◇ **к ~ю** leider (2) (*сострадание*) Mitleid *n;* ◇ **почу́вствовать ~ к кому́-л** Mitleid mit jd-m haben; ◇ **без ~я** erbarmungslos; **сожале́ть** V₅ *несов* ‹-е́ю, -е́ешь› *о ком-чём предл или с союзом "что"* bedauern; ◇ **~е́ю, но помо́чь не могу́** es tut mir leid, aber ich kann nicht helfen

сожи́тельство *с₂* ‹-а› (*совместное проживание*) Zusammenwohnen *n;* (*в одной квартире*) Wohngemeinschaft *f;* ◇ **состоя́ть в ~е с кем-л** mit jd-m zusammenleben

созва́ть * *сов* ‹-зову́, -зовёшь, *Part. Prät. Pass.* со́званный› [**сзыва́ть** (1) V₁ₐ *несов*] *кого-что вин* (1) (*пригласить*) einladen (2) (*собрание*) einberufen, zusammenrufen

созве́здие *с₄* ‹-я› Sternbild *n,* Gestirn *n*

созда́ть * *сов* ‹-а́м, -а́шь› [**создава́ть** V₁ₐ *несов* ‹*Part. Präs. Akt.* -даю́щий›] *кого-что вин* (*учредить*) schaffen; (*основать*) gründen, stiften; ◇ **~ авторите́т кому́-л** jd-m Autorität verschaffen; ◇ **~ тео́рию** eine Theorie ins Leben rufen; ◇ **~ госуда́рство** einen Staat gründen; (*образовать*) bilden; ◇ **э́ти лю́ди со́зданы друг для дру́га** diese Menschen sind wie füreinander geschaffen; ◇ **~ себе́ и́мя** sich einen Namen machen

созида́тельный *прил* ‹-ая, -ое, -ые› schöpferisch; ◇ **~ая де́ятельность** schöpferische Tätigkeit

сознава́ть V₁ₐ *несов* ‹-аю́, -аёшь, *Part. Präs. Akt.* -аю́щий› *что вин* einsehen; (*признать*) erkennen; (*понимать*) sich bewußt werden; ◇ **ребёнок на́чал ~ окружа́ющее** das Kind begann die Umwelt wahrzunehmen; ◇ **сам того́ не ~а́я** ohne sich dessen bewußt zu sein; **созна́ние** *с₄* ‹-я› (1) (*понимание, осознание*) Bewußtsein *n,* Einsicht *f;* ◇ **~ до́лга** Pflichtbewußtsein; ◇ **его́ му́чило ~, что он оши́бся** das Erkennen, einen Fehler begangen zu haben, quälte ihn (2) (*состояние*) Bewußtsein *n,* Besinnung *f;* ◇ **больно́й без ~я** der Patient ist bewußtlos; ◇ **лиши́ться ~я** die Besinnung verlieren; ◇ **прийти́ в ~** zu Bewußtsein kommen; ◇ **до поте́ри ~я** bis zur Bewußtlosigkeit; **созна́тельность** *ж₅* ‹-и› Bewußtsein *n,* Bewußtheit *f;* ◇ **рост ~и** Bewußtseinsbildung *f;* **созна́тельный** *прил* ‹-ая, -ое, -ые› (1) (*обладающий сознанием*) bewußt (2) (*ответственный*) bewußt; ◇ **~ое отноше́ние к чему́-л** bewußte Beziehung zu etw; (*сознающий свой долг*) pflichtbewußt (3) (*намеренный*) vorsätzlich, absichtlich; ◇ **~ обма́н** vorsätzlicher Betrug

созре́вший *прил* ‹-ая, -ее, -ие› gereift; (*спелый*) reif

созре́ть *см.* **зреть**

созы́в *м₁* ‹-а› Einberufung *f*

соиска́ние *с₄* ‹-я› Bewerbung *f;* ◇ **предста́вить рабо́ту на ~ пре́мии** sich mit einer Arbeit um einen Preis bewerben; **соиска́тель** *м₂* ‹-я› Anwärter *m*

сойти́ * *сов* ‹-йду́, -йдёшь, (4) 1 и 2 л. не употр› [**сходи́ть** V₄ₐ *несов*] *с чего род (1-4), за кого-что вин (5), что вин кому дат (6)* (1) (*спуститься*) hinuntergehen, heruntersteigen; ◇ **~ с горы́** den Berg hinuntergehen; ◇ **~ с ло́шади** vom Pferd steigen, absitzen (2) (*выйти на остановке*) aussteigen; ◇ **~те на сле́дующей остано́вке** steigen Sie an der nächsten Haltestelle aus (3) (*уйти*) weggehen; (*уклониться*) abweichen; (*покинуть*) verlassen; ◇ **~ с ре́льсов** entgleisen (4) (*исчезнуть*) verschwinden, abbröckeln, sich lösen; ◇ **зага́р сошёл с лица́** die Bräune verschwand aus dem Gesicht; ◇ **снег сошёл с поле́й** der Schnee verschwand von den Feldern; ◇ **ко́жа сошла́** die Haut schälte sich; ◇ **фильм сошёл с экра́на** der Film läuft nicht mehr (5) *разг* (*быть принятым*) angesehen werden, gelten (als) (6) *безл разг* (*закончиться удачно*) gut verlaufen, gutgehen; ◇ **ему́ всё сошло́ с рук** er ist noch einmal gut davongekommen; ◇ **~ с ума́** den Verstand verlieren; ◇ **~ в моги́лу** sterben; ◇ **~ на нет** null und nichtig werden

сок *м₁* ‹-а› Saft *m;* ◇ **в са́мом ~у́** in voller Lebensblüte; **соковыжима́лка** *ж₁* ‹-и, *род мн:* -лок› Saftpresse *f*

со́кол *м₁* ‹-а› Falke *m;* ◇ **гол как соко́л** arm wie eine Kirchenmaus

сократи́ть V₄ₐ *сов* ‹-ащу́, -ти́шь, *Part. Prät. Pass.* -ащённый› [**сокраща́ть** V₁ₐ *несов*] *кого-что вин* (1) (*сделать короче*) kürzen, verkürzen; ◇ **~ путь** den Weg abkürzen; ◇ **~ статью́** den Artikel kürzen (2) (*уменьшить*) reduzieren, verringern; ◇ **~ расхо́ды** die Ausgaben verringern (3) *разг* (*уволить*) entlassen, kündigen (4) мат kürzen; **сокраще́ние** *с₄* ‹-я› (1) (*в тексте*) Kürzung *f,* Verkürzung *f;* ◇ **рома́н печа́тается с ~ями** der Roman wird in gekürzter Verfassung gedruckt; ◇ **без ~й** ungekürzt (2) (*уменьшение*) Verringerung *f,* Reduzierung *f,* Abbau *m* (3) (*увольнение*) Kündigung *f,* Entlassung *f;* ◇ **уво́лен по ~ю шта́тов** entlassen aufgrund von Personalabbau (4) мат Kürzung *f* (5) (*аббревиатура*) Abkürzung *f;* **сокращённый** *прил* ‹-ая,

-ое, -ые> ① (*краткий*) kurz, verkürzt, kurzgefaßt ② лингв abgekürzt

сокро́вище *с*$_3$ <-а> ① (*драгоценность*) Kostbarkeit *f*, Schatz *m;* ◇ **ни за каки́е ~а** um nichts in der Welt ② *перен* Schatz *m*, Reichtum *n;* ◇ **~а ру́сского зо́дчества** Schätze der russischen Baukunst

сокруши́тельный *прил* <-ая, -ое, -ые> zerstörerisch, vernichtend

солда́т *м*$_1$ <-а, *род мн:* солда́т> Soldat *m*

солёный *прил* <-ая, -ое, -ые> ① (*содержа́щий соль*) salzig, salzhaltig ② (*имеющий вкус соли*) gesalzen, Salz-; ◇ **~ суп** salzige Suppe; ◇ **солёные огурцы́** Salzgurken *f pl* ③ *перен* (*остроумный*) gesalzen; ◇ **~ анекдо́т** anstößiger Witz; ◇ **~ое словцо́** gesalzene Worte

солида́рность *ж*$_5$ <-и> Solidarität *f*

соли́дный *прил* <-ая, -ое, -ые> ① (*основательный*) solide, haltbar, gründlich; ◇ **~ые зна́ния** gründliche Kenntnisse ② (*важный*) bedeutend ③ (*о возрасте*) gesetzt, stattlich; ◇ **челове́к ~ого во́зраста** Mensch im fortgeschrittenen Alter ④ (*значительный*) groß, gehörig; ◇ **~ая су́мма** beträchtliche Summe

соли́ст *м*$_1$ <-а> Solist *m;* (*певец*) Solosänger *m;* (*танцор*) Solotänzer *m*

соли́ть V$_{4a}$ *несов* <-лю́, со́лишь, *Part. Präs. Pass.* -ли́мый, *Part. Prät. Pass.* со́ленный> [**по~** *сов*] *что вин* ① (*для вкуса*) salzen ② (*консервировать*) einsalzen, pökeln

со́лнечный *прил* <-ая, -ое, -ые> ① (*относящийся к солнцу*) Sonnen-; ◇ **~ый свет** Sonnenlicht *n;* ◇ **~ уда́р** Sonnenstich *m* ② *перен* (*радостный*) strahlend, sonnig, glücklich; ◇ **~ые перспекти́вы** glänzende Aussichten; ◇ **~ая улы́бка** strahlendes Lächeln; **со́лнце** *с*$_1$ <-а> Sonne *f;* ◇ **до ~а** bis zum Sonnenaufgang *m;* ◇ **лежа́ть на ~е** sich sonnen; ◇ **и на ~ быва́ют пя́тна** kein Mensch ist vollkommen; **солнцестоя́ние** *с*$_4$ <-я> астр Sonnenwende *f*

солове́й *м*$_4$ <-вья́> Nachtigall *f;* ◇ **разлива́ться ~вьём** schöne Reden schwingen

со́лод *м*$_1$ <-а> Malz *n*

соло́ма *ж*$_1$ <-ы> Stroh *n;* ◇ **цве́та ~ы** strohgelb, strohfarben; **соло́минка** *ж*$_1$ <-и, *род мн:* -нок> Strohhalm *m;* ◇ **утопа́ющий хвата́ется за ~у** der Ertrinkende klammert sich an jeden Strohhalm

соло́нка *ж*$_1$ <-и, *род мн:* -нок> Salzstreuer *m*

соль[1] *ж*$_5$ <-и, *мн:* -ли, *род:* -ле́й> Salz *n;* ◇ **столо́вая ~** Speisesalz; ◇ **пуд ~и съесть с кем-л** mit jd-m durch dick und dünn gehen

соль[2] *ж* <-и> муз G *n;* ◇ **~-дие́з** Gis *n;* ◇ **~-бемо́ль** Ges *n*

сом *м*$_1$ <-а́, *мн:* -ы́> (*рыба*) Wels *m*

сомнева́ться V$_{1a}$ *несов* <-а́юсь, -а́ешься> *в ком-чём предл или с союзом "что"* zweifeln (an), bezweifeln; ◇ **~а́юсь, что он придёт** ich bezweifle, daß er kommt; ◇ **в э́том никто́ не ~а́ется** das bezweifelt niemand; **сомне́ние** *с*$_4$ <-я> (*неуверенность*) Zweifel *m*, Bedenken *m pl;* ◇ **испы́тывать ~** Zweifel haben; ◇ **без ~я** zweifellos; ◇ **в э́том нет ~я** darüber gibt es keinen Zweifel; ◇ **разреши́ть все ~я** alle Zweifel beseitigen; **сомни́тельный** *прил* <-ая, -ое, -ые> ① (*вызывающий сомнение*) zweifelhaft, fragwürdig ② (*двусмысленный*) verdächtig, zweifelerregend

сон *м*$_1$ <сна, *мн:* сны> ① (*состояние*) Schlaf *m;* ◇ **пробуди́ться от сна** aufwachen; ◇ **спать кре́пким [мёртвым] сном** fest schlafen; ◇ **пе́ред сном** vorm Schlafengehen ② (*сновидение*) Traum *m;* ◇ **ви́деть ~** träumen; ◇ **кому́-л присни́лся стра́шный ~** jd hatte einen Alptraum; ◇ **ни сном, ни ду́хом** kein bißchen

со́нный *прил* <-ая, -ое, -ые> ① (*спящий*) schlafend; (*вялый*) verschlafen, träge ② (*снотворный*) Schlaf-, einschläfernd; ◇ **~ые ка́пли** Schlaftropfen *m pl* ③ *перен* (*бездеятельный*) verschlafen, untätig; ◇ **~ая жизнь** verschlafenes Leben; анат ◇ **~ая арте́рия** Halsschlagader *f;* мед ◇ **~ая боле́знь** Schlafkrankheit *f;* **со́ня** *ж* <-и> ① *разг* (*о человеке*) Schlafmütze *f*, Langschläfer *m* ② зоол Siebenschläfer *m*

соobража́ть V$_{1a}$ *несов* <-а́ю, -а́ешь> *что вин* ① (*взвешивать*) erwägen ② (*понимать*) verstehen, erfassen; ◇ **голова́ сего́дня пло́хо ~а́ет** der Kopf funktioniert heute nicht; ◇ **она́ хорошо́ ~а́ет** sie hat eine gute Auffassungsgabe; ◇ **~а́й, что ты говори́шь** überleg dir, was du sagst; **соображе́ние** *с*$_4$ <-я> ① (*размышление*) Überlegung *f*, Erwägung *f;* ◇ **поступа́ть без ~я** unüberlegt handeln ② (*способность соображать*) Auffassungsgabe *f* ③ (*мысль, мнение*) Meinung *f*, Beweggrund *m;* ◇ **по поня́тным/такти́ческим ~ям** aus verständlichen/taktischen Gründen; ◇ **приня́ть в ~** in Erwägung ziehen; **сообрази́ть** V$_{4a}$ *сов* <-ажу́, -зи́шь, *Part. Prät. Pass.* -ажённый> [**сообража́ть** *несов*] *что вин* ① (*понять*) verstehen, kapieren, sich klar werden; ◇ **~и́л, в чём де́ло** ich habe verstanden, was los ist; ◇ **~и́л, что над ним смею́тся** er hat begriffen, daß man über ihn lacht (2) *разг* (*устроить*) machen; ◇ **сообрази́-ка нам яи́чницу!** mach uns Rühreier! (3) (*размышлять*) überlegen; (*решить*) entscheiden

сообща́ть *несов от* **сообщи́ть**

сообще́ние *с₄* ‹-я› (1) (*информация*) Mitteilung *f,* Meldung *f;* ◇ ~ **печа́ти** Pressemeldung; ◇ **по после́дним ~ям** nach letzten Meldungen; (*доведение до сведения*) Benachrichtigung *f* (2) (*связь*) Verkehr *m,* Verbindung *f;* ◇ **сре́дства ~я** Verkehrsmittel *n pl*

соо́бщество *с₂* ‹-а› Gesellschaft *f;* ◇ **в ~е с кем-л** gemeinsam mit jd-m

сообщи́ть V_{4a} *сов* ‹-щу́, -щи́шь› [**сообща́ть** V_{1a} *несов*] *что вин или о ком-чём предл (1), что вин кому-чему дат (2)* (1) (*уведомить*) mitteilen, melden; ◇ ~ **о прибы́тии по́езда** die Ankunft des Zuges ankündigen (2) (*передать, придать*) verleihen; ◇ ~ **материа́лу водонепроница́емость** das Material wasserundurchlässig machen

соо́бщник *м₁* ‹-а› Mittäter *m,* Komplize *m* (*пособник*) Helfershelfer *m*

сооруди́ть V_{4a} *сов* ‹-ужу́, -уди́шь, *Part. Prät. Pass.* -ужённый› [**сооружа́ть** V_{1a} *несов*] *что вин* (1) (*воздвигнуть*) errichten, erbauen (2) (*смастерить*) zusammenzimmern, bauen; *разг* (*приготовить*) zubereiten; **сооруже́ние** *с₄* ‹-я› (1) (*действие*) Erbauung *f* (2) (*постройка*) Bauwerk *n,* Bau *m;* (*здание*) Gebäude *n;* ◇ **промы́шленное ~** Industrieanlage *f*

соотве́тственно I. *нареч* entsprechend; ◇ **прочти́ и поступа́й ~** lies es durch und geh entsprechend vor **II.** *предлог с дат или тв* (*согласно*) gemäß, nach; ◇ **де́йствовать ~ прика́зу** gemäß dem Befehl handeln; **соотве́тствие** *с₄* ‹-я› (*соотношение*) Übereinstimmung *f;* (*сообразность*) Angemessenheit *f;* (*эквивалент*) Entsprechung *f;* ◇ **привести́ в ~** in Übereinstimmung bringen; **соотве́тствующий** *прил* ‹-ая, -ее, -ие› (1) (*подходящий*) entsprechend; ◇ **поступи́ть ~им о́бразом** entsprechend vorgehen (2) (*пригодный*) passend, angemessen, geeignet

сооте́чественник *м₁* ‹-а› Landsmann *m;* **сооте́чественница** *ж₁* ‹-ы› Landsfrau *f*

соотноше́ние *с₄* ‹-я› Wechselbeziehung *f;* ◇ ~ **сил** Kräfteverhältnis *n*

сопе́рник *м₁* ‹-а› Rivale *m;* (*конкурент*) Konkurrent *m;* ◇ **у него́ нет ~ов** er steht außer Konkurrenz; (*в любви*) Nebenbuhler *m;* **сопе́рничество** *с₂* ‹-а› Rivalität *f,* Konkurrenz *f;* (*соревнование*) Wettstreit *m*

со́пка *ж₁* ‹-и, *род мн:* -пок› геогр Bergkuppe *f*

со́пли *мн₂* ‹-е́й› *разг* Rotz *m,* Nasenschleim *m*

сопло́ *с₂* ‹-а́, *мн:* -а, *род:* сопл/-пел, *дат:* -ам› тех Düse *f*

сопля́к *м₁* ‹-а́, *мн:* -и́› *груб* Rotznase *f*

сопоста́вить V_{4b} *сов* ‹-влю, -вишь, *Part. Prät. Pass.* -вленный› [**сопоставля́ть** V_{1b} *несов*] *кого-что вин с кем-чем тв* gegenüberstellen, konfrontieren; (*сравнить*) vergleichen

сопре́ть *см.* **преть**

соприкаса́ться V_{1a} *несов* ‹-а́юсь, -а́ешься› [**соприкосну́ться** V_2 *сов*] *с кем-чем тв или без доп* (1) (*быть смежным*) angrenzen, sich berühren; ◇ **земе́льные уча́стки ~а́ются** die Grundstücke grenzen aneinander; *перен* ◇ **на́ши интере́сы не ~ются** unsere Interessen gehen auseinander (2) *перен* (*сталкиваться*) in Berührung kommen; ◇ ~ **с ра́зными людьми́** mit unterschiedlichen Leuten zu tun haben; **соприкоснове́ние** *с₄* ‹-я› Berührung *f,* Fühlung *f;* ◇ **войти́ в ~ с реа́льностью** mit der Realität konfrontiert werden

сопровожда́ть V_{1a} *несов* ‹-а́ю, -а́ешь, (4) 1 и 2 л. не употр› [**сопроводи́ть** V_{4a} *сов* ‹*Part. Prät. Pass.* -вождённый›] *кого-что вин (1, 2), что вин чем тв (3)* (1) (*следовать*) begleiten (2) муз begleiten; ◇ ~ **пе́ние му́зыкой** den Gesang musikalisch begleiten (3) (*дополнять*) versehen mit, beilegen; ◇ **текст ~а́ют коммента́рии** der Text ist mit Kommentaren versehen; **сопровожде́ние** *с₄* ‹-я› (1) Begleitung *f;* Geleit *n;* (*конвой, эскорт*) Eskorte *f* (2) муз Begleitung *f*

сопротивле́ние *с₄* ‹-я› (1) (*противодействие*) Widerstand *m;* ◇ **ока́зывать ~** Widerstand leisten; ◇ **движе́ние ~я** Widerstandsbewegung *f* (2) эл, физ Widerstand *m* (3) тех Festigkeit *f,* Beständigkeit *f;* **сопротивля́ться** V_{1b} *несов* ‹-я́юсь, -я́ешься› *кому-чему дат* (1) (*противодействовать*) widerstehen, Widerstand leisten (2) (*противиться*) sich sträuben, sich widersetzen

сопу́тствовать V_{1a} *несов* ‹-твую, -твуешь, *Imp.* -твуй, ~те, *Adv. Part. Präs.* -твуя› *кому-чему дат* (1) (*сопровождать*) begleiten; ◇ ~ **кому́-л в прогу́лке** jd-n beim Spaziergang begleiten (2) *перен* (*происходить одновременно*) einhergehen (mit), begleiten; ◇ **кри́зису ~ует безрабо́тица** die Krise ist von Arbeitslosigkeit begleitet

сор *м₁* ‹-а› Kehrricht *m*

сора́тник *м₁* ‹-а› Kampfgefährte *m,* Mitkämpfer *m*

сорване́ц *м₁* ‹-нца́, *мн:* -нцы́› Wildfang *m,* Schlingel *m*

сорва́ть V *1a* *сов* ‹-ву́, -вёшь, *Imp.* -ви́, ~те, *Part. Prät. Pass.* со́рванный› [**срыва́ть** V *1a* *несов*] *что вин (1-3), что вин на ком-чём предл (4)* ① (*снять*) abreißen, herunterreißen, pflücken ② (*нарушить*) stören; (*расстроить*) vereiteln, verhindern; ◇ ~ **гра́фик** den Zeitplan durcheinanderbringen ③ *разг* (*вынудить*) abnötigen, ergattern; ◇ ~ **хоро́ший куш** einen gehörigen Batzen ergattern ④ *разг* (*выместить*) auslassen; ◇ ~ **раздраже́ние на дома́шних** seine Verärgerung an der Familie auslassen; ◇ ~ **го́лос** die Stimmbänder überstrapazieren

сорвиголова́ *м, ж₁* ‹-ы́, *вин:* -го́лову, *мн:* -ы, *род:* -голо́в› *разг* Draufgänger *m*

соревнова́ние *с₄* ‹-я› ① Wettbewerb *m;* ◇ **вступи́ть в** ~ in einen Wettbewerb treten ② ◇ ~**я** *мн* спорт Wettkämpfe *m pl;* ◇ **междунаро́дные** ~**я** Länderkämpfe *m pl*

сори́ть V *4a* *несов* ‹-рю́, -ри́шь› [**на**~ *сов*] *что вин или чем тв* ① (*загрязнять*) Schmutz machen; ◇ ~ **на полу́** Abfall auf den Boden werfen ② *перен разг* (*тратить*) ◇ ~ **деньга́ми** Geld zum Fenster hinauswerfen

сорня́к *м₁* ‹-а́, *мн:* -и́› Unkraut *n*

со́рок *числ* vierzig; ◇ **ему́ за** ~ er ist über vierzig; ◇ **ей под** ~ sie geht auf die vierzig zu

соро́ка *ж₁* ‹-и› Elster *f*

сорокале́тие *с₄* ‹-я› ① (*период в 40 лет*) vierzig Jahre; ◇ **в тече́ние после́днего** ~**я** im Laufe der letzten vierzig Jahre ② (*годовщина*) vierzigjähriges Jubiläum, vierzigster Jahrestag; (*день рождения*) vierzigster Geburtstag; **сороково́й** *числ* ‹-а́я, -о́е, -ы́е› der vierzigste; ◇ ~**ы́е го́ды** die vierziger Jahre

сороконо́жка *ж₁* ‹-и, *род мн:* -жек› зоол Tausendfüßler *m*

соро́чка *ж₁* ‹-и, *род мн:* -чек› Hemd *n;* ◇ **роди́ться в** ~**е** unter einem glücklichen Stern geboren sein

сорт *м₁* ‹-а, *мн:* -а́› ① (*категория*) Sorte *f,* Qualität *f,* Wahl *f;* ◇ **пе́рвый** ~ erster Güte ② (*разновидность растений*) Sorte *f;* ◇ **ра́нний** ~ **я́блок** frühe Apfelsorte ③ *перен разг* (*о людях*) Typ *m,* Menschenschlag *m*

соса́ть * *несов* ‹-су́, -сёшь› *что вин* ① (*жидкость*) saugen; (*о насекомых*) ◇ ~ **кровь из кого́-л** Blut aus jd-m saugen ② (*конфету, палец*) lutschen; ◇ ~ **леденец** ein Fruchtbonbon lutschen ③ *перен* quälen, nagen

сосе́д *м₁* ‹-а, *мн:* -и, *род:* -ей› Nachbar *m;* **сосе́дка** *ж₁* ‹-и, *род мн:* -док› Nachbarin *f;* **сосе́дний** *прил* ‹-яя, -ее, -ие› Nachbar-, nachbarlich

соси́ска *ж₁* ‹-и, *род мн:* -сок› Würstchen *n*

со́ска *ж₁* ‹-и, *род мн:* -сок› (*на бутылочке*) Schnuller *m;* (*пустышка*) Lutscher *m*

соскобли́ть V *4a* *сов* ‹-лю́, -ли́шь, *Part. Prät. Pass.* -обленный› [**соска́бливать** V *1a* *несов*] *что вин* abschaben, abkratzen; ◇ ~ **ста́рую кра́ску со стены́** alte Farbe von der Wand kratzen

соскочи́ть V *4a* *сов* ‹-очу́, -о́чишь, (2) 1 и 2 л. не употр› [**соска́кивать** V *1a* *несов*] *без доп* ① (*спрыгнуть*) herunterspringen, abspringen ② (*сорваться*) losspringen, losgehen; ◇ **дверь** ~**ла с пете́ль** die Tür ist aus der Angel gesprungen

сосла́ть * *сов* ‹сошлю́, сошлёшь, *Part. Prät. Pass.* со́сланный› [**ссыла́ть** V *1a* *несов*] *кого-что вин* (*депортировать*) deportieren; (*выслать*) ausweisen, verbannen; **сосла́ться** *сов* ‹сошлю́сь, сошлёшься› [**ссыла́ться** *несов*] *на кого-что вин* sich beziehen (auf), sich berufen (auf), verweisen (auf); ◇ ~ **на ве́рные исто́чники** sich auf glaubwürdige Quellen beziehen

сосло́вие *с₄* ‹-я› Stand *m;* ◇ **меща́нское** ~ Kleinbürgerstand

сослужи́вец *м₅* ‹-вца, *мн:* -вцы› (Arbeits-) Kollege *m*

сосна́ *ж₁* ‹-ы́, *мн:* -ы, *род:* -сен, *дат:* -ам› бот Kiefer *f;* ◇ **заблуди́ться в трёх** ~**а́х** in einer unkomplizierten Lage keinen Ausweg wissen

сосо́к *м₁* ‹-ска́, *мн:* -ски́› ① анат Brustwarze *f* ② (*у животных*) Zitze *f*

сосредото́чение *с₄* ‹-я› (*накопление*) Ansammlung *f;* (*концентрация*) Konzentration *f;* (*скопление*) Anhäufung *f;* **сосредото́ченный** *прил* ‹-ая, -ое, -ые› ① (*направленный в одно место*) gezielt, auf einen Punkt gerichtet ② (*о человеке*) gesammelt; (*внимательный*) aufmerksam; (*напряжённый*) angespannt; (*сконцентрированный*) konzentriert; **сосредото́чить** V *4b* *сов* ‹-чу, -чишь› [**сосредото́чивать** V *1a* *несов*] *кого-что вин* ① (*соединить*) zusammenfassen, zusammenziehen; (*сконцентрировать*) konzentrieren; (*скопить*) anhäufen ② (*мысли*) konzentrieren, sammeln

соста́в *м₁* ‹-а› ① (*совокупность людей*) Zusammensetzung *f,* Bestand *m;* ◇ **ли́чный** ~ Personal *n;* театр ◇ ~ **исполни́телей** Besetzung *f;* ◇ **входить в ~ президиума** dem Präsidium angehören; ◇ **в полном ~е** vollzählig ② (*совокупность предметов*) Bestandteile *m pl,* Zusammensetzung *f;* ◇ **в ~е кого-чего-л** bestehend aus ③ ж.-д. (*поезд*) Zug *m;* юр ◇ **~ преступления** Straftatbestand *m;* лингв ◇ **словарный ~** Wortschatz *m;* **составить** V_{4b} *сов* <-влю, -вишь, (4) 1 и 2 л. не употр, *Part. Prät. Pass.* -вленный> [**составлять** V_{1b} *несов*] *что вин* ① (*собрать*) zusammenstellen, zusammensetzen, bilden; ◇ **~ список участников** eine Teilnehmerliste aufstellen ② (*сочинить*) verfassen, abfassen; ◇ **~ план** einen Plan entwerfen ③ (*дать в сумме*) ausmachen, bilden; ◇ **расход ~ит сто рублей** die Ausgaben werden sich auf hundert Rubel belaufen; ◇ **это не ~ит труда** das wird keine Mühe kosten ④ *перен* (*получать*) erwerben; ◇ **~ себе имя** sich einen Namen machen; **составление** c_4 <-я> ① (*из частей чего-л целого*) Zusammenstellung *f,* Bildung *f* ② (*плана*) Aufstellung *f;* (*словаря, учебника*) Ausarbeitung *f;* (*документа*) Abfassen *n;* (*протокола*) Aufnahme *f*

состояние c_4 <-я> ① (*положение*) Zustand *m,* Lage *f;* ◇ **~ погоды** Wetterlage; ◇ **сохранить что-л в хорошем ~и** etw in gutem Zustand erhalten; ◇ **быть в ~и** imstande sein ② (*самочувствие*) Zustand *m,* Verfassung *f;* ◇ **~ духа** seelische Verfassung; ◇ **~ здоровья** Gesundheitszustand; ◇ **находиться в ~и восторга** begeistert sein ③ (*имущество, собственность*) Vermögen *n;* ◇ **нажить ~** ein Vermögen erwerben; **состоятельный** *прил* <-ая, -ое, -ые> ① (*обеспеченный*) vermögend, wohlhabend ② (*обоснованный*) begründet; ◇ **~ довод** stichhaltiges Argument

состоять * *несов, kein Imp.* <-ою, -оишь, (1, 2) 1 и 2 л. не употр, *Adv. Part. Präs.* -оя> *из кого-чего род (1), в чём предл (2), в чём предл (3)* ① (*иметь в своём составе*) bestehen (aus), sich zusammensetzen ② (*иметь сутью*) bestehen (in); ◇ **в чём ~ят твои обязанности?** worin bestehen deine Verpflichtungen?; ◇ **ваша задача ~ит в том, чтобы...** Ihre Aufgabe besteht darin, daß... ③ (*быть в каком-л качестве*) sein, angehören; ◇ **~ в должности заведующего** das Amt des Leiters bekleiden; ◇ **~ на чьём-л иждивении** von jd-m Unterhalt beziehen

сострадание c_4 <-я> Mitleid *n,* Mitgefühl *n;* ◇ **относиться с ~ем к кому-л** Mitleid mit jd-m haben

состязание c_4 <-я> ① (*соревнование*) Wettkampf *m;* ◇ **~ в беге** Wettlauf *m;* ◇ **~ пловцов** Wettschwimmen *n* ② (*соперничание*) Wetteifern *n,* Wettstreit *m;* **состязаться** V_{1a} *несов* <-аюсь, -аешься> *с кем-чем тв в чём предл* (*соперничать*) wetteifern; (*соревноваться*) sich messen (mit); ◇ **~ в плавании** um die Wette schwimmen

сосуд $м_1$ <-а> ① (*изделие*) Gefäß *n* ② анат Gefäß *n;* ◇ **кровеносные ~ы** Blutgefäße

сосулька $ж_1$ <-и, *род мн:* -лек> Eiszapfen *m*

сосуществование c_4 <-я> Koexistenz *f*

сотня $ж_2$ <-и, *род мн:* -тен> ① (*сто единиц*) Hundert *n* ② *разг* (*банкнота*) Hundertrubelschein *m;* ◇ **заплатил две ~и** er hat zweihundert bezahlt

сотрудник $м_1$ <-а> ① (*сослуживец*) Mitarbeiter *m;* ◇ **выполнить работу без ~ов** die Arbeit ohne Hilfe machen ② (*служащий*) Mitarbeiter *m,* Angestellte *m;* **сотрудничество** c_2 <-а> Zusammenarbeit *f,* Mitarbeit *f,* Mitwirkung *f*

соты $мн_1$ <-ов> Honigwabe *f*

сотый *числ* <-ая, -ое, -ые> der hundertste; ◇ **~ая доля** Hundertstel *n*

соус $м_1$ <-а> Soße *f,* Tunke *f; перен* ◇ **под другим ~ом** in anderer Form

соучастник $м_1$ <-а> Beteiligter *m,* Teilnehmer *m;* ◇ **~ преступления** Mittäter *m*

соученик $м_1$ <-а, *род мн:* -и> Mitschüler *m;* **соученица** $ж_1$ <-ы> Mitschülerin *f*

сохнуть V_2 *несов* <-ну, -нешь, *Prät.* сох/-нул, *Part. Präs. Akt.* -нущий> [**вы**~ (1, 2), **про**~ (3) *сов*] *без доп* ① (*становиться сухим*) trocknen, trocken werden; ◇ **бельё ~ет** die Wäsche trocknet; ◇ **у меня ~ет во рту** ich habe einen trockenen Mund ② (*вянуть*) verdörren, vertrocknen; ◇ **цветы ~ут** die Blumen verwelken ③ *разг* (*худеть*) abmagern

сохранить V_{4a} *сов* <-ню, -нишь> [**сохранять** V_{1b} *несов*] *кого-что вин* ① (*сберечь*) erhalten, aufheben; (*спрятать*) aufbewahren; (*в прежнем состоянии*) beibehalten ② (*оставить в силе*) (aufrecht-)erhalten, bewahren; ◇ **~ за собой право выбора** sich das Wahlrecht vorbehalten; ◇ **~ память о ком-л** im Gedächtnis behalten; **сохранность** $ж_5$ <-и> Unversehrtheit *f;* (*надёжность*) Sicherheit *f;* ◇ **быть в ~и** unversehrt sein; ◇ **в полной ~и** völlig unversehrt

социал-демократ $м_1$ <-а> полит Sozialdemokrat *m*

социализм $м_1$ <-а> Sozialismus *m*

социальный *прил* <-ая, -ое, -ые> sozial,

С

Sozial-; (*общественный*) sozial, gesellschaftlich; ◇ **~ая среда́** soziales Umfeld; ◇ **~ое страхова́ние** Sozialversicherung *f*

сочéльник *м₁* <-а> рел Heiligabend *m*

сочета́ние *с₄* <-я> Verbindung *f;* (*соединение*) Vereinigung *f;* ◇ **краси́вое ~ цвето́в** schönes Farbzusammenspiel; **сочета́ть** V_{1a} *несов и сов, kein Pass.* <-а́ю, -а́ешь> *что вин с чем тв* verbinden, vereinen, kombinieren

сочинéние *с₄* <-я> (1) (*действие*) Verfassen *n,* Abfassen *n;* (*стихов*) Dichten *n* (2) (*произведение*) Werk *n;* ◇ **по́лное собра́ние ~ий** Gesamtausgabe der Werke (3) (*в школе*) Aufsatz *m* (4) грам Verbindung *f;* ◇ **~ предложéний** Satzverbindung; **сочини́ть** V_{4a} *сов* <-ню́, -ни́шь> [**сочиня́ть** V_{1b} *несов*] *что вин (1), с союзами "что" и "будто" (2)* (1) (*создать, написать*) schreiben, dichten, komponieren; (*составить*) verfassen (2) *разг* (*выдумать*) erfinden, erdichten; (*приврать*) flunkern

сочу́вствие *с₄* <-я> (*сострадание*) Mitgefühl *n,* Anteilnahme *f;* ◇ **не встрéтить ~я** nicht auf Mitgefühl stoßen; (*благожелательность*) Wohlwollen *n,* Sympathie *f;* ◇ **из-за ~я к кому́-л** aus Sympathie für jd-n

сою́з *м₁* <-а> (1) (*единение*) Bund *m,* Verband *m,* Bündnis *n;* ◇ **заключи́ть ~** ein Bündnis schließen; ◇ **профессиона́льный ~** Gewerkschaftsbund; ◇ **~ худо́жников** Künstlerverband (2) (*государственное объединение*) Union *f;* ист ◇ **Совéтский С~** Sowjetunion; ◇ **Европéйский С~** Europäische Union (EU) (3) грам Konjunktion *f;* **сою́зник** *м₁* <-а> Verbündeter *m,* Alliierter *m;* **сою́зный** *прил* <-ая, -ое, -ые> (1) (*относящийся к союзу*) Bundes-, Unions- (2) (*состоящий союзником*) Bündnis-, Allianz-; ◇ **~ые держа́вы** Bündnismächte *f pl* (3) ист Sowjet-; ◇ **~ая респу́блика** Sowjetrepublik *f*

со́я *ж₃* <-и> Soja *f*

спад *м₁* <-а> Rückgang *m;* ◇ **экономи́ческий ~** wirtschaftliche Flaute

спа́зма *ж₁* <-ы> мед Krampf *m*

спа́льня *ж₂* <-и, *род мн:* -лен> Schlafzimmer *n*

спа́ржа *ж₁* <-и> Spargel *m*

спаса́ть *несов от* **спасти́**

спасéние *с₄* <-я> Rettung *f,* Erretten *n;* (*доставка в безопасное место*) Bergung *f*

спаси́бо I. *частица* danke, danke schön [sehr], vielen Dank **II.** *с* <нескл> Dank *m*

спаси́тель *м₂* <-я> (1) Retter *m,* Erretter *m* (2) рел Erlöser *m*

спасти́ * *сов* <-су́, -сёшь> [**спаса́ть** V_{1a} *несов*] *кого-что вин* (1) (*избавить*) retten, erretten; ◇ **~ от смéрти** vor dem Tod retten; мор bergen (2) (*уберечь*) retten; ◇ **~ положéние** die Situation retten

спать * *несов* <сплю, спишь> *без доп* schlafen; ◇ **крéпко ~** tief schlafen; ◇ **~ пора́** es ist Zeit, schlafen zu gehen; ◇ **~ и ви́деть** sich etw sehnlichst wünschen

спекта́кль *м₂* <-я> (1) (*представление*) Vorstellung *f,* Aufführung *f;* ◇ **ста́вить ~** ein Stück aufführen (2) *перен* Spektakel *n;* ◇ **разыгра́ли ~** sie veranstalteten ein Spektakel

спекули́ровать V_{3a} *несов* <-рую, -руешь> *чем тв (1, 2), на чём предл (3)* (1) (*на бирже*) spekulieren; ◇ **~ цéнными бума́гами** mit Aktien spekulieren (2) (*перепродавать*) (ver-)schieben; ◇ **~ дефици́тными издéлиями** Mangelwaren verschieben (3) *перен* (*использовать что-л в своих целях*) spekulieren (auf), rechnen (mit); **спекуля́нт** *м₁* <-а> Spekulant *m,* Schieber *m;* ◇ **биржево́й ~** Börsenspekulant; **спекуля́ция** *ж₄* <-и> Spekulation *f;* (*сделка*) Schieberei *f*

спéлый *прил* <-ая, -ое, -ые> (*зрелый*) reif, vollreif; ◇ **~ое решéние** reife Entscheidung

сперва́ *нареч* (*сначала, раньше*) zuerst, erst; ◇ **~ поду́май, пото́м говори́** denke erst nach, bevor du etw sagst

спéрма *ж₁* <-ы> биол Sperma *n*

спесь *ж₅* <-и> (*высокомерие*) Hochmut *m,* Hochnäsigkeit *f;* (*гордость*) Stolz *m;* ◇ **в нём мно́го ~и** er ist sehr hochmütig

специали́ст *м₁* <-а> Fachmann *m,* Spezialist *m;* **специа́льность** *ж₅* <-и> (1) (*отрасль науки, техники*) Fachgebiet *n,* Fach *n* (2) (*профессия*) Beruf *m;* ◇ **основна́я ~** Hauptberuf; ◇ **она́ по ~и инженéр** sie ist Ingenieurin von Beruf; ◇ **овладéть ~ью** einen Beruf erlernen; ◇ **не по ~и** berufsfremd; **специа́льный** *прил* <-ая, -ое, -ые> (1) (*особый*) speziell, Sonder-, Spezial-; ◇ **~ое обору́дование** Spezialausrüstung *f* (2) (*присущий какой-л специальности*) Fach-, fachlich; ◇ **~ тéрмин** Fachterminus *m*

специ́фика *ж₁* <-и> Besonderheit *f,* Spezifik *f*

спецодéжда *ж₁* <-ы> Arbeitskleidung *f*

спеши́ть V_{4a} *несов* <-шу́, -ши́шь> [**по-** *сов*] *без доп или с инф или с чем (1), без доп (2)* (1) (*торопиться*) sich beeilen, eilen; ◇ **~ на по́езд** zum Zug eilen; ◇ **~ на по́мощь** zu Hilfe eilen; ◇ **не ну́жно ~** es eilt nicht (2) (*о часах*) vorgehen; ◇ **часы́ ~а́т на 5**

минýт die Uhr geht 5 Minuten vor; **спе́шка** *ж$_1$* ‹-и› Eile *f,* Hast *f;* (*гонка*) Rennen *n;* ◇ **в ~е** in der Eile; **спе́шный** *прил* ‹-ая, -ое, -ые› (1) (*поспешный*) eilig, hastig (2) (*неотложный*) dringend, dringlich; ◇ **~ая по́чта** Eilpost *f*

СПИД *м$_1$* ‹-а› Aids *n*

спидо́метр *м$_1$* ‹-а› Tachometer *n*

спина́ *ж$_1$* ‹-ы́, *мн:* -ы› Rücken *m;* ◇ **поверну́ться ~о́й к кому́-л** jd-m den Rücken zukehren; ◇ **распрями́ть ~у** sich aufrichten; ◇ **нанести́ уда́р в ~у** in den Rücken fallen; ◇ **гнуть ~у на кого́-л** für j-n schwer arbeiten

спи́нка *ж$_1$* ‹-и, *род мн:* -нок› (1) (*у мебели*) (Rücken-)Lehne *f* (2) (*часть одежды*) Rückenteil *n;* ◇ **вы́кроить ~у** das Rückenteil zuschneiden

спира́ль *ж$_5$* ‹-и› Spirale *f*

спирт *м$_1$* ‹-а› Spiritus *m,* Alkohol *m;* ◇ **древе́сный ~** Holzspiritus; **спиртно́е** *с (А$_1$)* ‹-о́го› *разг* Spirituosen *pl*

списа́ть * *сов* ‹-ишу́, -и́шешь› [**спи́сывать** V$_{1a}$ *несов*] *что вин (1, 4), что вин с чего род (2), что вин у кого род (3), кого-что вин (5)* (1) (*переписать*) abschreiben (2) (*воспроизвести*) kopieren, eine Kopie machen (3) (*позаимствовать у кого-л*) von jd-m abschreiben (4) эк, фин (*в расход*) abschreiben; ◇ **~ две́сти рубле́й** zweihundert Rubel abbuchen (5) мор (*отчислить*) entlassen, abheuern; **спи́сок** *м$_1$* ‹-ска, *мн:* -ски› (1) (*перечень*) Liste *f;* ◇ **~ски избира́телей** Wählerlisten (2) (*рукописная копия*) handschriftliche Kopie, Abschrift *f;* ◇ **древне́йшие ~ки ле́тописи** uralte handschriftliche Überlieferungen einer Chronik

спи́ца *ж$_1$* ‹-ы› (1) (*для вязания*) Stricknadel *f;* ◇ **вяза́ть на ~ах** stricken (2) (*колеса*) Speiche *f,* Radspeiche *f;* ◇ **пя́тая ~ в колесни́це** das fünfte Rad am Wagen

спи́чка *ж$_1$* ‹-и, *род мн:* -чек› Streichholz *n,* Zündholz *n;* ◇ **коро́бка ~чек** Streichholzschachtel *f;* ◇ **он как ~** er ist spindeldürr

сплав [1] *м$_1$* ‹-а› (*леса*) Flößerei *f,* Flößen *n*

сплав [2] *м$_1$* ‹-а, *мн:* -ы› (*металлов*) Legierung *f*

сплете́ние *с$_4$* ‹-я› Geflecht *n,* Verflechtung *f;* анат ◇ **со́лнечное ~** Sonnengeflecht

спле́тник *м$_1$* ‹-а› *разг* Klatschmaul *n;* **спле́тница** *ж$_1$* ‹-ы› *разг* Klatschbase *f;* **спле́тня** *ж$_2$* ‹-и, *род мн:* -тен› Klatsch *m,* Gerede *n;* (*толки*) Gerücht *n;* ◇ **пусти́ть ~ю** Gerüchte in die Welt setzen

сплеча́ *нареч* (1) (*наотмашь*) mit Schwung, weit ausholend; ◇ **уда́рить ~** mit voller Wucht zuschlagen (2) *перен* (*не подумав*) überstürzt, Hals über Kopf; ◇ **реша́ть ~** unbedachte Entscheidungen fällen; ◇ **руби́ть ~** mit der Tür ins Haus fallen

сплоти́ться V$_{4a}$ *сов* ‹-ти́тся, -тя́тся, 1 и 2 л. не употр› [**спла́чиваться** V$_{1a}$ *несов*] *вокруг/у кого-чего род* (1) (*соединиться*) sich zusammenschließen; ◇ **толпа́ ~лась у вхо́да** die Menge blockierte den Eingang (2) *перен* (*объединиться*) sich um jd-n scharen

сплочённость *ж$_5$* ‹-и› Geschlossenheit *f,* Zusammenhalt *m,* Einigkeit *f;* **сплочённый** *прил* ‹-ая, ое, -ые› geschlossen, einig

сплошно́й *прил* ‹-а́я, -о́е, -ы́е› (1) (*охватывающий всё*) umfassend, durchgängig (2) (*плотный*) dicht, kompakt (3) (*непрерывный*) ununterbrochen (4) (*чрезвычайный*) total; ◇ **~ восто́рг** absolute Begeisterung; ◇ **~ восто́рг** vollkommener Blödsinn; **сплошь** *нареч* (1) durchgängig, durchweg; (*полностью*) gänzlich, völlig (2) (*ничего кроме*) ausnahmslos; ◇ **все ~ уча́ствуют в чём-л** alle ohne Ausnahme nehmen an etw teil; ◇ **тако́е случа́ется ~ и (да) ря́дом** das kommt ständig vor

сподви́жник *м$_1$* ‹-а› Mitkämpfer *m,* Kampfgenosse *m*

споко́йный *прил* ‹-ая, -ое, -ые› (1) (*тихий*) ruhig, still; ◇ **бу́дьте ~ы!** seien Sie ganz ruhig!, keine Bange! (2) (*лишённый тревог*) unbesorgt, gelassen; ◇ **~ая со́весть** ruhiges Gewissen; (*приятный для глаз*) angenehm (3) (*удобный*) bequem; ◇ **~ая о́бувь** bequeme Schuhe; **споко́йствие** *с$_4$* ‹-я› Ruhe *f;* (*тишина*) Stille *f;* (*мир*) Frieden *m;* (*уравновешенность*) Ausgeglichenheit *f;* ◇ **сохраня́ть ~** die Ruhe bewahren

спор *м$_1$* ‹-а› (1) (*полемика*) Streit *m,* Streiterei *f;* (*пререкание*) Wortgefecht *n;* ◇ **вести́ ~** streiten; ◇ **завести́ ~** einen Streit vom Zaun brechen; ◇ **э́то вызыва́ет горя́чие ~ы** das ist heiß umstritten (2) (*борьба*) Kampf (3) юр Streitsache *f;* ◇ **суде́бный ~** Rechtsstreit; ◇ **~ о насле́дстве** Erbstreit; ◇ **~у нет** das ist unbestritten; **спо́рить** V$_{4b}$ *несов* ‹-рю, -ришь› [**по~** *сов*] *с кем-чем тв о ком-чём предл* (1) (*вести спор*) (sich) streiten; ◇ **о вку́сах не ~ят** über Geschmack läßt sich nicht streiten (2) юр einen Prozeß führen (3) (*держать пари*) wetten; ◇ **спо́рим, что она́ победи́т?** wetten, daß sie gewinnt?

спо́рный *прил* ‹-ая, -ое, -ые› fraglich, umstritten

С

спорт *м₁* ‹-а› ① Sport *m;* ◇ **ко́нный** ~ Pferdesport; ◇ **профессиона́льный** ~ Profisport; ◇ **занима́ться ~ом** Sport treiben ② *перен* (*увлечение*) Sport *m,* Passion *f,* Leidenschaft *f;* **спортсме́н** *м₁* ‹-а› Sportler *m;* **спортсме́нка** *ж₁* ‹-и, *род мн:* -нок› Sportlerin *f*

спо́соб *м₁* ‹-а› Weise *f,* Art *f;* (*метод*) Methode *f,* Verfahren *n;* ◇ ~ **изготовле́ния** Herstellungsverfahren; (*средство*) Mittel *n;* ◇ ~ **употребле́ния** Gebrauchsanweisung *f*

спосо́бность *ж₅* ‹-и› ① (*талантливость*) Fähigkeit *f,* Begabung *f;* ◇ **у́мственные ~и** geistige Fähigkeiten ② (*возможность*) Kraft *f,* Fähigkeit *f;* ◇ **покупа́тельная** ~ Kaufkraft; **спосо́бствовать** V_{3a} *несов* ‹-твую, -твуешь› [**по**~ *сов*] *кому-чему дат в чём предл* (*содействовать*) helfen, unterstützen; ◇ **в э́том де́ле я го́тов вам** ~ ich bin bereit, Sie in dieser Sache zu unterstützen; (*благоприятствовать*) begünstigen, fördern; ◇ **вла́га ~ует ро́сту расте́ний** Feuchtigkeit fördert das Pflanzenwachstum

споткну́ться V_2 *сов* ‹-ну́сь, -нёшься› [**спотыка́ться** V_{1a} *несов*] *обо что вин (1), на чём предл (2, 3)* ① (*запнуться*) über etw stolpern, straucheln ② *перен* (*испытать затруднение*) hängenbleiben, stolpern; ◇ ~ **на тру́дном де́ле** an einer schwierige Aufgabe hängenbleiben; ◇ ~ **при чте́нии тру́дного сло́ва** beim Lesen über ein schwieriges Wort stolpern ③ *перен* (*потерпеть неудачу*) straucheln, zu Fall kommen

спра́ва *нареч* (*на правой стороне*) rechts; (*с правой стороны*) von rechts

справедли́вость *ж₅* ‹-и› ① (*отношение*) Gerechtigkeit *f;* ◇ **чу́вство ~и** Gerechtigkeitssinn *m;* ◇ **поступи́ть по ~и** gerecht handeln ② (*истинность*) Wahrheit *f;* ◇ ~ **восторжествова́ла** die Wahrheit siegte; **справедли́вый** *прил* ‹-ая, -ое, -ые› ① (*беспристрастный*) gerecht ② (*осуществляемый на законных основаниях*) rechtmäßig; ◇ **~ое тре́бование** rechtmäßige Forderung ③ (*правильный*) richtig, wahr; ◇ **све́дения оказа́лись ~ыми** die Nachrichten erwiesen sich als richtig

спра́виться V_{4b} *сов* ‹-влюсь, -вишься› [**справля́ться** V_{1b} *несов*] *с кем-чем тв (1, 2), о ком-чём предл (3)* ① (*выполнить*) zurechtkommen, schaffen, bewältigen; ◇ **не ~ с поруче́нием** mit dem Auftrag nicht fertig werden ② (*одолеть*) überwinden, bezwingen ③ (*осведомиться*) sich erkundigen (nach), sich informieren (über), nachforschen; ◇ ~ **о значе́нии сло́ва в словаре́** ein Wort im Wörterbuch nachschlagen

спра́вка *ж₁* ‹-и, *род мн:* -вок› ① (*сведения*) Auskunft *f;* (*запрос*) Nachfrage *f,* Erkundigung *f;* ◇ **навести́ ~и о ком-чём-л** Erkundigungen über jd-n/etw einholen; ◇ **обрати́ться за ~ой** um Auskunft bitten ② (*документ*) Bescheinigung *f;* ◇ **вы́дать ~у с ме́ста рабо́ты** eine Arbeitsbescheinigung ausstellen; **спра́вочник** *м₁* ‹-а› Nachschlagewerk *n,* Handbuch *n;* ◇ **железнодоро́жный** ~ Kursbuch *n*

спра́шивать *несов от* **спроси́ть**

спри́нтер *м₁* ‹-а› спорт Sprinter *m*

спринцо́вка *ж₁* ‹-и, *род мн:* -вок› Spritzflasche *f*

спрос *м₁* ‹-а› ① (*требование*) Anforderung *f;* ◇ **с руководи́теля осо́бый** ~ an den Leiter werden besondere Anforderungen gestellt; ◇ **с тебя́ и ~у нет** von dir kann man nichts verlangen ② эк Nachfrage *f;* ◇ ~ **превыша́ет предложе́ние** die Nachfrage übersteigt das Angebot; ◇ **без ~а** ohne Erlaubnis; **спроси́ть** V_{4a} *сов* ‹-ошу́, -о́сишь, *Part. Prät. Pass.* -о́шенный› [**спра́шивать** V_{1a} *несов*] *кого-что вин (1, 3, 4), что вин или чего род (2), с кого-чего род (5, 6)* ① (*обратиться с вопросом*) fragen ② (*попросить*) um etw bitten ③ (*вызвать*) verlangen (nach), jd-n zu sehen/sprechen wünschen; ◇ **позвони́ли и ~и́ли но́вого жильца́** sie riefen an und verlangten den neuen Mieter ④ (*в школе*) abfragen ⑤ (*потребовать*) fordern; ◇ **э́ти де́ньги с меня́ ~ят** dieses Geld wird von mir zurückgefordert ⑥ (*призвать к ответу*) zur Verantwortung ziehen, zur Rechenschaft ziehen

спрут *м₁* ‹-а› зоол Krake *f*

спря́тать *см.* **пря́тать**

спуск *м₁* ‹-а› ① (*склон*) Abhang *m* ② (*оружия*) Abzug *m;* (*фотоаппарата*) Auslöser *m;* ◇ **держа́ть па́лец на ~е** den Finger am Abzug halten ③ (*действие*) Abstieg *m;* ◇ ~ **с горы́** Abstieg vom Berg; ◇ **не дава́ть ~у кому́-л** jd-m nichts durchgehen lassen

спусти́ть V_{4a} *сов* ‹-ущу́, -у́стишь, *Part. Prät. Pass.* -у́щенный› [**спуска́ть** V_{1a} *несов*] *кого-что вин* ① (*опустить*) hinunterlassen, herunterlassen; ◇ ~ **флаг** die Flagge einholen; ◇ ~ **кора́бль на во́ду** ein Schiff vom Stapel laufen lassen ② (*освободить от привязи*) loslassen; ◇ ~ **соба́ку с цепи́** den Hund von der Kette losmachen ③ *разг* (*растратить*) vergeuden; ◇ ~ **все де́ньги до копе́йки** das gesamte Geld bis auf den letzten Pfennig durchbringen (4) (*простить*) durchgehen lassen; ◇ **э́того я ему́ не спущу́!** das werde ich ihm nicht verzeihen (5) (*указания*) anordnen; ◇ ~ **директи́ву** Anweisung geben

спустя́ *предлог с вин* nach, nach Verlauf von; ◇ **прие́хал ~ неде́лю** er kam nach einer Woche; ◇ **узна́л ~ год** er erfuhr es ein Jahr später; ◇ **немно́го ~** ein wenig später

спу́тать *см.* **путать**

спу́тник *м₁* ‹-а› (1) (*сопровождающее лицо*) Begleiter *m,* Gefährte *m;* (*по путешествию*) Reisebegleiter *m; перен* ◇ ~ **жи́зни** Lebensgefährte *m* (2) астр Satellit *m,* Trabant *m;* (*космический аппарат*) Satellit *m,* Sputnik *m;* ◇ **иску́сственный ~ земли́** künstlicher Erdsatellit; **спу́тница** *ж₁* ‹-ы› Begleiterin *f,* Gefährtin *f;* (*по путешествию*) Reisebegleiterin *f*

спя́чка *ж₁* ‹-и, *род мн:* -чек› (1) (*у животных*) Winterschlaf *m;* ◇ **зале́чь в ~у** Winterschlaf halten (2) *перен* (*апатия*) Schläfrigkeit *f,* Schlafsucht *f*

срабо́тать V$_{1a}$ *сов* ‹-аю, -аешь› [**сраба́тывать** V$_{1a}$ *несов*] *что вин* (1) (*сделать*) arbeiten, ausführen (2) (*произвести какое-л действие*) funktionieren; (*о реле*) ansprechen; ◇ **у него́ ~ал инсти́нкт** er hat instinktiv richtig reagiert

сравне́ние *с₄* ‹-я› (*сопоставление*) Vergleich *m,* Gegenüberstellung *f;* ◇ **в ~и [по ~ю] с кем/чем-л** im Vergleich zu jd-m/etw; ◇ **вне ~я** unvergleichlich; ◇ **для ~я** zum Vergleich; ◇ **не идти́ ни в како́е ~ с кем/чем-л** sich nicht messen können mit jd-m/etw; **сравни́ть** V$_{4a}$ *сов* ‹-ню́, -ни́шь, *Part. Präs. Pass.* -ни́мый› [**сра́внивать** V$_{1a}$ *несов*] *кого-что вин с кем-чем тв* (*сопоставить*) vergleichen, gegenüberstellen; ◇ **э́то ни с чем не сравни́мо** das ist unvergleichlich

сраже́ние *с₄* ‹-я› (1) (*столкновение*) Schlacht *f;* (*бой*) Kampf *m* (2) *перен* (*ссора*) Kampf *m,* Streit *m*

срази́ть V$_{4a}$ *сов* ‹-ажу́, -зи́шь, *Part. Prät. Pass.* -ажённый› [**сража́ть** V$_{1a}$ *несов*] *кого-что вин* (1) (*убить*) niederschlagen, erschlagen; ◇ **пу́ля ~и́ла солда́та** die Kugel traf den Soldaten tödlich (2) (*потрясти*) niederschmettern, erschüttern

сра́зу *нареч* (1) (*в один приём*) auf einmal; ◇ **съел всё ~** er aß alles auf einmal auf (2) (*в тот же момент*) sofort, unverzüglich; ◇ ~ **сообрази́л** er verstand sofort (3) (*в непосредственной близости*) gleich; ◇ ~ **за ле́сом начина́ются поля́** gleich hinter dem Wald fangen die Felder an

срам *м₁* ‹-а› Schande *f,* Schmach *f*

среда́ [1] *ж₁* ‹-ы́› (1) (*окружение*) Umgebung *f;* (*окружающая среда*) Umwelt *f;* ◇ **загрязне́ние окружа́ющей ~ы́** Umweltverschmutzung *f;* ◇ **охра́на окружа́ющей ~ы́** Umweltschutz *m* (2) (*условия*) Milieu *n,* Umfeld *n;* ◇ **социа́льная ~** soziales Umfeld; ◇ **в на́шей ~е́** in unserem Milieu (3) физ Medium *n;* ◇ **пита́тельная ~** Nährboden *m*

среда́ [2] *ж₁* ‹-ы́, *вин:* -у, *мн:* -ы› Mittwoch *m;* ◇ **в бу́дущую ~у** nächsten Mittwoch

среди́ *предлог с род* (1) (*в центре, в середине*) mitten, inmitten, unter; ◇ ~ **молодёжи** unter Jugendlichen (2) (*во время чего-л*) mitten; ◇ **просну́ться ~ но́чи** mitten in der Nacht aufwachen; ◇ ~ **бе́ла дня** am hellichten Tage

Сре́диземное Мо́ре *с₁* ‹-я› Mittelmeer *n*

средневеко́вье *с₅* ‹-я› Mittelalter *n;* **среднеме́сячный** *прил* ‹-ая, -ое, -ые› Monatsdurchschnitts-; **среднесу́точный** *прил* ‹-ая, -ое, -ые› Tagesdurchschnitts-

сре́дний *прил* ‹-яя, -ее, -ие› (1) (*по возрасту, росту*) Mittel-, mittlerer; ◇ **челове́к ~его ро́ста** mittelgroßer Mensch (2) (*взятый в среднем*) Durchschnitts-, Mittel-; ◇ ~ **за́работок** Durchschnittseinkommen *n;* ◇ **~яя годова́я температу́ра** Jahresdurchschnittstemperatur; ◇ **в ~ем** im Durchschnitt; ◇ **ни́же ~его** unter dem Durchschnitt; ◇ ~ **па́лец** Mittelfinger *m;* анат ◇ **~ее у́хо** Mittelohr *n* (3) (*посредственный*) mittelmäßig; ◇ **весьма́ ~ие спосо́бности** überaus durchschnittliche Fähigkeiten (4) грам ◇ ~ **род** Neutrum *n*

сре́дство *с₂* ‹-а› (1) (*приём*) Mittel *n;* ◇ **добива́ться чего́-л все́ми ~ами** etw mit allen Mitteln erreichen wollen; (*путь*) Weg *m;* (*уловка*) Kniff *m* (2) (*предметы*) Mittel *n pl;* ◇ **перевя́зочное ~** Verbandszeug *n;* ◇ ~ **от ка́шля** Hustenmittel (4) (*деньги, кредиты*) Geldmittel *pl;* ◇ **отпусти́ть ~а на что-л** Mittel für etw bewilligen; ◇ **~а к существова́нию** Existenzmittel, Einkommen *n;* (*капитал*) Kapital *n;* ◇ **челове́к со ~ами** gut bemittelte Person; ◇ **жить не по ~ам** über seine Verhältnisse leben

срез *м₁* ‹-а› Schneiden *n;* ◇ **ме́сто ~а** Schnittstelle *f*

срок *м₁* ‹-а› (1) (*промежуток времени*) Frist *f,* Zeitspanne *f;* ◇ ~ **де́йствия** Laufzeit *f;* воен ◇ ~ **слу́жбы** Dienstzeit *f;* тех ◇ ~ **слу́жбы** Nutzungsdauer *f;* ◇ **на коро́ткий ~**

kurzfristig; ◇ **по истече́нии ~а** nach Fristablauf; ◇ **в устано́вленные ~и** fristgemäß; ◇ ~ **го́дности** Haltbarkeitsdatum ② (*момент наступления*) Termin *m;* ◇ **к ~у** termingerecht; ◇ **предста́вить рабо́ту в** ~ die Arbeit termingerecht vorlegen

сро́чный *прил* <-ая, -ое, -ые> ① (*безотлагательный*) eilig, dringend, Eil-; ◇ **~ое сообще́ние** dringende Mitteilung ② *перен* (*рассчитанный на определенный срок*) befristet; ◇ **~ая ссу́да** befristeter Kredit

срыв *м$_1$* <-а> (*планов*) Vereitelung *f,* Hintertreibung *f;* (*невыполнение*) Nichterfüllung *f,* Sprengung *f;* (*саботаж*) Sabotage *f;* ◇ ~ **гра́фика** Nichteinhaltung des Terminplans; ◇ ~ **собра́ния** Sprengung einer Versammlung

срыва́ть *несов от* **сорва́ть**

сса́дина *ж$_1$* <-ы> Schramme *f,* Abschürfung *f*

ссади́ть V$_{4a}$ *сов* <-ажу́, сса́дишь, *Part. Prät. Pass.* сса́женный> [**сса́живать** V$_{1a}$ *несов*] *кого-что вин* ① (*помочь сойти*) absteigen helfen ② (*высадить*) aussteigen lassen ③ *разг* (*поцарапать*) (auf-)schürfen; ◇ ~ **но́гу до́ крови** das Bein blutig schürfen

ссо́ра *ж$_1$* <-ы> ① (*вражда*) Feindschaft *f;* ◇ **быть в ~е с кем-л** mit jd-m verfeindet sein ② (*перебранка*) Streit *m,* Zwist *m*

ссу́да *ж$_1$* <-ы> Darlehen *n;* (*заём*) Anleihe *f;* ◇ **брать ~у у кого́-л** bei jd-m eine Anleihe aufnehmen

ссы́лка [1] *ж$_1$* <-и, *род мн:* -лок> ① (*высылка*) Verbannung *f,* Ausweisung *f* ② (*состояние*) Verbannung *f,* Exil *n*

ссы́лка [2] *ж$_1$* <-и, *род мн:* -лок> ① (*указание*) Hinweis *m* ② (*примечание*) Anmerkung *f;* (*сноска*) Fußnote *f;* ◇ ~ **на первоисто́чник** Quellenangabe *f*

ссы́льный *м (А þ)* <-ого> Verbannter *m,* Ausgewiesener *m*

стаби́льный *прил* <-ая, -ое, -ые> stabil, Stabil-; ◇ **~ые це́ны** stabile Preise

ста́вить V$_{4b}$ *несов* <-влю, -вишь, *Part. Prät. Pass.* -вленный> [**по~** *сов*] *что вин, кого-что вин (7, 8)* ① (*помещать*) (hin-)stellen, setzen; ◇ ~ **кни́ги на по́лки** Bücher auf das Regal stellen; ◇ ~ **себе́ це́лью** sich zum Ziel setzen ② (*устанавливать*) setzen, legen, installieren; ◇ ~ **па́мятник писа́телю** dem Schriftsteller ein Denkmal errichten; ◇ ~ **телефо́н** einen Telefonanschluß schalten ③ (*прикладывать*) ◇ ~ **компре́сс** eine Kompresse auflegen; ◇ ~ **термо́метр** Fieber messen ④ (*писать*) setzen; ◇ ~ **зна́ки препина́ния** Satzzeichen setzen; ◇ ~ **свою́ по́дпись** seine Unterschrift unter etw setzen ⑤ (*устраивать*) durchführen, veranstalten ⑥ (*предлагать для обсуждения*) stellen; ◇ ~ **зада́чу пе́ред кем-л** jd-m eine Aufgabe stellen; ◇ ~ **на голосова́ние** zur Abstimmung bringen ⑦ *разг* (*назначать*) ernennen, einstellen; ◇ ~ **кого́-л на рабо́ту** jd-m eine Arbeit zuweisen ⑧ (*доводить*) bringen, stellen; ◇ ~ **пе́ред соверши́вшимся фа́ктом** jd-n vor vollendete Tatsachen stellen; ◇ ~ **реко́рд** einen Rekord aufstellen; ◇ ~ **усло́вие** eine Bedingung stellen; ◇ ~ **в вину́ кому́-л что-л** jd-m die Schuld geben; ◇ ~ **кого́-л в приме́р** jd-n als Beispiel nehmen; ◇ **ни во что не ~ кого́-л** jd-n geringschätzen; ◇ ~ **всё на ка́рту** alles auf eine Karte setzen; ◇ ~ **на своём** seine Meinung durchsetzen

ста́вка *ж$_1$* <-и, *род мн:* -вок> ① (*в азартных играх*) Einsatz *m;* ◇ **ва́ша ~ би́та** Ihr Spiel ist verloren ② (*оклад*) Gehalt *n* ③ (*норма взимания налога*) Satz *m,* Tarif *m;* ◇ **проце́нтная** ~ Prozentsatz ④ (*расчёт на кого-что*) Setzen *n;* ◇ **де́лать ~у на молодёжь** auf die Jugend setzen

ста́вленник *м$_1$* <-а> Protegé *m,* Günstling *m*

ста́вня *ж$_2$* <-и, *род мн:* -вен> Fensterladen *m*

стадио́н *м$_1$* <-а> спорт Stadion *n*

ста́до *с$_2$* <-а, *мн:* -а́, *род:* стад, *дат:* -а́м> Herde *f*

стаж *м$_2$* <-а> Dienstalter *n,* Berufsjahre *n pl*

ста́йер *м$_1$* <-а> спорт (*бегун*) Langstreckenläufer *m;* (*гонщик*) Rennfahrer *m*

стака́н *м$_1$* <-а> ① (*сосуд*) Glas *n* ② тех Hülse *f,* Hülle *f*

сталева́р *м$_1$* <-а> Stahlwerker *m,* Stahlarbeiter *m;* **сталь** *ж$_5$* <-и> Stahl *m;* ◇ **высокока́чественная** ~ Edelstahl

stаме́ска *ж$_1$* <-и, *род мн:* -сок> тех Stemmeisen *n*

стан [1] *м$_1$* <-а> (*человека*) Gestalt *f,* Figur *f;* ◇ **стро́йный** ~ schlanke Figur

стан [2] *м$_1$* <-а> тех Maschine *f;* ◇ **прока́тный** ~ Walzwerk *n*

стан [3] *м$_1$* <-а> ① (*лагерь*) Lager *n* ② *перен* feindliches Lager; ◇ **в ~е полити́ческих проти́вников** in den Reihen der politischen Gegner

станда́рт *м$_1$* <-а> Standard *m;* (*норма*) Norm *f;* *перен* ◇ **де́йствовать по ~у** nach Schema F vorgehen

стани́ца *ж$_1$* <-ы> Kosakensiedlung *f*

станкострое́ние *с$_4$* <-я> Werkzeugmaschinenbau *m*

станови́ться *несов от* **стать**

становле́ние *с$_4$* ‹-я› Werden *n*, Entstehen *n;* (*образование*) Bildung *f*

стано́к *м$_1$* ‹-нка́, *мн:* -нки́› ① (*машина*) Werkzeugmaschine *f*, Werkbank *f;* ◇ **печа́тный** ~ Druckerpresse *f;* ◇ **тока́рный** ~ Drehbank *f* ② (*подставка*) Gestell *n;* ◇ ~ **для холста́** Rahmen *m;* (*стойка*) Ständer *m*

ста́нция *ж$_4$* ‹-и› ① (*пункт*) Station *f;* (*остановка*) Haltestelle *f;* (*вокзал*) Bahnhof *m* ② (*предприятия, учреждения*) Station *f*, Amt *n;* ◇ **метеорологи́ческая** ~ Wetterstation; ◇ **телефо́нная** ~ Fernsprechamt *n;* ◇ **электри́ческая** ~ Kraftwerk *n* ③ (*космический летательный аппарат*) Raumstation *f;* ◇ **беспило́тная** ~ unbemannte Station

стара́тельный *прил* ‹-ая, -ое, -ые› (*тщательный*) sorgfältig; (*прилежный*) fleißig; (*усердный*) eifrig; (*добросовестный*) gewissenhaft; **стара́ться** V$_{1a}$ *несов* ‹-а́юсь, -а́ешься› [**по**~ *сов*] *без доп (1), с инф (2)* ① (*делать что-л со старанием*) sich bemühen, sich Mühe geben; ◇ ~ **изо всех сил** alles daransetzen; (*прилагать усилие*) Anstrengungen unternehmen ② (*стремиться сделать*) versuchen, bestrebt sein; ◇ ~ **поня́ть** versuchen zu verstehen

старе́йшина *м$_1$* ‹-ы› Älteste *m*

старе́ть V$_5$ *несов* ‹-е́ю, -е́ешь› [**по**~ (1), **у**~ (2) *сов*] *без доп* ① (*становиться старше*) älter werden, altern ② (*устаревать*) veralten

стари́к *м$_1$* ‹-а́, *мн:* -и́› alter Mann, Alte *m;* **старина́** *ж$_1$* ‹-ы́› ① (*прежние времена*) alte Zeiten *f pl;* ◇ **в глубо́кую** ~**у́** in uralten Zeiten; ◇ **быва́ло в** ~**у́** es war einmal vor langer Zeit ② (*обычаи, порядки*) althergebrachte Sitten und Bräuche ③ (*старинный предмет*) Antiquität *f;* ◇ **тряхну́ть** ~**о́й** junge Jahre wieder aufleben lassen; **стари́нный** *прил* ‹-ая, -ое, -ые› ① (*древний*) alt, altertümlich; ◇ ~ **обы́чай** alter Brauch ② (*давнишний*) alt, langjährig; **старожи́л** *м$_1$* ‹-а› Alteingesessener *m;* **ста́роста** *м$_1$* ‹-ы› ① (*должностное лицо*) Ältester *m;* ◇ ~ **кла́сса** Klassenältester *m* ② *ист* (*в старой деревне*) Dorfältester *m;* **ста́рость** *ж$_5$* ‹-и› Alter *n;* ◇ **в глубо́кой** ~**и** in hohem Alter; ◇ **под** ~ auf seine/ihre alten Tage

старт *м$_1$* ‹-а› Start *m;* ◇ **дать** ~ das Startzeichen geben; ◇ **вы́йти на** ~ zum Start gehen; ◇ **на** ~! auf die Plätze!

стару́ха *ж$_1$* ‹-и› Alte *f*, alte Frau *f*

ста́рше *сравн от* **ста́рый**

ста́рший I. *прил* ‹-ая, -ее, -ие› ① (*более старый*) älter; ◇ ~**ее поколе́ние** die ältere Generation ② (*по званию*) Ober-; ◇ ~ **нау́чный сотру́дник** leitender wissenschaftlicher Mitarbeiter; (*в школе*) ◇ ~**ие кла́ссы** Oberstufe *f* **II.** *м* (*А$_2$*) ‹-его› ① (*взрослый*) Erwachsener *m* ② (*по положению*) Vorgesetzter *m*, Dienstältester *m*

ста́рый *прил* ‹-ая, -ое, -ые› (*сравн:* **ста́рше**) ① (*о человеке*) alt ② (*давний*) alt, langjährig; ◇ **по** ~**ой па́мяти** aus alter Freundschaft ③ (*бывший в употреблении*) alt, abgenutzt ④ (*устаревший*) vergangen, veraltet; ◇ ~**ая мо́да** überholte Mode

старьё *с$_5$* ‹-я́› *разг* alter Kram *m;* (*хлам*) (alter) Plunder *m;* (*рухлядь*) Gerümpel *n;* ◇ **вы́бросить** ~ alten Plunder wegwerfen

стати́стика *ж$_1$* ‹-и› Statistik *f;* ◇ ~ **рожда́емости** Geburtenstatistik

ста́тус *м$_1$* ‹-а› Status *m;* ◇ **посёлку присво́ен** ~ **го́рода** dem Ort wurde der Status einer Stadt zuerkannt; ◇ ~**-кво́** Status quo

стату́т *м$_1$* ‹-а› *юр* Statut *n;* (*устав*) Satzung *f*

ста́туя *ж$_3$* ‹-и› Statue *f*, Standbild *n*

стать[1] * *сов* ‹ста́ну, ста́нешь› [**станови́ться** V$_{4a}$ *несов*] *кем-чем тв (1, 3), с инф (2)* ① *безл* (*сделаться*) werden; ◇ **что с ним** ~**ло по́сле боле́зни?** was ist aus ihm nach der Krankheit geworden ② (*начать*) anfangen; ◇ **не ста́ну чита́ть** ich fange nicht an zu lesen ③ (*превратиться*) werden; ◇ ~ **писа́телем** Schriftsteller werden; ◇ ~ **же́ртвой кого́/чего́-л** jd-m/einer Sache zum Opfer fallen; ◇ **он стал умне́е** er ist klüger geworden

стать[2] * *сов* ‹ста́ну, ста́нешь, (1) 1 и 2 л. не употр› [**станови́ться** (2) *несов*] *без доп* ① *разг безл* (*обойтись в какую-л сумму*) zu stehen kommen, kosten ② (*встать*) sich stellen, treten; ◇ ~ **на коле́ни** sich knien; ◇ ~ **на чью-л сто́рону** für jd-n Partei ergreifen; ◇ ~ **на цы́почки** sich auf die Zehenspitzen stellen; ◇ ~ **на я́корь** vor Anker gehen; ◇ ~ **у вла́сти** an die Macht kommen; ◇ ~ **на защи́ту кого́-л** jd-n verteidigen ③ (*остановиться*) stehenbleiben, (an-)halten; ◇ **ло́шадь** ~**ла** das Pferd blieb stehen; ◇ **часы́** ~**ли** die Uhr ist stehengeblieben; ◇ **во что бы то ни ста́ло** um jeden Preis; ◇ **за мной де́ло не ста́нет** an mir soll es nicht liegen

статья́ *ж$_3$* ‹-ьи́, *род мн:* -те́й› ① (*публикация*) Artikel *m;* (*крупная публицистическая*) Leitartikel; (*научная*) Abhandlung *f* ② (*раздел документа*) Artikel *m*, Eintrag *m;* ◇ ~ **зако́на** Gesetzesartikel ③ *эк* Posten *m*

стациона́р *м$_1$* ‹-а› stationäre Einrichtung *f*, Krankenhaus *n*

С

ста́чка *ж$_1$* <-и, *род мн:* -чек> Streik *m,* Ausstand *m;* ◇ **устро́ить ~у** in den Streik treten

стащи́ть V$_{4a}$ *сов* <-ащу́, ста́щишь, *Part. Prät. Pass.* ста́щенный> [**ста́скивать** V$_{1a}$ *несов*] *кого-что вин* ① (*снять*) herunterziehen, wegziehen ② (*унести*) wegschleppen, fortziehen; ◇ ~ **мешо́к в подва́л** den Sack in den Keller schleppen; ◇ **оттащи́ть в сто́рону** zur Seite ziehen ③ (*сосредоточить в одном месте*) zusammenschleppen; ◇ ~ **хво́рост в ку́чу** den Reisig auf einen Haufen schleppen ④ *разг* (*украсть*) klauen, stibitzen

ста́я *ж$_3$* <-и, *род мн:* -й> Schwarm *m,* Rudel *n;* ◇ ~ **саранчи́** Heuschreckenschwarm

ствол *м$_1$* <-а́, *мн:* -ы́> ① (*дерева*) Stamm *m* ② (*оружия*) Lauf *m* ③ горн Schacht *m*

ство́рка *ж$_1$* <-и, *род мн:* -рок> ① (*двери, окна́*) Flügel *m* ② тех Klappe *f*

сте́бель *м$_2$* <-бля, *мн:* -бли, *род:* -бле́й, *дат:* -блям> Stiel *m,* Stengel *m,* Halm *m*

стекло́ *с$_2$* <-а́, *мн:* стёкла, *род:* стёкол, *дат:* стёкол> ① (*материал*) Glas *n;* ◇ **небью́щееся** ~ bruchsicheres Glas ② (*изделие*) Glas *n,* Scheibe *f;* авто ◇ **ветрово́е** ~ Windschutzscheibe *f;* ◇ **око́нное** ~ Fensterscheibe; ◇ **увеличи́тельное** ~ Lupe *f;* ◇ ~ **от очко́в** Brillenglas; **стекловолокно́** *с$_2$* <-а́> тех Glasfaser *f;* **стеклоду́в** *м$_1$* <-а> Glasbläser *m;* **стеклоочисти́тель** *м$_2$* <-я> авто Scheibenwischer *m;* **стекля́нный** *прил* <-ая, -ое, -ые> ① Glas-, gläsern ② *перен* glasig, starr; ◇ ~ **взгляд** glasiger Blick; **стеко́льщик** *м$_1$* <-а> Glaser *m*

стели́ть V$_{4a}$ *несов* <-лю, сте́лешь, *Part. Präs. Akt.* сте́лющий> [**по~** *сов*] ausbreiten, legen; ◇ ~ **посте́ль** das Bett machen

стелла́ж *м$_2$* <-а́, *мн:* -и́> Regal *n,* Gestell *n*

сте́лька *ж$_1$* <-и, *род мн:* -лек> Einlage *f,* Brandsohle *f;* ◇ **пьян в ~у** stockbesoffen

стена́ *ж$_1$* <-ы́, *вин:* -у, *мн:* -ы, *род:* стен, *дат* -а́м> Wand *f,* Mauer *f;* ◇ **бето́нная** ~ Betonmauer; ◇ **деревя́нная** ~ Holzwand; *перен* ◇ ~ **дождя́** Regenwand; ◇ **под ~ами Москвы́** vor den Mauern Moskaus; ◇ **в четырёх ~а́х** in seinen vier Wänden

стенд *м$_1$* <-а> ① (*щит*) Stand *m;* ◇ **~ы с кни́гами** Bücherstand ② тех ◇ **контро́льно-прове́рочный** ~ Prüfstand ③ (*витрина*) Vitrine *f*

сте́нка *ж$_1$* <-и, *род мн:* -нок> ① (*оболочка*) Wand *f;* ◇ **~и желу́дка** Magenwände ② (*стена*) Wand *f,* Mauer *f* ③ (*предмет мебели*) Schrankwand *f;* ◇ **поста́вить к ~е** an die Wand stellen, erschießen

стеногра́мма *ж$_1$* <-ы> Stenogramm *n*

стенокарди́я *ж$_4$* <-и> Herzbeklemmung *f*

сте́пень *ж$_5$* <-и> ① (*мера, сравнительная величина*) Grad *m,* Maß *n,* Stufe *f;* ◇ ~ **подгото́вленности** Ausbildungsstand *m;* ◇ **в вы́сшей ~и** in höchstem Maße; ◇ **в до́лжной ~и** in gebührender Weise; ◇ **в не́которой ~и** in gewissem Maße; ◇ **до како́й ~и?** bis zu welchem Grad? ② (*звание*) Grad *m,* Titel *m* ③ мат Potenz *f;* ◇ **возвести́ число́ в четвёртую** ~ eine Zahl in die vierte Potenz erheben ④ грам ◇ ~ **сравне́ния** Vergleichsform *f,* Komparativ *m*

степь *ж$_5$* <-и, о сте́пи, в степи́, *мн:* -пи, *род:* -пе́й> Steppe *f*

стере́ть * *сов* <сотру́, сотрёшь> [**стира́ть** V$_{1a}$ *несов*] *что вин* ① (*удалить с поверхности*) abwischen, abreiben; ◇ ~ **пыль с по́лки** Staub vom Regal wischen; *перен* ◇ ~ **с лица́ земли́** ausrotten; *перен* ◇ ~ **из па́мяти** aus dem Gedächtnis streichen ② (*повредить*) wund reiben ③ (*измельчить*) zerreiben, reiben

сте́ржень *м$_2$* <-жня, *мн:* -жни> ① (*опора*) Stiel *m,* Stange *f;* ◇ ~ **в ша́риковой ру́чке** Kugelschreibermine *f* ② *перен* (*содержание*) Kern *m;* ◇ **челове́к без ~жня** Mensch ohne Rückgrat

стёртый *прил* <-ая, -ое, -ые> ① (*повреждённый*) abgegriffen, abgenutzt; ◇ **~ая на́дпись** verwitterte Aufschrift ② *перен* (*неотчётливый*) verschwommen, unklar

стесне́ние *с$_4$* <-я> ① (*притеснение*) Beengung *f,* Bedrückung *f;* (*ограничение*) Beschränkung *f* ② (*стеснительность*) Befangenheit *f;* (*робость*) Schüchternheit *f;* ◇ **вести́ себя́ без вся́ких ~й** sich ungezwungen verhalten; **стеснённый** *прил* <-ая, -ое, -ые> beengt; (*смущённый*) befangen; (*ограниченный*) beschränkt; ◇ **в ~ых усло́виях** unter erschwerten Bedingungen; ◇ **со ~ым се́рдцем** schweren Herzens; ◇ **быть ~ым в деньга́х** knapp bei Kasse sein

стесня́ться V$_{1b}$ *несов* <-я́юсь, -я́ешься> [**по~** *сов*] *кого-чего род или с инф* (*смущаться*) sich genieren, verlegen sein; (*робеть*) schüchtern sein; ◇ **не ~ в выраже́ниях** sich vulgär ausdrücken; ◇ **не ~ в сре́дствах** sich finanziell nicht einschränken

стече́ние *с$_4$* <-я> ① (*скопление*) Ansammlung *f;* ◇ ~ **наро́да** Volksauflauf *m* ② (*ход событий*) Aufeinandertreffen *n,* Zusammentreffen *n;* ◇ **неблагоприя́тное ~ обстоя́тельств** ungünstiges Aufeinandertreffen von

Umständen; ◇ **по ~ю обстоя́тельств** durch (glücklichen) Zufall

стиль[1] *м₂* ‹-я› ① (*признак*) Stil *m;* ◇ **архитекту́рные ~и** Architekturstile ② (*метод*) Stil *m,* Manier *f;* ◇ ~ **руково́дства** Führungsstil; ◇ **сохрани́ть** ~ den Stil wahren

стиль[2] *м₂* ‹-я› (*о летоисчислении*) Zeitrechnung *f;* ◇ **но́вый** ~ Gregorianischer Kalender; ◇ **ста́рый** ~ Julianischer Kalender

сти́мул *м₁* ‹-а› Anreiz *m,* Ansporn *m;* (*побуждение*) Antrieb *m;* **стимули́ровать** V₃ₐ *несов и сов* ‹-рую, -руешь› *кого-что вин* stimulieren, Anreize schaffen, anspornen, einen Impuls geben

стира́ть[1] V₁ₐ *несов* ‹-а́ю, -а́ешь› [**вы́~** *сов*] *что вин или без доп* waschen; ◇ ~ **бельё в маши́не** Wäsche mit der Maschine waschen

стира́ть[2] *несов от* **стере́ть**

сти́рка *ж₁* ‹-и, *род мн:* -рок› Wäsche *f,* Waschen *n;* ◇ **у нас сего́дня** ~ wir haben heute große Wäsche

стих *м₁* ‹-а́, *мн:* -и́› ① лит Vers *m* ② ◇ **~и́** *мн* (*стихотворение*) Gedicht *n*

стихи́йный *прил* ‹-ая, -ое, -ые› ① (*бессознательный*) Elementar-, elementar; ◇ **~ое бе́дствие** Naturkatastrophe *f;* ◇ **~ая си́ла** Naturgewalt *f* ② *перен* (*неорганизованный*) spontan; **стихи́я** *ж₄* ‹-и› Element *n,* Elementarkraft *f,* Naturgewalt *f;* ◇ **быть в свое́й ~и** in seinem Element sein

сти́хнуть V₂ *сов* ‹-ну, -нешь, *Prät.* стих› [**стиха́ть** V₁ₐ *несов*] *без доп* ① (*стать тише*) still werden; (*успокоиться*) sich beruhigen; (*замолчать*) verstummen ② (*прекратиться*) aufhören; (*о ветре*) sich legen; ◇ **шум стих** der Lärm legte sich

стихотворе́ние *с₄* ‹-я› Gedicht *n*

стлать * *несов* ‹стелю́, сте́лешь› [**по~** *сов*] *что вин* ① (*расстилать*) ausbreiten, decken; ◇ ~ **посте́ль** das Bett machen ② (*укладывать*) (ver-)legen; ◇ ~ **парке́т** Parkett legen

сто *числ* hundert; ◇ **ей за** ~ sie ist über hundert; ◇ **на все** ~ ausgezeichnet

стог *м₁* ‹-а, *мн:* -а́› Schober *m;* ◇ ~ **се́на** Heuschober

сто́имость *ж₅* ‹-и› ① эк Wert *m;* ◇ **приба́вочная** ~ Mehrwert ② (*цена*) Preis *m,* Kosten *pl;* ◇ **номина́льная** ~ Nominalwert; ◇ ~ **жи́зни** Lebenshaltungskosten; ◇ ~ **перево́зок** Transportkosten

сто́ить V₄ᵦ *несов,* ‹-о́ю, -о́ишь› *что вин или чего род (1), кого-чего род или с инф (2), кого-чего род (3), с инф (4)* ① (*иметь цену*) kosten; ◇ **биле́т ~ит пять рубле́й** die Eintrittskarte kostet fünf Rubel; ◇ **э́то ~ит больши́х де́нег** das kostet viel Geld ② *безл* (*следует*) sich lohnen, wert sein; ◇ **что-л ~ит внима́ния** etw ist beachtenswert; ◇ **э́ту пье́су ~ит посмотре́ть** es lohnt sich, das Stück anzusehen; ◇ **игра́ не ~ит свеч** die Sache ist die Mühe nicht wert; (*благодарности*) ◇ **не ~ит** keine Ursache; ◇ **э́то ло́маного гроша́ не ~ит** das ist keinen Pfifferling wert ③ (*требовать каких-либо затрат*) kosten; ◇ **ему́ ничего́ не ~ит помо́чь** es macht ihm nichts aus zu helfen ④ *безл* (*нужно*) man braucht; ◇ **сто́ит то́лько сказа́ть одно́ сло́во, как он се́рдится** man braucht nur ein Wort zu sagen und schon wird er wütend

сто́йка *ж₁* ‹-и, *род мн:* -оек› ① (*в буфете, пивной*) Theke *f* ② тех Ständer *m;* (*подпорка*) Stütze *f* ③ спорт Stand *m;* ◇ ~ **на рука́х** Handstand

сто́йкий *прил* ‹-ая, -ое, -ие› ① физ stabil, beständig ② *перен* (*о растениях*) widerstandsfähig, standfest

сто́йло *с₂* ‹-а› Verschlag *m,* Stand *m;* (*конюшня*) Pferdebox *f*

сток *м₁* ‹-а› ① (*действие*) Abfließen *n* ② (*место*) Abfluß *m,* Wasserablauf *m*

стокра́тный *прил* ‹-ая, -ое, -ые› hundertfach, verhundertfacht

стол *м₁* ‹-а́, *мн:* -ы́› ① (*предмет мебели*) Tisch *m;* ◇ **обе́денный** ~ Eßtisch; ◇ **сесть за** ~ sich zu Tisch setzen; ◇ **убра́ть со ~а́** den Tisch abräumen; ◇ **за ~о́м** am Tisch; ◇ **сесть за** ~ **перегово́ров** sich an den Verhandlungstisch setzen ② (*питание*) Küche *f,* Kost *f,* Essen *n;* ◇ **диети́ческий** ~ Diätkost; ◇ **однообра́зный** ~ einseitiges Essen ③ (*отдел учреждения*) Abteilung *f,* Büro *n;* ◇ ~ **нахо́док** Fundbüro; ◇ **бесе́да за кру́глым ~о́м** Gespräch am runden Tisch

столб *м₁* ‹-а́, *мн:* -ы́› ① (*бревно, брус*) Pfosten *m,* Stange *f;* ◇ **телегра́фный** ~ Strommast *m;* *перен* (*без движения*) ◇ **стоя́ть ~о́м** wie eine Säule dastehen ② *перен* (*масса*) Säule *f;* ◇ **позвоно́чный** ~ Rückgrat *n;* ◇ **пыль ~о́м** Staubwolke

столбня́к *м₁* ‹-а́› мед Wundstarrkrampf *m,* Tetanus *m;* ◇ **на него́ нашёл** ~ er erstarrte

столе́тие *с₄* ‹-я› ① (*век*) Jahrhundert *n;* ◇ **на поро́ге два́дцать пе́рвого ~я** an der Schwelle zum 21. Jahrhundert ② (*годовщина*) Hundertjahrfeier *f;* ◇ ~ **со дня рожде́ния** hundertster Geburtstag

столе́тник $м_I$ ‹-а› бот Agave *f*

столи́ца $ж_I$ ‹-ы› Hauptstadt *f*

столкнове́ние $с_4$ ‹-я› (1) (*удар при сближении*) Zusammenstoß *m;* (*с налёта*) Zusammenprall *m;* (*обо что-л*) Aufprall *m;* (*о судах*) Kollision *f* (2) (*спор, ссора*) Streit *m,* Konflikt *m;* **столкну́ться** V_2 *сов* ‹-ну́сь, -нёшься› [**ста́лкиваться** V_{1a} *несов*] *с кем-чем тв* (1) (*удариться друг о друга*) aufeinanderprallen, zusammenstoßen (2) *перен* (*сойтись*) stoßen (auf), treffen; ◇ ~ **со ста́рым знако́мым** einen alten Bekannten treffen; ◇ ~ **с неизве́стным явле́нием** auf ein unbekanntes Phänomen stoßen (3) *перен разг* (*вступить в конфликт*) aneinandergeraten, kollidieren

столо́вая *ж* $(А_I)$ ‹-ой› (1) (*комната*) Esszimmer *n* (2) (*общественного питания*) Kantine *f;* ◇ **студе́нческая** ~ Mensa *f*

столпотворе́ние $с_4$ ‹-я› (*скопление народа*) Menschenandrang *m,* Tumult *m;* (*беспорядок*) Tohuwabohu *n;* ◇ **вавило́нское** ~ Turmbau zu Babel; *перен* Sprachenwirrwarr *m*

столя́р $м_I$ ‹-а́, *мн:* -ы́› Tischler *m*

стон $м_I$ ‹-а› Stöhnen *n,* Gestöhne *n*

стоп! *межд* halt!, stopp!

стопа́[1] $ж_I$ ‹-ы́, *мн:* -ы́, *род:* стоп, *дат:* -а́м› Fuß *m;* ◇ **пло́ская** ~ Plattfuß; ◇ **идти́ по чьим-л ~а́м** in jd-s Fußstapfen treten

стопа́[2] $ж_I$ ‹-ы́, *мн:* -ы, *дат:* -ам› лит Versfuß *m;* ◇ **трёхсложная** ~ dreisilbiger Versfuß

стопа́[3] $ж_I$ ‹-ы́, *мн:* -ы, *дат:* -ам› (1) (*предметов*) Stoß *m,* Stapel *m;* ◇ ~ **книг** Bücherstapel (2) (*мера бумаги*) Ries *n;* ◇ **три ~ы бума́ги** drei Ries Papier

сто́пка[1] $ж_I$ ‹-и, *род мн:* -пок› (*кучка*) Stoß *m,* Häufchen *n*

сто́пка[2] $ж_I$ ‹-и› (*стаканчик*) Gläschen *n;* (*для водки*) Schnapsgläschen

сто́пор $м_I$ ‹-а› Sperrvorrichtung *f;* (*болт*) Bolzen *m*

стопроце́нтный *прил* ‹-ая, -ое, -ые› (1) (*содержащий сто процентов*) hundertprozentig (2) (*полный, исчерпывающий*) vollständig, voll, hundertprozentig; ◇ **~ая я́вка** vollständiges Erscheinen (3) *перен* (*совершенный*) hundertprozentig, total; ◇ ~ **идио́т** totaler Idiot

сто́рож $м_2$ ‹-а, *мн:* -а́› Wächter *m;* (*смотритель*) Aufseher *m;* **сторожево́й** *прил* ‹-а́я, -о́е, -ы́е› Wach-, Wacht-; ◇ **~а́я вы́шка** Wachturm *m;* ◇ ~ **пост** Wachtposten *m;* **сторожи́ть** V_{4a} *несов* ‹-жу́, -жи́шь› *кого-что вин* (1) (*стеречь*) bewachen, überwachen; (*охранять*) schützen (2) (*подстерегать*) abpassen, jd-m auflauern; **сторо́жка** $ж_I$ ‹-и, *род мн:* -жек› Wächterhäuschen *n;* ж.-д. Bahnwärterhäuschen *n*

сторона́ $ж_I$ ‹-ы́, *вин:* сто́рону, *мн:* сто́роны, *род:* -ро́н, *дат:* -на́м› (1) (*направление*) Seite *f;* ◇ **подъе́хать с ле́вой ~ы́** von links heranfahren; ◇ **лицева́я** ~ Vorderseite; ◇ **с одно́й ~ы́** einerseits; ◇ **с друго́й ~ы́** andererseits; ◇ **отойти́ в ~у** zur Seite gehen; ◇ **на все четы́ре ~ы** überallhin; ◇ **сверну́ть в ~у** abbiegen; ◇ **смотре́ть по ~а́м** umherschauen; ◇ **уклони́ться в ~у** vom Thema abweichen; ◇ **обсуди́ть со всех сторо́н** von allen Seiten erörtern; ◇ **показа́ть себя́ с вы́годной ~ы́** sich von seiner vorteilhaften Seite zeigen; ◇ **держа́ться в ~е́** sich fernhalten; ◇ **на ~е́** nebenher; ◇ **наблюда́ть со ~ы́** als Außenstehender beobachten; ◇ **с мое́й ~ы́** meinerseits, was mich angeht (2) (*местность*) Land *n,* Gegend *f;* ◇ **жить на чужо́й ~е́** in der Ferne leben (3) (*группа лиц*) Partei *f,* Vertragspartner *m;* ◇ **пре́ния сторо́н на суде́** Plädoyers vor Gericht

сторо́нник $м_I$ ‹-а› (*последователь*) Anhänger *m;* (*представитель*) Vertreter *m;* (*поборник*) Verfechter *m;* ◇ **быть ~ом чего́-л** Anhänger von etw sein

стоя́нка $ж_I$ ‹-и, *род мн:* -нок› (1) (*остановка*) Haltestelle *f* (2) (*место, где стоит транспорт*) Parkplatz *m;* ◇ ~ **такси́** Taxistand *m;* ◇ ~ **автомаши́н запрещена́!** Parken verboten!; ◇ **поста́вить маши́ну на ~у** das Auto auf dem Parkplatz abstellen (3) (*временное пребывание*) Aufenthalt *m*

стоя́ть * *несов* ‹-ою́, -ои́шь› [**по~** *сов*] *без доп или на ком-чём предл (1), без доп (2, 3), за кем-чем тв (4), за кого-что вин (5)* (1) stehen; (*неподвижно*) stillstehen; ◇ **шерсть ~и́т ды́бом** das Fell sträubt sich; ◇ ~ **на коле́нях** knien; ◇ ~ **на своём** auf etw bestehen; ◇ ~ **на пове́стке дня** auf der Tagesordnung stehen (2) (*остановиться*) stehenbleiben, (an-)halten; ◇ **рабо́та ~и́т** die Arbeit steht still; ◇ **стой!** halt! stehenbleiben! (3) (*быть, иметь место*) herrschen, dauern; ◇ **со́лнце ~и́т высоко́** die Sonne steht hoch; ◇ **сто́ит весна́** es ist Frühling (4) (*в очереди*) anstehen, Schlange stehen; ◇ ~ **за биле́тами** für Fahrkarten anstehen (5) (*заступиться*) sich einsetzen (für), eintreten, hinter jd-m stehen

страда́ $ж_I$ ‹-ы́, *мн:* -ы› (1) (*время жатвы*) Erntezeit *f* (2) *перен* (*напряжённое время*) Hochsaison *f*

страда́ние $с_4$ ‹-я› Leiden *n;* (*мука*) Qual *f;* **страда́ть** V_{1a} *несов* ‹-а́ю, -а́ешь› [**по~** *сов*] *от чего род (1), чем тв (2), за кого-что вин (3), что вин у кого род (4)* **1** (*мучиться*) leiden (unter); ◇ **~ от любви́** Liebeskummer haben; ◇ **~ от наводне́ния** vom Hochwasser betroffen sein; ◇ **посе́вы ~а́ют от сорняко́в** die Saat leidet durch das Unkraut **2** (*болеть*) leiden (an) **3** (*сочувствовать*) mitempfinden (mit) **4** *разг* (*быть плохим*) mangelhaft sein, fehlen; ◇ **аргумента́ция ~а́ет односторо́нностью** die Argumentation ist zu einseitig; ◇ **у него́ ~а́ет латы́нь** es hapert in Latein bei ihm

стра́жа $ж_1$ ‹-и› Wache *f;* ◇ **тюре́мная ~** Gefängniswache; ◇ **содержа́ться под ~ей** in Haft sein; ◇ **быть на ~е чьих-л инте-ре́сов** jd-s Interessen verteidigen

страна́ $ж_1$ ‹-ы́, *мн:* -ы› Land *n;* ◇ **колониа́льные ~ы** Kolonien *f pl;* ◇ **развива́ющиеся ~ы** Entwicklungsländer; ◇ **родна́я ~** Heimat *f;* ◇ **~ све́та** Himmelsrichtung *f*

страни́ца $ж_1$ ‹-ы› **1** (*в книге*) Seite *f;* ◇ **перели́стывать ~ы** Seiten umblättern **2** *перен* (*период*) Etappe *f,* Kapitel *n*

стра́нник $м_1$ ‹-а› Wanderer *m,* Wallfahrer *m*

стра́нный *прил* ‹-ая, -ое, -ые› (*непонятный*) seltsam, komisch, sonderbar; (*своеобразный*) eigentümlich; (*чудной*) wunderlich; (*со странностями*) schrullig; ◇ **его́ поведе́ние ка́жется мне ~ым** sein Benehmen befremdet mich

странове́дение $с_4$ ‹-я› Landeskunde *f*

стра́стный *прил* ‹-ая, -ое, -ые› leidenschaftlich, passioniert; ◇ **~ поцелу́й** leidenschaftlicher Kuß

страсть [1] $ж_5$ ‹-и, *мн:* -ти, *род:* -те́й› **1** (*влечение*) Leidenschaft *f;* ◇ **воспыла́ть ~ью к кому́-л** leidenschaftliche Gefühle für jd-n haben **2** (*воодушевлённость*) Emotionen *f pl;* ◇ **~и у спо́рщиков разгоре́лись** die Streitenden gerieten in Wallung **3** (*пристрастие*) Leidenschaft *f;* ◇ **у неё ~ к ка́ртам** sie ist eine leidenschaftliche Kartenspielerin

страсть [2] *ж* ‹-и› (*страх*) Angst *f,* Schrecken *m;* ◇ **натерпе́лся ~е́й** er hat große Ängste ausgestanden

стра́ус $м_1$ ‹-а› зоол Strauß *m*

страх $м_1$ ‹-а› **1** (*испуг*) Angst *f,* Furcht *f;* (*ужас*) Entsetzen *n;* ◇ **охва́ченный ~ом** angsterfüllt; ◇ **~ за дете́й** Angst um die Kinder; ◇ **держа́ть кого́-л в ~е** jd-m Angst einjagen; ◇ **навести́ ~ на кого́-л** jd-m Angst machen; ◇ **запре́т под ~ом наказа́ния** bei Strafe verboten **2** ◇ **~и** *мн* (*риск*) Risiko *n;* ◇ **на свой ~ и риск** auf eigenes Risiko

страхова́ние $с_4$ ‹-я› Versicherung *f;* ◇ **~ жи́зни** Lebensversicherung; ◇ **~ от несча́стных слу́чаев** Unfallversicherung; **страхова́ть** V_{3a} *несов* ‹-ху́ю, -ху́ешь› [**за~** (1) *сов*] *кого-что вин* **1** (*жизнь, квартиру*) versichern, eine Versicherung abschließen; ◇ **~ иму́щество от пожа́ра** das Vermögen gegen Brandschaden versichern **2** *перен* (*предохранять*) absichern (gegen); (*оберегать*) schützen, sichern

стра́шный *прил* ‹-ая, -ое, -ые› **1** (*ужасный*) furchterregend, schrecklich, furchtbar; ◇ **~ сон** Alptraum *m;* (*угрожающий*) bedrohlich, beängstigend **2** (*исключительный*) außerordentlich; ◇ **~ наха́л** entsetzlicher Frechdachs

стрекоза́ $ж_1$ ‹-ы́, *мн:* -ко́зы› **1** зоол Libelle *f,* Wasserjungfer *f* **2** *перен* (*о непоседе*) quirliges Kind *n*

стрела́ $ж_1$ ‹-ы́, *мн:* -ы› **1** (*для стрельбы*) Pfeil *m;* ◇ **прямо́й как ~** kerzengerade; ◇ **пусти́ть ~у́** einen Pfeil schießen **2** тех Ausleger *m;* ◇ **грузова́я ~** Lastausleger

стреле́ц $м_1$ ‹-льца́, *мн:* -льцы́› астр Schütze *m*

стре́лка $ж_1$ ‹-и, *род мн:* -лок› **1** (*в приборах, часах*) Zeiger *m;* ◇ **~ ко́мпаса** Kompaßnadel *f* **2** ж.-д. Weiche *f;* ◇ **перевести́ ~у** die Weiche stellen

стрело́к $м_1$ ‹-лка́, *мн:* -лки́› Schütze *m;* ◇ **~ из лу́ка** Bogenschütze

стре́лочник $м_1$ ‹-а› ж.-д. Weichensteller *m*

стрельба́ $ж_1$ ‹-ы́› Schießen *n;* (*пальба*) Schießerei *f;* (*огонь*) Feuer *n;* (*обстрел*) Beschießung *f;* **стре́льбище** $с_3$ ‹-а› Schießplatz *m;* **стреля́ть** V_{1b} *несов* ‹-я́ю, -я́ешь› *кого-что вин (1), в кого-что вин (2), без доп (3)* **1** (*убивать*) erschießen, erlegen **2** (*из оружия*) feuern, schießen (auf); ◇ **~ у́ток** Enten schießen **2** *безл* (*о колющей боли*) stechen, zucken; ◇ **у меня́ стреля́ет в у́хе** ich habe Ohrenschmerzen; ◇ **~ глаза́ми** mit Blicken kokettieren

стремгла́в *нареч* Hals über Kopf, jäh; ◇ **престу́пник бро́сился бежа́ть ~** der Verbrecher lief Hals über Kopf weg; ◇ **па́дать ~** hinabstürzen

стреми́тельный *прил* ‹-ая, -ое, -ые› ungestüm, heftig; (*поспешный*) hastig

стреми́ться V_{4a} *несов* ‹-млю́сь, -ми́шься› *к чему дат или с инф (1), без доп (2)* **1** (*добиваться*) streben (nach), etw anstreben,

С

bestrebt sein; ◇ ~ **к самостоя́тельности** Selbständigkeit anstreben ② (*направляться*) eilen; ◇ ~ **домо́й** nach Hause eilen; ◇ **пото́к ~и́тся к мо́рю** der Fluß strebt zum Meer; **стремле́ние** c_4 ‹-я› Abicht *f,* Bestreben *n*

стре́мя c_6 ‹-мени, *мн:* -мена́, *род:* -мя́н, *дат:* -мена́м› Steigbügel *m*

стремя́нка $ж_1$ ‹-и, *род мн:* -нок› Strickleiter *f*

стриж $ж_2$ ‹-а́, *мн:* -и́› (*птица*) Segler *m*

стри́жка $ж_1$ ‹-и, *род мн:* -жек› ① (*волос*) Schneiden *n;* (*овец*) Scheren *n;* (*деревьев*) Beschneiden *n* ② (*причёска*) Frisur *f*

стричь * *несов* ‹-игу́, -ижёшь› [**о~, об~** *сов*] *кого-что вин* schneiden; ◇ ~ **газо́н** den Rasen mähen; ◇ ~ **бо́роду** den Bart stutzen; ◇ ~ **всех под одну́ гребёнку** alle über einen Kamm scheren; ◇ ~ **купо́ны** von Zinsen leben

строга́ть, струга́ть V_{1a} *несов* ‹-а́ю, -а́ешь, *Part. Prät. Pass.* стро́ганный/стру́ганный› [**вы́~** *сов*] *что вин* hobeln; ◇ ~ **до́ску руба́нком** ein Brett mit einem Hobel bearbeiten

стро́гий *прил* ‹-ая, -ое, -ие› (*сравн:* **стро́же**) ① (*жёсткий*) hart, streng, rigoros; ◇ **~ие нра́вы** strenge Sitten; ◇ **челове́к ~их пра́вил** Mensch mit strikten Regeln ② (*точный*) strikt, genau; ◇ ~ **учёт** genaue Berechnung ③ (*об одежде, внешности*) streng

стро́же *сравн от* **стро́гий**

строи́тель $м_2$ ‹-я› ① (*рабочий*) Bauarbeiter *m;* (*специалист*) Baumeister *m;* ◇ **инжене́р-~** Bauingenieur *m* ② *перен* (*деятель*) Schöpfer *m;* (*организатор*) Erbauer *m;* **строи́тельство** c_2 ‹-а› ① (*зданий*) Bau *m,* Errichtung *f;* ◇ ~ **жилы́х домо́в** Wohnungsbau ② (*отрасль*) Bauwesen *n;* (*промышленность*) Baugewerbe *n* ③ (*стройка*) Bau *m,* Baustelle *f* ④ *перен* (*организация*) Aufbau *m;* **стро́ить** V_{4b} *несов* ‹-о́ю, -о́ишь, *Imp.* -о́й, ~те, *Part. Präs. Pass.* -о́имый, *Part. Prät. Pass.* -о́енный› [**по~** *сов*] *что вин (1, 2), на чём предл (3), кого-что вин (4)* ① (*возводить*) bauen, errichten; ◇ ~ **плоти́ну** einen Damm errichten ② *перен* (*созидать*) schaffen, aufbauen; ◇ ~ **семью́** eine Familie gründen ③ (*основать*) bauen, gründen (auf); ◇ ~ **своё благополу́чие на чём-л** seinen Wohlstand auf etw aufbauen ③ воен formieren ④ (*организовать*) organisieren, schaffen, einrichten; ◇ **пра́вильно ~ фра́зу** einen Satz richtig formulieren; ◇ ~ **пла́ны** Pläne schmieden; ◇ ~ **себе́ иллю́зии** sich Illusionen machen; ◇ ~ **из себя́ простака́ [дурачка́]** sich dumm stellen; ◇ ~ **возду́шные за́мки** Luftschlösser bauen; ◇ ~ **гла́зки** jd-m schöne Augen machen

строй $м_3$ ‹-я, *мн:* -и, ② в строю́, *мн:* -и́› ① (*общественное устройство*) Bau *m;* (*государственное устройство*) Ordnung *f;* ◇ **первобы́тно-общи́нный** ~ Urgesellschaft *f* ② воен Front *f,* Formation *f;* ◇ **в ~ю́** im Dienst; ◇ **встать в** ~ sich in Reih und Glied aufstellen ③ (*языка*) Aufbau *m,* Struktur *f;* ◇ **граммати́ческий** ~ grammatikalischer Aufbau; ◇ **вы́вести из ~я** außer Gefecht setzen; ◇ **вы́йти из ~я** ausfallen, nicht mehr zu gebrauchen; ◇ **ввести́ в** ~ in Betrieb nehmen

стро́йный *прил* ‹-ая, -ое, -ые› ① (*о телосложе́нии*) schlank, gut gebaut ② (*чёткий*) harmonisch, gleichmäßig; ◇ **~ые ряды́** geschlossene Reihen ③ (*логичный*) logisch, durchdacht aufgebaut ④ (*о звуках*) harmonisch; ◇ **~ое пе́ние** harmonischer Gesang

строка́ $ж_1$ ‹-и́, *мн:* -и› Zeile *f;* ◇ **кра́сная ~** Absatz *m;* ◇ ~ **в ~у́** Zeile für Zeile; ◇ **нача́ть с но́вой ~и́** mit einer neuen Zeile beginnen; ◇ **чита́ть ме́жду строк** zwischen den Zeilen lesen

стропи́ло c_2 ‹-а› Dachstuhl *m*

стропти́вый *прил* ‹-ая, -ое, -ые› störrisch

строфа́ $ж_1$ ‹-ы́, *мн:* -ы› лит Strophe *f*

строчи́ть V_{4a} *несов* ‹-очу́, -чи́шь, *Part. Präs. Pass.* -чи́мый› [**на~** (2), **про~** (1, 2) *сов* ‹*Part. Prät. Pass.* -о́ченный›] *что вин (1, 2), без доп (3)* (*шить*) steppen, abnähen ② *перен разг* (*писать*) schnell schreiben ③ *перен разг* (*о пулемёте*) knattern

стро́чка [1] $ж_1$ ‹-и, *род мн:* -чек› ① (*действие*) Steppen *n* ② (*шов*) Steppnaht *f*

стро́чка [2] $ж_1$ ‹-и› (*строка*) Zeile *f;* ◇ **стихотворе́ние в де́сять ~чек** zehnzeiliges Gedicht

стру́жка $ж_1$ ‹-и, *род мн:* -жек› (*древесная*) Span *m;* (*металлическая*) Metallspäne *m pl; перен* ◇ **снима́ть ~у с кого́-л** jd-n zurechtweisen, auseinandernehmen

структу́ра $ж_1$ ‹-ы› Struktur *f*

струна́ $ж_1$ ‹-ы́, *мн:* -ы› муз Saite *f;* ◇ **натяну́ть ~у́** eine Saite aufziehen; ◇ **перебира́ть ~ы** die Saiten zupfen; ◇ **он как натя́нутая ~** er steht unter äußerster Anspannung

стручо́к $м_1$ ‹-чка́, *мн:* -чки́› (*гороха, бобов*) Hülse *f,* Schote *f*

струя́ $ж_3$ ‹-и́, *мн:* и› ① (*поток*) Strahl *m,* Strom *m;* ◇ **возду́шная ~** Luftstrom; ◇ ~ **воды́** Wasserstrahl ② (*направление*) Strömung *f,* Richtung *f*

студе́нт $м_1$ ‹-а› Student *m;* **студе́нтка** $ж_1$

<-и, *род мн:* -ток> Studentin *f;* **студе́нчество** *с₂* <-а> ① (*студенты*) Studentenschaft *f* ② (*пора*) Studienzeit *f,* Studentenzeit *f;* ◇ **го́ды ~а** Studienjahre *n pl*

сту́день *м₂* <-дня, *мн:* -дни> кул Sülze *f*

сту́дия *ж₄* <-и> Studio *n,* Atelier *n;* ◇ **театра́льная ~** Schauspielschule *f;* ◇ **~ худо́жника** Künstleratelier *n*

сту́жа *ж₁* <-и> Frost *m,* Kälte *f*

стук *м₁* <-а> Klopfen *n,* Pochen *n;* ◇ **войти́ без ~а** eintreten ohne anzuklopfen; (*удары*) Schläge *m pl;* (*колёс*) Rattern *n*

сту́кнуться V₂ *сов* <-нусь, -нешься> [**сту́каться** V_{1a} *несов*] *обо что вин* (*удариться*) sich stoßen; ◇ **~ лба́ми** die Köpfe zusammenstoßen

стул *м₁* <-а, *мн:* -ья, *род:* -ьев, *дат:* -ьям> ① (*предмет мебели*) Stuhl *m;* ◇ **встать со ~а** sich vom Stuhl erheben; *перен* ◇ **сиде́ть ме́жду двух сту́льев** zwischen zwei Stühlen sitzen ② мед Stuhl *m,* Stuhlgang *m*

ступе́нь *ж₅* <-и> ① (*лестницы*) Stufe *f;* ◇ **подня́ться на две ~и** zwei Stufen hochgehen ② (*этап*) Stufe *f,* Etappe *f;* ◇ **на ни́зшей ~и разви́тия** auf der niedrigsten Entwicklungsstufe

сту́пка *ж₁* <-и, *род мн:* -пок> Mörser *m*

ступня́ *ж* <-и́, *род мн:* -е́й> Fuß *m,* Fußsohle *f*

стуча́ть * *несов* <-чу́, -чи́шь, (2) 1 и 2 л. не употр> [**по~** *сов*] *без доп (1, 2), на кого-что вин (3)* ① (*ударять*) (an-)klopfen; ◇ **~ в дверь** anklopfen; ◇ **~ в домино́** Domino spielen; ◇ **~ кулако́м по столу́** mit der Faust auf den Tisch schlagen ② (*пульсировать*) klopfen, pochen ③ (*доносить*) denunzieren

стыд *м₁* <-а́> ① (*смущение*) Scham *f;* ◇ **горе́ть от ~а́** vor Scham rot werden; ◇ **испы́тывать ~** sich schämen ② (*позор, бесчестье*) Schande *f;* ◇ **к ~у́ своему́** zu meiner Schande; ◇ **~ так поступа́ть!** es ist eine Schande, so vorzugehen; **стыди́ться** V_{4a} *несов* <-ыжу́сь, -ди́шься> [**по~** *сов*] *кого-чего род или с инф* sich schämen; (*стесняться*) sich genieren; ◇ **~ окружа́ющих** menschenscheu sein; **сты́дно** *предик, безл* es ist eine Schande; ◇ **кому́-л ~ за кого́-л** sich für jd-n schämen; ◇ **как тебе́ не ~?** schämst du dich nicht?

стык *м₁* <-а> ① тех Stoß *m,* Fuge *f* ② *перен* Grenze *f;* ◇ **на ~е двух эпо́х** an der Schwelle zu einer neuen Ära

стыко́вка *ж₁* <-и, *род мн:* -вок> Stoßverbindung *f,* Kopplung *f*

сты́нуть * *несов* <-ну, -нешь, (1) 1 и 2 л. не употр> [**о~** *сов*] *без доп* ① (*становиться холодным*) kalt werden, abkühlen; ◇ **чай ~ет** der Tee wird kalt; ◇ **кровь в жи́лах ~ет** jd-m erstarrt das Blut in den Adern ② (*мёрзнуть*) frieren, steif werden ③ *перен* (*отношение*) abkühlen

сты́чка *ж₁* <-и, *род мн:* -чек> ① (*бой*) Geplänkel *n* ② (*ссора*) Wortwechsel *m;* (*перебранка*) Zusammenstoß *m*

стюарде́сса *ж₁* <-ы> Stewardeß *f*

стяжа́тель *м₂* <-я> habgieriger Mensch

стяну́ть V₂ *сов* <-ну́, -я́нешь, *Part. Prät. Pass.* -я́нутый> [**стя́гивать** V₁ *несов*] *что вин* ① (*затянуть*) zusammenziehen, zuschnüren ② (*собрать*) zusammenziehen, sammeln, konzentrieren ③ (*снять*) herunterziehen ④ *разг* (*украсть*) stibitzen, klauen

суббо́та *ж₁* <-ы> Samstag *m,* Sonnabend *m;* ◇ **в про́шлую ~у** letzten Samstag

суббо́тник *м₁* <-а> (*kollektiver, freiwilliger Arbeitseinsatz am freien Samstag ohne Entgelt*)

субси́дия *ж₄* <-и> Beihilfe *f,* Subvention *f;* ◇ **~и из обще́ственных фо́ндов** Beihilfen aus öffentlichen Fonds

субъе́кт *м₁* <-а> ① филос, грам Subjekt *n* ② (*о человеке*) Kreatur *f;* ◇ **подозри́тельный ~** verdächtige Gestalt; ◇ **стра́нный ~** seltsame Kreatur; **субъекти́вный** *прил* <-ая, -ое, -ые> (*индивидуальный*) subjektiv, persönlich

сувени́р *м₁* <-а> Souvenir *n,* Andenken *n*

суверените́т *м₁* <-а> Souveränität *f;* ◇ **соблюда́ть ~** die Souveränität achten

сугро́б *м₁* <-а> Schneeverwehung *f;* ◇ **провали́ться в ~** in einer Schneewehe versinken

сугу́бо *нареч* (*особенно*) äußerst, höchst, besonders; ◇ **~ опа́сно** äußerst gefährlich

суд *м₁* <-а́, *мн:* -ы́> ① (*государственный орган*) Gericht *n;* ◇ **Верхо́вный ~** Oberster Gerichtshof; ◇ **заседа́ние ~а** Gerichtsverhandlung *f* ② (*судьи*) Gericht *n;* ◇ **~ удаля́ется на совеща́ние** das Gericht zieht sich zur Beratung zurück ③ (*мнение*) Urteil *n;* ◇ **отда́ть что-л на ~ о́бщества** etw dem Urteil der Gesellschaft überlassen ④ (*разбирательство*) Verhandlung *f;* ◇ **быть под ~о́м** unter Anklage stehen; ◇ **выступа́ть в ~е́** ein Plädoyer halten; ◇ **пода́ть на кого́-л в ~** jd-n verklagen; ◇ **попа́сть под ~** vor Gericht stehen ⑤ (*здание*) Gericht *n,* Gerichtsgebäude *n;* ◇ **пока́ ~ да де́ло** bis man zur Sache kommt; ◇ **отдаю́ э́то на Ваш ~** das überlasse ich Ihrem Urteil; рел ◇ **Стра́шный ~** das Jüngste Gericht

судáк *м₁* <-á, *мн:* -и́> (*рыба*) Zander *m*

судéбный *прил* <-ая, -ое, -ые> Gerichts-, gerichtlich, Justiz-; ◇ **~ые издéржки** Gerichtskosten *pl;* ◇ **~ исполни́тель** Gerichtsvollzieher *m;* ◇ **~ая оши́бка** Justizirrtum *m;* ◇ **~ым поря́дком** auf dem Rechtsweg; ◇ **~ое разбирáтельство** Gerichtsverhandlung *f;* ◇ **~ слéдователь** Untersuchungsrichter *m*

суди́мость *ж₅* <-и> Vorstrafe *f;* ◇ **имéть нéсколько ~ей** mehrfach vorbestraft sein; **суди́ть** V₄ₐ *несов* <сужý, сýдишь, *Part. Präs. Pass.* -ди́мый> *о ком-чём предл или без доп (1), кого-что вин (2, 3), что вин или без доп (4)* ① (*оценивать*) urteilen (über), beurteilen, auf etw schließen; ◇ **~ о ком-л по внéшности** jd-n nach seinem Äußeren beurteilen ② (*в судебном порядке*) über jd-n richten, über jd-n Gericht halten; ◇ **егó бýдут** ~ er kommt vor Gericht ③ (*обвинять*) verurteilen ④ спорт das Spiel leiten, Schiedsrichter sein

сýдно *с₂* <-а, *мн:* судá, *род:* судóв> мор Schiff *n;* ◇ **грузовóе** ~ Frachtschiff; ◇ **~ на воздýшной подýшке** Luftkissenboot *n;* ◇ **экипáж ~а** Schiffsbesatzung; ◇ **плáвать на ~е** mit dem Schiff fahren

судовладéлец *м₅* <-льца, *мн:* -льцы> ① (*владелец судна*) Schiffseigner *m* ② (*предприниматель*) Reeder *m*

судóк *м₁* <-дкá, *мн:* -дки́> ① (*для уксуса, горчицы*) Gewürzständer *m,* Menage *f* ② (*для переноски кушаний*) Menage *f*

судопроизвóдство *с₂* <-а> юр Gerichtsverfahren *n,* Gerichtsprozeß *m*

сýдорога *ж₁* <-и> Krampf *m;* ◇ **емý ~ой свелó нóгу** er bekam einen Krampf im Bein

судостроéние *с₄* <-я> Schiffsbau *m;* **судохóдство** *с₂* <-а> Schiffahrt *f*

судьбá *ж₁* <-ы́, *мн:* -ы, *род:* -деб, *дат:* -ам> ① (*участь*) Los *n,* Schicksal *n;* ◇ **преврáтности ~ы́** Launen des Schicksals; ◇ **покори́ться ~é** sich in sein Schicksal ergeben ③ (*история*) Geschichte *f;* ◇ **у э́той рýкописи интерéсная** ~ dieses Manuskript hat eine interessante Geschichte; ◇ **каки́ми ~áми?** was führt dich hierher?; ◇ **не ~ мне** es ist mir nicht beschieden; ◇ **вóлею сýдеб** der Zufall wollte es

судья́ *м₃* <-и́, *мн:* -и, *род:* -дéй, *дат:* -ям> ① (*в суде*) Richter *m* ② (*в спорте*) Schiedsrichter *m;* ◇ **он в э́том дéле не** ~ er kann das nicht beurteilen

суевéрие *с₄* <-я> Aberglaube *m;* **суевéрный** *прил* <-ая, -ое, -ые> abergläubisch

суетá *м₁* <-ы́> ① (*поспешность*) Hast *f;* (*беготня*) geschäftiges Hin- und Herlaufen; (*лихорадочность*) Fieberhaftigkeit *f* ② (*тщетность*) Vergeblichkeit *f,* Nutzlosigkeit *f;* **суетли́вый** *прил* <-ая, -ое, -ые> geschäftig; (*поспешный*) hastig; (*лихорадочный*) fieberhaft

суждéние *с₄* <-я> Urteil *n;* (*мнение*) Meinung *f,* Ansicht *f;* ◇ **каковó Вáше ~ по э́тому пóводу?** was sagen Sie dazu?

сýзить V₄ᵦ *сов* <сýжу, -зишь, *Part. Prät. Pass.* сýженный> [**сужáть** V₁ₐ *несов*] *что вин* ① (*сделать узким*) verengen, enger machen ② *перен* eingrenzen, einengen; ◇ **~ круг задáч** den Aufgabenbereich eingrenzen

сук *м₁* <-á, *мн:* -и́/сýчья, *род:* -óв/-ьев, *дат:* -áм/-ьям> Ast *m*

сýка *ж₁* <-и> Hündin *f*

сукнó *с₂* <-á, *мн:* -а, *род:* -кон, *дат:* -ам> Tuch *n;* ◇ **положи́ть что-л под** ~ etw auf die lange Bank schieben

сукóнка *ж₁* <-и, *род мн:* -нок> Wollappen *m;* (*для пола*) Aufnehmer *m*

сумасбрóдство *с₂* <-а> vollkommener Unsinn *m;* (*безумие*) Irrsinn *m*

сумасшéдший I. *прил* <-ая, -ее, -ие> ① (*безрассудный*) verrückt, wahnsinnig ② (*душевнобольной*) geisteskrank, verrückt, wahnsinnig; ◇ **~ человéк** Wahnsinniger *m;* *разг* ◇ **~ дом** Irrenhaus *n* ③ *перен* (*исключительный*) wahnsinnig, irrsinnig; ◇ **~ие дéньги** irrsinnig viel Geld; ◇ **~ая скóрость** Wahnsinnsgeschwindigkeit *f;* ◇ **~ успéх** Riesenerfolg **II.** *м* (*A₂*) <-его> Verrückter *m,* Wahnsinniger *m;* (*душевнобольнóй*) Geisteskranker *m,* Verrückter *m;* **сумашéствие** *с₄* <-я> ① (*умопомешательство*) Wahnsinn *m* ② *перен* (*неистовство*) Raserei *f* ③ *перен* (*безрассудство*) Unvernunft *f,* Unzurechnungsfähigkeit *f;* ◇ **поступáть так - ~!** das zu tun ist Wahnsinn!

суматóха *ж₁* <-и> Durcheinander *n,* Wirbel *m;* (*беспорядок*) Unordnung *f;* (*паника*) Panik *f,* Chaos *n;* ◇ **поднялáсь** ~ Panik brach aus

сумбýр *м₁* <-а> Wirrwarr *m,* Chaos *n;* (*беспорядок*) Unordnung *f*

сýмерки *мн₁* <-рек> Dämmerung *f*

сýмка *ж₁* <-и, *род мн:* -мок> ① Tasche *f,* Handtasche *f;* ◇ **дорóжная** ~ Reisetasche; ◇ **хозя́йственная** ~ Einkaufstasche ② анат Beutel *m,* Kapsel *f;* ◇ **суставнáя** ~ Gelenkkapsel ③ (*у сумчатых животных*) Beutel *m*

сýмма *ж₁* <-ы> Summe *f,* Betrag *m;* ◇ **óбщая** ~ Gesamtbetrag; ◇ **вся ~ человéческих знáний** Gesamtheit des menschlichen Wissens

су́мрак *м₁* ‹-а› Dunkelheit *f;* (*сумерки*) Dämmerung *f;* **су́мрачный** *прил* ‹-ая, -ое, -ые› ① (*тёмный*) dunkel, trübe ② *перен* (*угрюмый*) finster, trübe; ◇ ~ **вид** finsteres Aussehen

сунду́к *м₁* ‹-а́, *мн:* -и́› Koffer *m,* Truhe *f*

суп *м₁* ‹-а, *мн:* -ы́› Suppe *f*

суперобло́жка *ж₁* ‹-и, *род мн:* -жек› Schutzumschlag *m*

супру́г *м₁* ‹-а› Ehemann *m,* Gatte *m;* **супру́га** *ж₁* ‹-и› Ehefrau *f,* Gattin *f;* **супру́ги** *мн₁* ‹-ов› Eheleute *pl,* Ehepaar *n;* **супру́жество** *с₂* ‹-а› Ehe *f,* Ehestand *m*

сургу́ч *м₂* ‹-а́› Siegellack *m*

су́рик *м₁* ‹-а› хим Mennige *f*

суро́вый *прил* ‹-ая, -ое, -ые› ① (*холодный*) streng, rauh; ◇ ~ **кли́мат** rauhes Klima ② (*серьёзный*) streng, hart; ◇ **~ое испыта́ние** harte Prüfung; ◇ ~ **пригово́р** strenges Urteil

суро́к *м₁* ‹-рка́, *мн:* -рки́› зоол Murmeltier *n;* ◇ **он спит как** ~ er schläft wie ein Murmeltier

суррога́т *м₁* ‹-а› Surrogat *n,* Ersatz *m*

су́слик *м₁* ‹-а› зоол Zieselmaus *f*

суста́в *м₁* ‹-а› Gelenk *n*

сутенёр *м₁* ‹-а› Zuhälter *m*

су́тки *мн₁* ‹-ок› (*день*) Tag *m,* 24 Stunden; ◇ **кру́глые** ~ rund um die Uhr

су́толока *ж₁* ‹-и› Gedränge *n,* Getümmel *n*

су́точные *мн (А ₁)* ‹-ых› Tagegelder *n pl,* Spesen *pl*

суту́лый *прил* ‹-ая, -ое, -ые› krumm, mit hängenden Schultern, gebeugt

суть *ж₅* ‹-и› Wesen *n,* Kern *m;* ◇ ~ **де́ла** Hauptsache *f;* ◇ **по ~и де́ла** im Grunde genommen, eigentlich; ◇ **вни́кнуть в ~ де́ла** der Sache auf den Grund gehen; ◇ **са́мую ~ узна́л** den springenden Punkt hat er erkannt

су́ффикс *м₁* ‹-а› грам Suffix *n,* Nachsilbe *f*

суха́рь *м₂* ‹-я́, *мн:* -ри́› ① (*засушенный кусок хлеба*) Zwieback *m* ② *перен разг* (*о человеке*) kalter, hartherziger Mensch

сухожи́лие *с₄* ‹-я› анат Sehne *f*

сухо́й *прил* ‹-а́я, -о́е, -и́е› (*сравн:* **су́ше**) ① (*не мокрый, не сырой*) trocken; ◇ **~о́е вино́** trockener Wein ② (*пересохший*) trokken, dürr, vertrocknet; ◇ **~а́я пи́ща** trockenes Essen; ◇ **~и́е фру́кты** vertrocknete Früchte ③ (*худощавый*) hager ④ *перен* (*бездушный*) kalt, herzlos, trocken; ◇ ~ **приём** unfreundlicher Empfang ⑤ *перен* (*скупой, лаконичный*) lakonisch, knapp ⑥ спорт ◇ **~а́я ничья́** Spielstand von null zu null; ◇ **проигра́ть ~и́м счётом 15:0** ~ fünfzehn zu null verlieren; ◇ **вы́йти ~и́м из воды́** mit heiler Haut davonkommen; ◇ ~ **зако́н** Prohibition *f*

сухопа́рый *прил* ‹-ая, -ое, -ые› (*поджарый*) hager; (*жилистый*) sehnig

су́ша *ж₁* ‹-и› Festland *n*

су́ше *сравн от* **сухо́й**

су́шка *ж₁* ‹-и, *мн:* -и, *род:* -шек, *дат:* -ам› ① (*действие*) Trocknen *n* ② (*маленькая баранка*) Kringel *m;* ◇ **~и с ма́ком** Mohnkringel

суще́ственный *прил* ‹-ая, -ое, -ые› wesentlich, essentiell; (*значительный*) bedeutend

существи́тельное *с (А ₁)* ‹-ого› грам Substantiv *n,* Hauptwort *n*

существо́ [1] *с₂* ‹-а́, *мн:* -а́, *род:* -ств, *дат:* -а́м› (*человек, животное*) Wesen *n,* Geschöpf *n;* ◇ **жа́лкое** ~ bedauernswerte Kreatur; ◇ **не ви́дно ни одного́ живо́го ~а́** weit und breit ist keine Menschenseele zu sehen

существо́ [2] *с₂* ‹-а́, *мн:* -а́, *род:* -ств, *дат:* -а́м› (*сущность*) Wesen *n,* Hauptsache *f;* ◇ **поня́ть ~ вопро́са** das Problem im wesentlichen verstehen; ◇ **говори́ть по ~у́** sich an das Thema halten

существова́ние *с₄* ‹-я› ① (*наличие*) Existenz *f,* Bestehen *n* ② (*жизнь, бытие*) Existenz *f,* Dasein *n;* ◇ **борьба́ за** ~ Existenzkampf *m;* ◇ **фи́рма прекрати́ла своё** ~ die Firma existiert nicht mehr; **существова́ть** V_{3a} *несов* ‹-тву́ю, -тву́ешь› *без доп (1), чем тв или на что вин (2)* ① (*быть, иметь место*) existieren, bestehen; ◇ **~у́ет** es gibt; ◇ ◇ **~у́ют ра́зные мне́ния по э́тому вопро́су** zu diesem Problem gibt es unterschiedliche Meinungen ② (*поддерживать свою жизнь*) leben (von); ◇ ~ **на случа́йные за́работки** von Gelegenheitsarbeit leben

сфе́ра *ж₁* ‹-ы› ① (*область*) Sphäre *f,* Bereich *m;* ◇ ~ **де́ятельности** Tätigkeitsbereich ② (*среда*) Sphäre *f;* ◇ **быть в свое́й ~é** in seinem Element sein

сфинкс *м₁* ‹-а› Sphinx *f*

схвати́ть V_{4a} *сов* ‹-ачу́, а́тишь, *Part. Prät. Pass.* -а́ченный› [**схва́тывать** V_{1a} *несов*] *кого-что вин (1), что вин (2, 3), кому дат что вин (4)* ① (*хватать*) packen, fassen, ergreifen ② *перен разг* (*усвоить*) erfassen, begreifen ③ *перен* (*заболеть*) sich zuziehen, sich holen; ◇ **он ~и́л си́льный на́сморк** er holte sich einen ordentlichen Schnupfen ④ *безл* (*о боли*) zusammenziehen, Schmerzen bekommen; ◇ **ему́ ~и́ло живо́т** plötzlich bekam er Bauchschmerzen

С

схва́тка *ж₁* ‹-и, *род мн:* -ток› ① (*стычка*) Kampf *m,* Zusammenstoß *m;* (*рукопашная*) Handgemenge *n;* (*перестрелка*) Geplänkel *n* ② ◇ **~и** *мн* Krämpfe *pl;* ◇ **родовы́е ~и** Wehen *f pl*

схе́ма *ж₁* ‹-ы› ① (*чертёж*) Schema *n,* Skizze *f* ② эл Schaltbild *n* ③ (*описание в общих чертах*) Schablone *f*

схлы́нуть V_2 *сов* ‹-нет, нут, 1 и 2 л. не употр, *Imp.* -нь, ~те› *без доп перен* (*о массе людей*) sich verlaufen; (*о чувстве*) verschwinden; ◇ **наро́д ~ул** die Menschenmenge verlief sich; ◇ **трево́га ~ла** die Aufregung verflog

схо́дка *ж₁* ‹-и, *род мн:* -док› Zusammenkunft *f;* (*собрание*) Versammlung *f*

схо́дный *прил* ‹-ая, -ое, -ые› ① (*похожий*) ähnlich; ◇ **~ые по значе́нию слова́** bedeutungsähnliche Wörter; (*совпадающий*) übereinstimmend, gleich ② (*недорогой*) annehmbar, erschwinglich; ◇ **~ая цена́** erschwinglicher Preis; **схо́дство** $с_2$ ‹-а› Ähnlichkeit *f;* (*соответствие*) Übereinstimmung *f*

сце́на *ж₁* ‹-ы› ① (*площадка*) Bühne *f;* ◇ **откры́тая ~** Freilichtbühne ② *перен* театр Bühne *f;* ◇ **жизнь, о́тданнная ~е** der Bühne gewidmetes Leben ③ (*часть пьесы*) Szene *f,* Auftritt *m* ④ (*происшествие*) Szene *f,* Episode *f;* ◇ **наблюда́ть за у́личной ~ой** eine Szene auf der Straße beobachten; ◇ **сойти́ со ~ы** von der Bühne abtreten; ◇ **устро́ить ~у кому́-л** jd-m eine Szene machen; **сцена́рий** $м_3$ ‹-я› Drehbuch *n*

сцепле́ние $с_4$ ‹-я› физ Kohäsion *f;* авто Kupplung *f;* ◇ **вы́жать ~** die Kupplung treten

сце́пщик *м₁* ‹-а› ж.-д. Rangierer *m*

счастли́вчик *м₁* ‹-а› Glücklicher *m; разг* Glückspilz *m;* **сча́стье** $с_5$ ‹-я› Glück *n;* ◇ **на на́ше ~** zu unserem Glück; ◇ **твоё ~, что всё обошло́сь хорошо́** dein Glück, daß alles gut ausging

счёт *м₁* ‹-а, на счёте/на счету́, *мн:* счета́› ① (*арифметическое действие*) Rechnen *n,* Zählen *n;* ◇ **у́стный ~** Kopfrechnen ② (*документ*) Rechnung *f;* ◇ **пода́ть ~** eine Rechnung ausstellen; ◇ **уплати́ть по ~у** eine Rechnung begleichen ③ (*в банке*) Konto *n;* ◇ **откры́ть ~** ein Konto eröffnen ④ спорт Spielstand *m;* ◇ **зако́нчить матч со ~ом 2:1** das Spiel zwei zu eins beenden; ◇ **како́й ~?** wie steht es?; ◇ **сравня́ть ~** ausgleichen; ◇ **жить за чужо́й ~** auf fremde Kosten leben; ◇ **быть у кого́-л на хоро́шем ~у́** bei jd-m einen Stein im Brett haben; ◇ **свести́ ~ы с кем-л** eine Rechnung mit jd-m begleichen; ◇ **э́то ска́зано на твой ~** das gilt dir; ◇ **в коне́чном ~е** letzten Endes, letztlich; **счётный** *прил* ‹-ая, -ое, -ые› ① (*предназначенный для подсчитывания*) Rechen-; ◇ **~ая лине́йка** Rechenschieber *m* ② (*счетоводный*) Buchhaltungs-

счетово́д *м₁* ‹-а› Rechnungsführer *m*

счётчик *м₁* ‹-а› ① (*лицо*) Zähler *m* ② (*прибор*) Zähler *m,* Zählapparat *m;* ◇ **га́зовый ~** Gasuhr *f;* ◇ **~ Ге́йгера** Geigerzähler

счёты *мн₁* ‹-ов› Abakus *m,* Rechenbrett *n; перен* ◇ **сбро́сить со ~о́в что-л** nicht mehr berücksichtigen

счита́лка *ж₁* ‹-и, *род мн:* -лок› Abzählreim *m*

счита́ть V_{1a} *несов* ‹-а́ю, -а́ешь› [**со~** (1), **счесть** (2) * *сов* ‹*Part. Prät. Pass.* -счи́танный›] *кого-что вин (1), кого-что вин кем чем тв (2)* ① (*высчитывать*) (zusammen-) rechnen, ausrechnen, berechnen; мат zählen; ◇ **~ до десяти́** bis zehn zählen ② (*воспринимать*) halten (für); ◇ **~ кого́-л хоро́шим челове́ком** jd-n für einen guten Menschen halten; ◇ **~а́я** darunter, inklusive; ◇ **не ~а́я кого́/чего́-л** ausgenommen

счита́ться *несов* ‹-а́юсь, -а́ешься› [**по~** (1) *сов* ‹*Part. Prät. Pass.* -счи́танный›] *с кем-чем тв (1), кем-чем тв или за кого-что вин (2)* ① (*принимать в расчёт*) berücksichtigen, Rücksicht nehmen (auf); ◇ **он ни с чем не ~а́ется** er nimmt auf nichts Rücksicht ② (*слыть*) gelten (als); *безл* ◇ **~а́ется, что он прав** es wird angenommen, daß er Recht hat

сшить *см.* **шить**

съёжиться V_{4b} *сов* ‹-жусь, -жишься› [**съёживаться** V_{1a} *несов*] *без доп* zusammenschrumpfen, sich zusammenziehen; (*сморщиться*) das Gesicht verziehen

съезд *м₁* ‹-а› ① (*собрание*) Kongreß *m* ② (*сбор*) Zusammenkunft *f* ③ (*спуск*) Abfahrt *f*

съёмка *ж₁* ‹-и, *род мн:* -мок› Aufnahme *f;* ◇ **~ фи́льма** Filmaufnahme

съестно́е *с (A p)* ‹-о́го› (*еда*) Speise *f;* (*съедобное*) das Eßbare *n;* (*продукты*) Lebensmittel *n pl;* ◇ **что́-нибудь ~** etw zum Essen

съе́хать * *сов* ‹-е́ду, -е́дешь› [**съезжа́ть** V_{1a} *несов*] *без доп* ① (*спуститься*) herunterfahren, hinunterfahren; ◇ **~ с го́рки** den Berg hinunterrodeln ② (*свернуть*) einbiegen, abfahren ③ (*покинуть жильё*) ausziehen ④ *перен* (*сдвинуться*) herunterrutschen, verrutschen; **съе́хаться** *сов* ‹-е́дусь, -е́дешься› [**съезжа́ться** *несов*] *без доп* (*со-*

бра́ться) zusammenkommen; (*прибы́ть*) sich einfinden; (*прие́хать*) ankommen; ◇ **делега́ты ~лись со всех концо́в страны́** die Delegierten kamen aus allen Teilen des Landes angereist

сы́воротка *ж₁* <-и, *род мн:* -ток> ① (*моло́чная*) Molke *f* ② мед Serum *n*

сыгра́ть *см.* **игра́ть**

сын *м₁* <-а, *мн:* -овья́, *род:* -нове́й, *дат:* -новья́м> Sohn *m*

сы́пать * *несов* <-плю, -плешь> *что вин (1, 3), чем тв (2), что вин или чем тв (4)* ① (*роня́ть, броса́ть*) (ver-)schütten; ◇ **ты всё ~лешь из рук** dir fällt alles aus den Händen ② *перен* überschütten, um sich werfen; ◇ **~ деньга́ми** mit Geld um sich werfen ③ *перен* (*о дожде́, сне́ге*) fallen ④ *перен* (*говори́ть бы́стро*) schnell sprechen

сыпь *ж₅* <-и> мед Ausschlag *m*

сыр *м₁* <-а, *мн:* -ы́> Käse *m;* ◇ **пла́вленый ~** Schmelzkäse

сы́рник *м₁* <-а> Quarkpfannkuchen *m*

сыро́й *прил* <-а́я, -о́е, -ы́е> ① (*вла́жный*) feucht ② (*не варёный*) roh, ungekocht; ◇ **~ы́е о́вощи** rohes Gemüse ③ (*не гото́вый*) nicht gar ④ *перен* (*недорабо́танный*) in Rohfassung, unbearbeitet, noch nicht fertig; **сы́рость** *ж₅* <-и> Feuchtigkeit *f*

сырьё *с₅* <-я́> Rohstoff *m;* Ausgangsmaterial *n;* **сырьево́й** *прил* <-а́я, -о́е, -ы́е> Rohstoff-; ◇ **~ы́е ресу́рсы** Rohstoffressourcen *f pl*

сы́тый *прил* <-ая, -ое, -ые> ① (*не голо́дный*) satt; ◇ **я соверше́нно сыт** ich bin total satt ② *перен* (*пресы́щенный*) übersättigt; ◇ **~ая жизнь** Leben im Wohlstand

сы́щик *м₁* <-а> Detektiv *m,* Spitzel *m;* ◇ **полице́йский ~** Ermittlungsbeamter *m*

сюда́ *нареч* hierher; ◇ **иди́ ~!** komm hierher!; ◇ **туда́ и ~** hin und her

сюже́т *м₁* <-а> Handlung *f;* ◇ **увлека́тельный ~** spannende Handlung

сюрпри́з *м₁* <-а> Überraschung *f;* ◇ **вот так ~!** was für eine Überraschung!; ◇ **преподнести́ ~ ко дню рожде́ния** zum Geburtstag eine Überraschung bringen

сюрту́к *м₁* <-а́, *мн:* -и́> Gehrock *m*

сюсю́канье *с₅* <-я> Lispeln *n;* **сюсю́кать** V*₁ₐ* *несов* <-аю, -аешь> *без доп* ① (*заменя́ть шипя́щие зву́ки свистя́щими*) lispeln ② *перен* in der Kindersprache sprechen

Т

та *см.* **тот**

таба́к *м₁* <-а́> Tabak *m;* ◇ **жева́тельный ~** Kautabak; ◇ **ню́хать ~** Tabak schnupfen; ◇ **де́ло ~!** daraus wird nichts!

та́бель *м₂* <-я, *мн:* -ля́> ① (*доска́ учёта я́вки и ухо́да с рабо́ты*) Kontrolltafel *f;* (*номеро́к*) Kontrollmarke *f* ② (*ве́домость*) Verzeichnis *n;* ист ◇ **~ о ра́нгах** Rangliste *f*

табле́тка *ж₁* <-и, *род мн:* -ток> Tablette *f;* ◇ **противозача́точное ~** Antibabypille *f*

табли́ца *ж₂* <-ы> Tabelle *f,* Tafel *f;* ◇ **~ умноже́ния** Einmaleins *n;* мат ◇ **~ логари́фмов** Logarithmentafel; ◇ **знать что-л как ~у умноже́ния** etw aus dem Effeff beherrschen

та́бор *м₁* <-а> Lager *n;* ◇ **расположи́ться ~ом** ein Lager aufschlagen

табу́н *м₁* <-а́, *мн:* -ы́> (*лошаде́й*) Herde *f;* (*птиц*) Schwarm *m;* ◇ **ходи́ть ~о́м** im Rudel auftreten

табуре́т *м₁* <-а> Hocker *m,* Schemel *m;* **табуре́тка** *ж₁* <-и, *род мн:* -ток> Hocker *m,* Schemel *m*

таз[1] *м₁* <-а, в та́зе/тазу́, *мн:* -ы́> (*сосу́д*) Schüssel *f,* Becken *n*

таз[2] *м₁* <-а, в та́зе/тазу́, *мн:* -ы> анат Becken *n*

таи́нственный *прил* <-ая, -ое, -ые> ① (*скры́тый*) geheim ② (*многозначи́тельный и зага́дочный*) mysteriös, geheimnisvoll

таи́ть V*₄ₐ* *несов* <таю́, таи́шь> *что вин* ① (*скрыва́ть*) verheimlichen, verbergen, verhehlen; ◇ **~ своё го́ре** seinen Kummer verbergen; ◇ **не́чего греха́ ~** offen gestanden ② (*заключа́ть в себе́*) etw in sich bergen; ◇ **э́тот шаг ~и́т опа́сные после́дствия** dieser Schritt birgt Gefahren in sich

тайга́ *ж₁* <-и́> Taiga *f*

тайко́м *нареч* heimlich, im stillen, insgeheim; (*незаме́тно*) unbemerkt

тайм *м₁* <-а> спорт Halbzeit *f*

та́йна *ж₁* <-ы> ① (*не́что ещё не по́знанное*) Geheimnis *n;* ◇ **~ы Вселе́нной** die Geheimnisse des Alls ② (*секре́т*) Geheimnis *n;* ◇ **госуда́рственная ~** Staatsgeheimnis; ◇ **вы́дать ~у** ein Geheimnis verraten; ◇ **посвяща́ть кого́-л в ~у** jd-n in ein Geheimnis einweihen; ◇ **храни́ть ~у** ein Geheimnis wahren ③ (*скры́тая причи́на*) Geheimnis *n,* Ursache *f;* ◇ **~ успе́ха** Geheimnis des Erfolgs;

тайни́к *м₁* <-а́, *мн:* -и́> Versteck *n;* (*пота́й-*

С Т

ной ящик) Geheimfach *n;* (*убежище*) Schlupfwinkel *m;* (*для передачи секретных сведений*) toter Briefkasten; *перен* ◇ **в ~а́х души́** im tiefsten Inneren; **та́йный** *прил* <-ая, -ое, -ые> ① geheim, heimlich; ◇ **~ое голосова́ние** geheime Abstimmung ② (*не совсем осознанный*) geheim, verborgen; ◇ **~ая наде́жда** verborgene Hoffnung

так I. *нареч* ① (*не иначе*) so, auf diese Weise; ◇ **сде́лай ~ же** mache es ebenso ② (*настолько*) dermaßen, so (viel, wenig, gut etc.); ◇ **~ мно́го ходи́л, что уста́л** er war dermaßen lange auf den Beinen, daß er jetzt müde ist ③ (*без последствий*) ◇ **~ тебе́ э́то не пройдёт** so einfach kommst du nicht davon ④ (*без особого намерения*) ◇ **сказа́л ~, не поду́мав** er sagte das einfach so, ohne zu überlegen ⑤ (*без усилий*) ◇ **боле́знь не пройдёт** ~ die Krankheit geht nicht so (ohne weiteres) vorbei II. *союз* (*значит*) also, so, dann; (*следовательно*) folglich; ◇ **обеща́л, ~ сде́лай** du hast es versprochen, also tu es auch III. *частица* so, freilich; ◇ **и́менно ~,** genau so; ◇ **не ~ ли?** nicht wahr?; ◇ **де́лать ~ де́лать** wennschon, dennschon; ◇ **тут что́-то не** ~ hier stimmt etw nicht; ◇ **~ или ина́че** so oder so; ◇ **~ называ́емый** sogenannt; ◇ **~ сказа́ть** sozusagen; ◇ **~ и быть** gut, meinetwegen; ◇ **~ тебе́ и на́до** das geschieht dir recht; ◇ **~ себе́** so lala, es geht so

та́кже *союз* auch, gleichfalls, ebenfalls; ◇ **~ не** auch nicht; ◇ **он не возража́ет, мы** ~ er hat nichts dagegen, wir auch nicht

тако́в *неопр мест* <-á, -ó, -ы́> so, so einer; ◇ **~ó óбщее мне́ние** das ist die Meinung aller, so ist die allgemeine Einstellung; ◇ **все вы ~ы́** ihr seid alle so; ◇ **и был** ~ und weg war er

тако́й *мест* <-áя, -óе, -и́е> ① (*именно этот*) so, solcher; ◇ **~ напада́ющий нам ну́жен** so einen Stürmer brauchen wir ② (*для усиления качества*) so; ◇ **~ краси́вый мужчи́на** so ein schöner Mann ③ (*с отрицанием*) ◇ **ты сего́дня како́й-то не** ~ heute stimmt etw nicht mit dir; ◇ **что ~óе?** was ist los?, was ist passiert?; ◇ **кто ~?** wer ist das?; ◇ **кто ~и́е?** wer sind diese Leute?; ◇ **~и́м óбразом** auf diese Weise, so; ◇ **до ~óй сте́пени** dermaßen; ◇ **ну и что же ~óго?** was ist schon dabei?

та́кса [1] *ж$_1$* <-ы> Tarif *m;* ◇ **пла́та по ~е** Bezahlung nach Tarif

та́кса [2] *ж* <-ы> (*собака*) Dackel *m*

такси́ *с* <нескл> Taxi *n;* ◇ **маршру́тное** ~ Linientaxi; ◇ **взять** ~ ein Taxi nehmen

такт [1] *м$_1$* <-а> муз Takt *m;* ◇ **держа́ть** ~ den Takt halten; ◇ **в** ~ im Takt

такт [2] *м$_1$* <-а> (*деликатность*) Takt *m,* Feingefühl *n;* ◇ **отсу́тствие ~а** mangelndes Taktgefühl

такти́чный *прил* <-ая, -ое, -ые> taktvoll; (*деликатный*) feinfühlig

тала́нт *м$_1$* <-а> ① Talent *n;* (*одарённость*) Begabung *f* ② (*о человеке*) Talent *n;* ◇ **зары́ть свой ~ в зе́млю** sein Talent verkümmern lassen

та́лия *ж$_4$* <-и> Taille *f*

тало́н *м$_1$* <-а> Marke *f,* Gutschein *m,* Bezugsschein *m;* ◇ **~ на бензи́н** Benzinmarke

там *нареч* ① (*не здесь*) dort, da; ◇ **бу́ду ~, то́лько за́втра** ich werde erst morgen dort sein ② (*потом, затем*) dann, danach; ◇ **~ ви́дно бу́дет, что де́лать** dann sehen wir, was zu tun ist; ◇ **~ и сям** hier und da; ◇ **что бы ~ ни́ было** wie dem auch sei

та́мбур *м$_1$* <-а> ① (*у дверей*) Windfang *m* ② ж.-д. Vorraum *m*

тамо́женник *м$_1$* <-а> Zollbeamte *m;* **тамо́женный** *прил* <-ая, -ое, -ые> Zoll-; ◇ **~ досмо́тр** Zollkontrolle *f,* Zollabfertigung *f;* ◇ **~ая по́шлина** Zollgebühr *f;* **тамо́жня** *ж$_2$* <-и, *род мн:* -жен> Zollamt *n*

тампо́н *м$_1$* <-а> мед Tupfer *m,* Wattebausch *m*

та́нго *с* <нескл> Tango *m*

та́нец *м$_5$* <-нца, *мн:* -нцы> Tanz *m;* ◇ **ба́льные ~нцы** Gesellschaftstänze; ◇ **класси́ческие ~нцы** Standardtänze

танк *м$_1$* <-а> воен Panzer *m*

та́нкер *м$_1$* <-а> Tanker *m*

танцева́ть V_{3b} *несов* <-цу́ю, -цу́ешь> [**с~** *сов*] *что вин или без доп* tanzen

танцо́вщик *м$_1$* <-а> Balletttänzer *m;* **танцо́вщица** *ж$_2$* <-ы> Ballettänzerin *f;* **танцо́р** *м* <-а> Tänzer *m*

та́почки *мн$_1$* <-чек> (*домашние*) Hausschuhe *m pl;* (*спортивные*) Sportschuhe *m pl*

та́ра *ж$_1$* <-ы> ① (*вес упаковки*) Tara *f* ② (*упаковка*) Verpackung *f,* Tara *f*

тараба́рщина *ж$_1$* <-ы> Kauderwelsch *n*

furtherтарака́н *м$_1$* <-а> Küchenschabe *f*

тара́н *м$_1$* <-а> ① мор (*выступ на судне*) Ramm *m* ② (*удар самолёта, корабля*) Rammen *n;* ◇ **пойти́ на** ~ etw rammen

тара́нтул *м$_1$* <-а> зоол Tarantel *f*

таре́лка *ж$_1$* <-и, *род мн:* -лок> ① (*посуда*) Teller *m;* ◇ **глубо́кая** ~ Suppenteller ② ◇ **~и** *мн* (*ударный инструмент*) Becken *n;* ◇ **он не в свое́й ~е** er fühlt sich nicht wohl in seiner Haut

тари́ф *м₁* ‹-а› Tarif *m;* ◇ **по ~у** nach Tarif
таска́ть V_{1a} *несов, неопред, см.* **тащи́ть**
тахта́ *ж₁* ‹-ы́› Liege *f*
та́чка *ж₁* ‹-и, *род мн:* -чек› Schubkarren *m;* ◇ **везти́ на ~е** etw karren
тащи́ть V_{4a} *несов, опред, см.* **таска́ть** ‹тащу́, та́щишь› [**вы́~** (1, 3) *сов*] *кого-что вин* (1) (*нести*) schleppen, ziehen; ◇ **~ чемода́ны в ваго́н** die Koffer in den Zug schleppen; (*тянуть за собой*) hinterherziehen (2) *перен* (*заставлять пойти*) schleppen; ◇ **~ в теа́тр** jd-n ins Theater schleppen (3) (*извлекать*) herausziehen; ◇ **~ гвоздь из стены́** einen Nagel aus der Wand ziehen (4) (*снимать одежду*) mit Mühe ausziehen (5) (*красть*) klauen, stibitzen
та́ять V_{1b} *несов* ‹та́ю, та́ешь, (1, 2) 1 и 2 л. не употр, *Imp.* тай, ~те, *Part. Präs. Akt.* та́ющий, *Adv. Part. Präs.* та́я› [**рас~** (1-3) *сов*] *без доп* (1) tauen, schmelzen; ◇ **моро́женое ~ет** das Eis schmilzt; ◇ **снег ~ет** der Schnee taut; *безл* ◇ **та́ет** es taut; *перен* ◇ **пече́нье ~ет во рту́** der Keks zergeht auf der Zunge (2) (*исчезать*) nachlassen, (dahin-) schwinden; ◇ **зву́ки ~ют** die Geräusche verklingen; ◇ **запа́сы ~ют** die Reserven schwinden dahin; ◇ **си́лы ~ют** Kräfte lassen nach (3) (*умиляться*) dahinschmelzen; ◇ **~ от любви́** vor Liebe vergehen (4) *перен* (*худеть*) abmagern, abnehmen
тварь *ж₅* ‹-и› (1) (*всякое живое существо*) Geschöpf *n,* Kreatur *f* (2) *груб* (*подлый человек*) gemeiner Mensch, Luder *n*
твёрдый *прил* ‹-ая, -ое, -ые› (*сравн:* **твёрже**) (1) (*жёсткий, крепкий*) hart, fest; ◇ **~ карто́н** feste Pappe; ◇ **~ая пшени́ца** Hartweizen *m* (2) (*устойчивый, прочный*) stabil, hart, fest; ◇ **~ая валю́та** harte Währung; ◇ **~ые це́ны** stabile Preise; ◇ **~ шаг** fester Schritt (3) (*решительный*) stark, entschlossen, standhaft; ◇ **~ая во́ля** unerschütterlicher Wille; ◇ **~ые зна́ния** solide Kenntnisse; ◇ **~ое реше́ние** fester Entschluß; ◇ **~ая уве́ренность** feste Überzeugung
твёрже *сравн от* **твёрдый**
твоё *см.* **твой**
твой (твоего́ *м;* твоя́, твое́й *ж;* твоё, твоего́ *с;* твои́, твои́х *мн*) *притяж мест* (1) dein/e, der/die/das deine, deins; ◇ **э́то твоё** das ist deins; ◇ **э́то моя́ кни́га, а э́то твоя́** das ist mein Buch und das ist deins; ◇ **э́то твоё де́ло** das ist deine Sache (2) (*в значении сущ*) das Deine; ◇ **я не беру́ твоего́** ich nehme deine Sachen nicht (3) ◇ **~и** *мн* (*родные*) die Deinen, deine Angehörigen; ◇ **лу́чше твоего́** besser als du
творе́ние *с₄* ‹-я› (1) (*действие*) Schaffen *n* (2) (*существо*) Geschöpf *n* (3) (*произведение*) Schöpfung *f,* Werk *n;* ◇ **вели́кие ~я Пу́шкина** die großen Werke Puschkins;
твори́ть V_{4a} *несов* ‹-рю́, -ри́шь, *Part. Präs. Pass.* -ри́мый› *что вин* (1) (*создавать*) schaffen (2) (*совершать*) machen, tun, verrichten; ◇ **~ добро́** Gutes tun; ◇ **~ суд** Gericht halten; ◇ **~ чудеса́** Wunder vollbringen
творо́г *м₁* ‹-а́› Quark *m;* **творо́жник** *м₁* ‹-а› Quarkpfannkuchen *m*
тво́рческий *прил* ‹-ая, -ое, -ие› schöpferisch, kreativ; ◇ **~ дар** kreative Veranlagung;
тво́рчество *с₂* ‹-а› Schaffen *n;* ◇ **наро́дное ~** Volkskunst *f;* (*совокупность созданного*) Werk *n;* ◇ **~ Толсто́го** die Werke Tolstojs
те *см.* **тот**
теа́тр *м₁* ‹-а› (1) Theater *n;* ◇ **зелёный ~** Freilichtbühne *f;* ◇ **о́перный ~** Oper *f;* ◇ **идти́ в ~** ins Theater gehen (2) *воен* Kriegsschauplatz *m;* **театра́л** *м₁* ‹-а› Theaterliebhaber *m,* Theaterfreund *m;* **театра́льный** *прил* ‹-ая, -ое, -ые› (1) Theater-, Bühnen-; ◇ **~ое учи́лище** Schauspielschule *f* (2) *перен* (*неестественный*) theatralisch, gekünstelt
тебе́ *см.* **ты**
тебя́ *см.* **ты**
те́зис *м₁* ‹-а› These *f,* Leitsatz *m*
тёзка *ж₁* ‹-и, *род мн:* -зок› (*о мужчине*) Namensvetter *m;* (*о женщине*) Namensschwester *f*
текст *м₁* ‹-а› Text *m;* (*дословный*) Wortlaut *m;* ◇ **специа́льный ~** Fachtext; ◇ **переда́ть что-л откры́тым ~ом** etw im Klartext sagen
тексти́ль *м₂* ‹-я› Textilien *pl,* Textilwaren *f pl*
теку́честь *ж₅* ‹-и› (1) *физ* Fließverhalten *n,* Fließen *n* (2) *перен* Fluktuation *f*
теку́щий *прил* ‹-ая, -ее, -ие› (1) (*теперешний*) dieser, laufend; ◇ **в ~ем году́** im laufenden [in diesem] Jahr; ◇ **6-го числа́ ~его ме́сяца** am 6. dieses Monats; ◇ **~ моме́нт** gegenwärtige Lage (2) (*повседневный*) regelmäßig; ◇ **~ие дела́** laufende Geschäfte; ◇ **~ие расхо́ды** laufende Kosten
телеви́дение *с₄* ‹-я› Fernsehen *n;* ◇ **по ~ю** im Fernsehen; ◇ **рабо́тать на ~и** beim Fernsehen sein; **телеви́зор** *м₁* ‹-а› Fernseher *m,* Fernsehapparat *m;* ◇ **включи́ть/вы́ключить ~** den Fernseher einschalten/ausschalten; *разг* ◇ **пока́зывать по ~у** im Fernsehen zeigen; *разг* ◇ **смотре́ть ~** fernsehen

Т

теле́га *ж₁* ‹-и› Fuhrwerk *n,* Pferdewagen *m;* ◇ **запря́чь ло́шадь в ~у** das Pferd vor den Wagen spannen

телегра́мма *ж₁* ‹-ы› Telegramm *n;* ◇ **~-мо́лния** Eiltelegramm; ◇ **дать ~у** ein Telegramm aufgeben; **телегра́ф** *м₁* ‹-а› ① (*система связи*) Telegraf *m;* ◇ **по ~у** telegrafisch ② (*учреждение*) Telegrafenamt *n;* **телезри́тель** *м₂* ‹-я› Fersehzuschauer *m*

телёнок *м₁* ‹-нка, *мн:* теля́та, *род:* теля́т› Kalb *n*

телепереда́ча *ж₂* ‹-и› Fernsehsendung *f;* **телепостано́вка** *ж₁* ‹-и, *род мн:* -вок› Fernsehaufführung *f*

теле́сный *прил* ‹-ая, -ое, -ые› körperlich, Körper-; ◇ **~ые поврежде́ния** Körperverletzungen *f pl;* ◇ **~ого цве́та** fleischfarben

телесту́дия *ж₄* ‹-и› Fernsehstudio *n;* **телета́йп** *м₁* ‹-а› Fernschreiber *m;* **телефа́кс** *м₁* ‹-а› Telefax *n;* ◇ **переда́ть сообще́ние по ~у** eine Mitteilung faxen; **телефо́н** *м₁* ‹-а› ① (*система связи*) Telefon *n;* ◇ **междугоро́дный** ~ Fernamt *n,* (*аппарат*) Telefonapparat *m;* ◇ **~-автома́т** Münzfernsprecher *m;* ◇ **вы́звать к ~у** ans Telefon rufen; ◇ **позвони́ть по ~у** anrufen; ◇ **у ~а** am Telefon; ◇ **Вас к ~у!** Sie werden am Telefon verlangt! ② (*номер*) Telefonnummer *f;* ◇ **у неё измени́лся** ~ ihre Telefonnummer hat sich geändert; **телефо́нный** *прил* ‹-ая, -ое, -ые› telefonisch, Telefon-; ◇ **~ая бу́дка** Telefonzelle *f;* ◇ ~ **разгово́р** Telefonat *n;* ◇ **~ая тру́бка** Telefonhörer *m*

тёлка *ж₁* ‹-и, *род мн:* -лок› Färse *f,* Kalbe *f*

те́ло *с₂* ‹-а, *мн:* -а́› ① физ Körper *m;* астр ◇ **небе́сное** ~ Himmelskörper; ◇ **твёрдые ~а́** Festkörper ② (*организм человека*) Körper *m,* Leib *m;* ◇ **войти́ в** ~ dick werden; ◇ **дрожа́ть всем ~ом** am ganzen Leib zittern ③ (*основная часть*) Körper *m,* Hauptteil *m;* ~ **де́рева** Baumstamm

телохрани́тель *м₂* ‹-я› Leibwächter *m*

теля́тина *ж₁* ‹-ы› Kalbsfleisch *n;* ◇ **жарко́е из ~ы** Kalbsbraten *m;* **теля́тник** *м₁* ‹-а› с.-х. Kälberstall *m*

тем *см.* тот

те́ма *ж₁* ‹-ы› Thema *n;* ◇ **отклоня́ться от ~ы** vom Thema abweichen; ◇ **перейти́ к друго́й ~е** das Thema wechseln

тембр *м₁* ‹-а› Timbre *n,* Klangfarbe *f;* ◇ **прия́тный ~ го́лоса** angenehmes Timbre einer Stimme; радио ◇ **регулиро́вка ~а** Einstellung der Tonhöhe

те́ми *см.* тот

темне́ть V_5 *несов* ‹-е́ю, -е́ешь, (2, 3) 1 и 2 л. не употр› [**по~**, **с~** *сов*] *без доп* ① dunkel werden; ◇ **серебро́ ~ет** das Silber läuft an; ◇ **у меня́ ~ет в глаза́х** mir wird schwarz vor den Augen ② (*о наступлении темноты*) dämmern; ◇ **день ~ет** es wird dunkel; ◇ **зимо́й ра́но ~ет** im Winter wird es früh dunkel ③ (*виднеться*) sich dunkel abheben; ◇ **вдали́ ~ет лес** in der Ferne ist der Wald zu sehen

темни́ца *ж₂* ‹-ы› Kerker *m,* Gefängnis *n*

темно́ *нареч* dunkel, finster; ◇ **здесь** ~ hier ist es dunkel; **темнота́** *ж₁* ‹-ы́› ① (*мрак*) Dunkelheit *f,* Finsternis *f; перен* ◇ **блужда́ть в ~е́** im dunkeln tappen; ◇ **по́сле наступле́ния ~ы́** nach Einbruch der Dunkelheit ② (*невежество*) Unwissenheit *f;* (*отсталость*) Rückständigkeit *f* ③ (*неясность*) Unklarheit *f;* (*двусмысленность*) Zweideutigket *f;*

тёмный *прил* ‹-ая, -ое, -ые› ① (*лишённый света*) dunkel ② (*цвет*) dunkel; ◇ **~ые во́лосы** dunkles Haar ③ (*неясный, смутный*) unklar, zweideutig ④ (*печальный*) traurig; ◇ **~ое вре́мя** düstere Zeiten; ◇ **~ая полоса́ жи́зни** unerfreulicher Lebensabschnitt ⑤ (*вызывающий подозрение*) dunkel, obskur; ◇ **~ые дела́** schmutzige Geschäfte; ◇ **~ая ли́чность** verdächtige Gestalt; ◇ **~ое про́шлое** dunkle Vergangenheit; ◇ **~ое пятно́** Schandfleck *m* ⑥ (*невежественный*) unwissend, rückständig; ◇ **~ые лю́ди** ungebildete Menschen

темп *м₁* ‹-а› Tempo *n;* ◇ **~ы ро́ста** Wachstumsrate *f;* ◇ **ускоря́ть** ~ das Tempo beschleunigen

темпера́мент *м₁* ‹-а› Temperament *n*

температу́ра *ж₁* ‹-ы› Temperatur *f;* ◇ **повы́шенная** ~ Fieber *n;* ◇ **сре́дняя годова́я** ~ Jahresdurchschnittstemperatur; ◇ ~ **кипе́ния** Siedepunkt *m;* ◇ ~ **плавле́ния** Schmelzpunkt *m;* ◇ **у меня́** ~ ich habe Fieber; ◇ **изме́рить ~у** Fieber messen

те́мя *с₆* ‹-мени› анат Scheitel *m*

тенде́нция *ж₄* ‹-и› ① (*направление развития*) Tendenz *f,* Trend *m;* ◇ ~ **к ро́сту** Wachstumstendenz; ◇ **име́ть ~ю к чему́-л** zu etw tendieren ② (*склонность*) Hang *m,* Neigung *f* ③ (*предвзятая мысль*) Tendenz *f,* Voreingenommenheit *f*

те́ннис *м₁* ‹-а› спорт Tennis *n;* ◇ **насто́льный** ~ Tischtennis; ◇ **соревнова́ния по ~у** Tennisturnier *n*

тень *ж₅* ‹-и, в тени́, *мн:* те́ни, *род:* тене́й› ① Schatten *m;* ◇ **температу́ра 30**

гра́дусов в ~и́ es sind 30 Grad im Schatten; ◇ дава́ть ~ Schatten spenden; *перен* ◇ держа́ться в ~и im Hintergrund bleiben; *перен* ◇ ходи́ть как ~ за кем-л jd-m wie ein Schatten folgen ② (*призрак*) Schatten *m*, Geist *m* ③ (*подозрение*) Verdacht *m*; *перен* ◇ бро́сить ~ на чьё-л до́брое и́мя auf jd-n einen Schatten werfen

теоло́гия *ж₄* <-и> Theologie *f*

теоре́ма *ж₁* <-ы> мат Satz *m*, Theorem *n*; ◇ ~ **Пифаго́ра** Satz des Pythagoras

тео́рия *ж₄* <-и> ① (*учение*) Theorie *f*, Lehre *f*; ◇ ~ **относи́тельности** Relativitätstheorie ② (*суждение*) Meinung *f*, Theorie *f*; ◇ **у него́ на э́тот счёт своя́** ~ er hat dazu seine eigene Theorie

тепе́рь *нареч* jetzt, nun; (*в настоящее время*) gegenwärtig; ◇ ~ **жизнь измени́лась** jetzt hat sich das Leben verändert; (*в этот момент*) im Augenblick

тепли́ца *ж₂* <-ы> Treibhaus *n*, Gewächshaus *n*

тепло́ [1] *с₂* <-а́> Wärme *f*; ◇ **на у́лице три гра́дуса ~а́** draußen ist es drei Grad plus

тепло́ [2] *нареч* ① warm; ◇ **одева́ться** ~ sich warm anziehen ② *перен* warm, herzlich; ◇ **нас встре́тили** ~ wir wurden herzlich empfangen ③ *безл* ◇ **мне** ~ mir ist warm; ◇ **сего́дня** ~ es ist warm heute

теплово́з *м₁* <-а> тех Diesellokomotive *f*; **теплоснабже́ние** *с₄* <-я> Wärmeversorgung *f*; **теплота́** *ж₁* <-ы́> ① физ Wärme *f*; **едини́ца** ~ы́ Wärmeeinheit *f*, Kalorie *f* ② *перен* Wärme *f*; (*приветливость*) Freundlichkeit *f*; (*сердечность*) Herzlichkeit *f*; **теплохо́д** *м₁* <-а> (Motor-)Schiff *n*; **теплоэлектроцентра́ль** *ж₅* <-и> Heizkraftwerk *n*

тёплый *прил* <-ая, -ое, -ые> ① (*южный*) warm, mild; ◇ ~ **кли́мат** mildes Klima ② (*защищающий от холода*) warm; ◇ ~**ая оде́жда** warme Kleidung ③ (*имеющий отопление*) beheizt, warm; ◇ ~**ая да́ча** beheiztes Ferienhaus ⑤ *перен* (*приветливый*) warm, herzlich, freundschaftlich; ◇ ~**ое чу́вство** freundschaftliche Gefühle; ◇ **у неё ~ое месте́чко** sie hat einen guten Posten

терапе́вт *м₁* <-а> мед Internist *m*

тере́ть * *несов* <тру, трёшь, (3) 1 и 2 л. не употр> *кого-что вин (1), что вин (2), что вин или без доп (3)* ① (*растирать*) reiben; ◇ ~ **ушибленное ме́сто** die Prellung reiben; ◇ ~ **глаза́** sich die Augen reiben ② (*превращать в порошок*) (zer-)mahlen, (zer-)reiben; ◇ ~ **таба́к** Tabak zerreiben ③ (*о неудобной обуви*) reiben; ◇ **сапо́г трёт но́гу** der Stiefel scheuert am Fuß

терза́ть V_{1a} *несов* <-а́ю, -а́ешь> *кого-что вин* ① (*разрывать на части*) zerreißen; ◇ **хи́щник ~ет свою́ добы́чу** das Raubtier zerfleischt seine Beute ② *перен* (*мучить*) quälen, peinigen; ◇ ~ **упрёками** mit Vorwürfen quälen; ◇ **его́ ~ют подозре́ния** ein Verdacht quält ihn

тёрка *ж₁* <-и, *род мн:* -рок> Reibe *f*, Reibeisen *n*

те́рмин *м₁* <-а> Fachausdruck *m*, Fachwort *n*, Terminus *m*; ◇ **техни́ческие ~ы** technische Fachausdrücke

термо́метр *м₁* <-а> Thermometer *n*; мед Fieberthermometer *n*

те́рмос *м₁* <-а> Thermosflasche *f*

терпели́вый *прил* <-ая, -ое, -ые> geduldig, duldsam; ◇ **быть ~ым** geduldig sein, Geduld haben; **терпе́ние** *с₄* <-я> ① (*способность терпеть*) Geduld *f*; ◇ **запасти́сь ~ем** sich mit Geduld wappnen; ◇ **потеря́ть** ~ die Geduld verlieren; ◇ **прояви́ть** ~ geduldig sein; ◇ **у него́ ~ ло́пнуло** ihm riß der Geduldsfaden ② (*настойчивость*) Beharrlichkeit *f*; (*выдержка*) Ausdauer *f*; ◇ **учи́тель до́лжен облада́ть ~ем** ein Lehrer muß Ausdauer haben; **терпе́ть** * *несов* <-плю́, те́рпишь> [**по~** (3) *сов*] *что вин (1, 3, 4), кого-что вин (2)* ① (*переносить*) ertragen, aushalten; ◇ ~ **неприя́тности** Unannehmlichkeiten haben; ◇ **не ~ кого́-л** jd-n nicht ausstehen können ② (*мириться*) (er-)dulden, sich etw gefallen lassen, sich abfinden (mit); ◇ **он не ~ит возраже́ний** er duldet keine Widerrede ③ (*переживать*) erleiden, durchmachen, erdulden; ◇ ~ **бе́дствие** ein Unglück erleiden; ◇ ~ **неуда́чу** einen Mißerfolg erfahren; ◇ ~ **пораже́ние** eine Niederlage erleiden ④ (*иметь терпение*) sich gedulden; ◇ **вре́мя ~ит** es ist nicht dringend; ◇ **де́ло не ~ит** die Sache hat Eile

терра́са *ж₁* <-ы> ① Terrasse *f*; ◇ **застеклённая** ~ Veranda *f* ② геол Terrasse *f*, Stufe *f*; ◇ **бе́рег спуска́ется ~ами** das Ufer fällt stufenartig ab

территориа́льный *прил* <-ая, -ое, -ые> territorial, Territorial-; ◇ ~ **во́ды** Hoheitsgewässer *n*; ◇ **~ые притяза́ния** Gebietsansprüche *m pl*; **террито́рия** *ж₄* <-и> Territorium *n*, Gelände *n*; (*область*) Gebiet *n*; ◇ **госуда́рственная** ~ Staatsgebiet; ◇ ~ **вы́ставки** Messegelände *n*; ◇ ~ **заво́да** Werksgelände *n*

терро́р *м₁* <-а> Terror *m*; ◇ **установи́ть** ~

Т

ein Terrorregime errichten; **террори́ст** *м₁* <-а> Terrorist *m*

теря́ть V *Ib* *несов* <-я́ю, -я́ешь> [**по~**, **у~** (1) *сов*] *кого-что вин* (1) (*забывать*) verlieren; ◇ ~ **ключи́** die Schlüssel verlieren (2) (*лишаться*) verlieren, einbüßen; ◇ ~ **дове́рие** Vertrauen verlieren; ◇ ~ **трудоспосо́бность** erwerbsunfähig werden; ◇ ~ **вре́мя** Zeit verlieren; (*утрачивать самообладание*) ◇ ~ **го́лову** den Kopf verlieren; ◇ ~ **из ви́ду** aus der Sicht verlieren; ◇ ~ **по́чву под нога́ми** den Boden unter den Füßen verlieren

тесёмка *ж₁* <-и, *род мн:* -мок> Litze *f*, schmales Band *n*, Schnur *f*

теснота́ *ж₁* <-ы́> (1) Enge *f;* (*недостаток места*) Platzmangel *m;* ◇ **жить в ~е́** auf engstem Raum leben; ◇ **в ~е́, да не в оби́де** eng, aber gemütlich (2) (*скопление людей*) Gedränge *n;* ◇ **в ваго́не** ~ im Zug ist Gedränge;

те́сный *прил* <-ая, -ое, -ые> (1) (*непросторный*) eng, klein; ◇ ~ **прохо́д** schmaler Durchgang (2) (*недостаточный по величине*) zu klein, zu eng; ◇ ~ **пиджа́к** zu enge Jacke (3) (*расположенный плотно*) dicht, gedrängt (4) *перен* (*близкий*) eng, intim; ◇ **в ~ом кругу́** im kleinen Kreis

тест *м₁* <-а> Test *m;* ◇ **подверга́ть ~у** testen

те́сто *с₂* <-а> Teig *m;* ◇ **дрожжево́е** ~ Hefeteig; ◇ **меси́ть** ~ Teig kneten

тесть *м₂* <-я> Schwiegervater *m*

тесьма́ *ж₁* <-ы́> Band *n*, Borte *f*

тетра́дь *ж₅* <-и> Heft *n;* ◇ **учени́ческая** ~ Schulheft; ◇ **но́тная** ~ Notenheft

тётя *ж₂* <-и, *род мн:* -ей> Tante *f*

те́хника *ж₁* <-и> (1) (*совокупность*) Technik *f;* ◇ **овладе́ть ~ой** die Technik beherrschen (2) (*совокупность приёмов*) Technik *f*, Fertigkeit *f;* ◇ ~ **безопа́сности** Arbeitsschutz *m;* **те́хникум** *м₁* <-а> Fachschule *f*, Technikum *n;* ◇ **торго́вый** ~ Handelsschule *f;* **техни́ческий** *прил* <-ая, -ое, -ие> technisch; ◇ **вы́сшее ~ое учи́лище** Technische Hochschule; ◇ ~ **надзо́р** technische Überwachung; ◇ ~ **прогре́сс** technischer Fortschritt

тече́ние *с₄* <-я> (1) (*действие*) Fließen *n*, Strömen *n* (2) (*поток воды, воздуха*) Strömung *f*, Strom *m;* ◇ **бы́строе** ~ schneller Strom; ◇ **морски́е ~я** Meeresströmungen; ◇ **вверх по ~ю** stromaufwärts; ◇ **вниз по ~ю** stromabwärts; *перен* ◇ **плыть по ~ю** mit dem Strom schwimmen; *перен* ◇ **идти́ про́тив ~я** gegen den Strom schwimmen (3) (*направление*) Strömung *f*, Tendenz *f;* ◇ **полити́ческие ~я** politische Strömungen (4) *перен* (*ход*) Gang *m*, (Ver-)Lauf *m*, Ablauf *m;* ◇ ~ **де́ла** der Lauf der Dinge; ◇ **с ~ем вре́мени** mit der Zeit; ◇ **в ~ чего́-л** im Laufe von, während; ◇ **зда́ние стро́илось в ~ до́лгого вре́мени** an dem Gebäude wurde lange gebaut

те́чка *ж₁* <-и> биол Brunft *f*

течь * *несов* <-чёт, теку́т, 1 и 2 л. не употр> *без доп* (1) (*литься*) fließen, strömen; ◇ **кровь ~ёт из ра́ны** das Blut strömt aus der Wunde; ◇ **с него́ пот ~ёт** er ist schweißgebadet; *перен* ◇ **по у́лицам ~ёт толпа́** eine Menschenmenge strömt durch die Straßen (2) (*быть неисправным*) durchlassen, leck sein; ◇ **ведро́ ~ёт** der Eimer hat ein Loch; ◇ **кран ~ёт** der Wasserhahn tropft (3) *перен* (*проходить*) verlaufen, vergehen, verfließen; ◇ **жизнь ~ёт норма́льно** das Leben geht seinen Gang; ◇ **у меня́ слю́нки ~у́т** mir läuft das Wasser im Munde zusammen

тёща *ж₂* <-и> Schwiegermutter *f*

тигр *м₁* <-а> Tiger *m;* **тигри́ца** *ж₁* <-ы> Tigerin *f*

ти́на *ж₁* <-ы> Schlamm *m;* (*водоросли*) Algen *f pl*, Tang *m*

тип *м₁* <-а> (1) (*форма, вид*) Typ *m*, Typus *m;* (*прообраз*) Urbild *n;* ◇ **славя́нский ~ лица́** typisch slawische Gesichtszüge; ◇ **го́голевские ~ы** Gogolsche Charaktere (2) (*образец*) Typ *m*, Modell *n*, Bauart *f;* ◇ ~ **автомоби́ля** Pkw-Modell (3) (*человек с отрицательными свойствами*) Typ *m*, Type *f;* ◇ **отврати́тельный** ~ abscheulicher Typ; ◇ **вчера́ приходи́л како́й-то стра́нный** ~ gestern kam ein seltsamer Typ; (*чудак*) Sonderling *m;* ◇ **заба́вный** ~ lustiges Exemplar

типогра́фия *ж₄* <-и> Druckerei *f;* ◇ **кни́жная** ~ Buchdruckerei

тир *м₁* <-а> Schießstand *m*, Schießbude *f*

тира́ж *м₂* <-а́, *мн:* -и́> (1) (*розыгрыш выигрышей*) Ziehung *f*, Verlosung *f;* ◇ ~ **лотере́и** Ziehung der Lottozahlen; ◇ **вы́йти в** ~ gezogen werden; *перен* zum alten Eisen geworfen werden (2) (*количество экземпляров*) Auflage *f;* ◇ **ма́ссовый ~ уче́бников** hohe Auflage von Lehrbüchern

тира́н *м₁* <-а> Tyrann *m*

тире́ *с* <нескл> Bindestrich *m*

тиски́ *мн₁* <-о́в> (1) тех Schraubstock *m;* ◇ **зажа́ть в ~а́х** in einen Schraubstock spannen; *перен* jd-n in die Zange nehmen (2) *перен* (*гнёт*) Bedrängnis *f*, Klemme *f;* ◇ **быть в ~а́х** in der Klemme sein; ◇ **зажа́ть в ~а́х противоре́чий** sich in Widersprüche verstricken

тиснéние *с₄* ‹-я› Druck *m*, Prägung *f*
тúтул *м₁* ‹-а› (1) (*звание*) Titel *m;* ◇ ~ **чемпиóна мúра** Weltmeistertitel (2) полигр Titelblatt *n*
тиф *м₁* ‹-а› мед Typhus *m*
тúхий *прил* ‹-ая, -ое, -ие› (*сравн:* **тúше**) (1) (*слабо звучащий*) leise, gedämpft; ◇ ~ **гóлос** leise Stimme (2) (*безмолвный*) still; ◇ **~ая ночь** stille Nacht (3) (*спокойный*) ruhig, still; ◇ ~ **городóк** ruhiges Städtchen; ◇ ~ **океáн** Pazifik *m* (4) (*смирный*) ruhig, still, sanft; ◇ ~ **нрав** sanftes Gemüt (5) (*не быстрый*) langsam; ◇ ~ **ход** langsame Geschwindigkeit; ◇ **в ~ом óмуте чéрти вóдятся** stille Wasser sind tief; ◇ ~ **ýжас!** schrecklich!; **тúхо** *нареч* (1) (*негромко*) leise, gedämpft; (*без шума*) geräuschlos; (*спокойно*) ruhig; (*о погоде*) (wind-)still; ◇ **вестú себя́** ~ sich ruhig verhalten; ◇ ~! Ruhe! (2) (*медленно*) langsam
тихóня *м, ж₃* ‹-и, *род мн:* -ней› *разг* Duckmäuser *m*, Leisetreter *m*
тихоокеáнский *прил* ‹-ая, -ое, -ие› , Pazifik-, pazifisch
тúше *сравн от* **тúхий**
тишинá *ж₁* ‹-ы́› (*безмолвие*) Stille *f*, Lautlosigkeit *f;* (*спокойствие*) Ruhe *f;* ◇ **мёртвая** ~ Totenstille; ◇ **нарушáть ~ý** die Ruhe stören; ◇ **соблюдáть ~ý** still sein
ткань *ж₅* ‹-и› (1) биол Gewebe *n;* ◇ **мы́шечная** ~ Muskelgewebe; ◇ **соединúтельная** ~ Bindegewebe (2) (*материал*) Stoff *m;* ◇ **льняны́е ~и** Leinen *n;* ◇ **шёлковая** ~ Seidenstoff (3) *перен* (*содержание*) Inhalt *m*
ткач *м₂* ‹-á, *мн:* -ú› Weber *m;* **ткачúха** *ж₁* ‹-и› Weberin *f*
тлеть V₅ *несов* ‹-éет, éют, 1 и 2 л не употр› *без доп* (1) (*гнить*) verfaulen, modern; (*разлагаться*) verwesen (2) (*слабо гореть*) glimmen, schwelen; ◇ **сыры́е дровá ~ют** das nasse Holz schwelt (3) *перен* (*теплиться*) glimmen; ◇ **в душé ещё ~ет остáток надéжды** eine letzte Hoffnung regt sich noch in ihm/ihr
тля *ж₃* ‹-и, *род мн:* -ей› зоол Blattlaus *f*
тмин *м₁* ‹-а› Kümmel *m*
то *союз* (1) (*тогда*) dann, so; ◇ **éсли пóздно,** ~ **не ходú** wenn es spät wird, dann gehe nicht (2) (*то...то...*) bald... bald...; ~ **одúн,** ~ **другóй** bald der eine, bald der andere; (*не то..., не то...*) teils..., teils...; ◇ **не** ~ **по трýсости, не** ~ **по глýпости** teils aus Feigheit, teils aus Dummheit; ◇ **не ~, чтóбы мне óчень хотéлось** nicht, daß ich unbedingt wollte; ◇ ~-~ **он надýлся** da war er aber beleidigt
то *усилительная частица* gerade, eben; ◇ **в тóм-то и дéло** das ist es ja gerade; ◇ **гдé-то он сейчáс?** wo wird er jetzt wohl sein?; ◇ **был тáм-то и тáм-то** ich war hier und dort
товáр *м₁* ‹-а› Ware *f*, Artikel *m;* ◇ **~ы нарóдного потреблéния** Konsumgüter *n pl;* ◇ **дефицúтный** ~ Mangelware; ◇ **канцеля́рские ~ы** Schreibwaren; ◇ **спортúвные ~ы** Sportartikel; ◇ **ходовóй** ~ gängige Ware; ◇ **сбыт ~ов** Warenabsatz *m; перен* ◇ **показáть ~ лицóм** etw von der besten Seite zeigen
товáрищ *м₂* ‹-а› Genosse *m*, Kamerad *m;* (*о женщине*) Genossin *f*, Kameradin *f;* (*приятель, друг*) Freund *m;* ◇ ~ **по рабóте** Arbeitskollege *m;* ◇ ~ **по шкóле** Schulfreund; ◇ ~ **по университéту** Kommilitone *m;*
товáрищеский *прил* ‹-ая, -ое, -ие› (1) (*дружеский*) freundschaftlich, kameradschaftlich, kollegial (2) спорт Freundschafts-; ◇ **~ая встрéча** Freundschaftsspiel *n;*
товáрищество *с₂* ‹-а› (1) (*отношения*) Kameradschaft *f;* (*коллегиальность*) Kollegialität *f* (2) эк Genossenschaft *f*, Gesellschaft *f*
товарообмéн *м₁* ‹-а› эк Warenaustausch *m;*
товарооборóт *м₁* ‹-а› эк Warenumsatz *m*
тогдá I. *нареч* (*не теперь*) damals; ◇ ~ **он был мóлод** damals war er jung; ◇ **я приéду ~, когдá бýду свобóден** ich komme dann, wenn ich frei habe II. *союз* (1) (*в таком случае*) dann, so; ◇ **устáл, ~ отдохнú** wenn du müde bist, dann ruh dich aus (2) (*после того*) darauf(-hin), danach, dann
тогó *см.* тот
тóждество *с₂* ‹-а› Gleichheit *f*, Identität *f*
тóже *нареч* auch, ebenfalls, gleichfalls; ◇ **я ~ ухожý** ich gehe auch weg; ◇ ~ **самóе** dasselbe
ток [1] *м₁* ‹-а› (1) (*течение*) Strömung *f*, Zug *m;* ◇ ~ **вóздуха** Luftzug (2) эл Strom *m;* ◇ **перемéнный** ~ Wechselstrom; ◇ **постоя́нный** ~ Gleichstrom; ◇ ~ **высóкого напряжéния** Hochspannungsstrom; ◇ **сúла ~а** Stromstärke *f*
ток [2] *м* ‹-а, о тóке, на токý, *мн:* -и/-á› (*гумно*) Tenne *f*
тóкарь *м₂* ‹-я› (*по металлу*) Dreher *m;* (*по дереву*) Drechsler *m*
тол *м₁* ‹-а› Trinitrotoluol *n*, TNT *n*
толк *м₁* ‹-а› (1) (*смысл*) Sinn *m;* ◇ **дéлать что-л с ~ом** etw mit Sinn und Verstand tun; ◇ **рассуждáть с ~ом** vernünftig urteilen; ◇

Т

доби́ться ~у в како́м-л де́ле zu einem sinnvollen Ergebnis kommen; ◇ **взять в** ~ einsehen, begreifen; ◇ **говори́ть бе́з ~у** sinnlos daherreden; ◇ **сбить с ~ у кого́-л** jd-n irremachen, verwirren ② (*польза*) Nutzen *m*, Zweck *m;* ◇ **понима́ть ~ в чём-л** sich in etw auskennen; (*выгода*) Vorteil *m;* ◇ **что ~у?** was nützt das? ③ ◇ **~и** *мн* (*слухи*) Gerücht *n*, Gerede *n;* ◇ **быть предме́том ~ов** im Gerede sein; ◇ **хо́дят ~и, что...** das Gerücht geht um, daß... ④ (*направление*) Richtung *f;* ◇ **па́ртия либера́льного ~а** liberal orientierte Partei

толка́ть V_{1a} *несов* <-а́ю, -а́ешь> [**толкну́ть** V_2 *сов*] *кого-что вин (1, 2), не что вин или к чему дат (3)* ① (an-)stoßen, drängen; ◇ ~ **в спи́ну** in den Rücken stoßen ② (*двигать от себя*) schieben, stoßen, stemmen; *спорт* ◇ ~ **шта́нгу** ein Gewicht stemmen; ◇ ~ **ядро́** eine Kugel stoßen ③ *перен* (*побуждать*) anstiften, anstacheln, bewegen (zu)

толко́вый *прил* <-ая, -ое, -ые> ① (*разумный*) gescheit, vernünftig ② (*понятный*) klar; ◇ **~ое объясне́ние** verständliche Erklärung ③ (*содержащий в себе объяснения*) erklärend; ◇ ~ **слова́рь** erklärendes Wörterbuch *n*

толкотня́ $ж_2$ <-и́> Gedränge *n*

толокно́ $с_2$ <-а́> Hafermehl *n*

толпа́ $ж_1$ <-ы́, *мн:* -ы> (*сборище*) Menge *f;* Menschenansammlung *f;* (*толчея*) Gedränge *n;* ◇ **в са́мой ~е́** mitten im Gedränge

толсте́ть V_5 *несов* <-е́ю, -е́ешь> [**по~** *сов*] *без доп* dicker werden, zunehmen; *перен* ◇ **ру́копись ~е́ет** das Manuskript wird immer dicker; **то́лстый** *прил* <-ая, -ое, -ые> ① (*объёмный*) dick, von großem Umfang ② (*тучный*) dick; ◇ **~ые но́ги** dicke Beine; (*дородный*) beleibt; *анат* ◇ **~ая кишка́** Dickdarm *m;* **толстя́к** $м_1$ <-а́, *мн:* -и́> Dicker *m*, Dickwanst *m*

толчо́к $м_1$ <-чка́, *мн:* -чки́> ① (*удар*) Stoß *m*, Schub *m*, Ruck *m;* ◇ **одни́м ~ко́м** mit einem Ruck; ◇ **подзе́мные ~чки́** Erdstöße ② *спорт* Stoßen *n* ③ *перен* (*импульс*) Anstoß *m*, Impuls *m*, Antrieb *m*

толщина́ $ж_1$ <-ы́> (*стены*) Stärke *f*, Dicke *f;* (*в объёме*) Umfang *m;* ◇ ~ **льда** Eisstärke; ◇ **~о́ю в пять сантиме́тров** fünf Zentimeter dick

толь $м_2$ <-я> *стр* Teerpappe *f*, Dachpappe *f*

то́лько I. *нареч* nur, allein; (*исключительно*) bloß; (*во временном значении*) erst; ◇ **я прочита́л ~ две главы́** ich habe nur zwei Kapitel gelesen; ◇ **э́то опублико́вано ~ в одно́й газе́те** das wurde nur in einer Zeitung veröffentlicht; ◇ ~ **тогда́** nur dann; **ещё ~ три часа́** nur noch drei Stunden; ◇ **он ~ что прие́хал** er ist gerade gekommen **II.** *союз* ① (*однако, но*) nur, aber; ◇ **согла́сен е́хать, ~ не сейча́с** ich möchte auch fahren, aber nicht jetzt ② (*при условии что..., если*) wenn; ◇ **всё сде́лаю, ~ не серди́сь** ich tue alles, wenn du mir nur nicht mehr böse bist ③ (*едва*) kaum; ◇ ~ **я вошёл** kaum war ich eingetreten; ◇ **как ~, лишь ~** sobald, kaum; ◇ **е́сли ~ возмо́жно** wenn es nur möglich ist; ◇ **не ~, но и** nicht nur, sondern auch; ◇ ~ **бы нам успе́ть** wenn wir es nur schaffen; ◇ **чего́ ~ мы не пережи́ли!** was wir nicht alles erlebt haben!; ◇ **попро́буй ~!** untersteh dich!

том $м_1$ <-а, *мн:* -а́> Band *m;* ◇ **рома́н в двух ~а́х** ein Roman in zwei Bänden

тома́т $м_1$ <-а> Tomate *f*

тому́ *см.* **тот**

тон $м_1$ <-а> ① (*звук*) Ton *m;* ◇ **не́жный ~** zarter Ton; ◇ **ни́зкий ~** tiefer Ton; (*голоса*) Klang *m;* ◇ **разгова́ривать на повы́шенных ~а́х** mit erhobener Stimme sprechen; ◇ **перемени́ть ~** einen anderen Ton anschlagen; *мед* ◇ **~ы се́рдца** Herztöne ② (*оттенок речи*) Umgangston *m*, Manieren *f pl;* ◇ **надме́нный ~** überhebliches Benehmen; ◇ **дурно́й ~** schlechte Manieren; ◇ **попа́сть в ~** den richtigen Ton finden ③ (*оттенок цвета*) Tönung *f*, Farbton *m;* ◇ **тёплые ~а́** warme Farben

то́нкий *прил* <-ая, -ое, -ие> (*сравн:* **то́ньше**) ① (*худощавый*) schlank, dünn, fein; ◇ **~ая та́лия** schmale Taille; ◇ **~ая фигу́ра** zarte Figur; ◇ **~ое сукно́** feines Tuch ② (*нежный*) zart, fein; ◇ ~ **про́филь** feines Profil ③ (*изысканный, не грубый*) fein, verfeinert, leicht; ◇ ~ **за́пах** feiner Geruch; ◇ ~ **намёк** leise Anspielung; ◇ **~ие разли́чия** feine Unterschiede; ④ (*проницательный*) scharf, klug; ◇ ~ **кри́тик** scharfer Kritiker; ◇ ~ **цени́-тель** guter Kenner ⑤ (*чуткий*) scharf; ◇ ~ **слух** scharfes Gehör

то́нна $ж_1$ <-ы> (*вес*) Tonne *f*

тону́ть V_2 *несов* <-ну́, то́нешь, *Part. Präs. Akt.* то́нущий> [**по~, у~** *сов*] *без доп (1), в чём предл (2)* ① (*о судне*) untergehen, sinken; ◇ **кора́бль ~ет** das Schiff sinkt; (*о человеке*) ertrinken ② *перен* (*становиться незаметным*) untergehen, verschwinden; ◇ **слова́ ~ут в шу́ме голосо́в** die Worte gehen im Stimmengewirr unter

то́ньше *сравн от* **то́нкий**

топи́ть [1] V_{4a} *несов* ‹-плю́, то́пишь, *Part. Präs. Pass.* -пи́мый, *Part. Prät. Pass.* то́пленный› *что вин* ① (*поддерживать огонь*) feuern; ◇ ~ **ками́н** den Kamin feuern ② (*обогревать помещение*) heizen

топи́ть [2] V_{4a} *несов* ‹-плю́, то́пишь, *Part. Präs. Pass.* -пи́мый, *Part. Prät. Pass.* то́пленный› *что вин* ① (*расплавлять*) auslassen, schmelzen; ◇ ~ **воск** Wachs schmelzen ② (*молоко*) köcheln (lassen)

топи́ть [3] V_{4a} *несов* ‹-плю́, то́пишь› [**по**~ *сов*] *кого-что вин* ① versenken; ◇ ~ **кора́бль** ein Schiff versenken; (*кого-л*) ertränken ② *перен* (*губить*) zugrunde richten, ruinieren

то́пливо $с_2$ ‹-а› Brennstoff *m;* (*для двигателей*) Kraftstoff *m,* Treibstoff *m;* (*для отопления*) Brennmaterial *n,* Feuerung *f;* ◇ **жи́дкое** ~ flüssiger Brennstoff, Heizöl *n*

то́поль $м_2$ ‹-я, *мн:* -ля́› *бот* Pappel *f*

топо́р $м_1$ ‹-а́› Beil *n,* Axt *f;* **топо́рный** *прил* ‹-ая, -ое, -ые› (*грубый*) grob, ungeschickt; (*о человеке*) ungehobelt, grobschlächtig

то́пот $м_1$ ‹-а› Getrampel *n,* Stampfen *n*

топта́ть * *несов* ‹-пчу́, то́пчешь› [**по**~ *сов*] *кого-что вин* ① zertreten, stampfen; ◇ ~ **траву́ нога́ми** Gras mit den Füßen zertreten ② (*снашивать*) ablaufen, abtragen; ◇ ~ **сапоги́** Stiefel ablaufen

топь $ж_5$ ‹-и› Sumpfland *n,* Morast *m*

торг $м_1$ ‹-а, *мн:* -и́› ① (*торговля*) Handel *m* ② *пренебр* (*сделка*) Geschäft *n;* ◇ **закули́сный** ~ Kuhhandel *m* ③ ◇ **~и** *мн* Versteigerung *f,* Auktion *f;* ◇ **прода́жа с ~о́в** Versteigerung; **торгова́ть** V_{3a} *несов* ‹-гу́ю, -гу́ешь› [**при**~ (3), **с**~ (3) *сов*] (*с*) *кем-чем тв (1), без доп (2, 3)* ① handeln; ◇ ~ **в ро́зницу** Einzelhandel betreiben; ◇ ~ **с зарубе́жными стра́нами** mit dem Ausland handeln; ◇ ~ **собо́й [свои́м те́лом]** sich prostituieren ② (*о магазине*) offen sein, geöffnet haben; ◇ **магази́н ~у́ет без выходны́х дней** das Geschäft ist auch an Sonn- und Feiertagen offen ③ (*покупать у кого-л*) kaufen, erhandeln; **торго́вец** $м_5$ ‹-вца› Kaufmann *m,* Händler *m;* (*о женщине*) Kauffrau *f;* ◇ **кру́пный** ~ Großhändler; ◇ ~ **с лотка́** Straßenhändler; **торго́вка** $ж_1$ ‹-и, *род мн:* -вок› Kauffrau *f,* Händlerin *f;* **торго́вля** $ж_2$ ‹-и› Handel *m;* ◇ **вне́шняя** ~ Außenhandel; ◇ **ро́зничная** ~ Einzelhandel; ◇ **рабо́тник ~и** kaufmännischer Angestellter; ◇ ~ **вразно́с** Straßenverkauf *m;* **торго́вый** *прил* ‹-ая, -ое, -ые› Handels-; ◇ ~ **догово́р** Handelsvertrag *m;* ◇ **~ая то́чка** Verkaufsstelle; ◇ ~ **центр** Handelszentrum *n*

торже́ственный *прил* ‹-ая, -ое, -ые› ① feierlich, festlich; ◇ **~ое собра́ние** feierliche Versammlung ② (*величавый*) feierlich, erhaben; ◇ ~ **вид** majestätisches Aussehen; **торжество́** $с_2$ ‹-а́› ① (*празднество*) Feier *f,* Fest *n;* ◇ **наро́дное** ~ Volksfest; ◇ ~ **по слу́чаю побе́ды** Siegesfeier; ◇ **сообщи́ть что-л с ~о́м** etw feierlich mitteilen ② (*победа*) Triumph *m,* Sieg *m* ③ (*радость*) Stolz *m;* ◇ **в го́лосе звучи́т** ~ in seiner Stimme klingt Stolz mit

то́рмоз $м_1$ ‹-а, *мн:* -а́, ② *мн:* -ы› ① *тех* (*механизм*) Bremse *f;* (*педаль*) Bremspedal *n;* ◇ **ручно́й** ~ Handbremse; ◇ **спуска́ться на ~а́х** abbremsen beim Hinunterfahren ② *перен* (*препятствие*) Hemmnis *n,* Hindernis *n;* ◇ **спусти́ть что-л на ~а́х** etw ohne großes Aufsehen aus der Welt schaffen; **тормози́ть** V_{4a} *несов* ‹-ожу́, -зи́шь, *Part. Präs. Pass.* -зи́мый› [**за**~ *сов*] *что вин* ① (ab-)bremsen; ◇ **маши́ны ~я́т у перее́зда** die Autos bremsen vor dem Bahnübergang ② *перен* (*препятствовать*) bremsen, behindern, Steine in den Weg legen

торопи́ться V_{4a} *несов* ‹-плю́сь, -о́пишься› [**по**~ *сов*] *без доп или с чем тв или с инф* eilen, sich beeilen; ◇ **извини́, я ~лю́сь** entschuldige, ich habe es eilig; ◇ **куда́ ты торо́пишься?** wohin gehst du so eilig?; ◇ ~ **на по́езд** zum Zug hasten; ◇ ~ **с выполне́нием зада́ния** sich mit einer Aufgabe beeilen; **торопли́вый** *прил* ‹-ая, -ое, -ые› eilig, hastig

торпе́да $ж_1$ ‹-ы› Torpedo *m*

торт $м_1$ ‹-а› Torte *f*

торф $м_1$ ‹-а› Torf *m;* ◇ **добыва́ть** ~ Torf stechen; **торфя́ник** $м_1$ ‹-а› ① (*место разработки*) Torfstich *m;* (*торфяное болото*) Torfmoor *n* ② (*работник*) Torfstecher *m*

торча́ть * *несов* ‹-чу́, -чи́шь› *без доп* ① (*выдаваться*) hervorstehen, herausragen; ◇ **бревно́ ~и́т из воды́** der Balken ragt aus dem Wasser; (*оттопыриваться*) abstehen; ◇ **у него́ у́ши ~а́т** er hat abstehende Ohren ② *разг перен* (*присутствовать*) stecken, herumhängen; ◇ **це́лый день ~ у сосе́дей** sich den ganzen Tag bei den Nachbarn aufhalten; ◇ **что ты здесь ~и́шь?** was treibst du dich hier herum?

тоска́ $ж_1$ ‹-и́› ① (*уныние*) Schwermut *m;* (*грусть*) Traurigkeit *f;* (*печаль*) Trauer *f;* ◇ **меня́** ~ **берёт** ich bin traurig; ◇ **наводи́ть**

Т

~ý на когó-л jd-n traurig stimmen ② (*страстное желание*) Sehnsucht *f;* ◇ ~ **по рóдине** Heimweh *n* ③ *разг* (*скука*) Langeweile *f;* ◇ **на дáче óсенью** ~ im Herbst ist es langweilig auf der Datscha; ◇ **не спектáкль, а** ~ diese Aufführung ist ein Trauerspiel; **тосковáть** V_{3a} *несов* ‹-кýю, -кýешь› *без доп (1, 3), по ком-чём предл или по кому-чему дат (2)* ① (*томиться*) bedrückt sein, schwermütig sein; ◇ ~ **в одинóчестве** sich einsam fühlen ② (*скучать*) Sehnsucht haben (nach); ◇ ~ **о друзья́х** Freunde vermissen; ◇ ~ **по рóдине** Heimweh haben ③ (*скучать*) sich langweilen

тост $м_1$ ‹-а› Trinkspruch *m,* Toast *m;* ◇ **произнести́ [провозгласи́ть]** ~ **за юбиля́ра** einen Trinkspuch auf den Jubilar ausbringen

тот (**тогó** *м;* **та, той** *ж;* **то, тогó** *с;* **те, тех** *мн*) *указат мест* jener, jene, jenes, jene; ◇ ~ **дом** jenes Haus; ◇ **на том берегý** am anderen Ufer; ◇ **по ту стóрону** jenseits; ◇ ~ **уéхал, э́тот остáлся** jener ist gefahren, dieser blieb; ◇ **спрошý у тогó, кто знáет** ich frage jd-n, der es weiß; ◇ **не тé, так други́е** wenn nicht die einen, dann die anderen; ◇ **он всё** ~ **же** er ist immer noch derselbe; ◇ **то бы́ло вчерá, а э́то сегóдня** das war gestern, und dies ist heute; ◇ **вслед за тем, как** danach; ◇ **вмéсте с тем** bei alledem; ◇ **крóме тогó** außerdem; ◇ **тем лýчше** um so besser; ◇ **ни с тогó ни с сегó** mir nichts, dir nichts; ◇ **и тогó хýже** schlimmer noch; ◇ **с тем, чтóбы...** um zu, damit; ◇ **я дарю́ тебé путёвку с тем, чтóбы ты отдохнýл** ich schenke dir die Reise, damit du dich erholst; ◇ **при всём том** bei alledem; ◇ **мне не до тогó** mir ist nicht danach; ◇ **мéжду тем** inzwischen; ◇ **тем не мéнее** trotz alledem, nichtsdestotrotz; ◇ **дéло в том, что...** die Sache ist die, daß...; ◇ **я и без тогó приéду** ich komme ohnehin

тоталитáрный *прил* ‹-ая, -ое, -ые› totalitär

тóтчас *нареч* sofort, sogleich; ◇ ~ **придý** ich komme sofort; ◇ **э́та ýлица** ~ **за плóщадью** diese Straße kommt gleich nach dem Platz

точи́льщик $м_1$ ‹-а› Schleifer *m;* **точи́ть** V_{4a} *несов* ‹-чý, тóчишь, (4, 5) 1 и 2 л. не употр, *Part. Präs. Pass.* -чи́мый, *Part. Prät. Pass.* тóченный› [**вы́**~ (3), **на**~ (1) *сов*] *что вин* ① (*делать острым*) schleifen, schärfen; ◇ ~ **ножи́** Messer wetzen ② (*чинить*) (an-)spitzen ③ *тех* drehen; (*дерево*) drechseln ④ (*повреждать*) nagen, zerfressen; ◇ **черви ~ат дéрево** Würmer haben den Baum befallen; ◇ **ржáвчина ~ит желéзо** der Rost zerfrißt das Eisen ⑤ *перен* (*изнурять*) an jd-m zehren, quälen; ◇ ~ **зýбы на когó-л** Groll gegen jd-n hegen

тóчка $ж_1$ ‹-и, *род мн:* -чек› ① (*место, пункт*) Punkt *m,* Stelle *f;* ◇ **исхóдная** ~ Ausgangspunkt; ◇ **вы́сшая** ~ Höhepunkt; ◇ **торгóвая** ~ Verkaufsstelle *f; тех* ◇ **мёртвая** ~ toter Punkt ② (*предел*) Punkt *m;* ◇ ~ **замерзáния** Gefrierpunkt; ◇ ~ **кипéния** Siedepunkt; ◇ ~ **плавлéния** Schmelzpunkt ③ *грам* Punkt *m;* ◇ ~ **с запятóй** Semikolon *n;* ◇ **с моéй ~и зрéния** meiner Ansicht nach; ◇ **попáсть в сáмую ~у** ins Schwarze treffen; ◇ **дойти́ до ~и** am Ende seiner Kräfte sein; ◇ **бить в однý ~у** auf etw gezielt hinarbeiten

тóчность $ж_5$ ‹-и› ① (*о данных*) Genauigkeit *f;* (*о приборах, измерениях*) Präzision *f;* ◇ **повы́шенной ~и** von hoher Präzision; ◇ **костю́м в ~и как у тебя́** ein Anzug genau wie deiner; ◇ **с ~ью до однóй десятóй** auf ein Zehntel genau ② (*пунктуальность*) Pünktlichkeit *f;* ◇ **в ~и** genau; **тóчный** *прил* ‹-ая, -ое, -ые› ① (*верный*) genau, präzise; ◇ **~ое врéмя** genaue Uhrzeit; ◇ **~ые прибóры** Präzisionsgeräte *n pl;* ◇ **~ое попадáние в цель** Volltreffer *m* ② (*аккуратный*) genau, exakt, pünktlich; ◇ ~ **исполнéние** pünktliche Ausführung; ◇ **~ые нáуки** exakte Wissenschaften

тошнотá $ж_1$ ‹-ы́› Übelkeit *f,* Brechreiz *m;* ◇ **вызывáть ~ý** Brechreiz verursachen; ◇ **почýвствовать ~ý** Übelkeit spüren; *перен* ◇ **проти́вно до ~ы́** ekelerregend

тóщий *прил* ‹-ая, -ее, -ие› ① (*исхудалый*) mager, dürr ② (*пустой*) leer; ◇ ~ **кошелёк** leerer Geldbeutel; ◇ **на** ~ **желýдок** auf nüchternen Magen ③ (*скудный*) spärlich, dürftig; ◇ **~ая расти́тельность** karge Vegetation

травá $ж_1$ ‹-ы́, *мн:* -ы› Gras *n,* Kraut *n;* ◇ **кормовы́е ~ы** Futterpflanzen *f pl;* ◇ **лекáрственные ~ы** Heilkräuter; ◇ **сóрная** ~ Unkraut; ◇ **коси́ть ~ý** Gras mähen; ◇ **как** ~ ohne Geschmack; *перен* ◇ **ребёнок растёт как** ~ das Kind unbekümmert aufwachsen lassen; *разг* ◇ **хоть** ~ **не расти́** nach mir die Sintflut

трави́ть V_{4a} *несов* ‹-влю́, -áвишь, *Part. Präs. Pass.* -ви́мый, *Part. Prät. Pass.* трáвленный› [**вы́**~ (1, 2, 6), **за**~ (4, 5), **по**~ (3) *сов*] *кого-что вин (1, 2, 4, 5), что вин (3, 6)* ① (*убивать*) vergiften, vernichten; ◇ ~ **таракáнов** Kakerlaken vernichten ② (*вызывать* *болезнь*) vergiften; ◇ ~ **органи́зм алкого́лем** den Körper mit Alkohol vergiften ③ (*делать потраву*) abweiden, abfressen; ◇ ~ **посе́вы** die Saat abfressen ④ (*преследовать*) hetzen; ◇ ~ **за́йца** einen Hasen jagen ⑤ *разг* (*изводить клеветой*) verfolgen, hetzen (gegen) ⑥ тех beizen, ätzen

тра́вля *ж₂* <-и> ① охот Hetzjagd *f* ② *перен* Hetze *f;* (*преследование*) Verfolgung *f*

тра́вма *ж₁* <-ы> мед Verletzung *f;* ◇ **психи́ческая** ~ Trauma *n;* ◇ **нанести́ ~у кому́-л** jd-n verletzen; ◇ **получи́ть ~у** verletzt werden

траге́дия *ж₄* <-и> ① театр Tragödie *f* ② (*несчастье*) Tragödie *f,* Drama *n;* ◇ **семе́йная** ~ Familiendrama; **траги́ческий** *прил* <-ая, -ое, -ие> tragisch; ◇ ~ **слу́чай** tragischer Vorfall; ◇ **~ая судьба́** tragisches Schicksal

тради́ция *ж₄* <-и> ① Tradition *f,* Überlieferung *f* ② (*обычай*) Brauch *m;* ◇ **что-л вошло́ в ~ю** etw ist Brauch geworden; ◇ **по ~и** nach einem Brauch

траекто́рия *ж₄* <-ии> физ Flugbahn *f*

тра́ктор *м₁* <-а, *мн:* -ы/-а́> Traktor *m;* ◇ **рабо́тать на ~е** Traktor fahren; **тракто-ри́ст** *м₁* <-а> Treckerfahrer *m*

трал *м₁* <-а> ① (*рыболовный*) Schleppnetz *n,* Trawl *n* ② (*для обнаружения мин*) Minensuchgerät *n;* **тра́льщик** *м₁* <-а> Schleppnetzboot *n*

трамва́й *м₃* <-я> Straßenbahn *f;* ◇ **сесть в (на)** ~ in die Straßenbahn einsteigen; ◇ **сойти́ с ~я** aus der Straßenbahn aussteigen

трампли́н *м₁* <-а> ① спорт Sprungbrett *n;* ◇ **лы́жный** ~ Sprungschanze *f;* ◇ **прыжки́ с ~а** Skispringen *n* ② *перен* Sprungbrett *n,* Ausgangspunkt *m;* ◇ ~ **для дальне́йших рассужде́ний** Ausgangspunkt für weitere Überlegungen

транзи́т *м₁* <-а> (*проезд*) Transit *m,* Durchfuhr *f;* ◇ **груз идёт ~ом** die Ware wird ohne Zwischenstopp befördert

транскри́пция *ж₄* <-и> Transkription *f;* ◇ **фонети́ческая** ~ Lautschrift *f*

трансли́ровать V_{3a} *несов и сов* <-рую, -руешь> *что вин* радио senden, übertragen; ◇ ~ **футбо́льный матч** ein Fußballspiel übertragen; **трансля́ция** *ж₄* <-и> радио Sendung *f,* Übertragung *f;* ◇ **пряма́я** ~ Live-Sendung, Direktübertragung

транспара́нт *м₁* <-а> ① (*разлинованный лист*) Linienblatt *n* ② (*с лозунгами*) Transparent *n,* Spruchband *n*

тра́нспорт *м₁* <-а> ① (*отрасль народного хозяйства*) Verkehr *m,* Transport *m;* ◇ **автомоби́льный** ~ Kraftverkehr, Autoverkehr; ◇ **во́дный** ~ Schiffsverkehr; ◇ **возду́шный** ~ Luftverkehr; ◇ **грузово́й** ~ Güterverkehr; ◇ **железнодоро́жный** ~ Schienenverkehr; ◇ **морско́й** ~ Seeschiffahrt ② (*транспортировка*) Beförderung *f,* Transport *m* ③ (*партия грузов*) Lieferung *f,* Sendung *f* ④ (*перевозочные средства*) Transportmittel *n;* ◇ **санита́рный** ~ Sanitätswagen *m* ⑤ (*морское судно*) Transportschiff *n*

транспортёр *м₁* <-а> ① тех Transportvorrichtung *f;* ◇ **ле́нточный** ~ Förderband *n* ② (*бронетранспортёр*) gepanzertes Fahrzeug

транше́я *ж₃* <-и> ① (*канава*) Graben *m* ② воен Schützengraben *m*

трап *м₁* <-а> ① мор Schiffstreppe *f;* ◇ **верёвочный** ~ Strickleiter *f;* ◇ **забо́ртный** ~ Fallreep *n* ② ав Gangway *f*

тра́сса *ж₁* <-ы> ① Trasse *f,* Linienführung *f* ② (*путь, дорога*) Straße *f,* Strecke *f;* ◇ **возду́шная** ~ Flugstrecke; ◇ **горнолы́жная** ~ Skipiste *f* ③ (*след в воздухе*) Kondensstreifen *m*

тра́та *ж* <-ы> Verschwendung *f,* Vergeudung *f;* ◇ **пуста́я** ~ **вре́мени** pure Zeitverschwendung; **тра́тить** V_{4b} *несов* <-а́чу, -а́тишь> [**ис**~, **по**~ *сов*] *что вин* ausgeben, verbrauchen, verlieren; ◇ ~ **де́ньги** Geld ausgeben; ◇ ~ **си́лы** Kräfte verbrauchen; **тра́титься** *несов* <-а́чусь, -а́тишься> [**по**~ *сов*] *на кого-что вин* Geld ausgeben, Ausgaben machen

тра́ур *м₁* <-а> ① (*скорбь*) Trauer *f;* ◇ **в семье́** ~ in der Familie ist ein Trauerfall; ◇ **страна́ в ~е** das Land trauert ② (*одежда*) Trauerkleidung *f;* ◇ **носи́ть** ~ **по ма́тери** nach dem Tod der Mutter Trauer tragen

тре́бование *с₄* <-я> ① (*распоряжение*) Forderung *f,* Verlangen *n;* ◇ **по пе́рвому ~ю** sofort bei Vorlage; ◇ **остано́вка по ~ю** Halt auf Anforderung ② (*правило*) Anforderung *f,* Ansuchen *n;* ◇ **~я к экзамену́ющимся** Anforderungen an die Prüflinge ③ (*притязание*) Forderung *f,* Anspruch *m;* ◇ **чрезме́рное** ~ überhöhter Anspruch; ◇ **предъявля́ть ~я на что-л** seine Forderungen für etw geltend machen; ◇ **предъявля́ть высо́кие ~я** hohe Ansprüche stellen ④ (*запросы*) Bedürfnisse *n pl* ⑤ (*документ*) Bestellzettel *m,* Bestellung *f;* **тре́бовательный** *прил* <-ая, -ое, -ые> ① (*строгий*) streng ② (*взыскательный*) anspruchsvoll ③ (*выражающий требование*) fordernd; **тре́бовать** V_{3a} *несов* <-бую,

Т

-буешь, (2) 1 и 2 л. не употр> [**по**~ (2, 3) *сов*] *что вин или чего род или с инф или союзом "чтобы" (1), чего род (2), кого-что вин (3), чего род от кого-чего род (4)* (1) fordern, verlangen; ◇ ~ **объяснéний** Erklärungen fordern (2) (*нуждаться*) erfordern, bedürfen; ◇ **болéзнь ~ует лечéния** die Krankheit muß behandelt werden; ◇ **э́тот вопрóс ~ует осóбого внимáния** diese Frage erfordert besondere Aufmerksamkeit (3) (*вызвать куда-л*) bestellen, auffordern; ◇ **Вас ~уют к начáльнику** Sie werden beim Chef erwartet; ◇ ~ **в суд** vor Gericht laden (4) (*обязывать*) erwarten, verlangen; ◇ **смешнó ~ сочу́вствия от эгои́ста** es ist lächerlich, von einem Egoisten Mitgefühl zu erwarten

тревóга *ж$_1$* <-и> (1) (*беспокойство*) Aufregung *f,* Besorgnis *f;* ◇ **быть в ~е** sich Sorgen machen (2) (*переполох*) Unruhe *f,* Tumult *m* (3) (*сигнал*) Alarm *m,* Alarmzeichen *n;* ◇ **лóжная** ~ blinder Alarm; ◇ **бить ~у** Alarm schlagen; ◇ **учéбная** ~ Probealarm; **тревóжить** V$_{4b}$ *несов* <-жу, -жишь, *Part. Präs. Pass.* -жимый> [**вс**~ (1), **по**~ (2) *сов*] *кого-что вин* (1) (*волновать*) beunruhigen, besorgen; ◇ **состоя́ние больнóго ~ит врачéй** der Zustand des Patienten beunruhigt die Ärzte (2) (*беспокоить*) stören, jd-m keine Ruhe lassen; ◇ **весь день нас ~жат посети́тели** die Besucher lassen uns den ganzen Tag keine Ruhe; **тревóжный** *прил* <-ая, -ое, -ые> (1) besorgt, beunruhigt; (*взволнованный*) aufgeregt; ◇ **в ~ом состоя́нии** voller Besorgnis (2) (*вызывающий тревогу*) besorgniserregend (3) (*обозначающий тревогу*) alarmierend, Alarm-; ◇ ~ **сигнáл** Alarmsignal *n*

трéзвый *прил* <-ая, -ое, -ые> (1) (*не пьяный*) nüchtern (2) (*воздержанный*) enthaltsam, abstinent (3) *перен* (*здравый*) vernünftig, nüchtern, sachlich; ◇ **имéть ~ взгляд на вéщи** die Dinge nüchtern betrachten; ◇ **~ая головá** ein besonnener Kopf

трек *м$_1$* <-а> спорт Rennbahn *f;* (*ипподром*) Pferderennbahn; (*велотрек*) Radrennbahn

трель *ж$_5$* <-и> муз Triller *m;* ◇ **пускáть ~и** trillern

трéнер *м$_1$* <-а> Trainer *m*

трéние *с$_4$* <-я> (1) физ Reibung *f;* ◇ **детáли износи́лись от ~я** die Teile haben sich durch Reibung abgenutzt (2) *перен* (*споры*) Reibereien *f pl;* (*расхождения*) Unstimmigkeiten *f pl;* ◇ **~я с начáльником** Unstimmigkeiten mit dem Chef

тренирóвка *ж$_1$* <-и, *род мн:* -вок> (1) (*упражнение*) Training *n,* Übung *f;* ◇ **ходи́ть на ~и** zum Training gehen (2) (*натренированность*) Fitneß *f*

трéпет *м$_1$* <-а> (1) (*колебание*) Zittern *n,* Beben *n* (2) (*волнение*) Aufregung *f* (3) (*страх*) Zittern *n,* Angst *f;* ◇ **с ~ом ждать извéстия** voller Angst auf die Nachricht warten; ◇ **испы́тывать ~ пéред кем-л** Ehrfurcht vor jd-m haben; ◇ **привести́ когó-л в** ~ jd-n in Angst und Schrecken versetzen

треск *м$_1$* <-а> (1) Knall *m,* Krachen *n; перен* ◇ **с ~ом провали́ться** kläglich scheitern, mit Pauken und Trompeten durchfallen (2) (*повторяющийся стук*) Knattern *n,* Geknatter *n;* ◇ ~ **мотóра** Brummen des Motors (3) *перен* (*шумиха*) hochtrabende Reden, Rummel *m;* ◇ **без шу́ма и ~а** ohne viel Aufhebens

трескá *ж$_1$* <-и́> Dorsch *m,* Kabeljau *m;* ◇ **вя́леная** ~ Stockfisch *m*

трéснуть V$_2$ *сов* <-ну, -нешь, (1-3) 1 и 2 л. не употр, *Part. Prät. Pass.* -нутый> [**трéскать** (4) V$_{1a}$ *несов*] *без доп (1-3), кого-что вин по чему дат или без доп (4)* (1) (*издать треск*) krachen; ◇ **~ула вéтка** der Zweig knackte (2) (*лопнуть, расколоться*) platzen, zerspringen; ◇ **стакáн ~ул** das Glas bekam einen Sprung; *перен* ◇ **афéра ~ула** der Schwindel flog auf (3) (*потрескаться*) rissig werden, Risse bekommen (4) *груб* (*ударить*) hauen, schlagen; ◇ ~ **кулакóм пó столу** mit der Faust auf den Tisch hauen; ◇ ~ **пó лбу** in die Stirn hauen

трест *м$_1$* <-а> Trust *m*

трéтий *числ* <-ья, -ье, -ьи> (1) dritter; ◇ **~его числá** am Dritten; ◇ **~его дня** vorgestern; ◇ **в ~ьем часу́** nach zwei Uhr; ◇ **страны́ трéтьего ми́ра** Länder der Dritten Welt (2) (*беспристрастный*) ◇ **~ье лицó** ein Dritter

треть *ж$_5$* <-и> Drittel *n;* ◇ **две ~ьих** zwei Drittel

трéтье *с* (*А$_2$*) <-его> (*десерт*) Nachtisch *m*

треугóльник *м$_1$* <-а> (1) Dreieck *n;* ◇ **прямоугóльный** ~ rechtwinkliges Dreieck; ◇ **равнобéдренный** ~ gleichschenkliges Dreieck (2) муз (*инструмент*) Triangel *f*

трёхгоди́чный *прил* <-ая, -ое, -ые> dreijährig; ◇ **~ые ку́рсы** dreijähriger Lehrgang; **трёхднéвный** *прил* <-ая, -ое, -ые> dreitägig; **трёхлéтний** *прил* <-яя, -ее, -ие> dreijährig; ◇ ~ **стаж рабóты** dreijährige Berufserfahrung; **трёхмéсячный** *прил* <-ая, -ое, -ые> dreimonatig; **трёхнедéльный** *прил* <-ая, -ое, -ые> dreiwöchig; **трёхсотлéтний** *прил* <-яя, -ее, -ие> dreihundertjährig; ◇ ~

юбиле́й Dreihundertjahrfeier *f;* **трёхсторо́нний** *прил* ‹-яя, -ее, -ие› dreiseitig; **трёхчасово́й** *прил* ‹-а́я, -о́е, -ы́е› (1) (*продолжительностью в три часа*) dreistündig (2) (*назначенный на три часа*) Dreiuhr-; ◇ ~ **по́езд** Dreiuhrzug *m;* **трёхэта́жный** *прил* ‹-ая, -ое, -ые› zweistöckig, dreigeschossig

треща́ть * *несов* ‹-щу́, -щи́шь, (1, 2) 1 и 2 л. не употр› *без доп* (1) krachen, knacken, knistern; ◇ **пиджа́к ~и́т по всем швам** die Jacke platzt aus allen Nähten; ◇ **дрова́ ~а́т в печи́** das Brennholz prasselt im Ofen; ◇ **моро́з ~и́т** es herrscht klirrender Frost; ◇ **у меня́ голова́ ~и́т** mir brummt der Schädel (2) (*о насекомых*) zirpen; ◇ **~а́т кузне́чики** die Grashüpfer zirpen (3) *перен* (*говорить без умолку*) schwatzen, plappern; **тре́щина** $ж_1$ ‹-ы› Riß *m,* Sprung *m;* (*щель*) Spalte *f;* ◇ **льди́на дала́~у** die Eisscholle bekam einen Riß; *перен* ◇ **в отноше́ниях друзе́й образова́лась ~** die Beziehung der Freunde bekam einen Knacks

трещо́тка $ж_1$ ‹-и, *род мн:* -ток› (1) (*детская*) Rassel *f* (2) *разг* (*о человеке*) Plappermaul *n,* Plappertasche *f*

три *числ* (1) drei; ◇ **за ~ дня** in drei Tagen; ◇ **на ~ дня** für drei Tage (2) (*оценка*) Drei *f;* ◇ **за отве́т получи́л ~** für seine Antwort bekam er eine Drei

трибу́на $ж_1$ ‹-ы› (1) Tribüne *f,* Rednertribühne *f;* ◇ **произноси́ть речь с ~ы** von der Tribüne aus sprechen (2) *перен* (*сфера осуществления деятельности*) Bühne *f;* ◇ **полити́ческая ~а** politische Bühne

трибуна́л $м_1$ ‹-а› Tribunal *n,* Gerichtshof *m;* ◇ **междунаро́дный ~** internationaler Gerichtshof; ◇ **попа́сть под ~** vor ein Tribunal kommen

тридцатиле́тний *прил* ‹-яя, -ее, -ие› dreißigjährig; **три́дцать** *числ* dreißig; ◇ **ему́ за ~** er ist über dreißig; ◇ **ей под ~** sie ist knapp dreißig Jahre alt

три́жды *нареч* dreimal; ◇ **~ три де́вять** drei mal drei macht neun; ◇ **он ~ прав** er hat zweifelsohne recht

трикота́ж $м_2$ ‹-а› (1) (*ткань*) Trikot *m* (2) (*изделия*) Trikotagen *f pl,* Strickwaren *f pl*

трина́дцать *числ* dreizehn; **три́ста** *числ* dreihundert

трито́н $м_1$ ‹-а› зоол Molch *m*

тро́гательный *прил* ‹-ая, -ое, -ые› rührend, ergreifend, bewegend; ◇ **как ~о!** wie rührend!; **тро́гать** V_{1a} *несов* ‹-аю, -аешь› [**тро́нуть** V_2 *сов* ‹*Imp.* тронь, ~те, *Part. Prät. Pass.* тро́нутый›] *кого-что вин* (1) (*прикасаться*) berühren, anrühren, anfassen; ◇ ~ **рука́ми что-л** etw mit den Händen berühren; ◇ **не трога́йте мои́ кни́ги!** rührt meine Bücher nicht an! (2) *разг* (*беспокоить*) beunruhigen, stören, belästigen; ◇ **его́ никто́ не тро́гал, а он поле́з дра́ться** niemand hat ihm was getan, aber er fing an, sich zu prügeln (3) (*растрогать*) rühren, bewegen; ◇ **э́то изве́стие его́ не ~ло** diese Nachricht ließ ihn kalt; ◇ **не ~ай его́, он расстро́ен** laß ihn in Ruhe, er ist verärgert

тро́е *числ* drei, zu dritt; ◇ **нас бы́ло ~** wir waren zu dritt; ◇ ~ **бра́тьев** drei Brüder; ◇ **их пришло́ ~** sie kamen zu dritt; ◇ ~ **су́ток** drei Tage; ◇ **постро́иться по́ ~** sich in Dreierreihen aufstellen; **троебо́рье** $с_5$ ‹-я› спорт Dreikampf *m*

тро́ица $ж_2$ ‹-ы› (1) рел Dreieinigkeit *f,* Dreifaltigkeit *f* (2) рел (*праздник*) Pfingsten *n* (3) (*трое людей*) Dreigespann *n,* Troika *f;* ◇ **неразлу́чная ~** die unzertrennlichen Drei; ◇ **бог ~у лю́бит** aller guten Dinge sind drei

тро́йка $ж_1$ ‹-и, *род мн:* тро́ек› (1) (*цифра 3*) Drei *f* (2) (*отметка "удовлетворительно"*) Drei *f;* ◇ **учи́ться на ~и** ein mittelmäßiger Schüler sein (3) (*упряжка*) Dreigespann *n,* Troika *f;* ◇ **ката́нье на ру́сских ~ах** Fahrt mit einer russischen Troika (4) (*группа из трёх человек или предметов*) Troika *f* (5) карт Drei *f*

тройно́й *прил* ‹-а́я, -о́е, -ы́е› (*втрое больший*) dreifach; ◇ **~о́е са́льто** dreifacher Salto; мат ◇ **~о́е пра́вило** Dreisatz *m*

тро́йня $ж_2$ ‹-и, *род мн:* -оен› Drillinge *m pl*

тролле́йбус $м_1$ ‹-а› Trolleybus *m*

тромбо́н $м_1$ ‹-а› муз Posaune *f*

трон $м_1$ ‹-а› Thron *m;* ◇ **воссе́сть на ~** den Thron besteigen; ◇ **борьба́ за ша́хматный ~** Kampf um die Schachmeisterschaft

тро́нуть *см.* **тро́гать**

тропа́ $ж_1$ ‹-ы́, *мн:* -ы› Pfad *m,* Fußweg *m;* ◇ **лесна́я ~** Waldpfad; *перен* ◇ **идти́ свое́й ~о́й** seine eigenen Wege gehen

тро́пик $м_1$ ‹-а› геогр (1) Wendekreis *m;* ◇ ~ **Козеро́га** Wendekreis des Steinbocks (2) ◇ **~и** *мн* (*местность*) Tropen *pl*

трос $м_1$ ‹-а› Tau *n,* Seil *n,* Trosse *f;* ◇ **про́волочный ~** Drahtseil *n*

тростни́к $м_1$ ‹-а́› Schilf *n,* Rohr *n;* ◇ **са́харный ~** Zuckerrohr

трость $ж_5$ ‹-и, *мн:* тро́сти, *род:* -те́й› Spazierstock *m*

Т

тротуáр *м₁* <-а> Bürgersteig *m*, Gehsteig *m*

трофéй *м₃* <-я> Trophäe *f;* воен ◇ **~и** *мн* Beute *f*

трóякий *прил* <-ая, -ое, -ие> dreierlei

трубá *ж₁* <-ы́, *мн:* -ы> ① Rohr *n;* ◇ **водостóчная** ~ Abflußrohr; ◇ **дымовáя** ~ Schornstein *m;* ◇ **подзóрная** ~ Fernrohr ② муз Trompete *f*, Posaune *f;* ◇ ~ **оргáна** Orgelpfeife *f;* ◇ **дуть в ~ý** die Trompete blasen; ◇ **вы́лететь в ~у** pleite gehen; ◇ **пройтú огóнь, вóду и мéдные ~ы** mit allen Wassern gewaschen sein; ◇ **нам - ~** wir sind am Ende; **трубáч** *м₂* <-á, *мн:* -ú> Trompeter *m;* (*горнист*) Hornist *m;* **трубúть** V_{4a} *несов* <-блю́, -би́шь, (2) 1 и 2 л. не употр> [**про~** *сов*] *во что вин (1), что вин (2), о ком-чём предл (3)* ① posaunen, trompeten ② (*давать сигнал*) blasen; ◇ ~ **атáку** zum Angriff blasen ③ *разг перен* (*разглашать*) ausposaunen; ◇ ~ **о своéй удáче** seinen Erfolg an die große Glocke hängen

трýбка *ж₁* <-и, *род мн:* -бок> ① Röhre *f*, Röhrchen *n;* ◇ **медицúнская** ~ Stethoskop *n* ② (*курительная*) Pfeife *f* ③ (*телефонного аппарата*) (Telefon-)Hörer *m;* ◇ **положúть/снять ~у** den Hörer auflegen/abnehmen ④ (*бумаги*) Rolle *f;* ◇ **свернýть чертёж в ~у** die Zeichnung zusammenrollen; **трубопровóд** *м₁* <-а> Rohrleitung *f;* ◇ **проклáдка ~а** Verlegung einer Rohrleitung; **трубочúст** *м₁* <-а> Schornsteinfeger *m*

труд *м₁* <-á, *мн:* -ы́> ① Arbeit *f*, Tätigkeit *f;* ◇ **ýмственный** ~ geistige Arbeit; ◇ **лю́ди ~á** arbeitende Bevölkerung; ◇ **охрáна ~á** Arbeitsschutz *m;* ◇ **производúтельность ~á** Arbeitsproduktivität *f;* ◇ **заплатúть за ~ы́** nach Leistung bezahlen ② (*усилие*) Mühe *f*, Arbeit *f;* ◇ **взять на себя́** ~ sich die Mühe machen; ◇ **не дал себé ~á подýмать** er strengte seinen Kopf nicht an; ◇ **не жалéть ~á** keine Mühen scheuen; ◇ **без ~á** mühelos; ◇ **с ~óм** mit Mühe; ◇ **не стóить ~á** nicht der Mühe wert sein ③ (*произведение*) Werk *n*, Arbeit *f;* ◇ ~ **всей своéй жúзни** Lebenswerk *n;* **трудúться** V_{4a} *несов* <-ужýсь, трýдишься> *без доп (1), над кем-чем тв (2), с отриц или с инф (3)* ① (*работать*) arbeiten, tätig sein ② (*прилагать усилия*) sich anstrengen; ◇ ~ **над задáчей** sich mit einer Rechenaufgabe abmühen ③ (*затруднять себя*) sich Mühe geben, sich bemühen; ◇ **не ~тесь вникáть в э́то дéло** geben Sie sich keine Mühe, das zu verstehen; **трýдный** *прил* <-ая, -ое, -ые> ① (*требующий большого труда*) schwer, mühsam; ◇ ~ **подъём** mühsamer Aufstieg ② (*нелёгкий*) schwierig; ◇ **~ое положéние** schwierige Lage ③ (*доставляющий беспокойство*) schwierig; ◇ ~ **ребёнок** schwieriges Kind ④ (*тяжёлый*) schwer; ◇ ~ **больнóй** Schwerkranker *m;* **трудовóй** *прил* <-áя, -óе, -ы́е> ① (*основанный на труде*) Arbeits-; ◇ ~ **договóр** Arbeitsvertrag *m;* ◇ ~ **стаж** Dienstzeit; ◇ **~ы́е бýдни** Arbeitsalltag *m;* ◇ ~ **день** Arbeitstag *m* ② (*трудящийся*) arbeitend, werktätig; ◇ ~ **населéние** arbeitende Bevölkerung ③ (*заработанный*) verdient, erarbeitet; ◇ ~ **дохóд** Einkommen *n;* **трудоёмкий** *прил* <-ая, -ое, -ие> arbeitsintensiv, mühevoll; ◇ **~ое произвóдство** arbeitsintensive Produktion; **трудолюбúвый** *прил* <-ая, -ое, -ые> arbeitsam; (*прилежный*) fleißig; ◇ ~ **ученúк** emsiger Schüler; **трудолю́бие** *с₄* <-я> Fleiß *m;* **трудоспосóбный** *прил* <-ая, -ое, -ые> arbeitsfähig, erwerbsfähig; (*продуктивный*) leistungsfähig; **трудя́щийся I.** *прил* <-аяся, -ееся, -иеся> arbeitend, berufstätig, werktätig **II.** *м (А₂)* <-егося> Berufstätiger *m;* **трýженик** *м₁* <-а> Berufstätiger *m*

труп *м₁* <-а> Leiche *f*, Leichnam *m;* ◇ **тóлько чéрез мой** ~ nur über meine Leiche

трус *м₁* <-а>, **трусúха** *ж₁* <-и> Feigling *m*, Angsthase *m;* **труслúвый** *прил* <-ая, -ое, -ые> feige, furchtsam; **трýсость** *ж₅* <-и> Feigheit *f;* (*малодушие*) Kleinmut *m;* ◇ **проявúть** ~ feige sein

трусы́ *мн₁* <-óв> (*спортивные*) Sporthose *f;* (*плавки*) Badehose *f;* (*нижнее бельё*) Slip *m*

трýтень *м₂* <-тня, *мн:* -тни> ① (*пчелиный самец*) Drohne *f* ② *перен* (*о человеке*) Schmarotzer *m;* ◇ **жить ~тнем** schmarotzen

трущóба *ж₁* <-ы> ① (*труднопроходимое место*) Dickicht *n;* ◇ **лесны́е ~ы** Walddickicht ② (*захолустье*) Provinznest *n* ③ (*грязное, ветхое жильё*) Loch *n;* (*квартал*) Slum *m*, Elendsviertel *n*

трюк *м₁* <-а> ① (*в цирке, искусстве*) Kunstgriff *m*, Trick *m;* ◇ **акробатúческий** ~ akrobatisches Kunststück; (*фокус*) Zaubertrick *m* ② *перен* (*проделка*) Streich *m*

трюм *м₁* <-а> Schiffsraum *m;* (*грузовой*) Laderaum *m;* ◇ **течь в ~е** Leck im Laderaum

тря́пка *ж₁* <-и, *род мн:* -пок> ① (*лоскут ткани*) Lappen *m*, Lumpen *m;* ◇ **половáя** ~ Waschlappen ② ◇ **~и** *мн неодобр* (*наряды*) Klamotten *pl;* ◇ **онá дýмает тóлько о ~ах** sie hat nur Klamotten im Kopf ③ *разг* (*бесхарактерный человек*) Waschlappen *m*

тряси́на *ж₁* <-ы> ① (*болотистое место*) Sumpf *m*, Moor *n*, Morast *m* ② *перен* (*среда, застой*) Sumpf *m*; ◇ **в ~е нищеты́** im Sumpf der Armut

трясти́ * *несов* <-су́, -сёшь> [**вы́**~ (3) *сов*] *кого-что вин (1), чем тв (2), что вин (3)* ① (*колебать*) schütteln, rütteln; ◇ ~ **де́рево** am Baum rütteln; ◇ ~ **кому́-л ру́ку** jd-m die Hand schütteln; ◇ ~ **за пле́чи** an den Schultern rütteln; *безл* ◇ **больно́го ~ёт** der Kranke hat Schüttelfrost ② (*качать*) schaukeln, pendeln; ◇ ~ **голово́й** den Kopf schütteln ③ (*вытряхивать*) (aus-)schütteln; ◇ ~ **ковёр** den Teppich ausklopfen

тс! *межд* (*призыв к молчанию*) pst!

туале́т *м₁* <-а> ① (*одежда*) Toilette *f*, Kleidung *f*; ◇ **мо́дный** ~ modische Kleidung ② (*одевание*) Toilette *f*; ◇ **утре́нний** ~ morgendliche Toilette ③ (*столик*) Toilettentisch *m* ④ (*уборная*) Toilette *f*, WC *n*; ◇ **же́нский** ~ Damentoilette; ◇ **мужско́й** ~ Herrentoilette

туберкулёз *м₁* <-а> мед Tuberkulose *f*; ◇ **боле́ть ~ом** Tuberkulose haben

туго́й *прил* <-а́я, -о́е, -и́е> (*сравн:* **ту́же**) ① (*натянутый, упругий*) straff, fest; ◇ **~а́я струна́** straff gespannte Seite; ◇ ~ **у́зел** fest zugezogener Knoten; (*тесный*) eng ② (*набитый*) vollgestopft; ◇ ~ **кошелёк** prall gefüllter Geldbeutel ③ *перен* (*затруднительный*) schwer, mühsam; ◇ ~ **на́ ухо** schwerhörig

туда́ *нареч* dorthin, dahin; ◇ **биле́т ~ и обра́тно** Rückfahrkarte *f*; ◇ ~ **ему́ и доро́га!** das geschieht ihm recht!; ◇ ~ **и обра́тно** hin und her

ту́же *сравн от* **туго́й**

тужу́рка *ж₁* <-и, *род мн:* -рок> (*домашняя*) Jacke *f*; (*форменная*) Jackett *n*

туз *м₁* <-а́, *мн:* -ы́> ① карт As *n*; ◇ **бубно́вый** ~ Karoas; ◇ **ходи́ть с ~а́** das As ausspielen ② *перен* (*о человеке*) hohes Tier

тузе́мец *м₅* <-мца, *мн:* -мцы> Eingeborener *m*

ту́ловище *с₃* <-а> Rumpf *m*

тума́н *м₁* <-а> ① Nebel *m*; ◇ **густо́й ~ стои́т над боло́том** dichter Nebel liegt über dem Moor; ◇ ~ **рассе́ялся** der Nebel hat sich aufgelöst ② *перен* (*неясность*) Nebel *m*; ◇ **у него́ ~ в голове́** er kann nicht klar denken; ◇ **я ви́жу всё сло́вно в ~е** ich sehe alles wie durch einen Nebelschleier; ◇ **напусти́ть ~у** blauen Dunst vormachen; **тума́нный** *прил* <-ая, -ое, -ые> ① neblig, diesig ② *перен* (*неопределенный*) nebelig, verschwommen, unklar

ту́мба *ж₁* <-ы> ① (*столбик*) Prellstein *m* ② (*подставка*) Sockel *m* ③ (*для объявлений*) ◇ **афи́шная** ~ Litfaßsäule *f*

тунея́дец *м₅* <-дца, *мн:* -дцы> Schmarotzer *m*, Drückeberger *m*

тунне́ль *м₂* <-я> Tunnel *m*; ◇ **проложи́ть** ~ einen Tunnel bauen

тупи́к *м₁* <-а́, *мн:* -и́> ① Sackgasse *f* ② ж.-д. Abstellgleis *n* ③ *перен* (*безвыходное положение*) Sackgasse *f*; ◇ **перегово́ры зашли́ в** ~ die Verhandlungen gerieten in eine Sackgasse; ◇ **быть в ~е́** in einer Sackgasse sein; ◇ **поста́вить кого́-л в** ~ jd-n in die Enge treiben

тупо́й *прил* <-а́я, -о́е, -ы́е> ① (*недостаточно отточенный*) stumpf; ◇ ~ **нож** stumpfes Messer; мат ◇ ~ **у́гол** stumpfer Winkel ② *перен* (*невыразительный*) stumpf, stumpfsinnig; ◇ **~о́е лицо́** stumpfsinniger Gesichtsausdruck ③ (*ограниченный*) borniert, beschränkt ④ *перен* (*ноющий*) dumpf; ◇ **~а́я боль** dumpfer Schmerz

тур [1] *м₁* <-а> ① (*этап*) Runde *f*, Etappe *f*; ◇ **пе́рвый ~ вы́боров** erster Wahlgang ② (*танца*) Runde *f*; ◇ ~ **ва́льса** Walzerrunde ③ *перен* спорт Runde *f*, Tour *f* ④ (*туристическая поездка*) Reise *f*, Tour *f*

тур [2] *м₁* <-а> ① зоол Auerochse *m* ② (*горный кавказский козёл*) kaukasischer Steinbock *m*

тура́ *ж₁* <-ы́> шахм Turm *m*

тури́зм *м₁* <-а> ① (*вид спорта*) Wandern *n*; ◇ **го́рный** ~ Bergwandern; ◇ **лы́жный** ~ Skiwandern; ◇ **занима́ться ~ом** wandern ② (*вид путешествий*) Tourismus *m*, Fremdenverkehr *m*; **тури́ст** *м₁* <-а> Tourist *m*

турне́ *с* <нескл> (*путешествие*) Rundfahrt *f*, Rundreise *f*, Tournee *f*; ◇ **верну́ться из гастро́льного** ~ von einer Gastspielreise zurückkehren; ◇ **отпра́виться в** ~ eine Tournee machen

турни́к *м₁* <-а́, *мн:* -и́> спорт Reck *n*; ◇ **упражне́ния на ~е́** Übungen am Reck

турнике́т *м₁* <-а> Drehkreuz *n*

турни́р *м₁* <-а> Turnier *n*

ту́рок *м₁* <-рка, *мн:* -рки> Türke *m*; **турча́нка** *ж₁* <-и, *род мн:* -нок> Türkin *f*

ту́склый *прил* <-ая, -ое, -ые> ① (*малопрозрачный*) trübe, matt; ◇ **~ое стекло́** mattes Glas; (*матовый*) matt; ◇ ~ **лак** Mattlack *m* ② (*о глазах*) glanzlos ③ *перен* (*скучный*) langweilig; **тускне́ть** V_5 *несов* <-е́ет, -е́ют, 1 и 2 л. не употр> [**по**~ *сов*] *без доп* sich trüben, matt werden, verblassen; ◇

Т

серебро́ ~е́ет Silber wird matt; *перен* ◇ **ра́дость ~е́ет** die Freude läßt nach

тут *нареч* ① (*о месте*) hier ② (*о времени*) da, alsdann; ◇ ~ **же** sofort, auf der Stelle; *разг* ◇ **и всё ~ !** und Schluß damit; *разг* ◇ **они́ ~ как ~** sie sind schon da; *разг* ◇ **не ~-то бы́ло** da hast du dich aber verrechnet

ту́фля *ж₂* <-и, *род мн:* -фель> Schuh *m;* ◇ **да́мские ~и** Damenschuhe

ту́хлый *прил* <-ая, -ое, -ые> verfault, faul; ◇ **~ая ры́ба** fauler Fisch; (*вонючий*) stinkig

ту́ча *ж₂* <-и> ① (*облако*) Wolke *f;* ◇ **грозова́я ~** Gewitterwolke; ◇ **дождева́я ~** Regenwolke; ◇ **не́бо покры́лось ~ами** der Himmel bewölkte sich; *перен* ◇ **~и сгусти́лись над ним** ihm drohen Gefahren ② *перен* (*множество*) Unmenge *f;* ◇ **саранча́ налете́ла ~ей** die Heuschrecken kamen in Scharen; *разг* ◇ **~ ~ей** in finsterer Stimmung

ту́чный *прил* <-ая, -ое, -ые> ① (*толстый*) wohlbeleibt, fettleibig; ◇ **~ мужчи́на** fetter Mann; ◇ **~ые стада́** wohlgenährte Herden ② (*плодородный*) fruchtbar; ◇ **~ чернозём** fruchtbare Schwarzerde ③ (*сочный и густой*) saftig; ◇ **~ые луга́** saftige Wiesen

туш *м₂* <-а> муз Tusch *m;* ◇ **сыгра́ть ~** einen Tusch blasen

ту́ша *ж₂* <-и> ① (*зверя*) geschlachtetes, ausgeweidetes Tier ② *перен* (*о тучном человеке*) Fettwanst *m;* ◇ **навали́ться всей ~ей на кого́-л** sich mit voller Wucht auf jd-n werfen

туши́ть[1] V_{4a} *несов* <-шу́, ту́шишь, *Part. Präs. Akt.* ту́шащий, *Part. Präs. Pass.* -шимый, *Part. Prät. Pass.* ту́шенный> [**за~, по~** *сов*] *что вин* (*гасить*) (aus-)löschen; ◇ **~ ла́мпу** die Lampe löschen

туши́ть[2] V_{4a} *несов* <-шу́, ту́шишь, *Part. Prät. Pass.* -шённый> [**с~** *сов*] *что вин* (*варить*) dämpfen, schmoren, dünsten

тушка́нчик *м₁* <-а> зоол Springmaus *f*

тушь *ж₅* <-и> Tusche *f;* ◇ **~ для ресни́ц** Wimperntusche

тща́тельный *прил* <-ая, -ое, -ые> sorgfältig; (*точный*) genau

тщеду́шный *прил* <-ая, -ое, -ые> (*слабый*) schwach; (*болезненный*) kränklich, gebrechlich; (*хилый*) schwächlich; (*худой*) dünn, mager

тщесла́вие *с₄* <-я> Eitelkeit *f;* (*честолюбие*) Ehrgeiz *m,* Ruhmsucht *f;* **тщесла́вный** *прил* <-ая, -ое, -ые> eitel; (*честолюбивый*) ruhmsüchtig, ehrgeizig

тще́тно *нареч* vergeblich, vergebens, umsonst; **тще́тный** *прил* <-ая, -ое, -ые> vergeblich; ◇ **~ые уси́лия** vergebliche Bemühungen

ты (**тебя́, тебе́, тобо́й, о тебе́**) *личн мест, 2 л. ед число* du; ◇ **э́то ~?** bist du das?; ◇ **вме́сто тебя́** an deiner Stelle; ◇ **вчера́ тебя́ не́ было на рабо́те** gestern warst du nicht auf der Arbeit; ◇ **он говори́л с тобо́й** er sprach mit dir; ◇ **быть с кем-л на "ты"** jd-n duzen; ◇ **тебе́ хорошо́ говори́ть** du hast gut reden

ты́ква *ж₁* <-ы> Kürbis *m*

тыл *м₁* <-а, о ты́ле, в тылу́, *мн:* -ы́> ① (*задняя сторона*) Rückseite *f;* ◇ **~ ладо́ни** Handrücken *m* ② (*территория позади фронта*) Hinterland *n;* ◇ **уда́рить в ~ проти́внику** dem Gegner in den Rücken fallen ③ воен Logistik *f,* Versorgungsapparat *m*

ты́сяча I. *числ* (ein-)tausend; ◇ **де́сять ты́сяч** zehntausend; ◇ **в ~у раз лу́чше** tausendmal besser **II.** *ж₂* <-и> Tausend *n;* ◇ **~и люде́й** Tausende; ◇ **~и и ~и** tausend und abertausend; ◇ **расхо́ды исчисля́лись ~ами рубле́й** die Kosten beliefen sich auf mehrere tausend Rubel; ◇ **у меня́ ~ дел** ich habe tausend Dinge zu erledigen; ◇ **~ извине́ний!** entschuldigen Sie vielmals!; **тысячеле́тие** *с₄* <-я> ① Jahrtausend *n* ② (*годовщина*) Tausendjahrfeier *f,* tausendjähriges Jubiläum; **тысячеле́тний** *прил* <-яя, -ее, -ие> tausendjährig; ◇ **~ храм** tausend Jahre alter Tempel

тьма *ж₁* <-ы> ① (*темнота*) Finsternis *f,* Dunkelheit *f;* ◇ **кроме́шная ~** undurchdringliche Finsternis; ◇ **го́род погрузи́лся во ~у** die Stadt versank in Dunkelheit; ◇ **во ~е** im Dunkeln; *перен* ◇ **из ~ы веко́в** aus grauer Vorzeit ② (*невежественность*) *разг* (*множество*) Unmenge *f; разг* ◇ **~ - тьму́щая** riesige Menge

тьфу! *межд разг* pfui!; ◇ **~, про́пасть!** pfui Teufel!

тю́бик *м₁* <-а> Tube *f*

тюк *м₁* <-а́, *мн:* -и́> Pack *m,* Ballen *m;* ◇ **~ хло́пка** Baumwollballen; ◇ **~а́ми** ballenweise

тюле́нь *м₂* <-я> ① зоол Robbe *f,* Seehund *m* ② *перен* (*о неповоротливом человеке*) Tölpel *m;* ◇ **повора́чивайся живе́й, ~ ты э́такий!** beweg dich schneller, du Tölpel!

тюльпа́н *м₁* <-а> Tulpe *f*

тюре́мный *прил* <-ая, -ое, -ые> Gefängnis-; ◇ **получи́ть пять лет ~ого заключе́ния** zu fünf Jahren Gefängnis verurteilt werden; **тюре́мщик** *м₁* <-а> Gefängniswärter *m;* **тюрьма́** *ж₁* <-ы́, *мн:* -ы, *род:* -рем, *дат:*

-ам> Gefängnis *n,* Kerker *m;* ◇ **бежа́ть из ~ы́** aus dem Gefängnis ausbrechen

тюфя́к *м$_1$* <-á, *мн:* -и́> ① Matratze *f;* ◇ **соло́менный** ~ Strohsack *m* ② *перен* (*о вялом человеке*) Schlappschwanz *m*

тя́га *ж$_1$* <-и> ① тех Zug *m,* Zugkraft *f;* ◇ **реакти́вная** ~ Schub *m;* ◇ **электри́ческая** ~ elektrische Zugkraft ② (*движение газов, дыма*) Zug *m,* Abzug *m;* ◇ **хоро́шая ~ в печи́** guter Zug im Kamin ③ *перен* (*стремление*) Hang *m,* Drang *m,* Streben *n;* ◇ ~ **к зна́ниям** Wissensdrang ④ тех Zugstange *f,* Zugseil *n;* ◇ **дать ~у** abhauen

тяга́ться V$_{1a}$ *несов* <-áюсь, -áешься> [**по~** *сов*] *с кем-чем тв разг* (*соперничать*) sich messen, es mit jd-m aufnehmen; (*соревноваться*) wetteifern; ◇ **с э́тим уме́льцем ему́ тру́дно** ~ mit so einem Meister kann er sich kaum messen

тяга́ч *м$_2$* <-á, *мн:* -и́> Zugmaschine *f,* Schlepper *m;* ◇ **седе́льный** ~ Sattelschlepper

тя́гостный *прил* <-ая, -ое, -ые> lästig, drükkend, beklemmend; (*неприятный*) peinlich

тяготе́ние *с$_4$* <-я> ① физ Gravitation *f,* Schwerkraft *f;* ◇ **земно́е** ~ Erdanziehungskraft; ◇ **по́ле ~я** Gravitationsfeld ② *перен* (*влечение*) Neigung *f,* Hang *m;* ◇ ~ **к те́хнике** Hang zur Technik; ◇ **испы́тывать душе́вное ~ к кому́-л** sich zu jd-m hingezogen fühlen; **тяготе́ть** V$_5$ *несов* <-éю, -éешь> *к кому-чему дат (1), над кем-чем тв (2)* ① (*испытывать тяготение*) sich hingezogen fühlen (zu) ② (*как угроза*) auf jd-m lasten; ◇ **рок ~е́ет над ним** ein schweres Schicksal lastet auf ihm

тягу́чий *прил* <-ая, -ее, -ие> ① (*эластичный*) dehnbar, elastisch ② (*густой*) zähflüssig, dickflüssig ③ *перен* (*медленный*) gedehnt, schleppend; ◇ **~ая речь** langgezogene Rede

тяжело́ *нареч* ① (*тяжеловесно*) schwer; (*серьёзно*) ernst; (*с трудом*) mühsam; ◇ **он ~ бо́лен** er ist schwer krank ② *безл* ◇ **мне ~ говори́ть об э́том** es fällt mir schwer, darüber zu sprechen; ◇ **у меня́ ~ на душе́** mir ist schwer ums Herz; **тяжелове́с** *м$_1$* <-а> спорт Schwergewichtler *m;* **тяжёлый** *прил* <-ая, -ое, -ые> ① (*имеющий большой вес*) schwer; *перен* ◇ **~ая пи́ща** schweres Essen; *перен* ◇ **с ~ым се́рдцем** schweren Herzens ② (*трудный*) schwierig, schwer; (*доставляющий беспокойство*) schwer, mühevoll; ◇ **~ое дыха́ние** schwerer Atem; ◇ ~ **сон** unruhiger Schlaf ③ (*грузный*) schwer(-fällig); *перен* ◇ ~ **ум** schwerfälliger Verstand; ◇ **быть ~ым на подъём** schwerfällig sein ④ (*суровый*) ernst, schwer; ◇ **~ое преступле́ние** schweres Verbrechen ⑤ (*опасный*) schwer, gefährlich; ◇ **~ая ра́на** gefährliche Verletzung ⑥ (*горестный*) traurig, schwer; ◇ **~ое чу́вство** quälendes Gefühl ⑦ (*неуживчивый*) unverträglich; ◇ ~ **хара́ктер** schwieriger Charakter; ◇ ~ **во́здух** stickige Luft; **тя́жесть** *ж$_5$* <-и> ① (*свойство*) Schwere *f;* физ ◇ **си́ла ~и** Schwerkraft *f* ② (*груз*) Gewicht *n,* Last *f* ③ *перен* (*трудность*) Last *f,* Bürde *f;* юр ◇ ~ **ули́к** die Last der Beweise; ◇ **всей ~ью** mit voller Wucht

тяну́ть V$_2$ *несов* <-нý, тя́нешь> *кого-что вин (1, 5, 6, 7), что вин (2, 3, 4, 8, 11), что вин или с чем тв (9), на кого-что вин (10)* ① (*тащить*) ziehen, (ab-)schleppen; ◇ **букси́р ~ет баржу́** der Schlepper zieht den Lastkahn ② тех ziehen, dehnen ③ (*прокладывать*) verlegen; ◇ ~ **телефо́нную ли́нию** eine Telefonleitung legen ④ (*вытягивать*) ausstrekken, recken; ◇ ~ **ру́ку** die Hand ausstrecken; ◇ ~ **ше́ю** den Hals recken ⑤ *перен* (*содействовать*) nachhelfen, fördern; ◇ ~ **неуспева́ющего ученика́** den schlechten Schüler mitziehen ⑥ *перен* (*просить*) drängen, auffordern; ◇ ~ **кого́-л в кино́** jd-n ins Kino schleppen ⑦ *безл* (*влечь*) verlangen (nach), sich hingezogen fühlen; ◇ **его́ ~ет к родны́м места́м** es zieht ihn in die Heimat; ◇ **меня́ ~ет ко сну́** ich schlafe gleich ein ⑧ (*вбирать*) einsaugen; ◇ **насо́с ~ет во́ду** die Pumpe saugt das Wasser auf; ◇ ~ **пи́во** Bier schlürfen ⑨ (*медлить*) zögern, hinausziehen; ◇ ~ **вре́мя** die Zeit hinauszögern; ◇ ~ **с отве́том** mit der Antwort zögern ⑩ *перен разг* (*удовлетворять необходимым требованиям*) sich eignen, heranreichen (an); ◇ **иссле́дование вполне́ ~ет на диссерта́цию** die Studie reicht durchaus an eine Doktorarbeit heran; ◇ **он не ~ет на руководи́теля отде́ла** er ist als Abteilungsleiter nicht geeignet ⑪ (*говорить или петь медленно*) gedehnt sprechen; ◇ **тяну́ть за́ душу** ~ jd-n quälen; ◇ ~ **к отве́ту** zur Verantwortung ziehen; **тяну́ться** *несов* <-нýсь, тя́нешься, (2) 1 и 2 л. не употр> [**по~** (4) *сов*] *без доп (1, 2, 4), к кому-чему дат (3), за кем-чем тв (5)* ① (*прости-раться*) sich erstrecken, sich ausbreiten, sich ausdehnen ② (*о времени*) sich hinziehen, dauern; ◇ **де́ло тя́нется ме́сяц** die Sache zieht sich über einen Monat hin ③ (*протягивать руки*) nach etw langen, die Hand ausstrecken; ◇ **ребёнок тя́нется к ма́тери** das Kind streckt seine Hände zur Mutter (4) (*потягиваться*) sich dehnen, sich recken, sich rekeln (5) (*стремиться сравняться*) jd-m nacheifern; ◇ ~ **за ста́ршим това́рищем** dem älteren Freund nacheifern

тяну́чка *ж₁* <-и, *род мн:* -чек> Sahnebonbon *n*

тя́пка *ж₁* <-и, *род мн:* -пок> Hacke *f*

У

у *предлог с род* (1) (*возле, около, кого-чего род*) neben, an, bei; ◇ **дом ~ са́мого бе́рега** ein Haus direkt am Ufer; ◇ **стоя́ть ~ воро́т** am Tor stehen (2) (*у кого-л*) bei; ◇ **жить ~ роди́телей** bei den Eltern wohnen; ◇ **рабо́тать ~ нас хорошо́** es ist schön, bei uns zu arbeiten (3) (*обозначает субъект, совершающий действие*) (haben); ◇ ~ **певца́ си́льный го́лос** der Sänger hat eine kräftige Stimme (4) (*указывает на признак*) ◇ **воро́та ~ гаража́ откры́ты** das Garagentor ist geöffnet; ◇ **ру́чка ~ две́ри не де́йствует** die Türklinke ist kaputt (5) (*указывает на источник получения*) von; ◇ **узна́ть ~ друзе́й** von Freunden erfahren; ◇ **спроси́ть а́дрес ~ прохо́жих** die Passanten nach der Adresse fragen

уба́вить V_{4b} *сов* <-влю, -вишь, *Part. Prät. Pass.* -вленный> [**убавля́ть** V_{1b} *несов*] *что вин или чего род (1), в чём предл (2), что вин (3)* (1) (*уменьшить, ослабить*) vermindern, verringern, verkleinern; ◇ ~ **ход** die Geschwindigkeit verringern; ◇ ~ **це́ну** den Preis herabsetzen (2) (*уменьшить вес*) abnehmen, leichter werden (3) (*сделать у́же, короче*) kürzer machen, enger machen; ◇ **ни ~, ни приба́вить** perfekt

убеди́тельный *прил* <-ая, -ое, -ые> (1) (*доказательный*) überzeugend, einleuchtend; ◇ ~ **до́вод** triftiges Argument (2) (*настойчивый*) nachdrücklich, dringend; ◇ **~ая про́сьба** nachdrückliche Bitte; **убеди́ть** V_{4a} *сов* <-и́шь, дя́т, 1. л не употр, *Part. Prät. Pass.* убеждённый> [**убежда́ть** V_{1a} *несов*] *кого-что вин в чём предл (1), с инф или с союзом "чтобы" (2)* (1) (*заставить поверить*) überzeugen (von); ◇ ~ **кого́-л в свое́й правоте́** jd-n davon überzeugen, daß man recht hat (2) (*склонить*) überreden (zu), bewegen (zu); ◇ ~ **кого́-л лечи́ться** jd-n dazu überreden, sich behandeln zu lassen; **убежде́ние** *с₄* <-я> (1) (*действие*) Überzeugen *n*, Überreden *n*, Zureden *n*; ◇ **путём ~я** durch Überreden (2) (*мнение*) Überzeugung *f*, Gesinnung *f*; (*воззрение*) Ansicht *f*, Anschauung *f*; ◇ **отста́ивать свои́ ~я** seine Überzeugungen verteidigen

убе́жище *с₃* <-а> (1) (*прибежище*) Asyl *n*, Zuflucht *f*; ◇ ~ **от дождя́** Zuflucht vor dem Regen; ◇ **полити́ческое ~** politisches Asyl; ◇ **пра́во ~а** Asylrecht *n*; (*кров*) Obdach *n* (2) (*сооружение*) Unterschlupf *m*, Versteck *n*; воен Luftschutzbunker *m*

убива́ть V_{1a} *несов от* **уби́ть**

уби́йство *с₂* <-а> (*преднамеренное*) Mord *m*, Ermordung *f*; (*непреднамеренное*) Totschlag *m*; ◇ **неосторо́жное ~** fahrlässige Tötung; ◇ ~ **с це́лью ограбле́ния** Raubmord; ◇ **осуждён за ~** wegen Mordes verurteilt; **уби́йца** *м/ж₂* <-ы, *род мн:* уби́йц> Mörder(in *f*) *m*, Killer(in *f*) *m*; ◇ ~ **из-за угла́** Meuchelmörder(in *f*); **уби́ть** * *сов* <убью́, убьёшь> [**убива́ть** *несов*] *кого-что вин (1, 2), что вин (3, 4)* (1) (*лишить жизни*) töten; (*застрелить*) erschießen; (*ударом*) erschlagen, totschlagen; (*с применением насилия*) umbringen, ermorden; ◇ ~ **зве́ря** ein Tier töten; ◇ **грози́ться ~** mit Mord drohen (2) *перен* (*привести в отчаяние*) zutiefst enttäuschen; ◇ ~ **кого́-л отка́зом** jd-n durch seine Absage zur Verzweiflung bringen (3) *перен* (*уничтожить*) vernichten; ◇ ~ **наде́жду** die Hoffnung zerstören; ◇ ~ **интере́с в ком-л** jd-m das Interesse an etw nehmen (4) *перен* (*потратить непроизводительно*) vergeuden, verschwenden; ◇ ~ **вре́мя** die Zeit totschlagen

убо́гий I. *прил* <-ая, -ое, -ие> (*нищенский*) ärmlich, dürftig, kümmerlich; ◇ **~ое жили́ще** jämmerliche Behausung **II.** *м (A₁)* <-ого> (1) (*калека*) Krüppel *m* (2) (*бедняк*) armer Schlucker *m*, armer Teufel *m*

убо́рка *ж₁* <-и, *род мн:* -рок> (1) (*помещения*) Aufräumen *n*, Saubermachen *n* (2) с.-х. Ernte *f*; ◇ ~ **урожа́я** das Einbringen der Ernte

убо́рная *ж (A₁)* <-ой> (1) (*актёра*) Garderobe *f* (2) (*туалет*) Toilette *f*, WC *n*

убо́рщица *ж₂* <-ы> Putzfrau *f*

убра́ть * *сов* <уберу́, уберёшь> [**убира́ть** V_{1a} *несов*] *что вин (1-3), кого-что вин чем тв (4), кого-что вин (5)* (1) (*унести*) aufräumen, wegräumen, wegschaffen; ◇ ~ **кни́ги в**

шкаф Bücher in den Schrank räumen; ◇ ~ **посу́ду со стола́** den Tisch abräumen ② (*поместить на хранение*) einbringen, ernten ③ (*привести в порядок*) aufräumen; ◇ ~ **помеще́ние** das Zimmer in Ordnung bringen ④ (*украсить*) (aus-)schmücken; ◇ ~ **ко́мнату цвета́ми** das Zimmer mit Blumen schmücken ⑤ (*изъять*) wegtun, herausnehmen; ◇ ~ **из расска́за длинно́ты** unnötige Details aus der Erzählung herausnehmen

убы́ток *м₁* ‹-тка, *мн:* -тки› Verlust *m;* (*проигрыш*) Einbuße *f;* (*ущерб*) Schaden *m;* ◇ **быть в ~тке** Verlust machen; ◇ **возмести́ть ~тки** den Schaden ersetzen; ◇ **причини́ть ~** Schaden verursachen; ◇ **терпе́ть ~тки** Einbußen hinnehmen; ◇ **себе́ в ~** zum eigenen Nachteil; ◇ **с ~тком** mit Verlust

уважа́ть V_{1a} *несов* ‹-а́ю, -а́ешь› *кого-что вин (1, 2), что вин (3)* ① (*относиться с уважением*) achten, ehren; (*ценить*) schätzen ② (*считаться*) respektieren, Rücksicht nehmen; ◇ ~ **окружа́ющих** auf andere Rücksicht nehmen ③ (*любить*) lieben, mögen; ◇ **я ~а́ю селёдочку** ich esse gern Heringe; **уваже́ние** c_4 ‹-я› Achtung *f,* Respekt *m,* Ehrerbietung *f;* ◇ **кто-л досто́ин ~я** jd verdient Respekt; ◇ **внуша́ть ~** Respekt einflößen; ◇ **пита́ть ~ к кому́-л** vor jd-m Respekt haben; ◇ **сде́лать что-л из ~я к кому́-л** etw aus Respekt für jd-n tun; ◇ **с ~ем** hochachtungsvoll

уведомле́ние c_4 ‹-я› Mitteilung *f,* Benachrichtigung *f*

увекове́чить V_{4b} *сов* ‹-чу, -чишь› [**увекове́чивать** V_{1a} *несов*] *кого-что вин* (*сделать вечным*) verewigen, unsterblich machen; ◇ ~ **своё и́мя** seinen Namen verewigen; ◇ ~ **обы́чаи** Bräuchen für alle Zeiten Geltung verschaffen

увеличе́ние c_4 ‹-я› Vergrößerung *f;* (*умножение*) Vermehrung *f;* (*рост*) Zunahme *f,* Wachstum *n;* (*расширение*) Erweiterung *f;* ◇ ~ **числа́ безрабо́тных** Zunahme der Arbeislosenzahl; **увеличи́тель** $м_2$ ‹-я› фото Vergrößerer *m,* Vergrößerungsapparat *m;* **увели́чить** V_{4b} *сов* ‹-чу, -чишь› [**увели́чивать** V_{1a} *несов*] *что вин* (*по объёму, величине, количеству*) vergrößern, vermehren, erweitern; ◇ ~ **фотосни́мок** das Bild vergrößern

уве́ренность $ж_5$ ‹-и› Gewißheit *f,* Überzeugung *f;* (*определённость*) Bestimmtheit *f;* (*в будущем*) Zuversicht *f;* ◇ **в по́лной ~и** voller Überzeugung, zuversichtlich; ◇ ~ **в себе́** Selbstvertrauen *n;* **уве́ренный** *прил* ‹-ая, -ое, -ые› ① (*твёрдый*) sicher, fest ② (*убеждённый*) überzeugt, gewiß; (*оптимистичный*) zuversichtlich; ◇ **я в ней уве́рен** ich traue ihr; ◇ **он спра́вится, бу́дьте уве́рены** er wird damit fertig, seid unbesorgt

увёртка $ж_1$ ‹-и, *род мн:* -ток› Ausflucht *f,* Ausrede *f;* ◇ **говори́ без увёрток** rede ohne Umschweife

увертю́ра $ж_1$ ‹-ы› муз Ouvertüre *f*

уве́чье c_5 ‹-я› Verstümmelung *f,* Körperverletzung *f*

увлека́тельный *прил* ‹-ая, -ое, -ые› hinreißend, spannend, interessant

увлече́ние c_4 ‹-я› ① (*воодушевление*) Begeisterung *f;* (*энтузиазм*) Enthusiasmus *m;* (*пыл*) Eifer *m;* ◇ **рабо́тать с ~ем** mit Begeisterung arbeiten ② (*интерес*) Begeisterung *f;* (*склонность*) Neigung *f;* (*пристрастие*) Leidenschaft *f;* ◇ ~ **спо́ртом** Sportleidenschaft ③ (*сердечное влечение*) Zuneigung *f*

уво́лить V_{4b} *сов* ‹-лю, -лишь› [**увольня́ть** V_{1b} *несов*] *кого-что вин* ① (*освободить*) entlassen, kündigen; (*сократить*) abbauen; ◇ ~ **в отста́вку** in den Ruhestand versetzen ② (*избавить*) befreien, entbinden, verschonen; ◇ **уво́льте меня́ от ли́шних хлопо́т** ersparen Sie mir unnötige Sorgen; **увольне́ние** c_4 ‹-я› (*отстранение*) Entlassung *f,* Kündigung *f;* (*по сокращению штатов*) Kürzung *f;* ◇ ~ **в о́тпуск** Beurlaubung *f*

увы́! *межд* (*выражает сетование, сожаление*) o weh!, leider!, ach!

увяда́ние c_4 ‹-я› ① (*растений*) Verwelken *n* ② *перен* (*человека*) Verblühen *n*

увяза́ть * *сов* ‹-яжу́, -я́жешь› [**увя́зывать** V_{1a} *несов*] *что вин* ① (*связать вместе*) zusammenbinden, einpacken; ◇ ~ **пожи́тки** seine Sachen zusammenschnüren ② *перен* (*согласовать*) in Einklang bringen, koordinieren; ◇ ~ **сро́ки** Termine aufeinander abstimmen

уга́р $м_1$ ‹-а› ① (*удушливый газ*) Kohlenmonoxid *n* ② *перен* (*состояние*) Rausch *m,* Taumel *m;* ◇ **в пья́ном ~е** im Alkoholrausch

углеводоро́д $м_1$ ‹-а› хим Kohlenwasserstoff *m;* **углево́ды** $м_1$ ‹-ов› хим Kohlenhydrat *n pl;* **углеро́д** $м_1$ ‹-а› хим Kohlenstoff *m*

углуби́ться V_{4a} *сов* ‹-блю́сь, -би́шься, (1) 1 и 2 л. не употр› [**углубля́ться** V_{1b} *несов*] *без доп (1), во что вин (2, 3)* ① (*стать глубже*) sich vertiefen, tiefer werden; ◇ **противоре́чия ~лись** die Gegensätze wurden krasser ② (*проникнуть*) (tiefer) eindringen; ◇ ~ **в лес** tiefer in den Wald vordringen ③ *перен* (*сосредоточиться*) sich vertiefen, versinken; ◇ ~ **в воспомина́ния** in Erinnerungen versinken; ◇ ~ **в изуче́ние литерату́ры** sich in das Studium der Literatur vertiefen; **углубле́ние** *с₄* ‹-я› ① (*действие*) Vertiefen *n* ② (*впадина*) Vertiefung *f;* ◇ ~ **в земле́** Senke *f;* (*выемка*) Grube *f*

угнета́тель *м₂* ‹-я› Unterdrücker *m;* **угнета́ть** V*₁ₐ* *несов* ‹-а́ю, -а́ешь, (3) 1 и 2 л. не употр› [**угнести́** *сов*] *кого-что вин* ① (*эксплуатировать*) unterdrücken, unterjochen ② (*отягощать сознание*) bedrücken; ◇ **её ~ают мра́чные мы́сли** finstere Gedanken quälen sie ③ (*заглушать*) hemmen, unterdrücken; ◇ ~ **расте́ния** das Pflanzenwachstum hemmen; **угнете́ние** *с₄* ‹-я› ① (*эксплуатация*) Unterdrückung *f* ② *перен* (*подавленное состояние*) Depression *f,* Niedergeschlagenheit *f;* ◇ **быть в ~и** deprimiert sein

угово́р *м₁* ‹-а› ① (*советы*) Zureden *n;* ◇ **согласи́ться по́сле до́лгих ~ов** nach langem Zureden zustimmen; ◇ **не поддава́ться ни на каки́е ~ы** sich durch nichts überreden lassen ② (*взаимное соглашение*) Übereinkunft *f,* Abmachung *f;* ◇ **тако́го ~у не́ было** das hatten wir nicht abgemacht; ◇ **с ~ом** unter der Bedingung; **уговори́ть** V*₄ₐ* *сов* ‹-рю́, -ри́шь› [**угова́ривать** V*₁ₐ* *несов*] *кого-что вин с инф* überreden; (*убедить*) überzeugen; (*побудить*) jd-n zu etw bewegen; ◇ **я ~и́л его́ пое́хать на рыба́лку** ich überredete ihn, zum Angeln zu fahren

угоди́ть V*₄ₐ* *сов* ‹-ожу́, -ди́шь› [**угожда́ть** V*₁ₐ* *несов*] *кому-чему дат или на кого-что вин (1), в кого-что вин (2, 3)* ① (*удовлетворить*) gefällig sein, zufriedenstellen; ◇ **ему́ не ~и́шь** man kann es ihm nicht recht machen ② (*попасть куда-л*) geraten, fallen; *перен* ◇ ~ **в люби́мчики** zum Lieblingsschüler werden ③ *разг* (*попасть в кого-что-л*) treffen; ◇ ~ **ка́мнем в окно́** mit dem Stein die Fensterscheibe treffen; ◇ **пу́ля ~и́ла в плечо́** die Kugel traf die Schulter

уго́дливый *прил* ‹-ая, -ое, -ые› diensteifrig; (*льстивый*) kriecherisch, schmeichlerisch

угожда́ть V*₁ₐ* *несов от* **угоди́ть**

у́гол *м₁* ‹угла́, об угле́, на (в) углу́, *мн:* углы́› ① мат, физ Winkel *m;* ◇ **о́стрый** ~ spitzer Winkel; ◇ **прямо́й** ~ rechter Winkel; ◇ **тупо́й** ~ stumpfer Winkel ② (*место пересечения*) Ecke *f;* ◇ **на углу́ у́лицы** an der Straßenecke; ◇ **ходи́ть из угла́ в** ~ hin und her gehen ③ (*часть комнаты, сдаваемая в наём*) Unterkunft *f,* Schlafstelle *f;* ◇ **снима́ть** ~ eine Unterkunft mieten ④ (*пристанище*) Heim *n;* ◇ **у него́ нет своего́ угла́** er ist obdachlos ⑤ *перен* (*точка зрения*) Standpunkt *m;* ◇ **под таки́м угло́м зре́ния** aus dieser Perspektive; ◇ **загна́ть кого́-л в** ~ jd-n in die Enge treiben; ◇ **из-за угла́** aus dem Hinterhalt

уголо́вник *м₁* ‹-а› Krimineller *m;* **уголо́вный** *прил* ‹-ая, -ое, -ые› kriminell, Kriminal-, Straf-; ◇ ~ **ко́декс** Strafgesetzbuch *n;* ◇ **~ое пра́во** Strafrecht *n;* ◇ ~ **престу́пник** Verbrecher *m,* Krimineller *m;* ◇ ~ **ро́зыск** Kriminalpolizei *f*

у́голь *м₂* ‹угля́, *мн:* у́гли› Kohle *f;* ◇ **бу́рый** ~ Braunkohle; ◇ **ка́менный** ~ Steinkohle; ◇ **добыва́ть** ~ Kohle fördern; ◇ **сиде́ть как на у́гольях** wie auf glühenden Kohlen sitzen

уго́н *м₁* ‹-а› (*автомобиля*) Autodiebstahl *m;* (*самолёта*) Flugzeugentführung *f;* (*выселение*) Vertreibung *f*

у́горь [1] *м₂* ‹угря́, *мн:* угри́› (*на лице*) Mitesser *m;* (*прыщ*) Pickel *m;* ◇ **лицо́ в угря́х** Gesicht voller Pickel

у́горь [2] *м* ‹угря́› зоол (*рыба*) Aal *m;* ◇ **ско́льзкий как** ~ aalglatt

угости́ть V*₄ₐ* *сов* ‹-ощу́, -ти́шь, *Part. Prät. Pass.* угощённый› [**угоща́ть** V*₁ₐ* *несов*] *кого-что вин чем тв* bewirten; ◇ ~ **обе́дом** jd-n zum Mittagessen einladen; ◇ ~ **сигаре́той** eine Zigarette anbieten; ◇ ~ **на сла́ву** jd-n vortrefflich bewirten; **угоще́ние** *с₄* ‹-я› ① (*действие*) Bewirtung *f* ② (*еда, питьё*) Essen *n,* Schmaus *m;* ◇ **поста́вить бога́тое ~ на стол** die Gäste fürstlich bewirten

угро́за *ж₁* ‹-ы› ① (*запугивание*) (An-)Drohung *f;* ◇ ~ **си́лой** Gewaltandrohung; ◇ **не боя́ться угро́з** keine Drohungen fürchten ② (*опасность*) Bedrohung *f,* Gefahr *f;* ◇ **поста́вить под ~у** gefährden

угрю́мый *прил* ‹-ая, -ое, -ые› (*ворчливый*) mürrisch, verdrießlich; (*мрачный*) düster, finster

уда́в *м₁* ‹-а› зоол Riesenschlange *f,* Boa *f*

удали́ть V*₄ₐ* *сов* ‹-лю́, -ли́шь› [**удаля́ть** V*₁ᵦ* *несов*] *кого-что вин* ① (*отдалить*) hinauszögern, aufschieben; ◇ ~ **моме́нт разлу́ки** den Abschied hinauszögern ② (*заставить уйти*) entfernen, vertreiben; ◇ ~ **игрока́ с по́ля** den Spieler vom Spielfeld verweisen ③ (*изъять*) beseitigen, entfernen; ◇ ~ **зано́зу** den Splitter entfernen; ◇ ~ **зуб** einen Zahn ziehen; ◇ ~ **пятно́** einen Fleck entfernen

у́даль *ж₅* ‹-и› (*смелость*) Kühnheit *f;* (*от-*

вага) Tapferkeit *f;* (*отчаянность*) Verwegenheit *f*

уда́р *м₁* ‹-а› ① (*толчок*) Schlag *m,* Hieb *m;* ◇ **нанести́ ~** einen Schlag versetzen; ◇ **свали́ть ~ом** zu Boden schlagen; ◇ **ста́вить под ~** in Gefahr bringen; *перен* ◇ **~ ни́же по́яса** Schlag unter die Gürtellinie; ◇ **~ кулако́м** Faustschlag ② (*треск, грохот*) Schlag *m;* ◇ **~ ко́локола** Glockenschlag ③ (*атака*) Schlag *m,* Vorstoß *m,* Angriff *m;* ◇ **отступи́ть под ~ом проти́вника** vor dem gegnerischen Angriff zurückweichen ④ *перен* (*потрясение*) Schlag *m,* Erschütterung *f;* ◇ **семья́ опра́вилась от ~а** die Familie erholte sich von dem Schlag; ◇ **испыта́ть ~ судьбы́** einen Schicksalsschlag erleiden ⑤ (*кровоизлияние в мозг*) Schlaganfall *m;* ◇ **умере́ть от ~а** an einem Schlaganfall sterben; ◇ **его хвати́л ~** er erlitt einen Schlaganfall; ◇ **быть в ~е** in Stimmung sein, gut aufgelegt sein

ударе́ние *с₄* ‹-я› ① лингв Betonung *f;* ◇ **де́лать ~** etw betonen ② (*знак*) Betonungszeichen *n,* Akzent *m;* ◇ **поста́вить ~** einen Akzent setzen ③ *перен* Hervorhebung *f,* Betonung *f;* ◇ **де́лать ~ на чём-л** etw betonen

уда́рить V_{4b} *сов* ‹-рю, -ришь› [**ударя́ть** V_{1b} *несов*] *кого-что вин по чему дат или во что вин (1), что вин и во что вин (2), на кого-что вин или по кому-чему дат (3)* ① (*нанести удар*) schlagen, treten; ◇ **~ кулако́м по столу́** mit der Faust auf den Tisch hauen; ◇ **~ в лицо́ [по лицу́]** ins Gesicht schlagen ② (*известить*) schlagen, läuten; ◇ **~ в бараба́н** die Trommel schlagen; ◇ **~ в ко́локол** die Glocke läuten; ◇ **часы́ ~или по́лночь** die Uhr schlug zwölf ③ (*напасть*) angreifen; ◇ **~ на врага́** über den Gegner herfallen; ◇ **~или моро́зы** der Frost setzte plötzlich ein; ◇ **он не ~ил в грязь лицо́м** er blamierte sich nicht

уда́рник [1] *м₁* ‹-а› тех Schlagbolzen *m*

уда́рник [2] *м₁* ‹-а› муз Schlagzeuger *m*

уда́ться * *сов* ‹-а́стся, -аду́тся, 1 и 2 л. не употр› [**удава́ться** V_{1a} *несов,* ‹Part. Präs. Akt. удаю́щийся›] *без доп (1), кому дат с инф (2)* ① (*осуществиться*) gelingen, glükken; ◇ **де́ло ~ло́сь** die Sache verlief erfolgreich; ◇ **пиро́г ~лся на сла́ву** der Kuchen ist gut gelungen ② *безл* (*об удаче*) gelingen, schaffen

уда́ча *ж₂* ‹-и› (*удачный исход*) Gelingen *n;* (*успех*) Erfolg *m;* (*счастье*) Glück *n;* ◇ **жела́ю ~и!** viel Glück!, gutes Gelingen!; ◇ **нам во всём ~** wir haben immer Glück;

уда́чный *прил* ‹-ая, -ое, -ые› ① (*удачей*) gelungen, erfolgreich ② (*хороший*) treffend, gut; ◇ **~ вы́бор** gute Wahl

удво́ить V_{4b} *сов* ‹-о́ю, -о́ишь, Imp. -о́й, ~те› [**удва́ивать** V_{1a} *несов*] *что вин* verdoppeln; (*усилить*) verstärken; ◇ **~ опла́ту** die Bezahlung verdoppeln

уде́л *м₁* ‹-а› (*судьба*) Los *n,* Schicksal *n*

удели́ть V_{4a} *сов* ‹-лю́, -ли́шь› [**уделя́ть** V_{1b} *несов*] *что вин кому-чему дат* zuteilen; (*посвятить*) widmen; ◇ **~ внима́ние кому́-л** jd-m Beachtung schenken; (*предоставить*) zur Verfügung stellen

удержа́ть V_{1a} *сов* ‹-жу́, -е́ржишь, Imp. -жи́, ~те, Part. Prät. Pass. -е́ржанный› [**уде́рживать** V_{1a} *несов*] *кого-что вин (1, 4), что вин (2, 3, 6), кого-что вин от чего род (5)* ① (*не дать упасть*) (fest-)halten; ◇ **~ в рука́х** mit den Händen festhalten ② (*сохранить*) (be-)halten; ◇ **~ пе́рвое ме́сто в соревнова́нии** den ersten Platz halten; ◇ **~ в па́мяти** im Gedächtnis behalten ③ (*не выплатить*) abziehen, zurückbehalten; ◇ **~ алиме́нты из зарпла́ты** Unterhaltszahlungen vom Gehalt einbehalten ④ (*остановить*) festhalten, anhalten; ◇ **~ го́стя до ве́чера** den Gast bis zum Abend festhalten ⑤ (*не дать сделать*) zurückhalten; ◇ **~ от необду́манного посту́пка** jd-n von einem unüberlegten Schritt abhalten ⑥ (*не дать обнаружиться*) unterdrücken; ◇ **~ слёзы** seine Tränen unterdrücken

удиви́тельный *прил* ‹-ая, -ое, -ые› ① (*необычный*) erstaunlich, bemerkenswert; (*чудесный*) wunderbar ② (*исключительный*) ungewöhnlich, außerordentlich; (*странный*) merkwürdig; ◇ **в э́том нет ничего́ ~ого** das ist nichts Ungewöhnliches; **удиви́ться** V_{4a} *сов* ‹-влю́сь, -ви́шься› [**удивля́ться** V_{1b} *несов*] *чему дат* staunen, sich wundern; ◇ **~ стра́нному вопро́су** sich über die merkwürdige Frage wundern; **удивле́ние** *с₄* ‹-я› Verwunderung *f,* Erstaunen *n,* Staunen *n;* ◇ **вызыва́ть ~** Staunen hervorrufen; ◇ **смотре́ть с ~ем** erstaunt blicken; ◇ **к всео́бщему ~ю** zur allgemeinen Verwunderung; ◇ **быть вне себя́ от ~я** außer sich sein vor Verwunderung

уди́лище *с₃* ‹-а› Angelrute *f;* **уди́льщик** *м₁* ‹-а› Angler *m;* **уди́ть** V_{4a} *несов* ‹ужу́, у́дишь› *кого-что вин* angeln, fischen; ◇ **~ ры́бу в му́тной воде́** im trüben fischen

удлини́тель *м₂* ‹-я› эл Verlängerungsschnur *f;* **удлини́ть** V_{4a} *сов* ‹-ню́, -ни́шь› [**удли-**

ня́ть V_{1b} *несов*] *что вин* (1) (*о длине, протяжённости*) verlängern, ausdehnen (2) (*о времени*) verlängern; ◇ ~ **сеа́нс** die Sitzung verlängern

удо́бный *прил* ‹-ая, -ое, -ые› (1) (*подходящий*) bequem, angenehm (2) (*уместный*) passend, geeignet

удобре́ние c_4 ‹-я› (1) с.-х. (*действие*) Düngung *f,* Düngen *n* (2) (*вещество*) Düngemittel *n,* Dünger *m;* ◇ **есте́ственное** ~ Stalldünger; ◇ **вы́везти ~я на поля́** die Felder düngen

удо́бство c_2 ‹-а› Komfort *m,* Bequemlichkeit *f;* ◇ **кварти́ра со все́ми ~ами** komfortable Wohnung; ◇ **для ~а клие́нтов** zum Wohle der Kunden

удовлетворе́ние c_4 ‹-я› (1) (*действие*) Befriedigung *f;* ◇ ~ **про́сьбы** Erfüllung einer Bitte (2) (*чувство*) Befriedigung *f,* Genugtuung *f,* Zufriedenheit *f;* ◇ **испы́тывать** ~ Genugtuung empfinden; **удовлетвори́тельно** *нареч* (1) (*достаточно хорошо*) zufriedenstellend, befriedigend (2) (*отметка*) befriedigend; **удовлетвори́тельный** *прил* ‹-ая, -ое, -ые› befriedigend, zufriedenstellend; (*достаточный*) ausreichend, genügend; **удовлетвори́ть** V_{4a} *сов* ‹-рю́, -ри́шь› [**удовлетворя́ть** V_{1b} *несов*] *кого-что вин (1, 3), чему дат (2)* (1) (*исполнить*) befriedigen, zufriedenstellen; ◇ ~ **потре́бности населе́ния** die Nachfrage der Bevölkerung befriedigen; ◇ ~ **про́сьбу** eine Bitte erfüllen; ◇ **её тру́дно** ~ sie ist anspruchsvoll (2) (*соответствовать*) entsprechen, genügen; ◇ **прое́кт ~и́л всем тре́бованиям** das Projekt entsprach allen Anforderungen (3) (*возместить ущерб*) entschädigen, abfinden

удово́льствие c_4 ‹-я› (1) (*довольство*) Vergnügen *n,* Wohlbehagen *n;* ◇ **испы́тывать** ~ Vergnügen haben; ◇ **с ~ем** mit Vergnügen (2) (*развлечение*) Vergnügung *f,* Zerstreuung *f;* ◇ **доста́вить де́тям мно́го ~й** den Kindern viel Freude bereiten; ◇ **жить в своё** ~ das Leben genießen; ◇ **находи́ть** ~ **в чём-л** an etw Freude haben; ◇ **дорого́е** ~ teurer Spaß

удо́й $м_3$ ‹-я› с.-х. Milchleistung *f;* ◇ **су́точный** ~ Milchertrag pro Tag

удорожа́ние c_4 ‹-я› Verteuerung *f*

удостовере́ние c_4 ‹-я› (1) (*документ*) Ausweis *m;* (*свидетельство*) Zeugnis *n;* (*справка*) Bescheinigung *f;* ◇ **служе́бное** ~ Dienstausweis; ◇ ~ **ли́чности** Personalausweis; ◇ **вы́дать** ~ einen Ausweis ausstellen (2) (*действие*) Bestätigung *f;* (*заверение*) Beglaubigung *f*

удосто́ить V_{4b} *сов* ‹-о́ю, -о́ишь, *Imp.* -о́й, ~те› [**удоста́ивать** V_{1a} *несов*] *кого-что вин чего род (1), кого-что вин чем тв (2)* (1) (*наградить*) würdigen, auszeichnen; ◇ ~ **госуда́рственной награ́ды** mit einer staatlichen Auszeichnung würdigen (2) (*оказать внимание*) beehren (mit), für würdig erachten; ◇ **не** ~ **взгля́дом** keines Blickes würdigen

удочери́ть V_{4a} *сов* ‹-рю́, -ри́шь› [**удочеря́ть** V_{1b} *несов*] *кого-что вин* ein Mädchen adoptieren, als Tochter annehmen

у́дочка $ж_1$ ‹-и, *род мн:* -чек› Angel *f,* Angelrute *f;* *перен* ◇ **заки́нуть [забро́сить] ~у** die Fühler ausstrecken; *перен* ◇ **пойма́ть на ~у** jd-n überlisten; *перен* ◇ **попа́сться на ~у** auf den Leim gehen; *перен* ◇ **смота́ть ~и** abhauen, verschwinden

удручи́ть V_{4a} *сов* ‹-чу́, -чи́шь› [**удруча́ть** V_{1a} *несов*] *кого-что вин чем тв* bedrücken, deprimieren

уду́шливый *прил* ‹-ая, -ое, -ые› (1) (*душный*) stickig, schwül; ◇ **~ая жара́** Schwüle *f;* ◇ ~ **во́здух** stickige Luft; (*гнетущий*) (be-)drückend; ◇ **~ая атмосфе́ра** bedrückende Stimmung (2) (*отравляющий*) erstickend

уедине́ние c_4 ‹-я› Zurückgezogenheit *f,* Abgeschiedenheit *f;* (*одиночество*) Einsamkeit *f;* ◇ **жить в ~и** zurückgezogen leben

уж [1] $м_2$ ‹-а́, *мн:* -и́› зоол Natter *f*

уж [2] **I.** *нареч* schon **II.** *частица* (*право*) tatsächlich, in der Tat; ◇ ~ **я не зна́ю** ich weiß es wirklich nicht

у́жас $м_1$ ‹-а› (1) (*чувство страха*) Entsetzen *n,* Grauen *n;* (*испуг*) Schrecken *m;* (*страх*) Furcht *f,* Angst *f;* ◇ **наводи́ть** ~ **на кого́-л** jd-n in Angst versetzen; ◇ **его́ охвати́л** ~ er wurde von Furcht gepackt; ◇ **како́й** ~! wie entsetzlich!; ◇ **до ~а** schrecklich (2) (*события, явления*) Schrecken *m,* Greuel *m;* ◇ **~ы войны́** die Greuel des Krieges; ◇ **фи́льмы ~ов** Horrorfilme *m pl* (3) (*безвыходность*) Ausweglosigkeit *f;* ◇ **почу́вствовать** ~ **своего́ положе́ния** die Ausweglosigkeit seiner Lage spüren; **ужа́сно** *нареч* (1) (*чрезмерно, крайне*) äußerst, sehr; ◇ ~ **тала́нтлив** außerordentlich begabt (2) (*плохо*) furchtbar, schrecklich, erschreckend, grauenhaft; ◇ **как** ~! wie schrecklich!; ◇ **ты** ~ **вы́глядишь** du siehst fürchterlich aus; **ужа́сный** *прил* ‹-ая, -ое, -ые› (1) (*вызывающий ужас*) furchtbar, schrecklich (2) *разг* (*скверный*) fürchterlich (3) (*чрезвычайный*) außerordentlich, maßlos, ungeheuerlich; ◇ **~ые бо́ли** schreckliche Schmerzen

у́же *сравн от* **у́зкий**

уже́ *нареч* schon, bereits; ◇ **она́ ~ уе́хала** sie ist schon weggefahren; ◇ **он ~ не ма́ленький** er ist schon groß; ◇ **я прочита́л э́ту кни́гу ~ в де́тстве** ich habe das Buch schon als Kind gelesen; ◇ **че́рез год ты ~ инжене́р** in einem Jahr bist du schon Ingenieur

ужива́ться V_{1a} *несов от* **ужи́ться**

у́жин *м₁* ‹-а› Abendessen *n,* Abendbrot *n;* ◇ **что у нас на ~?** was gibt es zum Abendessen?; ◇ **за ~ом** beim Abendessen; **у́жинать** V_{1a} *несов* ‹-аю, -аешь› [**по~** *сов*] *без доп* zu Abend essen

ужи́ться V_{4a} *сов* ‹-иву́сь, -ивёшься, (3) 1 и 2 л. не употр,* *Imp.* -иви́сь› [**ужива́ться** *несов*] *с кем тв (1), без доп (2, 3)* ① *(ладить)* sich vertragen; ◇ **не ~ с сосе́дями** nicht mit den Nachbarn auskommen ② *(привыкнуть к месту жительства)* sich einleben, sich eingewöhnen; ◇ **~ на но́вом ме́сте** sich in der neuen Umgebung einleben ③ *(сочетаться)* vereinigen, nebeneinander existieren

узда́ *ж₁* ‹-ы́, *мн:* -ы› Zaum *m,* Zügel *m; перен* ◇ **держа́ть в ~е́ кого́-л** jd-n im Zaum halten

у́зел[1] *м₁* ‹узла́, *мн:* узлы́› ① *(затянутая петля)* Knoten *m;* ◇ **морско́й ~** Seemannsknoten; ◇ **плато́к на ше́е завя́зан в ~** das Tuch ist um den Hals geknotet; ◇ **развяза́ть ~** einen Knoten lösen ② *(место скрещения)* Knotenpunkt *m;* ◇ **железнодоро́жный ~** Eisenbahnknotenpunkt; ◇ **телефо́нный ~** Fernmeldeamt *n* ③ *(свёрток)* Bündel *n* ④ *(часть механизма)* Baugruppe *f,* Einheit *f;* ◇ **санита́рные узлы́ в кварти́рах** sanitäre Anlagen in Wohnungen ⑤ анат, бот Knoten *m;* ◇ **не́рвный ~** Nervenknoten; ◇ **го́рдиев ~** der gordische Knoten

у́зел[2] *м₁* ‹узла́, *мн:* узлы́› мор *(единица скорости)* Knoten *m;* ◇ **кора́бль де́лает 20 узло́в в час** das Schiff macht 20 Knoten in der Stunde

у́зкий *прил* ‹-ая, -ое, -ие› *(сравн:* **у́же**) ① *(в ширину)* schmal, eng; *(меньший, чем нужно)* zu schmal, zu eng; ◇ **ту́фли у́зки** die Schuhe sind zu eng; *перен* ◇ **~ое ме́сто** Engpaß *m* ② *перен (ограниченный)* eingeschränkt, eng, begrenzt; ◇ **~ая специа́льность** berufliche Spezialisierung; ◇ **~ круг друзе́й** enger Freundeskreis; ◇ **в ~ом смы́сле сло́ва** im engeren Sinne ③ *перен (недалёкий)* borniert, beschränkt; ◇ **~ кругозо́р** beschränkter Horizont

узна́ть V_{1a} *сов* ‹-аю́, -а́ешь, *Part. Prät. Pass.* у́знанный› [**узнава́ть** V_{1a} *несов,* ‹*Part. Präs. Akt.* -аю́щий›] *кого-что вин (1, 3), что вин или о чём предл (2)* ① *(признать)* wiedererkennen; ◇ **~ ста́рого сослужи́вца** einen alten Kollegen wiedererkennen; ◇ **всё круго́м измени́лось, не ~** alles hat sich verändert, nichts ist mehr wiederzuerkennen ② *(получить сведения)* erfahren; ◇ **~ но́вость** eine Neuigkeit in Erfahrung bringen; *(справиться)* sich nach etw erkundigen ③ *(познакомиться)* jd-n kennenlernen

у́зник *м₁* ‹-а› Gefangener *m,* Häftling *m;* **у́зница** *ж* ‹-ы› Gefangene *f*

узо́р *м₁* ‹-а› Muster *n;* ◇ **~ тка́ни** Stoffmuster

у́зость *ж₅* ‹-и› ① *(ленты, полосы)* Schmalheit *f;* *(прохода, улицы)* Enge *f* ② *перен (ограниченность)* Beschränktheit *f,* Engstirnigkeit *f*

у́зы *мн₁* ‹уз› ① *(оковы)* Fesseln *f pl* ② *перен (то, что соединяет)* Bande *f pl;* ◇ **бра́тские ~** brüderliche Bande; ◇ **~ любви́** die Bande der Liebe

у́йма *ж₁* ‹-ы› *разг* Unmenge *f*

уйти́ * *сов* ‹уйду́, уйдёшь› [**уходи́ть** V_{4a} *несов*] *без доп (1, 4), от или с чего род (2), от кого-чего род (3), на что вин (5), во что вин (6)* ① *(отправиться куда-л)* weggehen, verlassen; ◇ **~ из шко́лы домо́й** von der Schule nach Hause gehen; ◇ **по́езд ушёл у́тром** der Zug fuhr heute morgen ab; ◇ **~ вперёд** vorausgehen; ◇ **~ ни с чем** unverrichteter Dinge fortgehen; ◇ **э́то от нас не ~ёт** das läuft uns nicht davon ② *(перестать заниматься чем-л)* aufhören, aufgeben; ◇ **~ от дел** eine Arbeit aufgeben; ◇ **~ из реда́кции** die Redaktion verlassen; ◇ **~ со сце́ны** beim Theater ausscheiden; ◇ **~ в отста́вку** zurücktreten ③ *(избавиться)* entkommen, entgehen; ◇ **~ от пого́ни** die Verfolger abschütteln; ◇ **~ от отве́тственности** sich der Verantwortung entziehen ④ *(утратиться)* vergehen, verstreichen; ◇ **мо́лодость ушла́** die Jugend verging ⑤ *(потребоваться)* verbraucht werden, draufgehen; ◇ **на костю́м ~ёт три ме́тра** für den Anzug werden drei Meter benötigt; ◇ **все де́ньги ушли́ на пое́здку** das ganze Geld ging für die Reise drauf ⑥ *перен (отдаться)* sich hingeben, sich verschreiben; ◇ **~ в нау́ку** sich der Wissenschaft widmen; ◇ **~ в себя́** sich zurückziehen

ука́з *м₁* ‹-а› Erlaß *m;* *(постановление)* Verordnung *f;* ◇ **~ президе́нта** Präsidentenerlaß;

◇ **изда́ть** ~ einen Erlaß verabschieden; ◇ **ты мне не** ~ du hast mir nichts zu befehlen

указа́ние *с₄* <-я> ① (*ссылка*) Hinweis *m*, Angabe *f* ② (*разъяснение*) Unterweisung *f*, Anweisung *f*; (*инструкция*) Vorschrift *f*; ◇ **це́нное** ~ wichtiger Hinweis; ◇ **получи́ть** ~ eine Instruktion bekommen

указа́тель *м₂* <-я> ① (*надпись, стрелка, прибор*) Anzeiger *m*, Anzeige *f*; ◇ **доро́жный** ~ Straßenschild *n*; ◇ **светово́й** ~ Lichtsignal *n*; ◇ ~ **доро́г** Wegweiser *m*; ◇ ~ **поворо́та** Blinker *m*; ◇ ~ **ско́рости** Geschwindigkeitsanzeiger ② (*справочник*) Verzeichnis *n*, Register *n*; ◇ **библиографи́ческий** ~ Literaturverzeichnis; ◇ **железнодоро́жный** ~ Kursbuch *n*; ◇ **именно́й** ~ Namensregister; ◇ **предме́тный** ~ Sachregister; **указа́ть** V$_{1a}$ *сов* <-ажу́, -а́жешь, *Imp.* -ажи́, ~те, *Part. Prät. Pass.* -а́занный> [**ука́зывать** V$_{1a}$ *несов*] *на кого-что вин (1), кого-что вин (2), что вин (3), кому дат (4)* ① (*обратить внимание на кого-что-л*) hindeuten, hinweisen; ◇ ~ **па́льцем на кого́-л** mit dem Finger auf jd-n zeigen; *перен* ◇ ~ **на оши́бку** auf Fehler hinweisen ② (*показать*) angeben, zeigen; ◇ ~ **путь** den Weg zeigen; ◇ ~ **необходи́мые посо́бия** die notwendigen Hilfsmittel angeben ③ (*определить*) festlegen, festsetzen; ◇ ~ **срок упла́ты** die Zahlungsfrist festsetzen ④ *разг* (*объявить порицание*) jd-m einen Verweis erteilen, zurechtweisen; ◇ **ему́ стро́го ука́зано** er bekam einen strengen Verweis

ука́зка *ж₁* <-и, *род мн:* -зок> ① (*палочка*) Zeigestock *m*; ◇ **пока́зывать что-л ~ой на ка́рте** mit dem Zeigestock etw auf der Karte zeigen ② (*распоряжение*) Anweisung *f*; ◇ **де́лать что-л по чужо́й ~е** nach jd-s Weisung handeln

ука́зывать V$_{1a}$ *несов от* **указа́ть**

укла́д *м₁* <-а> Ordnung *f*, Struktur *f*; ◇ **экономи́ческий** ~ Wirtschaftsordnung *f*; ◇ ~ **жи́зни** Lebensweise *f*

укло́н *м₁* <-а> ① (*наклон*) Gefälle *n*, Neigung *f*; ◇ **круто́й** ~ steiles Gefälle; ◇ **по́езд идёт под** ~ der Zug fährt bergab; ◇ **кати́ться под** ~ bergab rollen ② полит Abweichung *f* ③ *перен* (*специализация*) Spezialisierung *f*; ◇ **шко́ла с математи́ческим ~ом** Schule mit Schwerpunkt Mathematik; **уклони́ться** V$_{4a}$ *сов* <-ню́сь, -о́нишься> *от кого-чего род* ① (*отклониться в сторону*) ausweichen; ◇ ~ **от уда́ра** einem Schlag ausweichen ② (*отойти от прямого направления*) abweichen, abbiegen; ◇ **доро́га ~лась впра́во** die Straße bog nach rechts ab; *перен* ◇ ~ **от основно́й те́мы** vom Hauptthema abschweifen ③ (*отказаться*) aus dem Wege gehen; ◇ ~ **от отве́та на вопро́с** einer Frage ausweichen; **укло́нчивый** *прил* <-ая, -ое, -ые> ausweichend; ◇ ~ **отве́т** ausweichende Antwort

уклоня́ться V$_{1b}$ *несов от* **уклони́ться**

уко́л *м₁* <-а> ① (*касание*) Stich *m*; (*место укола*) Einstich *m* ② мед Spritze *f*, Injektion *f*; ◇ **по́сле ~а больно́й усну́л** nach der Spritze schlief der Kranke ein ③ *перен* (*язвительный намёк*) Stichelei *f*

уко́р *м₁* <-а> Vorwurf *m*; ◇ **посмотре́ть на кого́-л с ~ом** jd-n vorwurfsvoll anschauen; ◇ **~ы со́вести** Gewissensbisse *m pl*; **укоря́ть** V$_{1b}$ *несов* <-я́ю, -я́ешь> [**укори́ть** V$_{4a}$ *сов*] *кого-что вин в чём предл* jd-m etw vorwerfen, vorhalten; ◇ ~ **кого́-л в неискренности** jd-m Heuchelei vorwerfen

укра́дкой *нареч* verstohlen, heimlich; ◇ **посмотре́ть на кого́-л** ~ verstohlen zu jd-m hinüberblicken

украи́нец *м₅* <-нца, *мн:* -нцы> Ukrainer *m*; **украи́нка** *ж* <-и> Ukrainerin *f*; **украи́нский** *прил* <-ая, -ое, -ие> ukrainisch

укра́сить V$_{4b}$ *сов* <-а́шу, -а́сишь, *Part. Prät. Pass.* -а́шенный> [**украша́ть** V$_{1a}$ *несов*] *кого-что вин чем тв* (aus-)schmücken, verzieren; ◇ ~ **зал гирля́ндами** die Halle mit Girlanden dekorieren; ◇ ~ **ёлку игру́шками** den Weihnachtsbaum schmücken; *перен* ◇ ~ **жизнь кому́-л** jd-m das Leben verschönern

укра́сть *см.* **красть**

украше́ние *с₄* <-я> ① (*действие*) Ausschmücken *n*, Dekorieren *n* ② (*предмет*) Schmuck *m*, Verzierung *f*; ◇ **ёлочные ~я** Christbaumschmuck; ◇ **~я из зо́лота** Goldschmuck ③ *перен* (*о лучшем среди других*) Zierde *f*, Star *m*; ◇ **э́та спортсме́нка - ~ кома́нды** diese Sportlerin ist der Star des Teams

укрепи́ть V$_{4a}$ *сов* <-плю́, -пи́шь, *Part. Prät. Pass.* -плённый> [**укрепля́ть** V$_{1b}$ *несов*] *что вин* ① (*сделать крепче*) festigen, stärken; ◇ ~ **огра́ду** den Zaun befestigen; ◇ ~ **ме́стность** das Gelände befestigen ② (*прикрепить*) festmachen, befestigen

укро́п *м₁* <-а> бот Dill *m*

укроти́тель *м₂* <-я> Tierbändiger *m*, Dompteur *m*; **укроти́тельница** *ж₁* <-ы> Tierbändigerin *f*, Dompteuse *f*; **укроще́ние** *с₄* <-я> Zähmung *f*, Bändigung *f*; *перен* (*обуздание*)

Zügelung *f;* (*успокоение*) Beschwichtigung *f,* Besänftigung *f*

укрупни́ть V_{4a} *сов* <-ню́, -ни́шь> [**укрупня́ть** V_{1b} *несов*] *что вин* vergrößern; (*расширить*) erweitern; (*объединить*) zusammenlegen, zusammenfassen

укры́тие c_4 <-я> Schutz *m,* Unterstand *m*

укры́ть * *сов* <-ро́ю, -ро́ешь> [**укрыва́ть** V_{1a} *несов*] *кого-что вин* ① (*закрыть*) bedecken; ◇ **снег ~л поля́** der Schnee bedeckte die Felder; (*покрыть*) zudecken; ◇ ~ **но́ги пле́дом** die Füße mit einer Reisedecke zudecken ② (*скрыть*) verstecken, verbergen; ◇ ~ **от пресле́дователей** vor den Verfolgern verstecken; (*дать убежище*) Obdach [Zuflucht] gewähren

у́ксус $м_1$ <-а> Essig *m*

уку́с $м_1$ <-а> Biß *m;* (*место укуса*) Bißwunde *f;* (*насекомых*) Stich *m;* ◇ ~ **распу́х** die Bißwunde ist geschwollen; **укуси́ть** V_{4a} *сов* <-ушу́, -у́сишь, *Part. Prät. Pass.* -у́шенный> *кого-что вин* beißen; ◇ **соба́ка ~и́ла чью-л но́гу** der Hund biß jd-m ins Bein; (*о насекомых*) stechen; ◇ **кака́я му́ха его́ ~и́ла?** welche Laus ist ihm über die Leber gelaufen?

уку́тать V_{1a} *сов* <-аю, -аешь> [**уку́тывать** V_{1a} *несов*] *кого-что вин* einwickeln, einhüllen; ◇ ~ **ребёнка в одея́ло** das Kind in eine Decke einwickeln

ула́дить V_{4b} *сов* <-а́жу, -дишь, *Part. Prät. Pass.* -а́женный> [**ула́живать** V_{1a} *несов*] *что вин* ① (*привести в порядок*) ordnen, regeln, einrichten; ◇ ~ **де́ло** eine Sache in Ordnung bringen ② (*спор*) schlichten, beilegen; ◇ ~ **конфли́кт** einen Konflikt beilegen

у́лей $м_4$ <у́лья, *мн:* у́льи> Bienenstock *m,* Bienenkasten *m;* ◇ **на па́секе де́сять у́льев** die Imkerei hat zehn Bienenstöcke

ули́ка $ж_1$ <-и> Beweis *m,* Beweisstück *n;* ◇ **ко́свенные ~и** Indizien *n pl;* ◇ **все ~и налицо́** alle Beweise liegen vor; ◇ **про́тив него́ нет никаки́х ули́к** es gibt keine Beweise gegen ihn; ◇ **за недоста́тком ули́к** mangels Beweisen

ули́тка $ж_1$ <-и, *род мн:* -ток> Schnecke *f*

у́лица $ж_2$ <-ы> Straße *f;* ◇ **гла́вные ~ы го́рода** die wichtigsten Straßen der Stadt; ◇ **у́зкая** ~ schmale Gasse; *перен* ◇ **вы́кинуть на ~у** auf die Straße setzen, hinauswerfen; ◇ **переходи́ть ~у** die Straße überqueren; ◇ **он живёт на ~е Пу́шкина** er wohnt in der Puschkinstraße

уло́в $м_1$ <-а> Fang *m,* Beute *f;* ◇ **бога́тый** ~ guter Fang, reiche Beute; ◇ ~ **ры́бы** Fischfang

уло́вка $ж_1$ <-и, *род мн:* -вок> Kniff *m,* Finte *f;* (*отговорка*) Ausrede *f;* (*увёртка*) Ausflucht *f*

уложи́ть V_{4a} *сов* <-ожу́, -о́жишь, *Part. Prät. Pass.* -о́женный> [**укла́дывать** V_{1a} *несов*] *кого-что вин (1, 4), что вин во что вин (2), что вин (3)* ① (*положить*) hinlegen; ◇ ~ **в крова́ть** jd-n ins Bett bringen; ◇ ~ **спать** jd-n schlafen legen ② (*уместить*) (ein-)packen, einräumen; ◇ ~ **кни́ги в шкаф** die Bücher in den Schrank räumen ③ (*положить в определённом порядке*) (ver-)legen, ordnen; ◇ ~ **во́лосы** die Haare legen; ◇ ~ **ре́льсы** Eisenbahnschienen verlegen ④ *перен* (*убить*) umlegen, töten

улу́чшить V_{4b} *сов* <-шу, -шишь, *Imp.* -ши, ~те> [**улучша́ть** V_{1a} *несов*] *что вин* (ver-)bessern; ◇ ~ **ка́чество** die Qualität verbessern; ◇ ~ **отноше́ния с кем-л** die Beziehungen zu jd-m verbessern

улыба́ться V_{1a} *несов* <-а́юсь, -а́ешься, (2, 3) 1 и 2 л. не употр> [**улыбну́ться** V_2 *сов*] *без доп (1), кому-чему дат (2, 3)* ① (*кому-л*) lächeln; ◇ **приве́тливо** ~ freundlich lächeln ② *перен* (*сулить удачу*) hold sein; ◇ **сча́стье ему́ ~ется** das Glück ist ihm hold ③ (*нравиться*) zusagen, gefallen; ◇ **э́то мне не ~ется** das gefällt mir nicht; **улы́бка** $ж_1$ <-и, *род мн:* -бок> Lächeln *n;* ◇ **зла́я** ~ hämisches Grinsen; ◇ **насме́шливая** ~ spöttisches Lächeln; ◇ **с ~ой** lächelnd

улыбну́ться *см.* **улыба́ться**

ультима́тум $м_1$ <-а> Ultimatum *n;* ◇ **предъяви́ть кому́-л** ~ jd-m ein Ultimatum stellen

ультразву́к $м_1$ <-а> Ultraschall *m*

ум $м_1$ <-а́, *мн:* -ы́> ① (*интеллект*) Verstand *m,* Vernunft *f,* Intellekt *m,* Geist *m;* ◇ **здра́вый** ~ gesunder Menschenverstand; ◇ **о́стрый** ~ scharfer Verstand; ◇ **склад ~а́** Mentalität *f;* ◇ **не твоего́ ~а́ де́ло** das begreifst du nicht; ◇ **отлича́ться ~о́м** intelligent sein; ◇ **у неё ~а́ пала́та** sie ist sehr klug; ◇ **волнова́ть ~ы́** die Gemüter erregen; ◇ **быть не в своём ~е́** von Sinnen sein; ◇ **взя́ться за** ~ Vernunft annehmen; ◇ **своди́ть с ~а́** um den Verstand bringen; ◇ **у него́ друго́е на ~е́** er hat andere Dinge im Sinn; ◇ **у него́ ~ за ра́зум зашёл** er weiß nicht, wo ihm der Kopf steht ② (*о человеке*) schlauer Kopf *m;* ◇ **счита́ть в ~е́** im Kopf rechnen

уме́лец $м_5$ <-льца, *мн:* -льцы> Meister *m,* Könner *m;* **уме́лый** *прил* <-ая, -ое, -ые> geschickt, gewandt; (*опытный*) erfahren; (*компетентный*) sachkundig

уме́ние *с₄* <-я> Können *n;* ◇ **с ~ем взя́ться за де́ло** gekonnt an etw herangehen; (*способность*) Fähigkeit *f;* (*ловкость*) Fertigkeit *f*

уме́ньшить V_{4b} *сов* <-шу, -шишь, *Imp.* -ши, ~те> [**уменьша́ть** V_{1a} *несов*] *что вин* (1) (*по величине, объёму, количеству*) verringern, vermindern; ◇ ~ **вес** das Gewicht verringern (2) (*изображение*) verkleinern

уме́ренный *прил* <-ая, -ое, -ые> (1) (*средний*) mäßig, angemessen (2) (*о климате*) gemäßigt; ◇ ~ **климати́ческий по́яс** gemäßigte Klimazone

умере́ть * *сов* <умру́, умрёшь> [**умира́ть** V_{1a} *несов*] *без доп* (1) (ver-)sterben; ◇ ~ **от ран** an den Wunden sterben (2) *перен* (*исчезнуть*) sterben, schwinden; ◇ **вели́кие иде́и не умру́т** große Ideen sterben nicht

уме́рший I. *прил* <-ая, -ее, -ие> verstorben, gestorben II. *м* (A_2) <-его> Verstorbener *m*

уме́стный *прил* <-ая, -ое, -ые> passend, geeignet; ◇ **~ое замеча́ние** angebrachte Bemerkung

уме́ть V_5 *несов* <-е́ю, -е́ешь> *с инф* können, beherrschen, verstehen; ◇ ~ **писа́ть** schreiben können; ◇ ~ **ката́ться на конька́х** Schlittschuh fahren können; ◇ **не ~ притворя́ться** sich nicht verstellen können

умиротворе́ние *с₄* <-я> Friedensstiftung *f;* (*примирение*) Versöhnung *f*

у́мница *м, ж₁* <-ы> (1) (*о человеке*) kluger Kopf (2) (*о ребёнке*) artiges Kind

умножа́ть V_{1a} *несов* <-а́ю, -а́ешь> [**умно́жить** V_{4b} *сов*] *что вин (1), что вин на что вин (2)* (1) (*множить*) mehren, vergrößern; (*усиливать*) verstärken; ◇ ~ **свои́ зна́ния** sein Wissen vermehren (2) мат malnehmen; ◇ ~ **на пять** mit fünf multiplizieren

у́мный *прил* <-ая, -ое, -ые> klug, intelligent, gescheit; (*разумный*) vernünftig

умозаключе́ние *с₄* <-я> Schlußfolgerung *f*

умоли́ть V_{4a} *сов* <-лю́, -оли́шь> [**умоля́ть** V_{1b} *несов*] *кого-что вин или с инф* flehentlich bitten, beschwören; ◇ ~ **судью́ о поща́де** den Richter um Gnade anflehen; ◇ ~ **прости́ть** flehentlich um Verzeihung bitten

умолча́ть V_{4a} *сов* <-чу́, -чи́шь, *Imp.* -чи́, ~те> [**ума́лчивать** V_{1a} *несов*] *о ком-чём предл* verschweigen, für sich behalten; (*отмолчаться*) sich ausschweigen (über); (*обойти молчанием*) stillschweigend übergehen; ◇ **он ~а́л о са́мом гла́вном** das Wichtigste verschwieg er

умопомеша́тельство *с₂* <-а> Geistesstörung *f,* Geistesverwirrung *f*

у́мственный *прил* <-ая, -ое, -ые> geistig, Geist-; ◇ **~ые спосо́бности** geistige Fähigkeiten, Intelligenz *f;* ◇ ~ **труд** Kopfarbeit *f;* ◇ **~о отста́лые де́ти** geistig zurückgebliebene Kinder

умыва́льник *м₁* <-а> Waschbecken *n*

у́мысел *м₁* <-сла, *мн:* -слы> Absicht *f,* Vorsatz *m;* ◇ **соверша́ть что-л без ~сла** etw ohne Absicht tun; ◇ **с ~слом** vorsätzlich

умы́ть * *сов* <умо́ю, умо́ешь> [**умыва́ть** V_{1a} *несов*] *кого-что вин* waschen; ◇ ~ **ру́ки** sich die Hände waschen; *перен* ◇ **она́ умы́ла ру́ки** sie wusch ihre Hände in Unschuld; **умы́ться** *сов* <умо́юсь, умо́ешься> [**умыва́ться** *несов*] *без доп* sich waschen

умы́шленный *прил* <-ая, -ое, -ые> absichtlich, vorsätzlich; ◇ **~ое уби́йство** vorsätzlicher Mord

универма́г *м₁* <-а> (= *универсальный магазин*) Kaufhaus *n,* Warenhaus *n*

университе́т *м₁* <-а> Universität *f,* Uni *f;* ◇ **вече́рний** ~ Fernuniversität *f;* ◇ **наро́дный** ~ Volkshochschule *f*

униже́ние *с₄* <-я> Erniedrigung *f,* Demütigung *f;* ◇ **терпе́ть ~я** gedemütigt werden

уника́льный *прил* <-ая, -ое, -ые> (1) (*единственный в своем роде*) einzigartig; (*неповторимый*) einmalig (2) тех (*несерийный*) Sonder-, einzeln gefertigt

унита́з *м₁* <-а> Toilettenbecken *n*

уничтожа́ть V_{1a} *несов от* **уничто́жить**

уничтоже́ние *с₄* <-я> Vernichtung *f;* (*истребление*) Ausrottung *f;* (*разрушение*) Zerstörung *f;* (*противника*) Zerschlagung *f;* (*ликвидация*) Beseitigung *f,* Abschaffung *f;*

уничто́жить V_{4b} *сов* <-жу, -жишь> [**уничтожа́ть** *несов*] *кого-что вин* (1) (*истребить*) vernichten, ausmerzen; ◇ ~ **поро́ки** Laster ausmerzen (2) (*ликвидировать*) beseitigen, aufheben, abschaffen; ◇ ~ **зло в заро́дыше** das Übel im Keim ersticken; ◇ ~ **привиле́гии** Privilegien abschaffen

унты́ *мн₁* <-о́в> hohe Pelzstiefel

у́нция *ж₄* <-и> Unze *f*

унива́ть V_{1a} *несов* <-а́ю, -а́ешь> *без доп* verzagen, den Mut verlieren; (*повесить голову*) den Kopf hängen lassen; ◇ **не ну́жно ~ от неуда́ч** man darf nicht wegen Mißerfolgen den Mut verlieren; ◇ **никогда́ не ~а́й!** laß nie den Kopf hängen!; **уны́лый** *прил* <-ая, -ое, -ые> (*павший духом*) verzagt, mutlos; (*подавленный*) niedergeschlagen; (*безрадостный*) trostlos, freudlos; (*печальный*) traurig;

уны́ние *с₄* <-я> (*печаль*) Verzagtheit *f,* Mutlosigkeit *f;* (*подавленность*) Niedergeschlagenheit *f;* ◇ **впасть в** ~ verzagen; ◇ **наводи́ть** ~ **на кого́-л** jd-m den Mut nehmen

упа́док *м₁* ‹-дка› Verfall *m,* Niedergang *m;* ◇ ~ **ду́ха** Depression *f;* ◇ ~ **сил** Kräfteverfall; ◇ **хозя́йство пришло́ в** ~ der Hof ist heruntergekommen

упакова́ть *см.* **пакова́ть**

упако́вка *ж₁* ‹-и, *род мн:* -вок› ① (*действие*) Einpacken *n,* Verpacken *n* ② (*материал*) Verpackung *f;* ◇ **в карто́нной ~е** in Karton verpackt ③ (*содержимое*) Packung *f;* ◇ **две ~и таблё́ток** zwei Packungen Tabletten

упа́сть *см.* **па́дать**

упере́ться * *сов* ‹упру́сь, упрё́шься› [**упира́ться** V_{1a} *несов*] *чем тв во что вин (1), в кого-что вин (2), на чём предл (3)* ① (*опереться*) sich stützen, sich stemmen ② (*натолкнуться*) stoßen (auf) ③ *перен* (*заупрямиться*) weigern, sich versteifen (auf); ◇ ~ **на своё́м** hartnäckig auf seiner Meinung bestehen

упла́та *ж₁* ‹-ы› Bezahlung *f,* Zahlung *f;* ◇ ~ **до́лга** Schuldenzahlung; ◇ **подлежа́щий ~е** zahlbar, fällig; ◇ **с ~ой тако́го-то числа́** zahlbar am

уплотни́ть V_{4a} *сов* ‹-ню́, -ни́шь› [**уплотня́ть** V_{1b} *несов*] *что вин* ① (*сделать плотнее*) dichter, kompakter machen, verdichten; ◇ ~ **бето́н** Beton verdichten ② *перен* (*заполнить*) ausfüllen, auslasten; ◇ ~ **рабо́чий день** einen Arbeitstag voll ausnutzen

упое́ние *с₄* ‹-я› Rausch *m,* Entzücken *n,* Ekstase *f;* ◇ **слу́шать му́зыку с ~ем** sich von der Musik berauschen lassen

уполномо́ченный *м (A ₁)* ‹-ого› Bevollmächtigter *m,* Beauftragter *m*

упомина́ние *с₄* ‹-я› Erwähnung *f,* Nennung *f;* ◇ **бе́глое** ~ beiläufige Erwähnung; **упомяну́ть** V_2 *сов* ‹-ну́, -я́нешь, *Part. Prät. Pass.* -я́нутый› [**упомина́ть** V_{1a} *несов*] *кого-что вин или о ком-чём предл* erwähnen, nennen; ◇ ~ **о вчера́шнем собы́тии** das gestrige Ereignis erwähnen; ◇ **нельзя́ не** ~ es muß erwähnt werden; ◇ ~ **вскользь** nebenbei bemerken

упо́р *м₁* ‹-а› (*опора*) Stütze *f;* (*точка опоры*) Stützpunkt *m;* тех Anschlag *m;* ◇ **де́лать** ~ **на что-л** etw hervorheben; ◇ **смотре́ть в** ~ **на кого́-л** jd-n anstarren; ◇ **вы́стрелить в** ~ aus nächster Nähe schießen

упо́рный *прил* ‹-ая, -ое, -ые› hartnäckig, beharrlich; ◇ **ока́зывать ~ое сопротивле́ние** hartnäckigen Widerstand leisten; (*упрямый*) starrköpfig; **упо́рство** *с₂* ‹-а› Hartnäckigkeit *f,* Beharrlichkeit *f;* (*упрямство*) Starrköpfigkeit *f*

употреби́ть V_{4a} *сов* ‹-лю́, -би́шь, *Part. Prät. Pass.* -лё́нный› [**употребля́ть** V_{1b} *несов*] *кого-что вин* (ge-)brauchen; (*применить*) anwenden, verwenden; (*использовать*) benutzen; ◇ ~ **де́ньги на поку́пку книг** das Geld für den Kauf von Büchern verwenden; ◇ ~ **непоня́тное сло́во** ein unverständliches Wort gebrauchen; ◇ ~ **во зло** mißbrauchen; **употребле́ние** *с₄* ‹-я› Gebrauch *m;* (*применение*) Anwendung *f,* Verwendung *f;* ◇ **ввести́ в** ~ etw in Gebrauch nehmen; (*о лекарстве*) innerlich anzuwenden; ◇ **для вну́треннего ~я** zum Einnehmen

управле́ние *с₄* ‹-я› ① (*учреждение, органы власти*) Verwaltung *f,* Leitung *f;* ◇ **под ~ем кого́-л** unter jd-s Leitung; ◇ **ме́стное** ~ örtliche Verwaltung; ◇ **о́рганы госуда́рственного ~я** staatliche Verwaltungsorgane ② тех (*автомобилем*) Lenkung *f,* Führen *n;* (*машинами, процессами*) Steuerung *f* ③ грам Rektion *f;* **управля́ть** V_{1b} *несов* ‹-я́ю, -я́ешь› *кем-чем тв* ① (*направлять*) führen, lenken, steuern; ◇ ~ **кораблё́м** das Schiff steuern ② (*править*) verwalten, leiten, regieren; ◇ ~ **госуда́рством** den Staat regieren; ◇ ~ **орке́стром** ein Orchester leiten ③ грам regieren; ◇ **глаго́л ~я́ет да́тельным падежо́м** das Verb regiert den Dativ

упражне́ние *с₄* ‹-я› Übung *f;* **упражня́ться** V_{1b} *несов* ‹-я́юсь, -я́ешься› *в чём предл* üben; ◇ ~ **в игре́ на роя́ле** Klavier üben; (*тренироваться*) trainieren

упрё́к *м₁* ‹-а› Vorwurf *m;* ◇ **сде́лать** ~ **в неискренности** Heuchelei vorwerfen; ◇ **бро́сить** ~ **кому́-л** jd-m etw vorwerfen; ◇ **осыпа́ть кого́-л ~ами** jd-n mit Vorwürfen überhäufen; **упрекну́ть** V_2 *сов* ‹-ну́, -нё́шь› [**упрека́ть** V_{1a} *несов*] *кого-что вин в чём предл* vorwerfen, zum Vorwurf machen; ◇ ~ **кого́-л в ску́пости** jd-m Knauserigkeit vorwerfen

упро́чение *с₄* ‹-я› Festigung *f,* Sicherung *f;* ◇ ~ **партнё́рства** Festigung der Partnerschaft; **упро́чить** V_{4b} *сов* ‹-чу, -чишь› [**упро́чивать** V_{1a} *несов*] *что вин* ① (*укрепить*) festigen, sichern; ◇ ~ **своё́ положе́ние** seine Position festigen ② *перен* (*утвердить*) festigen, stärken; ◇ **но́вый фильм ~ил популя́рность режиссё́ра** der neue Film festigte das Ansehen des Regisseurs

упру́гий *прил* ‹-ая, -ое, -ие› elastisch, federnd, geschmeidig

упря́жка *ж₁* ‹-и, *род мн:* -жек› Gespann *n;* ◇ **ко́нная** ~ Pferdegespann; ◇ **соба́чья** ~ Hundeschlitten *m*

упря́мец *м₁* ‹-мца, *мн:* -мцы› Dickkopf *m,* Starrkopf *m;* **упря́мый** *прил* ‹-ая, -ое, -ые› ① (*неуступчивый*) stur, eigensinnig, starrköpfig, verbohrt; ◇ ~ **как осёл** störrisch wie ein Esel ② (*настойчивый*) hartnäckig, zielstrebig; ◇ ~ **спортсме́н** hartnäckiger Sportler

упусти́ть V_{4a} *сов* ‹-ущу́, -у́стишь, *Part. Prät. Pass.* -у́щенный› [**упуска́ть** V_{1a} *несов*] *кого-что вин (1, 2, 4), что вин (3)* ① (*не удержать*) loslassen, fallen lassen; ◇ ~ **из рук что-л** etw aus den Händen fallen lassen ② (*дать возможность исчезнуть*) entwischen, entkommen lassen; ◇ ~ **зве́ря** das Tier entwischen lassen ③ *перен* (*пропустить*) sich etw entgehen lassen, versäumen; ◇ ~ **подходя́щий слу́чай** eine günstige Gelegenheit verpassen ④ *перен* (*допустить недостатки*) vernachlässigen

упуще́ние *с₄* ‹-я› Versäumnis *n,* Unterlassung *f;* (*небрежность*) Nachlässigkeit *f;* ◇ **непрости́тельное** ~ unverzeihliches Versäumnis

ура́ *межд* hurra!; ◇ **кри́ки** ~ Hurrarufe *m pl;* ◇ **предложе́ние при́няли на** ~ der Vorschlag wurde mit Begeisterung aufgenommen

уравне́ние *с₄* ‹-я› ① (*действие*) Angleichung *f;* (*выравнивание*) Ausgleichen *n;* ◇ ~ **в права́х** rechtliche Gleichstellung ② мат Gleichung *f;* ◇ **дифференциа́льное** ~ Differenzialgleichung; ◇ ~ **с одни́м неизве́стным** Gleichung mit einer Unbekannten; **уравни́ловка** *ж₁* ‹-и› Gleichmacherei *f;* **уравня́ть** V_{1b} *сов* ‹-я́ю, -я́ешь, *Part. Prät. Pass.* -а́вненный› [**ура́внивать** V_{1a} *несов*] *кого-что вин* ① (*сделать одинаковым*) gleichmachen, ausgleichen; ◇ ~ **концы́** die Enden angleichen ② (*приравнять*) angleichen, gleichstellen; ◇ ~ **кого́-л в права́х** jd-n rechtlich gleichstellen

урага́н *м₁* ‹-а› Orkan *m,* Wirbelsturm *m; перен* ◇ ~ **собы́тий** stürmische Ereignisse

ура́н *м₁* ‹-а› хим Uran *n*

урегули́рование *с₄* ‹-я› (*конфликта*) Beilegung *f;* (*вопроса*) Regelung *f,* Erledigung *f*

урегули́ровать *см.* **регули́ровать**

уре́зать V_{1a} *сов* ‹-е́жу, -е́жешь, *Imp.* -е́жь, ~те› [**уре́зывать** и **ureза́ть** V_{1a} *несов*] *что вин* ① (*уменьшить*) abschneiden, (ver-)kürzen ② *перен* (*сократить*) verringern, kürzen, einschränken; ◇ ~ **бюдже́т** den Etat kürzen; ◇ ~ **зарпла́ту** das Gehalt kürzen; ◇ ~ **чьи-л права́** jd-s Rechte beschneiden

у́рна *ж₁* ‹-ы› ① (*сосуд*) Gefäß *n;* ◇ **цвето́чная** ~ Blumentopf *m* ② (*для захоронения*) Urne *f;* ◇ **избира́тельная** ~ Wahlurne ③ (*для мусора*) Papierkorb *m*

у́ровень *м₂* ‹-вня, *мн:* -вни› ① (*воды*) Niveau *n,* Stand *m;* ◇ ~ **воды́ в реке́** Pegelstand des Flusses; ◇ **над ~нем мо́ря** über dem Meeresspiegel ② *перен* (*степень*) Niveau *n,* Ebene *f,* Stufe *f;* ◇ **культу́рный** ~ kulturelles Niveau; ◇ **жи́зненный** ~ Lebensstandard *m;* ◇ ~ **за́работной пла́ты** Lohnniveau; ◇ **встре́ча на вы́сшем ~не** Gipfeltreffen *n;* ◇ **быть на ~не** den Anforderungen entsprechen ③ (*прибор*) Wasserwaage *f*

уро́д *м₁* ‹-а› ① (*с физическим недостатком*) Mißgeburt *f* ② (*безобразный*) Mißgeburt *f;* (*страшилище*) Monster *n* ③ (*с дурным характером*) Scheusal *n,* Ekel *n;* **уро́дливый** *прил* ‹-ая, -ое, -ые› ① (*физически*) mißgestaltet, verunstaltet; ◇ **~ые па́льцы** mißgestaltete Finger ② (*безобразный*) häßlich, widerwärtig; (*отталкивающий*) abstoßend ③ *перен* (*нелепый*) abartig, absurd; ◇ ~ **вкус** abartiger Geschmack

урожа́й *м₃* ‹-я› ① (*плодов*) Ernte *f;* ◇ ~ **зерновы́х** Getreideernte *f;* ◇ **собра́ть весь** ~ die ganze Ernte einbringen; (*собранный*) Ernteertrag *m* ② *перен* (*изобилие*) Überfluß *m;* ◇ **в э́том году́ ~ на оре́хи** in diesem Jahr gibt es Nüsse im Überfluß; **урожа́йный** *прил* ‹-ая, -ое, -ые› ergiebig, ertragreich

уроже́нец *м₅* ‹-нца, *мн:* -нцы› gebürtig; ◇ **он ~ Москвы́** er ist ein gebürtiger Moskauer; ◇ **она́ ~нка э́той ме́стности** sie stammt aus dieser Gegend

уро́к *м₁* ‹-а› ① (*в школе*) Stunde *f,* Unterrichtsstunde *f;* ◇ **учи́тель ведёт ~ матема́тики** der Lehrer gibt Matheunterricht; ◇ **звоно́к на** ~ Klingelzeichen (nach der Pause) *n;* (*в вузе*) Lehrveranstaltung *f;* (*раздел учебника*) Lektion *f;* ◇ **вы́учить** ~ eine Lektion lernen ② (*работа на дом*) Hausaufgabe *f;* ◇ **зада́ть ~и** Hausaufgaben aufgeben ③ (*преподавание*) Unterricht *m;* ◇ **ча́стный** ~ Privatunterricht; ◇ **брать ~и** Unterricht nehmen ④ *перен* (*нечто поучительное*) Lehre *f,* Lektion *f;* ◇ **суро́вый** ~ eine bittere Lehre; ◇ **извле́чь** ~ eine Lehre ziehen; ◇ **получи́ть хоро́ший** ~ Lehrgeld zahlen; ◇ **э́то бу́дет тебе́ ~ом** das wird dir eine Lehre sein

уро́н *м₁* ‹-а› Verlust *m;* (*ущерб*) Schaden *m;* ◇ **нанести́ ~ кому́-л** jd-m Schaden zufügen; ◇

терпе́ть ~ от кого́-л durch jd-n einen Schaden erleiden

урча́ть * *несов* <-чу́, -чи́шь> *без доп* ① (*о собаке*) knurren; (*о кошке*) schnurren; (*звук двигателя*) brummen ② *безл* (*бурчать*) ◇ **в животе́ ~и́т** der Magen knurrt

урю́к $м_1$ <-а> gedörrte Aprikosen

уса́дьба $ж_1$ <-ы, *род мн:* -деб> ① (*дом с угодьями*) Hof *m*, Gehöft *n;* ◇ **крестья́нская** ~ Bauernhof; ◇ **поме́щичья** ~ Gut *n*, Gutshof *m* ② (*участок*) Grundstück *n;* ◇ **в дере́вне у неё дом и** ~ im Dorf hat sie ein Haus mit Grundstück

усво́ить V_{4b} *сов* <-о́ю, -о́ишь, *Imp.* -о́й, ~те> [**усва́ивать** V_{1a} *несов*] *что вин* ① (*воспринять*) sich aneignen, übernehmen; ◇ ~ **но́вый обы́чай** eine neue Sitte übernehmen; ◇ ~ **себе́ привы́чку** sich etw angewöhnen ② (*выучить*) (er-)lernen, sich einprägen, begreifen; ◇ **ученики́ хорошо́ ~или уро́к** die Schüler beherrschen den Stoff gut ③ (*переработать в себе*) verdauen, vertragen; ◇ **мой органи́зм хорошо́ ~ил пи́щу** das Essen bekam mir gut

усе́рдный *прил* <-ая, -ое, -ые> eifrig; (*прилежный*) fleißig

уси́дчивость $ж_5$ <-и> Ausdauer *f*, Beharrlichkeit *f;* ◇ **ей не хвата́ет ~и** sie hat kein Sitzfleisch

усиле́ние $с_4$ <-я> Verstärkung *f;* (*обострение*) Verschärfung *f;* (*повышение*) Steigerung *f*

уси́лие $с_4$ <-я> ① (*напряжение*) Bemühung *f*, Anstrengung *f;* (*расход силы*) Kraftaufwand *m;* ◇ **объединёнными ~ями** mit vereinten Kräften; ◇ **приложи́ть все ~я к чему́-л** alles daransetzen, um etw zu erreichen; ◇ **сде́лать ~ над собо́й** sich überwinden; ◇ **с ~ем подня́ться** mit Mühe aufstehen ② тех, физ Kraft *f;* (*нагрузка*) Last *f;* ◇ **тя́говое** ~ Zugkraft

уси́лить V_{4b} *сов* <-лю, -лишь> [**уси́ливать** V_{1a} *несов*] *что вин* verstärken; (*обострить*) verschärfen; (*повысить*) erhöhen; ◇ ~ **аргумента́цию** stärkere Argumente anführen

ускорить V_{4b} *сов* <-рю, -ришь> [**ускоря́ть** V_{1b} *несов*] *что вин* (*убыстрить*) beschleunigen, forcieren; ◇ ~ **разви́тие произво́дства** die Produktionsentwicklung forcieren

усло́вие $с_4$ <-я> ① (*предпосылка*) Bedingung *f*, Voraussetzung *f*, Kondition *f;* ◇ **предвари́тельное** ~ Vorbedingung *f;* ◇ **~я переми́рия** Bedingungen für einen Waffenstillstand; ◇ **стави́ть ~ем** zur Bedingung machen; ◇ **при ~и** unter der Voraussetzung, vorbehaltlich; ◇ **с ~ем** unter der Bedingung ② (*соглашение*) Vereinbarung *f*, Abmachung *f;* ◇ **вы́полнить** ~ sich an die Vereinbarung halten; ◇ **нару́шить** ~ gegen die Abmachung verstoßen ③ ◇ **~я** *мн* (*правила*) Bestimmungen *f pl;* ◇ **~я прожива́ния в общежи́тии** Hausordnung des Wohnheims ④ ◇ **~я** *мн* (*обстановка*) Verhältnisse *n pl*, Umstände *m pl;* ◇ **жили́щные ~я** Wohnverhältnisse; ◇ **хоро́шие ~я для рабо́ты** gute Arbeitsbedingungen; ◇ **~я пого́ды** Wetterverhältnisse; ◇ **в благоприя́тных ~ях** unter günstigen Umständen; **усло́виться** V_{4b} *сов* <-влюсь, -вишься> [**усло́вливаться** V_{1a} *несов*] *с кем-чем тв о чём предл* vereinbaren, übereinkommen; (*договориться*) abmachen, verabreden; **усло́вный** *прил* <-ая, -ое, -ые> ① (*заранее условленный*) vereinbart, verabredet, abgemacht; ◇ ~ **а́дрес** Deckadresse *f* ② (*ограниченный*) bedingt; ◇ ~ **пригово́р** Bewährungsstrafe *f;* ◇ **~ое согла́сие** bedingte Zustimmung ③ (*воображаемый*) imaginär; ◇ **~ая ли́ния** gedachte Linie; ◇ **~ые обозначе́ния** Zeichen *n pl*, Legende *f* ④ грам konditional, Konditional-; ◇ **~ое предложе́ние** Konditionalsatz *m*

услу́га $ж_1$ <-и> ① (*действие*) Dienst *m;* (*любезность*) Gefälligkeit *f;* ◇ **медве́жья** ~ Bärendienst; ◇ **оказа́ть ~у кому́-л** jd-m einen Gefallen tun; ◇ **предложи́ть свой ~и** seine Dienste anbieten ② ◇ **~и** *мн* (*бытовые удобства*) Dienstleistungen *f pl;* ◇ **к Ва́шим ~ам** zu Ihren Diensten; **услу́жливый** *прил* <-ая, -ое, -ые> diensteifrig, dienstfertig, gefällig

усме́шка $ж_1$ <-и, *род мн:* -шек> spöttisches, ironisches Lächeln; ◇ **на его́ лице́ мелькну́ла** ~ über sein Gesicht huschte ein spöttisches Lächeln

усмири́ть V_{4a} *сов* <-рю́, -ри́шь> [**усмиря́ть** V_{1b} *несов*] *кого-что вин* ① (*сделать смирным, укротить*) bändigen, zähmen, besänftigen; ◇ ~ **зве́ря** ein Tier bändigen; ◇ ~ **крикуно́в** die Schreihälse besänftigen; *перен* ◇ ~ **стра́стные жела́ния** seine Begierden zähmen ② (*подавить*) unterdrücken, niederschlagen

усоверше́нствование $с_4$ <-я> ① (*повышение профессионального уровня*) Weiterbildung *f* ② тех (*изменение*) Verbesserung *f*, Weiterentwicklung *f*

усоверше́нствовать *см.* **соверше́нствовать**

успева́емость $ж_5$ <-и> (*в школе*) schulische Leistungen *n pl,* Leistungsstand *m;* ◇ **повы́сить** ~ die Leistung steigern

успéть V_5 *сов* <-éю, -éешь> [**успевáть** V_{1a} *несов*] *к чему дат или на что вин (1), в чём предл (2)* ① (*в срок*) schaffen, rechtzeitig kommen; ◇ **он ~л сходи́ть в библиотéку** er schaffte es noch, in die Bibliothek zu gehen; *перен* ◇ **я не успéл огляну́ться, как** ehe ich mich versah... ② (*добиться*) erfolgreich sein, etw erreichen; ◇ ~ **в служéбной карьéре** Karriere machen

успéх $м_1$ <-а> ① (*удача*) Erfolg *m,* Gelingen *n;* ◇ **доби́ться ~а** Erfolg haben; ◇ **желáю тебé ~а!** gutes Gelingen!, viel Erfolg!; ◇ **шу́мный ~ кинопремьéры** stürmischer Erfolg der Filmpremiere; ◇ **пóльзоваться ~ом** Erfolg haben; ◇ **с ~ом** erfolgreich ② ◇ **~и** *мн* (*достижение*) Leistungen *f pl,* Fortschritte *m pl;* (*результат*) Ergebnisse *n pl;* ◇ **~и в му́зыке** gute musikalische Leistungen; ◇ **с тем же ~ом** mit dem gleichen Ergebnis; **успéшно** *нареч* erfolgreich, mit (gutem) Erfolg; ◇ **делá иду́т** ~ die Geschäfte laufen gut; ◇ ~ **спрáвиться с рабóтой** gut mit der Arbeit fertig werden; **успéшный** *прил* <-ая, -ое, -ые> erfolgreich; (*удачный*) gelungen

успокóить V_{4b} *сов* <-óю, -óишь, *Imp.* -óй, ~те> [**успокáивать** V_{1a} *несов*] *кого-что (1), что вин (2)* ① (*сделать спокойным*) beruhigen, beschwichtigen; (*унять*) besänftigen; ◇ ~ **своió сóвесть** sein Gewissen beruhigen ② (*смягчить*) lindern, mildern

устáв $м_1$ <-а> Satzung *f,* Statut *n;* ◇ **приня́ть** ~ eine Satzung verabschieden

уставáть V_{1a} <*Part. Präs. Akt.* устающий> *несов от* **устáть**

устáлость $ж_5$ <-и> Müdigkeit *f;* ◇ **крáйняя** ~ Erschöpfung *f;* ◇ **пáдать от ~и** vor Müdigkeit umfallen; **устáлый** *прил* <-ая, -ое, -ые> müde, matt; (*изнурённый*) erschöpft

установи́ть V_{4a} *сов* <-влю́, -óвишь, *Part. Prät. Pass.* -óвленный> [**устанáвливать** V_{1a} *несов*] *что вин* ① тех (*смонтировать*) montieren, aufstellen, einbauen; (*настроить*) einstellen; ◇ ~ **прибóры** Geräte einstellen ② (*определить*) festsetzen, festlegen, bestimmen, einführen; ◇ ~ **дни óтдыха** die freien Tage festlegen; ◇ ~ **нóвое расписáние** einen neuen Zeitplan aufstellen ③ (*осуществить*) herstellen, aufnehmen; ◇ ~ **дипломати́ческие отношéния** diplomatische Beziehungen aufnehmen; ◇ ~ **связь с кем-л** mit jd-m Kontakt aufnehmen ④ (*обнаружить*) feststellen, konstatieren

установка $ж_1$ <-и, *род мн:* -вок> ① (*размещение*) Aufstellen *n,* Aufstellung *f* ② тех (*монтаж*) Montage *f,* Installation *f;* (*настройка*) Einstellung *f* ③ (*механизм*) Anlage *f;* ◇ **заводски́е ~и** Fabrikanlagen ④ (*цель*) Zielsetzung *f,* Einstellung *f;* (*директива*) Richtlinie *f,* Weisung *f;* ◇ **дать ~у** Weisung erteilen

устáть * *сов* <-áну, -áнешь> [**уставáть** V_{1a} *несов*] *без доп* müde werden, ermüden; ◇ **я ~áл ждать** ich habe keine Lust mehr zu warten; **онá ~áла с дорóги** sie ist müde von der Reise

у́стный *прил* <-ая, -ое, -ые> mündlich; ◇ **~ое предáние** mündliche Überlieferung; ◇ **в ~ой бесéде** im Gespräch

устóй $м_3$ <-я> ① (*опора сооружения*) Pfeiler *m;* ◇ **мостовы́е ~óи** Brückenpfeiler *m pl* ② ◇ **~и** *мн перен* (*начала*) Grundsätze *m pl,* Prinzipien *n pl,* Werte *m pl;* ◇ **общéственные ~óи** gesellschaftliche Normen

устóйчивый *прил* <-ая, -ое, -ые> ① (*стабильный*) fest, stabil; ◇ ~ **плот** stabiles Floß ② (*постоянный*) (stand-)fest, dauerhaft, stabil; ◇ **~ая валю́та** stabile Währung

устоя́ть V_{1b} *сов, kein Imp.* <-ою́, -ои́шь> *без доп* ① (*удержаться*) das Gleichgewicht halten, stehenbleiben ② *перен* (*не поддаться*) widerstehen, standhalten; ◇ ~ **пéред испытáнием** eine Bewährungsprobe bestehen; ◇ ~ **пéред искушéнием** einer Versuchung widerstehen

устрáивать V_{1a} *несов от* **устрóить**

устрани́ть V_{4a} *сов* <-ню́, -ни́шь> [**устраня́ть** V_{1b} *несов*] *кого-что вин* ① (*удалить*) beseitigen, wegräumen, entfernen; ◇ ~ **препя́тствие** ein Hindernis aus dem Weg räumen ② (*уволить*) entlassen, entbinden; ◇ ~ **от дóлжности** des Amtes entheben

устрашéние $с_4$ <-я> Abschreckung *f;* (*запугивание*) Einschüchterung *f;* ◇ **служи́ть для ~я** als abschreckendes Beispiel dienen

устремлённость $ж_5$ <-и> (*тенденция*) Neigung *f,* Tendenz *f;* (*целеустремлённость*) Zielstrebigkeit *f*

у́стрица $ж_1$ <-ы> Auster *f*

устрóить V_{4b} *сов* <-óю, -óишь, *Imp.* -óй, ~те> [**устрáивать** V_{1a} *несов*] *что вин (1-3), кого-что вин (4, 5)* ① (*организовать*) organisieren, veranstalten; ◇ ~ **концéрт** ein Konzert veranstalten; ◇ ~ **билéты на премьéру** Karten für die Premiere besorgen ② (*учинить*) veranstalten, bereiten; ◇ ~ **неприя́тности комý-л** jd-m Unannehmlichkeiten bereiten; ◇ ~ **переполо́х** einen Tumult veranstalten ③ (*установить порядок*) regeln, einrichten, in Ordnung bringen; ◇ ~ **свои́ дела́** seine Angelegenheiten regeln; ◇ ~ **жизнь по-но́вому** sein Leben neugestalten ④ (*определить куда-л*) unterbringen, anstellen; ◇ ~ **кого́-л на заво́д** jd-m in einer Fabrik eine Stelle besorgen ⑤ (*оказаться подходящим для кого-л*) passen, recht sein; ◇ **тако́е реше́ние меня́ не ~ит** diese Lösung paßt mir nicht; ◇ **э́то Вас ~ит?** ist Ihnen das recht?

устро́йство *с₂* ‹-а› ① (*действие*) Einrichtung *f*, Veranstaltung *f*, Organisierung *f* ② (*приведение в порядок*) Ordnung *f*, Regelung *f* ③ (*структура*) Aufbau *m*, Ordnung *f*, Struktur *f*; ◇ **обще́ственное** ~ Gesellschaftsordnung ④ (*механизм, машина*) Gerät *n*, Einrichtung *f*; ◇ **реша́ющее** ~ Rechner *m*; ◇ **прибо́р сло́жного ~а** kompliziertes Gerät

уступи́ть V_{4a} *сов* ‹-плю́, -у́пишь, *Part. Prät. Pass.* -у́пленный› [**уступа́ть** V_{1a} *несов*] *кого-что вин кому-чему дат (1), кому-чему дат в чём предл (2, 3), что вин (4)* ① (*отказаться в пользу другого*) abtreten, überlassen; ◇ ~ **доро́гу** den Weg freimachen; ◇ ~ **ме́сто стару́шке** einer alten Frau seinen Platz überlassen; *тж перен* ◇ ~ **свои́ пози́ции** von seinem Standpunkt abrücken ② (*согласиться*) nachgeben, klein beigeben; ◇ ~ **в спо́ре** im Streit nachgeben ③ (*не выдерживать сравнения*) nachstehen; ◇ **на́ше о́зеро не ~ит настоя́щему мо́рю** unser See steht dem Meer in nichts nach ④ (*продать дешевле*) (vom Preis) ablassen

усту́пка *ж₁* ‹-и, *род мн:* -пок› ① (*добровольный отказ в пользу другого*) Entgegenkommen *n*, Zugeständnis *n*; ◇ **пойти́ на ~и** nachgeben, Zugeständnisse machen ② *перен* (*компромиссное решение*) Kompromiß *m*; ◇ **он не де́лает никаки́х ~пок про́тив свои́х убежде́ний** er geht keine Kompromisse gegen seine Überzeugungen ein ③ (*скидка*) Preisnachlaß *m*; ◇ **прода́ть с ~ой** mit einer Ermäßigung verkaufen; **усту́пчивый** *прил* ‹-ая, -ое, -ые› nachgiebig; (*сговорчивый*) gefügig; (*предупредительный*) entgegenkommend

у́стье *с₅* ‹-ья, *род мн:* -ьев› ① (*место впадения реки*) Mündung *f* ② (*выход*) Öffnung *f*, Ausgang *m*

усы́ *мн₁* ‹-о́в› Schnurrbart *m*; ◇ **отпусти́ть** ~ sich einen Schnurrbart wachsen lassen; ◇ **у него́ пробива́ются** ~ er kriegt einen Schnurrbart

усынови́ть V_{4a} *сов* ‹-влю́, -ви́шь, *Part. Prät. Pass.* -влённый› [**усыновля́ть** V_{1b} *несов*] *кого-что вин* adoptieren; ◇ ~ **сироту́** ein Waisenkind adoptieren

усыпи́ть V_{4a} *сов* ‹-плю́, -пи́шь, *Part. Prät. Pass.* -плённый› [**усыпля́ть** V_{1b} *несов*] *кого-что вин* ① (*заставить уснуть*) betäuben, eine Narkose geben; ◇ ~ **больно́го пе́ред опера́цией** dem Patienten vor der Operation eine Narkose geben ② (*умертвить*) einschläfern; ◇ ~ **больну́ю соба́ку** einen kranken Hund einschläfern ③ (*довести до полусонного состояния*) einschläfern; ◇ ~ **моното́нным чте́нием** durch monotones Lesen einschläfern ④ *перен* (*ослабить*) mindern, abschwächen

у́тварь *ж₅* ‹-и› Gerät *n*; (*посуда*) Geschirr *n*; ◇ **дома́шняя** ~ Haushaltsgegenstände *m pl*; ◇ **ку́хонная** ~ Küchengeräte *n pl*

утверди́тельный *прил* ‹-ая, -ое, -ые› bejahend, zustimmend, bekräftigend; ◇ ~ **отве́т** Bejahung *f*; **утверди́ть** V_{4a} *сов* ‹-ржу́, -ди́шь, *Part. Prät. Pass.* -рждённый› [**утвержда́ть** V_{1a} *несов*] *кого-что вин (1), что вин (2), кого-что вин в чём предл (3)* ① (*оформить*) bestätigen, verabschieden; ◇ ~ **в до́лжности** im Amt bestätigen ② (*укрепить*) befestigen, stärken; ◇ ~ **сва́и** die Pfeiler befestigen ③ (*уверить*) bestärken, bekräftigen; **утвержде́ние** *с₄* ‹-я› ① (*принятие чего-л*) Bestätigung *f*; (*укрепление*) Bekräftigung *f* ② (*высказывание*) Behauptung *f*; (*констатация*) Feststellung *f*; ◇ **оши́бочное** ~ falsche Behauptung

утёнок *м₁* ‹-нка, *мн:* утя́та, *род:* утя́т, *дат:* утя́там› Entlein *n*, Entenküken *n*; ◇ **га́дкий** ~ das häßliche Entlein

утёря *ж₂* ‹-и› Verlust *m*

утёс *м₁* ‹-а› Felsen *m*; (*береговой*) Klippe *f*; ◇ **стоя́ть как** ~ wie ein Fels (in der Brandung) sein

утёчка *ж₁* ‹-и› ① (*вытекание*) Ausfließen *n*; (*просачивание*) Sickern *n*; (*газа*) Entweichen *n*, Ausströmen ② (*убыль*) Verlust *m*; эк Abwandern *n*; ◇ ~ **капита́ла** Kapitalflucht *f*

уте́шить V_{4b} *сов* ‹-шу, -шишь› [**утеша́ть** V_{1a} *несов*] *кого-что вин* trösten; ◇ ~ **хоро́шей но́востью** mit einer guten Nachricht trösten

ути́ль *м₂* ‹-я› Altmaterial *n*; ◇ **сдать что-л в** ~ etw in der Altstoffsammelstelle abgeben

утихоми́рить V_{4b} *сов* ‹-рю, -ришь› [**утихоми́ривать** V_{1a} *несов*] *кого-что вин* beschwichtigen, besänftigen

у́тка *ж$_1$* <-и, *род мн:* -ток> ① (*птица*) Ente *f;* ◇ **ди́кие ~и** Wildenten ② *разг* (*ложный слух*) Falschmeldung *f,* Ente *f;* ◇ **пусти́ть ~у** eine Ente in die Welt setzen

утоли́ть V$_{4a}$ *сов* <-лю́, -ли́шь> [**утоля́ть** V$_{1b}$ *несов*] *что вин* (*удовлетворить*) stillen, befriedigen; ◇ ~ **го́лод** den Hunger stillen; ◇ ~ **жа́жду** den Durst löschen

утоми́тельный *прил* <-ая, -ое, -ые> ermüdend, anstrengend; **утоми́ть** V$_{4a}$ *сов* <-млю́, -ми́шь, *Part. Prät. Pass.* -млённый> [**утомля́ть** V$_{1b}$ *несов*] *кого-что вин* ermüden, anstrengen; ◇ ~ **глаза́** sich die Augen überanstrengen; (*изнурить*) erschöpfen; ◇ ~ **кого́-л разгово́ром** jd-n durch ein Gespräch ermüden

утону́ть *см.* **тону́ть**

уто́пия *ж$_4$* <-ии> Utopie *f*

уто́пленник *м$_1$* <-а> Ertrunkener *m*

уточне́ние *ж$_4$* <-я> Präzisierung *f;* (*поправка*) Berichtigung *f,* Korrektur *f;* ◇ **внести́ ~я в прое́кт** Korrekturen im Entwurf vornehmen; **уточни́ть** V$_{4a}$ *сов* <-ню́, -ни́шь> [**уточня́ть** V$_{1b}$ *несов*] präzisieren; (*исправить*) berichtigen; ◇ ~ **све́дения** die Angaben genauer bestimmen

утра́та *ж$_1$* <-ы> Verlust *m,* Einbuße *f;* ◇ **понести́ тяжёлую ~у** einen schweren Verlust erleiden

утре́нний *прил* <-яя, -ее, -ие> Morgen-, morgendlich, Früh-, Vormittags-; ◇ **~яя заря́дка** Morgengymnastik *f;* ◇ **~яя заря́** Morgenröte *f;* **у́тренник** *м$_1$* <-а> (*спектакль*) Matinee *f;* (*мероприятие*) Vormittagsveranstaltung *f*

у́тро *с$_2$* <-а, с/от/до -а́, к -у, *мн:* -а, по -а́м> Morgen *m;* (*первая половина дня*) Vormittag *m;* ◇ **на сле́дующее** ~ am nächsten Morgen; ◇ **под** ~ gegen Morgen; ◇ **с са́мого ~а́** von früh an; ◇ **в одно́ прекра́сное** ~ eines Morgens; ◇ **с ~а до́ ночи** von früh bis spät; ◇ **в семь часо́в ~а́** um sieben Uhr morgens; ◇ **наступа́ет** ~ der Morgen bricht an; ◇ ~ **ве́чера мудрене́е** darüber muß man einmal schlafen; **у́тром** *нареч* morgens, früh; ◇ **сего́дня** ~ heute morgen; ◇ **встать ра́но** ~ früh morgens aufstehen

утю́г *м$_1$* <-а́, *мн:* -и́> Bügeleisen *n*

уха́ *ж$_1$* <-и́> Fischsuppe *f*

уха́б *м$_1$* <-а> Schlagloch *n*

уха́живать V$_{1a}$ *несов* <-аю, -аешь> *за кем-чем тв* ① (*заботиться*) pflegen, sorgen (für); ◇ ~ **за ребёнком** für ein Kind sorgen ② (*оказывать внимание женщине*) den Hof machen, sich bemühen (um)

ухвати́ть V$_{4a}$ *сов* <-ачу́, -а́тишь, *Part. Prät. Pass.* -а́ченный> [**ухва́тывать** V$_{1a}$ *несов*] *кого-что вин* ① (*схватить*) fassen, packen, ergreifen; ◇ ~ **за воротни́к** am Kragen pakken ② *перен* (*уловить*) begreifen, erfassen, kapieren

ухищре́ние *с$_4$* <-я> (*хитрость*) List *f;* (*уловка*) Kniff *m;* ◇ **прибега́ть к ра́зным ~иям** zu verschiedenen Kniffen greifen

ухмыльну́ться V$_2$ *сов* <-ну́сь, -нёшься> [**ухмыля́ться** V$_{1b}$ *несов*] *без доп разг* schmunzeln, grinsen

у́хо *с$_2$* <-а, *мн:* у́ши, *род:* -е́й, *дат:* -а́м> ① (*орган слуха*) Ohr *n;* мед ◇ **воспале́ние сре́днего ~а** Mittelohrentzündung *f;* ◇ **он туг на́** ~ er ist schwerhörig; ◇ **слу́шать что-л кра́ем ~а** mit halbem Ohr hinhören; ◇ **заткну́ть у́ши** sich die Ohren zuhalten; ◇ **слу́шать во все у́ши** aufmerksam zuhören; *разг* ◇ **он по́ уши в долга́х** er hat sich bis über die Ohren verschuldet; *разг* ◇ **влюби́ться по́ уши** sich bis über beide Ohren verlieben; ◇ **пропуска́ть что-л ми́мо уше́й** etw bewußt überhören; ◇ **держа́ть** ~ **востро́** auf der Hut sein; *разг* ◇ **хло́пать уша́ми** etw verschlafen; *разг* ◇ **разве́сить у́ши** ganz Ohr sein ② *перен* (*способность слышать*) Gehör *n;* ◇ **чу́ткое** ~ **музыка́нта** feines Gehör des Musikers ③ (*ушко*) Öse *f* ④ (*у шапки*) Ohrenschützer *m*

ухо́д[1] *м$_1$* <-а> Weggehen *n,* Abgang *m;* (*отбытие*) Fortgehen *n;* (*со службы*) Kündigung *f;* (*в отставку*) Rücktritt *m;* ◇ **пе́ред са́мым ~ом** kurz vor dem Weggehen

ухо́д[2] *м$_1$* <-а> (*забота*) Pflege *f,* Versorgung *f;* ◇ ~ **за больны́м** Krankenpflege; ◇ **он нужда́ется в ~е** er ist pflegebedürftig; ◇ ~ **за цвета́ми** Blumenpflege

уходи́ть V$_{4a}$ *несов от* **уйти́**

уху́дшиться V$_{4b}$ *сов* <-шится, -шатся, 1 и 2 л. не употр> [**ухудша́ться** V$_{1a}$ *несов*] *без доп* (*по качеству*) sich verschlechtern; (*о болезни, состоянии*) sich verschlimmern; (*обостриться*) sich zuspitzen

уцеле́ть V$_5$ *сов* <-е́ю, -е́ешь> *без доп* unversehrt, heil bleiben; (*остаться в живых*) überleben; ◇ ~ **в бою́** einen Kampf überleben

уча́ствовать V$_{1a}$ *несов* <-твую, -твуешь, *Imp.* -твуй, ~те, *Part. Präs. Akt.* -твующий, *Adv. Part. Präs.* -твуя> *в чём предл* ① (*принимать участие*) teilehmen, sich beteiligen (an), mitmachen; ◇ ~ **в пре́ниях** an der Diskussion teilnehmen; ◇ ~ **в спекта́кле** bei einem Stück mitspielen ② (*иметь долю в деле*) Anteil haben (an); **уча́стие** *с*$_4$ ‹-я› (1) (*совместная с кем-л деятельность*) Teilnahme *f*, Beteiligung *f*; ◇ **приня́ть ~ в вы́борах** sich an Wahlen beteiligen; (*сотрудничество*) Mitarbeit *f*; (*в спектакле*) Mitwirkung *f*; ◇ **конце́рт с ~ием изве́стных арти́стов** ein Konzert unter Mitwirkung bekannter Künstler (2) (*соболезнование*) Anteilnahme *f*, Mitgefühl *n*; (*интерес*) Interesse *n*; ◇ **отнести́сь с ~ием к чужо́му го́рю** an fremdem Leid Anteil nehmen (3) (*обладание долей*) Anteil *m*, Beteiligung *f*; ◇ **~ в при́былях** Gewinnanteil; **уча́стник** *м*$_1$ ‹-а› (1) (*участвующий*) Teilnehmer *m*; ◇ **~ вы́ставки** Aussteller *m*; ◇ **госуда́рства-~и междунаро́дного фо́рума** Teilnehmerstaaten eines internationalen Forums (2) (*в доле*) Teilhaber *m*, Partner *m*; **уча́стница** *ж*$_2$ ‹-ы› Teilnehmerin *f*

уча́сток *м*$_1$ ‹-тка, *мн:* -тки› (1) (*отрезок*) Abschnitt *m*, Strecke *f*; ◇ **~ тра́ссы** Teilstrecke; ◇ **железнодоро́жный ~** Streckenabschnitt *m* (2) (*часть площади*) Grundstück *n*, Parzelle *f* (3) (*административно-территориальное подразделение*) Revier *n*, Bezirk *m*; ◇ **избира́тельный ~** Wahlbezirk *m*; ◇ **полице́йский ~** Polizeirevier *n* (4) воен (Front-)Abschnitt *m*, Bereich *m* (5) *перен* (*отрасль деятельности*) Arbeitsbereich *m*

у́часть *ж*$_5$ ‹-и› Los *n*, Schicksal *n*; ◇ **го́рькая ~** bitteres Los; ◇ **раздели́ть чью-л ~** jd-s Los teilen

уча́щийся *м* *(А э)* ‹-егося› (*школьник*) Schüler *m*; (*студент*) Studierende *m*, Student *m*

учёба *ж*$_1$ ‹-ы› Lernen *n*; (*в вузе*) Studium *n*; (*профессиональная*) Ausbildung *f*; ◇ **го́ды ~ы** Ausbildungsjahre; ◇ **взя́ться за ~у** sich ans Lernen machen; ◇ **за ~ой** beim Lernen

уче́бник *м*$_1$ ‹-а› Lehrbuch *n*; ◇ **~ ру́сского языка́** Russischlehrbuch; **уче́бный** *прил* ‹-ая, -ое, -ые› Lehr-, Unterrichts-, Ausbildungs-, Schul-; ◇ **~ое вре́мя** Ausbildungszeit *f*; ◇ **~ план** Lehrplan *m*; ◇ **~ое посо́бие** Lehrmittel *n*; ◇ **~ предме́т** (Schul-)Fach *n*; ◇ **~ су́дно** Schulschiff *n*; ◇ **~ полиго́н** Übungsplatz *m*; **уче́ние** *с*$_4$ ‹-я› (1) (*учёба*) Lernen *n*; (*изучение*) Studium *n*; (*обучение профессии*) Ausbildung *f*; ◇ **ко́нчить ~** eine Ausbildung beenden (2) (*теория*) Lehre *f*; ◇ **филосо́фские ~ия** philosophische Lehren (3) *мн* воен Manöver *n* (3) (*преподавание*) Unterricht *m*; **учени́к** *м*$_1$ ‹-а́, *мн:* -и́› (1) (*в школе*) Schüler *m* (2) (*на производстве*) Auszubildender *m*, Lehrling *m*; ◇ **~ сле́саря** Schlosserlehrling (3) (*последователь*) Schüler *m*, Anhänger *m*; ◇ **~и́ Иису́са** die Jünger Jesu; **учени́ца** *ж*$_2$ ‹-ы› Schülerin *f*, Lehrling *m*; **учёный** I. *прил* ‹-ая, -ое, -ые› (1) (*образованный*) gebildet, gelehrt (2) (*относящийся к науке*) wissenschaftlich, akademisch; ◇ **~ое зва́ние** Professorentitel *m*; ◇ **~ая сте́пень** akademischer Grad (3) (*дрессированный*) abgerichtet, dressiert II. *м* *(А ı)* ‹-ого› Wissenschaftler *m*, Gelehrte *m*; (*о женщине*) Wissenschaftlerin *f*

уче́сть * *сов* ‹учту́, учтёшь› [**учи́тывать** V$_{1a}$ *несов*] *кого-что вин* (1) (*произвести учёт*) berechnen, kalkulieren, registrieren; ◇ **~ расхо́ды** die Ausgaben berechnen; ◇ **~ това́ры** Inventur machen (2) (*принять во внимание*) berücksichtigen, in Betracht ziehen; ◇ **~ пре́жний о́пыт** die bisherige Erfahrung berücksichtigen (3) (*вексель*) diskontieren

учёт *м*$_1$ ‹-а› (1) (*инвентаризация*) Berechnung *f*, Inventur *f*, Statistik *f*; ◇ **бухга́лтерский ~** Buchführung *f*; ◇ **~ населе́ния** Bevölkerungsstatistik *f*; ◇ **магази́н закры́т на ~** das Geschäft ist wegen Inventur geschlossen; ◇ **вести́ ~** Buch führen (2) (*регистрация*) Registrierung *f*, Anmeldung *f*; ◇ **взять на ~** registrieren; ◇ **поста́вить на ~** anmelden; ◇ **встать на ~** sich anmelden; ◇ **снять(ся) с ~а** (sich) abmelden (3) (*принятие во внимание*) Berücksichtigung *f*; ◇ **без ~а чего́-л** ohne etw einzukalkulieren; ◇ **с учётом чего́-л** unter Berücksichtigung von etw (4) фин (*векселя*) Diskont *m*

учи́лище *с*$_3$ ‹-а› Schule *f*; (*учебное заведение*) Lehranstalt *f*; ◇ **педагоги́ческое ~** pädagogische Hochschule; **учи́тель** *м*$_2$ ‹-я, *мн:* -ля́› (1) (*преподаватель*) Lehrer *m*; ◇ **~ матема́тики** Mathematiklehrer (2) (*глава учения*) Lehrmeister *m*; ◇ **вели́кие ~я́ - фило́софы** große Lehrmeister der Philosophie; **учи́тельница** *ж*$_2$ ‹-ы› Lehrerin *f*

учи́тывать V$_{1a}$ *несов от* **уче́сть**

учи́ть V$_{4a}$ *несов* ‹учу́, у́чишь, *Part. Prät. Pass.* ˇу́ченный› [**вы́~, на~** *сов*] *кого-что вин чему дат или с инф (1, 2), что вин (3, 4)* (1) (*передавать знания*) unterrichten, lehren, beibringen; ◇ **~ ру́сскому языку́** Russisch unterrichten; ◇ **~ игра́ть в ша́хматы** das Schachspielen beibringen (2) *перен* (*наставлять*) in etw unterweisen, lehren; ◇ **~ люби́ть ко всему́ живо́му** Liebe zu allen Lebewesen lehren (3) (*изучать*) lernen; ◇ **~ иностра́нные языки́** Fremdsprachen lernen; ◇ **~ по уче́бнику** nach dem Lehrbuch lernen (4) (*усваивать*) einprägen, sich aneignen, einstudieren; ◇ ~ **стихи́ наизу́сть** Gedichte auswendig lernen; **учи́ться** *несов* ‹учу́сь, у́чишься› [**вы́~**, **на~** *сов*] *чему дат или с инф* lernen; (*в вузе*) studieren; (*ремеслу*) eine Ausbildung machen

учреди́тель $м_2$ ‹-я› Gründer *m*, Stifter *m*; **учреди́ть** V_{4a} *сов* ‹-ежу́, -ди́шь, *Part. Prät. Pass.* -еждённый› [**учрежда́ть** V_{1a} *несов*] *что вин* gründen, stiften; (*создать*) schaffen; **учрежде́ние** $с_4$ ‹-я› (1) (*действие*) Gründung *f*, Stiftung *f*, Organisation *f* (2) (*организация, заведение*) Einrichtung *f*, Institution *f*, Behörde *f*, Amt *n*, Dienststelle *f*; (*контора*) Büro *n*

уша́нка $ж_1$ ‹-и› (warme) Mütze mit Ohrenschützern

уша́т $м_1$ ‹-а› Kübel *m*, Zuber *m*

ушй́б $м_1$ ‹-а› Prellung *f*; (*удар*) Schlag *m*; (*повреждение*) Verletzung *f*

уще́лье $с_5$ ‹-я› Schlucht *f*, Kluft *f*; ◇ **го́рное** ~ Bergschlucht

ущеми́ть V_{4a} *сов* ‹-млю́, -ми́шь, *Part. Prät. Pass.* -млённый› [**ущемля́ть** V_{1b} *несов*] *кого-что вин* (1) (*защемить*) (ein-)klemmen; ◇ ~ **па́лец две́рью** sich den Finger in der Tür einklemmen (2) *перен* (*ограничить*) schmälern, einschränken; ◇ ~ **чьи-л права́** jd-s Rechte einschränken (3) *перен* (*обидеть*) verletzen, kränken; ◇ ~ **чьё-л самолю́бие** jd-s Eitelkeit verletzen

уще́рб $м_1$ ‹-а› Schaden *m*, Verlust *m*, Nachteil *m*; ◇ **без ~а** unbeschadet; ◇ **нанести́ [причини́ть] ~ кому́-л** jd-m Schaden zufügen; ◇ **де́йствовать в ~ други́м** etw zu jd-s Schaden tun

ущипну́ть *см.* **щипа́ть**

ую́т $м_1$ ‹-а› Gemütlichkeit *f*, Behaglichkeit *f*; ◇ **созда́ть ~ в кварти́ре** die Wohnung gemütlich einrichten; **ую́тный** *прил* ‹-ая, -ое, -ые› gemütlich, behaglich, wohnlich; ◇ **я чу́вствую себя́ ~о** ich fühle mich wohl

уязви́мый *прил* ‹-ая, -ое, -ые› (1) (*такой, которого легко обидеть*) verwundbar, verletzlich; (*чувствительный*) empfindlich; ◇ **~ое самолю́бие** verletzliche Eitelkeit; *перен* (*спорный*) anfechtbar (2) (*слабый*) schwach, ungeschützt; **уязви́ть** V_{4a} *сов* ‹-влю́, -ви́шь, *Part. Prät. Pass.* -лённый› [**уязвля́ть** V_{1b} *несов*] *кого-что вин* kränken, verletzen

уясни́ть V_{4a} *сов* ‹-ню́, -ни́шь› [**уясня́ть** V_{1b} *несов*] *что вин* klären, verständlich machen; ◇ ~ **смысл чьих-л слов** sich über jd-s Worte klarwerden

Ф

фа́брика $ж_1$ ‹-и› Fabrik *f*; (*предприятие*) Werk *n*; ◇ **тка́цкая** ~ Weberei *f*; ◇ **пряди́льная** ~ Spinnerei *f*

фа́була $ж_1$ ‹-ы› лит Fabel *f*; (*действие*) Handlung *f*

фа́за $ж_1$ ‹-ы› (1) (*стадия*) Phase *f*; астр ◇ **пе́рвая ~ луны́** erste Mondphase; ◇ **вступи́ть в но́вую ~у разви́тия** in ein neues Entwicklungsstadium eintreten (2) эл Phase *f*

фа́кел $м_1$ ‹-а› Fackel *f*

факт $м_1$ ‹-а› Tatsache *f*; ◇ **доказа́ть на ~ах** faktisch belegen; ◇ **изложи́ть ~ы** die Fakten darlegen; ◇ **поста́вить пе́ред ~ом** vor eine Tatsache stellen; ◇ **счита́ться с ~ами** den Tatsachen Rechnung tragen; ◇ **э́то ~, что...** es ist eine Tatsache, daß; ◇ **~ы - упря́мая вещь** an Tatsachen läßt sich nicht rütteln; ◇ **~ы говоря́т са́ми за себя́** die Fakten sprechen für sich; **факти́ческий** *прил* ‹-ая, -ое, -ие› tatsächlich, faktisch; (*действительный*) wirklich; ◇ **~ое положе́ние дел** tatsächlicher Stand der Dinge

фа́ктор $м_1$ ‹-а› Faktor *m*; ◇ **вне́шний** ~ äußerer Faktor; ◇ ~ **вре́мени** Zeitfaktor

факульте́т $м_1$ ‹-а› Fakultät *f*; ◇ **подготови́тельный** ~ (*Vorbereitungskurs für die Aufnahmeprüfung an der Universität*); ◇ **учи́ться на юриди́ческом ~е** Jura studieren

фальсифика́ция $ж_4$ ‹-ии› Fälschung *f*, Verfälschung *f*; **фальсифици́ровать** V_{3a} *несов и сов* ‹-рую, -руешь› *что вин* (ver-)fälchen; ◇ ~ **исто́рию** die Geschichte verfälschen

фальши́вить V_{4b} *несов* ‹-влю, -вишь› [**с~** *сов*] *без доп* (1) (*не в тон петь или играть*) falsch singen, falsch spielen (2) (*лицемерить*) heucheln, unaufrichtig sein; **фальши́вка** $ж_1$ ‹-и, *род мн:* -вок› *разг* Fälschung *f*, gefälschtes Dokument; **фальшивомоне́тчик** $м_1$ ‹-а› Fälscher *m*, Falschmünzer *m*; **фальши́вый** *прил* ‹-ая, -ое, -ые› (1) (*поддельный*) falsch, gefälscht; ◇ **~ые драгоце́нности** unechter Schmuck (2) (*неестественный*) künstlich, unnatürlich (3) (*лицемерный*) heuchlerisch, falsch; ◇ **в его́ слова́х звучи́т ~ая но́та** seine Worte klingen verlogen; (*коварный*) hinterlistig

фами́лия $ж_4$ ‹-ии› (1) (*наименование*) Nachname *m*, Familienname *m*; ◇ **де́вичья** ~ Mädchenname *m*; ◇ **как Ва́ша ~?** wie heißen Sie? (2) (*род*) Geschlecht *n*; ◇ **стари́нная** ~

altes Geschlecht ③ (*семья*) Familie *f;* ◇ **всей ~ией отпра́вились в го́сти** sie fuhren mit der ganzen Familie zu Besuch

фанати́зм *м₁* ‹-а› Fanatismus *m*

фане́ра *ж₁* ‹-ы› Furnier *n,* Furnierholz *n;* ◇ **клеёная** ~ Sperrholz *n*

фанта́зия *ж₄* ‹-ии› ① (*воображение*) Phantasie *f,* Einbildungskraft *f* ② (*мечта*) Phantasterei *f,* Traum *m;* ◇ **предава́ться ~ям** phantasieren ③ (*нечто несбыточное*) Hirngespinst *n;* ◇ **не ве́рить глу́пым ~ям** dummen Hirngespinsten nicht glauben ④ (*каприз*) Laune *f* ⑤ муз Fantasie *f;* ◇ ~ **на те́мы ру́сских наро́дных пе́сен** Fantasie zu Themen russischer Volkslieder; (*импровизация*) Improvisation *f*

фанта́ст *м₁* ‹-а› ① (*человек с фантазией*) Phantast *m,* Schwärmer *m* ② (*писатель*) Fantasy-Autor *m;* **фантасти́ческий** *прил* ‹-ая, -ое, -ие› ① (*причудливый*) phantastisch, wunderlich; (*неправдоподобный*) unglaublich ② (*о литературе*) Fantasy-; ◇ **нау́чно-** ~ **рома́н** Science-fiction-Roman ③ *разг* (*исключительный*) äußerst, unmöglich

фа́ра *ж₁* ‹-ы› Scheinwerfer *m*

фарва́тер *м₁* ‹-а› мор Fahrwasser *n,* Fahrrinne *f; перен* ◇ **идти́ в ~е кого́-л** jd-s Gedanken kritiklos übernehmen

фарисе́й *м₃* ‹-я› Pharisäer *m;* (*лицемер*) Heuchler *m*

фармаце́вт *м₁* ‹-а› Pharmazeut *m*

фарс *м₁* ‹-а› ① лит Farce *f,* Posse *f* ② *перен* Farce *f*

фа́ртук *м₁* ‹-а› Schürze *f*

фарфо́р *м₁* ‹-а› Porzellan *n*

фарш *м₂* ‹-а› ① (*измельчённое мясо*) Hackfleisch *n,* Gehackte *n* ② (*начинка*) Füllung *f;* ◇ **капу́стный** ~ Kohlfüllung

фаса́д *м₁* ‹-а› Fassade *f,* Vorderfront *f;* ◇ **боково́й** ~ Seitenfront *f; перен* ◇ **за ~ом** hinter den Kulissen; (*лицевая сторона*) Vorderseite *f;* (*вид спереди*) Vorderansicht *f*

фасо́ль *ж₅* ‹-и› Bohne *f;* ◇ **стручко́вые ~и** Schnittbohnen

фасо́н *м₁* ‹-а› ① (*модель*) Schnitt *m;* ◇ **устаре́вший** ~ altmodischer Schnitt; (*форма*) Form *f* ② *разг* (*манера*) Art *f,* Manier *f; разг* (*форс*) ◇ **держа́ть** ~ sich wichtig machen

фата́ *ж₁* ‹-ы́› Brautschleier *m*

фата́льный *прил* ‹-ая, -ое, -ые› ① (*неотвратимый*) fatal, schicksalhaft ② (*роковой*) verhängnisvoll; ◇ **~ые после́дствия** verhängnisvolle Folgen

фа́уна *ж₁* ‹-ы› Fauna *f,* Tierwelt *f;* ◇ ~ **тро́пиков** Tropenfauna

фаши́зм *м₁* ‹-а› Faschismus *m;* **фаши́ст** *м₁* ‹-а› Faschist *m*

фая́нс *м₁* ‹-а› Steingut *n*

февра́ль *м₂* ‹-я́, *мн:* -ли́› Februar *m*

федера́льный *прил* ‹-ая, -ое, -ые› föderal, Bundes-; ◇ ~ **ка́нцлер** Bundeskanzler *m;* **федерати́вный** *прил* ‹-ая, -ое, -ые› föderativ, Föderativ-, Bundes-; ◇ ~ **госуда́рство** Bundesstaat *m;* ◇ **Федерати́вная Респу́блика Герма́нии** Bundesrepublik Deutschland; **федера́ция** *ж₄* ‹-ии› ① (*союзное государство*) Föderation *f;* ◇ **Росси́йская** ~ Russische Föderation ② (*союз*) Bund *m*

фейерве́рк *м₁* ‹-а› Feuerwerk *n;* ◇ **устро́ить** ~ ein Feuerwerk veranstalten

фено́мен *м₁* ‹-а› ① (*явление*) Phänomen *n;* (*чудо*) Wunder *n* ② (*о человеке*) Phänomen *n;* **феномена́льный** *прил* ‹-ая, -ое, -ые› phänomenal, außergewöhnlich; (*необычный*) ungewöhnlich; ◇ **~ая па́мять** phänomenales Gedächtnis

феода́льный *прил* ‹-ая, -ое, -ые› feudal, Feudal-; ◇ **~ые поря́дки** Feudalsystem *n; перен* ◇ **~ые поря́дки** mittelalterliche Sitten

ферзь *м₂* ‹-я́, *мн:* -зи́› шахм Dame *f,* Königin *f*

фе́рма[1] *ж₁* ‹-ы› ① с.-х. Viehzuchtbetrieb *m* ② (*частное хозяйство*) landwirtschaftlicher Betrieb, Bauernhof *m*

фе́рма[2] *ж₁* ‹-ы› стр (*сооружение*) Träger *m;* ◇ **стальна́я** ~ Stahlträger

фе́рмер *м₁* ‹-а› Bauer *m,* Landwirt *m*

фестива́ль *м₂* ‹-я› Festival *n,* Festspiele *n pl;* ◇ **музыка́льный** ~ Musikfestival; ◇ **театра́льный** ~ Theaterfestspiele

фехтова́льщик *м₁* ‹-а› Fechter *m;* **фехтова́ние** *с₄* ‹-я› Fechten *n*

фиа́лка *ж₁* ‹-и, *мн:* -лок› бот Veilchen *n*

фиа́ско *с* ‹нескл› Fiasko *n,* Mißerfolg *m;* ◇ **потерпе́ть** ~ ein Fiasko erleiden

фи́га *ж₁* ‹-и› ① (*плод*) Feige *f* ② (*дерево*) Feigenbaum *m;* ◇ **показа́ть ~у кому́-л** jd-n verspotten

фигу́ра *ж₁* ‹-ы› ① мат Figur *f* ② (*положение при движении*) Figur *f;* ◇ **~ы вы́сшего пилота́жа** Kunstflugfigur ③ (*изображение человека или животного*) Figur *f;* ◇ **воскова́я** ~ Wachsfigur ④ (*очертания тела*) Figur *f,* Statur *f;* ◇ **спорти́вная** ~ sportliche Figur ⑤ *перен* (*личность*) Figur *f,* Persönlichkeit *f;* ◇ **подозри́тельная** ~ verdächtige Figur; ◇ **ра́ньше он был ~ой** frü-

У Ф

her war er eine Persönlichkeit ⑥ лит Figur *f;* (*образ*) Gestalt *f;* **фигура́льный** *прил* <-ая, -ое, -ые> figurativ, bildlich; (*переносный*) übertragen

фигури́ровать V_{3a} *несов* <-рую, -руешь> *без доп* ① (*присутствовать*) erscheinen, auftreten; ◇ ~ **на суде́ в ка́честве свиде́теля** vor Gericht als Zeuge erscheinen ② (*упоминаться*) auftreten; ◇ **э́тот вопро́с не ~ал в пове́стке дня** diese Frage trat nicht in der Tagesordnung auf

фигури́ст *м₁* <-а> спорт Eiskunstläufer *m*

фигу́рный *прил* <-ая, -ое, -ые> ① (*узорный*) Figuren-, mit Figuren verziert; ◇ **~ая резьба́** Schnitzerei *f* ② (*испоняемый с фигурами*) Figuren-, Kunst-; ◇ **~ое ката́ние на во́дных лы́жах** Trickskifahren *n;* ◇ **~ое ката́ние на конька́х** Eiskunstlauf *m;* ◇ **~ое пла́вание** Kunstschwimmen *n*

фи́зик *м₁* <-а> Physiker *m;* **фи́зика** *ж₁* <-и> Physik *f;* ◇ **прикладна́я** ~ angewandte Physik; **физи́ческий** *прил* <-ая, -ое, -ие> ① (*относящийся к физике*) physikalisch ② (*относящийся к работе мышц*) physisch, körperlich, Körper-; ◇ **~ое наси́лие** physische Gewalt; ◇ **~ая си́ла** Körperkraft *f*

физкульту́ра *ж₁* <-ы> (= *физическая культура*) Körperkultur *f;* ◇ **уро́к ~ы** Sportstunde *f;* **физкульту́рник** *м₁* <-а> Sportler *m*

фикси́ровать V_{3a} *несов и сов* <-рую, -руешь> [**за**~ (1) *сов*] *что вин* ① (*отмечать*) fixieren, (schriftlich) festhalten; ◇ ~ **что-л в па́мяти** sich etw einprägen; (*устанавливать*) festlegen; ◇ ~ **сро́ки** Fristen festlegen ② (*сосредоточивать*) konzentrieren, fixieren; ◇ ~ **свой взгляд на чём-л** etw mit den Augen fixieren; ◇ ~ **внима́ние** die Aufmerksamkeit konzentrieren ③ фото fixieren

фикти́вный *прил* <-ая, -ое, -ые> fiktiv, fingiert, Schein-; (*вымышленный*) erfunden; (*притворный*) simuliert; ◇ ~ **брак** Scheinehe *f;* ◇ ~ **счёт** fiktive Rechnung

фи́кус *м₁* <-а> Fikus *m,* Gummibaum *m*

филармо́ния *ж₄* <-ии> Philharmonie *f*

филе́ *с* <нескл> ① (*мясо высшего сорта*) Lendenstück *n* ② (*кусок мяса, птицы, рыбы без костей*) Filet *n;* ◇ **треско́вое** ~ Kabeljaufilet

филиа́л *м₁* <-а> Filiale *f,* Zweigstelle *f;* ◇ ~ **ба́нка** Bankfiliale

фи́лин *м₁* <-а> Uhu *m*

фило́лог *м₁* <-а> Philologe *m*

фило́соф *м₁* <-а> Philosoph *m;* **философ́ский** *прил* <-ая, -ое, -ие> ① (*рассудительный*) philosophisch ② (*глубокомысленный*) tiefsinnig, weise; ◇ **~ое споко́йствие** Seelenruhe *f*

фильм *м₁* <-а> ① (*плёнка*) Film *m;* (*диафильм*) Diafilm *m* ② (*кинокартина*) Film *m;* ◇ **документа́льный** ~ Dokumentarfilm; ◇ **короткометра́жный** ~ Kurzfilm; ◇ **худо́жественный** ~ Spielfilm

фильтр *м₁* <-а> Filter *m*

фина́л *м₁* <-а> ① (*завершеиние*) Finale *n,* Ende *n* ② спорт Endspiel *n,* Finale *n;* ◇ **кома́нда вы́шла в** ~ die Mannschaft steht im Finale ③ муз Finale *n*

финанси́ровать V_{3a} *несов и сов* <-рую, -руешь> *кого-что вин* finanzieren; **финанси́ст** *м₁* <-а> ① (*специалист*) Finanzfachmann *m* ② (*владелец капитала*) Finanzier *m;* **фина́нсовый** *прил* <-ая, -ое, -ые> Finanz-, finanziell, Rechnungs-; ◇ ~ **год** Rechnungsjahr *n;* ◇ ~ **отде́л** Finanzabteilung *f;* ◇ **~ые тру́дности** finanzielle Schwierigkeiten; **фина́нсы** *мн₁* <-ов> ① (*средства государства*) Finanzen *pl;* ◇ **мини́стр ~ов** Finanzminister *m* ② *разг* (*деньги*) Finanzen *pl,* Finanzlage *f;* ◇ **с ~ами ту́го** die Finanzlage ist gespannt

фи́ник *м₁* <-а> бот Dattel *f*

фининспе́ктор *м₁* <-а> (= *финансовый инспектор*) Steuerprüfer *m,* Buchprüfer *m*

фи́ниш *м₂* <-а> ① (*конец состязания на скорость*) Endspurt *m,* Finish *n* ② (*конечный пункт*) Ziel *n;* ◇ **прийти́ к фи́нишу** das Ziel erreichen; (*расстояние*) Zielgerade *f;* **финиши́ровать** V_{3a} *несов и сов* <-рую, -руешь> *без доп* am Ziel ankommen, die Ziellinie passieren

фи́нка *ж₁* <-и, *род мн:* -нок> Finnin *f;* **финн** *м₁* <-а> Finne *m;* **фи́нский** *прил* <-ая, -ое, -ие> finnisch; ◇ **~ая ба́ня** Sauna *f*

фи́рма *ж₁* <-ы> ① (*объединение*) Firma *f;* ◇ **кру́пная** ~ Großunternehmen *n* ② *перен* (*прикрытие*) Fassade *f,* Deckmantel *m;* ◇ **его́ сочу́вствие - то́лько** ~ sein Mitleid ist nur Fassade

фити́ль *м₂* <-я́, *мн:* ли́> ① (*у лампы, свечи*) Docht *m* ② (*запальный*) Zündschnur *f*

флаг *м₁* <-а> Flagge *f,* Fahne *f;* ◇ **госуда́рственный** ~ Staatsflagge; ◇ **подня́ть** ~ die Flagge hissen; *перен* ◇ **под ~ом чего́-л** unter der Flagge von; ◇ **под чужи́м ~ом** unter falscher Flagge

фла́гман *м₁* <-а> (*корабль*) Flaggschiff *n;* **флагшто́к** *м₁* <-а> Fahnenmast *m;* (*на корабле*) Flaggenstock *m*

фланг *м₁* <-а> воен Flanke *f*, Seite *f*
флейта *ж₁* <-ы> муз Flöte *f*
флирт *м₁* <-а> Flirt *m*; ◇ **завести ~ с кем-л** mit jd-m flirten
флора *ж₁* <-ы> Flora *f*, Pflanzenwelt *f*; ◇ **лекарственная ~** Heilkräuter *n pl*
флот *м₁* <-а> Flotte *f*; воен Kriegsmarine *f*; ◇ **служить во ~е** in der Marine dienen
флюгер *м₁* <-а> Wetterfahne *f*, Windfahne *f*
флюс[1] *м₁* <-а> мед Zahngeschwür *n*
флюс[2] *м₁* <-а> тех Flußmittel *n*
фойе *с* <нескл> Foyer *n*
фокус[1] *м₁* <-а> ① мат, физ Brennpunkt *m*, Fokus *m* ② *перен* мед Fokus *m*, Krankheitsherd *m* ③ *перен* Brennpunkt *m*, Mittelpunkt *m*; ◇ **попасть в ~ всеобщего внимания** in den Mittelpunkt der Aufmerksamkeit geraten; ◇ **~ землетрясения** Erdbebenzentrum *n*
фокус[2] *м₁* <-а> ① (*трюк*) Kunststück *n*, Trick *m*; ◇ **показывать ~ы** Zaubertricks vorführen ② (*уловка*) Kniff *m*; ◇ **выкинуть ловкий ~** einen geschickten Winkelzug machen ③ *разг перен* (*каприз*) Laune *f*; **фокусник** *м₁* <-а> Zauberkünstler *m*
фольга *ж₁* <-и> Folie *f*; ◇ **алюминиевая ~** Aluminiumfolie
фольклор *м₁* <-а> Folklore *f*; ◇ **танцевальный ~** Folkloretänze *m pl*
фон *м₁* <-а> ① (*основной цвет, тон*) Hintergrund *m*; ◇ **светлый ~** heller Hintergrund; ◇ **выделяться на ~е** sich vom Hintergrund abheben; ◇ **служить ~ом кому/чему-л** als Hintergrund für jd-n/etw dienen ② *перен* (*обстановка*) Hintergrund *m*; ◇ **~ событий** Hintergrund der Ereignisse
фонарь *м₂* <-я, *мн:* -и> ① (*осветительный прибор*) Lampe *f*; ◇ **карманный ~** Taschenlampe; ◇ **уличные ~и** Straßenlaterne ② стр Erker *m* ③ *разг* (*синяк под глазом*) Veilchen *n*, blauer Fleck *m*; ◇ **поставить ~ кому-л** jd-n windelweich prügeln
фонд *м₁* <-а> ① (*денежные средства*) Fonds *m*, Geldmittel *pl*; ◇ **резервный ~** Reservefonds ② (*ресурсы*) Bestand *m*, Grundstock *m*; ◇ **библиотечный ~** Bücherbestand; ◇ **жилой ~** Wohnungsbestand ③ ◇ **~ы** *мн* (*ценные бумаги*) Wertpapiere *f pl*, Effekten *pl* ④ (*общественная организация*) Stiftung *f*; ◇ **детский ~** Kinderhilfswerk *n*; ◇ **российский ~ культуры** Stiftung für russische Kultur
фонетика *ж₁* <-и> Phonetik *f*, Lautlehre *f*
фонограмма *ж₁* <-ы> Phonogramm *n*; (*звукозапись*) Tonaufzeichnung *f*
фонтан *м₁* <-а> ① (*поток*) Schwall *m*, Ausbruch *m*; *перен* ◇ **~ красноречия** Redeschwall *m* ② (*сооружение для подачи воды*) Springbrunnen *m*
форель *ж₅* <-и> Forelle *f*
форма *ж₁* <-ы> ① филос Form *f*; ◇ **единство ~ы и содержания** Einheit von Form und Inhalt ② (*очертание, наружный вид*) Form *f*; ◇ **земля имеет ~у шара** die Erde ist kugelförmig; ◇ **квадратная ~** quadratische Form; ◇ **предмет изогнутой ~ы** gebogener Gegenstand ③ (*вид*) Form *f*, Art *f*; ◇ **в письменной ~е** schriftlich; ◇ **~ правления** Regierungsform, Regierungssystem *n* ④ грам Form *f*; ◇ **краткая ~** Kurzform; ◇ **~ы слова** Wortformen ⑤ (*образец*) Formular *n*, Vordruck *m*; ◇ **дать сведения по ~е** Angaben laut Vordruck machen ⑥ тех (*приспособление*) Form *f*; ◇ **литейная ~** Gießform ⑦ (*одинаковая по покрою, цвету одежда*) Uniform *f*; ◇ **школьная ~** Schuluniform ⑧ (*видимость*) Form *f*, (An-)Schein *m*; ◇ **соблюдать ~у** den Schein wahren; спорт ◇ **быть в ~е** in Form sein;
формальный *прил* <-ая, -ое, -ые> ① (*проникнутый формализмом*) formal; ◇ **~ое отношение к делу** formale Einstellung zu einer Sache ② (*основанный на формализме*) formalistisch; ◇ **~ метод** formalistische Methode ③ (*в законном порядке*) formell, offiziell; ◇ **~ отказ** formelle Absage ④ (*существующий только по видимости*) formal, äußerlich
формация *ж₄* <-ии> *тж* геол Formation *f*
форменный *прил* <-ая, -ое, -ые> ① (*по форме*) Form-, formgemäß, der Form entsprechend ② (*одинаковый*) Uniform-; ◇ **~ одежда** Uniform *f* ③ *разг* (*настоящий*) komplett, ausgemacht, echt; ◇ **~ дурак** totaler Idiot
формировать V_{3a} *несов* <-рую, -руешь> [**с~** *сов*] *что вин* ① (*придавать законченность*) formen; ◇ **~ модель** ein Modell formen ② (*организовывать*) aufstellen, formieren; ◇ **~ полк** ein Regiment zusammenstellen ③ (*составлять*) bilden; ◇ **~ эшелон** eine Staffel bilden
формула *ж₁* <-ы> ① (*определение*) Formel *f*, Redensart *f*; ◇ **изложить в сжатых ~ах** in knappen Formeln darstellen ② (*комбинация знаков*) Formel *f*; ◇ **алгебраическая ~** algebraische Formel; ◇ **~ молекулы** Molekularformel
формулировать V_{3a} *несов и сов* <-рую,

-руешь› *что вин* in Worte fassen; ◇ ~ **свои́ тре́бования** seine Forderungen formulieren; **формулиро́вка** *ж$_1$* ‹-и, *род мн:* -вок› ① (*действие*) Formulieren *n* ② (*формула*) Formulierung *f,* Definition *f;* ◇ **дать ~у** formulieren; ◇ **измени́ть ~у** den Wortlaut ändern

формуля́р *м$_1$* ‹-а› Formular *n,* Vordruck *m;* (*библиотечная карточка*) Lesekarte *f*

форси́ровать V$_{3a}$ *несов и сов* ‹-рую, -руешь› *что вин* ① (*усиливать, ускорять*) forcieren, beschleunigen ② воен erzwingen

форсу́нка *ж$_1$* ‹-и, *род мн:* -нок› тех Düse *f;* (*распылитель*) Zerstäuber *m*

фортепиа́но *с* ‹нескл› Klavier *n,* Pianoforte *n*

фо́рточка *ж$_1$* ‹-и, *род мн:* -чек› Klappfenster *n*

фо́то *с* ‹нескл› *разг* Foto *n,* Fotografie *f;* **фотоаппара́т** *м$_1$* ‹-а› Fotoapparat *m;* **фотографи́ровать** V$_{3a}$ *несов* ‹-рую, -руешь› [**с**~ *сов*] *кого-что вин* fotografieren; *разг* knipsen; **фотографи́роваться** *несов* ‹-руюсь, -руешься› [**с**~ *сов*] *без доп* fotografiert werden; (*у фотографа*) sich fotografieren lassen; **фотогра́фия** *ж$_4$* ‹-ии› ① (*получение изображения*) Fotografieren *n;* ◇ **занима́ться ~ией** fotografieren ② (*снимок*) Foto *n,* Fotografie *f,* Aufnahme *f* ③ (*мастерская*) Fotoatelier *n;* **фотокорреспонде́нт** *м$_1$* ‹-а› Bildjournalist *m;* **фотолюби́тель** *м$_2$* ‹-я› Hobbyfotograf *m;* **фотоплёнка** *ж$_1$* ‹-и, *род мн:* -нок› Film *m*

фра́за *ж$_1$* ‹-ы› ① (*высказывание*) Satz *m* ② (*напыщенное выражение*) Phrase *f,* Gerede *n;* ◇ **о́бщие ~ы** Allgemeinplätze *m pl;* ◇ **пусты́е ~ы** leeres Gerede ③ муз Phrase *f;* **фразёр** *м$_1$* ‹-а› Phrasendrescher *m,* Schwätzer *m*

фра́кция *ж$_4$* ‹-ии› полит Fraktion *f*

франт *м$_1$* ‹-а› (eitler) Fatzke *m,* Dandy *m;* ◇ **ходи́ть ~ом** sich herausputzen

францу́женка *ж$_1$* ‹-и, *род мн:* -нок› Französin *f;* **францу́з** *м$_1$* ‹-а› Franzose *m;* **францу́зский** *прил* ‹-ая, -ое, -ие› französisch

фрахт *м$_1$* ‹-а› ① (*перевозимый груз*) Fracht *f,* Ladung *f* ② (*плата за перевозку*) Frachtkosten *pl,* Frachtgebühr *f*

фрахтова́ть V$_{1a}$ *несов* ‹-ту́ю, -ту́ешь› [**за**~ *сов*] *что вин* befrachten, verfrachten; ◇ ~ **су́дно** ein Schiff heuern [chartern]

фрезеро́вщик *м$_1$* ‹-а› Fräser *m*

фре́ска *ж$_1$* ‹-и, *род мн:* -сок› иск Freske *f,* Fresko *n*

фрикаде́лька *ж$_1$* ‹-и, *род мн:* -лек› кул Frikadelle *f,* Fleischklößchen *n*

фронт *м$_1$* ‹-а, *мн:* фро́нты, *род:* -о́в› ① воен Front *f;* ◇ **отпра́виться на** ~ an die Front gehen ② метео Front *f;* ◇ ~ **тёплого во́здуха** Warmfront ③ (*единица, блок*) Front *f;* ◇ **наро́дный** ~ Volksfront; ◇ **де́йствовать еди́ным ~ом** in geeinter Front vorgehen

фронта́льный *прил* ‹-ая, -ое, -ые› ① (*лобовой*) frontal, Frontal-; ◇ **~ая ата́ка** Frontalangriff *m* ② *перен* (*общий*) Gesamt-; ◇ **~ая прове́рка** Gesamtkontrolle *f*

фронтови́к *м$_1$* ‹-а́, *мн:* -и́› Frontsoldat *m*

фрукт *м$_1$* ‹-а› ① (*плод*) Frucht *f;* (*фрукты*) Obst *n,* Früchte *f pl;* ◇ **све́жие ~ы** frisches Obst; ◇ **сушёные ~ы** Dörrobst; ◇ **ю́жные ~ы** Südfrüchte ② (*о подозрительном человеке*) Taugenichts *m*

фу! *межд* ① (*выражение презрения*) pfui, igitt; ◇ **~, как проти́вно!** igitt, wie ekelhaft! ② (*выражение усталости*) uff; ◇ ~ **- ты, го́споди!?** uff, meine Güte!

фуже́р *м$_1$* ‹-а› großes Weinglas *n,* Römer *m*

фунда́мент *м$_1$* ‹-а› ① (*основание*) Fundament *n;* ◇ **заложи́ть** ~ das Fundament legen ② *перен* (*опора, основа*) Grundlage *f,* Basis *f;* ◇ ~ **зна́ний** Grundwissen *n;* **фундамента́льный** *прил* ‹-ая, -ое, -ые› ① (*большой и прочный*) solide, groß; ◇ **~ое зда́ние** solider Bau ② (*основательный*) Grundlagen-, grundlegend; ◇ **~ые иссле́дования** Grundlagenforschung *f* ③ (*главный*) Zentral-; ◇ **~ая библиоте́ка** Zentralbibliothek *f*

фу́нкция *ж$_4$* ‹-ии› ① (*организма*) Funktion *f;* ◇ ~ **желёз** Drüsenfunktion ② (*обязанность*) Funktion *f,* Aufgabe *f;* ◇ **служе́бные ~ии** Dienstaufgaben ③ мат Funktion *f;* ◇ **произво́дная** ~ abgeleitete Funktion

фунт *м$_1$* ‹-а› ① (*мера веса*) Pfund *n;* ◇ **четы́ре ~а** vier Pfund ② (*денежная единица*) Pfund *n;* ◇ ~ **сте́рлингов** Pfund (Sterling)

фура́ж *м$_2$* ‹-а́› (Vieh-)Futter *n*

фура́жка *ж$_1$* ‹-и, *род мн:* -жек› Schirmmütze *f*

фурго́н *м$_1$* ‹-а› ① (*крытая повозка*) Planwagen *m* ② (*пикап*) Kleintransporter *m*

фурниту́ра *ж$_1$* ‹-ы› Zubehör *n*

фуру́нкул *м$_1$* ‹-а› мед Furunkel *m o. n*

фут *м$_1$* ‹-а› (*мера длины*) Fuß *m;* ◇ **длино́й в четы́ре ~а** vier Fuß lang

футбо́л *м$_1$* ‹-а› Fußball *m;* **футболи́ст** *м$_1$* ‹-а› Fußballspieler *m;* **футбо́льный** *прил* ‹-ая, -ое, -ые› Fußball-; ◇ **~ые боле́льщики** Fußballfans *m pl;* ◇ ~ **мяч** Fußball *m*

футля́р *м₁* <-а> Futteral *n,* Etui *n;* (*чехол*) Hülle *f*

фуфа́йка *ж₁* <-и, *род мн:* -фа́ек> Strickjacke *f*

фы́ркать V$_{1a}$ *несов* <-аю, -аешь> [**фы́ркнуть** V₂ *сов*] *без доп* (1) (*носом*) schnauben, schnaufen; ◇ **ко́ни ~ают** die Pferde schnauben; (*о кошке*) fauchen (2) *перен* (*сердиться, брюзжать*) anfauchen; ◇ **всем недово́лен, на всех ~ает** mit allem ist er unzufrieden, er faucht alle an (3) (*смеяться*) losprusten, herausplatzen, auflachen

фюзеля́ж *м₂* <-а> *ав* Rumpf *m;* ◇ **~ самолёта** Flugzeugrumpf

Х

хала́т *м₁* <-а> (1) (*домашняя одежда*) Morgenmantel *m;* ◇ **купа́льный ~** Bademantel *m* (2) (*рабочая одежда*) Kittel *m;* (*врача*) Arztkittel (3) (*восточная одежда*) orientalischer weiter Mantel

хала́тность *ж₅* <-и> Schlamperei *f,* Nachlässigkeit *f;* **хала́тный** *прил* <-ая, -ое, -ые> nachlässig, schlampig; ◇ **~ое отноше́ние к свои́м обя́занностям** Pflichtvergessenheit *f*

халту́ра *ж₁* <-ы> *разг* (1) (*недобросовестная работа*) Pfuscherei *f,* Stümperei *f;* ◇ **написа́ть ~у** Schund schreiben (2) (*побочный заработок*) Nebenverdienst *m*

хам *м₁* <-а> Flegel *m,* Rohling *m,* Grobian *m*

ха́мство *с₂* <-а> Frechheit *f;* (*грубость*) Grobheit *f;* (*низость*) Gemeinheit *f*

хандра́ *ж₁* <-ы́> Schwermut *m,* Niedergeschlagenheit *f;* ◇ **впасть в ~у́** schwermütig sein; ◇ **~ напа́ла на кого́-л** jd bläßt Trübsal

ханжа́ *м/ж₁* <-и́, *род мн:* е́й> Scheinheilige *m/f,* Heuchler(in *f*) *m;* **ха́нжество** *с₂* <-а> Scheinheiligkeit *f,* Frömmelei *f,* Bigotterie *f*

ха́ос, хао́с *м₁* <-а> (1) (*путаница*) Chaos *n,* Wirrwarr *m;* ◇ **~ в у́личном движе́нии** Verkehrschaos; ◇ **~ в голове́** Wirrwarr im Kopf (2) (*нагромождение*) Durcheinander *n,* Haufen *m;* ◇ **в ко́мнатах ~** in den Zimmern herrscht Chaos

хара́ктер *м₁* <-а> (1) (*свойство*) Charakter *m;* (*существо*) Wesen *n;* ◇ **име́ть твёрдый ~** charakterfest sein; ◇ **он челове́к с ~ом** ein Mensch mit Charakter (2) (*особенность*) Eigenart *f,* Charakter *m;* ◇ **бесе́да делово́го ~а** eine geschäftliche Besprechung; ◇ **затяжно́й ~ боле́зни** anhaltende Krankheit; ◇ **э́то не в её ~е** das ist nicht typisch für sie

характеризова́ть V$_{3a}$ *несов и сов* <-зу́ю, -зу́ешь> [**о~** *сов*] *кого-что вин* (1) (*дать характеристику*) charakterisieren, beurteilen; ◇ **~ рабо́тника с положи́тельной стороны́** einen Mitarbeiter positiv beurteilen (2) (*отличать*) auszeichnen; ◇ **ученика́ ~у́ет скро́мность** den Schüler zeichnet Bescheidenheit aus; **характери́стика** *ж₁* <-и> (1) (*описание характерных качеств*) Charakterisierung *f* (2) (*документ с отзывом*) Gutachten *n,* Zeugnis *n;* ◇ **~ с ме́ста рабо́ты** Zeugnis des Arbeitgebers; **характе́рный** *прил* <-ая, -ое, -ые> (1) (*выразительный*) charaktervoll, ausgeprägt, markant; ◇ **~ое лицо́** ausdrucksvolles Gesicht (2) (*специфический*) typisch, charakteristisch, bezeichnend; ◇ **~ для се́вера кли́мат** typisch nördliches Klima (3) Charakter-; ◇ **~ые та́нцы** Charaktertänze *m pl*

ха́ртия *ж₄* <-ии> Charta *f*

хвали́ть V$_{4a}$ *несов* <-лю́, -а́лишь, *Part. Präs. Pass.* хвали́мый> [**по~** *сов* <*Part. Prät. Pass.* -хва́ленный] *кого-что вин* loben, rühmen; ◇ **~ ученика́ за прилежа́ние** einen Schüler für seinen Fleiß loben; (*восхвалять*) lobpreisen

хва́статься V$_{1a}$ *несов* <-аюсь, -аешься> [**по~** *сов*] *кем-чем тв (1), с инф или с союзом "что" (2)* (1) (*хвалить себя*) prahlen, sich rühmen; ◇ **~ успе́хами** mit seinen Erfolgen angeben (2) (*обещать что-л сделать*) sich brüsten, den Mund vollnehmen; **хвасту́н** *м₁* <-а́, *мн:* -ы́> Angeber *m*

хвата́ть V$_{1a}$ *несов* <-а́ю, -а́ешь> [**хвати́ть** V$_{4a}$ (1), **с~** (1) *сов* <*Part. Prät. Pass.* схва́ченный] *кого-что вин (1, 2), что вин (3)* (1) (*брать*) packen, fassen, greifen; ◇ **~ за́ руку** jd-n an der Hand packen; (*клювом, пастью*) schnappen (2) (*задерживать*) ergreifen, fassen, schnappen (3) (*приобретать без разбора*) raffen, greifen; ◇ **~ что попа́ло** wahllos nach etw greifen; *перен* ◇ **~ дво́йки** schlechte Noten kriegen

хвати́ть V$_{4a}$ *сов* <-ачу́, -а́тишь> *чего род (1, 2, 5), кого-что вин (3), кого-что вин чем (4), без доп (6)* (1) *разг* (*выпить*) kippen, hinunterschütten (2) *перен* (*испытать*) ertragen, erleben; ◇ **~ го́ря** viel Leid erfahren; ◇ **~ стра́ху** große Ängste durchstehen (3) (*в сочетании с сущ. удар, паралич*) plötzlich auftreten, erscheinen; ◇ **старика́ ~и́л парали́ч**

der alte Mann erlitt einen Schlaganfall ④ (*ударить*) schlagen, hauen; ◇ ~ **сту́лом об пол** den Stuhl auf den Boden knallen ⑤ *безл* (*быть достаточным*) ausreichen, genügen; ◇ **у него́ ~ит сил** seine Kräfte werden ausreichen; ◇ **хва́тит!** basta!, es reicht!; ◇ **хва́тит ~ меня́** ich habe genug davon, mir reicht es ⑥ (*не знать меры*) übertreiben; ◇ **он ~и́л через кра́й** er ist zu weit gegangen

хво́йный *прил* <-ая, -ое, -ые> Nadel-; ◇ **~ые дере́вья** Nadelbäume *m pl;* ◇ ~ **лес** Nadelwald *m;* ◇ ~ **экстра́кт** Fichtennadelextrakt *m*

хво́рост *м*$_1$ <-а> ① (*сухие ветки*) Reisig *n* ② (*печенье*) (*süße, fritierte Teigstreifen*)

хвост *м*$_1$ <-а́, *мн:* -ы́> ① (*у животного*) Schwanz *m;* ◇ **ко́нский** ~ Pferdeschwanz; ◇ **пуши́стый** ~ Schweif *m;* ◇ **виля́ть** ~ mit dem Schwanz wedeln; *перен* ◇ **виля́ть ~о́м пе́ред кем-л** sich bei jd-m einschmeicheln; ◇ **поджа́ть** ~ den Schwanz einziehen; ◇ **распусти́ть** ~ ein Rad schlagen ② (*летательного аппарата*) Schwanz *m;* ◇ ~ **раке́ты** Raketenschwanz ③ (*конечная часть чего-л движущегося*) Schweif *m,* Ende *n;* ◇ ~ **коме́ты** Kometenschweif; ◇ ~ **по́езда** Zugende ④ (*очередь*) Schlange *f;* ◇ ~ **за биле́тами** Schlange zum Fahrkartenschalter; ◇ **станови́ться в** ~ sich anstellen; ◇ **стоя́ть в ~е́** Schlange stehen; *разг* ◇ **име́ть ~ы́** Prüfungen nachholen müssen; ◇ **плести́сь в ~е** zurückbleiben, hinterhertrotten

хво́я *ж*$_2$ <-и> (*листва*) Nadel *f;* (*ветки*) Nadelbaumzweig *m*

хи́жина *ж*$_1$ <-ы> Hütte *f,* Häuschen *n*

хи́лый *прил* <-ая, -ое, -ые> schwächlich; (*болезненный*) kränklich; (*нежный*) zart

хи́мик *м*$_1$ <-а> Chemiker *m;* **хими́ческий** *прил* <-ая, -ое, -ие> chemisch, Chemie-; ◇ **~ая лаборато́рия** Chemielabor *n;* ◇ **~ая реа́кция** chemische Reaktion; (*химчистка*) ◇ **~ая чи́стка оде́жды** chemische Reinigung; ◇ ~ **элеме́нт** chemisches Element; воен ◇ **~ая трево́га** Gasalarm *m;* **хи́мия** *ж*$_4$ <-и> Chemie *f*

хире́ть V$_5$ *несов* <-е́ю, -е́ешь> [**за~** *сов*] *без доп* ① (*о человеке*) (dahin-)siechen, kränkeln; (*о растительности*) eingehen, verkümmern ② *перен* verkümmern, verfallen; ◇ **тала́нт ~е́ет** das Talent verkümmert

хиру́рг *м*$_1$ <-а> Chirurg *m*

хи́трость *ж*$_5$ <-и> ① List *f,* Schlauheit *f;* (*хитрый приём*) Trick *m;* (*коварство*) Hinterlist *f;* ◇ **пусти́ться на** ~ zu einem Trick greifen ② (*искусность*) Raffinesse *f;* **хи́трый** *прил* <-ая, -ое, -ые> ① (*изворотливый*) schlau, listig, raffiniert ② (*лукавый*) durchtrieben, verschlagen ③ (*изобретательный*) pfiffig ④ (*замысловатый*) kompliziert, ausgeklügelt; ◇ **голь на вы́думки хитра́** Not macht erfinderisch

хище́ние *с*$_4$ <-я> Raub *m,* Diebstahl *m;* (*растрата*) Unterschlagung *f*

хи́щник *м*$_1$ <-а> ① (*животное*) Raubtier *n,* Raubvogel *m* ② *перен* (*о человеке*) Räuber *m;* **хи́щный** *прил* <-ая, -ое, -ые> ① (*о животных*) Raub-; ◇ **~ые зве́ри** Raubtiere *n pl;* ◇ **~ые пти́цы** Raubvögel *m pl* ② *перен* (*жадный*) raffgierig, profitsüchtig

хладнокро́вный *прил* <-ая, -ое, -ые> kaltblütig; (*невозмутимый*) gelassen

хлам *м*$_1$ <-а> Kram *m;* (*рухлядь*) Plunder *m,* Gerümpel *n*

хлеб *м*$_1$ <-а> ① (*продукт*) Brot *n;* ◇ **бе́лый** ~ Weißbrot; ◇ **ржано́й** ~ Roggenbrot; ◇ **кусо́к ~а** ein Stück Brot ② (*плоды, семена*) Korn *n,* Getreide *n;* ◇ **убо́рка ~а** Getreideernte *f;* ◇ **~а́ обеща́ют хоро́ший урожа́й** die Getreidefelder versprechen eine gute Ernte ③ (*пропитание*) Brot *n,* Ernährung *f;* (*заработок*) Lebensunterhalt *m;* ◇ **зараба́тывать себе́ на** ~ sein Brot verdienen; ◇ **не ~ом еди́ным жив челове́к** der Mensch lebt nicht von Brot allein; ◇ **э́та рабо́та - ве́рный** ~ diese Arbeit ist eine sichere Einkommensquelle; ◇ **перебива́ться с ~а на квас** von der Hand in den Mund leben; ◇ ~-**соль** Gastfreundschaft *f;* **хлебозаво́д** *м*$_1$ <-а> Großbäckerei *f;* **хлеборо́б** *м*$_1$ <-а> (Getreide-)Bauer *m;* **хлебоубо́рка** *ж*$_1$ <-и, *род мн:* -рок> Getreideernte *f*

хлев *м*$_1$ <-а, о хле́ве, в хлеву́, *мн:* -а́> ① (*для скота*) Stall *m;* ◇ **свино́й** ~ Schweinestall ② *перен* (*о грязном помещении*) Schweinestall *m;* ◇ **развести́ ~ в кварти́ре** aus der Wohnung einen Schweinestall machen

хло́пать V$_{1a}$ *несов* <-аю, -аешь> [**хло́пнуть** V$_2$ *сов*] *кого-что вин по чему дат (1), чем тв (2), кому-чему дат (3)* ① (*ударять*) schlagen, klopfen; ◇ ~ **по плечу́ кого́-л** jd-m auf die Schulter klopfen ② (*стучать*) knallen; ◇ ~ **дверьми́** die Türen zuschlagen ③ (*аплодировать*) klatschen; ◇ ~ **арти́сту** einem Schauspieler applaudieren; ◇ ~ **глаза́ми** blöd gucken

хлопково́д *м*$_1$ <-а> Baumwollzüchter *m;*
хлопково́дство *с*$_2$ <-а> Baumwollanbau *m*

хло́пнуть *см.* **хло́пать**

хло́пок *м₁* <-пка> Baumwolle *f*

хлопота́ть * *несов* <-очу́, -о́чешь> [**по~** *сов*] *без доп (1), о чем предл или с союзом "чтобы" (2), о ком предл или за кого вин (3)* (1) (*быть в хлопотах*) herumwirtschaften, geschäftig sein; ◇ ~ **с обе́дом** mit dem Kochen beschäftigt sein (2) (*добиваться*) sich bemühen (um); ◇ ~ **о посо́бии** sich um Zuschüsse bemühen (3) (*ходатайствовать*) sich einsetzen (für); ◇ ~ **за дру́га** für einen Freund ein gutes Wort einlegen

хло́поты *мн₁* <-по́т, *дат:* хло́потам> (1) (*заботы*) Sorgen *f pl;* (*возня*) Scherereien *f pl;* (*усилия*) Mühen *f pl;* ◇ **изба́вить кого́-л от хлопо́т** jd-n von seinen Sorgen befreien; ◇ **наде́лать хлопо́т** jd-m Umstände machen; ◇ **весь день прошёл в ~ах** wir hatten den ganzen Tag alle Hände voll zu tun (2) (*ходатайство*) Bemühungen *f pl;* ◇ **у неё хлопо́т по́лон рот** sie weiß nicht, wo ihr der Kopf steht

хлопча́тник *м₁* <-а> Baumwollstaude *f;* **хлопчатобума́жный** *прил* <-ая, -ое, -ые> Baumwoll-; ◇ ~ **ткань** Baumwollstoff *m*

хлор *м₁* <-а> ХИМ Chlor *n*

хлы́нуть V_2 *сов* <-нет, -нут, 1 и 2 л. не употр, *Imp.* хлынь, ~те> *без доп* (1) (*литься потоком*) (hervor-)strömen, hervorsprudeln, hervorbrechen; ◇ **кровь ~ула из ра́ны** das Blut strömte aus der Wunde; ◇ **~ул дождь** es begann in Strömen zu regnen; ◇ **в окно́ ~ул за́пах цвето́в** durch das Fenster strömte der Duft der Blumen (2) (*устремиться*) sich stürzen, strömen; ◇ **лю́ди ~ули на у́лицы** Menschen strömten auf die Straßen

хмель *м₂* <-я> (1) (*растение*) Hopfen *m* (2) (*опьянение*) Trunkenheit *f,* Rausch *m;* **хмельно́й** *прил* <-а́я, -о́е, -ы́е> (1) (*пьяный*) betrunken, berauscht (2) (*пьянящий*) alkoholisch, berauschend

хны́кать * *несов* <-ы́чу, -ы́чешь> *без доп разг* (1) (*плакать*) plärren, flennen (2) (*жаловаться*) klagen, jammern

хо́бот *м₁* <-а> (1) (*у животных*) Rüssel *m;* ◇ ~ **слона́** Elefantenrüssel (2) (*задняя часть лафета*) Schwanz *m*

ход *м₁* <-а> (1) (*движение*) Gang *m,* Gehen *n,* Lauf *m,* Fahrt *f;* ◇ **на ~у́** im Gehen, beim Fahren (2) *перен* (*развитие*) Verlauf *m,* Ablauf *m,* Gang *m;* ◇ ~ **боле́зни** Krankheitsverlauf; ◇ ~ **мы́слей** Gedankengang; ◇ ~ **собы́тий** die Entwicklung der Ereignisse (3) (*механизма*) Gang *m,* Lauf *m;* Betrieb *m;* ◇ **на холосто́м ~у́** im Leerlauf; ◇ **за́дний** ~ Rückwärtsgang, Rücklauf (4) *перен* (*поступок*) Zug *m;* ◇ **дипломати́ческий** ~ diplomatischer Zug; ◇ **ло́вкий** ~ geschickter Schachzug (5) (*вход*) Eingang *m;* ◇ **пара́дный** ~ Haupteingang (6) (*в игре*) Zug *m;* ◇ **Ваш** ~ Sie sind am Zug; ◇ **дать ~ де́лу** eine Sache in Gang bringen; ◇ **не дава́ть ~у кому́-л** jd-m Steine in den Weg legen; ◇ **быть в ~у́** in Gebrauch sein; ◇ **пусти́ть в** ~ Gebrauch von etw machen; ◇ **знать все ~ы́ и вы́ходы** alle Schliche kennen

хода́тайство *с₂* <-а> Bittgesuch *n,* Antrag *m;* (*за кого-л*) Fürsprache *f;* ◇ **возбуди́ть** ~ einen Antrag einreichen; ◇ ~ **удовлетворено́ [отклонено́]** dem Antrag wurde [nicht] stattgegeben; **хода́тайствовать** V_{3a} *несов* <-твую, -твуешь> [**по~** *сов*] *о ком-чём предл (1), за кого-что вин (2)* (1) (*выступить с ходатайством*) etw beantragen, um etw ersuchen (2) (*просить*) Fürsprache für jd-n einlegen, sich einsetzen (für)

ходи́ть V_{4a} *несов, неопред, см.* **идти́** <хожу́, хо́дишь> *без доп (1, 2, 7), во что вин (3), в чём предл (4), чем тв (5), за кем-чем тв (6)* (1) (*идти*) gehen, laufen; ◇ ~ **по магази́нам** einen Einkaufsbummel machen; ◇ **часы́ ~ят ве́рно** die Uhr geht richtig; ◇ ~ **взад и вперёд** hin-und hergehen; ◇ ~ **на лы́жах** Ski laufen; (*уметь*) ◇ **она́ уже́ ~ит** sie kann schon laufen (2) (*о поездах, пароходах*) verkehren, gehen, fahren; ◇ **поезда́ ~ят по расписа́нию** die Züge fahren planmäßig (3) (*посещать*) besuchen, (hin-)gehen; ◇ ~ **в кино́** ins Kino gehen (4) (*носить*) etw tragen, etw anhaben; ◇ ~ **в пальто́** einen Mantel anhaben; ◇ ~ **в очка́х** eine Brille tragen (5) (*в игре*) einen Zug machen, eine Karte ausspielen; ◇ ~ **королём** mit dem König ziehen (6) (*ухаживать*) pflegen, beaufsichtigen (7) (*о деньгах*) in Umlauf sein; ◇ **~ят слу́хи, что...** es gehen Gerüchte um, daß...; ◇ ~ **на голове́** Unfug treiben

хо́дкий *прил* <-ая, -ое, -ие> (1) (*быстроходный*) schnell; ◇ ~ **конь** schnelles Pferd (2) (*имеющий большой спрос*) gängig, gefragt (3) (*о слове, выражении*) gebräuchlich, verbreitet

ходьба́ *ж₁* <-ы́> Gehen *n,* Wandern *n;* ◇ **полчаса́ ~ы́** eine halbe Stunde zu Fuß

хозрасчёт *м₁* <-а> (= *хозяйственный расчёт*) Rentabilitätsprinzip *n,* wirtschaftliche Rechnungsführung

хозя́ин *м₁* <-а, *мн:* -зя́ева, *род:* -зя́ев> (1) (*владелец*) Besitzer *m;* ◇ **без ~а** herrenlos (2) *перен* (*распорядитель*) Herr *m;* ◇ **быть**

Х

~**ом положе́ния** Herr der Lage sein; ◇ **он сам себе́** ~ er ist sein eigener Herr ③ (*глава дома, семьи*) Hausherr *m* ④ (*принимающий гостей*) Gastgeber *m* ⑤ (*имеющий жильцов*) Vermieter *m* ⑥ спорт Heimmannschaft *f;* ◇ **быть ~ом своего́ сло́ва** sein Versprechen einhalten; **хозя́йка** *ж₁* <-и, *род мн:* -я́ек> ① (*владелица*) Besitzerin *f* ② (*имеющий жильцов*) Hausbesitzerin *f,* Vermieterin *f* ③ (*хозяйка дома*) Gastgeberin *f,* Wirtin *f;* ◇ **дома́шняя** ~ Hausfrau *f;* **хозя́йничать** V_{1a} *несов* <-аю, -аешь> *без доп* ① (*вести хозяйство*) wirtschaften, den Haushalt führen ② (*распоряжаться*) das Sagen haben, schalten und walten; **хозя́йство** c_2 <-а> ① (*экономика, производство*) Wirtschaft *f;* ◇ **наро́дное** ~ Volkswirtschaft; ◇ **ры́ночное** ~ Marktwirtschaft; ◇ **се́льское** ~ Landwirtschaft ② (*работы по дому*) Haushalt *m;* ◇ **вести́** ~ den Haushalt führen ③ (*отдельное хозяйство*) Betrieb *m;* ◇ **фе́рмерское** ~ landwirtschaftlicher Betrieb; (*двор*) Hof *m;* ◇ **крестья́нское** ~ Bauernhof

хоккеист *м₁* <-а> Hockeyspieler *m;* **хокке́й** *м₃* <-я> спорт (*на траве*) Hockey *n;* (*на льду*) Eishockey *n*

холе́ра *ж₁* <-ы> мед Cholera *f*

холл *м₁* <-а> (Vor-)Halle *f;* ◇ ~ **оте́ля** Hotelhalle; (*в жилом доме*) Diele *f*

холм *м₁* <-а́, *мн:* -ы́> Hügel *m;* ◇ **моги́льный** ~ Grabhügel

хо́лод *м₁* <-а, *мн:* -а́> ① (*низкая температура воздуха*) Kälte *f;* ◇ **цветы́ боя́тся ~а** die Blumen vertragen keine Kälte; ◇ **де́сять гра́дусов ~а** zehn Grad unter Null; ◇ **поста́вить вино́ на** ~ den Wein kalt stellen; ◇ **пахну́ло ~ом в лицо́** Kälte schlug jd-m ins Gesicht ② *перен* (*отношение*) (Gefühls-)Kälte; ◇ **у него́ в глаза́х** ~ er hat kalte Augen; ◇ **обда́ть кого́-л ~ом** jd-n Kälte spüren lassen; ◇ **его́ броса́ло в жар и** ~ es überlief ihn heiß und kalt

холоде́ц *м₁* <-дца́, *мн:* -дцы́> кул Sülze *f*

холоди́льник *м₁* <-а> ① (*шкаф*) Kühlschrank *m* ② (*предприятие*) Kühlhaus *n;* ◇ **ваго́н-**~ Kühlwagen *m;* **хо́лодно** *нареч* ① (*температура*) kalt ② *перен* (*равнодушно*) kalt, ungerührt ③ *безл* kalt; ◇ **мне** ~ mir ist kalt, ich friere; **холо́дный** *прил* <-ая, -ое, -ые> ① (*имеющий низкую температуру*) kalt; ◇ ~ **край** kalte Region ② (*не имеющий отопления*) kalt, unbeheizt; ◇ **~ая да́ча** unbeheizte Datscha ③ (*мало греющий*) leicht, ungefüttert; ◇ **~ая ку́ртка** leichte Jacke; ◇ **~ое зи́мнее со́лнце** schwache Wintersonne ⑤ *перен* (*равнодушный*) kalt, kühl, gleichgültig, unfreundlich ⑥ (*производимый без помощи нагревания*) kalt, Kalt-; ◇ **~ое копче́ние** Kalträuchern *n;* ◇ **~ая война́** der kalte Krieg; ◇ **~ое ору́жие** Hieb- und Stichwaffe

холосто́й *прил* <-а́я, -о́е, -ы́е> ① (*неженатый, незамужняя*) ledig, unverheiratet; ◇ ~ **мужчи́на** Junggeselle *m* ② (*свойственный холостякам*) Junggesellen-; ◇ **~ая жизнь** Junggesellenleben ③ тех Leer-, leer, blind; ◇ ~ **ход** Leerlauf *m;* ◇ ~ **патро́н** Platzpatrone *f;* **холостя́к** *м₁* <-а́, *мн:* -и́> Junggeselle *m*

холст *м₁* <-а́, *мн:* -ы́> ① (*льняная ткань*) Leinen *m;* ◇ **бели́ть ~ы́** Leinen bleichen ② (*картина*) Ölgemälde *n,* Leinwand *f*

холу́й *м₃* <-я́, *мн:* холуи́> Lakai *m;* (*подхалим*) Speichellecker *m*

хому́т *м₁* <-а́, *мн:* -ы́> ① (*часть упряжи*) Kummet *n* ② тех (*скоба*) Bügel *m,* Schelle *f;* ◇ **наде́ть на себя́** ~ sich eine Last aufbürden

хомя́к *м₁* <-а́, *мн:* -и́> зоол Hamster *m*

хор *м₁* <-а, *мн:* -ы́/-ы> ① (*группа певцов*) Chor *m;* ◇ **петь ~ом** im Chor singen ② муз (*произведение*) Chorgesang *m; перен* ◇ ~ **насме́шек** Hohngelächter *n*

хорва́т *м₁* <-а> Kroate *m;* **хорва́тка** *ж₁* <-и, *род мн:* -ток> Kroatin *f;* **хорва́тский** *прил* <-ая, -ое, -ие> kroatisch

хорёк *м₁* <хорька́, *мн:* хорьки́> зоол Iltis *m*

хорово́д *м₁* <-а> Reigen *m;* ◇ **води́ть** ~ einen Reigen tanzen

хорони́ть V_{4a} *несов* <-ню́, -о́нишь> [**по~**, **за~** *сов* <*Part. Prät. Pass.* -хоро́ненный>] *кого-что вин* beerdigen, beisetzen, bestatten; ◇ ~ **на кла́дбище** auf dem Friedhof beerdigen

хороше́ть V_5 *несов* <-е́ю, -е́ешь> [**по~** *сов*] *без доп* hübscher, schöner werden

хоро́ший *прил* <-ая, -ее, -ие> (*сравн:* **лу́чше**) ① (*положительный*) gut, schön; ◇ ~ **го́лос** schöne Stimme ② (*приличный*) gut, anständig ③ (*близкий*) gut, nahestehend; ◇ ~ **прия́тель** enger Freund ④ (*в краткой форме*) schön, hübsch; ◇ **она́ удиви́тельно ~а́ собо́й** sie ist erstaunlich schön; ◇ **что тут ~его?** was ist daran so schön?; **хорошо́** *нареч* ① gut, schön; ◇ **о́чень** ~ sehr gut; (*отлично*) hervorragend; (*замечательно*) ausgezeichnet; ◇ ~ **ска́зано** gut gesagt; ◇ **ты ~ сде́лаешь, е́сли...** du tust gut daran, wenn... ② *безл* gut, schön; ◇ **здесь ~ гуля́ть** hier kann man gut spazierengehen; ◇ **мне** ~ ich fühle mich gut; ◇ **тебé ~ говори́ть** du hast gut reden ③ (*выражение согласия*) gut, schön; ◇ **~, соглáсен** gut, einverstanden

хотéть * *несов* ‹хочý, хóчешь› *чего род или с инф или с союзом "чтобы"* (*иметь намерение*) wollen, mögen, wünschen; ◇ **~ есть** Hunger haben; ◇ **~ешь конфéтку?** willst du ein Bonbon?; ◇ **я ~чý пить** ich habe Durst; ◇ **как ~и́те!** wie ihr wollt!, wie Sie möchten!; ◇ **~ понимáния от собесéдника** vom Gespächspartner verstanden werden wollen; ◇ **они́ ~я́т, чтóбы всё бы́ло в поря́дке** sie möchten, daß alles seine Ordnung hat; ◇ **я ~éл бы...** ich würde gern...; ◇ **хóчешь не хóчешь** wohl oder übel

хоть I. *союз* (*даже, если*) selbst, meinetwegen, sogar; ◇ **~ зáнят, всё равнó придёт** er kommt, selbst wenn er beschäftigt ist; ◇ **~ сейчáс** meinetwegen sofort; ◇ **~ сегóдня, ~ зáвтра** ob heute oder morgen, das ist egal **II.** *частица* ① (*даже, по крайней мере*) wenn auch nur, wenigstens; ◇ **приходи́те ~ все** kommt meinetwegen alle; ◇ **дай ~ рубль** gib wenigstens einen Rubel; ◇ **скажи́ ~ слóво** sage wenigstens ein Wort ② (*к примеру*) zum Beispiel, beispielsweise; ◇ **вот ~ э́тот пáрень** zum Beispiel dieser junge Mann ③ (*любой, в любое место, время*) beliebig, egal; ◇ **~ кудá** egal wohin; ◇ **~ где** überall; ◇ **~ убéй, не знáю** schlag mich tot, ich weiß es nicht; ◇ **мóкрый, ~ вы́жми** klitschnaß; ◇ **ей ~ что** ihr ist es egal

хотя́ *союз* obwohl, obschon, wenn auch, wenigstens; ◇ **éду, ~ óчень зáнят** ich komme, obwohl ich sehr beschäftigt bin; ◇ **я позвоню́, ~ и пóздно** ich werde anrufen, auch wenn es spät wird; ◇ **~ и не серди́т, но не довóлен** er ist zwar nicht böse, aber unzufrieden; ◇ **~ бы дождя́ нé было** wenn es nur nicht regnet; ◇ **напиши́, ~ бы чéрез недéлю** schreib mir, und sei es erst in einer Woche

хóхот $м_1$ ‹-а› Gelächter *n*, (lautes) Lachen *n;* ◇ **взрыв ~а** Lachsalve *f;* **хохотáть** * *несов* ‹-очý, -óчешь› *без доп* (laut) lachen; ◇ **~ли до слёз** wir haben Tränen gelacht; ◇ **~ до упáду** sich halbtot lachen

хрáбрость $ж_5$ ‹-и› Tapferkeit *f;* (*отвага*) Kühnheit *f;* (*мужество*) Mut *m;* ◇ **набрáться ~и** Mut fassen; **хрáбрый** *прил* ‹-ая, -ое, -ые› tapfer, mutig; (*отважный*) kühn

храм $м_1$ ‹-а› ① (*церковь*) Kirche *f*, Gotteshaus *n;* (*языческий*) Tempel *m* ② *перен* (*святилище*) Tempel *m;* ◇ **~ наýки** Tempel der Wissenschaft

хранéние $с_4$ ‹-я› Aufbewahrung *f*, Verwahrung *f;* (*на складе*) Lagerung *f;* ◇ **отдáть на ~** in Verwahrung geben, deponieren; **храни́ть** V_{4a} *несов* ‹-ню́, -ни́шь, *Part. Präs. Pass.* -ни́мый› *что вин* ① (*беречь*) aufbewahren, (ver-)wahren; ◇ **~ в пáмяти** im Gedächtnis bewahren ② (*оберегать*) hüten, wahren; ◇ **~ в тáйне** geheimhalten; ◇ **~ обы́чаи** Bräuche pflegen; ◇ **~ гóрдый вид** Stolz bewahren; ◇ **~ молчáние** schweigen; ◇ **~ печáль в сéрдце** trauern; **храни́ться** *несов* ‹-ни́тся, -ня́тся, 1 и 2 л. не употр› *без доп* ① (*сохраняться*) aufbewahrt werden ② (*не уничтожаться*) sich halten, erhalten bleiben

храп $м_1$ ‹-а› ① (*лошади*) Schnauben *n* ② (*человека*) Schnarchen *n;* ◇ **раздáлся грóмкий ~** man hörte ein lautes Schnarchen; ◇ **спать с ~ом** schnarchen

храпéть * *несов* ‹-плю́, -пи́шь› *без доп* ① (*о людях*) schnarchen ② (*о животных*) schnauben; ◇ **кóни ~я́т** die Pferde schnauben

хребéт $м_1$ ‹-бтá, -бты́› ① *анат* Rückgrat *n*, Wirbelsäule *f;* *перен* ◇ **гнуть ~** sich abrackern ② (*горная цепь*) Kamm *m*, Grat *m;* ◇ **Урáльский ~** Uralgebirge *n;* ◇ **грéбень ~á** Gebirgsrücken *m*, Gebirgskette *f*

хрен $м_1$ ‹-а› Meerrettich *m;* ◇ **~ рéдьки не слáще** es ist gehupft wie gesprungen; *груб* ◇ **стáрый ~** alter Knacker

хрестомáтия $ж_4$ ‹-ии› Lesebuch *n*

хризантéма $ж_1$ ‹-ы› *бот* Chrysantheme *f*

хрипéть * *несов* ‹-плю́, -пи́шь› *без доп* (*задыхаться*) röcheln; ◇ **он кáшляет и ~и́т** er hustet und röchelt; (*хрипло говорить*) heiser sein; ◇ **~ от простýды** heiser sein von einer Erkältung; **хри́плый** *прил* ‹-ая, -ое, -ые› (*о звуке, голосе*) rauh, krächzend; ◇ **~ крик** krächzendes Geschrei; (*охрипший*) heiser; ◇ **~ певéц** heiserer Sänger

христиáнство $с_2$ ‹-а› Christentum *n;* ◇ **принятие ~а на Руси́** die Übernahme des Christentums in Rußland; ◇ **исповéдовать ~** sich zum Christentum bekennen

хром $м_1$ ‹-а› ① (*химический элемент*) Chrom *n* ② (*краска*) Chromgelb *n* ③ (*мягкая тонкая кожа*) Chromleder *n*

хромáть V_{1a} *несов* ‹-áю, -áешь› *без доп* ① (*ковылять*) hinken, lahmen; ◇ **~ на лéвую нóгу** auf dem linken Fuß hinken ② *перен* (*иметь недостатки*) hinken, einen Haken haben; ◇ **знáния ~áют** die Kenntnisse sind lückenhaft

хромóй I. *прил* ‹-áя, -óе, -ы́е› lahm, hinkend **II.** *м (А р)* ‹-óго› Lahmer *m*

Х

хро́ника *$жс_1$* ‹-и› ① (*летопись*) Chronik *f;* ◇ **средневеко́вые ~и** mittelalterliche Chronik ② (*сообщение о текущих событиях*) Chronik *f;* ◇ **семе́йная** ~ Familienchronik

хроно́метр *$м_1$* ‹-а› Chronometer *n*

хру́пкий *прил* ‹-ая, -ое, -ие› ① (*ломкий*) brüchig, spröde, zerbrechlich; ◇ ~ **лёд** brüchiges Eis; ◇ ~ **мета́лл** sprödes Metall ② *перен* (*нежный*) zart, gebrechlich; ◇ **~ое здоро́вье** zarte Gesundheit

хруста́лик *$м_1$* ‹-а› *анат* Augenlinse *f*

хруста́ль *$жс_2$* *kein pl* ‹-я́› ① (*стекло*) Kristallglas *n;* ◇ **ва́за из ~я́** Kristallvase *f* ② (*изделия*) Kristall *n;* ◇ **го́рный** ~ Bergkristall

хрусте́ть * *несов* ‹-ущу́, -ти́шь› *без доп* ① (*издавать хруст*) knirschen, knistern; (*о суставах*) knacken; ◇ **снег ~и́т под нога́ми** der Schnee knirscht unter den Füßen ② (*есть с хрустом*) knabbern, geräuschvoll kauen

хрю́кать V_{1a} *несов* ‹-аю, -аешь› *без доп* ① (*о свинье*) grunzen ② *перен* grunzen, brummeln

хрящ *$м_2$* ‹-а́› *анат* Knorpel *m*

худе́ть V_5 *несов* ‹-е́ю, -е́ешь› [**по**~ *сов*] *без доп* abmagern, mager werden, abnehmen

худо́жественный *прил* ‹-ая, -ое, -ые› (*относящийся к искусству*) künstlerisch, Kunst-; ◇ **~ое воспита́ние** Kunsterziehung *f;* ◇ **~ая самоде́ятельность** Laientheater *n;* ◇ **~ое учи́лище** Kunstschule *f;* ◇ **~ая литерату́ра** schöngeistige Literatur, Belletristik *f;* ◇ **~ое произведе́ние** Kunstwerk *n;* ◇ ~ **фильм** Spielfilm *m;* **худо́жник** *$м_1$* ‹-а› ① (*артист, писатель, скульптор*) Künstler *m;* ◇ ~ **сло́ва** Dichter *m* ② (*живописец*) Maler *m* ③ (*мастер своего дела*) Meister *m*

худо́й [1] *прил* ‹-а́я, -о́е, -ы́е› (*не толстый*) mager, hager; ◇ **~о́е лицо́** hageres Gesicht

худо́й [2] *прил* ‹-а́я, -о́е, -ы́е› (*сравн:* **ху́же**) ① (*дурной*) schlecht, schlimm, übel; ◇ **~ы́е времена́** schlimme Zeiten; ◇ **на ~ коне́ц** schlimmstenfalls; ◇ **не говоря́ ~о́го сло́ва** wortlos, ohne ein Wort zu verlieren ② (*прохудившийся*) abgenutzt, abgetragen; (*рваный*) zerrissen

ху́же *сравн от* **худо́й** [2] и **плохо́й**

хулига́н *$м_1$* ‹-а› Rowdy *m;* (*грубиян*) Rohling *m;* (*драчун*) Streithahn *m;* **хулига́нить** V_{4b} *несов* ‹-ню, -нишь› *без доп* randalieren, Unfug treiben; **хулига́нство** *$с_2$* ‹-а› Rowdytum *n;* ◇ **осуждён за** ~ verurteilt wegen groben Unfugs

ху́тор *$м_1$* ‹-а, *мн:*-а́› Anwesen *n*, Einzelgehöft *n*

Ц

ца́пля *$жс_2$* ‹-и, *род мн:*-пель› Reiher *m*

цара́пать V_{1a} *несов* ‹-аю, -аешь› [**на**~ (2), **о**~ (1) *сов*] *кого-что вин* ① (*делать царапины*) (zer-)kratzen, ritzen; ◇ ~ **ру́ки** sich die Hände zerkratzen; ◇ **перо́ ~ает** die Feder kratzt ② (*изображать*) kritzeln; ◇ ~ **бу́квы на стене́** Buchstaben an die Wand kritzeln; ◇ ~ **в тетра́дке** im Heft herumkritzeln; **цара́пина** *$жс_1$* ‹-ы› Kratzer *m;* (*ранка*) Kratzwunde *f,* Kratzer *m;* ◇ **ру́ки в ~ах** zerkratzte Hände; (*трещина*) Schramme *f,* Kratzer *m*

цари́ть V_{4a} *несов* ‹-рю́, -ри́шь› *без доп* ① (*царствовать*) als Zar herrschen ② *перен* (*первенствовать*) obenan stehen, dominieren ③ (*существовать*) herrschen; ◇ **в лесу́ ~и́т тишина́** im Wald herrscht Stille; ◇ **в кварти́ре ~и́т беспоря́док** in der Wohnung herrscht Unordnung; **цари́ца** *$жс_2$* ‹-ы› (*в России*) Zarin *f;* (*императрица*) Kaiserin *f; перен* Königin *f;* **ца́рство** *$с_2$* ‹-а› ① (*государство*) Zarenreich *n;* (*империя*) Reich *n* ② (*правление*) Regierungszeit *f,* Herrschaft *f;* ◇ **избра́ть на ~ кого́-л** jd-n zum Kaiser/Zaren wählen ③ *перен* Sphäre *f,* Reich *n;* ◇ ~ **приро́ды** das Reich der Natur; ◇ ~ **расте́ний** das Reich der Planzen; **царь** *$м_2$* ‹-я́, *мн:* цари́› (*монарх – в России*) Zar *m;* (*император*) Kaiser *m;* ◇ ~ **своéй судьбы́** Herr über sein Schicksal; ◇ **лев - ~ звере́й** der Löwe ist König der Tiere; ◇ **Ц~-ко́локол** Zarenglocke *f*

цвести́ * *несов* ‹-ету́, -тёшь, (1) 1 и 2 л. не употр› *без доп* ① (*о цветах*) blühen; ◇ **я́блоня ~тёт** der Apfelbaum blüht ② *перен* (*быть в поре расцвета*) blühen, gedeihen; ◇ ~ **здоро́вьем** vor Gesundheit strotzen; ◇ **она́ ~ёт** sie sieht gesund aus; ◇ **~тёт самобы́тное иску́сство** die Volkskunst erlebt eine Blütezeit ③ (*покрываться водорослями*) bedeckt sein (mit); ◇ **пруд ~тёт** der Teich ist mit Algen zugewachsen

цвет [1] *$м_1$* ‹-а, *мн:*-а́› (*окраска*) Farbe *f,* Färbung *f;* ◇ **тёмный** ~ dunkle Farbe; ◇ **я́ркий** ~ grelle Farbe; ◇ ~ **лица́** Gesichtsfarbe, Teint *m*

цвет [2] *м* ‹-а› ① (*цветы*) Blüte *f,* Blumen *f pl;* ◇ **ли́повый** ~ Lindenblüte; ◇ **расцвести́ пы́шным ~ом** üppig aufblühen ② *перен* (*лучшая часть*) Elite *f;* ◇ ~ **на́ции** die Elite der Nation; ◇ **во ~е лет** in seinen besten Jahren

цветно́й *прил* ‹-а́я, -о́е, -ы́е› ① (*имеющий цвет*) farbig, Farb-; ◇ ~ **фильм** Farbfilm *m;* ◇ **~а́я капу́ста** Blumenkohl *m;* ◇ **~ы́е**

мета́ллы Buntmetalle *n pl* ② (*о людях*) farbig; ◇ **~óе населе́ние** farbige Bevölkerung

цветово́д *м*$_1$ <-а> Blumenzüchter *m;* **цветово́дство** *с*$_2$ <-а> ① Blumenzucht *f* ② (*садовое хозяйство*) Gärtnerei *f;* **цвето́к** *м*$_1$ <-тка́, -тки́> ① Blume *f;* (*цвет на дереве*) Blüte *f;* ◇ **~ ма́ка** Mohnblume; ◇ **~ я́блони** Apfelblüte ② ◇ **~ы́** *мн* Blumen *f pl;* ◇ **полевы́е ~ы́** Feldblumen; ◇ **разводи́ть ~ы́** Blumen züchten; ◇ **рвать ~ы́** Blumen pflücken; **цвето́чница** *ж*$_2$ <-ы> ① (*продавщица*) Blumenverkäuferin *f* ② (*ящик для цветов*) Blumenkübel *m*

цеди́ть V$_{4a}$ *несов* <цежу́, це́дишь, *Part. Präs. Pass.* цели́мый, *Part. Prät. Pass.* це́женный> *что вин* ① (*через сито, ткань*) abseihen; (*фильтровать*) durchfiltern; ◇ **~ отва́р** den Sud abseihen ② (*через узкое отверстие*) (ab-)zapfen; ◇ **~ вино́ в кувши́н** Wein in einen Krug abzapfen ③ (*медленно пить*) langsam und genußvoll trinken; ◇ **~ кокте́йль че́рез соло́минку** einen Cocktail mit dem Strohhalm trinken; ◇ **~ слова́ сквозь зу́бы** die Worte verächtlich zwischen den Zähnen hervorstoßen

целесообра́зный *прил* <-ая, -ое, -ые> zweckmäßig, zweckdienlich; **целеустремлённый** *прил* <-ая, -ое, -ые> zielstrebig, zielbewußt

целико́м *нареч* ① (*в целом виде*) ganz, als Ganzes ② (*без ограничений*) ganz, gänzlich; ◇ **~ отда́ться де́лу** mit Leib und Seele bei der Sache sein; ◇ **~ и по́лностью** ganz und gar; ◇ **весь ~** durch und durch, vollständig

целина́ *ж*$_1$ <-ы́> ① (*не паханная земля*) Neuland *n;* ◇ **поднима́ть ~у́** Neuland urbar machen ② (*пространство*) Neuland *n,* jungfräulicher Boden

це́литься V$_{4b}$ *несов* <-люсь, -лишься> [**на~** *сов*] *в кого-что вин (1), с инф (2)* ① (*метить*) zielen; ◇ **~ в мише́нь** auf die Zielscheibe zielen ② *перен* (*настраиваться*) auf etw abzielen, etw beabsichtigen; ◇ **~ получи́ть что-л** es auf etw abgesehen haben

целлюло́за *ж*$_1$ <-ы> Zellulose *f,* Zellstoff *m*

целова́ть V$_{3a}$ *несов* <-лу́ю, -лу́ешь> [**по~** *сов*] *кого-что вин* küssen; ◇ **~ в гу́бы** auf den Mund küssen; **целова́ться** *несов* <-лу́юсь, -лу́ешься> [**по~** *сов*] *с кем тв* sich küssen

целому́дренный *прил* <-ая, -ое, -ые> unberührt, keusch

це́лый I. *прил* <-ая, -ое, -ые> ① (*полный*) ganz; ◇ **она́ вы́пила ~ стака́н** sie trank das ganze Glas aus; ◇ **ждать ~ час** eine ganze Stunde warten; ◇ **труди́ться по ~ым дням** ganze Tage hindurch arbeiten ② (*большой*) ganz, viel; ◇ **~ во́рох бума́г** ein ganzer Haufen Papier; ◇ **~ ряд вопро́сов** eine ganze Reihe Fragen ③ (*невредимый*) heil, ganz, unversehrt; ◇ **все ве́щи ~ы** alle Sachen sind ganz; ◇ **оста́лся цел** er blieb unversehrt **II.** *с* *(A$_1$)* <-ого> ① (*нечто единое*) Ganze *n;* ◇ **еди́ное ~** ein Ganzes ② мат ganze Zahl; ◇ **в ~ом** im ganzen; ◇ **в о́бщем и ~ом** im großen und ganzen, im allgemeinen

цель *ж*$_5$ <-и> ① Ziel *n;* (*мишень*) Zielscheibe *f;* ◇ **бить ми́мо ~и** das Ziel verfehlen; ◇ **попа́сть в ~** ins Ziel treffen ② *перен* Ziel *n;* (*намерение*) Zielsetzung *f;* ◇ **дости́чь ~и** ein Ziel erreichen; ◇ **пресле́довать ~** ein Ziel verfolgen; ◇ **ста́вить себе́ что-л ~ю** sich etw zum Ziel setzen; ◇ **стреми́ться к ~и** einem Ziel zustreben; ◇ **с како́й ~ю?** zu welchem Zweck?, wozu?

це́льный *прил* <-ая, -ое, -ые> ① (*сплошной*) aus einem Stück, ganz; ◇ **пьедеста́л сде́лан из ~ого грани́та** der Sockel ist aus einem Granitblock gemacht ② (*невредимый*) ganz, heil, unversehrt ③ *перен* (*целостный*) harmonisch, in sich abgeschlossen; ◇ **~ое молоко́** Vollmilch *f*

цеме́нт *м*$_1$ <-а> Zement *m*

цена́ *ж*$_1$ <-ы́, *вин:* це́ну, *мн:* це́ны> ① (*плата*) Preis *m;* ◇ **~ за прое́зд** Fahrpreis; ◇ **по высо́кой ~é** für einen hohen Preis; ◇ **~ по себесто́имости** Selbstkostenpreis; ◇ **в сопостави́мых ~ах** zu vergleichbaren Preisen; ◇ **рост цен** Preiserhöhung *f;* ◇ **сниже́ние цен** Preissenkung *f* ② *перен* (*ценность*) Preis *m;* ◇ **любо́й ~о́й** um jeden Preis ③ *перен* (*значение*) Wert *m;* ◇ **знать ~у вре́мени** Zeit zu schätzen wissen; ◇ **его́ обеща́ния потеря́ли вся́кую ~у** seine Versprechen sind nichts mehr wert; ◇ **знать себе́ ~у** sich seines Wertes bewußt sein; ◇ **быть в ~é** hoch im Preis stehen

ценз *м*$_1$ <-а> Zensus *m;* ◇ **возрастно́й ~** Altersgrenze

цензу́ра *ж*$_1$ <-ы> Zensur *f;* ◇ **дозво́лено ~ой** von der Zensur erlaubt

цени́ть V$_{4a}$ *несов* <-ню́, це́нишь, *Part. Präs. Akt.* це́нящий, *Part. Präs. Pass.* цени́мый> *кого-что вин* ① (*назначать цену*) schätzen, bewerten ② (*признавать ценность*) schätzen, zu schätzen wissen; ◇ **высоко́ ~ чей-л труд** jd-s Arbeit zu schätzen wissen; (*отдавать должное*) würdigen

це́нный *прил* ‹-ая, -ое, -ые› ① (*дорогой*) kostbar, wertvoll ② (*нужный*) wertvoll, wichtig; ◇ **~ое откры́тие** wertvolle Entdeckung ③ (*с обозначенной ценой*) Wert-; ◇ **~ая бандеро́ль** Wertpaket *n;* ◇ **~ые бума́ги** Wertpapiere *n pl*

це́нтнер *м₁* ‹-а› Doppelzentner *m*

центр *м₁* ‹-а› ① (*точка*) Mittelpunkt *m;* ◇ **~ окру́жности** Kreismittelpunkt ② (*центральная часть*) Zentrum *n,* Mitte *f;* ◇ **отпра́виться в ~ за поку́пками** ins Zentrum zum Einkaufen gehen ③ (*сосредоточение*) Zentrum *n,* Mittelpunkt *m;* ◇ **торго́вый ~** Handelszentrum; ◇ **быть в ~е внима́ния** im Mittelpunkt der Aufmerksamkeit stehen; ◇ **не́рвный ~** Nervenzentrum; ◇ **промы́шленные ~ы страны́** Industriezentren des Landes; ◇ **райо́нный ~** Bezirkshauptstadt ④ (*руководящий орган*) Zentralorgan *n* ⑤ (*ведущее учреждение отрасли*) Zentrum *n,* Zentrale *f;* ◇ **телевизио́нный ~** Fernsehzentrum; спорт ◇ **~ нападе́ния** Mittelstürmer *m;* **центра́льный** *прил* ‹-ая, -ое, -ые› (*срединный*) zentral, Zentral-, Haupt-; ◇ **~ая телефо́нная ста́нция** zentrales Fernmeldeamt; ◇ **~ое отопле́ние** Zentralheizung *f;* ◇ **~ банк** Zentralbank *f;* ◇ **~ая мысль кни́ги** zentraler Gedanke eines Buches

центрифу́га *ж₁* ‹-и› тех Schleuder *f,* Zentrifuge *f*

цепля́ться V_{1b} *несов* ‹-я́юсь, -я́ешься› *за кого-что вин (1, 2), к кому-чему дат (3)* ① (*зацепляться*) hängenbleiben ② *перен* (*стремиться сохранить*) sich klammern; ◇ **~ за каку́ю-л мысль** sich an einen Gedanken klammern ③ *перен* (*придираться*) jd-n belästigen; ◇ **~ из-за ка́ждого пустяка́** wegen jeder Kleinigkeit belästigen

цепь *ж₅* ‹-и, о це́пи, в (на) -пи́, *мн:* це́пи, *род:* -пе́й› ① (*ряд звеньев*) Kette *f;* ◇ **я́корная ~** Ankerkette; ◇ **соба́ка на ~и́** Kettenhund *m;* ◇ **посади́ть на́ ~** anketten ② *перен* (*совокупность*) Kette *f;* ◇ **~ огне́й** Lichterkette; ◇ **~ собы́тий** Kette von Ereignissen ③ (*ряд гор*) Gebirgskette *f* ④ эл Kreis *m;* ◇ **электри́ческая ~** Stromkreis; ◇ **он как с ~и́ сорва́лся** er war wie losgelassen, wie toll

церемо́ния *ж₄* ‹-ии› ① (*порядок*) Zeremonie *f* ② *перен* (*стеснение*) Umstände *m pl;* ◇ **к чему́ э́ти ~ии?** wozu diese Umstände?; ◇ **прошу́ без ~ий** bitte ohne Umstände

церко́вный *прил* ‹-ая, -ое, -ые› kirchlich, Kirchen-; ◇ **~ брак** kirchliche Trauung; ◇ **~ые пра́здники** kirchliche Feiertage; ◇ **~ая слу́жба** Gottesdienst *m;* **це́рковь** *ж₅* ‹-ви, *мн:* це́ркви, *род:* -ве́й› Kirche *f;* ◇ **Ру́сская Правосла́вная Це́рковь** russisch-orthodoxe Kirche

цех *м₁* ‹-а, о це́хе, в цеху́, *мн:* -а́› ① (*отделение завода, фабрики*) Abteilung *f,* Werkshalle *f;* ◇ **лите́йный ~** Gießerei *f;* ◇ **сбо́рочный ~** Montageabteilung; ◇ **нача́льник ~а** Abteilungsleiter *m* ② ист (*организация ремесленников*) Zunft *f,* Innung *f;* ◇ **~ столяро́в** Schreinerinnung

цивилиза́ция *ж₄* ‹-ии› Zivilisation *f;* ◇ **исче́знувшие ~ии** verschwundene Zivilisationen

цикл *м₁* ‹-а› Zyklus *m,* Reihe *f;* ◇ **~ семина́ров** Seminarreihe; ◇ **~ стихо́в** Gedichtszyklus

цикло́н *м₁* ‹-а› ① (*ураган*) Zyklon *m,* Wirbelsturm *m* ② метео Tief(-druckgebiet) *n*

цили́ндр *м₁* ‹-а› ① мат, тех Zylinder *m* ② (*шляпа*) Zylinder *m*

цинга́ *ж₁* ‹-и́› мед Skorbut *m*

цини́зм *м₁* ‹-а› Zynismus *m;* **ци́ник** *м₁* ‹-а› Zyniker *m*

цинк *м₁* ‹-а› Zink *n*

цино́вка *ж₁* ‹-и, *род мн:* -вок› Bastmatte *f*

цирк *м₁* ‹-а› (*учреждение*) Zirkus *m;* ◇ **передвижно́й ~** Wanderzirkus; ◇ **на аре́не ~а** in der Zirkusarena; ◇ **пойти́ в ~** in den Zirkus gehen

циркули́ровать V_{3a} *несов* ‹-рует, руют, 1 и 2 л. не употр› *без доп* ① (*совершать круговорот*) zirkulieren; ◇ **кровь ~ует по сосу́дам** Blut zirkuliert in den Blutgefäßen ② *перен* (*ходить взад и вперёд*) verkehren; ◇ **~уют поезда́** die Züge verkehren; ◇ **~ слу́хи** Gerüchte gehen um

ци́ркуль *м₂* ‹-я› Zirkel *m*

циркуля́р *м₁* ‹-а› Rundschreiben *n*

цисте́рна *ж₁* ‹-ы› (*резервуар*) Zisterne *f;* ◇ **нефтяна́я ~** Ölbehälter *m;* (*вагон, автомобиль*) Tankwagen *m;* мор Tankschiff *n*

цитаде́ль *ж₅* ‹-и› ① (*крепость*) Zitadelle *f* ② *перен* (*оплот*) Bollwerk *n*

цита́та *ж₁* ‹-ы› Zitat *n;* ◇ **~ы из кла́ссиков** Zitate der Klassiker; ◇ **вы́писать ~у** ein Zitat herausschreiben

ци́фра *ж₁* ‹-ы› ① (*знак*) Ziffer *f,* Zahl *f;* ◇ **ара́бские ~ы** arabische Zahlen; ◇ **ри́мские ~ы** römische Zahlen ② ◇ **~ы** *мн* (*показатели*) Kennziffern *f pl;* ◇ **доказа́ть что-л с ~ми в рука́х** etw mit Zahlen belegen

цо́кать V_{1a} *несов* ‹-аю, -аешь› *без доп* ①

(*издавать резкие звуки*) klopfen; ◇ **подко́вы ~ают о ка́мень** die Hufe klopfen auf das Pflaster ② (*прищёлкивать*) schnalzen; ◇ ~ **языко́м** mit der Zunge schnalzen

цо́коль *м₂* ‹-я› ① стр Sockel *m;* ◇ **грани́тный** ~ Granitsockel ② эл Sockel *m,* Fassung *f*

цыга́н *м₁* ‹-а, *мн:* -е, *род:* цыга́н› Zigeuner *m;* **цыга́нка** *ж₁* ‹-и, *род мн:* -нок› Zigeunerin *f;* **цыга́нский** *прил* ‹-ая, -ое, -ие› zigeunerisch, Zigeuner-

цыплёнок *м₁* ‹-нка, *мн:* цыпля́та, *род:* цыпля́т› Küken *n,* Hähnchen *n;* ◇ **цыпля́т по о́сени счита́ют** man soll den Tag nicht vor dem Abend loben

цыц! *межд* (*окрик, выражающий запрет*) still!, kusch!

Ч

чаба́н *м₁* ‹-а́, *мн:* -ы́› Schafhirt *m,* Hirt *m*

чадра́ *ж₁* ‹-ы́› Schleier *m,* Tschador *m;* **сбро́сить ~у́** den Schleier ablegen

чаевы́е *мн (А₁)* ‹-ы́х› *разг* Trinkgeld *n*

чай *м₃* ‹-я, *мн:* -и́› ① (*растение, напиток, настой*) Tee *m;* ◇ **планта́ции ~я** Teeplantagen *f pl;* ◇ **сбор ~я** Tee-Ernte *f;* ◇ **зелёный** ~ grüner Tee; ◇ **завари́ть** ~ Tee machen; ◇ **ли́повый** ~ Lindenblütentee ② (*чаепитие*) Tee *m,* Teegesellschaft *f;* ◇ **пригласи́ть на ча́шку ~я** jd-n zum Tee einladen; ◇ **за ~ем** bei einer Tasse Tee; ◇ **дать на** ~ Trinkgeld geben

ча́йка *ж₁* ‹-и, *род мн:* ча́ек› Möwe *f*

ча́йник *м₁* ‹-а› (*для заварки*) Teekanne *f;* (*для кипятка*) Teekessel *m*

час *м₁* ‹-а, *мн:* -ы́› ① (*промежуток времени*) Stunde *f;* ◇ **в свобо́дные ~ы́** in der Freizeit; ◇ **прошёл це́лый** ~ eine ganze Stunde ist vergangen; ◇ **опозда́ть на** ~ sich um eine Stunde verspäten; ◇ **~а́ми ожида́ть кого́-л** stundenlang auf jd-n warten; ◇ **че́рез** ~ in einer Stunde, eine Stunde später ② (*мера времени*) Uhr *f;* ◇ ~ **но́чи** ein Uhr nachts; ◇ **кото́рый ~?** wieviel Uhr ist es?; ◇ **в кото́ром ~у́?** um welche Uhrzeit?; ◇ **до ~у дня** bis ein Uhr nachmittags ③ (*урок, лекция*) Stunde *f,* Unterrichtsstunde *f;* ◇ **на пе́рвом ~у́** in der ersten Stunde ④ (*пора, время*) Stunde *f,* Zeit *f;* ◇ ~ **распла́ты** die Stunde der Abrechnung; ◇ **наста́л после́дний** ~ die letzte Stunde hat geschlagen; ◇ **ти́хий** ~ Mittagsruhe; ◇ **приёмные ~ы́** Sprechstunden *f pl;* ◇ **~ы́ досу́га** die Stunden der Muße; ◇ **расти́ не по дням, а по ~а́м** zusehends wachsen; ◇ **с ~у на** ~ in allernächster Zeit; ◇ ~ **о́т ~у не ле́гче!** das wird ja immer besser!; ◇ **в до́брый ~!** viel Glück!

часо́вня *ж₂* ‹-и, *род мн:* -вен› Kapelle *f*

часово́й I. *прил* ‹-а́я, -о́е, -ы́е› ① (*относящийся к часам*) Uhr-, Uhren-; ◇ ~ **магази́н** Uhrengeschäft *n;* ◇ ~ **механи́зм** Uhrwerk *n* ② (*продолжающийся час*) einstündig; (*по часам*) stündlich; ◇ ~ **по́яс** Zeitzone *f* **II.** *м (А₁)* ‹-о́го› (*караульный*) Wachposten *m,* Wache *f;* ◇ **сме́на ~ы́х** Wachablösung *f*

части́ца *ж₁* ‹-ы› ① kleiner Teil; ◇ **мельча́йшая** ~ winziger Teil; физ Teilchen *n;* ◇ **элемента́рная** ~ Elementarteilchen ② грам Partikel *f;* ◇ **мода́льные ~ы** Modalpartikel

части́чно *нареч* teilweise; ◇ **зада́ние вы́полнено** ~ die Aufgabe ist teilweise erfüllt

ча́стник *м₁* ‹-а› *разг* Privatunternehmer *m;* (*владелец*) Eigentümer *m*

ча́стный *прил* ‹-ая, -ое, -ые› ① (*не типичный*) speziell, einzelner, Einzel- ② (*личный*) privat, persönlich, Privat-; ◇ **по ~ому де́лу** in persönlicher Angelegenheit; ◇ **~ая со́бственность** Privateigentum *n;* ◇ **~ое лицо́** Privatperson *f;* ◇ **дава́ть ~ые уро́ки** Privatunterricht geben

ча́сто *нареч* ① oft, häufig; ◇ ~ **встреча́ться** sich oft treffen ② (*густо*) dicht, gedrängt ③ (*быстро*) schnell; **ча́стый** *прил* ‹-ая, -ое, -ые› ① (*густой, плотный*) dicht, gedrängt; ◇ **~ые за́росли** dichtes Gestrüpp; ◇ ~ **дождь** starker Regen ② (*расположенный близко*) nah beieinander, wiederholt; ◇ **~ые остано́вки по́езда** häufiges Anhalten des Zuges ③ (*повторяющийся часто*) schnell, häufig; ◇ ~ **пульс** schneller Puls; ◇ ~ **ритм** schneller Rhythmus; ◇ **~ые звонки́** häufige Anrufe

часть *ж₅* ‹-и, *мн:* ча́сти, *род:* -те́й› ① (*доля целого*) Teil *m;* ◇ ~ **те́ла** Körperteil; ◇ **пя́тая** ~ ein Fünftel; ◇ **по ~я́м** teilweise; ◇ **разделя́ть на ~и** (auf-)teilen ② (*составной элемент*) Teil *n;* ◇ **запасны́е ~и** Ersatzteile *n pl* ③ (*раздел произведения*) Teil *m,* Abschnitt *m;* ◇ **рома́н в трёх ~я́х** Roman in drei Teilen ④ (*отдел учреждения*) Abteilung *f* ⑤ (*область деятельности*) Bereich *m,* Gebiet *n;* ◇ **рабо́тать по фина́нсовой ~и** im Finanzbereich tätig sein; ◇ **э́то не по мое́й ~и** dafür bin ich nicht zuständig ⑥ воен Ein-

Ц Ч

heit *f* ⑦ (*участь*) Anteil *m;* ◇ **мно́го бед вы́пало на чью-л** ~ jd hat viel Unglück erfahren; ◇ **бо́льшей ~ю** größtenteils; ◇ **~и све́та** Erdteile *m pl*

часы́ *мн₁* <-о́в> Uhr *f;* ◇ **карма́нные** ~ Taschenuhr; ◇ **нару́чные** ~ Armbanduhr; ◇ **завести́** ~ die Uhr aufziehen; ◇ ~ **спеша́т** die Uhr geht vor; ◇ **как** ~ sehr genau

чахо́тка *ж₁* <-и> мед Schwindsucht *f*

ча́ша *ж₂* <-и> ① (*сосуд*) Becher *m,* Schale *f;* ◇ **сере́бряная** ~ Silberschale ② *перен* (*водный резервуар*) Becken *n;* ◇ ~ **пла́вательного бассе́йна** Schwimmbecken; ◇ ~ **терпе́ния переполнена** das Maß ist voll

ча́шка *ж₁* <-и, *род мн:* -шек> Tasse *f*

ча́ща *ж₂* <-и> Dickicht *n*

ча́яние *с₄* <-я> Erwartung *f,* Hoffnung *f,* Sehnsucht *f;* ◇ **её ~я сбыли́сь** ihre Hoffnungen haben sich erfüllt; ◇ **па́че ~я** wider Erwarten

чва́нство *с₂* <-а> Dünkel *m,* Arroganz *f;* (*высокомерие*) Hochmut *m*

чего́ *см.* что

чей (**чьего́** *м;* **чья, чьей** *ж;* **чьё, чьего́** *с;* **чьи, чьих** *мн*) *мест* ① (*вопр мест*) wessen; ◇ **чья э́то кни́га?** wessen Buch ist das?; ◇ **не по́мню, чьё э́то выраже́ние** ich weiß nicht mehr, wessen Ausspruch das ist ② (*относ мест*) dessen; ◇ **актёр, чьё и́мя изве́стно всему́ ми́ру** der Schauspieler, dessen Name weltweit bekannt ist

чек *м₁* <-а> ① (*ценная бумага*) Scheck *m;* ◇ **доро́жный** ~ Reisescheck; ◇ **плати́ть по ~у** einen Scheck einlösen ② (*талон из кассы*) Kassenzettel *m,* Bon *m*

чека́нить V_{4b} *несов* <-ню, -нишь> [**вы~** (1), **от~** (1, 3) *сов*] *что вин* ① (*изображение на металле*) prägen; ◇ ~ **моне́ту** Münzen prägen ② (*обрабатывать обжатием*) treiben, Metall formen ③ (*отчётливо произносить*) ◇ ~ **слова́** jedes Wort deutlich aussprechen

чёлка *ж₁* <-и, *род мн:* -лок> ① (*у лошади*) Schopf *m* ② (*у человека*) Pony *m*

челове́к *м₁* <-а, *мн:* люди, *род:* люде́й, *дат:* лю́дям, *тв:* людьми́, *предл:* лю́дях> Mensch *m;* (*мужчина*) Mann *m;* (*лицо*) Person *f;* ◇ **обыкнове́нный** ~ Durchschnittsmensch; ◇ **делово́й** ~ Geschäftsmensch; ◇ **че́стный** ~ ehrlicher Mensch; ◇ **их бы́ло во́семь** ~ sie waren zu acht; ◇ **семья́ из пяти́** ~ eine fünfköpfige Familie; *разг* ◇ **будь ~ом!** benimm dich!; **челове́ческий** *прил* <-ая, -ое, -ие> menschlich, Menschen-; ◇ ~ **ра́зум** menschlicher Verstand; ◇ **~ое чу́вство** menschliches Gefühl; **челове́чество** *с₂* <-а> Menschheit *f;* ◇ **выжива́ние ~а** das Überleben der Menschheit; **челове́чность** *ж₅* <-и> Menschlichkeit *f;* (*гуманность*) Humanität *f;* ◇ **преступле́ния про́тив ~и** Verbrechen gegen die Menschlichkeit

че́люсть *ж₅* <-и> Kiefer *m;* (*зубы*) Gebiß *n;* ◇ **ве́рхняя** ~ Oberkiefer; ◇ **ни́жняя** ~ Unterkiefer; ◇ **иску́сственные ~и** Gebiß

чем *союз* ① (*после сравн*) als; ◇ **лу́чше по́здно,** ~ **никогда́** lieber zu spät als gar nicht ② (*перед сравн*) ◇ **~..., тем** je..., desto; ◇ ~ **бо́льше, тем лу́чше** je mehr, desto besser

чемода́н *м₁* <-а> Koffer *m;* ◇ **доро́жный** ~ Reisekoffer; ◇ **распакова́ть** ~ den Koffer auspacken; ◇ **уложи́ть [упакова́ть]** ~ den Koffer packen; *перен* ◇ **сиде́ть на ~ах** auf gepackten Koffern sitzen

чемпио́н *м₁* <-а> спорт Meister *m;* ◇ ~ **Евро́пы по пла́ванию** Europameister im Schwimmen; **чемпиона́т** *м₁* <-а> Meisterschaft *f*

чему́ *см.* что

чепуха́ *ж₁* <-и́> Unsinn *m,* Stuß *m,* dummes Zeug; *разг* ◇ **нести́ ~у́** Unsinn daherreden; ◇ ~ **на по́стном ма́сле** glatter Unsinn

че́пчик *м₁* <-а> Häubchen *n,* Haube *f*

червя́к *м₁* <-а́, *мн:* -и́> ① зоол Wurm *m* ② тех (*зубчатое колесо*) Schnecke *f* ③ *перен презр* (*о ничтожном человеке*) Wurm *m*

черда́к *м₁* <-а́, *мн:* -и́> Dachboden *m,* Speicher *m;* ◇ **жить на ~е́** unter dem Dach wohnen

чередова́ть V_{3a} *несов* <-ду́ю, -ду́ешь> *кого-что вин с кем-чем тв* (ab-)wechseln, aufeinanderfolgen; ◇ ~ **рабо́ту с о́тдыхом** abwechselnd arbeiten und sich erholen

че́рез *предлог с вин* ① (*пересекая что-л*) über; ◇ **мост** ~ **ре́ку** Brücke über den Fluß; ◇ **пры́гнуть** ~ **руче́й** über den Bach springen ② (*над, по поверхности*) durch, über; ◇ **у́лица ведёт** ~ **весь го́род** die Straße führt durch die ganze Stadt ③ (*сквозь что-л*) durch; ◇ **влезть** ~ **окно́** durch das Fenster hineinklettern; ◇ **е́хать** ~ **го́род** durch die Stadt fahren; ◇ **смотре́ть** ~ **очки́** durch die Brille schauen ④ (*при помощи кого-чего-л*) durch, über, mit Hilfe von; ◇ **оповести́ть** ~ **газе́ту** über die Zeitung informieren; ◇ **сообщи́ть** ~ **друзе́й** durch Freunde mitteilen lassen ⑤ (*спустя какое-л время*) nach, in; ◇ **приду́** ~ **час** ich komme in einer Stunde; ◇ ~ **ка́ждые два часа́** alle zwei Stunden; ◇ ~ **го́ды** nach Jahren; ◇ ~ **день** übermorgen; ◇

печа́тать ~ два интерва́ла mit zweizeiligem Abstand tippen

черёмуха *жс₁* <-и> ① (*ягода*) Faulbeere *f* ② (*дерево*) Faulbeerbaum *m*

че́реп *м₁* <-а, *мн:* -а́> Schädel *m;* ◇ **лы́сый [го́лый]** ~ Glatze *f*

черепа́ха *жс₁* <-и> ① зоол Schildkröte *f;* ◇ **тащи́ться [ползти́] как** ~ sich im Schneckentempo bewegen ② (*изделия*) Schildpatt *n*

черепи́ца *жс₂* <-ы> Dachziegel *m*

чересчу́р *нареч* (*слишком*) zu sehr, zu viel, übermäßig; ◇ ~ **ма́ло** (viel) zu wenig; ◇ ~ **мно́го** (viel) zu viel; ◇ **он ~ строг** er ist zu streng; ◇ **э́то уж ~!** das geht zu weit!

чере́шня *жс₂* <-и, *род мн:* -шен> ① (*плод*) Süßkirsche *f* ② (*дерево*) Süßkirschbaum *m*

черни́ка *жс₁* <-и> ① (*ягода*) Heidelbeeren *f pl* ② (*куст*) Heidelbeerstrauch *m*

черни́ла *мн₂* <-и́л> Tinte *f;* **черни́льница** *жс₁* <-ы> Tintenfaß *n*

черни́ть V_{4a} *несов* <-ню́, -ни́шь, *Part. Prät. Pass.* -нённый> [**за**~ (1), **о**~ (2) *сов*] *кого-что вин (1, 2), что вин (3)* ① (*красить*) schwärzen; ◇ ~ **бро́ви** die Augenbrauen schwarz färben ② *перен* (*порочить*) anschwärzen, schlechtmachen; ◇ ~ **свои́х пре́жних колле́г по рабо́те** seine früheren Arbeitskollegen anschwärzen; (*клеветать*) verleumden ③ (*предохранять от коррозии*) brünieren; ◇ ~ **серебро́** Silber brünieren

черно́ви́к *м₁* <-а́, *мн:* -и́> ① (*набросок*) Entwurf *m,* Konzept *n* ② (*тетрадь*) Schmierheft *n;* ◇ **перепи́сывать с ~а́ на белови́к** ins reine schreiben

чернозём *м₁* <-а> Schwarzerde *f*

черномо́рский *прил* <-ая, -ое, -ие> Schwarzmeer-; ◇ **~ое побере́жье** Schwarzmeerküste *f*

чернорабо́чий *м* (A_2) <-его> ungelernter Arbeiter *m*

черносли́в *м₁* <-а> gedörrte Pflaumen, Backpflaumen *f pl*

чёрный *прил* <-ая, -ое, -ые> ① (*тёмный*) schwarz, dunkel; ◇ ~ **креп** Trauerflor *m;* ◇ ~ **хлеб** Schwarzbrot *n;* (*потемневший*) ◇ ~ **от зага́ра** tief gebräunt ② *перен* (*мрачный*) schwarz, finster; ◇ **~ые мы́сли** finstere Gedanken ③ (*задний*) Hinter-, Neben-; ◇ **с ~ого хо́да** durch den Hintereingang ④ (*неквалифицированный*) schwer, schmutzig; ◇ **держа́ть кого́-л в ~ом те́ле** jd-n kurz halten; ◇ **~ым по бе́лому** schwarz auf weiß; ◇ ~ **ры́нок** Schwarzmarkt *m;* ◇ **~ые спи́ски** schwarze Listen; ◇ **на ~ день** für den Notfall

черпа́к *м₁* <-а́, *мн:* -и́> ① Schöpfkelle *f* ② (*землечерпалка*) Bagger *m;* **че́рпать** V_{1a} *несов* <-аю, -аешь> [**черпну́ть** V_2 *сов*] *что вин* ① (*доставать*) schöpfen, baggern ② *перен* (*приобретать*) schöpfen, bekommen; ◇ ~ **зна́ния** Wissen schöpfen; ◇ ~ **си́лы** Kraft schöpfen

черстве́ть *несов* <-е́ю, -е́ешь, (1) 1 и 2 л. не употр> [**за**~ (1), **по**~ *сов*] *без доп* ① vertrocknen; ◇ **хлеб ~е́ет** das Brot wird trokken ② *перен* (*о человеке*) sich verhärten, hartherzig werden, abstumpfen; **чёрствый** *прил* <-ая, -ое, -ые> ① (*засохший*) trocken, hart ② *перен* (*бездушный*) hartherzig, gefühllos

чёрт *м₁* <-а, *мн:* че́рти, *род:* черте́й> Teufel *m;* ◇ ~ **возьми́!** hols der Teufel!; ◇ ~ **побери́!** verdammt nochmal!; ◇ **сам ~ не разберёт** das begreift kein Schwein; ◇ **всё пошло́ к ~у** alles ist im Eimer; ◇ **посла́ть ко всем чертя́м** jd-n zum Teufel schicken; ◇ ~ **дёрнул его́ сде́лать э́то** ihn hat der Teufel geritten; ◇ **до черта́** ungeheuer viel; ◇ **на кой** ~ wozu, zum Teufel; ◇ ~ **с ним** ach egal!, das ist mir gleich!

черта́ *жс₁* <-ы́> ① (*линия*) Strich *m,* Linie *f;* ◇ **провести́ ~у́** eine Linie ziehen; ◇ **подвести́ ~у под чем-л** einen Strich unter etw ziehen ② (*граница, предел*) Grenze *f,* Grenzlinie *f;* ◇ **в ~е го́рода** innerhalb der Stadt; *перен* ◇ **до после́дней ~ы** bis zum Äußersten ③ (*свойство*) Zug *m;* ◇ **неприя́тная ~ в поведе́нии** schlechtes Verhalten; ◇ **~ы́ лица́** Gesichtszüge *m pl*

чертёж *м₂* <-а́, *мн:* -и́> Zeichnung *f,* Riß *m*

черти́ть V_{4a} *несов* <-рчу́, че́ртишь, *Part. Präs. Akt.* че́ртящий, *Part. Präs. Pass.* черти́мый> [**на**~ *сов* <*Part. Prät. Pass.* -че́рченный>] *что вин* ① (*проводить черту*) zeichnen; ◇ ~ **рейсфе́дером** mit der Reißfeder zeichnen ② (*готовить чертёж*) zeichnen, eine technische Zeichnung anfertigen; ◇ ~ **план ме́стности** einen Ortsplan zeichnen

чеса́ть * *несов* <чешу́, че́шешь> *что вин (1, 3), кого-что вин (2)* ① kratzen; ◇ ~ **спи́ну** den Rücken kratzen; ◇ ~ **в заты́лке** am Kopf kratzen ② (*расчёсывать*) kämmen; ◇ ~ **во́лосы** Haare kämmen ③ (*щёткой, гребнем*) hecheln, kämmen; ◇ ~ **лён** Flachs hecheln; ◇ ~ **языко́м** klatschen, schwatzen

чесно́к *м₁* <-а́> Knoblauch *m*

чесо́тка *жс₁* <-и> мед Krätze *f*

че́ствование *с₄* <-я> Ehrung *f;* **че́ствовать** V_{3a} *несов* <-твую, -твуешь> *кого-что вин*

Ч

ehren, jd-n feiern, würdigen; ◇ ~ **юбиля́ра** den Jubilaren feiern; **че́стный** *прил* ‹-ая, -ое, -ые› (1) (*искренний, прямо*) ehrlich, redlich, aufrichtig; ◇ **~ые наме́рения** ehrliche Absichten; ◇ **~ое сло́во** Ehrenwort *n* (2) (*безупречный*) unbescholten, ehrlich; ◇ ~ **за́работок** ehrlicher Verdienst; ◇ **держа́ться на ~ом сло́ве** an einem dünnen Faden hängen; **честь** *ж$_5$* ‹-и, о че́сти, в чести́› (1) Ehre *f;* ◇ **де́ло ~и** Ehrensache *f;* ◇ **заде́ть чью-л** ~ jd-n in seiner Ehre kränken; ◇ **э́то де́лает тебе́** ~ das macht dir Ehre (2) (*хорошая репутация*) guter Ruf *m* (3) (*почёт, уважение*) Ehre *f,* Ehrung *f;* ◇ **возда́ть ~ кому́-л** jd-m Ehre erweisen; ◇ **име́ю** ~ ich habe die Ehre; ◇ **пора́ и ~ знать** es ist höchste Zeit aufzuhören

четве́рг *м$_1$* ‹-а́, *мн:* -и́› Donnerstag *m;* ◇ **в про́шлый/бу́дущий** ~ am letzten/kommenden Donnerstag; ◇ **по ~а́м** donnerstags; *шутл* ◇ **по́сле до́ждичка в** ~ am Sankt-Nimmerleins-Tag

четвёрка *ж$_1$* ‹-и, *род мн:* -рок› (1) (*цифра*) Vier *f* (2) (*отметка "хорошо"*) Zwei *f;* ◇ **учи́ться на ~и** ein guter Schüler sein (3) (*упряжка в четыре лошади*) Viergespann *n* (4) *спорт* (*лодка*) Vierer *m;* **четверости́шие** *с$_4$* ‹-я› Vierzeiler *m,* vierzeiliges Gedicht; **четверти́нка** *ж$_1$* ‹-и, *род мн:* -нок› *разг* Viertel *n;* **четвёртый** *порядковое числ* ‹-ая, -ое, -ые› der vierte; ◇ ~ **ряд** die vierte Reihe; ◇ **~ая часть** ein Viertel; ◇ **~ого числа́** am vierten; **че́тверть** *ж$_5$* ‹-и, *мн:* че́тверти, *род:* -те́й› (1) Viertel *n;* ◇ ~ **го́да** Vierteljahr *n;* ◇ ~ **ча́са** Viertelstunde *f;* ◇ **без ~и семь** Viertel vor sieben; ◇ ~ **восьмо́го** Viertel nach sieben (2) (*часть учебного года*) Schuljahresviertel *n;* ◇ **отме́тки за** ~ Vierteljahresnoten *f pl* (3) *муз* Viertelnote *f*

чётки *мн$_1$* ‹-ток› Rosenkranz *m*

чёткий *прил* ‹-ая, -ое, -ие› (*сравн:* **чётче**) (1) (*отчётливый*) deutlich, leserlich; ◇ ~ **по́черк** leserliche Handschrift (2) (*ясный, точный*) klar, genau; ◇ **~ое изложе́ние** genaue Wiedergabe (3) *перен* (*хорошо организованный*) organisiert, sorgfältig

чётный *прил* ‹-ая, -ое, -ые› gerade; ◇ **~ое число́** gerade Zahl

чётче *сравн от* **чёткий**

четы́ре *числ* (1) vier; ◇ **по ~ в ряд** in Viererreihen (2) (*отметка*) Zwei *f,* "gut"; ◇ **за сочине́ние получи́л** ~ für den Aufsatz bekam er eine Zwei; **четы́реста** *числ* vierhundert; **четырёхдне́вный** *прил* ‹-ая, -ое, -ые› viertägig; **четырёхле́тний** *прил* ‹-яя, -ее, -ие› vierjährig; **четырёхме́сячный** *прил* ‹-ая, -ое, -ые› viermonatig; ◇ **в ~ срок** binnen vier Monaten; **четырёхсторо́нний** *прил* ‹-яя, -ее, -ие› vierseitig, Vierseiten-; ◇ **~ее соглаше́ние** vierseitiges Abkommen; **четырёхуго́льник** *м$_1$* ‹-а› Viereck *n;* **четырёхчасово́й** *прил* ‹-ая, -ое, -ые› (1) (*продолжительностью в четыре часа*) vierstündig; ◇ ~ **переры́в** vierstündige Pause (2) (*назначенный на четыре часа*) Vieruhr-; ◇ ~ **по́езд** Vieruhrzug *m;* **четы́рнадцатый** *числ* ‹-ая, -ое, -ые› der vierzehnte; ◇ **~ого ма́рта** am vierzehnten März; ◇ **~ая страни́ца** Seite vierzehn

чех *м$_1$* ‹-а› Tscheche *m*

чехо́л *м$_1$* ‹-ла́, *мн:* -лы́› Kappe *f,* Überzug *m;* (*футляр*) Futteral *n*

чечеви́ца *ж$_1$* ‹-ы› *бот* Linse *f*

чече́нец *м$_5$* ‹-нца, *мн:* -нцы› Tschetschene *m;* **чече́нка** *ж$_1$* ‹-и, *род мн:* -нок› Tschetschenin *f*

чечётка *ж$_1$* ‹-и› Steptanz *m;* ◇ **отбива́ть ~у** steppen

че́шка *ж$_1$* ‹-и, *род мн:* -шек› Tschechin *f;* **че́шский** *прил* ‹-ая, -ое, -ие› tschechisch

чешуя́ *ж$_3$* ‹-и́› Schuppen *f pl;* ◇ **ры́бья** ~ Fischschuppen; ◇ **сбро́сить ~ю** sich schuppen, sich häuten

чи́жик *м$_1$* ‹-а› (*птица*) Zeisig *m*

чили́ец *м$_5$* ‹-йца, *мн:* -йцы› Chilene *m;* **чили́йка** *ж$_1$* ‹-и, *род мн:* -ек› Chilenin *f;* **чили́йский** *прил* ‹-ая, -ое, -ие› chilenisch

чин *м$_1$* ‹-а, *мн:* -ы́› (1) (*разряд, класс*) Dienstgrad *m,* Rang *m;* ◇ **повыше́ние в ~е** Beförderung *f;* ◇ **име́ть высо́кий** ~ einen hohen Rang innehaben (2) (*чиновник*) Würdenträger *m,* hoher Beamter; ◇ **яви́лся како́й-то ва́жный** ~ es kam irgendein hohes Tier; *разг* ◇ ~ **~ом** wie es sich gehört

чини́ть[1] V_{4a} *несов* ‹-ню́, чи́нишь› [**о**~ (2), **по**~ (1) *сов* ‹*Part. Prät. Pass.* -чи́ненный›] *что вин* (1) (*исправлять*) ausbessern, flicken, überholen; ◇ ~ **велосипе́д** das Fahrrad reparieren (2) (*делать острым*) (an-)spitzen

чини́ть[2] *несов* ‹-ню́, чини́шь› [**у**~ *сов* ‹*Part. Prät. Pass.* -чинённый›] *что вин* (*устраивать*) machen, anrichten; ◇ ~ **кому́-л препя́тствия [поме́хи]** jd-m Hindernisse in den Weg legen

чино́вник *м$_1$* ‹-а› (1) (*государственный служащий*) Beamte *m* (2) *перен пренебр* Bürokrat *m,* Schreiberseele *f*

чири́кать V_{1a} *несов* ‹-аю, -аешь› *без доп* (*щебетать*) zwitschern

чи́сленность *ж*$_5$ ‹-и› (An-)Zahl *f*, Stärke *f*; ◇ ~ **населе́ния** Anzahl der Bevölkerung; ◇ **гру́ппа ~ю в сто челове́к** eine hundert Personen starke Gruppe; **чи́сленный** *прил* ‹-ая, -ое, -ые› numerisch; (*количественный*) zahlenmäßig; ◇ **~ое превосхо́дство** zahlenmäßiges Übergewicht; ◇ ~ **соста́в** Stärke *f*, Anzahl *f*

чи́слиться V_{4b} *несов* ‹-люсь, -лишься› *кем-чем тв* (*как кто-что имен, в качестве кого-чего*) registriert sein, geführt werden; ◇ ~ **в спи́ске** in der Liste geführt werden; ◇ ~ **больны́м** krank gemeldet sein; ◇ ~ **вы́бывшим** als entlassen gelten

число́ *с*$_2$ ‹-а́, *мн:* чи́сла, *род:* чи́сел, *дат:* чи́слам› (1) Zahl *f*; ◇ **дро́бное** ~ Bruchzahl; ◇ **просто́е** ~ Primzahl (2) (*день месяца*) Datum *n*; ◇ **в пе́рвых ~ах ма́я** Anfang Mai; ◇ **како́е сего́дня ~?** den wievielten haben wir heute?; ◇ **узна́ть что-л за́дним ~о́м** etw nachträglich erfahren (3) (*количество*) (An-)Zahl *f*; ◇ **попо́лнить ~ уча́стников** die Zahl der Teilnehmer erhöhen; ◇ **без ~а́** zahllos; ◇ **в том ~е́** darunter; ◇ **оди́н из их ~а́** einer von ihnen (5) грам Zahl *f*, Numerus *m*; ◇ **еди́нственное** ~ Einzahl *f*, Singular *m* ◇ **мно́жественное** ~ Mehrzahl *f*, Plural *m*

чи́стильщик *м*$_1$ ‹-а› Putzer *m*; ◇ ~ **сапо́г** Schuhputzer

чи́стить V_{4b} *несов* ‹чи́щу, чи́стишь, *Part. Prät. Pass.* чи́щенный› [**вы́**~ (1), **о**~ (2) *сов*] *кого-что вин (1, 4), что вин (2, 3)* (1) (*делать чистым*) reinigen, säubern; ◇ ~ **зу́бы** die Zähne putzen; ◇ ~ **о́бувь** Schuhe putzen (2) (*приготовлять в пищу*) schälen, pellen, putzen; ◇ ~ **карто́фель** Kartoffeln schälen; ◇ ~ **о́вощи** Gemüse putzen; ◇ ~ **ви́шню** Kirschen entsteinen (3) (*освобождать*) säubern, räumen; ◇ ~ **снег на путя́х** Schnee räumen (4) (*обворовывать*) ausrauben

чи́сто *нареч* (1) sauber, rein (2) *безл* ◇ **круго́м** ~ es ist rundherum sauber (3) (*лишь*) rein, nur; ◇ ~ **вне́шний** rein äußerlich; ◇ **де́ло здесь не** ~ hier geht es nicht mit rechten Dingen zu; **чистописа́ние** *с*$_2$ ‹-я› Schönschreiben *n*, Schönschrift *f*; **чистопло́тный** *прил* ‹-ая, -ое, -ые› (1) (*опрятный*) reinlich, sauber (2) *перен* (*порядочный*) ehrlich, anständig; **чистота́** *ж*$_1$ ‹-ы́› (1) (*отсутствие грязи*) Sauberkeit *f*, Reinheit *f* (2) (*аккуратность*) Sorgfalt *f*, Ordentlichkeit *f* (3) (*отсутствие примесей*) Reinheit *f* (4) (*ясность*) Klarheit *f*; (*порядочность*) Redlichkeit *f*; **чи́стый** *прил* ‹-ая, -ое, -ые› (1) sauber, rein; ◇ **~ое бельё** reine Wäsche (2) *перен* (*правдивый*) ehrlich, redlich, rein; ◇ **с ~ой со́вестью** reinen Gewissens; ◇ **сказа́ть от ~ого се́рдца** etw aus tiefstem Herzen sagen (3) (*свободный*) rein, klar; ◇ **~ое не́бо** klarer Himmel; ◇ **~ая тетра́дь** leeres Heft; ◇ ~ **во́здух** reine Luft (4) (*без примесей*) rein, pur; ◇ **~ое зо́лото** pures Gold; ◇ ~ **спирт** reiner Spiritus (5) (*настоящий*) echt, wahrhaft; ◇ ~ **вздор** reiner Unsinn; ◇ **~ая случа́йность** purer Zufall; ◇ ~ **дохо́д** Nettogewinn *m*, Reingewinn *m*

чита́льня *ж*$_2$ ‹-и, *род мн:* -лен› Lesesaal *m*, Leseraum *m*; **чита́тель** *м*$_2$ ‹-я› (1) Leser *m* (2) (*посетитель библиотеки*) Bibliotheksbesucher *m*; ◇ **зал для ~ей** Lesesaal *m*; **чита́ть** V_{1a} *несов* ‹-а́ю, -а́ешь, *Part. Prät. Pass.* чи́танный› [**про**~ *сов*] *кого-что вин* (1) (*книги*) lesen; ◇ ~ **вслух** laut lesen, vorlesen; ◇ **она́ мно́го ~а́ет** sie liest viel; ◇ ~ **географи́ческие ка́рты** Landkarten lesen; ◇ ~ **но́ты** Noten lesen (2) *перен* (*угадывать*) etw ablesen, erraten; ◇ ~ **настрое́ния по ли́цам** die Stimmung von den Gesichtern ablesen; ◇ ~ **ме́жду строк** zwischen den Zeilen lesen; ◇ ~ **мы́сли** Gedanken lesen (3) (*излагать перед аудиторией*) vortragen, halten; ◇ ~ **ле́кцию** eine Vorlesung halten; ◇ ~ **стихи́** Gedichte vortragen; ◇ ~ **нравоуче́ния** die Leviten lesen

чиха́ть V_{1a} *несов* ‹-а́ю, -а́ешь› [**чихну́ть** V_2 *сов*] *без доп (1), на кого-что вин (2)* (1) niesen (2) *перен* (*плевать*) pfeifen (auf); ◇ ~ **мне на него́** ich pfeife auf ihn

член *м*$_1$ ‹-а› (1) Mitglied *n*; ◇ ~ **семьи́** Familienmitglied; ◇ ~ **правле́ния** Vorstandsmitglied; ◇ **госуда́рства-~ы** Mitgliedsstaaten *m pl* (2) (*часть тела*) (Körper-)Glied *n*; ◇ **от бо́ли он не мог пошевельну́ть ни еди́ным ~ом** vor Schmerzen konnte er kein Glied rühren; ◇ **уста́лость скова́ла его́ ~ы** seine Glieder waren vor Müdigkeit erlahmt (3) мат Glied *n* (4) грам ◇ ~ **предложе́ния** Satzglied; **чле́нство** *с*$_2$ ‹-а› Mitgliedschaft *f*

чмо́кать V_{1a} *несов* ‹-аю, -аешь› [**чмо́кнуть** V_2 *сов*] *без доп разг* schmatzen, schnalzen; (*целовать*) küssen

чо́каться V_{1a} *несов* ‹-аюсь, -аешься› [**чо́кнуться** V_2 *сов*] *с кем тв* anstoßen (mit)

чо́порный *прил* ‹-ая, -ое, -ые› prüde, zimperlich, geziert; (*натянутый*) steif, affektiert

чрезвыча́йный *прил* ‹-ая, -ое, -ые› (1) (*исключительный*) außerordentlich; ◇ ~ое

Ч

происше́ствие ungewöhnliches Ereignis ② (*специальный*) besonderer, Sonder-, Ausnahme-; ◇ **~ая коми́ссия** Sonderkommission *f;* ◇ **~ые ме́ры** Sondermaßnahmen *f pl;* ◇ **~ые полномо́чия** Sondervollmachten *f pl;* ◇ **ввести́ ~ое положе́ние** den Ausnahmezustand verhängen

чрезме́рный *прил* <-ая, -ое, -ые> übermäßig; (*крайний*) extrem

чте́ние c_4 <-я> ① (*читаемое произведение*) Lektüre *f;* ◇ **занима́тельное ~** spannende Lektüre ② ◇ **~я** *мн* (*цикл докладов*) Lesung *f;* Vorlesung *f;* ◇ **литерату́рные ~я** literarische Lesung ③ (*лекций*) (Ab-)Halten *n*

чтить * *несов* <чту, чтишь> *кого-что вин* (ver-)ehren, hochachten, in Ehren gedenken

что (чего́, чему́, чем, о чём) I. *мест* ① (*в прямом вопросе*) was; ◇ **~ случи́лось?** was ist passiert?; ◇ **~ Вы говори́те?** was sagen Sie? ② (*каков, каково*) wie; ◇ **~ больно́й?** wie geht es dem Kranken?; ◇ **ты ему́ сказа́л, а он ~?** du hast es ihm gesagt, und wie hat er reagiert? ③ (*который*) der, die, das; ◇ **дом, ~ стои́т на углу́** das Haus, das an der Ecke steht **II.** *нареч* ① (*почему*) weshalb, warum; ◇ **~ ты заду́мался?** warum bist du so nachdenklich?; ◇ **~ так по́здно пришёл?** warum bist du so spät gekommen? ② (*сколько*) wieviel, was; ◇ **~ сто́ит э́та вещь?** was kostet das?; ◇ **~ бы́ло сил** aus ganzer Kraft; ◇ **~ по́льзы?** was nützt das?; ◇ **в слу́чае чего́** im Fall eines Falles; ◇ **нет ли чего́ но́вого?** gibts was Neues?; ◇ **ни за ~!** auf keinen Fall!; ◇ **ни за́ ~, ни про́ ~** mir nichts, dir nichts; ◇ **да ~ Вы!** was Sie nicht sagen!; ◇ **не́ за ~!** bitte!, keine Ursache!; ◇ **оста́ться ни при чём** leer ausgehen; ◇ **знать ~ к чему́** sich in etw auskennen **III.** *союз* ① (*присоединяет придат предл*) daß; ◇ **жаль, ~ опозда́л** schade, daß du zu spät gekommen bist; ◇ **сказа́л так ти́хо, ~ никто́ не услы́шал** er sagte es so leise, daß es niemand hörte ② (*с частицей "ни" или без неё*) ◇ **~ ни день, прибавля́ются си́лы** mit jedem Tag kommen neue Kräfte ③ (*при повторении*) ob ... ob; ◇ **~ ты пойдёшь, ~ я - всё равно́** ob du gehst, ob ich gehe, das ist egal

что́бы I. *союз* (*присоединяет придат предл*) ① (*цель*) damit, um zu; ◇ **говори́те про́сто, ~ бы́ло поня́тно всем** sagen Sie es mit einfachen Worten, damit es für alle verständlich ist; ◇ **тороплю́сь, ~ успе́ть на по́езд** ich beeile mich, um den Zug noch zu schaffen ② (*возможность*) daß; ◇ **сомнева́юсь, ~ он оста́лся дово́лен** ich bezweifle, daß er zufrieden war; ◇ **хочу́, ~ всё бы́ло хорошо́** ich will, daß alles gut wird **II.** *частица* (*выражает пожелание, требование*) daß, auf daß; ◇ **~ э́того бо́льше не́ бы́ло!** daß mir das nicht mehr vorkommt!; ◇ **~ глаза́ мои́ его́ бо́льше не ви́дели** der soll mir nicht mehr unter die Augen treten

что́-либо (чего́-либо, чему́-либо, че́м-либо, о чём-либо) *мест* etwas, irgend etwas beliebiges; ◇ **ви́дели ли Вы когда́-нибу́дь ~ подо́бное?** haben Sie so etwas schon mal gesehen?; ◇ **не могу́ сообщи́ть чего́-либо ра́достного** ich kann nichts Erfreuliches berichten

что́-нибудь (чего́-н, чему́-н, че́м-н, о чём-н) *неопр мест* etwas, irgend etwas; ◇ **покажи́ ~ из свое́й колле́кции** zeige mir etwas aus deiner Sammlung; ◇ **нет ли чего́-нибудь почита́ть?** haben Sie irgend etwas zu lesen?

что́-то (чего́-то, чему́-то, че́м-то, о чём-то) I. *неопр мест* (*нечто*) etwas, etwas Bestimmtes; ◇ **~ прия́тное** etwas Angenehmes; ◇ **чего́-то не хвата́ет** etwas fehlt **II.** *нареч* ① (*почему-то, неясно почему*) ein wenig, leicht, etwas; ◇ **~ уста́л** ich bin etwas müde; ◇ **~ хо́лодно** mir ist ein wenig kalt ② (*приблизительно*) etwa; ◇ **написа́л ~ о́коло двухсо́т страни́ц** er hat etwa zweihundert Seiten geschrieben **III.** *частица* (*выражает неуверенность, сомнение*) mir scheint; ◇ **э́то пра́вда? ~ не ве́рится** ist das wahr? das kann ich kaum glauben

чуб $м_1$ <-а, *мн:* -ы́> Schopf *m*

чувстви́тельный *прил* <-ая, -ое, -ые> ① (*восприимчивый*) fühlbar, empfindlich, empfindsam; ◇ **~ое ме́сто те́ла** empfindliche Körperstelle; ◇ **~ прибо́р** empfindliches Gerät; ◇ **~ы расхо́ды** schmerzliche Ausgaben; ◇ **~ толчо́к** spürbarer Erdstoß ② (*впечатлительный*) gefühlvoll ③ (*сентиментальный*) sentimental, rührselig; ◇ **~ые стихи́** rührselige Gedichte

чу́вство c_2 <-а> ① (*ощущение*) Gefühl *n,* Empfindung *f;* ◇ **~ жа́лости** Mitleid *n,* Mitgefühl *n;* ◇ **~ ме́ры** Maß *n* ② (*восприятие*) Sinn *m,* Besinnung *f;* ◇ **о́рганы чувств** Sinnesorgane *n pl;* ◇ **лиши́ться чувств** die Besinnung verlieren, in Ohnmacht fallen; ◇ **прийти́ в ~** wieder zu sich kommen; ◇ **без чувств** ohnmächtig; ◇ **шесто́е ~** der sechste Sinn ③ (*эмоция, переживание*) Gefühl *n;* ◇ **~ огорче́ния** Gefühl der Enttäuschung; ◇ ~

ра́дости Gefühl der Freude (4) (*понимание*) Bewußtsein *n;* ◇ ~ **до́лга** Pflichtbewußtsein; ◇ ~ **отве́тственности** Verantwortungsgefühl *n;* ◇ ~ **со́бственного досто́инства** Selbstbewußtsein *n* (5) (*любовь*) Liebe *f,* Zuneigung *f;* ◇ **пе́рвое** ~ die erste Liebe; **чу́вствовать** V_{3a} *несов* <-твую, -твуешь> [**по~** *сов*] *что вин* (*испытывать какое-л чувство*) fühlen, empfinden; (*ощущать*) (ver-)spüren; ◇ ~ **чей-л взгляд** jd-s Blick spüren; ◇ ~ **го́лод** Hunger haben; ◇ ~ **свою́ отве́тственность** sich verantwortlich fühlen; ◇ ~ **жа́лость к кому́-л** Mitleid für jd-n empfinden; ◇ ~ **себя́ больны́м** sich krank fühlen; ◇ **дать ~ кому́-л** jd-n etw spüren lassen

чугу́н $м_1$ <-á> Gußeisen *n*

чуда́к $м_1$ <-á, *мн:* -и́> komischer Kauz *m,* schräger Vogel; **чуда́чка** $ж_1$ <-и, *род мн:* -чек> verschrobene Person

чуде́сный *прил* <-ая, -ое, -ые> (1) (*волшебный*) Wunder-, wunderbar; ◇ **~ое исцеле́ние** Wunderheilung *f* (2) (*прекрасный*) wunderschön, wundervoll, ausgezeichnet; ◇ ~ **день** ein herrlicher Tag

чу́до $с_2$ <-а, *мн:* чудеса́, *род:* чуде́с, *дат:* чудеса́м> (1) Wunder *n;* ◇ **наде́яться на ~** auf ein Wunder hoffen; ◇ **соверши́ть ~** ein Wunder vollbringen (2) (*нечто восхитительное*) Wunderwerk *n;* ◇ ~ **приро́ды** Naturwunder

чудо́вище $с_3$ <-а> (1) (*в сказках*) Ungeheuer *n,* Monster *n* (2) *перен* (*о жестоком человеке*) Unmensch *m,* Scheusal *n*

чужо́й *прил* <-а́я, -о́е, -и́е> fremd; ◇ **~и́е края́** Fremde *f;* ◇ **с ~и́х слов** vom Hörensagen; ◇ **писа́ть под ~и́м и́менем** unter einem Künstlernamen schreiben; ◇ **~и́е лю́ди** fremde Leute; ◇ **загреба́ть жар ~и́ми рука́ми** sich die Kastanien aus dem Feuer holen lassen

чула́н $м_1$ <-а> Kammer *f;* (*для ненужных вещей*) Rumpelkammer *f*

чуло́к $м_1$ <-лка́, *мн:* -лки́, *род:* -ло́к, *дат:* -лка́м> Strumpf *m*

чума́ $ж_1$ <-ы́> мед Pest *f;* ◇ **бубо́нная ~** Beulenpest; ◇ **боя́ться кого́/чего́-л как ~ы́** jd-n/etw fürchten wie die Pest

чурба́н $м_1$ <а> (1) (*обрубок бревна*) Klotz *m* (2) *перен разг* (*тупой человек*) Dummkopf *m,* Tölpel *m*

чу́ткий *прил* <-ая, -ое, -ие> (1) (*легко воспринимающий*) scharf, hellhörig, wachsam; ◇ **~ая соба́ка** wachsamer Hund; ◇ ~ **слух** scharfes Gehör; ◇ ~ **сон** leichter Schlaf; *перен* ◇ **~ие прибо́ры** empfindliche Geräte (2) *перен* (*отзывчивый*) zartfühlend, feinfühlig; (*тактичный*) taktvoll; (*понимающий*) verständnisvoll

чуть I. *нареч* (1) (*едва, еле*) kaum, beinahe; ◇ ~ **живо́й** halbtot; ◇ ~ **слы́шен шёпот** man hört das Geflüster kaum; ◇ ~ **что** beim geringsten Anlaß; ◇ ~ **(ли) не** fast (2) (*немного, слегка*) ein wenig, ein bißchen; ◇ ~ **бо́льше** ein wenig mehr **II.** *союз* (*как только*) sobald; ◇ ~ **кто войдёт, услы́шу** sobald jd hereinkommt, höre ich es

чутьё $с_5$ <-я́> (1) (*у животных*) Spürsinn *m,* Witterung *f,* Instinkt *m* (2) *перен* (*способность понимать*) Einfühlungsvermögen *n;* (*чувство такта*) Fingerspitzengefühl *n,* Taktgefühl *n;* ◇ **хоро́шее ~ языка́** gutes Sprachgefühl

чу́чело $с_2$ <-а> (1) (*животного*) Balg *m;* ◇ **наби́ть ~** einen Balg ausstopfen (2) (*в огороде*) Vogelscheuche *f* (3) *перен* (*о человеке*) Vogelscheuche *f;* ◇ ~ **горо́ховое** Schreckgespenst *n*

чушь $ж_5$ <-и> *разг* Unsinn *m,* Quatsch *m*

чу́ять * *несов* <чу́ю, чу́ешь> *кого-что вин (1), что вин (2)* (1) wittern, riechen; ◇ **соба́ка ~ет след** der Hund wittert die Spur (2) *перен разг* (*чувствовать*) spüren, empfinden; ◇ ~ **недо́брое** Böses ahnen; ◇ **ног [земли́] не ~ под собо́й** den Boden unter den Füßen nicht spüren

чьё, чьи, чья *см.* **чей**

Ш

шабло́н $м_1$ <-а> (1) (*лекало*) Schablone *f;* ◇ **крои́ть по ~у** nach einem Muster zuschneiden (2) *перен* (*штамп*) Schema *n,* Muster *n,* Klischee *n;* ◇ **сочиня́ть по ~у** nach einem Schema dichten (3) *тех* (*инструмент*) Schablone *f;* ◇ **резьбово́й ~** Gewindeschablone

шаг $м_1$ <-а, *мн:* -и́> (1) (*одно движение ногой*) Schritt *m;* (*походка*) Gang *m;* ◇ **бы́стрым ~ом** schnellen Schrittes; ◇ **ро́вным ~ом** in gleichmäßigen Schritten; ◇ ~ **вперёд** Schritt nach vorne; ◇ ~ **наза́д** Schritt zurück; ◇ **в не́скольких ~а́х** einen Sprung entfernt; ◇ **на ка́ждом ~у́** auf Schritt und Tritt; ◇ **оди́н ~ от чего́-л** einen Katzensprung von etw entfernt; ◇ **не отходи́ть ни**

на ~ keinen Fußbreit weichen; ◇ **~у ступи́ть не мо́жет без кого́-л** keinen Schritt ohne jd-n tun können ② (*движение пешим способом*) Schritt *m*, Schrittempo *n*; ◇ **заме́длить** ~ den Schritt verlangsamen; ◇ **приба́вить** ~ einen Schritt zulegen; *перен* ◇ **дви́гаться вперёд бы́стрыми ~а́ми** mit schnellen Schritten vorankommen ③ *перен* (*поступок*) Schritt *m*, Maßnahme *f*; ◇ **ло́жный** ~ Fehltritt *m*; ◇ **предприня́ть но́вые ~и́ в како́м-л де́ле** neue Maßnahmen in einer Sache ergreifen ④ тех Schritt *m*; ◇ ~ **резьбы́** Gewindesteigung *f*; **шага́ть** V_{1a} *несов* <-а́ю, -а́ешь> [**шагну́ть** V_2 *сов*] *без доп (1), через кого-что вин (2)* ① (*идти*) gehen, schreiten; ◇ **шага́й отсю́да!** geh weg! ② (*переступать*) (über-)schreiten; ◇ ~ **че́рез поро́г** über eine Schwelle schreiten; **ша́гом** *нареч* schrittweise; ◇ **идти́** ~ gehen, schreiten; ◇ ~ **марш!** im Gleichschritt, Marsch!

ша́йба *ж₁* <-ы> ① тех (*пластинка*) Scheibe *f* ② спорт ◇ **хокке́йная** ~ Puck *m*

ша́йка [1] *ж₁* <-и> (*таз*) Kübel *m*

ша́йка [2] *ж* <-и> (*банда*) Bande *f*; ◇ **банди́тская** ~ Verbrecherbande

шала́ш *м₂* <-а́, *мн:* -и́> Laubhütte *f*, Hütte *f*; ◇ ~ **в лесу́** Waldhütte

шалу́н *м₁* <-а́, *мн:* -ы́> Wildfang *m*, Schelm *m*; **шалу́нья** *ж₂* <-ьи, *род мн:* -ий> Schelmin *f*

шаль *ж₅* <-и> (*платок*) (Kopf-)Tuch *n*, Schal *m*; ◇ **заку́таться в** ~ sich in ein Wolltuch einhüllen; ◇ **наки́нуть ~ на пле́чи** einen Schal überwerfen; ◇ **воротни́к ~ью** Schalkragen *m*

шампа́нское *с (А₁)* <-ого> Sekt *m*, Champagner *m*

шанс *м₁* <-а> Chance *f*, Gelegenheit *f*; ◇ **после́дний** ~ die letzte Chance; ◇ **~ы на успе́х** Aussicht auf Erfolg; ◇ **упусти́ть** ~ sich eine Gelegenheit entgehen lassen

шанта́ж *м₂* <-а́> Erpressung *f*

ша́пка *ж₁* <-и, *род мн:* -пок> ① (*головной убор*) Mütze *f*, Kappe *f*; ◇ **вя́заная** ~ Strickmütze; ◇ **мехова́я** ~ Pelzmütze; ◇ **наде́ть/снять ~у** die Mütze aufsetzen/abnehmen ② (*заголовок*) (Zeitungs-)Titel *m*; ◇ **статьи́ печа́таются под о́бщей ~ой** die Artikel erscheinen unter einer Gesamtüberschrift; ◇ **получи́ть по ~е** eins auf den Deckel kriegen; ◇ **пойти́ с ~ой по кру́гу** den Hut rumgehen lassen

шар *м₁* <-а́, *мн:* -ы́> Kugel *f*, Ballon *m*; ◇ **биллиа́рдный** ~ Billardkugel; ◇ **возду́шный** ~ Luftballon; ◇ **земно́й** ~ Erdkugel; ◇ **хоть ~о́м покати́** wie leergefegt

шарж *м₂* <-а> Karikatur *f*; ◇ **рисова́ть ~и** Karikaturen zeichnen

шарикоподши́пник *м₁* <-а> тех Kugellager *n*

ша́рить V_{4b} *несов* <-рю, ша́ришь> [**по-** *сов*] *без доп* tastend suchen, durchstöbern; ◇ ~ **рука́ми в темноте́** im Dunkeln tasten; ◇ ~ **по чужи́м карма́нам** fremde Taschen durchstöbern; *перен* (ab-)suchen; ◇ ~ **по всему́ до́му** das ganze Haus absuchen

шарлата́н *м₁* <-а> Scharlatan *m*; (*авантюрист*) Hochstapler *m*; ◇ **зна́харь-~** Kurpfuscher *m*, Quacksalber *m*

шарма́нка *ж₁* <-и, *род мн:* -нок> ① муз Drehorgel *f*, Leierkasten *m* ② *перен* (*надоевший разговор*) Leier *f*; ◇ **опя́ть завела́ свою́ ~у** wieder fing er mit seiner alten Leier an; **шарма́нщик** *м₁* <-а> Drehorgelspieler *m*

шарова́ры *мн₁* <-а́р> Pluderhose *f*

шарф *м₁* <-а́> Schal *m*

шасси́ *с* <нескл> (*автомобиля, трактора*) Fahrgestell *n*, Chassis *n*; (*самолёта*) Fahrwerk *n*; ◇ **вы́пустить/убра́ть** ~ das Fahrwerk ausfahren/einfahren; (*прибора*) Gehäuse *n*

шата́ться V_{1a} *несов* <-а́юсь, -а́ешься> [**шатну́ться** V_2 *сов*] *без доп* ① (*качаться*) wackeln, wanken; ◇ **зуб ~ется** der Zahn wackelt; (*нетвёрдо держаться на ногах*) taumeln, torkeln ② *перен* (*колебаться*) wakkeln, wanken ③ *разг* (*бродить без дела*) sich herumtreiben, herumschlendern; ◇ ~ **по го́роду** einen Stadtbummel machen

ша́ткий *прил* <-ая, -ое, -ие> ① (*неустойчивый*) wackelig, schwankend ② *перен* (*ненадёжный*) unsicher; (*непостоянный*) unbeständig, wankelmütig; (*переменчивый*) veränderlich; (*некрепко сидящий в чём-л*) wackelig; ◇ **~ая похо́дка** unsicherer Gang

шахмати́ст *м₁* <-а> Schachspieler *m*; ◇ **турни́р ~ов** Schachturnier *n*; **ша́хматы** *мн₁* <-мат> Schach *n*; Schachspiel *n*; ◇ **пе́рвенство ми́ра по ~ам** Schachweltmeisterschaft *f*

ша́хта *ж₁* <-ы> ① (*горная выработка*) Schacht *m*, Grube *f*; ◇ **спусти́ться в ~у** in den Schacht hinabsteigen ② (*лифта*) Schacht *m*;

шахтёр *м₁* <-а> Bergarbeiter *m*, Grubenarbeiter *m*, Kumpel *m*

ша́шка [1] *ж₁* <-и, *род мн:* -шек> ① (*в игре*) Dame *f* ② (*узор*) ◇ **в ~у, ~ой** mit Schachbrettmuster ③ (*взрывчатка*) ◇ **подрывна́я** ~ Sprengkörper *m*

ша́шка [2] *ж* <-и> (*оружие*) Säbel *m*

ша́шки *мн₁* <-шек> Damespiel *n*

швед *м₁* ‹-а› Schwede *m;* **шве́дка** *ж₁* ‹-и, *род мн:* -док› Schwedin *f;* **шве́дский** *прил* ‹-ая, -ое, -ие› schwedisch; ◇ ~ **стол** kalt-warmes Büfett

швейца́р *м₁* ‹-а› Pförtner *m*

швейца́рец *м₅* ‹-рца› Schweizer *m;* **швейца́рка** *ж₁* ‹-и, *род мн:* -рок› Schweizerin *f;* **швейца́рский** *прил* ‹-ая, -ое, -ие› schweizerisch

швея́ *ж₃* ‹-и́› Näherin *f*

шевели́ть V₄ₐ *несов* ‹-лю́, -ли́шь› [**по~** *сов*] *что вин (1), чем тв (2)* ① (*ворошить*) wenden; ◇ ~ **се́но** das Heu wenden ② (*двигать*) bewegen, rühren; ◇ **беззву́чно ~ губа́ми** lautlos die Lippen bewegen; *перен* ◇ ~ **мозга́ми** das Gehirn anstrengen

шевелю́ра *ж₁* ‹-ы› Haar *n,* Haarschopf *m*

шеде́вр *м₁* ‹-а› Meisterwerk *n;* ◇ **литерату́рный** ~ literarisches Meisterwerk

шёлк *м₁* ‹-а, *мн:* шелка́› ① (*нитка*) Seidenfaden *m;* ◇ **~-сыре́ц** Rohseide *f* ② (*ткань*) Seide *f;* ◇ **натура́льный** ~ Naturseide ③ (*одежда*) Seidenkleidung *f;* ◇ **она́ хо́дит в ~а́х** sie trägt Seidenkleidung; ◇ **в долгу́ как в ~у́** bis über beide Ohren verschuldet

шелуха́ *ж₁* ‹-и́› (*плодов, овощей*) Schale *f;* ◇ **карто́фельная** ~ Kartoffelschale

шелуши́ться V₄ₐ *несов* ‹-ши́тся, -ша́тся, 1 и 2 л. не употр› *без доп* ① (*сходить*) abgehen, sich lösen; ◇ **штукату́рка ~и́тся** der Putz bröckelt ab ② мед (*о кожном покрове*) sich schuppen; ◇ **ко́жа на рука́х ~и́тся** die Haut auf den Händen schält sich

шепеля́вить V₄ᵦ *несов* ‹-влю, -вишь› *без доп* lispeln

шёпот *м₁* ‹-а› Flüstern *n,* Geflüster *n;* ◇ **говори́ть ~ом** flüstern; (*перешёптывание*) Tuscheln *n*

шепта́ть * *несов* ‹-пчу́, ше́пчешь› *что вин кому дат или без доп* flüstern; ◇ ~ **на́ ухо кому́-л** jd-m etw ins Ohr flüstern; **шепта́ться** *несов* ‹-пчу́сь, ше́пчешься› *с кем тв* flüstern; (*шушукаться*) tuscheln

шерохова́тый *прил* ‹-ая, -ое, -ые› ① (*шершавый*) rauh, grob, ungehobelt; ◇ **~ая доска́** ungehobeltes Brett ② *перен* (*о стиле, форме*) holprig; ◇ **~ое изложе́ние** holprige Darstellung

шерсть *ж₅* ‹-и› ① (*мех*) Fell *n;* ◇ **густа́я** ~ dichtes Fell ② (*пряжа*) Wolle *f;* ◇ **вяза́ть чулки́ из ~и** Wollstrümpfe stricken ③ (*ткань*) Wollstoff *m*

шест *м₁* ‹-а́, *мн:* -ы́› ① (*жердь*) Stange *f* ② (*спортивный снаряд*) Stab *m;* ◇ **прыжо́к с ~о́м** Stabhochsprung *m*

ше́ствие *с₄* ‹-я› Umzug *m,* Zug *m;* ◇ **фа́кельное** ~ Fackelzug; (*процессия*) Prozession *f;* ◇ **тра́урное** ~ Trauerprozession

шестёрка *ж₁* ‹-и, *род мн:* -рок› ① (*цифра*) Sechs *f* ② (*обозначение цифрой 6*) Sechs *f;* (*трамва́й, авто́бус*) ◇ ~ **остана́вливается за угло́м** die Sechs hält um die Ecke ③ (*карта*) Sechs *f;* ◇ ~ **пик** Pik Sechs

шестерня́ *ж₂* ‹-и́, *род мн:* -рён› тех Zahnrad *n;* ◇ **веду́щая** ~ Treibrad *n,* Ritzel *n*

ше́стеро *числ* ① (*количество шесть*) sechs; ◇ ~ **бра́тьев** sechs Brüder; ◇ ~ **су́ток** sechs Tage ② (*шесть пар*) sechs Paar; ◇ ~ **рукави́ц** sechs Paar Fausthandschuhe; ◇ **он рабо́тает за ~ы́х** er arbeitet sehr viel; **шестидесятиле́тний** *прил* ‹-ая, -ое, -ие› sechzigjährig; **шестидеся́тник** *м₁* ‹-а› (*Vertreter der politischen Bewegungen in den sechziger Jahren im 19. und 20. Jahrhundert*); **шестидеся́тый** *числ* der sechzigste; ◇ **~ые го́ды** die sechziger Jahre; ◇ ~ **но́мер** Nummer sechzig; **шестидне́вный** *прил* ‹-ая, -ое, -ые› sechstägig; (*на Ближнем Востоке*) ◇ **~ая война́** Sechstagekrieg *m;* **шестиле́тний** *прил* ‹-яя, -ее, -ие› sechsjährig; **шестиме́сячный** *прил* ‹-ая, -ое, -ые› sechsmonatig; **шестинеде́льный** *прил* ‹-ая, -ое, -ые› sechswöchig; ◇ **~ая командиро́вка** sechswöchige Dienstreise; **шестнадцатиле́тний** *прил* ‹-яя, -ее, -ие› sechzehnjährig; **шестна́дцатый** *числ* der sechzehnte; **шестна́дцать** *числ* sechzehn; **шесто́й** *числ* der sechste; ◇ ~ **класс** sechste Klasse; ◇ ~ **час** nach fünf Uhr, zwischen fünf und sechs Uhr; ◇ **~ая часть** ein Sechstel *n;* ◇ **~ое чу́вство** der sechste Sinn; **шесть** *числ* sechs; **шестьдеся́т** *числ* sechzig; ◇ **ему́ уже́ за** ~ er ist bereits über sechzig; ◇ **кому́-л под** ~ jd ist an die sechzig; **шестьсо́т** *числ* sechshundert; ◇ **в э́той кни́ге ~ страни́ц** dieses Buch hat sechshundert Seiten; **ше́стью** *нареч* sechs mal; ◇ ~ **четы́ре** sechs mal vier

шеф *м₁* ‹-а› ① (*руководитель*) Chef *m,* Vorgesetzter *m;* ◇ **когда́ у ~а приёмные часы́?** wann hat der Chef Sprechstunde?; ◇ **~-по́вар** Chefkoch *m* ② (*организация, принявшая шефство*) Patenorganisation *f;* **ше́фство** *с₂* ‹-а› Patenschaft *f;* ◇ **взять ~ над кем-л** die Patenschaft für jd-n übernehmen; **ше́фствовать** V₃ₐ *несов* ‹-твую, -твуешь› *над кем-чем тв* die Patenschaft haben

Ш

ше́я *ж*$_3$ <-и> Hals *m;* ◇ **вы́тянуть ~ю** den Hals ausstrecken; *прост перен* ◇ **получи́ть по ~е** eins ins Genick kriegen; ◇ **сверну́ть себе́ ~ю** sich das Genick brechen; ◇ **гну́ть ~ю** sich unterwürfig benehmen; *перен* ◇ **ви́снуть у кого́-л на ~е** sich jd-m an den Hals werfen; ◇ **на свою́ ~ю** zum eigenen Nachteil; ◇ **сиде́ть у кого́-л на ~е** jd-m auf der Tasche liegen

ши́ллинг *м*$_1$ <-а> (*денежная единица*) Schilling *m*

ши́ло *с*$_2$ <-а, *мн:* -лья, *род:* -льев, *дат:* -льям> Ahle *f,* Pfriem *m;* ◇ **~а в мешке́ не утаи́шь** die Wahrheit kommt doch an den Tag

ши́на *ж*$_1$ <-ы> ① (*колеса*) Reifen *m;* ◇ **наде́ть ~у на колесо́** einen Reifen aufziehen ② мед Schiene *f;* ◇ **наложи́ть ши́ну** schienen

шинкова́ть V$_{3a}$ *несов* <-ку́ю, -ку́ешь> [**с~** *сов*] *что вин* schneiden, hobeln, schnitzeln

шипе́ть * *несов* <-плю́, -пи́шь> *без доп* ① (*издавать глухие звуки*) zischen; ◇ **змея́ ~и́т** die Schlange zischt ② *разг перен* (*ворчать*) jd-n anfauchen; ◇ ~ **на бра́та** den Bruder anfauchen

шипо́вки *мн*$_1$ <-ок> спорт Spikes *m pl*

шипо́вник *м*$_1$ <-а> ① (*дикая роза*) Heckenrose *f* ② (*плод*) Hagebuttenstrauch *m*

ши́ре *сравн от* **широ́кий**

ширина́ *ж*$_1$ <-ы́> Breite *f,* Weite *f;* ◇ ~ **у́лицы** Straßenbreite; ◇ **ткань в оди́н метр ~о́й** ein Meter breiter Stoff

ши́рма *ж*$_1$ <-ы> ① (*перегородка*) Wandschirm *m,* spanische Wand *f;* ◇ **расста́вить/сложи́ть ~у** die spanische Wand aufstellen/zusammenklappen ② *перен* (*прикрытие*) Deckmantel *m;* ◇ **за ~ой гро́мких фраз** unter dem Deckmantel hochtrabender Worte

широ́кий *прил* <-ая, -ое, -ие> (*сравн:* **ши́ре**) ① (*просторный*) breit; ◇ **~ие поля́ шля́пы** breite Hutkrempe; (*слишком большой*) zu breit; ◇ **шкаф широ́к для э́той ко́мнаты** der Schrank ist zu breit für dieses Zimmer; ◇ **пальто́ ~о́ ей в плеча́х** der Mantel ist ihr an den Schultern zu breit ② (*обширный*) weit, weitläufig; ◇ **~ие сте́пи** weite Steppen ③ (*размашистый*) großzügig ④ *перен* (*массовый*) breit, umfassend; ◇ **~ая обще́ственность** breite Öffentlichkeit; ◇ **~ие сло́и населе́ния** breite Bevölkerungsschichten ⑤ *перен* (*обширный, неограниченный*) weitreichend, umfassend, großangelegt; ◇ **~ая програ́мма** umfassendes Programm; ◇ **в ~ом смы́сле сло́ва** im weitesten Sinne des Wortes; ◇ **~ая нату́ра** großzügiges Wesen; ◇ **жить на ~ую но́гу** auf großem Fuße leben; **широко́** *нареч* breit, weit; ◇ ~ **откры́тый** weit offen; ◇ ~ **распространённый** weit verbreitet; ◇ ~ **смотре́ть на ве́щи** großzügig sein, großzügige Ansichten haben; **широта́** *ж*$_1$ <-ы́, *мн:* широ́ты> ① (*ширина*) Breite *f,* Weite *f; перен* Reichweite *f,* Spannweite *f* ② геогр Breite *f,* Breitengrad *m;* ◇ **ю́жные ~ы** südliche Breiten; ◇ **на всех ~ах** überall; ◇ **гра́дус ~ы́** Breitengrad *m*

шить * *несов* <шью, шьёшь> [**с~** *сов*] *что вин (1, 2), чем тв (3)* ① (*скреплять нитью края ткани*) nähen, schneidern; ◇ ~ **пальто́** einen Mantel nähen ② (*скреплять*) vernageln; (*сшивать*) binden ③ (*вышивать*) (be-)sticken; ◇ ~ **шёлком** mit Seide besticken; *перен* ◇ ~ **де́ло [статью́] кому́-л** jd-n etw anhängen; ◇ **э́то ши́то бе́лыми ни́тками** das ist fadenscheinig

шифр *м*$_1$ <-а> ① (*система знаков*) Geheimschrift *f,* Code *m;* ◇ **цифрово́й** ~ Zahlencode; ◇ **ключ к ~у** Codeschlüssel *m* ② (*на книгах, рукописях*) Signatur *f*

ши́хта *ж*$_1$ <-ы> тех Einsatz *m,* Beschickung *f*

ши́шка *ж*$_1$ <-и, *род мн:* -шек> ① (*плод*) Zapfen *m;* ◇ **ело́вая** ~ Tannenzapfen; ◇ **сосно́вая** ~ Kiefernzapfen ② (*бугорок*) Beule *f;* ◇ **наби́ть ~у на лбу** sich eine Beule an der Stirn holen ③ *перен разг* (*о влиятельном человеке*) hohes Tier; ◇ **ты тепе́рь ва́жная** ~ du bist jetzt ein großes Tier; ◇ ~ **на ро́вном ме́сте** eingebildetes Würstchen

шкала́ *ж*$_1$ <-ы́, *мн:* -ы> (*ряд величин*) Skala *f,* Tabelle *f;* ◇ **тари́фная** ~ Tarifskala; ◇ ~ **за́работной пла́ты** Lohnskala

шкату́лка *ж*$_1$ <-и, *род мн:* -лок> (*для мелких вещей*) Schatulle *f,* Kästchen *n;* ◇ **шве́йная** ~ Nähkästchen *n;* (*для драгоценностей*) Schmuckkästchen *n;* (*для денег*) Gelddose *f;* ◇ **музыка́льная** ~ Spieldose *f*

шкаф *м*$_1$ <-а, в/на шкафу́, *мн:* -ы́> Schrank *m;* ◇ **встро́енный** ~ Einbauschrank; ◇ **кни́жный** ~ Bücherschrank; (*сейф*) ◇ **несгора́емый** ~ Tresor *m*

шквал *м*$_1$ <-а> ① (*порыв ветра*) Windstoß *m* ② *перен* (*о проявлении*) Sturm *m;* ◇ ~ **возмуще́ния** Sturm der Entrüstung; ◇ ~ **ова́ций** stürmische Ovationen

шко́ла *ж*$_1$ <-ы> ① (*учреждение*) Schule *f;* ◇ **вече́рняя** ~ Abendschule; ◇ **нача́льная** ~ Grundschule; ◇ **ча́стные ~ы** Privatschulen; ◇ **око́нчить ~у** die Schule beenden; ◇ **ходи́ть в ~у** in die Schule gehen ② (*выучка, опыт*)

Schule *f,* Lehre *f;* ◇ **пройти хорошую ~у** eine gute Schule durchmachen ③ (*направление в науке, искусстве*) Schule *f,* Richtung *f;* **школьник** *м₁* <-a> Schüler *m;* **школьница** *ж₂* <-ы> Schülerin *f;* **школьный** *прил* <-ая, -ое, -ые> Schul-, schulisch; ◇ ~ **возраст** Schulalter *n;* ◇ **~ая форма** Schuluniform *f*

шкура *ж₁* <-ы> ① (*кожа*) Fell *n,* Haut *f;* ◇ **волчья** ~ Wolfsfell; ◇ **волк в овечьей ~е** Wolf im Schafsfell; ◇ **спасать свою ~у** seine Haut retten; ◇ **я не хотел бь быть в твоей ~е** ich möchte nicht in deiner Haut stecken; ◇ **на своей ~е узнать что-л** etw am eigenen Leibe erfahren ② *м/ж разг* (*продажный человек*) Halsabschneider *m*

шлак *м₁* <-a> Schlacke *f*

шлем *м₁* <-a> Helm *m;* ◇ **защитный** ~ Sturzhelm

шлёпать V_{1a} *несов* <-аю, -аешь> [**шлёпнуть** V_2 *сов* <Part. Prät. Pass. -нутый>] *чем тв по чему дат (1), кого-что вин (2), по чему дат (3) разг* ① (*ударять*) aufklatschen, platschen; ◇ ~ **вёслами по воде** mit den Rudern ins Wasser schlagen ② (*делать шлепки*) einen Klaps geben ③ (*брести*) latschen, waten; ◇ ~ **по грязи** durch den Dreck latschen; ◇ ~ **туфлями** schlurfen

шлепок *м₁* <-пка, *мн:* -пки> leichter Schlag *m,* Klaps *m*

шлифовать V_{3a} *несов* <-фую, -фуешь> [**от~** *сов*] *что вин* ① (*обрабатывать*) schleifen, feilen; ◇ ~ **детали на станке** Werkstücke auf der Werkbank schleifen; ◇ ~ **камень** einen Stein schleifen; (*полировать*) polieren ② *перен* (*совершенствовать*) ausfeilen, verbessern

шлюз *м₁* <-a> (*на реке*) Schleuse *f*

шлюпка *ж₁* <-и, *род мн:* -пок> Boot *n;* ◇ **гребная** ~ Ruderboot; ◇ **парусная** ~ Segelboot; ◇ **спасательная** ~ Rettungsboot

шляпа *ж₁* <-ы> ① (*головной убор*) Hut *m;* ◇ **соломенная** ~ Strohhut; **надеть/снять ~у** den Hut aufsetzen/abnehmen ② *перен разг* (*о вялом, безынициативном человеке*) Schlappschwanz *m;* ◇ **дело в ~е** die Sache ist gelaufen

шмель *м₂* <-я, *мн:* -ли> Hummel *f*

шнур *м₁* <-а, *мн:* -ы> ① (*верёвка*) Schnur *f* ② (*провод*) (Leitungs-)Schnur *f;* ◇ **телефонный** ~ Telefonschnur ③ (*огнепроводный жгут*) Zündschnur *f;* **шнурок** *м₁* <-ка, *мн:* -ки> Schnürsenkel *m,* Schuhband *n*

шов *м₁* <шва, *мн:* швы> ① (*на ткани*) Naht *f;* ◇ **распороть по швам** die Nähte auftrennen; *перен* ◇ **что-л трещит по всем швам** etw gerät aus allen Fugen ② (*хирургический*) Naht *f;* ◇ **наложить швы на рану** eine Wunde nähen; ◇ **снять швы** die Fäden ziehen ③ (*сварной*) (Schweiß-)Naht *f* ④ (*способ шитья, вышивки*) Stich *m*

шовинизм *м₁* <-a> полит Chauvinismus *m*

шок *м₁* <-a> мед Schock *m;* ◇ **нервный** ~ Nervenschock; ◇ **выйти из ~а** den Schock überwinden; ◇ **находиться в состоянии ~а** unter Schock stehen

шоколад *м₁* <-a> ① (*кондитерское изделие*) Schokolade *f;* ◇ **плитка ~а** eine Tafel Schokolade ② (*напиток*) (heiße) Schokolade *f,* Kakao *m*

шорох *м₁* <-a> (*шум*) Geräusch *n;* (*шуршание*) Geraschel *n;* ◇ ~ **сухих листьев** Geraschel der trockenen Blätter

шоры *мн₁* <шор> *тж перен* Scheuklappen *f pl;* ◇ **у него ~ на глазах** er hat Scheuklappen vor den Augen; (*ограничивать чьи-л действия*) ◇ **держать в ~ах кого-л** jd-m Zügel anlegen, jd-n einengen

шоссе *с* <нескл> Chaussee *f*

шотландец *м₅* <-дца> Schotte *m;* **шотландка** *ж₁* <-и, *род мн:* -док> Schottin *f;* **шотландский** *прил* <-ая, -ое, -ие> schottisch

шофёр *м₁* <-a> Chauffeur *m,* Fahrer *m;* ◇ ~ **такси** Taxifahrer

шпага *ж₁* <-и> Degen *m;* ◇ **обнажить ~у** den Degen ziehen; *перен* ◇ **скрестить ~и** die Klingen kreuzen

шпагат *м₁* <-a> ① (*бечёвка*) Bindfaden *m* ② спорт (*в гимнастике*) Spagat *m*

шпаклевать V_{3b} *несов* <-люю, -люешь, Part. Präs. Pass. -люемый, Part. Prät. Pass. -лёванный> [**за~** *сов*] *что вин* spachteln, abdichten; ◇ ~ **рамы** Fensterrahmen verkitten

шпала *ж₁* <-ы> ж.-д. (Eisenbahn-)Schwelle *f*

шпаргалка *ж₁* <-и, *род мн:* -лок> *разг* ① (*у учащихся*) Spickzettel *m,* Spicker *m;* ◇ **отвечать по ~е** einen Spickzettel benutzen ② (*для выступающего*) Notiz *f*

шпик[1] *м₁* <-a> (*солёное свиное сало*) Speck *m*

шпик[2] *м* <-а, *мн:* -и> (*сыщик*) Spitzel *m*

шпиль *м₂* <-я> Spitze *f;* ◇ ~ **башни** Turmspitze

шпилька *ж₁* <-и, *род мн:* -лек> ① (*для волос*) Haarnadel *f* ② (*булавка*) Nadel *f* ③ *разг* (*каблук*) Pfennigabsatz *m* ④ тех (*крепёжная деталь*) Stift *m* ⑤ *перен* (*язвительное замечание*) Stichelei *f;* ◇ **подпускать ~и кому-л** gegen jd-n sticheln

Ш

шпингалéт *м₁* <-а> ① (*задвижка*) Schieber *m;* (*запор*) Riegel *m* ② *разг* (*о бойком мальчишке*) Knirps *m*

шпиóн *м₁* <-а> Spion *m,* Agent *m;* (*по сыску, слежке*) Spitzel *m;* ◇ **спýтник-~** Spionagesatellit *m;* **шпиóнка** *ж₁* <-и, *род мн:* -нок> Spionin *f;* **шпионáж** *м₂* <-а> Spionage *f;* **шпиóнить** V_{4b} *несов* <-ню, -нишь> *без доп (1), за кем тв (2)* ① (*заниматься шпионажем*) spionieren ② (*выслеживать*) bespitzeln, beschatten

шприц *м₃* <-а> мед Spritze *f;* ◇ **однорáзовый** ~ Einwegspritze

шпрóты *мн₁* <-рот> Sprotten *f pl*

шрам *м₁* <-а> Narbe *f,* Schramme *f*

шрифт *м₁* <-а, *мн:*-ы́> Schrift *f;* ◇ **жи́рный** ~ Fettdruck *m;* ◇ **лати́нский** ~ lateinische Schrift; ◇ **печáтный** ~ Druckschrift; ◇ **рукопи́сный** ~ Handschrift

штаб *м₁* <-а, *мн:* -ы́> ① воен Stab *m* ② *перен* (*руководящий орган*) führendes Organ *n*

штаб-квартúра *ж₁* <-ы> *перен* (*место сбора организации*) Hauptquartier *n,* Amtssitz *m;* ◇ ~ **ООН** Amtssitz der UNO

штамп *м₁* <-а> ① тех Stanze *f* ② (*печать*) Stempel *m* ③ *перен* (*трафарет*) Klischee *n;* ◇ **мы́слить ~ами** klischeehaft denken

штамповáть V_{3a} *несов* <-пýю, -пýешь, *Part. Prät. Pass.* -пóванный> *что вин* ① (*изготовлять*) stanzen ② (*ставить штамп*) (ab-)stempeln; ◇ ~ **блáнки** Formulare abstempeln ③ *перен* (*делать что-л по избитым образцам*) ◇ ~ **отвéты** abgedroschene Antworten geben; **штампóвка** *ж₁* <-и, *мн:* -вок> Stanzen *n*

штáнга *ж₁* <-и> ① (*стержень*) Stange *f;* ◇ **буровáя** ~ Bohrstange ② спорт (*снаряд*) Gewicht *n;* ◇ ~ **ворóт** Torlatte *f,* Torstange *f;* ◇ **занимáться ~ой** Gewichte heben

штаны́ *мн₁* <-óв> Hose *f,* Hosen *pl*

штат[1] *м₁* <-а> ① (*состав сотрудников*) Personalbestand *m,* Belegschaft *f;* ◇ **сокращéние ~а** Personalabbau *m;* ◇ **зачи́слить в** ~ anstellen; ◇ **состоя́ть в ~е** hauptberuflich angestellt sein ② (*штатное расписание*) Stellenplan *m*

штат[2] *м₁* <-а> (*территориальная единица*) Staat *m*

штáтский I. *прил* <-ая, -ое, -ие> (*не военный*) Zivil-, zivil; ◇ **он в ~ом плáтье** er ist in Zivil **II.** *м (А₁)* <-ого> Zivilist *m*

штéмпель *м₂* <-я, *мн:* -ля́> (*печать*) Stempel *m;* ◇ **почтóвый** ~ Poststempel

штéпсель *м₂* <-я, *мн:* -ля́> Stöpsel *m,* Stecker *m*

штóльня *ж₂* <-и, *род мн:* -лен> горн Stollen *m;* ◇ **развéдочная** ~ Schürfstollen

штóпать V_{1a} *несов* <-аю, -аешь, *Part. Prät. Pass.* штóпанный> [**за~** *сов*] *что вин* stopfen, flicken; ◇ ~ **чулки́** Strümpfe stopfen; **штóпка** *ж₁* <-и, *род мн:* -пок> ① (*действие*) Stopfen *n* ② (*нитки*) Stopfgarn *n* ③ (*заштопанное место*) gestopfte Stelle; ◇ **чулки́ со ~ой** gestopfte Strümpfe

штóпор *м₁* <-а> ① (*для бутылок*) Korkenzieher *m* ② ав Trudeln *n;* ◇ **войти́ в** ~ ins Trudeln geraten

штóра *ж₁* <-ы> Vorhang *m;* ◇ **задёрнуть ~у** den Vorhang zuziehen

шторм *м₁* <-а> Sturm *m*

штраф *м₁* <-а> Geldstrafe *f;* ◇ **наложи́ть** ~ eine Geldstrafe verhängen; **штрафовáть** V_{3a} *несов* <-фýю, -фýешь, *Part. Prät. Pass.* -фóванный> [**о~** *сов*] *кого-что вин* bestrafen, strafen; ◇ ~ **за нарушéние прáвил ýличного движéния** für einen Verstoß gegen die Straßenverkehrsordnung eine Geldstrafe auferlegen

штрек *м₁* <-а> горн Strecke *f;* ◇ **проходи́ть** ~ eine Strecke vortreiben

штрих *м₁* <-á, *мн:*-и́> ① (*короткая черта*) Strich *m* ② *перен* (*частность*) charakteristischer Zug *m*

штýка *ж₁* <-и> ① (*отдельный предмет*) Stück *n;* ◇ **нéсколько штук сигарéт** ein paar Zigaretten; ◇ **пять штук яи́ц** fünf Eier ② (*вещь, предмет*) Sache *f,* Ding *n;* ◇ **трýдная ~ математúка** Mathe ist schwer; ◇ **что э́то за ~?** was ist das für ein Ding? ③ *перен* (*проделка*) Streich *m;* ◇ **вы́кинуть ~у** ein Ding drehen; ◇ **вот так ~!** oh, là, là!

штукатýрить V_{4b} *несов* <-рю, -ришь, *Part. Prät. Pass.* штукатýренный> [**от~** *сов*] *что вин* verputzen; **штукатýрка** *ж₁* <-и> Verputz *m;* ◇ **сухáя** ~ Trockenputz; ◇ **от стены́ отвали́лась** ~ der Putz fiel von den Wänden

штурвáл *м₁* <-а> Handrad *n;* мор ◇ Steuerrad *n;* ◇ **стоя́ть за ~ом** am Steuer stehen

штурм *м₁* <-а> ① (*атака*) Sturm *m;* ◇ **идти́ на** ~ angreifen ② *перен* (*наступление*) Erstürmung *f;* ◇ ~ **гóрной верши́ны** Erstürmung des Gipfels

штýрман *м₁* <-а> Steuermann *m,* Navigationsoffizier *m*

штык *м₁* <-á, *мн:* -и́> Bajonett *n;* ◇ **как** ~ genau, pünktlich

шýба *ж₁* <-ы> Pelzmantel *m,* Pelz *m*

шум *м₁* <-а, *мн:* -ы́> ① (*звуки*) Lärm *m;* (*радио*) Rauschen *n;* ◇ ~ **мо́ря** Rauschen des Meeres; ◇ **де́ти подня́ли** ~ die Kinder wurden laut ② *перен* (*обсуждение*) Aufsehen *n,* Wirbel *m,* Spektakel *n;* ◇ **у сосе́дей опя́ть** ~ bei den Nachbarn ist wieder Spektakel; ◇ **статья́ вы́звала** ~ der Artikel sorgte für Aufsehen ③ (*неясный звук*) Geräusch *n;* ◇ **~ы́ в се́рдце** Herzgeräusche; **шуме́ть** * *несов* <-млю́, -ми́шь> *без доп (1, 3), о чём предл (2)* ① (*издавать шум*) lärmen; ◇ **дере́вья ~ят на ветру́** die Bäume rauschen im Wind; ◇ **не ~и́те!** seid nicht so laut! ② *перен* (*привлекать к себе внимание*) Lärm machen, Aufsehen erregen; ◇ ~ **о свои́х успе́хах** Lärm um seinen Erfolg machen ③ (*скандалить*) zetern, toben

шумо́вка *ж₁* <-и, *род мн:* -вок> Schaumlöffel *m*

шу́рин *м₁* <-а> Schwager *m*

шуру́п *м₁* <-а> Schraube *f*

шут *м₁* <-а́, *мн:* -ы́> ① (*шутник*) Spaßvogel *m;* ◇ **придво́рный** ~ Hofnarr *m* ② (*паяц*) Clown *m* ③ *перен разг* (*тот, кто паясничает*) Kasper *m; разг* ◇ **разы́грывать из себя́ ~а́** sich zum Kasper machen; ◇ ~ **горо́ховый** Hanswurst *m;* ◇ ~ **с ним** zum Teufel mit ihm

шути́ть V_{4a} *несов* <шучу́, шу́тишь> [**по~** *сов*] *с кем-чем тв или без доп (1), над кем-чем тв (2)* ① (*забавляться*) scherzen, spaßen, Spaß machen; ◇ **за́втра я уезжа́ю. - Ты шу́тишь?** morgen fahre ich weg. - Du machst Witze!; ◇ **нельзя́ ~ свои́м здоро́вьем** mit seiner Gesundheit darf man nicht scherzen; ◇ **чем чёрт не ~ит** es kann allerhand passieren; ◇ **я не шучу́** das ist mein Ernst ② (*подшучивать*) jd-n zum Narren halten, sich lustig machen (über); **шу́тка** *ж₁* <-и, *род мн:* -ток> ① (*проделка*) Spaß *m,* Scherz *m;* (*острота*) witzige, geistreiche Bemerkung; ◇ **сказа́ть что-л в ~у** etw im Spaß sagen; ◇ **сыгра́ть с кем-л злу́ю ~у** sich einen bösen Scherz mit jd-m erlauben; ◇ **~и шути́ть** Scherze treiben ② (*пьеса*) Schwank *m;* ◇ **кро́ме ~ток** mein voller Ernst; ◇ **не на ~у рассерди́ться** richtig böse werden; ◇ **~и в сто́рону** Scherz beiseite; ◇ ~ **сказа́ть** das ist kein Pappenstiel; **шутни́к** *м₁* <-а́, *мн:* -и́> Spaßvogel *m,* Scherzkeks *m;* (*остряк*) Witzbold *m;* **шутя́** *нареч* ① (*в шутливом тоне*) scherzend, zum Scherz; ◇ **не** ~ im Ernst ② (*без труда*) spielend, leicht; ◇ ~ **трои́х оси́лит** spielend mit drei Leuten fertig werden

Щ

щаве́ль *м₂* <-я́> бот Sauerampfer *m*

щади́ть V_{4a} *несов* <щажу́, щади́шь, *Part. Präs. Pass.* щади́мый> [**по~** *сов*] *кого-что вин* ① (*давать пощаду*) (ver-)schonen; ◇ **не ~ преда́теля** den Verräter nicht schonen; ◇ **не ~ свои́х сил** keine Mühe scheuen; ◇ **го́ды не ~я́т никого́** die Zeit hinterläßt bei jedem Spuren ② (*относиться бережно*) schonen, nachsichtig sein; ◇ ~ **окружа́ющую среду́** die Umwelt schonen; ◇ ~ **чьё-л самолю́бие** auf jd-s Ehrgefühl Rücksicht nehmen

ще́бень *м₂* <-бня> Schotter *m*

щебета́ть * *несов* <-ечу́, -е́чешь> *без доп* ① (*о птицах*) zwitschern; ◇ **~чут ла́сточки** die Schwalben zwitschern ② *перен* (*говорить без умолку*) schwatzen, plappern

щего́л *м₁* <-гла́, *мн:* -глы́> (*птица*) Stieglitz *m*

щеголя́ть V_{1b} *несов* <-я́ю, -я́ешь> [**щегольну́ть** V_2 *сов*] *без доп (1), чем тв (2)* ① (*франтить*) sich herausputzen; (*щегольски одеваться*) in schicken Klammotten herumlaufen ② *разг* (*выставлять напоказ*) prahlen, protzen; ◇ ~ **свои́ми зна́ниями** sein Wissen zur Schau stellen

ще́дрый *прил* <-ая, -ое, -ые> ① (*не скупой*) freigiebig, großzügig; *перен* ◇ **он щедр на обеща́ния** er macht großzügige Versprechungen ② (*ценный, богатый*) wertvoll, reich; ◇ **~ые пода́рки** wertvolle Geschenke; ◇ **~ая приро́да** reiche Natur ③ *перен* (*обильный*) reichlich, ergiebig; ◇ **~ые дожди́** ergiebige Regenfälle

щека́ *ж₁* <-и́, вин: щёку, *мн:* щёки, *род:* щёк, *дат:* щека́м> Wange *f,* Backe *f;* ◇ **поцелова́ть в щёку** auf die Wange küssen; ◇ **уда́рить по ~е́** eine Ohrfeige geben; ◇ **упи́сывать за о́бе щёки** gierig hinunterschlingen

щеко́лда *ж₁* <-ы> Klinke *f,* Riegel *m;* ◇ **закры́ть дверь на ~у** die Tür verriegeln; ◇ **отки́нуть ~у** den Riegel zurückschieben

щекота́ть * *несов* <-очу́, -о́чешь> [**по~** *сов*] *кого-что вин (1), что вин (2)* ① *безл* kitzeln; ◇ **мне в го́рле ~чет** es kitzelt mich im Hals ② *перен* (*тешить*) in angenehmer Weise berühren, streicheln; **щеко́тка** *ж₁* <-и> Kitzel *m;* ◇ **боя́ться ~и** kitzlig sein; **щекотли́вый** *прил* <-ая, -ое, -ые> ① (*чувствительный к щекотке*) kitzlig ② (*деликатный*) heikel, delikat; ◇ ~ **вопро́с** heikle Frage

щёлкать V_{1a} *несов* ‹-аю, -аешь› [**щёлкнуть** V_2 (1, 2) *сов*] *кого-что вин чем тв (1, 3), что вин (2)* (1) (*давать щелчки*) schnipsen; ◇ ~ **по́ лбу** gegen die Stirn schnipsen; ◇ ~ **зуба́ми** mit den Zähnen klappern; ◇ ~ **кнуто́м** mit der Peitsche knallen; ◇ ~ **языко́м** mit der Zunge schnalzen (2) (*раздроблять*) (auf-) knacken; ◇ ~ **оре́хи** Nüsse knacken (3) *разг* (*фотографировать*) knipsen; ◇ ~ **фотоаппара́том** mit der Kamera knipsen

щелку́нчик $м_1$ ‹-а› (*в сказке*) Nußknacker *m*

щёлочь $ж_5$ ‹-и, *мн:* щёлочи, *род:* щелоче́й› хим Lauge *f*

щель $ж_5$ ‹-и, *мн:* ще́ли, *род:* щеле́й› Spalte *f*, Spalt *m*, Schlitz *m;* ◇ **смотрова́я** ~ Guckloch *n*

щеми́ть V_{4a} *несов* ‹-ми́т, -мя́т, 1 и 2 л. не употр› *кого-что вин (1), что вин кому дат или у кого род (2), что вин (3)* (1) (*сжимать*) drücken, pressen; ◇ **жёсткая повя́зка ~и́т ко́жу** der feste Verband drückt auf die Haut (2) *безл* (*причинять боль*) schmerzen; ◇ **мне ~и́т грудь** ich habe Brustschmerzen (3) *перен* (*наводить тоску*) melancholisch machen; ◇ **уны́лая пе́сня ~и́т ду́шу** das traurige Lied macht melancholisch

щено́к $м_1$ ‹-нка́, *мн:* -нки́/-ня́та, *род:* -нко́в/-ня́т› (1) (*детёныш собаки*) Welpe *m* (2) *перен* (*молокосос*) Grünschnabel *m*

щепети́льный *прил* ‹-ая, -ое, -ые› (1) (*последовательный*) übergenau, pingelig; ◇ **он щепети́лен в де́нежных дела́х** in Geldangelegenheiten ist er kleinlich; (*добросовестный*) gewissenhaft (2) (*деликатный*) heikel (3) (*строгий к одежде и аксессуарам*) elegant

ще́пка $ж_1$ ‹-и, *род мн:* -пок› Span *m;* ◇ **сосно́вые ~и** Kieferspäne; ◇ **худо́й как** ~ spindeldürr; ◇ **доска́ разлете́лась в ~и** das Brett zersplitterte

щепо́тка $м_1$ ‹-и, *род мн:* -ток› Prise *f;* ◇ ~ **со́ли** eine Prise Salz

щети́на $ж_1$ ‹-ы› (1) (*у животных*) Borsten *f pl;* ◇ **свина́я** ~ Schweineborsten (2) (*материал для щёток, кистей*) Borsten *pl* (3) (*на лице*) Bartstoppeln *f pl*

щётка $ж_1$ ‹-и, *род мн:* -ток› Bürste *f;* ◇ **зубна́я** ~ Zahnbürste; ◇ **платяна́я** ~ Kleiderbürste; ◇ **сапо́жная** ~ Schuhbürste; ◇ ~ **для воло́с** Haarbürste; ◇ **чи́стить ~ой** bürsten

щи $мн_1$ ‹щей, *дат:* щам› (*суп из капусты или щавеля, шпината*) Kohlsuppe *f;* (*из щавеля, шпината*) ◇ **зелёные** ~ Sauerampfersuppe; (*из квашеной капусты*) ◇ **ки́слые** ~ Sauerkohlsuppe; (*из свежей капусты*) ◇ **све́жие** ~ frische Kohlsuppe

щи́колотка $ж_1$ ‹-и, *род мн:* -ток› Knöchel *m;* ◇ **по ~у увя́з** bis zu den Knöcheln versunken

щипа́ть * *несов* ‹-плю, щи́плешь› [**щипну́ть, об~** V_2 (3) *сов*] *кого-что вин* (1) (*кожу*) kneifen, zwicken; ◇ ~ **ногтя́ми что-л** mit den Fingernägeln kneifen (2) (*вызывать ощущение жжения*) beißen, brennen; ◇ **пе́рец ~ет язы́к** der Pfeffer brennt auf der Zunge (3) (*обрывать*) rupfen, zupfen; ◇ ~ **траву́** Gras ausrupfen (4) (*выдёргивать*) rupfen; ◇ ~ **пти́чью ту́шку** einen Vogel rupfen

щипцы́ $мн_1$ ‹-о́в› Zange *f;* ◇ **са́харные** ~ Zuckerzange *f;* ◇ ~ **для оре́хов** Nußknacker *m*

щит $м_1$ ‹-а́, *мн:* -ы́› (1) (*вооружение*) Schild *m; перен* ◇ **подня́ть кого́-л на** ~ jd-n auf den Schild heben; (*на гербе*) Wappenschild *m* (2) (*стенд*) Schild *n;* ◇ **рекла́мный** ~ Werbeschild (3) (*устройство*) Schaltbrett *n;* ◇ ~ **управле́ния** Steuerpult *n* (4) (*у черепахи*) Panzer *m*

щу́ка $ж_1$ ‹-и› Hecht *m*

щу́пальце $с_3$ ‹-а, *род мн:* -лец, *дат:* -льцам› зоол (*насекомого*) Fühler *m;* (*осьминога*) Fangarm *m*

щу́пать V_{1a} *несов* ‹-аю, -аешь› [**по~** *сов*] *кого-что вин* (1) (*обследовать, трогать*) fühlen, betasten; ◇ ~ **пульс** den Puls fühlen; ◇ ~ **глаза́ми кого-л** jd-n mustern (2) *перен* (*выведывать*) ausforschen, sondieren

щу́плый *прил* ‹-ая, -ое, -ые› (1) (*хилый*) schmächtig, gebrechlich; (*худой*) dünn (2) (*невзрачный*) unansehnlich

щу́риться V_{4b} *несов* ‹-рюсь, -ришься› [**со~** *сов*] *без доп* die Augen zusammenkneifen, blinzeln

Э

эвакуа́ция $ж_4$ ‹-и› Evakuierung *f;* ◇ **они́ жи́ли в ~и** sie waren evakuiert; **эвакуи́ровать** V_{3a} *несов и сов* ‹-рую, -руешь› *кого-что вин* evakuieren, räumen

эвкали́пт $м_1$ ‹-а› бот Eukalyptus *m*

эволю́ция $ж_4$ ‹-и› Evolution *f*, Herausbildung *f;* (*развитие*) Entwicklung *f;* ◇ ~ **жи́зни на Земле́** Evolution des Lebens auf der Erde

эги́да *ж₁* <-ы> (*защита, покровительство*) Ägide *f,* Schutz *m,* Schirmherrschaft *f;* ◇ **нахо́диться под ~ой ООН** unter der Ägide der UNO stehen

эй *межд* (*возглас, которым окликают*) hey, he; ◇ **~, кто там?** he, wer ist da?; ◇ **~! подойди́те кто́-нибудь!** hey! kommt mal jd her?

эква́тор *м₁* <-а> геогр Äquator *m;* астр ◇ **небе́сный** ~ Himmelsäquator

эквивале́нт *м₁* <-а> Äquivalent *n,* Gegenwert *m;* **эквивале́нтный** *прил* <-ая, -ое, -ые> äquivalent, gleichwertig; ◇ ~ **обме́н** gleichwertiger Tausch

экза́мен *м₁* <-а> (1) (*проверка*) Prüfung *f,* Examen *n;* ◇ **госуда́рственный** ~ Staatsexamen *n;* ◇ **вы́держать** ~ das Examen ablegen; ◇ **провали́ться на ~е** bei einer Prüfung durchfallen; ◇ ~ **по матема́тике** Mathematikprüfung (2) *перен* (*испытание*) Probe *f;* ◇ ~ **на му́жество** Mutprobe; **экзамена́тор** *м₁* <-а> Prüfer *m;* **экзаменова́ть** V_{3a} *несов* <-ную, -нуешь> [**про**~ *сов*] *кого-что вин* prüfen, examinieren

экзе́ма *ж₁* <-ы> мед Ekzem *n*

экземпля́р *м₁* <-а> (1) (*отдельный предмет*) Exemplar *n;* ◇ **два ~а кни́ги** zwei Exemplare des Buches (2) *перен* (*тип*) Unikum *n;* ◇ **ну и ~ оказа́лся наш знако́мый** unser Bekannter entpuppte sich als richtiges Unikum

экипа́ж *м₂* <-а> (1) (*повозка*) Equipage *f* (2) (*команда*) Besatzung *f*

эколо́гия *ж₄* <-и> Ökologie *f*

эконо́мика *ж₁* <-и> (1) (*структура хозяйства*) Wirtschaft *f;* Ökonomie *f;* ◇ **ры́ночная** ~ Marktwirtschaft (2) (*научная дисциплина*) Wirtschaftswissenschaft *f;* **экономи́ст** *м₁* <-а> Wirtschaftswissenschaftler *m,* Wirtschaftsfachkraft *f;* **эконо́мить** V_{4b} *несов* <-млю, -мишь> [**с**~ *сов*] *что вин (1), на чём предл (2)* (1) (*расходовать экономно*) sparen; ◇ ~ **электроэне́ргию** Strom sparen (2) (*выгадывать*) sparen; ◇ ~ **на материа́лах** Material sparen; **экономи́ческий** *прил* <-ая, -ое, -ие> wirtschaftlich, Wirtschafts-; ◇ **~ая блока́да** Wirtschaftsblockade *f;* ◇ ~ **кри́зис** Wirtschaftskrise *f;* ◇ **~ая отста́лость** wirtschaftliche Rückständigkeit; **экономи́чный** *прил* <-ая, -ое, -ые> (*выгодный*) wirtschaftlich, ökonomisch; (*рентабельный*) rentabel; ◇ ~ **спо́соб обрабо́тки** rentables Verarbeitungsverfahren; **эконо́мия** *ж₄* <-и> (1) (*бережливость*) Sparsamkeit *f;* ◇ ~ **сырья́** sparsamer Umgang mit Energie; ◇ **режи́м ~ии** Sparmaßnahmen *f pl;* ◇ **соблюда́ть ~ю** sparsam sein (2) (*выгода*) Einsparung *f;* **эконо́мка** *ж₁* <-и, *род мн:* -мок> Haushälterin *f,* Wirtschafterin *f;* **эконо́мный** *прил* <-ая, -ое, -ые> (*бережный*) sparsam

экра́н *м₁* <-а> (1) теле, кино Schirm *m,* Bildschirm *m;* ◇ **кинопроекцио́нный** ~ Kinoleinwand *f;* ◇ **широ́кий** ~ Breitwand *f;* ◇ **фильм идёт пе́рвым ~ом** der Film läuft zum ersten Mal; ◇ **вы́йти на** ~ anlaufen (2) (*защитное устройство*) Schirm *m,* Abschirmung *f;* **экраниза́ция** *ж₄* <-ии> Verfilmung *f;* ◇ ~ **рома́на** Romanverfilmung

экскава́тор *м₁* <-а> Bagger *m*

экску́рсия *ж₄* <-и> (1) (*посещение*) Ausflug *m,* Exkursion *f;* (*в музей, по городу*) Führung *f;* ◇ **пое́хать на ~ю** eine Exkursion machen (2) (*группа*) Reisegruppe *f;* **экскурсово́д** *м₁* <-а> Reiseleiter *m;* (*гид*) Führer *m*

экспеди́ция *ж₄* <-и> (1) (*предприятие, отдел*) Expedition *f,* Versandabteilung *f* (2) (*поездка*) Expedition *f;* ◇ **нау́чная** ~ Forschungsexpedition; ◇ **спаса́тельная** ~ Rettungsaktion; ◇ **отпра́виться в ~ю** eine Expedition antreten (3) (*группа*) Expedition *f*

экспериме́нт *м₁* <-а> (*опыт*) Experiment *n,* Versuch *m;* **эксперименти́ровать** V_{3a} *несов* <-рую, -руешь> *над или с кем-чем тв* (*производить эксперименты*) experimentieren; ◇ ~ **с живо́тными** Tierversuche machen

экспе́рт *м₁* <-а> Experte *m,* Gutachter *m,* Sachverständiger *m;* ◇ **суде́бный** ~ Gerichtsgutachter; **эксперти́за** *ж₁* <-ы> Gutachten *n,* Expertise *f;* ◇ **суде́бно-медици́нская** ~ gerichtsmedizinisches Gutachten; ◇ **производи́ть ~у** ein Gutachten erstellen

эксплуата́ция *ж₄* <-и> (1) (*о человеке*) Ausbeutung *f* (2) (*использование средств производства*) Betrieb *m,* Nutzbarmachung *f,* Ausbeutung *f;* ◇ ~ **недр земли́** Ausbeutung der Bodenschätze; ◇ **сдать объе́кт в ~ю** eine Sache in Betrieb nehmen; **эксплуати́ровать** V_{3a} *несов* <-рую, -руешь> *кого-что вин (1), что вин (2)* (1) (*о человеке*) ausbeuten; ◇ ~ **негра́мотное населе́ние** die ungebildete Bevölkerung ausbeuten (2) (*использовать*) betreiben, nutzbar machen, ausbeuten; ◇ ~ **месторожде́ние руды́** ein Erzvorkommen ausbeuten

экспона́т *м₁* <-а> Ausstellungsstück *n,* Exponat *n;* ◇ **~ы вы́ставки** Ausstellungsstücke

экспоно́метр *$м_1$* <-а> Belichtungsmesser *m*

экспорт *$м_1$* <-а> Export *m,* Ausfuhr *f;* ◇ ~ **ле́са** Holzausfuhr; ◇ **изде́лие идёт на** ~ das Erzeugnis ist für den Export bestimmt; **экспорти́ровать** V_{3a} *несов и сов* <-рую, -руешь> *кого-что вин* exportieren, ausführen

экспре́сс *$м_1$* <-а> Schnellzug *m*

экспро́мт *$м_1$* <-а> Improvisation *f;* ◇ **произнести́ речь ~ом** aus dem Stegreif eine Rede halten; ◇ **сыгра́ть ~ом на роя́ле** auf dem Klavier improvisieren

экста́з *$м_1$* <-а> Ekstase *f,* höchste Begeisterung *f;* ◇ **впасть/приводи́ть в** ~ in Extase geraten/bringen

экстреми́ст *$м_1$* <-а> Extremist *m;* ◇ **ле́вые ~ы** Linksextremisten

экстренный *прил* <-ая, -ое, -ые> ① (*срочный*) Sofort-, eilig; ◇ ~ **вы́зов** Notruf *m;* ◇ **~ые ме́ры** Sofortmaßnahmen *f pl* ② (*чрезвычайный*) Sonder-, Extra-; ◇ ~ **вы́пуск газе́ты** Extraausgabe einer Zeitung; ◇ **~ое заседа́ние** Sondersitzung *f;* ◇ **~ые расхо́ды** Sonderausgaben *f pl*

эласти́чный *прил* <-ая, -ое, -ые> ① (*растяжимый*) elastisch, dehnbar; ◇ **~ая ткань** dehnbarer Stoff ② *перен* (*плавный*) fließend, leicht

элева́тор *$м_1$* <-а> ① (*зернохранилище*) Getreidespeicher *m* ② (*транспортёр*) Aufzug *m;* ◇ **лю́лечный** ~ Paternoster *m*

электрифика́ция *$ж_4$* <-и> Elektrifizierung *f;* **электрифици́ровать** V_{3a} *несов и сов* <-рую, -руешь> *что вин* elektrifizieren; **электри́ческий** *прил* <-ая, -ое, -ие> elektrisch, Kraft-, Strom-; ◇ ~ **дви́гатель** Elektromotor *m;* ◇ ~ **заря́д** elektrische Ladung; ◇ **~ая ла́мпочка** Glühbirne *f;* ◇ **~ая печь** Elektroherd *m;* ◇ **~ая ста́нция** Kraftwerk *n;* **электри́чество** *$с_2$* <-а> ① (*энергия*) Elektrizität *f* ② (*освещение*) Licht *n;* ◇ **заже́чь/погаси́ть** ~ Licht anmachen/ausmachen; ◇ **провести́** ~ Strom verlegen; **электри́чка** *$ж_1$* <-и, *род мн:* -чек> *разг* elektrische Eisenbahn; ◇ **при́городная** ~ Stadtbahn *f,* Nahverkehrszug *m;* ◇ **е́хать на ~е** mit der Stadtbahn fahren; **электробри́тва** *$ж_1$* <-ы> Elektrorasierer *m; разг* Trockenrasierer *m;* **электрово́з** *$м_1$* <-а> Elektrolokomotive *f,* E-Lok *f;* **электродви́гатель** *$м_2$* <-я> Elektromotor *m;* **электрокардиогра́мма** *$ж_1$* <-ы> (= *ЭКГ*) мед Elektrokardiogramm *n,* EKG; **электромонтёр** *$м_1$* <-а> Elektroinstallateur *m,* Elektromonteur *m;* **электромото́р** *$м_1$* <-а> Elektromotor *m;* **электро́нный** *прил* <-ая, -ое, -ые> elektronisch, Elektronen-; ◇ **~ая вычисли́тельная маши́на** Computer *m;* ◇ ~ **микроско́п** Elektronenmikroskop *n;* **электрообору́дование** *$с_4$* <-я> elektrische Ausrüstung; **электропереда́ча** *$ж_2$* <-и> ① (*передача*) Elektrizitätsübertragung *f* ② (*сооружения*) Stromleitung *f;* **электроприбо́р** *$м_1$* <-а> Elektrogerät *n;* ◇ **бытово́й** ~ elektrisches Haushaltsgerät; **электропрово́дка** *$ж_1$* <-и, *род мн:* -док> Stromleitung *f;* **электросва́рка** *$ж_1$* <-и> тех Elektroschweißen *n;* **электросе́ть** *$ж_5$* <-и, *мн:* -ти, *род:* -те́й, *дат:* -тя́м> тех Stromnetz *n;* **электроэне́ргия** *$ж_4$* <-и> Strom *m*

элеме́нт *$м_1$* <-а> ① (*компонент*) Bestandteil *m;* ◇ **разложи́ть це́лое на ~ы** etw Ganzes in seine Bestandteile zerlegen ② ◇ **~ы** *мн* (*человек, личность*) Element *n,* Person *f;* ◇ **уголо́вные ~ы** kriminelle Elemente ③ хим Element *n;* ◇ **периоди́ческая систе́ма ~ов** Periodensystem *n;* **элемента́рный** *прил* <-ая, -ое, -ые> ① (*основной*) elementar, Grund-; ◇ **~ые пра́вила ве́жливости** elementare Höflichkeitsregeln ② (*упрощённый*) elementar, einfach; ◇ ~ **взгляд на ве́щи** einfache Sicht der Dinge

эма́ль *$ж_5$* <-и> Email *n,* Emaille *f;* ◇ **покрыва́ть ~ю** emaillieren; анат ◇ **зубна́я** ~ Zahnschmelz *m*

эмансипа́ция *$ж_4$* <-и> Emanzipation *f*

эмба́рго *с* <нескл> эк Embargo *n;* ◇ **экономи́ческое** ~ Wirtschaftsembargo; ◇ **ввести́ ~ на что-л** ein Embargo über etw verhängen

эмбле́ма *$ж_1$* <-ы> Emblem *n;* (*символ*) Symbol *n*

эмигра́нт *$м_1$* <-а> Emigrant *m,* Auswanderer *m;* **эмигра́ция** *$ж_4$* <-и> (*переселение в другую страну*) Emigration *f,* Auswanderung *f;* ◇ **жить в ~и** in der Emigration leben; **эмигри́ровать** V_{3a} *несов и сов* <-рую, -руешь> *куда вин* emigrieren, auswandern

эми́ссия *$ж_4$* <-и> эк Emission *f;* ◇ **ба́нковская** ~ Bankemission

эмоциона́льный *прил* <-ая, -ое, -ые> emotional; **эмо́ция** *$ж_4$* <-и> Emotion *f,* Gefühl *n;* ◇ **положи́тельные ~и** positive Gefühle

энерге́тика *$ж_1$* <-и> Energetik *f,* Energiewirtschaft *f;* ◇ **а́томная** ~ Atomenergiewirtschaft

энерги́чный *прил* <-ая, -ое, -ые> energisch; (*деятельный*) tatkräftig; **эне́ргия** *$ж_4$* <-и> ① тех, физ (*свойство материи*) Energie *f,* Kraft *f;* ◇ **со́лнечная** ~ Sonnenenergie; ◇

теплова́я ~ Wärmeenergie; ◇ **я́дерная** ~ Kernenergie; ◇ **затра́та ~и** Energieverbrauch *m* ② (*решительность*) Energie *f,* Tatkraft *f;* ◇ **он всегда́ по́лон ~и** er ist ein Energiebündel

энтузиа́зм *м₁* ‹-а› (*душевный подъём*) Enthusiasmus *m;* (*увлечённость*) Begeisterung *f;* ◇ **проявля́ть** ~ Begeisterung zeigen; ◇ **рабо́тать с ~ом** mit Enthusiasmus arbeiten

энциклопе́дия *ж₄* ‹-и› (*справочное издание*) Enzyklopädie *f,* Lexikon *n;* ◇ **литерату́рная** ~ literarische Enzyklopädie; ◇ ~ **пра́ва** Rechtsenzyklopädie; ◇ **ходя́чая** ~ wandelndes Lexikon

эпи́граф *м₁* ‹а› Motto *n*

эпиде́мия *ж₄* ‹-и› Epidemie *f,* Seuche *f;* ◇ ~ **гри́ппа** Grippeepidemie

эпизо́д *м₁* ‹-а› ① (*случай*) Ereignis *n,* Episode *f;* ◇ **э́то лишь ~ в её жи́зни** das ist nur eine Episode ihres Lebens ② (*фрагмент произведения*) Episode *f*

эпило́г *м₁* ‹-а› ① (*заключительная часть*) Epilog *m* ② *перен* (*события последних лет жизни*) letzter Lebensabschnitt *m*

эпо́ха *ж₁* ‹-и› Epoche *f;* ◇ **геологи́ческая** ~ geologisches Zeitalter; *перен* (*период*) Zeitabschnitt *m*

э́ра *ж₁* ‹-ы› ① (*система летоисчисления*) Zeitrechnung *f;* ◇ **христиа́нская** ~ christliche Zeitrechnung; ◇ **до на́шей ~ы** vor Christus; ◇ **на́шей ~ы** nach Christus ② (*эпоха*) Ära *f;* ◇ **но́вая ~ в исто́рии челове́чества** neue Ära in der Menschheitsgeschichte

эруди́рованный *прил* ‹-ая, -ое,-ые› gelehrt; (*начитанный*) belesen, gebildet; **эруди́ция** *ж₄* ‹-и› (*глубокие познания*) Bildung *f;* (*начитанность*) Belesenheit *f;* (*учёность*) Gelehrtheit *f*

эска́дра *ж₁* ‹-ы› мор, ав Geschwader *n;* **эскадри́лья** *ж₃* ‹-и, *род мн:* -лий, *дат:* -льям› ав Fliegerstaffel *f*

эскала́тор *м₁* ‹-а› Rolltreppe *f;* ◇ **подня́ться/спусти́ться на ~е** mit der Rolltreppe hochfahren/hinunterfahren

эскала́ция *ж₄* ‹-и› Eskalation *f;* ◇ ~ **напряжённости** Eskalation der Spannung

эски́з *м₁* ‹-а› Skizze *f;* (*набросок*) Entwurf *m*

эскимо́с *м₁* ‹-а› Eskimo *m;* **эскимо́ска** *ж₁* ‹-и, *род мн:* -сок› Eskimofrau *f*

эсми́нец *м₃* ‹-нца, *мн:* -нцы› мор (= *эскадренный миноносец*) Zerstörer *m*

эстака́да *ж₁* ‹-ы› Straßenüberführung *f;* тех, стр Gerüstbrücke *f,* Ladebrücke *f*

эста́мп *м₁* ‹-а› ист Kupferstich *m*

эстафе́та *ж₁* ‹-ы› Staffel *f;* ◇ **лы́жная** ~ Skistaffel

эсто́нец *м₅* ‹-нца› Este *m;* **эсто́нка** *ж₁* ‹-и, *род мн:* -нок› Estin *f;* **эсто́нский** *прил* ‹-ая, -ое, -ие› estnisch

эстра́да *ж₁* ‹-ы› ① (*сцена*) Bühne *f,* Estrade *f;* ◇ **вы́йти на ~у** die Bühne betreten ② (*вид искусства*) Kleinkunstbühne *f;* ◇ **теа́тр ~ы** Kleinkunsttheater *n*

эта́ж *м₂* ‹-а́, *мн:* и́› Etage *f,* Stockwerk *n,* Stock *m;* ◇ **ве́рхний** ~ oberste Etage; ◇ **подва́льный** ~ Kellergeschoß *n;* ◇ **на пе́рвом ~е́** im Erdgeschoß; ◇ **дом в три ~а́** dreigeschossiges Haus

этаже́рка *ж₁* ‹-и, *род мн:* -рок› Gestell *n,* Regal *n;* ◇ ~ **с кни́гами** Bücherregal

этало́н *м₁* ‹-а› тех ① (*образец*) Etalon *m,* Eichmaß *n* ② *перен* (*мерило*) Ideal *n;* ◇ ~ **красоты́** Schönheitsideal

эта́п *м₁* ‹-а› ① (*стадия*) Etappe *f,* Abschnitt *m;* ◇ **но́вый ~ разви́тия** neue Entwicklungsstufe ② спорт (*отрезок дистанции*) Etappe *f;* ◇ **после́дний ~ эстафе́ты** letzte Etappe des Staffellaufs; ◇ **э́то про́йденный** ~ das hätten wir hinter uns

э́тика *ж₁* ‹-и› ① (*наука*) Ethik *f* ② (*мораль человека*) Ethik *f;* ◇ **враче́бная** ~ ärztliche Ethik

этике́т *м₁* ‹-а› Etikette *f;* ◇ **соблюда́ть** ~ die Etikette bewahren; ◇ **речево́й** ~ Sprachnorm *f*

этике́тка *ж₁* ‹-и, *род мн:* -ток› Etikett *n;* ◇ ~ **с цено́й** Preisschild *n*

этни́ческий *прил* ‹-ая, -ое, -ие› ethnisch; ◇ ~ **соста́в населе́ния** ethnische Zusammensetzung der Bevölkerung

э́то I. *частица* denn; ◇ **кто ~ пришёл?** wer ist (da) gekommen?; ◇ ~ **куда́ же ты идёшь?** wohin gehst du denn? **II.** *c* das, es, dies; ◇ **спо́рить -~ интере́сно** streiten ist interessant; ◇ **кто ~?** wer ist das?; ◇ **что ~?** was ist das?; ◇ **я ~ зна́ю** ich weiß das; ◇ **при всём ~м** bei alledem; ◇ ~ **ничего́ не даст** das bringt nichts; ◇ ~ **к де́лу не отно́сится** das hat damit nichts zu tun **III.** *мест см.* э́тот

э́тот (э́того *м;* э́та, э́той *ж;* э́то, э́того *с;* э́ти, э́тих *мн*) *мест* ① (*указывает на что-л близкое*) dieser, diese, dieses; ◇ **на э́том берегу́** an diesem Ufer; ◇ **э́тот дом и́ли друго́й?** dieses Haus oder das andere? ② (*со словами "самый", "именно", "же"*) ◇ **сно́ва э́та же пробле́ма** wieder dieses Problem; ◇ **нам ну́жен э́тот са́мый челове́к** wir brauchen genau diese Person

этю́д *м₁* ‹-а› ① (*рисунок, картина или*

Э

скульптура) Studie *f;* ◇ ~ **к карти́не** Skizze zu einem Bild ② лит Studie *f* ③ муз Etüde *f* ④ *(вид упражнения)* Übungsstück *n;* ◇ **~ы для начина́ющих** Übungsstücke für Anfänger; ◇ **реши́ть ша́хматный** ~ ein Schachproblem lösen

эфи́р $м_1$ ‹-а› ① *(органическое соединение)* Äther *m,* Ester *m* ② *(распространение радиоволн)* Äther *m;* ◇ **прямо́й** ~ Direktübertragung *f;* ◇ **в ~е звучи́т му́зыка** aus dem Radio kommt Musik

эффе́кт $м_1$ ‹-а› ① *(впечатление)* Effekt *m,* Eindruck *m;* ◇ **произвести́** ~ einen Effekt erzielen ② *(результат)* Wirkung *f,* Effekt *m;* ◇ **экономи́ческий** ~ wirtschaftlicher Effekt; ◇ **лека́рство не дало́ жела́емого ~а** die Arznei hat nicht die gewünschte Wirkung gezeigt; ◇ **световы́е ~ы в теа́тре** Lichteffekte im Theater; **эффекти́вность** $ж_5$ ‹-и› Effektivität *f;* *(действенность)* Wirksamkeit *f;* ◇ **повыше́ние ~и произво́дства** Steigerung der Produktionseffektivität; **эффекти́вный** *прил* ‹-ая, -ое, -ые› effektiv, wirksam, effizient; ◇ ~ **спо́соб** wirksame Methode; **эффе́ктный** *прил* ‹-ая, -ое, -ые› effektvoll, wirkungsvoll; *(впечатляющий)* eindrucksvoll

эх! *межд* ach!, oh!; ◇ ~ **ты, рази́ня!** du Schlafmütze!

эхо $с_2$ ‹-а› ① *(отражение звука)* Echo *n,* Widerhall *m;* ◇ **го́рное** ~ Echo in den Bergen; ◇ **как ~ повторя́ть что-л** wie ein Papagei nachplappern ② *перен* *(отголосок)* Echo *n,* Nachhall *m;* ◇ ~ **мину́вших собы́тий** Echo auf vergangene Ereignisse

эшафо́т $м_1$ ‹-а› *(помост для казни)* Schafott *n;* ◇ **взойти́ на** ~ sich opfern

эшело́н $м_1$ ‹-а› ① воен Staffel *f* ② ж.-д. Militärzug *m;* ◇ **~ы вла́сти** Chefetagen *f pl*

Ю

юбиле́й $м_3$ ‹-я› ① *(годовщина)* Jubiläum *n;* ◇ **пра́здновать** ~ ein Jubiläum feiern ② *(празднование)* Jubiläumsfeier *f;* ◇ **все приглашены́ на** ~ alle sind zur Jubiläumsfeier eingeladen; **юбиля́р** $м_1$ ‹-а› Jubilar *m*

ю́бка $ж_1$ ‹-и, *род мн:* -бок› ① *(одежда)* Rock *m;* ◇ **ни́жняя** ~ Unterrock; ◇ ~ **в скла́дку** Faltenrock; *перен* ◇ **держа́ться за чью-л ~у** unselbständig sein ② *перен* *(женщина)* ◇ **бе́гать за ка́ждой ~ой** hinter jedem Rock herlaufen

ювели́р $м_1$ ‹-а› Juwelier *m;* ◇ **~-гравёр** Schmuckgraveur *m;* **ювели́рный** *прил* ‹-ая, -ое, -ые› Juwelier-, Schmuck-; ◇ **~ые изде́лия** Juwelierwaren; ◇ ~ **магази́н** Schmuckgeschäft *n,* Juwelierladen *m*

юг $м_1$ ‹-а› ① *(страна света)* Süden *m;* ◇ **о́кна выхо́дят на** ~ die Fenster gehen nach Süden ② *(местность)* Süden *m;* ◇ **на ~е Росси́и** im Süden Rußlands; ◇ **отдыха́ть на ~е** im Süden Urlaub machen

юго-восто́к $м_1$ ‹-а› Süd-Osten *m;* **юго-восто́чный** *прил* ‹-ая, -ое, -ые› südöstlich, Südost-; **юго-за́пад** $м_1$ ‹-а› Südwesten *m,* Südwest *m;* **юго-за́падный** *прил* ‹-ая, -ое, -ые› südwestlich, Südwest-

югосла́в $м_1$ ‹-а› Jugoslawe *m;* **югосла́вка** $ж_1$ ‹-и, *род мн:* -вок› Jugoslawin *f;* **югосла́вский** *прил* ‹-ая, -ое, -ие› jugoslawisch

ю́жный *прил* ‹-ая, -ое, -ые› südlich, Süd-; ◇ ~ **ве́тер** Südwind *m;* ◇ ~ **край** der Süden; геогр ◇ ~ **по́люс** Südpol *m;* ◇ ~ **темпера́мент** südländisches Temperament; геогр ◇ **~ая широта́** südliche Breite

юла́ $ж_1$ ‹-ы́› ① *(игрушка)* Kreisel *m* ② *(о человеке)* quirliges, unruhiges Kind, Wildfang *m*

юли́ть V_{4a} *несов* ‹юлю́, юли́шь› *без доп (1, 3), перед кем-чем тв (2)* ① *(вертеться)* herumrennen; ◇ **сиди́ споко́йно, не юли́** setz dich ruhig hin und renn nicht herum ② *перен* *(заискивать)* um jd-n herumscharwänzeln, sich einschmeicheln ③ *(хитрить)* sich winden wie ein Aal, listig sein

ю́мор $м_1$ ‹-а› Humor *m*

ю́ность $ж_5$ ‹-и› Jugend *f;* ◇ **в дни ~и** in der Jugend(-zeit); **ю́ноша** $м_3$ ‹-и, *род мн:* -ей› junger Mann *m;* **ю́ношество** $с_2$ ‹-а› ① *(юность)* Jugend *f;* ◇ **журна́л для ~а** Jugendzeitschrift *f* ② *(молодёжь)* Jugend *f,* Jugendzeit *f;* **ю́ный** *прил* ‹-ая, -ое, -ые› jung, jugendlich; ◇ **~ые го́ды** Jugendjahre *n pl;* ◇ **~ые си́лы** jugendliche Kräfte

юпи́тер $м_1$ ‹-а› ① астр Jupiter *m* ② *(прожектор)* Scheinwerfer *m*

юриди́ческий *прил* ‹-ая, -ое, -ие› *(правовой)* juristisch, Rechts-; ◇ **~ие нау́ки** Rechtswissenschaften *f pl;* ◇ **~ая консульта́ция** Rechtsberatung *f;* **юрисди́кция** $ж_4$ ‹-и› Rechtsprechung *f,* Jurisdiktion *f,* Gerichtsbarkeit *f;* ◇ **облада́ть ~ией** richterliche Gewalt ausüben; ◇ **подлежа́ть чьей-л ~и** der Zuständigkeit eines Gerichts unterliegen;

юриско́нсульт *м₁* ‹-а› Rechtsberater *m;* **юриспруде́нция** *ж₄* ‹-и› Jurisprudenz *f,* Rechtwissenschaft *f;* ◇ **занима́ться ~ей** als Jurist tätig sein; **юри́ст** *м₁* ‹-а› Jurist *m*

ю́ркий *прил* ‹-ая, -ое, -ие› (*подвижной*) flink; (*увёртливый*) gewandt, fix; ◇ ~ **парни́шка** fixes Kerlchen

ю́ркнуть V₂ *сов* ‹-ну, -нешь› [**ю́ркать** V_{1a} *несов*] *куда вин* hineinschlüpfen, weghuschen; ◇ **мышь ~ла в щель** die Maus huschte in den Spalt

юро́дивый *м (A₁)* ‹-ого› (*одержимый*) Besessener *m;* (*слабоумный*) Schwachsinniger *m;* **юро́дство** *с₂* ‹-а› Blödsinn *m,* Schwachsinn *m;* ◇ **соверша́ть ~а** Blödsinn machen

ю́рта *ж₁* ‹-ы› (*у кочевников*) Jurte *f,* Filzzelt *n*

юсти́ция *ж₄* ‹-и› Justiz *f,* Rechtsprechung *f;* ◇ **Министе́рство ~и** Justizministerium *n*

юти́ться V_{4a} *несов* ‹ючу́сь, юти́шься› *без доп* (1) (*тесниться*) dicht beieinander liegen, stehen, zusammengepfercht wohnen; ◇ ~ **вокру́г очага́** sich um den Ofen scharen (2) (*иметь пристанище*) hausen, unterkommen; ◇ ~ **у знако́мых** bei Bekannten unterkommen; ◇ ~ **по чужи́м угла́м** mal hier, mal da Unterschlupf finden

Я

я (меня́, мне, меня́, мной, обо мне́) **I.** *личн мест* ich; ◇ **я мы́слю, сле́довательно существу́ю** ich denke, also bin ich; ◇ **е́сли не я, то кто́ же?** wenn nicht ich, wer dann?; ◇ **он дово́лен мной** er ist mit mir zufrieden; ◇ **э́то меня́ не волну́ет** das ist mir egal; ◇ **поговори́ с ше́фом обо мне́** sprich mit dem Chef über mich **II.** *с* ‹нескл› (*личность*) Ich *n,* Individualität *f;* ◇ **он сохрани́л своё ~** er bewahrte seine Individualität; ◇ **он моё второ́е ~** er ist mein zweites Ich; ◇ **кро́ме со́бственного ~ его́ ничего́ не интересу́ет** außer seinem Ego interessiert ihn nichts

я́бедник *м₁* ‹-а› (*доносчик*) Petzer *m*

я́бедничать V_{1a} *несов* ‹-аю, -аешь› [**на~** *сов*] *на кого-что вин или без доп разг* (*доносить*) verpfeifen, verpetzen

я́блоко *с₂* ‹-а, *мн:* -и› Apfel *m;* ◇ **компо́т из я́блок** Apfelkompott *m;* анат ◇ **глазно́е** ~ Augapfel; анат ◇ **ада́мово** ~ Adamsapfel; ◇ ~ **раздо́ра** Zankapfel; ◇ **~у не́где упа́сть** hier ist es brechend voll; ◇ ~ **от я́блони не далеко́ па́дает** der Apfel fällt nicht weit vom Stamm; **я́блоня** *ж₂* ‹-и› Apfelbaum *m*

яви́ться V_{4a} *сов* ‹явлю́сь, я́вишься› [**явля́ться** V_{1b} *несов*] *без доп (1, 3), кем-чем тв (2)* (1) (*прибыть*) erscheinen, kommen, sich melden; ◇ **он ~лся домо́й то́лько ве́чером** er kam erst abends nach Hause; ◇ ~ **на приём** zur Sprechstunde kommen; ◇ ~ **в суд** vor Gericht erscheinen (2) (*оказаться*) sein, sich erweisen (als); ◇ **просту́да ~лась причи́ной боле́зни** eine Unterkühlung war der Grund für seine Krankheit; (3) (*возникнуть*) aufkommen, entstehen; ◇ **у неё ~лась мысль** ihr kam ein Gedanke; ◇ **как то́лько ~тся слу́чай** sobald sich die Gelegenheit ergibt

я́вка *ж₁* ‹-и, *род мн:* я́вок› (1) (*по вызову, приказанию*) Erscheinen *n;* ◇ ~ **обяза́тельна** Erscheinen ist Pflicht (2) (*место конспиративных встреч*) Geheimtreff *m;* ◇ ~ **с пови́нной** sich schuldig bekennen

явле́ние *с₄* ‹-я› (1) (*проявление*) Erscheinung *f,* Phänomen *n;* ◇ ~ **приро́ды** Naturerscheinung (2) (*событие, случай*) Ereignis *n* (3) театр Szene *f,* Auftritt *m*

явля́ться V_{1b} *несов от* **яви́ться**

я́вный *прил* ‹-ая, -ое, -ые› (1) (*не скрываемый*) offen, unverhüllt (2) (*очевидный*) klar, deutlich, offensichtlich, augenscheinlich; ◇ **~ая ложь** unverkennbare Lüge

ягнёнок *м₁* ‹-нка, *мн:* ягня́та, *род:* ягня́т› Lamm *n; перен* ◇ **прики́нуться ~нком** das unschuldige Lamm spielen

я́года *ж₁* ‹-ы› Beere *f;* ◇ **они́ - одного́ по́ля ~** die sind vom gleichen Kaliber

я́годица *ж₂* ‹-ы, *род мн:* -диц› Gesäß *n,* Gesäßbacke *f*

яд *м₁* ‹-а› (1) (*вещество*) Gift *n;* ◇ **змеи́ный ~** Schlangengift; (*отравить*) ◇ **дать ~ кому́-л** jd-m Gift geben (2) *перен* (*злоба, ехидство*) Bosheit *f*

я́дерный *прил* ‹-ая, -ое, -ые› Kern-, nuklear; ◇ **~ая эне́ргия** Kernenergie *f;* ◇ **~ые держа́вы** Atommächte *f pl;* ◇ **~ое разоруже́ние** atomare Abrüstung

ядови́тый *прил* ‹-ая, -ое, -ые› (1) (*пагубный*) giftig, Gift-; ◇ **~ое вещество́** Giftstoff *m;* ◇ ~ **газ** Giftgas *n* (2) *перен* (*язвительный, злобный*) giftig, boshaft; ◇ **~ое замеча́ние** giftige Bemerkung (3) (*резкий*) beißend; ◇ ~ **за́пах** beißender Geruch

ядохимикáт *м₁* <-a> Pflanzenschutzmittel *n*, Schädlingsbekämpfungsmittel *n*

я́дрица *ж₂* <-ы> Buchweizengrütze *f*

ядрó *с₂* <-á, *мн:* я́дра, *род:* я́дер, *дат:* я́драм> ① (*семя*) (Frucht-)Kern *m;* ◇ ~ **opéxa** Nußkern ② (*внутренняя часть*) Kern *m;* ◇ ~ **áтома** Atomkern; анат ◇ ~ **клéтки** Zellkern; ◇ ~ **Земли́** Erdkern ③ *перен* (*основная часть*) Kern *m;* Hauptteil *m* ④ (*спортивный снаряд*) Kugel *f;* ◇ **толкáние** ~**á** Kugelstoßen *n*

я́зва *ж₁* <-ы> ① (*рана*) Wunde *f;* ◇ **откры́тые** ~**ы** offene Wunden ② *перен* (*зло, вред*) Übel *n* ③ *м/ж* (*о человеке*) Lästermaul *n;* ◇ **ну и** ~ **же ты!** du bist vielleicht ein Lästermaul! ④ мед Geschwür *n;* ◇ ~ **желу́дка** Magengeschwür; мед ◇ **сиби́рская** ~ Milzbrand *m*

язви́тельный *прил* <-ая, -ое, -ые> beißend, höhnisch; (*ядовитый*) giftig; (*саркастический*) sarkastisch; ◇ ~**ая усмéшка** gehässiges Lächeln

язви́ть V_{4a} *несов* <-влю́, -ви́шь> [**съ**~ *сов*] *без доп* sticheln; (*насмехаться*) höhnen; ◇ ~ **на чей-л счёт** gegen jd-n sticheln

язы́к *м₁* <-á, *мн:* -и́> ① (*орган*) Zunge *f;* ◇ **у негó дли́нный** ~ er kann den Mund nicht halten; ◇ **лизáть** ~**óм** mit der Zunge lecken; ◇ **показáть** ~ die Zunge herausstrecken; ◇ **попрóбовать на** ~ etw kosten; ◇ **проглоти́ть** ~ sich weigern zu sprechen; ◇ **распусти́ть** ~ viel schwätzen; ◇ **держáть** ~ **за зубáми** die Zunge im Zaum halten; ◇ **э́то слóво вéртится у меня́ на** ~**é** das Wort liegt mir auf der Zunge; ◇ **лиши́ться** ~**á** sprachlos sein ② (*кушанье*) Zunge *f;* ◇ **говя́жий** ~ Rinderzunge; ◇ **заливнóй** ~ Zunge in Aspik ③ (*в колоколе*) Klöppel *m* ④ (*предмет вытянутой формы*) Zunge *f;* ◇ ~ **ледникá** Gletscherzunge ⑤ (*речь*) Sprache *f;* ◇ **инострáнный** ~ Fremdsprache; ◇ **литератýрный** ~ Schriftsprache; ◇ **разговóрный** ~ Umgangssprache; ◇ **славя́нские** ~**и́** slawische Sprachen; ◇ **истóрия** ~**á** Sprachgeschichte *f;* ◇ **владéть нéсколькими** ~**áми** mehrere Sprachen beherrschen; *перен* ◇ **говори́ть на рáзных** ~**áх** einander nicht verstehen; *перен* ◇ **найти́ óбщий** ~ **с кем-л** sich mit jd-m verstehen; ◇ ~ **Пýшкина** die Sprache Puschkins ⑥ *перен* (*средство бессловесного общения*) ◇ ~ **жéстов** Gebärdensprache; ◇ ~ **программи́рования** Programmiersprache; ◇ ~ **тáнца** Sprache des Tanzes ⑦ (*пленный*) Gefangener *m;* ◇ **привести́** ~**á** einen Gefangenen machen; **языковéд** *м₁* <-a> Sprachwissenschaftler *m,* Sprachforscher *m;* **языкознáние** *с₄* <-я> Sprachwissenschaft *f;* ◇ **сравни́тельное** ~ vergleichende Sprachwissenschaft

язы́чник *м₁* <-a> Heide *m*

я́ичник *м₁* <-a> анат Eierstock *m*

я́ичница *ж₂* <-ы, *род мн:* -ниц> Eierkuchen *m;* ◇ ~**-болтýнья** Rührei *n;* ◇ ~**-глазýнья** Spiegelei *n;* ◇ **спýтать бóжий дар с** ~**ей** alles durcheinanderwerfen; **я́ичный** *прил* <-ая, -ое, -ые> Ei-, Eier-; ◇ ~ **белóк** Eiweiß *n;* ◇ ~ **желтóк** Eigelb *n;* ◇ ~**ая скорлупá** Eierschale *f*

яйцó *с₂* <-á, *мн:* я́йца, *род:* яи́ц, *дат:* я́йцам> (*у птиц*) Ei *n;* ◇ **кури́ные** ~**а** Hühnereier; ◇ **пти́чьи** ~**а** Vogeleier; ◇ **класть [нести́]** ~**а** Eier legen; ◇ ~**а вкрутýю** hartgekochte Eier; ◇ ~ **всмя́тку** weiches Ei; ◇ **э́то вы́еденного** ~**á не стóит** das ist keinen Pfifferling wert; ◇ **крáшеные** ~**а** Ostereier, gefärbte Eier

я́кобы *нареч* (*выражает сомнительность*) angeblich; ◇ **я прочитáл э́ту** ~ **интерéсную кни́гу** ich habe dieses angeblich interessante Buch gelesen; ◇ **приходи́л** ~ **затéм, чтóбы повидáться** er kam angeblich, um jd-n zu besuchen

я́корь *м₂* <-я, *мн:* -ря́> мор Anker *m;* ◇ **брóсить** ~ den Anker auswerfen; ◇ **сня́ться с** ~**я** den Anker lichten; ◇ **стáть на** ~ vor Anker gehen; ◇ **стоя́ть на** ~**е** vor Anker liegen

якýт *м₁* <-a> Jakute *m;* **якýтка** *ж₁* <-и, *род мн:* -ток> Jakutin *f;* **якýтский** *прил* <-ая, -ое, -ие> jakutisch

я́ма *ж₁* <-ы> ① (*углубление в земле*) Grube *f;* ◇ **помóйная** ~ Müllgrube; ◇ **вы́рыть** ~**у** eine Grube ausheben; ◇ **вы́тащить из** ~**ы когó-л** jd-n aus dem Dreck ziehen; ◇ **рыть** ~**у комý-л** jd-m eine Grube graben ② (*оборудованное углублённое место*) Vertiefung *f,* Grube *f;* ◇ **оркестрóвая** ~ Orchestergraben *m;* ав ◇ **воздýшная** ~ Luftloch *n*

янвáрь *м₂* <-я́, *мн:* ри́> Januar *m;* ◇ **в начáле** ~**я́** Anfang Januar; ◇ **в** ~**é бýдущего гóда** im Januar nächsten Jahres

янтáрь *м₂* <-я́> Bernstein *m;* ◇ **месторождéния** ~**я́** Bernsteinlagerstätten *f pl;* ◇ **кольцó с** ~**ём** Bernsteinring *m*

япóнец *м₅* <-нца> Japaner *m;* **япóнка** *ж₁* <-и, *род мн:* -нок> Japanerin *f;* **япóнский** *прил* <-ая, -ое, -ие> japanisch

я́ркий *прил* <-ая, -ое, -ие> (*сравн:* **я́рче**) ① (*дающий сильный свет*) grell, hell; ◇ ~**ие**

лучи́ helle Strahlen; ◇ **~ое со́лнце** grelle Sonne; (*ясный*) klar ② (*свежий*) klar, leuchtend, frisch; ◇ **~ие кра́ски** lebhafte Farben ③ *перен* (*выдающийся*) hervorragend; (*заметный*) markant, hervorstechend, auffallend

ярлы́к $м_1$ <-á, *мн:* -и́> ① (*листок с наименованием*) Etikett *n;* ◇ **бага́жный ~** Gepäckaufkleber *m;* ◇ **буты́лочный ~** Flaschenetikett; ◇ **~ с обозначе́нием цены́** Preisschild *n* ② *перен* (*неодобрительная характеристика*) Schablone *f;* ◇ **гото́вые ~и́** Klischees *n pl*

я́рмарка $ж_1$ <-и, *род мн:* -рок> Messe *f;* ◇ **промы́шленная ~** Industriemesse

ярово́й *прил* <-áя, -óе, -ы́е> Sommer-; ◇ **~ые культу́ры** Sommerkulturen *f pl;* ◇ **~áя пшени́ца** Sommerweizen *m*

я́рость $ж_5$ <-и> ① (*гнев*) Wut *f,* Rage *f;* ◇ **прийти́ в ~** in Rage kommen; ◇ **вне себя́ от ~и** außer sich sein vor Wut ② *перен* (*о силах природы*) Wucht *f;* ◇ **~ волн** Wucht der Wellen

я́рус $м_1$ <-а> ① театр Rang *m;* ◇ **ло́жа второ́го ~а** Loge im zweiten Rang ② (*пласт земной коры*) Schicht *f*

я́рче *сравн от* **я́ркий**

я́рый *прил* <-ая, -ое, -ые> wild, heftig, leidenschaftlich; ◇ **~ покло́нник му́зыки** leidenschaftlicher Musikliebhaber; ◇ **~ сторо́нник** großer Anhänger

я́сень $м_2$ <-я> бот Esche *f*

я́сли $мн_2$ <-ей> ① (*для детей*) Krippe *f;* ◇ **де́тские ~** Kinderkrippe; ◇ **отда́ть ребёнка в ~** das Kind in die Krippe geben ② (*кормушка для скота*) (Futter-)Krippe *f*

ясновидец $м_5$ <-дца> Hellseher *m*

я́сный *прил* <-ая, -ое, -ые> ① (*сияющий*) klar, hell; ◇ **~ая заря́** leuchtendes Morgenrot ② (*светлый*) klar; ◇ **~ое не́бо** wolkenloser Himmel; ◇ **~ая ночь** (sternen-)klare Nacht ③ (*спокойный*) ruhig, gelassen ④ (*логичный, чёткий*) klar, deutlich; ◇ **~ая мысль** logischer Gedanke; ◇ **~ ум** klarer Verstand

я́стреб $м_1$ <-а, *мн:* -á> зоол Habicht *m*

я́хта $ж_1$ <-ы> Jacht *f;* ◇ **мото́рная ~** Motorjacht

яхтсме́н $м_1$ <-а> Segler *m*

яче́йка $ж_1$ <-и, *род мн:* -че́ек> ① (*ячея*) Zelle *f;* ◇ **~и па́мяти (ЭВМ)** Speicherelement *n* ② (*у пчёл*) Zelle *f;* ◇ **со́товая ~** Honigzelle *f*

ячме́нь[1] $м_2$ <-я́> (*хлебный злак*) Gerste *f*

ячме́нь[2] $м_2$ <-я́, *мн:* -мени́> (*на глазу*) Gerstenkorn *n*

я́щерица $ж_2$ <-ы, *род мн:* -риц> Eidechse *f*

я́щик $м_1$ <-а> Kiste *f,* Kasten *m;* (*сундук*) Truhe *f;* ◇ **деревя́нный ~** Holztruhe; ◇ **выдвижно́й ~** Schublade *f;* ◇ **почто́вый ~** Briefkasten *m;* ◇ **почто́вый ~** Postfach *n;* ◇ **чёрный ~** Flugschreiber *m;* ◇ **откла́дывать в до́лгий ~** auf die lange Bank schieben; *груб* ◇ **сыгра́ть в ~** den Löffel abgeben

я́щур $м_1$ <-а> (*болезнь животных*) Maul- und Klauenseuche *f*

Я

Abbildungen

DER MENSCH – INNERER UND ÄUßERER AUFBAU
Человéк, егó внýтренние и нарýжные óрганы

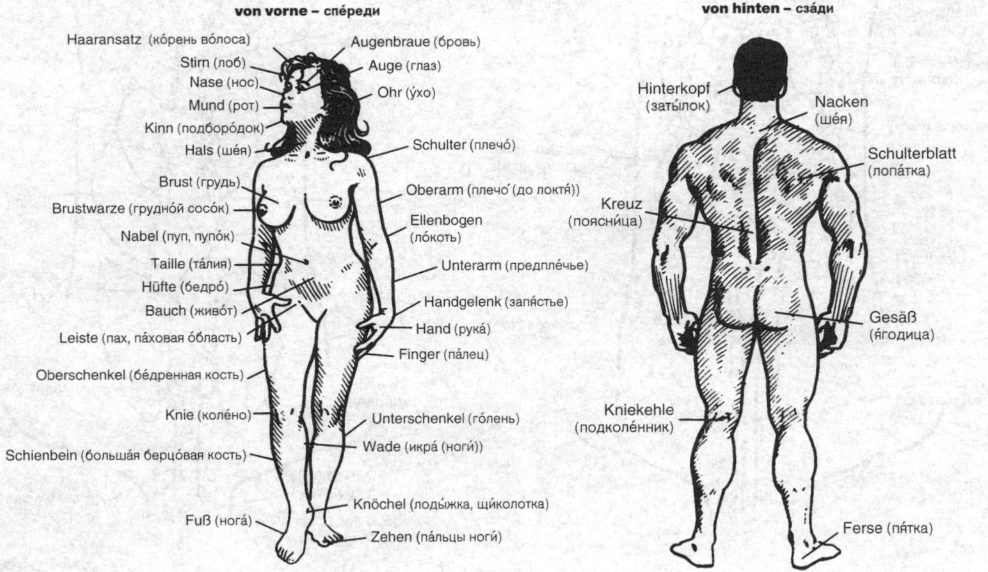

DER MENSCH – INNERER UND ÄUßERER AUFBAU
Человéк, егó внýтренние и нарýжные óрганы

ORGANE – Óрганы

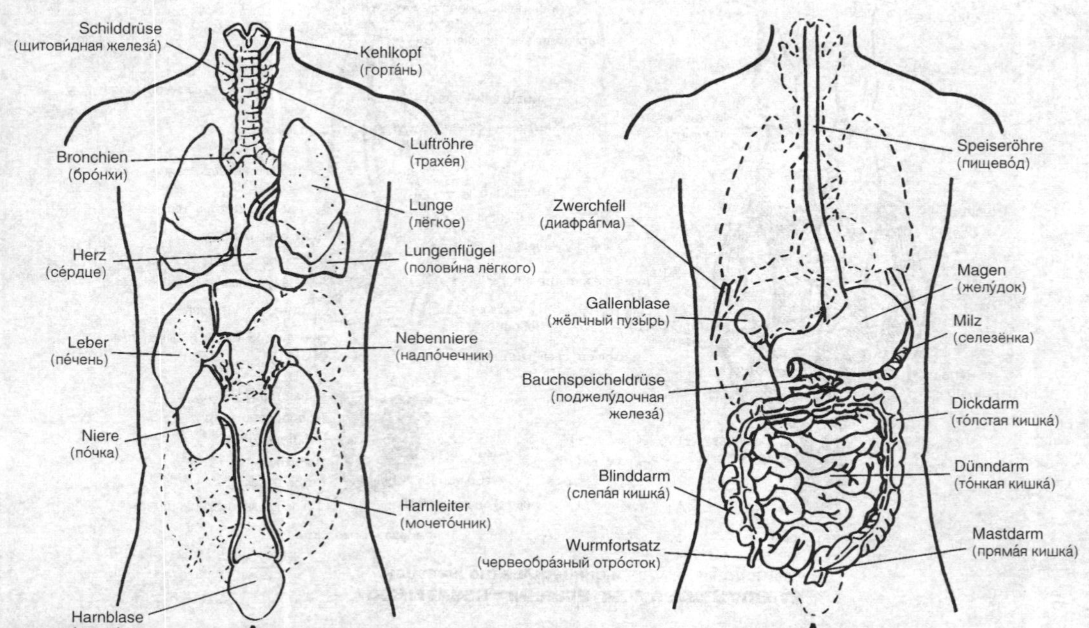

HAUS- UND NUTZTIERE
Дома́шние и сельскохозя́йственные живо́тные

Kruppe (круп)
Mähne (гри́ва)
Nüstern (но́здри)
Schweif (хво́ст)
Huf (копы́то)
Euter (вы́мя)
Zitze (сосо́к)
Horn (рог)
Kamm (гре́бень, гребешо́к)
Schwanzfedern (хвостово́е опере́ние)
Schnabel (клюв)
Feder (пе́рья)
Flügel (крыло́)
Kralle (ко́готь)
Sporn (шпо́ра)
Borste (щети́на)
Rüssel (ры́ло)
Ringelschwanz (хвост коле́чком)
Buckel (горб)
Kralle (ко́готь)
Schnauze (мо́рда)
Fänge (клыки́)
Schwanz (хвост)
Pfote (ла́па)
Wolle (шерсть)

1 Pferd (ло́шадь)
Hengst (жеребе́ц)
Stute (кобы́ла)
2 Fohlen (жеребёнок)
3 Schimmel (бе́лая (си́вая) ло́шадь)
4 Ente (у́тка)
5 Huhn (ку́рица)
Henne (несу́шка)
6 Hahn (пету́х)
Gockel (пету́х)
7 Küken (цыплёнок)
8 Eier (я́йца)
9 Gans (гусь)
10 Rind (кру́пный рога́тый скот)
Kuh (коро́ва)
Ochse (вол)
Stier (бык)
Bulle (бычо́к)
11 Kalb (телёнок)
12 Truthahn (индю́к)
13 Schwein (свинья́)
Sau (свинома́тка)
Eber (бо́ров)
14 Ferkel (поросёнок)
15 Ziege (коза́)
Bock (козёл)
16 Zicklein (козлёнок)
17 Katze (ко́шка)
Kater (кот)
18 Kätzchen (ко́шечка)
19 Hund (соба́ка)
Hündin (су́ка)
Rüde (кобе́ль)
20 Welpe (щено́к)
21 Schaf (овца́)
Widder (валу́х)
Hammel (бара́н)
22 Lamm (ягнёнок)
23 Esel (осёл)

WILDTIERE – Ди́кие живо́тные

1 Rehbock (саме́ц косу́ли)
2 Reh (косу́ля обыкнове́нная)
3 Elch (лось (европе́йский))
4 Hirschkuh (са́мка оле́ня)
5 Hirsch (оле́нь)
6 Dachs (барсу́к)
7 Fuchs (лиса́, лиси́ца)
8 Igel (ёж)
9 Marder (куни́ца)
10 Wildschwein (каба́н)
11 Frischling ((одногодова́лый) каба́н)
12 Maulwurf (крот)
13 Ratte (кры́са)
14 Kaninchen (кро́лик)
15 Eichhörnchen (бе́лка)
16 Hase (за́яц)
17 Maus (мышь)
18 Gemse (се́рна)
19 Steinbock (ка́менный козёл)
20 Luchs (рысь)
21 Bär (медве́дь)
22 Wolf (волк)
23 Biber (бобр)

VÖGEL – Пти́цы

1. SINGVÖGEL – Пе́вчие пти́цы

Kohlmeise (больша́я сини́ца)

Saatkrähe (грач)

Elster (соро́ка)

Rauchschwalbe (ла́сточка)

Haussperling (воробе́й)

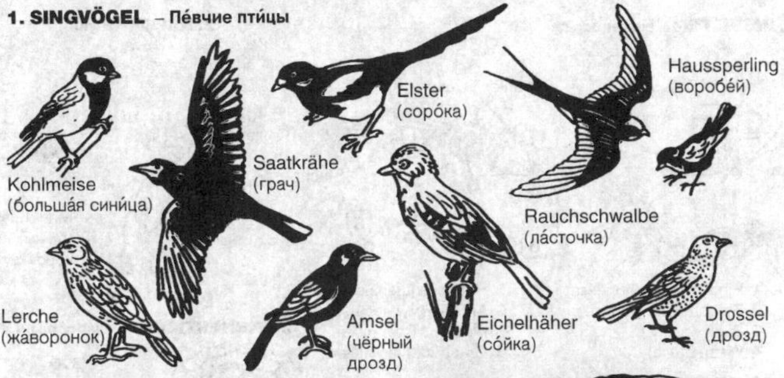

Lerche (жа́воронок)

Amsel (чёрный дрозд)

Eichelhäher (со́йка)

Drossel (дрозд)

2. GREIFVÖGEL – Хи́щные пти́цы

Habicht (я́стреб)

Wanderfalke (сапса́н)

Mäusebussard (обыкнове́нный сары́ч)

Roter Milan (кра́сный ко́ршун)

Seeadler (орла́н-белохво́ст)

3. EULEN – Со́вы

Steinkauz (домо́вый сыч)

Uhu (фи́лин)

Schleiereule (сипу́ха)

4. WASSERVÖGEL – Водопла́вающие пти́цы

Schwan (ле́бедь)

Ente (у́тка)

Seemöve (морска́я ча́йка)

Gans (гусь)

1 Schnabel (клюв)
2 Flügel (крыло́)
3 Feder (перо́)
4 Schwanz (хвост)
5 Kralle (ко́готь)

VERSCHIEDENE TIERKLASSEN - Разли́чные ви́ды живо́тных

1. INSEKTEN – Насеко́мые

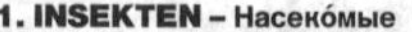

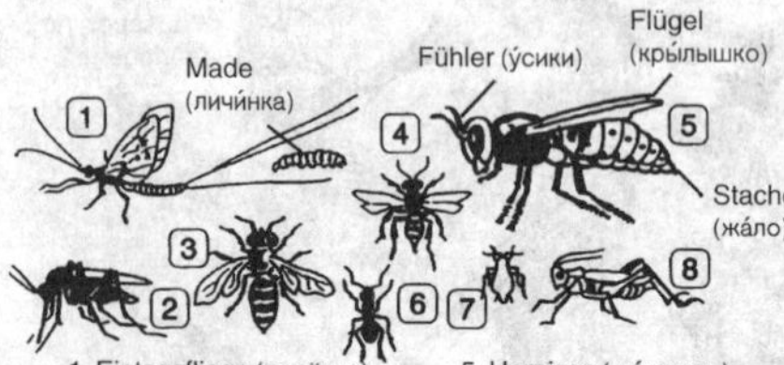

Made
(личи́нка)
Fühler (у́сики)
Flügel
(кры́лышко)
Stachel
(жа́ло)
1
2
3
4
5
6
7
8

1 Eintagsfliege (подёнка)
2 Stechmücke (кома́р)
3 Biene (пчела́)
4 Wespe (оса́)
5 Hornisse (ше́ршень)
6 Ameise (муравей)
7 Blattlaus (тля)
8 Grashüpfer (кузне́чик)

2. KÄFER – Жуки́

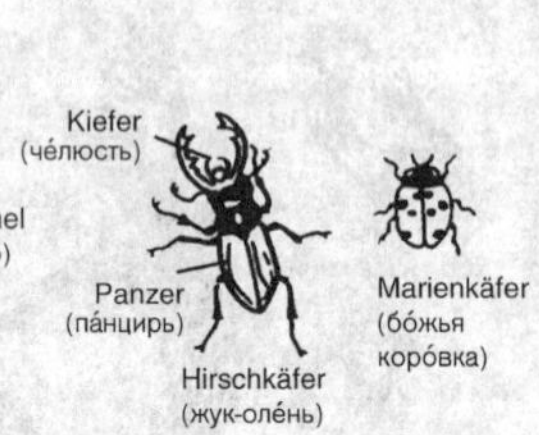

Kiefer
(че́люсть)
Panzer
(па́нцирь)
Hirschkäfer
(жук-оле́нь)
Marienkäfer
(бо́жья
коро́вка)

3. SCHMETTERLINGE – Ба́бочки

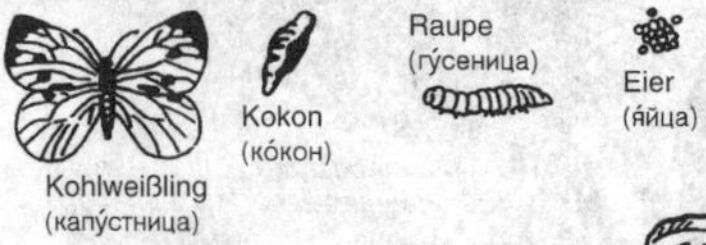

Kohlweißling
(капу́стница)
Kokon
(ко́кон)
Raupe
(гу́сеница)
Eier
(я́йца)

4. SPINNENTIERE – Паукообра́зные

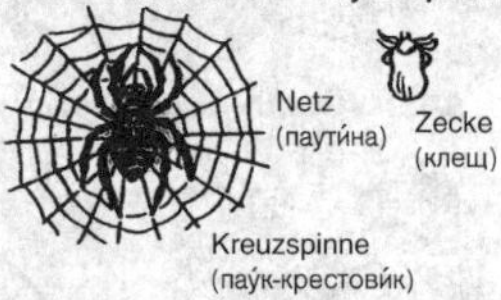

Netz
(паути́на)
Zecke
(клещ)
Kreuzspinne
(пау́к-кресто́вик)

5. Fische – Ры́бы

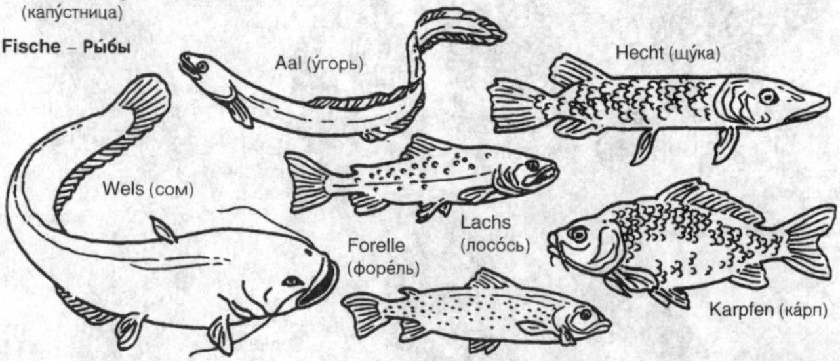

Aal (у́горь)
Hecht (щу́ка)
Wels (сом)
Lachs
(лосо́сь)
Forelle
(форе́ль)
Karpfen (ка́рп)

6. LURCHE – Амфи́бии

Salamander
(салама́ндра)
Kaulquappe
(голова́стик)
Erdkröte
(земляна́я жа́ба)
Laubfrosch
(древе́сная
лягу́шка)

7. REPTILIEN – Пресмыка́ющиеся

Eidechse
(я́щерица)
Landschildkröte
(сухопу́тная
черепа́ха)
Blindschleiche (медяни́ца)

8. SCHLANGEN – Зме́и

Ringelnatter
(уж обыкнове́нный)
Kreuzotter
(гадю́ка
обыкнове́нная)

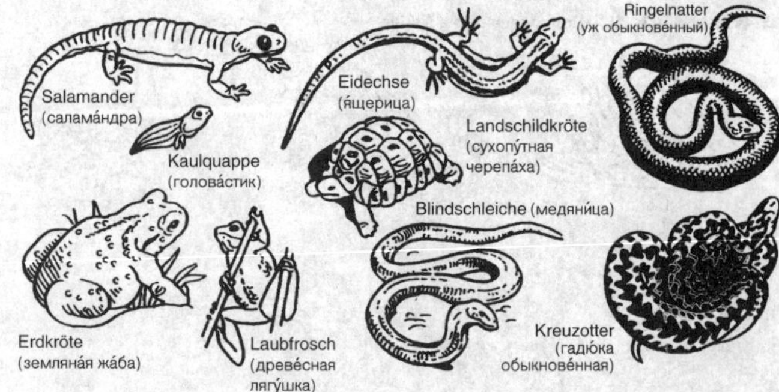

PFLANZEN – Растéния

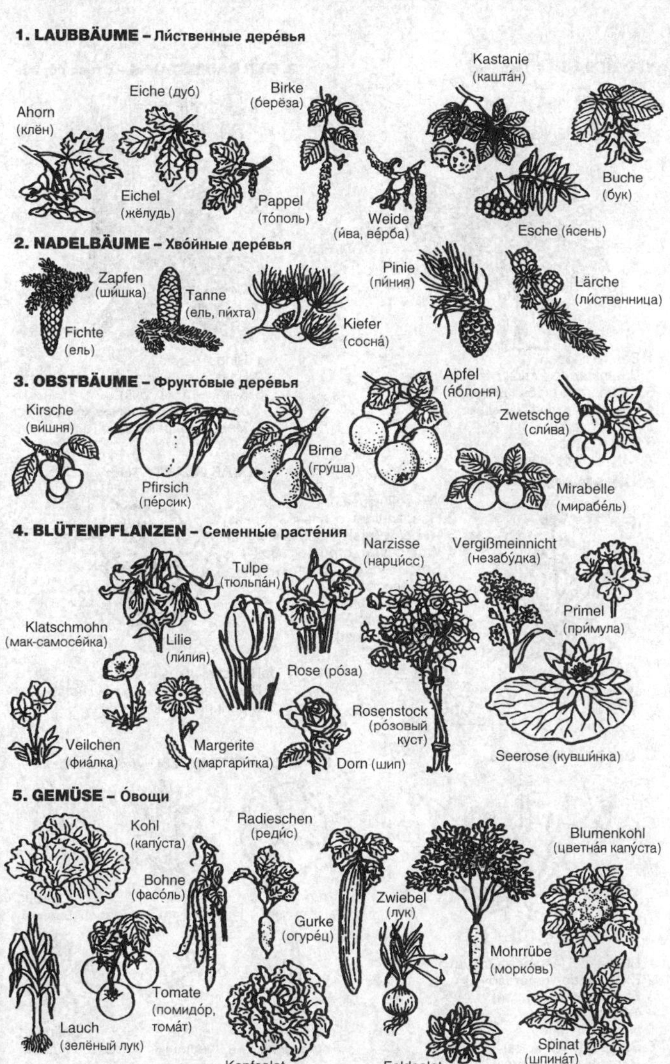
1. LAUBBÄUME – Ли́ственные дерéвья
Ahorn
(клён)
Eiche (дуб)
Eichel
(жёлудь)
Birke
(берёза)
Pappel
(тóполь)
Weide
(и́ва, вéрба)
Kastanie
(кашта́н)
Buche
(бук)
Esche (я́сень)
2. NADELBÄUME – Хвóйные дерéвья
Zapfen
(ши́шка)
Fichte
(ель)
Tanne
(ель, пи́хта)
Kiefer
(соснá)
Pinie
(пи́ния)
Lärche
(ли́ственница)
3. OBSTBÄUME – Фруктóвые дерéвья
Kirsche
(ви́шня)
Pfirsich
(пéрсик)
Birne
(грýша)
Apfel
(я́блоня)
Zwetschge
(сли́ва)
Mirabelle
(мирабéль)
4. BLÜTENPFLANZEN – Семенны́е растéния
Klatschmohn
(мак-самосéйка)
Lilie
(ли́лия)
Tulpe
(тюльпа́н)
Narzisse
(нарци́сс)
Vergißmeinnicht
(незабýдка)
Primel
(при́мула)
Rose (рóза)
Veilchen
(фиáлка)
Margerite
(маргари́тка)
Dorn (шип)
Rosenstock
(рóзовый
куст)
Seerose (кувши́нка)
5. GEMÜSE – Óвощи
Kohl
(капýста)
Bohne
(фасóль)
Radieschen
(реди́с)
Gurke
(огурéц)
Zwiebel
(лук)
Blumenkohl
(цветна́я капýста)
Mohrrübe
(моркóвь)
Tomate
(помидóр,
томáт)
Lauch
(зелёный лук)
Kopfsalat
(кочáнный салáт)
Feldsalat
(валерья́нница)
Spinat
(шпинáт)

ALLGEMEINE BOTANIK – О́бщая бота́ника

1. DER BAUM – Де́рево

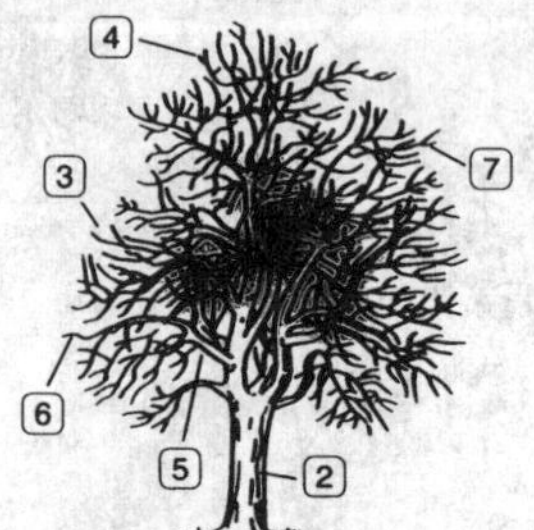

1 Baum (де́рево)
2 Baumstamm (ствол де́рева)
3 Baumkrone (кро́на де́рева)
4 Wipfel (верши́на, маку́шка)
5 Ast (ве́тка, сук)
6 Zweig (ветвь)
7 Astgabel (разви́лина)

2. DER BAUMSTAMM – Ствол де́рева

1 Rinde (кора́)
2 Bast (окорённое де́рево)
3 Kambium (ка́мбий)
4 Jahresringe (годи́чное кольцо́)
5 Mark (сердцеви́на)

3. DIE PFLANZE – Расте́ние

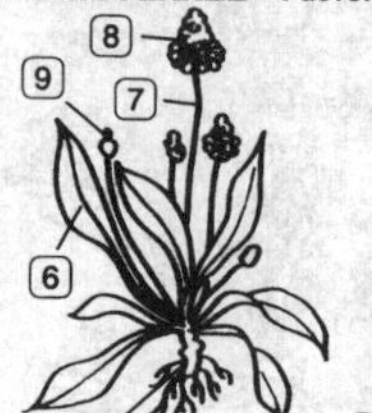

1 Wurzel (ко́рень)
2 Hauptwurzel (основно́й корень)
3 Nebenwurzel (бoково́й ко́рень)
4 Wurzelhaar (отро́сток ко́рня)
5 Sproß (побе́г, отро́сток)
6 Blatt (лист)
7 Stengel (сте́бель)
8 Blüte (цвето́к)
9 Knospe (по́чка)

4. DAS BLATT – Лист

1 Blattstiel (черено́к листа́)
2 Blattaderung (прожи́лки листа́)
3 Blattrippe (жи́лка листа́)

5. DIE BLÜTE – Цвето́к

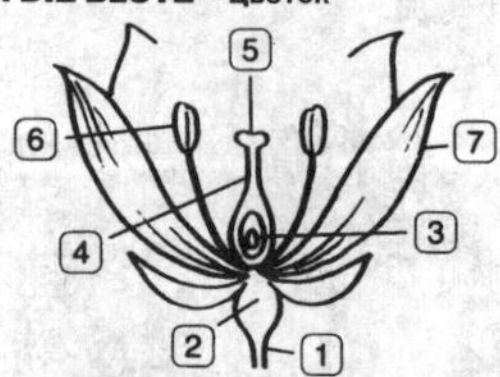

1 Blütenstiel (черено́к цветка́)
2 Blütenboden (цветоло́же)
3 Fruchtknoten (за́вязь)
4 Griffel (пе́стик)
5 Narbe (ры́льце)
6 Staubblatt (тычи́нка)
7 Blütenblatt (лепесто́к)

6. DIE BLATTFORMEN – Фо́рмы листа́

rund (окру́глый)

nadelförmig (иго́льчатый)

herzförmig (сердцеви́дный)

pfeilförmig (стрелови́дный)

gefiedert (пе́ристый)

gefingert (пальцеви́дный)

STADTBILD
О́бщий вид го́рода

1 Schiene (трамва́йные пути́)
2 Straßenbahn (трамва́й)
3 Haltestelle (остано́вка)
4 Zebrastreifen (перехо́д)
5 Ampel (светофо́р)
6 Verkehrsschild (знак (указа́тель) доро́жного движе́ния)
7 Fußgängerzone (пешехо́дная зо́на)
8 Passanten (прохо́жие, пешехо́ды)
9 Grünanlage (зелёные насажде́ния)
10 Taxi (такси́)
11 Taxistand (стоя́нка такси́)
12 Taxischild (указа́тель стоя́нки такси́)
13 Parkuhr (часы́ (на пла́тной стоя́нке))
14 Litfaßsäule (афи́шная ту́мба)
15 Werbeplakat (рекла́мный плака́т)
16 Stadtplan (план го́рода)
17 Papierkorb (конте́йнер для му́сора)
18 Straßenlaterne (у́личный фона́рь)
19 Straßenschild (у́личный указа́тель)
20 Gully (ливнеспу́ск, водосто́к)
21 Bürgersteig (тротуа́р)
22 Kaufhaus (универма́г)
23 Schaufenster (витри́на)
24 Buchladen (кни́жный магази́н)
25 Eisdiele (кафе́-моро́женое)
26 Modeboutique (магази́н мо́дной оде́жды)
27 Personenwagen (легково́й автомоби́ль)
28 Radfahrer (велосипеди́ст)
29 Motorradfahrer (мотоцикли́ст)
30 Telefonzelle (телефо́нная бу́дка (каби́на))
31 Briefkasten (почто́вый я́щик)
32 Kino (кинотеа́тр)

BURG UND KIRCHE – За́мок (кре́пость) и це́рковь

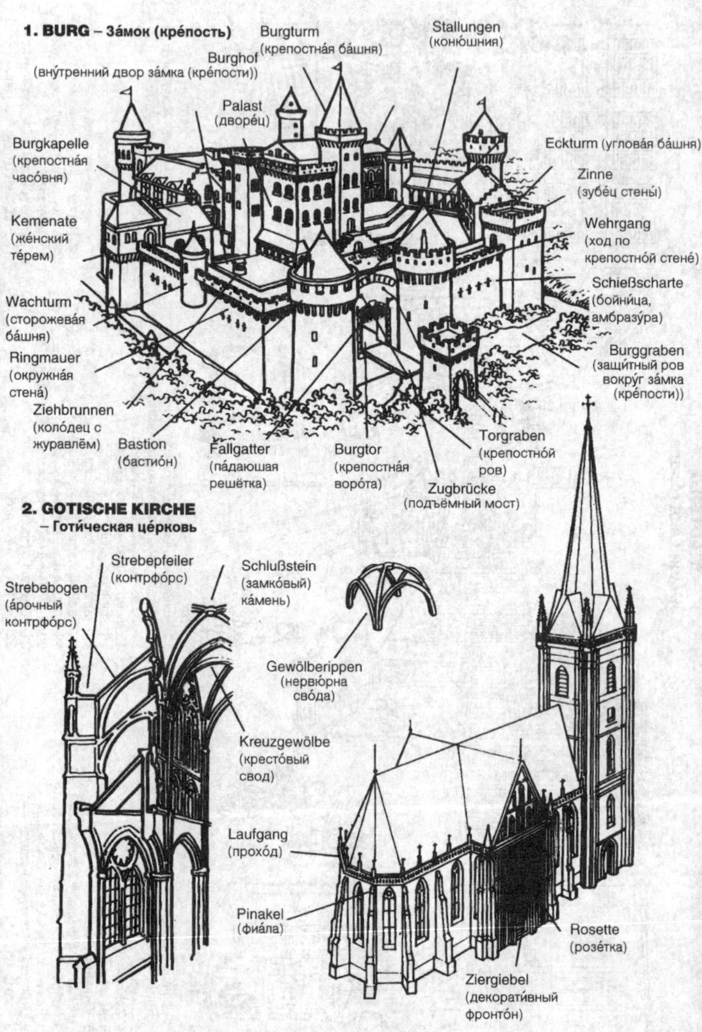

HAUS UND GARTEN – Дом и сад

1. DAS HAUS – Дом

1 Fundament (фундáмент)
2 Grundmauer (фундáментная стенá)
3 Hauswand (стенá дóма)
4 Haustür (дверь дóма)
5 Schwelle (порóг)
6 Kellerfenster (окнó подвáла)
7 Dach (кры́ша)
8 Dachziegel (крóвельная черепи́ца)
9 Giebel (фронтóн)
10 First (конёк кры́ши)
11 Dachluke (слуховóе окнó)
12 Dachrinne (водостóчный жёлоб)
13 Dachgesims (вéрхний карни́з)
14 Schornstein (дымовáя трубá)
15 Fenster (окнó)
16 Fensterkreuz (окóнный переплёт)
17 Fensterladen (стáвень)
18 Scheibe (окóнное стеклó)
19 Fensterbank (подокóнник)
20 Balkon (балкóн)
21 Erdgeschoß (пéрвый этáж)
22 Stockwerk (вторóй этáж)

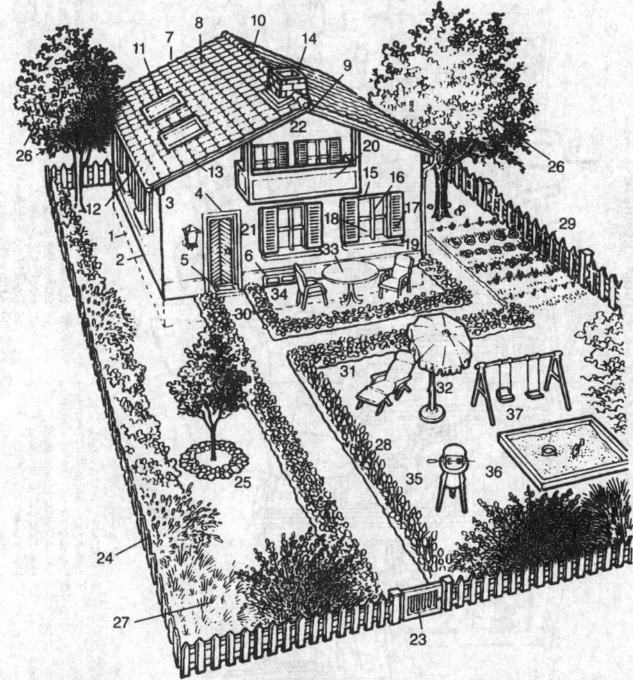

2. DER GARTEN – 2. Сад

23 Gartentor (кали́тка)
24 Gartenzaun (забóр)
25 Wiese (лужáйка)
26 Obstbäume (фруктóвые дерéвья)
27 Ziersträucher (декорати́вные кусты́)
28 Blumenrabatten (цветóчные гря́дки)
29 Gemüsebeet (овошня́я грядка)
30 Veranda (верáнда)
31 Liegestuhl (шезлóнг)
32 Sonnenschirm (зóнтик (от сóлнца))
33 Gartentisch (стóлик для сáда)
34 Gartenstuhl (стул для сáда)
35 Grill (гриль)
36 Sandkasten (песóчница)
37 Schaukel (качéли)

DAS WOHNZIMMER – Жила́я ко́мната

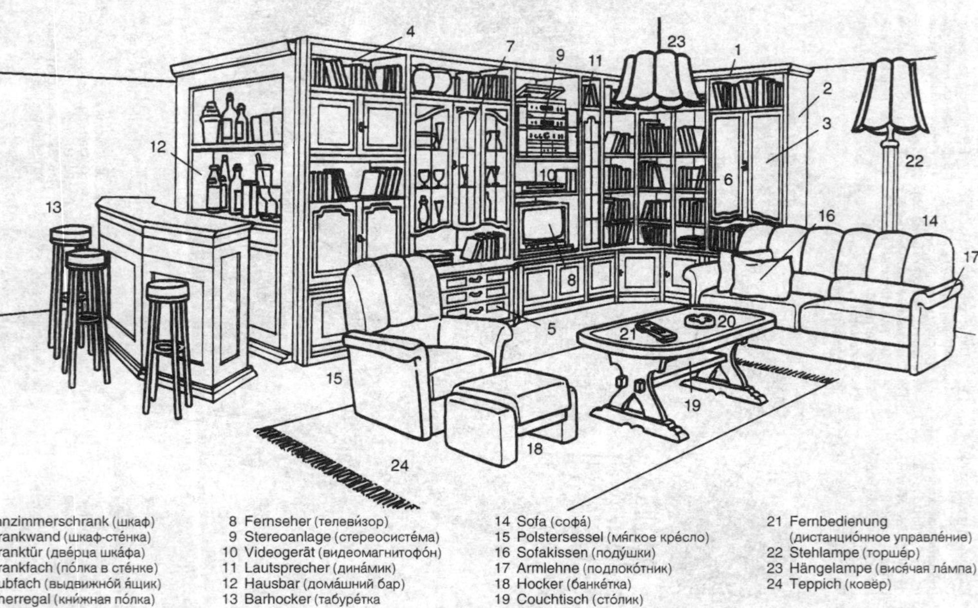

1 Wohnzimmerschrank (шкаф)
2 Schrankwand (шкаф-сте́нка)
3 Schranktür (две́рца шка́фа)
4 Schrankfach (по́лка в сте́нке)
5 Schubfach (выдвижно́й я́щик)
6 Bücherregal (кни́жная по́лка)
7 Glasvitrine (стекля́нная го́рка)
8 Fernseher (телеви́зор)
9 Stereoanlage (стереосисте́ма)
10 Videogerät (видеомагнитофо́н)
11 Lautsprecher (дина́мик)
12 Hausbar (дома́шний бар)
13 Barhocker (табуре́тка для ба́ра)
14 Sofa (софа́)
15 Polstersessel (мя́гкое кре́сло)
16 Sofakissen (поду́шки)
17 Armlehne (подлоко́тник)
18 Hocker (банке́тка)
19 Couchtisch (сто́лик)
20 Aschenbecher (пе́пельница)
21 Fernbedienung (дистанцио́нное управле́ние)
22 Stehlampe (торше́р)
23 Hängelampe (вися́чая ла́мпа)
24 Teppich (ковёр)

KÜCHE UND HAUSHALTSGERÄTE
Ку́хня и предме́ты дома́шнего обихо́да

1. KÜCHE – Ку́хня

1 Küchentisch (ку́хонный стол)
2 Küchenstuhl (стул для ку́хни)
3 Kaffeemaschine (кофева́рка)
4 Abtrockentuch (ку́хонное полоте́нце)
5 Steckdose (ште́псельная розе́тка)
6 Spüle (мо́йка)
7 Spülbecken (ку́хонная ра́ковина, мо́йка)
8 Wasserhahn (водопрово́дный кран)
9 Spülmittel (сре́дство для мытья́ посу́ды)
10 Geschirrspülmaschine (посудомо́ечная маши́на)
11 Mixer (ми́ксер)
12 Kaffeemühle (кофемо́лка)
13 Gefrierschrank (морози́льная ка́мера)
14 Kühlschrank (холоди́льник)
15 Gemüsefach (я́щик, по́лка для овоще́й)
16 Tiefkühlfach (морози́льная ка́мера)
17 Küchenuhr (ку́хонные часы́)
18 Handrührer (ми́ксер)
19 Waffeleisen (ва́фельница)
20 Unterschrank (ни́жний шка́фчик)
21 Hängeschrank (насте́нный шкаф)
22 Eckschrank (углово́й шкаф)
23 Mikrowelle (микроволно́вая печь)
24 Toaster (то́стер)
25 Wasserkessel (ча́йник)
26 Topf (кастрю́ля)
27 Herd (плита́)
28 Backofen (духо́вка)
29 Backofenfenster (окно́ духо́вки)
30 Kochplatte (электроплита́ (ве́рхняя часть))
31 Topflappen (тря́пка - прихва́тка)
32 Pfanne (сковоро́дка)

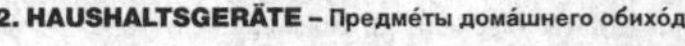

2. HAUSHALTSGERÄTE – Предме́ты дома́шнего обихо́да

1 Waschmaschine (стира́льная маши́на)
2 Wäschetrockner (суши́лка)
3 Bügeleisen (утю́г)
4 Putzeimer (ведро́)
5 Putzlappen (тря́пка (для мытья́ чего́-л.))
6 Wäscheständer (сто́йка для су́шки белья́)
7 Scheuerbürste (полова́я щётка)
8 Handfeger (ручна́я полова́я щётка)
9 Klappleiter (стремя́нка)
10 Kehrbesen (метла́)
11 Bügelbrett (гла́дильная доска́)
12 Staubsauger (пылесо́с)

BAD, TOILETTE UND PFLEGEPRODUKTE
Ва́нная, Туале́т и Туале́тные принадле́жности

1. BAD UND TOILETTE – 1. Ва́нная и туале́т

1 Spiegel (зе́ркало)
2 Badezusatz (доба́вки для приня́тия ва́нны)
3 Wasserhahn (водопрово́дный кран)
4 Badewanne (ва́нна)
5 Waschlappen (моча́лка)
6 Spiegelschrank (зерка́льный шкаф для туале́тных принадле́жностей)
7 Schublade (выдвижно́й я́щик)
8 Seifenschale (мы́льница)
9 Seife (мы́ло)
10 Ablage (по́лочка для туале́тных принадле́жностей)
11 Zahnputzbecher (стака́н для зубны́х щёток)
12 Zahnbürste (зубна́я щётка)
13 Waschbecken (умыва́льник)
14 Wasserhahn (водопрово́дный кран)
15 Handtuchhalter (держа́тель для полоте́нец)
16 Handtuch (полоте́нце)
17 Badeschwamm (гу́бка)
18 Duschkabine (душева́я каби́на)
19 Duschvorhang (занаве́ска, што́ра (для душево́й каби́ны))
20 Handbrause (ручно́й душ)
21 Brausekopf (се́тка ду́ша)
22 Personenwaage (весы́)
23 Toilettenvorleger (ко́врик для туале́та)
24 Toilette (туале́т)
25 Brille (очки́)
26 Deckel (кры́шка)
27 Toilettenpapier (туале́тная бума́га)
28 Wasserkasten (промывно́й бачо́к)
29 Spülhebel (спусково́й рыча́г)
30 Klosettbürste (туале́тная щётка)
31 Bidet (бide)
32 Lüftung (вентиля́ция)

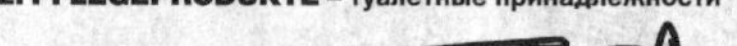

2. PFLEGEPRODUKTE – туале́тные принадле́жности

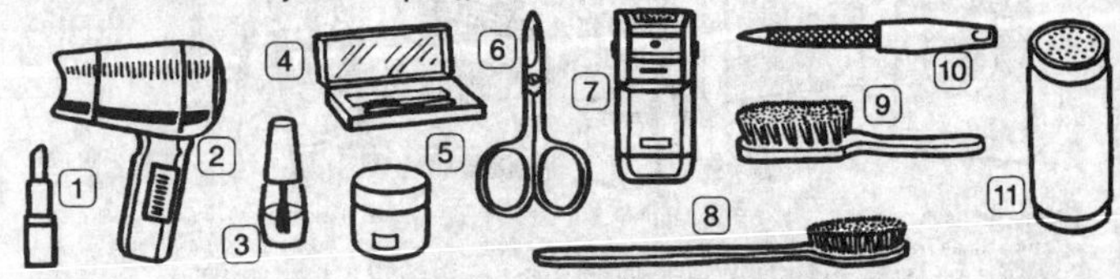

1 Lippenstift (губна́я пома́да)
2 Fön (фен)
3 Nagellack (лак для ногте́й)
4 Wimperntusche (тушь для ресни́ц)
5 Hautcreme (крем для ко́жи)
6 Nagelschere (но́жницы для ногте́й)
7 Rasierapparat (электробри́тва)
8 Massagebürste (щётка для масса́жа
9 Haarbürste (щётка для воло́с)
10 Nagelfeile (пи́лочка для ногте́й)
11 Puder (пу́дра)

BEKLEIDUNG – Одéжда

1. DAMENBEKLEIDUNG – Жéнская одéжда

1 Unterhemd (ни́жняя рубáшка)
2 Unterrock (ни́жняя ю́бка)
3 Faltenrock (плиссирóванная ю́бка)
4 Strümpfe (чулки́)
5 Strumpfhose (колгóтки)
6 Nachthemd (ночнáя рубáшка)
7 Body (бóди)
8 Unterkleid (комбинáция)
9 Bluse (блу́зка, кóфточка)
10 Slip (тру́сики)
11 Dirndl (бавáрское национáльное лéтнее плáтье)
12 BH (бюстгáльтер)
13 Mantel (пальтó)
14 Kostüm (костю́м)
15 Pullover (сви́тер, пуловéр)
16 Kleid (плáтье)
17 Strickjacke (вя́заная кóфта)
18 Abendkleid (вечéрнее плáтье)

2. ACCESSOIRS – Аксессуáры одéжды

1 Handtasche (дáмская су́мка)
2 Hut (шля́па)
3 Mütze (кéпка, furáжка)
4 Gürtel (пóяс)
5 Schal (шарф)
6 Schirm (зонт)
7 Handschuhe (перчáтки)

3. SCHUHE – Óбувь

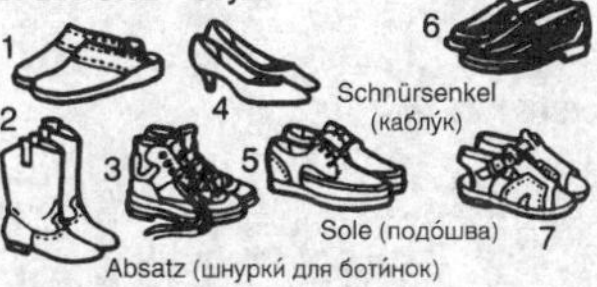

1 Hausschuhe (домáшние ту́фли)
2 Stiefel (сапóжки)
3 Wanderschuhe (тури́стские боти́нки)
4 Pumps (ту́фли - лóдочки)
5 Lederschuhe (кóжаные ту́фли)
6 Lackschuhe (лакирóванные ту́фли)
7 Sandalen (сандáлии)

4. HERRENBEKLEIDUNG – Мужскáя одéжда

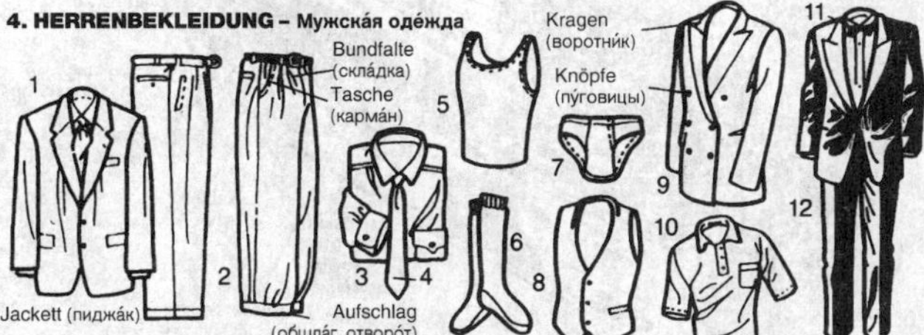

1 Anzug (костю́м)
2 Hose (брю́ки)
3 Oberhemd (вéрхняя сорóчка , рубáшка)
4 Krawatte (гáлстук)
5 Unterhemd (мáйка)
6 Kniestrümpfe (гóльфы)
7 Unterhose (трусы́)
8 Weste (жилéт)
9 Sakko (пиджáк свобóдного покрóя)
10 Polohemd (спорти́вная рубáшка, пóло)
11 Fliege (бáбочка)
12 Smoking (смóкинг)

FLUGZEUG – SCHIFF
Самолёт - Кора́бль

1. FLUGZEUG – Самолёт

Passagiertür
(входна́я дверь
(для пассажи́ров))
Bordküche
(бортова́я ку́хня)
Seitenruder
(руль
направле́ния)
Passagierraum
(пассажи́рский
сало́н)
Triebwerk
(дви́гатель)
Höhenruder
(руль высоты́)
Cockpit
(каби́на пило́та)
Passagiersitze
(сиде́ния для пассажи́ров)
Frachtraum
(грузово́й отсе́к)
Querruder
(руль кре́на)
Bugfahrgestell
(шасси́
(в носово́й ча́сти))
Hauptfahrgestell
(основно́е шасси́)
Radarbug
(обтека́тель анте́нны
радиолока́тора)

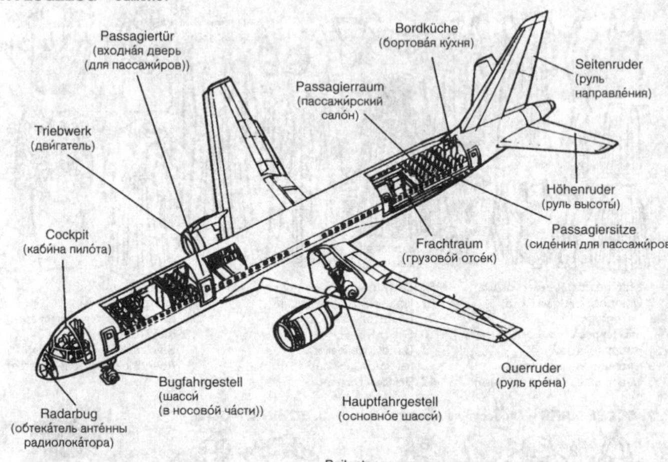

2. SCHIFF – Кора́бль

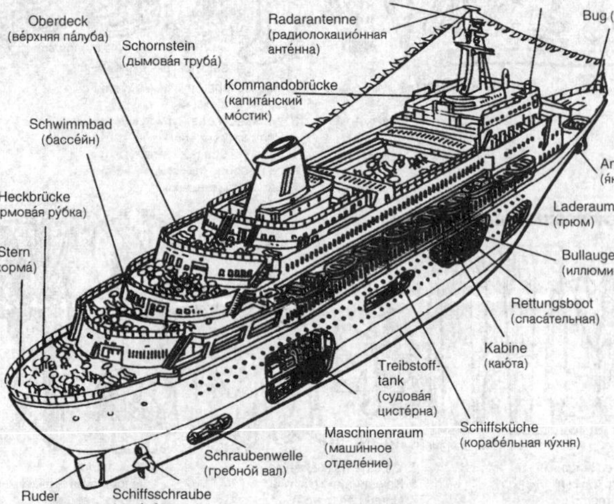

Peilantenne
(анте́нна пеленга́тора)
Kompaß
(ко́мпас)
Oberdeck
(ве́рхняя па́луба)
Radarantenne
(радиолокацио́нная
анте́нна)
Bug (нос)
Schornstein
(дымова́я труба́)
Kommandobrücke
(капита́нский
мо́стик)
Schwimmbad
(бассе́йн)
Anker
(я́корь)
Heckbrücke
(кормова́я ру́бка)
Laderaum
(трюм)
Stern
(корма́)
Bullauge
(иллюмина́тор)
Rettungsboot
(спаса́тельная)
Kabine
(каю́та)
Treibstoff-
tank
(судова́я
цисте́рна)
Schiffsküche
(корабе́льная ку́хня)
Maschinenraum
(маши́нное
отделе́ние)
Schraubenwelle
(гребно́й вал)
Ruder
(руль)
Schiffsschraube
(гребно́й винт)

AUTO – Автомоби́ль

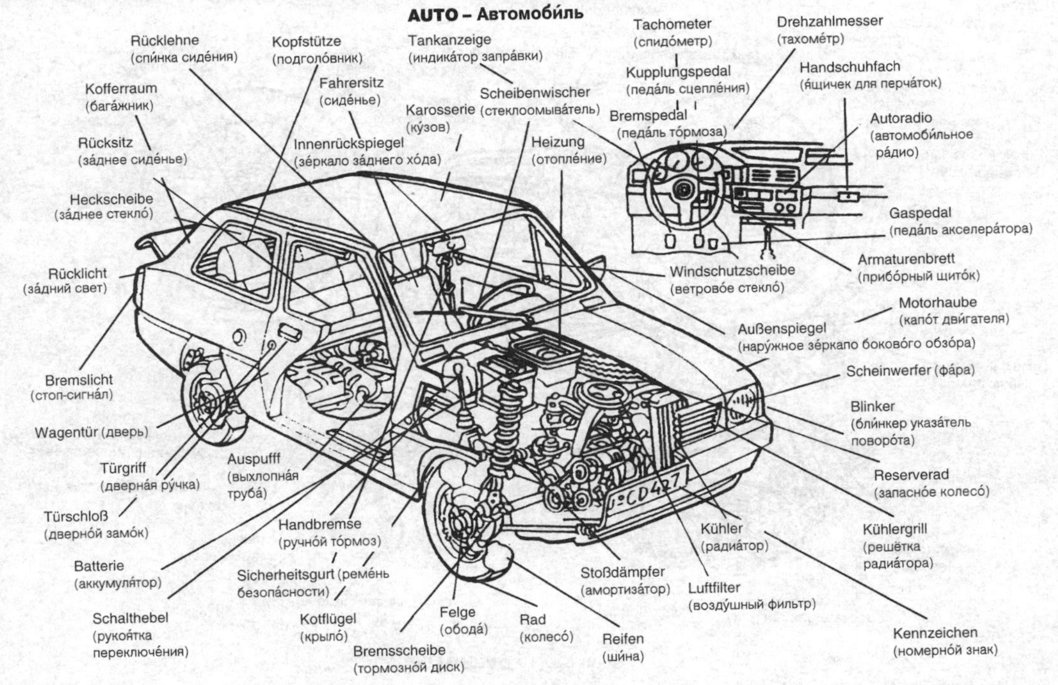

Rücklehne
(спи́нка сиде́ния)
Kopfstütze
(подголо́вник)
Tankanzeige
(индика́тор запра́вки)
Tachometer
(спидо́метр)
Drehzahlmesser
(тахоме́тр)
Kofferraum
(бага́жник)
Fahrersitz
(сиде́нье)
Scheibenwischer
(стеклоомыва́тель)
Kupplungspedal
(педа́ль сцепле́ния)
Handschuhfach
(я́щичек для перча́ток)
Karosserie
(ку́зов)
Bremspedal
(педа́ль то́рмоза)
Autoradio
(автомоби́льное
ра́дио)
Rücksitz
(за́днее сиде́нье)
Innenrückspiegel
(зе́ркало за́днего хо́да)
Heizung
(отопле́ние)
Heckscheibe
(за́днее стекло́)
Gaspedal
(педа́ль акселера́тора)
Armaturenbrett
(прибо́рный щито́к)
Rücklicht
(за́дний свет)
Windschutzscheibe
(ветрово́е стекло́)
Motorhaube
(капо́т дви́гателя)
Außenspiegel
(нару́жное зе́ркапо боково́го обзо́ра)
Scheinwerfer (фа́ра)
Bremslicht
(стоп-сигна́л)
Blinker
(бли́нкер указа́тель
поворо́та)
Wagentür (дверь)
Auspufff
(выхлопна́я
труба́)
Türgriff
(дверна́я ру́чка)
Reserverad
(запасно́е колесо́)
Türschloß
(дверно́й замо́к)
Handbremse
(ручно́й то́рмоз)
Kühler
(радиа́тор)
Kühlergrill
(решётка
радиа́тора)
Batterie
(аккумуля́тор)
Sicherheitsgurt (реме́нь
безопа́сности)
Stoßdämpfer
(амортиза́тор)
Luftfilter
(возду́шный фильтр)
Schalthebel
(рукоя́тка
переключе́ния)
Kotflügel
(крыло́)
Felge
(обода́)
Rad
(колесо́)
Reifen
(ши́на)
Kennzeichen
(номерно́й знак)
Bremsscheibe
(тормозно́й диск)

MOTORRAD – Мотоцйкл

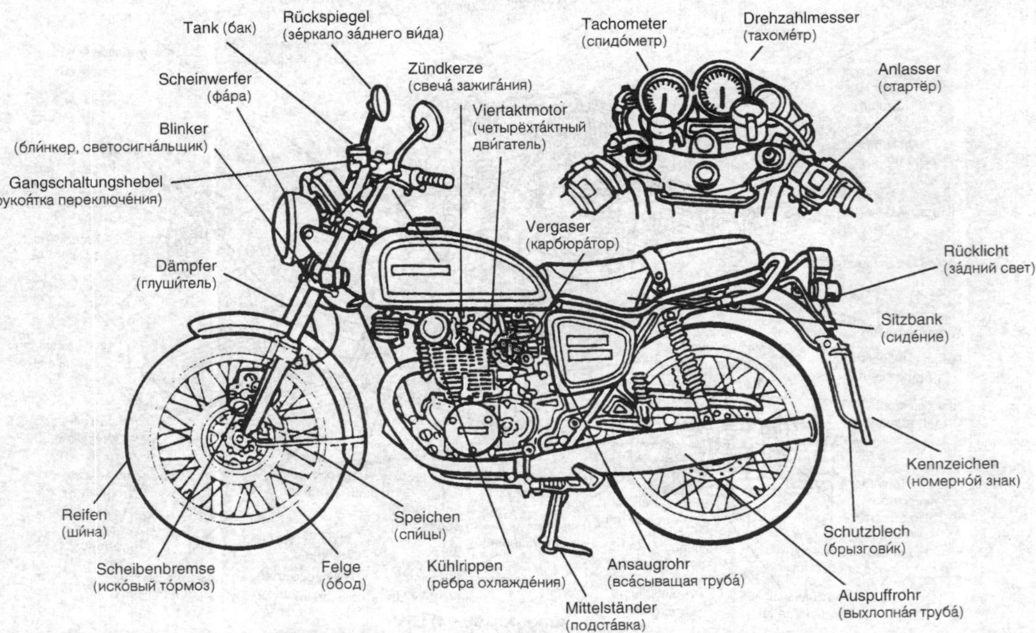

Tank (бак)
Rückspiegel
(зéркало зáднего вйда)
Scheinwerfer
(фáра)
Blinker
(блйнкер, светосигнáльщик)
Gangschaltungshebel
(рукоятка переключéния)
Dämpfer
(глушйтель)
Zündkerze
(свечá зажигáния)
Viertaktmotor
(четырёхтáктный
двйгатель)
Tachometer
(спидóметр)
Drehzahlmesser
(тахомéтр)
Anlasser
(стартёр)
Vergaser
(карбюрáтор)
Rücklicht
(зáдний свет)
Sitzbank
(сидéние)
Kennzeichen
(номернóй знак)
Schutzblech
(брызговйк)
Auspuffrohr
(выхлопнáя трубá)
Ansaugrohr
(всáсывающая трубá)
Mittelständer
(подстáвка)
Kühlrippen
(рёбра охлаждéния)
Speichen
(спйцы)
Felge
(óбод)
Scheibenbremse
(искóвый тóрмоз)
Reifen
(шйна)

FAHRRAD – Велосипе́д

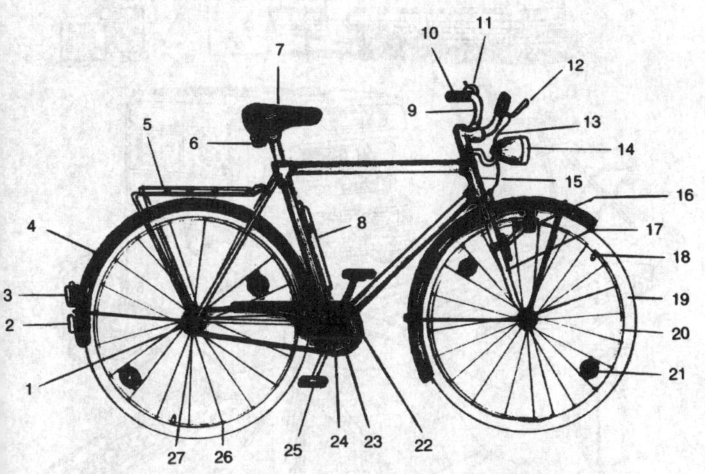

1 Rad (колесó)
2 Katzenauge (отрáжатель)
3 Rücklicht (зáдний свет)
4 Schutzblech (брызгови́к)
5 Gepäckträger (багáжник)
6 Satteltasche (сýмочка с инструмéнтами)
7 Sattel (седлó)
8 Luftpumpe/Fahrradpumpe (воздýшный насóс)
9 Lenker (руль)
10 Handgriff (рýчка руля́)
11 Klingel (звонóк)
12 Handbremse (ручнóй тóрмоз)
13 Drahtseil (прóвод)
14 Lampe (свет (фáра))
15 Rahmen (рáма)
16 Dynamo (динáмо)
17 Gabel (ви́лка)
18 Ventil (венти́ль)
19 Reifen (ши́на)
20 Radfelge (óбод)
21 Reflektor (колёсный отражáтель)
22 Schutzblech (брызгови́к)
23 (Tret-)Lager (вал (педáли)
24 Kette (цепь)
25 Pedal (педáль)
26 Speiche (спи́ца)
27 Gangschaltung (сцеплéние)

CAMPING – Ке́мпинг

1 Anhänger (да́ча-прице́п)
2 Wohnmobil (жило́й фурго́н)
3 Klappstühle (складны́е сту́лья)
4 Kartusche (га́зовая горе́лка)
5 Kühltasche (су́мка - холоди́льник)
6 Luftmatratze (надувно́й матра́ц)
7 Schlafsack (спа́льный мешо́к)
8 Gaskocher (портати́вная га́зовая плита́)
9 Luftpumpe (возду́шный насо́с)
10 Zelt (пала́тка)
11 Außenzelt (нару́жная часть пала́тки)
12 Zeltplane (пала́точный тент)
13 Hering (ко́лышек для прикрепле́ния пала́тки)
14 Innenzelt (вну́тренняя часть пала́тки)
15 Zeltboden (основа́ние (пол) пала́тки)
16 Zeltstange (сто́йка для устано́вки пала́тки)
17 Lagerfeuer (костёр)
18 Isomatte (изоляцио́нный матра́ц)
19 Rucksack (рюкза́к)
20 Wasserkanister (бидо́н (кани́стра) для воды́)
21 Campinggeschirr (посу́да для ке́мпинга)

UNTERHALTUNGSELEKTRONIK – Ви́део и радиоаппарату́ра

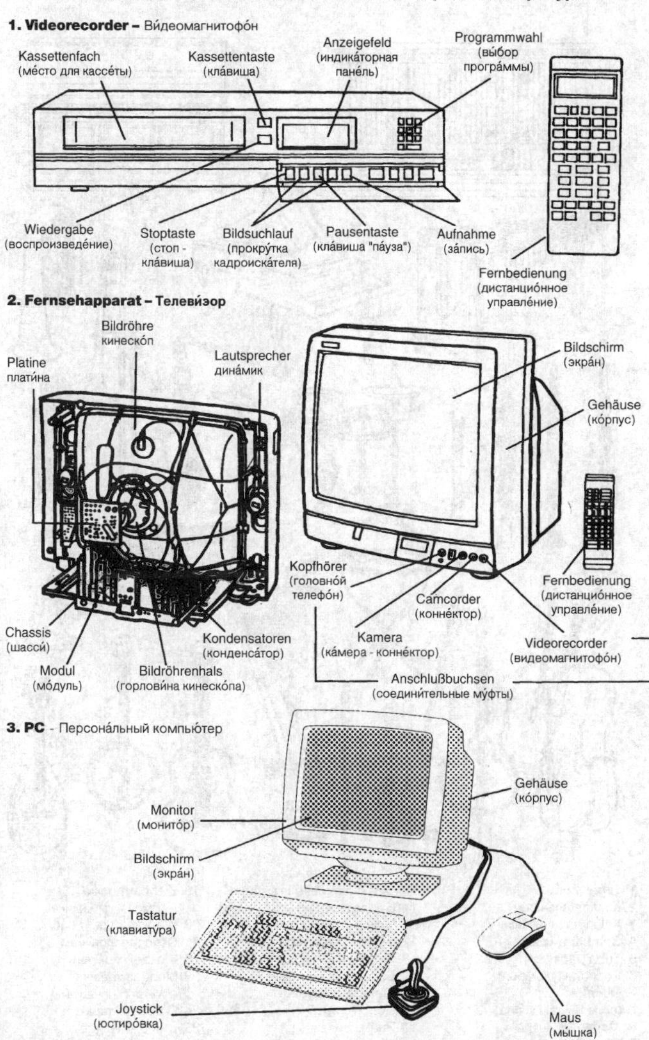

1. Videorecorder – Ви́деомагнитофо́н
Kassettenfach
(ме́сто для кассе́ты)
Kassettentaste
(кла́виша)
Anzeigefeld
(индика́торная
пане́ль)
Programmwahl
(вы́бор
програ́ммы)
Wiedergabe
(воспроизведе́ние)
Stoptaste
(стоп -
кла́виша)
Bildsuchlauf
(прокру́тка
кадроиска́теля)
Pausentaste
(кла́виша "па́уза")
Aufnahme
(за́пись)
Fernbedienung
(дистанцио́нное
управле́ние)
2. Fernsehapparat – Телеви́зор
Bildröhre
кинеско́п
Platine
плати́на
Lautsprecher
дина́мик
Bildschirm
(экра́н)
Gehäuse
(ко́рпус)
Kopfhörer
(головно́й
телефо́н)
Camcorder
(конне́ктор)
Fernbedienung
(дистанцио́нное
управле́ние)
Chassis
(шасси́)
Kondensatoren
(конденса́тор)
Kamera
(ка́мера - конне́ктор)
Videorecorder
(видеомагнитофо́н)
Modul
(мо́дуль)
Bildröhrenhals
(горлови́на кинеско́па)
Anschlußbuchsen
(соедини́тельные му́фты)
3. PC - Персона́льный компью́тер
Gehäuse
(ко́рпус)
Monitor
(монито́р)
Bildschirm
(экра́н)
Tastatur
(клавиату́ра)
Joystick
(юстиро́вка)
Maus
(мы́шка)

MUSIKINSTRUMENTE – Музыка́льные инструме́нты

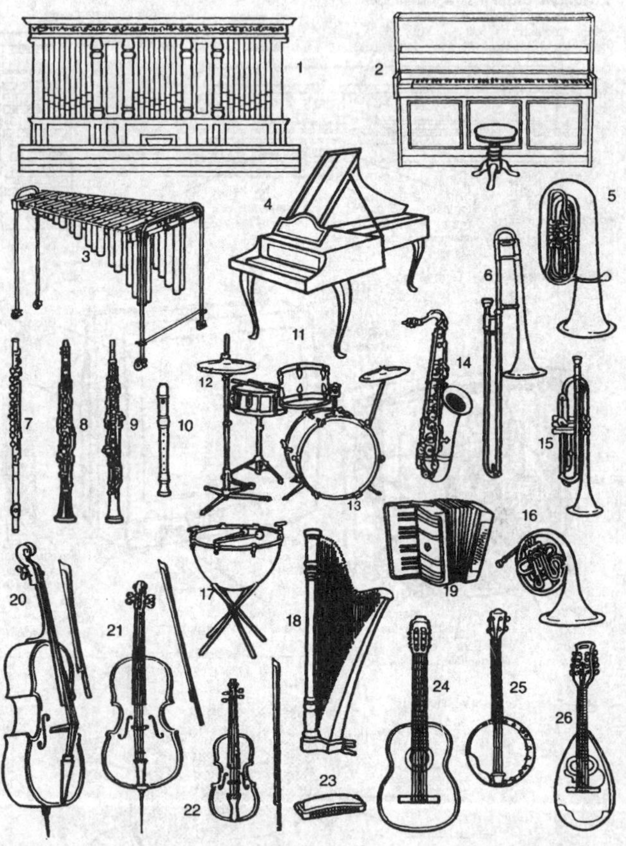

1 Orgel (орга́н)
2 Klavier (пиани́но)
3 Xylophon (ксилофо́н)
4 Cembalo (клавеси́н)
5 Tuba (ту́ба)
6 Posaune (тромбо́н)
7 Querflöte (попере́чная фле́йта)
8 Klarinette (кларне́т)
9 Oboe (гобо́й)
10 Blockflöte (пряма́я фле́йта)
11 Schlagzeug (уда́рный инструме́нт)
12 Becken (таре́лки, лита́вры)
13 Trommel (бараба́н)
14 Saxophon (саксофо́н)
15 Trompete (труба́)
16 Horn (горн)
17 Pauke (лита́вры)
18 Harfe (а́рфа)
19 Ziehharmonika (гармо́нь, гармо́шка)
20 Kontrabaß (контраба́с)
21 Cello (виолонче́ль)
22 Violine (скри́пка)
23 Mundharmonika (губна́я гармо́шка)
24 Gitarre (гита́ра)
25 Banjo (ба́нджо)
26 Mandoline (мандоли́на)

WÖRTERBUCH

DEUTSCH-RUSSISCH

A B C D E F G H I J K L M N O P Q R S T U V W X Y Z

A

A, a *n* ① (*Buchstabe*) A, a ② MUS ля
Aal *m* <-[e]s, -e> ýгорь *м*
Aas *n* <-es, -e> ① (*Tierleiche*) пáдаль *ж*, мертвéчина *ж* ② *FAM* (*Schimpfwort*) брáнное слóво *с*, стéрва *ж*
ab I. *präp dat* ① (*zeitlich, von ... an*) с; ◇ ~ **Juli** с ию́ля ② (*räumlich, von ... an*) от, из, с; ◇ ~ **München** от Мю́нхена **II.** *adv* ① (*räumlich*) ◇ **auf und ~ gehen** ходи́ть взад и вперёд, ходи́ть вверх и вниз ② (*zeitlich*) ◇ ~ **und zu** иногдá, врéмя от врéмени ④ (*weg, fort*) ◇ ~ **mit dir!** уходи́ прочь!
abändern *vt* изме|ня́ть <-ни́ть> что-л; ◇ **einen Gesetzestext ~** вноси́ть изменéния в текст закóна
abarbeiten I. *vt* (*Pensum*) отра|бáтывать <-бóтать> **II.** *vr* (*sich verausgaben*) ◇ **sich ~** переуто|мля́ться <-ми́ться>
abartig *adj* ① (*anormal*) аномáльный, анормáльный; (*sexuell*) извращённый ② (*Geruch*) зловóнный, омерзи́тельный
Abbau *m* ① (*Demontage*) разбóрка *ж*, демонтáж *м* ② MIN добы́ча *ж*, разрабóтка *ж* ③ (*von Truppen*) сокращéние *с* чи́сленности войск; (*von Personal*) сокращéние *с* (штáта) ④ CHEM (*von Stoffen*) расщеплéние *с*, разложéние *с* веществá; **abbauen I.** *vt* ① (*demontieren*) демонти́ровать *несов и сов*, раз|бирáть <-обрáть>, сноси́ть <снести́> ② (*Rohstoffe*) добывáть полéзные ископáемые ③ (*reduzieren, Personal*) сокра|щáть <-ти́ть> ④ CHEM (*Stoff*) расще|пля́ть <-пи́ть>, раз|лагáть <-ложи́ть> **II.** *vi* (*verfallen, körperlich*) ослабé<вá>ть физи́чески; (*geistig*) обесси́леть духóвно
abbeißen *unreg vt* (*Stück Brot*) отку́|сывать <-си́ть>
abberufen *unreg vt* (*Diplomat*) от|зывáть <-озвáть>
abbestellen *vt* (*Zeitung*) отме|ня́ть <-ни́ть> закáз на что-л
abbezahlen *vt* (*in Raten*) выплáчивать <вы́платить> по частя́м [в рассрóчку]
abbiegen *unreg vi* (*in Straße*) сворáчивать <сверну́ть> (*in akk* на); ◇ **rechts/links ~** сворáчивать вправо/влéво; ◇ **biegen Sie die nächste Straße rechts ab** сверни́те на слéдующей ýлице напрáво
Abbild *n* ① (*naturgetreu*) портрéт *м* ② (*Spiegelbild*) отражéние *с*, тóчное отображéние *с* ③ (*bildliche Wiedergabe*) нагля́дное изображéние *с* ④ (*große Ähnlichkeit*) ◇ **sie ist das ~ ihrer Mutter** онá кóпия своéй мáтери; **Abbildung** *f* изображéние *с*; (*in Zeitschrift*) иллюстрáция *ж*
abbinden *vt* ① (*losbinden*) отвя́|зывать <-зáть> ② MED удаля́ть посрéдством лигату́ры
abblasen *unreg vt FAM* (*Feier*) отме|ня́ть <-ни́ть>, да<вá>ть отбóй
abblättern *vi* (*Putz, Farbe*) осыпáться <осы́паться>, <об->лупи́ться
abblenden I. *vt* ① AUTO переклю|чáть <-чи́ть> на бли́жний свет ② (*Lampe*) зате|мня́ть <-мни́ть>, маскировáть *несов* **II.** *vi* ① AUTO (*Ggs. von aufblenden*) включáть бли́жний свет ② FOTO диафрагми́ровать *несов*, стáвить диафрáгму
abblitzen *vi FAM* (*Absage erhalten*) полу|чáть <-чи́ть> отпóр [откáз] (*bei* со стороны́ когó-л); ◇ **jd-n ~ lassen** отши́ть когó-л
abbrechen *unreg* **I.** *vt* ① (*Ast*) об|лáмывать <-ломáть> ② (*abreißen*) сноси́ть <снести́>, <с->ломáть ③ (*Tätigkeit*) прекра|щáть <-ти́ть>; (*Gespräch, Veranstaltung*) прер<ы>вáть; ◇ **die Beziehungen zu jd-m ~** порвáть *сов* с кем-л ④ *FIG* ◇ **die Zelte ~** уéхать **II.** *vi* (*entzweigehen, Griff*) об|лáмываться <-ломáться>
abbremsen *vt* притормáживать *несов*
abbrennen *unreg* **I.** *vt* (*in Brand stecken*) за|жигáть <-жéчь>, под|жигáть <-жéчь>; ◇ **ein Feuerwerk ~** пускáть фейервéрк **II.** *vi* ① (*brennen*) сго|рáть <-рéть>, выгорáть *несов* ② *FAM* ◇ **abgebrannt sein** прогорéть *сов*, разо|ря́ться <-ри́ться>
Abbruch *m* ① (*von Haus*) снос *м*, слом *м* ② (*von Gespräch*) прекращéние *с*; POL (*von Beziehungen*) разры́в *м* ③ ◇ **jd-m/e-r Sache ~ tun** наноси́ть ущéрб комý/чемý-л; **abbruchreif** *adj* (*Gebäude*) вéтхий, обветшáлый
abbuchen *vt* ◇ **e-e Summe vom Konto ~** спи́сывать (определённую) сýмму со счёта
Abc *n* ① (*Alphabet*) алфави́т *м* ② *FIG* (*Grundlagen*) áзбука *ж*, (основны́е) начáла *мн*; **ABC-Schütze** *m* первоклáссник *м*; **ABC-Waffen** *f pl* áтомное, биологи́ческое и хими́ческое орýжие *с*
abdanken *vi* (*aus dem Amt scheiden*) оставля́ть слýжбу, уходи́ть от дел; (*Monarch*) отрекáться от престóла
abdecken *vt* ① (*zudecken, Dach*) покры́<вá>ть (*mit etw* чем-л) ② (*Tisch*)

убра́ть со стола́; (*Dach*) снести́ кры́шу до́ма ③ (*Loch*) закры́‹ва́›ть

abdichten *vt* (*Leck*) заде́|лывать ‹-лать›; (*Fuge, Riß*) уплот|ня́ть ‹-ни́ть›, ‹за-›конопа́тить

abdrängen *vt* (*zur Seite schieben*) оттес|ня́ть ‹-ни́ть›, ‹с-›тесни́ть

abdrehen I. *vt* ① (*Wasserhahn*) закры́‹ва́›ть; (*Licht*) выключа́ть ‹вы́ключить› ② (*Schraube*) от|вёртывать ‹-верну́ть› ③ (*Film*) отсня́ть фильм **II.** *vi* (*Wind, Flugzeug*) свора́чивать *несов*, меня́ть направле́ние; ◇ **nach links** ~ повора́чивать нале́во

Abdruck[1] *m* ‹-s, -e› (*Spur*) о́ттиск *м*; (*das Abdrucken*) (*von Buch*) печа́тание *с*; (*Nachdruck*) перепеча́тка *ж*

Abdruck[2] *m* ‹-[e]s, -drücke› (*Stempel~, Finger~*) сле́пок *м*, отпеча́ток *м*; (*Gips~*) ги́псовый сле́пок *м*

abdrucken *vt* (*Artikel*) ‹на-, от-›печа́тать

abdrücken I. *vt* ① (*schießen*) вы́стрелить в кого́-что-л ② *FAM* (*umarmen*) об|нима́ть ‹-ня́ть›, сжима́ть в объя́тиях ③ *FAM* (*ersticken*) ‹за-›души́ть кого́-что-л **II.** *vi* (*schießen*) произвести́ вы́стрел **III.** *vr* (*sich wegstoßen*) ◇ **sich** ~ от|та́лкиваться ‹-толкну́ться›

abebben *vi FIG* (*Lärm*) стиха́ть ‹сти́хнуть›; (*Schmerz*) у|тиха́ть ‹-ти́хнуть›; (*Nachfrage*) уме́ньшиться *сов*, па́дать ‹упа́сть›

Abend *m* ‹-s, -e› ве́чер *м*; ◇ **guten ~!** до́брый ве́чер; ◇ **am** ~ ве́чером; ◇ **zu ~ essen** у́жинать; **abend** *adv* ◇ **gestern** ~ вчера́ ве́чером; **Abendessen** *n* у́жин *м*; **Abendkleid** *n* вече́рнее пла́тье *с*; **abendlich** *adj* (*Stimmung*) вече́рний; **abends** *adv* (*am Abend*) ве́чером; (*jeden Abend*) по вечера́м

Abenteuer *n* ‹-s, -› приключе́ние *с*, похожде́ние *с*; **abenteuerlich** *adj* ① (*gewagt*) авантю́рный, авантюристи́ческий, риско́ванный ② (*unglaublich*) необы́чный, фантасти́ческий

aber I. *cj* (*jedoch*) но, одна́ко; ◇ **zwar regnet es, aber es ist nicht kalt** идёт до́ждь, одна́ко не хо́лодно; ◇ **er ist reich, ~ nicht glücklich** он бога́т, одна́ко несча́стлив **II.** *adv* ◇ ~ **und ~mals** неоднокра́тно; ◇ **tausend und ~tausend Mal** ты́сячи и ты́сячи раз; (*verstärkend*) ◇ ~ **ja!** да (ну) коне́чно!; ◇ **das ist ~ nett** э́то о́чень любе́зно

Aber *n* ‹-s, -› ◇ **das Wenn und ~** все э́ти "е́сли" и "но"

Aberglaube *m* суеве́рие *с*; **abergläubisch** *adj* суеве́рный

aberkennen *unreg vt* ① (*Titel*) ли|ша́ть ‹-ши́ть› кого́-л чего́-л ② (*Fähigkeit*) не признава́ть что-л

abermalig *adj* (*wiederholt*) втори́чный, повто́рный; **abermals** *adv* (*noch einmal*) втори́чно, опя́ть, вновь

abfahren *unreg* **I.** *vi* ① (*Zug*) отправля́ться *несов* ② *FAM* ◇ **auf jd-n ~** втре́скаться в кого́-л **II.** *vt* ① (*eine Gegend ~*) объ|езжа́ть ‹-е́здить› ② (*abnutzen*) изна́шивать *несов* ③ (*Müll*) вывози́ть ‹вы́везти›, у|вози́ть ‹-везти́›; **Abfahrt** *f* ① (*Autobahn~*) съезд *м* ② (*von Zug*) отправле́ние *с* ③ (*Ski~*) спуск *м*; **Abfahrtszeit** *f* (*von Bus, Zug*) вре́мя отправле́ния

Abfall *m* ① (*Müll*) отбро́сы *мн*, отхо́ды *мн* ② (*von Leistung*) перепа́д *м*; **Abfallbeseitigung** *f* удале́ние *с* отхо́дов; **Abfalleimer** *m* му́сорное ведро́ *с*

abfallen *unreg vi* ① (*Temperatur, Leistung*) спада́ть ‹спасть›, снижа́ться ‹сни́зиться› ② (*Blatt vom Baum*) опада́ть ‹опа́сть›, осыпа́ться *несов*; (*vom Glauben*) отступи́ться *сов* ③ *FIG* оста́‹ва́›ться; ◇ **etw fällt für jd-n ab** что-то доста́нется [перепадёт] кому́-л

Abfallprodukt *n* побо́чный проду́кт *м*, отхо́ды *м мн*, отбро́сы *м мн*

abfangen *unreg vt* ① (*Person, Brief*) перехва́|тывать ‹-ти́ть› ② (*Stoß*) остана́вливать *несов*, принима́ть на себя́ ③ (*fangen, Ball*) перехвати́ть, приня́ть мяч ④ (*aus dem Sturzflug*) выра́внивать *несов*; ◇ **er hat das Auto in der Kurve abgefangen** он смог удержа́ть маши́ну на поворо́те

abfärben *vi* ① (*Farbe*) кра́ситься *несов* ② *FIG* (*Gewohnheit*) переда́‹ва́›ться (*auf akk* кому́-л)

abfassen *vt* (*Text*) со|ставля́ть ‹-ста́вить›, сочи|ня́ть ‹-ни́ть›

abfertigen *vt* ① (*Kunden*) обслу́|живать ‹жи́ть›; *FIG* ◇ **jd-n kurz** ~ бы́стро отде́латься от кого́-л ② (*Papiere*) оформля́ть; (*Gepäck*) отправля́ть к отправле́нию ③ (*abfahrbereit machen, Schiff*) подгото́вить к отправле́нию ④ (*am Zoll*) проводи́ть тамо́женный досмо́тр; **Abfertigung** *f* (*Versenden*) отправле́ние *с*, отпра́вка *ж*, отсы́лка *ж*; (*von Papieren*) оформле́ние *с*, обрабо́тка *ж*; (*von Kunden*) обслу́живание *с*, о́тпуск *м*; **Abfertigungsschalter** *m* окно́ *с*

abfeuern *vt* (*Schuß*) вы́стрелить *сов*

abfinden *unreg* **I.** *vt* (*auszahlen, Gläubiger*) удовлетво|ря́ть <-ри́ть>; (*Arbeitnehmer*) отку|па́ться <-пи́ться> деньга́ми **II.** *vr* (*sich zufriedengeben*) ◇ **sich ~** примири́ться *сов* (*mit dat* с кем-чем-л); **Abfindung** *f* возмеще́ние *с*

abfliegen *unreg* **I.** *vi* (*Flugzeug*) уле|та́ть <-те́ть>; (*Passagier*) вылета́ть <вы́лететь> (*nach* в) **II.** *vt* (*Gebiet*) обле|та́ть <-те́ть>

abfließen *unreg vi* (*Wasser*) стека́ть <стечь>, вытека́ть <вы́течь>

Abflug *m* (*Abreise*) вы́лет *м*, отправле́ние *с*

Abfluß *m* ① (*von Wasser*) сток *м*, слив *м* ② (*Kanal*) сто́чный кана́л *м*; (*~rohr*) сто́чная [канализацио́нная] труба́ *ж* ③ FIN (*von Kapital*) уте́чка *ж*, отто́к *м*

abfragen *vt* SCH (*Vokabeln*) опра́шивать *несов*

Abfuhr *f* <-, -en> ① (*Müll~*) вы́воз *м* ② *FAM* (*Zurückweisung*) отпо́р *м*; ◇ **jd-m e-e ~ erteilen** дать кому́-л досто́йный отпо́р; **abführen I.** *vt* ① (*Verbrecher*) аресто́|вывать <-ва́ть>, заб<и>ра́ть ② (*Steuern*) упла́|чивать <-ти́ть> **II.** *vi* ① (*abzweigen, Straße*) ответ|вля́ться <-ви́ться> ② MED очища́ть кише́чник

abfüllen *vt* ① (*Flüssigkeit*) разли<ва́>ть (в буты́лки) ② *FAM* (*betrunken machen*) спаивать *несов* кого́-л; **Abfüllung** *f* разли́в *м*

Abgabe *f* ① (*von Waren, Gepäck*) сда́ча *ж*; (*das Übergeben*) переда́ча *ж*; (*von Post etc.*) пода́ча *ж*, сда́ча *ж*; (*von Stimme*) пода́ча *ж* голосо́в ② (*von Wärme*) отда́ча *ж* ③ (*Rückgabe*) возвра́т *м*; (*e-s Amtes*) отка́з *м* от до́лжности; (*von Ball*) переда́ча *ж* мяча́, пас *м* ④ (*Steuer~n*) нало́г *м*, сбор *м*, по́шлина *ж*; **abgabenfrei** *adj* (*steuerfrei*) не облага́емый нало́гом; **abgabenpflichtig** *adj* (*steuerpflichtig*) облага́емый нало́гом

Abgang *m* ① (*Verlassen, Schul~*) вы́пуск *м*, оконча́ние шко́лы ② THEAT ухо́д *м* со сце́ны ③ MED (*Fehlgeburt*) вы́кидыш *м*

Abgas *n* AUTO выхлопно́й газ *м*

abgeben *unreg* **I.** *vt* ① (*Ware*) прода́<ва́>ть, усту|па́ть <-пи́ть> дёшево; (*Brief*) вру|ча́ть <-чи́ть> ② (*Posten, Amt*) сложи́ть с себя́ обя́занности, сдать дела́ ③ (*Wärme*) излу|ча́ть <-чи́ть>; (*Geruch*) изда́<ва́>ть ④ (*abfeuern, Schuß*) произвести́ вы́стрел ⑤ (*Erklärung*) <с->де́лать; (*Urteil*) выноси́ть ⑥ (*darstellen, sein*) ◇ **sie gibt e-e gute Lehrerin ab** она́ слывёт хоро́шей учи́тельницей **II.** *vr* (*sich beschäftigen*) ◇ **sich ~ mit jd-m/etw** вози́ться с кем/чем-л, занима́ться кем/чем-л

abgedroschen *adj* (*Redensart*) изби́тый, бана́льный

abgegriffen *adj* ① (*abgenutzt*) истрёпанный, изно́шенный ② *FIG* (*Redensart*) бана́льный, зата́сканный

abgehen *unreg* **I.** *vi* ① (*von Schule*) за|ка́нчивать <-ко́нчить> шко́лу ② THEAT уходи́ть со сце́ны ③ (*Knopf*) отрыва́ться *несов* ④ MED (*Embryo*) выходи́ть <вы́йти> ⑤ *FIG FAM* ◇ **da geht die Post ab!** там тако́е твори́тся! **II.** *vt* (*fehlen*) ◇ **das geht mir ab** мне э́того недостаёт

abgelegen *adj* (*Haus, Dorf*) отдалённый, захолу́стный

abgeleitet *adj* произво́дный

abgemacht *adj* (*beschlossen*) решённый, ко́нченый; ◇ **~!** решено́!

abgeneigt *adj* ◇ **e-r Sache nicht ~ sein** быть не про́тив чего́-л, склоня́ться к чему́-л

abgenutzt *adj* изно́шенный; (*abgedroschen*) изби́тый

Abgeordnete(r) *fm* (*Parlaments~*) депута́т *м* парла́мента; **Abgeordnetenhaus** *n* пала́та *ж* депута́тов

abgerichtet *adj* (*Tiere*) приу́ченный, дрессиро́ванный

Abgesandte(r) *fm* посла́нец *м*, делега́т *м*

abgesehen *adj* <inv> ◇ **~ von** не счита́я, несмотря́ на

abgespannt *adj* (*müde*) уста́лый, утомлённый, изнеможённый

abgestanden *adj* (*Bier*) вы́дохшийся

abgestorben *adj* ① (*Baum*) засо́хший, зача́хнувший ② MED омертве́лый, отме́рший

abgetragen *adj* (*Kleidung*) изно́шенный, поно́шенный, зата́сканный

abgewinnen *unreg vt* (*Gefallen finden*) ◇ **ich kann dieser Sache nichts ~** я не нахожу́ в э́том ничего́ привлека́тельного, мне э́то де́ло не нра́вится

abgewöhnen *vt* (*Gewohnheit ablegen*) ◇ **sich** *dat* **e-e Sache ~** отвыка́ть от чего́-л, отуча́ть себя́ от чего́-л

abgezehrt *adj* (*Gesicht, Körper*) измождённый, истощённый, ча́хлый

Abgott *m* куми́р *м*, и́дол *м*; **abgöttisch** *adj* ◇ **jd-n ~ lieben** безу́мно люби́ть кого́-л

abgrasen *vt FAM* (*absuchen*) обша́ри<ва>ть, обы́с|кивать <-ка́ть> кого́-что-л

abgrenzen *vt* ① (*Grundstück*) отде|ля́ть <-

ли́ть›, отме|жёвывать ‹-жева́ть›, раз|ме|жёвывать ‹-жева́ть› ② *FIG* (*Thema*) очéр|чивать ‹-ти́ть›, разграни́чи‹ва›ть

Abgrund *m* ① (*tiefer Einschnitt*) про́пасть *ж*, бéздна *ж;* (*Schlucht*) ущéлье *с* ② *FIG* (*Untergang*) упа́док *м*, зака́т *м;* **abgründig** *adj* (*Haß*) глубо́кий, лю́тый

Abguß *m* отли́вка *ж*

abhaken *vt* ① (*auf Liste*) от|меча́ть ‹-мéтить› га́лочкой ② *FAM* (*als unwichtig abtun*) избавля́ться от чегó-л нену́жного

abhalten *unreg vt* ① (*hindern*) удéр|живать ‹-жа́ть› (*von* от чегó-л) ② (*Versammlung*) про|води́ть ‹-вести́›

abhandeln *vt* (*Thema*) разра|ба́тывать ‹-бо́тать›

abhanden *adv* ◇ ~ **kommen** про|пада́ть ‹-па́сть›, затеря́ться *сов*

Abhandlung *f* ① (*wissenschaftlich*) исслéдование *с* ② (*von Thema*) рассмотрéние *с*

Abhang *m* склон *м*, скат *м*, спуск *м*

abhängen [1] ‹hängte ab, abgehängt› *vt* ① (*vom Haken nehmen*) снима́ть ‹снять› что-л с чегó-л ② (*Verfolger*) о|ставля́ть ‹-ста́вить› когó-л

abhängen [2] ‹hing ab, abgehangen› *vi FIG* ◇ **von jd-m/etw** ~ зави́сеть *несов* от когó/чегó-л

abhängig *adj* ① (*angewiesen auf*) зави́симый ② (*süchtig*) одержи́мый болéзненной стра́стью, имéющий пристра́стие ③ (*bedingt durch*) обусло́вленный чем-л; **Abhängigkeit** *f* ① (*finanziell*) зави́симость *ж* ② (*Sucht*) наркома́ния *ж*, токсикома́ния *ж;* MED болéзнь *ж*

abhärten *vr* ◇ **sich** ~ зака|ля́ться ‹-ли́ться› (*gegen akk* от чегó-л)

abhauen *unreg* **I.** *vt* (*Ast*) от|сека́ть ‹-сéчь›, отру|ба́ть ‹-би́ть› **II.** *vi FAM* (*weglaufen*) убе|га́ть ‹-жа́ть›, смы́‹ва́›ться

abheben *unreg* **I.** *vt* ① ◇ **Geld** ~ брать дéньги со счёта в ба́нке ② (*Telefonhörer, Karten*) снима́ть ‹снять› **II.** *vi* (*Flugzeug*) отрыва́ться *несов* от земли́, поднима́ться в во́здух **III.** *vr* (*sich unterscheiden*) ◇ **sich** ~ **von jd-m/etw** выделя́ться ‹вы́делиться› (от когó-чегó-л)

abhelfen *unreg vi* (*Übel*) устра|ня́ть ‹-ни́ть›

abhetzen *vr* (*sich verausgaben*) ◇ **sich** ~ зама́яться *сов*, набéгаться *сов*

Abhilfe *f* ◇ ~ **schaffen** ока́зывать по́мощь

abhobeln *vt* обстру́|гивать ‹-га́ть›

abholen *vt* (*jd-n, etw*) за|ходи́ть ‹-йти́›; (*mit Fahrzeug*) за|езжа́ть ‹-éхать›

abholzen *vt* выруба́ть ‹вы́рубить›

abhorchen *vt* (*Gespräch*) перехва́тывать *несов;* MED (*Herz*) выслу́шивать ‹вы́слушать›

abhören *vt* ① SCH (*abfragen*) о|пра́шивать ‹-проси́ть›, заслу́ш‹ив›ать ② (*belauschen*) подслу́шивать ③ MED выслу́шивать *несов;* **Abhörgerät** *n* (*Wanze*) устро́йство *с* для подслу́шивания разгово́ров

Abitur *n* ‹-s› экза́мен *м* на аттеста́т зрéлости; **Abiturient**(**in** *f*) *m* абитуриéнт(ка *ж*) *м*, выпускни́к *м*/выпускни́ца *ж* срéдней шко́лы

abkapseln *vr* (*von Umwelt*) ◇ **sich** ~ зам|ыка́ться ‹-кну́ться›

abkaufen *vt* ① (*Ware*) покупа́ть ‹купи́ть› у когó-л ② *FAM* (*glauben*) ◇ **ich kaufe dir das nicht ab** я тебé не повéрю в э́том

abkehren *vr* (*abwenden*) ◇ **sich** ~ отверну́ться *сов* (*von* от)

Abklatsch *m* ‹-es, -e› *FIG* подража́ние *с;* (сквéрная) ко́пия *ж*

abknöpfen *vt FAM* (*abnehmen*) ◇ **er hat ihm 5 Mark abgeknöpft** он отстегну́л емý 5 ма́рок

abkochen *vt* (*Wasser*) ‹вс-›кипяти́ть

abkommen *unreg vi* ① (*vom Weg*) сби́‹ва́›ться ② (*von Idee*) отка́|зываться ‹-за́ться› (*von* от)

Abkommen *n* ‹-s, -› (*Vereinbarung*) соглашéние *с*, догово́р *м*

abkühlen I. *vt* (*kühler machen*) охла|жда́ть ‹-ди́ть›, осту|жа́ть ‹-ди́ть› **II.** *vi* (*kühler werden, Wetter*) посвежéть *сов*, станови́ться прохла́дным **III.** *vr* ◇ **sich** ~ ① (*Mensch*) охла|жда́ться ‹ди́ться› ② *FIG* (*Freundschaft*) охладé‹ва́›ть

abkürzen *vt* ① (*Weg*) уко|ра́чивать ‹-роти́ть› ② (*Wort*) сокра|ща́ть ‹-ти́ть›; **Abkürzung** *f* ① (*Wort~*) сокращéние *с* сло́ва ② (*Weg~*) укорочéние *с*, уменьшéние *с* пути́

abladen *unreg vt* (*LKW*) разгру|жа́ть ‹-зи́ть›

Ablage *f* ① (*von Akten*) подши́вка *ж* докумéнтов ② (*Kleider~*) гардерóб *м*, раздева́лка *ж*

ablagern I. *vt* (*deponieren, Müll*) склади́ровать *несов и сов* **II.** *vr* (*Staub*) ◇ **sich** ~ осажда́ться *несов*, осeда́ть ‹осéсть› **III.** *vi* (*Wein*) выдéрживаться *несов*

ablassen *unreg* **I.** *vt* ① (*Öl*) спус|ка́ть ‹-ти́ть› ② *FAM* ◇ **Dampf** ~ выпуска́ть пар **II.** *vi* (*aufhören*) перестá‹ва́›ть; (*in Ruhe lassen*) оставля́ть в покóе (*von* когó-л)

Ablauf *m* ① (*Abfluß*) спуск *м*, сток *м* ② (*Ende, von Frist*) истечéние *с*, окончáние *с* ③ (*Handlungs~*) течéние *с*, ход *м*, процéсс *м* развúтия; **ablaufen** *unreg* **I.** *vi* ① (*abfließen*) стекáть ‹стечь›, вытекáть ‹вы́течь› ② (*zu Ende gehen*) ис|текáть ‹-тéчь›, окáнчиваться ‹окóнчиться› ③ (*Lebensmittel*) закóнчиться *сов* ④ (*Paß*) просрóчи‹ва›ть **II.** *vt* ① (*Route*) об|ходúть ‹-ойтú›, избéгать *сов* ② (*Schuhe*) стáптывать ‹стоптáть›, сбú‹вá›ть ③ ◇ **jd-m den Rang** ~ превзойтú когó-л

ablegen *vt* ① (*hinlegen*) оставлять *несов*, отклáдывать *несов* ② (*ausziehen*) ◇ **Kleider** ~ снимáть одéжду ③ (*Examen*) выдéрживать ‹вы́держать›, сда‹вá›ть ④ (*sich abgewöhnen*) о|ставлять ‹-стáвить›

Ableger *m* ‹-s, -› ① (*Filiale*) ответвлéние *с*, отделéние *с*, филиáл *м* ② (*von Blumen*) отвóдок *м*, отсáдок *м*

ablehnen *vt* ① (*Angebot*) откá|зываться ‹-зáться› ② (*Antrag*) отклo|нять ‹-нúть› ③ (*Person*) от|водúть ‹-вестú›, дать отвóд ④ (*Zahlung*) отказáться заплатúть; **Ablehnung** *f* отклонéние *с*, откáз *м*; (*Einspruch*) отвóд *м*

ableiten *vt* ① (*Wort*) происходúть *несов*; ◇ **dieses Wort ist vom Griechischen abgeleitet** э́то слóво грéческого происхождéния ② (*folgern*) вытекáть ‹вы́течь›, ‹с-›дéлать вы́воды; **Ableitung** *f* (*von Wort*) происхождéние *с*

ablenken **I.** *vt* ① (*von Arbeit*) от|влекáть ‹-влéчь› ② (*unterhalten, zerstreuen*) раз|влекáть ‹-влéчь›, рассéяться *сов* **II.** *vi* ◇ **vom Thema** ~ переводúть разговóр на другýю тéму; **Ablenkung** *f* (*Zerstreuung*) отвлечéние *с*, развлечéние *с*

ablesen *unreg vt* ① (*Text*) ‹про-›читáть ② (*Zähler*) снимáть ‹снять›, считывать *несов* показáния ③ (*erkennen*) ◇ **jd-m etw** *akk* **an der Miene** ~ определять по выражéнию лицá

abliefern *vt* ① (*Ware*) по|ставлять ‹-стáвить›, до|ставлять ‹-стáвить›; (*Brief*) вру|чáть ‹-чúть›, передá‹вá›ть ② *FAM* ◇ **jd-n zu Hause** ~ достáвить когó-л домóй; **Ablieferung** *f* постáвка *ж*, достáвка *ж*

ablösen **I.** *vt* ① (*Klebeband*) отклéи‹ва›ть, отде|лять ‹-лúть› ② (*Kollegen*) сме|нять ‹-нúть›, приходúть на смéну **II.** *vr* ◇ **sich** ~ ① (*abblättern, Farbe*) отрывáться ‹оторвáться›, отде|ляться ‹-лúться› ② (*beim Fahren*) сме|няться ‹-нúться›, чередовáться *несов*; **Ablösung** *f* ① (*e-r Schuld*) погашéние *с* дóлга ② (*Wach~*) смéна *ж*

abmachen *vt* ① (*Etikett*) снимáть ‹снять›, отде|лять ‹-лúть›; (*Schnur*) отвя́|зывать ‹-зáть› ② (*vereinbaren*) дого|вáриваться ‹-ворúться› о чём-л, услó|вливаться ‹-вúться› о чём-л; **Abmachung** *f* (*Vereinbarung*) сдéлка *ж*, соглашéние *с*

Abmarsch *m* (*von Truppen*) ухóд *м*, выступлéние *с*; **abmarschieren** *vi* (*weggehen*) у|ходúть ‹-йтú›; (*Soldaten*) выступáть ‹вы́ступить› в похóд

abmelden **I.** *vt* ① (*Auto*) снимáть с учёта, откре|плять ‹-пúть› ② (*Zeitung*) отме|нять ‹-нúть›, аннулúровать *несов и сов* **II.** *vr* ◇ **sich** ~ ① (*polizeilich*) выпúсываться ‹вы́писаться› ② ◇ **sich bei jd-m** ~ сообщáть о своём ухóде

Abnahme *f* ‹-, -n› ① (*Rückgang*) уменьшéние *с*; (*Gewichts~*) похудéние *с* ② (*Wegnehmen*) отнятие *с*, снятие *с* ③ COMM прия́тие *с* товáра ④ (*TÜV-~*) приёмка *ж*

abnehmen *unreg* **I.** *vt* ① (*wegnehmen*) от|нимáть ‹-нять›, отбирáть ‹отобрáть› ② *FIG* ◇ **jd-m etw abnehmen** (*Last*) осво|бождáть ‹-дúть› от чегó-л; (*Problem*) снимáть ‹снять› ③ (*Hörer*) снимáть ④ ◇ **eine Prüfung** ~ принимáть экзáмен ⑤ *FAM* (*glauben*) ◇ **jd-m diese Geschichte** ~ принимáть э́ту истóрию за чúстую монéту **II.** *vi* ① (*weniger werden*) уменьшáться ‹умéньшиться›, убы́‹вá›ть ② (*dünner werden*) ‹по-›худéть, терять в вéсе

Abnehmer(in *f*) *m* ‹-s, -› COMM (*Käufer/in*) покупáтель(ница *ж*) *м*; (*Waren~*) приёмщик *м*, приёмщица *ж*

Abneigung *f* ① (*gegen Sachen*) отвращéние *с* к чемý-л ② (*gegen Personen*) нерасположéние *с*, антипáтия *ж* к комý-л

abnutzen **I.** *vt* (*Kleider*) из|нáшивать ‹-носúть› **II.** *vr* (*verschleißen, Schuhe*) ◇ **sich** ~ из|нáшиваться ‹-носúться›, срабáтываться *несов*; (*unbrauchbar werden*) приходúть в негóдность; **Abnutzung** *f* (*Verschleiß*) изнóс *м*, срабáтывание *с*

abonnieren *vt* (*Zeitschrift*) выпúсывать ‹вы́писать›

abpassen *vt* ① (*auflauern*) поджидáть *несов*, подсте|регáть ‹-рéчь› ② (*Gelegenheit*) выжидáть ‹вы́ждать›,

abpfeifen *unreg vt* SPORT (*beenden*) ◇ **das Spiel** ~ дать сигнáл к окончáнию игры́

abprallen *vi* ① (*Geschoß*) от|скáкивать ‹-скочúть› рикошéтом (*an dat* от чегó-л)

(2) (*Ball*) отска́кивать, отле|та́ть <-те́ть> (*an/von dat* от чего́-л)

abputzen *vt* (*Schuhe*) <вы́->чи́стить, очища́ть <очи́стить>

abqualifizieren *vt* (*Person, Sache*) оце́|нивать <-ни́ть> что-л свысока́

abquälen *vr* (*sich abmühen*) ◇ **sich ~** вы́мучить *сов* что-л

abraten *unreg vi* (*warnen*) ◇ **jd-m von etw ~** отсове́товать *сов* что-л кому́-л

abräumen *vt* (*Tisch*) уб<и>ра́ть со стола́

abreagieren I. *vt* (*Wut*) дать во́лю, сорва́ть *сов* зло (*an dat* на ком-л) **II.** *vr* (*sich austoben*) ◇ **sich ~** успо|ка́иваться <-ко́иться>, сорва́вть зло на ком-л

abrechnen I. *vt* (*Betrag, abziehen*) вычита́ть <вы́честь>, уде́р|живать <-жа́ть> **II.** *vi* (1) (*Rechnung aufstellen*) рассчи́|тываться <-та́ться>, распла́|чиваться <-ти́ться> (2) (*Kasse machen*) производи́ть расчёт (3) *FIG* (*zur Rechenschaft ziehen*) свести́ счёты (*mit* с кем-л); **Abrechnung** *f* (1) (*Tages~*) расчёт *м* (2) *FIG* (*Rache*) распла́та *ж*, возме́здие *с*

abregen *vr FAM* (*sich beruhigen*) ◇ **sich ~** успо|ка́иваться <-ко́иться>

abreiben *unreg vt* (1) (*Schmutz*) вытира́ть <вы́тереть>, от|тира́ть <-тере́ть> (2) (*frottieren*) рас|тира́ть <-тере́ть>, обтира́ть

Abreibung *f FAM* (*Prügel*) взбу́чка *ж*

Abreise *f* отъе́зд *м*, отправле́ние *с*; **abreisen** *vi* (*Reise antreten*) у|езжа́ть <-е́хать>; (*sich auf den Weg machen*) от|правля́ться <-пра́виться> в путь

abreißen *unreg* **I.** *vt* (1) (*Haus*) сноси́ть <снести́>, <с->лома́ть (2) (*Papier*) обрыва́ть <оборва́ть>, срыва́ть <сорва́ть> **II.** *vi* (*Kontakt*) прер<ы>ва́ться, прекра|ща́ться <-ти́ться>; (*Unglücksfälle*) обрыва́ться <оборва́ться>

abriegeln *vt* (1) (*Straße*) закры́<ва́>ть (2) (*Zimmer*) за|пира́ть <-пере́ть> на засо́в

Abriß *m* <-sses, -sse> (1) (*Abbruch*) снос *м* (2) (*Skizze*) чертёж *м*, план *м* (3) (*Übersicht, von Buch*) (кра́ткий) о́черк *м*

Abruf *m* (*Bestellung*) затре́бование *с*, зака́з *м*; (*einsatzbereit*) ◇ **auf ~** по вы́зову

abrufen *unreg vt* (1) PC (*Datei*) выводи́ть <вы́вести>, вызыва́ть из масси́ва да́нных (2) (*anfordern, Ware*) востре́бовать *сов*

abrüsten *vi* MIL разору|жа́ться <-жи́ться>; **Abrüstung** *f* разоруже́ние *с*

Abs. *Abk. v.* **Absender** отправи́тель *м*; (*auf Brief*) а́дрес *м*

Absage *f* (*Ablehnung*) отка́з *м*; **absagen I.** *vt* (*Termin*) отме|ня́ть <-ни́ть> **II.** *vi* (*nicht kommen*) отка́зываться *несов*

absägen *vt* (1) (*Ast*) отпи́|ливать <-ли́ть> (2) *FAM* (*Politiker*) уво́лить *сов*

absahnen *vt FIG* (*Gewinn einstreichen*) снима́ть <снять> сли́вки, брать себе́ лу́чшее

Absatz *m* (1) (*Schuh~*) каблу́к *м* (2) (*Verkauf*) сбыт *м* (3) (*Treppen~*) площа́дка *ж* (4) (*Abschnitt im Text*) разде́л *м*; (*neue Zeile*) абза́ц *м*

abschaben *vt* (*Gemüse*) сос|ка́бливать <-коблить>, со|скреба́ть <-скрести́>

abschaffen *vt* (*beseitigen*) ликвиди́ровать *несов и сов*; (*Gesetz*) отме|ня́ть <-ни́ть>; (*Übel*) устра|ня́ть <-ни́ть>; **Abschaffung** *f* отме́на *ж*, ликвида́ция *ж*, устране́ние *с*

abschalten I. *vt* (*Radio, Licht*) выключа́ть <вы́ключить>, отклю|ча́ть <-чи́ть> **II.** *vi* (1) *FAM* (*sich entspannen*) отдыха́ть *несов* (2) *FAM* (*nichts mehr wahrnehmen*) перестава́ть следи́ть за происходя́щим

abschätzen *vt* (*einschätzen, Lage*) оце́|нивать <-ни́ть>, расце́|нивать <-ни́ть>; (*feststellen, bestimmen*) опреде|ля́ть <-ли́ть>

Abscheu *m* <-[e]s> (*Ekel*) отвраще́ние *с*; **abscheulich** *adj* (*schrecklich*) отврати́тельный, гну́сный, ме́рзкий

abschicken *vt* (*Brief*) отсыла́ть <отосла́ть>, от|правля́ть <-пра́вить>

abschieben *unreg vt* (1) (*Schuld*) сва́|ливать <-ли́ть> с себя́ (2) (*Asylanten*) выдворя́ть <вы́дворить>, высыла́ть <вы́слать> (3) *FAM* (*verschwinde!*) ◇ **schieb ab!** убира́йся!

Abschied *m* <-[e]s, -e> (*Trennung*) проща́ние *с*, расстава́ние *с*, разлу́ка *ж*; ◇ **~ nehmen** про|ща́ться <-сти́ться>

abschießen *unreg vt* (1) (*Flugzeug, Vogel*) сби́<ва́>ть; (*Wild*) отстреля́ть *сов* (2) (*abfeuern, Pistole*) произ|води́ть <-вести́> вы́стрел, вы́стрелить *сов* (3) *FAM* (*Politiker*) разде́л<ыв>аться, рас|правля́ться <-пра́виться> с кем-л

abschirmen I. *vt* (*vor Wind etc.*) защи|ща́ть <-ти́ть> **II.** *vr* (*sich isolieren*) ◇ **sich ~** огра|жда́ть <-ди́ть> себя́, уедин|я́ться <-ни́ться>

abschlagen *unreg vt* (1) (*abhacken*) от|сека́ть <-се́чь> (2) ◇ **jd-m eine Bitte ~** отказа́ть кому́-л в про́сьбе

Abschlagszahlung *f* (*Rate*) предвари́тельный взнос *м*

abschleifen *unreg* **I.** *vt* (*glätten*) об|та́чивать <-точи́ть>, от|та́чивать <-точи́ть> **II.** *vr*

(*Unebenheit*) ◇ **sich** ~ ста́чиваться ‹сто-чи́ться›, стира́ться ‹стере́ться›

Abschleppdienst *m* букси́ро́вочная слу́жба *ж;* **abschleppen** *vt* (*Auto*) отбукси́ровать; **Abschleppseil** *n* букси́рный кана́т *м*

abschließen *unreg vt* ① (*Tür*) за|пира́ть ‹-пере́ть›, закры́‹ва́›ть на замо́к ② (*Vertrag*) заклю|ча́ть ‹-чи́ть›, подпи́|сывать ‹-са́ть› ③ (*beenden*) за|ка́нчивать ‹-ко́нчить›, завер|ша́ть ‹-ши́ть›

Abschluß *m* ① (*Übereinkunft*) заключе́ние *с* ② (*Jahres~*) *a.* SCH оконча́ние *с;* ◇ **zum** ~ в заверше́ние; **Abschlußrechnung** *f* оконча́тельный счёт *м*

abschmieren *vt* TECH сма́з‹ыв›ать

abschminken *vr* ◇ **sich** ~ ① (*Schminke entfernen*) снима́ть ‹снять› грим ② ◇ **sich** *dat* **etw** ~ дово́льствоваться *несов* чем-л, прими|ря́ться ‹-ри́ться› с чем-л

abschneiden *unreg* **I.** *vt* ① (*Brot, Faden*) от|реза́ть ‹-ре́зать› ② (*Weg*) среза́ть ‹сре́зать›, сокра|ща́ть ‹-ти́ть› ③ *FIG* ◇ **jd-m das Wort** ~ обрыва́ть ‹оборва́ть›, прерва́ть *сов* кого́-л **II.** *vi* (*Ergebnis haben*) ◇ **gut** ~ доби́ться успе́ха; ◇ **schlecht** ~ потерпе́ть неуда́чу

Abschnitt *m* ① (*Teilstück*) отре́зок *м,* уча́сток *м* ② (*Bezirk*) райо́н *м,* о́круг *м* ③ (*Zeit~*) пери́од *м,* отре́зок *м* ④ (*Text~*) отры́вок *м* те́кста

abschrecken *vt* ① (*Ei*) бы́стро охла|жда́ть ‹-ди́ть› ② (*drohen*) устра|ша́ть ‹-ши́ть›; (*von etw abbringen*) ‹по-›меша́ть осуществи́ть что-л; **abschreckend** *adj* ① (*warnend*) ◇ **~es Beispiel** устраша́ющий приме́р *м* ② (*abstoßend*) отта́лкивающий, безобра́зный; **Abschreckung** *f* MIL устраше́ние *с*

abschreiben *unreg vt* ① (*Text*) перепи́|сывать ‹-са́ть›, спи́|сывать ‹-са́ть› ② COMM (*absetzen*) спи́сывать со счёта ③ SCH ◇ **bei jd-m** ~ спи́|сывать у кого́-л ④ *FAM* (*Hoffnung aufgeben*) счита́ть *несов* поте́рянным; **Abschreibung** *f* ① COMM (*von Steuer*) списа́ние *с* ② COMM (*Wertverminderung*) уменьше́ние *с* сто́имости

Abschrift *f* (*Kopie*) ко́пия *ж*

Abschuß *m* ① (*von Waffe*) вы́стрел *м,* произво́дство *с* вы́стрела; (*von Rakete*) за́пуск *м* ② (*von Flugzeug*) пораже́ние *с* це́ли

abschüssig *adj* (*Gelände, Weg*) пока́тый, накло́нный, обры́вистый, круто́й

abschwächen *vt* ① (*abmildern*) умеря́ть ‹уме́рить›, уменьша́ть ‹уме́ньшить› ② (*Farbe*) смяг|ча́ть ‹-чи́ть›

abschweifen *vi* (*abkommen*) ◇ **vom Thema** ~ отклo|ня́ться ‹-ни́ться› от те́мы; **Abschweifung** *f* отклоне́ние *с,* отступле́ние *с*

abschwellen *unreg vi* ① (*Beule*) о|пада́ть ‹-па́сть› ② (*Geräusch*) ослабе́‹ва́›ть, стиха́ть ‹сти́хнуть›

abschwören *unreg vi* ◇ **e-r Sache** *dat* ~ от|река́ться ‹-ре́чься›, отка́|зываться ‹-за́ться› от чего́-л

absehbar *adj* ① ◇ **in ~er Zeit** в недалёком бу́дущем, в ближа́йшее вре́мя ② (*Schaden*) предви́димый

absehen *unreg* **I.** *vt* (*Folgen*) предви́деть *несов,* предсказа́ть *сов* **II.** *vi* ① (*von Besuch*) отказа́ться *сов,* возде́р|живаться ‹-жа́ться› (*von* от чего́-л) ② (*nicht berücksichtigen*) не принима́ть во внима́ние (*von* что-л) ③ ◇ **es auf jd-n/etw abgesehen haben** ме́тить *несов* на что-л, посяг|а́ть ‹-ну́ть› на кого́-что-л

abseits **I.** *adv* в стороне́, в отдале́нии; ◇ ~ **stehen** стоя́ть [остава́ться] в стороне́ **II.** *präp gen* в стороне́, в сто́рону; **Abseits** *n* ‹-› SPORT положе́ние *с* вне игры́

absenden *unreg vt* (*abschicken*) отсыла́ть *несов,* от|правля́ть ‹-пра́вить›; **Absender(in** *f*) *m* ‹-s, -› отправи́тель(ница *ж*) *м*

absetzbar *adj* ① (*von Steuer*) взима́емый ② (*Ware*) хо́дкий, находя́щий сбыт

absetzen **I.** *vt* ① (*Last*) снима́ть ‹снять›, ‹по-›ста́вить на зе́млю ② (*Hut*) снима́ть ③ (*Waren*) сбы‹ва́›ть ④ (*von Steuern*) взима́ть *несов* ⑤ (*König*) низ|лага́ть ‹-ложи́ть›, сверга́ть ‹све́ргнуть› **II.** *vr* ◇ **sich** ~ ① (*Staub*) осажда́ться *несов* ② (*ins Ausland*) бежа́ть *несов,* скры́‹ва́›ться

absichern *vt* (*gegen Diebstahl*) предохра|ня́ть ‹-ни́ть›, застрахова́ть *сов* от чего́-л

Absicht *f* ① (*Vorhaben*) наме́рение *с,* цель *ж,* у́мысел *м* ② ◇ **mit** ~ умы́шленно, наме́ренно, с у́мыслом; ◇ **das war keine** ~ э́то бы́ло без у́мысла; **absichtlich** *adj* (*vorsätzlich*) наме́ренный, преднаме́ренный, умы́шленный

absitzen *unreg* **I.** *vi* (*von Pferd, Motorrad*) слез‹а́›ть **II.** *vt* ◇ **eine Haftstrafe** ~ отсиде́ть срок в тюрьме́

absolut *adj* (*völlig*) абсолю́тный, по́лный; ◇ **~e Mehrheit** абсолю́тное большинство́ *с*

Absolutismus *m* абсолюти́зм *м,* самодержа́вие *с*

absolvieren *vt* (*Studium, Besuch*) конча́ть ‹ко́нчить›, о|ка́нчивать ‹-ко́нчить›

absondern I. *vt* ① (*Flüssigkeit*) выделя́ть ‹вы́делить› ② (*isolieren*) обосо́|бля́ть ‹-бить›, изоли́ровать *несов и сов* **II.** *vr* (*sich isolieren*) ◇ **sich** ~ уедин|я́ться ‹-ни́ться›

abspecken *vi FAM* ‹по-›худе́ть; ◇ **der Betrieb muß** ~ предприя́тие вы́нуждено уме́ньшить расхо́ды

abspeichern *vt* PC за|помина́ть ‹-по́мнить›, храни́ть *несов*

abspeisen *vt FIG* (*vertrösten*) ◇ **jd-n mit leeren Worten** ~ отде́латься от кого́-л пусты́ми фра́зами

absperren *vt* (*Tür*) за|пира́ть ‹-пере́ть›; (*Straße*) отго|ра́живать ‹-роди́ться›, оце|пля́ть ‹-пи́ть›

abspielen I. *vt* ① ◇ **eine Platte** ~ прои́грывать пласти́нку ② SPORT ◇ **den Ball** ~ оты́|грывать ‹-гра́ть› мяч **II.** *vr* (*passieren, stattfinden*) ◇ **sich** ~ происходи́ть *несов,* разы́|грывать ‹-гра́ть›

Absprache *f* (*Vereinbarung*) угово́р *м,* договорённость *ж*

absprechen *unreg vt* ① (*vereinbaren*) договори́ться *сов* о чём-л с кем-л ② (*aberkennen*) ли|ша́ть ‹-ши́ть› кого́-чего́-л; ◇ **jd-m etw** ~ отка́|зывать ‹-за́ть› кому́-л в чём-л

Absprung *m* ① (*Fallschirm~*) прыжо́к *м* ② *FIG* (*Austritt*) отхо́д *м,* отклоне́ние *с*

abstammen *vi* (*Ursprung haben*) происходи́ть *несов,* быть ро́дом (*von* от кого́-чего́-л); (*Wort*) происходи́ть, быть како́го-л происхожде́ния; **Abstammung** *f* (*Herkunft*) происхожде́ние *с,* род *м*

Abstand *m* ① (*räumlich*) расстоя́ние *с,* диста́нция *ж;* ◇ ~ **halten** держа́ть диста́нцию ② (*zeitlich*) промежу́ток *м,* интерва́л *м* ③ ◇ **er ist mit** ~ **der Schönste** он намно́го краси́вее други́х

abstatten *vt* ◇ **jd-m e-n Besuch** ~ на|носи́ть ‹-нести́› визи́т кому́-л

Abstecher *m* ‹-s, -› кратковре́менная пое́здка *ж,* зае́зд *м*

abstehen *unreg vi* ① (*Ohren*) торча́ть *несов,* оттопы́ри‹ва›ться ② (*Bier*) отста́иваться *несов*

absteigen *unreg vi* (*in Hotel*) оста|на́вливаться ‹-нови́ться›; ◇ **vom Pferd** ~ слеза́ть с коня́

abstellen *vt* ① (*parken*) ‹по-›ста́вить, припаркова́ть *сов* ② (*hinstellen*) отста́вить *сов,* поста́вить *сов* ③ (*Motor*) выключа́ть ‹вы́ключить›, отклю|ча́ть ‹-чи́ть›

abstempeln *vt* ① (*Brief*) ‹за-›штемпелева́ть ② *FIG* (*zu etw Negativem erklären*) накле́и‹ва›ть ярлы́к чего́-л негати́вного; ◇ **jd-n zum Gauner** ~ представля́ть кого́-л моше́нником

absterben *unreg vi* ① (*Baum*) ‹вы-, за-›со́хнуть, погиба́ть *несов,* от|мира́ть ‹-мере́ть› ② MED ‹о-›немéть, ‹о-›мертве́ть

Abstieg *m* ‹-[e]s, -e› ① (*vom Berg*) спуск *м* ② *FIG* упа́док *м,* паде́ние *с,* сниже́ние *с*

abstimmen I. *vi* (*Stimme abgeben*) проголосова́ть *сов* (*über etw akk* за что-л) **II.** *vt* ① *a.* MUS согласо́|вывать ‹-ва́ть› (*auf akk* что-л с чем-л) ② ◇ **einen Termin** ~ согласова́ть вре́мя встре́чи; **Abstimmung** *f* (*Wahl*) голосова́ние *с,* баллотиро́вка *ж*

abstinent *adj* (*von Alkohol*) возде́ржанный, уме́ренный; **Abstinenz** *f* воздержа́ние *с,* уме́ренность *ж,* тре́звенность *ж*

abstoßen *unreg vt* ① (*anwidern*) от|та́лкивать ‹-толкну́ть›, вызыва́ть ‹вы́звать› отвраще́ние у кого́-л ② (*billig verkaufen*) ◇ **Waren** ~ сбыва́ть това́ры по ни́зким це́нам; **abstoßend** *adj* (*widerlich, eklig*) отта́лкивающий, отврати́тельный, проти́вный

abstrakt *adj a.* KUNST абстра́ктный

abstufen *vt* ① (*in Terrassen*) располага́ть *несов* усту́пами ② (*Farbtöne*) отте|ня́ть ‹-ни́ть› ③ (*Gehälter*) классифици́ровать *несов и сов* по катего́риям

abstumpfen I. *vi* ① (*Metall, Nadel*) притуп|ля́ться ‹-пи́ться›, стать *сов* тупы́м ② *FIG* (*gefühllos werden*) притупля́ться **II.** *vt* (*stumpf machen*) притупля́ть

Absturz *m* паде́ние *с,* срыв *м;* **abstürzen** *vi* (*fallen*) па́дать *несов,* срыва́ться ‹сорва́ться›; (*Flugzeug*) разби́‹ва́›ться

abtauen *vt* (*Kühlschrank*) от|та́ивать ‹-та́ять›

Abtei *f* ‹-, -en› (*Kloster~*) абба́тство *с,* монасты́рь *м*

Abteil *n* ‹-[e]s, -e› (*Zug~*) купе́ *с*

abteilen *vt* ‹по-›дели́ть, разго|ра́живать ‹-роди́ть›; (*abtrennen*) отде|ля́ть ‹-ли́ть›, отго|ра́живать ‹-роди́ть›

Abteilung *f* ① (*Abtrennung*) деле́ние *с,* отделе́ние *с* ② (*im Betrieb*) цех *м* ③ (*im Kaufhaus*) отде́л *м;* **Abteilungsleiter(in** *f*) *m* нача́льник *м*/нача́льница *ж* отде́ла

abträglich *adj* вре́дный; (*nachteilig, ungünstig*) невы́годный

abtreiben *unreg* **I.** *vt* ◇ **ein Kind** ~ сде́лать або́рт **II.** *vi* ① (*Boot*) дрейфова́ть *несов* ② MED сде́лать або́рт; **Abtreibung** *f* MED або́рт *м*

abtrennen *vt* ① (*Blatt*) отрыва́ть ‹оторва́ть› ② (*amputieren*) отде|ля́ть ‹-ли́ть›, от|реза́ть ‹-ре́зать› ③ (*aussondern*) выделя́ть ‹вы́делить›

abtreten *unreg* **I.** *vt* (*abgeben*) усту|па́ть ‹-пи́ть›, переда‹ва́›ть (*an jd-n* кому́-л) **II.** *vi* (*aus dem öffentlichen Leben*) уда|ля́ться ‹-ли́ться›, уходи́ть *несов*

abtrocknen *vt* вытира́ть ‹вы́тереть› на́сухо

abtrünnig *adj* (*untreu*) измени́вший, неве́рный

abwägen *vt* (*Entscheidung, Worte*) взве́|шивать ‹-сить›, обду́м‹ыв›ать

abwählen *vt* (*Regierung*) не вы́брать на но́вый срок

abwarten *vt* (*warten*) ждать *несов;* (*erwarten*) поджида́ть *несов;* (*Gelegenheit*) выжида́ть ‹вы́ждать›

abwärts *adv* (*hinunter*) вниз; ◇ **den Fluß** ~ **fahren** спуска́ться вниз по реке́

abwaschen *unreg vt* (*Gesicht*) ‹по-›мы́ть; ◇ **das Geschirr** ~ мыть посу́ду

Abwasser *n* ‹-s, -wässer› сто́чные во́ды *мн*

abwechseln *vr* ◇ **sich** ~ сме|ня́ться ‹-ни́ться›; ◇ **sich beim Fahren** ~ чередова́ться *несов* за рулём

abwegig *adj* (*falsch*) ло́жный, оши́бочный; (*sonderbar*) неве́рный

Abwehr *f* ‹-› ① (*Verteidigung*) оборо́на *ж* ② (*Widerstand*) сопротивле́ние *c*, отраже́ние *c;* **abwehren** *vt* ① (*Angriff*) отби́‹ва́›ть; (*Schlag, Stoß*) отра|жа́ть ‹-зи́ть› ② (*verhindern*) предотвра|ща́ть ‹-ти́ть›; (*ablehnen*) от|верга́ть ‹-ве́ргнуть›, откло|ня́ть ‹-ни́ть›

abweichen *unreg vi* ① (*vom Weg*) уклоня́ться ‹-ни́ться›, откло|ня́ться ‹-ни́ться›; (*vom Thema*) отсту|па́ть ‹-пи́ть›, отходи́ть *несов* (*von dat* от чего́-л) ② (*von Meinung*) расходи́ться *несов,* различа́ться *несов*

abweisen *unreg vt* ① (*Besucher*) отсыла́ть ‹отосла́ть›, выпрова́живать *несов* ② (*ablehnen*) ◇ **einen Vorschlag** ~ отклоня́ть предложе́ние; JURA (*Klage*) отказа́ть в и́ске

abwenden *unreg* **I.** *vt* ① (*Unglück*) предотвра|ща́ть ‹-ти́ть› ② (*Blick*) от|води́ть ‹-вести́› **II.** *vr* (*sich distanzieren*) ◇ **sich** ~ устра|ня́ться ‹-ни́ться›, отмежева́ться *сов* (*von dat* от кого́-чего́-л)

abwerben *unreg vt* переманивать ‹-ни́ть›; (*auf seine Seite ziehen*) сма́нивать *несов* на свою́ сто́рону

abwerten *vt* ① (*Währung*) обесце́ни‹ва›ть, снижа́ть ‹сни́зить› курс ② *FIG* (*Person*) ума|ля́ть ‹-ли́ть› значе́ние кого́-л

abwesend *adj* ① (*nicht da*) отсу́тствующий ② (*zerstreut*) рассе́янный, невнима́тельный; **Abwesenheit** *f* отсу́тствие *c*

abwickeln I. *vt* ① (*Spule*) сма́тывать ‹смота́ть›, раз|ма́тывать ‹-мота́ть› ② *FIG* ◇ **ein Geschäft** ~ вести́ де́ло **II.** *vr* (*vonstatten gehen*) ◇ **sich** ~ разви́‹ва́›ться

abwiegen *unreg vt* (*Obst*) отве́|шивать ‹-сить›, взве́|шивать ‹-сить›

abwinken *vi FAM* (*mit der Hand*) мах|а́ть ‹-ну́ть› руко́й; (*mit dem Kopf*) покача́ть *сов* голово́й

abwischen *vt* (*Schmutz*) стира́ть ‹стере́ть›, вытира́ть *несов*

Abwurf *m* ① (*von Ballast*) сбра́сывание *c;* (*von Bomben*) мета́ние *c* ② COMM (*von Profit etc.*) дохо́д *м*, при́быль *ж*, вы́ручка *ж* ③ SPORT (*Ball~*) бросо́к *м*

abzahlen *vt* (*Kredit*) выпла́чивать ‹вы́платить› в рассро́чку; (*begleichen*) пога|ша́ть ‹-си́ть›

abzählen *vt* (*Geld, Personen*) ‹со-›счита́ть, пересчита́ть *сов*

Abzahlung *f* ① (*Ratenzahlung*) платёж *м* [упла́та *ж*] в рассро́чку ② (*Rückzahlung*) возвра́т *м*, обра́тная вы́плата *ж*

Abzeichen *n* ① (*Partei~*) парти́йный значо́к *м* ② MIL знак *м* разли́чия ③ (*Orden*) о́рден *м*

abzeichnen I. *vt* ① (*Bild*) срисо́|вывать ‹-ва́ть› ② (*Vertrag*) подпи́|сывать ‹-са́ть› **II.** *vr a. FIG* (*sichtbar werden*) ◇ **sich** ~ вырисо́вываться *несов*

abziehen *unreg* **I.** *vt* ① (*subtrahieren, wegnehmen*) вычита́ть *несов,* снима́ть ‹снять›, ста́скивать *несов* ② COMM (*Klientel*) перема́|нивать ‹-ни́ть›, отби́‹ва́›ть ③ (*Ring, Schlüssel*) вынима́ть ‹вы́нуть› ④ TYP (*kopieren*) де́лать о́ттиск, ‹с-›копи́ровать ⑤ (*abdrücken, bei Pistole*) вы́стрелить *сов* ⑥ (*Bett*) снима́ть бельё с посте́ли ⑦ (*häuten, Tier*) сдира́ть ‹содра́ть› шку́ру ⑧ *FAM* (*sich aufspielen*) ◇ **e-e Show** ~ устра́ивать шо́у **II.** *vi* (*Truppen*) у|ходи́ть ‹-йти́›, отходи́ть *несов;* ◇ **beleidigt** ~ уйти́ оскорблённым

abzielen *vi* (*zielen*) *a. FIG* мéтить *несов*, стреми́ться *несов* (*auf akk* на что-л, к чему́-л)

Abzug *m* (1) (*Subtraktion*) вычитáние *с*, снятие *с*; (*von Geldbetrag*) вы́чет *м*, удержáние *с* (2) (*Truppen~*) вы́вод *м* войск (3) (*Revolver~*) спусковóй крючóк *м*, курóк *м* (4) (*Rauch~*) отдýшина *ж* (5) TYP óттиск *м*, отпечáток *м* (6) FOTO кóпия *ж*

Abzweigung *f* (1) (*Gabelung, Kreuzung*) ответвление *с*, разви́лка *ж* (2) BAHN (*Nebenstrecke*) железнодорóжная вéтка *ж*

ach! *intj* (*Erstaunen ausdrückend*) ах!, ох!; (*Bedauern ausdrückend*) ой!, эх!; ◇ ~ **wirklich?** неужéли?; ◇ ~ **so!** подýмаешь!, что́ уж там!

Achse *f* <-, -n> (1) TECH ось *ж* (2) GEOL (*Erd~*) земнáя ось *ж* (3) *FAM* (*unterwegs*) ◇ **auf ~ sein** находи́ться в пути́; **Achsenbruch** *m* TECH полóмка *ж* оси́

acht *nr* вóсемь; *s. a.* **fünf**

Acht *f* <-> (1) (*Aufmerksamkeit*) внимáние *с*; ◇ **etw außer a~ lassen** упускáть что-л из ви́ду (2) ◇ **sich in a~ nehmen** остерегáться, берéчься (*vor dat* когó-чегó-л)

achtbar *adj* (*Mensch*) почтéнный

Achtel *n* <-s, -> (*achter Teil*) восьмáя часть *ж*

achten I. *vt* (1) (*respektieren*) уважáть *несов* (2) (*schätzen*) ◇ **jd-n hoch ~** цени́ть *несов* высокó когó-л **II.** *vi* (*aufpassen*) ◇ ~ **auf** обращáть внимáние на что-л, внимáтельно следи́ть за чем-л

ächten *vt* (*öffentlich*) объя|вля́ть <-ви́ть> вне закóна

Achterbahn *f* рýсские гóры *мн*

achtgeben *unreg vi* (1) (*aufpassen*) при|смáтривать <-смотрéть> (*auf akk* за кем-чем-л) (2) (*aufmerksam sein*) обра|щáть <-ти́ть> внимáние (*auf akk* на что-л); **achtlos** *adj* (*unaufmerksam*) невнимáтельный; (*unvorsichtig*) неосторóжный; (*nachlässig*) небрéжный; **achtsam** *adj* внимáтельный, бди́тельный, осмотри́тельный; **Achtung** *f* внимáние *с*, почтéние *с*, уважéние *с*; ◇ **jd-m ~ entgegenbringen** относи́ться с уважéнием к комý-л; ◇ ~! внимáние!, осторóжно!

achtzehn *nr* восемнáдцать; **achtzig** *nr* вóсемьдесят

Acker *m* <-s, Äcker> пóле *с*, пáшня *ж*

Action *f FAM* дéйствие *с*, áкция *ж* (1) (*im Film*) дéйствие *с* (2) (*zu umständlich*) ◇ **das ist mir zuviel ~** э́то доставля́ет мне сли́шком мнóго хлопóт

ADAC *m* <-> *Akr. v.* **Allgemeiner Deutscher Automobil-Club** *Всеóбщий немéцкий автомоби́льный клуб*

Adapter *m* <-s, -> ELECTR адáптер *м*

adäquat *adj* (*angemessen*) адеквáтный, соотвéтствующий

addieren *vt* склáдывать <сложи́ть>, при|бавля́ть <-бáвить>, сумми́ровать *несов и сов*

Adel *m* <-s> (1) (*alter ~*) дворя́нство *с* (2) (*adlige Personen*) ли́ца *мн* дворя́нского происхождéния

Ader *f* <-, -n> (1) (*Blutbahn*) вéна *ж*, артéрия *ж* (2) (*Erz~*) жи́ла *ж* (3) *FIG* (*Talent*) жи́лка *ж*, спосóбность *ж*

Adjektiv *n* GRAM и́мя *с* прилагáтельное

Adler *m* <-s, -> орёл *м*

adoptieren *vt* (*Kind*) усыно|вля́ть <-ви́ть>; **Adoptivkind** *n* приёмный ребёнок *м*

Adresse *f* <-, -n> (1) *a.* PC áдрес *м* (2) *FIG* ◇ **an der falschen ~ sein** не на тогó напáсть; **adressieren** *vt* (1) (*Brief*) адресовáть *несов и сов* (*an akk* комý) (2) (*richten*) напрáвить *сов* (*an akk* комý)

Advent *m* <-[e]s, -e> адвéнт *м*, предрождéственское врéмя *с*

Adverb *n* GRAM нарéчие *с*; **adverbial** *adj* адвербиáльный, нарéчный

Affäre *f* <-, -n> (1) (*Liebes~*) любóвное приключéние *с*, любóвная интри́га *ж* (2) POL афёра *ж* (3) ◇ **sich aus der ~ ziehen** выпýтываться из беды́

Affe *m* <-n, -n> (1) ZOOL обезья́на *ж* (2) *FAM* (*blöder Kerl*) болвáн *м*, глупéц *м*

affektiert *adj* (*geziert,Getue*) жемáнный, чóпорный

affenartig *adj FAM* (*sehr schnell*) ◇ **mit ~em Tempo** с порази́тельным провóрством; **Affenhitze** *f FAM* (*große Hitze*) звéрская жарá *ж*, пéкло *с*; **affig** *adj* (*eitel*) тщеслáвный, мня́щий о себé

Afghanistan *n* Афганистáн *м*

Afrika *n* Áфрика *ж*; **Afrikaner(in** *f*) *m* <-s, -> африкáнец *м*, африкáнка *ж*; **afrikanisch** *adj* африкáнский

Afro-Look *m завитáя причёска*

After *m* <-s, -> зáдний прохóд *м*

AG *f* <-, -s> *Akr. v.* **Aktiengesellschaft** АО (акционéрное óбщество *с*)

Agent(in *f*) *m* (1) (*Spion/in*) агéнт(ка *ж*) *м*, шпиóн *м*, сы́щик *м* (2) (*Vertreter/in*) представи́тель(ница *ж*) *м*, уполномóченный(-ая *ж*) *м*, агéнт(ка *ж*) *м*

Agentur *f* (*Werbe~*) агéнтство *с*

Aggression *f* ① (*aggressives Verhalten*) агрéссия *ж* (*gegen* прóтив когó-л) ② MIL (*Angriff*) нападéние *с*, наступлéние *с*; **aggressiv** *adj* агресси́вный

agieren *vi* (*handeln*) поступа́ть ‹-пи́ть›, ‹по-›дéйствовать

Agonie *f* (*Todeskampf*) *a. FIG* агóния *ж*

Agrarstaat *m* агра́рная страна́ *ж*

Ägypten *n* Еги́пет *м*

aha! *intj* ага́!, вот как!; **Aha-Erlebnis** *n* момéнт *м* узнава́ния

ähneln I. *vi* (*ähnlich sehen*) быть похóжим; ◇ **jd-m** ~ походи́ть на когó-л **II.** *vr* ◇ **sich** *dat* ~ походи́ть *несов* друг на дрýга

ahnen *vt* ① (*voraussehen*) предуга́|дывать ‹-да́ть› ② (*vermuten*) подозрева́ть *несов*, предви́деть *несов*; ◇ **ich habe es ja geahnt!** я ведь э́то предви́дел! ③ (*erraten*) дога́|дываться ‹-да́ться› ④ *FIG* ◇ **du ahnst es nicht!** ты себé и предста́вить не мóжешь!

ähnlich I. *adj* (*Aussehen*) похóжий; (*Verhalten*) подóбный; (*Beispiel*) аналоги́чный **II.** *adv* ① (*fast genauso*) похóже; ◇ **jd-m** ~ **sein** быть похóжим на когó-л ② *FIG* ◇ **das sieht dir** ~ э́то на тебя́ похóже

Ahnung *f* ① (*Vor~*) предчýвствие *с*, подозрéние *с* ② *FAM* (*Vermutung*) представлéние, поня́тие *с*; ◇ **keine** ~ **haben** не имéть ни малéйшего представлéния; **ahnungslos** *adj* ничегó не подозрева́ющий

Aids *n* ‹-› *Akr. v.* **Acquired Immune Deficiency Syndrom** СПИД *м*; **Aids-Hilfe** *f* пóмощь *ж* больны́м СПИДом; **Aids-positiv** *adj* инфици́рованный СПИДом

Akademiker(in *f*) *m* ‹-s, -› человéк *м* с вы́сшим образова́нием

Akkord *m* ‹-[e]s, -e› ① MUS аккóрд *м*, созвýчие *с* ② (*~arbeit*) сдéльная рабóта пла́та *ж*; ◇ **im** ~ **arbeiten** рабóтать сдéльно ③ JURA (*Vergleich*) подря́д *м*, (трудовóй) договóр *м*, соглашéние *с*

Akkusativ *m* GRAM вини́тельный падéж *м*

Akne *f* ‹-, -n› угри́ *мн*, угревáя сыпь *ж*

Akrobat(in *f*) *m* ‹-en, -en› (*Zirkus~*) циркóвóй(-ая) акроба́т(ка *ж*) *м*

Akt *m* ‹-[e]s, -e› ① (*Handlung*) акт *м*, дéйствие *с* ② THEAT (*Aufzug*) дéйствие *с*, акт *м*, нóмер *м* ③ (*Nacktaufnahme*) обнажённая натýра *ж* ④ (*Geschlechts~*) половóй акт *м*

Akte *f* ‹-, -n› ① (*Dokument*) официа́льная бума́га *ж*, докумéнт *м* ② *FIG* ◇ **etw zu den ~n legen** положи́ть под сукнó

Aktie *f* ‹-, -n› а́кция *ж*; **Aktiengesellschaft** *f* акционéрное óбщество *с*

Aktion *f* ① (*Tätigkeit*) дéйствие *с*, а́кция *ж*; ◇ **in ~ treten** вступа́ть в дéйствие ② (*Kampagne*) кампа́ния *ж*, мероприя́тие *с*

Aktionär(in *f*) *m* ‹-s, -e› акционéр *м*, держа́тель(ница *ж*) *м* а́кций

aktiv *adj* ① (*tätig, rege*) акти́вный, дéятельный ② GRAM ◇ **~e Verbform** действи́тельный залóг

aktualisieren *vt* ① дéлать актуа́льным, обно|вля́ть ‹-ви́ть› ② PC обно|вля́ть ‹-ви́ть›; **Aktualität** *f* актуа́льность *ж*, злободнéвность *ж*

Akustik *f* акýстика *ж*

akut *adj* ① (*Gefahr*) непосрéдственный ② (*Krankheit*) óстрый

AKW *n* ‹-s, -s› *Abk. v.* **Atomkraftwerk** АЭ́С *ж*

Akzent *m* ‹-[e]s, -e› *a. FIG* акцéнт *м*; (*Betonung*) ударéние *с*; ◇ **den ~ auf etw legen** *akk* дéлать упóр на чём-л

akzeptieren *vt* прин|има́ть ‹-я́ть›, призна́‹ва́›ть что-л

Alarm *m* ‹-[e]s, -e› (*Feuer~*) пожа́рная тревóга *ж*; **Alarmanlage** *f* сигна́льное устрóйство *с*; **alarmieren** *vt* ① (*Feuerwehr*) вызыва́ть ‹вы́звать› ② (*jd-n beunruhigen*) тревóжить *несов*, ‹по-›беспокóить

Albaner(in *f*) *m* алба́нец *м*, алба́нка *ж*; **Albanien** *n* Алба́ния *ж*; **albanisch** *adj* алба́нский

albern *adj* ① (*kindisch*) неýмный ② (*geziert*) жема́нный ③ (*geistlos*) бездáрный

Album *n* ‹-s, Alben› (*Foto~*) альбóм *м*

Algebra *f* ‹-› MATH а́лгебра *ж*

Algerien *n* Алжи́р *м*

Algorithmus *m* PC алгори́тм *м*

Alibi *n* ‹-s, -s› JURA а́либи *с*

Alkohol *m* ‹-s, -e› алкогóль *м*; **alkoholfrei** *adj* безалкогóльный; ◇ **~es Bier** безалкогóльное пи́во; **Alkoholiker(in** *f*) *m* ‹-s, -› алкогóлик *м*, алкогóличка *ж*; **alkoholisch** *adj* (*Getränk*) алкогóльный

All *n* ‹-s› (*Welt~*) вселéнная *ж*, кóсмос *м*

allabendlich *adj* (*jeden Abend*) ежевечéрний, ка́ждый вéчер

alle(r, s) I. *adj* ① (*Gesamtheit*) все; ◇ **~ Kinder** все дéти; ◇ **~ zusammen** все вмéсте ② (*jede, r, s*) ка́ждый, вся́кий; ◇ **~ Tage** ка́ждый день; ◇ **~ zwei Monate** ка́ждый вторóй мéсяц **II.** *adv FAM* (*aufgebraucht*) кóнчиться; ◇ **die Butter ist ~** ма́сло кóнчилось

allein I. *adv* ① (*einsam, für sich*) оди́н, в

одино́честве; ◇ ~ **leben** жить в одино́честве; ◇ **sich ~ fühlen** чу́вствовать себя́ одино́ким ② (*ausschließlich*) ◇ **sie kann das ~ schaffen** ей одно́й с э́тим спра́виться **II.** *cj* ① (*bloß, nur*) то́лько лишь; ◇ ~ **der Gedanke darüber ...** одна́ лишь мысль об э́том ... ② (*nicht nur*) ◇ **nicht** ~ не то́лько; **Alleinerziehende(r)** *fm* самостоя́тельно воспи́тывающий(-ая *ж*) *м;* **Alleingang** *m* ① SPORT вы́рвавшийся вперёд *м,* предпри́нявший *м* де́йствия в одино́чку ② *FIG* ◇ **im** ~ в одино́чку; **alleinstehend** *adj* одино́кий; (*ledig*) холосто́й

allerdings *adv* ① (*aber*) пра́вда, но; ◇ **ich habe ~ e-n Einwand** я и́мею, пра́вда, возраже́ния ② (*gewiß, natürlich*) коне́чно, разуме́ется; ◇ **das ist ~ wahr** э́то, коне́чно, пра́вда

Allergie *f* MED, *a. FIG* аллерги́я *ж* (*gegen* на что-л, к чему́-л)

allerhand *adj* ‹inv› ① (*allerlei*) вся́кий, ра́зный, всевозмо́жный ② (*recht viel*) нема́ло, ко́е-что; ◇ **sie hat ~ zu tun** ей ко́е-что на́до сде́лать ③ *FAM* (*empörend*) возмути́тельно; ◇ **das ist doch ~!** вот э́то да!

Allerheiligen ‹inv› пра́здник всех святы́х

allerhöchste(r, s) *adj* наивы́сший, са́мый большо́й; ◇ **es ist ~ Zeit** са́мое вре́мя; **allerlei** *adj* ‹inv› (*Sachen*) вся́кого ро́да, ра́зный; **allerletzte(r, s)** *adj* са́мый после́дний, кра́йний, коне́чный; ◇ **das ist ja das ~!** но э́то кра́йняя ме́ра!; **allerwenigste(r, s)** *adj* наиме́ньший, наиме́ньшее; ◇ **er hat das ~ gekriegt** он получи́л ме́ньше всего́

alles *pron* все; ◇ ~ **zusammen** все вме́сте

allgemein I. *adj* ① (*überall*) всео́бщий; ◇ **~e Zustimmung** всео́бщее одобре́ние *с* ② (*gemeinsam*) совме́стный **II.** *adv* ◇ **es ist ~ bekannt** э́то общеизве́стно; ◇ **im ~en** в о́бщем и це́лом; **Allgemeinarzt** *m,* **Allgemeinärztin** *f* врач *м*/же́нщина-врач *ж* широ́кого про́филя, о́бщий врач *м;* **Allgemeinbildung** *f* о́бщее образова́ние *с;* **allgemeingültig** *adj* (*Aussage*) общепри́нятый, общеупотреби́тельный; **Allgemeinheit** *f* всео́бщность *ж,* универса́льность *ж*

Allheilmittel *n* панаце́я *ж,* всеисцеля́ющее сре́дство *с*

Allianz *f* (*Bündnis*) алья́нс *м,* сою́з *м;* (*Verband*) объедине́ние *с*

Alliierte(r) *fm* (*Verbündete/r*) сою́зник *м,* сою́зница *ж*

allmählich I. *adj* (*schrittweise*) постепе́нный **II.** *adv* (*nach und nach*) постепе́нно, ма́ло-пома́лу, и́сподволь

Alltag *m* бу́дний день *м; PEJ* бу́дни *мн*

allwissend *adj* всеве́дущий

allzu *adv* сли́шком, чересчу́р; ◇ ~ **viel trinken** чересчу́р мно́го пить

Almosen *n* ‹-s, -› подая́ние *с,* ми́лостыня *ж*

Alpen *pl* ◇ **die** ~ Альпы *мн*

Alphabet *n* ‹-[e]s, -e› алфави́т *м;* **alphanumerisch** *adj* бу́квенно-числово́й

Alptraum *m a. FIG* кошма́р *м*

als *cj* ① (*zeitlich*) (*während*) в то вре́мя как; ◇ ~ **er heimfuhr, regnete es** в то вре́мя как он е́хал домо́й, шёл дождь; (*nachdem*) по́сле того́ как; ◇ ~ **wir gegessen hatten, ...** по́сле того́, как мы пое́ли, ... ② (*in der Eigenschaft*) в ка́честве, как *oder mit Instr.;* ◇ **sie arbeitet ~ Mechanikerin** она́ рабо́тает меха́ником ③ (*zur Bildung des Komparativs*) ◇ **kleiner** ~ ме́ньше чем ④ (*nur*) ◇ **nichts** ~ не бо́лее чем ⑤ (*als wenn*) ◇ ~ **ob** как бу́дто бы

also I. *cj* (*demzufolge, folglich*) ита́к, так, сле́довательно, ста́ло быть, зна́чит; ◇ ~ **hat sie es verstanden** сле́довательно она́ поняла́ **II.** *adv* ① (*nun*) так, таки́м о́бразом; ◇ ~ **wenn ich ehrlich bin** таки́м о́бразом, е́сли быть че́стным ② ◇ ~ **schön!** ну ла́дно! ③ ◇ **na ~!** вот ви́дишь!

alt ‹älter, am ältesten› ① (*Mensch*) ста́рый, пожило́й; (*nur bei Personen*) ◇ ~ **werden** старе́ть, ста́риться; ◇ **er ist 5 Jahre älter** он на пять лет ста́рше; ◇ **wie ~ sind Sie?** ско́лько Вам лет? ② (*ehemalig*) ста́рый, пре́жний, неизме́нный; ◇ **ein ~er Freund** ста́рый друг ③ (*Ggs. v. neu*) ста́рый ④ *FAM* ◇ ~ **aussehen** бле́дно вы́глядеть

Altar *m* ‹-[e]s, Altäre› алта́рь *м*

Altbauwohnung *f* кварти́ра *ж* в ста́ром до́ме

Altbier *n тёмное пи́во с*

Alte(r) *fm* ① *PEJ* (*alte Frau, alter Mann*) стари́к *м,* стару́ха *ж* ② *FAM* (*Eltern*) ◇ **meine ~n** мои́ старики́

Alter *n* ‹-s› ① (*Lebens~*) во́зраст *м* ② (*letzter Lebensabschnitt*) ◇ **das** ~ ста́рость *ж* ③ (*von Kunstwerk*) старина́ *ж,* дре́вность *ж*

altern *vi* (*alt werden*) ‹по-›старе́ть, ‹со-›ста́риться

alternativ *adj* ① (*Vorschlag*) альтернати́вный ② POL альтернати́вный, допуска́ющий одну́ из двух возмо́жностей

Alternative *f* альтернатива *ж* (*zu* чему́)

Alternative(r) *fm* POL *представитель(ница ж) м партии Зелёных*

Altersgrenze *f* предельный возраст *м;* ◇ **gesetzliche** ~ предусмотренный законом пенсионный возраст *м;* **Altersheim** *n* дом *м* престарелых

Altertum *n* <-s, -tümer> древность *ж*

Altglascontainer *m* контейнер *м* для сбора использованной посуды; **altmodisch** *adj* (*überholt*) старомодный; **Altpapier** *n* макулатура *ж;* **Altstadt** *f* старая часть *ж* города, старый город *м*

am = **an dem** *präp* (1) (*Ortsbestimmung*) ◇ ~ **Haus** у дома; ◇ ~ **Fluß** у реки; ◇ **Frankfurt am Main** Франкфурт на Майне; ◇ ~ **Fuß** у ноги; ◇ ~ **Tisch** за столом, у стола (2) (*Zeitangabe*) ◇ ~ **Donnerstag** в четверг; ◇ ~ **1. April** первого апреля (3) (*zur Bildung des Superlativs*) ◇ ~ **schönsten** самый красивый, красивейший (4) ◇ ~ **Ende** в конце (5) *FAM* (*beim*) ◇ **ich bin** ~ **Arbeiten** я работаю, я нахожусь за работой

Amalgam *n* <-s, -e> амальгама *ж*

Amateur(in *f*) *m* любитель(ница *ж*) *м*, непрофессионал(ка *ж*) *м*

Ambition *f* (*Bestreben*) честолюбие *с*, амбиция *ж;* ◇ ~**en haben** быть честолюбивым

ambulant *adj* (*Behandlung*) амбулаторный, нестационарный

Ameise *f* <-, -n> муравей *м*

Amerika *n* Америка *ж;* **Amerikaner(in** *f*) *m* <-s, -> американец *м*, американка *ж;* **amerikanisch** *adj* американский

Amok *m* амок *м*, буйное помешательство *с*, безумие *с*

Ampel *f* <-, -n> (*Verkehrs~*) светофор *м*

Ampulle *f* <-, -n> MED ампула *ж*

Amputation *f* ампутация *ж*

Amt *n* <-[e]s, Ämter> (1) (*Behörde*) учреждение *с*, ведомство *с* (2) (*Posten*) должность *ж*, место *с*, пост *м* (3) (*Aufgabe, Pflicht*) служба *ж*, обязанности *мн;* **amtlich** *adj* официальный, служебный; **Amtsgeheimnis** *n* служебная тайна *ж*

Amulett *n* <-[e]s, -e> амулет *м*, талисман *м*

amüsant *adj* (*unterhaltsam*) забавный, занимательный, занятный; **amüsieren I.** *vt* (*unterhalten*) раз|влекать <-влечь>, <раз-> веселить **II.** *vr* ◇ **sich** ~ (1) (*sich vergnügen*) развлекаться, веселиться, забавляться *несов* (2) ◇ **sich über jd-n/etw** ~ смеяться *несов* над кем-чем-л

an I. *präp dat/akk s.* **am** (1) (*räumlich, dat*) у; ◇ ~ **der Mauer** у стены; (*bei, in der Nähe von*) при, вблизи чего; ◇ **Köln am Rhein** Кёльн на Рейне (2) (*räumlich, akk*) к; ◇ ~ **die Wand stellen** поставить к стене; ◇ **ans Meer fahren** <по->ехать к морю (3) (*zeitlich, dat*) ◇ **am Donnerstag** в четверг (4) (*neben*) ◇ **wir wohnen Tür** ~ **Tür** мы живём дверь к двери **II.** *adv* (1) (*ungefähr*) приблизительно, около; ◇ ~ **die 3 Monate** около 3 месяцев (2) (*eingeschaltet*) быть включённым (3) ◇ **von da** ~ отсюда, с этого места

analog *adv* PC аналоговый

Analphabet(in *f*) *m* <-en, -en> неграмотный(-ая *ж*) *м*

analysieren *vt* <про->анализировать, исследовать *несов и сов*

Anarchie *f* анархия *ж*, безвластие *с*

anbahnen I. *vt* (*den Weg freimachen*) да<ва́>ть начало, класть <положить> начало чему-л **II.** *vr* (*sich andeuten*) ◇ **sich** ~ завя|зываться <-заться>, нач<ин>аться

anbändeln *vi FAM* (*flirten*) заи|грывать <-грать>, за|водить <-вести> шашни (*mit* с кем-л)

Anbau[1] *m* AGR возделывание *с*

Anbau[2] *m* <-ten> (*Erweiterungsgebäude*) пристройка *ж*, крыло *с* здания

anbauen *vt* (1) AGR воздел<ыв>ать (2) (*Gebäudeteil*) при|страивать <-строить>

anbei *adv* (*beigefügt*) к сему приложено, при чём; ◇ ~ **finden Sie die Fotos** к сему приложены фотографии

anbeißen *unreg* **I.** *vt* (1) (*Brot*) надку|сывать <-сить>, отку|сывать <-сить> (2) *FAM* ◇ **zum A~ sein** это очень привлекательно **II.** *vi* (*Fisch*) клевать <клюнуть>

anbelangen *vt* (*betreffen*) касаться <коснуться>; ◇ **was ihn anbelangt** что касается его

Anbetracht ◇ **in** ~ принимая во внимание, имея в виду, учитывая (*gen* что-л)

anbieten *unreg* **I.** *vt* (1) (*Zigarette, Platz*) пред|лагать <-ложить> (2) (*Produkt*) уго|щать <-стить> **II.** *vr* ◇ **sich** ~ (1) (*sich zur Verfügung stellen*) ◇ **sich jd-m** ~ предлагать свои услуги кому-л (2) (*naheliegen*) на|прашиваться <-проситься>

anbinden *unreg vt* (1) (*Pferd, Boot*) привя|зывать <-зать> (*an akk* к чему-л) (2) *FIG* ◇ **kurz angebunden sein** быть резким, отвечать резко

Anblick *m* взгляд *м*, вид *м;* ◇ **beim** ~ **von** при взгляде на что-л

anbraten *unreg vt* (*Steak*) поджа́ри<ва>ть

anbrausen *vi* (*Zug, Auto*) ◇ **angebraust kommen** прибли́|жа́ться <-зиться> с больши́м шу́мом

anbrennen *unreg* **I.** *vt* (*anzünden*) заго|ра́ться <-ре́ться> **II.** *vi* GASTRON приго|ра́ть <-ре́ть>, подго|ра́ть <-ре́ть>

anbringen *unreg vt* ① (*befestigen*) приде́л<ыв>ать, прикре|пля́ть <-пи́ть> ② (*anschließen*) присоеди|ня́ть <-ни́ть> ③ COMM поме|ща́ть <-сти́ть> вы́годно свой капита́л ④ (*Kritik*) выска́зывать <вы́сказать> ⑤ *FAM* (*anschleppen*) прита́|скивать <-щи́ть>, при|носи́ть <-нести́>

Anbruch *m* <-[e]s> (*Tages~*) рассве́т *м*, наступле́ние *с* дня; (*Beginn*) нача́ло *с*

Andacht *f* <-, -en> ① (*Versenkung*) благогове́ние *с* ② (*Gebet*) моли́тва *ж*, моле́бен *м*

andauernd **I.** *adv* (*immerzu*) постоя́нно, всё вре́мя **II.** *adj* (*anhaltend*) продолжи́тельный, дли́тельный, постоя́нный

Andenken *n* <-s, -> (*Erinnerung*) воспомина́ние *с*; (*Souvenir*) сувени́р *м*

andere(r, s) *pron indefinit* ① (*verschieden*) друго́й, ино́й, отли́чный; ◇ **ein ~s Buch** друга́я кни́га ② (*folgend*) друго́й, сле́дующий; ◇ **am ~n Tag** на сле́дующий день ③ (*übrigen, restlichen*) остальны́е; ◇ **die ~n Bücher habe ich gelesen** остальны́е кни́ги я прочита́л ④ ◇ **ein ~s Mal** в друго́й раз; **andererseits** *adv* с друго́й стороны́; ◇ **einerseits und ~** с одно́й стороны́ и с друго́й

ändern **I.** *vt* ① (*Plan*) изме|ня́ть <-ни́ть>; (*Meinung*) <по->меня́ть ② (*Kleid*) переде́л<ыв>ать **II.** *vr* ◇ **sich ~** изме|ня́ться <-ни́ться>

anders *adv* ① (*auf andere Weise*) ина́че, по-друго́му (*als* чем); ◇ **er kann nicht ~** он не мо́жет (поступи́ть) ина́че; ◇ **ich habe es mir ~ überlegt** я переду́мал ② (*sonst*) ◇ **niemand ~** никто́ друго́й [ино́й]

anderthalb *nr* полтора́

Änderung *f* ① (*von Plan*) измене́ние *с* ② (*von Meinung*) переме́на *ж*, измене́ние *с* ③ (*von Kleidung*) переде́лка *ж*

andeuten **I.** *vt* ① (*bezeichnen*) на|меча́ть <-ме́тить> ② (*erwähnen*) намек|а́ть <-ну́ть> ③ (*zu verstehen geben*) да<ва́>ть поня́ть ④ (*Lächeln*) изобра|жа́ть <-зи́ть>; (*Umrisse*) обо|знача́ть <-зна́чить> **II.** *vr* (*sich abzeichnen*) ◇ **sich ~** на|меча́ться <-ме́титься>, вырисо́вываться *несов*; **Andeutung** *f* ① (*Hinweis*) указа́ние *с* ② (*Anspielung*) намёк *м* ③ (*Anflug*) налёт *м*, отте́нок *м*

Andorra *n* Андо́рра *ж*

andrehen *vt* ① (*einschalten*) вклю|ча́ть <-чи́ть> ② (*festziehen*) при|вёртывать <-верте́ть>, приви́н|чивать <-ти́ть> ③ *FAM* (*aufschwatzen*) всу|ча́ть <-чи́ть>, навя́|зывать <-за́ть> (*jd-m etw* что-л кому́)

androhen *vt* <при->грози́ть, угрожа́ть *несов* (*jd-m etw* чем-л кому́-л)

aneignen *vt* ① (*Verhalten*) у|сва́ивать <-сво́ить>; (*Wissen*) овладе́<ва́>ть; ◇ **sich** *dat* **etw ~** при|сва́ивать <-сво́ить> что-л ② (*annektieren, Land*) захва́|тывать <-ти́ть> что-л си́лой

aneinander *adv* (*räumlich*) друг дру́га, друг к дру́гу; ◇ **~ denken** ду́мать друг о дру́ге; ◇ **~ vorbeireden** говори́ть, не понима́я друг дру́га; **aneinandergeraten** *unreg vi* ста́лкиваться <столкну́ться>, <по->вздо́рить, схва́|тываться <-ти́ться> с кем-л

Anekdote *f* <-, -n> анекдо́т *м*

anekeln *vt* вну|ша́ть <-ши́ть> отвраще́ние

anerkennen *unreg vt* ① (*Person, Anspruch*) призна́<ва́>ть ② (*Leistung*) оце́|нивать <-ни́ть>, выража́ть <вы́разить> похвалу́ чему́-л

anfahren *unreg* **I.** *vt* ① (*Person*) на|езжа́ть <-е́хать> ② (*ansteuern*) на|правля́ться <-пра́виться> в како́й-л пункт ③ *FIG* (*schimpfen*) ◇ **jd-n ~** напус|ка́ться <-ти́ться> на кого́-л, гру́бо на|бра́сываться <-бро́ситься> на кого́-л **II.** *vi* (*losfahren*) дви́|гаться <-нуться>, тро́|гаться <-нуться>

Anfahrt *f* (*Hinreise*) подъе́зд *м*, прие́зд *м*

Anfall *m* ① MED припа́док *м*, при́ступ *м* ② (*Ertrag*) вы́ход *м* ③ (*von Kosten*) возникнове́ние *с* (значи́тельных) расхо́дов; **anfallen** *unreg* **I.** *vt* (*überfallen*) на|пада́ть <-па́сть> нале|та́ть <-те́ть> **II.** *vi* (*Arbeit*) воз|никáть <-ни́кнуть>

Anfang *m* <-[e]s, -fänge> ① (*Beginn*) нача́ло *с*, осно́вы *мн*; (*Ursprung*) исто́ки *мн*; ◇ **~ Juli** в нача́ле ию́ля; ◇ **von ~ an** с са́мого нача́ла ② (*von Roman*) нача́ло *с*; **anfangen** *unreg* **I.** *vt* ① (*beginnen*) нач<ин>а́ть; (*Gespräch*) за|води́ть <-вести́> разгово́р ② (*machen*) ◇ **was fangen wir damit an?** что с э́тим де́лать? **II.** *vi* (*beginnen*) нач<ин>а́ться; **Anfänger(in** *f*) *m* <-s, -> начина́ющий(-ая *ж*) *м*; (*Neuling*) новичо́к *м*

anfassen **I.** *vt* (*berühren*) до|тра́гиваться <-тро́нуться> **II.** *vi* (*zupacken*) схва́|тывать <-ти́ть>, взя́ться *сов*

anfechten *unreg vt* (*Urteil*) о|спа́ривать <-спо́рить>, опротесто́|вывать <-ва́ть>
anfeinden *vt* (*angreifen*) враждéбно относи́ться к кому́-чему́-л, на|пада́ть <-па́сть>
anfertigen *vt* (*produzieren*) изго|товля́ть <-то́вить>, <с->де́лать; (*Kleider*) шить по ме́рке
anfeuern *vt* (1) (*Ofen*) рас|та́пливать <-топи́ть> (2) *FIG* (*Mannschaft*) воодуше|вля́ть <-ви́ть>, под|ба́дривать <-бодри́ть>
Anflug *m* (1) AERO прилёт *м*, подлёт *м* (*auf akk* на) (2) *FIG* (*Andeutung*) намёк *м*, налёт *м*; ◇ **ein ~ von Ironie** налёт иро́нии
Anforderung *f* (1) (*Bestellung*) тре́бование *с*, зая́вка *ж* (2) (*Forderung, Anspruch*) тре́бование *с*, претéнзия *ж*; ◇ **hohe ~en an jd-n stellen** предъявля́ть высо́кие тре́бования к кому́-л
Anfrage *f* запро́с *м*
anfreunden *vr* ◇ **sich ~** (1) (*Freundschaft beginnen*) <по->дружи́ться (*mit dat* с кем-чем-л) (2) (*mit Gedanken*) свыка́ться <свы́кнуться>, сми|ря́ться <-ри́ться>
anfügen *vt* приде́л<ыв>ать, присоеди|ня́ть <-ни́ть>
anführen *vt* (1) (*Gruppe*) воз|главля́ть <-гла́вить>, вести́ *несов*, води́ть *несов* (2) (*Beweis*) при|води́ть <-вести́>; (*Beispiel*) ссыла́ться <сосла́ться> на что-л (3) *FIG* (*zitieren*) <про->цити́ровать; **Anführer(in** *f*) *m* (*von Gruppe*) руководи́тель(ница *ж*) *м*, предводи́тель(ница *ж*) *м*, зачи́нщик *м*, зачи́нщица *ж*
Angabe *f* (1) (*Auskunft, Hinweis*) указа́ние *с*, спра́вка *ж*; (*Orts~*) указа́ние *с* ме́ста (2) (*Instruktion*) инстру́кция *ж* (3) (*Prahlerei*) хвастовство́ *с*, бахва́льство *с* (4) SPORT пода́ча *ж*
angeben *unreg* **I.** *vt* (1) (*mitteilen, nennen*) со|обща́ть <-щи́ть> (2) (*bestimmen*) обо|знача́ть <-зна́чить>; ◇ **den Ton ~** зада́<ва́>ть тон (3) (*anzeigen*) до|носи́ть <-нести́> на кого́-л **II.** *vi FAM* (*prahlen*) <по->хва́статься
angeblich *adj* выдава́емый за что-л, мни́мый, так называ́емый; ◇ **diese ~e Krankheit** э́та так называ́емая боле́знь
angeboren *adj* врождённый, прирождённый; ◇ **das ist ihr ~** э́то ей сво́йственно от рожде́ния
Angebot *n* (1) (*Vorschlag*) предложе́ние *с* (2) COMM ◇ **~ und Nachfrage** предложе́ние и спрос (3) (*Auswahl*) вы́бор *м*
angeheitert *adj* подвы́пивший
angehen *unreg* **I.** *vi* (1) (*beginnen*) нач<ин>а́ться (2) (*Feuer*) заго|ра́ться <-ре́ться>; (*Licht*) за|жига́ться <-же́чься> (3) (*widersetzen*) ◇ **gegen jd-n/etw ~** де́йствовать [выступа́ть] про́тив кого́-чего́-л **II.** *vt* (1) (*bitten*) ◇ **jd-n um etw ~** <по->проси́ть кого́-л о чём-л (2) (*in Angriff nehmen*) присту|па́ть <-пи́ть> к чему́-л (3) (*betreffen*) каса́ться <косну́ться> кого́-л; ◇ **das geht Sie nichts an** э́то Вас не каса́ется
angehören *vi* принадлежа́ть *несов*
Angehörige(r) *fm* (1) (*Familien~*) ро́дственник *м*, ро́дственница *ж* (2) (*Mitglied, von Verein*) член *м*
Angeklagte(r) *fm* подсуди́мый(-ая *ж*) *м*, обвиня́емый(-ая *ж*) *м*
angeknackst *adj FAM* (*labil, Person*) неусто́йчивый; (*Gesundheit*) ша́ткий, надло́мленный
Angel *f* <-, -n> (1) (*zum Fischen*) у́дочка *ж* (2) (*Tür~*) дверна́я петля́ *ж*
Angelegenheit *f* де́ло *с*; ◇ **sich um seine eigenen ~en kümmern** прояви́ть забо́ту о его́ дела́х
angelernt *adj* (*Wissen*) приобретённый обуче́нием; ◇ **~er Arbeiter** рабо́чий *м* сре́дней квалифика́ции
angeln *vt, vi* (*Fisch*) уди́ть *несов*, лови́ть на у́дочку
angemessen *adj* (1) (*adäquat*) адеква́тный (2) (*passend, entsprechend*) соразме́рный, соотве́тствующий
angenehm *adj* (*Klima, Person*) прия́тный, симпати́чный; ◇ **~!** о́чень прия́тно!; ◇ **~e Reise** счастли́вого пути́!
angenommen I. *adj* (*Kind*) приёмный **II.** *cj* (*vorausgesetzt*) предполо́жим, что ...; ◇ **~, daß wir morgen heimfahren...** поло́жим, что мы за́втра пое́дем домо́й
angeregt *adj* (*Gespräch*) оживлённый
angesichts *präp gen* пе́ред лицо́м, ввиду́; ◇ **~ der Tatsache** пе́ред лицо́м, в све́те э́тих фа́ктов
angespannt *adj* (1) (*nervös*) напряжённый, не́рвный (2) (*bedrohlich*) угрожа́ющий, опа́сный
angestellt *adj* ◇ **fest ~ sein** име́ть твёрдое [определённое] ме́сто рабо́ты; **Angestellte(r)** *fm* слу́жащий(-ая *ж*) *м*
angewöhnen *vt* (1) (*anerziehen*) ◇ **jd-m etw ~** приу|ча́ть <-чи́ть> кого́-л чему́-л (2) (*aneignen*) ◇ **sich** *dat* **etw ~** при|выка́ть <-вы́кнуть>, приучи́ть себя́ к чему́-л; **Angewohnheit** *f* привы́чка *ж*
angleichen *unreg vt* (*gleich, ähnlich machen*)

прира́в|нивать ‹-ня́ть›, ура́в|нивать ‹-ня́ть›; ◇ **Löhne** ~ при|води́ть ‹-вести́› зарпла́ту в соотве́тствие с це́нами; ◇ **sich** ~ упо|добля́ться ‹-до́биться› чему́-л

Angler(in *f*) *m* ‹-s, -› рыба́к *м*, рыба́чка *ж*

angreifen *unreg vt* (*attackieren*) на|пада́ть ‹-па́сть›, атакова́ть *несов и сов;* **Angriff** *m* ① (*Attacke*) нападе́ние *с*, наступле́ние *с*, ата́ка *ж* (*auf akk* на кого́-что-л) ② ◇ **etw in ~ nehmen** присту|па́ть ‹-пи́ть› к чему́-л, бра́ться ‹взя́ться› за что-л; **angriffslustig** *adj* агресси́вный, войнственный

Angst *f* ‹-, Ängste› ① (*Furcht*) страх *м*, боя́знь *ж* ② (*Sorge*) трево́га *ж;* ◇ **~ um jd-n/etw haben** боя́ться [беспоко́иться] за кого́-л/что-л

ängstigen I. *vt* (*Angst machen*) ‹на-›пуга́ть, держа́ть в стра́хе, трево́жить *несов* **II.** *vr* ◇ **sich** ~ ① (*Angst haben*) ‹по-›боя́ться, страши́ться (*vor dat* чего́-л) ② (*sich sorgen*) ‹по-›беспоко́иться, ‹по-›трево́житься (*um dat* за кого́-л)

ängstlich *adj* ① (*furchtsam*) боязли́вый, ро́бкий; (*unschlüssig*) нереши́тельный ② (*besorgt*) озабо́ченный, обеспоко́енный

angurten *vr* ◇ **sich** ~ пристёгиваться ремнём

anhalten *unreg* **I.** *vt* ① (*Auto*) оста|на́вливать ‹-нови́ть› ② (*auffordern*) побу|жда́ть ‹-ди́ть›, приу|ча́ть ‹-чи́ть› кого́-л к чему́-л; ◇ **zur Arbeit** ~ приуча́ть к труду́ **II.** *vi* ① (*stoppen*) оста|на́вливаться ‹-нови́ться›, де́лать остано́вку ② (*andauern*) дли́ться *несов*, продолжа́ться *несов*, уде́рживаться *несов;* ◇ **das schöne Wetter hält an** хоро́шая пого́да продéржится ③ ◇ **um jd-s Hand** ~ проси́ть чьей-л руки́; **anhaltend** *adj* дли́тельный, затяжно́й, продолжи́тельный

Anhalter(in *f*) *m* ‹-s, -› ◇ **per ~ reisen** е́хать на попу́тных маши́нах

anhand *präp gen* (*mittels, durch*) при по́мощи, посре́дством, на основа́нии (*gen* кого́-чего́-л)

Anhang *m* ① (*von Buch*) приложе́ние *с* ② *FAM* (*Freunde*) покло́нники *мн* ③ *FAM* (*Familie*) семья́ *ж*, родня́ *ж*, бли́зкие *мн*

anhängen *unreg vt* ① (*befestigen*) ве́шать *несов* (*an akk* что-л куда́-л), прице|пля́ть ‹-пи́ть› (*an akk* что-л к чему́-л) ② *FIG* (*hinzufügen*) при|бавля́ть ‹-ба́вить› ③ *FAM* ◇ **jd-m etw** ~ навя́|зывать ‹-за́ть› что-л кому́-л

anhänglich *adj* привя́занный, пре́данный, приве́рженный

anhauen *vt FAM* (*um Geld*) ◇ **jd-n um etw** ~ вы́просить [вы́клянчить] у кого́-л что-л

anhäufen I. *vt* (*ansammeln*) на|ка́пливать ‹-копи́ть›, нагромо|жда́ть ‹-зди́ть› **II.** *vr* ◇ **sich** ~ на|ка́пливаться ‹-копи́ться›, ска́пливаться ‹скопи́ться›

anheben *unreg vt* ① (*hochheben*) припод|нима́ть ‹-ня́ть› ② (*Preise*) по|выша́ть ‹-вы́сить›

anhören I. *vt* (*zuhören*) слу́шать, выслу́шивать ‹вы́слушать› **II.** *vr* ◇ **sich** ~ ① (*zuhören*) прослу́шать; ◇ **sich ein Hörspiel** ~ прослу́шать радиоспекта́кль ② (*klingen*) звуча́ть *несов*, слу́шать *несов;* ◇ **das hört sich gut an** э́то прия́тно слу́шать

ankämpfen *vi* боро́ться *несов* (*gegen* с кем-чем-л)

ankaufen *vt* (*Grundstück*) покупа́ть ‹купи́ть›, заку|па́ть ‹-пи́ть›

Anker *m* ‹-s, -› NAUT я́корь *м*

Anklage *f* ① JURA обвине́ние *с* (*gegen* про́тив) ② *FIG* (*Vorwurf, Beschuldigung*) упрёк *м*, обвине́ние *с;* **anklagen** *vt* ① JURA обви|ня́ть ‹-ни́ть›, предъя|вля́ть ‹-ви́ть› обвине́ние (*jd-n wegen gen* кого́-л в чём-л, кому́-л в чём-л) ② *FIG* (*kritisieren, beschuldigen*) упрека́ть *несов*, обви|ня́ть ‹-ни́ть›

Anklang *m* (*Resonanz*) отголо́сок *м*, о́тклик *м;* ◇ **bei jd-m ~ finden** на|ходи́ть ‹-йти́› о́тклик у кого́-л

anklopfen *vi* (*klopfen*) прико|ла́чивать ‹-лоти́ть›, ‹по-›стуча́ться в дверь

anknüpfen I. *vt* ① (*anbinden*) привя́|зывать ‹-за́ть›, соеди|ня́ть ‹-ни́ть› (*an akk* что-л к чему́-л) ② *FIG* (*beginnen*) ◇ **ein Gespräch** ~ за|води́ть ‹-вести́› разгово́р **II.** *vi FIG* ◇ **an ein Thema** ~ про|должа́ть ‹-до́лжить› на те́му

ankommen *unreg vi* ① (*Auto*) прибы́‹ва́›ть, при|езжа́ть ‹-е́хать› ② (*gefallen*) быть при́нятым, встреча́ть приём; (*Eindruck machen*) произвести́ впечатле́ние (*bei* на кого́-л) ③ (*sich behaupten*) ◇ **gegen jd-n** ~ тяга́ться [ме́риться] с кем-л ④ *FAM* ◇ **jetzt kommt er schon wieder damit an!** ну, вот он опя́ть с э́тим начина́ет! ⑤ ◇ **es kommt darauf an, ob** де́ло в том, вопро́с в том, что ⑥ ◇ **ich lasse es darauf** ~ я рискну́

ankündigen I. *vt* объя|вля́ть ‹-ви́ть›; (*in Kenntnis setzen*) уведомля́ть ‹уве́домить›,

изве|щáть <-стúть> **II.** *vr* (*Unwetter, Unglück*) ◇ **sich** ~ зая|влять <-вить> о себé, дá<вá>ть о себé знать

Ankunft *f* <-, -künfte> прибы́тие *c*

Anlage *f* ① (*Park~*) сквер *м*, парк *м* ② (*Geld~*) инвестúции *мн*, помещéние *с* дéнежных средств ③ (*Stereo~*) стереофонúческая устанóвка *ж* ④ *FIG* (*Neigung*) склóнность *ж*, предрасположéние *с* ⑤ (*Beilage*) приложéние *с*

Anlaß *m* <-sses, Anlässe> ① (*Gelegenheit*) пóвод *м* ② (*Motiv, Grund*) причúна *ж*; ◇ **etw zum ~ nehmen** воспóльзоваться чем-л

anlassen *unreg* **I.** *vt* ① (*Motor*) за|водúть <-вестú>, запус|кáть <-тúть> ② (*Licht*) выключáть <вы́ключить> ③ *FAM* (*Mantel*) не снимáть, оставáться в одéжде **II.** *vr* ◇ **das läßt sich gut an** дéло идёт на лад

Anlauf *m* ① SPORT дистáнция *ж* разбéга ② *FIG* (*Versuch*) попы́тка *ж*

anlegen I. *vt* ① (*Garten*) разбú<вá>ть; (*Archiv, Kartei*) со|ставлять <-стáвить>, за|водúть <-вестú> ② (*Geld, Kapital*) поме|щáть <-стúть> ③ (*anziehen*) надé<вá>ть ④ (*Gewehr*) вскú|дывать <-нуть> ⑤ (*neben etw hinlegen*) присло|нúть <-нять>, при|клáдывать <-ложúть> **II.** *vi* ① (*im Hafen*) причáли<ва>ть, пристá<вá>ть ② *FAM* (*streiten*) ◇ **sich mit jd-m ~** вступáть в спор, тягáться с кем-л

anlehnen I. *vt* ① (*an Wand*) присло|нять <-нúть> (*an akk* к чемý-л) ② (*Tür*) притво|рять <-рúть> дверь **II.** *vr* ◇ **sich ~** ① (*Halt suchen*) присло|няться <-нúться> (*an akk* к комý-чемý-л) ② *FIG* (*sich beziehen auf*) опирáться <оперéться> (*an akk* на что-л)

anleiten *vt* (*jd-n*) руководúть кем-л; **Anleitung** *f* ① (*Reparatur~*) руковóдство *с*, указáние *с* по ремóнту ② (*Instruktion*) руковóдство *с*, инстрýкция *ж*

anlernen *vt* обу|чáть <-чúть> когó-л

Anliegen *n* <-s, -> задáча *ж*, дéло *с*

anlügen *unreg vt* (*anschwindeln*) налгáть *сов* комý-л на когó-л

anmachen *vt* ① (*Licht*) за|жигáть <-жéчь>; (*Radio*) вклю|чáть <-чúть> ② *FAM* (*befestigen*) прикре|плять <-пúть>, придéл<ыв>ать, прилá|живать <-дить> (*an dat* к чемý-л) ③ (*Salat*) при|правлять <-прáвить>; (*Mörtel*) затво|рять <-рúть> ④ *FAM* (*anpöbeln*) пристá<вá>ть ⑤ *FAM* (*Mann, Frau*) настóйчиво пытáться соблазнúть

anmalen I. *vt* (*Wand*) <по->крáсить, раскрá|шивать <-сить> **II.** *vr FAM* (*sich schminken*) ◇ **sich ~** накрá|шиваться <-ситься>

anmaßend *adj* (*überheblich*) самонадéянный, самоувéренный, дéрзкий, надмéнный

Anmeldeformular *n* бланк *м* для прописки или заявлéния

anmelden I. *vt* ① (*Auto*) зая|влять <-вúть>; (*in Schule, Universität*) запú|сывать <-сáть> ② (*beim Arzt*) запú|сываться <-сáться> ③ (*Anspruch*) заявлять; ◇ **Zweifel ~** выдвигáть <вы́двинуть> сомнéния **II.** *vr* ◇ **sich ~** ① (*sich ankündigen*) сооб|щáть <-щúть> о своём прибы́тии ② (*registrieren lassen*) запúсываться, <за->регистрúроваться

anmerken *vt* ① (*hinzufügen*) за|мечáть <-мéтить> ② (*anstreichen, markieren*) от|мечáть <-мéтить>, <с->дéлать отмéтку ③ (*ansehen*) <у->вúдеть что-л по комý-л, замечáть что-л за кем-л; ◇ **man merkt es dir an, daß ...** по тебé вúдно, что ...

anmutig *adj* (*graziös, voller Anmut*) прелéстный, грациóзный; (*anziehend*) привлекáтельный,

annähernd I. *adj* (*ungefähr*) приблизúтельный, примéрный **II.** *adv* (*etwa*) приблизúтельно, почтú, в óбщих чертáх

Annäherung *f* ① (*das Annähern*) приближéние *с*, сближéние *с* (*an akk* к чемý-л, с кем-л) ② *FIG* (*Angleichung*) сближéние *с*, уподоблéние *с*, урáвнивание *с*; **Annäherungsversuch** *m* попы́тка *ж* сближéния

Annahme *f* <-, -n> ① *a.* COMM (*von Geschenk*) принятие *с*; (*von Kind*) усыновлéние *с*; SPORT приём *м* подáчи ② (*Vermutung, Voraussetzung*) предположéние *с*, допущéние *с*, гипóтеза *ж*; ◇ **in der ~, daß** полагáя, что ③ (*~stelle*) приёмный пункт *м*; (*Gepäck~*) приём *м*

annehmbar *adj* приéмлемый, подходящий

annehmen *unreg* **I.** *vt* ① (*entgegennehmen*) прин|имáть <-ять> ② (*sich aneignen*) у|свáивать <-свóить> ③ (*einen Jungen adoptieren*) усыно|влять <-вúть>; (*ein Mädchen ~*) удоче|рять <-рúть> ④ (*vermuten*) предпо|лагáть <-ложúть>, полагáть *несов*, дýмать *несов* ⑤ (*voraussetzen*) ◇ **als Grundsatz ~** прин|имáть <-ять> в кáчестве прúнципа **II.** *vr* (*sich kümmern*) ◇ **sich ~** <по->забóтиться (*gen* о ком-чём-л)

annoncieren *vi* (*in Zeitung*) поме|щáть <-стúть>, да<вá>ть объявлéние в газéте

Anonymität *f* анонúмность *ж*

Anorak *m* ‹-s, -s› спорти́вная ку́ртка *ж* с капюшо́ном

anordnen *vt* (1) (*bestimmen, festsetzen*) предпи́|сывать ‹-са́ть›, распоря|жа́ться ‹-ди́ться› (2) (*ordnen*) ◇ **nach dem Alphabet** ~ располага́ть в алфави́тном поря́дке; **Anordnung** *f* (1) (*Befehl*) распоряже́ние *c*, приказа́ние *c*; (*Erlaß*) постановле́ние *c* (2) (*Verteilung*) расположе́ние *c*; (*Reihenfolge*) размеще́ние *c*

anpacken I. *vt* (1) (*anfassen*) схва́|тывать ‹-ти́ть›, хвата́ть *несов* (2) (*in Angriff nehmen*) бра́ться за что-л, присту|па́ть ‹-пи́ть› к чему́-л; ◇ **wie soll ich das nur** ~? как подойти́ к э́тому де́лу? (3) *FIG* (*behandeln*) об|ходи́ться ‹-ойти́сь› с кем-л **II.** *vi* (*helfen*) ◇ **mit** ~ всем вме́сте бра́ться

anpassen I. *vt* (1) (*passend machen*) при|меря́ть ‹-ме́рить›, прила́|живать ‹-дить› (*an akk* к); (*Kleid*) при|меря́ть ‹-ме́рить› (2) *FIG* (*in Einklang bringen*) согласо́|вывать ‹-ва́ть›, при|води́ть ‹-вести́› в соотве́тствие (*dat* что-л с чем-л) **II.** *vr* (*sich fügen*) ◇ **sich** ~ приспо|са́бливаться ‹-со́биться›, подла́|живаться ‹-диться› (*dat* к чему́-л)

anpeilen *vt* (*ansteuern*) брать ‹взять› направле́ние на что-л

Anpfiff *m* (1) SPORT сигна́л *м* свистко́м к нача́лу состяза́ния (2) *FAM* (*Schelte, Zurechtweisung*) вы́говор *м*, взбу́чка *ж*; ◇ **e-n ~ kriegen** получи́ть взбу́чку

Anprobe *f* приме́рка *ж*

anpumpen *vt FAM* (*Geld leihen*) зан|има́ть ‹-я́ть› де́ньги

anrechnen *vt* (1) (*in Rechnung stellen*) за|чи́тывать ‹-че́сть›, ‹по-›ста́вить в счёт; COMM ◇ **jd-m etw** ~ зачитывать кому́-л что-л (2) ◇ **die U-Haft** ~ заче́сть вре́мя нахожде́ния под сле́дствием (3) (*Fehler*) прин|има́ть ‹-я́ть› во внима́ние, уче́сть *сов* (4) ◇ **jd-m etw hoch** ~ ста́вить что-л кому́-л в заслу́гу

Anrecht *n* (*Anspruch*) пра́во *c*, притяза́ние *c* (*auf akk* на что-л)

anregen *vt* (1) (*vorschlagen*) возбу|жда́ть ‹-ди́ть›, стимули́ровать *несов и сов* что-л (2) (*beleben*) да‹ва́›ть толчо́к чему́-л (3) (*begeistern, ermuntern*) побу|жда́ть ‹-дить›, скло|ня́ть ‹-ни́ть› (*zu* к чему́-л)

Anreise *f* (1) (*Hinfahrt*) путь *м*, пое́здка *ж* (2) (*Ankunft*) прие́зд *м*, прибы́тие *c*

Anreiz *m* (*Motivation*) побужде́ние *c*, сти́мул *м*

anrempeln *vt* (*jd-n*) толк|а́ть ‹-ну́ть›, заде́‹ва́›ть

anrichten *vt* (1) (*zubereiten*) приго|товля́ть ‹-то́вить›, за|правля́ть ‹-пра́вить› (2) (*Unheil*) причи|ня́ть ‹-ни́ть›, наде́лать *сов*, натвори́ть *сов*

Anruf *m* (*Telefon~*) вы́зов *м*, телефо́нный звоно́к *м*; **anrufen** *unreg vt* (*jd-n beim Namen rufen*) оклика́ть ‹окли́кнуть›; (*telefonieren*) звони́ть по телефо́ну кому́-л

anrühren *vt* (1) (*Teig, Mörtel*) заме́|шивать ‹-ша́ть›; (*Farbe*) раз|води́ть ‹-вести́› (2) (*berühren, anfassen*) тро́|гать ‹-нуть›, при|каса́ться ‹-косну́ться›, при|тра́гиваться ‹-тро́нуться› (3) *FIG* ◇ **sie hat kein Essen angerührt** она́ не притро́нулась к еде́

ans = an das

Ansage *f* (1) (*beim Kartenspiel, Fernsehen*) объявле́ние *c* (2) (*Diktat*) дикто́вка *ж*

Ansammlung *f* (1) (*von Leuten*) скопле́ние *c*, сбо́рище *c* (2) (*Sammlung*) нака́пливание *c*, накопле́ние *c* (3) (*Anhäufung*) накопле́ние *c*, скопле́ние *c*

Ansatz *m* (1) (*Ausgangspunkt*) ◇ **guter** ~ хоро́шее нача́ло *c* (2) (*Haar~*) ко́рень *м* во́лоса (3) (*Fett~*) жировы́е отложе́ния *мн* (4) MUS (*начало звука*) при́ступ *м*; (*Mundstück*) мундшту́к *м* (5) MATH (*von Gleichung*) составле́ние *c* уравне́ния

Anschaffung *f* приобрете́ние *c*, поку́пка *ж*

anschalten *vt* (*einschalten*) присоеди|ня́ть ‹-ни́ть›, подклю|ча́ть ‹-чи́ть›

anschauen *vt* (*ansehen*) ‹по-›смотре́ть на кого́-л; ◇ **sich** *dat* **ein Bild** ~ рассма́тривать карти́ну

anscheinend *adj* (*offensichtlich*) по-ви́димому, ви́димо

anscheißen *vt FAM* (*anschreien, grob anfahren*) наора́ть *сов* на кого́-л, обруга́ть *сов*

Anschlag *m* (1) (*Attentat*) нападе́ние *c*, покуше́ние *c* (*auf akk* на кого́-л) (2) (*Information*) объявле́ние *c*, афи́ша *ж* (3) TECH (*Hemmungsvorrichtung an Maschine*) упо́р *м*, упо́рный вы́ступ *м*; ◇ **bis zum ~ drehen** закрути́ть до упо́ра (4) (*am Klavier*) уда́р *м*

anschleppen *vt* (1) (*Auto*) подта́|скивать ‹-щи́ть› (2) *FAM* (*mitbringen*) прита́|скивать ‹-щи́ть›

anschließen *unreg* **I.** *vt* (1) (*Fahrrad*) за|пира́ть ‹-пере́ть› (2) ELECTR (*Leitung*) присоеди|ня́ть ‹-ни́ть› (3) (*Telefon*) подклю|ча́ть ‹-чи́ть›; (*Sender*) вклю|ча́ть ‹-чи́ть›, подключа́ть **II.** *vi* (*nach etw kommen*) ◇ **[sich] an etw** *akk* ~ присоеди|ня́ться ‹-

ни́ться› к кому́-чему́-л **III.** *vr* ◇ **sich** ~ ① (*beitreten*) поддéр|живать ‹-жáть›, при-м|ыкáть ‹-кнýть›, слéдовать *несов* (*dat* когó-л, к комý-л, за кем-л) ② (*beipflichten*) ◇ **sich jd-s Meinung** ~ присоедини́ться к чьемý-л мнéнию, поддержáть чьё-л мнéние; **anschließend I.** *adj* (*folgend*) слéдующий, примыкáющий **II.** *adv* пóсле, затéм

Anschluß *m* ① ELECTR мéсто *с* присоеди-нéния; (*Strom~*) подключéние *с* к истóч-нику тóка ② (*Wasser~*) подключéние *с* к водопровóду ③ (*Zug~*) пересáдка *ж* ④ (*Kontakt*) ◇ ~ **finden** завязáть знакóм-ство, познакóмиться *сов* ⑤ ◇ **im ~ an** *akk* вслед за чем-л, по окончáнии чегó-л

anschnallen I. *vt* (*festschnallen*) при|-стёгивать ‹-стегнýть› **II.** *vr* (*sich angurten*) ◇ **sich** ~ при|стёгиваться ‹-стегнýться› ремня́ми

anschnauzen *vt FAM* (*schimpfen*) накри-чáть *сов*, наорáть *сов* на когó-л

anschneiden *unreg vt* (*Kuchen, Brot etc.*) над-рéз‹ыв›ать, отрéзать *сов* пéрвый кусóк; *FIG* (*Thema*) за|трáгивать ‹-трóнуть›

Anschrift *f* (*Adresse*) áдрес *м*

Anschwellung *f* MED (*Geschwulst*) припýх-лость *ж*, отёк *м*, набухáние *с*

anschwindeln *vt* (*anlügen*) обмá|нывать ‹-нýть› когó-л, надý‹вá›ть когó-л

ansehen *unreg vt* ① (*anschauen, Stadt*) ‹по-› смотрéть, о|смáтривать ‹-смотрéть› ② *FIG* (*beurteilen, betrachten*) рас|смáтривать ‹-смотрéть›, считáть *несов* (*als akk* кем-чем-л как) ③ (*anmerken*) ◇ **jd-m etw** ~ за-мечáть *несов*, ви́деть что-л по комý-л; ◇ **man sieht ihr an, daß** по ней ви́дно, что

anseilen *vt* (*mit Seil befestigen*) привя́|зы-вать ‹-зáть› канáтом

ansetzen I. *vt* ① (*Stück Stoff*) над|ставля́ть ‹-стáвить› ② (*Becher an Mund*) под|но-си́ть ‹-нести́›; (*Blasinstrument*) при|став-ля́ть ‹-стáвить› ③ (*Bowle*) приго|тáв-ливать ‹-тóвить›, смé|шивать ‹-шáть› ④ ◇ **Fett** ~ ‹раз-›жирéть, ‹по-›толстéть ⑤ (*festlegen*) устa|нáвливать ‹-нови́ть› **II.** *vi* присту|пáть ‹-пи́ть› (*zu dat* к чемý-л) **III.** *vr* (*sich festsetzen*) ◇ **sich** ~ осаждáться *несов*, оседáть ‹осéсть›

Ansicht *f* ① (*Anblick von Stadt*) вид *м*; (*Panorama*) панорáма *ж* ② (*Betrachten, Ware*) рассмотрéние *с* ③ (*Meinung*) взгляд *м*, мнéние *с*; ◇ **meiner ~ nach** по моемý мнé-нию, по-мóему; **Ansichtssache** *f* ◇ **das ist** ~ э́то вопрóс взгля́дов, на э́то кáждый смóтрит по-своéму

ansiedeln *vr* ◇ **sich** ~ посе|ля́ться ‹-ли́ть-ся›, станови́ться осёдлым; **Ansiedlung** *f* (*Vorgang*) заселéние *с*

ansonsten *adv* в остальнóм, впрóчем

anspannen *vt* ① (*Pferd*) за|прягáть ‹-пря́чь› ② (*Muskeln*) на|прягáть ‹-пря́чь›; **Anspannung** *f* ① (*Anstrengung*) напряжé-ние *с* ② (*Streß*) напряжéние *с*, стресс *м*

Anspiel *n* (*erster Wurf*) пéрвый ход *м*, пéр-вый удáр; **Anspielung** *f* (*Andeutung*) на-мёк *м* (*auf akk* на что-л)

Ansprache *f* речь *ж*, выступлéние *с*

ansprechen *unreg vt* ① (*jd-n*) обра|щáться ‹-ти́ться› к комý-л ② (*zur Sprache bringen*) за|води́ть ‹-вести́› речь о чём-л ③ *FIG* ◇ **das spricht mich an** э́то мне нрáвится ④ (*reagieren*) заго|вáривать ‹-вори́ть› (*auf akk* с кем-л о чём-л); **ansprechend** *adj* (*gefällig, angenehm*) прия́тный, привлекá-тельный, симпати́чный

Anspruch *m* ① (*Anrecht*) претéнзия *ж*; ◇ ~ **erheben auf etw** *akk* претендовáть на что-л ② (*Erwartung*) трéбование *с*, притязáние *с*; ◇ **hohe Ansprüche an jd-n/etw stellen** предъявля́ть высóкие трéбования к комý-чемý-л ③ ◇ **etw nimmt viel Zeit in** ~ что-л трéбует мнóго врéмени; ◇ **in ~ genommen sein** быть сли́шком зáнятым [загрýженным] чем-л; ◇ **jd-n/etw in ~ nehmen** отнимáть у когó-л врéмя; **anspruchslos** *adj* ① (*Buch*) без претéнзий, непретенциóзный ② (*genügsam*) скрóм-ный, неприхотли́вый ③ (*nicht schwierig*) нетрéбовательный; **anspruchsvoll** *adj* ① (*Film*) претенциóзный, с претéнзи-ями ② (*wählerisch*) разбóрчивый, при-хотли́вый

Anstalt *f* ‹-, -en› ① (*Institut*) институ́т *м* ② (*öffentliche Einrichtung*) учреждéние *с*, за-ведéние *с* ③ ◇ **~en machen, etw zu tun** дé-лать необходи́мые приготовлéния к чемý-л

Anstand *m* (*gutes Benehmen*) умéние *с* вести́ себя́, (хорóшие) манéры *мн*, прили́чие *с*; **anständig** *adj* ① (*Charakter*) прили́ч-ный, порядочный; (*Kleidung*) подобá-ющий; (*Preis*) хорóший ② ◇ **sich ~ benehmen** вести́ себя́ благопристóйно [при-ли́чно] ③ *FAM* (*reichlich, Trinkgeld*) при-ли́чный, значи́тельный; **anstandslos** *adv* безоговóрочно, без возражéний; (*unverzüglich*) немéдленно

anstänkern *vt FAM* приста́<ва́>ть к кому́-л
anstarren *vt* при́стально <по->смотре́ть на кого́-что-л, вы́лупить *сов* глаза́ на кого́-что-л
anstatt I. *präp gen* (*an Stelle von*) вме́сто, взаме́н **II.** *cj* (*statt*) вме́сто того́, что́бы; ◇ ~ **etw zu tun** вме́сто того́, что́бы что-нибу́дь <с->де́лать
anstauen *vr* (*Wasser, Wut*) ◇ **sich** ~ нако|пля́ться <-пи́ться>, соб<и>ра́ться
anstechen *unreg vt* (*Faß*) поч<ин>а́ть; (*Fleisch*) на|ка́лывать <-коло́ть>, подде́<ва́>ть
anstecken I. *vt* ① (*befestigen*) при|ка́лывать <-коло́ть>, пришпи́ли<ва>ть ② (*infizieren*) зара|жа́ть <-зи́ть> ③ (*anzünden*) за|жига́ть <-же́чь>; (*Haus*) под|жига́ть <-жечь>; (*Pfeife*) заку́|ривать <-ри́ть> **II.** *vr* (*sich infizieren*) ◇ **er hat sich bei ihr angesteckt** он зарази́лся от неё **III.** *vi FIG* (*sich übertragen*) распростра|ня́ться <-ни́ться>, охва́|тывать <-ти́ть>; **ansteckend** *adj* ① MED (*Krankheit*) зара́зный, инфекцио́нный ② *FIG* (*Lachen*) зарази́тельный; **Ansteckung** *f* зараже́ние *c*, инфе́кция *ж*
anstehen *unreg vi* ① (*an Kasse*) стоя́ть в о́череди ② (*Arbeit*) предстоя́ть *несов;* (*Aussprache, Gespräch*) быть назна́ченным
ansteigen *unreg vi* ① (*Straße*) под|нима́ться <-ня́ться> ② (*Preise, Temperatur*) <вы́->расти́, под|нима́ться <-ня́ться>
anstelle *präp gen* (*anstatt*) вме́сто кого́-чего́-л, за кого́-чего́-л
anstellen I. *vt* ① (*Leiter*) прислo|ня́ть <-ни́ть> (*an akk* к чему́) ② (*einschalten*) вклю|ча́ть <-чи́ть> ③ (*Mitarbeiter*) опреде|ля́ть <-ли́ть> на рабо́ту, за|числя́ть <-чи́слить> на слу́жбу ④ ◇ **etw** ~ у|стра́ивать <-стро́ить> ⑤ (*machen, bewerkstelligen*) <с->де́лать, соверa|ша́ть <-ши́ть>; ◇ **wie hat er das angestellt?** как он э́то сде́лал [осуществи́л]? **II.** *vr* ◇ **sich** ~ ① (*in Warteschlange*) станови́ться <стать> в о́чередь ② *FAM* (*sich zieren*) рисова́ться *несов,* жема́ниться *несов;* ◇ **stell' dich nicht so an** не прики́дывайся ③ ◇ **sich dumm** ~ прики́|дываться <-нуться> дурако́м; **Anstellung** *f* ◇ **eine feste** ~ **haben** име́ть постоя́нное ме́сто *c* рабо́ты
Anstieg *m* <-[e]s, -e> (*Steigung*) *a. FIG* подъём *м;* (*Anwachsen*) рост *м;* (*Vergrößerung*) увеличе́ние *c*
anstiften *vt* ① (*Unheil*) причи|ня́ть <-ни́ть>, <со->твори́ть зло ② (*verleiten*) подстре|ка́ть <-ну́ть>; ◇ **jd-n zu etw** ~ склоня́ть кого́-л к чему́-л
anstimmen *vt* (*Lied*) запе́<ва́>ть, затя́|гивать <-ну́ть>
Anstoß *m* ① (*Impuls*) и́мпульс *м;* (*Anlaß*) по́вод *м;* ◇ ~ **nehmen an** *dat* быть шоки́рованным чем-л ② SPORT пе́рвый уда́р *м* ③ *FIG* (*Anregung*) побужде́ние *c*, по́вод *м;* **anstoßen** *unreg* **I.** *vt* (*anschlagen*) ударя́ться <уда́риться> (*an dat* обо что-л) **II.** *vi* ① (*mit Gläsern*) чо́к|аться <-нуться>, произ|носи́ть <-нести́> тост (*auf akk* за кого́-что-л) ② SPORT де́лать пе́рвый уда́р ③ (*angrenzen*) примыка́ть *несов,* грани́чить *несов* (*an dat* к чему́-л, с чем-л) ④ (*mit Zunge*) шепеля́вить *несов*
anstößig *adj* (*Verhalten*) неприли́чный, непристо́йный; (*schlüpfrig*) щекотли́вый, ско́льзкий; (*zweideutig*) двусмы́сленный
anstrahlen *vt* ① (*mit Scheinwerfer*) осве|ща́ть <-ти́ть>, оза|ря́ть <-ри́ть> луча́ми ② (*ansehen*) ◇ **sie strahlte ihn an** она́ смотре́ла на него́ сия́ющими глаза́ми
anstreben *vt* (*Erfolg*) стреми́ться к чему́-л
anstreichen *unreg vt* ① (*Wand*) <по->кра́сить ② (*markieren, Fehler*) от|меча́ть <-ме́тить>; **Anstreicher(in** *f*) *m* <-s, -> маля́р *м*
anstrengen I. *vr* (*sich bemühen*) ◇ **sich** ~ на|пряга́ться <-пря́чься>, де́лать уси́лия; ◇ **sich** ~**, etw zu tun** <по->стара́ться что-л сде́лать **II.** *vt* ① (*beanspruchen*) на|пряга́ть <-пря́чь> ② JURA ◇ **einen Prozeß** ~ предъя|вля́ть <-ви́ть> иск; **anstrengend** *adj* (*mühsam*) утоми́тельный, напряжённый; **Anstrengung** *f* ① (*Mühe*) уси́лие *c*, напряже́ние *c*, стара́ние *c* ② (*Strapaze*) тя́готы *мн*, тру́дности *мн*
Anstrich *m* ① (*Farb~*) окра́ска *ж* ② *FIG* (*Anschein, Äußeres*) (вне́шний) вид *м*, ви́димость *ж*
Ansturm *m* (*Angriff*) налёт *м* (*auf akk* на кого́-что-л); (*Andrang*) на́тиск *м*, напо́р *м*
Antagonismus *m* антагони́зм *м;* **antagonistisch** *adj* антагонисти́ческий
antasten *vt* ① (*berühren*) при|тра́гиваться <-тро́нуться> ② (*Freiheit*) посяг|а́ть <-ну́ть> (на что-л); (*Vorräte*) тро́гать запа́сы
Anteil *m* ① (*Beteiligung*) уча́стие *c* (*an dat* в чём-л) ② (*Interesse*) интере́с *м;* (*Mitgefühl*) сочу́вствие *c;* ◇ ~ **nehmen an** *dat* принима́ть уча́стие, проявля́ть интере́с; **Anteilnahme** *f* (*Interesse*) уча́стие *c*, интере́с *м;* (*Mitgefühl*) сочу́вствие *c*

Antenne *f* <-, -n> MEDIA анте́нна *ж*

Anthrazit *m* <es, -e> антраци́т *м*

Antialkoholiker(in *f*) *m* проти́вник *м*/ птоти́вница *ж* употребле́ния спиртны́х напи́тков; **antiautoritär** *adj* антиавторита́рный; **Antibabypille** *f* противозача́точная табле́тка *ж;* **Antibiotikum** *n* <-s, -ka> MED антибио́тик *м;* **Antiblockiersystem** *n* AUTO (*ABS*) противоблокиро́вочный механи́зм *м*

antik *adj* ① (*Möbel*) стари́нный ② (*aus Antike stammend*) анти́чный, дре́вний; **Antike** *f* <-> анти́чность *ж,* дре́вний мир *м*

Antikörper *m* противоте́ло *с,* антите́ло *с*

Antilope *f* <-, -n> ZOOL антило́па *ж*

Antipathie *f* (*Abneigung*) антипа́тия *ж,* неприя́знь *ж,* отвраще́ние *с*

Antiquariat *n* антиквариа́т *м,* магази́н *м* антиква́рных веще́й; **Antiquitäten** *f pl* стари́нные [антиква́рные] ве́щи *мн*

Antisemitismus *m* антисемити́зм *м*

Antrag *m* <-[e]s, -träge> ① (*Gesuch*) предложе́ние *с,* хода́тайство *с,* заявле́ние *с;* ◇ **e-n ~ stellen** внести́ предложе́ние, пода́ть заявле́ние (*auf etw* о чём-л) ② POL (*Gesetzes~*) законода́тельное предложе́ние *с* ③ JURA (*Petition*) проше́ние *с,* пети́ция *ж,* про́сьба *ж*

antreffen *unreg vt* (*vorfinden*) заста́‹ва́›ть, на|ходи́ть <-йти́>

antreiben *unreg* **I.** *vt* ① (*Pferd etc.*) по|гоня́ть <-гна́ть> ② (*jd-n zu Leistung*) побу|жда́ть <-ди́ть>, за|ставля́ть <-ста́вить> ③ (*Maschine, Motor*) при|води́ть <-вести́> в движе́ние; (*Fahrzeug*) за|води́ть <-вести́> вручну́ю ④ (*Strandgut*) при|гоня́ть <-гна́ть>, при|носи́ть <-нести́> тече́нием **II.** *vi* (*ans Ufer*) при|носи́ться <-нести́сь> тече́нием

antreten *unreg* **I.** *vt* ① (*Tätigkeit*) ◇ **e-e Stelle ~** присту|па́ть <-пи́ть> к исполне́нию обя́занностей, всту|па́ть <-пить> в до́лжность ② (*beginnen*) ◇ **e-e Reise ~** от|правля́ться <-пра́виться> в путь [путеше́ствие] ③ (*Motorrad*) за|води́ть <-вести́> ④ (*Erbschaft*) всту|па́ть <-пи́ть> ⑤ (*Beweis*) дока́|зывать <-за́ть> что-л **II.** *vi* ① (*sich aufstellen*) <по->стро́иться, станови́ться <стать> в строй ② SPORT ◇ **gegen jd-n ~** выступа́ть <вы́ступить> в соревнова́нии про́тив кого́-л

Antrieb *m* ① TECH при́вод *м,* приводно́й механи́зм *м;* NAUT, AERO приведе́ние *с* в де́йствие ② *FIG* (*Motivation*) побужде́ние *с,* сти́мул *м,* моти́в *м;* ◇ **aus eigenem ~** по со́бственной инициати́ве

antrinken *unreg vt* ① ◇ **sich** *dat* **Mut ~** вы́пить для хра́брости; ◇ **angetrunken sein** подвы́пить *сов,* захмеле́ть *сов* ② (*Flasche*) поча́ть буты́лку

Antritt *m* ① (*von Amt, Erbe*) вступле́ние *с* ② (*von Reise*) нача́ло *с*

antun *unreg vt* ① (*Schaden zufügen*) ◇ **jd-m etw ~** причи|ня́ть <-ни́ть> зло кому́-л, о|бижа́ть <-би́деть> кого́-л; ◇ **sich** *dat* **etw ~** наложи́ть на себя́ ру́ки, соверши́ть самоуби́йство ② (*sie ist bezaubernd*) ◇ **sie hat es mir angetan** она́ обворожи́ла меня́

Antwort *f* <-, -en> ① (*auf Frage*) отве́т *м;* (*auf Zuruf*) о́тклик *м* (*auf akk* на что-л); ◇ **in ~ auf Ihr Schreiben** отвеча́я на Ва́ше письмо́ ② (*Auskunft, Bescheid*) спра́вка, информа́ция *ж* ③ *FIG* (*Reaktion*) о́тклик *м,* о́тповедь *ж;* **antworten** *vi* от|веча́ть <-ве́тить> (*auf akk* на что)

anvertrauen I. *vt* (*Kind, Geheimnis*) до|веря́ть <-ве́рить>, вверя́ть *несов* **II.** *vr* (*sich aussprechen*) ◇ **sich jd-m ~** до|веря́ться <-ве́риться>, откры́‹ва́›ться кому́-л

anwachsen *unreg vi* ① (*Zahl, Lärm*) воз-ра|ста́ть <-сти́>, увеличи‹ва›ться ② (*Pflanze*) пус|ка́ть <-ти́ть> ко́рни

Anwalt *m* <-[e]s, -wälte>, **Anwältin** *f* ① (*Rechtsbeistand*) адвока́т *м,* же́нщина-адвока́т *ж* ② *FIG* (*Fürsprecher/in*) защи́тник *м,* защи́тница *ж,* побо́рник *м,* побо́рница *ж;* ◇ **sich zum ~ für etw machen** выступа́ть в защи́ту чего́-л, стать побо́рником чего́-л

Anwandlung *f* (*von Großzügigkeit*) при́ступ *м,* припа́док *м,* поры́в *м;* ◇ **~en haben** име́ть стра́нности

Anwärter(in *f*) *m* (*Kandidat/in*) претенде́нт-(ка *ж*) *м*

anweisen *unreg vt* ① (*Arbeiter, Schüler*) на|ставля́ть <-ста́вить>, обу|ча́ть <-чи́ть> ② (*anordnen*) прика́|зывать <-за́ть>, пору|ча́ть <-чи́ть>; ◇ **jd-n ~, etw zu tun** дава́ть поруче́ние, что-л сде́лать ③ (*zuweisen, zeigen*) предо|ставля́ть <-ста́вить>, выделя́ть <вы́делить> ④ (*Geld*) пере|води́ть <-вести́> кому́-л де́ньги по по́чте; **Anweisung** *f* (*Instruktion*) указа́ние *с,* инстру́кция *ж;* (*Anleitung*) руково́дство *с;* (*Zahlungs~*) перево́д *м*

anwendbar *adj* примени́мый, приго́дный (*auf akk* к чему́-л); **anwenden** *vt* ① (*gebrauchen*) приме|ня́ть <-ни́ть>; (*Technik,*

Gerät) испóльзовать *несов и сов* (2) (*Gesetz, Theorie*) при|лагáть ‹-ложи́ть› (*auf akk* к чемý-л); **Anwender(in** *f*) *m* ‹-s, -› пóльзователь(ница *ж*) *м*; **Anwenderprogramm** *n* PC прогрáмма *ж* пóльзователя; **Anwendung** *f* (1) (*Gebrauch*) применéние *с*, испóльзование *с* (2) (*Übertragung*) приложéние *с*; **Anwendungsgebiet** *n* óбласть *ж* применéния

anwerben *unreg vt* (1) (*jd-n, für Arbeit*) нан|имáть ‹-я́ть› (2) MIL наб‹и›рáть

anwerfen *unreg vt* TECH (*Motor, Propeller*) запус|кáть ‹-ти́ть›

Anwesen *n* ‹-s, -› (*Grundstück*) небольшóе владéние *с*, земéльный учáсток *м*

anwesend *adj* (*da, präsent, zugegen*) присýтствующий; ◇ **die A~en** *pl* присýтствующие *мн*; **Anwesenheit** *f* (*Gegenwart*) присýтствие *с*; ◇ **in ~ von** в присýтствии когó-л

anwidern *vt* (*jd-n*) вызывáть ‹вы́звать› отвращéние у когó-л, быть проти́вным комý-л

Anwohner(in *f*) *m* ‹-s, -› живýщий(ая *ж*) *м* по сосéдству

Anzahl *f* ‹-› коли́чество *с*, числó *с*, чи́сленность *ж* (*an dat* чегó-л)

anzahlen *vt* (*Ware*) уплá|чивать ‹-ти́ть› пéрвый взнос (в счёт чегó-л), дá‹вá›ть задáток; **Anzahlung** *f* задáток *м*

anzapfen *vt* (1) (*Faß*) на|чинáть ‹-чáть› (2) ◇ **e-e Telefonleitung ~** подключ|áться ‹-и́ться› к кáбелю (3) *FAM* (*Geld borgen*) ‹по-›проси́ть у когó-л дéнег

Anzeichen *n* (*Hinweis*) при́знак *м*, примéта *ж*

Anzeige *f* ‹-, -n› (1) (*Annonce*) объявлéние *с* в газéте (2) (*Reklame*) объявлéние *с*, реклáма *ж* (3) (*Meldung*) донóс *м*, сообщéние *с*; ◇ **~ gegen jd-n erstatten** дéлать заявлéние *с* на когó-л по пóводу (4) PC индикáция *ж*; **anzeigen** *vt* (1) (*Diebstahl*) зая|вля́ть ‹-ви́ть›, сооб|щáть ‹-щи́ть› о крáже; (*Person*) до|носи́ть ‹-нести́› (2) (*Geschwindigkeit*) укá|зывать ‹-зáть›, покá|зывать ‹-зáть› (3) (*Verlobung*) дать объявлéние в газéте; **Anzeigenteil** *m* отдéл *м* объявлéний; **Anzeiger** *m* ‹-s, -› TECH отмéтчик *м*, индикáтор *м*

anziehen *unreg* **I.** *vt* (1) (*Kleidung*) одé‹вá›ть, надé‹вá›ть (2) (*Schraube*) затя́|гивать ‹-нýть›, заж‹им›áть; (*Seil*) натя́|гивать ‹-нýть› (3) (*Metall*) притя́|гивать ‹-нýть› (4) (*Knie*) подтя́|гивать ‹-нýть› (5) *FIG* (*anlocken*) при|влекáть ‹-влéчь›, ‹за-›интересовáть **II.** *vi* (1) (*Pferdewagen*) тянýть *несов*, трóгать с мéста (2) FIN (*Preise, Kurse*) под|нимáться ‹-ня́ться›, расти́ *несов* **III.** *vr* ◇ **sich ~** (1) (*sich ankleiden*) одé‹вá›ться (2) *FIG* ◇ **sich gegenseitig ~** притя́гивать друг дрýга; **anziehend** *adj* (1) (*Person, Sache*) привлекáтельный, замáнчивый, интерéсный (2) (*nett*) ми́лый; **Anziehungskraft** *f* (1) PHYS (*Schwerkraft*) си́ла *ж* притяжéния (2) *FIG* (*Attraktivität*) привлекáтельность *ж*

Anzug *m* (1) (*Hose und Jacke*) костю́м *м* (2) (*das Herannahen*) приближéние *с*; (*Unwetter*) ◇ **im ~ sein** надвигáться *несов*

anzüglich *adj* (*Bemerkung*) кóлкий, язви́тельный; (*zweideutig*) двусмы́сленный; **Anzüglichkeit** *f* (*Stichelei*) кóлкость *ж*; (*Zweideutigkeit*) двусмы́сленность *ж*

anzünden *vt* (1) (*Herd*) за|тáпливать ‹-топи́ть›; (*Feuer*) раз|води́ть ‹-вести́›; (*Zigarette*) за|жигáть ‹-жéчь›, закý|ривать ‹-ри́ть› (2) (*Haus*) под|жигáть ‹-жéчь›

anzweifeln *vt* сомневáться в ком-чём-л, подвергáть сомнéнию

apart *adj* (*Erscheinung, Person*) осóбенный, необы́чный, изы́сканный

Apartheid *f* ‹-› (*Rassentrennung*) апартеи́д *м*

Apathie *f* (*Teilnahmslosigkeit*) апáтия *ж*, безрazли́чие *с*; **apathisch** *adj* апати́чный, безразли́чный

Apfel *m* ‹-s, Äpfel› я́блоко *с*; **Apfelmus** *n* я́блочное пюрé *с*; **Apfelsine** *f* апельси́н *м*; **Apfelwein** *m* (*Most*) сидр *м*

Apostel *m* ‹-s, -› (*Jünger Jesu*) апóстол *м*

Apostroph *m* ‹-s, -e› TYP апóстроф *м*

Apotheke *f* ‹-, -n› (1) аптéка *ж* (2) (*Reise~*) дорóжная аптéчка *ж*; **Apotheker(in** *f*) *m* ‹-s, -› аптéкарь *м*, аптéкарша *ж*

Apparat *m* ‹-[e]s, -e› (1) (*Foto~ etc.*) аппарáт *м*; (*Telefon~*) ◇ **bleiben Sie am ~** не отходи́те от телефóна (2) *FIG* (*Verwaltungs~*) административный аппарáт *м*

Appartement *n* ‹-s, -s› аппартамéнт *м*

Appell *m* ‹-s, -e› (1) *FIG* (*Aufruf*) призы́в *м*, обращéние *с*; ◇ **e-n ~ an jd-n richten** обрати́ться с призы́вом к комý-л (2) MIL (*Wach~*) построéние *с* карaýлов

appellieren *vi* апелли́ровать *несов и сов*, обра|щáться ‹-ти́ться› с призы́вом к комý-чемý-л; ◇ **an jd-s Vernunft ~** взывáть к чьемý-л рáзуму

Appetit *m* ‹-[e]s, -e› *a. FIG* аппети́т *м*; ◇ **~ auf etw** *akk* **haben** имéть аппети́т [желáние, охóту] к чемý-л; ◇ **guten ~!** приятного аппетита!; **appetitlich** *adj* ① (*lecker*) аппетитный ② (*verlockend aussehend*) привлекáтельный; **Appetitlosigkeit** *f* отсýтствие *c* аппетита

applaudieren *vi* (*Beifall spenden*) ◇ **jd-m/e-r Sache ~** аплодировать [рукоплескáть] комý/чемý-л; **Applaus** *m* <-es> (*Beifall*) аплодисмéнты *мн*, рукоплескáния *мн*

Aprikose *f* <-, -n> абрикóс *м*

April *m* <-[s], -e> апрéль *м*; *s. a.* **Mai; Aprilscherz** *m* первоапрéльская шýтка *ж*; **Aprilwetter** *n* перемéнчивая погóда *ж*

Aquaplaning *n* <-[s]> скольжéние *c* (автомоби́ля) по мóкрой повéрхности

Aquarell *n* <-s, -e> (*Bild*) акварéль *ж*

Aquarium *n* аквáриум *м*

Äquator *m* <-s> эквáтор *м*

Araber(in *f*) *m* <-s, -> арáб(ка *ж*) *м*; **Arabien** *n* Арáвия *ж*; ◇ **in/nach ~** в Арáвии/в Арáвию; **arabisch** *adj* арáбский

Arbeit *f* <-, -en> ① (*schwer, leicht*) труд *м*, рабóта *ж* ② (*Beruf*) заня́тие *c*, профессионáльная дéятельность *ж*; ◇ **e-r geregelten ~ nachgehen** занимáться своим повседнéвным дéлом ③ (*Anstrengung*) физи́ческий труд *м* ④ (*Werk*) дéло *c*, произведéние *c*; KUNST произведéние *c* ⑤ (*Schul~*) домáшнее задáние *c*; (*Klassen~*) клáссная рабóта *ж*; (*wissenschaftlich*) наýчная рабóта *ж*; **arbeiten** *vi* ① (*beschäftigt sein*) рабóтать, труди́ться (*bei dat* у когó-чегó-л); ◇ **als Gärtner ~** рабóтать садóвником ② (*sich bemühen, anstrengen*) напряжённо рабóтать, труди́ться вовсю́; ◇ **schwer ~** занимáться тяжёлым трудóм; *FIG* ◇ **sich nach oben ~** пробивáться вы́ше ③ (*Maschine*) быть на ходý, функциони́ровать *несов*, дéйствовать *несов* ④ (*Holz*) <c->корóбиться ⑤ (*Geld*) пускáть в оборóт; **Arbeiter(in** *f*) *m* <-s, -> рабóчий *м*, рабóтница *ж*; ◇ **(un)gelernter ~** (не)квалифици́рованный рабóчий *м*; **Arbeiterschaft** *f* (*Gesamtheit der Arbeiter*) рабóчие *мн*, рабóчий класс *м*; **Arbeitgeber(in** *f*) *m* <-s, -> работодáтель(ница *ж*) *м*; **Arbeitnehmer(in** *f*) *m* <-s, -> рабóчий *м*, рабóтница *ж*, слýжащий(-ая *ж*) *м*

Arbeitsamt *n* би́ржа *ж* трудá; **Arbeitsbeschaffungsmaßnahme** *f* (*ABM*) мéры *мн* по трудоустрóйству; **arbeitsfähig** *adj* трудоспосóбный; **Arbeitsgang** *m* рабóчий процéсс, ход *м* рабóты; **Arbeitsgemeinschaft** *f* кружóк *м*; COMM, POL деловóе сотрýдничество *c*; **Arbeitskraft** *f* рабóчая си́ла *ж*; **arbeitslos** *adj* (*ohne Arbeit*) безрабóтный; ◇ **sich ~ melden** зарегистри́роваться на би́рже трудá; **Arbeitslosengeld** *n* пособие *c* по безрабóтице; **Arbeitslosenhilfe** *f* пóмощь *ж* безрабóтным; **Arbeitslosigkeit** *f* безрабóтица *ж*; **Arbeitsplatz** *m* ① (*Stelle*) мéсто *c* рабóты; ◇ **gesicherter ~** обеспéченная рабóта *ж* ② (*Arbeitsstätte*) мéсто *c* рабóты; **Arbeitsspeicher** *m* PC операти́вная пáмять *ж*; **Arbeitssuche** *f* ◇ **auf ~ sein** искáть рабóту; **Arbeitstag** *m* рабóчий день *м*; (*Werktag*) бýдний день *м*; **Arbeitsteilung** *f* разделéние *c* трудá; **Arbeitstier** *n FAM* рабóчая лóшадь *ж*, работя́га *м/ж*, "ишáк" *м*; **arbeitsunfähig** *adj* неработоспосóбный; (*durch Behinderung*) нетрудоспосóбный; **Arbeitsunfall** *m* несчáстный слýчай *м* на произвóдстве; **Arbeitszeit** *f* рабóчее врéмя *c*, рабóчие часы́ *мн*; ◇ **gleitende ~** скользя́щий грáфик *м* рабóчего врéмени

Archäologe *m* <-n, -n> археóлог *м*; **Archäologin** *f* археóлог-жéнщина *ж*

Architekt(in *f*) *m* <-en, -en> архитéктор *м*; **Architektur** *f* архитектýра *ж*

Archiv *n* <-s, -e> архи́в *м*

arg I. *adj* ① (*schlimm*) дурнóй, худóй; (*stark*) óчень си́льный ② (*bösartig*) злой; (*gemein*) неисправи́мый **II.** *adv* (*sehr*) ◇ **~ teuer** сли́шком дóрого; ◇ **jd-m ~ mitspielen** сыгрáть с кем-л злýю шýтку

Argentinien *n* Аргенти́на *ж*; ◇ **in/nach ~** в Аргенти́не/в Аргенти́ну

Ärger *m* <-s> ① (*Zorn*) гнев *м*; (*Verdruß*) досáда *ж* ② (*Unannehmlichkeit*) неприя́тность *ж*, огорчéние *c*; ◇ **~ haben wegen/mit** имéть мнóго неприя́тностей из-за/с; **ärgerlich** *adj* ① (*verstimmt*) раздосáдованный; (*zornig*) раздражённый ② (*unerfreulich*) раздражи́тельный, оби́дчивый; **ärgern I.** *vt* ① (*belästigen, nerven*) раздра|жáть <-жи́ть> ② (*wütend machen*) разозли́ть *сов*, выводи́ть <вы́вести> из себя́ ③ (*necken*) дразни́ть *несов*, до|води́ть <-вести́> когó-л **II.** *vr* (*ärgerlich werden/sein*) ◇ **sich ~** <рас->серди́ться, <разо->зли́ться, досáдовать *несов* (*über jd-n/etw* на когó/что-л); **Ärgernis** *n* ① (*Unannehmlichkeit*) неприя́тность *ж*, досáда *ж* ② (*Skandal*) возмущéние *c*

Argument *n* аргумéнт *м*, дóвод *м*

Argwohn *m* ‹-[e]s› подозре́ние *с,* недове́рие *с;* ◇ ~ **gegen jd-n hegen** пита́ть недове́рие к кому́-л; **argwöhnisch** *adj* (*mißtrauisch*) подозри́тельный, недове́рчивый

Arie *f* ‹-, -n› (*Lied*) а́рия *ж*

Aristokrat(in *f*) *m* ‹-en, -en› аристокра́т(ка *ж*) *м;* **Aristokratie** *f* аристокра́тия *ж;* **aristokratisch** *adj* аристократи́ческий

arithmetisch *adj* MATH арифмети́ческий

arm *adj* (1) (*mittellos*) бе́дный, нужда́ющийся, небога́тый (2) (*bedauernswert*) жа́лкий, убо́гий (3) (*spärlich, Vegetation*) ску́дный (4) ◇ ~ **an etw** *dat* **sein** быть бе́дным чем-л

Arm *m* ‹-[e]s, -e› (1) (*Körperteil*) рука́ *ж;* (*Fluß~*) рука́в *м* (2) TECH (*Hebel~*) плечо́ *с* рычага́ (3) (*Ärmel*) рука́в *м*

Armatur *f* TECH армату́ра *ж,* оснаще́ние *с,* обору́дование *с;* **Armaturenbrett** *n* AUTO пане́ль *ж* прибо́ров, прибо́рная доска́ *ж*

Armband *n* ‹-s, -bänder› брасле́т *м;* (*von ~uhr*) ремешо́к *м;* **Armbanduhr** *f* нару́чные часы́ *мн*

Arme(r) *fm* (1) (*Mittellose/r*) бедня́к *м,* бедня́чка *ж* (2) (*Bedauernswerte/r*) несча́стный(-ая *ж*) *м*

Armee *f* ‹-, -n› MIL а́рмия *ж*

Ärmel *m* ‹-s, -› (*von Kleidung*) рука́в *м*

ärmlich *adj* (*elend, armselig*) жа́лкий, убо́гий, бе́дный; (*dürftig*) ску́дный

armselig *adj* (1) (*Behausung*) убо́гий, жа́лкий (2) (*Leistung*) ску́дный, ми́зерный

Armut *f* ‹-› (*materiell, geistig*) бе́дность *ж,* нужда́ *ж,* убо́жество *с*

Aroma *n* ‹-s, -men› (*Geschmack, Duft*) арома́т *м,* благоуха́ние *с;* **aromatisch** *adj* арома́тный, благово́нный; (*würzig*) пря́ный

arrangieren I. *vt* (*organisieren*) уст|ра́ивать ‹-ро́ить›, аранжи́ровать *несов и сов* **II.** *vr* (*sich einigen*) ◇ **sich** ~ дого|ва́риваться ‹-вори́ться› с кем-л

Arrest *m* ‹-[e]s, -e› JURA аре́ст *м,* заключе́ние *с* под стра́жу; (*Verhaftung*) задержа́ние *с;* MIL аре́ст *м*

arrogant *adj* надме́нный, зано́счивый, высокоме́рный; **Arroganz** *f* надме́нность *ж,* зано́счивость *ж,* высокоме́рие *с*

Arsch *m* ‹-es, Ärsche› *VULG* (1) (*Hintern*) за́дница *ж,* зад *м;* ◇ **jd-m in den ~ kriechen** подли́|зываться ‹-за́ться› к кому́-л (2) (*Person*) сво́лочь *ж/м,* скоти́на *ж/м*

Art *f* ‹-, -en› (1) (*Gattung*) вид *м,* род *м* (2) (*Sorte*) сорт *м,* поро́да *ж* (3) (*Wesen, Eigen~*) спо́соб *м,* мане́ра *ж,* пова́дки *мн;* ◇ **das ist so seine ~** у него́ така́я мане́ра (4) (*Weise*) о́браз *м* де́йствий, спо́соб *м;* ◇ **auf diese ~ und Weise** таки́м о́бразом (5) (*Stil*) ◇ **nach ~ des Hauses** как при́нято в э́том до́ме

Arterie *f* арте́рия *ж*

artig *adj* (*brav*) послу́шный, воспи́танный, учти́вый, ве́жливый

Artikel *m* ‹-s, -› (1) (*Zeitungs~, Gesetzes~*) статья́ *ж* (2) GRAM арти́кль *м;* ◇ **der bestimmte ~** определённый арти́кль *м* (3) (*Ware*) това́р *м*

artikulieren I. *vt* (1) (*Laute*) артикули́ровать *несов и сов,* членоразде́льно произ|носи́ть ‹-нести́› (2) (*formulieren*) ‹с-›формули́ровать **II.** *vr FIG* (*sich ausdrücken*) ◇ **sich** ~ выска́зываться ‹вы́сказаться›

Artischocke *f* ‹-, -n› артишо́к *м*

Arznei *f* лека́рство *с,* медикаме́нт *м*

Arzt *m* ‹-es, Ärzte› врач *м,* до́ктор *м;* ◇ **praktischer ~** практику́ющий врач *м;* **Ärztin** *f* же́нщина-врач *ж,* врачи́ха *ж;* **ärztlich** *adj* враче́бный, медици́нский

As *n* ‹-ses, -se› (1) (*Spielkarte*) туз *м* (2) *FIG* (*Könner*) ма́стер *м,* виртуо́з *м*

Asbest *m* ‹-[e]s, -e› асбе́ст *м*

Asche *f* ‹-, -n› (*Holz~, Zigaretten~*) пе́пел *м,* зола́ *ж;* **Aschenbahn** *f* SPORT га́ревая доро́жка *м;* **Aschenbecher** *m* пе́пельница *ж;* **Aschenbrödel** *n* ‹-s, -› Зо́лушка *ж;* **Aschermittwoch** *m среда́ ж на пе́рвой неде́ле вели́кого поста́*

Asiat(in *f*) *m* ‹-en, -en› азиа́т(ка *ж*) *м;* **asiatisch** *adj* азиа́тский; **Asien** *n* А́зия *ж;* ◇ **in/nach** ~ в А́зии/в А́зию

asozial *adj* (1) (*Verhalten*) антиобще́ственный, не при́нятый в о́бществе (2) *FAM* (*Familie*) находя́щийся на ни́жней социа́льной ступе́ни

Aspekt *m* ‹-[e]s, -e› (*Gesichtspunkt*) то́чка *ж* зре́ния, аспе́кт *м;* ◇ **unter diesem** ~ с э́той то́чки зре́ния, в тако́м аспе́кте

Asphalt *m* ‹-[e]s, -e› (*Teer*) асфа́льт *м;* **asphaltieren** *vt* (*Straße*) асфальти́ровать *несов и осв,* покры́‹ва́›ть асфа́льтом

aß *impf v.* **essen**

Assembler *m* ‹-s, -› PC ассе́мблер *м,* компону́ющая програ́мма *ж*

Assistent(in *f*) *m* (*Helfer*) ассисте́нт(ка *ж*) *м,* помо́щник *м,* помо́щница *ж*

Assoziation *f* (1) (*Zusammenschluß*) ассоциа́ция *ж*, това́рищество *с*, сою́з *м* ② (*Gedankenverknüpfung*) ассоциа́ция *ж*; **assoziieren** *vt* (*verknüpfen*) объеди|ня́ть <-ни́ть>, соеди|ня́ть <-ни́ть>, ассоции́ровать *несов и сов*

Ast *m* <-[e]s, Äste> сук *м*, ве́тка *ж*, ветвь *ж*

ästhetisch *adj* эстети́ческий

Asthma *n* <-s> MED а́стма *ж*; **Asthmatiker(in** *f*) *m* <-s, -> астма́тик *м*, страда́ющий(-ая *ж*) *м* оды́шкой

Astrologe *m* <-n, -n> астро́лог *м*, звездочёт *м*; **Astrologie** *f* астроло́гия *ж*; **Astrologin** *f* же́нщина-астро́лог *ж*

Astronaut(in *f*) *m* <-en, -en> (*Raumfahrer/in*) астрона́вт *м*, космона́вт *м*

Astronomie *f* (*Sternkunde*) астроно́мия *ж*; **astronomisch** *adj a. FIG* астрономи́ческий

ASU *f* <-, -s> *Akr. v.* **Abgassonderuntersuchung** AUTO *специа́льный контро́ль за у́ровнем выхлопны́х га́зов*

Asyl *n* <-s, -e> ① (*politisch, wirtschaftlich*) убе́жище *с* ② (*Unterschlupf, Heim*) прию́т *м*, ночле́жный дом *м*; (*Obdachlosen~*) ночле́жка *ж*; **Asylant(in** *f*) *m* (*Asylbewerber/in*) лицо́ *с*, претенду́ющее на предоставле́ние пра́ва на убе́жище; **Asylrecht** *n* пра́во *с* убе́жища

asynchron *adv* асинхро́нный

Atelier *n* <-s, -s> (*Maler~*) мастерска́я *ж*; (*Film~*) киносту́дия *ж*

Atem *m* <-s> дыха́ние *с*; (*Hauch*) дух *м*; ◇ ~ **holen** вз|дыха́ть <-дохну́ть>, пере|води́ть <-вести́> дух; ◇ **außer** ~ задыха́ясь, тяжело́ дыша́; **atemberaubend** *adj* захва́тывающий дух; (*Schönheit*) обворожи́тельный; **atemlos** *adj* (*außer Atem*) запыха́вшийся, задыха́ющийся; **Atempause** *f* (*Ruhepause*) переды́шка *ж*

Atheismus *m* атеи́зм *м*, безбо́жие *с*; **Atheist(in** *f*) *m* атеи́ст(ка *ж*) *м*, неве́рующий(-ая *ж*) *м*

Äther *m* <-s, -> ① (*Betäubungsmittel*) эфи́р *м* ② MEDIA эфи́р *м*; ◇ **durch den ~ schicken** вы́пустить в эфи́р

Äthiopien *n* Эфио́пия *ж*; ◇ **in/nach** ~ в Эфио́пии/в Эфио́пию

Athlet(in *f*) *m* <-en, -en> (*Sportler/in*) атле́т *м*

Atlantik *m* <-s> Атла́нтика *ж*, Атланти́ческий океа́н *м*

Atlas *m* <- *o.* -ses, Atlanten> а́тлас *м*

atmen *vt, vi* дыша́ть *несов*; ◇ **durch die Nase** ~ дыша́ть но́сом

Atmosphäre *f* <-, -n> ① PHYS (*Erd~*) атмосфе́ра *ж* ② *FIG* (*Stimmung*) атмосфе́ра *ж*, обстано́вка *ж*, дух *м*

Atmung *f* дыха́ние *с*

Atoll *n* <-s, -e> ато́лл *м*, кора́лловый о́стров *м*

Atom *n* <-s, -e> а́том *м*; **atomar** *adj* а́томный; **Atombombe** *f* а́томная бо́мба *ж*; **Atombunker** *m* противоа́томное убе́жище *с*; **Atomenergie** *f* (*Kernenergie*) а́томная эне́ргия *ж*; **Atomkern** *m* а́томное ядро́ *с*; **Atomkraftwerk** *n* (*Kernkraftwerk*) а́томная электроста́нция *ж*; **Atomkrieg** *m* а́томная [я́дерная] война́ *ж*; **Atommacht** *f* я́дерная держа́ва *ж*; **Atommüll** *m* (*radioaktiver Abfall*) радиоакти́вные отхо́ды *мн*; **Atompilz** *m* "а́томный гриб" *м*, грибови́дное о́блако *с*; **Atomsperrvertrag** *m* POL догово́р *м* о нераспростране́нии я́дерного ору́жия; **Atomversuch** *m* испыта́ние *с* а́томного ору́жия; **atomwaffenfrei** *adj* ◇ **~e Zone** зо́на *ж*, свобо́дная от я́дерного ору́жия; **Atomzeitalter** *n* а́томный век *м*

Attentat *n* <-[e]s, -e> (*Mordanschlag*) покуше́ние *с* (*auf akk* на кого́-л); **Attentäter(in** *f*) *m* соверши́вший(-ая *ж*) *м* покуше́ние, покуша́ющийся(-аяся *ж*) *м*

Attest *n* <-[e]s, -e> (*Bescheinigung*) аттеста́т *м*, свиде́тельство *с*; **attestieren** *vt* (*bescheinigen*) <за->свиде́тельствовать, удосто|веря́ть <-ве́рить>

Attraktion *f* (*Sensation*) эффе́ктный но́мер *м*, аттракцио́н *м*

attraktiv *adj* ① (*schön, anziehend*) миловидный, прия́тный ② (*interessant, Angebot*) привлека́тельный

Attrappe *f* <-, -n> (*Nachbildung*) бутафо́рия *ж*, маке́т *м*; (*Falle*) лову́шка *ж*, обма́н *м*

Attribut *n* <-[e]s, -e> ① (*kennzeichnendes Merkmal*) сво́йство *с*, при́знак *м* ② GRAM (*Beiwort*) определе́ние *с*

ätzen *vi* (*Säure*) <вы́->трави́ть, вытра́вливать *несов*; **ätzend** *adj* ① (*scharf, beißend*) жгу́чий, е́дкий ② *FAM* (*nervig*) ску́чный, ужа́сный

auch *cj* ① (*gleichermaßen, ebenso*) та́кже, то́же, и; ◇ ~ **nicht** то́же не; ◇ **sowohl ... als** ~ и ... и ... ② (*außerdem*) кро́ме того́; ◇ **das hat er ~ gemacht** э́то он сде́лал то́же ③ (*sogar*) да́же; ◇ ~ **der Reichste hat Probleme** да́же у са́мого бога́того есть пробле́мы ④ (*wirklich*) действи́тельно, в са́мом де́ле; ◇ **ist das ~ wahr?** э́то действи́тельно так?

audiovisuell *adj* (*Hören und Sehen betreffend*) аудиовизуа́льный

auf I. *präp akk/dat* ① (*örtlich*) (*wohin?, akk*) на; ◇ ~ **e-n Berg steigen** подня́ться на го́ру; ◇ ~**s Bett legen** лечь на крова́ть; (*wo?, dat*) в, на, за; ◇ ~ **dem Land** в дере́вне; ◇ ~ **dem Stuhl liegen** лежа́ть [находи́ться] на сту́ле; ◇ ~ **der Bank/Post** в ба́нке/на по́чте; ◇ ~ **der Hochzeit** на сва́дьбе; ◇ ~ **der Straße** на у́лице; ◇ ~ **der Welt** в ми́ре; ◇ **Schlag ~ Schlag** уда́р за уда́ром ② (*zeitlich, akk*) на; ◇ ~ **6 Monate** на 6 ме́сяцев; ◇ **wollen wir ~ ein Glas Wein weggehen?** не вы́пить ли нам по стака́ну вина́? ③ (*Art und Weise*) ◇ ~ **einmal** внеза́пно; ◇ **etw ~ deutsch sagen** сказа́ть что-л по-неме́цки ④ (*Ziel*) ◇ ~ **den Namen Viktor taufen** дать при креще́нии и́мя Ви́ктор; ◇ ~ **der Suche nach** в по́исках чего́-л **II.** *adv* ① (*offen*) откры́тый; ◇ **die Tür ist ~** дверь откры́та ② ◇ ~ **und ab gehen** ходи́ть вверх и вниз ③ (*los*) ◇ ~**!** мы идём!

aufarbeiten *vt* ① (*Arbeit nachholen*) доде́л‹ыв›ать рабо́ту ② (*Vergangenheit*) дать оце́нку про́шлому

aufatmen *vi FIG* (*erleichtert sein*) вз|дыха́ть ‹-дохну́ть›

Aufbau[1] *m* ‹-[e]s› ① (*Wieder~*) строи́тельство *с;* TECH сбо́рка *ж* ② (*Gliederung*) строе́ние *с,* констру́кция *ж,* структу́ра *ж* ③ AUTO (*Karosserie*) ку́зов *м*

Aufbau[2] *m* ‹-[e]s, -ten› (*auf Haus*) надстро́йка *ж*

aufbauen I. *vt* ① (*errichten*) ‹по-›стро́ить, соору|жа́ть ‹-ди́ть›, воз|води́ть ‹-вести́›; (*Zelt*) разби́‹ва́›ть ② (*Existenz*) созда́‹ва́›ть ③ (*gliedern*) подразделя́ть ‹-ли́ть› ④ (*managen*) ула́|живать ‹-дить›, уст|ра́ивать ‹-ро́ить› ⑤ (*trösten*) утеша́ть ‹уте́шить› **II.** *vr* ◇ **sich ~** ① (*sich postieren, hinstellen*) вста́‹ва́›ть (*vor dat* пе́ред кем-чем-л) ② (*basieren, sich gründen*) осно́|вываться ‹-ва́ться› (*auf dat* на чём-л)

aufbäumen *vr* ◇ **sich ~** ① (*Pferd*) вста́‹ва́›ть на дыбы́ ② *FIG* (*sich widersetzen*) ‹вос-› проти́виться, восста́‹ва́›ть (*gegen akk* чему́-л, про́тив чего́-л)

aufbauschen *vt FIG* (*übertreiben*) разду́‹ва́›ть, преувели́чи‹ва›ть

aufbehalten *unreg vt* (*Hut*) оста́ться в шля́пе

aufbekommen *unreg vt* ① (*Tür*) уме́ть откры́ть ② (*Hausaufgaben*) получ|а́ть ‹-чи́ть› дома́шнее зада́ние

aufbereiten *vt* (*Rohstoffe*) обога|ща́ть ‹-ти́ть›; (*Daten*) подго|товля́ть ‹-то́вить›

aufbessern *vt* (*Gehalt*) у|лучша́ть ‹-лу́чшить›; (*Wissen*) по|вы́ша́ть ‹-вы́сить›

aufbewahren *vt* ① (*nicht wegwerfen*) сохра|ня́ть ‹-ни́ть› ② (*Gepäck*) храни́ть *несов,* име́ть на хране́нии; **Aufbewahrung** *f* хране́ние *с,* сбереже́ние *с;* ◇ **jd-m etw zur ~ geben** сдать кому́-л что-л на хране́ние

aufbieten *unreg vt* ① (*Kraft*) на|прягá‌ть ‹-пря́чь› ② (*Truppen*) выставля́ть ‹вы́ставить›, приз‹ы›ва́ть

aufblasen *unreg* **I.** *vt* (*Luftballon*) наду́‹ва́›ть, разду́‹ва́›ть **II.** *vr FAM* (*sich wichtig machen*) ◇ **sich ~** пы́житься *несов,* ва́жничать *несов*

aufbleiben *unreg vi* ① (*Geschäft*) оста́‹ва́›ться откры́тым ② (*nicht schlafengehen*) не ложи́ться спать, бо́дрствовать *несов*

aufblenden *vi* AUTO вклю|ча́ть ‹-чи́ть› да́льний свет

aufblicken *vi a. FIG* (*aufschauen*) взгляну́ть вверх, под|нима́ть ‹-ня́ть› глаза́ [взгляд] (*zu dat* на кого́-что-л)

aufbrausen *vi FIG* (*wütend werden*) вспыли́ть *сов,* вски|па́ть ‹-пе́ть› (гне́вом)

aufbrechen *unreg* **I.** *vt* (*Schloß, Auto*) вз|ла́мывать ‹-лома́ть›, откры́‹ва́›ть си́лой **II.** *vi* ① (*sich auf den Weg machen*) от|правля́ться ‹-пра́виться› в путь ② (*Knospe*) распус|ка́ться ‹-ти́ться›

aufbringen *unreg vt* ① (*Geld*) доста́‹ва́›ть, мобилизова́ть *несов и сов* сре́дства; ◇ **Verständnis für etw ~** прояви́ть понима́ние чего́-л ② (*in Wut bringen*) восста|на́вливать ‹-нови́ть› кого́-л (*gegen akk* про́тив кого́-л)

Aufbruch *m* ① (*von Tür*) взлом *м* ② (*Weggehen*) отправле́ние *с* в доро́гу

aufbürden *vt a. FIG* (*auferlegen, Verantwortung*) ◇ **jd-m etw ~** взва́|ливать ‹-ли́ть› что-л на кого́-л

aufdecken *vt* ① (*Spielkarte*) раскры́‹ва́›ть (ка́рты) ② *FIG* (*Verbrechen*) раскры́‹ва́›ть

aufdrängen I. *vt* (*aufnötigen*) навя́|зывать ‹-за́ть› (*jd-m etw* кому́-л что-л) **II.** *vr* (*lästig werden*) ◇ **sich ~** на|пра́шиваться ‹-проси́ться›; ◇ **der Gedanke drängt sich mir auf** э́та мысль напра́шивается сама́ собо́й

aufdrehen I. *vt* (*Hahn*) от|вёртывать ‹-верну́ть›, откры́‹ва́›ть; (*Wasser*) пус|ка́ть ‹-ти́ть›; (*Schraube, Verschluß*) от|вёртывать ‹-верну́ть›; (*Radio*) пусти́ть приёмник на по́лную гро́мкость **II.** *vi* ① *FAM* (*beschleunigen*) да‹ва́›ть газ, наб‹и›ра́ть ско́рость ② *FAM* (*lustig werden*) расходи́ться ‹разойти́сь›, ‹раз-›весели́ться

aufdringlich *adj* (*Person*) навя́зчивый, наха́льный; ◇ **~e Person** назо́йливая ли́чность

aufdrücken *vt* ◇ **die Tür ~** откры́‹ва́›ть неза́пертую дверь

aufeinander *adv* ① (*liegen*) друг на дру́ге ② (*warten*) друг дру́га; (*schießen*) друг в дру́га; **aufeinanderfolgen** *vi* ◇ **direkt ~** сле́довать друг за дру́гом; **aufeinanderlegen** *vt* класть друг на дру́га, скла́дывать друг на дру́га; **aufeinanderprallen** *vi* (*zusammenstoßen*) ста́лкиваться ‹столкну́ться› друг с дру́гом

Aufenthalt *m* ① (*Bleiben*) пребыва́ние *с*, нахожде́ние *с* ② (*von Zug*) остано́вка *ж* ③ (*Aufenthaltsort*) местопребыва́ние *с*, местожи́тельство *с*; **Aufenthaltsgenehmigung** *f* вид *м* на жи́тельство

aufessen *unreg vt* съеда́ть ‹съесть›, до|еда́ть ‹-е́сть›

auffahren *unreg* **I.** *vi* ① (*auf Auto*) на|езжа́ть ‹-е́хать› (*auf akk* на что-л) ② (*emporfahren*) под|нима́ться ‹-ня́ться› ввысь; ◇ **aus dem Schlaf ~** испу́ганно вскочи́ть со сна ③ (*erschreckt*) вс|ка́кивать ‹-кочи́ть› ④ (*wütend werden*) вдруг разъя|ря́ться ‹-ри́ться› **II.** *vt* ① *FAM* (*Essen*) уго|ща́ть ‹-сти́ть› чем-л ② (*Geschütz*) выставля́ть ‹вы́ставить›

Auffahrt *f* ① (*Autobahn~*) въезд *м*, подъе́зд *м* к чему́-л ② (*Rampe*) ра́мпа *ж*, въезд *м*

Auffahrunfall *m* нае́зд *м*

auffallen *unreg vi* (*Aufmerksamkeit erregen*) броса́ться ‹бро́ситься› в глаза́, обраща́ть на себя́ внима́ние; ◇ **mir ist aufgefallen, daß...** я заме́тил, что...; **auffallend I.** *adj* броса́ющийся в глаза́, выделя́ющийся, необы́чный **II.** *adv* вызыва́юще, стра́нно

auffangen *unreg vt* ① (*Teller*) подхва́|тывать ‹-ти́ть› при паде́нии; (*Ball*) лови́ть *несов* ② (*Wasser*) соб‹и›ра́ть ③ (*aufschnappen, zufällig hören*) у|ла́вливать ‹-лови́ть› ④ (*mildern*) предотвра|ща́ть ‹-ти́ть›, приде́р|живать ‹-жа́ть›; **Auffanglager** *n* (*für Asylanten, Flüchtlinge*) сбо́рный пункт *м*, ла́герь *м* бе́женцев [переселе́нцев]

auffassen *vt* ① (*verstehen, interpretieren*) по|нима́ть ‹-я́ть›, восприн|има́ть ‹-я́ть› ② (*kapieren*) пон|има́ть ‹-я́ть›, ‹ис-›толкова́ть; **Auffassung** *f* ① (*Meinung*) мне́ние *с*, взгляд *м*, то́чка *ж* зре́ния; ◇ **meiner ~ nach** по моему́ мне́нию, по-мо́ему ② (*Auffassungsgabe*) сообрази́тельность *ж*, поня́тливость *ж*

auffordern *vt* ① (*verlangen*) приглаша́ть кого́-л на что-л, вызыва́ть на соревнова́ние; ◇ **jd-n ~, etw zu tun** настоя́тельно проси́ть сде́лать что-л ② ◇ **jd-n zum Tanz ~** пригла|ша́ть ‹-си́ть› кого́-л на та́нец; **Aufforderung** *f* ① (*Ermahnung*) напомина́ние *с*, вы́зов *м* ② (*Bitte*) приглаше́ние *с*, про́сьба *ж*

auffrischen I. *vt* (*Wissen*) по|полня́ть ‹-по́лнить›, обно|вля́ть ‹-ви́ть›; (*Farbe, Erinnerung*) осве|жа́ть ‹-жи́ть›, воскре|ша́ть ‹-си́ть› **II.** *vi* (*Wind*) ‹по-›свеже́ть

aufführen I. *vt* ① (*im Theater*) ‹по-›ста́вить, ис|полня́ть ‹-по́лнить› на сце́не ② (*auflisten*) при|води́ть ‹-вести́› (в спи́ске), наз‹ы›ва́ть **II.** *vr* (*sich benehmen*) ◇ **sich ~** вести́ себя́, держа́ться *несов*; **Aufführung** *f* (*Theater~*) постано́вка *ж*, исполне́ние *с* на сце́не

Aufgabe *f* ① (*Verpflichtung, Arbeit*) зада́ча *ж* ② SCH (*schriftlich*) зада́ние *с*, уро́к *м*; (*mündlich*) у́стное зада́ние *с*; (*Haus~*) дома́шнее зада́ние *с* ③ (*Verzicht*) отка́з *м*; (*von Gewohnheit*) оставле́ние *с* ④ (*Gepäck~*) сда́ча *ж* ⑤ (*von Anzeige*) пода́ча *ж* ⑥ (*von Geschäft*) закры́тие *с*

Aufgang *m* ① (*Treppen~*) подъём *м*, ле́стница *ж* ② (*Sonnen~*) восхо́д *м*

aufgeben *unreg* **I.** *vt* ① (*aufhören, unterlassen*) прекра|ща́ть ‹-ти́ть›, отка́|зываться ‹-за́ться› ② (*Rätsel, Frage*) зада́‹ва́›ть, зага́|дывать ‹-да́ть› ③ (*Gepäck*) сда‹ва́›ть ④ SCH (*anordnen*) зада́‹ва́›ть уро́к ⑤ ◇ **eine Anzeige in der Zeitung ~** да́‹ва́›ть объявле́ние в газе́ту **II.** *vi* (*nicht weitermachen*) призна́‹ва́›ть потёрянным, сда́‹ва́›ться

aufgedreht *adj FAM* возбуждённый

aufgehen *unreg vi* ① (*Tür*) откры́‹ва́›ться, раскры́‹ва́›ться; (*Knospe*) распус|ка́ться ‹-ти́ться› ② (*Sonne*) всходи́ть ‹взойти́› ③ ◇ **die Rechnung geht auf** счёт схо́дится ④ ◇ **mir geht ein Licht auf** меня́ осени́ло ⑤ (*sich widmen, hingeben*) ◇ **in e-r Arbeit ~** с голово́й уйти́ в рабо́ту ⑥ ◇ **in Flammen ~** сго|ра́ть ‹-ре́ть›

aufgeklärt *adj* просвещённый, осведомлённый

aufgelegt *adj* ① (*gelaunt*) ◇ **gut ~ sein** быть в

хоро́шем настрое́нии ② ◇ **zu etw ~ sein** быть скло́нным [располо́женным] к чему́-л

aufgeregt *adj* (*nervös*) взволно́ванный, возбуждённый

aufgeschlossen *adj* (*tolerant*) общи́тельный, отзы́вчивый, заинтересо́ванный

aufgliedern *vt* (*zerlegen*) ◇ **sich ~** <рас->члени́ть, <раз->дели́ть (*in akk* на что-л)

aufgreifen *unreg vt* ① (*jd-n*) схва́|тывать <-ти́ть>, заде́р|живать <-жа́ть> ② *FIG* (*Thema*) подхва́|тывать <-ти́ть>

aufgrund *präp gen* (*wegen*) на основа́нии чего́-л

aufhaben *unreg* **I.** *vt* ① (*Mütze, Hut*) име́ть на себе́, име́ть наде́тым ② (*Hausaufgaben*) име́ть зада́ние **II.** *vi* (*geöffnet haben*) име́ть [быть] откры́тым

aufhalten *unreg* **I.** *vt* ① (*Person*) заде́р|живать <-жа́ть>, оста|на́вливать <-нови́ть>; (*Fortschritt*) сде́р|живать <-жа́ть> ② (*Tür*) держа́ть откры́тым; (*Augen*) не смыка́ть глаз **II.** *vr* ◇ **sich ~** ① (*im Ausland*) пребыва́ть *несов*, находи́ться; ◇ **sich lange ~** заде́р|живаться <-жа́ться> надо́лго ② (*sich befassen*) зан|има́ться <-я́ться> (*mit* чем-л)

aufhängen **I.** *vt* ① (*Bild*) ве́шать <пове́сить>, подве́|шивать <-сить>; (*Wäsche*) разве́|шивать <-сить> ② (*Person*) ве́шать, преда́<ва́>ть сме́ртной ка́зни че́рез пове́шение **II.** *vr* (*sich erhängen*) ◇ **sich ~** пове́ситься *сов*

Aufhänger *m* <-s, -> ① (*an Jacke, Handtuch*) ве́шалка *ж* ② *FIG* (*Ereignis*) по́вод *м*, удо́бный слу́чай *м*

aufheben *unreg* **I.** *vt* ① (*vom Boden*) под|нима́ть <-ня́ть> ② (*Bestimmung*) отме|ня́ть <-ни́ть>, ликвиди́ровать *несов и сов;* (*Urteil*) отме|ня́ть <-ни́ть> ③ (*Versammlung*) закры́<ва́>ть ④ *FAM* (*aufbewahren*) <со->храни́ть, <с->пря́тать **II.** *vr* (*gleich null sein*) ◇ **sich ~** взаи́мно нейтрализова́ться, взаи́мно уничт|ожа́ться <-то́житься>; **Aufheben** *n FIG* (*Wirbel*) ◇ **viel ~[s] um etw machen** поднима́ть мно́го шу́му вокру́г чего́-л

aufheitern **I.** *vt* (*Person*) развесе|ля́ть <-ли́ть> **II.** *vr* ◇ **sich ~** ① (*Miene*) развесе|ля́ться <-ли́ться> ② (*Wetter*) прояс|ня́ться <-ни́ться>

aufhetzen *vt* (*agitieren*) подстрек|а́ть <-ну́ть>, натра́|вливать <-ви́ть> (*gegen akk* кого́-что-л на [про́тив] кого́-что-л

aufholen **I.** *vt* (*einholen*) до|гоня́ть <-гна́ть>, на|гоня́ть <-гна́ть> **II.** *vi* (*Abstand verringern*) сокра|ща́ть <-ти́ть> диста́нцию

aufhorchen *vi* прислу́ш<ив>аться; (*Ohren spitzen*) насто|ра́живаться <-рожи́ться>

aufhören *vi* ① (*zu Ende gehen*) прекра|ща́ться <-ти́ться>, конча́ться <ко́нчиться> ② (*nicht weitermachen*) конча́ть; ◇ **mit etw ~** прекраща́ть что-л

aufklären **I.** *vt* ① (*Verbrechen*) раскры́<ва́>ть ② (*informieren*) просве|ща́ть <-ти́ть> (*über akk* кого́-л относи́тельно чего́-л); (*sexuell*) разъяс|ня́ть <-ни́ть> **II.** *vr* (*Wetter*) ◇ **sich ~** прояс|ня́ться <-ни́ться>; **Aufklärung** *f* ① (*Aufklären*) разъясне́ние *с;* (*sexuell*) просвеще́ние *с*, информа́ция *ж* ② (*Epoche*) эпо́ха *ж* просвеще́ния

aufkleben *vt* накле́и<ва>ть, нале|пля́ть <-пи́ть>

aufkommen *unreg vi* ① (*Mode*) воз|ника́ть <-ни́кнуть>, поя|вля́ться <-ви́ться> ② (*Wind*) под|нима́ться <-ня́ться> ③ (*Gefühl*) заро|жда́ться <-ди́ться> ④ (*bezahlen*) ◇ **für jd-n/etw ~** опла́|чивать <-ти́ть>, нести́ расхо́ды за кого́-что-л

aufladen *unreg vt* ① (*Ware*) нагру|жа́ть <-зи́ть> ② (*Batterie*) заря|жа́ть <-ди́ть>

Auflage *f* ① (*von Buch*) изда́ние *с;* (*von Zeitung*) тира́ж *м* ② (*Schreibtisch~ etc.*) подсти́лка *ж* ③ FIN (*Steuer*) нало́г *м*, сбор *м* ④ (*Bedingung*) обяза́тельное усло́вие *с;* ◇ **etw zur ~ machen** обяза́ть кого́-л сде́лать что-л

auflassen *unreg vt* ① (*Fenster, Tür*) о|ставля́ть <-ста́вить> откры́тым; (*Mantel*) не застёгивать ② (*Mütze*) не снима́ть

auflauern *vi* ◇ **jd-m ~** подкарау́ли<ва>ть, подсте|рега́ть <-ре́чь>

Auflauf *m* ① GASTRON запека́нка *ж* ② (*Menschen~*) толпа́ *ж*, скопле́ние *с*

aufleben *vi* ① (*neu entflammen*) ожи́<ва́>ть; (*Streit*) разго|ра́ться <-ре́ться> с но́вой си́лой ② (*wieder aktiv werden*) ожи|вля́ться <-ви́ться>

auflegen *vt* ① (*Telefonhörer*) положи́ть <класть>, ве́шать <пове́сить> ② (*verlegen, Buch*) изда́<ва́>ть; ◇ **neu ~** выпуска́ть <вы́пустить> но́вым изда́нием ③ COMM (*Ware*) выставля́ть <вы́ставить>, раскла́дывать <разложи́ть> ④ (*Gedeck, Hand*) пода́<ва́>ть

auflehnen **I.** *vr* (*Widerstand leisten*) ◇ **sich ~** сопротивля́ться *несов*, <вос->проти́виться кому́-чему́-л **II.** *vt* (*Arm*) опира́ться <опере́ться> (*auf akk* на кого́-что-л)

auflesen *unreg vt FAM* (*jd-n*) подбира́ть *несов* кого́-л

aufleuchten *vi* вс|пы́хивать ‹-пы́хнуть›

Auflistung *f* ① (*Liste*) спи́сок *м*, пе́речень *м* ② PC распеча́тка *ж*, печа́тание *с*

auflockern *vt* (*Muskeln*) *a. FIG* разрых|ля́ть ‹-ли́ть›

auflösen I. *vt* ① (*in Wasser*) раство|ря́ть ‹-ри́ть› ② (*Partei*) распус|ка́ть ‹-ти́ть› ③ (*Haushalt*) ликвиди́ровать *несов и сов* ④ *FIG* (*Geheimnis*) откры́‹ва́›ть **II.** *vr* (*Tablette, Partei*) ◇ **sich** ~ раство|ря́ться ‹-ри́ться›, рас|пада́ться ‹-па́сться›; **Auflösung** *f* ① (*von Partei, Versammlung*) ро́спуск *м;* (*Aufhebung*) отме́на *ж* ② (*von Rätsel*) разреше́ние *с* ③ (*von Haushalt*) ликвида́ция *ж*

aufmachen I. *vt* (*öffnen*) откры́‹ва́›ть, раскры́‹ва́›ть **II.** *vr* (*starten, weggehen*) ◇ **sich** ~ от|правля́ться ‹-пра́виться› в доро́гу; **Aufmachung** *f* ① (*Kleidung*) вне́шний вид *м* ② (*Gestaltung*) оформле́ние *с*

aufmerksam *adj* ① (*konzentriert*) внима́тельный ② (*zuvorkommend*) предупреди́тельный, любе́зный ③ ◇ **jd-n auf etw** *akk* ~ **machen** обраща́ть чьё-л внима́ние на что-л; **Aufmerksamkeit** *f* ① (*Konzentration*) внима́ние *с* ② (*Höflichkeit*) любе́зность *ж*, предупреди́тельность *ж*

aufmuntern *vt* ① (*ermuntern*) обо|дря́ть ‹-дри́ть›, под|ба́дривать ‹-бодри́ть› ② (*fröhlich machen*) ‹раз-›весели́ть

Aufnahme *f* ‹-, -n› ① FOTO фотосни́мок *м*, фотогра́фия *ж;* (*Film~*) киносъёмка *ж;* (*Ton~*) звукоза́пись *ж* ② (*in Partei*) приём *м* ③ (*von Beziehungen*) установле́ние *с* ④ (*Notieren*) протоколи́рование *с* ⑤ (*Nahrungs~*) приём *м* пи́щи ⑥ (*von Kredit*) получе́ние *с* ⑦ (*Unterkunft*) ◇ ~ **gewähren** да‹ва́›ть прию́т кому́-л; **Aufnahmeprüfung** *f* (*für Schule, Uni etc.*) вступи́тельные экза́мены *мн;* **aufnehmen** *unreg vt* ① (*Foto*) снима́ть ‹снять›, ‹с-›фотографи́ровать; (*Film, Musik*) снима́ть ‹снять›, за|пи́сывать ‹-са́ть› ② (*Kontakt*) уста|на́вливать ‹-нови́ть› ③ (*jd-n, in Partei*) при|н|има́ть ‹-я́ть› ④ (*notieren*) ‹за-›протоколи́ровать ⑤ (*hochnehmen*) под|нима́ть ‹-ня́ть› ⑥ (*jd-n beherbergen*) приюти́ть *сов*, дава́ть прию́т ⑦ ◇ **es mit jd-m ~ können** ме́ряться си́лами, тяга́ться с кем-л

aufpassen *vi* ① (*beaufsichtigen*) при|сма́тривать ‹-смотре́ть› (*auf akk* за кем-л) ② (*aufmerksam sein*) быть внима́тельным

Aufprall *m* ‹-s, -e› уда́р *м*, столкнове́ние *с*

Aufpreis *m* наце́нка *ж*

aufpumpen *vt* (*Reifen*) нака́|чивать ‹-ча́ть›, надý‹ва́›ть

aufraffen *vr FAM* (*sich entschließen*) ◇ **sich** ~ ре|ша́ться ‹-ши́ться› (*zu* на что-л)

aufräumen *vt/vi* (*in Ordnung bringen*) уб‹и›ра́ть, на|води́ть ‹-вести́› поря́док

aufrecht *adj* ① (*stehend*) прямо́й, вертика́льный ② *FIG* (*aufrichtig, ehrlich*) че́стный, прямо́й, сме́лый, отва́жный; **aufrechterhalten** *unreg vt* (*Kontakt*) подде́р|живать ‹-жа́ть›, сохра|ня́ть ‹-ни́ть› в си́ле

aufregen I. *vt* (*jd-n*) ‹вз-›волнова́ть **II.** *vr* (*wütend sein*) ◇ **sich** ~ ‹вз-›волнова́ться, возбу|жда́ться ‹-ди́ться› (*über akk* из-за чего́-л); **aufregend** *adj* ① (*spannend*) волну́ющий, захва́тывающий ② (*attraktiv, Person*) привлека́тельный, привлека́ющий внима́ние; **Aufregung** *f* волне́ние *с*, возбужде́ние *с*, беспоко́йство *с*

aufreibend *adj* (*anstrengend*) изнуря́ющий, изнури́тельный, тяжёлый

aufreißen *unreg vt* ① (*Pflaster*) разры́‹ва́›ть; (*Umschlag*) вскры́‹ва́›ть письмо́; (*Tür*) откры́‹ва́›ть ② *FAM* (*Frau, Mann*) подня́ть сидя́щего

aufrichtig *adj* и́скренный, прямо́й; **Aufrichtigkeit** *f* и́скренность *ж*

Aufruf *m* ① (*Appell*) призы́в *м*, воззва́ние *с*, обраще́ние *с;* PC вы́зов *м* ② (*Vorladung*) вы́зов *м;* **aufrufen** *unreg vt* ① (*Person*) *a.* PC вызыва́ть ‹вы́звать›, де́лать перекли́чку ② (*appellieren, auffordern*) обра|ща́ться ‹-ти́ться› с призы́вом (*zu dat* к кому́-л)

Aufruhr *m* ‹-[e]s, -e› (*Unruhe, Aufstand*) волне́ние *с*, возбужде́ние *с*, мяте́ж *м*, восста́ние *с*

Aufrüstung *f* ◇ **atomare** ~ я́дерное вооруже́ние *с*

aufs = auf das

aufsässig *adj* (*frech*) упря́мый, непослу́шный, стропти́вый, неспоко́йный

Aufsatz *m* ‹-es, -sätze› ① (*Schul~*) сочине́ние *с;* (*Zeitungsartikel*) статья́ *ж* ② (*auf Schrank*) верх *м*

aufsaugen *vt* ① впи́|тывать ‹-та́ть›, вса́сывать ‹всоса́ть› ② *FIG* (*Wissen, Information*) ◇ **etw in sich** ~ погло|ща́ть ‹-ти́ть›

aufschieben *unreg vt* ① (*Schiebetür*) ото|двига́ть ‹-дви́нуть›, откры́‹ва́›ть ② (*Termin*) отсро́чи‹ва›ть, ото|двига́ть ‹-дви́нуть›, от|кла́дывать ‹-ложи́ть›

Aufschlag *m* ① (*Preis~*) повыше́ние *с*, наце́нка *ж* ② (*Ärmel~*) обшла́г *м* ③ (*Aufprall*) уда́р *м* ④ SPORT пода́ча *ж*; **aufschlagen** *unreg* **I.** *vt* ① (*Zeitung*) раскры́<ва́>ть ② (*Lager*) разби́<ва́>ть ③ (*Knie*) разби́ть себе́ ④ SPORT пода́<ва́>ть **II.** *vi* ① (*aufprallen*) ударя́ться <уда́риться> (*auf* обо что-л) ② (*teurer werden*) взмётываться <взметну́ться> вверх ③ SPORT пода́<ва́>ть све́рху

aufschließen *unreg* **I.** *vt* (*Tür*) откры́<ва́>ть, от|пира́ть <-пере́ть> **II.** *vi* MIL (*aufrücken*) уменьша́ть <уме́ньшить> разры́в

Aufschluß *m* (*Einblick*) объясне́ние *с*, разъясне́ние *с*; ◇ **jd-m über etw** *akk* **~ geben** разъясня́ть кому́-л что-л; **aufschlußreich** *adj* (*lehrreich*) показа́тельный, поучи́тельный

aufschnappen *vt* (*zufällig hören*) подслу́ш<ив>ать, случа́йно услы́шать

aufschneiden *unreg* **I.** *vt* ① (*Wurst, Brot*) наре́|зывать <-за́ть> ② MED вскры́<ва́>ть **II.** *vi FAM* (*angeben*) прив<и>ра́ть; **Aufschnitt** *m* (*Wurst~*) наре́занная колбаса́ *ж*

aufschrecken *unreg* **I.** *vt* (*erschrecken*) <ис-> пуга́ть, вспу́г|ивать <-ну́ть> **II.** *vi* (*erschreckt hochfahren*) ◇ **aus dem Schlaf ~** внеза́пно очну́ться от сна

Aufschrei *m* (*vor Freude, Schmerz*) во́зглас *м*, вы́крик *м*

aufschreiben *unreg vt* ① (*notieren*) <на-> писа́ть, брать на заме́тку; ◇ **sich** *dat* **etw ~** записа́ть себе́ что-л ② (*niederschreiben*) запи́|сывать <-са́ть>

aufschreien *unreg vi* вскри́к|ивать <-нуть>, закрича́ть *сов*

Aufschrift *f* (*Beschriftung*) на́дпись *ж*, загла́вие *с*

Aufschub *m* (*Zahlungs~*) отсро́чка *ж*

aufschwatzen *vt FAM* (*aufdrängen*) навя́|зывать <-за́ть> (*jd-m etw* кому́-л что-л)

Aufschwung *m* ① (*Auftrieb*) взлёт *м*, подъём *м*, поры́в *м* ② COMM подъём *м*, расцве́т *м* ③ SPORT подъём *м*

aufsehen *unreg vi* ① (*von Buch*) под|нима́ть <-ня́ть> глаза́, взгляну́ть вверх ② *FIG* (*bewundern*) смотре́ть с уваже́нием [восхище́нием] (*zu jd-m* на кого́-л)

Aufsehen *n* <-s> (*große Beachtung*) всео́бщее возбужде́ние *с*, сенса́ция *ж*; ◇ **~ erregen** привлека́ть всео́бщее внима́ние, производи́ть сенса́цию; **aufsehenerregend** *adj* привлека́ющий (всео́бщее) внима́ние, сенсацио́нный

Aufseher(in *f*) *m* <-s, -> (*in Gefängis, Museum*) надзира́тель(ница *ж*) *м*, смотри́тель(ница *ж*) *м*

aufsein *unreg vi FAM* ① (*geöffnet sein*) быть откры́тым [отворённым] ② (*wach sein*) бо́дрствовать *несов*, не спать

aufsetzen **I.** *vt* ① (*Hut, Brille*) наде́<ва́>ть ② (*Essen*) <по->ста́вить на плиту́ ③ (*Brief*) со|ставля́ть <-ста́вить>, <на->писа́ть **II.** *vi* (*landen, Flugzeug*) призем|ля́ться <-ли́ться> **III.** *vr* (*sich aufrichten*) ◇ **sich ~** сади́ться <сесть>, припод|нима́ться <-ня́ться> в посте́ли

Aufsicht *f* ① (*Überwachung*) надзо́р *м*, контро́ль *м* (*über akk* за чем-л) ② (*Wächter/in*) дежу́рный(-ая *ж*) *м*, сто́рож *м/ж*

aufsitzen *unreg vi* ① (*auf Pferd, Motorrad*) сади́ться <сесть> ② *FAM* (*hereinfallen*) оказа́ться в дурака́х, попа́сться на у́дочку; ◇ **e-m Irrtum ~** впада́ть <впасть> в заблужде́ние

aufsperren *vt* ① (*aufschließen*) открыва́ть на́стежь ② (*Mund*) разева́ть <рази́нуть>; (*Augen*) выпу́чивать <вы́пучить>, <вы́-> тара́щить

aufspielen *vr* (*angeben, prahlen*) ◇ **sich ~** выдава́ть <вы́дать> себя́ за кого́-л; (*wichtig tun*) ва́жничать *несов*

aufspringen *unreg vi* ① (*auf die Füße springen*) вс|ка́кивать <-кочи́ть> ② (*auf Zug*) вс|ка́кивать <-кочи́ть>, пры́г|ать <-нуть> (*auf akk* в, на что-л) ③ (*Haut, Lippen*) <по-> тре́скаться ④ (*sich öffnen*) раскры́<ва́>ться, рас|па́хиваться <-пахну́ться>

aufstacheln *vt* (*aufhetzen*) подстрек|а́ть <-ну́ть> кого́-л к чему́-л

Aufstand *m* (*Aufruhr*) восста́ние *с*, мяте́ж *м*

aufstehen *unreg vi* ① (*sich erheben*) вста<ва́>ть, под|нима́ться <-ня́ться>; ◇ **früh ~** ра́но встава́ть ② (*offen sein, Fenster*) быть откры́тым

aufsteigen *unreg vi* ① (*auf Berg*) под|нима́ться <-ня́ться>; (*Motorrad*) сади́ться <сесть> ② (*in Beruf*) под|нима́ться <-ня́ться> по слу́жбе ③ *FIG* (*Freude*) воз|ника́ть <-ни́кнуть>, заро|жда́ться <-ди́ться>; **Aufsteiger(in** *f*) *m* <-s, -> ① *nur m* SPORT кома́нда *ж*, переходя́щая в бо́лее высо́кий класс ② (*Person*) преуспева́ющий челове́к *м*

aufstellen **I.** *vt* ① (*hinstellen, plazieren*) <по-> ста́вить, уста|на́вливать <-нови́ть>; (*Möbel, Wachen*) рас|ставля́ть <-ста́вить> ② (*Kandidaten*) выдвига́ть <вы́двинуть>, выставля́ть ‹вы́ставить› ③ (*Theorie*) выдвига́ть ‹вы́двинуть› ④ (*Rechnung*) со|ставля́ть ‹-ста́вить› ⑤ ◇ **einen Rekord ~** уста|на́вливать ‹-нови́ть› реко́рд **II.** *vr* (*im Kreis*) ◇ **sich ~** станови́ться ‹стать›; **Aufstellung** *f* ① (*von Gerüst*) монта́ж *м,* устано́вка *ж* ② (*von Theorie, Rekord*) выдвиже́ние *с,* установле́ние *с* ③ (*von Truppen*) формирова́ние *с*

Aufstieg *m* ‹-[e]s, -e› ① (*auf Berg*) подъём *м,* восхожде́ние *с* ② (*Karriere*) повыше́ние *с,* карье́ра *ж* ③ SPORT (*in Liste*) перехо́д *м* в бо́лее высо́кий класс

aufstoßen *unreg* **I.** *vt* (*Tür*) откры́‹ва́›ть, распа́х|ивать ‹-ну́ть› толчко́м **II.** *vi* (*rülpsen*) *FAM* (гро́мко) рыг|а́ть ‹-ну́ть›

Aufstrich *m* (*Brot~*) нама́зываемое *с* на хлеб

aufstützen I. *vt* (*Arm*) обло|ка́чиваться ‹-коти́ться› (*auf akk* на что-л) **II.** *vr* (*sich lehnen*) ◇ **sich ~** опира́ться ‹опере́ться›, обло|ка́чиваться ‹-коти́ться› (*auf akk* на что-л)

aufsuchen *vt* (*hingehen, Arzt*) обра|ща́ться ‹-ти́ться› к врачу́; (*Toilette*) за|ходи́ть ‹-йти́›; (*Freund*) наве|ща́ть ‹-сти́ть›

auftakeln *vr FAM* (*sich herausputzen*) ◇ **sich ~** наря|жа́ться ‹-ди́ться›, расфуфы́риться *сов*

Auftakt *m* ① (*Beginn*) ◇ **festlicher ~** торже́ственное откры́тие *с* ② MUS вступле́ние *с,* зата́кт *м*

auftanken *vt* (*tanken*) за|правля́ть ‹-пра́вить› горю́чим

auftauchen *vi* ① (*aus Wasser*) выплыва́ть ‹вы́плыть›, вы́нырнуть *сов;* (*U-Boot*) всплы́‹ва́›ть ② (*sichtbar werden*) (внеза́пно) воз|ника́ть ‹-ни́кнуть›, пока́|зываться ‹-за́ться› ③ *FAM* (*wieder da sein*) поя|вля́ться ‹-ви́ться› ④ *FIG* (*Zweifel*) воз|ника́ть ‹-ни́кнуть›

auftauen I. *vt* (*Gefrorenes*) отта́|ивать ‹-ять› **II.** *vi* ① (*tauen, Schnee*) ‹рас-›та́ять ② *FIG* (*Hemmungen verlieren*) разговори́ться *сов,* ожи|вля́ться ‹-ви́ться›

aufteilen *vt* (*Ration, Arbeit*) ‹по-›дели́ть, распреде|ля́ть ‹-ли́ть›; (*Platz*) разби́‹ва́›ть на отде́льные уча́стки; **Aufteilung** *f* разделе́ние *с,* распределе́ние *с*

auftischen *vt* ① (*Essen*) пода́‹ва́›ть, ‹по-›ста́вить на стол ② *FIG* (*Neuigkeiten*) расска́|зывать ‹-за́ть›

Auftrag *m* ‹-[e]s, -träge› ① (*Arbeit*) поруче́ние *с,* зада́ние *с* ② COMM (*Bestellung*) ◇ **e-n ~ erteilen** сде́лать зака́з ③ (*Weisung*) указа́ние *с,* распоряже́ние *с* ④ (*stellvertretend*) ◇ **im ~** по поруче́нию; **auftragen** *unreg* **I.** *vt* ① (*Essen*) пода́‹ва́›ть на стол ② (*Lack, Creme*) на|носи́ть ‹-нести́›, на|кла́дывать ‹-кла́сть› ③ (*Auftrag geben*) ◇ **jd-m etw ~** поруча́ть что-л кому́-л **II.** *vi* (*übertreiben*) ◇ **dick ~** пере|ба́рщивать ‹-борщи́ть›, пере|гиба́ть ‹-гну́ть›; **Auftraggeber(in** *f*) *m* ‹-s, -› (*Klient/in*) *a.* COMM зака́зчик *м,* зака́зчица *ж,* лицо́ *с,* даю́щее поруче́ние; **Auftragsbestätigung** *f* COMM подтвержде́ние *с* получе́ния зака́за; **Auftragserteilung** *f* COMM вы́дача *ж* зака́за

auftreiben *unreg vt FAM* (*finden, beschaffen*) доста́‹ва́›ть, раздобы́‹ва́›ть

auftreten *unreg vi* ① (*sich benehmen*) держа́ться *несов,* вести́ себя́; (*energisch*) де́йствовать реши́тельно ② (*auf Boden*) насту|па́ть ‹-пи́ть› ③ (*erscheinen, Krankheit*) воз|ника́ть ‹-ни́кнуть›, поя|вля́ться ‹-ви́ться› ④ THEAT выступа́ть ‹вы́ступить›, выходи́ть ‹вы́йти› на сце́ну ⑤ JURA ◇ **als Zeuge ~** выступа́ть ‹вы́ступить› в ка́честве свиде́теля; **Auftreten** *n* ‹-s› ① (*Benehmen*) поведе́ние *с,* мане́ра *ж* вести́ себя́ ② (*Vorkommen*) возникнове́ние *с,* появле́ние *с* ③ (*als Schauspieler*) выступле́ние *с*

Auftrieb *m* ① (*Aufwind*) подъёмная си́ла *ж* ② *FIG* (*Aufschwung*) сти́мул *м,* и́мпульс *м*

Auftritt *m* ① THEAT выступле́ние *с,* вы́ход *м* на сце́ну ② *PEJ* (*Szene*) явле́ние *с,* сце́на *ж*

aufwachen *vi a. FIG* пробу|жда́ться ‹-ди́ться›, про|сыпа́ться ‹-сну́ться›

aufwachsen *unreg vi* выраста́ть ‹вы́расти›, под|раста́ть ‹-расти́›

Aufwand *m* ‹-[e]s› (*Energie~*) затра́та *ж;* ◇ **großen ~ betreiben** де́лать больши́е [ну́жные] затра́ты

aufwärmen I. *vt* ① (*Essen*) подогре́‹ва́›ть, разогре́‹ва́›ть ② (*alte Geschichten*) помина́ть ста́рое **II.** *vr* SPORT ◇ **sich ~** де́лать разми́нку

aufwarten *vi* ① (*mit Essen*) уго|ща́ть ‹-сти́ть› (*jd-m* кого́-л чем-л) ② *FIG* препод|носи́ть ‹-нести́› (*mit etw* кому́-л что-л)

aufwärts *adv* (*nach oben*) вверх, наве́рх; **aufwärtsgehen** *unreg vi FAM* (*beruflich, finanziell*) ◇ **es geht aufwärts mit ihm** его́ дела́ иду́т в го́ру, он преуспева́ет

aufwecken *vt* (*jd-n*) ‹раз-›буди́ть кого́-л

aufweisen *unreg vt* (*Mängel*) проя|вля́ть <-ви́ть>, обнару́жи<ва>ть

aufwenden *unreg vt* (*Geld, Energie*) <за-, ис-> тра́тить; **aufwendig** *adj* (*kostspielig*) дорогостоя́щий

aufwerfen *unreg vt* ① (*Frage, Problem*) под|нима́ть <-ня́ть> ② (*Tür*) откры́<ва́>ть ре́зким движе́нием ③ (*Wall*) на|сыпа́ть <-сы́пать>

aufwerten *vt* ① (*Währung*) ревалоризи́ровать *несов,* по|выша́ть <-вы́сить> це́нность ② *FIG* (*Person*) по|выша́ть <-вы́сить> значе́ние кого́-л

aufwiegeln *vt* (*aufhetzen*) подстрек|а́ть <-ну́ть>

aufwiegen *unreg vt FIG* (*ausgleichen*) уравнове́|шивать <-сить>

Aufwind *m* ① AERO, METEO восходя́щий ве́тер *м,* возду́шный пото́к *м* ② *FIG* (*Aufschwung*) сти́мул *м,* поры́в *м,* подъём *м*

aufwirbeln *vt* вздыма́ть *несов; FIG* (*Aufsehen erregen*) ◇ **Staub ~** привлека́ть внима́ние

aufwischen *vt* (*saubermachen*) под|тира́ть <-тере́ть>

aufzählen *vt* (*Namen, Dinge etc.*) пере|числя́ть <-чи́слить>

aufzeichnen *vt* ① (*zeichnen*) <на->рисова́ть, <на->черти́ть ② (*notieren*) запи́|сывать <-са́ть>; (*protokollieren*) <за->протоколи́ровать ③ (*auf Tonband*) записа́ть на плёнку, сде́лать звукоза́пись; **Aufzeichnung** *f* ① (*Notizen*) заме́тки *мн* ② (*Tonband~*) звукоза́пись *ж* ③ MEDIA заме́тка *ж,* за́пись *ж*

aufzeigen *vt* (*darstellen*) пока́|зывать <-за́ть>, вскры́<ва́>ть

aufziehen *unreg vt* ① (*Uhr*) за|води́ть <-вести́> ② (*in die Höhe ziehen, Lasten*) тяну́ть вверх, под|нима́ть <-ня́ть> вверх; (*Segel, Fahne, Vorhang*) под|нима́ть <-ня́ть> ③ *FAM* (*necken*) дразни́ть *несов,* подтру́|нивать <-ни́ть> ④ (*Kinder, Tiere*) расти́ть *несов,* выра́щивать <вы́растить>, воспи́|тывать <-та́ть> ⑥ (*veranstalten*) осущест|вля́ть <-ви́ть>, про|води́ть <-вести́>

Aufzug *m* ① (*Fahrstuhl*) лифт *м,* подъёмник *м* ② *PEJ* (*Aufmachung, Kleidung*) облаче́ние *с,* костю́м *м,* наря́д *м* ③ THEAT де́йствие *с,* акт *м*

aufzwingen *unreg vt* (*aufnötigen*) навя́|зывать <-за́ть> (*jd-m etw* что-л кому́-л)

Auge *n* <-s, -n> ① (*Sinnesorgan*) глаз *м;* ◇ **beide ~n zudrücken** закрыва́ть глаза́ на что-л; ◇ **jd-m schöne ~n machen** стро́ить гла́зки кому́-л; ◇ **jd-n aus den ~n verlieren** упуска́ть [теря́ть] кого́-л из ви́ду; ◇ **unter vier ~n** с гла́зу на глаз, оди́н на оди́н ② (*von Würfel*) очко́ *с* ③ (*Fett~*) блёстка *ж* жи́ра; **Augenarzt** *m* глазно́й врач *м;* **Augenärztin** *f* же́нщина-глазно́й врач *ж*

Augenblick *m* (*Moment*) мгнове́ние *с,* моме́нт *м;* ◇ **im ~** в одно́ мгнове́ние; **augenblicklich** *adj* ① (*sofort*) мгнове́нный; (*unverzüglich*) неме́дленный ② (*momentan*) момента́льный

Augenwischerei *f FIG* (*Selbsttäuschung*) самообма́н *м,* самообольще́ние *с;* **Augenzeuge** *m,* **Augenzeugin** *f* свиде́тель(ница *ж*) *м*

August *m* <-[e]s *o.* -, -e> а́вгуст *м; s. a.* **Mai**

Auktion *f* (*Versteigerung*) аукцио́н *м*

Aula *f* <-, Aulen *o.* -s> (*Schul~*) а́ктовый зал *м*

Au-pair-Mädchen *n* *де́вушка-служа́нка, кото́рая живёт и тру́дится за грани́цей в семье́ с це́лью изучи́ть иностра́нный язы́к*

Aura *f* <-, -ren> *FIG* (*Ausstrahlung*) а́ура *ж*

aus I. *präp dat* ① (*von innen nach außen, räumlich*) из; ◇ **~ dem Haus gehen** вы́йти из до́ма ② (*von ... her, räumlich*) из; ◇ **~ Spanien kommen** прие́хать из Испа́нии ③ (*zeitlich*) из; ◇ **ein Gemälde ~ dem 18. Jahrhundert** карти́на восемна́дцатого ве́ка ④ (*Beschaffenheit*) из; ◇ **~ Holz** из де́рева ⑤ (*aufgrund, wegen*) из-за; ◇ **~ Liebe** из-за любви́ **II.** *adv* ① (*vorbei, zu Ende*) ко́нчено!, коне́ц! ② (*abgeschaltet*) вы́ключено ③ ◇ **von sich ~** по свое́й инициати́ве ④ ◇ **auf etw** *akk* **~ sein** хоте́ть [доби́ться] чего́-л

Aus *n* <-> ① *FIG* (*Ende*) коне́ц *м* ② SPORT а́ут *м,* вне игры́

ausarbeiten *vt* (*entwerfen, erarbeiten*) разра|ба́тывать <-бо́тать>, выраба́тывать <вы́работать>

ausarten *vi* (*aus dem Rahmen fallen*) выходи́ть из ра́мок

ausbaden *vt FAM* (*Dummheit*) рас|хлёбывать <-хлеба́ть> что-л; (*büßen*) распла́|чиваться <-ти́ться> за что-л

Ausbau *m* <-ten> ① (*von Motor*) разбо́рка *ж,* демонта́ж *м* ② (*von Haus*) достро́йка *ж,* расшире́ние *с* ③ (*von Ideen etc.*) разви́тие *с;* **ausbauen** *vt* ① (*herausnehmen*) снима́ть <снять>, раз|бира́ть <-обра́ть> ② (*erweitern, Idee*) разви́<ва́>ть; (*Haus*) до|стра́ивать <-стро́ить>, рас|ширя́ть <-ши́рить> ③ (*weiterführen, Projekt*) <у->соверше́нствовать, рас|ширя́ть <-ши́рить>

ausbessern *vt* (*Wäsche*) <по->чини́ть; (*Text*) по|правля́ть <-пра́вить>; (*Haus*) <от->ремонти́ровать; **Ausbesserungsarbeiten** *f pl* ремо́нтные рабо́ты *мн*

ausbeulen *vt* (*Delle*) выправля́ть <вы́править>, выпрямля́ть <вы́прямить>

Ausbeute *f* (*Gewinn*) при́быль *м*, дохо́д *м*, вы́года *ж*, по́льза *ж*; **ausbeuten** *vt* ① (*Arbeiter, Sklaven*) эксплуати́ровать *несов* ② (*Bodenschätze*) разра|ба́тывать <-бо́тать>, эксплуати́ровать

ausbezahlen *vt* (*auszahlen*) выпла́чивать <вы́платить> сполна́

ausbilden *vt* ① (*Lehrling*) обу|ча́ть <-чи́ть> ② (*fördern, Können*) разви́<ва́>ть; **Ausbildung** *f* (*Schul~, Berufs~*) обуче́ние *с*, профессиона́льная подгото́вка *ж*

ausbleiben *unreg vi* ① (*nicht kommen*) не при|ходи́ть <-йти́>, не явля́ться <яви́ться> ② (*nicht eintreten, Ereignisse*) не насту|па́ть <-пи́ть> ③ ◇ **es bleibt nicht aus** без э́того не обойдётся

Ausblick *m* ① (*Aussicht*) вид *м* (*auf akk* на что-л) ② *FIG* (*Perspektive*) перспекти́ва *ж*, ви́ды *мн*

ausbrechen *unreg* **I.** *vi* ① (*aus Gefängnis*) бежа́ть *несов*, соверша́ть побе́г ② ◇ **in Freudengeschrei ~** разрази́ться кри́ками ра́дости; ◇ **in Tränen ~** распла́каться *сов* ③ (*Krankheit*) нача́ться *сов*, воз|ника́ть <-ни́кнуть> ④ (*Vulkan*) нача́ть де́йствовать **II.** *vt* (*herausbrechen*) выла́мывать <вы́ломать>

ausbreiten **I.** *vt* ① (*hinlegen*) раскла́дывать <разложи́ть>; (*Plan*) разви́<ва́>ть; (*Teppich*) расстила́ть <разостла́ть> ② (*Arme*) распро|стере́ть <-стира́ть> **II.** *vr* ◇ **sich ~** ① (*Feuer*) распрост|раня́ться <-рани́ться> ② (*Gebiet*) простира́ться ③ *FAM* (*etw ausführlich behandeln*) распрост|раня́ться <-рани́ться> (*über akk* о чём-л)

Ausbruch *m* ① (*Gefängnis~*) побе́г *м* ② (*Gefühls~*) вспы́шка *ж* ③ (*Krankheits~*) нача́ло *с*, внеза́пное возникнове́ние *с* ④ (*Vulkan~*) изверже́ние *с*

ausbrüten *vt* ① (*Ei*) выси́живать <вы́сидеть> ② *FIG* (*Plan*) вына́шивать <вы́носить>, за|мышля́ть <-мы́слить>

Ausdauer *f* (*Durchhaltevermögen*) вы́держка *ж*, выно́сливость *ж*; (*Geduld*) терпе́ние *с*; (*Beharrlichkeit*) упо́рство *с*

ausdehnen **I.** *vt* ① (*vergrößern*) *a. FIG* растя́|гивать <-ну́ть>, рас|ширя́ть <-ши́рить>; (*verlängern*) удли|ня́ть <-ни́ть> ② (*Frist*) прод|лева́ть <-ли́ть> **II.** *vr* (*sich erstrecken*) ◇ **sich ~** растя́|гиваться <-ну́ться>, рас|ширя́ться <-ши́риться>, затя́|гиваться <-ну́ться>

ausdenken *unreg vr* (*erfinden*) ◇ **sich** *dat* **etw ~** выду́мывать <вы́думать> что-л, приду́м<ыв>ать что-л, из|мышля́ть <-мы́слить> что-л

ausdiskutieren *vt* (*Problem*) завер|ша́ть <-ши́ть> диску́ссию, ре|ша́ть <-ши́ть> путём диску́ссии како́й-л вопро́с

Ausdruck[1] *m* (*Gesichts~, Formulierung*) выраже́ние *с*; (*Äußerung*) проявле́ние *с*; ◇ **etw zum ~ bringen** выража́ть <вы́разить> что-л

Ausdruck[2] *m* <-e> (*Computer~*) распеча́тка *ж*, печа́тные да́нные *мн*; **ausdrucken** *vt* PC ◇ **Daten ~** распеча́т<ыв>ать да́нные

ausdrücken **I.** *vt* ① (*Zitrone*) выжима́ть <вы́жать>, выда́вливать <вы́давить> ② (*Zigarette*) <по->гаси́ть, <по->туши́ть ③ (*Gedanken, Beileid*) выража́ть <вы́разить> **II.** *vr* (*sprechen*) ◇ **sich ~** выража́ться <вы́разиться>; ◇ **sich gewählt ~** изы́сканно выража́ться; **ausdrücklich** *adj* (*nachdrücklich*) настоя́тельный, категори́ческий

ausdruckslos *adj* (*starr*) невырази́тельный, без выраже́ния; **Ausdrucksweise** *f* (*Sprechweise*) мане́ра *ж* выража́ться, спо́соб *м* [фо́рма *ж*] выраже́ния, стиль *м* ре́чи

auseinander *adv* (*getrennt*) врозь, далеко́ друг от дру́га; **auseinandergehen** *unreg vi* ① (*sich trennen*) расходи́ться <разойти́сь> ② (*Meinungen*) разли|ча́ться <-чи́ться> ③ (*kaputtgehen*) рас|пада́ться <-па́сться>; (*verfallen*) рас|стра́иваться <-стро́иться> ④ *FAM* (*dick werden*) <рас->полне́ть, разда́<ва́>ться; **auseinanderhalten** *unreg vt FIG* (*unterscheiden*) разде|ля́ть <-ли́ть>, разли|ча́ть <-чи́ть>; **auseinandersetzen** **I.** *vt* (*Sachlage*) из|лага́ть <-ложи́ть>, разъяс|ня́ть <-ни́ть>, объяс|ня́ть <-ни́ть>, растолко́|вывать <-ва́ть> **II.** *vr* (*sich intensiv beschäftigen*) ◇ **sich ~** глубоко́ вника́ть (*mit* во что); ◇ **sich mit einem Problem ~** занима́ться пробле́мой; **Auseinandersetzung** *f* (*Streit*) спор *м*, столкнове́ние *с*; (*Diskussion*) диску́ссия *ж*; (*Wortwechsel*) сты́чка *ж*

auserlesen *adj* (*Wein*) отбо́рный

ausfahren *unreg* **I.** *vi* ① (*spazierenfahren*) выезжа́ть <вы́ехать> на прогу́лку ② (*Zug,*

Schiff) выходи́ть ‹вы́йти› ③ (*Zeitungen, Brötchen*) раз|вози́ть ‹-везти́› **II.** *vt* ① (*jd-n spazierenfahren*) вывози́ть ‹вы́везти› на прогу́лку ② TECH (*Fahrwerk*) выпуска́ть ‹вы́пустить› шасси́ ③ (*abnutzen, Weg*) разби́‹ва́›ть, разъе́здить доро́гу ④ (*Wagen*) выжима́ть ‹вы́жать› (ско́рость)

Ausfahrt *f* ① (*Spazierfahrt*) вы́езд *м*, прогу́лка *ж* ② (*Garagen~*) вы́езд *м*; ◇ ~ **freihalten!** береги́сь автомоби́ля! ③ (*von Zug etc.*) отправле́ние *с*

Ausfall *m* ① (*von Sitzung*) про́пуск *м* ② (*Produktions~*) недовы́работка *ж* ③ (*Haar~*) выпаде́ние *с* ④ (*Ergebnis*) результа́т *м*, исхо́д *м*; **ausfallen** *unreg vi* ① (*Arbeiter*) недостава́ть *несов*, отсу́тствовать *несов* ② (*Maschine, stillstehen*) отка́|зывать ‹-за́ть›, проста́ивать *несов*; ◇ **der Strom ist ausgefallen** прекрати́лась пода́ча электроэне́ргии ③ (*nicht stattfinden*) не состоя́ться, не быть ④ (*Zähne, Haare*) выпада́ть ‹вы́пасть› ⑤ ◇ **ist deine Prüfung gut ausgefallen?** ты сдал экза́мен успе́шно?

ausfallend *adj* (*beleidigend*) гру́бый, агресси́вный

ausfertigen *vt* (*Urkunde*) со|ставля́ть ‹-ста́вить›, о|формля́ть ‹-фо́рмить›, выпи́сывать ‹вы́писать›; **Ausfertigung** *f* (*Exemplar*) оригина́л *м*, экземпля́р *м*; ◇ **in dreifacher** ~ в трёх экземпля́рах

ausfindig *adj* (*finden*) ◇ ~ **machen** разы́скивать ‹-ка́ть›, на|ходи́ть ‹-йти́›

ausfliegen *unreg* **I.** *vt* (*Personen, mit Flugzeug*) вылета́ть ‹вы́лететь› **II.** *vi FAM* (*nicht zu Hause*) ◇ **die ganze Familie war ausgeflogen** вся семья́ отсу́тствовала

ausflippen *vi FAM* (*vor Freude, Wut*) быть вне себя́

Ausflucht *f* ‹-, -flüchte› (*Ausrede*) уло́вка *ж*, увёртка *ж*, отгово́рка *ж*

Ausflug *m* (*Betriebs~*) экску́рсия *ж*, прогу́лка *ж*

Ausfluß *m* ① (*von Flüssigkeit*) истече́ние *с*, вытека́ние *с*; (*Abfluß*) сток *м*, слив *м* ② MED выделе́ние *с*

ausfragen *vt* (*gezielt fragen*) рас|спра́шивать ‹-спроси́ть›, выспра́шивать ‹вы́спросить›, выпы́тывать ‹вы́пытать›

ausfransen *vi* (*Pullover*) обтрепа́ться *сов*

ausfressen *unreg vt FAM* ◇ **etw** ~ натвори́ть что-л

Ausfuhr *f* ‹-, -en› (*Export*) вы́воз *м*, э́кспорт *м*; **ausführen** *vt* ① (*exportieren*) вывози́ть ‹вы́везти›, экспорти́ровать *несов и сов* ② (*verwirklichen*) выполня́ть ‹вы́полнить›, ис|полня́ть ‹-по́лнить›, осущест|вля́ть ‹-ви́ть› ③ (*erklären*) из|лага́ть ‹-ложи́ть›, зая|вля́ть ‹-ви́ть› ④ (*Hund*) выводи́ть ‹вы́вести› гуля́ть

ausführlich *adj* (*detailliert*) подро́бный, дета́льный, обстоя́тельный

Ausführung *f* ① (*Realisierung*) осуществле́ние *с*, выполне́ние *с*, реализа́ция *ж* ② (*von Thema*) выступле́ние *с*, выска́зывание *с* ③ (*Luxus~*) оформле́ние *с*, исполне́ние *с*

ausfüllen *vt* ① (*Formular*) за|полня́ть ‹-по́лнить› ② (*befriedigen*) удовлетво|ря́ть ‹-ри́ть›, доставля́ть удовлетворе́ние

Ausgabe *f* ① (*von Waren*) вы́дача *ж*, о́тпуск *м* ② (*Gepäck~*) вы́дача *ж* ③ (*Aufwand*) расхо́д *м*, тра́та *ж* ④ (*von Buch, Zeitung*) изда́ние *с* ⑤ PC выходно́е устро́йство *с*

Ausgang *m* ① (*~stür*) вы́ход *м* ② (*von Spiel, Diskussion*) оконча́ние *с*, коне́ц *м*; (*von Verwicklungen*) исхо́д *м* ③ (*Ergebnis*) результа́т *м* ④ (*Ausgehen*) вы́ход *м*, выходи́ть (из до́ма); **Ausgangspunkt** *m a. FIG* исхо́дный пункт *м*, отправна́я то́чка *ж*, нача́ло *с*

ausgeben *unreg* **I.** *vt* ① (*Geld*) ‹из-›расхо́довать, ‹по-›тра́тить ② (*verteilen*) выдава́ть ‹вы́дать› ③ (*spendieren*) уго|ща́ть ‹-сти́ть› за свои́ де́ньги **II.** *vr* (*vortäuschen, vorgeben*) ◇ **sich für jd-n** ~ выдава́ть ‹вы́дать› себя́ за кого́-л

ausgebucht *adj* (*Hotel*) по́лностью за́нятый; (*Flug*) по́лностью распро́данный; ◇ **die Vorstellung war** ~ биле́ты на представле́ние бы́ли распро́даны

ausgebufft *adj FAM* ① (*erschöpft*) изнурённый, обесси́ленный ② (*raffiniert, Betrüger*) хи́трый, изощрённый

ausgedehnt *adj* ① (*gedehnt*) простра́нный, обши́рный ② (*Spaziergang*) продолжи́тельный, да́льний

ausgedient *adj* (*abgenutzt*) прише́дший в него́дность, поно́шенный; ◇ ~ **haben** отслужи́вший (свой срок)

ausgefallen *adj* (*ungewöhnlich*) необыча́йный, исключи́тельный, неходово́й

ausgeglichen *adj* ① (*Person*) уравнове́шенный; (*Verhältnis*) ро́вный ② (*Spiel*) ро́вный; **Ausgeglichenheit** *f* (*Ruhe, Harmonie*) уравнове́шенность *ж*

ausgehen *unreg vi* ① (*weggehen*) выходи́ть ‹вы́йти›; (*aufbrechen*) от|правля́ться ‹-

пра́виться› гуля́ть ② (*Feuer, Licht*) ‹по-› га́снуть, за|туха́ть ‹-ту́хнуть› ③ (*Haare*) выпада́ть ‹вы́пасть› ④ (*Ergebnis haben*) ◇ **wie ist der Film/das Spiel ausgegangen?** чем зако́нчился фильм/зако́нчилась игра́? ⑤ (*Geld*) конча́ться ‹ко́нчиться› ⑥ (*abstammen*) исходи́ть *несов;*◇ **von jd-m / etw ~** исходи́ть от кого́-л/из чего́-л

ausgekocht *adj FIG* (*raffiniert*) отъя́вленный, прожжённый

ausgelassen *adj* (*fröhlich*) весёлый, шаловли́вый, ре́звый

ausgelastet *adj* (*voll beschäftigt*) по́лностью за́нятый [загру́женный]

ausgelernt *adj* ◇ **~ haben** зако́нчивший обуче́ние, получи́вший профессиона́льную подгото́вку

ausgemacht *adj* ① (*vereinbart*) ◇ **es war ~, daß ...** бы́ло решено́, что ... ② *FAM* (*groß*) ◇ **ein ~er Dummkopf** кру́глый [наби́тый] дура́к

ausgenommen I. *cj* (*bis auf*) кро́ме; ◇ **er ißt alles, ~ Käse** он ест всё, кро́ме сы́ра II. *präp akk* (*außer*) за исключе́нием, исключа́я

ausgeprägt *adj* (*Eigenschaft, Gesichtszüge*) (я́рко) вы́раженный, запомина́ющийся

ausgerechnet *adv* (*gerade*) как раз, и́менно, как наро́чно; ◇ **~ er!** и́менно он!; ◇ **~ heute!** как наро́чно сего́дня!

ausgeschlossen *adj* (*nicht möglich*) исключённый

ausgesprochen I. *adj* (*unverkennbar, klar*) я́сно вы́раженный, я́вный, очеви́дный; (*Lüge*) я́вный, вопию́щий II. *adv* (*sehr*) о́чень, исключи́тельно; ◇ **jd-n ~ gern haben** о́чень симпатизи́ровать кому́-л, о́чень люби́ть кого́-л

ausgestorben *adj* ① (*Pflanze*) вы́мерший ② (*menschenleer*) бу́дто вы́мерший

ausgezeichnet *adj* (*sehr gut*) отли́чный, превосхо́дный

ausgiebig *adj* (*reichlich*) бога́тый, ще́дрый; (*Essen*) оби́льный, в большо́м коли́честве; (*Gebrauch*) широко́ испо́льзуемый

Ausgleich *m* ‹-[e]s, -e› ① (*Konto~*) опла́та *ж* ② (*Entschädigung*) возмеще́ние *с*, компенса́ция *ж;* ◇ **zum ~** в упла́ту ③ SPORT (*Gleichstand*) ра́вный счёт *м;* **ausgleichen** *unreg* I. *vt* ① (*Mangel*) ис|правля́ть ‹-пра́вить›; (*Unterschied*) ликвиди́ровать *несов и сов* ② (*Meinungen*) примир|я́ть ‹-ри́ть›, догова́риваться ‹-вори́ться› ③ (*Konto*) упла́|чивать ‹-ти́ть› ④ SPORT (*Spielstand*) сра́в|нивать ‹-ня́ть› II. *vr* (*sich aufheben, Gegensätze*) ◇ **sich ~** взаи́мно нейтрализова́ться

ausgraben *unreg vt* ① (*antike Stadt*) выка́пывать ‹вы́копать›, рас|ка́пывать ‹-копа́ть› ② *FIG* (*alte Mode*) от|копа́ть ‹-ка́пывать›, вытаскивать ‹вы́тащить› на свет бо́жий; **Ausgrabung** *f* (*archäologisch*) раско́пки *мн*

ausgrenzen *vt* (*aus Gesellschaft*) выделя́ть ‹вы́делить›, обо|собля́ть ‹-со́бить›

Ausguß *m* ① (*Spüle*) ра́ковина *ж* ② (*Abfluß*) слив *м*, сток *м*

aushaben *unreg vt FAM* SCH (*Schluß haben*) ◇ **wir haben aus** заня́тия зако́нчились

aushalten *unreg* I. *vt* ① (*ertragen*) выноси́ть ‹вы́нести›; (*Gewicht*) выде́рживать ‹вы́держать› ② *FAM* (*Geliebte/n*) име́ть на содержа́нии II. *vi* (*durchhalten*) ‹про-›держа́ться

aushandeln *vt* (*Bedingungen, Vertrag*) выторго́вывать ‹вы́торговать›

aushändigen *vt* (*geben*) вру|ча́ть ‹-чи́ть›, выдава́ть ‹вы́дать› на́ руки (*jd-m etw* что-л кому́-л)

Aushang *m* (*öffentlich*) объявле́ние *с*, доска́ *ж* с объявле́ниями; **aushängen** *unreg* I. *vt* ① (*Informationsblatt*) выве́шивать ‹вы́весить› ② (*Tür*) снима́ть ‹снять› с пете́ль II. *vi* (*am schwarzen Brett*) висе́ть на виду́, выве́шивать ‹вы́весить› на пока́з, быть вы́вешенным III. *vr* (*Falten, in Kleidung*) ◇ **sich ~** отвисе́ться; **Aushängeschild** *n* (*Reklameschild*) вы́веска *ж*

aushecken *vt FAM* (*Plan*) вына́шивать ‹вы́носить›, приду́м‹ыв›ать

aushelfen *unreg vi* по|мога́ть ‹-мо́чь› в тру́дном положе́нии, выруча́ть ‹вы́ручить› (*jd-m* кого-л); **Aushilfskraft** *f* подсо́бный рабо́чий *м*, приходя́щая прислу́га *ж;* **aushilfsweise** *adv* ◇ **~ arbeiten** рабо́тать вре́менно

ausholen *vi* ① (*zum Schlag*) зама́|хиваться ‹-ну́ться›, разма́х|иваться ‹-ну́ться› ② (*große Schritte machen*) разбе|га́ться ‹-жа́ться› для прыжка́ ③ *FIG* (*weitschweifig erklären*) ◇ **weit ~** начина́ть заводи́ть речь издалека́

aushorchen *vt FAM* (*ausfragen*) (осторо́жно) рас|спра́шивать ‹-спроси́ть› кого́-л о чём-л

auskennen *unreg vr* ◇ **sich ~** ① (*an e-m Ort*)

хорошо́ ориенти́роваться в чём-л ② (*Bescheid wissen*) хорошо́ разбира́ться в чём-л

Ausklang *m* (*Ende*) оконча́ние *с*, коне́ц *м*, заключи́тельный моме́нт *м*

ausklingen *unreg vi* ① (*Ton*) отзвуча́ть *сов*, за|мира́ть ‹-мере́ть› ② (*Fest, Jahr*) за|ка́нчиваться ‹-ко́нчиться›, завер|ша́ться ‹-ши́ться›

auskommen *unreg vi* ① (*sich verstehen*) ‹по-› ла́дить, ужи́‹ва́›ться; ◇ **gut miteinander ~** находи́ть о́бщий язы́к друг с дру́гом ② (*mit Geld*) об|ходи́ться ‹-ойти́сь› чем-л, своди́ть ‹свести́› концы́ с конца́ми (*mit* чем-л, с); **Auskommen** *n* (*Lebensunterhalt*) ◇ **sein ~ haben** име́ть дохо́д, име́ть сре́дства к жи́зни

auskugeln *vt FAM* ◇ **sich** *dat* **den Arm ~** вы́вихнуть себе́ ру́ку

auskundschaften *vt* ① (*Geheimnis*) разузна́‹ва́›ть, выве́дывать ‹вы́ведать› ② (*Gelände*) разве́д‹ыв›ать

Auskunft *f* ‹-, -künfte› ① (*Information*) спра́вка *ж*, све́дения *мн*, информа́ция *ж*; ◇ **jd-m e-e ~ erteilen** да‹ва́›ть кому́-л спра́вку [информа́цию] ② (*Telefon~*) спра́вка *ж* по телефо́ну; (*Zug~, Schalter*) спра́вочное бюро́ *с*

auslachen *vt* (*jd-n*) высме́ивать ‹вы́смеять› кого́-л

ausladen *unreg vt* ① (*Fracht, Ladung*) выгружа́ть ‹вы́грузить›, разгру|жа́ть ‹-зи́ть› ② *FAM* (*Gäste*) отме|ня́ть ‹-ни́ть› приглаше́ние

ausladend *adj* (*Kinn*) выступа́ющий

Auslage *f* ① (*Schaufenster~*) витри́на *ж* ② (*von Waren*) вы́ставка *ж* ③ ◇ **~n** *pl* (*Kosten*) расхо́ды *мн*, изде́ржки *мн*

Ausland *n* грани́ца *ж*; ◇ **im/ins ~** за грани́цей/за грани́цу; **Ausländer(in** *f*) *m* ‹-s, -› иностра́нец *м*, иностра́нка *ж*; **ausländerfeindlich** *adj* вражде́бный по отноше́нию к иностра́нцам; **ausländisch** *adj* иностра́нный, заграни́чный; **Auslandsaufenthalt** *m* пребыва́ние *с* за грани́цей; **Auslandsgespräch** *n* TELEC телефо́нный разгово́р *м* с заграни́цей; **Auslandskorrespondent(in** *f*) *m* заграни́чный(-ая) корреспонде́нт(ка *ж*) *м*; **Auslandsvertretung** *f* (*von Firma*) представи́тельство *с* за грани́цей, филиа́л *м* фи́рмы за грани́цей

auslassen *unreg* **I.** *vt* ① (*Buchstaben*) выпуска́ть ‹вы́пустить›; (*jd-n übergehen*) пропус|ка́ть ‹-ти́ть›; (*Chance*) упус|ка́ть ‹-ти́ть› кого́-л ② (*abfließen lassen*) выпуска́ть ‹вы́пустить› ③ ◇ **seine Wut an jd-m ~** срыва́ть ‹сорва́ть› свою́ зло́бу на ком-л) ④ (*Licht, Ofen*) о|ставля́ть ‹-ста́вить› невключённым, рас|та́пливать ‹-топи́ть› ⑤ (*Fett*) выта́пливать ‹вы́топить› **II.** *vr* (*sich ausgiebig äußern*) ◇ **sich ~** распростра|ня́ться ‹-ни́ться›, выска́зываться ‹вы́сказаться› (*über akk* о ком-чём-л); **Auslassungszeichen** *n* апо́строф *м*, знак *м* про́пуска

Auslauf *m* ① (*für Tiere*) вы́гон *м*, па́стбище *с* ② (*Wasser~*) вытека́ние *с*, отве́рстие *с* для сто́ка

auslaufen *unreg vi* ① (*undicht sein*) про|тека́ть ‹-те́чь› ② (*Flüssigkeit*) вытека́ть ‹вы́течь› ③ (*Schiff, aus Hafen*) выходи́ть ‹вы́йти› в мо́ре, отплы́‹ва́›ть ④ (*Amtszeit*) о|ка́нчиваться ‹-ко́нчиться›; (*Frist*) ис|тека́ть ‹-те́чь›, конча́ться ‹ко́нчиться›

Ausläufer *m* (*Gebirgs~*) отро́г *м*

ausleben *vr* ◇ **sich ~** насла|жда́ться ‹-ди́ться› жи́знью

ausleeren *vt* (*entleeren*) опо|ра́жнивать ‹-рожни́ть›, о|чища́ть ‹-чи́стить›; (*austrinken*) выпива́ть ‹вы́пить› (до дна)

auslegen *vt* ① (*Teppich*) выстила́ть ‹вы́стлать›, уст‹и›ла́ть ② (*Waren*) раскла́дывать ‹разложи́ть›, выкла́дывать ‹вы́ложить› ③ (*Geld*) вноси́ть ‹внести́› де́ньги ④ (*Text, Äußerung*) истолко́|вывать ‹-ва́ть›, интерпрети́ровать *несов и сов*; **Auslegung** *f* ① (*Interpretation, Deutung*) толкова́ние *с*, интерпрета́ция *ж* ② (*Erklärung*) коммента́рий *м*, заявле́ние *с*

Ausleihe *f* ‹-, -n› ① (*das Ausleihen*) прока́т *м*, вы́дача *ж* напрока́т ② (*Stelle*) пункт *м* прока́та; **ausleihen** *unreg vt* ① (*Geld*) да‹ва́›ть взаймы́; ◇ **jd-m etw ~** да‹ва́›ть кому́-л что-л во вре́менное по́льзование ② (*leihen*) ◇ **sich** *dat* **etw von jd-m ~** брать у кого́-л напрока́т

auslernen *vi* ① (*Lehrling*) изучи́ть *сов*, осво́ить *сов* профе́ссию, научи́ться ремеслу́ ② *FIG* ◇ **man lernt nie aus** век живи́, век учи́сь

Auslese *f* ① (*Auswahl*) отбо́р *м*, вы́бор *м* ② (*Elite*) отбо́рные си́лы *мн*, эли́та *ж*, цвет *м* ③ (*Wein*) отбо́рное [коллекцио́нное] вино́ *с*; **auslesen** *unreg vt* ① (*auswählen*) от|бира́ть ‹-обра́ть›, выбира́ть ‹вы́брать›; (*sortieren*) ‹рас-›сортирова́ть, переб<и>ра́ть ② (*Buch*) дочи́|тывать <-та́ть> до конца́

ausliefern I. *vt* ① (*Flüchtling*) выдава́ть <вы́дать>, переда́<ва́>ть (*an akk* кому́-л) ② COMM (*Waren*) по|ставля́ть <-ста́вить> ③ (*preisgegeben sein*) ◇ **jd-m/e-r Sache ausgeliefert sein** принадлежа́ть по́лностью кому́/чему́-л

auslöschen *vt* ① (*Licht, Kerze*) <по->гаси́ть, <по->туши́ть ② (*Tierart, Volk*) уничі|тожа́ть <-то́жить>, стира́ть <стере́ть> с лица́ земли́; *FIG* (*Erinnerung*) изгла́|живать <-дить>

auslosen *vt* ① (*durch Los bestimmen*) разы́|грывать <-гра́ть> по жре́бию ② (*Gewinner*) ре|ша́ть <-ши́ть>, определе|ля́ть <-ли́ть> жеребьёвкой

auslösen *vt* ① (*Mechanismus, Alarm*) запус|ка́ть <-ти́ть> ② (*Reaktion*) вызыва́ть <вы́звать>, <по->служи́ть причи́ной чего́-л; **Auslöser** *m* <-s, -> ① FOTO пускова́я кно́пка *ж* ② *FIG* (*Anlaß, Reiz*) по́вод *м*, раздражи́тель *м*, возбуди́тель *м*

ausmachen *vt* ① (*ausschalten*) выключа́ть <вы́ключить> ② (*Termin*) дого|ва́риваться <-вори́ться>, усло́|вливаться <-виться> ③ (*betragen*) со|ставля́ть <-ста́вить> ④ (*entdecken*) за|меча́ть <-ме́тить> ⑤ (*stören*) ◇ **das macht mir nichts aus** э́то для меня́ ничего́ не зна́чит

ausmalen *vt* ① (*Bild*) раскра́|шивать <-сить> ② *FIG* (*vorstellen*) ◇ **sich** *dat* **etw ~** представля́ть себе́ что-л, рисова́ть себе́ что-л

Ausmaß *n* ① (*von Gebiet*) разме́р *м* ② *FIG* (*von Katastrophe*) масшта́бы *мн*

ausmessen *unreg vt* (*messen*) вымеря́ть <вы́мерить>, из|меря́ть <-ме́рить>

ausmisten *vt, vi* ① (*Stall*) о|чища́ть <-чи́стить> (от наво́за) ② *FAM* (*aufräumen*) на|води́ть <-вести́> поря́док в чём-л

Ausnahme *f* <-, -n> исключе́ние *с*; **Ausnahmezustand** *m* POL чрезвыча́йное положе́ние *с*; **ausnahmslos** *adv* без исключе́ния; **ausnahmsweise** *adv* в ви́де исключе́ния

ausnehmen *unreg vt* ① (*Tier*) <вы́->потроши́ть; (*Nest*) разо|ря́ть <-ри́ть> ② (*nicht berücksichtigen*) исключ|ча́ть <-чи́ть> ③ *FAM* (*berauben*) обира́ть <обобра́ть>

ausnehmend *adv* (*sehr, besonders*) о́чень, весьма́, исключи́тельно

ausnützen *vt* ① (*nutzen*) испо́льзовать *несов и сов* ② (*Gebrauch machen von*) <вос->по́льзоваться чем-л ③ (*Person*) эксплуати́ровать *несов* кого́-л; ◇ **jd-s Gutmütigkeit ~** злоупотребля́ть чьей-л добroто́й

auspacken *vt* ① (*Koffer*) распако́|вывать <-ва́ть> ② *FAM* (*Geheimnis verraten*) расска́|зывать <-за́ть>, выкла́дывать <вы́ложить>

auspfeifen *unreg vt* (*Schauspieler*) осви́|стывать <-ста́ть>

ausplaudern *vt* (*Geheimnis*) выба́лтывать <вы́болтать>, раз|ба́лтывать <-болта́ть>

ausprobieren *vt* ① (*versuchen*) <по->про́бовать, испро́бовать *сов* ② (*prüfen, testen*) испы́|тывать <-та́ть>

Auspuff *m* <-[e]s, -e> AUTO выхлопна́я труба́ *ж*; **Auspuffgase** *n pl* выхлопны́е га́зы *мн*

ausradieren *vt* ① (*Zeichnung*) стира́ть <стере́ть> рези́нкой ② *FIG* (*vernichten, töten*) уничі|тожа́ть <-то́жить>, стере́ть <стира́ть> с лица́ земли́

ausrangieren *vt FAM* (*wegwerfen*) выки́дывать <вы́кинуть> что-л нену́жное, выбра́сывать <вы́бросить>

ausrasten *vi* ① (*aus Halterung springen*) освобо|жда́ться <-ди́ться> от фикса́тора ② *FAM* (*Nerven verlieren*) выходи́ть <вы́йти> из себя́, теря́ть не́рвы

ausrauben *vt* (*jd-n*) <о->гра́бить, раз|грабля́ть <-гра́бить>

ausräumen *vt* ① (*Schrank, Wohnung*) опорож|ня́ть <-ни́ть>, освобо|жда́ть <-ди́ть> ② *FIG* (*beseitigen*) устра|ня́ть <-ни́ть>

ausrechnen *vt* (*Summe*) вычисля́ть <вы́числить>, высчи́тывать <вы́считать>; ◇ **sich** *dat* **Chancen ~** взве́сить свои́ возмо́жности

Ausrede *f* (*Entschuldigung*) отгово́рка *ж*, увёртка *ж*, предло́г *м*; ◇ **faule ~n** пусты́е отгово́рки *мн*

ausreden I. *vi* (*zu Ende reden*) выска́зывать <вы́сказать> до конца́; ◇ **jd-n ~ lassen** дать договори́ть до конца́, не переби́<ва́>ть кого́-л **II.** *vt* (*von etw abbringen*) ◇ **jd-m etw ~** разубе|жда́ть <-ди́ть> в чём-л кого́-л

ausreichend *adj* ① (*genug*) доста́точный, удовлетвори́тельный ② SCH (*Note 4*) отме́тка *ж* 4

Ausreise *f* отъе́зд *м*, вы́езд *м* (за грани́цу); **Ausreiseerlaubnis** *f* разреше́ние *с* на вы́езд; **ausreisen** *vi* (*Land verlassen*) у|езжа́ть <-е́хать>, отъ|езжа́ть <-е́хать>, выезжа́ть <вы́ехать>

ausreißen *unreg* **I.** *vt* (*Gras, Haare*) вырыва́ть ‹вы́рвать›, выдёргивать ‹вы́дернуть› **II.** *vi* (1) (*Stoff*) ‹по-›рва́ться, разорва́ться *сов* (2) *FAM* (*weglaufen*) уд‹и›ра́ть

ausrenken *vt* ◇ **sich** *dat* **etw** ~ вы́вихнуть *сов* себе́ что-л

ausrichten *vt* (1) (*Gruß, Botschaft*) переда́‹ва́›ть (2) (*erreichen, bewirken*) доби́‹ва́›ться (3) (*Fest*) справля́ть ‹спра́вить›, у|стра́ивать ‹-стро́ить›

ausrotten *vt* (*vernichten*) уничт|ожа́ть ‹-то́жить›, истре|бля́ть ‹-би́ть›

ausrücken *vi* (1) (*Feuerwehr*) соб‹и›ра́ться (2) *FAM* (*ausreißen*) уд‹и›ра́ть

Ausruf *m* (1) (*Schrei*) вы́крик *м*, во́зглас *м* (2) (*Bekanntmachung*) провозглаше́ние *с*, объявле́ние *с*; **ausrufen** *unreg vt* (1) (*sich laut äußern*) выкри́кивать ‹вы́крикнуть›, вос|клица́ть ‹-кли́кнуть› (2) (*verkünden, Streik*) объя|вля́ть ‹-ви́ть› (3) (*auf Jahrmarkt*) зазыва́ть покупа́телей, выкри́кивать *несов*; **Ausrufezeichen** *n* восклица́тельный знак *м*

ausruhen *vi* (*sich erholen*) ◇ **sich** ~ от|дыха́ть ‹-дохну́ть›

ausrüsten *vt* (*ausstatten*) снаб|жа́ть ‹-ди́ть›, осна|ща́ть ‹-сти́ть›; **Ausrüstung** *f* (*Wander~*) снаряже́ние *с*, амуни́ция *ж*

ausrutschen *vi* (*ausgleiten*) поскользну́ться *сов*

Aussage *f* (1) (*Erklärung*) выска́зывание *с*, утвержде́ние *с* (2) JURA показа́ние *с*; ◇ **falsche ~n machen** да‹ва́›ть ло́жные показа́ния (3) (*Inhalt, Bedeutung*) выраже́ние *с*, содержа́ние *с*; **aussagen I.** *vt* (1) (*mitteilen*) выска́зывать ‹вы́сказать›, сооб|ща́ть ‹-щи́ть› (2) (*ausdrücken, bedeuten*) выража́ть ‹вы́разить› слова́ми, оз|нача́ть ‹-на́чить› **II.** *vi* JURA да‹ва́›ть показа́ния; ◇ **vor Gericht** ~ дава́ть показа́ния на суде́; **Aussagesatz** *m* повествова́тельное предложе́ние *с*

Aussätzige(r) *fm* прокажённый(-ая *ж*) *м*

ausschalten *vt* (1) (*Licht*) выключа́ть ‹вы́ключить›; (*Gerät*) отклю|ча́ть ‹-чи́ть› (2) *FIG* (*unterbinden*) исклю|ча́ть ‹-чи́ть›, не допус|ка́ть ‹-ти́ть› (3) *FIG* (*aus dem Weg räumen*) отстра|ня́ть ‹-ни́ть›

Ausschank *m* (1) (*Biertheke*) сто́йка *ж* (2) (*Getränkeverkauf*) торго́вля *ж* напи́тками в ро́злив

ausschauen *vi* (1) (*suchen, warten*) высма́тривать ‹вы́смотреть›, иска́ть глаза́ми; (*erwarten*) ожида́ть *несов* (*nach jd-m/etw* кого́-что-л) (2) *FAM* (*aussehen*) вы́глядеть *несов*, име́ть вид; ◇ **hübsch** ~ име́ть привлека́тельный вид, краси́во вы́глядеть

ausscheiden *unreg* **I.** *vi* (1) (*nicht in Betracht kommen*) исключа́ться *несов*, отпада́ть *несов* (2) (*aus Amt*) выбыва́ть ‹вы́быть›, у|ходи́ть ‹-йти́› (*aus etw* из, со) (3) SPORT (*aus Wettkampf*) выбыва́ть ‹вы́быть›, быть исключённым **II.** *vt* (1) (*ausschließen, Möglichkeit*) исклю|ча́ть ‹-чи́ть› (2) MED (*absondern*) выделя́ть ‹вы́делить›

ausschenken *vt* (*Bier*) разли́‹ва́›ть

ausscheren *vi* AUTO отклони́ться в сто́рону от ку́рса

ausschlachten *vt* (1) (*Fahrzeug*) раз|бира́ть ‹-обра́ть› (2) *FIG* (*Thema, Ereignis*) испо́льзовать *несов*, воспо́льзоваться *сов*, разду́‹ва́›ть

ausschlafen *unreg* **I.** *vi* (1) (*lange schlafen*) высыпа́ться ‹вы́спаться› (2) ◇ **seinen Rausch** ~ проспа́ться *сов* **II.** *vr* ◇ **sich** ~ высыпа́ться

Ausschlag *m* (1) MED сыпь *ж* (2) (*von Pendel*) разма́х *м*; (*von Zeiger*) отклоне́ние *с* (3) *FIG* (*Anlaß*) ◇ **den ~ geben** име́ть значе́ние, сыгра́ть роль

ausschlagen *unreg* **I.** *vt* (*Bitte*) от|верга́ть ‹-ве́ргнуть› **II.** *vi* (1) (*Pferd*) брык|а́ться ‹-ну́ться›, ляга́ться *несов* (2) (*Zeiger*) откло|ня́ться ‹-ни́ться› (3) (*Baum*) распус|ка́ться ‹-ти́ться›

ausschlaggebend *adj* (*entscheidend*) реша́ющий

ausschließen *unreg vt* (1) (*aussperren*) оставля́ть за две́рью кого́-л, не пуска́ть, запере́в дверь (2) *FIG* (*jd-n, Möglichkeit*) исклю|ча́ть ‹-чи́ть› (*aus* из); **ausschließlich I.** *adj* (*alleinig*) исключи́тельный **II.** *adv* (*nur*) то́лько, исключи́тельно, еди́нственно; ◇ ~ **im Winter in Urlaub fahren** е́здить в о́тпуск то́лько зимо́й **III.** *präp gen* (*außer*) исключа́я, за исключе́нием

Ausschluß *m* (1) (*Ausschließen*) исключе́ние *с*, выведе́ние *с* из соста́ва (*aus* из) (2) (*Fernhalten*) ◇ **unter ~ der Öffentlichkeit** при закры́тых дверя́х

ausschmücken *vt* (1) (*dekorieren*) у|краша́ть ‹-кра́сить›, наря|жа́ть ‹-ди́ть› (2) *FIG* (*Erzählung*) приукра́|шивать ‹-сить›

ausschneiden *unreg vt* (*aus Papier*) выре́зывать ‹вы́резать›, выкра́ивать ‹вы́кроить›

Ausschnitt *m* ① вы́резка *ж;* (*Bild~*) кадр *м,* разме́р *м* ка́дра ② (*Text~*) отры́вок *м,* фрагме́нт *м* ③ (*von Kleid*) декольте́ *с,* вы́рез *м,* про́йма *ж*

ausschreiben *unreg vt* ① (*Namen*) выпи́сывать ‹вы́писать›, де́лать вы́писки ② (*Wettbewerb*) объя|вля́ть ‹-ви́ть› ко́нкурс; ◇ **eine Stelle ~** объя|вля́ть ‹-ви́ть› ко́нкурс на замеще́ние до́лжности ③ ◇ **einen Scheck ~** выпи́сывать чек

Ausschreitung *f* (*Gewalttätigkeit*) бесчи́нства *мн,* вы́ходки *мн*

Ausschuß *m* ① (*Gremium*) комите́т *м,* коми́ссия *ж* ② COMM (*fehlerhafte Ware*) брак *м,* некондицио́нный това́р *м*

ausschütten I. *vt* ① (*versehentlich ausgießen*) вылива́ть ‹вы́лить›, проли́‹ва́›ть ② (*Gewinn*) выпла́чивать ‹вы́платить›, распреде|ля́ть ‹-ли́ть› ③ *FIG* (*sich aussprechen*) ◇ **sein Herz ~** излива́ть ду́шу, открове́нно вы́сказаться **II.** *vr* (*sich totlachen*) *FAM* ◇ **sich vor Lachen ~** смея́ться без у́держу, ката́ться со́ смеху

ausschweifend *adj* ① (*genußvoll*) развра́тный, распу́тный; ◇ **ein ~es Leben führen** вести́ развра́тный о́браз жи́зни ② (*Phantasie*) необу́зданный

ausschweigen *unreg vr* (*nicht reden*) ◇ **sich ~** не пророни́ть сло́ва, от|ма́лчиваться ‹-молча́ться› (*über akk* о чём-л)

aussehen *unreg vi* ① вы́глядеть, име́ть вид; (*attraktiv*) ◇ **gut ~** име́ть привлека́тельный вид ② (*Chancen stehen schlecht*) ◇ **es sieht nicht gut aus** дела́ обстоя́т нева́жно [пло́хо] ③ (*den Anschein haben*) ◇ **es sieht nach Schnee aus** похо́же на то, что бу́дет снег; **Aussehen** *n* ‹-s› (вне́шний) вид *м,* нару́жность *ж;* (*Anblick*) взгляд *м*

aussein *unreg vi* ① (*Licht, Radio*) вы́ключены ② (*zu Ende sein*) о|ка́нчиваться ‹-ко́нчиться›

außen *adv* ① (*Ggs. v. innen*) снару́жи, извне́ ② *FIG* (*dem Anschein nach*) ◇ **nach ~ hin** нару́жу, по-ви́димому

aussenden *unreg vt* ① (*Signale*) переда́‹ва́›ть, излу|ча́ть ‹-чи́ть› ② (*schicken, Person*) пос‹ы›ла́ть; (*wegschicken*) высыла́ть ‹вы́слать›

Außendienst *m* выездны́е рабо́ты *ж мн;* **Außenhandel** *m* вне́шняя торго́вля *ж;* **Außenminister(in** *f*) *m* мини́стр *м* иностра́нных дел; **Außenpolitik** *f* вне́шняя поли́тика *ж;* **Außenseite** *f* нару́жная сторона́ *ж;* **Außenseiter(in** *f*) *m* ‹-s, -› (*Einzelgänger/in*) за́мкнутый челове́к *м,* индивидуали́ст(ка *ж*) *м;* **Außenstehende(r)** *fm* посторо́нний(-яя *ж*) *м*

außer I. *präp akk/dat* ① (*abgesehen von*) кро́ме, сверх, поми́мо; ◇ **alles ~ Käse** всё кро́ме сы́ра ② (*außerhalb von*) вне, за; ◇ **~ Haus** вне до́ма ③ ◇ **~ Betrieb sein** не рабо́тать, не де́йствовать ④ (*wütend sein*) ◇ **~ sich** *dat* **sein** быть вне себя́ **II.** *cj* (*es sei denn*) е́сли то́лько не; ◇ **~ wenn** ра́зве то́лько, ра́зве е́сли; ◇ **~ daß** ра́зве что; **außerdem** *cj* (*darüberhinaus*) кро́ме того́, сверх того́

äußere(r, s) *adj* ① (*außen befindlich*) вне́шний ② (*von außen sichtbar*) нару́жный; ◇ **der ~ Schein** вне́шний вид

außerehelich *adj* (*Verhältnis*) внебра́чный; **außergewöhnlich** *adj* (*besonders*) чрезвыча́йный; (*ungewöhnlich*) необыкнове́нный, э́кстренный; **außerhalb I.** *präp gen* (*räumlich, zeitlich*) вне, за; ◇ **~ der Sprechstunde** вне часо́в приёма **II.** *adv* ◇ **~ wohnen** жить вне [за преде́лами] чего́-л

äußerlich *adj* (*Ggs. v. innerlich*) вне́шний, нару́жный; (*oberflächlich*) пове́рхностный, показно́й

äußern I. *vt* (*Kritik, Meinung*) выска́зывать ‹вы́сказать›, выража́ть ‹вы́разить› **II.** *vr* ◇ **sich ~** ① (*Stellung nehmen*) выска́зываться ‹вы́сказаться› (*zu* по како́му-л по́воду, относи́тельно чего́-л), отзыва́ться ‹отозва́ться› ② (*Aufregung, Freude*) выка́зывать ‹вы́казать›, проя|вля́ть ‹-ви́ть›

außerordentlich *adj* (*Sitzung, Leistung*) чрезвыча́йный, внеочередно́й, исключи́тельный; **außerstande** *adv* ◇ **~ sein, etw zu tun** быть не в состоя́нии, что-л сде́лать

äußerst *adv* (*sehr*) о́чень, кра́йне; (*überaus*) весьма́; (*außerordentlich*) чрезвыча́йно

äußerste(r, s) *adj* ① (*weiteste, r, s*) (*räumlich*) кра́йний, преде́льный, са́мый да́льний; ◇ **~ Grenze** кра́йняя [са́мая да́льняя] грани́ца *ж* ② (*höchste, r, s*) (*Spannung*) наивы́сший; (*Angebot, Termin*) са́мый после́дний, кра́йний; (*in Wut bringen*) ◇ **jd-n bis aufs Ä~ reizen** доводи́ть кого́-л до кра́йности

Äußerung *f* ① (*Bemerkung*) выска́зывание *с,* мне́ние *с* ② (*Gefühls~*) проявле́ние *с*

aussetzen I. *vt* ① (*Tier, Kind*) подки́|дывать ‹-нуть›; (*verlassen*) броса́ть ‹бро́сить› ② (*Belohnung*) наз|нача́ть ‹-на́чить› ③ (*Ver-*

fahren) от|кла́дывать <-ложи́ть>, прер<ы>ва́ть ④ (*beanstanden*) выска́зывать <вы́сказать> недово́льство, критикова́ть *несов,* на|ходи́ть <-йти́> недоста́тки; ◇ **an jd-m/e-r Sache etw ~** находи́ть недоста́тки в ком/чём-л **II.** *vi* ① (*Maschine, Organ*) оста|на́вливаться <-нови́ться>; (*Motor*) рабо́тать с перебо́ями ② (*Pause machen*) де́лать переры́в, прер<ы>ва́ть что-л, прекра|ща́ть <-ти́ть> на вре́мя что-л **III.** *vr* (*der Sonne, Schwierigkeiten*) ◇ **sich ~** под|верга́ть <-ве́ргнуть> себя́ (*dat* чему́-л)

Aussicht *f* ① (*Panorama*) вид *м,* перспекти́ва *ж,* панора́ма *ж* ② (*Erwartung, Chance*) наде́жда *ж,* ви́ды *м мн,* ша́нсы *мн* (*auf akk* на что-л); (*etw wahrscheinlich bekommen*) ◇ **etw in ~ haben** име́ть [получи́ть] возмо́жность; **aussichtslos** *adj* (*hoffnungslos*) безнадёжный; (*Fall*) безвы́ходный; (*vergeblich*) бесполе́зный, тще́тный, напра́сный; **aussichtsreich** *adj* (*vielversprechend*) многообеща́ющий, перспекти́вный; (*hoffnungsvoll*) обнадёживающий; **Aussichtsturm** *m* наблюда́тельная вы́шка *ж*

aussitzen *unreg vt* (*abwarten*) ◇ **ein Problem ~** ожида́ть реше́ния пробле́мы

aussöhnen *vr* (*sich wieder vertragen*) ◇ **sich mit jd-m ~** <по->мири́ться с кем-л; **Aussöhnung** *f* примире́ние *c*

aussortieren *vt* <от->сортирова́ть, от|бира́ть <-обра́ть> по сорта́м

ausspannen I. *vt* ① (*Pferd*) рас|пряга́ть <-пря́чь>, выпряга́ть <вы́прячь> ② *FAM* (*Freund*) отби́<ва́>ть, от|нима́ть <-ня́ть>, сма́|нивать <-ни́ть> **II.** *vi* (*sich ausruhen*) от|дыха́ть <-дохну́ть>, <с->де́лать переды́шку

aussperren *vt* ① (*ausschließen*) о|ставля́ть <-ста́вить> за две́рью, закры́<ва́>ть дверь пе́ред кем-л; (*hinauswerfen*) выставля́ть <вы́ставить> за дверь ② (*nicht mehr beschäftigen*) отстра|ня́ть <-ни́ть> от рабо́ты, объявля́ть локау́т; **Aussperrung** *f* локау́т *м,* отстране́ние *c* от рабо́ты

ausspielen I. *vt* ① ◇ **eine Karte ~** ходи́ть с ка́рты, сноси́ть ка́рту ② *FIG* (*Einfluß, Überlegenheit*) испо́льзовать что-л про́тив чего́-л ③ *FIG* (*intrigieren*) ◇ **jd-n gegen jd-n ~** противопо|ставля́ть <-ста́вить> кого́-л кому́-л **II.** *vi* ① (*beim Kartenspiel*) ходи́ть, име́ть ход ② *FIG* (*mehr zu sagen*) ◇ **er hat ausgespielt** его́ пе́сенка спе́та

Aussprache *f* ① (*Artikulation*) произноше́ние *c;* SPRACHW вы́говор *м* ② (*nach Streit*) обме́н *м* мне́ниями, разгово́р *м,* бесе́да *ж*

aussprechen *unreg* **I.** *vt* ① (*artikulieren*) про|износи́ть <-нести́>; (*deutlich*) выгова́ривать <вы́говорить> ② (*ausreden*) переста́ть говори́ть, зако́нчить речь, дого|ва́ривать <-вори́ть> ③ (*sagen, äußern*) выска́зывать <вы́сказать>, выража́ть <вы́разить> **II.** *vr* ◇ **sich ~** ① (*Mißverständnis bereinigen*) объяс|ня́ться <-ни́ться> ② (*sich äußern, lobend*) одобри́тельно отзыва́ться <отозва́ться> (*über akk* о ком-л) ③ (*sich anvertrauen*) <по->говори́ть с кем-л начистоту́; (*sein Herz ausschütten*) изли́ть ду́шу кому́-л

Ausspruch *m* ① (*Äußerung*) выска́зывание *c,* сужде́ние *c* ② (*Satz, Zitat*) изрече́ние *c,* цита́та *ж*

ausspülen *vt* (*Mund*) прополла́скивать <-лоска́ть>

Ausstand *m* (*Streik*) забасто́вка *ж,* ста́чка *ж;* ◇ **in den ~ treten** объяви́ть забасто́вку

ausstatten *vt* ① (*Wohnung*) об|ставля́ть <-ста́вить> ② (*versehen, versorgen*) снаб|жа́ть <-ди́ть>; TECH (*ausrüsten*) осна|ща́ть <-сти́ть> (*mit etw* чем-л); **Ausstattung** *f* ① (*Einrichtung*) обстано́вка *ж* ② (*Aufmachung*) отде́лка *ж,* оформле́ние *c* ③ (*notwendiges Zubehör*) снаряже́ние *c,* экипиро́вка *ж*

ausstechen *unreg vt* ① (*Teig*) выка́лывать <вы́колоть> ② *FIG* (*übertreffen*) одер|живать <-жа́ть> верх над кем-л

ausstehen *unreg* **I.** *vt* (*nicht leiden können*) ◇ **jd-n/etw nicht ~ können** не выноси́ть [переноси́ть, терпе́ть] кого́/что-л **II.** *vi* (*noch nicht erledigt sein*) не быть решённым [сде́ланным]; (*Zahlungen*) не быть упла́ченным

aussteigen *unreg vi* ① (*aus Bus*) выходи́ть <вы́йти>, сходи́ть <сойти́> ② *FAM* (*nicht mehr mitmachen*) выходи́ть <вы́йти> (*aus etw dat* из чего́-л); (*aus Gesellschaft*) у|ходи́ть <-йти́>; **Aussteiger(in** *f*) *m FAM* (*aus Gesellschaft*) аутса́йдер *м,* необщи́тельный челове́к *м*

ausstellen *vt* ① (*Bilder*) выставля́ть <вы́ставить>, экспони́ровать *несов и сов* ② (*Dokument*) выдава́ть <вы́дать>; (*Rechnung*) выпи́сывать <вы́писать> ③ *FAM* (*Radio*) отклю|ча́ть <-чи́ть>, выключа́ть <вы́ключить>; **Ausstellung** *f* (*von Gemälden*) вы́ставка *ж;* (*von Urkunde*) вы́писка *ж,* оформле́ние *с;* (*von Rechnung*) вы́писка *ж,* выставле́ние *с*

aussterben *unreg vi* (*Tierart*) вымира́ть ‹вы́мереть›

Aussteuer *f* прида́ное *с*

Ausstieg *m* ‹-s, -e› (*Ausgang aus Zug*) вы́ход *м*

ausstoßen *unreg vt* ① (*Rauch*) выбра́сывать ‹вы́бросить›, выпуска́ть ‹вы́пустить› ② (*Laut*) произ|носи́ть ‹-нести́›; (*Schrei*) испус|ка́ть ‹-ти́ть› ③ (*ausgrenzen, aus Gemeinschaft*) исклю|ча́ть ‹-чи́ть›

ausstrahlen *vt* ① (*von sich geben*) *a. FIG* (*Wärme*) излу|ча́ть ‹-чи́ть›, распростра|ня́ть ‹-ни́ть› ② MEDIA (*Sendung*) переда́‹ва́›ть; **Ausstrahlung** *f* ① *FIG* (*von Person*) влия́ние *с,* возде́йствие *с* ② MEDIA переда́ча *ж,* распростране́ние *с*

ausstrecken *vt* (*Hand*) протя́|гивать ‹-ну́ть›

ausströmen *vi* (*Gas*) выходи́ть ‹вы́йти›, у|тека́ть ‹-те́чь›; (*Duft*) исходи́ть *несов*

aussuchen *vt* (*auswählen*) выбира́ть ‹вы́брать›, от|бира́ть ‹-обра́ть›, подб‹и›ра́ть

Austausch *m* (*Meinungen*) *a.* SCH обме́н *м,* заме́на *ж;* **austauschbar** *adj* взаимозаменя́емый; (*ersetzbar*) замени́мый; TECH сме́нный; **austauschen** *vt* (*Motor, Gedanken*) обме́ниваться *несов,* ‹об-, по-›меня́ть

austeilen *vt* (*verteilen*) разда́‹ва́›ть

Auster *f* у́стрица *ж*

austoben *vr* (*Kind*) ◇ **sich** ~ ун|има́ться ‹-я́ться›

austragen *unreg vt* ① (*Briefe*) раз|носи́ть ‹-нести́›, до|ставля́ть ‹-ста́вить› ② (*Streit*) ре|ша́ть ‹-ши́ть›, до|води́ть ‹-вести́› до конца́ ③ (*Wettkämpfe*) про|води́ть ‹-вести́› ④ (*Kind*) вына́шивать ‹вы́носить›, до|на́шивать ‹-носи́ть›

Australien *n* Австра́лия *ж;* ◇ **in/nach** ~ в Австра́лии/в Австра́лию; **Australier(in** *f*) *m* ‹-s, -› австрали́ец *м,* австрали́йка *ж;* **australisch** *adj* австрали́йский

austreten *unreg* **I.** *vi* ① (*aus Partei*) выходи́ть ‹вы́йти› (*aus* из чего́-л) ② (*zur Toilette gehen*) выходи́ть ‹вы́йти› ③ (*Gas*) выходи́ть ‹вы́йти› **II.** *vt* ① (*Zigarette*) насту|па́ть ‹-пи́ть› что-л

austrinken *unreg vt* (*Getränk*) выпива́ть ‹вы́пить›

Austritt *m* ① (*Ausscheiden*) вы́ход *м* ② (*von Öl*) вытека́ние *с,* вы́ход *м*

austrocknen *vi* (*trocken werden*) высыха́ть ‹вы́сохнуть›

ausüben *vt* ① (*Beruf*) рабо́тать по како́й-л профе́ссии ② ◇ **Druck** ~ ока́|зывать ‹-за́ть› давле́ние; ◇ **Macht** ~ осущест|вля́ть ‹-ви́ть› власть (*auf akk* на кого́-л); **Ausübung** *f* (*von Beruf, Macht*) выполне́ние *с,* исполне́ние *с,* осуществле́ние *с*

Ausverkauf *m* COMM распрода́жа *ж;* **ausverkauft** *adj* ① (*Waren, Tickets*) про́данный; ◇ **die Theatervorstellung ist** ~ все биле́ты на спекта́кль про́даны

Auswahl *f* вы́бор *м;* (*an Waren*) ассортиме́нт *м;* **auswählen** *vt* (*aussuchen*) выбира́ть ‹вы́брать›, от|бира́ть ‹-обра́ть›, подбира́ть

auswandern *vi* эмигри́ровать *несов и сов,* пересе|ля́ться ‹-ли́ться›; **Auswanderung** *f* эмигра́ция *ж,* перее́зд *м*

auswärtig *adj* ① вне́шний; (*fremd*) иностра́нный ② POL ◇ **A~es Amt** ве́домство с иностра́нных дел

auswärts *adv* ① (*außerhalb*) вне до́ма; (*außerhalb der Stadt*) за́ городом ② (*nach außen*) нару́жу; **Auswärtsspiel** *n* SPORT игра́ *ж* на чужо́м по́ле

auswechseln *vt* (*austauschen*) заме|ня́ть ‹-ни́ть›, сме|ня́ть ‹-ни́ть›, обме|ня́ть ‹-ни́ть›

Ausweg *m FIG* (*Lösung*) вы́ход *м,* исхо́д *м;* **ausweglos** *adj FIG* (*hoffnungslos*) безвы́ходный, безнадёжный

ausweichen *unreg vi* ① (*Platz machen*) усту|па́ть ‹-пи́ть›, (*jd-m/e-r Sache*) избе|га́ть ‹-жа́ть› кого́-чего́-л ② *FIG* (*sich entziehen*) уклo|ня́ться ‹-ни́ться› (*dat* от кого́-чего́-л), увёртываться *несов* от кого́-чего́-л; **ausweichend** *adj FIG* (*Antwort*) укло́нчивый

ausweinen *vr* (*sich aussprechen*) ◇ **sich** ~ выпла́киваться ‹вы́плакаться›

Ausweis *m* ‹-es, -e› ① (*Personal~*) удостовере́ние *с* ли́чности, па́спорт *м* ② (*Bibliotheks~*) про́пуск *м,* удостовере́ние *с;* **ausweisen** *unreg* **I.** *vt* (*aus e-m Land*) высыла́ть ‹вы́слать›, выдворя́ть ‹вы́дворить› **II.** *vr* (*Personalausweis zeigen*) ◇ **sich** ~ удосто|веря́ть ‹-ве́рить› свою́ ли́чность, предъя|вля́ть ‹-ви́ть›; **Ausweispapiere** *n pl* (*Dokumente*) докуме́нты *м мн*

Ausweisung *f* (*Abschiebung*) вы́сылка *ж,* выдворе́ние *с*

Ausweitung *f* растя́гивание *с,* расшире́ние *с;* (*Ausdehnung*) распростране́ние *с*

auswendig *adv* (*aus dem Gedächtnis*) ◇ ~ **lernen/können** вы́учить/знать наизу́сть

auswerten *vt* (*Statistik*) сде́лать вы́воды на основа́нии статисти́ческих да́нных; **Auswertung** *f* подведе́ние *с* ито́гов; (*Bewertung*) оце́нка *ж*

auswirken *vr* (*Effekt haben*) ◇ **sich** ~ отра|жа́ться ‹-зи́ться›, ска́|зываться ‹-за́ться› (*auf akk* на чём-л); **Auswirkung** *f* возде́йствие *с*, влия́ние *с* (*auf akk* на кого́-что-л)

auswischen *vt* ① (*säubern*) вытира́ть ‹вы́тереть›, про|тира́ть ‹-тере́ть› ② (*an der Tafel*) стира́ть ‹стере́ть› ③ *FAM* (*einen bösen Streich spielen*) ◇ **jd-m eins** ~ устро́ить подво́х

auswringen *vt* (*Wäsche*) выжима́ть ‹вы́жать›, выкру́чивать ‹вы́крутить›

Auswuchs *m FIG* (*Eskalation*) кра́йность *ж*, уро́дливое явле́ние *с*

auszahlen I. *vt* (*zahlen*) выпла́чивать ‹вы́платить›, выдава́ть ‹вы́дать› де́ньги **II.** *vr* (*sich lohnen*) ◇ **sich** ~ сто́ить *несов*, быть вы́годным, опра́в|дываться ‹-да́ться›

auszählen *vt* ① ◇ **die Stimmen** ~ подсчи́тывать голоса́ ② SPORT (*beim Boxen*) отсчи́тывать секу́нды

auszeichnen I. *vt* ① (*Ware*) снаб|жа́ть ‹-ди́ть› це́нником ② (*ehren*) от|меча́ть ‹-ме́тить›, ока́|зывать ‹-за́ть› осо́бое внима́ние; (*mit Orden*) награ|жда́ть ‹-ди́ть› **II.** *vr* (*herausragen, auffallen*) ◇ **sich** ~ выделя́ться *несов* чем-л, отлича́ться *несов* чем-л; **Auszeichnung** *f* ① (*Preisangabe*) маркиро́вка *ж*, обозначе́ние *с* цены́, снабже́ние *с* це́нниками ② (*Ehrung*) награжде́ние *с*, присужде́ние *с* ③ UNI (*hervorragend*) ◇ **mit** ~ с отли́чием

ausziehen *unreg* **I.** *vt* ① (*Kleidung*) снима́ть ‹снять› ② (*herausziehen, Unkraut*) вырыва́ть ‹вы́рвать›, выдёргивать ‹вы́дернуть›; (*Antenne*) вытя́гивать ‹вы́тянуть› **II.** *vr* (*sich entkleiden*) ◇ **sich** ~ разде́‹ва́›ться, снима́ть ‹снять› с себя́ пла́тье **III.** *vi* ① (*aus Wohnung*) выселя́ться ‹вы́селиться›, выезжа́ть ‹вы́ехать› (в другу́ю кварти́ру) ② (*in die Ferne ziehen*) по|кида́ть ‹-ки́нуть›; **Ausziehtisch** *m* раздвижно́й стол *м*

Auszubildende(r) *fm* (*Lehrling*) учени́к *м*/учени́ца *ж*, проходя́щий(-ая) обуче́ние

Auszug *m* ① (*aus Wohnung*) вы́езд *м* ② (*Konto~*) вы́писка *ж* из счёта ③ (*Text~*) фрагме́нт *м*, вы́держка *ж*

authentisch *adj* допо́длинный, аутенти́чный, достове́рный

Autismus *m* аути́зм *м*

Auto *n* ‹-s, -s› автомаши́на *ж*, автомоби́ль *м*; ◇ ~ **fahren** води́ть автомаши́ну; **Autobahn** *f* автостра́да *ж*; **Autofahrer(in** *f*) *m* автомобили́ст(ка *ж*) *м*; **Autofriedhof** *m* кла́дбище с автомаши́н

autogen *adj* ◇ ~**es Training** аутоге́нная трениро́вка *ж*

Autogramm *n* ‹-s, -e› авто́граф *м*

Autokino *n* автокинотеа́тр *м*

Automat *m* ‹-en, -en› ① (*Münz~*) автома́т *м* ② (*Maschine*) автомати́ческое устро́йство *с*, автомати́ческий аппара́т *м*; **Automatikgetriebe** *n* (*Ggs. v. Schaltgetriebe*) автомати́ческое переключе́ние *с* скоросте́й; **automatisch** *adj* автомати́ческий

Automechaniker(in *f*) *m* автомеха́ник *м*, же́нщина-автомеха́ник *ж*; **Automobilindustrie** *f* автомоби́льная промы́шленность *ж*

autonom *adj* автоно́мный, самоуправля́емый; (*selbständig, unabhängig*) незави́симый, самостоя́тельный

Autopsie *f* вскры́тие сру́па

Autor(in *f*) *m* ‹-s, -en› (*Buch~*) а́втор *м*

Autoradio *n* автомоби́льный радиоприёмник *м*; **Autoreifen** *m* автомоби́льная ши́на *ж*

autoritär *adj* авторита́рный, тоталита́рный; (*gebieterisch*) вла́стный; **Autorität** *f* авторите́т *м*; (*Ansehen*) прести́ж *м*

Autounfall *m* автомоби́льная катастро́фа *ж*; **Autoverleih** *m* прока́т *м* автомоби́лей

Aversion *f* (*Widerwille*) отвраще́ние *ж*, антипа́тия *ж*

Axt *f* ‹-, Äxte› (*Beil*) топо́р *м*, колу́н *м*

Azubi *m* ‹-s, -s› *Akr. v.* **Auszubildende(r)** *fm*

B

B, b *n* ① (*Buchstabe*) Б, б ② MUS си бемо́ль

Baby *n* ‹-s, -s› (*Kleinkind*) грудно́й ребёнок *м*, младе́нец *м*; **babysitten** *vi* уха́живать за ребёнком, при|сма́тривать ‹-смотре́ть›; **Babywäsche** *f* бельё *с* для са́мых ма́леньких

Bach *m* ‹-[e]s, Bäche› ручéй *м*; **Bachstelze** *f* ZOOL трясогýзка *ж*

Backblech *n* прóтивень *м*, лист *м*

Backbord *n* NAUT бакбóрт *м*

Backe *f* ‹-, -n› (*Wange*) щекá *ж*

backen ‹backt *o.* bäckt, backte, gebacken› **I.** *vi* ‹ис-›пéчь, выпекáть ‹вы́печь› **II.** *vt* (*Kuchen*) выпекáть ‹вы́печь›; (*Fleisch, Fisch*) ‹за-›жáрить, за|пекáть ‹-пéчь›; **Bäcker(in** *f*) *m* ‹-s, -› (*von Brot, Brötchen*) пéкарь *м*, бýлочник *м*; (*Konditor/in*) конди́тер *м*; **Bäckerei** *f* (*Laden*) хлебопекáрня *ж*, бýлочная *ж*; **Backform** *f* фóрма *ж* для печéния; **Backofen** *m* хлебопекáрная печь *ж*, духóвка *ж*; **Backpulver** *n* пéкарский порошóк *м*

backte *impf v.* **backen**

Bad *n* ‹-[e]s, Bäder› ① (*Wasser in Badewanne*) вáнна *ж* ② (*Baden in Wanne*) купáние *ж* в вáнне ③ (*Baderaum*) вáнная кóмната *ж* ④ (*Kur~*) курóрт *м*; **Badeanstalt** *f* купáльня *ж*, бáня *ж*; **Badeanzug** *m* купáльный костю́м *м*; **Badegast** *m* посети́тель(ница *ж*) *м* купáльни; (*im Kurort*) курóртник *м*, курóртница *ж*; **Badehose** *f* купáльные трусы́ *мн*, плáвки *мн*; **Badekappe** *f* рези́новая шáпочка *ж*; **Bademantel** *m* купáльный халáт *м*; **Bademeister(in** *f*) *m* смотри́тель *м* купáлен; **baden I.** *vt* (*Baby*) ‹вы́-›купáть, ‹вы́-, по-›мы́ть **II.** *vi* (*Bad nehmen*) прини|мáть ‹-я́ть› вáнну; (*im Meer schwimmen*) ‹вы́-›купáться; **Badeort** *m* курóрт *м*; (*Heilbad*) бальнеологи́ческий курóрт *м*; (*Seebad*) морскóй [примóрский] курóрт *м*; **Badesalz** *n* аромати́ческая соль *ж*; **Badetuch** *n* мохнáтое полотéнце *с*, купáльная простыня́ *ж*; **Badewanne** *f* вáнна *ж*; **Badezimmer** *n* вáнная *ж*

baff *adj FAM* ◇ ~ **sein** оторопéть [растеря́ться] от неожи́данности

Bafög *n* ‹-› *Akr. v.* **Bundesausbildungsförderungsgesetz** *федерáльный закóн, по котóрому студéнтам университéтов ФРГ предоставля́ется госудáрственная стипéндия*

Bagatelle *f* (*Kleinigkeit*) пустя́к *м*, мéлочь *ж*, бездéлица *ж*; **bagatellisieren** *vt* (*herunterspielen*) недооцé|нивать ‹-ни́ть›, пре|уменьшáть ‹-умéньшить›

Bagger *m* ‹-s, -› экскавáтор *м*, землечерпáлка *ж*, земснаря́д *м*

Bahn *f* ‹-, -en› ① (*Schienenfahrzeug*) пóезд *м*; (*als Straßen~*) трамвáй *м*; ADMIN (*Bundesbahn*) федерáльная желéзная дорóга *ж*; (*in Rußland*) Министéрство спутéй сообщéния, МПС ② (*Weg, Pfad*) путь *м*, дорóга *ж*, трáсса *ж*; (*Spur*) колея́ *ж*; ◇ **auf die schiefe ~ geraten** кати́ться по наклóнной плóскости; ◇ **aus der ~ geworfen werden** быть вы́битым из привы́чной колеи́; ◇ **freie ~ haben** имéть зелёный свет ③ (*Wettkampf~*) дорóжка *ж*, трáсса *ж*; (*Renn~*) трек *м* ④ ASTRON орби́та *ж* ⑤ (*Tapeten~*) полотнó *с*; **Bahnfahrt** *f* поéздка *ж* по желéзной дорóге, пóездом; **Bahnhof** *m* вокзáл *м*; ◇ **jd-n am ~ abholen** встрéтить когó-л на вокзáле; ◇ **jd-n zum ~ bringen** провожáть когó-л на вокзáл; (*Bus~*) автовокзáл *м*; **Bahnhofshalle** *f* зал *м* вокзáла; **Bahnhofsmission** *f* благотвори́тельная организáция "вокзáльная ми́ссия" *ж*; **Bahnlinie** *f* железнодорóжная ли́ния *ж*; **Bahnsteig** *m* ‹- [e]s, -e› (станциóнная) платфóрма *ж*, перрóн *м*; **Bahnstrecke** *f* учáсток *м* желéзной дорóги, пролёт *м*; **Bahnübergang** *m* железнодорóжный переéзд *м*; **Bahnwärter(in** *f*) *m* путевóй обхóдчик *м*

Bahre *f* ‹-, -n› носи́лки *мн*; (*für Tote*) катафáлк *м*

Bakterie *f* ‹-, -n› бактéрия *ж*

Balance *f* ‹-, -n› равновéсие *с*; **balancieren I.** *vt* (*Tablett, Stange*) уравновé|шивать ‹-сить› **II.** *vi* (*auf Drahtseil*) баланси́ровать *неосв*

bald *adv* ① (*zeitlich*) вскóре, скóро; (*früh*) в скóром врéмени; ◇ ~ **danach [darauf]** вскóре пóсле э́того; ◇ **bis ~** до скóрого свидáния ② (*beinahe, fast*) почти́, чуть-чуть, едвá не; ◇ **ich warte schon ~ e-e Stunde** я жду ужé почти́ цéлый час; **baldig** *adj* скóрый; **baldmöglichst** *adv* ◇ **e-e Sache ~ erledigen** улáдить дéло как мóжно скорéе

Balkan *m* ‹-s› Балкáны *мн*

Balken *m* ‹-s, -› (*Bauholz*) бревнó *с*, брус *м*; (*Trag~*) бáлка *ж*; (*Stütz~*) опóрная бáлка *ж*; *FIG* ◇ **er lügt, daß sich die ~ biegen** он врёт как си́вый мéрин

Balkon *m* ‹-s, -s *o.* -e› балкóн *м*; THEAT (*Rang*) я́рус *м*

Ball[1] *m* ‹-[e]s, Bälle› ① SPORT мяч *м*; *FIG* ◇ **am ~ bleiben** не отступáться от своéй цéли ② (*Kugel*) шар *м*; (*Schnee~, Klumpen*) комóк *м*

Ball[2] *m* ‹-[e]s, Bälle› (*Tanzveranstaltung*) бал *м*

Ballade *f* баллáда *ж*

Ballast *m* ‹-[e]s, -e› ① (*zum Beschweren*) балла́ст *м* ② *FIG* (*überflüssige Bürde*) тя́гость *ж*, балла́ст *м*, бре́мя *ж;* **Ballaststoffe** *m pl* балла́стные вещества́ *мн*

ballen I. *vt* ① (*Schnee, Klumpen*) сж<им>а́ть ② ◇ **die Fäuste ~** сж<им>а́ть кулаки́ **II.** *vr* (*sich konzentrieren*) ◇ **die Wolken ~ sich am Himmel** на не́бе сгуща́ются облака́

Ballen *m* <-s, -> ① (*Stroh~*) ки́па *ж;* (*Stoff~*) руло́н *м* ② ANAT (*Hand~, Fuß~*) мя́коть *ж*

Ballerina *f* балери́на *ж*

ballern *vi* ① (*schießen*) пали́ть *несов* ② ◇ **gegen die Tür ~** хло́пать две́рью

Ballett *n* <-[e]s, -e> бале́т *м;* **Ballettänzer(in** *f*) *m* арти́ст(ка *ж*) *м* бале́та, танцо́вщик *м*, танцо́вщица *ж*

Balljunge *m* SPORT ма́льчик *м*, подаю́щий игрока́м мяч

Ballkleid *n* ба́льное пла́тье *с*

Ballon *m* <-s, -s *o.* -e> ① (*Luft~*) возду́шный шар *м* ② (*Heißluft~*) аэроста́т *м*, возду́шный шар *м*

Ballspiel *n* игра́ *ж* в мяч

Ballung *f* (*Zusammenballen*) скопле́ние *с;* (*von Energie*) концентра́ция *ж*, сосредото́чение *с;* **Ballungsgebiet** *n* райо́н *м* [о́бласть *ж*] сосредото́чения населе́ния; **Ballungszentrum** *n* центр *м* сосредото́чения промы́шленных предприя́тий

Balsam *m* <-s> *a. FIG* бальза́м *м*

Bambus *m* <-ses, -se> бамбу́к *м;* **Bambusrohr** *n* бамбу́к *м*

banal *adj* бана́льный, пло́ский, по́шлый, тривиа́льный

Banane *f* <-, -n> бана́н *м*

Banause *m* <-n, -n> (*Kunst~, Musik~*) неве́жда *м/ж; FAM* обыва́тель *м*, меща́нка *ж*

band *impf v.* **binden**

Band [1] *n* <-[e]s, Bänder> ① ANAT свя́зка *ж* ② (*Ton~*) магнитофо́нная плёнка *ж* [ле́нта *ж*] ③ (*Farb~, von Schreibmaschine*) ле́нта *ж* ④ (*Fließ~*) конве́йер *м*, транспортёр *м; FAM* ◇ **Fehler am laufenden ~ machen** непреры́вно допуска́ть оши́бки

Band [2] *n* <-[e]s, -e> (*Freundschafts~*) у́зы *мн*, связь *ж;* (*vor Erregung*) ◇ **außer Rand und ~ sein** быть вне себя́, бушева́ть *несов*

Band [3] *m* <-[e]s, Bände> (*Buch~*) том *м; FAM* (*aufschlußreich*) ◇ **das spricht Bände** э́тим всё [доста́точно] ска́зано

Band [4] *f* <-, -s> (*Musikgruppe*) музыка́льная гру́ппа *ж*

Bandage *f* <-, -n> банда́ж *м;* (*Binde, Verband*) бинт *м*, повя́зка *ж;* **bandagieren** *vt* (*Hand*) <пере->бинтова́ть, на|кла́дывать <-ложи́ть> банда́ж

Bandbreite *f* PHYS полоса́ *ж* часто́т, ширина́ *ж* полосы́ часто́т; *FIG* (*von Charakteren*) широта́ *ж*

Bande *f* <-, -n> ① *FAM* (*Clique*) ба́нда *ж*, ша́йка *ж*, кли́ка *ж* ② (*Verbrecher~*) ба́нда *ж* престу́пников, престу́пная ба́нда *ж*

bändigen *vt* ① (*Tier*) приру|ча́ть <-чи́ть>, укро|ща́ть <-ти́ть> ② *FIG* (*Gefühl, Wut*) обу́з|дывать <-да́ть>

Bandit *m* <-en, -en> ① банди́т *м*, разбо́йник *м* ② (*Spielautomat*) ◇ **einarmiger ~** одноpу́кий разбо́йник *м*

Bandmaß *n* руле́тка *ж*, измери́тельная ле́нта *ж;* **Bandwurm** *m* (*Plattwurm*) солитёр *м*, ле́нточный червь *м*

bange *adj* ① (*ängstlich*) боязли́вый, ро́бкий; ◇ **laß dich nicht ~ machen** не дай себя́ запуга́ть; ◇ **mir ist ~** мне́ боязли́во [стра́шно, жу́тко] ② (*besorgt*) стра́шный, жу́ткий; **bangen** *vi* ◇ **um jd-n/etw ~** опаса́ться за кого́/что-л, беспоко́иться за кого́/что-л

Banjo *n* <-s, -s> MUS ба́нджо *с*

Bank [1] *f* <-, Bänke> (*Sitzmöbel*) скамья́ *ж;* (*Werk~*) стано́к *м*, верста́к *м;* (*Sand~*) мель *ж*, ба́нка *ж;* ◇ **etw auf die lange ~ schieben** откла́дывать что-л в до́лгий я́щик

Bank [2] *f* <-, -en> (*für Geld, Glücksspiel, Organe*) банк *м*

Bankbeamte(r) *m*, **Bankbeamtin** *f* ба́нковский(-ая) слу́жащий(-ая *ж*) *м*

Bankett *n* <-[e]s, -e> (*Festessen*) банке́т *м;* ◇ **ein ~ zu Ehren von jd-m** банке́т в честь кого́-л

Bankier *m* <-s, -s> банки́р *м;* **Bankinstitut** *n* ба́нковское учрежде́ние *с;* **Bankkonto** *n* теку́щий счёт *м* (в ба́нке); **Bankleitzahl** *f* и́ндекс *м* ба́нка; **Banknote** *f* банкно́т *м*, ба́нковский биле́т *м;* **Bankraub** *m* ограбле́ние *с* ба́нка, нападе́ние *с* на банк; **bankrott** *adj* обанкро́тившийся, несостоя́тельный; **Bankrott** *m* <-[e]s, -e> (*Zahlungsunfähigkeit*) банкро́тство *с*, неплатежеспосо́бность *ж*, несостоя́тельность *ж;* ◇ **~ machen/gehen** обанкро́титься *сов*

Banner *n* <-s, -> (*Flagge*) зна́мя *с*, флаг *м*

bar *adj* ① (*bloß, nackt*) обнажённый, оголённый; (*frei von*) лишённый (*gen* чего́-л) ② (*offenkundig, nichts als*) я́вный, очеви́дный; ◇ **~er Unsinn** соверше́нная бессмы́слица ③ ◇ **~es Geld** нали́чные де́ньги *мн;* ◇ ~ **bezahlen** плати́ть нали́чными; *FIG* (*glauben*) ◇ **etw für ~e Münze nehmen** принима́ть что-л за чи́стую моне́ту

Bar [1] *f* ‹-, -s› (*Nachtlokal, Theke*) бар *м;* (*Schanktisch*) сто́йка *ж*

Bar [2] *n* ‹-, -› (*Maßeinheit, Luftdruck*) бар *м*

Bär *m* ‹-en, -en› ① (*Tier*) медве́дь *м; FAM* (*Lügengeschichten erzählen*) ◇ **jd-m e-n ~en aufbinden** расска́зывать кому́-л небыли́цы, наду́ть кого́-л ② ASTRON ◇ **der Große** ~ Больша́я Медве́дица

Baracke *f* ‹-, -n› (*Behelfshaus*) бара́к *м*

barbarisch *adj* ва́рварский, ди́кий, жесто́кий, свире́пый

barfuß *adv* босико́м

barg *impf v.* **bergen**

Bargeld *n* нали́чные *мн;* **bargeldlos** *adj* (*Zahlung*) безнали́чный

Barkeeper *m* ‹-s, -› владе́лец *м* ба́ра

barmherzig *adj* милосе́рдный, сострада́тельный; **Barmherzigkeit** *f* милосе́рдие *с*, сострада́ние *с*

Barock *n o. m* баро́кко *с;* **Barockkirche** *f* це́рковь *ж* в сти́ле баро́кко

Barometer *n* ‹-s, -› баро́метр *м*

Barren *m* ‹-s, -› ① SPORT бру́сья *мн* ② COMM (*aus Gold*) сли́ток *м*, брус *м*

Barriere *f* ‹-, -n› ① (*Schlagbaum, Schranke*) барье́р *м*, шлагба́ум *м* ② *FIG* (*Hindernis*) препя́тствие *с*, прегра́да *ж*

Barrikade *f* баррика́да *ж*, загражде́ние *с*

barsch *adj* (*kurz angebunden*) суро́вый, ре́зкий, гру́бый

Barsch *m* ‹-[e]s, -e› ZOOL о́кунь *м*

Barscheck *m* чек *м* на опла́ту нали́чными

barst *impf v.* **bersten**

Bart *m* ‹-[e]s, Bärte› ① борода́ *ж;* (*Oberlippen~*) усы́ *мн* ② (*von Schlüssel*) боро́дка *ж;* **bärtig** *adj* борода́тый, уса́тый; **bartlos** *adj* безборо́дый, безу́сый

Barverkauf *m* прода́жа *ж* за нали́чный расчёт; **Barzahlung** *f* платёж *м* нали́чными

Basar *m* ‹-s, -e› ① (*orientalischer Markt*) база́р *м*, ры́нок *м* ② (*Wohltätigkeits~*) благотвори́тельный база́р *ж*

Base *f* ‹-, -n› ① (*Cousine*) кузи́на *ж* ② CHEM основа́ние *с*

basieren *vi* осно́|вываться ‹-ва́ться›, бази́роваться *несов* (*auf dat* на чём-л)

Basilikum *n* ‹-s› бази́лика *ж*

Basis *f* ‹-, Basen› ① (*Grundlage*) ба́зис *м*, фунда́мент *м*, ба́за *ж*, осно́ва *ж*, основа́ние *с* ② MIL вое́нная ба́за *ж*

Baß *m* ‹Basses, Bässe› ① (*Stimmlage*) бас *м* ② (*Instrument*) басо́вый инструме́нт *м;* (*Kontra~*) контраба́с *м;* **Baßschlüssel** *m* MUS басо́вый ключ *м*, ключ *м* фа

Bassin *n* ‹-s, -s› бассе́йн *м*, резервуа́р *м*, водоём *м*

Bassist(in *f*) *m* ① (*Sänger/in*) бас *м* ② (*Instrumentalist/in*) контрабаси́ст(ка *ж*) *м*

Bast *m* ‹-[e]s, -e› (*Faser*) лы́ко *с*

basteln I. *vi* занима́ться каки́м-л ремесло́м (*an etw dat* чем-л); *FIG* занима́ться чем-л люби́тельски **II.** *vt* (*aus Liebhaberei herstellen*) мастери́ть *несов* что-л

bat *impf v.* **bitten**

Batterie *f* ① AUTO аккумуля́тор *м;* ELECTR (*von Taschenlampe*) батаре́я *ж*, батаре́йка *ж* ② *FAM* (*lange Reihe*) батаре́я *ж*

Bau [1] *m* ‹-[e]s› ① (*von Häusern*) строи́тельство *с*, стро́йка *ж;* (*Errichtung*) возведе́ние *с;* ◇ **auf dem ~ arbeiten** рабо́тать на стро́йке ② (*Struktur*) строе́ние *с*, структу́ра *ж* ③ (*Körper~, Höhe*) телосложе́ние *с*, конститу́ция *ж;* (*Breite*) компле́кция *ж*

Bau [2] *m* ‹-[e]s, -ten› (*Gebäude*) зда́ние *с*

Bau [3] *m* ‹-s, -e› (*von Tier*) нора́ *ж*

Bau [4] *m* ‹- s› *FAM* (*kleines Zimmer*) нора́ *ж; FAM* (*Gefängnis*) тюрьма́ *ж*

Bauarbeiter *m* строи́тельный рабо́чий *м*

Bauch *m* ‹-[e]s, Bäuche› ① живо́т *м; FAM* (*scheitern*) ◇ **auf den ~ fallen** прова́|ливаться ‹-ли́ться›, потерпе́ть неуда́чу ② ANAT желу́док *м* ③ (*von Schiff, Flasche*) глубина́ *ж* су́дна; **Bauchfell** *n* брюши́на *ж;* **Bauchredner(in** *f*) *m* чревовеща́тель(ница *ж*) *м;* **Bauchtanz** *m* та́нец *м* живота́; **Bauchschmerzen** *m pl*, **Bauchweh** *n* ‹-s› бо́ли *мн* в животе́; ◇ **ich habe ~** у меня́ боли́т живо́т

bauen *vt* ① (*Haus etc.*) ‹по-›стро́ить, соору|жа́ть ‹-ди́ть›; TECH стро́ить, конструи́ровать *несов* ② *FAM* (*Abitur*) сдава́ть экза́мены; ◇ **einen Unfall ~** созда́ть авари́йную ситуа́цию ③ ◇ **auf jd-n/etw ~** ‹по-›наде́яться на кого́/что-л, по|лага́ться ‹-ложи́ться› на кого́/что-л

Bauer [1] *m* ‹-n, -n› ① (*Landwirt*) сельскохозя́йственный рабо́тник *м*, крестья́нин *м* ② SCHACH пе́шка *ж*

Bauer [2] *m* ‹-s, -› *FAM* (*Vogelkäfig*) кле́тка *ж* для птиц

Bäuerin *f* (*Landwirtin*) сельскохозя́йственная рабо́тница *ж,* крестья́нка *ж;* **bäuerlich** *adj* крестья́нский; (*ländlich*) се́льский, дереве́нский; **Bauernhaus** *n* крестья́нский дом *м;* **Bauernhof** *m* крестья́нская уса́дьба *ж*

baufällig *adj* ве́тхий, обветша́лый; **Baufälligkeit** *f* ве́тхость *ж,* обветша́лость *ж;* **Baufirma** *f* строи́тельная фи́рма *ж;* **Baugelände** *n* строи́тельный уча́сток *м,* террито́рия *ж* стро́йки; **Baugenehmigung** *f* разреше́ние *с* на произво́дство строи́тельных рабо́т; **Baugewerbe** *n* строи́тельное де́ло *с,* строи́тельство *с;* **Bauherr(in** *f*) *m* застро́йщик *м;* **Baukasten** *m* (*zum Spielen*) я́щик *м* с ку́биками, "констру́ктор" *м;* **Bauklotz** *m* (*zum Spielen*) строи́тельные ку́бики *мн;* **Baukosten** *pl* сто́имость *ж* строи́тельства, строи́тельные расхо́ды *мн;* **Bauland** *n* строи́тельный уча́сток *м;* (*Bauplatz*) строи́тельная площа́дка *ж;* **baulich** *adj* строи́тельный

Baum *m* <-[e]s, Bäume> де́рево *с;* (*viel, kräftig arbeiten*) ◇ **heute könnte ich Bäume ausreißen** сего́дня я могу́ го́ры сверну́ть

baumeln *vi* (*Pendel*) болта́ться *несов;* (*mit Beinen*) болта́ть нога́ми

Baumgruppe *f* гру́ппа *ж* дере́вьев; **Baumschule** *f* древе́сный пито́мник *м,* раса́дник *м;* **Baumstamm** *m* ствол *м* де́рева; **Baumstruktur** *f* PC структу́ра *ж* де́рева; **Baumstumpf** *m* пень *м;* **Baumwolle** *f* хло́пок *м;* (*Staude*) хлопча́тник *м*

Bauplan *m* строи́тельный план *м;* **Bauplatz** *m* стройплоща́дка *ж*

Bausch *m* <-[e]s, Bäusche> (*von Watte*) (ва́тный) тампо́н *м*

Bausparen *n* внесе́ние *с* де́нежных сре́дств в фонд строи́тельства; **Bausparkasse** *f* де́нежный фонд *м* строи́тельного кооперати́ва; **Baustein** *m* ① (*für Gebäude*) строи́тельный ка́мень *м* ② (*für Spiele*) ку́бик *м* ③ *FIG* (*Grundlage*) вклад *м,* осно́ва *ж;* **Baustelle** *f* стройплоща́дка *ж;* **Bauunternehmer(in** *f*) *m* строи́тель-предпринима́тель *м,* стройподря́дчик *м;* **Bauvorhaben** *n* строи́тельный прое́кт *м;* **Bauweise** *f* спо́соб *м* возведе́ния, ме́тод *м* строи́тельства; **Bauwerk** *n* сооруже́ние *с,* строе́ние *с;* **Bauzaun** *m* забо́р *м* (вокру́г строи́тельной площа́дки)

Bayer(in *f*) *m* <-n, -n> бава́рец *м,* бава́рка *ж;* **Bayern** *n* Бава́рия; ◇ **in/nach** ~ в Бава́рии/в Бава́рию; **bayrisch** *adj* бава́рский

Bazillus *m* <-, Bazillen> баци́лла *ж*

beabsichtigen *vt* (*vorhaben*) намерева́ться *несов,* име́ть наме́рение

beachten *vt* ① (*jd-n/etw bemerken*) за|меча́ть <-ме́тить> кого́-что-л, обра|ща́ть <-ти́ть> внима́ние на кого́-что-л ② (*Regeln*) соблю|да́ть <-сти́>, прин|има́ть <-я́ть> во внима́ние; **beachtenswert** *adj* досто́йный внима́ния; **beachtlich** *adj* значи́тельный; **Beachtung** *f* ① (*von Person, Sache*) внима́ние *с* ② (*von Vorschriften*) соблюде́ние *с*

Beamte(r) *m* <-n, -n> госуда́рственный слу́жащий *м,* чино́вник *м,* должностно́е лицо́ *с;* **Beamtenbestechung** *f* по́дкуп *м* должностны́х лиц; **Beamtin** *f* слу́жащая *ж*

beängstigend *adj* трево́жный, стра́шный

beanspruchen *vt* ① (*fordern, Vorrecht*) <по->тре́бовать, претендова́ть *несов* на что-л ② (*Zeit, Platz*) <по->тре́бовать, зан|има́ть <-я́ть>; (*Geduld, Pflege*) тре́бовать, на|пряга́ть <-пря́чь> ③ (*Gerät*) нагру|жа́ть <-зи́ть>, под|верга́ть <-ве́ргнуть> нагру́зке; (*jd-n*) нагру|жа́ть <-зи́ть>

beanstanden *vt* (*Gerät, Ware*) <за->бракова́ть; **Beanstandung** *f* возраже́ние *с;* (*Reklamation*) реклама́ция *ж,* прете́нзия *ж*

beantragen *vt* пред|лага́ть <-ложи́ть>, вноси́ть предложе́ние, хода́тайствовать *несов,* пода́<ва́>ть заявле́ние

beantworten *vt* от|веча́ть <-ве́тить>; **Beantwortung** *f* (*von Fragen*) отве́т *м*

bearbeiten *vt* ① TECH, AGR обра|ба́тывать <-бо́тать>; (*Holz*) под|верга́ть <-ве́ргнуть> обрабо́тке; (*Boden*) обра|ба́тывать <-бо́тать>, возде́л<ыв>ать, распа́хивать *несов* ② (*Antrag*) рас|сма́тривать <-смотре́ть>, приводи́ть в поря́док; PC (*Datei*) обра|ба́тывать <-бо́тать>; (*Thema*) разра|ба́тывать <-бо́тать>; THEAT (*Stück*) гото́вить к постано́вке ③ *FAM* (*Person, überreden*) уго|ва́ривать <-вори́ть>; **Bearbeitung** *f* обрабо́тка *ж,* разрабо́тка *ж;* (*Umarbeitung*) перерабо́тка *ж;* (*von Personen, Beeinflußung*) возде́йствие *с*

Beatmung *f* (*künstliche*) иску́сственное дыха́ние *с*

beaufsichtigen *vt* (*Kinder*) надзира́ть *несов,* наблюда́ть *несов,* при|сма́тривать <-смотре́ть>

beauftragen *vt* пору|ча́ть ‹-чи́ть› кому́-л что-л

bebauen *vt* ① (*Grundstück*) за|стра́ивать ‹-стро́ить› ② AGR обра|ба́тывать ‹-бо́тать›, возде́л‹ыв›ать

beben *vi* ① (*Erde, Haus*) ‹за-›дрожа́ть, со|тряса́ться ‹-трясти́сь› ② (*vor Angst, Kälte*) дрожа́ть; (*vor Wut*) ‹за-›дрожа́ть, ‹за-›трясти́сь; **Beben** *n* ‹-s, -› (*Zittern*) дрожа́ние *с*, сотрясе́ние *с*; (*Erdbeben*) землетрясе́ние *с*

bebildern *vt* (*Buch*) иллюстри́ровать *несов и сов*

Becher *m* ‹-s, -› ① (*aus Metall*) ковш *м*, черпа́к *м*; (*Trink~*) бока́л *м*, кру́жка *ж* ② (*Eis~*) ва́зочка *ж* для моро́женого

Becken *n* ‹-s, -› ① ANAT таз *м* ② (*Schwimm~*) пла́вательный бассе́йн *м* ③ GEOL котлова́н *м* ④ MUS таре́лки *мн*, лита́вры *мн*

Becquerel *n* ‹-s, -› PHYS беккере́ль *м*

bedacht *adj* (*besonnen, überlegt*) обду́манный, проду́манный; **bedächtig** *adj* (*überlegt*) рассуди́тельный, осмотри́тельный, осторо́жный; (*ohne Eile*) медли́тельный, споко́йный, разме́ренный

bedanken *vr* ◇ **sich bei jd-m für etw ~** ‹по-›благодари́ть кого́-л за что-л

Bedarf *m* ‹-[e]s› ① (*Tages~ etc.*) потре́бность *ж*, на́добность *ж*, нужда́ *ж*; ◇ **~ an etw** *dat* **haben** нужда́ться в чём-л; ◇ **bei ~ wenden Sie sich bitte...** в слу́чае необходи́мости обраща́йтесь, пожа́луйста, ...; ◇ **je nach ~** по ме́ре на́добности ② COMM (*Nachfrage nach Waren*) спрос *м*, потре́бности *мн*; **Bedarfsartikel** *m* предме́т пе́рвой необходи́мости

bedauerlich *adj* доса́дный; (*betrüblich, schade*) приско́рбный; **bedauern** *vt* ① (*Sache, Vorfall*) сожале́ть о чём-л ② (*Person*) ‹по-›жале́ть; *FAM* (*tut mir leid*) ◇ **bedaure!** мне о́чень жаль!; ◇ **wir ~ zutiefst, Ihnen mitteilen zu müssen** мы глубоко́ сожале́ем, что вы́нуждены сообщи́ть Вам; **Bedauern** *n* ‹-s› сожале́ние *с*; ◇ **zu unserem ~ müssen wir feststellen** к сожале́нию мы вы́нуждены констати́ровать; **bedauernswert** *adj* (*Sache, Vorfall*) досто́йный сожале́ния; (*Person*) жа́лкий, досто́йный сострада́ния

bedecken *vt* покры́‹ва́›ть, накры́‹ва́›ть; **bedeckt** *adj* (*Sache, Faß*) прикры́тый, покры́тый; (*bewölkt*) па́смурный, обло́женный

bedenken *unreg vt* (*sich genau überlegen*) обду́м‹ыв›ать что-л, ‹по-›ду́мать о чём-л; **Bedenken** *n* ‹-s, -› ① (*Überlegen*) обду́мывание *с*, размышле́ние *с* ② (*Vorbehalt, Zweifel*) сомне́ние *с*; (*Befürchtung*) опасе́ние *с*; **bedenklich** *adj* ① (*Besorgnis erregend*) внуша́ющий озабо́ченность ② (*zweifelhaft*) сомни́тельный; **Bedenkzeit** *f* вре́мя *с* на обду́мывание

bedeuten I. *vt* (*Sinn haben*) зна́чить *несов*, означа́ть *несов*; (*ausdrücken*) дава́ть кому́-л поня́ть, что ... **II.** *vi* (*Wert haben, wichtig sein*) име́ть значе́ние; **bedeutend** *adj* ① (*Arzt, Künstler*) изве́стный, знамени́тый ② (*Summe, Einfluß*) кру́пный, значи́тельный; **Bedeutung** *f* ① (*Sinn*) значе́ние *с*, смысл *м* ② (*Tragweite, Wichtigkeit*) ва́жность *ж*; **Bedeutungslehre** *f* семасиоло́гия *ж*; **bedeutungslos** *adj* не име́ющий значе́ния, незначи́тельный, ничто́жный; **bedeutungsvoll** *adj* ① (*wichtig*) ва́жный ② (*vielsagend*) многозначи́тельный

bedienen I. *vt* ① (*Gäste*) прислу́|живать ‹-жи́ть› кому́-л ② (*Gerät*) обслу́|живать ‹-жи́ть›, ‹вос-›по́льзоваться **II.** *vr* ◇ **sich ~** (*bei Tisch, im Geschäft*) уго|ща́ться ‹-сти́ться›, брать угоще́ние; (*Sache, Person benutzen*) ‹вос-›по́льзоваться (*gen* чем-л), употре|бля́ть ‹-би́ть› (*gen* что-л); **Bedienung** *f* ‹-› ① (*Bedienen*) обслу́живание *с* ② (*Kellner*) официа́нт *м*; ◇ **wo bleibt die ~, bitte?** почему́ не подхо́дит официа́нт?; (*Verkäufer*) продаве́ц *м*, продавщи́ца *ж*; **Bedienungszuschlag** *m* допла́та *ж* за обслу́живание [услу́ги]

bedingen *vt* ① (*voraussetzen*) обусло́|вливать ‹-вить›, быть предпосы́лкой чего́-л ② (*bewirken*) вызыва́ть ‹вы́звать›, ‹с-›де́лать возмо́жным что-л; **bedingt** *adj* ① (*unter Vorbehalt*) с огово́ркой ② (*eingeschränkt*) усло́вный, относи́тельный; ◇ **das ist nur ~ richtig** э́то ве́рно лишь усло́вно; **Bedingung** *f* ① (*Forderung*) усло́вие *с* ② (*Voraussetzung*) предпосы́лка *ж*; ◇ **unter der ~, daß...** при усло́вии, что...; **bedingungslos** *adj* безусло́вный, безогово́рочный

bedrängen *vt* (*mit Bitten etc.*) оса|жда́ть ‹-ди́ть›

bedrohen *vt* ‹при-›грози́ть, угрожа́ть кому́-л чем-л; **bedrohlich** *adj* (*Situation*) угрожа́ющий, опа́сный; **Bedrohung** *f* угро́за *ж*, опа́сность *ж*

bedrucken *vt* (*Papier, Stoff*) ‹на-›печáтать на чём-л что-л, наби́‹вá›ть

bedrücken *vt* притес|ня́ть ‹-ни́ть›, угне|тать ‹-сти́›; **bedrückt** *adj* (*niedergeschlagen*) подáвленный, угнетённый

bedürfen *vi* ◇ **das bedarf e-r Erklärung** э́то необходи́мо поясни́ть, э́то потрéбует разъяснéния; **Bedürfnis** *n* (*Verlangen*) потрéбность *ж*, нуждá *ж*; ◇ ~ **nach etw haben** нуждáться в чём-л, имéть потрéбность в чём-л; **bedürftig** *adj* ① (*arm*) бéдный, ни́щий ② (*brauchen*) ◇ **e-r Sache** *gen* ~ **sein** нуждáться в чём-л

Beefsteak *n* ‹-s, -s› (*Steak*) бифштéкс *м*

beehren *vt* удо|стáивать ‹-стóить› когó-л чегó-л, почти́ть когó-л чем-л; ◇ **bitte ~ Sie uns bald wieder** заходи́те [приезжáйте] ещё, пожáлуйста

beeiden *vt* (*e-n Eid ablegen*) прися|гáть ‹-гнýть› в чём-л

beeilen *vr* ◇ **sich** ~ ‹по-›торопи́ться, ‹по-›спеши́ть

beeindrucken *vt* (*jd-n*) произ|води́ть ‹-вести́› си́льное впечатлéние на когó-л

beeinflussen *vt* окá|зывать ‹-зáть› влия́ние, ‹по-›влия́ть на когó-л

beeinträchtigen *vt* ① (*allg.*) причи|ня́ть ‹-ни́ть› вред; (*stören*) мешáть *несов*, ‹вос-›препя́тствовать комý-л в чём-л ② (*einschränken*) ущемля́ть чьи-л интерéсы, стесня́ть когó-л в чём-л; ◇ **jd-n in seiner Freiheit** ~ ущемля́ть [ограни́чивать] свобóду когó-л

beenden *vt* (*abschließen*) кончáть ‹кóнчить›, прекра|щáть ‹-ти́ть›; (*vollenden*) завер|шáть ‹-ши́ть›

beerben *vt* (*Tante, Onkel*) полу|чáть ‹-чи́ть› наслéдство от когó-л

beerdigen *vt* ‹по-›хорони́ть, погре|бáть ‹-сти́›; **Beerdigung** *f* пóхороны *мн*, погребéние *с*

Beere *f* ‹-, -n› я́года *ж*

Beet *n* ‹-[e]s, -e› (*Blumen~*) гря́дка *ж*, клýмба *ж*; (*Gemüse~*) овощнáя гря́дка *ж*

befähigen *vt* (*fähig machen*) дéлать спосóбным к чемý-л; **Befähigung** *f* (*Fähigkeit*) спосóбность *ж*, пригóдность *ж*; (*Begabung*) склóнность *ж*, даровáние *с*

befahl *impf v.* **befehlen**

befahrbar *adj* (*Strecke, Weg*) проéзжий, достýпный; (*schiffbar*) судохóдный; **befahren I.** *unreg vt* (*Straße*) éздить; (*Fluß, Meer*) плáвать *несов* **II.** *adj* (*Straße*) ýлица с интенси́вным движéнием трáнспорта

befallen *unreg vt* ① (*Angst*) охвá|тывать ‹-ти́ть›; (*Trauer*) на|падáть ‹-пáсть› на когó-что-л, по|стигáть ‹-сти́чь› когó-что-л ② (*Krankheit*) заболé‹вá›ть

befangen *adj* ① (*gehemmt*) смущённый, рóбкий ② (*voreingenommen*) пристрáстный, необъекти́вный; **Befangenheit** *f* (*Schüchternheit*) стеснéние *с*; (*Verlegenheit*) смущéние *с*, рóбость *ж*; (*Voreingenommenheit*) пристрáстность *ж*, необъекти́вность *ж*

befassen I. *vr* ◇ **sich ~ mit** зан|имáться ‹-я́ться› кем-чем-л **II.** *vt* (*beauftragen*) зан|имáть ‹-я́ть› когó-л (*mit dat* чем-л)

Befehl *m* ‹-[e]s, -e› ① (*Anordnung*) прикáз *м*, приказáние *с* ② PC комáнда *ж*; **befehlen** ‹befiehlt, befahl, befohlen› **I.** *vt* (*anordnen*) прикá|зывать ‹-зáть›, предпи́|сывать ‹-сáть› **II.** *vi* ① (*kommandieren*) комáндовать *несов* кем-чем-л, распоряжáться кем-чем-л ② ◇ **jd-m ~, etw zu tun** приказáть комý-л, сдéлать что-л; **befehligen** *vt* (*Armee*) комáндовать *несов* кем-л; **Befehlsform** *f* GRAM повели́тельное наклонéние *с*; **Befehlshaber** *m* ‹-s, -› (*Heerführer*) (главно)комáндующий *м*; **Befehlsverweigerung** *f* откáз *м* вы́полнить прикáз

befestigen *vt* ① (*festmachen*) прикре|пля́ть ‹-пи́ть› (*an dat* к чемý-л) ② MIL укре|пля́ть ‹-пи́ть› ③ (*Deich, Ufer*) укрепля́ть, упрóчи‹ва›ть; **Befestigung** *f* прикреплéние *с*, закреплéние *с*

befinden *unreg* **I.** *vi* (*entscheiden*) ◇ **über jd-s Schicksal** ~ решáть чью-л судьбý **II.** *vt* ◇ **den Angeklagten für schuldig** ~ признáть подсуди́мого винóвным; (*einschätzen*) ◇ **etw für gut/schlecht** ~ признáть что-л хорóшим/плохи́м **III.** *vr* ◇ **sich** ~ ① (*sich aufhalten*) находи́ться *несов*, быть *несов*, пребывáть *несов* ② (*sich fühlen, Kranke*) чýвствовать себя́

Befinden *n* ‹-s› (*Wohl~*) самочýвствие *с*, состоя́ние *с* здорóвья

befolgen *vt* ① (*gehorchen, Befehl*) соблю|дáть ‹-сти́›, ис|полня́ть ‹-пóлнить› ② (*Rat*) ‹по-›слéдовать

befördern *vt* ① (*Fracht, Reisende*) пере|вози́ть ‹-везти́›, транспорти́ровать *несов и сов* ② (*zum Direktor*) по|вышáть ‹-вы́сить› в дóлжности; **Beförderung** *f* ① (*Transport*) перевóзка *ж*, транспортирóвка *ж* ② (*Beruf*) повышéние *с* по слýжбе; **Beförderungsbedingungen** *f pl* услóвие *с* доста́вки [перево́зки]; **Beförderungsmittel** *n* тра́нспортное сре́дство *c*

befragen *vt* спра́шивать ‹спроси́ть›, о|пра́шивать ‹-проси́ть›

befreien *vt* (1) *(aus Gefängnis, Notlage)* освобо|жда́ть ‹-ди́ть›, выводи́ть ‹вы́вести› (2) *(von Angst, Sorge)* из|бавля́ть ‹-ба́вить› (3) *(von Pflichten)* освобо|жда́ть ‹-ди́ть›; **Befreiung** *f* освобожде́ние *c*, избавле́ние *c*; *(~ vom Dienst)* увольне́ние *c*

befreunden *vr* ◇ **sich** ~ подружи́ться *сов*, сдружи́ться *сов*, сбли́зиться *(mit jd-m* с кем-л); **befreundet** *adj (Staaten)* дру́жественный; *(nahestehend)* бли́зкий, хорошо́ знако́мый; ◇ **eng mit jd-m ~ sein** быть в те́сной дру́жбе с кем-л

befriedigen *vt (zufriedenstellen)* удовлетво|ря́ть ‹-ри́ть›; **befriedigend** *adj* (1) *(Arbeit, Leistung)* удовлетвори́тельный (2) SCH *(Note 3)* оце́нка 3; **Befriedigung** *f* (1) *(Genugtuung)* удовлетворе́ние *c* (2) *(Erfüllung von Ansprüchen)* удовлетворённость *ж*

Befriedung *f (von Land)* умиротворе́ние *c*, примире́ние *c*

befristet *adj (zeitlich begrenzt)* ограни́ченный сро́ком

Befugnis *f (Ermächtigung)* пра́во *c*, полномо́чие *c*; **befugt** *adj (ermächtigt)* правомо́чный, име́ющий пра́во

befühlen *vt (Blume, Person)* осяза́ть *несов*, ощу́п‹ыв›ать, ‹по-›щу́пать

Befund *m* ‹-[e]s, -e› (1) *(Feststellung)* да́нные *мн* осмо́тра [рассле́дования]; *(Ergebnis)* заключе́ние *c* о состоя́нии чего́-л, результа́т *м* (2) MED диа́гноз *м*, освиде́тельствование *c*

befürchten *vt (Unangenehmes)* опаса́ться *несов*, боя́ться *несов* чего́-л; **Befürchtung** *f* опасе́ние *c*; ◇ **ich habe die ~, daß...** я испы́тываю опасе́ние, что ...

befürworten *vt (Antrag, Gesuch)* подде́р|живать ‹-жа́ть›; **Befürworter(in** *f*) *m* ‹-s, -› *(Fürsprecher/in)* засту́пник *м*, засту́пница *ж*; **Befürwortung** *f* подде́ржка *ж*; *(Empfehlung)* рекоменда́ция *ж*

begabt *adj (Schüler)* спосо́бный, одарённый; **Begabung** *f* спосо́бность *ж*, дарова́ние *c*

begann *impf v.* **beginnen**

begeben *unreg vr* ◇ **sich** ~ (1) *(an e-n Ort)* от|правля́ться ‹-пра́виться› (2) ◇ **sich in Gefahr** ~ под|верга́ться ‹-ве́ргнуться› опа́сности (3) *(an Arbeit)* присту|па́ть ‹-пи́ть› *(an akk* к чему́-л) (4) *(sich ereignen, passieren)* случ|а́ться ‹-чи́ться›, проис|ходи́ть ‹-зойти́›; **Begebenheit** *f (Ereignis)* собы́тие *c*, происше́ствие *c*

begegnen I. *vi* (1) *(treffen)* вст|реча́ть ‹-ре́тить›, попада́ться *(jd-m* кому́-л) (2) *(stoßen auf)* ста́лкиваться ‹столкну́ться› *(e-r Sache dat* с чем-л) (3) *(entgegenwirken)* противостоя́ть *несов*, да‹ва́›ть отпо́р *(e-r Sache dat* чему́-л) **II.** *vr (sich treffen)* ◇ **sich** ~ встреча́ться друг с дру́гом; **Begegnung** *f* (1) *(Treffen)* встре́ча *ж* (2) SPORT встре́ча *ж*, матч *м*

begehen *unreg vt* (1) *(Weg)* ходи́ть где-л; *(abgehen)* об|ходи́ть ‹-ойти́› (2) *(Diebstahl)* совер|ша́ть ‹-ши́ть› (3) *(Fest)* пра́здновать *несов*, от|меча́ть ‹-ме́тить›

begehren *vt (Person)* ‹по-›жела́ть, ‹за-›хоте́ть, домога́ться чего́-л; **begehrlich** *adj (heftig wünschend)* жа́дный, ненасы́тный, а́лчный; **begehrt** *adj* (1) *(Ware)* ходово́й, по́льзующийся больши́м спро́сом (2) *(Mann, Frau)* по́льзующийся больши́м успе́хом

begeistern I. *vt (in Begeisterung versetzen)* воодуше|вля́ть ‹-ви́ть›, вдохно|вля́ть ‹-ви́ть› **II.** *vr (schwärmen)* ◇ **sich** ~ увлека́ться ‹увле́чься› *(für etw* чем-л); **begeistert** *adj* восто́рженный, восхищённый; **Begeisterung** *f* воодушевле́ние *c*, вдохнове́ние *c*

Begierde *f* ‹-, -n› *(Verlangen)* стремле́ние *c*, (стра́стное) жела́ние *c*; **begierig** *adj* жа́ждущий, стра́стно жела́ющий, жа́дный, пожира́ющий

Beginn *m* ‹-[e]s› нача́ло *c*, почи́н *м*; ◇ **zu** ~ внача́ле; **beginnen** ‹begann, begonnen› *vt, vi* нач‹ин›а́ть, нач‹ин›а́ться

beglaubigen *vt (Dokument)* за|веря́ть ‹-ве́рить›, удосто|веря́ть ‹-ве́рить›; **Beglaubigung** *f* удостовере́ние *c*, засвиде́тельствование *c*; **Beglaubigungsschreiben** *n* дове́ренность *ж*

begleiten *vt* (1) *(mitgehen)* *a.* MUS провo|жа́ть ‹-ди́ть›, сопрово|жда́ть ‹-ди́ть›; MUS аккомпани́ровать *несов* (2) *(eskortieren)* эскорти́ровать *несов и сов*, конвои́ровать *несов*; **Begleiter(in** *f*) *m* ‹-s, -› (1) *(Freund/in)* сопровожда́ющий(-ая *ж*) *м*, спу́тник *м*, спу́тница *ж* (2) *(Polizei)* конво́йный *м*, конво́ир *м* (3) MUS аккомпаниа́тор(ша *ж*) *м*; **Begleitmusik** *f* музыка́льное сопровожде́ние *c*; **Begleitschreiben** *n* сопроводи́тельное письмо́ *c*; **Begleitung** *f* (1) *(durch Person)* сопровожда́ющие ли́ца *мн*, сви́та *ж* ② (*durch Polizei*) конво́й *м* ③ MUS аккомпанеме́нт *м*

beglückwünschen *vt* поз|дравля́ть <-дра́вить> кого́-л (*zu* с чем-л)

begnadigen *vt* (*Gefangene*) <по->ми́ловать, амнисти́ровать *несов и сов*; **Begnadigung** *f* поми́лование *с*, амни́стия *ж*

begnügen *vr* (*sich zufriedengeben*) ◇ **sich ~ mit** удовлетво|ря́ться <-ри́ться>, дово́льствоваться *несов* чем-л

begraben *unreg vt* ① (*ins Grab legen*) <по->хорони́ть ② (*zuschütten*) зары́<ва́>ть, за|ка́пывать <-копа́ть> ③ *FIG* (*aufgeben, Hoffnungen*) похорони́ть наде́жду ④ *FAM* (*das ist der Grund*) ◇ **hier liegt der Hund ~** вот где соба́ка зары́та; **Begräbnis** *n* по́хороны *мн*, погребе́ние *с*

begradigen *vt* (*Straße, Weg*) выпрямля́ть <вы́прямить>, выра́внивать <вы́ровнять>

begreifen *unreg vt* (*verstehen*) пон|има́ть <-я́ть>, по|стига́ть <-сти́чь>; **begreiflich** *adj* поня́тный, постижи́мый

begrenzen *vt* (*abstecken*) ограни́чи<ва>ть; *FIG* (*Thema*) выделя́ть <вы́делить>

Begriff *m* <-[e]s, -e> ① (*Begriffsinhalt*) поня́тие *с*, иде́я *ж* ② (*Vorstellung*) ◇ **du machst dir gar keinen ~** ты совсе́м не представля́ешь себе́; (*sich anschicken*) ◇ **im ~ sein, etw zu tun** собира́ться что-л сде́лать; *FAM* (*begriffsstutzig*) ◇ **schwer von ~ sein** ту́го [ме́дленно] сообража́ть

begründen *vt* ① (*Behauptung*) обосно́|вывать <-ва́ть> ② (*Lehre*) осно́|вывать <-ва́ть> что-л на чём-л; **begründet** *adj* (*gut fundiert*) обосно́ванный; **Begründung** *f* обоснова́ние *с*, мотивиро́вка *ж*

begrüßen *vt* ① (*Gäste*) приве́тствовать *несов* кого́-л, <по->здоро́ваться с кем-л; (*empfangen*) встреча́ть <встре́тить> ② (*Entschluß*) о|добря́ть <-до́брить>, приве́тствовать; **Begrüßung** *f* приве́тствие *с*; (*Empfang*) встре́ча *ж*; (*von Entschluß*) одобре́ние *с*

begünstigen *vt* (*Freund*) благоприя́тствовать *несов*, по|мога́ть <-мо́чь>, покрови́тельствовать *несов*

begutachten *vt* ① (*fachmännisch prüfen*) да<ва́>ть заключе́ние, под|верга́ть <-ве́ргнуть> эксперти́зе ② (*genau betrachten*) тща́тельно рассма́тривать что-л

behaart *adj* (*Mensch, Brust*) покры́тый волоса́ми; (*Tier*) волоса́тый

behäbig *adj* (*schwerfällig*) нетороплúвый, медли́тельный, тяжёлый на подъём

behagen *vi* (*zusagen, gefallen*) <по->нра́виться кому́-л; (*erfreuen*) <об-, по->ра́довать кого́-л; **Behagen** *n* <-s> (*Wohlbehagen*) прия́тное чу́вство *с*; (*Wohlgefallen*) удово́льствие *с*; **behaglich** *adj* (*Zimmer, Sessel*) ую́тный, удо́бный; (*Wärme*) прия́тный; **Behaglichkeit** *f* ую́т *м*, удо́бство *с*; (*Annehmlichkeit*) прия́тность *ж*

behalten *unreg vt* ① (*Haus*) о|ставля́ть <-ста́вить> у себя́ [себе́]; (*Wert*) сохра|ня́ть <-ни́ть> ② (*in Erinnerung*) за|помина́ть <-по́мнить>; ◇ **etw für sich ~** ума́лчивать о чём-л; ◇ **etw/jd-n im Auge ~** име́ть что/кого́-л в виду́

Behälter *m* <-s, -> (*Tank*) бак *м*, цисте́рна *ж*; (*Gefäß*) сосу́д *м*; (*Container*) конте́йнер *м*

behandeln *vt* ① (*Patienten*) лечи́ть *несов* ② (*Thema, Mensch*) обра|ща́ться <-ти́ться>, об|ходи́ться <-ойти́сь> с кем-чем-л, обсу|жда́ть <-ди́ть>, разра|ба́тывать <-бо́тать>; **Behandlung** *f* лече́ние *с*; (*Umgang*) обраще́ние *с*, обхожде́ние *с*; (*von Thema*) разрабо́тка *ж*

beharren *vi* (*bestehen*) на|ста́ивать <-стоя́ть> (*auf dat* на чём-л); **beharrlich** *adj* ① (*geduldig*) терпели́вый, постоя́нный ② (*hartnäckig*) упо́рный, насто́йчивый; **Beharrlichkeit** *f* упо́рство *с*, насто́йчивость *ж*; (*Ausdauer*) вы́держка *ж*

behaupten I. *vt* ① (*Meinung*) от|ста́ивать <-стоя́ть>, утвержда́ть *несов* ② MIL (*Stellung, Festung*) уде́р|живать <-жа́ть> **II.** *vr* (*sich durchsetzen*) ◇ **sich ~** уде́р|живаться <-жа́ться>; **Behauptung** *f* утвержде́ние *с*

Behausung *f* (*einfache Wohnung*) жили́ще *с*, житьё *с*; (*armselig*) прию́т *м*

beheimatet *adj* (происходя́щий) ро́дом (*in dat* из, отку́да-л)

beheizen *vt* (*Haus*) о|та́пливать <-топи́ть>, обогре́<ва>ть

behelfen *unreg vr* ◇ **sich ~ mit** об|ходи́ться <-ойти́сь>, дово́льствоваться *несов* чем-л; **behelfsmäßig** *adj* (*provisorisch*) вре́менный, импровизи́рованный

behelligen *vt* (*belästigen*) утру|жда́ть <-ди́ть>, обреме|ня́ть <-ни́ть> кого́-л чем-л, надо|еда́ть <-е́сть> кому́-л чем-л

beherbergen *vt* (*Unterkunft gewähren*) да<ва́>ть прию́т кому́-л

beherrschen I. *vt* ① (*Situation, Arbeit*) владе́ть *несов*, овладе́ть *сов*; (*Fremdsprache*) знать, владе́ть; (*Instrument*) владе́ть, умéть пóльзоваться; (*Gefühle, Wut*) сдéр|живать ‹-жáть›, обýз|дывать ‹-дáть› ② (*hervorragen, überragen*) господствовать *несов* над кем-чем-л ③ (*Volk, Land*) прáвить *несов;* (*Person*) имéть власть, госпóдствовать *несов* **II.** *vr* (*sich zügeln*) ◇ **sich ~** владéть собóю, сдéр|живаться ‹-жáться›; **beherrscht** *adj* (*maßvoll*) умéренный, спокóйный; (*gezügelt*) сдéржанный; **Beherrschung** *f* (*Herrschaft*) владéние *с,* управлéние *с,* госпóдство *с;* (*von Sprache*) владéние *с,* совершéнное знáние *с* [умéние *с*]; (*Selbst~*) самооблaдáние *с*

beherzigen *vt* (*Rat*) прин|имáть ‹-ять› во внимáние

behilflich *adj* (*helfend*) полéзный; ◇ **könnten Sie mir bitte ~ sein** помогите мне, пожáлуйста, посодéйствуйте мне пожáлуйста (*bei* в чём-л)

behindern *vt* (*Sache, Entwicklung*) ‹вос-›препятствовать, мешáть *несов* чемý-л; (*Sicht*) заго|рáживать ‹-родить›, заслo|нять ‹-нить›; (*Person*) препятствовать комý-л в чём-л; (*Arbeit*) затруд|нять ‹-нить›

Behinderte(r) *fm* инвалид *м/ж;* **Behinderung** *f* ① (*von Personen*) ограничéние *с;* ◇ **körperliche/geistige ~** физическая/духóвная неполноцéнность *ж* ② (*von Sachen*) препятствие *с*

Behörde *f* ‹-, -n› (*zuständig*) влáсти *мн;* (*Verwaltungs~*) óрган влáсти; (*einzelne Dienststelle*) учреждéние *с,* вéдомство *с;* **behördlich** *adj* (*Genehmigung*) официáльный, вéдомственный

behüten *vt* (*bewachen*) обе|регáть ‹-рéчь›; (*schützen*) защи|щáть ‹-тить›

behutsam *adj* (*sorgfältig*) осторóжный, осмотрительный, бéрежный

bei *präp dat* ① (*örtlich*) (*in der Nähe von*) вблизи от; ◇ **~ Leonberg** под Леóнбергом; (*an e-m bestimmten Ort*) ◇ **~ der Firma Bosch arbeiten** рабóтать на фирме Бош; ◇ **~m Friseur** в парикмáхерской; ◇ **~m Militär** в áрмии ② (*zeitlich*) (*während*) ◇ **~ den Bauarbeiten** во врéмя [в период] строительных рабóт; ◇ **~ meiner Abfahrt** при моём отъéзде; ◇ **~m Fahren** во врéмя поéздки; (*gerade beschäftigt mit*) ◇ **~ der Arbeit sein** быть зáнятым на рабóте ③ (*unter bestimmten Umständen*) ◇ **~ Nacht** нóчью; ◇ **~ Regen** в дождь, во врéмя дождя; ◇ **~ so vielen Zuschauern** при стечéнии большóго числá зрителей ④ (*in Zusammenhang mit Person*) ◇ **etw ~ sich haben** имéть что-л при себé; ◇ **jd-n ~ sich haben** имéть когó-л с собóй ⑤ (*verbunden mit*) ◇ **~ dieser Angelegenheit** при слýчае; ◇ **~ dieser Präposition** с э́тим предлóгом; ◇ **~ Kräften sein** быть в силах; ◇ **~ Strafe verboten** за нарушéние штраф ⑥ (*zur Bezeichnung des Urhebers*) ◇ **~ Goethe** (прочитáть) у Гёте ⑦ ◇ **jd-n ~ seinem Namen rufen** называть [позвáть] когó-л по имени ⑧ (*vor Beteuerungsformeln*) ◇ **~ meiner Ehre!** клянýсь чéстью! ⑨ (*vor Zahlen, unbestimmten Angaben*) ◇ **~ weitem** намнóго, горáздо

beibehalten *unreg vt* (*Sitte, Meinung*) сохра|нять ‹-нить›, о|ставлять ‹-стáвить›; (*Kurs*) держáться *сов*

beibringen *unreg vt* ① (*beschaffen, Papiere*) пред|ставлять ‹-стáвить›; (*Gründe*) при|водить ‹-вести› ② (*lehren*) обу|чáть ‹-чить›, научить *сов* когó-л чемý-л

Beichte *f* ‹-, -n› исповедь *ж;* **beichten I.** *vt* ① REL исповéд‹ов›аться ② (*gestehen*) признá‹вá›ться в чём-л **II.** *vi* (*zur Beichte gehen*) исповéдоваться *несов и сов*

beide(s) *pron* ① (*adjektivisch*) (*alle zwei*) óба, óбе; ◇ **~ Kinder** óба ребёнка; ◇ **meine ~n Brüder** óба моих брáта ② (*substantivisch*) ◇ **keiner von ~n** никтó из них; ◇ **e-r von ~n** один из двух; **beidemal** *adv* óба рáза; **beiderlei** *adj* ‹inv› двоякий; **beiderseitig** *adj* (*auf beiden Seiten*) обоюдный; (*gegenseitig*) взаимный, и тот и другóй; **beiderseits I.** *adv* взаимно, обоюдно, с обéих сторóн **II.** *präp gen* по óбе стóроны

beieinander *adv* (*zusammen*) друг пóдле [вóзле] дрýга

Beifahrer(in *f*) *m* провожáтый(-ая *ж*) *м,* сидящий *м* рядом с шофёром; **Beifahrersitz** *m* мéсто *с* рядом с шофёром

Beifall *m* ‹-[e]s› ① (*Zustimmung*) одобрéние *с,* успéх *м* ② (*Zuschauer~*) аплодисмéнты *мн,* рукоплескáния *мн*

beifügen *vt* при|лагáть ‹-ложить›

beigeben *unreg* **I.** *vt* (*hinzufügen*) при|бавлять ‹-бáвить› **II.** *vi* (*nachgeben*) ◇ **klein ~** усту|пáть ‹-пить›, подчи|няться ‹-ниться› (*dat* комý-л)

Beigeschmack *m* ① (*Nebengeschmack*) привкус *м* ② *FIG* ◇ **ein peinlicher ~** неприятный [гóрький] осáдок *м*

Beihilfe *f* ① (*Finanz~*) посóбие *с,* субсидия *ж* ② JURA (*zum Mord*) посóбничество *с*

beikommen *unreg vi* (*bewältigen*) подсту|пáться <-пи́ться> (*jd-m/e-r Sache* к комý/ чемý-л); (*e-r Schwierigkeit*) преодолé<вá>ть, справля́ться <спрáвиться> (*dat* что-л, с чем-л); (*e-m Problem*) справля́ться <спрáвиться> (*dat* что-л, с чем-л)

Beil *n* <-[e]s, -e> топóр *м*

Beilage *f* ① (*von Zeitung*) приложéние *с* ② GASTRON гарни́р *м*, припрáва *ж*

beiläufig I. *adj* (*nebenbei*) случáйный, попýтный **II.** *adv* (*sagen*) вскользь, мéжду прóчим, мимохóдом

beilegen *vt* ① (*beifügen*) при|лагáть <-ложи́ть> что-л к чемý-л ② (*Differenzen*) устра|ня́ть <-ни́ть>, улá|живать <-дить>

Beileid *n* соболéзнование *с*; (*Anteilnahme*) сочýвствие *с*; ◇ **mein herzliches** ~ прими́те моё и́скреннее соболéзнование

beiliegend *adj* COMM прилагáемый, прилóженный

beim = **bei dem** ① (*Vorgang*) ◇ ~ **Essen hustete er** во врéмя еды́ он кáшлял ② ◇ **jd-n** ~ **Wort nehmen** ловить когó-л на слóве

beimessen *unreg vt* (*Bedeutung*) придá<вá>ть (*dat* чемý-л)

Bein *n* <-[e]s, -e> ① (*von Person*) ногá *ж*; (*von Tier*) кость *ж* ② (*von Möbel*) нóжка *ж*

beinah[e] *adv* (*fast*) почти́, чуть ли не, едвá ли не

Beinbruch *m* перелóм *м* ноги́; ◇ **Hals und** ~! всегó наилýчшего!; *FAM* ни пýха, ни перá!

beinhalten *vt* ① (*Ware, Gerät*) вклю|чáть <-чи́ть>, охвá|тывать <-ти́ть> ② ADMIN (*Schreiben*) содержáть, имéть своим содержáнием

beipflichten *vi* (*zustimmen*) ◇ **jd-m/e-r Sache** ~ согла|шáться <-си́ться> с кем-л в чём-л

beirren *vt* ◇ **laß Dich nicht** ~ не дай себя́ смути́ть

beisammen *adv* вмéсте; (*nebeneinander*) друг пóдле [вóзле] дрýга; **Beisammensein** *n* <-s> совмéстное пребывáние *с*; (*Treffen*) встрéча *ж*

Beischlaf *m* (*Koitus*) половóе сношéние *с*, сожи́тельство *с*

Beisein *n* <-s> ◇ **in jd-s** ~ в присýтствии когó-л

beiseite *adv* в стóрону

beisetzen *vt* (*Toten*) <по->хорони́ть; **Beisetzung** *f* пóхороны *мн*, погребéние *с*

Beispiel *n* <-[e]s, -e> примéр *м*, образéц *м*; ◇ **sich** *dat* **ein** ~ **nehmen** брать <взять> примéр (*an jd-m/e-r Sache* с когó/чегó-л); ◇ **(wie) zum** ~ (как) напримéр; **beispiellos** *adj* (*noch nie dagewesen*) беспримéрный; (*unerhört*) неслы́ханный; **beispielsweise** *adv* к примéру, напримéр, в ви́де примéра

beißen <biß, gebissen> **I.** *vt* кус|áть <-нýть>, кусáться, укуси́ть *сов* **II.** *vi* (*Rauch*) щипáть *несов*, <с->жечь **III.** *vr* (*Farben*) ◇ **sich** ~ не подходи́ть друг к дрýгу; **beißend** *adj* ① (*Hund*) кусáчий, злой ② (*ätzend, Geruch*) éдкий, кóлкий ③ (*nicht zueinander passend*) (*Farben*) не подходя́щий друг дрýгу ④ *FIG* (*Bemerkungen*) кóлкий, саркасти́ческий

Beistand *m* (*Hilfe*) пóмощь *ж*, содéйствие *с*; JURA защи́тник *м*, юрискóнсульт *м*;

beistehen *unreg vi* (*helfen, zur Seite stehen*) ◇ **jd-m** ~ по|могáть <-мóчь> комý-л чем-л

beisteuern *vt* (*beitragen*) вноси́ть <внести́> свою́ дóлю [часть] (*zu* во что-л)

Beitrag *m* <-[e]s, -träge> ① (*persönlich*) вклад *м* ② (*finanziell*) (члéнский) взнос *м*; (*Spende*) пожéртвование *с*; (*Versicherungs~*) страховáя сýмма *ж* ③ (*Abhandlung*) статья́ *ж*; **beitragen** *unreg vt, vi* (*seinen Beitrag leisten*) вноси́ть <внести́> свой вклад (*zu dat* во что-л), содéйствовать (чемý-л)

beitreten *unreg vi* (*Mitglied werden*) всту|пáть <-пи́ть> в организáцию (*dat* кудá-л);

Beitritt *m* (*in Verein, Bündnis*) вступлéние *с*;

Beitrittserklärung *f* заявлéние *с* о вступлéнии

Beiwerk *n* (*Beigabe*) придáча *ж*, приложéние *с*

Beize *f* <-, -n> ① (*Mittel*) протрáва *ж*, трави́льный раствóр *м*; (*Holz~*) мори́лка *ж*, протрáва *ж* для дéрева ② GASTRON маринáд *м*; (*Salzlake*) рассóл *м*; **beizen** *vt* ① (*Holz, Saatgut*) <за->мори́ть, <вы́->трави́ть ② (*Lebensmittel*) <за->консерви́ровать, маринóвать *несов*, <по->соли́ть

bejahen *vt* ① (*Frage*) от|вечáть <-вéтить> утверди́тельно на что-л ② (*gutheißen*) одобря́ть <одóбрить>; (*begrüßen*) привéтствовать *несов*

bekämpfen I. *vt* борóться *несов*, вести́ борьбý с кем-чем-л **II.** *vr* (*gegeneinander ankämpfen*) ◇ **sich** ~ борóться друг прóтив дрýга; **Bekämpfung** *f* поражéние *с*, подавлéние *с* (*gen* когó-чегó-л)

bekannt *adj* (*Person, Sache*) знакóмый; (*berühmt*) извéстный; ◇ **das ist mir** ~ э́то мне извéстно; ◇ **er/sie ist mir** ~ я знáю егó/её; (*vertraut gemacht werden*) ◇ **jd-n mit jd-m ~ machen** знакóмить когó-л с кем-л; **Bekannte(r)** *fm* знакóмый(-ая *ж*) *м;* **Bekanntenkreis** *m* круг *м* знакóмых; **bekanntgeben** *unreg vt* (*ankündigen*) объ-я|влять <-вить>, сооб|щáть <-щить>; **Bekanntmachung** *f* объявлéние *с,* оповещéние *с;* **Bekanntschaft** *f* <-> (1) знакóмство *с;* ◇ **jd-s ~ machen** познакóмиться с кем-л (2) (*Freundeskreis*) знакóмые *мн*

bekehren I. *vt* (*Person*) обра|щáть <-тить> (*zu dat* в когó-что-л) **II.** *vr* (*übertreten zu*) ◇ **sich ~ zu** изменить óбраз мыслей; REL обратиться в нóвую вéру; **Bekehrung** *f* обращéние *с* (в другýю вéру), изменéние *с* óбраза мыслей

bekennen *unreg* **I.** *vt* (*Schuld, Diebstahl*) признá<вá>ться **II.** *vr* ◇ **sich** *akk* **als Sünder** ~ признавáть свой грех; ◇ **sich** *akk* **zu etw** *dat* ~ признавáть себя отвéтственным за что-л [причáстным к чемý-л]; (*stehen*) ◇ **sich zu e-r Freundin** ~ поддéрживать своЮ подрýгу; **Bekennerbrief** *m* (*von Terroristen*) письмó *с* с признáнием причáстности к терáкту; **Bekenntnis** *n* (1) (*zu Regierung*) признáние *с* себя сторóнником когó-л (2) (*Eingeständnis*) признáние *с* (3) (*Beichte*) испóведь *ж,* признáние *с*

beklagen I. *vt* (*Schicksal, Tod*) оплáк<ив>ать **II.** *vr* ◇ **sich** *akk* **~ über** <по->жáловаться на когó-что-л; **beklagenswert** *adj* прискóрбный; (*Person*) достóйный сожалéния

bekleben *vt* (*Wand*) оклéи<ва>ть

bekleiden I. *vt* (1) (*Baby*) одé<вá>ть, обла|чáть <-чить> (2) (*Amt, Posten*) зан|имáть <-ять> **II.** *vr* ◇ **sich** *akk* **~ mit** одé<вá>ться во что-л, обла|чáться <-читься> во что-л; **bekleidet** *adj* одéтый; **Bekleidung** *f* (1) (*Kleider*) одéжда *ж* (2) (*Wand~*) облицóвка *ж,* обивка *ж*

beklemmend *adj* (*Gefühl*) удручáющий, гнетýщий, тягостный; **beklommen** *adj* (*ängstlich, bedrückt*) беспокóйный, угнетённый, подáвленный; **Beklommenheit** *f* стеснéние *с,* тоскá *ж,* беспокóйство *с*

bekommen *unreg* **I.** *vt* (1) (*erlangen*) полу|чáть <-чить>; (*Kind*) родить *несов и сов* (2) (*erhalten, Geld*) полу|чáть <-чить>; (*Krankheit*) схвá|тывать <-тить>; (*Angst*) ощу|щáть <-тить>, почýвствовать *сов;* ◇ **er hat wieder Farbe bekommen** у негó опять появился румянец **II.** *vi* ◇ **das bekommt mir nicht** это бýдет мне во вред, это мне не впрок; **bekömmlich** *adj* (*Suppe*) полéзный

bekräftigen *vt* (*Aussage, Vorschlag*) подтвер|ждáть <-дить>; (*bestätigen*) за|верять <-вéрить>, скре|плять <-пить> пóдписью

bekümmern *vt* (*betrüben*) огор|чáть <-чить>

bekunden *vt* (*Interesse, Sympathie*) проя|влять <-вить>, выражáть <выразить>, демонстрировать *несов*

belächeln *vt* (*Verhalten*) посмé|иваться <-яться>, потешáться *несов* над кем-чем-л

beladen *unreg vt* (*Wagen, Flugzeug*) нагру|жáть <-зить>, <по->грузить

Belag *m* <-[e]s, Beläge> (1) (*auf Brot*) продýкты *мн,* котóрые кладýтся на хлеб (2) (*Zahn~*) налёт *м* (3) (*Straßen~*) покрытие *с*

belagern *vt* (*Burg, Stadt*) *a. FIG* оса|ждáть <-дить>; **Belagerung** *f* осáда *ж*

belangen *vt a.* JURA при|влекáть <-влéчь> когó-л к отвéту; **belanglos** *adj* (*unwichtig*) незначительный, невáжный; **Belanglosigkeit** *f* незначительность *ж,* невáжность *ж*

belassen *unreg vt* (1) (*unverändert lassen*) о|ставлять <-стáвить> (в прéжнем состоянии) (2) (*sich begnügen*) ◇ **~ wir es dabei** остáвим это так, как есть

belasten I. *vt* (1) (*beladen*) нагру|жáть <-зить>; *FIG* (*bedrücken*) обреме|нять <-нить>, отяго|щáть <-тить>, угнетáть *несов* (2) COMM (*Konto*) запи|сывать <-сáть> на счёт, дебетовáть счёт (3) JURA обви|нять <-нить>, ули|чáть <-чить> **II.** *vr* ◇ **sich ~** нагру|жáть <-зить> себя; JURA изобли|чáть <-чить> себя; **belastend** *adj* (*Material*) изобличáющий, обвиняющий; **Belastungszeuge** *m,* **Belastungszeugin** *f* свидéтель(ница *ж*) *м* обвинéния

belästigen *vt* (*mit Fragen, Lärm*) обреме|нять <-нить>, беспокóить *несов* когó-л чем-л; **Belästigung** *f* надоедáние *с,* обременéние *с*

Belastung *f* (1) (*Gewicht*) груз *м,* нóша *ж; FIG* (*Sorge*) брéмя *с,* тяготы *мн* (2) COMM занесéние *с* в счёт, дебетовáние *с* (3) JURA обвинéние *с*

belaufen *unreg vr* (*betragen*) ◇ **sich ~ auf** со|ставлять <-стáвить> какýю-л сýмму

beleben I. *vt* (1) (*Straße*) ожи|влять <-вить>, насе|лять <-лить> (2) (*ankurbeln, Wirtschaft*) ожи|влять <-вить> **II.** *vr* (*Straße*) ◇ **sich ~** ожи|вляться <-виться>

Beleg *m* <-[e]s, -e> (1) (*Beweis*) (вещéственное) доказáтельство *с,* дóвод *м;* (*Bestäti-*

gung) подтверждéние *с;* (*Beispiel*) примéр *м* ② COMM (*Quittung*) распи́ска *ж*, квитáнция *ж* ③ (*in Texten*) примéр *м* на употреблéние какóго-л слóва; **belegen** *vt* ① ◇ **ein Brot mit etw ~** приго|товля́ть <-товить> бутербрóды с чем-л ② (*Ort, Sitz*) зан|имáть <-я́ть>, <за->брони́ровать, удéр|живать <-жáть>; (*Telefonleitung*) зан|имáть <-я́ть> ③ (*Seminar, Kurs*) запи́|сываться <-сáться> ④ (*Ausgaben, Behauptung*) докá|зывать <-зáть> с пóмощью докумéнтов, подтвер|ждáть <-ди́ть> ⑤ (*Unternehmen, mit Steuern*) об|лагáть <-ложи́ть>; ◇ **e-n Verbrecher mit e-r Strafe ~** облагáть престýпника штрáфом

Belegschaft *f* персонáл *м*

belehren *vt* (*Schüler*) поучáть *несов*, <на-> учи́ть; (*Soldaten*) наставля́ть *несов*, да<вá>ть наставлéния; **Belehrung** *f* поучéние *с*, наставлéние *с*

beleidigen *vt* ① (*kränken*) обижáть <оби́деть>; (*durch Schimpfwörter*) оскор|бля́ть <-би́ть> ② *FIG* (*Ohren*) рáнить *несов и сов*, оскор|бля́ть <-би́ть>, уяз|вля́ть <-ви́ть>; **beleidigend** *adj* оби́дный, оскорби́тельный; **Beleidigung** *f* оскорблéние *с*, оби́да *ж;* JURA оскорблéние *с* дéйствием; **Beleidigungsklage** *f* JURA жáлоба *ж* на оскорблéние

belesen *adj* начи́танный

beleuchten *vt* ① (*Straße, Schaufenster*) осве|щáть <-ти́ть>; (*Haus*) иллюмини́ровать *несов и сов* ② *FIG* (*genau prüfen*) ◇ **e-e Situation von allen Seiten ~** обрисовáть ситуáцию со всех сторóн; **Beleuchtung** *f* освещéние *с*

Belgien *n* Бéльгия; ◇ **in/nach ~** в Бéльгии/ в Бéльгию; **Belgier(in** *f*) *m* <-s, -> бельги́ец *м*, бельги́йка *ж;* **belgisch** *adj* бельги́йский

belichten *vt* FOTO экспони́ровать *несов и сов;* **Belichtung** *f* освещéние *с*, экспози́ция *ж;* **Belichtungsmesser** *m* <-s, -> экспонóметр *м*

Belieben *n* ◇ **nach ~** как угóдно, как хоти́те, по сóбственному усмотрéнию; **beliebig** *adj* (*irgendein*) любóй, какóй угóдно; ◇ **~ viel** скóлько угóдно; ◇ **e-n ~en Beruf wählen** вы́брать любýю профéссию

beliebt *adj* ① (*Lehrer, Schauspieler*) люби́мый; (*Ort*) излю́бленный; (*Buch*) популя́рный, люби́мый; ◇ **er versuchte, sich bei uns ~ zu machen** он стреми́лся стать у нас популя́рным ② (*häufig gebraucht*) хóдкий; **Beliebtheit** *f* популя́рность *ж*

beliefern *vt* по|ставля́ть <-стáвить> комý-л что-л

belohnen *vt* (*für Bemühungen*) вознагра|ждáть <-ди́ть> когó-л за что-л; **Belohnung** *f* вознаграждéние *с*, награ́да *ж*

belügen *unreg vt* (*anlügen*) <на->лгáть, <на-> врáть комý-л, обмá|нывать <-нýть> когó-л

belustigen *vt* (*zum Lachen bringen*) <раз->весели́ть; **belustigend** *adj* увесели́тельный; **Belustigung** *f* увеселéние *с*, забáва *ж*, потéха *ж*

bemalen *vt* (*anmalen*) раскрá|шивать <-сить>

bemängeln *vt* (*Fehler*) находи́ть недостáтки [оши́бки]; ◇ **an allem etw zu ~ haben** стреми́ться во всём находи́ть недостáтки

bemannen *vt* (*Boot*) <у->комплектовáть экипáж (комáнду)

bemerkbar *adj* ① (*erkennbar*) замéтный, примéтный ② ◇ **sich ~ machen** обрати́ть на себя́ внимáние, давáть себя́ знать; **bemerken** *vt* ① (*wahrnehmen*) за|мечáть <-мéтить>, под|мечáть <-мéтить> ② (*äußern*) за|мечáть <-мéтить>, дéлать замечáние, возра|жáть <-зи́ть>; ◇ **ganz nebenbei bemerkt ...** кстáти говоря́; **bemerkenswert I.** *adj* (*beachtlich*) замечáтельный, примечáтельный **II.** *adv* достóйно внимáния; **Bemerkung** *f* (*Äußerung*) замечáние *с;* (*Anmerkung, Fußnote*) примечáние *с*

bemitleiden *vt* <по->жалéть когó-л, <по-> сочýвствовать комý-л

bemühen I. *vt* ◇ **jd-n um etw ~** беспокóить когó-л из-за чегó-л [по какóму-л пóводу] **II.** *vr* (*sich anstrengen*) ◇ **sich ~** <по->труди́ться над чем-л, <по->старáться; **Bemühung** *f* (*Anstrengung*) уси́лие *с*, старáние *с*, хлóпоты *мн*

bemuttern *vt* (*Sohn*) проя|вля́ть <-ви́ть> матери́нскую забóту, забóтиться о ком-л

benachbart *adj* совéдний

benachrichtigen *vt* у|ведомля́ть <-вéдомить>, изве|щáть <-сти́ть> когó-л о чём-л; **Benachrichtigung** *f* осведомлéние *с*, уведомлéние *с*, извещéние *с*

benachteiligen *vt* причи|ня́ть <-ни́ть> ущéрб, <по->стáвить в невы́годное положéние когó-л

benehmen *unreg vr* ◇ **sich ~** вести́ себя́, держáться; **Benehmen** *n* <-s> поведéние *с;* (*Verhalten*) постýпки *мн*

beneiden *vt* <по->зави́довать кому-л в чём-л; **beneidenswert** *adj* зави́дный

benennen *unreg vt* наз<ы>ва́ть, <на->именова́ть, да<ва́>ть и́мя

benommen *adj* (*nach Unfall*) с помутнённым созна́нием, оглушённый; (*vor Schreck*) оцепене́лый

benötigen *vt* нужда́ться в чём-л

benutzen *vt* <вос->по́льзоваться чем-л, употре|бля́ть <-би́ть> что-л; **Benutzer(in** *f*) *m* <-s, -> по́льзующийся(-аяся *ж*) *м*, по́льзователь(ница *ж*) *м*; **benutzerfreundlich** *adj* удо́бный и досту́пный в испо́льзовании; **Benutzeroberfläche** *f* PC пове́рхность *ж* по́льзователя; **Benutzung** *f* (*von Räumen, Werkzeug*) по́льзование *с*, испо́льзование *с*, употребле́ние *с*

Benzin *n* <-s> AUTO бензи́н *м*; ◇ **bleifreies ~** бензи́н *м* без содержа́ния свинца́; **Benzinkanister** *m* кани́стра *ж* для бензи́на; **Benzintank** *m* бензоба́к *м*, бензи́новый бак *м*; **Benzinuhr** *f* (*im Auto*) бензоме́р *м*

beobachten *vt* ① (*genau betrachten*) наблюда́ть что-л, следи́ть за кем-чем-л ② (*feststellen*) под|меча́ть <-ме́тить>, за|меча́ть <-ме́тить> за кем-л; **Beobachter(in** *f*) *m* <-s, -> наблюда́тель(ница *ж*) *м*; (*Zeuge/-in*) свиде́тель(ница *ж*) *м*; **Beobachtung** *f* ① (*das Beobachten*) наблюде́ние *с* ② (*Feststellung*) установле́ние *с*, соблюде́ние *с*; **Beobachtungsgabe** *f* наблюда́тельность *ж*

bepacken *vt* (*Tier, Mensch*) нагру|жа́ть <-зи́ть>, навью́чи<ва>ть

bepflanzen *vt* за|са́живать <-сади́ть>, об|са́живать <-сади́ть>

bequem *adj* ① (*Stuhl, Kleidung*) удо́бный; ◇ **machen Sie es sich bitte ~!** располага́йтесь [устра́ивайтесь] поудо́бней, пожа́луйста! ② (*leicht*) нетру́дный, лёгкий; ◇ **mach es Dir nicht zu ~!** не будь сли́шком беззабо́тным ③ (*träge*) лени́вый, ине́ртный, медли́тельный, вя́лый; **Bequemlichkeit** *f* ① (*Behaglichkeit*) удо́бство *с*, ую́т *м*; (*Komfort*) комфо́рт *м*, удо́бства *мн* ② (*Trägheit*) вя́лость *ж*, ине́ртность *ж*, ле́ность *ж*

beraten *unreg* **I.** *vt* (*Kunden*) <по->сове́товать, да<ва́>ть сове́ты; ◇ **mit etw gut ~ sein** руково́дствоваться хоро́шими сове́тами; (*besprechen*) ◇ **(über) etw** *akk* **~** обсу|жда́ть <-ди́ть> что-л **II.** *vr* ◇ **sich ~** <по->сове́товаться, <по->совеща́ться; **Berater(in** *f*) *m* <-s, -> сове́тчик *м*, сове́тчица *ж*, сове́тник *м*, сове́тница *ж*, консульта́нт(ка *ж*) *м*; **Beratung** *f* совеща́ние *с*, сове́т *м*; (*Besprechung*) обсужде́ние *с*; **Beratungsstelle** *f* консультацио́нное бюро́ *с*, консульта́ция *ж*

berauben *vt* о|грабля́ть <-гра́бить>, обобра́ть <обира́ть>

berauschen **I.** *vt* (*betrunken machen*) опья|ня́ть <-ни́ть> **II.** *vr* ◇ **sich ~** ① (*sich betrinken*) пить *несов*, напи́<ва́>ться ② (*sich begeistern*) упи́<ва́>ться чем-л; **berauschend** *adj* (*Wein*) кре́пкий; (*Duft*) опьяня́ющий

berechenbar *adj* исчисля́емый, поддаю́щийся исчисле́нию; (*vorauszusehen*) предсказу́емый; **berechnend** *adj* (*auf Vorteil aus*) расчётливый; **Berechnung** *f* ① (*Ausrechnen*) вычисле́ние *с*, исчисле́ние *с* ② (*[Ein-]Schätzung*) оце́нка *ж*, учёт *м* ③ COMM счёт *м*, расчёт *м*, распла́та *ж*

berechtigen *vt* да<ва́>ть пра́во; (*ermächtigen*) уполномо́чи<ва>ть (*zu* кого́-л на что-л); **berechtigt** *adj* ① (*Ansprüche*) справедли́вый, обосно́ванный ② (*Vorwurf, Kosten*) опра́вданный; **Berechtigung** *f* (*Befugnis*) полномо́чие *с*; (*Recht*) пра́во *с*; (*Berechtigtsein*) правомо́чие *с*

bereden *vt* (*besprechen*) обсу|жда́ть <-ди́ть> что-л

Bereich *m* <-[e]s, -e> ① (*von Stadt, Küste*) райо́н *м*, зо́на *ж* ② (*Zuständigkeit*) компете́нция *ж* ③ PHYS диапазо́н *м*

bereichern **I.** *vt* (*erweitern, Sammlung*) обога|ща́ть <-ти́ть> что-л чем-л **II.** *vr* (*sich aneignen*) ◇ **sich ~** обога|ща́ться <-ти́ться>, нажи́<ва́>ться на чём-л

bereisen *vt* (*Land, Stadt*) объ|езжа́ть <-е́здить>, путеше́ствовать *несов*

bereit *adj* гото́вый; ◇ **er erklärte sich ~, uns zu helfen** он согласи́лся [вы́разил гото́вность] помо́чь нам

bereiten *vt* ① (*Essen*) пригo|товля́ть <-то́вить>, <при->гото́вить ② (*Freude, Sorgen*) до|ставля́ть <-ста́вить>, причи|ня́ть <-ни́ть>

bereithalten *unreg vt* (*Geld, Werkzeug*) держа́ть [име́ть] нагото́ве; **bereitlegen** *vt* (*Werkzeug*) приго|товля́ть <-то́вить>

bereits *adv* уже́

Bereitschaft *f* ① (*Bereitsein*) гото́вность *ж* ② MIL дежу́рная часть *ж*; MED ско́рая медици́нская по́мощь *ж*; ◇ **~ haben** быть на дежу́рстве; ◇ **in ~ sein** быть нагото́ве [гото́вым]; **Bereitschaftsarzt** *m*,

Bereitschaftsärztin *f* врач *м*/же́нщина-врач *ж* ско́рой по́мощи; **Bereitschaftsdienst** *m* дежу́рство *с*, гото́вность *ж*; **bereitwillig** *adj* (*anstandslos*) услу́жливый

bereuen *vt* (1) (*Worte*) раска́|иваться <-яться> в чём-л (2) (*bedauern*) <со->жале́ть о чём-л

Berg *m* <-[e]s, -e> гора́ *ж*; *FIG* (*von Akten*) гру́да *ж*, гора́ *ж*, ку́ча *ж*, глы́ба *ж*; **bergab** *adv* по́д гору, с горы́; **Bergarbeiter** *m* горня́к *м*, шахтёр *м*; **bergauf** *adv* в го́ру, на́ гору; **Bergbahn** *f* го́рная (желе́зная) доро́га *ж*; (*Seilbahn*) подвесна́я кана́тная доро́га *ж*; **Bergbau** *m* го́рная промы́шленность *ж*

bergen <birgt, barg, geborgen> *vt* (1) (*retten*) спаса́ть <спасти́>; (*Verschüttete*) подб<и>ра́ть, <за->хорони́ть; (*Schiffbrüchige*) спаса́ть <спасти́>, под|бира́ть <-обра́ть>, эвакуи́ровать *несов и сов* (2) (*innehaben*) сохра|ня́ть <-ни́ть>, заключа́ть [таи́ть] в себе́

Bergführer(in *f*) *m* проводни́к *м*/проводни́ца *ж* в гора́х; **Berggipfel** *m* верши́на *ж* горы́; **bergig** *adj* (*Landschaft*) гори́стый; **Bergkette** *f* го́рный хребе́т *м*, го́рная цепь *ж*, гряда́ *ж*; **Bergrutsch** *m* о́ползень *м*; **Bergschuhe** *m pl* го́рные боти́нки *мн*; **Bergsteigen** *n* восхожде́ние *с* на го́ры; (*Alpinistik*) альпини́зм *м*; **Bergsteiger(in** *f*) *m* <-s, -> альпини́ст(ка *ж*) *м*; **Bergwerk** *n* го́рное предприя́тие *с*, ша́хта *ж*, рудни́к *м*

Bericht *m* <-[e]s, -e> докла́д *м*, сообще́ние *с*, отчёт *м*; **berichten I.** *vt* (*erzählen*) до|кла́дывать <-ложи́ть> **II.** *vi* (*melden*) сооб|ща́ть <-щи́ть>, да<ва́>ть отчёт; **Berichterstatter(in** *f*) *m* <-s, -> докла́дчик *м*, докла́дчица *ж*; (*Korrespondent/in*) корреспонде́нт(ка *ж*) *м*; **Berichterstattung** *f* представле́ние *с* отчёта [докла́да]; (*Berichtswesen*) отчётность *ж*

berichtigen *vt* (*verbessern, Aussprache*) ис|правля́ть <-пра́вить>; (*Text*) вноси́ть <внести́> попра́вку

beritten *adj* (*Militär*) ко́нный

Bernhardiner *m* (*Hunderasse*) сенберна́р *м*

Bermudas *pl* (1) (*Inseln*) Берму́дские острова́ *мн* (2) (*Shorts*) берму́ды *мн*

Bernstein *m* янта́рь *м*

bersten <barst, geborsten> *vi* (1) (*aufplatzen*) рас|ка́лываться <-коло́ться>; (*Risse bekommen*) <по->тре́скаться, тре́снуть *сов* (2) (*überfüllt*) ◇ **der Saal ist zum B~ voll** зал наби́т битко́м

berüchtigt *adj* (*Lokal*) по́льзующийся дурно́й сла́вой; (*Person*) подозри́тельный

berücksichtigen *vt* прин|има́ть <-я́ть> во внима́ние, учи́тывать <уче́сть>

Beruf *m* <-[e]s, -e> (*Handwerks~*) профе́ссия *ж*, специа́льность *ж*; ◇ **freie ~e** свобо́дные профе́ссии *мн*; ◇ **was sind Sie von ~?** кто Вы по профе́ссии?

berufen [1] *unreg* **I.** *vt* (*ernennen*) наз|нача́ть <-на́чить>, пригла|ша́ть <-си́ть> для замеще́ния до́лжности (*in, an akk* на) **II.** *vr* (*sich beziehen auf*) ◇ **sich ~ auf** ссыла́ться <сосла́ться> на кого́-что-л

berufen [2] *adj* (*fähig*) при́званный, предназна́ченный; (*kompetent*) компете́нтный, авторите́тный

beruflich *adj* профессиона́льный; (*dienstlich*) служе́бный; **Berufsausbildung** *f* профессиона́льное обуче́ние *с*, профессиона́льная подгото́вка *ж*; **Berufsbezeichnung** *f* назва́ние *с* профе́ссии; **Berufsleben** *n* труд *м*, трудова́я де́ятельность *ж*; **Berufsschule** *f* профессиона́льная шко́ла *ж*, профучи́лище *с*; **Berufssportler(in** *f*) *m* профессиона́льный(-ая) спортсме́н(ка *ж*) *м*; **berufstätig** *adj* рабо́тающий по специа́льности, за́нятый на рабо́те; **Berufsverkehr** *m* перево́зка *ж* рабо́тающих к ме́сту рабо́ты, часы́ *мн* пик на тра́нспорте; **Berufsverbot** *n* <-s> запре́т *м* на профе́ссии; **Berufswahl** *f* вы́бор *м* профе́ссии

Berufung *f* (1) (*zu e-r Tätigkeit*) призва́ние *с* (2) (*Einsetzung, zur Arbeit*) назначе́ние *с* (3) JURA обжа́лование *с* суде́бного пригово́ра, апелля́ция *ж*; ◇ **in die ~ gehen** подава́ть апелля́цию; ◇ **unter ~ auf** ссыла́ясь на кого́-что-л

beruhen *vi* (*sich stützen auf*) осно́вываться *несов*, поко́иться *несов* на чём-л, держа́ться на чём-л; ◇ **das beruht auf Gegenseitigkeit** э́то де́ржится на взаи́мности; ◇ **die Arbeit auf sich ~ lassen** оставля́ть [броса́ть] рабо́ту

beruhigen I. *vt* (*Baby*) успо|ка́ивать <-ко́ить>, ун|има́ть <-я́ть>; ◇ **es beruhigt uns sehr, daß...** нас о́чень беспоко́ит то, что... **II.** *vr* ◇ **sich ~** (*ruhiger werden*) успо|ка́иваться <-ко́иться>; (*Wind*) уле́чься *сов*, успоко́иться; **Beruhigung** *f* успокое́ние *с*; (*der Nerven*) умиротворе́ние *с*; **Beruhigungsmittel** *n* успока́ивающее сре́дство *с*; **Beruhigungsspritze** *f* успока́ивающий уко́л *м*

berühmt *adj* знамени́тый, изве́стный; **Berühmtheit** *f* (*Persönlichkeit*) знамени́тость *ж*, знамени́тый челове́к *м*; ◇ ~ **erlangen** приобрести́ изве́стность

berühren I. *vt* ① (*jd-n/etw*) до|тра́гиваться ‹-тро́нуться› до кого́-чего́-л, тро́|гать ‹-нуть› кого́-что-л ② (*Thema, streifen*) каса́ться ‹косну́ться› **II.** *vr* ◇ **sich** ~ тро́гать, каса́ться друг друга́; (*aneinandergrenzen*) сопри|каса́ться ‹-косну́ться› с кем-чем-л; **Berührung** *f* каса́ние *с*, прикоснове́ние *с*, соприкоснове́ние *с*; **Berührungspunkt** *m* то́чка *ж* каса́ния; *FIG* (*gemeinsames Interesse*) то́чка *ж* соприкоснове́ния

besagen *vt* (*bedeuten*) зна́чить *несов*, свиде́тельствовать *несов*, пока́зывать *несов*; **besagt** *adj* (*Zeuge, Tat*) упомя́нутый, ука́занный вы́ше

besänftigen *vt* (*Zorn*) усми|ря́ть ‹-ри́ть›, укро|ща́ть ‹-ти́ть›, ун|има́ть ‹-я́ть›; (*Nerven*) успо|ка́ивать ‹-ко́ить›; **besänftigend** *adj* усмири́тельный; **Besänftigung** *f* укроще́ние *с*, успокое́ние *с*

Besatz *m* ‹-es, Besätze› (*von Kleid*) отде́лка *ж*, оторо́чка *ж*

Besatzer *m* оккупа́нт *м*; **Besatzung** *f* ① (*Mannschaft*) экипа́ж *м*; (*von Schiff*) кома́нда *ж* ② MIL ли́чный соста́в *м*

besaufen *unreg vr FAM* ◇ **sich** ~ напи́‹ва́›ться пья́ным, нака́|чиваться ‹-ча́ться›

beschädigen *vt* повре|жда́ть ‹-ди́ть›, ‹ис-›по́ртить; **beschädigt** *adj* (*schadhaft*) испо́рченный; (*Ladung*) повреждённый; **Beschädigung** *f* ① (*das Beschädigen*) поврежде́ние *с* ② (*Schaden*) подве́ргшееся по́рче, по́рча *ж*

beschaffen I. *vt* (*herbeibringen*) доста́‹ва́›ть, приобре|та́ть ‹-сти́›, заго|товля́ть ‹-то́вить› **II.** *adj* (*Gerät*) подходя́щий, го́дный; ◇ **die Sache ist so** ~ де́ло обстои́т так; **Beschaffenheit** *f* сво́йство *с*; (*Qualität*) ка́чество *с*; **Beschaffung** *f* загото́вка *ж*, доста́вка *ж*; (*Anschaffung*) приобрете́ние *с*

beschäftigen I. *vt* ① (*Kind*) зан|има́ть ‹-я́ть›, раз|влека́ть ‹-вле́чь› ② (*anstellen*) зан|има́ть ‹-я́ть›, да‹ва́›ть рабо́ту **II.** *vr* (*sich befassen*) ◇ **sich** ~ зан|има́ться ‹-я́ться› (*mit dat* чем-л); **beschäftigt** *adj* рабо́тающий; (*in Firma*) ◇ ~ **sein** быть за́нятым, рабо́тать где-л; **Beschäftigung** *f* ① (*mit Thema*) заня́тие *с*; (*Zeitvertreib*) времяпрепровожде́ние *с* ② (*im Beruf*) заня́тие *с*, рабо́та *ж*, де́ятельность *ж*

beschämen *vt* (*demütigen*) ‹при-›стыди́ть, (*schämen*) срами́ть *несов*; **beschämend** *adj* (*Verhalten, Auftritt*) сты́дный; **beschämt** *adj* пристыжённый, сконфу́женный

beschatten *vt* ① (*vor Sonne schützen*) защи|ща́ть ‹-ти́ть› от со́лнца ② (*Verbrecher*) следи́ть *несов*, вести́ сле́жку

beschaulich *adj* (*behaglich*) ую́тный, поко́йный; (*idyllisch*) ◇ **ein ~es Leben führen** вести́ блаже́нную жизнь

Bescheid *m* ‹-[e]s, -e› ① (*Antwort*) отве́т *м* ② (*Weisung*) указа́ние *с*, распоряже́ние *с* ③ (*Auskunft*) спра́вка *ж* ④ ◇ **ich weiß darüber** ~ я в ку́рсе де́ла; ◇ **jd-m ~ sagen** (*informieren*) сообщи́ть, переда́ть кому́-л что-л; *FIG* (*Meinung sagen*) сказа́ть своё мне́ние кому́-л

bescheiden *adj* (*Mensch, Verhältnisse*) скро́мный; (*zurückhaltend*) сде́ржанный; **Bescheidenheit** *f* скро́мность *ж*

bescheinigen *vt* (*quittieren*) удосто|веря́ть ‹-ве́рить›; (*bestätigen*) подтвер|жда́ть ‹-ди́ть›; **Bescheinigung** *f* ① (*das Bescheinigen*) подтвержде́ние *с* ② (*Urkunde*) удостовере́ние *с*, свиде́тельство *с*; (*Beleg, Quittung*) распи́ска *ж*, квита́нция *ж*

bescheißen *unreg vt FAM* (*betrügen*) оста́вить в дурака́х, околпа́чить *сов*, наду́‹ва́›ть

beschenken *vt* ода|ря́ть ‹-ри́ть›, ‹с-›де́лать пода́рок

bescheren *vt* ① (*beschenken*) ◇ **jd-n** ~ одари́вать ‹одаря́ть› (пода́рками) кого́-л ② *FIG* (*bringen*) ◇ **der Sommer beschert uns viel Sonne** ле́то дару́ет нам мно́го со́лнца; **Bescherung** *f* ① (*am Weihnachtsabend*) рожде́ственский пода́рок *м* ② *FIG FAM* неприя́тный сюрпри́з *м*; (*bei Mißlingen*) ◇ **das ist vielleicht e-e schöne ~!** вот так сюрпри́з!, вот тебе́ и на!

bescheuert *adj* (*blöd*) слабоу́мный, тупо́й, глу́пый; ◇ **das ist vielleicht** ~ мо́жет быть э́то глу́по

beschießen *unreg vt* (*unter Beschuß nehmen*) об|стре́ливать ‹-стреля́ть›

beschildern *vt* (*Straße*) прикре|пля́ть ‹-пи́ть› вы́веску; **beschildert** *adj* ◇ **eine gut ~e Straße** у́лица, кото́рая чётко обозна́чена

beschimpfen *vt* (*schelten*) ‹об-›руга́ть, поноси́ть *несов*, **Beschimpfung** *f* поруга́ние *с*, оскорбле́ние *с*

Beschiß *m* <-sses> *FAM* (*Betrug*) ◇ **das ist (ja) ~** это же надувáтельство [обмáн]

Beschlag *m* ① (*von Tür, Fenster*) обúвка *ж*, обшúвка *ж;* (*Hufeisen*) подкóва *ж* ② (*Dampf*) налёт *м* ③ ◇ **etw in ~ nehmen** конфисковáть *несов и сов* что-л; **beschlagen** *unreg* **I.** *vt* ① (*Tür*) обú<вá>ть; (*Pferd*) подкó|вывать <-вáть> ② (*Bescheid wissen*) быть свéдущим; ◇ **er ist auf [*o.* in] seinem Gebiet sehr ~** он хорошó разбирáется в своéй óбласти **II.** *vi* (*Fenster*) запотé<вá>ть **III.** *vr* ◇ **sich ~** покры́<вá>ться налётом

Beschlagnahme *f* <-> (*von Vermögen*) конфискáция *ж;* **beschlagnahmen** *vt* (*Akten, Waren*) из|ымáть <-ъя́ть>, конфисковáть *сов*

beschleunigen I. *vt* (*Entwicklung*) у|скоря́ть <-скóрить> **II.** *vi* AUTO увелúчи<ва>ть скóрость **III.** *vr* (*Puls, Fahrt*) ◇ **sich ~** увелúчи<ва>ться, у|скоря́ться <-скóриться>; **Beschleunigung** *f* ускорéние *с*

beschließen *unreg vt* ① (*beenden*) за|кáнчивать <-кóнчить> ② (*Satzung, Sache*) ре|шáть <-шúть>; **Beschluß** *m* (*von Kabinett*) решéние *с*, постановлéние *с;* **Beschlußfähigkeit** *f* (*von Vorstand*) правомóчность *ж*, налúчие *с* квóрума

beschmutzen *vt* (*Kleider*) <за->пáчкать

beschneiden *unreg vt* ① (*Papier*) <об->рéзать; (*Zweige*) урéз<ыв>ать, обрéз<ыв>ать ② REL совер|шáть <-шúть> обрезáние

beschönigen *vt* приукрá|шивать <-сить>

beschränken I. *vt* (*Rechte, Freiheiten*) огранúчи<ва>ть **II.** *vr* (*sich begnügen*) ◇ **sich ~** огранúчи<ва>ться, довóльствоваться (*auf akk* чем-л)

beschrankt *adj* (*Bahnübergang*) огранúченный, огорóженный

beschränkt *adj* ① (*Mittel*) огранúченный ② (*stumpfsinnig, einfältig*) недалёкий, тупóй, огранúченный; **Beschränktheit** *f* (*Dummheit*) огранúченность *ж*, тýпость *ж*

Beschränkung *f* (*Einengung*) ограничéние *с*, стеснéние *с*

beschreiben *unreg vt* ① (*Papier*) испú|сывать <-сáть> ② (*schildern*) опú|сывать <-сáть>; **Beschreibung** *f* описáние *с*

beschriften *vt* (*Umschlag, Schild*) надпú|сывать <-сáть>, дéлать нáдпись; **Beschriftung** *f* нáдпись *ж*, экспликáция *ж*

beschuldigen *vt* (*anklagen*) ◇ **jd-n [wegen] e-r Sache ~** обви|ня́ть <-нúть> когó-л в чём-л; ◇ **jd-n ~, ein Verbrechen begangen zu haben** обвиня́ть когó-л в том, что он совершúл преступлéние; **Beschuldigung** *f* обвинéние *с*

beschummeln *vt FAM* (*beim Spiel*) обмá|нывать <-нýть>, надý<вá>ть

beschützen *vt* защи|щáть <-тúть>, охра|ня́ть <-нúть> (*vor dat* когó-что-л от когó-чегó-л); **Beschützer(in** *f*) *m* <-s, -> защúтник *м*, защúтница *ж*, застýпник *м*, застýпница *ж*

Beschwerde *f* <-, -n> ① (*Klage*) жáлоба *ж;* (*Beanstandung*) претéнзия *ж* ② ◇ **~n** *f pl* (*körperlich*) недýги *мн;* (*Schmerzen*) бóли *мн*

beschweren I. *vt* (*belasten*) обреме|ня́ть <-нúть> **II.** *vr* (*beanstanden*) ◇ **sich ~** <по->жáловаться (*über* комý-л на когó-что-л)

beschwerlich *adj* (*mühsam*) тяжёлый; (*anstrengend*) утомúтельный

beschwichtigen *vt* (*beruhigen*) успо|кáивать <-кóить>, ун|имáть <-я́ть>

beschwindeln *vt* ① (*Unwahrheit sagen*) обмá|нывать <-нýть> ② (*reinlegen*) надý<вá>ть

beschwipst *adj* (*angetrunken*) подвы́пивший, под хмелькóм

beschwören *unreg vt* ① (*beeiden*) прися|гáть <-нýть>; JURA да<вá>ть показáния под прися́гой ② (*anflehen*) за|клинáть <-кля́сть>, умо|ля́ть <-лúть>

beseitigen *vt* ① (*wegbringen*) устра|ня́ть <-нúть>, уб<и>рáть с дорóги; (*Spuren*) ликвидúровать *несов и сов* ② (*umbringen*) унич|тожáть <-тóжить>; **Beseitigung** *f* устранéние *с*, ликвидáция *ж*, уничтожéние *с*

Besen *m* <-s, -> ① (*Kehr~*) метлá *ж* ② *FAM* (*unfreundliche Frau*) каргá *ж*, швáбра *ж;* **Besenstiel** *m* пáлка *ж* от метлы́

besessen *adj* ① (*von Idee*) одержúмый ② REL (*von Gott*) помéшанный, бесновáтый ③ (*von Teufel*) одержúмый бéсом

besetzen *vt* ① (*erobern*) оккупúровать *несов и сов*, зан|имáть <-я́ть> войскáми ② (*reservieren*) <за->бронúровать ③ (*blockieren, Telefonleitung*) зан|имáть <-я́ть> надóлго ④ (*Haus*) зан|имáть <-я́ть> ⑤ (*mit Schmuck*) отдéл<ыв>ать ⑥ ◇ **eine Arbeitsstelle ~** заме|щáть <-стúть> дóлжность; THEAT (*Rolle*) распреде|ля́ть <-лúть> рóли; **besetzt** *adj* ① (*Toilette, Telefon*) зáнятый ② (*reserviert*) забронúрованный ③ (*Haus*) зáнятый ④ (*mit Schmuck*) отдéланный ⑤ (*Arbeitsstelle*) замещённый; THEAT (*Rolle*) распределённый;

Besetzung *f* замеще́ние *с* до́лжности; THEAT распределе́ние *с* роле́й, соста́в *м* исполни́телей; MIL оккупа́ция *ж*
besichtigen *vt* (*Schloß*) о|сма́тривать ‹-смотре́ть›; **Besichtigung** *f* осмо́тр *м*
besiegen *vt* побе|жда́ть ‹-ди́ть›; **Besiegte(r)** *fm* побеждённый(-ая *ж*) *м*
besinnen *unreg vr* ◇ **sich ~** ① (*überlegen*) разду́м‹ыв›ать; (*Meinung ändern*) ◇ **sich anders ~** переду́мать *сов*, оду́маться *сов* ② (*sich erinnern*) вспомина́ть ‹вспо́мнить› (*auf akk* о чём-л); **besinnlich** *adj* (*nachdenklich*) заду́мчивый; **Besinnung** *f* ① (*Bewußtsein*) созна́ние *с*; ◇ **wieder zur ~ kommen** (*zu sich kommen*) прийти́ в себя́, очну́ться *сов*; *FIG* (*wieder vernünftig werden*) образу́миться *сов* ② (*Überdenken*) размышле́ние *с*, разду́мье *с*, ду́мы *мн*;
besinnungslos *adj* ① (*ohnmächtig*) бессозна́тельный ② (*unvernünftig*) непроду́манный, неразу́мный
Besitz *m* ‹-es› ① (*das Besitzen*) облада́ние *с*, владе́ние *с* ② (*Eigentum, Grundstück*) со́бственность *ж*; (*Vermögen*) иму́щество *с*;
besitzanzeigend *adj* GRAM **~es Fürwort** притяжа́тельное местоиме́ние *с*; **besitzen** *unreg vt* (*Tier, Haus, Fähigkeit*) владе́ть *несов* чем-л, име́ть что-л, облада́ть *несов* чем-л; **Besitzer(in** *f*) *m* ‹-s, -› владе́лец *м*, владе́лица *ж*, облада́тель(ница *ж*) *м*
besoffen *adj FAM* пья́ный
besohlen *vt* (*Schuhe*) подби́‹ва́›ть подмётки
Besoldung *f* (*von Soldaten*) де́нежное содержа́ние *с*; (*von Beamten*) жа́лованье *с*, окла́д *м*; (*Lohn*) за́работная пла́та *ж*
besondere(r, s) *adj* ① (*eigen, Art*) ча́стный, ли́чный; (*Reiz*) осо́бенный ② (*außerordentlich, Vorkommnisse*) чрезвыча́йный, осо́бенный; (*Fähigkeiten, Kenntnisse*) необыкнове́нный, осо́бенный ③ (*für sich*) отде́льный; (*zusätzlich*) дополни́тельный; (*extra, gesondert*) осо́бый
Besonderheit *f* осо́бенность *ж*; (*Ungewöhnlichkeit*) стра́нность *ж*; (*Eigentümlichkeit*) своеобра́зие *с*
besonders *adv* ① (*insbesondere*) осо́бенно ② (*außergewöhnlich*) необыкнове́нно; (*mittelmäßig*) ◇ **der Wein war nicht ~** вино́ бы́ло не осо́бенно (хоро́шим); ◇ **dies ist e-e ~ hübsche Person** э́то необыкнове́нно краси́вый челове́к ③ (*für sich, zusätzlich*) специа́льно, осо́бо ④ (*hauptsächlich*) в осо́бенности, гла́вным о́бразом
besonnen *adj* (*Mensch, Tat*) рассуди́тельный, благоразу́мный; **Besonnenheit** *f* рассуди́тельность *ж*, благоразу́мие *с*
besorgen *vt* ① (*beschaffen*) доста́‹ва́›ть; (*organisieren*) организова́ть; (*Taxi*) заказа́ть *сов* ② (*einkaufen*) покупа́ть ‹купи́ть›
Besorgnis *f* (*Sorge*) трево́га *ж*; (*Angst*) опасе́ние *с*; **besorgt** *adj* озабо́ченный, обеспоко́енный; ◇ **um jd-n/etw ~ sein** беспоко́иться о ком-чём-л
Besorgung *f* ① (*das Beschaffen*) доста́вка *ж* ② (*Einkauf*) поку́пка *ж*
bespielen *vt* ① (*Kassette*) запи́|сывать ‹-са́ть› ② (*Fußballplatz*) игра́ть на по́ле
bespitzeln *vt* (*heimlich beobachten*) проводи́ть сле́жку, следи́ть за кем-чем-л
besprechen *unreg* **I.** *vt* ① (*über etwas reden*) говори́ть о ком-чём-л; (*Buch, Film*) обсу|жда́ть ‹-ди́ть› что-л ② (*Kassette*) наго|ва́ривать ‹-вори́ть› **II.** *vr* (*sich beraten*) ◇ **sich ~** ‹по-›совеща́ться, ‹по-›сове́товаться; **Besprechung** *f* ① (*Erörterung*) обсужде́ние *с*; (*Rezension*) реце́нзия *ж* ② (*Konferenz*) совеща́ние *с*, конфере́нция *ж*
besser I. *adj kompar v.* **gut** лу́чший, бо́лее хоро́ший **II.** *adv* лу́чше; ◇ **du hättest ~ geschwiegen** лу́чше бы ты промолча́л
bessern I. *vt* (*verbessern*) у|лучша́ть ‹-лу́чшить›, по|правля́ть ‹-пра́вить› **II.** *vr* ◇ **sich ~** (*Wetter, Laune*) у|лучша́ться ‹-лу́чшиться›; (*Menschen*) ис|правля́ться ‹-пра́виться›; (*Krankheit*) по|правля́ться ‹-пра́виться›; **Besserung** *f* выздоровле́ние *с*, попра́вка *ж*; ◇ **wir wünschen Ihnen gute ~!** мы жела́ем Вам скоре́е вы́здороветь [попра́виться]
Bestand *m* ① (*Fortbestehen, Grundlage*) постоя́нство *с*, про́чность *ж*, осно́ва *ж*; (*fortbestehen*) ◇ **unsere Arbeit wird ~ haben** на́ша рабо́та бу́дет продолжа́ться ② (*an Waren*) нали́чие *с*
beständig *adj* ① (*Auftragslage, Klima*) постоя́нный, усто́йчивый ② (*widerstandsfähig*) сто́йкий, про́чный; **Beständigkeit** *f* ① (*Ausdauer*) постоя́нство *с*, про́чность *ж* ② METEO усто́йчивость *ж* ③ (*Standhaftigkeit*) сто́йкость *ж*, живу́честь *ж*
Bestandsaufnahme *f* инвентариза́ция *ж*, инвента́рная о́пись *ж*; ◇ **e-e ~ machen** проводи́ть инвентариза́цию
Bestandteil *m* (*Element, Komponente*) составна́я часть *ж*, элеме́нт *м*; (*in Lebensmittel*) компоне́нт *м*

bestärken *vt* (*in Tun, Vorsatz*) подкре|пля́ть ‹-пи́ть›, утвер|жда́ть ‹-ди́ть›

bestätigen I. *vt* ① (*Aussage, Nachricht*) подтвер|жда́ть ‹-ди́ть›; (*Geldempfang*) уведомля́ть ‹уве́домить› о получе́нии ② ◇ **jd-n im Amt** ~ утверди́ть кого́-л в до́лжности **II.** *vr* (*sich als richtig erweisen*) ◇ **sich** ~ подтвер|жда́ться ‹-ди́ться›; **Bestätigung** *f* ① (*von Aussage, Nachricht*) подтвержде́ние *с;* (*Quittung*) уведомле́ние *с* [сообще́ние *с*] о получе́нии ② (*im Amt*) утвержде́ние *с*

bestatten *vt* ‹по-›хорони́ть; **Bestattung** *f* (*Begräbnis*) по́хороны *мн*

bestäuben *vt* ① FLORA опы|ля́ть ‹-ли́ть› ② (*mit Mehl*) ‹по-›сы́пать

beste(r, s) I. *adj superl v.* **gut** наилу́чший, са́мый лу́чший **II.** *adv* ◇ **am ~n** лу́чше всего́, лу́чше всех; ◇ **sein B~s tun** прилага́ть все уси́лия, де́лать всё от себя́ зави́сящее

bestechen *unreg vt* ① (*Beamten, Zeugen*) подку|па́ть ‹-пи́ть›, да‹ва́›ть взя́тку ② *FIG* (*beeindrucken*) распо|лага́ть ‹-ложи́ть› к себе́; **bestechend** *adj* (*beeindruckend*) привлека́тельный, соблазни́тельный; **bestechlich** *adj* (*käuflich*) подку́пный, прода́жный; **Bestechlichkeit** *f* прода́жность *ж,* взя́точничество *с;* **Bestechung** *f* (*Beamten~*) по́дкуп *м,* взя́тка *ж*

Besteck *n* ‹-[e]s, -e› (*Eß~*) (столо́вый) прибо́р *м;* MED набо́р *м* медици́нских инструме́нтов

bestehen *unreg* **I.** *vi* ① (*vorhanden sein*) существова́ть *несов,* име́ться *несов* ② (*andauern*) про|должа́ться ‹-до́лжиться› **II.** *vt* ① (*Probe, Kampf*) устоя́ть *сов,* выде́рживать ‹вы́держать›; (*Examen*) выде́рживать ‹вы́держать› ② (*beharren*) ◇ ~ **auf** *dat* на|ста́ивать ‹-стоя́ть› на чём-л ③ ◇ ~ **aus** состоя́ть из

bestehlen *unreg vt* (*beklauen, berauben*) об|кра́дывать ‹-окра́сть›

besteigen *unreg vt* ① (*Berg*) под|нима́ться ‹-ня́ться›; (*Thron*) всту|па́ть ‹-пи́ть› на трон; (*Pferd, Fahrrad*) сади́ться ‹сесть› ② (*einsteigen*) сади́ться ‹сесть› во что-л; **Besteigung** *f* (*Aufstieg*) восхожде́ние *с* на что-л; (*das Einsteigen*) поса́дка *ж* на/во что-л

bestellen *vt* ① (*Waren*) зака|зывать ‹-за́ть› ② (*reservieren*) ‹за-›брони́ровать ③ (*Boden*) возде́л‹ыв›ать, обра|ба́тывать ‹-бо́тать› ④ (*Nachricht, Grüße*) переда́‹ва́›ть ⑤ (*zu sich* ~) пригла|ша́ть ‹-си́ть›, вызыва́ть ‹вы́звать›, ‹по-›проси́ть прийти́ ⑥ (*ernennen*) наз|нача́ть ‹-на́чить›; **Bestellung** *f* ① (*das Bestellen*) зака́з *м,* поруче́ние *с;* (*von Nachfolger*) назначе́ние *с* ② COMM (*Lieferung*) доста́вка *ж* ③ (*von Boden*) возде́лывание *с*

bestenfalls *adv* в лу́чшем слу́чае

bestens *adv* (*ausgezeichnet, vortrefflich*) лу́чше всего́, са́мым наилу́чшим о́бразом; ◇ **das ist ja ~!** (вот) э́то великоле́пно!; ◇ **wie geht es Ihnen? danke, ~!** как у Вас дела́? спаси́бо, великоле́пно!

besteuern *vt* об|лага́ть ‹-ложи́ть› нало́гом

Bestie *f* (*Tier*) ди́кий зверь *м,* хи́щное живо́тное *с; FIG* и́зверг *м,* чудо́вище *с,* бе́стия *ж,* скоти́на *ж*

bestimmen *vt* ① (*festlegen, Regeln*) уста|на́вливать ‹-нови́ть›; (*Tag, Ort*) наз|нача́ть ‹-на́чить› ② (*beherrschen*) опреде|ля́ть ‹-ли́ть›, быть определя́ющим ③ (*auswählen*) выбира́ть ‹вы́брать›; (*ernennen*) наз|нача́ть ‹-на́чить› про́чить; (*veranlassen*) побу|ждать ‹-ди́ть›; **bestimmt I.** *adj* ① (*entschieden, kategorisch*) реши́тельный, категори́ческий; (*sicher*) уве́ренный ② (*Artikel*) определённый **II.** *adv* (*sicherlich*) определённо; (*unbedingt*) непреме́нно; **Bestimmung** *f* ① (*Verordnung*) постановле́ние *с,* распоряже́ние *с;* (*das Festsetzen*) определе́ние *с,* обозначе́ние *с* ② (*Verwendungszweck*) назначе́ние *с,* цель *ж* ③ (*Schicksal*) предназначе́ние *с,* у́часть *ж;* **Bestimmungsort** *m* ме́сто *с* назначе́ния

Bestleistung *f* наилу́чшие показа́тели *мн;* (*Rekord*) реко́рд *м;* **bestmöglich** *adj* наилу́чшим о́бразом

Best. -Nr. *f Abk. v.* **Bestellnummer** но́мер *м* зака́за

bestrafen *vt* (*Sache, Person*) нака|зывать ‹-за́ть›, ‹о-›штрафова́ть; **Bestrafung** *f* наказа́ние *с,* ка́ра *ж*

bestrahlen *vt* ① (*Gebäude, Bühne*) осве|ща́ть ‹-ти́ть› (луча́ми), оза|ря́ть ‹-ри́ть› ② MED облу|ча́ть ‹-чи́ть›

bestreichen *unreg vt* (*Wand*) окра́|шивать ‹-сить›; (*Holz*) обма́з‹ыв›ать; (*Brot*) нама́з‹ыв›ать

bestreiken *vt* охва́|тывать ‹-ти́ть› забасто́вкой

bestreiten *unreg vt* ① (*abstreiten*) ос|па́ривать ‹-по́рить›, опро|верга́ть ‹-ве́ргнуть› ② (*finanzieren*) покры́‹ва́›ть, упла́|чивать ‹-ти́ть›; ◇ **jd-s Lebensunterhalt** ~ обеспе́чивать кому́-л сре́дства к жи́зни ③ (*Fernsehsendung*) выступа́ть ‹вы́ступить›, прини|ма́ть ‹-я́ть› уча́стие

bestreuen *vt* (*mit Puderzucker*) по|сыпа́ть ‹-сы́пать›

bestürmen *vt* (*bedrängen*) штурмова́ть *несов*

bestürzen *vt* пора|жа́ть ‹-зи́ть›, озада́чи‹ва›ть; ◇ **sie machte ein bestürztes Gesicht** у неё был озада́ченный вид; **Bestürzung** *f* (*Entsetzen*) смуще́ние *с*, замеша́тельство *с*, оцепене́ние *с*

Besuch *m* ‹-[e]s, -e› ① (*von Person, Theater*) посеще́ние *с*, визи́т *м*; (*von Lehrveranstaltung*) посеще́ние *с*; ◇ **jd-m e-n ~ abstatten** нанести́ кому́-л визи́т; ◇ **bei jd-m zu** [*o.* **auf**] **~ sein** быть у кого́-л в гостя́х ② (*Gast*) гость *м*, го́стья *ж*; ◇ **wir freuen uns immer über e-n ~** мы всегда́ ра́ды гостя́м; **besuchen** *vt* (*Freund*) посе|ща́ть ‹-ти́ть›, наве|ща́ть ‹-сти́ть›; (*Lehrveranstaltung*) ходи́ть *несов*; (*Theater, Konzert*) ходи́ть, посеща́ть; ◇ **das Konzert war gut besucht** на конце́рте бы́ло мно́го слу́шателей [зри́телей]; **Besucher**(**in** *f*) *m* ‹-s, -› посети́тель(ница *ж*) *м*; **Besuchszeit** *f* (*im Krankenhaus*) часы́ *мн* приёма посети́телей

besudeln *vt* (*beschmutzen*) ‹за-›мара́ть, ‹за-›па́чкать; *FIG* (*Ruf*) осквер|ня́ть ‹-ни́ть›, запятна́ть *сов*

betagt *adj* пожило́й, ста́рый

betasten *vt* (*Sache, Person*) ощу́п‹ыв›ать, ‹по-›тро́гать

betätigen I. *vt* TECH (*bedienen*) при|води́ть ‹-вести́› в де́йствие, управля́ть механи́змом **II.** *vr* ◇ **sich ~** занима́ться чем-л; ◇ **sich in der Küche ~** хлопота́ть на ку́хне; ◇ **sich künstlerisch ~** занима́ться худо́жественной де́ятельностью; **Betätigung** *f* ① (*das Sichbetätigen*) де́ятельность *ж*, заня́тие *с* ② TECH приведе́ние *с* в де́йствие, управле́ние *с* механи́змом

betäuben I. *vt* ① (*örtlich*) анестези́ровать *несов и сов* ② *FIG* (*Gewissen*) заглу|ша́ть ‹-ши́ть› го́лос со́вести; *FIG* (*Sorgen, Kummer*) заглу|ша́ть ‹-ши́ть› ③ MED (*narkotisieren*) обезбо́ливать нарко́зом **II.** *vr* (*mit Alkohol, Drogen*) ◇ **sich ~** одурма́нивать себя́, иска́ть забве́ния в чём-л; **Betäubungsmittel** *n* наркоти́ческое сре́дство *с*, обезбо́ливающее сре́дство *с*

beteiligen I. *vt* (*teilhaben lassen*) ◇ **jd-n an etw** *dat* ~ де́лать кого́-л уча́стником чего́-л **II.** *vr* ◇ **sich ~** уча́ствовать *несов* (*an dat* в чём-л); (*an Kosten, Gewinn*) предо|ставля́ть ‹-ста́вить› до́лю [часть] (*an dat* чего-л); **Beteiligung** *f* ① (*Teilhaben*) уча́стие *с* (в при́былях), быть па́йщиком ② (*Besucher~*) уча́стие *с*

beten *vi* ‹по-›моли́ться

beteuern *vt* (*versichern*) (торже́ственно) за|веря́ть ‹-ве́рить›, уверя́ть ‹уве́рить›

Beton *m* ‹-s› (*Baustoff*) бето́н *м*

betonen *vt* ① (*Wort, Silbe*) де́лать [ста́вить] ударе́ние на чём-л ② (*unterstreichen*) под|чёркивать ‹-черкну́ть›, осо́бо выделя́ть ‹вы́делить›

betonieren *vt* ‹за-›бетони́ровать

Betonung *f* SPRACHW ударе́ние *с*, акце́нт *м*; *FIG* подчёркивание *с*

betören *vt* об|ма́нывать ‹-ману́ть›, одура́чи‹ва›ть

Betracht *m* ◇ **außer ~ lassen** не принима́ть во внима́ние; ◇ **etw in ~ ziehen** принима́ть во внима́ние [в расчёт]; ◇ **in ~ kommen** быть при́нятым во внима́ние

betrachten *vt* ① (*Sache, Person*) ‹по-›смотре́ть на кого́-что-л, созерца́ть *несов*; (*genau ~*) рас|сма́тривать ‹-смотре́ть› ② *FIG* (*~ als, halten für*) счита́ть кого́-что-л кем-чем-л, рассма́тривать как

beträchtlich *adj* значи́тельный

Betrachtung *f* ① (*das Betrachten*) рассмотре́ние *с*, созерца́ние *с*, наблюде́ние *с*; (*von Kunstwerk*) созерца́ние *с*, ознакомле́ние *с* ② (*Abwägen*) рассужде́ние *с* ③ (*Abhandlung*) рассмотре́ние *с*, обсужде́ние *с*

Betrag *m* ‹-[e]s, Beträge› (*Summe*) су́мма *ж*; (*Gesamtsumme*) ито́г *м*; **betragen** *unreg* **I.** *vt* (*sich belaufen auf*) со|ставля́ть ‹-ста́вить› каку́ю-л су́мму, равня́ться *несов* чему́-л **II.** *vr* (*sich benehmen*) ◇ **sich ~** вести́ себя́; **Betragen** *n* ‹-s› (*Verhalten*) поведе́ние *с*

betrauen *vt* (*beauftragen*) пору|ча́ть ‹-чи́ть›, до|веря́ть ‹-ве́рить› кому́-л что-л

betreffen *unreg vt* (*Person, Sache*) каса́ться кого́-чего́-л, относи́ться к кому́-чему́-л; ◇ **was diese Frage betrifft** что каса́ется э́того вопро́са; **betreffend** *adj* соотве́тствующий; **betreffs** *präp gen* относи́тельно, по по́воду чего́-л

betreiben *unreg vt* ① (*Handel*) зан|има́ться ‹-я́ться› чем-л ② (*Geschäft*) вести́ *несов* ③ (*sich beschäftigen mit*) (*Hobby*) занима́ться чем-л; (*Politik*) проводи́ть *несов;* (*Studien*) изуча́ть *несов* что-л (4) TECH (*antreiben*) при|води́ть <-вести́> в де́йствие

betreten[1] *unreg vt* (*Rasen*) всту|па́ть <-пи́ть> на что-л; (*Raum, Haus*) входи́ть; (*Bühne*) выходи́ть <вы́йти>, под|нима́ться <-ня́ться>; ◇ **B~ des Rasens verboten** ходи́ть по газо́ну воспреща́ется

betreten[2] *adj* (*beschämt, verlegen*) пристыжённый, смущённый

betreuen *vt* (1) (*Patienten*) уха́живать *несов* за кем-л (2) (*Gruppe*) обслу́|живать <-жи́ть>; (*Gebiet*) осуществля́ть руково́дство

Betrieb *m* <-[e]s, -e> (1) (*Firma*) предприя́тие *с,* фи́рма *ж* (2) (*das Betreiben*) функциони́рование *с,* эксплуата́ция *ж;* ◇ **außer ~ sein** безде́йствовать *несов,* находи́ться в безде́йствии; ◇ **in ~ sein** де́йствовать *несов,* функциони́ровать *несов* (3) (*Geschäftigkeit*) движе́ние *с,* оживле́ние *с;* **Betriebsangehörige(r)** *fm* рабо́чий *м,* рабо́тница *ж,* слу́жащий(-ая *ж*) *м* предприя́тия [фи́рмы]; **Betriebsausflug** *m* экску́рсия *ж* рабо́тников предприя́тия; **Betriebsleitung** *f* (*Geschäftsführung*) дире́кция *ж* [администра́ция *ж*] предприя́тия; **Betriebsrat** *m* заводско́й комите́т *м;* **Betriebsstörung** *f* ава́рия *ж* на произво́дстве, наруше́ние *с* произво́дственного проце́сса; **Betriebssytem** *n* PC ди́сковая операцио́нная систе́ма *ж;* **Betriebsunfall** *m* несча́стный слу́чай *м* на произво́дстве; **Betriebsversammlung** *f* собра́ние *с* на произво́дстве; **Betriebswirtschaft** *f* эконо́мика и организа́ция *ж* произво́дства

betrinken *unreg vr* ◇ **sich ~** напи́<ва́>ться пья́ным

betroffen *adj* (*bestürzt*) смущённый, озада́ченный, поражённый

betrübt *adj* (*traurig*) гру́стный, огорчённый, опеча́ленный

Betrug *m* <-[e]s> (*von Versicherung*) обма́н *м,* надува́тельство *с;* (*Schwindel*) моше́нничество *с;* **betrügen** *unreg* **I.** *vt* (1) (*täuschen, beschummeln*) об|ма́нывать <-ману́ть>, наду́<ва́>ть; JURA злоупотребля́ть дове́рием, соверши́ть моше́нничество; ◇ **jd-n um 15 Mark ~** обсчита́ть кого́-л на 15 ма́рок (2) (*Lebenspartner*) об|ма́нывать <-ману́ть> **II.** *vr* (*sich selbst*) ◇ **sich ~** обма́нывать себя́, об|ма́нываться <-ману́ться>; **Betrüger(in** *f*) *m* <-s, -> (*Schwindler/in*) обма́нщик *м,* обма́нщица *ж,* шу́лер *м;* (*Verbrecher/in*) моше́нник *м,* моше́нница *ж;* **betrügerisch** *adj* обма́нчивый; (*lügnerisch*) лжи́вый; JURA злоупотребля́ющий дове́рием, моше́ннический

betrunken *adj* пья́ный

Bett *n* <-[e]s, -en> (1) крова́ть *ж;* (*Kranker*) ◇ **ans ~ gefesselt sein** быть прико́ваннным к посте́ли; ◇ **das ~ frisch beziehen** стели́ть све́жее бельё, меня́ть посте́льное бельё; ◇ **ins** [*o.* **zu**] **~ gehen** ложи́ться [лечь] спать; ◇ **mit jd-m ins ~ steigen** спать с кем-л; ◇ **vor lauter Müdigkeit ins ~ fallen** повали́ться на крова́ть от уста́лости (2) (*Bettzeug*) посте́льное бельё *с* (3) (*Fluß~*) речно́е ру́сло *с,* ло́же *с* реки́; **Bettbezug** *m* пододея́льник *м;* **Bettdecke** *f* одея́ло *с,* покрыва́ло *с;* (*Federbett*) пери́на *ж;* (*Daunen~*) пухо́вое одея́ло *с*

bettelarm *adj* ни́щий, о́чень бе́дный; **betteln** *vi* (1) (*um Almosen bitten*) попроша́йничать *несов,* <по->проси́ть ми́лостыню (2) (*inständig bitten*) насто́йчиво проси́ть

bettlägerig *adj* лежа́чий; **Bettlaken** *n* простыня́ *ж*

Bettler(in *f*) *m* <-s, -> ни́щий(-ая *ж*) *м*

Bettnässer(in *f*) *m* <-s, -> страда́ющий(-ая *ж*) *м* недержа́нием мочи́; **Bettuch** *n* (*Bettlaken*) простыня́ *ж;* **Bettwäsche** *f* посте́льное бельё *с;* **Bettzeug** *n* посте́льные принадле́жности *мн*

beugen I. *vt* (1) (*Arm, Knie*) сгиба́ть <согну́ть> (2) GRAM (*flektieren*) склоня́ть *несов;* (*Verb*) спряга́ть *несов* **II.** *vr* ◇ **sich ~** (1) (*sich neigen*) <по->гну́ться, сгиба́ться <согну́ться> (2) (*sich unterwerfen*) скло|ня́ться <-ни́ться>, прекло|ня́ться <-ни́ться> (*dat* пе́ред кем-л); **Beugung** *f* (*das Beugen*) сгиба́ние *с;* GRAM (*Flektion*) склоне́ние *с;* (*Konjugation*) спряже́ние *с*

Beule *f* <-, -n> (*am Kopf, im Auto*) ши́шка *ж,* вмя́тина *ж*

beunruhigen I. *vt* (*unruhig machen*) <о->беспоко́ить, <по->трево́жить **II.** *vr* ◇ **sich ~** беспоко́иться, трево́житься (*über akk* о ком-чём-л); **Beunruhigung** *f* беспоко́йство *с,* трево́га *ж*

beurkunden *vt* документа́льно удосто|веря́ть <-ве́рить>

beurlauben *vt* (*Urlaub geben*) да<ва́>ть о́тпуск; (*suspendieren*) увольня́ть <уво́лить> в о́тпуск

beurteilen *vt* (*Fall*) суди́ть о ком-чём-л; (*Buch*) обсу|жда́ть <-ди́ть>; (*Schüler*) оце́|

нивать ‹-ни́ть›; **Beurteilung** *f* (1) (*von Angelegenheit*) сужде́ние *с*, оце́нка *ж* (2) (*Zeugnis*) о́тзыв *м*, крити́ческая статья́ *ж* (3) (*von Lage*) оце́нка *ж* обстано́вки

Beute *f* ‹-› (*von Tieren*) добы́ча *ж; FIG* (*bei Verbrechen*) добы́ча *ж*, трофе́й *м*

Beutel *m* ‹-s, -› (1) (*Einkaufs~*) су́мка *ж;* (*Wäsche~*) мешо́к *м;* (*Tabaks~*) кисе́т *м;* (*Geld~*) кошелёк *м*, бума́жник *м* (2) (*von Känguruh*) су́мка *ж*

bevölkern *vt* (*Gebiet*) насе|ля́ть ‹-ли́ть›; (*mit Menschen füllen*) за|полня́ться ‹-по́лниться› кем-л; **Bevölkerung** *f* населе́ние *с;* ◇ **die erwerbstätige ~** работоспосо́бное населе́ние

bevollmächtigen *vt* (*Vollmacht erteilen*) уполно|ма́чивать ‹-мо́чить› на что-л; **Bevollmächtigte(r)** *fm* уполномо́ченный(-ая *ж*) *м;* (*Prokurist/in*) дове́ренный(-ая *ж*) *м*

bevor *cj* пре́жде чем, пока́ не

bevormunden *vt* опека́ть *несов* кого́-л

bevorstehen *unreg vi* (*bald eintreten*) предстоя́ть *несов*

bevorzugen *vt* (*Farbe, Kleid*) предпо|чита́ть ‹-че́сть› что-л; (*Patienten*) ока́|зывать ‹-за́ть› предпочте́ние кому́-л, дава́ть преиму́щество кому́-чему́-л пе́ред кем-чем-л; **Bevorzugung** *f* предпочте́ние *с;* (*von Patienten*) привиле́гия *ж*, преиму́щество *с*

bewachen *vt* (*Gefangenen, Auto*) охра|ня́ть ‹-ни́ть›, стере́чь *несов*, сторожи́ть *несов;* **Bewachung** *f* (*von Menschen*) охра́на *ж;* (*von Sachen*) охране́ние *с*

bewaffnen *vt* (*Militär*) вооружа́ть ‹-жи́ть›; ◇ **bis an die Zähne bewaffnet** вооружённый до зубо́в

bewahren *vt* (1) (*Haltung, Fassung*) ‹со-›храни́ть (2) ◇ **Gott bewahre uns davor!** изба́ви нас бог!, бо́же упаси́ нас!; (*behüten*) ◇ **jd-n vor jd-m/etw ~** обе|рега́ть ‹-ре́чь› кого́-что-л от кого́-чего́-л

bewähren *vr* (*Mitarbeiter, Gerät*) ◇ **sich ~** опра́в|дывать ‹-да́ть› себя́, ока́|зываться ‹-за́ться› поле́зным

bewahrheiten *vr* ◇ **sich ~** ока́|зываться ‹-за́ться› пра́вильным, опра́в|дываться ‹-да́ться›

bewährt *adj* (*Mensch, Gerät*) испы́танный, надёжный

Bewährung *f* (1) подтвержде́ние *с*, доказа́тельство *с* (2) JURA усло́вное осужде́ние *с;* ◇ **jd-n zu Gefängnis ohne ~ verurteilen** осуди́ть кого́-л к сро́ку тюре́много заключе́ния без испыта́тельного сро́ка; **Bewährungsfrist** *f* срок *м* усло́вного осужде́ния; **Bewährungshelfer** *m* лицо́ *с*, назна́ченное для оказа́ния по́мощи усло́вно осуждённому; **Bewährungsprobe** *f* испыта́тельный срок *м*

bewaldet *adj* леси́стый

bewältigen *vt* (1) (*Schwierigkeit*) преодоле́‹ва́›ть; (*Gegner*) побе|жда́ть ‹-ди́ть›; (*Aufgabe, Arbeit*) справля́ться ‹спра́виться›; (*Konflikt*) ула́|живать ‹-дить›, преодоле́‹ва́›ть (2) (*Essen*) оси́ли‹ва›ть

bewandert *adj* (*erfahren*) о́пытный, быва́лый; (*kenntnisreich*) све́дущий; ◇ **er ist auf diesem Gebiet sehr ~** в э́той о́бласти он о́чень о́пытен [све́дущ]

bewegen I. *vt* (1) (*Verunglückten, Arm*) шевели́ть *несов*, дви́|гать ‹-нуть› (2) (*Pferd*) выводи́ть ‹вы́вести› ло́шадь на разми́нку (3) (*beschäftigen*) занима́ть *несов;* (*mit Trauer erfüllen*) волнова́ть *несов*, тро́|гать ‹-нуть› (4) (*zu etw veranlassen*) ◇ **jd-n zu etw ~** скло|ня́ть ‹-ни́ть› кого́-л к чему́-л, побу|жда́ть ‹-ди́ть› кого́-л к чему́-л **II.** *vr* ◇ **sich ~** (1) (*Verunglückter, Baum*) шевели́ться, колых|а́ться ‹-ну́ться› (2) (*reagieren*) враща́ться вокру́г како́й-л те́мы (3) (*sich in Bewegung setzen*) дви́|гаться ‹-нуться› (4) (*sich benehmen*) ◇ **sie weiß sich in der Gesellschaft zu ~** она́ уме́ет вести́ себя́ в о́бществе; **Beweggrund** *m* по́вод *м*, дви́жущий моти́в *м*, причи́на *ж*, побужде́ние *с;* **beweglich** *adj* дви́жущийся; (*flink*) подвижно́й; **bewegt** *adj* (1) (*Leben*) бу́рный; (*Meer*) волну́ющийся (2) (*ergriffen*) взволно́ванный, глубоко́ тро́нутый; **Bewegung** *f* движе́ние *с;* (*innerlich*) вну́треннее [душе́вное] волне́ние *с;* ◇ **sich** *dat* **~ verschaffen** соверша́ть моцио́н, прогу́ливаться *несов;* **Bewegungsfreiheit** *f* свобо́да *ж* передвиже́ния; **bewegungslos** *adj* неподви́жный

Beweis *m* ‹-es, -e› доказа́тельство *с*, дово́д *м;* (*Zeichen*) проявле́ние *с;* **beweisen** *unreg vt* (*Beweis liefern*) дока́|зывать ‹-за́ть›; (*zeigen*) проя|вля́ть ‹-ви́ть›; **Beweismittel** *n* доказа́тельство *с*, аргуме́нт *м*

bewerben *unreg vr* ◇ **sich ~** подава́ть заявле́ние (*um* о чём-л); **Bewerber(in** *f*) *m* ‹-s, -› претенде́нт(ка *ж*) *м*, соиска́тель(ница *ж*) *м*, кандида́т(ка *ж*) *м;* **Bewerbung** *f* заявле́ние *с*, про́сьба *ж;* (*schriftlich*) зая́вка *ж*

bewilligen *vt* разре|ша́ть <-ши́ть> что-л, дава́ть своё согла́сие на что-л

bewirtschaften *vt* (*Betrieb*) вести́ хозя́йство; AGR обра|ба́тывать <-бо́тать> зе́млю

Bewirtung *f* угоще́ние *c*

bewohnbar *adj* приго́дный для жилья́; **bewohnen** *vt* жить *несов*, обита́ть *несов;* (*bevölkern*) населя́ть что-л; ◇ **ein Haus ~** занима́ть дом; **bewohnt** *adj* жило́й, обита́емый, населённый; **Bewohner(in** *f*) *m* <-s, -> жи́тель(ница *ж*) *м*

bewölkt *adj* о́блачный, па́смурный, покры́тый ту́чами

bewundern *vt* <по->любова́ться, восхи|ща́ться <-ти́ться>, восторга́ться *несов* кем-чем-л; **bewundernswert** *adj* удиви́тельный, досто́йный восхище́ния; **Bewunderung** *f* (*Entzücken*) восхище́ние *c*, восто́рг *м*

bewußt I. *adj* ① (*geistig wach*) созна́тельный; ◇ **sich** *dat* **e-r Sache ~ sein** отдава́ть себе́ отчёт в чём-л, <о->сознава́ть что-л ② (*absichtlich*) умы́шленный **II.** *adv* созна́тельно, осо́знанно; (*vorsätzlich*) умы́шленно; **bewußtlos** *adj* бессозна́тельный; **Bewußtlosigkeit** *f* бессозна́тельное состоя́ние *c*, беспа́мятство *c*, бесчу́вствие *c;* **bewußtmachen** *vt* ◇ **jd-m etw ~** до|води́ть <-вести́> что-л до чьего́-л созна́ния; ◇ **sich etw ~** осозна́<ва́>ть, уяс|ня́ть <-ни́ть> что-л; **Bewußtsein** *n* <-s> созна́ние *c;* ◇ **bei vollem ~** в по́лном созна́нии

bezahlbar *adj* пла́тный, подлежа́щий опла́те; **bezahlen I.** *vt* ① (*Geld, Miete*) <за->плати́ть; (*für Leistung*) опла́|чивать <-ти́ть> ② (*Arbeiter*) опла́|чивать <-ти́ть> **II.** *vi* ◇ **Herr Ober, bitte ~!** официа́нт, пожа́луйста, да́йте счёт; **Bezahlung** *f* ① (*von Schuld*) упла́та *ж*, пла́та *ж*, опла́та *ж* ② (*Lohn*) вы́плата *ж*, вознагражде́ние *c;* (*für Dienste*) распла́та *ж*

bezaubern *vt FIG* очаро́|вывать <-ва́ть>, обво|ра́живать <-рожи́ть>

bezeichnen *vt* ① (*markieren*) по|меча́ть <-ме́тить>, обо|знача́ть <-зна́чить> ② (*näher beschreiben*) охарактеризова́ть *сов*, опи́|сывать <-са́ть> ③ (*zeigen*) ука́|зывать <-за́ть> ④ (*bedeuten*) означа́ть *несов* что-л; ◇ **ich weiß nicht, wie man das ~ soll** я не зна́ю, как э́то мо́жно расцени́ть; ◇ **jd-n als klug/dumm ~** предста́вить кого́-л у́мным/дурако́м; **bezeichnend** *adj* (*charakteristisch*) характе́рный, примеча́тельный; ◇ **das ist ~ für ihn** э́то для него́ характе́рно; **Bezeichnung** *f* ① (*Markierung*) поме́тка *ж* ② (*Beschreibung*) описа́ние *c* ③ (*Benennung*) обозначе́ние *c*, назва́ние *c*, наименова́ние *c*

bezeugen *vt* (*Straftat*) подтвер|жда́ть <-ди́ть> что-л в ка́честве свиде́теля

bezichtigen *vt* (*beschuldigen*) ◇ **jd-n e-s Diebstahls ~** обви|ня́ть <-ни́ть> кого́-л

beziehen *unreg* **I.** *vt* ① (*Sessel*) обтя́|гивать <-ну́ть>; (*Bett*) покры́<ва́>ть ② (*Wohnung*) въезжа́ть <въе́хать>, пере|езжа́ть <-е́хать> ③ (*Prügel*) полу|ча́ть <-чи́ть>; (*Zeitung*) подписа́ться *сов* на что-л; (*Rente, Gehalt*) получа́ть ④ *FIG* ◇ **einen Standpunkt ~** занима́ть то́чку зре́ния ⑤ (*in Bezug setzen*) ◇ **etw auf etw ~** относи́ть что-л к чему́-л [на чей-л счёт] **II.** *vr* ◇ **sich** *akk* **~ auf** *akk* ссыла́ться <сосла́ться> на кого́-что-л; ◇ **wir ~ uns dabei auf unser Schreiben vom ...** мы ссыла́емся при э́том на на́ше письмо́ от ...; **Beziehung** *f* ① (*von Menschen*) отноше́ния *мн;* ◇ **er hat viele ~en** у него́ больши́е свя́зи; ◇ **seine ~en spielen lassen** испо́льзовать свои́ свя́зи; *FAM* испо́льзовать знако́мства ② (*Hinsicht*) отноше́ние *c;* (*Bezug*) отнесённость *ж* к чему́-л; (*Verhältnis*) связь *ж;* **Beziehungskiste** *f FAM* (*Verhältnis, Bindung*) бли́зкие отноше́ния *мн*, привя́занность *ж;* **beziehungsweise** *cj* ① (*vielmehr*) и́ли скоре́е ② (*im anderen Fall*) и, и́ли, ина́че, и́ли мо́жет быть

Bezirk *m* <-[e]s, -e> ① о́бласть *ж;* (*Verwaltungs~*) о́круг *м* ② (*Stadt~, Wohn~*) райо́н *м*

Bezug *m* **I.** <-[e]s, Bezüge> ① (*Bett~*) посте́льное бельё *c;* (*Kissen~*) на́волочка *ж;* (*Polster~*) мя́гкая оби́вка *ж* ② (*Verbindung*) отноше́ние *c;* (*Verhältnis, Zusammenhang*) связь *ж*, взаимосвя́зь *ж;* (*Bezugnahme*) ссы́лка *ж* (*zu* с чем-л, на что-л); ◇ **wir nehmen ~ auf unser Telefongespräch** мы ссыла́емся на наш телефо́нный разгово́р от ③ (*von Zeitschrift*) вы́писка *ж*, подпи́ска *ж;* (*von Lohn*) получе́ние *c;* COMM (*von Waren*) поку́пка *ж*, получе́ние *c* **II.** (*Hinsicht*) ◇ **in b~ auf** *akk* ссыла́ясь на что-л;

bezüglich I. *präp gen* (*hinsichtlich*) относи́тельно, насчёт **II.** *adj* (*nur attr*) относя́щийся; **Bezugnahme** *f* <-, -n> ссы́лка *ж* (*auf akk* на что-л); ◇ **unter ~ auf Ihr Angebot** ссыла́ясь на Ва́ше предложе́ние; **Bezugspunkt** *m* отправна́я то́чка *ж*

bezweifeln *vt* сомнева́ться в чём-л; ◇ **ich**

bezweifle, daß er morgen kommt я сомнева́юсь, прие́дет ли он за́втра

Bibel *f* <-, -n> би́блия *ж*

Biber *m* <-s, -> бобёр *м*

Bibliographie *f* библиогра́фия *ж*

Bibliothek *f* <-, -en> библиоте́ка *ж;* **Bibliothekar(in** *f) m* <-s, -e> библиоте́карь *м,* библиоте́карша *ж*

biegen <bog, gebogen> **I.** *vt* (*Holz, Metall*) <со-> гну́ть, сгиба́ть *несов;* (*Kopf nach hinten*) на|гиба́ть <-гну́ть>; (*Knie*) сгиба́ть <со-гну́ть> **II.** *vr* (*sich krümmen*) ◇ **sich ~** <со-> гну́ться; *FIG* ◇ **sich vor Lachen ~** ко́рчиться от сме́ха **III.** *vi* (*abbiegen*) заверну́ть *сов,* сверну́ть *сов,* по|вора́чивать <-верну́ть> (*in akk* за, во что); **biegsam** *adj* ги́бкий, упру́гий; **Biegung** *f* ① (*Straßen~*) поворо́т *м* доро́ги ② (*Krümmung*) изги́б *м*

Biene *f* <-, -n> пчела́ *ж;* **Bienenhonig** *m* пчели́ный мёд *м;* **Bienenschwarm** *m* рой *м* пчёл; **Bienenstock** *m* у́лей *м;* **Bienenwabe** *f* пчели́ный сот *м;* **Bienenwachs** *n* пчели́ный воск *м*

Bier *n* <-[e]s, -e> пи́во *с;* (*Angelegenheit*) ◇ **das ist nicht mein ~** э́то не моё де́ло; **Bierbrauer(in** *f) m* <-s, -> пивова́р *м;* **Bierdekkel** *m* кры́шка *ж* пивно́й кру́жки; **bierernst** *adj* (*ernst, humorlos*) сли́шком серьёзный, без ю́мора; **Bierkrug** *m* пивна́я кру́жка *ж;* **Bierstube** *f* пивна́я *ж*

Biest *n* <-[e]s, -er> ① (*Tier*) скот *м,* скоти́на *ж* ② *FIG* (*abgebrühte Person*) скоти́на *ж,* бе́стия *ж,* кана́лья *ж*

bieten <bot, geboten> **I.** *vt* ① (*anbieten*) пред|лага́ть <-ложи́ть> ② (*bei Versteigerung*) на|бавля́ть <-ба́вить> ③ (*zeigen, darbieten*) демонстри́ровать *несов,* пока́зывать *несов* **II.** *vr* ◇ **sich ~** ① (*Möglichkeit*) пред|ставля́ться <-ста́виться> (*dat* кому́-л); ◇ **es bietet sich ihm e-e neue Möglichkeit zum Kauf** ему́ предста́вилась [у него́ появи́лась] но́вая возмо́жность для поку́пки ② ◇ **das lasse ich mir nicht ~** я э́того не потерплю́

Bikini *m* <-s, -s> бики́ни *м*

Bilanz *f* COMM бала́нс *м,* ито́г *м; FIG* (*des Tages*) ито́г *м* дня; ◇ **~ ziehen** подвести́ ито́г (*aus* чего́-л)

Bild *n* <-[e]s, -er> *a. FIG* карти́на *ж;* (*Porträt*) портре́т *м;* (*Zeichnung*) рису́нок *м;* (*Foto*) фотогра́фия *ж,* фотопортре́т *м;* (*Gemälde*) карти́на *ж,* полотно́ *с; FIG* (*Vorstellung*) представле́ние *с;* ◇ **im ~(e) sein** быть в ку́рсе; **Bildband** *m* фотоальбо́м *м*

bilden **I.** *vt* ① (*formen*) созда́<ва́>ть, <с-> формирова́ть ② (*erziehen*) воспи́|тывать <-та́ть> **II.** *vr* ◇ **sich ~** (*Triebe, Blätter*) образо́|вываться <-ва́ться>; (*geistig*) просве|ща́ться <-ти́ться>, расти́ духо́вно

Bilderbuch *n* (*Kinder~*) кни́га *ж* с карти́нками; *FIG* ◇ **ein Wetter wie im ~** волше́бная пого́да; **Bilderrahmen** *m* ра́ма *ж* для карти́ны; **Bildfläche** *f* (*von Bildschirm, von Leinwand*) пло́скость *ж* прое́кции; *FIG* ◇ **auf der ~ erscheinen** поя|вля́ться <-ви́ться> неожи́данно где-л; **Bildhauer(in** *f) m* <- s, -> ску́льптор *м,* ва́ятель *м;* **bildhübsch** *adj* о́чень краси́вый; **bildlich** *adj* ① (*mit Hilfe von Bildern*) нагля́дный, графи́ческий, карти́нный ② (*plastisch*) пласти́чный ③ (*übertragen*) о́бразный, иносказа́тельный; **Bildschirm** *m* (*von Fernseher, PC*) экра́н *м,* монито́р *м,* диспле́й *м;* ◇ **am ~ arbeiten** рабо́тать у монито́ра [диспле́я]; **bildschön** *adj* о́чень краси́вый

Bildung *f* ① (*das Entstehen*) возникнове́ние *с,* формирова́ние *с* ② (*geistige*) просвеще́ние *с,* образова́ние *с;* **Bildungslücke** *f* пробе́л *м* в зна́ниях, недоста́ток *м* зна́ний; **Bildungspolitik** *f* поли́тика *ж* в о́бласти образова́ния; **Bildungsweg** *m* путь *м* образова́ния; **Bildungsurlaub** *m* о́тпуск *м,* предоставля́емый для повыше́ния квалифика́ции

Bildweite *f* FOTO экспози́ция *ж;* **Bildwörterbuch** *n* иллюстри́рованный слова́рь *м*

billig **I.** *adj* ① (*preiswert*) дешёвый ② (*minderwertig*) недорого́й, недоброка́чественный **II.** *adv* ① ◇ **etw sehr ~ verkaufen** прода́ть что-л дёшево [недо́рого] ② (*angemessen*) подоба́юще, справедли́во, уме́стно; ◇ **es ist recht und ~, wenn...** э́то справедли́во, е́сли ...

billigen *vt* (*Plan, Vorschlag*) одобря́ть <одо́брить>; **Billigung** *f* (*Einverständnis*) одобре́ние *с,* согла́сие *с,* са́нкция *ж*

Billion *f* биллио́н *м*

bimmeln *vi* (*Glocke*) <по->звони́ть, трезво́нить *несов;* (*klirren*) бренча́ть *несов*

binär *adj* бина́рный, двойно́й

Binde *f* <-, -n> ① (*Verband*) повя́зка *ж,* бинт *м,* банда́ж *м;* (*Arm~*) нарука́вная повя́зка *ж* ② (*Damen~*) гигиени́ческая прокла́дка *ж* ④ *FAM* (*Schnaps*) ◇ **e-n hinter die ~ gießen** заложи́ть за га́лстук, вы́пить; **Bindegewebe** *n* соедини́тельная ткань *ж;* **Bindeglied** *n* связу́ющее звено́ *с;* **bin-**

den <band, gebunden> **I.** *vt* (*allg.*) свя́|зывать <-за́ть> что-л вме́сте; (*an etw festmachen*) привя́|зывать <-за́ть>; (*Schnur, Krawatte*) завя́|зывать <-за́ть>; (*Buch*) пере|плета́ть <-плести́>; (*Kranz, Strauß*) плести́ *несов,* вплета́ть <вплести́>; ◇ **jd-n an ein Versprechen ~** свя́зывать кого́-л обеща́нием; *FIG* ◇ **mir sind die Hände gebunden** у меня́ свя́заны ру́ки **II.** *vr* ◇ **sich ~** (1) (*heiraten*) вступи́ть в брак, свя́зывать себя́ у́зами бра́ка (2) (*sich verpflichten*) обя́|зываться <-за́ться>, связа́ть себя́ обяза́тельством (*an* пе́ред кем-л); **Bindestrich** *m* чёрточка *ж,* де́фис *м;* **Bindewort** *n* сочини́тельный сою́з *м*

Bindfaden *m* шпага́т *м,* бечёвка *ж,* верёвка *ж*

Bindung *f* (1) (*an Vertrag*) обяза́тельство *с,* связь *ж,* отноше́ние *с;* (*an Partner*) привя́занность *ж* (2) (*Ski~*) лы́жное крепле́ние *с* (3) CHEM, PHYS свя́зи *мн;* свя́зывание *с*

Binnenhafen *m* речно́й порт *м,* при́стань *ж;* **Binnenhandel** *m* вну́тренняя торго́вля *ж;* **Binnenland** *n* ме́стность *ж,* удалённая от мо́ря, госуда́рство *с* не име́ющее вы́хода к мо́рю; **Binnenmarkt** *m* вну́тренний ры́нок *м*

Binse *f* <-, -n> камы́ш *м;* **Binsenweisheit** *f* а́збучная и́стина *ж*

Biographie *f* биогра́фия *ж*

Biologe *m* <-n, -n> био́лог *м;* **Biologie** *f* биоло́гия *ж;* **Biologin** *f* же́нщина-био́лог *ж;* **biologisch** *adj* биологи́ческий; **Biomüll** *m* биологи́ческие отхо́ды *мн;* **Biorhythmus** *m* биори́тм *м*

Birnbaum *m* гру́ша *ж;* **Birne** *f* <-, -n> (1) (*Frucht*) гру́ша *ж* (2) ELECTR электри́ческая ла́мпочка *ж* (3) *FAM* ◇ **jd-m eins auf die ~ geben** тре́снуть кому́-л по башке́

bis I. *präp akk* (1) (*räumlich*) (*~ zu/an*) до (са́мого); ◇ **~ hierher** до сих пор, до э́того ме́ста (2) (*zeitlich*) ◇ **~ auf weiteres** впредь; ◇ **~ bald/gleich** пока́, до ско́рого; ◇ **~ in die Nacht** до но́чи **II.** *cj* (*mit Zahlen*) пока́ не; (*von...~*) от ... до; (*zeitlich*) ◇ **~ Dienstag muß es fertig sein** до вто́рника э́то должно́ быть сде́лано

Bisamratte *f* ондатра *ж*

Bischof *m* <-s, Bischöfe> епи́скоп *м,* архиере́й *м;* **bischöflich** *adj* епи́скопский, епископа́льный

bisher *adv* (*bislang*) до сих пор, доны́не

Biskuit *n* <-[e]s, -s *o.* -e> бискви́т *м;* **Biskuitteig** *m* бискви́тное те́сто *с*

bislang *adv* (*bisher*) до сих пор, доны́не

biß *impf v.* **beißen**

Biß *m* <-sses, -sse> (1) (*das Beißen*) уку́с *м* (2) (*Wunde*) уку́с (3) (*Ehrgeiz*) тщесла́вие *м,* честолю́бие *с*

bißchen *nr indefinit* немно́го, чуть-чуть, немно́жечко; ◇ **das ~ Arbeit** немно́го рабо́ты; ◇ **das ~ kannst du wegwerfen** чуть-чуть мо́жно вы́бросить; ◇ **laß mich doch ein ~ hinsetzen** дай мне чу́точку присе́сть

Bissen *m* <-s, -> (*Happen*) кусо́к *м;* (*satt sein*) ◇ **keinen ~ mehr hinunterkriegen** быть сы́тым, не жела́ть бо́льше есть

bissig *adj* (1) (*Schlange*) ядови́тый; (*Hund*) злой (2) *FIG* (*Bemerkung*) зло́бный, ехи́дный, ядови́тый

Bistum *n* <-s, Bistümer> епи́скопство *с*

Bit *n* <-s, -s> PC бит *м*

bitte *adv* (1) (*höflich*) пожа́луйста; (*zu Freunden*) прошу́; ◇ **können Sie mir ~ helfen?** прости́те, Вы не могли́ бы мне помо́чь? (2) ◇ **~?, wie ~?** что?, что вы сказа́ли? (3) ◇ **~ schön!** пожа́луйста, о́чень прошу́; ◇ **vielen Dank! ~ (sehr)!** большо́е спаси́бо! пожа́луйста!; **Bitte** *f* <-, -n> (*Wunsch*) про́сьба *ж,* проше́ние *с,* хода́тайство *с;* **bitten** <bat, gebeten> *vt, vi* <по-> проси́ть (*um etw* кого́-л о чём-л); ◇ **jd-n zu Tisch ~** проси́ть [приглаша́ть] кого́-л к столу́; ◇ **er bat ihn zu sich nach Hause** он пригласи́л его́ к себе́ домо́й; ◇ **jd-n ~, etw zu tun** проси́ть кого́-л что-л сде́лать; ◇ **jd-n um Hilfe ~** проси́ть кого́-л о по́мощи; **bittend** *adj* прося́щий, умоля́ющий

bitter *adj* (1) (*Essen*) го́рький (2) *FIG* ◇ **~e Tränen weinen** пла́кать го́рькими слеза́ми (3) (*Kälte*) си́льный [лю́тый] моро́з

blähen I. *vt* (*Segel*) взду́<ва́>ть, наду́<ва́>ть **II.** *vi* (*Bohnen*) <вс->пу́чить **III.** *vr* ◇ **sich ~** вздува́ться, наду́<ва́>ться; **Blähungen** *f pl* MED га́зы *мн,* взду́тие *с*

blamabel *adj* позо́рный, сканда́льный, заслу́живающий порица́ния; **Blamage** *f* <-, - n> (*Schande, Schmach*) позо́р *м,* срам *м;* (*Versagen*) прова́л *м;* **blamieren I.** *vt* (*bloßstellen*) <с->компромети́ровать себя́ **II.** *vr* ◇ **sich ~** <о->позо́риться, <о->срами́ться

blank *adj* (1) (*Stiefel*) блестя́щий; (*Küche, Bad*) сверка́ющий; (*Fußboden*) чи́стый (2) (*Füße, Hände*) го́лый, обнажённый, непокры́тый (3) *FAM* (*ohne Geld*) без гроша́

Blankoscheck *m* бла́нковый чек *м*

Bläschen *n* пузырёк *м;* MED (*auf Haut*) прыщ *м;* **Blase** *f* ‹-, -n› ① (*Luft~*) га́зовый [возду́шный] пузы́рь *м* ② MED (*Brand~*) пузы́рь *м* от ожо́га ③ ANAT (*Gallen~*) жёлчный пузы́рь *м;* (*Harn~*) мочево́й пузы́рь *м;* **Blasebalg** *m* воздуходу́вный мех *м*, воздуходу́вка *ж;* **blasen I.** ‹bläst, blies, geblasen› *vi* (*Wind*) дуть ‹ду́нуть› **II.** *vt* (*Trompete*) труби́ть *несов;* ◇ **jd-m den Rauch ins Gesicht** ~ пуска́ть кому́-л дым в лицо́; **Blasinstrument** *n* духово́й инструме́нт *м*

blaß *adj* ① (*Gesicht*) бле́дный ② *FIG* (*unklar*) сму́тный, нея́сный ③ (*offensichtlich*) ◇ **das ist ~er Neid** э́то чёрная за́висть

Blatt *n* ‹-[e]s, Blätter› ① (*von Baum*) лист *м* ② (*Papier~*) листо́к *м*, лист *м* ③ (*Zeitung*) газе́та *ж*, журна́л *м* ④ (*Säge~*) полотно́ *с* ⑤ KARTEN ка́рта *ж* ⑥ *FAM* ◇ **kein ~ vor den Mund nehmen** говори́ть без обиняко́в; **blättern** *vi* ◇ **in etw** *dat* ~ перевора́чивать страни́цы, перели́|стывать ‹-ста́ть›; **Blätterteig** *m* (*Gebäck*) слоёное те́сто *с*

blau *adj* ① (*Farbe*) си́ний, голубо́й; ◇ **e-e Fahrt ins B~e machen** соверша́ть пое́здку [экску́рсию] ② *FAM* (*betrunken*) пья́ный ③ ◇ **sie hat ein ~es Auge** у неё синя́к под гла́зом; ◇ **mit e-m ~en Auge davonkommen** отде́латься лёгким испу́гом; **blauäugig** *adj* ① (*mit blauen Augen*) синегла́зый, голубогла́зый ② *FIG* (*gutgläubig, naiv*) легкове́рный, дове́рчивый; **Blaulicht** *n* сигна́льная ла́мпа *ж* си́него цве́та; **blaumachen** *vi FAM* (*schwänzen*) прогу́|ливать ‹-ля́ть›

Blech *n* ‹-[e]s, -e› ① (*Stahl~*) листова́я сталь *ж;* (*Weiß~*) бе́лая жесть *ж* ② (*Back~*) про́тивень *м*, лист *м;* **Blechdose** *f* жестя́нка *ж*

blechen *vt, vi FAM* (*Geld*) ‹за-, у-›плати́ть

Blechschaden *m* AUTO поврежде́ние *с* ку́зова маши́ны

Blei *n* ‹-[e]s› CHEM, PHYS свине́ц *м*

Bleibe *f* ‹-, -n› (*Unterkunft*) ночле́г *м*, кров *м*, приста́нище *с;* **bleiben** ‹blieb, geblieben› *vi* (*nicht weggehen*) оста́‹ва́›ться; (*konsequent* ~) ◇ **bei seiner Meinung** ~ остава́ться при своём мне́нии; ◇ **es bleibt nur zu hoffen, daß** остаётся то́лько наде́яться, что; **bleibend** *adj* (*unvergeßlich*) неизглади́мый; **bleibenlassen** *unreg vt* (*unterlassen*) о|ставля́ть ‹-ста́вить›, не тро́гать *несов*

bleich *adj* бле́дный; (*farblos*) бесцве́тный; **bleichen I.** *vt* (*Wäsche*) ‹вы́-›бели́ть, отбе́ливать *несов;* (*Haare*) обесцве́чивать **II.** *vi* (*verblassen*) ‹по-›бледне́ть, ‹по-›бле́кнуть

bleifrei *adj* (*Benzin*) не содержа́щий свинца́; **bleihaltig** *adj* (*Benzin*) содержа́щий свине́ц; **Bleistift** *m* каранда́ш *м;* **Bleistift[an]spitzer** *m* ‹-s, -› точи́лка *ж* для карандаше́й

Blende *f* ‹-, -n› ① (*im Auto*) обтюра́тор *м;* (*am Fenster, Jalousie*) жалюзи́ *с мн;* (*Abdekkung*) глухо́е окно́ *с* ② FOTO диафра́гма *ж;* **blenden** *vt* ① (*Augen*) ослеп|ля́ть ‹-пи́ть› ② (*Augen blind machen*) выка́лывать ‹вы́колоть›, выжига́ть глаза́ ③ *FIG* (*beeindrucken*) ослеп|ля́ть ‹-пи́ть›, прельща́ть ‹-сти́ть›; **blendend** *adj* ① (*Licht*) ослепи́тельный ② *FAM* (*ausgezeichnet*) ослепи́тельный, блестя́щий, великоле́пный; ◇ **mir geht es heute** ~ дела́ у меня́ иду́т сейча́с великоле́пно; ◇ **Sie sehen ~ aus** Вы чуде́сно вы́глядите

Blick *m* ‹-[e]s, -e› ① (*das Betrachten*) взгляд *м*, взор *м* ② (*Aussicht*) вид *м;* **blicken** *vi* (*schauen*) ‹по-›смотре́ть, ‹по-›гляде́ть, ‹вз-›гляну́ть

blieb *impf v.* **bleiben**

blies *impf v.* **blasen**

blind *adj* ① (*ohne Augenlicht*) слепо́й ② (*Glas etc.*) глухо́й, на́глухо заде́ланный; (*glanzlos*) ту́склый, потускне́лый ③ ◇ **~er Passagier** безбиле́тный пассажи́р *м*, за́яц *м;* **Blinddarm** *m* слепа́я кишка́ *ж;* **Blinddarmentzündung** *f* аппендици́т *м;* **Blindheit** *f* слепота́ *ж;* **blindlings** *adv* ① (*ohne zu sehen*) сле́по, вслепу́ю, науда́чу, как попа́ло ② *FIG* (*kritiklos*) сле́по; **blindschreiben** *unreg vi* печа́тать слепы́м ме́тодом

blinken *vi* ① (*blitzen*) сверк|а́ть ‹-ну́ть› ② (*glänzen*) блиста́ть *несов* ③ AUTO (*Blinker setzen*) подава́ть светово́е сигна́лы; **Blinker** *m* ‹-s, -› AUTO бли́нкер *м*, светосигна́льщик *м;* **Blinklicht** *n* AUTO (*Richtungsanzeiger*) мига́ющий свет *м*

blinzeln *vi* (*mit Augen zwinkern*) миг|а́ть ‹-ну́ть›, морг|а́ть ‹-ну́ть›

Blitz *m* ‹-es, -e› ① (*am Himmel*) мо́лния *ж;* ◇ **er ist schnell wie der** ~ он быстр как мо́лния ② FOTO (*~licht*) вспы́шка *ж;* **Blitzableiter** *m* ‹-s, -› громоотво́д *м*, молниеотво́д *м;* **blitzen I.** *vi* ① (*aufleuchten*) сверк|а́ть ‹-ну́ть› ② (*glänzen, Boden*) блесте́ть *несов* ③ METEO ◇ **es blitzt ganz in der**

Nähe/Ferne совсе́м вблизи́/вдали́ сверка́ет мо́лния **II.** *vt* ◇ **jd-n mit dem Radargerät** ~ зафикси́ровать [засе́чь] кого́-л рада́рным устро́йством; **Blitzlicht** *n* ① (*am Fotoapparat*) ма́гниевая вспы́шка *ж* ② (*Blitzlichtwürfel*) ла́мпа-мо́лния *ж;* **blitzschnell I.** *adj* молниено́сный **II.** *adv* ми́гом, молниено́сно; (*flüchtig*) ме́льком

Block *m* <-[e]s, Blöcke> ① (*Häuser~*) блок *м* ② (*Notiz~*) блокно́т *м*, записна́я кни́жка *ж* ③ SPORT (*Abwehr~*) блокиро́вка *ж*

Blockade *f* блока́да *ж*

Blockflöte *f* пряма́я фле́йта *ж*

blockfrei *adj* POL нейтра́льный, не присоедини́вшийся к бло́кам

blockieren I. *vt* (*Straße, Plan etc.*) <за->блоки́ровать **II.** *vi* (*Bremse*) <за->тормози́ть

blöd *adj* ① (*geistesgestört*) слабоу́мный, тупоу́мный, тупо́й ② *FAM* (*dumm*) глу́пый, дура́цкий; **blödeln** *vi FAM* (*herum~*) валя́ть дурака́, плести́ вся́кую чушь; **Blödheit** *f* (*Dummheit*) глу́пость *ж*, слабоу́мие *с*, тупоу́мие *с;* **Blödsinn** *m* (*Unsinn*) глу́пость *ж*

blond *adj* светловоло́сый, белоку́рый

bloß I. *adj* ① (*nackt*) го́лый, обнажённый ② (*alleinig*) ◇ **mit ~em Auge** невооружённым гла́зом **II.** *adv* то́лько, лишь; (*verstärkend*) ◇ **das ist doch ~ Gerede** э́то всё лишь разгово́ры; ◇ **du hast ja ~ Angst!** тебя́ одолева́ет то́лько страх; ◇ **laß das ~!** переста́нь же!, прекрати́ сейча́с же!; **Blöße** *f* <-, -n> ① (*Nacktheit*) нагота́ *ж*, обнажённость *ж* ② *FIG* сла́бость *ж*, сла́бая сторона́ *ж;* ◇ **sich** *dat* **e-e ~ geben** обнару́жить свою́ сла́бую сто́рону; **bloßstellen** *vt* (*blamieren*) <с->компромети́ровать, разобла|чи́ть <-ча́ть>

blühen *vi* цвести́ *несов;* (*Geschäft*) процвета́ть *несов; FIG* ◇ **wenn du nach Hause kommt, blüht dir was** когда́ ты придёшь домо́й, ну и доста́нется тебе́

Blume *f* <-, -n> ① (*Schnitt~*) цвето́к *м* ② (*von Wein*) буке́т *м* ③ (*Bierschaum*) пе́на *ж;* **Blumenkohl** *m* цветна́я капу́ста *ж;* **Blumenstrauß** *m* буке́т *м* цвето́в; **Blumenzwiebel** *f* цвето́чная лу́ковица *ж*

Bluse *f* <-, -n> блу́за *ж;* (*leichte ~*) ко́фточка *ж;* (*für Herren*) мужска́я соро́чка *ж;* (*Unifom~*) гимнастёрка *ж*

Blut *n* <-[e]s> кровь *ж;* ◇ **nur ruhig ~!** споко́йно!, не волну́йся!; **blutarm** *adj* малокро́вный; **Blutarmut** *f* малокро́вие *с*, аними́я *ж;* **blutbefleckt** *adj* обагрённый кро́вью; **Blutbild** *n* карти́на *ж* кро́ви; **Blutdruck** *m* кровяно́е давле́ние *с*

Blüte *f* <-, -n> (*das Blühen*) цвете́ние *с; FIG* (*Höhepunkt*) расцве́т *м;* ◇ **in der ~ seines Lebens** в расцве́те сил

Blutegel *m* пия́вка *ж*

Blütezeit *f* вре́мя *с* цвете́ния; *FIG* пери́од *м* [эпо́ха *ж*, вре́мя *с*] расцве́та

bluten *vi* кровото́чить *несов; FAM* ◇ **er hat ganz schön geblutet** он потеря́л мно́го кро́ви; **Blutgruppe** *f* гру́ппа *ж* кро́ви; **blutig** *adj* (*Krieg*) крова́вый, кровопроли́тный; (*mit Blut befleckt*) окрова́вленный; **blutjung** *adj* ю́ный, совсе́м молодо́й; **Blutkörperchen** *n pl* ◇ **die roten/weißen ~** кра́сные/бе́лые кровяны́е тельца́; **Blutkreislauf** *m* кровообраще́ние *с;* **Blutprobe** *f* ана́лиз *м* кро́ви; **Blutspender(in** *f*) *m* до́нор *м;* **Blutspur** *f* крова́вый след *м;* **Blutstropfen** *m* ка́пля *ж* кро́ви, крови́нка *ж;* **Blutübertragung** *f* перелива́ние *с* кро́ви; **Blutung** *f* (*aus Wunde*) кровотече́ние *с;* MED (*Regel~*) менструа́ция *ж;* **Blutvergiftung** *f* зараже́ние *с* кро́ви; **Blutwurst** *f* кровяна́я колбаса́ *ж*

BLZ *Abk. v.* **Bankleitzahl** и́ндекс/код *м* ба́нка

Böe *f* <-, -n> шквал *м*, си́льный поры́в *м* ве́тра

Bock [1] *m* <-[e]s, Böcke> ① (*Schaf~*) бара́н *м;* (*Reh~*) саме́ц *м* косу́ли; (*Ziegen~*) козёл *м* ② (*Kutsch~*) козлы́ *мн*, облучо́к *м* ③ (*Ramm~*) сва́йный мо́лот *м*, ко́пер *м* для заби́вки свай ④ (*Gestell*) сто́йка *ж*, кронште́йн *м* ⑤ SPORT (*Turngerät*) козёл *м* ⑥ *FAM* ◇ **null/keinen ~ haben, etw zu tun** не име́ть жела́ния что-л де́лать

Bock [2] *n* (*Starkbier*) двойно́е пи́во *с*

bocken *vi* (*Esel*) упря́миться *несов;* (*beleidigt sein*) капри́зничать *несов;* (*Motor*) капри́зничать

Bockwurst *f* сарде́лька *ж*

Boden *m* <-s, Böden> ① (*Humus~, Sand~*) земля́ *ж*, по́чва *ж* ② (*Fuß~*) пол *м* ③ (*Meeres~*) морско́е дно *с* ④ (*Dach~*) черда́к *м;* **bodenlos** *adj* ① (*unergründlich*) непостижи́мый, необъясни́мый, зага́дочный ② *FAM* (*unerhört*) неслы́ханный, бессты́дный; **Bodenschätze** *pl* поле́зные ископа́емые *мн;* **bodenständig** *adj* (*heimatverbunden*) коренно́й, ме́стный; **Bodenturnen** *n* во́льные упражне́ния *мн*

Body *m* (*Kleidung*) оде́жда *ж* ти́па "бо́ди"

Bodybuildingcenter *n* спорти́вный центр

bog *impf v.* **biegen**

Bogen *m* <-s, -> ① (*Biegung*) поворо́т *м* ② ARCHIT а́рка *ж*, свод *м* ③ MUS смычо́к *м* ④ (*Papier~*) лист *м* бума́ги

Bohne *f* <-, -n> (*Gemüse, Kaffee~*) боб *м*; **Bohnenkaffee** *m* натура́льный ко́фе *м*

bohren I. *vt* <про->сверли́ть, <про->бура́вить **II.** *vi* (*nach Öl*) <про->бури́ть; **Bohrer** *m* <-s, -> (*Werkzeug*) сверло́ *с*, бура́в *м*; **Bohrinsel** *f* бурова́я платфо́рма; **Bohrmaschine** *f* бурова́я маши́на *ж*, сверли́льный стано́к *м*; **Bohrturm** *m* бурова́я вы́шка *ж*

Boje *f* <-, -n> буй *м*, ба́кен *м*

Bolzen *m* <-s, -> болт *м*, винт *м*

bombardieren *vt* (*beschießen*) обстре́|ливать <-ля́ть>, бомбардирова́ть *несов*; ◇ **jd-n mit Fragen ~** засы́пать кого́-л вопро́сами; **Bombe** *f* <-, -n> бо́мба *ж*; **Bombenangriff** *m* налёт *м* бомбардиро́вочной авиа́ции, бомбардирова́ние *с*; **Bombenanschlag** *m*, **Bombenattentat** *n* покуше́ние *с* (с примене́нием бомб); **Bombenerfolg** *m* *FAM* колосса́льный успе́х *м*

Bonbon *n* <-s, -s> конфе́та *ж*, караме́ль *ж*, ледене́ц *м*

bongen *vt* ① (*Betrag*) выбива́ть чек ② *FAM* (*okay*) ◇ **das ist gebongt** всё в поря́дке, уже всё ула́жено

Bonus *m* <- *o.* -sses, - *o.* -sse> ① (*Prämie*) биржева́я пре́мия *ж* ② (*Pluspunkt*) при́быль *ж*, до́ля *ж* при́были ③ (*Sondervergütung, Dividende*) поощре́ние *с* заку́пщику кру́пной па́ртии това́ра; ◇ **e-n ~ ausschütten** выпла́чивать пре́мию; COMM распределя́ть дивиде́нды

Boom *m* <-s, -s> бум *м*, иску́сственное повыше́ние *с* ку́рсов; (*Bombenerfolg*) шу́мный успе́х *м*

Boot *n* <-[e]s, -e> (*Motor~, Fischer~*) ло́дка *ж*; (*Ruder~, Schlauch~*) гребна́я шлю́пка *ж*; (*Tret~*) речно́й [прогу́лочный] велосипе́д *м*, педа́льная шлю́пка *ж*; ◇ **wir sitzen alle in e-m ~** мы все сиди́м в одно́й ло́дке; **Bootsanhänger** *m* прице́п *м* для ло́дки; **Bootshaus** *n* помеще́ние *с* для хране́ния ло́док

Bord [1] *m* <-[e]s, -e> AERO, NAUT борт *м*; ◇ **an ~ gehen** подня́ться в самолёт [на кора́бль]; ◇ **von ~ gehen** сойти́ на бе́рег [на зе́млю]

Bord [2] *n* <-[e]s, -e> (*Bücher~*) кни́жная по́лка *ж*

Bordell *n* <-s, -e> дом *м* терпи́мости, публи́чный дом *м*

Bordkarte *f* поса́дочный тало́н *м*

borgen I. *vt* (*verleihen*) брать <взять> взаймы́; (*leihen*) зан|има́ть <-я́ть> что-л у кого́-л; ◇ **jd-m Geld ~** ода́лживать <одолжи́ть> кому́-л де́ньги **II.** *vr* ◇ **sich Geld von jd-m ~** занима́ть де́ньги у кого́-л

borniert *adj* ограни́ченный, тупо́й

Börse *f* <-, -n> ① (*Aktien~*) би́ржа *ж*, фо́ндовая би́ржа *ж* ② (*Geld~*) кошелёк *м*, бума́жник *м*; **Börsenbericht** *m* биржево́й бюллете́нь *м*; **Börsengeschäft** *n* биржева́я сде́лка *ж*; **Börsenkrach** *m* биржево́й крах *м*; **Börsenkurs** *m* биржево́й курс *м*

Borste *f* <-, -n> щети́на *ж*

bösartig *adj* ① (*heimtückisch*) злой, зло́стный, кова́рный; (*unheilverkündend*) злове́щий ② MED злока́чественный

Böschung *f* (*Abhang*) отко́с *м*, склон *м*

böse *adj* ① (*Mensch, Tat*) злой, недо́брый ② (*unartig*) плохо́й, дурно́й, скве́рный ③ (*zornig*) серди́тый, зло́бный ④ (*gefährlich, schlimm*) плохо́й, скве́рный, опа́сный; **boshaft** *adj* зло́бный; (*heimtückisch*) кова́рный; (*spöttisch, gehässig*) насме́шливый, злора́дный, язви́тельный; **Bosheit** *f* злость *ж*, зло́ба *ж*; (*Gehässigkeit*) неприя́знь *ж*

Boß *m* (*Leiter*) нача́льник *м*, босс *м*, шеф *м*; (*Gangster~*) глава́рь *м*, шеф *м*

böswillig *adj* злонаме́ренный, зло́стный

bot *impf v.* **bieten**

Botanik *f* бота́ника *ж*; **botanisch** *adj* ботани́ческий

Bote *m* <-n, -n> рассы́льный *м*; (*Eil~*) на́рочный *м*; (*Kurier*) курье́р *м*

Botin *f* рассы́льная *ж*; (*Kurierin*) курье́рша *ж*; **Botschaft** *f* ① (*Nachricht*) весть *с*, изве́стие *с*; (*Brief*) посла́ние *с* ② POL посо́льство *с*; **Botschafter(in** *f*) *m* <-s, -> посо́л *м*, же́нщина-посо́л *ж*

Bottich *m* <-[e]s, -e> чан *м*; (*Tonne*) бо́чка *ж*; (*Wasch~*) уша́т *м*, чан *м*, лоха́нь *ж*

Bouillon *f* <-, -s> бульо́н *м*

Boutique *f* магази́н *м* высо́кой мо́ды

Bowle *f* <-, -n> (*Getränk*) крюшо́н *м*, пунш *м*

boxen I. *vt, vi* боксирова́ть *несов*, выступа́ть на ри́нге; ◇ **jd-n in den Bauch ~** толкну́ть кого́-л в живо́т **II.** *vr* ◇ **sich durchs Leben ~** завоёвывать себе́ ме́сто в жи́зни с по́мощью кулако́в

Boxer [1] *m* <-s, -> SPORT боксёр *м*

Boxer [2] *m* <-s, -> (*Hund*) боксёр *м*

Boxhandschuh *m* боксёрская перча́тка *ж;* **Boxkampf** *m* боксёрский поеди́нок *м;* **Boxstiefel** *m* боксёрский боти́нок *м*
boykottieren *vt* бойкоти́ровать *несов*
brach *impf v.* **brechen**
brachte *impf v.* **bringen**
Branche *f* <-, -n> о́трасль *ж,* специа́льность *ж*
Brand *m* <-[e]s, Brände> ① (*Wald~, Flächen~*) пожа́р *м,* горе́ние *с* ② (*von Porzellan, Ton*) о́бжиг *м,* обжига́ние *с* ③ MED гангре́на *ж; FIG* ◇ **e-n ~ in der Kehle haben** умира́ть от жа́жды
branden *vi* (*Wellen*) разби́‹ва́›ться с шу́мом
brandmarken *vt* (*Pferd*) ‹за-›клейми́ть; *FIG* (*öffentlich ächten*) ‹за-›клейми́ть позо́ром; **Brandsalbe** *f* мазь *ж* про́тив ожо́гов; **Brandstifter(in** *f*) *m* поджига́тель(ница *ж*) *м;* **Brandstiftung** *f* поджо́г *м*
Brandung *f* (*Wellen~*) прибо́й *м;* (*Gischt*) буру́н *м*
brannte *impf v.* **brennen**
Branntwein *m* вы́держанная во́дка *ж;* (*Schnaps*) во́дка *ж,* хле́бное вино́ *с*
Brasilien *n* Брази́лия *ж;* ◇ **in/nach** ~ в Брази́лии/в Брази́лию
braten <brät, briet, gebraten> *vt* (*Fleisch, im Ofen*) ‹за-›жа́рить; (*in Pfanne*) поджа́ри‹ва›ть; **Braten** *m* <-s, -> жа́ренье *с,* жарко́е *с,* жа́реное *с;* **Brathuhn** *n* жа́реная ку́рица *ж;* **Bratkartoffeln** *f pl* жа́реный карто́фель *м;* **Bratpfanne** *f* сковорода́ *ж;* **Bratrost** *m* ра́шпер *м,* решётка *ж* для жа́ренья
Bratsche *f* <-, -n> MUS альт *м*
Bratspieß *m* ве́ртел *м;* **Bratwurst** *f* жа́реная сарде́лька *ж*
Brauch *m* <-[e]s, Bräuche> (*Sitte*) обы́чай *м,* нра́вы *мн*
brauchbar *adj* ① (*nützlich*) приго́дный, поле́зный ② (*zuverlässig*) де́льный, надёжный; **brauchen** *vt* ① (*bedürfen*) нужда́ться в чём-л, име́ть потре́бность в чём-л ② (*modal*) ◇ **du brauchst nicht zu kommen** тебе́ не ну́жно приходи́ть
brauen *vt* (*Bier*) ‹с-›вари́ть; (*Kaffee*) вари́ть; (*Tee*) зава́|ривать ‹-ри́ть›; (*Cocktails*) ‹при-›гото́вить; **Brauerei** *f* пивова́ренный заво́д *м,* пивоваре́ние *с*
braun *adj* ① (*Farbe*) кори́чневый ② (*sonnengebräunt*) загоре́лый; **Bräune** *f* <-> сму́глый цвет *м* ко́жи; (*Sonnen~*) зага́р *м;* **bräunen** *vt* ① (*Zwiebeln*) поджа́ри‹ва›ть ② (*Haut*) де́лать сму́глым [загоре́лым]; **braungebrannt** *adj* загоре́лый
Brause *f* <-, -n> ① (*Dusche*) душ *м* ② (*Duschkopf*) разбры́згиватель *м* ③ (*Limonade*) лимона́д *м,* шипу́чка *ж;* **brausen** *vi* (*Meer, Wind*) бушева́ть *несов,* шуме́ть *несов;* **Brausepulver** *n* шипу́чий порошо́к *м*
Braut *f* <-, Bräute> (*bei Hochzeit*) неве́ста *ж;* (*Verlobte*) обручённая *ж;* **Brautführer(in** *f*) *m* ша́фер *м,* дру́жка *м;* **Brautgeschenk** *n* сва́дебный пода́рок *м;* **Bräutigam** *m* <-s, -e> (*bei Hochzeit*) жени́х *м;* (*Verlobter*) обручённый *м;* **Brautjungfer** *f* подру́жка *ж;* **Brautpaar** *n* (*bei Hochzeit*) жени́х и неве́ста; (*Jungvermählte*) новобра́чные *мн;* (*Verlobte*) обручённые *мн*
brav *adj* ① (*Kind, Kleid*) послу́шный, хоро́ший ② (*ehrenhaft*) че́стный, поря́дочный
BRD *f* <-> *Abk. v.* **Bundesrepublik Deutschland** Федерати́вная Респу́блика Герма́ния *ж*
Brecheisen *n* лом *м;* (*für Einbrecher*) ору́дие *с* взло́ма; **brechen** <bricht, brach, gebrochen> **I.** *vt* ① (*entzwei~*) ‹раз-›лома́ть; (*in Stücke*) разби́‹ва́›ть ② (*Licht*) прело|мля́ть ‹-ми́ть› **II.** *vi* ① (*auseinander~*) раз|ла́мываться ‹-лома́ться›, разва́|ливаться ‹-ли́ться› ② (*sich übergeben*) не вы́держать, сда́‹ва́›ться **III.** *vr* ◇ **sich** ~ (*Fuß*) разби́‹ва́›ться; (*Licht*) прело|мля́ться ‹-ми́ться›; **Brecher** *m* вал *м,* прибо́йная волна́ *ж;* **Brechreiz** *m* тошнота́ *ж,* позы́в *м* к рво́те; **Brechung** *f* (*von Lichtwellen*) преломле́ние *с,* рефра́кция *ж*
Brei *m* <-[e]s, -e> ① (*klumpige Masse*) ка́ша *ж,* пюре́ *с;* GASTRON (*Hafer~*) ка́ша *ж;* (*Kartoffel~*) пюре́ *с* ② *FIG* (*Matsch*) ме́сиво *с*
breit *adj* (*weit, groß*) широ́кий; (*geräumig*) обши́рный; **Breite** *f* <-, -n> ① (*Weite*) ширина́ *ж,* толщина́ *ж* ② (*Ausführlichkeit*) обстоя́тельность *ж,* простра́нность *ж* ③ GEO широта́ *ж;* **Breitengrad** *m* гра́дус *м* широты́; **breitmachen** *vr* (*Platz einnehmen*) ◇ **sich** ~ рассе́сться *сов,* удо́бно распо|ложи́ться ‹-лага́ться›; **breitschult[e]rig** *adj* широкопле́чий; **Breitwand** *f* широ́кий экра́н *м;* **Breitwandfilm** *m* широкоэкра́нный фильм *м*
Bremsbelag *m* тормозна́я накла́дка *ж*
Bremse [1] *f* <-, -n> AUTO то́рмоз *м;* ◇ **auf die ~ treten** нажа́ть на то́рмоз
Bremse [2] *f* <-, -n> (*Stechfliege*) слепе́нь *м*
bremsen I. *vi* (*Bremse betätigen*) ‹за-›тормо-

зи́ть **II.** *vt* (*anhalten*) оста|на́вливать ‹-нови́ть› автомоби́ль; *FIG* (*zügeln*) удер|живать ‹-жа́ть› кого́-л от чего́-л, остана́вливать; **Bremslicht** *n* стоп-сигна́л *м*, светово́й сигна́л *м* торможе́ния; **Bremspedal** *n* тормозна́я педа́ль *ж*; **Bremsspur** *f* след *м* при торможе́нии; **Bremsweg** *m* путь *м* торможе́ния, тормозно́й путь *м*

brennbar *adj* горю́чий, воспламеня́ющийся; **Brennelement** *n* то́пливный элеме́нт *м*; **brennen** ‹brannte, gebrannt› **I.** *vi* ① (*Haus, Öl*) ‹с-›горе́ть, пыла́ть *несов*; (*Kerze*) миг|а́ть ‹-ну́ть›; (*Sonne*) ‹с-›жечь, при|пека́ть ‹-пе́чь›, пали́ть *несов*, печь *несов* ② (*Wunde*) боле́ть *несов*, садне́ть *несов*; (*Augen*) ре́зать *несов*, боле́ть ③ ◇ **darauf ~, etw zu tun** горе́ть нетерпе́нием что-л сде́лать **II.** *vt* ① (*Porzellan*) об|жига́ть ‹-же́чь› ② (*Kaffee*) поджа́ри‹ва›ть; (*Schnaps*) гнать *несов*; **Brennessel** *f* крапи́ва *ж*; **Brennholz** *n* дрова́ *мн*; **Brennstoff** *m* горю́чее *с*, то́пливо *с*

brenzlig *adj FIG* (*bedrohlich*) риско́ванный, опа́сный, подозри́тельный

Brett *n* ‹-[e]s, -er› ① (*Holz~*) доска́ *ж*; (*Bücher~, Wand~*) по́лка *ж*, этаже́рка *ж*; ◇ **Schwarzes ~** чёрная доска́ *ж*, доска́ *ж* объявле́ний ② (*Spiel~*) ша́хматная доска́ *ж* ③ ◇ **~er** *pl* THEAT театра́льные подмо́стки *мн*; **Bretterzaun** *m* доща́тый забо́р *м*

Brezel *f* ‹-, -n› кре́ндель *м*

Brief *m* ‹-[e]s, -e› (*Schreiben*) письмо́ *с*; **Briefaustausch** *m* обме́н *м* пи́сьмами; **Briefbeschwerer** *m* ‹-s, -› пресс-папье́ *с*; **Brieffreund(in** *f*) *m* друг *м*/подру́га *ж* по перепи́ске; **Briefkasten** *m* почто́вый я́щик *м*; **Briefmarke** *f* почто́вая ма́рка *м*; **Briefpapier** *n* пи́счая бума́га *ж*; **Brieftasche** *f* бума́жник *м*; **Briefträger(in** *f*) *m* письмоно́сец *м*, же́нщина-письмоно́сец *ж*, почтальо́н *м*, же́нщина-почтальо́н *ж*; **Briefumschlag** *m* (почто́вый) конве́рт *м*; **Briefverkehr** *m* почто́вый обме́н *м*; **Briefwahl** *f* пи́сьменные вы́боры *м мн*

briet *impf v.* **braten**

brillant *adj FIG* (*Rede*) блестя́щий, блиста́тельный, великоле́пный

Brillant *m* ‹-en, -en› бриллиа́нт *м*

Brille *f* ‹-, -n› ① очки́ *мн*; ◇ **alles durch die rosarote ~ sehen** ви́деть что-л в ро́зовом све́те ② (*von Toilette*) сиде́нье *с* (унита́за)

bringen ‹brachte, gebracht› *vt* ① (*herbeischaffen*) при|носи́ть ‹-нести́›, при|вози́ть ‹-везти́› ② (*mitnehmen, begleiten*) про|вожа́ть ‹-води́ть›, сопрово|жда́ть ‹-ди́ть›; ◇ **jd-n nach Hause ~** доста́вить [проводи́ть] кого́-л домо́й ③ (*Gewinn*) при|носи́ть ‹-нести́› ④ (*veröffentlichen*) опубликова́ть *сов*, помести́ть что-л в газе́те ⑤ THEAT ис|полня́ть ‹-по́лнить›; (*aufführen*) поста́вить пье́су; MEDIA (*Spielfilm*) вы́пустить на экра́ны ⑥ *FAM* (*hat keinen Sinn*) ◇ **das bringt's nicht** э́то ничего́ не даст ⑦ ◇ **jd-n auf e-e Idee ~** подсказа́ть кому́-л иде́ю; ◇ **jd-n dazu ~, etw zu tun** побуди́ть [заста́вить] кого́-л сде́лать что-л ⑧ ◇ **jd-n um etw ~** лиша́ть кого́-л чего́-л

Brise *f* ‹-, -n› бриз *м*

Brite *m* ‹-n, -n› брита́нец *м*; **Britin** *f* брита́нка *ж*; **britisch** *adj* брита́нский

bröckeln *vi* (*Kuchen*) ‹ис-, рас-›кроши́ться; (*Putz, Gestein*) отва́|ливаться ‹-ли́ться›

Brocken *m* ‹-s, -› ① (*Brot~*) кусо́к *м*, кусо́чек *м*; (*Krümel*) кро́шка *ж*; (*Fels~*) обло́мок *м*, оско́лок *м* ② *FIG* (*dicker Mensch*) глы́ба *м/ж*, ту́ша *ж*

Brombeere *f* ежеви́ка *ж*

Bronchien *pl* ANAT бро́нхи *мн*

Bronze *f* ‹-› бро́нза *ж*

Brosche *f* ‹-, -n› бро́шка *ж*, брошь *ж*

Brot *n* ‹-[e]s, -e› хлеб *м*; **Brötchen** *n* бу́лочка *ж*; **Broteinheit** *f* хле́бная едини́ца *ж*

Bruch *m* ‹-[e]s, Brüche› ① (*Auseinanderbrechen*) поло́мка *ж*, ло́мка *ж*, разло́м *м* ② (*Schnittstelle*) разло́м *м*, изло́м *м* ③ (*von Vertrag, Schwur*) наруше́ние *с* ④ MED (*Leisten~*) па́ховая гры́жа *ж*; (*Knochen~*) перело́м *м*; ◇ **sich e-n ~ zuziehen** получи́ть перело́м ⑤ MATH дробь *ж*; **Bruchbude** *f FAM* жа́лкое приста́нище *с*, развалю́ха *ж*; **brüchig** *adj* хру́пкий, ло́мкий; **Bruchstrich** *m* MATH дро́бная черта́ *ж*; **Bruchstück** *n* обло́мок *м*, оско́лок *м*, отры́вок *м*, фрагме́нт *м*

Brücke *f* ‹-, -n› ① (*Bauwerk*) мост *м* ② (*Zahn~*) (зубно́й) мост *м* ③ (*Teppich*) доро́жка *ж* ④ ◇ **die ~n hinter sich abbrechen** сжечь за собо́й мосты́

Bruder *m* ‹-s, Brüder› брат *м*; **brüderlich I.** *adj* бра́тский **II.** *adv* по-бра́тски

Brühe *f* ‹-, -n› ① (*Suppen~*) бульо́н *м*, отва́р *м* ② *PEJ* (*Dreck~*) бурда́ *ж*; *FIG* (*schlechter Kaffee*) помо́и *мн*, бурда́ *ж*

brüllen I. *vi* (*Rind*) мыча́ть *несов*; (*Löwe*) ‹за-›рыча́ть; (*Kind*) ‹за-›реве́ть **II.** *vt* (*Antwort*) ‹за-›ора́ть

brummen I. *vi* ① (*Bär, Mensch*) рыча́ть

несов, бормота́ть *несов,* ворча́ть *несов;* (*Fliege, Radio*) жужжа́ть *несов,* гуде́ть *несов;* (*Motoren*) гуде́ть ② (*sitzen*) ◇ **im Knast** ~ сиде́ть в тюрьме́ **II.** *vt* (*in den Bart*) бурча́ть *несов,* бормота́ть; ◇ **er brummt etw in seinen Bart** он бормо́чет себе́ что-то по́д нос

brünett *adj* (*braunhaarig, hell*) сму́глый; (*dunkel*) черноволо́сый

Brunnen *m* <-s, -> ① (*Wasser~*) коло́дец *м;* (*Heilquelle*) исто́чник *м;* (*Markt~, Spring~*) фонта́н *м* ② (*Schacht*) ша́хта *ж*

brüsk *adj* (*abrupt*) ре́зкий, бесцеремо́нный

Brust *f* <-, Brüste> бюст *м,* грудь *ж;* ◇ **e-m Kind die ~ geben** дава́ть грудь ребёнку

brüsten *vr* ◇ **sich mit etw ~** <воз->горди́ться чем-л, <по->хва́статься чем-л

Brustschwimmen *n* пла́вание *с* сти́лем "брасс"

Brüstung *f* парапе́т *м*

Brut *f* <-, -en> ① (*Nachkommenschaft*) вы́водок *м* ② (*das Brüten*) выси́живание *с* птенцо́в ③ *FIG* (*Gesindel*) отро́дье *с,* исча́дие *с*

brutal *adj* (*gewalttätig*) жесто́кий, наси́льственный, зве́рский; **Brutalität** *f* жесто́кость *ж,* наси́лие *с,* зве́рство *с*

Brutapparat *m,* **Brutkasten** *m* инкуба́тор *м;* **brüten** *vi* ① (*Henne*) выси́живать птенцо́в ② *FIG* (*scharf nachdenken*) замышля́ть недо́брое, сули́ть что-л недо́брое

Brüter *m* <-s, -> (*Reaktor-Typ*) ◇ **schneller ~** реа́ктор-размножи́тель *м* на бы́стрых нейтро́нах

brutto *adv* бру́тто; **Bruttoeinkommen** *n,* **Bruttogehalt** *n,* **Bruttolohn** *m* за́работная пла́та *ж* по совоку́пности без удержа́ний

Buch *n* <-[e]s, Bücher> ① (*allg.*) кни́га *ж* ② COMM (*Geschäftsbuch*) конто́рская кни́га *ж;* **Buchbesprechung** *f* обсужде́ние *с* кни́ги, реце́нзия *ж* на кни́гу

Buche *f* <-, -n> (*Baum, Holz*) бук *м*

buchen *vt* ① (*Platz, Reise, Zimmer*) <за->брони́ровать ме́сто ② COMM (*Einnahmen, Ausgaben*) вноси́ть <внести́> на счёт

Bücherregal *n* кни́жная по́лка *ж;* **Bücherschrank** *m* кни́жный шкаф *м;* **Büchersendung** *f* посы́лка *ж* с кни́гами

Buchfink *m* зя́блик *м*

Buchführung *f* бухгалте́рия *ж;* **Buchhalter(in** *f*) *m* <-s, -> бухга́лтер *м/ж;* **Buchhandel** *m* книготорго́вля *ж;* **Buchhändler(in** *f*) *m* книготорго́вец *м;* **Buchhandlung** *f* кни́жный магази́н *м*

Buchse *f* (*Steckdose*) гнездо́ *с,* розе́тка *ж*

Büchse *f* <-, -n> ① (*Blech~*) жестя́нка *ж,* ба́нка *ж* ② (*Gewehr*) нарезно́е ружьё *с;* **Büchsenfleisch** *n* мясны́е консе́рвы *мн;* **Büchsenöffner** *m* консе́рвный нож *м*

Buchstabe *m* <-ns, -n> бу́ква *ж;* ◇ **großer ~** прописна́я [загла́вная, больша́я] бу́ква; ◇ **kleiner ~** стро́чная [ма́ленькая] бу́ква; **buchstabieren** *vt* (*Wort, Namen*) <про->чита́ть по склада́м, называ́ть по бу́квам; **buchstäblich** *adj* буква́льный, досло́вный

Bucht *f* <-, -en> бу́хта *ж,* (морско́й) зали́в *м,* губа́ *ж*

Buchung *f* ① (*von Reise etc.*) брони́рование *с,* за́пись *ж* ② COMM запи́сывание *с,* внесе́ние *с* в (счётную) кни́гу

bücken *vr* ◇ **sich ~** на|гиба́ться <-гну́ться>, скло|ня́ться <-ни́ться> над чем-л

Bude *f* <-, -n> ① (*Verkaufs~*) ла́вка *ж,* пала́тка *ж,* кио́ск *м,* ларёк *м* ② *FAM* (*Studenten ~*) камо́рка *ж,* ко́мната *ж* ③ *PEJ* (*baufälliges Haus*) лачу́га *ж,* хиба́ра *ж* ④ (*Lokal*) ◇ **die ~ dicht machen** закры́ть ла́вочку

Budget *n* <-s, -s> бюдже́т *м*

Büffel *m* <-s, -> (*Prärie~*) бу́йвол *м*

büffeln *vt, vi FAM* (*Vokabeln*) зубри́ть *несов,* долби́ть *несов*

Bug *m* <-[e]s, -e> NAUT носова́я часть *ж,* буг *м;* AERO нос *м,* носова́я часть *ж*

Bügel *m* <-s, -> ① (*Kleider~*) пле́чики *мн,* ве́шалка *ж* ② (*Brillen~*) ду́жка *ж* ③ (*Steig~*) стре́мя *с* ④ (*Halte~*) ру́чка *ж;* **Bügelbrett** *n* глади́льная доска́ *ж;* **Bügeleisen** *n* утю́г *м;* **Bügelfalte** *f* сгиб *м,* скла́дка *ж;* **bügeln** *vt, vi* <вы́->утю́жить, <вы́->гла́дить

Bühne *f* <-, -n> ① (*Tribüne*) возвыше́ние *с,* помо́ст *м;* (*Theater~*) сце́на *ж,* подмо́стки *мн* ② AUTO (*Hebe~*) подъёмная платфо́рма *ж;* **Bühnenbild** *n* декора́ция *ж*

Buhruf *m* во́зглас *м* недово́льства

Bukett *n* (*von Wein, Blume*) буке́т *м*

Bulette *f* (*Frikadelle*) котле́та *ж*

Bulgare *m* <-n, -n> болга́рин *м;* **Bulgarien** *n* Болга́рия *ж;* ◇ **in/nach ~** в Болга́рии/в Болга́рию; **Bulgarin** *f* болга́рка *ж;* **bulgarisch** *adj* болга́рский

Bulle *m* <-n, -n> ① (*Stier*) бык *м* ② *FIG* (*starker Mann*) ◇ **er ist ein ~ von Kerl** он здоро́в как бык ③ *FAM* (*Polizist*) полице́йский

Bummel *m* <-s, -> флани́рование *с;* (*Spazier-*

gang) прогу́лка *ж;* (*Schaufenster~*) шата́ние *с* без де́ла (по го́роду); **bummeln** *vi* ① (*schlendern*) гуля́ть *несов,* шата́ться *несов* ② (*trödeln*) копа́ться *несов,* ло́дырничать *несов;* (*schludern*) разгильдя́йничать *несов;* **Bummelstreik** *m* забасто́вка *ж* под деви́зом "рабо́тай ме́дленно"; **Bummelzug** *m* по́езд *м* ма́лой ско́рости

bumsen I. *vi* (*aufprallen*) бу́х|аться <-нуться>, гро́хаться <-нуться> **II.** *vt VULG* (*mit jd-m schlafen*) соверша́ть полово́й акт

Bund [1] *m* <-[e]s, Bünde> ① (*Verein*) сою́з *м,* федера́ция *ж;* POL ли́га *ж;* (*Freundschafts~*) сою́з *м* госуда́рств, дру́жественный сою́з *м;* (*heiraten*) ◇ **den ~ fürs Leben schließen** сочета́ться у́зами бра́ка ② (*Hosen~*) по́яс *м* у брюк

Bund [2] *n* <-[e]s, -e> (*Petersilie*) свя́зка *ж,* вяза́нка *ж;* (*Stroh~*) сноп *м,* оха́пка *ж*

Bündchen *n* ① (*Schleife*) бант *м,* ле́нта *ж* ② (*am Ärmel*) у́зкий манже́т *м*

Bündel *n* <-s, -> ① (*von Zeitungen*) свя́зка *ж;* (*Paket*) паке́т *м;* (*von Geld, Aktien*) па́чка *ж* ② PHYS (*Strahlen~*) пучо́к *м*

Bundes- (*in Komposita*) федера́льный, федерати́вный; **Bundesgerichtshof** *m* федера́льный верхо́вный суд *м;* **Bundeskanzler(in** *f*) *m* федера́льный ка́нцлер *м;* **Bundesland** *n* федера́льная земля́ *ж;* **Bundespräsident(in** *f*) *m* федера́льный президе́нт *м;* **Bundesrat** *m* (*in Deutschland*) бундесра́т *м;* (*in Österreich*) федера́льный сове́т *м;* **Bundesrepublik** *f* федерати́вная респу́блика *ж;* **Bundesstaat** *m* федерати́вное госуда́рство *с;* **Bundesstraße** *f* федера́льная доро́га *ж;* **Bundestag** *m* бундеста́г *м;* **Bundesverfassungsgericht** *n* федера́льный конституцио́нный суд *м;* **Bundeswehr** *f* бундесве́р *м*

bündig *adj* (*kurz*) сжа́тый, лакони́чный

Bündnis *n* сою́з *м*

Bunker *m* <-s, -> бу́нкер *м*

bunt *adj* пёстрый, разноцве́тный; (*gemischt*) сме́шанный, разноро́дный, разнообра́зный; ◇ **das wird mir zu ~** э́то уж чересчу́р; **Buntstift** *m* цветно́й каранда́ш *м*

Burg *f* <-, -en> (*Festung*) кре́пость *ж;* (*Sand~*) кру́глый вал *м* из песка́

Bürge *m* <-n, -n> COMM поручи́тель *м;* **bürgen** *vi* (*einstehen*) <по->руча́ться (*für akk* за кого́-что-л)

Bürger(in *f*) *m* <-s, -> (*Staats~*) граждани́н *м,* гражда́нка *ж;* **Bürgerkrieg** *m* гражда́нская война́ *ж;* **bürgerlich** *adj* ① (*Staats-*) гражда́нский, буржуа́зный; ◇ **B~es Gesetzbuch** герма́нское гражда́нское уложе́ние *с* ② (*einfach*) обыва́тельский; *PEJ* (*spießig*) меща́нский; **Bürgermeister(in** *f*) *m* бургоми́стр *м;* **Bürgerrecht** *n* пра́во *с* гражда́нства; **Bürgersteig** *m* <-[e]s, -e> тротуа́р *м*

Bürgin *f* поручи́тельница *ж;* **Bürgschaft** *f* поручи́тельство *с,* пору́ка *ж;* ◇ **eine ~ hinterlegen/leisten** <по->руча́ться за кого́-л

Büro *n* <-s, -s> ① (*im Haus*) бюро́ *с,* конто́ра *ж* ② (*Zweigfirma*) учрежде́ние *с,* канцеля́рия *ж;* **Büroangestellte(r)** *fm* канцеля́рский(-ая) слу́жащий(-ая *ж*) *м;* **Büroklammer** *f* конто́рская скре́пка *ж*

Bürokrat(in *f*) *m* <-en, -en> бюрокра́т *м,* же́нщина-бюрокра́т *ж;* **Bürokratie** *f* бюрокра́тия *ж;* **bürokratisch** *adj* бюрократи́ческий

Bursche *m* <-n, -n> па́рень *м,* ма́лый *м*

Burschenschaft *f* (*Studentenverbindung*) студе́нческая корпора́ция *ж*

burschikos *adj* ① (*jungenhaft*) бо́йкий, лихо́й ② (*salopp*) развя́зный, бесцеремо́нный, грубова́тый

Bürste *f* <-, -n> щётка *ж;* **bürsten** *vt* <по->чи́стить щёткой, пригла́|живать <-дить> щёткой

Bus *m* <-sses, -sse> ① (*innerhalb der Stadt*) авто́бус *м;* (*außerhalb der Stadt*) авто́бус-экспре́сс *м* ② PC кана́л *м* свя́зи

Busch *m* <-[e]s, Büsche> ① (*Strauch*) куст *м,* куста́рник *м;* (*~wald*) за́росли *мн* ② (*Feder~*) клок *м*

Büschel *n* <-s, -> (*von Gras, Haaren*) пучо́к *м,* оха́пка *ж,* клок *м,* хохо́л *м*

buschig *adj* кусти́стый

Busen *m* <-s, -> ① (*Brust*) грудь *ж,* бюст *м* ② (*Meer~*) зали́в *м,* бу́хта *ж*

Business *n FAM* (*Geschäft*) би́знес *м*

Buße *f* <-, -n> ① REL покая́ние *с* ② (*Bußgeld*) де́нежный штраф *м;* **Bußgeld** *n* де́нежный штраф *м;* **büßen** *vt* (*Straftat*) быть нака́занным, <по->терпе́ть наказа́ние; (*Sünden*) иску|пля́ть <-пи́ть> грехи́; ◇ **für etw ~** поплати́ться за что-л

Büstenhalter *m* бюстга́льтер *м*

Butt *m* (*Heil~*) (морска́я) камбала́ *ж;* (*Stein~*) па́лтус *м*

Butter *f* <-> ма́сло *с;* **Buttermilch** *f* пахта́ *ж*

Button *m* <-s, -s> брошь *ж*

b. w. *Abk. v.* **bitte wenden** смотри́ на оборо́те
Byte *n* ‹-s, -s› PC байт *м*
bzw. *Abk. v.* **beziehungsweise** и́ли, соотве́тственно

C

C, c *n* ① (*Alphabet*) К, к *о.* Ц, ц ② MUS до
ca. *Abk. v.* **circa** о́коло, приблизи́тельно
Café *n* ‹-s, -s› кафе́ *с;* **Cafeteria** *f* ‹-, -s *o.* -rien› кафете́рий *м*
Calcium *n* ‹-s› CHEM ка́льций *м*
Camp *n* ‹-s, -s› (*Lager*) ла́герь *м,* бива́к *м*
campen *vi* жить в ке́мпинге; **Camper(in** *f*) *m* ‹-s, -› ① (*Person*) автотури́ст(ка *ж*) *м* ② (*Wohnmobil*) жило́й автофурго́н *м;* **Camping** *n* ‹-s› ке́мпинг *м;* **Campingbus** *m* (*Wohnmobil*) жило́й автофурго́н *м;* **Campingplatz** *m* месторасположе́ние *с* ке́мпинга
Caravan *m* ‹-s, -s› (*Wohnwagen*) жило́й автофурго́н *м*
Cäsium *n* ‹-s› це́зий *м*
CD *f* ‹-, -s› *Akr. v.* **Compact Disc** компа́кт-диск *м;* **CD-Player** *m* ‹-s, -› пле́йер *м* для компа́кт-ди́сков
Cellist(in *f*) *m* виолончели́ст(ка *ж*) *м;* **Cello** *n* ‹-s, Celli *o.* -s› виолонче́ль *ж*
Celsius *n* ‹-, -› Це́льсий *м*
Center *n* (*Einkaufs~*) (торго́вый) центр *м*
Chamäleon *n* ‹-s, -s› *a. FIG* (*Echse*) хамелео́н *м*
Champagner *m* ‹-s, -› шампа́нское *с*
Champignon *m* ‹-s, -s› шампиньо́н *м*
Champion *m* ‹-s, -s› чемпио́н *м*
Chance *f* ‹-, -n› шанс *м,* возмо́жность *ж;* **Chancengleichheit** *f* ра́венство *с* возмо́жностей
Chaos *n* ‹-› ха́ос *м;* (*Wirrwar*) неразбери́ха *ж;* **Chaot(in** *f*) *m* ‹-en, -en› (*verworrene Person*) пу́таник *м,* несо́бранный челове́к *м;* **chaotisch** *adj* хаоти́ческий, хаоти́чный
Charakter *m* ‹-s, -e› (*allg.*) хара́ктер *м;* (*von Person*) выдаю́щийся хара́ктер *м,* выдаю́щаяся ли́чность *ж;* (*Temperament*) нрав *м,* сво́йство *с;* **charakterisieren** *vt* (*Person, Sache*) ‹о-›характеризова́ть; **Charakteristik** *f* (*treffende Beschreibung*) характери́стика *ж;* **charakteristisch** *adj* (*Wesenszug*) характе́рный; **charakterlos** *adj* (*Mensch*) бесхара́ктерный; **Charakterschwäche** *f* слабохара́ктерность *ж;* **Charakterstärke** *f* си́ла *ж* хара́ктера; **Charakterzug** *m* (*Wesenszug*) черта́ *ж* хара́ктера
Charisma *n* ‹-s, -mata *o.* -men› (*Ausstrahlung*) притяга́тельность *ж,* положи́тельное возде́йствие *с*
charmant *adj* (*Mensch*) очарова́тельный; ◇ **das ist aber ~ gesagt** э́то прекра́сно [великоле́пно] ска́зано; **Charme** *m* ‹-s› очарова́ние *с,* обая́ние *с*
Charta *f* ‹-, -s› (*Menschenrechts~*) ха́ртия *ж*
Charterflug *m* ча́ртерный рейс *м;* **Charterflugzeug** *n* самолёт *м,* выполня́ющий ча́ртерный рейс; **chartern** *vt* (*Flugzeug, Schiff*) нан|има́ть ‹-я́ть›, ‹за-›фрахтова́ть
Charts *pl* (*Hitliste*) пе́речень *м* шля́геров
Chauffeur *m* шофёр *м*
Chauvi *m* ‹-s, -s› *FAM* (*Macho*) шовини́ст *м;* **Chauvinismus** *m* ① POL шовини́зм *м* ② (*übersteigertes Selbstwertgefühl*) чу́вство *с* исключи́тельности; **Chauvinist** *m* POL шовини́ст *м,* приве́рженец *м* шовини́зма
checken *vt* ① (*überprüfen*) про|веря́ть ‹-ве́рить›, контроли́ровать *несов* ② *FAM* (*kapieren*) смек|а́ть ‹-ну́ть›
Chef *m* ‹-s, -s› (*Leiter, Vorgesetzter*) шеф *м,* нача́льник *м,* руководи́тель *м;* **Chefarzt** *m,* **Chefärztin** *f* гла́вный врач *м/ж;* **Chefin** *f* нача́льница *ж,* руководи́тельница *ж;* **Chefredakteur(in** *f*) *m* гла́вный реда́ктор *м*
Chemie *f* ‹-› хи́мия *ж;* **Chemikalie** *f* ‹-, -n› хими́ческое вещество́ *с;* **Chemiker(in** *f*) *m* ‹- s, -› хи́мик *м,* же́нщина-хи́мик *ж;* **chemisch I.** *adj* хими́ческий **II.** *adv* (*Holz*) ◇ **etw ~ behandeln** обраба́тывать что-л хими́ческим спо́собом; ◇ **etw ~ reinigen** подве́ргнуть что-л хими́ческой чи́стке
Chemotherapie *f* химиотерапи́я *ж*
Chiffre *f* ‹-, -n› (*Code*) код *м,* шифр *м;* **Chiffreanzeige** *f* шифро́ванное объявле́ние *с* в газе́те; **chiffrieren** *vt* (*verschlüsseln*) ‹за-›шифрова́ть
Chile *n* ‹-s› Чи́ли *с;* ◇ **in/nach ~** в Чи́ли
China *n* ‹-s› Кита́й *м;* ◇ **in/nach ~** в Кита́е/в Кита́й; **Chinese** *m* ‹-n, -n›, **Chinesin** *f* кита́ец *м,* китая́нка *ж;* **chinesisch** *adj* кита́йский
Chip *m* ‹-s, -s› ① PC чип *м* ② (*beim Roulette*) ◇ **e-n ~ einlösen** оплати́ть жето́н
Chips *pl* (*Kartoffel~*) чи́псы *м мн*

Chirurg(**in** *f*) *m* ‹-en, -en› хиру́рг *м*, же́нщина-хиру́рг *ж*; **Chirurgie** *f* хирурги́я *ж*

Chlor *n* ‹-s› хлор *м*; **Chloroform** *n* ‹-s› хлорофо́рм *м*; **Chlorophyll** *n* ‹-s› хлорофи́л *м*

Cholera *f* ‹-› холе́ра *ж*

cholerisch *adj* (*unbeherrscht*) холери́ческий; (*hitzig*) горя́чий, вспы́льчивый

Cholesterin *n* ‹-s› холестери́н *м*

Chor *m* ‹-[e]s, Chöre› ① (*Gruppe*) хор *м*; ◇ **im ~ singen/sprechen** петь в хо́ре/говори́ть хо́ром ② (*Musikstück*) хор *м* ③ (*Raum in Kirche*) хо́ры *мн*, кли́рос *м*; **Choral** *m* ‹-s, -räle› хора́л *м*; **Choreograph**(**in** *f*) *m* ‹-en, -en› хорео́граф *м*; **Choreographie** *f* хореогра́фия *ж*

Christ(**in** *f*) *m* ‹-en, -en› (*Gläubige/r*) христиа́нин *м*, христиа́нка *ж*; **Christbaum** *m* рожде́ственская ёлка *ж*; **Christenheit** *f* христиа́нский мир *м*; **Christentum** *n* христиа́нство *с*; **Christkind** *n* (*Jesus Christus*) младе́нец *м* Христо́с; **christlich** *adj* христиа́нский; **Christus** *m* ‹-› Христо́с *м*; ◇ **vor ~** до рождества́ Христо́ва; ◇ **nach ~** (тако́й-то год) от рождества́ Христо́ва

Chromosom *n* ‹-s, -en› BIOL хромосо́ма *ж*

Chronik *f* хро́ника *ж*, ле́топись *ж*

chronisch *adj* хрони́ческий; *FIG* ◇ **~er Geldmangel** хрони́ческое безде́нежье *с*

chronologisch *adj* хронологи́ческий

circa *adv* (*ungefähr*) приблизи́тельно, о́коло

City *f* ‹-, -s *o.* Cities› (*Innenstadt*) центра́льная делова́я часть *ж* го́рода, си́ти *м*

clever *adj* (*gescheit*) у́мный, де́льный

Clip *m* ‹-s, -s› ① (*Ohr~*) клипс *м* ② (*Video~*) видеокли́п *м*

Clique *f* ‹-, -n› ① (*Clan*) кли́ка *ж*, клан *м* ② (*Freundeskreis*) круг *м* бли́зких друзе́й; **Cliquenwirtschaft** *f* (*Klüngel*) групповщи́на *ж*

Clou *m* ‹-s, -s› (*Höhepunkt*) гвоздь *м*

Clown *m* ‹-s, -s› кло́ун *м*

Cognac ® *m* ‹-s, -s› конья́к *м*

Comeback *n* ‹-s, -s› (*von Sportler/in, Schauspieler/in*) возвраще́ние *с*

Comic *m* ‹-s, -s› ко́микс *м*

Compact Disc *f* ‹-, -s› компа́кт-диск *м*

Computer *m* ‹-s, -› компью́тер *м*; **Computertomographie** *f* компью́терная томогра́фия *ж*; **Computervirus** *m* компью́терный ви́рус *м*

Container *m* ‹-s, -› (*Behälter*) конте́йнер *м*; (*für Bauschutt*) бу́нкер *м* для строи́тельного му́сора; **Containerbahnhof** *m* конте́йнерная ста́нция *ж*, конте́йнерный термина́л *ж*

cool *adj* (*Typ*) безразли́чный, вя́лый

Countdown *m* ‹-s, -s› (*beim Raketenstart*) отсчёт *м* вре́мени гото́вности

Coupon *m* ‹-s, -s› купо́н *м*

Courage *f* ‹-› (*Mut*) сме́лость *ж*

Cousin *m* ‹-s, -s›, **Cousine** *f* двою́родный брат *м*, двою́родная сестра́ *ж*, кузе́н *м*, кузи́на *ж*; *s. a.* **Kusine**

Cover *n* ‹-s, -s› (*Titelblatt*) иллюстра́ция *ж* на обло́жке журна́ла; (*Plattenhülle*) футля́р *м*

Crash *m* ‹-s, -s› (*Unfall*) несча́стный слу́чай *м*

Creme *f* ‹-, -s› ① (*Gesichts~*) крем *м* ② GASTRON (*Schokoladen~*) крем *м* ③ *nur sg* (*von Gesellschaft*) сли́вки *мн* о́бщества; **cremefarben** *adj* кре́мового цве́та

Croissant *n* ‹-s, -s› (*Butterhörnchen*) вы́печка *ж*, рога́лик *м*

Crux *f* ‹-› ① (*Last*) го́ре *с*, скорбь *ж*, печа́ль *ж* ② *FIG* (*Schwierigkeit*) крест *м*

Curry[**pulver**] *n* ‹-s› ку́рри *м*, пря́ный порошо́к *м*

Cursor *m* ‹-s, -› PC кёрсер *м*

cutten *vt* (*Film, Tonband*) ‹c-›монти́ровать

D

D, d *n* ① (*Buchstabe*) Д, д ② MUS ре

da I. *adv* ① (*örtlich*) (*dort*) ◇ **~ ist das Haus** вот там э́тот дом; ◇ **~, wo wir herkommen ...** вот тут, отку́да мы пришли́; (*hier*) здесь; ◇ **~ ist das Kleingeld** ме́лкие де́ньги здесь ② (*zeitlich, dann*) тогда́, в э́то вре́мя; ◇ **von ~ an** с того́ вре́мени, с тех пор ③ (*konditional*) (*in dieser Hinsicht*) ◇ **~ kann man nichts machen** тут ничего́ не поде́лаешь; (*unter der Bedingung*) ◇ **~ das so ist** поско́льку э́то так **II.** *cj* (*weil*) так как; ◇ **~ wir gleich essen, kannst du hierbleiben** так как мы бу́дем сейча́с обе́дать, ты мо́жешь оста́ться здесь; **dabehalten** *unreg vt* уде́р|живать ‹-жа́ть› у себя́, о|ставля́ть ‹-ста́вить› у себя́

dabei *adv* ① (*hinweisend*) (*darunter*) ◇ **mit ~ sind auch Hosenträger** к тому́ же есть ещё и подтя́жки; (*daneben*) ря́дом; (*ange-

schlossen) ◇ **ein Garten ist auch ~** ря́дом есть та́кже сад ② *(zeitlich, währenddessen)* в то вре́мя ③ *(obwohl, obgleich)* хотя́; ◇ **das Mittel zeigt keine Wirkung, ~ war es sehr teuer** сре́дство не де́йствует, хотя́ о́чень дорого́е ④ *(bei/hinsichtlich dieser Sache)* *FAM* ◇ **~ bleibt es!** остано́вимся на э́том!, на э́том бу́дем стоя́ть!; ◇ **es bleibt ~!** решено́!; ◇ **ich bleibe ~** *(bei der Arbeit)* я бу́ду рабо́тать да́льше; *(bei der Meinung)* я остаю́сь при своём мне́нии ⑤ *(im Begriff)* ◇ **sie war gerade ~, etw zu tun** она́ как раз собира́лась что-то сде́лать [предприня́ть]; **dabeibleiben** *unreg vi (bei Meinung)* остава́ться *(bei* при чём-л); **dabeihaben** *unreg vt (Geld, Paß)* име́ть при себе́; **dabeisein** *unreg vi* ① *(anwesend sein)* прису́тствовать *несов* ② *(mitmachen)* принима́ть уча́стие; ◇ **~ ist alles** гла́вное- уча́стие; ◇ **ich bin dabei** я согла́сен; *(zukünftig)* я бу́ду при э́том (прису́тствовать) ③ *(im Begriff sein)* ◇ **~ etw zu tun** собира́ться что-л де́лать

Dach *n* ‹-[e]s, Dächer› кры́ша *ж*, кро́вля *ж*; *FAM* ◇ **etw unter ~ und Fach bringen** устро́ить взбу́чку; ◇ **jd-m aufs ~ steigen** зада́ть жа́ру [пе́рцу] кому́-л; **Dachboden** *m (Speicher)* черда́к *м*; **Dachdecker(in** *f) m* ‹-s, -› кро́вельщик *м*, кро́вельщица *ж*; **Dachfenster** *n* слухово́е окно́ *с*, люка́рна *ж*; **Dachgarten** *m* сад *м* на кры́ше; **Dachrinne** *f* кро́вельный лото́к *м*; **Dachziegel** *m (Dachpfanne)* (кро́вельная) черепи́ца *ж*

Dachs *m* ‹-es, -e› ZOOL барсу́к *м*

dachte *impf v.* **denken**

Dackel *m* ‹-s, -› *(Hunderasse)* та́кса *ж*

dadurch I. *adv (infolgedessen)* всле́дствие э́того, благодаря́ э́тому, поэ́тому **II.** *cj* ① *(damit)* э́тим, тем; ◇ **~ hat er uns sehr unterstützt** э́тим он нас здо́рово поддержа́л ② *(durch diesen Umstand)* ◇ **~, daß er fortgegangen ist ...** благодаря́ тому́, что он ушёл ...

dafür *adv* ① *(für diese Sache)* за (э́)то; ◇ **~ ist er noch zu jung** для э́того он ещё сли́шком мо́лод; ◇ **wir können nichts ~** мы в э́том не винова́ты; ◇ **er trat ~ ein, daß ...** он выступа́л за то, что́бы ... ② *(als Gegenleistung)* зато́, взаме́н, вме́сто э́того [того́]; ◇ **können Sie mir sagen, was ich ~ bekomme?** вы мо́жете мне сказа́ть, что [ско́лько] я за э́то получу́? ③ *(wenn man bedenkt)* ◇ **~, daß er kein Werkzeug hat, ...** е́сли поду́мать [уче́сть], что у него́ не́ было инструме́нта ... ④ *FAM (gegen e-e Sache)* ◇ **ein Medikament ~ einnehmen** принима́ть лека́рство про́тив чего́-л

dagegen I. *adv* ① *(gegen diese Sache)* про́тив э́того; ◇ **~ ist kein Kraut gewachsen** про́тив э́того нет никаки́х средств; ◇ **ich bin ~** я про́тив (э́того) ② *(im Vergleich [da]zu)* в сравне́нии [по сравне́нию] с э́тим; ◇ **euer Haus ist groß, unser Haus ~ klein** ваш дом большо́й, наш по сравне́нию с ним ма́ленький **II.** *cj (hingegen, jedoch)* напро́тив, зато́, же; ◇ **ich fahre langsam, er ~ schnell** я е́зжу ме́дленно, он напро́тив бы́стро

daheim *adv (Zuhause)* до́ма, у себя́; *(in der Heimat)* на ро́дине

daher I. *adv* ① *(örtlich)* отту́да; ◇ **von ~ kommen** прие́хать [прийти́] отту́да ② *(Ursache)* от э́того, оттого́, отсю́да; ◇ **alles kommt nur ~, daß ...** всё происхо́дит от того́, что ...; *FIG* ◇ **also ~ weht der Wind** вот отку́да ду́ет ве́тер **II.** *cj (deswegen, darum)* поэ́тому, а потому́, сле́довательно; ◇ **~ sind alle traurig** поэ́тому все опеча́лены

dahin *adv* ① *(örtlich) (an diesen Ort)* туда́, до того́ ме́ста; ◇ **bis ~ wollen wir gehen** мы хоти́м дойти́ до того́ ме́ста ② *(zeitlich) (bis zu dem Zeitpunkt)* до того́ вре́мени, до тех пор; ◇ **bis ~ bin ich mit der Arbeit fertig** до тех пор я зако́нчу рабо́ту; ◇ **es ist noch weit bis ~** до того́ вре́мени ещё далеко́ ③ *(hinweisend)* ◇ **wir werden es noch bis ~ bringen, daß ...** мы доведём ещё де́ло до того́, что ... ④ *(verloren, vorbei)* прошло́, пропа́ло, исче́зло; ◇ **der Schmuck ist ~** украше́ние пропа́ло; **dahingehen** *vi* ① *(Zeit, verstreichen)* уходи́ть ‹уйти́› ② *(sterben)* ◇ **er ist dahingegangen** он у́мер; **dahingestellt** *adv* ◇ **ob dies zutrifft, das bleibt ~** ещё не изве́стно, соотве́тствует ли э́то действи́тельности

dahinten *adv (an jenem Ort, dort)* позади́, за э́тим

dahinter *adv* ① *(örtlich)* позади́ э́того, за э́тим; ◇ **hier ist die Post und ~ die Apotheke** э́то по́чта, за ней апте́ка ② *(hinter Sache, Verhalten)* ◇ **es steckt nichts ~** за э́тим ничего́ не кро́ится; **dahinterkommen** *unreg vi* ① *(herausfinden)* разузна́‹ва́›ть, дога́|дываться ‹-да́ться› в чём де́ло ② *(endlich verstehen)* пон|има́ть ‹-я́ть›

dalassen *unreg vt* о|ставля́ть ‹-ста́вить›; ◇

den Schlüssel kannst du ~ ты мо́жешь оста́вить ключ

damalig *adj* тогда́шний; ◊ **das ~e Ereignis** тогда́шнее собы́тие; **damals** *adv* (*zu jener Zeit*) тогда́

Damast *m* <-[e]s, -e> камча́тная ткань *ж*

Dame *f* <-, -n> ① (*Frau*) да́ма *ж* ② (*Brettspiel*) да́мка *ж;* KARTEN да́ма *ж;* SCHACH (*Königin*) ферзь *м* ③ COMM (*Briefanrede*) ◊ **Sehr geehrte ~n und Herren!** Глубокоуважа́емые да́мы и господа́!; **Damenfahrrad** *n* да́мский велосипе́д *м;* **Damenwahl** *f* да́мский та́нец *м;* **Damespiel** *n* ша́шки *мн*

damit I. *adv* (*mit dieser Sache*) с э́тим, с тем; ◊ ~ **einverstanden sein** быть согла́сным с э́тим; ◊ ~ **hat es keine Eile** э́то не к спе́ху; ◊ **laß mich ~ in Ruhe** оста́вь меня́ с э́тим (де́лом) в поко́е; ◊ **Schluß ~!** хва́тит!; ◊ **und ~ basta!** с э́тим поко́нчено!; ◊ **was meinen Sie ~?** что Вы име́ете в виду́? **II.** *cj* (*final, in der Absicht, zu dem Zweck*) с тем, что́бы; ◊ **er wurde benachrichtigt, ~ er Bescheid weiß** его́ оповести́ли с тем, что́бы он знал

dämlich *adj* (*blöd, dumm*) придуркова́тый, глупова́тый

Damm *m* <-[e]s, Dämme> ① да́мба *ж,* на́сыпь *ж;* (*Sperr~*) перемы́чка *ж;* (*Deich*) плоти́на *ж;* ◊ **e-n ~ aufschütten** устра́ивать да́мбу ② ANAT проме́жность *ж;* **dämmen** *vt* (*stauen, Wasser*) запру́|живать <-ди́ть>; (*Wärme*) изоли́ровать *несов и сов*

dämmern *vi* ① (*Morgen, Tag*) <рас->света́ть; (*Abend*) смерка́ться *несов* ② (*im Halbschlaf sein*) находи́ться в полузабытьи́ ③ (*kapieren, verstehen*) ◊ **endlich dämmerte es ihm** наконе́ц он догада́лся; **Dämmerung** *f* (*Morgen~*) рассве́т *м;* (*Abend~*) су́мерки *мн;* (*Dunkelheit*) су́мрак *м;* **dämmrig** *adj* (*Licht*) су́меречный; (*unklar*) нея́сный; (*neblig*) тума́нный

Dämon *m* <-s, -en> де́мон *м;* (*Teufel*) дья́вол *м;* (*böser Geist*) злой дух *м;* **dämonisch** *adj* демони́ческий

Dampf *m* <-[e]s, Dämpfe> ① (*Dunst*) пар *м* ② (*Gase*) испаре́ния *мн;* ◊ **giftige Dämpfe einatmen** вдыха́ть ядови́тые испаре́ния; **Dampfbügeleisen** *n* парово́й утю́г *м;* **dampfen** *vi* (*Lokomotive*) пуска́ть <вы́пустить> пар; (*Essen*) дыми́ться *несов;* **dämpfen** *vt* ① GASTRON (*dünsten*) <с->туши́ть ② (*mit Wasserdampf bügeln*) <вы́->па́рить ③ *FIG* (*Lautstärke*) приглу|ша́ть <-ши́ть>; **Dampfer** *m* <- s, -> (*Schiffs~*) парохо́д *м;* **Dampfmaschine** *f* парова́я маши́на *ж*

danach *adv* ① (*örtlich*) (*dahinter, hinterher*) по́сле э́того, по́сле того́, вслед за ② (*zeitlich, hinterher*) вслед за..., по́сле; (*später*) поздне́е; ◊ **erst das Hauptgericht und ~ die Nachspeise** снача́ла гла́вное блю́до, а зате́м десе́рт ③ (*nach e-r Sache*) ◊ **das Buch fiel zu Boden, und Julia griff ~** кни́га упа́ла на зе́млю и Юлия подняла́ её; ◊ **sich ~ sehnen** тоскова́ть по чему́-л ④ (*e-e Sache betreffend*) ◊ **frage den Arzt ~, ob alles in Ordnung ist** спроси́ врача́ (о том), всё ли в поря́дке ⑤ (*dementsprechend*) сообра́зно с э́тим [с тем]; ◊ **sie sieht ~ aus, als ob ...** она́ вы́глядит так, как е́сли бы ...

Däne *m* <-n, -n> датча́нин *м*

daneben *adv* ① (*örtlich*) ря́дом; (*ganz in der Nähe*) ◊ **wir wohnen gleich ~** мы живём совсе́м ря́дом ② (*darüber hinaus*) наряду́ с э́тим, кро́ме э́того; ◊ ~ **besitzt er e-e Yacht** наряду́ с э́тим он име́ет я́хту ③ (*im Vergleich dazu*) по сравне́нию с э́тим, ря́дом; ◊ ~ **sieht er blöd aus** ря́дом с ним он вы́глядит дурако́м; **danebenbenehmen** *unreg vr FAM* (*schlecht benehmen*) ◊ **sich ~** пло́хо вести́ себя́; **danebengehen** *unreg vi* (*schiefgehen, mißlingen*) не уда<ва́>ться; **danebenhalten** *unreg vt FAM* (*vergleichen*) ◊ **halt das Kleid doch einmal daneben** сравни́ с э́тим своё пла́тье

Dänemark *n* Да́ния *ж;* ◊ **in/nach ~** в Да́нии/в Да́нию; **Dänin** *f* датча́нка *ж;* **dänisch** *adj* да́тский

dank *präp gen o dat* (*wegen, infolge, durch*) благодаря́; ◊ ~ **meiner Eltern konnte ich studieren** благодаря́ свои́м роди́телям я смог учи́ться; **Dank** *m* <-[e]s> благода́рность *ж,* призна́тельность *ж;* ◊ **jd-m ~ sagen** <по->благодари́ть кого́-л; ◊ **jd-m zu ~ verpflichtet sein** быть благода́рным [обя́занным] кому́-л; ◊ **vielen ~** большо́е спаси́бо; **dankbar** *adj* ① (*Patient, Blick*) благода́рный, призна́тельный ② (*Publikum*) благода́рный, приве́тливый ④ *FIG* (*Rolle, Aufgabe*) благода́рный, вы́игрышный; **Dankbarkeit** *f* благода́рность *ж;* **danke** *intj* спаси́бо; **danken I.** *vt* ◊ **jd-m für etw ~** <по->благодари́ть кого́-л за что-л; ◊ **wir ~ Ihnen vielmals [von Herzen]** мы премно́го [*o.* от всего́ се́рдца] благода́рны Вам; COMM (*auf Quittung*) ◊ **Betrag ~d erhalten** су́мму с благода́рностью получи́л **II.** *vi* (*vergelten*) ◇ **wie soll ich ihm das bloß ~** чем то́лько я могу́ ему́ отплати́ть; **dankenswert** *adj* (*Aufgabe, Rolle*) досто́йный благода́рности; **Danksagung** *f* (*in Anzeige*) изъявле́ние *с* благода́рности

dann *adv* ① (*zeitlich*) (*nachher, später*) пото́м, зате́м; ◇ **erst die Arbeit, ~ das Vergnügen** снача́ла рабо́та, пото́м развлече́ния; ◇ **zunächst tranken sie Wein, ~ Bier** снача́ла они́ пи́ли вино́, зате́м пи́во ② (*außerdem*) ◇ **ich packe den Koffer und ~ die Tasche** я соберу́ чемода́н и кро́ме того́ су́мку ③ (*in dem Fall*) в слу́чае; ◇ **wenn ich ~ nichts gehört habe, gehe ich** да́же в том слу́чае, е́сли я ничего́ не узна́ю, я уйду́

daran *adv* ① (*an dieses, an diesem*) к э́тому [тому́, нему́, ней, ним], на э́том [том, нём, ней, них]; ◇ **er ist ~ zugrunde gegangen** из-за э́того он поги́б; ◇ **es liegt ~, daß...** ва́жно, что́бы...; ◇ **gut/schlecht ~ ist, daß...** хоро́шее/плохо́е в э́том то, что...; ◇ **sie glaubt nicht ~** она́ э́тому не ве́рит ② (*zeitlich*) (*im Begriff*) ◇ **ich war nahe ~, zu...** я как раз намерева́лся [собира́лся] ...; (*danach*) ◇ **im Anschluß ~** вслед за ..., по оконча́нии ... ③ (*örtlich*) у, во́зле, при; ◇ **ein Hut mit e-r Feder ~** шля́па с перо́м при ней; ◇ **komm' nicht ~!** не прикаса́йся!; **daranmachen** *vr* начина́ть что-л; **daransetzen** *vt* при|ложи́ть ‹-лага́ть› все уси́лия; (*alle Kraft aufwenden*) ◇ **sie hat alles darangesetzt, um ihn loszuwerden** она́ сде́лала всё возмо́жное, что́бы изба́виться от него́

darauf *adv* ① (*örtlich*) куда́, на э́то, на то ② (*zeitlich, im Anschluß*) по́сле того́ [э́того]; ◇ **am Morgen ~** на сле́дующее у́тро; ◇ **ein paar Wochen ~** спустя́ не́сколько неде́ль; ◇ **kurz/bald ~** вско́ре по́сле э́того ③ (*in bezug auf Bestimmtes*) ◇ **~ kannst du Gift nehmen** в э́том ты мо́жешь не сомнева́ться; ◇ **es kommt ganz ~ an, ob...** здесь вопро́с целико́м в том, ...; ◇ **trinken wir ~** вы́пьем за э́то, подни́мем бока́л за э́то; **d[a]raufzahlen** *vt* (*Geld*) припла́|чивать ‹-ти́ть›; **darauffolgend** *adj* (*Woche*) сле́дующий; **daraufhin** *adv* ① (*in bezug auf*) относи́тельно, насчёт; ◇ **etw ~ testen, ob es in Ordnung ist** прове́рить, нахо́дится ли что-л в поря́дке ② (*hierauf, deshalb*) по́сле э́того; ◇ **~ ging er nach Hause** по́сле э́того он пошёл домо́й

daraus *adv* ① (*aus Behälter*) из э́того, отсю́да; (*aus Material*) из того́; ◇ **ich mache e-e Figur ~** я сде́лаю из э́того фигу́ру ② (*aus Angelegenheit*) ◇ **~ geht hervor, daß...** из э́того вытека́ет, что...; ◇ **~ wird nichts** из э́того ничего́ не полу́чится; ◇ **was ist ~ geworden?** что из э́того вы́шло?; ◇ **welche Schlüsse ziehen Sie ~?** каки́е вы́воды Вы сде́лаете из э́того?; ◇ **ich mache mir nichts ~** мне э́то всё равно́

darbieten *vt* (*vorführen, zeigen*) выступа́ть ‹вы́ступить› с чем-л; THEAT ис|полня́ть ‹-по́лнить› что-л; **Darbietung** *f* (*Vorführung*) исполне́ние *с*, выступле́ние *с*

darin *adv* (*in bestimmter Sache*) в э́том [том]; ◇ **der Unterschied besteht ~, daß...** ра́зница состои́т в том, что...

darlegen *vt* (*Sachverhalt*) изл|ага́ть ‹-ложи́ть›; (*erklären*) объяс|ня́ть ‹-ни́ть›

Darlehen *n* ‹-s, -› ссу́да *ж*

Darm *m* ‹-[e]s, Därme› ANAT кишка́ *ж*, кише́чник *м*

darstellen I. *vt* ① (*abbilden*) изобра|жа́ть ‹-зи́ть›; THEAT пред|ставля́ть ‹-ста́вить›, ис|полня́ть ‹-по́лнить› ② (*schildern*) изобра|жа́ть ‹-зи́ть›; (*bedeuten*) означа́ть *несов* **II.** *vr* (*sich zeigen*) ◇ **sich ~** пред|ставля́ться ‹-ста́виться›; **Darsteller(in** *f*) *m* ‹-s, -› исполни́тель(ница *ж*) *м*; **Darstellung** *f* ① (*Abbildung*) изображе́ние *с* ② (*von Sachverhalt*) изложе́ние *с*

darüber *adv* ① (*örtlich, über etw*) над э́тим [тем], пове́рх э́того [того́] ② (*über dieses*) об э́том, о том; ◇ **seine Meinung ~ war klar** его́ мне́ние об э́том бы́ло я́сно ③ (*mehr als*) сверх э́того [того́], свы́ше, бо́льше; ◇ **~ hinaus** сверх того

darum I. *adv* ① (*örtlich*) о́коло, вокру́г э́того [того́]; ◇ **ein Buch mit e-r Bauchbinde ~** кни́га с поло́ской бума́ги, охва́тывающей переплёт; ◇ **~ herumkommen** подходи́ть издалека́ ② (*um diese Sache*) за э́то, для э́того; ◇ **ich bitte ~** я прошу́ об э́том; ◇ **er kümmert sich freundlich ~** он в поря́дке любе́зности об э́том побеспоко́ится; ◇ **es geht uns ~, daß...** для нас ва́жно, что...; ◇ **es handelt sich ~, daß...** де́ло состои́т в том, что́бы...; ◇ **viel ~ geben, um...** мно́гое дать за то, что́бы... **II.** *cj* (*deswegen*) поэ́тому; ◇ **meine Schwester ist krank, ~ kann sie nicht kommen** моя́ сестра́ больна́, поэ́тому она́ не смо́жет прийти́

darunter *adv* ① (*örtlich, unter etw*) под э́тим [тем] ② (*unter e-r Menge*) среди́ них, в том числе́; ◇ ~ **befanden sich viele Kinder** среди́ них бы́ло [находи́лось] мно́го дете́й ③ *(weniger)* ме́ньше, ни́же (э́того); ◇ **die Preise liegen bei 15 DM und** ~ це́ны о́коло 15 ма́рок и ни́же ④ *(unter dieser Sache)* ◇ ~ **stelle ich mir folgendes vor** под э́тим я предста́влю себе́ сле́дующее

das I. *Artikel (bestimmt) (im Russischen nicht vorhanden)* **II.** *pron* ① *(demonstrativ) (dies/es), jenes)* э́то, то; ◇ **auch ~ noch** ещё и э́то; ◇ ~ **heißt** то́ есть; ◇ ~ **ist** э́то -...; ◇ ~ **weiß jeder** э́то зна́ет ка́ждый ② *(relativ)* ◇ **das Geld, ~ ich mir geliehen habe** де́ньги, кото́рые я одолжи́л; ◇ **das Auto, ~ mir gefällt** автомаши́на, кото́рая мне нра́вится

dasein *unreg vi* ① *(anwesend sein)* прису́тствовать *несов,* быть налицо́; ◇ **es ist niemand da** никого́ нет; ◇ **war jemand da?** кто-нибу́дь приходи́л?, кто-нибу́дь был здесь? ② *(verfügbar sein)* име́ться; ◇ **es sind keine Löffel mehr da** ло́жек бо́льше нет ③ *FAM (nicht mehr leben)* ◇ **von den Großeltern ist niemand mehr da** ни де́душки, ни ба́бушки бо́льше нет в живы́х ④ *FAM (bei Bewußtsein)* ◇ **er ist noch nicht ganz da** он ещё не пришёл в себя́

Dasein *n* <-s> *(Leben, Existenz)* бытие́ *с,* существова́ние *с*

dasjenige *pron s.* **derjenige**

daß *cj* что

dasselbe *pron s.* **derselbe** то же са́мое

dastehen *unreg vi* ① *(auf e-r Stelle stehen)* <по->стоя́ть ② *(leben)* ◇ **allein** ~ быть одино́ким ③ *FAM (sich in e-r Lage befinden)* ◇ **wie stehe ich denn vor meinem Chef da!** хорошо́ я бу́ду вы́глядеть пе́ред мои́м ше́фом!

Datei *f* PC масси́в *м* да́нных, файл *с;* **Dateiname** *m* PC и́мя *с* фа́йла; **Daten** *pl* ① *(Angaben zur Person)* да́нные *мн* ② PC да́нные *мн;* **Datenaustausch** *m* обме́н *м* да́нных; **Datenbank** *f* <-, - en> банк *м* да́нных; **Datenbestand** *m* коли́чество *с* да́нных; **Dateneingabe** *f* ввод *м* да́нных; **Datenerfassung** *f* сбор *м* да́нных; **Datenmißbrauch** *m* испо́льзование *с* да́нных не по назначе́нию; **Datennetz** *n* информацио́нная сеть *ж;* **Datenschutz** *m* защи́та *ж* информа́ции [да́нных]; **Datenträger** *m* носи́тель *м* информа́ции; **Datenübertragung** *f* переда́ча *ж* да́нных; **Datenverarbeitung** *f* обрабо́тка *ж* да́нных; **Datenzentrale** *f* машиносчётная ста́нция *ж;* **Datenzentrum** *n* вычисли́тельный центр *м;* **Datenzugriff** *m* до́ступ *м* к да́нным [информа́ции]

datieren I. *vt (Brief)* <по->ста́вить да́ту, дати́ровать *несов и сов,* по|меча́ть <-ме́тить> число́м **II.** *vi (stammen, Fund)* относи́ться *(aus* к), происходи́ть *(aus* из)

Dativ *m* GRAM да́тельный паде́ж *м*

Dattel *f* <-, -n> BOT фи́ник *м*

Datum *n* <-s, -ten> да́та *ж*

Dauer *f* <-> ① *(Andauern)* продолжи́тельность *ж,* дли́тельность *ж;* ◇ **die Freude war von kurzer** ~ ра́дость дли́лась недо́лго ② *(gewisse Zeitspanne)* срок *м,* вре́мя *с;* ◇ **auf die ~ ist das zuviel** э́то не мо́жет так (до́лго) продолжа́ться; ◇ **für die ~ e-s Monats** на ме́сячный срок; **Dauerauftrag** *m* COMM долгосро́чное поруче́ние *с;* **dauerhaft** *adj (beständig)* про́чный, сто́йкий; *(andauernd)* дли́тельный; *(langfristig)* долговре́менный; **Dauerkarte** *f* абонеме́нт *м;* **Dauerlauf** *m* бег *м* на дли́нную диста́нцию; **dauern** *vi (Gespräch)* <про->дли́ться, про|должа́ться <-до́лжиться>; *FAM* ◇ **das dauert aber!** конца́ не ви́дно!, э́то бу́дет продолжа́ться ве́чно!; ◇ **tut mir leid, aber das dauert mir zu lange** сожале́ю, но ждать [терпе́ть] бо́льше не могу́; **dauernd I.** *adj* ① *(ständig)* постоя́нный, непреры́вный ② *(immer wieder)* продолжи́тельный, дли́тельный **II.** *adv (ständig)* постоя́нно; ◇ ~ **zu spät kommen** постоя́нно опа́здывать, постоя́нно приходи́ть с опозда́нием; **Dauerregen** *m* затяжно́й дождь *м;* **Dauerwelle** *f* перманент *м,* шестиме́сячная зави́вка *ж;* **Dauerzustand** *m* хрони́ческое состоя́ние *с*

Daumen *m* <-s, -> большо́й па́лец *м;* ◇ **jd-m die ~ drücken** жела́ть кому́-л успе́ха [уда́чи]; ◇ **über den ~ gepeilt, sind es 2 Meter** на глаз (приблизи́тельно) э́то бу́дет два ме́тра

Daune *f* <-, -n> *(Feder)* пуши́нка *ж; (gesamt)* пух *м;* **Daunenbett** *n,* **Daunendecke** *f* пухови́к *м,* пухо́вое одея́ло *с*

davon *adv* ① *(von e-r Sache)* от э́того [того́]; ◇ **das hängt ~ ab** э́то зави́сит от того́; ◇ **das kommt ~!** э́то происхо́дит от э́того; ◇ ~ **abgesehen** не говоря́ уже́ об э́том; ◇ ~ **habe ich genug** я сыт э́тим по го́рло; ◇ **was habe ich ~?** к чему́ мне э́то? ② *(räumlich, von e-m Ort)* ◇ ~ **entfernt** удалённый от э́того (ме́ста) ③ *(dadurch)* от э́того; ◇ **du rauchst zuviel, ~ werde ich ganz krank** ты сли́шком мно́го ку́ришь, я заболева́ю от э́того ④ (*darüber*) ◇ ~ **sprechen** говори́ть об э́том [о том]; ◇ **was wissen Sie ~?** что Вы об э́том зна́ете?; **davonkommen** *unreg vi* счастли́во отде́л‹ыв›аться от кого́-чего́-л; спа|са́ться ‹-сти́сь›; **davonlaufen** *unreg vi* убе|га́ть ‹-жа́ть›; **davontragen** *unreg vt* уноси́ть ‹унести́›; ◇ **den Sieg** ~ оде́рживать побе́ду

davor *adv* ① (*räumlich*) пе́ред э́тим [тем]; ◇ **das Haus steht** ~ дом стои́т пе́ред чем-л ② (*zeitlich*) (*vor bestimmten Zeitpunkt*) пе́ред э́тим, до э́того; ◇ **wir treffen uns 15 Minuten** ~ мы встре́тимся за 15 мину́т до э́того ③ (*vor e-r Sache*) ◇ ~ **Angst haben** боя́ться чего́-л; ◇ ~ **warnen** предосте|рега́ть ‹-ре́чь› от э́того

dazu *adv* ① (*räumlich, zu e-r Sache hinzu*) к э́тому [тому́]; ◇ **er stellte sein Fahrrad** ~ он поста́вил туда́ ещё и свой велосипе́д; ◇ **was darf ich Ihnen ~ reichen?** что Вам для э́того ну́жно пода́ть? ② (*im Hinblick darauf*) на э́то [то], к э́тому [тому́]; ◇ ~ **fähig sein** быть на э́то спосо́бным; ◇ ~ **haben wir keine Lust** у нас нет никако́го жела́ния к э́тому; ◇ **seine Äußerungen ~ waren lakonisch** его́ выска́зывния по э́тому по́воду бы́ли лакони́чными ③ (*zu diesem Zweck*) для э́того [того́]; ◇ **es ist ~ da, um ...** для того́ он и здесь, что́бы ... ④ (*außerdem*) сверх э́того [того́], кро́ме; ◇ **und ~ noch ein Brot** и кро́ме того́ (ещё) кусо́к хле́ба; **dazugehören** *vi* принадлежа́ть к чему́-л, относи́ться к чему́-л; **dazukommen** *unreg vi* ① (*hinzukommen*) под|ходи́ть ‹-ити́› к кому́-л ② (*Gegenstände*) доста́‹ва́›ть ③ (*Ereignisse*) ◇ **es kommt noch dazu, daß ...** к тому́ же на́до уче́сть, что...

dazwischen *adv* ① (*örtlich*) (*zwischen, unter*) ме́жду э́тим [тем] ② (*zeitlich*) (*zwischendurch*) тем вре́менем; **dazwischenkommen** *unreg vi* (*störend eintreten*) ◇ **es ist etwas dazwischengekommen** что-то э́тому помеша́ло; **dazwischenreden** *vi* (*unterbrechen*) переби́‹ва́›ть, прерыва́ть *несов;* (*sich einmischen*) вме́|шиваться ‹-ша́ться› в разгово́р

DDR *f* ‹-› HIST *Abk. v.* **Deutsche Demokratische Republik** Герма́нская Демократи́ческая респу́блика *ж;* ◇ **die ehemalige** ~ бы́вшая ГДР

Deal *m* ‹-s, -s› *FAM* (*dunkles Geschäft*) тёмное де́ло; (*Drogenhandel*) торго́вля *ж* нарко́тиками; **dealen** *vi FAM* (*mit Drogen handeln*) торгова́ть нарко́тиками; **Dealer(in** *f*) *m* ‹-s, -› (*Drogenhändler/in*) ди́лер *м*

Debatte *f* (*lebhaftes Gespräch*) пре́ния *мн,* деба́ты *мн;* **debattieren** *vt* обсу|жда́ть ‹-ди́ть›, дебати́ровать *несов*

Debüt *n* (*erster Auftritt*) дебю́т *м*

Deck *n* ‹-[e]s, -s *o.* -e› (*vom Schiff*) па́луба *ж;* ◇ **alle Mann an ~!** все наве́рх!; ◇ **an ~ gehen** вы́йти на па́лубу

Decke *f* ‹-, -n› ① (*Zimmer~*) потоло́к *м* ② (*Bett~*) одея́ло *с;* (*Woll~*) плед *м;* (*Tisch~*) ска́терть *ж;* ◇ **mit jd-m unter e-r ~ stecken** быть заодно́ с кем-л

Deckel *m* ‹-s, -› ① (*Verschluß*) кры́шка *ж* ② (*Bier~*) *карто́нная подста́вка под бока́л с пи́вом*

decken I. *vt* ① (*Tisch*) накры́‹ва́›ть, сервирова́ть *несов и сов;* (*Dach*) ‹по-›кры́ть ② (*nicht verraten*) прикры́‹ва́›ть, подде́р|живать ‹-жа́ть› ③ SPORT (*Gegenspieler*) закрыва́ть *несов* ④ (*Stute*) ‹по-›кры́ть, слу|ча́ть ‹-чи́ть› ⑤ (*zufriedenstellen*) ◇ **den Bedarf an etw** ~ удовлетво|ря́ть ‹-ри́ть› потре́бность в чём-л **II.** *vr* (*übereinstimmen*) ◇ **sich** ~ сов|пада́ть ‹-па́сть› **III.** *vi* (*Farbe*) кры́ть *несов*

Deckmantel *m* ◇ **unter dem** ~ под предло́гом, под личи́ной, под ма́ской; **Deckname** *m* (*von Spion*) псевдони́м *м*

Deckung *f* ① (*Schützen*) прикры́тие *с;* ◇ **in ~ gehen** уйти́ в укры́тие ② SPORT (*Abwehr*) защи́та *ж* ③ (*Übereinstimmung*) совмеще́ние *с,* совпаде́ние *с* ④ COMM ◇ **ein Scheck liegt zur ~ bei** чек предъя́влен к опла́те

Decoder *m* ‹-s, -› декодер *м;* **decodieren** *vt* (*umwandeln*) декоди́ровать *несов*

defekt *adj* (*Gerät*) дефе́ктный, попо́рченный; **Defekt** *m* ‹-[e]s, -e› дефе́кт *м,* по́рча *ж*

defensiv *adj* оборони́тельный

definieren *vt* определ|я́ть ‹-ли́ть›; **Definition** *f* определе́ние *с;* **definitiv** *adj* оконча́тельный, определённый

Defizit *n* ‹-s, -e› ① (*Fehlbetrag*) недочёт *м,* дефици́т *м* ② (*Mangel*) недоста́ток *м,* нехва́тка *ж*

deftig *adj* ① (*Essen*) тяжёлый ② (*Witz, derb*) гру́бый ③ (*Geruch, Duft*) си́льный

Degen *m* ‹-s, -› шпа́га *ж*

dehnbar *adj* (*Material*) эласти́чный; *FIG* (*Begriff*) растяжи́мый; **dehnen I.** *vt* (*Gummi*) растя́|гивать ‹-ну́ть›; (*Vokal, Wort*) удлин|ня́ть ‹-ни́ть›; (*Muskeln, Glieder*) потя|гиваться <-нуться> **II.** *vr* ◇ **sich ~** рас-тя|гиваться <-нуться>; (*sich erweitern*) рас|ширяться <-шириться>; **Dehnung** *f* удлинение *с,* растяжение *с*

Deich *m* <-[e]s, -e> дамба *ж,* плотина *ж*

Deichsel *f* <-, -n> (*zum Ziehen e-s Wagens*) оглобля *ж,* дышло *с;* **deichseln** *vt FAM* ◇ **die Sache werden wir schon ~** это дело мы уж уладим

dein(e) *pron poss* (*adjektivisch*) твой, твоя, твоё; (*pl*) твои; **deine(r, s)** *pron poss* (*substantivisch*) твой (твоя, твоё); (*pl*) твои; **deiner** *pron pers gen v.* **du** тебя; **deinerseits** *adv.* с твоей стороны; **deinetwegen** *adv* (*wegen dir*) из-за тебя; (*dir zuliebe*) ради тебя

Dekadenz *f* упадочничество *с*

Dekan *m* <-s, -e> декан *м*

Deklination *f* склонение *с;* **deklinieren** *vt* GRAM <про->склонять

dekodieren *vt* (*entschlüsseln*) расшифро|вывать <-вать>

Dekolleté *n* <-s, -s> декольте *с*

Dekorateur(in *f*) *m* декоратор *м,* женщина-декоратор *ж;* оформитель(ница *ж*) *м;* **Dekoration** *f* (*Gestaltung*) украшение *с,* убранство *с;* (*Bühnen~*) декорация *ж;* **dekorieren** *vt* (*Schaufenster*) у|кра-шать <-красить>

Delegation *f* (*Vertretung*) делегация *ж;* **delegieren** *vt* делегировать *несов и сов*

delikat *adj* ① (*Essen etc.*) изысканный, лакомый ② (*heikel*) деликатный; ◇ **die Angelegenheit ist äußerst ~** дело весьма деликатное; **Delikatesse** *f* <-, -n> (*Leckerbissen*) лакомство *с,* деликатес *м;* **Delikatessengeschäft** *n* (*Feinkostgeschäft*) гастрономический магазин *м*

Delikt *n* <-[e]s, -e> JURA преступление *с,* преступное деяние *с*

Delle *f* <-, -n> *FAM* (*Beule*) вмятина *ж*

Delphin *m* <-s, -e> ZOOL дельфин *м*

Delta *n* <-s, -s *o.* -ten> (*Flußmündung*) дельта *ж*

dem *dat v.* **der**

Demagoge *m* <-n, -n> демагог *м*

dementieren *vt* (*Nachricht*) опро|вергать <-вергнуть>

dementsprechend *adj* соответственно этому [тому]; **demgemäß, demnach** *adv* соответственно, согласно, сообразно этому [тому]; **demgegenüber** *adv* в противоположность этому, напротив того; **demnächst** *adv* в скором времени, скоро

Demo *f* <-, -s> *FAM Abk. v.* **Demonstration** манифестация *ж*

Demokrat(in *f*) *m* <-en, -en> демократ(ка *ж*) *м;* **Demokratie** *f* демократия *ж;* **demokratisch** *adj* демократический; **demokratisieren** *vt* демократизировать *несов и сов;* **Demokratisierung** *f* демократизация *ж*

demolieren *vt* (*mutwillig zerstören*) раз|ру-шать <-рушить>, <ис->портить

Demonstrant(in *f*) *m* демонстрант(ка *ж*) *м;* **Demonstration** *f* ① (*Vorführung*) демонстрация *ж* ② (*Kundgebung*) манифестация *ж*

demonstrativ *adj* демонстративный

demonstrieren I. *vt* (*darlegen*) демонстрировать *несов и сов,* показывать *несов* **II.** *vi* POL принимать участие в демонстрации, демонстрировать

Demoskopie *f* (*Meinungsumfrage*) демоскопия *ж*

Demut *f* <-> смирение *с;* (*Unterwürfigkeit*) покорность *ж;* **demütig** *adj* (*voller Hingabe*) смиренный; (*unterwürfig*) покорный, безропотный; **demütigen** *vt* (*erniedrigen*) унижать <унизить>

den *akk v.* **der**

denen *dat v. pron demonstrativ* **der, die, das**

denkbar I. *adj* (*möglich*) мыслимый, возможный **II.** *adv* (*äußerst*) ◇ **es ist ~ schwierig** это довольно трудно; **denken** <dachte, gedacht> *vt, vi* <по->думать (*an jd-n/etw* о ком/чём-л); ◇ **wer hätte das gedacht!** кто бы мог подумать!; ◇ **das habe ich mir gedacht** я так и думал; **Denken** *n* <-s> мышление *с;* (*Überlegen*) обдумывание *с,* размышление *с;* **Denker(in** *f*) *m* <-s, -> мыслитель(ница *ж*) *м;* **Denkfehler** *m* логическая ошибка *ж;* **Denkmal** *n* <-s, -mäler> памятник *м;* **Denkweise** *f* образ *м* мыслей/мышления; **denkwürdig** *adj* памятный, знаменательный; **Denkzettel** *m* ◇ **jd-m e-n ~ verpassen** проучить кого-л

denn *cj* ① (*da, weil*) так как, потому что, ибо; ◇ **wir gingen, ~ es kam niemand** мы ушли, так как никто не появился ② (*außer wenn*) ◇ **es sei ~, daß jemand kommt** разве что кто-нибудь придёт ③ (*verstärkend*) ◇ **kannst du ~ nicht aufpassen?** разве ты не можешь посмотреть; ◇ **was ist ~ los?** что же случилось?, в чём дело?; ◇ **wo ~ sonst?** где же ещё?

dennoch *cj* (*trotzdem*) всё-таки, всё-же, однако, тем не менее

D

denunzieren *vt* (*verraten*) до|носи́ть <-нести́>, выдава́ть <вы́дать> кого́-л; **Denunziant(in** *f*) *m* доно́счик *м*, доно́счица *ж*

Deo *n* <-s, -s>, **Deodorant** *n* <-s, - s> дезодора́нт *м*

deponieren *vt* (*Geld, Schmuck*) отда<ва́>ть на хране́ние; COMM (*Wertpapiere*) депони́ровать *несов и сов*, вноси́ть в депози́т; **Depot** *n* <-s, -s> ① (*Lager*) склад *м* ② COMM (*Wertpapier~*) отде́л *м* вкла́дов

Depression *f* ① MED депре́ссия *ж*, пода́вленность *ж*, угнетённое состоя́ние *с*; ◇ **an [** *o.* **unter] ~en leiden** страда́ть депре́ссией ② COMM (*Krise*) депре́ссия *ж*; **deprimieren** *vt* (*bedrücken*) удру|ча́ть <-чи́ть>, угнета́ть *несов*

Deputierte(r) *fm* (*Abgeordnete/r*) депута́т *м*, же́нщина-депута́т *ж*

der I. *Artikel* (*bestimmt*) (*im Russischen nicht vorhanden*) **II.** *pron* ① (*demonstrativ*) (*derjenige, dieser*) тот, э́тот; ◇ **das ist ~, von dem ...** э́то тот, о ком ...; *FAM* ◇ **ist ~ krank?** он бо́лен? ② (*relativ*) (*welcher*) ◇ **ein Posten, ~ heute streikt** пике́т, кото́рый сего́дня басту́ет; **derart** *adv* (*so*) тако́го ро́да, до того́; ◇ **e-e ~ hübsche Frau** до того́ краси́вая же́нщина; **derartig I.** *adj* (*solche*) тако́й, тако́го ро́да, подо́бный; ◇ **e-e ~e Frechheit** така́я на́глость **II.** *adv* (*derart*) столь; ◇ **ein ~ sympathischer Mann** столь симпати́чный мужчи́на

derb *adj* (*robust*) кре́пкий, дю́жий; (*urwüchsig*) просто́й; (*grob, Witz*) гру́бый

deren *pron rel* (*fem, sg*) кото́рой; (*pl*) кото́рых

dergestalt *adv* (*so*) ◇ **~, daß** таки́м о́бразом, так; **dergleichen** *adj* (*ähnliches, derlei*) подо́бный, тако́й, тако́го ро́да; ◇ **~ gibt es nicht mehr** тако́е тепе́рь не случа́ется; **derjenige** *pron* (*demonstrativ*) (*verstärkend*) тот; **dermaßen** *adv* так, таки́м о́бразом, насто́лько, до тако́й сте́пени; ◇ **er war ~ betrunken** он был насто́лько пья́ный; **derselbe** *pron* (*demonstrativ*) (*eben der*) тот же, тот (же) са́мый; **derzeit** *adv* ны́не, тепе́рь, в настоя́щее [в да́нное] вре́мя; **derzeitig** *adj* ны́нешний, тепе́решний, совреме́нный

des *gen v.* **der, das**

Desaster *n* <-s, -> беда́ *ж*, несча́стье *с*, круше́ние *с*

desertieren *vi* дезерти́ровать *несов и сов*

deshalb *adv* (*deswegen*) поэ́тому, потому́

Design *n* <-s, -s> диза́йн *м*

Desinfektion *f* дезинфе́кция *ж*; **Desinfektionsmittel** *n* дезинфици́рующее сре́дство *с*; **desinfizieren** *vt* дезинфици́ровать *несов и сов*

Desinteresse *n* незаинтересо́ванность *ж*, равноду́шие *с*

dessen *gen v. pron rel* **der, das** кото́рого; **dessenungeachtet** *adv* несмотря́ на э́то [на то], тем не ме́нее

Dessert *n* <-s, -s> десе́рт *м*

destillieren *vt* дистилли́ровать *несов и сов*, пере|гоня́ть <-гна́ть>

desto *adv* (*um so*) тем; ◇ **je größer, ~ besser** чем бо́льше, тем лу́чше

destruktiv *adj* деструкти́вный, неконструкти́вный

deswegen *cj* (*deshalb*) поэ́тому

Detail *n* <-s, -s> дета́ль *ж*, подро́бность *ж*; **detailliert** *adj* подро́бный, дета́льный

Detektiv(in *f*) *m* сы́щик *м*, детекти́в *м*, же́нщина-детектив *ж*

Detektor *m* TECH дете́ктор *м*

deuten I. *vt* (*auslegen, Traum*) толкова́ть *несов*, истолко́|вывать <-ва́ть>; (*erklären*) объяс|ня́ть <-ни́ть> **II.** *vi* (*zeigen*) ука́|зывать <-за́ть> (*auf etw akk* на что-л); ◇ **alles deutet darauf hin, daß ...** всё говори́т о том, что ...; **deutlich** *adj* ① (*klar*) я́сный, отчётливый, чёткий ② (*verständlich*) вня́тный, вразуми́тельный; ◇ **jd-m etw ~ machen** разъясни́ть кому́-л что-л ③ (*unmißverständlich*) недвусмы́сленный, однозна́чный ④ (*beträchtlich, Unterschied*) значи́тельный; **Deutlichkeit** *f* я́сность *ж*, чёткость *ж*

deutsch *adj* неме́цкий; ◇ **~ reden** говори́ть по-неме́цки; **Deutsch** *n* ① (*die deutsche Sprache*) неме́цкий язы́к *м*; ◇ **ins ~e übersetzen** переводи́ть на неме́цкий язы́к; ◇ **er spricht gebrochen ~** он говори́т на ло́маном неме́цком языке́ ② (*lehren*) ◇ **~ unterrichten** преподава́ть неме́цкий язы́к; **Deutsche(r)** *fm* не́мец *м*, не́мка *ж*; **Deutschland** *n* Герма́ния *ж*; ◇ **wir kommen aus ~** мы прие́хали из Герма́нии; ◇ **wir wollen nach ~ fahren** мы хоти́м пое́хать в Герма́нию; **deutschsprachig** *adj* (*Buch*) неме́цкий; (*Bevölkerung*) немецкоговоря́щий

Deutung *f* (*von Träumen*) толкова́ние *с*; (*Erklärung*) объясне́ние *с*

Devise *f* <-, -n> ① (*Motto*) деви́з *м*, ло́зунг *м* ② ◇ **~n** *pl* COMM деви́зы *мн*

Dezember *m* <-[s], -> дека́брь *м*; *s. a.* **Mai**

dezent *adj* прили́чный; (*Kleid*) скро́мный; (*Musik*) негро́мкий
dezentral *adj* децентрализо́ванный
dezimal *adj* десяти́чный; **Dezimalsystem** *n* десяти́чная [децима́льная] систе́ма *ж;* **Dezimalzahl** *f* десяти́чное число́ *с*
Dia *n* ‹-s, -s›, **Diabild** *n* FOTO (*Diapositiv*) диапозити́в *м*
Diabetes *m* ‹-› MED диабе́т *м;* **Diabetiker(in** *f*) *m* больно́й(-ая *ж*) *м* диабе́том
Diagnose *f* ‹-, -n› диа́гноз *м*
diagonal *adj* (*schräg*) диагона́льный; **Diagonale** *f* ‹-, -n› диагона́ль *ж*
Diagramm *n* ‹-s, -e› диагра́мма *ж*
Dialekt *m* ‹-[e]s, -e› диале́кт *м*
Dialog *m* ‹-[e]s, -e› диало́г *м*
Dialyse *f* ‹-, -n› MED диа́лиз *м*
Diamant *m* алма́з *м*
Diapositiv *n* FOTO диапозити́в *м;* **Diaprojektor** *m* диапрое́ктор *м*
Diät *f* ‹-, -en› дие́та *ж;* ◇ **e-e ~ machen** сиде́ть на дие́те
Diäten *pl* POL (*Abgeordnetengehalt*) содержа́ние *с*, получа́емое чле́нами парла́мента, су́точные *мн*
dich *pron pers akk v.* **du** тебя́; ◇ **beeil ~!** ‹по-›торопи́сь!; ◇ **für/an ~** для тебя́/к тебе́; ◇ **ich sehe ~ morgen** я за́втра уви́жу тебя́
dicht I. *adj* ① (*Bäume, Pflanzen*) густо́й, дрему́чий; (*dick, Nebel*) густо́й, пло́тный ② (*undurchlässig, Stiefel*) непроница́емый **II.** *adv* пло́тно, те́сно, вплотну́ю; *FAM* (*verrückt*) ◇ **du bist wohl nicht ganz ~!** ты не в своём уме́!; **Dichte** *f* ‹-, -n› густо́та *ж;* PHYS пло́тность *ж*
Dichter(in *f*) *m* ‹-s, -› (*Schriftsteller/in*) писа́тель(ница *ж*) *м;* (*von Lyrik*) поэ́т(е́сса *ж*) *м;* **dichterisch** *adj* поэти́ческий
dichthalten *unreg vi FAM* (*nichts verraten*) молча́ть *несов*, храни́ть та́йну
Dichtung [1] *f* (*Werke e-r Epoche*) литерату́рные произведе́ния *мн;* (*lyrische, epische*) поэти́ческое тво́рчество *с;* (*Dichtkunst*) поэ́зия *ж*, стихосложе́ние *с*
Dichtung [2] *f* TECH (*Gummi~*) уплотне́ние *с*, прокла́дка *ж;* ◇ **die ~ ist leck** прокла́дка даёт течь
dick I. *adj* ① (*Mensch*) то́лстый, по́лный, ту́чный; *FIG* (*Gehalt, Auto*) большо́й, хоро́ший ② (*Farbe, Salbe*) густо́й, пло́тный ③ (*eng, Freunde*) закады́чные, больши́е **II.** *adv FAM* ◇ **~ auftragen** (*Farbe*) наноси́ть кра́ску густы́м сло́ем; (*stark übertreiben*) преувели́чи‹ва›ть; ◇ **mit jd-m durch ~ und dünn gehen** идти́ за кем-л в ого́нь и в во́ду; **Dicke** *f* ‹-, -n› толщина́ *ж;* (*Körperumfang*) полнота́ *ж;* (*von Flüssigkeiten*) густота́ *ж;* **dickflüssig** *adj* густо́й, вя́зкий, густотеку́чий
Dickicht *n* ‹- s, -e› (*Unterholz, Gestrüpp*) (лесна́я) ча́ща *ж*, за́росли *мн*, де́бри *мн*
Dickkopf *m* упря́мец *м;* **Dickmilch** *f* простоква́ша *ж*
Didaktik *f* дида́ктика *ж*
die I. *Artikel* (*bestimmt*) (*im Russischen nicht vorhanden*) **II.** *pron* ① (*demonstrativ*) (*diejenige, diese*) та (са́мая), э́та; ◇ **das ist ~, von der ...** э́то та (са́мая), о кото́рой ... ② (*relativ*) (*Subjekt*) ◇ **die Schallplatte, ~ mir gefallen hat** пласти́нка, кото́рая мне понра́вилась; ◇ **sie war die erste Frau, ~ mich verzaubert hat** э́то была́ пе́рвая же́нщина, кото́рая меня́ очарова́ла (*Objekt*) ◇ **die Frau, ~ er liebt** же́нщина, кото́рую он лю́бит; ◇ **dies war die erste Sache, ~ ich ...** э́то бы́ло пе́рвое де́ло, кото́рое я ...
Dieb(in *f*) *m* ‹-[e]s, -e› вор(о́вка *ж*) *м;* **Diebesbande** *f* воровска́я ша́йка *ж;* **Diebstahl** *m* ‹- [e]s, -stähle› кра́жа *ж*, воровство́ *с*
diejenige *pron* (*demonstrativ*) та
Diele *f* ‹-, -n› (*Eingang*) пере́дняя *ж*
dienen *vi* ‹по-›служи́ть; ◇ **der Lappen dient ihm als ...** тря́пка слу́жит ему́ чем-л ...; ◇ **jd-m ~** находи́ться на слу́жбе у кого́-л; ◇ **womit kann ich Ihnen ~?** чем я могу́ быть Вам поле́зен?; **Diener(in** *f*) *m* ‹-s, -› ① (*Hausangestellte/r*) слуга́ *м*, служа́нка *ж* ② *nur m FIG* (*sich verbeugen*) ◇ **e-n ~ vor jd-m machen** кла́няться ‹поклони́ться›, отве́сить ни́зкий покло́н; **Dienerschaft** *f* слу́ги *мн*, прислу́га *ж*
Dienst *m* ‹-[e]s, -e› ① (*das Dienen*) слу́жба *ж* ② (*Arbeit*) до́лжность *ж*, обя́занности *мн;* ◇ **der Öffentliche ~** обще́ственные слу́жбы [учрежде́ния]; ◇ **~ haben** дежу́рить, быть дежу́рным; ◇ **seinen ~ antreten** приступа́ть к исполне́нию служе́бных обя́занностей ③ (*Gefälligkeit*) услу́га *ж;* ◇ **jd-m e-n ~ erweisen** оказа́ть кому́-л услу́гу
Dienstag *m* вто́рник *м; s. a.* **Samstag**
dienstbereit *adj* (*Apotheke, Arzt*) дежу́рный, гото́вый к услу́гам; **Dienstbereitschaft** *f* (*von Arzt*) гото́вность *ж* к услу́гам; **Dienstgeheimnis** *n* служе́бная та́йна *ж;* **Dienstgrad** *m* чин *м*, ранг *м;* MIL во́инс-

кое зва́ние *с;* **diensthabend** *adj* (*Arzt*) дежу́рный; **Dienstleistung** *f* служе́бная де́ятельность *ж,* услу́га *ж,* одолже́ние *с;* **dienstlich** *adj* служе́бный, официа́льный; **Dienstreise** *f* командиро́вка *ж;* **Dienststelle** *f* (*Amtsstelle*) ме́сто *с* слу́жбы; **Dienststunden** *f pl* (*Öffnungszeiten*) служе́бное вре́мя *с,* часы́ *мн* рабо́ты; **Dienstweg** *m* ◇ **auf dem ~** в служе́бном [администрати́вном] поря́дке, по инста́нции; **Dienstzeit** *f* (1) (*Geschäftszeit*) служе́бное вре́мя *с* (2) MIL (*Wehr~*) срок *м* слу́жбы

dies *pron* (*kurz für dieser, diese, dieses*) *s.* **diese(r,s)**; **diesbezüglich I.** *adj* (*hierauf Bezug nehmend*) относя́щийся к э́тому **II.** относи́тельно э́того; **diese(r, s)** *pron* (*demonstrativ*) (1) (*sg*) э́та, э́тот, э́то; ◇ **~ Frau** э́та же́нщина; ◇ **~r Hut** э́та шля́па; ◇ **~s Auto** э́та автомаши́на (2) (*pl*) э́ти; ◇ **~ Leute** э́ти лю́ди; (*alleinstehend*) э́ти

Diesel I. *m o. n* ‹-s› (*Kraftstoff*) ди́зельное то́пливо *с,* ди́зельное горю́чее *с;* ◇ **ich möchte 45 Liter ~ tanken** я хоте́л бы запра́виться 45 ли́трами ди́зельного то́плива **II.** *m* ‹-s, -› *FAM* (*~fahrzeug*) автомаши́на *м* с ди́зельным мото́ром

dieselbe *pron* (*demonstrativ*) та же са́мая

diesig *adj* (*trüb, Wetter*) па́смурный, тума́нный, мгли́стый

diesjährig *adj* э́того го́да

diesmal *adv* на э́тот раз, в э́тот раз; ◇ **~ werden wir nicht fahren** в э́тот раз мы не пое́дем

diesseits *präp gen* находя́щийся по э́ту сто́рону; ◇ **~ des Mains, jenseits des Mains** по э́ту сто́рону Ма́йна, по ту сто́рону Ма́йна

Dietrich *m* (*Werkzeug*) отмы́чка *ж*

Differential *n* MATH дифференциа́л *м;* **Differentialrechnung** *f* MATH дифференциа́льное исчисле́ние *с*

Differenz *f* (1) (*Zahlen~*) ра́зность *ж* (2) ◇ **~en** *pl* (*Meinungsverschiedenheiten*) разногла́сия *мн,* несогла́сия *мн;* **differenzieren** *vt* (*unterscheiden*) дифференци́ровать *несов и сов,* различ|а́ть ‹-чи́ть›

digital *adj* (1) (*Ggs. v. analog*) дискре́тный (2) (*in Ziffern*) цифрово́й, чи́сленный; **Digitalanzeige** *f* цифрова́я индика́ция *ж;* **Digitaluhr** *f* цифровы́е часы́ *мн*

Diktat *n* (1) (*im Büro, in Schule*) дикта́нт *м* (2) (*Vorgabe*) прика́з *м,* предписа́ние *с*

Diktator(in *f*) *m* дикта́тор *м,* же́нщина-дикта́тор *ж;* **diktatorisch** *adj* дикта́торский; **Diktatur** *f* диктату́ра *ж*

diktieren *vt* (1) (*Briefe, Diktat*) ‹про-›диктова́ть (2) (*aufzwingen*) прика́|зывать ‹-за́ть›

Dilemma *n* ‹-s, -s *o.* -ta› диле́мма *ж*

dilettantisch *adj* халту́рный, диле́та́нтский

Dimension *f* (*Ausmaß*) разме́р *м;* MATH измере́ние *с*

Diminutiv *n* уменьши́тельная фо́рма *ж*

Ding *n* ‹-[e]s, -e› вещь *ж,* предме́т *м,* де́ло *с,* обстоя́тельство *с;* (*verläuft nicht normal*) ◇ **das geht doch nicht mit rechten ~en zu** тут де́ло нечи́сто [нела́дно]; (*ist unmöglich*) ◇ **das ist ein ~ der Unmöglichkeit** э́то невозмо́жно; (*gut aufgelegt sein*) ◇ **guter ~e sein** быть весёлым; (*vor allem*) ◇ **vor allen ~en** пре́жде всего́, пе́рвым де́лом; **Dingsbums**, **Dingsda** *n* ‹-› *FAM* как-то́ бишь

Diode *f* ‹-, -n› ELECTR дио́д *м*

Diphtherie *f* MED дифтери́я *ж*

Diplom *n* ‹-[e]s, -e› дипло́м *м*

Diplomat(in *f*) *m* ‹-en, -en› *a. FIG* диплома́т *м,* же́нщина-диплома́т *ж*

Diplomarbeit *f* дипло́мная рабо́та *ж*

Diplomatie *f* диплома́тия *ж;* **diplomatisch** *adj* дипломати́ческий

dir *pron pers dat v.* **du** тебе́; ◇ **bei/nach/mit ~** у тебя́/по́сле тебя́/с тобо́й; ◇ **ich sage es ~** я говорю́ тебе́; ◇ **wie geht es ~?** как твои́ дела́?

direkt *adj* прямо́й, непосре́дственный

Direktor(in *f*) *m* дире́ктор *м,* директри́са *ж*

Direktübertragung *f* пряма́я трансля́ция

Dirigent(in *f*) *m* дирижёр *м,* же́нщина-дирижёр *ж;* **dirigieren** *vt* (1) MUS дирижи́ровать *несов* (2) (*leiten*) на|правля́ть ‹-пра́вить›

Dirne *f* ‹-, -n› проститу́тка *ж*

Disco *f* ‹-, -s› дискоте́ка *ж*

Discount *m* ‹-s›, **Discountladen** *m* магази́н *м* удешевлённых това́ров

Diskette *f* диске́та *ж;* **Diskettenlaufwerk** *n* дисково́д *м*

Diskjockey *m* диск-жоке́й *м*

Diskont *m* ‹-s, -e› диско́нт *м,* учёт *м;* **Diskontsatz** *m* учётная ста́вка *ж*

Diskothek *f* ‹-, -en› дискоте́ка *ж*

Diskrepanz *f* (*Abweichung*) разры́в *м,* разногла́сие *с,* разла́д *м,* несоотве́тствие *с*

diskret *adj* (1) (*vertraulich*) секре́тный, дове́рительный (2) (*taktvoll*) такти́чный, скро́мный; **Diskretion** *f* сде́ржанность *ж,* такт *м*

Diskriminierung *f* дискримина́ция *ж*
Diskus *m* ‹-, -ken *o.* -sse› диск *м;* **Diskuswerfer(in** *f) m* мета́тель(ница *ж*) *м* ди́ска
Diskussion *f* (*wissenschaftliche*) диску́ссия *ж;* (*öffentliche*) обсужде́ние *с,* пре́ния *ж;* ◇ **an e-r ~ teilnehmen** принима́ть уча́стие в диску́ссии; ◇ **das Thema steht nicht zur ~** э́та те́ма не сто́ит на обсужде́нии; **Diskussionsbeitrag** *m* дискуссио́нная статья́ *ж;* **diskutabel** *adj* спо́рный, дискуссио́нный; **diskutieren** *vt, vi* обсу|жда́ть ‹-ди́ть› что-л; (*heftig erörtern*) спо́рить *несов,* дискути́ровать *несов* о чём-л
Display *n* ‹-s, -s› ELECTR диспле́й *м*
disqualifizieren *vt* SPORT дисквалифици́ровать *несов и сов*
disponieren *vi* ① (*verfügen*) распоря|жа́ться ‹-ди́ться›, заве́довать *несов* (*über akk* чем-л) ② (*einteilen*) распо|лага́ть ‹-ложи́ть›; (*planen*) разме|ща́ть ‹-сти́ть›
Dissertation *f* диссерта́ция *ж*
Distanz *f* диста́нция *ж,* расстоя́ние *с;* **distanzieren I.** *vt* (*Sportgegner*) отстава́ть позади́ **II.** *vr* (*nicht einverstanden sein mit*) ◇ **sich von jd-m/e-r Sache ~** от|межёвываться ‹-межева́ться› от кого́/чего́-л, отда|ля́ться ‹-ли́ться› от кого́/чего́-л
Distel *f* ‹-, -n› BOT чертополо́х *м*
Disziplin *f* ‹-, -en› ① (*Ordnung*) дисципли́на *ж* ② (*Fach~*) уче́бный предме́т *м,* нау́ка *ж* ③ SPORT (*Teilbereich*) вид *м,* дисципли́на *ж*
divers *adj* ра́зный, разли́чный
Dividende *f* ‹-, -n› дивиде́нд *м*
dividieren *vt* ‹раз-›дели́ть (*durch* на); ◇ **12 dividiert durch 4 [er]gibt 3** 12 раздели́ть на 4 бу́дет 3; **Division** *f* MATH деле́ние *с;* MIL диви́зия *ж*
DM *Abk. v.* **Deutsche Mark** Неме́цкая ма́рка *ж*
DNS *f Akr. v.* **Desoxyribonukleinsäure** ДНК (дезоксирибонуклеи́новая кислота́ *ж*)
doch I. *adv* всё-таки, всё же; ◇ **das ist nicht wahr! - ~!** э́то не пра́вда! - нет, пра́вда!; ◇ **er kam ~ noch** он всё же пришёл; ◇ **nicht ~!** да нет же! **II.** *cj* (*aber*) но, одна́ко; ◇ **ich möchte spielen, ~ ich bin krank** я хоте́л бы сыгра́ть, но я бо́лен
Docht *m* ‹-[e]s, -e› фити́ль *м*
Dock *n* ‹-s, -s *o.* -e› док *м*
Dogge *f* ‹-, -n› (*Hunderasse*) дог *м*
Dogma *n* ‹-s, -men› до́гма *ж;* **dogmatisch** *adj* догмати́ческий, догмати́чный
Dohle *f* (*kleiner Rabenvogel*) га́лка *ж*
Doktor(in *f) m* ① (*akademischer Grad*) до́ктор *м* нау́к; ◇ **den ~ machen** получи́ть сте́пень до́ктора нау́к ② *FAM* (*Arzt*) врач *м;* **Doktorand(in** *f) m* ‹-en, -en› доктора́нт *м;* **Doktorarbeit** *f* до́кторская диссерта́ция *ж;* **Doktortitel** *m* учёная сте́пень *ж* до́ктора нау́к
Dokument *n* докуме́нт *м;* **dokumentarisch** *adj* документа́льный; **dokumentieren** *vt* документи́ровать *несов и сов*
Dolch *m* ‹-[e]s, -e› кинжа́л *м*
Dollar *m* ‹-s, -s› до́ллар *м;* ◇ **wie steht gegenwärtig der ~?** како́в сейча́с курс до́ллара?
dolmetschen I. *vt* пере|води́ть ‹-вести́› у́стно **II.** *vi* рабо́тать перево́дчиком; ◇ **simultan ~** переводи́ть сихро́нно; **Dolmetscher(in** *f) m* ‹-s, -› (у́стный) перево́дчик *м,* (у́стная) перево́дчица *ж*
Dom *m* ‹-[e]s, -e› (кафедра́льный) собо́р *м;* ◇ **der Kölner ~** Кёльнский собо́р
dominieren I. *vt* (*Spiel, Gruppe*) домини́ровать *несов,* име́ть преиму́щество **II.** *vi* (*überwiegen*) преоблада́ть *несов* (*über akk* над кем-чем); ◇ **dieses Tier dominiert über die anderen** э́то живо́тное преоблада́ет над остальны́ми
Dompteur *m,* **Dompteuse** *f* укроти́тель(ница *ж*) *м* (звере́й)
Donau *f* Дуна́й *м*
Donner *m* ‹-s, -› гром *м;* **donnern** *vi* ① греме́ть *несов;* ◇ **es donnert** греми́т гром ② (*heftig schlagen*) ◇ **der Vater donnerte an die Tür** оте́ц бараба́нил в дверь
Donnerstag *m* четве́рг *м; s. a.* **Samstag**
Donnerwetter *n FAM* (*heftiges Schimpfen*) нагоня́й *м,* взбу́чка *ж;* ◇ **warte nur, zu Hause erwartet dich ein ~** пригото́вься, до́ма тебя́ ожида́ет нагоня́й
doof *adj FAM* глу́пый; (*Ärger bereitend, Maschine*) идио́тский
dopen *vt, vi* (*Sportler*) по́льзоваться до́пингом; **Doping** *n* ‹-s, -s› до́пинг *м,* возбужда́ющее сре́дство *с*
Doppel *n* ‹-s, -› SPORT па́рная игра́ *ж;* **Doppelbett** *n* двуспа́льная крова́ть *ж;* **Doppelfenster** *n* окно́ *с* с двойны́ми ра́мами; **Doppelgänger(in** *f) m* ‹-s, -› двойни́к *м;* **Doppelkinn** *n* двойно́й подборо́док *м;* **Doppelpunkt** *m* двоето́чие *с;* **Doppelsalto** *m* двойно́е са́льто *с;* **Doppelstecker** *m* двойно́й ште́псель *м;* **doppelt I.** *adj* (*zweimal*) (*Länge*) двойно́й, двоя́кий; ◇ **in ~er Ausführung** в двух экземпля́рах **II.** *adv* ◇ **~ sehen** быть навеселе́; ◇ **~ so**

groß wie вдвóе бóльше чем; ◇ **sich ~ anstrengen** напрягáться вдвойнé; **Doppelverdiener** *pl* (*zwei Gehälter von einer Person*) лицó *с,* имéющее побóчный зáработок; (*Ehepaar*) ◇ **sie sind ~** они́ óба рабóтают; **Doppelzimmer** *n* кóмната *ж* [нóмер *м*] на двои́х

Dorf *n* ‹-[e]s, Dörfer› дерéвня *ж,* селó *с;* **Dorfbewohner(in** *f*) *m* сéльский(-ая *ж*) жи́тель(ница *ж*) *м*

Dorn *m* ‹-[e]s, -en› BOT, *a.* TECH колю́чка *ж;* (*Stachel*) шип *м;* (*das stört jd-n*) ◇ **jd-m ein ~ im Auge sein** быть у когó-л бельмóм на глазу́

dornig *adj* (*Strauch, Rose*) покры́тый шипáми, колю́чий; **Dornröschen** *n* (*Märchenfigur*) Спя́щая Красáвица *ж;* **Dornenstrauch** *m* тернóвник *м*

dörren *vt* (*Fleisch, Früchte*) ‹вы́->суши́ть, ‹про->вя́лить; **Dörrfleisch** *n* (*geräuchertes Fleisch*) вя́леное мя́со *с;* **Dörrobst** *n* сушёные фру́кты *мн*

Dorsch *m* ‹-[e]s, -e› трескá *ж*

dort *adv* там; ◇ **gib mir bitte das Buch ~** дай мне ту кни́гу, (котóрая лежи́т там); ◇ **ich bin schon mal ~ gewesen** я ужé как то был там; ◇ **wir treffen uns ~** мы встрéтимся там; **dorther** *adv* оттýда; **dorthin** *adv* тудá; ◇ **sie gingen alle ~** они́ все пошли́ тудá; **dorthinauf** *adv* тудá навéрх; **dorthinunter** *adv* тудá вниз; **dortig** *adj* тáмошний; ◇ **die ~en Verhältnisse sind schlimm** услóвия там плохи́е

Dose *f* ‹-, -n› корóбка *ж;* (*Blech~*) жестя́нка *ж;* **Dosenbier** *n* пи́во *с* в бáнке; **Dosenmilch** *f* консерви́рованное молокó *м;* **Dosenöffner** *m* консéрвный нож *м*

dösen *vi FAM* (*schlummern*) дремáть *несов,* клевáть нóсом

Dosis *f* ‹-, -sen› дóза *ж*

Dotter *m o. n* ‹-s, -› желтóк *м*

Double *n* ‹-s, -s› THEAT, FILM дублёр *м*

Dozent(in *f*) *m* доцéнт *м,* преподавáтель(ница *ж*) *м* вы́сшего учéбного заведéния

Drache *m* ‹-n, -n› (*Ungeheuer*) дракóн *м*

Drachen *m* ‹-s, -› (*Spielzeug~*) (бумáжный) змей *м;* ◇ **e-n ~ steigen lassen** запусти́ть змéя; SPORT дельтаплáн *м;* **Drachenfliegen** *n* ‹-s› занимáться дельтапланери́змом *м;* **Drachenflieger(in** *f*) *m* дельтапланери́ст(ка *ж*) *м*

Dragée *n* ‹-s, -s› драже́ *с*

Draht *m* ‹-[e]s, Drähte› (*Metall~*) прóволока *ж;* (*Leitung*) прóвод *м;* (*flink*) ◇ **auf ~ sein** бóдро держáться, быть дéятельным [энерги́чным]; **drahtig** *adj* (*trainiert, Körperbau*) си́льный, мускули́стый, жили́стый; **drahtlos** *adj* беспрóволочный; **Drahtseil** *n* прóволочный трос *м* [канáт *м*]; **Drahtseilbahn** *f* подвеснáя прóволочно-канáтная дорóга *ж;* **Drahtzieher** *m* (*Intrigant*) закули́сный подстрекáтель *м;* (*Anführer*) заправи́ла *м*

drall *adj* (*dick, üppig*) здоровéнный, упи́танный, ядрёный

Drama *n* ‹-s, -men› дрáма *ж;* **Dramatiker(in** *f*) *m* ‹-s, -› драматýрг *м;* **dramatisch** *adj* (1) (*das Drama betreffend*) драмати́ческий (2) *FIG* (*spannend, aufregend*) драмати́чный; **dramatisieren** *vt FIG* (*übertrieben darstellen*) драматизи́ровать *несов и сов*

dran = *FAM* **daran**

drang *impf v.* **dringen**

Drang *m* ‹-[e]s, Dränge› (*zwanghafter Wunsch*) нáтиск *м,* напóр *м,* поры́в *м,* стремлéние *с* (*nach* к)

drängeln *vi* (1) (*sich vorschieben*) на|пирáть ‹-перéть› (2) (*hartnäckig auf etw bestehen*) настóйчиво трéбовать (*auf akk* что-л)

drängen I. *vi* (1) (*Sache, eilen*) торопи́ть *несов;* ◇ **die Zeit drängt** врéмя не тéрпит (2) (*Personen*) торопи́ть (3) (*bestehen*) ◇ **auf etw akk ~** на|стáивать ‹-стоя́ть› на чём-л **II.** *vt* (1) ◇ **jd-n an die Wand ~** прижáть когó-л к стенé (2) (*nachdrücklich bitten*) ◇ **jd-n zu etw ~** настóйчиво трéбовать

drastisch *adj* грýбый, крéпкий, рéзкий, си́льный; (*merklich*) замéтно ощути́мый; ◇ **~e Maßnahmen** радикáльные мéры

drauf = *FAM* **darauf** (*im Begriff sein*) ◇ **~ und dran sein, etw zu tun** собирáться что-л сдéлать; *FAM* (*intelligent sein*) ◇ **etw ~ haben** соображáть; **Draufgänger** *m* ‹-s, -› (*Teufelskerl*) смельчáк *м,* сорвиголовá *м,* ýхарь *м;* **draufgehen** *vi* (1) *FAM* (*umkommen*) по|гибáть ‹-ги́бнуть› (2) *FAM* (*Geld, Vorräte*) уходи́ть

draußen *adv* (1) (*außerhalb*) снарýжи, на дворé, на ýлице (2) ◇ **~ auf dem Meer** там в океáне

Drechsler *m* (*Dreher*) тóкарь *м*

Dreck *m* ‹-[e]s› (1) (*Schmutz*) грязь *ж; FIG* (*mach, was du willst!*) ◇ **mach deinen ~ alleine!** пошёл ты со свои́ми делáми кудá подáльше! (2) (*Kot, von Hund, Katze*) нечистóты *мн* (3) *FIG* (*Minderwertiges*) ◇

den letzten ~ kaufen покупа́ть вся́кую дрянь; **dreckig** *adj* гря́зный; **Dreckskerl** *m* неря́ха *м/ж*, грязну́ля *м*

Dreh *m* (*Lösungsidee*) ◇ den ~ heraus haben разобра́ться в како́м-л де́ле, найти́ соотве́тствующее реше́ние; **Dreharbeiten** *f pl* FILM съёмочные рабо́ты *мн*, съёмка *ж*; **Drehbank** *f* ‹-, -bänke› (*Werkbank*) тока́рный стано́к *м*; **drehbar** *adj* враща́ющийся, поворо́тный; **Drehbuch** *n* FILM сцена́рий *м*; **Drehbühne** *f* THEAT враща́ющаяся сце́на *ж*; **drehen** I. *vt, vi* враща́ть *несов*; (*Zigaretten*) свора́чивать ‹сверну́ть›; (*Film*) снима́ть ‹снять›, произ|води́ть ‹-вести́› съёмку II. *vr* (*handeln von*) ◇ es dreht sich um речь идёт о, име́ть те́мой; **Drehgestell** *n* BAHN поворо́тная теле́жка *ж*; **Drehorgel** *f* шарманка *ж*; **Drehscheibe** *f* (*Drehgestell*) поворо́тный круг *м*; **Drehstuhl** *m* поворо́тный стул *м*; **Drehtür** *f* враща́ющаяся дверь *ж*; **Drehung** *f* ① (*Drehen*) враще́ние *с*, круче́ние *с* ② (*um Achse*) оборо́т *м*, поворо́т *м*; **Drehwurm** *m FAM* (*Schwindel*) ◇ ich habe einen ~ у меня́ кру́жится голова́; **Drehzahl** *f* число́ *с* оборо́тов; **Drehzahlmesser** *m* ‹-s, -› AUTO тахоме́тр *м*

drei *nr* три; *s. a.* fünf

Dreieck *n* треуго́льник *м*; ◇ gleichschenkliges/rechtwinkliges ~ равнобе́дренный/прямоуго́льный треуго́льник *м*; **dreiekkig** *adj* треуго́льный; (*dreikantig*) трехгра́нный; **Dreieckstuch** *n* косы́нка *ж*; **Dreieinigkeit** *f*, **Dreifaltigkeit** *f* триеди́нство *с*, (свята́я) тро́ица *ж*; **dreifach** I. *adj* троекра́тный, тройно́й; ◇ ~er Olympiasieger троекра́тный олимпи́йский чемпио́н II. *adv* в три ра́за, втро́е, втройне́; ◇ sie faltete das Papier ~ она́ сложи́ла лист (бума́ги) втро́е; **Dreiklang** *m* трезву́чие *с*; **Dreikönigsfest** *n* богоявле́ние *с*, креще́ние *с*; **Dreimaster** *m* трехма́чтовое су́дно *с*; **Dreirad** *n* трехколёсный велосипе́д *м*

dreißig *nr* три́дцать; *s. a.* fünf

Dreisatz *m* MATH тройно́е пра́вило *с*; **Dreisatzrechnung** *f* тройно́е (золото́е) пра́вило *с*; **dreisprachig** *adj* на трёх языка́х, трехъязы́чный; **Dreisprung** *m* тройно́й прыжо́к *м*

dreist *adj* (*gewagt*) сме́лый; (*unverschämt*) де́рзкий; **Dreistigkeit** *f* (*Unverschämtheit*) де́рзость *ж*, сме́лость *ж*

dreiviertel *nr* три че́тверти; **dreiviertellang** *adj* длино́й в три че́тверти; **Dreiviertelstunde** *f* три че́тверти ча́са; **Dreivierteltakt** *m* такт *м* в три че́тверти

dreizehn *nr* трина́дцать; *s. a.* fünf

dreschen ‹drischt, drosch, gedroschen› *vt* (*Getreide*) ‹об-›молоти́ть; **Dreschmaschine** *f* (*Mäh~*) молоти́лка *ж*

dressieren *vt* (*Tier*) ‹вы́-›дрессирова́ть; **Dressur** *f* дрессиро́вка *ж*

dribbeln *vi* SPORT вести́ мяч дри́блингом; **Dribbling** *n* дри́блинг *м*

Drill *m* муштра́ *м*

Drillinge *m pl* тро́йня *ж*

drin = *FAM* **darin**

dringen ‹drang, gedrungen› *vi* ① (*Wasser*) про|ника́ть ‹-ни́кнуть›, пробива́ться *несов* (*aus* из) ② (*drängen*) ◇ auf etw *akk* ~ на|ста́ивать ‹-стоя́ть› на чём-л; **dringend** *adj* сро́чный, неотло́жный, безотлага́тельный; **Dringlichkeit** *f* неотло́жность *ж*, неотло́жная необходи́мость *ж*, настоя́тельность *ж*

drinnen *adv* внутри́

dritt *nr* ◇ zu ~ втроём; **dritte(r, s)** *adj* тре́тья, тре́тий, тре́тье; ◇ am ~n April 1995 тре́тьего апре́ля 1995 г.; ◇ das D~ Reich Тре́тий рейх; ◇ die ~ Welt тре́тий мир, стра́ны тре́тьего ми́ра; ◇ ich habe den ~n Platz belegt я за́нял тре́тье ме́сто; **Dritte(r)** *fm* (*Außenstehender*) посторо́нний(-ая *ж*) *м*, тре́тье лицо́ *с*; ◇ der lachende ~ смею́щийся тре́тий; ◇ in Gegenwart e-s ~n в прису́тствии тре́тьего лица́; **Drittel** *n* ‹-s, -› треть *ж*, тре́тья часть *ж*; **drittens** *adv* в-тре́тьих; **Dritte-Welt-Laden** *m магази́н м това́ров из стран тре́тьего ми́ра*

Droge *f* ‹-, -n› ① (*Rauschmittel*) наркоти́ческое сре́дство *с*, нарко́тик *м* ② (*Pflanze*) сухи́е лека́рственные расте́ния *с мн*; **drogenabhängig** *adj* больно́й наркома́нией, пристра́стный к нарко́тикам

Drogerie *f* апте́карско-хими́ческий магази́н *м*; **Drogist(in** *f*) *m* моска́тельщик *м*, моска́тельщица *ж*, дроги́ст *м*

Drohbrief *m* угрожа́ющее письмо́ *с*; **drohen** *vi* ① (*einschüchtern*) ◇ jd-m ~ ‹при-›грози́ть, угрожа́ть *несов* кому́-л ② (*Gewitter, Gefahr*) надвига́ться *несов*, соб‹и›ра́ться; ◇ die Brücke droht einzustürzen мост мо́жет обру́шиться [ру́хнуть]

Drohne *f* ZOOL тру́тень *м*

dröhnen *vi* (*Motor*) ‹за-›грохота́ть; (*Stimme, Musik*) ‹за-›греме́ть; ◇ **mir dröhnt der Kopf** у меня́ гуди́т голова́

Drohung *f* угро́за *ж*

drollig *adj* (*Geschichte, Kind*) заба́вный, смешно́й, поте́шный

Dromedar *n* ZOOL одного́рбый верблю́д *м*

drosch *impf v.* **dreschen**

Droschke *f* ‹-, -n› дро́жки *мн*, пролётка *ж*

Drossel *f* ‹-, -n› (*Singvogel*) дрозд *м*

drosseln *vt* (*Geschwindigkeit*) дроссели́ровать *несов и сов;* (*abbauen, Produktion*) сокраща́ть *несов;* (*Ausgaben*) регули́ровать дроссели́рованием, сокраща́ть

drüben *adv* по ту сто́рону, на той стороне́, там

drüber = *FAM* **darüber**

Druck [1] *m* ‹-[e]s, Drücke› ① PHYS давле́ние *с*, напо́р *м;* (*Kompression*) сжа́тие *с* ② *nur sg FIG* (*Belastung*) тя́жесть *ж*, гнёт *м*, нажи́м *м*

Druck [2] *m* ‹-[e]s, -e› TYP печа́ть *ж*, печа́тание *с;* **Druckbuchstabe** *m* печа́тная бу́ква *ж*, ли́тера *ж;* **drucken** *vt* ‹на-›печа́тать

drücken I. *vt* (*Hand*) ‹по-›жать; (*Knopf*) наж‹им›а́ть; *FIG* (*Preise*) сби‹ва́›ть, снижа́ть ‹сни́зить›; ◇ **jd-m etw in die Hand ~** су́нуть кому́-л что-л в ру́ку **II.** *vi* (*zu eng sein*) дави́ть *несов; FIG* (*belasten*) угнета́ть *несов*, удруча́ть *несов* **III.** *vr* ◇ **sich** *akk* **vor etw** *dat* **~** уви́л|ивать ‹-ьну́ть›; **drückend** *adj* (*Hitze*) томи́тельный; (*bedrückend*) гнету́щий; (*niederdrückend*) угнета́ющий

Drucker *m* ‹-s, -› ① PC печа́тающее устро́йство *с*, при́нтер *м* ② (*Beruf*) печа́тник *м*

Drücker *m* ‹-s, -› ① (*Tür~*) дверна́я ру́чка *ж;* (*vom Revolver*) спусково́й крючо́к *м;* ◇ **am ~ sitzen** держа́ть все ни́ти в свои́х рука́х ② *FAM* (*Abonnementenwerber an der Tür*) *лицо́, приходя́щее к жильца́м в кварти́ры и назо́йливо пыта́ющееся прода́ть подпи́ску на како́й-л журна́л*

Druckerei *f* (*Betrieb*) типогра́фия *ж;* **Druckerschwärze** *f* печа́тная типогра́фская кра́ска *ж;* **Druckfehler** *m* опеча́тка *ж;* **Druckknopf** *m* (*an Kleidung*) кно́пка *ж;* TECH нажи́мная [конта́ктная] кно́пка *ж*, нажимно́й ключ *м;* **Druckmittel** *n* (*Zwang*) сре́дство *с* нажи́ма; **Drucksache** *f* печа́тный бланк *м*, формуля́р *м;* **Druckschrift** *f* печа́тный шрифт *м*, печа́тные бу́квы *м*

drunten *adv FAM s.* **unten**; **drunter** *adv FAM s.* **darunter**

Drüse *f* ‹-, -n› (*Lymph~ , Tränen~*) железа́ *ж;* **Drüsenschwellung** *f* о́пухоль *ж* желёз

Dschungel *m* ‹-s, -› джу́нгли *мн*

du *pron pers* ты; ◇ **wo bist ~?** где ты?; (*unverbunden*) куда́ ты пропа́л?; ◇ **~ bist's!** э́то ты!

Dübel *m* ‹-s, -› дю́бель *м*

ducken *vr* (*den Kopf einziehen*) ◇ **sich ~** на|гиба́ться ‹-гну́ться›, накло|ня́ться ‹-ни́ться›

Dudelsack *m* волы́нка *ж*

Duell *n* ‹-s, -e› (*Zweikampf*) дуэ́ль *ж*

Duett *n* ‹-[e]s, -e› дуэ́т *м*

Duft *m* ‹-[e]s, Düfte› (*angenehmer Geruch*) не́жный за́пах *м*, арома́т *м;* **duften** *vi* (*Blume, Parfum*) благоуха́ть *несов*, (хорошо́) па́хнуть *несов;* **duftig** *adj* (*leicht, Kleid*) возду́шный, лёгкий

dulden *vt, vi* ① (*ertragen*) ‹по-›терпе́ть, страда́ть *несов* от чего́-л, переноси́ть ② (*billigen*) допус|ка́ть ‹-ти́ть›, ‹по-›терпе́ть; **duldsam** *adj* ① (*Person*) терпи́мый ② (*tolerant*) снисходи́тельный, терпи́мый; **Duldsamkeit** *f* (*Toleranz*) терпи́мость *ж*, снисходи́тельность *ж*

dumm *adj* ① (*nicht intelligent*) глу́пый, неу́мный; (*ungeschickt*) нело́вкий, нерасторо́пный ② (*unüberlegt, naiv*) безрассу́дный, наи́вный ③ (*lästig*) ◇ **allmählich wird mir das zu ~** постепе́нно э́то мне надое́ло ④ (*merkwürdig, bedrohlich*) ◇ **ein ~es Gefühl haben** име́ть стра́нное чу́вство ⑤ (*unangenehm*) ◇ **das ist e-e ~e Geschichte** э́то неприя́тная [доса́дная] исто́рия; **dummerweise** *adv* по глу́пости; **Dummheit** *f* ① (*geringe Intelligenz*) глу́пость *ж*, неинтеллеге́нтность *ж* ② (*unkluge Tat*) неу́мные де́йствия *мн*, глу́пая вы́ходка *ж;* **Dummkopf** *m* дура́к *м*, болва́н *м*

dumpf *adj* ① (*Geräusch*) глухо́й ② (*muffig*) спёртый, за́тхлый ③ (*Ahnung*) ◇ **ich habe das ~e Gefühl, er will uns betrügen** у меня́ сму́тное чу́вство, он наме́рен нас обману́ть

Düne *f* ‹-, -n› дю́на *ж*

Dung *m* ‹-[e]s› удобре́ние *с;* (*Mist*) наво́з *м;* **düngen** *vt* (*Acker*) у|добря́ть ‹-до́брить›; (*mit Mist*) унаво́|живать ‹-зить›; (*Pflanze*) удобря́ть; **Dünger** *m* ‹-s, -› (*Natur~, Kunst~*) удобре́ние *с;* **Düngung** *f* удобре́ние *с*, унаво́живание *с*

dunkel *adj* ① (*Wald, Zimmer*) тёмный; *FIG*

(*im unklaren sein*) ◇ **im ~n tappen** пребы́‹ва́›ть в неизве́стности ② (*Haare, Augen*) тёмный, чёрный ③ (*Ton*) глухо́й ④ (*verschwommen, Vorstellung*) сму́тный; (*rätselhaft*) тума́нный ⑤ (*zweifelhaft*) сомни́тельный, нея́сный; ◇ **dunkle Geschäfte machen** проде́лывать тёмные дела́; **Dunkelheit** *f* темнота́ *ж*, су́мрак *м*; **Dunkelkammer** *f* FOTO фотоко́мната *ж*, тёмная ко́мната *ж*; **Dunkelziffer** *f* да́нные *мн*, не поддающиеся статисти́ческому учёту

dünn *adj* ① (*Arme, Beine*) то́нкий, худо́й, худоща́вый; (*Person*) худо́й ② (*Brett, Brotscheibe*) то́нкий ③ (*~flüssig, Suppe*) жи́дкий ④ (*fein, Stoff, Haar*) то́нкий, ре́дкий ⑤ *FIG* (*nichtssagend, Filmhandlung*) сла́бый, ма́ло интере́сный; **dünngesät** *adj* (*rar, selten*) ре́дкий; **dünnmachen** *vr FAM* (*unauffällig verschwinden*) ◇ **sich ~** исче́знуть *сов*

Dunst *m* ‹-es, Dünste› ① (*Nebel*) ды́мка *ж*, тума́н *м*; (*Smog*) смог *м* ② (*Ausdünstung*) испаре́ние *с* ③ *FAM* (*keine Ahnung*) ◇ **ich habe keinen blaßen ~** я не име́ю никако́го поня́тия; **Dunstabzugshaube** *f* люк *м* вентиляцио́нной трубы́

dünsten *vt* (*Fleisch*) па́рить *несов*, туши́ть *несов*

dunstig *adj* (*diesig*) па́смурный, тума́нный; (*feucht*) вла́жный, насы́щенный пара́ми

Duo *n* (*Gesangsstück, zwei Musiker*) дуэ́т *м*

Duplikat *n* дублика́т *м*, второ́й экземпля́р *м*, ко́пия *ж*

Dur *n* ‹-› MUS мажо́р *м*, дур *м*

durch I. *präp akk* ① (*räumlich, hin~, mitten~*) че́рез, сквозь; ◇ **~ das Fenster werfen** броса́ть из окна́ [че́рез окно́]; ◇ **~ das Zimmer gehen** идти́ че́рез ко́мнату; ◇ **~ den See schwimmen** плыть по о́зеру; ◇ **ein Gedanke schoß mir ~ den Kopf** у меня́ в голове́ мелькну́ла мысль; ◇ **wir fahren ~ München** мы пое́дем че́рез Мю́нхен, мы е́дем по Мю́нхену ② (*zeitlich*) ◇ **das ganze Jahr ~** весь год; ◇ **ihre Ehe hielt ~ das ganze Leben** их брак продолжа́лся всю жизнь ③ (*Mittel, Grund*) ◇ **diesen Job habe ich ~ e-e Freundin bekommen** э́ту рабо́ту я нашла́ благодаря́ подру́ге; ◇ **~ Rauchen wird man oft krank** из-за куре́ния ча́сто боле́ют; ◇ **~ Zufall** благодаря́ слу́чаю; ◇ **6 geteilt ~ 3 macht 2** 6 раздели́ть на 3 равня́ется двум **II.** *adv* ① (*vorbei*) ◇ **drei Uhr ~** прошло́ три часа́ ② *FAM* ◇ **~ und ~** (*naß*) наскво́зь, совсе́м, соверше́нно; (*überzeugt*) убеждённо; ◇ **der Schrei ging mir ~ Mark und Bein** крик пронзи́л меня́ наскво́зь

durcharbeiten I. *vt* (*Akten*) прора|ба́тывать ‹-бо́тать›; (*durchkneten, Teig*) переме́|шивать ‹-ша́ть› **II.** *vi* (*ohne Pause*) рабо́тать без переры́ва **III.** *vr* (*durch Buch, Akten*) ◇ **sich durch etw ~** проби́‹ва́›ться

durchaus *adv* ① (*auf jeden Fall*) непреме́нно, во что бы то ни ста́ло; ◇ **er möchte ~, daß Sie mitkommen** он непреме́нно хоте́л, что́бы Вы пошли́ с на́ми ② (*völlig, ganz*) ◇ **du hast ~ recht** ты соверше́нно прав, ты абсолю́тно прав

durchbeißen ‹durchbiß, hat durchgebissen› **I.** *vt* (*Faden*) проку́|сывать ‹-си́ть›, про|грыза́ть ‹-гры́зть› **II.** *vr FIG* (*sich durchkämpfen*) ◇ **sich ~ [durch etw]** проби́‹ва́›ться; ◇ **er hat sich durchgebissen** он проби́лся с трудо́м

durchblättern *vt* перели́|стывать ‹-ста́ть›

Durchblick *m FIG* (*Zusammenhänge erkennen*) ◇ **den ~ haben** прони́кнуть в суть, осозна́ть причи́ны; **durchblicken** *vi* ① (*hindurchschauen*) смотре́ть сквозь что-л ② *FAM* (*begreifen*) понима́ть (*bei etw* что-л); ◇ **ich blicke nicht ganz durch** я не до конца́ всё понима́ю ③ (*gab zu verstehen*) ◇ **er ließ ~, daß er gehen wollte** он дал поня́ть, что он хо́чет уйти́

durchbluten [1] ‹blutete durch, ist durchgeblutet› *vt* ◇ **der Verband ist durchgeblutet** повя́зка пропита́лась кро́вью

durchbluten [2] ‹durchblutete, hat durchblutet› *vt* (*Gewebe*) снабжа́ть кро́вью

Durchblutung *f* кровоснабже́ние *с*

durchbohren [1] ‹bohrte durch, hat durchgebohrt› *vt* (*mit Bohrmaschine*) просве́р|ливать ‹-ли́ть›

durchbohren [2] ‹durchbohrte, hat durchbohrt› *vt* ① (*Geschoß*) проби́‹ва́›ть насквозь ② *FIG* (*mit Blicken*) пронзи́ть *сов*

durchboxen I. *vt* (*Plan, Vorschlag*) доби́ться чего́-л **II.** *vr FAM* (*Schwierigkeiten überwinden*) ◇ **sich ~** проверну́ть де́ло

durchbrechen [1] ‹durchbrach, hat durchbrochen› *vt* (*Schranken*) престу|па́ть ‹-пи́ть›; (*Mauer*) про|ла́мывать ‹-ломи́ть›; (*Gewohnheit*) проя|вля́ться ‹-ви́ться›

durchbrechen [2] ‹brach durch, hat/ist durchgebrochen› **I.** *vt* (*Brett, Stab*) пере|ла́мывать ‹-ломи́ть›, раз|ла́мывать ‹-ломи́ть› **II.** *vi*

(1) (*Krankheit*) просту|па́ть <-пи́ть> (2) (*Sonne*) прореза́ть *несов* (3) (*Eis*) прова́|ливаться <-ли́ться>

durchbrennen *unreg vi* (1) (*Glühbirne, Sicherung*) перего|ра́ть <-ре́ть> (2) *FAM* (*abhauen*) у|дира́ть <-дра́ть>

durchbringen *unreg vt* (1) (*durch Öffnung*) проде́<ва́>ть; (*Antrag*) прота́|скивать <-щи́ть>, про|води́ть <-вести́>, доби́<ва́>ться приня́тия (2) (*Patienten*) выха́живать <вы́ходить>; (*sorgen für, Kinder*) уха́живать *несов*, смотре́ть *несов* (за кем-л) (3) (*Geld*) про|ма́тывать <-мота́ть>

Durchbruch *m* (1) (*Mauer~*) проло́м *м* (2) *FIG* (*in Verhandlungen*) проры́в *м*, успе́х *м*

durchdenken *unreg vt* (*Argument*) продумм<ыв>ать, взве́|шивать <-сить>; (*überdenken, Plan*) проду́м<ыв>ать, обду́м<ыв>ать

durchdrehen I. *vt* (*Gemüse*) прокру́|чивать <-ти́ть>, про|вора́чивать <-верну́ть>; ◇ **etw durch den Fleischwolf drehen** пропус|ка́ть <-ти́ть> что-л че́рез мясору́бку **II.** *vi* (1) (*Räder*) прокру́|чиваться <-ти́ться> (2) *FAM* (*verrückt werden*) потеря́ть го́лову, сойти́ с ума́

durchdringen [1] <drang durch, ist durchgedrungen> *vi* (1) (*sich durchsetzen*) ◇ **sein Vorschlag ist durchgedrungen** его́ предложе́ние прошло́ (2) (*Regen, durch Kleider*) про|ника́ть <-ни́кнуть> сквозь (3) (*Gerücht*) проника́ть, просочи́ться *сов*

durchdringen [2] <durchdrang, hat durchdrungen> *vt* (*innerlich ganz erfüllen*) ◇ **diese Idee hat ihn völlig durchdrungen** э́та иде́я по́лностью захвати́ла его́

durcheinander *adv* (1) (*ungeordnet*) без разбо́ра, как попа́ло, впереме́шку; ◇ **er trank alles ~** он пил всё подря́д [без разбо́ра] (2) *FAM* (*verstört*) сби́тый с то́лку, расте́рянный; **Durcheinander** *n* <-s> (1) (*Unordnung*) беспоря́док *м*, ха́ос *м* (2) (*Wirrwarr*) неразбери́ха *ж*; **durcheinanderbringen** *unreg vt* (1) (*Blätter, Bücher*) при|води́ть <-вести́> в беспоря́док (2) (*verwechseln*) <с->пу́тать (3) (*in Verwirrung bringen*) сби́<ва́>ть кого́-что-л; **durcheinanderreden** *vi* (*gleichzeitig reden*) говори́ть, перебива́я друг дру́га; **durcheinanderwerfen** *unreg vt* (*Blätter, Bücher*) раз|бра́сывать <-броса́ть>, переверну́ть вверх дном

durchfahren [1] <fuhr durch, ist durchgefahren> *vi* (1) (*durch Tunnel*) про|езжа́ть <-е́хать> (*durch etw* че́рез что-л) (2) (*durchkommen*) ◇ **der Zug fährt durch Würzburg durch** по́езд прое́дет Вю́рцбург (3) (*fahren, ohne anzuhalten*) е́хать како́е-л вре́мя без переры́ва

durchfahren [2] <durchfuhr, hat durchfahren> *vt* (1) (*durchqueren, England*) пере|сека́ть <-се́чь> (2) *FIG* (*Gedankenblitz*) промелькну́ть *сов*; (*Schrecken*) пробежа́ть по те́лу

Durchfahrt *f* (1) (*das Durchfahren*) прое́зд *м* (2) прое́зд *м*; (*Tor~*) воро́та *мн*; ◇ **~ bitte freihalten** про́сим прое́зд не занима́ть

Durchfall *m* (1) MED поно́с *м* (2) *FIG* (*Mißerfolg*) прова́л *м*

durchfallen *unreg vi* (1) (*durch Öffnung*) прова́|ливаться <-ли́ться> (2) (*Schüler, bei Examen*) прова́|ливаться <-ли́ться>; (*Aufführung*) потерпе́ть прова́л

durchfließen [1] <floß durch, ist durchgeflossen> *vi* (*Wasser, durch Röhre*) протека́ть сквозь что-л

durchfließen [2] <durchfloß, hat durchflossen> *vt* (*Fluß durch Stadt*) про|тека́ть <-те́чь>

durchfragen *vr* ◇ **sich ~** на|ходи́ть <-йти́> доро́гу путём расспро́сов, сориенти́роваться *сов*

durchfrieren *unreg vi* (1) (*See*) про|мерза́ть <-мёрзнуть> (2) (*Mensch*) ◇ **er ist völlig durchgefroren** он совсе́м замёрз

durchführbar *adj* (*machbar*) осуществи́мый, выполни́мый, исполни́мый; **durchführen** *vt* (1) (*Messung*) про|води́ть <-вести́>; MED (*Untersuchung*) произ|води́ть <-вести́> (2) (*verwirklichen, Vorhaben*) осущест|вля́ть <-ви́ть>, про|води́ть <-вести́> в жизнь (3) (*organisieren, Wahl*) проводи́ть, организова́ть *несов и сов*; **Durchführung** *f* проведе́ние *с*, осуществле́ние *с*; (*Organisation*) организа́ция *ж*

Durchgang *m* (1) (*Weg, Passage*) прохо́д *м*, перехо́д *м*, пасса́ж *м* (2) POL (*Wahl~*) тур *м* (вы́боров); **Durchgangsstraße** *f* у́лица *ж* со сквозны́м прое́здом; **Durchgangsverkehr** *m* сквозно́е движе́ние *с*

durchgeben *unreg vt* (*Nachricht*) переда́<ва́>ть; ◇ **können Sie mir bitte die Nummer ~?** сообщи́те мне, пожа́луйста, но́мер?

durchgehen *unreg* **I.** *vt* (1) (*kurz besprechen*) про|ходи́ть <-йти́>, кра́тко обсуди́ть (2) (*noch einmal überprüfen, Rechnungen*) пере|про|веря́ть <-ве́рить> **II.** *vi* (1) (*bewilligt werden*) быть при́нятым, пройти́ (2) (*Pferd*) убега́ть *несов* (3) (*durch Zoll*) про|ходи́ть <-йти́> (*durch etw* че́рез что-л) (4)

FIG ◇ **mein Temperament ging mit mir durch** я не мог совладáть со своим темпéраментом; **durchgehend I.** *adj* (*Zug*) прямóй, транзи́тный **II.** *adv* ◇ ~ **geöffnet** быть откры́тым круглые сýтки

durchgreifen *unreg vi* ① (*durch Öffnung*) просýнуть рýку ② (*energisch eingreifen*) ◇ **die Polizei griff hart durch** поли́ция дéйствовала реши́тельно

durchhalten *unreg* **I.** *vi* (*nicht aufgeben*) продержáться *сов*, не сдавáться *несов* **II.** *vt* (*Strapazen, Tempo*) выдéрживать ‹вы́держать›; (*Streik*) вы́стоять *сов*

durchhängen *unreg vi FAM* (*erschöpft sein*) быть обесси́ленным; (*psychisch*) быть психи́чески подóрванным

durchkommen *unreg vi* ① (*durch Öffnung, Absperrung*) проходи́ть *несов*, проезжáть *несов* ② (*am Telefon*) проби́ться *сов* ③ (*Prüfung bestehen*) вы́держать экзáмен ④ (*überleben, Patient*) попрáвиться *сов*, вы́жить *сов* ⑤ (*passieren, Zug*) проходи́ть *несов*, проезжáть *несов* ⑥ (*Wasser*) протекáть *несов* (*durch etw* сквозь что-л); (*Sonne*) пробивáться *несов*, проникáть *несов* (*durch etw* чéрез что-л) ⑦ (*keinen Erfolg haben*) ◇ **damit kommst du bei ihm nicht durch** э́тим он ничегó у меня́ не добьётся

durchkreuzen [1] ‹kreuzte durch, hat durchgekreuzt› *vt* (*Buchstabe, Zahl*) пере|чёркивать ‹-черкнýть› крест-нáкрест

durchkreuzen [2] ‹durchkreuzte, hat durchkreuzt› *vt FIG* (*Pläne*) рас|стрáивать ‹-стрóить›

durchlassen *unreg vt* пропус|кáть ‹-ти́ть› (*durchlässig sein*) ◇ **der Vorhang läßt viel Licht durch** штóры пропускáют мнóго свéта

durchlaufen [1] ‹durchlief, hat durchlaufen› *vt* ① (*Strecke, Weg*) пробе|гáть ‹-жáть› ② (*Lehrgang*) про|ходи́ть ‹-йти́›

durchlaufen [2] ‹lief durch, ist durchgelaufen› **I.** *vi* (*Kaffee*) пропус|кáть ‹-ти́ть›; ◇ **das Wasser läuft durch die Decke** водá протекáет чéрез потолóк **II.** *vt* (*Schuhe*) из|нáшивать ‹-носи́ть›

durchlesen *unreg vt* прочи́|тывать ‹-тáть›

durchlöchern *vt* (*Papier*) продыря́|вливать ‹-вить›

durchmachen *vt* ① (*erleben, Krise*) пережи́‹вá›ть; (*Krankheit*) пере|носи́ть ‹-нести́› ② *FAM* (*durchfeiern*) ◇ **die Nacht** ~ весели́ться всю ночь

Durchmesser *m* ‹-s, -› диáметр *м*

durchnehmen *unreg vt* SCH (*Stoff*) про|ходи́ть ‹-йти́›

durchnumerieren *vt* (*Blätter*) пронумерó|вывать ‹-вáть›

durchpausen *vt* (*durchschreiben*) пере|водить ‹-вести́› на кáльку, кальки́ровать *несов и сов*

durchqueren *vt* (*See*) пере|секáть ‹-сéчь›

durchregnen *vi* проникáть чéрез кры́шу

Durchreise *f* проéзд *м*; ◇ **wir befinden uns hier auf der** ~ мы здесь проéздом

durchreisen [1] ‹durchreiste, hat durchreist› *vt* (*Land*) объéхать *сов*, объéздить *сов*, изъéздить *сов*

durchreisen [2] ‹reiste durch, ist durchgereist› *vi* (*weiterreisen*) проезжáть *несов*, побывáть проéздом

durchreißen *unreg* **I.** *vt* (*in zwei Teile reißen*) разорвáть на два кускá **II.** *vi* (*Stoff, Papier*) порвáться *сов*; (*Seil*) разорвáться *сов*

durchringen *unreg vr* (*sich entschließen*) ◇ **sich zu etw** ~ прийти́ к решéнию

durchrosten *vi* (*Auto*) проржавéть *сов*

durchs = durch das

Durchsage *f* ‹-, -n› (*Radio~*) сообщéние *с*

durchschauen [1] ‹schaute durch, hat durchgeschaut› *vi* (*durch Öffnung*) смотрéть сквозь что-л

durchschauen [2] ‹durchschaute, hat durchschaut› *vi* (*Gedanken*) ви́деть насквóзь когó-л

durchscheinen *unreg vi* (*durchschimmern*) просвé|чивать ‹-ти́ть›

Durchschlag *m* (*Kopie*) кóпия *ж*; (*Sieb*) решетó *с*, дуршлáг *м*

durchschlagen [1] ‹schlug durch, hat durchgeschlagen› **I.** *vt* ① (*Stück Holz*) разби́‹вá›ть на чáсти ② (*durch Sieb rühren*) про|тирáть ‹-терéть› чéрез си́то **II.** *vi* (*Erbanlagen*) проявля́ться; ◇ **bei ihm schlägt der Vater durch** у негó проявля́ется схóдство с отцóм **III.** *vr FIG* (*Schwierigkeiten überwinden*) ◇ **sich** ~ пробивáться чéрез что-л

durchschlagen [2] ‹durchschlug, hat durchschlagen› *vt* пробивáть *несов* (*durchdringen*) ◇ **die Kugel hat die Wand** ~ пýля проби́ла стéну

durchschlagend *adj* (*Erfolg*) решáющий

durchschleusen *unreg vt* ① (*Schiffe*) шлюзовáть *несов и сов*, пропускáть чéрез шлюз ② (*verbotene Waren*) нелегáльно провози́ть чéрез грани́цу; (*Personen*) тáйно переправля́ть

durchschneiden ‹schnitt durch, hat durchgeschnitten› *vt* (*Papier*) раз|резáть ‹-рéзать›

Durchschnitt *m* (*Mittelwert*) сре́днее число́ *с*, сре́днее значе́ние *с*; ◇ **im ~** в сре́днем; ◇ **über/unter dem ~** вы́ше/ни́же сре́днего; **durchschnittlich I.** *adj* (*Schüler*) сре́дний **II.** *adv* (*im Durchschnitt*) в сре́днем; **Durchschnittsbürger** *m* сре́дний [обыкнове́нный] граждани́н *м*; **Durchschnittsgeschwindigkeit** *f* сре́дняя ско́рость *ж*; **Durchschnittswert** *m* сре́дняя величина́ *ж*

Durchschrift *f* ко́пия *ж*

durchsehen I. *unreg vt* (*überprüfen, Heft*) про|сма́тривать ‹-смотре́ть›, про|веря́ть ‹-ве́рить› **II.** *unreg vi* (*durch Öffnung*) смотре́ть [выгля́дывать] сквозь что-л

durchsetzen [1] ‹setzte durch, hat durchgesetzt› **I.** *vt* (*Plan*) осущест|вля́ть ‹-ви́ть› **II.** *vr* (*sich behaupten*) ◇ **sich ~** доби́‹ва́›ться призна́ния, настоя́ть на чём-л

durchsetzen [2] ‹durchsetzte, ist durchsetzt› (*vermischen*) прони́зывать что-л чем-л

Durchsicht *f* (*von Akten, Heft*) просмо́тр *м*, прове́рка *ж*

durchsichtig *adj* ① (*Kleid*) прозра́чный, ажу́рный ② *FIG* (*leicht zu durchschauen*) очеви́дный, прозра́чный

durchsickern *vi* ① (*Wasser*) про|са́чиваться ‹-сочи́ться› ② *FIG* (*Information*) распростра|ня́ться ‹-ни́ться›

durchsprechen *unreg vt* (*erörtern, Plan*) подро́бно обсу|жда́ть ‹-ди́ть› что-л

durchstehen *unreg vt* (*schwierige Situation*) пере|носи́ть ‹-нести́›, выде́рживать ‹вы́держать›

durchstöbern *vt* (*Dachboden, Tasche*) обша́ри‹ва›ть, перerý‹ва́›ть

durchstoßen [1] ‹durchstieß, ist durchgestoßen› *vi* ① (*durch Eisdecke*) проби́‹ва́›ть, прору|ба́ть ‹-би́ть› ② MIL (*vordringen*) прор‹ы›ва́ть

durchstoßen [2] ‹stieß durch, hat durchstoßen› *vt* (*durchdringen durch*) ◇ **das Flugzeug hat die Wolkendecke ~** самолёт проби́л облака́

durchstreichen *unreg vt* (*Geschriebenes*) зачёркивать *несов*, перечёркивать *несов*

durchstreifen *vt* (*ziellos durchqueren*) исходи́ть *сов*, исколеси́ть *сов*

durchsuchen *vt* (*Tasche, Schrank*) перерь́‹ва́›ть, пересмотре́ть *сов* в по́исках чего́-л; JURA (*Haus*) обы́с|кивать ‹-ка́ть›; **Durchsuchung** *f* осмо́тр *м*; (*durch Polizei*) о́быск *м*

durchtrieben *adj* (*schlitzohrig, schlau*) хи́трый, проны́рливый

durchwachsen *adj* ◇ **~es Fleisch** мя́со, проро́сшее жи́ром

durchweg *adv* (*ohne Ausnahme*) сплошь; (*überall*) повсю́ду; (*immer*) всегда́; ◇ **er bekam ~ gute Noten** он получа́л всегда́ хоро́шие оце́нки

durchziehen [1] ‹zog durch, hat durchgezogen› **I.** *vt* ① (*durch Öffnung*) проде́‹ва́›ть, продёр|гивать ‹-нуть› ② (*Ruder, bis zum Anschlag*) подтя́|гивать ‹-ну́ть› ③ *FAM* (*zu Ende führen*) до|води́ть ‹-вести́› како́е-л де́ло до конца́ **II.** *vi* ① GASTRON ◇ **der Salat muß gut ~** сала́т до́лжен хорошо́ пропита́ться ② ◇ **bitte lassen Sie etw frische Luft ~** прове́трите, пожа́луйста, помеще́ние

durchziehen [2] ‹durchzog, ist durchzogen› *vt* (*durchqueren*) ◇ **ein Fluß durchzieht die Stadt** че́рез го́род протека́ет река́

Durchzug *m* ① (*von Vögeln, Wolken*) полёт *м*, движе́ние *с* ② (*Luftzug*) сквозня́к *м*

durchzwängen *vr* (*durch Öffnung*) ◇ **sich ~** проти́с|киваться ‹-каться›

dürfen ‹darf, durfte, gedurft› *vi* ① (*Erlaubnis haben*) мочь *несов*, име́ть разреше́ние; ◇ **darf ich etw fragen?** мо́жно я спроси́ть что-л?; ◇ **ein bißchen rasch, wenn ich bitten darf!** е́сли мо́жно, немно́го побыстре́е! ② (*nicht ~*) нельзя́; ◇ **das hättest du nicht tun ~** тебе́ не сле́довало бы э́того де́лать; ◇ **kommst du mit? nein, ich darf nicht** ты идёшь с на́ми? нет, не могу́ ③ ◇ **es dürfte allen bekannt sein** всем должно́ бы́ло бы быть изве́стно; ◇ **was darf es sein?** что Вы жела́ете?

dürftig *adj* ① (*ärmlich, Kleidung*) бе́дный, ску́дный ② (*Leistung*) недоста́точный

dürr *adj* ① (*mager, Mensch*) то́щий, худо́й ② (*vertrocknet, Zweig*) сухо́й; **Dürre** *f* ‹-, -n› (*Trockenheit*) за́суха *ж*

Durst *m* ‹-[e]s› жа́жда *ж*; ◇ **ich habe ~** я хочу́ пить; **durstig** *adj* жа́ждущий

Dusche *f* ‹-, -n› душ *м*; **duschen** *vi* принима́ть душ

Dusel *m* ‹-s› *FAM* (*Glück*) ◇ **er hat ~** ему́ здо́рово везёт

Düsenflugzeug *n* реакти́вный самолёт *м*; **Düsenjäger** *m* (*Jagdflugzeug*) реакти́вный истреби́тель *м*

Dussel *m* ‹-s, -› *FAM* (*Dummkopf*) дура́к *м*, глупе́ц *м*

düster *adj* ① (*dunkel, Farben*) тёмный ② (*schwermütig, trostlos*) мра́чный, угрю́мый ③ (*bedrohlich*) опа́сный, угрожа́ющий

Duty-free-Shop *m* ‹-s, -s› магази́н *м* беспо́шлинной торго́вли

Dutzend *n* ‹-s, -e› дю́жина *ж;* ◇ **ein halbes ~** полдю́жины

duzen I. *vt* (*jd-n*) обраща́ться на ты к кому́-л **II.** *vr* ◇ **sich ~** быть на ты с кем-л

Dynamik *f* ① PHYS дина́мика *ж* ② *FIG* (*Schwung*) подъём *м,* поры́в *м;* **dynamisch** *adj FIG* (*schwungvoll*) динами́чный, динами́ческий, по́лный энтузиа́зма

Dynamit *n* ‹-s› динами́т *м*

Dynamo *m* ‹-s, -s› дина́мо *с,* дина́мо-маши́на *ж*

Dynastie *f* дина́стия *ж*

D-Zug *m* ско́рый по́езд *м*

E

E, e *n* ① (*Buchstabe*) E, e ② MUS ми

Ebbe *f* ‹-, -n› ① (*Niedrigwasser*) отли́в *м* ② *FIG* (*im Geldbeutel*) ◇ **bei mir ist ~ in der Kasse** у меня́ нет де́нег [ка́сса пуста́]

eben I. *adj* ① (*flach, Land*) ро́вный, пло́ский ② (*glatt, Fläche*) ро́вный, гла́дкий **II.** *adv* ① (*gerade jetzt*) то́лько что, сейча́с, сию́ мину́ту; ◇ **sie kommt ~** она́ сейча́с придёт ② (*vor ganz kurzer Zeit*) то́лько-то́лько, неда́вно; ◇ **sie ist ~ abgefahren** она́ то́лько-что уе́хала ③ (*bestätigend*) при подтвержде́нии, усту́пке, согла́сии; ◇ **das ist es ja ~** в том то и де́ло; ◇ **~!** вот и́менно!; ◇ **~ das meine ich** как раз э́то я име́ю в виду́ ④ (*gerade, besonders*) и́менно, кста́ти сказа́ть; ◇ **er ist nicht ~ kräftig** он, кста́ти говоря́, не о́чень-то силён ⑤ (*nun einmal, einfach*) ◇ **ich kann das ~ nicht sagen!** как раз э́то я и не могу́ сказа́ть!

Ebenbild *n* (*Abbild*) портре́т *м,* ко́пия *ж*

Ebene *f* ‹-, -n› ① (*Flachland*) равни́на *ж* ② *FIG* (*Niveau, Position*) сфе́ра *ж,* у́ровень *м;* ◇ **auf höchster ~** на вы́сшем у́ровне ③ MATH (*Fläche*) пло́скость *ж*

ebenfalls *adv* (*gleichfalls*) та́кже, то́же, и, ра́вным о́бразом

Ebenmaß *n* (*Regelmäßigkeit*) соразме́рность *ж*

ebenso *adv* (*genauso*) (то́чно) так же, таки́м же о́бразом; ◇ **sie ist ~ alt wie er** она́ та́кже стара́, как и он; **ebensogut** *adv* (*genauso gut*) так же хорошо́, с таки́м же успе́хом; **ebensooft** *adv* так же ча́сто; **ebensoviel** *adv* сто́лько же; **ebensoweit** *adv* так же далеко́; **ebensowenig** *adv* так же ма́ло

Eber *m* ‹-s, -› ZOOL каба́н *м,* хряк *м*

ebnen *vt* ① (*eben machen*) выра́внивать ‹вы́ровнять› ② *FIG* (*Hindernisse aus dem Weg räumen*) ◇ **jd-m den Weg ~** про|кла́дывать ‹-ложи́ть› кому́-л путь [доро́гу]

Echo *n* ‹-s, -s› ① (*Widerhall*) э́хо *с* ② *FIG* (*Anklang*) отголо́сок *м,* о́тклик *м,* о́тзвук *м*

echt I. *adj* ① (*Edelstein*) настоя́щий, чи́стый ② (*Gemälde*) по́длинный; ◇ **ein ~er Miró** э́то по́длинный Миро́ ③ (*aufrichtig, Gefühle*) неподде́льный, и́скренний ④ (*typisch*) типи́чный **II.** *adv FAM* (*tatsächlich*) действи́тельно; ◇ **ich bin ~ glücklich** я действи́тельно сча́стлив; **Echtheit** *f* ① (*von Kunstwerk*) по́длинность *ж* ② (*von Gefühl*) неподде́льность *ж,* чистота́ *ж*

Eckball *m* SPORT (*Fußball*) углово́й уда́р *м;* **Ecke** *f* ‹-, -n› у́гол *м;* **eckig** *adj* ① (*kantig*) углова́тый, с угла́ми, име́ющий углы́ ② *FIG* (*ungeschickt, Bewegung*) углова́тый, неуклю́жий; **Eckzahn** *m* ANAT глазно́й зуб *м,* клык *м*

edel *adj* ① (*wertvoll, Material*) благоро́дный; (*Wein*) благоро́дный, живи́тельный ② (*gütig, Mensch*) благоро́дный ③ (*Gesichtszüge*) пра́вильный; **Edelstein** *m* (*Schmuckstein*) драгоце́нный ка́мень *м*

editieren *vt* PC вводи́ть информа́цию; **Editor** *m* ‹-s, -en› (*von Buch*) *a.* PC изда́тель *м*

EDV *f* ‹-› *Abk. v.* **elektronische Datenverarbeitung** электро́нная обрабо́тка *ж* да́нных; **EDV-Anlage** *f* (больша́я) ЭВМ *ж*

Effekt *m* ‹-s, -e› (*Wirkung*) эффе́кт *м;* (*Eindruck*) впечатле́ние *с*

Effekten *pl* ① FIN (*Wertpapiere*) це́нные бума́ги *мн,* векселя́ *мн,* ба́нковые биле́ты *мн* ② (*beweglicher Besitz*) дви́жимое иму́щество *с,* дви́жимость *ж*

Effekthascherei *f FAM* (*Bemühen um Wirkung*) пого́ня *ж* за э́ффектом

effektiv *adj* ① (*tatsächlich*) действи́тельный, факти́ческий, реа́льный ② (*wirkungsvoll*) эффекти́вный, де́йственный

egal *adj* ① (*einerlei*) ◇ **das ist mir völlig ~** э́то мне всё равно́ [безразли́чно]; *FAM* мне наплева́ть на э́то ② (*gleichförmig, gleichmäßig*) одина́ковый, ра́вный

Egoismus *m* эгои́зм *м;* **Egoist(in** *f*) *m* эгои́ст(ка *ж*) *м;* **egoistisch** *adj* эгоисти́чный, эгоисти́ческий; **egozentrisch** *adj* (*ichbezogen*) эгоцентри́ческий

ehe *cj* (*bevor*) пре́жде чем, ра́ньше чем

Ehe *f* ‹-, -n› брак *м*, супру́жество *с*; **Ehebett** *n* супру́жеское ло́же *с*; **Ehebrecher(in** *f*) *m* ‹- s, -› наруша́ющий(-ая *ж*) *м* супру́жескую ве́рность; **Ehebruch** *m* наруше́ние *с* супру́жеской ве́рности; **Ehefrau** *f* супру́га *ж*, жена́ *ж*; **Eheleute** *pl* муж *м* и жена́ *ж*, супру́ги *мн*; **ehelich** *adj* супру́жеский; JURA бра́чный; ◇ **~es Kind** ребёнок, роди́вшийся в зако́нном бра́ке

ehemalig *adj* (*früher*) пре́жний, бы́вший; ◇ **ein ~er Schulkamerad** бы́вший шко́льный това́рищ; **ehemals** *adv* (*damals*) ра́ньше, пре́жде, не́когда, когда́-то, в пре́жние времена́

Ehemann *m* муж *м*, супру́г *м*; **Ehepaar** *n* супру́жеская па́ра *ж*, супру́ги *мн*

eher *adv* (1) (*früher*) ра́ньше; ◇ **~ kommen** прийти́ ра́ньше (2) (*lieber*) бо́лее; ◇ **das paßt mir schon ~** э́то мне бо́лее подхо́дит (3) (*vielmehr*) скоре́е, бо́лее; ◇ **ich würde ~ sagen** я бы, (скоре́е) пожа́луй, сказа́л

Ehescheidung *f* расторже́ние *с* бра́ка, разво́д *м*; **Eheschließung** *f* заключе́ние *с* бра́ка, бракосочета́ние *с*, вступле́ние *с* в брак

eheste(r, s) *adj* (1) (*früheste*) ближа́йший, са́мый ра́нний (2) ◇ **am ~n** (*am liebsten*) скоре́е всего́; (*am wahrscheinlichsten*) вероя́тнее всего́

Ehre *f* ‹-, -n› (1) (*Ansehen*) почёт *м*, по́честь *ж*; (*Achtung*) уваже́ние *с* (2) (*persönliche Würde*) честь *ж*; **ehren** *vt* (*achten*) ‹по-› чти́ть, почита́ть *несов*, уважа́ть *несов*; **Ehrengast** *m* почётный гость *м*; **ehrenhaft** *adj* (*anständig, ehrlich*) че́стный, почте́нный; **ehrenrührig** *adj* (*Ehre verletzend*) оскорби́тельный; **Ehrenrunde** *f* SPORT круг *м* почёта; **Ehrensache** *f* FAM (*selbstverständlich*) ◇ **das ist doch ~!** коне́чно! само́ собо́й разуме́ется!; **Ehrenwort** *n* (*Versprechen*) че́стное сло́во *с*

Ehrfurcht *f* (*tiefe Achtung*) глубо́кое уваже́ние *с*, почте́ние *с*; **Ehrgefühl** *n* самолю́бие *с*; **Ehrgeiz** *m* (*Streben*) честолю́бие *с*, тщесла́вие *с*; **ehrgeizig** *adj* честолюби́вый, тщесла́вный; **ehrlich** *adj* (1) (*aufrichtig*) че́стный (2) (*anständig*) поря́дочный; **Ehrlichkeit** *f* (*Aufrichtigkeit*) че́стность *ж*; (*Anständigkeit*) поря́дочность *ж*; **Ehrung** *f* че́ствование *с*, оказа́ние *с* по́честей

Ei *n* ‹-[e]s, -er› (1) (*von Tier*) яйцо́ *с* (2) ◇ **~er** *pl* VULG (*Hoden*) (семенны́е) яи́чки *мн*

Eiche *f* ‹-, -n› BOT дуб *м*

Eichel *f* ‹-, -n› (1) BOT жёлудь *м* (2) ANAT голо́вка *ж* мужско́го полово́го чле́на

eichen *vt* (1) (*Gerät*) ‹про-›калиброва́ть, клейми́ть *несов* (2) FAM (*sich besonders gut auf etw verstehen*) ◇ **auf etw geeicht sein** хорошо́ разбира́ться в чём-л

Eichhörnchen *n* ZOOL бе́лка *ж*

Eid *m* ‹-[e]s, -e› (*Schwur*) кля́тва *ж*, прися́га *ж*; ◇ **e-n ~ schwören** приноси́ть кля́тву

Eidechse *f* ‹-, -n› ZOOL я́щерица *ж*

eidesstattlich *adj* (*an Eides statt*) ◇ **~e Erklärung** заявле́ние *с*, равноси́льное да́нному под прися́гой

Eidgenosse *m*, **Eidgenossin** *f* (*Schweizer/in*) швейца́рец *м*, швейца́рка *ж*

eidlich *adj* (*durch Eid*) кля́твенный, подтверждённый кля́твой

Eidotter *n* яи́чный желто́к *м*; **Eierbecher** *m* подста́вка *ж* [рю́мка *ж*] для яи́ц; **Eierlikör** *m* яи́чный ликёр *м*; **Eierstock** *m* ANAT яи́чник *м*

Eifer *m* ‹-s› (*Streben, Tatendrang*) рве́ние *с*, усе́рдие *с*, пыл *м*

Eifersucht *f* ре́вность *ж*; **eifersüchtig** *adj* ревни́вый; ◇ **er ist ~ auf sie** он ревну́ет её

eifrig *adj* (*fleißig, emsig*) ре́вностный, усе́рдный, стара́тельный

Eigelb *n* ‹-[e]s, -e› яи́чный желто́к *м*

eigen *adj* (1) (*jd-m gehörend*) со́бственный (2) (*typisch*) сво́йственный, характе́рный; ◇ **das ist ihm ~** ему́ э́то сво́йственно; ◇ **sich** *dat* **etw zu ~ machen** усва́ивать что-л (3) (*selbständig, Meinung*) самостоя́тельный, со́бственный; **Eigenart** *f* (1) (*Charakteristikum*) своеобра́зие *с*, характе́рная осо́бенность *ж* (2) (*Eigenheit*) самобы́тность *ж*; **eigenartig** *adj* (*merkwürdig, seltsam*) своеобра́зный, осо́бенный, стра́нный; **Eigenbedarf** *m* (*von Wohnung*) со́бственные ну́жды *ж мн*, со́бственная потре́бность *ж*; ◇ **wegen ~s kündigen** расто́ргнуть догово́р об аре́нде в си́лу со́бственной потре́бности в жилье́; **Eigenbrötler(in** *f*) *m* (*Sonderling*) чуда́к *м*, чуда́чка *ж*; **eigenhändig I.** *adj* (*Unterschrift*) собственнору́чный **II.** *adv* (*übergeben*) собственнору́чно, со́бственными рука́ми; **Eigenheim** *n* со́бственный дом *м*; **Eigenheit** *f* (*Eigenart*) своеобра́зие *с*, характе́рная черта́ *ж*; **eigenmächtig** *adj* (*unbefugt*) самово́льный, самоупра́вный; **Eigenname** *m* и́мя *с* со́бственное; **eigennützig** *adj* (*egoistisch*) (свое)коры́стный; **eigens** *adv* (*speziell*) специа́льно, наро́чно; **Eigenschaft** *f* ① (*Merkmal, Besonderheit*) сво́йство *с*, при́знак *м* ② (*Funktion*) ка́чество *с;* **Eigenschaftswort** *n* GRAM (*Adjektiv*) и́мя *с* прилага́тельное; **Eigensinn** *m* упря́мство *с*, своенра́вие *с;* **eigensinnig** *adj* упря́мый, своенра́вный

eigentlich I. *adj* ① (*tatsächlich*) по́длинный, настоя́щий, со́бственный; ◇ **der ~e Grund** и́стинная причи́на ② (*ursprünglich*) первонача́льный; ◇ **im ~en Sinne** в прямо́м смы́сле [значе́нии] **II.** *adv* (*im Grunde genommen*) со́бственно (говоря́), в су́щности, по су́ти де́ла; ◇ **~ hat sie recht** в су́щности она́ права́; ◇ **was wollen Sie ~?** что Вы, со́бственно говоря́, хоти́те?

Eigentor *n* SPORT гол *м* в со́бственные воро́та; **Eigentum** *n* (*Besitz*) со́бственность *ж;* **Eigentümer(in** *f*) *m* <-s, -> (*Besitzer/in*) со́бственник *м*, со́бственница *ж;* **Eigentumswohnung** *f* (*in der BRD*) кварти́ра *ж* в до́ме, принадлежа́щем ча́стному владе́льцу; (*in Rußland*) приватизи́рованная кварти́ра *ж;* **eigenverantwortlich** *adj* ли́чно отвеча́ющий за что-л; **eigenwillig** *adj* своево́льный, своенра́вный; (*dickköpfig*) упря́мый

eignen *vr* (*tauglich sein*) ◇ **sich ~** годи́ться *несов*, подходи́ть *несов;* (*Person, Sache*) быть приго́дным (*für/zu* для чего́-л); **Eignung** *f* (*Tauglichkeit*) спосо́бность *ж*, приго́дность *ж*

Eilbote *m* курье́р *м*, на́рочный *м;* **Eilbrief** *m* спе́шное письмо́ *с*, депе́ша *ж;* **Eile** *f* <-> (*Hast*) поспе́шность *ж*, спе́шка *ж;* ◇ **in ~ sein** спеши́ть, торопи́ться; **eilen** *vi* ① (*Mensch*) <по->спеши́ть, <по->торопи́ться ② (*dringend sein*) торопи́ться с чем-л, спеши́ть что-л сде́лать; ◇ **es eilt** де́ло спе́шное; **Eilgut** *n* груз *м* большо́й ско́рости, сро́чный груз *м;* **eilig** *adj* ① (*schnell*) спе́шный ② (*dringend*) сро́чный

Eimer *m* <-s, -> ведро́ *с; FAM* (*alles ist kaputt*) ◇ **alles ist im ~** всё провали́лось

ein(e) [1] **I.** *nr* оди́н, одна́, одно́; ◇ **~ Viertel** (одна) че́тверть; ◇ **es ist ~ Uhr** вре́мя - час **II.** *Artikel* (*unbestimmt*) (*im Russischen nicht vorhanden*); ◇ **~e Familie** семья́; *FAM* ◇ **~ jeder** вся́кий там

ein [2] *adv* ◇ **bei jd-m ~ und aus gehen** ча́сто быва́ть у кого́-л

einander *adv* друг дру́га; ◇ **~ helfen** помога́ть друг дру́гу

einarbeiten I. *vt* (*anleiten*) вов|лека́ть <-ле́чь> в рабо́ту (*in akk* во что-л), вводи́ть <ввести́> в курс де́ла (*in akk* во что-л) **II.** *vr* ◇ **sich ~** втя́гиваться в рабо́ту, входи́ть в курс де́ла (*in akk* во что-л)

einarmig *adj* однору́кий

einatmen *vt, vi* (*Luft*) вдыха́ть *несов*

Einbahnstraße *f* у́лица *ж* с односторо́нним движе́нием

Einband *m* (*Umschlag*) переплёт *м*

einbauen *vt* ① (*Möbel*) встр|а́ивать <-ро́ить>; TECH <в->монти́ровать ② *FIG* (*einfügen, Zitat*) в|ставля́ть <-ста́вить>; **Einbaumöbel** *pl* встро́енная ме́бель *ж*

einberufen *unreg vt* ① (*Sitzung*) соз<ы>ва́ть ② MIL приз<ы>ва́ть; **Einberufung** *f* созы́в *м;* MIL призы́в *м*

Einbettzimmer *n* (*im Hotel*) одноме́стный но́мер *м*

einbiegen *unreg vi* (*einmünden*) свора́чивать <сверну́ть> (*in akk* куда́-л)

einbilden *vr* ◇ **sich** *dat* **etw ~** вообра|жа́ть <-зи́ть> себе́; (*eingebildet sein*) ◇ **sich** *dat* **etw auf sich ~** быть о себе́ высо́кого мне́ния; **Einbildung** *f* ① (*Phantasie*) фанта́зия *ж*, воображе́ние *с* ② (*Dünkel, Hochmut*) высокоме́рие *с*, самомне́ние *с*

Einblick *m* ① (*Blick, in Raum*) взгляд *м* ② *FIG* (*Kenntnisnahme*) ознакомле́ние *с* (*in akk* с чем-л)

einbrechen *unreg vi* ① (*unbefugt hineingehen*) врыва́ться <ворва́ться>, совер|ша́ть <-ши́ть> кра́жу со взло́мом ② (*Wand*) про|ла́мывать <-лома́ть>, проби́<ва́>ть ③ ◇ **ins Eis ~** прова́ливаться под лёд; **Einbrecher(in** *f*) *m* <-s, -> взло́мщик *м*, взло́мщица *ж*, вор(о́вка *ж*) *м*

einbringen *unreg vt* ① (*Geld, Nutzen*) при|носи́ть <-нести́> ② (*Gesetzesantrag*) вноси́ть <внести́> ③ (*Ernte*) соб<и>ра́ть

Einbruch *m* ① (*in Geschäft*) взлом *м*, кра́жа *ж* со взло́мом ② METEO нача́ло *с*, наступле́ние *с;* (*Beginn*) ◇ **bei ~ der Nacht** с наступле́нием но́чи ③ (*Einsturz des Bodens*) обруше́ние *с;* **einbruchsicher** *adj* защищённый от взло́ма, не поддаю́щийся взло́му

einbürgern I. *vt* (*Bürgerrechte verleihen*) дава́ть права́ гражда́нства кому́-л **II.** *vr* (*zur Gewohnheit werden*) ◇ **sich ~** укоре|ня́ться <-ни́ться>, входи́ть <войти́> в обы́чай

E

Einbuße *f* (*Verlust*) потéря *ж*, убы́ток *м*, ущéрб *м*

einchecken *vt* AERO оформля́ть ‹офóрмить› билéт и багáж авиапассажи́ров

eindeutig *adj* (*Aussage*) я́сный, недвусмы́сленный; (*Verbesserung*) однознáчный; (*Stellungnahme*) определённый

eindringen *unreg vi* ① (*sich Zutritt verschaffen*) про|никáть ‹-ни́кнуть› (*in akk* кудá-л); MIL вторгáться ‹втóргнуться› (*in akk* кудá-л) ② (*Wasser*) про|никáть ‹-ни́кнуть› (*in etw akk* кудá-л), про|сáчиваться ‹-сочи́ться› (*in etw akk* кудá-л) ③ (*eindringlich zureden*) напирáть *несов*, наседáть *несов* (*auf jd-n* на когó-л) ④ (*erforschen*) вникáть ‹вни́кнуть›; ◇ **in die Geheimnisse der Natur ~** проникáть в тáинства прирóды; **eindringlich I.** *adj* (*nachdrücklich*) настоя́тельный, убеди́тельный **II.** *adv* ◇ **~ auf etw hinweisen** настоя́тельно указáть на что-л; **Eindringling** *m* интервéнт *м*, захвáтчик *мм*

Eindruck *m* ① (*Wirkung*) впечатлéние *с*; ◇ **e-n guten ~ machen** производи́ть хорóшее впечатлéние ② (*Spur*) отпечáток *м*, след *м*; **eindrucksvoll** *adj* вырази́тельный

eineinhalb *nr* полторá

einerlei *adj* ‹inv› **I.** (*prädikativ*) (*egal, gleichgültig*) одинáковый; ◇ **es ist mir ~** э́то мне безразли́чно **II.** (*attributiv*) (*gleichartig*) однорóдный; **einerseits** *adv* с однóй стороны́

einfach I. *adj* ① (*schlicht, Lebensweise*) простóй, скрóмный ② (*nicht kompliziert*) (*Mensch*) обыкновéнный; (*Aufgabe*) несло́жный ③ (*nicht mehrfach*) ◇ **~e Fahrkarte** билéт *м* в одно́м направлéнии **II.** *adv* прóсто; ◇ **das ist ~ toll!** прóсто великолéпно!; **Einfachheit** *f* ① (*Schlichtheit*) простотá *ж* ② (*Leichtigkeit*) лёгкость *ж*

Einfahrt *f* ① (*von Garage*) въéзд *м* ② (*das Hineinfahren*) въéзд *м* ③ MIN спуск *м* в шáхту

Einfall *m* ① (*Idee*) (внезáпная) мысль *ж*, идéя *ж* ② (*von Licht*) падéние *с*; **einfallen** *unreg vi* ① (*einstürzen*) обру́|шиваться ‹-шиться› ② (*Licht*) пáдать *несов* (*in akk* на что-л) ③ MIL вторгáться ‹втóргнуться›, совершáть нападéние ④ (*in den Sinn kommen*) при|ходи́ть ‹-йти́› на ум [в гóлову]; ◇ **das fällt mir gar nicht ein** я не могу́ э́то сейчáс вспóмнить; (*was soll das?*) ◇ **was fällt dir ein?** как ты смéешь?

einfältig *adj* (*naiv, beschränkt*) наи́вный, простоду́шный, ограни́ченный

einfangen *unreg vt* ① (*Tier*) лови́ть ‹поймáть› ② *FIG* (*Stimmung*) вы́разить что-л словáми

einfarbig *adj* одноцвéтный, однотóнный

einfinden *unreg vr* (*eintreffen*) ◇ **sich ~** при-бы́‹вá›ть, при|ходи́ть ‹-йти́›, явля́ться ‹яви́ться›

einfliegen *unreg vt* (*jd-n*) до|ставля́ть ‹-стáвить› возду́шным путём

Einfluß *m* ‹-sses, -flüsse› (*Wirkung, Macht*) влия́ние *с* (*auf akk* на когó-л); **einflußreich** *adj* влия́тельный

Einförmigkeit *f* однообрáзие *с*, монотóнность *ж*

einfrieren *unreg* **I.** *vt* ① (*Lebensmittel*) замо|рáживать ‹-рóзить› ② *FAM* (*Gelder*) замо|рáживать ‹-рóзить› **II.** *vi* (*Wasserleitung*) за|мерзáть ‹-мёрзнуть›

einfügen I. *vt* ① (*einschieben, Bemerkung*) в|ставля́ть ‹-стáвить› ② (*hinzufügen*) до|бавля́ть ‹-бáвить›; PC дéлать встáвку **II.** *vr* (*sich anpassen*) ◇ **sich ~** приспо|сáбливаться ‹-сóбиться› (*in akk* к чему́-л)

Einfuhr *f* ‹-› (*Import*) ввоз *м*, и́мпорт *м*; **einführen** *vt* ① (*Ware*) ввози́ть ‹ввезти́›, импорти́ровать *несов и сов* ② (*vorstellen, Person*) представля́ть *несов* ③ (*etw Neues bringen*) вводи́ть ‹ввести́› ④ (*einarbeiten*) вводи́ть в курс дéла

Eingabe *f* ① PC ввод *м* ② (*Gesuch, Bitte*) подáча *ж* заявлéния, прóсьба *ж*; **Eingabetaste** *f* PC клáвиша *ж* ввода

Eingang *m* ① (*Haupt~*) вход *м* ② COMM (*Waren~*) поступлéния *мн*; (*von Brief*) получéние *с*, поступлéние *с*; **Eingangsbestätigung** *f* COMM подтверждéние *с* поступлéния [получéния]

eingeben *unreg vt* ① (*einflößen, Medizin*) дá‹вá›ть ② PC (*Daten*) вводи́ть ‹ввести́› ③ (*suggerieren, Ideen*) вну|шáть ‹-ши́ть›

eingebildet *adj* ① (*nicht real*) воображáемый, мни́мый ② (*arrogant*) высокомéрный, надмéнный

Eingeborene(r) *fm* тузéмец *м*, тузéмка *ж*, мéстный урожéнец *м*, мéстная урожéнка *ж*

Eingebung *f* (*Suggestion*) внушéние *с*; (*Inspiration*) вдохновéние *с*

eingefallen *adj* (*Wangen*) впáлый

eingefleischt *adj* (*hartnäckig*) закоренéлый

eingehen *unreg* **I.** *vi* ① (*Post, Ware, Geld*) посту|пáть ‹-пи́ть› ② (*auf Vorschlag*) согла|-

шáться <-сúться>; (*auf Frage*) останови́ться (*auf akk* с чем-л); ◇ **auf jd-n** ~ относи́ться с внимáнием к комý-л ③ (*Tier, Pflanze*) поги́бнуть *сов;* (*Firma*) ликвиди́роваться *несов и сов* ④ (*Kleidung*) сади́ться *несов* ⑤ ◇ **in die Geschichte** ~ войти́ в истóрию **II.** *vt* ◇ **e-e Wette** ~ держáть парú; ◇ **ein Risiko** ~ пойти́ на риск

eingenommen *adj* (*Partei ergreifen*) ◇ **für jd-n** ~ **sein** быть располóженным к комý-л, питáть симпáтию к комý-л; ◇ **von sich** ~ **sein** быть о себé высóкого мнéния

eingeschrieben *adj* ① (*immatrikuliert*) при́нятый ② (*Brief*) заказнóй

Eingeständnis *n* (*Bekenntnis*) признáние *с* чегó-л в чём-л

eingestehen *unreg vt* (*zugeben*) сознá<вá>ться в чём-л признá<вá>ть,

Eingeweide *pl* внýтренности *мн,* кишки́ *мн,* потрохá *мн*

Eingeweihte(r) *fm* посвящённый(-ая *ж*) *м*

eingewöhnen *vr* (*sich einleben*) ◇ **sich** ~ при|выкáть <-вы́кнуть> (*in akk* к чемý-л)

eingießen *unreg vt* (*Kaffee*) нали́<вá>ть

eingliedern *vt* (*in Gemeinschaft*) вклю|чáть <-чи́ть>, вводи́ть <ввести́> в состáв чегó-л

eingraben *unreg* **I.** *vt* (*vergraben*) за|кáпывать <-копáть>, зары́<вá>ть **II.** *vr* ◇ **sich** ~ ① (*Tier*) зары́<вá>ться ② *FIG* (*sich festsetzen, im Gedächtnis*) запечатлéться *сов*

eingreifen *unreg vi* ① TECH (*greifen, Zahnrad*) входи́ть в зацеплéние, заце|пля́ться <-пи́ться> ② *FIG* (*sich einmischen*) вмé|шиваться <-шáться> (*in akk* во что-л); **Eingriff** *m* ① (*Einmischung*) *a.* MIL вмешáтельство *с;* (*in jd-s Rechte*) посягáтельство *с* ② MED (*Operation*) хирурги́ческое вмешáтельство *с,* оперáция *ж*

einhaken I. *vt* (*mit Haken befestigen*) заце|пля́ть <-пи́ть> **II.** *vr FAM* (*Arm in Arm gehen*) ◇ **sich bei jd-m** ~ брать <взять> пóд руку когó-л **III.** *vi* (*eingreifen, bei Gespräch*) вмé|шиваться <-шáться>

Einhalt *m* (*zurückhalten*) ◇ **jd-m/e-r Sache** ~ **gebieten** положи́ть конéц чемý-л

einhalten *unreg vt* ① (*Gesetz, Termin*) соблю|дáть <-сти́> ② (*Versprechen*) сдержáть *сов*

einhändig *adj* однорýкий; SPORT (*mit einer Hand*) произведённый однóй рукóй

einheimisch *adj* ① (*ansässig*) мéстный; (*in fernem Land*) тузéмный ② (*inländisch, Produkt*) отéчественный

Einheit *f* ① (*Ganzes*) еди́нство *с;* ◇ **die deutsche** ~ еди́нство *с* [объединéние *с*] Гермáнии ② (*Telefon~*) едини́ца *ж* оплáты ③ MIL войсковáя часть *ж,* подразделéние *ж;* **einheitlich** *adj* ① (*gleich*) еди́ный, однорóдный ② (*zusammengehörig*) единообрáзный, унитáрный; **Einheitspreis** *m* еди́ная [стандáртная] ценá *ж*

einholen *vt* ① (*jd-n*) до|гоня́ть <-гнáть>, на|стигáть <-ти́чь> ② (*aufholen, Verspätung*) на|вёрстывать <-верстáть> ③ (*Netz, Anker*) выбирáть <вы́брать> ④ (*herunterholen, Fahne*) спус|кáть <-ти́ть> ⑤ (*Erlaubnis*) <по->совéтоваться

einhundert *nr* сто; *s. a.* **fünf**

einig *adj* ① (*vereint*) еди́ный, сплочённый ② (*gleichgesinnt*) соглáсный, единодýшный; ◇ **sich** *dat* ~ **sein** быть одногó мнéния (*über akk* с кем-л, в чём-л); (*zu Übereinkunft gelangen*) ◇ **sich** *dat* ~ **werden** прийти́ к соглашéнию, договори́ться о чём-л

einige(r, s) *pron* ① (*pl*) (*ein paar*) нéкоторые; ◇ **~e von uns** нéкотóрые из нас ② (*pl*) (*mehrere*) нéсколько; ◇ **vor ~n Jahren** нéсколько лет томý назáд ③ (*sg*) (*ziemlich viel*) мнóгие

einigen I. *vt* (*Personen*) объеди|ня́ть <-ни́ть> **II.** *vr* ◇ **sich** ~ договори́ться *сов,* согла|шáться <-си́ться> (*auf akk* в чём-л)

einigermaßen *adv* ① (*ziemlich*) до нéкоторой стéпени, мáло-мáльски ② (*erträglich*) снóсно, бóлее или мéнее, кóе-как

Einigkeit *f* ① (*Zusammengehörigkeit*) еди́нство *с* ② (*Übereinstimmung*) единодýшие *с,* соглáсие *с;* **Einigung** *f* ① (*Einigen*) единéние *с,* объединéние *с* ② (*Übereinstimmung*) соглашéние *с*

einjährig *adj* ① (*1 Jahr alt*) годовáлый ② (*1 Jahr dauernd*) (одно) годи́чный ③ BOT (*nur 1 Jahr lebend*) однолéтний

Einkauf *m* ① (*Einkaufen*) покýпка *ж* ② (*Kauf*) закýпка *ж;* **einkaufen I.** *vt* (*kaufen*) покупáть <купи́ть>; (*in großen Mengen*) заку|пáть <-пи́ть> **II.** *vi* (*Besorgungen machen*) дéлать покýпки; **Einkaufsbummel** *m* прогýлка *ж* по магази́нам; **Einkaufspreis** *m* покупнáя/скýпочная ценá *ж;* **Einkaufszentrum** *n* торгóвый центр *м*

Einklang *m* (*Übereinstimmung*) соглáсие *с,* согласóванность *ж,* соотвéтствие *с;* ◇ **sich im** ~ **befinden** быть в соглáсии

einkleiden *vt* одé<вá>ть; (*ausstaffieren*) обмундирó|вывать <-вáть>

einkochen *vt* увá|ривать <-ри́ть>

Einkommen *n* <-s, -> дохóды *мн,* дохóд *м;* **Einkommensteuer** *f* подоходный налóг *м*

einkreisen *vt* окру|жа́ть <-жи́ть>
Einkünfte *pl* дохо́ды *мн*
einladen *unreg vt* ① (*Möbel, Waren*) грузи́ть *несов,* нагру|жа́ть <-зи́ть>, погру|жа́ть <-зи́ть> ② (*jd-n*) пригла|ша́ть <-си́ть>; ◇ **zu sich nach Hause** ~ приглаша́ть к себе́ домо́й; **Einladung** *f* приглаше́ние *с*
Einlage *f* ① GASTRON (*von Suppe*) засы́пка *ж* ② (*vom Schuh*) супина́тор *м* ③ (*vom Sparguthaben*) де́нежный вклад *м,* взнос *м;* (*vom Kapital*) вложе́ние *с* ④ (*Zwischenspiel*) вставно́й но́мер *м* в програ́мме
einlagern *vt* за|кла́дывать <-ложи́ть> на хране́ние
Einlaß *m* <-sses, -lässe> ① (*Eintritt*) впуск *м;* (*Zutritt*) до́пуск *м;* ◇ ~ **begehren** тре́бовать до́ступа ② (*Tür*) вход *м;* **einlassen** *unreg* **I.** *vt* ① (*hereinlassen*) впус|ка́ть <-ти́ть> ② (*Wasser in Wanne*) напус|ка́ть <-ти́ть> ③ (*einbauen, Schrank*) в|ставля́ть <-ста́вить> **II.** *vr* ◇ **sich** ~ ① (*Umgang haben*) ◇ **sich mit jd-m** ~ вступа́ть в конта́кт [разгово́р] с кем-л ② (*mitmachen*) ◇ **sich** *akk* **auf etw** ~ принима́ть уча́стие в чём-л, пуска́ться на что-л
einlaufen *unreg* **I.** *vi* ① (*ankommen, eintreffen*) прибы́<ва́>ть; (*in den Hafen*) входи́ть <вой-ти́>; SPORT финиши́ровать *несов и сов* ② (*Wasser*) напо́л|ня́ться <-ниться> ③ (*Wäsche*) сади́ться <сесть> **II.** *vt* (*Schuhe*) раз|на́шивать <-носи́ть> **III.** *vr* SPORT (*sich warmlaufen*) ◇ **sich** ~ де́лать разми́нку
einleben *vr* ◇ **sich** ~ свыка́ться <свы́кнуться> с чем-л, вжи́<ва́>ться во что-л
einlegen *vt* ① (*hineintun*) вкла́дывать <вложи́ть>, в|ставля́ть <-ста́вить> ② GASTRON (*salzen*) <за->соли́ть; (*Fleisch*) маринова́ть *несов* ③ ◇ **eine Pause** ~ объяви́ть переры́в ④ ◇ **Beschwerde** ~ подава́ть жа́лобу; ◇ **ein gutes Wort für jd-n** ~ замо́лвить слове́чко за кого́-л
einleiten *vt* ① (*Feier*) откры́<ва́>ть ② (*Neuerungen*) вводи́ть <ввести́> ③ MED (*Geburt*) вызыва́ть <вы́звать> ④ (*Abwässer*) с|бра́сывать <-бро́сить> ⑤ ◇ **Maßnahmen** ~ принима́ть ме́ры; **Einleitung** *f* (*von Buch*) введе́ние *с;* (*von Verhandlungen*) нача́ло *с;* MUS прелю́дия *ж,* вступле́ние *с*
einleuchtend *adj* (*verständlich*) я́сный, очеви́дный; (*überzeugend*) убеди́тельный
einliefern *vt* (*Paket*) до|ставля́ть <-ста́вить>; (*Ware*) по|ставля́ть <-ста́вить>; ◇ **jd-n ins Krankenhaus** ~ доставля́ть кого́-л в больни́цу
einlösen *vt* ① (*Scheck*) опла́|чивать <-ти́ть>; (*Pfand*) выкупа́ть <вы́купить> ② *FIG* (*Versprechen*) выполня́ть <вы́полнить>, сдержа́ть *сов*
einmal *adv* ① (*nicht mehrmals*) (оди́н) раз, однокра́тно; ◇ **noch** ~ ещё раз ② (*früher*) ◇ **es war** ~ когда́-то; (*Märchenbeginn*) жилбыл ③ (*e-s Tages*) одна́жды ④ ◇ **auf** ~ (*plötzlich*) неожи́данно, вдруг; (*gleichzeitig*) сра́зу, одновреме́нно ⑤ (*zunächst*) ◇ **erst** ~ во-пе́рвых, внача́ле; ◇ **nehmen wir** ~ **an, daß ...** во-пе́рвых предполо́жим, что ... ⑥ (*gar nicht*) ◇ **nicht** ~ да́же не; **einmalig** *adj* ① (*Gelegenheit*) однокра́тный, ра́зовый; (*einzigartig*) еди́нственный в своём ро́де ② (*toll, außergewöhnlich*) исключи́тельный
einmischen *vr* ◇ **sich** ~ вме́|шиваться <-ша́ться> (*in akk* во что-л)
einmütig *adj* (*einhellig*) единоду́шный
Einnahme *f* <-, -n> ① (*Einkommen*) сбор *м,* дохо́д *м* ② (*von Medizin*) приём *м,* приня́тие *с* ③ MIL (*Eroberung*) взя́тие *с,* овладе́ние *с;* **einnehmen** *unreg vt* ① (*Geld*) полу|ча́ть <-чи́ть>, де́лать вы́ручку ② (*Medizin*) прин|има́ть <-я́ть>; (*Essen*) есть *несов,* ку́шать *несов* ③ (*besetzen, Platz*) зан|има́ть <-я́ть>; MIL (*Stadt*) захва́|тывать <-ти́ть>, брать <взять>, овладе́<ва́>ть ④ (*Posten, Haltung*) зан|има́ть <-я́ть> ⑤ *FIG* (*für sich gewinnen*) ◇ **jd-n für sich** ~ расположи́ть кого́-л к себе́
Einöde *f* (*Ödnis*) глухо́е ме́сто *с,* глушь *ж;* (*Wüste*) пусты́ня *ж*
einordnen I. *vt* (*Buch, Karteikarte*) разме|ща́ть <-сти́ть>, распо|лага́ть <-ложи́ть> в поря́дке (*in akk* где-л) **II.** *vr* ◇ **sich** ~ ① (*sich anpassen, einfügen*) вклю|ча́ться <-чи́ться>, подчини́ться устано́вленному поря́дку ② AUTO встро́иться (в ряд)
einpacken I. *vt* (*einwickeln*) за|вёртывать <-верну́ть> (*in akk* в) **II.** *vi* (*für Reise*) упако́|вывать <-ва́ть>, скла́дывать <сложи́ть> ве́щи
einparken *vi* припарко́|вывать <-ва́ть>
einpflanzen *vt* ① (*Pflanze*) сажа́ть <посади́ть>, выса́живать <вы́садить> ② MED (*Organ*) импланти́ровать *несов и сов,* переса́|живать <-ди́ть>
einplanen *vt* <за->плани́ровать, вклю|ча́ть <-чи́ть> в план
einprägen *vt* ① (*Muster*) выбива́ть <вы́бить>, чека́нить *несов* ② (*einschärfen*) вну|ша́ть <-ши́ть> ③ (*sich merken*) ◇ **sich**

dat **etw** ~ запóмнить *сов* что-л, запечатлевáть *несов;* **einprägsam** *adj* (*Melodie*) легкó запечатлевáющийся

einrasten *vi* TECH (*einschnappen*) зас|кáкивать ‹-кочи́ть›, входи́ть ‹войти́› в зацеплéние

einräumen *vt* ① (*Möbelstück*) рас|ставля́ть ‹-стáвить›, разложи́ть вéщи (в шкафу́) ② (*Wohnung*) об|ставля́ть ‹-стáвить› ③ *FIG* (*Recht*) предо|ставля́ть ‹-стáвить›

einrechnen *vt* ① (*in Rechnung aufnehmen*) за|числя́ть ‹-чи́слить› ② (*berücksichtigen*) учи́тывать ‹учéсть›

einreden I. *vt* (*glauben machen*) ◇ **jd-m etw** ~ вну|шáть ‹-ши́ть› что-л комý-л **II.** *vi* ◇ **auf jd-n** ~ настóйчиво уговáривать когó-л **III.** *vr* (*sich etw vormachen*) ◇ **sich** *dat* **etw** ~ внушáть себé что-л

einreichen *vt* (*Antrag, Gesuch*) подá‹вá›ть

Einreise *f* (*in Staat*) въезд *м;* **Einreisebestimmungen** *f pl* прáвила *мн* въéзда; **einreisen** *vi* въезжáть ‹въéхать› в странý

einreißen *unreg* **I.** *vt* ① (*Papier*) над|рывáть ‹-орвáть›; (*Stoff*) раз|рывáть ‹-орвáть› ② (*Gebäude*) сноси́ть ‹снести́›, ‹с-›ломáть **II.** *vi FAM* (*zur Gewohnheit werden*) распро-стра|ня́ться ‹-ни́ться›, укоре|ня́ться ‹-ни́ться›

einrichten I. *vt* ① (*Wohnung*) об|ставля́ть ‹-стáвить› ② (*Geschäft*) уст|рáивать ‹-рóить› ③ MED (*Knochen*) в|правля́ть ‹-прáвить› **II.** *vr* ◇ **sich** ~ ① (*es sich wohnlich machen*) уст|рáиваться ‹-рóиться›; ◇ **sich bei jd-m häuslich** ~ обосновáться у когó-л ② (*sich anpassen*) приспо|сáбливаться ‹-сóбиться› (*auf akk* к чемý-л) ③ (*sich vorbereiten*) приготóвиться (*auf akk* к чемý-л); **Einrichtung** *f* ① (*Wohnungs~*) оборýдование *с*, устрóйство *с;* (*Ausstattung*) обстанóвка *ж* ② (*Institution*) учреждéние *с* ③ (*von Konto*) откры́тие *с*

eins I. *nr* ① (*Zahl*) оди́н, едини́ца; *s. a.* **fünf** ② SCH (*sehr gut*) отли́чно **II.** *adv* ① (*einig*) ◇ **wir sind uns** ~ мы одногó мнéния ② (*egal, gleichgültig*) ◇ **ihm ist alles** ~ емý всё безразли́чно ③ (*ein Ganzes*) ◇ ~ **sein** быть еди́ным цéлым ④ (*etwas*) кóе-что; ◇ ~ **muß noch gesagt werden** кóе-что слéдует ещё сказáть; ◇ **jd-m** ~ **auswischen** влепи́ть комý-л

einsam *adj* ① (*allein*) одинóкий, уединённый; ◇ **sich** ~ **fühlen** чýвствовать себя́ одинóким ② (*abgelegen*) уединённый; ◇ **~e Gegend** глухáя [пусты́нная] мéстность ③ *FAM* (*groß*) ◇ **~e Klasse!** вы́сший сорт!; **Einsamkeit** *f* ① (*Alleinsein*) одинóчество *с* ② (*Abgeschiedenheit*) уединéние *с*

einsammeln *vt* соб‹и›рáть

Einsatz *m* ① (*an Kleidung*) встáвка *ж*, прошíвка *ж* ② (*Spiel~, Wett~*) стáвка *ж* ③ MUS вступлéние *с* ④ (*Verwendung*) испóльзование *с*, применéние *с;* ◇ **unter** ~ **des Lebens** рискýя жи́знью; **einsatzbereit** *adj* в пóлной готóвности

einschalten I. *vt* ① ELECTR вклю|чáть ‹-чи́ть› ② (*Anwalt, Polizei*) подклю|чáть ‹-чи́ть› ③ (*Pause*) ‹с-›дéлать ④ AUTO (*Gang*) вклю|чáть ‹-чи́ть› **II.** *vr* (*einmischen*) ◇ **sich** ~ включáться (*in akk* во что-л)

einschätzen I. *vt* (*Vermögen, Lage*) оцé|нивать ‹-ни́ть› **II.** *vr* ◇ **sich** ~ оцé|нивать ‹-ни́ть› себя́

einschicken *vt* пос‹ы›лáть, прис‹ы›лáть

einschiffen I. *vt* (*aufs Schiff laden*) ‹по-›грузи́ть, производи́ть посáдку на сýдно **II.** *vr* (*mit Schiff abreisen*) ◇ **sich** ~ сади́ться ‹сесть› на сýдно

einschlafen *unreg vi* зас|ыпáть ‹-нýть›

einschlagen *unreg* **I.** *vt* ① (*Fenster, Zähne*) разби́‹вá›ть, выбивáть ‹вы́бить›; (*Tür, Schädel*) вылáмывать ‹вы́ломать›, вз|лáмывать ‹-ломáть› ② (*Nagel*) заби́‹вá›ть, вко|лáчивать ‹-лоти́ть› ③ (*Steuerrad*) на|правля́ть ‹-прáвить›; (*Weg, Richtung*) выбирáть *несов* ④ (*Saum*) подши́‹вá›ть; (*Rand*) за|гибáть ‹-гнýть› ⑤ (*einwickeln*) за|вёртывать ‹-вернýть› **II.** *vi* ① (*Blitz, Kugel*) ударя́ть ‹удáрить›, по|падáть ‹-пáсть› (*in* в, по) ② (*schlagen*) бить (*auf jd-n* когó-л) ③ (*Erfolg haben*) найти́ óтклик, имéть успéх

einschleichen *unreg vr* ◇ **sich** ~ (*Person*) про|крáдываться ‹-крáсться›; (*Fehler*) в|крáдываться ‹-крáсться›

einschließen *unreg vt* ① (*einsperren*) заклю|чáть ‹-чи́ть› в тюрьмý; (*Gegenstand*) за|пирáть ‹-перéть›, закры́‹вá›ть на ключ ② (*umzingeln*) *a.* MIL окру|жáть ‹-жи́ть› ③ *FIG* (*enthalten, einbeziehen*) вклю|чáть ‹-чи́ть›; **einschließlich I.** *adv* включи́тельно; ◇ **bis 31. Juli** ~ до 31 ию́ля включи́тельно **II.** *präp gen* (*inbegriffen*) включáя

einschmeicheln *vr* ◇ **sich** ~ подли́|зываться ‹-зáться› (*bei dat* к комý-л)

einschnappen *vi* ① (*Schloß*) защёлк|иваться ‹-нуться› ② *FIG* (*beleidigt sein*) обижáться ‹оби́деться›; ◇ **eingeschnappt sein** быть оби́женным

Einschnitt *m* ① (*in Papier, Stoff*) надре́з *м*, разре́з *м;* MED поре́з *м* ② (*Veränderung*) перело́м *м*, коренно́е измене́ние *с*

einschränken I. *vt* ① (*Freiheit*) ограни́чи‹ва›ть ② (*Kosten*) сокра|ща́ть ‹-ти́ть› ③ (*Thema*) сужа́ть ‹су́зить› II. *vr* (*sparen*) ◇ **sich** ~ ограни́чи‹ва›ть себя́ в расхо́дах; **Einschränkung** *f* ① (*Beeinträchtigung*) ограниче́ние *с* ② (*Verringerung*) сокраще́ние *с* ③ (*Vorbehalt, von Behauptung*) огово́рка *ж*, ограниче́ние *с*

Einschreib[e]brief *m* заказно́е письмо́ *с;* **einschreiben** *unreg* I. *vt* (*in Liste*) впи́|сывать ‹-са́ть›, вноси́ть ‹внести́› II. *vr a.* UNI ◇ **sich** ~ запи́|сываться ‹-са́ться›; **Einschreiben** *n* (*Brief*) заказно́е отправле́ние *с*

Einschub *m* ‹-s, -schübe› (*im Text*) вста́вка *ж;* (*Ergänzung*) дополне́ние *с*

einschüchtern *vt* запу́|гивать ‹-га́ть›

einsehen *unreg vt* ① (*begreifen*) пон|има́ть ‹-я́ть› ② (*Akten*) про|сма́тривать ‹-смотре́ть› ③ (*Fehler*) осозна́‹ва́›ть ④ ◇ **das sehe ich nicht ein** с э́тим я не согла́сен

einseitig *adj* ① (*Lähmung*) односторо́нний ② (*unilateral, Abrüstung*) односторо́нний ③ (*subjektiv*) необъекти́вный ④ (*Interessensgebiet*) ограни́ченный

einsenden *unreg vt* пос‹ы›ла́ть, от|правля́ть ‹-пра́вить›; **Einsender(in** *f*) *m* отправи́тель(ница *ж*) *м*

einsetzen I. *vt* ① (*installieren, einbauen*) поме|ща́ть ‹-сти́ть›, ‹в-›монти́ровать; (*Fensterscheibe*) в|ставля́ть ‹-ста́вить› ② (*ernennen, einstellen*) на|знача́ть ‹-зна́чить› ③ (*Geld*) де́лать ста́вку; (*Leben*) рискова́ть *несов* ④ (*verwenden, Mittel*) испо́льзовать *несов и сов* II. *vi* (*beginnen, Winter*) нач‹ин›а́ться, насту|па́ть ‹-пи́ть›; MUS всту|па́ть ‹-пи́ть› III. *vr* ◇ **sich für jd-n/etw** ~ всту|па́ться ‹-пи́ться› за кого́/что-л

Einsicht *f* ① (*Einblick*) просмо́тр *м* чего́-л, ознакомле́ние *с* с чем-л ② (*das Verstehen*) понима́ние *с*, благоразу́мие *с;* ◇ **zu der** ~ **gelangen, daß** образу́миться, что

Einsiedler(in *f*) *m* отше́льник *м*, отше́льница *ж*, затво́рник *м*, затво́рница *ж*

einspannen *vt* ① (*Blatt Papier*) в|ставля́ть ‹-ста́вить› ② (*Pferde*) за|пряга́ть ‹-пря́чь› ③ *FAM* (*in Anspruch nehmen*) загру|жа́ть ‹-зи́ть› рабо́той; ◇ **jd-n für e-e Arbeit** ~ впряга́ть в рабо́ту кого́-л

einsperren *vt* (*einschließen*) за|пира́ть ‹-пере́ть›; (*ins Gefängnis*) сажа́ть ‹посади́ть›

einspielen I. *vt* ① (*Gewinn erzielen*) оку|пи́ться ‹-па́ться›, опра́в|дывать ‹-да́ть› расхо́ды ② MUS (*Instrument*) обы́|грывать ‹-гра́ть› II. *vr* ◇ **sich** ~ сы́грываться ‹сыгра́ться›; SPORT (*harmonieren*) ‹у-›соверше́нствоваться

einspringen *unreg vi* (*aushelfen*) по|мога́ть ‹-мо́чь› кому́-л, выруча́ть ‹вы́ручить› (*für jd-n* кого́-л)

Einspruch *m a.* JURA возраже́ние *с*, проте́ст *м*, отпо́р *м;* ◇ ~ **erheben** заявля́ть проте́ст

einst *adv* ① (*früher*) пре́жде, одна́жды, не́когда, когда́-то ② (*später einmal*) когда́-нибу́дь (в бу́дущем)

einstecken *vt* ① (*in Tasche*) всо́вывать ‹всу́нуть›, за|со́вывать ‹-су́нуть› (*in akk* во что); ELECTR в|ставля́ть ‹-ста́вить›, втыка́ть ‹воткну́ть› ② (*Brief*) опус|ка́ть ‹-ти́ть› ③ (*mitnehmen*) брать ‹взять›, заб‹и›ра́ть с собо́й ④ *FAM* (*mitgehen lassen, Geld*) прикарма́ни‹ва›ть, при|сва́ивать ‹-сво́ить› ⑤ *FAM* (*Prügel*) сноси́ть ‹снести́›, про|гла́тывать ‹-глоти́ть›

einstehen *unreg vi* (*verantworten*) отвеча́ть *сов;* (*eintreten*) руча́ться ‹поручи́ться› (*für* за кого́-что-л)

einsteigen *unreg vi* ① (*in Fahrzeug*) сади́ться ‹сесть›; (*einbrechen, in Haus*) входи́ть ‹войти́› ② (*sich beteiligen, beitreten*) всту|па́ть ‹-пи́ть›, войти́ (*in dat* во что); (*in Politik*) прин|има́ть ‹-я́ть› уча́стие

einstellen I. *vt, vi* ① (*hinstellen, Auto*) уста|на́вливать ‹-нови́ть›, ‹по-›ста́вить, поме|ща́ть ‹-сти́ть› ② (*Mitarbeiter*) нан|има́ть ‹-я́ть›, за|числя́ть ‹-чи́слить› ③ (*Kamera*) уста|на́вливать ‹-нови́ть›, на|води́ть ‹-вести́›; (*Radio*) на|стра́ивать ‹-стро́ить› ④ (*Produktion, Zahlungen*) приоста|на́вливать ‹-нови́ть›; JURA (*beenden*) ◇ **das Verfahren gegen jd-n** ~ прекра|ща́ть ‹-ти́ть› де́ло про́тив кого́-л; ◇ **bitte das Rauchen** ~ прекрати́те, пожа́луйста, кури́ть II. *vr* ◇ **sich** ~ ① (*sich vorbereiten*) на|стра́иваться ‹-стро́иться› (*auf akk* на что-л) ② (*sich richten nach*) ориенти́роваться *несов* (*auf akk* на что-л); ◇ **sich auf Bedürfnisse** ~ ориенти́роваться на потре́бности; **Einstellung** *f* ① (*von Mitarbeitern*) зачисле́ние *с*, приня́тие *с* на рабо́ту ② JURA прекраще́ние *с;* (*von Zahlungen, Produktion*) приостановле́ние *с* ③ (*von Radio, Hebel*) настро́йка *ж*, устано́вка *ж;* (*von Kamera*) устано́вка *ж*, наво́дка *ж* ④ *FIG* (*Haltung*) то́чка *ж* зре́ния, взгляд *м*, устано́вка *ж*

Einstieg *f* <-[e]s, -e> ① (*von Bus, Zug*) вход *м* ② *FIG* нача́ло сработы над чем-л

einstimmig I. *adj* ① (*einhellig*) единогла́сный ② MUS одноголо́сный, для одного го́лоса **II.** *adv* единогла́сно; **Einstimmigkeit** *f* единогла́сие *с*

einstmals *adv* (*früher*) одна́жды, когда́-то

einstündig *adj* часово́й

Einsturz *m* (*von Haus, Mauer*) паде́ние *с*, обва́л *м*; **einstürzen** *vi* обру́ши<ва>ться, обва́ливаться <-ли́ться>

einstweilen *adv* пока́, пока́ что, тем вре́менем; **einstweilig** *adj* (*vorläufig*) вре́менный, предвари́тельный; JURA ◇ **~e Verfügung** определе́ние *с* суда́ об обеспе́чении и́ска

eintägig *adj* однодне́вный, су́точный

eintauschen *vt* (*tauschen*) <об->меня́ть, выме́нивать <вы́менять> (*gegen* что-л на что-л)

eintausend *nr* одна́ ты́сяча; *s. a.* **fünf**

einteilen *vt* ① (*Vorräte, Zeit*) распреде|ля́ть <-ли́ть>; ◇ **sich** *dat* **etw ~** распланировать *сов* себе́ что-л; (*verteilen*) распреде|ля́ть <-ли́ть> ② (*gliedern, Buch*) подразде|ля́ть <-ли́ть> ③ (*Personen, in Gruppen*) разде|ля́ть <-ли́ть>; **einteilig** *adj* неразде́льный, це́льный, состоя́щий из одно́й ча́сти

eintönig *adj* (*langweilig*) одноцве́тный, моното́нный, ску́чный

Eintopf *m* GASTRON густо́й суп *м*

einträchtig *adj* (*einig, friedlich*) единоду́шный, дру́жный

Eintrag *m* <-[e]s, -träge> COMM, SCH за́пись *ж*, вы́говор *м*; **eintragen** *unreg* **I.** *vt* ① (*in Liste*) вноси́ть <внести́>, запи|сывать <-са́ть> (*in akk* во что) ② (*Gewinn*) при|носи́ть <-нести́>; (*Anerkennung*) за|носи́ть <-нести́> **II.** *vr* (*sich einschreiben*) ◇ **sich ~** <за->регистри́роваться, вноси́ть <внести́> свою́ фами́лию

einträglich *adj* (*gewinnbringend*) дохо́дный, вы́годный, при́быльный, рента́бельный

eintreffen *unreg vi* ① (*ankommen*) прибы́<ва́>ть; (*zu Fuß*) при|ходи́ть <-йти́>; (*mit Transportmittel*) при|езжа́ть <-е́хать> ② (*Voraussage*) сбы́<ва́>ться, ис|полня́ться <-по́лниться>

eintreten *unreg* **I.** *vi* ① (*hineingehen, betreten*) входи́ть <войти́> (*in akk* куда́-л); ◇ **treten Sie doch ein!** входи́те же! ② (*in Verein, Partei*) всту|па́ть <-пи́ть> (*in akk* в) ③ (*sich ereignen*) насту|па́ть <-пи́ть>; (*Ereignis*) прои|сходи́ть <-зойти́> ④ (*in Krieg*) всту|па́ть <-пи́ть>; (*in e-e neue Phase*) нач<ин>а́ться ⑤ (*sich einsetzen*) ◇ **für etw ~** ра́товать *несов* за что-л; ◇ **für jd-n ~** засту|па́ться <-пи́ться> за кого́-л **II.** *vt* (*Tür*) вышиба́ть <вы́шибить>

Eintritt *m* ① (*Betreten*) вход *м* ② (*in Partei*) вступле́ние *с*; (*in Schule*) поступле́ние *с* ③ (*Beginn*) наступле́ние *с*, нача́ло *с*; ◇ **bei ~ der Dunkelheit** с наступле́нием темноты́ ④ (*Eintrittsgeld*) вступи́тельный взнос *м*; **Eintrittspreis** *m* входна́я пла́та *ж*

Einvernehmen *n* <-s> взаи́мное согла́сие *с*, взаимопонима́ние *с*

einverstanden I. *intj* (*in Ordnung*) согла́сен **II.** *adj* ◇ **~ sein** быть согла́сным; **Einverständnis** *n* ① (*Einwilligung*) согла́сие *с* ② (*Übereinstimmung*) соглаше́ние *с*

Einwand *m* <-[e]s, -wände> (*Einspruch, Protest*) возраже́ние *с*

einwandern *vi* иммигри́ровать *несов и сов*; **Einwanderung** *f* переселе́ние *с*

einwandfrei *adj* (*tadellos*) безупре́чный, безукори́зненный; ◇ **es steht ~ fest, daß** с несомне́нностью устано́влено, что

Einwegflasche *f* стеклота́ра *ж* одноразового употребле́ния

einweichen *vt* (*in Flüssigkeit legen*) раз|ма́чивать <-мочи́ть>; (*Wäsche*) <за->мочи́ть

einweihen *vt* ① (*Tunnel*) (торже́ственно) откры́<ва́>ть; (*Kirche*) освя|ща́ть <-ти́ть> ② *FAM* (*Kleidung*) обно|вля́ть <-ви́ть>; ◇ **e-e Wohnung ~** пра́здновать новосе́лье ③ (*in Geheimnis*) посвя|ща́ть <-ти́ть>

einweisen *unreg vt* ① (*einarbeiten*) вводи́ть <ввести́> в до́лжность (*in* в); (*in Aufgabe*) инструкти́ровать *несов* (*in* кого́-л) ② (*in Anstalt, Krankenhaus*) на|правля́ть <-пра́вить>, дать путёвку

einwerfen *unreg vt* ① (*hineinwerfen, Münze*) броса́ть <бро́сить>; (*Brief*) опус|ка́ть <-ти́ть>; SPORT (*Ball*) в|бра́сывать <-бро́сить>, за|бра́сывать <-бро́сить> ② (*zertrümmern, Fenster*) выбива́ть <вы́бить> ③ *FIG* (*nebenbei bemerken*) в|ставля́ть <-ста́вить> замеча́ния

einwickeln *vt* ① (*in Papier*) за|вёртывать <-верну́ть> ② *FAM* (*sich überlisten lassen*) ◇ **sich ~ lassen** дать одура́чить себя́, провести́ себя́

einwilligen *vi* соглаша́ться *несов* (*in akk* на что-л); **Einwilligung** *f* согла́сие *с*

Einwohner(in *f*) *m* <-s, -> (*von Stadt, Land*) жи́тель(ница *ж*) *м;* (*von Haus*) жиле́ц *м,* жили́ца *ж*

Einwurf *m* ① (*Öffnung, ~schlitz*) щель *ж* ② *FIG* (*Zwischenbemerkung*) ре́плика *ж* ③ SPORT вбра́сывание *с*

Einzahl *f* GRAM еди́нственное число́ *с*

einzahlen *vt* (*Geld*) вноси́ть <внести́> де́ньги; **Einzahlung** *f* платёж *м,* взнос *м,* опла́та *ж*

Einzel *n* <-s, -> SPORT (*Tennis*) одино́чная игра́ *ж;* **Einzelbett** *n* крова́ть *ж* для одного́ челове́ка; **Einzelfall** *m* едини́чный слу́чай *м;* **Einzelgänger(in** *f*) *m* одино́чка *м;* (*Individualist/in*) индивидуали́ст(ка *ж*) *м;* **Einzelheit** *f* подро́бность *ж,* дета́ль *ж;* ◇ **etw in allen ~en schildern** описа́ть что-л подро́бно [доскона́льно]; **einzeln I.** *adj* ① (*nur eine, r, s*) отде́льный, едини́чный ② (*isoliert*) отде́льный, изоли́рованный; (*für sich*) ча́стный; ◇ **jede(r) ~e** ка́ждая(-ый) в отде́льности **II.** *adv* (*getrennt*) отде́льно, по́рознь; **Einzelteil** *n* отде́льная часть *ж,* дета́ль *ж;* **Einzelzimmer** *n* ко́мната *ж* на одного́ челове́ка

einziehen I. *unreg vt* ① (*Fahrgestell*) уб<и>ра́ть ② (*kassieren, Steuern*) взы́с|кивать <-ка́ть>, соб<и>ра́ть; (*Gebühren*) взима́ть *несов* ③ (*konfiszieren*) конфискова́ть *несов и сов* ④ (*einholen, Erkundigungen*) на|води́ть <-вести́> спра́вки ⑤ MIL приз<ы>ва́ть **II.** *vi* ① (*in Wohnung*) пере|езжа́ть <-е́хать>, въезжа́ть <въе́хать> ② (*einkehren, Ruhe*) насту|па́ть <-пи́ть> ③ (*Creme*) впи́|тываться <-та́ться>

einzig *adj* ① (*alleinig*) еди́нственный; ◇ **ein ~es Mal** еди́нственный раз ② (*beispiellos*) еди́нственный в своём ро́де; ◇ **das war ~ gut** э́то бы́ло неповтори́мо; **einzigartig** *adj* (*einmalig, beispiellos*) еди́нственный в своём ро́де; (*nicht vergleichbar*) ни с чем не сравни́мый; (*nicht wiederholbar*) неповтори́мый

Einzug *m* ① (*in Wohnung*) въезд *м,* перее́зд *м* ② (*Einmarsch*) вступле́ние *с* войск ③ (*das Einziehen, von Geld*) сбор *м* средств, изыма́ние *с* из обраще́ния ④ (*Beginn, vom Frühling*) наступле́ние *с*

Eis *n* <-es> лёд *м;* **Eisdecke** *f* ледяно́й покро́в *м;* **Eisdiele** *f* (*Eiscafé*) кафе́-моро́женое *с*

Eisen *n* <-s, -> (*Metall*) желе́зо *с; FIG* (*delikate Angelegenheit*) ◇ **ein heißes ~** опа́сное [щекотли́вое] де́ло *с;* **Eisenbahn** *f* желе́зная доро́га *ж; FAM* ◇ **es ist höchste ~** нельзя́ теря́ть ни мину́ты, вре́мя не те́рпит; **Eisenbahnschaffner(in** *f*) *m* проводни́к *м,* проводни́ца *ж;* **eisern** *adj* ① (*aus Eisen*) желе́зный ② *FIG* (*zäh, Gesundheit*) кре́пкий, си́льный

eisfrei *adj* (*Straße*) свобо́дный ото льда́; **eisig** *adj a. FIG* ледяно́й, леденя́щий, холо́дный; **eiskalt** *adj* холо́дный как лёд; **Eiskunstlauf** *m* фигу́рное ката́ние *с* на конька́х; **Eisläufer(in** *f*) *m* фигури́ст(ка *ж*) *м;* **Eisschrank** *m* холоди́льник *м*

eitel *adj* (*selbstgefällig*) тщесла́вный

Eiter *m* <-s> гной *м*

Eiweiß *n* <-es, -e> ① (*von Eiern*) (яи́чный) бело́к *м* ② CHEM протеи́н *м* ③ MED бело́к *м;* **Eizelle** *f* BIOL яйцева́я кле́тка *ж*

Ekel [1] *m* <-s> омерзе́ние *с;* (*Widerwille*) отвраще́ние *с* (*vor dat* к чему́-л)

Ekel [2] *n* <-s, -> *FAM* (*widerwärtige Person*) проти́вный [отврати́тельный] челове́к *м*

ek[e]lig *adj* (*widerlich, abstoßend*) проти́вный, о́чень неприя́тный; **ekeln I.** *vt* (*Ekel verursachen*) испы́тывать отвраще́ние к чему́-л **II.** *vr* ◇ **ich ekele mich davor** мне э́то проти́вно, меня́ тошни́т от э́того

Elan *m* <-s> (*Schwung, Begeisterung*) подъём *м,* поры́в *м,* воодушевле́ние *с,* разма́х *м*

Elastizität *f* упру́гость *ж,* эласти́чность *ж,* ги́бкость *ж*

Elefant *m* ZOOL *a. FAM* слон *м*

elegant *adj* элега́нтный, изя́щный, наря́дный; **Eleganz** *f* элега́нтность *ж,* изя́щество *с*

Elektriker(in *f*) *m* <-s, -> эле́ктрик *м,* электромонтёр *м;* **elektrisch** *adj* (*Eisenbahn, Maschine*) электри́ческий; **Elektrizität** *f* электри́чество *с;* **Elektroherd** *m* электри́ческая плита́ *ж;* **elektronisch** *adj* электро́нный; ◇ **~e Datenverarbeitung** электро́нная обрабо́тка *ж* да́нных; **Elektrorasierer** *m* <-s, -> электри́ческая бри́тва *ж,* электробри́тва *ж*

Element *n* <-s, -e> ① (*Bestandteil*) элеме́нт *м,* составна́я часть *ж* ② CHEM элеме́нт *м* ③ (*da kennt sie sich aus*) ◇ **sie ist in ihrem ~** она́ в свое́й стихи́и, она́ чу́вствует себя́ уве́ренно в своём де́ле; **elementar** *adj* элемента́рный; (*grundlegend*) основно́й; (*naturhaft*) просто́й

elend *adj* ① (*kränklich*) сла́бый, хи́лый, не́мощный; ◇ **~ aussehen** убо́го вы́глядеть; ◇ **sich ~ fühlen** сла́бо себя́ чу́вствовать ② (*armselig*) убо́гий ③ (*niederträchtig*) по́длый, презре́нный, гну́сный ④ (*unglücklich*) жа́лкий, плаче́вный; **Elend** *n* ‹- [e]s› (*Not, Armut*) нужда́ *ж*, нищета́ *ж*; **Elendsviertel** *n* ни́щенский кварта́л *м*, трущо́ба *ж*

elf *nr* оди́ннадцать; *s. a.* **fünf**; **Elf** *f* ‹-, -en› SPORT футбо́льная кома́нда *ж*

Elfenbein *n* слоно́вая кость *ж*

eliminieren *vt* (*beseitigen*) исклю|ча́ть ‹-чи́ть›, элимини́ровать *несов и сов*

Elite *f* ‹-, -n› эли́та *ж*; (*Auslese*) отбо́рное *с*, и́збранное *с*

Ellbogen *m* ANAT ло́коть *м*; *FIG* (*sich rücksichtslos durchsetzen*) ◇ **seine ~ gebrauchen** бесцеремо́нно пробива́ть себе́ доро́гу

Ellipse *f* ‹-, -n› SPRACHW, MATH элли́псис *м*, э́ллипс *м*

elterlich *adj* (*Liebe*) роди́тельский; **Eltern** *pl* роди́тели *мн*; **elternlos** *adj* не име́ющий роди́телей, без роди́телей

Emanzipation *f* эмансипа́ция *ж*, освобожде́ние *с* от зави́симости; **emanzipieren** *vr* ◇ **sich ~** эмансипи́роваться *несов и сов*, получа́ть равнопра́вие

Embargo *n* ‹-s, -s› (*Ausfuhrverbot*) эмба́рго *с*

Embryo *m* ‹-s, -s *o.* -nen› эмбрио́н *м*, заро́дыш *м*

Emigration *f* эмигра́ция *ж*; **emigrieren** *vi* эмигри́ровать *несов и сов*

empfahl *impf v.* **empfehlen**

empfand *impf v.* **empfinden**

Empfang *m* ‹-[e]s, Empfänge› ① (*von Ware, Post*) приём *м*, приёмка *ж*, получе́ние *с*; ◇ **etw in ~ nehmen** полу|ча́ть ‹-чи́ть› что-л ② (*Begrüßung*) приём *м*, встре́ча *ж* ③ (*Audienz*) аудие́нция *ж* ④ (*von Radio, Fernsehen*) приём *м*; **empfangen** ‹empfängt, empfing, empfangen› *vt* ① (*entgegennehmen*) прин|има́ть ‹-я́ть›, полу|ча́ть ‹-чи́ть› ② (*jd-n*) прин|има́ть ‹-я́ть›; (*begrüßen*) приве́тствовать *несов* ③ (*Sendung*) прин|има́ть ‹-я́ть› ④ (*Kind*) зача́ть *сов*, забере́менеть *сов*; **Empfänger(in** *f*) *m* ‹-s, -› ① получа́тель(ница *ж*) *м*; (*Adressat/in*) адреса́т *м/ж* ② (*Rundfunkgerät*) (радио)-приёмник *м*

Empfängnis *f* зача́тие *с*; **Empfängnisverhütung** *f* предупрежде́ние *с* зача́тия (бере́менности)

Empfangsbestätigung *f* (*Quittung*) распи́ска *ж* в получе́нии

empfehlen ‹empfiehlt, empfahl, empfohlen› **I.** *vt* (*Film*) рекомендова́ть *несов и сов*, ‹по-› сове́товать **II.** *vr* ◇ **sich ~** ① (*sich verabschieden*) про|ща́ться ‹-сти́ться› ② (*unpers*) ◇ **es empfiehlt sich (nicht) ...** э́то (не) рекоменду́ется ...; **empfehlenswert** *adj* досто́йный рекоменда́ции; **Empfehlung** *f* ① (*Rat*) рекоменда́ция *ж*, сове́т *м* ② (*Referenz*) приве́т *м*, покло́н *м*; ◇ **auf ~ von** по чьей-л рекоменда́ции

empfinden ‹empfand, empfunden› *vt* (*Kälte, Wärme*) ‹по-›чу́вствовать, ощу|ща́ть ‹-ти́ть›; (*Liebe, Mitleid*) испы́|тывать ‹-та́ть›, ощу|ща́ть ‹-ти́ть›; **empfindlich** *adj* ① (*Haut, Stelle, Gerät*) чувстви́тельный, восприи́мчивый; ◇ **gegen Kälte ~ sein** боя́ться хо́лода ② (*leicht zerstörbar*) чувстви́тельный ③ (*sensibel, Person*) чувстви́тельный, рани́мый; (*leicht zu beleidigen*) оби́дчивый ④ (*kränklich*) боле́зненный, впечатли́тельный ⑤ (*schwer, Strafe*) суро́вый; (*Verlust*) ощути́мый

empfing *impf v.* **empfangen**

empören *vr* (*sich entrüsten*) ◇ **sich ~** возму|ща́ться ‹-ти́ться› (*gegen/über* чем-л); **empörend** *adj* (*unverschämt*) возмути́тельный

emporkommen *unreg vi* (*Karriere machen*) ‹с-›де́лать карье́ру

Empörung *f* возмуще́ние *с*, негодова́ние *с*

emsig *adj* (*fleißig*) приле́жный, усе́рдный, стара́тельный, работя́щий

Ende *n* ‹-s, -n› ① (*Schluß*) коне́ц *м*, оконча́ние *с*; (*schließlich*) ◇ **am ~** в конце́; ◇ **zu ~ sein** зако́нчиться *сов* ② (*Abschluß*) оконча́ние *с*, заверше́ние *с*; (*Lebens~*) кончи́на *ж*, смерть *ж*; ◇ **~ Juli** в конце́ ию́ля ③ (*von Menschenreihe, Zug*) коне́ц *м*, край *м* ④ *FIG* (*kraftlos*) ◇ **am ~ sein** потеря́ть си́лы; **enden** *vi* (*zu Ende sein*) конча́ться ‹ко́нчиться›, за|ка́нчиваться ‹-ко́нчиться›; (*aufhören*) прекра|ща́ть ‹-ти́ть›; **endgültig** *adj* оконча́тельный; **Endlagerung** *f* (*von radioaktiven Abfällen*) оконча́тельное захороне́ние *с*

endlich I. *adv* наконе́ц, в конце́ концо́в; ◇ **na ~!** наконе́ц-то! **II.** *adj* (*Ggs. v. unendlich, ewig*) коне́чный, после́дний; **endlos** *adj* ① (*räumlich: ohne Ende*) беспреде́льный, несконча́емый; (*unendlich*) бесконе́чный ② (*zeitlich*) (*Gerede*) несконча́емый; **Endspiel** *n* SPORT фина́л *м*, эндшпи́ль *м*; **Endstation** *f* (*von Bus, Bahn*) коне́чная остано́вка *ж*; **Endung** *f* оконча́ние *с*, фле́ксия *ж*; **Endverbraucher(in** *f*) *m* коне́чный(-ая) потреби́тель(ница *ж*) *м*

Energie *f* PHYS, *a. FIG* эне́ргия *ж*; **Energiekrise** *f* энергети́ческий кри́зис *м*;

Energiewirtschaft *f* энергети́ческое хозя́йство *с*, энергохозя́йство *с*

energisch *adj* энерги́чный

eng I. *adj* (1) (*Zimmer, Straße*) у́зкий; (*Kleidung*) те́сный (2) (*dicht*) пло́тный (3) (*beschränkt, Horizont*) у́зкий, ограни́ченный (4) *FIG* (*Beziehung*) бли́зкий **II.** *adv* (1) (*dicht*) ◇ **~ aneinander stehen** стоя́ть, те́сно прижа́вшись друг к дру́гу; (*vertraut*) ◇ **~ befreundet sein** быть бли́зкими друзья́ми, о́чень дружи́ть (2) *FAM* ◇ **etw ~ sehen** име́ть ограни́ченный кругозо́р

engagieren I. *vt* (*Künstler*) ангажи́ровать *несов и сов*, приглаша́ть на рабо́ту **II.** *vr* ◇ **sich ~** всту|па́ться <-пи́ться>, засту|па́ться <-пи́ться>; (*sich einsetzen*) встать на сто́рону кого́-л (*für* за кого́-л)

Enge *f* <-, -n> (1) (*von Raum, Straße*) теснота́ *ж*; GEOL (*Meer~*) морско́й проли́в *м*; (*Land~*) перешее́к *м*, тесни́на *ж* (2) *FIG* (*Bedrängnis*) затрудни́тельное положе́ние *с*; ◇ **jd-n in die ~ treiben** поста́вить кого́-л в безвы́ходное положе́ние [тупи́к]

Engel *m* <-s, -> *a. FIG* а́нгел *м*

England *n* Англия *ж*; ◇ **in/nach ~** в Англии/в Англию

Engländer[1] *m* <-s, -> TECH разводно́й га́ечный ключ *м*

Engländer[2] (**in** *f*) *m* <-s, -> англича́нин *м*, англича́нка *ж*; **englisch** *adj* англи́йский; **Englisch** *n* англи́йский язы́к *м*

engstirnig *adj* узколо́бый, ограни́ченный

Enkel(**in** *f*) *m* <-s, -> внук *м*, вну́чка *ж*

enorm I. *adj* (1) (*riesig*) огро́мный (2) (*erstaunlich*) удиви́тельный (3) (*wunderbar*) великоле́пный **II.** *adv* о́чень, чрезвыча́йно; ◇ **~ wichtig** о́чень ва́жно

entbehren I. *vi* быть лишённым чего́-л необходи́мого, ощуща́ть отсу́тствие; ◇ **der Vorwurf entbehrt jeder Grundlage** упрёк лишён вся́кого основа́ния **II.** *vt* (*jd-n*) ощуща́ть отсу́тствие кого́-л, нужда́ться в ком-л; ◇ **ich kann sie nicht ~** я не могу́ без неё обойти́сь; **entbehrlich** *adj* нену́жный, изли́шний

entbinden *unreg* **I.** *vt* (1) (*von Verpflichtung*) освобо|жда́ть <-ди́ть> (*von* от) (2) MED разре|ша́ться <-ши́ться> от бре́мени **II.** *vi* MED ро|жа́ть <-ди́ть>; **Entbindung** *f* (1) освобожде́ние *с* (*von* от) (2) MED ро́ды *мн*, родоразреше́ние *с*

entblößen *vt* (*Kopf*) обна|жа́ть <-жи́ть>; (*Körper*) ого|ля́ть <-ли́ть>

entdecken *vt* обнару́жи<ва>ть, откры́<ва́>ть; **Entdecker**(**in** *f*) *m* <-s, -> первооткрыва́тель(ница *ж*) *м*; **Entdeckung** *f* откры́тие *с*; (*Aufdeckung*) раскры́тие *с*

Ente *f* <-, -n> (1) ZOOL у́тка *ж* (2) *FIG* (*Zeitungs~*) (газе́тная) у́тка *ж*

enteignen *vt* ли|ша́ть <-ши́ть> со́бственности

enterben *vt* ли|ша́ть <-ши́ть> насле́дства; **Enterbung** *f* JURA лише́ние *с* насле́дства

entfallen *unreg vi* (1) (*sich erübrigen, wegfallen*) ока́|зываться <-за́ться> нену́жным (2) (*vergessen werden*) выпада́ть <вы́пасть> из па́мяти; ◇ **der Name ist mir ~** я не могу́ вспо́мнить и́мя (3) (*zukommen, Anteil*) выпада́ть <вы́пасть> на чью-л до́лю; ◇ **ein Drittel entfällt auf ihn** одна́ треть прихо́дится [выпада́ет] на него́

entfalten I. *vt* (1) (*auseinanderfalten*) раскры́<ва́>ть; (*Fahne*) раз|вёртывать <-верну́ть>, подн|има́ть <-я́ть> (2) *FIG* (*Talent*) разви́<ва́>ть, проя|вля́ть <-ви́ть> (3) (*Tätigkeit*) раз|вёртывать <-верну́ть> **II.** *vr* (1) (*Knospe*) раскры́<ва́>ться, распус|ка́ться <-ти́ться> (2) (*sich entwickeln*) разви́<ва́>ться

entfernen I. *vt* (1) (*wegschaffen, abmontieren*) уда|ля́ть <-ли́ть>, устра|ня́ть <-ни́ть>; (*Schild, Plakat*) снима́ть <снять> (*von* с) (2) (*jd-m kündigen*) отстра|ня́ть <-ни́ть> **II.** *vr* ◇ **sich ~** (1) (*weggehen*) у|ходи́ть <-йти́> (2) *FIG* (*sich entfremden*) уда|ля́ться <-ли́ться> (*von* от) (3) *FIG* (*abweichen*) укло|ня́ться <-ни́ться>, откло|ня́ться <-ни́ться>; **entfernt** *adj* (1) (*Ort*) отдалённый, удалённый, да́льний; ◇ **weit ~ sein** далеко́ отстоя́ть, быть на большо́м расстоя́нии (2) *FIG* ◇ **e-e ~e Verwandte** да́льняя ро́дственница; **Entfernung** *f* (1) *a. FIG* расстоя́ние *с*, отдале́ние *с* (2) (*Beseitigung*) удале́ние *с* (3) (*aus Amt*) отстране́ние *с*

entfremden I. *vt* отчу|жда́ть <-ди́ть>, отда|ля́ть <-ли́ть> (*von jd-m* от кого́-л) **II.** *vr* ◇ **sich ~** оторва́ться *сов* (*von jd-m* от кого́-л)

entführen *vt* (*Politiker, Kind*) по|хища́ть <-хи́тить>; (*Flugzeug*) у|гоня́ть <-гна́ть>; **Entführer**(**in** *f*) *m* похити́тель(ница *ж*) *м*; (*von Flugzeug*) уго́нщик *м*, уго́нщица *ж*; **Entführung** *f* похище́ние *с*, уво́д *м*, отня́тие *с*; (*Flugzeug~*) уго́н *м*

entgegen I. *präp dat* (*im Gegensatz zu*) вопреки́, про́тив; ◇ **~ seinem Versprechen** вопреки́ своему́ обеща́нию **II.** *adv* навстре́чу, про́тив; ◇ **der Sonne ~** навстре́чу со́лнцу; ◇ **er kam mir** ~ он шёл мне навстре́чу; **entgegenbringen** *unreg vt* ① (*auf jd-n zugehen und etw bringen*) нести́ навстре́чу кому́-л ② *FIG* (*erweisen, zeigen*) прояlвля́ть <-ви́ть> по отноше́нию к кому́-л; ◇ **jd-m Wohlwollen** ~ доброжела́тельно относи́ться к кому́-л; **entgegengehen** *unreg vi* ① ◇ **jd-m** ~ идти́ навстре́чу кому́-л ② ◇ **seinem Untergang** ~ приблиlжа́ться <-зи́ться> к упа́дку [ги́бели]; **entgegengesetzt** *adj* ① (*umgekehrt*) противополо́жный, обра́тный ② (*gegenteilig*) противополо́жный; (*widersprechend*) проти́вный; **entgegenhalten** *unreg vt FIG* выдвига́ть <вы́двинуть> в ка́честве возраже́ния, возраlжа́ть <-зи́ть> **entgegenkommen** *unreg vi* ① (*auf jd-n zukommen*) идти́ <пойти́> навстре́чу (*jd-m* кому́-л) ② *FIG* (*zum Teil nachgeben*) устуlпа́ть <-пи́ть> (*jd-m* кому́-л); **entgegenkommend** *adj* предупреди́тельный, любе́зный; **entgegennehmen** *unreg vt* (*annehmen*) принlима́ть <-я́ть>; **entgegensehen** *unreg vi* ◇ **jd-m/e-r Sache** ~ смотре́ть вперёд [навстре́чу], ожида́ть *несов* кого́/чего́-л; **entgegensetzen** *vt* противопоста́вить кому́-л что-л; ◇ **dem Vorwurf habe ich nichts entgegenzusetzen** э́тому упрёку я ничего́ не смог противопоста́вить; **entgegenwirken** *vi* ◇ **jd-m/e-r Sache** ~ противоде́йствовать *несов* кому́/чему́-л

entgegnen *vt* возраlжа́ть <-зи́ть>, выступа́ть *несов* (*jd-m* кому́-л, про́тив кого́-л); **Entgegnung** *f* возраже́ние *с*, отве́т *м*

entgehen *unreg vi* ① (*entkommen, Gefahr*) избеlжа́ть <-га́ть>, ускольlза́ть <-зну́ть> ② (*nicht wahrgenommen werden*) пропусlка́ть <-ти́ть>, упусlка́ть <-ти́ть>, не заме́тить; ◇ **dieser Fehler ist mir entgangen** э́ту оши́бку я не заме́тил ③ ◇ **sich** *dat* **e-e Gelegenheit** ~ **lassen** упусти́ть возмо́жность

entgeistert *adj* ошара́шенный, огоро́шенный, растеря́нный

Entgelt *n* <-[e]s, -e> ① (*Lohn*) вознагражде́ние *с* ② (*Entschädigung*) возмеще́ние *с*

entgleisen *vi* (*Zug*) *a. FIG* сходи́ть <сойти́> с ре́льсов

enthalten *unreg* **I.** *vt* содержа́ть *несов*; ◇ ~ **sein** содержа́ться, входи́ть в соста́в **II.** *vr* ◇ **sich** ~ возде́рlживаться <-жа́ться>; ◇ **sich der Stimme** ~ воздержа́ться при голосова́нии; **Enthaltsamkeit** *f* (*vom Trinken*) уме́ренность *ж*, воздержа́ние *с*

enthüllen *vt* ① (*von Hülle befreien*) снима́ть <снять> покро́в; ◇ **ein Denkmal** ~ откры́<ва́>ть па́мятник ② *FIG* (*aufdecken*) разоблаlча́ть <-чи́ть>; (*Geheimnis*) раскры́<ва́>ть; **Enthüllung** *f* откры́тие *с*, разоблаче́ние *с*, раскры́тие *с*

Enthusiasmus *m* <-> энтузиа́зм *м*

entkleiden *vt* разде́<ва́>ть, снима́ть <снять> оде́жду

entkommen *unreg vi* уходи́ть <уйти́>, избеlга́ть <-жа́ть> (*dat* от кого́-чего́-л)

entkräften *vt* ① (*jd-n*) лиlша́ть <-ши́ть> си́лы кого́-л ② (*widerlegen*) (*Behauptung*) опроlверга́ть <-ве́ргнуть>

entladen *unreg* **I.** *vt* ① (*Schiff, Lkw*) разгруlжа́ть <-зи́ть>, выгружа́ть <вы́грузить> ② (*Waffe*) разряlжа́ть <-ди́ть> ③ ELECTR разряlжа́ть <-ди́ть> **II.** *vr* ◇ **sich** ~ ① ELECTR разряlжа́ться <-ди́ться>; (*Gewitter*) разраlжа́ться <-зи́ться> ② *FIG* (*Wut*) обру́ш<ив>ать на кого́-л

entlang *adv, präp akk o. dat* вдоль; ◇ ~ **dem Bach** [*o.* **den Bach** ~] вдоль ручья́; **entlanggehen** *unreg vi* идти́ вдоль чего́-л

entlarven *vt FIG* (*jd-n, Absichten*) разоблаlча́ть <-чи́ть> кого́-л, облиlча́ть <-чи́ть> кого́-л; ◇ **jd-n als Betrüger** ~ разоблачи́ть кого́-л как лгуна́

entlassen *unreg vt* ① (*jd-m erlauben, sich zu entfernen*) отпусlка́ть <-ти́ть>, освобоlжда́ть <-ди́ть> ② (*Gefangene*) ◇ **jd-n aus der Haft** ~ освобоlжда́ть <-ди́ть> кого́-л из под аре́ста ③ (*Arbeiter*) уlвольня́ть <-во́лить>, отlчисля́ть <-чи́слить>; **Entlassung** *f* ① (*aus Krankenhaus*) вы́писка *ж*; (*aus der Haft*) освобожде́ние *с* ② (*von Arbeitnehmer*) увольне́ние *с*, отчисле́ние *с* ③ (*Amtsenthebung, von Minister*) освобожде́ние *с* от до́лжности

entlasten *vt* ① (*Balken*) разгруlжа́ть <-зи́ть> ② (*Person*) снима́ть <снять> отве́тственность с кого́-л; (*von Steuern*) освобожда́ть от чего́-л; (*den Verkehr*) разгруlжа́ть <-зи́ть> ③ JURA снима́ть обвине́ние

entledigen *vr* (*sich befreien von*) ◇ **sich jd-s/e-r Sache** ~ избавля́ться *несов* от кого́/ чего́-л

entlegen *adj* (*Gegend*) отдалённый, удалённый, далёкий

Entlohnung *f* вознагражде́ние *с*, пла́та *ж*

entmündigen *vt* объяlвля́ть <-ви́ть> лицо́ недееспосо́бным, брать <взять> под опе́ку

entmutigen *vt* (*jd-n*) лиlша́ть <-ши́ть> му́жества, приводи́ть в уны́ние

entnehmen *unreg vt* ① (*Waren aus Regal*)

брать ‹взять›, выбира́ть ‹вы́брать› (*aus dat* с чего́-л); (*Geld aus Brieftasche*) вынима́ть *несов* (*aus* из) ② (*folgern, schließen*) заклю|ча́ть ‹-чи́ть›, ‹с-›де́лать вы́вод; ◇ **seinen Worten entnehme ich, daß** из его́ слов я де́лаю вы́вод, что

entpuppen *vr FIG* ◇ **sich ~** ока́|зываться ‹-за́ться›, вы́явиться *сов;* ◇ **er hat sich als Schwindler entpuppt** он оказа́лся моше́нником

entrichten *vt* (*Betrag*) вноси́ть ‹внести́› де́ньги, упла́|чивать ‹-ти́ть›

entrosten *vt* уда|ля́ть ‹-ли́ть› ржа́вчину

entrüsten *vr* ◇ **sich ~** возму|ща́ться ‹-ти́ться›, при|ходи́ть ‹-йти́› в негодова́ние (*über akk* кем-чем-л, от чего́-л); **entrüstet** *adj* возмущённый, негоду́ющий

entsagen *vi* (*verzichten*) ◇ **e-r Sache** *dat* **~** отка́|зываться ‹-за́ться› от чего́-л, от|река́ться ‹-ре́чься› от чего́-л

entschädigen *vt* (*jd-n abfinden*) возме|ща́ть ‹-сти́ть› кому́-л (*für etw* что-л); **Entschädigung** *f* ① (*Abfindung*) возмеще́ние *c* ② (*Geld*) компенса́ция *ж*

entschärfen *vt* (*Bombe*) разря|жа́ть ‹-ди́ть›; *a. FIG* смяг|ча́ть ‹-чи́ть›

entscheiden *unreg* **I.** *vt* ① (*bestimmen*) ре|ша́ть ‹-ши́ть› (*über akk* что-л) ② JURA (*Fall*) выноси́ть ‹вы́нести› пригово́р ③ (*Kampf*) ре|ша́ть ‹-ши́ть› в свою́ по́льзу **II.** *vr* ◇ **sich für jd-n/etw ~** вы́ступить в по́льзу кого́-л/за что-л; **entscheidend** *adj* (*ausschlaggebend*) реши́тельный, реша́ющий; **Entscheidung** *f* ① (*Entschluß*) реше́ние *c* ② JURA (*Urteil*) пригово́р *м*

entschieden *adj* ① (*entschlossen*) реши́тельный ② (*eindeutig*) определённый

entschließen *unreg vr* ◇ **sich zu etw ~** реша́ться на что-л; **entschlossen** *adj* ① определённый; (*energisch*) по́лный реши́мости ② (*bereit*) ◇ **zu allem ~ sein** быть гото́вым на всё; **Entschluß** *m* реше́ние *c;* (*Vorhaben*) наме́рение *c*

entschlüsseln *vt* (*Kode, Text*) расшифро́|вывать ‹-ва́ть›, дешифро́|вывать ‹-ва́ть›

entschuldigen I. *vt* ① (*Verhalten*) изви|ня́ть ‹-ни́ть› ② (*Person*) про|ща́ть ‹-сти́ть› за что-л **II.** *vr* ◇ **sich ~** изви|ня́ться ‹-ни́ться› (*für* за что-л); **Entschuldigung** *f* ① (*Verzeihung*) извине́ние *c*, проще́ние *c;* ◇ **~!** извини́те!; ◇ **um ~ bitten** проси́ть извине́ния [проще́ния] ② (*Rechtfertigung*) оправда́ние *c* ③ SCH оправда́тельный докуме́нт *м*

entsetzen I. *vt* (*jd-n*) испуга́ть *сов,* при|води́ть ‹-вести́› в у́жас (чем-л) **II.** *vr* ◇ **sich ~** ужаса|а́ться ‹-ну́ться›, при|ходи́ть ‹-йти́› в у́жас (*über akk* чему́-л, от чего́-л); **Entsetzen** *n* ‹-s› у́жас *м;* **entsetzlich** *adj* ужа́сный, ужаса́ющий

entsichern *vt* (*Pistole*) снима́ть ‹снять› с предохрани́теля

entsorgen *vt* (*Müll*) уда|ля́ть ‹-ли́ть› отхо́ды

entspannen I. *vt* (*Körper*) рас|слабля́ть ‹-сла́бить› **II.** *vr* ◇ **sich ~** ① (*sich ausruhen*) рас|слабля́ться ‹-сла́биться› ② (*Situation*) о|слабля́ть ‹-сла́бить›, разря|жа́ться ‹-ди́ться›; **Entspannung** *f* разряже́ние *c*, разря́дка *ж*, ослабле́ние *c* напряжённости; (*von Muskeln*) расслабле́ние *c*

entsprechen *unreg vi* ① соотве́тствовать *несов,* от|веча́ть ‹-ве́тить› (*dat* чему́); ◇ **der Lohn entspricht der geleisteten Arbeit** зарпла́та соотве́тствует вы́полненной рабо́те ② (*erfüllen*) ис|полня́ть ‹-по́лнить›; ◇ **e-m Wunsch ~** испо́лнить чьё-л жела́ние; **entsprechend I.** *adj* (*ähnlich*) соразме́рный; (*Entschädigung*) соотве́тствующий; (*Benehmen*) соотве́тственный **II.** *adv* соотве́тственно, в соотве́тствии **III.** *präp dat* (*gemäß*) согла́сно; ◇ **meinem Vorschlag ~** согла́сно [соотве́тственно] моему́ предложе́нию

entspringen *unreg vi* ① (*Bach*) вытека́ть ‹вы́течь›, брать нача́ло ② *FIG* (*stammen*) прои|сходи́ть ‹-зойти́›, брать своё нача́ло (*aus dat* из чего́-л, от кого́-л)

entstehen *unreg vi* ① воз|ника́ть ‹-ни́кнуть› (*aus dat* из чего́-л) ② (*sich bilden*) образова́ться *сов;* (*Konflikte, Eindruck*) созда́‹ва́›ться

entstellen *vt* ① (*Gesicht*) обезобра́|живать ‹-зить› ② (*verfälschen*) иска|жа́ть ‹-зи́ть›; (*Wahrheit*) изврa|ща́ть ‹-ти́ть›

enttarnen *vt* (*Spion*) разобла|ча́ть ‹-чи́ть›

enttäuschen *vt* (*jd-n*) разочаро́|вывать ‹-ва́ть›; ◇ **enttäuscht sein** быть разочаро́ваннным; **Enttäuschung** *f* разочарова́ние *c*

entweder *cj* ◇ **~ ...oder** и́ли ... и́ли

entwerfen *unreg vt* ① (*Zeichnung, Muster*) на|бра́сывать ‹-броса́ть›, ‹на-›черти́ть ② (*entwickeln*) разра|ба́тывать ‹-бо́тать›; (*Rede, Text*) со|ставля́ть ‹-ста́вить›

entwerten *vt* ① (*Fahrkarte*) ‹про-›компости́ровать; (*Briefmarken*) пога|ша́ть ‹-си́ть› ② (*Aussage*) обесце́ни‹ва›ть

entwickeln I. *vt* ① *(allg.), a.* FOTO проя|влять ‹-ви́ть›, разви́‹ва́›ть ② *(erfinden)* разра|ба́тывать ‹-бо́тать› **II.** *vr* ◇ **sich ~** ① *(allg.)* разви́‹ва́›ться; ◇ **sich zu etw ~** превра|ща́ться ‹-ти́ться› во что-л ② *(entstehen, Rauch)* воз|ника́ть ‹-ни́кнуть›; **Entwicklung** *f* разви́тие *с;* **Entwicklungshilfe** *f* по́мощь *ж* развива́ющимся стра́нам; **Entwicklungsland** *n* развива́ющаяся страна́ *ж*

entwürdigend *adj (demütigend)* уни́женный, оскорблённый

Entwurf *m* ① *(Plan, Skizze)* прое́кт *м* ② *(Konzept)* конспе́кт *м; (von Text)* план *м,* набро́сок *м; (von Vertrag, Theorie)* прое́кт *м*

entziehen *unreg* **I.** *vt (wegnehmen)* от|нима́ть ‹-ня́ть›; *(Rechte, Führerschein)* ли|ша́ть ‹-ши́ть› **II.** *vr (sich verweigern)* ◇ **sich ~** ① укло|ня́ться ‹-ни́ться› от чего́-л; ◇ **sich** *akk* **e-r Pflicht ~** уклоня́ться от свои́х обя́занностей ② *(entgehen)* ◇ **sich jd-m ~** избега́ть кого́-л; **Entziehung** *f* ① *(von Führerschein)* лише́ние *с,* отня́тие *с; (von Rechten)* лише́ние *с* ② *(von Rauschgift)* изъя́тие *с;* **Entziehungskur** *f* лече́ние *с* алкого́ликов [наркома́нов] воздержа́нием

entziffern *vt (Schrift)* расшифро́|вывать ‹-ва́ть›, раз|бира́ть ‹-обра́ть›

entzückend *adj (Foto, Kleid)* преле́стный; *(Kind)* обворожи́тельный

Entzug *m* ① *(von Rechten, Führerschein)* лише́ние *с* ② MED ◇ **auf ~ sein** находи́ться на лече́нии от алкоголи́зма

entzünden I. *vt a. FIG (Streichholz, Leidenschaft)* за|жига́ть ‹-же́чь›, раз|жига́ть ‹-же́чь› **II.** *vr* ◇ **sich ~** *(Holz)* заго|ра́ться ‹-ре́ться›; *(Leidenschaft, Haß) a.* MED вос-па|ля́ться ‹-ли́ться›; **Entzündung** *f* MED воспале́ние *с*

entzwei *adv (kaputt)* на́двое, попола́м, вдре́безги; ◇ **~ sein** быть разби́тым; **entzweibrechen** *unreg* **I.** *vt (Holz)* рас|ка́лывать ‹-коло́ть›; *(Brot)* раз|ла́мывать ‹-ломи́ть› **II.** *vi (Geschirr)* разби́‹ва́›ться; **entzweigehen** *unreg vi (Tasse)* разби́‹ва́›ться, раз|ла́мываться ‹-ломи́ться›

Epidemie *f* эпиде́мия *ж*

Epilepsie *f* эпиле́псия *ж,* паду́чая боле́знь *ж*

Episode *f* ‹-, -n› *a.* THEAT эпизо́д *м*

Epoche *f* ‹-, -n› эпо́ха *ж*

er *pron pers* он; ◇ **~ allein** он оди́н; ◇ **~ ist es** э́то он; ◇ **~ selbst** он сам; ◇ **wenn ich ~ wäre** е́сли бы я был он

erachten *vt* счита́ть ‹счесть›, призна́‹ва́›ть; ◇ **etw für nötig ~** счита́ть необходи́мым что-л; **Erachten** *n* ‹-s› ◇ **meines ~s** по-мо́ему, на мой взгляд

erarbeiten *vr (Vermögen, Kenntnisse)* ◇ **sich** *dat* **etw ~** зара|ба́тывать ‹-бо́тать› что-л

Erbarmen *n* ‹-s› жа́лость *ж,* сострада́ние *с;* **erbärmlich** *adj* ① *(Behausung)* убо́гий ② *(Leistung)* сла́бый, плохо́й ③ *(gemein, Verhalten)* по́длый, ни́зкий

erbauen *vt (Gebäude)* ‹по-›стро́ить, соору|жа́ть ‹-ди́ть›; **Erbauer(in** *f) m* ‹-s, -› строи́тель *м,* же́нщина-строи́тель *ж;* **Erbauung** *f FIG* строи́тельство *с,* созида́ние *с*

Erbe[1] *n* ‹-s› ① *(Erbschaft)* насле́дство *с* ② *(Hinterlassenschaft)* насле́дие *с*

Erbe[2] *m* ‹-n, -n› насле́дник *м*

erben *vt (Vermögen, Begabung)* ◇ **etw von jd-m ~** ‹у-›насле́довать что-л от кого́-л

erbeuten *vt* захва́|тывать ‹-ти́ть› добы́чу

Erbin *f* насле́дница *ж*

erbitten *unreg vt* выпра́шивать ‹вы́просить›

erbittert *adj* ожесточённый; *(verbittert)* озло́бленный

erblich *adj* насле́дственный, родово́й

erblicken *vt* ‹у-›ви́деть, за|меча́ть ‹-ме́тить›

erblinden *vi* ‹о-›сле́пнуть

Erbmasse *f* BIOL насле́дственные при́знаки *мн*

erbrechen *unreg* **I.** *vt (Essen)* вы́рвать *сов* что-л **II.** *vr* ◇ **er hat sich erbrochen** его́ вы́рвало

Erbrecht *n* JURA пра́во *с* насле́дования

erbringen *unreg vt* ◇ **e-n Beweis ~** предста́вить доказа́тельства

Erbschaft *f* насле́дство *с,* насле́дие *с*

Erbse *f* ‹-, -n› горо́х *м*

Erdachse *f* земна́я ось *ж,* ось *ж* Земли́; **Erdbeben** *n* землетрясе́ние *с;* **Erdbeere** *f* земляни́ка *ж;* **Erdboden** *m* земля́ *ж,* по́чва *ж,* грунт *м;* **Erde** *f* ‹-, -n› ① *(Planet)* Земля *ж;* ◇ **auf ~n** на земле́, на све́те ② *(Boden)* по́чва *ж,* грунт *м; FIG (realistisch sein)* ◇ **mit beiden Beinen auf der ~ stehen** стоя́ть обе́ими нога́ми на земле́

erdenklich *adj* мы́слимый, возмо́жный

Erdgeschoß *n* пе́рвый эта́ж *м,* парте́р *м;* **Erdkunde** *f* SCH геогра́фия *ж;* **Erdnuß** *f* ара́хис *м,* земляно́й оре́х *м;* **Erdöl** *n* нефть *ж;* **Erdreich** *n* мир *м* (земно́й)

erdrosseln *vt* ‹за-›души́ть

E

erdrücken *vt* ① (*zu Tode drücken*) зада́|вливать ‹-ви́ть› ② *FIG* (*Sorgen*) пода|вля́ть ‹-ви́ть›

Erdrutsch *m* о́ползень *м;* **Erdteil** *m* часть *ж* све́та

erdulden *vt* терпе́ть *несов,* претерпе́‹ва›ть, выноси́ть ‹вы́нести›

ereignen *vr* ◇ **sich ~** прои|сходи́ть ‹-зойти́›, случ|а́ться ‹-чи́ться›; **Ereignis** *n* собы́тие *с;* (*Vorfall*) происше́ствие *с*

erfahren I. *unreg vt* ① (*Neuigkeit*) узна́‹ва́›ть, разузна́‹ва́›ть ② (*erleben*) испы́|тывать ‹-та́ть›, изве́д‹ыв›ать; ◇ **etw am eigenen Leibe ~** испыта́ть что-л на со́бственной шку́ре **II.** *adj* о́пытный, све́дущий, искушённый; **Erfahrung** *f* о́пыт *м;* ◇ **etw in ~ bringen** получи́ть све́дения; **erfahrungsgemäß** *adv* по о́пыту, на осно́ве о́пыта, эмпири́чески

erfassen *vt* ① (*Daten, Personalien*) соб‹и›ра́ть, обра|ба́тывать ‹-бо́тать›, регистри́ровать *несов* ② (*ergreifen*) заде́‹ва́›ть, сби‹ва́›ть, на|езжа́ть ‹-е́хать›; ◇ **der Fußgänger wurde von e-m Auto erfaßt** маши́на сби́ла пешехо́да ③ *FIG* (*verstehen, Problem*) пон|има́ть ‹-я́ть› схва́|тывать ‹-ти́ть›, ос|мысля́ть ‹-мы́слить›

erfinden *unreg vt* изо|брета́ть ‹-брести́›, приду́м‹ыв›ать; **Erfinder(in** *f*) *m* изобрета́тель(ница *ж*) *м;* **Erfindung** *f* изобрете́ние *с*

Erfolg *m* ‹-[e]s, -e› ① успе́х *м,* уда́ча *ж;* ◇ **~ haben** име́ть успе́х ② (*Wirkung*) результа́т *м*

erfolgen *vi* (*geschehen, stattfinden*) ‹по-›сле́довать, прои|сходи́ть ‹-зойти́›; (*Zahlung*) производи́ться *несов*

erfolglos *adj* (*Mensch*) неуда́чливый, неблагополу́чный; (*Versuch*) безуспе́шный, безрезульта́тный, неуда́чный; **erfolgreich** *adj* ① (*Person*) благополу́чный ② (*Versuch*) успе́шный, уда́чный

erforderlich *adj* необходи́мый, ну́жный, тре́буемый; **erfordern** *vt* ‹по-›тре́бовать

erforschen *vt* (*Gebiet*) иссле́довать *несов и сов;* (*Verhalten*) изу|ча́ть ‹-чи́ть›; (*Meinung*) разузна́‹ва́›ть

erfreuen I. *vt* (*jd-n*) ‹об-, по-›ра́довать **II.** *vr* ◇ **sich** *akk* **an etw** *dat* **~** ра́доваться чему́-л; (*genießen*) насла|жда́ться ‹-ди́ться› чем-л; ◇ **er erfreut sich bester Gesundheit** он име́ет хоро́шее здоро́вье; **erfreulich** *adj* ра́достный, отра́дный; (*angenehm*) благоприя́тный, прия́тный

erfrieren *unreg vi* (*Mensch*) за|мерза́ть ‹-мёрзнуть›; (*Zehen, Pflanzen*) отмо|ра́живать ‹-ро́зить›

erfrischen I. *vr* ◇ **sich ~** осве|жа́ться ‹-жи́ться›, подкре|пля́ться ‹-пи́ться› **II.** *vt* осве|жа́ть ‹-жи́ть›, подкре|пля́ть ‹-пи́ть›

erfüllen I. *vt* ① (*Versprechen*) выполня́ть ‹вы́полнить›; (*Pflicht*) ис|полня́ть ‹-по́лнить› ② *FIG* (*befriedigen*) обнадёжи‹ва›ть, утеша́ть ‹уте́шить› ③ (*Zweck*) до|стига́ть ‹-сти́гнуть› ④ ◇ **erfüllt sein von etw** быть по́лным чего́-л **II.** *vr* (*Vorhersage*) ◇ **sich ~** ис|полня́ться ‹-по́лниться›, осущест|вля́ться ‹-ви́ться›

ergänzen I. *vt* ① (*hinzufügen*) до|полня́ть ‹-по́лнить›, до|бавля́ть ‹-ба́вить› ② (*vervollständigen*) ‹с-›комплектова́ть **II.** *vr* ◇ **sich ~** до|полня́ться ‹-по́лниться›; **Ergänzung** *f* дополне́ние *с,* добавле́ние *с,* комплетова́ние *с*

ergeben[1] *unreg* **I.** *vt* (*zeigen, erweisen*) ока́|зываться ‹-за́ться›; (*Betrag*) выходи́ть ‹вы́йти›, да‹ва́›ть; ◇ **was hat die Untersuchung ~?** что показа́ло рассле́дование? **II.** *vr* ◇ **sich ~** ① (*aufgeben*) сда́‹ва́›ться (*dat* кому́) ② (*zustandekommen*) осущест|вля́ться ‹-ви́ться›, сложи́ться *сов*

ergeben[2] *adj* ① (*demütig, unterwürfig*) пре́данный, ве́рный; ◇ **jd-m treu ~ sein** быть кому́-л пре́данным ② (*e-r Sucht*) быть подве́рженным (*dat* чему́-л); **Ergebnis** *n* ① (*Resultat*) *a.* MATH результа́т *м* ② (*Effekt, Wirkung*) после́дствие *с,* ито́г *м;* **ergebnislos** *adj* безрезульта́тный

ergehen *unreg* **I.** *vi* (*Befehl*) издава́ться, быть и́зданным [опублико́ванным]; JURA быть при́нятым [и́зданным]; ◇ **etw über sich** *akk* **~ lassen** терпели́во сноси́ть что-л **II.** *vi unpers* ◇ **es ergeht ihr gut/schlecht** ей живётся хорошо́/пло́хо **III.** *vr* (*leidenschaftlich tun*) ◇ **sich ~ in** *dat* разра|жа́ться ‹-зи́ться› бра́нью, рассыпа́ться в похвала́х

ergiebig *adj* ① (*lohnend*) вы́годный, сто́ящий, даю́щий хоро́шие результа́ты; (*Geschäft*) дохо́дный ② (*fruchtbar, Boden*) плодоро́дный ③ (*sparsam, Waschmittel*) экономи́чный

ergreifen *unreg vt* ① (*Arm*) хвата́ть ‹схвати́ть›, бра́ться ‹взя́ться›; (*unter den Arm nehmen*) брать по́д руку ② (*Verbrecher*) схвати́ть, пойма́ть *сов* ③ (*erschüttern, bewegen*) захва́|тывать ‹-ти́ть›, тро́|гать ‹-нуть› ④ (*Beruf*) выбира́ть ‹вы́брать›;

(*Maßnahmen*) прин|има́ть ‹-я́ть›; ◇ **die Flucht** ~ обрати́ться в бе́гство; **ergriffen** *adj* тро́нутый, взволно́ванный

ergründen *vt* иссле́довать *несов и сов,* про|ника́ть ‹-ни́кнуть› в суть де́ла

erhaben *adj* ① (*erhöht über die Umgebung*) возвы́шенный, релье́фный ② *FIG* возвы́шенный, благоро́дный; (*feierlich*) торже́ственный ③ *FIG* ◇ **über etw** *akk* ~ **sein** быть вы́ше чего́-л

erhalten *unreg vt* ① (*Brief, Auszeichnung*) полу|ча́ть ‹-чи́ть› ② (*Bauwerk*) охра|ня́ть ‹-ни́ть›; (*Tierart*) сохра|ня́ть ‹-ни́ть›; ◇ **gut** ~ хорошо́ сохрани́вшийся; **erhältlich** *adj* кото́рый мо́жет быть полу́чен [ку́плен]; **Erhaltung** *f* (*von Gebäude, Tierart*) сохране́ние *с*

erhängen *vtr* ◇ **sich** ~ ве́шаться ‹пове́ситься›

erhärten **I.** *vt* ① (*hart machen*) ‹с-›де́лать твёрдым ② *FIG* (*These*) подтвер|жда́ть ‹-ди́ть›, подкре|пля́ть ‹-пи́ть› **II.** *vr* ◇ **sich** ~ ① (*hart werden*) ‹за-›тверде́ть ② *FIG* (*sich bestätigen*) подтвер|жда́ться ‹-ди́ться›

erheben *unreg* **I.** *vt* ① (*Glas, Hand etc.*) под|нима́ть ‹-ня́ть› ② JURA (*Anklage*) по-да́‹ва́›ть; (*Steuern etc.*) взима́ть *несов,* соб‹и›ра́ть; ◇ **e-n Anspruch auf etw** *akk* ~ заявля́ть прете́нзию на что-л ④ (*Daten*) собира́ть да́нные ⑤ ◇ **die Stimme** ~ повыша́ть го́лос **II.** *vr* ◇ **sich** ~ ① (*vom Stuhl*) под|нима́ться ‹-ня́ться›, вста‹ва́›ть ② (*revoltieren, Volk*) восста́‹ва́›ть ③ (*emporsteigen, Ballon*) под|нима́ться ‹-ня́ться›, взле|та́ть ‹-те́ть› ④ (*Berg*) воз|выша́ться ‹-вы́ситься› ⑤ (*Frage*) воз|ника́ть ‹-ни́кнуть› ⑥ (*Wind*) нач‹ин›а́ться, под|нима́ться ‹-ня́ться›

erheblich *adj* ① (*wichtig*) ва́жный ② (*Summe*) значи́тельный

erheitern *vt* ‹раз-›весели́ть кого́-л, подня́ть настрое́ние у кого́-л

erhitzen **I.** *vt* ① (*heiß machen*) разогре́‹ва́›ть, раска|ля́ть ‹-ли́ть› нака|ля́ть ‹-ли́ть› ② *FIG* (*Gemüter*) ‹раз-›горячи́ть, возбу|жда́ть ‹-ди́ть› **II.** *vr* (*in Aufregung geraten*) ◇ **sich** ~ ‹раз-›горячи́ться, возбу|жда́ться ‹-ди́ться›

erhöhen *vt* ① (*Mauer*) над|стра́ивать ‹-стро́ить›, воз|води́ть ‹-вести́› ② (*Gehalt*) увели́чи‹ва›ть; (*Preise*) по|выша́ть ‹-вы́сить›; (*Ansehen*) под|нима́ть ‹-ня́ть›

erholen *vr* ◇ **sich** ~ ① (*ausruhen*) от|дыха́ть ‹-дохну́ть› ② (*von Schock*) при|ходи́ть ‹-йти́› в себя́, о|правля́ться ‹-пра́виться› от чего́-л; **Erholung** *f* ① (*Entspannung*) о́тдых *м* ② (*Gesundung*) выздоровле́ние *с*

erinnern **I.** *vt* ◇ **jd-n an etw** *akk* ~ на|помина́ть ‹-по́мнить› кому́-л о чём-л; ◇ **sie erinnert mich an meine Schwester** она́ напомина́ет мне о мое́й сестре́ **II.** *vr* ◇ **sich** ~ по́мнить *несов,* вс|помина́ть ‹-по́мнить› (*an akk* что-л, о чём-л); **Erinnerung** *f* ① (*das Erinnern*) воспомина́ние *с* ② (*Andenken*) па́мять *ж* о ком-чём-л; ◇ **zur** ~ **an** *akk* на па́мять о ком-чём-л

erkalten *vi a. FIG* (*kalt werden*) охла|жда́ться ‹-ди́ться›, осты́‹ва́›ть

erkälten *vr* ◇ **sich** ~ просту|жа́ться ‹-ди́ться›; **Erkältung** *f* просту́да *ж*

erkennen *unreg* **I.** *vt* ① (*wahrnehmen, sehen*) узна́‹ва́›ть; (*Unterschied*) разли|ча́ть ‹-чи́ть› ② (*jd-n, etw wieder~*) опозна́‹ва́›ть, узна́‹ва́›ть (*an dat* по чему́-л) ③ (*Fehler*) призна́‹ва́›ть, осозна́‹ва́›ть ④ ◇ **jd-m etw zu ~ geben** дать поня́ть кому́-л что-л; ◇ **sich zu ~ geben** откры́ться, дать кому́-л себя́ узна́ть **II.** *vi* JURA ◇ ~ **auf** *akk* выноси́ть ‹вы́нести› пригово́р [постановле́ние]; **erkenntlich** *adj* призна́тельный, благода́рный (*für* за); ◇ **sich ~ zeigen** выража́ть призна́тельность; **Erkenntnis** *f* позна́ние *с,* созна́ние *с;* (*Urteil*) пригово́р *м,* суде́бное реше́ние *с*

erklären *vt* ① (*darlegen*) объяс|ня́ть ‹-ни́ть›, толкова́ть *несов,* истолко́|вывать ‹-ва́ть› (*jd-m etw* кому́-л что-л) ② (*Vorgang, Verhalten*) зая|вля́ть ‹-ви́ть›; ◇ **sich für etw** ~ выска́зываться за что-л ③ (*Krieg*) объя|вля́ть ‹-ви́ть›; ◇ **e-e Firma bankrott** ~ объяви́ть фи́рму банкро́том; **erklärlich** *adj* (*verständlich*) поня́тный, объясни́мый; **Erklärung** *f* ① (*Deutung, Auslegung*) объясне́ние *с,* разъясне́ние *с,* поясне́ние *с* ② (*Mitteilung, Verkündung*) заявле́ние *с,* объявле́ние *с;* ◇ **e-e ~ abgeben** ‹с-›де́лать заявле́ние

Erkrankung *f* заболева́ние *с*

erkunden *vt* ① (*Gegend*) разве́д‹ыв›ать ② (*Pläne*) разузна́‹ва́›ть

erkundigen *vr* ◇ **sich** *akk* ~ **nach jd-m/etw** справля́ться *несов* о ком/чём-л, осведомля́ться *несов* о ком/чём-л; **Erkundigung** *f* ① (*das Erkunden*) осведомле́ние *с,* наведе́ние *с* спра́вок, разузнава́ние *с* ② (*Auskunft*) спра́вка *ж;* ◇ **~en einholen** наводи́ть спра́вки

Erlaß *m* ‹-sses, -sse› ① (*Weisung, Verordnung*)

ука́з *м*, постановле́ние *с*, предписа́ние *с*, распоряже́ние *с* ② (*Aufhebung, von Strafe*) сня́тие *с*, отме́на *ж*, освобожде́ние *с*; **erlassen** *unreg vt* ① (*verordnen*) отдава́ть распоряже́ние; (*Gesetz*) издава́ть ② (*Strafe*) ◇ **jd-m etw ~** освобо|жда́ть <-ди́ть> кого́-л от чего́-л

erlauben I. *vt* разре|ша́ть <-ши́ть>, позво|ля́ть <-во́лить>; ◇ **jd-m ~, etw zu tun** разреши́ть кому́-л сде́лать что-л **II.** *vr* ◇ **sich** *dat* **etw ~** ① (*sich leisten*) позволя́ть <-во́лить> себе́ что-л ② (*sich anmaßen*) взять на себя́ сме́лость, име́ть на́глость; ◇ **was ~ Sie sich?** как Вы сме́ете?; **Erlaubnis** *f* (*Genehmigung*) разреше́ние *с*, позволе́ние *с*

erläutern *vt* объяс|ня́ть <-ни́ть>, поясн|ня́ть <-ни́ть>

erleben *vt* ① (*dabei sein*) быть свиде́телем чего́-л; (*Vorfall*) прису́тствовать *несов* при чём-л ② (*erfahren*) узна́<ва́>ть; (*durchleben*) пережи́<ва́>ть; (*Enttäuschung*) испы́|тывать <-та́ть>; **Erlebnis** *n* (*Erfahrung*) пережива́ние *с*; (*Ereignis*) собы́тие *с*; (*Abenteuer*) приключе́ние *с*

erledigen *vt* ① (*Arbeit*) выполня́ть <вы́полнить>; (*Einkauf*) <с->де́лать; (*Sache*) ула́|живать <-дить> ② *FAM* (*jd-n ermüden*) уто|мля́ть <-ми́ть> кого́-л; ◇ **total erledigt sein** безу́мно уста́ть ③ *FAM* (*geschäftlich*) поко́нчить с кем-л

erlegen *vt* (*Wild*) уби́<ва́>ть

erleichtern *vt* (*leichter machen*) об|легча́ть <-ле́гчить>; *FIG* ◇ **sein Gewissen ~** о|чища́ть <-чи́стить> свою́ со́весть; **erleichtert** *adj* облегчённый; **Erleichterung** *f* ① (*von Last, Schmerz*) облегче́ние *с* ② (*von Angst, Sorge*) избавле́ние *с*

erleiden *unreg vt* (*Niederlage, Verlust*) <по-> терпе́ть; (*ertragen*) пере|носи́ть <-нести́>

erlernen *vt* (*Handwerk, Sprache*) изу|ча́ть <-чи́ть>, обу|ча́ться <-чи́ться> чему́-л

erlesen *adj* ① (*Essen, Wein*) изы́сканный ② (*Publikum*) и́збранный, (*Geschmack*) утончённый

erleuchten *vt* ① (*Zimmer*) осве|ща́ть <-ти́ть> ② *FIG* (*Geist*) оза|ря́ть <-ри́ть>, просве|ща́ть <-ти́ть>; **Erleuchtung** *f* ① (*von Zimmer*) освеще́ние *с* ② *FIG* (*Erkenntnis*) озаре́ние *с*, просветле́ние *с*

erliegen *unreg vi* ◇ **e-r Versuchung ~** подда́ться искуше́нию, не устоя́ть пе́ред собла́зном; ◇ **e-r Krankheit ~** умере́ть от боле́зни

Erlös *m* <-es, -e> (*Ertrag*) дохо́д *м*, при́быль *ж*; (*aus Verkauf*) вы́ручка *ж*

erlöschen *vi* (*Feuer, Vulkan*) по|туха́ть <-ту́хнуть>, <по->га́снуть

erlösen *vt* (*retten*) спаса́ть <спасти́>; (*befreien*) освобо|жда́ть <-ди́ть>; REL (*von Schuld*) из|бавля́ть <-ба́вить>; **Erlösung** *f* ① (*Rettung*) спасе́ние *с*, освобожде́ние *с* ② REL избавле́ние *с*

Ermächtigung *f* ① (*Erlaubnis*) разреше́ние *с*, предоставле́ние *с* пра́ва ② (*Vollmacht*) полномо́чие *с*

ermahnen *vt* приз<ы>ва́ть, предосте|рега́ть <-ре́чь> (*zu* к чему́-л, от чего́-л); **Ermahnung** *f* увещева́ние *с*

ermäßigen *vt* уменьша́ть <уме́ньшить>, снижа́ть <сни́зить>; (*Preise*) по|нижа́ть <-ни́зить>; ◇ **zu ermäßigten Preisen** по сни́женным це́нам; **Ermäßigung** *f* пониже́ние *с*, ски́дка *ж*, усту́пка *ж*

ermessen *unreg vt* (*abschätzen, beurteilen*) взве́|шивать <-сить>, суди́ть *несов*, де́лать вы́вод; (*Lage*) опреде|ля́ть <-ли́ть>; **Ermessen** *n* <- s> усмотре́ние *с*, соображе́ние *с*, мне́ние *с*; ◇ **ich überlasse es Ihrem ~** оставля́ю э́то на Ва́ше усмотре́ние

ermitteln I. *vt* (*herausfinden*) узна́<ва́>ть, разузна́<ва́>ть; (*Verbrecher*) уста|на́вливать <-нови́ть>, разы́|скивать <-ка́ть> **II.** *vi* ◇ **gegen jd-n ~** вести́ рассле́дование про́тив кого́-л; **Ermittlung** *f* ① (*Feststellung*) установле́ние *с*, определе́ние *с*, выясне́ние *с* ② JURA рассле́дование *с*, сле́дствие *с*

ermöglichen *vt* <с->де́лать возмо́жным; ◇ **jd-m etw ~** дать кому́-л возмо́жность, спосо́бствовать чему́-л

ermorden *vt* (*jd-n*) уби́<ва́>ть; **Ermordung** *f* уби́йство *с*

ermüden I. *vt* (*müde machen*) уто|мля́ть <-ми́ть>, изму́чить *сов* **II.** *vi* (*müde werden*) уста́<ва́>ть, уто|мля́ться <-ми́ться>; **ermüdend** *adj* (*Reise*) утоми́тельный; (*Rede*) утомля́ющий; **Ermüdung** *f* (*Müdigkeit*) уста́лость *ж*

ermuntern *vt* ① (*aufheitern*) ободря́ть <обо́дрить> ② (*auffordern, anregen*) побу|жда́ть <-ди́ть>, вдохно|вля́ть <-ви́ть> (*zu* к чему́-л, на что-л)

ermutigen *vt* ободря́ть <обо́дрить> кого́-л, прида́<ва́>ть бо́дрости кому́-л

ernähren I. *vt* ① (*Nahrung geben*) пита́ть *несов*, <по->корми́ть ② *FIG* (*Familie*) содержа́ть *несов* **II.** *vr* ◇ **sich** ~ <про->корми́ться; **Ernährung** *f* ① (*Vorgang*) кормле́ние *с*, вска́рмливание *с* ② (*Nahrung*) пита́ние *с* ② (*Unterhalt*) содержа́ние *с*

ernennen *unreg vt* на|знача́ть <-зна́чить>; ◇ **er wurde zum Stellvertreter ernannt** он был назна́чен замести́телем; **Ernennung** *f* назначе́ние *с*

erneuern *vt* ① (*Haus, Dach*) <от->реставри́ровать; (*Gerät*) обно|вля́ть <-ви́ть> ② (*ersetzen*) заме|ня́ть <-ни́ть> ③ (*sanieren, Firma*) возро|жда́ть <-ди́ть> ④ (*Antrag*) возобно|вля́ть <-ви́ть> ⑤ (*Freundschaft*) возро|жда́ть <-ди́ть>; (*Vertrag*) возобно|вля́ть <-ви́ть>; **erneut I.** *adj* обновлённый, но́вый **II.** *adv* (*wieder*) сно́ва, опя́ть

erniedrigen *vt* (*demütigen*) унижа́ть <уни́зить>

ernst *adj* ① (*allg.*) серьёзный; (*streng*) стро́гий; ◇ **jd-n/etw ~ nehmen** серьёзно относи́ться к кому́-л, к чему́-л ② (*Zustand*) опа́сный, серьёзный; **Ernst** *m* <-es> ① (*allg.*) серьёзность *ж*; ◇ **das ist mein ~** я не шучу́; ◇ **~ machen mit etw** принима́ть всерьёз что-л ② (*Bedrohlichkeit*) значи́тельность *ж*, серьёзность *ж*, угрожа́ющий хара́ктер *м*; **Ernstfall** *m* ◇ **im ~** в слу́чае действи́тельной опа́сности; **ernstgemeint** *adj* серьёзный; **ernsthaft** *adj* (*Angebot*) ва́жный, значи́тельный; (*Krankheit, Problem*) серьёзный; **ernstlich I.** *adj* серьёзный, настоя́тельный **II.** *adv* серьёзно, всерьёз

Ernte *f* <-, -n> урожа́й *м*; (*Getreide~*) жа́тва *ж*; **ernten** *vt* ① (*Getreide*) уб<и>ра́ть урожа́й, убира́ть хлеб с по́ля ② *FIG* пожина́ть *несов*, заслужи́ть *сов*

Ernüchterung *f* ① (*von Rausch*) протрезвле́ние *с* ② *FIG* отрезвле́ние *с*, разочарова́ние *с*

erobern *vt* ① MIL (*Land*) за|воёвывать <-воева́ть>; (*Stadt, Festung*) захва́|тывать <-ти́ть> ② *FIG* (*Herz, Publikum*) поко|ря́ть <-ри́ть>, пле|ня́ть <-ни́ть>; **Eroberung** *f* завоева́ние *с*, захва́т *м*

eröffnen I. *vt* ① (*Laden, Restaurant*) откры́<ва́>ть ② (*beginnen*) нач<ин>а́ть ③ *FIG* (*mitteilen*) сооб|ща́ть <-щи́ть>; ◇ **jd-m etw ~** сообща́ть кому́-л что-л **II.** *vr* (*Möglichkeit*) ◇ **sich ~** откры́<ва́>ться, пред|ставля́ться <-ста́виться>; **Eröffnung** *f* ① (*von Geschäft*) откры́тие *с* ② (*von Sitzung*) нача́ло *с*, откры́тие *с* ③ (*Mitteilung*) сообще́ние *с*, раскры́тие *с*

erogen *adj* (*Zone*) возбуди́мый, раздражи́мый

erörtern *vt* (*Thema*) обсу|жда́ть <-ди́ть>, рас|сма́тривать <-смотре́ть>

Erosion *f* эро́зия *ж*

Erotik *f* эро́тика *ж*; **erotisch** *adj* эроти́ческий

erpicht *adj* ◇ **~ sein auf** *akk* быть па́дким на что-л, сходи́ть с ума́ по чему́-л

erpressen *vt* ① (*Lösegeld, Geständnis*) вымога́ть *несов*, вынужда́ть <вы́нудить> ② (*jd-n*) шантажи́ровать *несов* кого́-л; **Erpresser(in** *f*) *m* <-s, -> вымога́тель(ница *ж*) *м*; **Erpressung** *f* вымога́тельство *с*, шанта́ж *м*

erproben *vt* (*jd-n, Treue, Ausdauer*) испы́|тывать <-та́ть>, под|верга́ть <-ве́ргнуть> испыта́нию; (*Heilmittel*) <по->про́бовать

erraten *unreg vt* (*Lösung, Geheimnis*) предуга́|дывать <-да́ть>, разга́|дывать <-да́ть>

erregen I. *vt* ① (*aufregen, erzürnen*) <вз->волнова́ть ② (*sexuell*) возбу|жда́ть <-ди́ть> ③ (*hervorrufen, Zweifel*) вызыва́ть <вы́звать> **II.** *vr* (*sich aufregen*) ◇ **sich ~** волнова́ться (*über akk* из-за чего́-л); **Erreger** *m* <-s, -> (*von Krankheiten*) возбуди́тель *м*; **Erregung** *f* (*Erregtheit*) взволно́ванность *ж*, возбуждённость *ж*

erreichbar *adj* ① (*Ort*) достижи́мый, досту́пный ② (*telefonisch*) ◇ **er ist nie ~** его́ никогда́ не заста́нешь; **erreichen** *vt* ① (*Ziel, Alter*) до|стига́ть <-сти́гнуть>; (*einholen*) до|гоня́ть <-гна́ть>, на|стига́ть <-сти́гнуть> ② (*Person*) заста́<ва́>ть; (*telefonisch*) свя́|зываться <-за́ться> ③ (*verwirklichen*) осущест|вля́ть <-ви́ть> ④ (*durchsetzen*) доби́<ва́>ться

errichten *vt* ① (*Gebäude, Denkmal*) воз|води́ть <-вести́> ② (*gründen, Filiale*) учре|жда́ть <-ди́ть>

erringen *unreg vt* (*Sieg*) доби́<ва́>ться

erröten *vi* (*Person*) <по->красне́ть

Ersatz *m* <-es> ① (*das Ersetzen*) заме́на *ж* ② (*Gegenwert, Ausgleich*) замени́тель *м*, компенса́ция *ж*; (*Entschädigung*) возмеще́ние *с* ③ (*Reserve*) запа́с *м*, пополне́ние *с*; **Ersatzdienst** *m* MIL гражда́нская слу́жба *ж*, заменя́ющая вое́нную слу́жбу; **Ersatzreifen** *m* AUTO запасна́я ши́на *ж*; **Ersatzteil** *n* запасна́я часть *ж*

erscheinen *unreg vi* ① (*sich einfinden, kommen*) появ|ля́ться <-ви́ться>, при|ходи́ть <-йти́>; (*bei Arbeit, Party*) явля́ться <яви́ться>; (*als Zeuge*) предста́<ва́>ть ② (*Buch,*

E

Zeitung) выходи́ть ‹вы́йти› из печа́ти ③ (*sich darstellen*) предІставля́ть ‹-ста́вить› себе́; ◇ **das erscheint mir bemerkenswert** э́то ка́жется мне примеча́тельным; **Erscheinung** *f* ① (*Auftreten*) ◇ **äußere ~** вне́шнее проявле́ние *с* ② (*Gegebenheit*) явле́ние *с*, факт *м* ③ (*Vision*) виде́ние *м*, при́зрак *м*

erschießen *unreg vt* застре́Іливать ‹-ли́ть›; (*hinrichten*) расстре́Іливать ‹-ля́ть›

erschlagen *unreg vt* ① (*durch Schlag töten*) уби́‹ва́›ть ② *FIG* ◇ **sich wie ~ fühlen** о́чень уста́ть

erschöpfen *vt* ① (*jd-n*) утоІмля́ть ‹-ми́ть› кого́-л ② (*Reserven, Thema*) исче́Ірпывать ‹-па́ть›; **erschöpfend** *adj* ① (*Marsch*) утоми́тельный ② *FIG* (*Antwort*) исче́рпывающий; **Erschöpfung** *f* изнеможе́ние *с*, истоще́ние *с*, изнуре́ние *с*

erschrecken [1] ‹erschreckte, hat erschreckt› *vt* ‹ис-›пуга́ть

erschrecken [2] ‹erschrak, ist erschrocken› *vi* ‹ис-›пуга́ться, прийти́ в у́жас

erschreckend *adj* ужаса́ющий, стра́шный

erschüttern *vt* ① (*Erdboden*) сотряІса́ть ‹-сти́›, ‹по-›колеба́ть ② (*jd-n stark erregen*) потряІса́ть ‹-сти́›; **Erschütterung** *f* ① (*Beben*) колеба́ния *мн* земли́, подзе́мные толчки́ *мн* ② (*Rührung*) потрясе́ние *с*, растро́ганность *ж*, умиле́ние *с*

erschweren *vt* затрудІня́ть ‹-ни́ть›; (*Arbeit*) осложІня́ть ‹-ни́ть›

erschwinglich *adj* (*bezahlbar*) общедосту́пный, досту́пный

ersehen *unreg vt* ◇ **daraus ersieht man, daß ...** из э́того ви́дно [сле́дует], что...

ersetzbar *adj* замени́мый; **ersetzen** *vt* ① (*auswechseln*) замеІня́ть ‹-ни́ть› ② (*vertreten*) замеІща́ть ‹-сти́ть›; ◇ **jd-m den Vater ~** заменя́ть кому́-л отца́ ③ (*Unkosten*) возмеІща́ть ‹-сти́ть›; (*Schaden*) компенси́ровать *несов и сов*; ◇ **jd-m etw ~** возмеща́ть кому́-л что-л

ersichtlich *adj* (*Grund*) ви́димый, я́вный, очеви́дный

ersparen *vt* ① (*Geld*) ‹на-›копи́ть, ‹с-›эконо́мить ② (*verschonen mit*) изІбавля́ть ‹-ба́вить›, убеІрега́ть ‹-ре́чь›; **Ersparnis** *f* ① (*Einsparung*) эконо́мия *ж* ② ◇ **~se** *f pl* сбереже́ния *мн*

erst *adv* ① (*zunächst*) сперва́, внача́ле; ◇ **~ einmal** пре́жде всего́ ② (*anfangs*) снача́ла; ◇ **~ kamen die Gäste, dann ...** снача́ла пришли́ го́сти, пото́м ... ③ (*vorher*) неда́вно ④ (*nicht eher als*) (то́лько) лишь; ◇ **sie kommt ~ morgen** она́ прие́дет лишь за́втра ⑤ (*nicht mehr als*) не бо́льше чем; ◇ **sie ist ~ 18 Jahre alt** ей всего́ лишь 18 лет ⑥ (*gar*) ◇ **und ich ~!** пото́м уж я

erstatten *vt* ① (*Unkosten*) возмеІща́ть ‹-сти́ть› ② ◇ **Anzeige ~** доІноси́ть ‹-нести́›, сообІща́ть ‹-щи́ть›; ◇ **Bericht ~** доІкла́дывать ‹-ложи́ть›

Erstaufführung *f* THEAT, FILM премье́ра *ж*

erstaunen **I.** *vt* удиІвля́ть ‹-ви́ть›, изуІмля́ть ‹-ми́ть› **II.** *vi* (*sich wundern*) ◇ **ich bin erstaunt darüber, daß ...** я удивлён тем, что...; **Erstaunen** *n* ‹-s› удивле́ние *с*, изумле́ние *с*; **erstaunlich** *adj* удиви́тельный, порази́тельный

erstbeste(r, s) *adj PEJ* любо́й [пе́рвый] попа́вшийся

erste(r, s) *adj* пе́рвый/-ая, -ое; ◇ **als E~ am Ziel ankommen** прийти́ к фи́нишу пе́рвой; ◇ **das ~, was ich gesehen habe** пе́рвое, что я уви́дел; ◇ **Moskau, den ~n Dezember** Москва, 1-го декабря́

erstechen *unreg vt* заІка́лывать ‹-коло́ть›

erstehen *unreg* **I.** *vt* (*kaufen*) приобреІта́ть ‹-сти́›, покупа́ть ‹купи́ть› **II.** *vi* (*entstehen*) возроІжда́ться ‹-ди́ться›; (*Stadt*) возІника́ть ‹-ни́кнуть›

erstens *adv* во-пе́рвых; **erstere(r, s)** *pron* пе́рвый из двух

ersticken **I.** *vt* (*jd-n, Revolte*) подаІвля́ть ‹-ви́ть›, ‹за-›души́ть **II.** *vi* (*Mensch*) заІдыха́ться ‹-до́хнуться›

erstmalig *adj* (*Begegnung*) пе́рвый; **erstmals** *adv* впервы́е, в пе́рвый раз

erstrebenswert *adj* (*Ziel*) досто́йный того́, что́бы его́ добива́ться

erstrecken *vr* (*räumlich, zeitlich*) ◇ **sich ~** распростраІня́ться ‹-ни́ться›, проІстира́ться ‹-стере́ться›, (*über, auf akk* на что-л)

ersuchen *vt* ◇ **jd-n um etw ~** ‹по-›проси́ть кого́-л о чём-л

ertappen *vt* (*jd-n*) пойма́ть *сов*, заІстига́ть ‹-сти́гнуть› кого́-л (*bei* за); ◇ **jd-n auf frischer Tat ~** пойма́ть кого́-л на ме́сте преступле́ния

erteilen *vt* (*Auftrag*) отда́‹ва́›ть; (*Auskunft, Vollmacht*) да‹ва́›ть, предоІставля́ть ‹-ста́вить›, преподава́ть *несов*; (*Audienz, Erlaubnis*) да‹ва́›ть

Ertrag *m* ‹-[e]s, -träge› (*Gewinn*) при́быль *ж*; (*von Ernte*) урожа́й *м*, урожа́йность *ж*; (*Erlös*) вы́ручка *ж*, дохо́д *м*

ertragen *unreg vt* пере|носи́ть <-нести́>, <вы́->терпе́ть; **erträglich** *adj* ① *(Schmerzen, Leben)* сно́сный, терпи́мый ② *(Leistung)* дохо́дный, при́быльный

erträumen *vt* гре́зить *несов* о чём-л; ◇ **sich** *dat* **etw ~** вообража́ть *несов* что-л

ertrinken *unreg vi* <по->тону́ть

erübrigen *vr* ◇ **sich ~** быть изли́шним; ◇ **es erübrigt sich, darauf zu antworten** нет смы́сла отвеча́ть на э́то

erwachen *vi* ① *(aufwachen)* про|сыпа́ться <-сну́ться>, пробу|жда́ться <-ди́ться> ② *FIG (entstehen)* пробу|жда́ться <-ди́ться>

erwachsen *adj* взро́слый; **Erwachsene(r)** *fm* взро́слый *м*, взро́слая *ж*; **Erwachsenenbildung** *f* обуче́ние *с* взро́слых

erwägen <erwog, erwogen> *vt* ① *(in Betracht ziehen)* прин|има́ть <-я́ть> во внима́ние ② *(prüfen)* обду́м<ыв>ать; **Erwägung** *f* ① *(Überlegung)* соображе́ние *с*; ◇ **in ~ ziehen** принима́ть что-л во внима́ние ② *(Prüfung)* обду́мывание *с*, взве́шивание *с*

erwähnen *vt* упомина́ть *несов*; ◇ **davon ist nichts erwähnt worden** об э́том ничего́ не́ было ска́зано

erwarten *vt* ① *(Brief, Kind etc.)* ждать *несов*, ожида́ть *несов*; ◇ **etw kaum ~ können** едва́ ли сле́дует э́того ожида́ть ② *(hoffen auf, rechnen mit)* <по->наде́яться, рассчи́тывать *несов*; ◇ **das war zu ~** на э́то мо́жно бы́ло рассчи́тывать; **Erwartung** *f* ① *(Warten)* ожида́ние *с* ② *(Hoffnung)* наде́жда *ж*

erweisen *unreg* **I.** *vt (Gunst, Vertrauen)* ока́|зывать <-за́ть> дове́рие, <с->де́лать одолже́ние *(jd-m* кому́-л); *(Dankbarkeit)* <от->благодари́ть *(jd-n* кого́-л); *(Dienst)* ока́|зывать <-за́ть> услу́гу *(jd-m* кому́-л) **II.** *vr* ◇ **sich ~ als** ока́|зываться <-за́ться> кем-чем-л

Erwerb *m* <-[e]s, -e> ① *(~stätigkeit)* ремесло́ *с*, заня́тие *с*, трудова́я де́ятельность *ж* ② *(Lohn)* за́работок *м*, дохо́д *м* ③ *(Kauf, Anschaffung)* приобрете́ние *с*, поку́пка *ж*; **erwerben** *unreg vt* ① *(kaufen)* покупа́ть <купи́ть> ② *(Kenntnisse)* приобре|та́ть <-сти́>, овладе́<ва́>ть; **erwerbslos** *adj* безрабо́тный; **erwerbstätig** *adj* занима́ющийся како́й-л де́ятельностью, трудово́й

erwidern *vt* ① *(entgegnen)* от|веча́ть <-ве́тить>, возра|жа́ть <-зи́ть> *(jd-m etw* кому́-л, на что-л) ② *(Gefälligkeit, Gruß)* отвеча́ть на что-л; *(Gefühl)* отвеча́ть взаи́мностью

erwiesen *adj (Schuld)* дока́занный

erwischen *vt* ① *(Verbrecher)* лови́ть <пойма́ть>; *FAM* схвати́ть *сов*; *(Bus)* успе́<ва́>ть ② *FAM* ◇ **mich hat's erwischt** я попа́лся, мне не повезло́

erwog *impf v.* **erwägen**

erwünscht *adj* жела́тельный, жела́нный

erzählen *vt (Geschichte)* расска́|зывать <-за́ть>; **Erzählung** *f* ① *(von Begebenheit)* расска́з *м*, повествова́ние *с* ② *(literarische Gattung)* нове́лла *ж*

erzeugen *vt* ① *(herstellen, Waren)* произ|води́ть <-вести́>, выпуска́ть <вы́пустить> ② *(hervorbringen, Energie)* выраба́тывать <вы́работать> ③ *(hervorrufen, Angst)* поро|жда́ть <-ди́ть>, вызыва́ть <вы́звать>; **Erzeugnis** *n* изде́лие *с*, проду́кт *м*; **Erzeugung** *f (Herstellung)* произво́дство *с*, вы́работка *ж*, вы́пуск *м*

erziehen *unreg vt (Kind)* воспи́|тывать <-та́ть>; **Erziehung** *f* воспита́ние *с*

erzielen *vt (Ergebnis)* доби́<ва́>ться, до|стига́ть <-сти́чь> чего́-л

es *pron pers (3. Pers. sg, sächlich) (nom u. akk)* ① *(für Personen und Sachen) (Subjekt)*; ◇ **~ ist 8 Jahre alt** ему́ [ребёнку] 8 лет *(Objekt)*; ◇ **ich sehe ~** я ви́жу э́то [его́, её] ② *(für Satzinhalt, Wort, Vorgang)*; ◇ **er will ~ tun** он хо́чет э́то сде́лать; ◇ **~ hat keinen Sinn** это не име́ет смы́сла; ◇ **~ hat nicht weh getan** бы́ло не бо́льно; ◇ **ich mag ~** я люблю́ э́то ③ *(zur Verstärkung)* ◇ **~ ist mein Mann, der kocht** э́то мой муж, кото́рый уме́ет гото́вить ④ *(als Genitivobjekt, für dessen)* ◇ **ich bin ~ müde, das zu wiederholen** я уже́ уста́л повторя́ть э́то ⑤ *unpers* ◇ **~ ist spät** по́здно; ◇ **~ ist zwei Uhr** два часа́; ◇ **~ regnet/schneit** идёт дождь/снег; ◇ **~ schläft sich gut hier** здесь хорошо́ спи́тся

Esel *m* <-s, -> ① ZOOL осёл *м* ② *FAM* ◇ **du alter ~!** ста́рый осёл!; **Eselin** *f* осли́ца *ж*

essen <ißt, aß, gegessen> *vt, vi* <съ->есть, <по->ку́шать; **Essen** *n* <-s, -> ① *(Nahrung)* ку́шанье *с*; *(Verpflegung, Kost)* пита́ние *с* ② еда́ *ж*; *(Abend~)* у́жин *м*

essentiell *adj* суще́ственный

Essig *m* <-s, -e> у́ксус *м*

Eßzimmer *n* столо́вая *ж*

Estland *n* эсто́ния *ж*

etablieren *vr* ◇ **sich ~** ① *(sich niederlassen)* учре|жда́ть <-ди́ть>, уст|ра́иваться <-ро́иться> ② *(in Gesellschaft)* заня́ть ме́сто, утверди́ться в (о́бществе)

Etappe *f* <-, -n> *(Teilstrecke)* эта́п *м*; *(Zeitabschnitt)* пери́од *м*

E

Etat *m* ‹-s, -s› бюджéт *м*

etepetete *adj FAM* (*zimperlich, geziert*) чóпорный, разбóрчивый; ◇ **sei doch nicht so ~!** не жемáнься же!

Ethik *f* э́тика *ж*, морáль *ж*

etliche *pron* (*indefinit*) ① (*substantivisch*) ◇ **~ sind gekommen** нéкоторые пришли́ ② (*adjektivisch*) ◇ **~ Male** нéсколько раз; ◇ **~ Tage** нéсколько дней; **etliches** *pron* кóе-что

etwa *adv* ① (*ungefähr*) óколо, приблизи́тельно, примéрно; ◇ **er hat ~ fünf Scheiben gegessen** он съел óколо пяти́ кускóв ② (*zum Beispiel*) напримéр; ◇ **nehmen wir ~ seinen Vater** возьмём, напримéр, егó отцá ③ (*womöglich*) рáзве, неужéли; ◇ **du bist doch nicht ~ pleite?** неужéли ты обанкрóтился? ④ ◇ **meinen Sie nicht ~, daß?** не дýмаете ли Вы, что?

etwas **I.** *pron* ① (*adverbial*) немнóго, нéчто, что-нибýдь, кóе-что, что-ли́бо; ◇ **~ besser** немнóго лýчше; ◇ **~ Gutes** что-нибýдь хорóшее; ◇ **hast du ~ gehört?** ты что-нибýдь слы́шал?; ◇ **möchten Sie noch ~ Reis?** хоти́те ещё немнóго ри́са? ② (*substantivisch*) ◇ **das ist doch ~!** э́то уж кóе что!

Etymologie *f* этимолóгия *ж*

EU *f Abk. v.* **Europäische Union** Европéйский Союз

euch **I.** *pron pers akk v.* **ihr** (*2. Person pl*) вас **II.** *pron pers dat v.* **ihr** (*2. Person pl*) вам

euer *pron pers gen v.* **ihr** вас; ◇ **wir gedenken ~** мы пóмним о вас

Eule *f* ‹-, -n› ZOOL совá *ж*

eure(r, s) *pron poss v.* **ihr** (*2. Person pl*) ① (*adjektivisch*) (*sg*) вáш(а, е); ◇ **ist das euer Haus?** э́то ваш дом?; (*pl*) вáши; ◇ **~ Töchter** вáши дóчери ② (*substantivisch*) вáш(а, е); (*pl*) вáши; ◇ **wessen Auto ist das? - es ist ~s** чья э́то автомаши́на? - вáша

eurerseits *adv* с вáшей стороны́; **euretwegen** *adv* ① (*euch zuliebe*) рáди вас; ◇ **~ sind wir so weit gefahren** рáди вас мы поéхали так далекó ② (*negativ*) из-за вас; ◇ **alles nur ~** всё из-за вас

Europa *n* ‹-s› Еврóпа *ж*; ◇ **in/nach ~** в Еврóпе/в Еврóпу; **Europäer(in** *f*) *m* ‹-s, -› европéец *м*, европéйка *ж*; **europäisch** *adj* европéйский; **Europameister(in** *f*) *m* SPORT чемпиóн(ка *ж*) *м* Еврóпы; **Euroscheck** *m* еврочéк *м*, *бáнковский чек, принимáемый в европéйских бáнках*

Euter *n* ‹-s, -› вы́мя *с*

evakuieren *vt* эвакуи́ровать *несов и сов*

evangelisch *adj* евангели́ческий, евáнгельский; **Evangelium** *n* евáнгелие *с*

eventuell **I.** *adj* возмóжный, эвентуáльный **II.** *adv* при слýчае, смотря́ по обстоя́тельствам, пожáлуй

ewig **I.** *adj* вéчный; ◇ **ich habe diese ~en Klagen satt!** с меня́ хвáтит э́тих вéчных жáлоб!, мне надоéли э́ти вéчные жáлобы! **II.** *adv* вéчно, беспрестáнно; ◇ **das dauert ja ~!** э́то дли́тся ужé цéлую вéчность!; **Ewigkeit** *f* вéчность *ж*

exakt *adj* тóчный, пунктуáльный, аккурáтный

Examen *n* ‹-s, - *o.* Examina› экзáмен *м*

Exemplar *n* ‹-s, -e› экземпля́р *м*; **exemplarisch** *adj* примéрный, предостерегáющий

Exil *n* ‹-s, -e› ссы́лка *ж*, изгнáние *с*; ◇ **im ~ leben** жить в ссы́лке, находи́ться в изгнáнии

Existenz *f* существовáние *с*; (*Leben*) бытиé *с*; **Existenzminimum** *n* прожи́точный ми́нимум *м*; **existieren** *vi* существовáть *несов*

exklusive *adv, präp gen* за исключéнием, исключáя

Exkurs *m* ‹-, -e› отступлéние *с*, э́кскурс *м*

exotisch *adj* экзоти́ческий

Expansion *f* экспáнсия *ж*; (*Ausdehnung*) распространéние *с*

Expedition *f a.* COMM экспеди́ция *ж*

Experiment *n* эксперимéнт *м*; **experimentieren** *vi* эксперименти́ровать *несов*, производи́ть óпыты (*mit etw* с чем-л)

Experte *m* ‹-n, -n›, **Expertin** *f* экспéрт *м*; свéдущий (óпытный) человéк *м*

explodieren *vi* взрывáться ‹взорвáться›, раз|рывáться ‹-орвáться›; **Explosion** *f* взрыв *м*, разры́в *м*; **explosiv** *adj* взрывнóй, взры́вчатый

Exponent *m* MATH показáтель *м*

Export *m* ‹-[e]s, -e› э́кспорт *м*, вы́воз *м*; **Exportartikel** *m* COMM статья́ *ж* вы́воза, предмéт *м* э́кспорта; **exportieren** *vt* экспорти́ровать *несов и сов*, вывози́ть ‹вы́везти›

Expreßgut *n* груз *м* осóбой срóчности

extra **I.** *adj* ‹inv› *FAM* (*besonders, speziell*) специáльный, осóбенный, осóбый **II.** *adv* ① (*gesondert*) отдéльно, обосóбленно ② (*speziell*) специáльно; ◇ **das ist ~ für Sie** э́то специáльно для Вас ③ (*absichtlich*) нарóчно ④ (*besonders*) осóбенно; **Extra** *n*

<-s, -s> (*Sonderleistung, Zubehör*) что-то осо́бенное *с*, дополни́тельная часть *ж* (к чему́-л); **Extraausgabe** *f* специа́льное изда́ние *с;* **Extrablatt** *n* э́кстренный вы́пуск *м* газе́ты

Extrakt *m* <-[e]s, -e> (*Pflanzen~*) экстра́кт *м,* вы́тяжка *ж*

extrem *adj* кра́йний, преде́льный; **extremistisch** *adj* POL экстреми́стский

exzentrisch *adj* (*Kreis, Person*) эксцентри́ческий, эксцентри́чный

Exzeß *m* <-sses, -sse> эксце́сс *м,* сканда́л *м;* ◇ **bis zum ~** до сканда́ла

F

F, f *n* ① (*Buchstabe*) Ф, ф ② MUS фа

Fabel *f* <-, -n> (*Tier~*) ба́сня *ж,* ска́зка *ж;* **fabelhaft** *adj* (*toll, fantastisch*) чуде́сный, замеча́тельный, превосхо́дный

Fabrik *f* (*Papier~, Spielzeug~*) фа́брика *ж,* заво́д *м;* **Fabrikant(in** *f*) *m* ① (*Hersteller/in*) изготови́тель(ница *ж*) *м* ② (*Besitzer/in*) фабрика́нт *м/ж,* владе́лец *м,* владе́лица *ж;* **Fabrikarbeiter(in** *f*) *m* фабри́чный рабо́чий *м,* фабри́чная рабо́тница *ж*

Fabrikat *n* (*Marken~*) фабри́чное изде́лие *с,* фабрика́т *м;* **Fabrikation** *f* (*Produktion*) произво́дство *с,* изготовле́ние *с;* **fabrizieren** *vt PEJ* (*Schrott, Mist*) изго|товля́ть <-то́вить>, <с->фабрикова́ть

Fach *n* <-[e]s, Fächer> ① (*Schub~*) я́щик *м* (стола́); (*Regal~*) по́лка *ж* ② (*Wissensgebiet*) о́трасль *ж,* о́бласть *ж;* ◇ **eine Frau vom ~** специали́стка *ж* ③ (*Schul~, Studien~*) предме́т *м* (обуче́ния); **Facharbeiter** *m* (*am Bau*) квалифици́рованный рабо́чий *м,* специали́ст *м;* **Facharzt** *m,* **Fachärztin** *f* врач-специали́ст *м;* **Fachausdruck** *m* <-drücke> те́рмин *м,* специа́льное выраже́ние *с*

Fächer *m* <-s, -> ве́ер *м,* опаха́ло *с*

Fachidiot *m* <-en, -en> *PEJ* ◇ **er ist ein ~** он - узколо́бый специали́ст; **fachlich** *adj* (*Voraussetzungen*) специа́льный, профессиона́льный; **fachsimpeln** *vi* разгова́ривать на узкоспециа́льные те́мы; **Fachwerk** *n* фа́хверк *ж*

fad[e] *adj* ① (*Geschmack*) безвку́сный ② (*langweilig, Mensch*) ску́чный

Faden *m* <-s, Fäden> ① (*Näh~, Bind~*) ни́тка *ж,* нить *ж* ② *FIG* ◇ **den ~ verlieren** потеря́ть нить ③ *FIG* (*Leitmotiv*) ◇ **roter ~** кра́сная нить *ж;* **fadenscheinig** *adj FIG* (*Entschuldigung*) ша́ткий, сомни́тельный

fähig *adj* ① (*in der Lage*) спосо́бный (*zu dat* к чему́-л) ② (*tüchtig*) дарови́тый, приле́жный, трудолюби́вый; **Fähigkeit** *f* (*Können*) спосо́бность *ж,* уме́ние *с,* дар *м*

fahnden *vi* (*suchen*) разы́с|кивать <-ка́ть>, пресле́довать кого́-л (*nach akk* кого́-л); **Fahndung** *f* ро́зыск *м*

Fahne *f* <-, -n> ① (*Flagge*) флаг *м,* зна́мя *с* ② *FAM* (*nach Alkohol riechen*) ◇ **er hat e-e ~** от него́ несёт спиртны́м

Fahrausweis *m* проездно́й биле́т *м;* **Fahrbahn** *f* (*Fahrspur*) прое́зжая часть *ж*

Fähre *f* <-, -n> (*Auto~*) паро́м *м*

fahren <fährt, fuhr, gefahren> **I.** *vt* ① (*Auto*) води́ть <вести́>, управля́ть автомаши́ной ② (*transportieren*) пере|вози́ть <-везти́> ③ ◇ **Rennen ~** уча́ствовать в мотого́нках **II.** *vi* ① ◇ **mit dem Auto/Schiff ~** е́здить на автомоби́ле/корабле́ ② (*abfahren, Zug*) от|ходи́ть <-ойти́>, от|правля́ться <-пра́виться> ③ (*streichen*) ◇ **mit der Hand über das Gesicht ~** провести́ руко́й по лицу́;

Fahrer(in *f*) *m* <-s, -> води́тель(ница *ж*) *м;* (*von LKW, Taxi*) шофёр *м;* **Fahrerflucht** *f* уклоне́ние *с* води́теля автомаши́ны от отве́тственности; **Fahrgast** *m* пассажи́р *м;* **Fahrgemeinschaft** *f* *гру́ппа лиц, испо́льзующая одну́ из свои́х маши́н для совме́стных пое́здок;* **Fahrkarte** *f* (*Bus, U-Bahn*) проездно́й биле́т *м;* (*Zug*) железнодоро́жный биле́т *м;* **Fahrkartenschalter** *m* биле́тная ка́сса *ж*

fahrlässig *adj* (*unachtsam*) хала́тный, небре́жный, неради́вый

Fahrlehrer(in *f*) *m* инстру́ктор *м* по вожде́нию автомоби́ля; **Fahrplan** *m* (*von Zug, Bus*) расписа́ние *с,* гра́фик *м* движе́ния; **fahrplanmäßig** *adj* (*Abfahrt*) в соотве́тствии с расписа́нием, по расписа́нию; **Fahrpreis** *m* сто́имость *ж* прое́зда; **Fahrprüfung** *f* экза́мен *м* на получе́ние води́тельских прав; **Fahrrad** *n* велосипе́д *м,* самока́т *м;* **Fahrscheinautomat** *m* автома́т *м* для получе́ния проездны́х биле́тов; **Fahrschule** *f* автошко́ла *ж;* **Fahrschüler(in** *f*) *m* обуча́ющийся(-аяся *ж*) *м* вожде́нию на автомаши́не; **Fahrstuhl** *m* лифт *м*

Fahrt *f* <-, -en> ① (*Fahren*) езда́ *ж* ② (*Reise*)

поéздка *ж*, путешéствие *c* ③ (*Strecke*) рейс *м*, проéзд *м* ④ *FIG* (*in Schwung*) ◇ **in ~ sein** войти́ в раж, разойти́сь

Fährte *f* <-, -n> (*Spur*) след *м*

Fahrtkosten *pl* стóимость *ж* проéзда, путевы́е расхóды *мн;* **Fahrzeug** *n* трáнспортное срéдство *c;* **Fahrzeugbrief** *m* *пáспорт м автомобиля*

Faktor *m* ① (*Kriterium*) фáктор *м*, обстоя́тельство *c* ② MATH сомнóжитель *м*

Fakultät *f* (*von Universität*) факультéт *м*

Falke *m* <-n, -n> (*Raubvogel*) сóкол *м*

Fall *m* <-[e]s, Fälle> ① (*Sturz*) падéние *c* ② JURA уголóвное дéло *c* ③ GRAM (*Kasus*) падéж *м* ④ ◇ **auf jeden ~** во вся́ком слу́чае

Falle *f* <-, -n> ① ловýшка *ж*, западня́ *ж* ② *FAM* (*Bett*) постéль *ж*

fallen <fällt, fiel, gefallen> *vi* ① (*stürzen*) пáдать <упáсть> ② (*Preise, Kurse*) по|нижáться <-ни́зиться>, пáдать <упáсть> ③ (*im Krieg*) пасть *сов*, поги́бнуть *сов* ④ *FIG* ◇ **in Ohnmacht ~** упáсть в óбморок, лиши́ться чувств; ◇ **aus der Rolle ~** вы́йти из рóли

fällen *vt* ① (*Baum*) <по->вали́ть, руби́ть *несов*, сру|бáть <-би́ть> ② *FIG* (*Urteil*) выноси́ть <вы́нести>

fallenlassen *unreg vt* ① (*Teller*) роня́ть <урони́ть> ② *FIG* (*Plan*) отказáться от когó-чегó-л ③ *FIG* (*Bemerkung*) оброни́ть *сов*

fällig *adj* (*Rechnung*) срóчный, подлежáщий уплáте; **Fälligkeit** *f* COMM срок *м* платежá, срок *м* исполнéния обязáтельства

Fallout *m* <-s, -s> (*radioaktive Niederschläge*) радиоакти́вные осáдки *мн*

falls *adv* (*wenn*) (*konditional*) éсли, в слу́чае

Fallschirm *m* парашю́т *м*

falsch *adj* ① (*Nummer*) оши́бочный, невéрный, неподходя́щий, поддéльный ② (*Aussage, unwahr*) непрáвильный, лóжный ③ (*Schmuck*) поддéльный, искýсственный ④ *FIG* (*Person, unaufrichtig*) двули́чный, нейскренний; **fälschen** *vt* ① (*Geld*) поддéл<ыв>ать ② (*Kunstwerk*) поддéл<ыв>ать, фальсифици́ровать *несов и сов;* **Falschheit** *f* ① (*von Aussage*) невéрность *ж*, лóжность *ж* ② (*von Person*) фальши́вость *ж*, двули́чие *c;* **fälschlicherweise** *adv* по оши́бке, оши́бочно; **Fälschung** *f* (*Imitation*) поддéлка *ж*, подлóг *м;* **fälschungssicher** *adj* (*Ausweis*) не поддаю́щийся поддéлке

Falte *f* <-, -n> ① (*Haut~, Lach~*) морщи́на *ж* ② (*Bügel~*) склáдка *ж*, сбóрка *ж;* **falten** *vt* ① (*Papier*) склáдывать <сложи́ть>; (*einmal*) сгибáть <согнýть> ② (*Hände*) склáдывать <сложи́ть>

familiär *adj* ① (*Familien-*) семéйный ② (*Umgangston*) непринуждённый, фамилья́рный; **Familie** *f* семья́ *ж;* **Familienname** *m* (*Nachname*) фами́лия *ж;* **Familienstand** *m* семéйное положéние *c*

Fanatiker(in *f*) *m* <-s, -> (*fanatische Person*) фанáтик *м*, фанáтичка *ж;* **fanatisch** *adj* фанати́ческий, фанати́чный

fand *impf v.* **finden**

Fang *m* <-[e]s, Fänge> ① (*Beute*) лóвля *ж*, улóв *м*, добы́ча *ж* ② (*Bären~*) (*Kralle*) кóготь *м;* **fangen** <fängt, fing, gefangen> **I.** *vt* ① (*Tier, Verbrecher*) лови́ть <поймáть> схвати́ть *сов* ② (*Ball*) лови́ть <поймáть> ③ ◇ **F~ spielen** игрáть в сáлки **II.** *vr* ◇ **sich ~** ① *FIG* овладé<вá>ть собóй ② SCH исправля́ться <-прáвиться>; **Farbaufnahme** *f* (*Foto*) цветнáя фотогрáфия *ж;* **Farbband** *n* <-bänder> (*von Schreibmaschine*) лéнта *ж* для пи́шущей маши́нки; **Farbe** *f* <-, -n> ① цвет *м*, крáска *ж* ② (*Öl~, Wand~*) крáска *ж* ③ (*Stoff~*) цвет *м*; **färben** **I.** *vt* (*Haare*) <по->крáсить, окрáшивать *несов* **II.** *vi* (*ab~*) крáситься *несов;* **farbenblind** *adj* не различáющий цвéта; **farbenfroh** *adj* (*sehr bunt*) пёстрый, я́ркий, многокрáсочный; **Farbfernsehen** *n* цветнóе телеви́дение *c;* **Farbfilm** *m* FOTO цветнáя плёнка *ж;* **farbig** *adj* (*bunt*) цветнóй, пёстрый; **farblos** *adj* ① (*Lack*) бесцвéтный ② (*langweilig*) скýчный, блéдный; **Farbphotographie** *f* цветнáя фотогрáфия *ж;* **Farbstift** *m* цветнóй карандáш *м;* **Farbstoff** *m* крáсящее веществó *c*, краси́тель *м;* **Farbton** *m* оттéнок *м* крáски; **Färbung** *f* ① (*Farbgebung*) окрáска *ж*, цвет *м* ② (*politische Neigung*) оттéнок *м*, окрáска *ж*, ориентáция *ж*

Fasching *m* <-s, -e *o.* -s> (*Karneval*) карнавáл *м*, мáсленица *ж*

Faschismus *m* фаши́зм *м;* **Faschist(in** *f*) *m* фаши́ст(ка *ж*) *м*

faseln *vi FAM* (*Unsinn reden*) молóть *несов;* пустослóвить *несов*, нести́ чепухý

Faser *f* <-, -n> (*Stoff~*) волокнó *c*, фи́бра *ж*

Faß *n* <Fasses, Fässer> (*Wein~*) бóчка *ж*, бочóнок *м;* ◇ **Bier vom ~** бочковóе пи́во *c*

faßbar *adj* (*begreiflich*) поня́тный, постижи́мый; **fassen** **I.** *vt* ① (*greifen, Seil*) хвата́ть *несов,* схва́|тывать ‹-ти́ть› ② *FIG* (*verstehen, begreifen*) пон|има́ть ‹-я́ть›, по|стига́ть ‹-сти́чь›, схва́|тывать ‹-ти́ть›; ◇ **nicht zu ~!** (э́то) непостижи́мо! ③ (*Raum bieten*) вме|ща́ть ‹-сти́ть› ④ (*Entschluß*) прин|има́ть ‹-я́ть› ⑤ ◇ **in Worte ~** выража́ть ‹вы́разить› слова́ми **II.** *vr* ◇ **sich ~** ① (*Kontrolle wiedererlangen*) взять себя́ в ру́ки, собра́ться с мы́слями ② ◇ **sich** *akk* **auf etw gefaßt machen** быть гото́вым к чему́-л (неприя́тному); **Fassung** *f* ① (*vom Ring*) опра́ва *ж* ② (*von Lampe*) патро́н *м* ③ *FIG* (*Selbstbeherrschung*) самооблада́ние *с,* хладнокро́вие *с;* ◇ **jd-n aus der ~ bringen** выводи́ть кого́-л из терпе́ния ④ (*von Buch*) изложе́ние *с,* реда́кция *ж;* **fassungslos** *adj* (*entsetzt*) потеря́вший самооблада́ние, растеря́вшийся; **Fassungsvermögen** *n* вмести́мость *ж,* ёмкость *ж*

fast *adv* (*beinahe*) почти́

fasten *vi* (*nichts essen*) пости́ться *несов,* соблюда́ть пост

fatal *adj* ① (*folgenschwer*) роково́й, фата́льный ② (*peinlich*) доса́дный, неприя́тный

faul *adj* ① (*verdorben, Lebensmittel*) гнило́й; (*Eier, Fisch*) ту́хлый ② (*Mensch*) лени́вый ③ ◇ **~e Ausreden** пусты́е фра́зы ④ *FAM* ◇ **das ist doch ~!** де́ло дрянь!; **faulen** *vi* (*Obst*) ‹с-›гни́ть; (*Lebensmittel*) про|туха́ть ‹ту́хнуть›, ‹ис-›по́ртиться

faulenzen *vi* (*nichts tun*) лентя́йничать *несов,* бить баклу́ши; **Faulenzer(in** *f*) *m* ‹-s, -› лентя́й(ка *ж*) *м,* лени́вец *м,* лени́вица *ж,* безде́льник *м,* безде́льница *ж;* **Faulheit** *f* (*Trägheit*) лень *ж,* ле́ность *ж*

Faust *f* ‹-, Fäuste› кула́к *м;* **faustdick** *adj* ① (*Lüge, unverschämt*) гру́бый, неуклю́жий, на́глый ② ◇ **sie hat es ~ hinter den Ohren** она́ себе́ на уме́; **Fausthandschuh** *m* рукави́ца *ж,* ва́режка *ж*

Favorit(in *f*) *m* ‹-en, -en› ① SPORT фавори́т(ка *ж*) *м* ② *FIG* (*Liebling*) фавори́т(ка *ж*) *м,* люби́мец *м,* люби́мица *ж*

faxen *vi, vt* передава́ть с по́мощью телефаксими́льной аппарату́ры

Februar *m* ‹-[s], -e› февра́ль *м; s. a.* **Mai**

fechten ‹ficht, focht, gefochten› *vi* SPORT фехтова́ть *несов*

Feder *f* ‹-, -n› ① (*Vogel~*) перо́ *с* ② (*Schreib~*) перо́ *с* ③ TECH (*Spiral~*) пружи́на *ж,* рессо́ра *ж;* **Federball** *m* бадминто́н *м;* **Federhalter** *m* (*Füller*) ру́чка *ж;* **federleicht** *adj* (*sehr leicht*) лёгкий как пёрышко;

federn I. *vi* TECH пружи́нить *несов* **II.** *vt* (*mit Federn versehen*) ◇ **ein Bett ~** набива́ть поду́шку; **Federung** *f* рессо́ры *мн*

Fee *f* ‹-, -n› фея *ж,* волше́бница *ж*

fegen *vt* (*Straße*) ‹вы́-›мести́; (*Schornstein*) ‹вы́-›чи́стить

fehl *adj* (*unangebracht*) ◇ **~ am Platz[e] sein** быть неуме́стным

fehlen *vi* ① (*abwesend sein*) отсу́тствовать *несов* ② (*vermissen*) ◇ **Peter fehlt mir sehr** мне не хвата́ет Пе́тера ③ *FIG* ◇ **was fehlt Ihnen?** на что Вы жа́луетесь?

Fehler *m* ‹-s, -› ① (*Unrichtigkeit*) оши́бка *ж,* погре́шность *ж* ② (*Schwäche, Mangel*) недоста́ток *м,* дефе́кт *м,* изъя́н *м;* **fehlerfrei** *adj* безоши́бочный, безукори́зненный; **fehlerhaft** *adj* (*unrichtig*) оши́бочный, непра́вильный

Fehlgeburt *f* вы́кидыш *м,* або́рт *м;* **Fehlgriff** *m* (*falsche Handlung*) про́мах *м,* оши́бка *ж;* **Fehlkonstruktion** *f* неуда́чная констру́кция *ж;* **Fehlschlag** *m* (*Mißerfolg*) неуда́ча *ж,* про́мах *м;* **fehlschlagen** *unreg vi* не сбы́‹ва́›ться, не уда́‹ва́›ться; **Fehlstart** *m* SPORT фальста́рт *м,* со́рванный старт *м;* **Fehltritt** *m FIG* просту́пок *м,* непра́вильный шаг *м,* про́мах *м;* **Fehlzündung** *f* AUTO про́пуск *м* зажига́ния

Feier *f* ‹-, -n› (*Betriebs~*) пра́здник *м,* торжество́ *с;* **Feierabend** *m* ◇ **~ machen** конча́ть рабо́ту, зака́нчивать рабо́чий день; **feierlich** *adj* пра́здничный, торже́ственный; **Feierlichkeit** *f* ① (*festliche Stimmung*) торжество́ *с,* пра́зднество *с* ② ◇ **~en** *pl* торжества́ *мн;* **feiern I.** *vt* (*Hochzeit*) с|правля́ть ‹-пра́вить› **II.** *vi* ① (*Fest begehen*) ‹от-›пра́здновать, от|меча́ть ‹-ме́тить› ② *FAM* ◇ **krank ~** бюллете́нить *несов;* **Feiertag** *m* пра́здник *м*

feig[e] *adj* трусли́вый, малоду́шный; **Feigheit** *f* тру́сость *ж,* малоду́шие *с;* **Feigling** *m* трус *м; FAM* труси́ха *ж*

Feile *f* ‹-, -n› ① (*Nagel~*) пи́лочка *ж* для ногте́й ② (*Werkzeug*) напи́льник *м;* **feilen I.** *vt* (*Eisenstange*) пили́ть *несов,* отде́лывать напи́льником **II.** *vi FIG* (*verbessern*) ‹от-›шлифова́ть

feilschen *vi* (*handeln*) ‹с-›торгова́ться из-за чего́-л

fein *adj* ① (*Ggs. v. grob*) (*Gewebe, Sand*) то́нкий, ме́лкий ② (*Profil, Gehör*) то́нкий, чу́ткий ③ (*Benehmen*) утончённый, изя́щный; (*auserlesen*) изы́сканный

Feind(in *f*) *m* ‹-[e]s, -e› враг *м,* проти́вник

F

м, проти́вница *ж;* **feindlich** *adj* (*gegnerisch*) неприя́тельский, вра́жеский; (*feindselig*) вражде́бный; **Feindschaft** *f* вражда́ *ж,* неприя́знь *ж;* (*Feindseligkeit*) вражде́бность *ж;* **feindselig** *adj* (*Stimmung*) вражде́бный, недоброжела́тельный, неприя́зненный

feinfühlig *adj* (*einfühlsam*) чу́ткий, делика́тный; **Feingefühl** *n* (*Fingerspitzengefühl*) то́нкое чутьё *с,* осяза́ние *с*

Feld *n* <-[e]s, -er> ① (*Acker*) по́ле *с* ② SPORT пигрово́е по́ле *с* ③ *FIG* по́прище *с,* о́бласть *ж* ④ PC масси́в *м* (да́нных) ⑤ PHYS по́ле *с;* **Feldwebel** *m* <-s, -> MIL фельдфе́бель *м;* **Feldweg** *m* просёлочная доро́га *ж;* **Feldzug** *m FIG* (*Kampagne*) кампа́ния *ж*

Felge *f* <-, -n> (*von Rad*) колёсный о́бод *м*

Fell *n* <-[e]s, -e> ① (*Schaf~*) мех *м* ② *FIG* ◇ **jd-m das ~ über die Ohren ziehen** наду́<ва́>ть кого́-л

Fels *m* <-en, -en>, **Felsen** *m* <-s, -> скала́ *ж,* утёс *м;* **felsenfest** *adj* твёрдый как скала́; (*unbeirrbar*) непоколеби́мый, непрекло́нный; **felsig** *adj* скали́стый; (*steinig*) камени́стый; **Felsspalte** *f* рассе́лина *ж* в скале́

feminin *adj* ① (*weiblich*) же́нственный ② GRAM же́нский; **Feminismus** *m* фемини́зм *м;* **Feministin** *f* феми́ни́стка *ж;* **feministisch** *adj* феминисти́ческий

Fenchel *m* <-s> (*~tee*) фе́нхель *м*

Fenster *n* <-s, -> ① (*Zimmer~*) окно́ *с* ② (*Schau~*) витри́на *ж;* **Fensterbrett** *n* подоко́нник *м;* **Fensterladen** *m* ста́вень *м;* **Fensterputzer(in** *f*) *m* <-s, -> мо́йщик *м*/мо́йщица *ж* стёкол; **Fensterscheibe** *f* око́нное стекло́ *с*

Ferien *pl* (*Schul~*) кани́кулы *мн;* **Ferienkurs** *m* курс *м* изуче́ния иностра́нного языка́ за грани́цей

Ferkel *n* <-s, -> ① (*Schwein*) поросёнок *м* ② *FAM* ◇ **du ~!** грязну́ля!

fern I. *adj* ① (*Land*) да́льний ② (*Zukunft*) далёкий **II.** *adv* ① (*weit weg*) далеко́, вдали́ ② *FIG* ◇ **es liegt mir ~, das zu glauben** я далёк от мы́сли, пове́рить э́тому

Fernbedienung *f* дистанцио́нное управле́ние *с*

Ferne *f* <-, -n> ① (*Weite*) даль *ж* ② (*Zukunft*) ◇ **das liegt in weiter ~** до э́того ещё далеко́

ferner I. *kompar. v.* **fern**; **II.** *cj* (*weiterhin*) кро́ме того́, ещё

Ferngespräch *n* междугоро́дный разгово́р *м;* **Fernglas** *n* полево́й бино́кль *м;* **fernhalten** *unreg* **I.** *vt* (*nicht herankommen lassen*) ◇ **etw von jd-m ~** отстра|ня́ть <-ни́ть> кого́-л от чего́-л **II.** *vr* (*wegbleiben*) ◇ **sich ~** сторони́ться *несов,* держа́ться в стороне́ от (*von* кого́-л); **Fernschreiber** *m* (*Telex*) телета́йп *м;* **fernsehen** *unreg vi* <по->смотре́ть телепереда́чу; **Fernsehen** *n* <-s> телеви́дение *с;* **Fernseher** *m* телеви́зор *м;* **Fernsprechamt** *n* TELEC (*Vermittlung*) центра́льная телефо́нная ста́нция *ж*

Ferse *f* <-, -n> пята́ *ж,* пя́тка *ж*

fertig *adj* ① (*beendet*) гото́вый ② (*bereit*) гото́в ③ *FIG* (*geschafft*) вы́биться из сил; **Fertigbau** *m* (*Haus*) строи́тельство *с* из сбо́рных элеме́нтов; **fertigbringen** *unreg vt* ① (*zu Ende bringen*) до|води́ть <-вести́> до конца́ что-л ② (*imstande sein*) с|правля́ться <-пра́виться> с чем-л; **Fertigkeit** *f* (*Geschick*) на́вык *м,* сноро́вка *ж,* ло́вкость *ж;* **fertigmachen I.** *vt* ① (*zu Ende führen*) доде́л<ыв>ать, за|ка́нчивать <-ко́нчить> ② *FIG* ◇ **jd-n ~** (*körperlich*) прико́нчить *сов* кого́-л; (*moralisch*) <по->губи́ть кого́-л, доконáть *сов* кого́-л **II.** *vr* (*sich anziehen*) ◇ **sich ~** подго|та́вливаться <-то́виться>; **fertigstellen** *vt* (*Arbeit*) за|ка́нчивать <-ко́нчить>; **fertigwerden** *unreg vi* ① (*rechtzeitig ~*) успе́<ва́>ть, своевре́менно за|ка́нчивать <-ко́нчить> ② *FIG* (*mit Problem*) с|правля́ться <-пра́виться>

Fessel *f* <-, -n> ① (*Strick*) кандалы́ *мн;* (*Kette*) око́вы *мн* ② (*von Pferd*) пу́ты *мн;* **fesseln** *vt* ① (*festbinden*) зако́|вывать <-ва́ть> в кандалы́, свя́|зывать <-за́ть> кого́-л ② *FIG* (*Buch*) захва́|тывать <-ти́ть>, при|влека́ть <-вле́чь>

fest *adj* ① (*Einkommen*) твёрдый; (*Stelle*) постоя́нный, твёрдый ② (*Kleidung*) про́чный ③ (*Nahrung*) пло́тный ④ (*Händedruck*) си́льный ⑤ (*Schlaf*) глубо́кий

Fest *n* <-[e]s, -e> пра́здник *м,* пра́зднество *с,* торжество́ *с*

festbinden *unreg vt* (*mit Seil*) завя́|зывать <-за́ть>, скру́|чивать <-ти́ть>; **festfahren** *unreg vr* (*in Diskussion*) ◇ **sich ~** запу́|тываться <-таться>, заст|рева́ть <-ря́ть>; **festhalten** *unreg* **I.** *vt* ① (*mit Hand*) держа́ть *несов,* удер|живать <-жа́ть> ② *FIG* (*schriftlich*) заме́тить *сов* ③ (*an Gewohnheit*) держа́ться, приде́рживаться *несов* (*an* чего́-л) **II.** *vr* (*anklammern*) ◇ **sich ~** кре́пко держа́ться (*an dat* за кого́-что-л)

Festigkeit *f* ① (*Härte*) кре́пость *ж,* твёрдость *ж*, про́чность *ж* ② (*Standhaftigkeit*) непоколеби́мость *ж*, твёрдость *ж*

Festland *n* су́ша *ж*, матери́к *м*, контине́нт *м*; **festlegen I.** *vt* (*Termin*) уста|на́вливать ‹-нови́ть›, определ|я́ть ‹-ли́ть› **II.** *vr* (*vertraglich*) ◇ **sich ~** обя́|зываться ‹-за́ться›, свя́|зывать ‹-за́ть› себя́ (догово́ром) (*auf akk* чем-л)

festlich *adj* пра́здничный, торже́ственный

Festnahme *f* ‹-, -n› (*Verhaftung*) задержа́ние *с*, аре́ст *м*; **festnehmen** *unreg vt* (*verhaften*) заде́р|живать ‹-жа́ть›, аресто́|вывать ‹-ва́ть›

Festplatte *f* PC магни́тный диск *м*

Festrede *f* торже́ственная речь *ж*

festschnallen *vt* (*Gepäck*) за|стёгивать ‹-стегну́ть›, при|стёгивать ‹-стегну́ть›; **festsetzen I.** *vt* (*bestimmen*) определ|я́ть ‹-ли́ть›, наз|нача́ть ‹-на́чить› **II.** *vr* (*Rost, Schmutz*) ◇ **sich ~** ска́пливаться ‹ско-пи́ться›, обосно́|вываться ‹-ва́ться›

Festspiel *n* фестива́ль *м*

feststehen *unreg vi* ① (*Datum*) я|вля́ться ‹-ви́ться› устано́вленным ② (*sicher sein*) ◇ **es steht fest, daß ...** несомне́нно, что ..., твёрдо устано́влено, что ...; **feststellen** *vt* ① (*herausfinden*) определ|я́ть ‹-ли́ть›, уста|на́вливать ‹-нови́ть› ② (*sagen*) констати́ровать *несов и сов* ③ (*wahrnehmen*) за|меча́ть ‹-ме́тить›

Festung *f* (*Burg*) кре́пость *ж*

fett *adj* ① (*Essen*) жи́рный ② (*Mensch*) ту́чный ③ (*Schrift*) жи́рный; **Fett** *n* ‹-[e]s, -e› ① (*Speise~*) жир *м* ② (*Schmiere*) сма́зка *ж*; **fettarm** *adj* нежи́рный; **fettig** *adj* жи́рный; **Fettnäpfchen** *n* ◇ **bei jd-m ins ~ treten** наступи́ть кому́-л на люби́мую мозо́ль

Fetzen *m* ‹-s, -› ① (*von Papier, Stoff*) клок *м*, клочо́к *м*, лоску́т *м* ② *FIG* (*Wort~*) обры́вки *мн* (слов); **fetzig** *adj FAM* (*Musik, Kleidung*) кла́ссный, замеча́тельный

feucht *adj* вла́жный; (*Wohnung*) сыро́й; **Feuchtigkeit** *f* сы́рость *ж*, вла́жность *ж*, вла́га *ж*

Feuer *n* ‹-s, -› ① (*Lager~*) ого́нь *м*, костёр *м*; (*Brand*) пожа́р *м* ② *FIG* (*Temperament*) пыл *м*, пы́лкость *ж*, жар *м*; **Feueralarm** *m* пожа́рная трево́га *ж*; **feuerfest** *adj* (*Glas*) огнеупо́рный, огнесто́йкий; **Feuergefahr** *f* (*Brandgefahr*) огнеопа́сность *ж*; **Feuerlöscher** *m* ‹-s, -› огнетуши́тель *м*; **Feuermelder** *m* ‹-s, -› пожа́рный сигна́л *м*; **feuern I.** *vt* ① *FAM* (*jd-m kündigen*) увольня́ть ‹уво́лить› кого́-л, выгоня́ть ‹вы́гнать› с рабо́ты ② *FAM* (*Ohrfeige geben*) ◇ **jd-m e-e ~** дать оплеу́ху кому́-л **II.** *vi* ① (*heizen*) ‹на-›топи́ть, рас|та́пливать ‹-топи́ть› чем-л ② (*schießen*) стреля́ть ‹вы́стрелить›, ‹вы́-›пали́ть; **Feuerwehr** *f* ‹-, -en› пожа́рная кома́нда *ж*; **Feuerwerk** *n* фейерве́рк *м*; **Feuerzeug** *n* зажига́лка *ж*

Fichte *f* ‹-, -n› BOT ель *ж*, пи́хта *ж*

Fieber *n* ‹-s, -› ① (*Temperatur*) (повы́шенная) температу́ра *ж* ② (*Aufregung*) лихора́дка *ж*, горя́чка *ж*; **fieberhaft** *adj* (*Suche*) лихора́дочный; **Fieberthermometer** *n* гра́дусник *м*

fiel *impf v.* **fallen**

fies *adj FAM* (*gemein*) по́шлый; (*scheußlich*) отврати́тельный

Figur *f* ‹-, -en› ① (*von Mensch*) фигу́ра *ж*; ◇ **er hat eine gute Figur** у него́ хоро́шая фигу́ра, он хорошо́ сложён ② (*Holz~, Spiel~*) фигу́ра *ж* ③ (*Roman~*) о́браз *м*, персона́ж *м*

Filiale *f* ‹-, -n› COMM филиа́л *м*, доче́рняя фи́рма *ж*

Film *m* ‹-[e]s, -e› ① (*Kino~*) кинофи́льм *м* ② FOTO (*Farb~*) цветна́я плёнка *ж*; **Filmkamera** *f* кинока́мера *ж*

Filter *m* ‹-s, -› фильтр *м*; **filtern** *vt* ‹про-›фильтрова́ть, проце́|живать ‹-ди́ть›; **Filterzigarette** *f* сигаре́та *ж* с фи́льтром

Filz *m* ‹-es, -e› (*Wolle*) во́йлок *м*, фетр *м*, фильц *м*; **filzen I.** *vi* (*Wolle*) валя́ть во́йлок **II.** *vi FAM* (*durchsuchen*) обы́с|кивать ‹-ка́ть› кого́-л

Finale *n* ‹-s, -[s]› SPORT (*Endspiel*) фина́л *м*, заключи́тельная [фина́льная] игра́ *ж*

Finanzamt *n* (*Steuerbehörde*) фина́нсовое управле́ние *с*; **finanziell** *adj* фина́нсовый, де́нежный; **finanzieren** *vt* финанси́ровать *несов и сов*; **Finanzminister(in** *f*) *m* POL мини́стр *м* фина́нсов

finden ‹fand, gefunden› **I.** *vt* ① (*entdecken*) на|ходи́ть ‹-йти́›, оты́с|кивать ‹-ка́ть› ② *FIG* (*meinen*) на|ходи́ть ‹-йти́›, счита́ть *несов*, призна́‹ва́›ть ③ (*Schlaf*) на|ходи́ть ‹-йти́› **II.** *vr* ◇ **sich ~** ① (*wiederauftauchen*) находи́ться, найти́сь ② ◇ **zu sich selbst ~** вновь обрести́ себя́, найти́ себя́; **Finder(in** *f*) *m* ‹-s, -› наше́дший (-ая *ж*) *м*

fing *impf v.* **fangen**

Finger *m* ‹-s, -› ANAT па́лец *м*; **Fingerhandschuh** *m* перча́тка *ж*; **Fingerzeig** *m* ‹-[e]s, -e› (*Tip*) знак *м*, указа́ние *с*, намёк *м*

fingieren *vt* симули́ровать *несов и сов;* (*erfinden*) выду́мывать <вы́думать>

Finne *m* <-n, -n> финн *м;* **Finnin** *f* фи́нка *ж;* **finnisch** *adj* фи́нский; **Finnland** *n* Финля́ндия *ж;* ◇ **in/nach ~** в Финля́ндии/в Финля́ндию

finster *adj* ① (*dunkel*) тёмный, су́мрачный; (*Miene*) мра́чный ② *FIG* (*Geselle*) тёмный; **Finsternis** *f* (*Dunkelheit*) темнота́ *ж,* мрак *м*

Firma *f* <-, -men> (*Geschäft*) фи́рма *ж;* (*Firmenname*) наименова́ние *с* предприя́тия

Fisch *m* <-[e]s, -e> ① ZOOL ры́ба *ж* ② ASTROL Ры́бы *мн;* **fischen** *vt* лови́ть <пойма́ть> ры́бу; **Fischer**(**in** *f*) *m* <- s, -> рыба́к *м,* рыба́чка *ж;* **Fischerei** *f* (*Hochsee~*) рыболо́вство *с;* **Fischgeschäft** *n* ры́бный магази́н *м*

fit *adj* ① (*körperlich*) хорошо́ трениро́ванный, в фо́рме; ◇ **sich ~ halten** подде́рживать себя́ в фо́рме ② (*geistig wach*) работоспосо́бный ③ *FAM* (*kompetent*) де́льный, квалифици́рованный; **Fitneß** *f* <-> (*Fitsein*) прекра́сная спорти́вная фо́рма *ж,* хоро́шее физи́ческое состоя́ние *с*

fix *adj* ① (*schnell*) ло́вкий, прово́рный, расторо́пный ② (*feststehend, Gehalt*) твёрдый, определённый ③ *FIG* (*erschöpft*) ◇ **ich bin ~ und fertig** я совсе́м вы́дохся

fixen *vi FAM* (*Heroin spritzen*) впры́скивать нарко́тики

fixieren *vt* ① (*Farbe*) опреде|ля́ть <-ли́ть>, уста|на́вливать <-нови́ть> ② (*vertraglich*) *a.* FOTO <за->фикси́ровать, закре|пля́ть <-пи́ть> ③ (*mit Augen*) при́стально смотре́ть на кого́-что-л

flach *adj* ① (*Landschaft*) равни́нный, ро́вный ② *FIG* (*geistlos*) пло́ский, по́шлый

Fläche *f* <-, -n> ① пло́щадь *ж,* террито́рия *ж* ② (*Ober~*) пове́рхность *ж* ③ MATH пло́скость *ж;* **flächendeckend** *adj* (*Kampagne*) широ́кий; **Flächeninhalt** *m* разме́ры *мн* пло́щади

Flachland *n* равни́на *ж*

flackern *vi* (*Kerze*) мига́ть *несов,* мерца́ть *несов*

Flagge *f* <-, -n> флаг *м*

Flamme *f* <-, -n> ① (*Kerze*) пла́мя *с,* ого́нь *м* ② *FAM* (*Geliebte*) ◇ **das ist seine neue ~** э́то его́ но́вая любо́вь ③ *FIG* (*begeistert*) ◇ **Feuer und ~ sein** загора́ться воодушевле́нием [энтузиа́змом]

Flanell *m* <-s, -e> (*Stoffart*) флане́ль *ж*

Flanke *f* <-, -n> ① (*von Pferd*) бок *м* ② SPORT (*Fußball*) фланг *м,* край *м*

Flasche *f* <-, -n> ① буты́лка *ж* ② *FAM* (*Versager*) неуда́чник *м;* **Flaschenöffner** *m* ключ *м* для открыва́ния буты́лок, открыва́лка *ж*

flattern *vi* (*Schmetterling*) порх|а́ть <-ну́ть>

flau *adj* ① (*Wind*) сла́бый, стиха́ющий ② (*Geschäft*) вя́лый, нева́жный ③ (*übel, schlecht*) ◇ **mir ist ~** меня́ тошни́т [мути́т]

Flaum *m* <-[e]s> ① (*vom Vogel*) пух *м* ② (*Bart*) пушо́к *м*

flauschig *adj* (*Stoff, Wolle*) пуши́стый, шерсти́стый

Flaute *f* <-, -n> ① (*Wind*) безве́трие *с,* зати́шье *с* ② COMM засто́й *м*

flechten <flocht, geflochten> *vt* (*Haare, Kranz*) запле|та́ть <-сти́>, <с->вить

Fleck *m* <-[e]s, -e> ① (*Fett~*) пятно́ *с* ② (*Ort*) ме́сто *с,* то́чка *ж;* ◇ **nicht vom ~ kommen** не сдви́нуться с ме́ста; **Flecken** *m* <-s, -> *s.* **Fleck**; **Fleckenentferner** *m* жи́дкость *ж* для выведе́ния пя́тен; **fleckenlos** *adj* (*Stoff*) чи́стый; (*Ruf*) незапя́тнанный, непоро́чный; **fleckig** *adj* (*schmutzig*) запа́чканный, заса́ленный

flegelhaft *adj* (*Benehmen*) неве́жливый, невоспи́танный, гру́бый, де́рзкий

flehen *vi* (*bitten*) умо|ля́ть <-ли́ть>, моли́ть *несов,* проси́ть о чём-л

Fleisch *n* <-[e]s> ① мя́со *с* ② (*Frucht~*) мя́коть *ж* ③ *FIG* ◇ **das eigene ~ und Blut** плоть и кровь; **Fleischer**(**in** *f*) *m* <-s, -> мясни́к *м;* **Fleischerei** *f* мясна́я ла́вка *ж;* **Fleischwunde** *f* ране́ние *с* мышц

Fleiß *m* <-es> (*Eifer*) прилежа́ние *с;* **fleißig** *adj* приле́жный, стара́тельный

fletschen *vt* (*Zähne*) <о->ска́лить зу́бы

flexibel *adj* (*Mitarbeiter*) ги́бкий

flicken *vt* (*ausbessern, Kleidung*) <за->лата́ть, на|кла́дывать <-ложи́ть> запла́ту; **Flikken** *m* <-s, -> (*von Schlauch*) почи́нка *ж;* (*Stoff~*) што́пка *ж*

Flieder *m* <-s> BOT сире́нь *ж*

Fliege *f* <-, -n> ① ZOOL му́ха *ж* ② (*Kleidung*) ба́бочка *ж*

fliegen <flog, geflogen> **I.** *vt* (*Flugzeug*) води́ть <вести́> **II.** *vi* ① (*Vogel*) лета́ть *несов,* лете́ть *несов* ② *FAM* ◇ **auf jd-n ~** положи́ть глаз на кого́-л ③ *FAM* ◇ **durch e-e Prüfung ~** провали́ться на экза́мене; **Flieger**(**in** *f*) *m* <-s, -> ① (*Person*) лётчик *м,* лётчица *ж* ② *nur m* (*Flugzeug*) самолёт *м,* авиа́ция *ж*

fliehen <floh, geflohen> *vi* (*weglaufen*) бежа́ть *несов,* убе|га́ть <-жа́ть>

Fliese *f* <-, -n> пли́тка *ж*

Fließband *n* ‹-[e]s, -bänder› конвейер *м,* транспортёр *м;* **fließen** ‹floß, geflossen› *vi* (1) (*Wasser*) ‹по-›течь, ‹по-›литься (2) *FIG* (*Gelder*) течь, посту|пать ‹-пить›; **fließend I.** *adj* (1) (*Gewässer*) проточный (2) (*Grenzen*) текучий **II.** *adv* (*sprechen*) бегло, свободно

flimmern *vi* (*Fernsehbild*) мельк|ать ‹-нуть›

flink *adj* проворный, юркий

Flinte *f* ‹-, -n› (*Gewehr*) ружьё *с*

flippig *adj FAM* экзальтированный, хиппи-подобный

flirten *vi* флиртовать *несов*

Flitterwochen *pl* медовый месяц *м*

flocht *impf v.* **flechten**

Flocke *f* ‹-, -n› (*Schnee~*) снежинка *ж*

flog *impf v.* **fliegen**

floh *impf v.* **fliehen**

Floh *m* ‹-[e]s, Flöhe› блоха *ж;* **Flohmarkt** *m* барахолка *ж,* толкучка *ж*

Flop *m* ‹-s, -s› *FAM* (*Reinfall*) промах *м,* неудача *ж*

florieren *vi FIG* процветать ‹-вести›

Floskel *f* ‹-, -n› (*Höflichkeits~*) пустая фраза *ж,* пустословие *с*

floß *impf v.* **fließen**

Floß *n* ‹-es, Flöße› плот *м*

Flosse *f* ‹-, -n› (1) (*Fisch~*) плавник *м* (2) *FAM* (*Hand*) рука *ж,* лапа *ж*

Flöte *f* ‹-, -n› флейта *ж;* **flötengehen** *unreg vi FAM* (*verlorengehen*) про|падать ‹-пасть›

flott *adj* (1) (*schick*) эффектный (2) (*betriebsbereit*) готовый к эксплуатации (пуску) (3) (*schnell*) ◇ **aber ~!** а ну, быстро!

Flotte *f* ‹-, -n› (*Handels~*) флот *м*

Fluch *m* ‹-[e]s, Flüche› (1) проклятие *с* (2) (*böser ~*) ругательство *с;* **fluchen** *vi* ‹вы-›ругаться, проклинать *несов* кого-что-л

Flucht *f* ‹-, -en› (1) (*das Fliehen*) бегство *с,* побег *м* (2) (*Häuser~*) ряд *м;* (*Zimmer*) анфилада *ж;* **fluchtartig** *adj* (*überstürzt*) похожий на бегство, напоминающий бегство; **flüchten I.** *vi* (*weglaufen*) убе|гать ‹-жать›, спасаться бегством (*vor dat* от) **II.** *vr* ◇ **sich ~** скры‹ва›ться; **flüchtig** *adj* (1) (*auf der Flucht*) беглый (2) (*oberflächlich*) поверхностный (3) (*Augenblick*) беглый, мимолётный, короткий (4) CHEM летучий, улетучивающийся; **Flüchtigkeitsfehler** *m* ошибка *ж* по рассеянности

Flüchtling *m* беженец *м*

Flug *m* ‹-[e]s, Flüge› (1) (*vom Vogel*) полёт *м* (2) (*~reise*) авиапутешествие *с,* путешествие *с* на самолёте; ◇ **guten ~!** счастливого полёта! (3) (*schnell*) ◇ **wie im ~e** как в полёте; **Flugbegleiter(in** *f*) *m* стюард *м,* стюардесса *ж;* **Flugblatt** *n* листовка *ж,* прокламация *ж*

Flügel *m* ‹-s, -› (1) (*Schmetterlings~*) крыло *с* (2) MUS рояль *м* (3) ARCHIT крыло *с*

Fluggast *m* (*Reisender*) авиапассажир *м;* **Fluggeschwindigkeit** *f* скорость *ж* полёта; **Fluggesellschaft** *f* авиакомпания *ж;* **Flughafen** *m* аэропорт *м;* **Flughöhe** *f* высота *ж* полёта; **Fluglotse** *m* авиадиспетчер *м;* **Flugnummer** *f* номер *м* авиарейса; **Flugplatz** *m* аэродром *м;* **Flugstrecke** *f* воздушная линия *ж;* (*Entfernung*) дальность *ж* полёта; **Flugzeug** *n* самолёт *м;* **Flugzeugabsturz** *m* авиакатастрофа *ж;* **Flugzeugentführung** *f* угон *м* самолёта

flunkern *vi* (*lügen*) прив‹и›рать, ‹со-›врать, пускать пыль в глаза

Fluor *n* ‹-s› фтор *м*

Flur [1] **I.** *m* ‹-[e]s, -e› (*Haus~*) передняя *ж,* прихожая *ж;* (*Korridor*) коридор *м*

Flur [2] *f* ‹-, -en› (*nutzbares Land*) угодья *мн,* поле *с,* нива *ж;* (*Wiese*) луг *м*

Fluß *m* ‹-sses, Flüsse› (1) река *ж* (2) *FIG* (*Rede~*) течение *с* (3) *FIG* ◇ **etw in ~ bringen** наладить что-л, пустить в ход что-л

flüssig *adj* (1) (*Material*) жидкий, текучий, расплавленный (2) *FIG* (*sprechen, schreiben*) плавный, беглый, свободный (3) *FIG* (*Geld haben*) ◇ **~ sein** иметь свободные [наличные] деньги; **Flüssigkeit** *f* (1) (*Wasser, Öl*) жидкость *ж* (2) *FIG* (*Gewandtheit*) изворотливость *ж,* проворство *с*

flüstern I. *vi* (*leise sprechen*) шептаться *несов,* шушукаться *несов* **II.** *vt FAM* ◇ **jd-m etw ins Ohr ~** шептать на ухо кому-л что-л

Flut *f* ‹-, -en› (1) (*Ebbe und ~*) прилив *м* (2) (*Überschwemmung*) потоп *м;* (*Hochwasser*) паводок *м,* наводнение *с* (3) *FIG* (*große Menge*) поток *м*

Flutlicht *n* (*~anlage*) заливающий свет *м*

focht *impf v.* **fechten**

Fohlen *n* ‹-s, -› жеребёнок *м*

Föhn *m* ‹-[e]s, -e› (*Wind*) фен *м*

Folge *f* ‹-, -n› (1) (*Reihe, Serie*) ряд *м,* серия *ж* (2) (*Fortsetzung*) очередь *ж,* очередной номер *м* (3) (*Konsequenz*) следствие *с,* последствие *с* (4) (*etw befolgen*) ◇ **e-r Sache** *dat* **~ leisten** следовать чему-л; **folgen** *vi* (1) (*nachgehen*) ‹по-›следовать (*jd-m* за) (2) *FIG* (*verstehen*) ◇ **können Sie mir ~?** Вы понимаете меня? (3) (*gehorchen*) ‹по-›слушаться (*jd-m* кого-л) (4) (*sich ergeben*) ◇

F

daraus folgt, daß из э́того вытека́ет, что; **folgend** *adj* (*nachkommend*) сле́дующий, нижесле́дующий; **folgendermaßen** *adv* (*wie folgt*) сле́дующим о́бразом; **folgenschwer** *adj* (*Unfall*) чрева́тый после́дствиями, рокову́й; **folgerichtig** *adj* после́довательный, логи́чный; **folgern** *vt* (*Schlüsse ziehen*) ‹с-›де́лать вы́вод (*aus* из); **Folgerung** *f* заключе́ние *с*, вы́вод *м*; **folglich** *adv* сле́довательно, поэ́тому

Folie *f* фольга́ *ж*

Folter *f* ‹-, -n› ① (*das Quälen*) пы́тка *ж* ② *FIG* (*Qual*) муче́ние *с*, му́ка *ж*; **foltern** *vt* (*quälen*) пыта́ть *несов*, ‹за-›му́чить

Fön ® *m* ‹-[e]s, -e› (*Haartrockner*) электри́ческий прибо́р *м* для су́шки воло́с, фен *м*; **fönen** *vt* (*Haare*) ‹вы́-›суши́ть во́лосы фе́ном

foppen *vt* (*necken*) ‹о-›дура́чить; (*spötteln*) подтру́|нивать ‹-ни́ть› над кем-л

Förderband *n* ‹-[e]s, -bänder› ле́нточный транспортёр *м*; **förderlich** *adj* (*nützlich*) поле́зный

fordern *vt* ① (*verlangen*) ‹по-›тре́бовать ② *FIG* (*anstrengen*) на|пряга́ть ‹-пря́чь›, тре́бовать, за|пра́шивать ‹-проси́ть›; ◇ **die Aufgabe fordert ihn** зада́ча тре́бует напряже́ния всех его́ сил

fördern *vt* ① (*Künstler*) спосо́бствовать *несов*, соде́йствовать *несов и сов* ② (*Kohle*) добы́‹ва́›ть

Forderung *f* (*Anspruch*) тре́бование *с*, прете́нзия *ж*

Förderung *f* ① (*von Fertigkeit*) разви́тие *с*; (*finanziell*) поощре́ние *с*, соде́йствие *с* ② (*von Kohle*) добы́ча *ж*

Forelle *f* ZOOL форе́ль *ж*

Form *f* ‹-, -en› ① (*Kopf~*) фо́рма *ж*, вид *м* ② (*Back~*) фо́рма *ж* для пече́ния ③ GRAM (*Verb~*) фо́рма *ж* ④ (*Kondition*) (спорти́вная) фо́рма *ж*, состоя́ние *с* спортсме́на; ◇ **in ~ sein** быть в фо́рме

Formalität *f* (*Formsache*) форма́льность *ж*

Format *n* ① (*Papier~*) разме́р *м*, форма́т *м* ② *FIG* (*Charakter*) разма́х *м*, кругозо́р *м*, ум *м*; **formatieren** *vt* (*Diskette*) устана́вливать форма́т

Formation *f* ① форма́ция *ж*; MIL (*Aufstellung*) строй *м*, формирова́ние *с* ② (*Erd~*) пери́од *м*

formbar *adj* (*Material, Charakter*) пласти́чный, поддаю́щийся возде́йствию

Formel *f* ‹-, -n› MATH фо́рмула *ж*; (*Sprach~*) устано́вленное выраже́ние *с*

formell *adj* ① (*förmlich, offiziell*) официа́льный ② (*unpersönlich*) форма́льный

formen *vt* (*gestalten*) прида́‹ва́›ть фо́рму чему́-л, ‹с-›формова́ть

Formfehler *m* JURA несоблюде́ние *с* надлежа́щей фо́рмы, форма́льная оши́бка *ж*

förmlich I. *adj* (*formell*) форма́льный **II.** *adv* *FAM* (*geradezu*) пря́мо-таки, соверше́нно, фо́рменным о́бразом; (*völlig*) ◇ **Lara ist ~ ausgeflippt** Ла́ра пря́мо-таки вы́шла из себя́; **Förmlichkeit** *f* форма́льность *ж*, официа́льность *ж*

formlos *adj* (*zwanglos*) бесцеремо́нный, не соблюда́ющий пра́вил прили́чия

Formular *n* ‹-s, -e› формуля́р *м*

formulieren *vt* (*Satz*) ‹с-›формули́ровать

forschen I. *vt* (*ausfragen*) рас|спра́шивать ‹-спроси́ть› (*nach dat* что-л), с|правля́ться ‹-пра́виться› (*nach dat* о ком-чём-л) **II.** *vi* (*wissenschaftlich*) иссле́довать *несов и сов*; **forschend** *adj* (*Blick*) пытли́вый, испыту́ющий; **Forscher(in** *f*) *m* ‹-s, -› иссле́дователь(ница *ж*) *м*; **Forschung** *f* (нау́чное) иссле́дование *с*, изыска́ние *с*

Forst *m* ‹-[e]s, -e› (*Wald*) лес *м*, бор *м*; **Förster(in** *f*) *m* ‹-s, -› лесни́чий *м*

fort *adv* ① (*weg*) прочь, вон ② (*ständig*) ◇ **in e-m ~** беспреры́вно, без у́стали

fortbestehen *unreg vi* (*Zweifel*) про|должа́ть ‹-до́лжить› существова́ть

fortbewegen I. *vt* (*entfernen, wegbewegen*) сд|вига́ть ‹-ви́нуть› с ме́ста, пере|двига́ть ‹-дви́нуть› **II.** *vr* (*sich vorwärtsbewegen*) ◇ **sich ~** дви́гаться ‹-дви́нуться› вперёд, передвига́ться *несов*

fortbilden *vr* ◇ **sich ~** по|выша́ть ‹вы́сить› квалифика́цию [образова́ние]

fortbleiben *unreg vi* отсу́тствовать *несов*; (*nicht erscheinen*) не явля́ться *несов*; **fortbringen** *unreg vt* (*jd-n wegfahren*) увози́ть ‹увезти́›, от|правля́ть ‹-пра́вить›

Fortdauer *f* (*Bestand*) продолже́ние *с*, продолжи́тельность *с*

fortfahren *unreg vi* ① (*wegfahren*) уезжа́ть ‹уе́хать› ② *FIG* (*fortsetzen*) про|должа́ть ‹-до́лжить› что-л де́лать

fortführen *vt* про|должа́ть ‹-до́лжить›

fortgehen *unreg vi* уходи́ть ‹уйти́›, уда|ля́ться ‹-ли́ться›

fortgeschritten *adj* (*Schüler*) успева́ющий, продви́нутый; (*Alter*) зре́лый; **Fortgeschrittenenkurs** *m* курс *м* обуче́ния для име́ющих уже не́которые зна́ния

fortkommen *unreg vi* (*wegkommen*) уходи́ть ‹уйти́›; **fortmüssen** *unreg vi* быть вы́нужденным уйти́ [уе́хать], поки́нуть что-л

fortpflanzen *vr* (*sich vermehren*) ◇ **sich** ~ раз|множа́ться ‹-мно́житься›, ‹рас-›плоди́ться

Fortschritt *m* успех *м,* прогре́сс *м;* (*weiterkommen*) ◇ **~e machen** де́лать успе́хи, **fortschrittlich** *adj* (*Gesinnung*) прогресси́вный, передово́й

fortsetzen *vt* (*Roman, Arbeit*) про|должа́ть ‹-до́лжить› что-л; **Fortsetzung** *f* продолже́ние *с;* ◇ ~ **folgt** продолже́ние сле́дует

fortwährend *adj* (*ununterbrochen*) постоя́нный, беспреста́нный, беспреры́вный

fortziehen *unreg* **I.** *vt* (*am Arm*) тяну́ть *несов* прочь, отта́|скивать ‹-щи́ть› **II.** *vi* (*wegziehen*) выезжа́ть ‹вы́ехать›, у|езжа́ть ‹-е́хать›, пересе|ля́ться ‹-ли́ться›

fossil *adj* (*Brennstoff*) ископа́емый, окамене́лый

Foto *n* ‹-s, -s› фо́то *с,* фотогра́фия *ж;* **Fotograf(in** *f*) *m* ‹-en, -en› фото́граф *м;* **Fotografie** *f* фотогра́фия *ж;* **fotografieren I.** *vt* (*Landschaft, Person*) ‹с-›фотографи́ровать **II.** *vi* (*Schnappschuß*) снима́ть ‹снять›; **Fotokopierer** *m* фотокопирова́льный аппара́т *м*

Foul *n* ‹-s, -s› SPORT гру́бая игра́ *ж,* наруше́ние *ж* пра́вил игры́

Fracht *f* ‹-, -en› (*Ladung*) груз *м,* кладь *ж;* **Frachter** *m* ‹-s, -› грузово́е су́дно *с*

Frack *m* ‹-[e]s, Fräcke› (*Herrenjacke*) фрак *м*

Frage *f* ‹-, -n› ① вопро́с *м* ② (*Problem*) предме́т *м* обсужде́ния, пробле́ма *ж;* ◇ **etw in ~ stellen** подверга́ть что-л сомне́нию ③ ◇ **das kommt nicht in ~** об э́том ре́чи быть не мо́жет; **Fragebogen** *m* анке́та *ж,* опро́сный лист *м;* **fragen** *vt* ① (*Frage stellen*) сп|ра́шивать ‹-роси́ть› ② (*bitten*) ◇ **um Rat ~** проси́ть сове́та; **Fragezeichen** *n* вопроси́тельный знак *м;* **fraglich** *adj* (*unsicher*) сомни́тельный, спо́рный; **fraglos** *adv* (*ohne Zweifel*) бесспо́рный, несомне́нный

Fragment *n* фрагме́нт *м,* отры́вок *м*

fragwürdig *adj* (*zweifelhaft*) сомни́тельный

Fraktion *f* фра́кция *ж*

frankieren *vt* (*Brief*) накле́и‹ва›ть ма́рку, франки́ровать *несов* письмо́

Frankreich *n* Фра́нция *ж;* ◇ **in/nach** ~ во Фра́нции/во Фра́нцию

Franse *f* ‹-, -n› (*Teppich~*) бахрома́ *ж;* **fransen** *vi* (*Hose*) теря́ть бахрому́

Franzose *m* ‹-n, -n›, **Französin** *f* францу́з *м,* францу́женка *ж;* **französisch** *adj* францу́зский

fraß *impf v.* **fressen**

Fratze *f* ‹-, -n› (*Grimasse*) грима́са *ж*

Frau *f* ‹-, -en› ① же́нщина *ж;* (*Anrede*) ◇ ~ **Vogt** госпожа́ Фогт ② (*Ehe~*) жена́ *ж,* супру́га *ж;* **Frauenarzt** *m,* **Frauenärztin** *f* гинеко́лог *м;* **Frauenbeauftragte(r)** *fm* *лицо́, занима́ющееся социа́льным положе́нием же́нщин;* **Frauenbewegung** *f* же́нское движе́ние *с;* **Frauenhaus** *n* *дом [прию́т] для же́нщин (кото́рые в дома́шних усло́виях подверга́ются гру́бому обраще́нию со стороны́ мужчи́н)*

Freak *m* ‹-s, -s› *FAM* ① (*Nonkonformist*) свободомы́слящий *м,* челове́к, несогла́сный с официа́льной то́чкой зре́ния ② (*Fanatiker*) фанати́чески увлечённый челове́к *м*

frech *adj* ① (*respektlos*) на́глый, наха́льный ② (*keck*) коке́тливый, сме́лый, де́рзкий; **Frechheit** *f* де́рзость *ж,* на́глость *ж,* бесцеремо́нность *ж*

Fregatte *f* (*Schiff*) фрега́т *м,* сторожево́й кора́бль *м*

frei *adj* ① (*Mensch*) свобо́дный, незави́симый ② (*Beruf*) свобо́дный ③ (*Sitzplatz*) свобо́дный, неза́нятый; (*Arbeitsstelle*) вака́нтный, свобо́дный ④ (*draußen*) ◇ **im F~en** на дворе́, снару́жи ⑤ (*Eintritt*) беспла́тный, свобо́дный; **Freibad** *n* откры́тый бассе́йн *м;* **freibekommen** *unreg vt* (*Urlaub bekommen*) полу|ча́ть ‹-чи́ть› о́тпуск; **freigiebig** *adj* (*großzügig*) ще́дрый; **Freigiebigkeit** *f* ще́дрость *ж;* **freihändig** *adv* (*radfahren*) без рук; **Freiheit** *f* свобо́да *ж;* **freiheitlich** *adj* (*Gesinnung*) свободомы́слящий; (*freidenkerisch*) вольноду́мный; **Freiheitsstrafe** *f* (*Haft*) наказа́ние *с,* свя́занное с лише́нием свобо́ды; **Freikarte** *f* беспла́тный биле́т *м;* (*Theater*) контрама́рка *ж;* **freilassen** *unreg vt* (*Freiheit geben*) выпуска́ть ‹вы́пустить› на свобо́ду; (*aus Gefängnis*) освобо|жда́ть ‹-ди́ть› из заключе́ния; **freilegen** *vt* (*Ausgrabungen*) освобо|жда́ть ‹-ди́ть›, от|ка́пывать ‹-копа́ть›

freilich *adv* (*natürlich*) коне́чно, разуме́ется, ещё бы!

Freilichtbühne *f* откры́тая сце́на *ж*

freimachen I. *vt* ① (*Platz*) освобо|жда́ть ‹-ди́ть› ② (*Brief*) опла́|чивать ‹-ти́ть› письмо́ почто́вым сбо́ром **II.** *vr* ◇ **sich** ~ ①

(*entkleiden*) освобо|жда́ться ‹-ди́ться› от оде́жды, разде́‹ва́›ться ② (*Urlaub nehmen*) брать ‹взять› о́тпуск; **freisprechen** *unreg vt* (*Angeklagte*) опра́в|дывать ‹-да́ть›; **Freispruch** *m* оправда́тельный пригово́р *м*, оправда́ние *с*; **freistellen** *vt* ① (*zur Wahl stellen*) ◇ **jd-m etw ~** предо|ставля́ть ‹-ста́вить› вы́бор ② (*vom Kriegsdienst*) освобо|жда́ть ‹-ди́ть› (*von* от); **Freistoß** *m* SPORT (*Fußball*) свобо́дный уда́р *м*

Freitag *m* пя́тница *ж*; *s. a.* **Samstag; freitags** *adv* (*jeden Freitag*) по пя́тницам

freiwillig *adj* (*ohne Zwang*) доброво́льный

Freizeit *f* свобо́дное вре́мя *с*, досу́г *м*

freizügig *adj* ① (*hemmungslos*) по́льзующийся пра́вом свобо́дного передвиже́ния ② (*spendabel*) ще́дрый

fremd *adj* ① (*unbekannt*) чужо́й, незнако́мый ② (*seltsam*) чу́ждый, стра́нный; **fremdartig** *adj* (*ungewohnt*) стра́нный, необы́чный, непривы́чный, своеобра́зный; **Fremde(r)** *fm* ① (*Unbekannte*) незнако́мец *м*, незнако́мка *ж*, чужо́й(-ая *ж*) *м* ② (*Ausländer/in*) иностра́нец *м*, иностра́нка *ж*, чужезе́мец *м*, чужезе́мка *ж*; **Fremdenführer(in** *f*) *m* ① (*Person*) гид *м*, проводни́к *м* ② *nur m* (*Buch*) путеводи́тель *м*; **Fremdenverkehr** *m* иностра́нный тури́зм *м*; **Fremdenzimmer** *n* ко́мната *ж* для госте́й

Fremdkörper *m* иноро́дное те́ло *с*; **fremdländisch** *adj* (*ausländisch*) иностра́нный, чужезе́мный; **Fremdsprache** *f* иностра́нный язы́к *м*; **fremdsprachig** *adj* говоря́щий на иностра́нном языке́, иноязы́чный; **Fremdwort** *n* иностра́нное сло́во *с*

Frequenz *f* PHYS, MEDIA частота́ *ж*

fressen ‹frißt, fraß, gefressen› *vt, vi* ① (*Tier*) ‹съ-›есть ② (*Säure*) разъ|еда́ть ‹-е́сть›, корроди́ровать ③ *FAM* (*essen*) ‹со-›жра́ть ④ *FAM* ◇ **den habe ich gefressen** я не могу́ терпе́ть [выноси́ть] его́

Freude *f* ‹-, -n› ра́дость *ж*; (*Vergnügen*) удово́льствие *с*; **freudig** *adj* (*Ereignis*) ра́достный, весёлый; **freudlos** *adj* безра́достный, безотра́дный; **freuen I.** *vt unpers* ◇ **es freut sie, daß ...** её ра́дует, что ... **II.** *vr* ◇ **sich** *akk* **auf etw ~** ‹об-›ра́доваться чему́-л предстоя́щему

Freund *m* ‹-[e]s, -e›, **Freundin** *f* ① друг *м*, подру́га *ж*, прия́тель(ница *ж*) *м* ② (*Geliebte/r*) возлю́бленный(-ая *ж*) *м* ③ *FIG* (*Kinoliebhaber/in*) люби́тель(ница *ж*) *м*; **freundlich** *adj* ① (*liebenswürdig*) приве́тливый, любе́зный, раду́шный ② (*Wetter*) прия́тный, я́сный; **Freundlichkeit** *f* приве́тливость *ж*, любе́зность *ж*, раду́шие *с*, ла́сковость *ж*; **Freundschaft** *f* дру́жба *ж*; **freundschaftlich** *adj* дру́жественный, дру́жеский

Frevel *m* ‹-s, -› злодея́ние *с*, преступле́ние; **frevelhaft** *adj* (*Verhalten*) престу́пный

Frieden *m* ‹-s, -› ① мир *м*; ◇ **~ schließen** заключи́ть мир ② *FIG* (*Harmonie*) поко́й *м*, согла́сие *с*; ◇ **in ~ leben** жить ми́рно [в согла́сии]; **Friedensbewegung** *f* движе́ние *с* в защи́ту ми́ра; **Friedensverhandlungen** *f pl* ми́рные перегово́ры *мн*; **Friedensvertrag** *m* ми́рный догово́р *м*

Friedhof *m* кла́дбище *с*

friedlich *adj* ① (*Lösung*) ми́рный, миролюби́вый ② (*still*) ми́рный, споко́йный

frieren ‹fror, gefroren› **I.** *vi* (*Kälte empfinden*) ‹за-›мёрзнуть, ‹о-›зя́бнуть **II.** *vt unpers* ① ◇ **es friert draußen** на дворе́ моро́з ② ◇ **es friert mich** я озя́б, мне́ хо́лодно

frigid[e] *adj* (*sexuell*) бесчу́вственный, холо́дный, бесстра́стный, фриги́дный

Frikadelle *f* тефте́лька *ж*, фрикаде́лька *ж*

Frisbeescheibe *f* таре́лка-бумера́нг *м*

frisch *adj* ① (*Lebensmittel*) све́жий, неиспо́рченный ② (*Wetter*) прохла́дный, све́жий ③ (*Kleidung*) чи́стый, све́жий ④ (*neu*) неда́вний, но́вый, све́жий; ◇ **~ gestrichen!** осторо́жно, окра́шено! ⑤ (*lebhaft*) бо́дрый, живо́й; **Frische** *f* ‹-› све́жесть *ж*, прохла́да *ж*; **Frischhaltefolie** *f* консерви́рующая фольга́ *ж*

Friseur *m*, **Friseuse** *f* парикма́хер *м*, же́нщина-парикма́хер *ж*; **frisieren I.** *vt* ① (*Haare*) при|чёсывать ‹-чеса́ть›, де́лать причёску ② *FAM* (*Motor*) ‹от-›регули́ровать ③ *FIG* (*Rechnung*) пригла́живать *несов*, прида́‹ва́›ть жела́емый вид **II.** *vr* ◇ **sich ~** при|чёсываться ‹-чеса́ться›; **Frisiersalon** *m* парикма́херская *ж*

Frist *f* ‹-, -en› ① (*Zeitraum*) срок *м* ② (*Zeitpunkt*) вре́мя *с*; **fristlos** *adj* (*unbefristet*) бессро́чный; ◇ **~e Kündigung** увольне́ние без предупрежде́ния

Frisur *f* (*Haar~*) причёска *ж*

fritieren *vt* (*in Öl*) жа́рить во фритю́ре

frivol *adj* ① (*zweideutig*) фриво́льный ② (*leichtfertig*) легкомы́сленный

froh *adj* ① весёлый, ра́достный ② (*gut, positiv*) дово́льный; ◇ **Frohes Neues Jahr!** Счастли́вого Но́вого го́да!

fröhlich *adj* (*ausgelassen*) весёлый, ра́достный; **Fröhlichkeit** *f* весёлость *ж*, весе́лье *с*, ра́дость *ж*

frohlocken *vi PEJ* ликова́ть *несов*

fromm *adj* ① (*gläubig*) на́божный, благочести́вый ② (*Wunsch*) благо́й; **Frömmigkeit** *f* благоче́стие *с*, на́божность *ж*

frönen *vi* (*sich hingeben*) преда́‹ва́›ться поро́ку, стра́сти (*e-r Sache dat* чему́-л)

Fronleichnam *m* ‹-[e]s› пра́здник *м* те́ла Христо́ва

Front *f* ‹-, -en› ① (*Vorderseite*) фаса́д *м*, фронто́н *м* ② (*Kalt~*) фронт *м* ③ *FIG* ◇ **gegen jd-n ~ machen** ока́зывать противоде́йствие кому́-л ④ (*Kriegs~*) фронт *м*; **frontal** *adj* фронта́льный, лобово́й

fror *impf v.* **frieren**

Frosch *m* ‹-[e]s, Frösche› лягу́шка *ж*; **Froschmann** *m* ‹-s, -männer› (*Taucher*) ныря́льщик *м*, водола́з *м*

Frost *m* ‹-[e]s, Fröste› (*Nacht~*) моро́з *м*, сту́жа *ж*, хо́лод *м*; **frösteln** *vi* (*frieren*) ‹о-›зя́бнуть, ‹за-›мёрзнуть; **frostig** *adj* (*kalt*) моро́зный, холо́дный; *FIG* ледяно́й, холо́дный; **Frostschutzmittel** *n* антифри́з *м*

Frottee *n o. m* ‹-[s], -s› мохна́тая ткань *ж*; **frottieren** *vt* рас|тира́ть ‹-тере́ть› полоте́нцем

Frucht *f* ‹-, Früchte› ① (*Feld~, Baum~*) плод *м*, фрукт *м* ② *FIG* (*Ergebnis*) плод *м*, результа́т *м*; **Fruchtbarkeit** *f* ① (*von Boden, Erde*) плодоро́дие *с*, плодоро́дность *ж* ② (*von Mensch*) плодови́тость *ж*; **fruchten** *vi* (*Erfolg haben*) при|носи́ть ‹-нести́› по́льзу, быть поле́зным; **fruchtlos** *adj* беспло́дный; *FIG* (*vergeblich*) тще́тный; **Fruchtsaft** *m* фрукто́вый сок *м*

früh I. *adj* ① (*zeitig*) ра́нний; ◇ **am ~en Morgen** ра́нним у́тром ② (*vorzeitig*) преждевре́менный ③ ◇ **ein ~es Werk** ра́ннее произведе́ние иску́сства **II.** *adv* ① (*zeitig*) ра́но, зара́нее ② ◇ **gestern ~** вчера́ у́тром; **Frühaufsteher(in** *f*) *m* ‹-s, -› челове́к *м*, привы́кший [лю́бящий] ра́но встава́ть; **Frühe** *f* ‹-› ◇ **in aller ~** ра́но у́тром, чуть свет, на рассве́те

früher *kompar. v.* **früh I.** *adj* ① (*vorhergehend*) бо́лее ра́нний, пре́жний, предыду́щий; ◇ **in ~en Zeiten** в бы́лые времена́ ② (*ehemalig*) бы́вший **II.** *adv* ① ◇ **~ oder später** ра́но и́ли по́здно, в конце́ концо́в ② ◇ **~ war alles anders** ра́ньше всё бы́ло ина́че; **frühestens** *adv* не ра́ньше как (чем), са́мое ра́ннее

Frühgeburt *f* (*der Vorgang*) преждевре́менные ро́ды *мн*; (*Kind*) недоно́шенный ребёнок *м*

Frühling *m* весна́ *ж*; ◇ **im ~** весно́й

frühreif *adj* (*Kind*) не по во́зрасту разви́тый; **Frühstück** *n* за́втрак *м*; **frühstücken** *vi* ‹по-›за́втракать; **frühzeitig I.** *adj* ра́нний, преждевре́менный **II.** *adv* ра́но у́тром, зара́нее, заблаговре́менно

Frust *m* ‹-s› *FAM* расстро́йство *с*, разочарова́ние *с*; **frustrieren** *vt* рас|стра́ивать ‹-стро́ить›, разочаро́|вывать ‹-ва́ть›

Fuchs *m* ‹-es, Füchse› лиси́ца *ж*, лиса́ *ж*; **fuchsen** *vt unpers FAM* ◇ **das fuchst mich** э́то меня́ злит [раздража́ет]; **fuchsteufelswild** *adj FAM* взбешённый, разъярённый, рассвирепе́вший

fuchteln *vi* ‹раз-›маха́ть

Fuge *f* ‹-, -n› ① (*Spalt*) шов *м* ② MUS фу́га *ж*

fügen I. *vt* (*aneinander~*) ‹при-›соединя́ть **II.** *vr* ◇ **sich ~** ① (*sich anpassen*) прила́живаться, подходи́ть (*in akk* к чему́-л) ② (*klein beigeben*) сми|ря́ться ‹-ри́ться›, прими|ря́ться ‹-ри́ться› с чем-л **III.** *vr unpers* (*gut werden*) ◇ **alles wird sich ~** всё ко́нчится благополу́чно

fühlbar *adj* осяза́емый, ощути́мый, заме́тный, чувстви́тельный; **fühlen I.** *vt* ① (*spüren*) ‹по-›чу́вствовать ② (*Schmerz*) ощу|ща́ть ‹-ти́ть› **II.** *vi* (*tasten*) ощу́|пывать ‹-пать›, иска́ть о́щупью (*nach etw* что-л) **III.** *vr* ◇ **sich gut/schlecht ~** чу́вствовать себя́ хорошо́/пло́хо; **Fühler** *m* ‹-s, -› ① (*Schmetterlings~*) щу́пальце *с*, у́сик *м* ② *FIG* ◇ **seine ~ ausstrecken** выпуска́ть щу́пальца

fuhr *impf v.* **fahren**

führen I. *vt* ① (*leiten*) вести́ *несов*, управля́ть *несов*; руководи́ть *несов*, возглавля́ть *несов* ② (*Namen*) называ́ться, носи́ть *несов*, име́ть ③ (*Ware*) держа́ть, име́ть в прода́же **II.** *vi* ① SPORT лиди́ровать *несов*, вести́ ② (*Weg*) вести́ **III.** *vr* (*benehmen*) ◇ **sich ~** вести́ себя́; **Führer(in** *f*) *m* ‹-s, -› ① (*Geschäfts~*) руководи́тель(ница *ж*) *м* ② (*An~*) вождь *м* ③ (*Fremden~*) гид *м*; **Führerschein** *m* права́ *мн* води́теля (автомаши́ны); **Führung** *f* ① (*Geschäfts~*) руково́дство *с*, управле́ние *с* ② SPORT ◇ **die ~ übernehmen** лиди́ровать *несов* ③ (*Benehmen*) поведе́ние *с* ④ (*Museums~*) объясне́ния *мн* экскурсово́да; **Führungszeugnis** *n* свиде́тельство *с* о поведе́нии

F

Fuhrwerk *n* (*Pferde~*) пово́зка *ж*, экипа́ж *м*

Fülle *f* <-> ① (*große Menge*) изоби́лие *ж;* (*Überschuß*) избы́ток *м;* ◇ **in Hülle und ~** в изоби́лии, в избы́тке ② (*Leibes~*) полнота́ *ж*, ту́чность *ж;* **füllen I.** *vt* (*Glas*) на|полня́ть <-по́лнить>, за|полня́ть <-по́лнить> **II.** *vr* (*Saal*) ◇ **sich ~** на|полня́ться <-по́лниться>, за|полня́ться <-по́лниться>

Füller *m*, **Füllfederhalter** *m* <-s, -> авторучка *ж*, ве́чное перо́ *с*

Füllung *f* ① (*von Zahn*) пло́мба *ж* ② GASTRON начи́нка *ж*, фарш *м*

Fund *m* <-[e]s, -e> (*~sache*) нахо́дка *ж*

Fundament *n* ① ARCHIT фунда́мент *м*, основа́ние *с* ② *FIG* (*Basis*) осно́ва *ж*, основны́е положе́ния *мн*

fundamental *adj* (*grundlegend*) фундамента́льный, основа́тельный; **Fundamentalist(in** *f*) *m* POL фундаменталист(ка *ж*) *м;* **fundamentalistisch** *adj* POL фундаменталистский

Fundbüro *n* стол *м* нахо́док; **Fundgrube** *f FIG* сокро́вищница *ж*

fundieren *vt* (*begründen*) осно́|вывать <-ва́ть>, учре|жда́ть <-ди́ть>; **fundiert** *adj* (*Wissen*) обосно́ванный

fünf *nr* пять; SCH (*mangelhaft*) два; ◇ **der 1. FC Köln gewann mit 5 zu 2** 1-ый футбо́льный клуб Кёльн вы́играл со счётом 5:2; ◇ **drei und ~ macht acht** три плюс пять равня́ется восьми́; ◇ **es ist genau ~ Uhr** ро́вно пять часо́в; ◇ **es ist halb ~** полови́на пя́того; ◇ **sie ist ~ Jahre alt** ей пять лет; ◇ **sie sind ~** их пя́теро; ◇ **vor ~ Tagen** пять дней наза́д; **fünffach I.** *adj* (*fünfmal soviel*) пятикра́тный **II.** *adv* в пять раз, впя́теро; **fünfhundert** *nr* пятьсо́т; **fünfjährig** *adj* ① (*Alter*) пятиле́тний ② (*5 Jahre lang*) пятигоди́чный; **fünfmal** *adv* пять раз, пятикра́тно; **fünfte(r, s)** *adj* ① пя́тый(-ая, -ое); ◇ **in den ~n Gang schalten** включи́ть пя́тую ско́рость ② (*Datum*) ◇ **der ~ April** пя́тое апре́ля; (*Brief*) ◇ **München, den 5. April** Мю́нхен, пя́того апре́ля; **Fünfte(r)** *fm* пя́тый(-ая *ж*) *м;* ◇ **als ~r ins Ziel gehen** прийти́ к фи́нишу пя́тым; **Fünftel** *n* <-s, -> (*Bruchteil*) одна́ пя́тая *ж;* **fünftens** *adv* в пя́тых; **fünfzehn** *nr* пятна́дцать; **fünfzig** *nr* пятьдеся́т

fungieren *vi* де́йствовать в ка́честве, исполня́ть обя́занности (*als* кого́-л)

Funk *m* <-s> ра́дио *с*, радиовеща́ние *с*

Funke[n] *m* <-ns, -n> ① (*Feuer*) и́скра *ж* ② *FIG* про́блеск *м*, намёк *м*

funkeln *vi* (*Sterne, Augen*) сверк|а́ть <-ну́ть>, блес|те́ть <-ну́ть>; (*Edelsteine*) искри́ться *несов*

funken *vt* ① (*Nachricht*) переда́<ва́>ть по ра́дио, ради́ровать *несов и сов* ② *FAM* (*kapieren*) ◇ **es hat gefunkt** наконе́ц дошло́; **Funkhaus** *n* радиоста́нция *ж*, радиосту́дия *ж;* **Funkspruch** *m* радиогра́мма *ж;* **Funkstation** *f* радиоста́нция *ж;* **Funktaxi** *n* такси́ *с* с радиотелефо́ном

Funktion *f* ① (*Amt*) до́лжность *ж*, фу́нкция *ж* ② (*Pflicht*) зада́ча *ж* ③ ◇ **die Maschine ist außer ~** маши́на стои́т [не рабо́тает] ④ MATH фу́нкция *ж;* **funktionieren** *vi* функциони́ровать *несов*, де́йствовать *несов;* **Funktionstaste** *f* PC функциона́льная кла́виша *ж*

für *präp akk* ① (*anstelle von*) за, вме́сто, взаме́н; ◇ **~ jd-n etw tun** де́лать что-л за кого́-л ② (*als Hilfeleistung*) ◇ **~ jd-n einkaufen** покупа́ть что-л для кого́-л ③ (*zu bestimmtem Zweck*) ра́ди; ◇ **~ e-e Prüfung lernen** учи́ть ра́ди того́, что́бы сдать экза́мен ④ (*Preis*) за, на; ◇ **~ 15 Mark** за [на] 15 ма́рок ⑤ (*Angemessenheit, Entsprechung*) ◇ **das bedeutet nichts ~ mich** для меня́ э́то ничего́ не зна́чит ⑥ (*Meinung, Ansicht*) ◇ **ich halte es ~ besser** я счита́ю, что так бу́дет лу́чше ⑦ (*Einteilung, jeder ~ sich*) ◇ **er ist gern ~ sich allein** он лю́бит остава́ться [быть] наедине́ с собо́й; ◇ **Wort ~ Wort** (*übersetzen*) сло́во в сло́во; (*wiedergeben*) сло́во за́ сло́вом ⑧ (*Zeitangabe*) ◇ **~ immer** навсегда́, наве́чно; ◇ **ich fahre ~ drei Wochen nach Italien** я уезжа́ю на три неде́ли в Ита́лию ⑨ (*was ...betrifft*) ◇ **ich ~ meinen Teil** что каса́ется меня́, то ⑩ (*Möglichkeit*) ◇ **~ den Fall, daß** на тот слу́чай, е́сли ⑪ (*von welcher Art*) ◇ **was ~ ein Buch?** кака́я кни́га? ⑫ (*Ausruf*) ◇ **was ~ ein Mann!** како́й мужчи́на!

Fürbitte *f* хода́тайство *с*

Furche *f* <-, -n> (*im Acker*) борозда́ *ж*

Furcht *f* <-> (*Angst*) страх *м*, боя́знь *ж;* **furchtbar** *adj* стра́шный, ужа́сный; **fürchten I.** *vt* (*Angst haben*) боя́ться *несов* (*jd-n/etw* кого́/чего́-л), опаса́ться *несов* кого́-чего́-л **II.** *vi* ① (*befürchten*) боя́ться ② ◇ **~ um etw** опаса́ться за что-л **III.** *vr* ◇ **sich ~** боя́ться, опаса́ться (*vor dat* кого́-чего́-л); **fürchterlich** *adj* (*schlimm*) стра́шный, ужа́сный; **furchtlos** *adj* бесстра́шный, безбоя́зненный, неустраши́мый; **furchtsam** *adj* боязли́вый, трусли́вый

füreinander *adv* друг для дру́га, друг за дру́га
Furnier *n* <-s, -e> фане́ра *ж*
fürs = für das
Fürsorge *f* (1) (*Pflege*) попече́ние *c*, забо́та *ж* (2) (*Sozialhilfe*) социа́льное обеспече́ние *c*; **Fürsprache** *f* хода́тайство *c*; **Fürsprecher(in** *f*) *m* засту́пник *м*, засту́пница *ж*, защи́тник *м*, защи́тница *ж*
Fürst(in *f*) *m* <-en, -en> князь *м*, княги́ня *ж*; *FIG* ◇ **leben wie ein ~** жить по-ца́рски; **fürstlich** *adj* (*Residenz*) кня́жеский; (*luxuriös*) роско́шный
Furt *f* <-, -en> брод *м*; (*Sandbank*) мель *ж*
Fürwort *n* (*Pronomen*) местоиме́ние *c*
Fuß *m* <-es, Füße> (1) нога́ *ж*, стопа́ *ж*; ◇ **zu ~** пешко́м (2) (*von Lampe, Berg*) но́жка *ж*, подно́жие *c*; **Fußball** *m* футбо́л *м*; **Fußballspieler(in** *f*) *m* футболи́ст(ка *ж*) *м*; **Fußboden** *m* пол *м*; **Fußbremse** *f* AUTO ножно́й то́рмоз *м*; **fußen** *vi* (*basieren*) осно́вываться *несов*, бази́роваться *несов* (*auf dat* на чём-л); **Fußende** *n* (*vom Bett*) ◇ **am ~** в нога́х; **Fußgänger(in** *f*) *m* <-s, -> пешехо́д *м*; **Fußnote** *f* сно́ска *ж*; **Fußtritt** *m* пино́к *м*, уда́р *м* ного́й; **Fußweg** *m* пешехо́дная доро́жка *ж*, тротуа́р *м*
Futter *n* <-s, -> (1) (*Katzen~*) корм *м* (2) (*Mantel~*) подкла́дка *ж*; **füttern** *vt* (1) (*Tier*) дава́ть корм живо́тным, корми́ть *несов* живо́тных (2) (*mit Stoff*) подши́<ва́>ть, ста́вить подкла́дку
Futur *n* <-s, -e> GRAM бу́дущее вре́мя *c*

G

G, g *n* (1) (*Buchstabe*) Г, г (2) MUS соль
gab *impf v.* **geben**
Gabe *f* <-, -n> (1) (*Präsent*) дар *м*, пода́рок *м* (2) (*Begabung*) дарова́ние *c*, тала́нт *м*
Gabel *f* <-, -n> ви́лка *ж*; **gabeln** *vr* (*sich verzweigen*) ◇ **sich ~** раз|два́иваться <-дво́иться>; **Gabelstapler** *m* <-s, -> автопогру́зчик *м* с ви́льчатым захва́том; **Gabelung** *f* (*Weg~*) разветвле́ние *c*
gackern *vi* (1) (*Hühner*) куда́хтать *несов* (2) *FAM* (*kichern*) хихи́кать *несов*
gaffen *vi* (*starren*) глазе́ть *несов*, гляде́ть *несов*, рази́нув рот; **Gaffer(in** *f*) *m* <-s, -> *FAM* зева́ка *м/ж* ротозе́й *м*
Gag *m* <-s, -s> (*witziger Einfall*) эффе́ктный трюк *м*; (*Werbe~*) импровиза́ция *ж*
Gage *f* <-, -n> (*Künstlerhonorar*) жа́лованье *c*, за́работная пла́та *ж* арти́стов
gähnen *vi* (1) (*Mensch*) зев|а́ть <-ну́ть> (2) (*klaffen, Loch*) зия́ть *несов*
galant *adj* (*zuvorkommend, höflich*) гала́нтный, учти́вый, любе́зный
Galaxie *f* Гала́ктика *ж*; (*Milchstraße*) Мле́чный Путь *м*
Galerie *f* (1) (*Kunst~*) галере́я *ж* (2) THEAT галёрка *ж*, ве́рхний я́рус *м*
Galgen *m* <-s, -> ви́селица *ж*; **Galgenhumor** *m* (*Sarkasmus*) ю́мор *м* ви́сельника, го́рький [мра́чный] ю́мор *м*
Galle *f* <-, -n> (1) ANAT желчь *ж* (2) *FIG* ◇ **mir läuft die ~ über** мно́й овладева́ет я́рость; **Gallenstein** *m* же́лчный ка́мень *м*
Galopp *m* <-s, -s *o.* -e> гало́п *м*; ◇ **im ~ reiten** мча́ться гало́пом; **galoppieren** *vi* (*Pferd*) скака́ть гало́пом
galt *impf v.* **gelten**
gammeln *vi FAM* (*untätig, lustlos herumhängen*) болта́ться *несов*, (*faulenzen*) безде́льничать *несов*; **Gammler(in** *f*) *m* <-s, -> (*Herumtreiber/in*) безде́льник *м*, безде́льница *ж*, пра́здно шата́ющийся(-аяся *ж*) *м*
gang *adj* (*üblich*) ◇ **es ist ~ und gäbe** так во́дится, так при́нято
Gang *m* <-[e]s, Gänge> (1) (*Gehen*) хожде́ние *c*, ходьба́ *ж* (2) (*~art*) похо́дка *ж*, по́ступь *ж* (3) (*Besorgung*) хожде́ние *c* по дела́м, делово́е посеще́ние *c* (4) (*Verlauf*) ход *м*, тече́ние *c*; ◇ **das ist der ~ der Dinge** тако́в ход собы́тий (5) (*Essens~*) блю́до *c* (6) AUTO переда́ча *ж* (7) (*Flur, Korridor*) коридо́р *м*, (про)хо́д *м* (8) *FIG* (*ins Rollen bringen*) ◇ **etw in ~ bringen** привести́ что-л в движе́ние, пусти́ть что-л в ход; *FIG* (*Gespräch*) ◇ **in ~ kommen** прийти́ в движе́ние; **gängig** *adj* (1) (*gebräuchlich*) ходово́й, (обще)употреби́тельный (2) (*Ware*) ходово́й; **Gangschaltung** *f* (*an Fahrrad*) переключе́ние *c* переда́ч
Gangster *m* <-s, -> (*Verbrecher*) га́нгстер *м*
Gangway *f* <-, -s> (*vom Schiff, Flugzeug*) трап *м*
Ganove *m* <-n, -n> *FAM* (*Gauner*) моше́нник *м*; (*Dieb*) вор *м*;
Gans *f* <-, Gänse> (1) ZOOL гусь *м* (2) *FAM* (*einfältige Frau*) ◇ **dumme ~** ду́ра *ж*
Gänseblümchen *n* маргари́тка *ж*; **Gänsebraten** *m* жа́реный гусь *м*; **Gänsehaut** *f* *FIG* ◇ **ich habe e-e ~** у меня́ мура́шки бе́гают по те́лу, у меня́ моро́з по ко́же

F G

пробегáет; **Gänseleberpastete** *f* паштéт *м* из гусúной печёнки; **Gänsemarsch** *m* ◇ **im ~ gehen** идтú гуськóм; **Gänserich** *m* гусáк *м*

ganz I. *adj* ① (*ungeteilt, komplett*) цéлый, весь; ◇ **das ~e Jahr** весь год; ◇ **~ Europa** вся Еврóпа; ◇ **ihr ~es Geld** все её дéньги ② (*intakt, unversehrt*) цéлый, неповреждённый; ◇ **das Glas ist noch ~** стакáн ещё цел ③ *FAM* (*nur*) цéлый, тóлько; ◇ **sie hat ~e fünf Minuten gebraucht** ей понáдобилось цéлых пять минýт ④ (*ziemlich viel*) ◇ **e-e ~e Menge** довóльно мнóго **II.** *adv* ① (*ziemlich, relativ*) ◇ **~ schön gemein** довóльно пóдло; ◇ **es geht mir ~ gut** у меня делá идýт хорошó ② (*völlig*) совсéм, совершéнно; ◇ **das habe ich ~ vergessen** я об э́том совсéм забы́л; ◇ **~ allein** совсéм одúн; ◇ **~ und gar** совсéм, всецéло; (*überhaupt nicht*) ◇ **~ und gar nicht** вóвсе не; **gänzlich** *adv* (*völlig, total*) вполнé, совсéм, всецéло; ◇ **etw ~ mißverstehen** совсéм не понять что-л; **Ganztagsarbeit** *f* рабóта *ж* на пóлный рабóчий день

gar I. *adj* (*Fleisch, Gemüse*) готóвый, свáренный **II.** *adv* ① (*absolut*) ◇ **~ nicht** вóвсе не; ◇ **~ nichts/keiner** (решúтельно) ничегó/никтó ② (*durchaus*) ◇ **~ nicht übel** совсéм недýрно

Garage *f* <-, -n> гарáж *м*

Garantie *f* (*Sicherheit, Gewähr*) гарáнтия *ж*; **garantieren I.** *vt* (*verbürgen*) пору|чáться <-чúться> за что-л; ◇ **jd-m etw ~** гарантúровать *несов и сов* что-л комý-л **II.** *vi* (*einstehen für*) ◇ **für etw ~** ручáться за что-л

Garbe *f* <-, -n> (*Bündel*) сноп *м*

Garderobe *f* <-, -n> ① (*gesamte Kleidung*) гардерóб *м*, одéжда *ж* ② (*Kleiderablage*) гардерóб *м*; (*Kleiderständer*) вéшалка *ж* ③ (*Umkleideraum*) раздевáлка *ж*

Gardine *f* занавéска *ж*, гардúна *ж*

garen I. *vt* (*gar werden lassen*) довáривать *несов* **II.** *vi* (*gar werden*) сварúться *сов*

gären <gor, gegoren> *vi* ① (*Saft, Bier, Wein*) бродúть *несов* ② *FIG* (*unruhig, gereizt sein*) ◇ **in ihm gärt es** в нём всё кипúт

Garn *n* <-[e]s, -e> нúтки *мн*, пря́жа *ж*

Garnele *f* <-, -n> кревéтка *ж*

garnieren *vt* (*Essen*) украшáть гарнúром

Garnitur *f* (*Couch~, Wäsche~*) гарнитýр *м*, набóр *м*, комплéкт *м*

garstig *adj* (*abstoßend, Anblick*) сквéрный, мéрзкий; (*böse, Bemerkung*) гнýсный; (*Mensch*) безобрáзный, урóдливый

Garten *m* <-s, Gärten> сад *м*; **Gartenarbeit** *f* рабóта *ж* в садý; **Gartenbau** *m* садовóдство *с*; **Gartenhaus** *n* (*Laube*) бесéдка *ж*; (*Pavillon*) павильóн *м*; **Gärtner(in** *f*) *m* <-s, -> (*Beruf*) садóвник *м*, садóвница *ж*; (*Gemüse~*) огорóдник *м*, огорóдница *ж*; **Gärtnerei** *f* (*Betrieb*) садовóдство *с*

Gärung *f* ① (*Flaschen~*) брожéние *с* ② *FIG* (*Aufruhrstimmung*) брожéние *с*, волнéние *с*

Gas *n* <-es, -e> ① (*Erd~*) газ *м* ② AUTO (*beschleunigen*) ◇ **~ geben** дать газ; **Gasherd** *m* гáзовая плитá *ж*; **Gaskocher** *m* гáзовая плитá *ж*; **Gasleitung** *f* (*Rohr*) газопрóвод *м*; **Gasmaske** *f* (*Schutzmaske*) противогáз *м*; **Gaspedal** *n* AUTO педáль *ж* акселерáтора

Gasse *f* <-, -n> ① (*kleine Straße*) переýлок *м* ② (*zur Seite treten*) ◇ **e-e ~ bilden** образовáть прохóд

Gast *m* <-es, Gäste> ① (*Besucher*) гость(я *ж*) *м*; ◇ **bei jd-m zu ~ sein** быть в гостя́х у когó-л ② (*Hotel~*) приéзжий *м*, постоя́лый *м*; (*Bade~*) отдыхáющий(-ая *ж*) *м*; (*Kur~*) курóртник *м*, курóртница *ж*; **Gastarbeiter(in** *f*) *m* инострáнный рабóчий *м*, инострáнная рабóтница *ж*; **Gästebuch** *n* кнúга *ж* óтзывов посетúтелей; **Gästezimmer** *n* кóмната *ж* для гостéй; **gastfreundlich** *adj* гостеприúмный; **Gastfreundschaft** *f* гостеприúмство *с*, радýшие *с*, хлебосóльство *с*; **Gastgeber(in** *f*) *m* <-s, -> хозя́ин *м*/хозя́йка *ж* дóма; **Gasthaus** *n*, **Gasthof** *m* ① (*Wirtshaus*) гостúница *ж*, постоя́лый двор *м* ② (*Pension, Hotel*) пансионáт *м*, гостúница *ж*, отéль *м*; **Gasthörer(in** *f*) *m* UNI вольнослýшатель(ница *ж*) *м*; **gastieren** *vi* THEAT гастролúровать *несов*, быть на гастрóлях; **gastlich** *adj* (*gastfreundlich*) гостеприúмный, радýшный; **Gastprofessor** *m* *профéссор м, приглашённый в другóй гóрод, странý (для чтéния лéкций)*

Gastritis *f* <-, -tiden> MED гастрúт *м*

Gastronomie *f* гастрономúя *ж*, высóкое кулинáрное искýсство *с*; **gastronomisch** *adj* гастрономúческий

Gastspiel *n* ① THEAT гастрóль *ж* ② SPORT игрá *ж* на пóле сопéрника; **Gaststätte** *f* (*Lokal*) ресторáн *м*, столóвая *ж*; (*Café*) кафé *с*

Gaswerk *n* гáзовый завóд *м*; **Gaszähler** *m* (*Meßgerät*) гáзовый счётчик *м*

Gatte *m* <-n, -n> (*Ehemann*) супрýг *м*

Gatter *n* ‹-s, -› (*Zaun*) решётка *ж*, решётчатое заграждение *с*

Gattin *f* (*Ehefrau*) супру́га *ж*

Gattung *f* ① (*Art, Spezies*) вид *м*, поро́да *ж*, род *м* ② (*Literatur~, Kunst~*) жанр *м*

GAU *m* ‹-s, -s› *Akr. v.* **größter anzunehmender Unfall** *крупне́йшая катастро́фа, кото́рую мо́жно себе́ предста́вить*

Gaukler(in *f*) *m* (*Zauberer*) фо́кусник *м*, фо́кусница *ж*; (*Jongleur*) жонглёр(ша *ж*) *м*

Gaul *m* ‹-[e]s, Gäule› *FAM* (*Pferd*) конь *м*

Gaumen *m* ‹-s, -› ANAT нёбо *с*

Gauner(in *f*) *m* ‹-s, -› (*Ganove*) моше́нник *м*, моше́нница *ж*, плут(о́вка *ж*) *м*; (*Dieb/in*) вор(о́вка *ж*) *м*

Gaze *f* ‹-› (*feiner Stoff*) ма́рля *ж*, тюль *м*

Gazelle *f* ZOOL газе́ль *ж*

geb. *adj Abk. v.* **geborene/r** рождённый(-ая)

Gebäck *n* ‹-[e]s, -e› пиро́жное *с*, пече́нье *с*

Gebärde *f* ‹-, -n› (*Geste*) жест *м*, ужи́мка *ж*; **gebärden** *vr* (*sich verhalten*) ◇ **sich ~** держа́ться каки́м-л о́бразом

Gebaren *n* ‹-s› (*Benehmen, Verhalten*) поведе́ние *с*; (*Manieren*) мане́ры *мн*

gebären ‹gebar, geboren› *vt* (*zur Welt bringen*) производи́ть на свет, ро|жа́ть, ‹-ди́ть›; ◇ **wo sind Sie geboren?** где Вы родили́сь?; **Gebärmutter** *f* ANAT (*Uterus*) ма́тка *ж*

Gebäude *n* ‹-s, -› зда́ние *с*, строе́ние *с*, сооруже́ние *с*; **Gebäudekomplex** *m* ко́мплекс *м* зда́ний

Gebell *n* ‹-[e]s› тя́вканье *с*, лай *м*

geben ‹gibt, gab, gegeben› **I.** *vt* ① (*reichen*) да‹ва́›ть; TELEC ◇ **~ Sie mir bitte Frau Friederich** попроси́те, пожа́луйста, к телефо́ну госпожу́ Фри́дерих; ◇ **jd-m die Hand ~** подава́ть [протя́гивать] ру́ку кому́-л ② (*spenden*) ‹по-›же́ртвовать; ◇ **ein Almosen ~** дава́ть ми́лостыню ③ (*Rabatt, Interview*) предо|ставля́ть ‹-ста́вить›, да‹ва́›ть; ◇ **jd-m einen Kredit ~** предо|ставля́ть ‹-ста́вить› креди́т кому́-л ④ (*Gastspiel, Theaterstück*) да‹ва́›ть; SCH ◇ **Unterricht ~** дава́ть уро́ки ⑤ (*ergeben*) дава́ть како́й-л результа́т; ◇ **das gibt keinen Sinn** э́то ничего́ не даёт; MATH ◇ **fünf und vier gibt neun** пять плюс четы́ре равно́ девяти́ ⑥ (*schicken*) отда́‹ва́›ть; ◇ **ins Heim ~** отда́ть в детдо́м; ◇ **das Auto zur Reparatur ~** отда́ть автомаши́ну в ремо́нт ⑦ (*Rat, Versprechen*) да‹ва́›ть; ◇ **e-n Kuß ~** поцелова́ть ⑧ (*äußern*) ◇ **etw von sich ~** издава́ть звук **II.** *vi unpers* (*vorkommen*) ① ◇ **es gibt** есть, име́ется, быва́ет; ◇ **das gibt's doch nicht!** не мо́жет быть!, так не быва́ет!; ◇ **es gibt keine Dinosaurier mehr** диноза́вров бо́льше нет; ◇ **es gibt Leute, die ...** есть лю́ди, кото́рые .... ② (*geschehen*) ◇ **es gibt Regen** пойдёт [бу́дет] дождь **III.** *vr* ◇ **sich ~** ① (*aufhören, sich bessern*) про|ходи́ть ‹-йти́›, прекра|ща́ться ‹-ти́ться›; ◇ **das gibt sich wieder alles** всё ула́дится ② (*so tun als ob*) вести́ себя́, стро́ить из себя́; ◇ **er gibt sich geistreich** он стро́ит из себя́ у́много

Gebet *n* ‹-[e]s, -e› моли́тва *ж*

Gebiet *n* ‹-[e]s, -e› ① (*Zone*) о́бласть *ж*, райо́н *м*; (*Kreis, Bezirk*) о́круг *м*; (*Zone*) зо́на *ж* ② *FIG* о́бласть *ж*, сфе́ра *ж*

Gebilde *n* ‹-s, -› (*Konstruktion*) строе́ние *с*

gebildet *adj* (*belesen, wissend*) образо́ванный, начи́танный, гра́мотный

Gebirge *n* ‹-s, -› го́ры *мн*

Gebiß *n* ‹-sses, -sse› ① (*Zähne*) (вставны́е) зу́бы *мн* ② (*Prothese*) зубно́й проте́з *м*

Gebläse *n* ‹-s, -› AUTO вентиля́тор *м*

geboren *adj* ① (*zur Welt gekommen*) роди́ться; ◇ **~ am 31. 1.** роди́лся/родила́сь 31. 1. ② (*Geburtsname*) ◇ **Schulze, ~e Fischer** Шу́льце, урождённая Фи́шер ③ (*sehr begabt*) ◇ **sie ist die ~e Schriftstellerin** она́ - прирождённая писа́тельница

geborgen *adj* (*sicher, gut aufgehoben*) ◇ **sich bei jd-m ~ fühlen** чу́вствовать себя́ у кого́-л в безопа́сном ме́сте; **Geborgenheit** *f* защищённость *ж*, безопа́сность *ж*, чу́вство *с* защищённости

Gebot *n* ‹-[e]s, -e› ① (*Weisung*) прика́з *м*, приказа́ние *с* ② (*Grundsatz*) при́нцип *м*; ③ REL за́поведь *ж*; ◇ **die zehn ~e** де́сять за́поведей

Gebr. *Abk. v.* **Gebrüder** бра́тья

Gebrauch *m* ‹-[e]s, -bräuche› (*Anwendung*) примене́ние *с*, по́льзование *с*, употребле́ние *с*; **gebrauchen** *vt* ① (*benutzen*) ‹вос-›по́льзоваться чем-л, употре|бля́ть ‹би́ть› что-л ② (*brauchen*) ◇ **das kann ich gut ~** э́то мне пригоди́тся; **gebräuchlich** *adj* (*üblich*) обы́чный, употреби́тельный; **Gebrauchsanweisung** *f* (*Anleitung*) руково́дство *с* к примене́нию, инстру́кция *ж* о по́льзовании; **gebrauchsfertig** *adj* (при) го́дный к употребле́нию; **Gebrauchsgegenstand** *m* предме́т *м* потребле́ния [обихо́да]

gebraucht *adj* поде́ржанный, поно́шенный; (*Second-hand*) бы́вший в употребле́нии; ◇ **etw ~ kaufen** купи́ть что-л поде́р-

G

жанное; **Gebrauchtwagen** *m* подéржанный автомоби́ль *м*

Gebrechen *n* <-s, -> ① (*Leiden*) неду́г *м* ② (*körperlicher Mangel*) (физи́ческий) недоста́ток *м;* **gebrechlich** *adj* (*schwach, kränklich*) сла́бый, дря́хлый

gebrochen I. *adj* (*ab~*) пре́рванный; (*Sprache*) ло́маный; (*Ziffer*) дро́бный; (*Bein*) сло́манный **II.** *adv* ◇ **~ Russisch sprechen** говори́ть на ло́маном ру́сском языке́

Gebrüder *pl* (*Firmenbezeichnung*) бра́тья *мн*

Gebrüll *n* <-[e]s> (*Brüllen*) рыча́ние *с,* рык *м*

Gebühr *f* <-, -en> (*Telefon~, Post~*) пла́та *ж,* взнос *м;* (*Tarif*) тари́ф *м;* (*mehr als sich gehört*) ◇ **über ~** сверх (вся́кой) ме́ры

gebühren I. *vi* (*zustehen*) ◇ **jd-m ~** заслу́|живать <-жи́ть> **II.** *vr* ◇ **sich ~** подоба́ть *несов;* (*sich gehören*) ◇ **wie es sich gebührt** как сле́дует; **gebührend** *adj* (*angemessen*) надлежа́щий, до́лжный, досто́йный

Gebührenermäßigung *f* (*Nachlaß*) сниже́ние *с* пла́ты [по́шлины]; **gebührenfrei** *adj* (*kostenlos*) свобо́дный от сбо́ров, беспла́тный; **gebührenpflichtig** *adj* пла́тный

Geburt *f* <-, -en> ① (*Entbindung*) ро́ды *мн;* ◇ **vor/nach Christi ~** до/по́сле рожде́ния Христо́ва ② (*Herkunft*) ◇ **von ~ Franzose** уроже́нец Фра́нции ③ *FIG* (*Entstehung*) созда́ние *с* чего́-л, основа́ние *с* чего́-л; **Geburtenkontrolle** *f* регули́рование *с* рожда́емости; **Geburtenrückgang** *m* паде́ние *с* рожда́емости; **gebürtig** *adj* (*geboren*) ро́дом из ..., коренно́й ...; ◇ **ich bin ~e Deutsche** я коренна́я не́мка, я ро́дом из Герма́нии; **Geburtsanzeige** *f* регистра́ция *ж* рожде́ния (ребёнка); **Geburtsdatum** *n* да́та *ж* рожде́ния; **Geburtshelfer(in** *f*) *m* акуше́р(ка *ж*) *м;* **Geburtsjahr** *n* год *м* рожде́ния; **Geburtsort** *m* ме́сто *с* рожде́ния; **Geburtstag** *m* день *м* рожде́ния; ◇ **herzlichen Glückwunsch zum ~** серде́чные поздравле́ния ко дню рожде́ния; **Geburtsurkunde** *f* свиде́тельство *с* о рожде́нии

Gebüsch *n* <-[e]s, -e> (*Büsche*) куста́рник *м*

Gedächtnis *n* па́мять *ж;* (*Andenken*) па́мять *ж,* воспомина́ние *с*

Gedanke *m* <-ns, -n> ① (*Vorstellung*) мысль *ж;* ◇ **in ~n versunken** погружённый в мы́сли [разду́мье]; ◇ **sich** *dat* **über jd-n/etw ~n machen** (*nachdenken*) размышля́ть; (*besorgt sein*) беспоко́иться о ком-чём-л ② (*Konzept*) по́мысел *м,* наме́рение *с* ③ (*Einfall*) иде́я *ж;* ◇ **ein guter ~** хоро́шая иде́я; **gedankenlos** *adj* ① (*unüberlegt*) необду́манный ② (*zerstreut*) рассе́янный; **Gedankenlosigkeit** *f* ① (*Unüberlegtheit*) необду́манность *ж* ② (*Zerstreutheit*) рассе́янность *ж;* **Gedankenstrich** *m* (*Satzzeichen*) тире́ *с;* **Gedankenübertragung** *f* (*Telepathie*) телепа́тия *ж;* **gedankenvoll** *adj* (*nachdenklich*) заду́мчивый

Gedärme *pl* ANAT (*Eingeweide*) кишки́ *мн*

Gedeck *n* <-[e]s, -e> (столо́вый) прибо́р *м;* ◇ **ein ~ auflegen** накры́ть стол

gedeihen <gedieh, gediehen> *vi* ① (*Pflanze*) <вы́->расти́, уро|жда́ться <-ди́ться> ② *FIG* (*sich gut entwickeln*) преуспе́<ва́>ть; (*Idee, Plan*) разви́<ва́>ться

gedenken *unreg vi* ① (*beabsichtigen*) ду́мать *несов,* намерева́ться *несов;* ◇ **ich gedenke etw zu tun** я собира́юсь что-л сде́лать ② (*Andenken ehren*) по́мнить *несов,* вс|помина́ть <-по́мнить>, помина́ть *несов* кого́-л; ◇ **jd-s/e-r Sache ~** чтить чью-л па́мять; **Gedenkminute** *f* мину́та *ж* молча́ния; **Gedenkmünze** *f* па́мятная моне́та *ж;* **Gedenkstätte** *f* па́мятное ме́сто *с*

Gedicht *n* <-[e]s, -e> стихотворе́ние *с*

gedieh *impf v.* **gedeihen**

gediegen *adj* ① (*solide, Arbeit*) добро́тный, про́чный ② (*Charakter*) уравнове́шенный, надёжный

Gedränge *n* <-s> ① (*Drängeln*) толкотня́ *ж,* да́вка *ж,* (*Enge*) теснота́ *ж* ② (*Ansammlung*) скопле́ние *с* наро́да; ◇ **ein großes ~** столпотворе́ние *с;* **gedrängt** *adj* сжа́тый, кра́ткий; (*Schrift*) убо́ристый

Geduld *f* <-> терпе́ние *с;* ◇ **~ mit jd-m haben** быть снисходи́тельным к кому́-л; **gedulden** *vr* ◇ **sich ~** име́ть терпе́ние; **geduldig** *adj* терпели́вый, снисходи́тельный; **Geduldsprobe** *f* испыта́ние *с* терпе́ния

geeignet *adj* ① (*passend*) (при)го́дный, подходя́щий, удо́бный ② (*fähig*) го́дный (*für* к чему́-л, для чего́-л)

Gefahr *f* <-, -en> опа́сность *ж,* риск *м;* ◇ **auf eigene ~** на свой риск; ◇ **außer ~** вне опа́сности; ◇ **sich in ~ begeben** подверга́ть себя́ опа́сности; **gefährden** *vt* (*jd-n, Leben*) угрожа́ть кому́-чему́-л; (*Plan etc.*) быть поста́вленным под угро́зу, находи́ться под угро́зой; **Gefährdung** *f* (*Bedrohung*) угро́за *ж;* **Gefahrenquelle** *f* исто́чник *м* опа́сности; **Gefahrenzulage** *f* надба́вка *ж* за опа́сность; **gefährlich** *adj* ① (*riskant, Abenteuer*) опа́сный, риско́ванный ② (*kritisch, Zustand*) крити́ческий ③ (*bedrohlich, Krankheit*) опа́сный, угрожа́ющий

Gefährte *m*, **Gefährtin** *f* спу́тник *м*, спу́тница *ж*, сора́тник *м*, сора́тница *ж*

Gefälle *n* ‹-s› ① (*Neigung*) пока́тость *ж*, накло́н *м*; (*von Straße*) уклóн *м* ② *FIG* (*Preis~, Lohn~*) перепа́д *м*; (*sozial*) ра́зница *ж*, разли́чие *с*

gefallen *unreg vi* ① (*zusagen*) ‹по-›нра́виться; ◇ **sie/gefällt mir** она́ нра́вится мне ② (*etw dulden*) ◇ **sich** *dat* **etw ~ lassen** мири́ться *несов* с чем-л, терпели́во сноси́ть

Gefallen[1] *m* ‹-s, -› (*Gefälligkeit*) любе́зность *ж*, одолже́ние *с*

Gefallen[2] *m* ‹-s› удово́льствие *с*; ◇ **an etw** *dat* **~ finden** находи́ть удово́льствие в чём-л

gefällig *adj* ① (*entgegenkommend*) услу́жливый, любе́зный ② (*ansprechend, Äußeres*) прия́тный, привлека́тельный; **Gefälligkeit** *f* (*Entgegenkommen*) услу́жливость *ж*, любе́зность *ж*, обходи́тельность *ж*; (*Dienst*) любе́зность *ж*, одолже́ние *с*; ◇ **etw aus ~ tun** де́лать что-л в поря́дке одолже́ния

gefälligst *adv* пожа́луйста, е́сли уго́дно; ◇ **sei ~ nicht so frech** не будь, пожа́луйста, таки́м бесцеремо́нным

Gefangene(r) *fm* (*Häftling*) пле́нный(-ая *ж*) *м*; (*Kriegs~*) военнопле́нный(-ая *ж*) *м*; **gefangenhalten** *unreg vt* (*in Gefangenschaft halten*) держа́ть в плену́; (*Häftling*) держа́ть под аре́стом; **gefangennehmen** *unreg vt* (*festnehmen*) аресто́|вывать ‹-ва́ть›, заде́р|живать ‹-жа́ть›; MIL брать ‹взять› в плен; **Gefangenschaft** *f* (*Haft*) (тюре́мное) заключе́ние *с*; (*Kriegs~*) плен *м*; **Gefängnis** *n* ① (*Strafanstalt*) тюрьма́ *ж* ② (*~strafe*) тюре́мное заключе́ние *с*; ◇ **zwei Jahre ~** два го́да тюрьмы́; **Gefängnisstrafe** *f* (*Freiheitsstrafe*) тюре́мное заключе́ние *с*, лише́ние *с* свобо́ды; **Gefängniswärter(in** *f*) *m* тюре́мщик *м*, тюре́мщица *ж*; **Gefängniszelle** *f* тюре́мная ка́мера *ж*

Gefäß *n* ‹-es, -e› ① (*Behälter*) сосу́д *м*, резервуа́р *м* ② ANAT сосу́д *м*

gefaßt *adj* ① (*beherrscht*) споко́йный, сохраня́ющий самооблада́ние ② (*mit etw rechnen*) ◇ **auf etw** *akk* **~ sein** быть гото́вым к чему́-л; ◇ **sie kann sich auf etw ~ machen** она́ мо́жет пригото́виться к чему́-л

Gefecht *n* ‹-s, -e› ① MIL бой *м* ② *FIG* (*Auseinandersetzung*) столкнове́ние *с*, сты́чка *ж*

Gefieder *n* ‹-s, -› опере́ние *с*, пе́рья *мн*

gefleckt *adj* в пя́тнах, пятни́стый

Geflügel *n* ‹-s› (*Federvieh*) дома́шняя пти́ца *ж*; **geflügelt** *adj* ① (*mit Flügeln*) крыла́тый ② *FIG* (*weitverbreitetes Zitat*) ◇ **~e Worte** крыла́тые слова́ *мн*

Geflüster *n* шёпот *м*, перешёптывание *с*

Gefolgschaft *f* (*Gesamtheit der Anhänger*) сви́та *ж*, эско́рт *м*

gefragt *adj* (*Ware, Künstler*) популя́рный, тако́й, на кото́рый есть спро́с

gefräßig *adj FAM* прожо́рливый

Gefreite *m* MIL (*Dienstgrad*) ефре́йтор *м*

gefrieren *unreg vi* (*zu Eis werden*) за|мерза́ть ‹-мёрзнуть›, вымерза́ть *несов*; **Gefrierfach** *n* морози́льная ка́мера *ж*; **Gefrierpunkt** *m* то́чка *ж* замерза́ния; **Gefrierschrank** *m* морози́лка *ж*; **Gefriertruhe** *f* морози́льный ларь *м*

Gefüge *n* ‹-s, -› (*Struktur*) структу́ра *ж*, устро́йство *с*

gefügig *adj* (*willenlos*) послу́шный, усту́пчивый, сгово́рчивый

Gefühl *n* ‹-[e]s, -e› ① (*Gespür, Instinkt*) чу́вство *с*, осяза́ние *с* ② (*Empfindung*) ощуще́ние *с* ③ (*Vorahnung*) предчу́вствие *с*; **gefühllos** *adj* ① (*taub, Hand*) нечувстви́тельный, онеме́вший ② (*unbarmherzig*) бесчу́вственный; (*Person*) чёрствый; **gefühlsbetont** *adj* эмоциона́льный; **Gefühlsduselei** *f FAM* (*Sentimentalität*) сентимента́льничание *с*, сентимента́льность *ж*; **gefühlsmäßig** *adj* продикто́ванный чу́вством, эмоциона́льный; **gefühlvoll** **I.** *adj* (*voller Gefühl*) чувстви́тельный, прочу́вствованный; (*innig, herzlich*) серде́чный **II.** *adv* с чу́вством

gegebenenfalls *adv* (*eventuell*) при слу́чае, при необходи́мости

gegen *präp akk* ① (*wider*) про́тив, ко́нтра; (*jd-n ablehnen*) ◇ **~ jd-n sein** быть про́тив кого́-л; SPORT ◇ **~ jd-n spielen** игра́ть про́тив кого́-л; JURA ◇ **Müller ~ Axtmann** Мю́ллер про́тив Акстмана ② (*im Vergleich zu*) по сравне́нию с, в сравне́нии с; ◇ **~ mich ist er e-e Null** по сравне́нию со мной он ничто́ ③ (*in Richtung auf, an*) на; ◇ **~ etw stoßen** натолкну́ться на что-л ④ (*im Austausch für*) за, взаме́н; ◇ **nur ~ Bargeld** то́лько за нали́чные ⑤ (*zeitlich*) (*ungefähr*) о́коло, к, под; (*fast am Ende*) ◇ **~ Ende des Films** к концу́ фи́льма; ◇ **~ Mitternacht** о́коло полу́ночи; **Gegenbeweis** *m* контраргуме́нт *м*, доказа́тельство *с* противополо́жного

G

Gegend *f* <-, -en> (1) (*Gebiet*) мéстность *ж* (2) *FIG* (*Nähe*) окрéстности *мн*

gegeneinander *adv* друг прóтив дрýга

Gegenfahrbahn *f* AUTO встрéчная полосá *ж;* **Gegenfrage** *f* ◇ **e-e ~ stellen** задáть встрéчный вопрóс; **Gegengewicht** *n a. FIG* противовéс *м;* **Gegengift** *n* противоя́дие *с*, антидóт *м;* **Gegenleistung** *f* (*Ausgleichsleistung*) вознаграждéние *с*, отвéтная услýга *ж;* **Gegenmaßnahme** *f* контрмéра *ж*, отвéтная мéра *ж;* **Gegenmittel** *n* MED срéдство *с* от [прóтив] чегó-л; **Gegenpartei** *f* JURA (*Gegenseite*) проти́вная сторонá *с*, проти́вник *м;* SPORT (*Gegenseite, Gegner*) комáнда *ж* сопéрника; POL оппонéнты *мн*, оппози́ция *ж;* **Gegensatz** *m* (1) (*Unterschied*) противополóжность *ж*, контрáст *м;* ◇ **im ~ zu** в противополóжность комý-чемý-л (2) (*Konflikt*) противорéчие *с*, антагони́зм *м;* **gegensätzlich** *adj* (1) (*Aussage*) противоречи́вый (2) (*Charaktere, Meinungen*) противополóжный; **Gegenseite** *f* (1) JURA (*Gegenpartei*) противополóжная сторонá *ж* (2) (*Rückseite*) обрáтная сторонá *ж;* **gegenseitig** *adj* обою́дный, взаи́мный; ◇ **in ~em Einvernehmen** во взаи́мном соглáсии; ◇ **sich ~ helfen** взаи́мно помогáть друг дрýгу; **Gegenspieler(in** *f*) *m* (*Widersacher/in*) проти́вник *м*, проти́вница *ж;* SPORT сопéрник *м*, сопéрница *ж*

Gegenstand *m* (1) (*Sache, Ding*) предмéт *м*, вещь *ж* (2) *FIG* (*Thema*) объéкт *м*, тéма *ж;* **gegenständlich** *adj* (*konkret*) предмéтный, реáльный; (*sachlich*) деловóй, реáльный; **gegenstandslos** *adj* (1) (*überflüssig*) беспредмéтный, бесцéльный (2) (*unbegründet*) необоснóванный

Gegenstimme *f* гóлос *м*, (пóданный) прóтив; **Gegenstück** *n* (*Entsprechung*) подóбие *с*, эквивалéнт *м* (*zu* чемý-л); **Gegenteil** *n* (*Gegensatz*) противополóжность *ж* (*von* чемý-л); ◇ **das ~ behaupten** утверждáть обрáтное; ◇ **im ~** наоборóт; **gegenteilig** *adj* противополóжный

gegenüber I. *präp dat* (1) (*auf der anderen Seite*) напрóтив, прóтив; ◇ **~ der Haltestelle** напрóтив останóвки (2) (*im Hinblick auf*) по отношéнию к, в отношéнии; ◇ **ihm ~ habe ich keine Bedenken** в отношéнии егó у меня́ нет никаки́х сомнéний (3) (*zu jd-m, angesichts*) ◇ **er hat ihr ~ nichts gesagt** он ей ничегó об э́том не сказáл (4) (*im Vergleich zu*) по сравнéнию с; ◇ **~ früher geht es uns heute besser** по сравнéнию с тем, как бы́ло рáньше, делá у нас обстоя́т сегóдня лýчше **II.** *adv* (*auf der entgegengesetzten Seite*) напрóтив (*von* чегó-л); ◇ **die Nachbarn von ~** сосéди, что напрóтив; **gegenüberliegen** *unreg vr* ◇ **sich ~** находи́ться друг прóтив дрýга; **gegenüberstehen** *unreg vr* ◇ **sich ~** стоя́ть напрóтив друг дрýга; **gegenüberstellen** *vt* (1) (*konfrontieren*) противопо|ставля́ть <-стáвить> (2) *FIG* (*vergleichen*) сопо|ставля́ть <-стáвить>, срáв|нивать <-ни́ть>; **Gegenüberstellung** *f* (1) (*Konfrontation*) противопоставлéние *с*, конфронтáция *ж* (2) (*Vergleich*) сравнéние *с*, сопоставлéние *с*

Gegenverkehr *m* AUTO встрéчный трáнспорт *м;* **Gegenvorschlag** *m* встрéчное предложéние *с*, контрпредложéние *с*

Gegenwart *f* <-> (1) (*das Jetzt*) настоя́щее *с* (врéмя), совремéнность *ж;* ◇ **in der ~ leben** жить сегóдня (2) (*Anwesenheit*) присýтствие *с;* ◇ **in ~ von** в присýтствии когó-л (3) GRAM (*Präsens*) настоя́щее врéмя *с;* **gegenwärtig I.** *adj* (*jetzig*) настоя́щий, тепéрешний, совремéнный **II.** *adv* (*momentan*) в настоя́щее врéмя, тепéрь

Gegenwehr *f* <-> (*Verteidigung*) самооборóна *ж*, противодéйствие *с;* **Gegenwind** *m* встрéчный вéтер *м*

gegenzeichnen *vt, vi* (*Dokument*) скре|пля́ть <-пи́ть> своéй пóдписью

Gegner(in *f*) *m* <-s, -> *a.* SPORT сопéрник *м*, сопéрница *ж;* (*Feind/in*) проти́вник *м*, проти́вница *ж;* **gegnerisch** *adj* (1) SPORT, JURA проти́вный (2) MIL (*feindlich*) враждéбный; **Gegnerschaft** *f* проти́вная сторонá *ж*, враждá *ж;* (*Feindseligkeit*) враждéбность *ж;* (*Rivalität*) сопéрничество *с*

Gehabe *n* <-s> (*Getue*) жемáнство *с*, манéрничанье *с*

Gehackte[s] *n* <-n> (*Hackfleisch*) сырóе рýбленое мя́со *с*, фарш *м*

Gehalt[1] *m* <-[e]s, -e> (1) (*Inhalt*) содержáние *с* (2) (*Alkohol~*) содержáние *с*

Gehalt[2] *n* <-[e]s, -hälter> (*Lohn*) зáработная плáта *ж;* (*von Beamten*) оклáд *м*

Gehaltsempfänger(in *f*) *m* получáтель(ница *ж*) *м* оклáда; **Gehaltserhöhung** *f* (*Zulage*) повышéние *с* оклáда; **Gehaltszulage** *f* надбáвка *ж* к оклáду

gehaltvoll *adj* (1) (*Nahrung*) питáтельный (2) *FIG* (*Lektüre*) содержáтельный

gehässig *adj* (*gemein, Bemerkung*) злóбный,

язви́тельный; (*Person*) ненави́стный; **Gehässigkeit** *f* неприя́зненность *ж*, не́нависть *ж*

Gehäuse *n* <-s, -> (1) TECH (*Hülle*) ко́рпус *м* (2) (*von Apfel etc.*) сердцеви́на *ж*

gehbehindert *adj* не мо́гущий ходи́ть

geheim *adj* (1) (*nicht öffentlich*) та́йный (2) (*rätselhaft*) секре́тный, затаённый; (*Kräfte*) тёмный; **Geheimagent(in** *f*) *m* секре́тный аге́нт *м*; **Geheimdienst** *m* секре́тная слу́жба *ж*; **Geheimfach** *n* (*verborgenes Fach*) тайни́к *м*, потайно́й я́щик *м*; **geheimhalten** *unreg vt* <со->храни́ть в та́йне, таи́ть *несов*, скры́<ва́>ть; **Geheimnis** *n* та́йна *ж*, секре́т *м*; ◇ **~se vor jd-m haben** скрыва́ть что-л от кого́-л; **geheimnisvoll** *adj* (1) (*rätselhaft*) таи́нственный (2) ◇ **~ tun** секре́тничать *несов*; **Geheimpolizei** *f* (*politische Polizei*) та́йная поли́ция *ж*; **Geheimtip** *m* дру́жеский сове́т *м*

gehemmt *adj* (*Person*) смущённый, стесни́тельный; (*Verhalten*) ро́бкий

gehen <ging, gegangen> **I.** *vi* (1) (*laufen, sich fortbewegen*) идти́ *несов*, ходи́ть *несов*; ◇ **zu Fuß ~** ходи́ть пешко́м (2) (*sich begeben*) от|правля́ться <-пра́виться>, на|правля́ться <-пра́виться>; ◇ **schwimmen/Fußball spielen/einkaufen ~** идти́ пла́вать/игра́ть в футбо́л/за поку́пками; ◇ **nach Hause ~** идти́ домо́й; *FIG* ◇ **das geht zu weit** э́то уж сли́шком (3) (*weg~*) уходи́ть; ◇ **ich muß jetzt ~** я до́лжен сейча́с уйти́ (4) (*abfahren*) отправля́ться, отходи́ть *несов*, отъезжа́ть *несов*; ◇ **der Bus geht um 12** авто́бус отъезжа́ет в 12 часо́в (5) *FAM* (*Liebesbeziehung haben*) ◇ **mit jd-m ~** крути́ть с кем-л (6) (*funktionieren, Uhr*) де́йствовать *несов*, функциони́ровать *несов* (7) (*aufgehen, Hefeteig*) всходи́ть <взойти́> (8) (*Raum finden*) входи́ть <войти́>, вме|ща́ться <-сти́ться> (9) (*sich ausdehnen, erstrecken*) (*räumlich*) (*Grundstück*) прос|тира́ться <-тере́ться> (*bis* до); (*zeitlich*) про|должа́ться <-до́лжиться>, дли́ться *несов*; ◇ **das Konzert geht bis 21 Uhr** конце́рт продолжа́ется до 21 ча́са (10) (*sich einrichten lassen*) сде́лать что-л возмо́жным; ◇ **das geht** э́то возмо́жно (сде́лать); ◇ **geht es bei Ihnen am Montag?** вы мо́жете в понеде́льник? (11) (*sich entwickeln, Geschäft*) идти́ *несов*, протека́ть *несов*; ◇ **das geht ja noch** э́то ещё ничего́ **II.** *vt* (*Strecke*) проде́л<ыв>ать, про|ходи́ть <-йти́> **III.** *vi unpers* (1) (*sich befinden, körperlich, geistig*) находи́ться (в како́м-л состоя́нии); ◇ **es geht** ничего́; ◇ **mir geht es gut** я живу́, у меня́ всё в поря́дке; ◇ **wie geht's?** как дела́?; ◇ **wie geht es Ihnen?** как пожива́ете? (2) (*es handelt sich um ...*) ◇ **es geht um dich** речь идёт о тебе́

gehenlassen *unreg* **I.** *vt FAM* отпус|ка́ть <-ти́ть>, не препя́тствовать ухо́ду; ◇ **laß ihn doch gehen** пусть идёт **II.** *vr* (*sich nicht beherrschen*) ◇ **sich ~** не владе́ть собо́й

geheuer *adj* ◇ **dort ist es nicht ganz ~** там что-то нела́дно [нечи́сто]

Gehilfe *m* <-n, -n>, **Gehilfin** *f* (1) (*Assistent/in, im Beruf*) ассисте́нт(ка *ж*) *м*, подру́чный(-ая *ж*) *м* (2) (*Helfer/in*) помо́щник *м*, помо́щница *ж*

Gehirn *n* <-[e]s, -e> (1) ANAT мозг *м* (2) *FIG* (*Geist*) ум *м* (3) GASTRON мозги́ *мн*; **Gehirnblutung** *f* кровоизлия́ние *с* в мозг; **Gehirnerschütterung** *f* сотрясе́ние *с* мо́зга; **Gehirnhautentzündung** *f* (*Meningitis*) менинги́т *м*; **Gehirnwäsche** *f FIG* промы́вка *ж* мозго́в

Gehör *n* <-[e]s> (1) (*Gehörsinn*) слух *м* (2) (*Aufmerksamkeit*) ◇ **jd-m ~ schenken** (благоскло́нно) вы́слушать кого́-л

gehorchen *vi* (*Befehl befolgen*) <по->слу́шаться кого́-л, повинова́ться *несов* кому́-л

gehören I. *vi* (1) (*jd-s Eigentum sein*) принадлежа́ть *несов* (*jd-m* кому́-л) (2) (*Teil von etw sein*) входи́ть в соста́в, относи́ться (*zu* чего́-л, к чему́-л); ◇ **Vanessa gehört zu meinen besten Freundinnen** Ване́сса принадлежи́т [отно́сится] к мои́м лу́чшим подру́гам (3) (*e-n Platz haben*) относи́ться [находи́ться] на определённом ме́сте; ◇ **das Buch gehört ins Regal** ме́сто кни́ги на по́лке; ◇ **es gehört nicht hierher** э́то сюда́ не отно́сится (4) (*nötig sein*) тре́боваться, быть ну́жным; ◇ **dazu gehört Erfahrung** для э́того тре́буется о́пыт **II.** *vr unpers* (*sich ziemen*) ◇ **sich ~** подходи́ть, годи́ться *несов*; ◇ **das gehört sich nicht** э́то не при́нято [подоба́ет]

gehörig I. *adj* (1) (*angemessen*) надлежа́щий, до́лжный (2) (*gehörend*) принадлежа́щий, относя́щийся (*jd-m* кому́-л) **II.** *adv* надлежа́щим о́бразом, основа́тельно, как сле́дует; ◇ **jd-m ~ die Meinung sagen** сказа́ть кому́-л всю пра́вду в глаза́

gehörlos *adj* глухо́й, лишённый слу́ха

gehorsam *adj* послу́шный; **Gehorsam** *m* <-s> послуша́ние *с*, повинове́ние *с*

Gehsteig *m* ‹-[e]s, -e› тротуа́р *м;* **Gehweg** *m* (*Bürgersteig*) (пешехо́дная) доро́жка *ж,* тротуа́р *м*

Geier *m* ‹-s, -› ① (*Vogel*) ко́ршун *м* ② *FAM* (*gieriger Mensch*) жа́дный *м,* а́лчный челове́к *м,* жа́дина *м,* жмот *м* ③ *FAM* (*keine Ahnung*) ◇ **weiß der ~!** чёрт его́ зна́ет!

Geige *f* ‹-, -n› (*Violine*) скри́пка *ж;* **Geiger(in** *f*) *m* ‹-s, -› скрипа́ч(ка *ж*) *м*

Geigerzähler *m* TECH счётчик *м* Ге́йгера

geil *adj* ① (*erregt*) сладостра́стный, похотли́вый ② *FAM* (*toll, super*) потря́сный, вы́сший класс; ◇ **echt ~ deine neue Jacke** твоя́ но́вая ку́ртка-про́сто потря́с ③ *FAM* (*versessen sein*) ◇ **~ sein auf etw** быть поме́шанным на чём-л

Geisel *f* ‹-, -n› зало́жник *м;* **Geiseldrama** *n* дра́ма *ж,* свя́занная с захва́том зало́жников

Geist[1] *m* ‹-[e]s, -er› ① (*überirdisches Wesen*) дух *м;* (*Gespenst*) привиде́ние *с,* при́зрак *м* ② REL (*Seele*) душа́ *ж*

Geist[2] *m* ‹[e]s, -e› ① (*Intellekt*) ум *м,* интелле́кт *м* ② (*Wesen, Gesinnung*) о́браз *м* мы́слей ③ *FIG* (*Schlagfertigkeit*) остроу́мие *с*

Geisterfahrer(in *f*) *m* (*Falschfahrer/in*) *води́тель м, наруша́ющий пра́вила доро́жного движе́ния и дви́гающийся навстре́чу пото́ку маши́н (движе́нию);* **geisterhaft** *adj* ① (*Erscheinung*) при́зрачный ② (*übersinnlich*) сверхчу́вственный

geistesabwesend *adj* (*nachdenklich*) рассе́янный, отсу́тствующий; **Geistesabwesenheit** *f* рассе́янность *ж,* заду́мчивость *ж;* **Geistesblitz** *m* (*plötzlicher Einfall*) внеза́пная иде́я *ж;* остроу́мие *с;* **Geistesgegenwart** *f* прису́тствие *с* ду́ха; **geistesgegenwärtig** *adv* (*reaktionsschnell*) нахо́дчивый; **geisteskrank** *adj* душевнобольно́й; **Geisteskranke(r)** *fm* душевнобольно́й(-а́я *ж*) *м;* **Geisteskrankheit** *f* (*Psychose*) психи́ческое заболева́ние *с,* душе́вная боле́знь *ж;* **Geisteswissenschaft** *f* обще́ственные нау́ки *мн,* гумани́тарные нау́ки *мн;* **Geisteswissenschaftler(in** *f*) *m* учёный *м*/же́нщина-учёный *ж,* занима́ющийся обще́ственными нау́ками; **Geisteszustand** *m* состоя́ние *с* ду́ха

geistig *adj* ① (*seelisch*) духо́вный ② (*intellektuell, Arbeit*) у́мственный, интеллектуа́льный; ◇ **~es Eigentum** интеллектуа́льная со́бственность *ж*

geistlich *adj* ① (*kirchlich*) церко́вный, богослуже́бный ② (*religiös, Lied*) религио́зный, духо́вный; **Geistliche(r)** *fm* (*Pfarrer/in*) духо́вное лицо́ *с*

geistlos *adj* ① (*dumm*) неу́мный ② (*langweilig*) ску́чный, безда́рный; **geistreich** *adj* (остро)у́мный

Geiz *m* ‹-es› ску́пость *ж,* жа́дность *ж;* **geizen** *vi* (*knausern*) ‹по-›скупи́ться (*mit* на что-л); **Geizhals** *m,* **Geizkragen** *m* скря́га *м,* скупо́й *м;* **geizig** *adj* скупо́й, жа́дный

Gejammer *n* ‹-s› во́пли *мн,* сто́ны *мн*

geknickt *adj FAM* (*traurig*) удручённый, уны́лый

gekonnt *adj* (*fachmännisch*) профессиона́льный, компете́нтный

Gekritzel *n* кара́кули *мн,* неразбо́рчивый по́черк *м*

gekünstelt *adj* (*unnatürlich*) неесте́ственный; (*geziert*) мане́рный

Gel *n* ‹-s, -s› (*Haar~*) гель *м*

Gelaber *n* ‹-s› *FAM* (*Gerede*) болтовня́ *ж*

Gelächter *n* ‹-s, -› (*Lachen*) смех *м,* хо́хот *м*

geladen *adj* ① (*Batterie*) заря́женный ② *FAM* (*wütend*) раздражённый, негоду́ющий

gelähmt *adj* парализо́ванный

Gelände *n* ‹-s, -› ① (*Landstrich*) ме́стность *ж,* террито́рия *ж* ② (*Grundstück*) уча́сток *м* земли́, земля́ *ж*

Geländer *n* ‹-s, -› (*niedriger Zaun*) парапе́т *м;* (*Treppen~*) пери́ла *мн*

gelang *impf v.* **gelingen**

gelangen *vi* ① (*erreichen*) доб‹и›ра́ться, по|пада́ть ‹-па́сть›, дойти́ (*zu etw* куда́-л, до чего́-л) ② (*ankommen*) прибы́‹ва́›ть (*zu* куда́-л) ③ (*erwerben*) до|стига́ть ‹-сти́чь›, доби́‹ва́›ться (*zu etw* чего́-л); ◇ **zu Reichtum ~** приобрести́ бога́тство

gelassen I. *adj* (*ruhig, gefaßt*) споко́йный, хладнокро́вный **II.** *adv* невозмути́мо, хладнокро́вно; **Gelassenheit** *f* (*Gleichmut*) споко́йствие *с,* хладнокро́вие *с*

Gelatine *f* желати́н *м*

geläufig *adj* (*üblich, Wort*) употреби́тельный, изве́стный

gelaunt *adj* ◇ **schlecht/gut ~ sein** быть в дурно́м/хоро́шем настрое́нии

gelb *adj* жёлтый; **gelblich** *adj* желтова́тый; **Gelbsucht** *f* MED желту́ха *ж*

Geld *n* ‹-[e]s, -er› ① (*Zahlungsmittel*) де́ньги *мн* ② ◇ **~er** *pl* (*Vermögen, Kapital*) состоя́ние *с,* капита́л *м;* **Geldanlage** *f* FIN помеще́ние *с* [вложе́ние *с*] де́нежных средств, инвести́ции *мн;* **Geldautomat**

m де́нежный автома́т *м;* **Geldbeutel** *m,* **Geldbörse** *f* кошелёк *м,* бума́жник *м;* **Geldentwertung** *f* (*Inflation*) обесце́нение *с* де́нег, инфля́ция *ж;* **Geldgeber(in** *f*) *m* ‹-s, -› (*Sponsor/in*) спо́нсор *м,* кредито́р *м;* **geldgierig** *adj* жа́дный (до де́нег), а́лчный; **Geldschein** *m* де́нежный знак *м,* банкно́т *м;* **Geldstrafe** *f* (*Geldbuße*) де́нежный штраф *м,* пе́ня *ж;* **Geldstück** *n* (*Münze*) моне́та *ж;* **Geldsumme** *f* су́мма *ж* (де́нег); **Geldwechsel** *m* разме́н *м* де́нег; (*DM in Rubel*) обме́н *м* валю́ты

Gelee *n* ‹-s, -s› (*Apfel~ etc.*) желе́ *с*

gelegen *adj* ① (*plaziert*) располо́женный ② (*passend*) удо́бный, подходя́щий; ◇ **das kommt mir sehr** ~ э́то для меня́ о́чень кста́ти

Gelegenheit *f* ① (*Chance*) удо́бный слу́чай *м,* возмо́жность *ж;* ◇ **die ~ wahrnehmen** воспо́льзоваться слу́чаем; ◇ **bei jeder** ~ при ка́ждом слу́чае ② (*Anlaß*) по́вод *м;* **Gelegenheitsarbeit** *f* случа́йная рабо́та *ж;* **Gelegenheitsarbeiter** *m* рабо́чий *м* не име́ющий постоя́нной рабо́ты; **Gelegenheitskauf** *m* случа́йная поку́пка *ж*

gelegentlich I. *adj* (*nicht regelmäßig*) случа́йный **II.** *adv* ① (*ab und zu*) иногда́, вре́мя от вре́мени ② (*bei Gelegenheit*) при слу́чае

gelehrig *adj* поня́тливый, спосо́бный

gelehrt *adj* учёный, образо́ванный

Geleit *n* ‹-[e]s› ① *a.* MIL конво́й *м;* NAUT эско́рт *м* ② (*Begleitung*) сопровожде́ние *с* ③ ◇ **freies** ~ гара́нтия *ж* ли́чной неприкоснове́нности; **geleiten** *vt* (*begleiten*) сопрово|жда́ть ‹-ди́ть›; **Geleitwort** *n* (*Vorwort*) предисло́вие *с,* напу́тствие *с*

Gelenk *n* ‹-[e]s, -e› ① ANAT суста́в *м* ② (*von Maschine*) шарни́р *м,* сочлене́ние *с;* **gelenkig** *adj* (*beweglich*) подви́жный, ло́вкий, ги́бкий

gelernt *adj* квалифици́рованный, обу́ченный

Geliebte(r) *fm* ① (*Liebhaber/in*) возлю́бленный(-ая *ж*) *м,* любо́вник *м,* любо́вница *ж* ② (*Anrede*) ми́лый(-ая *ж*) *м*

gelind[e] *adv* (*vorsichtig ausgedrückt*) ◇ ~ **gesagt** мя́гко выража́ясь [говоря́]

gelingen ‹gelang, gelungen› *vi* ① (*klappen*) уда‹ва́›ться; ◇ **es wird mir gelingen** э́то мне уда́стся ② (*gut geraten*) ла́диться *несов*

gellen *vi* (*Schrei*) ре́зко звуча́ть

geloben *vt* (*Treue*) торже́ственно обеща́ть, дава́ть кля́тву

gelten ‹gilt, galt, gegolten› **I.** *vt* ① (*wert sein*) сто́ить *несов,* цени́ться *несов* ② *unpers* ◇ **es gilt, etw zu tun** ну́жно [необходи́мо] сде́лать что-л **II.** *vi* ① (*gültig sein*) быть действи́тельным; (*Gesetz*) име́ть си́лу; (*Geld*) име́ть официа́льное хожде́ние ② (*wert sein*) быть действи́тельным, зна́чить; ◇ **ihr Wort gilt etwas** её сло́во име́ет вес ③ (*angesehen sein als*) ‹про-›слы́ть (*als* кем-л), счита́ться (*als* кем-л); ◇ **er gilt als ...** он слывёт ... ④ (*bestimmt sein für*) относи́ться к кому́-л, предназнача́ться кому́-л; ◇ **das gilt Ihnen** э́то отно́сится к Вам ⑤ (*akzeptieren*) ◇ **etw ~ lassen** признава́ть уважи́тельным что-л, согласи́ться с чем-л; (*Ansprüche*) ◇ **etw ~d machen** сде́лать что-л де́йственным, предъявля́ть прете́нзию

Geltung *f* ① (*Bedeutung, Ansehen*) влия́ние *с,* авторите́т *м,* вес *м;* ◇ **sich** *dat* ~ **verschaffen** приобрести́ влия́ние, завоева́ть авторите́т; (*Gültigkeit, Wert*) значе́ние *с,* зна́чимость *ж;* ◇ ~ **haben** име́ть си́лу [значе́ние] ② (*vorteilhaft wirken*) ◇ **zur ~ kommen** прояви́ться, сказа́ться; **Geltungsbedürfnis** *n* честолю́бие *с,* тщесла́вие *с,* жела́ние *с* прояви́ть себя́ чем-л

Gelübde *n* ‹-s, -› (*feierliches Versprechen*) торже́ственное [кля́твенное] обеща́ние *с*

gelungen *adj* уда́чный, уда́вшийся

gemächlich I. *adj* ① (*ruhig, Person*) споко́йный; (*Tempo*) ме́дленный ② (*friedlich, bequem*) удо́бный **II.** *adv* не спеша́, не торопя́сь, ме́дленно, споко́йно

Gemahl(in *f*) *m* ‹-[e]s, -e› супру́г(а *ж*) *м*

Gemälde *n* ‹-s, -› (*Bild*) карти́на *ж*

gemäß I. *präp dat* (*entsprechend*) согла́сно, соотве́тственно, в соотве́тствии; ◇ **seinem Wunsch** ~ в соотве́тствии с его́ жела́нием **II.** *adj* (*angemessen*) соотве́тствующий, соотве́тственный; ◇ **jd-m ~ sein** соотве́тствовать кому́-л

gemäßigt *adj* (*politische Gesinnung*) уме́ренный, сде́ржанный; (*Klima*) уме́ренный

Gemäuer *n* ‹-s, -› (*Mauerwerk*) ка́менная кла́дка *ж,* ка́менная стена́ *ж*

gemein *adj* ① (*gewöhnlich*) просто́й, обыкнове́нный ② FIG (*unfair*) ни́зкий, по́длый, по́шлый ③ (*gemeinsam*) о́бщий; ◇ **viel ~ haben mit jd-m** име́ть мно́го о́бщего с кем-л

Gemeinde *f* ‹-, -n› (*Kommune*) общи́на *ж,* комму́на *ж;* (*Pfarr~*) прихо́д *м;* **Gemeinderat** *m* коммуна́льный сове́т *м;* **Ge-**

meindeverwaltung *f* коммуна́льное [об-щи́нное] управле́ние *с;* **Gemeindewahl** *f* (*Kommunalwahl*) коммуна́льные вы́боры

gemeingefährlich *adj* общéственно опа́сный, социа́льно опа́сный; **Gemeinheit** *f* ни́зость *ж,* по́длость *ж;* **gemeinnützig** *adj* (*Einrichtung*) общеполе́зный

gemeinsam I. *adj* (*mehreren zu eigen*) о́бщий, коллекти́вный **II.** *adv* сообща́, вмéсте; (*miteinander*) совмéстно, в коллекти́ве; (*Eigenschaft*) ◇ **etw ~ haben** имéть что-то о́бщее; ◇ **etw ~ tun** дéлать что-л вмéсте [сообща́]; **Gemeinsamkeit** *f* о́бщность *ж;* (*Übereinstimmung*) схо́дство *с,* совпаде́ние *с*

Gemeinschaft *f* о́бщность *ж,* еди́нство *с,* содру́жество *с;* ◇ **in ~ mit** вмéсте с кем-л, в соо́бществе с; **gemeinschaftlich** *adj* (*gemeinsam*) о́бщий, общéственный; **Gemeinschaftsarbeit** *f* (*Teamarbeit*) коллекти́вный [совмéстный] труд *м*

Gemenge *n* ‹-s, -› ① (*Hand~*) схва́тка *ж;* (*Gedränge*) су́толока *ж* ② CHEM смесь *ж*

Gemetzel *n* ‹-s, -› резня́ *ж,* бо́йня *ж*

Gemisch *n* ‹-es, -e› (*Mischung*) *a.* AUTO смесь *ж;* (*Kraftstoff~*) горю́чая смесь *ж;* **gemischt** *adj* (*Schule, Ehe*) смéшанный; (*Gesellschaft*) разношёрстный, разноро́дный; *FIG* (*unbehaglich*) ◇ **mit ~en Gefühlen** со смéшанным чу́вством

Gemse *f* ‹-, -n› (*Bergziege*) сéрна *ж*

Gemunkel *n* ‹-s› молва́ *ж,* сплéтни *мн*

Gemurmel *n* ‹-s› (*Murmeln*) бормота́ние *с;* (*Geflüster*) шёпот *м;* (*undeutliches Gerede*) невня́тный го́вор *м*

Gemüse *n* ‹-s, -› ① о́вощи *мн,* зéлень *ж* ② *FAM* (*junge Leute*) ◇ **junges ~** (зелёная) молодёжь; **Gemüsegarten** *m* огоро́д *м;* **Gemüsehändler(in** *f*) *m* зеленщи́к *м,* зеленщи́ца *ж*

Gemüt *n* ‹-[e]s, -er› ① (*Seele, Wesen*) душа́ *ж,* нрав *м* ② (*Mensch*) хара́ктер *м* ③ *FAM* ◇ **sich** *dat* **etw zu ~e führen** прони́кнуться чем-л, приня́ть что-л к сéрдцу ④ ◇ **~er** *pl* умы́ *мн;* **gemütlich** *adj* ① (*Zimmer*) ую́тный; (*Stimmung*) прия́тный ② (*Person*) привéтливый, доброду́шный ③ (*langsam*) мéдленный; **Gemütlichkeit** *f* ① (*von Raum*) ую́т *м,* ую́тность *ж* ② (*von Person*) привéтливость *ж,* доброду́шие *с;* **Gemütsruhe** *f* (*unerschütterliche Ruhe*) душéвный поко́й *м,* безмяте́жность *ж;* **Gemütsverfassung** *f* (*Gemütszustand*) душéвное состоя́ние *с,* расположе́ние *с* ду́ха

Gen *n* ‹-s, -e› (*Erbfaktor*) ген *м*

genau I. *adj* (*exakt*) то́чный; (*ausführlich*) подро́бный **II.** *adv* ① (*exakt, präzise*) то́чно, ро́вно, подро́бно; ◇ **~ richtig!** и́менно так! ② (*gewissenhaft*) добросо́вестный; **Genauigkeit** *f* ① (*Exaktheit*) то́чность *ж,* тща́тельность *ж* ② (*Gewissenhaftigkeit*) добросо́вестность *ж*

genehmigen I. *vt* (*erlauben*) разре|ша́ть ‹-ши́ть›; (*billigen*) одобря́ть ‹одо́брить› **II.** *vr FAM* (*Schnaps trinken*) ◇ **sich** *dat* **e-n ~** пропусти́ть стака́нчик; **Genehmigung** *f* (*Erlaubnis*) разреше́ние *с,* одобре́ние *с*

General *m* ‹-s, -e *o.* -räle› генера́л *м*

Generaldirektor(in *f*) *m* (*oberste/r Leiter/in e-r Firma*) генера́льный [гла́вный] дирéктор *м;* **Generalprobe** *f* генера́льная репети́ция *ж;* **Generalstreik** *m* всео́бщая забасто́вка *ж;* **generalüberholen** *vt* (*gründlich instandsetzen*) производи́ть капита́льный ремо́нт; **Generalversammlung** *f* (*Hauptversammlung*) о́бщее собра́ние *с*

Generation *f* поколе́ние *с;* **Generationswechsel** *m* смéна *ж* поколе́ний

Generator *m* (*Strom~*) генера́тор *м*

generell *adj* (*allgemein*) (все)о́бщий, универса́льный

Genesung *f* выздоровле́ние *с,* излече́ние *с,* восстановле́ние *с* здоро́вья

genetisch *adj* генети́ческий

genial *adj* (*Person, Erfindung*) гениа́льный; **Genialität** *f* (*Begabung*) гениа́льность *ж*

Genick *n* ‹-[e]s, -e› ANAT заты́лок *м;* ◇ **sich das ~ brechen** слома́ть себé шéю

Genie *n* ‹-s, -s› гéний *м*

genieren *vr* (*sich schämen*) ◇ **sich ~** ‹по-› стесня́ться, сму|ща́ться ‹-ти́ться›

genießbar *adj* (*Speisen*) съедо́бный

genießen ‹genoß, genossen› *vt* ① (*Urlaub, Lektüre*) насла|жда́ться ‹-ди́ться› ② (*mit Genuß essen*) есть *несов,* вку|ша́ть ‹-си́ть› ③ ◇ **Respekt ~** по́льзоваться уважéнием [авторитéтом] ④ *FAM* (*unausstehlich*) ◇ **er ist heute nicht zu ~** он сего́дня несно́сен; **Genießer(in** *f*) *m* ‹- s, -› (*Person*) потреби́тель(ница *ж*) *м;* (*Feinschmecker/in*) гурма́н *м,* люби́тель(ница *ж*) *м* хорошо́ пое́сть; **genießerisch** *adv* (*genußfreudig*) смаку́ющий, наслажда́ющийся

Genital *n* ‹-s, -ien› (*Geschlechtsorgan*) полово́й о́рган *м,* половы́е о́рганы *мн*

genoß *impf v.* **genießen**

Genosse *m* ‹-n, -n›, **Genossin** *f* ① (*Kamerad/in*) това́рищ *м/ж,* сотова́рищ *м,* приятель(ница *ж*) *м* ② POL член *м* маркси́стской па́ртии; **Genossenschaft** *f* това́рищество *с*, арте́ль *ж*; (*Berufs~*) кооперати́в *м*

Genre *n* ‹-s, -s› (*Gattung*) жанр *м*

Gentechnik *f* ге́нная инжене́рия *ж*

genug *adv* (*ausreichend*) дово́льно, доста́точно; ◇ ~ **Geld** доста́точно де́нег, де́нег хва́тит; ◇ ~ **zu trinken** хва́тит пить; ◇ **groß** ~ дово́льно большо́й; ◇ **mehr als** ~ бо́лее, чем доста́точно; (*jetzt reicht's*) ◇ **jetzt ist es aber ~!** ну, тепе́рь хва́тит!; **genügen** *vi* (*genug sein, reichen*) хвата́ть *несов*, быть доста́точным

genügsam *adj* нетре́бовательный, невзыска́тельный, скро́мный

Genugtuung *f* ① (*Wiedergutmachung*) компенса́ция *ж* ② (*Befriedigung*) удовлетворе́ние *с*

Genuß *m* ‹-sses, Genüsse› ① (*Genießen*) наслажде́ние *с* ② (*Vergnügen*) удово́льствие *с* ③ (*von etw profitieren*) ◇ **in den ~ von etw kommen** по́льзоваться чем-л; **genüßlich** *adv* наслажда́ющийся чем-л, смаку́ющий что-л; **Genußmittel** *n pl* (*Alkohol etc.*) возбужда́ющие сре́дства *мн*

Geograph(in *f*) *m* ‹-en, -en› гео́граф *м*; **Geographie** *f* геогра́фия *ж*; **geographisch** *adj* географи́ческий

Geologe *m* ‹-n, -n› гео́лог *м*; **Geologie** *f* геоло́гия *ж*; **Geologin** *f* же́нщина-гео́лог *ж*

Geometrie *f* MATH геоме́трия *ж*

Gepäck *n* ‹-[e]s› бага́ж *м*, покла́жа *ж*; (*~stück*) ме́сто *с*; **Gepäckabfertigung** *f* бага́жное отделе́ние *с*; **Gepäckannahme** *f* приём *м* багажа́; **Gepäckaufbewahrung** *f* (*Depot*) ка́мера *ж* хране́ния (багажа́); **Gepäckausgabe** *f* вы́дача *ж* багажа́; **Gepäckschein** *m* квита́нция *ж* на сда́нный бага́ж; **Gepäckschließfach** *n* автомати́ческая ка́мера *ж* хране́ния багажа́; **Gepäckstück** *n* бага́жное ме́сто *с*; **Gepäckträger** *m* носи́льщик *м*; **Gepäckwagen** *m* (*von Zug*) бага́жный ваго́н *м*

gepflegt *adj* ① (*Person*) холёный, вы́холенный; (*Garten, Haus*) ухо́женный ② (*Manieren*) культу́рный, изы́сканный

Gequatsche *n FAM* (пуста́я) болтовня́ *ж*

gerade I. *adj* ① (*Linie, Wand*) прямо́й, отве́сный ② (*aufrecht, Haltung*) прямо́й, открове́нный ③ (*direkt, unmittelbar*) прямо́й ④ MATH (*Zahl*) чётный **II.** *adv* ① (*soeben, jetzt*) ◇ **er ist ~ gekommen** он то́лько что пришёл; ◇ **sie ist ~ beim Essen** она́ как раз обе́дает ② (*eben, genau*) пря́мо, и́менно, кста́ти; ◇ ~ **das wollte ich verhindern** и́менно э́тому я хоте́л помеша́ть [воспрепя́тствовать]; ◇ ~ **recht kommen** прийти́ во́время; ◇ ~, **weil** и́менно потому́, что; ◇ **nicht ~ angenehm** кста́ти, не о́чень прия́тно ③ (*ausgerechnet*) как раз; ◇ **das hat mir ~ noch gefehlt** то́лько э́того мне как раз не хвата́ло ④ (*knapp*) ◇ ~ **genug zum Leben** как раз хвата́ет на жизнь

Gerade *f* ‹-n, -n› *a.* MATH пряма́я *ж*, пряма́я ли́ния *ж*; **geradeaus** *adv* пря́мо, напрями́к; **geradeheraus** *adv* (*direkt*) напрями́к; **geradestehen** *unreg vi* ① (*aufrecht stehen*) стоя́ть пря́мо ② *FIG* (*einstehen*) нести́ отве́тственность (*für* за кого́-что-л); **geradewegs** *adv* (*direkt*) пря́мо, прямы́м путём; **geradezu** *adv* (*beinahe*) напрями́к; (*durchaus*) пря́мо-таки; ◇ **das ist ~ unglaublich** э́то пря́мо-таки невероя́тно

geradlinig *adj* ① (*Reihe*) прямолине́йный; (*Strecke*) прямо́й как стрела́ ② *FIG* (*aufrecht, Mensch*) прямо́й, прямолине́йный

Gerät *n* ‹-[e]s, -e› ① (*Gebrauchsgegenstand*) прибо́р *м*, аппара́т *м*, инструме́нт *м* ② (*Haushalts~*) у́тварь *ж*, посу́да *ж*; (*Fernseh~, Radio~*) аппара́т *м* ③ (*Werkzeug*) инструме́нт *м* ④ SPORT (*Turn~*) снаря́д *м*

geraten *unreg vi* ① (*gelingen*) уда‹ва́›ться; ◇ **gut** ~ уда́ться на сла́ву ② (*sich ähneln*) ◇ **sie ist ganz nach der Mutter** ~ она́ по́лностью похо́жа на свою́ мать ③ (*unabsichtlich irgendwohin gelangen*) по|пада́ть ‹-па́сть›, очути́ться *сов*; (*in Streit kommen*) ◇ **an jd-n** ~ поссо́риться с кем-л; (*vor Freude, Wut*) ◇ **außer sich** ~ выходи́ть из себя́

Geratewohl *n* (*auf gut Glück*) ◇ **aufs** ~ наудачу, на аво́сь, наобу́м

geräumig *adj* просто́рный, вмести́тельный

Geräusch *n* ‹-[e]s, -e› (*Ton, Laut*) шо́рох *м*, (лёгкий) шум *м*; **geräuschlos** *adj* (*leise*) бесшу́мный, ти́хий

gerben *vt* (*Leder*) ‹вы́-›дуби́ть

gerecht *adj* ① (*Entscheidung, Person*) справедли́вый ② (*Anspruch*) зако́нный ③ (*moralisch gut*) ◇ **e-e ~e Sache** справедли́вое де́ло ④ (*richtig beurteilen*) ◇ **jd-m/e-r Sache ~ werden** быть справедли́вым к кому́/чему́-л; **Gerechtigkeit** *f* ① (*von Entscheidung*) справедли́вость *ж* ② (*von Rechtsspruch*) зако́нность *ж*

Gerede *n* ‹-s› болтовня́ *ж*, разгово́ры *мн*

gereizt *adj* ① (*Person*) раздражённый, не́рвный; (*Tier*) разъярённый ② (*Atmosphäre*) напряжённый; **Gereiztheit** *f* раздраже́ние *с*, раздражи́тельность *ж*

Gericht[1] *n* ‹-[e]s, -e› (*Essen*) блю́до *с*, ку́шанье *с*

Gericht[2] *n* ‹-[e]s, -e› ① (*Behörde*) суд *м*; ◇ **jd-n vor ~ bringen** привле́чь кого́-л к суду́ ② (*Gerichtsgebäude*) суд *м*; **gerichtlich** *adj* суде́бный; **Gerichtsbarkeit** *f* юрисди́кция *ж*, подсу́дность *ж*; **Gerichtshof** *m* суд *м*, суде́бная пала́та *ж*, трибуна́л *м*; ◇ **Oberster ~** Верхо́вный суд *м*; **Gerichtskosten** *pl* суде́бные изде́ржки *мн*; **Gerichtssaal** *m* зал *м* суде́бного заседа́ния; **Gerichtstermin** *m* день *м* суде́бного разбира́тельства; **Gerichtsverfahren** *n* (*Prozeß*) суде́бное произво́дство *с*; **Gerichtsverhandlung** *f* суде́бное разбира́тельство *с*, суде́бный проце́сс *м*; **Gerichtsvollzieher(in** *f*) *m* ‹-s, -› суде́бный(-ая) исполни́тель(ница *ж*) *м*

gering *adj* (*klein, wenig, niedrig*) незначи́тельный, ма́лый; (*geringfügig*) ничто́жный; (*Gehalt, Preis*) ни́зкий; *FIG* (*Chancen*) незначи́тельный; ◇ **nicht die ~ste Ahnung haben** не име́ть ни мале́йшего поня́тия; (*überhaupt nicht*) ◇ **nicht im ~sten** ро́вно ничего́; **geringfügig I.** *adj* (*unbedeutend*) малова́жный, незначи́тельный **II.** *adv* незначи́тельно, ничто́жно; **geringschätzig** *adj* (*abfällig*) пренебрежи́тельный, презри́тельный

gerinnen *unreg vi* (*erstarren*) засты́‹ва́›ть; (*sich verhärten*) ‹за-›тверде́ть; (*Milch, Blut*) свёртываться ‹сверну́ться›; **Gerinnung** *f* MED (*von Blut*) свёртывание *с*

Gerippe *n* ‹-s, -› ① (*Skelett*) скеле́т *м*, костя́к *м* ② *FAM* (*dünne Person*) ходя́чий скеле́т *м*

gerissen *adj* (*schlau*) хи́трый, ло́вкий

Germanistik *f* германи́стика *ж*, герма́нская филоло́гия *ж*

gern[e] *adv* (*lieber, am liebsten*) охо́тно ① (*bereitwillig*) с охо́той; ◇ **etw ~ tun** де́лать что-л охо́тно [с жела́нием] ② ◇ **jd-n/etw ~ haben/mögen** люби́ть кого́/что-л, быть располо́женным к кому́/чему́-л ③ (*ohne weiteres*) ◇ **das glaube ich ~** охо́тно ве́рю ④ *FAM* ◇ **du kannst mich ~ haben!** ты дура́к!

Geröll *n* ‹-[e]s, -e› (*Steine*) о́сыпь *ж*, ока́танные обло́мки *мн* поро́д

Gerste *f* ‹-› (*Getreidesorte*) ячме́нь *м*

Gerte *f* ‹-, -n› (*Rute*) прут *м*, хлыст *м*; (*Reit~*) кнут *м*, нага́йка *ж*

Geruch *m* ‹-[e]s, Gerüche› ① (*Duft*) за́пах *м* ② (*Geruchssinn*) обоня́ние *с*, чутьё *с*; **geruchlos** *adj* лишённый за́паха; **Geruchssinn** *m* обоня́ние *с*, чу́вство *с* обоня́ния

Gerücht *n* ‹-[e]s, -e› (*Gerede, Klatsch*) слух *м*, молва́ *ж*, то́лки *мн*; ◇ **ein ~ in die Welt setzen** распространи́ть слух

gerührt *adj* (*erregt*) растро́ганный

geruhsam *adj* (*beschaulich, ruhig*) споко́йный, неторопли́вый, благоду́шный

Gerümpel *n* ‹-s› (*alter Kram*) хлам *м*, ру́хлядь *ж*

Gerüst *n* ‹-[e]s, -e› ① (*Gestell*) стани́на *ж*, ра́ма *ж* ② *FIG* (*Konzeption*) конце́пция *ж*, прое́кт *м*

gesamt *adj* весь, це́лый, о́бщий; ◇ **das ~e Personal** весь персона́л; **Gesamteindruck** *m* (*umfassender Eindruck*) о́бщее впечатле́ние *с*, впечатле́ние *с* в це́лом; **Gesamtergebnis** *n* оконча́тельный результа́т *м*; **Gesamtheit** *f* (*das Ganze*) совоку́пность *ж*, всё в це́лом; **Gesamtsumme** *f* о́бщая су́мма *ж*

Gesandte(r) *fm* посла́нник *м*, посла́нница *ж*; **Gesandtschaft** *f* ми́ссия *ж*

Gesang *m* ‹-[e]s, Gesänge› пе́ние *с*

Gesäß *n* ‹-es, -e› (*Hintern*) ягоди́ца *ж*, зад *м*; (*derb*) за́дница *ж*

geschafft *adj FAM* (*erschöpft*) утомлённый, обесси́ленный, изнурённый

Geschäft *n* ‹-[e]s, -e› ① де́ло *с*, сде́лка *ж*; ◇ **ein ~ abschließen** заключи́ть сде́лку ② (*Laden*) магази́н *м*, торго́вый дом *м* ③ (*Absatz, Verkauf*) торго́вая опера́ция *ж*; ◇ **das ~ geht gut** де́ло процвета́ет ④ *FAM* (*Firma, Büro*) фи́рма *ж*, предприя́тие *с*, де́ло *с*; (*zur Arbeit gehen*) ◇ **ins ~ gehen** идти́ на рабо́ту; **geschäftig** *adj* (*eifrig*) де́ятельный, трудолюби́вый; **geschäftlich I.** *adj* делово́й, торго́вый **II.** *adv* по де́лу, по дела́м; ◇ **~ unterwegs sein** находи́ться в пое́здке по дела́м; **Geschäftsabschluß** *m* (*Vertrag*) торго́вая сде́лка *ж*, заключе́ние *с* торго́вой сде́лки; **Geschäftsfrau** *f* (*Kauffrau*) делова́я же́нщина *ж*, же́нщина-коммерса́нт *ж*; **Geschäftsführer(in** *f*) *m* управля́ющий(-ая *ж*) *м*; **Geschäftsjahr** *n* (*Rechnungsjahr*) хозя́йственный год *м*; **Geschäftslage** *f* ① (*Ort von Geschäft*) местонахожде́ние *с* фи́рмы ② (*Verhältnisse vom Geschäft*) положе́ние *с* дел, состоя́ние *с* ры́нка; **Geschäftslei-**

tung *f* руково́дство *c* фи́рмы; **Geschäftsmann** *m* ‹-leute› делово́й челове́к *м;* **Geschäftspartner(in** *f*) *m* делово́й(-а́я) партнёр(ша *ж*) *м,* партнёр(ша *ж*) *м* по сде́лке; **Geschäftspolitik** *f* (*von Firma*) делова́я страте́гия *ж;* **Geschäftsreise** *f* делова́я пое́здка *ж;* **Geschäftsschluß** *m* закры́тие *c* магази́нов; **Geschäftsstelle** *f* канцеля́рия *ж,* конто́ра *ж,* бюро́ *c;* **geschäftstüchtig** *adj* делово́й, де́льный; **Geschäftsverbindung** *f* делові́е свя́зи *мн,* торго́вые свя́зи *мн*

geschehen ‹geschieht, geschah, geschehen› **I.** *vi* (*sich ereignen*) прои|сходи́ть ‹-зойти́›, случ|а́ться ‹-чи́ться›; (*jd-m widerfahren*) случи́ться с кем-л; ◇ **das geschieht ihm recht!** поделóм емý!, так емý и на́до!; ◇ **gern ~!** не сто́ит благода́рности! **II.** *vi unpers* ◇ **es ist um ihn ~** он пропа́л; **Geschehen** *n* ‹-s, -› собы́тие *c*

gescheit *adj* ýмный, разýмный, смышлёный; (*vernünftig*) рассуди́тельный

Geschenk *n* ‹-[e]s, -e› пода́рок *м,* дар *м*

Geschichte *f* ‹-, -n› ① SCH исто́рия *ж* ② (*Tradition*) исто́рия *ж* ③ (*Angelegenheit*) де́ло *c;* (*Ereignis*) происше́ствие *c,* собы́тие *c* ④ (*Bericht, Erzählung*) исто́рия *ж,* расска́з *м,* по́весть *ж;* **geschichtlich** *adj* истори́ческий; **Geschichtsbuch** *n* SCH учéбник *м* исто́рии; **Geschichtsfälschung** *f* фальсифика́ция *ж* исто́рии

Geschick *n* ‹-[e]s, -e› ① (*Schicksal*) судьба́ *ж,* ýчасть *ж,* рок *м* ② (*Geschicklichkeit*) ло́вкость *ж,* мастерство́ *c,* умéние *c;* (*Gewandtheit*) сноро́вка *ж;* **Geschicklichkeit** *f* (*Fähigkeit, Begabung*) умéние *c,* мастерство́ *c;* (*Gewandtheit*) сноро́вка *ж,* ло́вкость *ж;* **geschickt** *adj* (*Hände, Taktik*) искýсный, ло́вкий; (*gewandt*) умéлый

geschieden *adj* разведённый

Geschirr *n* ‹-[e]s, -e› ① (*Teller*) посýда *ж,* ýтварь *ж* ② (*für Pferd*) сбрýя *ж,* ýпряжь *ж;* **Geschirrschrank** *m* шкаф *м* для посýды; **Geschirrspülmaschine** *f* посудомо́ечная маши́на *ж;* **Geschirrtuch** *n* кухо́нное полотéнце *c*

Geschlecht *n* ‹-[e]s, -er› ① (*Art, Gattung*) род *м* ② GRAM род *м* ③ (*Familie, Sippe*) род *м,* семья́ *ж* ④ (*Generation*) поколéние *c* ⑤ BIOL пол *м;* **geschlechtlich** *adj* родово́й; (*Fortpflanzung*) полово́й; **Geschlechtskrankheit** *f* венери́ческая болéзнь *ж;* **Geschlechtsleben** *n* полова́я жизнь *ж;* **geschlechtslos** *adj* беспо́лый; **Geschlechtsorgan** *n,* **Geschlechtsteil** *n o. m* полово́й о́рган *м;* **Geschlechtsverkehr** *m* половы́е сношéния *мн*

Geschmack *m* ‹-[e]s, -schmäcke› ① (*von Speisen*) вкус *м* ② (*Gefallen, Vorliebe*) пристра́стие *c,* одолжéние *c;* ◇ **auf den ~ kommen** войти́ во вкус; ◇ **~ an jd-m finden** ‹по-›чýвствовать симпа́тию [располо-жéние] к комý-л; ◇ **nach jd-s ~** на чей-л вкус ③ (*ästhetisches Urteil*) вкус *м;* **geschmacklos** *adj* безвкýсный; *FIG* по́шлый; **Geschmack[s]sache** *f* де́ло *c* вкýса; **Geschmackssinn** *m* чýвство *c* вкýса; **geschmackvoll** *adj FIG* со вкýсом

geschmeidig *adj* пода́тливый, поко́рный; (*formbar, Teig*) мя́гкий, пода́тливый; (*Leder, Körper*) ги́бкий, эласти́чный

Geschnatter *n* ‹-s› ① (*von Gänsen*) гогота́нье *c;* (*von Enten*) кря́канье *c* ② *FAM* (*ständiges Reden*) болтовня́ *ж,* трепатня́ *ж*

Geschöpf *n* ‹-[e]s, -e› (*Lebewesen*) (человéческое) существо́ *c,* созда́ние *c*

Geschoß[1] *n* ‹-sses, -sse› MIL снаря́д *м,* пýля *ж*

Geschoß[2] *n* ‹-sses, -sse› (*Stockwerk*) эта́ж *м*

Geschrei *n* ‹-s› кри́ки *мн; FIG* (*Aufhebens*) ◇ **viel ~ um nichts** мно́го шýму из ничего́

Geschütz *n* ‹-es, -e› орýдие *c,* пýшка *ж; FIG* (*energisch handeln*) ◇ **schwere ~e auffahren** пусти́ть в ход тяжёлую артиллéрию

geschützt *adj* защищённый, закры́тый

Geschwader *n* авиаэска́дра *ж*

Geschwafel *n* ‹-s› *FAM* (*Geschwätz*) глýпая болтовня́ *ж*

Geschwätz *n* ‹-es› болтовня́ *ж;* (*Klatsch*) сплéтня *ж,* сплéтни *мн;* **geschwätzig** *adj* болтли́вый

geschweige *cj* ◇ **~ denn** не говоря́ ужé о том, что

Geschwindigkeit *f* ско́рость *ж;* (*Hast, Eile*) быстрота́ *ж;* **Geschwindigkeitsbegrenzung** *f* ограничéние *c* ско́рости; **Geschwindigkeitsüberschreitung** *f* превышéние *c* ско́рости

Geschwister *pl* брат *м* и сестра́ *ж*

geschwollen *adj* ① (*Füße etc.*) опýхший, отёчный, вздýтый ② *FAM* (*prahlerisch*) напы́щенный, высокопа́рный

Geschworene(r) *fm* (*bei Gericht*) прися́жный заседа́тель *м*

Geschwulst *f* ‹-, Geschwülste› новообразова́ние *c;* (*Tumor*) о́пухоль *ж*

Geschwür *n* ‹-[e]s, -e› нары́в *м;* (*Eiterbeule*) гнойни́к *м;* (*Magen~*) я́зва *ж* желýдка

G

Geselle *m* ‹-n, -n› ① (*Ausgebildete/r*) подмастéрье *м* ② (*Kerl*) пáрень *м*

gesellen *vr* (*sich anschließen*) ◇ **sich ~** присоедиIня́ться ‹-ни́ться› (*zu* к комý-л)

Gesellenprüfung *f* экзáмен *м* на звáние подмастéрья; **Gesellenstück** *n* прóбная рабóта *ж*

gesellig *adj* (*Abend*) обходи́тельный; (*Mensch, Wesen*) общи́тельный, компанéйский, обходи́тельный; **Geselligkeit** *f* обходи́тельность *ж;* (*Umgänglichkeit*) общи́тельность *ж*

Gesellschaft *f* ① (*soziale Struktur*) óбщество *c* ② (*Gruppe*) грýппа *ж* лиц; (*Vereinigung*) объединéние *c;* (*Bündnis*) сою́з *м;* (*Genossenschaft*) товáрищество *c* ③ (*Reise~*) компáния *ж* ④ (*Begleitung*) óбщество *c*, компáния *ж;* ◇ **jd-m ~ leisten** состáвить кому-л компáнию ⑤ (*Fest, Abend*) звáный вéчер *м*, вечери́нка *ж;* ◇ **geschlossene ~** мероприя́тие для определённого крýга лиц; **Gesellschafter(in** *f*) *m* (*Teilhaber/in*) учáстник *м*/учáстница *ж* товáрищества, компаньóн(ка *ж*) *м;* **gesellschaftlich** *adj* общéственный; **Gesellschaftsordnung** *f* (*Struktur*) общéственный строй *м;* **Gesellschaftsschicht** *f* слой *м* óбщества; **Gesellschaftsspiel** *n* óбщая игрá *ж*

Gesetz *n* ‹-es, -e› (*Rechtsvorschrift*) закóн *м;* (*Richtlinie*) директи́ва *ж;* **Gesetzbuch** *n* кóдекс *м*, уложéние *c;* **Gesetzentwurf** *m* законопроéкт *м;* **Gesetzesvorlage** *f* законопроéкт *м;* **gesetzgebend** *adj* (*Gewalt*) законодáтельный; **Gesetzgebung** *f* законодáтельство *c;* **gesetzlich** *adj* (*Vormund*) закóнный; (*legal*) легáльный; **gesetzlos** *adj* беззакóнный; **gesetzmäßig** *adj* закономéрный, закóнный

gesetzt *adj* (*Alter*) зрéлый, пожилóй

gesetztenfalls *adv* (*angenommen, daß*) предполагáя (что-л)

gesetzwidrig *adj* противозакóнный

ges. gesch. *Abk. v.* **gesetzlich geschützt** защищенó закóном

Gesicht *n* ‹-[e]s, -er› ① лицó *c;* (*große Ähnlichkeit haben*) ◇ **jd-m wie aus dem ~ geschnitten sein** быть похóжим на когó-л как две кáпли воды́ ② (*Miene*) выражéние *c* лицá, ми́на *ж;* (*unzufrieden sein*) ◇ **ein langes ~ ziehen** сдéлать ки́слую ми́ну ③ *FAM* ◇ **lauter neue ~er** всё нóвые ли́ца ④ (*Gestalt, Form*) внéшний вид *м*, óблик *м* ⑤ *FIG* (*Ruf*) ◇ **das ~ verlieren** теря́ть прести́ж; **Gesichtsausdruck** *m* выражéние *c* лицá; **Gesichtscreme** *f* крем *м* для лицá; **Gesichtsfarbe** *f* цвет *м* лицá; **Gesichtspunkt** *m* (*Betrachtungsweise*) тóчка *ж* зрéния; **Gesichtszug** *m* чертá *ж* лицá

Gesindel *n* ‹-s› *PEJ* (*Pack*) сброд *м*, отрóдье *c*

gesinnt *adj* ◇ **jd-m feindlich/gut ~ sein** быть недружелю́бно/хорошó располóженным к комý-л; **Gesinnung** *f* ① (*charakterlich*) настроéние *c*, óбраз *м* мы́слей ② (*politisch*) взгля́ды *мн*, убеждéния *мн;* **Gesinnungswandel** *m* изменéние *c* взгля́дов [убеждéний]

gesittet *adj* вéжливый, воспи́танный

Gespann *n* ‹-[e]s, -e› ① (*Pferd und Wagen*) запря́жка *ж*, упря́жка *ж* ② *FAM* (*Personen*) пáра *ж*

gespannt *adj* ① (*Seil*) натя́нутый ② (*Lage, Beziehung*) напряжённый, крити́ческий ③ (*voller Erwartung*) ◇ **auf etw** *akk* **~ sein** с нетерпéнием [любопы́тством] ожидáть чегó-л; ◇ **ich bin ~, ob ...** мне óчень хотéлось бы знать, éсли...

Gespenst *n* ‹-[e]s, -er› привидéние *c; FIG* (*drohende Gefahr*) при́зрак *м*, угрóза *ж;* **gespenstig**, **gespenstisch** *adj* при́зрачный, таи́нственный

Gespött *n* ‹-[e]s› насмéшки *мн*, издевáтельство *c;* ◇ **sich zum ~ der Leute machen** сдéлать себя́ объéктом насмéшек людéй

Gespräch *n* ‹-[e]s, -e› разговóр *м*, бесéда *ж;* **gesprächig** *adj* разговóрчивый, словоохóтливый; *FAM* болтли́вый; **Gesprächigkeit** *f* разговóрчивость *ж*, словоохóтливость *ж;* **Gesprächspartner(in** *f*) *m* собесéдник *м*, собесéдница *ж;* **Gesprächsstoff** *m* тéма *ж* для разговóра; **Gesprächsthema** *n* тéма *ж* разговóра

Gespür *n* ‹-s› (*Gefühl*) чутьё *c* (*für* к чемý-л)

Gestalt *f* ‹-, -en› ① (*Wuchs, Körperbau*) рост *м*, телосложéние *c* ② (*Form, Umriß*) фóрма *ж*, óбщий вид *м;* ◇ **~ annehmen** приобрести́ фóрму [кóнтуры]; ◇ **in ~ von** в ви́де (чегó-л), в óбразе (когó-л) ③ *FAM* (*Mensch*) тень *ж* ④ (*Persönlichkeit*) ли́чность *ж*, персонáж *м*

gestalten I. *vt* ① (*formen*) придá‹вá›ть вид чемý-л ② (*organisieren*) организóIвывать ‹-вáть› ③ (*einrichten*) оформля́ть ‹офóрмить› что-л **II.** *vr* (*sich entwickeln*) ◇ **sich ~** склáдываться ‹сложи́ться›, ‹с-›формировáться, принIимáть ‹-я́ть› оборóт; **Gestaltung** *f* оформлéние *c*

Gestammel *n* ‹-s› (*stockende Redeweise*) запи́нка *ж;* (*Stottern*) заика́ние *с;*

Geständnis *n* призна́ние *с*

Gestank *m* ‹-[e]s› вонь *ж,* смрад *м,* злово́ние *с*

gestatten I. *vt* разре|ша́ть ‹-ши́ть›, позво|ля́ть ‹-во́лить› (*jd-m etw* кому́-л что-л); (*Höflichkeitsformel*) ◇ **~ Sie?** позво́льте?, разреши́те? **II.** *vr* ◇ **sich** *dat* **~, etw zu tun** позво́лить себе́ сде́лать что-л

Geste *f* ‹-, -n› жест *м*

gestehen *unreg vt* (*zugeben*) призна́‹ва́›ть что-л, созна́‹ва́›ться в чём-л, призна́‹ва́›ться в чём-л; ◇ **offen gestanden** говоря́ открове́нно

Gestein *n* ‹-[e]s, -e› (*Fels*) го́рная поро́да *ж*

Gestell *n* ‹-[e]s, -e› ① (*Rahmen*) ра́ма *ж,* стани́на *ж* ② (*Regal*) стелла́ж *м* ③ (*von Fahrzeug, Maschine*) ко́рпус *м,* шасси́ *с*

gestern *adv* вчера́; *FIG* ◇ **er ist nicht von ~** он вида́л ви́ды, он не нови́чо́к

gestikulieren *vi* жестикули́ровать *несов*

Gestirn *n* ‹-[e]s, -e› небе́сное те́ло *с,* (небе́сное) свети́ло *с;* (*Sternbild*) созве́здие *с*

Gestotter *n* ‹-s› заика́ние *с*

gestreift *adj* (*Stoff*) полоса́тый, в поло́ску

gestrig *adj* (*Tageszeitung*) вчера́шний

Gestrüpp *n* ‹-[e]s, -e› (*Unterholz*) ча́стый куста́рник *м,* за́росль *ж*

Gestüt *n* ‹-[e]s, -e› (*Pferdezüchterei*) ко́нный заво́д *м,* конезаво́д *м*

Gesuch *n* ‹-[e]s, -e› (*bei Behörde*) проше́ние *с,* заявле́ние *с*

gesucht *adj* (*von Polizei, Sammler*) ну́жный, иско́мый, разы́скиваемый

gesund *adj* (*Kind, Herz*) здоро́вый, кре́пкий; (*Ernährung, Zahn*) здоро́вый, поле́зный; *FIG* ◇ **~er Menschenverstand** здра́вый смысл *м;* **Gesundheit** *f* здоро́вье *с;* (*beim Niesen*) ◇ **~!** бу́дьте здоро́вы!; **gesundheitlich I.** *adj* относя́щийся к здоро́вью; ◇ **aus ~en Gründen** по причи́не боле́зни, в связи́ с боле́знью **II.** *adv* ◇ **wie geht es Ihnen ~?** как Ва́ше здоро́вье?; **gesundheitsschädlich** *adj* вре́дный для здоро́вья; **Gesundheitszustand** *m* состоя́ние *с* здоро́вья; **gesundpflegen** *vt* (*Kranken*) выха́живать ‹вы́ходить›

Getöse *n* ‹-s› гул *м,* душева́ние *с*

getragen *adj* ◇ **eine ~e Melodie** ме́дленная мело́дия

Getränk *n* ‹-[e]s, -e› напи́ток *м,* питьё *с*

getrauen *vr* (*sich wagen*) ◇ **sich ~** осме́ли‹ва›ться

Getreide *n* ‹-s› зерно́ *с,* хлеб *м,* хле́бные зла́ки *мн*

getrennt I. *adj* (*Leute*) разъединённый, разлучённый **II.** *adv* отде́льно, разде́льно; ◇ **~ schlafen** спать отде́льно

getreu *adj* (*gemäß, zuverlässig*) ве́рный, надёжный; (*treu, ergeben*) пре́данный;

Getriebe *n* ‹-s, -› (*von Maschinen*) переда́ча *ж,* трансми́ссия *ж;* AUTO коро́бка *ж* переда́ч [скоросте́й]

Getto *n* ‹-s, -s› ге́тто *с*

Getue *n* ‹-s› суета́ *ж,* возня́ *ж*

Getümmel *n* ‹-s› (*Tumult*) сумато́ха *ж;* (*Gedränge*) су́толока *ж*

geübt *adj* трениро́ванный; (*Person*) о́пытный, иску́сный

Gewächs *n* ‹-es, -e› (*Pflanze*) расте́ние *с*

gewachsen *adj präd* ◇ **jd-m/e-r Sache nicht ~ sein** не уступа́ть кому́/чему́-л, не быть на высоте́ [положе́ния]

Gewächshaus *n* тепли́ца *ж,* оранжере́я *ж*

gewagt *adj* опа́сный, риско́ванный, сме́лый; (*Kleid, Ausschnitt*) вызыва́ющий

gewahr (*entdecken*) ◇ **jd-s/e-r Sache ~ werden** заме́тить [обнару́жить] кого́/что-л

Gewähr *f* ‹-› гара́нтия *ж,* руча́тельство *с;* ◇ **~ übernehmen für** руча́ться за кого́-л; ◇ **ohne ~** без гара́нтии; **gewähren** *vt* (*Kredit*) предо|ставля́ть ‹-ста́вить›; (*Wunsch*) удовлетво|ря́ть ‹-ри́ть›; (*nicht hindern*) ◇ **jd-n ~ lassen** предоста́вить кому́-л свобо́ду де́йствий; **gewährleisten** *vt* гаранти́ровать *несов и сов,* обеспе́чи‹ва›ть

Gewahrsam *m* ‹-s› (*Haft*) аре́ст *с;* (*Obhut*) надзо́р *м,* присмо́тр *м;* ◇ **jd-n in ~ nehmen** взять под стра́жу, арестова́ть кого́-л

Gewährung *f* исполне́ние *с,* удовлетворе́ние *с;* (*von Kredit*) предоставле́ние *с*

Gewalt *f* ‹-, -en› ① (*politisch*) власть *ж;* ◇ **gesetzgebende ~** законода́тельная власть *ж* ② (*göttlich*) си́ла *ж* ③ (*elterlich*) власть *ж* ④ (*Kraft*) си́ла *ж;* (*unbedingt*) ◇ **mit aller ~** и́зо всех сил, вовсю́ ⑤ (*~tätigkeit*) наси́лие *с* ⑥ (*Kontrolle*) контро́ль *м;* ◇ **jd-n in seiner ~ haben** име́ть кого́-л в свое́й вла́сти; **Gewaltanwendung** *f* примене́ние *с* си́лы; **Gewaltenteilung** *f* разделе́ние *с* власте́й; **gewaltig I.** *adj* ① (*riesig*) огро́мный ② (*mächtig*) могу́щественный ③ (*stark*) си́льный; *FAM* стра́шный **II.** *adv* *FAM* о́чень си́льно; ◇ **sich ~ täuschen** жесто́ко ошиба́ться; **gewaltsam** *adj* наси́льственный; **gewalttätig** *adj* (*Mensch*) жесто́кий, применя́ющий (гру́бую) си́лу

G

gewandt *adj* ① (*geschickt*) ло́вкий ② (*flink*) прово́рный; **Gewandtheit** *f* (*Flinkheit*) ло́вкость *ж,* прово́рство *c;* (*Geschicklichkeit*) уме́ние *c*

gewann *impf v.* **gewinnen**

Gewässer *n* ‹-s, -› во́ды *мн*

Gewebe *n* ‹-s, -› ① (*Stoff*) ткань *ж* ② (*von Lebewesen*) ткань *ж*

Gewehr *n* ‹-[e]s, -e› винто́вка *ж;* **Gewehrlauf** *m* ствол *м* винто́вки

Geweih *n* ‹-[e]s, -e› (*von Hirsch, Elch*) рога́ *мн*

Gewerbe *n* ‹-s, -› ① (*Bau~*) про́мысел *м,* ремесло́ *c* ② (*Beruf, Tätigkeit*) профе́ссия *ж,* заня́тие *c;* **Gewerbeaufsicht** *f госучрежде́ние с по контро́лю за де́ятельностью предприя́тий;* **Gewerbefreiheit** *f* пра́во *c* открыва́ть предприя́тия; **gewerbsmäßig** *adj* профессиона́льный; **Gewerbszweig** *m* о́трасль *ж* промы́шленности

Gewerkschaft *f* профсою́з *м;* **Gewerkschaft[l]er(in** *f*) *m* ‹-s, -› (*Mitglied*) член *м, ж* профсою́за; (*Funktionär/in*) профсою́зный функционе́р *м/ж;* **Gewerkschaftsbund** *m* объедине́ние *c* профсою́зов, федера́ция *ж* профсою́зов; **gewerkschaftlich** *adj* профсою́зный

Gewicht *n* ‹-[e]s, -e› вес *м,* тя́жесть *ж; FIG* (*Bedeutung*) ва́жность *ж,* вес *м,* влия́ние *c;* ◇ **ins ~ fallen** име́ть значе́ние; **Gewichtheben** *n* SPORT поднима́ние *c* тя́жестей, тяжёлая атле́тика *c*

gewieft *adj* (*clever*) хи́трый, прожжённый

gewillt *adj präd* ◇ **~ sein, etw zu tun** намерева́ться что-л сде́лать

Gewimmel *n* ‹-s› (*Getümmel*) (дви́жущаяся) толпа́ *ж,* толкотня́ *ж*

Gewinde *n* ‹-s, -› ① (*Kranz*) вено́к *м;* (*Girlande*) гирля́нда *ж* ② (*von Schraube*) (винтова́я) наре́зка *ж,* резьба́ *ж*

Gewinn *m* ‹-[e]s, -e› вы́игрыш *м,* вы́года *ж; FIG* (*innere Bereicherung*) по́льза *ж;* COMM при́быль *ж,* дохо́д *м;* ◇ **etw mit ~ verkaufen** прода́ть что-л с при́былью; **Gewinnbeteiligung** *f* уча́стие *c* в при́были; **gewinnbringend** *adj* при́быльный, дохо́дный, рента́бельный; вы́годный; **gewinnen** ‹gewann, gewonnen› **I.** *vt* ① вы́игрывать ‹вы́играть›; (*Preis*) вы́играть ② (*Eindruck*) полу|ча́ть ‹-чи́ть›; (*Einfluß*) приобре|та́ть ‹-сти́›; (*Oberhand, Vorsprung*) взять верх, получи́ть, ощути́ть; ◇ **Einblick in etw** *akk* **~** ознако́миться с чем-л; ◇ **jd-n für sich ~** склони́ть кого́-л на свою́ сто́рону ③ (*Kohle, Öl*) добы́‹ва́›ть **II.** *vi* (*profitieren*) из|влека́ть ‹-вле́чь› вы́году (*durch* из чего́-л); **gewinnend** *adj* (*Lächeln*) прия́тный; (*anziehend*) привлека́тельный; **Gewinner(in** *f*) *m* ‹-s, -› вы́игравший(-ая *ж*) *м;* **Gewinnspanne** *f* диапазо́н *м* при́были; **Gewinnummer** *f* но́мер *м* вы́игрыша; **Gewinnung** *f* (*Förderung, Kohle~*) добы́ча *ж,* добыва́ние *c;* (*Strom~*) произво́дство *c,* получе́ние *c;* **Gewinnzahl** *f* (*bei Lotto*) но́мер *м* вы́игрыша

gewiß I. *adj* ① (*sicher, fest*) ве́рный, непреме́нный, немину́емый ② (*bestimmt*) не́кий, не́который, определённый, изве́стный; ◇ **ein gewisser Schmidt** не́кий [не́кто] Шмидт; ◇ **e-e gewisse Ähnlichkeit** определённое схо́дство **II.** *adv* ве́рно, наве́рное, коне́чно, несомне́нно

Gewissen *n* ‹-s› со́весть *ж;* ◇ **jd-m ins ~ reden** взыва́ть к чьей-л со́вести; **gewissenhaft** *adj* добросо́вестный; **Gewissenhaftigkeit** *f* добросо́вестность *ж;* **gewissenlos** *adj* бессо́вестный, недобросо́вестный; **Gewissensbisse** *pl* (*Schuldgefühle*) угрызе́ния *мн* со́вести; **Gewissenskonflikt** *m* конфли́кт *м* с со́вестью

gewissermaßen *adv* (*gleichsam, beinahe*) до не́которой сте́пени, в изве́стной сте́пени, не́которым о́бразом

Gewißheit *f* уве́ренность *ж,* достове́рность *ж;* ◇ **sich** *dat* **~ über etw verschaffen** удостове́риться в чём-л

Gewitter *n* ‹-s, -› гроза́ *ж;* **Gewitterwolke** *f* грозово́е о́блако *c*

gewitzt *adj* (*schlau*) хитроу́мный, ло́вкий

gewogen *adj präd* (*wohlwollend*) ◇ **jd-m ~ sein** быть располо́женным к кому́-л

gewöhnen I. *vt* приу|ча́ть ‹-чи́ть›; ◇ **jd-n an etw** *akk* **~** приучи́ть кого́-л к чему́-л **II.** *vr* ◇ **sich ~** при|выка́ть ‹-вы́кнуть› (*an akk* к чему́-л); **Gewohnheit** *f* привы́чка *ж;* (*Brauch*) обы́чай *м;* (*Routine*) на́вык *м;* ◇ **aus ~** по привы́чке; **gewohnheitsmäßig** *adj* привы́чный; **Gewohnheitsmensch** *m* челове́к *м* привы́чки; **Gewohnheitsrecht** *n* обы́чное пра́во *c*

gewöhnlich I. *adj* ① (*alltäglich*) обыкнове́нный, обы́чный ② (*normal*) обы́чный ③ *PEJ* (*ordinär*) обы́денный, зауря́дный; (*banal*) по́шлый **II.** *adv* обыкнове́нно, обы́чно; ◇ **wie ~** по обыкнове́нию, как обы́чно, как всегда́

gewohnt *adj* (*Umgebung*) привы́чный

gewöhnt *adj präd* ◇ **etw ~ sein** привы́кнуть

к чему́-л; **Gewöhnung** *f* приуче́ние *с*, привыка́ние *с* (*an akk* к чему́-л)

Gewölbe *n* ‹-s, -› ① (*Decke in Keller*) свод *м* ② (*Raum*) подва́л *м*

Gewühl *n* ‹-[e]s› (*Wirrwarr*) да́вка *ж*, су́толока *ж*, пу́таница *ж*

Gewürz *n* ‹-es, -e› пря́ность *ж;* припра́ва *ж;* **Gewürzgurke** *f* марино́ванный огуре́ц *м;* **Gewürznelke** *f* гвозди́ка *ж*

Geysir *m* ‹-s, -e› (*heiße Quelle*) ге́йзер *м*

gez. *Abk. v.* **gezeichnet** подписа́л

gezackt *adj* зазу́бренный, зу́бчатый

gezahnt *adj* (*Briefmarke*) с зубца́ми

Gezappel *n* ‹-s› бара́хтанье *с*

Gezeiten *pl* прили́вы и отли́вы *мн*

Gezeter *n* ‹-s› кри́ки *мн*, во́пли *мн*

geziert *adj* жема́нный, мане́рный

gezwungenermaßen *adv* понево́ле

ggf. *Abk. v.* **gegebenenfalls** при слу́чае

Gicht *f* ‹-› MED пода́гра *ж*

Giebel *m* ‹-s, -› (*Haus~*) фронто́н *м*, щипе́ц *м*

Gier *f* ‹-› жа́дность *ж*, а́лчность *ж;* **gieren** *vi* (*heftig begehren*) жа́ждать *несов* (*nach etw* чего́-л); **gierig** *adj* (*Blick*) а́лчный; (*beim Essen*) жа́дный

gießen ‹goß, gegossen› **I.** *vt* ① (*in Gefäß*) лить *несов;* (*eingießen*) нали́‹ва́›ть; (*Blumen*) поли́‹ва́›ть ② (*Metall*) лить, отли́‹ва́›ть **II.** *vi unpers* (*es regnet stark*) ◇ **es gießt** льёт как из ведра́; **Gießkanne** *f* ле́йка *ж*

Gift *n* ‹-[e]s, -e› яд *м*, отра́ва *ж;* (*Schlangengift*) змеи́ный яд *м; FIG* (*Bosheit*) зло́сть *ж*, зло́ба *ж*, гнев *м;* ◇ **darauf kannst du ~ nehmen** в э́том мо́жешь не сомнева́ться; **giftig** *adj* ① ZOOL, BOT ядови́тый ② *FIG* (*boshaft*) язви́тельный, ехи́дный; (*Rede*) ко́лкий; **Giftmüll** *m* ядови́тые отхо́ды *мн;* **Giftpilz** *m* ядови́тый гриб *м;* **Giftstoff** *m* ядови́тое вещество́ *с;* **Giftzahn** *m* (*bei Schlange*) ядови́тый зуб *м; FAM* ядови́тый челове́к *м*, злю́ка *м/ж*

Gigant *m* гига́нт *м*, велика́н *м;* **gigantisch** *adj* гига́нтский, исполи́нский

Gin *m* ‹-s› джин *м*

ging *impf v.* **gehen**

Gipfel *m* ‹-s, -› ① (*Berg~*) верши́на *ж* ② (*Baum~*) верху́шка *ж* ③ POL встре́ча *ж* в верха́х ④ *FIG* (*Höhepunkt*) апоге́й *м; FAM* (*Unverschämtheit*) ◇ **das ist ja wohl der ~!** э́то верх на́глости [наха́льства]; **Gipfelkonferenz** *f* конфере́нция *ж* в верха́х; **gipfeln** *vi* достига́ть вы́сшей то́чки; **Gipfeltreffen** *n* POL встре́ча *ж* на вы́сшем у́ровне

Gips *m* ‹-es, -e› гипс *м;* **Gipsabdruck** *m* ги́псовый сле́пок *м;* (*Guß*) ги́псовая отли́вка *ж;* **Gipsbein** *n* нога́ с ги́псовой повя́зкой *ж;* **gipsen** *vt* покры́‹ва́›ть ги́псом, накла́дывать ги́псовую повя́зку; **Gipsverband** *m* ги́псовая повя́зка *ж*

Giraffe *f* ‹-, -n› жира́ф *м*

Girlande *f* ‹-, -n› гирля́нда *ж*

Girokonto *n* COMM жиросчёт *м*

Gischt *f* пе́на *ж*, бры́зги *мн*

Gitarre *f* ‹-, -n› гита́ра *ж;* **Gitarrist(in** *f*) *m* гитари́ст(ка *ж*) *м*

Gitter *n* ‹-s, -› ① (*Tür~, Fenster~*) решётка *ж; FAM* ◇ **hinter ~n sitzen** сиде́ть за решёткой ② (*Zaun*) забо́р *м;* **Gitterfenster** *n* окно́ с с решёткой; **Gitterrost** *m* (*Schachtabdeckung*) колоснико́вая решётка *ж;* **Gitterzaun** *m* решётчатый забо́р *м*

Glacéhandschuh *m* (*sehr vorsichtig*) ◇ **jd-n mit ~en anfassen** минда́льничать с кем-л

Gladiator *m* гладиа́тор *м*

Gladiole *f* ‹-, -n› BOT гладио́лус *м*

Glanz *m* ‹-es› блеск *м*, сия́ние *с; FIG* (*Schönheit, Pracht*) красота́ *ж*, великоле́пие *с;* **glänzen** *vi* блес|те́ть ‹-ну́ть›, сия́ть *несов; FIG* ◇ **durch Abwesenheit ~** блиста́ть отсу́тствием; **glänzend** *adj a. FIG* блестя́щий, сия́ющий; (*hervorragend*) выда́ющийся; **Glanzleistung** *f* блестя́щее достиже́ние *с*, высо́кое мастерство́ *с;* **glanzlos** *adj* лишённый бле́ска, ма́товый, ту́склый, бесцве́тный; **Glanzzeit** *f* вре́мя *с* наибо́льшего успе́ха

Glas *n* ‹-es, Gläser› стекло́ *с*, стака́н *м;* **Glasbläser** *m* ‹-s, -› стеклоду́в *м;* **Glascontainer** *m* (*für Altglas*) конте́йнер *м* для испо́льзованной посу́ды; **Glaser(in** *f*) *m* ‹-s, -› стеко́льщик *м*, стеко́льщица *ж;* **gläsern** *adj* стекля́нный; *FIG* (*durchsichtig*) прозра́чный; **Glasfaser** *f* стекловолокно́ *с;* **Glashaus** *n* (*Gewächshaus*) оранжере́я *ж*, тепли́ца *ж;* **glasieren** *vt* ① (*Tontopf*) глазирова́ть *несов и сов*, покрыва́ть глазу́рью ② (*Kuchen*) покрыва́ть са́харной глазу́рью; **glasig** *adj* (*Blick*) стекля́нный, засты́вший, неподви́жный; **glasklar** *adj* прозра́чный (как стекло́); **Glaskugel** *f* (*Christbaumschmuck*) стекля́нный шар *м;* **Glasmalerei** *f* жи́вопись *ж* по стеклу́

Glasnost *f* ‹-› POL гла́сность *ж*

Glasscheibe *f* око́нное стекло́ *с*, око́нная витри́на *ж;* **Glasscherbe** *f* оско́лок *м* стекла́

G

Glasur *f* (*Kuchen~*) глазу́рь *ж;* (*auf Töpferware*) глазу́рь *ж,* поли́ва *ж*

glatt I. *adj* ① (*Haut, eben, flach*) гла́дкий, ро́вный ② (*rutschig, Straße*) ско́льзкий ③ (*mühelos, Prüfung*) лёгкий, успе́шный ④ (*ohne Umschweife*) по́лный; ◇ **~e Lüge** чисте́йшая ложь *ж* ⑤ ◇ **~e Rechnung** кру́глый счёт *м* **II.** *adv* ◇ **etw ~ vergessen haben** соверше́нно забы́ть что-л; **Glätte** *f* <-> (*Straßen~*) гололе́дица *ж;* **Glatteis** *n* гололёд *м,* гололе́дица *ж; FIG* (*hereinlegen*) ◇ **jd-n aufs ~ führen** наду́ть кого́-л, одура́чить кого́-л; **glätten I.** *vt* ① (*polieren*) <на-, об->полирова́ть, <на->лощи́ть ② (*Stoff*) <вы́->гла́дить, разгла́|живать <-дить> **II.** *vr* (*Wogen, Meer*) ◇ **sich ~** успо|ка́иваться <-ко́иться>; **glattgehen** *unreg vi* (*reibungslos verlaufen*) проходи́ть без осложне́ний, заверши́ться без поме́х; **glatthobeln** *vt* (*Brett, Holz*) вы́стругать *сов;* **glattweg** *adv* (*ohne zu zögern*) пря́мо, про́сто, наотре́з

Glatze *f* <-, -n> лы́сина *ж,* плешь *ж*

Glaube *m* <-ns> ① (*allg.*) ве́ра *ж,* дове́рие *с;* ◇ **in gutem ~n** из лу́чших побужде́ний ② (*Konfession*) ве́ра *ж* (*an akk* во что-л), рели́гия *ж* ③ (*Überzeugung*) убеждённость *ж,* уве́ренность *ж;* **glauben I.** *vt* <по->ве́рить; (*für wahr halten*) ду́мать *несов* **II.** *vi* ① (*sich verlassen auf*) ве́рить (*an akk* в кого́-что-л); ◇ **jd-m ~** ве́рить кому́-л ② (*vermuten*) полага́ть *несов;* **Glaubensbekenntnis** *n* вероисповеда́ние *с;* **Glaubensfreiheit** *f* свобо́да *ж* вероисповеда́ния; **glaubhaft** *adj* правдоподо́бный, вероя́тный

gläubig *adj* REL ве́рующий; **Gläubige(r)** *fm* ве́рующий (-ая *ж*) *м*

Gläubiger(in *f*) *m* <-s, -> JURA, COMM кредито́р(ка *ж*) *м,* заимода́вец *м,* заимода́вица *ж*

glaubwürdig *adj* (*Aussage, Zeuge*) заслу́живающий, достове́рный, правдоподо́бный; **Glaubwürdigkeit** *f* достове́рность *ж,* правдоподо́бие *с*

gleich I. *adj* ра́вный; (*identisch*) одина́ковый; (*gleichartig*) подо́бный **II.** *adv* ① одина́ково; (*sofort*) сейча́с, неме́дленно ② (*ebenso*) ◇ **~ alt** одного́ во́зраста ③ (*in unmittelbarer Nähe*) ◇ **~ hinter dem Haus** сра́зу же за до́мом **III.** *Partikel* (*im Fragesatz*) ◇ **wie war noch ~ die Nummer?** како́й же был но́мер?; (*Resignation, Unmut*) ◇ **es ist mir ~** э́то мне безразли́чно

gleichaltrig *adj* одново́зрастный, одни́х лет; **gleichartig** *adj* (*ähnlich*) одноро́дный, аналоги́чный; **gleichbedeutend** *adj* равнозна́чащий, равноси́льный; **gleichberechtigt** *adj* равнопра́вный; **Gleichberechtigung** *f* равнопра́вие *с;* **gleichbleiben** *unreg vr* (*sich nicht verändern*) ◇ **sich ~** не изме|ня́ться <-ни́ться>; **gleichbleibend** *adj* (*Qualität*) неизме́нный, постоя́нный

gleichen <glich, geglichen> **I.** *vi* (*ähneln*) походи́ть, быть похо́жим (*jd-m* на кого́-л) **II.** *vr* ◇ **sich ~** быть похо́жим друг на дру́га

gleichermaßen *adv* (*ebenso, auch*) ра́вным о́бразом, одина́ково

gleichfalls *adv* то́чно так же; ◇ **danke ~!** спаси́бо, и вам того́ же (жела́ю); **Gleichförmigkeit** *f* подо́бие *с,* схо́дство *с;* **gleichgesinnt** *adj* (*Freund*) одина́кового о́браза мы́слей; **Gleichgewicht** *n* равнове́сие *с,* уравнове́шенность *ж; a. FIG* (*verwirren*) ◇ **aus dem ~ bringen** выводи́ть из равнове́сия; **gleichgültig** *adj* (*desinteressiert*) безразли́чный, безуча́стный, равноду́шный; ◇ **jd ist mir ~** кто-л мне безразли́чен; **Gleichgültigkeit** *f* безразли́чие *с,* безуча́стность *ж,* равноду́шие *с;* **Gleichheit** *f* ра́венство *с,* тожде́ственность *ж;* **gleichkommen** *unreg vi* быть ра́вным кому́-чему́-л в чём-л; ◇ **jd-m ~ an** равня́ться с кем-л в чём-л; **gleichlautend** *adj* (*Aussage*) иденти́чный; **gleichmachen** *vt* ① (*Unterschiede*) равня́ть *несов,* ура́в|нивать <-ня́ть> ② (*niederreißen, zerstören*) ◇ **etw dem Erdboden ~** сровня́ть с землёй, разру́шить до основа́ния; **gleichmäßig** *adj* (*Puls, Atem*) равноме́рный, соразме́рный; **Gleichmut** *m* (*Gelassenheit*) равноду́шие *с,* хладнокро́вие *с;* **gleichnamig** *adj* (*Oper*) одноиме́нный

Gleichnis *n* подо́бие *с,* подо́бный о́блик *м*

gleichsam *adv* сло́вно, как будто́, как бы; (*sozusagen*) так сказа́ть

gleichschenk[e]lig *adj* (*Dreieck*) равнобе́дренный; **gleichstellen** *vt* ◇ **jd-n ~ mit** равня́ть [ста́вить наравне́] кого́-что-л с кем; **Gleichstrom** *m* ELECTR постоя́нный ток

Gleichung *f* MATH уравне́ние *с*

gleichwertig *adj* ① равноце́нный, эквивале́нтный ② CHEM с одина́ковой вале́нтностью; **gleichwohl** *cj* (*trotzdem, dennoch*) всё же, всё-таки; **gleichzeitig I.** *adj* одновре́менный, синхро́нный **II.** *adv* одновре́менно, в одно́ и то же вре́мя; **gleichziehen** *unreg vi* ◇ **mit jd-m ~** сравня́ться *сов* с кем-л

Gleis *n* ‹-es, -e› ① (*Schienenstrang*) (ре́льсовая) колея́ *ж*, ре́льсовый путь *м* ② (*Bahnsteig*) перро́н *м*
gleiten ‹glitt, geglitten› *vi* ① (*sich geräuschlos bewegen*) скольз|и́ть ‹-ну́ть› ② (*rutschen*) поскользну́ться *сов* ③ (*Blick*) скользи́ть ④ ◇ **~e Arbeitszeit** скользя́щий рабо́чий гра́фик *м*; **Gleitflug** *m* (*von Vogel, Flugzeug*) плани́рование *с*
Gletscher *m* ‹-s, -› глe̋тчер *м*, ледни́к *м*; **Gletscherspalte** *f* тре́щина *ж* в леднике́
glich *impf v.* **gleichen**
Glied *n* ‹-[e]s, -er› ① ANAT (*Finger~, Zehen~*) коне́чность *ж*; (*Gelenk*) суста́в *м*; (*Körper~*) член *м*; (*Penis*) мужско́й полово́й член *м* ② (*Ketten~*) звено́ *с* ③ ◇ **in Reih und ~** в со́мкнутом строю́, плечо́м к плечу́
gliedern *vt* (*Aufsatz*) расчле|ня́ть ‹-ни́ть›, подразде|ля́ть ‹-ли́ть› (*in akk* на)
Gliederschmerz *m* боль *ж* в суста́вах
Gliederung *f* расчлене́ние *с*, члене́ние *с*; (*von Aufsatz*) подразделе́ние *с*
Gliedmaßen *f pl* коне́чности *мн*
glimmen ‹glomm, geglommen› *vi* тлеть *несов*
glimmern *vi* мерца́ть *несов*
glimpflich I. *adj* (*Strafe*) мя́гкий, снисходи́тельный **II.** *adv* ◇ **~ davonkommen** дёшево отде́латься
glitschig *adj* (*rutschig*) ско́льзкий
glitt *impf v.* **gleiten**
glitzern *vi* (*Edelstein, Stern*) блес|те́ть ‹-ну́ть›, сверк|а́ть ‹-ну́ть›
global *adj* глоба́льный, миро́вой
Globetrotter(in *f*) *m* (*Weltenbummler/in*) путеше́ствующий (-ая *ж*) *м* вокру́г све́та
Globus *m* ‹-, -ben› гло́бус *м*
Glocke *f* ‹-, -n› звоно́к *м*; (*Glöckchen, Schelle*) ко́локол *м*, колоко́льчик *м*; *FAM* (*überall erzählen*) ◇ **etw an die große ~ hängen** разглаша́ть что-л, трезво́нить о чём-л повсю́ду; **Glockenblume** *f* колоко́льчик *м*; **Glockenspiel** *n* бой *м* ба́шенных часо́в [кура́нтов]; **Glockenturm** *m* колоко́льня *ж*, звонни́ца *ж*
glomm *impf v.* **glimmen**
glorreich *adj* сла́вный, просла́вленный; *FAM* ◇ **was für e-e ~e Idee!** сла́вная иде́я!
Glotze *f* ‹-, -n› *FAM* (*Fernseher*) я́щик *м*; **glotzen** *vi FAM* (*starr schauen*) ‹вы́-›тара́щить глаза́; (*gaffen*) глазе́ть *несов*; (*anstarren*) уста́виться *сов* на кого́-что-л
Glück *n* ‹-[e]s› ① сча́стье *с*; (*ohne Gewißheit*) ◇ **auf gut ~** на уда́чу, на аво́сь, как попа́ло; ◇ **~ bringen** приноси́ть сча́стье; ◇ **ich habe ~** мне везёт; ◇ **viel ~!** жела́ю сча́стья!; ◇ **zum ~** к сча́стью ② (*Freude*) ра́дость *ж*, благополу́чие *с*;; **glücken** *vi* (*gelingen*) уда́‹ва́›ться, посчастли́виться *сов*; ◇ **es ist mir geglückt** мне повезло́
gluckern *vi* (*Abflußrohr*) бу́льк|ать ‹-нуть›
glücklich *adj* ① (*froh*) счастли́вый, благополу́чный ② (*günstig*) счастли́вый, уда́чный; ◇ **ein ~er Zufall** счастли́вый слу́чай; **glücklicherweise** *adv* к сча́стью; **Glücksbringer** *m* ‹-s, -› ве́стник *м* сча́стья, принося́щий сча́стье; **glückselig** *adj* счастли́вый, блаже́нный; **Glücksfall** *m* счастли́вый слу́чай *м*; **Glückspilz** *m FIG* (*Glückskind*) счастли́вчик *м*, ба́ловень *м* судьбы́; **Glückssache** *f* ◇ **das ist ~** э́то де́ло уда́чи, **Glücksspiel** *n* аза́ртная игра́ *ж*; (*Lotterie*) лотере́я *ж*; **Glückssträhne** *f* ◇ **e-e ~ haben** находи́ться в полосе́ уда́чи; **Glückstag** *m* день *м* везе́ния, уда́чный день *м*; **Glückwunsch** *m* поздравле́ние *с*, поздравле́ния *мн*
Glühbirne *f* ла́мпа *ж* нака́ливания; **glühen** *vi* (*Ofen*) ‹с-›горе́ть; *FIG* (*Gesicht, Wangen*) пыла́ть *несов*, горе́ть; **glühend** *adj* раскалённый, горя́чий; (*Kohlen*) раскалённый; (*Hitze*) паля́щий (зной); **Glühwein** *m* глинтве́йн *м*; **Glühwürmchen** *n* ZOOL светля́к *м*, светлячо́к *м*
Glukose *f* ‹-› глюко́за *ж*
Glut *f* ‹-, -en› (*Feuers~*) пе́кло *с*, жар *м*; (*Hitze*) зной *м*; *FIG* (*Leidenschaft*) пла́мя *с* любви́; **glutrot** *adj* (*Sonne*) багро́вый, о́гненно-кра́сный
Glyzerin *n* ‹-s› CHEM глицери́н *м*
GmbH *f* ‹-, -s› *Akr. v.* **Gesellschaft mit beschränkter Haftung** о́бщество *с* с ограни́ченной отве́тственностью
Gnade *f* ‹-, -n› (*Vergebung, Milde*) ми́лость *ж*, поща́да *ж*; (*Gunst, Wohlwollen*) благоволе́ние *с*, благоскло́нность *ж*; ◇ **~ vor Recht ergehen lassen** сми́лостивиться, смени́ть гнев на ми́лость; **Gnadenfrist** *f* (*Aufschub*) отсро́чка *ж*; **gnadenlos** *adj* безжа́лостный, беспоща́дный; **gnädig** *adj* ① (*nachsichtig*) ми́лостивый, благоскло́нный ② (*Anrede*) ◇ **~e Frau** ми́лостивая суда́рыня!
Gnom *m* ‹-s, -e› (*Zwerg*) гном *м*, ко́больд *м*
Gold *n* ‹-[e]s› зо́лото *с*; **golden** *adj* (*Uhr, Ring*) золото́й; **Goldfisch** *m* (*Zierfisch*) золота́я ры́бка *ж*; **Goldgräber** *m* ‹-s› (*Goldsucher*) золотоиска́тель *м*, стара́тель *м*; **Goldgrube** *f FIG* золото́е дно *с*; **goldig** *adj*

G

(*niedlich*) ми́лый, преле́стный, обворожи́тельный; **Goldregen** *m* BOT раки́тник *м;* **Goldschmied**(**in** *f*) *m* ювели́р *м;* **Goldwaage** *f FIG* (*übergenau sein*) ◇ **jedes Wort auf die ~ legen** скрупулёзно взве́шивать ка́ждое сло́во

Golf [1] *m* <-[e]s, -e> GEO морско́й за-ли́в *м*

Golf [2] *n* <-s> SPORT игра́ *ж* в гольф

Golfkrieg *m* HIST война́ *ж* в райо́не, в Перси́дском зали́ве

Golfplatz *m* площа́дка *ж* для игры́ в гольф; **Golfschläger** *m* клю́шка *ж* для игры́ в гольф; **Golfspieler**(**in** *f*) *m* игро́к *м* в гольф

Golfstaat *m* POL страна́ *ж* регио́на Перси́дского зали́ва; **Golfstrom** *m* Гольфстри́м *м*

Gondel *f* <-, -n> (*in Venedig*) гондо́ла *ж;* (*von Seilbahn*) каби́на *ж*

Gong *m* <-s, -s> гонг *м*

gönnen I. *vt* ◇ **jd-m etw ~** жела́ть чего́-л кому́-л **II.** *vr* (*sich etw erlauben*) ◇ **sich** *dat* **etw ~** разреша́ть себе́ что-л; **gönnerhaft** *adj* (*überheblich*) покрови́тельственный

gor *impf v.* **gären**

Gorilla *m* <-s, -s> ZOOL гори́лла *ж*

goß *impf v.* **gießen**

Gosse *f* <-, -n> (*Abflußrinne*) у́личный водосто́чный лото́к [жёлоб *м*]; *FIG* (*Verkommenheit*) дно *с,* нищета́ *ж,* грязь *ж;* ◇ **in der ~ landen** ко́нчить под забо́ром

Gotik *f* <-> KUNST го́тика *ж,* готи́ческий стиль *м;* **gotisch** *adj* (*Schrift*) готи́ческий

Gott *m* <-es, Götter> божество́ *с;* (*christlich*) бог *м;* ◇ **~ sei Dank!** сла́ва бо́гу!; ◇ **um ~es willen!** ра́ди бо́га!; **Gottesdienst** *m* богослуже́ние *с;* **Gotteslästerung** *f* кощу́нство *с,* богоху́льство *с;* **Gottesurteil** *n* REL бо́жий суд *м;* **Göttin** *f* боги́ня *ж;* **göttlich** *adj* боже́ственный, замеча́тельный; **gottlos** *adj* (*Mensch*) безбо́жный, атеисти́ческий; (*sündig*) гре́шный; **gottverlassen** *adj* (*Dorf*) бро́шенный, поки́нутый

Götze *m* <-n, -n> и́дол *м,* истука́н *м,* куми́р *м;* **Götzenbild** *n* и́дол *м,* куми́р *м*

Grab *n* <-[e]s, Gräber> моги́ла *ж*

graben <gräbt, grub, gegraben> *vt, vi* <вы́->копа́ть, <вы́->ры́ть; ◇ **nach etw ~** иска́ть что-л в земле́; **Graben** *m* <-s, Gräben> (*Straßen~*) ров *м;* (*Wasser~*) кана́ва *ж;* MIL транше́я *ж,* око́п *м*

Grabinschrift *f* надгро́бная на́дпись *ж;* **Grabstein** *m* надгро́бный ка́мень *м*

Grabung *f* раско́пки *мн*

Grad *m* <-[e]s, -e> (1) *a.* MATH (*Maßeinheit bei Temperatur*) гра́дус *м,* сте́пень *ж,* балл *м* (2) (*Rang*) чин *м,* сте́пень *ж;* ◇ **akademischer ~** академи́ческое зва́ние *с,* учёная сте́пень *ж;* **Gradeinteilung** *f* (*auf Skala*) деле́ние *с* на гра́дусы

graduiert *adj* (*mit akademischem Abschluß*) име́ющий академи́ческую сте́пень

Graf *m* <-en, -en> граф *м*

Graffiti *n pl настéнные рису́нки и на́дписи мн, нанося́мые с по́мощью распыли́телей*

Gräfin *f* графи́ня *ж;* **gräflich** *adj* (*Anwesen*) гра́фский; **Grafschaft** *f* гра́фство *с*

grämen *vr* ◇ **sich ~** скорбе́ть *несов,* грусти́ть *несов,* <о->печа́литься (*über akk* о ком-чём-л)

Gramm *n* <-s, -> грамм *м*

Grammatik *f* грамма́тика *ж;* **grammatikalisch**, **grammatisch** *adj* граммати́ческий

Grammophon *n* <-s, -e> граммофо́н *м*

Granat *m* <-[e]s, -e> MIN (*Edelstein*) грана́т *м*

Granate *f* <-, -n> MIL грана́та *ж*

grandios *adj* (*überwältigend*) грандио́зный, вели́чественный

Granit *m* <-s, -e> (*hartes Gestein*) грани́т *м*

Grapefruit *f* <-, -s> (*Südfrucht*) грейпфру́т *м*

Graphik *f* KUNST гра́фика *ж;* **Graphiker**(**in** *f*) *m* <-s, -> гра́фик *м;* **graphisch** *adj* графи́ческий

grapschen *vt, vi FAM* (*an sich raffen*) ◇ **nach etw ~** жа́дно <с->ца́пать

Gras *n* <-es, Gräser> трава́ *ж; FAM* (*sterben*) ◇ **ins ~ beißen** умере́ть; **grasen** *vi* (*Ziege*) пасти́сь *несов;* **Grashalm** *m* сте́бель *м* травы́

grassieren *vi* (*Seuche*) свире́пствовать *несов*

gräßlich *adj* стра́шный, ужа́сный, отврати́тельный, омерзи́тельный

Grat *m* <-[e]s, -e> (*Berg~*) о́стрый край *м,* ребро́ *с*

Gräte *f* <-, -n> ры́бья кость *ж*

Gratifikation *f* гратифика́ция *ж,* (едновре́менное) де́нежное вознагражде́ние

gratis *adv* (*kostenlos*) да́ром, беспла́тно, безвозме́здно; **Gratisprobe** *f* беспла́тное опро́бование *с*

Gratulation *f* поздравле́ние *с;* **gratulieren** *vi* позд|равля́ть <-ра́вить> (*jd-m zu etw dat* кого́-л с чем-л)

grau *adj* се́рый

grauen *vi unpers* ◇ **mir graut davor** э́то нав́одит на ме́ня у́жас; **Grauen** *n* <-s> (*Entsetzen*) у́жас *м,* страх *м;* **grauenhaft**, **grauenvoll** *adj* ужа́сный, стра́шный

grauhaarig *adj* седо́й, седоволо́сый

grausam *adj* жесто́кий; *FAM* (*unerträglich, schrecklich*) свире́пый, зве́рский, лю́тый; **Grausamkeit** *f* жесто́кость *ж,* зве́рство *с,* свире́пость *ж,* лю́тость *ж;* **grausen I.** *vi unpers* (*fürchten, ekeln*) ◇ **mir graust vor dir** я о́чень бою́сь тебя́ **II.** *vr* ◇ **sich ~** боя́ться (*vor dat* чего́-л); **Grausen** *n* <-s> (*Furcht, Entsetzen*) у́жас *м,* страх *м*

gravieren *vt* (*Glas, Metall*) <вы́-, на->гравирова́ть; **gravierend** *adj* отягча́ющий

Gravitation *f* гравита́ция *ж,* тяготе́ние *с*

Grazie *f* гра́ция *ж,* пре́лесть *ж,* привлека́тельность *ж;* **grazil** *adj* (*geschmeidig*) стро́йный, ги́бкий; (*graziös*) грацио́зный

greifbar *adj* осяза́емый, ощути́мый; *FIG* (*Resultat, Beweis*) конкре́тный, ощути́мый; ◇ **in ~er Nähe** в непосре́дственной бли́зости; **greifen** <griff, gegriffen> **I.** *vt* брать <взять>, хвата́ть <схвати́ть> **II.** *vi* ① (*Hand ausstrecken*) хвата́ться *несов* (*nach etw* за что-л); схвати́ть (*nach jd-m/etw* кого́/что-л) ② (*Reifen*) сце|пля́ть <-пи́ть> ③ (*Wirkung zeigen*) при|бега́ть <-бе́гнуть>; *FIG* (*sich ausbreiten*) ◇ **um sich ~** распростра|ня́ться <-ни́ться>; (*gebrauchen*) ◇ **zu etw ~** брать <взять> что-л

Greis(in *f*) *m* <-es, -e> стари́к *м,* стару́ха *ж,* ста́рец *м;* **greisenhaft** *adj* ста́рческий, дря́хлый

grell *adj* (*Licht*) я́ркий; (*Farbe*) ре́зкий, я́ркий, крича́щий; (*Stimme, Ton*) ре́зкий, пронзи́тельный

Gremium *n* (*Ausschuß*) о́рган *м*

Grenze *f* <-, -n> грани́ца *ж,* рубе́ж *м; FIG* грани́ца *ж,* преде́л *м;* (*Nahtstelle*) стык *м;* (*erträglich sein*) ◇ **sich in ~n halten** соблюда́ть прили́чие; **grenzen** *vi* грани́чить *несов,* соприкаса́ться *несов* (*an akk* с чем-л); (*anrainen, anliegen*) прилега́ть *несов,* примыка́ть *несов* (*an akk* к чему́-л); **grenzenlos** *adj a. FIG* безграни́чный, беспреде́льный; **Grenzfall** *m* (*Zweifelsfall*) преде́л *м,* кра́йний слу́чай *м;* **Grenzübergang** *m* погранич́ный пункт *м;* **Grenzwert** *m* MATH преде́льное значе́ние *с*

Gretchenfrage *f FIG* (*entscheidende Frage*) основно́й [принципиа́льный] вопро́с *м*

Greuel *m* <-s, -> (*Grauen*) у́жас *м;* (*Abscheu*) отвраще́ние *с,* ме́рзость *ж;* ◇ **er ist mir ein ~** он вызыва́ет у меня́ отвраще́ние [омерзе́ние]; **Greuelmärchen** *n* стра́шная ска́зка *ж;* **Greueltat** *f* зве́рство *с,* гну́сное преступле́ние *с*

Grieche *m* <-n, -n> грек *м;* **Griechenland** *n* Гре́ция *ж;* ◇ **in/nach ~** в Гре́ции/в Гре́цию; **Griechin** *f* греча́нка *ж;* **griechisch** *adj* гре́ческий

griesgrämig *adj* (*mürrisch*) угрю́мый, брюзгли́вый, ворчли́вый

Grieß *m* <-es> ма́нная крупа́ *ж,* ма́нка *ж*

griff *impf v.* **greifen**

Griff *m* <-[e]s, -e> ① (*Greifen*) схва́тывание *с,* хвата́ние *с* ② (*an Tür*) ру́чка *ж;* (*vom Werkzeug*) рукоя́тка *ж* ③ (*Situation*) ◇ **etw im ~ haben** наби́ть себе́ ру́ку на чём-л, облада́ть сноро́вкой в чём-л; **griffbereit** *adj* удо́бный для по́льзования; **griffig** *adj* шерохова́тый, неско́льзкий

Grill *m* <-s, -s> ра́шпер *м,* решётка *ж*

Grille *f* <-, -n> ZOOL сверчо́к *м*

grillen *vt* поджа́ри<ва>ть на гри́ле

Grimasse *f* <-, -n> (*Gesicht verziehen*) грима́са *ж,* ужи́мка *ж;* ◇ **~n schneiden** грима́сничать *несов,* ко́рчить грима́сы

grimmig *adj* я́ростный, свире́пый, лю́тый, жесто́кий

grinsen *vi* ска́лить *несов,* ухмыля́ться *несов,* о|склабя́ться <-скла́биться>

Grippe *f* <-, -n> грипп *м*

grob *adj* ① (*rauh, Sand, Gesichtszüge*) гру́бый ② (*Überblick*) нето́чный, гру́бый, черново́й ⑤ (*barsch, Benehmen*) гру́бый, на́глый, наха́льный ⑥ (*schlimm, Unfug*) гру́бый; **Grobheit** *f* гру́бость *ж*

groggy *adj FAM* (*erschöpft*) уста́лый, измо́танный

grölen *vi* (*Betrunkene*) горла́нить *несов*

Groll *m* <-[e]s> (*Zorn, Ärer*) зло́ба *ж,* неприя́знь *ж;* ◇ **gegen jd-n e-n ~ hegen** пита́ть зло́бу к кому́-л; **grollen** *vi* (*Donner*) громых|а́ть <-ну́ть>, <за->греме́ть

groß I. *adj* <größer, am größten> ① (*Länge*) большо́й, дли́нный; ◇ **2 Meter ~ sein** длино́й в два ме́тра ② (*Zeitspanne*) ◇ **die ~en Ferien** продолжи́тельные [больши́е] кани́кулы ③ (*bedeutend, Dichter*) значи́тельный, ва́жный ④ (*erwachsen*) большо́й, взро́слый ⑤ (*glanzvoll, Fest*) большо́й, роско́шный, торже́ственый ⑥ (*viel*) большо́й, мно́го; ◇ **das ~e Geld machen** де́лать больши́е де́ньги; (*generell*) ◇ **im ~en und ganzen** в о́бщем и це́лом **II.** *adv* ◇ **etw ~ schreiben** писа́ть что-л с большо́й [прописно́й] бу́квы; **großartig** *adj* (*grandios*) великоле́пный, замеча́тельный, грандио́зный; **Großaufnahme** *f* FOTO крупномасшта́бное изображе́ние *с;* KINO кру́пный план *м;*

Großbritannien *n* ‹-s› Великобрита́ния *ж;* ◇ **in/nach ~** в Великобрита́нии/в Великобрита́нию; **Großbuchstabe** *m* прописна́я/больша́я бу́ква *ж*

Größe *f* ‹-, -n› ① (*Ausmaß*) величина́ *ж,* разме́ры *мн* ② (*Höhe*) высота́ *ж* ③ (*Körper~*) рост *м* ④ (*Kapazität*) знамени́тость *ж* ⑤ (*Kleider~, Schuh~*) разме́р *м* ⑥ (*Bedeutung, Tragweite*) значе́ние *c,* вели́чие *c* ⑦ (*Güte*) благоро́дство *c,* му́дрость *ж*

Großeinkauf *m* о́птовые заку́пки *мн;* **Großeltern** *pl* де́душка и ба́бушка; **großenteils** *adv* в значи́тельной сте́пени, бо́льшей ча́стью

Größenwahn *m* ма́ния *ж* вели́чия

Großfamilie *f* многоде́тная семья́ *ж;* **Großformat** *n* кру́пный форма́т *м;* **Großgrundbesitz** *m* кру́пное землевладе́ние *c;* **Großhandel** *m* о́птовая торго́вля *ж;* **Großhändler** *m* о́птовый торго́вец *м;* **großherzig** *adj* (*Spende*) великоду́шный, благоро́дный; **Großhirn** *n* большо́й мозг *м,* головно́й мозг *м;* **Großmacht** *f* вели́кая [кру́пная] держа́ва *ж;* **Großmarkt** *m* о́птовая торго́вля *ж,* ры́нок *м* о́птовой торго́вли; **Großmaul** *n FAM* горлопа́н *м;* **großmütig** *adj* великоду́шный; (*großzügig*) ще́дрый; **Großmutter** *f* ба́бушка *ж;* **Großraumbüro** *n* большо́е конто́рское помеще́ние *c;* **großschreiben** *unreg vt* писа́ть с прописно́й [большо́й] бу́квы; **großspurig** *adj* (*überheblich*) кичли́вый, надме́нный; **Großstadt** *f* большо́й го́род *м*

größtenteils *adv* по бо́льшей ча́сти; (*hauptsächlich*) преиму́щественно

großtun *unreg vi* (*prahlen*) ‹по-›хва́статься чем-л, зазна́‹ва́›ться; **Großvater** *m* де́душка *м;* **großziehen** *unreg vt* (*Kind*) воспи́|тывать ‹-та́ть›, расти́ть дете́й; **großzügig** *adj* ще́дрый, великоду́шный; (*Anlage*) широко́ заду́манный; (*umfangreich*) широ́кий, обши́рный; **Großzügigkeit** *f* широта́ *ж,* ще́дрость *ж*

grotesk *adj* (*komisch, verzerrt*) причу́дливый, стра́нный, гроте́скный

Grotte *f* ‹-, -n› грот *м*

grub *impf v.* **graben**

Grübchen *n* я́мочка *ж*

Grube *f* ‹-, -n› ① (*Loch*) я́ма *ж* ② MIN рудни́к *м,* ша́хта *ж*

grübeln *vi* размышля́ть *несов* о ком-чём-л; (*sich den Kopf zerbrechen*) лома́ть себе́ го́лову над чем-л

Gruft *f* ‹-, Grüfte› (*Familiengrab*) моги́ла *ж,* склеп *м*

grummeln *vi* (*murren*) ропта́ть *несов,* ворча́ть *несов*

grün *adj* ① (*Farbe*) зелёный ② (*unreif, Obst*) неспе́лый, незре́лый ③ POL зелёный ④ *FIG* ◇ **ein ~er Junge** молокосо́с *м,* зелёный юне́ц *м;* **Grün** *n* ‹-s› зелёный цвет *м,* зе́лень *ж;* (*Ampel*) ◇ **auf ~ stehen** стоя́ть при зелёном све́те; (*junge Blätter*) ◇ **das erste ~** пе́рвая зе́лень; **Grünanlage** *f* (*Park*) сквер *м,* зелёные насажде́ния *мн*

Grund *m* ‹-[e]s, Gründe› ① (*Boden, Land*) по́чва *ж,* земля́ *ж* ② (*von Gefäß, Gewässer*) дно *c; FIG* ◇ **e-r Sache** *dat* **auf den ~ gehen** вни́кнуть в суть де́ла ③ *FIG* (*Ursache*) по́вод *м,* моти́в *м,* основа́ние *c,* до́вод *м,* причи́на *ж* ④ (*eigentlich*) ◇ **im ~e (genommen)** в су́щности (говоря́), по су́ти де́ла

Grundausbildung *f* MIL строева́я подгото́вка *ж;* **Grundbedingung** *f* основна́я предпосы́лка *ж;* **Grundbegriff** *m* основно́е поня́тие *c;* **Grundbesitz** *m* земе́льная со́бственность *ж,* землевладе́ние *c;* (*Immobilien*) недвижи́мое иму́щество *c*

gründen I. *vt* (*Familie, Partei*) осно́|вывать ‹-ва́ть›, учре|жда́ть ‹-ди́ть› **II.** *vr* ◇ **sich ~ auf** *akk* осно́вываться на чём-л; **Gründer(in** *f*) *m* ‹-s, -› основа́тель(ница *ж*) *м*

Grunderwerb *m* приобрете́ние *c* земе́льной со́бственности

Gründerzeit *f* HIST пери́од *м* грю́ндерства

Grundform *f* ① основна́я [гла́вная] фо́рма *ж* ② GRAM инфинити́в *м;* **Grundgebühr** *f* (*Mindestgebühr*) основна́я та́кса *ж,* основно́й тари́ф *м;* **Grundgesetz** *n* (*Artikel*) основно́й зако́н *м;* (*Verfassung*) конститу́ция *ж*

grundieren *vt* ‹за-›грунтова́ть

Grundkurs *m* SCH (*in Oberstufe*) основно́й курс *м;* (*in Volkshochschule*) основно́й курс *м* для начина́ющих; **Grundlage** *f* осно́ва *ж,* основа́ние *c;* (*Basis*) ба́за *ж,* ба́зис *м,* фунда́мент *м;* **Grundlagenforschung** *f* фундамента́льные иссле́дования *мн;* **grundlegend I.** *adj* (*Unterschied*) основно́й, основополага́ющий, реша́ющий, коренно́й **II.** *adv* (*vollkommen*) коренны́м о́бразом

gründlich I. *adj* ① (*solide*) основа́тельный, соли́дный ② (*Kenntnisse*) про́чный, глубо́кий ③ (*Arbeit*) обстоя́тельный **II.** *adv* (*sehr*) основа́тельно, про́чно, глубоко́; ◇ **jd-m ~ die Meinung sagen** пря́мо вы́сказать кому́-л своё мне́ние; ◇ **sich ~ blamieren** основа́тельно опозо́риться

Grundlohn *m* основна́я за́работная пла́та *ж;* **grundlos** *adj* необосно́ванный, беспо́чвенный, беспричи́нный; **Grundnahrungsmittel** *n* основны́е проду́кты пита́ния *мн*

Grundrecht *n* основно́е пра́во *с;* **Grundriß** *m* план *м; FIG* о́черк *м;* **Grundsatz** *m* (*Richtlinie*) при́нцип *м,* основно́е положе́ние *с;* **Grundsatzentscheidung** *f* принципиа́льное реше́ние *с;* **grundsätzlich I.** *adj* (*Überlegung*) принципиа́льный **II.** *adv* (*mit Einschränkung*) из при́нципа; **Grundschule** *f* нача́льная [основна́я] шко́ла *ж;* **Grundstein** *m FIG* (*Anfang*) ◇ **den ~ für etw legen** закла́дывать фунда́мент [осно́вы] чего́-л; **Grundstück** *n* земе́льный уча́сток *м*

Gründung *f* основа́ние *с,* учрежде́ние *с*

grundverkehrt *adj* (*völlig falsch*) абсолю́тно неве́рно; **grundverschieden** *adj* (*Charaktere*) в ко́рне разли́чный; **Grundwasser** *n* грунто́вая вода́ *ж;* **Grundwortschatz** *m* основно́й слова́рный запа́с *м*

Grüne(r) *fm* POL член *м* па́ртии "зелёных"; **Grünfläche** *f* (*Rasen*) озеленённая пло́щадь *ж;* (*Waldwiese*) лужа́йка *ж;* **Grünkohl** *m* кормова́я капу́ста *ж,* грюнко́ль *ж;* **grünlich** *adj* зеленова́тый; **Grünschnabel** *m FAM* молокосо́с *м,* зелёный юне́ц *м;* **Grünstreifen** *m* раздели́тельная полоса́ *ж* автостра́ды с озелене́нием

grunzen *vi* хрю́к|ать ‹-нуть›

Gruppe *f* ‹-, -n› гру́ппа *ж;* (*Abteilung*) отря́д *ж;* (*Mannschaft*) кома́нда *ж;* **gruppenweise** *adv* гру́ппами; **gruppieren I.** *vt* (*anordnen*) ‹с-›группирова́ть **II.** *vr* (*sich aufstellen*) ◇ **sich ~** ‹с-›группирова́ться

gruseln *vi unpers* ◇ **es gruselt mir** [*o.* **mich**] мне жу́тко, мне стра́шно

Gruß *m* ‹-es, Grüße› приве́т *м,* приве́тствие *с;* ◇ **mit feundlichem ~** с дру́жеским приве́том; **grüßen** *vt, vi* приве́тствовать *несов* кого́-л, здоро́ваться *несов* с кем-л; ◇ **jd-n ~ lassen** посыла́ть приве́т кому́-л

Grütze *f* ‹-, -n› крупа́ *ж,* ка́ша *ж*

gucken *vi* (*schauen*) ‹по-›гляде́ть, ‹по-› смотре́ть; ◇ (*nach jd-m/etw* на кого́/что-л)

Guerillakrieg *m* партиза́нская война́ *ж*

Guillotine *f* HIST гильоти́на *ж*

Gulasch *n* ‹-[e]s, -e› гуля́ш *м*

Gülle *f* ‹-› (*Jauche*) наво́зная жи́жа *ж*

gültig *adj* (*Visa, Paß*) действи́тельный; (*rechtmäßig*) зако́нный; **Gültigkeit** *f* действи́тельность *ж,* зако́нность *ж*

Gummi *n o. m* ‹-s, -s› рези́на *ж;* (*Radier~, ~band*) рези́нка *ж,* ла́стик *м;* (*Kautschuk*) каучу́к *м; FAM* (*Kondom*) презервати́в *м;* **Gummiball** *m* рези́новый мяч *м;* **Gummiband** *n* рези́новая тесьма́ *ж;* рези́нка *ж;* **Gummibaum** *m* каучу́ковое де́рево *с;* **Gummihandschuh** *m* рези́новая перча́тка *ж;* **Gummiknüppel** *m* (полице́йская) рези́новая дуби́нка *ж;* **Gummistiefel** *m* рези́новый сапо́г *м*

Gunst *f* ‹-› (*Wohlwollen*) благоскло́нность *ж,* доброжела́тельство *с*

günstig *adj* ① (*Gelegenheit*) благоприя́тный, благоскло́нный ② (*Preis*) дешёвый

gurgeln *vi* (*Mensch*) ‹про-›полоска́ть го́рло; (*Wasser, sprudeln*) клокота́ть *несов*

Gurke *f* ‹-, -n› (*Salat~*) огуре́ц *м;* ◇ **saure ~** солёные огурцы́ *мн*

Gurt *m* ‹-[e]s, -e› (*Gürtel*) по́яс *м,* реме́нь *м*

Gürtel *m* ‹-s, -› ① (*an Kleidung*) по́яс *м,* реме́нь *м* ② GEO по́яс *м,* зо́на *ж;* **Gürtelrose** *f* MED опоя́сывающий лиша́й *м*

Gurtpflicht *f обяза́тельное пристёгивание ремня́ми при езде́ в автотра́нспорте*

Guru *m* ‹-s, -s› REL гу́ру *м,* глава́ *м* се́кты

Guß *m* ‹Gusses, Güsse› ① (*Torten~*) глазу́рь *ж* ② (*Regenschauer*) ли́вень *м,* проливно́й дождь *м* ③ (*Metallgießen*) жи́дкий мета́лл *м*

gut I. *adj* ‹besser, am besten› *adj* (*Wetter*) хоро́ший; (*Anzug*) добро́тный, краси́вый, хоро́ший **II.** *adv* хорошо́; (*leicht*) ◇ **du hast ~ reden** тебе́ хорошо́ говори́ть; (*ohne Streit*) ◇ **im ~en auseinandergehen** расходи́ться без пробле́м; (*nicht wichtig*) ◇ **schon ~** ла́дно, нева́жно; (*fast*) ◇ **so ~ wie** почти́

Gut *n* ‹-[e]s, Güter› ① (*Besitz*) иму́щество *с* ② (*Land~*) име́ние *с*

Gutachten *n* ‹-s, -› о́тзыв *м,* заключе́ние *с,* эксперти́за *ж;* **Gutachter(in** *f*) *m* ‹-s, -› экспе́рт *м*

gutartig *adj* ① (*freundlich*) с хоро́шими за́датками ② MED доброка́чественный

gutbürgerlich *adj* (*Küche*) традицио́нный, изве́стный и́сстари

Gutdünken *n* ‹-s› (*Belieben*) ◇ **nach seinem ~** по своему́ усмотре́нию

Güte *f* ‹-› ① (*Nachsicht*) доброта́ *ж* ② (*Qualität*) (хоро́шее) ка́чество *с;* **Güteklasse** *f* (*bei Waren*) сте́пень *ж* ка́чества, класс *м* по ка́честву

G

Gutenachtkuß *m* поцелу́й *м* пе́ред сном

Güterbahnhof *m* BAHN това́рная ста́нция *ж;* **Gütergemeinschaft** *f* иму́щественная о́бщность *ж;* **Gütertrennung** *f* разде́л *м* иму́щества; **Güterwagen** *m* това́рный ваго́н *м;* **Güterzug** *m* това́рный по́езд *м*

gutgehen *unreg vi unpers* успе́шно протека́ть [пройти́]; ◇ **es wird schon alles ~** всё обрazу́ется

gutgemeint *adj* (*Rat*) доброжела́тельный, благоскло́нный

gutgläubig *adj* легкове́рный, наи́вный

Guthaben *n* ‹-s, -› акти́вы *мн*

gutheißen *unreg vt* одобря́ть ‹одо́брить›

gütig *adj* до́брый, благоскло́нный

gutmachen *vt* (*Schaden*) ис|правля́ть ‹-пра́вить›, загла́|живать ‹-дить›

gutmütig *adj* (*Mensch*) доброду́шный; **Gutmütigkeit** *f* доброду́шие *с*

Gutschein *m* тало́н *м,* о́рдер *м*

gutschreiben *unreg vt* кредитова́ть *несов и сов,* запи́|сывать ‹-са́ть› в креди́т; **Gutschrift** *f* за́пись *ж* в креди́т

gutsituiert *adj* (*Familie*) состоя́тельный, обеспе́ченный, зажи́точный

guttun *unreg vi* (*Ruhe*) быть поле́зным, приноси́ть по́льзу (*jd-m* кому́-л)

gutwillig *adj* доброво́льный; (*liebenswürdig*) любе́зный; (*gutmütig*) доброду́шный

Gymnasium *n* гимна́зия *ж;* **Gymnasiast(in** *f*) *m* гимнази́ст(ка *ж*) *м*

Gymnastik *f* гимна́стика *ж*

Gynäkologe *m* ‹-n, -n› гинеко́лог *м;* **Gynäkologie** *f* MED гинеколо́гия *ж;* **Gynäkologin** *f* же́нщина-гинеко́лог *ж;* **gynäkologisch** *adj* гинекологи́ческий

H

H, h *n* ① (*Buchstabe*) (*im Russischen wiedergegeben durch:*) Х, х *o.* Г, г ② MUS си

Haar *n* ‹-[e]s, -e› (*Kopf~*) во́лос *м;* (*Körper~*) во́лосы *мн;* (*Tier~*) шерсть *ж;* (*fast*) ◇ **um ein ~** на волосо́к, почти́; **Haarbürste** *f* щётка *ж* для воло́с; **haaren I.** *vi* (*Fell*) ‹вы́-›линя́ть **II.** *vr* (*Tiere*) ◇ **sich ~** ‹вы́-› линя́ть; **haargenau** *adv* точь в точь; **haarig** *adj FIG* (*kompliziert*) скве́рный, неприя́тный; **Haarschnitt** *m* причёска *ж;*

Haarspalterei *f* ◇ **das ist doch ~!** э́то же буквое́дство!; **haarsträubend** *adj* (*ungeheuerich*) возмути́тельный; (*unglaublich*) невероя́тный; **Haartrockner** *m* ‹-s, -› фен *м,* суши́льный аппара́т *м* для воло́с; **Haarwaschmittel** *n* (*Shampoo*) сре́дство *с* для мытья́ воло́с, шампу́нь *м*

Habe *f* ‹-› (*Besitz*) иму́щество *с,* со́бственность *ж,* состоя́ние *с*

haben ‹hatte, gehabt› **I.** *Hilfsverb* ◇ **wo hast du geschlafen?** где ты спал? **II.** *vt* ① (*besitzen, Haus*) име́ть что-л, владе́ть *несов* ② (*verfügen über*) облада́ть чем-л ③ (*leiden an*) страда́ть от чего́-л ④ (*nicht leiden können*) ◇ **etw gegen jd-n ~** недолю́бливать кого́-л ⑤ ◇ **ich habe es schwer/gut** мне тяжело́/хорошо́ ⑥ *FAM* (*können*) ◇ **etw drauf ~** соobража́ть ⑦ (*müssen*) ◇ **Sie ~ zu gehorchen** Вы должны́ слу́шаться ⑧ (*Datum*) ◇ **wir ~ den 19. Juni** сего́дня 19-ое ию́ля

Haben *n* ‹-s› ◇ **Soll und ~** де́бет и кре́дит *м*

Habgier *f* жа́дность *ж,* а́лчность *ж*

Habicht *m* ‹-[e]s, -e› (*Raubvogel*) я́стреб *м*

Habseligkeiten *f pl* ◇ **seine ~ zusammensuchen** собра́ть свои́ пожи́тки

Hacke *f* ‹-, -n› ① моты́га *ж;* (*Spitz~*) кирка́ *ж* ② (*Ferse*) пята́ *ж,* пя́тка *ж;* **hacken** *vt* (*Garten*) вс|ка́пывать ‹-копа́ть›; (*graben*) о|ка́пывать ‹-копа́ть›; (*Holz*) ‹рас-›коло́ть, ‹на-›руби́ть

Hackfleisch *n* ру́бленое мя́со *с,* фарш *м*

hadern *vi* (*sich beklagen*) ◇ **mit dem Schicksal ~** ропта́ть на судьбу́

Hafen *m* ‹-s, Häfen› порт *м,* га́вань *ж;* **Hafenstadt** *f* порто́вый го́род *м*

Hafer *m* ‹-s› (*Getreide*) овёс *м;* **Haferbrei** *m* овся́ная ка́ша *ж*

Haft *f* ‹-› лише́ние *с* свобо́ды, аре́ст *м;* **haftbar** *adj* (*verantwortlich*) отве́тственный; **Haftbefehl** *m* распоряже́ние *с* о взя́тии под стра́жу, о́рдер *м* на аре́ст; **haften** *vi* ① (*kleben*) при|липа́ть ‹-ли́пнуть›, приста́‹ва́›ть (*an dat* к чему́-л) ② (*verantwortlich sein*) ‹по-›руча́ться (*für akk* за кого́-что-л); **Haftpflichtversicherung** *f* гаранти́йное страхова́ние *с;* **Haftung** *f* JUR отве́тственность *ж*

Hagel *m* ‹-s› град *м;* **hageln** *vi unpers* ◇ **es hagelt** идёт град

hager *adj* худо́й, сухопа́рый, то́щий

Hahn *m* ‹-[e]s, Hähne› ① ZOOL пету́х *м* ② (*Wasser~*) кран *м;* **Hähnchen** *n* GASTRON цыплёнок *м*

Hai *m* ‹-[e]s, -e› аку́ла *ж*

häkeln *vt* (*Topflappen*) вяза́ть крючко́м

Haken *m* ‹-s, -› крючо́к *м; FIG* (*Problem*) ◇ **die Sache hat e-n ~** в э́том де́ле есть своя́ загво́здка; **Hakenkreuz** *n* сва́стика *ж*

halb *adj* полови́нный, по́л(у); ◇ **ein ~es Dutzend** полдю́жины; ◇ **ein ~er Liter** пол-ли́тра; ◇ **~ eins** полови́на пе́рвого; **Halbdunkel** *n* (*Dämmerung*) су́мерки *мн,* полумра́к *м,* полутьма́ *ж*

Halbheit *f* ◇ **sich mit ~en zufriedengeben** дово́льствоваться полуме́рами; **halbieren** *vt* (*Kuchen*) ‹раз-›дели́ть попола́м; **Halbinsel** *f* полуо́стров *м;* **halbjährlich** *adj* полугоди́чный, полугодово́й; **Halbkreis** *m* полукру́г *м;* **Halbkugel** *f* полуша́рие *с;* **Halbleiter** *m* ELECTR полупроводни́к *м;* **Halbschuh** *m* полуботи́нок *м;* **Halbtagsarbeit** *f* рабо́та *ж* на сокращённом [полови́нном] рабо́чем дне; **halbwegs** *adv* (*einigermaßen, etwas*) до не́которой сте́пени, ско́лько-нибу́дь; **Halbwertszeit** *f* (*Radioaktivität*) пери́од *м* полураспа́да; **Halbwüchsige(r)** *fm* (*Jugendlicher*) подро́сток *м,* де́вушка-подро́сток *ж;* **Halbzeit** *f* SPORT тайм *м,* полови́на *ж* игры́

Halde *f* ‹-, -n› отва́л *м;* (*Müll~*) му́сорная сва́лка *ж*

half *impf v.* **helfen**

Hälfte *f* ‹-, -n› полови́на *ж*

Halfter *n* ‹-s, -› (*Pferde~*) хому́т *м*

Halle *f* ‹-, -n› (1) (*Turn~*) спорти́вный зал *м;* (*Flugzeug~*) анга́р *м* (2) (*Hotel~*) холл *м* гости́ницы

hallen *vi* звуча́ть *несов,* разда́‹ва́›ться

Hallenbad *n* закры́тый бассе́йн *м*

hallo *intj* (1) (*Begrüßung*) алло́!, эй!, ау! (2) (*am Telefon*) алло́!

Halluzination *f* галлюцина́ция *ж*

Halm *m* ‹-[e]s, -e› (*Gras~*) сте́бель *м;* (*Stroh~*) соло́минка *ж*

Hals *m* ‹-es, Hälse› ANAT ше́я *ж;* (*Rachen*) го́рло *с,* гло́тка *ж; FIG* ◇ **jd-m um den ~ fallen** бро́ситься кому́-л на ше́ю, обня́ть кого́-л; **Hals-Nasen-Ohrenarzt** *m,* **-Ärztin** *f* отоларинго́лог *м;* **Halsschlagader** *f* со́нная арте́рия *ж;* **Halsschmerzen** *pl* боль *ж* в го́рле; **halsstarrig** *adj* (*stur*) упря́мый, твердоло́бый; (*hartnäckig*) упо́рный; **Halstuch** *n* шарф *м,* косы́нка *ж*

Halt *m* ‹-[e]s, -› (1) (*~estelle*) остано́вка *ж,* стоя́нка *ж,* ме́сто *с* остано́вки (2) (*Stütze*) опо́ра *ж; FIG* подде́ржка *ж*

haltbar *adj* (1) (*Lebensmittel*) долгохраня́щийся (2) (*Schuhe*) но́ский, про́чный, добро́тный (3) *FIG* (*Theorie*) усто́йчивый; **Haltbarkeit** *f* сохраня́емость *ж,* про́чность *ж,* но́скость *ж;* **Haltbarkeitsdatum** *n* срок *м* го́дности

halten ‹hält, hielt, gehalten› **I.** *vt* (1) (*in der Hand*) держа́ть *несов* (2) (*stützen*) под|пира́ть ‹-пере́ть› (3) SPORT лови́ть ‹пойма́ть›; (*abwehren*) отби́‹ва́›ть (4) MIL (*Stellung*) уде́р|живать ‹-жа́ть› (5) *FIG* (*Meinung haben*) ◇ **ich halte ihn für verrückt** я счита́ю его́ сумасше́дшим **II.** *vi* (1) (*Zug*) оста|на́вливаться ‹-нови́ться›; (*stop*) ◇ **halt!** стоп!, ни с ме́ста!, стой! (2) (*nicht kaputtgehen*) держа́ться *несов* (3) (*Lebensmittel*) сохра|ня́ться ‹-ни́ться› **III.** *vr* ◇ **sich ~** (1) (*nicht verderben*) не по́ртиться (2) (*Wetter*) установи́ться *сов* (3) *FIG* ◇ **sich tapfer ~** держа́ться хра́бро (4) ◇ **sich** *akk* **~ für jd-n** счита́ть себя́ кем-л (5) (*befolgen*) ◇ **sich ~ an** приде́рживаться чего́-л

Haltestelle *f* (*von Bus*) остано́вка *ж;* **Halteverbot** *n* запреще́ние *с* стоя́нки

haltlos *adj* (*Theorie*) необосно́ванный, необосно́вательный; **haltmachen** *vi* (*stehenbleiben*) оста|на́вливаться ‹-нови́ться›; (*pausieren*) ‹с-›де́лать прива́л

Haltung *f* (1) (*Körper~*) вид *м,* оса́нка *ж,* по́за *ж* (2) (*Einstellung*) пози́ция *ж* (3) (*Tier~*) содержа́ние *с* живо́тных (4) *FIG* (*Selbstbeherrschung*) самооблада́ние *с*

Halunke *m* ‹-n, -n› негодя́й *м,* мерза́вец *м*

hämisch *adv* (*grinsen*) зло́бный, кова́рный

Hammel *m* ‹-s, -› бара́н *м*

Hammer *m* ‹-s, Hämmer› (1) (*Werkzeug*) молото́к *м* (2) *FAM* (*unglaublich*) ◇ **das ist ja ein ~!** (э́то) невероя́тно!

Hampelmann *m* (1) (*Spielzeug*) марионе́тка *ж* (2) *FIG* Петру́шка *м,* пая́ц *м*

Hamster *m* ‹-s, -› хомя́к *м;* **hamstern** *vi FAM* (*sammeln*) ‹с-›де́лать запа́сы

Hand *f* ‹-, Hände› рука́ *ж,* кисть *ж; FIG* ◇ **aus erster ~** из пе́рвых рук; (*stichhaltig sein*) ◇ **~ und Fuß haben** быть надёжным [основа́тельным]; **Handarbeit** *f* (1) (*Stricken*) ручно́й труд *м,* ручна́я рабо́та *ж* (2) (*manuell gefertigt*) рукоде́лие *с,* изготовле́ние *с* вручну́ю; **Handbremse** *f* ручно́й то́рмоз *м;* **Handbuch** *n* (*Anleitung*) руково́дство *с,* спра́вочник *м*

Handel *m* ‹-s› (1) (*Lebensmittel~*) торго́вля *ж* (2) (*Abmachung, Geschäft*) (торго́вая) сде́лка *ж,* торго́вая опера́ция *ж;* **handeln I.** *vi* (1) (*aktiv sein*) де́йствовать *несов,* поступ|áть <-пи́ть> ② COMM (*an- und verkaufen*) ◇ ~ **mit jd-m** торгова́ть с кем-л, име́ть торго́вые отноше́ния с кем-л ③ *FIG* (*Film, Gespräch*) ◇ ~ **von** трактова́ть *несов* о чём-л, име́ть те́мой что-л **II.** *vr unpers* (*betrifft*) ◇ **es handelt sich um ...** де́ло [речь] идёт о ...; **Handelsbilanz** *f* торго́вый бала́нс *м;* **handelseinig** *adj* ◇ ~ **werden** сходи́ться <сойти́сь> в цене́; (*übereinkommen*) договори́ться *сов;* **Handelskammer** *f* (*Industrie- und ~*) торго́вая пала́та *ж;* **Handelsschule** *f* комме́рческое учи́лище *с;* **Handelsvertreter(in** *f*) *m* представи́тель(ница *ж*) *м* торго́вой фи́рмы

handgearbeitet *adj* ручно́й (рабо́ты); **Handgelenk** *n* запя́стье *с;* **Handgemenge** *n* (*Schlägerei*) схва́тка *ж,* сва́лка *ж,* дра́ка *ж;* **Handgepäck** *n* ручно́й бага́ж *м;* **handgeschrieben** *adj* рукопи́сный, написа́нный от руки́; **handgreiflich** *adj* (*schlagen*) ◇ ~ **werden** уда́рить, дать во́лю рука́м; **Handgriff** *m* ① (*Handbewegung*) (ручно́й) приём *м,* ухва́тка *ж;* ◇ **mit ein paar ~en** раз - и гото́во ② (*von Koffer*) ру́чка *ж;* (*von Werkzeug*) рукоя́тка *ж*

Händler(in *f*) *m* <-s, -> торго́вец *м,* торго́вка *ж*

handlich *adj* удо́бный, сподру́чный

Handlung *f* ① (*Tat*) посту́пок *м,* дея́ние *с* ② (*Geschehen*) де́йствие *с;* **Handlungsbevollmächtige(r)** *fm* (*Firmenbeauftragte/r*) уполномо́ченный(-ая *ж*) *м* фи́рмы, дове́ренный(-ая *ж*) *м* торго́вого предприя́тия; **Handlungsweise** *f* о́браз *м* де́йствия, ли́ния *ж* поведе́ния

Handschellen *f pl* нару́чники *мн;* **Handschrift** *f* ① (*Geschriebenes*) по́черк *м* ② (*Buch*) ру́копись *ж;* **Handschuh** *m* перча́тка *ж;* **Handstand** *m* сто́йка *ж* на рука́х; **Handtasche** *f* (да́мская) су́мка *ж;* **Handtuch** *n* полоте́нце *с;* (*aufgeben*) ◇ **das ~ werfen** сдава́ться; **Handwerk** *n* ремесло́ *с,* профе́ссия *ж;* **Handwerker(in** *f*) *m* <-s -> реме́сленник *м*

Hanf *m* <-[e]s> BOT конопля́ *ж*

Hang *m* <-[e]s, Hänge> ① (*Berg~*) косого́р *м,* склон *м,* отко́с *м* ② (*Neigung*) скло́нность *ж,* расположе́ние *с* (*zu* к чему́-л)

Hängematte *f* гама́к *м,* подвесна́я ко́йка *ж;* **hängen** <hing, gehangen> **I.** *vi* ① (*Bild*) висе́ть *несов* ② (*gern haben*) ◇ **an etw/jd-m ~** быть привя́занным к чему́/кому́-л, люби́ть что/кого́-л **II.** *vt* ① (*festmachen*) ве́шать <пове́сить> (*an akk* на что-л) ② *FIG* ◇ **etw an den Nagel ~** бро́сить что-л; **hängenbleiben** *unreg vi* ① (*an Nagel*) пови́снуть на чём-л, зацепи́ться за что-л ② *FIG FAM* (*sitzenbleiben*) оста́<ва́>ться на второ́й год

hänseln *vt* (*necken*) дразни́ть *несов* кого-л, подтру́|нивать <-ни́ть> над кем-л

hantieren *vi* (*sich zu schaffen machen*) быть за́нятым чем-л; (*basteln*) мастери́ть что-л

hapern *vi unpers* (*fehlen*) не хвата́ть

Happen *m* <-s, -> кусо́к *м*

Happy-End *n* <-s, -s> счастли́вый коне́ц *м*

Hardware *f* <-> PC аппара́тное обеспече́ние *с,* техни́ческие сре́дства *мн*

Harfe *f* <-, -n> MUS а́рфа *ж*

harmlos *adj* (*Verletzung*) безвре́дный; (*Bemerkung*) безоби́дный

Harmonie *f* ① MUS гармо́ния *ж,* благозву́чие *с* ② *FIG* (*Einklang*) согла́сие *с;* **harmonieren** *vi* (*zusammenpassen*) гармони́ровать *несов* (*mit dat* с кем-чем-л)

harmonisch *adj* ① *FIG* (*Zusammenleben*) гармони́чный, согла́сный ② MUS гармони́ческий, благозву́чный, созву́чный

Harn *m* <-[e]s> (*Urin*) моча́ *ж*

hart *adj* ① (*Stahl*) твёрдый ② *FIG* (*Schicksal*) суро́вый, жесто́кий ③ *FIG* (*hartherzig*) жесто́кий, чёрствый; **Härte** *f* <-, - n> (*Festigkeit*) твёрдость *ж,* кре́пость *ж;* (*Strenge*) жесто́кость *ж;* (*Hartherzigkeit*) чёрствость *ж;* **härten** *vt* (*hart machen*) зака́|ливать <-ли́ть>; **hartgekocht** *adj* (*Ei*) сва́ренный вкруту́ю; **hartgesotten** *adj FIG* (*unverbesserlich*) закорене́лый, матёрый; **hartherzig** *adj* (*unerbittlich*) бессерде́чный, жестокосерде́чный; **hartnäckig** *adj* (*starrköpfig, stur*) упря́мый, упо́рный

haschen I. *vt* (*zu fangen versuchen*) лови́ть <пойма́ть>, хвата́ть <схвати́ть> **II.** *vi FAM* (*Haschisch rauchen*) кури́ть гаши́ш; **Haschisch** *n* <-> (*Marihuana*) гаши́ш *м*

Hase *m* <-n, -n> (*Feld~*) за́яц *м*

Haselnuß *f* BOT лесно́й оре́х *м*

Haß *m* <-sses> не́нависть *ж;* **hassen** *vt* (*jd- n*) ненави́деть *несов* кого́-л; (*verabscheuen*) чу́вствовать отвраще́ние к кому́-л

häßlich *adj* ① (*Ggs. v. schön*) некраси́вый, безобра́зный, уро́дливый ② *FIG* отврати́тельный, гну́сный, ме́рзкий

Hast *f* <-> спе́шка *ж,* го́нка *ж,* горя́чка *ж;* **hastig** *adj* поспе́шный, торопли́вый

hatte *impf v.* **haben**

Haube *f* <-, -n> ① (*Kopfbedeckung*) че́пчик *м,* чепе́ц *м* ② (*Motor~*) капо́т *м*

Hauch *m* ‹-[e]s› ① (*Luft~*) дыха́ние *с* ② *FIG* (*Verdachtsmoment*) налёт *м*, след *м*

hauen ‹haute *o.* hieb, gehauen› *vt FAM* (*schlagen*) бить *несов*, вздуть *сов*, изби́ть *сов*

Haufen *m* ‹-s, -› ① (*Stein~*) ку́ча *ж*, гру́да *ж*; (*Heu~*) копна́ *ж* ② *FAM* (*Menschen*) толпа́ *ж* ③ ◇ (*nicht realisieren*) **einen Plan über den ~ werfen** сорва́ть план; **haufenweise** *adv* (*Personen*) то́лпами; (*Dinge*) ку́чами; **häufen I.** *vt* (*Steine*) скла́дывать ‹сложи́ть› в ку́чи, нагроможда́ть *несов* **II.** *vr* (*mehr werden*) ◇ **sich** ~ на|ка́пливаться ‹-копи́ться›, нагромо|жда́ться ‹-зди́ться›

häufig I. *adj* (*Wechsel*) ча́стый **II.** *adv* (*oft*) ча́сто, зачасту́ю; **Häufigkeit** *f* частота́ *ж*

Haupt ‹-[e]s, Häupter› ① (*Kopf*) голова́ *ж* ② (*Familienober~*) глава́ *ж*

Hauptbahnhof *m* цетра́льный вокза́л *м*; **hauptberuflich** *adv* ◇ **er ist ~ als Lehrer tätig** он занима́ет до́лжность гла́вного учи́теля; **Hauptdarsteller(in** *f*) *m* исполни́тель(ница *ж*) *м* гла́вных роле́й; **Haupteingang** *m* гла́вный вход *м*; **Hauptfach** *n* (*in Schule*) гла́вный уче́бный предме́т *м*; **Hauptmann** *m* ‹-leute› MIL капита́н *м*; **Hauptpostamt** *n* гла́вный почта́мт *м*; **Hauptrolle** *f* THEAT гла́вная роль *ж*; **Hauptsache** *f* гла́вное де́ло *с*, су́щность *ж*; **Hauptsatz** *m* GRAM гла́вное предложе́ние *с*; **Hauptspeicher** *m* PC гла́вная па́мять *ж*, основно́е запомина́ющее устро́йство *с*; **Hauptstadt** *f* столи́ца *ж*; **Hauptstraße** *f* гла́вная у́лица *ж*, магистра́льная доро́га *ж*; **Hauptwort** *n* (*Substantiv*) и́[illegible] существи́тельное *с*

Haus *n* ‹-es, Häuser› ① (*Wohn~*) дом *м*, жили́ще *с*; ◇ **zu/nach ~e** до́ма/домо́й ② (*Königs~, Herrscher~*) короле́вская семья́ *ж*; (*Handels~*) торго́вый дом *м*, фи́рма *ж*; **Hausarbeit** *f* (*Haushalt*) дома́шняя рабо́та *ж*; **Hausarzt** *m*, **Hausärztin** *f* дома́шний врач *м*; **Hausaufgabe** *f* SCH дома́шнее зада́ние *с*; **Hausbesetzer(in** *f*) *m лицо, незако́нно захвати́вшее чужо́й дом*; **Hausdurchsuchung** *f* (*durch Polizei*) о́быск *м* (в до́ме); **Hauseigentümer(in** *f*) *m* (*Besitzer/in*) домовладе́лец *м*, домовладе́лица *ж*; **hausen** *vi PEJ* (*wohnen*) юти́ться *несов*; **Häusermakler(in** *f*) *m* (*Immobilien~*) ма́клер *м*; **Hausfrau** *f* хозя́йка *ж* (до́ма), дома́шняя хозя́йка *ж*; **Haushalt** *m* ① дома́шнее хозя́йство *с* ② POL бюдже́т *м*; **haushalten** *unreg vi* (*sparen, mit Kräften*) ‹с-› эконо́мить, быть бережли́вым; **Haushaltsplan** *m* POL прое́кт *м* госуда́рственного бюдже́та; **Hausherr(in** *f*) *m* домовладе́лец *м*, домовладе́лица *ж*

Hausierer(in *f*) *m* ‹-s, -› (*Verkäufer/in*) торго́вец *м*/торго́вка *ж* вразно́с

häuslich *adj* ① (*Pflichten*) дома́шний ② (*zurückgezogen*) домови́тый

Hausmann *m* ‹-männer› хозя́ин *м* до́ма; **Hausmeister(in** *f*) *m* дво́рник *м*; **Hausordnung** *f* пра́вила *мн* вну́треннего распоря́дка; **Hausratversicherung** *f* страхова́ние *с* дома́шнего иму́щества; **Haustier** *n* дома́шнее живо́тное *с*; **Hauswirt(in** *f*) *m* (*Vermieter/in*) владе́лец *м* (хозя́ин), владе́лица *ж* (хозя́йка); **Hauswirtschaft** *f* дома́шнее хозя́йство *с*; (*Haushaltsführung*) домово́дство *с*

Haut *f* ‹-, Häute› ① (*Menschen~*) ко́жа *ж*; *FIG* ◇ **in jd-s ~ stecken** быть на чьём-л ме́сте ② (*Tier~*) шку́ра *ж*, ко́жа *ж*; **Hautarzt** *m*, **Hautärztin** *f* дермато́лог *м*, врач *м* по ко́жным боле́зням; **häuten I.** *vt* (*Haut abziehen*) сдира́ть ‹содра́ть› ко́жу с кого́-л **II.** *vr* (*Schlange*) ◇ **sich ~** с|бра́сывать ‹-бро́сить› ко́жу, ‹вы́-›линя́ть; **hauteng** *adj* (*Jeans*) о́чень у́зкий, облега́ющий; **Hautfarbe** *f* цвет *м* ко́жи

Haxe *f* ‹-, -n› (*Schweins~*) свина́я но́жка *ж*

Hbf. *Abk. v.* **Hauptbahnhof**

Hebamme *f* ‹-, -n› (*Geburtshelferin*) акуше́рка *ж*, повива́льная ба́бка *ж*

Hebel *m* ‹-s, -› рыча́г *м*

heben ‹hob, gehoben› *vt* ① (*Gewicht*) под|нима́ть ‹-ня́ть› ② (*Stimmung*) по|выша́ть ‹-вы́сить› ③ *FIG* (*trinken*) ◇ **e-n ~** выпива́ть ‹вы́пить›

Hecht *m* ‹-[e]s, -e› ① (*Fisch*) щу́ка *ж* ② *FIG* (*Typ*) ◇ **toller ~** весельча́к *м*

Heck *n* ‹-[e]s, -e *o.* -s› ① (*von Schiff*) корма́ *ж* ② (*von Auto*) за́дняя часть *ж*

Hecke *f* ‹-, -n› жива́я и́згородь *ж*

Heckscheibe *f* AUTO за́днее стекло́ *с*

Heer *n* ‹-[e]s, -e› MIL а́рмия *ж*; (*Menge*) ма́сса *ж*

Hefe *f* ‹-› дро́жжи *мн*

Heft *n* ‹-[e]s, -e› ① (*Schreib~*) тетра́дь *ж* ② (*Zeitschrift*) но́мер *м* журна́ла, вы́пуск *м*

Hefter *m* ‹-s, -› (*Schnell~*) скоросшива́тель *м*

heftig *adj* (*aufbrausend*) вспы́льчивый; (*Schmerz*) си́льный

Heftpflaster *n* (*Verband*) ли́пкий пла́стырь *м*

hegen *vt* ① (*pflegen*) уха́живать *несов* за кем-чем-л, ‹по-›забо́титься о ком-л ② *FIG* (*Verdacht*) подозрева́ть *несов* кого́-л

H

Hehl *m* (*nicht verheimlichen*) ◇ **ich mache keinen ~ daraus, daß** я не де́лаю та́йны из того́, что

Hehler(in *f*) *m* <-s, -> укрыва́тель(ница *ж*) *м*

Heide [1] *f* <-, -n> (*~kraut*) пу́стошь *ж;* ◇ **Lüneburger ~** Лю́небургская пу́стошь

Heide [2] *m* <-n, -n> (*Nichtgläubiger*) язы́чник *м*, идолопокло́нник *м*

Heidelbeere *f* черни́ка *ж*

Heidentum *n* язы́чество *с;* **Heidin** *f* язы́чница *ж;* **heidnisch** *adj* язы́ческий

heikel *adj* (1) (*Angelegenheit*) щепети́льный (2) (*wählerisch*) разбо́рчивый

heil (1) (*unverletzt*) невреди́мый, це́лый; (*verheilt*) здоро́вый, выздора́вливающий (2) (*repariert*) отремонти́рованный

Heil *n* <-[e]s> (1) (*Glück*) бла́го *с*, благополу́чие *с* (2) (*Seelen~*) спасе́ние *с* души́

heilbar *adj* (*Krankheit*) излечи́мый, исцели́мый; **heilen I.** *vt* (*Kranke*) <вы́->лечи́ть, изле́|чивать <-чи́ть> **II.** *vi* (*Wunde*) зажи́<ва́>ть, изле́|чиваться <-чи́ться>; **heilfroh** *adj* чрезвыча́йно дово́льный

heilig *adj* (1) (*Kirche*) свято́й (2) *FIG* (*wertvoll*) свяще́нный; **Heiligabend** *m* (*Weihnachten*) рожде́ственский соче́льник *м;* **Heiligtum** *n* (*sakraler Gegenstand*) святы́ня *ж*

heillos *adj* (*Durcheinander*) ужа́сный

Heilmittel *n* (*Medizin*) лече́бное сре́дство *с*, лека́рство *с;* **Heilpraktiker(in** *f*) *m* врачсамоу́чка *м;* **Heilung** *f* излече́ние *с*, исцеле́ние *с;* (*von Wunde*) заживле́ние *с*

heim *adv* (*nach/zu Hause*) домо́й/до́ма; (*in die Heimat*) на ро́дину/на ро́дине; **Heim** *n* <-[e], -e> (1) (*Zuhause*) дом *м*, дома́шний оча́г *м* (2) (*Alten~*) дом *м* для престаре́лых; (*Waisenhaus*) прию́т *м;* (*Erziehungs~*) де́тский дом *м*

Heimat *f* <-> ро́дина *ж*, отчи́зна *ж;* **heimatlich** *adj* (*Tradition*) оте́чественный, родно́й, ме́стный; **heimatlos** *adj* безро́дный

heimbegleiten *vt* (*nach Hause bringen*) сопрово|жда́ть <-ди́ть> прово|жа́ть <-ди́ть> домо́й; **heimfahren** *unreg vi* е́хать домо́й; **heimgehen** *unreg vi* (1) (*nach Hause gehen*) идти́ домо́й (2) (*sterben*) умира́ть <умере́ть>, сконча́ться *сов*

heimisch *adj* оте́чественный, ме́стный; ◇ **sich ~ fühlen** чу́вствовать себя́ как до́ма

heimkehren *vi* возвра|ща́ться <-ти́ться> домо́й

heimlich *adj* (*Liebe*) та́йный, негла́сный

Heimreise *f* возвраще́ние *с* домо́й

heimsuchen *vt* (*Katastrophe*) нагря́нуть *сов;* (*Krankheit*) пора|жа́ть <-зи́ть>; **heimtückisch** *adj* (*hinterlistig*) кова́рный, вероло́мный, преда́тельский

Heimweh *n* тоска́ *ж* по ро́дине

heimzahlen *vt* (*sich rächen*) ◇ **jd-m etw ~** отпла́|чивать <-ти́ть> кому́-л за что-л

Heirat *f* <-, -en> брак *м*, бракосочета́ние *с*, жени́тьба *ж;* **heiraten I.** *vt* (*von Mann*) жени́ться на ком-л; (*von Frau*) выходи́ть за́муж за кого́-л **II.** *vi* <по->жени́ться

heiser *adj* (*Stimme*) хри́плый, охри́пший, си́плый

heiß *adj* (1) (*Ggs. v. kalt*) горя́чий, жа́ркий (2) *FIG* (*Thema*) жгу́чий (3) *FIG FAM* (*totschick*) шика́рный; (*höchstinteressant*) ◇ **das ist ja ~!** (э́то) чрезвыча́йно интере́сно!

heißen <hieß, geheißen> **I.** *vi* (1) (*sich nennen*) наз<ы>ва́ться; ◇ **ich heiße** меня́ зову́т (2) (*bedeuten*) зна́чить *несов*, означа́ть *несов* **II.** *vt* (*bezeichnen*) называ́ть; ◇ **das heiße ich Mut!** э́то называ́ется му́жеством **III.** *vi unpers* (*man sagt*) ◇ **es heißt** говоря́т, что

heißersehnt *adj* заве́тный, жела́нный

heiter *adj* (1) (*Wetter*) я́сный, све́тлый (2) (*Mensch*) весёлый, ра́достный; **Heiterkeit** *f* весе́лье *с*, весёлость *ж*, весёлое настрое́ние *с*

heizbar *adj* (*Raum*) ота́пливаемый, обогрева́емый, нагрева́емый; **heizen I.** *vt* (*Raum*) <за->топи́ть, ота́пливать <отопи́ть> **II.** *vi* (1) (*Ofen*) топи́ться, горе́ть *несов* (2) *FAM* (*schnell fahren*) нажима́ть на все педа́ли; **Heizung** *f* отопле́ние *с*, обогре́в *м*, нагре́в *м*

hektisch *adj* (*nervös, eilig*) изнури́тельный, лихора́дочный, нерво́зный

Held(in *f*) *m* <-en, -en> (1) (*Person*) геро́й(ня *ж*) *м* (2) (*Roman~*) геро́й(ня *ж*) *м*

helfen <hilft, half, geholfen> **I.** *vi* (1) (*zur Hand gehen*) ◇ **jd-m ~** по|мога́ть <-мо́чь> кому́-л (2) (*nützen*) при|носи́ть <-нести́> по́льзу; (*Medizin*) помога́ть (3) ◇ **sich zu ~ wissen** уме́ть находи́ть вы́ход из затрудни́тельного положе́ния (4) (*hoffnungsloser Fall*) ◇ **dem ist nicht zu ~** тут ниче́м не помо́жешь **II.** *vi unpers* ◇ **da hilft alles nichts** здесь ничего́ не помо́жет; **Helfer(in** *f*) *m* <-s, -> (1) (*freiwillige/r*) доброво́лец *м* (2) (*beruflich*) помо́щник *м*, помо́щница *ж;* **Helfershelfer(in** *f*) *m* соо́бщник *м*

hell *adj* (1) (*Ggs. v. dunkel*) све́тлый, я́сный; (*Klang, Stimme*) зво́нкий, зву́чный, чи́стый (2) *FIG* ◇ **es ist ~er Wahnsinn** э́то настоя́щее безу́мие; **hellhörig** *adj* (1) (*Woh-*

nung) звукопроница́емый ② (*aufmerksam*) ◊ ~ **werden** настоÍраживаться ‹-роЖи́ться›; **Helligkeit** *f* я́ркость *ж*, я́сность *ж*; **hellwach** *adj* (*völlig wach*) ◊ ~ **werden** сра́зу просну́ться [очну́ться]

Helm *m* ‹-[e]s, -e› шлем *м*, ка́ска *ж*

Hemd *n* ‹-[e]s, -en› (*Ober~*) руба́шка *ж*, соро́чка *ж*; (*Unter~*) ма́йка *ж*

hemmen *vt* (*hindern*) ‹по-›меша́ть, ‹вос-› препя́тствовать; **Hemmschwelle** *f* ско́ванность *ж*; **Hemmung** *f* ① (*Störfaktor*) сде́рживающий фа́ктор *м* ② ◊ **~en** *pl* (*Komplexe*) препя́тствия *мн*; ◊ **nur keine ~en!** чу́вствуйте себя́ раско́ванным!; **hemmungslos** *adj* безу́держный

Hengst *m* ‹-es, -e› жеребе́ц *м*

Henkel *m* ‹-s, -› (*von Tasse, Krug*) ушко́ *с*, ду́жка *ж*; (*von Topf*) ру́чка *ж*

Henker *m* ‹-s, -› пала́ч *м*; (*verdammt!*) ◊ **zum ~!** к чёрту!

her *adv* ① (*räumlich*) сюда́; ◊ **hin und ~** взад и вперёд, туда́ и сюда́; ◊ **~ mit dem Geld!** дава́й де́ньги! ② (*zeitlich*) ◊ **es ist 3 Jahre ~, daß ...** прошло́ три го́да, как ...

herab *adv* (*herunter*) вниз; **herabhängen** *unreg vi* (*Zweige*) опус|ка́ться ‹-ти́ться› вниз, свиса́ть ‹пови́снуть›, ниспада́ть *несов*; **herablassen** *unreg* **I.** *vt* (*Seil*) спус|ка́ть ‹-ти́ть›, ски́|дывать ‹-нуть› **II.** *vr FIG* (*sich bequemen*) ◊ **sich ~, etw zu tun** соблагово-ли́ть сде́лать что-л; **Herablassung** *f FIG* ◊ **jd-n mit ~ behandeln** относи́ться к кому́-л снисходи́тельно [покрови́тельственно]; **herabsehen** *unreg vi* (*verachten*) смотре́ть свысока́ (*auf etw akk* на кого́-л); **herabsetzen** *vt* ① (*Preise*) снижа́ть ‹сни́зить›, пони́|жа́ть ‹-зить› ② *FIG* (*geringschätzen*) ума|ля́ть ‹-ли́ть›

heran *adv* (*zu mir her*) сюда́; ◊ **ran an die Arbeit!** приступа́йте к рабо́те!; **heranbringen** *unreg vt* ① (*näher bringen*) прибли́|жа́ть ‹-зить›, под|носи́ть ‹-нести́›; (*heranfahren*) под|вози́ть ‹-везти́› ② *FIG* (*an Problem*) ‹по-›знако́мить (*an etw akk* с чем-л); **heranfahren** *unreg vi* (*an Ampel*) подъ|езжа́ть ‹-е́хать› (*an akk* к чему́-л); **herankommen** *unreg vi* ① (*sich nähern*) под|ходи́ть ‹-ойти́›, при|ближа́ться ‹-бли́зиться› ② *FIG* (*zugehen auf*) подсту|па́ться ‹-пи́ться› (*an etw/jd-n* к чему́/кому́-л) ③ (*auf sich zukommen lassen*) ◊ **laß die Sache erst an dich ~** не торопи́сь с э́тим, не де́йствуй преждевре́менно; **heranmachen** *vr FAM* ◊ **sich an jd-n ~** пристава́ть к кому́-л с уха́живаниями; **heranwachsen** *unreg vi* (*Kinder*) подра|ста́ть ‹-сти́›; **heranziehen** *unreg vt* (*Pflanzen, Tiere*) выра́щивать ‹вы́растить›

herauf *adv FAM* вверх, наве́рх; **heraufbeschwören** *unreg vt* (*Unheil*) вызыва́ть ‹вы́звать›, накли́к‹ив›ать; **heraufziehen** *unreg vt* (*Last*) под|нима́ть ‹-ня́ть›, подтя́|гивать ‹-ну́ть›

heraus *adv* нару́жу; **herausbekommen** *unreg vt* ① *FIG* (*Geheimnis*) выве́дывать ‹вы́ведать›, разузна́‹ва́›ть ② (*Wechselgeld*) полу|ча́ть ‹-чи́ть› сда́чу ③ (*Nagel aus Wand*) вы́тащить *сов*, из|влека́ть ‹-вле́чь›; **herausbringen** *unreg vt* ① (*Gartenmöbel*) выноси́ть ‹вы́нести› ② (*Buch*) выпуска́ть ‹вы́пустить› ③ (*Satz*) произ|носи́ть ‹-нести́›; **herausfinden** *unreg* **I.** *vi* (*aus Labyrinth*) на|ходи́ть ‹-йти́› вы́ход; (*aus Schwierigkeiten*) выпу́тываться ‹вы́путаться› **II.** *vt FIG* (*Neues*) обнару́жи‹ва›ть; **herausfordern** *vt* (*zum Duell*) вызыва́ть ‹вы́звать› кого́-л на что-л; **Herausforderung** *f* вы́зов *м* на что-л; **herausgeben** *unreg vt* ① (*Geld*) да́‹ва́›ть сда́чу ② (*publizieren*) изда́‹ва́›ть, выпуска́ть ‹вы́пустить› ③ (*nach draußen reichen*) выдава́ть ‹вы́дать›, произ|води́ть ‹-вести́› вы́дачу; **Herausgeber(in** *f*) *m* ‹-s, -› (*von Buch*) изда́тель(ница *ж*) *м*, отве́тственный реда́ктор *м* изда́ния; **herausgehen** *unreg vi* ① (*aus Haus*) выходи́ть ‹вы́йти› ② (*Hemmungen vergessen*) ◊ **aus sich ~** стать открове́нным, разоткрове́нничаться *сов*; **heraushalten** *unreg vr* (*nicht einmischen*) ◊ **sich ~** держа́ться особняко́м (*aus* в чём-л); **herausholen** *vt* ① (*befreien*) вытаскивать ‹вы́тащить›, выводи́ть ‹вы́вести› из ② (*aus Auto*) ◊ **das Äußerste aus etw ~** выжима́ть ‹вы́жать› ма́ксимум возмо́жного из чего́-л; **herausnehmen** *unreg vt* ① (*aus Schachtel*) вынима́ть ‹вы́нуть›; (*aus Umlauf*) из|ыма́ть ‹-ъя́ть› ② *FIG* ◊ **sich** *dat* **Freiheiten ~** поз|воля́ть ‹-во́лить› себе́ во́льности; **herausrücken** *vt FIG* ◊ **mit der Wahrheit ~** не скрыва́ть пра́вды; **herausrutschen** *vi* (*Worte*) вырыва́ться ‹вы́рваться›; **herausschlagen** *unreg vt FIG* (*guten Preis*) выкола́чивать ‹вы́колотить›; **herausstellen** *vr* ◊ **sich ~** ока́|зываться ‹-за́ться›

herb *adj* ① (*Geschmack*) те́рпкий, вя́жущий; (*sauer*) ки́слый ② *FIG* (*Enttäuschung*) го́рький, жесто́кий

Herberge *f* <-, -n> (*Jugend~*) (туристская) база *ж;* (*Nachtlager*) ночлег *м;* **Herbergsmutter** *f,* **Herbergsvater** *m* хозяйка *ж*/хозяин *м* молодёжной туристской базы
Herbst *m* <-[e]s, -e> осень *ж;* ◇ **im ~** осенью
Herd *m* <-[e]s, -e> ① (*Kochstelle*) плита *ж,* очаг *м* ② MED очаг *м*
Herde *f* <-, -n> (*Kuh~*) стадо *с;* (*Pferde~*) табун *м*
herein *adv FAM* внутрь; ◇ **~!** войдите!; **hereinbitten** *unreg vt* <по->просить войти; **hereinfallen** *unreg vi FIG* (*auf Betrug*) ◇ **auf etw** *akk* **~** по|падать <-пасть> впросак; ◇ **auf jd-n ~** попасться в ловушку кому-л; **hereinkommen** *unreg vi* (*in Raum*) входить <войти> (*in akk* во что-л); **hereinlassen** *unreg vt* ◇ **laß niemanden herein!** никого не впускай!; **hereinlegen** *vt* (*betrügen*) провести *сов,* обма|нывать <-нуть>; **hereinplatzen** *vi* (*in Zimmer*) (неожиданно) врываться <ворваться>, вва|ливаться <-литься>
herfallen *unreg vi* ① (*schlechtmachen*) на|падать <-пасть>, на|брасываться <-броситься> (*über jd-n* на кого-л) ② (*über Essen*) на|брасываться <-броситься> (*über akk* на что-л); **Hergang** *m* (*Ablauf*) ход *м,* течение *с;* **hergeben** *unreg* **I.** *vt* (*Buch*) отда<ва>ть **II.** *vr FIG* (*zu Negativem*) ◇ **sich zu etw ~** соглашаться на что-л; **hergehen** *unreg vi* ① ◇ **vor jd-m ~** идти перед кем-л ② (*gute Stimmung*) ◇ **da geht es hoch her** там пир горой, там дым коромыслом; **herhalten** *unreg vt FAM* (*als Sündenbock*) ◇ **für etw ~** быть мишенью для насмешек, терпеть насмешки за что-л; **herhören** *vi* (*zuhören*) ◇ **alle mal ~!** все - внимание!, все - слушайте!
Hering *m* <-s, -e> ① (*Fisch*) сельдь *ж,* селёдка *ж* ② (*Zelthaken*) колышек *м*
herkommen *unreg vi* ① (*sich nähern*) при|ходить <-йти>, под|ходить <-ойти>; ◇ **komm mal her!** подойди поближе! ② (*abstammen*) ◇ **wo kommen Sie her?** откуда Вы родом? ③ (*herrühren*) прои|сходить <-зойти>, проис|текать <-течь> (*von* от, из); **herkömmlich** *adj* (*wie gewohnt*) обычный, традиционный; **Herkunft** *f* <-> происхождение *с;* **herleiten** *vt* (*ableiten, Wort*) выводить <вывести>, дедуцировать *несов и сов;* **hermachen I.** *vr* ◇ **sich ~** ① (*gierig verschlingen*) ◇ **sich über ein Essen ~** прин|иматься <-яться> за еду ② *FIG* ◇ **sich über ein Buch ~** браться за книгу **II.** *vi* (*wirkt nicht*) ◇ **das macht nicht viel her** это не имеет особого значения
Heroin *n* <-[e]s> героин *м*
heroisch *adj* (*heldenhaft*) героический
Herpes *m* <-> MED пузырчатый лишай *м*
Herr *m* <-[e]n, -en> ① (*Mann*) мужчина *м;* (*Anrede*) ◇ **~ Meyer** господин Майер ② (*Besitzer*) хозяин *м,* владелец *м* ③ (*Gebieter*) властелин *м,* владыка *м* ④ *FIG* (*selbständig sein*) ◇ **er ist sein eigener ~** он сам себе голова; **Herrendoppel** *n* SPORT парная мужская игра *ж;* **herrenlos** *adj* (*Hund*) ничей, бесхозный, бродячий
herrichten I. *vt* (*Tisch*) накры<ва>ть, за|правлять <-править> **II.** *vr* (*für Theater*) ◇ **sich ~** наря|жаться <-диться>
Herrin *f* хозяйка *ж;* **herrisch** *adj* (*gebieterisch*) повелительный, властный
herrlich *adj* (*wunderbar*) великолепный, прекрасный, замечательный
Herrschaft *f* ① (*Macht*) власть *ж,* господство *с;* ◇ **die ~ an sich reißen** захватить власть ② (*Anrede*) ◇ **meine ~en!** господа!; **herrschen** *vi* ① (*regieren*) господствовать *несов* (*über akk* над кем-чем-л), править *несов* ② (*Meinung, Ruhe*) доминировать *несов;* **Herrscher(in** *f*) *m* <-s, -> властитель(ница *ж*) *м,* владыка *м,* владычица *ж,* государь *м,* государыня *ж*
herrühren *vi* (*Ursache haben in*) происходить *несов,* проис|текать <-течь> (*von* от кого-чего-л); **herstellen** *vt* (*produzieren*) изго|товлять <-товить>, произ|водить <-вести>; **Herstellung** *f* изготовление *с,* производство *с*
herüber *adv* (*hierher*) сюда, на эту сторону
herum *adv* ① (*räumlich*) вокруг, кругом; ◇ **um das Haus ~** вокруг дома ② (*ungefähr*) около, приблизительно; ◇ **um den 16. April ~** около 16 апреля; **herumführen** *vt* ① (*in Museum*) об|водить <-вести>, пока|зывать <-зать> ② *FIG* (*in die Irre führen*) ◇ **an der Nase ~** водить кого-л за нос; **herumirren** *vi* блуждать *несов;* **herumlungern** *vi* (*auf Straße*) слоняться *несов;* **herumsprechen** *unreg vr* (*Neuigkeiten*) ◇ **sich ~** раз|носиться <-нестись>; **herumtreiben** *unreg vr* (*in Kneipen*) ◇ **sich ~** таскаться *несов,* шататься *сов*
herunter *adv* вниз; **heruntergekommen** *adj* (*verwahrlost*) опустившийся, обедневший, разорившийся; **herunterhängen** *unreg vi* (*Zweige vom Baum*) свисать <повиснуть>; **herunterkommen** *unreg vi* (*nach un-*

ten kommen) сходи́ть ‹сойти́› вниз; **heruntermachen** *vt* (*heftig kritisieren*) раскритикова́ть *сов* что-л, раз|носи́ть ‹-нести́› кого́-л; **herunterspielen** *vt* (*weniger wichtig darstellen*) при|нижа́ть ‹-ни́зить› значе́ние [ва́жность] чего́-л

hervor *adv* из-за; (*nach außen*) нару́жу; **hervorbringen** *unreg vt* ① (*erschaffen*) произ|води́ть ‹-вести́›, поро|жда́ть ‹-ди́ть› ② (*Satz*) произ|носи́ть ‹-нести́›; **hervorheben** *unreg vt* ① (*Wirkung verstärken*) под|чёркивать ‹-черкну́ть› ② (*besonders würdigen*) от|меча́ть ‹-ме́тить›; **hervorragend** *adj* (*exzellent*) замеча́тельный, выдаю́щийся, исключи́тельный; **hervorrufen** *unreg vt* (*verursachen*) вызыва́ть ‹вы́звать› что-л, при|води́ть ‹-вести́› к возникнове́нию чего́-л

Herz *n* ‹-ens, -en› ① (*Organ*) се́рдце *с* ② *FIG* ◇ **sich ein ~ fassen** собра́ться с ду́хом ③ (*Spielkarte*) че́рви *мн;* **Herzfehler** *m* поро́к *м* се́рдца; **herzhaft I.** *adj* (*Essen*) основа́тельный, кре́пкий **II.** *adv* ◇ **~ lachen** си́льно [гро́мко] смея́ться; **Herzinfarkt** *m* инфа́ркт *м* миока́рда [се́рдца]; **Herzklopfen** *n FIG* (*aufgeregt sein*) ◇ **er hat ~** у него́ сердцебие́ние; **herzlich I.** *adj* ① (*offen, freundlich*) душе́вный, не́жный ② (*von Herzen*) серде́чный; ◇ **~en Dank** серде́чное спаси́бо **II.** *adv PEJ* (*ziemlich*) о́чень, весьма́; ◇ **er verdient ~ wenig** он зараба́тывает о́чень ма́ло; **Herzlichkeit** *f* серде́чность *ж,* душе́вность *ж;* **herzlos** *adj* бессерде́чный, бесчу́вственный

Herzog(in *f*) *m* ‹-[e]s, -zöge› ге́рцог(и́ня *ж*) *м*

Herzschlag *m* (*regelmäßiger*) бие́ние *с* се́рдца; (*Herzstillstand*) парали́ч *м* се́рдца; **herzzerreißend** *adj* душераздира́ющий

heterogen *adj* (*Ggs. v. homogen*) гетероге́нный, разноро́дный, неодноро́дный

Hetze *f* ‹-, -n› ① (*große Eile*) го́нка *ж,* суета́ *ж,* спе́шка *ж* ② (*Propaganda*) тра́вля *ж;* **hetzen I.** *vt* (*Wild*) ‹за-›трави́ть; (*Verbrecher*) пресле́довать *несов* **II.** *vi* ① (*hasten*) ‹по-›спеши́ть, ‹по-›торопи́ться ② (*Propaganda betreiben*) вести́ подстрека́тельскую пропага́нду; ◇ **gegen Ausländer ~** натра́вливать про́тив иностра́нцев

Heu *n* ‹-[e]s› се́но *с; FAM* ◇ **sie hat Geld wie ~** у неё де́нег ку́ры не клюю́т

Heuchelei *f* лицеме́рие *с,* притво́рство *с;* **heucheln I.** *vi* (*Mitleid*) лицеме́рить *несов* **II.** *vt* (*sich verstellen*) притво|ря́ться ‹-ри́ться›

heulen *vi* ① *FAM* (*weinen*) ‹за-›реве́ть ② (*Wolf, Wind*) выть *несов,* завыва́ть *несов*

Heuschnupfen *m* MED се́нная аллерги́я *ж*

Heuschrecke *f* ‹-, -n› саранча́ *ж*

heute *adv* ① сего́дня; ◇ **~ ist Donnerstag** сего́дня четве́рг; ◇ **~ in einer Woche** че́рез неде́лю ② (*heutzutage*) в на́ши дни, в настоя́щее вре́мя; **heutig** *adj* ① (*Zeitung, Datum*) сего́дняшний ② (*gegenwärtig*) совреме́нный, тепе́решний; **heutzutage** *adv* сего́дня, ны́не, ны́нче

hexen *vi* (*zaubern*) колдова́ть *несов;* ◇ **ich kann doch nicht ~!** я ведь не могу́ э́то сде́лать скоре́е!; **Hexenkessel** *m FIG* (*großes Durcheinander*) ад *м,* шаба́ш *м* ведьм

Hickhack *n* ‹-s› *FAM* (*Streiterei*) беспреры́вные ссо́ры *мн*

hieb *impf v.* **hauen**

Hieb *m* ‹-[e]s, -e› (*Faust~, Peitschen~*) уда́р *м;* ◇ **~e bekommen** получа́ть уда́ры [трёпку]

hielt *impf v.* **halten**

hier *adv* здесь; **hierbehalten** *unreg vt* (*nicht gehen lassen*) оставля́ть у себя́, не отпуска́ть от себя́; **hierbleiben** *unreg vi* оста́‹ва́›ться здесь

hierdurch *adv* (*dadurch*) э́тим, таки́м о́бразом; ◇ **~ wurde der Unfall verursacht** э́то яви́лось причи́ной несча́стного слу́чая

hierher *adv* (*an diesen Ort*) сюда́

hiermit *adv* (*auf diese Weise*) настоя́щим, э́тим, сим; ◇ **~ teile ich Ihnen mit, daß ...** настоя́щим я сообща́ю Вам, что ...

hiervon *adv* от э́того, из э́того, об э́том

hierzulande *adv* здесь, у нас

hiesig *adj* (*einheimisch*) зде́шний, ме́стный

hieß *impf v.* **heißen**

Hi-Fi-Anlage *f* (*Stereoanlage*) высокока́чественная акусти́ческая систе́ма *ж*

high *adj FAM* (*im Rauschzustand*) ◇ **~ sein** быть в состоя́нии опьяне́ния

Highlife *n* ‹-s› *FAM* (*da ist was los*) ◇ **da ist ~!** там твори́тся что-то невероя́тное!

Hilfe *f* ‹-, -n› ① (*Beistand*) по́мощь *ж;* ◇ **Erste ~ leisten** оказа́ть пе́рвую по́мощь; ◇ **um ~ bitten** проси́ть по́мощи ② (*finanzielle Unterstützung*) фина́нсовая подде́ржка *ж* ③ (*mittels*) ◇ **mit ~ von** с по́мощью кого́-л, с чьей-л по́мощью; **hilflos** *adj* (*unbeholfen*) беспо́мощный; **Hilflosigkeit** *f* беспо́мощность *ж;* **hilfreich** *adj* (*nützlich*) гото́вый помо́чь; **Hilfsaktion** *f* (*für Behinderte*) оказа́ние *с* по́мощи, ме́ры *мн* по оказа́нию по́мощи; **Hilfsarbeiter** *m* подсо́бный [вспомога́тельный] рабо́-

чий *м;* **hilfsbereit** *adj* готóвый помóчь, услýжливый; **Hilfskraft** *f* UNI вспомогáтельный персонáл *м;* **Hilfsverb** *n* GRAM вспомогáтельный глагóл *м*

Himbeere *f* (*Frucht*) малúна *ж*

Himmel *m* ‹-s, -› ① нéбо *с;* (*Firmament*) небосвóд *м; FIG* ◇ **im siebten ~ sein** быть на седьмóм нéбе, быть на верхý блажéнства ② ◇ **~ und Hölle in Bewegung setzen** пустúть в ход все срéдства; **himmelschreiend** *adj* (*Ungerechtigkeit*) вопиющий, ужáсный; **Himmelsrichtung** *f* сторонá *ж* свéта; **himmlisch** *adj* (*Vergnügen*) чудéсный, дúвный, рáйский

hin *adv* ① (*örtlich*) тудá, по направлéнию к ...; ◇ **~ und her** тудá и обрáтно, тудá и сюдá ② (*zeitlich*) (*dauert noch lange*) ◇ **es ist noch lange ~** э́то бýдет ещё дóлго продолжáться ③ *FAM* (*kaputt*) ◇ **das Auto ist ~** автомашúна испóртилась

hinab *adv* (*hinunter*) вниз; **hinabsteigen** *unreg vi* спус|кáться ‹-тúться›, сходúть ‹сойтú› вниз; **hinabstürzen** *vi* (стремúтельно) пáдать вниз

hinarbeiten *vi* (*anstreben*) ◇ **auf etw** *akk* **~** стремúться *несов* к чемý-л, мéтить *несов* на что-л

hinauf *adv* вверх, навéрх; **hinaufarbeiten** *vr FIG* (*Karriere machen*) ◇ **sich ~** вы́двинуться сóбственными сúлами; **hinaufsteigen** *unreg vi* под|нимáться ‹-ня́ться› навéрх

hinaus *adv* ① (*ins Freie*) нарýжу, из ② (*Zeitdauer*) ◇ **auf Jahre ~** на дóлгие гóды; **hinausfliegen** *unreg vi FAM* (*aus Firma*) вылетáть ‹вы́лететь› с рабóты; **hinausgehen** *unreg vi* ① (*aus Zimmer*) выходúть ‹вы́йти› (*aus* из) ② *FIG* (*Grenze überschreiten*) ◇ **über etw** *akk* **~** пре|вышáть ‹-вы́сить› что-л; **hinauslaufen** *unreg vi* ① (*ins Freie laufen*) выбегáть ‹вы́бежать› ② (*zur Folge haben*) ◇ **auf etw** *akk* **~** сводúться к чемý-л; **hinausschieben** *unreg vt* ① (*Arbeit, Termin*) ото|двигáть ‹-двúнуть›, от|клáдывать ‹-ложúть› ② (*Wagen ins Freie*) выдвигáть ‹вы́двинуть›; **hinauswerfen** *unreg vt* ① (*kündigen*) выбрáсывать ‹вы́бросить› на ýлицу, увольня́ть ‹увóлить› ② (*aus Kneipe*) про|гоня́ть ‹-гнáть› ③ *FIG* ◇ **Geld zum Fenster ~** бросáть дéньги на вéтер; **hinauswollen** *vi* ① (*beabsichtigen*) ◇ **auf etw** *akk* **~** клонúться к чемý-л, на|мечáть ‹-мéтить› себé цéлью ② (*Karriere machen wollen*) ◇ **sie will hoch ~** онá высокó мéтит;

hinausziehen *unreg* **I.** *vt* (*in die Länge ziehen*) затя́|гивать ‹-нýть› **II.** *vi* выезжáть ‹вы́ехать› **III.** *vr* (*verzögern*) ◇ **sich ~** затя́|гиваться ‹-нýться›

Hinblick *m* (*hinsichtlich*) ◇ **im ~ auf** *akk* ввидý чегó-л, принимáя во внимáние что-л

hinderlich *adj* (*störend, hemmend*) затруднúтельный, стеснúтельный; **hindern** *vt* (*abhalten von*) ◇ **jd-n ~, etw zu tun** мешáть [препя́тствовать] комý-л что-л дéлать; **Hindernis** *n* препя́тствие *с,* помéха *ж*

hindeuten *vi* (*hinweisen*) укá|зывать ‹-зáть› (*auf etw akk* на что-л); ◇ **alles deutet auf Mord hin** всё говорúт [свидéтельствует] об убúйстве

hindurch *adv* ① (*räumlich*) сквозь, насквóзь ② (*zeitlich*) в течéние всегó врéмени

hinein *adv* (*dort ~*) вот тудá; **hineindenken** *unreg vr* ◇ **sich in jd-s Lage ~** входúть [вдýматься] в чьё-л положéние; **hineinfallen** *unreg vi* (*in Bach*) пáдать ‹упáсть› (*in akk* во что-л); **hineingehen** *unreg vi* (*in Gebäude*) входúть ‹войтú› (*in akk* в); **hineingeraten** *unreg vi* (*in Situation*) по|падáть ‹-пáсть› (*in akk* в); **hineinpassen** *vi* ① (*in Kleider*) входúть ‹войтú› (*in akk* во что-л) ② (*in Gruppe*) под|ходúть ‹-ойтú› (*in akk* к чемý-л); **hineinreden** *vi* (*sich einmischen*) ◇ **jd-m ~** вмешáться в чей-л разговóр; **hineinversetzen** *vr* (*sich einfühlen*) ◇ **sich in jd-n ~** представить себя́ на мéсте другóго

hinfahren *unreg* **I.** *vi* (*zu Feier*) съéздить *сов,* поéхать тудá **II.** *vt* (*jd-n begleiten*) от|возúть ‹-везтú› тудá; **Hinfahrt** *f* поéздка *ж,* путешéствие *с* (тудá); **hinfallen** *unreg vi* пáдать ‹упáсть› на зéмлю; **hinfällig** *adj* ① (*nicht mehr gültig*) потеря́вший сúлу, слáбый, неустóйчивый, шáткий ② (*nicht mehr nötig*) ◇ **deine Hilfe ist ~** твоя́ пóмощь бóльше не нужнá

hing *impf v.* **hängen**

Hingabe *f* увлечéние *с;* ◇ **mit ~ musizieren** целикóм отдáться мýзыке; **hingeben** *vr* ◇ **sich ~** (*e-r Person*) отдá‹вá›ться; (*e-m Hobby*) целикóм посвя|щáть ‹-тúть› себя́; **hingehen** *unreg vi* ① (*besuchen*) ◇ **zu jd-m ~** пойтú к комý-л ② (*vergehen, Zeit*) проходúть *несов;* **hinhalten** *unreg vt* ① (*vertrösten*) обнадёжи‹ва›ть когó-л ② (*reichen*) протя́|гивать ‹-нýть›

hinken *vi* ① (*lahmen*) хромáть *несов* ② (*nicht zutreffen*) ◇ **der Vergleich hinkt** сравнéние неудáчно [хромáет]

hinkriegen *vt* (*bewältigen*) с|правля́ться <-пра́виться> с чем-л; **hinlegen I.** *vt* (*auf Tisch*) класть <положи́ть> туда́ **II.** *vr* (*ausruhen*) ◇ **sich ~** ложи́ться <лечь>; **hinnehmen** *unreg vt FIG* (*Beleidigung*) <при->мири́ться с чем-л

Hinreise *f* пое́здка *ж* (туда́); **hinreißen** *unreg vt* ◇ **sich** *akk* **zu e-r Dummheit ~ lassen** дать увле́чь себя́ како́й-л глу́постью

Hinrichtung *f* казнь *ж*

hinsichtlich *präp gen* (*was...betrifft*) в отноше́нии чего́-л, относи́тельно

Hinspiel *n* SPORT игра́ *ж* на по́ле сопе́рника; **hinstellen I.** *vt* ① (*plazieren*) <по-> ста́вить туда́ ② *FIG* (*darstellen*) пред|ставля́ть <-ста́вить> **II.** *vr* ◇ **sich ~** станови́ться <стать>

hinten *adv* ① (*Ggs. v. vorne*) позади́, сза́ди ② (*da/dort ~*) тут [там] сза́ди; **hintenherum** *adv FIG* (*hinterrücks*) из-под полы́, преда́тельски, вероло́мно, кова́рно

hinter *präp dat/akk* ① (*örtlich*) (*mit dat*) ◇ **ich stehe ~ dir** я стою́ за тобо́й; (*mit akk*) ◇ **ich stelle mich ~ dich** я становлю́сь за тобо́й ② *FIG* (*unterstützen*) ◇ **sich ~ jd-n stellen** подде́рживать *несов* кого́-л ③ (*verfolgen*) ◇ **~ jd-m her sein** пресле́довать кого́-л; **Hinterachse** *f* AUTO за́дняя ось *ж;* **Hinterbein** *n FIG* (*sich wehren*) ◇ **sich auf die ~e stellen** стать на дыбы́, воспроти́виться чему́-л; **hintere(r, s)** *adj* за́дний; (*letzter*) после́дний; **hintereinander** *adv* оди́н за други́м; **Hintergedanke** *m* за́дняя мысль *ж;* **hintergehen** *unreg vt FIG* (*betrügen*) обма́|нывать <-ну́ть>, вводи́ть <ввести́> в заблужде́ние; **Hintergrund** *m* ① (*von Bild*) за́дний план *м,* фон *м* ② *FIG* (*Gesamtzusammenhang*) подоплёка *ж,* за́дний план *м;* **Hinterhalt** *m* (*Falle*) заса́да *ж,* лову́шка *ж;* **hinterhältig** *adj* (*tückisch*) кова́рный, скры́тный; **hinterher** *adv* ① (*räumlich*) позади́, сза́ди, сле́дом ② (*zeitlich*) за́дним число́м; **hinterlassen** *unreg vt* ① (*Nachricht*) о|ставля́ть <-ста́вить> ② (*vererben*) передава́ть по насле́дству; **hinterlegen** *vt* (*deponieren*) сдава́ть на хране́ние; **Hinterlist** *f* кова́рство *с,* вероло́мство *с;* **hinterlistig** *adj* кова́рный, хи́трый, вероло́мный; **Hintermann** *m* (*Drahtzieher*) подстрека́тель *м,* инспира́тор *м;* **Hinterrad** *n* за́днее колесо́ *с;* **Hinterradantrieb** *m* AUTO при́вод *м* к за́дним колёсам; **hinterrücks** *adv* (*von hinten*) за спино́й, с ты́лу; **Hinterteil** *n FAM* (*Hintern, Gesäß*) за́дняя часть *ж,* зад *м;* **Hintertreffen** *n* (*benachteiligt werden*) ◇ **ins ~ geraten** быть оттеснённым; **Hintertür** *f* (*hinterer Ausgang*) за́дняя дверь *ж,* чёрный ход *м; FIG* (*sich nicht festlegen*) ◇ **sich e-e ~ offenhalten** обеспе́чить себе́ путь к отступле́нию; **hinterziehen** *unreg vt* (*Geld*) ута́|ивать <-и́ть> де́ньги; ◇ **Steuern ~** уклоня́ться от упла́ты нало́гов

hinüber *adv* ① (*auf die andere Seite*) на ту сто́рону ② *FAM* (*kaputt, tot*) испо́рченный, поги́бший, обанкро́тившийся; **hinübergehen** *unreg vi* (*ans andere Ufer*) пере|ходи́ть <-йти́> (на ту сто́рону)

hinunter *adv* вниз; **hinunterfallen** *unreg vi* (*Mauer, Treppe*) па́дать <упа́сть>; **hinunterschlucken** *vt* (*Essen*) глота́ть *несов,* про|гла́тывать <-глоти́ть>; *FIG* (*nicht widersprechen*) про|гла́тывать <-глоти́ть>, мири́ться *несов* с чем-л; **hinunterwerfen** *unreg vt* (*Blumentopf, Tasse*) с|бра́сывать <-бро́сить>, ски́|дывать <-нуть>

hinwegsetzen *vr* (*nicht beachten*) ◇ **sich ~ über** *akk* не обраща́ть внима́ния на что-л, не счита́ться с чем-л

Hinweis *m* <-es, -e> ① (*Tip*) намёк *м,* указа́ние *с* ② (*Anhaltspunkt*) ссы́лка *ж;* **hinweisen** *unreg vi* ◇ **auf etw** *akk* **~** ① (*anspielen*) ука́|зывать <-за́ть> на что-л, ссыла́ться <сосла́ться> на что-л ② (*zeigen*) ука́|зывать <-за́ть> ③ (*betonen*) под|чёркивать <-черкну́ть> что-л

hinzufügen *vt* до|бавля́ть <-ба́вить>; (*ergänzen*) до|полня́ть <-по́лнить>

Hirn *n* <-[e]s, -e> (*Gehirn*) головно́й мозг *м;* **Hirngespinst** *n* <-[e]s, -e> (*verrückte Idee*) химе́ра *ж,* измышле́ние *с;* (*Einbildung*) игра́ *ж* воображе́ния; **hirnverbrannt** *adj FAM* сумасбро́дный, сумасше́дший

Hirsch *m* <-[e]s, -e> ZOOL оле́нь *м*

Hirt(in *f*) *m* <-en, -en> пасту́х *м,* пасту́шка *ж*

hissen *vt* (*Fahne*) подн|има́ть <-я́ть> флаг

Historiker(in *f*) *m* <-s, -> исто́рик *м;* **historisch** *adj* истори́ческий

Hit *m* (*Schlager*) популя́рная пе́сенка *ж,* шля́гер *м*

Hitze *f* <-> жара́ *ж,* зной *м;* **hitzebeständig** *adj* (*Glas*) жаросто́йкий, теплосто́йкий; **Hitzewelle** *f* (*Hitzeperiode*) волна́ *ж* тепла́, волна́ *ж* горя́чего во́здуха; **hitzig** *adj* ① (*Debatte*) горя́чий, стра́стный ② (*Mensch*) вспы́льчивый, пы́лкий; **Hitzkopf** *m* горя́чая голова́ *м,* вспы́льчивый челове́к *ж;* **Hitzschlag** *m* теплово́й уда́р *м*

HIV-positiv *adj* (*aidskrank*) заражённый СПИДом

H-Milch *f* гомогенизи́рованное молоко́ *с*

hob *impf v.* **heben**

Hobel *m* <-s, -> руба́нок *м*, струг *м*; **hobeln** *vt* (*Brett*) <вы́->строга́ть

hoch *adj* <höher, am höchsten> ① (*Ggs. v. niedrig*) высо́кий ② (*angesehen, hoher Besuch*) ва́жный, высо́кий, почётный ③ (*hohe Miete, Strafe*) большо́й ④ (*hoher Ton, Klang*) высо́кий; **Hoch** *n* <-s, -s> ① METEO о́бласть *ж* высо́кого давле́ния ② (*Ausruf*) здра́вица *ж*, тост *м*; **Hochachtung** *f* глубо́кое уваже́ние *с*; **hochachtungsvoll** *adv* (*Briefende*) ◇ **H~** с глубо́ким уваже́нием; **hocharbeiten** *vr* (*im Beruf*) ◇ **sich ~** доби́ться бо́лее высо́кого положе́ния; **hochbegabt** *adj* высокоодарённый; **Hochbetrieb** *m* COMM ◇ **im Warenhaus herrscht ~** в магази́не полно́ покупа́телей; **hochbringen** *unreg vt* ① (*gesundpflegen*) поста́вить на́ ноги ② (*sanieren, Firma*) укре|пля́ть <-пи́ть>; **Hochburg** *f* (*Zentrum*) центр *м*, опло́т *м*, тверды́ня *ж*; **Hochdeutsch** *n* литерату́рный неме́цкий язы́к *м*; **hochdotiert** *adj* (*Wissenschaftler*) высокоопла́чиваемый, получа́ющий большо́й окла́д; **Hochdruck** *m* METEO высо́кое давле́ние *с*; **hochfliegend** *adj FIG* ◇ **~e Pläne** честолюби́вые пла́ны; **Hochform** *f* ◇ **in ~ sein** быть в фо́рме, быть в уда́ре; **Hochgeschwindigkeitszug** *m* скоростно́й по́езд *м*; **hochgradig** *adj* (*in hohem Maße*) в вы́сшей сте́пени, чрезвыча́йный; **hochhalten** *unreg vt* ① (*in die Höhe halten*) высоко́ держа́ть ② *FIG* (*jd-n schätzen*) высоко́ цени́ть кого́-л; **Hochhaus** *n* высо́тное зда́ние *с*, многоэта́жный дом *м*; **Hochkonjunktur** *f* высо́кая конъюнкту́ра *ж*; **hochleben** *vi* (*feiern*) ◇ **jd-n ~ lassen** провозглаша́ть тост в честь кого́-л; **Hochmut** *m* (*Überheblichkeit*) высокоме́рие *с*; **hochmütig** *adj* (*eingebildet*) высокоме́рный; **hochprozentig** *adj* (*Schnaps*) высокопроце́нтный, высо́кой кре́пости; **Hochrechnung** *f* (*bei Wahl*) экстраполя́ция *ж*; **Hochsaison** *f* разга́р *м* сезо́на; **Hochschule** *f* (*Universität*) вы́сшее уче́бное заведе́ние *с*; **Hochsommer** *m* разга́р *м* ле́та; **Hochspannung** *f* высо́кое напряже́ние *с*; **Hochsprung** *m* SPORT прыжки́ *мн* в высоту́

höchst *adv* (*äußerst, sehr*) са́мый высо́кий, высоча́йший, наивы́сший

Hochstapler(in *f*) *m* <-s, -> (*Betrüger*) афери́ст(ка *ж*) *м*, авантюри́ст(ка *ж*) *м*

höchste(r, s) *adj superl. v.* **hoch**

höchstens *adv* ① (*nicht mehr als*) са́мое большо́е, не бо́лее как ② (*bestenfalls*) в кра́йнем слу́чае

Höchstgeschwindigkeit *f* преде́льная [максима́льная] ско́рость *ж*; **höchstpersönlich** *adv* самоли́чно, со́бственной персо́ной; **Höchstpreis** *m* наивы́сшая цена́ *ж*; **höchstwahrscheinlich** *adv* по всей вероя́тности, вероя́тнее всего́

hochtrabend *adj* (*Redensart*) высокопа́рный; **Hochverrat** *m* госуда́рственная изме́на *ж*; **Hochwasser** *n* (*Überschwemmung*) па́водок *м*, полово́дье *с*; **hochwertig** *adj* высокока́чественный, полноце́нный; **Hochwürden** *m* <-s, -> (*Anrede für Geistliche*) ◇ **Eure ~** Ва́ше преподо́бие; **Hochzahl** *f* MATH показа́тель *м* сте́пени

Hochzeit *f* <-, -en> сва́дьба *ж*, бракосочета́ние *с*; **Hochzeitsreise** *f* сва́дебное путеше́ствие *с*

Hocker *m* <-s, -> (*Stuhl*) табуре́тка *ж*

Höcker *m* <-s, -> (*von Kamel*) горб *м*

Hoden *m* <-s, -> ANAT яи́чко *с*

Hof *m* <-[e]s, Höfe> ① (*Bauern~*) (крестья́нский) двор *м* ② (*Schul~*) (шко́льный) двор *м* ③ *FIG* (*umwerben*) ◇ **jd-m den ~ machen** уха́живать за кем-л

hoffen *vi* наде́яться *несов* (*auf etw akk* на что-л); **hoffentlich** *adv* ◇ **~ geht es dir gut** наде́юсь, у тебя́ всё в поря́дке; **Hoffnung** *f* наде́жда *ж*; **hoffnungslos** *adj* (*Fall*) безнадёжный, безысхо́дный; **Hoffnungsträger(in** *f*) *m* (*Person*) лицо́ *с*, с кото́рым свя́заны определённые наде́жды; **hoffnungsvoll** *adj* по́лный наде́жд, преиспо́ленный наде́жды; (*vielversprechend*) ◇ **~er Anfang** многообеща́ющее нача́ло *с*

höflich *adj* (*Mensch*) ве́жливый, учти́вый; **Höflichkeit** *f* ве́жливость *ж*, учти́вость *ж*, любе́зность *ж*

hohe(r, s) *adj s.* **hoch**

Höhe *f* <-, -n> ① высота́ *ж*, вышина́ *ж*; (*über Meeresspiegel*) у́ровень *м* ② (*An~*) высота́ *ж*, возвы́шенность *ж* ③ *FIG* ◇ **auf gleicher ~** на одно́м у́ровне; (*Unverschämtheit*) ◇ **das ist ja die ~!** э́то уж сли́шком!

Hoheit *f* ① POL (*Länder~*) суверените́т *м*, госпо́дство *с* ② (*Titel*) высо́чество *с*; **Hoheitsgebiet** *n* госуда́рственная террито́рия *ж*, террито́рия *ж* сувере́нного госуда́рства; **Hoheitsgewässer** *n* территориа́льные во́ды *мн;* **Hoheitszeichen** *n* (*Staatssymbol*) эмбле́ма *ж,* госуда́рственный знак *м*

Höhenluft *f* го́рный во́здух *м;* **Höhensonne** *f* (*künstliche Sonne*) ква́рцевая ла́мпа *ж;* **Höhenzug** *m* (*Gebirge*) цепь *ж* гор

Höhepunkt *m* вы́сшая то́чка *ж,* кульминацио́нный пункт *м,* апоге́й *м*

höher *adj, adv kompar v.* **hoch**

hohl *adj* (1) (*Zahn*) по́лый, пусто́й (2) *FAM* (*geistlos*) ◇ **das ist doch ~!** э́то же бездáрно!

Höhle *f* <-, -n> пеще́ра *ж;* (*Tropfstein~*) грот *м;* (*Bären~*) берло́га *ж;* (*Räuber~*) ло́гово *с; PEJ* (*Bude*) трущо́ба *ж,* дыра́ *ж;* ◇ **in die ~ des Löwen gehen** идти́ в ло́гово льва

Hohn *m* <-[e]s> (*Spott*) насме́шка *ж,* издёвка *ж;* **höhnisch** *adj* (*spöttisch*) насме́шливый, язви́тельный

holen I. *vt* (1) (*herbringen*) при|носи́ть <-нести́> (2) (*Atem*) перевести́ дух **II.** *vr* (*Schnupfen*) ◇ **sich etw ~** зара|жа́ться <зи́ться> чем-л

Holland *n* Голла́ндия *ж;* ◇ **in/nach ~** в Голла́ндии/в Голла́ндию; **Holländer(in** *f*) *m* <-s, -> голла́ндец *м,* голла́ндка *ж;* **holländisch** *adj* голла́ндский

Hölle *f* <-> (*Ggs. v. Himmel*) ад *м; FIG* (*viel Betrieb*) ◇ **da war die ~ los** там настоя́щий ад; ◇ **jd-m das Leben zur ~ machen** сде́лать чью-л жизнь а́дом; **Höllenangst** *f* ◇ **e-e ~ haben** пани́чески боя́ться чего́-л; **höllisch** *adj* (1) (*schlimm*) а́дский, стра́шный (2) (*überaus groß*) ужа́сный

Hologramm *n* <-s, -e> KUNST гологра́мма *ж*

holperig *adj* (1) (*Weg*) уха́бистый, неро́вный (2) (*Stil*) нескла́дный, негла́дкий

Holunder *m* <-s, -> BOT бузина́ *ж*

Holz *n* <-es, Hölzer> де́рево *с;* (*Nutz~*) древеси́на *ж,* лесоматериа́л *м;* **hölzern** *adj* (1) (*Tisch, Schrank*) деревя́нный (2) *FIG* (*ungeschickt*) нело́вкий, неуклю́жий; (*steif*) неповоро́тливый; **Holzfäller** *m* <-s, -> лесору́б *м,* дровосе́к *м;* **holzig** *adj* (*Gemüse*) деревя́нистый, волокни́стый; **Holzkohle** *f* древе́сный у́голь *м;* **Holzweg** *m FAM* (*falsche Spur*) ◇ **auf dem ~ sein** быть на ло́жном пути́, заблужда́ться

homosexuell *adj* гомосексуа́льный

Honig *m* <-s> (*Bienen~*) мёд *м; FIG* (*schmeicheln*) ◇ **jd-m ~ ums Maul schmieren** ума́сливать кого́-л, льстить кому́-л; **Honigmelone** *f* (*Frucht*) ды́ня *ж*

Honorar *n* <-s, -e> гонора́р *м;* **honorieren** *vt* (1) (*vergüten*) <за->плати́ть гонора́р, воз-ме|ща́ть <-сти́ть> убы́тки (2) *FIG* (*anerkennen*) ока́|зывать <-за́ть> по́чести кому́-л

Hooligan *m* <-, -s> (*Rowdy*) хулига́н *м*

Hopfen *m* <-s> BOT хмель *м; FIG* (*jede Mühe vergebens*) ◇ **da ist ~ und Malz verloren** э́то де́ло пропа́щее, э́то напра́сный труд

hörbar *adj* (*wahrnehmbar*) слы́шный, слы́шимый, вня́тный

horchen *vi* прислу́ша<ива>ться; *PEJ* (*an Tür*) подслу́шивать

Horde *f* <-, -n> орда́ *ж;* (*Menschenmenge*) толпа́ *ж;* (*Bande*) ба́нда *ж*

hören I. *vt* (1) (*Laut*) <у->слы́шать (2) (*Konzert*) <по->слу́шать **II.** *vi* (*gehorchen*) <по->слу́шаться; **Hörensagen** *n* (*aus Erzählungen*) ◇ **vom ~** понаслы́шке; **Hörer(in** *f*) *m* <-s, -> (1) MEDIA слу́шатель(ница *ж*) *м* (2) *nur m* (*Telefon~*) телефо́нная тру́бка *ж*

Horizont *m* <-[e]s, -e> (1) (*Himmel*) горизо́нт *м* (2) *FIG* (*Wissens~*) горизо́нт *м,* кругозо́р *м;* **horizontal** *adj* горизонта́льный

Hormon *n* <-s, -e> гормо́н *м*

Horn *n* <-[e]s, Hörner> (1) (*von Kuh*) рог *м* (2) MUS горн *м,* рожо́к *м*

Horoskop *n* <-s, -e> гороско́п *м*

Hörsaal *m* (*von Universität*) аудито́рия *ж,* лекцио́нный зал *м;* **Hörspiel** *n* MEDIA радиопостано́вка *ж*

Hort *m* <-[e]s, -e> (*Kinder~*) гру́ппа *ж* продлённого дня

horten *vt* (*ansammeln*) нако|пля́ть <-пи́ть>

Hose *f* <-, -n> (1) (*Kleidungsstück*) брю́ки *мн,* штаны́ *мн* (2) *FAM* (*schiefgehen*) ◇ **in die ~ gehen** не удава́ться, провали́ться (3) *FAM* (*nichts los*) ◇ **da ist noch tote ~** там ещё конь не валя́лся

Hotel *n* <-s, -s> оте́ль *м,* гости́ница *ж;* **Hotelier** *m* <-s, -s> (*Besitzer*) владе́лец *м* гости́ницы; (*Leiter*) дире́ктор *м* гости́ницы

hüben *adv* (*auf beiden Seiten*) ◇ **~ und drüben** по э́ту и по ту сто́рону, там и тут

Hubraum *m* AUTO рабо́чий объём *м*

hübsch *adj* (*gutaussehend*) краси́вый, преле́стный; (*nett*) ми́лый

Hubschrauber *m* <-s, -> вертолёт *м,* геликопте́р *м*

Huf *m* <-[e]s, -e> (*von Pferd*) копы́то *с*

Hüfte *f* <-, -n> бедро́ *с*

Hügel *m* <-s, -> (*kleiner Berg*) холм *м,* приго́рок *м,* го́рка *ж;* **hügelig** *adj* (*Landschaft*) холми́стый, неро́вный

Huhn *n* <-[e]s, Hühner> (1) (*Henne*) ку́рица *ж,*

несу́шка *ж* ② GASTRON ку́рица *ж;* **Hühnerbrühe** *f* (*Suppe*) кури́ный бульо́н *м*

huldigen *vi* ① (*Verehrung ausdrücken*) прекло|ня́ться <-ни́ться> (*jd-m* пе́ред кем-л) ② (*ergeben sein*) ◇ **e-r Sache ~** быть приве́рженцем чего́-л, служи́ть чему́-л

Hülle *f* <-, -n> ① (*Plastik~*) оболо́чка *ж,* обёртка *ж,* плёнка *ж* ② *FIG* (*im Überfluß*) ◇ **in ~ und Fülle** в изоби́лии, в избы́тке, вдо́воль; **hüllen** *vt* ① (*einpacken*) уку́т<ыв>ать, укры́<ва́>ть (*in akk* в) ② *FIG* ◇ **sich in Schweigen ~** храни́ть молча́ние

Hülse *f* <-, -n> (*Patronen~*) ги́льза *ж,* оболо́чка *ж;* **Hülsenfrucht** *f* (*Erbse, Linse*) стручко́вый [бобо́вый] плод *м*

human *adj FIG* гума́нный, челове́чный, человеколюби́вый; **Humanität** *f* гума́нность *ж,* челове́чность *ж,* человеколю́бие *с*

Hummel *f* <-, -n> шмель *м*

Hummer *m* <-s, -> (*Krustentier*) ома́р *м*

Humor *m* <-s> ю́мор *м;* ◇ **Sinn für ~ haben** облада́ть чу́вством ю́мора; **Humorist(in** *f*) *m* юмори́ст(ка *ж*) *м;* **humoristisch** *adj* юмористи́ческий; **humorvoll** *adj* остроу́мный, по́лный ю́мора

humpeln *vi* (*hinken*) прихра́мывать *несов,* хрома́ть *несов,* ковыля́ть *несов*

Hund *m* <-[e]s, -e> соба́ка *ж;* (*Quelle des Übels*) ◇ **da liegt der ~ begraben** вот где соба́ка зары́та; **hundemüde** *adj FAM* (*sehr müde*) уста́лый как соба́ка

hundert *nr* сто; *s. a.* **fünf**; **hundertprozentig** *adj* (*vollständig*) стопроце́нтный

Hündin *f* су́ка *ж*

Hunger *m* <-s> го́лод *м;* ◇ **~ haben** быть голо́дным; **Hungerlohn** *m* ни́щенская зарпла́та *ж;* **hungern** *vi* (*Hunger haben*) голода́ть *несов;* (*fasten*) пости́ться *несов;* **Hungerstreik** *m* ◇ **in den ~ treten** объяви́ть голодо́вку; **hungrig** *adj* голо́дный

Hupe *f* <-, -n> (*von Auto*) сигна́льный гудо́к *м;* **hupen** *vi* <по->да́<ва́>ть акусти́ческий сигна́л, дава́ть гудо́к, гуде́ть *несов*

hüpfen *vi* пры́г|ать <-нуть>, скак|а́ть <ну́ть>

Hürde *f* <-, -n> (*Hindernis*) барье́р *м;* (*beim Hürdenlauf*) *a. FIG* ◇ **e-e ~ nehmen** брать <взять> барье́р; **Hürdenlauf** *m* SPORT барье́рный бег *м*

Hure *f* <-, -n> (*Prostituierte*) проститу́тка *ж; FAM* потаску́ха *ж,* блядь *ж*

husten *vi* ① ка́шлять *несов* ② *FAM* (*die Meinung sagen*) ◇ **ich werde dir was ~** вот что я тебе́ скажу́; **Husten** *m* <-s> ка́шель *м*

Hut[1] *m* <-[e]s, Hüte> ① (*Kopfbedeckung*) шля́па *ж* ② *FAM* ◇ **das kannst du dir an den ~ stecken!** мо́жешь взять э́то себе́; (*altbekannt*) ◇ **dieser Witz ist ein alter ~** э́та шу́тка с бородо́й

Hut[2] *f* <-> (*vorsichtig sein*) ◇ **auf der ~ sein** быть начеку́, быть насторо́же

hüten I. *vt* (*Schafe*) пасти́ *несов;* (*Kinder*) обе|рега́ть <-ре́чь>, <по->стере́чь **II.** *vr* (*sich vorsehen*) ◇ **sich ~** осте|рега́ться <-ре́чься> (*vor dat* чего́-л)

Hütte *f* <-, -n> ① (*Holz~*) хи́жина *ж* ② (*Eisen~*) металлурги́ческий заво́д *м*

hydraulisch *adj* (*Pumpe*) гидравли́ческий

Hygiene *f* <-> гигие́на *ж;* **hygienisch** *adj* гигиени́ческий, гигиени́чный

Hymne *f* <-, -n> (*Landes~*) гимн *м*

hypnotisieren *vt* <за->гипнотизи́ровать

Hypothek *f* <-, -en> ипоте́ка *ж,* закладна́я *ж*

Hypothese *f* (*Annahme*) гипо́теза *ж*

hysterisch *adj* истери́ческий, истери́чный

I

I, i *n* И, и

i. A. *Abk. v.* **im Auftrag** по поруче́нию

IC *m* <-, -s> *Abk. v.* **Intercity**

ICE *m* <-, -s> *Abk. v.* **Intercity Express** скоростно́й по́езд-экспре́сс *м*

ich *pron pers* я; ◇ **~ bin es!** э́то я!; ◇ **~ Idiot!** я болва́н!; ◇ **du und ~** мы с тобо́й

IC-Zuschlag *m* (*Aufpreis*) допла́та *ж* за биле́т на по́езд - экспре́сс

ideal *adj* ① (*vollkommen*) соверше́нный ② (*geeignet*) образцо́вый, подходя́щий; **Ideal** *n* <-s, -e> идеа́л *м;* **Idealist(in** *f*) *m FIG* идеали́ст(ка *ж*) *м;* (*Träumer/in*) мечта́тель(ница *ж*) *м;* **idealistisch** *adj* (*Weltbild*) идеалисти́ческий

Idee *f* <-, -n> ① (*Einfall*) иде́я *ж,* мысль *ж;* (*Konzeption*) за́мысел *м* ② (*Vorstellung*) представле́ние *с,* поня́тие *с;* **ideell** *adj* идеа́льный

identifizieren I. *vt* (*Person*) идентифици́ровать *несов и сов,* опозна́<ва́>ть **II.** *vr* ◇ **sich mit jd-m ~** целико́м разделя́ть чьё-л мне́ние; **identisch** *adj* (*gleich*) тожде́ственный, иденти́чный; **Identität** *f* (*Persönlichkeit*) ли́чность *ж*

Ideologe *m* <-n, -n>, **Ideologin** *f* идео́лог *м;* **Ideologie** *f* идеоло́гия *ж,* о́браз *м* жи́зни; **ideologisch** *adj* идеологи́ческий

idiomatisch *adj* идиомати́ческий

Idiot(in *f*) *m* <-en, -en> *FAM* идио́т(ка *ж*) *м,* слабоу́мный(-ая *ж*) *м;* **idiotisch** *adj* (*verrückt*) идио́тский, дура́цкий

Idol *n* <-s, -e> (*Vorbild*) и́дол *м,* куми́р *м*

idyllisch *adj* (*Landschaft*) идилли́ческий

Igel *m* <-s, -> ZOOL ёж *м*

ignorieren *vt* игнори́ровать *несов и сов*

ihm *pron pers dat v.* **er, es** ① (*allg.*) ему́; ◇ **ich gebe ~ mein Buch** я дам ему́ мою́ кни́гу ② (*nach Präp*) ◇ **mit ~** с ним; ◇ **nach ~** по́сле него́

ihn *pron pers akk v.* **er, es** ① (*allg.*) его́; ◇ **ich frage ~** я спрошу́ его́; ◇ **ich liebe ~** я люблю́ его́ ② (*nach Präp*); ◇ **ohne ~** без него́

ihnen *pron pers dat v.* **sie** (*pl*) ① (*allg.*) им; ◇ **ich gebe ~ dieses Auto** я дам им э́ту автомаши́ну ② (*nach Präp*); ◇ **zu ~** к ним; ◇ **mit ~** с ни́ми

Ihnen *pron pers dat v.* **Sie** ① (*allg.*) Вам; ◇ **ich teile ~ mit, daß ...** я сообща́ю Вам, что ... ② (*nach Präp*) ◇ **zu ~** к Вам; ◇ **mit ~** с Ва́ми

ihr I. *pron pers* (*2. Person pl*) вы; ◇ **habt ~ mich nicht gesehen?** вы меня́ не ви́дели? **II.** *pron pers dat v.* **sie** (*sg*) ① (*allg.*) ей; ◇ **ich gebe ~ diese Kassette** я дам ей э́ту кассе́ту ② (*nach Präp*); ◇ **mit ~** с ней

ihr(e) I. *pron poss v.* **sie** (*sg*) (*adjektivisch: eine Besitzerin*) её; ◇ **~ Auto** её автомаши́на; ◇ **~e Bücher** её кни́ги; ◇ **~ Freund/~e Freundin** её друг/её подру́га **II.** *pron poss v.* **sie** (*pl*) (*adjektivisch: mehrere Besitzer*) их; ◇ **~ Auto** (*ein Besitzgegenstand*) их автомаши́на; ◇ **~e Kleider** (*mehrere Besitzgegenstände*) их оде́жда

Ihr(e) *pron poss v.* **Sie** (*adjektivisch*) Ва́ш(а, е)

ihre(r, s) I. *pron poss v.* **sie** (*sg*) (*substantivisch: eine weibliche Besitzerin*); ◇ **das ist ~** (*Bluse*) э́то её (блу́зка); ◇ **das ist ~r** (*Kugelschreiber*) э́то её (ша́риковая ру́чка); ◇ **das ist ~s** (*Buch*) э́то её (кни́га); ◇ **das sind ~** (*Kleider*) э́то её (оде́жда) **II.** *pron poss v.* **sie** (*pl*) (*substantivisch: mehrere Besitzer*) их; ◇ **dieses Auto, das ist ~s** э́та маши́на, э́то их; ◇ **diese Kleider, das sind ~** э́та оде́жда, э́то их

Ihre(r, s) *pron poss v. Sie* (*substantivisch*) Ва́ш(а, е, и); ◇ **diese Zeitung, das ist ~** э́та газе́та, э́то Ва́ша

ihrer I. *pron pers gen v.* **sie** (*sg*) её **II.** *pron pers gen v.* **sie** (*pl*) их

Ihrer *pron pers gen v.* **Sie** вас

ihrerseits *adv* ① (*bezogen auf sie*) (*sg*); (*von ihr aus*) с её стороны́, со свое́й стороны́ ② (*bezogen auf sie*) (*pl*); (*von ihnen aus*) с их стороны́, со свое́й стороны́; **Ihrerseits** *adv* (*von Ihnen aus*) с Ва́шей стороны́; **ihresgleichen** *pron* ① (*bezogen auf sie*) (*sg*); (*gleichwertig*) тако́й как она́, подо́бный ей ② (*bezogen auf sie*) (*pl*); (*gleichwertig*) тако́й как они́, подо́бный им; **Ihresgleichen** *pron* тако́й как Вы, подо́бный Вам; **ihretwegen** *adv* ① (*bezogen auf sie*) (*sg*) (*von ihr aus*) ра́ди неё; (*wegen ihr*) из-за неё; (*ihr zuliebe*) ра́ди неё ② (*bezogen auf sie*) (*pl*) (*von ihnen aus*) ра́ди них; (*wegen ihnen*) из-за них; (*ihnen zuliebe*) ра́ди них; **Ihretwegen** *adv* (*bezogen auf Sie*) ① (*von Ihnen aus*) ра́ди Вас ② (*wegen Ihnen*) из-за Вас ③ (*Ihnen zuliebe*) ра́ди Вас

illegal *adj* незако́нный, нелега́льный

Illusion *f* иллю́зия *ж;* ◇ **sich ~en machen** стро́ить себе́ иллю́зии; **illusorisch** *adj* иллюзо́рный, при́зрачный

illustrieren *vt* ① (*Buch*) иллюстри́ровать *несов и сов* ② (*erklären*) поясІня́ть <-ни́ть> приме́ром; **Illustrierte** *f* <-n, -n> (*Zeitschrift*) иллюстри́рованный журна́л *м*

im = in dem

imaginär *adj* вообража́емый

Imbiß *m* <-sses, -sse> заку́ска *ж*

imitieren *vt* (*nachmachen*) имити́ровать *несов,* подража́ть *несов* кому́-чему́-л

Imker(in *f*) *m* <-s, -> пчелово́д *м,* па́сечник *м*

Immatrikulation *f* UNI зачисле́ние *с;* **immatrikulieren** *vt, vr* (*einschreiben*) ◇ **sich ~** заІчисля́ть <-чи́слить> в университе́т

immer *adv* ① (*ständig*) всегда́, постоя́нно ② (*jedesmal*) ◇ **~ wenn** ка́ждый раз, когда́ ③ (*üblich*) ◇ **wie ~** как всегда́ ④ ◇ **~ noch** всё-таки, всё же ⑤ (*ewig*) ◇ **für ~** наве́чно; **immerhin** *adv* (*wenigstens*) всё-таки, всё же; **immerzu** *adv* (*ununterbrochen*) постоя́нно, беспреры́вно, всё вре́мя

Immobilien *f pl* недви́жимое иму́щество *с,* недвижи́мость *ж*

immun *adj* ① (*gegen Krankheit*) невоспри-и́мчивый ② *FIG* (*unverwundbar*) неуязви́мый; **Immunität** *f* ① (*gegen Krankheit*) невосприи́мчивость *ж* ② (*von Abgeordneten*) иммуните́т *м,* неприкоснове́нность *ж;* **Immunschwäche** *f* (*Anfälligkeit*) подве́рженность *ж;* **Immunschwächekrankheit** *f* боле́знь *ж,* вы́званная ослабле́нием иммуните́та; (*Aids*) СПИД *м;* **Immunsystem** *n* иммýнная систе́ма *ж*

Imperativ *m* GRAM повели́тельное наклоне́ние *с*, императи́в *м*
Imperfekt *n* <-s, -e> GRAM имперфе́кт *м*
imperialistisch *adj* империалисти́ческий
impfen *vt* <с->де́лать приви́вку кому-л про́тив чего́-л; **Impfstoff** *m* вакци́на *ж;* **Impfung** *f* приви́вка *ж*, вакцина́ция *ж*
implizieren *vt* (*mit einschließen*) включ|а́ть <-чи́ть> в себя́, предпо|лага́ть <-ложи́ть>, имплици́ровать *несов и сов*
imponieren *vi* импони́ровать *несов*, произ|води́ть <-вести́> си́льное впечатле́ние
Import *m* <-[e]s, -e> и́мпорт *м*, ввоз *м;* **importieren** *vt* (*Waren*) импорти́ровать *несов и сов*, ввози́ть <ввезти́>
imposant *adj* (*beeindruckend*) импоза́нтный, внуши́тельный, ви́дный
impotent *adj* импоте́нтный
imprägnieren *vt* пропи́|тывать <-та́ть>
Improvisation *f* ① (*Behelf*) вспомога́тельное сре́дство *с*, по́мощь *ж* ② (*Theater*) импровиза́ция *ж;* **improvisieren** **I.** *vt* (*Rede*) импровизи́ровать *несов и сов* **II.** *vi* MUS импровизи́ровать, создава́ть по ходу́ исполне́ния
Impuls *m* <-es, -e> ① (*Antrieb*) и́мпульс *м*, побужде́ние *с* ② *FIG* (*spontan*) ◇ **aus e-m ~ heraus** спонта́нно, стихи́йно, внеза́пно; **impulsiv** *adj* импульси́вный, де́йствующий по пе́рвому побужде́нию
imstande *adj* ◇ **~ sein, etw zu tun** быть в состоя́нии [спосо́бным] что-л сде́лать
in *präp akk/dat* ① (*räumlich*) (*wohin?*) в; ◇ **~ die Berge** в го́ры; ◇ **~ die Stadt** в го́род; ◇ **ins Schwimmbad** в бассе́йн; (*wo?*) в, во, по; ◇ **~ Dänemark** в Да́нии; ◇ **~ Paris** в Пари́же; ◇ **im Fernsehen** по телеви́дению; ◇ **im Garten** в саду́ ② (*zeitlich*) ◇ **bis ins hohe Alter** до пожило́го во́зраста; ◇ **im Frühling/Sommer** весно́й/ле́том; ◇ **~ e-r Stunde** (*innerhalb*) че́рез час; (*in der Zukunft*) в бу́дущем ③ ◇ **~ Schwierigkeiten sein** быть в затрудни́тельном положе́нии
Inbegriff *m* (*Verkörperung*) вы́сшее проявле́ние *с*, воплоще́ние *с;* **inbegriffen** *adv* (*enthalten*) включа́я, включи́тельно
indem *cj* ① (*dadurch, daß*) тем, что ② (*während*) в то вре́мя как, ме́жду тем как
Inder(in *f*) *m* <-s, -> инди́ец *м*, индиа́нка *ж*
Indianer(in *f*) *m* <-s, -> инде́ец *м*, индиа́нка *ж;* **indianisch** *adj* инде́йский
Indien *n* И́ндия *ж;* ◇ **in/nach ~** в И́ндии/в И́ндию
Indikativ *m* GRAM изъяви́тельное наклоне́ние *с*, и́ндикатив *м*
indirekt *adj* непрямо́й, ко́свенный
indisch *adj* инди́йский
indiskret *adj* (*Bemerkung*) нескро́мный; (*taktlos*) беста́ктный; (*schwatzhaft*) болтли́вый; **Indiskretion** *f* нескро́мность *ж;* (*Taktlosigkeit*) беста́ктность *ж*
indiskutabel *adj* (*nicht in Frage kommend*) не подлежа́щий обсужде́нию
Individualist(in *f*) *m* индивидуали́ст(ка *ж*) *м;* **individuell** *adj* индивидуа́льный, своеобра́зный; **Individuum** *n* <-s, - en> индиви́дуум *м*, (отде́льная) ли́чность *ж*
Indiz *n* <-es, -ien> ① (*Hinweis*) при́знак *м*, приме́та *ж* (*für* чего́-л) ② JURA (*Beweis*) ко́свенная ули́ка *ж*
indoktrinieren *vt* (*beeinflussen*) <по->влия́ть
Indonesien *n* Индоне́зия *ж;* ◇ **in/nach ~** в Индоне́зии/в Индоне́зию
industrialisieren *vt* индустриализи́ровать *несов и сов;* **Industrie** *f* промы́шленность *ж*, индустри́я *ж;* **Industriegebiet** *n* промы́шленный райо́н *м;* **industriell** *adj* промы́шленный, индустриа́льный
ineinander *adv* одно́ в друго́е, друг в дру́га; ◇ **sich ~ verlieben** влюби́ться друг в дру́га
Infarkt *m* <-[e]s, -e> MED инфа́ркт *м*
Infektion *f* (*Virus~*) инфе́кция *ж*, зараже́ние *с*, зара́за *ж*
Infinitiv *m* GRAM неопределённая фо́рма *ж* глаго́ла, инфинити́в *м*
infizieren **I.** *vt* (*anstecken*) зара|жа́ть <-зи́ть>, инфици́ровать *несов и сов* **II.** *vr* (*sich anstecken*) ◇ **sich ~** зара|жа́ться <-зи́ться> (*bei* от)
Inflation *f* инфля́ция *ж*
Info *f* <-, -s> (*Information*) информа́ция *ж*
infolge *präp gen* (*als Folge, wegen*) всле́дствие (чего́-л); **infolgedessen** *adv* (*also, folglich*) всле́дствие э́того, поэ́тому, по э́той причи́не
Informatik *f* информа́тика *ж;* **Informatiker(in** *f*) *m* <-s, -> информа́тик *м*
Information *f* информа́ция *ж;* **Informationsstand** *m* информацио́нный стенд *м;* **informativ** *adj* информацио́нный, информати́вный; **informieren** **I.** *vt* (*benachrichtigen*) ос|ведомля́ть <-ведоми́ть>, информи́ровать *несов и сов*, уведомля́ть <уве́домить> **II.** *vr* ◇ **sich ~** полу|ча́ть <-чи́ть> информа́цию, проинформи́ро-

ваться *сов,* ос|ведомля́ться ‹-ведоми́ться› (*über akk* о чём-л)

Infrastruktur *f* инфраструкту́ра *ж*

Infusion *f* влива́ние *с*

Ingenieur(in *f*) *m* инжене́р *м*

Ingwer *m* ‹-s› (*Gewürz*) имби́рь *м*

Inhaber(in *f*) *m* ‹-s, -› ① (*Besitzer/in*) владе́лец *м,* владе́лица *ж;* (*Geschäfts~*) содержа́тель(ница *ж*) *м* ② SPORT (*Titel~*) облада́тель(ница *ж*) *м*

inhaftieren *vt* (*verhaften*) аресто́|вывать ‹-ва́ть›, взять под аре́ст [стра́жу]

inhalieren **I.** *vt* (*Rauch*) затя́|гиваться ‹-ну́ться› **II.** *vi* (*bei Halsweh*) вдыха́ть ‹вдохну́ть›

Inhalt *m* ‹-[e]s, -e› ① (*von Flasche, Gespräch*) содержи́мое *с,* содержа́ние *с,* вмести́мость *ж* ② MATH (*Raum~*) объём *м;* (*Flächen~*) пло́щадь *ж;* **inhaltlich** *adj* по содержа́нию, с то́чки зре́ния содержа́ния; **Inhaltsangabe** *f* изложе́ние *с* [переда́ча *ж*] содержа́ния; **inhaltslos** *adj* бессодержа́тельный; (*nichtssagend*) пусто́й; **Inhaltsverzeichnis** *n* (*von Buch*) оглавле́ние *с,* указа́тель *м;* (*Register*) пе́речень *м*

inhuman *adj* (*Verhalten*) негума́нный, бесчелове́чный, жесто́кий, зве́рский

Initiative *f* инициати́ва *ж,* почи́н *м*

Injektion *f* впры́скивание *с,* инъе́кция *ж*

inklusive *präp gen* включи́тельно, включа́я

inkognito *adv* (*unerkannt*) инко́гнито

inkonsequent *adj* непосле́довательный

inkorrekt *adj* непра́вильный

Inkrafttreten *n* ‹-s› (*von Gesetz*) вступле́ние *с* в си́лу

Inland *n* родна́я страна́ *ж;* ◇ **im ~** внутри́

inmitten *präp gen* (*mitten in*) среди́, посреди́

innehaben *unreg vt* (*Amt*) име́ть, зан|има́ть ‹-я́ть›

innen *adv* внутри́, изнутри́; **Innenaufnahme** *f* FOTO съёмка *ж* в помеще́нии; **Inneneinrichtung** *f* (*Mobiliar*) вну́треннее убра́нство *с,* обстано́вка *ж;* **Innenminister(in** *f*) *m* мини́стр *м* вну́тренних дел; **Innenpolitik** *f* вну́тренняя поли́тика *ж;* **Innenstadt** *f* (*Zentrum*) центр *м* го́рода

innere(r, s) *adj* ① (*Organe*) вну́тренний ② ◇ **Minister für ~ Angelegenheiten** мини́стр *м* вну́тренних дел; **Innere[s]** *n* ① (*räumlich*) вну́тренняя часть *ж* ② (*Kern*) ядро́ *с* ③ *FIG* ◇ **in meinem ~n** в глубине́ души́; **innerhalb** *präp gen* ① (*zeitlich*) в тече́неие; ◇ **~ e-r Stun-de** в преде́лах ча́са ② (*räumlich*) ◇ **~ des Hauses** внутри́ до́ма; **innerlich** *adj* вну́тренний; MED для употребле́ния внутрь; **innerste(r, s)** *adj* ◇ **im ~n Herzen** в глубине́ души́

innig *adj* (*Zuneigung*) и́скренний, задуше́вный, серде́чный

Innovation *f* иннова́ция *ж;* (*Erneuerung*) обновле́ние *с,* нововведе́ние *с;* **innovativ** *adj* (*Maßnahme*) обновлённый, но́вый

inoffiziell *adj* неофициа́льный

ins = in das

Insasse *m,* **Insassin** *f* (*von Auto*) пассажи́р(ка *ж*) *м;* (*von Gefängnis*) заключённый(-ая *ж*) *м*

insbesondere *adv* осо́бенно, в осо́бенности, пре́жде всего́

Inschrift *f* (*auf Grab*) на́дпись *ж*

Insekt *n* ‹-[e]s, -en› насеко́мое *с*

Insel *f* ‹-, -n› о́стров *м*

Inserat *n* (*in Zeitungen*) объявле́ние *с;* ◇ **ein ~ aufgeben** дать [помести́ть] объявле́ние; **Inserent (in** *f*) *m* даю́щий(-ая *ж*) *м* объявле́ние в газе́те; **inserieren** **I.** *vt* (*Wohnung*) поме|ща́ть ‹-сти́ть› объявле́ние в газе́те **II.** *vi* (*annoncieren*) объя|вля́ть ‹-ви́ть›

insgeheim *adv* вта́йне, тайко́м, секре́тно

insgesamt *adv* (*alles zusammen*) в це́лом, в совоку́пности, в о́бщем, всего́, итого́

Insider(in *f*) *m* ‹-s, -› (*Eingeweihte/r*) профессиона́л *м/ж,* знато́к *м/ж*

insofern **I.** *adv* (*was das betrifft*) в э́том отноше́нии, в тако́й сте́пени **II.** *cj* (*wenn, falls*) ◇ **~ er Zeit hat, kommt er** поско́льку у него́ есть вре́мя, он придёт

Installateur(in *f*) *m* сле́сарь-санте́хник *м;* (*Wasser~*) водопрово́дчик *м*

Instandhaltung *f* (*Pflege*) содержа́ние *с* в испра́вности; (*Wartung*) ухо́д *м;* **Instandsetzung** *f* ремо́нт *м,* восстановле́ние *с*

Instanz *f* JURA инста́нция *ж*

Instinkt *m* ‹-[e]s, -e› *von Tier, a. FIG* инсти́нкт *м,* чутьё *с;* ◇ **aus ~** по инсти́нкту, инстинкти́вно; **instinktiv** *adj* инстинкти́вный; (*unbewußt*) подсозна́тельный

Institut *n* ‹-[e]s, -e› институ́т *м*

Instrument *n* ① (*Werkzeug, Gerät*) инструме́нт *м,* ору́дие *с* ② MUS инструме́нт *м*

Insulin *n* ‹-s› MED инсули́н *м*

inszenieren *vt* ① THEAT инсцени́ровать *несов и сов,* ‹по-›ста́вить ② *FIG* (*einfädeln*) у|стра́ивать ‹-стро́ить›; (*arrangieren*) за|тева́ть ‹-те́ять›

integrieren *vt* интегри́ровать *несов и сов*

intellektuell *adj* интеллектуа́льный, у́мственный

intelligent *adj* (*klug*) у́мный, разу́мный; **Intelligenz** *f* ① (*Klugheit*) ум *м*, интелле́кт *м* ② (*Gruppierung von Personen*) интеллиге́нция *ж*

Intendant(in *f*) *m* (*von Theater*) дире́ктор *м*, руководи́тель(ница *ж*) *м* теа́тра

intensiv *adj* интенси́вный, си́льный, уси́ленный; **Intensivkurs** *m* интенси́вный курс *м*; **Intensivstation** *f* отделе́ние *с* интенси́вных ме́тодов лече́ния

intercity *m* <-s, -s> по́езд-экспре́сс *м*

interessant *adj* интере́сный; (*unterhaltend*) занима́тельный; **Interesse** *n* <-s, -n> интере́с *м*; ◇ ~ **an etw zeigen/finden** проявля́ть/обнару́живать интере́с к чему́-л; **Interessent(in** *f*) *m* заинтересо́ванное лицо́ *с*; **interessieren I.** *vr* ◇ **sich** ~ <за-> интересова́ться (*für* чем-л) **II.** *vt* (*Interesse erwecken bei*) <за->интересова́ть; (*mitreißen*) увл|ека́ть <-е́чь>

Interface *n* <-, -s> PC интерфе́йс *м*, устро́йство *с* сопряже́ния

Internat *n* (*Schulheim*) интерна́т *м*

international *adj* междунаро́дный, интернациона́льный

internieren *vt* интерни́ровать *несов и сов*

interpretieren *vt a.* MUS интерпрети́ровать *несов и сов*, истолко́|вывать <-ва́ть>

Interpunktion *f* пунктуа́ция *ж*, расстано́вка *ж* зна́ков препина́ния

Intervall *n* <-s, -e> *a.* MUS интерва́л *м*; промежу́ток *м*, диста́нция *ж*, разры́в *м*

Interview *n* <-s, -s> интервью́ *с*; **interviewen** *vt* (*Politiker*) интервьюи́ровать *несов и сов* кого́-л, брать интервью́ у кого́-л

intim *adj* ① (*vertraut*) инти́мный, бли́зкий ② (*persönlich*) ли́чный ③ (*sexuell*) ◇ ~ **werden** име́ть инти́мные отноше́ния [любо́вную связь]; **Intimität** *f* (*Vertrautheit*) инти́мность *ж*, бли́зость *ж*

intolerant *adj* нетерпи́мый

intransitiv *adj* GRAM неперехо́дный

Intrige *f* <-, -n> интри́га *ж*, про́иски *мн*, ко́зни *мн*; ◇ **~n schmieden** стро́ить ко́зни

Invasion *f* вторже́ние *с*, интерве́нция *ж*

Inventar *n* <-s, -e> (*Mobiliar*) инвента́рь *м*, иму́щество *с*

Inventur *f* инвентариза́ция *ж*, учёт *м*; ◇ ~ **machen** производи́ть инвентариза́цию

investieren *vt* (*Geld*) инвести́ровать *несов и сов*, вкла́дывать <вложи́ть>

inwiefern *adv* наско́лько, в како́й ме́ре

inzwischen *adv* (*unterdessen*) ме́жду тем, тем вре́менем

Irak *m* Ира́к *м*; ◇ **im/nach dem** ~ в Ира́ке/в Ира́к

Iran *m* Ира́н *м*; ◇ **im/nach dem** ~ в Ира́не/в Ира́н

irdisch *adj* (*Ggs. v. himmlisch*) земно́й

Ire *m* <-n, -n> ирла́ндец *м*

irgendein(e, s) *adj* (*ein beliebiger*) како́й-нибу́дь; (*ein bestimmter*) како́й-то

irgendwann *adv* (*zu beliebigem Zeitpunkt*) когда́-нибу́дь; (*bestimmt*) когда́-то; (*e-s Tages*) одна́жды; **irgendwie** *adv* как-нибу́дь; (*bestimmt*) как-то; **irgendwo** *adv* где-нибу́дь; (*bestimmt*) где-то

Irin *f* ирла́ндка *ж*; **irisch** *adj* ирла́ндский; **Irland** *n* Ирла́ндия *ж*; ◇ **in/nach** ~ в Ирла́ндии/в Ирла́ндию

Ironie *f* иро́ния *ж*; **ironisch** *adj* ирони́ческий

irre *adj* ① (*verrückt*) безу́мный, поме́шанный, сумасше́дший ② FAM (*toll*) ◇ **das ist ~!** здо́рово!; **Irre(r)** *fm* (*Verrückte/r*) сумасше́дший(-ая *ж*) *м*; **irreführen** *vt* (*täuschen*) вводи́ть <ввести́> в заблужде́ние; **irren I.** *vi* (*umher~*) блужда́ть *несов* **II.** *vr* (*sich vertun*) ◇ **sich** ~ допус|ка́ть <-ти́ть> оши́бку, заблужда́ться *несов*, оши|ба́ться <-би́ться>; **Irrtum** *m* <-s, - tümer> оши́бка *ж*, заблужде́ние *с*; **irrtümlich I.** *adj* оши́бочный, непра́вильный **II.** *adv* по оши́бке, оши́бочно

Islam *m* <-s> исла́м *м*; **islamisch** *adj* исла́мский

Isolation *f* ① (*Vereinsamung*) изоля́ция *ж* ② ELECTR (*von Kabel*) изоля́ция *ж*, изоли́рующий материа́л *м*

Isolationshaft *f* одино́чное заключе́ние *с*, заключе́ние *с* со стро́гой изоля́цией

Isolierband *n* <-s, -bänder> изоляцио́нная ле́нта *ж*; **isolieren** *vt a.* ELECTR, TECH изоли́ровать *несов и сов*; **Isolierstation** *f* MED (*Quarantäne*) изоля́тор *м*, инфекцио́нное отделе́ние *с*

Isomatte *f* (*Camping*) изоляцио́нная цино́вка *ж*

Israel *n* Изра́иль *м*; ◇ **in/nach** ~ в Изра́иле/в Изра́иль

Italien *n* Ита́лия *ж*; ◇ **in/nach** ~ в Ита́лии/в Ита́лию; **Italiener(in** *f*) *m* <-s, -> италья́нец *м*, италья́нка *ж*; **italienisch** *adj* италья́нский

J

J, j *n* (*im Russischen wiedergegeben durch:*) й, Й *o.* ь

ja *adv* (1) (*Affirmation*) да (2) (*am Telefon*) ◇ **~ bitte?** да, слу́шаю! (3) (*Ausruf*) ◇ **aber das ist ~ unglaublich!** но ведь э́то же невероя́тно!; ◇ **du siehst es ~!** ты же ви́дишь!; ◇ **mach das ~ nie wieder!** никогда́ бо́льше не де́лай э́того!

Jacke *f* <-, -n> (*Strick~*) ко́фта *ж;* (*egal*) ◇ **das ist ~ wie Hose!** э́то всё одно́!; **Jackett** *n* <-s, -s *o.* -e> (*Anzugjacke*) жаке́т *м,* пиджа́к *м*

Jagd *f* <-, -en> (1) (*Hasen~*) охо́та *ж* (2) *FIG* (*nach Geld*) охо́та *ж,* по́иски *мн* (*nach* чего́-л) (3) (*Verbrecher~*) пого́ня *ж,* пресле́дование *с;* **jagen I.** *vi* (1) (*auf die Jagd gehen*) охо́титься *несов* (2) (*rasen, Auto*) <по->мча́ться **II.** *vt* (1) (*Wild*) охо́титься (2) (*Verbrecher*) гна́ться *несов,* пресле́довать *несов;* **Jäger**(**in** *f*) *m* <-s, -> охо́тник *м*

jäh *adj* (1) (*steil*) круто́й, обры́вистый (2) (*plötzlich*) внеза́пный, стреми́тельный

Jahr *n* <-[e]s, -e> год *м;* ◇ **ein gutes Neues ~!** здоро́вья и уда́чи в Но́вом году́!; **jahrelang** *adj* (*mehrere Jahre dauernd*) многоле́тний; **Jahresabonnement** *n* (*von Zeitschrift*) годова́я подпи́ска *ж;* (*Theater*) годи́чный абонеме́нт *м;* **Jahresabschluß** *m* (1) (*Jahresende*) коне́ц *м* го́да (2) COMM (*Geschäftsbilanz*) годово́й бала́нс *м;* **Jahresbericht** *m* годово́й отчёт *м;* **Jahreszeit** *f* вре́мя *с* го́да; **Jahrgang** *m* (1) (*von Wein*) урожа́й *м* (2) (*Schul~*) вы́пуск *м;* **Jahrhundert** *n* <-s, -e> столе́тие *с,* век *м;* **jährlich** *adj* годи́чный, ежего́дный; **Jahrzehnt** *n* <-s, -e> десятиле́тие *с*

Jähzorn *m* вспы́льчивость *ж;* **jähzornig** *adj* вспы́льчивый, несде́ржанный

Jalousie *f* жалюзи́ *с*

Jammer *m* <-s> (*laute Klage*) плач *м,* причита́ние *с;* (*schade*) ◇ **ein ~, daß** жаль, что; **jämmerlich** *adj* (1) (*armselig*) жа́лкий, ничто́жный, плаче́вный (2) (*weinen*) жа́лобный; **jammern** *vi* причита́ть *несов,* голоси́ть *несов,* вопи́ть *несов*

Januar *m* <-s, -e> янва́рь *м; s. a.* **Mai**

Japan *n* Япо́ния *ж;* ◇ **in/nach ~** в Япо́нии/в Япо́нию; **Japaner**(**in** *f*) *m* <-s, -> япо́нец *м,* япо́нка *ж;* **japanisch** *adj* япо́нский

Jargon *m* <-s, -s> (*Fachsprache*) жарго́н *м*

jawohl *adv* (*verstärktes ja*) да, коне́чно

Jazz *m* <-> джаз *м,* джа́зовая му́зыка *ж*

je I. *adv* (1) (*jemals, überhaupt einmal*) когда́-нибу́дь, когда́-ли́бо; ◇ **der beste Film, den ich ~ gesehen habe** лу́чший фильм, кото́рый я когда́-ли́бо ви́дел (2) (*immer*) всегда́; ◇ **seit eh und ~** с незапа́мятных времён **II.** *präp* (*pro*) ◇ **32 DM ~ Person** 32 ма́рки на челове́ка **III.** *cj* ◇ **~ eher, desto besser** чем быстре́е, тем лу́чше; (*das hängt davon ab*) ◇ **~ nachdem** в зави́симости от ..., смотря́ по ..., сообра́зно с ...

Jeans *f* <-, -> джи́нсы *мн*

jede(**r, s**) *pron* (*indefinit*) (*alle*) вся́кий, ка́ждый; (*~ beliebige*) любо́й; ◇ **~ einzelne** ка́ждая в отде́льности

jedenfalls *adv* (1) (*auf alle Fälle*) во вся́ком слу́чае; ◇ **~ hat er davon gewußt** во вся́ком слу́чае он об э́том знал (2) (*sicherlich*) наверняка́, наве́рное; ◇ **sie würde das ~ nicht tun** она́ наверняка́ так бы не поступи́ла

jederzeit *adv* (*immer*) во вся́кое вре́мя, в любо́е время, всегда́

jedesmal *adv* (*immer*) ка́ждый [вся́кий] раз; ◇ **~ wenn** ка́ждый раз, когда́

jedoch *adv* одна́ко, (но) всё же, всё-таки

jeher *adv* ◇ **von ~** и́здавна, с да́вних пор

jemals *adv* когда́-нибу́дь, когда́-ли́бо

jemand *pron indefinit* кто-нибу́дь, кто-ли́бо, не́кто; ◇ **ist ~ da?** кто там?

jene(**r, s**) *pron* (*demonstrativ*) (*der, die dort drüben*) та, тот, то; (*pl*) те; (*allerlei*) ◇ **dieses und ~s** то да сё

jenseits *präp gen* (*auf der anderen Seite*) по ту сто́рону, на друго́й стороне́

Jet *m* <-s, -s> (*Flugzeug*) реакти́вный самолёт *м*

jetzig *adj* (*gegenwärtig*) ны́нешний, настоя́щий, тепе́решний; **jetzt** *adv* (1) (*in diesem Moment*) сейча́с (2) (*als nächstes*) тепе́рь; ◇ **was machen wir ~?** что мы тепе́рь бу́дем де́лать?

jeweilig *adj* (*entsprechend*) соотве́тствующий, да́нный; **jeweils** *adv* (*je*) ка́ждый раз, в ка́ждом слу́чае, соотве́тственно

Job *m* <-s, -s> (*Arbeit*) заня́тие *с,* работа *ж;* **Job-sharing** *n* <-s> (*Teilen e-r Arbeitsstelle*) *рабо́чее ме́сто, поделённое ме́жду двумя́ рабо́тающими*

Jod *n* <-[e]s> йод *м*

joggen *vi* бе́гать трусцо́й; **Jogging** *n* <-s> бег *м*

Joghurt *m o. n* <-s, -s> (*Frucht~*) иогурт *м*

Johannisbeere *f* ◇ **rote/schwarze ~** кра́сная/чёрная сморо́дина *ж*

J

Joint *m* ‹-s, -s› *FAM* сигаре́та *ж* из гаши́ша

Joint-venture *n* ‹-s, -s› совме́стное предприя́тие *с*

jonglieren *vi* жонгли́ровать *несов*

Joule *n* ‹-[s], -› джо́уль *м*

Journalismus *m* журнали́стика *ж;* **Journalist(in** *f*) *m* журнали́ст(ка *ж*) *м;* **journalistisch** *adj* журнали́стский

Jubel *m* ‹-s› ликова́ние *с*, весе́лье *с;* **jubeln** *vi* ликова́ть *несов*

Jubiläum *n* ‹-s, -läen› (*Dienst~*) юбиле́й *м*

jucken I. *vi* (*Haut*) ‹по-›чеса́ться, зуде́ть *несов* **II.** *vt FAM* (*das ist mir völlig egal*) ◇ **das juckt mich nicht** меня́ э́то не волну́ет; **Juckreiz** *m* зуд *м*

Jude *m* ‹-n, -n› евре́й *м;* **Judenverfolgung** *f* пресле́дование *с* евре́ев, гоне́ния *мн* на евре́ев; **Jüdin** *f* евре́йка *ж;* **jüdisch** *adj* евре́йский

Judo *n* ‹-[s]› (*Kampfsport*) дзюдо́ *с*

Jugend *f* ‹-› мо́лодость *ж*, ю́ность *ж;* **Jugendherberge** *f* молодёжная тури́стская ба́за *ж;* **Jugendkriminalität** *f* престу́пность *ж* среди́ молодёжи; **jugendlich** *adj* ю́ный, ю́ношеский, молодо́й; **Jugendliche(r)** *fm* (*Halbwüchsiger*) подро́сток *м;* (*Minderjährige/r*) несовершенноле́тний(-яя *ж*) *м*

Jugoslawe *m* ‹-n, -n› югосла́в *м;* **Jugoslawien** *n* Югосла́вия *ж;* **Jugoslawin** *f* югосла́вка *ж;* **jugoslawisch** *adj* югосла́вский

Juli *m* ‹-[s], -s› ию́ль *м; s. a.* **Mai**

jung *adj* ‹jünger, am jüngsten› ① (*Altersgruppe*) молодо́й, ю́ный ② (*Projekt, Liebe, Wein*) но́вый, не́жный, молодо́й

Junge *m* ‹-n, -n› ма́льчик *м;* (*Jüngling*) ю́ноша *м;* (*Bursche*) па́рень *м*

Junge[s] *n* (*von Tieren*) детёныш *м*

jünger *kompar v.* **jung**

Jungfrau *f* ① (*Frau*) де́ва *ж*, де́вственница *ж* ② ASTROL Де́ва *ж*

Junggeselle *m* (*Single*) холостя́к *м*

jüngste(r, s) *adj, superl v.* **jung** (*neueste/r*) неда́вний; (*letzte/r*) после́дний

Juni *m* ‹-[s], -s› ию́нь *м; s. a.* **Mai**

Junior *m* ‹-s, -en› юнио́р *м*

Jurist(in *f*) *m* (*Rechtsgelehrte/r*) юри́ст *м;* **juristisch** *adj* юриди́ческий, правово́й

Justiz *f* ‹-› юсти́ция *ж*, правосу́дие *с*

Juwel *n* ‹-s, -en› ① (*Edelstein*) драгоце́нность *ж*, драгоце́нный ка́мень *м* ② *FIG* (*Wertvolles*) сокро́вище *с*, жемчу́жина *ж;* **Juwelier(in** *f*) *m* ‹-s, -e› ювели́р *м*

Jux *m* ‹-es, -e› (*Spaß, Scherz*) шу́тка *ж*, ша́лость *ж*, проде́лка *ж*, весёлая вы́ходка *ж;* ◇ **sich e-n ~ mit jd-m machen** подшути́ть над кем-л, сыгра́ть шу́тку с кем-л

K

K, k *n* К, к

Kabarett *n* ‹-s, -e *o.* -s› ① THEAT (*Bühne*) кабаре́ *с* ② THEAT (*Komödie*) эстра́дный дивертисме́нт *м*, сати́ра *ж;* **Kabarettist(in** *f*) *m* арти́ст(ка *ж*) *м* кабаре́

Kabel *n* ‹-s, -› ① ELECTR ка́бель *м* ② *FAM* (*~fernsehen*) ка́бельное телеви́дение *с;* **Kabelfernsehen** *n* ка́бельное телеви́дение *с*

Kabeljau *m* ‹-s, -e *o.* -s› (*Fisch*) треска́ *ж*

Kabine *f* (*Umkleide~*) каби́на *ж*

Kabinett *n* ‹-s, -e› POL (*Regierungs~*) кабине́т *м*, прави́тельство *с*

Kabrio[lett] *n* ‹-s, -s› лимузи́н *м* с откидны́м ве́рхом, кабриоле́т *м*

Kachel *f* ‹-, -n› ка́фель *м*, пли́тка *ж;* **kacheln** *vt* обли|цо́вывать ‹-цева́ть› ка́фелем; **Kachelofen** *m* изразцо́вая (ка́фельная) печь *ж*

Kacke *f* ‹-› *VULG* кал *м*, экскреме́нты *мн;* **kacken** *vi VULG* испраж|ня́ться ‹-ни́ться›

Kadaver *m* ‹-s, -› труп *м*, па́даль *ж*

Käfer *m* ‹-s, -› ① (*Insekt*) жук *м* ② *FAM* (*Auto*) автомаши́на *ж*

Kaff *n* ‹-s, -s *o.* Käffer› *PEJ* (*Dorf*) глухо́е селе́ние *с*, захолу́стье *с*, дыра́ *ж*

Kaffee *m* ‹-s, -s› ко́фе *м;* (*Milch~*) ко́фе *м* с молоко́м; **Kaffeebohne** *f* кофе́йный боб *м;* **Kaffeefahrt** *f поéздка ж зá гóрод или на пароxóде с угощéнием кóфе;* **Kaffeekanne** *f* кофе́йник *м;* **Kaffeeklatsch** *m*, **Kaffeekränzchen** *n* сбо́рище *с* ку́мушек; **Kaffeelöffel** *m* (*Teelöffel*) кофе́йная ло́жечка *ж;* **Kaffeemaschine** *f* кофева́рка *ж*, кофе́йник *м;* **Kaffeemühle** *f* кофемо́лка *ж*, ме́льница *ж* для ко́фе; **Kaffeesatz** *m* кофе́йная гу́ща *ж*

Käfig *m* ‹-s, -e› (*Vogel~*) кле́тка *ж*

kahl *adj* ① (*glatzköpfig*) лы́сый ② (*Landschaft, Raum*) го́лый ③ (*Baum*) безли́стенный; **kahlgeschoren** *adj* (*Kopf*) остри́женный на́голо; **Kahlheit** *f* (*von Mensch*) плеши́вость *ж;* (*von Raum*) пустота́ *ж;*

kahlköpfig *adj* лы́сый, плеши́вый; **Kahlschlag** *m* (*von Wald*) сплошна́я ру́бка *ж*

Kahn *m* <-[e]s, Kähne> ① (*Boot*) ло́дка *ж*, челн *м* ② (*Last~*) баржа́ *ж*

Kai *m* <-s, -e *o.* -s> на́бережная *ж*

Kaiser(in *f*) *m* <-s, -> импера́тор *м*, императри́ца *ж*, ка́йзер *м*; **kaiserlich** *adj* импера́торский, короле́вский; **Kaiserreich** *n* импе́рия *ж*

Kaiserschnitt *m* MED ке́сарево сече́ние *с*

Kajak *n* <-s, -s> кая́к *м*, байда́рка *ж*

Kakao *m* <-s, -s> ① (*Pulver*) кака́о *с* ② (*Getränk*) кака́о *с* ③ *FAM* (*jd-n veralbern*) ◇ **jd-n durch den ~ ziehen** подсме́иваться *несов*, подшу́чивать *несов* над кем-л

Kaktee *f* <-, -n>, **Kaktus** *m* <-, -se> ка́ктус *м*

Kalb *n* <-[e]s, Kälber> телёнок *м*; **Kalbfleisch** *n* теля́тина *ж*

Kalender *m* <-s, -> календа́рь *м*; **Kalenderjahr** *n* календа́рный год *м*

Kaliber *n* <-s, -> ① (*Durchmesser von Rohren*) ме́ра *ж*, толщина́ *ж*; (*von Schußwaffe*) кали́бр *м* ② *FIG* (*Art, Sorte*) вид *м*, род *м*, тип *м*

Kalk *m* <-[e]s, -e> и́звесть *ж*, извёстка *ж*; (*Muschel~*) раку́шечник *м*; **Kalkstein** *m* известня́к *м*

Kalkulation *f* (*von Kosten*) калькуля́ция *ж*, расчёт *м*; **kalkulieren** *vt* (*Kosten*) <c->калькули́ровать

Kalorie *f* кало́рия *ж*; **kalorienarm** *adj* (*Nahrung*) малокалори́йный

kalt *adj* <kälter, am kältesten> ① холо́дный; ◇ **mir ist ~** мне хо́лодно ② *FIG* (*gefühllos*) бесстра́стный, равноду́шный, безразли́чный; ◇ **das läßt mich ~** э́то меня́ не тро́гает; **kaltblütig** *adj* (*gelassen*) равноду́шный; (*skrupellos*) хладнокро́вный; **Kälte** *f* <-> хо́лод *м*; (*Frost*) моро́з *м*; *FIG* хо́лодность *ж*, су́хость *ж*; **Kälteeinbruch** *m* наступле́ние *с* холодо́в; **Kältewelle** *f* вторже́ние *с* масс холо́дного во́здуха; **kaltherzig** *adj* бессерде́чный, холо́дный, чёрствый; **kaltmachen** *vt* *FAM* (*jd-n*) уби́<ва́>ть кого́-л; **Kaltmiete** *f* кварти́рная пла́та *ж* без надба́вки за отопле́ние; **kaltschnäuzig** *adj* *FAM* холо́дный, бесчу́вственный; **Kaltstart** *m* PC холо́дный за́пуск *м*; **kaltstellen** *vt* (*Milch*) поста́вить в холоди́льник; *FIG* (*jd-n*) лиши́ть влия́ния

Kalzium *n* CHEM ка́льций *м*

kam *impf v.* **kommen**

Kamel *n* <-[e]s, -e> верблю́д *м*

Kamelle *f* <-, -n> *FAM* ◇ **das sind ja alte ~n** э́то всё ста́рые пе́сни, э́то давно́ изве́стно

Kamera *f* <-, -s> ① FOTO фотоаппара́т *м* ② FILM киносъёмочная ка́мера *ж*

Kamerad(in *f*) *m* <-en, -en> това́рищ *м*, прия́тель(ница *ж*) *м*; **Kameradschaft** *f* това́рищеские отноше́ния *мн*; **kameradschaftlich** *adj* това́рищеский

Kameramann *m* киноопера́тор *м*

Kamille *f* <-, -n> рома́шка *ж*; **Kamillentee** *m* насто́й *м* рома́шки

Kamin *m* <-s, -e> ① (*Schornstein*) дымова́я труба́ *ж* ② (*im Raum*) ками́н *м*

Kamm *m* <-[e]s, Kämme> ① (*Haar~*) гре́бень *м*, гребёнка *ж*, расчёска *ж* ② (*Gebirgs~*) хребе́т *м* ③ (*Hahnen~*) гре́бень *м*

kämmen I. *vt* (*Haar*) рас|чёсывать <-чеса́ть>; (*Wolle*) чеса́ть *несов* **II.** *vr* ◇ **sich kämmen** при|чёсываться <-чеса́ться>

Kammer *f* <-, -n> ① (*Raum*) ко́мнатка *ж*, камо́рка *ж*; (*Vorrats~*) чула́н *м*, кладо́вая *ж* ② JURA, POL, COMM пала́та *ж* ③ ANAT (*Herz~*) желу́дочек *м*; **Kammermusik** *f* ка́мерная му́зыка *ж*; **Kammerorchester** *n* ка́мерный орке́стр *м*

Kampagne *f* <-, -n> (*Wahl~*) кампа́ния *ж*

Kampf *m* <-[e]s, Kämpfe> ① *a. FIG* борьба́ *ж*, бой *м*; ◇ **~ um Leben und Tod** борьба́ не на жизнь, а на́ смерть ② SPORT (*Wett~*) соревнова́ние *с*; (*Box~, Ring~*) борьба́ *ж*

kämpfen *vi* ① *a. FIG* <по->боро́ться (*um/für akk* за, *gegen akk* про́тив), сра|жа́ться <-зи́ться> (*gegen jd-n/etw* с кем-л/чем-л) ② SPORT соревнова́ться *несов*; **Kämpfer(in** *f*) *m* (*Person*) боре́ц *м*; MIL (*Front~*) во́ин *м*, бое́ц *м*; SPORT соревну́ющийся *м*; **kämpferisch** *adj* боево́й, вои́нственный

kampieren *vi* распо|лага́ться <-ложи́ться> в пала́тке

Kanada *n* <-s> Кана́да *ж*; ◇ **in/nach ~** в Кана́де/в Кана́ду; **Kanadier(in** *f*) *m* <-s, -> кана́дец *м*, кана́дка *ж*; **kanadisch** *adj* кана́дский

Kanal *m* <-s, Kanäle> ① (*künstlicher Wasserlauf*) кана́л *м*; (*Bewässerungsgraben*) ары́к *м* ② (*Abwasser~*) водово́д *м* ③ MEDIA кана́л *м*; **Kanalisation** *f* канализа́ция *ж*

Kanarienvogel *m* канаре́йка *ж*

Kandidat(in *f*) *m* <-en, -en> кандида́т(ка *ж*) *м*, претенде́нт(ка *ж*) *м*; **Kandidatur** *f* кандидату́ра *ж*; **kandidieren** *vi* выступа́ть в ка́честве кандида́та; (*für einen Posten*) выставля́ть свою́ кандидату́ру

Kandis[zucker] *m* ледене́ц *м*

Känguruh *n* <-s, -s> кенгуру́ *ж*

Kaninchen *n* кро́лик *м*

Kanister *m* <-s, -> автокани́стра *ж*, бидо́н *м*

Kanne *f* <-, -n> (*Kaffee~*) кофе́йник *м;* (*Tee~*) ча́йник *м;* (*Milch~*) кувши́н *м*, бидо́н *м*

Kannibale *m* <-n, -n>, **Kannibalin** *f* людое́д(ка *ж*) *м*

kannte *impf v.* **kennen**

Kanon *m* <-s, -s> MUS кано́н *м*

Kanone *f* <-, -n> ① (*Geschütz*) пу́шка *ж* ② *FAM* (*Könner, As*) специали́ст *м*

Kante *f* <-, -n> ① ребро́ *с*, кро́мка *ж;* (*Tisch~*) край *м* ② (*Rand, Borte*) край *м*, кант *м* ③ *FAM* ◇ **Geld auf die hohe ~ legen** откла́дывать де́ньги на чёрный день

Kantine *f* столо́вая *ж*, буфе́т *м*

Kanton *m* <-s, -e> канто́н *м*

Kanu *n* <-s, -s> кано́э *с*

Kanüle *f* <-, -n> MED канюля *ж*

Kanzel *f* <-, -n> ① (*in Kirche*) церко́вная ка́федра *ж* ② (*Cockpit*) застеклённая каби́на *ж*

Kanzler(**in** *f*) *m* <-s, -> ① POL ка́нцлер *м* ② UNI проре́ктор *м;* **Kanzlerkandidat**(**in** *f*) *m* кандида́т *м* на пост ка́нцлера

Kap *n* <-s, -s> мыс *м*

Kapazität *f* ① (*Fassungsvermögen*) ёмкость, вмести́мость *ж* ② (*Spezialist*) кру́пный специали́ст *м*, кру́пная величина́ *ж*

Kapelle *f* ① (*kleine Kirche*) часо́вня *ж*, капе́лла *ж* ② (*Tanz~*) капе́лла *ж*

kapieren *vt, vi FAM* (*verstehen, begreifen*) понима́ть *несов*, смек|а́ть <-ну́ть>

Kapital *n* <-s, -e *o.* -ien> капита́л *м;* **Kapitalanlage** *f* капиталовложе́ние *с*, инвести́ция *ж* [помеще́ние *с*] капита́ла

Kapitalismus *m* капитали́зм *м;* **Kapitalist**(**in** *f*) *m* капитали́ст(ка *ж*) *м;* **kapitalistisch** *adj* капиталисти́ческий

Kapitalverbrechen *n* тя́жкое преступле́ние *с*

Kapitän *m* <-s, -e> NAUT, MIL капита́н *м;* AERO команди́р *м* (корабля́)

Kapitel *n* <-s, -> ① (*im Buch*) глава́ *ж* ② *FAM* (*Angelegenheit*) ◇ **das ist ein ~ für sich** э́то осо́бая статья́

Kapitell *n* <-s, -e> ARCHIT капите́ль *ж*

Kapitulation *f* капитуля́ция *ж*, сда́ча *ж;* **kapitulieren** *vi* капитули́ровать *несов и сов*

Kappe *f* <-, -n> (*Mütze*) ша́пка *ж*

kappen *vt* ① (*Tau, Seil*) отру|ба́ть <-би́ть> ② (*Baum*) подре́з<ыв>а́ть верху́шку

Kapsel *f* <-, -n> ANAT, PHARM коро́бка *ж;* BOT коро́бочка *ж*

kaputt *adj* ① (*entzwei*) разби́тый, испо́рченный ② *FAM* (*erschöpft*) уста́лый, разби́тый; **kaputtgehen** *unreg vi* ① (*Geschirr*) разби́<ва́>ться; (*Schuhe*) износи́ться *сов* ② (*Apparat, Auto*) <c->лома́ться; **kaputtmachen I.** *vt* ① (*zerbrechen*) разби́<ва́>ть ② (*beschädigen*) повре|жда́ть <-ди́ть> ③ (*ruinieren, Gesundheit*) разо|ря́ть <-ри́ть>, под|рыва́ть <-орва́ть> ④ (*jd-n, sehr anstrengen*) уто|мля́ть <-ми́ть> кого́-л, до|ставля́ть <-ста́вить> тру́дности кому́-л **II.** *vr* (*sich überanstrengen*) ◇ **sich ~** пере-уто|мля́ться <-ми́ться>, над|рыва́ться <-орва́ться>

Kapuze *f* <-, -n> капюшо́н *м*, ка́пор *м*

Karabiner *m* <-s, -> ① (*Gewehr*) караби́н *м* ② (*~haken*) караби́н *м*, крюк *м* с замко́м

Karaffe *f* <-, -n> графи́н *м*

Karambolage *f* <-, -n> (*Massen~*) столкнове́ние *с*

Karamel *m o. n* <-s> караме́ль *ж*

Karat *n* <-[e]s, e> кара́т *м*

Karate *n* <-> карате́ *с*

Karawane *f* <-, -n> карава́н *м*

Kardinal *m* <-s, -näle> кардина́л *м*

Kardinalzahl *f* коли́чественное числи́тельное *с*

Karfreitag *m* страстна́я пя́тница *ж*

karg *adj* (*dürftig, armselig*) убо́гий, бе́дный, жа́лкий; (*Mahlzeit*) ску́дный; **kärglich** *adj* ску́дный, убо́гий, бе́дный, жа́лкий

kariert *adj* (*Stoff*) клё́тчатый; (*Papier*) разграфлё́нный на клё́точки

Karies *f* <-> ка́риес *м*

Karikatur *f* карикату́ра *ж*, шарж *м;* **Karikaturist**(**in** *f*) *m* карикатури́ст(ка *ж*) *м*

karitativ *adj* (*Einrichtung*) милосе́рдный

Karneval *m* <-s, -e *o.* -s> карнава́л *м;* **Karnevalszug** *m* карнава́льное ше́ствие *с*

Karo *n* <-s, -s> (*Muster*) клё́тчатый рису́нок *м;* (*Kartenspiel*) бу́бны *мн;* (*Form*) ромб *м*

Karosserie *f* AUTO ку́зов *м*

Karotte *f* <-, -n> каро́те́ль *ж*

Karpfen *m* <-s, -> карп *м*

Karre *f* <-, -n>, **Karren** *m* <-s, -> ① (*Schub~*) теле́жка *ж*, та́чка *ж;* (*Lore*) вагоне́тка *ж* ② *FAM* (*altes Auto*) рыдва́н *м*

Karriere *f* <-, -n> карье́ра *ж*

Karte *f* <-, -n> (*Land~*) ка́рта *ж;* (*Eintritts~*) биле́т *м;* (*Kartei~*) катало́жная ка́рточка *ж;* ◇ **mit offenen ~n spielen** игра́ть в откры́тую

Kartei *f* картоте́ка *ж*

Kartell *n* <-s, -e> COMM карте́ль *м*

Kartenspiel *n* игра́ *ж* в ка́рты; (*ein Spiel Karten*) коло́да *ж* карт; **Kartentelefon** *n* *телефо́нный аппара́т, рабо́тающий с испо́льзованием телефо́нных ка́рточек*

Kartoffel *f* ‹-, -n› карто́фелина *ж*, карто́фель *м*, карто́шка *ж*; **Kartoffelbrei** *m* карто́фельное пюре́ *с*; **Kartoffelchips** *m pl* жа́реный (хрустя́щий) карто́фель *м*; **Kartoffelpuffer** *m* карото́фельная ола́дья *ж*; **Kartoffelpüree** *n* карто́фельное пюре́ *с*; **Kartoffelsalat** *m* карто́фельный сала́т *м*

Karton *m* ‹-s, -s› (*Pappe*) карто́н *м*, карто́нная коро́бка *ж*; **kartoniert** *adj* упако́ванный в коро́бки

Karussell *n* ‹-s, -s› карусе́ль *ж*

Karwoche *f* страстна́я неде́ля *ж*

Karzinom *n* ‹-s, - e› (*Krebsgeschwulst*) карцино́ма *ж*, злока́чественная о́пухоль *ж*

Käse *m* ‹-s, -› ① (*Milchprodukt*) сыр *м* ② *FAM* (*Unsinn*) вздор *м*, чушь *ж*; **Käsekuchen** *m* творо́жник *м*, ватру́шка *ж*

Kaserne *f* ‹-, -n› MIL каза́рма *ж*

käseweiß *adj* бле́дный как полотно́, бе́лый как бума́га

Kasino *n* ‹-s, -s› ① MIL офице́рский клуб *м* ② (*Spiel~*) казино́ *с*

Kaskoversicherung *f* страхова́ние ска́ско

Kasse *f* ‹-, -n› ① (*Registrier~*) ка́сса *ж*; ◇ **gut bei ~ sein** быть при деньга́х, име́ть мно́го де́нег ② (*in Bank, Kino~*) ка́сса *ж* ③ (*Kranken~*) больни́чная ка́сса *ж*; **Kassenarzt** *m*, **Kassenärztin** *f* врач *м* больни́чной ка́ссы; **Kassenpatient(in** *f*) *m* *больно́й/-а́я, по́льзующийся/-аяся медици́нской по́мощью че́рез больни́чную ка́ссу*; **Kassenschlager** *m* (*erfolgreicher Kinofilm*) ка́ссовый фильм *м*; **Kassenzettel** *m* ка́ссовый чек *м*

Kassette *f* ① (*Schmuck~*) шкату́лка *ж* ② (*Tonband*) кассе́та *ж* ③ FOTO кассе́та *ж*; **Kassettenrecorder** *m* ‹- s, -› кассе́тный магнитофо́н *м*

kassieren I. *vt* ① (*Rechnung, Geld*) при-н|има́ть ‹-я́ть› в ка́ссу ② *FAM* (*wegnehmen*) от|бира́ть ‹-обра́ть› **II.** *vi* ◇ **darf ich ~?** мо́жно с Вас получи́ть (де́ньги)?; **Kassierer(in** *f*) *m* ‹-s, -› (*Bank~*) касси́р(ша *ж*) *м*

Kastanie *f* ① (*Baum*) кашта́новое де́рево *с* ② (*Frucht*) кашта́н *м*

Kasten *m* ‹-s, Kästen› ① (*Bier~*) я́щик *м* ② (*Truhe*) сунду́к *м* ③ SPORT воро́та *мн* ④ *FAM* ◇ **nicht viel auf dem ~ haben** не отлича́ться сообрази́тельностью (умо́м)

kastrieren *vt* кастри́ровать *несов и сов*

Kasus *m* ‹-, -› GRAM паде́ж *м*

Katakombe *f* ‹-, -n› катако́мбы *мн*

Katalog *m* ‹-[e]s, -e› катало́г *м*; **katalogisieren** *vt* каталогизи́ровать *несов и сов*

Katalysator *m* AUTO катализа́тор *м*

katastrophal *adj* ужа́сный, катастрофи́ческий; **Katastrophe** *f* ‹-, -n› катастро́фа *ж*, несча́стье *с*; **Katastrophengebiet** *n* райо́н *м* катастро́фы

Kategorie *f* катего́рия *ж*; **kategorisch** *adj* ① (*energisch*) категори́ческий, безусло́вный, реши́тельный ② PHILOS ◇ **~er Imperativ** категори́ческий императи́в *м*

Kater *m* ‹-s, -› ① ZOOL кот *м*; (*Märchenfigur*) ◇ **der Gestiefelte ~** Кот в сапога́х ② *FAM* (*nach Alkoholgenuß*) похме́лье *с*

kath. *adj Abk. v.* **katholisch** католи́ческий

Kathedrale *f* ‹-, -n› кафедра́льный собо́р *м*

Kathode *f* ‹-, -n› ELECTR като́д *м*

Katholik(in *f*) *m* ‹-en, -en› като́лик *м*, католи́чка *ж*; **katholisch** *adj* католи́ческий; **Katholizismus** *m* католици́зм *м*

Katze *f* ‹-, -n› (*Haus~*) ко́шка *ж*; *FIG* ◇ **die ~ aus dem Sack lassen** вы́дать та́йну; ◇ **wie Hund und ~ leben** жить как ко́шка с соба́кой; *FAM* (*umsonst*) ◇ **alles für die Katz** э́то коту́ под хвост, э́то впусту́ю; **Katzenauge** *n* (*Rücklicht an Fahrzeugen*) катафо́т *м*; **Katzenjammer** *m* ① (*Kater*) похме́лье *с* ② (*Gewissensbisse*) угрызе́ния *мн* со́вести; **Katzensprung** *m* *FIG* ◇ **es ist nur ein ~ entfernt** э́то в двух шага́х

Kauderwelsch *n* ‹-[e]s› непоня́тная речь *ж*, тараба́рщина *ж*

kauen *vt, vi* ‹с-› жева́ть; (*zerkauen*) раз|жёвывать ‹-жева́ть›

kauern *vi* сиде́ть на ко́рточках

Kauf *m* ‹-[e]s, Käufe› поку́пка *ж*, ку́пля *ж*; *FIG* (*sich mit etw abfinden*) ◇ **etw in ~ nehmen** счита́ться с чем-л; **kaufen** *vt* ① (*erwerben*) покупа́ть ‹купи́ть› ② (*jd-n bestechen*) под-ку|па́ть ‹-пи́ть› кого́-л; **Käufer(in** *f*) *m* ‹-s, -› (*Kunde*) покупа́тель(ница *ж*) *м*; **Kauffrau** *f* коммерса́нт *ж*; (*Händlerin*) (ме́лкая) торго́вка *ж*; **Kaufhaus** *n* универма́г *м*; **Kaufkraft** *f* покупа́тельная спосо́бность *ж*; **käuflich I.** *adj* ① (*Ware*) продаю́щийся, име́ющийся в прода́же ② *FIG* (*bestechlich*) прода́жный **II.** *adv* ◇ **etw ~ erwerben** приобрета́ть что-л путём поку́пки; **Kaufmann** *m* ‹-s, - leute› коммерса́нт *м*, купе́ц *м*; **kaufmännisch** *adj* комме́рческий, торго́вый; ◇ **~er Ange-**

stellter конто́рский слу́жащий *м;* **Kaufvertrag** *m* торго́вый догово́р *м,* догово́р *м* ку́пли-прода́жи

Kaugummi *m o. n* жева́тельная рези́нка *ж*

kaum *adv* ① (*wahrscheinlich nicht*) едва́; ◇ **er wird das ~ schaffen** он едва́ ли с э́тим спра́вится ② (*fast nicht*) едва́ ли, вряд ли; ◇ **~ zu glauben** в э́то вряд ли мо́жно пове́рить, э́то маловероя́тно; ◇ **sie hat ~ geschlafen** она́ совсе́м не спала́ ③ (*soeben, gerade*) то́лько что, лишь (то́лько); ◇ **~ war sie zu Hause** то́лько что она́ была́ до́ма ④ (*nur wenig*) ◇ **sie ist ~ kleiner als ich** она́ чуть-чуть ме́ньше меня́

kausal *adj* причи́нный, кауза́льный

Kaution *f* (*Bürgschaft*) поручи́тельство *с,* пору́ка *ж;* ◇ **gegen ~** под зало́г

Kauz *m* <-es, Käuze> ① ZOOL сова́ *ж,* сыч *м* ② *FAM* (*Sonderling*) ◇ **komischer ~** чуда́к *м*

Kavalier *m* <-s, -e> гала́нтный челове́к *м,* кавале́р *м;* **Kavaliersdelikt** *n* уме́ло скрыва́емое ме́лкое жу́льничанье *с*

Kaviar *m* <-s> икра́ *ж*

KByte *n* PC килоба́йт *м*

keck *adj* лихо́й; (*kühn*) сме́лый; (*frech*) де́рзкий

Kegel *m* <-s, -> ① GEOM ко́нус *м* ② (*Spiel~*) ке́гля *ж;* **Kegelbahn** *f* кегельба́н *м;* **kegeln** *vi* игра́ть в ке́гли

Kehle *f* <-, -n> ANAT го́рло *с,* горта́нь *ж,* гло́тка *ж;* **Kehlkopf** *m* ANAT горта́нь *ж*

Kehre *f* <-, -n> (*Wende, von Straße*) изви́лина *ж* (доро́ги); (*Kurve*) вира́ж *м*

kehren [1] *vt* (*fegen*) подме|та́ть <-сти́>

kehren [2] **I.** *vt* (*wenden*) по|вора́чивать <-верну́ть>; *FIG* ◇ **in sich gekehrt** заду́мчивый [углублённый] в себя́ **II.** *vr FAM* (*nicht beachten*) ◇ **sich** *akk* **nicht um etw ~** не обраща́ть внима́ния на что-л

Kehricht *m* <-s> (*Schmutz*) сор *м,* му́сор *м,* дрянь *ж;* **Kehrmaschine** *f* мусороубо́рочная маши́на *ж;* **Kehrseite** *f* (*Rückseite*) изна́нка *ж;* (*von Münze*) оборо́тная сторона́ *ж; FIG* ◇ **die ~ der Medaille** оборо́тная сторона́ меда́ли

kehrtmachen *vi* (*umdrehen*) повора́чиваться круго́м, пойти́ [поверну́ть] обра́тно; **Kehrtwendung** *f FIG* ◇ **e-e ~ machen** измени́ть своё мне́ние на 180 гра́дусов

keifen *vi FAM* (*zanken*) брани́ться *несов,* <по->руга́ться

Keil *m* <-[e]s, -e> (*Holz~*) клин *м;* **Keilriemen** *m* AUTO кли́нчатый реме́нь *м*

Keim *m* <-[e]s, -e> ① BOT росто́к *м;* BIOL, MED заро́дыш *м,* зача́ток *м* ② *FIG* (*Anfang*) нача́ло *с,* исхо́дный пункт *м,* заро́дыш *м;* ◇ **etw im ~ ersticken** подави́ть [уничто́жить] что-л в заро́дыше; **keimen** *vi* ① (*Pflanze*) прора|ста́ть <-сти́>, пус|ка́ть <-ти́ть> ростки́ ② *FIG* (*Gefühl*) заро|жда́ться <-ди́ться>; **keimfrei** *adj* стери́льный, стерилизо́ванный, беспло́дный; **Keimzelle** *f* ① BIOL заро́дышевая кле́тка *ж* ② *FIG* ядро́ *с*

kein *pron indefinit* (*adjektivisch gebraucht*) не, нет, никако́й; ◇ **ich habe ~e Lust/Zeit** у меня́ нет жела́ния/вре́мени; ◇ **sie ist ~e Französin** она́ не францу́женка; ◇ **auf ~en Fall** ни в ко́ем слу́чае; (*überhaupt nicht*) ◇ **er hat sich ~ bißchen verändert** он совсе́м не измени́лся; *FAM* (*niemand*) ◇ **~ Mensch war da** там не́ было ни души́; (*gern geschehen*) ◇ **~e Ursache** не сто́ит (благода́рности); **keine(r, s)** *pron indefinit* (*substantivisch gebraucht*) никто́, ни одна́, ни оди́н, ни одно́; (*niemand*) ◇ **das weiß ~r** э́того никто́ не зна́ет; ◇ **ich kenne ~n** я никого́ не зна́ю; ◇ **~r von beiden** ни оди́н из обо́их; **keinerlei** *adj* <inv> никако́й; ◇ **das hat ~ Bedeutung** э́то не име́ет никако́го значе́ния; **keinesfalls** *adv* ни под каки́м ви́дом, ни в ко́ем слу́чае; **keineswegs** *adv* ничу́ть, отню́дь не, во́все не; **keinmal** *adv* никогда́, ни ра́зу; ◇ **sie hat mich ~ gegrüßt** она́ ни ра́зу со мно́й не поздоро́валась

Keks *m* <-es, -e> (*Plätzchen*) пече́нье *с,* бискви́т *м* ② *FAM* (*nerven*) ◇ **jd-m auf den ~ gehen** де́йствовать кому́-л на не́рвы

Kelch *m* <-[e]s, -e> ча́ша *ж,* ку́бок *м*

Kelle *f* <-, -n> ① (*Suppen~*) разлива́тельная ло́жка *ж* ② (*Maurer~*) ке́льма *ж* ③ BAHN жезл *м*

Keller *m* <-s, -> по́греб *м,* подва́л *м*

Kellner(in *f*) *m* <-s, -> официа́нт(ка *ж*) *м,* ке́льнер(ша *ж*) *м*

keltern *vt* (*Weintrauben*) выда́вливать <вы́давить> сок из виногра́да

Kenia *n* <-s> Ке́ния *ж;* ◇ **in/nach ~** в Ке́нии/в Ке́нию

kennen <kannte, gekannt> **I.** *vt* ① (*jd-n*) знать *несов* ② (*wissen*) знать, узнава́ть **II.** *vr* ◇ **sich ~** знать друг дру́га, быть знако́мым друг с дру́гом; **kennenlernen I.** *vt* (*jd-n*) <по->знако́миться с кем-чем-л **II.** *vr* ◇ **sich ~** <по->знако́миться друг с дру́гом; **Kenner(in** *f*) *m* <-s, -> (*Wein~*) знато́к *м;* (*Spezialist/in*) специали́ст(ка *ж*) *м*

kenntlich *adj* заме́тный; ◇ **etw ~ machen** выделя́ть‹вы́делить›чем-л

Kenntnis *f* ‹-, -se› ① (*Wissen*) зна́ние *с,* эруди́ция *ж* ② *FIG* (*wahrnehmen*) ◇ **etw zur ~ nehmen** приня́ть к све́дению что-л; (*informieren*) ◇ **jd-n von etw in ~ setzen** ста́вить кого́-л в изве́стность о чём-л

Kennwort *n* паро́ль *м;* (*Kennzeichnung*) поме́та *ж;* (*Schlüsselwort*) ключево́е сло́во *с*

Kennzeichen *n* ① (*Merkmal*) приме́та *ж,* (отличи́тельный) при́знак *м,* знак *м,* усло́вный знак *м* ② AUTO (*Nummernschild*) щито́к *м* с номерны́м зна́ком; **kennzeichnen** *vt* ① (*markieren*) от|меча́ть ‹-ме́тить›, де́лать поме́тки, ‹на-, по-›ме́тить ② *FIG* (*erkennen lassen*) характеризова́ть *несов и сов,* знаменова́ть *несов*

Kennziffer *f* показа́тель *м,* и́ндекс *м;* (*von Akte*) ко́довая ци́фра *ж*

kentern *vi* опроки́|дываться ‹-нуться›

Keramik *f* ① (*Töpferware*) кера́мика *ж,* керами́ческое изде́лие *с* ② (*Technik*) кера́мика *ж*

Kerbe *f* ‹-, -n› надре́з *м,* зару́бка *ж*

Kerbholz *n FIG* (*etw ausgefressen haben*) ◇ **etw auf dem ~ haben** име́ть что-л на со́вести, име́ть ры́льце в пушку́

Kerker *m* ‹-s, -› тюрьма́ *ж,* темни́ца *ж*

Kerl *m* ‹-s, -e› *PEJ* па́рень *м,* ма́лый *м;* ◇ **ein gemeiner ~** тёртый кала́ч [пройдо́ха]

Kern *m* ‹-[e]s, -e› ① (*von Frucht*) ко́сточка *ж;* (*Apfel~*) сердцеви́на *ж;* (*Nuß~*) ядро́ *с* ② BIOL се́мя *с* ③ PHYS (*Atom~*) ядро́ *с* ④ (*Stadt~*) центр *м* го́рода ⑤ *FIG* суть *ж,* су́щность *ж;* ◇ **sie hat e-n guten ~** у неё хоро́шее нутро́; **Kernbrennstoff** *m* я́дерное то́пливо *с;* **Kernenergie** *f* я́дерная эне́ргия *ж;* **Kernfrage** *f* гла́вный вопро́с *м;* **Kernfusion** *f* я́дерный си́нтез *м;* **kernig** *adj* ① (*voller Kerne*) с ко́сточками ② (*kräftig, Person*) кре́пкий, ядрёный, здоро́вый; **Kernkraft** *f* (*Atomkraft*) я́дерная эне́ргия *ж;* **Kernkraftgegner(in** *f*) *m* проти́вник *м*/проти́вница *ж* я́дерной эне́ргии; **Kernkraftwerk** *n* а́томная электроста́нция *ж;* **kernlos** *adj* (*Obst*) без ко́сточек; **Kernphysik** *f* я́дерная фи́зика *ж;* **Kernreaktor** *m* я́дерный реа́ктор *м;* **Kernseife** *f* ядро́вое мы́ло *с;* **Kernspaltung** *f* расщепле́ние *с* ядра́; **Kernteilung** *f* BIOL деле́ние *с* ядра́; **Kernwaffe** *f* а́томное ору́жие *с*

Kerze *f* ‹-, -n› ① (*Wachs~*) свеча́ *ж,* све́чка *ж* ② (*Zünd~*) свеча́ *ж* зажига́ния ③ SPORT сто́йка *ж* на лопа́тках; **kerzengerade** *adj* (*völlig gerade*) прямо́й как свеча́

keß *adj* ① (*pfiffig*) хи́трый; (*kokett*) коке́тливый ② (*Kleidung*) шика́рный

Kessel *m* ‹-s, -› котёл *м* ② GEO (*weites Tal*) котлови́на *ж*

Ketchup *m o. n* ‹-[s], -s› (*Tomaten~*) ке́тчуп *м*

Kette *f* ‹-, -n› ① (*Fahrrad~, Menschen~*) цепь *ж;* (*Hals~*) цепо́чка *ж,* ожере́лье *с,* нить *ж;* ◇ **in ~n legen** закова́ть в це́пи ② (*Berg~*) цепь *ж* ③ COMM (*von Läden*) сеть *ж* ④ *FIG* (*von Handlungen*) ряд *м,* верени́ца *ж;* **ketten** *vt* (*festmachen*) прико́|вывать ‹-ва́ть›, привя́|зывать ‹-за́ть› (*an* к); **Kettenraucher(in** *f*) *m* зая́длый кури́льщик *м,* зая́длая кури́льщица *ж;* **Kettenreaktion** *f a. FIG* цепна́я реа́кция *ж*

keuchen *vi* пыхте́ть *несов,* за|дыха́ться ‹дохну́ться›, с трудо́м переводи́ть дыха́ние; **Keuchhusten** *m* су́дорожный ка́шель *м,* ко́клюш *м*

Keule *f* ‹-, -n› ① (*Schlaggerät*) дуби́на, булава́ *ж* ② GASTRON костре́ц *м*

keusch *adj* целому́дренный, де́вственный

Keyboard *n* ‹-s, -s› MUS электрооргáн *м*

Kfz *n Abk. v.* **Kraftfahrzeug** автомоби́ль *м*

kichern *vi* хихи́к|ать ‹-нуть›

kidnappen *vt* по|хища́ть ‹-хи́тить›

Kiefer [1] *m* ‹-s, -› ANAT че́люсть *ж*

Kiefer [2] *f* ‹-, -n› BOT сосна́ *ж*

Kiel *m* ‹-[e]s, -e› NAUT киль *м*

Kieme *f* ‹-, -n› жа́бра *ж*

Kies [1] *m* ‹-es› (*Schotter*) гра́вий *м,* ще́бень *м*

Kies [2] *m* ‹-es› *FAM* (*Geld*) деньжа́та *мн,* деньжо́нки *мн*

Kiesgrube *f* гра́вийный карье́р *м*

kiffen *vi FAM* (*Haschisch rauchen*) кури́ть гаши́ш

killen *vt FAM* уби́‹ва́›ть, прико́нчить *сов*

Kilo *n* ‹-s, -[s]›, **Kilogramm** *n* ‹-s› кило́ *с,* килогра́мм *м;* **Kilojoule** *n* килоджо́уль *м;* **Kilometer** *m* киломе́тр *м;* **Kilometerzähler** *m* AUTO счётчик *м* пробе́га, путеме́р *м;* **Kilowatt** *n* килова́тт *м*

Kind *n* ‹-[e]s, -er› ① (*Mädchen, Junge*) ребёнок *м,* дитя́ *с;* ◇ **ein ~ bekommen/erwarten** ждать ребёнка ② (*Tochter*) дочь *ж;* (*Sohn*) сын *м;* **Kinderarzt** *m,* **Kinderärztin** *f* де́тский врач *м;* **Kinderbett** *n* де́тская крова́ть *ж;* **Kinderei** *f* ребя́чество *с,* мальчи́шество *с;* **Kindergarten** *m* де́тский сад *м;* **Kindergärtner(in** *f*) *m* воспита́тель(ница *ж*) *м* в де́тском саду́; **Kindergeld** *n* посо́бие *с* на ребёнка; **Kinderkarussel** *n* де́тская карусе́ль *ж;* **Kinderkrankheit** *f* де́тская боле́знь *ж;* **Kinderlähmung** *f* де́тский парали́ч *м,* полиомиели́т *м;* **kinderleicht** *adj* (*sehr leicht*) о́чень лёгкий, просто́й; **kinderlos** *adj* безде́тный; **Kindermädchen** *n* ня́ня *ж;* **Kindersterblichkeit** *f* де́тская сме́ртность *ж;* **Kinderwagen** *m* де́тская коля́ска *ж;* (*Buggy*) ба́гги *м;* **Kinderzimmer** *n* де́тская ко́мната *ж;* **Kinderzuschlag** *m* надба́вка *ж* на ребёнка; **Kindheit** *f* де́тство *с;* **kindisch** *adj* ребя́ческий; **kindlich** *adj* (1) (*kindgerecht*) де́тский (2) (*naiv*) наи́вный

Kinetik *f* кине́тика *ж*

Kinn *n* <-[e]s, -e> подборо́док *м;* **Kinnhaken** *m* уда́р *м* в подборо́док

Kino *n* <-s, -s> кино́ *с,* кинотеа́тр *м;* **Kinobesucher(in** *f*) *m* кинозри́тель(ница *ж*) *м;* **Kinoprogramm** *n* кинопрогра́мма *ж;* **Kinosaal** *m* кинозá́л *м;* **Kinovorstellung** *f* киносеа́нс *м*

Kiosk *m* <-[e]s, -e> (*Zeitungs~*) кио́ск *м*

Kippe *f* <-, -n> (1) *FIG* ◇ **auf der ~ stehen** быть в опа́сности [на краю́ ги́бели] (2) *FAM* (*von Zigarette*) оку́рок *м;* **kippen I.** *vt* (1) (*Fenster*) ста́вить в вертика́льное положе́ние (2) (*um~*) опроки́|дывать <-нуть> (3) *FIG* (*Plan*) отме|ня́ть <-ни́ть>, аннули́ровать *несов и сов* **II.** *vi* (*Leiter*) опроки́|дываться <-нуться>; (*Schiff*) перевора́чиваться <-роти́ться>; **Kippfenster** *n* откидно́е окно́ *с;* **Kippschalter** *m* ELECTR перекидно́й выключа́тель *м*

Kirche *f* <-, -n> це́рковь *ж;* **Kirchengemeinde** *f* церко́вный прихо́д *м;* **Kirchenlied** *n* церко́вный хора́л *м;* **Kirchensteuer** *f* церко́вный нало́г *м;* **Kirchgänger(in** *f*) *m* <-s, -> прихожа́нин *м,* прихожа́нка *ж;* **kirchlich** *adj* церко́вный

Kirsche *f* <-, -n> (*Baum, Frucht*) ви́шня *ж;* **Kirschkern** *m* вишнёвая ко́сточка *ж;* **Kirschwasser** *n* вишнёвая нали́вка *ж*

Kissen *n* <-s, -> (*Sofa~, Kopf~*) поду́шка *ж*

Kiste *f* <-, -n> (1) (*Behälter*) я́щик *м* (2) *FAM* (*Auto*) дранду ле́т *м* (3) *FAM* (*Sache, Angelegenheit*) де́ло *с*

Kitsch *m* <-[e]s> по́шлость *ж,* безвку́сица *ж,* халту́ра *ж;* **kitschig** *adj* безвку́сный, по́шлый, низкопро́бный, халту́рный

Kitt *m* <-[e]s, -e> (*Fenster~*) зама́зка *ж,* масти́ка *ж;* (*Spachtel~*) шпаклёвка *ж*

Kittchen *n FAM* (*Gefängnis*) куту́зка *ж*

Kittel *m* <-s, -> (*Arzt~ etc.*) (рабо́чий) хала́т *м*

kitten *vt* (1) (*Fenster*) зама́з<ыв>ать; (*kleben, Porzellan*) скле́и<ва>ть (2) *FIG* (*Ehe*) восста|на́вливать <-нови́ть>

Kitz *n* <-es, -e> (1) (*Zicklein*) козлёнок *м,* ко́зочка *ж* (2) (*Reh~*) молода́я косу́ля *ж*

kitzelig *adj a. FIG* щекотли́вый; **kitzeln** *vt* (*jd-n*) <по->щекота́ть кого́-л

Kiwi *f* <-, -s> (*Frucht*) ки́ви *ж*

KKW *n* <-s, -s> *Akr. v.* **Kernkraftwerk** а́томная электроста́нция *ж* (АЭС)

klaffen *vi* (*Spalt, Wunde*) зия́ть *несов*

kläffen *vi* га́в|кать <-кнуть>, тя́вк|ать <-нуть>; **Kläffer** *m* брехли́вая соба́ка *ж*

Klage *f* <-, -n> *a.* JURA жа́лоба *ж,* иск *м;* ◇ **~ einreichen** пода́<ва́>ть жа́лобу; **klagen** *vi* (1) (*jammern*) причита́ть *несов,* гро́мко пла́кать (2) (*sich beschweren*) <по->жа́ловаться, <по->се́товать (*über akk* на кого́-что-л) (3) JURA (*Anspruch erheben*) пода́<ва́>ть в суд (*gegen* на кого́-л); **Kläger(in** *f*) *m* <-s, -> JURA исте́ц *м,* исти́ца *ж,* жа́лобщик *м,* жа́лобщица *ж;* **kläglich** *adj* (1) (*jämmerlich, Geschrei*) жа́лобный (2) (*dürftig, Leistung*) жа́лкий, плаче́вный

klamm *adj* (1) (*steif, Finger*) окочене́вший (2) (*unangenehm feucht*) сыро́й

Klammer *f* <-, -n> (1) (*Büro~, Heft~*) скре́пка *ж;* (*Wäsche~*) зажи́мка *ж;* (*Haar~*) зако́лка *ж;* MED (*Zahn~*) ско́бка *ж* (2) TYP (*Parenthese*) ско́бки *мн;* **klammern I.** *vt* (*mit Klammern verschließen*) скре|пля́ть <-пи́ть> скобо́й, сце|пля́ть <-пи́ть>; (*Wunde*) скре|пля́ть <-пи́ть> **II.** *vr* (*sich festhalten*) ◇ **sich an jd-n/etw ~** цепля́ться за кого́/что-л

klang *impf v.* **klingen**

Klang *m* <-[e]s, Klänge> (*Ton, Schall*) звон *м,* звук *м;* **klangvoll** *adj* звў́чный, полнозву́чный, зво́нкий

Klappbett *n* складна́я крова́ть *ж;* **Klappe** *f* <-, -n> (1) (*Ofen~*) засло́нка *ж,* вью́шка *ж;* (*Ventil~*) кла́пан *м* (2) ANAT (*Herz~*) серде́чный кла́пан *м* (3) MUS (*von Instrument*) кла́пан *м* (4) *FAM* (*Mund*) рот *м;* ◇ **halt die ~!** заткни́сь!, заткни́ гло́тку!; **klappen I.** *vi* (1) (*schlagen, Fensterladen*) откры́<ва́>ть, подн|има́ть <-я́ть> (2) *FIG* (*gelingen*) ла́диться *несов,* идти́ на лад; ◇ **es klappt** де́ло идёт на лад **II.** *vt* (*Strandliege*) опроки́|дываться <-нуться>; ◇ **etw nach unten ~** отки́|дывать <-нуть> что-л вниз

klapp[e]rig *adj* (1) (*Fahrrad*) громыха́ющий (2) (*schwächlich, Greis*) дря́хлый; **klappern** *vi* (*schlagen*) громых|а́ть <ну́ть>; (*pochen*) <по->стуча́ть; (*Geschirr*) греме́ть *несов;* **Klapperschlange** *f* гремýчая змея́ *ж;* **Klappmesser** *n* складнóй нож *м;* **Klappstuhl** *m* складнóй стул *м;* **Klapptisch** *m* складнóй стол *м*

klar *adj* ① (*hell*) я́сный, свéтлый; (*durchsichtig*) прозрáчный; (*rein, Luft*) чи́стый, я́сный; (*Sicht, Himmel*) безóблачный ② (*unmißverständlich*) я́сный, поня́тный, вразуми́тельный; ◇ **das ist mir nicht ~** э́то мне непоня́тно; ◇ **etw ~ und deutlich sagen** сказáть что-л поня́тно и вня́тно ③ (*scharfsinnig*) свéтлый, я́сный, проницáтельный ④ ◇ **sich** *dat* **über etw im ~en sein** отдавáть себé отчёт в чём-л

Kläranlage *f* очистнáя [осветительная] установка *ж;* **klären I.** *vt* ① *a. FIG* (*klarstellen*) выясня́ть ‹вы́яснить›, разре|шáть ‹-ши́ть›; ◇ **e-e Sache ~** прояснить какóе-л дéло ② (*Wasser*) о|чищáть ‹-чи́стить› **II.** *vr a. FIG* ◇ **sich ~** проясн|я́ться ‹-ни́ться›

klargehen *unreg vi FAM* ◇ **die Sache geht klar** дéло идёт глáдко

Klarheit *f* ① (*Schärfe*) я́сность *ж;* (*Reinheit*) прозрáчность *ж* ② *FIG* (*Deutlichkeit*) я́сность *ж,* поня́тность *ж*

Klarinette *f* кларнéт *м*

klarkommen *unreg vi FAM* ① (*sich zurechtfinden*) раз|бирáться ‹-обрáться› (*mit etw* с чем-л), заверши́ть (*mit etw* что-л) ② (*sich vertragen*) договори́ться *сов* (*mit jd-m* с кем-л); **klarmachen** *vt* ① (*zur Abfahrt bereitmachen*) ◇ **das Schiff ~** готóвить сýдно к отплы́тию ② (*verständlich machen*) ◇ **jd-m etw ~** объясня́ть что-л комý-л; **klarsehen** *unreg vi* хорошó понимáть что-л, я́сно представля́ть себé

Klarsichtfolie *f* целлофáновая плёнка *ж*

klarstellen *vt* выясня́ть ‹вы́яснить›, распýт‹ыв›ать

Klärung *f* ① (*von Abwasser*) очистка *ж* ② *FIG* (*von Angelegenheit*) выяснéние *с,* разъяснéние *с*

klasse *adj* ‹inv› *FAM* (*toll*) великолéпно; ◇ **~ sein** быть пéрвого сóрта, быть, что нáдо

Klasse *f* ‹-, -n› ① (*Schul~*) класс *м;* (*Klassenraum*) клáссная кóмната *ж* ② SPORT категóрия *ж;* ◇ **erster ~ reisen** éхать в пéрвом клáссе; **Klassenlehrer(in** *f*) *m* SCH преподавáтель(ница *ж*) *м* клáсса, клáссный(-ая) настáвник *м*/настáвница *ж;* **Klassenzimmer** *n* SCH класс *м,* клáссная кóмната *ж*

klassifizieren *vt* классифици́ровать *несов и сов,* ‹рас-›сортировáть

Klassik *f* ① (*Epoche*) эпóха *ж* расцвéта культýры ② (*Stil*) класси́ческий мир *м* ③ (*Musik*) класси́ческая мýзыка *ж;* **Klassiker** *m* ‹-s, -› клáссик *м;* **klassisch** *adj* класси́ческий, клáссный

Klassizismus *m* классици́зм *м*

Klatsch *m* ‹-[e]s, -e› ① (*Geräusch*) шлепóк *м,* звóнкий удáр *м* ② *nur sg FIG* (*Gerede, Geschwätz*) сплéтня *ж;* **Klatschbase** *f* сплéтница *ж,* кýмушка *ж,* болтýнья *ж;* **klatschen I.** *vi* ① (*schlagen*) хлóп|ать ‹-нуть›, шлёпать *несов;* (*Regen*) ‹по-›стучáть ② *FIG* (*schwatzen*) ‹на-›сплéтничать, судáчить *несов* (*über akk* о ком-л) **II.** *vt* ◇ **jd-m Beifall ~** аплоди́ровать *несов* комý-л

Klatschmohn *m* мак-самосéйка *м*

klatschnaß *adj* промóкший до костéй [до ни́тки]

Klaue *f* ‹-, -n› ① (*von Huftier*) копы́то *с;* (*von Raubtier*) лáпа *ж* с когтя́ми; (*von Raubvogel*) кóготь *м* ② *FAM* (*unleserliche Handschrift*) ◇ **eine fürchterliche ~ haben** писáть как кýрица лáпой

klauen *vt FAM* (*stehlen*) стащи́ть *сов,* стянýть *сов;* (*stibitzen*) сти́брить *сов*

Klausel *f* ‹-, -n› (*Vertrags~*) оговóрка *ж,* ограничи́тельное услóвие *с,* статья́ *ж*

Klausur *f* ① (*Abgeschlossenheit*) затвóрничество *с,* отшéльничество *с;* ◇ **in ~ gehen** уйти́ в затвóрничество ② UNI (*schriftlicher Test*) ◇ **e-e ~ schreiben** писáть пи́сьменную экзаменациóнную рабóту

Klavier *n* ‹-s, -e› пиани́но *с;* (*Flügel*) роя́ль *м;* **Klavierspieler(in** *f*) *m* пиани́ст(ка *ж*) *м*

kleben I. *vt* ① (*mit Klebstoff*) ‹с-› клéить, наклéи‹ва›ть ② *FAM* (*Ohrfeige geben*) ◇ **jd-m e-e ~** влепи́ть комý-л пощёчину **II.** *vi* ① (*haften*) ли́пнуть *несов,* при|липáть ‹-ли́пнуть›, пристá‹вá›ть (*an dat* к чемý-л) ② *FIG* (*sich klammern, an Person*) цепля́ться *несов* (*an dat* за когó-что-л); **klebrig** *adj* клéйкий, ли́пкий; **Klebstoff** *m* клей *м,* клéящее веществó *с*

Klecks *m* ‹-es, -e› кля́кса *ж,* пятнó *с*

Klee *m* ‹-s› клéвер *м;* **Kleeblatt** *n* лист *м* клéвера

Kleid *n* ‹-[e]s, -er› ① (*Sommer~*) плáтье *с* ② ◇ **~er** *pl* (*Kleidung*) одéжда *ж;* **kleiden I.** *vt* ① (*mit Kleidung versehen*) одé‹вá›ть когó-л ② (*gut stehen*) быть к лицý; ◇ **das kleidet sie gut** э́то ей идёт, э́то ей к лицý **II.** *vr* ◇

sich ~ оде́‹ва́›ться, наря|жа́ться ‹-ди́ться›; **Kleiderbügel** *m* пле́чики *мн,* ве́шалка *ж;* **Kleiderschrank** *m* платяно́й шкаф *м,* гардеро́б *м;* **Kleidung** *f* оде́жда *ж,* пла́тье *с,* обмундирова́ние *с;* **Kleidungsstück** *n* предме́т *м* оде́жды

Kleie *f* о́труби *мн*

klein I. *adj* ① (*Mensch, Haus*) ма́ленький, ма́лый; ◇ **~er Finger** мизи́нец *м* ② (*gering, Anzahl*) небольшо́й; (*Gehalt, Preis*) ни́зкий, невысо́кий ③ (*geringfügig, Irrtum*) незначи́тельный, ничто́жный, малова́жный ④ (*bescheiden, Verhältnisse*) скро́мный ⑤ ◇ **das ~ere Übel** ме́ньшее зло **II.** *adv* (*ein bißchen*) ◇ **ein ~ wenig** немно́жко, чу́точку; (*nachgeben*) ◇ **~ beigeben** усту|па́ть ‹-пи́ть›, поко|ря́ться ‹-ри́ться›; **Kleinbus** *m* микробу́с *м;* **Kleinfamilie** *f* малочи́сленная семья́ *ж;* **Kleinformat** *n* (*von Buch, Bild*) изда́ние *с* ма́лого форма́та; **Kleingeld** *n* ме́лочь *ж;* (*Wechselgeld*) разме́нная моне́та *ж;* **Kleinigkeit** *f* ме́лочь *ж,* пустя́к *м;* ◇ **e-e ~ essen** перекуси́ть; **Kleinkind** *n* ма́ленький ребёнок *м;* **Kleinkram** *m FAM* ме́лочь *ж;* **kleinlaut** *adj* (*verlegen*) ро́бкий, смущённый, расте́рянный, неуве́ренный; **kleinlich** *adj* ① (*engstirnig*) ограни́ченный, узколо́бый ② (*knauserig*) скупо́й, ме́лочный, скаре́дный ③ (*pedantisch*) щепети́льный, приди́рчивый; **kleinschneiden** *unreg vt* ме́лко наре́зать; **Kleinwagen** *m* малолитра́жный автомоби́ль *м*

Kleister *m* ‹-s, -› клей *м,* кле́йстер *м*

Klemme *f* ‹-, -n› ① (*Klammer*) зажи́м *м,* кле́мма *ж,* тиски́ *мн;* (*Haar~*) зако́лка *ж* ② *FIG* (*Zwangslage*) затрудни́тельное положе́ние *с;* ◇ **in der ~ stecken** быть в тиска́х

klemmen I. *vt* ① (*fest~*) заж‹им›а́ть, защe|мля́ть ‹-ми́ть›; ◇ **etw unter den Arm ~** сжима́ть что-л под мы́шкой, су́нуть что-л под мы́шку ② (*quetschen, Finger*) прищe|мля́ть ‹-ми́ть› **II.** *vi* (*feststecken*) заж‹им›а́ться, защe|мля́ться ‹-ми́ться›

Klempner *m* ‹-s, -› жестя́нщик *м*

Klerus *m* ‹-› духове́нство *с,* клир *м*

Klette *f* ‹-, -n› ① BOT репе́йник *м,* репе́й *м,* лопу́шник *м* ② *FAM* (*anhänglicher Mensch*) привя́зчивый *м,* пре́данный челове́к *м*

Kletterer *m* ‹-s, -›, **Kletterin** *f* скалола́з(ка *ж*) *м;* **klettern** *vi* ① (*hinaufsteigen*) взбира́ться *несов,* лезть *несов,* ‹вс-›кара́бкаться ② *FIG* (*Preise, Temperatur*) подни|ма́ться ‹-я́ться›, ползти́ вверх; **Klettern** *n* SPORT ла́зание *с,* упражне́ние *с* с шесто́м

Klient(**in** *f*) *m* ‹-en, -en› клие́нт(ка *ж*) *м*

Klima *n* ‹-s, -s *o.* -ta› ① (*Witterung*) кли́мат *м* ② *FIG* (*Stimmung*) обстано́вка *ж,* атмосфе́ра *ж;* **Klimaanlage** *f* кондиционе́р *м*

Klinge *f* ‹-, -n› (*vom Messer, Säbel*) ле́звие *с*

Klingel *f* ‹-, -n› (*Fahrrad~*) звоно́к *м;* (*Tür~*) колоко́льчик *м;* **klingeln** *vi* ‹по-›звони́ть

klingen ‹klang, geklungen› *vi* ① (*tönen*) звене́ть *несов,* звуча́ть *несов,* разда́‹ва́›ться ② *FIG* ◇ **das klingt unglaublich** э́то звучи́т невероя́тно

Klinik *f* кли́ника *ж*

Klippe *f* ‹-, -n› риф *м,* подво́дный ка́мень *м; FIG* (*Schwierigkeit*) препя́тствие *с*

Klips *m* ‹-es, -e› клипс *м;* (*Büroklammer*) конто́рская скре́пка *ж*

klirren *vi* (*Gläser*) дребезжа́ть *несов*

Klischee *n* ‹-s, -s› клише́ *с*

Kloake *f* ‹-, -n› (*Abwasserkanal*) клоа́ка *ж*

klopfen I. *vi* ① (*an Tür*) ‹по-›стуча́ть; ◇ **es klopft** стуча́т ② (*Herz, Puls*) би́ться *несов,* пульси́ровать *несов;* (*Motor*) стуча́ть **II.** *vt* (*Teppich*) выбива́ть ‹вы́бить›; **Klopfer** *m* ‹-s, -› (*Teppich~*) выбива́лка *ж*

Klosett *n* ‹-s, -e *o.* -s› убо́рная *ж,* клозе́т *м*

Kloß *m* ‹-es, Klöße› ① (*Klumpen*) ком *м,* комо́к *м,* глы́ба *ж* ② GASTRON (*Knödel*) клёцка *ж,* фрикаде́лька *ж*

Kloster *n* ‹-s, Klöster› монасты́рь *м*

Klotz *m* ‹-es, Klötze› ① (*Block*) коло́дка *ж;* (*Holz~*) коло́да *ж;* (*Spielzeug*) деревя́нная игру́шка *ж* ② *FIG* (*unbeholfener Mensch*) неотёсанный чурба́н *м;* ◇ **einen ~ am Bein haben** нести́ каку́ю-л обу́зу

Klub *m* ‹-s, -s› клуб *м*

Kluft [1] *f* ‹-, Klüfte› ① (*Spalt*) рассе́лина *ж,* уще́лье *с;* (*Abgrund*) бе́здна *ж,* про́пасть *ж* ② *FIG* (*Gegensatz*) по́лное расхожде́ние *с* мне́ний, про́пасть *ж*

Kluft [2] *f* ‹-, -en› *FAM* (*Klamotten etc.*) (ста́рая) оде́жда *ж,* (ста́рое) пла́тье *с*

klug *adj* ‹klüger, am klügsten› ① (*Mensch*) у́мный, толко́вый; ◇ **ein ~er Kopf** у́мная [я́сная] голова́ *ж* ② (*vernünftig*) разу́мный ③ (*geschickt*) благоразу́мный, толко́вый ④ (*weise*) му́дрый; (*nicht verstehen*) ◇ **aus jd-m/etw nicht ~ werden** не поня́ть кого́/чего́-л, не разобра́ться в чём-л; **Klugheit** *f* ① (*Intelligenz*) ум *м,* интеллиге́нтность *ж* ② (*von Entscheidung*) толко́-

вость *ж,* смышлёность *ж* ③ (*Geschick*) благоразу́мие *с* ④ (*Weisheit*) му́дрость *ж*

Klumpen *m* <-s, -> (*Kloß, Brocken*) комо́к *м;* (*Schnee~ etc.*) глы́ба *ж,* ком *м*

knabbern I. *vt* (*Nüsse*) <раз->гры́зть, глода́ть *несов* **II.** *vi* ① ◇ **an etw** *dat* ~ грызть что-л ② *FIG* ◇ **daran wird er noch lange zu ~ haben** тут ему́ придётся ещё до́лго лома́ть го́лову

Knabe *m* <-n, -n> (*Junge*) ма́льчик *м,* подро́сток *м;* **knabenhaft** *adj* (*Figur*) мальчи́шеский; (*Wesen*) ребя́ческий

knacken I. *vt* ① (*platzen*) щёлк|ать <-нуть>, <раз->гры́зть; *FAM* (*Tresor, Autos*) взла́мывать <взлома́ть> ② *FIG* (*lösen, Rätsel*) разга́|дывать <-да́ть> **II.** *vi* (*Treppe, Holz*) скрипе́ть <скри́пнуть>, треща́ть *несов;* (*Radio*) издава́ть треск; **Knacks** *m* <-es, -e> ① (*Laut*) треск *м,* хруст *м* ② (*Riß*) тре́щина *ж* ③ *FIG* ◇ **e-n ~ haben** тро́нуться, свихну́ться, быть не в себе́

Knall *m* <-[e]s, -e> ① (*von Schuß*) звук *м* ② *FAM* (*verrückt*) ◇ **der hat e-n ~** он не в своём уме́, он свихну́лся; (*plötzlich*) ◇ **~ auf Fall** без промедле́ния; **knallen I.** *vi* ① (*Tür, Peitsche*) щёлк|ать <-нуть>, хло́п|ать <-нуть>; (*Schlag*) разда́<ва́>ться ② (*explodieren*) взрыва́ться <взорва́ться>; (*Korken*) щёлкнуть; (*Schuß*) раздава́ться **II.** *vt* ① (*werfen*) ◇ **etw auf den Boden ~** швырну́ть что-л на зе́млю ② (*stoßen*) ◇ **gegen etw ~** натолкну́ться на что-л ③ *FAM* (*Ohrfeige geben*) ◇ **jd-m e-e ~** влепи́ть пощёчину кому́-л; **knallhart** *adj FAM* жёсткий; (*erbittert*) ожесточённый; **knallrot** *adj* (*leuchtend rot*) я́рко-кра́сный; (*im Gesicht*) ◇ **~ werden** си́льно покрасне́ть

knapp *adj* ① (*wenig, beschränkt*) ску́дный, ограни́ченный; ◇ **~ bei Kasse sein** нужда́ться в деньга́х; ◇ **meine Zeit ist ~** у меня́ вре́мени в обре́з ② (*Mehrheit*) незначи́тельный, едва́-едва́; ◇ **e-e ~e Stunde** непо́лный час, не бо́лее ча́са; ◇ **~ vier Meter** непо́лных четы́ре ме́тра, о́коло четырёх ме́тров ③ (*kurz, eng, Hose*) те́сный, у́зкий ④ (*Ausdrucksweise*) сжа́тый, немногосло́вный; **knapphalten** *unreg vt* держа́ть кого́-л в чёрном те́ле; **Knappheit** *f* (*von Geld, Zeit*) ограни́ченность *ж;* (*von Vorräten*) ску́дность *ж*

knarren *vi* (*Diele*) треща́ть *несов,* скрипе́ть *несов*

Knäuel *m o. n* <-s, -> ① (*Woll~*) клубо́к *м,* мото́к *м* ② *FIG* (*Menschen~*) толпа́ *ж,* ку́ча *ж*

kneifen <kniff, gekniffen> **I.** *vt* (*zwicken*) щипа́ть *несов,* ущипну́ть *сов;* ◇ **jd-n in den Arm ~** ущипну́ть кого́-л за ру́ку **II.** *vi* ① (*zu eng sein*) быть сли́шком те́сным, щеми́ть *несов* ② *FAM* (*sich drücken*) ◇ **vor etw** *dat* ~ увиливать от чего́-л

Kneipe *f* <-, -n> *FAM* пивна́я *ж,* каба́к *м,* погребо́к *м*

kneten *vt* (*Teig*) <за->меси́ть; (*Wachs*) <пере->мя́ть

Knick *m* <-[e]s, -e> ① (*in Papier, Stoff*) сгиб *м* ② (*Biegung*) изги́б *м,* поворо́т *м;* **knicken I.** *vt* ① (*Papier*) над|ла́мывать <-ломи́ть> ② (*brechen*) раз|ла́мывать <-лома́ть> **II.** *vi* ① (*abbrechen, Ast*) над|ла́мываться <-ломи́ться> ② *FIG* (*traurig*) ◇ **geknickt sein** быть пода́вленным [удручённым]

Knie *n* <-s, -> ① ANAT коле́но *с* ② (*im Rohr*) отво́д *с* трубы́ ③ *FIG* ◇ **etw übers ~ brechen** де́лать что-л на́спех, де́йствовать опроме́тчиво; **Kniebeuge** *f* <-, -n> приседа́ние *с;* **Kniekehle** *f* подколе́нная впа́дина *ж;* **knien I.** *vi* стоя́ть на коленя́х **II.** *vr* ◇ **sich ~** ① станови́ться [упа́сть] на коле́ни ② *FIG* ◇ **er kniete sich** *akk* **in die Arbeit** он с голово́й ушёл в рабо́ту; **Kniestrumpf** *m* чуло́к *м* до коле́н

kniff *impf v.* **kneifen**

knipsen *vt* ① (*lochen, Fahrkarte*) <про->компости́ровать биле́ты ② FOTO <с->фотографи́ровать, снима́ть <снять>

Knirps *m* <-es, -e> (*kleiner Junge*) карапу́з *м,* малы́ш *м*

knirschen *vi* (*Kies*) хрусте́ть <хру́стнуть>, скрипе́ть <скри́пнуть>; ◇ **mit den Zähnen ~** скрежета́ть зуба́ми

knistern *vi* ① (*Feuer*) потре́скивать *несов,* треща́ть *несов* ② (*rascheln, Papier*) шурша́ть *несов,* шелесте́ть *несов*

Knitterfalte *f* замя́тая скла́дка *ж;* **knitterfrei** *adj* (*Stoff*) несмина́емый, немну́щийся; **knittern** *vi* (*Stoff*) <с->мя́ться

Knoblauch *m* чесно́к *м*

Knöchel *m* <-s, -> ANAT (*Fuß~*) щи́колотка *ж,* лоды́жка *ж*

Knochen *m* <-s, -> кость *ж;* **Knochenbruch** *m* перело́м *м* ко́сти; **knochig** *adj* костля́вый

Knödel *m* <-s, -> GASTRON (*Kloß*) клёцка *ж;* (*Fleisch~*) фрикаде́лька *ж*

Knopf *m* <-[e]s, Knöpfe> пу́говица *ж;* **Knopfloch** *n* петля́ *ж*

Knorpel *m* <-s, -> хрящ *м*

Knospe *f* <-, -n> (*Blüten~*) по́чка *ж,* буто́н *м*

knoten *vt* ‹с-›де́лать у́зел на чём-л, завя́|зывать ‹-за́ть› узло́м что-л; **Knoten** *m* ‹-s, -› ① (*allg.*), *a.* NAUT у́зел *м* ② MED у́зел *м*, бугоро́к *м*; (*Geschwulst*) желва́к *м*; **Knotenpunkt** *m* (*Verkehrs~*) узлова́я то́чка *ж*

Know-how *n* ‹-[s]› ноу-ха́у *c*

Knüller *m* ‹-s, -› *FAM* (*erfolgreicher Schlager, Film etc.*) боеви́к *м*, шля́гер *м*; (*Verkaufs~*) мо́дный (ходкий) това́р *м*

knüpfen *vt* ① (*Faden, Band*) свя́|зывать ‹-за́ть›, завя́|зывать ‹-за́ть›; (*Teppich*) ‹с-› плести́ ② *FIG* ◇ **Bedingungen an etw** *akk* ~ ста́вить что-л в зави́симость от определённого усло́вия; (*sich anfreunden*) ◇ **Freundschaft** ~ завяза́ть дру́жбу

Knüppel *m* ‹-s, -› ① (*Stock*) дуби́на *ж*, то́лстая па́лка *ж*; (*Polizei~*) дуби́нка *ж* ② (*Steuer~*) ру́чка *ж* управле́ния

knurren *vi* (*Hund*) рыча́ть *несов*; (*Magen*) бурча́ть *несов*, урча́ть *несов*

knusp[e]rig *adj* хрустя́щий, поджа́ристый

k. o. *adv* ① SPORT ◇ **jd-n ~ schlagen** нокаути́ровать кого́-л ② *FAM* (*erschöpft*) утомлённый, обесси́ленный

Koalition *f* (*Regierungs~*) коали́ция *ж*

Kobalt *n* ‹-s› CHEM ко́бальт *м*

Kobold *m* ‹-[e]s, -e› ко́больд *м*, гном *м*, домово́й *м*

Kobra *f* ‹-, -s› ZOOL ко́бра *ж*

Koch *m* ‹-[e]s, Köche› по́вар *м*; **Kochbuch** *n* пова́ренная кни́га *ж*; **kochen I.** *vt* ① (*zubereiten*) ‹при-›гото́вить; (*Kaffee, Essen*) гото́вить, ‹с-›вари́ть ② (*Wäsche, Wasser*) ‹вс-›кипяти́ть **II.** *vi* ① (*Speisen zubereiten*) ‹с-›вари́ться; ◇ **gern** ~ люби́ть гото́вить ② (*Nudeln etc.*) ‹с-›вари́ться ③ (*Wasser etc.*) ‹вс-›кипе́ть; (*Motor*) перегре́‹ва́›ться ④ *FAM* (*sehr wütend sein*) быть озло́бленным; ◇ **sie kocht vor Wut** она́ кипи́т от зло́сти; **Kocher** *m* ‹-s, -› (*Camping~*) кипяти́льник *м*; **Kochgelegenheit** *f* возмо́жность *ж* гото́вить; **Köchin** *f* куха́рка *ж*, повари́ха *ж*; **Kochlöffel** *m* поварёшка *ж*; **Kochnische** *f* кухо́нная ни́ша *ж*; **Kochplatte** *f* (*Herdplatte*) электронагрева́тельная пли́тка *ж*; **Kochrezept** *n* кули-на́рный реце́пт *м*; **Kochsalz** *n* пова́ренная соль *ж*; **Kochtopf** *m* кастрю́ля *ж*

Kode *m s.* **Code**

Köder *m* ‹-s, -› *a. FIG* прима́нка *ж*

Koexistenz *f* сосуществова́ние *c*

Koffein *n* ‹-s› кофеи́н *м*; **koffeinfrei** *adj* (*Kaffee*) не содержа́щий кофеи́на

Koffer *m* ‹-s, -› чемода́н *м*; **Kofferradio** *n* портати́вный [перено́сный] радиоприёмник *м*; **Kofferraum** *m* бага́жник *м*

Kognak *m* ‹-s, -s› конья́к *м*

Kohl *m* ‹-[e]s, -e› капу́ста *ж*

Kohle *f* ‹-, -n› ① (*Brennstoff*) у́голь *м*; (*Braun~*) бу́рый у́голь *м*; (*Stein~*) ка́менный у́голь *м*; (*Holz~*) древе́сный у́голь *м* ② *FAM* (*Geld*) де́ньги *мн*; **Kohlehydrat** *n* ‹-[e]s, -e› CHEM углево́д *м*; **Kohlekraftwerk** *n* электроста́нция *ж*, рабо́тающая на у́гле; **Kohlendioxid** *n* двуо́кись *ж* углеро́да, углекислота́ *ж*; **Kohlensäure** *f* CHEM у́гольная кислота́ *ж*; (*in Getränken*) ◇ **mit** ~ газиро́ванный; **Kohleofen** *m* печь *ж*, ота́пливаемая углём; **Kohlepapier** *n* копирова́льная бума́га *ж*, копи́рка *ж*; **Kohlestift** *m* у́гольный каранда́ш *м*; **kohlrabenschwarz** *adj* чёрный как смоль [у́голь]

Kohlrabi *m* ‹-[s], -s› кольра́би *ж*; **Kohlrübe** *f* брю́ква *ж*

Koitus *m* ‹-, - *o.* -se› совокупле́ние *c*, ко́итус *м*

Koje *f* ‹-, -n› ① NAUT ко́йка *ж* ② *FAM* (*Bett*) ◇ **ab in die ~!** бы́стро спать!

Kokain *n* ‹-s› кокаи́н *м*

kokett *adj* коке́тливый; **kokettieren** *vi* коке́тничать *несов* (*mit jd-m* с кем-л)

Kokosnuß *f* коко́совый оре́х *м*

Koks[1] *m* ‹-es, -e› (*Kohlenstoff*) кокс *м*

Koks[2] *m* ‹-es› *FAM* (*Kokain*) кокаи́н *м*

Kolben *m* ‹-s, -› ① (*Gewehr~*) прикла́д *м* ② TECH (*von Motor*) по́ршень *м* ③ CHEM (*Behälter*) ко́лба *ж*

Kolik *f* MED (*Nieren~*) ко́лика *ж*

Kollaps *m* ‹-es, -e› (*Kreislauf~*) ко́ллапс *м*

Kolleg *n* ‹-s, -s *o.* -ien› SCH (*Studien~*) (акаде-ми́ческая) ле́кция *ж*, курс *м* ле́кций

Kollege *m* ‹-n, -n›, **Kollegin** *f* колле́га *м/ж*; (*Arbeits~*) сотру́дник *м*, сотру́дница *ж*, сослужи́вец *м*, сослужи́вица *ж*; (*Arzt~*) колле́га *м/ж* по профе́ссии; **kollegial** *adj* (*Verhältnis*) коллегиа́льный, това́рищеский

Kollegium *n* (*Lehrer~*) колле́гия *ж*

Kollekte *f* ‹-, -n› REL скла́дчина *ж*, де́нежный сбор *м*; **kollektiv** *adj* ① (*gemeinsam*) коллекти́вный ② (*umfassend, Wissen*) собира́тельный, обши́рный

Kollision *f* ① (*von Autos etc.*) столкнове́ние *c*, колли́зия *ж* ② (*zeitliche Überschneidung*) пересече́ние *c*, совпаде́ние *c* ③ *FIG* (*Widerstreit*) противоре́чие *c*, кра́йность *ж*

Kolonie *f* колóния *ж;* **kolonisieren** *vt* колонизовáть *несов и сов,* засе|лять <-лить>

Kolonne *f* <-, -n> ① (*geschlossene Gruppe*) колóнна *ж,* строй *ж;* (*Arbeits~*) бригáда *ж;* (*Auto~*) колóнна *ж* ② TYP (*Kolumne*) полосá *ж,* колóнка *ж,* столбéц *м*

Koloß *m* <-sses, -sse> кóлосс *м,* гигáнт *м;* **kolossal** *adj* ① (*beeindruckend, gewaltig*) необыкновéнный, колоссáльный ② *FIG* (*sehr groß*) огрóмный, гигáнтский

Kolumne *f* <-, -n> ① TYP (*Druckspalte*) полосá *ж,* колóнка *ж* ② (*Leitartikel*) передовáя статья *ж*

Koma *n* <-s, -s> MED кóма *ж,* бессознáтельное состояние *с;* ◇ **im ~ liegen** находиться в кóме

Kombination *f* ① (*Verknüpfung, Verbindung*) комбинáция *ж,* сочетáние *с,* соединéние *с* ② (*Jacke und Hose*) комбинезóн *м* ③ SPORT комбинáция *ж;* **kombinieren I.** *vt* (*Kleider, Möbel*) <с->комбини́ровать **II.** *vi* (*folgern*) слéдовать *несов,* вытекáть *несов*

Kombizange *f* пассати́жи *мн*

Komet *m* <-en, -en> комéта *ж*

Komfort *m* <-s> (*von Wohnung*) удóбство *с;* (*Luxus*) комфóрт *м;* **komfortabel** *adj* удóбный, комфортáбельный

Komik *f* коми́зм *м;* **Komiker(in** *f*) *m* <-s, -> кóмик *м;* **komisch** *adj* ① (*lustig*) коми́чный, смешнóй, забáвный ② (*merkwürdig*) стрáнный; ◇ **ein ~er Kauz** чудáк *м*

Komitee *n* <-s, -s> (*Ausschuß*) комитéт *м*

Komma *n* <-s, -s *o.* -ta> GRAM запятáя *ж*

Kommandant(in *f*) *m* комендáнт *м;* **Kommandeur(in** *f*) *m* командир *м;* **kommandieren I.** *vt* ① MIL (*Heer*) <с->комáндовать *несов* (кем-чем-л) ② MIL (*abordnen*) ◇ **jd-n an die Front ~** командировáть когó-л на фронт ③ *FAM* (*schikanieren*) прид<и>рáться к комý-л **II.** *vi a.* MIL (*befehlen*) прикá|зывать <-зáть>; **Kommando** *n* <-s, -s> ① (*Befehlsgewalt*) комáндование *с* ② (*Befehlswort*) комáнда *ж;* ◇ **auf ~** по комáнде, по прикáзу ③ (*Sonder~*) осóбое задáние *с*

kommen <kam, gekommen> *vi* ① (*eintreffen*) при|ходить <-йти́>, при|езжáть <-éхать>; (*Zug, Flugzeug etc.*) прибы́<вá>ть; (*Baby*) родиться *несов и сов,* появиться на свет ② (*gelangen*) доб<и>рáться, по|падáть <-пáсть>, до|езжáть <-éхать>; ◇ **wie komme ich zum Bahnhof?** как мне добрáться до вокзáла? ③ (*aufsuchen, besuchen*) наве|щáть <-сти́ть>, посе|щáть <-ти́ть>; (*Arzt*) ◇ **jd-n ~ lassen** вызывáть <вы́звать> когó-л; ◇ **sie kommt morgen zu uns** зáвтра онá придёт к нам ④ (*mitgehen*) идти́ вмéсте с кем-л; ◇ **komm jetzt!** пойдём! ⑤ (*stammen, her~*) происходи́ть *несов,* вести́ своё начáло (*aus* из); ◇ **ich komme aus Paris** я приéхал из Пари́жа ⑥ (*Ursache haben*) происходи́ть, случáться *несов* (*von* от); ◇ **das kommt davon, daß** э́то является слéдствием тогó, что; ◇ **wie kommt es, daß** как случи́лось, что; ◇ **woher kommt das?** отчегó э́то произошлó? ⑦ (*geraten*) ◇ **in Schwierigkeiten ~** попáсть в затрудни́тельное положéние; ◇ **unters Auto ~** попáсть под автомаши́ну ⑧ (*dransein*) ◇ **ich komme an die Reihe** теперь моя́ óчередь ⑨ (*geschickt werden*) ◇ **in die Schule ~** ходи́ть в шкóлу; ◇ **ins Gefängnis ~** попáсть в тюрьмý ⑩ (*erscheinen, sich zeigen*) появля́ться; (*Zähne, Sonne*) поя|вля́ться <-ви́ться>, выгля́дывать *несов;* (*Blätter*) распускáться *несов;* ◇ **da kommt mir e-e Idee** мне пришлá в гóлову идéя; ◇ **mir ~ die Tränen** у меня́ появи́лись слёзы ⑪ (*geschehen*) происходи́ть, случáться; ◇ **komme was wolle** пусть бýдет, что бýдет ⑫ (*kosten*) стóить; ◇ **das Buch kommt auf 18 Mark** кни́га стóит 18 мáрок ⑬ (*an bestimmte Stelle gehören*) находи́ться в определённом мéсте; ◇ **die Kleider ~ in den Schrank** мéсто одéжды в шкафý ⑭ *FAM* (*Orgasmus haben*) дойти́ до оргáзма ⑮ (*Zeit für etw finden*) ◇ **endlich komme ich dazu, dir zu schreiben** наконéц я собрáлся написáть тебé ⑯ (*wiedererlangen*) ◇ **wieder zu Geld ~** снóва быть при деньгáх; ◇ **zu sich ~** прийти́ в себя́ ⑰ (*verlieren*) ◇ **um seine Ersparnisse ~** потеря́ть свои́ сбережéния; ◇ **ums Leben ~** поги́бнуть ⑱ (*erfahren*) ◇ **hinter etw** *akk* **~** узнáть что-л

Kommen *n* <-s> (*Ankommen*) прихóд *м,* приéзд *м;* (*Ankunft*) прибы́тие *с;* ◇ **ein ~ und Gehen** хождéние взад и вперёд

kommend *adj* (*Woche, Dienstag*) бýдущий, грядýщий, наступáющий; (*Ereignisse*) грядýщий; (*Generation*) бýдущий

Kommentar *m* комментáрий *м,* пояснéние *с;* **Kommentator(in** *f*) *m* комментáтор *м;* **kommentieren** *vt* <про->комменти́ровать

kommerziell *adj* коммéрческий

Kommilitone *m,* **Kommilitonin** *f* товáрищ *м* по университéту, сокýрсник *м,* сокýрсница *ж*

Kommissar(in *f*) *m* комиссáр(ша *ж*) *м*
Kommission *f* (1) (*Ausschuß*) комиссия *ж*, комитéт *м* (2) (*Auftrag*) комиссиóнное поручéние *с*; ◇ **in ~ nehmen** брать на комиссию
Kommode *f* ‹-, -n› комóд *м*
Kommune *f* ‹-, -n› (1) (*Gemeinde*) общúна *ж* (2) *PEJ* (*Wohngemeinschaft*) коммýна *ж*
Kommunikation *f* коммуникáция *ж*, сообщéние *с*
Kommunion *f* REL причáстие *с*
Kommuniqué *n* ‹-s, -s› коммюникé *с*
Kommunismus *m* коммунúзм *м*; **Kommunist(in** *f*) *m* коммунúст(ка *ж*) *м*; **kommunistisch** *adj* коммунистúческий
kommunizieren *vi* (*miteinander reden*) сообщáть ‹-щúть› что-л друг дрýгу
Komödiant(in *f*) *m* ‹-en, -en› комедиáнт(ка *ж*) *м*; **Komödie** *f* комéдия *ж*
kompakt *adj* (1) (*dicht, Material*) плóтный, твёрдый (2) *FAM* (*gerafft, Buch*) компáктный, крáткий (3) *FAM* (*stämmig, Person*) коренáстый, кря́жистый
Kompanie *f* компáния *ж*, рóта *ж*
Kompaß *m* ‹-sses, -sse› кóмпас *м*
kompatibel *adj* (*Computer*) совместúмый
kompetent *adj* компетéнтный; **Kompetenz** *f* компетéнтность *ж*, компетéнция *ж*
komplett I. *adj* (*vollständig*) пóлный, комплéктный; ◇ **ein ~ er Dummkopf** пóлный дурáк **II.** *adv FAM* (*völlig*) пóлностью
komplex *adj* (*Thema*) кóмплексный
Komplex *m* ‹-es, -e› (1) (*Fragen~, Gebäude~*) кóмплекс *м* (2) PSYCH (*Minderwertigkeits~*) кóмплекс *м* неполноцéнности
Komplikation *f* осложнéние *с*
Kompliment *n* комплимéнт *м*
Komplize *m*, **Komplizin** *f* сообщник *м*, сообщница *ж*
komplizieren *vt* усложня́ть ‹-нúть›; **kompliziert** *adj* (*Rechenaufgabe*) слóжный, трýдный; MED (*Bruch*) тяжёлый
Komplott *n* ‹-[e]s, -e› зáговор *м*, сгóвор *м*
komponieren *vt* (*Musikstück*) сочиня́ть ‹-нúть›; **Komponist(in** *f*) *m* MUS композúтор *м*; **Komposition** *f a.* MUS композúция *ж*, музыкáльное произведéние *с*
Kompost *m* ‹-[e]s, -e› компóст *м*
Kompott *n* ‹-[e]s, -e› (*Pflaumen~*) компóт *м*
Kompresse *f* (*Umschlag*) компрéсс *м*
Kompromiß *m* ‹-sses, -sse› компромúсс *м*; ◇ **e-n ~ schließen** пойтú на компромúсс; **kompromißlos** *adj* бескомпромúссный
Kondensation *f* PHYS конденсáция *ж*; **kondensieren** *vt* конденсúровать *несов и сов*; (*Saft*) сгущáть ‹-стúть›; **Kondensmilch** *f* сгущённое молокó *с*; **Kondensstreifen** *m* AERO инверсиóнный след *м*
Kondition *f* (1) (*Bedingung*) услóвие *с*, предпосы́лка *ж*, кондúция *ж* (2) (*Verfassung, körperlich*) выносливость *ж*, (физическое) состоя́ние *ж*, фóрма *ж*; ◇ **in guter ~ sein** быть в хорóшей фóрме
Konditor(in *f*) *m* кондúтер *м*; **Konditorei** *f* кондúтерская *ж*
Kondom *n* ‹-s, -e› кондóм *м*, презервáтив *м*
Konfekt *n* ‹-[e]s, -e› конфéты *мн*
Konfektionsgröße *f* размéр *м* одéжды
Konferenz *f* (*Versammlung*) конферéнция *ж*, совещáние *с*, заседáние *с*; ◇ **e-e ~ abhalten** проводúть конферéнцию
Konfession *f* REL вероисповедáние *с*; **konfessionslos** *adj* не принадлежáщий ни к какóму вероисповедáнию
Konfetti *n* ‹-[s]› конфеттú *с*
Konfirmand(in *f*) *m* ‹-en, -en› REL конфирмáнд(ка *ж*) *м*; **Konfirmation** *f* REL конфирмáция *ж*; **konfirmieren** *vt* REL конфирмовáть *несов и сов*
konfiszieren *vt* конфисковáть *несов и сов*
Konfitüre *f* ‹-, -n› варéнье *с*, джем *м*
Konflikt *m* ‹-[e]s, -e› конфлúкт *м*; ◇ **mit jd-m in ~ geraten** вступáть в конфлúкт с кем-л
Konföderation *f* (*von Staaten*) конфедерáция *ж*, союз *м*
Konfrontation *f* конфронтáция *ж*; **konfrontieren** *vt* стáлкиваться *несов* (*mit akk* с кем-чем-л)
konfus *adj* (1) (*verwirrt, Person*) смущённый, растéрянный, сконфýженный (2) (*Bericht*) запýтанный, сбúвчивый
Kongreß *m* ‹-sses, -sse› конгрéсс *м*, съезд *м*
König(in *f*) *m* ‹-[e]s, -e› *a.* SCHACH корóль *м*, королéва *ж*; **königlich** *adj a. FIG* королéвский; **Königreich** *n* королéвство *с*
Konjugation *f* (*von Verben*) спряжéние *с*; **konjugieren** *vt* ‹про-›спрягáть
Konjunktion *f* GRAM союз *м*
Konjunktiv *m* GRAM сослагáтельное наклонéние *с*, кóнъюнктив *м*
Konjunktur *f* (*Hoch~*) конъюнктýра *ж*
konkav *adj* (*nach innen gewölbt*) вóгнутый
konkret *adj* (1) (*nicht abstrakt*) конкрéтный (2) (*klar, Vorstellung*) тóчный, я́сный
Konkurrent(in *f*) *m a.* SPORT, COMM конкурéнт(ка *ж*) *м*, сопéрник *м*, сопéрница *ж*; **Konkurrenz** *f a.* COMM, SPORT конку-

ре́нция *ж,* сопе́рничество *с;* **konkurrenzfähig** *adj* конкурентоспосо́бный; **konkurrieren** *vi* сопе́рничать *несов,* конкури́ровать *несов* (*mit jd-m* с кем-л); ◇ **um einen Arbeitsplatz ~** конкури́ровать за рабо́чее ме́сто

Konkurs *m* <-es, -e> COMM несостоя́тельность *ж,* банкро́тство *с;* ◇ **~ anmelden** объяви́ть о банкро́тстве

können <kann, konnte, gekonnt> *vt, vi* ① (*imstande sein*) <с->мочь, быть в состоя́нии ② (*beherrschen*) владе́ть чем-л; ◇ **können Sie Russisch?** Вы владе́ете ру́сским (языко́м)?; ◇ **sie kann ihre Rolle nicht** она́ не зна́ет свое́й ро́ли ③ (*möglich sein*) ◇ **das kann sein** э́то мо́жет быть; ◇ **es kann sein, daß** возмо́жно, что ④ (*dürfen*) мочь, сметь *несов;* ◇ **kann ich mal telefonieren?** мо́жно позвони́ть? ⑤ (*keine Schuld haben*) ◇ **ich kann nichts dafür** я не винова́т

Können *n* <-s> ① (*Fähigkeit*) уме́ние *с,* на́вык *м,* возмо́жность *ж* ② (*Wissen*) зна́ние *с,* мастерство́ *с*

konsequent *adj* (*Entscheidung*) после́довательный, упо́рный; **Konsequenz** *f* ① (*Folge*) после́довательность *ж;* ◇ **die ~en ziehen** <с->де́лать вы́воды ② (*Unbeirrbarkeit*) насто́йчивость *ж,* упо́рство *с*

konservativ *adj* POL консервати́вный

Konserve *f* <-, -n> консе́рвы *мн;* **konservieren** *vt a.* GASTRON <за->консерви́ровать; **Konservierungsmittel** *n* консерви́рующее сре́дство *с,* консерва́нт *м*

Konsonant *m* согла́сный *м*

konspirativ *adj* (*verschwörerisch*) конспирати́вный, загово́рщический

konstant *adj* конста́нтный, постоя́нный

Konstellation *f* ① (*Lage*) положе́ние *с* дел, стече́ние *с* обстоя́тельств ② ASTRON положе́ние *с* звёзд, констелля́ция *ж*

konstruieren *vt* ① (*Gebäude*) <по->стро́ить; (*Maschine*) соору|жа́ть <-ди́ть> ② *FIG* (*bilden, Satz*) образо́|вывать <-ва́ть>; (*Plan*) <с-> конструи́ровать, со|ставля́ть <-ста́вить>; **Konstruktion** *f* ① (*Aufbau*) констру́кция *ж;* (*Errichtung*) сооруже́ние *с;* (*Struktur*) строе́ние *с,* структу́ра *ж* ② *FIG* (*Entwurf*) прое́кт *м;* **konstruktiv** *adj* конструкти́вный, поле́зный

Konsul(in *f*) *m* <-s, -n> ко́нсул *м;* **Konsulat** *n* ко́нсульство *с*

konsultieren *vt* (*Arzt*) <про->консульти́роваться, <по->сове́товаться

Konsum *m* <-s> (*Verbrauch*) потребле́ние *с;* **Konsumartikel** *m pl* потреби́тельские това́ры *мн;* **Konsument(in** *f*) *m* потреби́тель(ница *ж*) *м;* **Konsumgesellschaft** *f* потреби́тельское о́бщество *с;* **konsumieren** *vt* потре|бля́ть <-би́ть>

Kontakt *m* <-[e]s, -e> ① (*Haut~*) конта́кт *м* ② ELECTR конта́кт *м* ③ (*Beziehung*) связь *ж,* конта́кт *м;* **kontaktarm** *adj* инконта́ктный, необщи́тельный, некоммуника́бельный; **kontaktfreudig** *adj* общи́тельный, коммуника́бельный; **Kontaktlinsen** *f pl* конта́ктные ли́нзы *мн*

Kontext *m* конте́кст *м;* ◇ **etw im ~ sehen** ви́деть что-л в конте́ксте чего́-л

Kontinent *m* <-[e]s, -e> контине́нт *м;* **kontinental** *adj* (*Klima*) континента́льный

kontinuierlich *adj* (*beständig, Entwicklung*) непреры́вный, бесперебо́йный

Konto *n* <-s, -ten> ① (*Spar~*) счёт *м* ② *FIG* (*daran ist sie schuld*) ◇ **das geht auf ihr ~** э́то ей зачтётся, в э́том винова́та она́; **Kontoauszug** *m* извлече́ние *с* [вы́писка *ж*] из счёта; **Kontoinhaber(in** *f*) *m* владе́лец *м*/владе́лица *ж* счёта; **Kontonummer** *f* но́мер *м* счёта; **Kontostand** *m* состоя́ние *с* счёта

Kontra *n* <-s, -s> ① (*Wider*) ◇ **Pro und ~** за и про́тив ② (*beim Kartenspiel*) ◇ **~ ansagen** объяви́ть контригру́ ③ *FIG* ◇ **jd-m ~ geben** противоре́чить кому́-л

Kontrabaß *m* MUS контраба́с *м*

Kontrahent(in *f*) *m* ① (*Gegner/in*) контраге́нт *м* ② COMM (*Vertragspartner/in*) сторона́ *ж* в догово́ре

Kontrapunkt *m* MUS контрапу́нкт *м*

Kontrast *m* <-[e]s, -e> (*Farb~ etc.*) контра́ст *м;* (*Gegensatz.*) противополо́жность *ж*

Kontrolle *f* <-, -n> ① (*Überprüfung*) прове́рка *ж* ② (*Überwachung*) контро́ль *м,* наблюде́ние *с,* надзо́р *м* ③ (*das Beherrschen*) контро́ль *м* (*über akk* за, над кем-чем-л); ◇ **die ~ über seinen Wagen verlieren** потеря́ть контро́ль над свои́м автомоби́лем; **Kontrolleur(in** *f*) *m* контролёр(ша *ж*) *м;* **kontrollieren** *vt* ① (*überprüfen*) про|веря́ть <-ве́рить> ② (*überwachen*) <про->контроли́ровать, надзира́ть *несов* за кем-чем-л ③ (*beherrschen*) владе́ть, не теря́ть контро́ля над чем-л

Kontroverse *f* <-, -n> (*Auseinandersetzung*) разногла́сие *с,* спор *м*

Kontur *f* ко́нтур *м,* очерта́ние *с*

Konvention *f* ① (*Tradition*) обы́чай *м,* тради́ция *ж;* (*Förmlichkeit*) усло́вность *ж* ②

POL (*Vertrag*) конве́нция *ж,* соглаше́ние *с,* догово́р *м;* **konventionell** *adj* общепри́нятый, обы́чный, традицио́нный

Konversation *f* бесе́да *ж,* разгово́р *м;* **Konversationslexikon** *n* энциклопеди́ческий слова́рь *м*

konvex *adj* (*nach außen gewölbt*) вы́пуклый

Konvoi *m* ‹-s, -s› конво́й *м*

Konzentration *f* концентра́ция *ж;* CHEM сосредото́чение *с;* **Konzentrationslager** *n* концентрацио́нный ла́герь *м;* **konzentrieren I.** *vt* ‹с-›концентри́ровать, сосредото́чи‹ва›ть **II.** *vr* ◇ **sich ~** ‹с-›концентри́роваться, сосредото́чи‹ва›ться (*auf akk* на чём-л)

Konzept *n* ‹-[e]s, -e› (*Entwurf*) черново́й набро́сок *м,* прое́кт *м,* конспе́кт *м,* план *м*

Konzern *m* ‹-s, -e› концéрн *м*

Konzert *n* ‹-[e]s, -e› MUS конце́рт *м*

konzertiert *adj* POL согласо́ванный; ◇ **~e Aktion** согласо́ванная а́кция

Konzession *f* ① (*behördliche Genehmigung*) разреше́ние *с* ② (*Zugeständnis*) усту́пка *ж;* ◇ **~en machen** де́лать усту́пки

Konzil *n* ‹-s, -e *o.* -ien› REL собо́р *м*

Kooperation *f* коопера́ция *ж,* коопери́рование *с,* сотру́дничество *с*

koordinieren *vt* ‹с-›координи́ровать, согласо́|вывать ‹-ва́ть›

Kopf *m* ‹-[e]s, Köpfe› ① (*von Mensch, Tier*) голова́ *ж;* ◇ **von ~ bis Fuß** с головы́ до ног; *FIG* (*entmutigt sein*) ◇ **den ~ hängenlassen** пове́сить го́лову; *FIG* (*durcheinanderbringen*) ◇ **etw auf den ~ stellen** ‹по-›ста́вить что-л вверх дном ② (*Salat~, Kohl~*) коча́н *м* ③ (*Brief~*) штамп *м* отправи́теля на письме́; (*Zeitungs~*) ша́пка *ж,* заголо́вок *м* ④ (*Nagel~*) шля́пка *ж;* (*Stecknadel~*) голо́вка *ж* ⑤ (*Mensch, Person*) ◇ **pro ~ der Bevölkerung** на ду́шу населе́ния ⑥ (*Leiter, Anführer*) руководи́тель *м,* глава́ *ж* ⑦ *FIG* (*Verstand*) ум *м,* смека́лка *ж;* ◇ **ein kluger ~** у́мная голова́ *ж;* ◇ **nicht ganz richtig im ~ sein** тро́нуться, рехну́ться, спя́тить с ума́; ◇ **sich den ~ zerbrechen** лома́ть себе́ го́лову ⑧ (*auswendig*) ◇ **aus dem ~** наизу́сть; ◇ **es geht mir nicht aus dem ~** э́то не выхо́дит у меня́ из головы́, э́та мысль не покида́ет меня́; ◇ **jd-m den ~ verdrehen** вскружи́ть кому́-л го́лову; ◇ **sich etw durch den ~ gehen lassen** призаду́маться над чем-л; ◇ **sich etw in den ~ setzen** вбить себе́ что-л в го́лову; **Kopfbedeckung** *f* головно́й убо́р *м;* **Kopfhörer** *m* нау́шники *мн;* **Kopfkissen** *n* поду́шка *ж;* **kopflos** *adj FIG* безголо́вый; (*Handeln*) безмо́зглый; (*in Panik*) безрассу́дный; **kopfrechnen** *vi* счита́ть в уме́; **Kopfsalat** *m* коча́нный сала́т *м;* **Kopfschmerz** *m* головна́я боль *ж;* **Kopfsprung** *m* SPORT вход *м* в во́ду голово́й; **Kopfstand** *m* сто́йка *ж* на голове́; **kopfstehen** *unreg vi FIG* ◇ **alles steht kopf** всё идёт кувырко́м; **Kopftuch** *n* головно́й плато́к *м,* косы́нка *ж;* **Kopfzerbrechen** *n* ‹-s› *FIG* (*Sorgen*) ◇ **das bereitet mir viel ~** э́то доставля́ет мне мно́го неприя́тностей

Kopie *f* ① (*Abschrift*) ко́пия *ж* ② (*Foto~*) фотоко́пия *ж* ③ (*Nachbildung*) репроду́кция *ж;* **kopieren** *vt* ① (*abschreiben*) *a.* PC снима́ть ‹снять› ко́пию, спи́|сывать ‹-са́ть›, ‹с-›копи́ровать ② (*foto~*) ‹на-›печа́тать ③ (*jd-n nachahmen*) подража́ть *несов* кому́-л, ‹с-›копи́ровать кого́-л; **Kopierer** *m* ‹-s, -›, **Kopiergerät** *n* копирова́льный аппара́т *м*

Koppel *f* ‹-, -n› (*Pferde~*) огоро́женный вы́гон *м* для лошаде́й; **koppeln** *vt* ① (*Pferde*) стрено́жи‹ва›ть ② (*Wörter*) соеди|ня́ть ‹-ни́ть›, свя́|зывать ‹-за́ть›; **Koppelung** *f* TECH стыко́вка *ж,* сопряже́ние *с;* (*Zusammenfügen*) соедине́ние *с*

Koralle *f* ‹-, -n› кора́лл *м*

Koran *m* REL кора́н *м*

Korb *m* ‹-[e]s, Körbe› ① (*Einkaufs~, Brot~*) корзи́нка *ж;* (*Bienen~*) у́лей *м* ② SPORT (*Basketball*) попада́ние *с* в корзи́ну ③ *FIG* ◇ **jd-m e-n ~ geben** отказа́ть кому́-л

Kordel *f* ‹-, -n› верёвка *ж,* бечёвка *ж*

Kork *m* ‹-[e]s, -e› (*Material*) про́бка *ж;* **Korken** *m* ‹-s, -› (*Flaschen~*) про́бка *ж;* **Korkenzieher** *m* ‹-s, -› што́пор *м,* про́бочник *м*

Korn[1] *n* ‹-[e]s, Körner› ① (*einzelnes ~*) зерно́ *с,* зёрнышко *с;* (*Salz~, Sand~*) крупи́нка *ж* ② (*Getreide*) хлеб *м,* зерно́ *с,* жи́то *с*

Korn[2] *n* ‹-[e]s› ① (*vom Gewehr*) му́шка *ж* ② *FIG* (*genau beobachten*) ◇ **jd-n aufs ~ nehmen** брать на му́шку кого́-л ③ (*Schnaps*) хле́бная во́дка *ж*

Körper *m* ‹-s, -› ① (*von Mensch, Tier*) те́ло *с,* ту́ловище *с* ② GEOM те́ло *с;* **Körperbau** *m* строе́ние *с* те́ла, телосложе́ние *с,* конститу́ция *ж;* **körperbehindert** *adj* име́ющий физи́ческие недоста́тки; **Körpergröße** *f* рост *м;* **körperlich** *adj* физи́ческий, теле́сный, веще́ственный; **Körperschaft** *f* о́рган *м;* **Körperteil** *m* часть *ж* те́ла

korpulent *adj* (*beleibt, Person*) по́лный, доро́дный, корпуле́нтный, ту́чный
korrekt *adj* пра́вильный, корре́ктный
Korrektor(**in** *f*) *m* корре́ктор *м;* **Korrektur** *f* (*von Fehlern*) исправле́ние *с*, попра́вка *ж*, корректу́ра *ж;* **Korrekturtaste** *f* кла́виша *ж* корре́кции
Korrespondent(**in** *f*) *m* корреспонде́нт(ка *ж*) *м;* **Korrespondenz** *f* перепи́ска *ж*, корреспонде́нция *ж*
Korridor *m* <-s, -e> коридо́р *м*, прохо́д *м*
korrigieren *vt* ис|правля́ть <-пра́вить>; (*Klassenarbeit*) про|веря́ть <-ве́рить>
Korrosion *f* GEOL корро́зия *ж*
Korruption *f* корру́пция *ж*
Kosename *m* ласка́тельное и́мя *с*
Kosmetik *f* (*Schönheitspflege*) косме́тика *ж;* **Kosmetikerin** *f* космети́чка *ж*
kosmisch *adj* косми́ческий
Kosmonaut(**in** *f*) *m* <-en, -en> космона́вт *м*
Kosmopolit(**in** *f*) *m* <-en, -en> космополи́т *м*
Kosmos *m* <-> (*Weltall*) ко́смос *м*
Kost *f* <-> (*Verpflegung*) пи́ща *ж*, пита́ние *с;* ◇ ~ **und Logis haben** жить на всём гото́вом
kostbar *adj* (*wertvoll*) це́нный, драгоце́нный; (*teuer*) дорого́й; **Kostbarkeit** *f* (*kostbares Stück*) драгоце́нность *ж*
kosten [1] *vt* ① (*Preis haben*) сто́ить *несов* чего́-л, обходи́ться в каку́ю-л су́мму; ◇ **das hat ihn viel Geld gekostet** э́то сто́ило ему́ мно́го де́нег, э́то обошло́сь ему́ в кру́глую су́мму ② (*erfordern*) ◇ **das kostet Nerven** тут нужны́ кре́пкие не́рвы; ◇ **Zeit** ~ тре́бовать вре́мени ③ (*verlieren*) ◇ **das kostet ihn seinen Job** э́то сто́ило ему́ ме́ста рабо́ты
kosten [2] *vt* (*Speise*) <по->про́бовать
Kosten *pl* ① (*Auslagen*) изде́ржки *мн;* (*Ausgaben, Fahrt~*) расхо́ды *мн* ② *FIG* (*genießen*) ◇ **auf seine ~ kommen** оста́ться удовлетворённым; (*schaden*) ◇ **das geht auf ~ der Qualität** э́то идёт за счёт ка́чества; **kostenlos** *adj* беспла́тный, безвозме́здный, дарово́й; **Kostenvoranschlag** *m* предвари́тельная сме́та *ж* расхо́дов
köstlich *adj* ① (*ausgezeichnet, Wein*) превосхо́дный, ла́комый ② *FAM* (*erheiternd*) заба́вный, поте́шный
Kostprobe *f* (*von Speise*) про́ба *ж*, дегуста́ция *ж;* (*von Können*) образе́ц *м*, приме́р *м*
kostspielig *adj* дорогосто́ящий
Kostüm *n* <-s, -e> *a.* THEAT (*Folklore~*) костю́м *м;* (*Damen~*) же́нский костю́м *м*
Kot *m* <-[e]s> (*Schmutz*) грязь *ж*, нечисто́ты *мн;* (*Exkremente*) кал *м*, экскреме́нты *мн*
Kotelett *n* <-[e]s, -s> отбивна́я *ж* котле́та
Koteletten *pl* (*Backenbart*) бакенба́рды *мн*
Köter *m* <-s, -> *PEJ* дворня́жка *ж*, пёс *м*
Kotflügel *m* AUTO грязезащи́тное крыло́ *с*
kotzen *vi VULG* (*sich übergeben*) блева́ть *несов*, <вы́->рва́ть
Krabbe *f* <-, -n> ZOOL краб *м*
krabbeln *vi* ① (*Spinnen, Käfer*) копоши́ться *несов* ② (*Kinder*) по́лзать *несов*
Krach *m* <-[e]s, Kräche> ① *nur sg* (*Lärm*) шум *м;* ◇ ~ **machen** устро́ить сканда́л ② (*Schlag, Knall*) треск *м*, гро́хот *м* ③ *FAM* (*Streit*) ссо́ра *ж* ④ *FIG* (*Börsen~*) крах *м*, банкро́тство *с;* **krachen** *vi* ① (*Schuß, Donner*) <за-, про->греме́ть; (*Tür*) захло́пнуться *сов* с тре́ском, закры́<ва́>ться ② *FAM* (*durchbrechen*) трещáть <тре́снуть> ③ (*stoßen*) ◇ **gegen etw ~** на|та́лкиваться <-толкну́ться> на что-л
krächzen *vi* (*Rabe*) ка́рк|ать <-нуть>; (*heisere Person*) хрипе́ть *несов*
kraft *präp gen* в си́лу, на основа́нии
Kraft *f* <-, Kräfte> ① (*körperlich*) си́ла *ж*, мощь *ж* ② (*Arbeits~*) рабо́тник *м;* (*Fach~*) специали́ст *м* ③ (*Gesetz*) ◇ **in ~ treten** вступи́ть в си́лу; ◇ **außer ~ sein** потеря́ть си́лу ④ PHYS си́ла *ж*, эне́ргия *ж*
Kraftbrühe *f* (кре́пкий) бульо́н *м*
Kraftfahrer(**in** *f*) *m* шофёр *м;* **Kraftfahrzeug** *n* автомоби́ль *м*, автомаши́на *ж;* **Kraftfahrzeugbrief** *m* па́спорт *м* автомоби́ля; **Kraftfahrzeugmechaniker**(**in** *f*) *m* автомеха́ник *м;* **Kraftfahrzeugsteuer** *f* автомоби́льный нало́г *м;* **Kraftfahrzeugversicherung** *f* страхова́ние *с* автомоби́ля
kräftig I. *adj* ① (*stark, Person, Wuchs*) си́льный, кре́пкий ② (*ausgeprägt, Stimme*) зы́чный; (*Appetit*) си́льный, хоро́ший ③ (*reichhaltig, Mahlzeit*) пита́тельный, сы́тный **II.** *adv* (*sehr*) си́льно, кре́пко
kraftlos *adj* ① (*ohne Kraft*) беси́льный, истощённый, не́мощный ② JURA (*ungültig*) недействи́тельный, не име́ющий си́лы; **Kraftprobe** *f* испыта́ние *с* си́лы; **Kraftrad** *n* мотоци́кл *м;* **kraftvoll** *adj* по́лный сил, энерги́чный; **Kraftwagen** *m* автомоби́ль *м;* **Kraftwerk** *n* (*Kohle~, Atom~*) электроста́нция *ж*
Kragen *m* <-s, -> (*von Hemd*) воротни́к *м*
Krähe *f* <-, -n> ZOOL воро́на *ж*
krähen *vi* <про->пе́ть, ка́рк|ать <-нуть>
Kralle *f* <-, -n> ① (*Vogel~, Bären~*) ко́готь *м* ②

FAM (*sich wehren*) ◇ **die ~n zeigen** вы́пустить [показа́ть] ко́гти

Kram *m* <-[e]s> ① *PEJ* (*Gerümpel*) хлам *м*, скарб *м*; *FAM* пожи́тки *мн* ② *FAM* (*kommt mir ungelegen*) ◇ **das paßt mir nicht in den ~** э́то меня́ не устра́ивает, э́то мне́ не подхо́дит; **kramen** *vi* (*herumwühlen*) <по-> ры́ться (*in* в чём-л)

Krampf *m* <-[e]s, Krämpfe> ① (*Waden~, Muskel~*) су́дорога *ж*, конву́льсия *ж* ② *FAM* (*Quatsch*) ◇ **so ein ~!** така́я глу́пость!; **Krampfader** *f* расшире́ние *с* вен; **krampfhaft** *adj* ① (*Zuckungen*) су́дорожный ② *FIG* (*Bemühungen*) напряжённый

Kran *m* <-[e]s, Kräne> кран *м*

Kranich *m* <-s, -e> ZOOL жура́вль *м*

krank *adj* <kränker, am kränksten> больно́й; ◇ **sich ~ melden** заяви́ть [сообщи́ть] о свое́й боле́зни; **Kranke(r)** *fm* больно́й(-ая *ж*) *м*; **kränkeln** *vi* прих|ва́рывать <-ворну́ть>, хвора́ть *несов*

kränken *vt* (*jd-n*) обижа́ть <оби́деть>, оскор|бля́ть <-би́ть>

Krankengeld *n* де́нежное посо́бие *с* по боле́зни; **Krankengymnast(in** *f*) *m* специали́ст(ка *ж*) *м* по лече́бной гимна́стике; **Krankenhaus** *n* больни́ца *ж*; **Krankenkasse** *f* больни́чная ка́сса *ж*; **Krankenpfleger(in** *f*) *m* санита́р *м*; **Krankenschein** *m* больни́чный листо́к *м*, бюллете́нь *м*; **Krankenschwester** *f* медсестра́ *ж*; **Krankenversicherung** *f* страхова́ние *с* на слу́чай боле́зни; **Krankenwagen** *m* санита́рный автомоби́ль *м*; **krankfeiern** *vi FAM* бюллете́нить *несов*; **krankhaft** *adj* боле́зненный, нездоро́вый; **Krankheit** *f* боле́знь *ж*, недомога́ние *с*; ◇ **an e-r ~ leiden** страда́ть от како́й-л боле́зни; **Krankheitserreger** *m* возбуди́тель *м* боле́зни; **kränklich** *adj* боле́зненный, хи́лый, не́мощный

Kränkung *f* оби́да *ж*, оскорбле́ние *с*

Kranz *m* <-es, Kränze> (*Blumen~*) вено́к *м*

kraß *adj* (*Gegensatz*) ре́зкий, вопию́щий

Krater *m* <-s, -> (*vom Vulkan*) кра́тер *м*

kratzen I. *vt* (*reiben*) скрести́ *несов*, <о->цара́пать; (*mit den Nägeln ~*) <по->чеса́ть; ◇ **sich** *akk* **am Kopf ~** чеса́ть го́лову **II.** *vi* ① (*Katze*) рас|чёсывать <-чеса́ть> ② (*Wolle*) чеса́ться; (*jucken*) зуде́ть *несов*; **Kratzer** *m* <-s, -> ① (*auf Haut, Lack*) цара́пина *ж* ② (*Eis~, für Autos*) скребо́к *м*

kraulen I. *vi* (*schwimmen*) плыть кро́лем **II.** *vt* (*streicheln, Hund*) <по->гла́дить

kraus *adj* ① (*Haar*) кудря́вый, курча́вый ② (*Stoff*) смо́рщенный, в скла́дках

Krause *f* <-, -n> ① (*Dauerwelle*) зави́вка *ж* ② (*Hals~*) жабо́ *с*, обо́рка *ж*

kräuseln I. *vt* ① (*Haare*) зави́<ва́>ть ② (*Rock*) прида́<ва́>ть изви́тость **II.** *vr* ◇ **sich ~** ① (*Haare*) ви́ться *несов*, зави́<ва́>ться, курча́виться *несов*; (*Wasser*) ряби́ть <по-ряб́еть> ② (*Stoff*) станови́ться изви́тым

Kraut *n* <-[e]s, Kräuter> ① (*Heil~*) трава́ *ж* ② *nur sg* (*Kohl*) капу́ста *ж* ③ *FAM* (*durcheinander*) ◇ **wie ~ und Rüben** как попа́ло

Krawall *m* <-s, -e> ① (*Aufruhr*) беспоря́дки *мн*, бунт *м*, волне́ния *мн* ② (*Lärm*) шум *м*, сумато́ха *ж*

Krawatte *f* (*Schlips*) га́лстук *м*; **Krawattennadel** *f* була́вка *ж* для га́лстука

kreativ *adj* тво́рческий; **Kreativität** *f* тво́рческие си́лы *мн*

Kreatur *f* (*Geschöpf*) созда́ние *с*, творе́ние *с*

Krebs *m* <-es, -e> ① ZOOL (*Fluß~*) рак *м* ② MED рак *м* ③ ASTROL Ра́к *м*; **krebserregend** *adj* канцероге́нный

Kredit *m* <-[e]s, -e> креди́т *м*; ◇ **e-n ~ aufnehmen** брать <взять> креди́т; **Kreditkarte** *f* креди́тная ка́рточка *ж*

Kreide *f* <-, -n> ① (*Kalkstein*) мел *м* ② GEOL мелово́й пери́од *м* ③ *FAM* (*Schulden haben*) ◇ **bei jd-m in der ~ stehen** задолжа́ть кому́-л; **kreidebleich** *adj* бе́лый как мел

Kreis *m* <-es, -e> ① круг *м*; GEOM окру́жность *ж*; *a. FIG* ◇ **sich im ~ drehen** кружи́ться *несов* ② (*Freundes~ etc.*) круг *м* ③ (*Bezirk*) о́круг *м*, райо́н *м*

kreischen *vi* (*Vogel*) <за->визжа́ть; (*Mensch*) пронзи́тельно крича́ть

Kreisel *m* (*Spielzeug*) волчо́к *м*

kreisen *vi* ① (*sich im Kreis bewegen*) враща́ться *несов*; (*Flugzeug*) <за->кружи́ть, <за->кружи́ться ② (*herumgereicht werden*) переда́<ва́>ть по кру́гу ③ *FIG* (*sich drehen um*) враща́ться, идти́ (*um* вокру́г, о)

Kreislauf *m* ① MED кровообраще́ние *с* ② *FIG* (*Zyklus*) цикл *м*, циркуля́ция *ж*

Kreißsaal *m* роди́льная пала́та *ж*

Kreisstadt *f* райо́нный центр *м*; **Kreisverkehr** *m* кольцево́е движе́ние *с*

Krematorium *n* кремато́рий *м*

Kreml *m* <-s> кремл *м*

krepieren *vi VULG* (*sterben*) околе́<ва́>ть, по|дыха́ть <-до́хнуть>

Kresse *f* <-, -n> BOT клопо́вник *м*

Kreuz *n* <-es, -e> ① (*Zeichen*) крест *м*; (*Autobahn~*) развя́зка *ж* автомоби́льных дорóг ② REL крест *м* ③ MUS диéз *м* ④ ANAT крестéц *м,* поясни́ца *ж; FIG* (*betrügen*) ◇ **jd-n aufs ~ legen** надýть когó-л ⑤ *FIG* (*Leid, Mühe*) крест *м,* брéмя *с,* мýка *ж* ⑥ (*Spielkartenfarbe*) трéфы *мн;* **kreuzen I.** *vt* ① (*Arme, Beine*) склáдывать ‹сложи́ть› крест-нáкрест ② (*Straße*) пере|секáть ‹-сéчь› ③ BIOL скрé|щивать ‹-сти́ть› **II.** *vi* NAUT крейси́ровать *несов* **III.** *vr* ◇ **sich ~** ① (*Linien*) пере|секáться ‹-сéчься› ② (*Briefe*) разминýться *сов;* **Kreuzer** *m* ‹-s, -› NAUT крéйсер *м;* **Kreuzfahrt** *f* морскóе путешéствие *с* на пароxóде

Kreuzigung *f* REL распя́тие *с*

Kreuzotter *f* ZOOL гадю́ка *ж*

Kreuzung *f* ① (*Straßen~*) перекрёсток *м,* переéзд *м* ② BIOL скрéщивание *с*

Kreuzverhör *n* JURA перекрёстный допрóс *м;* **Kreuzworträtsel** *n* кроссвóрд *м*

kriechen ‹kroch, gekrochen› *vi* ① (*Schlange*) ползти́ *несов,* пóлзать *несов* ② *PEJ* (*sich anbiedern*) подхали́мничать *несов,* пресмыкáться *несов; FAM* ◇ **jd-m in den Hintern ~** подли́зываться к комý-л; **Kriecher(in** *f*) *m* ‹-s, -› *PEJ* подхали́м(ка *ж*) *м,* лизоблю́д(ка *ж*) *м;* **Kriechspur** *f* (*auf Autobahn*) полосá *ж* на автострáде для тяжёлых трáнспортных маши́н

Krieg *m* ‹-[e]s, -e› войнá *ж;* ◇ **jd-m den ~ erklären** объявля́ть войнý комý-л

kriegen *vt FAM* ① (*bekommen*) полу|чáть ‹-чи́ть›; ◇ **Hunger ~** проголодáться *несов;* ◇ **Durst ~** захотéть пить ② (*erwischen*) ◇ **ich krieg dich noch!** я доберýсь до тебя́!

Kriegsdienstverweigerer *m* ‹-s, -› откáзывающийся *м* от воéнной слýжбы; **Kriegsfuß** *m* ◇ **mit jd-m auf ~ stehen** воевáть с кем-л; **Kriegsgefangene(r)** *fm* военноплéнный(-ая *ж*) *м;* **Kriegsschauplatz** *m* теáтр *м* воéнных дéйствий; **Kriegsschiff** *n* воéнный корáбль *м;* **Kriegsverbrecher** *m* воéнный престýпник *м;* **Kriegszustand** *m* воéнное положéние *с*

Krimi *m* ‹-s, -s› *FAM* (*Roman*) детекти́вный [кримина́льный] ромáн *м;* (*Film*) детекти́вный [кримина́льный] фильм *м;* **Kriminalbeamte(r)** *m,* **Kriminalbeamtin** *f* сотрýдник *м*/сотрýдница *ж* уголóвной поли́ции; **Kriminalität** *f* престýпность *ж;* **Kriminalpolizei** *f* уголóвная поли́ция *ж;* **kriminell** *adj* ① (*Tat, Person*) уголóвный, кримина́льный, престýпный ② *FAM* (*unverschämt, Preis*) нáглый, бессты́дный; **Kriminelle(r)** *fm* уголóвный престýпник *м,* уголóвная престýпница *ж*

Krimskrams *m* ‹-› *FAM* (*Ramsch*) хлам *м*

Kripo *f* ‹-› *FAM* (*Kriminalpolizei*) уголóвная поли́ция *ж*

Krippe *f* ‹-, -n› ① (*Futtertrog*) кормýшка *ж* ② (*Kinder~, Weihnachts~*) я́сли *мн*

Krise *f* ‹-, -n› кри́зис *м;* ◇ **in e-r ~ stecken** переживáть кри́зис; **kriseln** *vi unpers* ◇ **es kriselt** приближáется кри́зис; **Krisenherd** *m* очáг *м* кри́зиса

Kristall I. *m* ‹-s, -e› (*Berg~, Salz~ etc.*) кристáлл *м* **II.** *n* ‹-s› (*~glas*) хрустáль *м*

Kriterium *n* критéрий *м*

Kritik *f* кри́тика *ж;* ◇ **~ an jd-m/etw üben** критиковáть когó/что-л; ◇ **unter aller ~** ни́же вся́кой кри́тики; **Kritiker(in** *f*) *m* ‹-s, -› кри́тик *м;* **kritiklos I.** *adj* некрити́ческий **II.** *adv* ◇ **etw ~ hinnehmen** отнести́сь к чемý-л некрити́чно; **kritisch** *adj* крити́ческий; **kritisieren** *vt, vi* ‹рас-›критиковáть

kroch *impf v.* **kriechen**

Kroatien *n* ‹-s› Хорвáтия *ж;* ◇ **in/nach ~** в Хорвáтии/в Хорвáтию

Krokodil *n* ‹-s, -e› ZOOL крокоди́л *м*

Krokus *m* ‹-, - *o.* -se› BOT шафрáн *м*

Krone *f* ‹-, -n› ① (*Königs~*) корóна *ж,* венéц *м* ② (*Baum~*) крóна *ж* ③ (*Zahn~*) корóнка *ж* ④ (*Währungseinheit*) крóна *ж*

krönen *vt* ① (*jd-n*) короновáть *несов и сов* когó-л; ◇ **zum Kaiser ~** венчáть на трон ② *FIG* (*sehr erfolgreich*) ◇ **seine Bemühungen waren von Erfolg gekrönt** егó старáния увенчáлись успéхом

Kronleuchter *m* лю́стра *ж*

Kronprinz *m* наслéдный принц *м*

Krönung *f a. FIG* (*von König*) коронáция *ж,* коронoвáние *с;* ◇ **das ist die ~!** э́то кульминáция [верши́на]!

Kropf *m* ‹-[e]s, Kröpfe› MED зоб *м*

Kröte *f* ‹-, -n› ① ZOOL жáба *ж* ② *FAM* ◇ **~n** *f pl* (*Geld*) дéньги *мн*

Krücke *f* ‹-, -n› (*Krückstock*) косты́ль *м,* клюкá *ж*

Krug *m* ‹-[e]s, Krüge› (*Milch~*) кувши́н *м;* (*Bier~, Maß~*) крýжка *ж*

Krümel *m* ‹-s, -› (*Brot~*) крóшка *ж*

krumm *adj* ① (*Rücken*) кривóй, искривлённый; (*Beine*) кривóй; (*Nase*) скрю́ченный; (*Linie*) кривóй, изóгнутый ② *FIG* (*Geschäfte*) нечи́стый; **krummlachen** *vr FAM* ◇ **sich ~** катáться сó смеху; **krummnehmen** *unreg vt FAM* (*übelnehmen*) обижа́ться ‹оби́деться› (*jd-m etw* за что-л на кого́-л)

Krümmung *f* (*von Linie*) изги́б *м*, вы́гиб *м*; (*vom Rücken*) искривле́ние *с*, закругле́ние *с*; (*von Straße*) изви́лина *ж*

Krüppel *m* ‹-s, -› *PEJ* кале́ка *м/ж*

Kruste *f* ‹-, -n› (*Brot~*) ко́рка *ж*; (*Erd~*) земна́я кора́ *ж*

Kruzifix *n* ‹-es, -e› распя́тие *с*

Kübel *m* ‹-s, -› чан *м*, бадья́ *ж*, ка́дка *ж*

Kubikmeter *m* куби́ческий метр *м*

Küche *f* ‹-, -n› ку́хня *ж*

Kuchen *m* ‹-s, -› пиро́г *м*; (*Gebäck, Törtchen*) пиро́жное *с*; **Kuchenform** *f* фо́рма *ж* для вы́печки

Küchenherd *m* ку́хонная пли́та *ж*; **Küchenmaschine** *f* ку́хонный комба́йн *ж*; **Küchenschrank** *m* ку́хонный шкаф *м*

Kuckuck *m* ‹-s, -e› (*Vogel*) куку́шка *ж*

Kufe *f* ‹-, -n› (*vom Schlitten*) по́лоз *м*

Kugel *f* ‹-, -n› (1) (*Glas~, Erd~*) шар *м*; SPORT ядро́ *с*; *FAM* (*sich nicht überanstrengen*) ◇ **e-e ruhige ~ schieben** рабо́тать с прохла́дцей (2) MIL (*Gewehr~*) пу́ля *ж*; (*Kanonen~*) пу́шечное ядро́ *с*; **Kugelgelenk** *n* TECH шарово́й шарни́р *м*; ANAT шарови́дный суста́в *м*; **Kugellager** *n* TECH шарикоподши́пник *м*; **kugelrund** *adj* (1) (*Gegenstand*) кру́глый как шар, шарообра́зный (2) *FAM* (*dick*) по́лный, по́лненький; **Kugelschreiber** *m* ша́риковая ру́чка *ж*; **kugelsicher** *adj* (*Weste*) пуленепробива́емый; **Kugelstoßen** *n* ‹-s› SPORT толка́ние *с* ядра́

Kuh *f* ‹-, Kühe› ZOOL коро́ва *ж*; **Kuhfladen** *m* коровя́к *м*, коро́вий наво́з *м*

kühl *adj* (1) (*Wetter, Wasser*) прохла́дный, све́жий (2) *FIG* (*Atmosphäre*) холо́дный, сде́ржанный; (*besonnen bleiben*) ◇ **e-n ~en Kopf bewahren** сохраня́ть споко́йствие [самооблада́ние]; **Kühlbox** *f* ‹-, -en› небольша́я холоди́льная ка́мера *ж*; **Kühle** *f* ‹-› (1) (*von Temperatur*) прохла́да *ж*, све́жесть *ж* (2) *FIG* (*von Wesen*) холо́дность *ж*, сде́ржанность *ж*; **kühlen** *vt* (*Sekt*) охла|жда́ть ‹-ди́ть›; **Kühler** *m* ‹-s, -› AUTO радиа́тор *м*; **Kühlerhaube** *f* AUTO капо́т *м* радиа́тора; **Kühlraum** *m* холоди́льная ка́мера *ж*; **Kühlschrank** *m* холоди́льник *м*; **Kühltasche** *f* су́мка-те́рмос *м*; **Kühlung** *f* охлажде́ние *с*; **Kühlwasser** *n* AUTO охлажда́ющая вода́ *ж*

Kuhstall *m* коро́вник *м*

Küken *n* ‹-s, -› цыплёнок *м*

kulant *adj* обходи́тельный, предупреди́тельный

Kuli *m* ‹-s, -s› (1) (*Lastträger*) ку́ли *м* (2) *FAM* (*Kugelschreiber*) ша́риковая ру́чка *ж*

Kulisse *f* ‹-, -n› THEAT, *a.FIG* кули́сы *мн*

kullern *vi* (*rollen, Kugel*) кати́ться *несов*

Kult *m* ‹-[e]s, -e› культ *м*; **Kultfigur** *f* и́дол *м*

kultivieren *vt* (*Land*), *a. FIG* возде́л‹ыв›ать, раз|води́ть ‹-вести́›, культиви́ровать *несов*; **kultiviert** *adj* (*Benehmen*) культу́рный, образо́ванный

Kultur *f* (1) (*eines Volkes*) культу́ра *ж* (2) BIOL (*von Bakterien, Pflanzen*) культу́ра *ж*; **Kulturbanause** *m* обыва́тель *м*; *FAM* неве́жда *м*; **kulturell** *adj* культу́рный

Kultusministerium *n* министе́рство *с* по дела́м ку́льтов

Kümmel *m* ‹-s› (1) (*Kraut*) тмин *м* (2) (*Branntwein*) тми́нная во́дка *ж*

Kummer *m* ‹-s› (1) (*Leid, Betrübnis*) го́ре *с*, печа́ль *ж*, скорбь *ж*, го́ресть *ж*, огорче́ние *с*; ◇ **jd-m ~ machen** доставля́ть огорче́ние кому́-л (2) *FAM* (*Ärger, Probleme*) неприя́тности *мн*, пробле́мы *мн*

kümmerlich *adj* бе́дный, жа́лкий, убо́гий; (*Pflanze*) ску́дный

kümmern I. *vt* (*berühren*) ‹о-›забо́тить, каса́ться *несов*; ◇ **was kümmert's dich?** тебе́ како́е де́ло! **II.** *vr* (*jd-n pflegen*) ◇ **sich um jd-n/etw ~** ‹по-›забо́титься о ком/чём-л

Kumpel *m* ‹-s, -› (1) *FAM* (*Bergmann*) шахтёр *м*, горня́к *м* (2) *FAM* (*Freund*) прия́тель *м*

kündbar *adj* расторжи́мый

Kunde *m* ‹-n, -n›, **Kundin** *f* клие́нт(ка *ж*) *м*; **Kundendienst** *m* обслу́живание *с* покупа́телей [потреби́телей]

kundgeben *unreg vt* (*bekanntmachen*) опове|ща́ть ‹-сти́ть›, объя|вля́ть ‹-ви́ть›, огла|ша́ть ‹-си́ть›; **Kundgebung** *f* демонстра́ция *ж*, манифеста́ция *ж*

kündigen I. *vi* (*Mieter*) рас|торга́ть ‹-то́ргнуть›; (*Arbeitgeber*) увольня́ть ‹уво́лить› (*jd-m* кого́-л); (*Arbeitnehmer*) увольня́ться ‹уво́литься› **II.** *vt* (*Abonnement, Vertrag*) отме|ня́ть ‹-ни́ть›, рас|торга́ть ‹-то́ргнуть›; *FIG* (*Freundschaft*) прекра|ща́ть ‹-ти́ть›; **Kündigung** *f* (*von Vertrag*) расторже́ние *с*; (*von Arbeitnehmer*) увольне́ние *с*; **Kündigungsfrist** *f* (*von Vertrag*) срок *м* для расторже́ния догово́ра; (*von Stellung*) срок *м* для увольне́ния с рабо́ты

Kundschaft *f* покупа́тели *мн*, зака́зчики *мн*, потреби́тели *мн*, клиенту́ра *ж*

künftig I. *adj* (*zukünftig*) бу́дущий, сле́дующий, предстоя́щий **II.** *adv* (*von nun an*) впредь, в бу́дущем, на бу́дущее

Kunst *f* <-, Künste> ① (*Bau~, Dicht~*) иску́сство *с* ② (*Geschick, Können*) мастерство́ *с*, уме́ние *с;* ◇ **das ist doch keine ~** э́то не сто́ит большо́го труда́, э́то легко́; **Kunstfaser** *f* иску́сственное волокно́ *с;* **Kunstgeschichte** *f* исто́рия *ж* иску́сства; **Kunstgewerbe** *n* (*Kunsthandwerk*) худо́жественная куста́рная промы́шленность *ж;* **Kunstherz** *n* иску́сственное се́рдце *с*

Künstler(in *f*) *m* <-s, -> худо́жник *м*, худо́жница *ж*, арти́ст(ка *ж*) *м;* **künstlerisch** *adj* худо́жественный

künstlich *adj* ① (*See, Befruchtung*) иску́сственный; (*Zahn*) де́ланный, иску́сственный ② *FIG* (*unnatürlich*) неесте́ственный

Kunstsammler(in *f*) *m* коллекционе́р *м*, собира́тель(ница *ж*) *м* произведе́ний иску́сства; **Kunststoff** *m* пластма́сса *ж;* **Kunststück** *n* фо́кус *м*, трюк *м;* ◇ **das ist kein ~!** невелика́ прему́дрость!; **Kunstturnen** *n* SPORT худо́жественная гимна́стика *ж;* **Kunstwerk** *n* худо́жественное произведе́ние *с*

kunterbunt *adj* ① (*sehr bunt*) пёстрый ② *FIG* (*durcheinander*) беспоря́дочный

Kupfer *n* <-s> медь *ж*

Kuppe *f* <-, -n> ① (*Berg~*) ку́пол *м*, окру́глая верши́на *ж* ② (*Finger~*) ко́нчик *м*

Kuppel *f* <-, -n> (*Kirchen~: innen*) свод *м;* (*außen*) ку́пол *м*

kuppeln *vi* AUTO сце|пля́ть <-пи́ть>

Kupplung *f* AUTO сцепле́ние *с;* (*für Anhänger*) сце́пка *ж*

Kur *f* <-, -en> лече́ние *с*, курс *м* лече́ния

Kür *f* <-, -en> SPORT произво́льные упражне́ния *мн*

Kurbel *f* <-, -n> рукоя́тка *ж;* **Kurbelwelle** *f* коле́нчатый вал *м*

Kürbis *m* <-ses, -se> ты́ква *ж*

Kurgast *m* куро́ртник *м*, отдыха́ющий *м* на куро́рте; **Kurhaus** *n* курза́л *м*

Kurier *m* <-s, -e> курье́р *м*, рассы́льный *м*

kurieren *vt* (*Krankheit*) <вы́->лечи́ть

kurios *adj* (*merkwürdig*) курьёзный, заба́вный, стра́нный; **Kuriosität** *f* курьёзность *ж*, стра́нность *ж*, необы́чность *ж*

Kurort *m* куро́рт *м*

Kurpfuscher(in *f*) *m* шарлата́н(ка *ж*) *м*, зна́харь(ка *ж*) *ж*

Kurs *m* <-es, -e> ① (*Richtung*) направле́ние *с*, курс *м*, путь *м;* ◇ **~ nehmen auf** *akk* брать <взять> курс на что-л ② (*Sprach~*) курс *м* ③ FIN курс *м;* **Kursbuch** *n* BAHN железнодоро́жный спра́вочник *м*

kursieren *vi* (*Gerücht*) быть в обраще́нии, курси́ровать *несов*

Kursivschrift *f* курси́в *м*, курси́вный шрифт *м*

Kursrückgang *m* сниже́ние ку́рса; **Kurssteigerung** *f* повыше́ние ку́рса

Kurtaxe *f* куро́ртный сбор *м*

Kurve *f* <-, -n> ① (*Straßen~*) поворо́т *м* ② MATH крива́я *ж;* **kurvenreich**, **kurvig** *adj* (*Straße*) изви́листый

kurz I. *adj* <kürzer, am kürzesten> (*räumlich*) (*Strecke, Haare, Rock*) коро́ткий; (*zeitlich*) (*Moment, Rede*) кра́ткий, коро́ткий, непродолжи́тельный; (*Blick*) бе́глый **II.** *adv* ◇ **~ angebunden sein** су́хо [ре́зко] говори́ть с кем-л; ◇ **~ bevor ich kam** незадо́лго до того́, как я пришёл; ◇ **~ darauf** вско́ре по́сле э́того; ◇ **~ entschlossen** реши́тельно, не до́лго ду́мая; (*seit kurzer Zeit*) ◇ **vor ~em** с неда́вних пор; ◇ **zu ~ kommen** быть в убы́тке; **Kurzarbeit** *f* (*auf Tag bezogen*) непо́лный рабо́чий день *м;* (*auf Woche bezogen*) непо́лная рабо́чая неде́ля *ж;* **kurzärm[e]lig** *adj* (*Hemd*) с коро́ткими рукава́ми; **Kürze** *f* <-, -n> ① (*zeitlich*) коро́ткое вре́мя *с* ② (*von Antwort*) кра́ткость *ж;* **kürzen** *vt* ① (*kürzer machen*) уко|ра́чивать <-роти́ть>; (*Rede*) сокра|ща́ть <-ти́ть> ② (*verringern, Gehalt*) уменьша́ть <уме́ньшить>, убавля́ть <уба́вить>; **kurzfristig** *adj* COMM краткосро́чный; **kurzlebig** *adj* недолгове́чный; **kürzlich** *adv* неда́вно; **Kurzschluß** *m* ELECTR коро́ткое замыка́ние *с;* **kurzsichtig** *adj a. FIG* близору́кий, недальнови́дный; **Kurzsichtigkeit** *f* близору́кость *ж;* **Kurzstrekkenrakete** *f* раке́та *ж* бли́жней да́льности

kuscheln *vr* ◇ **sich ~** прильну́ть *сов*, прижа́ться *сов* (*an akk* к кому́-л); (*in Decke*) ую́тно уле́чься (*in akk* в, где-л)

Kusine *f* двою́родная сестра́ *ж*, кузи́на *ж*

Kuß *m* <Kusses, Küsse> поцелу́й *м*

küssen *vt* (*jd-n, Hand*) <по->целова́ть

Küste *f* <-, -n> морско́й бе́рег *м*, побере́жье *с*, взмо́рье *с;* ◇ **an die ~ fahren** е́хать к мо́рю; **Küstenfischerei** *f* прибре́жное рыболо́вство *с;* **Küstenstrich** *m* прибре́жная полоса́ *ж* земли́

Küster *m* <-s, -> церко́вный слу́жка *м*, дьячо́к *м*, понома́рь *м*

Kutsche *f* <-, -n> (*geschlossen*) карéта *ж*

Kutte *f* <-, -n> (*Mönchs~*) ря́са *ж*

Kutter *m* NAUT (*Einmaster*) кáтер *м*

Kuvert *n* <-s, -s> (*Brief~*) конвéрт *м*

Kybernetik *f* кибернéтика *ж*

KZ *n* <-s, -s> *Abk. v.* **Konzentrationslager**

L

L, l *n* (*Buchstabe*) Л, л

Label *n* <-s, -> (*Etikett*) этикéтка *ж*

labern *vt FAM* (*Blödsinn*) болтáть чепуху́

labil *adj* неусто́йчивый

Labor *n* <-s, -e> лаборато́рия *ж;* **Laborant(in** *f*) *m* лаборáнт(ка *ж*) *м;* **laborieren** *vi* ◇ **an e-r Krankheit** ~ страдáть болéзнью

Labyrinth *n* <-[e]s, -e> лабири́нт *м*

Lache[1] *f* <-, -n> (*Wasser~*) лу́жа *ж*

Lache[2] *f* <-> *FAM* (*das Lachen*) смех *м*

lächeln *vi* улыб|áться <-ну́ться>; **Lächeln** *n* <-s> улы́бка *ж;* **lachen** *vi* смея́ться; ◇ **der hat nichts zu** ~ емý не до смéха; **lächerlich** *adj* смешно́й; ◇ **sich** ~ **machen** осрами́ться *сов;* **Lachgas** *n* MED зáкись *ж* азо́та; **lachhaft** *adj PEJ* смехотво́рный

Lachs *m* <-es, -e> ло́сось *м,* сёмга *ж*

Lack *m* <-[e]s, -e> лак *м;* (*von Auto*) крáска *ж;* **lackieren** *vt* (*Holz*) <от->лакировáть; (*Auto*) <о->крáсить; **Lackleder** *n* <-s> лакиро́ванная ко́жа *ж*

laden[1] <lädt, lud, geladen> *vt* ① (*ver~, auf~*) <на-, по->грузи́ть ② (*voll~, Batterie*) заря|жáть <-ди́ть> ③ PC (*Speicher*) загру|жáть <-зи́ть> ④ (*Gäste*) пригла|шáть <-си́ть>

laden[2] <lädt, lud, geladen> *vt* JURA (*vor~*) вызывáть <вы́звать>

Laden[1] *m* <-s, Läden> (*Geschäft*) магази́н *м*

Laden[2] *m* <-s, Läden> (*Fenster~*) стáвня *ж*

Ladenbesitzer(in *f*) *m* владéлец *м,* владéлица *ж* магази́на; **Ladendiebstahl** *m* магази́нная крáжа *ж;* **Ladenhüter** *m* <-s, -> залежáвшийся товáр *м;* **Ladenpreis** *m* ро́зничная ценá *ж;* **Ladenschluß** *m* закры́тие *с* магази́на; **Ladentisch** *m* прилáвок *м*

Laderampe *f* погру́зочная платфо́рма *ж;* **Laderaum** *m* NAUT трюм *м;* AERO грузовáя каби́на *ж;* (*von Lkw*) ку́зов *м*

lädieren *vt* (*beschädigen*) повре|ждáть <-ди́ть>

Ladung[1] *f* ① (*Fracht*) груз *м* ② (*elektromagnetische* ~) заря́д *м*

Ladung[2] *f* JURA (*Vorladung*) повéстка *ж*

lag *impf v.* **liegen**

Lage *f* <-, -n> ① (*Situation*) обстано́вка *ж,* ситуáция *ж,* положéние *с;* (*Verhältnisse*) обстоя́тельства *с мн;* (*von Patient*) состоя́ние *с* ② (*fähig sein, können*) ◇ **in der** ~ **sein** быть в состоя́нии ③ (*von Ort*) расположéние *с;* ◇ **Haus in schöner** ~ дом на хоро́шей сторонé ④ (*Stimm~, Ton~*) тон *м;* **Lagebericht** *m* донесéние *с* об обстано́вке

lagenweise *adv* слоя́ми

Lager *n* <-s, -> ① (*Flüchtlings~, Zelt~*) лáгерь *м;* (*Schlaf~*) ло́же *с* ② (*Vorratsraum*) склáд *м* ③ TECH (*Kugel~*) подши́пник *м;* **Lagerbestand** *m* нали́чность *ж* товáров; **Lagerfeuer** *n* костёр *м;* **Lagerhaus** *n* склад *м;* **lagern I.** *vt* ① (*Vorrat*) храни́ть *несов* ② (*Patienten*) уложи́ть <уклáдывать>; ◇ **den Verletzten seitlich** ~ уложи́ть пострадáвшего нá бок **II.** *vi* ① (*vor e-r Stadt*) распо|лагáться <-ложи́ться> (лáгерем) ② COMM имéться на склáде; **Lagerplatz** *m* (*Zelt~*) лáгерь *м;* **Lagerstätte** *f* (*von Waren*) склад *м;* (*von Personen*) ло́же *с;* (*im Freien*) лáгерь *м;* **Lagerung** *f* (*~sart*) хранéние *с* (на склáде); (*~sanordnung*) размещéние *с*

Lagune *f* <-, -n> лагу́на *ж*

lahm *adj* ① (*gehbehindert*) хромо́й ② *FAM* вя́лый; **lahmen** *vi* хромáть *несов*

lähmen *vt a. FIG* парализовáть *сов;* ◇ **vor Angst wie gelähmt sein** парализо́ванный стрáхом

lahmlegen *vt* парализовáть *несов,* остa|нáвливать <-нови́ть>

Lähmung *f* MED парали́ч *м; FIG* засто́й *м*

Laib *m* <-s, -e> (*Brot*) коври́га *ж,* бу́лка *ж*

Laich *m* <-[e]s, -e> икрá *ж;* **laichen** *vi* (*Fisch*) метáть икру́

Laie *m* <-n, -n> *FIG* неспециали́ст *м;* **laienhaft** *adj* нео́пытный

Lakai *m* <-en, -en> (*fürstlicher Diener*) лакéй *м*

Laken *n* <-s, -> простыня́ *ж*

Lakritze *f* <-, -n> лакри́ца *ж*

lallen *vt, vi* (*Betrunkene*) неразбо́рчиво говори́ть; (*Baby*) лепетáть *несов*

Lama[1] *n* <-s, -s> ZOOL лáма *ж*

Lama[2] *m* <-s, -s> (*tibetischer Mönch*) лáма *м*

Lamelle *f* пласти́нка *ж*

lamentieren *vi* (*wehklagen*) причитáть *несов* (*über akk* о ком-л)

Lametta *n* <-s> серéбрянный дождь *м*

Lamm *n* <-[e]s, Lämmer> ягнёнок *м;* ◇

unschuldig wie ein ~ неви́нный как ове́чка; **Lammfell** *n* шку́ра *ж* ягнёнка; **lammfromm** *adj* кро́ткий как ове́чка
Lampe *f* ‹-, -n› ла́мпа *ж*
Lampenfieber *n* волне́ние *с* пе́ред выступле́нием; **Lampenschirm** *m* абажу́р *м*
Lampion *m* ‹-s, -s› лампио́н *м*
Land *n* ‹-[e]s, Länder› (1) (*Staat*) страна́ *ж;* (*Bundes~*) земля́ *ж* (2) (*Grundbesitz*) уча́сток *м,* земля́ *ж* (3) (*bestimmtes Gebiet*) ме́стность *ж;* (*Ggs. zu Stadt*) ◇ **auf dem ~[e]** в се́льской ме́стности; **Landarbeiter(in** *f*) *m* сельскохозя́йственный(-ая) рабо́чий *м*/рабо́тница *ж;* **Landbesitz** *m* землевладе́ние *с*
Landebahn *f* AERO взлётно-поса́дочная полоса́ *ж*
landeinwärts *adv* в глубь страны́
landen *vi, vt* (1) (*mit Schiff*) прича́ли‹ва›ть; (*mit Flugzeug*) приземл|я́ться ‹-и́ться›; (*auf dem Mond*) прилуни́ться *сов;* (*Truppen*) выса́живаться ‹вы́садиться› (2) *FIG* (*im Straßengraben, im Papierkorb*) ока́|зываться ‹-за́ться› (3) *FAM* ◇ **bei mir kannst du damit nicht ~** на меня́ э́то не де́йствует
Ländereien *f pl* уго́дья *с мн*
Landesfarben *f pl* национа́льные цвета́ *м мн;* **Landesinnere** *n* глуби́на *ж* страны́; **Landesregierung** *f* прави́тельство *с* земли́; **Landessprache** *f* национа́льный язы́к *м;* **Landestracht** *f* национа́льный костю́м *м;* **landesüblich** *adj* соотве́тствующий обы́чаям страны́; **Landesverrat** *m* изме́на *ж* ро́дине; **Landesversicherungsanstalt** *f* *госуда́рственное страхово́е учрежде́ние для рабо́чих;* **Landeswährung** *f* национа́льная валю́та *ж*
Landgut *n* поме́стье *с;* **Landhaus** *n* дереве́нский дом *м,* да́ча *ж;* **Landkarte** *f* географи́ческая ка́рта *ж;* **Landkreis** *m* о́круг *м;* **landläufig** *adj* (*üblich*) общепри́нятый
ländlich *adj* се́льский, дереве́нский
Landplage *f* всео́бщее бе́дствие *с;* **Landregen** *m* затяжно́й дождь *м;* **Landschaft** *f* ‹-, - en› ландша́фт *м;* **landschaftlich** *adj* ме́стный, ландша́фтный
Landsfrau *f* земля́чка *ж;* **Landsmann** *m* земля́к *м*
Landstraße *f* просёлочная доро́га *ж;* **Landstreicher(in** *f*) *m* ‹-s, -› бродя́га *м/ж;* **Landstrich** *m* ме́стность *ж;* **Landtag** *m* POL ландта́г *м,* парла́мент *м* земли́
Landung *f* (*Flugzeug~*) приземле́ние *с,* поса́дка *ж;* ◇ **zur ~ ansetzen** заходи́ть на поса́дку; (*Schiffs~*) прича́ливание *с;* (*von Truppen*) вы́садка *ж;* (*auf dem Mond*) прилуне́ние *с;* **Landungsbrücke** *f* при́стань *ж*
Landvermessung *f* обме́р *м;* **Landwirt(in** *f*) *m* (*Bauer*) фе́рмер(ша *ж*) *м;* **Landwirtschaft** *f* се́льское хозя́йство *с;* **Landzunge** *f* мыс *м*
lang ‹länger, am längsten› **I.** *adj* (1) (*allg.*) дли́нный (2) (*räumlich, Personen*) высо́кий; *FAM* (*hochgewachsen*) ◇ **~er Lulatsch** здоро́вый верзи́ла; *FIG* (*enttäuscht sein*) ◇ **ein ~es Gesicht machen** быть озада́ченным (3) (*zeitlich*) (*Reise*) до́лгий, продолжи́тельный; ◇ **vor ~er Zeit** мно́го лет тому́ наза́д; ◇ **vor nicht allzu ~er Zeit** не так давно́ **II.** *adv* ◇ **fünf Jahre ~** в тече́ние пяти́ лет; ◇ **über kurz oder ~** ра́но и́ли по́здно; **langatmig** *adj PEJ* (*Rede*) обстоя́тельный, ску́чный
lange *adv* (*dauern*) до́лго; ◇ **wie ~?** как до́лго?; *FAM* ◇ **nicht ~ fackeln** до́лго не церемо́ниться
Länge *f* ‹-, -n› (1) (*Ausmaß*) длина́ *ж;* (*Höhe: allg.*) высота́ *ж;* (*von Lebewesen*) рост *м* (2) GEO долгота́ *ж* (3) (*Dauer*) продолжи́тельность *ж;* ◇ **etw in die ~ ziehen** растя́гивать вре́мя
langen *vi* (1) (*ausreichen*) хвата́ть *несов,* быть доста́точным; *a. FIG* ◇ **jetzt langt es mir!** хва́тит с меня́! (2) (*reichen*) брать (*an/nach akk* что-л) (3) (*ohrfeigen*) ◇ **jd-m e-e ~** дать пощёчину кому́-л
Längengrad *m* гра́дус *м* долготы́; **Längenmaß** *n* ме́ра *ж* длины́
Langeweile *f* ску́ка *ж*
langfristig *adj* (*Darlehen*) долгосро́чный; **langjährig** *adj* (*Kunde*) долголе́тний; (*Erfahrungen*) многоле́тний; **Langlauf** *m* SPORT лы́жная го́нка *ж;* **Langlaufski** *m* го́ночные лы́жи *ж мн;* **langlebig** *adj* долгове́чный; **langlegen** *vi FAM* ◇ **sich ~** приле́чь *сов*
länglich *adj* продолгова́тый
langmütig *adj* (долго)терпели́вый
längs I. *präp gen* (*entlang*) вдоль **II.** *adv* ◇ **ein ~ gestreifter Stoff** материа́л с поло́сками в длину́
langsam I. *adj* ме́дленный **II.** *adv* ме́дленно; (*allmählich*) помале́ньку; *FAM* ◇ **ich habe es ~ satt** мне э́то начина́ет надоеда́ть; **Langsamkeit** *f* ме́дленность *ж*
Langschläfer(in *f*) *m* со́ня *м/ж;* **Langspielplatte** *f* долгоигра́ющая пласти́нка *ж*

längst *adv* (*seit langer Zeit*) давно́; ◇ **ich weiß es schon** ~ я э́то уже́ давно́ зна́ю; **längste(r, s)** *adj, superl. v.* **lang** са́мый дли́нный

langstielig *adj* длинностебе́льчатый

Languste *f* ‹-, -n› лангу́ст *м*

langweilen I. *vt* (*jd-n*) наводи́ть ску́ку на кого́-л **II.** *vr* ◇ **sich** ~ скуча́ть *несов;* ◇ **sich zu Tode** ~ умира́ть со ску́ки; **langweilig** *adj* ску́чный

Langwelle *f* MEDIA дли́нные во́лны *ж мн*

langwierig *adj* (*Krankheit*) продолжи́тельный; (*Arbeit*) дли́тельный

Lanze *f* ‹-, -n› копьё *с*

lapidar *adj* лапида́рный

Lappalie *f* (*Belanglosigkeit*) пустя́к *м*

Lappen *m* ‹-s, -› ① (*altes Tuch*) тря́пка *ж* ② ANAT (*Lungen~*) до́ля *ж*

läppisch *adj* ① (*albern*) глу́пый ② (*Gehalt*) ничто́жно ма́лый

Lappland *n* Лапла́ндия *ж*

Lapsus *m* ‹-, -› ля́псус *м,* про́мах *м*

Lärche *f* ‹-, -n› BOT ли́ственница *ж*

Largo *n* ‹-, -ghi *o.* -gi› MUS ла́рго *с*

Lärm *m* ‹-[e]s› шум *м;* **lärmen** *vi* шуме́ть *несов;* **Lärmschutz** *m* защи́та *ж* от шу́ма; **Lärmschutzwand** *f* стена́ *ж* для защи́ты от шу́ма

Larve *f* ‹-, -n› BIOL личи́нка *ж*

las *impf v.* **lesen**

lasch *adj* ① (*träge*) вя́лый ② *FAM* (*Geschmack*) безвку́сный

Lasche *f* ‹-, -n› (*Schuh~*) язы́чок *м*

Laser *m* ‹-s, -› ла́зер *м;* **Laserdrucker** *m* PC ла́зерный при́нтер *м*

lassen ‹läßt, ließ, gelassen› **I.** *vt* ① (*erlauben*) поз|воля́ть ‹-во́лить›; (*veranlassen*) пору|ча́ть ‹-чи́ть›, за|ставля́ть ‹-ста́вить›; ◇ **ich lasse den Regler reparieren** я сдаю́ регуля́тор в ремо́нт; ◇ **machen** ~ поручи́ть кому́-л сде́лать что-л; ◇ **es läßt sich machen** э́то мо́жно сде́лать ② (*leihen*) предо|ставля́ть ‹-ста́вить› ③ (*sterben*) ◇ **er ließ sein Leben im Kampf** он о́тдал свою́ жизнь в борьбе́ **II.** *vi* (*aufhören mit*) пре|кра|ща́ть ‹-ти́ть›

lässig *adj* небре́жный; **Lässigkeit** *f* небре́жность *ж*

Lasso *n o. m* ‹-s, -s› лассо́ *с*

Last *f* ‹-, -en› ① (*Fracht*) груз *м,* загру́зка *ж* ② *FIG* (*Aufgabe, Arbeit*) бре́мя *с;* ◇ **jd-m zur** ~ **fallen** быть в тя́гость кому́-л; **lasten** *vi* (*Schulden*) лежа́ть бре́менем (*auf dat* на ком-чём-л)

Laster [1] *n* ‹-s, -› поро́к *м;* ◇ **einem** ~ **frönen** предава́ться поро́ку

Laster [2] *m* ‹-s, -› (*Lastwagen*) грузови́к *м*

lasterhaft *adj* поро́чный

Lästermaul *n FAM* клеветни́к *м,* клеветни́ца *ж;* **lästern** *vt, vi* (*Gott*) богоху́льничать; (*Nachteiliges äußern*) ◇ **über jd-n/etw lästern** поноси́ть *несов* кого́/что-л; **Lästerung** *f* (*das Lästern*) поноше́ние *с;* (*Gottes~*) богоху́льство *с*

lästig *adj* назо́йливый

Lastschrift *f* за́пись *ж* в де́бет счёта; **Lasttier** *n* вью́чное живо́тное *с;* **Lastwagen** *m* грузови́к *м*

Lasur *f* (*farbloser Lack*) (бесцве́тный) лак *м*

laszivadj *adj* (*Benehmen*) непристо́йный

Latein *n* ‹-s› ① (*Sprache*) латы́нь *ж* ② (*Wissen*) ◇ **mit seinem** ~ **am Ende sein** не знать, что да́льше де́лать; **lateinisch** *adj* лати́нский

latent *adj* скры́тый; ◇ ~ **vorhanden sein** быть в нали́чии в скры́той фо́рме

Laterne *f* ‹-, -n› фона́рь *м;* **Laternenpfahl** *m* фона́рный столб *м*

Latex ‹-› *m* ла́текс *м*

Latrine *f* (*Abort*) отхо́жее ме́сто *с*

Latschen *m* ‹-, -› ① (*Hausschuh*) шлёпанцы *мн* ② *nur pl FAM* (*große Füße*) ◇ **die** ~ ла́пы *ж мн;* **latschen** *vi FAM* (*schlurfen*) шлёпать

Latte *f* ‹-, -n› ① (*Leiste*) ре́йка *ж;* SPORT пла́нка *ж;* (*Quer~*) перекла́дина *ж* ② *FAM* (*hochgewachsener Mensch*) ◇ **lange** ~ верзи́ла *м* ③ *FIG* (*Liste, Reihe*) большо́е коли́чество *с;* **Lattenzaun** *m* забо́р *м* из штаке́тника

Latz *m* ‹-es, Lätze› (*Hosen~*) ля́мки *ж мн;* **Lätzchen** *n* (*für Baby*) де́тский нагру́дник *м;* **Latzhose** *f* брю́ки *мн* с ля́мками

lau *adj* (*Sommernacht etc.*) теплова́тый

Laub *n* ‹-[e]s› листва́ *ж;* **Laubbaum** *m* ли́ственное де́рево *с*

Laube *f* ‹-, -n› (*Gartenhäuschen*) бесе́дка *ж*

Laubfrosch *m* ква́кша *ж*

Laubsäge *f* ло́бзик *м*

Lauch *m* ‹-[e]s› лук *м*

Lauer *f* ‹-› ◇ **auf der** ~ **sein/liegen** быть настороже́; **lauern** *vi* (*Gefahr*) подстерега́ть *несов*

Lauf *m* ‹-[e]s, Läufe› ① (*allg.*) бег *м;* (*Wett~*) бег *м,* забе́г *м* ② (*Gewehr~*) ствол *м* ③ ◇ **e-r Sache ihren** ~ **lassen** предоста́вить собы́тия их свобо́дному тече́нию; ◇ **im** ~**[e] der Zeit** в тече́ние вре́мени; **Laufbahn** *f* карье́ра *ж*

laufen ‹läuft, lief, gelaufen› *vi, vt* ① (*allg.*) бе́гать *несов,* ‹по-›бежа́ть; (*Film*) идти́; (*Maschine*) рабо́тать; ◇ **Ski ~** ходи́ть на лы́жах ② *FAM* (*gehen*) ходи́ть, идти́, спеши́ть ③ (*Tränen, Schweiß*) бежа́ть ④ (*gelten, Vertrag*) име́ть си́лу ⑤ *FAM* (*sich entwikkeln*) идти́; ◇ **wie läuft's?** как иду́т дела́?; **laufend** *adj* ① (*dauernd*) постоя́нный; (*gegenwärtig, Monat*) теку́щий ② *FAM* (*informiert sein*) ◇ **auf dem ~en sein** быть в ку́рсе собы́тий; **laufenlassen** *unreg vt* (*freilassen*) отпуска́ть ‹-ти́ть› (на во́лю); **Läufer(in** *f*) *m* ‹-s, -› ① SPORT бегу́н(ья *ж*) *м;* (*Ski~*) лы́жник *м,* лы́жница *ж* ② *nur m* (*Teppich*) доро́жка *ж* ③ *nur m* (*Schachfigur*) слон *м*

läufig *adj* (*Hündin*) в состоя́нии те́чки

Laufkundschaft *f* случа́йные покупа́тели *м мн;* **Laufmasche** *f* спусти́вшаяся петля́ *ж;* **Laufpaß** *m FIG* (*fortjagen*) ◇ **jd-m den ~ geben** вы́гнать кого́-л; **Laufstall** *m* (*Baby~*) де́тский мане́ж *м;* **Laufsteg** *m* (*bei Modenschau*) мостки́ *м мн;* **Laufwerk** *n* PC дисково́д *м;* **Laufzeit** *f* (*Geltungsdauer*) срок *м* де́йствия; (*Film~*) пери́од *м*

Lauge *f* ‹-, -n› CHEM щёлочь *ж*

Laune *f* ‹-, -n› (*Stimmung*) настрое́ние *с; FIG* (*Einfall*) причу́да *ж* ◇ **schlechte ~ haben** быть в плохо́м настрое́нии; **launenhaft, launisch** *adj* капри́зный

Laus *f* ‹-, Läuse› вошь *ж; FIG* ◇ **ihm ist e-e ~ über die Leber gelaufen** его́ му́ха укуси́ла

Lausbub *m* озорни́к *м*

lauschen *vi* (*e-m Konzert*) (внима́тельно) слу́шать; (*horchen*) подслу́ш‹ив›ать

lausig *adj FAM* (*Wetter*) неприя́тный; *FAM* (*schäbig, wenig*) дрянно́й

laut I. *adj* (*Stimme, Musik*) гро́мкий, шу́мный **II.** *adv* гро́мко, шу́мно; (*lesen*) вслух **III.** *präp gen o. dat* (*gemäß, Vertrag*) согла́сно чему́-л, в соотве́тствии с чем-л

Laut *m* ‹-[e]s, -e› (*Ton*) звук *м*

Laute *f* ‹-, -n› MUS лю́тня *ж*

lauten *vi* звуча́ть *несов;* (*heißen*) гласи́ть *несов;* ◇ **das Auto lautet auf meinen Namen** маши́на запи́сана на меня́

läuten *vt, vi* ‹по-›звони́ть, звене́ть *несов;* (*Kirchglocken*) звене́ть; *FAM* (*vernehmen*) ◇ **etw** *akk* **~ hören** слы́шать ко́е-что о чём-л

lauter I. *adj* (*Wahrheit*) чи́стый; (*aufrichtig, Charakter*) че́стный **II.** ‹inv› то́лько; ◇ **das sind ~ Lügen** э́то сплошна́я ложь

lauthals *adv* гро́мко; **lautlos** *adj* беззву́чный; **Lautschrift** *f* фонети́ческая транскри́пция *ж;* **Lautsprecher** *m* громкогово́ритель *м;* **lautstark** *adj* о́чень гро́мкий; **Lautstärke** *f* си́ла *ж* зву́ка; (*Radio~*) гро́мкость *ж*

lauwarm *adj a. FIG* теплова́тый

Lava *f* ‹-, -ven› ла́ва *ж*

Lavendel *m* ‹-s› BOT лава́нда *ж*

Lawine *f* лави́на *ж;* **Lawinengefahr** *f* опа́сность *ж* паде́ния лави́н

Layout *n* ‹-s, -s› TYP оригина́л-маке́т *м*

Lazarett *n* ‹-[e]s, -e› MIL го́спиталь *м*

LCD-Anzeige *f* диспле́й *м* на жи́дких криста́ллах

leasen *vt* ◇ **sie hat das Auto geleast** она́ взяла́ автомоби́ль в аре́нду; **Leasing** *n* ‹-s› ли́зинг *м*

leben *vi* ① (*existieren*) жить *несов,* существова́ть *несов* ② (*wohnen*) жить ③ (*sich ernähren von*) корми́ться чем-л, пита́ться чем-л; ◇ **über seine Verhältnisse ~** жить не по сре́дствам ④ (*sich einsetzen für*) жить чем-л

Leben *n* ‹-s, -› ① (*Dasein*) жизнь *ж;* ◇ **e-m Kind das ~ schenken** дать жизнь ребёнку; ◇ **sich das ~ nehmen** поко́нчить с собо́й ② (*Wirklichkeit*) жизнь *ж,* действи́тельность *ж;* ◇ **wie das ~ so spielt** как в жи́зни быва́ет ③ (*Stimmung*) оживле́ние *с;* ◇ **~ in etw bringen** вноси́ть оживле́ние во что-л; **lebend** *adj* живу́щий, живо́й; **lebendig** *adj* живо́й; (*lebhaft*) оживлённый, по́лный жи́зни; **Lebendigkeit** *f* жи́вость *ж,* оживлённость *ж;* **Lebensart** *f* (*Lebensweise*) о́браз *м* жи́зни; **lebensbejahend** *adj* жизнеутвержда́ющий; **Lebenserwartung** *f* вероя́тная продолжи́тельность *ж* жи́зни; **lebensfähig** *adj* жизнеспосо́бный; **lebensfroh** *adj* жизнера́достный; **Lebensgefahr** *f* смерте́льная опа́сность *ж;* ◇ **in ~ sein** находи́ться в кра́йней опа́сности; **lebensgefährlich** *adj* опа́сный для жи́зни; **Lebensgefährte** *m* спу́тник *м* жи́зни; **Lebensgefährtin** *f* спу́тница *ж* жи́зни; **Lebenshaltungskosten** *pl* сто́имость *ж* жи́зни; **Lebensjahr** *n* год *м* жи́зни; **Lebenskünstler** *m* (*Lebensgenießer*) челове́к *м,* уме́ющий жить; **Lebenslage** *f* обстоя́тельства *с мн* жи́зни; **lebenslänglich** *adj* (*Freiheitsstrafe*) пожи́зненный; **Lebenslauf** *m* биогра́фия *ж;* **lebenslustig** *adj* жизнера́достный; **Lebensmittel** *n pl* продово́льствие *с,* пищевы́е проду́кты *м мн;* **Lebensmittelgeschäft** *n* продово́льственный магази́н *м;* **Lebensmittelvergiftung** *f* пищево́е отравле́ние *с;* **lebensmüde** *adj* уста́вший от жи́зни; **Lebensraum** *m* (*Raum*) жи́зненное простра́нство *с;* (*Biotope*) биото́п *м;* **Lebensretter(in** *f*) *m* спаси́тель(ница *ж*) *м* (жи́зни); **Lebensstandard** *m* жи́зненный у́ровень *м;* **Lebensstellung** *f* (*sicherer Job*) положе́ние *с;* **Lebensstil** *m* о́браз *м* жи́зни; **Lebensunterhalt** *m* сре́дства *с мн* к жи́зни; **Lebensversicherung** *f* страхова́ние *с* жи́зни; **Lebenswandel** *m* о́браз *м* жи́зни, поведе́ние *с;* **Lebensweg** *m* (*Laufbahn*) жи́зненный путь *м;* (*Karriere*) карье́ра *ж;* (*Hochzeit*) ◇ **für Ihren gemeinsamen ~** для Ва́шей совме́стной жи́зни; **Lebensweise** *f* о́браз *м* жи́зни, стиль *м* жи́зни; **Lebenszeichen** *n* ① (*von Verschütteten etc.*) при́знак *м* жи́зни ② *FIG* (*Nachricht, Anruf*) изве́стие *с;* ◇ **ein ~ von sich geben** дать знать о себе́; **Lebenszeit** *f* вре́мя *с* жи́зни; ◇ **Beamter auf ~** госуда́рственный слу́жащий назна́ченный на до́лжность пожи́зненно

Leber *f* <-, -n> ANAT пе́чень *ж;* **Leberfleck** *m* (*auf Haut*) роди́мое пятно́ *с;* **Leberkäse** *m* *ли́верный паште́т м;* **Leberpastete** *f* (*feine Leberwurst*) печёночный паште́т *м;* **Lebertran** *m* ры́бий жир *м;* **Leberwurst** *f* ли́верная колбаса́ *ж; FAM* (*gekränkt*) ◇ **e-e beleidigte ~ sein** ду́ться на кого́-л

Lebewesen *n* живо́е существо́

Lebewohl *n* (*Abschied*) проща́ние *с*

lebhaft *adj* живо́й; (*Diskussion, Straße*) оживлённый; **Lebhaftigkeit** *f* оживлённость *ж,* оживле́ние *с*

Lebkuchen *m* пря́ник *м*

leblos *adj* (*wie tot*) безжи́зненный; **Lebzeiten** *pl* ◇ **zu ~** при жи́зни

lechzen *vi* ◇ **nach etw** *dat* **~** стра́стно жела́ть чего́-л

leck *adj* протека́ющий; **Leck** *n* <-[e]s, - e> течь *ж*

lecken I. *vt* (*lutschen*) лиз|а́ть <-ну́ть>; *a. FIG* (*Enttäuschung verarbeiten*) ◇ **seine Wunden ~** зали́зывать ра́ны **II.** *vi* (*Loch haben*) течь *несов,* про|тека́ть <-те́чь>

lecker *adj* вку́сный; **Leckerbissen** *m* ла́комый кусо́к *м;* (*süß*) ла́комство *с;* **Lekkermaul** *n* (*wählerisch*) ла́комка *м/ж;* (*von Süßigkeiten*) сладкое́жка *м/ж*

led. *adj Abk. v.* **ledig**

Leder *n* <-s, -> ко́жа *ж;* **Lederhandschuh** *m* ко́жаная перча́тка *ж;* **ledern** *adj* ко́жаный; **Ledersohle** *f* ко́жаная подо́шва *ж;* **Lederwaren** *f pl* коже́венный това́р

ledig *adj* (*von Mann*) холосто́й, нежена́тый; (*von Frau*) незаму́жняя

lediglich *adv* (*nur*) лишь, то́лько

Lee *f* <-s> NAUT подве́тренная сторона́ *ж*

leer *adj* (*ohne Inhalt*) пусто́й, поро́жний; *FIG* ◇ **~es Versprechen** одно́ лишь обеща́ние; **Leere** *f* <-> пустота́ *ж;* **leeren I.** *vt* (*Flaschen*) опорож|ня́ть <-ни́ть>; (*Saal*) освобо|жда́ть <-ди́ть> **II.** *vr* (*Saal, Platz*) ◇ **sich ~** <о->пусте́ть; **Leergut** *n* <-s> (*leere Flaschen*) та́ра *ж;* **Leerlauf** *m* холосто́й ход *м;* **leerstehend** *adj* (*Haus*) пусто́й, неза́нятый; **Leertaste** *f* (*Schreibmaschine*) пробе́льная кла́виша *ж;* **Leerung** *f* (*vom Briefkasten*) вы́емка *ж;* (*von Mülltonnen*) опорожне́ние *с*

legal *adj* лега́льный; ◇ **auf ~em Weg** зако́нным путём; **legalisieren** *vt* легализова́ть *несов и сов;* **Legalität** *f* зако́нность *ж*

legen I. *vt* ① класть <положи́ть>; (*horizontal*) раскла́дывать <разложи́ть>; (*Ei*) <с->нести; (*Fliesen, Gasleitung*) укла́дывать <уложи́ть> ② *a. FIG* ◇ **den Grundstein ~ für/zu etw** положи́ть осно́ву чему́-л ③ (*wahrsagen*) ◇ **Karten ~** гада́ть на ка́ртах ④ (*Wichtigkeit haben*) ◇ **auf etw** *akk* **Wert ~** придава́ть большо́е значе́ние чему́-л **II.** *vr* ◇ **sich ~** ① (*hin~*) ложи́ться <лечь> ② *FIG* (*nachlassen, Sturm*) ун|има́ться <-я́ться>

Legende *f* <-, -n> ① (*Sage*) преда́ние *с,* леге́нда *ж* ② (*von Plan*) леге́нда *ж*

leger *adj* (*Benehmen*) лёгкий, непринуждённый; (*Kleidung*) удо́бный

Legierung *f* CHEM сплав *м*

Legion *f* (*Fremden~, Ehren~*) легио́н *м;* **Legionär** *m* <-s, -e> (*Soldat*) легионе́р *м*

Legislative *f* законода́тельная власть *ж*

legitim *adj* ① (*rechtmäßig*) зако́нный ② (*begründet*) обосно́ванный; **Legitimation** *f* ① (*Berechtigung, Vollmacht*) дове́ренность *ж* ② (*e-s Kindes*) узако́нение *с;* **legitimieren I.** *vt* прида́<ва́>ть юриди́ческую си́лу, узако́ни<ва>ть **II.** *vr* (*durch Ausweis*) ◇ **sich ~** предъя|вля́ть <-ви́ть> удостовере́ние; **Legitimität** *f* зако́нность *ж*

Lego *n* <-s> (*Bausteine*) констру́ктор *м*

Leguan *m* <-s> ZOOL игуа́ны *мн*

Lehm *m* <-[e]s, -e> гли́на *ж;* **lehmig** *adj* гли́нистый

Lehne *f* <-, -n> (*Rücken~*) спи́нка *ж;* (*Arm~*) ру́чка *ж;* **lehnen** *vr* ◇ **sich ~ an** прислон|я́ться <-ни́ться> к чему́-л; (*aufstützen*) облока́|чиваться <-ти́ться> на что-л

Lehramt *n* до́лжность *ж* учи́теля; **Lehr-**

beauftragte(r) *fm* (*Hochschullehrer/in*) преподава́тель(ница *ж*) *м* ву́за; **Lehrbuch** *n* учéбник *м;* **Lehre** *f* <-, -n> (1) (*berufliche Ausbildung*) обучéние; ◇ **in die ~ gehen** поступи́ть на ку́рсы профессиона́льного обучéния (2) (*Doktrin*) доктри́на *ж* (3) (*Theorie, Mengen~*) тео́рия *ж* (4) (*Erfahrung*) уро́к *м;* ◇ **das wird ihm e-e ~ sein** э́то послу́жит ему́ уро́ком

lehren *vt* (1) (*unterrichten*) препода́<ва́>ть (2) (*zeigen*) ◇ **die Zukunft wird es ~** бу́дущее пока́жет

Lehrer(in *f*) *m* <-s, -> (*Grundschul~*) учи́тель(ница *ж*) *м;* (*höhere Schule*) преподава́тель(ница *ж*) *м*

Lehrgang *m* ку́рсы *м мн;* **Lehrgeld** *n* ◇ **~ zahlen** научи́ться на го́рьком о́пыте; **Lehrjahr** *n* учéбный год *м;* **Lehrkörper** *m* преподава́тельский соста́в *м;* **Lehrkräfte** *f pl* преподава́тели *м мн;* **Lehrling** *m* <-s, -e> учени́к *м;* **Lehrmethode** *f* мéтод *м* обучéния; **Lehrplan** *m* учéбный план *м;* **lehrreich** *adj* поучи́тельный; **Lehrstelle** *f* мéсто *с* обучéния; **Lehrstuhl** *m* ка́федра *ж;* **Lehrzeit** *f* врéмя *с* обучéния

Leib *m* <-[e]s, -er> (*Körper*) тéло *с; FIG* ◇ **mit ~ und Seele** душо́й и тéлом; ◇ **sich jd-n vom ~ halten** не подпуска́ть кого́-л бли́зко к себé; **Leibesvisitation** *f* ли́чный о́быск *м;* **Leibgericht** *n* люби́мое блю́до *с;* **leibhaftig** *adj* олицетворённый; (*Teufel*) су́щий; **leiblich** *adj* физи́ческий; (*Vater*) родно́й; **Leibwache** *f* ли́чная охра́на *ж*

Leiche *f* <-, -n> труп *м; FIG* ◇ **über ~n gehen** шага́ть чéрез тру́пы; **leichenblaß** *adj* (*vor Schreck, Angst*) мéртвенноблéдный; **Leichenhalle** *f* морг *м;* **Leichenstarre** *f* <-> тру́пное окоченéние *с;* **Leichenwagen** *m* катафа́лк *м;* **Leichnam** *m* <- [e]s, -e> труп *м,* мёртвое тéло *с*

leicht I. *adj* (1) (*einfach*) лёгкий, нетру́дный (2) (*Gewicht*) лёгкий, нетяжёлый (3) (*Problem, Wunde*) небольшо́й; (*unbedeuend, Fehler*) незначи́тельный; *FIG* ◇ **etw auf die ~e Schulter nehmen** несерьёзно смотрéть на что-л (4) (*Wein, Essen*) некрéпкий, лёгкий (5) (*Unterhaltung*) лёгкий **II.** *adv* (1) (*rasch*) бы́стро; ◇ **~ wütend werden** бы́стро выходи́ть из себя́ (2) (*problemlos*) легко́; **Leichtathletik** *f* SPORT лёгкая атлéтика *ж;* **leichtfallen** *unreg vi* ◇ **das wird ihr ~** э́то ей да́стся легко́; **leichtfertig** *adj* (*leichtsinnig*) легкомы́сленный; **leichtgläubig** *adj* легковéрный; **Leichtgläubigkeit** *f* легковéрие *с;* **leichthin** *adv* (*gesagt*) слегка́; **Leichtigkeit** *f* (*Mühelosigkeit*) лёгкость *ж;* ◇ **mit ~** без затруднéний; **leichtmachen** *vt* облег|ча́ть <-чи́ть>; **leichtnehmen** *unreg vt* легкомы́сленно от|носи́ться <-нести́сь> к чему́-л; **Leichtsinn** *m* легкомы́слие *с;* **leichtsinnig** *adj* легкомы́сленный

leid *adv* (1) ◇ **es tut mir ~** я сожалéю об э́том; ◇ **er tut mir ~** мне его́ жаль (2) (*überdrüssig*) ◇ **ich bin es ~** мне э́то надоéло

Leid *n* <-[e]s> страда́ние *с,* го́ре *с;* **leiden** <litt, gelitten> **I.** *vi* (1) (*an Krankheit*) <по-> страда́ть (*an etw dat* чем-л) (2) (*beschädigt werden*) испы́|тывать <-та́ть>; ◇ **unter etw** *dat* **leiden** пострада́ть от чего́-л **II.** *vt* (*nicht mögen*) ◇ **jd-n/etw nicht ~ können** не терпéть кого́/что-л; **Leiden** *n* <-s, -> страда́ние *с;* (*Krankheits~*) недý́г *м;* **leidend** *adj* страда́ющий

Leidenschaft *f* страсть *ж;* ◇ **e-e ~ für etw haben** увлека́ться чем-л; **leidenschaftlich** *adj* стра́стный; **leidenschaftslos** *adj* (*emotionslos*) бесстра́стный

leider *adv* к сожалéнию

leidig *adj* (*lästig*) га́дкий, неприя́тный

leidlich *adj* сно́сный; ◇ **in ~em Zustand** в неплохо́м состоя́нии

Leidtragende(r) *fm* скорбя́щий(-ая *ж*) *м; FIG* (*Benachteiligte/r*) пострада́вший(-ая *ж*) *м;* **Leidwesen** *n* ◇ **zu meinem ~** к моему́ вели́кому сожалéнию

Leier *f* <-, -n> (*Instrument*) ли́ра *ж;* **Leierkasten** *m* шарма́нка *ж*

leihen <lieh, geliehen> **I.** *vt* дава́ть взаймы́ **II.** *vr* ◇ **sich** *dat* **etw** *akk* **~** брать взаймы́; **Leihgebühr** *f* пла́та *ж* за прока́т; **Leihwagen** *m* автомоби́ль *м,* взя́тый на прока́т; **leihweise** *adv* напрока́т, взаймы́

Leim *m* <-[e]s, -e> (1) клей *м* (2) *FAM* (*dick werden*) ◇ **aus dem ~ gehen** растолстéть *сов;* **leimen** *vt* (1) (*kleben*) склéи<ва>ть (2) *FAM* (*reinlegen*) наду́<ва́>ть

Leine *f* <-, -n> верёвка *ж;* (*Hunde~*) поводо́к *м*

Leinen *n* <-s, -> (*Stoff*) (льняно́е) полотно́ *с*

Leinsamen *m* (*Getreide*) льняно́е сéмя *с*

Leintuch *n* (*Bett~*) льняно́е полотно́ *с;* **Leinwand** *f* (1) KUNST холст *м* (2) FILM экра́н *м*

leise *adj* (*Ton*) ти́хий; (*Hoffnung*) сла́бый

Leiste *f* <-, -n> (1) (*Borte*) кро́мка *ж;* (*Zier~*) пла́нка *ж* (2) ANAT пах *м*

L

leisten *vt* (*Arbeit*) де́лать; ◇ **e-n Eid** ~ дать прися́гу; ◇ **jd-m Gesellschaft** ~ соста́вить компа́нию кому́-л; ◇ **Widerstand** ~ ока́зывать сопротивле́ние; ◇ **sich** *dat* **etw** ~ **können** быть в состоя́нии позво́лить себе́ что-л

Leisten *m* (*Schuh~*) сапо́жная коло́дка *ж*

Leistenbruch *m* MED паховая гры́жа *ж*

Leistung *f* ① (*Ergebnis*) достиже́ние *с* ② PHYS мо́щность *ж;* (*~sfähigkeit*) произво́дительность *ж,* работоспосо́бность *ж* ③ (*Verdienst*) достиже́ние *с* ④ (*Beitrag*) вклад *м;* (*Geldzahlung*) платёж *м;* **Leistungsdruck** *m* напряже́ние *с;* **leistungsfähig** *adj* работоспосо́бный, эффекти́вный; **Leistungsfähigkeit** *f* работоспосо́бность *ж;* **Leistungskurs** *m* SCH гла́вный предме́т *м;* **Leistungsvermögen** *n* мо́щность *ж;* **Leistungszulage** *f* надба́вка *ж* к зарпла́те

Leitartikel *m* (*Zeitungs~*) передови́ца *ж*

Leitbild *n* образе́ц *м*

leiten *vt* ① (*Diskussion*) вести́ *несов;* (*Firma*) руководи́ть *несов,* у|правля́ть ‹-пра́вить›; (*in e-e Richtung*) на|правля́ть ‹-пра́вить›; *FIG* ◇ **etw in die Wege** ~ подгото́вить что-л ② ELECTR про|води́ть ‹-вести́›; **leitend** *adj* ① (*Person*) руководя́щий; (*Stellung*) отве́тственный ② ELECTR проводя́щий

Leiter [1] *f* ‹-, -n› (*Sprossen~*) ле́стница *ж*

Leiter [2] *m* ‹-s, -› ELECTR проводни́к *м*

Leiter [3](**in** *f*) *m* ‹-s, -› (*Abteilungs~*) нача́льник *м,* нача́льница *ж,* заве́дующий(-ая *ж*) *м;* (*Reise~*) руководи́тель(ница *ж*) *м;* (*Schul~*) дире́ктор *м*

Leitfaden *m* руково́дство *с;* **Leitfähigkeit** *f* ELECTR проводи́мость *ж;* **Leithammel** *m FIG* (*Anführer*) вожа́к *м;* **Leitmotiv** *n* основна́я мысль *ж;* MUS (*Thema*) лейтмоти́в *м;* **Leitplanke** *f* ‹-, -n› доро́жное огра́ждение *с*

Leitung *f* ① (*Führung*) руково́дство *с;* (*Verwaltung*) управле́ние *с,* правле́ние *с;* (*Führung e-r Sitzung*) веде́ние *с* ② (*Telefon~*) ли́ния *ж;* (*Wasser~, Gas~*) трубопрово́д *м;* (*Kabel~*) прово́дка *ж;* *FAM* (*begriffsstutzig*) ◇ **e-e lange** ~ **haben** ме́дленно сообража́ть ③ (*das Leiten, von Strom*) про́вод *м*

Leitungsrohr *n* трубопрово́д *м;* **Leitungswasser** *n* водопрово́дная вода́ *ж*

Lektion *f* уро́к *м*

Lektor(**in** *f*) *m* ле́ктор *м*

Lektüre *f* ‹-, -n› ① (*das Lesen*) чте́ние *с* ② (*Lesestoff*) литерату́ра *ж*

Lemming *m* ‹-s, -e› (*Nagetier*) ле́мминг *м*

Lende *f* ‹-, -n› (*Schweine~, Kalbs~*) филе́йная часть *ж* ту́ши; (*von Mensch*) поясни́ца *ж;* **Lendenschurz** *m* (*von Eingeborenem*) набе́дренная повя́зка *ж;* **Lendenwirbel** *m* поясни́чный позвоно́к *м*

lenkbar *adj* управля́емый; **lenken** *vt* ① (*führen*) вести́ ② (*steuern, Fahrzeug*) у|правля́ть ‹-пра́вить› чем-л ③ (*richten, Blick*) направля́ть; ◇ **das Gespräch auf etw** *akk* ~ навести́ разгово́р на что-л; **Lenker** *m* ① (*Fahrrad~*) руль *м* ② (*Fahrer/in*) рулево́й(-а́я *ж*) *м;* **Lenkrad** *n* рулево́е колесо́ *с;* **Lenkstange** *f* (*von Fahrrad*) руль *м*

Lenz *m* (*Frühling*) весна́ *ж;* *FAM* ◇ **sich e-n faulen** ~ **machen** жить беззабо́тно

Leopard *m* ‹-en, -en› леопа́рд *м*

Lepra *f* ‹-› MED ле́пра *ж*

Lerche *f* ‹-, -n› (*Singvogel*) жа́воронок *м*

lernbegierig *adj* любозна́тельный; **lernbehindert** *adj* у́мственно отста́лый

lernen *vt* ① (*Sprache, Beruf*) ‹вы́-›учи́ть, обу|ча́ться ‹-чи́ться› ② (*üben, trainieren*) ‹на-›учи́ться, обу|ча́ться ‹-чи́ться›; ◇ **lesen** ~ учи́ться чита́ть; *PEJ* ◇ **mancher lernt es nie!** до кого́-л не дохо́дит!; **Lernprozeß** *m* уче́бный проце́сс *м*

lesbar *adj* (*leserlich*) разбо́рчивый

Lesbe *f* ‹-, -n›, **Lesbierin** *f* лесбия́нка *ж;* **lesbisch** *adj* лесби́йский

Lese *f* ‹-, -n› (*Wein~*) сбор *м* виногра́да

Lesebrille *f* очки́ *мн* для чте́ния; **Lesebuch** *n* (*Schul~*) кни́га *ж* для чте́ния, хрестома́тия *ж;* **Lesegerät** *n* PC (*für Mikrofiche*) аппара́т *м* для чте́ния микрофи́льмов; **lesen** ‹liest, las, gelesen› *vt* ① ‹про-›чита́ть; PC счи|тывать ‹-та́ть›; (*Handschrift*) расшифро́|вывать ‹-ва́ть› ② (*ernten*) соб‹и›ра́ть ③ (*vortragen*) чита́ть; **Leser**(**in** *f*) *m* ‹-s, -› чита́тель(ница *ж*) *м;* **Leserbrief** *m* письмо́ *м* чита́теля; **leserlich** *adj* ◇ ~ **schreiben** писа́ть разбо́рчиво; **Lesesaal** *m* (*in Bibliothek*) чита́льный зал *м;* **Lesezeichen** *n* закла́дка *ж;* **Lesung** *f* чте́ние *с*

letal *adj* MED (*tödlich*) лета́льный

Lethargie *f* PSYCH (*Schlafsucht*) летарги́я *ж;* *FIG* (*Teilnahmslosigkeit*) вя́лость *ж;* **lethargisch** *adj* летарги́ческий, вя́лый

Lette *m* ‹-n, -n› лито́вец *м;* **Lettin** *f* лито́вка *ж;* **lettisch** *adj* лито́вский

letzte(**r, s**) *adj* ① (*allg.*) после́дний; (*abschließend*) коне́чный; (*Testament*) ◇ **der** ~ **Wille** завеща́ние *с;* REL ◇ ~ **Ölung** соборова́ние *с;* ◇ **die ~ Ehre erweisen** отда́ть после́дний долг; ◇ **zum ~n Mal** в после́дний раз ② (*Nachrichten, Mode*) после́дний, нове́йший ③ (*schlechteste, r, s*) (*Qualität*) наиху́дший ④ (*vorige, r, s*) ◇ **~ Woche** на про́шлой неде́ле ⑥ (*restliche, r, s*) (*Geld*) после́дний; **letztendlich** *adv* (*schließlich*) в коне́чном ито́ге; **letztens** *adv* неда́вно; **letztere(r, s)** *adj* после́дний (из двух); **letztlich** *adv* (*schließlich*) в заключе́ние

Leuchtanzeige *f* светя́щееся табло́ *с;* **Leuchtboje** *f* NAUT светя́щийся буй *м;* **Leuchte** *f* ‹-, -n› ① (*Decken~*) свети́льник *м* ② *FIG* (*Spitzenfachkraft*) свети́ло *с;* **leuchten** *vi* свети́ть *несов;* **Leuchter** *m* ‹-s, -› (*Kerzen~*) подсве́чник *м;* (*Kron~*) лю́стра *ж;* **Leuchtfarbe** *f* светя́щаяся кра́ска *ж;* **Leuchtrakete** *f* сигна́льная раке́та *ж;* **Leuchtreklame** *f* светова́я рекла́ма *ж;* **Leuchtturm** *m* мая́к *м;* **Leuchtzifferblatt** *n* светя́щийся цифербла́т *м*

leugnen *vt* отрица́ть *несов*

Leukämie *f* MED лейкеми́я *ж*

Leumund *m* ‹-[e]s› (*Ruf*) репута́ция *ж*

Leute *pl* лю́ди *мн;* ◇ **unter die ~ kommen** быва́ть в о́бществе; *FAM* ◇ **etw unter die ~ bringen** разглаша́ть что-л

Leutnant *m* ‹-s, -s› лейтена́нт *м*

leutselig *adj* (*gesprächig*) общи́тельный; **Leutseligkeit** *f* общи́тельность *ж*

Leviten *pl FAM* ◇ **jd-m die ~ lesen** чита́ть нота́цию кому́-л

Lexik *f* ‹-› ле́ксика *ж;* **Lexikograph(in** *f*) *m* ‹-en, -en› лексикогра́ф *м;* **Lexikographie** *f* лексикогра́фия *ж;* **Lexikon** *n* ‹-s, Lexika› энциклопе́дия *ж*

Liaison *f* ‹-, -s› любо́вная свя́зь *ж*

Libanon *m* Лива́н *м*

Libelle *f* стрекоза́ *ж*

liberal *adj* либера́льный; **Liberalismus** *m* либерали́зм *м*

Libero *m* ‹-s, -s› свобо́дный защи́тник *м*

Libyen *n* Ли́вия *ж;* ◇ **in/nach ~** в Ли́вии/в Ли́вию

Licht *n* ‹-[e]s, -er› свет *м; FIG* ◇ **jd-n hinters ~ führen** провести́ кого́-л

licht *adj* ① (*hell, klar*) све́тлый; *FIG* ◇ **ein ~er Augenblick** про́блески созна́ния ② (*Bäume, Haare*) ре́дкий; **lichtbeständig** *adj* (*Tapeten, Stoff*) светосто́йкий; **Lichtbild** *n* фотогра́фия *ж;* **Lichtblick** *m FIG* про́блеск *м;* **lichtdurchlässig** *adj* светопроница́емый; **lichtempfindlich** *adj* светочувстви́тельный

lichten I. *vt* прояс|ня́ть ‹-ни́ть›; (*Baum*) разре|жа́ть ‹-ди́ть›; (*Anker*) под|нима́ть ‹-ня́ть› **II.** *vr* ◇ **sich ~** ① (*Haar*) ‹по-›реде́ть ② (*Himmel*) прояс|ня́ться ‹-ни́ться›

lichterloh *adv* ◇ **~ brennen** горе́ть я́рким пла́менем

Lichtgeschwindigkeit *f* ско́рость *ж* све́та; **Lichthupe** *f* светово́й сигна́л *м;* **Lichtjahr** *n* светово́й год *м;* **Lichtmaschine** *f* AUTO освети́тельный генера́тор *м;* **Lichtorgel** *f* светому́зыка *ж;* **Lichtschalter** *m* выключа́тель *м;* **Lichtschranke** *f* фотореле́йный барье́р *м;* **Lichtschutzfaktor** *m* (*von Sonnencreme*) сте́пень *ж* защи́ты от со́лнечного зага́ра

Lichtung *f* (*Wald~*) поля́на *ж*

Lid *n* ‹-[e]s, -er› (*Ober~, Unter~*) ве́ко *с;* **Lidschatten** *m* те́ни *ж мн* для век; **Lidstrich** *m* черта́ *ж*, проведённая вдоль ве́ка

lieb *adj* ми́лый

liebäugeln *vi* любе́зничать *несов* (*mit jd-m* с кем-л), носи́ться *несов* (*mit etw* с чем-л)

Liebe *f* ‹-, -n› любо́вь *ж;* (*bescheiden*) ◇ **von Luft und ~ leben** жить в скро́мных усло́виях; **liebesbedürftig** *adj* ◇ **~ sein** нужда́ться в любви́; **Liebelei** *f* любе́зничание *с;* **lieben** *vt* (*Freund/in*) ‹по-›люби́ть; (*gern mögen*) ‹по-›нра́виться, люби́ть; (*Geschlechtsverkehr haben*) име́ть любо́вную связь; **liebenswert** *adj* досто́йный любви́; **liebenswürdig** *adj* любе́зный, приве́тливый; **liebenswürdigerweise** *adv* любе́зно; **Liebenswürdigkeit** *f* любе́зность *ж*, одолже́ние *с*

lieber *adv* (*vorziehbar, besser*) ◇ **etw ~ tun** предпочита́ть что-л; ◇ **ich gehe ~ nicht** я лу́чше не пойду́

Liebesbrief *m* любо́вное письмо́ *с;* **Liebeskummer** *m* любо́вная тоска́ *ж;* **Liebesleben** *n* полова́я жизнь *ж;* **Liebestöter** *m* ‹-s, -› *FAM* (*lange Unterhose*) кальсо́ны *мн;* **Liebesverhältnis** *n* любо́вная связь *ж*

liebevoll *adj* (*zärtlich*) не́жный; (*sorgfältig*) тща́тельный; **liebgewinnen** *unreg vt* полюби́ть *сов;* **liebhaben** *unreg vt* люби́ть *несов;* **Liebhaber(in** *f*) *m* ‹-s, -› любо́вник *м*, любо́вница *ж;* **Liebhaberei** *f* (*Hobby*) люби́мое заня́тие *с*, люби́тельство *с;* **liebkosen** *vt* ласка́ть *несов;* **lieblich** *adj* (*Kind*) милови́дный, преле́стный; (*Duft*) души́стый; (*Wein*) полусла́дкий; **Liebling** *m* люби́мец *м*, люби́мица *ж;* **lieblos** *adj* бессерде́чный

L

Liechtenstein *n* Ли́хтенштейн *м;* ◇ **nach/in ~** в Ли́хтенштейн/е

Lied *n* <-[e]s, -er> пе́сня *ж; FAM* (*aus Erfahrung wissen*) ◇ **ein ~ davon singen können** об э́том я мог бы мно́го рассказа́ть; *FAM* ◇ **das ist das Ende vom ~** на том де́ло и конча́ется; **Liederbuch** *n* пе́сенник *м*

liederlich *adj* (*schlampig*) безала́берный

Liedermacher(in *f*) *m* <-s, -> а́втор *м* пе́сен

lief *impf v.* **laufen**

Lieferant(in *f*) *m* поставщи́к *м,* поставщи́ца *ж;* **lieferbar** *adj* могу́щий быть поста́вленным; (*vorrätig*) име́ющийся на скла́де; **Lieferfrist** *f* срок *м* доста́вки; **liefern** *vt* ① по|ставля́ть <-ста́вить>; (*versorgen mit*) снаб|жа́ть <-ди́ть>; (*Beweis*) пред|ставля́ть <-ста́вить> ② *FIG* (*verraten*) ◇ **jd-n ans Messer ~** вы́дать кого́-л на распра́ву; *FAM* (*ruiniert sein*) ◇ **geliefert sein** испыта́ть прова́л; **Lieferschein** *m* накладна́я *ж;* **Liefertermin** *m* срок *м* поста́вки; **Lieferung** *f* доста́вка *ж,* поста́вка *ж;* **Lieferwagen** *m* автомоби́ль *м* для разво́зки това́ров

Liege *f* <-, -n> (*Sofa*) куше́тка *ж;* (*Camping~*) шезло́нг *м*

liegen <lag, gelegen> *vi* ① (*allg.*) лежа́ть *несов,* поко́иться *несов* ② (*in waagerechter Lage*) (*Weinflaschen*) лежа́ть ③ (*sich befinden*) лежа́ть, быть располо́женным, находи́ться; *FIG* (*arbeitslos sein*) ◇ **auf der Straße ~** быть без де́ла ④ (*nicht angenehm sein*) ◇ **diese Leute ~ mir nicht** мне э́ти лю́ди не по душе́; (*begabt sein*) ◇ **Sprachen ~ ihr im Blut** спосо́бность к языка́м у неё в крови́ ⑤ (*Ursache haben in*) быть причи́ной чего́-л; ◇ **dieser Fehler liegt an seiner Unaufmerksamkeit** причи́на оши́бки - его невнима́тельность; ◇ **an etw ~** зави́сеть от чего́-л; (*verantwortlich sein*) заключа́ться в чём-л; *FIG* ◇ **die Entscheidung liegt bei dir** ты до́лжен реши́ться ⑥ (*Wert legen auf*) ◇ **mir liegt viel an seinem Rat** я дорожу́ его́ сове́том; **liegenbleiben** *unreg vi* ① (*im Bett bleiben*) оста́<ва́>ться лежа́ть; (*Kranke*) не встава́ть с посте́ли ② (*steckenbleiben*) зас|трева́ть <-тря́ть> ③ (*vergessene Sachen*) быть забы́тым ④ (*unerledigte Arbeit*) оста́<ва́>ться нетро́нутым ⑤ (*Schnee*) оста́<ва́>ться лежа́ть; **liegenlassen** *unreg vt* (*Arbeit*) о|ставля́ть <-ста́вить>; (*vergessen*) забы́<ва́>ть; *FIG* ◇ **jd-n links ~** не обраща́ть внима́ния на кого́-л; **Liegenschaft** *f* (*Grundbesitz*) недви́жимость *ж;* **Liegesitz** *m* сиде́нье *с* с откидно́й спи́нкой; **Liegestuhl** *m* шезло́нг *м;* **Liegestütz** *m* <-, -en> SPORT упор *м* лёжа; **Liegewagen** *m* BAHN спа́льный ваго́н *м*

lieh *impf v.* **leihen**

ließ *impf v.* **lassen**

Lift *m* <-[e]s, -s *o.* -e> лифт *м*

Liga *f* ли́га *ж;* SPORT разря́д *м,* класс *м*

liieren *vr* ◇ **sich ~** объединя́ться *несов*

Likör *m* <-s, -e> ликёр *м*

lila *adj* <inv> лило́вый

Lilie *f* BOT ли́лия *ж*

Liliputaner(in *f*) *m* лилипу́т(ка *ж*) *м*

Limerick *m* <-, -s> шу́точное стихотворе́ние *с*

Limes *m* <-> HIST (*Grenzwall*) ли́мес *м*

Limit *n* <-s, -s> (*Grenze*) лими́т *м,* преде́л *м;* ◇ **ein ~ setzen** положи́ть преде́л

Limonade *f* лимона́д *м*

Limousine *f* (*Auto~*) лимузи́н *м*

lind *adj* (*mild*) мя́гкий

Linde *f* <-, -n> BOT ли́па *ж*

lindern *vt* BOT смяг|ча́ть <-чи́ть>, облег|ча́ть <-чи́ть>; **Linderung** *f* смягче́ние *с,* облегче́ние *с*

Lineal *n* <-s, -e> лине́йка *ж*

Linie *f* ① (*Strich, Gerade*) ли́ния *ж,* черта́ *ж;* MATH пряма́я *ж* ② (*Reihe*) ряд *м* ③ (*Verkehrsstrecke, Verkehrsmittel*) ли́ния *ж,* маршру́т *м;* ◇ **mit der ~ 3 fahren** е́хать авто́бусом/трамва́ем маршру́та но́мер 3 ④ (*Verwandtschafts~*) ли́ния *ж* (родства́); ◇ **aus der ~ mütterlicherseits** по матери́нской ли́нии ⑤ (*Partei~*) ли́ния *ж* ⑥ *FAM* (*Figur*) ◇ **gut für die schlanke ~** хорошо́ для сохране́ния фигу́ры; **Linienflug** *m* ре́йсовый полёт *м;* **Linienrichter(in** *f*) *m* SPORT судья́ *м* на ли́нии; **linientreu** *adj* ве́рный ли́нии

link *adj FAM* (*hinterhältig*) обма́нчивый

Linke *f* <-, -n> (*Hand*) ле́вая рука́ *ж;* POL ле́вые

linke(r, s) *adj* ле́вый; (*beim Stricken*) ◇ **~ Masche** изна́ночная петля́; *FIG* (*ärgerlich sein*) ◇ **mit dem ~n Fuß aufstehen** встать с ле́вой ноги́; *FIG* ◇ **zwei ~ Hände haben** быть нело́вким

linken *vt FAM* (*betrügen*) про|води́ть <-вести́>, обма́|нывать <-ну́ть>

linkisch *adj* (*Verhalten*) нело́вкий

links I. *adv* (*gehen*) нале́во, вле́во; (*stricken*) изна́ночный; *FAM* ◇ **das habe ich mit ~ gemacht** э́то я сде́лал игра́ючи **II.** *präp gen* сле́ва; ◇ **~ von mir** сле́ва от меня́; **Links-**

außen *m* <-, -> SPORT ле́вый кра́йний напада́ющий *м;* **Linkshänder(in** *f*) *m* <-s, -> левша́ *м/ж;* **Linkskurve** *f* поворо́т *м* вле́во; **linksradikal** *adj* POL леворадика́льный; **Linksverkehr** *m* левосторо́ннее движе́ние *с*

Linoleum *n* <-s> лино́леум *м*

Linse *f* <-, -n> ① ANAT хруста́лик *м* ② PHYS ли́нза *ж* ③ (*Gemüse*) чечеви́ца *ж*

Lippe *f* <-, -n> губа́ *ж; FAM* ◇ **e-e dicke ~ riskieren** вызыва́юще разгова́ривать с кем-л; **Lippenbekenntnis** *n PEJ* призна́ние *с* то́лько на слова́х; **Lippenstift** *m* губна́я пома́да *ж*

liquid *adj* (*zahlungsfähig*) ликви́дный, платёжеспосо́бный

liquidieren *vt* COMM ликвиди́ровать *несов и сов*

lispeln *vi* шепеля́вить *несов*

List *f* <-, -en> хи́трость *ж;* (*Trick*) уло́вка *ж*

Liste *f* <-, -n> (*Einkaufs~, Teilnehmer~*) спи́сок *м;* ◇ **e-e ~ aufstellen** соста́вить спи́сок

listig *adj* хи́трый, лука́вый

Litanei *f* REL лита́ния *ж*

Litauer(in *f*) *m* <-s, -> лито́вец *м,* лито́вка *ж;* **litauisch** *adj* лито́вский

Liter *m* <-s, -> литр *м*

literarisch *adj* литерату́рный; **Literatur** *f* литерату́ра *ж;* **Literaturkritik** *f* литерату́рная кри́тика *ж;* **Literaturverzeichnis** *n* библиогра́фия *ж;* **Literaturwissenschaft** *f* литературове́дение *с*

Litfaßsäule *f* столб *м* для афи́ш и объявле́ний

Lithographie *f* литогра́фия *ж*

litt *impf v.* **leiden**

Liturgie *f* REL литурги́я *ж*

live *adv* MEDIA прямо́й

Livree *f* <-, -n> (*Uniform*) ливре́я *ж*

Lizenz *f* лице́нзия *ж;* ◇ **jd-m e-e ~ erteilen** вы́дать кому́-л лице́нзию

Lkw *m* <-[s], -[s]> *Abk. v.* **Lastkraftwagen**

Lob [1] *n* <-[e]s> хвала́ *ж,* похвала́ *ж*

Lob [2] *m o. n* <-s, -s> SPORT (*im Tennis*) свеча́ *ж*

Lobby *f* <-, -s *o.* -bies> ло́бби *с*

loben *vt* хвали́ть *несов;* **lobenswert** *adj* заслу́живающий похвалы́

Loch *n* <-[e]s, Löcher> ① (*Öffnung*) дыра́ *ж; FAM* ◇ **aus dem letzten ~ pfeifen** быть при после́днем издыха́нии; *PEJ* ◇ **saufen wie ein ~** пить запо́ем ② *PEJ* (*Wohnung*) дыра́ *ж;* (*Gefängnis*) куту́зка *ж;* **lochen** *vt* (*Karte*) проби́‹ва́›ть; **Locher** *m* <-s, -> дыроко́л *м;* **löcherig** *adj* дыря́вый

Locke *f* <-, -n> ло́кон *м;* **locken** **I.** *vt* (*anziehen*) ‹по-›мани́ть, зав|лека́ть ‹-ле́чь› **II.** *vr* (*Haare*) ви́ться *несов;* **Lockenkopf** *m FIG* (*Person*) кудря́вый(-ая *ж*) *м;* **Lockenwickler** *m* <-s, -> бигуди́ *мн*

locker *adj FIG* (*Lebenswandel*) легкомы́сленный, распу́щенный; **lockerlassen** *unreg vi* ◇ **nicht ~** не отступа́ть; **lockern** **I.** *vt* (*Schraube*) рас|слабля́ть ‹-сла́бить›; (*Vorschriften, Gürtel*) о|слабля́ть ‹-сла́бить› **II.** *vr* ◇ **sich ~** (*Freundschaft*) охладе́‹ва́›ть; (*Sitten*) ослабе́‹ва́›ть

lockig *adj* кудря́вый

Lockruf *m* прима́нка *ж;* **Lockvogel** *m* прима́нка *ж*

Lodenmantel *m* грубошёрстное непромока́емое пальто́ *с*

lodern *vi* (*Feuer*) пыла́ть *несов*

Löffel [1] *m* <-s, -> ло́жка *ж; FAM* (*sterben*) ◇ **den ~ abgeben** отда́ть концы́

Löffel [2] *m* <-s, -> (*Hasenohr*) у́хо *с*

löffeln *vt* хлеба́ть *несов;* **löffelweise** *adv* ло́жками

log *impf v.* **lügen**

Logarithmus *m* MATH логари́фм *м*

Logbuch *n* NAUT ва́хтенный журна́л *м*

Loge *f* <-, -n> *a.* THEAT ло́жа *ж*

Loggia *f* <-, Loggien> ло́джия *ж*

Logik *f* ло́гика *ж;* **logisch** *adj* логи́чный

Lohn *m* <-[e]s, Löhne> вознагражде́ние *с;* (*Arbeits~*) за́работная пла́та *ж;* **Lohnausgleich** *m* ◇ **bei vollem ~** без пониже́ния за́работной пла́ты; **Lohnempfänger(in** *f*) *m* получа́ющий(-ая *ж*) *м* зарпла́ту; **lohnen** **I.** *vt* вознагра|жда́ть ‹-ди́ть› **II.** *vr* ◇ **sich ~** сто́ить; **lohnend** *adj* сто́ящий, вы́годный; **Lohnerhöhung** *f* повыше́ние *с* за́работной пла́ты; **Lohnsteuer** *f* подохо́дный нало́г *м;* **Lohnsteuerjahresausgleich** *m* *возмеще́ние изли́шне уде́ржанного в тече́ние го́да подохо́дного нало́га;* **Lohnsteuerkarte** *f* ка́рточка *ж* исчисле́ния подохо́дного нало́га

Loipe *f* <-, -n> SPORT (*Langlauf~*) лыжня́ *ж*

Lok *f* <-, -s> *Abk. v.* **Lokomotive**

lokal *adj* ме́стный

Lokal *n* <-[e]s, -e> кафе́ *с;* (*Speise~*) рестора́н *м*

Lokalanästhesie *f* MED ме́стный нарко́з *м;* **Lokalbericht** *m* статья́ *ж* о ме́стных собы́тиях; **lokalisieren** *vt* локализова́ть *несов и сов*

Lokomotive *f* локомоти́в *м;* **Lokomotivführer** *m* машини́ст *м*

Look *m* <-s, -s> (*Aussehen*) направле́ние *с* в мо́де
Looping *n* <-s, -s> AERO мёртвая петля́ *ж*
Lorbeer *m* <-s, -en> *a. FIG* лавр *м;* **Lorbeerblatt** *n* GASTRON лавро́вый лист *м*
Lore *f* <-, -n> MIN вагоне́тка *ж*
los *adv* ① (*Leine*) отвяза́вшийся; ◇ **ich bin meine Kiste ~** я отде́лался от свое́й та́чки ② (*passieren*) ◇ **was ist ~?** что случи́лось?; ◇ **dort ist nichts ~** там ничего́ (интере́сного) не происхо́дит ③ ◇ **~!** дава́й!
Los *n* <-es, -e> ① (*Schicksal*) до́ля *ж,* судьба́ *ж,* жре́бий *м* ② (*Lotterie~*) лотере́йный биле́т *м; a. FIG* (*Hauptgewinn*) ◇ **das große ~ ziehen** вы́играть гла́вный вы́игрыш
losbinden *unreg vt* отвя́зывать *несов*
lösbar *adj* (*Aufgabe, Rätsel*) разреши́мый
Löschblatt *n* лист *м* промока́тельной бума́ги; **löschen I.** *vt* ① (*Feuer, Licht*) <по->туши́ть, <по->гаси́ть ② (*streichen, tilgen*) уда|ля́ть <-ли́ть>, стира́ть <стере́ть>; COMM (*Konto*) закры́<ва́>ть; (*Schulden*) пога|ша́ть <-си́ть>; (*Tonband, Daten*) стира́ть <стере́ть>; (*Speicher*) уда|ля́ть <-ли́ть>; (*Firma*) аннули́ровать *несов и сов* ③ (*Durst*) уто|ля́ть <-ли́ть> **II.** *vi* ① (*Feuerwehr*) <по->туши́ть ② (*aufsaugen, Papier*) промок|а́ть <-ну́ть>; **Löschfahrzeug** *n* пожа́рный автомоби́ль *м;* **Löschgerät** *n* пожа́рное обору́дование *с;* **Löschtaste** *f* PC кла́виша *ж* стира́ния
lose *adj* ① (*locker, Schraube*) незатя́нутый; (*Knopf*) разболта́вшийся; ◇ **das Kind hat e-n ~n Zahn** у ребёнка шата́ется зуб ② (*nicht verpackt*) нерасфасо́ванный; (*Blatt Papier*) вы́павший ③ *FAM* (*frech*) ◇ **ein ~s Mundwerk haben** быть де́рзким на язы́к
Lösegeld *n* вы́куп *м*
losen *vi* броса́ть <бро́сить> жре́бий
lösen I. *vt* ① (*lockern, Schraube*) рас|слабля́ть <-сла́бить>; (*Handbremse*) отпус|ка́ть <-ти́ть>; (*Schleife, Knoten*) развя́|зывать <-за́ть>, распус|ка́ть <-ти́ть> ② (*Verlobung*) прекра|ща́ть <-ти́ть>; (*Vertrag*) рас|торга́ть <-то́ргнуть> ③ (*Problem*) разре|ша́ть <-ши́ть> ④ (*Fahrschein*) покупа́ть <купи́ть> ⑤ CHEM (*in Flüssigkeit*) раство|ря́ть <-ри́ть> **II.** *vr* ◇ **sich ~** ① (*Krampf, Spannung*) ослабля́ться *несов,* ослабе́ть *сов* ② (*Schuß*) вы́стрелить *сов* ③ (*auf~*) (*Zucker*) раство|ря́ться <-ри́ться> (*in akk* в чём-л) ④ (*Problem*) разре|ша́ться <-ши́ться>
losfahren *unreg vi* тро́|гаться <-нуться>; **losgehen** *unreg vi* ① (*weggehen*) уходи́ть <уйти́> ② (*anfangen*) нач<ин>а́ться; *FAM* ◇ **jetzt kann's ~** сейча́с мо́жно нача́ть ③ (*Schuß*) вы́стрелить *сов;* (*Bombe*) взорва́ться *сов* ④ (*angreifen*) ◇ **auf jd-n ~** бро́ситься на кого́-л; **loskaufen** *vt* (*Geiseln*) выкупа́ть <вы́купить>; **loskommen** *unreg vi* ◇ **von etw ~** освободи́ться от чего́-л;
loslassen *unreg vt* ① (*freigeben*) выпуска́ть <вы́пустить> ② (*Schimpfe*) произ|носи́ть <-нести́>; *a. FIG* (*angreifen lassen*) ◇ **den Hund auf jd-n ~** спусти́ть соба́к на кого́-л; **loslegen** *vi FAM* ◇ **mit der Arbeit ~** приня́ться за рабо́ту
löslich *adj* раствори́мый
losmachen *vt* (*Boot*) отвя́|зывать <-за́ть>; **losreißen** *vr* ◇ **sich ~** отрыва́ться <оторва́ться> (*von jd-m/etw* от кого́/чего́-л); **lossagen** *vr* ◇ **sich ~** от|река́ться <-ре́чься> (*von jd-m/etw* от кого́-л/чего́-л); **lossprechen** *unreg vt* ◇ **jd-n von etw ~** объяви́ть кого́-л невино́вным
Losung *f* ① MIL паро́ль *м* ② (*Vorgehensweise*) ло́зунг *м*
Lösung *f* ① (*e-s Rätsels, e-r Aufgabe*) реше́ние *с;* ◇ **friedliche ~** ми́рная развя́зка *ж* ② (*e-r Beziehung*) разры́в *м* ③ CHEM раство́р *м;* **Lösungsmittel** *n* раствори́тель *м*
loswerden *unreg vt* отде́л<ыв>аться
Lot *n* <-[e]s, -e> ① (*Senk~*) отве́с *м;* (*Echo~*) лот *м;* ◇ **alles im ~!** всё в по́лном поря́дке!; *FIG* ◇ **jd-n aus dem ~ bringen** вы́вести кого́-л из равнове́сия ② MATH перпендикуля́р *м* ③ (*Metall zum Löten*) припо́й *м*
löten *vt* <за->пая́ть
Lotion *f* (*Haut~, Gesichts~*) лосьо́н *м*
Lötkolben *m* пая́льник *м*
Lotosblume *f* цвето́к *м* ло́тоса
Lotse *m* <-n, -n> AERO авиадиспе́тчер *м;* NAUT ло́цман *м;* **lotsen** *vt* про|води́ть <-вести́>
Lotterie *f* лотере́я *ж;* **Lotteriegewinn** *m* (*Los*) лотере́йный вы́игрыш *м;* **Lotterielos** *n* лотере́йный биле́т *м;* **Lotteriespiel** *n* лотере́я *ж;* **Lotto** *n* (*Zahlen~*) лото́ *с*
Löwe *m* <-n, -n> ZOOL лев *м;* ASTROL Лев *м;* **Löwenanteil** *m* льви́ная до́ля *ж;* **Löwenmaul** *n* льви́ный зев *м;* **Löwenzahn** *m* BOT одува́нчик *м;* **Löwin** *f* льви́ца *ж*
loyal *adj* лоя́льный; **Loyalität** *f* лоя́льность *ж*
LP *f Abk. v.* **Langspielplatte**
LSD *n* (*Rauschgift*) ЛСД
lt. *präp Abk. v.* **laut**
Luchs *m* <-es, -e> ZOOL рысь *ж*

Lücke *f* <-, -n> пустóе мéсто *с;* (*im Text, Wissen*) прóпуск *м,* пробéл *м;* **Lückenbüßer(in** *f*) *m* <- s, -> затычка *м/ж;* **lückenhaft** *adj* непóлный; (*Wissen*) с пробéлами; (*Zaun*) с просвéтами; **lückenlos** *adj* пóлный; (*Wissen*) без пробéлов; (*Stadtmauer*) без просвéтов

lud *impf v.* **laden**

Luder *n* <-s, -> *PEJ* стéрва *ж;* ◇ **armes ~** бедня́жка *м/ж*

Luft *f* <-, Lüfte> вóздух *м; FAM* (*sprengen*) ◇ **etw in die ~ jagen** взорвáть что-л; ◇ **in der ~ liegen** ждать своегó осуществлéния; *FAM* (*wütend sein*) ◇ **in die ~ gehen** выходи́ть из себя́; ◇ **jd-n wie ~ behandeln** игнори́ровать когó-л; *FAM* ◇ **hier ist dicke ~** здесь чтó-то не лáдно; **Luftangriff** *m* MIL возду́шное нападéние *с;* **Luftballon** *m* возду́шный шáр(ик) *м;* **Luftblase** *f* возду́шный пузы́рь *м;* **Luftbrücke** *f* возду́шный мост *м;* **luftdicht** *adj* вóздухонепроницáемый; **Luftdruck** *m* давлéние *с* вóздуха

lüften *vt, vi* (1) (*Zimmer*) провéтри<ва>ть (2) (*Geheimnis*) проли́<вá>ть свет на что-л

Luftfahrt *f* аэронавигáция *ж;* **Luftfeuchtigkeit** *f* влáжность *ж* вóздуха; **Luftfilter** *m* возду́шный фильтр *м;* **Luftfracht** *f* авиациóнный груз *м;* **Luftgewehr** *n* пневмати́ческое ружьё *с;* **luftig** *adj* (*Ort*) простóрный; (*Raum*) достýпный вóздуху и свéту; (*Kleider*) лёгкий; **Luftkissenfahrzeug** *n* сýдно *с* на возду́шной подýшке; **Luftkurort** *m* климати́ческий курóрт *м;* **luftleer** *adj* (*~er Raum*) безвоздýшный; **Luftlinie** *f* прямáя ли́ния *ж;* **Luftloch** *n* AERO возду́шная я́ма *ж;* **Luftmatratze** *f* надувнóй матрáц *м;* **Luftpirat** *m* возду́шный пирáт *м;* **Luftpost** *f* авиапóчта *ж;* **Luftpumpe** *f* возду́шный насóс *м;* **Luftrettungsdienst** *m* спасáтельная авиаслýжба *ж;* **Luftröhre** *f* ANAT трахéя *ж;* **Luftschiff** *n* (*Zeppelin*) дирижáбль *м;* **Luftschlange** *f* (*für Fasching*) змея́ *ж* (из цветнóй бумáги); **Luftschloß** *n* (*Wunschvorstellung*) ◇ **Luftschlösser bauen** стрóить возду́шный зáмок; **Luftschutzkeller** *m* бомбоубéжище *с;* **Luftspieg[e]lung** *f* (*Fata Morgana*) мирáж *м;* **Luftsprung** *m* прыжóк *м; FIG* ◇ **e-n ~ machen** подпры́гнуть от рáдости

Lüftung *f* провéтривание *с*

Luftveränderung *f* перемéна *ж* кли́мата; **Luftverschmutzung** *f* загрязнéние *с* вóздуха; **Luftwaffe** *f* MIL воéнно-возду́шные си́лы *ж мн;* **Luftweg** *m* ◇ **auf dem ~ befördern** перевози́ть возду́шным трáнспортом; **Luftzug** *m* сквозня́к *м*

Lüge *f* <-, -n> ложь *ж;* ◇ **jd-n e-r ~ bezichtigen** обвиня́ть когó-л во лжи

lügen <log, gelogen> *vi* <со->лгáть; **Lügner(in** *f*) *m* <-s, -> лгýн(ья *ж*) *м*

Luke *f* <-, -n> (*Dach~, Boden~*) люк *м*

lukrativ *adj* при́быльный, вы́годный

Lümmel *m* <-s, -> болвáн *м;* **lümmeln** *vr* (*auf dem Sofa*) ◇ **sich ~** развали́ться *сов*

Lump *m* <-en, -en> (*Landstreicher*) оборвáнец *м;* **lumpen** *vi FAM* ◇ **sich nicht ~ lassen** не скупи́ться; **Lumpen** *m* <-s, -> (*Fetzen*) лохмóтья *мн;* (*Scheuerlappen*) тря́пка *ж;* **Lumpengesindel** *n* <-s, -> *PEJ* сброд *м;* **lumpig** *adj* (*Kleidung*) в лохмóтьях, обóрванный; (*geringfügig*) пóдлый

Lunge *f* <-, -n> лёгкое *с;* ◇ **sich die ~ aus dem Hals schreien** надрывáться от кри́ка; **Lungenentzündung** *f* воспалéние *с* лёгких; **lungenkrank** *adj* с больны́ми лёгкими

Lunte *f* <-, -n> (*Zündschnur*) фити́ль *м; FIG* ◇ **~ riechen** чýять опáсность

Lupe *f* <-, -n> лýпа *ж; FIG* ◇ **jd-n/etw unter die ~ nehmen** при́стально присмотрéться к комý/чемý-л

Lurch *m* <-es, -e> амфи́бия *ж*

Lust *f* <-> (*Neigung, Bedürfnis*) желáние *с,* охóта *ж;* (*Genuß, Gefallen*) удовóльствие *с;* ◇ **auf [*o.* zu] etw ~ haben** имéть желáние к чемý-л

Lüster *m* <-s, -> (*Kronleuchter*) лю́стра *ж*

lüstern *adj* (*wollüstig*) похотли́вый

Lustgefühl *n* чýвство *с* удовóльтсвия

lustig *adj* (*komisch*) смешнóй; (*fröhlich*) весёлый

Lüstling *m* сластолю́бец *м*

lustlos *adj* безучáстный; (*Börse*) вя́лый

Lustspiel *n* комéдия *ж*

lutherisch *adj* REL лютерáнский

lutschen *vt, vi* <по->сосáть; ◇ **am Daumen ~** сосáть пáлец; **Lutscher** *m* <-s, -> леденéц *м*

Luv *f* <-s> NAUT навéтренная сторонá *ж*

Luxemburg *n* Люксембýрг *м;* ◇ **nach/in ~** в Люксембýрг/е; **luxemburgisch** *adj* люксембýргский

luxuriös *adj* роскóшный; **Luxus** *m* <-> рóскошь *ж;* **Luxusartikel** *m* прéдмет *м* рóскоши; **Luxushotel** *n* гости́ница-люкс *ж*

Lymphdrüse *f* ANAT лимфати́ческая железá *ж;* **Lymphe** *f* <-> MED ли́мфа *ж;*

Lymphknoten *m* MED лимфати́ческий у́зел *м*

lynchen *vt* линчева́ть *несов и сов;* **Lynchjustiz** *f* суд *м* Ли́нча

Lyrik *f* ли́рика *ж;* **Lyriker(in** *f*) *m* <-s, -> ли́рик *м;* **lyrisch** *adj* лири́ческий

M

M, m *n* М, м

M. A. *Abk. v.* **Magister artium** маги́стр *м* гуманита́рных нау́к

Machart *f* фасо́н *м;* **machbar** *adj* осуществи́мый; **Mache** *f* <-> *FAM* (*Vortäuschung*) притво́рство *с;* **machen I.** *vt* (1) (*tun*) <с-> де́лать; ◇ **was soll ich ~?** что мне де́лать? (2) *FAM* (*reparieren*) <по->чини́ть; ◇ **kannst du mir das heil ~?** мо́жешь ты мне э́то почини́ть? (3) (*Prüfung*) сда́<ва́>ть (4) *FAM* ◇ **was ~ deine Kinder?** как дела́ у твои́х дете́й? (5) (*Ärger, Kummer*) причи|ня́ть <-ни́ть> (6) MATH (*ergeben*) ◇ **8 und 5 macht 13** 8 плюс 5 равня́ется 13 (7) (*Notdurft verrichten*) де́лать; ◇ **in die Hose ~** наде́лать в штаны́ (8) (*beginnen mit*) ◇ **sich an die Arbeit ~** приступи́ть к рабо́те; (*weggehen*) ◇ **sich auf den Weg ~** отпра́виться в путь (9) *FAM* (*kosten*) ◇ **was/wieviel macht es?** ско́лько э́то сто́ит? (10) ◇ **das macht nichts!** ничего́! (11) (*ernennen*) назнача́ть *несов* **II.** *vr* ◇ **sich ~** (1) (*vorankommen*) де́лать прогре́сс, улучша́ться *несов* (2) (*passen*) ◇ **das Bild macht sich gut an dieser Wand** карти́на хорошо́ смо́трится на э́той стене́; **Macher** *m* (*Führungskraft*) заправи́ла *м*

Macho *m* <-s, -s> *FAM* сверсаме́ц *м*

Macht *f* <-, Mächte> си́ла *ж,* мощь *ж;* (*Staat*) власть *ж;* **Machthaber(in** *f*) *m* <-s, -> прави́тель(ница *ж*) *м;* (*Diktator/in*) дикта́тор(ша *ж*) *м;* **mächtig I.** *adj* мо́щный **II.** *adv FAM* (*sehr*) чрезвыча́йно, весьма́; **machtlos** *adj* бесси́льный; **Machtprobe** *f* про́ба *ж* сил; **Machtübernahme** *f* захва́т *м* вла́сти; **Machtwort** *n* ◇ **ein ~ sprechen** сказа́ть реша́ющее сло́во

Macke *f FAM* (*Fehler, Spleen*) изъя́н *м; FIG* стра́нность *ж;* (*verrückt*) ◇ **der hat doch e-e ~!** он ведь немно́го тро́нутый!

Macker *m FAM* (*Freund*) чува́к *м*

Mädchen *n* де́вочка *ж,* де́вушка *ж;* **mädchenhaft** *adj* деви́чий; **Mädchenname** *m* де́вичья фами́лия *ж*

Made *f* <-, -n> личи́нка *ж; FIG* (*im Überfluß haben*) ◇ **leben wie die ~ im Speck** ката́ться как сыр в ма́сле; **madig** *adj* (*Apfel*) черви́вый; (*Lust nehmen*) ◇ **jd-m etw** *akk* **~ machen** отби́ть кому́-л охо́ту к чему́-л

Madonna *f* REL мадо́нна *ж*

Mafia *f* <-> ма́фия *ж*

Magazin *n* <-s, -e> (1) (*Lager*) скла́д *м,* храни́лище *с* (2) (*Zeitschrift*) журна́л *м* (3) (*bei Gewehren*) магази́н *м*

Magd *f* <-, Mägde> служа́нка *ж*

Magen *m* <-s, Mägen *o.* -> желу́док *м; FAM* ◇ **auf den ~ schlagen** отрази́ться на желу́дке; (*Hunger haben*) ◇ **mir knurrt der ~** в желу́дке урчи́т; ◇ **sich den ~ verderben** испо́ртить себе́ желу́док; **Magenbitter** *m* (*Kräuterlikör*) го́рькая (желу́дочная) во́дка *ж;* **Magengeschwür** *n* MED я́зва *ж* желу́дка; **Magensäure** *f* MED желу́дочная кислота́ *ж;* **Magenschmerzen** *m pl* боль *ж* в желу́дке

mager *adj* (1) (*Person*) худо́й (2) (*Fleisch*) нежи́рный (3) (*Ausbeute*) ску́дный, бе́дный; **Magerkeit** *f* худоща́вость *ж;* **Magermilch** *f* обезжи́ренное молоко́ *с;* **Magersucht** *f* истоще́ние *с*

Magie *f* ма́гия *ж;* **Magier(in** *f*) *m* <-s, -> маг *м,* чароде́й(ка *ж*) *м;* **magisch** *adj* маги́ческий

Magisterarbeit *f* диссерта́ция *ж* на сте́пень маги́стра

Magma *n* <s, -men> (*von Vulkan*) ма́гма *ж*

Magnesium *n* CHEM ма́гний *м*

Magnet *m* <-s *o.* -en, en> магни́т *м;* **Magnetband** *n* магни́тная ле́нта *ж;* **magnetisch** *adj* магни́тный; **Magnetnadel** *f* магни́тная стре́лка *ж;* **Magnetpol** *m* магни́тный по́люс *м*

Magnolie *f* BOT магно́лия *ж*

Mahagoni *n* <-s> кра́сное де́рево *с*

mähen[1] *vt* (*Rasen*) <о->стри́чь; (*Getreide*) <с-> коси́ть

mähen[2] *vi FAM* (*Schaf*) бле́ять *несов*

Mahl *n* <-[e]s, -e> (*Mittags~*) обе́д *м,* еда́ *ж*

mahlen <mahlte, gemahlen> *vt* (*Kaffee, Körner*) <с->моло́ть, <рас->толо́чь

Mahlzeit *f* еда́ *ж;* (*beim Essen*) ◇ **~!** прия́тного аппети́та!

Mahnbrief *m* пи́сьменное напомина́ние *с*

Mähne *f* <-, -n> гри́ва *ж*

mahnen *vt* (*erinnern*) напомина́ть *несов;* (*warnend*) увеща́ть *несов,* предосте|регáть <-рéчь>; (*wegen Schulden*) <по->трéбовать уплáты дóлга

Mahnmal *n* (*für Kriegsopfer*) мемориáл *м*

Mahnung *f* предупреждéние *с;* (*an Schuldner*) напоминáние *с*

Mai *m* <-[e]s, -e> май *м;* ◇ **Anfang/Mitte/Ende ~** в начáле/серединé/концé мáя; ◇ **bis ~** к мáю; ◇ **der 28. ~** 28-ое мáя; ◇ **im ~** в мáе; ◇ **Bonn, den 27. ~ 1965** Бóнн, 27-го мáя 1965 гóда; **Maibaum** *m* мáйское дéревце *с;* **Maiglöckchen** *n* лáндыш *м;* **Maikäfer** *m* мáйский жук *м*

Mailbox *f* <-, -en> PC "почтóвый ящик" *м*

Mais *m* <-es> кукурýза *ж;* **Maiskolben** *m* почáток *м* кукурýзы

Maisonette *f* двухэтáжная квартира *ж*

Majestät *f* (вáше) величество *с;* **majestätisch** *adj* величественный

Majoran *m* <-s> BOT майорáн *м*

Major *m* <-s, -e> MIL майóр *м*

Majorität *f* (*Mehrheit*) большинствó *с*

makaber *adj* жýткий

Makel *m* <-s, -> недостáток *м;* (*moralisch*) позóрное пятнó *с,* порóк *м;* **makellos** *adj* безупрéчный, незапятнанный

Make-up *n* макияж *м*

Makkaroni *f* <-, -> макарóны *мн*

Makler(in *f*) *m* <-s, -> (*Immobilien~*) мáклер *м;* (*Börsen~*) брóкер *м*

Makrele *f* <-, -n> макрéль *ж,* скýмбрия *ж*

Makrone *f* <-, -n> миндáльное пирóжное *с*

mal *adv* ① (*einmal*) раз ② (*multipliziert mit*) ◇ **3 ~ 3 ist 9** трижды три - дéвять ③ ◇ **er hat sich nicht ~ entschuldigt** он дáже не извинился; ◇ **ich bin schon ~ in Paris gewesen** я ужé был однáжды в Парижe; ◇ **kommen Sie mich doch ~ besuchen** прихóдите когдá-нибýдь в гóсти

Mal [1] *n* <-[e]s, -e> (*Zeitpunkt*) раз *м;* (*plötzlich*) ◇ **mit e-m ~** вдруг; ◇ **von ~ zu ~** с кáждым рáзом

Mal [2] *n* <-[e]s, e *o.* Mäler> (*Mutter~, Wund~*) пятнó *с,* мéтка *ж*

Malaria *f* <-> MED малярия *ж*

malen *vt, vi* <на->рисовáть, <на->писáть; **Maler(in** *f*) *m* <-s, -> (*Künstler/in*) худóжник *м,* худóжница *ж;* (*Tapezierer/in*) маляр *м;* **Malerei** *f* живопись *ж;* **malerisch** *adj* живописный

Malheur *n* (*Mißgeschick, Unglück*) неприятность *ж,* неудáча *ж*

Malkasten *m* ящик *м* с крáсками

malnehmen *unreg vt, vi* (*multiplizieren*) умножáть <-нóжить> (*mit* на)

malochen *vi FAM* вкáлывать *несов*

malträtieren *vt* (*mißhandeln*) жестóко обращáться с кем-л

Malz *n* <-es> сóлод *м*

Malzkaffee *m* сóлодовый кóфе *с*

Mama, **Mami** *f* <-, -s> *FAM* мáма *ж*

Mammut *n* <-s, -e *o.* -s> мáмонт *м*

mampfen *vi FAM* уплетáть за óбе щéки

man *pron indefinit* ◇ **~ muß** нáдо, необходимо, слéдует; ◇ **~ sagt** говорят; ◇ **wenn ~ bedenkt** éсли подýмать; ◇ **~ kann** мóжно

Management *n* <-s> мéнеджмент *м;* **Manager(in** *f*) *m* <-s, -> мéнеджер *м;* **Managerkrankheit** *f* MED нéрвное и физическое перенапряжéние *с*

manche(r, s) *pron indefinit* нéкоторый, инóй; (*pl*) мнóгие, нéкоторые; **mancherlei I.** <inv> *adj* рáзный, различный **II.** *pron* всякое

manchmal *adv* иногдá

Mandant(in *f*) *m* JURA мандáнт *м*

Mandarine *f* мандарин *м*

Mandat *n* мандáт *м*

Mandel *f* <-, -n> ① BOT миндáль *м* ② ANAT глáнды *ж мн,* миндáлина *ж;* **Mandelentzündung** *f* ангина *ж*

Manege *f* <-, -n> (*Zirkus~*) манéж *м*

Mangel [1] *m* <-s, Mängel> ① (*Fehlen*) недостáток *м* ② (*Fehler*) изъян *м*

Mangel [2] *f* <-, -n> (*Wäsche~*) катóк *м* для белья

Mangelerscheinung *f* недостáточность *ж;* **mangelhaft** *adj* (*unvollständig*) непóлный; (*unzureichend*) недостáточный; (*fehlerhaft*) дефéктный

mangeln [1] *vi unpers* недоставáть *несов;* ◇ **es mangelt ihm an Taktgefühl** у негó нет чýвства тáкта

mangeln [2] *vt* (*Wäsche*) <вы́->катáть бельё

mangels *präp gen* за отсýтствием чегó-л; **Mangelware** *f* дефицитный товáр *м*

Mango *f* <-, -s *o.* -nen> (*Südfrucht*) мáнго *с*

Manie *f* MED *a. FIG* мáния *ж*

Manier *f* <-> ① (*Art und Weise*) манéра *ж* ② ◇ **~en** *pl* (*Benehmen*) манéры *мн;* (*Tisch~*) поведéние *с;* **manierlich** *adj* (*wohlerzogen, anständig*) (благо)воспитанный

Manifest *n* <-es, -e> манифéст *м*

Maniküre *f* <-> (*Handpflege*) маникюр *м;* **maniküren** *vt* дéлать маникюр

Manipulation *f* манипуляция *ж;* **manipulieren** *vt* манипулировать *несов*

manisch *adj* PSYCH одержимый мáнией

L M

Manko *n* <-s, -s> (*Mangel*) недостáток *м*

Mann *m* <-[e]s, Männer> мужчи́на *м;* (*Ehe~*) муж *м; FIG* (*sich bewähren*) ◇ **seinen ~ stehen** умéть постоя́ть за себя́; **Männchen** *n* (*Tier*) самéц *м; FIG* ◇ **~ machen** встáть на зáдние лáпы

Mannequin *n* <-s, -s> манекéнщица *ж*

Männerchor *m* мужскóй хор *м*

mannigfach *adj* многочи́сленный; **mannigfaltig** *adj* разнообрáзный, разностороннний

männlich *adj* мужскóй; (*mannhaft*) возмужáлый; GRAM мужскóй; **Männlichkeit** *f* мýжественность *ж*, возмужáлость *ж;* **Mannsbild** *n meist PEJ* мужи́к *м*

Mannschaft *f* SPORT комáнда *ж;* NAUT, AERO экипáж *м;* MIL рядовóй состáв *м*

Manöver *n* <-s, -> MIL манёвры *мн*

Mansarde *f* <-, -n> мансáрда *ж*

Manschette *f* манжéта *ж;* (*Papier~*) манжéтка *ж; FIG* (*Angst haben*) ◇ **vor jd-m/etw ~n haben** трепетáть пéред кем/чем-л; **Manschettenknopf** *m* зáпонка *ж*

Mantel *m* <-s, Mäntel> (*Kleidung*) пальтó *с*, плащ *м;* TECH кóрпус *м;* (*Fahrrad~*) покры́шка *ж; FIG* (*opportunistisch handeln*) ◇ **seinen ~ nach dem Wind hängen** держáть нос по вéтру; **Manteltarif** *m* тари́фное соглашéние *с*, содéржащее óбщие положéния

manuell *adj* ручнóй

Manufaktur *f* завóд *м*, мануфактýра *ж*

Manuskript *n* <-[e]s, -e> рýкопись *ж*

Mappe *f* <-, -n> пáпка *ж;* (*Akten~, Noten~*) портфéль *м*, сýмка *ж*

Maracuja *f* <-, -s> маракýя *ж*

Marathon *m* <-s, -s> SPORT *a. FIG* марафóн *м*

Märchen *n* скáзка *ж;* **märchenhaft** *adj* скáзочный, баснослóвный; **Märchenprinz** *m* скáзочный принц *м*

Marder *m* <-s, -> ZOOL куни́ца *ж*

Margarine *f* маргари́н *м*

Margerite *f* <-, -n> BOT маргари́тка *ж*

Marienkäfer *m* бóжья корóвка *ж*

Marihuana *n* <-s> марихуáна *ж*

Marinade *f* маринáд *м*

Marine *f* NAUT воéнно-морскóй флот *м*

marinieren *vt* маринoвáть *несов*

Marionette *f a. FIG* марионéтка *ж*

maritim *adj* морскóй

Mark [1] *f* <-, -> (*Münze*) мáрка *ж*

Mark [2] *n* <-[e]s> (*Knochen~*) кóстный мозг *м;* ◇ **jd-m durch ~ und Bein gehen** охвати́ть всё существó когó-л

Mark [3] *f* <-, -en> (*Grenze*) грани́ца *ж;* ◇ **~ Brandenburg** маркгрáфство *с* Бранденбýргское

markant *adj* (*Gesichtszüge*) характéрный

Marke *f* <-, -n> (*Fabrikat*) мáрка *ж;* (*Brief~*) мáрка *ж;* (*Essens~*) талóн *м;* (*Hunde~*) мéтка *ж;* (*Garderoben~*) контрóльный нóмер *м;* **Markenartikel** *m* фи́рменное издéлие *с;* **Markenzeichen** *n* фи́рменный знак *м*

markerschütternd *adj* (*Schrei*) пронзи́тельный

Marketing *n* <-s> мáркетинг *м*

markieren *vt* (*kennzeichnen*) по|мечáть <-мéтить>; *FAM* (*vortäuschen*) разы́|грывать <-грáть>; ◇ **den starken Mann ~** разыгрывать си́льного; **Markierung** *f* маркирóвка *ж;* (*Straßen~*) размéтка *ж*

Markise *f* <-, -n> штóра *ж*

Markstück *n* мáрка *ж*

Markt *m* <-[e]s, Märkte> ры́нок *м;* **Marktanteil** *m* дóля *ж* ры́нка; **Marktbude** *f* ры́ночная палáтка *ж;* **Marktforschung** *f* изучéние *с* ры́нка; **Marktlücke** *f* COMM ры́ночная ни́ша *ж;* **Marktplatz** *m* ры́ночная плóщадь *ж*

Marmelade *f* пови́дло *с*, варéнье *с*

Marmor *m* <-s, -e> мрáмор *м*

marode *adj* (*Unternehmen*) разби́тый

Marokko *n* Марóкко *с;* ◇ **in/nach ~** в Марóкко

Marone *f* <-, -n> (*Eßkastanie*) каштáн *м*

Marotte *f* <-, -n> (*Spleen, Tick*) причýда *ж*

Marquis *m*, **Marquise** *f* марки́з(а *ж*) *м*

Mars *m* ASTRON Марс *м*

marsch! *intj* ступáй!, марш!

Marsch *m* <-[e]s, Märsche> (1) MIL похóд *м* (2) MUS мáрши *м*

Marschbefehl *m* прикáз *м* на марш; **marschbereit** *adj* готóвый к мáршу; **marschieren** *vi* марширoвáть *несов;* **Marschverpflegung** *f* похóдный паёк *м*

Marter *f* <-, -n> мýка *ж*, пы́тка *ж;* **martern** *vt* (*quälen*) <за->мýчить, пытáть *несов*

Martinshorn *n* сирéна *ж* (автомоби́ля)

Märtyrer(in *f*) *m* <-s, -> мýченик *м*, мýченица *ж*

Marxismus *m* POL маркси́зм *м*

März *m* <-[es], -e> март *м; s. a.* **Mai**

Marzipan *n* марципáн *м*

Masche [1] *f* <-, -n> (*beim Stricken*) петля́ *ж; FIG* ◇ **durch die ~n des Gesetzes schlüpfen** умéло обходи́ть закóн

Masche [2] *f* <-, -n> *FAM* (*günstige Gelegenheit*) удóбный слýчай *м;* (*Lösung*) приём *м;*

(*Trick, Ausrede*) ◇ **neueste** ~ но́вый приём; *FAM* ◇ **das ist seine typische** ~ он всегда́ так де́лает; **Maschendraht** *m* про́волочная се́тка *ж*

Maschine *f* TECH стано́к *м*, маши́на *ж*; (*Flugzeug*) самолёт *м*; **maschinell** *adj* маши́на́льно; **Maschinenbau** *m* <-[e]s> машинострое́ние *с*; **Maschinengewehr** *n* пулемёт *м*; **maschinenlesbar** *adj* приго́дный для счи́тывания компью́тером; **Maschinenpistole** *f* автома́т *м*; **Maschinenraum** *m* маши́нное отделе́ние *с*; **Maschinenschaden** *m* поло́мка *ж* маши́ны; **Maschinenschlosser** *m* сле́сарь *м* по ремо́нту маши́н; **maschinenschreiben** *unreg vi* <на->печа́тать (на пи́шущей маши́нке); **Maschinist** *m* машини́ст *м*

Masern *pl* MED корь *ж*

Maserung *f* тексту́ра *ж*

Maske *f* <-, -n> *Verkleidung, a.* PC ма́ска *ж*; **Maskenball** *m* (бал-)маскара́д *м*; **Maskerade** *f* (*Kostümierung*) маскара́д *м*; **maskieren** *unreg* **I.** *vt* <за->маскирова́ть **II.** *vr* ◇ **sich** ~ <за->маскирова́ться

Maskottchen *n* (*Glücksbringer*) талисма́н *м*

maskulin *adj* мужско́й

maß *impf v.* **messen**

Maß I. *n* <-es, -e> ① (*Maßeinheit*) ме́ра *ж*; ◇ **nach** ~ по (индивидуа́льному) зака́зу ② (*Ausmaß, Grad*) сте́пень *ж*; *FIG* ме́ра *ж*, преде́л *м*; *FIG* (*ungerecht urteilen*) ◇ **mit zweierlei** ~ **messen** име́ть двоя́кий подхо́д к чему́-л; ◇ **in höchstem ~e** в вы́сшей сте́пени **II.** *n* <-es, -> (*Bier*) (литро́вая) кру́жка пи́ва *ж*

Massage *f* <-, -n> масса́ж *м*

Massaker *n* <-s, -> (*Blutbad*) бо́йня *ж*, резня́ *ж*

Maßanzug *m* костю́м *м* на зака́з; **Maßarbeit** *f* рабо́та *ж* на зака́з

Masse *f* <-, -n> ма́сса *ж*; (*Teig~*) те́сто *с*; ◇ **die breiten ~n** широ́кие ма́ссы

Maßeinheit *f* едини́ца *ж* измере́ния

Massenarbeitslosigkeit *f* ма́ссовая безрабо́тица *ж*; **Massenartikel** *m pl* предме́ты *м мн* широ́кого потребле́ния; **Massengrab** *n* о́бщая [бра́тская] моги́ла *ж*; **massenhaft** *adj* <inv> ма́ссовый; **Massenmedien** *n pl* сре́дства *с мн* ма́ссовой информа́ции; **massenweise** *adv* ма́ссами

Masseur(in *f*) *m* массажи́ст(ка *ж*) *м*

Maßgabe *f* соразме́рность *ж*; **maßgebend, maßgeblich** *adj* (*entscheidend*) определя́ющий; (*bestimmend*) реша́ющий, кра́йне ва́жный; **maßhalten** *unreg vi* соблюда́ть [зна́ть] ме́ру

massieren *vt* (*Nacken*) масси́ровать *несов*

massig I. *adj* ма́ссовый **II.** *adv FAM* огро́мный

mäßig *adj* уме́ренный; (*Trinker*) возде́ржанный; (*Schüler, Verpflegung*) посре́дственный, сре́дний; **mäßigen I.** *vt* (*Zorn*) умеря́ть <уме́рить>; (*Tempo*) уменьша́ть <уме́ньшить> **II.** *vr* (*sich beherrschen*) ◇ **sich** ~ сде́р|живаться <-жа́ться>

massiv *adj* ① (*fest, dicht*) масси́вный, пло́тный ② (*Angriff*) энерги́чный ③ *FIG* (*grob*) гру́бый

Massiv *n* <-s, -e> масси́в *м*

Maßkrug *m* пивна́я (литро́вая) кру́жка *ж*; **maßlos** *adj* (*übermäßig*) чрезме́рный; (*Wut, Enttäuschung*) беспреде́льный; **Maßnahme** *f* <-, - n> мероприя́тие *с*, ме́ра *ж*; ◇ **geeignete ~n ergreifen** принима́ть соотве́тствующие ме́ры; **maßregeln** *unreg vt* (*zurechtweisen*) нака́|зывать <-за́ть>; **Maßstab** *m* ① (*Meterstab*) (складно́й) метр *м* ② *FIG* (*Vorbild*) но́рма *ж* ③ (*Prüfstein*) ме́рило *с*; ◇ **dieser Mensch ist für mich kein** ~ на э́того челове́ка я не равня́юсь ④ GEO (*von Landkarte*) масшта́б *м*; **maßvoll** *adj* уме́ренный, сде́ржанный

Mast[1] *m* <-[e]s, -e[n]> NAUT ма́чта *ж*; ELECTR (*Strom~*) столб *м*, ма́чта *ж*

Mast[2] *f* <-> (*von Schlachtvieh*) отко́рм *м*

mästen *vt* от|ка́рмливать <-корми́ть>

Matador *m* <-s, -e> матадо́р *м*

Match *n* <-[e]s, -es> (*Tennis~*) матч *м*

Material *n* <-s, -ien> материа́л *м*; **Materialfehler** *m* брак *м* материа́ла

Materialismus *m* материали́зм *м*; **Materialist(in** *f*) *m* материали́ст(ка *ж*) *м*; **materialistisch** *adj* коры́стный, материалисти́ческий

Materie *f* ① CHEM вещество́ *с* ② (*Sachgebiet*) мате́рия *ж*, те́ма *ж*; **materiell** *adj* материа́льный

Mathematik *f* матема́тика *ж*; **Mathematiker(in** *f*) *m* <-s, -> матема́тик *м*; **mathematisch** *adj* математи́ческий

Matinee *f* <-, -n> у́тренник *м*

Matratze *f* <-, -n> матра́ц *м*

Matrixdrucker *m* PC ма́тричный при́нтер *м*

Matrize *f* <-, -n> ма́трица *ж*

Matrose *m* <-n, -n> (*Seemann*) моря́к *м*; NAUT (*Dienstgrad*) матро́с *м*

Matsch *m* <-[e]s> сля́коть *ж*; **matschig** *adj* сля́котный; (*Früchte*) разда́вленный

M

matt *adj* (1) (*kraftlos*) вя́лый (2) (*müde*) измождённый (3) (*glanzlos*) блёклый, ту́склый (4) FOTO ма́товый (5) SCHACH мат *м;* ◇ **jd-n ~ setzen** заматова́ть (короля́)

Matte *f* <-, -n> (*Fuß~*) цино́вка *ж,* полови́к *м;* (*Bade~*) подсти́лка *ж;* SPORT мат *м*

Mattigkeit *f* (*Müdigkeit*) измождённость *ж;* (*Lustlosigkeit*) вя́лость *ж*

Mattlack *m* ма́товый лак *м;* **Mattscheibe** *f FAM* (*Bildschirm*) экра́н *м* телеви́зора

Mauer *f* <-, -n> стена́ *ж;* **mauern** *vt, vi* производи́ть ка́менную кла́дку

Maul *n* <-[e]s, Mäuler> пасть *ж; FAM* ◇ **halt's ~!** заткни́сь!; **Maulbeerbaum** *m* BOT ту́товое де́рево *с;* **maulen** *vi FAM* <про->ворча́ть; **Maulesel** *m* лоша́к *м;* **Maulheld** *m FAM* (*Angeber*) хвасту́н *м;* **Maulkorb** *m* намо́рдник *м; FIG* ◇ **jd-m e-n ~ umhängen** заста́вить молча́ть кого́-л; **Maultier** *n* мул *м;* **Maulwurf** *m* крот *м*

Maurer(**in** *f*) *m* <-s, -> ка́менщик *м,* ка́менщица *ж*

Maus *f* <-, Mäuse> *a.* PC мышь *ж;* **mäuschenstill** *adj* ◇ **es ist ~** тихо́хонько; **Mausefalle** *f* мышело́вка *ж*

mausern *vr* ◇ **sich ~** (*Vögel*) <по->линя́ть; *FAM* (*sich entwickeln*) меня́ться <измени́ться> к лу́чшему

mausetot *adj FAM* мертвёхонький

Maut *f* <-> (*Straßengebühr*) по́шлина *ж*

maximal *adj* максима́льный

Maxime *f* <-, -n> макси́ма *ж;* **maximieren** *unreg vt* (*Gewinn, Ertrag*) доводи́ть до преде́ла; **Maximum** *n* <-s, -ma> ма́ксимум *м*

Mäzen *m* (*Gönner, Förderer*) мецена́т *м*

Mayonnaise *f* <-, -n> майоне́з *м*

Mechanik *f* меха́ника *ж;* (*Getriebe*) механи́зм *м;* **Mechaniker**(**in** *f*) *m* <-s, -> меха́ник *м;* **mechanisch** *adj* механи́ческий; **mechanisieren** *vt* механизи́ровать *несов и сов;* **Mechanismus** *m* механи́зм *м*

meckern *vi* (1) (*Ziege*) бле́ять *несов* (2) *FAM* (*nörgeln*) брюзжа́ть *несов*

Medaille *f* <-, -n> меда́ль *ж*

Medaillon *n* <-s, - s> (*Schmuck*) медальо́н *м*

Medikament *n* медикаме́нт *м*

meditieren *vi* размышля́ть *несов*

Medium *n* (1) MEDIA сре́дство *с* коммуника́ции (2) PSYCH (*Person*) ме́диум *м*

Medizin *f* <-, -en> (*Wissenschaft*) медици́на *ж; FAM* (*Arznei*) медикаме́нт *м,* лека́рство *с;* **Medizinball** *m* SPORT набивно́й мяч *м;* **Mediziner**(**in** *f*) *m* (*Arzt*) ме́дик *м;* (*Student/in*) студе́нт(ка *ж*)-ме́дик *м;* **medizinisch** *adj* медици́нский; **Medizinmann** *m* шама́н *м*

Meer *n* <-[e]s, -e> *a. FIG* мо́ре *с; FIG* (*reichlich*) ◇ **wie Sand am ~** несме́тное коли́чество; **Meerbusen** *m* зали́в *м;* **Meerenge** *f* морско́й проли́в *м;* **Meeresfrüchte** *f pl* блю́до *с* из морски́х живо́тных; **Meeresgrund** *m* морско́е дно *с;* **Meeresspiegel** *m* у́ровень *м* мо́ря; **Meerjungfrau** *f* морска́я ни́мфа *ж*

Meerrettich *m* хрен *м*

Meersalz *n* морска́я соль *ж;* **Meerschweinchen** *n* морска́я сви́нка *ж*

Meeting *n* <-s, -s> ми́тинг *м;* SPORT встре́ча *ж*

Megabyte *n* PC мегаба́йт *м*

Megaphon *n* <-s, -e> мегафо́н *м,* ру́пор *м*

Mehl *n* <-[e]s, -e> мука́ *ж;* **mehlig** *adj* мучно́й; **Mehlspeise** *f* мучно́е блю́до *с*

mehr *adv kompar v.* **viel** (1) (*an Menge übertreffend*) бо́льше, бо́лее; ◇ **wir brauchen ~ Geld** нам ну́жно бо́льше де́нег; ◇ **drei oder ~ Personen** тро́е и́ли бо́лее люде́й; ◇ **~ und ~** всё бо́лее; ◇ **~ oder weniger** бо́лее и́ли ме́нее (2) (*in höherem Maße*) в бо́льшей ме́ре (3) (*eher*) ◇ **~ tot als lebendig** полуживо́й, скоре́е мёртв, чем жив (4) ◇ **es war niemand ~ da** там бо́льше никого́ не́ было; **Mehraufwand** *m* перерасхо́д *м;* **Mehrbelastung** *f* перегру́зка *ж*

mehrere *pron indefinit* (*einige*) не́которые

mehrfach I. *adj* неоднокра́тный; (*wiederholt*) ча́стый, многокра́тный **II.** *adv* неоднокра́тно; **Mehrfamilienhaus** *n* многокварти́рный дом *м;* **Mehrheit** *f* большинство́ *с;* **mehrmalig** *adj* многокра́тный, ча́стый; **mehrmals** *adv* (*des öfteren*) мно́го раз, неоднокра́тно; **mehrsprachig** *adj* многоязы́чный; **mehrspurig** *adj* многоколе́йный; **mehrstimmig** *adj* многоголо́сый; **Mehrwegflasche** *f* та́рная буты́лка *ж;* **Mehrwertsteuer** *f* нало́г *м* на доба́вленную сто́имость; **Mehrzahl** *f* (*Mehrheit*) большинство́ *с;* GRAM мно́жественное число́ *с*

meiden <mied, gemieden> *vt* (*aus dem Weg gehen*) избе|га́ть <-жа́ть>

Meile *f* <-, -n> ми́ля *ж;* **Meilenstein** *m FIG* ве́ха *ж;* **meilenweit** *adv* за мно́го миль

mein(**e**) *pron poss* (*adjektivisch*) мой, моя́, моё; (*pl*) мои́; **meine**(**r, s**) *pron poss* (*substantivisch*) мой, (моя́, моё); (*pl*) мои́

Meineid *m* клятвопреступле́ние *с*

meinen *vt, vi* (1) (*glauben*) <по->ду́мать, полага́ть *несов;* ◇ **ich meine, daß es besser wäre** ду́маю, что бы́ло бы лу́чше; ◇ ~ **Sie wirklich?** Вы действи́тельно так ду́маете? (2) (*sagen*) выска́зывать ‹вы́сказать› своё мне́ние (3) ◇ **es war gut gemeint** э́то бы́ло сде́лано с до́брым наме́рением; ◇ **ich meine es ehrlich** у меня́ чи́стые наме́рения; ◇ **was ~ Sie dazu?** что вы ска́жете по э́тому по́воду?

meiner *pron pers gen v.* **ich** меня́; ◇ **er kann sich ~ nicht mehr erinnern** он меня́ уже́ не по́мнит; **meinerseits** *adv* с мое́й стороны́, со свое́й стороны́; **meinesgleichen** *pron indefinit* тако́й, как я; (*gleichrangig*) подо́бный мне; **meinethalben**, **meinetwegen** *adv* (1) (*wegen mir*) из-за меня́ (2) (*für mich, mir zuliebe*) ра́ди меня́ (3) (*von mir aus*) не возража́ю; ◇ **na ~** по мне́, ла́дно

Meinung *f* мне́ние *с;* ◇ **meiner ~ nach** по моему́ мне́нию; **Meinungsaustausch** *m* обме́н *м* мне́ниями; **Meinungsfreiheit** *f* свобо́да *ж* сло́ва; **Meinungsumfrage** *f* опро́с *м* населе́ния; **Meinungsverschiedenheit** *f* разногла́сие *с*

Meise *f* ‹-, -n› сини́ца *ж; FAM* (*verrückt sein*) ◇ **e-e ~ haben** быть ненорма́льным

Meißel *m* ‹-s, -› зуби́ло *с*

meist *adv* ча́ще всего́, в большинстве́ слу́чаев; **meiste(r, s)** **I.** *adj superl v.* **viel** са́мый большо́й, наибо́льший; ◇ **die ~n Leute** бо́льшая часть люде́й **II.** *adv* ◇ **am ~n** бо́лее всего́; **meistens** *adv* ча́ще всего́

Meister(in *f*) *m* ‹-s, -› ма́стер *м,* мастери́ца *ж;* SPORT ма́стер *м;* **meisterhaft** *adj* ма́стерский; (*vollkommen*) превосхо́дный; **meistern** *vt* (*Situation*) овладе́‹ва́›ть; **Meisterprüfung** *f* экза́мен *м* на зва́ние ма́стера; **Meisterschaft** *f* SPORT чемпиона́т *м;* **Meisterstück** *n* превосхо́дная рабо́та *ж;* **Meisterwerk** *n* шеде́вр *м*

Melancholie *f* меланхо́лия *ж;* **melancholisch** *adj* меланхоли́чный

Meldefrist *f* срок *м* я́вки; **melden I.** *vt* (*Unfall, Verlust*) сооб|ща́ть ‹-щи́ть›; *FAM* (*nichts zu sagen haben*) ◇ **bei ihm hast du nichts zu ~** ты у него́ и не пи́кнешь **II.** *vr* ◇ **sich ~** (1) (*aus Urlaub*) знать о себе́ (2) SCH под|нима́ть ‹-ня́ть› ру́ку; ◇ **sich zu Wort ~** попроси́ть сло́ва (3) (*auf Annonce, am Telefon*) от|веча́ть ‹-ве́тить›; **Meldepflicht** *f* обяза́тельная пропи́ска *ж;* **Meldeschluß** *m* срок *м* пода́чи зая́вки; **Meldestelle** *f* бю́ро *с* пропи́ски; **Meldung** *f* (1) (*von Unfall*) заявле́ние *с* (2) (*Bericht*) докла́д *м* (3) (*Nachricht*) сообще́ние *с* (4) SPORT (*zur Teilnahme*) зая́вка *ж*

meliert *adj* (*Haare*) с про́седью

Melisse *f* BOT мели́сса *ж*

melken ‹molk, gemolken› *vt* дои́ть *несов; FAM* (*ausnehmen*) обира́ть *несов*

Melodie *f* мело́дия *ж;* **melodisch** *adj* мелоди́чный

Melone *f* ‹-, -n› (1) (*Wasser~*) арбу́з *м;* (*Honig~*) ды́ня *ж* (2) (*Hut*) котело́к *м*

Membran[e] *f* ‹-, -en› мембра́на *ж*

Memoiren *pl* мемуа́ры *мн*

Menge *f* ‹-, -n› (1) коли́чество *с;* (*Menschen~*) ма́сса *ж;* (*große Anzahl*) мно́жество *с;* ◇ **e-e ~ Leute** ма́сса люде́й (2) MATH мно́жество *с;* **mengen I.** *vt* (*mischen*) сме́|шивать ‹-ша́ть› **II.** *vr* ◇ **sich ~ in** *akk* вме́шиваться во что-л; **Mengenlehre** *f* MATH тео́рия *ж* мно́жеств; **Mengenrabatt** *m* ски́дка *ж* с цены́ за коли́чество

Meningitis *f* ‹-, -tiden› MED менинги́т *м*

Meniskus *m* ‹-, -ken› MED мени́ск *м*

Mensa *f* ‹-, -sen› студе́нческая столо́вая *ж*

Mensch *m* ‹-en, -en› челове́к *м;* ◇ **kein ~** никто́; **Menschenfeind** *m* человеконенави́стник *м;* **Menschengestalt** *f* REL челове́ческий о́браз *м;* **Menschenkenner(in** *f*) *m* ‹-s, -› знато́к *м* люде́й; **Menschenkette** *f* цепо́чка *ж;* **menschenleer** *adj* (*Gegend*) безлю́дный; **menschenmöglich** *adj* ◇ **alles ~e tun** сде́лать всё, что в челове́ческих си́лах; **Menschenrechte** *n pl* права́ *с мн* челове́ка; **menschenscheu** *adj* нелюди́мый, засте́нчивый; **menschenunwürdig** *adj* (*Zustände*) нечелове́ческий, недосто́йный челове́ка; **Menschenverstand** *m* ◇ **der gesunde ~** здра́вый смысл *м;* **Menschheit** *f* челове́чество *с;* **menschlich** *adj* челове́ческий; **Menschlichkeit** *f* челове́чность *ж*

Menstruation *f* менструа́ция *ж*

Mentalität *f* склад *м* у́ма; (*Denkweise*) о́браз *м* мышле́ния

Menthol *n* ‹-s› ментол *м*

Menü *n* ‹-s, -s› *a.* PC меню́ *с*

Menuett *n* ‹-s, -e› MUS менуэ́т *м*

Merchandising *n* ‹-s› COMM мерче́нда́йзинг *м*

Merkblatt *n* па́мятный листо́к *м;* **merken I.** *vt* (*wahrnehmen*) за|меча́ть ‹-ме́тить›; (*spüren*) ‹по-›чу́вствовать **II.** *vr* (*Namen*) ◇ **sich ~** за|помина́ть ‹-по́мнить›; *FAM* ◇ **~ Sie sich das gefälligst!** заруби́те себе́ на

M

носу́!; **merklich** *adj* (*sichtlich*) заме́тный; (*spürbar*) ощути́мый; **Merkmal** *n* <-[e]s, -e> приме́та *ж*, при́знак *м*; (*Eigenschaft*) отличи́тельная черта́ *ж*

Merkur *m* <-s> ASTRON Мерку́рий *м*

merkwürdig *adj* стра́нный, необыча́йный; **merkwürdigerweise** *adv* стра́нным о́бразом

meßbar *adj* измери́мый; **Meßbecher** *m* ме́рка *ж*

Messe *f* <-, -n> ① (*Buch~*) я́рмарка *ж* ② REL ме́сса *ж* ③ MUS ме́сса *ж*

messen <mißt, maß, gemessen> **I.** *vt* ① (*Strecke*) <из->ме́рить ② (*Blutdruck*) из|меря́ть <-ме́рить> ③ (*vergleichen*) сра́в|нивать <-ни́ть>; ◇ **jd-n ~ an** *dat* сравни́ть кого́-л с кем-л **II.** *vr* ◇ **sich ~** <по->ме́риться (*mit dat* с кем-л)

Messer *n* <-s, -> нож *м*; *FIG* ◇ **auf des ~s Schneide stehen** висе́ть на волоске́; (*verraten*) ◇ **jd-n ans ~ liefern** вы́дать кого́-л на распра́ву; *FAM* (*operiert werden*) ◇ **unters ~ kommen** попа́сть под нож; **Messerspitze** *f* остриё ножа́; (*in Rezept*) щепо́тка *ж*

Messestand *m* я́рмарочный стенд *м*

Meßgerät *n* измери́тельный прибо́р *м*; **Meßgewand** *n* REL ри́за *ж*

Messing *n* <-s> лату́нь *ж*

Meßinstrument *n* измери́тельный инструме́нт *м*

Metall *n* <-s, -e> мета́лл *м*

Metamorphose *f* <-, -n> метаморфо́за *ж*

Metastase *f* <-, - n> MED метаста́з *м*

Meteor *m* <-s, -e> метео́р *м*; **Meteorologie** *f* метеороло́гия *ж*

Meter *m* <-s, -> метр *м*; **Metermaß** *n* метр *м*, руле́тка *ж*

Methan *n* <-s> (*Gas*) мета́н *м*

Methode *f* <-, -n> ме́тод *м*; **methodisch** *adj* методи́ческий, методи́чный

Metier *n* <-s, -s> (*Beruf etc.*) заня́тие *с*

metrisch *adj* метри́ческий

Metro *f* метро́ *с*

Metropole *f* <-, -n> метропо́лия *с*

Metzger(in *f*) *m* <-s, -> мясни́к *м*; **Metzgerei** *f* мясна́я ла́вка *ж*

Meute *f* <-, -n> *a. FIG* сво́ра *ж*; **Meuterei** *f* мяте́ж *м*, бунт *м*; **Meuterer** *m* <-s, -> мяте́жник *м*, мяте́жница *ж*, бунтовщи́к *м*, бунтовщи́ца *ж*; **meutern** *vi* бунтова́ть *несов*

Mexiko *n* Ме́ксика *ж*; ◇ **in/nach ~** в Ме́ксике/ку

miauen *vi* мяу́к|ать <-нуть>

mich *pron pers akk v.* **ich** (*allg.*) меня́, себя́; ◇ **ich frage ~** я спра́шиваю себя́; ◇ **sie liebt ~** она́ лю́бит меня́; ◇ **durch ~** че́рез меня́

mied *impf v.* **meiden**

Miene *f* <-, -n> вид *м*, выраже́ние с лица́

mies *adj FAM* (*schlecht, übel*) скве́рный; (*Aussichten, Laune*) плохо́й; ◇ **~e Angelegenheit** скве́рное де́ло; **miesmachen** *unreg vt FAM* (*schlechtmachen*) вну|ша́ть <-ши́ть> отвраще́ние к кому́/чему́-л; (*verleiden*) отби́<ва́>ть охо́ту

Mietauto *n* маши́на *ж*, взя́тая на прока́т; **Miete** *f* <-, -n> кварти́рная пла́та *ж*; ◇ **zur ~ wohnen** снима́ть кварти́ру [ко́мнату]; **mieten** *vt* снима́ть <снять>; (*ausleihen*) брать <взять> на прока́т; **Mieter(in** *f*) *m* <-s, -> жиле́ц *м*, жили́ца *ж*, съёмщик *м*, съёмщица *ж*; **Mietshaus** *n* многокварти́рный дом *м*; **Mietvertrag** *m* (*für Wohnung*) догово́р *м* о на́йме; **Mietwohnung** *f* снима́емая кварти́ра *ж*

Migräne *f* <-, -n> MED мигре́нь *ж*

Mikado *n* (*Gesellschaftsspiel*) мика́до *с*

Mikroanalyse *f* микроана́лиз *м*; **Mikrobe** *f* <-, -n> BIOL микро́б *м*; **Mikrochip** *m* микросхе́ма *ж*; **Mikrofiche** *m* <-s, -s> микрофи́льм *м*; **Mikrofilm** *m* микрофи́льм *м*; **Mikrophon** *n* <-s, -e> микрофо́н *м*; **Mikroprozessor** *m* PC микропроце́ссор *м*; **Mikroskop** *n* <-s, -e> микроско́п *м*; **mikroskopisch** *adj* микроскопи́ческий; **Mikrowelle** *f* микроволна́ *ж*; **Mikrowellenherd** *m* микроволно́вая печь *ж*

Milbe *f* <-, -n> BIOL клещ *м*

Milch *f* <-> молоко́ *с*; **Milchflasche** *f* буты́лка *ж* для молока́; (*für Säuglinge*) рожо́к *м*; **milchig** *adj* (*Glas*) ма́товый, (*Flüssigkeit*) моло́чный; **Milchkaffee** *m* ко́фе *м* на молоке́; **Milchpulver** *n* сухо́е молоко́ *с*; **Milchreis** *m* моло́чная ри́совая ка́ша *ж*; **Milchstraße** *f* Мле́чный Путь *м*; **Milchzahn** *m* моло́чный зуб *м*

mild *adj* ① (*lind, Klima*) мя́гкий ② (*bekömmlich, Kaffee*) сла́бый ③ (*nachsichtig, Richter*) мя́гкий, нестро́гий; (*Strafe*) лёгкий; **Milde** *f* <-> мя́гкость *ж*; (*Güte*) доброта́ *ж*; **mildern** *vt* смяг|ча́ть <-чи́ть>; (*Schmerz*) облег|ча́ть <-чи́ть>, унима́ть <уня́ть>; ◇ **~de Umstände** смягча́ющие вину́ обстоя́тельства; **mildtätig** *adj* милосе́рдный

Milieu *n* <-s, -s> (*Umfeld*) среда́ *ж*; (*Unterwelt*) престу́пный мир *м*

militant *adj* вои́нствующий

Militär *n* ‹-s› áрмия *ж;* ◇ **beim ~ sein** служи́ть в áрмии; **Militärdienst** *m* воéнная слýжба *ж;* ◇ **den ~ [ab-]leisten** проходи́ть воéнную слýжбу; **Militärgericht** *n* воéнный трибунáл *м;* **militärisch** *adj* воéнный; **Militarismus** *m* милитари́зм *м;* **Militärputsch** *m* воéнный переворóт *м*

Miliz *f* ‹-, -en› мили́ция *ж*

Milliardär(in *f*) *m* миллиардéр(ша *ж*) *м;* **Milliarde** *f* ‹-, -n› миллиáрд *м*

Millibar *n* ‹-s› миллибáр *м;* **Millimeter** *m* миллимéтр *м;* **Millimeterpapier** *n* миллиметрóвая бумáга *ж*

Million *f* миллиóн *м;* **Millionär(in** *f*) *m* миллионéр(ша *ж*) *м*

Milz *f* ‹-, -en› MED селезёнка *ж*

mimen *vt FAM* (*sich verstellen*) притво|ря́ться ‹-ри́ться›; **Mimik** *f* ми́мика *ж*

Mimose *f* ‹-, -n› ① BOT мимóза *ж* ② *FIG* недотрóга *м/ж,* мимóза *ж*

Minarett *n* ‹-[e]s, -e› минарéт *м*

mindere(r, s) I. *adj* мéнее значи́тельный; (*geringer*) мéньший **II.** *adv* мéньше, мéнее; **minderbegabt** *adj* малоодарённый; **minderbemittelt** *adj* ① (*finanziell*) небогáтый ② *FAM* (*beschränkt*) ◇ **geistig ~ sein** быть ýмственно слаборáзвитым; **Minderheit** *f* меньшинствó *с;* ◇ **in der ~ sein** быть в меньшинствé; **minderjährig** *adj* несовершеннолéтний; **Minderjährige(r)** *fm* несовершеннолéтний(-яя *ж*) *м;* **mindern I.** *vt* ‹умéрить›; (*herabsetzen*) уменьшáть ‹умéньшить› **II.** *vr* ◇ **sich ~** уменьшáться ‹умéньшиться›; **minderwertig** *adj* (*Waren*) неполноцéнный, недоброкáчественный; **Minderwertigkeitsgefühl** *n* чýвство *с* неполноцéнности; **Minderwertigkeitskomplex** *m* кóмплекс *м* неполноцéнности

Mindestabstand *m* минимáльное расстоя́ние *с;* **Mindestalter** *n* минимáльный вóзраст *м;* **Mindestbetrag** *m* минимáльный вклад *м;* **mindeste(r, s)** *adj* наимéньший; ◇ **das ist doch das ~!** э́то ми́нимум (ожидáемого)!; **mindestens** *adv* по крáйней мéре; **Mindestlohn** *m* минимáльная зáработная плáта *ж;* **Mindestmaß** *n* ми́нимум *м;* ◇ **ein ~ an Höflichkeit** дежýрная вéжливость

Mine *f* ‹-, -n› ① (*Bleistift~*) графи́т *м;* (*Kugelschreiber~*) стéржень *м* ② (*Erz~*) рудни́к *м* ③ (*See~, Tret~*) ми́на *ж;* **Minensuchgerät** *n* MIL миноискáтель *м*

Mineral *n* ‹-s, -e *o.* -lien› минерáл *м;* **Mineralöl** *n* нефть *ж;* **Mineralsalz** *n* минерáльная соль *ж;* **Mineralwasser** *n* минерáльная водá *ж*

Miniatur *f* миниатю́ра *ж;* **Miniaturausgabe** *f* издáние *с* в мáленьком формáте

Minibar *f* мáленький бар *м*

Minigolf *n* SPORT ми́ни-гольф *м*

minimal *adj* минимáльный

Minimum *n* ‹-s, -ma› ми́нимум *м;* ◇ **auf ein ~ reduzieren** сократи́ть до ми́нимума

Minirock *m* ми́ни-ю́бка *ж*

Minister(in *f*) *m* ‹-s, -› мини́стр *м;* **ministeriell** *adj* министéрский; **Ministerium** *n* министéрство *с;* **Ministerpräsident(in** *f*) *m* (*allg.*) премьéр-мини́стр *м;* (*in der BRD: von e-m Bundesland*) премьéр-мини́стр *м* земли́; **Ministerrat** *m* совéт *м* мини́стров

Minorität *f* (*Minderheit*) меньшинствó *с*

minus *adv* ми́нус; *FAM* ◇ **~ 21 Grad** 21 грáдус хóлода; **Minus** *n* ‹-, -› ① (*Fehlbetrag*) дефици́т *м* ② (*Nachteil*) ми́нус *м;* **Minuspol** *m* отрицáтельный пóлюс *м;* **Minuspunkt** *m* отрицáтельный балл *м;* **Minuszeichen** *n* знак *м* ми́нус

Minute *f* ‹-, -n› минýта *ж;* ◇ **auf die letzte ~ kommen** прийти́ в сáмый послéдний момéнт; **Minutenzeiger** *m* минýтная стрéлка *ж*

mir *pron pers dat v.* **ich** мне; *FIG* ◇ **~ nichts, dir nichts** ни с тогó ни с сéго; *FAM* ◇ **von ~ aus** по мне, я соглáсен/соглáсна

Mirabelle *f* мирабéль *ж*

Mirakel *n* чýдо *с*

Mischehe *f* смéшанный брак *м*

mischen I. *vt* (*Farben*) смé|шивать ‹-шáть›; (*Cocktail*) ‹при-›готóвить; (*Wein*) подмé|шивать ‹-шáть› **II.** *vt* (*Spielkarten*) ‹пере-›тасовáть **III.** *vr* ◇ **sich ~** смé|шиваться ‹-шáться›; ◇ **sich unter die Leute ~** смешáться с толпóй; ◇ **sich in e-e (fremde) Angelegenheit ~** вмешáться в (чужóе) дéло; **Mischling** *m* мети́с *м;* **Mischpult** *n* ми́кшерный пульт *м;* **Mischung** *f* (*Tee~, Tabak~*) смесь *ж*

miserabel *adj* (*erbärmlich, Wetter*) сквéрный; (*Zeugnis*) никуды́шный

mißachten *vt* ① (*nicht beachten*) не соблю|дáть ‹-сти́› ② (*geringschätzen*) не уважáть; **Mißachtung** *f* (*Geringschätzung*) неуважéние *с;* (*Verachtung*) презрéние *с;* **Mißbildung** *f* BIOL, MED урóдство *с;* **mißbilligen** *vt* не одобря́ть ‹одóбрить›; **Mißbilligung** *f* неодобрéние *с;* **Mißbrauch** *m* злоупотреблéние *с;* **mißbrauchen** *vt* (*Vertrauen,*

Macht) злоупотре|бля́ть ‹-би́ть›; (*Frau*) ‹из->наси́ловать; **mißdeuten** *vt* (*Aussage, Absicht*) ло́жно истолко́|вывать ‹-ва́ть›

missen *vt* (*entbehren*) ощу|ща́ть ‹-ти́ть› отсу́тствие кого́-чего́-л; ◇ **etw nicht ~ wollen** не мочь обойти́сь без чего́-л

Mißerfolg *m* неуда́ча *ж*, неуспе́х *м*; **Mißernte** *f* неурожа́й *м*; **mißfallen** *unreg vi* не ‹по->нра́виться (*jd-m* кому́-л); **Mißfallen** *n* ‹-s› недово́льство *с*; **Mißgeburt** *f PEJ* уро́д *м*; **mißgelaunt** *adj* расстро́енный; **Mißgeschick** *n* несча́стье *с*, неуда́ча *ж*; **mißglücken** *vi* не уда́‹ва́›ться, не полу|ча́ться ‹-чи́ться›; **mißgönnen** *vt* зави́довать (*jd-m etw akk* кому́-л в чем-л); **Mißgriff** *m* (*falsche Handlung*) оши́бка *ж*, про́мах *м*; **Mißgunst** *f* (*Neid*) за́висть *ж*; (*Eifersucht*) ре́вность *ж*; **mißgünstig** *adj* зави́стливый, недоброжела́тельный; **mißhandeln** *vt* жесто́ко обраща́ться с кем-л, истяза́ть *несов*; **Mißhandlung** *f* жесто́кое обраще́ние *с*, истяза́ние *с*

Mission *f* ми́ссия *ж*; **Missionar(in** *f*) *m* миссионе́р(ка *ж*) *м*

Mißklang *m* (*Disharmonie*) *a. FIG* дисгармо́ния *ж*; **Mißkredit** *m* (*schlechter Ruf*) дурна́я репута́ция *ж*; ◇ **jd-n in ~ bringen** опоро́чи‹ва›ть кого́-л

mißlang *impf v.* **mißlingen**

mißlich *adj* (*unerfreulich*) щекотли́вый, непри́ятный; **mißlingen** ‹mißlang, mißlungen› *vi* не уда́‹ва́›ться; **Mißmanagement** *n* ‹-s› непра́вильное руково́дство *с* предприя́тием; **mißmutig** *adj* недово́льный; **mißraten I.** *unreg vi* (*Kuchen*) не уда́‹ва́›ться **II.** *adj* (*Kinder*) невоспи́танный; **Mißstand** *m* (*schlechter Zustand*) неудовлетвори́тельное состоя́ние *с*; (*Mangel*) непола́дки *ж мн*; **mißtrauen** *vi* не до|веря́ть ‹-ве́рить› (*jd-m/etw* кому́/чему́-л); **Mißtrauen** *n* ‹-s› недове́рие *с*; POL ◇ **e-m Politiker das ~ aussprechen** вы́нести во́тум недове́рия поли́тику; **Mißtrauensantrag** *m* POL предложе́ние *с* о вынесе́нии во́тума недове́рия; **mißtrauisch** *adj* недове́рчивый; **Mißverhältnis** *n* несоразме́рность *ж*, диспропо́рция *ж*; **Mißverständnis** *n* недоразуме́ние *с*; **mißverstehen** *unreg vt* непра́вильно пони|ма́ть ‹-я́ть›

Mist *m* ‹-[e]s› ① (*von Tieren*) наво́з *м*, помёт *м* ② *FAM* (*Unsinn*) чепуха́ *ж* ③ *FAM* (*Pech*) ◇ **so ein ~** де́ло дрянь

Mistel *f* ‹-, -n› BOT оме́ла *ж*

Misthaufen *m* наво́зная ку́ча *ж*

mit I. *präp dat* ① (*Hilfsmittel oder Material*) ◇ **~ e-m Bleistift schreiben** писа́ть карандашо́м; ◇ **~ dem Bus** авто́бусом [на авто́бусе]; ◇ **~ der Post** по́чтой, по по́чте ② (*zusammen*) ◇ **~ Freunden wegfahren** уе́хать с друзья́ми; (*Gleichzeitigkeit*) ◇ **~ der Morgendämmerung** с у́тренними су́мерками ③ (*Zugehörigkeit*) ◇ **Hotel ~ Pool** гости́ница с бассе́йном; ◇ **~ dir sind wir 5 Personen** с тобо́й нас пя́теро челове́к; ◇ **wollen Sie ~ uns kommen?** Вы пойдёте с на́ми? ④ (*Art und Weise*) с; ◇ **~ lauter Stimme** гро́мким го́лосом; ◇ **~ Absicht** наме́ренно; ◇ **~ Gewalt** си́лой **II.** *adv* (*auch, unter anderem*) то́же, та́кже; ◇ **etw ~ berücksichtigen** та́кже уче́сть что-л; ◇ **das ist ~ das Beste** э́то оди́н из лу́чших вариа́нтов; **Mitarbeit** *f* сотру́дничество *с*; **mitarbeiten** *vi* сотру́дничать *несов*; **Mitarbeiter(in** *f*) *m* сотру́дник *м*, сотру́дница *ж*; **mitbekommen** *unreg vt* ① (*mitgeben*) полу|ча́ть ‹-чи́ть›; ◇ **ich habe Brot für die Pause ~** я получи́л бутербро́д для переме́ны ② *FIG* (*verstehen*) ◇ **hast du das ~?** ты э́то по́нял?; **Mitbesitzer(in** *f*) *m* совладе́лец *м*, совладе́лица *ж*; **Mitbestimmung** *f* (*im Betrieb*) уча́стие *с* в руково́дстве; **Mitbestimmungsrecht** *n* пра́во *с* уча́стия в руково́дстве; **Mitbewerber(in** *f*) *m* конкуре́нт(ка *ж*) *м*; **Mitbewohner(in** *f*) *m* (*in Wohngemeinschaft*) сожи́тель(ница *ж*) *м*; **mitbringen** *unreg vt* (*Geschenk*) при|носи́ть ‹-нести́› с собо́й; (*Gast*) при|води́ть ‹-вести́› с собо́й; *FIG* ◇ **das nötige Wissen ~** облада́ть необходи́мыми зна́ниями; **Mitbringsel** *n* ‹-s, -› (*kleines Geschenk*) пода́рочек *м*; (*Reiseandenken*) сувени́р *м*; **Mitbürger(in** *f*) *m* согражда́нин *м*, согражда́нка *ж*; **miteinander** *adv* вме́сте; **miterleben** *unreg vt* (*dabei sein*) испы|тывать ‹-та́ть›, быть свиде́телем чего́-л; **Mitesser** *m* ‹-s, -› у́горь *м*; **Mitfahrerzentrale** *f посре́дническая фи́рма по поды́сканию попу́тчиков для автомоби́льных междугоро́дных пое́здок*; **Mitfahrgelegenheit** *f* попу́тная маши́на *ж*; **mitfreuen** *vr* ◇ **sich mit jd-m ~** ра́доваться вме́сте с кем-л; **mitgeben** *unreg vt* (*Essen*) да́‹ва́›ть с собо́й; **Mitgefühl** *n* сочу́вствие *с*; **mitgehen** *unreg vi* идти́ ‹пойти́› вме́сте с кем-л; *FAM* (*stehlen*) ◇ **etw ~ lassen** стащи́ть что-л; **mitgenommen** *adv* (*Person*) изнурённый; (*Möbel*) потрёпанный; **Mitgift** *f* ‹-› прида́ное *с*; **Mitglied** *n* член *м*; **Mitgliedsbeitrag** *m* чле́нский взнос *м;* **Mitgliedschaft** *f* чле́нство *с;* **Mithilfe** *f* по́мощь *ж,* соде́йствие *с;* **mithören** *vt* услы́шать *сов;* (*Gespräch*) подслу́ши‹ва›ть; **mitkommen** *unreg vi* ① (*mit Person*) при|ходи́ть ‹-йти́› (*mit* с кем-л); ◇ **er ist gerade noch mit dem Zug mitgekommen** он ещё успе́л во́время прийти́ на э́тот по́езд ② SPORT не отста́‹ва́›ть; *FIG* (*verstehen*) пон|има́ть ‹-я́ть›; **Mitläufer(in** *f*) *m* POL попу́тчик *м,* попу́тчица *ж;* **Mitleid** *n* сострада́ние *с;* (*Mitgefühl*) сочу́вствие *с;* **Mitleidenschaft** *f* ◇ **etw in ~ ziehen** повре|жда́ть ‹-ди́ть› что-л; **mitleidig** *adj* (*Lächeln*) сострада́тельный; **mitleidslos** *adj* безжа́лостный; **mitmachen** *vt* ① (*teilnehmen*) уча́ствовать *несов,* прин|има́ть ‹-я́ть› уча́стие; (*sich anschließen*) присоеди|ня́ться ‹-ни́ться› ② *FAM* (*erleiden*) ◇ **er mußte viel ~** он мно́го испыта́л; **Mitmensch** *m* бли́жний *м;* **mitmischen** *vi PEJ* принима́ть уча́стие в чём-л; **mitnehmen** *unreg vt* брать ‹взять› с собо́й; **mitreden** *vi, vt* уча́ствовать в разгово́ре; (*mitbestimmen*) ◇ **ich habe auch ein Wörtchen mitzureden** я то́же име́ю пра́во вы́сказать своё мне́ние; **mitreißen** *unreg vt* ① (*Strömung*) увлека́ть ‹увле́чь› с собо́й ② *FIG* (*begeistern*) увлека́ть ‹увле́чь›; **mitsamt** *präp dat* вме́сте с кем-чем-л; **mitschneiden** *unreg vt* (*auf Tonband*) запи́|сывать ‹-са́ть›; **Mitschnitt** *m* (*Konzert~*) за́пись *ж;* **Mitschuld** *f* совино́вность *ж;* **mitschuldig** *adj* прича́стный; **Mitschuldige(r)** *fm* совино́вник *м,* совино́вница *ж;* **Mitschüler(in** *f*) *m* това́рищ *м* по шко́ле; **mitspielen** *vi* уча́ствовать *несов* в игре́; **Mitspieler(in** *f*) *m* (*e-r Mannschaft*) член кома́нды *м;* **Mitspracherecht** *n* пра́во *с* уча́ствовать в реше́нии

mittag *adv* в по́лдень; **Mittag** *m* по́лдень *м;* ◇ **zu ~ essen** ‹по-›обе́дать; ◇ **~ machen** де́лать обе́денный переры́в; **Mittagessen** *n* обе́д *м;* **mittags** *adv* в по́лдень, в обе́денное вре́мя; **Mittagspause** *f* обе́денный переры́в *м;* **Mittagsschlaf** *m* послеобе́денный сон *м*

Mittäter(in *f*) *m* соуча́стник *м,* соуча́стница *ж*

Mitte *f* ‹-› середи́на *ж; a.* POL (*Kreis~*) центр *м;* ◇ **aus unserer ~** из на́шей среды́

mitteilen *vt* ◇ **jd-m etw ~** сооб|ща́ть ‹-щи́ть› кому́-л о чём-л; **mitteilsam** *adj* общи́тельный; **Mitteilung** *f* сообще́ние *с,* изве́стие *с*

Mittel *n* ‹-s, -› ① (*Maßnahme, Methode*) сре́дство *с;* (*Instrument*) ◇ **ein ~ zum Zweck** сре́дство для достиже́ния це́ли; ◇ **~ und Wege finden** найти́ пути́ и сре́дства ② (*Durchschnitt*) сре́дняя величина́ *ж* ③ (*Geld*) сре́дства *с мн;* ◇ **verfügbare ~** име́ющиеся в нали́чии сре́дства ④ MED (*Arznei~*) лека́рство *с;* (*Flecken~, Putz~*) сре́дство ⑤ PHYS (*Medium*) среда́ *ж;* **Mittelalter** *n* сре́дние века́ *м мн,* средневеко́вье *с;* **mittelalterlich** *adj* средневеко́вый; **Mittelding** *n* ни то ни сё, не́что сре́днее; **Mittelfinger** *m* ANAT сре́дний па́лец *м;* **Mittelgebirge** *n* го́ры *ж мн* сре́дней высоты́; **Mittelgewicht** *n* SPORT сре́дний вес *м;* **Mittelklassewagen** *m* автомоби́ль *м* сре́днего кла́сса; **Mittellinie** *f* SPORT сре́дняя ли́ния *ж;* (*Fahrbahn~*) раздели́тельная полоса́; **mittellos** *adj* без средств; **mittelmäßig** *adj* (*durchschnittlich*) сре́дний; *PEJ* посре́дственный; **Mittelmäßigkeit** *f PEJ* посре́дственность *ж;* **Mittelmeer** *n* Средизе́мное мо́ре *с;* **Mittelohrentzündung** *f* MED воспале́ние *с* сре́днего у́ха; **Mittelpunkt** *m* центр *м*

mittels *präp gen* при по́мощи кого́-чего́-л; ◇ **~ e-s Hammers schlug er den Nagel ein** при по́мощи молотка́ он заби́л гвоздь

Mittelschicht *f* (*von Gesellschaft*) сре́дний слой *м;* **Mittelsmann** *m* посре́дник *м;* **Mittelstand** *m* сре́дний класс *м;* **Mittelstreckenrakete** *f* MIL раке́та *ж* сре́дней да́льности; **Mittelstreifen** *m* (*von Fahrbahn*) раздели́тельная полоса́ *ж;* **Mittelstück** *n* сре́дняя часть *ж;* **Mittelstufe** *f* SCH кла́ссы *ж мн* сре́дней ступе́ни; **Mittelstürmer(in** *f*) *m* центра́льный(-ая) напада́ющий(-ая *ж*) *м;* **Mittelweg** *m* (*für e-e Lösung*) сре́дний путь *м;* **Mittelwelle** *f* MEDIA сре́дние во́лны *ж мн;* **Mittelwert** *m* MATH сре́дняя величина́ *ж*

mitten *adv* среди́, посереди́не; ◇ **~ auf der Straße** посереди́не у́лицы; ◇ **~ durch etw [hindurch]** пря́мо че́рез что-л; ◇ **~ im Sommer** в разга́р ле́та; ◇ **~ in der Nacht** среди́ но́чи; ◇ **~ unter ihnen** среди́ них; ◇ **die Schallplatte brach ~ entzwei** пласти́нка развали́лась попола́м

Mitternacht *f* по́лночь *ж*

mittlere(r, s) *adj* располо́женный посереди́не; (*durchschnittlich*) сре́дний; (*Beamtenstufe*) ◇ **der ~ Dienst** сре́дняя сте́пень госуда́рственных должносте́й; **mittlerweile** *adv* (*inzwischen*) ме́жду тем

Mittwoch *m* <-[e]s, -e> среда́ *ж; s. a.* **Samstag**

mitunter *adv* (*manchmal*) иногда́; **mitunterschreiben** *unreg vt* (*Vertrag*) подпи́|сывать <-са́ть> совме́стно с кем-л; **mitverantwortlich** *adj* ◇ ~ **sein** разделя́ть отве́тственность с кем-л; **mitwirken** *vi* (*beteiligt sein*) сотру́дничать *несов,* прин|има́ть <-я́ть> уча́стие (*bei* в чём-л); (*Faktoren, Tatsachen*) соде́йствовать *несов и сов* чему́-л; THEAT (*Schauspieler*) уча́ствовать *несов;* **Mitwirkung** *f* сотру́дничество *c,* соде́йствие *c;* (*von Schauspieler*) уча́стие *c;* ◇ **unter ~ von** при уча́стии кого́-л; **Mitwisser(in** *f*) *m* <-s, -> посвящённый(-ая *ж*) *м;* JURA соо́бщник *м,* соо́бщница *ж*

mixen *vt* сме́|шивать <-ша́ть>; **Mixer** *m* <- s, -> ① (*Gerät*) ми́ксер *м* ② (*Bar~*) ба́рмен *м*

Mob *m* <-s> (*Gesindel*) чернь *ж*

Möbel *n* <-s, -> ① (*Möbelstück*) предме́т *м* ме́бели ② *pl* (*Mobiliar*) ме́бель *ж;* **Möbelwagen** *m* грузови́к *м* для перево́зки ме́бели

mobil *adj* подви́жный; (*flink*) живо́й

Mobiliar *n* <-s, -e> обстано́вка *ж*

möblieren *vt* мебли́ровать *несов и сов,* об|ставля́ть <-ста́вить>; ◇ **eine möblierte Wohnung mieten** снима́ть мебли́рованную кварти́ру

mochte *impf v.* **mögen**

Modalverb *n* GRAM мода́льный глаго́л *м*

Mode *f* <-, -n> мо́да *ж;* ◇ **mit der ~ gehen** следи́ть за мо́дой; **Modefarbe** *f* мо́дный цвет *м*

Modell[1] *n* <-s, -e> ① (*Entwurf, Nachbildung*) моде́ль *ж,* маке́т *м* ② KUNST нату́рщик *м,* нату́рщица *ж;* ◇ ~ **stehen** пози́ровать *несов*

Modell[2] *n* <-s, -s> (*Foto~ etc.*) нату́рщица *ж*

Modelleisenbahn *f* маке́т *м* желе́зной доро́ги; **modellieren** *vt* KUNST модели́ровать *несов и сов*

Modenschau *f* пока́з *м* мод

Moder *m* <-s> (*Verwesungsgeruch*) гниль *ж,* за́тхлость *ж*

Moderation *f* MEDIA веде́ние *c* переда́чи; **Moderator(in** *f*) *m* MEDIA веду́щий(-ая *ж*) *м* переда́чу; **moderieren** *vt* <про->вести́ переда́чу

modern <moderte, ist gemodert> *vi* (*verrotten*) <с->гни́ть, тлеть *несов*

modern *adj* совреме́нный; **modernisieren** *vt* модернизи́ровать *несов и сов;* **Modeschmuck** *m* мо́дные украше́ния *с мн;* **Modewort** *n* мо́дное сло́во *c*

modifizieren *vt* видоизме|ня́ть <-ни́ть>

modisch *adj* мо́дный

modrig *adj* (*faulig, feucht*) заплесневе́вший, гнило́й

Modul *n* <-s, -e> мо́дуль *м*

Modus *m* <-, Modi> спо́соб *м;* GRAM наклоне́ние *c*

Mofa *n* <-s, -s> мотовелосипе́д *м,* мопе́д *м*

mogeln *vi FAM* (*betrügen*) наду́<ва́>ть

mögen <mag, mochte, gemocht> *vt* ① (*jd-n/etw gern haben*) люби́ть; ◇ **er mag nur Sekt** он лю́бит то́лько шампа́нское ② (*wünschen, beabsichtigen*) <за->хоте́ть, <по->жела́ть; (*Höflichkeitsform*) ◇ **ich möchte tanzen** я хоте́л бы танцева́ть ③ (*können*) мочь; ◇ **das mag wohl sein** мо́жет быть э́то так

möglich *adj* возмо́жный; ◇ **etw ~ machen** осуществи́ть что-л, де́лать что-л возмо́жным; ◇ **sobald wie ~** как мо́жно скоре́е; **möglicherweise** *adv* возмо́жно; **Möglichkeit** *f* возмо́жность *ж;* ◇ **nach ~** по возмо́жности; **möglichst** *adv* по возмо́жности

Mohammed REL Муха́ммед *м;* **Mohammedaner(in** *f*) *m* REL магомета́нин *м,* магомета́нка *ж*

Mohn *m* <-[e]s> мак *м;* **Mohnblume** *f* ма́ковый цвето́к *м*

Möhre, **Mohrrübe** *f* <-, -n> морко́вь *ж*

mokieren *vr* ◇ **sich ~** издева́ться *несов* (*über akk* над кем-л)

Mokka *m* <-s, -s> мо́кко *c*

Mole *f* <-, -n> (*Hafendamm*) мол *м*

Molekül *n* <-s, -e> CHEM моле́кула *ж*

molk *impf v.* **melken**

Molkerei *f* моло́чный заво́д *м*

Moll *n* <-> MUS моль *м*

mollig *adj* ① (*Zimmer*) тёплый, ую́тный; (*kuschelig, Pullover*) мя́гкий, удо́бный ② (*dick*) то́лстенький

Moment[1] *m* <-[e]s, -e> (*Augenblick*) моме́нт *м,* мгнове́ние *c;* ◇ **im entscheidenden ~** в реша́ющий моме́нт

Moment[2] *n* <-[e]s, -e> ① (*Merkmal, Umstand*) фа́ктор *м,* аспе́кт *м* ② PHYS моме́нт *м*

momentan I. *adj* (*augenblicklich*) мгнове́нный; (*gegenwärtig*) ◇ **in der ~en Lage** в настоя́щее вре́мя **II.** *adv* в да́нный моме́нт; ◇ **sich ~ nicht erinnern** сра́зу не вспо́мнить

Monaco *n* Мона́ко *c*

Monarch(in *f*) *m* <-en, -en> мона́рх(-ия *ж*) *м;* **Monarchie** *f* мона́рхия *ж*

Monat *m* <-[e]s, -e> ме́сяц *м;* ◇ **im 7. ~**

(**schwanger**) **sein** быть на седьмóм мéсяце (берéменности); **monatelang** *adv* месяцáми; **monatlich** *adj* ежемéсячный; **Monatskarte** *f* мéсячный проезднóй билéт *м*

Mönch *m* ‹-[e]s, -e› монáх *м*

Mond *m* ‹-[e]s, -e› (1) лунá *ж; FAM* ◇ **hinter dem ~ leben** отстáть от жи́зни (2) (*am Fingernagel*) лу́нка *ж*

mondän *adj* свéтский

Mondfinsternis *f* затмéние *с* луны́; **Mondlandung** *f* прилунéние *с;* **Mondschein** *m* лу́нный свет *м;* **Mondsichel** *f* лу́нный серп *м,* полумéсяц *м;* **mondsüchtig** *adj* лунати́ческий

Moneten *pl FAM* (*Geld*) монéты *ж мн*

mongoloid *adj* MED монголóидный

monieren *vt FAM* (*beanstanden*) выскáзывать ‹вы́сказать› недовóльство чем-л

Monitor *m* дисплéй *м,* монитóр *м*

Monogramm *n* монограмма *ж*

Monographie *f* моногрáфия *ж*

Monokultur *f* AGR монокульту́ра *ж*

Monolog *m* ‹-s, -e› монолóг *м*

Monopol *n* ‹-s, -e› монопóлия *ж*

monoton *adj* монотóнный

Monster *n* ‹-s, -›, **Monstrum** *n* ‹-s, -stren› монстр *м*

Monsun *m* ‹-s, -e› (*~wind, ~zeit*) муссóн *м*

Montag *m* ‹-[e]s, -e› понедéльник *м; s. a.* **Samstag**

Montage *f* ‹-, -n› FILM, TECH монтáж *м,* сбóрка *ж;* ◇ **auf ~ sein** быть на монтажé; **Montagehalle** *f* монтáжный цех *м*

Montanindustrie *f* MIN гóрно-металлурги́ческая промы́шленность *ж*

Monteur(in *f*) *m* FILM, TECH монтёр *м,* монтáжник *м,* монтáжница *ж;* **montieren** *vt* (*Anlage*) монти́ровать *несов*

Monument *n* ‹-s, -e› (*Denkmal*) монумéнт *м;* **monumental** *adj* монументáльный

Moonboots *pl* снегосту́пы *м мн*

Moor *n* ‹-[e]s, -e› (*Sumpf*) болóто *с,* топь *ж;* **Moorbad** *n* грязевáя вáнна *ж*

Moos [1] *n* ‹-es, -e› BOT мох *м*

Moos [2] *n* ‹-es› *FAM* (*Geld*) бáбки *мн*

Moped *n* ‹-s, -s› мопéд *м*

Mops *m* ‹-es, Möpse› (*Hunderasse*) мопс *м*

mopsen *vt FAM* (*stehlen*) воровáть *неосв,* ‹у-›крáсть

Moral *f* ‹-› морáль *ж;* (*Lehre*) ◇ **die ~ von der Geschichte** морáль сей бáсни таковá; **moralisch** *adj* морáльный, нрáвственный; *FAM* (*deprimiert sein*) ◇ **seinen Moralischen haben** му́читься угрызéниями сóвести

Moräne *f* ‹-, -n› морéна *ж*

Morast *m* ‹-[e]s, -e› (*Schlamm*) топь *ж,* болóто *с;* **morastig** *adj* (*Boden*) болóтистый

Morchel *m* BOT сморчóк *м*

Mord *m* ‹-[e]s, -e› уби́йство *с;* ◇ **e-n ~ begehen/verüben** соверши́ть уби́йство; **Mordanschlag** *m* покушéние *с* на уби́йство; **Mörder(in** *f*) *m* ‹-s, -› уби́йца *м/ж;* **mörderisch** *adj* (1) (*Kämpfe*) кровопроли́тный, смертонóсный (2) *FIG* (*unerträglich, Hitze*) уби́йственный; **Mordkommission** *f* коми́ссия *ж* по расслéдованию дел об уби́йстве; **Mordsdurst** *m FAM* стрáшная жáжда *ж;* **mordsmäßig** *adj FAM* (*sehr*) стрáшный; **Mordverdacht** *m* подозрéние *с* в уби́йстве; **Mordwaffe** *f* ору́дие *с* уби́йства

morgen *adv* зáвтра; ◇ **~ früh** зáвтра у́тром; **Morgen** *m* ‹-s, -› у́тро *с;* ◇ **guten ~!** дóброе у́тро!; **Morgengrauen** *n* предрассвéтные су́мерки *мн;* **Morgenland** *n* ‹-[e]s› (*Orient*) Востóк *м;* **Morgenmantel** *m,* **Morgenrock** *m* халáт *м;* **Morgenrot** *n* ‹-s›, **Morgenröte** *f* ‹-› у́тренняя зарá *ж;* **morgens** *adv* у́тром; ◇ **um 2 Uhr ~** в два часá утрá; **morgig** *adj* зáвтрашний

Mormone *m,* **Mormonin** *f* мормóн(ка *ж*) *м*

Morphem *n* SPRACHW морфéма *ж*

Morphium *n* мóрфий *м*

Morphologie *f* SPRACHW морфолóгия *ж*

morsch *adj* (*Holz*) трухля́вый, гнилóй

Morsealphabet *n* áзбука *ж* Мóрзе; **morsen** *vi* передá‹вá›ть по аппарáту Мóрзе

Mörser *m* сту́пка *ж;* MIL морти́ра *ж;* ◇ **etw im ~ zerstoßen** толóчь что-л в сту́пке

Mörtel *m* ‹-s, -› строи́тельный раствóр *м*

Mosaik *n* ‹-s, -en *o.* -e› мозáика *ж*

Moschee *f* ‹-, -n› мечéть *ж*

mosern *vi FAM* (*maulen*) ворчáть *несов*

Moskito *m* ‹-s, -s› моски́т *м;* **Moskitonetz** *n* моски́тная сéтка *ж*

Moskauer(in *f*) *m* москви́ч(ка *ж*) *м*

Moslem *m,* **Moslime** *f* ‹-s, -s› мусульмáнин *м,* мусульмáнка *ж*

Most *m* ‹-[e]s, -e› (*Fruchtsaft*) сгущённый плодóвый сок *м*

Motel *n* ‹-s, -s› мотéль *м*

Motiv *n* ‹-es, -e› (1) (*Beweggrund*) моти́в *м,* причи́на *ж* (2) MUS моти́в *м*

motivieren *vt* мотиви́ровать *несов и сов*

Motor *m* ‹-s, -en› *a. FIG* двигатель *м;* **Motorboot** *n* мотóрный кáтер *м;* **motorisieren**

M

vt моторизова́ть *несов и сов;* **Motorrad** *n* мотоци́кл *м;* **Motorradfahrer**(**in** *f*) *m* мотоцикли́ст(ка *ж*) *м;* **Motorroller** *m* моторо́ллер *м;* **Motorsäge** *f* мотопила́ *ж;* **Motorschaden** *m* поврежде́ние *с* двигателя; **Motorsport** *m* мотоспо́рт *м*
Motte *f* <-, -n> моль *ж;* **Mottenkugel** *f* нафтали́н *м* в ша́риках
Motto *n* <-s, -s> (*Leitspruch*) деви́з *м*
motzen *vi FAM* (*schimpfen*) брани́ться *несов,* выража́ть <вы́разить> недово́льство
Möwe *f* <-, -n> ча́йка *ж*
Mucke *f* <-, -n> (*meist pl*) *FAM* (*Eigenart*) капри́зы *м мн,* причу́ды *ж мн;* (*von Fahrzeug*) дефе́кт *м*
Mücke *f* <-, -n> кома́р *м;* (*übertreiben*) ◇ **aus e-r ~ e-n Elefanten machen** де́лать из му́хи слона́; **Mückenstich** *m* уку́с *м* комара́
müde *adj* уста́лый, утомлённый; ◇ **~ werden** уста́ть; **Müdigkeit** *f* уста́лость *ж*
Muffel *m* <-s, -> *FAM* (*Morgen~*) ворчу́н *м;* **muffig** *adj* ① (*Geruch*) за́тхлый ② (*Mensch*) ворчли́вый
Mühe *f* <-, -n> уси́лие *с,* напряже́ние *с;* (*gerade noch*) ◇ **mit Müh und Not** едва́-едва́, с больши́м трудо́м; ◇ **sich** *dat* **~ geben** прилага́ть уси́лия; ◇ **machen Sie sich keine ~!** не беспоко́йтесь!; **mühelos** *adj* нетру́дный
muhen *vi* (*Kuh*) мыча́ть <мы́кнуть>
mühen *vr* ◇ **sich ~** <по->стара́ться; **mühevoll** *adj* тру́дный
Mühle *f* <-, -n> ① (*Wind~*) ме́льница *ж* ② (*Brettspiel*) мю́ле *с;* **Mühlrad** *n* ме́льничное колесо́ *см*
mühsam *adj* (*Arbeit, Weg*) тяжёлый, тру́дный; **mühselig** *adj* тя́жкий
Mulatte *m* <-n, -n>, **Mulattin** *f* мула́т(ка *ж*) *м*
Mulde *f* <-, -n> ① (*Trog*) коры́то *с* ② GEO котлови́на *ж,* впа́дина *ж*
Mull *m* <-[e]s, -e> (*Stoff*) ма́рля *ж*
Müll *m* <-[e]s> му́сор *м,* сор *м;* **Müllabfuhr** *f* вы́возка *ж* му́сора; **Müllabladeplatz** *m* сва́лка *с* му́сора; **Müllbeutel** *m* мешо́к *м* для му́сора
Mullbinde *f* ма́рлевый бинт *м*
Müllcontainer *m* му́сорный конте́йнер *м;* **Mülleimer** *m* помо́йное ведро́ *с;* **Müllhaufen** *m* му́сорная ку́ча *ж;* **Müllkippe** *f* сва́лка *ж* му́сора; **Müllmann** *m* рабо́чий *м* коммуна́льного хозя́йства, убира́ющий му́сор; **Müllschlucker** *m* <-s, -> мусоропрово́д *м;* **Mülltonne** *f* мусоросбо́рник *м;* **Müllverbrennungsanlage** *f* мусоросжига́тельная устано́вка *ж;* **Müllwagen** *m* мусорово́з *м*
mulmig *adj FIG* (*unsicher*) сомни́тельный; (*gefährlich*) опа́сный
multifunktional *adj* многофункциона́льный; **Multiplikation** *f* умноже́ние *с;* **multiplizieren** *vt* MATH ум|ножа́ть <-но́жить> (*mit* на что-л)
Mumie *f* му́мия *ж*
Mumm *m* <-s> *FAM* (*Mut*) хра́брость *ж;* ◇ **~ in den Knochen haben** быть хра́брым
Mumps *m* <-> MED сви́нка *ж*
Mund *m* <-[e]s, Münder> рот *м; FIG* ◇ **sie ist nicht auf den ~ gefallen** она́ за сло́вом в карма́н не ле́зет; *FIG* ◇ **er kann den ~ nicht halten** он не мо́жет держа́ть язы́к за зуба́ми; *FIG* (*unbedacht etw äußern*) ◇ **sich den ~ verbrennen** проговори́ться *сов;* **Mundart** *f* наре́чие *с*
münden *vi* (*Bach in Fluß*) впада́ть *несов* (*in akk* во что-л); (*Straße*) выходи́ть *несов* (*in akk* на что-л)
mundfaul *adj FAM* неразгово́рчивый; **Mundfäule** *f* <-> MED я́звенный стомати́т *м;* **Mundgeruch** *m* за́пах *м* изо рта́; **Mundharmonika** *f* MUS губна́я гармо́ника *ж*
mündig *adj* совершенноле́тний
mündlich *adj* (*Zusage*) слове́сный; (*Prüfung*) у́стный
Mundraub *m* JURA *кра́жа небольшо́го коли́чества съестно́го (для неме́дленного употребле́ния);* **Mundschutz** *m* (*von Chirurg*) ма́ска *ж;* SPORT (*beim Boxen*) ка́па *ж;* **Mundstück** *n* (*vom Blasinstrument, Zigaretten~*) мундшту́к *м;* **mundtot** *adj FIG* ◇ **jd-n ~ machen** заста́вить кого́-л замолча́ть
Mündung *f* у́стье *с*
Mundwerk *n* <-s> *PEJ* ◇ **ein großes ~ haben** быть дёрзким на язы́к
Munition *f* боеприпа́сы *мн*
munkeln *vi* (*Gerüchte verbreiten*) ◇ **man munkelt, daß...** погова́ривают, что…
Münster *n* <-s, -> (*Dom*) кафедра́льный собо́р *м*
munter *adj* ① (*wach*) бо́дрый ② (*lebhaft*) ре́звый; (*heiter*) весёлый, ра́достный; **Munterkeit** *f* бо́дрость *ж,* весёлость *ж,* ре́звость *ж*
Münze *f* <-, -n> моне́та *ж; FIG* ◇ **jd-m etw mit gleicher ~ heimzahlen** плати́ть кому́-л то́й же моне́той
münzen *vt* (*prägen*) <вы́-, от->чека́нить; *FIG* ◇ **auf jd-n gemünzt sein** говори́ть в чёй-л а́дрес

Münzsammlung *f* коллéкция *ж* монéт

Muräne *f* ZOOL (*Raubfisch*) мурéна *ж*

mürbe *adj* (*Gestein*) хрýпкий; (*Holz*) трухлявый; (*Gebäck*) рассы́пчатый; (*Fleisch*) нéжный; *FIG* (*gut durch*) хорошó свари́вшийся [поджáренный]; ◇ **jd-n ~ machen** сломи́ть чьё-л сопротивлéние; **Mürbeteig** *m* песóчное тéсто *с*

Murmel *f* ‹-, -n› шáрик *м*, кáмушек *м*

murmeln *vi* (*Person*) бормотáть *несов; FAM* ◇ **etw in seinen Bart ~** бормотáть что-л себé под нос

Murmeltier *n* сурóк *м*; ◇ **schlafen wie ein ~** спать как сурóк

murren *vi* роптáть *несов*, ворчáть *несов*; **mürrisch** *adj* (*verdrießlich*) угрю́мый; (*brummig*) ворчли́вый

Mus *n* ‹-es, -e› (*Apfel~ etc.*) пюрé *с*

Muschel *f* ‹-, -n› рáковина *ж*; (*Mies~*) ракýшка *ж*; (*Ohr~*) рáковина *ж*

Muse *f* ‹-, -n› мýза *ж*

Museum *n* ‹-s, Museen› музéй *м*

Musik *f* мýзыка *ж*; **musikalisch** *adj* музыкáльный; **Musikbox** *f* ‹-, -en› автомáт *м* для проигрывания грампласти́нок; **Musiker(in** *f*) *m* ‹-s, -› музыкáнт *м*; **Musikhochschule** *f* консерватóрия *ж*; **Musikinstrument** *n* музыкáльный инструмéнт *м*

musisch *adj* (*Erziehung*) эстети́ческий; (*Veranlagung*) одарённый; SCH (*Fächer*) худóжественный

musizieren *vi* музици́ровать *несов*

Muskat *m* ‹-[e]s› мускáт *м*

Muskel *m* ‹-s, -n› мýскул *м*, мы́шца *ж*; **Muskelkater** *m* ◇ **~ haben** имéть боль в мы́шцах; **Muskelriß** *m* MED разры́в *м* мышц; **Muskelzerrung** *f* MED растяжéние *с* мышц; **Muskulatur** *f* ‹-› мускулатýра *ж*; **muskulös** *adj* мускули́стый

Müsli *n* ‹-s, -s› *кýшанье из овся́ных хлóпьев, орéхов, сушённых фрýктов* (*и молокá*)

Muß *n* ‹-› (*Zwang*) необходи́мость *ж*

Muße *f* ‹-› (*Ruhe, Freizeit*) досýг *м*

müssen ‹muß, mußte, hat gemußt› *vi* (1) (*verpflichtet sein*) быть дóлжным; ◇ **er hat gehen ~** он дóлжен был уйти́ (2) (*nicht anders können*) быть вы́нужденным; ◇ **lachen ~** вы́нужден засмея́ться; *FAM* (*zum WC*) ◇ **ich muß mal!** мне нýжно зайти́ в туалéт (3) (*nötig haben*) нуждáться; ◇ **zur Bank ~** нýжно пойти́ в банк (4) (*Wunsch, Vermutung*) ◇ **sie muß gleich kommen** онá дóлжна скóро прийти́; ◇ **die Leute ~ reich sein** э́ти лю́ди, должнó быть, богáтые; ◇ **Zeit müßte man haben** бы́ло бы врéмя

Mußestunde *f* час *м* досýга

müßig *adj* (1) (*untätig*) прáздный (2) (*überflüssig*) пустóй; **Müßiggang** *m* бездéлие *с*

mußte *impf v.* **müssen**

Muster *n* ‹-s, -› (1) (*Warenprobe*) образéц *м* (2) (*Tapeten~*) узóр *м*, рисýнок *м*; (*Schnitt*) вы́кройка *ж* (3) (*Vorbild*) примéр *м*; **mustergültig** *adj* (*vorbildlich*) образцóвый

mustern *vt* (1) (*prüfend ansehen*) о|смáтривать ‹-смотрéть›; (*von oben nach unten*) оки́|дывать ‹-нуть› взгля́дом; (*Ware*) про|веря́ть ‹-вéрить›; (*Wehrpflichtigen*) про|водить ‹-вести́› медици́нскому осмóтру (2) ◇ **ein gemusterter Stoff** ткань с узóром

Musterprozeß *m* JURA показáтельный процéсс *м*

Musterung *f* (1) (*das Prüfen*) осмóтр *м*; MIL медици́нский осмóтр *м* (2) (*Stoff~*) узóр *м*

Mut *m* ‹-[e]s› (1) мýжество *с*, хрáбрость *ж*, смéлость *ж*; ◇ **nur ~!** не робéй(те)!; ◇ **jd-m ~ machen** подбáдривать когó-л; ◇ **jd-m den ~ nehmen** лиши́ть когó-л мýжества; ◇ **sich ~ antrinken** вы́пить для хрáбрости (2) (*fröhlich*) ◇ **er ging frohen ~es zur Feier** в бóдром настроéнии он пошёл на прáздник

mutieren *vi* BIOL видоизме|ня́ться ‹-ни́ться›

mutig *adj* мýжественный, смéлый; **mutlos** *adj* малодýшный; (*entmutigt*) обескурáженный; **mutmaßlich** *adj* (*Täter*) подозревáемый, предполагáемый

Mutter [1] *f* ‹-, Mütter› мать *ж*

Mutter [2] *f* ‹-, -n› (*Schrauben~*) гáйка *ж*

mütterlich *adj* матери́нский; **mütterlicherseits** *adv* по матери́нской ли́нии; **Mutterliebe** *f* матери́нская любóвь *ж*; **Muttermal** *n* ‹-[e]s, -e› роди́мое пятнó *с*, рóдинка *ж*; **Muttermilch** *f* матери́нское молокó *с*; **Mutterschaftsurlaub** *m* óтпуск *м* по ухóду за грудны́м ребёнком; **Mutterschutz** *m* охрáна *ж* матери́нства; **mutterseelenallein** *adj FAM* оди́н-одинёшенек; **Muttersprache** *f* роднóй язы́к *м*; **Muttersprachler(in** *f*) *m* ‹-s, -› носи́тель *м* языкá; **Muttertag** *m* день *м* мáтери

mutwillig I. *adj* преднамéренный **II.** *adv* преднамéренно, нарóчно

Mütze *f* ‹-, -n› шáпка *ж*; (*Schirm~*) фурáжка *ж*; (*Basken~*) берéт *м*

MWSt *Abk. v.* **Mehrwertsteuer**

mysteriös *adj* таи́нственный

Mystik *f* <-> ми́стика *ж;* **Mystiker(in** *f*) *m* <-s, -> ми́стик *м*

Mythologie *f* REL мифоло́гия *ж;* **Mythos** *m* <-, Mythen> миф *м*

N

N, n *n* Н, н

na *intj* ну; ◇ ~ **warte!** ну погоди́!

Nabe *f* <-, -n> TECH вту́лка *ж;* (*Rad~*) сту-пи́ца *ж*

Nabel *m* <-s, -> (*Bauch~*) пуп *м;* ◇ **sich für den ~ der Welt halten** счита́ть себя́ пу́пом земли́; **Nabelschnur** *f* пупови́на *ж*

nach I. *präp dat* (1) (*räumlich, in Richtung*) в, на, к; ◇ **von Osten ~ Westen** с за́пада на восто́к; ◇ ~ **Moskau fahren** (по)е́хать в Москву́; ◇ ~ **Hause gehen** пойти́ домо́й (2) (*zeitlich, ~ dem Essen*) по́сле (3) (*gemäß*) по, согла́сно; ◇ ~ **Belieben** как уго́дно; ◇ **meiner Meinung** ~ по моему́ мне́нию; ◇ **dem Namen** ~ по фами́лии **II.** *adv* (*folgt ihm*) ◇ **ihm ~!** за ним!; (*immer noch*) ◇ ~ **wie vor** по-пре́жнему; (*allmählich*) ◇ ~ **und** ~ постепе́нно

nachäffen *vt PEJ* передра́з|нивать <-ни́ть>; **nachahmen** *vt* подража́ть *несов;* **Nachahmung** *f* подража́ние *с;* (*Fälschung*) ко́пия *ж*

nacharbeiten *vt* (*versäumte Lektion*) на|го-ня́ть <-гна́ть>; (*Kleidungsnaht*) дора|ба́ты-вать <-бо́тать>

Nachbar(in *f*) *m* <-n, -n> сосе́д(ка *ж*) *м;* **Nachbarhaus** *n* сосе́дний дом *м;* **nachbarlich** *adj* (*Haus*) сосе́дний; (*Beziehungen*) сосе́дский; **Nachbarschaft** *f* (1) (*Nähe*) со-се́дство *с;* ◇ **in der ~ wohnen** жить по со-се́дству (2) (*Nachbarn*) сосе́ди *м мн;* **Nachbarschaftshilfe** *f* сосе́дская по́мощь *ж*

Nachbeben *n* повто́рные толчки́ *мн*

Nachbehandlung *f* (*nach fertiger Arbeit*) по-сле́дующая обрабо́тка *ж;* (*nach Operation*) послеоперацио́нное лече́ние *с*

nachbereiten *vt* (*Unterricht*) повто|ря́ть <ри́ть>

nachbessern *vt* под|правля́ть <-пра́вить>; **Nachbesserung** *f* доде́лка *ж*

Nachbestellung *f* COMM дополни́тель-ный зака́з *м*

nachbilden *vt* (*nach Vorlage*) <с->де́лать по образцу́ чего́-л; (*nachahmen*) подража́ть *несов* чему́-л; **Nachbildung** *f* (*Reproduktion*) репроду́кция *ж,* подража́ние *с*

nachblicken *vi* ◇ **jd-m** ~ <по->смотре́ть кому́-л вслед

nachbohren *vi FIG* дознава́ться *несов*

nachdatieren *vt* по|меча́ть <-ме́тить> за́д-ним число́м

nachdem I. *cj* (1) (*zeitlich*) по́сле того́ как, когда́ (2) (*weil*) так как **II.** *adv* (*abhängig von*) ◇ **je ~ (ob)** смотря́ по тому́, как, в за-ви́симости от чего́-л

nachdenken *unreg vi* размышля́ть *несов* (*über akk* о чём-л), <по->ду́мать (*über akk* о чём-л); **nachdenklich** *adj* заду́мчивый

Nachdruck *m* <-> (*Betonung*) ударе́ние *с;* ◇ **mit ~** насто́йчиво

nachdrücklich *adj* (*eindringlich*) насто́йчи-вый, убеди́тельный

nacheifern *vi* брать приме́р (*jd-m* с кого́-л)

nacheilen *vi* <по->спеши́ть (*jd-m* за кем-л)

nacheinander *adv* друг за дру́гом, по о́череди; ◇ **4 Tage ~** четы́ре дня подря́д

nachempfinden *unreg vt* ◇ **jd-m etw** ~ со-чу́вствовать кому́-л в чём-л

Nacherzählung *f* переска́з *м,* изложе́ние *с*

Nachfolge *f* прее́мственность *ж;* ◇ **jd-s ~ antreten** стать чьим-л прее́мником; **nachfolgen** *vi* <по->сле́довать (*jd-m/e-r Sache* кому́/чему́-л); **nachfolgend** *adj* после́ду-ющий; **Nachfolger(in** *f*) *m* <-s, -> прее́м-ник *м,* прее́мница *ж*

Nachforderung *f* (*bei Heizungsabrechnung*) тре́бование с допла́ты; (*zusätzliche Rechnung*) дополни́тельное тре́бование *с*

nachforschen I. *vi* иссле́довать *несов и сов* что-л **II.** *vt* разузна́<ва́>ть; **Nachforschung** *f* (*Erkundigung*) рассле́дование *с;* (*polizeiliche Ermittlung*) дозна́ние *с*

Nachfrage *f a.* FIN (*von Waren*) спрос *м;* ◇ **danke der ~!** спаси́бо за внима́ние!; **nachfragen** *vi* за|пра́шивать <-проси́ть>

Nachfrist *f* (*für Abgabe*) отсро́чка *ж*

nachfühlen *vt* <по->сочу́вствовать (*jd-m* кому́-л в чём-л), войти́ в положе́ние (*jd-m* кого́-л)

nachfüllen *vt* (*Flüssigkeit*) доли́<ва́>ть; (*Feuerzeug*) (до)заря|жа́ть <-ди́ть>

nachgeben *unreg vi* (1) (*e-r Bitte*) усту|па́ть <-пи́ть> (2) (*Boden*) оседа́ть <осе́сть>

Nachgebühr *f* дополни́тельная пла́та *ж*

Nachgeburt *f* (1) (*Vorgang*) после́д *м* (2) (*Gewebe*) плаце́нта *ж*

nachgehen *unreg vi* (1) (*folgen*) <по->сле́довать (*jd-m* за кем-л) ② (*erforschen*) выяснять ‹выяснить› (*e-r Sache* что-л) ③ (*erledigen*) заниматься *несов* чем-л; ◇ **meiner Arbeit** ~ делать свою работу ④ (*Uhr*) отста‹ва›ть

Nachgeschmack *m a. FIG* привкус *м*

nachgiebig *adj* (*Person*) уступчивый, сговорчивый, мягкий; (*Boden*) зыбкий; (*Material*) гибкий; **Nachgiebigkeit** *f* уступчивость *ж;* (*Biegsamkeit*) гибкость *ж*

nachgießen *unreg vt* (*Getränke*) подли‹ва›ть

nachgrübeln *vi* задум‹ыв›аться

nachhaltig *adj* (*Eindruck*) длительный; (*Widerstand*) упорный

nachhelfen *unreg vi* (*vorantreiben*) по|могать ‹-мочь›, ускорять ‹ускорить›; ◇ **bei ihm muß man** ~ его надо подгонять

nachher *adv* после, потом, затем; ◇ **bis** ~ до скорого

Nachhilfe *f* дополнительное занятие *с*

nachholen *vt* (*Versäumtes*) на|вёрстывать ‹-верстать›

Nachkomme *m* ‹-n, -n› потомок *м*

nachkommen *unreg vi* ① (*zeitlich*) при|ходить ‹-йти› позднее ② (*e-r Verpflichtung*) выполнять ‹выполнить›; (*e-r Bitte, Aufforderung*) ‹по-›следовать; (*e-m Befehl*) ис|полнять ‹-полнить›

Nachkommenschaft *f* потомство *с;* (*Nachwelt*) последующие поколения *с мн*

Nachkriegszeit *f* послевоенное время *с*

Nachlaß *m* ‹-sses, -lässe› ① (*Erbe*) наследство *с* ② (*Preis~*) скидка *ж*

nachlassen *unreg* **I.** *vt* ① (*Preis*) сбавлять ‹сбавить›; (*Strafe*) снижать ‹снизить› ② (*lockern, Seil*) о|слаблять ‹-слабить› **II.** *vi* (*Wirkung*) уменьшаться ‹уменьшиться›; (*Sturm*) ун|иматься ‹-яться›; (*Gehör*) ослабе‹ва›ть; (*Schmerz*) ун|иматься ‹-яться›; (*Konzentration*) ‹о-›слабеть; (*schulische Leistungen*) ◇ **er hat stark nachgelassen** он сильно ослаб [сдал]

nachlässig *adj* небрежный; **Nachlässigkeit** *f* небрежность *ж*

nachlaufen *unreg vi* бегать *несов,* бежать *несов* (*jd-m/e-r Sache* за кем/чем-л); *FAM* ◇ **den Frauen** ~ бегать за женщинами

nachlegen *vt* до|бавлять ‹-бавить›; ◇ **Kohle in den Ofen** ~ подкладывать уголь в печь

nachmachen *vt* ① (*Arbeit*) додел‹ыв›ать ② (*nachahmen*) подражать *несов* (*jd-m etw* кому-л в чём-л); (*fälschen*) имитировать *несов,* поддел‹ыв›ать

Nachmieter(in *f*) *m* последующий(-ая) жилец *м*/жилица *ж* (снимаемой) квартиры

nachmittag *adv* ◇ **gestern/heute/morgen** ~ вчера/сегодня/завтра во второй половине дня; **Nachmittag** *m* вторая половина *ж* дня, послеобеденное время *с;* ◇ **am** ~ [*o.* **nachmittags**] во второй половине дня, после обеда

Nachnahme *f* ‹-, -n› POST ◇ **per** ~ наложенным платежом

Nachname *m* фамилия *ж*

Nachporto *n* POST почтовая доплата *ж*

nachprüfen *vt* (*Rechnung, Aussage*) про|верять ‹-верить›, пере|сматривать ‹-смотреть›; **Nachprüfung** *f* ① SCH переэкзаменовка *ж* ② (*e-r Rechnung*) проверка, пересмотр *м*

nachrechnen *vt* пересчи|тывать ‹-тать›

Nachrede *f* ◇ **üble** ~ клевета *ж*

nachreichen *vt* ① (*zeitlich später abgeben*) сда‹ва›ть позднее ② (*Essen*) под|кладывать ‹-ложить›; ◇ **darf ich Ihnen noch** ~? разрешите подложить вам добавку?

Nachricht *f* ‹-, -en› известие *с;* (*Mitteilung*) сообщение *с,* сведение *с;* **Nachrichten** *f pl* MEDIA новости *ж мн;* **Nachrichtenagentur** *f* информационное агентство *с;* **Nachrichtendienst** *m* POL разведывательная служба *ж;* **Nachrichtensatellit** *m* спутник *м* связи; **Nachrichtensperre** *f* запрет *м* на опубликование сообщений; **Nachrichtensprecher(in** *f*) *m* представитель(ница *ж*) *м*

nachrücken *vi* (*aufschließen*) прод|вигаться ‹-винуться› за кем-л; (*in höhere Position*) зан|имать ‹-ять› освободившееся место

Nachruf *m* (*in Zeitung*) некролог *м*

nachrüsten **I.** *vt* (*Gerät*) дополнительно оборудовать чем-л **II.** *vi* MIL наращивать вооружения

nachsagen *vt* (*wiederholen*) повто|рять ‹-рить›; *FIG, meist PEJ* ◇ **jd-m Übles** ~ говорить что-л дурное о ком-л

Nachsaison *f* послесезонный период *м*

nachschicken *vt* (*Post, Zeitung*) пос‹ы›лать вслед кому-л

nachschlagen *unreg vt* (*im Lexikon*) с|правляться ‹-правиться› о чём-л; (*Eintrag, Zitat*) отыс|кивать ‹-кать›; (*kontrollieren*) сверяться ‹свериться›; **Nachschlagewerk** *n* справочник *м*

nachschleichen *unreg vi* (*heimlich*) ◇ **jd-m** ~ тайком красться за кем-л

Nachschub *m* снабже́ние *с; (für Truppen)* подкрепле́ние *с*

nachsehen *unreg* **I.** *vt* (1) *(Hausaufgabe)* про|веря́ть ‹-ве́рить› (2) *(nachschlagen)* с|правля́ться ‹-ра́виться› о чём-л **II.** *vi* (1) *(nachblicken)* ‹по-›смотре́ть вслед (2) *(kontrollieren)* про|веря́ть ‹-ве́рить› (3) *FIG (verzeihen)* ◇ **jd-m etw ~** про|ща́ть ‹-сти́ть› кому́-л что-л

Nachsehen *n* ◇ **das ~ haben** остава́ться ни с чем

nachsenden *unreg vt* пос‹ы›ла́ть вслед

Nachsicht *f* ‹-› снисхожде́ние *с;* **nachsichtig** *adj* снисходи́тельный

Nachsilbe *f* GRAM су́ффикс *м*

nachsitzen *unreg vi* SCH оста‹ва́›ться по́сле уро́ков

Nachsorgeuntersuchung *f* MED медици́нский осмо́тр по́сле боле́зни

Nachspeise *f* десе́рт *м*

Nachspiel *n FIG* после́дствия *с мн*

nachsprechen *unreg vt (wiederholen)* повто|ря́ть ‹-ри́ть› *(jd-m* за кем-л)

nachspüren *vi (e-m Verbrechen, Geheimnis)* высле́живать ‹вы́следить› кого́-л

nächst *präp dat* (1) *(räumlich)* во́зле (2) *(unmittelbar nach)* по́сле; **nächstbeste(r, s)** *adj* ◇ **die ~ Sache** пе́рвая попа́вшаяся вещь; **nächste(r, s) I.** *adj (räumlich/zeitlich)* са́мый бли́зкий, ближа́йший; *(Wegstrecke)* кратча́йший; ◇ **biegen sie die ~ Straße nach rechts** сверни́те на сле́дующей у́лице напра́во; *(Reihenfolge)* ◇ **die ~n Verwandten** ближа́йшие ро́дственники; ◇ **am ~n Morgen** на сле́дующее у́тро **II.** *adv* ◇ **am ~n** бли́же всего́; **Nächste(r)** *fm* сле́дующий(-ая *ж*) *м,* бли́жний(-ая *ж*) *м;* ◇ **der ~ bitte!** сле́дующий, пожа́луйста!

nachstehen *unreg vi* ◇ **jd-m in nichts ~** не уступа́ть кому́-л ни в чём

nachstellen I. *vt* (1) *(Satz)* ‹по-›ста́вить за чем-л (2) *(Uhr)* пере|води́ть ‹-вести́› наза́д; *(Instrument)* дополни́тельно на|стра́ивать ‹-стро́ить› **II.** *vi* (1) *(verfolgen)* подстерега́ть *несов,* пресле́довать *несов (jd-m* кого́-л) (2) *FIG (aufdringlich werben)* ◇ **e-r Frau ~** навя́зчиво уха́живать за же́нщиной

Nächstenliebe *f* любо́вь *ж* к бли́жнему

nächstens *adv* в ближа́йшее вре́мя; **nächstliegend** *adj* ближа́йший; *FIG (offensichtlich)* очеви́дный; **nächstmöglich** *adj* ◇ **zum ~en Termin** как мо́жно скоре́е

Nacht *f* ‹-, Nächte› ночь *ж;* ◇ **über ~ bleiben** оста́ться на́ ночь; ◇ **es ist über ~ geschehen** э́то произошло́ неожи́данно; **Nachtarbeit** *f* ночна́я рабо́та *ж;* **nachtblind** *adj* MED страда́ющий кури́ной слепото́й; **Nachtdienst** *m* ночно́е дежу́рство *с*

Nachteil *m (gegenüber jd-m/etw)* вред *м,* невы́годное положе́ние *с; (Schaden)* убы́ток *м,* уще́рб *м;* **nachteilig** *adj* убы́точный; *(ungünstig)* невы́годный; *(zum Schaden)* уще́рбный

Nachtfalter *m* ночна́я ба́бочка *ж,* ночно́й мотылёк *м;* **Nachtfrost** *m* ночно́й моро́з *м;* **Nachthemd** *n* ночна́я руба́шка *ж*

Nachtigall *f* ‹-, -en› солове́й *м*

Nachtisch *m* десе́рт *м*

Nachtleben *n* ночна́я жизнь *ж;* **nächtlich** *adj* ночно́й; **Nachtlokal** *n* ночно́й рестора́н *м*

Nachtrag *m* ‹-[e]s, -träge› добавле́ние *с,* дополне́ние *с; (Beilage)* приложе́ние *с;* **nachtragen** *unreg vt (Text ergänzen)* вноси́ть ‹внести́› дополни́тельно; *FIG (verübeln)* ◇ **jd-m etw ~** не прости́ть что-л кому́-л; **nachtragend** *adj* злопа́мятный; **nachträglich I.** *adj* дополни́тельный **II.** *adv (gratulieren)* в после́дствии

nachtrauern *vi* ◇ **jd-m/e-r Sache ~** горева́ть о ком/чём-л

Nachtruhe *f* ночно́й поко́й *м;* **nachts** *adv* но́чью; **Nachtschicht** *f* ночна́я сме́на *ж;* **Nachtschränkchen** *n* ту́мбочка *ж;* **Nachttarif** *m (für Strom)* ночно́й тари́ф *м;* **Nachttisch** *m* ночно́й сто́лик *м;* **Nachtwächter** *m* ночно́й сто́рож *м;* **Nachtwanderung** *f* ночна́я прогу́лка *ж;* **Nachtwandler** *m* луна́тик *м*

Nachuntersuchung *f* дополни́тельное обсле́дование *с*

nachvollziehbar *adj (Verhalten)* поня́тный; **nachvollziehen** *unreg vt* пон|има́ть ‹-я́ть›; *(Gedankengänge)* вника́ть ‹вни́кнуть›

nachwachsen *unreg vi* отра|ста́ть ‹-сти́›

Nachwehen *pl* (1) MED послеродовы́е бо́ли *ж мн* (2) *FIG (Konsequenzen)* неприя́тные после́дствия *с мн*

nachweinen *vi* пла́кать о ком-л

Nachweis *m* ‹-es, -e› *(Beweis)* доказа́тельство *с; (Literatur~)* указа́тель *м;* **nachweisbar** *adj* доказу́емый, подтвержда́ющийся; **nachweisen** *unreg vt (beweisen)* ◇ **jd-m etw ~** дока|зывать ‹-за́ть› кому́-л что-л; **nachweislich** *adj* доказу́емый

Nachwelt *f* ‹-› пото́мки *м мн*

nachwerfen *unreg vt* ◇ **jd-m etw ~** броса́ть ‹бро́сить›кому́-л вслед что-л; *FAM* (*billigst verkaufen*) прода́‹ва́›ть за бесце́нок

nachwirken *vi* име́ть после́дствие; **Nachwirkung** *f* эффе́кт *м;* (*von Alkohol*) после́дствие *с*

Nachwort *n* послесло́вие *с*

Nachwuchs *m* ‹-es› (*beruflich*) молоды́е специали́сты *м мн; FAM* (*Kind*) пото́мство *с;* ◇ **Familie Schmid hat ~ bekommen** у семьи́ Шмид пополне́ние

nachzahlen *vt* (*nachträglich*) опла́|чивать ‹-ти́ть› за́дним число́м; (*mehr*) допла́|чивать ‹-ти́ть›

nachzählen *vt* пересчи́|тывать ‹-та́ть›

Nachzahlung *f* (*von Restsumme*) допла́та *ж;* (*zurückdatiert*) пла́та *ж* за́дним число́м

nachziehen *unreg* **I.** *vt* ① (*Schrauben*) подви́н|чивать ‹-ти́ть› ② (*lahmes Bein*) волочи́ть *несов* ③ (*zur Folge haben*) ‹по-›вле́чь за собо́й **II.** *vi* (*bei Wohnortwechsel*) ‹по-›сле́довать (*jd-m* за кем-л)

Nachzügler(in *f*) *m* ‹-s, -› отста́вший(-ая *ж*) *м; FAM* (*spät geborenes Kind*) по́здно роди́вшийся ребёнок *м*

Nackedei *m* ‹-s, -e *o.* -s› голы́ш *м*

Nacken *m* ‹-s, -› заты́лок *м; FAM* (*verfolgen*) ◇ **jd-m im ~ sitzen** пресле́довать кого́-л по пята́м; ◇ **die Angst sitzt mir im ~** меня́ угнета́ет страх; **Nackenschlag** *m FIG* (*Demütigung*) униже́ние *с;* (*Schicksalsschlag*) несча́стье *с;* **Nackenstütze** *f* (*von Autositz*) подголо́вник *м*

nackt *adj* го́лый; (*Wahrheit*) чи́стый, су́щий; ◇ **das ~e Leben retten** спасти́ то́лько жизнь; **Nacktheit** *f* нагота́ *ж;* **Nacktkultur** *f* нуди́зм *м*

Nadel *f* ‹-, -n› (*Näh~*) игла́ *ж,* иго́лка *ж;* (*Steck~*) була́вка *ж;* BOT игла́ *ж;* (*Kompaß~*) стре́лка *ж;* (*Krawatten~*) зако́лка *ж;* (*Haar~*) шпи́лька *ж;* (*am Plattenspieler*) игла́ *ж; FAM* (*rauschgiftsüchtig sein*) ◇ **an der ~ hängen** быть наркома́ном; *FIG* ◇ **die ~ im Heuhaufen suchen** в стогу́ се́на иска́ть; **Nadelbaum** *m* хво́йное де́рево *с;* **Nadeldrucker** *m* PC иго́льчатый при́нтер *м;* **Nadelkissen** *n* иго́льник *м;* **nadeln** *vi* (*Baum*) осыпа́ться ‹осы́паться›; **Nadelöhr** *n* ушко́ *с* иго́лки; **Nadelwald** *m* хво́йный лес *м*

Nagel *m* ‹-s, Nägel› ① (*Stahlstift*) гвоздь *м;* MED (*bei Knochenbruch*) сте́ржень *м; FIG* ◇ **den ~ auf den Kopf treffen** попа́сть в са́мую то́чку; *FIG* (*aufgeben*) ◇ **das Rauchen an den ~ hängen** бро́сить кури́ть ② (*Finger~, Fuß~*) но́готь *м; FAM* (*aneignen*) ◇ **sich etw unter den ~ reißen** присво́ить что-л; **Nagelbett** *n* ногтево́е ло́же *с;* **Nagelfeile** *f* пи́лка *ж* для ногте́й; **Nagellack** *m* лак *м* для ногте́й; **Nagellackentferner** *m* ‹-s, -› жи́дкость *ж* для сня́тия ла́ка; **nageln** *vt, vi* приби́‹ва́›ть гвоздя́ми; (*Schuhe*) подби́‹ва́›ть; **nagelneu** *adj* новёхонький; **Nagelschere** *f* но́жницы *мн* для ногте́й

nagen *vt* (*Hund, Ratte*) ‹раз-›гры́зть (*an etw dat* что-л); *FIG* (*Zweifel*) глода́ть *несов,* му́чить *несов;* **Nagetier** *n* грызу́н *м*

nahe I. *adj, adv* ① (*räumlich*) бли́зкий, бли́жний, близлежа́щий; (*Verwandte, Freunde*) бли́зкий ② (*zeitlich*) ско́рый, недалёкий, бли́зкий; *FIG* ◇ **er ist ~ daran, diesen Schritt zu tun** он бли́зок к тому́, что́бы сде́лать э́тот шаг; (*in Vergangenheit*) ◇ **ich war ~ daran, diesen Schritt zu tun** я чуть бы́ло не сде́лал э́тот шаг; ◇ **jd-m zu ~ treten** (*beleidigen*) заде́ть кого́-л за живо́е; (*aufdringlich sein*) навя́зываться кому́-л **II.** *präp dat* вблизи́ чего́-л; **Nahaufnahme** *f* FOTO съёмка *ж* с бли́зкого расстоя́ния, KINO съёмка *ж* кру́пным пла́ном; **Nähe** *f* ‹-› бли́зость *ж;* (*Umgebung*) окре́стность *ж;* ◇ **in der ~** вблизи́, неподалёку; ◇ **aus der ~ ansehen** рассма́тривать что-л с бли́зкого расстоя́ния; **nahegehen** *unreg vi* (*bewegen*) бли́зко каса́ться кого́-чего́-л; **nahekommen** *unreg vi* (*Wahrheit*) при|ближа́ться ‹-бли́зиться› (*e-r Sache* к чему́-л); **nahelegen** *vt* (*empfehlen*) ◇ **jd-m etw ~** (настоя́тельно) рекомендова́ть кому́-л что-л; **naheliegen** *unreg vi* (*leicht verständlich*) быть поня́тным; **naheliegend** *adj* (*Ort*) близлежа́щий; (*Verdacht*) я́вный, очеви́дный; (*Gedanke*) напра́шивающийся сам собо́й; **nahen** *vi* при|ближа́ться ‹-бли́зиться›

nähen *vt* (*Wunde*) заши́‹ва́›ть; (*Hemd*) ‹с-› шить

näher I. *adj kompar. v.***nah** ① (*räumlich/zeitlich*) бо́лее бли́зкий; (*Wegstrecke*) бо́лее коро́ткий ② (*genauer, Erklärung*) бо́лее подро́бный; (*umfangreicher, Auskunft*) бо́лее дета́льный; ◇ **bei ~er Betrachtung** при ближа́йшем рассмотре́нии **II.** *adv* бли́же (*an/bei* к чему́-л); ◇ **jd-n ~ kennenlernen** познако́миться бли́же с кем-л

Näherei *f* шитьё *с*

Naherholungsgebiet *n* при́городная зо́на о́тдыха *ж*

näherkommen *unreg* **I.** *vi* при|ближа́ться <-бли́зиться> (*e-r Sache* к чему́-л) **II.** *vr* ◇ **sich ~** сближа́ться <сбли́зиться>
nähern *vr* ◇ **sich jd-m/e-r Sache ~** подойти́ к кому́/чему́-л
nahestehen *unreg vi* ◇ **dieser Mann steht mir sehr nahe** э́тот мужчи́на мне о́чень бли́зок; **nahestehend** *adj* (*Person*) бли́зкий
Nähgarn *n* шве́йные ни́тки *мн*
Nahkampf *m* рукопа́шный бой *м*
Nähkasten *m* швейный я́щик
nahm *impf v.* **nehmen**
Nähmaschine *f* швейная маши́на *ж;* **Nähnadel** *f* швейная игла́ *ж*
nähren **I.** *vr* (*leben, sich erhalten*) ◇ **sich ~** <про->корми́ться (*von* чем-л) **II.** *vt* (*Kind an Brust*) <на->корми́ть; *FIG* (*Verdacht*) пита́ть *несов* **III.** *vi* быть пита́тельным; **nahrhaft** *adj* пита́тельный, сы́тный; **Nährstoff** *m* пищево́й проду́кт, пита́тельное вещество́ *с;* **Nahrung** *f a. FIG* пи́ща *ж;* **Nahrungsmittel** *n* проду́кты *м мн* пита́ния, пищевы́е проду́кты; **Nahrungsmittelindustrie** *f* пищева́я промы́шленность *ж;* **Nahrungsmittelvergiftung** *f* пищево́е отравле́ние *с;* **Nährwert** *m* пита́тельность *ж*
Naht *f* <-, Nähte> шов *м;* TECH (*Schweiß~*) стык *м; FIG* ◇ **aus allen Nähten platzen** трещáть по всем швам; **nahtlos** *adj* бесшо́вный; TECH цельнотя́нутый
Nahverkehr *m* ме́стное сообще́ние *с;* **Nahverkehrszug** *m* при́городный по́езд *м;* **Nahziel** *n* ближа́йшая цель *ж*
Nähzeug *n* швейные принадле́жности *мн*
naiv *adj* (*Malerei*) наи́вный; (*Person*) наи́вный, простоду́шный; **Naivität** *f* наи́вность *ж*
Name *m* <-ns, -n> ① (*Vorname*) и́мя *с;* (*Familienname*) фами́лия *ж;* ◇ **mein ~ ist ...** меня́ зову́т ..., моя́ фами́лия ...; ◇ **die Schüler dem ~n nach aufrufen** вызыва́ть ученико́в поимённо; ◇ **den Künstler dem ~n nach kennen** знать худо́жника то́лько по и́мени; ◇ **in meinem ~n** от своего́ и́мени; ◇ **im ~n des Gesetzes** и́менем зако́на ② (*Ruf*) репута́ция *ж* ③ (*Benennung*) назва́ние *с,* обозначе́ние *с;* **namens** *adv* по и́мени, по фами́лии; **Namenstag** *m* имени́ны *мн;* **namentlich** **I.** *adj* (*Abstimmung*) именно́й, поимённый **II.** *adv* (*besonders*) осо́бенно; **namhaft** *adj* ① (*berühmt*) изве́стный, знамени́тый ② (*beträchtlich*) значи́тельный, суще́ственный
nämlich **I.** *cj* ① (*genauer genannt*) а и́менно ② (*denn*) то́ есть **II.** *adj* ◇ **der ~e** то́т (же) са́мый
nannte *impf v.* **nennen**
Napf *m* <-[e]s, Näpfe> (*Freß~*) ми́ска *ж*
Narbe *f* <-, -n> ① (*von Verletzung*) шрам *м* ② (*Gras~*) дёрн *м* ③ BOT (*von Fruchtknoten*) ры́льце *с;* **narbig** *adj* в шра́мах
Narkose *f* <-, -n> MED нарко́з *м;* **narkotisieren** *vt* наркотизи́ровать *несов и сов; FIG* (*durch Vortrag*) усы|пля́ть <-пи́ть>
Narr *m* <-en, -en> глупе́ц *м,* дура́к *м;* (*verspotten*) ◇ **jd-n zum ~en halten** дура́чить кого́-л; **narren** *vt* (*täuschen*) <о->дура́чить; (*foppen*) подтру́|нивать <-ни́ть> (*jd-n* над кем-л); **Närrin** *f* ду́ра *ж,* ду́рочка *ж;* **närrisch** *adj* (*lustig*) дура́цкий; (*seltsam*) сумасбро́дный, шутовско́й
Narzisse *f* <-, -n> BOT нарци́сс *м*
naschen *vt, vi* <по->ла́комиться; **naschhaft** *adj* лю́бящий пола́комиться; **Naschkatze** *m FAM* ла́комка *м/ж*
Nase *f* <-, -n> нос *м;* ◇ **die ~ von etw voll haben** быть сы́тым по го́рло от чего́-л; ◇ **e-e feine ~ haben** облада́ть то́нким чутьём; ◇ **jd-n an der ~ herumführen** води́ть кого́-л за́ нос; **Nasenbein** *n* носова́я кость *ж;* **Nasenbluten** *n* <-s> кровотече́ние *с* и́з но́са; **Nasenflügel** *m* крыло́ *с* но́са; **Nasenloch** *n* ноздря́ *ж;* **Nasenspray** *n* аэрозо́ль *м* для носово́й по́лости
naseweis *adj* (*vorlaut*) нескро́мный
Nashorn *n* ZOOL носоро́г *м*
naß *adj* ① (*Wetter*) дождли́вый, сыро́й ② (*durchnäßt*) мо́крый ③ (*feucht*) вла́жный; **Nässe** *f* <-> вла́жность *ж,* сы́рость *ж;* **nässen** *vi* (*Wunde*) сочи́ться *несов;* ◇ **ins Bett ~** мочи́ться в посте́ль; **naßkalt** *adj* промо́зглый; **Naßrasur** *f* бритьё *с* обы́чной бри́твой
Nation *f* на́ция *ж;* **national** *adj* национа́льный; **Nationalbewußtsein** *n* национа́льное самосозна́ние *с;* **Nationalfeiertag** *m* национа́льный пра́здник *м;* **Nationalhymne** *f* госуда́рственный гимн *м;* **Nationalismus** *m* национали́зм *м;* **Nationalität** *f* национа́льность *ж;* **Nationalmannschaft** *f* SPORT национа́льная сбо́рная кома́нда *ж;* **Nationalpark** *m* национа́льный парк *м;* **Nationalsozialismus** *m* национа́л-социали́зм *м;* **Nationalsozialist(in** *f*) *m* национа́л-социали́ст(ка *ж*) *м,* наци́ст(ка *ж*) *м*
Natrium *n* CHEM на́трий *м*

Natron *n* <-s> CHEM е́дкий натр *м;* **Natronlauge** *f* на́триевый щёлок *м*

Natter *f* <-, -n> ZOOL уж *м*

Natur *f* (*Landschaft*) приро́да *ж;* (*Charakter, Temperament*) хара́ктер *м,* нату́ра *ж;* ◇ **er ist von ~ aus geizig** он по приро́де [нату́ре] жа́дный; ◇ **in der ~ der Sache liegen** (быть) в приро́де веще́й; **Naturalien** *pl* проду́кты пита́ния; ◇ **in ~ bezahlen** опла́чивать нату́рой; **Naturalismus** *m* KUNST натурали́зм *м;* **Naturerscheinung** *f* явле́ние *с* приро́ды; **naturfarben** *adj* натура́льного цве́та; **Naturfaser** *f* натура́льное волокно́ *с;* **Naturforscher(in** *f*) *m* натурали́ст(ка *ж*) *м;* **naturgegeben** *adj* приро́дный; **naturgemäß** *adj* есте́ственный, приро́дный; **Naturgesetz** *n* зако́н *м* приро́ды; **Naturgewalt** *f* си́ла *ж* приро́ды; **Naturheilkunde** *f* гомеопа́тия *ж;* **Naturkatastrophe** *f* стихи́йное бе́дствие *с;* **Naturkunde** *f* SCH естествозна́ние *с*

natürlich I. *adj* (1) (*naturgegeben*) есте́ственный (2) (*ungekünstelt*) натура́льный; (*einfach*) обы́чный **II.** *adv* есте́ственно; (*zweifellos*) несомне́нно, коне́чно; **natürlicherweise** *adv* есте́ственно; **Natürlichkeit** *f* есте́ственность *ж*

Naturpark *m* парк-запове́дник *м;* **Naturprodukt** *n* приро́дный проду́кт *м;* **Naturschutzgebiet** *n* запове́дник *м;* **Naturtalent** *n FIG* (*begabter Mensch*) саморо́док *м;* **Naturvolk** *n* первобы́тный наро́д *м;* **Naturwissenschaft** *f* есте́ственные нау́ки *ж мн;* **Naturwissenschaftler(in** *f*) *m* есте́ственник *м;* **Naturzustand** *m* есте́ственное состоя́ние *с*

Nautik *f* навига́ция *ж;* **nautisch** *adj* навигацио́нный

Navigation *f* NAUT, AERO навига́ция *ж;* **navigieren** *vi* води́ть кора́бль

Nazi *m* <-s, -s> *Akr. v.* **Nationalsozialist**

Nebel *m* <-s, -> тума́н *м;* **Nebelhorn** *n* NAUT сире́на *ж;* **nebelig** *adj* тума́нный; **Nebelscheinwerfer** *m* AUTO противотума́нные фа́ры *ж мн;* **Nebelschlußleuchte** *f* AUTO противотума́нный за́дний фона́рь *м;* **Nebelschwaden** *f pl* кло́чья *м мн* тума́на

neben *präp dat/akk* (1) (*räumlich*) о́коло, у, во́зле кого́-чего́-л, ря́дом с кем-чем-л; ◇ **~ dem Weg befindet sich ein Wäldchen** у доро́ги нахо́дится небольшо́й лесо́к; ◇ **leg die Hacke ~ das Haus** положи́ кирку́ во́зле до́ма; ◇ **~ unserem Hof** о́коло на́шего двора́ (2) (*im Vergleich zu*) по сравне́нию с кем-чем-л; ◇ **~ diesem hübschen Kleid ist jenes häßlich** по сравне́нию с э́тим краси́вым пла́тьем то вы́глядит ужа́сно (3) (*außer, zugleich mit*) наряду́ с, кро́ме; (*zusätzlich*) в дополне́ние к чему́-л; **nebenan** *adv* ря́дом; ◇ **im Zimmer ~** в ко́мнате ря́дом; **Nebenanschluß** *m* TELEC паралле́льный телефо́н *м;* **Nebenarm** *m* (*Fluß*) боково́й рука́в *м;* **nebenbei** *adv* (1) (*arbeiten*) наряду́ с чем-л; (*außerdem*) кро́ме того́ (2) (*beiläufig*) ме́жду де́лом; **nebenberuflich** *adj* по совмести́тельству; **Nebenbeschäftigung** *f* побо́чное заня́тие *с,* рабо́та *ж* по совмести́тельству; **Nebenbuhler(in** *f*) *m* <-s, -> copе́рник *м,* copе́рница *м*

nebeneinander *adv* ря́дом, друг о́коло дру́га; **nebeneinanderlegen** *vt* (*örtlich*) класть <положи́ть> ря́дом, разме|ща́ть <-сти́ть> ря́дом; (*vergleichen*) сопо|ставля́ть <-ста́вить>; **nebeneinandersetzen** *vt* <по->сади́ть ря́дом; **nebeneinanderstellen** *vt* <по->ста́вить ря́дом

Nebeneingang *m* запа́сный вход *м;* **Nebeneinkünfte** *f pl*, **Nebeneinnahmen** *f pl* побо́чные дохо́ды *м мн;* **Nebenfach** *n* SCH второстепе́нный предме́т *м;* **Nebenfluß** *m* прито́к *м;* **Nebengeräusch** *n* MEDIA посторо́нний шум *м*

nebenher *adv* (1) (*zusätzlich, außerdem*) кро́ме того́, наряду́ с чем-л (2) (*gleichzeitig*) паралле́льно, одновре́менно; ◇ **beim Mittagessen liest sie ~ die Zeitung** обе́дая, она́ чита́ет газе́ту (3) (*daneben*) ря́дом; **nebenherfahren** *unreg vi* е́хать ря́дом

Nebenhöhle *f* (*Nasen~*) прида́точная по́лость *ж;* **Nebenklage** *f* JURA дополни́тельный иск *м;* **Nebenkosten** *pl* (*Miet~*) дополни́тельные расхо́ды *м мн;* **Nebenprodukt** *n* побо́чный проду́кт; **Nebenrolle** *f* THEAT второстепе́нная роль *ж;* **Nebensache** *f* второстепе́нное де́ло *с;* ◇ **das ist ~** э́то не (о́чень) ва́жно; **nebensächlich** *adj* второстепе́нный, несуще́ственный; **Nebensatz** *m* GRAM прида́точное предложе́ние *с;* **Nebenstelle** *f* (1) филиа́л *м* (2) MEDIA подста́нция *ж;* **Nebenstrecke** *f* BAHN второстепе́нный уча́сток *м;* **Nebenwirkung** *f* (*von Arznei*) побо́чное де́йствие *с;* **Nebenzimmer** *n* сосе́дняя ко́мната *ж*

nebst *präp dat* (*zusammen mit, einschließlich*) вме́сте с чем-л

nebulös *adj* (*Vorstellungen*) тума́нный

necken *vt* <по->дразни́ть; **Neckerei** *f* подра́знивание *с;* **neckisch** *adj* игри́вый; (*schelmisch*) лука́вый, задо́рный

Neffe *m* <-n, -n> племя́нник *м*

negativ *adj* отрица́тельный, негати́вный

Negativ *n* FOTO негати́в *м*

nehmen <nimmt, nahm, genommen> **I.** *vt* ① брать <взять>; (*ergreifen*) <с->хвата́ть ② (*essen*) <съ->есть ③ (*entgegen~*) брать <взять>, прин|има́ть <-я́ть>; ◇ **er nimmt 20 Mark pro Stunde** он берёт два́дцать ма́рок за час ④ (*stehlen*) <с->ворова́ть; (*wegnehmen*) отн|има́ть <-я́ть> ⑤ (*verwenden*) приме|ня́ть <-ни́ть>, испо́льзовать *несов и сов;* (*Rezept*) ◇ **man nehme** возьми́те; ◇ **etw in Anspruch ~** по́льзоваться чем-л; (*Bus*) <по->е́хать на чём-л; (*Unterricht, Urlaub*) брать ⑥ (*halten, Koffer*) брать <взять> ⑦ (*auffassen, verstehen*) ◇ **etw ernst/gelassen ~** серьёзно/споко́йно отнести́сь к чему́-л ⑧ ◇ **sie nahmen die Großeltern zu sich** они́ взя́ли ба́бушку и де́душку к себе́; ◇ **jd-n an Bord ~** приня́ть кого́-л на кора́бль ⑨ (*heiraten*) ◇ **jd-n zum Mann/zur Frau ~** выходи́ть за́муж за кого́-л/жени́ться на ком-л ⑩ ◇ **ein Ende ~** приходи́ть к концу́ **II.** *vr* ◇ **sich ~** ① (*Wohnung*) снять <снима́ть>; (*Anwalt*) на|нима́ть <-ня́ть> ② ◇ **sich Zeit ~** де́лать что-л не спеша́ ③ ◇ **sich das Leben ~** лиши́ть себя́ жи́зни

Neid *m* <-[e]s> за́висть *ж; FAM* ◇ **platzen vor ~** ло́пнуть от за́висти; **Neider(in** *f*) *m* <-s, -> зави́стник *м,* зави́стница *ж;* **neidisch** *adj* зави́стливый

Neige *f* <-, -n> ◇ **zur ~ gehen** подходи́ть к концу́; **neigen I.** *vt* накло|ня́ть <-ни́ть> **II.** *vr* ◇ **sich ~** <на->клони́ться; (*schräg sein, Schiff*) <на->крени́ться **III.** *vi* ◇ **zu etw ~** име́ть скло́нность к чему́-л; **Neigung** *f* ① (*Lage von Gelände: leicht*) накло́н *м;* (*stärker*) отко́с *м;* (*Körper~*) наклоне́ние *с* ② (*Tendenz*) предрасположе́ние *с;* (*Veranlagung*) скло́нность *ж* ③ *FIG* (*Vorliebe*) расположе́ние *с*

nein *adv* нет; ◇ **~, so etw!** неуже́ли!; ◇ **~, ist das e-e Überraschung!** вот так сюрпри́з!

Nektar *m* <-s> BOT некта́р *м;* **Nektarine** *f* пе́рсик-нектари́н *м*

Nelke *f* <-, -n> (*Gewürz*), *a.* BOT гвозди́ка *ж*

nennen <nannte, genannt> **I.** *vt* ① (*mit Namen*) наз<ы>ва́ть, да<ва́>ть и́мя кому́-л ② (*bezeichnen*) обо|знача́ть <-зна́чить> ③ (*zitieren, anführen*) при|води́ть <-вести́> **II.** *vr* ◇ **sich ~** наз<ы>ва́ться; (*sich ausgeben für*) наз<ы>ва́ть себя́ кем-л; **nennenswert** *adj* (*erwähnenswert*) заме́тный; **Nenner** *m* <-s, -> MATH знамена́тель *м;* **Nennung** *f* называ́ние *с;* SPORT зая́вка *ж;* **Nennwert** *m* COMM номина́льная сто́имость *ж*

Neologismus *m* <-, -men> неологи́зм *м*

Neon *n* <-s> CHEM нео́н *м;* **Neonlicht** *n* нео́новое освеще́ние *с;* **Neonröhre** *f* нео́новая тру́бка *ж*

Nerv *m* <-s, -en> нерв *м; FAM* ◇ **du gehst mir auf die ~en** ты мне де́йствуешь на не́рвы; **nerven** *vt FAM* де́йствовать на не́рвы; **nervenaufreibend** *adj* изма́тывающий; **Nervenbündel** *n FAM* (*übernervöser Mensch*) комо́к *м* не́рвов; **Nervenentzündung** *f* неври́т *м;* **Nervenheilanstalt** *f* нервопатологи́ческая лече́бница *ж;* **Nervenkitzel** *m* <-s> *FAM* о́стрые ощуще́ния *с мн;* **nervenkrank** *adj* нервнобольно́й; **Nervenschwäche** *f* не́рвная сла́бость *ж;* **Nervensystem** *n* не́рвная систе́ма *ж;* **Nervenzusammenbruch** *m* истоще́ние *с* не́рвной систе́мы; **nervlich** *adj* не́рвный

nervös *adj* не́рвный; **Nervosität** *f* нерво́зность *ж*

nervtötend *adj* (*Arbeit*) изнуря́ющий

Nerz *m* <-es, -e> (*~mantel*) но́рка *ж*

Nessel [1] *f* <-, -n> BOT (*Brennessel*) крапи́ва *ж; FAM* ◇ **sich in die ~n setzen** попа́сть в неудо́бное положе́ние

Nessel [2] *m* <-s> (*Stoffart*) бязь *ж*

Nesselfieber *n* MED крапи́вница *ж*

Nest *n* <-[e]s, ¨-er> ① (*von Vögeln*) гнездо́ *с* ② *FAM* (*abgelegene Ortschaft*) дыра́ *ж,* захолу́стье *с*

Nesthäkchen *n* <-s, -> *FIG* после́дыш *м,* после́дний ребёнок *м* в семье́; **Nestwärme** *f FIG* (*Geborgenheit*) семе́йный ую́т *м*

nett *adj* ① ми́лый; (*freundlich*) любе́зный ② (*angenehm*) прия́тный ③ (*hübsch*) хоро́шенький, милови́дный; **netterweise** *adv* по любе́зности

netto *adv* не́тто; **Nettoeinkommen** *n* чи́стый дохо́д *м*

Netz *n* <-es, -e> ① *a.* SPORT (*zum Tragen, Halten, Fangen*) сеть *ж,* се́тка *ж;* (*Fischer~*) не́вод *м;* (*Spinnen~*) паути́на *ж; FIG* (*soziales ~*) сеть *ж; FIG* ◇ **jd-m ins ~ gehen** попа́сть в чьи-л се́ти ② *a.* PC (*Straßen~, Telefon~*) сеть *ж;* ◇ **ans ~ gehen** подключи́ться к се́ти; **Netzanschluß** *m* подключе́ние *с* к се́ти; **Netzball** *m* SPORT мяч *м* в се́тке; **Netzhaut** *f* ANAT сетча́тка *ж;* **Netzkarte** *f* (*für öffentliche Verkehrsmittel*) еди́ный проездно́й биле́т *м*

neu I. *adj* ① (*fabrikneu, ungebraucht*) но́вый, неиспо́льзованный ② (*Sprache, Kultur*) ра́нее неизве́стный ③ (*kürzlich*) неда́вний; ◇ **seit ~estem** в после́днее вре́мя **II.** *adv* ① (*wieder, noch einmal*) за́ново; ◇ **~ bearbeiten** за́ново перерабо́тать; ◇ **von ~em** сно́ва ② (*ganz ~*) ◇ **~ einkleiden** оде́ться во всё но́вое; **Neuanschaffung** *f* но́вое приобрете́ние *с;* **neuartig** *adj* но́вый, оригина́льный; (*innovativ*) но́вого ти́па; (*Buch*) неи́зданный; **Neuauflage** *f,* **Neuausgabe** *f* (*von Buch*) но́вое изда́ние *с;* **Neubau** *m* <-s, -ten> новостро́йка *ж;* **Neubearbeitung** *f* редакти́рование *с;* **Neubildung** *f* (*von Wort*) новообразова́ние *с*

neuerdings *adv* (*seit kurzem*) неда́вно

Neuerung *f* но́вшество *с*

neugeboren *adj* новорождённый; *FIG* ◇ **sie fühlt sich wie ~** она́ чу́вствует себя́ как за́ново на свет родила́сь

Neugier(de) *f* любопы́тство *с;* **neugierig** *adj* любопы́тный; **Neugierige(r)** *fm* любопы́тный(-ая *ж*) *м*

Neuheit *f* новизна́ *ж;* **Neuigkeit** *f* но́вость *ж;* **Neujahr** *n* Но́вый год *м;* **Neuland** *n meist FIG* (по́днятая) целина́ *ж;* **neulich** *adv* неда́вно; **Neuling** *m* новичо́к *м;* **neumodisch** *adj meist PEJ* по после́дней мо́де; **Neumond** *m* новолу́ние *с*

neun *nr* де́вять; *s. a.* **fünf**; **neunzehn** *nr* девятна́дцать; **neunzig** *nr* девяно́сто

Neuralgie *f* MED невралги́я *ж;* **neuralgisch** *adj* невралги́ческий; *FIG* (*Punkt*) крити́ческий

Neureiche(r) *fm PEJ* вы́скочка *м/ж,* нувори́ш *м*

Neurologe *m* невропато́лог *м;* **Neurologie** *f* MED невропатоло́гия *ж*

Neurose *f* MED невро́з *м;* **Neurotiker(in** *f*) *m* <-s, -> невро́тик *м;* **neurotisch** *adj* невроти́ческий

Neuseeland *n* Но́вая Зела́ндия *ж;* ◇ **in/nach ~** в Но́вой Зела́ндии/в Но́вую Зела́ндию; **neuseeländisch** *adj* новозела́ндский

neutral *adj* нейтра́льный; **Neutralität** *f* нейтралите́т *м;* **neutralisieren** *vt* нейтрализова́ть *несов и сов*

Neutron *n* <-s, -en> нейтро́н *м;* **Neutronenbombe** *f* нейтро́нная бо́мба *ж*

Neutrum *n* <-s, -tra *o.* -tren> GRAM сре́дний род *м*

Neuwahl *f* перевы́боры *мн;* **Neuwert** *m* сто́имость *ж* но́вой ве́щи, не бы́вшей в употребле́нии; **Neuzeit** *f* но́вое вре́мя *с;* **neuzeitlich** *adj* совреме́нный

Niagarafälle *m pl* Ниага́рский водопа́д *м*

nicht *adv* ① (*Verneinung, mit Adjektiv*) не, не-; ◇ **e-e ~ angenehme Situation** неприя́тная ситуа́ция; (*mit Adverb*) не; ◇ **~ schlecht!** непло́хо!; ◇ **~ schlimm!** не стра́шно!; ◇ **~ mehr und ~ weniger** не бо́лее и не ме́нее; ; ◇ **absolut ~** ниско́лько, ничу́ть; ◇ **ganz und gar ~** совсе́м нет; ◇ **~ doch!** нет же!; ◇ **~ einmal** не (оди́н) раз; ◇ **~ nur, sondern auch** не то́лько, но и; (*mit Verb*) не; ◇ **er kam ~ nach Hause** он не верну́лся домо́й; (*mit Satz*) ◇ **hast du es schon gegessen? noch ~!** ты э́то уже́ ел? ещё не ел! ② (*rhetorisch, positive Antwort erwartend*) ◇ **~ wahr?** не пра́вда ли?; ◇ **findest du ~ auch?** ты ведь то́же так ду́маешь? ③ (*Verbot, Bitte*) ◇ **Rasen ~ betreten!** по газо́нам не ходи́ть!; ◇ **~ berühren!** не тро́гать!; ◇ **bitte ~ stören!** про́сим не меша́ть! ④ (*eingeschränkt positiv: doppelt verneint*) (*ganz gut*) ◇ **~ schlecht/übel** непло́хо ⑤ (*erstaunt, verwundert*) ◇ **was sie ~ alles angestrichen haben!** и что то́лько там не отме́тили!; ◇ **was es ~ alles gibt!** и чего́ то́лько нет!

Nichtachtung *f* ① (*Mangel an Respekt*) неуваже́ние *с* ② (*Nichtbeachtung*) несоблюде́ние *с;* **Nichtangriffspakt** *m* MIL пакт *м* о ненападе́нии

Nichte *f* <-, -n> племя́нница *ж*

Nichteinmischung *f* POL невмеша́тельство *с*

nichtig *adj* (*ungültig*) недействи́тельный; ◇ **e-e Ehe für ~ erklären** объяви́ть брак недействи́тельным; **Nichtigkeit** *f* ① (*Kleinigkeit*) пустя́к *м;* (*Wertlosigkeit*) ничто́жность *ж* ② JURA (*Ungültigkeit*) недействи́тельность *ж*

Nichtraucher(in *f*) *m* некуря́щий(-ая *ж*) *м;* **nichtrostend** *adj* нержаве́ющий

nichts *pron indefinit* ничто́; (*beim Verb*) ничего́... не; ◇ **wir hatten ~ als Ärger** у нас бы́ли одни́ неприя́тности; (*alleinstehend ohne Verb*) ◇ **~ anderes als** не что ино́е, как; ◇ **~ von Bedeutung** ничего́ ва́жного; ◇ **~ zu danken** не́ за что; ◇ **das ist ~ für mich** э́то не для меня́; ◇ **wir wollten ein Picknick machen, aber daraus wurde ~** мы хоте́ли устро́ить пикни́к, но ничего́ не вы́шло; ◇ **bisher ist noch ~ Näheres bekannt** пока́ подро́бности неизве́стны; ◇ **mir ~ dir ~**

ни с того́, ни с сего́; ◇ **das ist soviel wie ~** э́то почти́ ничто́; ◇ **um ~ und wieder ~** ни за что́ на све́те; ◇ **ich kann ~ dafür** я тут ни при чём; ◇ **da ist ~ dran** *(an Person)* ко́жа да ко́сти; *(am Hähnchen)* здесь и пое́сть не́чего; *(an Sache, Gerücht)* в э́том нет ни ка́пли пра́вды; **Nichts** *n* ‹-› ничто́жество *с;* **nichtsdestoweniger** *adv* тем не ме́нее; **Nichtsnutz** *m* ‹-es, -e› безде́льник *м,* безде́льница *ж;* **nichtssagend** *adj (unbedeutend)* незначи́тельный; *(fadenscheinig)* сла́бый; **Nichtstun** *n* ‹-s› *(Müßiggang)* безде́лье *с*

Nichtzutreffende[s] *n* ‹-› ◇ **~ bitte streichen** нену́жное зачеркну́ть, пожа́луйста

Nickel *n* ‹-s› -s ни́кель *м*

nicken [1] *vi (bejahen, grüßen)* кив|а́ть ‹-ну́ть›

nicken [2] *vi (schlummern)* ‹за-›дрема́ть

Nickerchen *n* ◇ **ein ~ machen** вздремну́ть

nie *adv* никогда́; *(beim Verb)* никогда́... не; ◇ **sie hat ~ so etw gesagt** она́ никогда́ ничего́ подо́бного не говори́ла; ◇ **~ wieder/mehr** бо́льше никогда́; ◇ **~ und nimmer** ни за что

nieder I. *adj* (1) *(räumlich, Haus)* ни́зкий, невысо́кий (2) *(Adel)* ме́лкий; *(Rang)* ни́зкий (3) *(Beweggründe, Gesinnung)* ни́зкий, по́длый **II.** *adv* вниз; ◇ **auf und ~** вверх и вниз; **niederbrennen** *unreg* **I.** *vt (Gebäude)* сжига́ть ‹сжечь› **II.** *vi (Kerze)* сго|ра́ть ‹-ре́ть›; **Niedergang** *m (von Reich, Kultur)* ги́бель *ж;* **niedergebrannt** *adj* сгоре́вший; **niedergehen** *unreg vi (Flugzeug)* идти́ на поса́дку; *(Regen)* выпада́ть ‹вы́пасть›; *(Boxer)* па́дать ‹упа́сть›; **niedergeschlagen** *adj FIG* пода́вленный, удручённый; **Niedergeschlagenheit** *f* пода́вленность *ж,* уны́ние *с;* **niederknien** *vi* станови́ться ‹стать› на коле́ни; **Niederlage** *f* пораже́ние *с;* ◇ **jd-m e-e ~ beibringen** нанести́ кому́-л пораже́ние; ◇ **e-e ~ einstecken/erleiden** потерпе́ть пораже́ние

Niederlande *pl* ◇ **die ~** Нидерла́нды *мн*

niederlassen *unreg* **I.** *vt (Jalousie)* опус|ка́ть ‹-ти́ть› **II.** *vr* ◇ **sich ~** (1) *(sich setzen)* опус|ка́ться ‹-ти́ться›; *(im Restaurant)* сади́ться ‹сесть› (2) *(an Ort)* посе|ля́ться ‹-ли́ться›; *(Firma)* учре|жда́ть ‹-ди́ть› фи́рму; **Niederlassung** *f* поселе́ние *с;* COMM *(Zweigstelle)* филиа́л *м;* **niederlegen** *vt* (1) *(ablegen)* класть ‹положи́ть›; *(Kranz)* воз|лага́ть ‹-ложи́ть› (2) *(Arbeit)* прекра|ща́ть ‹-ти́ть›; *(streiken)* объя|вля́ть ‹-ви́ть› забасто́вку; *(Amt)* отка|зываться ‹-за́ться›; **niederreißen** *unreg vt (Haus)* сноси́ть ‹снести́›; *FIG (Schranken)* устра|ня́ть ‹-ни́ть›; **niederschießen** *unreg* **I.** *vt (Menschen, Tiere)* застре́|ливать ‹-ли́ть›, перестре́|ливать ‹-ля́ть› **II.** *vi (Raubvogel)* броса́ться ‹бро́ситься› с высоты́ *(auf akk* на кого́-что-л); **Niederschlag** *m* (1) METEO оса́док *ж;* MIL, PHYS ◇ **radioaktive Niederschläge** радиоакти́вные оса́дки (2) BOXEN нокда́ун *м* (3) *FIG (von Theorie)* отраже́ние *с;* **niederschlagen** *unreg* **I.** *vt* (1) *(Gegner)* сби‹ва́›ть с ног, ‹с-›вали́ть (2) *(Aufstand)* пода|вля́ть ‹-ви́ть›; JURA *(Prozeß)* прекра|ща́ть ‹-ти́ть› **II.** *vr* ◇ **sich ~** (1) *FIG* на|ходи́ть ‹-йти́› своё отраже́ние (2) CHEM осажда́ться ‹осе́сть›; **niederschlagsarm** *adj (Sommer)* засу́шливый; **Niederschlagsmenge** *f* коли́чество *с* оса́дков; **niedertourig** *adj (Motor)* рабо́тающий на ма́лых оборо́тах; **niederträchtig** *adj* ни́зкий, по́длый; **niedertreten** *unreg vt* (1) *(Rasen)* за|та́птывать ‹-топта́ть› (2) *(abnutzen)* ста́птывать ‹стопта́ть›

Niederung *f* GEO ни́зменность *ж*

niederwerfen *unreg vt* сбра́сывать ‹сбро́сить›; *FIG (Krankheit)* ‹по-›вали́ть; *(Aufstand, Streik)* пода|вля́ть ‹-ви́ть›

niedlich *adj* милови́дный, ми́лый

niedrig *adj* (1) *(Raum)* ни́зкий (2) *(Temperatur, Einkommen)* ни́зкий, минима́льный (3) *(gemein, Charakter)* ни́зкий, по́длый; **Niedrigwasser** *n* ни́зкий у́ровень *м* воды́

niemals *adv* никогда́

niemand *pron indefinit* никто́; ◇ **ich habe mit ~[em] gesprochen** я ни с кем не говори́л; ◇ **~ schreibt ihm** никто́ ему́ не пи́шет; **Niemandsland** *n* нейтра́льная зо́на *ж*

Niere *f* ‹-, -n› по́чка *ж;* **Nierenstein** *m* по́чечный ка́мень *м*

nieseln *vi unpers* ◇ **es nieselt** мороси́т

niesen *vi* чих|а́ть ‹-ну́ть›

Niete [1] *f* ‹-, -n› TECH заклёпка *ж*

Niete [2] *f* ‹-, -n› (1) *(Los)* пусто́й биле́т *м* (2) *FAM (unfähiger Mensch)* безда́рный челове́к *с,* нуль *м,* пустоцве́т *м*

nieten *vt* за|клёпывать ‹-клепа́ть›

Nihilismus *m* нигили́зм *м;* **Nihilist(in** *f*) *m* нигили́ст(ка *ж*) *м;* **nihilistisch** *adj* нигилисти́ческий

Nikolaus *m* ‹-, -läuse› свято́й Никола́й *м* = *Дед м Моро́з*

Nikotin *n* ‹-s› никоти́н *м*

Nilpferd *n* бегемо́т *м,* гиппопота́м *м*

Nimmersatt *m* ‹-[e]s› *FAM* ненасы́тный *м*

nippen *vi* (*an Getränk*) пригу́|бливать ‹-бить› (*an etw dat* что-л)

Nippes, **Nippsachen** *pl* фарфо́ровые безделу́шки *мн*

nirgends, **nirgendwo** *adv* нигде́

Nische *f* ‹-, -n› (*Wand~*) ни́ша *ж*

nisten *vi* ‹по-›гнезди́ться; **Nistkasten** *m* скворе́чник *м*

Nitrat *n* CHEM нитра́т *м*

Niveau *n* ‹-s, -s› у́ровень *м;* **niveaulos** *adj* (*Person*) ни́зкий по у́ровню

nivellieren *vt* нивели́ровать *несов и сов*

Nixe *f* ‹-, -n› руса́лка *ж*

nobel, **noble(r, s)** *adj* благоро́дный, возвы́шенный

Nobelpreis *m* Но́белевская пре́мия *ж*

noch I. *adv* (1) (*allg.*) ещё; ◇ ~ **heute** по сей день, ещё сего́дня; ◇ ~ **vor e-r Woche** ещё неде́лю наза́д (2) (*weiterhin*) всё ещё (3) (*außerdem, zusätzlich*) ещё, сверх того́ (4) (*Vermutung, Befürchtung*) ◇ **du wirst dich ~ erkälten** ты ещё просту́дишься **II.** *cj* ◇ **weder ... ~** ни ... ни; **nochmal** *adv* ещё раз; **nochmalig** *adj* втори́чный, повто́рный

Nockenwelle *f* распредели́тельный вал *м*

Nomade *m* ‹-n, -n› коче́вник *м*

Nominativ *m* GRAM имени́тельный паде́ж *м*

nominell *adj* номина́льный

nominieren *vt* наз|нача́ть ‹-на́чить›, выдвига́ть ‹вы́двинуть›

Nonne *f* ‹-, -n› мона́хиня *ж;* **Nonnenkloster** *n* же́нский монасты́рь *м*

Nordamerika *n* Се́верная Аме́рика *ж;* **norddeutsch** *adj* северогерма́нский; **Norddeutschland** *n* Се́верная Герма́ния *ж;* **Norden** *m* ‹-s› се́вер *м;* **Nordirland** *n* Се́верная Ирла́ндия *ж;* ◇ **in/nach ~** в Се́верной Ирла́ндии/в Се́верную Ирла́ндию; **nordisch** *adj* се́верный; SPORT ◇ **~e Kombination** скандина́вское двоебо́рье; **nördlich I.** *adj* (*Richtung*) се́верный **II.** *adv* ◇ ~ *gen* [*o.* **von**] се́вернее от чего́-л; **Nordosten** *m* се́веро-восто́к *м;* **Nordpol** *m* Се́верный по́люс *м;* **Nordsee** *f* Се́верное мо́ре *с;* **Nordwesten** *m* се́веро-за́пад *м*

Nörgelei *f* приди́рки *ж мн*, приди́рчивость *ж;* **nörgeln** *vi* придира́ться *несов*, брюзжа́ть *несов;* **Nörgler(in** *f*) *m* ‹-s, -› *FAM* приди́ра *м/ж*

Norm *f* ‹-, -en› (1) (*Standardisierung*) но́рма *ж*, станда́рт *м* (2) (*Regel*) пра́вило *с;* **normal** *adj* норма́льный; **normalerweise** *adv* обы́чно; **normalisieren I.** *vt* (*Beziehungen*) нормализова́ть *несов и сов* **II.** *vr* ◇ **sich ~** нормализова́ться *несов и сов;* **Normalität** *f* норма́льность *ж;* **Normalmaß** *n* этало́н *м;* **Normalzustand** *m* обы́чное состоя́ние *с*

Normannen *m pl* норма́нны *м мн*

normen *vt* (*normieren*) уста|на́вливать ‹-нови́ть› но́рмы; **Normierung**, **Normung** *f* нормирова́ние *с*, стандартиза́ция *ж*

Norwegen *n* Норве́гия *ж;* ◇ **in/nach ~** в Норве́гию/в Норве́гии; **Norweger(in** *f*) *m* ‹-s, -› норве́жец *м*, норве́жка *ж;* **norwegisch** *adj* норве́жский

Nostalgie *f* ностальги́я *ж*

not *adv* ◇ **~ tun** ну́жно, необходи́мо

Not *f* ‹-, Nöte› (1) (*Armut, Elend*) нужда́ *ж*, бе́дствие *с* (2) (*Elend, Unglück*) беда́ *ж;* ◇ **jd-m aus der ~ helfen** помо́чь кому́-л в беде́ (3) (*das Fehlen*) нехва́тка *ж* (4) (*Sorge*) ◇ **mit etw seine liebe ~ haben** му́читься над чем-л; ◇ **er hat mit dem Kind seine liebe ~** у него́ мно́го хлопо́т с ребёнком (5) (*Notwendigkeit*) необходи́мость *ж; FIG* (*falls nötig*) ◇ **zur ~** в кра́йнем слу́чае

Notar(in *f*) *m* нота́риус *м;* **notariell** *adj* нотариа́льный

Notarzt *m*, **Notärztin** *f* (1) (*Person*) врач *м* ско́рой по́мощи (2) (*Notdienst*) ◇ **rufen Sie den ~!** вы́зовите ско́рую по́мощь!; **Notaufnahmelager** *n* (*für Flüchtlinge*) ла́герь *м* для бе́женцев; **Notausgang** *m* запа́сный вы́ход *м;* **Notbehelf** *m* ‹-s, -e› вре́менная ме́ра *ж;* **Notbremse** *f* BAHN авари́йный то́рмоз *м*

notdürftig I. *adj* ску́дный; **II.** *adv* ко́е-как, е́ле-е́ле

Note *f* ‹-, -n› (1) (*allg.*) отме́тка *ж*, балл *м;* SCH оце́нка *ж* (2) MUS но́та *ж* (3) (*Papiergeld*) банкно́та *ж* (4) (*persönliche Eigenart*) характе́рная черта́ *ж*, осо́бенность *ж;* **Notenbank** *f* эмиссио́нный банк *м;* **Notenpapier** *n* но́тная бума́га *ж;* **Notenschlüssel** *m* MUS ключ *м;* **Notenschrift** *f* но́тное письмо́ *с;* **Notenständer** *m* пюпи́тр *м*

Notfall *m* кра́йний слу́чай *м;* **notfalls** *adv* в кра́йнем слу́чае; **notgedrungen I.** *adj* вы́нужденный **II.** *adv* ◇ **etw ~ machen** сде́лать что-л понево́ле; **Notgroschen** *m* сбереже́ния *с мн* на чёрный день; **Nothelfer(in** *f*) *m* помо́щник *м*/помо́щница *ж* в беде́

notieren *vt* (1) запи́|сывать ‹-са́ть›, ‹с-›де́лать заме́тки (2) FIN (*Kurswert*) коти́ро-

вать *несов и сов;* **Notierung** *f* FIN котиро́вка *ж*

nötig I. *adj* ну́жный **II.** *adv* ◇ **etw ~ haben** нужда́ться в чём-л; **nötigen** *vt* (*zwingen*) прину|жда́ть ‹-ди́ть›; **Nötigung** *f* ‹-› принужде́ние *с*

Notiz *f* ‹-, -en› за́пись *ж;* (*Zeitungs~*) заме́тка *ж;* ◇ **~ nehmen von etw** обрати́ть внима́ние на что-л; **Notizblock** *m* блокно́т *м;* **Notizbuch** *n* записна́я кни́жка *ж*

Notlage *f* бе́дственное положе́ние *с,* нужда́ *ж;* **notlanden** *vi* AERO совер|ша́ть ‹-ши́ть› вы́нужденную поса́дку; **Notlandung** *f* вы́нужденная поса́дка *ж;* **notleidend** *adj* нужда́ющийся; **Notlösung** *f* вы́нужденное реше́ние *с;* **Notlüge** *f* вы́нужденная ложь *ж*

notorisch *adj* (*Trinker*) заве́домый

Notruf *m* вы́зов *м* по́мощи; **Notrufsäule** *f* столб *м* с аппара́том для вы́зова по́мощи; **notschlachten** *vt* (*Tier*) преждевре́менно заре́зать скот; **Notstand** *m* чрезвыча́йное положе́ние *с;* **Notunterkunft** *f* вре́менное жили́ще *с;* **Notverordnung** *f* чрезвыча́йное постановле́ние *с;* **Notwehr** *f* ‹-› необходи́мая оборо́на *ж;* ◇ **aus/in ~ handeln** де́йствовать в поря́дке самооборо́ны; **notwendig** *adj* необходи́мый; **Notwendigkeit** *f* необходи́мость *ж*

Nougat *n* ‹-s› шокола́дный крем *м*

Novelle *f* ① (*Erzählung*) расска́з *м,* нове́лла *ж* ② JURA нове́лла *ж*

November *m* ‹-[s]› ноя́брь *м; s. a.* **Mai**

Nu *m* ◇ **im ~** ми́гом

Nuance *f* ‹-, -n› нюа́нс *м*

nüchtern *adj* ① (*ohne Alkohol*) тре́звый; (*ohne Essen*) ничего́ не е́вший; ◇ **auf ~en Magen** натоща́к ② (*sachlich*) объекти́вный; (*Stil*) сухо́й, ску́чный; **Nüchternheit** *f* тре́звость *ж;* (*Besonnenheit*) разу́мность *ж*

Nuckel *m* ‹-s, -› (*Schnuller*) со́ска *ж*

Nudel *f* ‹-, -n› лапша́ *ж,* вермише́ль *ж*

Nuklearmedizin *f* я́дерная медици́на *ж*

null *nr* ноль, нуль; ◇ **~ Ahnung von etw haben** не име́ть ни мале́йшего представле́ния о чём-л; ◇ **für ~ und nichtig erklären** объяви́ть недействи́тельным

Null *f* ‹-, -en› ① (*Ziffer*) ноль *м,* нуль *м* ② *PEJ* (*Mensch*) нуль *м;* **Nullösung** *f* POL нулево́й вариа́нт *м;* **Nullpunkt** *m* то́чка *ж* нуля́, нача́ло *с* отсчёта; (*Gefrierpunkt*) нуль *м;* **Nulltarif** *m* ◇ **zum ~** беспла́тно

numerieren *vt* ‹про-›нумерова́ть; **numerisch** *adj* чи́сленный

Numerus clausus *m* ‹-› UNI коли́чественное ограниче́ние *с* (приёма в ву́зы)

Nummer *f* ‹-, -n› ① (*Zahl*) но́мер *м* ② (*Größe*) но́мер *м,* разме́р *м;* **Nummernschild** *n* AUTO номерно́й знак *м*

nun *adv* (*jetzt*) тепе́рь, сейча́с; ◇ **was hat er denn ~?** что же с ним?; ◇ **~ denn!** ну, дава́й[те]!, ну, что же вы [ты]!

nur I. *adv* (*bloß*) то́лько, лишь, всего́; ◇ **ich habe ~ zwei Minuten Zeit** у меня́ то́лько две мину́ты вре́мени **II.** *cj* (*allerdings*) то́лько, одна́ко; ◇ **~ habe ich leider vergessen ...** то́лько я, к сожале́нию, забы́л ...

nuscheln *vi FAM* нея́сно говори́ть

Nuß *f* ‹-, Nüsse› ① (*Frucht*) оре́х *м* ② *FAM* (*schwierige Aufgabe*) ◇ **e-e harte ~** кре́пкий оре́шек; **Nußbaum** *m* оре́ховое де́рево *с;* **Nußknacker** *m* ‹-s, -› щипцы́ *мн* для ко́лки оре́хов

Nüster *f* ‹-, -n› ноздря́ *ж*

nutz, nütze *adj* ◇ **zu nichts ~ sein** никуда́ не годи́ться; **nutzbar** *adj* ① (*verwendbar*) могу́щий быть испо́льзованным ② (*kultivierbar, Boden*) поле́зный; ◇ **~ machen** осва́ивать; **Nutzbarmachung** *f* испо́льзование *с,* утилиза́ция *ж;* **nutzbringend** *adj* поле́зный; **nutzen, nützen I.** *vt* испо́льзовать *несов и сов* **II.** *vi* быть поле́зным; ◇ **was kann das ~?** к чему́ э́то?; **Nutzen** *m* ① (*Vorteil*) по́льза *ж;* ◇ **von ~ sein** быть поле́зным ② (*Gewinn*) вы́года *ж,* при́быль *ж;* **nützlich** *adj* поле́зный, вы́годный; ◇ **sich ~ machen** ока́зывать услу́ги; **Nützlichkeit** *f* поле́зность *ж;* **nutzlos** *adj* бесполе́зный; **Nutzlosigkeit** *f* бесполе́зность *ж;* **Nutznießer(in** *f*) *m* ‹-s, -› челове́к *м,* извлека́ющий по́льзу из чего́-л;

Nutzung *f* по́льзование *с*

Nylon *n* нейло́н *м*

Nymphe *f* ‹-, -n› ни́мфа *ж*

Nymphomanin *f* нимфома́нка *ж*

O, o *n* O, o

o *intj* ◇ **~ ja!** о да!; ◇ **~ weh!** увы́!

Oase *f* ‹-, -n› оа́зис *м*

ob *cj* ли; ◇ **~ das stimmt?** так ли э́то?; ◇ **~**

Regen, ob Sonne снег ли, дождь ли; ◇ **und ~!** ещё бы!

Obacht *f* ◇ **~ geben** обращáть внимáние

Obdach *n* кров *м;* (*Zuflucht*) убéжище *с;* **obdachlos** *adj* бездóмный; **Obdachlose(r)** *fm* бездóмный(-ая *ж*) *м*

Obduktion *f* автопсúя *ж,* вскрытие *с* трýпа; **obduzieren** *vt* вскры‹вá›ть труп

O-Beine *pl* нóги колесóм

oben *adv* вверхý, наверхý, свéрху; ◇ **nach ~** навéрх; ◇ **von ~** свéрху; (*mit nacktem Oberkörper*) ◇ **~ ohne** с обнажённой грýдью; ◇ **jd-n von ~ bis unten mustern** рассмáтривать когó-л с ног до головы́; ◇ **jd-n von ~ herab behandeln** пренебрежúтельно относúться к комý-л; *FAM* ◇ **Befehl von ~** прикáз *м* свéрху; **obenan** *adv* (*an der Spitze*) во главé; (*am Tisch*) на пéрвом мéсте; **obenauf** *adv* (*ganz oben*) на сáмом верхý; **obendrein** *adv* (*außerdem*) сверх тогó; **obenerwähnt**, **obengenannt** *adj* вышеупомя́нутый, вышенáзванный

Ober *m* <-s, -> (*in Restaurant*) официáнт *м*

Oberarm *m* плечó *с;* **Oberarzt** *m,* **Oberärztin** *f* стáрший врач; **Oberaufsicht** *f* главный контрóль *м;* **Oberbefehl** *m* MIL глáвное комáндование *с;* **Oberbefehlshaber(in** *f*) *m* MIL главнокомáндующий(-ая *ж*) *м;* **Oberbegriff** *m* ширóкое поня́тие *с;* **Oberbekleidung** *f* вéрхняя одéжда *ж;* **Oberdeck** *n* NAUT вéрхняя пáлуба *ж;* **obere(r, s)** *adj* (*Etage*) вéрхний; **Oberfläche** *f* повéрхность *ж;* **oberflächlich** *adj a. FIG* повéрхностный; (*Arbeit*) несерьёзный; **Obergeschoß** *n* вéрхний этáж *м;* **oberhalb** *präp gen* над чем-л, вы́ше чегó-л; **Oberhand** *f FIG* ◇ **die ~ gewinnen** взять верх над кем-л; **Oberhaupt** *n* главá *ж;* **Oberhaus** *n* POL вéрхняя палáта *ж;* **Oberhemd** *n* мужскáя вéрхняя рубáшка *ж;* **Oberin** *f* REL настоя́тельница *ж;* (*im Krankenhaus*) стáршая медсестрá *ж;* **Oberinspektor(in** *f*) *m* стáрший инспéктор *м;* **oberirdisch** *adj* (*Stromleitung*) надзéмный; **Oberkellner(in** *f*) *m* стáрший(-ая) официáнт(ка *ж*) *м;* **Oberkiefer** *m* вéрхняя чéлюсть *ж;* **Oberkörper** *m* вéрхняя часть *ж* тýловища; **Oberlandesgericht** *n* JURA верхóвный суд *м* землú; **Oberlauf** *m* (*des Flusses*) вéрхнее течéние *с,* верхóвье *с;* **Oberlippe** *f* вéрхняя губá *ж;* **Oberschenkel** *m* бедрó *с;* **Oberschicht** *f* (*Gesellschaftsklasse*) вéрхний слой *м*

Oberst *m* <-s> MIL полкóвник *м*

oberste(r, s) *adj* ① (*Klasse*) вы́сший ② (*Institution*) верхóвный

Oberstufe *f* SCH (*11.-13. Klasse*) клáссы *ж мн* срéдней шкóлы; **Oberteil** *n* вéрхняя часть *ж;* **Oberwasser** *n FIG* (*überlegen sein*) ◇ **~ haben/bekommen** одéрживать верх; **Oberweite** *f* объём *м* грудú

obgleich *cj* хотя́

Obhut *f* <-> попечéние *с;* ◇ **in jd-s ~ sein** находúться на чьём-л попечéнии

obige(r, s) *adj* (*in Brief, Vertrag*) вышеупомя́нутый, вышеукáзанный

Objekt *n* <-[e]s, -e> ① (*Sache*) объéкт *м* ② GRAM дополнéние *с,* объéкт *м*

objektiv *adj* (*Beurteilung*) объектúвный

Objektiv *n* FOTO объектúв *м*

Objektivität *f* объектúвность *ж*

Obligation *f* облигáция *ж;* **obligatorisch** *adj* обязáтельный

Oboe *f* <-, -n> гобóй *м*

Obolus *m* скрóмный вклад *м;* ◇ **seinen ~ entrichten** внестú свою лéпту

Obrigkeit *f* (*Behörden*) начáльство *с;* (*Regierung*) власть *ж*

obschon *cj* хотя́

Observatorium *n* обсерватóрия *ж*

obsessiv *adj* (*zwanghaft*) одержúмый

obskur *adj* (*dunkel*) тёмный; (*verdächtig*) подозрúтельный

Obst *n* <-[e]s> фрýкты *м мн;* **Obstbau** *m* плодоводство *с;* **Obstbaum** *m* плодóвое дéрево *с;* **Obsthändler(in** *f*) *m* торгóвец *м*/торгóвка *ж* фрýктами; **Obstkuchen** *m* фруктóвое пирóжное *с;* **Obstsalat** *m* салáт *м* из свéжих фрýктов

obszön *adj* неприлúчный, непристóйный; **Obszönität** *f* непристóйность *ж*

obwohl, **obzwar** *cj* хотя́

Ochse *m* <-n, -n> ① ZOOL вол *м* ② (*Dummkopf*) дурáк *м,* болвáн *м*

öde *adj* (*Gegend*) пусты́нный, безлю́дный; *FIG* (*langweilig, Film*) скýчный; **Öde** *f* <-> (*verlassene Gegend*) пусты́нная мéстность *ж; a. FIG* (*innere Leere*) пустотá *ж*

Ödem *n* <-s, -e> MED отёк *м*

oder *cj* или

Odyssee *f FIG* (*Irrfahrt*) одиссéя *ж;* **Odysseus** *m* Одиссéй *м*

Ofen *m* <-s, Öfen> ① (*Heiz~, Hoch~*) печь *ж* ② (*Herd*) плитá *ж;* **Ofenrohr** *n* печнáя трубá *ж*

offen *adj* ① (*Tür, Fenster*) откры́тый, раскры́тый; (*Bein, Wunde*) откры́тый ② (*Stel-*

len am Arbeitsmarkt) вака́нтный, свобо́дный ③ (*aufrichtig, Blick*) открове́нный; ◇ ~ **gesagt** открове́нно говоря́ ④ (*Geheimnis, Feindschaft*) нескрыва́емый, неприкры́тый ⑤ (*Feuer*) откры́тый

offenbar *adj* (*meist adverbial*) очеви́дный

offenbaren *vt* (*zeigen*) пока́|зывать ‹-за́ть›; ◇ **jd-m ein Geheimnis** ~ откры́ть кому́-л секре́т; **Offenbarung** *f* REL открове́ние *с*; **offenbleiben** *unreg vi* (*Tür*) оста́‹ва́›ться откры́тым; *FIG* (*Frage*) оста́‹ва́›ться нерешённым; **offenhalten** *unreg vt* (*Fenster*) держа́ть откры́тым; *FIG* (*Möglichkeit*) держа́ть в запа́се; **Offenheit** *f* открове́нность *ж*; **offenherzig** *adj* чистосерде́чный; **offenkundig** *adj* общеизве́стный; (*klar*) очеви́дный; **offenlassen** *unreg vt* (*Tür*) о|ставля́ть ‹-ста́вить› откры́тым; *FIG* (*Frage*) о|ставля́ть ‹-ста́вить› без отве́та; (*Ausweg*) держа́ть в запа́се; **offenlegen** *vt* (*Plan, Absicht*) откры́‹ва́›ть; **offensichtlich** *adj* очеви́дный

offensiv *adj* наступа́тельный; **Offensive** *f* наступле́ние *с*

offenstehen *unreg vi* (*Tor, Tür*) быть откры́тым; (*Rechnung*) быть неопла́ченным; *FIG* (*freistehen*) ◇ **es steht Ihnen offen, es zu tun** поступа́йте, как счита́ете ну́жным

öffentlich *adj* обще́ственный; ◇ **die ~e Hand** госуда́рственные о́рганы; ◇ **~er Dienst** госуда́рственная слу́жба; **Öffentlichkeit** *f* (*Leute*) обще́ственность *ж*; (*Publikum*) пу́блика *ж*; ◇ **an die ~ dringen** стать общеизве́стным; ◇ **in aller ~** публи́чно

Offerte *f* ‹-, -n› COMM предложе́ние *с*

offiziell *adj* официа́льный

Offizier(in *f*) *m* ‹-s, -e› офице́р *м*; **Offizierskasino** *n* офице́рский клуб-столо́вая *ж*

Offline-Betrieb *m* PC автоно́мный режи́м *м*

öffnen I. *vt* откры́‹ва́›ть; *FIG* (*die Wahrheit sagen*) ◇ **jd-m die Augen** ~ откры́ть кому́-л глаза́ **II.** *vr* ◇ **sich** ~ откры́‹ва́›ться; **Öffner** *m* ‹- s, -› (*Büchsen~*) консе́рвный нож *м*; (*Flaschen~*) што́пор *м*; **Öffnung** *f* отве́рстие *с*; (*Loch*) дыра́ *ж*; **Öffnungszeit** *f* (*von Bank, Geschäft*) часы́ *м мн* рабо́ты

oft *adv* ча́сто

öfter *adv* неоднокра́тно; **öfters** *adv FAM* (*mehrmals*) неоднокра́тно

oh *intj* о; ◇ ~ **Verzeihung!** о, извини́те!

Ohm *n* ‹-s, -› PHYS ом *м*

ohne I. *präp akk* ① без; ◇ ~ **mein Wissen** без моего́ ве́дома ② *FAM* (*ist gefährlich*) ◇ **das ist nicht** ~ э́то не без того́ ③ (*sofort*) ◇ ~ **weiteres** пря́мо, без затрудне́ний **II.** *cj* хотя́ и не; (*mit Infinitiv oder daß*) ◇ **~, daß er es wußte** хотя́ он и не знал; ◇ ~ **etw zu sagen** не говоря́ ни сло́ва; **ohnedies** *adv* (*sowieso*) всё равно́; **ohnegleichen** *adv* бесподо́бный, несравне́нный; ◇ **ein Komiker** ~ бесподо́бный ко́мик; **ohnehin** *adv* (*sowieso*) и без того́

Ohnmacht *f* ‹-› ① (*Bewußtlosigkeit*) о́бморок *м*; ◇ **in ~ fallen** упа́сть в о́бморок ② *FIG* (*Machtlosigkeit*) бесси́лие *с*; **ohnmächtig** *adj* без созна́ния; *FIG* бесси́льный

Ohr *n* ‹-[e]s, -en› у́хо *с*; *FAM* (*hereinlegen*) ◇ **jd-n übers ~ hauen** наду́ть кого́-л

Öhr *n* ‹-[e]s, -e› (*Nadel~*) ушко́ *с*

Ohrenarzt *m*, **Ohrenärztin** *f* врач *м* по ушны́м боле́зням; **ohrenbetäubend** *adj* (*Lärm*) оглуша́ющий; **Ohrensausen** *n* ‹-s› шум *м* в уша́х; **Ohrenschmalz** *n* ушна́я се́ра *ж*; **Ohrenschmerzen** *m pl* боль *ж* в уша́х; **Ohrenschützer** *m* ‹-s, -› нау́шник *м*; **Ohrfeige** *f* пощёчина *ж*; **ohrfeigen** *vt* да‹ва́›ть пощёчину; **Ohrläppchen** *n* мо́чка *ж* у́ха; **Ohrmuschel** *f* ушна́я ра́ковина *ж*; **Ohrring** *m* серьга́ *ж*; **Ohrwurm** *m* MUS увлека́тельная мело́дия *ж*

oje! *intj* (*Schreck*) о, го́споди!

Okkultismus *m* оккульти́зм *м*

okkupieren *vt* оккупи́ровать *несов и сов*

Ökoladen *m* магази́н *м* экологи́чески чи́стых това́ров; **Ökologie** *f* эколо́гия *ж*; **ökologisch** *adj* экологи́ческий

ökonomisch *adj* (*sparsam*) эконо́мный

Ökopartei *f* экологи́ческая па́ртия *ж*; **Ökosystem** *n* экологи́ческая систе́ма *ж*

Oktant *m* (*zum Navigieren*) окта́нт *м*

Oktanzahl *f* (*bei Benzin*) окта́новое число́ *с*

Oktave *f* ‹-, -n› MUS окта́ва *ж*

Oktober *m* ‹-[s], -› октя́брь *м*; *s. a.* **Mai**

ökumenisch *adj* REL экумени́ческий

Öl *n* ‹-[e]s, -e› (*Motoren~, Speise~*) ма́сло *с*; (*Heiz~*) мазу́т *м*, жи́дкое то́пливо *с*; (*Erd~*) нефть *ж*; **Ölbaum** *m* масли́на *ж*; **Ölbild** *n* KUNST карти́на *ж*, напи́санная ма́сляными кра́сками

Oldie *m* ‹-s, -s› (*alter Schlager*) ста́рый шля́гер *м*

Oleander *m* ‹-s, -› BOT олеа́ндр *м*

ölen *vt* сма́з‹ыв›ать; **Ölfarbe** *f* ма́сляная кра́ска *ж*; **Ölfeld** *n* нефтяно́е по́ле *с*; **Ölfilm** *m* нефтяна́я плёнка *ж*; **Ölfilter** *m* AUTO ма́сляный фильтр *м*; **Ölheizung** *f* отопле́ние *с* то́почным мазу́том; **ölig** *adj* ма́сляный, жи́рный

Olive *f* <-, -n> масли́на *ж*

Ölpest *f* зараже́ние *с* не́фтью; **Ölpumpe** *f* ма́сляный насо́с *м;* **Ölsardine** *f* сарди́на *ж* в ма́сле; **Ölscheich** *m* нефтяно́й шейх *м;* **Ölstandsanzeiger** *m* AUTO указа́тель *м* у́ровня ма́сла; **Ölung** *f* сма́зывание *с*, сма́зка *ж;* REL помаза́ние *с;* **Ölwanne** *f* AUTO ма́сляный отсто́йник *м* ка́ртера; **Ölwechsel** *m* сме́на *ж* ма́сла

Olympiade *f* олимпиа́да *ж;* **Olympiasieger(in** *f*) *m* чемпио́н(ка *ж*) *м* олимпи́йских игр; **olympisch** *adj* олимпи́йский

Oma *f* <-, -s> *FAM* ба́бушка *ж*

Omelett *n* <-[e]s, -s> омле́т *м*

Omen *n* <-s, - *o.* Omina> предзнаменова́ние *с;* **ominös** *adj* (*verdächtig*) сомни́тельный; (*unheilverkündend*) злове́щий;

Omnibus *m* авто́бус *м*

onanieren *vi* онани́ровать *несов*

Onkel *m* <-s, -> дя́дя *м*

Opa *m* <-s, -s> *FAM* де́душка *ж*

Opal *m* <-s, -e> опа́л *м*

Oper *f* <-, -n> (*Werk, Gebäude*) о́пера *ж*

Operation *f* опера́ция *ж;* **Operationssaal** *m* операцио́нный зал *м;* **operativ I.** *adj* MED, MIL операти́вный; ◇ **ein ~er Eingriff** операти́вное вмеша́тельство **II.** *adv* ◇ **etw ~ behandeln** операти́вно приступи́ть к како́му-л де́лу

Operator(in *f*) *m* (*im EDV-Bereich*) опера́тор *м*

Operette *f* опере́тта *ж*

operieren I. *vt* опери́ровать *несов;* ◇ **jd-n am Herzen ~** провести́ опера́цию на се́рдце **II.** *vi* опери́ровать чем-л; MIL де́йствовать *несов*

Opernball *m* бал *м* в о́перном теа́тре; **Opernglas** *n* театра́льный бино́кль *м;* **Opernsänger(in** *f*) *m* о́перный певе́ц *м*, о́перная певи́ца *ж*

Opfer *n* <-s, -> (1) REL (*~gabe*) поже́ртвование *с* (2) (*Unfall~*) же́ртва *ж;* (*Haus*) ◇ **~ der Flammen** же́ртва *ж* пла́мени; **opfern I.** *vt* <по->же́ртвовать **II.** *vr a. FIG* ◇ **sich ~** <по->же́ртвовать собо́й

Opium *n* <-s> о́пий *м*, о́пиум *м*

opportun *adj* (*zweckmäßig*) своевре́менный; **Opportunismus** *m* оппортуни́зм *м;* **Opportunist(in** *f*) *m* оппортуни́ст(ка *ж*) *м*

Opposition *f a.* POL оппози́ция *ж;* **oppositionell** *adj* оппозицио́нный

Optik *f* о́птика *ж;* **Optiker(in** *f*) *m* <-s, -> о́птик *м*

optimal *adj* оптима́льный, наилу́чший

Optimismus *m* оптими́зм *м;* **Optimist(in** *f*) *m* оптими́ст(ка *ж*) *м;* **optimistisch** *adj* оптимисти́ческий

Optimum *n* <-s, -ma> о́птимум *м*

optisch *adj* опти́ческий

Opus *n* <-, Opera> MUS о́пус *м*

Orakel *n* <-s, -> ора́кул *м*

oral *adj* ора́льный

orange *adj* <inv> ора́нжевый

Orange *f* <-, -n> апельси́н *м;* **Orangenschale** *f* ко́жица *ж* апельси́на; GASTRON (*gerieben*) це́дра *ж*

Orang-Utan *m* ZOOL орангута́нг *м*

Oratorium *n* (1) MUS орато́рия *ж* (2) (*Betzimmer*) моле́льня *ж*

Orchester *n* <-s, -> орке́стр *м;* **Orchestergraben** *m* оркестро́вая я́ма *ж*

Orchidee *f* <-, -n> BOT орхиде́я *ж*

Orden *m* <-s, -> (1) REL о́рден *м* (2) (*Auszeichnung*) меда́ль *ж;* (*Verdienst~*) о́рден *м;* **Ordensschwester** *f* мона́хиня *ж*

ordentlich I. *adj* (1) (*anständig*) поря́дочный (2) (*geordnet*) упоря́доченный (3) *FAM* (*annehmbar*) прие́млемый (4) *FAM* (*tüchtig*) приле́жный (5) (*Mitglied*) постоя́нный **II.** *adv FAM* (*richtig, sehr*) прили́чно, изря́дно; ◇ **jd-m ~ die Meinung sagen** ре́зать кому́-л пра́вду-ма́тку в глаза́; **Ordentlichkeit** *f* поря́дочность *ж*

ordern *vt* (*Ware*) зака́|зывать <-за́ть>

Ordinalzahl *f* поря́дковое числи́тельное *с*

ordinär *adj* (*unanständig*) вульга́рный

ordnen *vt* при|води́ть <-вести́> в поря́док, упоря́дочи<ва>ть; **Ordner** *m* <-s, -> регистра́тор *м*

Ordnung *f* (1) (*Geordnetsein*) поря́док *м* (2) (*das Ordnen*) упоря́дочение *с* (3) (*Sitz~, Rangordnung*) поря́док *м* (4) ◇ **alles in ~?** всё в поря́дке?; **Ordnungsamt** *n* *па́спортный стол;* **Ordnungshüter** *m FAM* (*Polizei*) блюсти́тель *м* поря́дка; **Ordnungsliebe** *f* любо́вь *ж* к поря́дку; **Ordnungsstrafe** *f* дисциплина́рное взыска́ние *с;* **Ordnungswidrigkeit** *f* наруше́ние *с* вну́треннего поря́дка; **Ordnungszahl** *f* поря́дковое числи́тельное *с*

Organ *n* <-s, -e> (1) (*Körper~*) о́рган *м* (2) (*Stimme*) го́лос *м* (3) (*Behörde*) о́рган *м*

Organisation *f* организа́ция *ж;* **Organisationstalent** *n* организа́торский тала́нт *м;* **Organisator(in** *f*) *m* организа́тор *м*

organisch *adj* CHEM органи́ческий

organisieren I. *vt* (1) (*einrichten*) организо́|

вывать <-вáть> ② *FAM* (*beschaffen*) достá<вá>ть **II.** *vr* (*sich verbünden*) ◇ **sich** ~ организó|вываться <-вáться>; ◇ **sich in e-r Partei** ~ объедини́ться в пáртию

Organismus *m* органи́зм *м*

Organist(**in** *f*) *m* органи́ст(ка *ж*) *м*

Organverpflanzung *f* пересáдка *ж* óргана

Orgasmus *m* оргáзм *м*

Orgel *f* <-, -n> оргáн *м;* **Orgelkonzert** *n* оргáнный концéрт *м;* **Orgelpfeife** *f FAM* (*der Größe nach*) ◇ **wie die ~n** по рóсту

Orgie *f* óргия *ж*

Orient *m* <-s> ориéнт *м;* **Orientale** *m* <-n, -n>, **Orientalin** *f* жи́тель(ница *ж*) *м* Востóка; **orientalisch** *adj* востóчный

orientieren I. *vt* (*in Kenntnis setzen*) ◇ **jd-n über etw** ~ <по->стáвить когó-л в извéстность о чём-л **II.** *vr* (*Standort feststellen*) ◇ **sich** ~ ориенти́роваться *несов и сов;* **Orientierung** *f* ориентáция *ж; FIG* информáция *ж;* ◇ **zu Ihrer** ~ для вáшей информáции; **Orientierungssinn** *m* спосóбность *ж* ориенти́роваться

Origanum *n* <-s> BOT души́ца *ж*

original *adj* оригинáльный; **Original** *n* <-s, -e> ① оригинáл *м,* пóдлинник *м* ② *FIG* (*Mensch*) оригинáл *м;* **Originalfassung** *f* (*von Film*) первоначáльная редáкция *ж;* **Originalität** *f* оригинáльность *ж;* **Originalton** *m* оригинáльный звук *м;* **originell** *adj* оригинáльный

Orkan *m* <-[e]s, -e> урагáн *м*

Ornament *n* орнáмент *м;* **ornamental** *adj* орнаментáльный

Ornat *n* <-[e]s, -e> (*von Richter*) мáнтия *ж;* (*von Pfarrer*) облачéние *с*

Ort *m* <-[e]s, -e> ① (*Platz, Stelle*) мéсто *с;* ◇ **an ~ und Stelle** на мéсте ② (*Dorf*) населённый пункт *м*

orten *vt* (*Flugzeug*) опреде|ля́ть <-ли́ть> местонахождéние

orthodox *adj* (*Kirche*) правослáвный

Orthographie *f* орфогрáфия *ж;* **orthographisch** *adj* орфографи́ческий

Orthopäde *m,* **Orthopädin** *f* MED врач-ортопéд *м;* **Orthopädie** *f* ортопéдия *ж;* **orthopädisch** *adj* ортопеди́ческий

örtlich *adj* мéстный; **Örtlichkeit** *f* ① (*Stelle*) мéстность *ж* ② *nur pl FAM* (*Toilette*) ◇ **~en** убóрная *ж*

Ortsangabe *f* GRAM указáние *с* мéста; **ortsansässig** *adj* мéстный; **Ortschaft** *f* населённый пункт *м;* **ortsfremd** *adj* нездéшний; **Ortsfremde**(**r**) *fm* нездéшний(-яя *ж*) *м;* **Ortsgespräch** *n* ① TELEC мéстный разговóр *м* по телефóну ② (*Dorfklatsch*) ◇ **er ist das** ~ он - предмéт пересýдов; **Ortsgruppe** *f* (*von Verein, Partei*) мéстная организáция *ж;* **Ortsname** *m* назвáние *с* населённого пýнкта; **Ortsnetz** *n* TELEC мéстная сеть *ж;* **ortsüblich** *adj* при́нятый в дáнной мéстности; **Ortszeit** *f* мéстное врéмя *с;* **Ortszulage** *f* (*Gehaltszuschlag*) мéстная надбáвка *ж*

Ortung *f* определéние *с* местоположéния

Öse *f* <-, -n> пéтля *ж*

Ostblock *m* POL востóчный блок *м*

Osten *m* <-s> ① (*Himmelsrichtung*) востóк *м* ② (*e-e Region bezeichnend*) Востóк *м;* ◇ **der Ferne/Nahe** ~ Дáльний/Бли́жний Востóк

Osterei *n* пасхáльное яйцó *с;* **Osterfest** *n* прáздник *м* Пáсхи; **Osterglocke** *f* BOT пасхáльные колоколá *м мн;* **Osterhase** *m пасхáльный зáяц м;* **Ostermarsch** *m* POL *ми́рная демонстрáция ж во врéмя прáздника Пáсхи;* **Ostermontag** *m* вторóй день *м* Пáсхи; **Ostern** *n* <-, -> Пáсха *ж*

Österreich *n* Áвстрия *ж;* ◇ **in/nach** ~ в Áвстрии/в Áвстрию; **Österreicher**(**in** *f*) *m* <- s, -> австри́ец *м,* австри́йка *ж;* **österreichisch** *adj* австри́йский

Ostersonntag *m* пасхáльное воскресéнье *с*

Osteuropa *n* Востóчная Еврóпа *ж*

östlich I. *adj* востóчный; (*Kurs*) на востóк **II.** *adv* к востóку, на востóк; ◇ ~ **von Moskau** к востóку от Москвы́

Ostsee *f* Балти́йское мóре *с;* **ostwärts** *adv* на востóк

Otter [1] *m* <-s, -> (*Fisch~*) вы́дра *ж*

Otter [2] *f* <-, -n> (*Kreuz~*) гадю́ка *ж*

out *adj FAM* ◇ ~ **sein** быть не в мóде

Outfit *n* <-s, -s> снаряжéние *с*

outen *vr* ◇ **sich** ~ раскрывáться, откровéнничать с кем-л

Ouvertüre *f* <-, -n> MUS увертю́ра *ж*

oval *adj* овáльный

Ovation *f* овáция *ж*

Overall *m* <-s, -s> комбинезóн *м*

overdressed *adj* (*zu schick gekleidet*) ◇ ~ **sein** быть сли́шком наря́дно одéтым

Oxid *n* <-[e]s, -e> CHEM óкись *ж*

oxidieren *vi* окис|ля́ть <-ли́ть>

Ozean *m* <-s, -e> океáн *м;* **Ozeandampfer** *m* океáнский пароxóд *м;* **ozeanisch** *adj* океáнский

Ozon *n* <-s> озóн *м;* **Ozonloch** *n* озóнная дырá *ж;* **Ozonschicht** *f* озóнный слой *м*

P

P, p *n* П, п

paar *adj* ‹inv› ◇ **ein ~** не́сколько

Paar *n* ‹-[e]s, -e› ① (*zwei Stück*) ◇ **ein ~ Schuhe** па́ра *ж* боти́нок ② (*Liebes~*) па́ра *ж;* **paaren I.** *vt FIG* (*vereinigen*) соедиІня́ть ‹-ни́ть› па́рами **II.** *vr* (*Tiere*) ◇ **sich ~** спа́ри‹ва›ться

paarmal *adv* ◇ **ein ~** не́сколько раз

Paarung *f* (*von Tieren*) спа́ривание *с*

paarweise *adv* (*zu zweit*) попа́рно, па́рами

Pacht *f* ‹-, -en› аре́нда *ж;* (*Miete*) аре́ндная пла́та *ж;* **pachten** *vt* арендова́ть *несов и сов;* **Pächter(in** *f*) *m* ‹-s, -› аренда́тор *м*

Pack[1] *m* ‹-[e]s, -e› (*von Büchern*) паке́т *м,* свя́зка *ж*

Pack[2] *n* ‹-[e]s› *PEJ* (*Gesindel*) сброд *м*

Päckchen *n* ① (*kleines Paket*) паке́тик *м;* (*als Postsendung*) бандеро́ль *ж* ② (*Zigaretten*) па́чка *ж;* **packen** *vt* ① (*Koffer*) упако́Івывать ‹-ва́ть›, укла́дывать ‹уложи́ть› ② (*festhalten*) схва́Ітывать ‹-ти́ть› ③ *FIG* (*fesseln, Buch*) захва́Ітывать ‹-ти́ть› ④ *FAM* (*bewältigen*) ◇ **er packt das nicht** он с э́тим не спра́вится; **Packen** *m* ‹-s, -› *s.* **Pack**[1]; **Packpapier** *n* упако́вочная бума́га *ж;* **Packung** *f* ① (*Schachtel*) па́чка *ж* ② MED (*Kompresse*) обёртывание *с* ③ *FAM* SPORT пораже́ние *с*

Pädagoge *m* ‹-n, -n›, **Pädagogin** *f* педаго́г *м;* **Pädagogik** *f* педаго́гика *ж;* **pädagogisch** *adj* педагоги́ческий

Paddelboot *n* (*kleines Boot*) байда́рка *ж;* **paddeln** *vi* (*rudern*) грести́ *несов*

paffen I. *vt* (*qualmen, Zigarre*) дыми́ть *несов* **II.** *vi* (*rauchen*) пусІка́ть ‹-ти́ть› дым

Pagenkopf *m* (*Frisur*) стри́жка *ж* "паж"

Paket *n* ‹-[e]s, -e› ① (*Post~*) посы́лка *ж* ② (*von Büchern, Zigaretten*) паке́т *м;* **Paketkarte** *f* квита́нция *ж* на посы́лку

Pakt *m* ‹-[e]s, -e› (*Bündnis*) пакт *м*

Palast *m* ‹-es, Paläste› дворе́ц *м*

Palästinenser(in *f*) *m* ‹-s, -› палести́нец *м,* палести́нка *ж*

Palette *f a. FIG* (*Farb~*) пали́тра *ж;* (*Lade~*) поддо́н *м*

Palme *f* ‹-, -n› па́льма *ж;* ◇ **jd-n auf die ~ bringen** довести́ до бе́лого кале́ния кого́-л

Pampelmuse *f* ‹-, -n› гре́йпфрут *м*

pampig *adj FAM* (*Antwort*) на́глый

panieren *vt* GASTRON (*Schnitzel*) обва́Іливать ‹-ля́ть› в сухаря́х

Panik *f* па́ника *ж;* ◇ **in ~ geraten** поддава́ться па́нике; **Panikmache** *f* паникёрство *с;* **panisch** *adj* пани́ческий

Panne *f* ‹-, -n› ① (*Auto~*) ава́рия *ж;* (*Reifen~*) проко́л *м* ши́ны ② *FAM* (*Mißgeschick*) неуда́ча *ж*

panschen *vt* (*verdünnen, Wein*) разІбавля́ть ‹-ба́вить› водо́й

Panther *m* ‹-s, -› ZOOL панте́ра *ж*

Pantoffel *m* ‹-s, -n› ① (*Hausschuh*) дома́шняя ту́фля *ж,* шлёпанец *м* ② *FIG FAM* ◇ **unter dem ~ stehen** быть под башмако́м

Pantomime[1] *m* ‹-n, -n› (*Schauspieler*) пантоми́м *м*

Pantomime[2] *f* ‹-, -n› (*Bühnenstück*) пантоми́ма *ж*

Panzer *m* ‹-s, -› ① (*Schildkröten~*) па́нцирь *м* ② MIL танк *м;* **Panzerglas** *n* бронестекло́ *с;* **Panzerschrank** *m* (*Safe*) несгора́емый шкаф *м*

Papa *m* ‹-s, -s› *FAM* па́па *м*

Papagei *m* ‹-s, -en› ZOOL попуга́й *м*

Papier[1] *n* ‹-s› (*Material*) бума́га *ж*

Papier[2] *n* ‹-s, -e› ① (*Wert~*) це́нная бума́га *ж* ② (*Dokument*) докуме́нт *м* ③ ◇ **~e** *pl* (*Ausweis*) докуме́нты *мн;* **Papiergeld** *n* (*Geldschein*) бума́жные де́ньги *мн;* **Papierkorb** *m* корзи́на *ж* для бума́г; **Papierkrieg** *m* бума́жная волоки́та *ж*

Pappbecher *m* бума́жный стака́нчик *м;* **Pappdeckel** *m* (*Pappkarton*) карто́нная кры́шка *ж;* (*Bierdeckel*) карто́нная подста́вка *ж* для стака́на; **Pappe** *f* ‹-, -n› ① (*Material*) карто́н *м* ② *FIG* ◇ **das ist nicht von ~** э́то тебе́ не тяп-ляп

Pappel *f* ‹-, -n› BOT то́поль *м*

Pappenstiel *m FIG* ◇ **das ist kein ~** не фунт изю́му

Pappmaché *n* ‹-s› папье́-маше́ *с;* **Pappteller** *m* карто́нная таре́лка *ж*

Paprika *m* ‹-s, -s› ① (*Pflanze*) яма́йский пе́рец *м* ② (*Gewürz*) кра́сный пе́рец *м*

Papst *m* ‹-[e]s, Päpste› па́па *м* ри́мский; **päpstlich** *adj* па́пский

Parabel *f* ‹-, -n› (*Gleichnis*), *a.* MATH пара́бола *ж;* LIT при́тча *ж*

Parade *f* ① MIL пара́д *м* ② SPORT пари́рование *с,* отраже́ние уда́ра

Paradies *n* ‹-es, -e› *a. FIG* рай *м;* **paradiesisch** *adj* ра́йский

paradox *adj* (*widersprüchlich*) парадокса́льный; **Paradox** *n* ‹-es, -e› парадо́кс *м*

Paragraph *m* ‹-en, -en› ① JURA пара́граф *м,* статья́ *ж* ② (*Textabschnitt*) абза́ц *м*

P

parallel *adj* паралле́льный; **Parallele** *f* ‹-, -n› ① MATH паралле́льная пряма́я *ж* ② *FIG* (*Ähnlichkeit*) паралле́ль *ж*

Parasit *m* ‹-en, -en› *a. FIG* парази́т *м*

parat *adj* (*fertig, bereit*) гото́вый; (*Werkzeug*) нагото́ве; ◇ **e-e Ausrede ~ haben** име́ть отгово́рку в запа́се

Parfüm *n* ‹-s, -s *o.* -e› духи́ *мн;* **Parfümerie** *f* (*Geschäft*) парфюме́рный магази́н *м*

parieren I. *vt* ① (*Schlag*) пари́ровать *несов и сов* ② *FIG* ◇ **e-e Antwort ~** дать отпо́р **II.** *vi FAM* (*gehorchen*) ‹по-›слу́шаться

Pariser [1]**(in** *f*) *m* (*Einwohner/in von Paris*) парижа́нин *м*, парижа́нка *ж*

Pariser [2] *m FAM* (*Kondom*) презервати́в *м*

Park *m* ‹-s, -s› (*Grünfläche*) парк *м;* **Parkanlage** *f* (*Grünanlage*) сквер *м*

parken I. *vt* (*Auto*) ‹по-›ста́вить маши́ну, ‹при-›паркова́ть **II.** *vi* (*halten*) ‹по-›стоя́ть; ◇ **P~ verboten** стоя́нка запрещена́

Parkett *n* ‹-[e]s, -e› ① THEAT парте́р *м* ② (*von Fußböden*) парке́т *м*

Parkhaus *n* (многоя́русный) гара́ж *м;* **Parkplatz** *m* ① (*Parklücke*) (свобо́дное) ме́сто *с* стоя́нки ② (*großer Abstellplatz*) автостоя́нка *ж;* **Parkscheibe** *f* указа́тель *м* вре́мени стоя́нки автомоби́ля; **Parkuhr** *f* стоя́ночные часы́ *м мн;* **Parkverbot** *n* запреще́ние *с* стоя́нки

Parlament *n* парла́мент *м;* **Parlamentarier(in** *f*) *m* ‹-s, -› парламента́рий *м;* **parlamentarisch** *adj* парламента́рный

Parodie *f* паро́дия *ж;* **parodieren** *vt* (*imitieren*) пароди́ровать *несов и сов*

Parole *f* ‹-, -n› ① (*Kennwort*) паро́ль *м* ② (*Wahl~*) деви́з *м*

Partei *f* ① (*politisch*) па́ртия *ж* ② JURA сторона́ *ж;* ◇ **für jd-n ~ ergreifen** стать на чью-л сто́рону ③ (*Mieter/in*) жиле́ц *м*, жили́ца *ж;* **Parteigenosse** *m*, **Parteigenossin** *f* (*Mitglied*) член *м* па́ртии; **parteiisch** *adj* (*befangen*) пристра́стный; **parteilos** *adj* беспартийный; **Parteinahme** *f* ‹-, -n› выступле́ние *с* за кого́-что-л; **Parteitag** *m* съезд *м* па́ртии

Parterre *n* ‹-s, -s› ① (*Erdgeschoß*) пе́рвый эта́ж *м* ② THEAT парте́р *м*

Partie *f* ① (*Spiel*) па́ртия *ж* ② (*Heirat*) ◇ **e-e gute ~** сде́лать хоро́шую па́ртию

Partikel *f* ‹-, -n› GRAM части́ца *ж*

Partisan(in *f*) *m* ‹-s *o.* -en, -en› партиза́н(ка *ж*) *м*

Partitur *f* MUS партиту́ра *ж*

Partizip *n* ‹-s, -ien› GRAM прича́стие *с*

Partner(in *f*) *m* ‹-s, -› (*Geschäfts~, Lebensgefährte*) партнёр(ша *ж*) *м;* **partnerschaftlich** *adj* партнёрский

Party *f* ‹-, -s *o.* Parties› вечери́нка *ж*

Paß *m* ‹Passes, Pässe› ① (*Ausweis*) па́спорт *м;* (*Reisepaß*) заграни́чный па́спорт ② (*Berg~*) перева́л *м* ③ SPORT (*Zuspiel*) пас *м*

passabel *adj* (*annehmbar*) сно́сный

Passage *f* ‹-, -n› ① (*Durchgang*) пасса́ж *м* ② (*Text~*) ме́сто *с*

Passagier *m* ‹-s, -e› (*Flug~*) пассажи́р(ка *ж*) *м;* **Passagierflugzeug** *n* пассажи́рский самолёт *м*

Passant(in *f*) *m* прохо́жий(-ая *ж*) *м*

Paßbild *n* фотока́рточка *ж* для па́спорта

passen *vi* ① (*sitzen, Kleidung*) быть как раз, быть в по́ру ② (*harmonieren*) под|ходи́ть ‹-ойти́› (*zu* к кому́-чему́-л) ③ (*im Spiel*) ‹с-›пасова́ть ④ (*genehm sein*) уст|ра́ивать ‹-ро́ить›; ◇ **das paßt mir nicht** э́то меня́ не устра́ивает; **passend** *adj* ① (*geeignet*) подходя́щий, удо́бный; (*angebracht*) уме́стный

passierbar *adj* (*Fluß*) проходи́мый

passieren I. *vi* (*geschehen*) случ|а́ться ‹-чи́ться› **II.** *vt* (*Grenze*) пере|сека́ть ‹-се́чь›; (*Brücke*) про|езжа́ть ‹-е́хать›

Passion *f* (*Leidenschaft*) страсть *ж;* **passioniert** *adj* стра́стный, зая́длый; ◇ **~er Spieler** зая́длый игро́к

passiv *adj* пасси́вный; **Passiv** *n* GRAM страда́тельный зало́г *м*, пасси́в *м;* **Passiva** *pl* FIN, COMM пасси́в *м;* **Passivität** *f* (*Untätigkeit*) пасси́вность *ж;* **Passivraucher** *m* пасси́вный кури́льщик *м*

Paßkontrolle *f* па́спортный контро́ль *м;* **Paßwort** *n* (*Kennwort*) паро́ль *м*

Paste *f* ‹-, -n› (*Creme*) па́ста *ж*

Pastell *n* ‹-[e]s, -e› (*~farbe*) пасте́ль *ж*

pasteurisieren *vt* пастеризова́ть *несов и сов*

Pastor(in *f*) *m* (*Pfarrer/in*) па́стор *м*

Pate *m* ‹-n, -n› (*Tauf~*) крёстный оте́ц *м;* **Patenkind** *n* кре́стник *м*, кре́стница *ж*

patent *adj* (*tüchtig*) молодцева́тый

Patent *n* ‹-[e]s, -e› пате́нт *м;* **Patentamt** *n* пате́нтное ве́домство *с;* **patentieren** *vt* патентова́ть *несов и сов;* **Patentschutz** *m* (*Warenschutz*) охра́на *ж* пате́нтных прав

Pater *m* ‹-s, Patres› REL па́тер *м*

pathetisch *adj* патети́ческий

pathologisch *adj* патологи́ческий

Patient(in *f*) *m* больно́й(-ая *ж*) *м*, пацие́нт(ка *ж*) *м*

Patin *f* крёстная мать *ж*

Patriarch *m* ‹-en, -en› патриа́рх *м;* **patriarchalisch** *adj* патриарха́льный

Patriot(in *f*) *m* ‹-en, -en› патрио́т(ка *ж*) *м;* **patriotisch** *adj* патриоти́ческий; **Patriotismus** *m* патриоти́зм *м*

Patron *m* ‹-s, -e› (*Schutz~*) патро́н *м*

Patrone *f* ‹-, -n› (*Gewehr~, Tinten~*) патро́н *м*

Patrouille *f* ‹-, -n› патру́ль *м*

Patsche *f* ‹-, -n› *FAM* (*Bedrängnis*) неприя́тность *ж*

patschnaß *adj* промо́кший до ни́тки

patzig *adj* (*schroff*) де́рзкий

Pauke *f* ‹-, -n› (1) MUS лита́вры *мн* (2) *FIG FAM* ◇ **auf die ~ hauen** (*ausgiebig feiern*) кути́ть *несов;* (*angeben*) бахва́литься *несов*

pauken *vt, vi* (*lernen*) ‹за-›зубри́ть; **Pauker(in** *f*) *m* ‹-s, -› *FAM* учи́тель(ница *ж*) *м*

pausbäckig *adj* толстощёкий

pauschal *adj* (1) (*Urteil*) о́бщий (2) (*Abrechnung*) в це́лом, целико́м; **Pauschale** *f* ‹-, -n› (*Heizkosten~*) зара́нее обусло́вленная опла́та *ж;* **Pauschalreise** *f* путёвка *ж* с предвари́тельной опла́той всех расхо́дов

Pause[1] *f* ‹-, -n› (*Unterbrechung*) переры́в *м;* THEAT, FILM антра́кт *м;* (*Schul~*) переры́в *ж*, переме́на *ж*

Pause[2] *f* ‹-, -n› (*Kopie*) ка́лька *ж*

pausen *vt* кальки́ровать *несов и сов*

pausenlos *adj* непреры́вный, беспереры́вный; **Pausenzeichen** *n* (1) MUS знак *м* па́узы (2) MEDIA сигна́л *м* па́узы

Pavian *m* ‹-s, -e› ZOOL павиа́н *м*

Pazifik *m* ‹-s› Ти́хий океа́н *м*

Pazifist(in *f*) *m* пацифи́ст(ка *ж*) *м;* **pazifistisch** *adj* пацифи́стский

PC *m* ‹-s, -s› *Akr. v.* **Personal Computer**

Pech[1] *n* ‹-s, -e› (*schwarze, zähe Flüssigkeit*) смола́ *ж; FIG* ◇ **wie ~ und Schwefel zusammenhalten** (их) водо́й не разольёшь

Pech[2] *n* ‹-s, -› *FIG* (*Unglück*) неуда́ча *ж*, невезе́ние *с;* ◇ **sie hatten ~** им не повезло́

pechschwarz *adj* (*sehr schwarz*) чёрный как смоль; **Pechsträhne** *f FAM* полоса́ *ж* неуда́ч; **Pechvogel** *m FAM* неуда́чник *м*, неуда́чница *ж*

Pedal *n* ‹-s, -e› (*Gas~ etc.*) педа́ль *ж*

Pedant(in *f*) *m* педа́нт(ка *ж*) *м;* **pedantisch** *adj* педанти́чный; (*kleinlich*) ме́лочный

Pegel *m* ‹-s, -› (1) (*Wasserstand*) у́ровень *м* (воды́) (2) (*Geräusch~*) у́ровень *м* (шу́ма)

peilen *vt* (*ausloten*) пеленгова́ть *несов и сов*

Pein *f* ‹-› (*Qual*) муче́ние *с*, му́ка *ж;* **peinigen** *vt* (*quälen*) ‹за-›му́чить

peinlich *adj* (1) (*Situation*) неприя́тный, неудо́бный (2) (*genau*) педанти́чный

Peitsche *f* ‹-, -n› (*Reit~*) кнут *м;* **peitschen I.** *vt* (*schlagen*) хлест|а́ть ‹-ну́ть› **II.** *vi* (*Regen*) бить (*gegen etw* по чему́-л), хлеста́ть (*gegen etw* по чему́-л)

Pelle *f* ‹-, -n› (*Haut*) (*Frucht~*) кожура́ *ж;* (*Wurst~*) шку́рка *ж*, ко́жица *ж;* **pellen** *vt* (*schälen, Kartoffeln*) ‹о-›чи́стить

Pelz *m* ‹-es, -e› (1) (*von lebendem Tier*) шку́ра *ж;* (*verarbeitet*) мех *м* (2) *FAM* ◇ **jd-m auf den ~ rücken** наседа́ть на кого́-л

Pendel *n* ‹-s, -› ма́ятник *м;* **Pendler(in** *f*) *m* ‹-s, -› разъезжа́ющий туда́-сюда́ челове́к *м*

penetrant *adj* (1) (*Mensch*) навя́зчивый (2) (*Geruch*) ре́зкий

Penis *m* ‹-, -se› пе́нис *м*

Pension *f* (1) (*Gästehaus*) пансио́н *м* (2) (*Rente*) пе́нсия *ж;* ◇ **in ~ gehen** уйти́ на пе́нсию; **Pensionär(in** *f*) *m* пенсионе́р(ка *ж*) *м;* **pensioniert** *adj* на пе́нсии; **Pensionsgast** *m* жиле́ц *м* пансио́на

Pensum *n* ‹-s, Pensen› зада́ние *с*, нагру́зка *с*

per *präp akk* (1) (*mit, durch*) посре́дством чего́-л, по чему́-л, че́рез что-л; ◇ **~ Bahn** по желе́зной доро́ге; ◇ **~ Zufall** случа́йно; ◇ **~ Post** по по́чте (2) (*bis*) ◇ **~ 15. November** к 15-му ноября́

perfekt *adj* (*vollkommen*) соверше́нный, превосхо́дный

Perfekt *n* ‹-[e]s, -e› GRAM перфе́кт *м*

Pergament *n* перга́мент *м*

Periode *f* ‹-, -n› (1) (*Zeitabschnitt*) пери́од *м* (2) (*Menstruation*) менструа́ция *ж;* **periodisch** *adj* (*regelmäßig*) периоди́ческий

Peripherie *f* перифери́я *ж;* **Peripheriegerät** *n* PC перифери́йное устро́йство *с*

Perle *f* ‹-, -n› (1) (*Muschel~*) жемчу́жина *ж* (2) (*Glas~*) би́серина *ж;* (*Schweiß~*) ка́пля *ж* (3) *FIG* же́мчуг *м;* **perlen** *vi* (*Sekt*) искри́ться *несов*, игра́ть *несов*

Person *f* ‹-, -en› (1) (*Mensch*) челове́к *м*, лицо́ *с*, персо́на *ж;* ◇ **pro ~** за челове́ка (2) (*Film-, Romanfigur*) де́йствующее лицо́ *с*

Personal *n* ‹-s› персона́л *м*, штат *м;* **Personalabteilung** *f* отде́л *м* ка́дров; **Personalausweis** *m* па́спорт *м*, удостовере́ние *с* ли́чности; **Personal Computer** *m* персона́льный компью́тер *м;* **Personalien** *pl* анке́тные да́нные *мн;* **Personalpronomen** *n* GRAM ли́чное местоиме́ние *с*

Personenkraftwagen *m* (*Auto*) легково́й

P

автомоби́ль *м;* **Personenschaden** *m* челове́ческие же́ртвы *мн;* **personifizieren** *vt* олицетво|ря́ть ‹-ри́ть›

persönlich **I.** *adj* ли́чный **II.** *adv* (*selbst*) ли́чно; **Persönlichkeit** *f* ли́чность *ж*

Perspektive *f a. FIG* перспекти́ва *ж*

Perücke *f* ‹-, -n› пари́к *м*

pervers *adj* (*widernatürlich*) извращённый

Pessimismus *m* пессими́зм *м;* **Pessimist(in** *f*) *m* пессими́ст(ка *ж*) *м;* **pessimistisch** *adj* пессимисти́ческий

Petersilie *f* ‹-, -n› петру́шка *ж*

Petroleum *n* ‹-s› кероси́н *м*

petzen *vi FAM* (*verraten*) ‹на-›я́бедничать

Pfad *m* ‹-[e]s, -e› ① (*Weg*) доро́жка *ж* ② PC путь *м* до́ступа

Pfahl *m* ‹-[e]s, Pfähle› (*Pfosten*) кол *м*

Pfand *n* ‹-[e]s, Pfänder› (*Flaschen~*) зало́г *м;* (*Spiel~*) фант *м;* **Pfandbrief** *m* (*Wertpapier*) закладна́я *ж*

pfänden *vt* (*Eigentum*) на|кла́дывать ‹-ложи́ть› аре́ст на иму́щество, произ|води́ть ‹-вести́› о́пись иму́щества

Pfandhaus *n* (*Leihhaus*) ломба́рд *м;* **Pfandschein** *m* ломба́рдная квита́нция *ж*

Pfändung *f* наложе́ние *с* аре́ста на иму́щество

Pfanne *f* ‹-, -n› ① (*Brat~*) сковорода́ *ж* ② *FIG FAM* ◇ **jd-n in die ~ hauen** разнести́ кого́-л в пух и прах

Pfannkuchen *m* блин *м*

Pfarrer(in *f*) *m* ‹-s, -› (*katholisch*) свяще́нник *м;* (*evangelisch*) па́стор *м*

Pfau *m* ‹-[e]s, -en› павли́н *м*

Pfeffer *m* ‹-s, -› (*Gewürz*) пе́рец *м;* **Pfefferkuchen** *m* (*Lebkuchen*) пря́ник *м*

Pfefferminze *f* ‹-› (*Kraut*) мя́та *ж* пе́речная

pfeffern *vt* ① (*würzen*) ‹на-›пе́рчить ② *FAM* ◇ **gepfefferte Rechnung** завы́шенный счёт

Pfeife *f* ‹-, -n› ① (*Triller~*) свисто́к *м* ② (*Tabaks~*) тру́бка *ж* ③ *FAM* (*Versager*) ◇ **so e-e ~!** тако́й недотёпа!; **pfeifen** ‹pfiff, gepfiffen› **I.** *vt* (*Lied*) нас|ви́стывать ‹-виста́ть› **II.** *vi* ① свисте́ть ‹сви́стнуть› ② *FAM* ◇ **auf etw** *akk* **~** плева́ть на что-л

Pfeil *m* ‹-[e]s, -e› ① (*Geschoß, Waffe*) стрела́ *ж* ② (*Zeichen*) стрела́ *ж,* стре́лка *ж*

Pfeiler *m* ‹-s, -› (*Pfosten*) столб *м;* (*Brücken~*) бык *м,* опо́ра *ж*

Pfennig *m* ‹-[e]s, -e› пфе́нниг *м*

Pferd *n* ‹-[e]s, -e› ① (*Tier*) ло́шадь *ж* ② (*Turngerät*) конь *м;* **Pferdegebiß** *n* (*große Zähne*) лошади́ная че́люсть *ж*

pfiff *impf v.* **pfeifen**

Pfiff *m* ‹-[e]s, -e› ① (*Ton*) свисто́к *м* ② *FIG* (*Reiz*) не́что осо́бенное

Pfifferling *m* ① (*Pilz*) лиси́чка *ж* ② ◇ **das ist keinen ~ wert** э́то ни гроша́ не сто́ит

pfiffig *adj* (*gewitzt, schlau*) хи́трый, ло́вкий

Pfingsten *n* Тро́ица *ж*

Pfirsich *m* ‹-s, -e› пе́рсик *м*

Pflanze *f* ‹-, -n› расте́ние *с;* **pflanzen** *vt* (*Blume*) сажа́ть ‹посади́ть›; **Pflanzenfett** *n* (*Margarine*) расти́тельный жир *м*

Pflaster *n* ‹-s, -› ① (*Heft~*) пла́стырь *м* ② (*Kopfstein~*) мостова́я *ж;* **pflastern** *vt* (*Straße*) ‹вы́-›мости́ть

Pflaume *f* ‹-, -n› сли́ва *ж*

Pflege *f* ‹-, -n› ① (*von Kranken, Alten*) ухо́д *м,* присмо́тр *м;* ◇ **ein Kind in ~ geben** отда́ть ребёнка на попече́ние кого́-л ② (*Instandhaltung*) забо́та *ж;* **pflegebedürftig** *adj* нужда́ющийся в ухо́де; **Pflegeeltern** *pl* приёмные роди́тели *мн;* **Pflegekind** *n* (*Adoptivkind*) приёмный ребёнок *м;* **pflegeleicht** *adj* ① (*Wäsche*) не тре́бующий осо́бого ухо́да ② *FIG* (*unproblematisch*) нетру́дный; **pflegen** *vt* ① (*versorgen*) уха́живать *несов* ② (*instandhalten*) следи́ть за чем-л; (*Zähne*) чи́стить *несов* ③ (*Beziehungen*) подде́рживать *несов* ④ (*etw aus Gewohnheit tun*) име́ть привы́чку (*zu + inf* де́лать что-л); **Pfleger(in** *f*) *m* ‹-s, -› (*Kranken~, Alten~*) санита́р(ка *ж*) *м*

Pflicht *f* ‹-, -en› ① (*Aufgabe*) долг *м,* обя́занность *ж* ② SPORT обяза́тельное упражне́ние *с;* **pflichtbewußt** *adj* (*gewissenhaft*) сознаю́щий свой долг; **Pflichtfach** *n* SCH обяза́тельный предме́т *м;* **Pflichtgefühl** *n* чу́вство *с* до́лга; **pflichtgemäß** *adj* по до́лгу; **pflichtvergessen** *adj* не выполня́ющий своего́ до́лга; **Pflichtversicherung** *f* обяза́тельное страхова́ние *с*

pflücken *vt* (*Blumen, Äpfel*) соб‹и›ра́ть

Pflug *m* ‹-[e]s, Pflüge› (*Ackergerät*) плуг *м;* (*Schnee~*) снегоочисти́тель *м*

Pforte *f* ‹-, -n› (*Garten~*) кали́тка *ж*

Pförtner(in *f*) *m* ‹-s, -› (*von Hotel*) вахтёр *м*

Pfosten *m* ‹-s, -› (*Tür~, Fenster~*) столб *м;* (*Tor~*) подпо́рка *ж*

Pfote *f* ‹-, -n› ла́па *ж; FAM* (*Hand*) ла́па *ж*

Pfropfen *m* ‹-s, -›(*Korken*) про́бка *ж*

pfui! *intj* фу!, тьфу!

Pfund *n* ‹-[e]s, -e› (*Gewicht, Währung*) фунт *м*

pfuschen *vi FAM* (*fehlerhaft arbeiten*) халту́рить *несов;* ◇ **jd-m ins Handwerk ~** вме́шиваться в чьи-л дела́; **Pfuscher(in** *f*) *m* ‹-s, -› *FAM* халту́рщик *м,* халту́рщица *ж*

Pfütze *f* ‹-, -n› (*Wasser~*) лу́жа *ж*
Phänomen *n* ‹-s, -e› (1) (*Erscheinung*) фено́мен *м* (2) (*Genie*) фено́мен *м*, ге́ний *м*; **phänomenal** *adj* феномена́льный
Phantasie *f* фанта́зия *ж*; **phantasielos** *adj* лишённый фанта́зии; **phantasieren** *vi* (1) (*träumen*) фантази́ровать *несов*, вообража́ть *несов* (2) (*sich ausdenken*) выду́мывать *несов* (3) (*im Fieber*) бре́дить *несов*; **phantasievoll** *adj* по́лный фанта́зии; **phantastisch** *adj* (1) (*toll*) прекра́сный (2) (*unrealistisch*) фантасти́ческий, невероя́тный
Pharmaindustrie *f* фармаиндустри́я *ж*; **Pharmazeut(in** *f*) *m* ‹-en, -en› фармаце́вт *м*
Phase *f* ‹-, -n› (*Zeitabschnitt*) фа́за *ж*
Philologe *m* ‹-n, -n› фило́лог *м*; **Philologie** *f* филоло́гия *ж*; **Philologin** *f* фило́лог *м*
Philosoph(in *f*) *m* ‹-en, -en› фило́соф *м*; **Philosophie** *f* филосо́фия *ж*; **philosophisch** *adj* филосо́фский
phlegmatisch *adj* (*träge*) флегмати́чный
Phonetik *f* фоне́тика *ж*; **phonetisch** *adj* фонети́ческий
Phosphat *n* фосфа́т *м*
Phosphor *m* ‹-s› фо́сфор *м*
Photo *n* ‹-s, -s› *s.* **Foto**
Phrase *f* ‹-, -n› (*Redewendung*) фра́за *ж*; *PEJ* ◇ **(leere) ~n dreschen** пустосло́вить
pH-Wert *m* водоро́дный показа́тель *м*
Physik *f a.* SCH (*Wissenschaft*) фи́зика *ж*; **physikalisch** *adj* физи́ческий; **Physiker(in** *f*) *m* ‹-s, -› фи́зик *м*
Physiologie *f* физиоло́гия *ж*
physisch *adj* физи́ческий
Pianist(in *f*) *m* пиани́ст(ка *ж*) *м*
Pickel [1] *m* ‹-s, -› (*Hacke*) небольша́я кирка́ *ж*; (*Eis~*) ледору́б *м*
Pickel [2] *m* ‹-s, -› (*Pustel*) прыщ *м*
pickelig *adj* (*Haut*) прыща́вый
picken *vi* (*Huhn*) клева́ть ‹клю́нуть›
Pause [2] *f* ‹-, -n› (*Kopie*) ка́лька *ж*
Picknick *n* ‹-s, -e *o.* -s› пикни́к *м*
piepen *vi* (1) (*Vogel*) пища́ть ‹пи́скнуть› (2) *FAM* ◇ **bei dir piept's wohl!** ты что, рехну́лся!
piepsen *vi* (*Stimme*) пища́ть ‹пи́скнуть›; *FAM* (*von Kind*) ныть *несов*; (*von Vogel*) чири́к|ать ‹-нуть›
piesacken *vt FAM* (*ärgern*) дон|има́ть ‹-я́ть›
pietätlos *adj* (*ehrfurchtslos*) неблагочести́вый; (*respektlos*) непочти́тельный
Pigment *n* пигме́нт *м*, краси́тель *м*
Pik *n* ‹-s, -s› (*Spielkarte*) пи́ки *мн*
pikant *adj* (1) (*scharf, Essen*) пика́нтный, о́стрый (2) (*Bemerkung*) пика́нтный
Pilger(in *f*) *m* ‹-s, -› пало́мник *м*, пало́мница *ж*
Pille *f* ‹-, -n› (*Tablette*) пилю́ли *ж*; (*Verhütungsmittel*) табле́тка *ж*
Pilot(in *f*) *m* ‹-en, -en› пило́т *м*
Pilotprojekt *n* (*Experiment*) но́вый прое́кт *м*
Pils *n* (*helles Bier*) све́тлое пи́во, пи́льзенское пи́во *с*
Pilz *m* ‹-es, -e› BOT гриб *м*; (*Haut~*) грибо́к *м*
pingelig *adj FAM* педанти́чный
Pinie *f* BOT пи́ния *ж*
pinkeln *vi FAM* ‹по-›пи́сать
Pinsel *m* ‹-s, -› (*Mal~*) кисть *ж*
Pinzette *f* пинце́т *м*
Pionier(in *f*) *m* ‹-s, -e› (*Vorkämpfer/in*) пионе́р(ка *ж*) *м*; MIL сапёр *м*
Pipeline *f* нефтепрово́д *м*
Piratensender *m* MEDIA нелега́льная радиоста́нция *ж*
Piste *f* ‹-, -n› (*Ski~*) тра́сса *ж*; (*Flugzeug~*) взлётно-поса́дочная полоса́ *ж*; (*Rennbahn*) га́ревая доро́жка *ж*
Pistole *f* ‹-, -n› пистоле́т *м*
Pizza *f* ‹-, -s *o.* -zen› GASTRON пи́цца *ж*; **Pizzeria** *f* ‹-, -s *o.* -rien› пиццe̕рия *ж*
Pkw *m* ‹-[s], -[s]› *Akr. v.* **Personenkraftwagen**
Plackerei *f FAM* (*Schufterei*) муче́ние *с*
plädieren *vi* (*befürworten*) выступа́ть ‹вы́ступить› (*für* за что-л)
Plädoyer *n* ‹-s, -s› JURA, *a. FIG* выступле́ние *с* пе́ред судо́м
Plage *f* ‹-, -n› (1) (*Heuschrecken~*) бе́дствие *с* (2) (*Mühe*) му́ка *ж*; **plagen I.** *vt* (*quälen*) ‹из-›му́чить **II.** *vr* (*abmühen*) ◇ **sich ~** ‹из-›му́читься
Plakat *n* ‹-[e]s, -e› (*Poster*) плака́т *м*
Plakette *f* значо́к *м*
Plan *m* ‹-[e]s, Pläne› (1) (*Karte, Stadt~*) план *м* (2) (*Vorhaben*) план *м*, за́мысел *м* (3) (*Stunden~*) гра́фик *м*
Plane *f* ‹-, -n› (*Abdeck~*) брезе́нт *м*
planen *vt* (*Reise*) плани́ровать *несов*; (*Überfall*) за|мышля́ть ‹-мы́слить›
Planet *m* ‹-en -en› плане́та *ж*
planieren *vt* (*einebnen*) выра́внивать ‹вы́ровнять›; **Planierraupe** *f* бульдо́зер *м*
Planke *f* ‹-, -n› (*Brett*) пла́нка *ж*
Plankton *n* ‹-s› планкто́н *м*
planlos *adj* (1) (*unorganisiert*) беспла́новый (2) (*ziellos*) бесце́льный; **planmäßig I.** *adj* (*pünktlich*) планоме́рный **II.** *adv* (*wie geplant*) по пла́ну

P

planschen *vi* (*im Wasser*) плеска́ться *несов*
Plantage *f* <-, -n> планта́ция *ж*
Planung *f* плани́рование *с;* ◇ **noch in ~ sein** находи́ться на ста́дии разрабо́тки
Planwirtschaft *f* пла́новое хозя́йство *с*
plappern *vi FAM* <по->болта́ть
plärren *vi* ① *FAM* (*schreien, Baby*) крича́ть *несов* ② (*laut sein, Radio*) реве́ть *несов*
Plasma *n* <-s, -men> пла́зма *ж*
Plastik[1] *f* <-, -en> (*Skulptur*) пла́стика *ж*
Plastik[2] *n* <- s> (*Kunststoff*) пластма́сса *ж*
Plastikfolie *f* плёнка *ж* из пла́стика; **Plastiktüte** *f* пла́стиковый паке́т *м*
plastisch *adj* ① KUNST пласти́чный ② *FIG* (*anschaulich*) живо́й
Platin *n* <-s> пла́тина *ж*
Platitüde *f* <-, -n> (*Plattheit*) по́шлость *ж*
platonisch *adj FIG* платони́ческий
plätschern *vi* (*Bach*) журча́ть *несов*
platt *adj* ① (*flach*) пло́ский ② (*Reifen*) проко́лотый ③ *FIG* (*geistlos*) по́шлый ④ *FAM* (*sprachlos*) ◇ **jetzt bin ich aber ~** я про́сто слов не нахожу́
plattdeutsch *adj* нижнеме́цкий
Platte *f* <-, -n> ① (*Tisch~*) доска́ *ж;* (*Stein~*) плита́ *ж* ② (*Herd~*) пли́тка *ж* ③ (*kalte ~*) холо́дные заку́ски *мн* ④ (*Schall~*) пласти́нка *ж* ⑤ (*Foto~*) фотопласти́нка *ж* ⑥ PC (*Fest~*) жёсткий диск *м* ⑦ *FAM* (*Glatze*) лы́сина *ж;* **Plattenspieler** *m* проигрыва́тель *м*
Plattform *f* ① (*Platz*) площа́дка *ж* ② *FIG* (*Basis*) платфо́рма *ж;* **Plattfuß** *m* ① (*Fuß*) плоскосто́пие *с* ② *FAM* (*Reifenpanne*) ши́на *ж,* спусти́вшая во́здух
Platz *m* <-es, Plätze> ① (*Raum, Stelle*) ме́сто *с* ② (*Sport~, Spiel~*) площа́дка *ж;* **Platzangst** *f FAM* клаустрофо́бия *ж;* **Platzanweiser(in** *f*) *m* THEAT билетёр(ша *ж*) *м*
Plätzchen *n* (*Keks*) кру́глое пече́нье *с*
platzen *vi* ① (*Luftballon, Reifen*) ло́п|аться <-нуть> ② *FAM* ◇ **vor Neugier ~** разрыва́ться от любопы́тства ③ *FAM* (*Veranstaltung*) ло́п|аться <-нуть>
Platzmangel *m* недоста́ток *м* ме́ста
Platzpatrone *f* холосто́й патро́н *м;* **Platzregen** *m* ли́вень *м,* проливно́й дождь *м;* **Platzwunde** *f* ушибленная ра́на *ж*
Plauderei *f* болтовня́ *ж;* **plaudern** *vi* <по-> болта́ть (*über akk* о чём-л)
plausibel *adj* поня́тный; ◇ **jd-m etw ~ machen** разъясни́ть кому́-л что-л
plazieren I. *vt* ① (*hinstellen, Möbel*) разме|ща́ть <-сти́ть> ② (*Platz zuweisen*) сажа́ть <посади́ть> ③ (*Schlag*) на|носи́ть <-нести́> **II.** *vr* SPORT (*bei Wettkampf*) ◇ **sich ~** зан|има́ть <-я́ть> ме́сто
pleite *adv FAM* ◇ **~ gehen** обанкро́титься *сов;* **Pleite** *f* <-, -n> *FAM* ① (*Bankrott*) банкро́тство *с* ② (*Reinfall*) прова́л *м;* **Pleitegeier** *m FAM* угро́за *ж* банкро́тства
Plenum *n* <-s, -nen> пле́нум *м*
Plombe *f* <-, -n> пло́мба *ж;* **plombieren** *vt* (*Zahn*) <за->пломби́ровать
Plotter *m* <-s, -> PC пло́ттер *м,* графопострои́тель *м*
plötzlich I. *adj* внеза́пный, неожи́данный **II.** *adv* (*auf einmal*) вдруг, внеза́пно
plump *adj* ① (*Bewegung*) неуклю́жий ② (*Körper*) громо́здкий, мешкова́тый ③ (*Bemerkung*) нele̜пый, гру́бый; **Plumpheit** *f* ① (*Schwerfälligkeit*) неуклю́жесть *ж* ② *FIG* неле́пость *ж*
Plunder *m* <-s> (*wertloser Kram*) барахло́ *с*
plündern I. *vt* (*Geschäft*) раз|грабля́ть <-гра́бить>; (*Stadt*) маро́дёрствовать *несов* **II.** *vi* (*stehlen*) обкра́дывать *несов*; **Plünderung** *f* грабёж *м*
Plural *m* <-s, -e> GRAM мно́жественное число́ *с;* **pluralistisch** *adj* плюралисти́ческий; **Pluralismus** *m* плюрали́зм *м*
plus *adv* ① MATH плюс ② (*über null Grad*) плюс; **Plus** *n* <-, -> ① (*Mehr*) превыше́ние *с* ② *FIG* (*Vorteil*) преиму́щество *с*
Plüsch *m* <-[e]s, -e> плюш *м;* **Plüschtier** *n* плю́шевая игру́шка *ж*
Pluspol *m* ELECTR положи́тельный по́люс *м;* **Pluspunkt** *m* ① SPORT очко́ *с* ② *FIG* (*Vorteil*) преиму́щество *с*
Plusquamperfekt *n* GRAM плюсквамперфе́кт *м*
Plutonium *n* плуто́ний *м*
PLZ *Akr. v.* **Postleitzahl**
Po *m* <-s, -s> *FAM* (*Hintern*) по́па *ж*
Pöbel *m* <-s> *PEJ* (*niederes Volk*) чернь *ж*
pochen *vi* ① (*Puls*) <за->би́ться ② (*klopfen*) <по->стуча́ть ③ *FIG* (*bestehen, dringen*) ◇ **auf etw** *akk* **~** наста́ивать на чём-л
Pocken *pl* MED о́спа *ж*
Podium *n* ① (*Plattform*) помо́ст *м,* эстра́да *ж;* **Podiumsdiskussion** *f* откры́тая диску́ссия *ж*
Poesie *f* (*Dichtung*) поэ́зия *ж*
Poet(in *f*) *m* <-en, -en> поэ́т(е́сса *ж*) *м;* **poetisch** *adj* поэти́ческий
Pointe *f* <-, -n> (*von Witz*) соль *ж;* (*von Geschichte*) суть *ж*
Pokal *m* <-s, -e> SPORT ку́бок *м*

pökeln *vt* (*einsalzen*) ‹за-›соли́ть

pokern *vi* (*Poker spielen*) игра́ть в по́кер

Pol *m* ‹-s, -e› по́люс *м;* **polar** *adj* поля́рный; **Polarkreis** *m* поля́рный круг *м*

Pole *m* ‹-n, -n› поля́к *м*

Polemik *f* поле́мика *ж;* **polemisch** *adj* полеми́ческий

Polen *n* По́льша *ж*

Police *f* ‹-, -n› (*Versicherungs~*) страхово́й поли́с *м*

Polier *m* ‹-s, -e› деся́тник *м*

polieren *vt* ① (*Silber*) ‹от-›полирова́ть ② *FAM* ◇ **jd-m die Fresse ~** наби́ть мо́рду кому́-л

Poliklinik *f* поликли́ника *ж*

Polin *f* по́лька *ж*

Politik *f* поли́тика *ж;* **Politiker(in** *f*) *m* ‹-s, -› поли́тик *м;* **politisch** *adj* полити́ческий

Politur *f* (*Möbel~*) политу́ра *ж*

Polizei *f* поли́ция *ж;* **polizeilich I.** *adj* ① (*Polizei betreffend*) полице́йский ② (*behördlich*) официа́льный **II.** *adv* ◇ **~ gesucht** разы́скивается поли́цией; **Polizeistaat** *m* полице́йское госуда́рство *с;* **Polizeistunde** *f* (*Schankschluß*) час *м* закры́тия рестора́нов/ба́ров; **Polizist(in** *f*) *m* полице́йский *м*

Pollen *m* ‹-s, -› (*Blüten~*) пыльца́ *ж*

polnisch *adj* по́льский

Polster *n* ‹-s, -› ① (*Kissen*) мя́гкая оби́вка *ж* ② (*Schulter~*) подкла́дка *ж* ③ (*Fett~*) жировы́е отложе́ния*с мн* ④ *FIG* ◇ **finanzielles ~** резе́рв *м;* **polstern** *vt* (*Sofa*) оби́‹ва́›ть

Polterabend *m вечери́нка ж накану́не сва́дьбы*

poltern *vi* ① (*Krach machen*) ‹про-›громыха́ть ② *FAM* (*schimpfen*) брани́ться *несов*

Polygamie *f* многобра́чие *с,* полига́мия *ж*

Polyp *m* ‹-en -en› ① *FAM* (*Polizist*) полице́йский *м* ② MED ◇ **~en** поли́пы *мн* ③ ZOOL, GASTRON осьмино́г *м*

Pomade *f* пома́да *ж*

Pommes frites *pl* GASTRON карто́фель *м* фри

Pomp *m* ‹-[e]s› (*Prunk*) по́мпа *ж;* **pompös** *adj* помпе́зный

Pony [1] *m* ‹-s, -s› (*Haar~*) чёлка *ж*

Pony [2] *n* ‹-s, -s› ZOOL по́ни *м*

Popmusik *f* поп-му́зыка *ж*

populär *adj* популя́рный; **Popularität** *f* популя́рность *ж*

Pore *f* ‹-, -n› (*Haut~*) по́ра *ж*

Pornographie *f* порногра́фия *ж*

porös *adj* (*Material*) по́ристый

Porree *m* ‹-s, -s› лук-поре́й *м*

Portal *n* ‹-s, -e› (*Kirchen~ etc.*) порта́л *м*

Portemonnaie *n* ‹-s, -s› кошелёк *м*

Portier *m* ‹-s, -s› швейца́р *м*

Portion *f* ① (*von Essen*) по́рция *ж* ② *FAM* ◇ **halbe ~** от горшка́ два вершка́

Porto *n* ‹-s, -s› почто́вый сбор *м;* **portofrei** *adj* свобо́дный от почто́вого сбо́ра

Porträt *n* ‹-s, -s› *a. FIG* портре́т *м;* **porträtieren** *vt* ‹на-›писа́ть портре́т

Portugal *n* Португа́лия *ж;* **Portugiese** *m* ‹- n, -n›, **Portugiesin** *f* португа́лец *м,* португа́лка *ж;* **portugiesisch** *adj* португа́льский

Porzellan *n* ‹-s, -e› фарфо́р *м*

Posaune *f* ‹-, -n› MUS тромбо́н *м*

Pose *f* ‹-, -n› по́за *ж;* **posieren** *vi* пози́ровать *несов*

Position *f* ① (*Lage*) пози́ция *ж* ② (*Beruf, Führungs~*) положе́ние *с,* до́лжность *ж;* **positionieren** *vt* поме|ща́ть ‹-сти́ть›

positiv *adj* положи́тельный, позити́вный; **Positiv** *n* FOTO позити́в *м*

Positur *f* (*Haltung*) ◇ **sich in ~ begeben** приня́ть по́зу

possessiv *adj* GRAM (*besitzanzeigend*) притяжа́тельный; **Possessivpronomen** *n* притяжа́тельное местоиме́ние *с*

Post *f* ‹-› (*~amt, Briefe*) по́чта *ж;* **Postanweisung** *f* (*Geldsendung*) почто́вый перево́д *м;* **Postbote** *m,* **Postbotin** *f* почтальо́н(ша *ж*) *м*

Posten *m* ‹-s, -› ① (*Stellung*) до́лжность *ж,* пост *м* ② COMM (*Waren~*) па́ртия *ж* ③ (*Streik~*) пике́т *м* ④ MIL (*Wach~*) пост *м*

Poster *n* ‹-s, -› по́стер *м,* декорати́вный плака́т *м*

Postfach *n* абонеме́нтный почто́вый я́щик *м;* **Postkarte** *f* откры́тка *ж;* **Postkasten** *m* почто́вый я́щик *м;* **postlagernd** *adj* до востре́бования; **Postleitzahl** *f* почто́вый и́ндекс *м*

postmodern *adj* постмоде́рный

Poststempel *m* почто́вый ште́мпель *м;* **postwendend** *adj FIG* непосре́дственный

potent *adj* ① (*zeugungsfähig*) спосо́бный к совокупле́нию, поте́нтный ② (*mächtig*) могу́щественный

Potential *n* ‹-s, -e› потенциа́л *м*

potentiell *adj* потенциа́льный

Potenz *f* ① (*Zeugungsfähigkeit*) поте́нция *ж* ② MATH сте́пень *ж*

potthäßlich *adj FAM* стра́шный на вид, безобра́зный

Pracht *f* <-> великоле́пие *с;* **prächtig** *adj* ① (*prunkvoll*) великоле́пный ② *FAM* (*sympathisch*) замеча́тельный; **Prachtstück** *n* великоле́пная вещь *ж;* **prachtvoll** *adj* великоле́пный

prädestinieren *vt* ◇ **prädestiniert sein für etw** быть осо́бенно спосо́бным к чему́-л

Prädikat *n* ① GRAM сказу́емое *с* ② (*Bewertung*) знак *м* (ка́чества), оце́нка *ж*

Präferenz *f* (*Vorzug*) предпочте́ние *с*

prägen *vt* ① (*formen, Münzen*) <от->чека́нить ② (*Wort*) образо́|вывать <-ва́ть> ③ *FIG* (*beeinflussen, Charakter*) на|лага́ть <-ложи́ть> свой отпеча́ток на кого́-что-л

pragmatisch *adj* прагмати́ческий

prägnant *adj* ме́ткий, чёткий; **Prägnanz** *f* чёткость *ж*

Prägung *f* ① (*Handlung*) штампо́вка *ж* ② (*von Münze*) чека́нка *ж* ③ (*Charakter~*) образе́ц *м*

prahlen *vi* <по->хвали́ться; **Prahlerei** *f* хвастовство́ *с*

Praktik *f* спо́соб *м,* обраще́ние *с;* **praktikabel** *adj* осуществи́мый; **Praktikant**(**in** *f*) *m* практика́нт(ка *ж*) *м;* **Praktikum** *n* <-s, Praktika> пра́ктика *ж;* **praktisch I.** *adj* ① (*zweckmäßig*) практи́чный ② (*handwerklich geschickt*) спосо́бный, ло́вкий; ◇ **~ veranlagt sein** име́ть спосо́бности к ремеслу́ ③ ◇ **~er Arzt** врач *м* по всем боле́зням **II.** *adv* (*so gut wie*) практи́чески; ◇ **er verdient ~ nichts** он практи́чески ничего́ не зараба́тывает; **praktizieren I.** *vt* (*anwenden*) приме|ня́ть <-ни́ть> **II.** *vi* (*Arzt*) практикова́ть *несов*

Praline *f* шокола́дная конфе́та *ж*

prall *adj* ① (*voll, Geldbeutel*) наби́тый ② ◇ **in der ~en Sonne** на паля́щем со́лнце

prallen *vi* ударя́ться <уда́риться> (*gegen etw* о что-л)

Prämie *f* ① (*Belohnung*) пре́мия *ж* ② (*Gebühr, Versicherungs~*) взнос *м;* **prämieren** *vt* (*auszeichnen*) премирова́ть *несов и сов*

Prämisse *f* <-, -n> предпосы́лка *ж*

Pranger *m* <-s, -> *FIG* ◇ **jd-n an den ~ stellen** публи́чно подверга́ть кого́-л кри́тике

Präparat *n* препара́т *м;* **präparieren** *vt* ① (*vorbereiten*) пригот|а́вливать <-то́вить> ② (*ausstopfen, Tiere*) наби́<ва́>ть чу́чело

Präposition *f* GRAM предло́г *м*

Prärie *f* пре́рия *ж*

Präsens *n* <-> GRAM настоя́щее вре́мя *с*

präsent *adj* (*anwesend*) прису́тствующий

präsentabel *adj* представи́тельный; **präsentieren** *vt* ① (*vorlegen, Rechnung*) предъя|вля́ть <-ви́ть> ② MIL (*Gewehr*) брать <взять> на карау́л

Präservativ *n* (*Kondom*) презервати́в *м*

Präsident(**in** *f*) *m* президе́нт *м*

Präsidium *n* ① (*Polizei~*) управле́ние поли́ции ② (*Vorsitz*) председа́тельство *с;* (*von Partei*) прези́диум *м*

prasseln *vi* ① (*Regen*) бараба́нить *несов,* стуча́ть *несов* ② (*Feuer*) треща́ть *несов*

Präteritum *n* <-s, -ta> GRAM прете́рит *м*

Präventivmaßnahme *f* предупреди́тельная ме́ра *ж*

Praxis *f* <-, Praxen> ① (*Ggs. v. Theorie*) пра́ктика *ж,* о́пыт *м* ② (*Arzt~*) пра́ктика *ж*

Präzedenzfall *m* прецеде́нт *м*

präzis[**e**] *adj* то́чный; **Präzision** *f* то́чность *ж*

predigen *vi* (*Pfarrer*) пропове́довать *несов;* **Predigt** *f* <-, - en> про́поведь *ж*

Preis *m* <-es, -e> ① (*Kosten, Honorar*) цена́ *ж* ② (*Gewinn, Prämie*) пре́мия *ж,* приз *м;* ◇ **um keinen ~** ни за что́ на све́те; **Preisausschreiben** *n* ко́нкурс *м*

Preiselbeere *f* брусни́ка *ж*

preisen <pries, gepriesen> *vi* превоз|носи́ть <-нести́>

preisgeben *unreg vt* (*Geheimnis*) выдава́ть <вы́дать>; (*Person*) о|ставля́ть <-ста́вить>; **preisgekrönt** *adj* награждённый при́зом; **Preisgericht** *n* жюри́ *с;* **preislich** *adj* каса́ющийся цены́; **Preissturz** *m* ре́зкое паде́ние *с* цен; **Preisträger**(**in** *f*) *m* лауреа́т(ка *ж*) *м;* SPORT победи́тель(ница *ж*) *м;* **preiswert** *adj* недорого́й, по досту́пной цене́

prekär *adj* затрудни́тельный

prellen I. *vt* (*betrügen*) обма́нывать <-ну́ть>; ◇ **die Zeche prellen** не упла́|чивать <-ти́ть> **II.** *vr* (*sich stoßen*) ◇ **sich ~** ушиба́ть <-би́ть>; **Prellung** *f* ушѝб *м*

Premiere *f* <-, -n> премье́ра *ж*

Premierminister(**in** *f*) *m* премье́р-мини́стр

Presse *f* <-, -n> ① (*Saft~*) соковыжима́лка *ж* ② (*Drucker~*) пресс *м* ③ (*Zeitungswesen*) пре́сса *ж,* печа́ть *ж;* **Pressefreiheit** *f* свобо́да *ж* печа́ти; **Pressekonferenz** *f* пресс-конфере́нция *ж;* **Pressemeldung** *f* сообще́ние *с* пре́ссы

pressen *vt* (*Zitrone*) выжима́ть <вы́жать>

Preßlufthammer *m* пневмати́ческий молото́к *м*

Prestige *n* ‹-s› прести́ж *м*
prickeln *vi* ① (*Sekt*) пе́ниться *несов* ② (*auf Haut*) щекота́ть *несов* ③ (*erregen*) возбужда́ть *несов*
pries *impf v.* **preisen**
Priester(in *f*) *m* ‹-s, -› свяще́нник *м*, свяще́нница *ж*
prima *adj* ‹inv› (*toll*) отли́чный
primär *adj* ① (*ursprünglich, Stufe*) перви́чный ② (*vorrangig*) основно́й
primitiv *adj* ① (*einfach, Volk*) примити́вный ② (*dürftig, Behausung*) ску́дный ③ (*geistlos, Äußerung*) примити́вный
Primzahl *f* MATH просто́е число́ *с*
Prinz(essin *f*) *m* принц(е́сса *ж*) *м*
Prinzip *n* ‹-s, -ien› при́нцип *м*; ◊ **~ien haben** быть принципиа́льным; ◊ **im ~** в при́нципе; **prinzipiell I.** *adj* принципиа́льный **II.** *adv* из при́нципа ◊ **das ist ~ richtig** э́то в при́нципе пра́вильно; (*aus Prinzip*) ◊ **~ nicht fernsehen** из при́нципа не смотре́ть телеви́зор; **prinzipienlos** *adj* беспринци́пный
Priorität *f* приорите́т *м*
Prise *f* ‹-, -n› (*~ Salz*) щепо́тка *ж*
Prisma *n* ‹-s, -men› при́зма *ж*
privat *adj* ① (*nicht öffentlich*) ча́стный ② (*persönlich*) ли́чный; **Privatbesitz** *m* ча́стная со́бственность *ж*
pro I. *präp akk* за, на кого́-что-л; ◊ **~ Kopf** на челове́ка **II.** *adv* за; ◊ **~ und kontra** за и про́тив; **Pro** *n* ‹-s› (*Ggs. v. Wider*) "за"
Probe *f* ‹-, -n› ① (*Test*) прове́рка *ж*, испыта́ние *с*; ◊ **jd-n auf die ~ stellen** подве́ргнуть кого́-л испыта́нию ② THEAT репети́ция *ж* ③ (*Probieren, Wein~ etc.*) дегуста́ция *ж*; **Probeexemplar** *n* про́бный экземпля́р *м*; **Probefahrt** *f* про́бная пое́здка *ж*; **proben** *vt, vi* THEAT ‹от-, про-›репети́ровать; **probeweise** *adv* для про́бы; **Probezeit** *f* испыта́тельный срок *м*; **probieren I.** *vt* (*versuchen*) ‹по-›про́бовать; (*Wein*) дегусти́ровать *несов и сов* **II.** *vi* (*experimentieren*) испы|тывать ‹-та́ть›
Problem *n* ‹-s, -e› пробле́ма *ж*, тру́дность *ж*; **Problematik** *f* проблема́тика *ж*; **problematisch** *adj* проблемати́чный; **problemlos** *adj* без пробле́м
Produkt *n* ‹-[e]s, -e› ① (*Erzeugnis*) проду́кт *м* ② (*Ergebnis*) результа́т *м*; ◊ **das ~ jahrelanger Arbeit** э́то результа́т многоле́тнего труда́; **Produktion** *f* проду́кция *ж*; **produktiv** *adj* производи́тельный, продукти́вный
Produzent(in *f*) *m* (*von Ware*) производи́тель(ница *ж*) *м*; FILM продю́сер *м*; **produzieren I.** *vt* (*herstellen*) изго|товля́ть ‹-то́вить› **II.** *vr* (*sich darstellen*) ◊ **sich ~** ‹про-›демонстри́ровать своё уме́ние
professionell *adj* профессиона́льный
Professor(in *f*) *m* профе́ссор *м*; **Professur** *f* профессу́ра *ж*
Profi *m* (*Spezialist*) профессиона́л *м*
Profil *n* ‹-s, -e› ① (*von Reifen*) проте́кторный рису́нок *м* ② (*von Gesicht*) про́филь *м* ③ *FIG* (*Ausstrahlung*) излуче́ние *м*; **profilieren** *vr* (*sich darstellen*) ◊ **sich ~** об|ре-та́ть ‹-рести́› своё лицо́
Profit *m* ‹-[e]s, -e› при́быль *ж*, вы́года *ж*; **profitieren** *vi* извле́чь вы́году (*von* из чего́-л)
pro forma *adv* для ви́димости
Prognose *f* ‹-, -n› прогно́з *м*
Programm *n* ‹-s, -e› програ́мма *ж*; **programmieren** *vt* ‹за-›программи́ровать; **Programmierer(in** *f*) *m* ‹-s, -› программи́ст(ка *ж*) *м*; **Programmiersprache** *f* PC язы́к *м* программи́рования
progressiv *adj* прогресси́вный
Projekt *n* ‹-[e]s, -e› прое́кт *м*
Projektor *m* (*Dia~*) прое́ктор *м*
projizieren *vt* (*Dia*) *a. FIG* ‹с-›проеци́ровать (*auf akk* на кого́-что-л)
proklamieren *vt* прокламиро́вать *несов и сов*
Proletariat *n* пролетариа́т *м*; **Proletarier(in** *f*) *m* ‹-s, -› пролета́рий *м*, пролета́рка *ж*
Prolog *m* ‹-[e]s, -e› проло́г *м*
Promenade *f* промена́д *м*
Promille *n* ‹-s, -› одна́ ты́сячная часть *ж*
prominent *adj* знамени́тый, ви́дный; **Prominenz** *f* знамени́тости *ж мн*
Promotion *f* ① COMM (*Werbung*) соде́йствие *с* сбы́ту ② (*Doktortitel*) получе́ние *с* сте́пени кандида́та нау́к; **promovieren** *vi* полу|ча́ть ‹-чи́ть› сте́пень кандида́та нау́к, защи|ща́ть ‹-ти́ть› диссерта́цию
prompt *adj* бы́стрый, неме́дленный
Pronomen *n* ‹-s, -› GRAM местоиме́ние *с*
Propaganda *f* ‹-› пропага́нда *ж*; **propagieren** *vt* (*Meinung*) пропаганди́ровать *несов*; (*werben*) ра́товать *несов* за что-л
Propeller *m* ‹-s, -› пропе́ллер *м*
Prophet(in *f*) *m* ‹-en, -en› проро́к *м*, проро́чица *ж*; **prophezeien** *vt* проро́чить *несов*, предска|зывать ‹-за́ть›; **Prophezeiung** *f* проро́чество *с*, предсказа́ние *с*

P

prophylaktisch *adj* профилакти́ческий

Proportion *f* пропо́рция *ж;* **proportional** *adj* пропорциона́льный

Prosa *f* <-> про́за *ж;* **prosaisch** *adj* ① LIT прозаи́ческий ② *FIG* прозаи́чный

Prospekt *m* <-[e]s, -e> проспе́кт *м*

prost! *intj* за твоё [Ва́ше] здоро́вье!

prostituieren *vr a. FIG* ◇ **sich ~** про-да́<ва́>ться; **Prostituierte** *f* проститу́тка *ж*

protegieren *vt* протежи́ровать *несов*

Protest *m* <-[e]s, -e> проте́ст *м*

Protestant(in *f*) *m* REL протеста́нт(ка *ж*) *м;* **protestantisch** *adj* протеста́нтский

protestieren *vi* <за->протестова́ть (*gegen akk* про́тив чего́-л); **Protestkundgebung** *f* демостра́ция *ж* проте́ста

Prothese *f* <-, -n> (*Bein~*) проте́з *м;* (*Zahn~*) вставны́е зу́бы *м мн*

Protokoll *n* <-s, -e> ① (*schriftlich*) протоко́л *м;* (*von Unfall*) акт *м* ② (*Etikette*) протоко́л *м;* **protokollieren** *vt* (*bei Versammlung*) вес-ти́ протоко́л; (*Unfallhergang*) со|ставля́ть <-ста́вить> акт, протоколи́ровать *несов и сов*

Proton *n* <-s, -en> (*atomares Teilchen*) прото́н *м*

Prototyp *m* прототи́п *м*

Protz *m* <-en, -e[n]> *FAM* хвасту́н(ья *ж*) *м;* **protzen** *vi* (*angeben*) <по->хва́статься (*mit* чем-л); **protzig** *adj* (*Auto*) пы́шный; (*Mensch*) хвастли́вый, кичли́вый

Proviant *m* <-s> провиа́нт *м*

Provinz *f* <-, -en> прови́нция *ж;* **provinziell** *adj* провинциа́льный

Provision *f* COMM комиссио́нные *мн*

provisorisch I. *adj* вре́менный **II.** *adv* на вре́мя, пока́

Provokation *f* провока́ция *ж;* **provozieren** *vt* провоци́ровать *несов и сов*

Prozedur *f* процеду́ра *ж*

Prozent *n* <-[e]s, -e> проце́нт *м;* **Prozentsatz** *m* проце́нт *м,* проце́нтная ста́вка *ж;* **prozentual** *adj* процентуа́льный

Prozeß *m* <-sses, -sse> ① JURA проце́сс *м* ② (*Vorgang*) проце́сс *м;* ◇ **mit jd-m/etw kurzen ~ machen** бы́стро распра́виться с кем/чем-л; **prozessieren** *vi* суди́ться (*mit/gegen akk* с кем-л)

Prozession *f* ше́ствие *с*

Prozessor *m* PC проце́ссор *м*

prüfen *vi* ① (*Kenntnisse, Rechnung*) про|ве-ря́ть <-ве́рить> ② (*kontrollieren, Ausweispapiere*) контроли́ровать *несов* ③ (*Schüler*) <про->экзаменова́ть; **Prüfer(in** *f*) *m* <-s, -> экзамена́тор(ша *ж*) *м;* **Prüfling** *m* экзаменую́щийся(-аяся *ж*) *м;* **Prüfung** *f* ① (*Test*) прове́рка *ж* ② (*Examen*) экза́мен *м* ③ COMM (*Kontrolle*) прове́рка *ж* ④ *FIG* (*bei Schicksalsschlag*) испыта́ние *с;* **Prüfungskommission** *f* экзаменацио́нная коми́ссия *ж*

Prügel *m* <-s, -> ① (*Knüppel, Holz~*) дуби́нка *ж* ② *nur pl* (*Schläge*) побо́и *мн; FAM* взбу́ч-ка *ж;* ◇ **~ beziehen** получи́ть взбу́чку; **Prügelei** *f* дра́ка *ж;* **Prügelknabe** *m* козёл *м* отпуще́ния; **prügeln** *vtr* (*schlagen*) би́ть *несов,* изби́<ва>ть

prunkvoll *adj* роско́шный

Pseudokrupp *m* <-s> MED ло́жный круп *м;*

Pseudonym *n* <-s,-e> псевдони́м *м*

Psychiater(in *f*) *m* <-s, -> психиа́тр *м;* **psychisch** *adj* психи́ческий; **Psychoanalyse** *f* психоана́лиз *м;* **Psychologe** *m* <-n, -n> психо́лог *м;* **Psychologie** *f* психоло́гия *ж;* **Psychologin** *f* (же́нщина-)психо́лог *ж;* **psychologisch** *adj* психологи́ческий; **Psychopharmaka** *pl* психотро́пные сре́дства *с мн;* **psychosomatisch** *adj* психосомати́ческий; **Psychoterror** *m* запу́гивание *с;* **Psychotherapeut(in** *f*) *m* психотерапе́вт *м*

Pubertät *f* полово́е созрева́ние *с*

Publikum *n* <-s> пу́блика *ж*

publizieren *vt* <о->публикова́ть

Pudding *m* <-s, -s> пу́динг *м*

Pudel *m* <-s, -> (*Hund*) пу́дель *м*

Puder *m* <-s, -> (*Baby~*) пу́дра *ж;* **pudern** *vt* <при->пу́дрить; **Puderzucker** *m* са́харная пу́дра *ж*

Puff *n* <-s, -s> *FAM* (*Bordell*) публи́чный дом

Puffer *m* <-s, -> ① (*bei Eisenbahn*) бу́фер *м* ② (*Kartoffel~*) *ола́дья из карто́феля*

Pufferzone *f* MIL бу́ферная зо́на *ж*

Pulle *f FAM* (*Flasche*) буты́лка *ж*

Pulli *m* <-s, -s>, **Pullover** *m* <-s, -> пуло́вер *м,* сви́тер *м*

Puls *m* <-es, -e> пульс *м;* **pulsieren** *vi* ① (*pochen, Puls*) пульси́ровать *несов* ② *FIG* (*belebt sein*) <за->би́ть ключём

Pult *n* <-[e]s, -e> (*Schreib~, Noten~*) пульт *м*

Pulver *n* <-s, -> (*Pudding~*) порошо́к *м;* (*Schieß~*) по́рох *м;* **pulverisieren** *vt* рас|тира́ть <-тере́ть> в порошо́к; **Pulverschnee** *m* ры́хлый снег *м*

pummelig *adj FAM* (*dick*) пу́хленький

Pumpe *f* <-, -n> (*Luft~*) насо́с *м; FAM* (*Herz*) се́рдце *с;* **pumpen** *vt* ① (*Wasser*) <на->кача́ть ② *FAM* (*Geld verleihen*) да<ва́>ть взаймы́; (*sich ausleihen*) брать <взять> взаймы́

Punk[1] *m* ‹-s› MUS му́зыка *ж* панк
Punk[2] *m* ‹-s, -s› (*Person*) панк *м*
Punkt *m* ‹-[e]s, -e› ① (*allg.*) то́чка *ж;* (*Paragraph*) пункт *м,* статья́ *ж;* ◇ **etw auf den ~ bringen** вы́разить суть де́ла; ◇ **in diesem ~ hat sie recht** в э́том она́ права́; ◇ **~ 2 Uhr** ро́вно в 2 часа́ ② (*auf Landkarte*) то́чка *ж,* ме́сто *с;* **punktieren** *vt* MED (*Knie, Rückenmark*) пункти́ровать
pünktlich I. *adj* пунктуа́льный, то́чный **II.** *adv* во́время
Punktzahl *f* счёт *м*
Punsch *m* ‹-(e)s, -e› (*Wein~*) пунш *м*
Pupille *f* ‹-, -n› зрачо́к *м*
Puppe *f* ‹-, -n› ① (*Spielzeug*) ку́кла *ж* ② (*Kokon*) ку́колка *ж*
pur *adj* ① (*rein, unvermischt*) чи́стый ② *FIG* ◇ **~er Unsinn** чисте́йшая ерунда́
Püree *n* ‹-s, -s› (*Kartoffel~*) пюре́ *с*
Purzelbaum *m* ◇ **einen ~ schlagen** кувырк|а́ться ‹-ну́ться›
Puste *f* ‹-› *FIG FAM* (*Atem*) дыха́ние *с*
Pustel *f* ‹-, -n› гнойничо́к *м,* пу́стула *ж*
pusten *vi* ‹по-›ду́ть
Pute *f* ‹-, -n› инде́йка *ж;* **Puter** *m* ‹-s, -› индю́к *м*
Putsch *m* ‹-[e]s, -e› (*Militär~*) путч *м*
Putz *m* ‹-es› ① (*das Saubermachen*) чи́стка *ж* ② (*Mörtel*) штукату́рка *ж* ③ (*prahlen*) ◇ **auf den ~ hauen** хва́статься
putzen I. *vt* (*saubermachen*) ‹вы́-›чи́стить; (*Fenster*) ‹вы́-›мыть; (*Karotten*) ‹на-›чи́стить; (*Salat*) ‹по-›мы́ть; (*Nase*) ‹вы́-›сморка́ться; (*Zähne, Schuhe*) ‹по-›чи́стить **II.** *vr* (*Katze*) ◇ **sich ~** умы́‹ва́›ться; **Putzfrau** *f* убо́рщица *ж*
putzig *adj* (*lustig*) заба́вный, смешно́й
Putzlappen *m* тря́пка *ж*
Puzzle *n* ‹-s, -s› моза́ика-головоло́мка *ж*
Pyjama *m o. n* ‹-s, -s› пижа́ма *ж*
Pyramide *f* ‹-, -n› пирами́да *ж*
Pyrenäen *pl* Пирене́и *мн*

Q

Q, q *n* (*im Russischen nicht vorhanden*)
quabbelig *adj FAM* (*Frosch*) мя́гкий и ско́льзкий; (*Gelatine*) студени́стый
Quacksalber(in *f*) *m* ‹-s, -› *FAM* зна́харь *м,* зна́харка *ж,* шарлата́н *м*
Quader *m* ‹-s, -› (*~stein*) квадр *м;* MATH прямоуго́льный параллелепи́пед *м*
Quadrat *n a.* MATH квадра́т *м;* ◇ **zwei ins ~ erheben** возвести́ два в квадра́т; **quadratisch** *adj* (*Fläche*) квадра́тный; MATH (*Gleichung*) квадра́тный; **Quadratmeter** *m* квадра́тный метр *м;* **Quadratlatschen** *pl FAM PEJ* ① (*große Füße*) огро́мные но́ги *мн* ② (*große Schuhe*) неуклю́жая о́бувь *ж;* **Quadratwurzel** *f* MATH квадра́тный ко́рень *м*
quaken *vi* (*Frosch*) ква́к|ать ‹-нуть›; (*Ente*) кря́к|ать ‹-нуть›
quäken *vi FAM* (*Kleinkind*) пища́ть ‹пи́скнуть›
Quäker *m* ‹-s, -› REL ква́кер *м*
Qual *f* ‹-, -en› муче́ние *с;* (*seelisch*) му́ка *ж;* **quälen I.** *vt* ‹за-, из-›му́чить; (*mit Bitten*) донима́ть *несов* **II.** *vr* ◇ **sich ~** ‹ис-›терза́ться, ‹из-›му́читься (*mit* чем-л); **Quälerei** *f a. FIG* муче́ние *с;* **Quälgeist** *m FAM* мучи́тель *м*
Qualifikation *f* квалифика́ция *ж;* ◇ **die notwendige ~ für etw haben** быть квалифици́рованным для чего́-л; **qualifizieren** *vr* ◇ **sich ~** квалифици́роваться *несов и сов* (*für* для чего́-л)
Qualität *f* ка́чество *с;* **Qualitätsware** *f* ка́чественный това́р *м*
Qualle *f* ‹-, -n› ZOOL меду́за *ж*
Qualm *m* ‹-[e]s› (*Rauch*) дым *м;* (*Dampf*) пар *м;* (*Zigarren~*) дым *м;* **qualmen I.** *vi* (*Schornstein*) дыми́ться *несов* **II.** *vt* (*Zigarette*) ‹на-›дыми́ть *несов;* ◇ *FAM* **~ wie ein Schlot** быть зая́длым кури́льщиком
qualvoll *adj* (*Tod*) мучи́тельный
Quantentheorie *f* MATH ква́нтовая тео́рия *ж*
Quantität *f* коли́чество *с;* **quantitativ** *adj* (*Analyse*) коли́чественный
Quarantäne *f* ‹-, -n› MED каранти́н *м;* ◇ **unter ~ stehen** находи́ться под каранти́ном
Quark *m* ‹-s› ① (*Speise*) творо́г *м* ② *FAM* (*Quatsch*) чепуха́ *ж,* ерунда́ *ж;* **Quarkkuchen** *m* пиро́г *м* с творого́м, ватру́шка *ж*
Quartal *n* ‹-s, -e› кварта́л *м;* **Quartalsabrechnung** *f* кварта́льная отчётность *ж*
Quarte *f* MUS ква́рта *ж*
Quartett *n* ‹-s, -e› кварте́т *м*
Quartier *n* ‹-s, -e› (*Urlaubs~*) жильё *с,* (вре́менная) кварти́ра *ж;* MIL ме́сто *с* расположе́ния
Quarz *m* ‹-es, -e› GEO кварц *м*

quasi *adv* (*nahezu, fast*) так сказа́ть, как бы

quasseln *vi FAM* (*ständig reden*) болта́ть *несов;* (*plappern*) тарато́рить *несов;* **Quasselstrippe** *f* болту́н(ья *ж*) *м*

Quaste *f* <-, -n> (*Pinsel*) кисть *ж*

Quatsch *m* <-es> *FAM* вздор *м,* ерунда́ *ж;* **quatschen** *vi FAM* (*reden*) болта́ть *несов,* трепа́ться *несов*

Quecksilber *n* CHEM ртуть *ж*

Quelle *f* <-, -n> ① (*Erdöl~, Mineral~*) исто́чник *м,* ключ *м,* родни́к *м* ② *FIG* (*Informations~*) исто́чник *м;* **quellen** <quillt *o.* quellt, quoll, gequollen> *vi* ① (*strömen, Blut*) ли́ться *несов;* (*rinnen*) сочи́ться *несов* ② (*schwellen, Hülsenfrüchte*) на|буха́ть <-бу́хнуть>

quengeln *vi FAM* (*jammern*) ныть *несов,* жа́ловаться *несов*

quer *adv* поперёк; ◇ ~ **durch den Wald** че́рез лес напряму́ю; ◇ ~ **über den Platz** на противополо́жной стороне́ пло́щади; **Querbalken** *m* попере́чная ба́лка *ж,* перекла́дина *ж;* **Quere** *f* <-> *FAM* (*behindern*) ◇ **jd-m in die ~ kommen** встать поперёк пути́ кому́-л; **querfeldein** *adv* напрями́к; **Querflöte** *f* попере́чная фле́йта *ж;* **Querschnitt** *m* TECH попере́чное сече́ние *с; FIG* обзо́р *м;* **querschnittsgelähmt** *adj* парализо́ванный; **Querstraße** *f* попере́чная у́лица *ж*

Querulant(in *f*) *m* спо́рщик *м,* спо́рщица *ж*

quetschen *vt* (*ausdrücken*) выжима́ть <вы́жать>; (*verletzen*) отдави́ть *сов;* **Quetschung** *f* MED ушиб *м*

Queue *n* <-s, -s> (*Billard~*) кий *м*

quieken *vi* (*Schwein*) визжа́ть <ви́згнуть>

quietschen *vi* (*Tür*) с|крипе́ть <-кри́пнуть>; *FAM* ◇ **vor Vergnügen ~** визжа́ть от удово́льствия

Quinte *f* <-, -n> MUS кви́нта *ж;* **Quintett** *n* <-s, - e> квинте́т *м*

Quirl *m* <-[e]s, -e> сбива́лка *ж*

quitt *adj* ◇ **~ sein mit jd-m** быть в расчёте с кем-л

Quitte *f* <-, -n> (*Frucht*) айва́ *ж*

quittieren *vt* ① (*Empfang*) распи́|сываться <-са́ться> в получе́нии чего́-л ② (*Dienst*) у|вольня́ться <-во́литься>; **Quittung** *f* квита́нция *ж*

Quiz *n* <-, -> виктори́на *ж;* **Quizmaster** *m* <-s, -> веду́щий *м* виктори́ну; **Quizsendung** *f* телевиктори́на *ж*

quoll *impf v.* **quellen**

Quote *f* <-, -n> (*Fehler~, Gewinn~*) кво́та *ж*

Quotient *m* ча́стное *с*

R

R, r *n* Р, р

Rabatt *m* <-[e]s, -e> ски́дка *ж*

Rabatz *m* <-> *FAM* ◇ **~ machen** буя́нить *несов,* поднима́ть шум

Rabe *m* <-n, -n> ZOOL во́рон *м*

Rabenmutter *f FIG* жесто́кая мать *ж;* **Rabenvater** *m FIG* жесто́кий оте́ц *м*

rabiat *adj* (*Person*) гру́бый; (*Umgangston*) бесцеремо́нный; (*Methoden*) жесто́кий

Rache *f* <-> месть *ж,* мще́ние *с*

Rachen *m* <-s, -> ① ANAT зев *м* ② (*Raubtier~*) пасть *ж*

rächen I. *vt* (*jd-n/etw*) <ото->мсти́ть за кого́-что-л **II.** *vr* (*Rache nehmen*) ◇ **sich ~** <ото-> мсти́ть (*an dat* кому́-л)

Rachitis *f* <-> MED рахи́т *м*

rachsüchtig *adj* мсти́тельный

Rad *n* <-[e]s, Räder> ① (*Reifen*) колесо́ *с* ② (*Fahr~*) велосипе́д *м* ③ SPORT переворо́т *м* бо́ком, колесо́ *с*

Radar *n o. m* <-s> радиолока́тор *м,* рада́р *м;* **Radarkontrolle** *f* контро́ль *м* рада́ром

Radau *m* <-s> *FAM* (*Krawall*) галдёж *м*

radeln *vi,* **radfahren** *unreg vi* <по->е́хать на велосипе́де; **Radfahrer(in** *f*) *m* велосипеди́ст(ка *ж*) *м*

radieren *vt* ① (*entfernen*) стира́ть <стере́ть> ② (*Zeichnung*) <вы́->гравирова́ть; **Radiergummi** *m* рези́нка *ж;* **Radierung** *f* KUNST гравю́ра *ж*

Radieschen *n* реди́с *м,* реди́ска *ж*

radikal *adj* ① (*Änderung*) радика́льный ② (*extremistisch*) экстреми́стский; **Radikale(r)** *fm* POL радика́л *м*

Radio *n* <-s, -s> ра́дио *с*

radioaktiv *adj* радиоакти́вный; **Radioaktivität** *f* радиоакти́вность *ж*

Radiorecorder *m* <-s, -> кассе́тный радиоприёмник *м,* магнито́ла *ж;* **Radiowekker** *m* радиобуди́льник *м*

Radium *n* CHEM ра́дий *м*

Radius *m* <-, Radien> (*vom Kreis*) ра́диус *м*

Radkappe *f* AUTO колпа́к *м* колеса́

Radrennbahn *f* велотре́к *м,* велодро́м *м;* **Radrennen** *n* велого́нка *ж;* **Radsport** *m* велоспо́рт *м;* **Radweg** *m* велосипе́дная доро́жка *ж*

RAF *f Akr. v.* **Rote-Armee-Fraktion** Фра́кция *ж* кра́сной а́рмии

raffen *vt* ① (*schnell ergreifen*) схва́|тывать <-ти́ть>; ◇ **etw an sich ~** прис|ва́ивать <-

вóить> себé что-л ② (*Stoff, Vorhang*) со-б‹и›рáть ③ (*Geld*) заг|ребáть ‹-рести́› ④ *FAM* (*kapieren*) улáвливать ‹уловить›

Raffinesse *f* ① (*Gerissenheit*) хи́трость *ж*, изощрённость *ж* ② (*technische Besonderheit*) утончённость *ж*; **raffiniert** *adj* ① (*Person*) хи́трый, неглу́пый ② (*Plan*) изощрённый, хитроу́мный ③ (*Zucker, Öl*) рафини́рованный

Rahm *m* ‹-s› сли́вки *мн*

rahmen *vt* (*Bild*) в|ставля́ть ‹-стáвить› в рáму; **Rahmen** *m* ‹-s, -› ① (*Bilder~*) рáма *ж* ② (*Chassis*) шасси́ *с*; (*vom Fahrrad*) рáма *ж* ③ (*Umgebung*) обстанóвка *ж*, атмосфé-ра *ж* ④ *FIG* (*~handlung*) обрамля́ющее дéйствие *с* ⑤ *FIG* (*Bereich*) рáмки *ж мн*; ◇ **im ~ des Möglichen** в рáмках возмóжного

Rakete *f* ‹-, -n› ракéта *ж*

Rallye *f* ‹-, -s› (*Auto~*) авторáлли *с*

rammen *vt* ① (*anfahren*) на|езжáть ‹-éхать› на когó-что-л ② (*stoßen, Pfahl*) заби‹вá›ть (*in akk* во что-л)

Rampe *f* ‹-, -n› ① (*Lade~*) (погру́зочная) платфóрма *ж* ② THEAT рáмпа *ж* ③ (*Abschuß~*) пусковáя установка *ж*; **Rampenlicht** *n* ① THEAT свет *м* рáмпы ② *FIG* ◇ **im ~ stehen** быть в цéнтре внимáния

ramponieren *vt FAM* повре|ждáть ‹-ди́ть›

Ramsch *m* ‹-[e]s, -e› *FAM* хлам *м*, барахлó *с*

ran = *FAM* **heran**

Rand *m* ‹-[e]s, Ränder› ① (*Teller, Brille*) каймá *ж*; (*Abgrund*) край *м*; (*Papier*) пóле *с* ② *FIG* ◇ **am ~e der Verzweiflung** доведённый до отчáяния ③ *FAM PEJ* (*Mund*) ◇ **den ~ halten** держáть язы́к за зубáми ④ *FIG* (*beiläufig*) ◇ **am ~e bemerken** упомяну́ть вскользь

Randale *f* ‹-› *FAM* вандали́зм *м*; **randalieren** *vi FAM* дебоши́рить *несов*; (*stärker*) громи́ть *несов* что-л

Randbemerkung *f* примечáние *с* на поля́х; **Randerscheinung** *f* второстепéнное явлéние *с*

rang *impf v.* **ringen**

Rang *m* ‹-[e]s, Ränge› ① (*Stellung*) звáние *с*, ранг *м* ② (*Qualität*) стéпень *ж*; ◇ **ein Künstler ersten ~es** первоклáссный худóжник ③ THEAT я́рус *м* ④ (*hoher Stellenwert*) знáчимость *ж*, вáжность *ж* ⑤ SPORT (*Platz*) мéсто *с*

rangieren I. *vt* (*Eisenbahn*) маневри́ровать *несов* **II.** *vi FIG* ◇ **an erster Stelle ~** занимáть пéрвое мéсто

Rangordnung *f* (*Hierarchie*) иерáрхия *ж*

Ranke *f* ‹-, -n› BOT у́сик *м*

rann *impf v.* **rinnen**

rannte *impf v.* **rennen**

Ranzen *m* ‹-s, -› (*Schul~*) рáнец *м*

ranzig *adj* прогóрклый

Rappe *m* ‹-n, -n› (*schwarzes Pferd*) воронóй *м*

Rappel *m* ‹-s› *FAM* (*einen Fimmel haben*) ◇ **er hat ja e-n ~** ему́ дурь в гóлову сту́кнула

Raps *m* ‹-es› BOT рапс *м*

rar *adj* рéдкий; ◇ **sich ~ machen** рéдко появля́ться; **Rarität** *f* рéдкость *ж*, раритéт *м*

rasant *adj* (*Tempo*) бéшеный, бу́рный

rasch *adv* бы́стро

rascheln *vi* (*Papier, Laub*) шелестéть *несов*, шуршáть *несов*

rasen *vi* ① (*schnell fahren*) ‹по-›мчáться ② (*wüten, toben*) бушевáть *несов*, неистовствовать *несов*

Rasen *m* ‹-s, -› газóн *м*

rasend *adj* ① (*wütend*) я́ростный, бéшеный; ◇ **er ist ~ vor Eifersucht** он вне себя́ от рéвности ② (*Schmerzen*) си́льный

Rasenmäher *m* ‹-s, -› газонокоси́лка *ж*

Raserei *f* ① (*schnelles Fahren*) бы́страя ездá *ж* ② (*Wüten*) я́рость *ж*, бéшенство *с*

Rasierapparat *m* (электро)бри́тва *ж*; **Rasiercreme** *f* крем *м* для бритья́; **rasieren** *vr* (*Bart*) ◇ **sich ~** ‹по-›бри́ться; **Rasierklinge** *f* лéзвие *с* (безопáсной) бри́твы; **Rasierwasser** *n* туалéтная водá *ж* для бритья́

Rasse *f* ‹-, -n› ① (*Tier~*) порóда *ж* ② (*Menschen~*) рáса *ж*

Rassel *f* ‹-, -n› погрему́шка *ж*; **rasseln** *vi* ① (*klirren*) ‹по-›трещáть ② *FAM* (*durchfallen*) ◇ **durch e-e Prüfung ~** провáливаться на экзáмене

Rassenhaß *m* рáсовая нéнависть *ж*; **Rassentrennung** *f* (*Apartheid*) рáсовая сегрегáция *ж*

Rassismus *m* ‹-› раси́зм *м*; **Rassist(in** *f*) *m* ‹-en, -en› раси́ст(ка *ж*) *м*

Rast *f* ‹-, -en› (*Pause*) переды́шка *ж*, óтдых *м*; **rasten** *vi* ‹с-›дéлать переды́шку

Raster *n* MEDIA, FOTO растр *м*; (*bei Siebdruck*) рáстровая сéтка *ж*

rastlos *adj* неутоми́мый; **Rastplatz** *m* (*an Autobahn*) площáдка *ж* óтдыха у шоссé; **Raststätte** *f* (*Rasthaus, an der Autobahn*) ресторáн *м* для автомобили́стов

Rasur *f* (*Naß~, Trocken~*) бритьё *с*

Rat[1] *m* ‹-[e]s› ① (*Empfehlung*) совéт *м*; ◇ **um**

~ **fragen** посове́товаться с кем-л ② (*Vorschlag*) предложе́ние *с*

Rat [2] *m* ‹-[e]s, Räte› (*Gremium*) сове́т *м*

Rate *f* ‹-, -n› (*Monats~*) взнос *м;* ◇ **auf ~n kaufen** купи́ть в рассро́чку

raten ‹rät, riet, geraten› *vt* ① (*Rat geben*) ◇ **jd-m etw ~** ‹по-›сове́товать кому́-л что-л ② (*Rätsel*) уга́|дывать ‹-да́ть›; ◇ **rate mal!** угада́й!

ratenweise *adv* в рассро́чку, отде́льными взно́сами; **Ratenzahlung** *f* упла́та *ж* в рассро́чку

Ratgeber(in *f*) *m* ‹-s, -› сове́тчик *м,* сове́тчица *ж;* **Rathaus** *n* ра́туша *ж*

ratifizieren *vt* (*Staatsvertrag*) ратифици́ровать *несов и сов;* **Ratifizierung** *f* ратифика́ция *ж*

Ration *f* (*Essens~*) рацио́н *м,* паёк *м*

rational *adj* (*vernünftig*) рациона́льный

rationalisieren *vt* (*Arbeitsvorgänge*) рационализи́ровать *несов и сов*

rationell *adj* рациона́льный; (*ökonomisch*) экономи́чный; (*zweckmäßig*) целесообра́зный

rationieren *vt* рациони́ровать *несов*

ratlos *adj* (*hilflos*) расте́рянный, беспо́мощный; **Ratlosigkeit** *f* расте́рянность *ж,* беспо́мощность *ж;* **ratsam** *adj* целесообра́зный; **Ratschlag** *m* сове́т *м*

Rätsel *n* ‹-s, -› *a.FIG* зага́дка *ж;* ◇ **jd-m ein ~ aufgeben** зада́ть кому́-л зага́дку; **rätselhaft** *adj* (*unverständlich*) зага́дочный

Ratte *f* ‹-, -n› ① ZOOL кры́са *ж* ② *FAM PEJ* (*mieser Typ*) кры́са *ж*

rattern *vi* треща́ть *несов*

Raub *m* ‹-[e]s› ① (*Diebstahl*) грабёж *м* ② (*Beute*) награ́бленное *с,* добы́ча *ж;* **Raubbau** *m* хи́щническая разрабо́тка *ж;* **Raubdruck** *m* (*von Buch*) пира́тское изда́ние *с;* **rauben** *vt* ① (*stehlen*) по|хища́ть ‹-хи́тить› ② *FIG* (*nehmen*) ◇ **jd-m die Hoffnung ~** отнима́ть у кого́-л наде́жду; **Räuber(in** *f*) *m* ‹-s, -› разбо́йник *м,* разбо́йница *ж,* граби́тель(ница *ж*) *м;* **Raubmord** *m* уби́йство *с* с це́лью ограбле́ния; **Raubtier** *n* хи́щник *м;* **Raubvogel** *m* хи́щная пти́ца *ж*

Rauch *m* ‹-[e]s› (*Tabak~*) дым *м;* **rauchen** *vt* ‹по-›кури́ть; **Raucher(in** *f*) *m* ‹-s, -› кури́льщик *м,* кури́льщица *ж;* **Raucherabteil** *n* (*im Zug*) купе́ *с* для куря́щих

räuchern *vt* (*Schinken*) ‹за-›копти́ть; **Räucherstäbchen** *n* кури́тельная па́лочка *ж*

Rauchfleisch *n* копчёное мя́со *с;* **rauchig** *adj* ды́мный; **Rauchvergiftung** *f* MED отравле́ние *с* ды́мом

rauf = *FAM* **herauf**

Raufbold *m* ‹-[e]s, -e› *FAM* (*Person*) драчу́н *м;* **raufen** *vi* ① (*von Kindern*) ‹по-›дра́ться ② ◇ **sich** *dat* **die Haare ~** рва́ть на себе́ во́лосы; **Rauferei** *f* дра́ка *ж*

rauh *adj* ① (*Oberfläche*) шерша́вый, шерохова́тый ② (*Klima*) суро́вый ③ (*ungeschliffen, Mensch*) суро́вый; (*Umgangston*) гру́бый; **Rauhreif** *m* и́ней *м,* и́зморось *ж*

Raum *m* ‹-[e]s, Räume› ① (*Wohn~*) помеще́ние *с* ② (*Platz*) простра́нство *с* ③ (*Umgebung*) райо́н *м,* о́бласть *ж;* ◇ **der ~ Frankfurt** райо́н Фра́нкфурта ④ *FIG* (*Spiel~*) возмо́жности *ж мн*

räumen *vt* ① (*ausziehen, Wohnung*) освобо|жда́ть ‹-ди́ть› ② (*Saal*) очища́ть ‹очи́стить› ③ (*aufräumen*) уб‹и›ра́ть

Raumfahrt *f* космона́втика *ж;* **Rauminhalt** *m* вмести́мость *ж,* ёмкость *ж*

räumlich *adj* простра́нственный; **Räumlichkeiten** *f pl* (*Zimmer*) помеще́ние *с*

Raummangel *m* недоста́ток *м* ме́ста; **Raumpfleger(in** *f*) *m* убо́рщик *м,* убо́рщица *ж;* **Raumschiff** *n* ASTRON косми́ческий кора́бль *м*

Räumung *f* (*Wohnungs~*) освобожде́ние *с;* **Räumungsverkauf** *m* COMM по́лная распрода́жа *ж*

Raupe *f* ‹-, -n› (*Larve, Ketten~*) гу́сеница *ж*

raus = *FAM* **heraus, hinaus**

Rausch *m* ‹-[e]s, Räusche› ① (*Wein~*) опьяне́ние *с,* хмель *м* ② *FIG* (*Euphorie, Glücks~*) опьяне́ние *с,* упое́ние *с*

rauschen *vi* ① (*Wasser*) журча́ть *несов;* (*Wind*) шуме́ть *несов* ② (*Blätter*) шурша́ть *несов* ③ (*Beifall*) шуме́ть ④ *FAM* (*gehen*) ◇ **aus dem Zimmer ~** с тре́ском вы́лететь из ко́мнаты

rauschend *adj* ① (*Fest*) роско́шный, пы́шный ② (*Beifall*) бу́рный

Rauschgift *n* нарко́тик *м;* **Rauschgiftsüchtige(r)** *fm* наркома́н(ка *ж*) *м*

räuspern *vr* ◇ **sich ~** отка́ш|ливаться ‹-ляться›

Raute *f* ‹-, -n› MATH ромб *м*

Razzia *f* ‹-, Razzien› (*Polizei~*) обла́ва *ж*

Reagenzglas *n* (*im Labor*) проби́рка *ж*

reagieren *vi* ① CHEM реаги́ровать *несов* ② *FIG* (*böse, prompt*) ‹от-›реаги́ровать (*auf akk* на); **Reaktion** *f* ① CHEM реа́кция *ж* ② *FIG* реа́кция *ж*

reaktionär *adj* реакцио́нный

Reaktionsgeschwindigkeit *f* CHEM ско́рость *ж* реа́кции

Reaktor *m* (*von Atomkraftwerk*) реа́ктор *м*; **Reaktorkern** *m* акти́вная зо́на *ж* реа́ктора

real *adj* (*wirklich*) реа́льный

realisieren *vt* (*verwirklichen*) реализова́ть *несов и сов*, осуществ|ля́ть ‹-ви́ть›

Realismus *m* реали́зм *м*; **Realist(in** *f*) *m* реали́ст(ка *ж*) *м*; **realistisch** *adj* реалисти́чный; **Realität** *f* действи́тельность *ж*, реа́льность *ж*

Realpolitik *f* реалисти́ческая поли́тика *ж*; **Realschule** *f* сре́дняя шко́ла *ж*

Rebe *f* ‹-, -n› (*Weinstock*) виногра́д *м*

Rebell(in *f*) *m* ‹-en, -en› бунта́рь *м*, бунта́рка *ж*, мятéжник *м*, мятéжница *ж*; **Rebellion** *f* бунт *м*, мятéж *м*; **rebellisch** *adj* бунта́рский, мятéжный

Rebhuhn *n* ZOOL куропа́тка *ж*

Rebstock *m* BOT виногра́д *м*, виногра́дная лоза́ *ж*

Rechen *m* ‹-s, -› (*Gartengerät*) гра́бли *мн*

Rechenaufgabe *f* MATH арифмети́ческая зада́ча *ж*

Rechenschaft *f* отчёт *м*; ◇ **jd-m über etw ~ ablegen** дава́ть кому́-л отчёт в чём-л; ◇ **jd-n zur ~ ziehen** привлека́ть кого́-л к отвéтственности

Rechenzentrum *n* PC вычисли́тельный центр *м*

recherchieren *vt* (*ermitteln*) производи́ть расслéдования, осведомля́ться *несов*

rechnen I. *vt* ① MATH (*Aufgabe*) ре|ша́ть ‹-ши́ть›, высчи́тывать ‹вы́считать› ② (*zählen zu*) ◇ **ich rechne ihn zu meinen Freunden** я счита́ю его́ свои́м дру́гом ③ (*einplanen, schätzen*) счита́ть *несов*, рассчи́тывать *несов*; ◇ **für die Fahrt ~ wir 8 Stunden** на поéздку мы рассчи́тываем потра́тить 8 часо́в **II.** *vi* ① MATH произ|води́ть ‹-вести́› вычислéния ② *FIG* (*sparsam sein*) быть эконо́мным; ◇ **mit jedem Pfennig ~** счита́ть ка́ждую копéйку ③ *FIG* ◇ **mit dem Schlimmsten ~** ожида́ть са́мого ху́дшего ④ (*sich verlassen*) ◇ **auf jd-n/etw ~** рассчи́тывать на кого́/что-л; **Rechner** *m* ‹-s, -› компью́тер *м*; **Rechnung** *f* ① MATH (*Rechenaufgabe*) расчёт *м*, вычислéние *с* ② COMM (*Kosten~*) счёт *м* ③ *FIG* ◇ **e-r Sache ~ tragen** учи́тывать что-л; **Rechnungsprüfer(in** *f*) *m* COMM ревизо́р *м*

recht I. *adj* ① (*passend*) подходя́щий ② (*richtig*) пра́вильный **II.** *adv* ① (*ziemlich*) ◇ **~ teuer** дово́льно дорого́й ② ◇ **~ haben** быть пра́вым; ◇ **~ bekommen** получи́ть подтверждéние в свое́й правоте́ ③ (*passend*) ◇ **das ist mir ~** меня́ э́то устра́ивает

Recht *n* ‹-[e]s, -e› ① (*Anspruch*) пра́во *с* (*auf akk* на); ◇ **zu ~** по пра́ву ② JURA пра́во *с*; ◇ **von ~s wegen** в си́лу зако́на, по зако́ну

Rechte *f* ‹-n, -n› ① (*rechte Hand*) пра́вая рука́ *ж* ② (*politisch*) пра́вые *мн*

rechte(r, s) *adj* пра́вый; **Rechte(r)** *fm* (*politisch*) пра́вый(-ая *ж*) *м*

Rechteck *n* ‹-s, -e› прямоуго́льник *м*; **rechteckig** *adj* прямоуго́льный

rechtfertigen I. *vt* (*Tat*) опра́в|дывать ‹-да́ть› **II.** *vr* ◇ **sich ~** опра́в|дываться ‹-да́ться›; **Rechtfertigung** *f* оправда́ние *с*

rechthaberisch *adj* несгово́рчивый; **rechtlich** *adj* правово́й, юриди́ческий; **rechtmäßig** *adj* зако́нный

rechts *adv* спра́ва; ◇ **nach ~** на пра́во; **Rechtsanwalt** *m*, **Rechtsanwältin** *f* адвока́т *м*; **Rechtsaußen** *m* ‹-, -› SPORT (*Fußball*) пра́вый кра́йний напада́ющий *м*; **Rechtsbeistand** *m* JURA повéренный *м*, юриско́нсульт *м*

rechtschaffen *adj* чéстный, поря́дочный

Rechtschreibung *f* (*Orthographie*) правописа́ние *с*, орфогра́фия *ж*

Rechtsfall *m* JURA судéбное дéло *с*; **Rechtshänder(in** *f*) *m* ‹-s, -› правша́ *м/ж*; **rechtskräftig** *adj* (*Urteil*) имéющий зако́нную си́лу; **Rechtskurve** *f* пра́вый поворо́т *м*; **rechtsradikal** *adj* POL кра́йне пра́вый; **rechtswidrig** *adj* противозако́нный

rechtwinklig *adj* (*Dreieck*) прямоуго́льный; **rechtzeitig I.** *adj* своеврéменный **II.** *adv* ① (*pünktlich*) во́время, своеврéменно ② (*früh genug*) заблаговрéменно

Reck *n* ‹-[e]s, -e› SPORT турни́к *м*

recken I. *vt* (*Hals*) вытя́гивать ‹вы́тянуть› **II.** *vr* ◇ **sich ~** потя́гиваться *несов*

Recycling *n* ‹-s› повто́рное испо́льзование *с*, возвра́т *м* в произво́дственный цикл; **Recyclingpapier** *n* бума́га *ж* из втори́чного сырья́

Redakteur(in *f*) *m* редáктор *м*; **Redaktion** *f* ① (*das Redigieren*) редакти́рование *с* ② (*~sabteilung*) реда́кция *ж*

Rede *f* ‹-, -n› ① (*Reden*) речь *ж*; ◇ **davon war nie die ~** об э́том и рéчи нé было ② ◇ **jd-n zur ~ stellen** трéбовать от кого́-л объяснéний ③ (*Ansprache*) речь *ж*, выступлéние *с*; ◇ **e-e ~ halten** держа́ть речь ④

R

GRAM речь *ж;* **redegewandt** *adj* красноречи́вый; **reden I.** *vi* ① (*sprechen*) ‹по-› говори́ть (*über akk* о чём-л) ② (*sich unterhalten*) разгова́ривать *несов,* бесе́довать *несов* (*über akk* о чём-л) ③ (*Rede halten*) выступа́ть ‹вы́ступить› с ре́чью **II.** *vt* (*sagen*) говори́ть ‹сказа́ть›; **Redensart** *f* выраже́ние *с,* погово́рка *ж;* **Redewendung** *f* оборо́т *м* ре́чи

redlich *adj* (*ehrlich*) че́стный

Redner(in *f*) *m* ‹-s, -› ора́тор *м*

redselig *adj* словоохо́тливый, болтли́вый

reduzieren *vt* (*Gewicht*) сбавля́ть ‹сба́вить›; (*Personal*) сокра|ща́ть ‹-ти́ть›; (*Aufwand*) уменьша́ть ‹уме́ньшить›

Reede *f* ‹-, -n› (*Schiffs~*) ре́йд *м;* ◇ **auf der ~ liegen** стоя́ть на ре́йде; **Reeder(in** *f*) *m* ‹-s, -› судовладе́лец *м,* судовладе́лица *ж*

reell *adj* ① (*ehrlich*) че́стный, поря́дочный ② (*wirklich*) реа́льный, действи́тельный

Referat *n* ① (*Vortrag*) рефера́т *м,* докла́д *м* ② (*Abteilung, Presse~*) отде́л *м*

Referendar(in *f*) *m* SCH (*Studien~*) стажёр *м*

Referent(in *f*) *m* (*Vortragende/r*) докла́дчик *м,* докла́дчица *ж*

Referenz *f* рекоменда́ция *ж*

referieren *vi* ① (*vortragen*) ‹про-›чита́ть докла́д (*über akk* о чём-л) ② (*mitteilen*) рефери́ровать *несов и сов* (*über akk* о чём-л)

reflektieren I. *vt* (*Licht*) отра|жа́ть ‹-зи́ть› **II.** *vi* (*nachdenken*) размышля́ть *несов* (*über akk* о чём-л)

Reflex *m* ‹-es, -e› ① (*Widerschein*) отраже́ние *с* ② (*Reaktion*) рефле́кс *м*

Reflexion *f* ① (*von Strahlen*) отраже́ние *с* ② (*Nachdenken*) размышле́ние *с*

reflexiv *adj* GRAM возвра́тный

Reform *f* ‹-, -en› рефо́рма *ж*

Reformation *f* ① (*Erneuerung*) преобразова́ние *с* ② HIST (*von Kirche*) Реформа́ция *ж;* **reformatorisch** *adj* реформа́торский

Reformhaus *n* магази́н *м* диети́ческих проду́ктов

reformieren *vt* преобразо́|вывать ‹-ва́ть›

Refrain *m* ‹-s, -s› припе́в *м,* рефре́н *м*

Regal *n* ‹-s, -e› (*Bücher~*) по́лка *ж*

rege *adj* ① (*lebhaft, Verkehr*) оживлённый ② (*aktiv*) акти́вный

Regel *f* ‹-, -n› ① (*Vorschrift, Spiel~*) пра́вило *с;* (*Norm*) но́рма *ж;* ◇ **sich an die ~n halten** приде́рживаться пра́вил; ◇ **das ist bei uns die ~** у нас так при́нято; ◇ **in der ~** как пра́вило ② MED (*~blutung*) менструа́ция *ж;* **regelmäßig** *adj* ① (*gleichmäßig, Puls*) ро́вный, разме́ренный ② (*Gesichtszüge*) пра́вильный ③ (*Mahlzeiten*) регуля́рный; **Regelmäßigkeit** *f* регуля́рность *ж;* **regeln I.** *vt* ① (*Verkehr*) регули́ровать *несов* ② (*Angelegenheit*) упоря́дочи‹ва›ть **II.** *vr* ◇ **das wird sich von selbst ~** э́то само́ собо́й ула́дится; **regelrecht I.** *adv* ① (*korrekt*) пра́вильно ② (*sozusagen*) так сказа́ть, по всем пра́вилам **II.** *adj* ◇ **e-e ~e Lüge** я́вная ложь; **Regelung** *f* ① (*von Problemen*) ула́живание *с* ② (*Abmachung*) урегули́рование *с;* **regelwidrig** *adj* наруша́ющий пра́вила, не соотве́тствующий пра́вилам

regen I. *vt* (*Finger*) ‹по-›шевели́ть **II.** *vr* (*bewegen*) ◇ **sich ~** ‹по-›шевели́ться

Regen *m* ‹-s, -› *a. FIG* дождь *м;* **Regenbogen** *m* ра́дуга *ж;* **Regenbogenpresse** *f* бульва́рные иллюстри́рованные журна́лы *м мн,* жёлтая пре́сса *ж*

Regeneration *f* регенера́ция *ж*

Regenmantel *m* плащ *м,* дождеви́к *м;* **Regenschauer** *m* ли́вень *м;* **Regenschirm** *m* зо́нтик *м,* зо́нт *м;* **Regenwald** *m* GEO вла́жные тропи́ческие леса́ *мн*

Regie *f* ① (*bei Film*) режиссу́ра *ж* ② (*Leitung*) организа́ция *ж,* управле́ние *с*

regieren *vt* (*herrschen*) быть у вла́сти, управля́ть *несов;* (*Monarch*) пра́вить *несов;* **Regierung** *f* ① (*das Regieren*) управле́ние *с* ② (*die Regierung*) прави́тельство *с;* **Regierungswechsel** *m* сме́на *ж* прави́тельства

Regiment *n* ‹-s, -er› ① (*Herrschaft*) правле́ние *с* ② MIL (*Einheit*) полк *м*

Region *f* регио́н *м,* о́бласть *ж*

Regisseur(in *f*) *m* режиссёр *м*

Register *n* ‹-s, -› ① (*Inhaltsverzeichnis*) содержа́ние *с* ② (*Verzeichnis*) пе́речень *м;* (*in Büchern*) (алфави́тный) указа́тель *м* ③ MUS (*von Orgel*) реги́стр *м* ④ *FIG* ◇ **alle ~ ziehen** пуска́ть в ход все сре́дства

registrieren *vt* ① (*in Register eintragen*) ‹за-›регистри́ровать ② (*wahrnehmen*) за|меча́ть ‹-ме́тить›

Regler *m* ‹-s, -› (*Regulator*) регуля́тор *м*

regnen *vi unpers* ◇ **es regnet** идёт дождь; **regnerisch** *adj* дождли́вый

regulär *adj* норма́льный, регуля́рный

regulieren *vt* (*Lautstärke, Preise*) ‹от-›регули́ровать

Regung *f* ① (*Gefühl*) поры́в *м* ② (*Bewegung*)

движе́ние *с;* **regungslos** *adj* неподви́жный

Reh *n* <-[e]s, -e> косу́ля *ж*

rehabilitieren *vt* ① (*nach Haft*) реабилити́ровать *несов и сов;* (*nach Krankheit*) восста|на́вливать <-нови́ть> трудоспосо́бность ② (*wiedereinsetzen*) восста|на́вливать <-нови́ть>; **Rehabilitationszentrum** *n* MED реабилитацио́нный центр *с*

Reibe *f* <-, -n> (*von Koch*) тёрка *ж;* **reiben** <rieb, gerieben> *vt* ① (*zerreiben, Käse*) тере́ть *несов,* рас|тира́ть <-тере́ть> ② (*Augen*) <по->тере́ть ③ (*wund~*) <на->тере́ть

Reiberei *f* (*Diskrepanz*) разногла́сия *с мн*

Reibung *f* ① (*das Reiben*) тре́ние *с* ② *FIG* (*Unstimmigkeit*) разногла́сия *с мн;* **reibungslos** *adj* беспрепя́тственный, бесперебо́йный

reich *adj* ① (*wohlhabend*) бога́тый, зажи́точный ② (*üppig, Ernte*) бога́тый ③ *FIG* ◇ **er ist ~ an Erfahrung** у него́ бога́тый о́пыт; ◇ **eine ~e Auswahl** большо́й вы́бор

Reich *n* <-[e]s, -e> ① (*König~*) короле́вство *с,* госуда́рство *с;* (*Kaisertum*) импе́рия *ж* ② *FIG* (*Bereich*) мир *м;* ◇ **im ~ der Fabel** в ми́ре сказо́к

reichen I. *vi* ① (*genügen*) быть доста́точным; ◇ **mir reichts** хва́тит с меня́ ② (*sich erstrecken*) простира́ться (*zu* до чего́-л); ◇ **das Grundstück reicht bis zur Straße** земе́льный уча́сток дохо́дит до у́лицы **II.** *vt* (*geben, Hand*) пода́<ва́>ть кому́-л что-л

reichhaltig *adj* (*Auswahl*) широ́кий, бога́тый; (*Sammlung*) бога́тый; **reichlich I.** *adj* ◇ **~ Zeit haben** име́ть мно́го вре́мени **II.** *adv* (*ziemlich*) ◇ **~ dumm** дово́льно глу́пый

Reichtum *m* <-s, -tümer> бога́тство *с*

Reichweite *f* да́льность *ж* де́йствия

reif *adj* ① (*Obst*) спе́лый, созре́вший ② (*Mensch*) зре́лый ③ (*gut, Leistung*) хоро́ший ④ *FAM* (*fällig*) ◇ **~ für etw** созре́вший для чего́-л

Reif [1] *m* <-[e]s> (*Rauh~*) и́ней *м,* и́зморось *ж*

Reif [2] *m* <-[e]s, -e> (*Ring*) кольцо́ *с*

Reife *f* <-> ① (*von Getreide, Obst*) спе́лость *ж* ② (*von Mensch*) зре́лость *ж;* **reifen** *vi* ① (*Obst*) <по->спе́ть ② (*Mensch*) дос|тига́ть <-ти́чь> зре́лости

Reifen *m* <-s, -> AUTO ши́на *ж*

reiflich *adj* (*sorgfältig*) ◇ **nach ~er Überlegung** основа́тельно обду́мав

Reihe *f* <-, -n> ① (*Serie*) се́рия *ж* ② (*Folge*) после́довательность *ж,* очерёдность *ж;* ◇ **der ~ nach** по о́череди; ◇ **er ist an der ~** его́ о́чередь ③ (*Sitz~*) ряд *м;* **reihen I.** *vt* (*leere Flaschen*) <по->ста́вить в ря́д; (*Soldaten*) выстра́ивать <вы́строить>; (*Perlen auf~*) нани́|зывать <-за́ть> на что-л **II.** *vr* (*aufeinanderfolgen*) ◇ **sich ~** <по->сле́довать друг за дру́гом; ◇ **ein Glücksfall reiht sich an den anderen** счастли́вые слу́чаи сле́дуют оди́н за други́м; **Reihenfolge** *f* после́довательность *ж;* **Reihenhaus** *n* дом *м* рядово́й застро́йки

Reiher *m* <-s, -> ZOOL ца́пля *ж*

Reim *m* <-[e]s, -e> ① (*Gedicht*) ри́фма *ж* ② *FIG* ◇ **sich** *dat* **e-n ~ auf etw** *akk* **machen** име́ть свои́ со́бственные соображе́ния насчёт чего́-л; **reimen** *vr* рифмова́ться *несов* что-л (*auf akk* с чем-л)

rein = *FAM* **herein, hinein**

rein I. *adj* (*sauber, pur*) чи́стый **II.** *adv* ① (*ganz*) ◇ **~ zufällig** чи́сто [соверше́нно] случа́йно ② (*ausschließlich*) исключи́тельно

Reinerlös *m* чи́стая убо́рка *ж*

Reinfall *m FAM* про́мах *м,* неуда́ча *ж*

Reinheit *f a. FIG* чистота́ *ж*

reinigen *vt* ① (*saubermachen*) <по->чи́стить ② (*Textilien, chemisch*) очища́ть <очи́стить>; **Reinigung** *f* ① (*Säuberung*) убо́рка *ж* ② (*Textil~*) химчи́стка *ж*

reinlegen *vt FAM* (*täuschen*) провести́ *сов,* обма́|нывать <-ну́ть>

reinlich *adj* чи́стый, опря́тный; **Reinlichkeit** *f* чистота́ *ж,* опря́тность *ж;* **reinrassig** *adj* (*Zuchttier*) чистокро́вный

Reis *m* <-es, -e> рис *м*

Reise *f* <-, -n> (*Urlaubs~*) пое́здка *ж;* (*lange ~*) путеше́ствие *с;* **Reiseandenken** *n* сувени́р *м;* **Reisebüro** *n* бюро́ *с* путеше́ствий; **reisefertig** *adj* гото́вый в путь; **Reiseführer** *m* (*Handbuch*) путеводи́тель *м;* **Reisegesellschaft** *f* ① (*Reisebüro*) бюро́ *с* путеше́ствий ② (*Reisegruppe*) тури́стская гру́ппа *ж;* **Reisekosten** *pl* доро́жные расхо́ды *м мн;* **Reiseleiter(in** *f*) *m* руководи́тель(ница *ж*) *м* тури́стской гру́ппы; **reisen** *vi* (*mit Zug, Schiff etc.*) путеше́ствовать *несов,* <по->е́хать (*nach* куда́-л); **Resende(r)** *fm* путеше́ственник *м,* путеше́ственница *ж;* **Reisepaß** *m* загрaни́чный па́спорт *м;* **Reisescheck** *m* доро́жный чек *м;* **Reiseziel** *n* пункт *м* назначе́ния

Reisig *n* <-s> хво́рост *м*

Reißaus ◇ **~ nehmen** броса́ться наутёк

Reißbrett *n* чертёжная доска́ *ж*

R

reißen ‹riß, gerissen› **I.** *vt* ① (*an den Haaren*) рвать *несов* ② *FAM* (*Witz*) ‹с-›остри́ть ③ (*töten, Raubtier*) зад‹и›ра́ть ④ (*sich gewaltsam aneignen*) завладе́‹ва́›ть; ◇ **jd-m etw aus der Hand** ~ вы́хватить что-л у кого́-л из рук; ◇ **etw an sich** ~ захвати́ть что-л ⑤ ◇ **jd-n aus dem Schlaf** ~ разбуди́ть кого́-л ⑥ *FIG* ◇ **sich um etw** ~ дра́ться из-за чего́-л **II.** *vi* ① (*entzweigehen, Faden*) ‹по-›рва́ться ② *FIG* ◇ **mir reißt die Geduld** у меня́ терпе́ние ло́пнуло

reißend *adj* ① (*Fluß*) бу́рный ② COMM ◇ **~en Absatz finden** раскупа́ться нарасхва́т

reißerisch *adj* (*Schlagzeile*) сенсацио́нный

Reißleine *f* (*von Fallschirm*) вытяжна́я верёвка *ж* раскры́тия; **Reißverschluß** *m* застёжка-мо́лния *ж;* **Reißzwecke** *f* кно́пка *ж*

reiten ‹ritt, geritten› *vt, vi* (*Pferd*) ‹по-›е́хать верхо́м; **Reiter(in** *f*) *m* ‹-s, -› ① SPORT (*Hobby~*) вса́дник *м,* вса́дница *ж* ② MIL ко́нный *м;* **Reithose** *f* брю́ки *мн* для верхово́й езды́; **Reitstiefel** *m* сапо́г *м* для верхово́й езды́

Reiz *m* ‹-es, -e› ① (*Anreiz*) пре́лесть *ж* ② (*Anziehung*) привлека́тельность *ж;* ◇ **der ~ des Neuen** привлека́тельность но́вого ③ (*Kitzel*) возбужде́ние *с* ④ (*Verlockung*) зама́нчивость *ж;* **reizbar** *adj* (*nervös*) раздражи́тельный; **Reizbarkeit** *f* раздражи́тельность *ж;* **reizen** *vt* ① (*Augen, Haut*) раздра|жа́ть ‹-жи́ть› ② (*provozieren*) раздра|жа́ть ‹-жи́ть›; *FAM* ‹раз-›дразни́ть; **reizend** *adj* (*nett*) преле́стный, очарова́тельный; **Reizgas** *n* слезоточи́вый газ *м;* **reizlos** *adj* непривлека́тельный; **Reizung** *f* MED (*Haut~*) раздраже́ние *с;* **reizvoll** *adj* увлека́тельный; **Reizwäsche** *f* эроти́ческое ни́жнее бельё *с*

rekeln *vr* (*strecken*) ◇ **sich** ~ потя́|гиваться ‹-ну́ться›

Reklamation *f* реклама́ция *ж*

Reklame *f* ‹-, -n› (*Werbung*) рекла́ма *ж*

reklamieren *vt* ① (*beanstanden*) предъя|вля́ть ‹-ви́ть› реклама́цию ② (*verlorenes Päckchen*) зая|вля́ть ‹-ви́ть› прете́нзию на что-л

rekonstruieren *vt* реконструи́ровать *несов и сов*

Rekonvaleszenz *f* выздоровле́ние *с*

Rekord *m* ‹-[e]s, -e› реко́рд *м*

Rekrut(in *f*) *m* ‹-en, -en› новобра́нец *м;* **rekrutieren** *vr* (*Gruppe*) ◇ **sich** ~ состоя́ть (*aus dat* из кого́-л)

Rektor(in *f*) *m* ре́ктор *м;* **Rektorat** *n* ректора́т *м*

Relais *n* ‹-, -› ELECTR реле́ *с*

Relation *f* соотноше́ние *с*

relativ **I.** *adj* относи́тельный **II.** *adv* (*verhältnismäßig*) относи́тельно, сравни́тельно; **relativieren** *vt* ① (*in Beziehung setzen*) уста|на́вливать ‹-нови́ть› относи́тельность ② (*Aussage*) ограни́чи‹ва›ть; **Relativität** *f* PHYS относи́тельность *ж*

relaxen *vi* рас|слабля́ться ‹-сла́биться›

relevant *adj* относя́щийся к де́лу

Relief *n* ‹-s, -s› релье́ф *м*

Religion *f* рели́гия *ж;* **religiös** *adj* (*Person*) на́божный; (*Frage*) религио́зный

Relikt *n* ‹-[e]s, -e› рели́кт *м*

Reling *f* ‹-, -s› NAUT по́ручни *м мн*

Reliquie *f* REL рели́квия *ж*

rempeln *vt FAM* (*schubsen*) толка́ться *несов*

Ren *n* ‹-s, -s *o.* -e› ZOOL се́верный оле́нь *м*

Renaissance *f* ‹-› HIST эпо́ха *ж* Возрожде́ния

Rendezvous *n* ‹-, -› свида́ние *с*

renitent *adj* стропти́вый, упря́мый

Rennbahn *f* (*Pferde~*) ипподро́м *м;* (*Motorrad~*) го́ночный трек *м;* (*Auto~*) автодро́м *м;* (*Rad~*) велодро́м *м*

rennen ‹rannte, gerannt› *vi* ① (*schnell laufen*) бы́стро ‹по-›бежа́ть ② *FAM* (*gehen*) ◇ **ständig zum Arzt** ~ ча́сто бе́гать к врачу́ ③ (*stoßen*) ◇ **gegen etw** ~ уда́риться о что-л; **Rennen** *n* ‹-s, -› ① (*Wett~*) го́нки *ж мн* ② *FIG* (*Bewerbung*) ◇ **im ~ sein** уча́ствовать [продолжа́ть] в чём-л; **Rennfahrer(in** *f*) *m* го́нщик *м,* го́нщица *ж*

renommiert *adj* ви́дный, изве́стный

renovieren *vt* (*Haus*) произ|води́ть ‹-вести́› ремо́нт; **Renovierung** *f* ремо́нт *м*

rentabel *adj* (*Geschäft*) при́быльный, рента́бельный; **Rentabilität** *f* рента́бельность *ж*

Rente *f* ‹-, -n› (*Alters~*) пе́нсия *ж*

rentieren *vr* ◇ **sich** ~ оку|па́ться ‹-пи́ться›, быть рента́бельным

Rentner(in *f*) *m* ‹-s, -› пенсионе́р(ка *ж*) *м*

reparabel *adj* поправи́мый

Reparatur *f* (*Auto~*) ремо́нт *м;* **reparaturbedürftig** *adj* нужда́ющийся в ремо́нте; **Reparaturwerkstatt** *f* ремо́нтная мастерска́я *ж;* **reparieren** *vt* ‹от-›ремонти́ровать

Repertoire *n* ‹-s, -s› (*Lieder~*) репертуа́р *м*

Reportage *f* ‹-, -n› (*Fernseh~*) репорта́ж *м*

Reporter(in *f*) *m* ‹-s, -› репортёр *м*

Repräsentant(in *f*) *m* представи́тель(ница *ж*) *м;* **repräsentativ** *adj* ① (*stellvertretend, typisch*) репрезентати́вный ② (*wirkungsvoll*) представи́тельный, эффе́ктный; **repräsentieren I.** *vt* ① (*vertreten*) представля́ть *несов* ② (*darstellen*) представля́ть собо́й что-л **II.** *vi* (*wirkungsvoll auftreten*) представи́тельствовать

Repressalien *f pl* ‹-, -n› репре́ссия *ж*

Reproduktion *f* ① (*Kopie*) репроду́кция *ж* ② *FIG* (*Wiedergabe*) воспроизведе́ние *c;* **reproduzieren** *vt* ① (*kopieren*) репродуци́ровать *несов и сов* ② (*wiedergeben*) воспроизводи́ть *несов*

Reptil *n* ‹-s, -ien› пресмыка́ющееся *c*, репти́лия *ж*

Republik *f* POL респу́блика *ж;* **Republikaner(in** *f*) *m* ‹-s, -› POL республика́нец *м*, республика́нка *ж;* **republikanisch** *adj* республика́нский

Reservat *n* (*Natur~*) резерва́т *м*

Reserve *f* ‹-, -n› ① (*Rücklage*) резе́рв *м* ② (*Ersatz*) запа́с *м;* MIL (*~armee*) запа́с *м;* **Reserverad** *n* AUTO запасно́е колесо́ *c;* **Reservespieler(in** *f*) *m* SPORT запасно́й игро́к *м;* **Reservetank** *m* AUTO запасно́й то́пливный бак *м*

reservieren *vt* ① (*Platz*) ‹за́-›резерви́ровать ② (*Karten*) зака́|зывать ‹-за́ть›

reserviert *adj FIG* сде́ржанный; ◇ **sich ~ verhalten** вести́ себя́ сде́ржанно

Reservist(in *f*) *m* MIL солда́т *м* запа́са

Reservoir *n* ‹-s, -e› (*Wasser~*) резервуа́р *м*

Residenz *f* (*Fürsten~*) резиде́нция *ж;* **residieren** *vi* име́ть резиде́нцию где-л

Resignation *f* (*Teilnahmslosigkeit*) равноду́шие *c;* (*Verzicht*) отка́з *м;* **resignieren** *vi* сми|ря́ться ‹-ри́ться›

resistent *adj* MED сто́йкий, име́ющий иммуните́т

resolut *adj* реши́тельный, энерги́чный

Resolution *f* POL (*Beschluß*) резолю́ция *ж*

Resonanz *f* ① (*Widerhall*) резона́нс *м* ② *FIG* (*Anklang*) резона́нс *м*, о́тклик *м*

Resozialisierung *f* перевоспита́ние *c*

Respekt *m* ‹-[e]s› (*Anerkennung*) уваже́ние *c;* ◇ **jd-m ~ zollen** пита́ть уваже́ние к кому́-л; **respektabel** *adj* ① (*anerkennenswert*) внуши́тельный ② (*angesehen*) респекта́бельный, почте́нный; **respektieren** *vt* уважа́ть *несов;* **respektlos** *adj* непочти́тельный, неуважи́тельный; **respektvoll** *adj* почти́тельный

Ressort *n* ‹-s, -s› ве́домство *c*

Rest *m* ‹-[e]s, -e› ① (*vom Gebäude*) разва́лины *ж мн;* (*von Stoff*) обре́зок *м;* (*von Essen*) оста́ток *м* ② MATH оста́ток *м* ③ *FAM* ◇ **jd-m den ~ geben** доби́ть кого́-л

Restaurant *n* ‹-s, -s› рестора́н *м*

restaurieren *vt* (*Kunstwerk*) реставри́ровать *несов и сов*

restlich *adj* оста́вшийся, остаю́щийся; **restlos I.** *adj* (*völlig*) по́лный **II.** *adv* ◇ **~ erschöpft sein** быть совсе́м уста́вшим; **Restrisiko** *n* неисключённый риск *м*

Resultat *n* результа́т *м*

Retorte *f* ‹-, -n› CHEM рето́рта *м;* **Retortenbaby** *n* ребёнок *м* из проби́рки

retten *vt* ① (*in Sicherheit bringen*) спа|са́ть ‹-сти́› (*aus/vor dat* от чего́-л) ② (*erhalten, Kunstwerk*) ‹со-›храни́ть ③ *FAM* (*vollkommen verrückt*) ◇ **er ist nicht mehr zu ~** он не в своём уме́; **Rettung** *f* ① (*von Personen*) спасе́ние *c* ② (*von Gütern*) хране́ние *c;* **Rettungsboot** *n* спаса́тельная шлю́пка *ж;* **Rettungsring** *m* спаса́тельный круг *м*

retuschieren *vt* FOTO ретуши́ровать *несов и сов*

Reue *f* ‹-› (*Bedauern*) раска́яние *c;* **reuen** *vt* рас|ка́иваться ‹-ка́яться› в чём-л

Revanche *f* ‹-, -n› рева́нш *м;* **revanchieren** *vr* ◇ **sich ~** ① (*zurückzahlen*) отпла́|чивать ‹-ти́ть› (*für* за что-л) ② (*sich erkenntlich zeigen*) отблагодари́ть *сов* (*für* за что-л)

Revers *m o. n* ‹-, -› ① (*von Jacke*) отворо́т *м* ② (*von Münze*) оборо́тная сторона́ *ж*

revidieren *vt* (*ändern, Urteil*), *a.* JURA пере|сма́тривать ‹-смотре́ть›

Revier *n* ‹-s, -e› ① (*Gebiet, Jagd~*) охо́тничьи уго́дья *мн* ② (*Dienststelle, Polizei~*) полице́йское отделе́ние *c* ③ *FIG* (*Zuständigkeitsbereich*) уча́сток *м*

Revision *f* ① COMM прове́рка *ж*, реви́зия *ж* ② JURA обжа́лование *c*

Revolte *f* ‹-, -n› мяте́ж *м*, бунт *м*

Revolution *f* револю́ция *ж;* **Revolutionär(in** *f*) *m* революционе́р(ка *ж*) *м;* **revolutionieren** *vt* (*umwandeln*) революционизи́ровать *несов и сов*

Revolver *m* ‹-s, -› револьве́р *м*

rezensieren *vt* (*Buch*) ‹про-›рецензи́ровать; **Rezension** *f* реце́нзия *ж*

Rezept *n* ‹-[e]s, -e› (*Koch~*), *a.* MED реце́пт *м;* **rezeptpflichtig** *adj* MED ◇ **~es Arzneimittel** медикаме́нт, отпуска́емый то́лько по реце́пту

rezitieren *vt* ‹про-›чита́ть наизу́сть

Rhabarber *m* ‹-s› BOT реве́нь *м*

R

Rhesusfaktor *m* рéзус-фáктор *м*

Rhetorik *f* ритóрика *ж;* **rhetorisch** *adj* риторúческий, красноречúвый

Rheuma *n* ‹-s› ревматúзм *м*

rhythmisch *adj* (*Musik*) ритмúчный; (*Gymnastik*) ритмúческий; **Rhythmus** *m* ритм *м*

richten I. *vt* ① (*in Ordnung bringen*) улá|живать ‹-дить›, при|водúть ‹-вестú› в порядок ② (*zielen*) на|водúть ‹-вестú› (*auf akk* на) ③ (*vorbereiten*) ‹под-›готóвить ④ (*verurteilen*) ‹о-›судúть **II.** *vr* (*einstellen auf*) ◇ **sich nach jd-m/etw ~** равнятъся на когó-что-л

Richter(in *f*) *m* ‹-s, -› JURA судья *м;* **richterlich** *adj* судéйский

richtig I. *adj* ① (*Lösung*) прáвильный, вéрный ② (*passend, Partner*) подходящий ③ *FAM* (*echt*) настоящий, пóдлинный **II.** *adv* ① (*sehr*) ◇ **~ heiß** понастоящему горячий ② ◇ **etw ~ machen** сдéлать что-л прáвильно; **Richtigkeit** *f* (*Korrektheit*) прáвильность *ж;* (*von Entscheidung*) обоснóванность *ж*

Richtlinie *f* директивa *ж*

Richtigstellung *f* (*von Aussage*) исправлéние *с*, уточнéние *с*

Richtpreis *m* COMM ориентирóвочная ценá *ж*

Richtung *f* ① (*nördlich etc.*) направлéние *с;* ◇ **e-e andere ~ einschlagen** взять другóе направлéние ② *FIG* (*Tendenz, künstlerisch*) направлéние *с;* (*politisch*) тендéнция *ж*

rieb *impf v.* **reiben**

riechen ‹roch, gerochen› **I.** *vt* ① (*wahrnehmen, Duft*) ‹по-›чýвствовать зáпах ② *FAM FIG* (*ahnen*) пронюх‹ив›ать; ◇ **das kann ich doch nicht ~!** откýда мне э́то знать! ③ *FAM* (*nicht leiden können*) ◇ **jd-n nicht ~ können** не выносúть когó-л **II.** *vi* (*Blume*) пáхнуть *несов* (*nach* чем-л)

rief *impf v.* **rufen**

Riege *f* ‹-, -n› комáнда *ж* гимнáстов

Riegel *m* ‹-s, -› ① (*Tür~*) задвúжка *ж* ② (*Schoko~*) плúтка *ж* ③ *FIG* ◇ **e-r Sache e-n ~ vorschieben** положúть конéц чемý-л

Riemen *m* ‹-s, -› ① (*Leder~*) ремéнь *м* ② *FIG* (*sich zusammennehmen*) ◇ **sich am ~ reißen** взять себя в рýки

Riese *m* ‹-n, -n› ① (*großer Mann*) великáн *м*, гигáнт *м* ② (*Märchenfigur*) богатырь *м*

rieseln *vi* ① (*Sand*) струúться *несов* ② (*fallen, Schnee*) сыпаться *несов*

Riesenerfolg *m* огрóмный успéх *м;* **riesengroß** *adj* огрóмный, громáдный

riesig *adj* ① (*sehr groß*) огрóмный, громáдный ② *FAM* (*toll*) замечáтельный

riet *impf v.* **raten**

Riff *n* ‹-[e]s, -e› риф *м*

Rille *f* ‹-, -n› (*Schallplatten~*) канáвка *ж*

Rind *n* ‹-[e]s, -er› ① (*Kuh*) корóва *ж;* (*Bulle*) бык *м* ② GASTRON (*vom ~*) говядина *ж*

Rinde *f* ‹-, -n› (*Baum~*) корá *ж;* (*Käse~*) кóрка *ж*

Rindfleisch *n* говядина *ж;* **Rindvieh** *n* крýпный рогáтый скот *м; FAM PEJ* (*Idiot*) скотúна *ж*

Ring *m* ‹-[e]s, -e› ① (*Diamant~*) кольцó *с* ② (*Box~*) ринг *м;* ◇ **in den ~ steigen** выходúть на ринг ③ (*~straße*) кольцó *с;* (*um e-e Stadt*) кольцевáя дорóга ④ (*Personengruppe, Dealer~*) кольцó *с;* **Ringbuch** *n* перекиднóй блокнóт *м*

Ringelnatter *f* ZOOL кóльчатый уж *м*

ringen ‹rang, gerungen› **I.** *vi* ① (*kämpfen*) борóться *несов* ② *FIG* (*hin u. her überlegen*) колебáться *несов;* ◇ **mit sich ~** борóться с самúм собóй ③ ◇ **nach Luft ~** тяжелó дышáть, задыхáться **II.** *vt* (*vor Verzweiflung*) ◇ **die Hände ~** залáмывать рýки

Ringfinger *m* безымянный пáлец *м;* **ringförmig** *adj* кольцевóй, кольцеобрáзный; **Ringkampf** *m* SPORT борьбá *ж;* **Ringrichter(in** *f*) *m* судья *м* на рúнге

ringsum *adv* (*um ... herum*) вокрýг

Rinne *f* ‹-, -n› ① (*Furche, Abfluß~*) жёлоб *м* ② (*Dach~*) водостóк *м;* **rinnen** ‹rann, geronnen› *vi* (*Wasser*) течь *несов*

Rippchen *n* GASTRON грудúнка *ж*, рёбрышки *с мн*

Rippe *f* ‹-, -n› ANAT ребрó *с*

Risiko *n* ‹-s, -s *o.* -ken› (*Wagnis*) риск *м;* **Risikogruppe** *f* грýппа *ж* рúска

riskant *adj* рискóванный, опáсный

riskieren *vt* ① (*wagen, Blick*) риск|овáть ‹-нýть› ② (*Leben*) рисковáть чем-л

riß *impf v.* **reißen**

Riß *m* ‹-sses, -sse› (*in der Wand*) трéщина *ж;* (*in der Haut*) разрéз *м;* (*im Stoff*) разрыв *м;* MED (*Bänder~*) разрыв *м;* **rissig** *adj* (*Verputz*) потрéскавшийся; (*Stoff*) рвáный; (*Lippen*) потрéскавшийся

ritt *impf v.* **reiten**

Ritt *m* ‹-[e]s, -e› (*Pferde~*) поéздка *ж* верхóм; **rittlings** *adv* верхóм

Ritus *m* ‹-, Riten› ритуáл *м*

Ritze *f* ‹-, -n› щель *ж*

ritzen *vt* (*kratzen*) ‹по-›царáпать

Rivale *m* ‹-n, -n› сопéрник *м;* **Rivalin** *f* сопе́рница *ж;* **rivalisieren** *vi* сопе́рничать *несов* (*mit dat* с кем-л); **Rivalität** *f* сопе́рничество *с*

Robbe *f* <-, -n> ZOOL тюле́нь *м*

Robe *f* <-, -n> (*Richter~*) ма́нтия *ж*

Roboter *m* <-s, -> ро́бот *м*

robust *adj* здоро́вый, кре́пкий

roch *impf v.* **riechen**

röcheln *vi* <за->хрипе́ть

Rock[1] *m* <-[e]s, Röcke> ① (*Damen~*) ю́бка *ж* ② (*Jacke*) пиджа́к *м*

Rock[2] *m* <- *o.* -s> (*Musikstil*) рок *м*

Rockband *f* <-, -s> рок-гру́ппа *ж;* **Rocker**(**in** *f*) *m PEJ* ро́ккер *м*

rodeln *vi* ката́ться на са́нках

roden *vt* (*Wald*) раскор|чёвывать <-чева́ть>

Roggen *m* <-s> рожь *ж*

roh *adj* ① (*nicht gekocht*) сыро́й ② (*brutal*) гру́бый, жесто́кий; **Rohbau** *m* <-[e]s, -ten> неотде́ланная постро́йка *ж;* **Rohling** *m* ① (*Werkstück*) загото́вка *ж* ② (*roher Mensch*) гру́бый челове́к *м;* **Rohmaterial** *n* сырьё *с;* **Rohöl** *n* сыра́я нефть *ж*

Rohr *n* <-[e]s, -e> ① (*Wasser~*) труба́ *ж;* (*Kanonen~*) ство́л *м* ② BOT (*Bambus*) тростни́к *м;* **Rohrbruch** *m* разры́в *м* трубопрово́да

Röhre *f* <-, -n> ① (*enges Rohr*) тру́бка *ж* ② (*Back~*) духо́вка *ж* ③ (*Neon~*) (нео́новая) тру́бка *ж* ④ *FAM* (*Fernsehen*) телеви́зор *м*

röhren *vi* (*Hirsch*) реве́ть *несов*

Rohrmöbel *n pl* тростнико́вая ме́бель *ж*

Rohstoff *m* сырьё *с*

Rokoko *n* <-s> рококо́ *с*

Rolladen *m* (*Jalousie*) жалюзи́ *с*

Rolle *f* <-, -n> ① (*Papier~*) руло́н *м* ② (*Zwirn~*) кату́шка *ж* ③ (*Walze*) ва́лик *м* ④ THEAT роль *ж* ⑤ *FIG* (*Funktion*) роль *ж;* ◇ **bei etw** *dat* **e-e ~ spielen** игра́ть роль в чём-л ⑥ SPORT кувыро́к *м;* **rollen I.** *vi* ① (*Kugel*) <по->кати́ться ② (*Wagen*) <по->кати́ться ③ (*Flugzeug auf Startbahn*) <вы́->рули́ть **II.** *vt* ① (*schieben*) <по->кати́ть ② (*zusammen~*) свора́чивать <сверну́ть> **III.** *vr* ◇ **sich ~** ① (*Schlange*) свёртываться <сверну́ться> ② (*bewegen*) ◇ **sich zur Seite ~** переверну́ться на́ бок ③ *FIG* ◇ **etw ins R~ bringen** сдви́нуть что-л с ме́ста; **Rollenverteilung** *f* распределе́ние *с* роле́й

Roller *m* <-s, -> ① (*Motor~*) моторо́ллер *м* ② (*Kinder~*) самока́т *м*

Rollfeld *n* AERO лётное по́ле; **Rollmops** *m* GASTRON рольмо́пс *м;* **Rollschuh** *m* ро́ликовый конёк *м;* **Rollsplitt** *m* (*Straßenbaumaterial*) ме́лкий гра́вий *м;* **Rollstuhl** *m* кре́сло-коля́ска *ж;* **Rolltreppe** *f* эскала́тор *м*

Roman *m* <-s, -e> рома́н *м*

Romantik *f* ① HIST романти́зм *м* ② *FIG* рома́нтика *ж;* ◇ **Sinn für ~** чу́вство рома́нтики; **Romantiker**(**in** *f*) *m* <-s, -> рома́нтик *м;* **romantisch** *adj* (*schwärmerisch*) романти́чный, романти́ческий

Romanze *f* <-, -n> (*Liebesabenteuer*) рома́нс *м*

Römer(**in** *f*) *m* <-s, -> ① (*Bewohner/in Roms*) ри́млянин *м,* ри́млянка *ж* ② *nur m* (*Weinglas*) фуже́р *м,* бока́л *м*

röntgen *vt* <с->де́лать рентге́н; **Röntgenaufnahme** *f* рентге́новский сни́мок *м;* **Röntgenstrahlen** *pl* рентге́новские лучи́ *мн*

rosa *adj* <inv> ро́зовый

Rose *f* <-, -n> ро́за *ж;* **Rosenkohl** *m* GASTRON брюссе́льская капу́ста *ж;* **Rosenkranz** *m* REL чётки *мн;* **Rosenmontag** *m* день *м* карнава́льного ше́ствия

Rosette *f* розе́тка *ж*

rosig *adj* ① (*Gesichtsfarbe*) ро́зовый, све́жий ② *FIG* (*Aussichten*) ро́зовый, ра́дужный

Rosine *f* изю́минка *ж*

Roß *n* <-sses, -sse *o.* Rösser> ① (*Pferd*) конь *м* ② *FIG* ◇ **auf dem hohen ~ sitzen** смотре́ть на всех свысока́

Rost[1] *m* <-[e]s, -e> ① (*Brat~*) ра́шпер *м;* (*Feuer~*) колосники́ *мн;* (*Latten~*) деревя́нная решётка *ж*

Rost[2] *m* <-[e]s> ① (*Oxidation*) ржа́вчина *ж* ② *FIG* ◇ **~ ansetzen** ослабе́ть *несов,* сдать *несов*

rosten *vi* (*Blech*) <за->ржаве́ть

rösten *vt* (*Fleisch, grillen*) <под->жа́рить на ра́шпере (*Kaffee*) поджа́ри<ва>ть

rostfrei *adj* (*Stahl*) нержаве́ющий; **rostig** *adj* (*Auto*) ржа́вый; **Rostschutz** *m* (*~mittel*) антикоррозио́нное сре́дство *с*

rot *adj* ① (*Farbe*) кра́сный ② POL кра́сный ③ (*erröten*) ◇ **~ werden** <по->красне́ть

Rotation *f* ① PHYS враще́ние *с* ② (*Ämter~*) сме́на *ж* в поря́дке о́череди

Röte *f* <-> (*rote Färbung*) краснота́ *ж;* (*Morgen~*) заря́ *ж,* за́рево *с*

Röteln *pl* MED красну́ха *ж*

röten I. *vt* (*rot färben*) окра́|шивать <-сить> в кра́сный цвет **II.** *vr* (*rot werden*) ◇ **sich ~** <по->красне́ть; **Rotfuchs** *m* ры́жая лиса́ *ж;* **rothaarig** *adj* ры́жий

rotieren *vi* ① (*sich drehen*) враща́ться *несов*

② (*nachrücken*) сме|ня́ться ‹-ни́ться› в поря́дке о́череди ③ *FAM* (*vor Arbeit*) быть перегру́женным рабо́той

Rotkehlchen *n* заря́нка *ж;* **Rotstift** *m FIG* (*streichen*) ◇ **den ~ ansetzen** вы́черкнуть (*bei* что-л); **Rotwein** *m* кра́сное вино́ *с*

Rotz *m* ‹-es› *FAM* со́пли *мн*

Roulade *f* GASTRON (*Fleisch~*) зра́за *ж;* (*Kohl~*) голубцы́ *ммн*

Route *f* ‹-, -n› (*Strecke*) маршру́т *м*

Routine *f* ① (*Übung*) ◇ **~ haben** име́ть на́вык [сноро́вку] ② (*Gewohnheit*) рути́на *ж*

Rowdy *m* ‹-s, -s› хулига́н *м*

Rübe *f* ‹-, -n› ① (*gelbe ~*) морко́вь *ж;* (*rote ~*) столо́вая свёкла *ж;* (*Zucker~*) са́харная свёкла *ж* ② *FAM* (*Kopf*) башка́ *ж*

Rubin *m* ‹-s, -e› (*Edelstein*) руби́н *м*

Rubrik *f* ① (*Überschrift*) загла́вие *с* кру́пным шри́фтом ② (*Kategorie*) катего́рия *ж* ③ (*Klatschspalte*) ру́брика *ж*

Ruck *m* ‹-[e]s, -e› ① (*Stoß*) толчо́к *м* ② (*Tendenz, Rechts~*) укло́н *м* ③ *FIG* ◇ **sich e-n ~ geben** взя́ть себя́ в ру́ки

rückbezüglich *adj* GRAM возвра́тный; **rückblenden** *vi* (*in Vergangenheit*) переноси́ться в про́шлое; **rückblickend** *adj* (*zeitlich*) огля́дываясь наза́д

rücken I. *vt* (*Möbel*) дви|гать ‹-нуть› **II.** *vi* (*Platz machen*) под|вига́ться ‹-ви́нуться›; *FAM* ◇ **rück mal ein Stück!** подви́нься немно́го!

Rücken *m* ‹-s, -› ① (*Körperteil*) спина́ *ж; FIG* ◇ **jd-m in den ~ fallen** напа́сть на кого́-л сза́ди ② (*Berg~*) хребе́т *м* ③ (*Buch~*) корешо́к *м;* **Rückendeckung** *f a. FIG* (*Schutz*) подстрахо́вка *ж,* подде́ржка *ж;* **Rükkenlehne** *f* спи́нка *ж;* **Rückenschwimmen** *n* пла́вание *с* на спине́; **Rückenwind** *m* попу́тный ве́тер *м*

Rückerstattung *f* возмеще́ние *с,* возвраще́ние *с;* **Rückfahrt** *f* обра́тный путь *м;* **Rückfall** *m* ① MED, JURA рециди́в *м* ② *FIG* возвраще́ние *с* к ста́рому; **rückfällig** *adj* ① MED, *a. FIG* возвра́тный ② JURA (*Straftäter*) рециди́вный; ◇ **~ werden** повто́рно соверши́ть преступле́ние; **Rückfrage** *f* (*Anfrage*) запро́с *м;* **Rückgabe** *f* возвра́т *м;* **Rückgang** *m* ① (*das Nachlassen, Temperatur~*) сниже́ние *с,* спад *м* ② (*Verminderung, Bevölkerungs~*) сокраще́ние *с;* **rückgängig** *adj* ① (*rückläufig*) обра́тный ② (*widerrufen*) ◇ **etw ~ machen** аннули́ровать что-л; **Rückgrat** *n* ‹- [e]s, -e› ① (*Wirbelsäule*) позвоно́чник *м* ② *FIG* (*Stütze*) осно́ва *ж,* костя́к *м* ③ *FIG* (*Wille*) ◇ **jd-m das ~ brechen** сломи́ть кого́-л; **Rückgriff** *m* (*Zurückgreifen*) ◇ **~ auf die Reserven** испо́льзование запа́сов; **Rückhalt** *m* ① (*Reserve*) резе́рв *м* ② (*Stütze*) опо́ра *ж;* **rückhaltlos** *adj* (*vorbehaltlos*) безогово́рочный; **Rückkehr** *f* ‹-› возвраще́ние *с;* **Rücklage** *f* (*Reserve*) сбереже́ния *с мн;* **rückläufig** *adj* (*Konjunktur*) па́дающий; **Rücklicht** *n* AUTO за́дний свет *м;* **rücklings** *adv* на́взнич; **rückmelden** *vr* UNI ◇ **sich ~** запи́|сываться ‹-са́ться› на очередно́й курс; **Rücknahme** *f* ‹-, -n› (*von Waren*) приём *м;* **Rückreise** *f* обра́тный путь *м;* **Rückruf** *m* TELEC отве́тный звоно́к *м*

Rucksack *m* рюкза́к *м*

Rückschlag *m FIG* (*Enttäuschung*) неуда́ча *ж,* неуспе́х *м;* **Rückschluß** *m* заключе́ние *с,* вы́вод *м;* **Rückschritt** *m* регре́сс *м;* **rückschrittlich** *adj* POL реакцио́нный; **Rückseite** *f* (*von Buch, Münze*) обра́тная сторона́ *ж;* (*vom Haus*) за́дняя сторона́ *ж;* **Rücksicht** *f* внима́ние *с,* такти́чность *ж;* ◇ **mit ~ auf etw** принима́я во внима́ние; ◇ **ohne ~ auf jd-n/etw** невзира́я на кого́/что-л; **rücksichtslos** *adj* невнима́тельный, неве́жливый; **rücksichtsvoll** *adj* предупреди́тельный; **Rücksitz** *m* AUTO за́днее сиде́нье *с;* **Rückspiegel** *m* зе́ркало *с* за́днего ви́да; **Rückspiel** *n* SPORT отве́тная игра́ *ж* [встре́ча *ж*]; **Rücksprache** *f* разгово́р *м,* бесе́да *ж;* **Rückstand** *m* ① (*Bodensatz*) оса́док *м;* (*Abfall*) оста́ток *м* ② (*Verzug*) отстава́ние *с;* ◇ **im ~ sein** (*mit Rechnung*) име́ть задо́лженность; (*mit Arbeit*) отстава́ть в рабо́те; (*beim Sport*) прои́грывать; **rückständig** *adj* ① (*altmodisch*) отста́лый ② (*Zahlungen*) неупла́ченный; **Rückstrahler** *m* ‹-s, -› катафо́т *м;* **Rücktritt** *m* ① (*von Minister*) отста́вка *ж* ② (*von Vertrag*) отка́з *м;* **rückwärtig** *adj* (*hintere, r, s*) за́дний; **rückwärts** *adv* (*fahren*) за́дом, наза́д; **Rückwärtsgang** *m* AUTO за́дний ход *м;* **rückwirkend** *adj* име́ющий обра́тную си́лу; **Rückzahlung** *f* (*von Auslagen*) возвра́т *м;* (*von Schulden*) погаше́ние *с;* **Rückzug** *m* ① MIL отступле́ние *с* ② *FIG* (*aus Öffentlichkeit*) ухо́д *м*

rüde *adj* (*ungeschliffen*) гру́бый

Rüde *m* ‹-n, -n› кобе́ль *м*

Rudel *n* ‹-s, -› ста́до *с;* (*von Wölfen*) ста́я *ж*

Ruder *n* ‹-s, -› ① (*Riemen*) весло́ *с* ②

(*Steuer~*) руль *м* ③ *FIG* (*regieren*) ◇ **am ~ sein** быть у вла́сти; **Ruderboot** *n* гребна́я ло́дка *ж;* **Ruderer** *m* <-s, -> гребе́ц *м;* **Ruderin** *f* гребе́ц *м;* **rudern** *vt, vi* (*Boot*) грести́ *несов*

Ruf *m* <-[e]s, -e> ① (*das Rufen, Hilfe~*) во́зглас *м,* крик *м* ② (*Berufung*) приглаше́ние *с* ③ (*Ernennung*) назначе́ние *с* ④ (*Ansehen*) репута́ция *ж;* **rufen** <rief, gerufen> *vt, vi* ① (*schreien*) крича́ть <кри́кнуть> ② (*herbeirufen*) <по->зва́ть (*nach jd-m* кого́-л) ③ (*ausrufen*) вос|клица́ть <-кли́кнуть> ④ (*Arzt*) вызыва́ть <вы́звать>; **Rufname** *m* и́мя *с;* **Rufnummer** *f* TELEC но́мер *м* телефо́на; **Rufzeichen** *n* TELEC отве́тный гудо́к *м*

Rüge *f* <-, -n> вы́говор *м* (*wegen* за что-л); **rügen** *vt* <с->де́лать вы́говор; (*milder*) порица́ть *несов*(*wegen* за что-л)

Ruhe *f* <-> ① (*Stille*) тишина́ *ж,* зати́шье *с;* (*nicht belästigen*) ◇ **jd-n in ~ lassen** оставля́ть кого́-л в поко́е ② (*Entspannung*) о́тдых *м;* (*Schlaf*) сон *м;* ◇ **sich zur ~ begeben** ложи́ться спать ③ (*Ruhestand*) ◇ **sich zur ~ setzen** уйти́ на пе́нсию ④ (*Ausgeglichenheit*) споко́йствие *с;* ◇ **keine ~ finden** не находи́ть поко́я; **ruhelos** *adj* беспоко́йный; **ruhen** *vi* ① (*liegen*) от|дыха́ть <-дохну́ть> ② ◇ **sein Kopf ruhte an ihrer Schulter** его́ голова́ лежа́ла на её плече́ ③ (*basieren*) поко́иться (*auf dat* на чём-л) ④ (*Grabinschrift*) ◇ **hier ruht** здесь похоро́нен[а] ⑤ (*Arbeit*) стоя́ть *несов* ⑥ JURA (*Verfahren*) приоста|на́вливаться <-нови́ться>; **Ruhepause** *f* переды́шка *ж;* **Ruhestand** *m* (*Rente*) пе́нсия *ж;* **Ruhestätte** *f* (*Grab*) моги́ла *ж;* ◇ **letzte ~** после́днее приста́нище; **Ruhestörung** *f* наруше́ние *с* тишины́; **Ruhetag** *m* выходно́й день *м*

ruhig I. *adj* ① (*schweigsam*) молчали́вый; (*Haus*) ти́хий ② (*unbeweglich*) недвижи́мый; (*Wasser*) споко́йный ③ (*ausgeglichen*) споко́йный; (*Motor*) нешу́мный; (*Hand*) споко́йный, уве́ренный; ◇ **immer ~ bleiben!** сохраня́й[те] споко́йствие! **II.** *adv* ◇ **sie können ~ mitmachen!** они́ мо́гут споко́йно уча́ствовать

Ruhm *m* <-[e]s> сла́ва *ж*

rühmen I. *vt* (*loben*) <по->хвали́ть **II.** *vr* (*prahlen*) ◇ **sich ~** <по->хвали́ться (*gen* чем-л); **rühmlich** *adj* похва́льный, сла́вный

ruhmlos *adj* безсла́вный

Ruhr *f* <-> MED дизентери́я *ж*

Rührei *n* GASTRON яи́чница-болту́нья *ж*

rühren I. *vt, vi* ① (*Teig*) <пере->меша́ть; (*Eier*) взби<ва́>ть ② (*bewegen*) <по->шевели́ть; *FIG* ◇ **keinen Finger ~** не пошевели́ть и па́льцем ③ (*emotional*) ◇ **jd-n zu Tränen ~** растро́гать кого́-л до слёз ④ ◇ **rühre meine Arbeit nicht an** не тро́гай мою́ рабо́ту; ◇ **nicht daran ~** не дотра́гиваться до чего́-л **II.** *vr* ◇ **sich ~** ① (*sich bewegen*) <по->шевели́ться ② *FAM* (*sich melden*) да<ва́>ть знать о себе́; **rührend** *adj* (*gefühlvoll*) тро́гательный

rührig *adj* энерги́чный, подви́жный

rührselig *adj* ① (*Drama*) сентимента́льный ② (*Person*) слезли́вый; **Rührung** *f* (*Ergriffenheit*) растро́ганность *ж*

Ruin *m* <-s> разоре́ние *с;* ◇ **jd-n in den ~ treiben** доводи́ть кого́-л до разоре́ния

Ruine *f* <-, -n> разва́лины *ж мн*

ruinieren *vt* (*zugrunde richten*) разо|ря́ть <-ри́ть> (*jd-n/etw akk* кого́/что-л)

rülpsen *vi* рыг|а́ть <ну́ть>

Rum *m* <-s, -s> ром *м*

Rumäne *m,* **Rumänin** *f* румы́н(ка *ж*) *м;* **Rumänien** *n* Румы́ния *ж;* **rumänisch** *adj* румы́нский

rumhängen *unreg vi FAM* (*untätig sein*) окола́чиваться *несов,* слоня́ться *несов*

Rummel *m* <-s> ① (*Jahrmarkt*) я́рмарка *ж* ② *FAM* (*Weihnachts~*) сумато́ха *ж,* возня́ *ж*

rumoren *vi* (*Magen*) урча́ть *несов*

Rumpelkammer *f* (*Abstellraum*) кладо́вка *ж,* чула́н *м*

rumpeln *vi* ① (*poltern*) стуча́ть *несов* ② (*holpern*) <про->громыха́ть

Rumpf *m* <-[e]s, Rümpfe> ① (*Körper*) ту́ловище *с* ② (*Flugzeug*) фюзеля́ж *м;* (*Schiff*) ко́рпус *м*

rümpfen *vt* ◇ **die Nase ~** <по->мо́рщить нос

Run *m* <-s, -s> (ма́ссовое) наше́ствие *с*

rund I. *adj* ① (*kreisförmig*) кру́глый; (*kugelförmig*) шарообра́зный ② (*dick, Wangen*) по́лный, то́лстый ③ *FIG* (*perfekt, Leistung*) соверше́нный, зако́нченный ④ ◇ **jetzt geht's ~** сейча́с де́ло пойдёт **II.** *adv* ① (*ungefähr*) ◇ **~ 125 Mark** о́коло 125 ма́рок ② ◇ **~ um die Uhr** кру́глые су́тки; ◇ **~ um die Welt** вокру́г све́та; **Rundbrief** *m* откры́тое письмо́ *с;* **Runde** *f* <-, - n> ① (*Rundgang*) круг *м* ② (*Verhandlungs~*) тур *м;* (*beim Boxen*) ра́унд *м* ③ (*Gruppe, fröhliche ~*) о́бщество *с;* (*in der Kneipe*) компа́ния *ж* за столо́м ④ *FAM FIG* ◇ **e-e ~ schmeißen** угости́ть пи́вом всю компа́нию ⑤ *FIG* ◇

über die ~n bringen довести́ что-л до конца́; **runden** *vt* (*Lippen*) округ|ля́ть <-ли́ть>; **Rundfahrt** *f* (*Stadt~*) экску́рсия *ж*

Rundfunk *m* радиовеща́ние *с;* ◇ **beim ~ arbeiten** рабо́тать на ра́дио; **Rundfunkgebühr** *f* абонеме́нтная пла́та *ж* за ра́дио

rundlich *adj* (*Person*) по́лный, по́лненький; **Rundreise** *f* кругова́я пое́здка *ж;* **Rundung** *f* (*e-s Gewölbes*) окру́глость *ж*

runter = *FAM* **herunter, hinunter**

runzelig *adj* (*Gesicht, Apfel*) морщи́нистый, смо́рщенный; **runzeln** *vt* ◇ **die Stirn ~** <на->мо́рщить лоб

Rüpel *m* <-s, -> (*Grobian*) грубия́н *м;* **rüpelhaft** *adj* гру́бый

rupfen *vt* (*herausziehen*) выщи́пывать <вы́щипать>

ruppig *adj* (*unhöflich*) гру́бый, ха́мский

Rüsche *f* <-, -n> рюш *м,* обо́рка *ж*

Ruß *m* <-es> са́жа *ж*

Russe *m* <-n, -n> ру́сский *м*

Rüssel *m* <-s, -> (1) (*vom Elefant*) хо́бот *м;* (*vom Schwein*) ры́ло *с* (2) *FAM* (*Nase*) ры́ло *с*

Russin *f* ру́сская *ж;* **russisch** *adj* ру́сский; **Russisch** *n* ру́сский язы́к *м;* **Rußland** *n* Росси́я *ж*

rüsten *vt* (1) MIL вооу|жа́ть <-жи́ть>; ◇ **für den Kampf ~** <под->гото́виться к сраже́нию (2) (*für Reise*) соб<и>ра́ться (*zu, für* куда́-л); (*vorbereitet, ausgestattet*) ◇ **gut gerüstet sein** быть хорошо́ подгото́вленным

rüstig *adj* (*tatkräftig*) бо́дрый, здоро́вый

Rüstung *f* (1) MIL (*Auf~*) вооруже́ние *с* (2) (*Bekleidung, Ritter~*) доспе́хи *мн;* **Rüstungskontrolle** *f* контро́ль *м* над вооруже́нием

Rüstzeug *n* (*Werkzeug*) инструме́нт *м*

Rute *f* <-, -n> (*Stecken*) прут *м*

Rutsch *m* <-[e]s, -e> (1) (*Berg~, Erd~*) о́ползень *м* (2) ◇ **guten ~!** с Но́вым го́дом!

Rutsche *f* (1) (*auf Bau*) спускно́й лото́к *м* (2) (*auf Spielplatz*) го́рка *ж;* **rutschen** *vi* (1) (*gleiten, auf Eis*) скользи́ть *несов* (2) (*aus~*) поскользну́ться *сов;* (*Wagen*) буксова́ть *несов* (3) *FAM* (*rücken, zur Seite*) под|ви́га́ться <-ви́нуться> (4) (*auf den Knien*) по́лзать *несов;* **rutschig** *adj* ско́льзкий

rütteln *vt, vi* <по->трясти́

S

S, s *n* С, с *o.* З, з

Saal *m* <-[e]s, Säle> (*Tanz~, Sitzungs~*) зал *м*

Saat *f* <-, -en> (1) (*Aussaat*) посе́вы *мн* (2) (*Saatgut*) семена́ *с мн*

Sabotage *f* <-, -n> сабота́ж *м;* **sabotieren** *vt* саботи́ровать *несов и сов*

Sachbearbeiter(in *f*) *m* делопроизводи́тель(ница *ж*) *м;* **sachdienlich** *adj* поле́зный; ◇ **~e Hinweise** поле́зные для де́ла све́дения

Sache *f* <-, -n> (1) (*Gegenstand*) вещь *ж,* предме́т *м* (2) JURA (*Besitztum*) со́бственность *ж* (3) (*Angelegenheit*) де́ло *с;* ◇ **das ist ~ der Polizei** э́то де́ло поли́ции (4) (*Thema*) предме́т *м;* ◇ **nicht bei der ~ sein** быть рассе́янным; ◇ **das ist eine ~ für sich** э́то де́ло осо́бое; ◇ **das gehört nicht zur ~** э́то к де́лу не отно́сится; ◇ **zur ~ kommen** переходи́ть к делу; ◇ **etw ist beschlossene ~** что-л - де́ло решённое (5) ◇ **~n** *pl* (*Kleidung*) ве́щи *мн,* оде́жда *ж;* **Sachgebiet** *n* о́бласть *ж;* **sachgemäß I.** *adj* соотве́тствующий **II.** *adv* надлежа́щим о́бразом; **sachkundig** *adj* све́дущий; **Sachlage** *f* положе́ние *с* веще́й; **sachlich** *adj* (1) (*objektiv*) объекти́вный (2) (*Frage*) делово́й; **sächlich** *adj* GRAM ◇ **~es Geschlecht** сре́дний род; **Sachregister** *n* предме́тный указа́тель *м;* **Sachschaden** *m* материа́льный уще́рб *м*

Sack *m* <-[e]s, Säcke> мешо́к *м;* ◇ **mit ~ und Pack** со все́ми пожи́тками

Sackgasse *f* тупи́к *м; FIG* ◇ **in eine ~ geraten** зайти́ в тупи́к

Sadismus *m* сади́зм *м;* **Sadist(in** *f*) *m* сади́ст(ка *ж*) *м;* **sadistisch** *adj* сади́стский

Safe *m o. n* <-s, -s> (*Tresor*) сейф *м*

Saft *m* <-[e]s, Säfte> (1) (*Obst~*) сок *м;* (*Braten~*) подли́вка *ж;* (*Husten~*) насто́й *м* (2) BOT сок *м;* **saftig** *adj* (1) (*Speisen*) со́чный (2) *FIG* (*Rechnung*) бе́шеный

Sage *f* <-, -n> преда́ние *с,* сказа́ние *с*

Säge *f* <-, -n> пила́ *ж;* **Sägemehl** *n* опи́лки *мн*

sagen *vt, vi* (1) (*äußern*) говори́ть <сказа́ть> (*jd-m etw* кому́-л что-л); ◇ **was du nicht sagst!** что ты говори́шь!; ◇ **laß dir das gesagt sein!** име́й э́то в виду́!; ◇ **dagegen ist nichts zu ~** про́тив э́того нельзя́ возража́ть; ◇ **offen gesagt** открове́нно говоря́ (2) (*bedeuten*) зна́чить *несов,* означа́ть *не-*

сов; ◇ **das hat nichts zu ~** это ничего́ не зна́чит ③ (*befehlen*) **er hat hier nichts zu ~** он здесь не игра́ет никако́й ро́ли; ◇ **sich** *dat* **nichts ~ lassen** упря́мо наста́ивать на своём

sägen *vt, vi* (*Holz*) пили́ть *несов*

sagenhaft *adj* ска́зочный; *FAM* (*großartig*) невероя́тный

sah *impf v.* **sehen**

Sahne *f* <-> (*flüssig*) сли́вки *мн;* (*geschlagen*) взби́тые сли́вки

Saison *f* <-, -s> сезо́н *м*

Saite *f* <-, -n> MUS струна́ *ж*

Sakko *m o. n* <-s, -s> пиджа́к *м*

Salami *f* <-, -s> саля́ми *ж*

Salat *m* <-[e]s, -e> ① BOT, GASTRON сала́т *м;* ◇ **da haben wir den ~!** вот те(бе́) раз!; **Salatgurke** *f* огуре́ц *м* для сала́та; **Salatsoße** *f* (*Dressing*) сала́тный со́ус *м*

Salbe *f* <-, -n> мазь *ж*

Salmonellen *pl* сальмоне́ллы *мн*

Salon *m* <-s, -s> сало́н *м*

salopp *adj* (*locker, lässig*) непринуждённый; (*Kleidung*) свобо́дного покро́я

Salut *m* <-[e]s, -e> салю́т *м*

Salve *f* <-, -n> (*Gewehr~*) залп *м*

Salz *n* <-es, -e> соль *ж;* **salzen** <salzte, gesalzen> *vt* <по->соли́ть; **salzig** *adj* солёный; **Salzkartoffel** *f* отварно́й карто́фель *м*

Samen *m* <-s, -> ① (*Blumen~*) се́мя *с* ② ANAT (*Sperma*) се́мя *с*

Sammelband *m* <-bände> сбо́рник *м;* **Sammelbestellung** *f* коллекти́вный зака́з *м;* **sammeln I.** *vt* (*Antiquitäten*) соб<и>ра́ть, коллекциони́ровать *несов* **II.** *vr* (*sich konzentrieren*) ◇ **sich ~** соб<и>ра́ться с мы́слями; **Sammlung** *f* ① (*das Sammeln*) сбор *м* ② (*Briefmarken, Gemälde*) собира́ние *с,* колле́кция *ж*

Samstag *m* суббо́та *ж;* ◇ **am ~** в суббо́ту; ◇ **~, den 18. September** в суббо́ту 18-го сентября́; ◇ **~ morgen/nachmittag/abend** в суббо́ту у́тром/по́сле обе́да/ве́чером; ◇ **nächsten ~** в бу́дущую суббо́ту; **samstags** *adv* (*jeden Samstag*) по суббо́там

samt *präp dat* (*inklusive*) вме́сте с кем-чем-л

Samt *m* <-[e]s, e> ба́рхат *м*

sämtliche *adj* (*alle*) все

Sand *m* <-[e]s, -e> песо́к *м; FIG* ◇ **im ~e verlaufen** сойти́ на нет; ◇ **wie ~ am Meer** как песку́ морско́го **Sandbank** *f* <-bänke> песча́ная о́тмель *ж;* **sandig** *adj* песча́ный; **Sandkasten** *m* песо́чница *ж;* **Sandkuchen** *m* (*Kuchen*) песо́чное пиро́жное *с*

sandte *impf v.* **senden**

Sanduhr *f* песо́чные часы́ *м мн*

sanft *adj* ① (*behutsam*) осторо́жный ② (*zärtlich, mild*) мя́гкий, не́жный ③ (*kaum spürbar*) сла́бый

sang *impf v.* **singen**

Sänger(in *f*) *m* <-s, -> певе́ц *м,* певи́ца *ж*

sanieren I. *vt* (*Betrieb*) сани́ровать *несов и сов* **II.** *vr* (*Unternehmen*) ◇ **sich ~** о|правля́ться <-пра́виться>; **Sanierung** *f* (*von Stadtviertel, Unternehmen*) сана́ция *ж*

sanitär *adj* санита́рный; ◇ **~e Anlagen** *pl* санита́рное обору́дование

Sanitäter(in *f*) *m* <-s, -> санита́р(ка *ж*) *м*

sank *impf v.* **sinken**

Sanktion *f* са́нкция *ж;* **sanktionieren** *vt* (*gutheißen*) санкциони́ровать *несов и сов*

sann *impf v.* **sinnen**

Sardine *f* сарди́н[к]а *ж*

Sarg *m* <-[e]s, Särge> гроб *м*

saß *impf v.* **sitzen**

Satan *m* <-s, -e> (*Teufel*) сатана́ *м,* дья́вол *м*

Satellit *m* <-en, -en> спу́тник *м*

Satire *f* <-, -n> сати́ра *ж*

satt *adj* ① (*gesättigt*) сы́тый; ◇ **sich ~ essen** нае́сться до́сыта ② (*überdrüssig*) надое́вший, сы́тый; ◇ **ich habe jd-n/etw ~** мне кто/что-л надое́л ③ (*Farbe, Klang*) насы́щенный

Sattel *m* <-s, Sättel> седло́ *с;* **satteln** *vt* (*Pferd*) <о->седла́ть

sättigen *vt, vi* на|сыща́ть <-сы́тить>

Satz *m* <-es, Sätze> ① GRAM предложе́ние *с* ② MATH (*Lehr~*) теоре́ма *ж* ③ SPORT сет *м* ④ (*Boden~*) оса́док *м* ⑤ COMM (*Zins~*) проце́нт *м,* ста́вка *ж* ⑥ (*~ Schrauben*) набо́р *м* ⑦ (*Sprung*) скачо́к *м,* прыжо́к *м;* **Satzglied** *n* GRAM член *м* предложе́ния

Satzung *f* уста́в *м;* POL положе́ние *с*

Satzzeichen *n* знак *м* препина́ния

Sau *f* <-, Säue> ① ZOOL свинья́ *ж,* свинома́тка *ж* ② *VULG* (*Schimpfwort*) свинья́ *ж;* ◇ **jd-n zur ~ machen** нагруби́ть кому́-л

sauber *adj* ① (*rein*) чи́стый ② (*ordentlich*) аккура́тный ③ (*anständig*) поря́дочный; **Sauberkeit** *f* (*von Sachen*) чистота́ *ж;* (*von Person*) опря́тность *ж,* чистопло́тность *ж;* **säuberlich** *adv* (*sorgfältig*) чи́сто, аккура́тно; **saubermachen** *vt, vi* уб<и>ра́ть; **säubern** *vt* ① (*putzen*) чи́стить *несов,* очища́ть <очи́стить> ② *FIG* (*liquidieren*) про|води́ть <вести́> чи́стку

Saudi-Arabien *n* Сау́довская Ара́вия *ж;*

◇ **in/nach** ~ в Саýдовской Арáвии/в Саýдовскую Арáвию

sauer *adj* ① (*Zitrone*) ки́слый; (*Wein*) тéрпкий ② *FAM* ки́слый, хмýрый; (*beleidigt*) ◇ **er ist** ~ он оби́жен

Sauerei *f* ① (*Schmutz*) сви́нство *с* ② (*Unverschämtheit*) ◇ **das ist e-e** ~! да э́то прóсто сви́нство

Sauerkraut *n* ки́слая капýста *ж*

säuerlich *adj* (*Geschmack*) кисловáтый; **Sauermilch** *f* простоквáша *ж*

Sauerstoff *m* кислорóд *м*

Sauerteig *m* заквáска *ж*

saufen ‹säuft, soff, gesoffen› *vt, vi FAM* ‹вы́-› пить, пья́нствовать *несов;* **Säufer(in** *f*) *m* ‹-s, -› *FAM* пья́ница *м/ж*

saugen ‹sog *o.* saugte, gesogen *o.* gesaugt› *vt, vi* ① ‹вы́-›сосáть; ◇ **das Baby saugt** ребёнок сосёт грудь ② (*pumpen*) ‹вы́-›качáть ③ (*staubsaugen*) ‹про-›пылесóсить; **Sauger** *m* ‹-s, -› ① (*Schnuller*) сóска *ж* ② *FAM* (*Staub~*) пылесóс *м*

Säugetier *n* млекопитáющее *с*

Säugling *m* груднóй ребёнок *м*

Säule *f* ‹-, -n› ① ARCHIT колóнна *ж,* стóлб *м* ② *FIG* (*Hilfe*) опóра *ж,* столп *м*

Saum *m* ‹-[e]s, Säume› каймá *ж;* **säumen** *vt* (*Rock, Straße*) окайlмля́ть ‹-ми́ть›

Sauna *f* ‹-, -s *o.* -nen› сáуна *ж,* бáня *ж;* **saunieren** *vi* идти́ ‹пойти́› [ходи́ть] в сáуну

Säure *f* ‹-, -n› ① CHEM кислотá *ж* ② (*von Wein, Essig*) ки́слый вкус *м*

säuseln *vt, vi* (*Blätter*) ‹по-›шелестéть

sausen *vi* (*rennen*) ‹про-›мчáться; *FAM* ◇ **etw ~ lassen** упусти́ть что-л; *FAM* ◇ **durch e-e Prüfung** ~ провали́ться на экзáмене

Saustall *m FAM* бардáк *м*

S-Bahn *f* городскáя желéзная дорóга *ж*

Schabernack *m* ‹-[e]s, -e› продéлка *ж,* прокáза *ж*

schäbig *adj* ① (*armselig*) убóгий, жáлкий ② (*abgetragen*) поношенный, потёртый

Schablone *f* ‹-, -n› *a. FIG* шаблóн *м*

Schach *n* ‹-s, -s› (*Spiel*) шáхматы *мн;* ◇ **S~!** шах!; **Schachfigur** *f* шáхматная фигýра *ж;* **schachmatt** *adj* ① (*mattgesetzt*) мат ② *FIG* (*erschöpft*) ◇ **~ sein** быть крáйне утомлённый

Schacht *m* ‹-[e]s, Schächte› шáхта *ж*

Schachtel *f* ‹-, -n› (*Karton*) корóбка *ж;* (*Zigaretten~*) пáчка *ж*

Schachzug *m* ① (*beim Spiel*) шáхматный ход *м* ② *FIG* (*Vorgehensweise*) манёвр *м*

schade *adj* ‹inv› (*nur prädikativ*) (*bedauerlich*) жаль, досáдно; ◇ **es ist ~ um ihn** жаль егó; ◇ **wie ~!** как жаль!

Schädel *m* ‹-s, -› ① ANAT чéреп *м* ② *FAM* (*Kopf*) башкá *ж;* ◇ **mir brummt der** ~ у меня́ головá трещи́т

schaden *vi* ① (*Schaden zufügen*) ◇ **e-r Sache/jd-m** ~ ‹на-›вреди́ть чемý/комý-л ② (*nachteilig sein*)налноси́ть ‹-нести́› вред; ◇ **das schadet der Gesundheit** э́то врéдно для здорóвья; ◇ **es kann nicht ~, wenn...** дéлу не повреди́т, éсли...; **Schaden** *m* ‹-s, Schäden› ① (*Beschädigung*) повреждéние *с;* (*bei Versicherung*) убы́ток *м* ② (*Nachteil*) ущéрб *м* ③ (*Verlust*) потéря *ж;* ◇ **durch ~ klug werden** учи́ться на гóрьком óпыте; **Schadenersatz** *m* возмещéние *с* убы́тков; ◇ **jd-m ~ leisten** возмещáть комý-л ущéрб; **Schadenfreude** *f* злорáдство *с;* **schadenfroh** *adj* злорáдный

schadhaft *adj* (*beschädigt*) повреждённый, испóрченный

schädigen *vt* налноси́ть ‹-нести́› ущéрб; **schädlich** *adj* врéдный (*für akk* для когó-чегó-л); *a. FIG* (*ungesund*) нездорóвый; **Schädling** *m* (*Tier, Pflanze*) вреди́тель *м;* **Schädlingsbekämpfungsmittel** *n* пестици́д *м;* (*gegen Insekten*) инсектици́д *м*

Schadstoff *m* врéдное веществó *с*

Schaf *n* ‹-[e]s, -e› ① ZOOL овцá *ж* ② *FAM* (*Dummkopf*) дурáк *м;* ◇ **das schwarze** ~ бéлая ворóна *ж;* **Schäfer(in** *f*) *m* ‹-s, -e› пастýх *м,* пастýшка *ж,* чабáн *м;* **Schäferhund** *m* овчáрка *ж*

schaffen[1] ‹schuf, geschaffen› *vt* ① (*Bedingungen, Ordnung*) создá‹вá›ть, усталнáвливать ‹-нови́ть›; ◇ **Platz** ~ освободи́ть мéсто ② (*Kunstwerk*) ‹со-›твори́ть; (*Einrichtung*) оснólвывать ‹вáть›, учрелждáть ‹-ди́ть›

schaffen[2] **I.** *vt* ① (*zur Seite*) устралня́ть ‹-ни́ть› ② (*Prüfung*) оси́ли‹ва›ть; (*Aufgabe*) справля́ться ‹спрáвиться› ③ *FAM* ◇ **ich habe den Zug gerade noch geschafft** я ещё éле успéл на пóезд **II.** *vi* ① *FAM* (*arbeiten*) ‹про-›порабóтать ② ◇ **sich** *akk* **an etw** *dat* **zu ~ machen** вози́ться с чем-л

Schaffen *n* ‹-s› твóрчество *с;* **Schaffensperiode** *f* твóрческий пери́од *м*

Schaffner(in *f*) *m* ‹-s, -› кондýктор(ша *ж*) *м*

Schafskäse *m* бры́нза *ж*

Schaft *m* ‹-[e]s, Schäfte› ① (*von Gewehr*) лóжа *ж* ② (*von Stiefel*) голени́ще *с* ③ (*von Werkzeug*) рукоя́тка *ж*

Schakal *m* ‹-s, -e› ZOOL шакáл *м*

schäkern *vi* (*scherzen*) шути́ть с кем-л; (*flirten*) заигрывать *несов*

schal *adj* 1 (*Bier*) вы́дохшийся 2 (*Geschmack*) пре́сный 3 *FIG* (*geistlos*) ску́чный

Schal *m* ‹-s, -e *o.* -s› шарф *м;* (*Halstuch*) га́лстук *м*

Schale *f* ‹-, -n› 1 (*Gefäß*) ча́ша *ж;* (*Trinkbecher*) ча́шка *ж;* (*Suppen~*) ми́ска *ж* 2 (*Rinde, Apfel~, Bananen~, Orangen~ etc.*) кожура́ *ж,* ко́жица *ж;* (*Nuß~, Ei~*) скорлупа́ *ж;* (*abgeschält*) очи́стки *ж мн,* шелуха́ *ж;* GASTRON (*gerieben, Zitronen~*) це́дра *ж;* **schälen I.** *vt* (*Früchte, Gemüse*) ‹о-› чи́стить; (*Baum*) сдира́ть ‹содра́ть› кору́ **II.** *vr* (*Haut*) ◇ **sich ~** ‹об-›лупи́ться

Schall *m* ‹-[e]s, -e *o.* Schälle› звук *м;* **schalldicht** *adj* звуконепроница́емый; **Schallmauer** *f* AERO ◇ **die ~ durchbrechen** преодоле́ть звуково́й барье́р; **Schallplatte** *f* пласти́нка *ж*

schalt *impf v.* **schelten**

schalten I. *vt* (*ein~*) включ|а́ть ‹-чи́ть›; (*aus~*) выключа́ть ‹вы́ключить›; (*um~*) переключ|а́ть ‹-чи́ть› **II.** *vi* 1 AUTO (*Gang wechseln*) ◇ **in den dritten Gang ~** переключи́ть на тре́тью ско́рость 2 MEDIA (*Verbindung*) нала́|живать ‹-дить› связь (*in/nach* с кем-чем-л) 3 *FAM* (*reagieren*) сообра|жа́ть ‹-зи́ть›

Schalter *m* ‹-s, -› 1 выключа́тель *м;* (*Ein~*) включа́тель *м,* (*an Geräten, Um~*) переключа́тель *м* 2 (*Geld~, Post~*) око́шко *с;* **Schalterhalle** *f* ка́ссовый зал *м*

Schaltung *f* 1 ELECTR схе́ма *ж* 2 AUTO (*Gang~*) переключе́ние *с* скоросте́й

Scham *f* ‹-› (*~gefühl*) стыд *м;* **schämen** *vr* ◇ **sich ~** ‹по-›стыди́ться (*wegen dat* кого́-чего́-л); ◇ **ich schäme mich** мне сты́дно; **schamhaft** *adj* стыдли́вый; **schamlos** *adj* бессты́дный

Schande *f* ‹-› стыд *м,* позо́р *м;* **schändlich** *adj* 1 (*Tat*) позо́рный 2 (*Verhalten*) ме́рзкий, га́дкий; **Schandtat** *f* бесче́стный посту́пок *м*

Schanze *f* ‹-, -n› 1 MIL (*Erdwall*) земляно́е укрепле́ние *с* 2 SPORT трампли́н *м*

Schar [1] *f o. n* ‹-, -en› AGR (*Pflug~*) ле́мех *м*

Schar [2] *f* ‹-, -en› (*Menschen~*) толпа́ *ж;* ◇ **in ~en herbeiströmen** ва́лом вали́ть

scharen *vr* ◇ **sich ~** спла́чиваться ‹сплоти́ться› (*um* вокру́г кого́-чего́-л)

scharf *adj* 1 (*Essen, Messer*) о́стрый 2 (*Revolver*) заря́женный 3 (*Kurve*) ре́зкий, крутой 4 (*Verstand, Auge*) о́стрый, зо́ркий 5 (*Konturen*) чёткий 6 (*Tempo*) бы́стрый 7 (*Kritik, Verweis*) стро́гий 8 (*Getränke*) кре́пкий; **Schärfe** *f* ‹-, -n› 1 (*Messer*) острота́ *ж* 2 (*Foto*) ре́зкость *ж* 3 (*Gesetz*) стро́гость *ж;* **in aller ~** со всей стро́гостью; **schärfen** *vt* 1 (*Messer*) ‹на-› точи́ть 2 (*Sinne*) разви́‹ва́›ть; **Scharfschütze** *m* сна́йпер *м;* **scharfsinnig** *adj* (*Bemerkung*) проница́тельный

Scharnier *n* ‹-s, -e› шарни́р *м*

scharren *vt, vi* (*Hühner, Hund*) ‹по-›скрести́

Scharte *f* ‹-, -n› 1 (*Kerbe*) зазу́брина *ж* 2 (*Schieß~*) бойни́ца *ж*

Schaschlik *m o. n* ‹-s, -s› шашлы́к *м*

Schatten *m* ‹-s, -› 1 тень *ж;* ◇ **e-n ~ werfen** броса́ть тень 2 *FIG* (*Ereignisse*) ◇ **seine ~ vorauswerfen** дава́ть знать о себе́ 3 (*auf Lunge*) пятно́ *с;* ◇ **~ unter den Augen** круги́ под глаза́ми; **Schattenseite** *f FIG* тене́вая сторона́ *ж;* **schattieren** *vt* (*im Ton abstufen*) отте|ня́ть ‹-ни́ть›; **Schattierung** *f* 1 (*farbliche Abstufung*) отте́нок *м* 2 *FIG* (*politische Richtung*) окра́ска *ж;* **schattig** *adj* тени́стый

Schatulle *f* ‹-, -n› (*Schmuck~*) шкату́лка *ж*

Schatz *m* ‹-es, Schätze› 1 (*Kostbarkeit*) сокро́вище *с* 2 (*Fund*) клад *м*

schätzen *vt* 1 (*Wert*) ‹о-›цени́ть 2 (*vermuten*) оце́|нивать ‹-ни́ть› 3 (*verehren*) цени́ть *несов,* уважа́ть *несов;* **Schätzung** *f* 1 (*Taxierung*) оце́нка *ж;* (*Berechnung*) подсчёт *м* 2 (*Vermutung*) предположе́ние *с;* ◇ **nach meiner ~** по мои́м подсчётам 3 (*Verehrung*) уваже́ние *с;* **schätzungsweise** *adv* приме́рно, приблизи́тельно

Schau *f* ‹-› 1 (*Aufführung*) демонстра́ция *ж;* (*Moden~*) пока́з *м* 2 (*Ausstellung*) вы́ставка *ж; FIG* ◇ **etw zur ~ stellen** вы́ставить что-л на пока́з; **Schaubild** *n* диагра́мма *ж*

Schauder *m* ‹-s, -s› 1 (*vor Angst*) содрога́ние *с,* у́жас *м;* ◇ **jd-m e-n ~ über den Rücken jagen** наводи́ть у́жас на кого́-л 2 (*Kälte~*) дрожь *ж;* **schauderhaft** *adj* 1 (*gruselig*) жу́ткий; (*schrecklich*) ужа́сный 2 *FAM* (*sehr schlecht*) ужаса́ющий; **schaudern** *vi* 1 (*Abscheu, Grauen empfinden*) содрог|а́ться ‹-ну́ться›; ◇ **mich schaudert bei dem Gedanken** меня́ охва́тывает ужа́с при мы́сли 2 (*vor Kälte*) ‹за-›дрожа́ть

schauen *vi* ‹по-›смотре́ть, гляде́ть *несов* (*auf akk* на кого-что)

S

Schauer *m* <-s, -> ① (*Regen~*) ли́вень *м* ② (*Gruseln*) у́жас *м*, дрожь *ж* ③ (*Zittern*) тре́пет *м*; **schauerlich** *adj* жу́ткий

Schaufel *f* <-, -n> ① (*Kohlen~*) лопа́та *ж* ② TECH, NAUT ло́пасть *ж*; **schaufeln** *vt* <вы́->копа́ть

Schaufenster *n* витри́на *ж*; **Schaukasten** *m* витри́на *ж*

Schaukel *f* <-, -n> каче́ли *мн*; **schaukeln I.** *vi* <по->кача́ться **II.** *vt* <по->кача́ть; (*in den Schlaf wiegen*) ука́|чивать <-ча́ть>; **Schaukelpferd** *n* ло́шадь-кача́лка *ж*; **Schaukelstuhl** *m* кача́лка *ж*

Schaulustige(r) *fm* любопы́тный(-ая *ж*) *м*

Schaum *m* <-[e]s, Schäume> (*Seifen~, Bier~*) пе́на *ж*; **schäumen** *vi* ① (*Sekt, Meer*) пе́ниться *несов* ② *FIG* (*vor Wut*) <вс->кипе́ть; **schaumig I.** *adj* пе́нистый **II.** *adv* ◇ **Eier ~ schlagen** взбить я́йца; **Schaumwein** *m* (*Sekt*) шипу́чее вино́

Schauplatz *m* аре́на *ж*; **Schauspiel** *n* ① THEAT пье́са *ж* ② *FIG* (*Geschehen*) спекта́кль *м*; **Schauspieler(in** *f*) *m* актёр *м*, актри́са *ж*

Scheck *m* <-s, -s> чек *м*; ◇ **e-n ~ einlösen** предъяви́ть чек к опла́те; **Scheckbetrug** *m* вы́дача непокры́тых че́ков; **Scheckheft** *n* че́ковая кни́жка *ж*; **Scheckkarte** *f* че́ковая ка́рточка *ж*

scheffeln *vt FAM* (*horten*) загре|ба́ть <-сти́>

Scheibe *f* <-, -n> ① (*Töpfer~*) круг *м*; (*Brems~*) диск *м* ② (*Fenster~*) стекло́ *с* ③ (*von Brot, Fleisch*) ломо́ть *м*, кусо́к *м*; (*von Salami*) ло́мтик *м* ④ (*Eishockey*) ша́йба *ж*; **Scheibenwischer** *m* стеклоочисти́тель *м*

Scheich *m* <-s, -e *o.* -s> (*Öl~*) шейх *м*

Scheide *f* <-, -n> ① (*Grenze*) рубе́ж *м*; (*Wasser~*) водоразде́л *м* ② ANAT влага́лище *с* ③ (*Schwert~*) но́жны *мн*

scheiden <schied, geschieden> **I.** *vt* (*Ehe*) раз|води́ть <-вести́> **II.** *vi* ① (*weggehen*) уходи́ть <уйти́>; ◇ **aus dem Amt ~** уйти́ со слу́жбы ② (*auseinandergehen*) расходи́ться <разойти́сь>; (*Ehepaar*) ◇ **sich ~ lassen** раз|води́ться <-вести́сь>; **Scheidung** *f* (*Ehe~*) разво́д *м*; ◇ **die ~ einreichen** пода́ть на разво́д; **Scheidungsgrund** *m* основа́ние *с* для разво́да

Schein [1] *m* <-[e]s, -e> ① (*Geld~*) банкно́т *м* ② (*Gut~*) тало́н *м*; (*Fahr~*) биле́т *м*

Schein [2] *m* <-[e]s> ① (*Licht~*) свет *м*; (*das Leuchten*) сия́ние *с* ② (*An~*) ви́димость *ж*; ◇ **zum ~** для ви́да; ◇ **der ~ trügt** вне́шность обма́нчива; **scheinbar** I. *adj* (*nicht wirklich*) мни́мый, ка́жущийся II. *adv* ви́димо; **scheinen** <schien, geschienen> *vi* ① (*den Anschein haben*) <по->каза́ться; ◇ **mir scheint** мне́ ка́жется ② (*leuchten*) <по->свети́ть; **scheinheilig** *adj* лицеме́рный; **Scheinwerfer** *m* <-s, -> ① (*auf Bühne*) проже́ктор *м* ② AUTO фа́ра *ж*

Scheiße *f* <-> *FAM a. FIG* дерьмо́ *с*; ◇ **~!** чёрт!; ◇ **sie sitzt in der ~** она́ по́ уши в дерьме́; **Scheißwetter** *n FAM* отврати́тельная пого́да *ж*

Scheitel *m* <-s, -> ① (*Spitze, höchster Punkt*) верши́на *ж* ② (*vom Kopf*) те́мя *с*, маку́шка *ж* ③ (*Haar~*) пробо́р *м*; **scheiteln** *vt* ◇ **das Haar ~** де́лать пробо́р

scheitern *vi* (*Person, Unternehmen*) <по->терпе́ть неуда́чу (*an dat* из-за кого́-чего́-л)

Schelm(in *f*) *m* <-[e]s, -e> ше́льма *м/ж*

Schelte *f* <-, -n> нагоня́й *м*; **schelten** <schilt, schalt, gescholten> *vt* <вы́->брани́ть

Schema *n* <-s, -s *o.* -ta> ① (*Übersicht*) схе́ма *ж* ② (*Muster*) шабло́н *м*; (*Plan*) план *м* ③ *FIG* (*Verhaltensmuster*) схе́ма *ж*; ◇ **etw nach ~ F erledigen** де́лать что-л механи́чески

Schenkel *m* <-s, -> ① ANAT бедро́ *с* ② MATH (*von Dreieck*) сторона́ *ж*

schenken *vt* ① (*Blumen etc.*) <по->дари́ть ② ◇ **jd-m Vertrauen ~** пита́ть дове́рие к кому́-л; ◇ **einer Sache Aufmerksamkeit ~** уделя́ть чему́-л внима́ние ③ (*erlassen*) осво-бо|жда́ть <-ди́ть> (*jd-m etw* кого́-л от чего́-л); **Schenkung** *f* JURA даре́ние *с*

Scherbe *f* <-, -n> черепо́к *м*; (*Splitter*) оско́лок *м*

Schere *f* <-, -n> ① (*Werkzeug*) но́жницы *мн* ② (*von Krebs, Hummer*) клешня́ *ж*

scheren [1] *vt* (*Hecke*) под|реза́ть <-ре́зать> ② (*Schaf*) <о->стри́чь

scheren [2] **I.** *vt* (*kümmern*) <о->забо́тить, <о->беспоко́ить; ◇ **es schert ihn nicht im geringsten** его́ э́то ничу́ть не беспоко́ит **II.** *vr* ◇ **sich ~** ① (*kümmern*) <о->забо́титься, <о->беспоко́иться ② *FAM* ◇ **scher dich weg!** убира́йся!

Schererei *f FAM* (*Ärger*) хло́поты *мн*

Scherz *m* <-es, -e> (*Witz*) шу́тка *ж*; ◇ **etw im ~ sagen** сказа́ть что-л в шу́тку; **scherzen** *vi* <по->шути́ть; **scherzhaft** *adj* шутли́вый

scheu *adj* ① (*schüchtern*) засте́нчивый, ро́бкий ② (*schreckhaft*) боязли́вый; **Scheu** *f* <-> засте́нчивость *ж*, ро́бость *ж*

scheuchen *vt* спу́г|ивать <-ну́ть>

scheuen I. *vi* (*Pferd*) <ис->пуга́ться **II.** *vt* (*Angst haben vor*) боя́ться *несов*

Scheuerlappen *m* половáя тря́пка *ж;* **scheuern** *vt, vi* ① (*Boden*) ‹на-›терéть; (*Badewanne, Topf*) ‹вы́-›чи́стить ② (*Riemen*) ‹на-›терéть ③ *FAM* ◇ **jd-m e-e ~** влепи́ть пощёчину комý-л

Scheuklappe *f* шóры *мн; FIG* ◇ **mit ~n herumlaufen** быть в шóрах

Scheune *f* ‹-, -n› (*Speicher*) амбáр *м,* зернохрани́лище *с;* (*Schuppen*) сарáй *м*

Scheusal *n* ‹-s, -e› ① (*Monster*) чудóвище *с* ② *FAM* страши́лище *с;* **scheußlich** *adj* отврати́тельный

Schicht *f* ‹-, -en› ① (*Farb~, Erd~*) слой *м* ② (*Bevölkerungs~*) слой *м,* прослóйка *ж* ③ (*Nacht~, Spät~*) смéна *ж*

schichten *vt* уклáдывать ‹уклáсть› рядáми

schick *adj* ① (*elegant*) изя́щный, щегольскóй ② *FAM* (*toll, großartig*) шикáрный

schicken *vt* ① (*Paket, Brief*) пос‹ы›лáть, от|правля́ть ‹-прáвить› ② (*holen*) ◇ **nach jd-m ~** послáть за кем-л

Schicksal *n* ‹-s, -e› судьбá *ж;* ◇ **jd-n seinem ~ überlassen** брóсить когó-л на произвóл судьбы́; ◇ **jd-s ~ ist besiegelt** чья-л судьбá решенá; **Schicksalsschlag** *m* удáр *м* судьбы́

schieben ‹schob, geschoben› *vt* ① дви|гáть ‹-нуть›; (*Auto*) ‹по-›толкáть ② *FIG* ◇ **die Verantwortung auf jd-n ~** свáливать винý на когó-л ③ *FAM* (*Waren*) спекули́ровать *несов;* **Schiebung** *f* ① (*ungerechte Begünstigung*) обмáн *м,* нечéстный постýпок *м* ② (*Schiebergeschäfte*) контрабáнда *ж,* спекуля́ция *ж*

schied *impf v.* **scheiden**

Schiedsgericht *n* арбитрáж *м,* третéйский суд *м;* **Schiedsrichter(in** *f*) *m* SPORT *a. FIG* судья́ *м*

schief I. *adj* ① (*Ebene*) наклóнный, косóй; (*Haus*) покоси́вшийся ② (*krumm*) кривóй ③ (*Vergleich*) непрáвильный **II.** *adv* ◇ **~ hängen** кóсо висéть

Schiefer *m* ‹-s, -› ши́фер *м;* **Schiefertafel** *f* SCH гри́фельная доскá *ж*

schiefgehen *unreg vi FAM* не удá‹вá›ться; **schieflachen** *vr FAM* ◇ **sich ~** хохотáть до упáду; **schiefliegen** *unreg vi FAM* (*sich irren*) ошибáться *несов*

schielen *vi* коси́ть *несов;* (*von der Seite ansehen*) ‹по-›коси́ться

schien *impf v.* **scheinen**

Schienbein *n* ANAT большáя берцóвая кость *ж*

Schiene *f* ‹-, -n› ① (*Gleis*) рельс *м* ② MED (*Bein~*) ши́на *ж*

Schießbude *f* тир *м;* **schießen** ‹schoß, geschossen› **I.** *vi* ① (*mit Waffe*) стреля́ть ‹вы́стрелить› (*auf akk* во что-когó-л, по чемý-комý-л); (*mit Ball*) ‹за-›би́ть ② (*schnell wachsen*) бы́стро ‹вы́-›расти́; (*Salat*) да‹вá›ть рости́ **II.** *vt* ① (*Ball*) бросáть ‹брóсить›, мет|áть ‹-нýть› ② (*Wild*) стреля́ть ‹застрели́ть›; **Schießerei** *f* перестрéлка *ж,* стрельбá *ж;* **Schießpulver** *n* пóрох *м*

Schiff *n* ‹-[e]s, -e› ① корáбль *м,* сýдно *с* ② ARCHIT (*Kirchen~*) неф *м;* **Schiffahrt** *f* судохóдство *с,* мореплáвание *с;* **Schiffbruch** *m* (*Schiffsunglück*) ◇ **~ erleiden** потерпéть кораблекрушéние; *FIG* потерпéть крах; **Schiffsfahrt** *f* поéздка *ж* на кораблé; **Schiffsladung** *f* судовóй груз *м*

Schikane *f* ‹-, -n› ① (*allg.*) приди́рка *ж* ② *FAM* ◇ **mit allen ~n** со всéми тóнкостями; **schikanieren** *vt* прид‹и›рáться к комý-л

Schild [1] *m* ‹-[e]s, -e› ① (*von Schildkröte etc.*) пáнцирь *м,* щит *м* ② (*Schutz~*) щит *м*

Schild [2] *n* ‹-[e]s, -er› ① (*Hinweisplatte*) табли́чка *ж;* (*von Geschäft*) вы́веска *ж;* (*Verkehrs~*) дорóжный указáтель *м;* AUTO (*Nummern~*) щитóк *м;* (*Preis~*) ярлы́к *м* ② (*an Mütze*) козырёк *м*

schildern *vt* опи́|сывать ‹-сáть›; **Schilderung** *f* описáние *с*

Schildkröte *f* ZOOL черепáха *ж*

Schilf *n* ‹-[e]s, -e› камы́ш *м*

schillern *vi* перели́ваться *несов;* **schillernd** *adj* ① с отли́вом ② *FIG* (*Persönlichkeit*) трýдно определи́мый

Schimmel [1] *m* ‹-s, -› (*Brot~*) плéсень *ж*

Schimmel [2] *m* ‹-s, -› (*Pferd*) бéлая лóшадь *ж*

schimmelig *adj* заплесневéлый; **schimmeln** *vi* ‹за-›плесневéть

Schimmer *m* ‹-s› ① (*Glanz*) блеск *м* ② *FAM* (*Ahnung*) ◇ **keinen blassen ~ haben** не имéть ни малéйшего представлéния

Schimpanse *m* ‹-n, -n› шимпанзé *м*

schimpfen I. *vt* ① (*tadeln*) ‹об-›ругáть ② (*bezeichnen*) ◇ **jd-n einen Idioten ~** назвáть когó-л идиóтом **II.** *vi* ① (*fluchen*) ‹по-›брани́ться ② (*sich beklagen*) ‹по-›ворчáть

schinden ‹schindete, geschunden› **I.** *vt* ① (*grausam quälen*) ‹за-›мýчить ② *FAM* ◇ **Eindruck ~ auf jd-n** старáться произвести́ впечатлéние на когó-л **II.** *vr* (*sich abmühen*) ◇ **sich ~** надрывáться *несов;* **Schinderei** *f* непоси́льный труд *м*

S

Schinken *m* <-s, -> ① (*roh, gekocht*) ветчина́ *ж* ② *FAM* (*dickes Buch*) то́лстая кни́га *ж*

Schippe *f* <-, -n> лопа́та *ж; FAM* ◇ **jd-n auf die ~ nehmen** надсмея́ться над кем-л; **schippen** *vt* <вы́->рыть лопа́той

Schirm *m* <-[e]s, -e> ① (*Regen~, Sonnen~*) зонт *м* ② (*Lampen~*) абажу́р *м;* (*Fall~*) парашю́т *м* ③ (*Mützen~*) козырёк *м* ④ (*Bild~*) экра́н *м;* **Schirmständer** *m* сто́йка *ж* для зонто́в

Schiß *m* <-sses> *FAM* (*Angst*) ◇ **~ haben vor etw/jd-m** боя́ться чего́/кого́-л

Schlacht *f* <-, -en> сраже́ние *с,* би́тва *ж*

schlachten *vt* (*Vieh*) заби́<ва́>ть

Schlachtenbummler(in *f*) *m* SPORT боле́льщик *м,* боле́льщица *ж*

Schlachtfeld *n* по́ле *с* би́твы; **Schlachthaus** *n,* **Schlachthof** *m* скотобо́йня *ж;* **Schlachtplan** *m a. FIG* план *м* сраже́ния

Schlacke *f* <-, -n> ① (*Asche*) шлак *м* ② (*Lava*) по́ристая ла́ва *ж*

Schlaf *m* <-[e]s> (*Tief~*) сон *м;* **Schlafanzug** *m* пижа́ма *ж;* **Schläfchen** *n* (*Nickerchen*) коро́ткий сон *м;* **schlafen** <schläft, schlief, geschlafen> *vi* ① <по->спа́ть ② (*übernachten*) <пере->ночева́ть ③ *FAM* (*unaufmerksam sein*) <про->зева́ть; ◇ **mit offenen Augen ~** спать с откры́тыми глаза́ми ④ (*sexuell*) ◇ **mit jd-m ~** спать с кем-л

schlaff *adj* ① (*Seil*) прови́сший ② (*Haut, Muskel*) дря́блый ③ (*träge*) вя́лый, сла́бый, рассла́бленный

Schlafgelegenheit *f* ме́сто *с* для ночле́га, **schlaflos** *adj* ◇ **~e Nacht** бессо́нная ночь; **Schlaflosigkeit** *f* бессо́нница *ж;* **Schlafmittel** *n* снотво́рное *с;* **Schlafmütze** *f* ① *FAM* (*Langschläfer*) со́ня *м/ж* ② (*träger Mensch*) шля́па *ж;* **Schlafsack** *m* спа́льный мешо́к *м;* **Schlaftablette** *f* табле́тка *ж* снотво́рного; **schlaftrunken** *adj* за́спанный; **Schlafwagen** *m* BAHN спа́льный ваго́н *м;* **schlafwandeln** *vi* ходи́ть во сне́; **Schlafzimmer** *n* спа́льня *ж*

Schlag *m* <-[e]s, Schläge> ① (*Hieb*) уда́р *м; nur pl* (*Prügel*) ◇ **Schläge** побо́и *мн* ② (*Glokken~*) бой *м* ③ *a. FIG* (*vom Herz*) бие́ние *с* ④ ELECTR (*Strom~*) уда́р *м* ⑤ MED (*Schlaganfall*) парали́ч *м* ⑥ (*Art, Sorte*) тип *м;* ◇ **Leute von ihrem ~** подо́бные им лю́ди ⑦ *FAM* (*Portion*) по́рция *ж* ⑧ (*Schicksals~*) уда́р *м* ⑨ *FIG* (*auf einmal*) ◇ **mit e-m ~** одни́м ма́хом; ◇ **mich trifft der ~!** меня́ хва́тит уда́р!; ◇ **~ auf ~** одно́ за други́м; **Schlagabtausch** *m* ① (*Folge von Schlägen*) после́довательность *ж* уда́ров ② *FIG* (*verbale Auseinandersetzung*) пререка́ние *с;* **Schlagader** *f* ANAT арте́рия *ж;* **Schlaganfall** *m* MED апоплекси́ческий уда́р *м;* **schlagartig** *adj* (*plötzlich*) внеза́пный; **Schlagbaum** *m* (*Schranke*) шлагба́ум *м;* **Schlagbohrmaschine** *f* дрель *ж* для уда́рного буре́ния; **schlagen** <schlägt, schlug, geschlagen> **I.** *vt, vi* ① <по->би́ть; ◇ **jd-m etw aus der Hand ~** вы́бить кому́-л что-л из рук ② (*Glocke, Uhr*) <про->би́ть; (*Trommel, Takt*) бить, ударя́ть<уда́рить> ③ (*Herz*) <за->би́ться ④ (*besiegen*) бить, побежда́ть <-ди́ть> ⑤ *a. FIG* (*Schlacht*) разби́<ва́>ть ⑥ (*Sahne, Eiweiß*) взби<ва́>ть ⑦ (*in Papier*) обёртывать <оберну́ть> ⑧ *FIG* ◇ **etw schlägt sich auf den Magen** что-л отража́ется на желу́дке **II.** *vr* ◇ **sich ~** ① (*sich prügeln*) <по->дра́ться ② *FIG* (*etw gut durchstehen*) ◇ **sich tapfer ~** сто́йко держа́ться ③ *FIG* ◇ **sich auf jd-s Seite ~** стать на чью-л сто́рону; **schlagend** *adj* ме́ткий; *FIG* (*Argument*) убеди́тельный

Schlager *m* <-s, -> ① (*Hit*) шля́гер *м* ② COMM това́р *м,* по́льзующийся больши́м спро́сом; **Schlagersänger(in** *f*) *m* эстра́дный певе́ц *м,* эстра́дная певи́ца *ж*

Schläger[1] *m* <-s, -> SPORT (*Hockey~*) клю́шка *ж;* (*Tennis~*) раке́тка *ж*

Schläger[2]**(in** *f*) *m* <-s, -> (*Person*) драчу́н(ья *ж*) *м*

Schlägerei *f* дра́ка *ж,* потасо́вка *ж*

schlagfertig *adj* ① (*Person*) нахо́дчивый ② (*Antwort*) ме́ткий; **Schlagfertigkeit** *f* (*von Person*) нахо́дчивость *ж;* (*von Antwort*) ме́ткость *ж;* **Schlaginstrument** *n* MUS уда́рный инструме́нт *м;* **Schlagloch** *n* вы́боина *ж;* **Schlagsahne** *f* (*flüssig*) сли́вки *мн* для сбива́ния; (*steif*) сби́тые сли́вки; **Schlagseite** *f* ① NAUT крен *м* ② *FAM* (*Rausch*) ◇ **~ haben** нетвёрдо держа́ться на нога́х; **Schlagwort** *n* ① (*Gemeinplatz, Parole*) о́бщая фра́за *м* ② (*Stichwort*) ло́зунг *м,* деви́з *м;* **Schlagzeile** *f* (*in Zeitungen*) кру́пный заголо́вок *м;* (*bekannt werden*) ◇ **~en machen** стать газе́тной сенса́цией; **Schlagzeug** *n* MUS уда́рный инструме́нт *м;* **Schlagzeuger(in** *f*) *m* <-s, -> MUS уда́рник *м*

schlaksig *adj* (*dünn, lang*) долговя́зый

Schlamassel *m o. n* <-s, -> *FAM* (*Mißgeschick*) беда́ *ж*

Schlamm *m* <-[e]s, -e> грязь *ж,* ил *м,* ти́на *ж;* **schlammig** *adj* гря́зный, и́листый

Schlampe *f* ‹-, -n› *FAM* неря́ха *ж;* **schlampen** *vi FAM* (*nachlässig arbeiten*) ◇ **bei e-r Arbeit** ~ рабо́тать небре́жно, халту́рить *несов;* **Schlamper(in** *f*) *m* ‹-s, -› неря́шливый челове́к *м;* **Schlamperei** *f FAM* неря́шливость *ж;* **schlampig** *adj FAM* неря́шливый, неопря́тный

schlang *impf v.* **schlingen**

Schlange *f* ‹-, -n› ① ZOOL змея́ *ж* ② (*Menschen~*) о́чередь *ж;* ◇ ~ **stehen** стоя́ть в о́череди ③ *FIG* (*unaufrichtige Person*) ◇ **falsche** ~ змея́ *ж;* **schlängeln** *vr* (*Schlange, Fluß*) ◇ **sich** ~ изви́‹ва́›ться; **Schlangenbiß** *m* змеи́ный уку́с *м;* **Schlangengift** *n* змеи́ный яд *м;* **Schlangenlinie** *f* ◇ **~n fahren** е́хать зигзагообра́зно

schlank *adj* стро́йный; *FIG* ◇ **auf die ~e Linie achten** следи́ть за фигу́рой; **Schlankheit** *f* стро́йность *ж;* **Schlankheitskur** *f* (*Diät*) лече́ние сот ожире́ния, дие́та *ж*

schlapp *adj* ① (*erschöpft, matt*) сла́бый, вя́лый ② (*träge*) вя́лый

Schlappe *f* ‹-, -n› *FAM* неуда́ча *ж*

Schlappheit *f* ① (*Erschöpfung*) сла́бость *ж* ② (*Trägheit*) вя́лость *ж;* **Schlapphut** *m* мя́гкая шля́па *ж;* **schlappmachen** *vi FAM* (*aufgeben*) сда‹ва́›ться, выбива́ться ‹вы́биться› из сил; **Schlappschwanz** *m FAM* (*Feigling*) тря́пка *ж*, трус *м*, слаба́к *м*

schlau *adj* ① (*clever*) хи́трый, неглу́пый ② (*klug, geschickt*) у́мный, ло́вкий

Schlauch *m* ‹-[e]s, Schläuche› ① (*Wasser~*) шланг *м*, рука́в *м* ② (*Fahrrad~*) ка́мера *ж;* **Schlauchboot** *n* надувна́я ло́дка *ж;* **schlauchen** *vt FAM* (*sehr anstrengen*) из|ма́тывать ‹-мота́ть›

Schläue *f* ‹-› хи́трость *ж*

Schlaufe *f* ‹-, -n› (*Schleife*) петля́ *ж*

Schlaukopf *m FAM* хитре́ц *м*, лука́вец *м*

schlecht *adj* ① (*Arbeit, Wein*) плохо́й; ◇ **~e Noten haben** име́ть плохи́е отме́тки ② (*unfähig, unqualifiziert*) плохо́й, посре́дственный ③ (*Lebensmittel*) испо́рченный ④ (*Mensch, Gedanke, Tat*) худо́й, плохо́й ⑤ (*kränklich, ungesund*) плохо́й, нехоро́ший, дурно́й; ◇ **~e Luft** дурно́й во́здух; ◇ **es geht ihr** ~ она́ пло́хо себя́ чу́вствует; (*übel*) ◇ **mir ist** ~ мне пло́хо ⑥ (*Nachricht, Wetter, Geschmack*) неприя́тный ⑦ (*Mittel, Rat*) плохо́й; **schlechtgehen** *unreg vi unpers* ◇ **mir geht es schlecht** у меня́ дела́ пло́хи; **schlechthin** *adv* (*an sich, überhaupt*) типи́чный, как тако́вой; ◇ **der Dramatiker** ~ типи́чный драмату́рг; **Schlechtigkeit** *f* ① (*Bosheit*) ни́зость *ж* ② ◇ **~en** *f pl* (*schlechte Taten*) дурны́е посту́пки *м мн;* **schlechtmachen** *vt* (*jd-n*) ‹о-›черни́ть

schlecken *vt, vi* ① (*Eis*) ‹об-›лиза́ть ② (*Süßigkeiten*) ‹по-›ла́комиться

Schlegel *m* ‹-s, -› (*Klöppel*) колоту́шка *ж*

schleichen ‹schlich, geschlichen› *vi* ① (*Katze*) кра́сться *несов*, под|кра́дываться ‹-кра́сться› ② (*sich schleppen*) ‹по-›ползти́; **schleichend** *adj* (*Krankheit*) крад́ущийся, ползу́чий; **Schleichwerbung** *f* завуали́рованная рекла́ма *ж*

Schleier *m* ‹-s, -› вуа́ль *ж; FIG* (*Nebel~*) заве́са *ж*

schleierhaft *FAM* **I.** *adj* (*rätselhaft*) тума́нный **II.** *adv* ◇ **das ist mir** ~ э́то мне непоня́тно

Schleife *f* ‹-, -n› ① (*Haar~*) бант *м* ② (*Fluß~*) петля́ *ж*

schleifen [1] **I.** *vt* ① (*ziehen*) ‹по-›тащи́ть ② *FIG* (*keine Disziplin mehr halten*) ◇ **etw ~ lassen** пусти́ть что-л на самотёк **II.** *vi* (*Mantel*) волочи́ться *несов;* ◇ **über den Boden** ~ волочи́ться по земле́

schleifen [2] ‹schliff, geschliffen› *vt* ① (*Diamanten*) ‹от-›шлифова́ть ② (*Messer*) ‹на-›точи́ть ③ MIL (*drillen*) ‹вы́-›муштрова́ть

Schleifstein *m* точи́льный ка́мень *с*

Schleim *m* ‹-[e]s, -e› MED слизь *ж;* **schleimen** *vi* ① (*Schleim absondern*) выделя́ть ‹вы́делить› слизь ② *FAM* (*sich anbiedern*) ‹по-›льсти́ть; **schleimig** *adj* ① (*voller Schleim*) сли́зистый ② *a. FIG* (*glitschig*) ско́льзкий ③ *FIG* (*Typ, Gerede*) льсти́вый

schlemmen *vi* пирова́ть *несов;* **Schlemmer(in** *f*) *m* ‹-s, -› люби́тель(ница *ж*) *м* попирова́ть; **Schlemmerei** *f* (*Festmahl, Gelage*) пир *м*, пи́ршество *с*

schlendern *vi* (*bummeln*) броди́ть *несов*

Schlendrian *m* ‹-[e]s› ко́сность *ж*

schlenkern *vt, vi* ◇ **mit den Beinen** ~ болта́ть нога́ми

Schleppe *f* ‹-, -n› (*von Kleid*) шлейф *м*

schleppen *vt* ① (*ab~*) ‹по-›тяну́ть на букси́ре ② (*Koffer*) ‹по›тащи́ть ③ *FAM* (*mitnehmen*) ‹при›тащи́ть; ◇ **jd-n zu e-r Party** ~ притащи́ть кого́-л на вечери́нку; **schleppend** *adj* (*Entwicklung*) ме́дленный; (*Gang*) тяжёлый

Schlepper *m* ‹-s, -› ① (*Traktor*) тяга́ч *м* ② (*Schleppschiff*) букси́рное су́дно *с*

Schlepptau *n* ① (*Schleppseil*) букси́рный трос *м* ② *FIG* (*mit sich ziehen*) ◇ **jd-n ins ~ nehmen** взять кого́-л на букси́р

S

Schleuder *f* <-, -n> ① (*Wurfgerät*) рога́тка *ж* ② (*Zentrifuge*) центрифу́га *ж;* (*Wäsche~*) центробе́жная суши́лка *ж;* **Schleudergefahr** *f* AUTO опа́сность *ж* зано́са; **schleudern I.** *vt* ① (*werfen*) броса́ть <бро́сить> ② (*Wäsche*) отж<им>а́ть; (*Honig*) очища́ть <очи́стить> **II.** *vi* (*Auto*) за|носи́ть <-нести́>; **Schleuderpreis** *m* бро́совая цена́ *ж;* **Schleudersitz** *m* AERO катапульти́руемое сиде́нье *c; FIG* ◇ **auf dem ~ sitzen** находи́ться в щекотли́вой ситуа́ции; **Schleuderware** *f* COMM бро́совый това́р *м*

schleunigst *adv* (*schnellstens*) неме́дленно

Schleuse *f* <-, -n> шлюз *м*

schlich *impf v.* **schleichen**

Schliche *f* (*jd-n durchschauen*) ◇ **jd-m auf die ~ kommen** раскры́ть чьи-л за́мыслы

schlicht *adj* (*bescheiden*) скро́мный; (*Kleidung*) просто́й

schlichten *vt* (*Streit*) ула́|живать <-дить>; **Schlichter(in** *f*) *m* <-s, -> третéйский судья́, примири́тель(ница *ж*) *м*

Schlichtheit *f* (*Einfachheit*) простота́ *ж*

Schlichtung *f* (*von Streit*) ула́живание *c*

schlichtweg *adv FAM* (*ganz einfach*) про́сто; ◇ **das ist ~ gelogen** э́то про́сто ложь

Schlick *m* <-[e]s, -e> и́листые нано́сы *м мн*

schlief *impf v.* **schlafen**

schließen <schloß, geschlossen> **I.** *vt* ① (*zu~*) закры́<ва́>ть ② (*beenden*) конча́ть <ко́нчить>, за|ка́нчивать <-ко́нчить> ③ (*Loch, Spalte*) за|полня́ть <-по́лнить> ④ (*Bündnis, Ehe, Vertrag*) заклю|ча́ть <-чи́ть>; ◇ **einen Kompromiß ~** пойти́ на компроми́сс ⑤ (*folgern*) <с->де́лать вы́вод (*aus* из чего́-л); ◇ **von sich auf andere ~** суди́ть о други́х по себе́ **II.** *vi* ① (*zumachen*) закры́<ва́>ть ② (*Buch*) конча́ться <зако́нчиться> **III.** *vr* (*Tür, Blüte*) ◇ **sich ~** закры́<ва́>ться; **Schließfach** *n* (*im Bahnhof*) ка́мера *ж* хране́ния; (*Post~*) (абонеме́нтный) почто́вый я́щик *м;* (*Bank~*) абонеме́нтный сейф *м*

schließlich *adv* (*endlich*) наконе́ц; ◇ **~ doch** в конце́ концо́в

schliff *impf v.* **schleifen**

Schliff *m* <-[e]s, -e> ① (*Edelstein*) гране́ние *c* ② (*Ergebnis des Schleifens*) шлифо́вка *ж* ③ *FIG* (*vervollkommnen*) ◇ **e-r Sache** *dat* **den letzten ~ geben** прида́ть чему́-л оконча́тельный вид ④ *FIG* (*Umgangsformen*) хоро́шие мане́ры

schlimm *adj* ① (*arg, übel, böse*) плохо́й, дурно́й; ◇ **ein ~es Ende nehmen** пло́хо ко́нчиться ② (*unangenehm, nachteilig*) неприя́тный, плохо́й ③ (*Krankheit*) тяжёлый ④ *FAM* (*verletzt*) больно́й; **schlimmer** *adj kompar v.* **schlimm** ху́же; **schlimmste(r, s)** *adj superl v.* **schlimm** наиху́дший; **schlimmstenfalls** *adv* в ху́дшем слу́чае

Schlinge *f* <-, -n> (*Henkers~*) петля́ *ж;* (*Draht~*) ушко́ *c; FIG* ◇ **den Kopf aus der ~ ziehen** вы́вернуться из тру́дного положе́ния

schlingen [1] <schlang, geschlungen> **I.** *vt* обви́<ва́>ть; (*umfassen*) обхва́|тывать <-ти́ть>; ◇ **die Arme um jd-n ~** обхвати́ть кого́-л рука́ми; ◇ **etw um etw** *akk* **~** обмота́ть что-л чем-л **II.** *vr* (*Efeu*) ◇ **sich** *akk* **um etw** *akk* **~** ви́ться вокру́г чего́-л

schlingen [2] <schlang, geschlungen> *vt, vi* (*gierig essen*) жа́дно глот|а́ть <-ну́ть>

Schlips *m* <-es, -e> (*Krawatte*) га́лстук *м;* ◇ **jd-m auf den ~ treten** си́льно заде́ть кого́-л

Schlitten *m* <-s, -> ① (*Kinder~*) сала́зки *мн,* са́нки *мн;* (*Pferde~*) са́ни *мн;* ◇ **~ fahren** ката́ться на са́нках ② *FAM* (*großes Auto*) маши́на *ж*

schlittern *vi* (*rutschen*) скольз|и́ть <-ну́ть>

Schlittschuh *m* конёк *м;* ◇ **~ laufen** ката́ться на конька́х; **Schlittschuhläufer(in** *f*) *m* конькобе́жец *м,* конькобе́жка *ж*

Schlitz *m* <-es, -e> (*Spalt*) щель *ж;* (*Hosen~*) шири́нка *ж;* (*Mauer~*) тре́щина *ж;* (*Brief~*) отве́рстие *c;* **schlitzäugig** *adj* с раско́сыми глаза́ми; **Schlitzohr** *n FAM* хитре́ц *м,* ловка́ч *м*

schlohweiß *adj* (*Haar*) бе́лый как снег

schloß *impf v.* **schließen**

Schloß *n* <-sses, Schlösser> ① (*Tür~*) замо́к *м* ② (*Palast*) дворе́ц *м* ③ ◇ **hinter ~ und Riegel sitzen** сиде́ть за решёткой

Schlosser(in *f*) *m* <-s, -> сле́сарь *м;* **Schlosserei** *f* слеса́рная мастерска́я *ж*

Schlot *m* <-[e]s, -e> дымова́я труба́ *ж*

schlottern *vi* ① (*vor Kälte, Angst*) трясти́сь *несов,* дрожа́ть *несов* ② (*locker sitzen*) болта́ться *несов*

Schlucht *f* <-, -en> (*Gebirgs~*) уще́лье *c*

schluchzen *vi* <за->рыда́ть *несов*

Schluck *m* <-[e]s, -e> глото́к *м;* **Schluckauf** *m* <-s> ико́та *ж;* ◇ **e-n ~ haben** ика́ть *несов;* **schlucken I.** *vt* ① (*Wasser, Tablette*) глота́ть *несов,* про|гла́тывать <-глоти́ть> ② *FIG* (*Beleidigung*) про|гла́тывать <-глоти́ть> **II.** *vi* глота́ть *несов,* про|гла́тывать <-глоти́ть›; **Schluckimpfung** *f* MED перора́льная вакцина́ция *ж*

schludern *vi* халту́рить *несов*

schlug *impf v.* **schlagen**

Schlummer *m* ‹-s› дремо́та *ж;* **schlummern** *vi* (1) (*leicht schlafen*) ‹по-›дрема́ть (2) *FIG* (*vorhanden sein*) ◇ **in ihr schlummert ein musikalisches Talent** в ней дре́млет музыка́льный тала́нт

Schlund *m* ‹-[e]s, Schlünde› гло́тка *ж,* пасть *ж; FIG* (*Abgrund*) про́пасть *ж*

schlüpfen *vi* (1) (*Vogel*) вылу́пливаться ‹вы́лупиться› (2) (*sich zwängen, durch Zaunloch etc.*) шмы́|гать ‹-гну́ть› (3) (*anziehen*) бы́стро наде́‹ва́›ть что-л

Schlüpfer *m* ‹-s, -› (*Slip, Unterhose*) трусы́ *мн*

Schlupfloch *n* (1) (*Ausgang*) дыра́ *ж* (2) *FIG* прито́н *м*

schlüpfrig *adj* (1) (*glatt, glitschig*) ско́льзкий (2) *FIG* (*Witz*) скабрёзный

schlurfen *vi* ша́рк|ать ‹-нуть›

schlürfen *vt, vi* (*Suppe*) хлеб|а́ть ‹-ну́ть›

Schluß *m* ‹-sses, Schlüsse› (1) (*Ende*) коне́ц *м;* ◇ **jetzt ist aber ~!** хва́тит!; (*aufhören*) ◇ **mit etw ~ machen** прекрати́ть что-л; (*Beziehung beenden*) ◇ **mit jd-m ~ machen** порва́ть с кем-л (2) (*von Reihen*) коне́ц *м;* (*vom Zug*) хвост *м* (3) (*Folgerung*) вы́вод *м,* заключе́ние *с;* ◇ **e-n ~ aus etw** *dat* **ziehen** сде́лать вы́вод из чего́-л

Schlüssel *m* ‹-s, -› (*Tür~, Schrauben~*), *a.* MUS ключ *м;* ◇ **den ~ aus dem Schloß ziehen** вы́нуть ключ из замка́; **Schlüsselbein** *n* ANAT ключи́ца *ж;* **Schlüsselblume** *f* BOT первоцве́т *м;* **Schlüsselbund** *m* свя́зка *ж* ключе́й; **Schlüsselfigur** *f* (*im Film, Roman*) ключева́я фигу́ра *ж;* **Schlüsselloch** *n* замо́чная скважи́на *ж;* **Schlüsselposition** *f* ключева́я пози́ция *ж*

Schlußfolgerung *f* вы́вод *м,* заключе́ние *с*

schlüssig *adj* (1) (*folgerichtig*) логи́чный (2) (*entschlossen*) реши́вшийся; ◇ **sich noch nicht ~ sein** не приня́ть ещё оконча́тельного реше́ния

Schlußlicht *n* (1) (*von Auto, Zug*) за́дний фона́рь *м* (2) *FIG* (*Letzte, r*) после́дний(-яя *ж*) *м;* ◇ **das ~ bilden** шага́ть в хвосте́; **Schlußstrich** *m FIG* (*beenden*) ◇ **e-n ~ unter e-e Sache ziehen** подвести́ черту́ под чем-л; **Schlußverkauf** *m* COMM сезо́нная распрода́жа *ж;* **Schlußwort** *n* заключи́тельное сло́во *с;* (*Buch*) эпило́г *м*

Schmach *f* ‹-› (*Schande*) позо́р *м,* стыд *м*

schmachten *vi* (1) (*leiden*) томи́ться *несов* (2) (*sich sehnen*) стра́стно жела́ть (*nach* чего́-л)

schmächtig *adj* (*mager*) у́зкий, то́нкий; (*schwächlich*) щу́плый, сла́бый

schmackhaft *adj* вку́сный; ◇ **jd-m etw ~ machen** соблазня́ть кого́-л чем-л

schmählich I. *adj* (*schändlich*) позо́рный **II.** *adv* ◇ **jd-n ~ betrügen** позо́рно обману́ть кого́-л

schmal *adj* (1) (*Weg*) у́зкий (2) (*Mensch, Gegenstand*) то́нкий (3) (*spärlich*) ску́дный

schmälern *vt* (1) (*verringern*) уменьша́ть ‹уме́ньшить› (2) *FIG* (*Bedeutung, Leistung*) при|нижа́ть ‹-ни́зить›

Schmalfilm *m* узкоплёночный фильм *м*

Schmalz [1] *n* ‹-es, -e› (*Fett*) топлёное са́ло *с*

Schmalz [2] *m* ‹-es› *FAM* (*Sentimentalität, ~lied*) чрезме́рная сентимента́льность *ж*

schmalzig *adj* (1) (*fettig*) са́льный (2) *FAM* (*gefühlsduselig*) душещипа́тельный

schmarotzen *vi* тунея́дствовать *несов;* BOT паразити́ровать *несов;* **Schmarotzer(in** *f*) *m* ‹-s, -› (1) (*Parasit*) пара́зит *м* (2) (*Mensch*) тунея́дец *м,* тунея́дка *ж,* пара-зи́т(ка *ж*) *м*

schmatzen *vi* чмо́к|ать ‹-нуть›

Schmaus *m* ‹-es, Schmäuse› (*Festessen*) пир *м,* угоще́ние *с;* **schmausen** *vi* пирова́ть *несов*

schmecken I. *vt* (1) (*Geschmack wahrnehmen*) чу́вствовать вкус чего́-л (2) (*kosten*) ‹по-›про́бовать **II.** *vi* (1) (*Essen*) име́ть како́й-л вкус; ◇ **es schmeckt mir** мне э́то вку́сно; ◇ **nach etw** *dat* **~** име́ть вкус чего́-л (2) *FIG* (*gefällt mir nicht*) ◇ **das schmeckt mir nicht** э́то не по моему́ вку́су

Schmeichelei *f* лесть *ж;* **schmeichelhaft** *adj* ле́стный; **schmeicheln** *vi* (1) (*Angenehmes sagen*) ‹по-›льсти́ть (*jd-m* кому́-л) (2) ◇ **diese Frisur schmeichelt ihr** э́та причёска ей о́чень к лицу́

schmeißen ‹schmiß, geschmissen› *vt* (1) (*werfen*) швыр|я́ть ‹-ну́ть›, броса́ть ‹бро́сить› (2) *FAM* (*bewältigen*) ◇ **e-e Sache ~** спра́виться с чем-л (3) *FAM* (*nicht weitermachen*) ◇ **etw ~** бро́сить како́е-л де́ло

Schmelz *m* ‹-es, -e› (*Glasur*) эма́ль *ж;* **schmelzen** ‹schmilzt, schmolz, geschmolzen› **I.** *vi* (1) (*flüssig werden*) (*Eis*) ‹рас-›та́ять; (*Erz*) ‹рас-›пла́виться (2) *FIG* (*Herz*) ‹рас-›та́ять **II.** *vt* (*flüssig machen*) ‹рас-›пла́вить; **Schmelzpunkt** *m* то́чка *ж* плавле́ния; **Schmelzwasser** *n* та́лая вода́ *ж*

S

Schmerz *m* ‹-es, -en› ① (*körperlich*) боль *ж;* ◇ **ich habe ~en** у меня́ боли́т что-л ② *FIG* (*seelisch*) боль *ж,* скорбь *ж,* страда́ние *с;* **schmerzempfindlich** *adj* чувстви́тельный к бо́ли; **schmerzen** *vt, vi* ① (*wehtun*) ‹за-›боле́ть ② *FIG* (*Kummer bereiten*) ◇ **es schmerzt mich, daß...** мне бо́льно от того́, что...; **Schmerzensgeld** *n* де́нежное возмеще́ние *с* за нематериа́льный вред; **schmerzhaft** *adj* боле́зненный; **schmerzlich** *adj* ◇ **~er Verlust** чувстви́тельная потéря; **schmerzlos** *adj* безболе́зненный; *FIG* ◇ **kurz und ~** бы́стро и безболе́зненно; **schmerzstillend** *adj* (*Medikament*) болеутоля́ющий

Schmetterling *m* ZOOL ба́бочка *ж*

schmettern *vt* ① (*laut erklingen lassen*) греме́ть *несов* ② (*Lied*) зали́‹ва́›ться чем-л ③ (*mit Wucht werfen*) ударя́ть ‹уда́рить›

Schmied(in *f*) *m* ‹-[e]s, -e› (*Pferde~*) кузне́ц *м;* **Schmiede** *f* ‹-, -n› ку́зница *ж;* **Schmiedeeisen** *n* ко́ваное желе́зо *с;* **schmieden** *vt* ① (*mit Hammer formen*) кова́ть *несов* ② (*ausdenken*) ◇ **Pläne ~** стро́ить пла́ны

schmiegen I. *vt* (*sanft drücken*) ◇ **seine Wange ans Kissen ~** прижа́ться щеко́й к поду́шке **II.** *vr* (*sich kuscheln*) ◇ **sich** *akk* **an etw** *akk* **~** прильну́ть *сов* к чему́-л

Schmiere *f* ‹-, -n› ① (*Fett*) мазь *ж;* (*Wagen~*) сма́зка *ж* ② (*Schmutz*) ли́пкая грязь *ж* ③ *FAM* (*Wache*) ◇ **~ stehen** стоя́ть на карау́ле; **schmieren I.** *vt* ① (*Brote*) ‹по-›ма́зать ② (*einreiben*) нама́з‹ыв›ать ③ (*Achse*) сма́з‹ыв›ать ④ *FIG* (*bestechen*) подма́з‹ыв›ать ⑤ (*ohrfeigen*) ◇ **jd-m eine ~** отве́сить оплеу́ху кому́-л **II.** *vi* (*unsauber schreiben*) ‹на-›мара́ть; **Schmierfink** *m* *FAM* грязну́ля *м/ж;* **Schmiergeld** *n* (*Bestechungsgeld*) взя́тка *ж;* **schmierig** *adj* ① (*ölig*) са́льный ② (*feucht-schmutzig*) гря́зный, ли́пкий ③ *FIG* (*kriecherisch*) ско́льзкий; **Schmieröl** *n* сма́зочное ма́сло *с;* **Schmierseife** *f* жи́дкое мы́ло *с*

Schminke *f* ‹-, -n› косме́тика *ж;* **schminken I.** *vt* (*Augen, Mund*) ‹на-›кра́сить **II.** ◇ **sich ~** ‹на-›кра́ситься

Schmirgelpapier *n* (*Schleifpapier*) нажда́чная бума́га *ж*

schmiß *impf v.* **schmeißen**

Schmöker *m* ‹-s, -› *FAM* (*Buch*) развлека́тельное чти́во *с;* **schmökern** *vi* *FAM* (*lesen*) чита́ть запо́ем

schmollen *vi* (*beleidigt sein*) ‹на-›ду́ться; **schmollend** *adj* оби́женный

schmolz *impf v.* **schmelzen**

Schmorbraten *m* GASTRON тушёное мя́со *с;* **schmoren** *vt, vi* ① (*Fleisch*) туши́ть *несов* ② (*Kabel*) нака́|ливаться ‹-ли́ться› ③ *FIG* (*lange warten lassen*) ◇ **jd-n ~ lassen** заста́вить кого́-л до́лго ждать

Schmuck *m* ‹-[e]s› ① (*Gold~*) украше́ния *с мн* ② (*Verzierung*) украше́ние *с;* (*Kopf~*) убо́р *м;* **schmücken** *vt* у|краша́ть ‹-кра́сить›; **Schmuckkästchen** *n* шкату́лка *ж* для украше́ний; **schmucklos** *adj* без украше́ний; **Schmuckstück** *n* драгоце́нность *ж*

schmuddelig *adj* *FAM* (*unsauber, unordentlich*) неопря́тный, неря́шливый

Schmuggel *m* ‹-s› контраба́нда *ж;* **schmuggeln** *vt, vi* зан|има́ться ‹-я́ться› контраба́ндой; **Schmuggler(in** *f*) *m* ‹-s, -› контрабанди́ст(ка *ж*) *м*

schmunzeln *vi* посме́иваться *несов* (*über akk* над кем-чем-л)

Schmutz *m* ‹-es› ① (*Dreck*) грязь *ж,* нечистота́ *ж* ② *FIG* (*Verwerfliches*) грязь *ж;* **Schmutzfink** *m* грязну́ля *м/ж,* замара́шка *м/ж;* **Schmutzfleck** *m* гря́зное пятно́ *с;* **schmutzig** *adj* ① (*dreckig*) гря́зный; *FIG* ◇ **sich die Finger nicht ~ machen** не мара́ть ру́ки ② *FIG* (*unredlich*) нечи́стый; ◇ **~e Geschäfte** тёмные дела́ ③ *FAM* (*Witz*) непристо́йный

Schnabel *m* ‹-s, Schnäbel› ① (*Vogel*) клюв *м* ② (*von Tassen*) но́сик *м* ③ *FAM* (*Mund*) рот *м*

Schnalle *f* ‹-, -n› (*Gürtel~*) пря́жка *ж*

schnallen *vt* ① (*festbinden*) при|стёгивать ‹-стегну́ть› ② *FAM* (*begreifen*) пон|има́ть ‹-ня́ть›; ◇ **hat er es endlich geschnallt?** до него́ э́то в конце́ концо́в дошло́?

schnalzen *vi* (*mit Fingern*) щёлк|ать ‹-нуть›

schnappen I. *vt* ① (*fassen, packen*) схва́|тывать ‹-ти́ть› ② (*schnell ergreifen*) хвата́ть *несов,* схва́|тывать ‹-ти́ть› **II.** *vi* ① (*Tür, ins Schloß*) защёлк|иваться ‹-нуться› ② (*Hund*) хвата́ть, схва́|тывать ‹-ти́ть› (*nach* что-л) ③ ◇ **nach Luft ~** тяжело́ дыша́ть

Schnäppchen *n* *FAM* уда́чная поку́пка *ж*

Schnappschuß *m* FOTO момента́льный сни́мок *м*

Schnaps *m* ‹-es, Schnäpse› шнапс *м,* во́дка *ж*

schnarchen *vi* ‹за-›храпе́ть

schnattern *vi* ① (*Enten*) кря́к|ать ‹-нуть›; (*Gänse*) гогота́ть *несов* ② (*vor Kälte*) ‹по-›трясти́сь ③ (*unaufhörlich reden*) треща́ть *несов*

schnauben I. *vi* (*Pferd*) фы́рк|ать <-нуть> **II.** *vr* (*sich schneuzen*) ◇ **sich ~** <вы́->смо́ркаться нос

schnaufen *vi* (*schwer atmen*) пыхте́ть *несов*

Schnauzbart *m* усы́ *мн*

Schnauze *f* <-, -n> ① (*Hunde~*) мо́рда *ж;* (*Schweine~*) ры́ло *с* ② *FAM* (*Mund*) пасть *ж;* ◇ **die ~ halten** держа́ть язы́к за зуба́ми; ◇ **die ~ von etw gestrichen voll haben** быть сы́тым по го́рло чем-л; ◇ **frei nach ~** на глазо́к

Schnecke *f* <-, -n> ZOOL ули́тка *ж;* **Schnekkenhaus** *n* ра́ковина *ж* ули́тки; **Schnekkentempo** *n* ◇ **im ~** черепа́шьим ша́гом

Schnee *m* <-s> ① (*Niederschlag*) снег *м* ② (*Ei~*) взби́тые белки́ *мн;* **Schneeball** *m* снежо́к *м;* **Schneebesen** *m* сбива́лка *ж;* **Schneeflocke** *f* снежи́нка *ж;* **Schneegestöber** *n* мете́ль *ж,* вьюга *ж;* **Schneeglöckchen** *n* BOT подсне́жник *м;* **Schneekette** *f* AUTO цепь *ж* про́тив скольже́ния; **Schneemann** *m* сне́жная ба́ба *ж,* снегови́к *м;* **Schneepflug** *m* очисти́тельный плуг *м;* **Schneeschmelze** *f* <-, -n> та́яние *с* сне́га; **Schneesturm** *m* сне́жная бу́ря *ж,* мете́ль *ж;* **Schneewehe** *f* сне́жный сугро́б *м;* **schneeweiß** *adj* белосне́жный; **Schneewittchen** *n* Белосне́жка *ж*

Schneide *f* <-, -n> (*Klinge*) ле́звие *с*

schneiden <schnitt, geschnitten> **I.** *vt* ① (*Papier, Brot, Stoff etc.*) <раз->ре́зать; (*Film*) <с->монти́ровать; (*Haare*) стричь *несов,* под|стрига́ть <-стри́чь>; (*Hecke*) под|реза́ть <-ре́зать> ② *FIG* (*jd-n meiden*) игнори́ровать *несов и сов,* избега́ть *несов* **II.** *vi* (*Messer*) ре́зать **III.** *vr* ◇ **sich ~** (*Linien, Straßen*) пере|сека́ться <-се́чься>; (*sich verletzen*) ~ поре́заться; **schneidend** *adj* ① (*Kälte*) прони́зывающий, ре́зкий ② *FIG* (*bissig*) о́стрый, ре́зкий; **Schneider(in** *f*) *m* <-s, -> портно́й *м,* портни́ха *ж;* **schneidern I.** *vt* (*Kleider*) <с->шить **II.** *vi* (*nähen*) занима́ться шитьём

Schneidezahn *m* резе́ц *м*

schneien *vi* ◇ **es schneit** идёт снег

Schneise *f* <-, -n> про́сека *ж*

schnell I. *adj* ① (*Auto, Bewegung*) бы́стрый ② (*Entschluß*) бы́стрый, ско́рый **II.** *adv* ① (*fahren, verstehen*) бы́стро ② (*leicht*) легко́, бы́стро; ◇ **~ wütend werden** быть вспы́льчивым; **schnellebig** *adj* недолгове́чный

schnellen *vi* ◇ **in die Höhe ~** взви́ться вверх

Schnellhefter *m* <-s, -> (*Ordner*) скоросшива́тель *м;* **Schnelligkeit** *f* быстрота́ *ж,* ско́рость *ж;* **Schnellimbiß** *m* заку́сочная *ж;* **Schnellkochtopf** *m* скорова́рка *ж;* **schnellstens** *adv* (*so schnell wie möglich*) как мо́жно скоре́е; **Schnellstraße** *f* скоростна́я доро́га *ж;* **Schnellzug** *m* BAHN ско́рый по́езд *м*

schneuzen *vr* ◇ **sich ~** <вы́->сморка́ться

schnippisch *adj* (*frech*) де́рзкий

schnitt *impf v.* **schneiden**

Schnitt *m* <-[e]s, -e> ① (*von Papier etc.*) ре́зание *с;* (*von Bäumen*) подре́зка *ж;* TYP обре́з *м* ② (*Haar~*) причёска *ж;* (*~muster*) вы́кройка *ж;* (*~wunde*) поре́з *м,* ре́заная ра́на *ж* ③ (*~punkt*) то́чка *ж* пересече́ния ④ (*Durch~*) сре́днее *с* арифмети́ческое ⑤ *FAM* ◇ **e-n guten ~ machen** поживи́ться на чём-л

Schnittblume *f* цвет *м* для сре́зки

Schnitte *f* <-, -n> (*Brot~*) ломо́ть *м*

Schnittfläche *f* пове́рхность *ж* разре́за; **Schnittlauch** *m* лукре́занец *м;* **Schnittmuster** *n* вы́кройка *ж;* **Schnittpunkt** *m* то́чка *ж* пересече́ния; **Schnittstelle** *f* *FIG* (*gemeinsamer Punkt*) о́бщая то́чка *ж;* **Schnittwunde** *f* поре́з *ж,* ре́заная ра́на *ж*

Schnitzel *n* <-s, -> ① GASTRON отбивно́й шни́цель *м* ② (*Papier~*) обре́зок *м*

schnitzen *vt, vi* выреза́ть <вы́резать>

Schnitzer *m* <-s,-> *FAM* (*Fehler*) оши́бка *ж*

Schnitzer(in *f*) *m* <-s, -> ре́зчик *м,* ре́зчица *ж*

Schnorchel *m* <-s, -> дыха́тельная тру́бка *ж*

Schnörkel *m* <-s, -> ARCHIT (*an Gebäuden*) волю́та *ж;* (*Schrift*) завито́к *м*

schnorren *vt, vi FAM* (*Zigaretten*) попроша́йничать *несов,* <вы́->кля́нчить

schnüffeln *vi* ① (*Hund*) <по->ню́хать ② *FAM* (*Rauschstoffe*) втя́|гивать <-ну́ть> но́сом ③ *FAM* (*durchsuchen*) ◇ **in etw** *dat* **~** копа́ться в чём-л; **Schnüffler(in** *f*) *m* <-s, -> *FAM* шпио́н(ка *ж*) *м*

Schnuller *m* <-s, -> со́ска *ж,* пусты́шка *ж*

Schnupfen *m* <-s, -> на́сморк *м*

schnuppern *vi* (*riechen*) <по->ню́хать

Schnur *f* <-, Schnüre> ① (*Seil, Faden*) верёвка *ж* ② ELECTR шнур *м;* **schnurgerade** *adj* (*ganz gerade*) соверше́нно прямо́й, прямо́й как стрела́

schnüren *vt* ① (*Paket*) перевя́|зывать <-за́ть> ② (*Schuhe, Mieder*) <за->шнурова́ть

Schnurrbart *m* усы́ *мн*

schnurren *vi* (*Katze*) мурлы́кать *несов*

S

Schnürschuh *m* боти́нок *м* на шнуро́вке; **Schnürsenkel** *m* шнуро́к *м*

schnurstracks *adv* (*geradewegs*) пря́мо, напрями́к

schob *impf v.* **schieben**

Schock *m* ‹-[e]s, -e *o.* -s› шок *м;* (*Erschütterung*) потрясе́ние *с;* ◇ **unter ~ stehen** находи́ться в состоя́нии шо́ка; **schokken** *vt* (*jd-n erschrecken*) вызыва́ть ‹вы́звать›; **schockieren** *vt* шоки́ровать *несов и сов*

Schöffe *m* ‹-n, -n› (*Geschworener*) прися́жный *м,* заседа́тель *м;* **Schöffengericht** *n* суд *м* прися́жных; **Schöffin** *f* прися́жная *ж*

Schokolade *f* ① (*Tafel*) шокола́д *м* ② (*Getränk*) кака́о *с*

Scholle *f* ‹-, -n› ① (*Erd~*) ком *м,* глы́ба *ж* ② (*Eis~*) льди́на *ж* ③ (*Fisch*) камбала́ *ж*

schon *adv* ① (*bereits*) уже́; ◇ **ich war ~ einmal da** я здесь уже́ оди́н раз был ② (*früher als erwartet*) уже́; ◇ **du bist ja ~ da** ты уже́ пришёл ③ (*unmittelbar danach*) сра́зу, как то́лько; ◇ **kaum war sie weg, ~ fing es an zu regnen** не успе́ла она́ уйти́, как начался́ дождь ④ (*allein, nur*) да́же, уже́, то́лько; ◇ **~ die Vorstellung, daß** сто́ит то́лько поду́мать, что ⑤ (*zwar*) пра́вда; ◇ **ich weiß ~, aber** я э́то, правда́, зна́ю, но ⑥ (*bestimmt*) наверняка́; ◇ **das wird ~ gutgehen** наверняка́ всё бу́дет хорошо́ ⑦ ◇ **das war ~ immer so** э́то всегда́ ещё так бы́ло; ◇ **komm ~!** идём, в конце́ концо́в!

schön *adj* ① (*erfreulich, angenehm*) прили́чный, прия́тный ② (*hübsch, nett*) краси́вый, хоро́ший, ми́лый; ◇ **~e Grüße** серде́чный приве́т ③ (*groß*) кру́пный; ◇ **ein ~es Durcheinander!** кру́пная неразбери́ха! ④ *FAM* (*ziemlich, sehr*) си́льный; ◇ **er hat sich ~ blamiert** он си́льно опозо́рился ⑤ (*gut*) ◇ **schlaf ~!** спи споко́йно! ⑥ (*toll, herrlich*) прекра́сный

Schonbezug *m* чехо́л *м;* **schonen I.** *vt* (*Kleidung*) бе́режно от|носи́ться ‹-нести́сь› к чему́-л; (*Nerven*) ‹по-›бере́чь; (*Kräfte*) ‹по-›щади́ть **II.** *vr* ◇ **sich ~** бере́чь себя́; **schonend** *adj* (*behutsam*) бе́режно; ◇ **jd-m etw ~ beibringen** осторо́жно сообщи́ть кому́-л что-л

Schoner *m* чехо́л *м*

Schöngeist *m* эсте́т *м;* **Schönheit** *f* ① (*das Schönsein*) красота́ *ж* ② *FAM* (*schöner Mensch*) краса́вица *ж;* **Schönheitsfarm** *f* институ́т *м* красоты́; **Schönheitsfehler** *m* (*Makel*) небольшо́й недоста́ток *м* во вне́шности; **Schönheitsoperation** *f* космети́ческая опера́ция *ж;* **schönmachen** *vr* (*sich herrichten*) ◇ **sich ~** прихо|ра́шиваться ‹-рошиться›

Schonung *f* ① (*Gesundheit*) бе́режное отноше́ние *с* ② (*Nachsicht*) снисхожде́ние *с* ③ (*Waldbestand*) молодня́к *м;* **schonungslos** *adj* беспоща́дный; ◇ **mit ~er Offenheit** с беспоща́дной прямото́й; **Schonzeit** *f* (*für Wild*) запрещённое вре́мя *с* для охо́ты

schöpfen *vt* ① (*Wasser*) че́рп|ать ‹-ну́ть› (*aus* из чего́-л) ② (*Mut*) че́рпать ‹почерпну́ть› ③ (*Atem*) пере|води́ть ‹-вести́› дух ④ (*Kunstwerk*) созда́‹ва́›ть; **Schöpfer(in** *f*) *m* ‹-s, -› (*Urheber/in*) творе́ц *м,* созда́тель(ница *ж*) *м;* **schöpferisch** *adj* (*kreativ*) тво́рческий

Schöpfkelle *f,* **Schöpflöffel** *m* поло́вник *м,* поварёшка *ж*

Schöpfung *f* ① (*das Schaffen*) созда́ние *с* ② (*Kreation*) созда́ние *с,* творе́ние *с* ③ (*Erschaffung der Welt*) сотворе́ние *с* (ми́ра)

schor *impf v.* **scheren**

Schorf *m* ‹-[e]s, -e› (*von Wunde*) струп *м*

Schornstein труба́ *ж;* **Schornsteinfeger(in** *f*) *m* ‹-s, -› трубочи́ст(ка *ж*) *м*

schoß *impf v.* **schießen**

Schoß *m* ‹-es, Schöße› коле́ни *с мн;* ◇ **auf jd-s ~ sitzen** сиде́ть у кого́-л на коле́нях; *FIG* (*Schutz*) ◇ **im ~ der Familie** в ло́не семьи́

Schote *f* ‹-, -n› ① (*von Erbsen etc.*) стручо́к *м* ② (*~nfrucht*) бобо́вые стручки́ *м мн*

Schotte *m* ‹-n, -n› шотла́ндец *м*

Schotter *m* ‹-s› (*grobes Geröll*) щёбень *м*

Schottin *f* шотла́ндка *ж;* **schottisch** *adj* шотла́ндский; **Schottland** *n* Шотла́ндия *ж;* ◇ **in/nach ~** в Шотла́ндии/в Шотла́ндию

schraffieren *vt* (*Fläche*) штрихова́ть *несов,* заштрихо́|вывать ‹-ва́ть›

schräg *adj* ① (*Wände*) косо́й; ◇ **den Kopf ~ halten** наклоня́ть го́лову на́бок; ◇ **~ gegenüber** на́искось ② *FAM* (*komischer Mensch*) ◇ **ein ~er Vogel** чуда́к *м;* **Schräge** *f* ‹-, -n› (*Ggs. zu Gerade*) пока́тость *ж,* скос *м;* (*Gefälle*) укло́н *м;* **Schrägstrich** *m* коса́я черта́ *ж*

Schramme *f* ‹-, -n› цара́пина *ж,* шрам *м;* **schrammen** *vt* ‹о-›цара́пать

Schrank *m* ‹-[e]s, Schränke› ① шкаф *м* ② *FAM* (*breitschultriger Mann*) верзи́ла *м*

Schranke *f* ‹-, -n› ① (*Barriere*) барье́р *м;*

(*Bahn~*) шлагба́ум *м* ② *FIG* (*Hemmung*) грани́ца *ж,* ра́мки *ж мн;* ◇ **sich ~n auferlegen** ограни́чивать себя́; **schrankenlos** *adj* ① (*ohne Schranke*) без шлагба́ума ② (*zügellos*) необу́зданный; **Schrankenwärter(in** *f*) *m* BAHN дежу́рный(-ая *ж*) *м* по железнодоро́жному перее́зду

Schraube *f* <-, -n> ① винт *м;* (*Holz~*) шуру́п *м;* (*Bolzen*) болт *м;* ◇ **bei jd-m ist eine ~ locker** у кого́-л ви́нтика не хвата́ет ② (*Schiffs~*) винт *м* ③ SPORT прыжо́к *м* винто́м; **schrauben** *vt* ① (*fest~*) зави́н|чивать <-ти́ть>; (*ab~*) отви́н|чивать <-ти́ть> ② (*mit Schrauben befestigen*) приви́н|чивать <-ти́ть>; **Schraubenschlüssel** *m* га́ечный ключ *м;* **Schraubenzieher** *m* <-s, -> отвёртка *ж;* **Schraubstock** *m* TECH тиски́ *мн;* **Schraubverschluß** *m* (*von Flasche*) кры́шка *ж* на резьбе́

Schrebergarten *m* небольшо́й садо́во-огоро́дный уча́сток *м*

Schreck *m* <-[e]s, -e>, **Schrecken** *m* <-s, -> ① (*plötzliches Angstgefühl*) испу́г *м,* у́жас *м;* ◇ **jd-m e-n ~ einjagen** привести́ кого́-л в у́жас ② (*Grauen vor Katastrophe, Krieg*) у́жас *м;* **schrecken** *vt* <ис->пуга́ть; ◇ **das schreckt mich nicht** э́то меня́ не (ис)пуга́ет; **Schreckgespenst** *n a. FIG* (*drohende Gefahr*) страши́лище *с;* **schreckhaft** *adj* пугли́вый, боязли́вый; **schrecklich** I. *adj* (*Unglück*) ужа́сный; (*Traum*) жу́ткий; (*Erlebnis*) стра́шный II. *adv FAM* (*sehr*) ужа́сно, стра́шно; ◇ **~ müde** ужа́сно уста́вший; **Schreckschußpistole** *f* пуга́ч *м*

Schrei *m* <-[e]s, -e> ① (*Ruf*) крик *м* ② *FIG* (*starkes Verlangen*) зов *м*

Schreibblock *m* блокно́т *м;* **schreiben** <schrieb, geschrieben> **I.** *vt* ① (*Brief, Roman*) <на->писа́ть; ◇ **sich** *dat* **~** перепи́сываться *несов* ② (*buchstabieren*) писа́ться *несов;* ◇ **wie schreibt man...?** как пи́шется...? ③ (*Rechnung*) выпи́сывать <вы́писать>; (*Vertrag*) со|ставля́ть <-ста́вить>; ◇ **jd-n krank ~** выписать кому́-л больни́чный лист **II.** *vi* ① <на->писа́ть; (*mit Maschine*) <на->печа́тать; ◇ **lesen und ~** чита́ть и писа́ть ② (*Kugelschreiber*) писа́ть ③ *FIG* (*schriftstellerisch tätig sein*) писа́ть; **Schreiben** *n* <-s, -> (*Schriftstück*) посла́ние *с;* (*Brief*) письмо́ *с;* **schreibfaul** *adj* не лю́бящий писа́ть пи́сьма; **Schreibfehler** *m* опи́ска *ж;* **Schreibkraft** *f* машини́ст(ка *ж*) *м;* **Schreibmaschine** *f* пи́шущая маши́нка *ж;* **Schreibtisch** *m* пи́сьменный стол *м;* **Schreibtischunterlage** *f* бюва́р *м;* **Schreibung** *f* написа́ние *с;* **Schreibwaren** *pl* канцеля́рские това́ры *м мн;* **Schreibweise** *f* написа́ние *с*

schreien <schrie, geschrie[e]n> **I.** *vi* ① (*laut rufen*) <за->крича́ть; ◇ **vor Schmerzen ~** крича́ть от бо́ли ② (*Baby*) <за->пла́кать ③ (*verlangen*) ◇ **nach Rache ~** призыва́ть к мще́нию ④ *FIG* (*ist empörend*) ◇ **es schreit zum Himmel** э́то про́сто сканда́л **II.** *vt* <за->крича́ть; ◇ **um Hilfe ~** крича́ть о по́мощи; **schreiend** *adj* ① (*kreischend*) крича́щий ② (*grell, Farbe*) ре́зкий, крича́щий ③ *FIG* (*empörend*) вопию́щий

Schreiner(in *f*) *m* <-s, -> столя́р *м;* **Schreinerei** *f* столя́рная мастерска́я *ж*

schreiten <schritt, geschritten> *vi* шага́ть *несов,* ше́ствовать *несов*

schrie *impf v.* **schreien**

schrieb *impf v.* **schreiben**

Schrift *f* <-, -en> ① (*Zeichensystem*) письмо́ *с,* пи́сьменность *ж* ② (*Hand~*) по́черк *м* ③ (*Text, Geschriebenes*) сочине́ние *с,* труд *м;* ◇ **e-e alte ~** па́мятник дре́вней пи́сьменности ④ TYP (*~art*) шрифт *м;* **Schriftdeutsch** *n* неме́цкий литерату́рный язы́к *м;* **Schriftführer(in** *f*) *m* (*Protokollant/in*) секрета́рь(ша *ж*) *м;* **schriftlich I.** *adj* (*geschrieben*) пи́сьменный **II.** *adv a. FIG* ◇ **jd-m etw ~ geben** дать кому́-л что-л в пи́сьменной фо́рме; **Schriftsetzer(in** *f*) *m* набо́рщик *м,* набо́рщица *ж;* **Schriftsprache** *f* литерату́рный язы́к *м;* **Schriftsteller(in** *f*) *m* <-s, -> писа́тель(ница *ж*) *м;* **Schriftstück** *n* (*Dokument, Urkunde*) пи́сьменный докуме́нт *м*

schrill *adj* ① (*Stimme*) пронзи́тельный ② (*Farbe*) ре́зкий, крича́щий; **schrillen** *vi* изда́<ва́>ть пронзи́тельный звук

schritt *impf v.* **schreiten**

Schritt *m* <-[e]s, -e> ① шаг *м;* (*überall*) ◇ **auf ~ und Tritt** на ка́ждом шагу́; ◇ **ein paar ~e von hier** в не́скольких шага́х отсю́да ② (*Gangart*) походка *ж* ③ *FIG* (*Vorgehen, Maßnahme*) шаг *м;* ◇ **~ für ~** шаг за ша́гом ④ (*von Hose*) шаг *м;* **Schrittempo** *n* ско́рость *ж* пешехо́да; ◇ **im ~** ша́гом; **Schrittmacher** *m* <-s, -> SPORT ли́дер *м,* задаю́щий темп *м*

schroff *adj* ① (*Felsen*) круто́й ② (*abrupt*) ре́зкий ③ *FIG* (*unfreundlich*) ре́зкий, круто́й

schröpfen *vt FAM* (*ausnehmen*) выка́чивать <вы́качать> де́ньги из кого́-л

Schrot *m o. n* <-[e]s, -e> ① (*Getreide*) мукá *ж* грýбого помóла ② (*Munition*) дробь *ж;* **Schrotflinte** *f* дробовик *м*

Schrott *m* <-[e]s> ① (*Altmetall*) металлолóм *м* ② *FAM* (*wertloses Zeug*) барахлó *с*

schrubben *vt* <вы́->скоблить; **Schrubber** *m* <-s, -> щётка *ж* для мытья́ пóла

Schrulle *f* <-, -n> (*wunderliche Laune*) причýда *ж*

schrumpfen *vi* (*Stoff*) сади́ться <сесть>; (*Obst*) <с->мóрщиться; (*Kapital*) уменьша́ться <умéньшиться>

Schubkarren *m* тáчка *ж;* **Schublade** *f* (*von Tisch, Schrank*) выдвижнóй я́щик *м*

schüchtern *adj* стесни́тельный, застéнчивый; **Schüchternheit** *f* стесни́тельность *ж,* застéнчивость *ж*

schuf *impf v.* **schaffen**

Schuft *m* <-[e]s, -e> подлéц *м,* мерзáвец *м*

schuften *vi FAM* вкáлывать *несов*

Schuh *m* <-[e]s, -e> тýфля *ж,* боти́нок *м;* **Schuhband** *n* <-s, -bänder> шнурóк *м;* **Schuhbürste** *f* щётка *ж* для óбуви; **Schuhcreme** *f* крем *м* для óбуви; **Schuhgröße** *f* размéр *м* óбуви; **Schuhlöffel** *m* рожóк *м;* **Schuhmacher(in** *f*) *m* <-s, -> сапóжник *м*

Schulaufgaben *f pl* (*Hausaufgaben*) домáшние задáния *с мн;* **Schulbesuch** *m* SCH посещéние *с* шкóлы

schuld *adj* (*schuldig*) винóвный, виновáтый (*an dat* в чём-л); ◇ **er ist ~** он виновáт; **Schuld** *f* <-> ① (*Verantwortlichsein*) винá *ж;* ◇ **jd-m die ~ geben** вини́ть когó-л ② (*Verfehlung*) провинность *ж;* ◇ **sich** *dat* **keiner ~ bewußt sein** не чýвствовать за собóй никакóй вины́ ③ FIN долг *м;* ◇ **e-e ~ begleichen** уплати́ть долг; **schulden** *vt* ◇ **jd-m etw ~** задолжáть комý-л что-л; **Schulden** *pl* FIN долги́ *м мн;* **schuldenfrei** *adj* без долгóв; **Schuldgefühl** *n* чýвство *с* вины́; **schuldig** *adj* ① (*verantwortlich*) винóвный, виновáтый (*an dat* в чём-л); JURA ◇ **sich ~ bekennen** сознáть свою́ винý ② (*verpflichtet*) обя́занный ; (*Dank*) ◇ **jd-m etw ~ sein** быть в долгý пéред кем-л; **schuldlos** *adj* невинóвный, неви́нный; **Schuldner(in** *f*) *m* <-s, -> должни́к *м,* должни́ца *ж;* **Schuldschein** *m* заёмное письмó *с;* **Schuldspruch** *m* JURA обвини́тельный пригóвор *м*

Schule *f* <-, -n> шкóла *ж;* ◇ **zur ~ gehen** ходи́ть в шкóлу; **schulen** *vt* (*Auge, Fähigkeit*) подго|тáвливать <-тóвить>, по|вышáть <-вы́сить> квалификáцию; **Schüler(in** *f*) *m* <-s, -> учени́к *м,* учени́ца *ж;* **Schüleraustausch** *m* обмéн *м* ученикáми; **Schulferien** *pl* шкóльные канúкулы *мн;* **schulfrei** *adj* ◇ **~er Tag** свобóдный от заня́тий день; **Schulfunk** *m* MEDIA шкóльная прогрáмма *ж* по рáдио; **Schulgeld** *n* плáта *ж* за обучéние в шкóле; **Schulhof** *m* шкóльный двор *м;* **Schuljahr** *n* учéбный год *м;* **Schulpflicht** *f* обязáтельное обучéние *с;* **Schulstunde** *f* урóк *м;* **Schultasche** *f* шкóльная сýмка *ж*

Schulter *f* <-, -n> ANAT плечó *с;* ◇ **jd-m auf die ~ klopfen** похлóпать когó-л по плечý; ◇ **jd-m die kalte ~ zeigen** повернýться спинóй к комý-л; ◇ **etw auf die leichte ~ nehmen** отнести́сь несерьёзно к чемý-л; **Schulterblatt** *n* лопáтка *ж;* **schultern** *vt* (*Gewehr*) брáть <взять> на плечó

Schulung *f* обучéние *с*

Schulzeugnis *n* тáбель *м* успевáемости

Schund *m* <-[e]s> (*wertloses Zeug*) дрянь *ж,* хлам *м;* **Schundliteratur** *f* бульвáрная литератýра *ж,* макулатýра *ж*

Schuppe *f* <-, -n> (*von Fisch, Reptil*) чешуя́ *ж;* (*Haar~*) пéрхоть *ж;* **schuppen I.** *vt* (*Schuppen entfernen*) <о->чи́стить от чешуи́ **II.** *vr* (*Haut*) ◇ **sich ~** шелуши́ться *несов*

Schuppen[1] *pl* (*Haar~*) пéрхоть *ж*

Schuppen[2] *m* <-s, -> ① (*Abstellraum*) сарáй *м* ② (*Beat~*) танцевáльный бар *м*

schuppig *adj* (*Haut*) чешýйчатый

schüren *vt* (*heizen*) *a. FIG* раз|жигáть <-жéчь>

schürfen I. *vt* MIN вести́ развéдку **II.** *vi* (*durch Reiben verletzen*) оцарáп<ыв>аться

Schurke *m* <-n, -n> негодя́й *м,* подлéц *м;* **Schurkin** *f* негодя́йка *ж*

Schurwolle *f* овéчья шерсть *ж*

Schurz *m* <-es, -e> (*Lenden~*) набéдренная повя́зка *ж*

Schürze *f* <-, -n> фáртук *м,* перéдник *м*

Schuß *m* <-sses, Schüsse> ① (*Gewehr~*) вы́стрел *м* ② (*Geschoß*) пýля *ж* ③ (*von Ball*) удáр *м* ④ (*kleine Menge Alkohol*) ◇ **Cola mit ~** кóла с при́месью алкогóля ⑤ (*beim Weben*) утóчная нить *ж,* утóк *м*

Schüssel *f* <-, -n> ми́ска *ж*

Schußverletzung *f* огнестрéльное ранéние *с;* **Schußwaffe** *f* огнестрéльное орýжие *с*

Schuster(in *f*) *m* <-s, -> сапóжник *м*

Schutt *m* <-[e]s> ① (*Bau~*) облóмки *мн* ② (*Müll*) мýсор *м,* отхóды *мн,* отбрóсы *мн;*

◇ **etw in ~ und Asche legen** обраща́ть в прах и пе́пел что-л; **Schuttabladeplatz** *m* сва́лка *ж*

Schüttelfrost *m* озно́б *м;* **schütteln I.** *vt* (*Baum*) ‹об-›трясти́; (*jd-n*) ‹по-›трясти́; (*Hand*) пож‹им›а́ть; (*Kopf*) ‹по-›кача́ть **II.** *vr* ◇ **sich ~** (*vor Lachen*) ‹за-›трясти́сь; (*vor Kälte*) ‹за-›дрожа́ть

schütten I. *vt* (*Zucker, Kies*) ‹на-›сы́пать, ‹на-›ли́ть **II.** *vi unpers* (*stark regnen*) ◇ **es schüttet** льёт как из ведра́

Schutz *m* ‹-es› ① (*Unterstützung, Hilfe*) подде́ржка *ж*, защи́та *ж;* ◇ **jd-n in ~ nehmen** взять кого́-л под защи́ту ② (*Unterschlupf*) убе́жище *с;* ◇ **jd-m ~ bieten** предоста́вить кому́-л убе́жище ③ (*Geleit~*) сопровожде́ние *с*, охра́на *ж;* **Schutzanzug** *m* защи́тный костю́м *м;* **Schutzblech** *n* (*vom Fahrrad*) крыло́ *с;* **Schutzbrief** *m* AUTO доро́жный страхово́й докуме́нт *м;* **Schutzbrille** *f* защи́тные очки́ *ж мн*

Schütze *m* ① (*Revolver~, Bogen~*) стрело́к *м* ② SPORT (*Tor~*) игро́к *м* заби́вший гол ③ ASTROL Стреле́ц *м*

schützen *vt* (*jd-n verteidigen*) защи|ща́ть ‹-ти́ть› (*vor dat* от кого́-чего́-л); (*Natur*) охра|ня́ть ‹-ни́ть›; (*Patent*) охраня́ть (*vor dat* от кого́-чего́-л)

Schutzengel *m* а́нгел-храни́тель *м;* **Schutzhaft** *f* ◇ **in ~ nehmen** взять кого́-л под охра́нный аре́ст; **Schutzimpfung** *f* MED профилакти́ческая приви́вка *ж;* **schutzlos** *adj* беззащи́тный; **Schutzmaßnahme** *f* мероприя́тие *с* по охра́не; **Schutzumschlag** *m* (*Heft*) обёртка *ж;* (*Buch*) суперобло́жка *ж*

schwach *adj* ① (*körperlich*) сла́бый ② (*Kaffee, Tee*) некре́пкий, сла́бый ③ (*nicht zahlreich*) ◇ **~ besuchte Ausstellung** малопосеща́емая вы́ставка ④ (*Trost, Leistung*) сла́бый; (*Film, Vorstellung*) нева́жный ⑤ (*nachgiebig, weich*) ◇ **~ werden** не устоя́ть пе́ред чем-л; **Schwäche** *f* ‹-, -n› сла́бость *ж;* ◇ **e-e ~ für jd-n/etw haben** пита́ть сла́бость к кому́/чему́-л; **schwächen** *vt* ① (*schwach machen*) о|слабля́ть ‹-сла́бить› ② (*Einfluß*) уменьша́ть ‹уме́ньшить›; **Schwächling** *m* сла́бый челове́к *м*

Schwachsinn *m* ① MED слабоу́мие *с* ② *FIG* (*Unsinn*) бессмы́слица *ж*, неле́пость *ж;* **schwachsinnig** *adj* ① MED слабоу́мный ② (*unsinnig*) бессмы́сленный, неле́пый

Schwachstelle *f* уязви́мое ме́сто *с;* **Schwachstrom** *m* ELECTR ток *м* ни́зкого напряже́ния

Schwächung *f* ослабле́ние *с*

schwafeln *vt, vi FAM* (*dummes Zeug reden*) болта́ть вздор

Schwager *m* ‹-s, Schwäger› (*Bruder des Ehemanns*) де́верь *м;* (*Bruder der Ehefrau*) шу́рин *м;* (*Mann der Schwester der Ehefrau*) своя́к *м;* (*Mann der Schwester*) зять *м*

Schwägerin *f* (*Schwester des Ehemannes*) золо́вка *ж;* (*Schwester der Ehefrau*) своя́ченица *ж;* (*Ehefrau des Bruders*) неве́стка *ж*

Schwalbe *f* ‹-, -n› ZOOL ла́сточка *ж*

Schwall *m* ‹-[e]s, -e› *a. FIG* пото́к *м*

schwamm *impf v.* **schwimmen**

Schwamm *m* ‹-[e]s, Schwämme› ① ZOOL гу́бка *ж* ② BOT (*Pilz*) домо́вый гриб *м* ③ (*Bade~*) гу́бка *ж;* ◇ **~ drüber!** забу́дем об э́том!; **schwammig** *adj* (*aufgedunsen*) обрю́зглый; *FIG* ры́хлый

Schwan *m* ‹-[e]s, Schwäne› ZOOL ле́бедь *м*

schwanen *vi unpers* ◇ **mir schwant, daß...** у меня́ тако́е предчу́вствие, что...

schwand *impf v.* **schwinden**

schwang *impf v.* **schwingen**

schwanger *adj* бере́менная

schwängern *vt* ‹с-›де́лать кому́-л ребёнка; **Schwangerschaft** *f* бере́менность *ж;* **Schwangerschaftsabbruch** *m* прерыва́ние *с* бере́менности

Schwank *m* заба́вный слу́чай *м*

schwanken *vi* ① (*taumeln, schaukeln*) кача́ться *несов;* (*torkeln*) поша́тываться *несов* ② (*Preise, Gewicht*) меня́ться *несов*, колеба́ться *несов* ③ (*zögern*) ‹за-›колеба́ться; **Schwankung** *f* колеба́ние *с*

Schwanz *m* ‹-es, Schwänze› ① (*von Tier*) хвост *м;* (*beleidigen*) ◇ **jd-m auf den ~ treten** наступи́ть кому́-л на хвост ② (*Anhang, Schlußteil*) хвост *м* ③ *FAM* (*Penis*) мужско́й член *м* ④ *FAM* (*niemand*) ◇ **kein ~** ни оди́н дура́к

schwänzen I. *vt FAM* (*Schule, Vorlesung*) пропус|ка́ть ‹-ти́ть› заня́тия **II.** *vi* (*ausfallen lassen*) прогу́л|ивать ‹-я́ть›

Schwarm *m* ‹-[e]s, Schwärme› ① (*Bienen~*) рой *м;* (*Vogel~, Fisch~*) стая́ *ж*, кося́к *м* ② *FAM* увлече́ние *с;* ◇ **ihr neuester ~** её нове́йшее увлече́ние

schwärmen *vi* (*stark interessieren*) ◇ **~ für jd-n/etw** быть в восто́рге от кого́/чего́-л, обожа́ть *несов* кого́/что-л

Schwarte *f* ‹-, -n› ① (*Speck~*) ко́жа *ж* от

о́корока ② *FAM* (*altes, dickes Buch*) ста́рая зачи́танная кни́га *ж*

schwarz *adj* ① (*Farbe*) чёрный; ◇ ~ **wie die Nacht** чёрный как ночь ② (*illegal*) нелега́льный ③ *a. FIG* ◇ **ins S~e treffen** попа́сть в то́чку; ◇ ~ **auf weiß** чёрным по бе́лому; (*bissig*) ◇ **~er Humor** чёрный ю́мор; ◇ **sich ~ ärgern** доводи́ть себя́ до исступле́ния; **Schwarzarbeit** *f* "ле́вая" рабо́та *ж;* **Schwarzbrot** *n* чёрный хлеб *м;* **Schwarze(r)** *f/m* чернoко́жий(-ая *ж*) *м;* **Schwärze** *f* <-> ① (*von Nacht*) тьма *ж,* чернота́ *ж* ② (*Drucker~*) чёрная кра́ска *ж;* **schwärzen** *vt* <по->черни́ть; **schwarzfahren** *unreg vi FAM* е́хать [е́здить] за́йцем; **Schwarzmarkt** *m* чёрный ры́нок *м;* **schwarzsehen** *unreg vi* ① *FAM* (*pessimistisch sein*) ви́деть всё в мра́чном све́те ② MEDIA смотре́ть телеви́зор, не уплати́в абонеме́нтный взнос; **Schwarzseher(in** *f*) *m* ① (*Pessimist/in*) пессими́ст(ка *ж*) *м* ② MEDIA телезаяц *м;* **Schwarzweißfilm** *m* KINO чёрно-бе́лый фильм *м*

schwatzen, **schwätzen** *vi* <по->болта́ть; **Schwätzer(in** *f*) *m* <-s, -> болту́н(ья *ж*) *м*

Schwebe *f FIG* (*noch nicht entschieden*) ◇ **in der** ~ висе́ть в во́здухе; **Schwebebahn** *f* подвесна́я кана́тная доро́га *ж;* **Schwebebalken** *m* SPORT бревно́ *с;* **schweben** *vi* ① (*fliegen*) пари́ть *несов* ② (*hoch hängen*) ви-се́ть в во́здухе; ◇ **in Gefahr** ~ находи́ться в опа́сности ③ *FIG* (*Prozeß*) быть незавершённым

Schwede *m* <-n, -n> швед *м;* **Schweden** *n* Шве́ция *ж;* ◇ **in/nach** ~ в Шве́ции/в Шве́цию; **Schwedin** *f* шве́дка *ж;* **schwedisch** *adj* шве́дский; (*im Gefängnis*) ◇ **hinter ~en Gardinen sitzen** сиде́ть за решёткой

Schwefel *m* <-s> CHEM се́ра *ж;* **schwefelig** *adj* серни́стый

Schweif *m* <-[e]s, -e> (*von Komet*) хвост *м*

Schweigegeld *n* вознагражде́ние *с* за молча́ние; **schweigen** <schwieg, geschwiegen> *vi* <за->молча́ть, безмо́лствовать *несов;* **Schweigen** *n* <-s> молча́ние *с,* безмо́лвие *с;* ◇ **sich in ~ hüllen** храни́ть молча́ние; **schweigsam** *adj* молчали́вый; (*wortkarg*) неразгово́рчивый; **Schweigsamkeit** *f* молчали́вость *ж,* неразгово́рчивость *ж*

Schwein *n* <-[e]s, -e> ① (*Tier*) свинья́ *ж* ② GASTRON свини́на *ж* ③ *FIG* (*Mensch*) свинья́ *ж* ④ *FAM* (*Glück*) ◇ **da hast du nochmal ~ gehabt** тебе́ ещё раз повезло́; **Schweinefleisch** *n* свини́на *ж;* **Schweinerei** *f* ① (*Schmutz*) сви́нство *с* ② (*Gemeinheit*) сви́нство *с,* по́длость *ж;* **Schweinestall** *m* свина́рник *м*

Schweiß *m* <-es> пот *м*

Schweißbrenner *m* сва́рочная горе́лка *ж;* **schweißen** *vt* сва|ривать <-ри́ть>; **Schweißer(in** *f*) *m* <- s, -> сва́рщик *м,* сва́рщица *ж*

Schweiz *f* Швейца́рия *ж;* ◇ **in die ~ fahren** пое́хать в Швейца́рию; ◇ **in der** ~ в Швейца́рии; **Schweizer(in** *f*) *m* <-s, -> швейца́рец *м,* швейца́рка *ж;* **Schweizerdeutsch** *n* швейца́рские неме́цкие диале́кты *м мн;* **schweizerisch** *adj* швейца́рский

schwelen *vi* тлеть *несов*

schwelgen *vi* ① (*in Luxus leben*) жить в ро́скоши ② *FIG* ◇ **in Erinnerungen** ~ погружа́ться в воспомина́ния

Schwelle *f* <-, -n> ① (*Tür~*) поро́г *м* ② *FIG* (*Übergang*) поро́г *м* ③ BAHN шпа́ла *ж*

schwellen <schwillt *o.* schwellt, schwoll, geschwollen> *vi* (*Beule*) отека́ть <оте́чь>

Schwellung *f* MED о́пухоль *ж*

schwenken I. *vt* ① (*Fahne*) мах|а́ть <-ну́ть> ② (*mit Wasser*) полоска́ть *несов* **II.** *vi (Richtung ändern)* ◇ **nach links** ~ поверну́ть нале́во

schwer I. *adj* ① (*Koffer, Person*) тяжёлый; ◇ **65 Kilo ~ sein** ве́сить 65 килогра́мм ② (*schwierig*) сло́жный; (*Lektüre, Problem*) тру́дный ③ (*schlimm, Katastrophe*) тяжёлый ④ *FIG* ◇ **~en Herzens** скрепя́ се́рдце **II.** *adv* (*sehr*) тяжело́, тру́дно; ◇ **das ist ~ zu sagen** э́то тру́дно сказа́ть; ◇ **er ist ~ krank** он тяжело́ бо́лен

Schwere *f* <-> ① PHYS (*Schwerkraft*) си́ла *ж* тя́жести, тяготе́ние *с* ② (*Schwersein*) тя́жесть *ж* ③ (*von Entscheidung*) серьёзность *ж;* **schwerelos** *adj* невесо́мый

schwererziehbar *adj* (*Kind*) трудновоспиту́емый; **schwerfallen** *unreg vi* (*Entscheidung*) быть тру́дным; ◇ **es fällt mir schwer** мне тру́дно; **schwerfällig** *adj* (*unbeholfen*) неуклю́жий, нело́вкий; **Schwergewicht** *n* SPORT тяжёлый вес *м;* **schwerhörig** *adj* туго́й на у́хо; **Schwerindustrie** *f* тяжёлая промы́шленность *ж;* **Schwerkraft** *f* PHYS тяготе́ние *с,* гравита́ция *ж;* **Schwerkranke(r)** *fm* тяжелобольно́й(-а́я *ж*) *м;* **schwermachen** *vt* ◇ **jd-m etw ~** осложня́ть кому́-л что-л; **Schwermetall** *n* тяжёлый мета́лл *м;* **schwermütig** *adj* тоскли́вый, мра́чный; **Schwerpunkt** *m* центр *м* тя́жести; *FIG* (*von Problem*) основно́й моме́нт *м*

Schwert *n* <-[e]s, -er> меч *м*

schwertun *unreg vi* ◇ **sich** *akk* ~ **mit etw** му́читься с чем-л

Schwerverbrecher(in *f*) *m* опа́сный престу́пник *м*, опа́сная престу́пница *ж*; **schwerverdaulich** *adj* (*Essen*) неудобовари́мый; **schwerverletzt** *adj* тяжелора́неный; **schwerwiegend** *adj* (*Fehler*) серьёзный

Schwester *f* <-, -n> сестра́ *ж*; MED медсестра́ *ж*; (*Ordens~*) мона́хиня *ж*

schwieg *impf v.* **schweigen**

Schwiegereltern *pl* (*von Frau*) роди́тели *мн* му́жа; (*von Mann*) роди́тели *мн* жены́; **Schwiegermutter** *f* (*Mutter des Mannes*) свекро́вь *ж*; (*Mutter der Frau*) тёща *ж*; **Schwiegersohn** *m* зять *м*; **Schwiegertochter** *f* неве́стка *ж*, снoха́ *ж*; **Schwiegervater** *m* (*Vater des Mannes*) свёкор *м*; (*Vater der Frau*) тесть *м*

Schwiele *f* <-, -n> мозо́ль *ж*

schwierig *adj* ① (*Aufgabe, Arbeit*) тру́дный ② (*Mensch*) тяжёлый; **Schwierigkeit** *f* ① (*Schwierigsein*) тру́дность *ж* ② (*Hindernis*) тру́дность *ж*, препя́тствие *с*; ◇ **~en überwinden** преодолева́ть тру́дности

Schwimmbad *n* пла́вательный бассе́йн *м*; **Schwimmbecken** *n* бассе́йн *м* для пла́вания; **schwimmen** <schwamm, geschwommen> *vi* ① (*Person*) плыть *несов*, пла́вать *несов*; (*Sache*) пла́вать ② *a.* SPORT <про->плы́ть ③ *FIG* (*unsicher sein*) пла́вать; **Schwimmer(in** *f*) *m* <-s, -> ① плове́ц *м*, пловчи́ха *ж* ② *nur m* TECH поплаво́к *м*; **Schwimmflosse** *f* плавни́к *м*; **Schwimmsport** *m* пла́вание *с*; **Schwimmweste** *f* спаса́тельный жиле́т *м*

Schwindel *m* <-s> ① (*~gefühl*) головокруже́ние *с* ② (*Betrug*) обма́н *м*, плутовство́ *с*; **schwindelfrei** *adj* не подверга́ющийся головокруже́нию; **schwindeln** *vi* ① *FAM* (*lügen*) обма́|нывать <-ну́ть> ② (*schwindlig werden*) ◇ **ihm schwindelt** у него́ кру́жится голова́

schwinden <schwand, geschwunden> *vi* ① (*Geld*) уменьша́ться <уме́ньшиться>; (*Kraft*) убы́<ва́>ть; (*Hoffnung*) та́ять *несов* ② (*Farbe*) <по->блёкнуть ③ (*leiser werden*) уменьша́ться <уме́ньшиться>

Schwindler(in *f*) *m* <-s, -> обма́нщик *м*, обма́нщица *ж*, плут(о́вка *ж*) *м*

schwindlig *adj* ◇ **mir ist ~** у меня́ кру́жится голова́

schwingen <schwang, geschwungen> **I.** *vt* ① (*Fahne*) мах|а́ть <-ну́ть> ② *FIG* (*halten*) ◇ **große Reden ~** произноси́ть гро́мкие ре́чи **II.** *vi* ① (*Pendel*) кача́ться *несов* ② *FIG* (*anklingen, durchklingen*) <про->звуча́ть; ◇ **in seiner Stimme schwingt Erregung mit** в его́ слова́х прозвуча́ла но́тка волне́ния **III.** *vr* ◇ **sich ~** (*über Mauer*) пере|ска́кивать <-скочи́ть> (че́рез что-л); (*auf Tisch*) вс|ка́кивать <-кочи́ть> (на что-л); (*in den Sattel*) сади́ться <сесть> (на что-л); **Schwingung** *f* PHYS колеба́ние *с*; (*Ton, Saite*) вибра́ция *ж*

Schwips *m* <-es, -e> лёгкое опьяне́ние *с*; ◇ **e-n ~ haben** быть навеселе́

schwirren *vi* ① (*Mücke*) жужжа́ть *несов* ② *FAM* ◇ **mir schwirrt der Kopf** у меня́ кру́жится голова́

schwitzen *vi* <вс->поте́ть

schwoll *impf v.* **schwellen**

schwören <schwor, geschworen> *vt, vi* ① (*beeiden*) присяг|а́ть <-ну́ть> ② (*Treue*) <по->кля́сться

schwul *adj FAM* голубо́й

schwül *adj* ду́шный; **Schwüle** *f* <-> духота́ *ж*

Schwund *m* <-[e]s> ① (*von Reserve, Vorrat*) у́быль *ж* ② MED (*Knochen~*) атрофи́я *ж*

Schwung *m* <-[e]s, Schwünge> ① (*Ski~*) мах *м*, поворо́т *м* ② *FIG* (*Elan*) подъём *м*, воодушевле́ние *с* ③ *FAM* (*Menge*) оха́пка *ж*, ку́ча *ж*; ◇ **ein ~ Arbeit** ку́ча рабо́ты; **schwunghaft** *adj FIG* (*Geschäft*) оживлённый, бо́йкий; **schwungvoll** *adj* воодушевлённый

Schwur *m* <-[e]s, Schwüre> ① JURA (*Eid*) прися́га *ж* ② (*Gelöbnis*) обе́т *м*, кля́тва *ж*; **Schwurgericht** *n* суд *м* прися́жных

sechs *nr* шесть; *s. a.* **fünf**; **sechzehn** *nr* шестна́дцать; **sechzig** *nr* шестьдеся́т

Secondhandladen *m* комиссио́нный магази́н *м*

See [1] *f* <-, -n> (*Meer*) мо́ре *с*; ◇ **zur ~ fahren** ходи́ть в пла́вание

See [2] *m* <-s, -n> (*Binnengewässer*) о́зеро *с*

Seebad *n* морско́й куро́рт *м*; **Seefahrt** *f* (*Schiffahrt*) морепла́вание *с*; **Seegang** *m* волне́ние *с* на мо́ре; **Seehund** *m* ZOOL тюле́нь *м*; **Seeigel** *m* ZOOL морско́й ёж *м*; **Seeklima** *n* морско́й кли́мат *м*; **seekrank** *adj* страда́ющий морско́й боле́знью; **Seekrankheit** *f* морска́я боле́знь *ж*; **Seelachs** *m* GASTRON са́йда *ж*

S

Seele *f* ‹-, -n› душá *ж;* **Seelenfrieden** *m* душéвное спокóйствие *с;* **Seelenruhe** *f* (*Gemütsruhe*) душéвный покóй *м;* **seelenruhig** *adj* преспокóйно, совершéнно спокóйно

Seeleute *pl* морякú *мн; s. a.* **Seemann**

seelisch *adj* (*Gleichgewicht*) душéвный

Seelöwe *m* ZOOL морскóй лев *м*

Seelsorge *f* забóта *ж* о спасéнии душú; **Seelsorger**(**in** *f*) *m* ‹-s, -› духóвный пáстырь *м*

Seeluft *f* морскóй вóздух *м;* **Seemacht** *f* морскáя держáва *ж;* **Seemann** *m* ‹-s, Seeleute› морáк *ж;* **Seemeile** *f* морскáя мúля *ж;* **Seenot** *f* ◇ **in ~ geraten** потерпéть бéдствие на мóре; **Seepferd**[**chen**] *n* ① (*Tier*) морскóй конёк *м* ② (*Schwimmabzeichen*) значóк *м* пловцá; **Seeräuber** *m* морскóй разбóйник *м,* пирáт *м;* **Seereise** *f* морскóе путешéствие *с;* **Seerose** *f* кувшúнка *ж;* **Seeschlacht** *f* морскóе сражéние *с;* **Seestern** *m* морскáя звездá *ж;* **seetüchtig** *adj* (*seefest*) морехóдный; **Seeweg** *m* морскóй путь *м;* ◇ **auf dem ~** мóрем, по мóрю, морскúм путём; **Seezunge** *f* (*Fisch*) морскóй язы́к *м*

Segel *n* ‹-s, -› пáрус *м;* **Segelboot** *n* пáрусная лóдка *ж;* **Segelfliegen** *n* летáние *с* на планёре; **Segelflugzeug** *n* планёр *м;* **Segeljacht** *f* я́хта *ж;* **segeln** **I.** *vt, vi* плы́ть под парусáми **II.** *vi FAM* ◇ **durch ein Examen ~** провалúться на экзáмене; **Segelregatta** *f* SPORT пáрусная регáта *ж;* **Segelschiff** *n* пáрусник *м;* **Segelsport** *m* пáрусный спорт *м;* **Segeltuch** *n* парусúна *ж*

Segen *m* ‹-s› благословéние *с; FAM* (*einverstanden sein*) ◇ **jd-s ~ haben** имéть чьё-л благословéние

Segment *n* ‹-s, -e› сегмéнт *м*

segnen *vt* благослo|влять ‹-вúть›

sehen ‹sieht, sah, gesehen› **I.** *vt* ① (*allg.*) ‹у-› вúдеть ② (*betrachten*) ‹по-›смотрéть ③ (*bemerken, erkennen*) ‹у-›вúдеть ④ (*überlegen, prüfen*) ‹по-›смотрéть, ‹по-›дýмать; ◇ **selber ~ müssen, ob** нáдо бýдет самомý посмотрéть, éсли ⑤ (*abwarten*) ◇ **erst ~ müssen, ob** вначáле посмóтрим, бýдет ли ⑥ (*sich kümmern um*) ◇ **nach jd-m/etw ~** смотрéть за кем/чем-л **II.** *vr* ◇ **sich ~** ① (*bestimmte Vorstellung haben*) ◇ **sich ~ als** считáть себя́ кем-л ② (*besuchen*) ◇ **sich bei jd-m ~ lassen** показáться у когó-л ③ *FIG* ◇ **sich ~ lassen können** быть недурны́м на вид ④ ◇ **sich gezwungen ~** быть вы́нужденным; **sehenswert** *adj* достопримечáтельный; **Sehenswürdigkeit** *f* достопримечáтельность *ж;* **Seher**(**in** *f*) *m* ‹-s, -› (*Hell~*) прорицáтель(ница *ж*) *м;* (*Prophet/in*) прорóк *м,* прорóчица *ж;* **Sehfehler** *m* дефéкт *м* зрéния; **Sehkraft** *f* зрéние *с*

Sehne *f* ‹-, -n› ANAT сухожúлие *с;* (*Bogen*) тетивá *ж*

sehnen *vr* ◇ **sich ~** скучáть *несов* (*nach akk* по комý-чемý л, по ком-чём), тосковáть *несов* (*nach akk* по комý-л)

Sehnenscheidentzündung *f* воспалéние *с* сухожúльного влагáлища; **sehnig** *adj* (*Gestalt*) жúлистый; (*Fleisch*) с прожúлками

sehnlich *adj* завéтный, стрáстный; ◇ **sein ~ster Wunsch** егó завéтное желáние; **Sehnsucht** *f* тоскá *ж,* стрáстное желáние *с;* **sehnsüchtig** *adj* стрáстный, завéтный

sehr *adv* óчень, весьмá; ◇ **zu ~** слúшком, чрезмéрно

Sehstörung *f* расстрóйство *с* зрéния

seicht *adj* (*Wasser*) мéлкий, неглубóкий; *FIG* (*oberflächlich*) повéрхностный

Seide *f* ‹-, -n› шёлк *м;* **seiden** *adj* шёлковый; *FIG* ◇ **am ~en Faden hängen** висéть [держáться] на волоскé; **Seidenkleid** *n* шёлковое плáтье *с;* **Seidenpapier** *n* шёлковая бумáга *ж;* **Seidenstraße** *f* (*in Asien*) шёлковый путь *м;* **seidig** *adj* (*Fell*) шелковúстый

Seife *f* ‹ -, -n› мы́ло *с;* **Seifenblase** *f a. FIG* мы́льный пузы́рь *м;* **Seifenlauge** *f* мы́льный щёлок *м;* **Seifenoper** *f* мы́льная óпера *ж;* **Seifenschale** *f* мы́льница *ж;* **Seifenschaum** *m* мы́льная пéна *ж*

Seil *n* ‹-[e]s, -e› канáт *м;* **Seilbahn** *f* фуникулёр *м;* **Seilhüpfen**, **Seilspringen** *n* ‹-s› скакáние *с* чéрез скакáлку; **Seilschaft** *f* свя́зка *ж;* **Seiltänzer**(**in** *f*) *m* канатохóдец *м,* кантохóдка *ж*); **Seilzug** *m* канáтная тя́га *ж*

sein ‹ist, war, gewesen› *vi* ① (*zur Bildung v. Vergangenheitsformen u. Passiv*) ◇ **ich bin gekommen** я пришёл ② (*Zustand, Eigenschaft, Gefühl*) быть; ◇ **ich bin zufrieden** я довóлен; ◇ **ich war zufrieden** я был довóлен; ◇ **wie alt bist du?** скóлько тебé лет? ③ (*als selbständiges Prädikat*) быть; ◇ **er ist Arzt** он врач; ◇ **sie war Ärztin** онá былá врачóм ④ *unpers* ◇ **es ist kalt** хóлодно; ◇ **es ist spät**

по́здно; ◇ **mir ist schlecht** мне пло́хо ⑤ (*als Resultat*) ◇ **zwei und zwei sind vier** два плюс два четы́ре ⑥ (*existieren*) быть, существова́ть ⑦ (*sich befinden*) быть, находи́ться; ◇ **in Urlaub** ~ быть в о́тпуске ⑧ (*geschehen, stattfinden*) быть, име́ть ме́сто ⑨ (*unterlassen*) ◇ **laß das ~!** оста́вь э́то! ⑩ (*bestehen aus*) быть (*aus dat* из чего́-л); ◇ **der Ring war aus Gold** кольцо́ бы́ло из зо́лота ⑪ (*mit Fragepronomen*) ◇ **was ist das?** что э́то тако́е?; ◇ **wer ist das?** кто э́то тако́й?; ◇ **wie wäre es, wenn du...?** как насчёт того́, что́бы...?

Sein *n* ‹-s› (*Dasein, Existenz*) бытие́ *с*

sein(e) *pron poss* (*adjektivisch*) его́; ◇ ~ **Buch** его́ кни́га; ◇ ~ **Freund/~e Freundin** его́ друг/его́ подру́га; ◇ ~ **Auto** его́ маши́на; ◇ **~e Bücher** его́ кни́ги

seine(r, s) *pron poss* (*substantivisch*) его́

seiner *pron pers gen v.* **er, es** ◇ **wir haben ~ gedacht** мы почти́ли его́ па́мять; **seinerseits** *adv* с его́ стороны́; **seinerzeit** *adv* (*damals*) в своё вре́мя; **seinesgleichen** *pron* ему́ подо́бные; **seinethalben**, **seinetwegen** *adv* (*für ihn*) ра́ди него́; (*ihm zuliebe*) для него́

seinlassen *unreg vt* о|ставля́ть ‹-ста́вить›

Seismograph *m* ‹-en, -en› сейсмо́граф *м*

seit I. *präp dat* с; ◇ ~ **langem** уже́ давно́, с да́вних пор; ◇ **er ist ~ e-r Woche hier** он уже́ неде́лю здесь **II.** *cj* (*seitdem*) с тех пор, как; **seitdem I.** *adv* (*seither*) ◇ ~ **ist er krank** с тех пор он бо́лен **II.** *cj* ◇ ~ **er krank ist** с тех пор, как он заболе́л

Seite *f* ‹-, -n› ① (*vom Körper*) бок *м;* (*Außen~, Vorder~*) сторона́ *ж; FIG* (*helfen*) ◇ **jd-m zur ~ stehen** помога́ть кому́-л ② (*Buch~, Zeitungs~*) страни́ца *ж;* (*von Stoff*) сторона́ *ж* ③ *FIG* (*Eigenschaft, Verhalten*) сторона́ *ж;* ◇ **sich von der besten ~ zeigen** показа́ться с лу́чшей стороны́ ④ (*Richtung*) сторона́ *ж;* ◇ **von allen ~n herbeiströmen** хлы́нуть со всех сторо́н ⑤ (*Gesichtspunkt*) то́чка *ж* зре́ния, сторона́ *ж;* ◇ **von juristischer ~** с юриди́ческой то́чки зре́ния ⑥ (*Partei, Gruppe*) сторона́ *ж;* ◇ **von offizieller ~** из официа́льных исто́чников; **Seitenansicht** *f* про́филь *м;* **Seitenausgang** *m* боково́й вы́ход *м;* **Seitenfläche** *f* MATH грань *ж;* **Seitenhieb** *m FIG* (*boshafte Anspielung*) е́дкий намёк *м;* **seitenlang** *adj* (*Anklageschrift*) в не́сколько страни́ц

seitens *präp gen* со стороны́ чего́-л

Seitensprung *m FIG* ◇ **e-n ~ machen** изменя́ть кому́-л; **Seitenstechen** *n* ко́лющая боль *ж* в боку́; **Seitenstraße** *f* бокова́я у́лица *ж;* **Seitenstreifen** *m* AUTO обо́чина *ж,* полоса́ *ж* авари́йной стоя́нки; **seitenverkehrt** *adj* (*Dia*) вы́вернутый, с обра́тной стороны́

seither *adv* (*seitdem*) с тех пор

seitlich I. *adj* боково́й **II.** *präp gen* сбо́ку (от чего́-л)

seitwärts *adv* (*von wo*) сбо́ку, со стороны́; (*wo*) в стороне́; (*wohin*) в сто́рону

Sekret *n* ‹-s, -e› секре́т *м;* ◇ **eitriges ~** гно́йные выделе́ния

Sekretär(in *f*) *m* ① (*Person*) секрета́рь *м,* секрета́рша *м* ② *nur m* (*Möbelstück*) секрете́р *м;* **Sekretariat** *n* секретариа́т *м*

Sekt *m* ‹-[e]s, -e› шампа́нское *с*

Sekte *f* ‹-, -n› се́кта *ж*

Sektor *m* се́ктор *м*

sekundär *adj* второстепе́нный; **Sekundärliteratur** *f* нау́чная литерату́ра *ж* к предме́ту

Sekunde *f* ‹-, -n› секу́нда *ж;* **Sekundenzeiger** *m* секу́ндная стре́лка *ж*

selber *pron* ‹inv› *FAM* сам, сама́, само́; ◇ **das glaubst du doch ~ nicht!** ты ведь э́тому сам не ве́ришь!; **selbst I.** *pron* сам, сама́, само́; ◇ **er/sie ~** он сам/она́ сама́; ◇ **das versteht sich von ~** э́то само́ собо́й разуме́ется **II.** *adv* (*sogar*) да́же

Selbstachtung *f* самоуваже́ние *с*

selbständig *adj* (*Mensch*) самостоя́тельный; (*Arbeit*) незави́симый; ◇ **sich ~ machen** откры́ть своё де́ло; **Selbständigkeit** *f* самостоя́тельность *ж*

Selbstauslöser *m* ‹-s, -› FOTO автоспу́ск *м;* **Selbstbedienung** *f* самообслу́живание *с;* **Selbstbefriedigung** *f* онани́зм *м;* **Selbstbeherrschung** *f* самооблада́ние *с,* вы́держка *ж;* **Selbstbestimmung** *f* самоопределе́ние *с;* **Selbstbeteiligung** *f* (*bei Versicherung*) уча́стие *с* страхова́теля в возмеще́нии убы́тков; **selbstbewußt** *adj* уве́ренный в себе́, самоуве́ренный; **Selbstbewußtsein** *n* уве́ренность *ж* в себе́; **Selbstbildnis** *n* (*Selbstporträt*) автопортре́т *м;* **Selbsteinschätzung** *f* самооце́нка *ж;* **Selbsterhaltung** *f* (*~strieb*) самосохране́ние *с;* **Selbsterkenntnis** *f* самопозна́ние *с;* **selbstgefällig** *adj* (*eitel*) самодово́льный; (*arrogant*) самонаде́янный, зано́счивый; **selbstgemacht** *adj* самоде́льный; **Selbstgespräch** *n* разгово́р *м* с сами́м собо́й; **Selbsthilfegruppe** *f* группа *ж* взаи́мной по́мощи; **Selbstkostenpreis** *m* COMM цена́ *ж* по себесто́имости; **selbstkritisch** *adj* самокрити́ческий; **selbstlos** *adj* бескоры́стный; **Selbstmord** *m* самоуби́йство *с;* **Selbstmörder(in** *f) m* самоуби́йца *м/ж;* **selbstmörderisch** *adj* самоуби́йственный; **selbstsicher** *adj* уве́ренный в себе́, самоуве́ренный; **Selbstsicherheit** *f* уве́ренность *ж* в себе́; **Selbsttäuschung** *f* самообма́н *м;* **Selbstverleugnung** *f* самооотве́рженность *ж;* **selbstverständlich I.** *adj* есте́ственный, само́ собо́й разуме́ющийся **II.** *adv* есте́ственно; **Selbstverständlichkeit** *f* есте́ственность *ж;* **Selbstverteidigung** *f* самозащи́та *ж;* **Selbstvertrauen** *n* уве́ренность *ж* в себе́; **Selbstverwaltung** *f* самоуправле́ние *с;* **Selbstverwirklichung** *f* разви́тие *с* ли́чности; **Selbstzweck** *m* самоце́ль *ж*

selektiv *adj* селекти́вный

selig *adj* ① (*verstorben*) поко́йный, уме́рший ② *FAM* (*glücklich*) сча́стливый ③ REL блаже́нный; **Selige(r)** *fm* REL блаже́нный(-ая *ж*) *м;* **Seligkeit** *f* блаже́нство *с*

Sellerie *m* ‹-s, -s› сельдере́й *м*

selten I. *adj* ре́дкий; (*Ereignis*) не ча́стый; (*außergewöhnlich*) ре́дкостный **II.** *adv* ре́дко; **Seltenheit** *f* ре́дкость *ж*

Selterswasser *n* се́льтерская вода́ *ж*

seltsam *adj* стра́нный, чудакова́тый; **seltsamerweise** *adv* как ни стра́нно; **Seltsamkeit** *f* (*nicht normal*) чудакова́тость *ж;* (*fremdartig*) стра́нность *ж;* (*Eigenart*) причу́дливость *ж*

Semantik *f* сема́нтика *ж*

Semester *n* ‹-s, -› семе́стр *м;* **Semesterferien** *pl* студе́нческие кани́кулы *мн*

Semikolon *n* ‹-s, -s› то́чка *ж* с запято́й

Seminar *n* ‹-s, -e› семина́р *м*

Semmel *f* ‹-, -n› бу́лочка *ж;* **Semmelknödel** *m* кне́длик *м*

sen. *Abk. v.* **Senior** ста́рший

Senat *m* ‹-[e]s, -e› сена́т *м;* UNI ◇ **akademischer** ~ учёный сове́т; **Senator(in** *f) m* сена́тор *м*

senden ‹sandte, gesandt› *vt* (*Brief*) по-с‹ы›ла́ть; MEDIA трансли́ровать *несов и сов,* переда́‹ва›ть; **Sender** *m* ‹-s, -› ① MEDIA радиоста́нция *ж,* телевизио́нная ста́нция *ж* ② (*Sendeanlage*) переда́тчик *м;* **Sendeschluß** *m* коне́ц *м* переда́ч; **Sendestation** *f* радиоста́нция *ж,* телевизио́нная ста́нция *ж;* **Sendezeit** *f* вре́мя *с* переда́чи; **Sendung** *f* ① (*Paket*) посы́лка *ж* ② MEDIA (*Ausstrahlung*) трансля́ция *ж;* (*Programm~*) переда́ча *ж*

Senf *m* ‹-[e]s, -e› горчи́ца *ж; FAM* ◇ **seinen ~ dazugeben** вста́вить своё слове́чко

senil *adj* ста́рческий

Senior *m* ‹-s, -en› старе́йшина *м;* (*~chef*) покрови́тель *м;* **Seniorenheim** *n* дом *м* для престаре́лых; **Seniorenpaß** *m* BAHN *удостовере́ние пенсионе́ра на льго́тное по́льзование обще́ственным тра́нспортом и т. п.*

Senke *f* ‹-, -n› низи́на *ж*

senken I. *vt* ① (*allg.*) опус|ка́ть ‹-ти́ть›; (*Kopf*) накло|ня́ть ‹-ни́ть› ② (*Preise, Steuern*) снижа́ть *несов,* по|нижа́ть ‹-ни́зить› ③ (*leiser sprechen*) ◇ **die Stimme** ~ пони́зить го́лос **II.** *vr* (*Boden*) ◇ **sich** ~ оседа́ть ‹осе́сть›

senkrecht *adj* вертика́льный; **Senkrechte** *f* перпендикуля́р *м;* **Senkrechtstarter** *m* ‹- s, -› *FIG* (*Karrieremensch*) челове́к *м,* бы́стро сде́лавший карье́ру

Sensation *f* сенса́ция *ж;* **sensationell** *adj* сенсацио́нный

Sense *f* ‹-, -n› коса́ *ж;* ◇ **jetzt ist ~!** тепе́рь хва́тит!

sensibel *adj* чувстви́тельный, сенси́бельный; **sensibilisieren** *vt* ‹с-›де́лать чувстви́тельным

sentimental *adj* сентимента́льный; **Sentimentalität** *f* сентимента́льность *ж*

separat *adj* отде́льный, сепара́тный

September *m* ‹-[s], -› сентя́брь *м; s. a.* **Mai**

Sequenz *f a.* FOTO после́довательность *ж*

Serbe *m* ‹-n, -n› серб *м;* **Serbien** *n* Се́рбия *ж;* **Serbin** *f* се́рбка *ж;* **serbisch** *adj* се́рбский

Serenade *f* MUS серена́да *ж*

Serie *f* ① (*Folge, Film~*) се́рия *ж,* сериа́л *м* ② (*von Ereignissen*) ряд *м* ③ (*Geschirr*) се́рия *ж;* **seriell** *adj* сери́йный; PC после́довательный; **Serienherstellung** *f* сери́йное произво́дство *с;* **serienweise** *adv* сери́йно

seriös *adj* серьёзный, соли́дный

Serpentine *f* серпанти́н *м*

Serum *n* ‹-s, Seren› (*Blut~*) сы́воротка *ж*

Service [1] *n* ‹-[s], -› (*Geschirr*) серви́з *м*

Service [2] *m o. n* ‹-, -s› (*Dienstleistung*) се́рвис *м,* обслу́живание *с*

servieren *vt* (*Essen, Getränke*) пода́‹ва́›ть

Serviette *f* салфе́тка *ж*

Servolenkung *f* AUTO сервоусилителе *с*

Sessel *m* ‹-s, -› крéсло *с;* **Sessellift** *m* крéсельный канáтный подъёмник *м*

seßhaft *adj* осéдлый, обосновáвшийся

Set *n* ‹-s, -s› (*Satz, Garnitur*) комплéкт *м,* набóр *м;* (*Porzellan~*) сервиз *м*

setzen I. *vt* ① (*Kind, Gast*) сажáть *несов,* ‹по-›садить, усá|живать ‹-дить› ② (*Pflanzen*) сажáть, ‹по-›садить ③ (*Segel*) под|нимáть ‹-нять›; (*errichten, Denkmal*) воз|двигáть ‹-двигнуть›; (*Ofen*) класть ‹сложить› ④ (*wetten*) ◇ **auf jd-n/etw ~** дéлать стáвку на когó/что-л; (*Geld*) поме|щáть ‹-стить› ⑤ (*Satzzeichen, Spielfigur*) ‹по-›стáвить; *FIG* ◇ **ein Zeichen ~** дать сигнáл; TYP наб‹и›рáть **II.** *vr* ◇ **sich ~** ① (*hinsetzen*) садиться ‹сесть› ② (*Staub*) оседáть ‹осéсть›; (*Geruch*) пропит‹ыв›ать; **Setzer(in** *f*) *m* ‹-s, -› TYP набóрщик *м,* набóрщица *ж*

Setzling *m* сáженец *м*

Seuche *f* ‹-, -n› эпидéмия *ж;* **Seuchengebiet** *n* региóн *м,* охвáченный эпидéмией

seufzen *vi* вз|дыхáть ‹-дохнýть›; **Seufzer** *m* ‹-s, -› вздох *м*

Sex *m* ‹-[es]› секс *м;* **Sexist** *m* сексист *м;* **sexistisch** *adj* сексистский; **Sexshop** *m* ‹-s, -s› секс-шóп *м;* **Sexualität** *f* сексуáльность *ж;* **Sexualkunde** *f* SCH сексолóгия *ж;* **Sexualverbrechen** *n* сексуáльное преступлéние *с;* **sexuell** *adj* половóй, сексуáльный

sezieren *vt* (*Leiche*) вскры‹вá›ть

Shampoo *n* ‹-s, -s› шампýнь *м*

Sherry *m* ‹-s, -s› шéрри *с*

Shop *m* ‹-s, -s› (*Geschäft*) магазин *м*

Shorts *pl* ‹-, -› шóрты *мн*

Show *f* ‹-, -s› шóу *с;* **Showmaster(in** *f*) *m* ведýщий(-ая *ж*) *м* прогрáмму

siamesisch *adj* сиáмский

Siamkatze *f* сиáмская кóшка *ж*

Sibirien *n* ‹-s› Сибирь *ж;* **sibirisch** *adj* сибирский

sich *pron refl* себя (*akk*), себé (*dat*); ◇ **wir haben uns ein Auto gekauft** мы купили себé машину; ◇ **~ schlecht fühlen** чýвствовать себя плóхо; ◇ **nur an ~ denken** тóлько дýмать о себé; ◇ **für ~** про себя

Sichel *f* ‹-, -n› серп *м*

sicher I. *adj* ① (*gefahrlos*) безопáсный; ◇ **~ sein vor** *dat* быть в безопáсности от когó-чегó-л ② (*Einkommen*) постоянный ③ (*Auftreten*) увéренный; (*Fahrer*) óпытный; (*Urteil*) увéренный; (*zuverlässig*) надёжный ④ (*gewiß*) ◇ **sich e-r Sache ~ sein** быть увéренным в чём-л **II.** *adv* (*höchstwahrscheinlich*) конéчно, навéрно; (*zwar*) ◇ **du hast ~ recht, aber** ты, конéчно, прав, но

sichergehen *unreg vi* (*meist inf*) дéйствовать наверняка

Sicherheit *f* ① (*vor Gefahr*) безопáсность *ж* ② (*Gewißheit*) увéренность *ж* ③ (*Bürgschaft*) гарáнтия *ж* ④ (*Selbst~*) самоувéренность *ж;* **Sicherheitsabstand** *m* AUTO дистáнция *ж;* **Sicherheitsglas** *n* безопáсное стеклó *с;* **Sicherheitsgurt** *m* ремéнь *м* безопáсности; **sicherheitshalber** *adv* на всякий слýчай; **Sicherheitsnadel** *f* булáвка *ж;* **Sicherheitsschloß** *n* цилиндровый замóк *м;* **Sicherheitsvorkehrung** *f* мéра *ж* предосторóжности

sicherlich *adv* навéрно; (*zweifellos*) безуслóвно

sichern I. *vt* ① (*abschließen*) зам|ыкáть ‹-кнýть›, за|пирáть ‹-перéть› ② (*Grenze*) охра|нять ‹-нить› ③ (*Damm*) укре|плять ‹-пить› ④ (*Waffe*) ‹по-›стáвить на предохранитель ⑤ (*gewährleisten*) гарантировать *несов и сов,* обеспéчи‹ва›ть **II.** *vr* ◇ **sich ~** ① (*verschaffen*) ◇ **jd-m/sich etw ~** обеспéчить комý-л/себé что-л; ◇ **sich Vorteile ~** закрепить за собóй привилéгии ② (*sich schützen*) ‹за-›страховáться (*gegen/vor* от когó-чегó-л)

sicherstellen *vt* конфисковáть *сов*

Sicherung *f* ① (*das Sichern*) обеспечéние *с* ② (*Vorrichtung*) защита *ж;* (*an Waffen*) предохранитель *м;* ELECTR предохранитель *м*

Sicht *f* ‹-› ① (*~verhältnisse*) видимость *ж;* (*Aus~*) вид *м* ② *FIG* (*langer Zeitraum*) ◇ **auf lange ~** в течéние длительного срóка ③ (*Betrachtungsweise*) тóчка зрéния; **sichtbar** *adj* (*Fortschritte*) видимый; (*offensichtlich*) явный; **sichten** *vt* (*bemerken*) обнарýжи‹ва›ть; (*durchsehen, Akte*) про|смáтривать ‹-смотрéть›; **sichtlich** *adj* (*offensichtlich*) видимый; (*Unterschied*) явный; (*Freude*) замéтный; **Sichtverhältnisse** *n pl* видимость *ж;* **Sichtvermerk** *m* (*im Paß*) печáть *ж* о въéзде

sickern *vi* (*Flüssigkeit*) сочиться *несов,* про|сáчиваться ‹-сочиться›

sie *pron pers* **I.** (*3. Person fem sg*) ① (*als Subjekt*) онá; ◇ **~ ist Lehrerin** онá учительница ② (*als Objekt*) её; ◇ **er liebt ~** он любит её **II.** (*3. Person pl*) ① (*als Subjekt*) они; ◇ **~ sind in Berlin** они в Берлине ② (*als*

S

Objekt) (н)их; ◇ **ich frage** ~ я спра́шиваю их **III.** (*als Anrede*) вы

Sie I. *pron* ① (*2. Person sg bzw. pl*) Вы; (*Imperativ*) ◇ **setzen ~ sich!** сади́тесь!; ◇ **seien ~ so nett** бу́дьте добры́ ② (*Anrede: in Briefen*) Вы ③ (*pron pers akk*) вас **II.** *n* ‹-s› ◇ **jd-n mit ~ anreden** говори́ть кому́-л "Вы"

Sieb *n* ‹-[e]s, -e› решето́ *с,* си́то *с;* (*Tee~*) си́течко *с;* ◇ **jd hat ein Gedächtnis wie ein ~** у кого́-л па́мять как решето́

sieben [1] *vt* (*Mehl*) просе́|ивать ‹-ять›; *FAM* (*Prüflinge*) отсе́|ивать ‹-ять›

sieben [2] *nr* семь

siebenfach I. *adj* семикра́тный **II.** *adv* в семь раз; **siebenhundert** *nr* семьсо́т; **siebenjährig** *adj* семиле́тний; **siebenmal** *adv* семь раз; **Siebensachen** *pl* пожи́тки *мн;* **Siebenschläfer** *m* со́ня *ж/м;* **siebte(r, s)** *adj* седьмо́й; **Siebtel** *n* ‹-s, -› седьма́я часть *ж;* **siebtens** *adv* в-седьмы́х; **siebzehn** *nr* семна́дцать; **siebzig** *nr* се́мьдесят; **Siebzigjährige(r)** *fm* семидесятиле́тний(-яя *ж*) *м*

sieden *vi* (*Wasser*) ‹вс-›кипе́ть; **Siedepunkt** *m* то́чка *ж* кипе́ния

Siedler(in *f*) *m* ‹-s, -› поселе́нец *м,* поселе́нка *ж;* **Siedlung** *f* (*Häuser~*) посёлок *м;* (*Kolonie*) поселе́ние *с*

Sieg *m* ‹-[e]s, -e› побе́да *ж*

Siegel *n* ‹-s, -› печа́ть *ж*

Siegelring *m* пе́рстень *м* с печа́тью

siegen *vi* побе|жда́ть ‹-ди́ть› (*über akk* кого́-что-л); **Sieger(in** *f*) *m* ‹-s, -› победи́тель(ница *ж*) *м;* **siegesbewußt, siegessicher** *adj* уве́ренный в побе́де

siehe *Imperativ v.* **sehen** смотри́

siezen *vt* быть на вы с кем-л

Signal *n* ‹-s, -e› сигна́л *м;* **signalisieren** *vt* ‹про-›сигнализи́ровать

Signatur *f* ① (*Unterschrift*) по́дпись *ж* ② (*Buch~*) авто́граф *м;* **signieren** *vt* ① (*Buch*) ‹по-›ста́вить авто́граф ② (*Gemälde*) ‹по-›ста́вить моногра́мму

signifikant *adj* значи́тельный

Silbe *f* ‹-, -n› слог *м;* ◇ **(un)betonte ~** (без)уда́рный слог *м*

Silber *n* ‹-s› CHEM серебро́ *с;* **Silberblick** *m* косогла́зие *с;* (*schielen*) ◇ **e-n ~ haben** страда́ть косогла́зием; **silbern** *adj* (*Jubiläum*) сере́бряный; **Silberstreifen** *m FIG* (*Hoffnungsschimmer*) ◇ **einen ~ am Horizont erblicken** ви́деть про́блеск наде́жды

Silhouette *f* силуэ́т *м*

Silo *n o. m* ‹-s, -s› зернохрани́лище *с*

Silvester *n* ‹-s, -› после́дний день *м* го́да; **Silvesterabend** *m* ве́чер *м* накану́не Но́вого го́да

simpel *adj* просто́й

Sims *m o. n* ‹-es, -e› карни́з *м;* (*Fenster~*) подоко́нник *м;* (*Kamin~*) вы́ступ *м*

simulieren *vt, vi* (*vortäuschen*) симули́ровать *несов и сов;* (*nachahmen*) имити́ровать *несов*

simultan *adj* синхро́нный

Sinfonie *f* MUS симфо́ния *ж*

singen ‹sang, gesungen› *vt, vi* ‹с-›петь

Single [1] *m o. f* ‹-s, -s› (*lediger Mann*) холосто́й *м;* (*ledige Frau*) незаму́жняя *ж*

Single [2] *n* ‹-s, -s› SPORT одино́чная игра́ *ж*

Singular *m* еди́нственное число́ *с*

Singvogel *m* пе́вчая пти́ца *ж*

sinken ‹sank, gesunken› *vi* ① (*räumlich, Vorhang*) опус|ка́ться ‹-ти́ться›; (*Schiff*) ‹по-›тону́ть; (*Sonne*) за|ходи́ть ‹-йти́› ② (*Ansehen*) па́дать ‹упа́сть›; (*Fieber, Temperatur, Preis*) по|нижа́ться ‹-ни́зиться›; (*Hoffnung*) ‹по-›теря́ть

Sinn *m* ‹-[e]s, -e› ① (*Wahrnehmungs~*) чу́вство *с; FAM* ◇ **e-n sechsten ~ haben** име́ть шесто́е чу́вство ② (*Lust*) полово́е влече́ние *с* ③ (*Bewußtsein*) созна́ние *с; FIG* ◇ **wie von ~en** как сумасше́дший ④ (*Gedanke*) ум *м;* ◇ **in den ~ kommen** прийти́ на ум; ◇ **etw im ~e haben** замышля́ть что-л ⑤ (*Einstellung, Absicht*) наме́рение *с,* созна́ние *с;* ◇ **im ~e des Gesetzes** в соотве́тствии с зако́ном ⑥ (*Familien~*) понима́ние *с* ⑦ (*Bedeutung*) смысл *м,* значе́ние *с;* ◇ **im wahrsten ~e des Wortes** в прямо́м смы́сле сло́ва ⑧ (*Zweck, Inhalt*) ◇ **der ~ des Lebens** смысл жи́зни; **Sinnbild** *n* си́мвол *м;* **sinnen** ‹sann, gesonnen› *vi* размышля́ть *несов;* ◇ **er sinnt auf Rache** *akk* он замышля́ет месть; **sinnentstellend** *adj* (*Zitat*) искажа́ющий смысл

Sinnesorgan *n* о́рган *м* чувств; **Sinnestäuschung** *f* обма́н *м* чувств

sinngemäß *adj* (*Wiedergabe*) по смы́слу

sinnlich *adj* чу́вственный; **Sinnlichkeit** *f* чу́вственность *ж*

sinnlos *adj* (*Plan*) бессмы́сленный, безу́мный; (*zwecklos*) бесце́льный; **Sinnlosigkeit** *f* бессмы́сленность *ж;* **sinnvoll** *adj* (*zweckmäßig*) целесообра́зный; (*vernünftig*) осмы́сленный, разу́мный

Sinologie *f* китаеве́дение *с*

Sintflut *f* пото́п *м*

Siphon *m* ‹-s, -s› сифо́н *м*

Sippe *f* ‹-, -n› род *м;* **Sippschaft** *f PEJ* родня́ *ж;* (*Bande*) ба́нда *ж*
Sirene *f* ‹-, -n› сире́на *ж*
Sirup *m* ‹-s, -e› сиро́п *м*
Sisal *m* ‹-s› сиса́ль *м,* сиза́ль *м*
Sitte *f* ‹-, -n› (*Brauch*) обы́чай *м;* **Sitten** *f pl* (*Benehmen, Manieren*) нра́вы *мн;* **Sittenbild** *n* (*Genrebild*) описа́ние *с* обы́чаев и нра́вов; **Sittenlehre** *f* э́тика *ж*
Sittich *m* ‹-s, -e› попуга́й *м*
sittlich *adj* нра́вственный, мора́льный; **Sittlichkeitsverbrechen** *n* полово́е преступле́ние *с*
Situation *f* ситуа́ция *ж,* положе́ние *с*
Sitz *m* ‹-es, -e› (1) (*von Stühlen etc.*) сиде́нье *с;* (*Platz*) ме́сто *с;* (*Hoch~*) охо́тничья вы́шка *ж* (2) (*Residenz*) резиде́нция *ж;* (*Wohn~*) местожи́тельство *с* (3) (*von Kleidung*) ◇ **der Anzug hat e-n guten ~** костю́м хорошо́ сиди́т; **sitzen** ‹saß, gesessen› *vi* (1) (*auf Stuhl*) ‹по-›сиде́ть; *FAM* ◇ **im Gefängnis ~** сиде́ть в тюрьме́; *FIG* (*im Vorstand etc.*) явля́ться чле́ном (2) (*treffen*) **die Bemerkung sitzt** сде́лать ме́ткое выраже́ние (3) (*Lernstoff*) быть хорошо́ усво́енным (4) (*passen, Kleidung*) сиде́ть, приходи́ться по фигу́ре; **sitzenbleiben** *unreg vi* (1) (*im Ggs. zu aufstehen*) оста́‹ва́›ться сиде́ть (2) SCH (*wiederholen*) оста́‹ва́›ться на второ́й год (3) (*Mädchen, Junge*) оста́‹ва́›ться без партнёра (4) ◇ **auf e-r Ware ~** оста́ться с непро́данным това́ром; **sitzend** *adj* сидя́щий; **sitzenlassen** *unreg vt* (1) (*Mädchen, Junge*) броса́ть ‹бро́сить›; (*Wartenden*) за|ставля́ть ‹-ста́вить› ждать (2) *FIG* ◇ **das lasse ich nicht auf mir sitzen** я э́того так не оста́влю; **Sitzgelegenheit** *f* сиде́нье *с;* **Sitzkissen** *n* (*für Stuhl*) поду́шка *ж* для сиде́нья; **Sitzplatz** *m* сидя́чее ме́сто *с;* **Sitzreihen** *f pl* (*im Stadion*) ряд *м* сидя́чих мест; **Sitzstreik** *m* сидя́чая забасто́вка *ж*
Sitzung *f* (*Meeting*) заседа́ние *с;* (*bei Künstler*) сеа́нс *м;* **Sitzungsperiode** *f* се́ссия *ж*
Sizilien *n* ‹-s› Сици́лия *ж*
Skala *f* ‹-, -len› шкала́ *ж*
Skalpell *n* ‹-s, -e› ска́льпель *м*
Skandal *m* ‹-s, -e› сканда́л *м;* **skandalös** *adj* сканда́льный
Skandinavien *n* ‹-s› Скандина́вия *ж;* **Skandinavier(in** *f*) *m* ‹-s, -› скандина́вец *м,* скандина́вка *ж;* **skandinavisch** *adj* скандина́вский
Skat *m* ‹-[e]s› (*Kartenspiel*) скат *м*
Skateboard *n* ‹-s, -s› скейт *м*
Skelett *n* ‹-[e]s, -e› скеле́т *м*
Skepsis *f* ‹-› скептици́зм *м;* (*Zweifel*) сомне́ние *с;* **Skeptiker(in** *f*) *m* ске́птик *м;* **skeptisch** *adj* скепти́ческий
Sketch *m* скетч *м*
Ski *m* ‹-s, -er› лы́жа *ж;* ◇ **~ laufen** [*o.* **fahren**] ката́ться на лы́жах; **Skianzug** *m* лы́жный костю́м *м;* **Skibrille** *f* лы́жные очки́ *мн;* **Skifahrer(in** *f*) *m,* **Skiläufer(in** *f*) *m* лы́жник *м,* лы́жница *ж;* **Skilehrer(in** *f*) *m* инстру́ктор *м* по ходьбе́ на лы́жах; **Skilift** *m* (*zum Ziehen*) кана́тный подъёмник *м* для лы́жников; (*Sessellift*) кре́сельный кана́тный подъёмник
Skinhead *m* ‹-s, -s› бритоголо́вый *м*
Skischuh *m* лы́жный боти́нок *м;* **Skischule** *f* шко́ла *ж* ходьбы́ на лы́жах; **Skispringen** *n* прыжки́ *м мн* на лы́жах; **Skistiefel** *m* лы́жный сапо́г *м*
Skizze *f* ‹-, -n› набро́сок *м,* эски́з *м,* зарисо́вка *ж;* **skizzieren** *vt* на|бра́сывать ‹-броса́ть›
Sklave *m* ‹-n, -n› раб *м;* **Sklavin** *f* рабы́ня *ж*
Skonto *m o. n* ‹-s, -s› COMM ско́нто *с*
Skorpion *m* ‹-s, -e› (1) ZOOL скорпио́н *м* (2) ASTROL Скорпио́н *м*
Skript[um] *n* ‹-s, -en› ру́копись *ж*
Skrupel *m* сомне́ние *с;* **skrupellos** *adj* бессо́вестный
Skulptur *f* скульпту́ра *ж*
skurril *adj* (*Idee*) стра́нный
Slalom *m* ‹-s, -s› SPORT сла́лом *м*
Slang *m* ‹-s, -s› сленг *м*
Slawe *m* ‹-n, -n› славяни́н *м;* **Slawin** *f* славя́нка *ж;* **slawisch** *adj* славя́нский
Slip *m* ‹-s, -s› тру́сики *мн;* **Slipeinlage** *f* (то́нкая) гигиени́ческая подкла́дка *ж*
Slowake *m* ‹-n, -n› слова́к *м;* **Slowakin** *f* слова́чка *ж*
Slum *m* трущо́ба *ж*
Smaragd *m* ‹-[e]s, -e› изумру́д *м*
smart *adj* (*pfiffig*) ло́вкий; (*gerissen*) проду́вно́й
Smog *m* ‹-s› смог *м;* **Smogalarm** *m* трево́га *ж* по по́воду возникнове́ния смо́га
Smoking *m* ‹-s, -s› смо́кинг *м*
Snob *m* ‹-s, -s› сноб *м*
so I. *adv* (1) (*auf diese Weise*) так, таки́м о́бразом; ◇ **schrei nicht ~!** не кричи́ так! (2) (*etwa, ungefähr*) о́коло, приблизи́тельно; ◇ **der Kunde spart ~ um die zehn Mark** покупа́тель эконо́мит о́коло десяти́ ма́рок (3) (*Maß, Grad*) так, до тако́й сте́пени; ◇ **~ ... wie** до тако́й сте́пени,

S

что...; ◇ **sie ist ~ schön** она́ така́я краси́вая ④ *FAM* ◇ **nur ~, halt ~** про́сто так ⑤ (*solch*) ◇ **~ ein Idiot** тако́й идио́т ⑥ ◇ **~ lange bis** до тех пор **II.** *intj* (*wirklich*) ◇ **~!** так!; ◇ **~, ~!** так, так!; ◇ **ach ~!** ах, вот что!; ◇ **~, das ist fertig!** ита́к, гото́во! **III.** *cj* ① (*deshalb, folglich*) ита́к; ◇ **er kam nicht, ~ nahm sie das Buch mit** он не пришёл, поэ́тому она́ взяла́ кни́гу с собо́й ② (*nachdrücklich*) ◇ **~ habe ich das nicht gedacht** так я себе́ э́того не представля́л; ◇ **~ komm doch endlich** идём в конце́ концо́в ③ ◇ **~ daß** так что, сле́довательно; ◇ **er knallte die Tür, ~ daß sie aufwachte** он хло́пнул две́рью, так что она́ просну́лась ④ ◇ **um ~ besser!** тем лу́чше!

sobald *cj* как то́лько

Socke *f* <-, -n> носо́к *м; FAM* ◇ **sich auf die ~n machen** тро́нуться в путь

Sockel *m* <-s, -> (*Denkmal~*) пьедеста́л *м;* (*von Säule etc.*) цо́коль *м*

Sodawasser *n* со́довая вода́ *ж*

Sodbrennen *n* изжо́га *ж*

soeben *adv* то́лько что

Sofa *n* <-s, -s> дива́н *м*

sofern *cj* поско́льку; (*falls*) е́сли; ◇ **~ Sie noch nichts gegessen haben, lade ich Sie ein** е́сли Вы ещё не пое́ли, то я Вас приглаша́ю

soff *impf v.* **saufen**

sofort *adv* сра́зу; **Soforthilfe** *f* неотло́жная по́мощь *ж;* **sofortig** *adj* неме́дленный; ◇ **mit ~er Wirkung** неме́дленно

Softie *m* <-s, -s> слабохара́ктерный челове́к *м*

Software *f* <-> програ́ммное обеспе́чение *c,* програ́мма *ж*

sog *impf v.* **saugen**

Sog *m* <-[e]s, -e> (*Wirbel*) завихре́ние *c;* (*Wasser, Luft*) тече́ние *c; FIG* (*Anziehungskraft*) влече́ние *c*

sogar *adv* да́же

sogenannt *adj* так называ́емый

sogleich *adv* сра́зу же

Sohle *f* <-, -n> (*Fuß~, Schuh~*) подо́шва *ж;* (*Tal~*) дно *c;* MIN эта́ж *м*

Sohn *m* <-[e]s, Söhne> сын *м*

Sojabohne *f* со́я *ж*

solang[e] *cj* ① пока́, в то вре́мя как; ◇ **wir bleiben hier sitzen, ~ [wie] es dir gefällt** мы бу́дем здесь сиде́ть, пока́ тебе́ не надое́ст ② (*~ bis*) пока́ не; ◇ **wir warten hier ~ bis ...** мы бу́дем здесь ждать пока́ не...

Solarium *n* соля́рий *м*

Solartechnik *f* те́хника *ж,* испо́льзующая со́лнечную эне́ргию; **Solarzelle** *f* элеме́нт *м* со́лнечной батаре́и

solch(e, er, es) *pron* (*demonstrativ*) тако́й, подо́бный; (*vor Adjektiven*) ◇ **~ dumme Kerls** таки́е дураки́; (*für sich betrachtet*) ◇ **das Auto als ~es** автомоби́ль как тако-во́й; **er redet ~ einen Unsinn** он болта́ет тако́й вздор

Sold *m* <-[e]s> де́нежное содержа́ние *c*

Soldat *m* <-en, -en> солда́т *м;* ◇ **~ auf Zeit** сверхсро́чник *м*

Söldner *m* <-s, -> наёмник *м*

solidarisch *adj* солида́рный; **Solidarität** *f* солида́рность *ж*

solide *adj* (*Bauweise*) соли́дный, про́чный; (*Mensch*) соли́дный, серьёзный

Solist(in *f*) *m* соли́ст(ка *ж*) *м*

Soll *n* <-[s], -[s]> ① FIN де́бет *м;* ◇ **~ und Haben** де́бет и креди́т ② (*Vorgaben*) но́рма *ж;* (*Planungsziel*) пла́новое зада́ние *c*

sollen *vi* ① (*Pflicht haben*) до́лжен/-на́/-ны́, сле́дует; ◇ **sie soll nach Hause gehen** она́ должна́ пойти́ домо́й ② (*Wunsch, Absicht, Vorhaben*) ◇ **hier soll das neue Einkaufszentrum gebaut werden** здесь должны́ постро́ить но́вый универма́г; ◇ **~ wir heute ins Kino gehen?** пойдём сего́дня в кино́?; ◇ **wir sollten uns treffen** нам сле́довало бы встре́титься ③ (*als Vollverb, in Fragesätzen*) ◇ **was soll das?** к чему́ э́то?; ◇ **was soll's!** ну и что! ④ (*für den Fall, daß*) е́сли бы; ◇ **wenn es regnen sollte** е́сли бы пошёл дождь ⑤ (*Vermutung, Gerücht*) ◇ **sie ~ sehr reich sein** говорят, что они́ о́чень бога́ты ⑥ (*Ratlosigkeit ausdrückend*) ◇ **was soll ich nur machen?** что мне де́лать?; ◇ **er wußte nicht, was er machen sollte** он не знал, что ему́ де́лать

Solo *n* <-s, -s *o.* Soli> со́ло *c*

somit *cj* таки́м о́бразом

Sommer *m* <-s, -> ле́то *c;* ◇ **im ~** ле́том; **Sommerferien** *pl* ле́тние кани́кулы *мн;* **sommerlich** *adj* ле́тний; **Sommerloch** *n FAM вре́мя отпуско́в;* **Sommerschlußverkauf** *m* ле́тняя распрода́жа *ж;* **Sommersemester** *n* ле́тний семе́стр *м;* **Sommersprosse** *f* весну́шка *ж*

Sonate *f* <-, -n> MUS сона́та *ж*

Sonde *f* <-, -n> (*Raum~, Magen~ etc.*) зонд *м*

Sonderangebot *n* специа́льное предложе́ние *c;* **sonderbar** *adj* стра́нный; **Sonderfahrt** *f* специа́льный ре́йс *м;* **Sonderfall** *m* осо́бый слу́чай *м;* (*Ausnahme*) исключи́тельный слу́чай; **Sondergenehmigung** *f* специа́льное разреше́ние *с;* **sondergleichen** *adj* ‹inv› *(beispiellos)* бесподо́бный; *(unerhört)* ◇ **e-e Gemeinheit ~** неслы́ханная по́длость; **sonderlich** *adj* *(Mensch)* стра́нный; *(originell)* оригина́льный; *(meist verneinend)* осо́бенный, осо́бый; ◇ **keine ~e Lust haben** не име́ть осо́бого жела́ния к чему́-л; **Sondermüll** *m* токси́ческие отбро́сы *мн*

sondern *cj* *(statt dessen)* но, а; ◇ **nicht nur ..., ~ auch** не то́лько ..., но и

Sonderpreis *m* льго́тная цена́ *ж;* **Sonderschule** *f* специа́льная шко́ла *ж,* спецшко́ла *ж;* **Sonderwunsch** *m* осо́бое жела́ние *с;* **Sonderzeichen** *n* дополни́тельные зна́ки *м мн;* **Sonderzug** *m* BAHN дополни́тельный по́езд *м*

sondieren *vt FIG* *(erkunden)* иссле́довать *несов и сов*

Sonett *n* ‹-[e]s, -e› соне́т *м*

Sonnabend *m* суббо́та *ж;* **sonnabends** *adv* по суббо́там

Sonne *f* ‹-, -n› со́лнце *с;* **sonnen** *vr* ◇ **sich ~** заго|ра́ть ‹-ре́ть›, лежа́ть на со́лнце; **Sonnenaufgang** *m* восхо́д *м* со́лнца; **sonnenbaden** *vi* заго|ра́ть ‹-ре́ть›; **Sonnenbank** *f* соля́рий *м;* **Sonnenblume** *f* подсо́лнечник *м;* **Sonnenbrand** *m* со́лнечный ожо́г *м;* **Sonnenbrille** *f* тёмные очки́ *мн;* **Sonnenenergie** *f* со́лнечная эне́ргия *ж;* **Sonnenfinsternis** *f* со́лнечное затме́ние *с;* **Sonnenhut** *m* шля́па *ж* от со́лнца; **Sonnenschirm** *m* зо́нтик *м* от со́лнца; **Sonnenstich** *m* со́лнечный уда́р *м;* **Sonnensystem** *n* со́лнечная систе́ма *ж;* **Sonnenuhr** *f* со́лнечные часы́ *мн;* **Sonnenuntergang** *m* захо́д *м* со́лнца; **Sonnenwende** *f* солнцестоя́ние *с;* **sonnig** *adj* *(Tag)* со́лнечный; *(Gemüt)* ра́достный

Sonntag *m* воскресе́нье *с; s. a.* **Samstag**; **sonntags** *adv* по воскресе́ньям; **Sonntagsfahrer(in** *f) m PEJ* нео́пытный шофёр

sonst *adv* ① *(außerdem)* кро́ме того́; ◇ **~ noch etwas?** ещё что-нибу́дь? ② *(für gewöhnlich)* обы́чно; ◇ **mehr als ~** бо́льше обы́чного ③ *(zu anderer Zeit)* в друго́й раз ④ *(andernfalls)* ина́че ⑤ *(andere Person/Sache)* ◇ **wer denn ~?** кто же, как не он?

sonstig *adj* *(Wünsche)* про́чий, друго́й

sooft *cj* вся́кий раз, как

Sopran *m* ‹-s, -e› MUS сопра́но *с*

Sorge *f* ‹-, -n› ① *(Unruhe, Bedenken)* забо́та *ж,* беспоко́йство *с,* хло́поты *мн;* ◇ **in ~ sein** быть озабо́ченным ② *(Fürsorge, Pflege)* попече́ние *с,* забо́та *ж;* **sorgen I.** *vi* ◇ **für jd-n/etw ~** ‹по-›забо́титься о ком/чём-л **II.** *vr* ◇ **sich ~** ‹по-›беспоко́иться *(um akk* о ком-чём-л); **sorgenfrei** *adj* беззабо́тный; **Sorgenkind** *n FIG* предме́т *м,* постоя́нных забо́т; **sorgenvoll** *adj* *(Blick)* по́лный забо́т, обеспоко́енный; *(Worte)* трево́жный; **Sorgerecht** *n* роди́тельские права́ *мн*; **Sorgfalt** *f* ‹-› тща́тельность *ж;* **sorgfältig** *adj* тща́тельный; **sorglos** *adj* беззабо́тный; **sorgsam** *adj* тща́тельный

Sorte *f* ‹-, -n› *(Art)* род *м,* вид *м;* *(von Menschen)* тип *м,* вид *м;* *(Waren~)* сорт *м*

Sorten *pl* FIN иностра́нная валю́та

sortieren *vt* ‹рас-›сортирова́ть *(nach dat* по чему́-л); **Sortieren** *n* POST сортиро́вка *ж*

Sortiment *n* *(Warenangebot)* ассортиме́нт *м*

sosehr *cj* хотя́ и, как бы ни

SOS-Ruf *m* сигна́л *м* бе́дствия, сигна́л *м* СОС

Soße *f* ‹-, -n› со́ус *с;* **Soßenschüssel** *f* со́усник *м*

Soufflé *n* ‹-s, -s› суфле́ *с*

Souffleur *m,* **Souffleuse** *f* THEAT суфлёр(ша *ж*) *м;* **soufflieren** *vt, vi* суфли́ровать *несов*

Sound *m* ‹-s, -s› звук *м*

Souterrain *n* ‹-s, -s› полуподва́л *м*

Souvenir *n* ‹-s, -e› сувени́р *м*

souverän *adj* сувере́нный; **Souveränität** *f* суверените́т *м*

soviel I. *cj* наско́лько; ◇ **~ ich weiß** наско́лько я зна́ю **II.** *adv* ско́лько; ◇ **~ wie möglich** как мо́жно бо́льше; ◇ **es gibt ~ Männer wie Frauen** мужчи́н сто́лько же ско́лько и же́нщин; ◇ **willst du noch einmal ~?** хо́чешь ещё сто́лько же?; ◇ **~ ist sicher** пока́ то́чно изве́стно

soweit I. *adv* в изве́стной ме́ре, как мо́жно; ◇ **~ wie möglich** как мо́жно да́льше; ◇ **ich bin ~ zufrieden mit mir** я пока́ собо́й дово́лен; *(bereit, fertig)* ◇ **jd/etw ist ~** кому́-чему́-л пора́ **II.** *cj* наско́лько

sowenig *adv* так же ма́ло; ◇ **~ wie möglich** как мо́жно ме́ньше

sowie *cj* ① *(sobald)* как то́лько ② *(ebenso)* та́кже ③ *(und)* и

sowieso *adv* *(ohnehin)* так и́ли ина́че, всё равно́

S

sowjetisch *adj* сове́тский; **Sowjetunion** *f* <-> Сове́тский Сою́з *м*

sowohl *cj* ◇ ~ **... als auch** и ... и, как ... так и

sozial *adj* социа́льный; **Sozialabgaben** *f pl* отчисле́ния *с мн* по социа́льному страхова́нию; **Sozialarbeiter(in** *f*) *m* рабо́тник *м*/рабо́тница *ж* в о́бласти социа́льного обеспе́чения; **Sozialdemokrat(in** *f*) *m* социа́л-демокра́т(ка *ж*) *м*; **sozialdemokratisch** *adj* социа́л-демократи́ческий; **Sozialfall** *m* (*Person*) челове́к *м*, получа́ющий социа́льное посо́бие; ◇ **zum ~ werden** обедне́ть; **Sozialfürsorge** *f* социа́льное обеспече́ние *с*; **Sozialhilfe** *f* <-> социа́льное посо́бие *с*; **Sozialisierung** *f* обобществле́ние *с*

Sozialismus *m* социали́зм *м*; **Sozialist(in** *f*) *m* социали́ст(ка *ж*) *м*; **sozialistisch** *adj* социалисти́ческий

Sozialkunde *f* SCH обществове́дение *ж*; **Sozialleistungen** *f pl* платёж *м* на социа́льные ну́жды; **Sozialpolitik** *f* социа́льная поли́тика *ж*; **Sozialstaat** *m* госуда́рство *с* с хорошо́ ра́звитой систе́мой социа́льного обеспече́ния; **Sozialversicherung** *f* социа́льное страхова́ние *с*; **Sozialwohnung** *f* льго́тная кварти́ра *ж* для малообеспе́ченных

Soziologe *m* <-n, -n> социо́лог *м*; **Soziologie** *f* социоло́гия *ж*; **Soziologin** *f* социо́лог *м*; **soziologisch** *adj* социологи́ческий

sozusagen *adv* так сказа́ть

Spacelab *n* <-s, -s> косми́ческая лаборато́рия *ж*

Spachtel *m* <-s, -> лопа́точка *ж*; **spachteln** *vt FAM* (*viel essen*) уплета́ть *несов*

Spagat *m* шпага́т *м*

Spaghetti *pl* спаге́тти *с мн*

spähen *vi* о|сма́триваться <-смотре́ться>; (*jd-n beobachten*) высле́живать <вы́следить>

Spalier *n* <-s, -e> (*Holzgitter*) шпале́ры *ж мн*; (*Leute*) ряд *м*; ◇ ~ **stehen** стоя́ть шпале́рами

Spalt *m* <-[e]s, -e> (*Tür~*) щель *ж*

spaltbar *adj* (*Material*) расщепля́емый; **Spalte** *f* <-, -n> ① (*Gletscher~*) тре́щина *ж* ② (*in Text*) столбе́ц *м*; **spalten I.** *vt* рас|ка́лывать <-коло́ть>, расщеп|ля́ть <-пи́ть>; (*Gruppe*) разде|ля́ть <-ли́ть> **II.** *vr* ◇ **sich ~** рас|ка́лываться <-коло́ться> (*in akk* на что́-л); **Spaltung** *f* POL раско́л *м*; BIOL деле́ние *с*; PHYS расщепле́ние *с*

Span *m* <-[e]s, Späne> (*von Metall*) стру́жка *ж*; (*von Holz*) ще́пка *ж*

Spanferkel *n* моло́чный поросёнок *м*

Spange *f* <-, -n> (*Haar~*) зако́лка *ж*; (*Zahn~*) ско́бка *ж*; (*Schnalle*) пря́жка *ж*; (*Armreif*) брасле́т *м*

Spanien *n* <-s> Испа́ния *ж*; **Spanier(in** *f*) *m* <- s, -> испа́нец *м*, испа́нка *ж*; **spanisch** *adj* испа́нский; *FAM* (*seltsam*) ◇ **das kommt mir ~ vor** э́то мне ка́жется стра́нным

spann *impf v.* **spinnen**

Spann *m* <-[e]s, -e> ANAT подъём *м* ноги́

Spanne *f* <-, -n> ① (*Zeit~*) промежу́ток *м* вре́мени ② (*Differenz*) ра́зница *ж*

spannen I. *vt* (*dehnen*) растя́|гивать <-ну́ть>; (*Bogen*) натя́|гивать <-ну́ть>; (*einlegen*) зажи<им>а́ть (*in akk* во что-л); (*Papier*) за|кла́дывать <-ложи́ть>; *FAM* (*neugierig machen*) ◇ **jd-n auf die Folter ~** разжига́ть в ком-л любопы́тство **II.** *vi* (*Hemd, Haut*) натя́|гиваться <-ну́ться> **III.** *vr* ◇ **die Brücke spannt sich über den Rhein** мост переки́нулся че́рез Ре́йн

spannend *adj* (*Buch*) увлека́тельный; (*fesselnd*) захва́тывающий; (*Augenblick*) напряжённый; ◇ **es ~ machen** тяну́ть кани́тель

Spanner *m* ① (*Gummi~*) натяжно́е устро́йство *с* ② (*Person*) стоя́щий *м* на шу́харе

Spannung *f* ① (*Anspannung*) напряже́ние *с*, напряжённое внима́ние *с* ② ELECTR напряже́ние *с* ③ *FIG* напряжённость *ж*; **Spannungsgebiet** *n* о́бласть *ж* напряжённости

Spannweite *f* (*bei Vogel, Flugzeug*) разма́х *м*

Spanplatte *f* древе́сностру́жечная плита́ *ж*

Sparbuch *n* сберега́тельная кни́жка *ж*, сберкни́жка *ж*; **Sparbüchse** *f* копи́лка *ж*; **sparen I.** *vt, vi* <на->копи́ть; (*zielgerichtet*) ◇ **auf [*o.* für] etw ~** копи́ть на что-л; (*Kräfte, Strom*) <с->эконо́мить, <с->бере́чь; ◇ **er spart nicht mit Geschenken** он не ску́пится на пода́рки **II.** *vr* (*unterlassen*) ◇ **sich ~** об|ходи́ться <-ойти́сь> без чего́-л; ◇ **sich** *dat* **die Mühe ~, etw zu tun** не утружда́ть себя́ чем-л; **Sparer(in** *f*) *m* <-s, -> вкла́дчик *м*, вкла́дчица *ж*

Spargel *m* <-s, -> спа́ржа *ж*

Sparkasse *f* сберка́сса *ж*; **Sparkonto** *n* сберега́тельный счёт *м*

spärlich *adj* ску́дный, бе́дный

Sparmaßnahme *f* мероприя́тие *с* в це́лях эконо́мии; **sparsam** *adj* (*Mensch*) бережли́вый, эконо́мный; (*Gerät, Auto*) эконо́мный; **Sparsamkeit** *f* бережли́вость *ж*, эконо́мность *ж*; **Sparschwein** *n* копи́лка *ж*

Sparte *f* <-, -n> (*Gebiet*) о́бласть *ж*; (*Presse*) ру́брика *ж*

Spaß *m* <-es, Späße> (*Vergnügen*) заба́ва *ж*; (*Scherz*) шу́тка *ж*; (*Freude*) удово́льствие *с*; ◇ **jd-m den ~ verderben** испо́ртить кому́-л удово́льствие; ◇ **~ beiseite!** шу́тки в сто́рону!; ◇ **viel ~!** жела́ю хорошо́ повесели́ться!; **spaßen** *vi* <по->шути́ть; ◇ **mit ihm ist nicht zu ~** с ним шу́тки пло́хи; **spaßeshalber** *adv* в шу́тку; **spaßig** *adj* (*Mensch*) весёлый, шутли́вый; (*Sache*) заба́вный, смешно́й

spastisch *adj* (*Lähmung*) спасти́ческий

spät I. *adj* (*Stunde*) по́здний; (*Gast*) запозда́лый, по́здний **II.** *adv* по́здно

Spaten *m* <-s, -> лопа́та *ж*

später I. *adj kompar v.* **spät** бо́лее по́здний **II.** *adv* поздне́е; ◇ **zwei Tage ~** че́рез два дня; **spätestens** *adv* са́мое по́зднее; **spätreif** *adj* по́здно созрева́ющий; **Spätschicht** *f* вече́рняя сме́на *ж*; **Spätzündung** *f* AUTO по́зднее зажига́ние *с*

Spatz *m* <-es, -en> воробе́й *м*

spazieren *vi* прогу́|ливаться <-ля́ться>; **spazierenfahren** *unreg vi* <по->ката́ться; **spazierenführen** *vi* (*Hund*) про|гу́ливать <-гуля́ть>; **spazierengehen** *unreg vi* <по->гуля́ть; **Spaziergang** *m* прогу́лка *ж*; **Spaziergänger(in** *f*) *m* гуля́ющий(-ая *ж*) *м*; **Spazierstock** *m* трость *ж*

Specht *m* <-[e]s, -e> дя́тел *м*

Speck *m* <-[e]s, -e> (*durchwachsenes Fleisch*) са́ло *с*; (*von Mensch*) жир *м*; **speckig** *adj* ① (*fettig, schmutzig*) жи́рный, заса́ленный ② (*abgetragen*) зано́шенный, потрёпанный

Spedition *f* (*~sfirma*) тра́нспортное предприя́тие *с*, экспеди́ция *ж*

Speer *m* <-[e]s, -e> копьё *с*; **Speerwerfen** *n* мета́ние *с* копья́

Speiche *f* <-, -n> ① (*Fahrrad~*) спи́ца *ж* ② ANAT лучева́я кость *ж*

Speichel *m* <-s> слюна́ *ж*

Speicher *m* <-s, -> (*Dach~*) черда́к *м*; (*Lager*) скла́д *м*; (*Korn~*) амба́р *м*; PC запомина́ющее устро́йство *с*, па́мять *ж*; **Speicherkapazität** *f* PC ёмкость *ж* запомина́ющего устро́йства; **speichern** *vt* (*Waren*) храни́ть *несов*; (*anhäufen*) на|ка́пливать <-копи́ть>; (*Energie*) аккумули́ровать *несов*; PC (*Datei*) сохра|ня́ть <-ни́ть>, запи́|сывать <-са́ть>

speien <spie, gespie[e]n> *vt, vi* (*erbrechen*) <вы́->рвать; (*Vulkan*) из|верга́ть <-ве́ргнуть>

Speise *f* <-, -n> (*das Essen*) еда́ *ж*, пи́ща *ж*; (*Gericht*) блю́до *с*, ку́шанье *с*; **Speiseeis** *n* моро́женное *с*; **Speisekammer** *f* кладова́я *ж*; **Speisekarte** *f* меню́ *с*; **speisen I.** *vt* ① (*essen*) <на->пита́ть, <на->корми́ть ② (*versorgen*) пита́ть, снаб|жа́ть <-ди́ть> (*mit dat* чем-л) **II.** *vi* <по->е́сть, <по->ку́шать; **Speiseöl** *n* пищево́е расти́тельное ма́сло *с*; **Speiseröhre** *f* пищево́д *м*; **Speisesaal** *m* столо́вая *ж*; **Speisewagen** *m* ваго́н-рестора́н *м*

Spektakel *n* <-s, -> *FIG* (*Krach*) шум *м*, галдёж *м*; (*Durcheinander*) шум и гам *м*; **spektakulär** *adj* сенсацио́нный

Spektrum *n* <-s, Spektren *o.* Spektra> PHYS спектр *м*; *FIG* (*Vielfalt*) разнообра́зие *с*

Spekulant(in *f*) *m* спекуля́нт(ка *ж*) *м*; **Spekulation** *f* ① FIN спекуля́ция *ж* ② (*Vermutung*) ◇ **reine ~!** чи́стый вы́мысел!; **spekulieren** *vi* FIN спекули́ровать *несов* (*auf akk* чем-л)

Spelunke *f* <-, -n> прито́н *м*; (*Kneipe*) каба́к *м*

Spende *f* <-, -n> поже́ртвование *с*; **spenden** *vt* (*Geld*) <по->же́ртвовать; (*Blut*) сда<ва́>ть; (*Schatten*) да<ва́>ть; (*Seife, Wasser*) да<ва́>ть; **spendieren** *vt FAM* (*im Lokal*) ◇ **e-e Runde ~** пригласи́ть компа́нию на кру́жку пи́ва

Sperling *m* (*Spatz*) воробе́й *м*

Sperma *n* <-s, -men *o.* -mata> спе́рма *ж*

Sperre *f* <-, -n> ① (*Hindernis*) загражде́ние *с*, прегра́да *ж* ② (*Nachrichten~, Einwanderungs~*) запреще́ние *с* ③ (*Handels~*) эмба́рго *с*; **sperren I.** *vt* ① (*Grenze*) закры́<ва́>ть; (*Straße*) прегра|жда́ть <-ди́ть>, загра|жда́ть <-ди́ть>; (*Kredit*) прекра|ща́ть <-ти́ть>; (*Strom, Telefon*) отклю|ча́ть <-чи́ть>; SPORT дисквалифици́ровать *несов и сов* ② TYP ◇ **ein Wort gesperrt drucken** напеча́тать сло́во в разря́дку **II.** *vr* (*sich widersetzen*) ◇ **sich ~** проти́виться (*gegen akk* чему́-л); **Sperrgebiet** *n* запре́тная зо́на *ж*; **Sperrgut** *n* громо́здкий груз *м*; **sperrig** *adj* громо́здкий; **Sperrmüll** *m* громо́здкий му́сор *м*; **Sperrstunde** *f* коменда́нтский час *м*

Spesen *pl* накладны́е расхо́ды *м мн*, командиро́вочные *мн*

spezialisieren *vr* ◇ **sich ~** специализи́роваться *несов и сов* (*auf akk* на чём-л); **Spe-**

S

zialist(in *f*) *m* специали́ст(ка *ж*) *м* (*für* по чему́-л); **Spezialität** *f* (*Besonderheit*) осо́бенность *ж;* ◇ **e-e ~ des Hauses** фи́рменное блю́до с ресторáна

speziell *adj* специа́льный, осо́бенный; (*Wunsch*) осо́бый

Spezies *f* <-, -> BIOL вид *м*

spezifisch *adj* (*Entwicklung*) специфи́ческий; (*Gewicht*) уде́льный; **spezifizieren** *vt* уточ|ня́ть <-ни́ть>

Sphäre *f* <-, -n> сфе́ра *ж*

spicken I. *vt* (*Braten, Hasen*) <на->шпигова́ть **II.** *vi* SCH (*abschreiben*) спи́|сывать <-са́ть>; **Spickzettel** *m* шпарга́лка *ж*

spie *impf v.* **speien**

Spiegel *m* <-s, -> зе́ркало *с;* (*Wasser~, Meeres~*) у́ровень *м;* **Spiegelbild** *n* отраже́ние *с*, отображе́ние *с;* **spiegelbildlich** *adj* в зерка́льном отображе́нии; **Spiegelei** *n* яи́чница *ж;* **spiegelglatt** *adj* гла́дкий, зерка́льный; **spiegeln I.** *vi* (*Fußboden, Glas*) отра|жа́ть <-зи́ть>, блесте́ть *несов* **II.** *vr* ◇ **sich ~** отра|жа́ться <-зи́ться>; **Spiegelreflexkamera** *f* зерка́льная ка́мера *ж;* **Spiegelsaal** *m* зерка́льный зал *м;* **Spiegelschrift** *f* зерка́льное изображе́ние письма́; **Spiegelung** *f* отраже́ние *с;* (*Luft~*) мира́ж *м*

Spiel *n* <-[e]s, -e> ① (*Karten~*) игра́ *ж;* SPORT игра́ *ж;* (*Partie*) па́ртия *ж* ② (*Vorführung*) (*Schau~*) пье́са *ж*, представле́ние *с* ③ (*Handeln, Vorgehensweise*) ◇ **ein gefährliches ~ spielen** вести́ опа́сную игру́; ◇ **etw aufs ~ setzen** ста́вить что-л на ка́рту; ◇ **ein falsches ~ spielen** нече́стно поступа́ть ④ (*von Lenkrad, Schraube*) зазо́р *м;* **Spielautomat** *m* игра́льный автома́т *м;* **Spielbank** *f* (*Spielkasino*) ба́нк *м*, казино́ *с;* **spielen** *vt, vi* (*Spiel*) <по->игра́ть; (*Sport*) игра́ть <сыгра́ть>; (*Instrument*) игра́ть на чём-л; (*nervös, unbewußt*) <по->теребить (*an, mit dat* что-л); MUS, THEAT ис|полня́ть <-по́лнить>; (*sich ereignen*) ◇ **der Roman spielt während ...** де́йствие рома́на происхо́дит во вре́мя ...; (*vorgeben, etw/jd zu sein*) стро́ить кого́-л из себя́; ◇ **den Beleidigten ~** напусти́ть на себя́ оби́женный вид; **spielend** *adv* (*leicht*) игра́ючи, легко́; **Spieler(in** *f*) *m* <-s, -> (*Karten~*) игро́к *м;* MUS музыка́нт *м;* THEAT исполни́тель(ница *ж*) *м;* **Spielerei** *f* (*kindliches Benehmen*) баловство́ *с;* **Spielfeld** *n* (игрово́е) по́ле *с;* (*Tennis~*) корт *м;* **Spielfilm** *m* худо́жественный фильм *м;* **Spielhalle** *f* иго́рный зал *м;* **Spielhölle** *f* иго́рный дом *м;* **Spielleiter** *m* THEAT режиссёр *м;* **Spielmarke** *f* фи́шка *ж*, жето́н *м;* **Spielplan** *m* THEAT репертуа́р *м;* **Spielplatz** *m* де́тская площа́дка *ж;* **Spielraum** *m FIG* (*Verhandlungs~*) возмо́жности *ж мн*, свобо́да *ж* де́йствий; **Spielregel** *f* пра́вило *с* игры́; **Spielsachen** *pl* игру́шки *ж мн;* **Spieluhr** *f* музыка́льная шкату́лка *ж;* **Spielverderber(in** *f*) *m* <-s, -> *FIG* некомпане́йский челове́к; ◇ **sei kein ~!** не будь зану́дой!; **Spielwarenhandlung** *f* магази́н *м* де́тских игру́шек; **Spielzeit** *f* THEAT сезо́н *м;* **Spielzeug** *n* игру́шка *ж;* **Spielzeugeisenbahn** *f* миниатю́рная желе́зная доро́га *ж*

Spieß *m* <-es, -e> (*Brat~*) ве́ртел *м;* (*für Schaschlik*) шампу́р *м;* (*Waffe*) копьё *с*, пи́ка *ж;* ◇ **schreien wie am ~** крича́ть как бу́дто ре́жут

Spießbürger(in *f*) *m*, **Spießer(in** *f*) *m* <-s, -> обыва́тель(ница *ж*) *м*, мещани́н *м*, меща́нка *ж;* **spießig** *adj FAM* (*spießbürgerlich*) обыва́тельский, меща́нский

Spikes *pl* (*Schuhe*) бегов́ые ту́фли *мн* с шипа́ми; AUTO покры́шки *ж мн* с шипа́ми

Spinat *m* <-[e]s> шпина́т *м*

Spind *m o. n* <-[e]s, -e> шкаф *м*

Spinett *n* MUS спине́т *м*

Spinne *f* <-, -n> пау́к *м*

spinnen <spann, gesponnen> **I.** *vt* (*Wolle*) <с->прясть **II.** *vi FAM* (*verrückt sein*) быть сумасше́дшим [ненорма́льным]; ◇ **du spinnst wohl?** ты что, рехну́лся?

Spinnennetz *n* паути́на *ж*

Spinner *m* сумасше́дший *м*, чуда́к *м*

Spinnerei *f* ① (*Fabrik*) пряди́льная фа́брика *ж* ② *FAM* (*Verrücktheiten*) бредо́вые иде́и *мн*

Spinnrad *n* пря́лка *ж;* **Spinnwebe** *f* <-, -n> паути́на *ж*

Spion(in *f*) *m* <-s, -e> ① (*Agent*) шпио́н(ка *ж*) *м* ② *nur m* (*Tür~*) глазо́к *м;* **Spionage** *f* <-, -n> шпиона́ж *м;* **spionieren** *vi* зан|има́ться <-я́ться> шпиона́жем, шпио́нить *несов;* **Spirale** *f* <-, -n> ① спира́ль *ж* ② *FAM* (*Pessar*) песса́рий *м*

Spiritismus *m* спирити́зм *м;* **spiritistisch** *adj* (*Sitzung*) спиритисти́ческий

Spirituosen *pl* спиртны́е напи́тки *мн*

Spiritus *m* <-> спирт *м;* **Spirituskocher** *m* спирто́вка *ж*

spitz *adj* ① (*Messer, Bleistift, Winkel*) о́стрый;

(*Gesicht, Kinn*) заострённый ② *FIG* (*leicht boshaft*) о́стрый; (*Bemerkung*) ко́лкий

Spitzbogen *m* стре́льчатая а́рка *ж*

Spitzbube *m* (*Schlingel*) плут(о́вка *ж*) *м;* (*Gauner*) моше́нник *м,* моше́нница *ж*

Spitze *f* <-, -n> (*spitzes Ende*) остриё *с;* (*Finger~*) ко́нчик *м;* (*Schuh~*) носо́к *м;* (*Berg~*) верши́на *ж,* верх *м;* (*Kirchturm~*) верху́шка *ж;* SPORT (*vorderen Plätze*) пе́рвые ме́ста *с мн;* (*Firmen~, Partei~ etc.*) верх *м,* верху́шка *ж;* (*von Kleidung*) кру́жево *с;* ◇ **etw auf die ~ treiben** доводи́ть до кра́йности что-л

Spitzel *m* <-s, -> (*Schnüffler*) шпик *м*

spitzen *vt* ① (*Bleistift*) за|та́чивать <-точи́ть> ② (*Ohren*) на|пряга́ть <-пря́чь> слух

Spitzenleistung *f* отли́чная рабо́та *ж;* **Spitzenlohn** *m* высо́кая за́работная пла́та *ж;* **Spitzensportler(in** *f*) *m* спортсме́н(ка *ж*) *м* вы́сшего кла́сса

spitzfindig *adj* хитроу́мный

Spitzhacke *f* кирка́ *ж*

spitzkriegen *vt FAM* (*spitzbekommen*) сооб-ра|жа́ть <-зи́ть>, смек|а́ть <-ну́ть>

Spitzmaus *f* землеро́йка *ж*

Spitzname *m* кли́чка *ж,* про́звище *с*

Spleen *m* <-s, -e> причу́да *ж*

Splitt *m* <-s, -e> ще́бень *м,* щебёнка *ж*

Splitter *m* <-s, -> (*Glas~*) оско́лок *м;* (*in der Haut*) зано́за *ж*

splitter[faser]nackt *adj* в чём мать родила́, соверше́нно го́лый

Splitterpartei *f* POL ме́лкая отколо́вшаяся группиро́вка *ж*

sponsern *vt* материа́льно подде́рживать; **Sponsor(in** *f*) *m* <-s, -en> спо́нсор *м*

spontan *adj* самопроизво́льный, спонта́нный

sporadisch *adj* едини́чный, споради́ческий

Sport *m* <-[e]s> спорт *м;* **Sportart** *f* вид *м* спо́рта; **Sportlehrer(in** *f*) *m* учи́тель(ница *ж*) по спо́рту *м;* **Sportler(in** *f*) *m* <-s, -> спортсме́н(ка *ж*) *м;* **sportlich** *adj* спорти́вный; **Sportplatz** *m* спорти́вная площа́дка *ж;* **Sportveranstaltung** *f* спорти́вное мероприя́тие *с;* **Sportverein** *m* спорти́вное о́бщество *с,* спорти́вный клуб *м;* **Sportwagen** *m* AUTO спорти́вный автомоби́ль *м;* *FIG* (*Kinderwagen*) лёгкая де́тская коля́ска *ж*

Spot *m* <-s, -s> (*~licht*) прожéктор *м;* MEDIA (*Werbe~*) рекла́мный ро́лик *м*

Spott *m* <-[e]s> насме́шка *ж,* издева́тельство *с;* **spottbillig** *adj* о́чень дешёвый; **spotten** *vi* издева́ться *несов* (*über akk* над кем-л); **spöttisch** *adj* (*Bemerkung*) издева́тельский; (*Lachen*) насме́шливый; (*sarkastisch*) саркасти́ческий

sprach *impf v.* **sprechen**

sprachbegabt *adj* спосо́бный к языка́м

Sprache *f* <-, -n> язы́к *м;* (*Ausdrucksweise*) речь *ж;* (*überrascht sein*) ◇ **das hat ihr die ~ verschlagen** она́ потеря́ла дар ре́чи; (*ansprechen*) ◇ **etw zur ~ bringen** затро́нуть како́й-л вопро́с; (*hinführen auf*) ◇ **die ~ auf etw bringen** привести́ разгово́р к чему́-л;

Sprachfehler *m* речево́й недоста́ток *м;* **Sprachführer** *m* разгово́рник *м;* **Sprachgefühl** *n* ◇ **dieser Schüler hat überhaupt kein ~** у э́того ученика́ нет никако́го языково́го чутья́; **sprachgewandt** *adj* (*Redner*) красноречи́вый; **Sprachlabor** *n* лингафо́нный кабине́т *м;* **sprachlich** *adj* языково́й; **sprachlos** *adj* (*Mensch*) онеме́вший, потеря́вший дар ре́чи; ◇ **völlig ~ sein** не находи́ть слов; **Sprachrohr** *n* ру́пор *м;* *FIG* (*kritiklos*) ◇ **jd-s ~ sein** быть чьим-л ру́пором; **Sprachwissenschaft** *f* языкове́дение *с;* **Sprachwissenschaftler(in** *f*) *m* языкове́д *м;* **Sprachzentrum** *n* центр *м* ре́чи

sprang *impf v.* **springen**

Spray *n* <-s, -s> аэрозо́ль *м;* **sprayen** *vt, vi* (*Haare*) сбры́з|гивать <-нуть> аэрозо́лью

sprechen <spricht, sprach, gesprochen> **I.** *vi* (*sich artikulieren*) говори́ть <сказа́ть>; (*sich unterhalten*) <по->говори́ть (*mit* с кем-л); (*mitteilen, besprechen*) <по->говори́ть (*über/von* о чём-л); (*Rede halten*) выступа́ть <вы́ступить> **II.** *vt* говори́ть <сказа́ть>; (*Sprache beherrschen*) говори́ть на (како́м-л языке́); (*jd-n*) <по->говори́ть с кем-л; ◇ **das spricht für ihn** э́то говори́т в его́ по́льзу; ◇ **auf jd-n schlecht zu ~ sein** быть настро́енным про́тив кого́-л; **Sprecher(in** *f*) *m* <-s, -> (*Redner/in*) ора́тор *м;* (*Referent/in*) докла́дчик *м,* докла́дчица *ж;* (*für Gruppe*) представи́тель(ница *ж*) *м;* MEDIA ди́ктор *м;* **Sprechstunde** *f* приёмные часы́; **Sprechstundenhilfe** *f* помо́щница *ж* врача́; **Sprechzimmer** *n* (*beim Arzt*) кабине́т *м;* (*Gefängnis*) приёмная *ж*

spreizen *vt* раз|двига́ть <-дви́нуть>

Sprengarbeiten *f pl* взрывны́е рабо́ты *ж мн;* **sprengen** *vt* ① (*mit Sprengstoff*) взр|ыва́ть <-орва́ть> ② *FIG* (*im Spielkasino*) ◇ **die**

S

Bank ~ сорвать банк; *FIG* ◇ **den Rahmen e-r Sache ~** выйти за рамки чего-л ③ (*Rasen*) поли‹ва›ть; (*Wäsche*) спрыс|кивать ‹-нуть› ④ (*Versammlung*) раз|гонять ‹-огнать›; **Sprengstoff** *m* взрывчатое вещество *с;* **Sprengung** *f* взрыв *м*

Spreu *f* ‹-› мякина *ж;* *FIG* ◇ **die ~ vom Weizen trennen** отделять плевелы от пшеницы

Sprichwort *n* пословица *ж;* **sprichwörtlich** *adj* общеизвестный, вошедший в поговорку; ◇ **~e Redensart** поговорка

sprießen *vi* (*Blumen*) пус|кать ‹-тить› ростки

Springbrunnen *m* фонтан *м*

springen ‹sprang, gesprungen› *vi* ① SPORT пры|г|ать ‹-нуть›; (*Ball*) подпры|г|ивать ‹-нуть›; (*Funke*) ‹по-›сыпаться; (*Ampel*) перепры|г|ивать ‹-нуть› (*auf akk* через что-л); (*Glas, Metall*) лоп|аться ‹-нуть›; *FIG* ◇ **etw ~ lassen** раскошелиться; (*auffallen*) ◇ **in die Augen ~** бросаться в глаза; **Springer(in** *f*) *m* ‹-s, -› ① SPORT прыгун(ья *ж*) *м* ② *nur m* SCHACH конь *м;* **Springmesser** *n* кнопочный нож *м;* **Springseil** *n* скакалка *ж*

Sprint *m* ‹-[e]s, -s› спринт *м*

Sprit *m* ‹-s› бензин *м*

Spritze *f* ‹-, -n› ① MED шприц *м;* (*Injektion*) укол *м* ② (*am Schlauch*) брандспойт *м*

spritzen I. *vt* ① (*Pflanzen*) поли‹ва›ть ② (*lackieren*) на|носить ‹-нести› распылителем ③ MED ‹с-›делать укол **II.** *vi* (*Blut, Wasser*) брыз|гать ‹-нуть›; **Spritzer** *m* ‹-s, -› (*Farb~, Wasser~*) брызги *мн;* **Spritzpistole** *f* пульверизатор *м*

Spritztour *f* короткая экскурсия *ж*

spröde *adj* ① (*Material*) хрупкий; (*Haut*) шершавый; (*Stimme*) хриплый ② (*Mensch*) замкнутый, неприступный

sproß *impf v.* **sprießen**

Sproß *m* ‹-sses, -sse› (*Nachkomme*) потомок *м,* отпрыск *м;* (*Trieb*) побег *м*

Sprosse *f* (*Fenster~, Leiter~*) перекладина *ж*

Spruch *m* ‹-[e]s, Sprüche› ① (*Denk~*) изречение *с;* (*Wahl~*) лозунг *м* ② (*Lehrgedicht*) стишок *м* ③ (*Formel*) (*Zauber~*) заклинание *с* ④ JURA приговор *м* ⑤ (*leere Versprechungen*) ◇ **Sprüche klopfen** давать пустые обещания

Sprudel *m* ‹-s, -› (*saurer ~*) газированная минеральная вода; (*süßer ~*) лимонад *м;* **sprudeln** *vi* (*Wasser*) бурлить *несов,* бить ключом; (*Worte*) сыпаться *несов*

Sprühdose *f* баночка *ж* с распылителем; **sprühen I.** *vt* разбрыз‹г›‹ив›ать **II.** *vi* (*Funken*) ‹по-›сыпаться; *FIG* (*lebhaft sein*) ◇ **er sprüht vor Begeisterung** он пышет воодушевлением; **Sprühregen** *m* моросящий дождь *м*

Sprung *m* ‹-[e]s, Sprünge› ① (*Luft~*) прыжок *м,* скачок *м;* *FIG* (*jd-n fördern*) ◇ **jd-m auf die Sprünge helfen** помочь кому-л советом; *FIG* (*beim Fortgehen*) ◇ **auf dem ~ sein** собираться уйти; *FIG* ◇ **auf e-n ~ vorbeikommen** заскочить на минутку ② (*im Teller*) трещина *ж;* **Sprungbrett** *n* SPORT, *a. FIG* трамплин *м;* **sprunghaft** *adj* (*Person*) неуравновешенный; (*plötzlich*) скачкообразный; **Sprungschanze** *f* SPORT лыжный трамплин *м;* **Sprungtuch** *n* спасательное полотно *с*

Spucke *f* ‹-› слюна *ж;* ◇ **jd-m bleibt die ~ weg** кто-л слов не находит; **spucken** *vt* ① (*Blut*) харк|ать ‹-нуть› чем-л ② *FAM* (*angeben*) ◇ **große Töne ~** бахвалиться

Spuk *m* ‹-[e]s, -e› (*Gespenst*) привидение *с,* призрак *м;* *FIG* (*Unfug*) безобразие *с;* **spuken** *vi meist unpers* ◇ **es spukt im Schloß** в замке нечисто

Spülbecken *n* мойка *ж*

Spule *f* ‹-, -n› *a.* ELECTR катушка *ж*

Spüle *f* ‹-, -n› мойка *ж;* **spülen I.** *vi* ① (*aus~*) ‹про-›полоскать ② (*abwaschen*) ‹вы-›мыть посуду ③ (*in Toilette*) спус|кать ‹-тить› воду **II.** *vt* (*Geschirr, Wäsche*) ‹вы-›мыть; (*Haare*) ‹про-›полоскать; ◇ **etw an den Strand ~** вынести волнами на берег; **Spülmaschine** *f* посудомойка *ж;* **Spülung** *f* ① (*von WC*) смывное устройство *с* ② MED (*Darm~*) промывание *с*

Spur *f* ‹-, -en› ① (*Fuß~ etc.*) след *м;* (*historische Überreste*) след *м;* *FIG* ◇ **jd-m auf der ~ sein** напасть на чей-л след ② (*Prise*) небольшое количество *с* ③ (*Schallplatten~*) дорожка *ж* ④ (*Fahr~*) ряд *м,* полоса *ж*

spürbar *adj* чувствительный; (*sichtbar*) заметный; **spüren** *vt* (*empfinden, merken*) ‹по-›чувствовать; (*Kälte, Schmerz*) ощу|щать ‹-тить›

Spurenelement *n* BIOL микроэлемент *м*

Spürhund *m* ищейка *ж*

spurlos *adj* бесследный

Spurt *m* ‹-[e]s, -s *o.* -e› рывок *м*

sputen *vr* ◇ **sich ~** ‹по-›спешить

Squash *n* ‹-› сквош *м*

Staat *m* ‹-[e]s, -en› ① (*Land*) государство *с;* *FAM* ◇ **die ~en** Штаты *мн* ② *FAM* (*prahlen,* *angeben*) ◇ **mit etw/jd-m keinen ~ machen** не испы́тывать го́рдость за кого́/что-л; **Staatenbund** *m* конфедера́ция *ж;* **staatenlos** *adj* не име́ющий гражда́нства; **staatlich** *adj* госуда́рственный; **Staatsangehörigkeit** *f* гражда́нство *с;* **Staatsanwalt** *m,* **Staatsanwältin** *f* прокуро́р *м;* **Staatsanwaltschaft** *f* прокурату́ра *ж;* **Staatsbegräbnis** *n* торже́ственные по́хороны *мн;* **Staatsbürger(in** *f*) *m* граждани́н *м,* гражда́нка *ж;* **Staatsdienst** *m* госуда́рственная слу́жба *ж;* ◇ **in den ~ eintreten** поступи́ть на госуда́рственную слу́жбу; **Staatsexamen** *n* госуда́рственный экза́мен *м;* **Staatsgebiet** *n* террито́рия *ж* госуда́рства; **Staatsgeheimnis** *n FIG* ◇ **aus e-r Sache ein ~ machen** де́лать из чего́-л госуда́рственную та́йну; **Staatsmann** *m* госуда́рственный де́ятель *м;* **Staatsoberhaupt** *n* глава́ *ж* госуда́рства; **Staatssekretär(in** *f*) *m* статс-секрета́рь *м*

Stab *m* <-[e]s, Stäbe> ① (*Stange*) прут *м,* па́лка *ж;* SPORT (*Staffel~*) эстафе́тная па́лочка *ж* ② (*Mitarbeiter~*) штат *м;* (*General~*) штаб *м;* **Stabhochsprung** *m* SPORT прыжки́ *м мн* в высоту́ с шесто́м

stabil *adj* (*Währung*) стаби́льный; (*Möbel*) кре́пкий, усто́йчивый; **stabilisieren** *vt* стабилизи́ровать *несов и сов;* **Stabilität** *f* стаби́льность *ж,* усто́йчивость *ж*

stach *impf v.* **stechen**

Stachel *m* <-s, -n> (*von Pflanzen*) колю́чка *ж,* шип *м;* (*von Tieren*) игла́ *ж;* (*von Bienen*) жа́ло *с; FIG* (*Schmerz, Groll*) боль *ж;* **Stachelbeere** *f* крыжо́вник *м;* **Stacheldraht** *m* колю́чая про́волока *ж;* **stachelig** *adj* колю́чий; **Stachelschwein** *n* дикобра́з *м*

Stadion *n* <-s, Stadien> стадио́н *м*

Stadium *n* <-s, Stadien> ① (*Zustand*) состоя́ние *с* ② (*Krankheits~*) ста́дия *ж*

Stadt *f* <-, Städte> го́род *м;* **Stadtbewohner(in** *f*) *m* горожа́нин *м,* горожа́нка *ж;* **Stadtbummel** *m* прогу́лка *ж* по го́роду; **Städtepartnerschaft** *f* побрата́ние *с* городо́в; **Stadtführer** *m* (*Person*) гид *м;* (*Buch*) путеводи́тель *м;* **städtisch** *adj* городско́й; **Stadtkern** *m* центр *м* го́рода; **Stadtmauer** *f* городска́я стена́ *ж;* **Stadtplan** *m* план *м* го́рода; **Stadtplanung** *f* плани́рование *с* застро́йки го́рода; **Stadtrand** *m* городска́я окра́ина *ж;* **Stadtrat** *m* городско́й сове́т *м;* **Stadtstaat** *m* го́родгосуда́рство *м;* **Stadtteil** *m* часть *ж* го́рода, кварта́л *м;* **Stadtverwaltung** *f* городско́е управле́ние *с;* **Stadtviertel** *n* райо́н *м* го́рода, городско́й кварта́л *м*

Staffel *f* <-, -n> ① SPORT эстафе́та *ж* ② AERO (*Flug~*) эскадри́лья *ж*

Staffelei *f* (*Maler~*) мольбе́рт *м*

Staffellauf *m* эстафе́та *ж*

staffeln *vt* (*Miete, Löhne*) дифференци́ровать *несов и сов*

stagnieren *vi* (*Wirtschaft*) находи́ться в состоя́нии застóя

stahl *impf v.* **stehlen**

Stahl *m* <-[e]s, Stähle> сталь *ж;* **Stahlbeton** *m* железобето́н *м*

Stalagmit *m* MIN сталагми́т *м*

Stalaktit *m* MIN сталакти́т *м*

Stall *m* <-[e]s, Ställe> сто́йло *с,* хле́в *м;* (*Pferde~*) коню́шня *ж;* (*Schweine~*) свина́рник *м;* (*Kuh~*) коро́вник *м;* (*Hühner~*) куря́тник *м*

Stamm *m* <-[e]s, Stämme> ① (*Baum~*) ствол *м;* (*Balken*) бревно́ *с* ② BIOL (*Familie*) тип *м;* (*Sippe*) пле́мя *с* ③ SPRACHW осно́ва *ж;* **Stammbaum** *m* родосло́вная *ж;* **Stammbuch** *n* кни́га *ж* па́мятных за́писей; **Stammdaten** *pl* (*EDV-~*) основны́е да́нные *мн*

stammeln *vt, vi* лепета́ть *несов*

stammen *vi* (*ab~*) проис-ходи́ть (*von/aus* из чего́-л)

Stammgast *m* завсегда́тай *м,* постоя́нный гость *м;* **Stammhalter** *m* продолжа́тель *м* ро́да

stämmig *adj* (*Figur*) корена́стый

Stammkapital *n* основно́й капита́л *м;* **Stammtisch** *m FAM* стол *м* для завсегда́таев

stampfen I. *vi* (*mit Fuß, quengelig*) то́п|ать <-нуть>; (*stark*) стуча́ть ного́й; (*Pferd*) бить копы́том; (*laut auftreten*) ◇ **durchs Zimmer ~** прото́пать по ко́мнате **II.** *vt* (*Kartoffeln*) <рас->толо́чь

stand *impf v.* **stehen**

Stand *m* <-[e]s, Stände> ① (*das Stehen*) стоя́ние *с* ② (*Spiel~, Kassen~*) состоя́ние *с,* положе́ние *с* ③ (*Obst~*) кио́ск *м,* ларёк *м;* (*Taxi~*) стоя́нка *ж;* (*Messe~*) стенд *м* ④ (*Familien~*) положе́ние *с;* (*Adels~*) сосло́вие *с*

Standard *m* <-s, -s> станда́рт *м;* (*Lebens~*) (жи́зненный) у́ровень *м;* **Standardbrief** *m* письмо́ *с* станда́ртных разме́ров; **Standardwerk** *n* образцо́вое произведе́ние *с*

S

Ständchen *n* серенáда *ж;* ◇ **jd-m ein ~ bringen** спеть комý-л серенáду
Ständer *m* <-s, -> (*Noten~*) пюпи́тр *м;* (*Kleider~*) вéшалка *ж*
Standesamt *n* бюрó *с* зáписи áктов граждáнского состоя́ния, загс *м*
standesgemäß *adj* соотвéтствующий социáльному положéнию; **Standesunterschied** *m* социáльное разли́чие *с*
standfest *adj* устóйчивый
standhaft *adj* стóйкий; (*unerschütterlich*) непоколеби́мый; **Standhaftigkeit** *f* стóйкость *ж*, непоколеби́мость *ж*
standhalten *unreg vi* (*Blick*) устоя́ть *сов* (*jd-m/e-r Sache* пéред кем/чем-л), выдéрживать ‹вы́держать› (*jd-m/e-r Sache* когó/что-л)
ständig *adj* (*Wohnsitz*) постоя́нный; (*Bedrohung*) непреры́вный; (*Begleiter*) непремéнный, неизмéнный
Standlicht *n* AUTO стоя́ночный свет *м;* **Standort** *m* местонахождéние *с*, местоположéние *с;* **Standpunkt** *m* ① (*Ort*) пози́ция *ж* ② *FIG* (*Meinung*) тóчка *ж* зрéния, пози́ция *ж;* **Standspur** *f* AUTO обóчина *ж*, полосá *ж* авари́йной стоя́нки
Stange *f* <-, -n> (*Stab*) шест *м;* (*Metall~*) штáнга *ж;* (*Gardinen~*) багéт *м;* (*Zigaretten~*) блок *м;* ◇ **Kleidung von der ~** готóвая одéжда; **Stangenbrot** *n* батóн *м* хлéба
stank *impf v.* **stinken**
stänkern *vi FAM* склóчничать *несов*
Stanniol *n* <-s> (*~papier*) станиóль *м*
Stapel *m* <-s, -> ① штáбель *м;* (*Holz~*) полéнница *ж;* (*Wäsche~*) стóпка *ж* ② NAUT стáпель *м;* **Stapellauf** *m* NAUT спуск *м* со стáпеля; **stapeln I.** *vt* (*ordentlich*) уклáдывать ‹уложи́ть›; (*auf Haufen*) нако|пля́ть ‹-пи́ть› **II.** *vr* (*Unerledigtes*) ◇ **sich ~** на|кáпливаться ‹-копи́ться›
stapfen *vi* тяжелó ступáть
Star [1] *m* <-[e]s, -e> (*Vogel*) скворéц *м*
Star [2] *m* <-[e]s, -e> MED ◇ **grauer ~** катарáкта *ж;* ◇ **grüner ~** глаукóма *ж*
Star [3] *m* <-s, -s> (*Film~ etc.*) звездá *м/ж*
starb *impf v.* **sterben**
stark ‹stärker, am stärksten› **I.** *adj* ① (*Fieber, Schmerzen, Gewitter*) си́льный ② (*belastbar, Nerven, Herz*) крéпкий ③ (*Umfang, Figur*) пóлный ④ (*Kaffee*) крéпкий; (*Verkehr*) оживлённый ⑤ (*einflußreich, mächtig*) си́льный; ◇ **sich für etw ~ machen** реши́тельно выступáть за что-л ⑥ SPRACHW си́льный **II.** *adv FAM* ◇ **echt ~** отли́чно, клáссно; **Stärke** *f* <-, -n> ① (*körperliche Kraft*) си́ла *ж* ② (*Robustheit*) крéпость *ж* ③ (*Begabung*) си́льная сторонá *ж* ④ (*Brillen~*) (опти́ческая) си́ла; (*Klassen~*) чи́сленность *ж* ⑤ (*Macht*) си́ла *ж*, мощь *ж* ⑥ (*Dicke, Umfang*) толщинá *ж* ⑦ (*Stoff, ~mehl*) крахмáл *м;* **stärken I.** *vt* ① (*jd-n*) поддéр|живать ‹-жáть›; (*trösten*) под|бáдривать ‹-бодри́ть›; (*Mannschaft*) усиля́ть ‹уси́лить› ② (*Wäsche*) ‹на-›крахмáлить **II.** *vr* (*essen u. trinken*) ◇ **sich ~** под|кре|пля́ться ‹-пи́ться›; **stärkend** *adj* подкрепля́ющий; **Starkstrom** *m* ELECTR ток *м* высóкого напряжéния; **Stärkung** *f* ① (*das Stärken*) укреплéние *с* ② (*Trost*) поддéржка *ж* ③ (*Essen*) подкреплéние *с*
starr *adj* (*Material*) жёсткий, твёрдый; (*Haltung*) упóрный, непоколеби́мый; (*Blick*) неподви́жный; **starren** *vi* (*blicken*) неподви́жно смотрéть, устáвиться *сов; FAM* ◇ **Löcher in die Luft ~** устáвиться в однý тóчку; **Starrheit** *f* неподви́жность *ж*, упря́мство *с;* **starrköpfig** *adj* упря́мый; **Starrsinn** *m* упря́мство *с*
Start *m* <-[e]s, -s> ① (*Anfang*) начáло *с;* (*Stelle, Ort*) стáрт *м;* ◇ **an den ~ gehen** вы́йти на стáрт ② (*Anfahren*) трóгание *с* с мéста; AERO (*Wegfliegen*) вы́лет *м*, взлёт *м;* **Startbahn** *f* (*auf Flugplatz*) взлётная полосá *ж;* **startbereit** *adj* (*Läufer*) готóвый к стáрту; AERO готóвый к взлёту; **starten I.** *vt* (*Startschuß geben*) да‹вá›ть стáртовый сигнáл; (*Auto*) за|води́ть ‹-вести́›; (*Rakete, Satellit*) произ|води́ть ‹-вести́› зáпуск; (*Computer*) запус|кáть ‹-ти́ть›; *FAM* ◇ **e-e Aktion ~** начáть какóе-л мероприя́тие **II.** *vi* (*aufbrechen*) от|правля́ться ‹-прáвиться›; ◇ **neu ~** начáть зáново; **Starter** *m* <-s, -> AUTO стáртер *м;* **Starterlaubnis** *f* AERO разрешéние *с* на старт; **Starthilfe** *f* ① (*bei Auto*) пусковáя систéма *ж* ② (*Geld*) начáльная пóмощь *ж*
Statik *f* <-> стáтика *ж*
Station *f* ① (*Abteilung*) отделéние *с* ② (*Haltestelle*) остановка *ж;* **stationär** *adj* (*Behandlung*) стационáрный; **stationieren** *vt* (*Soldaten*) раз|мещáть ‹-мести́ть›
Statist(in *f*) *m* стати́ст(ка *ж*) *м*
Statistik *f* стати́стика *ж;* **Statistiker(in** *f*) *m* <-s, -> стати́стик *м;* **statistisch** *adj* статисти́ческий
Stativ *n* (*für Kamera*) штати́в *м*

statt I. *präp gen* вме́сто кого́-чего́-л **II.** *cj* (*anstatt*) вме́сто того́, что́бы…

Stätte *f* <-, -n> (*Stelle, Platz*) ме́сто *с*

stattfinden *unreg vi* состоя́ться *несов,* име́ть ме́сто

Statthalter *m* HIST наме́стник *м*

stattlich *adj* (*Figur*) ста́тный; (*beträchtlich*) значи́тельный; (*Gebäude, imposant*) внуши́тельный

Statue *f* <-, -n> ста́туя *ж*

Status *m* <-, -> положе́ние *с;* ◇ ~ **quo** ста́тус кво; **Statussymbol** *n* зна́к *м,* подчёркивающий социа́льное положе́ние челове́ка

Statut *n* <-[e]s, -en> уста́в *м*

Stau *m* <-[e]s, -e *o.* -s> (*Anhäufung*) накопле́ние *с,* скопле́ние *с;* MED засто́й *м;* (*Verkehrs~*) про́бка *ж,* зато́р *м*

Staub *m* <-[e]s> пыль *ж; FAM* ◇ **sich aus dem ~ machen** дать тя́гу; **stauben** *vi* <на->пыли́ть; ◇ **es staubt** пыли́т; **staubig** *adj* (*Straße*) пы́льный; (*Kleidung*) запылённый; **staubsaugen** *vi, vt* <про->пылесо́сить; **Staubsauger** *m* <-s, -> пылесо́с *м*

Staudamm *m* плоти́на *ж*

Staude *f* <-, -n> многоле́тник *м*

stauen I. *vt* (*Wasser*) запру́|живать <-ди́ть> **II.** *vr* ◇ **sich ~** (*Wasser, Gefühle*) на|ка́пливаться <-копи́ться>; (*Verkehr*) ска́пливаться <скопи́ться>

staunen *vi* удив|ля́ться <-ви́ться>; (*sich wundern*) пора|жа́ться <-зи́ться> (*über akk* чему́-л); **Staunen** *n* <-s> удивле́ние *с;* (*Überraschung*) изумле́ние *с;* ◇ **jd-n in ~ versetzen** пове́ргнуть кого́-л в изумле́ние

Stauung *f* (*von Wasser*) скопле́ние *с*

stechen <sticht, stach, gestochen> **I.** *vt* ① (*verletzen*) коло́ть <кольну́ть>, ука́лывать <уколо́ть>; ◇ **sich mit etw ~** уколо́ть себя́ чем-л ② (*Spargel, Torf*) ре́зать *несов,* на|ре́за́ть <-ре́зать> ③ (*beim Kartenspiel*) бить **II.** *vi* ① (*Mücke*) <у->жа́лить ② (*Sonne*) печь *несов* ③ (*schmerzen*) коло́ться *несов* ④ *FIG* (*auffallen*) ◇ **jd-m in die Augen ~** броса́ться кому́-л в глаза́; (*Schiff*) ◇ **in See ~** отпра́виться в пла́вание **III.** *vr* ◇ **sich mit etw ~** уколо́ться чем-л; **Stechen** *n* <-s, -> ① SPORT ра́вный счёт *м* ② MED (*Schmerz*) ко́лющая боль *ж*

Stechkarte *f* (*bei Arbeit*) тало́н *м;* **Stechpalme** *f* BOT остроли́стный па́дуб *м;* **Stechuhr** *f* контро́льные часы́ *мн*

Steckbrief *m* объявле́ние *с* об уголо́вном ро́зыске; **Steckdose** *f* розе́тка *ж;* **stecken I.** *vt* ① (*hinein~*) сова́ть <су́нуть> ② (*investieren*) ◇ **Geld in e-e Firma ~** вкла́дывать де́ньги в фи́рму ③ ◇ **jd-n ins Gefängnis ~** поса́дить кого́-л в тюрьму́; ◇ **jd-n in e-e Uniform ~** наде́ть кому́-л унифо́рму ④ *FAM* (*heimlich informieren*) ◇ **jd-m etw ~** тайко́м сообщи́ть кому́-л что-л **II.** *vi* (*sich befinden*) находи́ться, торча́ть *несов;* ◇ **der Schlüssel steckt in der Tür** ключ (торчи́т) в замке́ две́ри; ◇ **in Schwierigkeiten ~** находи́ться в тру́дном положе́нии; ◇ **mitten in der Arbeit ~** быть погружённым в рабо́ту; *FAM* ◇ **wo ~ die Kinder?** куда́ дева́лись де́ти?; **steckenbleiben** *unreg vi* зас|трева́ть <-тря́ть>; **steckenlassen** *unreg vt* ◇ **den Schlüssel ~** оста́вить ключ в замке́; **Steckenpferd** *n* *FIG* (*Hobby*) конёк *м,* хо́бби *с;* **Stecker** *m* <-s, -> ште́псельная ви́лка *ж;* (*Steckdose*) розе́тка *ж;* **Stecknadel** *f* була́вка *ж*

Steg *m* <-[e]s, -e> ① (*kleine Brücke*) мо́стик *м;* (*Anlege~*) прича́л *м* ② (*Brillen~*) мо́стик *м* (опра́вы) ③ (*an Musikinstrument*) подста́вка *ж*

Stegreif *m* ◇ **aus dem ~** экспро́мтом, без подгото́вки

stehen <stand, gestanden> **I.** *vi* ① (*sich befinden*) находи́ться; (*nicht liegen*) <по->стоя́ть ② (*schriftlich, in Zeitung*) быть (напи́санным), находи́ться ③ (*Uhr, Maschine*) не рабо́тать, проста́ивать *несов;* (*Arbeit, Verkehr*) засто́пориться *сов* ④ (*sich bekennen zu*) ◇ **zu jd-m ~** подде́р|живать <-жа́ть> кого́-л; ◇ **zu seinem Wort ~** сдержа́ть своё сло́во ⑤ (*jd-n kleiden*) быть к лицу́; ◇ **das steht dir gut** э́то тебе́ идёт **II.** *vi unpers* ◇ **es steht schlecht um ihn** с ним дела́ пло́хи; (*meinen*) ◇ **wie steht es mit dir?** что ду́маешь ты?; **stehenbleiben** *unreg vi* (*anhalten*) оста|на́вливаться <-нови́ться>; (*im Gespräch*) приоста|на́вливаться <-нови́ться>; **stehenlassen** *unreg vt* ① (*aufgeben*) о|ставля́ть <-ста́вить>; ◇ **er ließ sie einfach im Regen stehen** он подвёл её ② (*Bart*) отпус|ка́ть <-ти́ть> ③ (*vergessen*) забы́<ва́>ть; **Stehlampe** *f* торше́р *м*

stehlen <stiehlt, stahl, gestohlen> *vt* <у->кра́сть; *FIG* ◇ **jd-m die Zeit ~** отнима́ть у кого́-л вре́мя

Stehplatz *m* стоя́чее ме́сто *с*

steif *adj* (*starr*) жёсткий; (*Glieder*) неги́бкий, неподви́жный; (*Gesellschaft*) натя́нутый, чо́порный; (*Eiweiß*) взби́тый; (*vor Kälte*) окочене́лый

S

Steigbügel *m* (*Pferde~*) стре́мя *с;* **Steigeisen** *n* (*Klettereisen*) ко́шки *мн;* **steigen** <stieg, gestiegen> *vi* ① (*Fieber, Preis*) под|нима́ться <-ня́ться> ② (*klettern*) влез<а́>ть; ◇ **auf etw** *akk* ~ (*auf den Tisch*) заб<и>ра́ться на что-л; (*auf den Berg*) под|нима́ться <-ня́ться>; ◇ **in ein Haus** ~ ступи́ть че́рез поро́г до́ма

steigern I. *vt* ① (*anheben*) по|выша́ть <-вы́сить> ② GRAM образо́|вывать <-ва́ть> сте́пени сравне́ния **II.** *vr* (*Umsatz etc.*) ◇ **sich** ~ по|выша́ться <-вы́ситься> (*auf* на); **Steigerung** *f* ① (*von Preisen etc.*) повыше́ние *с,* увеличе́ние *с* ② GRAM (*Komparation*) образова́ние *с* степене́й сравне́ния, сте́пени *ж мн* сравне́ния

Steigung *f* подъём *м*

steil *adj* (*Abhang*) круто́й; **Steilhang** *m* круто́й скат *м;* **Steilküste** *f* круто́й бе́рег *м;* **Steilwand** *f* отве́сная стена́ *ж*

Stein *m* <-[e]s, -e> *a.* MED ка́мень *м;* (*Kiesel~*) щё́бень *м;* (*Spiel~*) ша́шка *ж; FIG* ◇ **jd-m ~e in den Weg werfen** вставля́ть кому́-л па́лки в колёса; **Steinbock** *m* ① ZOOL го́рный козёл *м* ② ASTROL Козеро́г *м;* **steinern** *adj* ка́менный; **Steingut** *n* <-[e]s> (*Geschirr*) фая́нс *м;* **steinhart** *adj* (*Brot*) твёрдый как ка́мень; **steinig** *adj* (*Weg*) камени́стый; **steinigen** *vt* поби́<ва́>ть камня́ми; **Steinkohle** *f* ка́менный у́голь *м;* **Steinkohlenbergwerk** *n* каменноу́гольная ша́хта *ж;* **Steinmetz** *m* <- es, -e> каменотёс *м;* **Steinobst** *n* ко́сточковые фру́кты *мн;* **Steinpilz** *m* BOT бе́лый гриб *м;* **steinreich** *adj FIG* о́чень бога́тый; **Steinschicht** *f* ка́менный слой *м;* **Steinwurf** *m* бросо́к *м* ка́мнем; ◇ **nur e-n ~ entfernt** руко́й пода́ть; **Steinzeit** *f* ка́менный век *м*

Steißbein *n* ко́пчик *м*

Stelldichein *n* <-s> свида́ние *с*

Stelle *f* <-, -n> (*Ort*) ме́сто *с;* (*in Rede, Buch*) ме́сто *с;* (*Arbeits~*) рабо́чее ме́сто; (*Amt, Behörde*) учрежде́ние *с,* инста́нция *ж; FIG* (*nicht vorankommen*) ◇ **auf der ~ treten** топта́ться на ме́сте

stellen I. *vt* (*nicht legen*) <по->ста́вить; (*anordnen, Möbel*) разме|ща́ть <-сти́ть>; (*ein~, Herd*) <по->ста́вить; (*Bedingungen, Diagnose, Frage*) <по->ста́вить; (*fassen, Dieb*) заде́р|живать <-жа́ть>; ◇ **jd-m etw zur Verfügung ~** предоста́вить кому́-л что-л **II.** *vr* ◇ **sich ~** (*bei Polizei, Gegner*) явля́ться <яви́ться>; (*e-r Sache*) взя́ться за де́ло; (*vortäuschen*) ◇ **sich taub ~** притвори́ться глухи́м; (*Frage*) воз|ника́ть <-ни́кнуть>; (*jd-n verteidigen*) ◇ **sich vor** [*o.* **hinter] jd-n ~** подде́рживать кого́-л; **Stellenangebot** *n* предложе́ние *с* рабо́чих мест; **Stellengesuch** *n* заявле́ние *с* на рабо́ту; **Stellenvermittlung** *f* (*Büro*) посре́дническая конто́ра *ж* по прииска́нию рабо́ты; **Stellenwert** *m* (*Rang*) зна́чимость *ж;* (*Bedeutung*) значе́ние *с*

Stellung *f* ① (*Lage*) положе́ние *с* ② (*Haltung*) по́за *ж* ③ (*sozialer Rang*) положе́ние *с* ④ (*Job*) рабо́та *ж,* до́лжность *ж* ⑤ MIL (*Aufstellung*) стро́й *м;* (*Gefechts~*) пози́ция *ж* ⑥ *FIG* ◇ **~ nehmen zu etw** вы́разить свою́ то́чку зре́ния по како́му-л вопро́су; **Stellungnahme** *f* <-, -n> выска́зывание *с* своего́ мне́ния

stellvertretend *adj* замеща́ющий; ◇ **die ~e Leiterin** замести́тельница *ж* руководи́теля; **Stellvertreter(in** *f*) *m* замести́тель(ница *ж*) *м*

Stelze *f* <-, -n> (*Kinder~*) ходу́ля *ж*

Stemmeisen *n* стаме́ска *ж;* **stemmen I.** *vt* (*Gewicht*) выжима́ть <вы́жать>; (*hochheben*) поднима́ть <-ня́ть> **II.** *vr* ◇ **sich ~** опира́ться <опере́ться> (*auf akk* на что-л), упира́ться <упере́ться> (*gegen akk* во что-л); *FIG* (*sich widersetzen*) ◇ **sich ~ gegen** проти́виться чему́-л

Stempel *m* <-s, -> (*Abdruck*) печа́ть *ж;* (*auf Brief*) ште́мпель *м;* **stempeln** *vt* <по->ста́вить печа́ть

Stengel *m* <-s, -> BOT сте́бель *м*

Stenografie *f* стеногра́фия *ж;* **stenografieren** *vi, vt* <за->стенографи́ровать

Steppdecke *f* стёганое одея́ло *с*

steppen *vi* (*tanzen*) отбива́ть чечётку

Steppe *f* <-, -n> степь *м*

sterben <stirbt, starb, gestorben> *vi* умира́ть <умере́ть>; *FAM* (*abgehakt*) ◇ **jd/etw ist für mich gestorben** кто/что-л для меня́ бо́льше не существу́ет; *FIG* ◇ **~ vor Hunger/ Neugier** умира́ть с го́лоду/от любопы́тства; **sterbenskrank** *adj* смерте́льно больно́й; **sterblich** *adj* (*Überreste*) бре́нный, сме́ртный; **Sterblichkeit** *f* сме́ртность *ж*

Stereoanlage *f* стереоустано́вка *ж*

steril *adj* (*Verband*) стери́льный; **Sterilisation** *f* стерилиза́ция *ж;* **sterilisieren** *vt* стерилизова́ть *несов и сов*

Stern *m* <-[e]s, -e> звезда́ *ж;* (*als Gütezeichen*) звёздочка *ж; FIG* (*völlig ungewiß sein*) ◇ **in**

den ~en stehen быть в совершённой неопределённости; **Sternbild** *n* созвездие *с*, знак *м* зодиака; **Sternschnuppe** *f* ‹-, -n› падающая звезда *ж*

Steuer [1] *n* ‹-s, -› NAUT штурвал *м;* AUTO руль *м; FIG* (*Leitung*) управление *с*

Steuer [2] *f* ‹-, -n› (*Lohn~*) налог *м*

Steuerberater(in *f*) *m* консультант(ка *ж*) *м* по налоговым вопросам; **Steuerbescheid** *m* налоговое извещение *с;* **Steuererklärung** *f* налоговая декларация *ж;* **steuerfrei** *adj* (*Einkommen*) необлагаемый налогом; **Steuerklasse** *f* категория *ж* налогообложения

steuern *vt, vi* (*Auto*) править *несов* чем-л, водить *несов* что-л; (*Flugzeug*) вести *несов;* (*Entwicklung*) направлять *несов;* (*Tonstärke*) регулировать *несов;* **Steuerung** *f* ① (*das Steuern*) управление *с* ② (*Vorrichtung*) управляющее устройство *с*

Steuerzahler(in *f*) *m* налогоплательщик *м*, налогоплательщица *ж*

Steward *m* ‹-s, -s› AERO стюард *м*, бортпроводник *м;* NAUT стюард *м;* **Stewardeß** *f* ‹-, -ssen› стюардесса *ж*, бортпроводница *ж*

Stich *m* ‹-[e]s, -e› ① (*von Nadel*) укол *м* ② (*Mücken~*) укус *м* ③ (*beim Nähen*) стежок *м* ④ KARTEN взятка *ж* ⑤ *FAM* (*er ist verrückt*) ◇ **er hat e-n ~** он немного того ⑥ (*Lebensmittel*) ◇ **die Milch hat e-n ~** молоко немного прокисло ⑦ KUNST гравюра *ж* ⑧ (*nicht helfen*) ◇ **jd-n im ~ lassen** подвести кого-л; **Stichprobe** *f* выборочный контроль *м;* **Stichtag** *m* срок *м;* **Stichwort** *n* (*in Wörterbuch*) слово *с*

sticken *vt, vi* вышивать ‹вышить›; **Stickerei** *f* вышивка *ж*

Stiefbruder *m* сводный брат *м*

Stiefel *m* ‹-s, -› сапог *м*

Stiefeltern *pl* отчим *м* и мачеха *ж*; **Stiefkind** *n* (*Sohn*) пасынок *м;* (*Tochter*) падчерица *ж;* **Stiefmutter** *f* мачеха *ж;* **Stiefvater** *m* отчим *м*

stieg *impf v.* **steigen**

Stiel *m* ‹-[e]s, -e› (*von Werkzeug*) ручка *ж;* (*Besen~*) палка *ж;* BIOL стебель *м*

Stier *m* ‹-[e]s, -e› ① ZOOL бык *м* ② ASTROL Телец *м;* **Stierkampf** *m* бой *м* быков, коррида *ж*

stieß *impf v.* **stoßen**

Stift [1] *m* ‹-[e]s, -e› ① (*von Nagel*) гвоздь *м* ② (*Farb~, Blei~*) карандаш *м* ③ *FAM* (*Lehrling*) ученик *м*

Stift [2] *n* ‹-[e]s, -e› (*Kloster*) монастырь *м*

Stiftung *f* ① (*Schenkung*) пожертвование *с* ② (*Organisation*) фонд *м*

Stil *m* ‹-[e]s, -e› *a.* KUNST стиль *м;* ◇ **im gotischen ~** в стиле готики

still *adj* ① (*Ggs. v. laut*) тихий ② (*zurückhaltend, ruhig*) тихий, спокойный; (*schweigsam*) молчаливый ③ (*unbewegt, Wasser*) спокойный ④ (*heimlich, Hoffnung*) тайный; (*im Inneren*) ◇ **im ~en** втайне, про себя; **Stille** *f* ‹-› (*Ruhe*) тишина *ж*, безмолвие *с;* (*Unbewegtheit*) затишье *с;* **Stilleben** *n* натюрморт *м;* **stillen** *vt* (*Säugling*) ‹на-›кормить грудью; (*Blutung*) оста|навливать ‹-новить›; (*Schmerz*) успо|каивать ‹-коить›; (*Hunger, Durst*) уто|лять ‹-лить›; **stillhalten** *unreg vi* при|тихать ‹-тихнуть›

stillos *adj FIG* (*Bemerkung*) нестильный

Stillstand *m* застой *м*, состояние *с* покоя; ◇ **zum ~ bringen** остановить; **stillstehen** *unreg vi* оста|навливаться ‹-новиться›; (*Maschine*) простаивать *несов*

Stimmbänder *n pl* голосовые связки *мн;* **Stimmbruch** *m* ломка *ж* голоса

Stimme *f* ‹-, -n› голос *м;* ◇ **die ~ des Volkes** голос народа

stimmen I. *vt* ① MUS (*Instrument*) наст|раивать ‹-роить› ② ◇ **das stimmte ihn heiter** это вызвало в нём радостное настроение **II.** *vi* ① (*wahr sein*) быть верным [правильным] ② (*zusammenpassen*) сходиться ‹сойтись› ③ (*Meinung äußern*) ◇ **für/gegen etw ~** проголосовать за/против чего-л

Stimmung *f* ① (*Laune*) настроение *с*, расположение *с* духа; ◇ **in ~ sein für etw** быть расположенным к чему-л ② (*Atmosphäre*) атмосфера *ж;* **stimmungsvoll** *adj* (*Musik*) радостный, живой; (*Abend*) в хорошей атмосфере

stinken ‹stank, gestunken› *vi* вонять *несов* (*nach* чем-л)

Stipendium *n* стипендия *ж*

Stirn *f* ‹-, -en› ① (*von Gesicht*) лоб *м* ② *FIG* (*Widerstand*) ◇ **jd-m die ~ bieten** противиться чему-л ③ (*~seite*) лицевая сторона *ж;* **Stirnband** *n* лента *ж* для волос, налобник *м;* **Stirnhöhle** *f* лобная пазуха *ж*

stöbern *vi FAM* (*wühlen*) ‹по-›рыться

stochern *vi* (*im Essen*) ковыряться *несов*

Stock [1] *m* ‹-[e]s, Stöcke› палка *ж;* (*Geh~*) трость *ж;* BOT пень *м*

Stock [2] *m* ‹-[e]s, -werke› этаж *м*

stockbetrunken *adj FAM* (*völlig betrunken*) пья́ный вдре́безги
Stockung *f* ① (*Unterbrechung*) перебо́й *м* ② (*beim Sprechen*) зами́нка *ж* ③ (*von Verkehr*) зато́р *м*, заде́ржка *ж* ④ (*von Blut*) стаз *м*, засто́й *м*
Stockwerk *n* эта́ж *м*
Stoff *m* <-[e]s, -e> ① (*von Kleidern*) ткань *ж*, материа́л *м* ② (*Materie*) мате́рия *ж*, вещество́ *с*; **Stoffwechsel** *m* обме́н *м* веще́ств
stöhnen *vi* стона́ть *несов* (*vor akk* от чего́-л), жа́ловаться *несов* (*über akk* на что-л)
stolpern *vi* спот|ыка́ться <-кну́ться> (*über akk* о что-л)
stolz *adj* го́рдый; (*Preis*) представи́тельный; ◇ **auf jd-n/etw ~ sein** горди́ться кем/чем-л; **Stolz** *m* <-es> го́рдость *ж*
stopfen *vt* ① (*hinein~, voll~*) за|пи́хивать <-пиха́ть>; (*Geflügel, Pfeife*) наби́<ва́>ть ② (*Strumpf*) <за->што́пать ③ *FAM* ◇ **jd-m den Mund/das Maul ~** заткну́ть рот/гло́тку кому́-л; **Stopfgarn** *n* што́пальные ни́тки
Stoppel *f* <-, -n> стерня́ *ж*, жнивьё *с*; (*Bart~*) щети́на *ж*
stoppen I. *vt* ① (*anhalten*) оста|на́вливать <-нови́ть> ② (*mit Uhr*) за|се́ка́ть <-се́чь> вре́мя **II.** *vi* (*anhalten*) оста|на́вливаться <-нови́ться>; **Stoppschild** *n* знак *м* "стоп"; **Stoppuhr** *f* секундоме́р *м*
Stöpsel *m* <-s, -> про́бка *ж*
Storch *m* <-[e]s, Störche> а́ист *м*
stören *vt* <по->меша́ть; (*Ruhe*) на|руша́ть <-ру́шить>; **störend** *adj* (*Geräusch*) меша́ющий; (*Umstand*) неприя́тный; **Störenfried** *m* <-s, -e> наруши́тель(ница *ж*) *м* споко́йствия, смутья́н(ка *ж*) *м*
stornieren *vt* аннули́ровать *несов и сов*
störrisch *adj* (*Esel*) упря́мый
Störung *f* (*kleine ~*) поме́ха *ж*; (*im Kraftwerk*) ава́рия *ж*; **störungsfrei** *adj* (*Empfang*) без поме́х; (*arbeiten*) безавари́йный, безотка́зный
Stoß *m* <-es, Stöße> ① (*Schlag*) уда́р *м*; *FIG* (*sich überwinden*) ◇ **sich** *dat* **e-n ~ geben** собра́ться с ду́хом ② (*Erd~*) толчо́к *м* ③ (*Stapel*) стопа́ *ж*, сто́пка *ж*; **Stoßdämpfer** *m* AUTO амортиза́тор *м*; **stoßen** <stößt, stieß, gestoßen> **I.** *vt* ① (*schubsen*) толк|а́ть <-ну́ть>; *FIG* (*kränken*) ◇ **jd-n vor den Kopf ~** оскорби́ть кого́-л ② (*hineinstecken, Messer*) вон|за́ть <-зи́ть>; (*mit Kopf*) <за->бода́ть ③ SPORT (*Kugel, Ball*) толк|а́ть <-ну́ть> **II.** *vi* ① (*unbeabsichtigt*) ◇ **an/gegen jd-n/etw ~** ударя́ться <уда́риться> о кого́/что-л ② (*finden*) ◇ **auf etw** *akk* **~** нат|ыка́ться <-кну́ться> на что-л ③ (*angrenzen*) прилега́ть *несов* (*an akk* к чему́-л) **III.** *vr* ◇ **sich** *akk* **~ an** *dat* ударя́ться <уда́риться> о что-л; *FIG* (*als störend empfinden*) возмуща́ться по по́воду чего́-л; **Stoßstange** *f* AUTO ба́мпер *м*; **Stoßzeit** *f* час *м* пик
stottern *vi* заика́ться *несов*; (*Motor*) рабо́тать с перебо́ями
Strafanstalt *f* ме́сто *с* заключе́ния, тюрьма́ *ж*; **strafbar** *adj* наказу́емый; **Strafe** *f* <-, -n> ① (*Vergeltung, Sühne*) наказа́ние *с*, возме́здие *с*; ◇ **zur ~** в наказа́ние ② JURA наказа́ние *с*, взыска́ние *с*; (*Geld~*) штраф *м*; **strafen** *vt* нака|зывать <-за́ть>
straff *adj* (*Seil, Haut*) туго́й, натя́нутый; **straffen** *vt* (*Seil*) натя́|гивать <-ну́ть>; (*Rede*) сокра|ща́ть <-ти́ть>
Strafgefangene(r) *fm* заключённый(-ая *ж*) *м*; **Strafgericht** *n* суд *м* по уголо́вным дела́м; **sträflich** *adj* (*Leichtsinn*) непрости́тельный; **Sträfling** *m* заключённый *м*; **Strafmaß** *n* ме́ра *ж* наказа́ния; **Strafmaßnahme** *f* са́нкция *ж*; **Strafporto** *n* *FAM* (*Nachgebühr*) *дополни́тельная пла́та ж за несоблюде́ние почто́вого тари́фа*; **Strafpredigt** *f* взбу́чка *ж*, нота́ция *ж*; **Strafprozeß** *m* уголо́вный проце́сс *м*; **Strafrecht** *n* уголо́вное пра́во *с*; **Strafstoß** *m* SPORT пена́льти *с*; **Straftat** *f* преступле́ние *с*; **Strafzettel** *m* штраф *м*, протоко́л *м* о наруше́нии поря́дка
Strahl *m* <-[e]s, -en> луч *м*; **strahlen** *vi* (*Sonne*) свети́ть *несов*, излуча́ть *несов*; (*Wärme*) излуча́ть; *FIG* (*Mensch*) ◇ **vor Freude/Begeisterung ~** сия́ть от ра́дости/воодушевле́ния; **Strahlentherapie** *f* лучева́я терапи́я *ж*, радиотерапи́я *ж*; **strahlenverseucht** *adj* заражённый радиоакти́вными вещества́ми; **Strahlung** *f* PHYS излуче́ние *с*
Strähne *f* <-, -n> (*Haar~*) прядь *ж*
stramm *adj* (*Haltung*) подтя́нутый; (*kräftig*) энерги́чный, кре́пкий
Strampelhose *f* ползунки́ *мн*; **strampeln** *vi* ① (*Baby*) бара́хтаться *несов* ② *FAM* (*radfahren*) <по->е́хать на велосипе́де
Strand *m* <-[e]s, Strände> пляж *м*; **stranden** *vi* (*Schiff*) сади́ться <сесть> на мель; *FIG* (*Mensch*) <по->терпе́ть неуда́чу; **Strandkorb** *m* плетёное кре́сло *с* с те́нтом
Strang *m* <-[e]s, Stränge> ① (*Seil, Strick*) верёвка *ж*; *FIG* (*übermütig sein*) ◇ **über die**

Stränge schlagen хвати́ть че́рез край; (*im Notfall*) ◇ **wenn alle Stränge reißen** в кра́йнем слу́чае ② (*Schienen~*) путь *ж;* **strangulieren** *vt* (*erwürgen*) ‹за-›души́ть

Strapaze *f* ‹-, -n› мыта́рство *с;* **strapazieren** *vt* (*Material*) ‹ис-›трепа́ть; (*Menschen*) уто|мля́ть ‹-ми́ть›; **strapazierfähig** *adj* про́чный; **strapaziös** *adj* утоми́тельный

Straße *f* ‹-, -n› ① (*in Stadt*) у́лица *ж;* (*Verkehrsweg*) доро́га *ж;* (*demonstrieren*) ◇ **auf die ~ gehen** вы́йти на у́лицу ② (*Meerenge*) проли́в *м;* ◇ **~ von Gibraltar** Гибралта́рский проли́в *м;* **Straßenbahn** *f* трамва́й *м;* **Straßenbeleuchtung** *f* у́личное освеще́ние *с;* **Straßengraben** *m* кюве́т *м;* **Straßenkarte** *f* доро́жная ка́рта *ж;* **Straßenschild** *n* доро́жный указа́тель *ж;* **Straßensperre** *f* перекры́тие *с* доро́ги; **Straßenverkehr** *m* у́личное движе́ние *с;* **Straßenverkehrsordnung** *f* пра́вила *с мн* доро́жного движе́ния

Strategie *f* страте́гия *ж*

sträuben I. *vt* (*Fell*) ощети́ни‹ва›ть **II.** *vr* (*Haar, Federn*) ◇ **sich ~** ощети́ни‹ва›ться; *FIG* (*sich weigern*) ‹вос-›проти́виться (*gegen etw* чему́-л)

Strauch *m* ‹-[e]s, Sträucher› куст *м*

straucheln *vi* (*stolpern*) спот|ыка́ться ‹-кну́ться›

Strauß [1] *m* ‹-es, Sträuße› (*Blumen~*) буке́т *м*

Strauß [2] *m* ‹-es, -e› ZOOL стра́ус *м*

streben *vi* стреми́ться *несов* (*nach* к чему́-л), добива́ться *несов* чего́-л

Strecke *f* ‹-, -n› ① (*Weg*) путь *м* ② (*Distanz*) расстоя́ние *с*, диста́нция *ж* ③ *FIG* (*scheitern*) ◇ **auf der ~ bleiben** потерпе́ть пораже́ние ④ BAHN ли́ния *ж* ⑤ MATH отре́зок *м* ⑥ (*Teilstück*) уча́сток *м*, отре́зок *м*

strecken I. *vt* ① (*Glieder*) вытя́гивать ‹вы́тянуть› ② (*verdünnen*) раз|бавля́ть ‹-ба́вить› **II.** *vr* (*sich dehnen*) ◇ **sich ~** потя́|гиваться ‹-ну́ться›; **Streckverband** *m* вытя́гивающая повя́зка *ж*

Streich *m* ‹-[e]s, -e› (*Schabernack*) проде́лка *ж*, ша́лость *ж;* ◇ **jd-m e-n ~ spielen** сыгра́ть с кем-л шу́тку

Streicheleinheiten *f pl* ла́ски *ж мн;* **streicheln** *vt* ‹по-›гла́дить

streichen ‹strich, gestrichen› **I.** *vt* ① (*Brot*) ‹на-›ма́зать; (*Zaun*) ‹по-›кра́сить ② (*tilgen*) вычёркивать ‹вы́черкнуть›; (*Ausflug*) отме|ня́ть ‹-ни́ть› **II.** *vi* (*berühren*) ‹по-›гла́дить (*über etw akk* кого́-что-л)

Streichholz *n* спи́чка *ж*

Streife *f* ‹-, -n› (*Polizei*) патру́ль *м;* ◇ **auf ~ gehen** де́лать патру́льный обхо́д

streifen I. *vt* ① (*leicht berühren*) каса́ться ‹косну́ться› ② (*Thema*) за|тра́гивать ‹-тро́нуть› **II.** *vi* (*durch Wald*) броди́ть *несов*

Streifen *m* ‹-s, -› ① (*Linie*) полоса́ *ж* ② (*in Stoff*) поло́ска *ж* ③ (*Film*) ле́нта *ж*, карти́на *ж*

Streifzug *m* ① (*Wanderung*) экску́рсия *ж* ② *FIG* (*Überblick*) обзо́р *м*

Streik *m* ‹-[e]s, -s› забасто́вка *ж;* **streiken** *vi* ① (*Arbeiter*) ‹за-›бастова́ть ② (*Maschine, Motor*) отка́|зывать ‹-за́ть›

Streit *m* ‹-[e]s, -e› спор *м*, ссо́ра *ж;* **streiten** ‹stritt, gestritten› **I.** *vi* ① (*zanken*) ‹по-›ссо́риться *несов* ② (*kämpfen*) боро́ться *несов* **II.** *vr* ◇ **sich ~** ‹по-›ссо́риться, ‹по-›спо́рить; **Streitfrage** *f* спо́рный вопро́с *м;* **Streitgespräch** *n* (*Diskussion*) диску́ссия *ж*, спор *м;* **Streitigkeiten** *f pl* ссо́ры *ж мн;* **Streitkräfte** *f pl* MIL вооружённые си́лы *ж мн;* **streitsüchtig** *adj* сварли́вый

streng *adj* ① (*Lehrer, Sitten*) стро́гий; (*Gesichtszüge*) суро́вый ② (*Stil, Bauwerk*) стро́гий ③ (*Geruch, Geschmack*) си́льный, ре́зкий; (*Frost*) кре́пкий; **Strenge** *f* ‹-› стро́гость *ж*, суро́вость *ж;* **strenggläubig** *adj* (*Katholik*) ортодокса́льный

Streß *m* ‹-sses, -sse› стресс *м;* **stressen** *vt* перена|пряга́ть ‹-пря́чь›; **streßfrei** *adj* без стре́сса; **streßgeplagt** *adj* под стре́ссом; **stressig** *adj* напряжённый

streuen I. *vt* (*Blumen*) усыпа́ть ‹усы́пать› чем-л; (*Salz*) по|сыпа́ть ‹-сы́пать› чем-л **II.** *vi* PHYS (*Licht*) рассе́ивать *несов;* **Streuer** *m* ‹-s, -› (*Salz~*) соло́нка *ж;* (*Pfeffer~*) пе́речница *ж;* **Streusand** *m* сыпу́чий песо́к *м*

strich *impf v.* **streichen**

Strich *m* ‹-[e]s, -e› ① (*Linie*) черта́ *ж*, штрих *м;* *FIG* (*Vorhaben vereiteln*) ◇ **e-n ~ durch die Rechnung machen** расстро́ить чьи-л пла́ны; (*als Ergebnis*) ◇ **unter dem ~** в ито́ге; (*mißfallen*) ◇ **jd-m gegen den ~ gehen** быть кому́-л не по нутру́ ② *FAM* (*sich prostituieren*) ◇ **auf den ~ gehen** занима́ться проститу́цией

Strick *m* ‹-[e]s, -e› верёвка *ж*

stricken *vt, vi* ‹с-›вяза́ть; **Strickjacke** *f* вя́заная ко́фта *ж;* **Strickleiter** *f* верёвочная ле́стница *ж;* **Stricknadel** *f* вяза́льная спи́ца *ж*

Strip[tease] *m* ‹-s› стрипти́з *м*

stritt *impf v.* **streiten**

Stroh *n* <-[e]s> соло́ма *ж;* **Strohhalm** *m* соло́минка *ж; FIG* ◇ **sich an e-n ~ klammern** хвата́ться за соло́минку; **Strohhut** *m* соло́менная шля́па *ж;* **Strohwitwe** *f* соло́менная вдова́ *ж;* **Strohwitwer** *m FAM* соло́менный вдове́ц *м*

Strom *m* <-[e]s, Ströme> ① (*großer Fluß*) многово́дная река́ *ж,* пото́к *м;* ◇ **es regnet in Strömen** льёт как из ведра́; *FIG* ◇ **gegen den ~ schwimmen** плыть про́тив тече́ния ② (*von Besuchern*) пото́к *м* ③ ELECTR (электри́ческий) ток *м;* **stromabwärts** *adv* вниз по тече́нию; **stromaufwärts** *adv* вверх по тече́нию; **strömen** *vi* (*Wasser*) <по->те́чь; (*Luft*) <за->струи́ться; (*Zuschauer*) хлы́нуть *сов;* **Stromkreis** *m* электри́ческая цепь *ж;* **Stromrechnung** *f* счёт *м* за электри́чество; **Stromstärke** *f* си́ла *ж* то́ка; **Strömung** *f a. FIG* тече́ние *с;* **Stromverbrauch** *m* потребле́ние *с* электроэне́ргии; **Stromzähler** *m* электри́ческий счётчик *м*

Strophe *f* <-, -n> строфа́ *ж*

Struktur *f* структу́ра *ж*

Strumpf *m* <-[e]s, Strümpfe> чуло́к *м;* **Strumpfhose** *f* колго́тки *мн*

Stubenhocker(in *f*) *m* <-s, -> *FAM* домосе́д(ка *ж*) *м;* **stubenrein** *adj* (*Hund*) чи́стый

Stuck *m* <-[e]s> штукату́рка *ж,* ле́пка *ж*

Stück *n* <-[e]s, -e> ① (*Teil*) кусо́к *м* ② (*Mengenangabe*) шту́ка *ж;* ◇ **15 Mark pro ~** 15 ма́рок шту́ка ③ (*Exemplar*) экземпля́р *м* ④ THEAT пье́са *ж* ⑤ (*freiwillig*) ◇ **aus freien ~en** по со́бственному жела́нию ⑥ *FAM* (*Frechheit*) ◇ **ein starkes ~!** э́то уж сли́шком!; **stückweise** *adv* COMM поштучно

Student(in *f*) *m* студе́нт(ка *ж*) *м;* **Studentenausweis** *m* студе́нческий биле́т *м;* **Studienfach** *n* дисципли́на *ж,* о́трасль *ж* зна́ния, предме́т *м* изуче́ния; **Studiengebühren** *f pl* пла́та *ж* за обуче́ние в ву́зе; **Studienplatz** *m* ме́сто *с* в ву́зе; **studieren** *vt, vi* ① (*Slawistik*) учи́ться ② (*Speisekarte*) изу|ча́ть <-чи́ть>; **Studium** *n* учёба *ж*

Stufe *f* <-, -n> ① (*Treppe*) ступе́нь *ж* ② (*Entwicklungs~*) ступе́нь *ж,* эта́п *м;* **stufenweise** *adv* постепе́нно

Stuhl *m* <-[e]s, Stühle> стул *м;* ◇ **zwischen zwei Stühlen sitzen** пови́снуть в во́здухе **Stuhlgang** *m* стул *м*

stumm *adj* немо́й; (*Schrei*) безмо́лвный

Stummel *m* <-s, -> (*Bleistift*) огры́зок *м;* (*Kerze*) ога́рок *м;* (*Zigarette*) оку́рок *м*

Stummfilm *m* немо́й фильм *м;* **Stummheit** *f* немота́ *ж*

stumpf *adj* ① (*Messer*) тупо́й ② (*glanzlos, Haar*) ма́товый ③ (*teilnahmslos*) безуча́стный ④ (*Winkel*) тупо́й; **Stumpfsinn** *m* ту́пость *ж,* тупоу́мие *с;* **stumpfsinnig** *adj* (*Arbeit*) отупля́ющий; (*Mensch*) тупоу́мный

Stunde *f* <-, -n> час *м;* **Stundengeschwindigkeit** *f* ско́рость *ж* в час; **stundenlang** *adj* часа́ми; **Stundenlohn** *m* почасова́я опла́та *ж;* **Stundenplan** *m* SCH расписа́ние *с;* **stundenweise** *adv* по часа́м; **Stundenzeiger** *m* ма́ленькая стре́лка *ж* часо́в

Stupsnase *f* вздёрнутый нос *м*

stur *adj* упря́мый

Sturm *m* <-[e]s, Stürme> ① (*starker Wind*) бу́ря *ж;* (*über Meer*) шторм *м* ② (*Andrang*) на́тиск *м* ③ MIL штурм *м,* при́ступ *м* ④ SPORT нападе́ние *с;* **stürmen I.** *vi* ① MIL броса́ться <бро́ситься> в ата́ку ② SPORT на|пада́ть <-па́сть> ③ (*Wind*) бушева́ть *несов* ④ (*rennen*) броса́ться <бро́ситься> стремгла́в ⑤ *unpers* ◇ **es stürmt** буше́ет бу́ря **II.** *vt* (*Haus, Bank*) штурмова́ть *несов;* **Stürmer(in** *f*) *m* <-s, -> SPORT напада́ющий(-ая *ж*) *м;* **Sturmflut** *f* штормово́й прили́в *м;* **stürmisch** *adj* ① (*Wetter*) бу́рный ② (*Empfang*) беспоря́дочный, бу́рный; (*Liebhaber*) стра́стный; **Sturmschaden** *m* поврежде́ние, причинённое ве́тром; **Sturmwarnung** *f* штормово́е предупрежде́ние *с*

Sturz *m* <-es, Stürze> ① (*Fall*) паде́ние *с* ② (*Um~*) сверже́ние *с;* **stürzen I.** *vt* ① (*umwerfen*) опроки́|дывать <-нуть> ② (*Regierung*) сверга́ть <све́ргнуть> **II.** *vi* ① (*fallen*) па́дать <упа́сть> ② (*rennen*) броса́ться <бро́ситься> **III.** *vr* ◇ **sich auf jd-n/etw ~** (*angreifen*) на|бра́сываться <-бро́ситься> на кого́/что-л; (*beginnen*) ◇ **sich auf die Arbeit ~** уйти́ с голово́й в рабо́ту; **Sturzhelm** *m* защи́тный шлем

Stute *f* <-, -n> кобы́ла *ж*

Stütze *f* <-, -n> опо́ра *ж,* подпо́рка *ж; FAM* (*Arbeitslosenunterstützung*) посо́бие *с*

stutzen I. *vt* (*Bart*) под|стрига́ть <-стри́чь>; (*Sträucher*) под|реза́ть <-ре́зать> **II.** *vi* (*Verdacht schöpfen*) насто|ра́живаться <-ро́житься> **stützen I.** *vt* ① (*Baum*) под|пира́ть <-пере́ть>; (*Mauer*) подде́рживать *несов* ② (*helfen*) подде́р|живать <-жа́ть> **II.** *vr* ◇ **sich ~** опира́ться <опере́ться> (*auf akk* на что-л)

stutzig *adj* ◇ ~ **werden** насто|ра́живаться ‹-рожи́ться›; ◇ **jd-n ~ machen** насторожи́ть кого́-л

Stützpunkt *m* (*Flotten~*) опо́рная ба́за

Subjekt *n* ‹-[e]s, -e› ① (*Wesen*) субъе́кт *м* ② GRAM подлежа́щее *с*

subjektiv *adj* субъекти́вный; **Subjektivität** *f* субъекти́вность *ж*

Sublimierung *f* утонче́ние *с*

Substantiv *n* GRAM и́мя *с* существи́тельное, субстанти́в *м*

Substanz *f* ① (*Materie*) субста́нция *ж* ② (*Kapital*) капита́л *м*

subtil *adj* субти́льный; (*spitzfindig*) то́нкий

Suchaktion *f* по́иски *м мн;* **Suche** *f* ‹-› *a.* PC по́иск *м;* **suchen I.** *vt* иска́ть *несов;* ◇ **jd-m zu helfen ~** стара́ться помо́чь кому́-л **II.** *vi* иска́ть (*nach etw* что-л); **Sucher** *m* ‹-s, -› FOTO видоиска́тель *м;* **Suchmeldung** *f* сообще́ние *с* о по́исках

Sucht *f* ‹-, Süchte› боле́зненная стра́сть *ж;* MED патологи́ческая зави́симость *ж;* **süchtig** *adj* зави́симый, одержи́мый нарkoма́нией; **Süchtige(r)** *fm* наркома́н(ка *ж*) *м;* **Suchtkranke(r)** *fm* страда́ющий(-ая *ж*) *м* наркома́нией

Süden *m* ‹-s› юг *м;* ◇ **im ~ von** *dat* на ю́ге чего́-л

Südfrüchte *f pl* ю́жные плоды́ *мн*

südlich I. *adj* ю́жный **II.** *adv* к ю́гу, южне́е (*gen* от чего́-л); **Südosten** *m* ю́го-восто́к *м*

Südrußland *n* Ю́жная Росси́я *ж;* ◇ **in/nach ~** в Ю́жной Росси́и/в Ю́жную Росси́ю; **südwärts** *adv* на юг, к ю́гу; **Südwesten** *m* ю́го-за́пад *м*

süffisant *adj* снисходи́тельный; (*selbstgefällig*) самодово́льный

Suizid *m* ‹-s, -e› (*Selbstmord*) самоуби́йство *с*

Sülze *f* ‹-, -n› (*Fleisch~*) сту́день *м,* холоде́ц *м*

Summe *f* ‹-, -n› су́мма *ж*

summen I. *vi* (*Biene, Fliege*) жужжа́ть *несов;* (*Klimaanlage*) гуде́ть *несов* **II.** *vt* (*Lied, Melodie*) напева́ть *несов*

summieren I. *vt* сумми́ровать *несов и сов* **II.** *vr* (*sich häufen*) ◇ **sich ~** на|ка́пливаться ‹-копи́ться›

Sumpf *m* ‹-[e]s, Sümpfe› боло́то *с,* тряси́на *ж;* **sumpfig** *adj* боло́тистый

Sünde *f* ‹-, -n› грех *м;* **Sündenbock** *m FAM* козёл *м* отпуще́ния; **Sündenfall** *m* грехопаде́ние *с;* **Sünder(in** *f*) *m* ‹-s, -› гре́шник *м,* гре́шница *ж;* **sündhaft** *adj* гре́шный; *FAM* ◇ **~ teuer** безбо́жно до́рого

Super *n* ‹-s› (*Benzin*) бензи́н *м* с окта́новым число́м 95; **Superlativ** *m* ‹-s, -e› GRAM превосхо́дная сте́пень *ж;* **Supermarkt** *m* суперма́ркет *м*

Suppe *f* ‹-, -n› суп *м;* **Suppenschüssel** *f* супова́я ми́ска *ж*

Surfbrett *n* доска́ *ж* для сёрфинга; **surfen** *vi* занима́ться сёрфингом; **Surfen** *n* ‹-s› сёрфинг *м*

süß *adj* ① (*Kuchen*) сла́дкий ② (*lieblich*) сла́достный ③ (*hübsch, Kind*) ми́лый, ми́ленький; **Süße** *f* ‹-› сла́дость *ж;* **süßen** *vt* ‹по-›сласти́ть; **Süßigkeit** *f* сла́дость *ж;* **süßlich** *adj* (*Geschmack*) сладкова́тый; **Süßspeise** *f* сла́дкий десе́рт *м,* сла́дкое блю́до *с;* **Süßstoff** *m* синтети́ческое подсла́щивающее вещество́ *с;* **Süßwasser** *n* пре́сная вода́ *ж*

Sweatshirt *n* ‹-s, -s› сви́тер *м*

Symbol *n* ‹-s, -e› си́мвол *м;* **symbolisch** *adj* символи́ческий; **symbolisieren** *vt* символизи́ровать *несов и сов*

Sympathie *f* симпа́тия *ж;* **sympathisch** *adj* симпати́чный; **sympathisieren** *vi* симпатизи́ровать *несов* (*mit dat* кому́-чему́-л)

Symptom *n* ‹-s, -e› (*Krankheits~*) симпто́м *м*

Synagoge *f* ‹-, -n› синаго́га *ж*

synchron *adj* синхро́нный; **synchronisieren** *vt* (*Film*) синхронизи́ровать *несов и сов*

Synonym *n* ‹-s, -e› SPRACHW сино́ним *м*

Syphilis *f* ‹-› MED си́филис *м*

System *n* ‹-s, -e› *a.* PC систе́ма *ж;* (*Methode*) ме́тод *м;* (*Regierungsform, Regime*) строй *м,* режи́м *м;* **systematisch** *adj* (*Darstellung*) системати́ческий; **systematisieren** *vt* систематизи́ровать *несов и сов*

Szene *f* ‹-, -n› сце́на *ж;* *FIG* ◇ **jd-m e-e ~ machen** устро́ить кому́-л сце́ну; (*Drogen~, Alternativ~*) круги́ *м мн;* **Szenerie** *f* THEAT декора́ция *ж*

T

T, t *n* T, т

Tabak *m* ‹-s› (*Schnupf~, Pfeifen~*) таба́к *м;* **Tabaksteuer** *f* нало́г *м* на таба́к

tabellarisch *adj* (*Lebenslauf*) табли́чный; **Tabelle** *f* табли́ца *ж;* **Tabellenführer** *m* SPORT ли́дер *м* турни́рной табли́цы

Tablett *n* <-[e]s, -s> поднóс *м*

Tablette *f* (*Arzneimittel*) таблéтка *ж*

tabu *adj* ◇ **das ist ~ für ihn** э́то для негó запрещенó; **Tabu** *n* <-s, -s> табý *с*

Tabulator *m* табуля́тор *м*

Tacho *m* <-s, -s> *Abk. v.* **Tachometer** *m* AUTO спидóметр *м*

Tadel *m* <-s, -> (*Verweis*) вы́говор *м*, замечáние *с*; **tadellos** *adj* (*einwandfrei*) безупрéчный, безукори́зненный; **tadeln** *vt* <с->дéлать вы́говор, порицáть *несов*

Tafel *f* <-, -n> (1) (*in Schulen*) доскá *ж* (2) (*Gedenk~*) плитá *ж* (3) (*Schokolade*) пли́тка *ж* (4) (*Kaffee~, Geburtstags~*) стол *м*

Taft *m* <-[e]s, -e> тафтá *ж*

Tag *m* <-[e]s, -e> (1) день *м*; (*24 Stunden*) сýтки *мн*; ◇ **bei ~** днём; ◇ **e-s ~es** однáжды; ◇ **~ für ~** день за днём; ◇ **seit Jahr und ~** с дáвних пор; ◇ **in diesen ~en** на дня́х; ◇ **an welchem ~?** в какóй день?; ◇ **guten ~!** здрáвствуй[те]!, дóбрый день! (2) MIN ◇ **unter/über ~e** под/над землёй; **tagaus** *adv* ◇ **tagein, ~** и́зо дня́ в день; **Tagebau** *m* разрабóтка *ж* откры́тым спóсобом; **Tagebuch** *n* дневни́к *м*; **tagelang** *adv* цéлыми дня́ми; **Tagelöhner(in** *f*) *m* подёнщик *м*, подёнщица *ж*; **tagen** *vi* (1) (*Parlament*) заседáть *несов* (2) *unpers* ◇ **es tagt** светáет; **Tagesablauf** *m* распоря́док *м* дня; **Tagesanbruch** *m* рассвéт *м*; **Tagesdecke** *f* (*auf Betten*) покрывáло *с*; **Tagesgericht** *n* дежýрное блю́до *с*; **Tagesgespräch** *n* тéма *ж* дня; **Tageskarte** *f* (1) (*Eintrittskarte*) билéт *м*, действи́тельный в течéние цéлого дня (2) (*Speisekarte*) меню́ *с*; **Tageslicht** *n* дневнóй свет *м*; ◇ **etw ans ~ bringen** обнарýживать что-л; **Tagesmutter** *f* ня́ня *ж*; **Tagesordnung** *f* повéстка *ж* дня; ◇ **zur ~ übergehen** перейти́ к дéлу; **Tagesschau** *f* MEDIA нóвости *мн*; **Tageszeit** *f* врéмя *с* дня; **Tageszeitung** *f* ежеднéвная газéта ; **tageweise** *adv* по дня́м

täglich I. *adj* ежеднéвный II. *adv* ежеднéвно

tagsüber *adv* днём; **tagtäglich** *adj* ежеднéвный; **Tagtraum** *m* мечтá *ж*

Tagung *f* (*Sitzung*) заседáние *с*

Taifun *m* <-s, -e> тайфýн *м*

Taille *f* <-, -n> тáлия *ж*

Takt *m* <-[e]s, -e> (*Einfühlungsvermögen*) такт *м*; MUS такт *м*; (*Rhythmus*) ритм *м*; *FIG* ◇ **jd-n aus dem ~ bringen** сбить когó-л с тáкта; **Taktgefühl** *n* (1) MUS чýвство *с* ри́тма (2) *FIG* (*Einfühlungsvermögen*) чýвство *м* тáкта, такти́чность *ж*; **taktieren** *vi* примен|я́ть <-и́ть> какýю-л тáктику; **Taktik** *f* тáктика *ж*; **taktisch** *adj* такти́ческий; **taktlos** *adj* нетакти́чный, бестáктный; **Taktlosigkeit** *f* нетакти́чность *ж*, бестáктность *ж*; **Taktstock** *m* дирижёрская пáлочка *ж*; **taktvoll** *adj* такти́чный

Tal *n* <-[e]s, Täler> доли́на *ж*

Talar *m* (1) (*von Richtern*) мáнтия *ж* (2) (*von Priestern*) ря́са *ж*

Talent *n* <-[e]s, -e> талáнт *м*; **talentiert** *adj* талáнтливый

Talfahrt *f* спуск *м* с горы́

Talgdrüse *f* ANAT сáльная железá *ж*

Talisman *m* <-s, -e> талисмáн *м*

Talkmaster(in *f*) *m* <-s, -> ведýщий(-ая *ж*) *м* ток-шóу; **Talkshow** *f* <-, -s> ток-шóу *с*

Talsohle *f* дно *с* доли́ны

Tamburin *n* <-s, -e> тамбури́н *м*

Tampon *m* <-s, -s> тампóн *м*

Tandem *n* <-s, -s> тáндем *м*

Tang *m* <-[e]s, -e> морскáя вóдоросль *ж*

Tangente *f* <-, -n> MATH касáтельная *ж*; **tangieren** *vt* (1) MATH (*Kreis*) касáться чегó-л (2) *FIG* (*beeindrucken*) зат|рáгивать <-рóнуть>; (*betreffen*) касáться чегó-л

Tango *m* <-s, -s> тáнго *с*

Tank *m* <-s, -s> (*großer Behälter*) бак *м*, цистéрна *ж*; **tanken** *vi* AUTO за|правля́ться <-прáвиться>; **Tanker** *m* <-s, -> (*Tankschiff*) тáнкер *м*; **Tankstelle** *f* бензозапрáвочная стáнция *ж*; **Tankwart** *m* <-s, -e> запрáвщик *м*

Tanne *f* <-, -n> BOT пи́хта *ж*; **Tannenbaum** *m* ёлка *ж*; **Tannenzapfen** *m* пи́хтовая ши́шка *ж*

Tante *f* <-, -n> тётя *ж*

Tanz *m* <-es, Tänze> тáнец *м*; **tanzen** I. *vt* (*Walzer*) <с->танцевáть; ◇ **sie ~ so gerne Samba** они́ лю́бят танцевáть сáмбу II. *vi* <по->танцевáть; **Tänzer(in** *f*) *m* <-s, -> танцóр(ка *ж*) *м*; **Tanzfläche** *f* танцплощáдка *ж*

Tape *n* <-s, -s> (*Tonband*) магнитофóнная лéнта *ж*

Tapete *f* <-, -n> обóи *мн*; **Tapetenwechsel** *m* *FIG* смéна *ж* обстанóвки; **tapezieren** *vt*, *vi* оклéи<ва>ть обóями; **Tapezierer(in** *f*) *m* <-s, -> обóйщик *м*, обóйщица *ж*

tapfer *adj* (*mutig*) мýжественный, смéлый, хрáбрый; **Tapferkeit** *f* смéлость *ж*, мýжественность *ж*, отвáга *ж*

Tarantel *f* <-, -n> ZOOL тарáнтул *м*; *FAM*

(*plötzlich*) ◇ **wie von der ~ gestochen** как ужáленный

Tarif *m* <-s, -e> тари́ф *м;* **tariflich** *adj* тари́фный; **Tariflohn** *m* зарплáта *ж* соглáсно тари́фу; **Tarifvertrag** *m* коллекти́вный тари́фный договóр *м*

Tarnanzug *m* маскирóвочный костю́м *м;* **tarnen** *vt* MIL <за->маскировáть; (*verdekken, verschleiern*) скры<вá>ть; **Tarnfarbe** *f* защи́тная крáска *ж;* **Tarnung** *f* маскирóвка *ж*

Tasche *f* <-, -n> ① (*an Kleidung*) кармáн *м* ② (*Einkaufs~*) сýмка *ж* для покýпок; (*Hand~*) сýмочка *ж,* сýмка *ж; FAM* ◇ **jd-m auf der ~ liegen** сидéть на шéе у когó-л; **Taschenbuch** *n* кни́га *ж* кармáнного формáта; **Taschendieb(in** *f*) *m* кармáнный(-ая) вор(óвка *ж*) *м;* **Taschengeld** *n* кармáнные дéньги *мн;* **Taschenlampe** *f* кармáнный фонáрь *м;* **Taschenmesser** *n* перочи́нный нож *м;* **Taschenrechner** *m* микрокалькуля́тор *м;* **Taschentuch** *n* носовóй платóк *м;* **Taschenuhr** *f* кармáнные часы́ *мн*

Tasse *f* <-, -n> чáшка *ж; FAM* ◇ **er hat nicht alle ~n im Schrank** у негó не все дóма

Tastatur *f* клавиатýра *ж;* **tastbar** *adj* (*fühlbar*) осязáемый; **Taste** *f* <-, -n> *a.* PC, MUS клáвиша *ж;* **tasten I.** *vi* искáть óщупью (*nach etw* что-л) **II.** *vt* (*befühlen*) ощýп<ыв>ать; **Tastentelefon** *n* кнóпочный телефóн *м;* **Tastsinn** *m* осязáние *с*

tat *impf v.* **tun**

Tat *f* <-, -en> (*allg.*) постýпок *м;* (*Handlung*) дéйствие *с,* дéло *с;* (*Verbrechen*) преступлéние *с;* (*Helden~*) пóдвиг *м;* ◇ **auf frischer ~ ertappen** поймáть с пол́ичным; (*tatsächlich*) ◇ **in der ~** действи́тельно, в сáмом дéле; **Tatbestand** *m* состáв *м* преступлéния; **Tatendrang** *m* стремлéние *с* к деятельности; **Täter(in** *f*) *m* <-s, -> престýпник *м,* престýпница *ж;* **tätig** *adj* дéятельный, акти́вный; **Tätigkeit** *f* (*Aktivität*) дéятельность *ж;* (*Beruf*) рабóта *ж;* ◇ **e-r geregelten ~ nachgehen** рабóтать где-л; **tatkräftig** *adj* (*aktiv*) дéятельный; (*energisch*) энерги́чный; (*entschlossen*) реши́тельный; **tätlich** *adj* (*handgreiflich*) наси́льственный; **Tätlichkeit** *f* JURA применéние *с* физи́ческой си́лы, рукоприклáдство *с;* **Tatort** *m* мéсто *с* совершéния преступлéния

tätowieren *vt* татуи́ровать *несов и сов;* **Tätowierung** *f* татуирóвка *ж*

Tatsache *f* факт *м;* ◇ **jd-n vor vollendete ~n stellen** постáвить когó-л пéред соверши́вшимся фáктом; ◇ **nackte ~n** гóлые фáкты; **tatsächlich I.** *adj* действи́тельный, реáльный **II.** *adv* (*in Wirklichkeit*) действи́тельно, на сáмом дéле

tatterig *adj* дрожáщий, трясýщийся

Tatverdacht *m* подозрéние *с* в совершéнии преступлéния

Tatze *f* <-, -n> (*Raubtier*) лáпа *ж*

Tau[1] *m* <-[e]s> (*Feuchtigkeit*) росá *ж*

Tau[2] *n* <-[e]s, -e> (*Seil*) канáт *м,* трос *м*

taub *adj* ① (*gehörlos*) глухóй; *FAM* (*nicht hören wollen*) ◇ **sich ~ stellen** притвори́ться глухи́м ② (*betäubt*) онемéвший, затёкший ③ *FAM* (*leer, hohl*) ◇ **das ist wirklich e-e ~e Nuß!** ну и дýрень же он!

Taube *f* <-, -n> гóлубь *м;* **Taubenschlag** *m* голубя́тня *ж*

Taubheit *f* глухотá *ж;* **taubstumm** *adj* глухонемóй

tauchen I. *vi* ныр|я́ть <-нýть> **II.** *vt* погру|жáть <-зи́ть>; **Taucher(in** *f*) *m* <- s, -> ныря́льщик *м,* ныря́льщица *ж;* **Taucheranzug** *m* водолáзный костю́м *м,* скафáндр *м;* **Tauchsieder** *m* <-s, -> (электро)кипяти́льник *м;* **Tauchstation** *f FIG* (*sich zurückziehen*) ◇ **auf ~ gehen** уедини́ться

tauen *vi* (*Schnee*) <рас->тáять

Taufbecken *n* купéль *ж;* **Taufe** *f* <-, -n> крещéние *с;* ◇ **etw aus der ~ heben** учáствовать в учреждéнии; **taufen** *vt* <о->крести́ть; **Taufpate** *m* <-n, -n> крёстный отéц *м;* **Taufpatin** *f* крёстная мать *ж*

taugen *vi* ◇ **~ für/zu** годи́ться на что-л; ◇ **nichts ~** никудá не годи́ться; **Taugenichts** *m* <-, -e> (*Nichtsnutz*) никчёмный человéк; (*Faulenzer*) бездéльник *м;* **tauglich** *adj* (*passend*) гóдный, подходя́щий; MIL гóдный

taumeln *vi* (*schwanken*) шатáться *несов*

Tausch *m* <-[e]s, -e> обмéн *м,* мéна *ж;* **tauschen** *vt, vi* (*Briefmarken, Platz*) <об-, по-> меня́ть (*gegen akk* когó-что на что); (*austauschen*) <об-, по->меня́ться (*etw mit jdm* чем с кем-чем)

täuschen I. *vt, vi* (*betrügen*) обмá|нывать <-нýть>; (*irreführen*) вводи́ть <ввести́> в заблуждéние **II.** *vr* (*sich irren*) ◇ **sich ~** оши|бáться <-би́ться>; **täuschend** *adv* обмáнчивый; ◇ **jd-m ~ ähnlich sehen** быть порази́тельно похóжим на когó-л; **Täuschung** *f* ① (*Betrug*) обмáн *м* ② (*Sinnes~*) иллю́зия *ж*

tausend *nr* ты́сяча; ◇ **ein paar** ~ не́сколько ты́сяч; **Tausendfüß[l]er** *m* <-s, -> ZOOL многоно́жка *ж*

Tauwetter *n* о́ттепель *ж*

Tauziehen *n* <-s> ① SPORT перетя́гивание сканáта ② *FIG* (*Ringen um etw*) борьба́ *ж*

Taxe *f* <-, -n> (*Gebühr*) та́кса *ж*

Taxi *n* <-s, -s> такси́ *с*

taxieren *vt* (*schätzen*) оце́|нивать <-ни́ть>

Taxifahrer(in *f*) *m* такси́ст(ка *ж*) *м*; **Taxistand** *m* стоя́нка *ж* такси́

Tb, Tbc *f Abk. v.* **Tuberkulose** MED

Team *n* <-s, -s> коллекти́в *м*, гру́ппа *ж*; SPORT кома́нда *ж*; **Teamwork** *n* <-s> коллекти́вная рабо́та *ж*

Technik *f* те́хника *ж*; **Techniker(in** *f*) *m* <-s, -> те́хник *м*; **technisch** *adj* техни́ческий; ◇ **aus ~en Gründen** по техни́ческим причи́нам

Technologie *f* техноло́гия *ж*; **technologisch** *adj* технологи́ческий

Teddy *m*, **Teddybär** *m* медвежо́нок *м*, ми́шка *м*

TEE *m* <-s, -s> *Akr. v.* **Trans-Europa-Express** BAHN трансъевропе́йский экспре́сс *м*

Tee *m* <-s, -s> чай *м*; **Teekanne** *f* ча́йник *м*; **Teekessel** *m* ча́йник *м* (для кипяче́ния); **Teelicht** *n* *небольша́я све́чка ж для подогрева́ния ча́йника;* **Teelöffel** *m* ча́йная ло́жка *ж*

Teenager *m* <-s, -> подро́сток *м*

Teer *m* <-[e]s, -e> дёготь *м*; **teeren** *vt* (*Straße, Weg*) асфальти́ровать *несов*

Teerose *f* BOT ча́йная ро́за *ж*; **Teesieb** *n* ча́йное си́течко *с*; **Teewagen** *m* теле́жка-подно́с *м*

Teich *m* <-[e]s, -e> пруд *м*; ◇ **der große** ~ Атланти́ческий океа́н *м*

Teig *m* <-[e]s, -e> те́сто *с*; **teigig** *adj* тестообра́зный; (*dickflüssig*) вя́зкий; **Teigwaren** *f pl* макаро́нные изде́лия *с мн*

Teil [1] *m* <-[e]s, -e> ① (*vom Ganzen*) часть *ж* ② (*Anteil*) до́ля *ж* ③ (*Beitrag*) вклад *м*; ◇ **zum** ~ части́чно ◇ **zum größten** ~ бо́льшей ча́стью; ◇ **sein[en]** ~ **bekommen** получи́ть свою́ до́лю ◇ **sein[en]** ~ **zu etw beitragen** внести́ свою́ до́лю в како́е-л де́ло; (*was mich angeht*) ◇ **ich für meinen** ~ что каса́ется меня́

Teil [2] *n* <-[e]s, -e> (*Stück, Ersatz~*) часть *ж*

teilbar *adj* дели́мый; **Teilbereich** *m* подо́бласть *ж*; **Teilbetrag** *m* часть *ж* су́ммы; **teilen I.** *vt, vi* ① (*zerlegen*) <раз->дели́ть ② (*abgeben*) <по->дели́ться ③ (*Meinung*) разде|ля́ть <-ли́ть> (*mit* с кем-л); ◇ **jd-s Meinung** ~ разделя́ть чьё-л мне́ние ④ MATH (*dividieren*) <раз>дели́ть (*durch* на что-л) **II.** *vr* (*Vermögen, Ansichten*) ◇ **sich** ~ разде|ля́ться <-ли́ться>; **Teiler** *m* <-s, -> дели́тель *м*; **teilhaben** *unreg vi* прин|има́ть <-я́ть> уча́стие (*an dat* в чём-л); **Teilhaber(in** *f*) *m* <-s, -> компаньо́н(ка *ж*) *м*, па́йщик *м*, па́йщица *ж*

Teilnahme *f* <-> ① (*an Veranstaltungen*) уча́стие *с* (*an dat* в чём-л) ② (*Interesse*) интере́с *м* ③ (*Mitgefühl*) сочу́вствие *с*; (*bei Beerdigung*) ◇ **jd-m seine aufrichtige ~ aussprechen** вы́разить кому́-л своё и́скреннее соболе́знование; **teilnahmslos** *adj* безуча́стный; **teilnehmen** *unreg vi* прин|има́ть <-я́ть> уча́стие, уча́ствовать *несов* (*an dat* в чём-л); **Teilnehmer(in** *f*) *m* <-s, -> уча́стник *м*, уча́стница *ж*

teils *adv* (*zum Teil*) части́чно; ◇ **~, ~** то..., то...; ◇ **~ heiter, ~ wolkig** о́блачно, с проясне́ниями

Teilung *f* ① (*Arbeits~*) разделе́ние *с* ② MATH, BIOL деле́ние *с* ③ HIST разде́л *м*; **teilweise** *adv* части́чно; **Teilzahlung** *f* (*Ratenzahlung*) упла́та *ж* в рассро́чку; **teilzeitbeschäftigt** *adj* рабо́тающий на почасово́й опла́те

Teint *m* <-s, -s> цвет *м* лица́

Telefax *n* <-es, -e> ① (*Gerät*) телефа́кс *м* ② (*Papier*) телефа́кс *м*; **telefaxen** *vt, vi* пере-с<ы>ла́ть фа́кс

Telefon *n* <-s, -e> телефо́н *м*; **Telefonanruf** *m* телефо́нный звоно́к *м*; **Telefonat** *n* телефо́нный разгово́р *м*; **Telefonbuch** *n* телефо́нный спра́вочник *м*; **telefonieren** *vi* <по->звони́ть (*mit* кому́-л), говори́ть по телефо́ну (*mit* с кем-л); **telefonisch** *adj* телефо́нный; **Telefonist(in** *f*) *m* телефони́ст(ка *ж*) *м*; **Telefonkarte** *f* телефо́нная ка́рточка *ж*; **Telefonnummer** *f* но́мер *м* телефо́на; **Telefonseelsorge** *f* ◇ **sich an die ~ wenden** обрати́ться за по́мощью по "телефо́ну дове́рия"; **Telefonverbindung** *f* телефо́нная связь *ж*; **Telefonzelle** *f* телефо́нная бу́дка *ж*; **Telefonzentrale** *f* телефо́нный коммута́тор *м*

Telegraf *m* <-en, -en> телегра́ф *м*; **Telegrafenmast** *m* телегра́фный столб *м*; **telegrafieren** *vt, vi* телеграфи́ровать *несов*; **telegrafisch I.** *adj* телегра́фный **II.** *adv* по телегра́фу

Telegramm *n* <-s, -e> телегра́мма *ж*

Telekolleg *n* лéкции *ж мн* по телевидéнию; **Teleobjektiv** *n* FOTO телеобъектив *м;* **Telepathie** *f* телепáтия *ж;* **telepathisch** *adj* (*Kräfte*) телепатический; **Teleskop** *n* ‹-s, -e› телескóп *м;* **Telespiel** *n* телеигрá *ж*

Telex *n* ‹-es, -e› тéлекс *м*

Teller *m* ‹-s, -› тарéлка *ж;* ◇ **flacher/tiefer ~** мéлкая/глубóкая тарéлка

Tempel *m* ‹-s, -› храм *м*

Temperament *n* темперáмент *м;* **temperamentvoll** *adj* темперáментный; (*Rede*) воодушевля́ющий

Temperatur *f* температýра *ж;* **temperieren** ‹от-›регули́ровать температýру

Tempo [1] *n* ‹-s, -s› (*Geschwindigkeit*) темп *м;* SPORT (*Schnelligkeit*) скóрость *ж;* ◇ **ein schnelles ~ vorlegen** предложи́ть бы́стрый темп

Tempo [2] *n* ‹-, Tempi› MUS ритм *м,* темп *м*

Tempolimit *n* ‹-s, -s› ограничéние *с* скóрости; **temporal** *adj* (*das Tempus betreffend*) временнóй; **temporär** *adj* врéменный

Tempus *n* ‹-s, Tempora› GRAM врéмя *с*

Tendenz *f* тендéнция *ж;* **tendieren** *vi* имéть тендéнцию (*zu* к чемý-л); (*neigen*) скло|ня́ться ‹-ни́ться›; **tendenziös** *adj* тенденциóзный

Tennis *n* ‹-› тéннис *м;* **Tennisplatz** *m* корт *м,* тéннисная площáдка *ж;* **Tennisschläger** *m* тéннисная ракéтка *ж;* **Tennisspieler(in** *f*) *m* теннисист(ка *ж*) *м*

Tenor *m* ‹-s, Tenöre› MUS тéнор *м*

Teppich *m* ‹-s, -e› ковёр *м;* ◇ **auf dem ~ bleiben** придéрживаться существá дéла **Teppichboden** *m* коврóвое покры́тие *с*

Termin *m* ‹-s, -e› (1) (*Zeitpunkt, Frist*) срок *м* (2) (*Vorladung*) вы́зов *м* в суд (3) (*Arzt~*) врéмя *с,* приём *м*

Terminal [1] *m* ‹-s, -s› AERO операциóнный зал *м* аэровокзáла

Terminal [2] *n* ‹-s, -s› PC терминáл *м*

Terminkalender *m* календáрь-пáмятка *ж*

Terminologie *f* терминолóгия *ж;* **Terminus** *f* ‹-, -ni› тéрмин *м*

Termite *f* ‹-, -n› ZOOL терми́т *м*

Terpentin *n* ‹-s, -e› терпенти́н *м*

Terrasse *f* ‹-, -n› (1) (*Dach~*) террáса *ж* (2) (*Absatz, Stufe*) устýп *м*

Terrine *f* (*Suppen~*) сýпница *ж*

Territorium *n* террит́ория *ж*

Terror *m* ‹-s› террóр *м;* **Terroranschlag** *m* террористи́ческий акт *м;* **terrorisieren** *vt* терроризи́ровать *несов;* **Terrorismus** *m* террори́зм *м;* **Terrorist(in** *f*) *m* террори́ст(ка *ж*) *м*

Terzett *n* MUS терцéт *м*

Tesafilm ® *m* ‹-s› прозрáчная клéйкая лéнта *ж*

Test *m* ‹-s, -s› (1) (*Probe*) испытáние *с,* тест *м* (2) SCH контрóльная рабóта *ж*

Testament *n* завещáние *с;* REL ◇ **das Neue ~** Нóвый завéт *м;* **Testamentsvollstrecker(in** *f*) *m* ‹-s, -› исполни́тель(ница *ж*) завещáния *м*

Testbild *n* MEDIA телевизиóнная испытáтельная табли́ца *ж;* **testen** *vt* (*Gegenstand*) испы́|тывать ‹-тáть›; (*Person*) тести́ровать *несов и сов;* **testieren** *vt* (*bescheinigen, bestätigen*) подтвер|ждáть ‹-ди́ть›

Tetanus *m* ‹-› MED столбня́к *м;* **Tetanusimpfung** *f* приви́вка *ж* прóтив столбнякá

teuer, **teure(r, s)** **I.** *adj* (1) (*Ggs. v. billig*) дорогóй, дорогостóящий (2) (*wertvoll*) драгоцéнный (3) (*lieb, Freund*) дорогóй, ми́лый; (*geschätzt*) уважáемый **II.** *adv* дóрого; ◇ **für etw ~ bezahlen müssen** дóрого поплати́ться за что-л; **Teuerung** *f* дорогови́зна *ж*

Teufel *m* ‹-s, -› чёрт *м; FAM* ◇ **geh zum ~!** пошёл к чёрту!; *FAM* (*auf Festen*) ◇ **hier ist der ~ los** здесь кутерьмá; *FAM* ◇ **den ~ an die Wand malen** накликáть бедý; ◇ **pfui ~!** какáя гáдость!; ◇ **auf ~ komm raus** во всю си́лу; **Teufelsaustreibung** *f* изгнáние *с* злых дýхов; **teuflisch** *adj* (*Plan*) дья́вольский; (*verdammt*) чертóвский

Text *m* ‹-[e]s, -e› текст *м;* **texten** *vi* MUS сочи|ня́ть ‹-ни́ть› тéксты для пéсен; (*Werbung*) со|ставля́ть ‹-стáвить› (тéксты)

textil *adj* тексти́льный; **Textilien** *f pl* тексти́льные товáры *мн;* **Textilindustrie** *f* тексти́льная промы́шленность *ж*

Textverarbeitung *f* обрабóтка *ж* тéкста; **Textverarbeitungsprogramm** *n* текстовóй редáктор *м*

Thailand *n* Таилáнд *м;* ◇ **nach/in ~** в Таилáнд/е

Theater *n* ‹-s, -› (1) (*Gebäude*) теáтр *м* (2) (*Vorstellung*) театрáльное представлéние *с,* спектáкль *м* (3) *FIG* (*Szene*) комéдия *ж,* притвóрство *с;* ◇ **so ein ~ !** ну и комéдия!; ◇ **~ machen** устрáивать сцéну; **Theaterbesucher(in** *f*) *m* зри́тель(ница *ж*) *м* теáтра; **Theaterstück** *n* пьéса *ж;* **theatralisch** *adj* театрáльный

T

Theke *f* <-, -n> (*Ladentisch*) прила́вок *м;* (*im Lokal*) сто́йка *ж*

Thema *n* <-s, -men> те́ма *ж*

Theologe *m* <-n, -n> тео́лог *м,* богосло́в *м;* **Theologie** *f* теоло́гия *ж,* богосло́вие *с;* **Theologin** *f* же́нщина-тео́лог *ж;* **theologisch** *adj* теологи́ческий, богосло́вский

Theoretiker(in *f*) *m* <-s, -> теоре́тик *м;* **theoretisch** *adj* теорети́ческий; **Theorie** *f* тео́рия *ж*

Therapeut(in *f*) *m* <-en, -en> (*Psycho~*) терапе́вт *м;* **therapeutisch** *adj* терапевти́ческий; **Therapie** *f* терапи́я *ж*

Thermalbad *n* (1) (*das Bad*) тёплая лече́бная ва́нна *ж* (2) (*Badeort*) куро́рт *м* с терма́льными исто́чниками; **Therme** *f* те́рма *ж;* **Thermik** *f* AERO восходя́щий пото́к *м* тепла́; **Thermodrucker** *m* устро́йство *с* термопеча́ти; **Thermometer** *n* <-s, -> термо́метр *м;* **Thermosflasche** ® *f* те́рмос *м;* **Thermostat** *m* <-[e]s *o.* -en, -e[n]> (*Wärmeregler*) термоста́т *м*

These *f* <-, -n> те́зис *м,* положе́ние *с;* **eine ~ aufstellen** выдвига́ть положе́ние

Thrombose *f* <-, -n> MED тромбо́з *м*

Thron *m* <-[e]s, -e> трон *м,* престо́л *м;* **Thronbesteigung** *f* вступле́ние *с* на престо́л; **thronen** *vi* восседа́ть на тро́не; **Thronfolge** *f* престолонасле́дие *с*

Thunfisch *m* туне́ц *м*

Thymian *m* <-s, -e> (*Gewürz*) тимья́н *м*

Tibet *m* <-s> Тибе́т *м;* ◇ **nach/in ~** в Тибе́т/е

Tick *m* <-[e]s, -s> (1) (*Zuckung*) тик *м* (2) *FIG* капри́з *м,* стра́нность *ж;* **ticken** *vi* (*Uhr*) ти́кать *несов; FAM* (*verrückt sein*) ◇ **bei ihm tickt's nicht richtig!** у него́ ум за ра́зум захо́дит!

Ticket *n* биле́т *м*

Tiebreak *m* <-s, -s> (*Tennis*) тай-бре́йк *м*

tief I. *adj* (1) (*räumlich, Wasser, Schlucht*) глубо́кий (2) (*Ggs. v. hoch*) (*Temperatur, Stimme*) ни́зкий (3) (*zeitlich*) глубо́кий, по́здний; ◇ **~ im Winter** глубо́кой зимо́й; ◇ **bis ~ in die Nacht** до по́здней но́чи (4) (*intensiv, kräftig*) интенси́вный, (*Farbe*) густо́й; (*Schlaf*) глубо́кий, кре́пкий (*Freude, Gefühl*) глубо́кий; ◇ **~er Schmerz** глубо́кая печа́ль **II.** *adv* ◇ **das läßt ~ blicken** э́то о мно́гом говори́т; ◇ **von ~stem Herzen** от всего́ се́рдца

Tief *n* <-s, -s> METEO о́бласть *ж* ни́зкого давле́ния, цикло́н *м;* **Tiefdruck** *m* (1) (*Druckverfahren*) глубо́кая печа́ть *ж* (2) METEO (*~gebiet*) ни́зкое давле́ние *с;* **Tiefe** *f* <-, -n> глубина́ *ж;* **Tiefebene** *f* ни́зменность *ж;* **Tiefenrausch** *m* глуби́нное опьяне́ние *с;* **Tiefenschärfe** *f* FOTO глубина́ *ж* ре́зкости; **Tiefflug** *m* полёт *м* на ма́лой высоте́, бре́ющий полёт; **Tiefgarage** *f* подзе́мный гара́ж *м;* **tiefgefroren, tiefgekühlt** *adj* бы́стро заморо́женный; **tiefgreifend** *adj* (*Änderungen*) глубо́кий, основа́тельный; **Tiefkühlfach** *n* замора́живатель *м;* **Tiefkühlkost** *f* быстрозамо́роженные проду́кты *мн;* **Tiefkühltruhe** *f* холоди́льный прила́вок *м;* **Tiefland** *n* ни́зменность *ж;* **Tiefpunkt** *m FIG* (*Stimmung*) ни́зшая то́чка *ж;* ◇ **e-n ~ haben** име́ть как нельзя́ плохо́е настрое́ние; **Tiefschlag** *m* (*beim Boxen*) уда́р *м* ни́же по́яса; *FIG* (*psychisch*) неприя́тная неожи́данность *ж;* **tiefschürfend** *adj* (*Gespräch*) глубо́кий, углублённый; **Tiefseetauchen** *n* глубоково́дное ныря́ние *с;* **tiefsinnig** *adj* (*Bemerkung*) глубо́кий, глубокомы́сленный; (*Person*) заду́мчивый, меланхоли́чный; **Tiefstand** *m* ни́зкий у́ровень *м;* **tiefstapeln** *vi FAM* (*untertreiben*) созна́тельно преу|меньша́ть <-ме́ньшить>

Tiegel *m* CHEM (*Schmelz~*) ти́гель *м*

Tier *n* <-[e]s, -e> живо́тное *с,* зверь *м;* **Tierarzt** *m,* **Tierärztin** *f* ветерина́рный врач; **Tiergarten** *m* (*Zoo*) зоологи́ческий сад *м,* зоопа́рк *м;* **tierisch I.** *adj* живо́тный, звери́ный; *FIG* (*roh*) зве́рский **II.** *adv FAM* (*stark, sehr*) си́льно, о́чень; ◇ **sie hat ~ gearbeitet** она́ рабо́тала как вол; *FAM* ◇ **~ ernst** без ка́пельки ю́мора; **Tierkreiszeichen** *n* знак *м* зодиа́ка; **Tierkunde** *f* зооло́гия *ж;* **Tierpark** *m* (1) (*Tiergarten*) зоопа́рк *м* (2) (*Wildtiergehege*) запове́дник *м;* **Tierquälerei** *f* жесто́кое обраще́ние *с* с живо́тными; **Tierreich** *n* мир *м* живо́тных; **Tierschützer(in** *f*) *m* <-s, -> защи́тник *м*/защи́тница *ж* живо́тных; **Tierschutzverein** *m* о́бщество *с* по охра́не живо́тных; **Tierversuch** *m* о́пыт *м* с живо́тными

Tiger(in *f*) *m* <-s, -> тигр(и́ца *ж*) *м*

tilgen *vt* (1) (*Schulden*) упла́|чивать <-ти́ть>, пога|ша́ть <-си́ть> (2) (*Spuren, Erinnerung*) уничі|тожа́ть <-то́жить>; **Tilgung** *f* (*von Schulden*) погаше́ние *с,* упла́та *ж*

Timing *n* <-s> вы́бор *м* пра́вильного моме́нта, расчёт *м* вре́мени

Tinktur *f* тинкту́ра *ж*

Tinnef *m* <-s> *FAM* (*wertloses Zeug*) безделу́шка *ж*

Tinte *f* <-, -n> черни́ла *мн; FAM* (*in Schwierigkeiten sein*) ◇ **in der ~ sitzen** сиде́ть на мели́; **Tintenfaß** *n* черни́льница *ж;* **Tintenfisch** *m* карака́тица *ж;* **Tintenstrahldrucker** *m* устро́йство *с* стру́йной печа́ти

Tip *m* <-s, -s> (1) (*Hinweis*) указа́ние *с;* (*Rat*) сове́т *м;* (*Andeutung*) намёк *м* (2) (*Vorhersage*) предсказа́ние *с;* **tippen I.** *vt* (*mit Schreibmaschine, PC*) <на->печа́тать на маши́нке **II.** *vi* (1) <на->печа́тать на маши́нке (2) (*leicht berühren*) каса́ться <косну́ться> (*auf etw akk* чего́-л) (3) (*raten, vermuten*) предполага́ть *несов* (*auf etw akk* что, ...) (4) (*wetten*) <с->де́лать ста́вку (*auf akk* на); (*Lotto spielen*) игра́ть в лотере́е; **Tippfehler** *m* опеча́тка *ж;* **tipptopp** *adj FAM* (*nur präd o. adv*) аккура́тно, безупре́чно; ◇ **sie hat ~ gearbeitet** она́ отли́чно порабо́тала; **Tippzettel** *m* лотере́йный биле́т *м*

Tisch *m* <-[e]s, -e> стол *м;* ◇ **bei/zu ~** за столо́м; ◇ **sich an den ~ setzen** сесть за стол; ◇ **der runde ~** кру́глый стол; *FIG* ◇ **reinen ~ machen** внести́ по́лную я́сность во что́-л; *FIG* (*etw unbeachtet lassen*) ◇ **etw unter den ~ fallen lassen** игнори́ровать что-л; *FAM* ◇ **jd-n unter den ~ trinken** напои́ть до́пьяна́ кого́-л; *FAM* (*bereinigt*) ◇ **vom ~ sein** быть завершённым; **Tischdecke** *f* ска́терть *ж*

Tischler(in *f*) *m* <-s, -> столя́р *м;* **Tischlerei** *f* столя́рная мастерска́я *ж;* **tischlern** *vi* столя́рничать *несов*

Tischnachbar(in *f*) *m* сосе́д(ка *ж*) *м* за столо́м; **Tischrede** *f* засто́льная речь *ж;* **Tischtennis** *n* насто́льный те́ннис *м;* **Tischtuch** *n* ска́терть *ж*

Titan [1] *n* <-s> CHEM тита́н *м*

Titan [2] *m* <-s, -en> MYTH Тита́н *м; FIG* (*Riese, mächtiger Mensch*) гига́нт *м*

Titel *m* <-s, -> (1) (*Buch~, Film~*) назва́ние *с,* загла́вие *с* (2) (*Ehren~, Sport~*) зва́ние *с,* ти́тул *м;* **Titelanwärter(in** *f*) *m* SPORT претенде́нт(ка *ж*) *м* на зва́ние чемпио́на; **Titelbild** *n* фронтиспи́с *м;* **Titelblatt** *n* ти́тульный лист *м;* **Titelseite** *f* ти́тульная страни́ца *ж;* **Titelverteidiger(in** *f*) *m* SPORT чемпио́н(ка *ж*) *м,* защища́ющий(-ая) своё зва́ние

Toast *m* <-[e]s, -s *o.* -e> (1) (*geröstetes Brot*) тост *м,* поджа́ренный ло́мтик *м* хле́ба (2) (*Trinkspruch*) тост *м;* **Toastbrot** *n* (*ungeröstet*) хле́б *м* для то́стов; **Toaster** *m* <-s, -> то́стер *м*

toben *vi* (1) (*wütend sein*) неистовствовать *несов,* шуме́ть *несов,* свире́пствовать *несов;* ◇ **vor Wut ~** быть вне себя́ от я́рости (2) (*Kinder*) резви́ться *несов,* шуме́ть (3) (*Meer, Sturm*) бушева́ть *несов;* **Tobsucht** *f* бе́шенство *с;* **tobsüchtig** *adj* бе́шеный, буйнопоме́шанный; **Tobsuchtsanfall** *m* при́ступ *м* бе́шенства

Tochter *f* <-, Töchter> дочь *ж*

Tod *m* <-[e]s, -e> смерть *ж;* ◇ **jd-n zum ~e verurteilen** приговори́ть кого́-л к сме́ртной ка́зни; (*Trauformel*) ◇ **bis daß der ~ euch scheidet** пока́ смерть вас не разлучи́т; *FAM* ◇ **jd-n auf den ~ nicht ausstehen können** кто-л проти́вен кому́-л до́ смерти; ◇ **jd-n zu Tode erschrecken** до́ смерти напуга́ть кого́-л; **todernst** *adj* кра́йне серьёзный; **Todesangst** *f FIG* смерте́льный страх *м;* **Todesanzeige** *f* (*in Zeitungen*) извеще́ние *с* о сме́рти; **Todesfall** *m* смерте́льный слу́чай *с;* **Todeskampf** *m* аго́ния *ж;* ◇ **im ~ sein** боро́ться со сме́ртью; **Todesstrafe** *f* сме́ртная казнь *ж;* **Todesursache** *f* причи́на *ж* сме́рти; **Todesurteil** *n* сме́ртный пригово́р *м;* **todkrank** *adj* смерте́льно больно́й; **tödlich** *adj* смерте́льный; *FIG* ◇ **mit ~er Sicherheit** абсолю́тно то́чно; **todmüde** *adj FAM* смерте́льно уста́лый; **todschick** *adj FAM* (*Kleid*) сверхэлега́нтный; **todsicher** *adj FAM* безусло́вный, несомне́нный; **Todsünde** *f* сме́ртный грех *м*

Toilette *f* <-, -n> (*WC*) туале́т *м;* **Toilettenartikel** *m* предме́т *м* туале́та; **Toilettenpapier** *n* туале́тная бума́га *ж*

toi, toi, toi! *intj* (*viel Glück/Erfolg*) всего́ до́брого!, ни пу́ха ни пера́!

tolerant *adj* терпи́мый, толера́нтный; **Toleranz** *f* <-> терпи́мость *ж,* толера́нтность *ж;* **tolerieren** *vt* терпе́ть *несов*

toll I. *adj* (1) *FAM* (*super*) прекра́сный, отли́чный; (*Buch, Film*) увлека́тельный; (*Typ, Person*) замеча́тельный, потряса́ющий (2) *FAM* (*schlimm*) плохо́й, серьёзный; (*verrückt*) бе́шеный; ◇ **es kommt noch ~er** э́то ещё не всё **II.** *adv* ◇ **die Kinder treiben es zu ~** де́ти шумя́т сли́шком си́льно; **Tollkirsche** *f* BOT краса́вка *ж;* **tollkühn** *adj* отча́янный, безрассу́дно отва́жный; **Tollwut** *f* (*Krankheit*) бе́шенство *с;* **tollwütig** *adj* бе́шеный

Tolpatsch *m* <-[e]s, -e> у́валень *м,* растя́па *м*

tölpelhaft *adj* (*begriffsstutzig*) бестолко́вый; (*ungeschickt*) неуклю́жий

T

Tomate *f* <-, -n> помидóр *м*, томáт *м*; *FAM* (*nichts erkennen*) ◇ **~n auf den Augen haben** не ви́деть с откры́тыми глазáми; **Tomatenmark** *n* томáтная пáста *ж*

Tombola *f* <-, -s *o.* -len> вещевáя лотерéя

Tomographie *f* MED томографи́я *ж*

Ton [1] *m* <-[e]s, Töne> (1) (*Laut*) звук *м*; MUS тон *м* (2) (*Umgangston*) тон *м*; ◇ **du hast dich wohl im ~ vergriffen!** прошý не говори́ть со мной таки́м тóном!; *FIG* (*bestimmen, was geschieht*) ◇ **den ~ angeben** задавáть тон (3) (*Betonung, Akzent*) ударéние *с* (4) (*Klangfarbe*) тембр *м*; (*Farbton*) оттéнок *м*

Ton [2] *m* <-s, -e> (*Töpfererde*) гли́на *ж*

Tonabnehmer *m* звукоснимáтель *м*; **tonangebend** *adj* (*bestimmend*) задаю́щий тон; **Tonart** *f* тонáльность *ж*; **Tonband** *n* магнитофóнная плёнка *ж*; **Tonbandgerät** *n* магнитофóн *м*

tönen I. *vi* (1) (*Glocke, Stimme*) звучáть *несов*, раздá<вá>ться (2) *FAM* (*prahlen*) <по->хвали́ться **II.** *vt* (*färben*) придá<вá>ть чемý-л какóй-л оттéнок; (*Haare*) крáсить *несов*

Tonfall *m* <-[e]s> интонáция *ж*

Tonika *f* <-, -ken> MUS тóника *ж*

Toningenieur *m* инженéр-звукооперáтор *м*; **Tonleiter** *f* MUS гáмма *ж*

Tonne *f* <-, -n> (1) (*Faß*) бóчка *ж* (2) (*Müll~*) мýсорный я́щик *м* (3) (*Gewicht*) тóнна *ж* (4) *FAM* (*sehr dicke Frau*) бóчка *ж*

Tonspur *f* (*von Schallplatten*) звуковáя дорóжка *ж*; **Tonstärke** *f* си́ла *ж* звýка

Tontaube *f* SPORT тарéлочка *ж*; **Tontaubenschießen** *n* SPORT стрельбá *ж* по тарéлочкам

Tonwaren *f pl* керами́ческие издéлия *мн*

Tönung *f* (1) (*Farb~*) оттéнок *м* (2) (*Haar~*) жи́дкость *ж* для подцвéчивания волóс

Topangebot *n* вы́годное предложéние *с*

Topas *m* <-es, -e> MIN (*Edelstein*) топáз *м*

Topf *m* <-[e]s, Töpfe> (*Koch~*) кастрю́ля *ж*; (*Blumen~*) горшóк *м*; *FIG* ◇ **alle[s] in e-n ~ werfen** вали́ть всё в однý кýчу; **Topfblume** *f* горшéчный цветóк *м*

Töpfer(in *f*) *m* <-s, -> гончáр *м*; **Töpferei** *f* гончáрное ремеслó *с*; **töpfern I.** *vi* занимáться гончáрным ремеслóм **II.** *vt* (*Vase, Gefäß*) изго|товля́ть <-тóвить> гончáрное издéлие; **Töpferscheibe** *f* гончáрный круг *м*

topfit *adj* в лýчшей [отли́чной] фóрме

Topflappen *m* кýхонная тря́пка *ж*

Topographie *f* топогрáфия *ж*; **topographisch** *adj* топографи́ческий

topp! *intj* (*abgemacht!*) по рукáм!, лáдно!

Tor [1] *n* <-[e]s, -e> (*Einfahrt*) ворóта *мн*; SPORT (*Fußball~, Slalom~*) ворóта *мн*; (*erfolgreicher Torschuß*) гол *м*; ◇ **vor den ~en der Stadt** за гóродом

Tor [2] *m* (*Narr*) глупéц *м*

Torbogen *m* áрка *ж* ворóт

Torero *m* <-s, -s> торéро *м*

Torf *m* <-[e]s> торф *м*

Torheit *f* глýпость *ж*

törlicht *adj* глýпый, безрассýдный

torkeln *vi* (*Betrunkener*) шатáться *несов*, нетвёрдо держáться на ногáх

Tornado *m* <-s, -s> METEO торнáдо *м*

torpedieren *vt* торпеди́ровать *несов и сов*; **Torpedo** *m* <- s, -s> MIL торпéда *ж*

Torschlußpanik *f FIG* боя́знь *ж* опоздáть, не получи́ть что-л желáемое

Torschuß *m* удáр *м* по ворóтам; **Torschütze** *m* спортсмéн *м*, заби́вший гол

Torte *f* <-, -n> торт *м*; **Tortenboden** *m* корж *м* для тóрта; **Tortenheber** *m* лопáтка *ж* для тóрта

Tortur *f* (*Folter*) пы́тка *ж*; *FIG* (*Qual*) мучéние *с*; (*Plage*) мýки *ж мн*

Torverhältnis *n* SPORT соотношéние *с* заби́тых и пропýщенных голóв; **Torwart** *m* <-s, -e> SPORT вратáрь *м*

tosen *vi* (*Meer*) бушевáть *несов*; (*Wind*) ревéть *несов*; ◇ **~der Beifall** бýрные аплодисмéнты

tot *adj* (1) (*verstorben*) мёртвый (2) *FIG* (*leblos*) неживóй; (*Gegend, verlassen*) поки́нутый; (*Farben*) невырази́тельный; (*Kapital, Sprache*) мёртвый; (*Gleis*) тупикóвый; ◇ **das Tote Meer** Мёртвое мóре *с* (3) (*führt nicht weiter*) ◇ **die Verhandlungen sind an e-m ~en Punkt angelangt** перегово́ры застря́ли на мёртвой тóчке

total I. *adj* (*komplett, völlig*) пóлный **II.** *adv FAM* (*völlig*) совсéм, совершéнно

totalitär *adj* тоталитáрный

Totalschaden *m* AUTO ◇ **sein Auto hat e-n ~** егó маши́на пóлностью вы́шла из стрóя

Tote(r) *fm* мёртвый(-ая *ж*) *м*, мертвéц *м*; **töten** *vt, vi* (*umbringen*) уби́<вá>ть; **Totengräber** *m* моги́льщик *м*; **Totenkopf** *m* чéреп *м*; **Totenmesse** *f* панихи́да *ж*; **Totenschein** *m* свидéтельство *с* о смéрти; **Totenstille** *f* мёртвая тишинá *ж*; **Totenwache** *f* трáурная вáхта *ж*; ◇ **~ halten** бóдрствовать у грóба; **totfahren** *unreg vt* <за->дави́ть; **totlachen** *vr FAM* ◇ **sich ~** помирáть сó смеху, смея́ться до упáду

Totschlag *m* убийство *c;* **totschlagen** *unreg vt* уби‹ва́›ть; *FIG* ◇ **die Zeit ~** ‹с-›корота́ть вре́мя; **Totschläger(in** *f) m* ① (*Person*) уби́йца *м/ж* ② *nur m* (*Waffe*) дуби́нка *ж,* запо́лненая свинцо́м; **totschweigen** *unreg vt FIG* за|ма́лчивать ‹-молча́ть›; **totstellen** *vr* ◇ **sich ~** притво|ря́ться ‹-ри́ться› мёртвым; **Tötung** *f* убийство *c;* ◇ **fahrlässige ~** убийство по неосторо́жности

Touch *m* ‹-[e]s› отте́нок *м,* налёт *м*

Toupet *n* ‹-s, -s› накла́дка *ж,* пари́к *м*

toupieren *vt* (*Haare*) тупи́ровать *несов*

Tour *f* ‹-, -en› ① (*Ausflug*) пое́здка *ж;* (*Ski~, Spritz~*) похо́д *м,* экску́рсия *ж* ② *meist pl* (*Umdrehung*) оборо́т *м; FIG* ◇ **auf ~en kommen** расшеве́|ливаться ‹-ли́ться› ③ (*Verhaltensart, Trick*) проде́лка *ж,* фо́кус *м;* ◇ **diese ~ kenne ich schon** э́ти шту́чки мне уже́ знако́мы; *FAM* ◇ **etw auf die krumme ~ versuchen** добива́ться чего́-л нече́стным спо́собом; ◇ **in e-r ~** непреры́вно; **Tourenzahl** *f* (*Umdrehungszahl*) число́ *c* оборо́тов

Tourismus *m* тури́зм *м;* **Tourist(in** *f) m* тури́ст(ка *ж*) *м;* **Touristenklasse** *f* тури́стский класс *м*

Tournee *f* ‹-, -n› THEAT турне́ *c;* ◇ **auf ~ gehen** соверша́ть турне́

Tower *m* ‹-s, -› AERO диспе́тчерская вы́шка *ж*

toxikologisch *adj* токсикологи́ческий; **toxisch** *adj* (*giftig*) токси́чный

Trab *m* ‹-[e]s› (*vom Pferd*) рысь *ж; FAM* ◇ **ständig auf ~ sein** всегда́ спеши́ть; *FAM* ◇ **jd-n auf ~ bringen** подгоня́ть кого́-л

Trabantenstadt *f* го́род-спу́тник *м*

traben *vi* ‹по-›бежа́ть ры́сью; **Traber** *m* рыса́к *м*

Tracht *f* ‹-, -en› ① (*Kleidung*) (национа́льный) костю́м *м* ② ◇ **jd-m e-e ~ Prügel verabreichen** зада́ть трёпку кому́-л

trachten *vi* (*erstreben*) добива́ться *несов* (*nach dat* чего́-л), стреми́ться *несов* (*nach dat* к чему́-л); ◇ **jd-m nach dem Leben ~** посяга́ть на чью-л жизнь

trächtig *adj* (*Tiere allg.*) бере́менная; (*Kuh*) сме́льная; (*Sau*) су́поро́сная; (*Hündin*) щённая; (*Katze*) суко́чая

Tradition *f* тради́ция *ж;* **traditionell** *adj* традицио́нный

traf *impf v.* **treffen**

tragbar *adj* ① (*Gerät*) портати́вный, переносный; (*Kleidung*) мо́дный, практи́чный ② *FIG* (*möglich, angemessen*) поси́льный; (*annehmbar*) прие́млемый

Trage *f* ‹-, -n› носи́лки *мн*

träge *adj* (*schlaff*) вя́лый, ине́ртный, лени́вый; (*schwerfällig, Bewegung*) медли́тельный; ◇ **geistig ~ sein** име́ть вя́лый ум

tragen ‹trägt, trug, getragen› **I.** *vt* ① (*Last, Gepäck*) нести́ *несов,* носи́ть *несов;* (*transportieren*) пере|носи́ть ‹-нести́›; (*halten*) держа́ть *несов;* (*Säule, stützen*) нести́, держа́ть; (*Eis, standhalten*) выде́рживать ‹вы́держать› ② (*bekleidet sein mit*) одева́ться во что-л, носи́ть; (*Brille, Hut, Schmuck*) носи́ть; (*Haar, Bart*) име́ть; ◇ **Trauer ~** носи́ть тра́ур ③ *FIG* (*Schicksal*) терпе́ть *несов,* пере|носи́ть ‹-нести́› ④ *FIG* (*übernehmen*) нести́; ◇ **die Schuld an etw ~** быть вино́вным в чём-л ⑤ (*Ertrag bringen, Früchte*) плодоноси́ть *несов;* (*Zinsen*) приноси́ть, дава́ть; (*Tier*) носи́ть ⑥ (*Namen, Aufschrift*) име́ть **II.** *vi* ① (*Eis, Meerwasser*) держа́ть; (*Finanzierung*) нести́, опла́|чивать ‹-ти́ть› ② (*Baum*) приноси́ть ③ (*Reichweite haben, Gewehr*) бить *несов;* (*Stimme*) быть слы́шимым ④ *FIG* (*wirksam werden*) ◇ **zum T~ kommen** получи́ть примене́ние **III.** *vr* ◇ **sich ~** ① (*Theater*) окупа́ть себя́, быть рента́бельным ② (*Kleidungsstück*) носи́ться, быть прия́тным в но́ске ③ (*beabsichtigen*) ◇ **sich mit der Absicht ~, wegzuziehen** носи́ться с наме́рением перее́хать

Träger *m* ‹-s, -› ① (*von Last*)носи́льщик *м;* (*einer Auszeichnung*) лауреа́т *м* ② (*Stahl~*) несу́щая ба́лка *ж* ③ (*Institution*) носи́тель *м;* **Trägerrakete** *f* раке́та-носи́тель *м;* **Trägerrock** *m* ю́бка *ж* на ля́мках; **tragfähig** *adj* спосо́бный нести́ нагру́зку; *FIG* (*Mehrheit*) долговре́менный, про́чный; **Tragfähigkeit** *f* ‹-› несу́щая спосо́бность *ж;* (*Festigkeit*) про́чность *ж;* **Tragfläche** *f* AERO несу́щая пове́рхность *ж;* (*Flügel*) крыло́ *c*

Trägheit *f* (*von Mensch, Bewegung*) вя́лость *ж,* медли́тельность *ж;* (*geistig*) ко́сность *ж;* PHYS (*von Teilchen*) ине́рция *ж*

Tragik *f* траги́зм *м,* траги́чность *ж;* **tragisch I.** *adj* (*Unfall*) траги́ческий **II.** *adv FAM* ◇ **etw nicht so ~ nehmen** принима́ть что-л не о́чень бли́зко к се́рдцу

Tragkraft *f* подъёмная си́ла *ж*

Tragödie *f* (*Trauerspiel*) траге́дия *ж*

Tragriemen *m* ля́мка *ж;* (*Schultergürtel*) плечево́й реме́нь *м;* **Tragweite** *f* (*Gewehr*)

дальнобо́йность *ж; FIG* (*Bedeutung, Wirkung*) значе́ние *с,* ва́жность *ж;* **Tragwerk** *n* AERO несу́щая констру́кция *ж*

Trainer(in *f*) *m* <-s, -> SPORT тре́нер *м;* **trainieren I.** *vt* (*Mannschaft*) <на->тренирова́ть **II.** *vi* (*Sportler*) <на->тренирова́ться; **trainiert** *adj* [на]трениро́ванный; **Training** *n* <- s, -s> трениро́вка *ж;* **Trainingsanzug** *m* спорти́вный костю́м *м*

Trakt *m* <-[e]s, -e> (*Gebäude~*) ко́рпус *м*

Traktor *m* тра́ктор *м*

trällern *vt, vi* напева́ть *несов*

trampeln *vi* <за->стуча́ть нога́ми

trampen *vi* путеше́ствовать автосто́пом

Trampolin *n* <-s, -s> SPORT бату́т *м*

Tran *m* <-[e]s, -e> во́рвань *ж;* (*Leber~*) ры́бий жир *м; FAM* (*schlaftrunken*) ◇ **im ~ sein** быть со́нным

Trance *f* <-, -n> транс *м*

tranchieren *vt* (*Fleisch*) <раз-, на->ре́зать

Träne *f* <-, -n> слеза́ *ж;* ◇ **~n lachen** хохота́ть до слёз; ◇ **jd-m/etw keine ~ nachweinen** не проли́ть ни одно́й слезы́ по ком/чём-л; ◇ **in ~n ausbrechen** разрази́ться слеза́ми; **tränen** *vi* (*Augen*) слези́ться *несов;* **Tränendrüse** *f* слёзная железа́ *ж; FIG* ◇ **auf die ~ drücken** выжима́ть слёзы; **Tränengas** *n* слезоточи́вый газ *м*

trank *impf v.* **trinken**

Tränke *f* (*von Vieh*) водопо́й *м;* **tränken** *vt* (1) (*Vieh*) <на->пои́ть (2) TECH (*Holz in Imprägniermittel*) пропи́|тывать <-та́ть>

Tranquilizer *m* <-s, -s> (*Beruhigungsmittel*) успокои́тельное сре́дство *с*

Transaktion *f* COMM транса́кция *ж,* сде́лка *ж*

Transformator *m* трансформа́тор *м*

Transfer *m* <-s, -s> (*von Touristen*) перево́зка *ж;* (*Geld~*) перево́д *м;* **transformieren** *vt* (*Strom*) трансформи́ровать *несов и сов*

Transfusion *f* перелива́ние *с* (кро́ви)

Transistor *m* ELECTR транзи́стор *м;* **Transistorradio** *n* транзи́сторный (радио-) приёмник *м*

Transit *m* <-s> (*~strecke*) транзи́т *м*

transitiv *adj* GRAM (*Verben*) перехо́дный, транзити́вный

transparent *adj* (*Stoff*) прозра́чный; **Transparent** *n* <-[e]s, -e> транспара́нт *м*

transpirieren *vi* <вс->поте́ть

Transplantation *f* трансплanта́ция *ж,* переса́дка *ж*

Transport *m* <-[e]s, -e> тра́нспорт *м,* транспортиро́вка *ж;* **Transporter** *m* транспортёр *м;* **transportfähig** *adj* (*Schiff*) перевози́мый; (*Verletzte*) транспорта́бельный; **transportieren** *vt* транспорти́ровать *несов и сов,* пере|вози́ть <-везти́>; **Transportkosten** *pl* тра́нспортные расхо́ды *м мн;* **Transportmittel** *n* тра́нспортное сре́дство *с;* **Transportunternehmen** *n* тра́нспортная фи́рма *ж*

Transvestit *m* <-en, -en> трансвести́т *м*

Trapez *n* <-es, -e> SPORT, MATH трапе́ция *ж*

trat *impf v.* **treten**

tratschen *vi FAM* <на->спле́тничать

Traube *f* <-, -n> гро́здь *ж,* кисть *ж;* (*Menschenmenge*) толпа́ *ж;* (*Wein~n*) виногра́д *м;* **Traubenlese** *f* сбор *м* виногра́да; **Traubenzucker** *m* виногра́дный са́хар *м*

trauen I. *vi* (*vertrauen*) <по->ве́рить; (*anvertrauen*) доверя́ть *несов* (*jd-m/einer Sache dat* кому́/чему́-л) **II.** *vt* (*standesamtlich*) <за-> регистри́ровать брак; (*kirchlich*) <об-, по-> венча́ть кого́-л **III.** *vr* ◇ **sich ~** (1) (*sich wagen*) осме́ли<ва>ться (2) (*heiraten*) ◇ **sich ~ lassen** <об-, по->венча́ться

Trauer *f* <-> (*Kummer*) скорбь *ж,* печа́ль *ж;* (*um Verstorbene*) тра́ур *м;* **Trauerfall** *m* слу́чай *м* сме́рти; **Trauerkleidung** *f* тра́ур *м;* **Trauermarsch** *m* похоро́нный марш *м;* **trauern** *vi* горева́ть *несов* (*um akk* о ком-л); (*betrübt sein*) <о->печа́литься; **Trauerspiel** *n* THEAT траге́дия *ж;* **Trauerweide** *f* BOT плаку́чая и́ва *ж*

traulich *adj* (*gemütlich*) ую́тный

Traum *m* <-[e]s, Träume> сон *м,* сновиде́ние *с; FIG* (*Wunsch*) мечта́ *ж;* ◇ **das fällt mir nicht im ~ ein** я да́же и не ду́маю э́то де́лать; ◇ **aus der ~!** увы́ и ах!

Trauma *n* <-s, -men *o.* -ta> MED, PSYCH тра́вма *ж*

träumen *vt, vi* (1) (*im Schlaf*) <у->ви́деть во сне; ◇ **von jd-m/etw ~** кто/что-л присни́лся/присни́лось кому́-л; ◇ **du träumst wohl!** ты что, бре́дишь! (2) (*sich sehnsüchtig wünschen*) гре́зить *несов,* мечта́ть *несов,* (*von dat* о ком-чём-л); ◇ **das hätte ich mir nicht ~ lassen** об э́том я не смел и мечта́ть; **Träumerei** *f* мечты́ *ж мн,* мечта́ния *с мн;* **träumerisch** *adj* (*Blick*) заду́мчивый; (*Mensch*) мечта́тельный; **traumhaft** *adj* ска́зочный, фантасти́ческий; *FIG* невероя́тный

traurig *adj* печа́льный, гру́стный; **Traurigkeit** *f* грусть *ж,* печа́ль *ж*

Trauring *m* обруча́льное кольцо́ *с;* **Trauschein** *m* свиде́тельство *с* о бра́ке; **Trau-**

ung *f* (*kirchlich*) венча́ние *с;* (*standesamtlich*) бракосочета́ние *с,* регистра́ция *ж* бра́ка; **Trauzeuge** *m*, **Trauzeugin** *f* свиде́тель(ница *ж*) *м* а́кта бракосочета́ния

Travellerscheck *m* (*Reisescheck*) доро́жный чек *м*

treffen ‹trifft, traf, getroffen› **I.** *vi* (1) (*Schuß*) по|пада́ть ‹-па́сть› (2) ◇ **sie hat es gut getroffen** ей повезло́ (3) ◇ **auf e-n Gegner** ~ встреча́ться с проти́вником **II.** *vt* (1) (*begegnen*) вст|реча́ть ‹-ре́тить› (2) (*verletzen*) по|пада́ть ‹-па́сть› в кого́-что-л; (*auch psychisch*) пора|жа́ть ‹-зи́ть› (3) (*erfassen, erkennen*) ◇ **du hast es getroffen** ты попа́л в (са́мую) то́чку (4) (*Stimmung, Ton*) на|ходи́ть ‹-йти́›; (*wählen*) под|бира́ть ‹-обра́ть› (5) (*Maßnahmen*) прин|има́ть ‹-я́ть›; ◇ **wir haben e-e Vereinbarung getroffen** мы заключи́ли соглаше́ние **III.** *vr* (1) ◇ **sich** ~ (*Menschen*) вст|реча́ться ‹-ре́титься› (*mit dat* с кем-л); (*sich kreuzen*) пере|сека́ться ‹-се́чься› (2) ◇ **es trifft sich gut, daß...** э́то о́чень хорошо́, что...; **Treffen** *n* ‹-s, -› встре́ча *ж;* **treffend** *adj* (*Bemerkung*) ме́ткий, то́чный; **Treffer** *m* ‹-s, -› (*Schuß*) попада́ние *с;* SPORT (*Tor*) гол *м;* (*Los*) вы́игрыш *м; FAM* ◇ **er hat e-n ~ gelandet** ему́ повезло́; **Treffpunkt** *m* ме́сто *с* встре́чи; **treffsicher** *adj* (*Schütze*) ме́ткий; *FIG* (*Ausdrucksweise*) уда́чный, ве́рный

Treibeis *n* (*auf Meer*) дрейфу́ющий лёд *м;* (*auf Fluß*) плаву́чий лёд *м;* **treiben** ‹trieb, getrieben› **I.** *vt* (1) (*Viehherde*) гнать *несов,* ‹по-›гоня́ть; (*auseinanderjagen*) раз|гоня́ть ‹-огна́ть› (2) (*drängen*) погоня́ть; (*veranlassen*) ◇ **jd-n zu etw** ~ заставля́ть кого́-л де́лать что-л (3) (*Handel, Sport*) зан|има́ться ‹-я́ться› чем-л; ◇ **Spott mit jd-m** ~ издева́ться над кем-л (4) (*hervorbringen*) ◇ **Blüten** ~ зацвести́; ◇ **Knospen** ~ пусти́ть по́чки **II.** *vi* (1) (*Pflanzen*) пус|ка́ть ‹-ти́ть› ростки́ (2) (*aufgehen, Hefe*) под|нима́ться ‹-ня́ться› (3) (*Tee, Kaffee*) быть мочего́нным (4) (*Eisschollen, Schiff*) дрейфова́ть *несов* (5) ◇ **es wild** [*o.* **bunt**] ~ разбушева́ться; *VULG* (*mit jd-m schlafen*) спать с кем-л; **Treibgas** *n* выта́лкивающий газ *м;* **Treibhaus** *n* тепли́ца *ж;* **Treibhauseffekt** *m* тепли́чный эффе́кт *м;* **Treibjagd** *f* охо́та *ж* обла́вой; **Treibsand** *m* подви́жный песо́к *м;* **Treibstoff** *m* горю́чее *с*

Trenchcoat *m* ‹-s, -s› плащ *м* с по́ясом

Trend *m* ‹-s, -s› тенде́нция *ж;* ◇ **im ~ der Zeit** в ду́хе вре́мени

trennbar *adj* раздели́мый; **trennen I.** *vt* раздел|я́ть ‹-ли́ть›; (*Silben*) пере|нос́ить ‹-нести́›; (*auseinanderbringen, Streitende*) раз|нима́ть ‹-ня́ть›; (*Verbindung*) раздел|я́ть ‹-ли́ть› **II.** *vr* ◇ **sich** ~ (1) (*auseinandergehen*) расста́‹ва́›ться, расходи́ться ‹разойти́сь› (2) (*Wege, Ideen*) расходи́ться ‹разойти́сь› (3) (*etw weggeben*) ◇ **sich von jd-m/etw** ~ расста́ться с кем-чем-л; **Trennung** *f* (*das Trennnen*) отделе́ние *с;* (*Abschied*) разлу́ка *ж;* (*Scheidung*) разво́д *м;* **Trennwand** *f* перегоро́дка *ж*

Treppe *f* ‹-, -n› ле́стница *ж; FAM* (*Stockwerk*) ◇ **e-e ~ höher** этажо́м вы́ше; **Treppenabsatz** *m* ле́стничная площа́дка *ж;* **Treppengeländer** *n* ле́стничные пери́ла *мн;* **Treppenhaus** *n* ле́стничная кле́тка *ж*

Tresor *m* ‹-s, -e› сейф *м*

Tretauto *n* (*für Kinder*) де́тская автомаши́на с педа́лями; **treten** ‹tritt, trat, getreten› **I.** *vt* (1) (*mit den Füßen*) ‹по-›то́птать (2) (*Pedal*) наж‹им›а́ть (3) (*eine Person*) удар́ять ‹уда́рить› ного́й; SPORT (*Eckball*) разы́|грывать ‹-гра́ть›; SPORT ◇ **den Ball** ~ ударя́ть ного́й по мячу́; ◇ **jd-n in den Hintern** ~ дать кому́-л пинка́; **II.** *vi* (1) насту|па́ть ‹-пи́ть›; ◇ **jd-m auf den Fuß** ~ наступа́ть кому́-л на́ ногу (2) (*sich bilden, Tränen*) выступа́ть ‹вы́ступить›; ◇ **Schweiß trat ihm auf die Stirn** у него́ на лбу́ вы́ступил пот; ◇ **Tränen traten ihm in die Augen** слёзы вы́ступили у него́ на глаза́х; ◇ **in Erscheinung** ~ поя|вля́ться; ◇ **in Aktion** ~ нач‹ин›а́ть де́йствовать; ◇ **mit jd-m in Verbindung** ~ свя́зываться с кем-л

treu *adj* ве́рный, пре́данный; ◇ **jd-m ~ sein** быть ве́рным кому́-л; **Treue** *f* ‹-› ве́рность *ж;* **Treuhänder(in** *f*) *m* ‹- s, -› опеку́н(ша *ж*) *м;* **Treuhandgesellschaft** *f* о́бщество *с* довери́тельных опера́ций; **treuherzig** *adj* (*aufrichtig*) простоду́шный; (*leichtgläubig*) дове́рчивый; **treulos** *adj* неве́рный, вероло́мный

Triangel *f* MUS треуго́льник *м*

Tribüne *f* ‹-, -n› трибу́на *ж*

Trichter *m* ‹-s, -› (*Einfüll~, Bomben~*) воро́нка *ж;* (*Trompeten~ etc.*) ра́струб *м*

Trick *m* ‹-s, -s› трюк *м;* (*Finte, Kniff*) уло́вка *ж;* **Trickaufnahme** *f* кинотрю́к *м,* трю́ковый кадр *м;* **Trickfilm** *m* мультфи́льм *м*

trieb *impf v.* **treiben**

Trieb *m* ‹-[e]s, -e› (1) (*Impuls*) поры́в *м,* побужде́ние *с;* (*Neigung*) скло́нность *ж,* стремле́ние *с* (2) BOT (*von Baum, Pflanze*)

T

побе́г *м*, росто́к *м;* **Triebfeder** *f FIG* (*innerer Antrieb*) дви́жущая си́ла *ж;* **triebhaft** *adj* инстинкти́вный; **Triebhaftigkeit** *f* инстинкти́вность *ж;* **Triebtäter** *m* престу́пник *м*, соверша́ющий полово́е преступле́ние; **Triebwagen** *m* BAHN мото́рный ваго́н *м*, автомотри́са *ж;* **Triebwerk** *n* TECH приводно́й механи́зм *м*

triefen *vi* ① (*tropfen*) ка́пать *несов;* (*fließen, strömen*) течь *несов*, струи́ться *несов* ② *PEJ FAM* (*vor Schmalz*) быть перенасы́щенным чем-л

triftig *adj* (*Grund*) ве́ский, убеди́тельный

Trikot *n* <-s, -s> ① SPORT ма́йка *ж*, трико́ *c* ② (*Stoffart*) трикота́жный материа́л *м*

Triller *m* MUS трель *ж;* **trillern** *vt* зали́<ва́>ться тре́лью; **Trillerpfeife** *f* [пронзи́тельный] свисто́к *м*

trimmen I. *vt* ① (*Hund*) стричь *несов*, под|стрига́ть <-стри́чь> ② *FIG* (*Schüler*) приу|ча́ть <-чи́ть> кого́-л к чему́-л; (*Motor, frisieren*) соверше́нствовать *несов* **II.** *vr* (*durch Sport*) ◇ **sich ~** занима́ться физкульту́рой

trinkbar *adj* (*Wasser*) го́дный для питья́; **Trinkbecher** *m* бока́л *м;* **trinken** <trank, getrunken> *vt, vi* <по->пи́ть (*aus dat* из чего́-л); (*Alkohol*) пить, выпива́ть <вы́пить>; ◇ **~ wir Brüderschaft!** вы́пьем на брудерша́фт!; **Trinker(in** *f*) *m* <-s, -> пья́ница *м/ж*, алкого́лик *м*, алкоголи́чка *ж;* **trinkfest** *adj* непьяне́ющий; **Trinkgeld** *n* чаевы́е *мн;* **Trinkspruch** *m* тост *м;* **Trinkwasser** *n* питьева́я вода́ *ж*

Trio *n* <-s, -s> MUS три́о *c*

Trip *m* <-s, -s> ① (*kurze Reise*) пое́здка *ж* ② *FIG* ◇ **er ist auf dem Öko~** он свихну́лся на эколо́гии ③ *FAM* (*Rauschgift*) кайф *м*

trippeln *vi* семени́ть *несов*

Tripper *m* <-s, -> MED три́ппер *м*

trist *adj* (*öde Gegend, Wetter*) се́рый; (*schwermütig*) уны́лый, печа́льный

Tritt *m* <-[e]s, -e> ① (*Schritt*) шаг *м* ② (*Fuß~*) пино́к *м* ③ (*Stufe*) ступе́нька *ж;* **Trittbrett** *n* BAHN, AUTO подно́жка *ж;* **Trittleiter** *f* небольша́я ле́сенка *ж*

Triumph *m* <-[e]s, -e> триу́мф *м*, торжество́ *c;* **triumphal** *adj* триумфа́льный; **Triumphbogen** *m* триумфа́льная а́рка *ж;* **triumphieren** *vi* <вос->торжествова́ть (*über akk* над кем-чем-л)

trivial *adj* тривиа́льный, по́шлый; **Trivialliteratur** *f* развлека́тельная литерату́ра *ж*, чти́во *c*

trocken *adj* ① сухо́й; (*ausgetrocknet*) вы́сохший; (*Klima*) сухо́й, засу́шливый ② (*langweilig*) ску́чный; (*Humor, Mensch*) сухо́й ③ (*Wein, Sekt*) сухо́й; **Trockeneis** *n* сухо́й лёд *м;* **Trockenfrucht** *f* сушёный фрукт *м;* **Trockenheit** *f* су́хость *ж;* **trokkenlegen** *vt* ① (*Sumpf*) осу|ша́ть <-ши́ть> ② (*Kind*) перепе|лёнывать <-лена́ть>; **Trockenlegung** *f* (*von Feuchtgebiet*) осуше́ние *c;* **Trockenmilch** *f* сухо́е молоко́ *c;*

trocknen I. *vt* (*Wäsche*) <вы́->суши́ть; (*entwässern, Gebiet*) осу|ша́ть <-ши́ть>; (*Hände*) вытира́ть *несов* **II.** *vi* (*trocken werden*) <вы́->со́хнуть

Trödel *m* <-s> барахло́ *c;* **Trödelmarkt** *m* (*Flohmarkt*) толчо́к *м*, толку́чка *ж;* **trödeln** *vi FAM* копа́ться *несов*, вози́ться *несов*; **Trödler(in** *f*) *m* ① (*Trödelhändler/in*) старьёвщик *м*, старьёвщица *ж* ② *FAM* (*langsame Person*) копу́н(ья *ж*) *м*

troff *impf v.* **triefen**

trog *impf v.* **trügen**

Trog *m* <-[e]s, Tröge> (*Futter~*) коры́то *c*

Trommel *f* <-, -n> MUS бараба́н *м;* (*von Revolver*) ди́сковый мага́зин *м;* (*Waschmaschinen~*) бараба́н *м;* **Trommelfell** *n* ANAT бараба́нная перепо́нка *ж;* **trommeln I.** *vi* бить в бараба́н, бараба́нить *несов* **II.** *vt FAM* ◇ **jd-n aus dem Schlaf ~** <раз->буди́ть кого́-л шу́мом; **Trommler(in** *f*) *m* <-s, -> бараба́нщик *м*, бараба́нщица *ж*

Trompete *f* <-, -n> труба́ *ж;* **trompeten I.** *vi* игра́ть на трубе́; (*Elefant*) <про->труби́ть; *FAM* (*laut schneuzen*) гро́мко <вы́->сморка́ться **II.** *vt* (*Marschlied*) <про->труби́ть; **Trompeter(in** *f*) *m* <-s, -> труба́ч *м*

Tropen *pl* тро́пики *мн;* **Tropenfieber** *n* тропи́ческая лихора́дка *ж;* **Tropenklima** *n* тропи́ческий кли́мат *м;* **Tropenmedizin** *f* тропи́ческая медици́на *ж*

Tropf *m* <-[e]s, Tröpfe> MED ка́пельница *ж;* **tröpfeln** *vi* ка́пать *несов;* **tropfen I.** *vi* (*Wasserhahn*) ка́п|ать <-нуть>; ◇ **der Schweiß tropft ihm von der Stirn** у него́ на лбу вы́ступили ка́пли по́та; ◇ **es tropft durch die Decke** потоло́к протека́ет **II.** *vt* (*Arznei auf Löffel*) <на->ка́пать; **Tropfen** *m* <-s, -> ка́пля *ж;* (*Wein*) ◇ **ein edler ~** хоро́шее вино́; *FIG* ◇ **ein ~ auf den heißen Stein** ка́пля в мо́ре; **tropfenweise** *adv* по ка́пле; **Tropfsteinhöhle** *f* сталакти́товая пеще́ра *ж*

Trophäe *f* <-, -n> (*Jagd~*) трофе́й *м*

tropisch *adj* тропи́ческий

Trost *m* <-es> утеше́ние *c; FAM* ◇ **bist du**

noch bei ~? ты что, совсе́м с ума́ сошёл?; **trösten** *vt* утеша́ть ‹уте́шить›; **tröstlich** *adj* (*tröstend*) утеши́тельный; (*erfreulich*) отра́дный; **trostlos** *adj* (*untröstlich*) безуте́шный; *FIG* (*Wetter, Umgebung*) уны́лый, безотра́дный; (*Verhältnisse*) безнадёжный, отча́янный; **Trostpreis** *m* утеши́тельный приз *м*

Trott *m* ‹-[e]s, -e› *FIG* (*Routine*) обы́денщина *ж;* ◇ **der tägliche ~** повседне́вная суета́

Trottel *m* ‹-s, -› *FAM* дура́к *м,* простофи́ля *м*

trotten *vi* ‹по-›плести́сь, ‹по-›тащи́ться

trotz *präp gen o. dat* несмотря́ на что́-л; ◇ **~ alledem** несмотря́ ни на что

Trotz *m* ‹-es› упря́мство *с;* ◇ **aus ~** из упря́мства; ◇ **einer Sache zum ~** вопреки́ чему́-л

trotzdem I. *adv* несмотря́ на э́то **II.** *cj* (*dennoch, obwohl*) всё-таки, всё же

trotzen *vi* (*dem Gegner*) ‹вос-›проти́виться (*jd-m/etw* кому́/чему́-л); (*dem Tod*) прене|брега́ть ‹-бре́чь› (*etw dat* чем-л); ◇ **den Gefahren ~** презира́ть опа́сности; **trotzig** *adj* (*dickköpfig Kind*) упря́мый; (*hartnäckig*) упо́рный; **Trotzkopf** *m* упря́мец *м;* **Trotzreaktion** *f* реа́кция *ж* проте́ста

trübe *adj* (1) (*matt, Metall*) ту́склый, ма́товый; (*Augen*) ту́склый; (*Flüssigkeit*) му́тный; (*Tag, Wetter*) па́смурный, хму́рый (2) *FIG* (*Stimmung*) мра́чный, уны́лый

Trubel *m* ‹-s› су́толока *ж,* сумато́ха *ж*

trüben I. *vt* (*Flüssigkeit*) ‹вз-›мути́ть; (*Stimmung*) омра|ча́ть ‹-чи́ть› **II.** *vr* ◇ **sich ~** ‹по-›мутне́ть; (*Himmel*) хму́риться *несов;* (*Stimmung, Beziehungen*) помра|ча́ться ‹-чи́ться›; **Trübheit** *f* ту́склость *ж,* му́тность *ж;* **Trübsal** *f* ‹-› (*Trauer*) скорбь *ж; FAM* ◇ **~ blasen** хандри́ть; **trübselig** *adj* уны́лый, печа́льный; **Trübsinn** *m* уны́ние *с,* меланхо́лия *ж;* **trübsinnig** *adj* уны́лый, меланхоли́чный

trudeln *vi* (*Flugzeug*) што́порить *несов*

Trüffel *m* ‹-, -n› (*Pilz, Praline*) трю́фель *м*

trug *impf v.* **tragen**

trügen ‹trog, getrogen› **I.** *vt* (*täuschen*) обма́|нывать ‹-ну́ть› **II.** *vi* (*getäuscht werden*) вводи́ть в заблужде́ние, обма́нываться; **trügerisch** *adj* (*Hoffnung*) обма́нчивый; (*Schlußfolgerung*) ло́жный; **Trugschluß** *m* ло́жный вы́вод *м*

Truhe *f* ‹-, -n› (*Wäsche~ etc.*) я́щик *м;* (*Holz~, Metall~*) сунду́к *м*

Trümmer *pl* (*Schutt*) разва́лины *ж мн;* (*von Flugzeug, Auto*) обло́мки *м мн;* ◇ **in ~n liegen** лежа́ть в разва́линах; **Trümmerhaufen** *m* гру́да *ж* разва́лин

Trumpf *m* ‹-[e]s, Trümpfe› ко́зырь *м; FIG* ◇ **e-n ~ ausspielen** пуска́ть в ход ко́зырь

Trunkenbold *m* пья́ница *м/ж;* **Trunkenheit** *f* опьяне́ние *с;* ◇ **wegen ~ am Steuer** за вожде́ние маши́ны в нетре́звом ви́де; **Trunksucht** *f* пья́нство *с*

Truppe *f* ‹-, -n› (*Schauspiel~*) тру́ппа *ж;* MIL во́инская часть *ж;* **Truppenübungsplatz** *m* уче́бный полиго́н *м*

Truthahn *m* индю́к *м;* **Truthenne** *f* инде́йка *ж*

Tscheche *m* ‹-n, -n› чех *м;* **Tschechin** *f* че́шка *ж;* **tschechisch** *adj* че́шский; **Tschechien** *n* Чехия *ж*

Tschetschene *m* чече́нец *м;* **Tschetschenin** *f* чече́нка *ж;* **tschetschenisch** *adj* чече́нский;

T-Shirt *n* ‹-s, -s› футбо́лка *ж*

Tube *f* ‹-, -n› (*Zahnpasta~*) тю́бик *м*

Tuberkulose *f* ‹-, -n› туберкулёз *м*

Tuch *n* ‹-[e]s, Tücher› (1) (*Bett~*) простыня́ *ж;* (*Kopf~, Hals~*) плато́к *м;* (*Küchen~*) ку́хонное полоте́нце *с;* (*Putz~*) тря́пка *ж;* ◇ **für jd-n ein rotes ~ sein** раздража́ть кого́-л (2) (*Stoffart*) сукно́ *с*

Tuchfühlung *f* ◇ **auf ~ gehen** установи́ть связь (*mit jd-m* с кем-л)

tüchtig I. *adj* (*arbeitsam*) трудолюби́вый, работя́щий; (*fähig, geschickt*) спосо́бный, де́льный **II.** *adv* (*viel*) изря́дно, о́чень; **Tüchtigkeit** *f* де́льность *ж,* трудолю́бие *с*

Tücke *f* ‹-, -n› (1) (*Hinterlist*) кова́рство *с;* (*Trick*) хи́трость *ж* (2) (*Schwierigkeit*) препя́тствие *с*

tuckern *vi* (*Motor*) тарахте́ть *несов*

tückisch *adj* (1) (*arglistig*) кова́рный (2) (*knifflig*) тру́дный; (*Berg*) опа́сный

tüfteln *vi* (*basteln*) мастери́ть *несов;* (*ausklügeln*) мудри́ть *несов*

Tugend *f* ‹-, -en› доброде́тель *ж;* **tugendhaft** *adj* доброде́тельный

Tüll *m* ‹-s, -e› (*für Gardine, Kleid*) тюль *м*

Tulpe *f* ‹-, -n› тюльпа́н *м*

Tumor *m* MED о́пухоль *ж*

Tümpel *m* ‹-s, -› небольшо́й пруд *м*

Tumult *m* ‹-[e]s, -e› столпотворе́ние *с,* сумато́ха *ж*

tun ‹tat, getan› **I.** *vt* (1) (*machen*) ‹с-›де́лать; (*unternehmen, durchführen*) предпри|нима́ть ‹-ня́ть›; (*Schritte*) предпри|нима́ть ‹-ня́ть›, ‹с-›де́лать; ◇ **jd-m e-n Gefallen ~**

T

сде́лать кому́-л одолже́ние; ◇ **jd-m etw Böses** ~ причини́ть зло кому́-л ② (*Pflicht*) ис|полня́ть <-по́лнить> ③ (*arbeiten*) <по-> рабо́тать; ◇ **nichts** ~ ничего́ не де́лать; ◇ **er hat noch zu** ~ он ещё за́нят ④ *FAM* (*funktionieren*) ◇ **das Auto tut es wieder nicht** маши́на сно́ва не рабо́тает ⑤ *FAM* (*legen*) класть <положи́ть>; ◇ **etw in e-n Sack** ~ положи́ть что-л в мешо́к; (*an e-n Ort*) ◇ **ein Kind ins Heim** ~ сда́ть ребёнка в прию́т ⑥ (*irrelevant sein*) ◇ **deine Antwort tut nichts zur Sache** твой отве́т ничего́ не зна́чит; ◇ **das hat damit nichts zu** ~ э́то к де́лу не отно́ситься ⑦ (*in Verbindung stehen*) ◇ **ich habe mit ihm nichts zu** ~ я к нему́ не име́ю никако́го отноше́ния; ◇ **jd bekommt es mit jd-m zu** ~ кто-л бу́дет име́ть де́ло с кем-л ⑧ (*Probleme haben*) ◇ **er hat es mit dem Magen zu** ~ у него́ с желу́дком не в поря́дке **II.** *vi* (*sich benehmen*) ◇ **so** ~, **als ob** притво|ря́ться <-ри́ться> кем-л; ◇ **tust du nur so, oder bist du so blöd** ты действи́тельно тако́й глу́пый и́ли то́лько притворя́ешься; ◇ **sie täten gut daran, die Hoffnung aufzugeben** сове́туем вам оста́вить ва́шу наде́жду **III.** *vr* ① (*ereignen*) ◇ **es tut sich etw/viel** что-л/мно́гое происхо́дит ② (*sich verletzen*) ◇ **sich** *dat* **etw** ~ пора́ниться ③ (*begreifen, lernen*) **jd tut sich schwer mit dem Lernen** кому́-л учёба даётся тру́дно

Tun *n* <-s> о́браз *м* де́йствий

tünchen *vt* (*Wand*) <вы́->бели́ть

Tuner *m* <-s, -> блок *м* настро́йки, тю́нер *м*

Tunesien *n* <-s> Туни́с *м;* ◇ **nach/in** ~ в Туни́с/е; **Tunesier(in** *f*) *m* <-s, -> туни́сец *м,* туни́ска *ж;* **tunesisch** *adj* туни́сский

Tunke *f* подли́вка *ж,* со́ус *м;* **tunken** *vt* (*Brot*) мак|а́ть <-ну́ть>

tunlichst *adv* (*möglichst*) по возмо́жности; ◇ ~ **bald** как мо́жно скоре́е

Tunnel *m* <-s, - *o.* -s> тунне́ль *м,* тонне́ль *м*

Tunte *f* <-, -n> *PEJ* (*Homosexueller*) го́мик *м*

tupfen *vt* (*Punkte aufmalen*) покры́<ва́>ть пя́тнышками, кра́пинками; **Tupfen** *m* <-s, -> кра́пинка *ж;* (*als Muster*) горо́шек *м*

Tür *f* <-, -en> дверь *ж; FIG* ◇ **mit der** ~ **ins Haus fallen** вы́ложить всё сра́зу; ◇ **Tag der offenen** ~ день отры́тых двере́й; ◇ ~ **an** ~ дверь в дверь; ◇ **jd-n vor die** ~ **setzen** вы́ставить кого́-л за дверь

Turban *m* <-s, -e> чалма́ *ж*

Turbine *f* турби́на *ж*

Turbomotor *m* турбодви́гатель *м*

turbulent *adj* бу́рный, турбуле́нтный; **Turbulenz** *f* (*Luft~*) завихре́ние *с,* турбуле́нтность *ж; FIG* (*Unruhe*) волне́ние *с*

Türgriff *m* дверна́я ру́чка *ж*

Türke *m* <-n, -n> ту́рок *м;* **Türkei** *f* <-> Ту́рция *ж;* ◇ **in die/der** ~ в Ту́рцию/в Ту́рции; **Türkin** *f* турча́нка *ж*

türkis *adj* <inv> бирюзо́вый

Türkis *m* <-es, -e> (*Edelstein*) бирюза́ *ж*

türkisch *adj* туре́цкий

Türklinke *f* (*Türgriff*) дверна́я ру́чка *ж*

Turm *m* <-[e]s, Türme> ① ба́шня *ж;* (*Kirch~*) колоко́льня *ж* ② SCHACH ладья́ *ж*

türmen [1] *vi FAM* (*weglaufen*) уд<и>ра́ть

türmen [2] *vr* ◇ **sich** ~ ① (*Wellen*) поднима́ться *несов* ② (*Bücher*) громозди́ться *несов*

Turmspitze *f* верху́шка *ж* ба́шни; **Turmspringer(in** *f*) *m* прыгу́н(ья *ж*) *м* с вы́шки

turnen *vi* занима́ться гимна́стикой; **Turnen** *n* <-s> гимна́стика *ж;* SCH уро́к *м* гимна́стики; **Turner(in** *f*) *m* <-s, -> гимна́ст(ка *ж*) *м;* **Turngerät** *n* гимнасти́ческий снаря́д *м;* **Turnhalle** *f* спорти́вный зал *м;* **Turnhose** *f* (*kurz*) спорти́вные трусы́ *мн*

Turnier *n* <-s, -e> SPORT турни́р *м*

Turnschuh *m* (*für den Sportunterricht*) ке́ды *мн*

Türöffner *m* электри́ческое устро́йство *с* для автомати́ческого открыва́ния две́ри; **Türschloß** *n* дверно́й замо́к *м*

Turteltaube *f* го́рлица *ж*

Tusche *f* <-, -n> (*Tinte, Wimpern~*) тушь *ж*

tuscheln *vt, vi* шепта́ться *несов,* шушу́каться *несов*

tuschen *vt* (*Wimpern*) <по->кра́сить

Tuschkasten *m* коро́бка *ж* кра́сок

Tüte *f* <-, -n> ① (*Papier~*) кулёк *м;* (*Trag~*) паке́т *м;* ◇ **das kommt gar nicht in die** ~! об э́том не мо́жет быть и ре́чи! ② (*Eiswaffel*) рожо́к *м*

tuten *vi* (*Nebelhorn*) дава́ть гудки́

TÜV *m* <-> TECH *Akr. v.* **Technischer Überwachungsverein** техни́ческий контро́ль *м,* техосмо́тр *м*

Twen *m* <-s, -s> молодо́й челове́к *м* в во́зрасте от двадцати́ до двадцати́ девяти́ лет

Typ *m* <-s, -en> ① (*Gattung, Art*) тип *м;* (*Auto~, Modell*) моде́ль *ж* ② *FAM* (*Kerl*) тип *м;* ◇ **dein** ~ **wird verlangt!** тебя́ на про́вод!

Type *f* <-, -n> TYP ли́тера *ж;* **Typenrad** *n* (*an Schreibmaschine*) печа́тающее колёсико *с,* "рома́шка" *ж*

Typhus *m* <-> MED тиф *м*

typisch *adj* типи́чный, характе́рный

Tyrann(in *f*) *m* <-en, -en> тира́н *м;* **Tyrannei** *f* тирани́я *ж;* **tyrannisch** *adj* тирани́чный; **tyrannisieren** *vt* тира́нить *несов*

U

U, u *n* У, у

u. a. *Abk. v.* **unter anderem** в т. ч. (в том числе́); **und andere(s),** и др. (и други́е, друго́е), и пр. (и про́чие, про́чее)

u. A. w. g. *Abk. v.* **um Antwort wird gebeten** жела́тельно получи́ть отве́т

U-Bahn *f* метро́ *с;* **U-Bahnstation** *f* ста́нция *ж* метро́

übel *adj* ① (*schlecht, Zustand*) плохо́й, дурно́й; (*unwohl*) ◇ **mir ist ~** мне пло́хо/ду́рно, меня́ тошни́т ② (*Geruch*) дурно́й, неприя́тный, скве́рный ③ (*Streich*) плохо́й, зло́й

Übel *n* <-s, -> ① (*Mißstand*) зло *с* ② (*Krankheit*) неду́г *м,* боле́знь *ж* ③ (*Unglück*) несча́стье *с,* беда́ *ж;* ◇ **zu allem ~** в доверше́ние ко всему́; ◇ **das kleinere ~** наиме́ньшее зло; **übelgelaunt** *adj* не в ду́хе, ду́рно настро́енный; **Übelkeit** *f* тошнота́ *ж,* дурнота́ *ж;* **übelnehmen** *unreg vt* ◇ **jd-m etw ~** обижа́ться <оби́деться> на кого́-л за что-л; **übelriechend** *adj* злово́нный, ду́рно па́хнущий

üben I. *vt* ① (*Geige, Turnen*) упражня́ться *несов* в чём-л ② (*trainieren*) <на->тренирова́ть ③ ◇ **Kritik an jd-m/etw ~** критикова́ть *несов* кого́/что-л **II.** *vi* <на->тренирова́ться, упражня́ться **III.** *vr* ◇ **sich in Geduld ~** проявля́ть терпе́ние

über I. *präp dat/akk* ① (*räumlich*) (*oberhalb von*) над чем-кем-л; ◇ **~ den Wolken** над облака́ми; (*auf*) над чем-л, по чему́-л; ◇ **e-e Brücke ~ den Fluß bauen** постро́ить мост над реко́й; ◇ **~ die Brücke laufen** идти́ по мосту́; (*länger, größer, mehr als*) бо́лее, свы́ше, сверх кого́-чего́-л; ◇ **~ 2 m groß** бо́лее двух ме́тров; (*via*) ◇ **~ Berlin fahren** е́хать че́рез Берли́н ② (*zeitlich*) (*bei, während*) за чем-л, во вре́мя чего́-л; ◇ **~ der Arbeit einschlafen** усну́ть за рабо́той; (*sehr schnell*) ◇ **~ Nacht** бы́стро, за о́чень коро́ткое вре́мя; (*zeitlich, länger als*) свы́ше чего́-л, све́рх чего́-л, бо́лее чего́-л; ◇ **~ 2 Wochen** бо́лее двух часо́в ③ (*betreffend*) о ком-чём-л; ◇ **~ etw/jd-n reden** говори́ть о чём-ком-л ④ (*mittels*) че́рез кого́-что-л, по чему́-л; ◇ **sie bekam die Stelle ~ e-e Freundin** она́ устро́илась на рабо́ту че́рез подру́гу **II.** *adv* ① ◇ **den Winter ~** всю зи́му ② *FAM* (*übrig*) ◇ **ich habe 1 Mark ~** у меня́ оста́лась ещё одна́ ма́рка

überall *adv* везде́, (по)всю́ду; (*auf jedem Gebiet*) ◇ **~ Bescheid wissen** во всём хорошо́ разбира́ться

Überangebot *n* избы́точное предложе́ние *с* (*an dat* чего́-л)

überanstrengen *vr* ◇ **sich ~** перена|пряга́ться <-пря́чься>, на|дрыва́ться <-дорва́ться>

überarbeiten I. *vt* (*Aufsatz*) перера|ба́тывать <-бо́тать> **II.** *vr* ◇ **sich ~** переуто|мля́ться <-ми́ться>

überaus *adv* (*äußerst*) весьма́

überbelichten *vt* FOTO переде́р|живать <-жа́ть>

überbevölkert *adj* перенаселённый; **Überbevölkerung** *f* перенаселе́ние *с*

überbewerten *vt* переоце́|нивать <-ни́ть>

überbieten *unreg vt* ① (*bei Auktion*) пред|лага́ть <-ложи́ть> бо́лее высо́кую це́ну ② (*Rekord*) пре|вызша́ть <-вы́сить>, <по->би́ть ③ *FIG* (*übertreffen*) пре|восходи́ть <-зойти́> (*an dat* в чём-л)

Überbleibsel *n* оста́ток *м;* (*veralteter Brauch*) пережи́ток *м*

Überblick *m* ① (*freie Sicht*) вид *м* ② *FIG* (*Zusammenfassung*) обзо́р *м,* обозре́ние *с;* ◇ **den ~ verlieren** потеря́ть ориента́цию;

überblicken *vt* ① (*Stadt*) оки́|дывать <-нуть> взгля́дом, об|води́ть <-вести́> взгля́дом ② *FIG* (*Lage*) ориенти́роваться в чём-л, разбира́ться в чём-л

überbringen *unreg vt* (*Botschaft*) переда́<ва́>ть; **Überbringer(in** *f*) *m* доста́вщик *м,* доста́вщица *ж*

überbrücken *vt* ① (*Krisenzeit*) преодоле́<ва́>ть ② (*Gegensätze*) при|миря́ть <-мири́ть>

überdenken *unreg vt* (*Entscheidung*) обду́м<ыв>ать

überdies *adv* (*außerdem*) кро́ме того́, сверх того́

überdimensional *adj* огро́мный, грома́дный

Überdruß *m* <-sses> пресыще́ние *с;* **über-**

drüssig *adj* ◇ **jd ist e-r Sache ~** кому́-л надое́ло что-л

überdurchschnittlich *adj* незауря́дный, необыкнове́нный

übereifrig *adj* чрезме́рно рья́ный

übereinander *adv* ① (*räumlich*) друг над дру́гом ② (*sprechen*) друг о дру́ге

übereinkommen *unreg vi* догоlва́риваться <-вори́ться>; **Übereinkunft** *f* <-, -künfte> соглаше́ние *c*, договорённость *ж*

übereinstimmen *vi* ① (*e-r Meinung sein*) быть согла́сным с кем-л ② (*Aussagen*) совlпада́ть <-па́сть> ③ (*Farben*) подlходи́ть <-ойти́> к чему́-л; **Übereinstimmung** *f* согла́сие *c*; ◇ **zwei Sachen in ~ bringen** привести́ что-л в соотве́тствие с чем-л

überempfindlich *adj* сверхчувстви́тельный

überfahren <überfuhr, hat überfahren> *vt* ① (*überrollen*) задави́ть ② (*rote Ampel*) проlезжа́ть <-е́хать> ③ *FIG* (*überrumpeln, Kunden*) наду́<ва́>ть

Überfahrt *f* перепра́ва *ж*

Überfall *m* (*Raub~*) нападе́ние *c*; **überfallen** *unreg vt* ① (*Person*) наlпада́ть <-па́сть>; (*Bank*) огlрабля́ть <-ра́бить> ② MIL (*Land*) вторга́ться <вто́ргнуться> ③ (*plötzlich auftauchen, Müdigkeit*) одоле́<ва́>ть

überfällig *adj* ① (*Zahlung*) просро́ченный ② (*verspätet, Zug*) запозда́вший

überfliegen *unreg vt* ① (*Meer, mit Flugzeug*) перелеlта́ть <-те́ть> ② (*Text*) пробеlга́ть <-жа́ть> глаза́ми

Überfluß *m* ① (*Überangebot*) избы́ток *м* ② (*Luxus*) изоби́лие *c*; ◇ **im ~ leben** жить в изоби́лии; **Überflußgesellschaft** *f* о́бщество *c*, живу́щее в материа́льном изоби́лии

überflüssig *adj* ① (*unnötig*) (из)ли́шний ② (*zwecklos*) бесполе́зный, нену́жный

überfordern *vt* предъяlвля́ть <-ви́ть> чрезме́рные тре́бования

überführen [1] <überführte, hat über[ge]führt> *vt* (*Auto, Leichnam*) переlвози́ть <-везти́>

überführen [2] <überführte, hat überführt> *vi* (*Schuld beweisen*) улиlча́ть <-чи́ть> в чём-л

Überführung *f* ① (*Auto*) перево́зка *ж* ② (*Täter*) изобличе́ние *c* ③ (*Brücke*) путепрово́д *м*; (*Fußgänger~*) пешехо́дный мост *м*

überfüllt *adj* (*Saal*) перепо́лненный

Übergabe *f* переда́ча *ж*

Übergang *m* ① (*Bahn~, Grenz~*) перехо́д *м* ② *FIG* (*Wandel*) перехо́дный пери́од; **Übergangslösung** *f* (*Zwischenlösung*) вре́менное реше́ние *c*; **Übergangsstadium** *n* перехо́дная ста́дия *ж*

übergeben *unreg* **I.** *vt* ① (*aushändigen, Brief*) переда́<ва́>ть, вруlча́ть <-чи́ть> ② (*Geschäft, Amt*) переда́<ва́>ть ③ MIL (*ausliefern, Stadt*) сда<ва́>ть **II.** *vr* (*erbrechen*) ◇ **sich ~** <вы́->рвать, <вы́-, с->тошни́ть

übergehen [1] <ging über, ist übergegangen> *vi* ① (*Besitz*) переlходи́ть <-йти́> (*auf akk* к кому́-чему́-л) ② (*zum Feind*) переlходи́ть <-йти́> (*zu dat* к кому́-чему́-л) ③ (*überleiten*) переlходи́ть <-йти́>; ◇ **auf ein anderes Thema ~** перейти́ на другу́ю те́му ④ (*sich wandeln*) ◇ **Regen geht in Schnee über** дождь перехо́дит в снег

übergehen [2] <überging, hat übergangen> *vt* ① (*auslassen*) пропусlка́ть <-ти́ть> ② (*nicht berücksichtigen*) обlходи́ть <-ойти́>

übergeschnappt *adj* спя́тивший

Übergewicht *n* ли́шний вес *м*

überglücklich *adj* о́чень счастли́вый, вне себя́ от сча́стья

Übergriff *m* (*Einmischung*) вмеша́тельство *c*

überhaben *unreg vt FAM* ② (*übrig haben*) ◇ **er hat Geld über** у него́ оста́лись де́ньги

überhandnehmen *unreg vi* учаlща́ться <-сти́ться>, чрезме́рно разрасlта́ться <-ти́сь>

überhäufen *vt* (*mit Geschenken*) зава́lливать <-ли́ть> (*mit* чем-л); (*mit Vorwürfen*) осыпа́ть <осы́пать> (*mit* чем-л)

überhaupt ① *adv* вообще́; ◇ **~ nicht** совсе́м не ② *Partikel* (*denn, eigentlich*) кста́ти, со́бственно; ◇ **was kostet das ~?** ско́лько э́то, со́бственно, сто́ит?

überheblich *adj* надме́нный, зано́счивый; **Überheblichkeit** *f* надме́нность *ж*

überhöht *adj* (*Preis*) завы́шенный

überholen *vt* ① (*mit Auto*) обlгоня́ть <-огна́ть> ② (*reparieren*) <от->ремонти́ровать; **überholt** *adj* (*veraltet*) устаре́лый, устаре́вший; **Überholverbot** *n* запреще́ние *c* обго́на

überhören *vt* ① (*nicht hören*) прослу́lшивать <-шать> ② (*ignorieren*) пропусlка́ть <-ти́ть> ми́мо уше́й

überirdisch *adj* ① (*himmlisch*) неземно́й ② (*göttlich*) боже́ственный, ди́вный

überkommen *unreg vt* (*Gefühl*) охва́lтывать <-ти́ть>

überladen *unreg vt* перегруlжа́ть <-зи́ть>

überlagern **I.** *vt* (*zudecken, Schicht*) наlсла́-

ивать <-слойть> **II.** *vr* (*sich überschneiden, Interessen*) ◇ **sich** ~ совIпадáть <-пáсть>

überlassen *unreg vt* (1) (*geben, leihen*) ◇ **jd-m etw** ~ предоIставля́ть <-стáвить> комý-л что-л (2) (*Entscheidung*) предоIставля́ть <-стáвить>

überlasten *vt* (*Person, Wagen*) перегруIжáть <-зи́ть>; **Überlastung** *f* перегрýзка *ж*

überlaufen [1] *unreg vi* (1) (*Wasser*) перели́<вá>ться чéрез край (2) (*desertieren*) ◇ **zum Feind** ~ перебеIгáть <-жáть> к врагý

überlaufen [2] *vi* (*Arzt, Schwimmbad*) перепIолня́ть <-пóлнить>

Überläufer *m* (*Deserteur*) перебéжчик *м*

überleben *vt* (1) (*Unfal*) выживáть <вы́жить> (2) (*länger leben*) пережи́<вá>ть; **Überlebende(r)** *fm* вы́живший(-ая *ж*) *м*, остáвшийся(-аяся *ж*) *м* в живы́х

überlegen [1] **I.** *vi* (*nachdenken*) <по->дýмать **II.** *vr* (*ausdenken*) ◇ **sich** *dat* **etw** ~ придýмать что-л

überlegen [2] *adj* ◇ **jd-m** ~ **sein** превосходи́ть когó-л в чём-л

Überlegenheit *f* превосхóдство *с*

Überlegung *f* (*Nachdenken*) размышлéние *с*

überliefern *vt* (*Tradition*) передá<вá>ть; **Überlieferung** *f* предáние *с*, тради́ция *ж*

überlisten *vt* перехитри́ть *сов*

überm = über dem

übermächtig *adj* (1) (*Gefühl*) непреодоли́мый (2) (*Heer*) превосходя́щий

Übermaß *n* избы́ток *м*; **übermäßig I.** *adj* (*exzessiv*) чрезмéрный **II.** *adv* ◇ ~ **rauchen** сли́шком мнóго кури́ть

übermenschlich *adj* сверхчеловéческий

übermitteln *vt* (*Nachricht*) передá<вá>ть

übermorgen *adv* послезáвтра

Übermüdung *f* переутомлéние *с*

Übermut *m* (*Ausgelassenheit*) озорствó *с*, баловствó *с*; **übermütig** *adj* озорнóй, шаловли́вый

übernachten *vi* <пере->ночевáть (*im* в чем-л, *bei jd-m* у когó-л); **übernächtigt** *adj* утомлённый, зáспанный; **Übernachtung** *f* ночёвка *ж*; ◇ ~ **und Frühstück** ночёвка *ж* с зáвтраком

Übernahme *f* <-, -n> (1) (*Empfang*) приём *м* (2) (*von Arbeit, Kosten*) приня́тие *с*, взя́тие *с* на себя́ (3) (*von Amt*) вступлéние *с* (4) (*von Verantwortung*) взя́тие *с* на себя́; **übernehmen** *unreg* **I.** *vt* (1) (*Geschäft, Aufgabe*) брать <взять> на себя́ (2) JURA (*Fall*) брать <взять> на себя́ **II.** *vr* (*sich überanstrengen*) ◇ **sich** ~ наIдрывáться <-дорвáться>

überprüfen *vt* (*kontrollieren*) проIверя́ть <-вéрить>; (*Ergebnis*) сверя́ть <свéрить>; **Überprüfung** *f* провéрка *ж*, контрóль *м*, пересмóтр *м*

überqueren *vt* (*Straße*) перeIсекáть <-сéчь>

überragend *adj FIG* превосхóдный

überraschen *vt* (1) (*erstaunen*) удиIвля́ть <-ви́ть> (2) (*ertappen*) засIтигáть <-ти́чь> врасплóх; **Überraschung** *f* (1) (*Geburtstags~*) сюрпри́з *м*, неожи́данность *ж* (2) (*Erstaunen*) удивлéние *с*

überreden *vt* (*überzeugen*) угоIвáривать <-вори́ть> (*jd-n zu etw* когó-л на что-л)

überreichen *vt* передá<вá>ть, вруIчáть <-чи́ть>

überreizt *adj* крáйне раздражённый

Überreste *m pl* (1) (*sterblich*) остáнки *мн* (2) (*Trümmer*) облóмки *м мн*, развáлины *мн*

überrumpeln *vt FAM* ошелоIмля́ть <-ми́ть>

übers = über das

übersättigen *vt* (*Markt*), *a. FIG* перенаIсыщáть <-сы́тить>

Überschallgeschwindigkeit *f* сверхзвуковáя скóрость *ж*

überschatten *vt FIG* (*trüben*) ◇ **der Tod des Vaters überschattete die Feier** смерть отцá омрачи́ла торжествó

überschätzen I. *vt* (*überbewerten*) переоцéIнивать <-ни́ть> **II.** *vr* (*sich zuviel zutrauen*) ◇ **sich** ~ переоцéIнивать <-ни́ть> себя́

überschäumen *vi* (1) (*Sekt*) перели́<вá>ться чéрез край (2) *FIG* (*vor Glück*) кипéть *несов*, выходи́ть из себя́

Überschlag *m* (1) (*ungefährer Betrag*) примéрный расчёт *м* (2) SPORT переворóт *м*

überschlagen <überschlug, hat überschlagen> **I.** *vt* (1) (*ungefähr berechnen*) приблизи́тельно рассчи́Iтывать <-тáть>, прики́Iдывать <-нуть> (2) (*auslassen*) пропусIкáть <-ти́ть> **II.** *vr* ◇ **sich** ~ (1) (*Auto*) перeIвёртываться <-вернýться> (2) (*umkippen, Stimme*) срывáться <сорвáться>

überschnappen *vi FAM* (*verrückt werden*) спя́тить *сов*, рехнýться *сов*

überschneiden *unreg vr* ◇ **sich** ~ (1) (*sich kreuzen*) перeIсекáться <-сéчься> (2) (*Termine*) совIпадáть <-пáсть> во врéмени

überschreiben *unreg vt* (*Eigentum*) перепи́Iсывать <-сáть> что-л на когó-л

überschreiten *unreg vt* (1) (*Grenze, Fluß*) перeIходи́ть <-йти́> (2) *FIG* (*Befugnisse*) преIвышáть <-вы́сить>; (*Gesetz*) наIрушáть <-рýшить>, престуIпáть <-пи́ть>

Überschrift *f* заглáвие *с*, заголóвок *м*

U

Überschuß *m* изли́шек *м;* **überschüssig** *adj* (*Energie*) избы́точный, изли́шний

überschütten *vt* (*überhäufen*), *a. FIG* ◇ **jd-n mit etw** ~ за|сыпа́ть ‹-сы́пать› кого́-л чем-л

überschwemmen *vt* зали́‹ва́›ть, зато|п-ля́ть ‹-пи́ть›; **Überschwemmung** *f* наводне́ние *с*

überschwenglich *adj* чрезме́рный

Übersee ◇ **nach** ~ **auswandern** эмигри́ровать за океа́н

übersehbar *adj* (1) (*überblickbar*) обозри́мый (2) *FIG* (*absehbar, Folgen*) обозри́мый, предви́денный; **übersehen** *unreg vt* (1) (*Gelände*) обозре́‹ва́›ть (2) *FIG* (*abschätzen*) предви́деть (3) (*Fehler*) не за|меча́ть ‹-ме́тить›

übersenden *unreg vt* пере́с‹ы›ла́ть

übersetzen [1] ‹übersetzte, hat übersetzt› *vt* (*übertragen*) пере|води́ть ‹-вести́›; ◇ **aus dem Russischen ins Deutsche** ~ перевести́ с ру́сского на неме́цкий

übersetzen [2] ‹setzte über, hat übergesetzt› *vt* (*Fähre*) пере|правля́ть ‹-пра́вить›

Übersetzer(in *f*) *m* ‹-s, -› перево́дчик *м,* перево́дчица *ж;* **Übersetzung** *f* (*Übertragung*) перево́д *м*

Übersicht *f* (*Überblick*) обзо́р *м;* **übersichtlich** *adj* (1) (*leicht zu überblicken*) обозри́мый (2) (*klar geordnet*) чёткий, я́сный; **Übersichtlichkeit** *f* (*von Darstellung*) я́сность *ж,* нагля́дность *ж*

übersiedeln *vi* (*in anderes Land*) пересе|ля́ться ‹-ли́ться›; **Übersiedler(in** *f*) *m* переселе́нец *м,* переселе́нка *ж*

überspannt *adj* (1) (*exzentrisch*) эксцентри́чный (2) (*übertrieben*) чрезме́рный

überspielen *vt* (1) (*auf Tonband*) перепи́|сывать ‹-са́ть› (2) (*verbergen*) скры́‹ва́›ть

überspitzt *adj* (*übertrieben scharf*) чрезме́рно заострённый, утри́рованный

überspringen [1] ‹übersprang, hat übersprungen› *vt* (1) (*Hürde*) перепры́г|ивать ‹-нуть› (2) *FIG* (*übergehen*) пропус|ка́ть ‹-ти́ть›; (*Schulklasse*) перепры́г|ивать ‹-нуть›

überspringen [2] ‹sprang über, ist übergesprungen› *vi a. FIG* (*Funke*) перес|ка́кивать ‹-кочи́ть›

überstehen [1] ‹überstand, hat überstanden› *vt* (*Krise*) пережи́‹ва́›ть, пере|носи́ть ‹-нести́›

überstehen [2] ‹stand über, hat/ist übergestanden› *vi* (*überragen, Knochen*) выступа́ть *несов,* выдава́ться *несов*

übersteigen *unreg vt* (1) (*Mauer*) переле́з‹а́›ть, преодоле́‹ва́›ть (2) *FIG* (*Fähigkeiten, Vorstellungen*) выходи́ть ‹вы́йти› за ра́мки чего́-л; (*Möglichkeiten*) прев|осходи́ть ‹-зойти́›; **übersteigert** *adj* преувели́ченный, завы́шенный

überstimmen *vt* (*Person, Antrag*) побе|жда́ть ‹-ди́ть› большинство́м голосо́в

überstrapazieren *vt* (1) (*Gerät*) перегру|жа́ть ‹-зи́ть›, ‹ис-›трепа́ть (2) *FIG* (*Argument*) зата́с|кивать ‹-ка́ть›

Überstunden *f pl* сверхуро́чные часы́ *мн*

überstürzen I. *vt* (*voreilig handeln*) (сли́шком) ‹по-›торопи́ться с чем-л **II.** *vr* (*Ereignisse*) ◇ **sich** ~ бу́рно разви́‹ва́›ться; **überstürzt** *adj* (*voreilig*) поспе́шный, преждевре́менный, необду́манный

übertariflich *adj* сверх тари́фа

überteuert *adj* по завы́шенной цене́

übertönen *vt* заглу|ша́ть ‹-ши́ть›

Übertrag *m* ‹-[e]s, -träge› COMM (*Rechnungs~*) перено́с *м;* **übertragbar** *adj* (1) JURA переноси́мый (2) (*Methode*) примени́мый (3) MED (*ansteckend*) зара́зный

übertragen [1] *unreg* **I.** *vt* (1) (*Rechte, Methode, Krankheit*) пере|носи́ть ‹-нести́› (*auf akk* на) (2) TECH (*Kraft*) переда́‹ва́›ть (3) MEDIA (*Sendung*) переда́‹ва́›ть, трансли́ровать *несов и сов* (5) (*übersetzen, Text*) пере|води́ть ‹-вести́› (*in akk* на) **II.** *vr* MED, TECH ◇ **sich** ~ переда́‹ва́›ться (*auf akk* на кого́-что-л, кому́-л)

übertragen [2] *adj* (*nicht wörtlich*) ◇ **in ~er Bedeutung** в перено́сном смы́сле

Übertragung *f* (*das Übertragen*) перево́д *м;* MEDIA трансля́ция *ж,* переда́ча *ж;* MED, FIN перено́с *м*

übertreffen *unreg* **I.** *vt* (*besser sein*) прев|осходи́ть ‹-зойти́› (*an dat* в чём-л) **II.** *vr* ◇ **sich selbst** ~ превзойти́ самого́ себя́

übertreiben *unreg vt* (1) (*Erzählung*) преувели́чи‹ва›ть (2) (*etw übereifrig tun*) не знать ме́ры (*mit* в чём-л); **Übertreibung** *f* переги́б *м*

übertreten [1] ‹übertrat, hat übertreten› *vt* (1) (*Grenze*) пере|ходи́ть ‹-йти́› (2) *FIG* (*Gesetz*) на|руша́ть ‹-ру́шить›

übertreten [2] ‹trat über, ist übergetreten› *vi* (1) (*zu anderem Glauben*) пере|ходи́ть ‹-йти́› (2) (*über die Ufer treten, Fluß*) выходи́ть ‹вы́йти› (из берего́в) (3) SPORT (*die Linie* ~) переша́г|ивать ‹-ну́ть› (*über etw akk* за что-л)

übertrieben *adj* (1) (*verfälscht, Darstellung*)

преувели́ченный ② (*zu stark, Ordnungsliebe*) чрезме́рный, преде́льный

Übertritt *m* ① (*Grenz~*) перехо́д *м* ② (*zu Glauben, in Partei*) обраще́ние *с* ③ (*Wechsel, Schul~*) перево́д *м*

übervoll *adj* (*Glas*) перепо́лненный; (*Saal*) битко́м наби́тый

überwachen *vt* ① (*Produktion*) ‹про-›контроли́ровать ② (*Häftling*) охраня́ть *несов* ③ (*Verdächtigen, Patient*) следи́ть за кем-л; **Überwachung** *f* наблюде́ние *с*, контро́ль *м*

überwältigen *vt* ① (*Person*) одоле́‹ва́›ть, оси́ли‹ва›ть ② *FIG* (*Gefühl, Schlaf*) овладе́‹ва́›ть; **überwältigend** *adj* (*Mehrheit*) подавля́ющий; (*Schönheit*) потряса́ющий

überwechseln *vi* (*zu Glauben*) пере|ходи́ть ‹-йти́› (*zu* к чему́-л)

überweisen *unreg vt* ① FIN (*Geld*) пере|води́ть ‹-вести́› (*auf akk* на что-л) ② (*Patienten*) на|правля́ть ‹-пра́вить› (*an akk* к кому́-л во что-л); **Überweisung** *f* ① FIN (*Bank~*) перечисле́ние *с*, перево́д *м* ② (*von Patienten*) направле́ние *с* ③ (*~sschein*) направле́ние *с* к врачу́-специали́сту

überwiegen *unreg vi* преоблада́ть *несов;* **überwiegend I.** *adj* преоблада́ющий **II.** *adv* бо́льшей ча́стью

überwinden *unreg* **I.** *vt* (*Angst*) преодоле́‹ва́›ть **II.** *vr* (*sich e-n Ruck geben*) ◇ **sich ~** превоз|мога́ть ‹-мо́чь› себя́; **Überwindung** *f* преодоле́ние *с*

Überzahl *f* (*Mehrzahl*) ◇ **in der ~ sein** име́ть чи́сленное превосхо́дство; **überzählig** *adj* ① (*überflüssig*) ли́шний ② (*überschüssig*) избы́точный, изли́шний

überzeugen I. *vt* (*durch Argumente*) убе|жда́ть ‹-ди́ть› (*von* в чём-л); ◇ **jd-n vom Gegenteil ~** переубеди́ть кого́-л; ◇ **jd-n von der Richtigkeit e-r Sache ~** убеди́ть кого́-л в пра́вильности чего́-л **II.** *vr* (*sich vergewissern*) ◇ **sich ~** убе|жда́ться ‹-ди́ться› (*von dat* в чём-л); **überzeugend** *adj* убеди́тельный; **Überzeugung** *f* убежде́ние *с;* ◇ **zu der ~ gelangen, daß ...** убеди́ться в том, что …

überziehen [1] ‹zog über, hat übergezogen› *vt* ① (*Pullover*) наде́‹ва́›ть что́-л пове́рх чего́-л ② *FAM* ◇ **jd-m eins ~** огре́ть кого́-л чем-л по голове́

überziehen [2] ‹überzog, hat überzogen› *vt* ① (*bedecken, mit Belag*) покры́‹ва́›ть ② (*beziehen*) ‹по-›стели́ть; ◇ **das Bett frisch ~** смени́ть посте́льное бельё ③ (*Konto*) пре|выша́ть ‹-вы́сить› ④ (*Sendezeit*) затя́|гивать ‹-ну́ть› вре́мя

Überziehungskredit *m* FIN овердра́фт *м*

Überzug *m* ① (*Beschichtung, aus Metall*) покры́тие *с;* (*Zucker~*) глазу́рь *ж* ② (*Bett~*) пододея́льник *м;* (*Kissen~*) на́волочка *ж*

üblich *adj* (*normal, gebräuchlich*) обы́чный, при́нятый; ◇ **das ist bei uns so ~** у нас так при́нято

U-Boot *n* подво́дная ло́дка *ж*

übrig *adj* ① (*restlich*) оста́вшийся; ◇ **ist vom Essen noch etw ~?** с обе́да ещё оста́лось что-л? ② ◇ **die ~en Personen** остальны́е ли́ца [лю́ди] ③ *FAM* ◇ **ich habe für sie nichts ~** я к ней не пита́ю симпа́тий ④ ◇ **im ~en** кро́ме того́, кста́ти

übrigbleiben *unreg vi* ① (*Essen*) оста́‹ва́›ться ② *FIG* (*keine Wahl haben*) ◇ **es bleibt mir nichts anderes übrig, als ...** мне не оста́лось ничего́ друго́го, как…

übrigens *adv* впро́чем

übriglassen *unreg vt* ① (*nicht verbrauchen*) о|ставля́ть ‹-ста́вить› ② ◇ **zu wünschen ~** оставля́ть жела́ть лу́чшего

Übung *f* ① (*das Üben, Training*) упражне́ние *с* ② (*Praxis*) на́вык *м*, о́пыт *м;* ◇ **ihm fehlt die ~** ему́ не хвата́ет о́пыта

UdSSR *f Abk. v.* **Union der Sozialistischen Sowjetrepubliken** СССР

Ufer *n* ‹-s, -› бе́рег *м*

UFO *n* ‹-[s], -s› *Akr. v.* **unbekanntes Flugobjekt** НЛО (неопо́знанный лета́ющий объ́ект *м*)

U-Haft *f Abk. v.* **Untersuchungshaft**

Uhr *f* ‹-, -en› ① (*Wand~, Armband~*) часы́ *мн;* (*Zeitangaben*) ◇ **um 5 ~** в 5 часо́в; ◇ **es ist zwei ~ fünfzehn** два часа́ пятна́дцать мину́т; ◇ **rund um die ~** су́тки напролёт; ◇ **wieviel ~ ist es?** ско́лько вре́мени? ② (*Gas~, Zähler*) счётчик *м* ③ (*Benzin~*) изме́ритель *м*, указа́тель *м;* **Uhrmacher(in** *f*) *m* ‹-s, -› часовщи́к *м;* **Uhrwerk** *n* часово́й механи́зм *м;* **Uhrzeiger** *m* часова́я стре́лка *ж;* **Uhrzeigersinn** *m* ◇ **im ~** по часово́й стре́лке; ◇ **entgegen dem ~** про́тив часово́й стре́лки; **Uhrzeit** *f* вре́мя *с;* ◇ **jd-n nach der ~ fragen** спроси́ть кого́-л, кото́рый час

Uhu *m* ‹-s, -s› фи́лин *м*

UKW *Abk. v.* MEDIA **Ultrakurzwelle(n)** УКВ

Ulk *m* ‹-s, -e› *FAM* (*Streich*) ◇ **e-n ~ machen** прока́зничать *несов;* **ulkig** *adj* ① (*spaßig*) потё́шный ② (*merkwürdig*) стра́нный

Ulme *f* ‹-, -n› вяз *м*

U

ultimativ *adj* (*Forderung*) ультимати́вный; **Ultimatum** *n* ‹-s, -ten› ультима́тум *м;* ◊ **jd-m ein ~ stellen** предъяви́ть ультима́тум кому́-л

Ultrakurzwelle *f* ультракоро́ткая волна́ *ж;* **Ultraschall** *m* PHYS ультразву́к *м;* **Ultraschallaufnahme** *f* MED ультразвукова́я эхогра́мма *ж;* **ultraviolett** *adj* ультрафиоле́товый

um I. *präp akk* ① (*zeitlich*) ◊ **~ 12 Uhr** в 12 часо́в; ◊ **~ Ostern** задо́лго до Па́схи ② (*räumlich*) ◊ **um ... herum** вокру́г чего́-л; ◊ **~ das Dorf herum** вокру́г дере́вни ③ (*in der Nähe*) о́коло чего́-л; ◊ **Menschen ~ sich haben** име́ть люде́й в своём окруже́нии; ◊ **~ sich blicken** огля́дываться вокру́г ④ (*betreffend, wegen*) за кого́-что-л, о ком-чём-л; ◊ **Angst ~ jd-n haben** боя́ться за кого́-л; ◊ **es handelt sich ~ Ihre Arbeit** речь идёт о ва́шей рабо́те ⑤ (*nach, aufeinanderfolgend*) за кем-чем-л; ◊ **Auge ~ Auge** о́ко за о́ко ⑥ ◊ **jd-n ~ etw bringen** лиши́ть кого́-л чего́-л ⑦ (*Maßangabe*) ◊ **~ 3 m verlängern** удлини́ть на 3 ме́тра **II.** *präp gen* (*wegen*) ра́ди кого́-чего́-л; ◊ **~ ihrer Kinder willen** ра́ди дете́й **III.** *adv* ① ◊ **~ ... zu** *+inf* (*damit*) что́бы; ◊ **sie braucht e-e Brille, ~ lesen zu können** для чте́ния ей нужны́ очки́ ② (*desto*) ◊ **je mehr Geld man hat, ~ so besser lebt man** чем бо́льше денег, тем лу́чше живётся ③ (*ungefähr*) ◊ **es kostet ~ die 25 Mark** э́то сто́ит о́коло двадцати́ пяти́ ма́рок

umändern *vt* (*Kleid*) переде́л‹ыв›ать; (*Gesetz*) изме|ня́ть ‹-ни́ть›

umarbeiten *vt* (*Artikel*) перера|ба́тывать ‹-бо́тать›

umarmen *vt* об|нима́ть ‹-ня́ть›

Umbau *m* ‹-[e]s, -e *o.* -ten› (*von Haus*) перестро́йка *ж,* ремо́нт *м;* ◊ **wegen ~ geschlossen** закры́т[о] на ремо́нт; **umbauen** *vt* ① (*Haus*) перест|ра́ивать ‹-ро́ить› ② *FIG* (*reorganisieren*) реорганизо́|вывать ‹-ва́ть›

umbenennen *unreg vt* (*Firma*) переимено́|вывать ‹-ва́ть› (*in etw akk* во что-л)

umbilden *vt* (*Regierung*) преобразо́|вывать ‹-ва́ть›; **Umbildung** *f* (*Reorganisation*) реорганиза́ция *ж;* (*von Regierung, Kabinett*) преобразова́ние *с*

umbinden *unreg vr* (*Krawatte, Schürze*) ◊ **sich** *dat* **etw ~** повя́|зываться ‹-за́ться› чем-л

umblättern *vt* перели́с|тывать ‹-та́ть›

umblicken *vr* ◊ **er blickte sich nach dem Hund um** он огля́дывался на соба́ку

umbringen *unreg* **I.** *vt* (*töten*) уби́‹ва́›ть **II.** *vr* ◊ **sich ~** поко́нчить с собо́й

Umbruch *m* ① (*radikaler Wechsel*) перело́м *м* ② TYP (*Seiten~*) вёрстка *ж*

umbuchen *vt, vi* ① (*Reise*) изме|ня́ть ‹-ни́ть› путёвку ② FIN (*Geldbetrag*) пере|числя́ть ‹-чи́слить› (*auf akk* на); **Umbuchung** *f* ① (*des Reiseziels*) измене́ние *с;* (*des Reisetermins*) перенесе́ние *с* ② FIN (*von Geld*) перечисле́ние *с*

umdenken *unreg vi* изме|ня́ть‹-ни́ть› о́браз мышле́ния

umdisponieren *vi* распоря|жа́ться ‹-ди́ться› по-друго́му

umdrehen I. *vt* ① (*Blatt Papier*) пере|вора́чивать ‹-верну́ть›; (*Schlüssel*) по|вора́чивать ‹-верну́ть› ② (*Hals, Arm*) вывора́чивать ‹вы́вернуть› ③ *FIG* ◊ **das Wort im Mund ~** переина́чить чьи-л слова́ **II.** *vi* (*umkehren*) по|вора́чивать ‹-верну́ть› наза́д **III.** *vr* ◊ **sich ~** ① (*sich umwenden*) по|вора́чиваться ‹-верну́ться› (*nach* к кому́-чему́-л) ② *FAM* ◊ **der Magen dreht sich mir um** меня́ то́шнит; **Umdrehung** *f* ① PHYS враще́ние *с* ② AUTO оборо́т *м*

umfahren [1] ‹fuhr um, hat umgefahren› *vt* (*Baum*) сби‹ва́›ть, на|езжа́ть ‹-е́хать› на что-л

umfahren [2] ‹umfuhr, hat umfahren› *vt* (*herumfahren um*) объ|езжа́ть ‹-е́хать›, огиба́ть ‹обогну́ть›

umfallen *unreg vi* ① (*zu Boden fallen, Baum*) па́дать ‹упа́сть› ② *FAM* (*ohnmächtig werden*) па́дать ‹упа́сть› в о́бморок ③ *FAM* (*nachgeben*) ◊ **der Hauptzeuge ist umgefallen** гла́вный свиде́тель отказа́лся от пре́жних показа́ний ④ ◊ **zum U~ müde sein** вали́ться с ног от уста́лости

Umfang *m* ① (*Fläche, Größe*) объём *м* ② *FIG* (*Ausmaß*) разме́ры *м мн;* (*von Bedeutung*) ва́жность *ж;* **umfangreich** *adj* ① (*groß, weiträumig*) обши́рный ② *FIG* (*weitreichend*) широ́кий, разносторо́нний

umfassen *vt* ① (*fassen*) об|нима́ть ‹-ня́ть› ② (*eingrenzen, Gebiet*) окру|жа́ть ‹-жи́ть› ③ *FIG* (*beinhalten*) охва́|тывать ‹-ти́ть›

Umfeld *n* окруже́ние *с*

umformen *vt* преобразо́|вывать ‹-ва́ть› (*in akk* во что-л)

Umfrage *f* POL опро́с *м*

umfüllen *vt* (*Flüssigkeit*) перели́‹ва́›ть

Umgang *m* ① (*Kontakt*) обще́ние *с* ② (*mit Tieren, Dingen*) обраще́ние *с;* **umgänglich** *adj* (*Mensch*) обходи́тельный, ужи́вчивый; **Umgangsformen** *f pl* ◇ **gepflegte ~** вéжливые манéры; **Umgangssprache** *f* разговóрная речь *ж;* **umgangssprachlich** *adj* разговóрный

umgeben *unreg* **I.** *vt* (*mit Mauer*) окру|жáть ‹-жи́ть› **II.** *vr* ◇ **sich mit Künstlern ~** окружáть себя́ худóжниками; **Umgebung** *f* ① (*allg.*) окрéстность *ж;* (*ländliche ~*) мéстность *ж* ② (*Milieu*) средá *ж,* окружéние *c*

umgehen [1] ‹ging um, ist umgegangen› *vi* ① (*behandeln*) обращáться (*mit jd-m* с кем-л); ◇ **mit e-m Buch sorgfältig ~** бéрежно обращáться с кни́гой ② (*Krankheit*) ходи́ть, распростра|ня́ться ‹-ни́ться›

umgehen [2] ‹umging, hat umgangen› *vt* ① (*Gebiet*) об|ходи́ть ‹-ойти́›, огибáть ‹обогну́ть› ② *FIG* (*Gesetz*) об|ходи́ть ‹-ойти́› ③ *FIG* (*Frage*) уклo|ня́ться ‹-ни́ться›

umgehend *adj* немéдленный, срóчный

Umgehung *f* ① (*von Gebiet*) обхóд *м;* (*von Gesetz*) обхóд *м,* несоблюдéние *c;* (*von Frage*) уклонéние *c* ② *FAM* (*~sstraße*) объезднáя дорóга *ж*

umgekehrt I. *adj* ① (*Reihenfolge*) обрáтный ② (*konträr, gegenteilig*) противополóжный **II.** *adv* (*andersherum*) наоборóт; ◇ **es verhält sich genau ~** дéло обстои́т как раз наоборóт

umgestalten *vt* ① (*umorganisieren, Firma*) реорганизó|вывать ‹-вáть› ② (*Regierung, Plan*) преобразó|вывать ‹-вáть›

umgraben *unreg vt* вс|кáпывать ‹-копáть›

Umhang *m* (*Mantel*) наки́дка *ж*

umhauen *unreg vt* ① (*fällen*) сру|бáть ‹-би́ть› ② *FAM* (*zu Boden werfen*) свá|ливать ‹-ли́ть› ③ *FAM* (*erstaunen*) ◇ **das haut mich um** от э́того мóжно обалдéть

umher *adv* (*herum*) вокру́г, кругóм

umhergehen *unreg vi* (*herumgehen*) ходи́ть, расхáживать *несов*

umherreisen *vi* éздить *несов,* разъезжáть *несов*

umhinkönnen *unreg vi* (*e-m Zwang folgen*) ◇ **sie kann nicht umhin, das zu tun** онá не мóжет не сделáть э́того

umhören *vr* ◇ **sich ~** разузнá‹вá›ть (*nach* что-л)

Umkehr *f* ‹-› ① (*Wendung zurück*) поворóт *м* назáд ② *FIG* (*Änderung*) обращéние *c;* **umkehren I.** *vi* (*umdrehen*) по|ворáчивать ‹-верну́ть› назáд **II.** *vt* (*Reihenfolge*) изме|ня́ть ‹-ни́ть›

umkippen I. *vt* (*umstoßen*) опроки́|дывать ‹-нуть› **II.** *vi* ① (*Boot*) опроки́|дываться ‹-нуться› ② *FAM* (*ohnmächtig werden*) пáдать ‹упáсть› в óбморок ③ *FAM* (*als Zeuge*) изме|ня́ть ‹-ни́ть› мнéние

Umkleideraum *m* (*im Schwimmbad*) раздевáлка *ж;* (*im Geschäft*) примéрочная *ж*

umkommen *unreg vi* ① (*bei Unfall*) по|гибáть ‹-ги́бнуть› ② *FAM* (*es nicht mehr aushalten*) ◇ **vor Hitze ~** умирáть от жары́

Umkreis *m* ① (*Umgebung*) окрéстность *ж* ② (*Gebiet*) рáдиус *м,* окру́жность *ж;* ◇ **im ~ von** в рáдиусе вокру́г чегó-л; **umkreisen** *vt* ASTRON летáть вокру́г чегó-л

umkrempeln *vt* ① (*Ärmel*) за|ворáчивать ‹-верну́ть› ② *FAM* (*Wohnung*) при|води́ть ‹-вести́› в беспоря́док ③ *FIG* (*grundlegend ändern*) пере|крáивать ‹-крóить›

Umlage *f* (*Aufteilung*) распределéние *c*

Umlauf *m* ① ASTRON обращéние *c* ② (*Rundschreiben*) циркуля́р *м* ③ (*Zirkulation*) ◇ **im ~ sein** быть в обращéнии; **Umlaufbahn** *f* ASTRON орби́та *ж*

Umlaut *m* GRAM умлáут *м*

umlegen *vt* ① (*Kosten*) распреде|ля́ть ‹-ли́ть› ② (*Termin*) пере|носи́ть ‹-нести́› ③ (*Hebel*) переклю|чáть ‹-чи́ть› ④ *FAM* (*Baum*) сру|бáть ‹-би́ть› ③ *FAM* (*töten*) уклáдывать ‹уложи́ть›

umleiten *vt* AUTO на|правля́ть ‹-прáвить› в обхóд; **Umleitung** *f* AUTO объéзд *м*

umlernen *vi* пере|у́чиваться ‹-учи́ться›

umliegend *adj* (*Gemeinden*) близлежáщий

ummelden *vt* (*Auto*) *зарегистри́ровать автомоби́ль в связи́ с переменóй владéльца и́ли переменóй местожи́тельства*

umorganisieren *vt* (*Betrieb*) реорганизó|вывать ‹-вáть›

umranden *vt* обрамля́ть *несов*

umrechnen *vt* FIN произ|води́ть ‹-вести́› перерасчёт (*in akk* на что-л); **Umrechnung** *f* FIN перерасчёт *м* (валю́ты); **Umrechnungskurs** *m* FIN курс *м* перерасчёта

umreißen *unreg vt FIG* (*Thema*) обрисó|вывать ‹-вáть› в нéскольких словáх

umringen *vt* (*jd-n*) окру|жáть ‹-жи́ть›

Umriß *m* ① (*Kontur*) очертáние *c,* кóнтур *м* ② *FIG* (*grober Inhalt*) óчерк *м*

umrühren *vt* перемé|шивать ‹-шáть›

umrüsten *vt* (*umbauen*) переобору́довать *несов и сов* (*auf akk* для чегó-л)

ums = um das

Umsatz *m* COMM (*Jahres~*) оборóт *м;* ◇ **den ~ steigern** повы́сить оборóт

umschalten *vt* (*Hebel, Schalter*) переклю|ча́ть <-чи́ть>; MEDIA (*Programm*) сме|ня́ть <-ни́ть> (*auf akk* на)

Umschau *f FIG* (*Rundschau*) обзо́р *м*

umschauen *vr* ◇ **sich** ~ ① (*nach hinten schauen*) огля́|дываться <-де́ться> ② *FAM* (*wundern*) ◇ **du wirst dich noch ~!** ты бу́дешь то́лько ди́ву дава́ться

Umschlag *m* ① (*Brief~*) конве́рт *м;* (*Buch~*) обёртка *ж* ② (*Wetter~*) (ре́зкая) переме́на *ж;* (*politisch*) (ре́зкое) измене́ние *с* ③ MED (*Kompresse*) компре́сс *м* ④ COMM (*von Waren*) оборо́т *м*

umschreiben [1] <schrieb um, hat umgeschrieben> *vt* (*Text*) перепи́|сывать <-са́ть>; (*für Film, Theater*) пере|лага́ть <-ложи́ть>

umschreiben [2] <umschrieb, hat umschrieben> *vt* ① (*beschreiben*) опи́|сывать <-са́ть> ② (*verhüllend darstellen*) перефрази́ровать *несов и сов*

Umschreibung *f* перепи́сывание *с*

umschulen *vi* (*anderen Beruf erlernen*) переквалифици́роваться *несов и сов;* **Umschulung** *f* переквалифика́ция *ж*

umschwärmen *vt FIG* (*verehren*) уха́живать за кем-л, обожа́ть *несов*

Umschweife *pl* (*geradeheraus*) ◇ **ohne** ~ напрями́к *м*

Umschwung *m* ① SPORT (*beim Turnen*) оборо́т *м* ② (*Veränderung*) переворо́т *м;* (*Wetter~, Stimmungs~*) переме́на *ж*

umsehen *unreg vr* ◇ **sich** ~ ① (*nach hinten schauen*) огля́|дываться <-ну́ться> ② *FIG* о|сма́триваться <-смотре́ться>; ◇ **sich nach Arbeit** ~ иска́ть рабо́ту

umseitig *adv* на оборо́те

umsetzen *vt* ① (*Baum*) переса́|живать <-ди́ть> ② (*Schüler*) переса́|живать <-ди́ть> ③ COMM (*verkaufen*) реализова́ть *несов и сов* ④ *FIG* (*verwirklichen*) осущест|вля́ть <-ви́ть>; ◇ **etw in die Tat** ~ претвори́ть что-л в жизнь ⑤ TYP (*Buchstaben*) за́ново наб<и>ра́ть

Umsicht *f* (*Besonnenheit*) осмотри́тельность *ж;* **umsichtig I.** *adj* осмотри́тельный **II.** *adv* ◇ ~ **vorgehen** осторо́жно поступа́ть

umsiedeln *vt, vi* пересе|ля́ться <-ли́ться>

umsonst *adv* ① (*gratis*) беспла́тн ② (*vergeblich*) напра́сно, тще́тно; ◇ **alle Bemühungen waren** ~ все уси́лия бы́ли напра́сны

umspringen *unreg vi* ① (*Ampel*) перес|ка́кивать <-кочи́ть>; ◇ **auf grün** ~ перескочи́ть на зелёный свет ② *FAM* (*schlecht behandeln*) ◇ **mit jd-m schlecht** ~ пло́хо обраща́ться с кем-л

Umstand *m* ① (*Sachverhalt, Tatsache*) обстоя́тельство *с;* ◇ **den Umständen entsprechend** смотря́ по обстоя́тельствам; ◇ **unter Umständen** возмо́жно, мо́жет быть ② JURA ◇ **mildernde Umstände** смягча́ющие вину́ обстоя́тельства ③ ◇ **Umstände** *pl FIG* (*Mühen*) ◇ ~ **machen** причиня́ть хло́поты ⑤ *FAM* (*schwanger sein*) ◇ **in anderen Umständen sein** быть в положе́нии; **umständlich** *adj* ① (*ungeschickt*) нело́вкий, неповоро́тливый ② (*langwierig*) многосло́вный, простра́нный; **Umstandkleid** *n* пла́тье *с* для бере́менных; **Umstandswort** *n* GRAM наре́чие *с*

umsteigen *unreg vi* ① BAHN <с->де́лать переса́дку ② *FAM* (*Beruf wechseln*) меня́ть <смени́ть> профе́ссию

umstellen [1] <stellte um, hat umgestellt> **I.** *vt* ① (*anders plazieren*) пере|ставля́ть <-ста́вить> ② TECH (*Hebel*) переклю|ча́ть <-чи́ть>; (*Fernseher*) наст|ра́ивать <-ро́ить> **II.** *vr* (*sich anpassen*) ◇ **sich** ~ перест|ра́иваться <-ро́иться> (*auf akk* на что-л)

umstellen [2] <umstellte, hat umstellt> *vt* (*Gebäude*) оце|пля́ть <-пи́ть>

Umstellung *f* ① (*Umgewöhnung*) перестано́вка *ж* ② (*von Holz auf Heizöl*) перестано́вка *ж;* (*von Produktion*) перехо́д *м*

umstimmen *vt* ① MUS (*Instrument*) перест|ра́ивать <-ро́ить> ② *FIG* ◇ **jd-n** ~ переубе|жда́ть <-ди́ть>

umstoßen *unreg vt* ① (*umschmeißen*) опроки́|дывать <-нуть> ② *FIG* (*rückgängig machen*) рас|стра́ивать <-стро́ить>

umstritten *adj* ① (*fraglich*) спо́рный ② (*Projekt*) нерешённый

Umsturz *m* (*Putsch*) переворо́т *м*

Umtausch *m* (*von Waren, Währung*) обме́н *м;* **umtauschen** *vt* ① (*Kleidungsstück*) обме́|нивать <-ня́ть> ② (*Geld*) <об-, по->меня́ть (*in akk* на)

Umtriebe *m pl* (*Intrigen*) про́иски *мн*

umwälzen *vt FIG* (*radikal verändern*) потря|са́ть <-сти́>

umwandeln *vt* ① (*ändern*) превра|ща́ть <-ти́ть> (*in akk* во что-л) ② ELECTR (*Strom*) преобразо́|вывать <-ва́ть> ③ JURA (*Haftstrafe*) заме|ня́ть <-ни́ть> (*in akk* чем-л)

Umweg *m* ① (*längerer Weg*) обхо́ *м,* крюк *м;* ◇ **e-n ~ machen** сде́лать крюк ② *FIG* ◇ **auf ~en** око́льными путя́ми

Umwelt *f* окружа́ющая среда́ *ж;* **Umweltbelastung** *f* загрязне́ние *с* окружа́ющей среды́; **umweltfreundlich** *adj* экологи́чный, не загрязня́ющий окружа́ющей среды́; **Umweltkatastrophe** *f* экологи́ческая катастро́фа *ж;* **Umweltschutz** *m* охра́на *ж* окружа́ющей среды́; **Umweltverschmutzung** *f* загрязне́ние *с* окружа́ющей среды́

umwerben *unreg vt* (*den Hof machen*) уха́живать *несов*

umwerfen *unreg vt* ① (*umstoßen*) опроки́|дывать <-нуть> ② (*Schal*) наки́|дывать <-нуть> ③ *FIG* (*Plan*) срыва́ть <сорва́ть>

umziehen *unreg* **I.** *vr* (*Kleidung wechseln*) ◇ **sich ~** переоде́<ва́>ться **II.** *vi* (*Wohnort wechseln*) пере|езжа́ть <-е́хать>

umzingeln *vt* оце|пля́ть <-пи́ть>

Umzug *m* ① (*Wohnungs~*) перее́зд *м* ② (*Karnevals~*) ше́ствие *с*, проце́ссия *ж*

UN *pl Akr. v.* **United Nations** ООН (Организа́ция *ж* Объединённых На́ций)

unabänderlich *adj* (*unwiderruflich*) неизме́нный, безвозвра́тный, оконча́тельный

unabhängig *adj* незави́симый; **Unabhängigkeit** *f* незави́симость *ж*

unabkömmlich *adj* (*beschäftigt*) за́нятый, незамени́мый

unablässig *adj* (*Gerede*) беспреры́вный

unabsehbar *adj* ① (*endlos*) необозри́мый ② (*Kosten, Konsequenzen*) непредви́димый

unabsichtlich *adj* (*aus Versehen*) ненаме́ренный, неча́янный

unachtsam *adj* ① (*unaufmerksam*) невнима́тельный ② (*nachlässig*) неосторо́жный, небре́жный; **Unachtsamkeit** *f* ① (*Unaufmerksamkeit*) невнима́тельность *ж* ② (*Nachlässigkeit*) небре́жность *ж*

unangebracht *adj* неуме́стный

unangemessen *adj* (*zu hoch/niedrig*) непоме́рный, неадеква́тный

unangenehm *adj* ① (*nicht angenehm*) неприя́тный ② (*unsympathisch*) неприя́тный, проти́вный ③ (*peinlich*) неудо́бный, доса́дный

Unannehmlichkeit *f* (*Belästigung*) неприя́тность *ж;* ◇ **jd-m ~en bereiten** причиня́ть кому́-л неприя́тности

unanständig *adj* неприли́чный, непристо́йный; **Unanständigkeit** *f* ① (*schlechtes Benehmen*) неприли́чность *ж* ② (*obszönes Verhalten*) непристо́йность *ж*

unappetitlich *adj a. FIG* (*Anblick*) непривлека́тельный, неаппети́тный

Unart *f* (*schlechte Angewohnheit*) дурна́я привы́чка *ж;* **unartig** *adj* (*ungezogen*) непослу́шный, невоспи́танный

unästhetisch *adj* неэстети́чный

unauffällig *adj* ① (*Person*) незаме́тный ② (*Kleidung*) скро́мный

unauffindbar *adj* (*nicht zu finden*) исче́знувший, ненаходи́мый

unaufgefordert I. *adj* (*freiwillig*) доброво́льный **II.** *adv* по со́бственной инициати́ве, доброво́льно

unaufmerksam *adj* невнима́тельный

unaufrichtig *adj* (*unehrlich*) нейскренний

unausgeglichen *adj* ① (*Mensch*) неуравнове́шенный, разви́нченный ② (*Verhältnis*) неуравнове́шенный

unaussprechlich *adj* ① (*Wort*) непроизноси́мый ② (*unvorstellbar*) непредстави́мый ③ (*unbeschreiblich*) невырази́мый

unausstehlich *adj* невыноси́мый

unausweichlich *adj* немину́емый

unbändig I. *adj* (*ungezügelt*) неудержи́мый, неи́стовый; (*Kind*) необу́зданный **II.** *adv* ◇ **sich ~ freuen** неудержи́мо ра́доваться чему́-л

unbarmherzig *adj* безжа́лостный, немилосе́рдный

unbeabsichtigt *adj* ненаме́ренный, неча́янный

unbeachtet *adj* (*nicht beachtet*) незаме́ченный; (*außer acht lassen*) ◇ **e-e Warnung ~ lassen** пренебре́чь предупрежде́нием

unbedenklich I. *adj* ① (*ungefährlich*) неопа́сный ② (*bedenkenlos*) беззабо́тный **II.** *adv* (*ohne zu überlegen*) не заду́мываясь

unbedeutend *adj* незначи́тельный; (*Fehler*) ничто́жный

unbedingt I. *adj* (*uneingeschränkt*) безусло́вный, безогово́рочный **II.** *adv* (*auf jeden Fall*) обяза́тельно; ◇ **muß das ~ sein?** нельзя́ обойти́сь без э́того?; ◇ **nicht ~** не обяза́тельно

unbefahrbar *adj* (*Straße*) непроходи́мый; (*Gewässer*) несудохо́дный

unbefangen *adj* ① (*spontan*) непринуждённый ② (*unparteiisch*) беспристра́стный, непредвзя́тый

unbefriedigend *adj* (*Ergebnis*) неудовлетвори́тельный; **unbefriedigt** *adj* (*frustriert*) неудовлетворённый, разочаро́ванный

unbefugt *adj* ◇ **U~en ist der Zutritt verboten** посторо́нним вход воспрещён

unbegabt *adj* неспосо́бный, безда́рный

unbegreiflich *adj* ① (*unverständlich*) непо-

нятный; ◇ **es ist mir ~** умá не приложу ② (*unfaßbar, Leichtsinn*) непостижи́мый
unbegrenzt *adj* ① (*zeitlich*) неограни́ченный ② (*räumlich*) безграни́чный, беспреде́льный
unbegründet *adj* необосно́ванный
Unbehagen *n* неприя́тное ощуще́ние *c* [чу́вство *c*]; ◇ **leichtes ~ befiel sie** нело́вкое чу́вство овла́дело ей; **unbehaglich** *adj* ① (*unbequem*) неую́тный ② (*unangenehm*) неприя́тный, неудо́бный, нело́вкий
unbeholfen *adj* неуклю́жий
unbekannt *adj* неизве́стный
unbekümmert *adj* (*sorglos*) беззабо́тный, беспе́чный
unbelastet *adj* ① (*nicht belastet*) не обременённый ② (*sorgenfrei*) беззабо́тный ③ FIN (*Konto*) не отягчённый
unbeliebt *adj* нелюби́мый, непопуля́рный; ◇ **sich bei jd-m ~ machen** вы́звать у кого́-л неприя́знь к себе́; **Unbeliebtheit** *f* непопуля́рность *ж*
unbequem *adj* ① (*ungemütlich*) неудо́бный, неую́тный ② *FIG* (*Person*) неприя́тный ③ *FIG* (*peinlich*) неприя́тный, нело́вкий
unberechenbar *adj* ① (*unvorhersehbar*) непредви́денный, непредсказу́емый ② (*launenhaft*) своенра́вный, вспы́льчивый
unberechtigt *adj* ① (*ohne Befugnis*) незако́нный ② (*unangebracht, Kritik*) неуме́стный, необосно́ванный
unbeschränkt *adj* неограни́ченный
unbeschreiblich *adj* неопису́емый
unbesonnen *adj* неосмотри́тельный, опроме́тчивый
unbeständig *adj* (*Wetter*) переме́нный ② (*launisch, Mensch*) непостоя́нный
unbestechlich *adj* неподку́пный
unbestimmt *adj* ① (*Zeitpunkt*) неопределённый ② (*Gefühl*) нея́сный, неопределённый ③ (*Zukunft*) неизве́стный; **Unbestimmtheit** *f* неопределённость *ж*; (*Unklarheit*) нея́сность *ж*
unbeteiligt *adj* ① (*teilnahmslos*) безуча́стный ② (*nicht teilnehmend*) непричáстный
unbeugsam *adj* ① (*starrköpfig, Mensch*) упря́мый ② (*Wille*) непреклóнный
unbeweglich *adj* неподви́жный
unbewußt *adj* (*Handlung*) непроизво́льный, бессозна́тельный; (*Reflex*) инстинкти́вный
unbrauchbar *adj* (*Werkzeug*) неприго́дный; (*Arbeit*) нену́жный
und *cj* ① (*bei Aufzählung*) и; ◇ **sie ~ er** она́ и он ② MATH (*plus*) плюс; ◇ **eins ~ zwei ist drei** оди́н плюс два равня́ется трём ③ ◇ **nach ~ nach** постепе́нно; ◇ **durch ~ durch** по́лностью; ◇ **dann ~ wann/hin ~ wieder** иногда́; ◇ **mehr ~ mehr** (всё) бо́льше и бо́льше; ◇ **~ andere** и други́е; ◇ **~ so weiter** и так да́лее ④ (*selbst wenn*) ◇ **~ wenn es mir noch so schlecht ginge** как бы пло́хо мне ни́ было
undankbar *adj* неблагода́рный
undefinierbar *adj* неопредели́мый
undenkbar *adj* немы́слимый
undeutlich I. *adj* (*unklar*) нея́сный **I.** *adv* (*wahrnehmen*) нея́сно, сму́тно
undicht *adj* (*Leck*) непло́тный
Unding *n* бессмы́слица *ж*
undurchführbar *adj* (*Plan*) неосуществи́мый, невыполни́мый
undurchlässig *adj* (*wasser~*) водонепроница́емый; (*Stoff, Boden*) непроница́емый; (*licht~*) непрозра́чный
undurchsichtig *adj FIG* (*Person*) тёмный; (*Praktiken*) сомни́тельный
uneben *adj* (*Oberfläche*) неро́вный
unecht *adj* (*Geld*) фальши́вый; (*Schmuck*) подде́льный
unehelich *adj* (*Kind*) внебра́чный
unehrlich *adj* нече́стный
uneigennützig *adj* бескоры́стный
uneingeschränkt *adj* (*Freiheit*) неограни́ченный; (*Herrscher*) по́лный
Uneinigkeit *f* разногла́сие *c*
uneins *adj* ① (*nicht einig*) в разногла́сии ② (*zerstritten*) в ссо́ре
unempfindlich *adj* ① (*Person*) нечувстви́тельный ② (*Material*) сто́йкий
unendlich I. *adj* ① (*räumlich, Weite*) беспреде́льный, бегрaни́чный ② (*zeitlich*) бесконе́чный, несконча́емый **II.** *adv* (*sehr*) ◇ **jd-n ~ lieben** беспреде́льно люби́ть кого́-л; **Unendlichkeit** *f* (*räumlich*) беспреде́льность *ж*; (*zeitlich*) бесконе́чность *ж*
unentbehrlich *adj* необходи́мый
unentgeltlich *adj* беспла́тный
unentschieden *adj* ① SPORT ниче́йный; ◇ **ein ~es Spiel** ничья́ *ж* ② (*unentschlossen*) нереши́тельный; ◇ **~ sein** колеба́ться
unentschlossen *adj* нереши́тельный
unentwegt *adv* ① (*kontinuierlich*) ◇ **~ arbeiten** беспреры́вно рабо́тать ② (*pausenlos*) ◇ **~ reden** говори́ть без у́молку
unerfahren *adj* нео́пытный
unerfreulich *adj* неприя́тный; (*Nachricht*) неутеши́тельный

unerhört *adj* ① (*empörend*) возмути́тельный ② (*enorm, Glück*) неслы́ханный
unerläßlich *adj* (*Maßnahme*) непреме́нный
unerlaubt *adj* (*verboten*) недозво́ленный; (*illegal*) незако́нный, нелега́льный
unermeßlich *adj* необъя́тный
unermüdlich *adj* (*Eifer*) неутоми́мый
unerschütterlich *adj* ① (*Person*) непоколеби́мый, непреклóнный ② (*Glaube*) незы́блемый, непоколеби́мый
unerschwinglich *adj* (*Preis*) недосту́пный
unerträglich *adj* невыноси́мый
unerwartet *adj* (*Besuch*) неожи́данный
unerwünscht *adj* (*nicht erwünscht*) нежела́тельный; (*ungelegen*) некста́ти
unfähig *adj* (*inkompetent*) неспосо́бный; **Unfähigkeit** *f* неспосо́бность *ж*
unfair *adj* некорре́ктный, несправедли́вый; ◇ **das ist** ~ э́то несправедли́во
Unfall *m* несча́стный слу́чай *м*; (*Verkehrs~*) доро́жно-тра́нспортное происше́ствие *с*; **Unfallflucht** *f* незако́нное удале́ние с ме́ста доро́жно-тра́нспортного происше́ствия; **Unfallversicherung** *f* страхова́ние *с* от несча́стных слу́чаев
unfaßbar *adj* непостижи́мый
unfehlbar *adj* (*Person, Instinkt*) ве́рный, непогреши́мый
unfolgsam *adj* непослу́шный
unfrankiert *adj* нефранки́рованный
unfreiwillig *adj* ① (*gezwungen*) вы́нужденный ② (*unabsichtlich*) непроизво́льный
unfreundlich *adj* неприве́тливый; **Unfreundlichkeit** *f* неприве́тливость *ж*
Unfrieden *m* (*Zwist*) раздо́р *м*
unfruchtbar *adj* ① (*Lebewesen*) беспло́дный ② (*Boden*) неплодоро́дный ③ *FIG* (*Bemühungen*) беспло́дный; **Unfruchtbarkeit** *f* ① (*Lebewesen*) беспло́дие *с* ② (*Boden*) неплодоро́дие
Unfug *m* <-s> ① (*Unsinn*) вздор *м* ② JURA ◇ **grober** ~ хулига́нство *с*
Ungar(in *f*) *m* <-n, -n> венгр *м*, венге́рка *ж*; **ungarisch** *adj* венге́рский; **Ungarn** *n* Ве́нгрия *ж*; ◇ **in/nach** ~ в Ве́нгрии/в Ве́нгрию
ungeachtet *präp gen* несмотря́ на что-л
ungeahnt *adj* (*Fähigkeiten*) небыва́лый; (*Schwierigkeiten*) непредви́денный
ungebeten *adj* непро́шенный, незва́ный
ungebildet *adj* необразо́ванный
ungebräuchlich *adj* неупотреби́тельный
ungedeckt *adj* ① (*Dach*) ненакры́тый ② FIN (*Scheck*) непокры́тый
Ungeduld *f* нетерпе́ние *с*; **ungeduldig** *adj* нетерпели́вый
ungeeignet *adj* (*unpassend*) неподходя́щий; (*für Aufgabe*) неприго́дный
ungefähr I. *adj* (*annähernd*) приблизи́тельный **II.** *adv* (*etwa, annähernd*) приблизи́тельно; ◇ **sie ist ~ 25 Jahre alt** ей приблизи́тельно 25 лет; ◇ **etw kommt nicht von ~** что-л не случа́йно
ungefährlich *adj* ① (*sicher*) безопа́сный ② (*harmlos*) безоби́дный; (*Krankheit*) неопа́сный
ungeheuer I. *adj* ① (*ungeheuerlich*) чудо́вищный ② (*enorm, sehr groß*) огро́мный, колосса́льный ③ (*unverschämt*) невероя́тный **II.** *adv* ① (*sehr*) ◇ ~ **wichtig** ужа́сно ва́жный ② *FIG* (*schrecklich viel*) ◇ ~ **viel Arbeit** стра́шно мно́го рабо́ты; **Ungeheuer** *n* <-s, -> ① (*Monster*) чудо́вище *с* ② *FAM* (*Mensch*) и́зверг *м*; **ungeheuerlich** *adj* (*Behauptung*) возмути́тельный
ungehobelt *adj* ① (*Brett*) необстру́ганный ② *FIG* (*grob, Mensch*) неотёсанный
Ungehorsam *m* непослуша́ние *с*, неповинове́ние *с*
ungeklärt *adj* ① (*Verbrechen Frage*) невы́ясненный ② (*Abwasser*) неочи́щенный
ungekünstelt *adj* есте́ственный
ungeladen *adj* ① ELECTR (*Batterie*) незаряжённый ② (*Gast*) неприглашённый, непро́шеный ③ (*Pistole*) незаря́женный
ungelegen *adj* неподходя́щий; ◇ **das kommt mir** ~ мне э́то некста́ти
ungelernt *adj* неквалифици́рованный
ungemütlich *adj* ① (*Sessel*) неую́тный ② *FIG* (*Mensch*) неприве́тливый; ◇ **er wird schnell** ~ он легко́ выхо́дит из себя́
ungenau *adj* нето́чный; **Ungenauigkeit** *f* нето́чность *ж*
ungeniert I. *adj* (*ungehemmt, Benehmen*) бесцеремо́нный **II.** *adv* (*ohne Hemmungen*) ◇ **etw ~ sagen** сказа́ть что-л, не стесня́ясь
ungenießbar *adj* ① (*Essen*) несъедо́бный; (*Getränk*) неприго́дный для питья́ ② *FAM* (*Mensch*) невыноси́мый
ungenügend *adj* (*nicht ausreichend*) недоста́точный; SCH (*Note*) неудовлетвори́тельно
ungepflegt *adj* (*Mensch*) неря́шливый; (*Garten*) неухо́женный, запу́щенный
ungerade *adj* (*Zahl*) нечётный
ungerecht *adj* несправедли́вый; **ungerechtfertigt** *adj* неопра́вданный; **Ungerechtigkeit** *f* несправедли́вость *ж*

ungern *adv* (*widerstrebend*) ◇ **etw ~ tun** неохо́тно де́лать что-л

Ungeschicklichkeit *f* нело́вкость *ж;* **ungeschickt** *adj* ① (*tolpatschig*) нело́вкий; ◇ **handwerklich ~** неспосо́бный к ручно́й рабо́те ② *FIG* (*Bemerkung*) неуме́лый

ungeschliffen *adj* ① (*Edelstein*) нешлифо́ванный; (*Messer*) тупо́й ② *FIG* (*Benehmen*) неотёсанный

ungeschminkt *adj* ① (*ohne Make-up*) ненакра́шенный ② *FIG* (*rein*) ◇ **die ~e Wahrheit** су́щая [чи́стая] пра́вда

ungesetzlich *adj* незако́нный

ungestört *adv* ◇ **~ arbeiten** рабо́тать в по́лном споко́йствии

ungestraft *adj* безнака́занный

ungestüm I. *adj* пы́лкий **II.** *adv* ◇ **jd-m ~ um den Hals fallen** в поры́ве пы́лкости бро́ситься кому́-л на ше́ю

ungesund *adj* ① (*Aussehen*) нездоро́вый ② (*Lebensstil*) вре́дный; ◇ **Rauchen ist ~** куре́ние вре́дно для здоро́вья

ungetrübt *adj* ① (*Wasser*) прозра́чный ② *FIG* (*Freude*) ниче́м не омрачённый

Ungetüm *n* <-[e]s, -e> чудо́вище *с*

ungewiß *adj* (*Zukunft*) неопределённый; **Ungewißheit** *f* неопределённость *ж*

ungewöhnlich I. *adj* ① (*Brauch*) необы́чный ② (*außergewöhnlich, Person*) необыкнове́нный **II.** *adv* (*besonders*) ◇ **er ist ~ groß für sein Alter** он необыча́йно высо́к ро́стом для своего́ во́зраста

ungewohnt *adj* ① (*Umgebung*) непривы́чный ② (*nicht üblich*) необы́чный

Ungeziefer *n* <-s> вре́дные насеко́мые *мн*

ungezogen *adj* невоспи́танный; **Ungezogenheit** *f* невоспи́танность *ж*

ungezwungen *adj* непринуждённый

ungläubig I. *adj* ① (*nicht religiös*) неве́рующий ② *FIG* (*zweifelnd*) сомнева́ющийся **II.** *adv* ◇ **~ schauen** смотре́ть недове́рчиво; **unglaublich** *adj* невероя́тный; **unglaubwürdig** *adj* ① (*nicht vertrauenswürdig*) не заслу́живающий дове́рия ② (*zweifelhaft*) неубеди́тельный

ungleich I. *adj* ① (*Partner*) неодина́ковый, ра́зный ② (*Voraussetzungen*) несравни́мый **II.** *adv* (*um vieles*) ◇ **~ besser** гора́здо лу́чше; **Ungleichheit** *f* нера́венство *с*, неодина́ковость *ж*

Unglück *n* <-[e]s, -e> ① (*Mißgeschick, Pech*) неуда́ча *ж;* ◇ **zu allem ~** в доверше́ние всех бед ② (*Katastrophe*) бе́дствие *с* ③ (*Unfall*) несча́стный слу́чай *м;* **unglücklich** *adj* ① (*traurig*) несча́стный; ◇ **jd-n ~ machen** сде́лать кого́-л несча́стным ② (*erfolglos*) неуда́чливый ③ (*bedauerlich*) злополу́чный; **Unglücksfall** *m* несча́стный слу́чай *м*

ungültig *adj* ① SPORT (*Tor*) незасчи́танный, аннули́рованный; POL (*Stimme*) недействи́тельный ② (*verfallen, Ticket*) недействи́тельный, него́дный; ◇ **ein Gesetz für ~ erklären** объяви́ть зако́н недействи́тельным; **Ungültigkeit** *f* недействи́тельность *ж*

ungünstig *adj* неблагоприя́тный

ungut *adj* (*Gefühl*) недо́брый; ◇ **nichts für ~** не ну́жно серди́ться

unhaltbar *adj* (*Zustand*) невыноси́мый

Unheil *n* беда́ *ж*, несча́стье *с;* ◇ **~ anrichten** принести́ го́ре

unheimlich I. *adj* (*nicht geheuer, gruselig*) жу́ткий, злове́щий; ◇ **das ist mir ~** мне от э́того не по себе́ **II.** *adv FAM* (*sehr*) ◇ **der Film ist ~ gut** фильм невероя́тно хоро́ший

unhöflich *adj* неве́жливый

Uni *f* <-, -s> *FAM Abk. v.* **Universität**

Uniform *f* <-, -en> MIL унифо́рма *ж;* ◇ **in ~** в фо́рменной оде́жде; **uniformiert** *adj* униформи́рованный

uninteressant *adj* неинтере́сный

Union *f* (*Bündnis*) сою́з *м*

Universität *f* университе́т *м*

unkenntlich *adj* неузнава́емый; **Unkenntnis** *f* незна́ние *с;* ◇ **in ~ lassen** оста́вить кого́-л в неве́дении (*über akk* чего́-л)

unklar *adj* ① (*Äußerung*) нея́сный, неопределённый; ◇ **sich im ~en darüber sein, ob...** быть в нереши́тельности по отноше́нию к чему́-л ② (*Sachverhalt*) непоня́тный ③ (*Problem*) нерешённый, невы́ясненный; **Unklarheit** *f* (*Ungewißheit*) нея́сность *ж*, неопределённость *ж*

unklug *adj* (*Handeln*) неразу́мный

unkonventionell *adj* нетрадицио́нный

Unkosten *pl* расхо́ды *м мн;* ◇ **sich in ~ stürzen** изря́дно потра́титься на что-л

Unkraut *n* сорня́к *м*, со́рная трава́ *ж*

unlängst *adv* (*vor kurzem*) неда́вно

unleserlich *adj* (*Schrift*) неразбо́рчивый

unlogisch *adj* нелоги́чный

unlösbar *adj* ① MATH (*Aufgabe*) нереши́мый ② CHEM (*Substanz*) нераствори́мый ③ *FIG* (*Problem*) неразреши́мый

unmäßig *adv* ◇ **~ trinken** пить не в ме́ру

Unmenge *f* у́йма *ж*

Unmensch *m* и́зверг *м;* **unmenschlich** *adj* бесчелове́чный
unmerklich *adj* незаме́тный
unmißverständlich I. *adj* недвусмы́сленный **II.** *adv* ◇ **jd-m etw ~ klarmachen** дать кому́-л что-л недвусмы́сленно поня́ть
unmittelbar I. *adj (direkt)* непосре́дственный; ◇ **in ~er Nähe** совсе́м ря́дом **II.** *adv* ① *(direkt)* непосре́дственно ② *(sofort)* ◇ **~ darauf** сра́зу по́сле э́того
unmöglich I. *adj (nicht möglich)* невозмо́жный**II.** *adv FAM* ◇ **sich ~ benehmen** невозмо́жно вести́ себя́; **Unmöglichkeit** *f* невозмо́жность *ж*
unmoralisch *adj* амора́льный, безнра́вственный
unnachgiebig *adj* ① *(Material)* негну́щийся ② *(starrköpfig, Person)* неусту́пчивый
unnahbar *adj (Person)* непристу́пный
unnötig *adj* нену́жный; **unnötigerweise** *adv* напра́сно, без на́добности
unnütz I. *adj* бесполе́зный **II.** *adv* ◇ **sein Geld ~ ausgeben** по́пусту тра́тить де́ньги
UNO *f* <-> *Akr. v.* **Organisation der Vereinten Nationen** ООН *ж* (Организа́ция Объединённых На́ций)
Unordnung *f* беспоря́док *м*
unparteiisch *adj (Meinung)* беспристра́стный; **Unparteiische(r)** *fm* ① JURA беспристра́стное лицо́ *с* ② SPORT *(Schiedsrichter)* судья́ *м*
unpassend *adj* ① *(unangebracht)* неуме́стный ② *(ungünstig)* неподходя́щий
unpersönlich *adj* ① *(förmlich)* официа́льный ② *(distanziert)* сде́ржанный ③ GRAM ◇ **~es Verb** безли́чный глаго́л
unpolitisch *adj* неполити́ческий
unpopulär *adj (Maßnahme)* непопуля́рный
unpraktisch *adj* ① *(Werkzeug)* непракти́чный ② *(Mensch)* неуме́лый
unproportioniert *adj* непропорциона́льный
unqualifiziert *adj* ① *(für Arbeit)* неквалифици́рованный ② *(Bemerkung)* неуме́стный
unrationell *adj (Betrieb)* нерациона́льный
unrecht I. *adj* ① *(falsch)* непра́вильный ② *(ungelegen)* неподходя́щий **II.** *adv* ① ◇ **~ haben** быть непра́вым; **Unrecht** *n* несправедли́вость *ж*
unregelmäßig *adj* непра́вильный; **Unregelmäßigkeit** *f* нерегуля́рность *ж*
unreif *adj (Obst)* незре́лый, неспе́лый; *FIG (Mensch, Plan)* незре́лый, несозре́вший
unrentabel *adj (Geschäft)* нерента́бельный
unrichtig *adj* непра́вильный, оши́бочный
Unruhe *f* <-, -n> ① *(Ruhelosigkeit)* беспоко́йство *с* ② *(Sorge)* трево́га *ж,* озабо́ченность *ж;* ◇ **in ~ sein** быть озабо́ченным ③ ◇ **~n** *pl (Aufruhr)* волне́ния *с мн,* беспоря́дки *м мн;* **Unruhestifter(in** *f) m* возмути́тель(ница *ж) м;* **unruhig** *adj* ① *(nervös)* беспоко́йный, не́рвный ② *(besorgt)* озабо́ченный, встрево́женный ③ *(Meer)* волну́ющийся; *(Leben)* неспоко́йный ④ *(laut, Wohnung)* шу́мный
uns I. *pron pers akk v.* **wir** нас **II.** *pron pers dat v.* **wir** нам
unsachlich *adj* ① *(nicht objektiv)* неделово́й ② *(persönlich)* ◇ **~ werden** перейти́ на неофициа́льный тон
unsagbar, **unsäglich** *adj (Schmerzen)* невырази́мый
unsauber *adj* ① *(schmutzig)* гря́зный ② *FIG (Machenschaften)* нечи́стый
unschädlich *adj (harmlos)* безвре́дный
unscharf *adj (Foto)* нере́зкий; *(Konturen)* нечёткий; *(Vorstellung)* нея́сный
unscheinbar *adj* невзра́чный, неприме́тный
unschlagbar *adj* непобеди́мый
unschlüssig *adj (zögernd)* нереши́тельный
Unschuld *f* ① *(Schuldlosigkeit)* невино́вность *ж* ② *(Naivität)* неви́нность *ж,* наи́вность *ж* ③ *FIG (Jungfräulichkeit)* де́вственность *ж;* **unschuldig** *adj* ① *(nicht schuldig)* неви́нный, невино́вный ② *(unbedarft, naiv)* неви́нный, наи́вный ③ *FIG (jungfräulich)* де́вственный
unselbständig *adj* несамостоя́тельный
unser *pron pers gen v.* **wir** нас; **unser(e)** *pron poss (adjektivisch)* на́ш(а, е); *(pl)* на́ши; ◇ **~e Kinder** на́ши де́ти; **unsere(r, s)** *pron poss (substantivisch)* на́ш(а, е); **unsererseits** *adv* с на́шей [своей́] стороны́; ◇ **wir ~ haben nichts dagegen** мы, с на́шей стороны́, не име́ем ничего́ про́тив; **unseretwegen** *adv* ① *(wegen uns, uns zuliebe)* ра́ди нас ② *(von uns aus)* из-за нас
unsicher *adj* ① *(ungewiß)* неопределённый ② *(nicht selbstbewußt)* неуве́ренный, нетвёрдый ③ *(gefährlich)* ненадёжный; **Unsicherheit** *f* ① *(Ungewißheit)* неуве́ренность *ж* ② *(unsicheres Wesen)* нетвёрдость *ж* ③ *(Gefahr)* ненадёжность *ж*
unsichtbar *adj a. FIG* неви́димый; **Unsichtbarkeit** *f* неви́димость *ж*

Unsinn *m* вздор *м;* **unsinnig** *adj* бессмы́сленный

Unsitte *f* дурна́я привы́чка *ж;* **unsittlich** *adj* безнра́вственный

unsportlich *adj* (1) (*ungelenkig*) неспорти́вный (2) (*unfair*) некорре́ктный

unsre = unsere

unsterblich I. *adj* (1) (*nicht sterblich*) бессме́ртный (2) (*unvergeßlich, Schauspieler*) незабве́нный **II.** *adv FAM* ◇ **~ verliebt sein** быть стра́шно влюблённым; **Unsterblichkeit** *f* бессме́ртие *с*

Unstimmigkeit *f* (1) (*Ungenauigkeit*) нето́чность *ж* (2) (*Meinungsverschiedenheit*) разногла́сие *с*

Unsumme *f* грома́дная су́мма *ж*

unsympathisch *adj* несимпати́чный; ◇ **er ist mir ~** он мне не нра́вится

untätig *adj* безде́ятельный

untauglich *adj* (1) (*nicht geeignet*) него́дный (2) MIL неприго́дный

unteilbar *adj* недели́мый

unten *adv* (1) (*im unteren Teil*) ◇ **nach ~ gehen** пойти́ вниз; ◇ **~ wohnen** жить внизу́ (2) (*tiefer gelegen*) ◇ **von oben nach ~** сни́зу вверх; ◇ **tief ~ im See** глубоко́ внизу́ на дне о́зера (3) *FAM* ◇ **bei jd-m ~ durch sein** потеря́ть чьё-л уваже́ние

unter *präp akk/dat* (1) (*unterhalb*) под кем-чем-л; ◇ **~ der Brücke** под мосто́м (2) (*inmitten, zwischen*) среди́ кого́-чего́-л; ◇ **~ Leuten** среди́ люде́й; ◇ **~ sich sein** быть среди́ свои́х; ◇ **~ uns gesagt** ме́жду на́ми говоря́ (3) (*weniger als*) ме́нее чего́-л, до чего́-л; ◇ **~ 18 Jahren** до восемна́дцати лет; ◇ **~ 5 Mark** ме́нее пяти́ ма́рок; ◇ **~ 15 Grad** ни́же пятна́дцати гра́дусов (4) (*wohin?*) под кого́-л, по́до что-л, к кому́-чему́-л; ◇ **~ den Tisch legen** положи́ть под стол

unterbelichten *vt* FOTO недоде́р|живать <-жа́ть>

unterbezahlt *adj* малоопла́чиваемый

unterbieten *unreg vt* (1) (*Preis*) сби<ва́>ть це́ны (2) (*Rekordzeit*) перекры́<ва́>ть

unterbrechen *unreg vt* (1) (*Gespräch, Arbeit*) прер<ы>ва́ть (2) (*Leitung*) пере|реза́ть <-ре́зать>; **Unterbrechung** *f* прерыва́ние *с*

unterbringen *unreg vt* (1) (*verstauen*) поме|ща́ть <-сти́ть> (2) (*einquartieren*) разме|ща́ть <-сти́ть>

unterdessen *adv* (*inzwischen*) тем вре́менем

unterdrücken *vt* (1) (*Aufstand*) пода|вля́ть <-ви́ть> (2) (*Tränen*) сде́р|живать <-жа́ть>

untere(r, s) *adj* ни́жний

untereinander *adv* (1) (*räumlich*) друг под дру́гом (2) (*gegenseitig*) ме́жду собо́й

unterentwickelt *adj* слабора́звитый

Unterführung *f* подзе́мный перехо́д *м*

Untergang *m* (1) NAUT круше́ние *с* (2) (*Staat, Mensch*) ги́бель *ж;* **untergehen** *unreg vi* (1) (*Sonne*) за|ходи́ть <-йти́> (2) (*sinken*) <за->тону́ть (3) (*zugrunde gehen*) <по->ги́бнуть (4) *FIG* (*im Lärm*) <по->тону́ть

Untergeschoß *n* полуподва́льный эта́ж *м;* **Untergewicht** *n* вес *м* ни́же но́рмы

Untergrund *m* (1) (*Farb~*) фон *м* (2) (*untere Erdschicht*) подпо́чва *ж* (3) POL подпо́лье *с;* ◇ **im ~ leben** жить в подпо́лье; **Untergrundbahn** *f* метрополите́н *м,* метро́ *с*

unterhalb *präp gen* под чем-кем-л; ◇ **~ des Berges** под горо́й

Unterhalt *m* (*Lebens~*) сре́дства *с мн* к жи́зни; ◇ **seinen ~ bestreiten** зараба́тывать на пропита́ние

unterhalten *unreg* **I.** *vt* (1) (*ernähren, Familie*) содержа́ть *несов,* корми́ть *несов* (2) (*amüsieren, Publikum*) раз|влека́ть <-вле́чь> (3) (*Laden*) содержа́ть (4) (*Beziehungen*) подде́рживать *несов* **II.** *vr* ◇ **sich ~** (1) (*Gespräch führen*) <по->бесе́довать (2) (*sich amüsieren*) развл|ека́ться <-е́чься>; **Unterhaltung** *f* (1) (*Gespräch*) бесе́да *ж* (2) (*Belustigung*) развлече́ние *с*

Unterhändler(in *f*) *m* посре́дник *м,* посре́дница *ж*

Unterhemd *n* ни́жняя руба́шка *ж,* ма́йка *ж;* **Unterhose** *f* пла́вки *мн,* тру́сики *мн;* (*lange Männer~*) кальсо́ны *мн*

unterirdisch *adj* подзе́мный

Unterkiefer *m* ANAT ни́жняя че́люсть *ж*

Unterkunft *f* <-, -künfte> прию́т *м,* жили́ще *с*

Unterlage *f* (1) (*Grundlage*) опо́ра *ж;* (*zum Schreiben*) подкла́дка *ж* (2) ◇ **~n** *pl* (*Belege, Dokumente*) докуме́нты *м мн*

unterlassen *unreg vt* (*nicht tun*) не <с->де́лать чего́-л; (*verzichten*) воз|де́рживаться <-держа́ться> от чего́-л

unterlegen I. *vt* (*Decke*) под|кла́дывать <-ложи́ть> **II.** *adj* (*besiegt*) побеждённый; ◇ **jd-m ~ sein** уступа́ть кому́-л в чём-л

Unterleib *m* ни́жняя часть *ж* живота́

Untermiete *f* наём *м* помеще́ния у квартиросъёмщика; **Untermieter(in** *f*) *m* квартира́нт(ка *ж*) *м*

unternehmen *unreg vt* предприн|има́ть <-я́ть>

Unternehmen *n* <-s, -> (*Firma*) предприя́-

тие *с;* **Unternehmer(in** *f*) *m* <-s, -> предприниматель(ница *ж*) *м*

unternehmungslustig *adj* предприимчивый

Unterredung *f* (*Gespräch*) беседа *ж*

Unterricht *m* <-[e]s, -e> SCH занятие *с;* **unterrichten I.** *vt* ① (*Deutsch*) преподавать *несов* ② (*informieren*) сооб|щать <-щить> (*über akk* о ком-чём-л) **II.** *vr* (*sich informieren*) ◇ **sich** ~ осведо|мляться <-миться> (*über akk* о ком-чём-л)

untersagen *vt* (*verbieten*) ◇ **jd-m etw** ~ запре|щать <-тить> кому-л что-л

unterschätzen *vt* (*Entfernung, Person*) недооце|нивать <-нить>

unterscheiden *unreg* **I.** *vt* ① (*differenzieren*) отли|чать <-чить> (*von* от кого-чего-л) ② (*auseinanderhalten, Zwillinge*) разли|чать <-чить> **II.** *vr* ◇ **sich** ~ отли|чаться <-читься> (*von* от кого-чего-л); **Unterscheidung** *f* различение *с*

Unterschied *m* <-[e]s, -e> ① (*Verschiedenheit*) разница *ж* ② (*Trennung, Unterscheidung*) различие *с;* ◇ **e-n** ~ **machen** делать различие; **unterschiedlich** *adj* различный, разный

unterschlagen *unreg vt* ① (*Information*) скры<ва>ть ② (*Geld*) прис|ваивать <-воить>; **Unterschlagung** *f* присвоение *с*

unterschreiben *unreg vt* (*Vertrag*) подпи|сывать <-сать>; **Unterschrift** *f* подпись *ж*

Unterseeboot *n* подводная лодка *ж*

untersetzt *adj* коренастый

unterste(r, s) *adj* ① (*tiefste, r, s*) самый нижний ② (*letzte, r, s*) самый последний

unterstehen *unreg* **I.** *vi* (*untergeordnet sein*) подчиняться *несов* (*jd-m* кому-л) **II.** *vr FAM* ◇ **untersteh dich!** не смей!

unterstellen [1] <unterstellte, hat unterstellt> *vt* ① (*unterordnen*) подчи|нять <-нить> (*dat* кому-л) ② *PEJ* (*verdächtigen*) припи|сывать <-сать>; ◇ **jd-m etw** ~ подозревать кого-л в чём-л

unterstellen [2] <stellte unter, hat untergestellt> **I.** *vt* (*Auto*) <по->ставить (в гараж) **II.** *vr* (*zum Schutz*) ◇ **sich** ~ становиться <стать> подо что-л

unterstreichen *unreg vt a. FIG* (*markieren*) под|чёркивать <-черкнуть>

unterstützen *vt* (*beistehen*) под|держивать <-держать>; **Unterstützung** *f* поддержка *ж,* пособие *с*

untersuchen *vt* (*prüfen, erforschen*) о|сматривать <-смотреть>; (*Fall*) расследовать *несов и сов;* MED (*Patienten*) о|сматривать <-смотреть>; **Untersuchung** *f* (*wissenschaftlich*) исследование *с;* (*technisch*) проверка *ж;* (*polizeilich*) следствие *с;* (*ärztlich*) осмотр *м;* **Untersuchungshaft** *f* предварительное заключение *с*

Untertasse *f* блюдце *с*

untertauchen *vi* ① (*in Wasser*) погру|жать <-зить> ② *FIG* (*verschwinden*) ис|чезать <-чезнуть>

Unterteil *n* нижняя часть *ж*

unterteilen *vt* подразде|лять <-лить> (*in akk* на что-л)

Unterwäsche *f* нижнее бельё *с*

unterwegs *adv* по дороге; ◇ ~ **sein** находиться в пути; ◇ **ein Kind ist** ~ ожидают ребёнка

unterwerfen *unreg vt* (*Land*) поко|рять <-рить>

unterwürfig *adj PEJ* покорный

unterzeichnen *vt* подпи|сывать <-сать>

unterziehen *unreg vr* (*sich aussetzen*) ◇ **sich** ~ под|вергаться <-вергнуться> чему-л

untreu *adj* неверный

unüberlegt I. *adj* (*voreilig*) неосмотрительный; (*Entscheidung*) необдуманный **II.** *adv* (*unbedacht*) ◇ ~ **handeln** необдуманно поступать

unübersehbar *adj* ① (*offensichtlich*) явный, очевидный ② (*unüberblickbar*) необозримый ③ (*nicht schätzbar*) колоссальный

unüblich *adj* неупотребительный

unumgänglich *adj* необходимый, неизбежный

unumwunden *adv* (*ohne Umschweife*) откровенно, без обиняков

ununterbrochen *adv* беспрерывный

unverantwortlich *adj* безответственный

unverbesserlich *adj* неисправимый

unverbindlich I. *adj* ① (*Gespräch*) необязательный ② (*vage, Zusage*) неопределённый **II.** *adv* COMM без обязательств

unverbleit *adj* (*Benzin*) без свинца

unverdaulich *adj* неперевариваемый

unvereinbar *adj* несовместимый

unverfroren *adj* (*unverschämt*) наглый

unverkennbar *adj* явный, очевидный; ◇ **die Ähnlichkeit ist** ~ сходство налицо

unvermeidlich *adj* неизбежный

unvernünftig *adj* неразумный

unverschämt *adj* наглый, бесстыдный; *FAM* нахальный; **Unverschämtheit** *f* наглость *ж; FAM* нахальство *с*

unversöhnlich *adj* непримиримый

unverständlich *adj* ① (*unbegreiflich*) непоня́тный ② (*unhörbar*) невня́тный

unverwüstlich *adj* (*Mensch*) невозмути́мый; (*Sache*) про́чный

unverzeihlich *adj* непрости́тельный

unvollkommen *adj* ① (*nicht perfekt*) несоверше́нный ② (*unvollständig*) непо́лный

unvollständig *adj* непо́лный

unvoreingenommen *adj* непредвзя́тый, непредубеждённый

unvorhergesehen *adj* ① (*nicht geplant*) непредусмо́тренный ② (*unerwartet*) непредви́денный

unvorstellbar *adj* невообрази́мый

unwahr *adj* неве́рный, ло́жный

unwahrscheinlich I. *adj* ① (*unglaubhaft*) неправдоподо́бный ② (*kaum denkbar*) невероя́тный; ◇ **ich halte das für ~** мне э́то ка́жется невероя́тным **II.** *adv FAM* (*sehr*) ◇ **~ toll** невероя́тно хорошо́, замеча́тельно; ◇ **sich ~ betrinken** напи́ться до невменя́емости; **Unwahrscheinlichkeit** *f* неправдоподо́бие *с*, невероя́тность *ж*

unweigerlich I. *adj* (*unvermeidlich*) неизбе́жный **II.** *adv* ① неизбе́жно ② (*auf jeden Fall*) непреме́нно; ◇ **es wird ~ so kommen** и́менно так и бу́дет

unwesentlich *adj* несуще́ственный

Unwetter *n* бу́ря *ж*, гроза́ *ж*

unwiderruflich *adj* оконча́тельный, неотме́нный

unwiderstehlich *adj* неотрази́мый, непреодоли́мый

unwillig *adv* ① (*ärgerlich*) негоду́юще ② (*widerwillig*) не́хотя

unwillkürlich I. *adj* (*Reaktion*) нево́льный **II.** *adv* (*wie von selbst*) нево́льно

unwirklich *adj* нереа́льный

unwirtschaftlich *adj* неэконо́мный, нерента́бельный

unwissend *adj* ① (*dumm*) неве́жественный ② (*ahnungslos, naiv*) несве́дующий

unwürdig *adj* недосто́йный

unzählig *adj* (*sehr viele*) неисчисли́мый

unzerbrechlich *adj* (*Material*) небью́щийся

unzertrennlich *adj* (*Freunde*) неразлу́чный

Unzucht *f* развра́т *м*, распу́тство *с*

unzufrieden *adj* недово́льный; **Unzufriedenheit** *f* недово́льство *с*

unzulänglich *adj* ① (*mangelhaft*) неудовлетвори́тельный ② (*nicht ausreichend*) недоста́точный

unzulässig *adj* недопусти́мый, непозволи́тельный

unzurechnungsfähig *adj* невменя́емый

unzutreffend *adj* несоотве́тствующий

unzuverlässig *adj* ненадёжный

üppig *adj* ① (*Essen*) оби́льный ② (*Figur*) ту́чный ③ (*Vegetation*) пы́шный

Uran *n* <-s> ура́н *м*

Ureinwohner(in *f*) *m* коренно́й(-ая) жи́тель(ница *ж*) *м*; **Urgroßmutter** *f* праба́бушка *ж*; **Urgroßvater** *m* праде́душка *м*

Urheber(in *f*) *m* <-s, -> ① (*von Tat*) зачи́нщик *м*, зачи́нщица *ж* ② (*von Kunstwerken*) а́втор *м*

Urin *m* <-s, -e> моча́ *ж*

Urkunde *f* <-, -n> (*Dokument*) докуме́нт *м*

Urlaub *m* <-[e]s, -e> о́тпуск *м*; ◇ **~ machen** быть в о́тпуске; **Urlauber(in** *f*) *m* <-s, -> отпускни́к *м*, отпускни́ца *ж*

Urne *f* <-, -n> у́рна *ж*

Ursache *f* причи́на *ж*; ◇ **keine ~!** не́ за что!

Ursprung *m* ① (*Anfang*) нача́ло *с*, происхожде́ние *с* ② (*Quelle, vom Fluß*) исто́чник *м*, исто́к *м*; **ursprünglich I.** *adj* ① (*Plan*) первонача́льный, изнача́льный ② (*Volk*) первобы́тный **II.** *adv* (*eigentlich, anfangs*) снача́ла, первонача́льно

Urteil *n* <-s, -e> ① JURA пригово́р *м* ② (*Meinung*) мне́ние *с*; ◇ **sich ein ~ bilden** соста́вить мне́ние; **urteilen** *vi* суди́ть *несов*

Urwald *m* джу́нгли *мн*

Urzeit *f* доистори́ческое вре́мя *с*

usw. *Abk. v.* **und so weiter** и т. д. (и так да́лее)

Utensilien *n pl* принадле́жности *мн*

Utopie *f* уто́пия *ж*; **utopisch** *adj* ① (*erträumt*) утопи́ческий ② *FAM* (*völlig übertrieben, Preis*) нереа́льный

UV-Strahlen *m* ультрафиоле́товые лу́чи

V

V, v *n* В, в

Vagabund(in *f*) *m* <-en, -en> бродя́га *м/ж*

vage *adj* неопределённый, нея́сный

Vagina *f* <-, -ginen> ANAT влага́лище *с*

vakant *adj* (*Stelle*) вака́нтный

Vakuum *n* <-s, Vakua> ва́куум *м*; **vakuumverpackt** *adj* упако́ванный под ва́куумом

Valuta *f* <-, -ten> (*Währung*) валю́та *ж*

Vampir *m* <-s, -e> вампи́р *м*

Vanille *f* <-> вани́ль *ж;* **Vanilleeis** *n* вани́льное моро́женое *с*

variabel *adj* переме́нный; **Variable** *f* <-, -n> переме́нная величина́ *ж;* **Variante** *f* <-, -n> вариа́нт *м;* **Variation** *f* вариа́ция *ж;* **variieren** *vt, vi* (*Plan*) варьи́ровать *несов*

Vase *f* <-, -n> (*Blumen~*) ва́за *ж*

Vaselin *n* <-s>, **Vaseline** *f* <-> вазели́н *м*

Vater *m* <-s, Väter> (1) (*Familien~*) оте́ц *м* (2) ◇ **Väter** *pl* (*Vorfahren*) отцы́ *мн,* пре́дки *мн;* **Vaterland** *n* оте́чество *с,* отчи́зна *ж;* **väterlich** *adj* отцо́вский; **väterlicherseits** *adv* по отцо́вской ли́нии; **Vaterschaft** *f* отцо́вство *с;* **Vaterunser** *n* <-s, -> Отче наш

Vatikan *m* <-s> Ватика́н *м*

v. Chr. *Abk. v.* **vor Christus** до на́шей э́ры

Vegetarier(in *f*) *m* <-s, -> вегетариа́нец *м,* вегетариа́нка *ж*

Vegetation *f* расти́тельность *ж,* вегета́ция *ж*

vegetieren *vi* (*kümmerlich leben*) влачи́ть жа́лкое существова́ние

Vehikel *n* <-s, -> *FAM* (*altes Fahrrad/Auto*) колыма́га *ж,* драндуле́т *м*

Veilchen *n* фиа́лка *ж*

Vene *f* <-, -n> ве́на *ж*

Ventil *n* <-s, -e> кла́пан *м,* ве́нтиль *м*

Ventilator *m* вентиля́тор *м*

verabreden I. *vt* (*Plan, Kennzeichen*) усло́|в-ливаться <-виться> (*mit jd-m* с кем-л) **II.** *vr* ◇ **sich** ~ догов|а́риваться <-вори́ться> (*mit jd-m* с кем-л); **Verabredung** *f* (1) (*Übereinkommen*) договорённость *ж* (2) (*Treffen*) встре́ча *ж*

verabreichen *vt* (*Medikament*) да<ва́>ть; ◇ **jd-m eine Tracht Prügel** ~ изби́ть кого́-л

verabscheuen *vt* пита́ть *несов* отвраще́ние к кому́-чему́-л

verabschieden I. *vt* (1) (*Besucher*) прово|жа́ть <-ди́ть> (2) POL (*Gesetz*) прин|има́ть <-я́ть> **II.** *vr* ◇ **sich** ~ про|ща́ться <-сти́ться> (*von* с кем-л); **Verabschiedung** *f* (1) проща́ние *с;* (*eines Generals*) увольне́ние *с* (2) POL (*eines Gesetzes*) приня́тие *с*

verachten *vt* презира́ть *несов;* **verächtlich** *adj* (*Blick*) презри́тельный, пренебрежи́тельный; **Verachtung** *f* презре́ние *с*

verallgemeinern *vt* (*Meinung*) обоб|ща́ть <-щи́ть>; **Verallgemeinerung** *f* обобще́ние *с*

veralten *vi* (*Technik, Wort*) устаре́<ва́>ть

Veranda *f* <-, -den> вера́нда *ж*

veränderlich *adj* переме́нный; **verändern I.** *vt* (*Raum, Wesen*) изме|ня́ть <-ни́ть> **II.** *vr* (*anders aussehen*) ◇ **sich** ~ изме|ня́ться <-ни́ться>; **Veränderung** *f* измене́ние *с,* переме́на *ж*

verängstigt *adj* запу́ганный

verankern *vt* (1) (*Schiff*) <по->ста́вить на я́корь (2) (*Grundrechte*) узако́ни<ва>ть

veranlagt *adj* ◇ **künstlerisch ~ sein** име́ть спосо́бности к иску́сству; ◇ **praktisch ~ sein** име́ть практи́ческие спосо́бности; **Veranlagung** *f* (*Neigung*) предрасположе́ние *с;* (*Begabung*) тала́нт *м*

veranlassen *vt* (*Tätigkeit*) побу|жда́ть <-ди́ть>; (*Notwendige*) распоря|жа́ться <-ди́ться> о чём-л; ◇ **er sah sich zu dieser Vorgehensweise veranlaßt** он был вы́нужден так поступи́ть; ◇ **sie veranlaßte ihn dazu, aufzugeben** она́ заста́вила его́ отказа́ться

veranschaulichen *vt* <про->иллюстри́ровать

veranschlagen *vt* (*Summe*) оце́|нивать <-ни́ть> (*auf akk* во что-л)

veranstalten *vt* (1) (*durchführen*) про|води́ть <-вести́> (2) (*organisieren*) организова́ть *несов и сов;* **Veranstalter(in** *f*) *m* <-s, -> организа́тор *м;* **Veranstaltung** *f* (1) (*das Durchführen*) организа́ция *ж* (2) (*Aufführung*) мероприя́тие *с*

verantworten I. *vt* (*Tätigkeit*) от|веча́ть <-ве́тить> за что-л **II.** *vr* ◇ **sich vor Gericht für etw ~** отвеча́ть пе́ред судо́м за что-л; **verantwortlich** *adj* (1) (*Redakteur*) отве́тственный; (*zuständig*) компете́нтный; ◇ **jd-n für e-e Sache ~ machen** тре́бовать у кого́-л отчёта за что-л (2) (*verantwortungsvoll*) отве́тственный; **Verantwortung** *f* отве́тственность *ж;* **verantwortungsbewußt** *adj* отве́тственный, созна́тельный; **Verantwortungsgefühl** *n* чу́вство *с* отве́тственности; **verantwortungslos** *adj* безотве́тственный; **verantwortungsvoll** *adj* отве́тственный

veräppeln *vt FAM* (*veralbern*) <о->дура́чить

verarbeiten *vt* (1) (*Holz etc.*) обра|ба́тывать <-бо́тать>; (*Erz*) перера|ба́тывать <-бо́тать>; PC (*Daten*) обра|ба́тывать <-бо́тать>; (*umwandeln*) ◇ **Getreide zu Mehl ~** перемоло́ть зерно́ в муку́ (2) (*Erlebnis, Film*) осмысля́ть <осмы́слить>; **Verarbeitung** *f* (1) (*Bearbeitung*) *a.* PC обрабо́тка *ж;* (*von Erz*) перерабо́тка *ж* (2) (*geistige*) осмысле́ние *с*

verärgern *vt* <рас->серди́ть

verarschen *vt VULG* издева́ться *несов* над ке́м-л

verarzten *vt* (*Mensch, Tier*) окá|зывать <-зáть> врачéбную пóмощь

verausgaben *vr* ◇ **sich** ~ (*finanziell*) истрáтиться *сов; FIG* (*bis zur Erschöpfung*) выкладываться *несов*

veräußern *vt* продá<вá>ть; **Veräußerung** *f* продáжа *ж*, реализáция *ж*

Verb *n* <-s, -en> GRAM глагóл *м*

Verband *m* <-es, -bände> (1) MED повя́зка *ж*, бинт *м*; ◇ **e-n ~ anlegen** наложи́ть повя́зку (2) MIL соединéние *с*, формировáние *с* (3) (*Interessen~*) ассоциáция *ж*, сою́з *м*

Verband[s]kasten *m* аптéчка *ж*; **Verbandszeug** *n* перевя́зочный материáл *м*

verbarrikadieren I. *vt* (*Tür, Zimmer*) забаррикади́ровать *сов* **II.** *vr* ◇ **sich** ~ забаррикади́роваться *сов*

verbauen *vt* (1) (*beim Bauen verbrauchen*) израсхóдовать *сов*; (*Landschaft*) за|страивать <-стрóить>; (*Aussicht*) заго|рáживать <-роди́ть> (2) (*blockieren*) ◇ **jd-m die Karriere** ~ испóртить комý-л карьéру

verbergen *unreg vt* (*Gegenstand, Gefühl*) скры<вá>ть (*vor dat* от когó-чегó-л)

verbessern I. *vt* (*Ggs. v. verschlechtern*) у|лучшáть <-лýчшить>; (*Fehler*) ис|правля́ть <-прáвить> **II.** *vr* (*Lage*) ◇ **sich** ~ улучшáться <улýчшиться>; **Verbesserung** *f* улучшéние *с*, исправлéние *с*

verbeugen *vr* ◇ **sich vor jd-m** ~ клáняться <поклони́ться> комý-л; **Verbeugung** *f* поклóн *м*

verbiegen *unreg* **I.** *vt* (*Draht*) <по->гнýть **II.** *vr* (*Schienen*) ◇ **sich** ~ <по->гнýться

verbieten *unreg vt* (*Rauchen*) запре|щáть <-ти́ть>; ◇ **jd-m den Mund** ~ застáвить когó-л замолчáть

verbilligen *vt* (*Ware*) удеше|вля́ть <-ви́ть>; **Verbilligung** *f* удешевлéние *с*

verbinden *unreg vt* (1) (*zusammenfügen*) соеди|ня́ть <-ни́ть>; (*Straße, Ort*) свя́|зывать <-зáть> (*mit etw* с чем-л) (2) TELEC ◇ **sie sind falsch verbunden** вы непрáвильно набрáли нóмер; ◇ **verbinden Sie mich bitte mit Frau Krüger** свяжи́те меня́, пожáлуйста, с госпожóй Крю́гер (3) (*dankbar*) ◇ **für Ihre Hilfe sind wir Ihnen sehr verbunden** за вáшу пóмощь мы вам óчень признáтельны; ◇ **ich bin ihm sehr verbunden** я емý чрезвычáйно обя́зан (4) (*in Bezug setzen*) ◇ **damit verbinde ich** э́то напоминáет мне (5) MED (*Wunde*) перевя́|зывать <-зáть> (6) (*Augen*) завя́|зывать <-зáть>

verbindlich *adj* (1) (*Zusage*) обязáтельный, обязýющий (2) (*höflich, freundlich*) любéзный; **Verbindlichkeit** *f* FIN обязáтельство *с*; (*Freundlichkeit*) любéзность *ж*

Verbindung *f* (1) (*Zusammenfügen*) связь *ж* (2) (*Telefon~*) связь *ж* (3) (*Bus~, Zug~*) сообщéние *с* (4) (*Beziehung*) связь *ж*; ◇ **in ~ mit der Deutschen Einheit** в свя́зи́ с объединéнием Гермáнии (5) CHEM соединéние *с*; **Verbindungsstraße** *f* соедини́тельная дорóга *ж*

verbissen *adj* (*hartnäckig*) упóрный

verbitten *unreg vr* ◇ **ich verbitte mir diesen Ton** прошý не говори́ть со мной таки́м тóном

Verbitterung *f* озлóбленность *ж*

verblassen *vi* ◇ **vor Neid** ~ лóпнуть от зáвисти

Verbleib *m* <-[e]s> пребывáние *с*; **verbleiben** *unreg vi* (*übereinkommen*) дого|вáриваться <-вори́ться>

verbleit *adj* (*Benzin*) со свинцóм

verblöden *vi FAM* <по->глупéть

verblüffen *vt* (*Antwort*) пора|жáть <-зи́ть>; **verblüfft** *adj* озадáченный; **Verblüffung** *f* озадáченность *ж*

verblühen *vi* (*Blume*) отцве|тáть <-сти́>

verbluten *vi* умирáть <умерéть> от потéри крóви

verborgen *adj* (*versteckt, geheim*) скры́тый; (*unbemerkt*) скры́тый, незамéченный

Verbot *n* <-[e]s, -e> запрéт *м*, запрещéние *с*; **verboten** *adj* (1) (*untersagt*) запрещённый; ◇ **Betreten ~!** вход запрещён! (2) *FAM* (*unmöglich*) ужáсный; ◇ ~ **aussehen** вы́глядеть ужáсно; **Verbotsschild** *n*, **Verbotstafel** *f* запрещáющий знак *м*

verbrannt *adj* сгорéвший

Verbrauch *m* <-[e]s> потреблéние *с*; **verbrauchen** *vt* (*Energie, Lebensmittel*) потре|бля́ть <-би́ть>; (*Kräfte*) <из->расхóдовать; **Verbraucher(in** *f*) *m* <-s, -> потреби́тель(ница *ж*) *м*; **Verbraucherzentrale** *f* потреби́тельская организáция *ж*; **verbraucht** *adj* (*Energie, Lebensmittel*) израсхóдованный; (*Kräfte*) исся́кший; (*Luft*) спёртый; (*erschöpft*) изнурённый, истощённый

verbrechen *unreg vt* (*anstellen*) <на->твори́ть; ◇ **was hast du heute wieder verbrochen?** что ты сегóдня снóва натвори́л?; **Verbrechen** *n* <-s, -> преступлéние *с*; **Verbrecher(in** *f*) *m* <-s, -> престýпник *м*, престýпница *ж*; **verbrecherisch** *adj* престýпный

verbreiten I. *vt* (*Krankheit, Gerücht*) разlноси́ть <-нести́>; (*Wärme, Gefühl*) распространя́ть <-ни́ть> **II.** *vr* (*Krankheit*) ◇ **sich ~** распространя́ться <-ни́ться>
verbreitern *vt* раслширя́ть <-ши́рить>; **Verbreiterung** *f* расшире́ние *с*
Verbreitung *f* распростране́ние *с*
verbrennen *unreg* **I.** *vt* (*Holz, Benzin*) <с-> жечь; (*Tote*) сжига́ть <сжечь> **II.** *vi* (*Haus*) сгоlра́ть <-ре́ть>; ◇ **zu Asche ~** сгоре́ть дотла́ **III.** *vr* ◇ **sich** *dat* **die Hand ~** обжига́ть себе́ ру́ку; *FIG* ◇ **sich die Finger ~** обже́чься на чём-л; **Verbrennung** *f* (*von Holz*) сожже́ние *с*; (*von Toten*) крема́ция *ж*; MED ожо́г *м*; **Verbrennungsmotor** *m* дви́гатель *м* вну́треннего сгора́ния
verbringen *unreg vt* (*Urlaub*) проlводи́ть <-вести́> (*mit etw* за чем-л)
verbrüdern *vr* ◇ **sich ~ mit jd-m** <по->брата́ться с кем-л
verbrühen *vr* ◇ **sich ~** обва́lриваться <-ри́ться>, ошпа́ри<ва>ться
verbuchen *vt* FIN (*Einahmen, Ausgaben*) заlноси́ть <-нести́> в счётную кни́гу
Verbund *m* (*Verkehrs~*) объедине́ние *с*
verbunden *adj s.* **verbinden**
verbünden *vr* ◇ **sich ~** вступа́ть <-пи́ть> в сою́з (*mit dat* с кем-л); **Verbündete(r)** *fm* сою́зник *м*, сою́зница *ж*
verbürgen *vr* ◇ **sich ~ für** руча́ться <поручи́ться> за кого́-что-л
verbüßen *vt* отбы́<ва́>ть
Verdacht *m* <-[e]s> подозре́ние *с*
verdächtig *adj* подозри́тельный; **Verdächtige(r)** *fm* подозрева́емый(-ая *ж*) *м*; **verdächtigen** *vt* подозрева́ть *несов*; ◇ **jd-n des Totschlags ~** подозрева́ть кого́-л в уби́йстве; **Verdächtigung** *f* подозре́ние *с*
verdammen *vt* (*verurteilen*) осуlжда́ть <-ди́ть>; REL преда́<ва́>ть прокля́тию
verdampfen I. *vi* испаlря́ться <-ри́ться> **II.** *vt* испаlря́ть <-ри́ть>
verdanken *vt* ◇ **jd-m/e-r Sache etw ~** быть кому́/чему́-л обя́занным
verdauen *vt* перева́lривать <-ри́ть>; *FIG* ◇ **das muß ich erst mal ~** э́то мне ну́жно снача́ла перевари́ть; **verdaulich** *adj* (*Essen*) ◇ **schwer ~e Kost** тру́дно усва́емая пи́ща; **Verdauung** *f* пищеваре́ние *с*; **Verdauungsbeschwerden** *pl* расстро́йство *с* пищеваре́ния
Verdeck *n* <-[e]s, -e> NAUT ве́рхняя па́луба *ж*; AUTO верх *м*
verdenken *unreg vt* (*übelnehmen*) ◇ **ich kann es ihm nicht ~, daß...** я не могу́ на него́ обижа́ться за то, что…
Verderb *m* ◇ **auf Gedeih und ~** в сча́стье и в несча́стье; **verderben** <verdirbt, verdarb, verdorben> **I.** *vt* ① (*ungenießbar, unbrauchbar machen*) <ис->по́ртить ② (*Jugendliche, Charakter*) развраlща́ть <-ти́ть> **II.** *vi* (*Nahrung*) <ис->по́ртиться; (*Person*) развраlща́ться <-ти́ться> **III.** *vr* ◇ **sich ~** (*Augen*) <ис->по́ртить себе́ что-л; (*Freude*) лиlша́ть <-ши́ть> себя́ чего́-л; **Verderben** *n* <-s> (*Ruin*) ги́бель *ж*; ◇ **in sein ~ rennen** погуби́ть себя́ самого́; ◇ **jd-n ins ~ stürzen** загуби́ть кого́-л; **verderblich** *adj* (*Lebensmittel*) скоропо́ртящийся
verdeutlichen *vt* <про->иллюстри́ровать, пояслня́ть <-ни́ть>
verdichten *vr* ◇ **sich ~** (*Nebel*) сгуlща́ться <-сти́ться>; (*Verdacht*) усиля́ться <уси́литься>
verdienen *vt* (*Geld*) зараlба́тывать <-бо́тать>; ◇ **seinen Lebensunterhalt ~** зараба́тывать на хлеб
Verdienst[1] *m* <-[e]s> (*Einkommen*) за́работок *м*, зарпла́та *ж*, дохо́д *м*
Verdienst[2] *n* <-[e]s, -e> (*Leistung*) заслу́га *ж*
verdienstvoll *adj* (*Person*) заслу́женный; (*Tat*) досто́йный призна́ния
verdient *adj* ① (*erworben*) зарабо́танный ② (*verdienstvoll*) заслу́женный
verdoppeln *vt* удlва́ивать <-во́ить>
verdorben *adj* ① (*Lebensmittel*) испо́рченный, плохо́й ② (*Charakter, Jugend*) развращённый, испо́рченный; (*Kind*) избало́ванный
verdrängen *vt* ① (*beiseite schieben*) вытесня́ть <вы́теснить>; (*Erinnerungen, Gedanke*) подаlвля́ть <-ви́ть> ② (*Kollegen*) выжива́ть <вы́жить>; **Verdrängung** *f* вытесне́ние *с*
verdrehen *vt* ① (*Augen*) зака́lтывать <-ти́ть>; (*Antenne*) скру́lчивать <-ти́ть>; (*Arm*) выви́хивать <вы́вихнуть>; ◇ **den Kopf nach jd-m ~** си́льно поверну́ть го́лову за кем-л ② (*Worte*) извраlща́ть <-ти́ть>; **verdreht** *adj FAM* (*verworren*) сумбу́рный
verdreifachen *vt* утlра́ивать <-ро́ить>
verdrießlich *adj* (*Miene*) угрю́мый; (*Stimmung*) раздоса́дованный
Verdrossenheit *f* (*Mißmut*) дурно́е настрое́ние *с*
verdrücken I. *vt* ① (*zerknittern*) <из->мя́ть ② (*hinunterschlingen*) уплеlта́ть <-сти́> **II.** *vr* (*davonschleichen*) ◇ **sich ~** улету́чи<ва>тся

Verdruß *m* <-sses, Verdrüsse> доса́да *ж,* огорче́ние *с*

verduften *vi FAM* (*heimlich verschwinden*) смы́‹ва́›ться

verdummen I. *vt* (*dumm machen*) оглу|пля́ть <-пи́ть> **II.** *vi* (*dumm werden*) <по->глупе́ть

verdunkeln I. *vt* ① (*Raum*) затем|ня́ть <-ни́ть> ② *FIG* (*Verbrechen*) скры‹ва́›ть **II.** *vr* (*dunkel werden*) ◇ **sich ~** <по->темне́ть; **Verdunk[e]lung** *f* затемне́ние *с; FIG* (*Verschleiern*) маскиро́вка *ж,* сокры́тие *с;* **Verdunklungsgefahr** *f* JURA опа́сность *ж* сокры́тия и́стины

verdünnen *vt* (*Flüssigkeit*) раз|бавля́ть <-ба́вить>

verdunsten *vi* (*Wasser*) испа|ря́ться <-ри́ться>; **Verdunstung** *f* испаре́ние *с*

verdursten *vi* умира́ть <умере́ть> от жа́жды

verdutzt *adj* озада́ченный, ошеломлённый

verebben *vi* (*abklingen*) стиха́ть <сти́хнуть>

verehren *vt* ① (*bewundern*) почита́ть *несов,* уважа́ть *несов* ② (*schenken*) ◇ **jd-m etw ~** препод|носи́ть <-нести́>; **Verehrer(in** *f*) *m* <-s, -> (*Bewunderer/-in*) почита́тель(ница *ж*) *м;* (*Liebhaber/in*) покло́нник *м,* покло́нница *ж;* **verehrt** *adj* уважа́емый; **Verehrung** *f* уваже́ние *с*

vereidigen *vt* при|води́ть <-вести́> к прися́ге; **Vereidigung** *f* приведе́ние *с* к прися́ге

Verein *m* <-[e]s, -e> (*Sport~*) о́бщество *с,* ассоциа́ция *ж;* **Vereinsmitglied** *n* член *м* о́бщества

vereinbar *adj* совмести́мый с чем-л; **vereinbaren** *vt* ① (*Termin, Beschluß*) дого|ва́риваться <-вори́ться> ② (*in Einklang bringen*) ◇ **etw mit seinem Gewissen nicht ~ können** что-л несовмести́мо с чьей-л со́вестью; **Vereinbarung** *f* соглаше́ние *с;* **vereinbarungsgemäß** *adv* согла́сно договорённости

vereinen *vt* ① (*zusammenführen*) объеди|ня́ть <-ни́ть> ② (*in Übereinstimmung bringen*) сочета́ть *несов и сов,* совме|ща́ть <-сти́ть>

vereinfachen *vt* упро|ща́ть <-сти́ть>

vereinheitlichen *vt* унифици́ровать *несов и сов*

vereinigen I. *vt* (*Firmen*) объеди|ня́ть <-ни́ть> (*zu etw* во что-л) **II.** *vr* ◇ **sich ~** объеди|ня́ться <-ни́ться> (*mit jd-m* с кем-л); **Vereinigung** *f* ① (*das Vereinigen*) объедине́ние *с* ② (*Interessen~*) ассоциа́ция *ж*

vereinsamen *vi* станови́ться <стать> одино́ким

vereint *adj* объединённый

vereinzelt *adj* едини́чный, отде́льный

vereisen I. *vt* MED замо|ра́живать <-ро́зить> **II.** *vi* (*Straße*) за|мерза́ть <-мёрзнуть>, обледене́‹ва́›ть

vereiteln *vt* (*Straftat*) препя́тствовать *несов,* предотвра|ща́ть <-ти́ть>

vereitern *vi* гнои́ться *несов;* **vereitert** *adj* (*Zahn, Wunde*) гно́йный, гноя́щийся

verenden *vi* (*Tier*) под|ыха́ть <-о́хнуть>

verengen I. *vt* (*Straße*) су́живать <-зить> **II.** *vr* (*Weg*) ◇ **sich ~** сужа́ться <су́зиться>

vererben I. *vt* (*Nachlaß*) переда́‹ва́›ть в насле́дство; BIOL (*Erbanlagen*) переда́‹ва́›ть по насле́дству; *FAM* (*schenken*) предо|ставля́ть <-ста́вить> **II.** *vr* ◇ **sich ~** пере|ходи́ть <-йти́> по насле́дству (*auf jd-n* на кого́-л); **vererblich** *adj* (*Krankheit*) передаю́щийся по насле́дству; **Vererbung** *f* (*von Erbanlagen*) перехо́д *м* по насле́дству; **Vererbungslehre** *f* тео́рия *ж* насле́дственности

verfahren [1] *unreg* **I.** *vt* (*verbrauchen, Benzin*) про|езжа́ть <-е́здить> **II.** *vi* (*handeln*) посту|па́ть <-пи́ть>; (*mit jd-m umgehen*) об|ходи́ться <-ойти́сь> с кем-л **III.** *vr* ◇ **sich ~** заблуди́ться *сов*

verfahren [2] *adj* (*Verhandlungen*) заше́дший в тупи́к

Verfahren *n* <-s, -> ① (*Vorgehen*) ме́тод *м,* спо́соб *м* ② (*Gerichts~*) проце́сс *м*

Verfall *m* <-[e]s> ① (*Zerfall*) разва́л *м;* (*von Gebäude, Stadt*) разруше́ние *с;* (*von Reich*) распа́д *м,* крах *м;* (*von Körper, Geist*) упа́док *м;* FIN паде́ние *с* ② (*von Fahrkarte*) истече́ние *с* сро́ка; **verfallen** *unreg vi* ① (*Gebäude, Stadt*) раз|руша́ться <-ру́шиться>; (*Königreich*) при|ходи́ть <-йти́> в упа́док; (*Körper, Geist*) <за->ча́хнуть; FIN (*Wechsel*) па́дать <упа́сть> ② (*ungültig werden*) ис|тека́ть <-те́чь> ③ (*ausgeliefert sein*) ◇ **e-m Laster ~ sein** быть во вла́сти поро́ка ④ ◇ **man verfällt oft in alte Gewohnheiten** лю́ди ча́сто возвраща́ются к ста́рым привы́чкам; **Verfallsdatum** *n* срок *м* го́дности; **Verfallserscheinung** *f* при́знаки *м мн* упа́дка

verfälschen *vt* ① (*Daten*) иска|жа́ть <-зи́ть> ② (*Text*) изме|ня́ть <-ни́ть> ③ (*Lebensmittel*) ух|удша́ть <-у́дшить>

verfangen *vr* ◇ **die Fliege hat sich im Netz ~** му́ха запу́талась в паути́не; *FIG* ◇ **der**

Zeuge hat sich in Widersprüche ~ свиде́тель запу́тался в противоречи́вых показа́ниях

verfassen *vt* (*Text*) <на->писа́ть; (*Rede*) со|ставля́ть <-ста́вить>; (*Musikstück*) сочи|ня́ть <-ни́ть>; **Verfasser(in** *f*) *m* <-s, -> соста́витель(ница *ж*) *м*

Verfassung *f* ① (*von Texten*) написа́ние *с* ② POL конститу́ция *ж* ③ (*Zustand*) состоя́ние *с;* **Verfassungsgericht** *n* конституцио́нный суд *м;* **verfassungswidrig** *adj* противоре́чащий конститу́ции, неконституцио́нный

verfaulen *vi* (*Früchte*) <с->гнить

verfehlen I. *vt* ① (*nicht begegnen*) не встре́тить ② (*nicht richtig treffen, Beruf*) ошиб|а́ться <-би́ться>; (*Aufsatzthema*) <на->писа́ть не по те́ме **II.** *vr* (*verabredete Personen*) ◇ **sich ~** не встре́титься; **verfehlt** *adj* (*Maßnahme, Entscheidung*) непра́вильный, неуме́стный; (*falsch*) ◇ **es ist ~ anzunehmen, daß...** неве́рно бу́дет счита́ть, что...

verfeinden *vr* ◇ **sich ~** <по->ссо́риться (*mit dat* с кем)

verfeinern *vt* GASTRON улу|чша́ть <-у́чшить>

verfilmen *vt* экранизи́ровать *несов и сов*

verfilzt *adj* (*Wolle, Haare*) сваля́вшийся

verfliegen *unreg vi* ① (*Zeit*) проле|та́ть <-те́ть> ② (*Duft, Wut*) рассе́|иваться <-яться>

verflixt *adj* проклятый

verfluchen *vt* про|клина́ть <-кля́сть>

verflüchtigen *vr* ◇ **sich ~** ① (*Duft*) улету́чи<ва>ться ② *FAM* (*leise verschwinden*) улету́чи<ва>ться

verfolgen *vt* ① (*Tier, Mensch*) пресле́довать *несов* ② (*politisch*) пресле́довать ③ (*aufmerksam nachgehen, Spur*) просле́|живать <-ди́ть> ④ (*Ziel, Zweck*) пресле́довать ⑤ (*aufmerksam beobachten*) следи́ть за чем-л; **Verfolger(in** *f*) *m* <-s, -> пресле́дователь(ница *ж*) *м;* **Verfolgung** *f* ① (*von Tier, Mensch*) пресле́дование *с,* пого́ня *ж* ② (*politisch*) пресле́дование *с* ③ (*von Spur*) пресле́дование *с;* **Verfolgungswahn** *m* ма́ния *ж* пресле́дования

verfrüht *adj* преждевре́менный

verfügbar *adj* име́ющийся в распоряже́нии

verfügen I. *vt* (*Maßnahme*) распоря|жа́ться <-ди́ться>; ◇ **das Gericht hat verfügt, daß...** суд постанови́л, что... **II.** *vi* (*über Besitz, Kraft*) располага́ть *несов* (*über akk* чем-л); **Verfügung** *f* ① (*Bestimmen*) распоряже́ние *с;* ◇ **ich stehe Ihnen gern zur ~** я по́лностью в ва́шем распоряже́нии; ◇ **jd-m sein Auto zur ~ stellen** предоста́вить свою́ маши́ну в чьё-л распоряже́ние ② JURA (*Anordnung*) ◇ **e-e einstweilige ~ erlassen** изда́ть распоряже́ние суда́ об обеспече́нии притяза́ния сторо́н

verführen *vt* ① (*Frau, Mann*) соблаз|ня́ть <-ни́ть> ② (*verleiten*) оболь|ща́ть <-сти́ть>; **verführerisch** *adj* соблазни́тельный; **Verführung** *f* собла́зн *м*

vergangen *adj* проше́дший; **Vergangenheit** *f* про́шлое *с*

vergänglich *adj* преходя́щий, бре́нный

Vergaser *m* <-s, -> AUTO карбюра́тор *м*

vergaß *impf v.* **vergessen**

vergeben *unreg vt* ① (*verzeihen*) про|ща́ть <-сти́ть> кого́-л ② (*weggeben*) ◇ **etw an jd-n ~** да<ва́>ть кому́-л что-л ③ (*Arbeit, Studienplatz*) предо|ставля́ть <-ста́вить> ④ (*Eintrittskarten, Wohnung*) распреде|ля́ть <-ли́ть> ⑤ (*Preis*) прису|жда́ть <-ди́ть>

vergebens *adv* напра́сно; **vergeblich** *adj* (*Mühe*) напра́сный, тще́тный

Vergebung *f* (*Verzeihen*) проще́ние *с*

vergegenwärtigen *vr* ◇ **sich etw ~** пред|ставля́ть <-ста́вить> себе́ что-л

vergehen *unreg* **I.** *vi* (*Zeit, Schmerz*) про|ходи́ть <-йти́>; ◇ **die Freude ist ihm vergangen** ра́дость у него́ пропа́ла **II.** *vr* (*vergewaltigen*) ◇ **sich an jd-m ~** <из->наси́ловать кого́-л; **Vergehen** *n* <-s, -> JURA преступле́ние *с*

vergelten *unreg vt* (*entlohnen, rächen*) ◇ **jd-m etw ~** отплати́ть кому́-л за что-л; **Vergeltung[sschlag]** *m* MIL отве́тный уда́р *м*

vergessen <vergißt, vergaß, vergessen> **I.** *vt* забы́<ва́>ть; ◇ **seine Hilfe vergesse ich ihm nicht** его́ по́мощь я никогда́ не забу́ду **II.** *vr* (*Beherrschung verlieren*) ◇ **sich ~** забы́<ва́>ться; **Vergessenheit** *f* забве́ние *с;* ◇ **in ~ geraten** уйти́ в забве́ние; **vergeßlich** *adj* забы́вчивый

vergewaltigen *vt* <из->наси́ловать; **Vergewaltigung** *f* изнаси́лование *с*

vergewissern *vr* ◇ **sich e-r Sache** *gen* **~** убе|жда́ться <-ди́ться> в чём-л

vergießen *unreg vt* ① (*Kaffee*) проли́<ва́>ть ② (*verlieren, Blut*) проли́<ва́>ть

vergiften I. *vt* (*Wein, Essen*) отра|вля́ть <-ви́ть> **II.** *vr* ◇ **sich ~** отра|вля́ться <-ви́ться>; **Vergiftung** *f* отравле́ние *с*

vergittern *vt* (*Fenster*) снаб|жа́ть <-ди́ть> решёткой

V

Vergleich *m* <-[e]s, -e> ① (*das Vergleichen*) сравне́ние *с;* ◇ **im ~ mit** [*o.* **zu**] в сравне́нии с кем-чем-л ② JURA мирова́я сде́лка *ж,* ◇ **e-n ~ schließen** пойти́ на мирову́ю [сде́лку]; **Vergleichsmöglichkeit** *f* возмо́жность *ж* сравне́ния; **vergleichbar** *adj* сравни́мый; **vergleichen** *unreg vt* сра́в|нивать <-ни́ть> (*mit* с кем-чем-л); **vergleichsweise** *adv* сравни́тельно

vergnügen *vr* ◇ **sich ~** раз|влека́ться <-вле́чься> (*mit etw* чем-л); **Vergnügen** *n* <-s, -> удово́льствие *с;* ◇ **mit wem habe ich das ~?** с кем име́ю удово́льствие?; ◇ **viel ~!** жела́ю хорошо́ повесели́ться; **Vergnügungspark** *m* парк *м* о́тдыха

vergolden *vt* <по->золоти́ть

vergöttern *vt* оботворя́ть <-ри́ть>

vergraben *unreg* **I.** *vt* за|ка́пывать <-копа́ть> **II.** *vr* ◇ **sich in e-e Zeitung ~** погрузи́ться в чте́ние газе́ты

vergreifen *vr* ① (*danebengreifen*) ◇ **sich ~** схва́|тывать <-ти́ть> не то ② (*schlagen*) ◇ **sich an e-r Frau ~** <по->би́ть же́нщину ③ (*stehlen*) ◇ **sich an fremdem Eigentum ~** присва́ивать чужо́е иму́щество

vergrößern I. *vt* (*Firma*) рас|ширя́ть <-ши́рить>; (*Foto, Menge*) увели́чи<ва>ть **II.** *vr* ◇ **sich ~** рас|ширя́ться <-ши́риться>; **Vergrößerung** *f* увеличе́ние *с,* расшире́ние *с;* **Vergrößerungsglas** *n* увеличи́тельное стекло́ *с*

vergucken *vr FAM* (*verlieben*) ◇ **sich in jd-n ~** влю|бля́ться <-би́ться> в кого́-л

Vergünstigung *f* (*Sonderrecht*) льго́та *ж;* (*Straf~*) сниже́ние *с;* (*Preis~*) ски́дка *ж*

vergüten *vt* ① (*Leistung*) вознагра|жда́ть <-ди́ть> ② (*Kosten*) ◇ **jd-m etw ~** возме|ща́ть <-сти́ть> кому́-л что-л

verhaften *vt* аресто́|вывать <-ва́ть>; **Verhaftung** *f* аре́ст *м*

verhallen *vi* (*Schall*) за|мира́ть <-мере́ть>

verhalten [1] *unreg vr* ◇ **sich ~** вести́ себя́; ◇ **die Wahrheit verhält sich ganz anders** в действи́тельности всё совсе́м ина́че

verhalten [2] *adj* (*zurückhaltend*) сде́ржанный

Verhalten *n* <-s> поведе́ние *с*

Verhältnis *n* ① (*Größen~*) [со]отноше́ние *с;* ◇ **im ~ eins zu eins** в соотноше́нии оди́н к двум; ◇ **über seine Verhältnisse leben** жить не по сре́дствам ② (*Kontakt~*) отноше́ние *с;* (*Liebes~*) любо́вная связь *ж;* **verhältnismäßig** *adj* ◇ **~ billig** относи́тельно дёшево; **Verhältniswahlrecht** *n* пропорциона́льное избира́тельное пра́во *с*

verhandeln I. *vi* ① (*besprechen, beraten*) вести́ перегово́ры (*über akk* о чём-л) ② JURA разбира́ть де́ло **II.** *vt* ① (*Vertrag, Frage*) обсу|жда́ть <-ди́ть> ② JURA (*Fall*) разбира́ть де́ло; **Verhandlung** *f* ① (*Beratung*) обсужде́ние *с;* ◇ **~en** *f pl* перегово́ры *м мн* ② JURA слу́шание де́ла, разбира́тельство *с;* **Verhandlungsgegenstand** *m* предме́т *м* перегово́ров

Verhängnis *n* зла́я у́часть *ж,* злой рок *м;* ◇ **jd-m zum ~ werden** стать причи́ной несча́стья для кого́-л; **verhängnisvoll** *adj* рокова́й

verharmlosen *vt* преуме́нь|ша́ть <-шить>

verhaspeln *vr* ◇ **sich ~** запу́т<ыв>аться

verhaßt *adj* ненави́стный, презре́нный

verhauen *vt* (*verprügeln*) <от->колоти́ть

verheerend *adj* (*Sturm, Epidemie*) опустоши́тельный; (*Folge*) па́губный; *FAM* ◇ **~ aussehen** ужа́сно вы́глядеть

verheilen *vi* (*Verletzung*) зажи́<ва́>ть

verheimlichen *vt* ута́|ивать <-и́ть> (*jd-m etw* от кого́-л что-л)

verheiraten I. *vr* ◇ **sich ~** (*vom Mann*) <по->жени́ться на ком-л; (*von Frau*) выходи́ть <вы́йти> за́муж за кого́-л **II.** *vt* (*Jungen*) жени́ть; (*Mädchen*) выдава́ть <вы́дать> за́муж; **verheiratet** *adj* (*Mann*) жена́тый; (*Frau*) заму́жняя

verheißungsvoll *adj* многообеща́ющий

verhelfen *vi* ◇ **e-m Buch zum Erfolg ~** спосо́бствовать успе́ху кни́ги; ◇ **jd-m zu seinem Recht ~** помо́чь кому́-л доби́ться свои́х прав

verhindern *vt* предотвра|ща́ть <-ти́ть>; **Verhinderung** *f* предотвраще́ние *с*

verhökern *vt* (*Ware*) распрода́<ва́>ть

Verhör *n* <-[e]s, -e> допро́с *м;* **verhören I.** *vt* (*Angeklagten*) до|пра́шивать <-проси́ть> **II.** *vr* (*falsch hören*) ◇ **sich ~** ослы́шаться

verhungern *vi* умира́ть <умере́ть> с го́лоду

verhüten *vt* (*Katastrophe*) предотвра|ща́ть <-ти́ть>; ◇ **e-e Schwangerschaft ~** предупреди́ть бере́менность; **Verhütung** *f* (*Verhinderung*) предотвраще́ние *с;* (*Vorbeugung*) предупрежде́ние *с;* ◇ **was nimmst du zur ~?** каки́е противозача́точные сре́дства ты употребля́ешь?; **Verhütungsmittel** *n* противозача́точное сре́дство *с*

verirren *vr* ◇ **sich ~** заблуди́ться *сов*

verjagen *vt* про|гоня́ть ‹-гна́ть›

verjähren *vi* (*Straftat*) ‹по-›теря́ть си́лу за да́вностью

verjubeln *vt FAM* (*Geld*) про|ма́тывать ‹-мота́ть›

verkabeln *vt* (*Straße, Wohnung*) соеди|ня́ть ‹-ни́ть› ка́белем

verkalken *vi* (*Arterie*) отверде́‹ва́›ть; (*Rohr*) обызвес|твля́ться ‹-ти́ться›

verkalkulieren *vr* ◇ **sich ~** просчи́|тываться ‹-та́ться›

Verkauf *m* ① (*das Verkaufen*) прода́жа *ж;* ◇ **e-e Ware zum ~ anbieten** предлага́ть това́р для прода́жи ② (*~sabteilung*) отде́л *м* сбы́та; **verkaufen I.** *vt* (*Ware*), *a.* SPORT прода́‹ва́›ть; ◇ **jd-n für dumm ~** одура́чить *несов* кого́-л **II.** *vr* ◇ **sich ~** прода́‹ва́›ться (*an jd-n* кому́-л); ◇ **die Ware verkauft sich gut** това́р продаётся хорошо́; **Verkäufer(in** *f*) *m* ‹-s, -› продаве́ц *м,* продавщи́ца *ж;* **verkäuflich** *adj* продаю́щийся; **Verkaufsabteilung** *f* отде́л *м* сбы́та; **verkaufsoffen** *adj* ◇ **~er Samstag** *суббо́та ж, когда́ магази́ны откры́ты весь день;* **Verkaufsstand** *m* ларёк *м,* кио́ск *м*

Verkehr *m* ‹-s, -e› ① (*Straßen~*) у́личное движе́ние *с* ② (*Umlauf*) ◇ **ein Arzneimittel aus dem ~ ziehen** изъя́ть лека́рство из обраще́ния ③ (*Kontakte, Umgang*) обще́ние *с,* отноше́ния *с мн* ④ (*Geschlechts~*) половы́е сноше́ния *с мн;* **verkehren** *vi* ① (*fahren*) ◇ **Busse ~ jede Stunde** авто́бусы хо́дят че́рез час ② (*Beziehung pflegen*) обща́ться (*bei/mit jd-m* с кем-л); **Verkehrsampel** *f* светофо́р *м;* **verkehrsberuhigt** *adj* с ограни́ченным движе́нием; **Verkehrsdelikt** *n* тра́нспортное преступле́ние *с;* **Verkehrsgefährdung** *f* наруше́ние *с* норма́льной рабо́ты тра́нспорта; **Verkehrshindernis** *n* поме́ха *ж* движе́нию; **Verkehrsmittel** *n* тра́нспортное сре́дство *с;* **Verkehrsteilnehmer(in** *f*) *m* уча́стник *м*/уча́стница *ж* у́личного движе́ния; **Verkehrsunfall** *m* ава́рия *ж,* доро́жно-тра́нспортное происше́ствие *с;* **Verkehrszeichen** *n* доро́жный знак *м*

verkehrt *adj* ① (*falsch*) непра́вильный ② (*umgekehrt*) обра́тный, противополо́жный

verkennen (*Gefahr, Tatsache*) непра́вильно суди́ть, ошиб|а́ться ‹-би́ться›

verklagen *vt* JURA пода́‹ва́›ть в суд на кого́-л

verkleiden I. *vt* (*Person*) наря|жа́ть ‹-ди́ть›; (*Wand*) облиц|о́вывать ‹-цева́ть› (*mit etw* чем-л) **II.** *vr* ◇ **sich ~ als** наря|жа́ться ‹-ди́ться› в кого́/во что-л; **Verkleidung** *f* (*Kostüm*) маскиро́вка *ж;* (*von Haus etc.*) облицо́вка *ж*

verkleinern *vt* уменьша́ть ‹уме́ньшить›

verklemmt *adj* (*gehemmt*) ско́ванный

verknacksen *vt FAM* (*verstauchen*) ◇ **sich den Fuß ~** вы́вихнуть себе́ но́гу

verknallen *vr FAM* ◇ **sich ~** влю|бля́ться ‹-би́ться› (*in jd-n* в кого́-л)

verknoten *vt* завя́|зывать ‹-за́ть› узло́м

verknüpfen *vt* (*Fäden*) свя́|зывать ‹-за́ть›

verkommen I. *unreg vi* (*Gebäude*) при|ходи́ть ‹-йти́› в запуще́ние; (*Lebensmittel*) ‹ис-›по́ртиться; (*Mensch*) опус|ка́ться ‹-ти́ться› **II.** *adj* (*Gebäude*) запу́щенный; (*Lebensmittel*) испо́рченный; (*Mensch*) опусти́вшийся

verkörpern *vt* (*darstellen*) олицетво|ря́ть ‹-ри́ть›

verkosten *vt* дегусти́ровать *несов и сов*

verkrachen *vr FAM* ◇ **sich ~** ‹по-›ссо́риться (*mit jd-m* с кем-л)

verkraften *vt* справля́ться ‹спра́виться›

verkrampfen *vr* ◇ **sich ~** су́дорожно сж‹им›а́ться

verkriechen *unreg vr* ◇ **sich ~** запря́т‹ыв›аться

Verkrümmung *f* ① (*Verbiegung*) искривле́ние *с* ② (*Rückgrat~*) искривле́ние *с*

verkrüppelt *adj* искале́ченный, изуве́ченный

verkümmern *vi* ① (*Pflanze*) ‹за-›ча́хнуть ② (*Gliedmaßen*) атрофи́роваться *несов и сов* ③ (*psychisch*) при|ходи́ть ‹-йти́› в упа́док

verkünden *vt* (*mitteilen*) объя|вля́ть ‹-ви́ть›; (*Urteil*) выноси́ть ‹вы́нести›

verkuppeln *vt* (*verbinden*) соеди|ня́ть ‹-ни́ть›; *FIG* (*Tochter*) своди́ть ‹свести́›

verkürzen *vt* уко|ра́чивать ‹-роти́ть›

verladen *unreg vt* ‹по-›грузи́ть

Verlag *m* ‹-[e]s, -e› изда́тельство *с*

verlagern *vt* переме|ща́ть ‹-сти́ть›

Verlagswesen *n* изда́тельское де́ло *с*

verlangen I. *vt* ① (*fordern*) ‹по-›тре́бовать; ◇ **das ist nicht zuviel verlangt** сто́лько ведь мо́жно от тебя́ [вас] ожида́ть ② (*Fahrkarten*) ‹по-›проси́ть **II.** *vi* ◇ **das Baby verlangt nach Liebe** ребёнок нужда́ется в любви́; ◇ **Frau Krügel wird am Telefon verlangt** госпожу́ Крю́гель про́сят к телефо́ну; **Verlangen** *n* ‹-s, -› жела́ние *с*

verlängern *vt* (*Schnur, Hosen*) удли|ня́ть ‹-

ни́ть>; (*Vertrag, Frist*) проділе́ва́ть <-ли́ть>; **Verlängerung** *f* (*das Verlängern*) удлине́ние *с;* (*Vertrag*) продле́ние *с;* (*Frist*) отсро́чка *ж;* SPORT продле́ние *с*

verlangsamen *vt* за|медля́ть <-ме́длить>

Verlaß *m* ◇ **auf sie ist ~** на неё мо́жно положи́ться

verlassen [1] *unreg* **I.** *vt* (*Haus*) выходи́ть <вы́йти>; (*Schule, Stadt*) по|кида́ть <-ки́нуть>, о|ставля́ть <-ста́вить> **II.** *vr* ◇ **sich ~** по|лага́ться <-ложи́ться> (*auf akk* на кого́-что-л)

verlassen [2] *adj* поки́нутый

verläßlich *adj* надёжный; **Verläßlichkeit** *f* надёжность *ж*

Verlauf *m* (1) (*Ablauf*) ход *м;* (*einer Entwicklung*) тече́ние *с;* ◇ **im ~ von** в тече́ние чего́-л (2) (*Kurve*) прохожде́ние *с;* **verlaufen** *unreg* **I.** *vi* (1) (*Fest, Fahrt*) конча́ться <ко́нчиться>; (*Krankheit*) про|тека́ть <-те́чь>; (*Urlaub*) про|ходи́ть <-йти́> (2) (*Straße*) про|лега́ть <-ле́чь> (3) (*Farbe*) сли́<ва́>ться **II.** *vr* (*falsch laufen*) ◇ **sich ~** заблуди́ться *сов*

Verlautbarung *f* сообще́ние *с,* заявле́ние *с;* **verlauten** *vi* ◇ **etw ~ lassen** сооб|ща́ть <-щи́ть> что-л

verleben *vt* (*nette Zeit*) про|води́ть <-вести́>

verlegen [1] **I.** *vt* (1) (*Schlüssel*) <за->теря́ть (2) (*Wohnsitz, Termin*) пере|носи́ть <-нести́>; (*Patienten*) пере|води́ть <-вести́> (3) (*Leitung*) про|кла́дывать <-ложи́ть>; (*Boden, Gleis*) наст<и>ла́ть (4) (*Buch*) изда́<ва́>ть **II.** *vr* ◇ **sich** *akk* **aufs Schreiben verlegen** заня́ться литерату́рой

verlegen [2] *adj* (*peinlich berührt*) смущённый, сконфу́женный

Verlegenheit *f* (1) (*das Verlegensein*) смуще́ние *с* (2) (*Situation*) нело́вкое положе́ние *с*

verleiden *vt* ◇ **jd-m etw ~** вну|ша́ть <-ши́ть> кому́-л отвраще́ние к чему́-л

Verleih *m* <-[e]s, -e> прока́т *м;* **verleihen** *unreg vt* (1) (*Geld, Buch*) да<ва́>ть взаймы́ (2) (*Auszeichnung*) присуіжда́ть <-ди́ть> (3) (*Ausdruck, Kraft*) прида́<ва́>ть; **Verleihung** *f* (*von Preis*) присужде́ние *с*

verleiten *vt* ◇ **jd-n zum Rauchen ~** соблазня́ть кого́-л на куре́ние

verlernen *vt* разу́|чиваться <-чи́ться>

verlesen *unreg vt* (*Meldung*) зачи́|тывать <-та́ть>

verletzbar *adj* уязви́мый, рани́мый; **verletzen I.** *vt* (1) (*Person*) <по->ра́нить (2) (*Gefühle*) уяз|вля́ть <-ви́ть> (3) (*Gesetz, Anstand*) на|руша́ть <-ру́шить> **II.** *vr* (*Person*) ◇ **sich ~** ра́нить *несов и сов;* **verletzend** *adj* (*Worte*) оскорби́тельный; **verletzlich** *adj* легко́ уязви́мый; **Verletzte(r)** *fm* ра́неный(-ая *ж*) *м;* **Verletzung** *f* (1) (*Wunde*) ране́ние *с* (2) (*von Pflichten, Gesetzen*) наруше́ние *с,* несоблюде́ние *с*

verleugnen *vt* (*sich lossagen*) от|река́ться <-ре́чься> от чего́-л; (*Sache*) отрица́ть *несов*

verleumden *vt* <о->клевета́ть; **Verleumdung** *f* клевета́ *ж*

verlieben *vr* ◇ **sich ~** влю|бля́ться <-би́ться> (*in akk* в кого́-что-л); **verliebt** *adj* влюблённый

verlieren <verlor, verloren> **I.** *vt* (1) (*Schlüssel*) <по->теря́ть (2) (*Kind, Mann*) ли|ша́ться <-ши́ться> (3) ◇ **die Hoffnung ~** потеря́ть наде́жду; ◇ **jd-n aus den Augen ~** потеря́ть кого́-л из ви́ду; ◇ **seine Gültigkeit ~** утра́тить си́лу **II.** *vi* ◇ **das Flugzeug verliert an Höhe** самолёт теря́ет высоту́; ◇ **diese Aktien ~ schon lange an Wert** цена́ на э́ти це́нные бума́ги уже́ да́вно па́дает **III.** *vr* ◇ **sich ~** (1) (*Personen*) <рас->теря́ться (2) (*Begeisterung, Gefühl*) <по->теря́ться; **Verlierer(in** *f*) *m* проигра́вший(-ая *ж*) *м*

verloben *vr* ◇ **sich ~** обру|ча́ться <-чи́ться> (*mit* с кем-л); **verlobt** *adj* помо́лвленный, обручённый; **Verlobte(r)** *fm* жени́х *м,* неве́ста *ж;* **Verlobung** *f* обруче́ние *с,* помо́лвка *ж*

verlocken *vt* ◇ **jd-n zu e-r Sache ~** соблазни́ть кого́-л на что-л; **verlockend** *adj* зама́нчивый, соблазни́тельный

verlogen *adj* лжи́вый; **Verlogenheit** *f* лжи́вость *ж*

verlor *impf v.* **verlieren**

verloren *adj* (1) (*verschwunden*) зате́рянный (2) (*verlassen*) ◇ **auf ~em Posten stehen** находи́ться в безвы́ходном положе́нии; **verlorengehen** *unreg vi* (1) (*abhanden kommen*) про|пада́ть <-па́сть> (2) ◇ **an ihr ist e-e Sängerin verlorengegangen** в ней пропада́ет тала́нт певи́цы

verlosen *vt* разы́|грывать <-гра́ть> (в лотере́ю), броса́ть <бро́сить> жре́бий; **Verlosung** *f* ро́зыгрыш *м*

verlöten *vt* (*Drähte*) запа́|ивать <-я́ть>

Verlust *m* <-es, -e> (1) (*das Verlieren*) поте́ря *ж,* утра́та *ж;* ◇ **den ~ e-r Person beklagen** опла́кивать поте́рю челове́ка (2) FIN (*Einbuße*) убы́ток *м* (3) (*von Gewicht, Ansehen*) поте́ря *ж*

vermachen *vt* (*Erbe*) завещáть *несов и сов*
Vermächtnis *n* завещáние *с*
Vermählung *f* бракосочетáние *с*
vermarkten *vt* (*Ware, Sänger*) продá‹вá›ть; **Vermarktung** *f* продáжа *ж*
vermasseln *vt FAM* (*Spaß*) да‹вá›ть прóмах
vermehren I. *vt* (*Menge, Bemühungen*) ум|ножáть ‹-нóжить›; (*Vermögen*) увели́чи‹ва›ть; (*Pflanzen*) раз|множáть ‹-мнóжить› **II.** *vr* ◇ **sich ~** ① (*mehr werden*) у|множáться ‹-мнóжиться› ② (*sich fortpflanzen*) раз|множáться ‹-мнóжиться›; **Vermehrung** *f* (*das Vermehren*). умножéние *с;* (*Vergrößerung*) увеличéние *с;* BIOL размножéние *с*
vermeidbar *adj* предотврати́мый; **vermeiden** *unreg vt* (*Fehler*) избе|гáть ‹-жáть›
vermengen *vt* (*vermischen*) ‹с-›мешáть
Vermerk *m* ‹-[e]s, -e› (*Notiz*) отмéтка *ж,* зáпись *ж;* **vermerken** *vt* (*notieren*) запи́|сывать ‹-сáть›; (*äußern*) от|мечáть ‹-мéтить›
vermessen [1] *unreg vt* (*Land*) обмéри‹ва›ть
vermessen [2] *adj* (*anmaßend*) дéрзкий; (*überheblich*) занóсчивый
Vermessung *f* обмéривание *с,* измерéние *с*
vermieten *vt* сда‹вá›ть внаём [напрокáт] (*an jd-n* комý-л); ◇ **Zimmer zu ~** сдаётся кóмната; **Vermieter(in** *f*) *m* сдающий(-ая *ж*) *м* внаём; **Vermietung** *f* сдáча *ж* внаём [напрокáт]
vermindern I. *vt* (*Anzahl*) уменьшáть ‹умéньшить›; (*Gefahr*) смяг|чáть ‹-чи́ть› **II.** *vr* ◇ **sich ~** уменьшáться ‹умéньшиться›; **Verminderung** *f* уменьшéние *с,* смягчéние *с*
verminen *vt* (*Gebiet*) ‹за-›мини́ровать
vermischen I. *vt* смé|шивать ‹-шáть› **II.** *vr* (*Völker*) ◇ **sich ~** смé|шиваться ‹-шáться›
vermissen *vt* ① (*Geld*) не досчи́|тываться ‹-тáться› чегó-л ② (*Freund*) скучáть по комý-чемý-л
vermißt *adj* исчéзнувший, пропáвший; **Vermißte(r)** *fm* пропáвший(-ая *ж*) *м* без вести
vermitteln I. *vi* (*im Streit*) посрéдничать *несов* **II.** *vt* ① (*verschaffen, Stelle*) поды́|скивать ‹-скáть›, достá‹вá›ть ② (*lehren, Wissen*) передá‹вá›ть; **Vermittler(in** *f*) *m* ‹-s, -› посрéдник *м,* посрéдница *ж;* **Vermittlung** *f* ① (*das Vermitteln*) посрéдничество *с* ② TELEC (телефóнный) коммутáтор *м*
vermögen *vt* (*können*) быть в состоя́нии
Vermögen *n* ‹-s, -› ① (*Besitz*) состоя́ние *с,* имýщество *с* ② (*Können*) умéние *с,* спосóбности *ж мн;* **vermögend** *adj* (*wohlhabend*) состоя́тельный; **Vermögensbildung** *f* образовáние *с* сóбственности
vermuten *vt* (*annehmen*) предпо|лагáть ‹-ложи́ть›; **vermutlich I.** *adj* (*Täter*) предполагáемый **II.** *adv* вероя́тно; **Vermutung** *f* предположéние *с*
vernachlässigen *vt* запус|кáть ‹-ти́ть›; **Vernachlässigung** *f* пренебрежéние *с*
vernarben *vi* (*Wunde*) зарубц|óвываться ‹-цевáться›
vernaschen *vt* (*Süßigkeit*) ‹по-›лáкомиться
vernehmbar *adj* (*wahrnehmbar*) вня́тный; **vernehmen** *unreg vt* ① (*Geräusch*) ‹у-›слы́шать; (*Nachricht*) пон|имáть ‹-я́ть› ② JURA (*Täter*) до|прáшивать ‹-проси́ть›; **Vernehmung** *f* (*von Gefangenen*) допрóс *м;* **vernehmungsfähig** *adj* (*Gefangene, Verunglückte*) гóден для допрóса
verneigen *vr* ◇ **sich ~** клáняться ‹поклони́ться› (*vor dat* пéред кем-л)
verneinen *vt* ① *a.* GRAM (*Antwort*) отрицáть *несов* ② (*Gewalt*) осу|ждáть ‹-ди́ть›; **verneinend** *adj* отрицáтельный; **Verneinung** *f* отрицáние *с*
vernichten *vt* ① (*zerstören*) раз|рушáть ‹-рýшить›, унич|тожáть ‹-тóжить›; (*Gegner*) пора|жáть ‹-зи́ть› ② (*ausrotten, Pflanzen, Lebewesen*) истре|бля́ть ‹-би́ть›
verniedlichen *vt* преу|меньшáть ‹-мéньшить›
Vernissage *f* вернисáж *м*
Vernunft *f* ‹-› рáзум *м,* рассýдок *м;* ◇ **bring ihn endlich zur ~!** образýмь егó в концé концóв!; **Vernunftehe** *f* брак *м* по расчёту
vernünftig *adj* ① (*Rat*) разýмный ② (*besonnen, Mensch*) рассуди́тельный, благоразýмный, здравомы́слящий ③ *FAM* (*Essen*) прили́чный
veröden *vi* (*Land*) ‹о-›пустéть
veröffentlichen *vt* ‹о-›публиковáть; **Veröffentlichung** *f* публикáция *ж*
verordnen *vt* (*das Anordnen*) распоря|жáться ‹-ди́ться›; MED (*Arznei*) прописы́|вать ‹-сáть›; **Verordnung** *f* (*Anordnen*) постановлéние *с,* распоряжéние *с;* MED назначéние *с*
verpachten *vt* сда‹вá›ть в арéнду
verpacken *vt* упакó|вывать ‹-вáть›; **Verpackung** *f* упакóвка *ж;* **Verpackungsmaterial** *n* упакóвочный материáл *м*

verpassen *vt* ① (*versäumen*) опа́здывать ‹опозда́ть›, упус|ка́ть ‹-ти́ть› ② *FAM* ◇ **den Politikern e-n Denkzettel ~** препода́ть уро́к поли́тикам

verpesten *vt* (*Luft*) загряз|ня́ть ‹-ни́ть›, отра|вля́ть ‹-ви́ть›

verpflegen *vt* корми́ть *несов*, снаб|жа́ть ‹-ди́ть› продово́льствием; **Verpflegung** *f* ① (*das Verpflegen*) пита́ние *с* ② (*Nahrung*) продово́льствие *с*

verpflichten I. *vt* ① (*Person*) обя́|зывать ‹-за́ть› (*zu e-r Sache* к чему́-л) ② (*Künstler*) ангажи́ровать *несов и сов* **II.** *vr* ◇ **sich ~** обя́|зываться ‹-за́ться›; ◇ **sich zum Militär ~** посту|па́ть ‹-пи́ть› доброво́льцем на слу́жбу; **Verpflichtung** *f* ① (*das Verpflichten*) обяза́тельство *с* ② (*Pflicht*) долг *м*

verplomben *vt* ‹за-›пломби́ровать

verprügeln *vt FAM* изби́‹ва́›ть

verputzen *vt* ① (*Haus*) ‹о-›штукату́рить ② *FAM* (*essen*) уплета́ть *несов*

verramschen *vt* (*Bücher*) спус|ка́ть ‹-ти́ть› по ни́зкой цене́

Verrat *m* ‹-[e]s› изме́на *ж*, преда́тельство *с*; ◇ **~ an jd-m/e-r Sache üben** соверши́ть изме́ну по отноше́нию к кому́-чему́-л; **verraten** *unreg* **I.** *vt* ① (*Geheimnis*) преда́‹ва́›ть, выдава́ть ‹вы́дать› ② (*mitteilen*) ◇ **soll ich dir das Neueste ~?** сказа́ть тебе́ по секре́ту после́дние но́вости? ③ (*darauf schließen lassen*) ◇ **die Aussprache verrät seine Herkunft** его́ произноше́ние выдаёт его́ происхожде́ние **II.** *vr* ◇ **sich ~** выдава́ть ‹вы́дать› себя́ чем-л

Verräter(in *f*) *m* ‹-s, -› изме́нник *м*, изме́нница *ж*, преда́тель(ница *ж*) *м*

verraucht *vt* (*Zimmer*) проку́ренный

verrechnen I. *vt* (*Forderungen*) рассчи́|тывать ‹-та́ть› что-л (*mit etw* на что-л) **II.** *vr* ◇ **sich ~** ① (*falsch rechnen*) оши|ба́ться ‹-би́ться› в счёте ② *FAM* (*sich irren*) просчи́|тываться ‹-та́ться›; **Verrechnungsscheck** *m* рассчётный чек *м*

verregnet *adj* дождли́вый

verreiben *vt* (*Salbe*) рас|тира́ть ‹-тере́ть›; (*Fleck*) ‹по-›тере́ть

verreisen *vi* уезжа́ть ‹уе́хать›

verrenken *vt* (*Arm*) выви́хивать ‹вы́вихнуть›

verrichten *vt* (*Arbeit*) выполня́ть ‹вы́полнить›; (*Notdurft*) отправля́ть ‹-пра́вить›

verriegeln *vt* за|пира́ть ‹-пере́ть› на засо́в

verringern I. *vt* уменьша́ть ‹уме́ньшить› **II.** *vr* ◇ **sich ~** уменьша́ться ‹уме́ньшиться›; **Verringerung** *f* уменьше́ние *с*, сниже́ние *с*

verrotten *vi* перегни́‹ва́›ть

verrückt *adj* сумасше́дший; **Verrückte(r)** *fm* сумасше́дший(-ая *ж*) *м*; **Verrücktheit** *f* сумасше́ствие *с*

Verruf *m* ◇ **jd-n in ~ bringen** опоро́чить кого́-л

Vers *m* ‹-es, -e› стих *м*

versagen I. *vi* ① (*Schüler*) не справля́ться ‹спра́виться› с чем-л ② (*Auto, Herz*) отка́|зывать ‹-за́ть› **II.** *vt* (*verweigern*) отка́|зывать ‹-за́ть› кому́-л в чём-л; ◇ **die Politiker versagten ihm die Mittel** поли́тики отказа́ли ему́ в сре́дствах; **Versagen** *n* ① (*Scheitern*) пораже́ние *с*, прова́л *м* ② (*Nichtfunktionieren*) отка́з *м*; **Versager(in** *f*) *m* ‹-s, -› неуда́чник *м*, неуда́чница *ж*, челове́к *м*, потерпе́вший прова́л

versalzen *unreg vt* ① (*Essen*) пере|са́ливать ‹-соли́ть› ② *FIG* (*Freude*) ‹ис-›по́ртить

versammeln I. *vt* (*Personen*) соб‹и›ра́т **II.** *vr* ◇ **sich ~** соб‹и›ра́ться; **Versammlung** *f* ‹-, -en› собра́ние *с*

Versand *m* ‹-[e]s› ① (*das Versenden*) отпра́вка *ж*, отсы́лка *ж* ② (*~abteilung*) экспеди́ция *ж*; **Versandgeschäft** *n* посы́лочная торго́вая фи́рма *ж*, посылто́рг *м*

versauern *vi* ① (*Wein*) скиса́ть ‹ски́снуть› ② *FAM* (*verkümmern*) ◇ **der Spieler versauert doch auf der Ersatzbank** игро́к ведь зача́хнет на скамье́ запасны́х

versäumen *vt* ① (*Termin, Zug*) упус|ка́ть ‹-ти́ть› ② (*Schule*) пропус|ка́ть ‹-ти́ть› ③ (*unterlassen*) упус|ка́ть ‹-ти́ть›

verschachtelt *adj* (*Häuser*) запу́танный; (*Satz*) сло́жный

verschaffen *vt, vr* ◇ **jd-m/sich etw ~** доста́‹ва́›ть кому́-л/себе́ что-л

verschämt *adj* стыдли́вый

verschandeln *vt* (*Natur*) уро́довать *несов*

verschärfen I. *vt* (*Strafe*) ужесто|ча́ть ‹-чи́ть›; (*Tempo*) ус|коря́ть ‹-ко́рить›; (*Spannung*) обост|ря́ть ‹-ри́ть› **II.** *vr* ◇ **sich ~** обост|ря́ться ‹-ри́ться›

verschätzen *vr* ◇ **sich ~** оши|ба́ться ‹-би́ться›

verschaukeln *vt* про|води́ть ‹-вести́›

verschenken *vt* (*Blumen*) ‹по-›дари́ть

verscherzen *vr* ◇ **es sich bei jd-m ~** потеря́ть чьё-л дове́рие

verscheuchen *vt* (*Mücken, Einbrecher*) отпу́|гивать ‹-гну́ть›

verschicken *vt* рассыла́ть ‹разосла́ть›

verschieben I. *vt* (1) (*Möbel*) с|двига́ть <-дви́нуть> (2) (*Urlaub, Termin*) от|кла́дывать <-ложи́ть>, пере|носи́ть <-нести́> (3) *FAM* (*Ware, Devisen*) спекули́ровать *несов* чем-л **II.** *vr* (*Zeitpunkt*) ◇ **sich ~** от|кла́дываться <-ложи́ться>

verschieden *adj* (1) (*~artig*) разли́чный, разнообра́зный (2) (*mehrere*) ◇ **dafür gibt es ~e Gründe** э́тому спосо́бствуют ра́зные причи́ны; **Verschiedenheit** *f* ра́зность *ж*, разли́чие *с*

verschiffen *vt* пере|вози́ть <-везти́> во́дным путём

verschimmeln *vi* <за->пле́сневеть

verschlafen [1] *unreg* **I.** *vi* прос<ы>па́ть **II.** *vt* (*Termin*) упус|ка́ть <-ти́ть>

verschlafen [2] *adj* за́спанный, со́нный

verschlagen [1] *vt* (1) (*Ball*) прома́х|иваться <-ну́ться> (2) (*verblättern*) ◇ **die Seite ~** оши|ба́ться <-би́ться> страни́цей (3) ◇ **es hat ihn nach Würzburg ~** его́ занесло́ в Вю́рцбург (4) ◇ **das verschlägt mir doch glatt die Sprache** я про́сто слов не нахожу́

verschlagen [2] *adj* (*durchtrieben*) плутова́тый, хи́трый

verschlechtern I. *vt* ухудша́ть <уху́дшить> **II.** *vr* ◇ **sich ~** ухудша́ться <уху́дшиться>; **Verschlechterung** *f* ухудше́ние *с*

Verschleiß *m* <-es, -e> изно́с *м*; **verschleißen** <verschliß, verschlissen> *vt* (*Kleidung*) из|на́шивать <-носи́ть>; (*Kräfte*) израсхо́довать *сов*

verschleppen *vt* (1) (*Gefangene*) наси́льно увози́ть <увезти́> (2) (*Prozeß*) затя́|гивать <-ну́ть> (3) (*Grippe*) запус|ка́ть <-ти́ть>

verschließbar *adj* (*Tür*) запира́ющийся; (*Glas*) закрыва́ющийся; **verschließen** *unreg vt* (1) (*Tür*) за|пира́ть <-пере́ть> (2) (*Flasche*) зат|ыка́ть <-кну́ть>, закупо́ри<ва>ть

verschlingen [1] *unreg vr* ◇ **sich ~** спле|та́ться <-сти́сь>

verschlingen [2] *unreg vt* (1) (*Essen*) жа́дно <съ->есть (2) (*Buch*) прогла́тывать *несов*

verschliß *impf v.* **verschleißen**

verschlüsseln *vt* коди́ровать *несов и сов*

verschmähen *vt* от|верга́ть <-ве́ргнуть>

verschmelzen *unreg vi* (*ineinander übergehen*) с|плавля́ться <-пла́виться>

verschmerzen *vt* пере|носи́ть <-нести́>

verschmieren *vt* (1) (*Salbe, Butter*) разма́з<ыв>ать (2) (*verschmutzen*) <из->мара́ть

verschmutzen *vt, vi* <за->па́чкать; (*Umwelt*) загряз|ня́ть <-ни́ть>

verschnaufen *vi* (*kurz ausruhen*) передохну́ть *сов*, отдыша́ться *сов*

verschneiden *unreg vt* (1) (*falsch zuschneiden*) непра́вильно раз|реза́ть <-ре́зать> (2) (*stutzen, Hecke*) под|реза́ть <-ре́зать> (3) (*vermischen, Alkohol*) сме́|шивать <-ша́ть>

verschneit *adj* засне́женный

verschnupft *adj* с на́сморком

verschnüren *vt* перевя́|зывать <-за́ть>

verschollen *adj* пропа́вший бе́з вести

verschonen *vt* <по->щади́ть; ◇ **jd-n mit etw ~** изба́вить кого́-л от чего́-л

verschönern *vt* приукра́|шивать <-сить>

verschränken *vt* (*Arme, Beine*) скре́|щивать <-сти́ть>

verschreiben *unreg* **I.** *vt* (1) MED пропи́|сывать <-са́ть> **II.** *vr* (1) (*Fehler machen*) ◇ **sich ~** опи́|сываться <-са́ться> (2) (*sich intensiv beschäftigen*) ◇ **sich** *akk* **e-r Sache** *dat* **~** посвя|ща́ть <-ти́ть> себя́ чему́-л; **verschreibungspflichtig** *adj* (*Arznei*) продаю́щийся исключи́тельно по реце́пту врача́

verschrie[e]n *adj* по́льзующийся дурно́й сла́вой

verschroben *adj* (*seltsam*) чудакова́тый

verschrotten *vt* превра|ща́ть <-ти́ть> в лом

verschrumpeln *vi* (*Haut*) <с->мо́рщиться

verschulden *vt* (*Unfall*) быть вино́вником чего́-л; **Verschulden** *n* <-s> вина́ *ж*

verschuldet *adj* име́ющий долги́; **Verschuldung** *f* (*Staats~*) задо́лженность *ж*

verschütten *vt* (1) (*Kaffee*) проли́<ва́>ть (2) (*zuschütten, Loch*) за|сыпа́ть <-сы́пать>

verschweigen *unreg vt* (*verheimlichen, Wahrheit*) ума́лчивать <умолча́ть>

verschwenden *vt* <по->тра́тить впусту́ю; **Verschwender(in** *f*) *m* <-s, -> расточи́тель(ница *ж*) *м*; **verschwenderisch** *adj* расточи́тельный; **Verschwendung** *f* расточи́тельство *с*

verschwiegen *adj* молчали́вый; **Verschwiegenheit** *f* молчали́вость *ж*

verschwimmen *unreg vi* (*Farben, Umrisse*) расплы́<ва́>ться

verschwinden *unreg vi* (1) (*abhanden kommen*) ис|чеза́ть <-че́знуть> (2) *FAM* (*abhauen*) смы́<ва́>ться; **Verschwinden** *n* <-s> исчезнове́ние *с*

verschwitzen *vt* (1) (*Hemd, Bluse*) пропи́|тывать <-та́ть> по́том (2) *FAM* (*vergessen*) прошля́пить *сов*, забы́<ва́>ть

verschwommen *adj* (1) (*vage, Erinnerung*) расплы́вчатый, тума́нный (2) (*undeutlich, Bild*) нея́сный, расплы́вчатый

verschwören *unreg vr* ◇ **sich** ~ замышля́ть за́говор (*gegen* про́тив кого́-л); **Verschwörer(in** *f*) *m* <-s, -> загово́рщик *м*, загово́рщица *ж*; **Verschwörung** *f* за́говор *м*

versehen *unreg vt* ① (*ausüben, Amt*) ис|полня́ть <-по́лнить> ② (*ausstatten, ausrüsten*) снаб|жа́ть <-ди́ть> (*mit* чем-л); **Versehen** *n* <-s, -> оши́бка *ж*; ◇ **aus** ~ по оши́бке; **versehentlich** *adv* по оши́бке, нечаянно

versenden *vt* от|правля́ть <-пра́вить>

versenken I. *vt* ① (*Schiff*) <по->топи́ть ② (*Schraube*) опус|ка́ть <-ти́ть> II. *vr* (*sich vertiefen*) ◇ **sich** ~ погру|жа́ться <-зи́ться> (*in akk* во что-л)

versessen *adj* ◇ ~ **sein auf jd-n/etw** быть поме́шанным на ком/чём-л

versetzen I. *vt* ① (*an andere Stelle*) пере|носи́ть <-нести́> ② (*dienstlich, in Schule*) пере|води́ть <-вести́> ③ (*verpfänden*) за|кла́дывать <-ложи́ть> ④ (*bestimmten Zustand herbeiführen*) ◇ **jd-n in Angst** ~ навести́ на кого́-л страх ⑤ (*Schlag*) на|носи́ть <-нести́> ⑥ FAM (*Verabredung nicht einhalten*) не прийти́ на встре́чу в назна́ченное вре́мя II. *vr* ◇ **sich in jd-s Lage** ~ входи́ть в чьё-л положе́ние; **Versetzung** *f* перено́с *м*, перево́д *м*

verseuchen *vt* (*infizieren*) зара|жа́ть <-зи́ть>; (*Luft, Wasser*) отра|вля́ть <-ви́ть>

versichern I. *vt* ① (*beteuern*) уверя́ть <уве́рить> ② (*Versicherung abschließen*) <за-> страхова́ть (*gegen* от чего́-л) II. *vr* ◇ **sich** ~ ① (*bei Versicherung*) <за->страхова́ться (*gegen* от чего́-л) ② (*sich überzeugen*) убе|жда́ться <-ди́ться>; **Versicherung** *f* (*~sgesellschaft*) страхово́е о́бщество *с*; (*~svertrag*) страхова́ние *с*; (*Zusicherung*) завере́ние *с*; **Versicherungsbetrug** *m* страхово́е моше́нничество *с*; **versicherungspflichtig** *adj* (*Arbeitnehmer*) подлежа́щий обяза́тельному страхова́нию; **Versicherungspolice** *f* страхово́й по́лис *м*; **Versicherungsprämie** *f* страхова́я пре́мия *ж*

versiegen *vi* (*Quelle*) исс|яка́ть <-я́кнуть>; (*Lebensfreude*) утра́|чиваться <-титься>

versiert *adj* (*erfahren*) о́пытный

versilbern *vt* <по->серебри́ть

versinken *unreg vi* ① (*Schiff*) <по->тону́ть ② (*einsinken*) погру|жа́ться <-зи́ться> ③ FIG (*nachdenken*) углу|бля́ться <-би́ться> (*in etw akk* во что-л)

Version *f* (*Darstellung, Fassung*) ве́рсия *ж*

versöhnen I. *vt* (*besänftigen*) <по->мири́ть II. *vr* ◇ **sich** ~ <по->мири́ться (*mit* с кем-л); **Versöhnung** *f* примире́ние *с*

versorgen I. *vt* (*sich kümmern um*) уха́живать *несов* за кем-л, снаб|жа́ть <-ди́ть>; (*Verletzten*) обра|ба́тывать <-бо́тать> II. *vr* ◇ **sich** ~ обеспе́чи<ва>ться (*mit* чем-л); **Versorgung** *f* (*Strom~*) снабже́ние *с*; (*Unterhalt*) пита́ние *с*; (*Alters~*) пе́нсия *ж*

Verspannung *f* (*Muskel~*) напряже́ние *с*

verspäten *vr* ◇ **sich** ~ опа́здывать <опозда́ть>; **verspätet** *adj* опозда́вший, запозда́лый; **Verspätung** *f* опозда́ние *с*

versperren *vt* (*Weg*) перего|ра́живать <-роди́ть>; (*Sicht*) засло|ня́ть <-ни́ть>; (*Tür*) заго|ра́живать <-роди́ть>

verspielen *vt* (*Geld*) прои́|грывать <-гра́ть>

verspotten *vt* насмеха́ться над кем-чем-л

versprechen *unreg* I. *vt* ① (*zusichern*) <по-> обеща́ть ② (*etw vermuten lassen*) ◇ **der Sommer verspricht heiß zu werden** ле́то обеща́ет быть жа́рким II. *vr* ◇ **sich** ~ ① (*anders sagen*) ого|ва́риваться <-вори́ться> ② (*sich erhoffen*) ◇ **sich** *dat* **etw von etw** ~ ожида́ть чего́-л от чего́-л; **Versprechen** *n* <-s, -> обеща́ние *с*; ◇ **jd-m ein** ~ **abnehmen** взять с кого́-л обеща́ние; **Versprecher** *m* огово́рка *ж*

verstaatlichen *vt* (*Privateigentum*) национализи́ровать *несов и сов*

Verstand *m* <-[e]s> ① (*Vernunft*) рассу́док *м*, ра́зум *м* ② (*Denkvermögen*) ум *м*, у́мственные спосо́бности *мн*; ◇ **den** ~ **verlieren** лиши́ться рассу́дка; (*mit Bedacht*) ◇ **mit** ~ **essen** есть обду́манно; (*nicht begreifen*) ◇ **über jd-s** ~ *akk* **gehen** быть вы́ше чьего́-л понима́ния

verständigen I. *vt* (*benachrichtigen*) изве|ща́ть <-сти́ть> II. *vr* ◇ **sich** ~ ① (*miteinander sprechen*) объяс|ня́ться <-ни́ться> ② (*sich einigen*) догова́риваться <-вори́ться>; **Verständigung** *f* ① (*das Sichverständigen*) обще́ние *с*, объясне́ние *с* ② (*Benachrichtigung*) извеще́ние *с* ③ (*Einigung*) соглаше́ние *с*; **verständlich** *adj* ① (*deutlich hörbar*) вня́тный, поня́тный ② (*leicht zu begreifen*) поня́тный; ◇ **sich** ~ **machen** разъясни́ть кому́-л что-л; **verständlicherweise** *adv* поня́тно; **Verständlichkeit** *f* понима́емость *ж*, я́сность *ж*

Verständnis *n* понима́ние *с*; **verständnislos** *adj* непонима́ющий; **verständnisvoll** *adj* понима́ющий, отзы́вчивый

verstärken I. *vt* уси́ли<ва>ть; (*Mauer, Pfeiler*) укре|пля́ть <-пи́ть>; (*Zweifel*) увеличи‹ва›ть **II.** *vr* ◇ **sich** ~ уси́ли‹ва›ться; **Verstärker** *m* ‹-s, -› усили́тель *м;* **Verstärkung** *f* усиле́ние *с,* подкрепле́ние *с*

verstauben *vi* ‹за-›пыли́ться

verstauchen *vr* ◇ **sich** *dat* **den Fuß** ~ выви́хивать ‹вы́вихнуть› себе́ но́гу

verstauen *vt* (*Gepäck*) укла́дывать ‹уложи́ть›

Versteck *n* ‹-[e]s, -e› укры́тие *с;* ◇ ~ **spielen** игра́ть в пря́тки; **verstecken I.** *vt* (*Ostereier*) ‹с-›пря́тать **II.** *vr* ◇ **sich** ~ ‹с-›пря́таться; **versteckt** *adj* (*Botschaft*) скры́тый

verstehen *unreg* **I.** *vt* ① (*deutlich hören*) по|нима́ть ‹-я́ть› ② (*Sinn begreifen*) пон|има́ть ‹-я́ть›; ◇ ~ **Sie mich nicht falsch** пойми́те меня́ пра́вильно ③ (*Gefühle nachvollziehen können*) пон|има́ть ‹-я́ть› ④ (*Handwerk*) уме́ть *несов,* разбира́ться *несов;* ◇ **etw von Kunst** ~ разбира́ться в иску́сстве ⑤ (*andeuten*) ◇ **jd-m etw zu** ~ **geben** дать кому́-л что-л поня́ть **II.** *vr* ◇ **sich** ~ ① (*gut miteinander auskommen*) (хорошо́) понима́ть друг дру́га ② (*Kenntnisse haben*) разбира́ться в чём-л; ◇ **sich** *akk* **auf etw** *akk* ~ уме́ть де́лать что-л ③ (*selbstverständlich*) ◇ **das versteht sich von selbst** э́то само́ собо́й разуме́ется

versteifen *vr* ◇ **sich** ~ ① (*Glied, Gelenk*) станови́ться ‹стать› неподви́жным ② *FIG* (*beharren auf*) упо́рствовать *несов* (*auf* в чём-л)

versteigern *vt* (*Bilder, Schmuck*) прода́‹ва́›ть с аукцио́на; **Versteigerung** *f* аукцио́н *м*

verstellbar *adj* (*Liege*) регули́руемый; **verstellen I.** *vt* ① (*Möbel*) пере|ставля́ть ‹-ста́вить› ② (*Uhr*) непра́вильно ‹по-›ста́вить ③ (*Weg*) заго|ра́живать ‹-роди́ть› ④ (*Miene, Stimme*) изме|ня́ть ‹-ни́ть› **II.** *vr* ◇ **sich** ~ притво|ря́ться ‹-ри́ться›

versteuern *vt* об|лага́ть ‹-ложи́ть› нало́гом

verstimmen *vt* ① (*Instrument*) расст|ра́ивать ‹-ро́ить› ② (*jd-n verärgern*) выводи́ть ‹вы́вести› из себя́

verstockt *adj* (*uneinsichtig*) упря́мый

verstohlen *adj* (*heimlich, Blick*) укра́дкой

verstopfen *vt* (*Loch*) зат|ыка́ть ‹-кну́ть›; **Verstopfung** *f* про́бка *ж;* MED запо́р *м*

verstorben *adj* сконча́вшийся, уме́рший

verstört *adj* расстро́енный

Verstoß *m* ‹-es, -stöße› наруше́ние *с;* **verstoßen** *unreg* **I.** *vt* (*fortjagen*) из|гоня́ть ‹-гна́ть› **II.** *vi* (*gegen Gesetz*) на|руша́ть ‹-ру́шить› что-л

verstrahlt *adj* (*Lebensmittel*) радиоакти́вно заражённый

verstreichen *unreg* **I.** *vt* (*Farbe*) разма́з‹ыв›ать; (*Salbe*) рас|тира́ть ‹-тере́ть›; (*Butter*) нама́з‹ыв›ать **II.** *vi* (*Zeit*) про|ходи́ть ‹-йти́›; (*Frist*) ис|тека́ть ‹-те́чь›

verstreuen *vt* (*Zucker*) рас|сыпа́ть ‹-сы́пать›; (*verbreiten*) рассе́|ивать ‹-ять›

verstricken *vr FIG* (*hineinziehen*) ◇ **jd-n in etw** *akk* ~ впу́т‹ыв›ать кого́-л во что-л; ◇ **sich in Widersprüche** ~ запу́таться в противоре́чиях

verstümmeln *vt* ‹ис-›кале́чить

verstummen *vi* за|молка́ть ‹-мо́лкнуть›

Versuch *m* ‹-[e]s, -e› ① (*das Versuchen*) попы́тка *ж;* ◇ **e-n letzten** ~ **machen** предприня́ть после́днюю попы́тку ② (*wissenschaftlich*) о́пыт *м;* **versuchen I.** *vt* ① (*erproben*) ‹по-›пыта́ться ② (*kosten*) ‹по-›про́бовать **II.** *vr* ◇ **sich** *akk* **an/in/auf etw** *dat* ~ про́бовать себя́ в/на чём-л; **Versuchskaninchen** *n a. FIG* подо́пытный кро́лик *м;* **versuchsweise** *adv* для про́бы

Versuchung *f* искуше́ние *с*

versüßen *vt FIG* (*angenehmer machen*) ◇ **jd-m etw** ~ скра́|шивать ‹-сить› кому́-л что-л

vertagen *vt* от|кла́дывать ‹-ложи́ть›

vertauschen *vt* спу́т‹ыв›ать

verteidigen *vt* (*Angeklagte, Meinung*) защи|ща́ть ‹-ти́ть›; **Verteidiger(in** *f*) *m* ‹-s, -› защи́тник *м,* защи́тница *ж;* **Verteidigung** *f* защи́та *ж*

verteilen I. *vt* ① (*austeilen*) разда́‹ва́›ть ② (*verstreichen*) рас|тира́ть ‹-тере́ть› **II.** *vr* (*in bestimmtem Gebiet*) ◇ **sich** ~ распреде|ля́ться ‹-ли́ться›; **Verteiler** *m* ELEKTR распредели́тель *м*

verteufeln *vt* (*schlecht machen*) ‹о-›черни́ть

vertiefen I. *vt a. FIG* углу|бля́ть ‹-би́ть› **II.** *vr* ◇ **sich** *akk* **in etw** *akk* ~ углу|бля́ться ‹-би́ться› во что-л; **Vertiefung** *f* углубле́ние *с,* впа́дина *ж*

vertikal *adj* вертика́льный

vertilgen *vt* ① (*Unkraut, Ungeziefer*) ‹вы́-›мори́ть ② *FAM* (*essen*) поглo|ща́ть ‹-ти́ть›

vertonen *vt* пере|кла́дывать ‹-ложи́ть› на му́зыку

Vertrag *m* ‹-[e]s, -träge› догово́р *м,* контра́кт *м;* POL догово́р *м,* соглаше́ние *с*

vertragen *unreg* **I.** *vt* (*Alkohol, Sonne*) пере|носи́ть ‹-нести́› **II.** *vr* ◇ **sich** ~ ① (*miteinander auskommen*) ла́дить *несов* с кем-л ② (*sich versöhnen*) помири́ться *сов* с кем-л

vertraglich *adj* догово́рный

verträglich *adj* ① *(gutmütig)* ужи́вчивый, ми́рный ② *(bekömmlich)* усва́иваемый

Vertragsabschluß *m* заключе́ние *c* догово́ра; **Vertragsbruch** *m* наруше́ние *c* догово́ра; **vertragsgemäß** *adj* соотве́тствующий догово́ру; **Vertragspartner(in** *f) m* партнёр(ша *ж*) *м* по догово́ру; **Vertragsspieler(in** *f) m* SPORT игро́к *м* по контра́кту; **vertragswidrig** *adj* противоре́чащий догово́ру

vertrauen *vi* доверя́ть *несов* (*jd-m* кому́-л), ‹по-›ве́рить (*auf akk* во что-л); **Vertrauen** *n* ‹-s› дове́рие *c;* ◇ **~ zu jd-m/etw haben** уве́ренность в ком/чём-л; ◇ **im ~** довери́тельно; **vertrauensvoll** *adj* испо́лненный дове́рия; **vertrauenswürdig** *adj* досто́йный дове́рия

vertraulich *adj* довери́тельный, конфиденциа́льный; **Vertraulichkeit** *f* конфиденциа́льность *ж*

verträumt *adj* мечта́тельный

vertraut *adj* *(Umgebung)* знако́мый; **Vertrautheit** *f* бли́зость *ж*

vertreiben *unreg vt* ① *(verscheuchen)* про|гоня́ть ‹-гна́ть› ② COMM *(Waren)* прода́‹ва́›ть ③ *(Zeit)* про|води́ть ‹-вести́›

vertreten *unreg* **I.** *vt* ① *(Standpunkt)* приде́рживаться *несов* чего́-л, защи|ща́ть ‹-ти́ть› ② *(Stellvertreter sein für)* заме|ща́ть ‹-сти́ть› ③ *(jd-s Interessen)* представля́ть *несов* ④ *(anwesend sein)* ◇ **~ sein** быть предста́вленным (*durch* кем-л) **II.** *vr* ◇ **sich ~** ① *(Fuß)* под|вёртывать ‹-верну́ть› ② *(kurze Zeit laufen)* ◇ **sich** *dat* **die Beine ~** раз|мина́ть ‹-мя́ть› ноги́; **Vertreter(in** *f) m* ‹-s, -› ① *(Beruf)* представи́тель(ница *ж*) *м*, аге́нт *м* ② *(Stell~)* замести́тель(ница *ж*) *м* ③ *(Repräsentant/in)* представи́тель(ница *ж*) *м;* **Vertretung** *f* ① *(Handels~)* представи́тельство *c;* *(Stell~)* замести́тельство *c* ② *(an Stelle von)* замеще́ние *c;* ◇ **in ~ von** в ка́честве чьего́-л замести́теля

Vertrieb *m* ‹-[e]s, -e› *(von Waren)* сбыт *м;* *(~sabteilung)* отде́л *м* сбы́та

vertrocknen *vi* *(Pflanze, Quelle)* высыха́ть ‹вы́сохнуть›

vertun *unreg* **I.** *vt FAM (Geld, Zeit)* растра́|чивать ‹-тить› по́пусту **II.** *vr (sich irren)* ◇ **sich ~** оши|ба́ться ‹-би́ться›

vertuschen *vt (verheimlichen)* скры́‹ва́›ть

verübeln *vt* ◇ **jd-m etw ~** упрек|а́ть ‹-ну́ть› кого́-л в чём-л

verüben *vt (Attentat)* совер|ша́ть ‹-ши́ть›

verunglimpfen *vt (beleidigen)* ‹о-›поро́чить

verunglücken *vi* по|пада́ть ‹-па́сть› в ава́рию; ◇ **tödlich ~** поги́бнуть в результа́те несча́стного слу́чая

verunreinigen *vt* загряз|ня́ть ‹-ни́ть›

verunsichern *vt* все|ля́ть ‹-ли́ть› неуве́ренность в кого́-л

verunstalten *vt* ‹из-›уро́довать

veruntreuen *vt (Geld)* растра́|чивать ‹-тить›

verursachen *vt* ‹по-›служи́ть причи́ной; **Verursacher(in** *f) m* ‹-s, -› вино́вник *м*, вино́вница *ж*

verurteilen *vt* ① *(mißbilligen)* осу|жда́ть ‹-ди́ть› ② JURA осу|жда́ть ‹-ди́ть› (*zu* на что-л) ③ ◇ **zum Scheitern verurteilt** обречённый на прова́л; **Verurteilung** *f* осужде́ние *c*

vervielfachen *vt (Umsatz)* увели́чи‹ва›ть, ум|ножа́ть ‹-но́жить›; **vervielfältigen** *vt (Text)* раз|множа́ть ‹-мно́жить›; **Vervielfältigung** *f* размноже́ние *c*

vervollkommnen I. *vt (Wissen, Kenntnisse)* ‹у-›соверше́нствовать **II.** *vr* ◇ **sich ~** ‹у-›соверше́нствоваться (*in dat* в чём-л)

verwachsen I. *unreg vi (Narbe)* зажи́‹ва́›ть **II.** *adj (Baum)* коря́вый

verwackeln *vt* FOTO ‹с-›де́лать сма́занный сни́мок

verwählen *vr* TELEC ◇ **sich ~** непра́вильно наб‹и›ра́ть но́мер

verwahren I. *vt (aufbewahren)* храни́ть *несов* **II.** *vr (protestieren)* ◇ **sich gegen etw ~** протестова́ть *несов* про́тив чего́-л

verwahrlosen *vi* пус|ка́ться ‹-ти́ться›

Verwahrung *f* хране́ние *c*

verwalten *vt (Vermögen, Amt)* управля́ть *несов;* **Verwalter(in** *f) m* ‹-s, -› администра́тор *м;* **Verwaltung** *f* управле́ние *c;* **Verwaltungsbezirk** *m* администрати́вный о́круг *м*

verwandeln I. *vt* преобра|жа́ть ‹-зи́ть› **II.** *vr* ◇ **sich ~** преобра|жа́ться ‹-зи́ться›; **Verwandlung** *f* преображе́ние *c*

verwandt *adj a. FIG* родно́й; ◇ **wir sind miteinander ~** мы - ро́дственники; **Verwandte(r)** *fm* ро́дственник *м*, ро́дственница *ж;* **Verwandtschaft** *f* ро́дственники *м мн*

verwarnen *vt (ermahnen)* ‹с-›де́лать предупрежде́ние кому́-л; **Verwarnung** *f* предупрежде́ние *c*

verwaschen *adj* ① *(Kleidung)* полиня́лый, полиня́вший ② *FIG (unklar)* расплы́вчатый

verwechseln *vt* (*vertauschen*) ‹с->пу́тать (*mit* с кем-чем-л); **Verwechslung** *f* смеше́ние *с;* (*Irrtum*) оши́бка *ж*

verwegen *adj* (*draufgängerisch*) де́рзкий

Verwehung *f* (*Schnee~*) (сне́жный) зано́с *м*

verweigern *vt* (*Aussage, Gehorsam*) отка́|зывать ‹-за́ть› (*jd-m etw* кому́-л в чём-л); **Verweigerung** *f* отка́з *м*

Verweis *m* ‹-es, -e› ① *a.* SCH (*Tadel*) вы́говор *м,* замеча́ние *с* ② (*Hinweis*) отсы́лка *ж;* **verweisen** *unreg* **I.** *vt* ① ука́|зывать ‹-за́ть› (*auf akk* на кого́-что-л) ② ◇ **jd-n des Landes ~** выдворя́ть кого́-л из страны́ **II.** *vi* ② ◇ **jd-n an jd-n ~** отсыла́ть кого́-л к кому́-л

verwelken *vi FIG* (*Blumen*) ‹за-, у-›вя́нуть

verwendbar *adj* примени́мый; **verwenden** *vt* испо́льзовать *несов и сов;* приме|ня́ть ‹-ни́ть›; **Verwendung** *f* испо́льзование *с,* примене́ние *с*

verwerfen *unreg vt* (*Plan*) от|верга́ть ‹-ве́ргнуть›; **verwerflich** *adj* предосуди́тельный

verwerten *vt* (*Reste*) испо́льзовать *несов и сов;* (*Altmetall*) утилизи́ровать *несов и сов;* **Verwertung** *f* испо́льзование *с,* утилиза́ция *ж*

verwesen *vi* раз|лага́ться ‹-ложи́ться›

verwickeln I. *vt FIG* (*hineinziehen*) ◇ **jd-n in etw** *akk* **~** впу́тывать кого́-л во что-л **II.** *vr* ◇ **sich ~** ① (*sich verfangen*) запу́т‹ыв›аться ② ◇ **sich** *akk* **in Widersprüche ~** запу́таться в противоре́чиях

verwildern *vi* (*Garten*) при|ходи́ть ‹-йти́› в запусте́ние; *FIG* (*Kinder*) одича́ть *сов*

verwirklichen I. *vt* осущест|вля́ть ‹-ви́ть› **II.** *vr* (*Wunsch, Hoffnung*) ◇ **sich ~** осущест|вля́ться ‹-ви́ться›; **Verwirklichung** *f* осуществле́ние *с*

Verwirrung *f* (*Durcheinander*) пу́таница *ж;* (*Unsicherheit*) расте́рянность *ж*

verwittern *vi* (*Gestein*) выве́триваться ‹вы́ветриться›

verwitwet *adj* овдове́вший

verwöhnen *vt* (*verziehen*) ба́ловать *несов;* **verwöhnt** *adj* (*Kind*) избало́ванный

verworren *adj* (*Situation*) запу́танный; (*Rede*) сби́вчивый

verwundbar *adj* уязви́мый; **verwunden** *vt* ‹по-›ра́нить

verwunderlich *adj* удиви́тельный; **Verwunderung** *f* удивле́ние *с,* изумле́ние *с*

Verwundete(r) *fm* ра́неный(-ая *ж*) *м;* **Verwundung** *f* ране́ние *с*

verwünschen *vt* (*verfluchen*) про|клина́ть ‹-кля́сть›

verwüsten *vt* раз|руша́ть ‹-ру́шить›; **Verwüstung** *f* разруше́ние *с,* опустоше́ние *с*

verzagen *vi* (*mutlos werden*) удру|ча́ться ‹-чи́ться›

verzählen *vr* (*falsch zählen*) ◇ **sich ~** обсчи́|тываться ‹-та́ться›

verzaubern *vt* заколдо́|вывать ‹-ва́ть›; *FIG* (*beglücken*) зачаро́|вывать ‹-ва́ть›

verzehren *vt* ① (*essen*) съеда́ть ‹съе́сть› ② (*Kummer, Krankheit*) изну|ря́ть ‹-ри́ть›

verzeichnen *vt* ① (*Erfolg*) от|меча́ть ‹-ме́тить› ② (*aufzeichnen*) запи́|сывать ‹-са́ть›; **Verzeichnis** *n* спи́сок *м,* пе́речень *м;* (*Inhalts~*) содержа́ние *с*

verzeihen ‹verzieh, verziehen› *vt, vi* про|ща́ть ‹-сти́ть›; **verzeihlich** *adj* (*Fehler*) прости́тельный; **Verzeihung** *f* проще́ние *с;* ◇ **~!** прости́те!; ◇ **jd-n um ~ bitten** попроси́ть проще́ния у кого́-л

verzerren *vt a. FIG* иска|жа́ть ‹-зи́ть›

Verzicht *m* ‹-[e]s, -e› отка́з *м;* **verzichten** *vi* отка́|зываться ‹-за́ться› (*auf akk* от кого́-чего́-л)

verzieh *impf v.* **verzeihen**

verziehen *unreg* **I.** *vt* ① (*Gesicht*) ‹с-›де́лать грима́сы; (*aus Enttäuschung*) ‹с-›криви́ть ② (*Kind*) избало́|вывать ‹-ва́ть› **II.** *vi* (*umziehen*) пере|езжа́ть ‹-е́хать› **III.** *vr* ◇ **sich ~** ① (*Holz*) ‹по-›коро́биться ② *FAM* (*Rauch*) рассе́|иваться ‹-яться›

verzieren *vt* украша́ть ‹укра́сить›

verzinsen I. *vt* на|числя́ть ‹-чи́слить› проце́нты на что-л **II.** *vr* (*Pfandbrief*) ◇ **sich ~** да‹ва́›ть проце́нты; **Verzinsung** *f* начисле́ние *с* проце́нтов

verzögern I. *vt* от|кла́дывать ‹-ложи́ть› **II.** *vr* ◇ **sich ~** за|де́рживаться ‹-держа́ться›; **Verzögerung** *f* заде́ржка *ж;* **Verzögerungstaktik** *f* та́ктика *ж* затя́гивания

verzollen *vt* упла́|чивать ‹-ти́ть› по́шлину за что-л

Verzug *m* заде́ржка *ж;* ◇ **mit etw** *dat* **in ~ geraten** опа́здывать с чем-л

verzweifeln *vi* при|ходи́ть ‹-йти́› в отчя́ние (*an dat* от чего́-л); **verzweifelt** *adj* отча́янный; **Verzweiflung** *f* отча́яние *с;* ◇ **jd-n zur ~ bringen** привести́ кого́-л в отча́яние

verzweigen *vr* (*Ast, Weg*) ◇ **sich ~** развет|вля́ться ‹-ви́ться›

verzwickt *adj FAM* (*schwierig*) ка́верзный, запу́танный

Vesuv *m* <-[s]> Везу́вий *м*
Veteran *m* <-en, -en> ветера́н *м*
Veterinär(in *f*) *m* (*Tierarzt*) ветерина́р *м*
Veto *n* <-s, -s> ве́то *с*; ◇ **sein ~ einlegen** наложи́ть ве́то
Vetter *m* <-s, -n> двою́родный брат *м*
vgl. *Abk. v.* **vergleiche** ср. (сравни́)
vibrieren *vi* вибри́ровать *несов*
Videoclip *m* <-s, -s> видеокли́п *м*; **Videokamera** *f* видеока́мера *ж*; **Videorecorder** *m* <-s, -> видеомагнитофо́н *м*; **Videospiel** *n* видеоигра́ *ж*; **Videothek** *f* <-, -en> видеоте́ка *ж*
Vieh *n* <-[e]s> скот *м*
viel I. *adj* <mehr, am meisten> мно́го; ◇ **~ Wein/~e Häuser** мно́го вина́/мно́го домо́в; ◇ **e-r unter ~en** оди́н среди́ мно́гих **II.** *adv* (*wesentlich, erheblich*) намно́го, значи́тельно; ◇ **~ besser/größer/schneller** намно́го лу́чше/бо́льше/быстре́е; ◇ **~ ins Theater gehen** ча́сто ходи́ть в теа́тр; ◇ **~ zu laut** сли́шком гро́мко; **vieldeutig** *adj* (*Begriff*) многозна́чный; **vielerlei** *adj* <inv> разли́чный, всевозмо́жный; **vielfach I.** *adj* многокра́тный; ◇ **auf ~en Wunsch** по многочи́сленным пожела́ниям **II.** *adv* (*oft*) ча́сто; **Vielfalt** *f* <-> многообра́зие *с*; **vielfältig** *adj* многообра́зный, многосторо́нний
vielleicht *adv* ① (*eventuell*) мо́жет быть, возмо́жно ② *FAM* (*sehr*) ◇ **du bist ~ dumm!** ну ты и глупе́ц!
vielmals *adv* о́чень; ◇ **danke ~** большо́е спаси́бо; ◇ **ich bitte ~ um Entschuldigung** о́чень прошу́ меня́ извини́ть; **vielmehr** *cj* (*richtiger, eher*) напро́тив, наоборо́т; **vielsagend** *adj* (*Blick*) многозначи́тельный; **vielseitig** *adj* многосторо́нний; **vielversprechend** *adj* (*Blick*) многообеща́ющий; (*Unternehmen*) перспекти́вный, подаю́щий наде́жды; **Vielzahl** *f* <-> большо́е коли́чество *с*
vier *nr* четы́ре; *s. a.* **fünf**
Viereck *n* <-[e]s, -e> четырёхуго́льник *м*; **viereckig** *adj* четырёхуго́льный
vierhändig *adj* ◇ **~ spielen** игра́ть в четы́ре руки́
Viermächteabkommen *n* четырёхсторо́нний догово́р *м*
Viertel *n* <-s, -> ① (*vierter Teil*) четвёртая часть *ж* ② (*Stadt~*) кварта́л *м*, райо́н *м* го́рода ③ (*von Kuchen*) че́тверть *ж* ④ (*~pfund*) четверту́шка *ж* ④ (*Uhrzeit*) че́тверть *ж* часа́; ◇ **~ vor/nach 11** без че́тверти оди́ннадцать/че́тверть двена́дцатого; **Viertelfinale** *n* четвертьфина́л *м*; **Vierteljahr** *n* кварта́л *м*; **vierteljährlich** *adj* кварта́льный; **Viertelstunde** *f* че́тверть *ж* часа́
viertens *adv* в-четвёртых
viertürig *adj* (*Auto*) четырёхдве́рный; **vierzehn** *nr* четы́рнадцать; **vierzehntägig** *adj* (*Urlaub*) четырнадцатидне́вный; (*alle 14 Tage*) ка́ждые 14 дней; **vierzig** *nr* со́рок
Vierzimmerwohnung *f* четырёхко́мнатная кварти́ра *ж*
Vikar(in *f*) *m* <-s, -e> REL вика́рий *м*
Villa *f* <-, Villen> ви́лла *ж*; **Villenviertel** *n* райо́н *м* вилл
violett *adj* фиоле́товый
Violinbogen *m* смычо́к *м*; **Violine** *f* скри́пка *ж*; **Violinkonzert** *n* конце́рт *м* для скри́пки; **Violinschlüssel** *m* скрипи́чный ключ *м*
VIP *Akr. v.* **very important person** ва́жное лицо́
Viper *f* <-, -n> ZOOL гадю́ка *ж*
virulent *adj* вируле́нтный
Virus *m o. n* <-, Viren> ви́рус *м*
Vision *f* виде́ние *с*
Visite *f* <-, -n> MED враче́бный обхо́д *м*, визи́т *м*; **Visitenkarte** *f* визи́тная ка́рточка *ж*
Visum *n* <-s, Visa *o.* Visen> ви́за *ж*
vital *adj* ① (*lebenskräftig*) живу́чий ② (*unternehmungslustig*) предприи́мчивый
Vitamin *n* <-s, -e> витами́н *м*; **Vitaminmangel** *m* недоста́ток *м* витами́нов, авитамино́з *м*
Vitrine *f* витри́на *ж*
Vizekanzler(in *f*) *m* ви́це-ка́нцлер *м*; **Vizepräsident(in** *f*) *m* ви́це-президе́нт *м*
Vogel *m* <-s, Vögel> ① ZOOL пти́ца *ж* ② *FAM* (*verrückt sein*) ◇ **e-n ~ haben** быть "с приве́том"; **Vogelbauer** *n* <-, -> кле́тка *ж* для птиц; **Vogelbeere** *f* ряби́на *ж*; **Vogelscheuche** *f* <-, -n> чу́чело *с*, пу́гало *с*
Vokabel *f* <-, -n> сло́во *с*; **Vokabular** *n* <-s, -e> запа́с *м* слов, слова́рный запа́с
Vokal *m* <-s, -e> гла́сный *м*
Volk *n* <-[e]s, Völker> наро́д *м*
Völkerbund *m* Ли́га *ж* на́ций; **Völkermord** *m* геноци́д *м*; **Völkerrecht** *n* междунаро́дное пра́во *с*; **Völkerverständigung** *f* взаимопонима́ние *с* ме́жду наро́дами; **Völkerwanderung** *f* вели́кое переселе́ние *с* наро́дов
Volksabstimmung *f* плебисци́т *м*, всена-

ро́дное голосова́ние *с;* **Volksbefragung** *f* рефере́ндум *м;* **Volksbegehren** *n* наро́дная инициати́ва *ж;* **Volksfest** *n* наро́дный пра́здник *м,* наро́дное гуля́нье *с;* **Volkshochschule** *f народный вечерний университе́т для общеобразова́тельных ку́рсов;* **Volkslied** *n* наро́дная пе́сня *ж;* **Volksrepublik** *f* наро́дная респу́блика *ж;* ◇ **die ~ China** Кита́йская Наро́дная Респу́блика *ж;* **Volkstanz** *m* наро́дный та́нец *м;* **Volkstrauertag** *m* (*nationaler Feiertag*) день *м* национа́льного тра́ура о же́ртвах фаши́зма; **volkstümlich** *adj* наро́дный; **Volksvertreter(in** *f*) *m* представи́тель(ница *ж*) *м* наро́да, депута́т *м;* **Volkswirtschaft** *f* наро́дное хозя́йство *с;* **Volkswirtschaftslehre** *f* UNI полити́ческая эконо́мия *ж;* **Volkszählung** *f* пе́репись *ж* населе́ния

voll *adj* ① (*gefüllt*) по́лный ② (*Bewunderung*) испо́лненный ③ (*Verantwortung, Vertrauen*) по́лный, безграни́чный; (*Erfolg*) соверше́нный; ◇ **das Leben in ~en Zügen genießen** наслажда́ться жи́знью; ◇ **~ und ganz** целико́м и по́лностью ④ (*Wangen*) по́лный, пу́хлый; (*Haar*) густо́й, пы́шный ⑤ *FAM* (*satt*) ◇ **~ sein** быть сы́тым ⑥ (*ernst nehmen*) ◇ **jd-n für ~ nehmen** принима́ть кого́-л всерьёз; **vollauf** *adv* вполне́; **vollautomatisch** *adj* по́лностью автомати́ческий; **Vollbart** *m* окла́дистая борода́ *ж;* **Vollbeschäftigung** *f* по́лная за́нятость *ж;* **Vollbesitz** *m* ◇ **im ~ seiner Kräfte sein** быть по́лным сил; **Vollbremsung** *f* по́лное торможе́ние *с;* **vollbringen** *unreg vt* совер|ша́ть <-ши́ть>; **Volldampf** *m* ◇ **mit ~ voraus** по́лный вперёд

vollenden *vt* (*Arbeit*) завер|ша́ть <-ши́ть>; **vollends** *adv* совсе́м, по́лностью; **Vollendung** *f* заверше́ние *с*

Volleyball *m* волейбо́л *м*

Vollgas *n* ◇ **mit ~** на по́лной ско́рости; ◇ **~ geben** дать по́лный газ

völlig *adj* по́лный, соверше́нный

volljährig *adj* совершенноле́тний; **Volljährigkeit** *f* совершенноле́тие *с;* **Vollkaskoversicherung** *f* AUTO по́лное страхова́ние *с* ка́ско

vollkommen *adj* ① (*perfekt*) соверше́нный ② *FAM* (*völlig*) ◇ **er ist ~ sprachlos** он про́сто слов не нахо́дит; **Vollkommenheit** *f* соверше́нство *с;* **Vollkornbrot** *n* хлеб *м* из муки́ гру́бого помо́ла; **vollmachen** *vt* на|полня́ть <-по́лнить>; **Vollmacht** *f* <-, -en> (*Ermächtigung*) дове́ренность *ж,* полномо́чие *с;* ◇ **jd-m eine ~ erteilen** вы́дать кому́-л дове́ренность; **Vollmilch** *f* це́льное молоко́ *с;* **Vollmond** *m* полнолу́ние *с;* **Vollpension** *f* по́лный пансио́н *м;* **vollschlank** *adj* по́лный; **vollständig** *adj* по́лный, исче́рпывающий; **vollstrecken** *vt* (*Urteil*) при|води́ть <-вести́> в исполне́ние; **volltanken** *vt, vi* по́лностью за|правля́ть <-пра́вить> бензоба́к; **Volltreffer** *m FIG* прямо́е попада́ние *с;* **Vollversammlung** *f* плена́рное заседа́ние *с,* пле́нум *м;* **Vollwaise** *f* кру́глый(-ая) сирота́ *ж;* **vollzählig** *adj* по́лный, в по́лном сбо́ре; **vollziehen** *unreg* **I.** *vt* (*durchführen*) выполня́ть <вы́полнить> **II.** *vr* (*geschehen*) ◇ **sich ~** совер|ша́ться <-ши́ться>

Vollzug *m* исполне́ние *с*

Volontär(in *f*) *m* стажёр *м*

Volt *n* <- *o.* -[e]s, -> PHYS вольт *м*

Volumen *n* <-s, - *o.* Volumina> объём *м*

vom = von dem; ◇ **das kommt ~ Rauchen** э́то от куре́ния; ◇ **sie ist ~ Land** она́ из дере́вни; ◇ **~ 15. August an** с пятна́дцатого а́вгуста

von *präp dat* ① (*räumlich*) от чего́-л, из чего́-л, с чего́-л; ◇ **~ Warmbronn bis Hambach** из Вармбро́нна в Га́мбах ② (*zeitlich*) ◇ **das Brot ist ~ gestern** хлеб со вчера́шнего дня; ◇ **~ Beginn an** с са́мого нача́ла; ◇ **~ drei bis vier (Uhr)** с трёх до четырёх; ◇ **~ heute ab** начина́я с сего́дняшнего дня; ◇ **~ Zeit zu Zeit** вре́мя от вре́мени ③ (*von jd-m stammend*) от кого́-л; ◇ **~ Christian** от Кристиа́на; ◇ **Grüße ~ mir** приве́т от меня́ ④ (*durch*) от чего́-л; ◇ **müde ~ der Arbeit** уста́вший от рабо́ты ⑤ (*Genitiversatz*) ◇ **e-e ~ meinen Freundinnen** одна́ из мои́х подру́г ⑥ (*zur Bezeichnung von Eigenschaften*) ◇ **ein Bett ~ dieser Größe** крова́ть тако́й величины́; ◇ **ein Grundstück ~ 1000 m²** уча́сток разме́ром в 1000 квадра́тных ме́тров; ◇ **e-e junge Frau ~ 28 Jahren** молода́я же́нщина в возра́сте 28 лет; ◇ **was sind Sie ~ Beruf?** кем вы рабо́таете? ⑦ (*über*) о ком-л/чём-л; ◇ **wir sprechen ~ dir** мы говори́м о тебе́ ⑧ (*Adelstitel, Herkunft*) фон; ◇ **Graf Heinrich ~ Krügelstein** граф Ге́нрих фон Крюгельште́йн ⑨ *FAM* (*meinetwegen*) ◇ **~ mir aus!** я ничего́ не име́ю про́тив!; ◇ **~ wegen müde!** как бы не так, уста́л!

voneinander *adv* ◇ **~ hören** слы́шать друг

о дру́ге; ◇ **weit weg** ~ далеко́ друг от дру́га

vonstatten *adv* ◇ ~ **gehen** про|ходи́ть <-йти́>

vor I. *präp dat/akk* ① (*räumlich*) (*dat*) пе́ред чем-л, у чего́-л; ◇ ~ **der Kirche stehen** стоя́ть пе́ред це́рковью; (*akk*) ◇ ~ **die Kirche fahren** подъе́хать к це́ркви ② (*zeitlich*) ◇ **fünf ~ zwölf** без пяти́ двена́дцать; ◇ ~ **seiner Abreise** пе́ред его́ отъе́здом; ◇ ~ **vier Wochen** четы́ре неде́ли наза́д ③ (*Grund, Ursache*) от чего́-л; ◇ ~ **Kälte/Angst zittern** дрожа́ть от хо́лода/стра́ха ④ (*in Gegenwart von*) ◇ ~ **der Klasse** пе́ред кла́ссом; ◇ ~ **Zeugen** в прису́тствии свиде́телей **II.** *adv FAM* (*zuvor*) ◇ **nach wie** ~ по-пре́жнему

vorab *adv* (*im voraus*) снача́ла, внача́ле

Vorabend *m* кану́н *м*

voran *adv* впереди́; **vorangehen** *unreg vi* ① (*als erster gehen*) идти́ <пойти́> впереди́ чего́-л ② (*zuerst geschehen*) предше́ствовать *несов* чему́-л; **vorankommen** *unreg vi* прод|вига́ться <-ви́нуться>

Voranschlag *m* (*Kosten~*) сме́та *ж*

voranstellen *vt* (*Text*) предпос<ы>ла́ть

voraus *adv* ① (*räumlich*) впереди́ ② (*zeitlich*) зара́нее; ◇ **jd-m ~ sein** опереди́ть кого́-л, превосходи́ть кого́-л; ◇ **im** ~ зара́нее, вперёд; **vorausgehen** *unreg vi* идти́ <-пойти́> впереди́; **vorausfhaben** *unreg vt* ◇ **jd-m etw** ~ име́ть преиму́щество пе́ред кем-л; **Voraussage** *f* (*Wetter~*) прогно́з *м*, предсказа́ние *с*; **voraussagen** *vt* (*prophezeien*) предска́|зывать <-за́ть>; **voraussehen** *unreg vt* предви́деть *несов*; **voraussetzen** *vt* предпо|лага́ть <-ложи́ть>; ◇ **vorausgesetzt, daß** предполага́я, что; **Voraussetzung** *f* (*Bedingung*) предпосы́лка *ж*; (*Annahme*) предположе́ние *с*; ◇ **unter der ~, daß...** при усло́вии, что...; **Voraussicht** *f* предви́дение *с*, дальнови́дность *ж*; ◇ **aller ~ nach** по всей ви́димости; *FAM* ◇ **in weiser** ~ разу́мно предви́дя; **voraussichtlich** *adv* предполага́емый

Vorbehalt *m* <-[e]s, -e> огово́рка *ж*; ◇ **unter dem ~, daß** с той огово́рой, что; **vorbehalten** *unreg vr* ◇ **sich** *dat* **etw** ~ о|ставля́ть <-ста́вить> за собо́й что-л

vorbehandeln *vt* предвари́тельно обра|ба́тывать <-бо́тать>

vorbei *adv* ① (*räumlich*) ◇ **lassen Sie mich ~!** разреши́те пройти́!; ◇ **an ...** ~ ми́мо кого́-чего́-л ② (*zeitlich*) проше́дший; (*zu Ende*) зако́нченный; *FAM* ◇ **zwei Uhr** ~ в тре́тьем часу́; ◇ **mit jd-m ist es** ~ кто-л уже́ сконча́лся; **vorbeifahren** *unreg vi* про|езжа́ть <-е́хать> ми́мо; **vorbeigehen** *unreg vi* ① про|ходи́ть <-йти́> ми́мо; *FAM* (*kurz besuchen*) ◇ **bei jd-m** ~ загляну́ть к кому́-л ② (*Zeit*) про|ходи́ть <-йти́>

vorbelastet *adj FIG* скомпромети́рованный

Vorbemerkung *f* предвари́тельное замеча́ние *с*

vorbereiten I. *vt* (*Fest, Prüfung*) подго|та́вливать <-то́вить> **II.** *vr* ◇ **sich** *akk* **auf etw** *akk* ~ подго|та́вливаться <-то́виться> к чему́-л; **Vorbereitung** *f* подгото́вка *ж*

vorbestellen *vt* (*Buch, Kinokarte*) предвари́тельно зака́|зывать <-за́ть>

vorbestraft *adj* суди́мый, име́ющий суди́мость

vorbeugen I. *vi* предупре|жда́ть <-ди́ть> (*e-r Sache dat* что-л) **II.** *vr* ◇ **sich** ~ накло|ня́ться <-ни́ться>; **vorbeugend** *adj* (*Maßnahmen*) предупреди́тельный, профилакти́ческий; **Vorbeugung** *f* предупрежде́ние *с*, профила́ктика *ж*

Vorbild *n* приме́р *м*; ◇ **sich** *dat* **jd-n zum ~ nehmen** брать с кого́-л приме́р; **vorbildlich** *adj* приме́рный

vorbringen *unreg vt* (*Einwand, Wunsch*) выража́ть <вы́разить>

vorchristlich *adj* (*Zeit*) дохристиа́нский

Vordenker(**in** *f*) *m* <-s, -> дальнови́дный(-ая) мысли́тель(ница *ж*) *м*

Vorderachse *f* пере́дняя ось *ж*; **Vorderansicht** *f* вид *м* спе́реди; **vordere**(**r, s**) *adj* пере́дний; **Vorderfront** *f* фаса́д *м*; **Vordergrund** *m a. FIG* пере́дний план *м*; ◇ **im ~ stehen** быть на пере́днем пла́не; **vordergründig** *adj* (*Argument*) пове́рхностный, неглубо́кий; **Vorderrad** *n* пере́днее колесо́ *с*; **Vorderradantrieb** *m* AUTO при́вод *м* на пере́дние колёса; **Vorderseite** *f* лицева́я сторона́ *ж*

vordrängen *vr* ◇ **sich** ~ проти́с|киваться <-нуться> вперёд

vorehelich *adj* добра́чный

voreilig *adj* (*überstürzt*) поспе́шный, преждевре́менный

voreinander *adv* друг пе́ред дру́гом; ◇ **keine Geheimnisse ~ haben** не име́ть нико́аких секре́тов друг от дру́га

voreingenommen *adj* предвзя́тый; **Voreingenommenheit** *f* предубеждённость *ж*, предвзя́тость *ж*

vorenthalten *unreg vt* ◇ **jd-m etw ~** лиша́ть кого́-л чего́-л

vorerst *adv* (*zunächst*) пока́

Vorfahr(in *f*) *m* <-en, -en> пре́док *м*

Vorfahrt *f* приорите́т *м* прое́зда; ◇ **~ achten!** осторо́жно, гла́вная у́лица!; **Vorfahrtsrecht** *n* приорите́т *м* прое́зда; **Vorfahrtsstraße** *f* гла́вная у́лица *ж*

Vorfall *m* слу́чай *м*, инциде́нт *м*; **vorfallen** *unreg vi* прои|сходи́ть <-зойти́>

Vorfeld *n* ◇ **im ~ der Wahlen** накану́не вы́боров

vorfinden *unreg vt* (*antreffen*) заста́<ва́>ть

Vorfreude *f* предвкуше́ние *c* ра́дости

vorführen *vt* ① (*zeigen, Film*) пока́|зывать <-за́ть> ② (*dem Richter*) при|води́ть <-вести́>; **Vorführung** *f* демонстра́ция *ж*, пока́з *м*; (*Vorstellung*) представле́ние *c*

Vorgang *m* (*Geschehen, Ablauf*) ход *м* собы́тий; (*Akte*) де́ло *c*

Vorgänger(in *f*) *m* <-s, -> предше́ственник *м*, предше́ственница *ж*

Vorgarten *m* палиса́дник *м*

vorgeben *unreg vt* ① (*vortäuschen*) притво|ря́ться <-ри́ться> ② (*bestimmen*) зада́<ва́>ть

vorgefaßt *adj* (*Meinung*) предвзя́тый

Vorgefühl *n* предчу́вствие *c*

vorgehen *unreg vi* ① (*vorangehen*) идти́ <пойти́> впереди́ ② (*Uhr*) спеши́ть *несов* ③ (*handeln*) де́йствовать *несов* ④ (*Vorrang haben*) быть важне́е чего́-л ⑤ JURA ◇ **gegen jd-n ~** принима́ть ме́ры про́тив кого́-л; **Vorgehen** *n* <-s> посту́пок *м*

Vorgeschmack *m* предвкуше́ние *c*; ◇ **einen ~ von etw bekommen** получи́ть пе́рвое представле́ние о чём-л

Vorgesetzte(r) *fm* нача́льник *м*, нача́льница *ж*

vorgestern *adv* позавчера́

vorgreifen *unreg vi* (*vorwegnehmen*) опере|жа́ть <-ди́ть> (*jd-m* кого́-л)

vorhaben *unreg vt* (*beabsichtigen*) собира́ться *несов*, намерева́ться *несов*; ◇ **ich habe heute schon etw vor** у меня́ уже́ есть пла́ны на сего́дня; **Vorhaben** *n* <-s, -> (*Absicht*) наме́рение *c*; (*Plan*) прое́кт *м*

vorhalten *unreg vt* ◇ **jd-m etw ~** упрек|а́ть <-ну́ть> кого́-л в чём-л; **Vorhaltung** *f* (*Vorwurf*) упрёк *м*

Vorhand *f* SPORT уда́р *м* спра́ва

vorhanden *adj* существу́ющий; (*erhältlich*) име́ющийся

Vorhang *m* (*am Fenster*) занаве́ска *ж*; (*im Theater*) за́навес *м*

Vorhängeschloß *n* вися́чий замо́к *м*

Vorhaut *f* ANAT кра́йняя плоть *ж*

vorher *adv* пре́жде

vorherbestimmen *vt* предопреде|ля́ть <-ли́ть>

vorhergehen *unreg vi* предше́ствовать *несов*

vorherig *adj* пре́жний, предыду́щий

Vorherrschaft *f* госпо́дство *c*; **vorherrschen** *vi* (*überwiegen*) преоблада́ть *несов*

Vorhersage *f* прогно́з *м*, предсказа́ние *c*; **vorhersagen** *vt* предска́|зывать <-за́ть>

vorhersehbar *adj* предви́димый; **vorhersehen** *unreg vt* предви́деть *несов*

vorhin *adv* то́лько что, неда́вно

vorhinein *adv* (*im voraus*) ◇ **im ~** зара́нее

vorig *adj* (*Leiter, Direktor*) предыду́щий; (*Winter, Woche*) про́шлый, проше́дший

Vorjahr *n* про́шлый год

Vorkehrung *f* ме́ра *ж*, подготовле́ние *c*; ◇ **~en treffen** приня́ть ме́ры

Vorkenntnisse *f pl* предвари́тельные зна́ния *c мн*

vorkommen *unreg* **I.** *vi* ① (*nach vorn kommen*) выходи́ть <вы́йти> вперёд ② (*geschehen*) случ|а́ться <-чи́ться> ③ (*auftreten*) встреча́ться *несов* ④ (*erscheinen*) каза́ться; ◇ **sie kommt mir bekannt vor** она́ мне ка́жется знако́мой **II.** *vr* (*sich fühlen*) ◇ **sich** *dat* **dumm ~** чу́вствовать себя́ глу́по; **Vorkommen** *n* <-s, -> (*Mineralien*) месторожде́ние *c*, за́лежи *мн*

Vorkommnis *n* (*Vorfall*) слу́чай *м*

vorladen *vt* вызыва́ть <вы́звать>; **Vorladung** *f* JURA пове́стка *ж*

Vorlage *f* ① (*zur Begutachtung*) докуме́нт *м* ② (*Muster*) образе́ц *м* ③ (*Schablone*) шабло́н *м* ④ (*Gesetzes~*) прое́кт *м* ⑤ (*im Fußball*) пода́ча *ж*

vorlassen *unreg vt* ① (*vorgehen lassen*) пус|ка́ть <-ти́ть> вперёд ② (*jd-n empfangen*) допус|ка́ть <-ти́ть> на приём

vorläufig *adj* (*Ergebnis*) вре́менный

vorlaut *adj* (*frech*) де́рзкий

vorlegen *vt* ① (*zur Unterschrift*) предъя|вля́ть <-ви́ть>; (*Entwurf*) пред|ставля́ть <-ста́вить> ② (*Kette*) зад|вига́ть <-ви́нуть>

vorlesen *unreg vt* <про->чита́ть вслух; **Vorlesung** *f* UNI ле́кция *ж*; **Vorlesungsverzeichnis** *n* UNI расписа́ние ле́кций

vorletzte(r, s) *adj* предпосле́дний

Vorliebe *f* пристра́стие *c*, предпочте́ние *c*

vorliebnehmen *unreg vi* ◇ **~ mit etw** <у->дово́льствоваться чем-л

vorliegen *unreg vi* (*Beschwerde, Angebot*) быть предста́вленным; **vorliegend** *adj* (*Fall*) да́нный, настоя́щий

vormachen *vt* ① (*zeigen*) пока́|зывать ‹-за́ть› ② *FIG* (*vortäuschen*) ◇ **jd-m etw ~** обма́нывать кого́-л

Vormachtstellung *f* госпо́дствующее положе́ние *с*

vormals *adv* (*früher*) пре́жде

Vormarsch *m* MIL, *a. FIG* наступле́ние *с*

vormerken *vt* (*notieren*) запи́|сывать ‹-са́ть›

Vormittag *m* пе́рвая полови́на *ж* дня; **vormittags** *adv* в пе́рвой полови́не дня, до обе́да

Vormund *m* опеку́н *м*; **Vormundschaft** *f* опе́ка *ж*, опеку́нство *с*; ◇ **die ~ für/über jd-n übernehmen** приня́ть опе́ку над кем-л

vorn[e] *adv* ① (*räumlich*) спе́реди; ◇ **nach ~** вперёд ② (*von Anfang an*) ◇ **von ~** сно́ва, снача́ла; (*von neuem*) ◇ **von ~ anfangen** нача́ть снача́ла

Vorname *m* и́мя *с*

vornan *adv* впереди́

vornehm *adj* благоро́дный; ◇ **~ tun** ва́жничать *несов*

vornehmen *unreg* **I.** *vr* ① (*beabsichtigen*) ◇ **sich** *dat* **etw ~** прин|има́ться ‹-я́ться› за что-л ② *FAM* (*ermahnen*) ◇ **sich** *dat* **jd-n ~** брать кого́-л в оборо́т **II.** *vt* ① *FAM* (*bevorzugt behandeln*) прин|има́ть ‹-я́ть› вне о́череди ② (*Änderung*) про|води́ть ‹-вести́›

vornehmlich *adv* осо́бенно, в осо́бенности

vornherein *adv* ◇ **von ~** с са́мого нача́ла

Vorort *m* при́город *м*

vorprogrammiert *adj* (*Erfolg*) зара́нее запрограмми́рованный

Vorrang *m* преиму́щество *с*, первоочерёдность *ж*; **vorrangig** *adj* первостепе́нный

Vorrat *m* запа́с *м*; **vorrätig** *adj* име́ющийся (на скла́де); **Vorratskammer** *f* кладова́я *ж*, кладо́вка *ж*

Vorrecht *n* преиму́щество *с*, привиле́гия *ж*

Vorrichtung *f* устро́йство *с*, приспособле́ние *с*

vorrücken **I.** *vi* (*Nacht, Zeiger*) про|двига́ться ‹-дви́нуться› вперёд **II.** *vt* про|двига́ть ‹-дви́нуть›

Vorrunde *f* SPORT отбо́рочный круг *м*

Vorsaison *f* вре́мя *с* до нача́ла сезо́на

Vorsatz *m* (*Absicht*) наме́рение *с*; JURA у́мысел *м*; ◇ **e-n ~ fassen** приня́ть реше́ние; **vorsätzlich** *adj* преднаме́ренный; JURA умы́шленный

Vorschau *f* MEDIA програ́мма *ж* переда́ч; FILM кра́ткий обзо́р *м*

Vorschein *m* ◇ **zum ~ kommen** проя|вля́ться ‹-ви́ться›

vorschießen *unreg vt* (*Geld*) выдава́ть ‹вы́дать› ава́нс

Vorschlag *m* предложе́ние *с*; **vorschlagen** *unreg vt* пред|лага́ть ‹-ложи́ть›

vorschnell *adj* опроме́тчивый

vorschreiben *unreg vt* ① (*als Muster*) предпи́|сывать ‹-са́ть› ② *FIG* (*verlangen, anordnen*) диктова́ть *несов*; **Vorschrift** *f* (*Anweisung*) инстру́кция *ж*; ◇ **jd-m ~en machen** дава́ть кому́-л указа́ния; **vorschriftsmäßig** *adj* соотве́тствующий инстру́кции

Vorschuß *m* ава́нс *м*

vorsehen *unreg* **I.** *vt* (*planen*) на|меча́ть ‹-ме́тить›, преду|сма́тривать ‹-смотре́ть› **II.** *vr* (*sich in acht nehmen*) ◇ **sich ~** осте|рега́ться ‹-ре́чься› (*vor dat* кого́-л); **Vorsehung** *f* провиде́ние *с*

Vorsicht *f* осторо́жность *ж*; (*Warnruf*) ◇ **~!** осторо́жно!; **vorsichtig** *adj* осторо́жный, осмотри́тельный; **vorsichtshalber** *adv* на вся́кий слу́чай; **Vorsichtsmaßnahme** *f* ме́ра *ж* предосторо́жности

Vorsilbe *f* приста́вка *ж*, пре́фикс *м*

vorsingen *unreg vt, vi* ‹с-›петь кому́-л

Vorsitz *m* председа́тельство *с*; **Vorsitzende(r)** *fm* председа́тель(ница *ж*) *м*

Vorsorge *f* предусмотри́тельность *ж*; MED (*~untersuchung*) профила́ктика *ж*; ◇ **für etw ~ treffen** заблаговре́менно позабо́титься о чём-л; **vorsorgen** *vi* зара́нее ‹по-›забо́титься (*für* о чём-ком-л); **vorsorglich** *adv* предусмотри́тельно

Vorspann *m* ‹-s, -e› MEDIA, FILM вступи́тельные [загла́вные] ти́тры

Vorspeise *f* заку́ска *ж*, пе́рвое блю́до *с*

vorspiegeln *vt* (*vortäuschen*) созда‹ва́›ть ви́димость (*jd-m* пе́ред кем-л)

Vorspiel *n* MUS прелю́дия *ж*; (*sexuell*) предвари́тельные ла́ски *мн*

vorsprechen *unreg* **I.** *vt* ‹про-›чита́ть пе́ред кем-л **II.** *vi* пред|ставля́ться ‹-ста́виться›

Vorsprung *m* ① (*Dach~, Fels~*) вы́ступ *м* ② (*vor Verfolger*) опереже́ние *с* ③ *FIG* преиму́щество *с*

Vorstadt *f* при́город *м*

Vorstand *m* (*von Firma*) правле́ние *с*; (*von Verein*) руково́дство *с*

vorstehen *unreg vi* ① (*Zähne, Kinn*) высту́па́ть *несов* ② *FIG* ◇ **jd-m/e-r Sache ~** возглавля́ть *несов* кого́/что-л

vorstellbar *adj* вообрази́мый; **vorstellen I.** *vt* ① (*Uhr*) пере|води́ть ‹-вести́› вперёд ② (*vorrücken*) выдвига́ть ‹вы́двинуть› ③ (*bekannt machen*) пред|ставля́ть ‹-ста́вить› **II.** *vr* ◇ **sich ~** ① (*sich bekannt machen*) пред|ставля́ться ‹-ста́виться› ② (*sich ausdenken*) ◇ **sich** *dat* **etw ~** представля́ть себе́ что-л; **Vorstellung** *f* ① (*Gedanke*) представле́ние *с* ② THEAT представле́ние *с*; **Vorstellungsgespräch** *n* предвари́тельное собесе́дование *с*

Vorstrafe *f* пре́жняя суди́мость *ж*

vorstrecken *vt* ① (*Hand*) протя́|гивать ‹-ну́ть› ② (*Geld*) да‹ва́›ть зада́ток

Vortag *m* предыду́щий день *м*; (*Vorabend*) кану́н *м*

vortäuschen *vt* симули́ровать *несов и сов*

Vorteil *m* ‹-s, -e› преиму́щество *с*; (*Gewinn, Nutzen*) вы́года *ж*, по́льза *ж*; ◇ **im ~ sein** быть в вы́годном положе́нии; **vorteilhaft** *adj* вы́годный, благоприя́тный

Vortrag *m* ‹-[e]s, -träge› докла́д *м*; **vortragen** *unreg vt* ① (*Plan*) до|кла́дывать ‹-ложи́ть›, выступа́ть ‹вы́ступить› с чем-л ② (*Lied*) ис|полня́ть ‹-по́лнить›; (*Gedicht*) ‹про-›чита́ть

vortrefflich *adj* (*ausgezeichnet*) превосхо́дный, замеча́тельный

Vortritt *m* преиму́щество *с*, пе́рвенство *с*; ◇ **jd-m den ~ lassen** пропусти́ть кого́-л пе́рвым

vorüber *adv* (*vorbei*) ми́мо; **vorübergehen** *unreg vi* ① (*zeitlich*) про|ходи́ть ‹-йти́›, минова́ть *несов и сов* ② (*räumlich*) про|ходи́ть ‹-йти́› ми́мо чего́-л; **vorübergehend** *adj* вре́менный

Vorurteil *n* предрассу́док *м*

vorverlegen *vt* (*Vorstellung, Prüfung*) пере|носи́ть ‹-нести́› на бо́лее ра́нний срок

Vorwahl *f* TELEC код *м*

Vorwand *m* ‹-[e]s, -wände› предло́г *м*, отгово́рка *ж*; ◇ **unter e-m ~ absagen** отказа́ть под каки́м-л предло́гом

vorwärts *adv* вперёд; **Vorwärtsgang** *m* AUTO переда́ча *ж* пере́днего хо́да; **vorwärtsgehen** *unreg vi FIG* (*besser werden*) идти́ к лу́чшему; **vorwärtskommen** *unreg vi FIG* (*Erfolg haben*) доби‹ва́›ться успе́ха

Vorwäsche *f* предвари́тельная сти́рка *ж*

vorweg *adv* снача́ла; (*im voraus*) зара́нее

Vorwegnahme *f* ‹-, -n› предвосхище́ние *с*; **vorwegnehmen** *unreg vt* предвосхи|ща́ть ‹-ти́ть›

vorweisen *unreg vt* (*Paß*) предъя|вля́ть ‹-ви́ть›

vorwerfen *unreg vt* ① (*zum Fraß*) броса́ть ‹бро́сить› ② *FIG* (*kritisieren*) ◇ **jd-m etw ~** упрек|а́ть ‹-ну́ть› кого́-л в чём-л

vorwiegend *adj* преоблада́ющий

vorwitzig *adj* (*frech, vorlaut*) нескро́мный

Vorwort *n* ‹-[e]s, -e› предисло́вие *с*

Vorwurf *m* упрёк *м*; **vorwurfsvoll** *adj* (*Blick*) укори́зненный

Vorzeichen *n* ① (*Omen*) знак *м*, предзнамено́вание *с*, приме́та *ж* ② MATH знак

vorzeigen *vt* предъя|вля́ть ‹-ви́ть›

vorzeitig *adj* (*Abreise*) преждевре́менный

vorziehen *unreg vt* ① (*Gardinen*) задёр|гивать ‹-нуть› ② (*bevorzugt behandeln*) выделя́ть ‹вы́делить› ③ (*lieber mögen*) пред|по|чита́ть ‹-че́сть›

Vorzimmer *n* приёмная *ж*

Vorzug *m* (*gute Eigenschaft*) досто́инство *с*; (*Vorteil*) преиму́щество *с*

vorzüglich *adj* (*Essen*) превосхо́дный

vorzugsweise *adv* преиму́щественно, предпочти́тельно

Votum *n* ‹-s, Voten *o.* Vota› во́тум *м*

vulgär *adj* (*Ausdruck, Person*) вульга́рный

Vulkan *m* ‹-s, -e› вулка́н *м*

W

W, w *n* В, в

Waage *f* ‹-, -n› ① (*Meßgerät*) весы́ *мн* ② ASTROL Весы́ *мн*

waagerecht *adj* горизонта́льный

wabb[e]lig *adj* обрю́зглый; (*gallertartig*) студени́стый; **wabbeln** *vi* колыха́ться *несов*

Wabe *f* ‹-, -n› сот *м*

wach *adj* ① (*munter*) бо́дрствующий ② *FIG* (*geistig rege*) живо́й, бо́дрый

Wachablösung *f* сме́на *ж* карау́ла

Wache *f* ‹-, -n› ① (*Person*) часово́й *м*; ◇ **~ halten** стоя́ть на карау́ле ② (*Polizei~*) полице́йский уча́сток *м*; **wachen** *vi* (*Wache halten*) дежу́рить *несов*, стоя́ть на карау́ле; (*aufpassen*) ◇ **über jd-n/etw ~** следи́ть за кем/чем-л

wachhalten *unreg vt* (*nicht einschlafen lassen*) не дава́ть усну́ть; (*Erinnerung*) храни́ть *несов*, под|де́рживать ‹-держа́ть›

Wachhund *m* сторожева́я соба́ка *ж*

Wacholder *m* ‹-s, -› ① BOT можжеве́льник *м* ② (*Schnaps*) можжевёловая во́дка

wachrufen *unreg vt FIG* (*Erinnerung*) вызыва́ть ‹вы́звать›

Wachs *n* ‹-es, -e› (*Bienen~, Kerzen~*) воск *м*

wachsam *adj* бди́тельный; **Wachsamkeit** *f* бди́тельность *ж*

wachsen[1] ‹wächst, wuchs, gewachsen› *vi* ① (*Kind, Pflanze*) ‹вы́-›расти́; (*Anforderungen*) воз|раста́ть ‹-расти́› ② *FIG* (*nicht beherrschen*) ◇ **jd ist e-r Sache nicht gewachsen** быть кому́-л что-л не под си́лу

wachsen[2] ‹wachste, gewachst› *vt* (*Skier*) сма́з‹ыв›ать

Wachsmalstift *m* во́сковый каранда́ш *м*

Wachstum *n* ‹-s› рост *м*; **Wachstumsrate** *f* темп *м* ро́ста

Wachtel *f* ZOOL пе́репел *м*, перепёлка *ж*

Wächter(in *f*) *m* ‹-s, -› сто́рож *м*, сторожи́ха *ж*

Wachtposten *m* (*Soldat*) часово́й *м*

Wachturm *m* сторожева́я вы́шка *ж*

Wach- und Schließgesellschaft *f* ча́стная охра́на *ж*

wackelig *adj* ① (*Stuhl*) ша́ткий; (*Zahn*) шата́ющийся ② (*Person*) нетвёрдо стоя́щий на нога́х; (*Unternehmen*) находя́щийся под угро́зой банкро́тства; **Wakkelkontakt** *m* ELECTR плохо́й конта́кт *м*; **wackeln** *vi* ① (*Stuhl*) шата́ться *несов*; (*Wand*) трясти́сь *несов* ② *FIG* (*Position*) быть ша́тким

Wade *f* ‹-, -n› ANAT икра́ *ж*; **Wadenkrampf** *m* су́дорога *ж* в и́крах

Waffe *f* ‹-, -n› ору́жие *с*

Waffel *f* ‹-, -n› (*Keks, Eis~*) ва́фля *ж*; **Waffeleisen** *n* ва́фельница *ж*

Waffenschein *m* разреше́ние *с* на пра́во ноше́ния ору́жия; **Waffenstillstand** *m* переми́рие *с*

Wagemut *m* отва́га *ж*; **wagemutig** *adj* отва́жный; **wagen** *vt* (*sich trauen*) отва́жи‹ва›ться; (*riskieren*) риск|ова́ть ‹-ну́ть›

Wagen *m* ‹-s, -› AUTO маши́на *ж*, автомоби́ль *м*; BAHN ваго́н *м*; **Wagenheber** *m* ‹-s, -› домкра́т *м*

Waggon *m* ‹-s, -s› ваго́н *м*

waghalsig *adj* отча́янный; **Wagnis** *n* риско́ванное предприя́тие *с*

Wahl *f* ‹-, -en› ① (*Aus~*) вы́бор *м* ② POL вы́боры *м мн* ③ (*Güteklasse*) сорт *м*; **Wahlausschuß** *m* избира́тельная коми́ссия *ж*; **wählbar** *adj* вы́борный; **wahlberechtigt** *adj* име́ющий пра́во го́лоса; **Wahlbeteiligung** *f* уча́стие *с* в вы́борах; **Wahlbezirk** *m* избира́тельный уча́сток *м*; **wählen** *vt* ① (*aus~*) выбира́ть ‹вы́брать› ② POL изб‹и›ра́ть, выбира́ть ‹вы́брать› ③ TELEC наб‹и›ра́ть; **Wähler(in** *f*) *m* ‹-s, -› избира́тель(ница *ж*) *м*; **wählerisch** *adj* (*anspruchsvoll*) разбо́рчивый, прихотли́вый; **Wählerschaft** *f* избира́тели *м мн*

Wahlfach *n* SCH факультати́вный предме́т *м*; **Wahlgang** *m* тур *м* вы́боров; **Wahlgeheimnis** *n* та́йна *ж* голосова́ния *ж*; **Wahlkabine** *f* каби́на *ж* для голосова́ния; **Wahlkampf** *m* предвы́борная борьба́ *ж*; **Wahlkreis** *m* избира́тельный о́круг *м*; **Wahllokal** *n* избира́тельный пункт *м*; **wahllos** *adv* без разбо́ра; ◇ **etw ~ herausgreifen** бра́ть что-л не гля́дя; **Wahlrecht** *n* избира́тельное пра́во *с*; **Wahlspruch** *m* деви́з *м*, ло́зунг *м*; **Wahlsystem** *n* избира́тельная систе́ма *ж*; **Wahlurne** *f* избира́тельная у́рна *ж*; **wahlweise** *adj* на вы́бор, по вы́бору

Wahn *m* ‹-[e]s› обма́н *м*, иллю́зия *ж*; **Wahnsinn** *m* ‹-› ① *FAM* (*Geisteskrankheit*) помеша́тельство *с* ② (*Unsinn*) безу́мие *с* ③ (*gefährliche Idee*) ◇ **das ist doch heller ~!** э́то ведь про́сто сумасбро́дство!; **wahnsinnig I.** *adj* ① (*verrückt*) сумасше́дший ② (*Schmerzen*) ужа́сный, стра́шный ③ (*Glück*) безу́мный, неимове́рный **II.** *adv FAM* (*sehr*) ужа́сно, безу́мно; ◇ **sich ~ freuen** безу́мно ра́доваться

wahr *adj* ① (*Geschichte*) правди́вый, и́стинный ② (*Freund*) ве́рный, настоя́щий ③ *FIG* (*Gesicht*) и́стинный, по́длинный

wahren *vt* (*Geheimnis*) сохра|ня́ть ‹-ни́ть›; (*Interessen*) защи|ща́ть ‹-ти́ть›

währen *vi* (*dauern*) про|должа́ться ‹-до́лжиться›

während I. *präp gen* во вре́мя чего́-л; ◇ **~ des Gewitters** во вре́мя грозы́ **II.** *cj* (*gleichzeitig*) в то вре́мя как, когда́; ◇ **~ sie schlief, ging er nach Hause** в то вре́мя как она́ спала́, он ушёл домо́й; (*gegensätzlich*) тогда́ как; **währenddessen** *adv* ме́жду тем, тем вре́менем

wahrhaben *unreg vt* ◇ **etw nicht ~ wollen** не допуска́ть возмо́жности чего́-л; **wahrhaftig I.** *adj* (*aufrichtig*) правди́вый **II.** *adv* (*in der Tat*) в са́мом де́ле; **Wahrheit** *f* и́стина *ж*, пра́вда *ж*; ◇ **der ~ entsprechen** соотве́тствовать и́стине; **wahrheitsgemäß** *adj* правди́вый, соотве́тствующий и́стине; **wahrnehmbar** *adj* (*Geräusch*) воспринима́емый; **wahrnehmen** *unreg vt* ① (*mit den Sinnen*) восприн|има́ть ‹-я́ть› ② (*bemerken*) за|меча́ть ‹-ме́тить› ③ (*Gelegenheit*) по́льзоваться *несов* ④ (*jd-s Interessen*) защи|ща́ть ‹-ти́ть›; **Wahrnehmung** *f* восприя́тие *с*; (*Beobachtung*) наблюде́ние *с*; **wahrsagen** *vi* предска́|зывать ‹-за́ть›; **Wahrsager(in** *f*) *m* ‹-s, -› гада́льщик *м*, гада́лка *ж*

wahrscheinlich I. *adj* вероя́тный **II.** *adv* вероя́тно; **Wahrscheinlichkeit** *f* вероя́тность *ж*; ◇ **aller ~ nach** по всей вероя́тности

Währung *f* валю́та *ж*; **Währungsreform** *f* POL валю́тно-фина́нсовая рефо́рма *ж*

Wahrzeichen *n* (*von Stadt*) си́мвол *м*

Waise *f* ‹-, -n› сирота́ *м/ж*; **Waisenhaus** *n* сиро́тский прию́т *м*

Wal *m* ‹-[e]s, -e› кит *м*

Wald *m* ‹-[e]s, Wälder› лес *м*; **Waldbrand** *m* лесно́й пожа́р *м*; **waldig** *adj* леси́стый; **Waldlauf** *m* SPORT кросс *м*

waldreich *adj* леси́стый, бога́тый ле́сом

Walfang *m* китобо́йный про́мысел *м*

Walkie-Talkie *n* ‹-[s], -s› перено́сный радиотелефо́н *м*

Walkman *m* ‹-s, -s› пле́йер *м*

Wall *m* ‹-[e]s, Wälle› вал *м*, на́сыпь *ж*

Wallfahrer(in *f*) *m* пало́мник *м*, пало́мница *ж*; **Wallfahrt** *f* пало́мничество *с*; **Wallfahrtsort** *m* ме́сто *с* пало́мничества

Walnuß *f* гре́цкий оре́х *м*

Walroß *n* морж *м*

walten *vi* ◇ **seines Amtes ~** занима́ть до́лжность

Walze *f* ‹-, -n› ① TECH вал *м*, ва́лик *м*; TYP ва́лик *м* ② (*Fahrzeug*) като́к *м*; **walzen** *vt* (*Straßenbelag*) ука́|тывать ‹-та́ть›

wälzen I. *vt* (*rollen*) ката́ть *несов*, ‹по-›кати́ть; (*Bücher*) копа́ться в чём-л; (*Probleme*) обду́м‹ыв›ать **II.** *vr* ◇ **sich ~** валя́ться *несов*, ката́ться; (*vor Schmerzen*) ви́ться *несов*; (*im Bett*) воро́чаться *несов*

Walzer *m* ‹-s, -› вальс *м*

Wälzer *m* ‹-s, -› (*dickes Buch*) то́лстый том *м*

Wampe *f* ‹-, -n› *FAM* (*Bauch*) брю́хо *с*, пу́зо *с*

wand *impf v.* **winden**

Wand *f* ‹-, Wände› ① (*Mauer*) стена́ *ж* ② (*Trenn~*) перегоро́дка *ж* ③ (*Berg~*) стена́ *ж*

Wandalismus *m* вандали́зм *м*

Wandel *m* ‹-s› (*Gesinnungs~*) переме́на *ж*, измене́ние *с*; **wandeln I.** *vr* (*sich ändern*) ◇ **sich ~** изме|ня́ться ‹-ни́ться› **II.** *vi* (*langsam gehen*) ше́ствовать *несов*

Wanderausstellung *f* передвижна́я вы́ставка *ж*; **Wanderer** *m* ‹-s, -› **Wand[r]erin** *f* путеше́ственник *м*, путеше́ственница *ж*; **wandern** *vi* ① (*Wanderung machen*) сове|рша́ть ‹-ши́ть› прогу́лку, ходи́ть ‹пойти́› в похо́д ② (*Tiere*) мигри́ровать *несов* ③ (*Blick, Gedanken*) блужда́ть *несов*; **Wanderpokal** *m* переходя́щий ку́бок *м*; **Wanderung** *f* ① (*Ausflug*) прогу́лка *ж*, похо́д *м* ② (*von Tieren etc.*) мигра́ция *ж*

Wandlung *f* переме́на *ж*, измене́ние *с*

Wandmalerei *f* насте́нная жи́вопись *ж*; **Wandschrank** *m* встро́енный в сте́ну шкаф *м*; **Wandtafel** *f* SCH кла́ссная доска́ *ж*

wandte *impf v.* **wenden**

Wandteppich *m* стенно́й ковёр *м*

Wange *f* ‹-, -n› щека́ *ж*

wankelmütig *adj* (*unbeständig*) непостоя́нный; (*unentschlossen*) нереши́тельный; **wanken** *vi* (*schwanken*) кача́ться *несов*

wann *adv* когда́; ◇ **dann und ~** иногда́; ◇ **seit ~?** с каки́х пор?; ◇ **von ~ bis ~?** с како́го по како́е число́ [вре́мя]?

Wanne *f* ‹-, -n› (*Bade~*) ва́нна *ж*; (*Trog*) корму́шка *ж*; TECH ва́нна *ж*

Wanze *f* ‹-, -n› ① ZOOL клоп *м* ② *FAM* (*Minisender*) аппара́т *м* для подслу́шивания

Wappen *n* ‹-s, -› герб *м*; **Wappentier** *n* ге́рбовая фигу́ра *ж*

wappnen *vr FIG* (*sich vorbereiten*) ◇ **sich ~** ‹под-›гото́виться

war *impf v.* **sein**

warb *impf v.* **werben**

Ware *f* ‹-, -n› това́р *м*; **Warenhaus** *n* универма́г *м*; **Warenlager** *n* това́рный скла́д *м*; **Warenprobe** *f* това́рный образе́ц *м*; **Warenzeichen** *n* това́рный знак *м*

warf *impf v.* **werfen**

warm *adj* тёплый; **Wärme** *f* ‹-› тепло́ *с*; **Wärmedämmung** *f* теплоизоля́ция *ж*; **Wärmegewitter** *n* теплова́я гроза́ *ж*; **wärmen I.** *vt* (*warmmachen*) подогре́‹ва́›ть **II.** *vi* (*Jacke*) ‹со-›гре́ть **III.** *vr* ◇ **sich ~** гре́ться, согре́‹ва́›ться; **Wärmespeicher** *m* теплово́й аккумуля́тор *м*; **Wärmflasche** *f* гре́лка *ж*; **Warmfront** *f* METEO тёплый фронт *м*; **warmhalten** *unreg* **I.** *vt*

(*Essen*) греть *несов,* поддéрживать температýру **II.** *vr FAM* (*sich jd-s Gunst erhalten*) ◇ **sich** *dat* **jd-n ~** сохранúть чьё-л расположéние; **warmherzig** *adj* добросердéчный; **warmlaufen** *unreg vi* AUTO нагрé<вá>ться; **Warmluft** *f* тёплый вóздух *м*

Warnblinkanlage *f* AUTO сигнáл *м* аварúйной останóвки; **Warndreieck** *n* AUTO предупредúтельная тренóга *ж;* **warnen** *vt* ① (*vor Gefahr*) ◇ **jd-n vor etw** *dat* **~** предостеІрегáть <-рéчь> когó-л от чегó-л ② (*Drohung*) предупреІждáть <-дúть>; **Warnstreik** *m* предупредúтельная забастóвка *ж;* **Warnung** *f* предупреждéние *с*

warten I. *vi* ждать *несов* (*auf akk* когó-л); ◇ **das kann ~** э́то дéло неспéшное **II.** *vt* TECH обслýживать *несов,* проводúть ремóнт

Wärter(in *f*) *m* <-s, -> ① (*Bahn~*) стóрож *м,* сторожúха *ж* ② (*vom Zoo*) рабóчий (-ая *ж*) *м* по ухóду за живóтными

Wartesaal *m* BAHN зал *м* ожидáния; **Wartezeit** *f* врéмя *с* ожидáния; **Wartezimmer** *n* приёмная *ж*

Wartung *f* техни́ческое обслýживание *с*

warum *adv* почемý

Warze *f* <-, -n> бородáвка *ж*

was *pron* ① (*in Frage*) что; ◇ **~ hast du gemacht?** что ты [с]дéлал?; ◇ **~ ist geschehen?** что случúлось?; (*in Fragen nach Beruf*) кто; ◇ **~ sind Sie von Beruf?** кто Вы по профéссии? ② (*in Relativsätzen*) что; ◇ **ich weiß, ~ Sie sagen wollen** я знáю, что Вы хотúте сказáть; ◇ **niemand weiß, ~ kommen wird** никтó не знáет, что бýдет ③ *FAM* (*etwas*) чтó-то, чтó-нибудь, чтó-либо

Waschanlage *f* (*für Auto*) мóечная установка *ж;* **waschbar** *adj* мóющийся; **Waschbär** *m* ZOOL енóт *м;* **Waschbecken** *n* умывáльная рáковина *ж*

Wäsche *f* бельё *с;* **waschecht** *adj* настоя́щий, пóдлинный; **Wäscheklammer** *f* (бельевáя) прищéпка *ж;* **Wäscheleine** *f* бельевáя верёвка *ж;* **waschen** <wäscht, wusch, gewaschen> **I.** *vt, vi* <по->стирáть; (*Geld*) отмы́<вá>ть; ◇ **~ und legen** мытьё и уклáдка **II.** *vr* ◇ **sich ~** <вы́-, по->мы́ться, умы́<вá>ться; **Wäscherei** *f* прáчечная *ж;* **Wäschetrockner** *m* <-s, -> сушúлка *ж;* **Waschküche** *f* прáчечная *ж; FAM* (*Nebel*) густóй тумáн *м;* **Waschlappen** *m a. FAM* тря́пка *ж;* **Waschmaschine** *f* стирáльная машúна *ж;* **Waschmittel** *n* мóющее срéдство *с;* **Waschpulver** *n* стирáльный порошóк *м;* **Waschsalon** *m* (механизúрованная) прáчечная *ж*

Wasser *n* <-s, -> водá *ж;* (*Mineral~*) минерáльная водá; ◇ **jd-m läuft das ~ im Mund zusammen** у когó-л слю́нки текýт; ◇ **mit allen ~n gewaschen sein** пройтú огóнь и вóду; **wasserdicht** *adj* (*Kleidung*) водонепроницáемый; **Wasserfall** *m* водопáд *м;* ◇ **reden wie ein ~** говорúть скороговóркой; **wasserfest** *adj* (*Make-up*) несмывáемый, водостóйкий; **Wasserhahn** *m* водопровóдный кран *м;* **wässerig, wäßrig** *adj* водянúстый; **Wasserleitung** *f* водопровóд *м;* **Wassermann** *m* ASTROL Водолéй *м;* **Wassermelone** *f* арбýз *м;* **Wasserschaden** *m* повреждéние *с,* причинённое водóй; **wasserscheu** *adj* боя́щийся воды́; **Wasserski** *m* вóдные лы́жи; **Wasserstand** *m* ýровень *м* воды́; **Wasserstoff** *m* CHEM водорóд *м;* **Wasserstoffbombe** *f* водорóдная бóмба *ж;* **Wasseruhr** *f* водомéр *м;* **Wasserwaage** *f* ýровень *м;* **Wasserwerfer** *m* водомёт *м;* **Wasserzeichen** *n* водянóй знак *м*

wäßrig *adj s.* **wässerig**

waten *vi* переІходúть <-йтú>

watscheln *vi* (*Ente*) ходúть вперевáлку

Watt[1] *n* <-[e]s, -en> (*Wattenmeer*) вáтты *мн*

Watt[2] *n* <-s, -> ELECTR ватт *м*

Watte *f* <-, -n> вáта *ж;* **wattieren** *vt* подбú<вá>ть вáтой

WC *n* туалéт *м*

weben <webte *o.* wob, gewebt *o.* gewoben> *vt* <со->ткáть; **Weberei** *f* ткáцкая фáбрика *ж;* **Webstuhl** *m* ткáцкий станóк *м*

Wechsel *m* <-s, -> ① (*Veränderung*) перемéна *ж,* смéна *ж* ② COMM вéксель *м;* **Wechselbeziehung** *f* взаимосвя́зь *ж;* **Wechselgeld** *n* сдáча *ж;* **wechselhaft** *adj* (*Wetter*) перемéнчивый; **Wechseljahre** *n pl* климактерúческий перúод *м;* **Wechselkurs** *m* валю́тный курс *м;* **wechseln I.** *vt* <об-, по->меня́ть **II.** *vi* (*Stimmung, Wetter*) меня́ться <переменúться>; **Wechselstrom** *m* перемéнный ток *м;* **Wechselwirkung** *f* взаимодéйствие *с*

wecken *vt* (*wach machen*) <раз->будúть; *FIG* (*Neugier, Mißtrauen*) пробуІждáть <-дúть>; **Wecker** *m* <-s, -> будúльник *м*

weder *cj* ◇ **~ ... noch ...** ни ... ни

weg *adv* ① (*nicht da*) удалúвшийся ② (*abwesend*) отсýтствующий ③ (*verloren*) потéрянный ④ ◇ **Finger ~!** рýки прочь!;

◇ **sie war schon ~** онá ужé ушлá; ◇ **über etw** *akk* **~ sein** преодолéть что-л

Weg *m* <-[e]s, -e> ① (*Feld~*) дорóга *ж*, путь *ж;* ◇ **jd-m aus dem ~ gehen** избегáть когó-л; *FIG* (*Erfolg haben*) ◇ **seinen ~ machen** пробúть себé дорóгу; ◇ **sich auf den ~ machen** собирáться в дорóгу ② (*Pfad*) тропá *ж* ③ (*Möglichkeit*) путь *ж;* ◇ **das ist der einzige ~** э́то едúнственный путь

wegbleiben *unreg vi* не появля́ться; **wegbringen** *unreg vt* у|носúть <-нестú>

wegen *präp gen* (*aufgrund*) úз-за, вслéдствие; ◇ **von ~!** как бы не тáк!

wegfahren *unreg* **I.** *vi* уезжáть <уéхать> **II.** *vt* увозúть <увезтú>; **wegfallen** *unreg vi* (*Ferien, Bezahlung*) от|падáть <-пáсть>; **weggehen** *unreg vi* уходúть <уйтú>; **weglassen** *unreg vt* (*auslassen*) пропус|кáть <-тúть>; (*wegstreichen*) вычёркивать <вы́черкнуть>; **weglaufen** *unreg vi* (*Hund*) убе|гáть <-жáть>; **weglegen** *vt* (*beiseite legen*) от|клáдывать <-ложúть>; **wegmachen** *vt FAM* (*beseitigen*) удa|ля́ть <-лúть>; **wegnehmen** *unreg vt* от|нимáть <-ня́ть>; **wegräumen** *vt* уб<и>рáть; **wegschaffen** *vt* (*wegräumen*) уб<и>рáть; (*wegtragen, wegfahren*) уносúть <унестú>, увозúть <увезтú>; **wegschnappen** *vt* выхвáтывать <вы́хватить> (*jd-m etw* что-л у когó-л); **wegtun** *unreg vt* ① (*aufräumen*) уб<и>рáть ② (*wegwerfen*) выбрáсывать <вы́бросить>

wegweisend *adj* (*Entdeckung*) укáзывающий путь; **Wegweiser** *m* <-s, -> дорóжный указáтель *м*

wegwerfen *unreg vt* выбрáсывать <вы́бросить>; **wegwischen** *vt* стирáть <стерéть>

wegziehen *unreg unreg vi* (*Wohnsitz wechseln*) пере|езжáть <-éхать>, у|езжáть <-éхать>

weh I. *adj* боля́щий **II.** *adv* ◇ **jd-m/sich ~ tun** причиня́ть комý-л/себé боль; ◇ **~ tun** болéть; **weh[e]** *intj* ◇ **o ~!** увы́!; ◇ **~[e], wenn du das tust ...** смотрú, не вздýмай э́того дéлать…

Wehe [1] *f* <-, -n> MED родовы́е схвáтки *ж мн*

Wehe [2] *f* <-, -n> (*Schnee~*) сугрóб *м*

wehen *vt, vi* (*Wind, Fahne*) <по->дýть

wehleidig *adj* плаксúвый, жáлобный

Wehmut *f* <-> (*Schwermut*) грусть *ж*, тоскá *ж;* **wehmütig** *adj* грýстный, тосклúвый

Wehr [1] *n* <-[e]s, -e> (*an Staustufe*) плотúна *ж*

Wehr [2] *f* (*Ab~*) сопротивлéние *с;* (*Not~*) защúта *ж;* ◇ **sich zur ~ setzen** сопротивля́ться; **Wehrdienst** *m* MIL воéнная слýжба *ж;* **Wehrdienstverweigerer** *m* <-s, -> человéк *м*, откáзывающийся от воéнной слýжбы; **wehren** *vr* ◇ **sich ~** сопротивля́ться (*gegen* чемý-л); **wehrlos** *adj* беззащúтный; **Wehrpflicht** *f* вóинская обя́занность *ж*

Weibchen *n* BIOL сáмка *ж;* **weiblich** *adj* жéнский, (*fraulich*) жéнственный

weich *adj* мя́гкий; (*zart*) нéжный; *FIG* (*nachgeben*) ◇ **~ werden** усту|пáть <-пúть>

Weiche *f* <-, -n> BAHN стрéлка *ж*

weichen <wich, gewichen> *vi* (*weggehen*) усту|пáть <-пúть> (*jd-m* комý-л); ◇ **nicht von der Stelle ~** не двúгаться с мéста

weichherzig *adj* (*gutmütig*) мягкосердéчный; **Weichspüler** *m* <-s, -> срéдство *с* для придáния мя́гкости текстúльным издéлиям

Weide [1] *f* <-, -n> (*Trauer~*) úва *ж*

Weide [2] *f* <-, -n> (*Wiese*) пáстбище *с*, вы́гон *м*

weiden I. *vi* (*Tiere*) пастúсь *несов* **II.** *vt* (*auf die Weide führen*) пастú *несов*

weigern *vr* ◇ **sich ~** откá|зываться <-зáться>; **Weigerung** *f* откáз *м*

Weihe *f* <-, -n> освящéние *с*, посвящéние *с;* **weihen** *vt* (*Kirche*) освя|щáть <-тúть>; (*Priester*) посвя|щáть <-тúть>; ◇ **dem Untergang geweiht sein** быть обречённым на гúбель

Weiher *m* <-s, -> пруд *м*

Weihnachten *n* <-, -> Рождествó *с;* **weihnachtlich** *adj* рождéственский; **Weihnachtsbaum** *m* рождéственская ёлка *ж;* **Weihnachtsfeier** *f* рождéственский прáздник *м;* **Weihnachtsmann** *m* Дéд-Морóз *м;* **Weihnachtsmarkt** *m* рождéственская я́рмарка *ж*

Weihrauch *m* лáдан *м;* **Weihwasser** *n* святáя водá *ж*

weil *cj* ① (*deshalb*) потомý что, так как, поскóльку ② (*da ja*) так как ③ (*in Anbetracht dessen*) ввидý тогó, что

Weile *f* <-> (*kurze Zeit*) нéкоторое врéмя *с*

Wein *m* <-[e]s, -e> (*Getränk*) винó *с;* (*Pflanze*) виногрáд *м;* ◇ **jd-m reinen ~ einschenken** сказáть всё начистотý комý-л; **Weinbau** *m* виногрáдарство *с;* **Weinbeere** *f* виногрáдина *ж;* **Weinberg** *m* виногрáдник *м;* **Weinbergschnecke** *f* виногрáдная улúтка *ж;* **Weinbrand** *m* конья́к *м*, брéнди *с*

weinen *vi* <за->плáкать; **weinerlich** *adj* (*Stimme*) плаксúвый

Weinflasche *f* вúнная буты́лка *ж;* **Weinkarte** *f* (*im Lokal*) менió *с* вин; **Weinlese** *f* сбор *м* виногрáда; **Weinprobe** *f* прóба *ж*

V

вина́; (*das Probieren*) дегуста́ция *ж;* **Weinstock** *m* виногра́дная лоза́ *ж;* **Weintraube** *f* виногра́дная кисть *ж;* (*~n*) виногра́д *м*

weise *adj* му́дрый

Weise *f* <-, -n> ① (*Art*) о́браз *м,* спо́соб *м;* ◇ **auf diese ~** та́ким о́бразом ② (*Lied*) пе́сня *ж,* мело́дия *ж*

Weise(r) *fm* мудре́ц *м*

weisen <wies, gewiesen> **I.** *vt* (*zeigen*) пока́|зывать <-за́ть> **II.** *vi* (*mit Richtungsangabe*) ◇ **auf etw** *akk* **~** ука́|зывать <-за́ть> что-л

Weisheit *f* му́дрость *ж;* **Weisheitszahn** *m* зуб *м* му́дрости

weismachen *vt* (*vortäuschen*) ◇ **jd-m etw ~** <по->пыта́ться убеди́ть кого́-л в чём-л

weiß *adj* бе́лый; *FIG* ◇ **e-e ~e Weste haben** име́ть безупре́чную репута́цию

weissagen *vt* (*prophezeien*) проро́чить *несов*

Weißbrot *n* бе́лый хлеб *м;* **Weiße(r)** *fm* бе́лый(-ая *ж*) *м;* **weißen** *vt* (*Wand*) <по-> бели́ть; **Weißglut** *f FIG* ◇ **jd-n bis zur ~ bringen** довести́ кого́-л до бе́лого кале́ния; **Weißkohl** *m* белокоча́нная капу́ста *ж;* **Weißwein** *m* бе́лое вино́ *с*

Weisung *f* (*Befehl*) распоряже́ние *с;* (*An~*) указа́ние *с*

weit I. *adj* ① (*ausgedehnt, Begriff*) широ́кий ② (*lang, Wurf*) да́льний; (*Weg*) да́льний, далёкий ③ (*Kleid*) широ́кий ④ ◇ **in ~er Ferne** о́чень далеко́ **II.** *adv* далеко́; ◇ **das geht zu ~** э́то у́же сли́шком; ◇ **wie ~ ist ...?** как далеко́ до ...?; ◇ **~ und breit** везде́ и всю́ду; ◇ **~ ausholen** заводи́ть речь издалека́; **weitaus** *adv* (*bei weitem*) намно́го, гора́здо; **weitblickend** *adj* (*voraussehend*) прозорли́вый; **Weite** *f* <-, -n> ① (*Kragen~*) ширина́ *ж,* объём *м* ② (*von Entfernung*) даль *ж;* **weiten I.** *vt* (*Schuhe*) рас|ширя́ть <-ши́рить> **II.** *vr* (*Tal*) ◇ **sich ~** рас|ширя́ться <-ши́риться>

weiter I. *adj kompar v.* **weit** дальне́йший; (*zusätzlich*) дополни́тельный **II.** *adv* да́лее; (*vorläufig*) ◇ **bis auf ~es** вре́менно; ◇ **ohne ~es** сра́зу же; ◇ **~ nichts** бо́льше ничто́

weiterarbeiten *vi* про|должа́ть <-до́лжить> рабо́тать; **weiterbilden** *vr* ◇ **sich ~** по|выша́ть <-вы́сить> у́ровень квалифика́цию; **weiterempfehlen** *unreg vt* <по->рекомендова́ть; **weiterentwickeln** *vt* <у->совершенствовать; **weiterfahren** *unreg vi* <по->е́хать да́льше; **weiterführen** *vt* про|должа́ть <-до́лжить>; **weitergeben** *unreg vt* переда́<ва́>ть; **weitergehen** *unreg vi* ① (*den Weg fortsetzen*) идти́ <пойти́> да́льше ② (*vorübergehen*) про|должа́ться <-до́лжиться>; **weiterhin** *adv* (*außerdem*) да́лее; **weiterleiten** *vt* (*Anfrage*) на|правля́ть <-пра́вить> да́льше; **weitermachen** *vt, vi* про|должа́ть <-до́лжить>

weitgehend I. *adj* (*Vollmacht*) широ́кий **II.** *adv* широко́; **weithergeholt** *adj FIG* (*Erklärung*) неубеди́тельный; **weithin** *adv* далеко́; **weitläufig** *adj* (*Gebäude*) просто́рный; (*Erklärung*) многосло́вный; (*Verwandter*) да́льний; **weitreichend** *adj* (*umfangreich*) широ́кий; **weitschweifig** *adj* (*Roman*) многосло́вный, многоречи́вый; **weitsichtig** *adj* MED дальнозо́ркий; *FIG* (*vorausschauend*) прозорли́вый; **Weitsprung** *m* SPORT прыжо́к *м* в длину́; **weitverbreitet** *adj* широко́ распространённый; **Weitwinkelobjektiv** *n* FOTO широкоуго́льный объекти́в *м*

Weizen *m* <-s> пшени́ца *ж*

welch *pron* како́й; ◇ **~ ein Glück!** како́е сча́стье!; ◇ **~ e-e Freude!** кака́я ра́дость!; **welche** *pron FAM* (*einige*) не́которые; **welche(r, s)** *pron* **I.** (*interrogativ*) ① (*adjektivisch*) како́й; ◇ **~r Mantel/~ Frau?** како́е пальто́/кака́я же́нщина? ② (*substantivisch*) како́й, кото́рый; ◇ **~r?** (*Mann*) како́й?; ◇ **~?** (*Frau*) кака́я? **II.** (*relativ*) кото́рый; ◇ **das Kind, ~s ...** ребёнок, кото́рый ...

welk *adj* (*Blumen*) вя́лый; (*Haut*) дря́блый; **welken** *vi* вя́нуть *несов,* увяда́ть <увя́нуть>

Welle *f* <-, -n> *a.* TECH волна́ *ж;* **wellen** *vr* ◇ **sich ~** (*Haar*) ви́ться *несов;* (*Papier*) <по->коро́биться; **Wellenbad** *n* бассе́йн *м* с иску́сственно со́зданными во́лнами; **Wellenlänge** *f* длина́ *ж* волны́; *FIG* (*sich verstehen*) ◇ **die gleiche ~ haben** хорошо́ понима́ть друг дру́га

Wellensittich *m* ZOOL волни́стый попуга́й *м*

wellig *adj* (*Haar*) волни́стый; **Wellpappe** *f* волни́стый карто́н *м*

Welt *f* <-, -en> мир *м;* (*Weltall*) вселе́нная *ж;* *FIG* (*Lebensbereich*) земля́ *ж,* мир *м;* (*jeder*) ◇ **alle ~** все, ка́ждый; ◇ **um nichts auf der ~!** ни за что́ на све́те!; ◇ **eine Frau von ~** све́тская да́ма; **Weltall** *n* вселе́нная *ж,* ко́смос *м;* **Weltausstellung** *f* всеми́рная вы́ставка *ж;* **weltberühmt** *adj* всеми́рно изве́стный; **weltbewegend** *adj* ◇ **das ist nicht ~** в э́том нет ничего́ сверхъесте́ственного; **Weltgeschichte** *f* всеми́рная истóрия *ж; FAM* (*viel und weit reisen*) ◇ **in der ~ umherfahren** мнóго éздить по свéту; **Weltkrieg** *m* мировáя войнá *ж;* **weltlich** *adj* мирскóй, свéтский; **Weltmacht** *f* велúкая держáва *ж;* **weltmännisch** *adj* (*Auftreten, Benehmen*) свéтский; **Weltmarkt** *m* COMM мировóй рынок *м;* **Weltmeister(in** *f*) *m* чемпиóн(ка *ж*) *м* мúра; **Weltmeisterschaft** *f* SPORT чемпионáт *м* мúра; **Weltraum** *m* кóсмос *м;* **Weltraumforschung** *f* исслéдование *с* кóсмоса; **Weltreich** *n* мировáя импéрия *ж;* **Weltreise** *f* кругосвéтное путешéствие *с;* **Weltrekord** *m* SPORT мировóй рекóрд *м;* **Weltstadt** *f* метропóлия *ж;* **weltweit** *adj* всемúрный; **Weltwunder** *n* чýдо *с* свéта

wem *pron dat v.* **wer** комý; ◇ **mit ~?** с кем; ◇ **dank ~?** благодаря́ комý?

wen *pron akk v.* **wer** когó; ◇ **für ~?** для когó

Wende *f* <-, -n> поворóт *м;* **Wendekreis** *m* ① GEO трóпик *м* ② AUTO круг *м* поворóта

Wendeltreppe *f* винтовáя лéстница *ж*

wenden <wendete *o.* wandte, gewendet *o.* gewandt> **I.** *vt, vi* (*Braten*) пере|ворáчивать <-вернýть>; (*Auto*) раз|ворáчивать <-вернýть> **II.** *vr* ◇ **sich ~** по|ворáчиваться <-вернýться>; (*um Hilfe bitten*) ◇ **sich an jd-n ~** обра|щáться <-тúться> к комý-л; **Wendepunkt** *m FIG* перелóмный пункт *м;* **wendig** *adj* (*Auto*) манёвренный; (*flink*) поворóтливый, шýстрый; **Wendung** *f* ① (*das Wenden*) поворóт *м; FIG* ◇ **e-e ~ zum Besseren** изменéние к лýчшему ② (*Rede~*) оборóт *м*

wenig I. *adj* мáлый, немнóгий; ◇ **es gab ~ Leute** бы́ло мáло нарóду; ◇ **ich kann nur ~ Spanisch** я немнóго говорю́ по-испáнски **II.** *adv* мáло; ◇ **~ essen/trinken** мáло есть/пить; ◇ **das ist ~er schön** э́то не так хорошó; **wenige** *pron* немнóгие; ◇ **~ Leute** немнóгие; **wenigste(r, s)** *adj* наимéньшее; **wenigstens** *adv* по крáйней мéре

wenn *cj* ① (*unter der Voraussetzung, daß*) éсли; ◇ **~ es dir recht ist** éсли ты соглáсен ② (*zeitlich*) (*sobald*) когдá; ◇ **~ das Projekt fertig ist, ...** когдá проéкт бýдет закóнчен,... ③ (*obwohl*) хоть, хотя́; ◇ **~ es auch anstrengend ist ...** хотя́ и трýдно ...; **wennschon** *adv* ◇ **na ~** ну и что!

wer *pron* кто

Werbeagentur *f* реклáмное агéнтство; **Werbekampagne** *f* реклáмная кампáния *ж;* **werben** <wirbt, warb, geworben> **I.** *vt* (*Mitglied*) <за->вербовáть **II.** *vi* ◇ **für jd-n/etw ~** реклами́ровать *несов и сов* когó/что-л; ◇ **um jd-n ~** ухáживать *несов* за кем-л; **Werbespot** *m* реклáмный скетч *м;* **Werbung** *f* ① (*Zeitungs~*) реклáма *ж* ② (*von Mitgliedern*) вербóвка *ж;* (*von Kunden*) привлечéние *с*

Werdegang *m* (*beruflich*) путь *ж* профессионáльного развúтия, карьéра *ж*

werden <wird, wurde, geworden> **I.** *vi* ① (*Zustand, Eigenschaft*) становúться <стать>; ◇ **sie will Professorin ~** онá хóчет стать профéссором; ◇ **ohnmächtig ~** упáсть в óбморок ② (*sich entwickeln*) развивáться *несов;* (*entstehen*) возникáть *несов* ③ *unpers* ◇ **es wird gebeten** прóсим **II.** *Hilfsverb* ① (*Futur*) ◇ **wir ~ kommen** мы придём ② (*Passiv*) ◇ **hier wird ein neues Haus gebaut** здесь стрóится нóвый дом

werfen <wirft, warf, geworfen> *vt, vi* ① (*Ball*) бросáть <брóсить> ② BIOL при|носúть <-нестú> приплóд ③ *FAM* (*aufgeben*) ◇ **das Handtuch ~** махнýть рукóй на что-л

Werft *f* <-, -en> NAUT верфь *ж*

Werk *n* <-[e]s, -e> ① (*Schaffen*) труд *м,* произведéние *с* ② (*Tätigkeit*) дéло *с,* рабóта *ж;* ◇ **ans ~ gehen** взя́ться за рабóту ③ (*Fabrik*) фáбрика *ж,* завóд *м* ④ (*Mechanismus*) механúзм *м;* **Werkbank** *f* верстáк *м;* **Werkstatt** *f* <-, -stätten> AUTO мастерскáя *ж;* **Werktag** *m* рабóчий день *м;* **werktags** *adv* по рабóчим дням; **Werkzeug** *n* инструмéнт *м*

Wermut *m* <-[e]s> ① BOT гóрькая полы́нь *ж* ② (*Wein*) вéрмут *м;* **Wermutstropfen** *m FIG* кáпля *ж* гóречи

wert *adj* (*geschätzt*) стóящий; ◇ **das ist nichts ~** что-л ничегó не стóит; **Wert** *m* <-[e]s, -e> ① (*Preis*) стóимость *ж* ② (*Bedeutung*) значéние *с,* цéнность *ж;* ◇ **es hat doch keinen ~** не стóит, бесполéзно, напрáсно; ◇ **~ legen auf** *akk* придавáть чемý-л осóбое значéние ③ FIN стóимость *ж,* ценá *ж* ④ (*von Kunstwerken*) цéнность *ж;* **werten** *vt* оцé|нивать <-нúть>; **Wertgegenstand** *m* цéнный предмéт *м;* **wertlos** *adj* не имéющий цéнности; **Wertminderung** *f* снижéние *с* стóимости; **Wertpapier** *n* цéнная бумáга *ж,* áкция *ж;* **Wertung** *f* оцéнка *ж,* определéние *с* стóимости; SPORT оцéнка *ж;* **wertvoll** *adj* (*Schmuckstück*) драгоцéнный, цéнный; **Wertzuwachs** *m* прирóст *м* стóимости

Werwolf *m* оборотень *м*

W

Wesen *n* <-s, -> ① (*Natur, Charakter*) нрав *м,* сýщность *ж* ② (*Lebe~*) существó *с*

wesentlich *adj* (*entscheidend*) сущéственный; (*beträchtlich*) значи́тельный

weshalb *adv* почемý

Wespe *f* <-, -n> осá *ж;* **Wespennest** *n* оси́ное гнездó *с*

wessen *pron gen von* **wer** чей, чья, чьё; ◇ ~ **Mantel ist das?** чьё э́то пальтó; ◇ ~ **Tochter ist sie?** чья э́то дочь

Weste *f* <-, -n> жилéт *м*

Westen *m* <-s> зáпад *м;* **westlich I.** *adj* зáпадный; (*Kurs, Richtung*) на зáпад **II.** *adv* к зáпаду, зáпаднее; **westwärts** *adv* на зáпад, в зáпадном направлéнии

weswegen *adv* почемý

Wettbewerb *m* соревновáние *с,* сопéрничество *с*

Wette *f* <-, - n> пари́ *с*

Wetteifer *m* рвéние *с,* старáние *с*

wetten *vi* ◇ **um etw** *akk* ~ <по->спóрить на что-л

Wetter *n* <-s, -> погóда *ж;* **Wetterbericht** *m* метеорологи́ческая свóдка *ж;* **Wetterlage** *f* метеорологи́ческие услóвия *с мн;* **Wettervorhersage** *f* прогнóз *м* погóды; **Wetterwarte** *f* <-, -n> метеорологи́ческая стáнция *ж*

Wettkampf *m* соревновáние *с,* состязáние *с;* **Wettlauf** *m* соревновáние *с* по бéгу; **wettmachen** *vt* (*Fehler*) ис|правля́ть <-прáвить>; **Wettrennen** *n* SPORT гóнки *мн; FIG* ◇ **ein ~ mit der Zeit** наперегонки́ сó врéменем; **Wettstreit** *m* состязáние *с,* борьбá *ж*

wetzen *vt* (*Messer*) на|тáчивать <-точи́ть>

WG *f* <-, -s> *Akr. v.* **Wohngemeinschaft**

Whirlpool *m* <-s, -s> бурля́щая вáнна *ж*

wich *impf v.* **weichen**

Wicht *m* <-[e]s, -e> шалýн *м,* малы́ш *м*

wichtig *adj* вáжный; **Wichtigkeit** *f* вáжность *ж*

wickeln *vt* на|мáтывать <-мотáть>; (*Haare*) накрý|чивать <-ти́ть>; (*Kind*) <за->пеленáть; ◇ **etw in etw** *akk* ~ за|вёртывать <-вернýть> что-л во что-л; **Wickeltisch** *m* стол *м* для пеленáния ребёнка

Widder *m* <-s, -> ① ZOOL барáн *м* ② ASTROL Овéн *м*

wider *präp akk* (*gegen*) прóтив когó-чегó-л, вопреки́ чемý-л

widerfahren *unreg vi* (*geschehen*) слу|чáться <-чи́ться> (*jd-m* с кем-л); **widerlegen** *vt* (*Behauptung*) опро|вергáть <-вéргнуть>

widerlich *adj* (*Geruch*) отврати́тельный; *PEJ* (*Mensch*) проти́вный

widerrechtlich *adj* (*ungesetzlich*) противозакóнный; **Widerrede** *f* возражéние *с;* **Widerruf** *m* отмéна *ж;* JURA откáз *м;* **widerrufen** *unreg vt* (*Aussage*) откá|зываться <-зáться> от чегó-л; (*Anordnung, Befehl*) отме|ня́ть <-ни́ть>; **Widersacher** *m* проти́вник *м;* **widersetzen** *vr* ◇ **sich** ~ сопротивля́ться *несов,* <вос->проти́виться; **widerspenstig** *adj* упря́мый, строптúвый; **widerspiegeln** *vt* отра|жáть <-зи́ть>; **widersprechen** *unreg vi* возра|жáть <-зи́ть> (*jd-m* комý-л), противорéчить *несов;* **widersprechend** *adj* противоречи́вый; **Widerspruch** *m* противорéчие *с;* **widerspruchslos** *adv* беспрекослóвно; **Widerstand** *m* сопротивлéние *с;* **Widerstandsbewegung** *f* движéние *с* сопротивлéния; **widerstandsfähig** *adj* стóйкий, выносливый; **widerstandslos** *adj* без сопротивлéния; **widerstehen** *unreg vi* (*der Versuchung*) устоя́ть пéред кем-чем-л; **widerstreben** *vi* (*ungern tun*) быть неприя́тным; ◇ **das widerstrebt mir** э́то мне крáйне неприя́тно; **widerwärtig** *adj* (*Arbeit*) отврати́тельный; (*Mensch*) мéрзкий; **Widerwille** *m* отвращéние *с;* **widerwillig** *adj* неохóтный

widmen I. *vt* ◇ **jd-m/e-r Sache seine Zeit** ~ уделя́ть комý/чемý-л врéмя **II.** *vr* ◇ **sich** ~ посвя|щáть <-ти́ть> себя́; **Widmung** *f* посвящéние *с*

widrig *adj* (*Umstände*) неблагоприя́тный

wie I. *adv* ① (*Art und Weise*) как ② (*in welchem Maß*) в какóй мéре ③ (*im Relativsatz*) ◇ **du weißt, ~ das stört** знáешь, как э́то мешáет ④ (*im Ausruf*) ◇ ~ **schade!** как жаль! ⑤ *FAM* (*nicht wahr?*) ◇ **lustig, ~?** вéсело, да? **II.** *cj* (*Vergleich*) как; ◇ **[so] schön** ~ (такóй) краси́вый как; ◇ ~ **du** как ты

wieder *adv* ① (*erneut*) снóва, опя́ть ② (*bereits*) ◇ **gehst du schon ~?** ты ужé ухóдишь?

Wiederaufbau *m* восстановлéние *с;* **Wiederaufbereitungsanlage** *f* кóмплекс *м* для регенерáции я́дерного тóплива; **Wiederaufnahme** *f* возобновлéние *с;* **wiederaufnehmen** *unreg vt* (*Verhandlung*) возобно|вля́ть <-ви́ть>; **Wiederbelebungsversuch** *m* попы́тка *ж* оживлéния; **wiederbringen** *unreg vt* (*Leihsachen*) при|носи́ть <-нести́>; **wiedererkennen** *unreg vt* узнá<вá>ть; **Wiedergabe** *f* (*von Musik*) воспроизведе́ние *с;* (*von Zitat*) переда́ча *ж;* **wiedergeben** *unreg vt* ① (*zurückgeben*) отда́‹ва́›ть наза́д, верну́ть *сов;* (*Gefühle*) отра|жа́ть ‹-зи́ть›; (*Freiheit*) отда́‹ва́›ть наза́д ② (*Erzählung*) переска́|зывать ‹-за́ть›; **wiedergutmachen** *vt* (*Fehler*) ис|-правля́ть ‹-пра́вить› **Wiedergutmachung** *f* (*Entschädigung*) возмеще́ние *с;* **wiederherstellen** *vt* восста|на́вливать ‹-нови́ть›

wiederholen [1] *vt* ‹holte wieder, hat wiedergeholt› (*zurückholen, Sache*) при|носи́ть ‹-нести́› наза́д; (*Person*) верну́ть *сов*

wiederholen [2] *vt* ‹wiederholte, hat wiederholt› (*nochmals tun*) повто|ря́ть ‹-ри́ть›; ◇ **e-e Klasse ~** оста́ться на второ́й год

Wiederholung *f* повторе́ние *с*

Wiederhören *n* (*am Telefon*) ◇ **auf ~!** до свида́ния!; **wiederkehren** *vi* (*Festtag*) при|ходи́ть ‹-йти́› опя́ть; (*Ereignis*) повто|ря́ться ‹-ри́ться›; **wiedersehen** *unreg vt* ‹у-›ви́деть вновь; **Wiedersehen** *n* ◇ **auf W~** до свида́ния; **wiederum** *adv* ① (*nochmals*) опя́ть, сно́ва ② (*andererseits*) с друго́й стороны́, одна́ко; **wiedervereinigen** *vt* объеди|ня́ть ‹-ни́ть›

Wiederwahl *f* переизбра́ние *с*

Wiege *f* ‹-, -n› колыбе́ль *ж;* **wiegen I.** ‹wog, gewogen› *vi* (*Gewicht*) взве́|шивать ‹-сить› **II.** *vt* (*schaukeln*) ‹по-›кача́ть; ◇ **ein Kind in den Schlaf ~** укача́ть ребёнка **III.** *vr* ◇ **sich ~** взве́|шиваться ‹-ситься›; *FIG* ◇ **sich in Sicherheit ~** чу́вствовать себя́ в безопа́сности

wiehern *vi* (*Pferd*) ржать *несов*

wies *impf v.* **weisen**

Wiese *f* ‹-, -n› луг *м*

Wiesel *n* ‹-s, -› ZOOL ла́ска *ж*

wieso *adv* почему́

wieviel *adv* ско́лько; ◇ **um ~ Uhr?** в кото́ром часу́?, во ско́лько?; **wievielmal** *adv* ско́лько раз; **wievielt I.** *adv* ◇ **zu ~ spielt ihr?** ско́лько челове́к игра́ет? **II.** *adj* ◇ **den ~en haben wir (heute)?** како́е сего́дня число́?; ◇ **auf dem ~en Platz ist sie gelandet?** како́е ме́сто она́ заняла́?

wieweit *cj* (*inwieweit*) наско́лько, в како́й ме́ре

wild *adj* (*Tier, Pflanze*) ди́кий; *FIG* (*Landschaft*) ди́кий, запу́щенный; (*Meer*) бушу́ющий; *FIG* (*Blick, Drohung*) я́ростный, бе́шеный; (*bösartig*) свире́пый; *FIG* (*unorganisiert, Kampf, Streik*) стихи́йный; ◇ **~ zelten ist nicht erlaubt** разбива́ть пала́тки то́лько с разреше́ния власте́й

Wild *n* ‹-[e]s› дичь *ж;* **Wilddieb** *m* браконье́р *м;* **wildern** *vi* браконье́рствовать *несов;* **wildfremd** *adj FAM* соверше́нно чужо́й; **Wildleder** *n* за́мша *ж;* **Wildnis** *f* глуха́я ме́стность *ж;* **Wildschwein** *n* ди́кая свинья́ *ж,* каба́н *м;* **Wildwestfilm** *m* ковбо́йский фильм *м*

Wille *m* ‹-ns› во́ля *ж; FIG* (*Testament*) ◇ **der Letzte ~** завеща́ние *с;* ◇ **sie hat einen eisernen ~n** у неё желе́зная во́ля; **willen** *präp gen* ◇ **um ... ~** ра́ди кого́-чего́-л; **willenlos** *adj* безво́льный; (*gefügig*) послу́шный; **willensschwach** *adj* слабово́льный; **willensstark** *adj* волево́й; **willig** *adj* (*bereitwillig*) с гото́вностью

willkommen *adj* (*Anlaß, Gast*) жела́нный; ◇ **herzlich ~** добро́ пожа́ловать

Willkür *f* ‹-› произво́л *м;* ◇ **jd-s ~ ausgesetzt sein** быть оста́вленным на произво́л кого́-л; **willkürlich** *adj* (*Herrscher*) произво́льный; (*Bewegung*) созна́тельный

wimmeln *vi* кише́ть *несов* (*von* чем-л)

wimmern *vi* жа́лобно пла́кать

Wimper *f* ‹-, -n› ресни́ца *ж;* **Wimperntusche** *f* тушь *ж* для ресни́ц

Wind *m* ‹-[e]s, -e› ве́тер *м; FIG* (*Schwung*) ◇ **frischen ~ mitbringen** прида́ть чему́-л но́вый и́мпульс; ◇ **von etw ~ bekommen** прове́дать о чём-л; ◇ **viel ~ um etw machen** поднима́ть мно́го шу́му из-за чего́-л; **Windbeutel** *m* (*Kuchenteilchen*) заварно́е пиро́жное с кре́мом

Winde *f* ‹-, -n› ① TECH лебёдка *ж* ② BOT вьюно́к *м*

Windel *f* ‹-, -n› пелёнка *ж*

winden I. ‹wand, gewunden› *vt* (*Kranz*) ‹с-›плести́ **II.** *vr* ◇ **sich ~** (*Mensch*) ‹с-›ко́рчиться; (*Schlange, Pflanze*) ви́ться *несов*

Windenergie *f* ветрова́я эне́ргия *ж;* **Windhose** *f* сме́рч *м,* тромб *м;* **Windhund** *m* борза́я *ж; PEJ* (*Mensch*) ве́треник *м,* ветрого́н *м;* **windig** *adj* METEO ве́треный; **Windmesser** *m* ветроме́р *м;* **Windmühle** *f* ветряна́я ме́льница *ж;* **Windpocken** *f pl* ветряна́я о́спа *ж;* **Windschatten** *m* ◇ **im ~** в защищённом от ве́тра ме́сте; **Windschutzscheibe** *f* AUTO лобово́е стекло́ *с;* **Windstärke** *f* си́ла *ж* ве́тра; **windstill** *adj* безве́тренный; **Windstoß** *m* поры́в *м* ве́тра; **Windsurfen** *n* виндсёрфинг *м*

Windung *f* (*von Fluß*) изви́лина *ж,* изги́б *м*

Wink *m* ‹-[e]s, -e› (*Hinweis, Tip*) намёк *м;* (*mit Hand*) зна́к *м;* (*mit Kopf*) киво́к *м*

Winkel *m* ‹-s, -› MATH у́гол *м;* ◇ **rechter/spit-**

zer ~ прямы́й/о́стрый у́гол; (*in Raum*) у́гол *м; FIG* ◇ **malerischer ~** живопи́сный уголо́к *м;* **Winkelmesser** *m* MATH транспорти́р *м*

winken I. *vi* ① (*zu~*) мах|а́ть <-ну́ть> руко́й; (*signalisieren*) <с->де́лать знак; ◇ **mit e-m Taschentuch ~** маха́ть платко́м ② (*Belohnung*) ожида́ть *несов* **II.** *vt* ◇ **jd-n zu sich ~** подзыва́ть кого́-л к себе́ же́стом

winseln *vi* (*Hund*) визжа́ть *несов,* скули́ть *несов; a. PEJ* (*flehen*) скули́ть

Winter *m* <-s, -> зима́ *ж;* ◇ **im ~** зимо́й; **Wintergarten** *m* зи́мний сад *м;* **winterlich I.** *adj* (*Kälte*) зи́мний **II.** *adv* по-зи́мнему; **Winterreifen** *m* зи́мняя ши́на *ж;* **Winterschlaf** *m* зи́мняя спя́чка *ж;* **Wintersemester** *m* зи́мний семе́стр *м;* **Wintersport** *m* зи́мние ви́ды *мн* спо́рта

Winzer(in *f*) *m* <-s, -> виногра́дарь *м*

winzig *adj* кро́хотный, кро́шечный

Wipfel *m* <-s, -> (*Baum~*) верху́шка *ж*

Wippe *f* (*auf Spielplatz*) каче́ли *мн;* **wippen** *vi* (*auf Spielplatz*) кача́ться на каче́лях; (*mit den Füßen*) болта́ть нога́ми

wir *pron pers* мы; ◇ **~ alle** все мы

Wirbel *m* <-s, -> ① ANAT позвоно́к *м* ② (*Haar~*) завихре́ние *с* ③ (*Trubel, Aufsehen*) сумато́ха *ж,* переполо́х *м;* **wirbeln** *vi* (*Staub*) <за->вихри́ться; **Wirbelsäule** *f* позвоно́чник *м;* **Wirbelsturm** *m* урага́н *м,* цикло́н *м;* **Wirbelwind** *m* вихрь *м; FIG* (*Person*) живо́й, подви́жный челове́к *м*

wirken *vi* ① (*handeln*) труди́ться *несов* ② (*Wirkung haben*) <по->де́йствовать ③ (*scheinen*) <по->каза́ться

wirklich *adj* настоя́щий, реа́льный; **Wirklichkeit** *f* действи́тельность *ж*

wirksam *adj* эффекти́вный; **Wirksamkeit** *f* эффекти́вность *ж*

Wirkung *f a.* (*von Medikament*) де́йствие *с,* эффе́кт *м;* (*Eindrucks*) возде́йствие *с;* **wirkungslos** *adj* безрезульта́тный, неэффекти́вный; **wirkungsvoll** *adj* эффекти́вный

wirr *adj* (*Haar*) беспоря́дочный; (*Blick*) беспоко́йный; **Wirren** *pl* (*Unruhen*) волне́ния *с мн,* беспоря́дки *м мн;* **Wirrwarr** *m* <-s> ха́ос *м,* неразбери́ха *ж*

Wirsing[kohl] *m* саво́йская капу́ста *ж*

Wirt(in *f*) *m* <-[e]s, -e> ① GASTRON хозя́ин *м,* хозя́йка *ж* ② *nur m* BIOL хозя́ин *м*

Wirtschaft *f* ① (*Gaststätte*) каба́к *м* ② (*Volks~*) эконо́мика *ж;* **wirtschaften** *vi* (*den Haushalt führen*) вести́ хозя́йство, хозя́йничать *несов;* (*Geld, Vorräte einteilen*) хозя́йствовать *несов;* **wirtschaftlich** *adj* хозя́йственный, эконо́мный; POL экономи́ческий; **Wirtschaftskriminalität** *f* <-> преступле́ния *с мн* в о́бласти эконо́мики; **Wirtschaftskrise** *f* экономи́ческий кри́зис *м;* **Wirtschaftsminister** *m* мини́стр *м* эконо́мики; **Wirtschaftssystem** *n* экономи́ческая систе́ма *ж;* **Wirtschaftswunder** *n* экономи́ческое чу́до *с*

Wisch *m* <-[e]s, -e> *PEJ* (*Schriftstück*) бума-жо́нка *ж*

wischen *vt* (*Boden*) про|тира́ть <-тере́ть>; (*Tafel*) стира́ть <стере́ть> (с чего́-л); (*Staub*) вытира́ть <вы́тереть>; **Wischlappen** *m* тря́пка *ж*

wispern *vi* шепта́ться *несов*

Wißbegier[de] *f* жа́жда *ж* зна́ний; **wißbegierig** *adj* любозна́тельный

wissen <weiß, wußte, gewußt> *vt* знать; ◇ **Bescheid ~** быть в ку́рсе; ◇ **man kann nie ~!** как знать!; ◇ **was weiß ich!** а мне отку́да знать!; **Wissen** *n* <-s> зна́ние *с;* ◇ **nach bestem ~** по со́вести; **Wissenschaft** *f* нау́ка *ж;* **Wissenschaftler(in** *f*) *m* <-s, -> учё-ный(-ая *ж*) *м;* **wissenschaftlich** *adj* нау́чный; **wissenswert** *adj* зна́чимый; **wissentlich** *adv* (*absichtlich*) созна́тельный, умы́шленный

wittern *vt* (*Tier*) <по->чу́ять; *FIG* (*Gefahr*) предчу́вствовать *несов;* **Witterung** *f* ① (*Geruchssinn*) чутьё *с* ② (*Wetter*) пого́да *ж*

Witwe *f* <-, -n> вдова́ *ж;* **Witwer** *m* <-s, -> вдове́ц *м*

Witz *m* <-[e]s, -e> шу́тка *ж; FIG* ◇ **der ~ an der Sache** суть де́ла; **Witzbold** *m* <-[e]s, -e> (*Spaßvogel*) шутни́к *м,* остря́к *м;* **witzeln** *vi* (*spotten*) подшу́|чивать <-ти́ть>; **witzig** *adj* ① (*spaßig*) смешно́й, весёлый ② *FIG* (*geistreich*) остроу́мный; **witzlos** *adj* (*spaßlos*) неостроу́мный; (*langweilig*) ску́чный; (*sinnlos*) бессмы́сленный

wo I. *pron* (*interrogativ*) где; ◇ **~ ist der Notizblock?** где блокно́т? **II.** (*Relativadverb*) ◇ **überall, ~ ...** всю́ду, где ...; ◇ **~ auch immer du hingehst ...** куда́ ни пойдёшь ...; (*temporal*) когда́; ◇ **im Augenblick, ~ ...** в тот моме́нт, когда́ . .; **woanders** *adv* в друго́м ме́сте

wob *impf v.* **weben**

wobei *adv* ① (*interrogativ*) причём ② (*relativ*) причём

Woche *f* <-, -n> неде́ля *ж;* **Wochenende** *n* суббо́та *ж* и воскресе́нье *с,* коне́ц *м*

неде́ли; **Wochenendhaus** *n* да́ча *ж;* **wochenlang** I. *adj* продолжа́ющийся мно́го неде́ль II. *adv* неде́лями; **Wochenmarkt** *m* база́р *м;* **wochentags** *adv* в рабо́чие дни; **wöchentlich** I. *adj* еженеде́льный II. *adv* еженеде́льно, раз в неде́лю; **Wochenzeitung** *f* еженеде́льная газе́та *ж*

wodurch *adv* (1) (*interrogativ, durch welchen Ort*) че́рез что; (*durch welches Mittel*) чем (2) (*relativ*) из-за чего́, всле́дствие чего́; ◇ **er fuhr zu schnell, ~ der Reifen platzte** он е́хал сли́шком бы́стро, из-за чего́ ло́пнула ши́на

wofür *adv* (1) (*interrogativ*) для чего́, заче́м; ◇ **~ hast du das gekauft?** заче́м ты э́то купи́л? (2) (*relativ*) для чего́; ◇ **ich zeige dir, ~ das gut ist** покажу́ тебе́, для чего́ э́то испо́льзуется

wog *impf v.* **wiegen**

Woge *f* ‹-, -n› волна́ *ж*

wogegen *adv* (1) (*interrogativ*) про́тив чего́; ◇ **~ sträubst du dich?** чему́ ты сопротивля́ешься? (2) (*relativ*) про́тив чего́; ◇ **sie ging früher, ~ nichts einzuwenden war** она́ ушла́ ра́ньше, про́тив чего́ не́ было возраже́ний

woher *adv* (1) (*interrogativ*) отку́да (2) (*relativ*) отку́да; ◇ **der Ort, ~ ich stamme** ме́сто, отку́да я ро́дом

wohin *adv* куда́

wohingegen *cj* (*im Gegensatz zu*) напро́тив

wohl *adv* (1) (*behaglich*) хорошо́ (2) (*vermutlich*) пожа́луй; ◇ **~ oder übel** хо́чешь не хо́чешь (3) (*gewiß*) коне́чно; ◇ **er weiß das ~** он э́то прекра́сно зна́ет

Wohl *n* ‹-[e]s› бла́го *c;* ◇ **zum ~!** за ва́ше/твоё здоро́вье!; **wohlauf** *adv* здоро́вый; **Wohlbehagen** *n* прия́тное чу́вство *c,* ую́т *м;* **wohlbehalten** *adv* благополу́чный, без ране́ний; **wohlerzogen** *adj* хорошо́ воспи́танный; **Wohlfahrtsstaat** *m* госуда́рство *c* всео́бщего благоде́нствия; **wohlhabend** *adj* состоя́тельный, зажи́точный; **Wohlklang** *m* благозву́чие *c;* **wohlriechend** *adj* благоуха́ющий, благоуха́нный; **wohlschmeckend** *adj* вку́сный; **Wohlstand** *m* благосостоя́ние *c;* (*Reichtum*) бога́тство *c;* **Wohlstandsgesellschaft** *f* о́бщество *c* всео́бщего благоде́нствия; **Wohltat** *f* благодея́ние *c;* (*Genuß*) наслажде́ние *c;* **Wohltäter(in** *f*) *m* благоде́тель(ница *ж*) *м;* **wohltätig** *adj* благотвори́тельный; **wohltuend** *adj* (*Wirkung*) благотво́рный, прия́тный; **wohlverdient** *adj* заслу́женный; **wohlweislich** *adv* благоразу́мно; **Wohlwollen** *n* ‹-s› благоскло́нность *ж;* **wohlwollend** *adj* благоскло́нный

wohnen *vi* жить *несов;* **Wohnfläche** *f* жила́я пло́щадь *ж;* жилпло́щадь *ж;* **Wohngemeinschaft** *f* коллекти́в *м* жильцо́в; **wohnhaft** *adv* прожива́ющий; **Wohnlage** *f* расположе́ние *c* кварти́ры/до́ма; **wohnlich** *adj* ую́тный; **Wohnmobil** *n* ‹-s, -e› микроавто́бусда́ча *ж;* **Wohnort** *m* местожи́тельство *c;* **Wohnraum** *m* (1) (*Zimmer*) жило́е помеще́ние *c* (2) (*Wohnungen*) жили́ще *c;* **Wohnsitz** *m* ме́стожи́тельство *c;* **Wohnung** *f* кварти́ра *ж,* жильё *c;* **Wohnungsbau** *m* жили́щное строи́тельство *c;* **Wohnungsnot** *f* жили́щный кри́зис *м;* **Wohnwagen** *m* жило́й автоприце́п *м,* да́ча-приц́еп *м;* **Wohnzimmer** *n* гости́ная *ж*

wölben *vr* ◇ **sich ~** (*Brücke*) висе́ть дуго́й; (*Himmel*) простира́ться; **Wölbung** *f* вы́пуклость *ж;* (*Krümmung*) вы́гиб *м*

Wolf *m* ‹-[e]s, Wölfe› (1) (*Tier*) волк *м* (2) (*Fleisch~*) мясору́бка *ж;* **Wölfin** *f* волчи́ца *ж;* **Wolfshund** *m* волкода́в *м*

Wolke *f* ‹-, -n› о́блако *c;* **Wolkenbruch** *m* ли́вень *м;* **Wolkenkratzer** *m* небоскрёб *м;* **wolkenlos** *adj* безо́блачный; **wolkig** *adj* о́блачный

Wolle *f* ‹-, -n› шерсть *ж*

wollen [1] *adj* (*Socken, Jacke*) шерстяно́й

wollen [2] *vt, vi* (*Absicht, Wunsch*) ‹за-›хоте́ть; ◇ **das ~ wir doch mal sehen!** ещё уви́дим!

Wolljacke *f* шерстяна́я ко́фточка *ж*

Wollust *f* (1) (*Sinnlichkeit*) сладостра́стие *c* (2) *FIG* (*Freude*) наслажде́ние *c;* **wollüstig** *adj* сладостра́стный

womit *adv* (1) (*relativ*) (*die Übersetzung hängt von der Rektion des russischen Verbs ab*) ◇ **er ging hinaus, ~ die Sitzung scheiterte** он вы́шел, на чём заседа́ние прервало́сь (2) (*interrogativ*) чем, с чем; ◇ **~ bezahlst du?** чем ты запла́тишь?

womöglich *adv* мо́жет быть

wonach *adv* (1) (*interrogativ*) по́сле чего́, с чем, в свя́зи (*die Übersetzung hängt von der Rektion des russischen Verbs ab*) ◇ **~ hast du gefragt?** о чём ты спроси́л? (2) (*relativ*) (*die Übersetzung hängt von der Rektion des russischen Verbs ab*) ◇ **etw, ~ sie schon immer gesucht haben** то, что они́ уже́ давно́ и́щут

W

Wonne *f* <-, -n> (*Genuß*) наслажде́ние *с*, блаже́нство *с;* **Wonnemonat** *m* ◇ **im ~ Mai** в ма́е

woran *adv* ① (*interrogativ*) о чём, на чём, на что, (*die Übersetzung hängt von der Rektion des russischen Verbs ab*) ◇ **~ denkst du schon wieder?** о чём ты опя́ть ду́маешь? ② (*relativ*) (*die Übersetzung hängt von der Rektion des russischen Verbs ab*) ◇ **die Sache, ~ ich denke ...** вещь, о кото́рой я ду́маю ...; ◇ **die Krankheit, ~ er gestorben ist** боле́знь, от кото́рой он уме́р

worauf *adv* ① (*interrogativ*) на чём, на что; ◇ **~ liegst du?** на чём ты лежи́шь?; ◇ **~ wartest du?** чего́ ты ждёшь? ② (*relativ*) (*die Übersetzung hängt von der Rektion des russischen Verbs ab*) ◇ **du siehst, ~ man sich verlassen kann** ви́дишь, на что мо́жно положи́ться; **woraufhin** *adv* (*infolgedessen*) вследствие чего́

woraus *adv* ① (*interrogativ*) из чего́; ◇ **~ besteht der Mensch?** из чего́ состои́т челове́к? ② (*relativ*) из кото́рого

worin *adv* ① (*interrogativ*) в чём, где; ◇ **~ besteht die Neugierde?** в чём суть любопы́тства? ② (*relativ*) в кото́ром; ◇ **zähl' die Punkte auf, ~ wir übereinstimmen** назови́ пу́нкты, в кото́рых мы одного́ мне́ния

Workshop *m* <-s, -s> рабо́чая гру́ппа *ж*

Worldcup *m* <-s, -s> SPORT чемпиона́т *м* ми́ра

Wort I. *n* <-[e]s, Wörter> (*Vokabel*) сло́во *с* **II.** *n* <-[e]s, Worte> ① (*Rede, Bemerkung*) речь *ж*, сло́во *с* ② (*Versprechen*) сло́во *с;* ◇ **jd-n beim ~ nehmen** пойма́ть кого́-л на сло́ве; ◇ **jd-m das ~ abschneiden** ре́зко переби́ть; ◇ **das ~ ergreifen** взять сло́во; ◇ **über jd-n/etw kein ~ verlieren** не сказа́ть ни слова́ о чём-л; ◇ **nicht zu ~ kommen** не получа́ть сло́во; **Wortbildung** *f* словообразова́ние *с;* **wortbrüchig** *adj* вероло́мный; **Wörterbuch** *n* слова́рь *м;* **Wortgruppe** *f* гнездо́ *с* слов; **wortkarg** *adv* немногосло́вный; **wörtlich** *adj* досло́вный, буква́льный; **wortlos** *adj* безмо́лвный; **Wortmeldung** *f* выступле́ние *с;* **wortreich** *adj* многосло́вный, словооби́льный; **Wortschatz** *m* запа́с *м* слов; **Wortschöpfung** *f* словотво́рчество *с;* **Wortspiel** *n* игра́ *ж* слов; **Wortwahl** *f* подбо́р *м* слов; **Wortwechsel** *m* препира́тельство *с*, спор *м*

worüber *adv* ① (*relativ*) (*die Übersetzung hängt von der Rektion des russischen Verbs ab*) ◇ **das Thema, ~ wir diskutieren** те́ма, кото́рую мы обсужда́ем ② (*interrogativ*) над чем, пове́рх чего́, о чём; ◇ **~ streitet ihr euch?** о чём идёт спор?

worum *adv* ① (*interrogativ*) вокру́г чего́, за что, ра́ди чего́; ◇ **~ handelt es sich?** о чём идёт речь? ② (*relativ*) (*die Übersetzung hängt von der Rektion des russischen Verbs ab*) ◇ **da ist noch etw, ~ ich dich bitten möchte** у меня́ ещё есть кое-что́, о чём бы мне хоте́лось тебя́ попроси́ть

worunter *adv* ① (*interrogativ*) под чем, подо что́, среди́ чего́; ◇ **~ leidet Ihr Sohn?** чем страда́ет ваш сын? ② (*relativ*) (*die Übersetzung hängt von der Rektion des russischen Verbs ab*) ◇ **vieles, ~ ich mir nichts vorstellen kann** мно́гое, о чём я не могу́ соста́вить себе́ ни мале́йшего представле́ния

wovon *adv* ① (*interrogativ*) от чего́, из чего́, о чём; ◇ **~ lebst du?** на что ты живёшь? ② (*relativ*) (*die Übersetzung hängt von der Rektion des russischen Verbs ab*) ◇ **er fragte mich nach etw, ~ ich keine Ahnung hatte** он спроси́л меня́ о чём-то, в чём я не разбира́юсь

wovor *adv* ① (*interrogativ*) пе́ред чем, от чего́; ◇ **~ hast du Angst?** чего́ ты бо́ишься? ② (*relativ*) ◇ **diese Prüfung ist das, ~ ich am meisten Angst habe** я бо́льше всего́ бою́сь э́того экза́мена

wozu *adv* ① (*interrogativ: zu welchem Zweck*) к чему́, для чего́; ◇ **~ tust du das?** заче́м/к чему́ ты э́то де́лаешь?; (*warum*) почему́ ② (*relativ*) к чему́, для чего́; ◇ **wer weiß, ~ das gut ist** кто зна́ет, к чему́ э́то

Wrack *n* <-[e]s, -s> (*Schiffs~*) ко́рпус *м*, обло́мки *м мн;* (*Auto~*) металлоло́м *м; FIG* (*Mensch*) разва́лина *ж*

wringen <wrang, gewrungen> *vt* (*Wäsche*) отж<им>а́ть

Wucher *m* <-s> ростовщи́чество *с;* (*Miet~*) завы́шенная квартпла́та *ж;* (*Zins~*) ростовщи́чество *с;* **Wucherer** *m* <-s, ->, **Wucherin** *f* ростовщи́к *м*, ростовщи́ца *ж*

wuchern *vi* (*Pflanzen*) си́льно разраста́ться; (*Tumor*) бы́стро расти́; **Wucherung** *f* MED о́пухоль *ж*

wuchs *impf v.* **wachsen**

Wuchs *m* <-es> ① (*das Wachsen*) рост *м* ② (*Statur*) рост *м*, стан *м*

Wucht *f* <-> мо́щность *ж*, си́ла *ж;* ◇ **mit voller ~** со всей си́лой; **wuchtig** *adj* (*Schrank*) тяжелове́сный; (*Gebäude*) масси́вный

wühlen *vi* (*graben, aufreißen*) копа́ться *несов;* (*Maulwurf, Schwein*) ры́ться *несов;* **Wühlmaus** *f* ZOOL полёвка *ж*

wund *adj* ра́неный; (*offen*) натёртый; *FIG* ◇ **das ist sein ~er Punkt** э́то его́ больно́е ме́сто; **Wunde** *f* <-, -n> ра́на *ж*, ране́ние *с*

Wunder *n* <-s, -> чу́до *с;* ◇ **es ist kein ~** неудиви́тельно; ◇ **dieses Mittel wirkt ~** э́то сре́дство де́йствует чуде́сно; **wunderbar** *adj* чуде́сный; (*großartig*) великоле́пный; **Wunderkind** *n* вундерки́нд *м;* **wunderlich** *adj* стра́нный, причу́дливый; **wundern I.** *vr* ◇ **sich ~** удив|ля́ться <-ви́ться> (*über akk* кому́-чему́-л); ◇ **sich über gar nichts mehr ~** ничему́ бо́льше не удивля́ться **II.** *vt unpers* ◇ **es wundert mich** удиви́тельно; **wunderschön** *adj* удиви́тельно краси́вый, прекра́сный; **wundervoll** *adj* чуде́сный

Wundstarrkrampf *m* столбня́к *м*

Wunsch *m* <-[e]s, Wünsche> жела́ние *с;* ◇ **ganz nach ~ sein** быть как нельзя́ лу́чше; **wünschen** *vt* <по->жела́ть чего́-л, <за->хоте́ть чего́-л; ◇ **ich wünsche mir** мне хоте́лось бы; **wünschenswert** *adj* жела́тельный

wurde *impf v.* **werden**

Würde *f* <-> досто́инство *с;* **würdelos** *adj* лишённый досто́инства; **Würdenträger(in** *f*) *m* высокопоста́вленное лицо́ *с;* **würdevoll** *adj* досто́йный; **würdig** *adj* досто́йный; ◇ **er ist der Sache nicht ~** он не досто́ин э́того; **würdigen** *vt* (*als würdig beurteilen*) оце́|нивать <-ни́ть> по досто́инству; (*anerkennen*) призна́<ва́>ть; (*schätzen*) удос|та́ивать <-то́ить> кого́-л чем-л; ◇ **jd-n keines Blickes ~** не удосто́ить кого́-л взгля́дом

Wurf *m* <-s, Würfe> ① (*das Werfen*) бросо́к *м;* (*Erfolg haben*) ◇ **es gelang ihm ein großer ~** он дости́г большо́го успе́ха ② (*von Tieren*) помёт *м;* **Wurfbude** *f* тир *м*

Würfel *m* <-s, -> ① MATH куб *м* ② (*Spiel~*) ку́бик *м;* ◇ **die ~ sind gefallen** жре́бий бро́шен; ◇ **Käse in ~ schneiden** наре́зать сыр ку́биками; **Würfelbecher** *m* стака́н *м* для игра́льных косте́й; **würfeln I.** *vi* игра́ть <сыгра́ть> в ко́сти **II.** *vt* (*in Würfel schneiden*) <на->ре́зать ку́биками; **Würfelspiel** *n* игра́ *ж* в ко́сти; **Würfelzucker** *m* са́хар-рафина́д *м*

würgen I. *vt* ① (*am Hals*) <за->души́ть *несов* **II.** *vi* ① (*beim Schlucken*) дави́ться чем-л ② ◇ **mit Hängen und W~ wurde die Arbeit fertig** с больши́м трудо́м удало́сь зако́нчить рабо́ту

Wurm *m* <-[e]s, Würmer> червь *м; FAM* ◇ **da ist der ~ drin** тут что́-то нела́дно; **wurmen** *vt unpers FAM* ◇ **das wurmt mich** меня́ э́то раздража́ет; **wurmig** *adj* (*Frucht*) черви́вый; **wurmstichig** *adj* (*Holz*) исто́ченный червя́ми

Wurst *f* <-, Würste> ① колбаса́ *ж* ② *FAM* ◇ **das ist mir ~** мне наплева́ть; **Wurstbrot** *n* бутербо́д *м* с колбасо́й; **Würstchen** *n* <-s, -> ① (*Wiener ~*) соси́ска *ж* ② *PEJ* (*unbedeutender Mensch*) жа́лкое созда́ние *с;* **Würstchenbude** *f* соси́сочная *ж;* (*an Landstraßen*) кио́ск *м*

Würze *f* <-, -n> ① (*Aroma, Geschmack*) вкус *м* ② (*Gewürz*) пря́ность *ж;* (*von Salaten*) припра́ва *ж*

Wurzel *f* <-, -n> ① *a.* MATH ко́рень *м* ② *FIG* (*Ursache*) ко́рень *м*, исто́чник *м;* ◇ **die ~ allen Übels** ко́рень зла́; **Wurzelrechnung** *f* MATH извлече́ние *с* ко́рня; **Wurzelzeichen** *m* зна́к *м* ко́рня, радика́л *м*

würzen *vt* ① (*Essen*) при|правля́ть <-пра́вить> пря́ностями ② *FIG* (*Rede, Ansprache*) при|правля́ть <-пра́вить>; **würzig** *adj* пря́ный

wusch *impf v.* **waschen**

wußte *impf v.* **wissen**

wüst *adj* ① (*unordentlich*) беспоря́дочный ② (*ausschweifend*) распу́тный, разну́зданный ③ (*öde*) пусты́нный, запусте́лый ④ *FAM* (*heftig*) ди́кий, бу́йный

Wüste *f* <-, -n> пусты́ня *ж*

Wüstling *m* распу́тник *м*, развра́тник *м*

Wut *f* <-> я́рость *ж*, гнев *м*, зло́ба *ж;* ◇ **mich packt die ~** меня́ зло берёт; ◇ **seine ~ an jd-m auslassen** срыва́ть свой гнев на ком-л; **Wutanfall** *m*, **Wutausbruch** *m* припа́док *м* бе́шенства; **wüten** *vi* бу́йствовать *несов;* (*Epidemie*) свире́пствовать *несов;* (*Sturm, Brand*) бушева́ть *несов;* **wütend** *adj* я́ростный, гне́вный; ◇ **~ werden** разъяри́ться *сов*, рассвирепе́ть *сов;* **wutentbrannt** *adv* взбе́шенный, разъярённый; ◇ **sie lief ~ hinaus** в бе́шенстве она́ вы́скочила на у́лицу

W

X

X, x *n* (*Buchstabe*) (*im Russischen nicht vorhanden*); *MATH* икс *м;* ◇ **der x-te Versuch** многокра́тная попы́тка

x-Achse *f* MATH ось *ж* абсци́сс

X-Beine *pl* кривы́е но́ги *мн*

x-beliebig *adj* (*irgendein,e, r*) любо́й, како́й уго́дно

X-Chromosom *n* BIOL X-хромосо́ма *ж*

x-mal *adv* мно́го раз

Xylophon *n* ‹-s, -e› MUS ксилофо́н *м*

Y

Y, y *n* (*Buchstabe*) (*im Russischen wiedergegeben durch:*) й, Й

y-Achse *f* MATH ось *ж* орди́нат

Yacht *f* ‹-, -en› я́хта *ж*

Y-Chromosom *n* BIOL Y-хромосо́ма *ж*

Yoga *n* ‹-, -en› йо́га *ж*

Yoghurt *m o. n* ‹-s, -s› *s.* **Joghurt** йо́гурт *м*

Yuppie *m* ‹-s, -s› **young urban professional [people]** молодо́й карьери́ст *м*

Z

Z, z *n* (*Buchstabe*) Ц, ц; ◇ **von A bis Z** от нача́ла до конца́

Zacke *f* ‹-, -n› (*Berg~, Gabel~*) зубе́ц *м;* (*von Stern*) коне́ц *м;* **zackig** *adj* ① (*gezackt*) зубча́тый ② *FAM* (*Benehmen*) лихо́й, молодцева́тый

zaghaft *adj* ро́бкий, нереши́тельный; **Zaghaftigkeit** *f* ро́бость *ж*

zäh *adj* ① (*Fleisch*) жёсткий; (*Flüssigkeit*) вя́зкий; (*klebrig*) кле́йкий ② (*Verkehr etc.*) ме́дленный ③ (*Mensch*) выно́сливый, живу́чий; **zähfließend** *adj* ◇ **~er Verkehr** движе́ние *с* с зато́рами

Zahl *f* ‹-, -en› число́ *с;* (*Ziffer*) ци́фра *ж;* ◇ **in großer ~** в большо́м коли́честве; **zahlbar** *adj* подлежа́щий опла́те; ◇ **~ bei Lieferung** подлежа́щий опла́те доста́вке; **zahlen I.** *vt* (*bezahlen*) ‹за-›плати́ть **II.** *vi* ◇ **~ bitte!** прошу́ счёт, пожа́луйста!; **zählen I.** *vt* ① (*ab~*) ‹по-›счита́ть ② (*bei Sport, Spiel*) вести́ счёт; KARTEN ◇ **der Bube zählt 4 Punkte** вале́т даёт 4 очка́ ③ (*gehören*) ◇ **~ zu** от|носи́ть ‹-нести́› к чему́-кому́-л **II.** *vi* ◇ **auf jd-n/etw ~** рассчи́тывать на кого́/что-л; **zahlenmäßig** *adj* чи́сленный; **Zahlenschloß** *n* замо́к *м* с ко́довым набо́ром; **Zähler** *m* ‹-s, -› ① TECH (*Gas~*) счётчик *м* ② MATH числи́тель *м;* **zahllos** *adj* бесчи́сленный; **zahlreich** *adj* многочи́сленный; **Zahlstelle** *f* ме́сто *с* платежа́; **Zahltag** *m* платёжный день *м;* **Zahlung** *f* упла́та *ж,* платёж *м;* ◇ **etw in ~ geben/nehmen** дава́ть/принима́ть что-л в упла́ту; **Zählung** *f* счёт *м,* подсчёт *м;* (*von Bevölkerung*) пе́репись *ж;* **Zahlungsanweisung** *f* платёжное поруче́ние *с;* **zahlungsfähig** *adj* платёжеспосо́бный; **Zahlungsmittel** *n* платёжное сре́дство *с;* **zahlungsunfähig** *adj* неплатёжеспосо́бный; **Zahlwort** *n* GRAM и́мя *с* числи́тельное

zahm *adj* ручно́й; (*sanft*) кро́ткий; **zähmen I.** *vt* приру|ча́ть ‹-чи́ть› **II.** *vr FIG* (*sich beherrschen*) ◇ **sich ~** сдер|живать ‹-жа́ть› себя́

Zahn *m* ‹-[e]s, Zähne› зуб *м;* TECH зубе́ц *м; FIG* ◇ **sich die Zähne ausbeißen** облома́ть себе́ зу́бы обо что́-л; *FAM* (*schneller fahren*) ◇ **einen ~ zulegen** приба́вить газу́; **Zahnarzt** *m,* **Zahnärztin** *f* зубно́й врач *м;* **Zahnbürste** *f* зубна́я щётка *ж;* **Zahncreme** *f* зубна́я па́ста *ж;* **zahnen** *vi* ◇ **das Baby zahnt** у ребёнка проре́зываются зу́бы; **Zahnfäule** *f* ка́риес *м;* **Zahnfleisch** *n* десна́ *ж; FAM* (*total erschöpft sein*) ◇ **auf dem ~ gehen** тяну́ть из после́дних сил; **Zahnfleischentzündung** *f* воспале́ние *с* дёсен; **zahnlos** *adj* (*Baby, Greis*) беззу́бый; **Zahnpasta** *f* зубна́я па́ста *ж;* **Zahnrad** *n* зубча́тое колесо́ *с,* шестерня́ *ж;* **Zahnradbahn** *f* зубча́тая желе́зная доро́га *ж;* **Zahnschmelz** *m* зубна́я эма́ль *ж;* **Zahnschmerzen** *m pl* зубна́я боль *ж;* **Zahnseide** *f* зубочи́стка *ж* (из шёлковой ни́ти); **Zahnstein** *m* зубно́й ка́мень *м;* **Zahnstocher** *m* ‹-s, -› зубочи́стка *ж;* **Zahntechniker(in** *f*) *m* зубно́й те́хник, протези́ст(ка *ж*) *м*

Zange *f* ‹-, -n› (*Greif~, Zucker~*) щипцы́ *мн;* (*Kneif~*) куса́чки *мн; FAM* (*bedrängen*) ◇ **jd-n in die ~ nehmen** взя́ть кого́-л в оборо́т

Zank *m* ссо́ра *ж;* **zanken I.** *vi* ◇ **mit jd-m ~**

<по->ссо́риться с кем-л **II.** *vr* ◇ **sich mit jd-m um etw** *akk* ~ <по->ссо́риться с кем-л из-за чего́-л; **zänkisch** *adj* сварли́вый, вздо́рный

Zäpfchen *n* ① ANAT (*Gaumen~*) язычо́к *м* ② MED свеча́ *ж*

zapfen *vt* (*Bier, Wein*) разли́<ва́>ть

Zapfen *m* <-s, -> *a.* TECH (*Stift*) вту́лка *ж;* BOT (*Tannen~*) ши́шка *ж;* (*Eis~*) сосу́лька *ж;* **Zapfenstreich** *m* MIL вече́рняя заря́ *ж;* **Zapfsäule** *f* бензоколо́нка *ж*

zappelig *adj* (*unruhig*) неспоко́йный; **zappeln** *vi* дёргаться *несов; FIG* ◇ **jd-n ~ lassen** томи́ть кого́-л ожида́нием

Zar(in *f*) *m* <-en, -en> царь *м,* цари́ца *ж*

zart *adj* ① (*Gesundheit, Gemüt*) хру́пкий ② (*Fleisch*) не́жный; (*Gemüse*) молодо́й; (*Haut*) не́жный; (*zierlich, Hände*) изя́щный; ◇ **im ~en Alter von 17 Jahren** в ю́ном во́зрасте семна́дцати лет ③ (*Duft, Berührung*) прия́тный; (*Stimme*) не́жный; *FIG* (*Andeutung*) лёгкий ④ (*Farben*) мя́гкий; (*Lächeln*) ла́сковый; **zartfühlend** *adj* чу́т-кий; **Zartheit** *f* не́жность *ж,* хру́пкость *ж;* **zärtlich** *adj* не́жный, ла́сковый; **Zärtlichkeit** *f* ла́ска *ж,* не́жность *ж*

Zäsur *f* цезу́ра *ж*

Zauber *m* <-s, -> ① (*Magie*) колдовство́ *с,* волшебство́ *с; FAM* ◇ **alles fauler ~!** сплошно́й обма́н! ② (*Ausstrahlung, Reiz*) очарова́ние *с;* **Zauberei** *f* колдовство́ *с,* волшебство́ *с;* **Zauberer** *m* <-s, ->, **Zauberin** *f* волше́бник *м,* волше́бница *ж,* колду́н(ья *ж*) *м;* **zauberhaft** *adj* (*bezaubernd*) очарова́тельный, волше́бный; **Zauberkünstler(in** *f*) *m* фо́кусник *м,* фо́кусница *ж;* **zaubern I.** *vi* пока́|зывать <-за́ть> фо́кусы; (*hexen*) колдова́ть *несов* **II.** *vt* ◇ **etw aus dem Hut ~** извле́чь что-л из шля́пы; **Zauberspruch** *m* заклина́ние *с;* **Zauberstab** *m* волше́бная па́лочка *ж;* **Zauberwort** *n* волше́бное сло́во *с*

zaudern *vi* (*zögern*) ме́длить *несов*

Zaum *m* <-[e]s, Zäume> (*Pferde~zeug*) узда́ *ж,* узде́чка *ж; FIG* (*sich beherrschen*) ◇ **sich im ~ halten** держа́ть себя́ в рука́х

Zaun *m* <-[e]s, Zäune> забо́р *м; FIG* ◇ **e-n Streit vom ~ brechen** зате́ять спор; **Zaunkönig** *m* ZOOL крапи́вник *м;* **Zaunpfahl** *m* забо́рный столб *м;* ◇ **ein Wink mit dem ~** гру́бый намёк

z. B. *Abk. v.* **zum Beispiel** наприме́р

Zebra *n* <-s, -s> ZOOL зе́бра *ж;* **Zebrastreifen** *m* пешехо́дный перехо́д *м*

Zeche[1] *f* <-, -n> MIN ша́хта *ж*

Zeche[2] *f* <-, -n> (*Restaurantrechnung*) счёт *м;* ◇ **die ~ prellen** уйти́, не оплати́в счёт

Zecke *f* <-, -n> ZOOL клещ *м*

Zehe *f* <-, -n> ① ANAT па́лец *м* ноги́ ② (*Knoblauch~*) до́лька *ж;* **Zehenspitze** *f* носо́к *м;* ◇ **auf ~n laufen** ходи́ть на цы́почках

zehn *nr* де́сять; *s. a.* **fünf**; **zehnfach I.** *adj* десятикра́тный **II.** *adv* вде́сятеро, в де́сять раз; **Zehnkampf** *m* SPORT десятибо́рье *с*

zehren *vi FIG* ① (*an Gesundheit, Nerven*) подта́чивать *несов* (*an etw dat* что-л) ② *FIG* ◇ **von seiner Erinnerung ~** жить воспомина́ниями

Zeichen *n* <-s, -> (*Kenn~ etc.*) знак *м;* (*Hinweis, Merkmal*) при́знак *м;* (*Symbol*) знак *м;* **Zeichensetzung** *f* расстано́вка *ж* зна́ков препина́ния; **Zeichentrickfilm** *m* мультфи́льм *м;* **zeichnen** *vt* ① (*malen, Bild*) <на->рисова́ть; (*skizzieren*) зарисо́|вывать <-ва́ть>; MATH (*Kurve*) <на->черти́ть ② *FIG* (*darstellen*) изобра|жа́ть <-зи́ть>; **Zeichner(in** *f*) *m* <- s, -> рисова́льщик *м,* рисова́льщица *ж;* ◇ **technische/r ~** чертёжник *м,* чертёжница *ж;* **Zeichnung** *f* рису́нок *м;* (*Mode~*) зарисо́вка *ж;* (*Skizze*) набро́сок *м*

Zeigefinger *m* указа́тельный па́лец *м;* **zeigen I.** *vt* пока́|зывать <-за́ть> **II.** *vr* ◇ **sich ~** пока́|зываться <-за́ться>; ◇ **es wird sich ~** ви́дно бу́дет; ◇ **es zeigte sich, daß** оказа́лось, что; **Zeiger** *m* <-s, -> стре́лка *ж*

Zeile *f* <-, -n> ① (*Text~*) строка́ *ж;* ◇ **jd-m ein paar ~n schreiben** написа́ть кому́-л не́сколько строк; ◇ **zwischen den ~n lesen** чита́ть ме́жду строк ② (*Häuser~*) ряд *м;* **Zeilenabstand** *m* расстоя́ние *с* ме́жду строка́ми

zeit *präp gen* ◇ **~ meines Lebens** всю мою́ жизнь; **Zeit** *f* <-, -en> ① (*Uhr~*) вре́мя *с;* ◇ **im Laufe der ~** в тече́ние вре́мени; ◇ **sich** *dat* **~ lassen** не спеши́ть с чем-л; ◇ **von ~ zu ~** иногда́; ◇ **zur ~** в настоя́щее вре́мя; ◇ **die ~ totschlagen** убива́ть вре́мя ② (*Ära, Epoche*) вре́мя *с,* э́ра *ж;* (*~alter*) век *м* ③ GRAM вре́мя *с;* **Zeitalter** *n* век *м,* э́ра *ж,* эпо́ха *ж;* **Zeitansage** *f* сообще́ние *с* то́чного вре́мени; **Zeitenfolge** *f* GRAM после́довательность *ж* времён; **zeitgemäß** *adj* совреме́нный, в ду́хе вре́мени; **Zeitgenosse** *m,* **Zeitgenossin** *f* совреме́нник *м,* совреме́нница *ж;* **Zeitgeschichte** *f* со-

време́нная исто́рия *ж;* **zeitgleich** *adj* одновреме́нный, с одина́ковым вре́менем; **zeitig** *adj* ра́нний; **zeitlebens** *adv* всю жизнь; **zeitlich** *adj* временно́й; (*irdisch*) бре́нный; **zeitlos** *adj* вневре́менный; (*Mode*) всегда́ актуа́льный; **Zeitlupe** *f* MEDIA заме́дленная съёмка *ж;* **Zeitpunkt** *m* вре́мя *с;* **zeitraubend** *adj* тре́бующий мно́го вре́мени; **Zeitraum** *m* пери́од *м,* промежу́ток *м* вре́мени; **Zeitrechnung** *f* летоисчисле́ние *с;* **Zeitschrift** *f* журна́л *м;* **Zeittakt** *m* TELEC усло́вная едини́ца *ж* вре́мени

Zeitung *f* газе́та *ж;* **Zeitungsausträger(in** *f*) *m* разно́счик *м*/разно́счица *ж* газе́т; **Zeitungspapier** *n* газе́тная бума́га *ж*

Zeitverschwendung *f* пустая́ тра́та *ж* вре́мени; **Zeitvertreib** *m* времяпровожде́ние *с;* **zeitweilig** *adj* вре́менный; **zeitweise** *adv* вре́менно, вре́мя от вре́мени; **Zeitwort** *n* GRAM глаго́л *м;* **Zeitzone** *f* часово́й по́яс *м;* **Zeitzünder** *m* дистанцио́нный взрыва́тель *м;* ◇ **Bombe mit ~** ми́на *ж* с часовы́м механи́змом

zelebrieren *vt* (*Messe*) ‹от-›служи́ть

Zelle *f* ‹-, -n› ① BIOL кле́тка *ж;* ◇ **die grauen ~n** мозги́ *м мн* ② TECH яче́йка *ж;* ELECTR (*Photo~ etc.*) элеме́нт *м* ③ (*Gefängnis~*) ка́мера *ж;* (*Kloster~*) ке́лья *ж;* **Zellkern** *m* BIOL кле́точное ядро́ *с;* **Zellstoff** *m* целлюло́за *ж;* **Zellteilung** *f* BIOL деле́ние *с* кле́ток

Zelt *n* ‹-[e]s, -e› пала́тка *ж;* **zelten** *vi* жить в пала́тке; **Zeltlager** *n* пала́точный ла́герь *м;* **Zeltplatz** *m* площа́дка *ж* для пала́точного ла́геря

Zement *m* ‹-[e]s, -e› цеме́нт *м;* **zementieren** *vt* ‹за-›цементи́ровать

Zenit *m* зени́т *м*

zensieren *vt* ① (*überwachen*) под|верга́ть ‹-ве́ргнуть› цензу́ре ② SCH ‹по-›ста́вить отме́тку; **Zensur** *f* ① (*staatliche Prüfstelle*) цензу́ра *ж* ② SCH отме́тка *ж*

Zentimeter *m* сантиме́тр *м*

Zentner *m* ‹-s, -› полце́нтнера *ж,* пятьдеся́т килогра́ммов

zentral *adj* центра́льный; **Zentrale** *f* ‹-, -n› (*von Gewerkschaften etc.*) центр *м;* TELEC коммута́тор *м;* **Zentralheizung** *f* центра́льное отопле́ние *с;* **zentralisieren** *vt* централизова́ть *несов и сов;* **zentralistisch** *adj* централисти́ческий; **Zentralverriegelung** *f* AUTO автомати́ческий дверно́й запо́р *м*

zentrieren *vt* TYP центри́ровать *несов и сов*

Zentrifugalkraft *f* (*Fliehkraft*) центростреми́тельная си́ла *ж;* **Zentrifuge** *f* ‹-, -n› центрифу́га *ж;* (*Milch~*) сепара́тор *м*

Zentrum *n* ‹-s, Zentren› центр *м*

Zepter *n* ‹-s, -› ски́петр *м;* *FIG* (*bestimmen*) ◇ **das ~ schwingen** пра́вить *несов*

zerbeißen *unreg vt* раску́|сывать ‹-си́ть›

zerbrechen I. *unreg vt* раз|ла́мывать ‹-лома́ть›; *FIG* (*angestrengt nachdenken*) ◇ **sich den Kopf ~** лома́ть себе́ го́лову над чем-л **II.** *unreg vi FIG* (*seelisch zugrunde gehen*) сла́мывать ‹сломи́ть› кого́-л; ◇ **sie zerbrach an ihrem Kummer** го́ре сломи́ло её; **zerbrechlich** *adj* (*Mensch*) хру́пкий; (*Geschirr*) бью́щийся

zerbröckeln *vt* ‹ис-›кроши́ть

zerdrücken *vt* разда́|вливать ‹-ви́ть›

Zeremonie *f* церемо́ния *ж;* **Zeremoniell** *n* ‹- s› REL церемониа́л *м*

Zerfall *m* распа́д *м,* разруше́ние *с;* CHEM, PHYS разложе́ние *с;* **zerfallen** *unreg vi* ① раз|руша́ться ‹-ру́шиться› ② (*untergehen*) при|ходи́ть ‹-йти́› в упа́док ③ (*sich gliedern*) рас|пада́ться ‹-па́сться› (*in akk* на кого́-что-л)

zerfetzen *vt* ‹разо-›рва́ть на куски́

zerfließen *unreg vi* (*Tinte*) расплы́‹ва́›ться; (*flüssig werden*) ‹рас-›та́ять

zerfressen *unreg vt* (*Rost, Säure*) разъ|еда́ть ‹-е́сть›; (*Motten*) изъ|еда́ть ‹-е́сть›

zergehen *unreg vi* (*schmelzen*) ‹рас-›та́ять

zerkleinern *vt* измель|ча́ть ‹-чи́ть›

zerknittern *vt* ‹из-, с-›мя́ть

zerlegbar *adj* (*Maschine*) разбо́рный, сбо́рный; (*Elemente*) разложи́мый; (*teilbar*) дели́мый; **zerlegen** *vt* раз|лага́ть ‹-ложи́ть› (*in akk* на); (*Satz*) раз|бира́ть ‹-обра́ть›; (*Fleisch*) разде́л‹ыв›ать; (*Gerät, Maschine*) раз|бира́ть ‹-обра́ть›

zerlumpt *adj* рва́ный, обо́рваный

zermalmen *vt* разда́|вливать ‹-ви́ть›; *FIG* (*vernichten*) ‹раз-›громи́ть

zermürben *vt FIG* из|ма́тывать ‹-мота́ть›

zerpflücken *vt FIG* (*Aufsatz*) раз|бира́ть ‹-обра́ть› по ко́сточкам

zerquetschen *vt* разда́|вливать ‹-ви́ть›

zerraufen *vt* (*Haare*) рас|трёпывать ‹-трепа́ть›

zerreden *vt* (*Problem*) ‹ис-›по́ртить дли́тельными диску́ссиями

zerreiben *unreg vt* (*Schokolade*) измель|ча́ть ‹-чи́ть›; (*zu Pulver*) рас|тира́ть ‹-тере́ть›

zerreißen *unreg* **I.** *vt* раз|рывáть <-орвáть>; *FIG* (*Kummer bereiten*) ◇ **jd-m das Herz ~** причинúть комý-л гóре; *FAM* (*klatschen*) ◇ **sich das Maul ~** сплéтничать **II.** *vi* (*Kleidungsstück*) <по->рвáться

zerren I. *vt* тащúть (*an dat* за что-л) **II.** *vr* (*Muskel*) ◇ **sich ~** растя́|гивать <-нýть>

zerrinnen *unreg vi* (*schmelzen*) <рас->тáять; *FIG* (*Geld*) уходúть <уйтú>, <рас->тáять; (*Zeit*) <про->летéть

Zerrissenheit *f* POL разноглáсие *с;* ◇ **innere ~** внýтренний конфлúкт

Zerrung *f* MED (*Muskel~*) растяжéние *с*

zerrütten *vt* (*jd-n*) расст|рáивать <-рóить>; (*Gesundheit*) расшá|тывать <-тáть>; (*Ehe*) вызывáть <вы́звать> разлáд

zerschellen *vi* (*Flugzeug*) разбú<вá>ться

zerschlagen *unreg* **I.** *vt* разбú<вá>ть **II.** *vr* ◇ **sich ~** (*Plan*) срывáться <сорвáться>; (*Hoffnung*) рýшиться *несов*

zerschleißen <zerschliß, zerschlissen> *vt* (*Kleidung, Stoff*) из|нáшивать <-носúть>

zerschmettern *vt* (*Bein*) размоз|жáть <-жúть>; (*Fensterscheibe*) разбú<вá>ть

zerschneiden *unreg vt* раз|резáть <-рéзать>; (*in Scheiben*) на|резáть <-рéзать>

zersetzen I. *vt* CHEM раз|лагáть <-ложúть>; *FIG* (*Moral, Ordnung*) под|рывáть <-орвáть> **II.** *vr* ◇ **sich ~** раз|лагáться <-ложúться>; *FIG* (*sich lockern*) рас|падáться <-пáсться>

zersplittern *vi* (*Glas*) разбú<вá>ться; (*Knochen*) раздро|бля́ться <-бúться>; (*Partei*) рас|падáться <-пáсться>

zerspringen *unreg vi* разбú<вá>ться

Zerstäuber *m* <-s, -> распылúтель *м*

zerstechen *unreg vt* (*Autoreifen*) ис|кáлывать <-колóть>; (*Mücken*) искý|сывать <-сáть>; ◇ **ich wurde von Mücken zerstochen** меня́ комары́ искусáли

zerstören *vt* раз|рушáть <-рýшить>; (*Häuser*) <с->ломáть; **Zerstörer** *m* разрушúтель *м;* MIL (*Schiff*) эскáдренный минонóсец *м;* **Zerstörung** *f* разрушéние *с;* (*von Häusern*) слом *м*

zerstreiten *unreg vr* ◇ **sich ~** рассóриться *сов*

zerstreuen I. *vt* ① (*Papiere*) раз|брáсывать <-бросáть>, рассé|ивать <-ять> ② *FIG* (*Zweifel*) раз|гоня́ть <-огнáть> **II.** *vr* (*sich vergnügen*) ◇ **sich ~** раз|влекáться <-влéчься>; **zerstreut** *adj* ① (*herumliegen*) разбрóсанный ② (*Mensch*) рассéянный; **Zerstreutheit** *f* рассéянность *ж;* **Zerstreuung** *f* ① (*das Zerstreuen*) рассéивание *с* ② (*Ablenkung*) развлечéние *с*

zerstückeln *vt* раз|резáть <-рéзать>

Zertifikat *n* <-[e]s, -e> (*amtliche Bescheinigung*) свидéтельство *с*

zertreten *unreg vt* (*Ameise*) раздá|вливать <-вúть>; (*Gras*) рас|тáптывать <-топтáть>

zertrümmern *vt* (*Flaschen*) разбú<вá>ть; (*Gebäude*) ломáть *несов*

zerwühlen *vt* (*Bett, Laken*) при|водúть <-вестú> в беспоря́док; (*Haare*) взъерóши<ва>ть, рас|трёпывать <-трепáть>

Zerwürfnis *n* спор *м,* ссóра *ж*

zerzausen *vt* (*Haare*) рас|трёпывать <-трепáть>

zetern *vi* (*schimpfen*) <по->сéтовать, <по->жáловаться; (*laut*) вопúть *несов*

Zettel *m* <-s, -> (*Abreiß~, Notiz~*) запúска *ж;* (*Kassen~*) (кáссовый) чек *м;* (*Stück Papier*) бумáжка *ж;* (*Formular*) бланк *м*

Zeug *n* <-[e]s> *FAM* (*Sachen*) вéщи *ж мн;* (*Ausrüstung*) принадлéжности *ж мн;* *FAM* (*Geschwätz*) ◇ **dummes ~** глýпости *ж мн;* *FAM* (*Fähigkeit haben*) ◇ **das ~ zu etw haben** быть спосóбным к чемý-л; *FAM* (*sich anstrengen*) ◇ **sich ins ~ legen** старáться изо всéх сил

Zeuge *m* <-n, -n> свидéтель *м*

zeugen[1] *vi* ① JURA (*Zeuge sein*) да<вá>ть показáния ② *FIG* (*Rückschlüsse zulassen*) свидéтельствовать *несов* (*von etw* о чём-л)

zeugen[2] *vt* (*erzeugen, Kind*) произ|водúть <-вестú> на свет

Zeugenaussage *f* свидéтельские показáния *с мн;* **Zeugenstand** *m* свидéтельская скамья́ *ж;* **Zeugenvernehmung** *f* допрóс *м* свидéтеля

Zeugin *f* свидéтельница *ж*

Zeugnis *n* ① JURA свидéтельское показáние *с* ② SCH аттестáт *м;* (*Referenz*) óтзыв *м*

Zeugung *f* зарождéние *с,* зачáтие *с;* **zeugungsunfähig** *adj* неспосóбный к оплодотворéнию

z. H. *Abk. v.* **zu Händen von** лúчно в рýки комý-л

Zickzack *m* <-[e]s, -e> зигзáг *м*

Ziege *f* <-, -n> козá *ж;* **Ziegenbock** *m* козёл *м;* **Ziegenleder** *n* кóзья кóжа *ж*

Ziegel *m* <-s, -> (*Backstein*) кирпúч *м;* (*Dach~*) черепúца *ж;* **Ziegelei** *f* кирпúчный завóд *м*

Ziegenkäse *m* кóзий сыр *м*

ziehen <zog, gezogen> **I.** *vt* ① (*bewegen*) тя-

Z

ну́ть *несов,* тащи́ть *несов;* (*Hut*) снима́ть ‹снять›; *FIG* ◇ **ein Gesicht** ~ состро́ить физионо́мию ② (*Linie*) про|води́ть ‹-вести́›; (*Graben*) про|ка́пывать ‹-копа́ть› ③ (*Pistole, Messer*) выта́скивать *несов* ④ (*Nutzen, Lehre*) из|влека́ть ‹-вле́чь› ⑤ ◇ **jd-n zur Verantwortung** ~ привлека́ть кого́-л к отве́тственности ⑥ (*Blumen*) выра́щивать ‹вы́растить›; (*formen, Kerzen*) лить *несов* ⑦ (*erregen*) ◇ **Blicke auf sich** ~ при|влека́ть ‹-вле́чь› на себя́ чьи-л взгля́ды; ◇ **jd-s Zorn auf sich** ~ навле́чь на себя́ чей-л гнев **II.** *vi* ① (*Rauch, Wolke*) плыть *несов,* тяну́ться *несов* ② (*Tee*) нас|та́иваться ‹-тоя́ться›; *FIG* (*Ausrede*) име́ть успе́х ③ (*an Ohr, Haar*) дёргать *несов;* (*an der Leine*) ‹по-›тяну́ть ④ *unpers* ◇ **es zieht** сквози́т, ду́ет **III.** *vr* ◇ **sich** ~ ① (*räumlich*) (*Gummi*) растя́гиваться *несов;* (*Grenze*) тяну́ться *несов* ② (*zeitlich*) (*Gespräch, Film*) тяну́ться *несов;* **Ziehharmonika** *f* гармо́нь *ж;* **Ziehung** *f* (*Los~*) ро́зыгрыш *м*

Ziel *n* ‹-[e]s, -e› ① (*von Reise*) цель *ж;* (*Endpunkt*) ме́сто *с* назначе́ния; *FIG* ◇ **zu keinem ~ führen** ни к чему́ не приводи́ть ② (*von Wünschen*) цель *ж;* (*Absicht*) стремле́ние *с* ③ SPORT (*von Lauf*) фи́ниш *м;* (*~linie*) фи́нишная черта́ *ж;* (*beim Schießen, Hase*) цель *ж;* (*~scheibe*) мише́нь *ж;* MIL цель *ж;* **zielbewußt** *adj* (*entschlossen*) целеустремлённый; **zielen** *vi* ‹при-›це́литься; *FIG* (*anspielen auf*) намек|а́ть ‹-ну́ть› (*auf akk* на); **Zielfernrohr** *n* опти́ческий прице́л *м;* **Zielgruppe** *f* (*bei Werbung*) тип *м* люде́й; **Ziellinie** *f* SPORT фи́нишная черта́ *ж;* **ziellos** *adj* бесце́льный; **Zielscheibe** *f* мише́нь *ж;* **zielsicher** *adj* ме́ткий; **zielstrebig** *adj* целеустремлённый

ziemlich I. *adj FAM* изря́дный, поря́дочный; ◇ **e-e ~e Frechheit** изря́дная на́глость **II.** *adv* (*recht*) дово́льно, относи́тельно; ◇ ~ **früh** дово́льно ра́но

Zierde *f* ‹-, -n› украше́ние *с;* **zieren** *vr* ◇ **sich** ~ церемо́ниться *несов,* лома́ться *несов;* **Zierleiste** *f* декорати́вная пла́нка *ж;* **zierlich** *adj* то́нкий, изя́щный; (*anmutig*) грацио́зный; **Zierlichkeit** *f* изя́щность *ж;* (*Anmut*) гра́ция *ж;* **Zierstrauch** *m* декорати́вный куст *м*

Ziffer *f* ‹-, -n› ци́фра *ж;* **Zifferblatt** *n* (*von Uhr*) цифербла́т *м*

zig *nr FAM* (*unzählige*) ◇ ~ **Möbel waren ausgestellt** бы́ло вы́ставлено мно́го ме́бели

Zigarette *f* сигаре́та *ж;* **Zigarettenautomat** *m* автома́т *м* по прода́же сигаре́т; **Zigarettenpapier** *n* папиро́сная бума́га *ж;* **Zigarettenpause** *f* переку́р *м;* **Zigarettenschachtel** *f* сигаре́тная коро́бка *ж;* **Zigarettenstummel** *m* оку́рок *м;* **Zigarillo** *n o. m* ‹- s, -s› сигари́лла *ж;* **Zigarre** *f* ‹-, -n› сига́ра *ж*

Zigeuner(**in** *f*) *m* ‹-s, -› цыга́н(ка *ж*) *м*

zigfach, **zigmal** *adv* ◇ **ich habe es dir ~ gesagt!** я тебе́ э́то уже́ сто раз говори́л!

Zikade *f* цика́да *ж*

Zimmer *n* ‹-s, -› ко́мната *ж;* ◇ **e-e 3-~-Wohnung** трёхко́мнатная кварти́ра; **Zimmerdecke** *f* потоло́к *м;* **Zimmerlautstärke** *f* ◇ **auf ~ stellen** включи́ть на уме́ренной гро́мкости; **Zimmermann** *m* ‹-s, -männer *o.* -leute› пло́тник *м;* **zimmern** *vt* пло́тничать *несов;* **Zimmerpflanze** *f* ко́мнатное расте́ние *с;* **Zimmertemperatur** *f* ко́мнатная температу́ра *ж*

zimperlich *adj* (*überempfindlich*) чрезме́рно чувстви́тельный; (*prüde*) жема́нный

Zimt *m* ‹-[e]s, -e› кори́ца *ж;* **Zimtstange** *f* па́лочка *ж* кори́цы

Zink *n* ‹-[e]s› CHEM (*Metall*) цинк *м*

Zinke *f* ‹-, -n› (*Gabel~, Kamm~*) зубе́ц *м*

zinken *vt* (*Karten*) ‹по-›ме́тить кра́пом

Zinken *m* ‹-, -› *FAM* (*Nase*) большо́й нос *м*

Zinksalbe *f* ци́нковая мазь *ж*

Zinn *n* ‹-[e]s› CHEM о́лово *с*

Zinnsoldat *m* оловя́нный солда́тик *м;* **Zinnteller** *m* оловя́нная таре́лка *ж*

Zins *m* ‹-es, -en› (*Geldertrag*) проце́нт *м;* **Zinsabzug** *m* удержа́ние *с* проце́нтов; **Zinseszins** *m* сло́жные проце́нты *мн;* **zinslos** *adj* (*Darlehen*) беспроце́нтный; **Zinssatz** *m* у́ровень *м* проце́нта

Zionismus *m* сиони́зм *м*

Zipfel *m* ‹-s, -› край *м;* (*spitz*) уголо́к *м;* (*Rock~*) подо́л *м;* (*von Mütze*) ки́сточка *ж;* **Zipfelmütze** *f* ша́почка *ж* с ки́сточкой

zirka *adv* приме́рно

Zirkel *m* ‹-s, -› ① (*Lese~*) кружо́к *м* ② MATH (*Gerät*) ци́ркуль *м;* **Zirkelkasten** *m* гото-ва́льня *ж*

Zirkulation *f* циркуля́ция *ж;* **zirkulieren** *vi* (*Blut*) циркули́ровать *несов*

Zirkus *m* ‹-, -se› цирк *м;* **Zirkuszelt** *n* цирково́й шатёр *м*

zirpen *vi* (*Grille*) стрекота́ть *несов*

Zirrhose *f* ‹-, -n› MED (*Leber~*) цирро́з *м*

zischen *vi* (*Schlange*) ‹про-›шипе́ть; (*heißes Fett*) потре́скивать *несов*

Zitadelle *f* цитаде́ль *ж*

Zitat *n* цита́та *ж*

Zither *f* ‹-, -n› MUS ци́тра *ж*

zitieren *vt* (*Person, Vers*) цити́ровать *несов;* JURA (*vorladen*) ◇ **jd-n vor Gericht ~** вызыва́ть ‹вы́звать› кого́-л в суд

Zitrone *f* ‹-, -n› лимо́н *м;* ◇ **jd-n wie e-e ~ auspressen [ausquetschen]** выжима́ть из кого́-л после́дние со́ки; **Zitronenfalter** *m* ZOOL крушúнница *ж;* **Zitronensaft** *m* лимо́нный сок *м;* **Zitrusfrucht** *f* ци́трусовый плод *м*

zitt[e]rig *adj* (*Hand, Schrift*) дрожа́щий; **zittern** *vi* (*Blätter*) дрожа́ть *несов;* (*Wände*) трясти́сь *несов;* (*vor Kälte*) дрожа́ть

Zitze *f* ‹-, -n› (*bei Tieren*) сосо́к *м*

zivil *adj* ① (*bürgerlich*) гражда́нский, шта́тский ② (*Preis*) уме́ренный; **Zivil** *n* ‹-s› (*~kleidung*) гражда́нская [шта́тская] оде́жда *ж;* ◇ **in ~ sein** быть в гражда́нском; **Zivilbevölkerung** *f* гражда́нское населе́ние *с;* **Zivilcourage** *f* гражда́нское му́жество *с;* **Zivildienst** *m* альтернати́вная слу́жба *ж*

Zivilisation *f* цивилиза́ция *ж;* **Zivilisationskrankheit** *f* боле́знь *ж* цивилиза́ции; **zivilisieren** *vt* цивилизова́ть *несов и сов;* **zivilisiert** *adj* (*Benehmen*) цивилизо́ванный; **Zivilist(in** *f*) *m* гражда́нский (-ая *ж*) *м*

Zivilprozeß *m* JURA гражда́нский проце́сс *м;* **Zivilrecht** *n* JURA гражда́нское пра́во *с*

Zobel *m* ‹-s, -› ZOOL со́боль *м;* (*Pelzmantel*) собо́лья шу́ба *ж*

zocken *vi* *FAM* (*Karten spielen*) игра́ть в ка́рты; **Zocker(in** *f*) *m* ‹-s, -› *FAM* картёжник *м,* картёжница *ж*

Zoff *m* ‹-s› *FAM* (*Ärger*) ссо́ра *ж,* перебра́нка *ж*

zog *impf v.* **ziehen**

zögerlich *adj* медли́тельный; **zögern** *vi* ме́длить *несов,* ме́шкать *несов*

Zölibat *n o. m* ‹-[e]s› целиба́т *м*

Zoll [1] *m* ‹-[e]s, Zölle› (*Ausfuhr~*) по́шлина *ж;* (*~amt*) тамо́жня *ж*

Zoll [2] *m* ‹-s, -› (*früheres Längenmaß*) дюйм *м*

Zollabfertigung *f* тамо́женное оформле́ние *с;* **Zollamt** *n* тамо́жня *ж;* **Zollbeamte(r)** *fm,* **Zollbeamtin** *f* тамо́женник *м;* **Zollerklärung** *f* тамо́женная деклара́ция *ж;* **Zollfahndung** *f* борьба́ *ж* с контраба́ндой; **zollfrei** *adj* беспо́шлинный; **Zollgrenze** *f* тамо́женная грани́ца *ж;* **zollpflichtig** *adj* облага́емый тамо́женной по́шлиной

Zollstock *m* складно́й метр *м*

Zombie *m* ‹-s, -s› *FIG* зо́мби *м*

Zone *f* ‹-, -n› (*Gebiet*) зо́на *ж*

Zoo *m* ‹-s, -s› зоопа́рк *м;* **Zoologe** *m* ‹-n, -n› зоо́лог *м;* **Zoologie** *f* зооло́гия *ж;* **Zoologin** *f* же́нщина-зоо́лог *ж;* **zoologisch** *adj* зоологи́ческий

Zoom *n* ‹-s, -s› FOTO объекти́в *м* с переме́нным фо́кусным расстоя́нием

Zopf *m* ‹-[e]s, Zöpfe› (*Haar~*) коса́ *ж;* (*Strickmuster*) коса́ *ж;* (*Kuchen, Hefe~*) ха́ла *ж,* плетёнка *ж*

Zorn *m* ‹-[e]s› гнев *м,* я́рость *ж;* **zornig** *adj* (*wütend*) гне́вный, разъярённый; (*böse*) озло́бленный

Zote *f* ‹-, -n› (*unanständige Rede, Witz*) скабрёзность *ж,* са́льность *ж*

zottig *adj* (*Fell*) косма́тый, лохма́тый

zu I. *präp dat* ① (*bei Orts- und Zeitangabe*) ◇ **wir gehen ~ dir** пойдём к тебе́; ◇ **~ meiner Zeit** в моё вре́мя; ◇ **~m Friseur gehen** пойти́ в парикма́херскую; ◇ **~ Weihnachten** во вре́мя рожде́ственских пра́здников; ◇ **~ gleicher Zeit** в то же вре́мя ② (*Ziel, Anlaß*) для чего́-л; ◇ **~ diesem Zweck** для э́той це́ли; ◇ **~ deinem Besten** на твоё бла́го ③ (*Mittel, Art und Weise*) на чём-л; ◇ **~ Fuß** пешко́м; ◇ **~ Schiff** на корабле́ ④ (*Zahlen- und Verhältnisangaben*) к чему́-л; ◇ **zwei ~ eins** два к одному́ ⑤ (*hinzufügend*) ◇ **Kekse ~ Tee und Kaffee** пече́нье к ча́ю и ко́фе; ◇ **~ allem anderen** ко всему́ про́чему **II.** *cj* ① (*mit Infinitiv, zum Ausdruck einer Notwendigkeit, einer Möglichkeit oder eines Zweckes*) ◇ **ohne etw ~ sagen** ничего́ не говоря́ ② (*mit Partizip Präsens*) ◇ **der ~ erwartende Erfolg** ожида́емый успе́х **III.** *adv* ① (*Übermaß*) ◇ **~ sehr** сли́шком (си́льно); ◇ **~ schön** сли́шком хорошо́ ② *FAM* (*geschlossen sein*) закры́тый; ◇ **Tür ~!** закро́й дверь!; (*beeil dich*) ◇ **mach ~!** дава́й!

zuallererst *adv* пре́жде всего́; **zuallerletzt** *adv* в са́мую после́днюю о́чередь

zubauen *vt* (*Baulücke*) за|стра́ивать ‹-стро́ить›; (*Sicht*) заго|ра́живать ‹-роди́ть›

Zubehör *n* ‹-[e]s, -e› принадле́жности *ж мн*

zubeißen *unreg* **I.** *vi* (*Mensch*) сж‹им›а́ть зу́бы; (*Hund, Tier*) куса́ть ‹укуси́ть›

zubereiten *vt* (*Essen*) гото́вить *несов,* при|готовля́ть ‹-то́вить›

zubilligen *vt* (*einräumen*) предо|ставля́ть ‹-

Z

ста́вить>; ◇ **jd-m e-n Zuschuß** ~ предоста́вить кому́-л безвозвра́тную ссу́ду

zubinden *unreg vt* (*Augen*) завя́|зывать <-за́ть>; (*Schuhe*) <за->шнурова́ть

zubleiben *unreg vi FAM* (*Geschäft*) оста́<ва́>ться закры́тым

zubringen *unreg vt* (*Ferien*) про|води́ть <-вести́>

Zubringer *m* <-s, -> TECH подаю́щий механи́зм *м;* **Zubringerstraße** *f* подъездна́я доро́га *ж*

Zucchini *f pl* кабачо́к *м*

Zucht [1] *f* <-, -en> (1) (*von Pflanzen*) выра́щивание *c,* культива́ция *ж;* (*von Tieren*) разведе́ние *c* (2) (*Produkt*) культу́ра *ж*

Zucht [2] *f* <-> (*Disziplin*) дисципли́на *ж*

züchten *vt* (*Tiere, Bienen*) раз|води́ть <-вести́>; (*Bakterien, Zellen*) культиви́ровать *несов;* (*Pflanzen*) выра́щивать <-вы́растить>; **Züchter(in** *f*) *m* <-s, -> (*Vieh~*) животново́д *м;* (*Bienen~*) пчелово́д *м;* (*Pflanzen~*) растениево́д *м;* **züchtigen** *vt* нака́|зывать <-за́ть>; **Züchtigung** *f* теле́сное наказа́ние *c,* ка́ра *ж*

zucken I. *vi* (*plötzliche Bewegung*) вз|дра́гивать <-дро́гнуть>; (*nervös*) страда́ть не́рвными су́дорогами **II.** *vt* ◇ **mit den den Schultern** ~ пож<им>а́ть плеча́ми

zücken *vt* (*hervorziehen, Schwert*) обна|жа́ть <-жи́ть>; (*Geldbeutel*) из|влека́ть <-вле́чь>

Zucker *m* <-s, -> са́хар *м;* MED (*~krankheit*) са́харный диабе́т *м;* **Zuckerdose** *f* са́харница *ж;* **Zuckerguß** *m* са́харная глазу́рь *ж;* **zuckerkrank** *adj* страда́ющий са́харным диабе́том; **Zuckerkrankheit** *f* MED са́харный диабе́т *м;* **zuckern** *vt* по|сыпа́ть <-сы́пать> са́харом; **Zuckerrohr** *n* са́харный тростни́к *м;* **Zuckerrübe** *f* са́харная свёкла *ж;* **Zuckerwatte** *f* (*auf Jahrmarkt*) са́харная ва́та *ж*

Zuckung *f* (*nervös*) вздра́гивание *c;* (*Muskel~*) су́дорога *ж,* конву́льсия *ж*

zudecken *vt* накры́<ва́>ть

zudem *adv* к тому́ же, кро́ме того́

zudrehen *vt* (*Wasserhahn*) закры́<ва́>ть; ◇ **jd-m den Rücken** ~ поверну́ться спино́й к кому́-л

zudringlich *adj* назо́йливый, навя́зчивый

zudrücken *vt* приж<им>а́ть; *FIG* (*gnädig sein*) ◇ **ein Auge** ~ де́лать ски́дку кому́-л

zueinander *adv* друг к дру́гу

zuerkennen *unreg vt* (*gerichtlich*) призна́<ва́>ть что-л за ке́м-л; (*Preis*) прису|жда́ть <-ди́ть>

zuerst *adv* пре́жде всего́; (*zu Anfang*) снача́ла, внача́ле; ◇ ~ **einmal** пре́жде всего́

Zufahrt *f* прое́зд *м,* подъе́зд *м;* **Zufahrtsstraße** *f* подъездна́я доро́га *ж*

Zufall *m* случа́йность *ж,* слу́чай *м;* ◇ **durch** ~ случа́йно

zufallen *unreg vi* (1) (*Tür*) захло́п|ываться <-нуться>; (*Augen*) смыка́ться <сомкну́ться>, слипа́ться *несов* (2) *FIG* (*Anteil, Aufgabe*) выпада́ть <вы́пасть> (*jd-m* на кого́-что-л)

zufällig I. *adj* (*Ereignis*) случа́йный **II.** *adv* случа́йно; ◇ **wissen Sie ~, ob ...?** Вы, случа́йно, не зна́ете, е́сли ...?

zufassen *vi* (1) (*Mensch, Hund*) хвата́ть *несов,* схва́|тывать <-ти́ть> (2) (*ergreifen, bei e-r Gelegenheit*) по́льзоваться *несов* (слу́чаем) (3) (*helfen*) по|мога́ть <-мо́чь>

zufliegen *unreg vi* (1) (*Tür*) захло́п|ываться <-нуться> (2) (*Vogel*) приле|та́ть <-те́ть> к кому́-л; ◇ **jd-m fliegt alles zu** кому́-л всё даётся без труда́

Zuflucht *f* (1) (*Rettung, Schutz*) прибе́жище *c;* ◇ **bei jd-m ~ suchen** прибе́гнуть к чьей-л по́мощи (2) (*Ort*) убе́жище *c,* прию́т *м*

Zufluß *m* (1) (*das Zufließen*) прито́к *м,* прили́в *м;* COMM прили́в *м* (2) GEO прито́к *м*

zuflüstern *vt* ◇ **jd-m etw** *akk* ~ <про->шепта́ть кому́-л что-л

zufolge *präp dat o. gen* по чему́-л; (*gemäß*) согла́сно чему́-л

zufrieden *adj* дово́льный; ◇ **er ist mit seiner Aufgabe** ~ он дово́лен свое́й зада́чей; **zufriedengeben** *unreg vr* ◇ **sich** ~ дово́льствоваться (*mit dat* чем-л); **Zufriedenheit** *f* удовлетворе́ние *c,* удовлетворённость *ж;* **zufriedenlassen** *unreg vt* о|ставля́ть <-ста́вить> в поко́е; **zufriedenstellen** *vt* удовлетво|ря́ть <-ри́ть>

zufrieren *unreg vi* за|мерза́ть <-мёрзнуть>

zufügen *vt* (*Leid*) причи|ня́ть <-ни́ть>; ◇ **jd-m Schaden** ~ наноси́ть кому́-л уще́рб

Zufuhr *f* <-> (*Nachschub: von Ware*) доста́вка *ж,* подво́з *м;* **zuführen I.** *vt* (1) (*zuleiten, transportieren*) при|вози́ть <-везти́> (2) (*Essen, e-m Patienten*) ◇ **jd-m etw** ~ вводи́ть кому́-л что-л; (*Benzin, dem Motor*) пода́<ва́>ть **II.** *vi* (*Straße*) вести́; ◇ **auf etw** *akk* ~ вести́ к чему́-л

Zug [1] *m* <-[e]s, Züge> (1) BAHN по́езд *м* (2) (*das Umherziehen*) похо́д *м;* (*von Menschengruppe*) коло́нна *ж;* (*Fest~*) ше́ствие *c,* проце́ссия *ж; FAM* (*Kneipenbummel*) ◇ ~ **durch die Gemeinde** (ночно́й) похо́д по ба́рам; (*von Vögeln*) перелёт *м*, верени́ца *ж*; MIL (*von Soldaten*) взвод *м*; (*von Fahrzeugen*) коло́нна *ж* ③ (*beim Brettspiel*) ход *м*; ◇ **du bist am ~** твой ход; *FIG* (*handeln können*) ◇ **zum ~e kommen** о́чередь дохо́дит до кого́-л ④ (*Atem~*) вдох *м*; (*Schluck*) глото́к *м*; (*Zigaretten~*) затя́жка *ж* ⑤ (*Luft~*) сквозня́к *м*; (*von Luft durch Kamin*) тя́га *ж*; ◇ **in e-m ~** в оди́н приём, ра́зом; *FIG* ◇ **etw in vollen Zügen genießen** наслажда́ться чем-л в по́лной ме́ре ⑥ (*Gesichts~*) черта́ *ж*; (*Wesens~*) [характе́рная] черта́

Zug[2] *m* ‹-[e]s› ① (*Vorrichtung, Klingel~ etc.*) верёвка *ж*, шнур *м* ② (*Rahmen*) ◇ **im ~e dieser Maßnahmen** в хо́де э́того мероприя́тия

Zugabe *f* прида́ча *ж*; (*im Konzert*) исполне́ние сна бис; ◇ **~!** бис!

Zugang *m* (*Zutritt*) до́ступ *м*; (*Eingang*) вход *м*; **zugänglich** *adj* (*Ort, Region*) досту́пный; (*Mensch*) общи́тельный, досту́пный

Zugabteil *n* купе́ *с*; **Zugbrücke** *f* подъёмный мост *м*

zugeben *unreg vt* ① (*beifügen*) до|бавля́ть ‹-ба́вить› ② *FIG* (*Tat, Fehler*) призна́‹ва́›ть

zugehen *unreg* **I.** *vi* ① (*Information, Brief*) на|правля́ться ‹-пра́виться› ② (*in Richtung auf*) под|ходи́ть ‹-ойти́›; (*sich nähern*) при|ближа́ться ‹-бли́зиться›; ◇ **auf jd-n/etw ~** подойти́ к кому́/чему́-л ③ *FAM* (*schließen, Tür*) закры́‹ва́›ться ④ (*geschehen*) происходи́ть; ◇ **hier geht es nicht mit rechten Dingen zu** здесь что́-то не чи́сто

Zugehörigkeit *f* принадле́жность *ж*; **Zugehörigkeitsgefühl** *n* чу́вство *с* принадле́жности

zugeknöpft *adj FAM* (*wortkarg*) за́мкнутый, неразгово́рчивый; (*geizig*) скупо́й

Zügel *m* ‹-s, -› узда́ *ж*; *FIG* (*Leitung*) ◇ **sie hat die ~ in der Hand** она́ де́ржит бразды́ правле́ния в свои́х рука́х

zugelassen *adj* допу́щенный

zügellos *adj FIG* (*unbeherrscht*) безу́держный, необу́зданный, разну́зданный; (*Phantasie*) бу́рный; **zügeln** **I.** *vt* (*Pferd*) обу́з|дывать ‹-да́ть›; (*Appetit*) сде́р|живать ‹-жа́ть› **II.** *vr FIG* (*sich beherrschen*) ◇ **sich ~** сде́р|живаться ‹-жа́ться›

Zugeständnis *n* усту́пка *ж*; **zugestehen** *unreg vt* призна́‹ва́›ться в чём-л; (*Rechte*) призна́‹ва́›ть (*jd-m* за кем-л)

Zugführer *m* BAHN нача́льник *м* по́езда; MIL команди́р *м* взво́да

zügig *adj* бы́стрый, без заде́ржек

zugleich *adv* (*gleichzeitig*) одновре́менно; (*sofort*) сра́зу

Zugluft *f* сквозня́к *м*; **Zugmaschine** *f* тяга́ч *м*; **Zugnummer** *f* ① BAHN но́мер *м* по́езда ② *FIG* (*Attraktion*) сенсацио́нный но́мер; **Zugpersonal** *n* ‹-s› BAHN поездна́я брига́да *ж*

zugreifen *unreg vi* ① (*greifen*) схва́|тывать ‹-ти́ть›; (*beim Essen*) брать ‹взять›, угоща́ться *несов* ② (*bei e-r Gelegenheit*) воспо́льзоваться *сов* (слу́чаем) ③ (*helfen*) по|мога́ть ‹-мо́чь›; **Zugriff** *m* ‹-s› схва́тывание *с*, захва́т *м*; ◇ **sich dem ~ der Behörden entziehen** скры́ться от власте́й

zugrunde *adv* (*vernichtet werden*) ◇ **~ gehen** ‹по-›ги́бнуть; ◇ **~ richten** ‹по-›губи́ть; ◇ **e-r Sache** *dat* **etw ~ legen** положи́ть что-л в осно́ву чего́-л

zugunsten *präp gen* в по́льзу; *FAM* ◇ **~ von** в по́льзу кого́-чего́-л

zugute *adv* ◇ **jd-m etw ~ halten** уче́сть что-л в чьё-л оправда́ние; (*helfen, nützen*) ◇ **jd-m ~ kommen** идти́ на по́льзу кому́-л

Zugverbindung *f* железнодоро́жное сообще́ние *с*; **Zugvogel** *m* перелётная пти́ца *ж*; **Zugzwang** *m FIG* (*reagieren müssen*) ◇ **im ~ sein** быть вы́нужденным де́йствовать

zuhalten *unreg* **I.** *vt* (*Nase, Mund*) заж‹им›а́ть; (*Tür*) держа́ть закры́тым **II.** *vi* (*auf e-e Richtung*) ◇ **auf jd-n/etw ~** на|правля́ться ‹-пра́виться› к кому́/чему́-л

Zuhälter *m* ‹-s, -› сутенёр *м*

zuhauen *unreg vi* (*schlagen*) ударя́ть ‹уда́рить›, на|носи́ть ‹-нести́› уда́ры

Zuhause *n* дом *м*, свой у́гол *м*

zuheilen *vi* (*Wunde*) зажи́‹ва́›ть

Zuhilfenahme *f* ◇ **unter ~ von** [*o. gen*] с по́мощью [при по́мощи] чего́-л

zuhören *vi* (*aufmerksam*) ‹по-›слу́шать; **Zuhörer(in** *f*) *m* слу́шатель(ница *ж*) *м*; **Zuhörerschaft** *f* слу́шатели *м мн*, аудито́рия *ж*

zujubeln *vi* у|стра́ивать ‹-стро́ить› ова́ции (*jd-m* кому́-л)

zuklappen *vt* (*Buch*) захло́п|ывать ‹-нуть›

zukleben *vt* (*Brief*) закле́и‹ва›ть

zuknöpfen *vt* зас|тёгивать ‹-тегну́ть›

zukommen *unreg vi* ① (*zustehen*) причита́ться *несов*, быть поло́женным; (*kein Recht auf*) ◇ **das kommt ihm nicht zu** э́то ему́ не поло́жено ② (*herankommen*) ◇ **auf jd-n/etw ~** подходи́ть к кому́/чему́-л ③

Z

(*schenken*) ◇ **jd-m etw ~ lassen** да<ва́>ть кому́-л что-л; *FIG* (*abwarten*) ◇ **etw auf sich ~ lassen** ждать приближе́ния чего́-л

Zukunft *f* <-> бу́дущее *с;* **zukünftig I.** *adj* бу́дущий **II.** *adv* в бу́дущем; **Zukunftsaussichten** *f pl* ви́ды *м мн* на бу́дущее, перспекти́вы *ж мн;* **Zukunftsmusik** *f FAM* де́ло сдалёкого бу́дущего

Zulage *f* (*Lohn~, Gehalts~*) надба́вка *ж*

zulassen *unreg vt* ① (*erlauben*) допус|ка́ть <-ти́ть> ② (*Auto*) <по->ста́вить на учёт; (*zum Studium*) прин|има́ть <-я́ть> ③ *FAM* (*Tür*) о|ставля́ть <-ста́вить> закры́тым

zulässig *adj* (*erlaubt*) допусти́мый; **Zulässigkeit** *f* допусти́мость *ж*

Zulassung *f* ① до́пуск *м;* UNI приём *м* ② AUTO учёт *м*

zulaufen *unreg vi* ① ◇ **auf jd-n/etw ~** подбе|га́ть <-жа́ть> к кому́/чему́-л; (*Tier*) ◇ **jd-m ~** приста́<ва́>ть к кому́-л ② ◇ **spitz ~** заостр|я́ться <-ри́ться>

zulegen I. *vt* (*hinzufügen*) до|бавля́ть <-ба́вить>; (*Tempo*) у|скоря́ть <-ско́рить>; *FAM* (*kaufen*) ◇ **sich** *dat* **etw ~** обзавести́сь чем-л **II.** *vi FAM* (*zunehmen*) <по->толсте́ть

zuleide ◇ **jd-m etw ~ tun** обижа́ть кого́-л

zuletzt *adv* (*an letzter Stelle*) в после́днюю о́чередь; (*schließlich*) под коне́ц

zuliebe *adv* ◇ **jd-m ~** ра́ди кого́-л

zum *präp s.* **zu dem**; ◇ **~ dritten Mal** в тре́тий раз; ◇ **~ Spaß** в шу́тку, для поте́хи

zumachen I. *vt FAM* закры́<ва́>ть **II.** *vi FAM* (*beeil dich*) ◇ **mach zu!** поторопи́сь!

zumal *cj* (*besonders weil*) тем бо́лее, что

zumauern *vt* замуро́|вывать <-ва́ть>

zumindest *adv* по ме́ньшей ме́ре

zumutbar *adj* допусти́мый, прие́млемый

zumute *adv* ◇ **mir ist so komisch ~** мне о́чень не по себе́

zumuten *vt* (*verlangen*) ◇ **jd-m etw ~** тре́бовать *несов,* ожида́ть чего́-л от кого́-л; **Zumutung** *f* чрезме́рное тре́бование *с,* взыска́ние *с; PEJ* ◇ **das ist e-e ~** э́то уж сли́шком

zunächst *adv* снача́ла, пре́жде всего́; ◇ **~ einmal** снача́ла

zunageln *vt* заби́<ва́>ть

Zunahme *f* <-, -n> (*Vergrößerung*) увеличе́ние *с;* (*Erhöhung, Anhebung*) повыше́ние *с;* (*Anwachsen*) рост *м;* (*Gewichts~*) приро́ст *м*

Zuname *m* фами́лия *ж*

zünden *vi* (*Lunte*) заго|ра́ться <-ре́ться>; (*Motor*) за|води́ться <-вести́сь>; *FAM* (*begreifen*) ◇ **jetzt hat's bei ihm gezündet** сейча́с до него́ дошло́; **zündend** *adj* (*Rede*) пла́менный; **Zünder** *m* <-s, -> (*Sprengstoff~*) взрыва́тель *м;* **Zündholz** *n* спи́чка *ж;* **Zündkerze** *f* AUTO свеча́ *ж* зажига́ния; **Zündschlüssel** *m* ключ *м* зажига́ния; **Zündschnur** *f* запа́льный [бикфо́рдов] шнур *м;* **Zündstoff** *m FIG* (*Anlaß zum Streit*) причи́на *ж* конфли́кта; **Zündung** *f* зажига́ние *с*

zunehmen *unreg vi* (*vergrößern*) увели́чи<ва>ться; (*an Gewicht*) по|правля́ться <-пра́виться>, при|бавля́ть <-ба́вить> в ве́се; **zunehmend** *adj* (*Mond*) увели́чивающийся

Zuneigung *f* расположе́ние *с,* скло́нность *ж,* симпа́тия *ж*

Zunft *f* <-, Zünfte> цех *м;* **zünftig** *adj* иску́сный; (*Handwerk*) цехово́й; *FAM* (*ordentlich*) поря́дочный

Zunge *f* <-, -n> язы́к *м;* ◇ **e-e böse/spitze ~ haben** име́ть злой/о́стрый язы́к; ◇ **etw liegt mir auf der ~** что-л на языке́ у меня́

züngeln *vi* (*Schlange*) шевели́ть языко́м; *FIG* (*Flamme*) колеба́ться *несов*

zunichte *adv* ◇ **~ machen** раз|руша́ть <-ру́шить>

zunicken *vi* (*grüßen*) кив|а́ть <-ну́ть> (голово́й) (*jd-m* кому́-л)

zunutze *adv* ◇ **sich** *dat* **etw ~ machen** извлека́ть по́льзу из чего́-л

zuoberst *adv* (*ganz oben*) на са́мом верху́

zuordnen *vt* (*in Beziehung setzen*) от|носи́ть <-нести́> (*e-r Sache dat* к чему́-л)

zupacken *vi* (*zugreifen*) хвата́ть <схвати́ть>; (*zufassen, Hund*) куса́ть <укуси́ть>; *FAM* (*kräftig helfen*) по|мога́ть <-мо́чь>

zupfen *vt* (*Unkraut*) <по->тереби́ть; (*Gitarre*) перебира́ть (стру́ны); (*mit Pinzette*) выдёргивать *несов,* выщи́пывать *несов*

zur = **zu der**

zuraten *unreg vi* <по->сове́товать (*jd-m* кому́-л)

zurechnungsfähig *adj* вменя́емый; **Zurechnungsfähigkeit** *f* вменя́емость *ж*

zurechtfinden *unreg vr* ◇ **sich ~** <с->ориенти́роваться; **zurechtkommen** *unreg vi* (*mit e-r Sache*) справля́ться <спра́виться> (*mit* с чем-л); **zurechtlegen** *vt* (*vorbereiten*) приго|товля́ть <-то́вить>; *FIG* (*Ausrede, Argumente*) (зара́нее) приду́м<ыв>ать; **zurechtmachen I.** *vt* (*vorbereiten*) приго|товля́ть <-то́вить> **II.** *vr* (*zum Ausgehen*) ◇ **sich ~** при|води́ть <-вести́> себя́ в поря́док, прихора́шиваться *несов;* **zurechtwei-**

sen *unreg vt* одёр|гивать <-нуть>, <с->де́лать замеча́ния; **Zurechtweisung** *f* замеча́ние *с*, вы́говор *м*

zureden *vi* угова́ривать *несов*, убежда́ть *несов* (*jd-m* кого́-л)

zureiten *unreg* **I.** *vt* (*Pferd*) объе́з|жа́ть <-дить> **II.** *vi* (*auf ein Ziel*) подъ|езжа́ть <-е́хать> верхо́м (*auf akk* к кому́-чему́-л)

zurichten *vt FAM* (*beschädigen*) повре|жда́ть <-ди́ть>

zurück *adv* наза́д, обра́тно; ◇ ~ **an Absender** наза́д отправи́телю; ◇ **ich möchte nach Wladiwostok** ~ я хочу́ наза́д во Владивосто́к

zurückbehalten *unreg vt* ос|тавля́ть <-та́вить>; (*Schäden*) повле́чь за собо́й

zurückbekommen *unreg vt* полу|ча́ть <-чи́ть> наза́д; *FAM* (*mit Rache*) ◇ **das wirst du** ~! ты ещё полу́чишь сда́чи

zurückbilden *vr* (*Geschwür*) ◇ **sich** ~ уменьша́ться <уме́ньшиться>

zurückbleiben *unreg vi* (1) (*hinter Sperre*) оста́<ва́>ться позади́; *a. FIG* (*geistig*) отста́<ва́>ть (2) (*Schaden*) оста́<ва́>ться

zurückbringen *unreg vt* при|носи́ть <-нести́> наза́д

zurückdenken *unreg vi* вс|помина́ть <-по́мнить> о ком-чём-л

zurückdrängen *vt* (*Gefühle*) пода|вля́ть <-ви́ть>; (*Feind, Leute*) оттес|ня́ть <-ни́ть>

zurückdrehen *vt* (*Uhr*) пере|води́ть <-вести́> наза́д

zurückerobern *vt* отво|ёвывать <-ева́ть>

zurückfahren *unreg* **I.** *vi* <по->е́хать наза́д **II.** *vt* (*mit Auto*) от|вози́ть <-везти́> наза́д

zurückfallen *unreg vi* (*nach hinten*) па́дать <упа́сть> наза́д; (*mit Leistung*) отста́<ва́>ть; ◇ **in alte Fehler** ~ повто|ря́ть <-ри́ть> ста́рые оши́бки

zurückfinden *unreg vi a. FIG* на|ходи́ть <-йти́> доро́гу наза́д

zurückfordern *vt* <по->тре́бовать наза́д

zurückführen *vt* от|води́ть <-вести́> наза́д; *FIG* ◇ **etw auf etw** *akk* ~ объясня́ть что-л чем-л

zurückgeben *unreg vt* возвра|ща́ть <-ти́ть>

zurückgehen *unreg vi* (1) (*laufen*) возвра|ща́ться <-ти́ться> (2) (*Preise*) снижа́ться <сни́зиться> (3) (*Ursprung haben*) восходи́ть *несов* (*auf akk* к чему́-л)

zurückgezogen *adj* уединённый

zurückgreifen *unreg vi* (*auf Vorrat, Hilfe*) при|бега́ть <-бе́гнуть> (*auf akk* к чему́-л)

zurückhalten *unreg* **I.** *vt* (1) (*jd-n aufhalten*) заде́р|живать <-жа́ть> (2) (*bewahren vor*) предохра|ня́ть <-ни́ть> (3) (*hindern*) удер|живать <-жа́ть> кого́-л от чего́-л (3) (*Zorn, Tränen*) сде́р|живать <-жа́ть> **II.** *vr* (*sich beherrschen*) ◇ **sich** ~ сде́р|живаться <-жа́ться>; **zurückhaltend** *adj* (*abwartend*) сде́ржанный, скро́мный; (*schweigsam*) молчали́вый; **Zurückhaltung** *f* <-> сде́ржанность *ж*, скро́мность *ж*

zurückkehren *vi* возвра|ща́ться <-ти́ться>, верну́ться *сов* наза́д

zurückkommen *unreg vi* возвра|ща́ться <-ти́ться>, верну́ться *сов*; *FIG* ◇ **auf etw** *akk* ~ верну́ться к чему́-л

zurücklassen *unreg vt* ос|тавля́ть <-та́вить>; (*aufgeben*) по|кида́ть <-ки́нуть>

zurücklegen *vt* (1) (*nach hinten legen*) класть <положи́ть> наза́д (2) (*Geld*) от|кла́дывать <-ложи́ть> (3) (*reservieren*) от|кла́дывать <-ложи́ть> (4) (*Strecke*) про|езжа́ть <-е́хать>

zurückmelden *vr* (*nach Urlaub*) ◇ **sich** ~ до|кла́дывать <-ложи́ть> о своём возвраще́нии

zurücknehmen *unreg vt* (1) (*entgegennehmen*) прин|има́ть <-я́ть> наза́д (2) (*widerrufen*) брать <взять> (свои́ слова́) наза́д; JURA отка́|зываться <-за́ться>

zurückrufen *unreg vt, vi* (1) <по->зва́ть наза́д; *FAM* (*Telefon*) пере|зва́нивать <-звони́ть> (2) ◇ **sich** *dat* **etw ins Gedächtnis** ~ восстана́вливать что-л в па́мяти

zurückschalten *vt* (*Motor, Gang*) переклю|ча́ть <-чи́ть> на ме́ньшую ско́рость

zurückschlagen **I.** *vt* (*Ball*) отби́<ва́>ть; (*Feind*) отра|жа́ть <-зи́ть> **II.** *vi* от|веча́ть <-ве́тить>

zurückschrecken *vi* <ис->пуга́ться (*vor dat* чего́-л), <у->страши́ться (*vor dat* чего́-л)

zurücksehnen *vr* ◇ **sich** ~ тоскова́ть *несов* (*nach dat* о чём-л)

zurücksetzen *vt* (*Wagen*) пода́<ва́>ть наза́д

zurückstecken *vt FIG* (*mäßigen, Ansprüche*) ◇ **sie hat ihre Ziele zurückgesteckt** она́ уме́рила за́данную себе́ цель

zurückstellen *vt* (1) (*räumlich*) <по->ста́вить наза́д (2) (*aufschieben*) от|кла́дывать <-ложи́ть>; (*Interessen, Pläne*) ото|двига́ть <-дви́нуть> на за́дний план (3) (*Uhr*) пере|води́ть <-вести́> наза́д

zurücktreten *unreg vi* (1) (*nach hinten treten*) отсту|па́ть <-пи́ть> (2) (*von Amt*) уходи́ть <уйти́> в отста́вку; ◇ **hinter etw** ~ отойти́ на за́дний план по сравне́нию с чем-л

zurückverfolgen *vt* (*Spur*) просле́|живать ‹-ди́ть›

zurückweichen *unreg vi* отсту|па́ть ‹-пи́ть›, ‹по-›пя́титься наза́д

zurückweisen *unreg vt* (*ablehnen*) откло|ня́ть ‹-ни́ть›; (*Vorwürfe*) от|верга́ть ‹-ве́ргнуть›

zurückwerfen *unreg vt* (*Ball*) броса́ть ‹бро́сить› наза́д; *FIG* (*zeitlich*) от|бра́сывать ‹-бро́сить›

zurückzahlen *vt* (*Schulden*) возвра|ща́ть ‹-ти́ть›; *FAM* (*sich rä-chen*) отпла́|чивать ‹-ти́ть› кому́-л за что-л

zurückziehen *unreg* **I.** *vt* (*Angebot, Klage*) брать ‹взять› обра́тно **II.** *vr* ◇ **sich ~** уда|ля́ться ‹-ли́ться›; ◇ **sich zur Beratung ~** удали́ться на совеща́ние

Zuruf *m* крик *м*, во́зглас *м*

Zusage *f* ‹-, -n› согла́сие *c*, положи́тельный отве́т *м*; (*Versprechen*) обеща́ние *c*; **zusagen I.** *vt* ① (*versprechen*) обеща́ть *несов и сов* ② *FAM* (*offen reden*) ◇ **jd-m etw auf den Kopf ~** говори́ть кому́-л что-л в упо́р **II.** *vi* ① (*Einladung annehmen*) прини|ма́ть ‹-я́ть› приглаше́ние ② (*gefallen*) ‹по-› нра́виться; ◇ **das wird ihr ~** ей э́то понра́вится

zusammen *adv* вме́сте

Zusammenarbeit *f* сотру́дничество *c*; **zusammenarbeiten** *vi* сотру́дничать *несов*

zusammenbeißen *unreg vt* (*Zähne*) сти́с|кивать ‹-нуть›

zusammenbleiben *unreg vi* оста́‹ва́›ться вме́сте

zusammenbrauen *vr* ◇ **sich ~** (*Gewitter*) на|двига́ться ‹-ви́нуться›; *FIG* (*Unheil*) ◇ **es braut sich etw zusammen** что-то затева́ется

zusammenbrechen *unreg vi* (*Tisch*) разва́|ливаться ‹-ли́ться›; *FIG* (*psychisch*) па́дать ‹упа́сть›

zusammenbringen *unreg vt* ① (*Personen*) своди́ть ‹свести́› ② (*Geld*) наб‹и›ра́ть

Zusammenbruch *m* (*Bankrott*) крах *м*; (*Scheitern*) круше́ние *c*; (*Zerfall*) распа́д *м*; (*Nerven~*) не́рвный срыв *м*

zusammenfahren *unreg vi* ① (*erschrecken*) вз|дра́гивать ‹-дро́гнуть› ② (*kollidieren*) ста́лкиваться ‹столкну́ться›

zusammenfallen *unreg vi* ① (*einstürzen*) обва́|ливаться ‹-ли́ться› ② (*zeitlich*) сов|па-да́ть ‹-па́сть›

zusammenfalten *vt* (*Brief, Hose*) скла́дывать ‹сложи́ть›

zusammenfassen *vt* (*Text*) обоб|ща́ть ‹-щи́ть›; **Zusammenfassung** *f* обобще́ние *c*

Zusammenfluß *m* слия́ние *c*

zusammenfügen *vt* соеди|ня́ть ‹-ни́ть›

zusammenführen *vt* (*Schicksal*) своди́ть ‹свести́›

zusammengehören *vi* принадлежа́ть к чему́-л; (*Paar*) принадлежа́ть друг дру́гу

zusammengeraten *unreg vi FIG* (*sich streiten*) зате́|ивать ‹-ять› дра́ку (друг с дру́гом)

zusammengesetzt *adj* соста́вленный, сло́жный

zusammenhalten *unreg* **I.** *vi* ① *FIG* (*sich gegenseitig helfen*) стоя́ть друг за дру́га ② (*nach Reparatur*) держа́ться *несов* **II.** *vt* ① (*Geld*) не тра́тить ② (*zum Vergleich*) при|кла́дывать ‹-ложи́ть› друг к дру́гу

Zusammenhang *m* ‹-s, -hänge› связь *ж*, взаимосвя́зь *ж*, конте́кст *м*; ◇ **im ~** в связи́; **zusammenhängen** *unreg vi FIG* (*in Beziehung stehen*) находи́ться в связи́ с чем-л; **zusammenhangslos** *adj* бессвя́зный, беспоря́дочный

zusammenklappbar *adj* (*Taschenmesser, Liege*) складно́й, скла́дывающийся

zusammenkneifen *unreg vt* (*Augen*) прищу́ри‹ва›ть; (*Mund*) сж‹им›а́ть (гу́бы)

zusammenknüllen *vt* ‹с-›мять

zusammenkommen *unreg vi* ① (*sich treffen*) соб‹и›ра́ться ② (*sich ereignen*) слу|ча́ться ‹-чи́ться›

zusammenkrampfen *vr* (*Muskeln*) ◇ **sich ~** су́дорожно сж‹им›а́ться

Zusammenkunft *f* ‹-, -künfte› собра́ние *c*; (*Treffen*) встре́ча *ж*; (*von Spezialisten*) конфере́нция *ж*

zusammenlegen *vt* ① (*örtlich*) объеди|ня́ть ‹-ни́ть› ② (*zeitlich*) (*Termine, Fest*) про|води́ть ‹-вести́› одновре́ме́нно ③ (*falten, Wäsche*) скла́дывать ‹сложи́ть› ④ (*Geld*) скла́дываться ‹сложи́ться›

zusammennehmen *unreg* **I.** *vt* (*Mut, Kraft*) соб‹и›ра́ться с си́лами; ◇ **alles zusammengenommen** подводя́ ито́ги **II.** *vr* (*sich beherrschen*) ◇ **sich ~** (*vorher*) сде́р|живаться ‹-жа́ться›, брать ‹взять› себя́ в ру́ки; (*nachher*) овладе́‹ва́›ть собо́й

zusammenpacken *vt* (*bei Einkauf*) упако́|вывать ‹-ва́ть›

zusammenpassen *vi* под|ходи́ть ‹-ойти́› друг к дру́гу, гармони́ровать *несов*

zusammenrechnen *vt* подсчи́|тывать ‹-та́ть›

zusammenschlagen *unreg vt* ① (*Hände*) вс|

плёскивать ‹-плеснýть› (рукáми); (*Hakken*) щёлк|ать ‹-нуть› (каблукóм) ② *FAM* (*verprügeln*) изби́‹вá›ть (*jd-n* когó-л); *FAM* (*zertrümmern*) раз|носи́ть ‹-нести́›

zusammenschließen *unreg vr FIG* (*sich vereinigen*) ◇ **sich ~** объеди|ня́ться ‹-ни́ться›; **Zusammenschluß** *m* объединéние *c*, слия́ние *c*

zusammenschreiben *unreg vt* ① (*Wort*) ‹на-› писáть сли́тно ② (*Bericht*) со|ставля́ть ‹-стáвить›; (*aus Quellen*) компили́ровать *несов; FIG* (*flüchtig*) пописывать *несов;* (*schlampig*) марáть *несов* (бумáгу)

zusammenschrumpfen *vi* смóрщи‹ва›ться; *FIG* (*Vorrat*) ‹рас-›тáять

zusammenschweißen *vt* ① (*Metall*) свá|ривать ‹-ри́ть› ② *FIG* (*Eheleute*) сплáчивать ‹сплоти́ть›

Zusammensein *n* ‹-s› встрéча *ж*

zusammensetzen **I.** *vt* со|ставля́ть ‹-стáвить›; (*Personen*) сажáть ‹посади́ть› вмéсте **II.** *vr* ◇ **sich ~** ① (*hinsetzen*) сади́ться ‹сесть› вмéсте ② (*aus Elementen*) состоя́ть *несов* (*aus* из чегó-л); **Zusammensetzung** *f* состáв *м*, структýра *ж*

Zusammenspiel *n* ‹-s› (*von Sportlern*) сы́гранность *ж;* (*Koordination*) согласóванность *ж*

zusammenstecken **I.** *vt* ① (*mit Nadeln*) скáлывать ‹сколóть› ② *FIG* (*tuscheln*) ◇ **die Köpfe ~** шушýкаться *несов* **II.** *vi FAM* (*zusammen sein*) быть неразлýчными

zusammenstehen *unreg vi* ① (*in e-r Gruppe*) стоя́ть вмéсте ② *FIG* (*zusammenhalten*) держáться вмéсте

zusammenstellen *vt* ① (*Teller etc.*) со|ставля́ть ‹-стáвить›, склáдывать ‹сложи́ть› ② (*erstellen, Bericht*) со|ставля́ть ‹-стáвить›; **Zusammenstellung** *f* ① (*Vorgang*) составлéние *c*, формировáние *c*, подбóр *м* ② (*Liste*) спи́сок *м;* (*Bericht*) обзóр *м*

Zusammenstoß *m* столкновéние *c; FIG* (*Streit*) столкновéние *c*, сты́чка *ж;* **zusammenstoßen** *unreg vi* стáлкиваться ‹столкнýться›; *a. FIG* (*streiten*) стáлкиваться ‹столкнýться›

zusammenströmen *vi* стекáться ‹стéчься›

zusammenstürzen *vi* (*einstürzen*) раз|рушáться ‹-рýшиться›

zusammentreffen *unreg vi* (*Menschen*) в|стречáться ‹-стрéтиться›; (*Ereignisse*) сов|падáть ‹-пáсть›; **Zusammentreffen** *n* встрéча *ж;* (*das Zusammenfallen*) совпадéние *c*

zusammentreiben *unreg vt* (*Vieh*) сгоня́ть ‹согнáть›

zusammenwachsen *unreg vi* срас|тáться ‹-ти́сь›; *a. FIG* (*innerlich*) сдру|жáться ‹-жи́ться›

zusammenwirken *vi* взаимодéйствовать *несов*, дéйствовать совмéстно

zusammenzählen *vt* подсчи́|тывать ‹-тáть›

zusammenziehen *unreg* **I.** *vt* ① (*verengen*) стя́|гивать ‹-нýть› ② (*vereinigen*) соеди|ня́ть ‹-ни́ть› ③ (*addieren*) сумми́ровать *несов и сов* **II.** *vi* (*in eine Wohnung*) съезжáться *несов* **III.** *vr* ◇ **sich ~** ① (*Magen*) сокра|щáться ‹-ти́ться› ② (*Gewitter*) собира́ться ‹со-б‹и›рáться›

Zusatz *m* ① (*bei Brief, Vertrag*) добавлéние *c*, добáвка *ж*, припи́ска *ж* ② (*zu e-m Gemisch*) добáвка *ж;* **Zusatzgerät** *n* дополни́тельное устрóйство *c;* **zusätzlich** *adj* дополни́тельный; **Zusatzversicherung** *f* дополни́тельное страховáние *c*

zuschauen *vi* смотрéть *несов*, глядéть *несов;* **Zuschauer(in** *f*) *m* ‹-s, -› зри́тель(ница *ж*) *м*

zuschaufeln *vt* (*Loch*) за|сыпáть ‹-сы́пать›

zuschicken *vt* прис‹ы›лáть (*jd-m* комý-л)

zuschießen *unreg vt FAM* (*Geld beisteuern*) до|бавля́ть ‹-бáвить› (*zu dat* к чемý-л)

Zuschlag *m* ① (*zusätzliche Gebühr*) доплáта *ж*, надбáвка *ж* ② (*bei Auktion*) послéдний удáр *м* молоткá; **zuschlagen** *unreg* **I.** *vt* (*zuknallen, Tür*) захлóп|ывать ‹-нуть› **II.** *vi* ① (*schließen, Tür*) захлóп|ываться ‹-нуться› ② (*prügeln*) ударя́ть ‹удáрить›; **zuschlagspflichtig** *adj* BAHN подлежáщий дополни́тельной оплáте

zuschließen *unreg vt* за|пирáть ‹-перéть› на ключ

zuschnappen *vi* ① (*Tür*) защёл|киваться ‹-кнуться› ③ (*Hund*) кусáть ‹укуси́ть› ② *FIG* (*Falle*) защёлк|иваться ‹-нуться›

zuschneiden *unreg vt* ‹с-›крои́ть; *FIG* (*ausgerichtet sein auf*) пригоня́ть *несов*, прилáживать *несов*

zuschneien *vt* за|носи́ть ‹-нести́› снéгом

zuschnüren *vt* зашнурó|вывать ‹-вáть›; *FIG* ◇ **die Angst schnürte ihm die Kehle zu** от стрáха емý сдави́ло гóрло

zuschrauben *vt* завин|чивать ‹-ти́ть›

zuschreiben *unreg vt* ① (*Geld*) пере|числя́ть ‹-чи́слить› ② *FIG* (*zuweisen*) припи́|сывать ‹-сáть› ③ *FIG* (*Ursache haben in*) припи́сывать чемý-л

Zuschrift *f* письмó *c*

Z

zuschulden *adv* ◇ **sich** *dat* **etw ~ kommen lassen** совершить наказуемый поступок
Zuschuß *m* (*Subvention*) субсидия *ж*, дотация *ж*
zuschütten *vt* за|сыпать <-сыпать>
zusehen *unreg vi* смотреть *несов*, глядеть *несов; FIG* (*sich bemühen*) ◇ **~, daß...** смотреть [стараться], чтобы...; **zusehends** *adv* заметно, на глазах
zusenden *unreg vt* (*zuschicken*) пос<ы>лать
zusetzen *vi* ① (*bedrängen*) приста<ва>ть ② (*Krankheit*) дон|имать <-ять> кого-л
zusichern *vt* за|верять <-верить>; ◇ **jd-m etw** *akk* **~** обещать кому-л что-л
zuspielen *vt* переда<ва>ть; *a. FIG* ◇ **jd-m den Ball ~** передать кому-л мяч
zuspitzen *vr* (*Lage*) ◇ **sich ~** обост|ряться <-риться>
zusprechen *unreg* **I.** *vt* ① (*zuerkennen*) прису|ждать <-дить> ② *FIG* ◇ **jd-m Trost [Mut] ~** ободрять кого-л **II.** *vi* ① (*trösten, besänftigen*) успо|каивать <-коить> ② *FIG* (*viel essen*) ◇ **dem Essen ~** налегать на еду, уминать *несов;* **Zuspruch** *m* <-s> (*Trost, Rat*) утешение *c*, успокоительные слова *c;* (*Anklang*) ◇ **großen ~ finden** пользоваться большим успехом
Zustand *m* ① (*körperlich, geistig*) состояние *c;* (*wirtschaftlich, politisch*) положение *c*, условия *c мн;* (*sich maßlos aufregen*) ◇ **Zustände kriegen** с ума сойти ② CHEM состояние *c*
zustande *adv* ◇ **etw ~ bringen** доби<ва>ться успеха; ◇ **~ kommen** осущест|вляться <-виться>
zuständig *adj* компетентный, относящийся к чему-л; **Zuständigkeit** *f* компетенция *ж*, компетентность *ж*
zustehen *unreg vi* ◇ **jd-m ~** полагаться *несов*, причитаться кому-л
zustellen *vt* ① (*versperren*) за|ставлять <-ставить> ② (*Post*) до|ставлять <-ставить>
zusteuern I. *vi* на|правлять <-править>; ◇ **auf jd-n/etw ~** подойти к кому/чему-л **II.** *vt FAM* ◇ **zu etw ~** вносить свой вклад во что-л
zustimmen *vi* согла|шаться <-ситься>; **Zustimmung** *f* согласие *c*, одобрение *c*
zustoßen *unreg* **I.** *vi FIG* (*passieren*) слу|чаться <-читься> (*jd-m* с кем-л) **II.** *vt* (*Tür*) захлоп|ывать <-нуть>
Zustrom *m* <-s> (*von Besuchern*) приток *м*, наплыв *м*
zutage *adv* ◇ **etw ~ bringen** раскры<ва>ть; ◇ **~ treten** обнаружи<ва>ться; MIN ◇ **~ fördern** добы<ва>ть
Zutaten *f pl* (*Back~*) приправы *ж мн*
zuteil *adv* ◇ **jd-m ~ werden** доста<ва>ться кому-л
zuteilen *vt* выделять <выделить>
zutiefst *adv* глубоко; ◇ **~ enttäuscht sein** глубоко разочароваться
zutragen *unreg vr* (*sich ereignen*) ◇ **sich ~** слу|чаться <-читься>; ◇ **so hat es sich zugetragen** это было так
zuträglich *adj* ① (*förderlich*) благотворный ② (*bekömmlich*) здоровый, полезный
zutrauen *vt* ◇ **jd-m etw ~** считать кого-л способным на что-л; **Zutrauen** *n* <-s> доверие *c*
zutraulich *adj* доверчивый; (*zahm*) ручной; **Zutraulichkeit** *f* доверчивость *ж*
zutreffen *unreg vi* соответствовать чему-л; (*gelten*) ◇ **das trifft für alle zu** это относится ко всем **Zutreffende[s]** *n* ◇ **~ bitte ankreuzen** нужное отметить крестиком
Zutritt *m* доступ *м*, вход *м;* ◇ **kein ~!, ~ verboten!** вход воспрещён!
Zutun *n* <-s> содействие *c*, участие *c;* ◇ **es geschah ohne mein ~** это произошло без моего участия
zuungunsten *präp gen* не в пользу, во вред чему-л
zuverlässig *adj* надёжный, заслуживающий доверия; (*genau*) точный; **Zuverlässigkeit** *f* надёжность *ж*
Zuversicht *f* <-> уверенность *ж*, глубокое убеждение; **zuversichtlich** *adj* уверенный, убеждённый
zuviel *pron* слишком много
zuvor *adv* (*zeitlich*) раньше, прежде; ◇ **wie ~** как прежде
zuvorkommen *unreg vi* (*schneller sein*) опере|жать <-дить>
zuvorkommend *adj* (*höflich, hilfsbereit*) предупредительный, чуткий
Zuwachs *m* <-es, -wächse> ① (*Preis~ etc.*) прирост *м*, повышение *c* ② *FAM* (*Baby*) пополнение *c*
zuwachsen *unreg vi* (*Hecke*) зара|стать <-сти>; (*Wunde*) зажи<ва>ть
Zuwachsrate *f* процент *м* прироста
zuwege *adv* ◇ **etw ~ bringen** доби<ва>ться чего-л; ◇ **mit etw ~ kommen** справляться с чем-л; *FIG* (*rüstig*) ◇ **gut ~ sein** быть здоровым
zuweilen *adv* (*manchmal*) порой, иногда

zuweisen *unreg vt* (*Aufgabe, Arbeit*) наз|нача́ть ‹-на́чить›, наде|ля́ть ‹-ли́ть›; (*Zimmer, Zelle*) выделя́ть ‹вы́делить›

zuwenden *unreg* **I.** *vt* по|вора́чивать ‹-верну́ть›; ◇ **jd-m den Rücken ~** поверну́ться спино́й к кому́-л; ◇ **jd-m seine Aufmerksamkeit ~** удели́ть кому́-л внима́ние **II.** *vr* ◇ **sich jd-m/e-r Sache ~** поверну́ться к кому́/чему́-л; **Zuwendung** *f* ① (*Geld~*) материа́льная по́мощь *ж*, посо́бие *с* ② (*Gefühls~*) внима́ние *с*

zuwenig **I.** *pron* сли́шком ма́ло **II.** *adv* недоста́точно, сли́шком ма́ло

zuwerfen *unreg vt* броса́ть ‹бро́сить›

zuwiderhandeln *vi* ◇ **e-m Gesetz ~** нару́шить зако́н; **Zuwiderhandlung** *f* наруше́ние *с*; **zuwiderlaufen** *unreg vi* идти́ вразре́з с чем-л

zuwinken *vi* ‹по-›маха́ть (*jd-m* кому́-л)

zuziehen *unreg* **I.** *vt* ① (*Gardinen*) задёр|гивать ‹-нуть›; (*Knoten*) затя́|гивать ‹-ну́ть› ② (*Experten, Arzt*) при|влека́ть ‹-вле́чь› ③ ◇ **sich** *dat* **etw ~** (*Erkältung*) полу|ча́ть ‹-чи́ть›; (*jd-s Zorn*) на|влека́ть ‹-вле́чь› на себя́ что-л **II.** *vi* (*Wohnsitz wechseln*) пере|езжа́ть ‹-е́хать›; ◇ **wir sind neu zugezogen** мы сюда́ неда́вно перее́хали

zuzüglich *präp gen* дополни́тельно, с прибавле́нием; ◇ **~ Mehrwertsteuer** (цена́) плюс нало́г на доба́вленную сто́имость

zwang *impf v.* **zwingen**

Zwang *m* ‹-[e]s, Zwänge› принужде́ние *с*; (*Notwendigkeit*) необходи́мость *ж*, вы́нужденность *ж*; ◇ **sich** *dat* **keinen ~ antun** не стесня́ться

zwängen *vr* (*pressen*) ◇ **sich ~** проти́с|киваться ‹-нуться›; ◇ **sich durch die Menge ~** с трудо́м пробира́ться сквозь толпу́

zwanglos *adj* непринуждённый; **Zwanglosigkeit** *f* непринуждённость *ж*

Zwangsarbeit *f* принуди́тельная рабо́та *ж*, ка́торга *ж*; **Zwangseinweisung** *f* (*von psychisch Kranken*) принуди́тельная госпитализа́ция *ж*; **Zwangsernährung** *f* наси́льственное кормле́ние *с*; **Zwangsjacke** *f* смири́тельная руба́шка *ж*; **Zwangslage** *f* затрудни́тельное положе́ние *с*; **zwangsläufig** *adj* неизбе́жный, необходи́мый; **Zwangsmaßnahme** *f* принуди́тельная ме́ра *ж*; **Zwangsvorstellung** *f* навя́зчивая иде́я *ж*, одержи́мость *ж*; ◇ **unter ~en leiden** быть одержи́мым чем-л; **zwangsweise** *adv* в принуди́тельном поря́дке, принуди́тельно

zwanzig *nr* два́дцать; ◇ **die ~er Jahre** в двадца́тые го́ды; *s. a.* **fünf**

zwar *cj* ◇ **~ ..., aber ...** хотя́ и ..., но; (*genauer gesagt*) ◇ **und ~** а и́менно

Zweck *m* ‹-[e]s, -e› цель *ж*, назначе́ние *с*, смысл *м*

Zwecke *f* ‹-, -n› (*Reiß~, Heft~*) кно́пка *ж*

zweckentfremdet *adj* испо́льзуемый не по назначе́нию; **zweckgebunden** *adj* име́ющий определённое назначе́ние; **zwecklos** *adj* бесполе́зный, бессмы́сленный; **zweckmäßig** *adj* (*zielgerichtet*) целесообра́зный; (*praktisch*) практи́чный; (*nützlich*) поле́зный; (*angepaßt, Stil*) приспосо́бленный, адеква́тный; **Zweckmäßigkeit** *f* целесообра́зность *ж*, практи́чность *ж*

zwecks *präp gen* с це́лью, в це́лях

zwei *nr* два; *s. a.* **fünf**; *FAM* ◇ **wir ~** мы вдвоём; *FAM* ◇ **e-r von euch ~en** оди́н из вас двои́х; **Zweibettzimmer** *n* двухме́стный но́мер *м*; **zweideutig** *adj* двусмы́сленный; **zweidimensional** *adj* двухме́рный; **zweierlei** *adj* ‹inv› (*zwei verschiedene Dinge*) ра́зный; *FIG* (*ungerecht beurteilen*) ◇ **mit ~ Maß messen** подходи́ть к чему́-л с разли́чными ме́рками; **zweifach** *adj* двойно́й; **Zweifamilienhaus** *n* двухкварти́рный дом *м*

Zweifel *m* ‹-s, -› сомне́ние *с*; ◇ **ohne jeden ~** вне вся́ких сомне́ний; **zweifelhaft** *adj* сомни́тельный; **zweifellos** *adj* несомне́нный; **zweifeln** *vi* сомнева́ться *несов* (*an dat* в чём-л); **Zweifelsfall** *m* ◇ **im ~** в слу́чае сомне́ния

Zweig *m* ‹-[e]s, -e› (*vom Baum*) ветвь *ж*; (*Industrie~*) о́трасль *ж*; (*Familien~*) ветвь *ж*

zweigeteilt *adj* (*Meinung, Land*) раздво́енный; **zweigleisig** *adj a. FIG* двухпу́тный, двухколе́йный

Zweigstelle *f* отделе́ние *с*, филиа́л *м*

zweihändig *adj* с двумя́ рука́ми; MUS для исполне́ния в две руки́; **zweihundert** *nr* две́сти; **zweijährig** *adj* ① (*2 Jahre alt*) двухле́тний, двухгодова́лый ② (*2 Jahre dauernd*) двухле́тний, двухгоди́чный; **Zweikampf** *m* поеди́нок *м*; **zweiköpfig** *adj* (*Wappentier*) двугла́вый; (*Fabeltier*) двухголо́вый; **zweimal** *adv* два ра́за, два́жды; ◇ **die Zeitung erscheint ~ im Monat** газе́та выхо́дит два ра́за в ме́сяц; **zweimotorig** *adj* двухмото́рный; **zweireihig** *adj* (*Sitzanordnung*) двухря́дный; (*Anzug*) двубо́ртный; **Zweisamkeit** *f* ‹-› совме́ст-

Z

ная жизнь *ж* вдвоём; **Zweisitzer** *m* <-s, -> AUTO двухме́стный автомоби́ль *м;* AERO двухме́стный самолёт *м;* **zweisprachig** *adj* двуязы́чный; **zweispurig** *adj* AUTO двухпу́тный; **zweistimmig** *adj* двухголо́сный; **zweistündig** *adj* двухчасово́й; **Zweitakter**, **Zweitaktmotor** *m* двухта́ктный дви́гатель *м*

zweite(r, s) *adj* второ́й; ◇ **der ~, den ~n, am ~n** [*o.* **2.**] **Dezember** второ́е, второ́го [*o.* 2-е, 2-го] декабря́

Zweite(r) *fm* второ́й(-ая *ж*) *м*

zweiteilig *adj* (*Kleidung*) состоя́щий из двух часте́й; **zweitjüngste(r, s)** *adj* второ́й по мо́лодости; **zweitgrößte(r, s)** *adj* второ́й по величине́; **zweitklassig** *adj* *PEJ* второкла́ссный, второсо́ртный; **zweitletzte(r, s)** *adj* предпосле́дний; **zweitrangig** *adj* второстепе́нный; **Zweitschlüssel** *m* запасно́й ключ *м;* **Zweitwagen** *m* втора́я маши́на *ж;* **zweiwertig** *adj* (*Atom, Element, Verb*) двухвале́нтный

Zwerchfell *n* диафра́гма *ж*

Zwerg(in *f*) *m* <-[e]s, -e> ка́рлик *м,* ка́рлица *ж;* **zwergwüchsig** *adj* ка́рликовый, малоро́слый

Zwetsche, Zwetschge *f* <-, -n> сли́ва *ж*

zwicken *vt* (*kneifen*) щип|а́ть <-ну́ть>

Zwickmühle *f* *FIG* (*schwierige Situation*) ◇ **sich in e-r ~ befinden** быть в затрудни́тельном положе́нии

Zwieback *m* <-[e]s, -e> суха́рь *м*

Zwiebel *f* <-, -n> (*Gemüse~*) лук *м;* (*Blumen~*) лу́ковица *ж*

Zwiegespräch *n* диало́г *м,* бесе́да *ж* с глазу на глаз

Zwielicht *n* (*Dämmerung*) полусве́т *м,* су́мерки *мн;* ◇ **ins ~ geraten** попа́сть под подозре́ние; **zwielichtig** *adj* (*Person, Geschäft*) сомни́тельный, тёмный

Zwiespalt *m* разла́д *м,* разногла́сие *с;* **zwiespältig** *adj* (*Gefühle*) противоречи́вый, запу́танный; (*Charakter*) нереши́тельный

Zwietracht *f* раздо́р *м,* ссо́ра *ж;* ◇ **~ säen** се́ять раздо́р

Zwilling *m* <-s, -e> (1) близне́ц *м,* двойня́шка *ж* (2) ASTROL Близнецы́ *мн*

zwingen <zwang, gezwungen> *vt* (*jd-n*) за|ставля́ть <-ста́вить>; **zwingend** *adj* (*Grund*) неизбе́жный; (*überzeugend*) убеди́тельный

Zwinger *m* <-s, -> (1) (*Hunde~ etc.*) клётка *ж* (2) (*auf Burg*) гла́вная ба́шня *ж*

zwinkern *vi* (*nervös*) мига́ть *несов,* морга́ть *несов;* (*absichtlich*) подми́г|ивать <-ну́ть>

Zwirn *m* <-[e]s, -e> ни́тка *ж*

zwischen *präp akk o. dat* ме́жду кем-чем-л; **Zwischenbemerkung** *f* попу́тное замеча́ние *с,* ре́плика *ж;* **Zwischendeck** *n* NAUT ни́жние па́лубы *мн;* **Zwischending** *n* не́что сре́днее *с;* **zwischendrin** *adv* ме́жду (ни́ми), среди́ (них); **zwischendurch** *adv* (*in der Zwischenzeit*) ме́жду тем; (*von Zeit zu Zeit*) вре́мя от вре́мени; **Zwischenergebnis** *n* промежу́точный результа́т *м;* **Zwischenfall** *m* инциде́нт *м;* **Zwischenfrage** *f* промежу́точный вопро́с *м;* **Zwischenhändler(in** *f*) *m* торго́вый(-ая) посре́дник *м*/посре́дница *ж;* **Zwischenlager** *n* склад *м* для краткосро́чного хране́ния; **zwischenlagern** *vt* вре́менно поме|ща́ть <-сти́ть> в склад; **Zwischenlandung** *f* промежу́точная поса́дка *ж;* **Zwischenmahlzeit** *f* лёгкая заку́ска *ж;* **zwischenmenschlich** *adj* ме́жду людьми́; (*Beziehungen*) челове́ческий; **Zwischenprüfung** *f* UNI *экза́мен м по́сле четвёртого семе́стра;* **Zwischenraum** *m* промежу́ток *м;* **Zwischenruf** *m* ре́плика *ж;* **Zwischenstation** *f* остано́вка *ж;* ◇ **wir machten in Berlin ~** мы остана́вливались в Берли́не; **Zwischenzeit** *f* промежу́ток *м* вре́мени; ◇ **in der ~** ме́жду тем

Zwist *m* <-es, -e> (*Streit*) ссо́ра *ж;* (*Differenzen*) разногла́сие *с*

zwitschern *vt, vi* <за->щебета́ть; *FAM* (*Alkohol trinken*) пропус|ка́ть <-ти́ть> рю́мочку

Zwitter *m* <-s, -> гермафроди́т *м*

zwölf *nr* двена́дцать; *s. a.* **fünf**; **Zwölffingerdarm** *m* MED двенадцатипе́рстная кишка́ *ж*

Zyankali *n* <-s> (*~gift*) циа́нистый ка́лий *м*

zyklisch *adj* цикли́чный

Zyklop *m* <-en, -en> MYTH цикло́п *м*

Zyklus *m* <-, Zyklen> цикл *м*

Zylinder *m* <-s, -> AUTO цили́ндр *м;* (*Hut*) цили́ндр *м;* **zylinderförmig** *adj* цилиндри́ческой фо́рмы

Zyniker(in *f*) *m* <-s, -> ци́ник *м;* **zynisch** *adj* цини́чный; **Zynismus** *m* цини́зм *м*

Zypern *n* Кипр *м;* ◇ **in/nach~** на Ки́пре/на Кипр

Zypresse *f* BOT кипари́с *м*

Zyste *f* <-, -n> MED киста́ *ж*

z. Z[t]. *Abk. v.* **zur Zeit** в настоя́щее вре́мя

Kurzgrammatik

Deklinationsmuster

Substantive

Maskulina

Sg	M_1	M_2	M_3
NOM GEN DAT AKK INSTR PRÄP	ава́нс ава́нса ава́нсу ава́нс** ава́нсом ава́нсе	жи́тель жи́теля жи́телю жи́теля** жи́телем*** жи́теле	трамва́й трамва́я трамва́ю трамва́й** трамва́ем трамва́е
Pl			
NOM GEN DAT AKK INSTR PRÄP	ава́нсы* ава́нсов ава́нсам ава́нсы** ава́нсами ава́нсах	жи́тели жи́телей жи́телям жи́телей** жи́телями жи́телях	трамва́и трамва́ев*** трамваям трамва́и** трамва́ями трамва́ях

Sg	M_4	M_5
NOM GEN DAT AKK INSTR PRÄP	воробе́й воробья́ воробью́ воробья́** воробьём воробье́	не́мец не́мца не́мцу не́мца** не́мцем не́мце
Pl		
NOM GEN DAT AKK INSTR PRÄP	воробьи́ воробьёв воробья́м воробьёв** воробья́ми воробья́х	не́мцы не́мцев не́мцам не́мцев** не́мцами не́мцах

санаторий
санатории
санаторию
санаторий
санаторием
санатории

Feminina

Sg	F_1	F_2	F_3
NOM **GEN** **DAT** **AKK** **INSTR** **PRÄP**	маши́на маши́ны маши́не маши́ну маши́ной маши́не	ба́ня ба́ни ба́не ба́ню ба́ней*** ба́не	ше́я ше́и ше́е ше́ю ше́ей*** ше́е
Pl			
NOM **GEN** **DAT** **AKK** **INSTR** **PRÄP**	маши́ны* маши́н маши́нам маши́ны** маши́нами маши́нах	ба́ни ба́нь ба́ням ба́ни** ба́нями ба́нях	ше́и ше́й ше́ям ше́и** ше́ями ше́ях

Sg	F_4	F_5
NOM **GEN** **DAT** **AKK** **INSTR** **PRÄP**	мо́лния мо́лнии мо́лнии мо́лнию мо́лнией мо́лнии	ель е́ли е́ли ель е́лью е́ли
Pl		
NOM **GEN** **DAT** **AKK** **INSTR** **PRÄP**	мо́лнии мо́лний мо́лниям мо́лнии** мо́лниями мо́лниях	е́ли е́лей е́лям е́ли** е́лями е́лях

Neutra

Sg	N_1	N_2	N_3
NOM	мо́ре	боло́то	ле́жбище
GEN	мо́ря	боло́та	ле́жбища
DAT	мо́рю	боло́ту	ле́жбищу
AKK	мо́ре	боло́то	ле́жбище
INSTR	мо́рем	боло́том	ле́жбищем
PRÄP	мо́ре	боло́те	ле́жбище
Pl			
NOM	моря́	боло́та	ле́жбища
GEN	море́й	боло́т	ле́жбищ
DAT	моря́м	боло́там	ле́жбищам
AKK	моря́	боло́та	ле́жбища
INSTR	моря́ми	боло́тами	ле́жбищами
PRÄP	моря́х	боло́тах	ле́жбищах

Sg	N_4	N_5	N_6
NOM	жела́ние	новосе́лье	и́мя
GEN	жела́ния	новосе́лья	и́мени
DAT	жела́нию	новосе́лью	и́мени
AKK	жела́ние	новосе́лье	и́мя
INSTR	жела́нием	новосе́льем***	и́менем
PRÄP	жела́нии	новосе́лье	и́мени
Pl			
NOM	жела́ния	новосе́лья	имена́
GEN	жела́ний	новосе́лий	имён
DAT	жела́ниям	новосе́льям	имена́м
AKK	жела́ния	новосе́лья	имена́
INSTR	жела́ниями	новосе́льями	имена́ми
PRÄP	жела́ниях	новосе́льях	имена́х

* nach „г, к, х, ж, ч, ш, щ“ steht „и“ statt „ы“.
** A = G bei belebten Substantiven
A = N bei unbelebten Substantiven
*** bei endbetonten Substantiven steht „ё“ statt „е“.

Adjektive

A_1 - Stammauslaut - hart

	m	f	n
NOM	просто́й	проста́я	просто́е
GEN	просто́го	просто́й	просто́го
DAT	просто́му	просто́й	просто́му
AKK	просто́й**	просту́ю	просто́е
INSTR	просты́м*	просто́й	просты́м*
PRÄP	просто́м	просто́й	просто́м

	Pl
NOM	просты́е*
GEN	просты́х*
DAT	просты́м*
AKK	просты́е**
INSTR	просты́ми*
PRÄP	просты́х*

A_2 Stammauslaut - weich

	m	f	n
NOM	дре́вний	дре́вняя*	дре́внее
GEN	дре́внего	дре́вней	дре́внего
DAT	дре́внему	дре́вней	дре́внему
AKK	дре́вний**	дре́внюю*	дре́внее
INSTR	дре́вним	дре́вней	дре́вним
PRÄP	дре́внем	дре́вней	дре́внем

	Pl
NOM	дре́вние
GEN	дре́вних
DAT	дре́вним
AKK	дре́вние**
INSTR	дре́вними
PRÄP	дре́вних

A_3 Gattungsadjektive

	m	f	n
NOM	медве́жий	медве́жья	медве́жьс
GEN	медве́жьего	медве́жьей	медве́жьего
DAT	медве́жьему	медве́жьей	медве́жьему
AKK	медве́жий**	медве́жью	медве́жье
INSTR	медве́жьим	медве́жьей	медве́жьим
PRÄP	медве́жьем	медве́жьей	медве́жьем

	Pl
NOM	медве́жьи
GEN	медве́жьих
DAT	медве́жьим
AKK	медве́жьи**
INSTR	медве́жьими
PRÄP	медве́жьих

A_4 Possessivadjektive

	m	f	n
NOM	тётин	тётина	тётино
GEN	тётиного	тётиной	тётиного
DAT	тётиному	тётиной	тётиному
AKK	тётин**	тётину	тётино
INSTR	тётиным	тётиной	тётиным
PRÄP	тётином	тётиной	тётином

	Pl
NOM	тётины
GEN	тётиных
DAT	тётиным
AKK	тётины**
INSTR	тётиными
PRÄP	тётиных

* Nach „ж (Stammbetonung), ч, г, к, х, ш, щ“ steht „а“ statt „я“, „у“ statt „ю“, „и“ statt „ы“.

** A = G bei belebten Substantiven
A = N bei unbelebten Substantiven

Pronomina

1. Personalpronomina

	Sg					Pl		
	1.	2.	3. m	n	f	1.	2.	3.
NOM	я	ты	он	оно́	она́	мы	вы	они́
GEN	меня́	тебя́	(н)его́		(н)её	нас	вас	(н)их
DAT	мне	тебе́	(н)ему́		(н)ей	нам	вам	(н)им
AKK	меня́	тебя́	(н)его́		(н)её	нас	вас	(н)их
INSTR	мной	тобо́й	(н)им		(н)ей	на́ми	ва́ми	(н)и́ми
PRÄP	(обо) мне	(о) тебе	(о) нём		(о) ней	(о) нас	(о) вас	(о) них

2. Possessivpronomina

	Sg				Pl			
	m	n	f	pl	m	n	f	pl
NOM	мой	моё	моя́	мои́	наш	на́ше	на́ша	на́ши
GEN	моего́		мое́й	мои́х	на́шего		на́шей	на́ших
DAT	моему́		мое́й	мои́м	на́шему		на́шей	на́шим
AKK	N.o.G.	моё	мою́	N.o.G.	N.o.G.	на́ше	на́шу	N.o.G.
INSTR	мои́м		мое́й	мои́ми	на́шим		на́шей	на́шими
PRÄP	(о) моём		(о) мое́й	(о) мои́х	(о) на́шем		(о) на́шей	(о) на́ших

твой (dein) und das reflexive Possessivpronomen свой werden wie мой dekliniert; ваш (euer) wie наш.

3. Interrogativpronomina

a.

	wer	was
NOM	кто	что
GEN	кого́	чего́
DAT	кому́	чему́
AKK	кого́	что
INSTR	кем	чем
PRÄP	о ком	о чём

b. wessen

	m	n	f	Pl
NOM	чей	чьё	чья	чьи
GEN	чьего́		чьей	чьих
DAT	чьему́		чьей	чьим
AKK	N.o.G.	чьё	чью	N.o.G.
INSTR	чьи́м		чьей	чьи́ми
PRÄP	о чьём		о чьей	о чьих

4. Demonstrativpronomina

a. diese(r,s)

	Sg			Pl
	m	n	f	
NOM	э́тот	э́то	э́та	э́ти
GEN	э́того		э́той	э́тих
DAT	э́тому		э́той	э́тим
AKK	N.o.G.	э́то	э́ту	N.o.G.
INSTR	э́тим		э́той	э́тими
PRÄP	об э́том		об э́той	об э́тих

b. jene (r,s)

	Sg			Pl
	m	n	f	
NOM	тот	то	та	те
GEN	того́		той	тех
DAT	тому́		той	тем
AKK	N.o.G.	то	ту	N.o.G.
INSTR	тем		той	те́ми
PRÄP	о том		о той	о тех

5. Determinativpronomina

a. ganz **alle**

	Sg			Pl
	m	n	f	
NOM	весь	всё	вся	все
GEN	всего́		всей	всех
DAT	всему́		всей	всем
AKK	N.o.G.	всё	всю	N.o.G.
INSTR	всем		всей	все́ми
PRÄP	обо всём		обо всей	обо всех

b. selber

	Sg			Pl
	m	n	f	
NOM	сам	само́	сама́	са́ми
GEN	самого́		само́й	сами́х
DAT	самому́		само́й	сами́м
AKK	N.o.G.	само́	саму́	N.o.G.
INSTR	сами́м		само́й	сами́ми
PRÄP	о само́м		о само́й	о сами́х

Verben

1a
-ать

	vollendet **уку́тать**	unvollendet **ку́тать**
Präs.		ку́таю, ~аешь, ~ают
Futur	уку́таю, ~аешь, ~ают	бу́ду ку́тать
Prät.	уку́тал, ~а, ~о, ~и	ку́тал, ~а, ~о, ~и
Imper.	уку́тай, ~те	ку́тай, ~те
Part. Präs. Akt.		ку́тающий, ~ая, ~ее, ~ие
Part. Prät. Akt.	уку́тавший, ~ая, ~ее, ~ие	ку́тавший, ~ая, ~ее, ~ие
Part. Präs. Pass.		ку́таемый, ~ая, ~ое, ~ые
Part. Prät. Pass.	уку́танный	
Adv. Part. Präs.		ку́тая
Adv. Part. Prät.	уку́тав	

1b
-ять

	vollendet **расстреля́ть,**	unvollendet **стреля́ть**
Präs.		стреля́ю, ~я́ешь, ~я́ют
Futur	расстреля́ю, ~я́ешь, ~я́ют	бу́ду стреля́ть
Prät.	расстреля́л, ~а, ~о, ~и	стреля́л, ~а, ~о, ~и
Imper.	расстреля́й, ~те	стреля́й, ~те
Part. Präs. Akt.		стреля́ющий, ~ая, ~ее, ~ие
Part. Prät. Akt.	расстреля́вший, ~ая, ~ее, ~ие	стреля́вший, ~ая, ~ее, ~ие
Part. Präs. Pass.		стреля́емый, ~ая, ~ое, ~ые
Part. Prät. Pass.	расстре́лянный	
Adv. Part. Präs.		стреля́я
Adv. Part. Prät.	расстреля́в	

2
-нуть

	betontes Suffix **отщипну́ть**	unbetontes Suffix **кри́кнуть**
Präs.		
Futur	отщипну́, ~ёшь, ~у́т	кри́кну, ~ешь, ~ут
Prät.	отщипну́л, ~а, ~о, ~и	кри́кнул, ~а, ~о, ~и
Imper.	отщипни́, ~те	кри́кни, ~те
Part. Präs. Akt.		
Part. Prät. Akt.	отщипну́вший, ~ая, ~ее, ~ие	кри́кнувший, ~ая, ~ее, ~ие
Part. Präs. Pass.		
Part. Prät. Pass.	отщи́пнутый	
Adv. Part. Präs.		
Adv. Part. Prät.	отщипну́в	кри́кнув

3a
-овать

	vollendet **сплани́ровать**	unvollendet **плани́ровать**
Präs.		плани́рую, ~уешь, ~уют
Futur	сплани́рую, ~уешь, ~уют	бу́ду плани́ровать
Prät.	сплани́ровал, ~а, ~о, ~и	плани́ровал, ~а, ~о, ~и
Imper.	сплани́руй, ~те	плани́руй, ~те
Part. Präs. Akt.		плани́рующий, ~ая, ~ее, ~ие
Part. Prät. Akt.	сплани́ровавший, ~ая, ~ее, ~ие	плани́ровавший, ~ая, ~ее, ~ие
Part. Präs. Pass.		плани́руемый, ~ая, ~ое, ~ые
Part. Prät. Pass.	сплани́рованный	
Adv. Part. Präs.		плани́руя
Adv. Part. Prät.	сплани́ровав	

3b
-евать

	vollendet **завоева́ть**	unvollendet **воева́ть**
Präs.		вою́ю, ~ю́ешь, ~ю́ют
Futur	завою́ю, ~ю́ешь, ~ю́ют	бу́ду воева́ть
Prät.	завоева́л, ~а, ~о, ~и	воева́л, ~а, ~о, ~и
Imper.	завою́й, ~те	вою́й, ~те
Part. Präs. Akt.		вою́ющий, ~ая, ~ее, ~ие
Part. Prät. Akt.	завоева́вший, ~ая, ~ее, ~ие	воева́вший, ~ая, ~ее, ~ие
Part. Präs. Pass.		
Part. Prät. Pass.	завоёванный	
Adv. Part. Präs.		вою́я
Adv. Part. Prät.	завоева́в	

4a
-и́ть

	vollendet **обвини́ть**	unvollendet **сори́ть**
Präs.		сорю́, ~и́шь, ~я́т
Futur	обвиню́*, ~и́шь, ~я́т*	бу́ду сори́ть
Prät.	обвини́л, ~а, ~о, ~и	сори́л, ~а, ~о, ~и
Imper.	обвини́, ~те	сори́, ~те
Part. Präs. Akt.		соря́щий, ~ая, ~ее, ~ие
Part. Prät. Akt.	обвини́вший, ~ая, ~ее, ~ие	сори́вший, ~ая, ~ее, ~ие
Part. Präs. Pass.		
Part. Prät. Pass.	обвинённый	
Adv. Part. Präs.		соря́
Adv. Part. Prät.	обвини́в	

4b
-ить

	vollendet **довéрить**	unvollendet **вéрить**
Präs.		вéрю, ~ишь, ~ят
Futur	довéрю, ~ишь, ~ят	бýду вéрить
Prät.	довéрил, ~а, ~о, ~и	вéрил, ~а, ~о, ~и
Imper.	довéрь, ~те	вéрь, ~те
Part. Präs. Akt.		вéрящий, ~ая, ~ее, ~ие
Part. Prät. Akt.	довéривший, ~ая, ~ее, ~ие	вéривший, ~ая, ~ее, ~ие
Part. Präs. Pass.		
Part. Prät. Pass.	довéренный	
Adv. Part. Präs.		вéря
Adv. Part. Prät.	довéрив	

5
-еть

	vollendet **заболéть**	unvollendet **болéть**
Präs.		болéю, ~éешь, ~éют
Futur	заболéю, ~éешь, ~éют	бýду болéть
Prät.	заболéл, ~а, ~о, ~и	болéл, ~а, ~о, ~и
Imper.	заболéй, ~те	болéй, ~те
Part. Präs. Akt.		болéющий, ~ая, ~ее, ~ие
Part. Prät. Akt.	заболéвший, ~ая, ~ее, ~ие	болéвший, ~ая, ~ее, ~ие
Part. Präs. Pass.		
Part. Prät. Pass.		
Adv. Part. Präs.		болéя
Adv. Part. Prät.	заболéв	

* Nach Zischlauten steht „у“ statt „ю“, „а“ statt „я“.

Konjugation der unregelmäßigen Verben

Infinitiv	Präsens	Futur	Prät.	Imperativ	Part. Präs. Akt.	Part. Prät. Akt.	Part. Präs. Pass.	Part. Prät. Pass.	Adv. Part. Präs. (UV)	Adv. Part. Prät. (V)
бежа́ть	бегу́, бежи́шь, бегу́т	бу́ду бежа́ть	бежа́л, -а, -о, -и	беги́, -те	бегу́щий, -ая, -ее, -ие	бежавший, -ая, -ее, -ие				бежа́в
бере́чь	берегу́, бережёшь, берегу́т	бу́ду бере́чь	берёг, берегла́, -о́, -и́	береги́, -те	берегу́щий, -ая, -ее, -ие	берёгший, -ая, -ее, -ие		бережённый, -ая, -ое, -ые		-берёгши
бить	бью, бьёшь, бьют	бу́ду бить	бил, -а, -о, -и	бей, -те	бью́щий, -ая, -ее, -ие	би́вший, -ая, -ее, -ие	-бива́емый	би́тый, -ая, -ое, -ые	-бива́я	-би́в
блесте́ть	блещу́, блести́шь, блестя́т	бу́ду блесте́ть	блесте́л, -а, -о, -и	блести́, -те	блестя́щий, -ая, -ее, -ие и бле́щущий, -ая, -ее, -ие	блесте́вший, -ая, -ее, -ие			блестя́	-блесте́в
боро́ться	борю́сь, бо́решься, бо́рются	бу́ду боро́ться	боро́лся, -лась, -лось, -лись	бори́сь, -тесь	бо́рю-щийся, -аяся, -ееся, -иеся	боро́вшийся, -аяся, -ееся, -иеся			боря́сь	-боро́вшись
боя́ться	бою́сь, бои́тся, боя́тся	бу́ду боя́ться	боя́лся, боя́лась, -лось, -лись	бо́йся, -тесь	боя́щийся, -аяся, -ееся, -иеся	боя́вшийся, -аяся, -ееся, -иеся			бо́ясь	
брать	беру́, -ёшь, -у́т	бу́ду брать	брал, -á, -о, -и	бери́, -те	беру́щий, -ая, -ее, -ие	бра́вший, -ая, -ее, -ие	-бира́емый	-бранный	беря́	брав
брести́	бреду́, -ёшь, -у́т	бу́ду брести́	брёл, брела́, -о́, -и́	бреди́, -те	бреду́щий, -ая, -ее, -ие	бре́дший, -ая, -ее, -ие			бредя́	-бре́дши
брить	бре́ю, -е́ешь, -е́ют	бу́ду брить	брил, -а, -о,	бре́й, -те	бре́ющий, -ая, -ее, -ие	бри́вший, -ая, -ее, -ие		бри́тый	бре́я	-брив

Mit Bindestrich beginnende Verbformen gelten für die betreffenden Verben mit Präfixen.

Infinitiv	Präsens	Futur	Prät.	Imperativ	Part. Präs. Akt.	Part. Prät. Akt.	Part. Präs. Pass.	Part. Prät. Pass.	Adv. Part. Präs. (UV)	Adv. Part. Prät. (V)
броди́ть	брожу́, бро́дишь, бро́дят	бу́ду броди́ть	броди́л, ~а, ~о, ~и	броди́, ~те	бродя́щий, ~ая, ~ее, ~ие	броди́вший, ~ая, ~ее, ~ие			бродя́	-броди́в
бро́сить		бро́шу, бро́сишь, бро́сят	бро́сил, ~а, ~о, ~и	брось, ~те		бро́сивший, ~ая, ~ее, ~ие		бро́шенный		бро́сив
быть	nur 3. Pers. Sg. есть	бу́ду, ~ешь, ~ут	был, ~á, ~о, ~и	будь, ~те		бы́вший, ~ая, ~ее, ~ие		-бы́тый	бу́дучи	-быв
везти́	везу́, ~ёшь, ~у́т	бу́ду везти́	вёз, везла́, ~о́, ~и́	вези́, ~те	везу́щий, ~ая, ~ее, ~ие	вёзший, ~ая, ~ее, ~ие		-везённый	везя́	-вёзши
вести́	веду́, ~ёшь, ~у́т	бу́ду вести́	вёл, вела́, ~о́, ~и́	веди́, ~те	веду́щий, ~ая, ~ее, ~ие	ве́дший, ~ая, ~ее, ~ие	ведо́мый	-ведённый	ведя́	
взыска́ть		взыщу́, взы́щешь, взы́щут	взыска́л, ~а, ~о, ~и	взыщи́, ~те		взыска́вший, ~ая, ~ее, ~ие		взы́сканный		взыска́в
взять		возьму́, ~ёшь, ~у́т	взял, ~á, ~о, ~и	возьми́, ~те		взя́вший, ~ая, ~ее, ~ие		взя́тый		взяв
ви́деть	ви́жу, ви́дишь, ви́дят	бу́ду ви́деть	ви́дел, ~а, ~о, ~и	(смотри́, ~те)	ви́дящий, ~ая, ~ее, ~ие	ви́девший, ~ая, ~ее, ~ие	ви́димый	ви́денный	ви́дя	-ви́дев
висе́ть	вишу́, виси́шь, вися́т	бу́ду висе́ть	висе́л, ~а, ~о, ~и	виси́, ~те	вися́щий, ~ая, ~ее, ~ие	висе́вший, ~ая, ~ее, ~ие			вися́	-висе́в
вить	вью, вьёшь, вьют	бу́ду вить	вил, ~á, ~о, ~и	вей, ~те	вью́щий, ~ая, ~ее, ~ие	ви́вший, ~ая, ~ее, ~ие		ви́тый		-вив
влечь	влеку́, влечёшь, влеку́т	бу́ду влечь	влёк, влекла́, ~о́, ~и́	влеки́, ~те	влеку́щий, ~ая, ~ее, ~ие	влёкший, ~ая, ~ее, ~ие	влеко́мый	-влечённый		-влёкши

Infinitiv	Präsens	Futur	Prät.	Imperativ	Part. Präs. Akt.	Part. Prät. Akt.	Part. Präs. Pass.	Part. Prät. Pass.	Adv. Part. Präs. (UV)	Adv. Part. Prät. (V)
води́ть	вожу́, во́дишь, во́дят	бу́ду води́ть	води́л, ~а, ~о, ~и	води́, ~те	водя́щий, ~ая, ~ее, ~ие	води́вший, ~ая, ~ее, ~ие	води́мый		водя́	-води́в
воева́ть	вою́ю, ~ю́ешь, ~ю́ют	бу́ду воева́ть	воева́л, ~а, ~о, ~и	вою́й, ~те	вою́ющий, ~ая, ~ее, ~ие	воева́вший, ~ая, ~ее, ~ие		-воёванный	вою́я	-вое́вав
вози́ть	вожу́, во́зишь, во́зят	бу́ду вози́ть	вози́л, ~а, ~о, ~и	вози́, ~те	возя́щий, ~ая, ~ее, ~ие	вози́вший, ~ая, ~ее, ~ие	вози́мый		возя́	-вози́в
вяза́ть	вяжу́, вя́жешь, вя́жут	бу́ду вяза́ть	вяза́л, ~а, ~о, ~и	вяжи́, ~те	вя́жущий, ~ая, ~ее, ~ие	вяза́вший, ~ая, ~ее, ~ие		вя́занный		вяза́в
вя́нуть	вя́ну, ~ешь, ~ут	бу́ду вя́нуть	вя́л, ~а, ~о, ~и	вя́нь, ~те	вя́нущий, ~ая, ~ее, ~ие	вя́нувший, ~ая, ~ее, ~ие				
гляде́ть	гляжу́, гляди́шь, ~дя́т	бу́ду гляде́ть	гляде́л, ~а, ~о, ~и	гляди́, ~те	глядя́щий, ~ая, ~ее, ~ие	гляде́вший, ~ая, ~ее, ~ие			гля́дя	-гляде́в
гнать	гоню́, го́нишь, го́нят	бу́ду гнать	гнал, ~а́, ~о, ~и	гони́, ~те	гоня́щий, ~ая, ~ее, ~ие	гна́вший, ~ая, ~ее, ~ие	гони́мый	-гнанный	гоня́	-гнав
грызть	грызу́, ~ёшь, ~у́т	бу́ду грызть	грыз, ~ла, ~ло, ~ли	грызи́, ~те	грызу́щий, ~ая, ~ее, ~ие	гры́зший, ~ая, ~ее, ~ие		-гры́занный	грызя́	-гры́зши
дать		дам, дашь, даст, дади́м, дади́те, даду́т	дал, ~а́, ~о, ~и	дай, ~те		да́вший, ~ая, ~ее, ~ие		да́нный		дав
держа́ть	держу́, де́ржишь, де́ржат	бу́ду держа́ть	держа́л, ~а, ~о, ~и	держи́, ~те	держа́щий, ~ая, ~ее, ~ие	держа́вший, ~ая, ~ее, ~ие		-де́ржанный	держа́	-держа́в
деть		де́ну, ~ешь, ~ут	дел, ~а, ~о, ~и	день, ~те		-де́вший, ~ая, ~ее, ~ие		-де́тый		-дев
драть	деру́, ~ёшь, ~у́т	бу́ду драть	драл, ~а́, ~о, ~и	дери́, ~те	деру́щий, ~ая, ~ее, ~ие	дра́вший, ~ая, ~ее, ~ие		-дра́нный	деря́	-драв

Infinitiv	Präsens	Futur	Prät.	Imperativ	Part. Präs. Akt.	Part. Prät. Akt.	Part. Präs. Pass.	Part. Prät. Pass.	Adv. Part. Präs. (UV)	Adv. Part. Prät. (V)
дуть	ду́ю, ду́ешь, ду́ют	бу́ду дуть	дул, ~а, ~о, ~и	дуй, ~те	ду́ющий, ~ая, ~ее, ~ие	ду́вший, ~ая, ~ее, ~ие		ду́тый	ду́я	-дув
есть	ем, ешь, ест, еди́м, еди́те, едя́т	бу́ду есть	ел, ~а, ~о, ~и	ешь, ~те	едя́щий, ~ая, ~ее, ~ие, ~ее, ~ие	е́вший, ~ая, ~ее, ~ие		-е́денный	едя́	-ев
е́хать	е́ду, ~ешь, ~ут	бу́ду е́хать	е́хал, ~а, ~о, ~и	(поезжа́й, ~те)	е́дущий, ~ая, ~ее, ~ие	е́хавший, ~ая, ~ее, ~ие			е́дучи	-е́хав
жать[1]	жму, ~ёшь, ~у́т	бу́ду жать	жал, ~а, ~о, ~и	жми, ~те	жму́щий, ~ая, ~ее, ~ие	жа́вший, ~ая, ~ее, ~ие		-жа́тый		-жав
жать[2]	жну, ~ёшь, ~у́т	бу́ду жать	жал, ~а, ~о, ~и	жни, ~те	жну́щий, ~ая, ~ее, ~ие	жа́вший, ~ая, ~ее, ~ие		-жа́тый		-жав
ждать	жду, ~ёшь, ~у́т	бу́ду ждать	ждал, ~а́, ~о, ~и	жди, ~те	жду́щий, ~ая, ~ее, ~ие	жда́вший, ~ая, ~ее, ~ие	(ожида́емый)	-жда́нный	(ожида́я)	ждав
жева́ть	жую́ ~ёшь, ~ю́т	бу́ду жева́ть	жева́л, ~а, ~о, ~и	жуй, ~те	жую́щий, ~ая, ~ее, ~ие	жева́вший, ~ая, ~ее, ~ие		жёванный	жуя́	-жева́в
жечь	жгу, жжёшь, жгут	бу́ду жечь	жёг, жгла́, ~о́, ~и́	жги, ~те	жгу́щий, ~ая, ~ее, ~ие	жёгший, ~ая, ~ее, ~ие		-жжённый		-жёгши
жить	живу́, ~ёшь, ~ут	бу́ду жить	жил, ~а́, ~о, ~и	живи́, ~те	живу́щий, ~ая, ~ее, ~ие	жи́вший, ~ая, ~ее, ~ие			живя́	-жив
запря́чь		запрягу́, запряжёшь, запрягу́т	запря́г, ~ла́, ~ло́, ~ли́	запряги́, ~те		запря́гший, ~ая, ~ее, ~ие		запряжённый		запря́гши
звать	зову́, ~ёшь, ~у́т	бу́ду звать	звал, ~а́, ~о, ~и	зови́, ~те	зову́щий, ~ая, ~ее, ~ие	зва́вший, ~ая, ~ее, ~ие		зва́нный	зовя́	-звав
идти́	иду́, ~ёшь, ~у́т	бу́ду идти́	шёл, шла, шло, шли	иди́, ~те	иду́щий ~ая, ~ее, ~ие	ше́дший, ~ая, ~ее, ~ие			идя́	
изобрести́		изобрету́, ~ёшь, ~у́т	изобрёл, изобрела́, ~о́, ~и́	изобрети́, ~те		изобре́тший, ~ая, ~ее, ~ие		изобре-тённый		изобретя́

Infinitiv	Präsens	Futur	Prät.	Imperativ	Part. Präs. Akt.	Part. Prät. Akt.	Part. Präs. Pass.	Part. Prät. Pass.	Adv. Part. Präs. (UV)	Adv. Part. Prät. (V)
иска́ть	ищу́, и́щешь, и́щут	бу́ду иска́ть	иска́л, -а, -о, -и	ищи́, -те	и́щущий, -ая, -ее, -ие	иска́вший, -ая, -ее, -ие	иско́мый		ища́	-иска́в
идти́	иду́, идёшь, иду́т	бу́ду идти́	шёл, шла́, шло́, шли́	иди́, -те	иду́щий	ше́дший, -ая, -ее, -ие				идя́
класть	кладу́, -ёшь, -у́т	бу́ду класть	клал, -а, -о, -и	клади́, -те	кладу́щий, -ая, -ее, -ие	кла́вший, -ая, -ее, -ие			кладя́	
клясть	кляну́, -ёшь, -у́т	бу́ду клясть	клял, -а́, -о, -и	кляни́, -те	кляну́щий, -ая, -ее, -ие	кля́вший, -ая, -ее, -ие		-кля́тый	кляня́	-кляв
кова́ть	кую́, -уёшь, -ую́т	бу́ду кова́ть	кова́л, -а, -о, -и	куй, -те	кую́щий, -ая, -ее, -ие	кова́вший, -ая, -ее, -ие		ко́ванный	куя́	-кова́в
коло́ть	колю́, ко́лешь, ко́лют	бу́ду коло́ть	коло́л, -а, -о, -и	коли́, -те	ко́лющий, -ая, -ее, -ие	коло́вший, -ая, -ее, -ие		ко́лотый	коля́	-коло́в
красть	краду́, -ёшь, -у́т	бу́ду красть	крал, -а, -о, -и	кради́, -те	краду́щий, -ая, -ее, -ие	кра́вший, -ая, -ее, -ие		кра́денный	крадя́	-крав
крыть	кро́ю, -о́ешь, -о́ют	бу́ду крыть	крыл, -а, -о, -и	кро́й, -те	кро́ющий, -ая, -ее, -ие	кры́вший, -ая, -ее, -ие	-крыва́емый	кры́тый	кроя́	-крыв
лежа́ть	лежу́, -и́шь, -а́т	бу́ду лежа́ть	лежа́л, -а, -о, -и	лежи́, -те	лежа́щий, -ая, -ее, -ие	лежа́вший, -ая, -ее, -ие			лёжа	
лезть	ле́зу, -ешь, -ут	бу́ду лезть	лез, -ла, -ло, -ли	лезь, -те	ле́зущий, -ая, -ее, -ие	ле́зший, -ая, -ее, -ие			ле́зя	-ле́зши
лете́ть	лечу́, лети́шь, летя́т	бу́ду лете́ть	лете́л -а, -о, -и	лети́, -те	летя́щий, -ая, -ее, -ие	лете́вший, -ая, -ее, -ие			летя́	-лете́в
лечь		ля́гу, ля́жешь, ля́гут	лёг, легла́, -о́, -и́	ляг, -те		лёгший, -ая, -ее, -ие				

Infinitiv	Präsens	Futur	Prät.	Imperativ	Part. Präs. Akt.	Part. Prät. Akt.	Part. Präs. Pass.	Part. Prät. Pass.	Adv. Part. Präs. (UV)	Adv. Part. Prät. (V)
лиза́ть	лижу́, ли́жет ли́жут	бу́ду лиза́ть	лиза́л, ~а, ~о, ~и	лижи́, ~те	ли́жущий, ~ая, ~ее, ~ие	лиза́вший, ~ая, ~ее, ~ие		ли́занный		-лиза́в
лить	лью, льёшь, льют	бу́ду лить	лил, ~а́, ~о, ~и	лей, ~те	лью́щий, ~ая, ~ее, ~ие	ли́вший, ~ая, ~ее, ~ие		ли́тый		-лив
-ложи́ть		-ложу́, -ло́жишь, -ло́жат	-ложи́л, ~а, ~о, ~и	-ложи́, ~те		-ложи́вший, ~ая, ~ее, ~ие		-ло́женный		-ложи́в
люби́ть	люблю́, лю́бишь, лю́бят	бу́ду люби́ть	люби́л, ~а, ~о, ~и	люби́, ~те	лю́бящий, ~ая, ~ее, ~ие	люби́вший, ~ая, ~ее, ~ие	люби́мый		любя́	-люби́в
ма́зать	ма́жу, ~ешь, ~ут	бу́ду ма́зать	ма́зал, ~а, ~о, ~и	мажь, ~те	ма́жущий, ~ая, ~ее, ~ие	ма́завший, ~ая, ~ее, ~ие		ма́занный		ма́зав
-мере́ть		-мру, -мрёшь, -мрут	-мер, ~ла́, ~ло, ~ли	-мри́, ~те		-мерший, ~ая, ~ее, ~ие				-мере́в
мести́	мету́, ~ёшь, ~у́т	бу́ду мести́	мёл, мела́, ~о́, ~и́	мети́, ~те	мету́щий, ~ая, ~ее, ~ие	мётший, ~ая, ~ее, ~ие		-метённый	метя́	
моло́ть	мелю́, ме́лешь, ме́лют	бу́ду моло́ть	моло́л, ~а, ~о, ~и	мели́, ~те	ме́лющий, ~ая, ~ее, ~ие	моло́вший, ~ая, ~ее, ~ие		мо́лотый	меля́	-моло́в
мочь	могу́, мо́жешь, мо́гут		мог, ~ла́, ~ло́, ~ли́		мо́гущий, ~ая, ~ее, ~ие	мо́гший, ~ая, ~ее, ~ие				
мыть	мо́ю, ~о́ешь, ~о́ют	бу́ду мыть	мыл, ~а, ~о, ~и	мой, ~те	мо́ющий, ~ая, ~ее, ~ие	мы́вший, ~ая, ~ее, ~ие		мы́тый	мо́я	-мыв
мять	мну, ~ёшь, ~у́т	бу́ду мять	мял, ~а, ~о, ~и	мни, ~те	мну́щий, ~ая, ~ее, ~ие	мя́вший, ~ая, ~ее, ~ие		мя́тый		-мяв
надое́сть		надое́м, ~е́шь, ~едя́т	надое́л, ~а, ~о, ~и	надое́шь, ~те		надое́вший, ~ая, ~ее, ~ие				надое́в

Infinitiv	Präsens	Futur	Prät.	Imperativ	Part. Präs. Akt.	Part. Prät. Akt.	Part. Präs. Pass.	Part. Prät. Pass.	Adv. Part. Präs. (UV)	Adv. Part. Prät. (V)
наня́ть		найму́, ~ёшь, ~у́т	на́нял, ~а́, ~о, ~и	найми́, ~те		наня́вший, ~ая, ~ее, ~ие		на́нятый		наня́в
насти́чь		насти́гну, ~ешь, ~ут	насти́г, ~ла, ~ло, ~ли	насти́гни, ~те		насти́гший, ~ая, ~ее, ~ие		насти́гнутый		насти́гнув
нача́ть		начну́, ~ёшь, ~у́т	на́чал, ~а́, ~о, ~и	начни́, ~те		нача́вший, ~ая, ~ее, ~ие		на́чатый		нача́в
нести́	несу́, ~ёшь, ~у́т	бу́ду нести́	нёс, несла́, ~о́, ~и́	неси́, ~те	несу́щий, ~ая, ~ее, ~ие	нёсший, ~ая, ~ее, ~ие		-несённый	неся́	
ныть	но́ю, ~о́ешь, ~о́ют	бу́ду ныть	ныл, ~а, ~о, ~и	ной, ~те	но́ющий, ~ая, ~ее, ~ие	ны́вший, ~ая, ~ее, ~ие			но́я	-ныв
обня́ть		обниму́, обни́мешь, ~ут	о́бнял, ~а́, ~о, ~и	обними́, ~те		обня́вший, ~ая, ~ее, ~ие		о́бнятый		обня́в
обу́ть		обу́ю, ~ешь, ~ют	обу́л, ~а, ~о, ~и	обу́й, ~те		обу́вший, ~ая, ~ее, ~ие		обу́тый		обу́в
ора́ть	ору́, орёшь, ору́т	бу́ду ора́ть	ора́л, ~а, ~о, ~и	ори́, ~те	ору́щий, ~ая, ~ее, ~ие	ора́вший, ~ая, ~ее, ~ие				- ора́в
отре́чься		отреку́сь, отречёшься, отреку́тся	отрёкся, отрекла́сь, ~ло́сь, ~ли́сь	отреки́сь, ~ки́тесь		отрёкшийся, ~аяся, ~ееся, ~иеся				отрёкшись
пасти́	пасу́, ~ёшь, ~у́т	бу́ду пасти́	пас, ~ла́, ~ло́, ~ли́	паси́, ~те	пасу́щий, ~ая, ~ее, ~ие	па́сший, ~ая, ~ее, ~ие		-пасённый	пася́	-па́сши
пасть		паду́, ~ёшь, ~у́т	пал, ~а, ~о, ~и	пади́, ~те		па́вший, ~ая, ~ее, ~ие				пав
паха́ть	пашу́, па́шешь, па́шут	бу́ду паха́ть	паха́л, ~а, ~о, ~и	паши, ~те	па́шущий, ~ая, ~ее, ~ие	паха́вший, ~ая, ~ее, ~ие	(вспа́хиваемый)	па́ханный	(вспа́хивая)	-паха́в

Infinitiv	Präsens	Futur	Prät.	Imperativ	Part. Präs. Akt.	Part. Prät. Akt.	Part. Präs. Pass.	Part. Prät. Pass.	Adv. Part. Präs. (UV)	Adv. Part. Prät. (V)
пере́ть	пру, прёшь, прут	бу́ду пере́ть	пёр, ~ла, ~ло, ~ли	при, ~те	пру́щий, ~ая, ~ее, ~ие	-пёрший, ~ая, ~ее, ~ие		-пёртый		-пере́в
петь	пою́, ~оёшь, ~ою́т	бу́ду петь	пел, ~а, ~о, ~и	пой, ~те	пою́щий, ~ая, ~ее, ~ие	пе́вший, ~ая, ~ее, ~ие		пе́тый		-пев
печь	пеку́, печёшь, пеку́т	бу́ду печь	пёк, пекла́, ~о́, ~и́	пеки́, ~те	пеку́щий, ~ая, ~ее, ~ие	пёкший, ~ая, ~ее, ~ие		печённый		-пёкши
писа́ть	пишу́, пи́шешь, пи́шут	бу́ду писа́ть	писа́л, ~а, ~о, ~и	пиши́, ~те	пи́шущий, ~ая, ~ее, ~ие	писа́вший, ~ая, ~ее, ~ие		пи́санный		писа́в
пить	пью, пьёшь, пьют	бу́ду пить	пил, ~а́, ~о, ~и	пей, ~те	пью́щий, ~ая, ~ее, ~ие	пи́вший, ~ая, ~ее, ~ие		-пи́тый		-пив
пла́кать	пла́чу, ~ешь, ~ут	бу́ду пла́кать	пла́кал, ~а, ~о, ~и	плачь, ~те	пла́чущий, ~ая, ~ее, ~ие	пла́кавший, ~ая, ~ее, ~ие		-пла́канный	пла́ча	-пла́кав
плева́ть	плюю́, ~юёшь, ~юю́т	бу́ду плева́ть	плева́л, ~а, ~о, ~и	плюй, ~те	плюю́щий, ~ая, ~ее, ~ие	плева́вший, ~ая, ~ее, ~ие		-плёванный	плюя́	-плева́в
плести́	плету́, ~ёшь, ~у́т	бу́ду плести́	плёл, плела́, ~о́, ~и́	плети́, ~те	плету́щий, ~ая, ~ее, ~ие	плётший, ~ая, ~ее, ~ие		плетённый	плетя́	
плыть	плыву́, ~ёшь, ~у́т	бу́ду плыть	плыл, ~а́, ~о, ~и	плыви́, ~те	плыву́щий, ~ая, ~ее, ~ие	плы́вший, ~ая, ~ее, ~ие			плывя́	-плыв
подня́ть		подниму́, подни́мешь, подни́мут	по́днял, ~а́, ~о, ~и	подними́, ~те		подня́вший, ~ая, ~ее, ~ие		по́днятый		подня́в
ползти́	ползу́, ~ёшь, ~у́т	бу́ду ползти́	полз, ~ла́, ~ло́, ~ли́	ползи́, ~те	ползу́щий, ~ая, ~ее, ~ие	по́лзший, ~ая, ~ее, ~ие			ползя́	
полоска́ть	полощу́, поло́щешь, ~ут	бу́ду полоска́ть	полоска́л, ~а, ~о, ~и	полощи́, ~те	поло́щущий, ~ая, ~ее, ~ие	полоска́вший, ~ая, ~ее, ~ие		-поло́сканный	полоща́ (полоска́я)	-полоска́в

Infinitiv	Präsens	Futur	Prät.	Imperativ	Part. Präs. Akt.	Part. Prät. Akt.	Part. Präs. Pass.	Part. Prät. Pass.	Adv. Part. Präs. (UV)	Adv. Part. Prät. (V)
поло́ть	полю́, по́лешь, ~ют	бу́ду поло́ть	поло́л, ~а, ~о, ~и	поли́, ~те	по́лющий, ~ая, ~ее, ~ие	поло́вший, ~ая, ~ее, ~ие		по́лотый		поло́в
поня́ть		пойму́, ~ёшь, ~у́т	по́нял, ~а́, ~о, ~и	пойми́, ~те		поня́вший, ~ая, ~ее, ~ие		по́нятый		поня́в
поро́ть	порю́, по́решь, по́рют	бу́ду поро́ть	поро́л, ~а, ~о, ~и	пори́, ~те	по́рющий, ~ая, ~ее, ~ие	поро́вший, ~ая, ~ее, ~ие		по́ротый	поря́	-поро́в
пости́чь		пости́гну, ~ешь, ~ут	пости́г, ~ла, ~ло, ~ли	пости́гни, ~те		пости́гший, ~ая, ~ее, ~ие		пости́гнутый		пости́гнув
предпоче́сть		предпочту́, ~ёшь, ~у́т	предпочёл, ~чла́, ~о́, ~и́	предпочти́, ~те		предпочёвший, ~ая, ~ее, ~ие		предпочтённый		предпочтя́
пренебре́чь		пренебрегу́, ~брежёшь, ~брегу́т	пренебрёг, ~бреглá, ~о́, ~и́	пренебреги́, ~те		пренебре́гший, ~ая, ~ее, ~ие				пренебре́гши
приня́ть		приму́, при́мешь, ~ут	при́нял, ~а́, ~о, ~и	прими́, ~те		приня́вший, ~ая, ~ее, ~ие		при́нятый		приня́в
прясть	пряду́, ~ёшь, ~у́т	бу́ду прясть	прял, ~а́, ~о, ~и	пряди́, ~те	пряду́щий, ~ая, ~ее, ~ие	пря́дший, ~ая, ~ее, ~ие		пря́денный	прядя́	-пряв
пря́тать	пря́чу, ~ешь, ~ут	бу́ду пря́тать	пря́тал, ~а, ~о, ~и	прячь, ~те	пря́чущий, ~ая, ~ее, ~ие	пря́тавший, ~ая, ~ее, ~ие		-пря́танный	пря́ча	-пря́тав
расплеска́ть		расплещу́, ~пле́щешь, ~ут	расплеска́л, ~а, ~о, ~и	расплещи́, ~те		расплеска́вший, ~ая, ~ее, ~ие		расплёсканный		расплеска́в
расти́	расту́, ~ёшь, ~у́т	бу́ду расти́	рос, ~ла́, ~ло́, ~ли́	расти́, ~те	расту́щий, ~ая, ~ее, ~ие	ро́сший, ~ая, ~ее, ~ие			ростя́	-ро́сши
рвать	рву, ~ёшь, ~у́т	бу́ду рвать	рвал, ~а́, ~о, ~и	рви, ~те	рву́щий, ~ая, ~ее, ~ие	рва́вший, ~ая, ~ее, ~ие		-рванный	рвя	-рвав

Infinitiv	Präsens	Futur	Prät.	Imperativ	Part. Präs. Akt.	Part. Prät. Akt.	Part. Präs. Pass.	Part. Prät. Pass.	Adv. Part. Präs. (UV)	Adv. Part. Prät. (V)
реве́ть	реву́, ~ёшь, ~у́т	бу́ду реве́ть	реве́л, ~а, ~о, ~и	реви́, ~те	реву́щий, ~ая, ~ее, ~ие	реве́вший, ~ая, ~ее, ~ие			ревя́	-реве́в
ре́зать	ре́жу, ~ёшь, ~ут	бу́ду ре́зать	ре́зал, ~а, ~о, ~и	режь, ~те	ре́жущий, ~ая, ~ее, ~ие	ре́завший, ~ая, ~ее, ~ие		ре́занный		-ре́зав
ржать	ржу, ~ёшь, ~ут	бу́ду ржать	ржал, ~а́, ~о, ~и	ржи, ~те	ржу́щий, ~ая, ~ее, ~ие	ржа́вший, ~ая, ~ее, ~ие			ржа	ржав
ропта́ть	ропщу́, ро́пщешь, ~ут	бу́ду ропта́ть	ропта́л, ~а, ~о, ~и	ропщи́, ~те	ро́пщущий, ~ая, ~ее, ~ие	ропта́вший, ~ая, ~ее, ~ие			ропща́	-ропта́в
рыть	ро́ю, ~о́ешь, ~о́ют	бу́ду рыть	рыл, ~а, ~о, ~и	рой, ~те	ро́ющий, ~ая, ~ее, ~ие	ры́вший, ~ая, ~ее, ~ие		ры́тый	ро́я	-рыв
рыча́ть	рычу́, ~и́шь, ~а́т	бу́ду рыча́ть	рыча́л, ~а, ~о, ~и	рычи́, ~те	рыча́щий, ~ая, ~ее, ~ие	рыча́вший, ~ая, ~ее, ~ие			рыча́	-рыча́в
свисте́ть	свищу́, свисти́шь, ~я́т	бу́ду свисте́ть	свисте́л, ~а, ~о, ~и	свисти́, ~те	свистя́щий, ~ая, ~ее, ~ие	свисте́вший, ~ая, ~ее, ~ие			свистя́	- свисте́в
сгрести́		сгребу́, ~ёшь, ~у́т	сгрёб, сгребла́, ~о́, ~й	сгреби́, ~те		сгрёбший, ~ая, ~ее, ~ие		сгребённый		сгребя́
сесть		ся́ду, ~ешь, ~ут	сел, ~а, ~о, ~и	сядь, ~те		се́вший, ~ая, ~ее, ~ие				сев
сечь	секу́, сечёшь, секу́т	бу́ду сечь	сек, ~ла́, ~ло́, ~ли́	секи́, ~те	секу́щий, ~ая, ~ее, ~ие	се́кший, ~ая, ~ее, ~ие		се́ченный		-се́кши
се́ять	се́ю, ~е́ешь, ~е́ют	бу́ду се́ять	се́ял, ~а, ~о, ~и	сей, ~те	се́ющий, ~ая, ~ее, ~ие	се́явший, ~ая, ~ее, ~ие		се́янный	се́я	-се́яв
сиде́ть	сижу́, сиди́шь, ~я́т	бу́ду сиде́ть	сиде́л, ~а, ~о, ~и	сиди́, ~те	сидя́щий, ~ая, ~ее, ~ие	сиде́вший, ~ая, ~ее, ~ие			си́дя	сиде́в
скака́ть	скачу́, ска́чешь, ~ут	бу́ду скака́ть	скака́л, ~а, ~о, ~и	скачи́, ~те	ска́чущий, ~ая, ~ее, ~ие	скака́вший, ~ая, ~ее, ~ие			скача́	-скака́в
скрести́	скребу́, ~ёшь, ~у́т	бу́ду скрести́	скрёб, скребла́, ~о́, ~и́	скреби́, ~те	скребу́щий, ~ая, ~ее, ~ие	скрёбший, ~ая, ~ее, ~ие		-скребённый	скребя́	

Infinitiv	Präsens	Futur	Prät.	Imperativ	Part. Präs. Akt.	Part. Prät. Akt.	Part. Präs. Pass.	Part. Prät. Pass.	Adv. Part. Präs. (UV)	Adv. Part. Prät. (V)
скрипе́ть	скриплю́, скрипи́шь, ~я́т	бу́ду скрипе́ть	скрипе́л, ~а, ~о, ~и	скрипи́, ~те	скрипя́щий, ~ая, ~ее, ~ие	скрипе́вший, ~ая, ~ее, ~ие			скрипя́	-скрипе́в
слать	шлю, ~ёшь, ~ют	бу́ду слать	слал, ~а, ~о, ~и	шли, ~те	шлю́щий, ~ая, ~ее, ~ие	сла́вший, ~ая, ~ее, ~ие	(посы-ла́емый)	-сланный	(посыла́я)	-слав
слы́шать	слы́шу, ~ишь, ~ат	буду слы́шать	слы́шал, ~а, ~о, ~и	-слышь, ~те	слы́шащий, ~ая, ~ее, ~ие	слы́шавший, ~ая, ~ее, ~ие	слы́шимый	слы́шанный	слы́ша	-слы́шав
смотре́ть	смотрю́, смо́т-ришь, ~ят	бу́ду смотре́ть	смотре́л, ~а, ~о, ~и	смотри́, ~те	смотря́щий, ~ая, ~ее, ~ие	смотре́вший, ~ая, ~ее, ~ие		-смо́тренный	смотря́	-смотре́в
снять		сниму́, сни́мешь, ~ут	снял, ~а́, ~о, ~и	сними́, ~те		сня́вший, ~ая, ~ее, ~ие		сня́тый		сняв
соблюсти́		соблюду́, ~ёшь, ~у́т	соблю́л, ~а́, ~о́, ~и́	соблюди́, ~те		соблю́дший, ~ая, ~ее, ~ие		соблю-дённый		соблюдя́
соса́ть	сосу́, ~ёшь, ~у́т	бу́ду соса́ть	соса́л, ~а, ~о, ~и	соси́, ~те	сосу́щий, ~ая, ~ее, ~ие	соса́вший, ~ая, ~ее, ~ие		-со́санный	craft	-соса́в
спать	сплю, спишь, спят	бу́ду спать	спал, ~а́, ~о, ~и	спи, ~те	спя́щий, ~ая, ~ее, ~ие	спа́вший, ~ая, ~ее, ~ие		-спанный		спав
стать		ста́ну, ~ешь, ~ут	стал, ~а, ~о, ~и	стань, ~те		ста́вший, ~ая, ~ее, ~ие				став
стлать	стелю́, сте́лешь, ~ют	бу́ду стлать	стлал, ~а, ~о, ~и	стели́, ~те	сте́лющий, ~ая, ~ее, ~ие	стла́вший, ~ая, ~ее, ~ие		-стланный	стеля́	-стлав
стоя́ть	стою́, ~ои́шь, ~оя́т	бу́ду стоя́ть	стоя́л, ~а, ~о, ~и	стой, ~те	стоя́щий, ~ая, ~ее, ~ие	стоя́вший, ~ая, ~ее, ~ие			сто́я	-стоя́в
стричь	стригу́, стри-жёшь, стригу́т	бу́ду стричь	стриг, ~ла, ~ло, ~ли	стриги́, ~те	стригу́щий, ~ая, ~ее, ~ие	стри́гший, ~ая, ~ее, ~ие		стри́женный		-стри́гши
стуча́ть	стучу́, ~и́шь, ~а́т	бу́ду стуча́ть	стуча́л, ~а, ~о, ~и	стучи́, ~те	стуча́щий, ~ая, ~ее, ~ие	стуча́вший, ~ая, ~ее, ~ие			стуча́	-стуча́в

Infinitiv	Präsens	Futur	Prät.	Imperativ	Part. Präs. Akt.	Part. Prät. Akt.	Part. Präs. Pass.	Part. Prät. Pass.	Adv. Part. Präs. (UV)	Adv. Part. Prät. (V)
сты́нуть	сты́ну, -ешь, -ут	бу́ду сты́нуть	стыл (сты́нул), -а, -о, -и	стынь, -те	сты́нущий, -ая, -ее, -ие	сты́вший, (сты́нувший), -ая, -ее, -ие				-стыв
счесть		сочту́, -ёшь, -у́т	счёл, сочла́, -о́, -и́	сочти́, -те		(счётший), -ая, -ее, -ие		сочтённый		сочтя́
сы́пать	сы́плю, -ешь, -ют	бу́ду сы́пать	сы́пал, -а, -о, -и	сыпь, -те	сы́плющий, -ая, -ее, -ие	сы́павший, -ая, -ее, -ие		-сы́панный	сы́пля	-сы́пав
тере́ть	тру, трёшь, трут	бу́ду тере́ть	тёр, -ла, -ло, -ли́	три, -те	тру́щий, -ая, -ее, -ие	тёрший, -ая, -ее, -ие		тёртый	(растира́я)	-тере́в
терпе́ть	терплю́, те́рпишь, те́рпят	бу́ду терпе́ть	терпе́л, -а, -о, -и	терпи́, -те	те́рпящий, -ая, -ее, -ие	терпе́вший, -ая, -ее, -ие	терпи́мый		терпя́	-терпе́в
течь	теку́, течёшь, теку́т	бу́ду течь	тёк, текла́, -о́, -и́	теки́, -те	теку́щий, -ая, -ее, -ие	тёкший, -ая, -ее, -ие				-тёкши
топта́ть	топчу́, то́пчешь, -ут	бу́ду топта́ть	топта́л, -а, -о, -и	топчи́, -те	то́пчущий, -ая, -ее, -ие	топта́вший, -ая, -ее, -ие	(зата́птывае-мый)	-то́птанный	топча́	-топта́в
торча́ть	торчу́, -и́шь, -а́т	бу́ду торча́ть	торча́л, -а, -о, -и	торчи́, -те	топча́щий, -ая, -ее, -ие	торча́вший, -ая, -ее, -ие			торча́	-торча́в
треща́ть	трещу́, -и́шь, -а́т	бу́ду треща́ть	треща́л, -а, -о, -и	трещи́, -те	треща́щий, -ая, -ее, -ие	треща́вший, -ая, -ее, -ие			треща́	-треща́в
трясти́	трясу́, -ёшь, -у́т	бу́ду трясти́	тряс, -ла́, -ло́, -ли́	тряси́, -те	трясу́щий, -ая, -ее, -ие	тря́сший, -ая, -ее, -ие		-трясённый	тряся́	
урча́ть	урчу́, -и́шь, -а́т	бу́ду урча́ть	урча́л, -а, -о, -и	урчи́, -те	урча́щий, -ая, -ее, -ие	урча́вший, -ая, -ее, -ие			урча́	-урча́в
уче́сть		учту́, -ёшь, -у́т	учёл, учла́, -о́, -и́	учти́, -те				учтённый		учтя́

Infinitiv	Präsens	Futur	Prät.	Imperativ	Part. Präs. Akt.	Part. Prät. Akt.	Part. Präs. Pass.	Part. Prät. Pass.	Adv. Part. Präs. (UV)	Adv. Part. Prät. (V)
хлопота́ть	хлопочу́, хлопо́чешь, -ут	бу́ду хлопота́ть	хлопота́л, -а, -о, -и	хлопочи́, -те	хлопо́чущий, -ая, -ее, -ие	хлопота́вший, -ая, -ее, -ие			хлопоча́	-хлопота́в
хны́кать	хны́чу, -ешь, -ат	бу́ду хны́кать	хны́кал, -а, -о, -и	хнычь, -те	хны́чущий, -ая, -ее, -ие	хны́кавший, -ая, -ее, -ие			хны́ча	-хны́кав
хоте́ть	хочу́, хо́чешь, хотя́т	бу́ду хоте́ть	хоте́л, -а, -о, -и	(хоти́, -те)	хотя́щий, -ая, -ее, -ие	хоте́вший, -ая, -ее, -ие			(хотя́)	хоте́в
хохота́ть	хохочу́, хохо́чешь, -ут	бу́ду хохота́ть	хохота́л, -а, -о, -и	хохочи́, -те	хохо́чущий, -ая, -ее, -ие	хохота́вший, -ая, -ее, -ие			хохоча́	-хохота́в
храпе́ть	храплю́, храпи́шь, -я́т	бу́ду храпе́ть	храпе́л, -а, -о, -и	храпи́, -те	храпя́щий, -ая, -ее, -ие	храпе́вший, -ая, -ее, -ие			храпя́	-храпе́в
хрипе́ть	хриплю́, хрипи́шь, -я́т	бу́ду хрипе́ть	хрипе́л, -а, -о, -и	хрипи́, -те	хрипя́щий, -ая, -ее, -ие	хрипе́вший, -ая, -ее, -ие			хрипя́	-хрипе́в
хрусте́ть	хрущу́, хрусти́шь, -я́т	бу́ду хрусте́ть	хрусте́л, -а, -о, -и	хрусти́, -те	хрустя́щий, -ая, -ее, -ие	хрусте́вший, -ая, -ее, -ие			хрустя́	-хрусте́в
цвести́	цвету́, -ёшь, -у́т	бу́ду цвести́	цвёл, цвела́, -о́, -и́	цвети́, -те	цвету́щий, -ая, -ее, -ие	цве́тший, -ая, -ее, -ие			цветя́	-цве́тши
чеса́ть	чешу́, че́шешь, -ут	бу́ду чеса́ть	чеса́л, -а, -о, -и	чеши́, -те	че́шущий, -ая, -ее, -ие	чеса́вший, -ая, -ее, -ие	(почёсывае-мый)	-чёсанный		-чеса́в
чтить	чту, чтёшь, чтут	бу́ду чтить	чтил, -а, -о, -и	чти, -те	чтя́щий (чту́щий), -ая, -ее, -ие	чти́вший, -ая, -ее, -ие	чти́мый		чтя	-чтив
чу́ять	чу́ю, чу́ешь, чу́ют	бу́ду чу́ять	чу́ял, -а, -о, -и	чуй, -те	чу́ющий, -ая, -ее, -ие	чу́явший, -ая, -ее, -ие		-чу́енный	чу́я	-чу́яв
шепта́ть	шепчу́, ше́пчешь, -ут	бу́ду шепта́ть	шепта́л, -а, -о, -и	шепчи́, -те	ше́пчущий, -ая, -ее, -ие	шепта́вший, -ая, -ее, -ие		-шёптанный	шепча́	-шепта́в

Infinitiv	Präsens	Futur	Prät.	Imperativ	Part. Präs. Akt.	Part. Prät. Akt.	Part. Präs. Pass.	Part. Prät. Pass.	Adv. Part. Präs. (UV)	Adv. Part. Prät. (V)
шипе́ть	шиплю́, шипи́шь, ~я́т	бу́ду шипе́ть	шипе́л, ~а, ~о, ~и	шипи́, ~те	шипя́щий, ~ая, ~ее, ~ие	шипе́вший, ~ая, ~ее, ~ие			шипя́	-шипе́в
шить	шью, шьёшь, шьют	бу́ду шить	шил, ~а, ~о, ~и	шей, ~те	шью́щий, ~ая, ~ее, ~ие	ши́вший, ~ая, ~ее, ~ие		ши́тый		шив
шуме́ть	шумлю́, шуми́шь, ~я́т	бу́ду шуме́ть	шуме́л, ~а, ~о, ~и	шуми́, ~те	шумя́щий, ~ая, ~ее, ~ие	шуме́вший, ~ая, ~ее, ~ие			шумя́	-шуме́в
щебета́ть	щебечу́, щебе́чешь, ~ут	бу́ду щебета́ть	щебета́л, ~а, ~о, ~и	щебечи́, ~те	щебе́чущий, ~ая, ~ее, ~ие	щебета́вший, ~ая, ~ее, ~ие			щебеча́	-щебета́в
щекота́ть	щекочу́, щеко́чешь, ~ут	бу́ду щекота́ть	щекота́л, ~а, ~о, ~и	щекочи́, ~те	щеко́чущий, ~ая, ~ее, ~ие	щекота́вший, ~ая, ~ее, ~ие			щекоча́	-щекота́в
щипа́ть	щиплю́, щи́плешь, ~ют	бу́ду щипа́ть	щипа́л, ~а, ~о, ~и	щипли́, ~те	щи́плющий, ~ая, ~ее, ~ие	щипа́вший, ~ая, ~ее, ~ие		-щи́панный	щи́пля	-щипа́в

KURZ-REISEWÖRTERBUCH

I. Allgemeine Redewendungen –
Наибóлее употребúтельные словá и выражéния

– Begrüßung/Fragen zur Persönlichkeit/Abschied –
Привéтствие/Обращéние к незнакóмому лиuý/Прощáние

Hallo! – *Привéт!*
Grüß dich! – *Привéтствую тебя́*
Guten Morgen/Tag, Frau Michler! – *Дóброе ýтро/здрáвствуйте, фрáу Мúхлер!*
Guten Abend! – *Дóбрый вéчер!*
Verzeihung! – *Простúте!*

Entschuldigen Sie, ist hier ...? – *Извинúте, здесь...?*
Gestatten Sie? – *Разрешúте?*
Es tut mir leid! – *Мне óчень жаль!*
Darf ich [Ihnen] ... vorstellen? – *Позвóльте (Вам) предстáвить...?*
Kann ich Herrn/Frau ... sprechen? – *Могý я поговорúть с господинóм/госпожóй ...?*
Das ist Herr/Frau ... – *Вот господúн/госпожá...*
Mein Name ist ... – *Меня́ зовýт .../Моя́ фамúлия ...*
Wie geht es Ihnen? – *Как Вáши делá?*
Danke, es geht! Und Ihnen? – *Спасúбо, хорошó! А у Вас?*
Hatten Sie eine angenehme Reise? – *Путешéствие бы́ло прия́тным?*
Nehmen Sie doch bitte Platz. – *Садúтесь, пожáлуйста.*
Ich soll Ihnen Grüße ausrichten von ... – *Я хотéл бы передáть Вам привéт от...*
Darf ich Ihnen etwas zu trinken anbieten? -*Какúе напúтки я могý Вам предложúть?*
Was machen Sie von Beruf? – *Кто Вы по специáльности?, Чем Вы занимáетесв?*
Sind Sie allein? – *Вы одúн (однá)?*
Haben Sie schon etwas für die nächste Woche vor? -
У Вас уже намéчено чтó-нибудь на слéдующую недéлю?
Darf ich Sie abholen? – *Заéхать за Вáми?*
Wollen wir zusammen hinfahren? – *Давáйте поéдем тудá вмéсте?*
Auf Wiedersehen! – *До свидáния!*
Tschüs! – *Счастлúво!Покá!Всегó!*
Bis bald/später/morgen! -*Покá/до встрéчи/до зáвтра!*
Gute Nacht! – *Спокóйной нóчи!*
Alles Gute! -*Всегó хорóшего!Всегó дóброго!*
Grüßen Sie bitte Herrn/Frau ... von mir –
Передáйте от меня́, пожáлуйста, привéт господúну/госпожé ...

Danke/Bitte – *Спасúбо/Пожáлуйста*
Ja, bitte. – *Да, пожáлуйста.*
Nein, danke. – *Нет, спасúбо.*
Danke. Vielen Dank für ... ! – *Спасúбо. Большóе спасúбо за ...!*
Bitte sehr! Keine Ursache! – *Пожáлуйста! Не стóит (благодáрности)!*

II. Auf der Fahrt – *В доро́ге*

1. Private Verkehrsmittel – *Тра́нспорт*

1.1 Orientierung – *Ориенти́рование*

Wie komme ich nach ..., bitte?
Скажи́те, пожа́луйста, как мне попа́сть (пройти́, прое́хать) ...?

zur Autobahn – *на автостра́ду;* ins Zentrum – *в центр;* in die ... Straße – *на у́лицу ...*

Wie weit ist es nach Moskau...? – *Как далеко́ отсю́да Москва́ ...?*
Wie weit ist die Klinik/der Bahnhof von hier? -*Далеко́ отсю́да кли́ника/вокза́л?*
Fahren Sie die nächste Straße rechts/links!
Поезжа́йте по сле́дующей у́лице напра́во/нале́во!

an der Ampel – *у светофо́ра;* an der Kreuzung – *на перекрёстке*

Fahren Sie geradeaus/wieder zurück! – *Поезжа́йте пря́мо/верни́тесь обра́тно!*
Hier sind Sie richtig/falsch! – *Здесь то, что Вы иска́ли/Вы оши́блись!*

1.2 Verkehrshinweise – *Доро́жные зна́ки*

Achtung – *Внима́ние*
Ampel – *Светофо́р*
Ausfahrt – *Вы́езд*
Ausfahrt freihalten – *Ме́сто вы́езда не занима́ть*
Einbahnstraße – *У́лица с односторо́нним движе́нием*
Einfahrt verboten – *Въезд запрещён*
Fahrbahn wechseln – *Меня́ть ряд (при езде́ в автомаши́не)*
Fußgänger[zone] – *Пешехо́дная зо́на*
Gefahr – *Опа́сность*
Gefährliche Kurve – *Опа́сный поворо́т*
Halten verboten – *Остано́вка (тра́нспорта) запрещена́*
Kreisverkehr – *Кругово́е движе́ние*
Kreuzung -*Перекрёсток*
Parken verboten – *Стоя́нка запрещена́*
Parkhaus – *Зда́ние для стоя́нки автомоби́лей*
Parkplatz – *Стоя́нка автотра́нспорта*
Rutschgefahr – *Ско́льзкая доро́га*
Straßenarbeiten – *Доро́жные рабо́ты*
Stau - *Зато́р, про́бка*
Überholen verboten – *Обго́н воспрещён*
Umleitung – *Объе́зд*
Vorfahrt achten – *Пра́вило преиму́щественного прое́зда не наруша́ть*
Zebrastreifen – *Пешехо́дный перехо́д, "зе́бра"*

1. 3 Tankstelle/Werkstatt – *Бензоколо́нка/Автомастерска́я*

Wo ist die nächste Tankstelle, bitte?
Скажи́те, пожа́луйста, где ближа́йшая бензоколо́нка?

Werkstatt – *автомастерска́я*

Volltanken, bitte! – *По́лный бак, пожа́луйста!*

... Liter *... ли́тров*	Normal *норма́льный/обы́чный*	verbleit *этили́рованный*
	Super *вы́сшего со́рта* Diesel *ди́зельный*	bleifrei *неэтили́рованный*

Bitte kontrollieren Sie den Ölstand!
Провéрьте, пожáлуйста, ýровень мáсла!

> Reifendruck! – *давлéние в шúнах!*

Die Kupplung ist/sind defekt.
Сцеплéние не в порядке.

> Die Zündung – *Зажигáние;* Die Bremsen – *Тормозá;* Die Scheibenwischer – *Стеклоочистúтель;* Die Scheinwerfer – *Фáры;* Der Motor – *Двúгатель;* Der Auspuff – *Выхлопнáя трубá*

Der Wagen/das Motorrad springt nicht an. – *Автомашúна/мотоцúкл не завóдится.*
Die Batterie ist leer. – *Батарéя сéла*
Haben sie Ersatzteile? – *Есть ли у Вас запчáсти?*
Bis wann können Sie ... reparieren? – *До какóго срóка Вы мóжете отремонтúровать ...?*

2. Öffentliche Verkehrsmittel – *Общéственный трáнспорт*

2.1 Im Reisebüro/Plätze buchen – *В бюрó путешéствий/Приобретéние билéтов*

Wieviel kostet eine Reise nach ... ?
Скóлько стóит путешéствие (поéздка) в ...?

> ein Flug – *полёт;* eine Fahrkarte – *билéт;* eine Überfahrt – *перепрáва чéрез...*

Wieviel kostet eine Hinfahrkarte/Rückfahrkarte nach...?
Скóлвко стóит билéт в однóм направлéнии/обрáтный билéт в ...?
Gibt es eine Ermäßigung für Studenten?
Есть ли льгóты (скúдка) для студéнтов?

> Kinder – *детéй;* Senioren – *взрóслых/людéй пожилóго вóзраста*

Ich möchte diese Reise buchen. – *Я хотéл бы приобрестú путёвку на э́то путешéствие.*

> diesen Flug umbuchen – *поменять дáту вы́лета;* diesen Flug stornieren – *отказáться от билéта на самолёт*

Wieviele Plätze sind noch frei? – *Скóлько свобóдных мест имéется ещё в налúчии?*
Bis wann muß man sich anmelden? – *До какóго срóка мóжно взять билéт?*
Bitte reservieren Sie zwei Plätze. – *Забронúруйте, пожáлуйста, два мéста.*
Ich möchte eine Reise-/Gepäckversicherung abschließen. –
Я хотéл бы застраховáться на врéмя поéздки/застраховáть багáж.

2.2 Mit der Bahn – *Пóездом*

Eine einfache Fahrkarte nach ..., bitte!
Дáйте, пожáлуйста, билéт, до ..., тóлько тудá!

> Hin-/und Rückfahrkarte – *тудá и обрáтно*

Ich möchte einen Liegewagenplatz reservieren – *Я хоте́л бы заброни́ровать лежа́чее ме́сто*

Schlafwagenplatz – *ме́сто в спа́льном ваго́не;* Sitzplatz – *сидя́чее ме́сто;* Fensterplatz – *ме́сто у окна́*

Wo kann ich mein Gepäck aufgeben? – *Где мо́жно сдать бага́ж?*
Auf welchem Gleis fährt der Zug nach ... ab ? – *С како́го пути́ отправля́ется по́езд в ...?*
Wann kommt der Zug aus ...? – *Когда́ прибыва́ет по́езд из ...?*
Wann habe ich Anschluß nach ...? – *Когда́ мо́жно сде́лать переса́дку в по́езд на ...?*
Wo muß ich umsteigen? – *Где сде́лать переса́дку?*
Hat der Zug Verspätung? – *По́езд опа́здывает?*
Ist hier [noch] frei? – *Это ме́сто [пока́] свобо́дно?*

Wortliste – *спи́сок слов*

der Bahnhof – *вокза́л*
das Gleis/der Bahnsteig – *путь/перро́н*
der Schalter – *око́шко (биле́тной ка́ссы)*
der Fahrplan – *расписа́ние движе́ния поездо́в*
die Gepäckaufgabe – *вы́дача багажа́*
das Schließfach – *ка́мера хране́ния*
der Wartesaal – *зал ожида́ния*
der Schaffner – *проводни́к*
das Abteil – *купе́*
das Raucherabteil – *ваго́н для куря́щих*
das Nichtraucherabteil – *ваго́н для некуря́щих*
die 1. /2. Klasse – *ваго́н пе́рвого/второ́го кла́сса*

2. 3 Mit dem Schiff – *Парохо́дом*

Ich möchte	ein Ticket	nach/für ...	Deckspassage
Я хоте́л бы приобрести́	*биле́т*	*(на, в) ...*	*на па́лубу*

die Touristenklasse – *тури́стского кла́сса;* eine Einzelkabine – *в отде́льную каю́ту;* eine Zweibettkabine – *в двухме́стную каю́ту;* innen/außen – *с окно́м на па́лубу/с ви́дом на во́ду*

Was kostet die Überfahrt für ein Auto und zwei Personen? – *Ско́лько сто́ит перепра́ва для двои́х плюс автомаши́на?*
Von welchem Kai/wann laufen wir aus? – *От како́го прича́ла/когда́ мы отхо́дим?*
Ist die See ruhig? – *Мо́ре споко́йно?*
Wie lange sind wir auf See? – *Как до́лго мы бу́дем плыть?*
Mir ist schlecht! – *Мне пло́хо!*
Haben Sie etwas gegen Seekrankheit? – *У Вас есть каки́е-нибу́дь сре́дства про́тив морско́й боле́зни?*

Wortliste – *спи́сок слов*

der Hafen – *га́вань, порт*
der Kai – *на́бережная, прича́л*
die Fähre – *паро́м*
das Sonnen-/Fahrzeugdeck – *со́лнечная па́луба/па́луба для автомоби́лей*
die Kabine – *каю́та*
der Kapitän – *капита́н*
der Speisesaal – *рестора́н, столо́вая*
die Schwimmweste – *спаса́тельный жиле́т*
der Rettungsring – *спаса́тельный круг*
der Rettungsboot – *спаса́тельная шлю́пка*

2. 4 Mit dem Flugzeug – *Самолётом*

Ich möchte	einen Linienflug	nach ... buchen
Я хоте́л бы приобрести́	*биле́т на самолёт*	*до ...*

Charterflug – *ча́ртерный полёт;* Last-Minute-Flug – *полёт в после́днюю мину́ту*

Mit welcher Fluggesellschaft fliegen wir? – *Самолётом какóй авиакомпáнии мы летúм?*
Wo ist der Schalter der ... (Lufthansa)? – *Где кáсса авиакомпáнии ...(Люфтгáнза)?*
Wieviel Kilo Gepäck sind frei? – *Багáж какóго вéса мóжно взя́ть с собóй бесплáтно?*
Gilt das als Handgepäck? – *Э́то сойдёт за ручнýю кладь?*
Die Maschine nach ... startet um ... Uhr – *Самолёт в ... вылетáет в ... часóв*
hat 30 min. Verspätung – *вы́лет задéрживается на 30 минýт.*

Bitte anschnallen! – *Прóсьба пристегнýть ремнú (безопáсности)!*
Bitte das Rauchen einstellen! – *Прóсьба не курúть!*

Wortliste – *Спúсок слов*

der Direktflug – *беспосáдочный полёт*
der Zwischenstopp – *полёт с промежýточной посáдкой*
die Paßkontrolle – *пáспортный контрóль*
die Gepäckkontrolle – *провéрка багажá*
der zollfreie Einkauf – *беспóшлинная торгóвля*
der Pilot - *пилóт*
der Steward/die Stewardeß – *стюáрд/стюардéсса*
der Sicherheitsgurt – *ремéнь безопáсности*
der Notausgang – *запáсный выход*

3. Formalitäten an der Grenze – *Формáльности на границе*

3.1 Personenkontrolle – *Пáспортный контрóль*

Paßkontrolle! Ihre Papiere, bitte! –
Пáспортный контрóль! Предъявúте, пожáлуйста, Вáши докумéнты!

Darf ich bitte Ihren Personalausweis sehen?
Покажúте мне, пожáлуйста, Вáше удостоверéние лúчности!

Ihren Reisepaß – *заграничный пáспорт;* Ihren Führerschein – *Вáши водúтельские правá;* Ihre Fahrzeugpapiere – *докумéнты на автомашúну*

Haben Sie eine Einreiseerlaubnis?
У Вас есть разрешéние/прáво на въезд?

ein Visum? – *вúза?*

Wie lange wollen Sie bleiben? – *Как дóлго Вы намéрены пробы́ть (в странé)?*
Sind Sie geimpft gegen Malaria? – *Есть ли у Вас привúвка прóтив малярúи?*

Cholera – *холéры;* Gelbsucht – *желтýхи;* Pocken – *óспы*

Ihr Visum/Reisepaß ist ungültig/ist abgelaufen –
Вáша вúза/Ваш заграничный пáспорт недействúтельна/-лен
Sie bekommen Ersatzpapiere. –
В обмéн на Вáши докумéнты Вы полýчите другúе, их заменя́ющие.

Bitte sagen Sie mir Ihren Vor-/Familiennamen.
Назовúте, пожáлуйста, Вáше úмя и фамúлию.

Ihre Heimatadresse – *Ваш домáшний áдрес;* Ihre Staatsangehörigkeit – *Вáше граждáнство*

3.2 Warenkontrolle – *Тамо́женный контро́ль*

Zollkontrolle! Bitte öffnen Sie den Kofferraum.
Тамо́женный контро́ль! Откро́йте, пожа́луйста, бага́жник.

den Koffer – *чемода́н;* die Tasche – *су́мку*

Haben Sie etwas zu verzollen? Zigaretten?
Что Вы мо́жете предъяви́ть для обложе́ния по́шлиной? Сигаре́ты?

Alkohol – *Алкого́льные напи́тки;* Schmuck – *Украше́ния;* Devisen – *Валю́ту*

Ihr Gepäck muß durchsucht werden! – *Ваш бага́ж бу́дет подве́ргнут досмо́тру!*
Wir müssen Sie durchsuchen! – *Мы должны́ Вас обыска́ть!*
Es ist verboten ... einzuführen/auszuführen – *Ввози́ть/вывози́ть ... запрещено́*
Wieviel DM Zoll muß ich bezahlen? – *Ско́лько ма́рок сто́ит тамо́женная по́шлина?*

Wortliste – *Спи́сок слов*
der Zollbeamte – *тамо́женник*
die Zollgebühren – *тамо́женный сбор*
zollfrei – *беспо́шлинный*
zollpflichtig – *облага́емый по́шлиной*
Ein-/Ausfuhr – *ввоз/вы́воз*
die Durchsuchung – *досмо́тр*
der Schmuggel – *контраба́нда*
die Beschlagnahmung – *конфиска́ция*

III. Urlaubsort – *Ме́сто о́тпуска*

1.1. Unterkunft (im Hotel) -*Размеще́ние (в гости́нице)*

a) Frage nach Hotel – *Вопро́с относи́тельно гости́ницы*

Können Sie mir ein gutes Hotel/eine preiswerte Pension empfehlen? –
Вы мо́жете порекомендова́ть мне хоро́шую гости́ницу/недорого́й пансиона́т?
Wie komme ich dort hin? – *Как туда́ добра́ться?*
Ist es zentral gelegen? – *Она́ нахо́дится в це́нтре?*
Ist es ruhig gelegen? – *Она́ располо́жена в ти́хом ме́сте?*
Haben Sie noch Zimmer frei? – *У Вас есть ещё свобо́дные номера́?*
Was kostet ein Doppel-/Einzelzimmer? –
Ско́лько сто́ит двухме́стный/одноме́стный но́мер?

b) Frage nach Service/Leistungen – *Вопро́с относи́тельно се́рвиса/бытовы́х услу́г*

Mahlzeiten – *Вре́мя приёма пи́щи*

Ich hätte gerne ein Zimmer mit Frühstück.
Мне ну́жен но́мер, включа́я за́втрак.

Halbpension – *включа́я за́втрак и у́жин;* Vollpension – *включа́я за́втрак, обе́д и у́жин*

Ist das Frühstück inklusive? – *Вхо́дит за́втрак в опла́ту но́мера?*
Bitte bringen Sie mir das Frühstück aufs Zimmer –
Принеси́те мне, пожа́луйста, за́втрак в но́мер
Wo ist der Frühstücksraum/Speiseraum? – *Где мо́жно бу́дет поза́втракать/где рестора́н?*
Kann man auch à la carte speisen? – *Мо́жно пое́сть а ла ка́рте?*
Von wann bis wann sind die Mahlzeiten? – *В како́е вре́мя приём пи́щи?*

Ausstattung der Zimmer – *Оснащéние номерóв гостúницы*

Ich hätte gerne ein (ruhiges) Einzel-/Doppelzimmer mit ...
Дáйте пожáлуйста (тúхий) одномéстный/двухмéстный нóмер с ...

Dusche – *дýшем;* Bad – *вáнной;* WC – *туалéтом;* Balkon – *балкóном;* Blick aufs Meer – *вúдом на мóре;* Fernseher – *телевúзором;* Telefon – *телефóном;* zwei getrennten Betten – *двумя́ отдéльно стоя́щими кровáтями*

Es gibt leider nur eine Etagendusche/-toilette –
К сожалéнию душ/туалéт есть тóлько на этажé
Kann man ein zusätzliches Bett ins Zimmer stellen? –
Мóжно постáвить в нóмер дополнúтельно ещё однý кровáть?
Kann ich mir das Zimmer anschauen? – *Мóжно посмотрéть нóмер?*

Zusätzliche Leistungen – *Дополнúтельные услýги*

Gibt es ein (beheiztes) Freibad?
Есть ли (отáпливаемый) бассéйн?

ein Hallenbad - *закры́тый бассéйн;* einen Fitnessraum – *помещéние для заня́тий гимнáстикой (спóртом);* eine Liegewiese – *лужáйка;* einen Badestrand – *пляж;* einen Kinderspielplatz – *дéтская площáдка;* ein Fernsehzimmer – *помещéние для телевúзора;* eine Garage – *гарáж;* einen Aufzug – *лифт*

c) Ankunft/Zimmer reservieren – *Прибы́тие/бронúрование номерóв*

Bitte reservieren Sie ein Einzel-/Doppelzimmer mit Dusche/WC –
Забронúруйте, пожáлуйста, одномéстный/двухмéстный нóмер с дýшем/туалéтом
Wieviel kostet das Zimmer pro Nacht/Woche mit ...?
Скóлько стóит нóмер с ... в сýтки/в недéлю?

Halbpension? – *зáвтраком и ýжином;* Vollpension? – *зáвтраком, обéдом и ýжином?*

Ist das Frühstück/die Bedienung inklusive? –
Вхóдит зáвтрак/обслýживание в стóимость нóмера?
Gibt es eine Kinderermäßigung? – *Есть ли скúдка для детéй?*
Bitte füllen Sie dieses Formular aus – *Запóлните, пожáлуйста, э́тот бланк*
Ihren Ausweis, bitte – *Покажúте, пожáлуйста, Вáше удостоверéние*
Das sind Ihre Schlüssel – *Вот Вáши ключú*
Das Zimmer ist im Erdgeschoß/im ersten Stock rechts/links –
Нóмер на пéрвом этажé/на вторóм этажé спрáва/слéва
Wo kann ich mein Auto parken? – *Где я могý постáвить машúну?*
Bitte bringen Sie mein Gepäck auf mein Zimmer –
Отнесúте, пожáлуйста, багáж в мою́ кóмнату

d) Frage nach Extraservice – *Вопрóс относúтельно дополнúтельных услýг*

Bitte bringen Sie mir das Frühstück aufs Zimmer –
Принесúте мне, пожáлуйста, зáвтрак в кóмнату

noch eine Decke – *ещё однó одея́ло;* ein Kissen – *подýшку;* ein Handtuch – *полотéнце;* Kleiderbügel – *плéчики, вéшалку*

Bitte wecken Sie mich morgen früh um ... Uhr –
Разбудите меня, пожалуйста, завтра утром в ...часов
Könnten Sie diese Kleider bitte waschen/bügeln? –
Постирайте/погладьте, пожалуйста, эти платья?

e) Beschwerden – *Жалобы*

Die Dusche funktioniert nicht – *Душ не работает*

Die Spülung – *Смыв;* Die Heizung – *Отопление;* Der Fernseher – *Телевизор;* Der Aufzug – *Лифт;* Das Licht – *Свет;* Das warme Wasser – *Тёплая вода*

Die Toilette ist verstopft – *Туалет засорился*
Das Waschbecken ist verstopft – *Умывальник засорился*
Das Zimmer ist schmutzig – *В комнате грязно*
Die Betten sind nicht gemacht worden – *Постели не убраны*
Es ist zu laut – *Слишком шумно*
Die Rechnung stimmt nicht – *Счёт неверный*

f) Abreise – *Отъезд*

Wir reisen heute abend/morgen früh ab – *Мы уезжаем сегодня вечером/рано утром*
Bis wann muß das Zimmer geräumt werden? – *Когда нужно освободить комнату?*
Bitte machen Sie die Rechnung fertig – *Приготовьте, пожалуйста, счёт*
Ich bezahle mit Schecks. – *Я заплачу чеками.*
Bitte bringen Sie mein Gepäck zum Auto –
Поднесите, пожалуйста, мой багаж к машине
Bitte rufen Sie mir ein Taxi – *Вызовите, пожалуйста, такси*
Das Trinkgeld für die Bedienung – *Чаевые за обслуживание*

1.2 Unterkunft (Campingplatz) – *Размещение (кемпинг)*

a) Frage nach Campingplatz – *Вопрос относительно кемпинга*

Gibt es hier einen Campingplatz? – *Есть здесь кемпинг?*
Darf man hier wild zelten? – *Можно здесь жить в палатках?*
Haben Sie noch Plätze frei? -*Есть у Вас ещё свободные места?*
Vermieten Sie Wohnmobile? – *Можно у Вас снять (взять напрокат) дом на колёсах?*

b) Die Ausstattung – *Оснащение*

Gibt es hier ein Lebensmittelgeschäft? – *Здесь есть продовольственный магазин?*

ein Restaurant – *ресторан;* eine Disco – *дискотека;* einen Stromanschluß – *подключение к электросети;* eine Waschmaschine – *стиральная машина (электророзетка)*

Wo sind die Waschräume/die Duschen/die Toiletten? –
Где здесь помещение для стирки/душевые/туалеты?

c) Platz reservieren – *Бронирование места*

Wieviel kostet ein Zelt pro Nacht? – *Сколько стоит палатка в сутки?*

ein Auto – *автомашина;* ein Wohnwagen – *дом на колёсах*

Wir bleiben zwei/fünf Tage – *Мы пробу́дем два дня/пять дней*
Wo kann ich das Zelt/den Wohnwagen aufstellen? –
Где мо́жно поста́вить пала́тку/дом на колёсах?
Ich hätte gerne einen Platz im Schatten – *Мне хоте́лось бы ме́сто в тени́*

2. Im Restaurant – *В рестора́не*

2.1 Frage nach Restaurant/Vorbestellung –
Вопро́с относи́тельно рестора́на/предвари́тельного зака́за

Wo gibt es hier ein gutes Restaurant? – *Где здесь есть хоро́ший рестора́н?*

ein preiswertes – *недорого́й;* ein Restaurant mit landesüblichen Spezialitäten – *рестора́н с традицио́нной ку́хней да́нной страны́;* eine Pizzeria – *пиццери́я*

Ist dieser Tisch noch frei? – *Э́тот стол свобо́ден?*
Bitte reservieren Sie einen Tisch für zwei Personen –
Закажи́те, пожа́луйста, стол на две персо́ны

2.2 Bestellung – *Зака́з*

Herr Ober, die Speisekarte bitte! – *Официа́нт, принеси́те, пожа́луйста, меню́!*
Können Sie uns etwas empfehlen? – *Что Вы нам мо́жете порекомендо́вать?*
Als Vorspeise nehme ich... – *На заку́ску я возьму́ ...*

Hauptgericht – *основно́е блю́до;* Nachspeise – *десе́рт*

Zu Trinken hätte ich gerne ein Glas/eine Flasche ... -
Я бы с удово́льствием вы́пил стака́н/буты́лку
Ich bin noch hungrig/durstig, bitte bringen Sie mir ... –
Я го́лоден/мне хо́чется пить, принеси́те мне, пожа́луйста, ...

2. 3 Speisen und Getränke – *Еда́ и напи́тки*

a) Vorspeisen/Suppen – *Заку́ски/супы́*

die Melone mit Schinken –
ды́ня с ветчино́й
die Austern – *у́стрицы*
die Pastete – *паште́т, пирожо́к с мя́сом*
ein gemischter Salat – *сала́т из овоще́й*
die Gemüsesuppe – *овощно́й суп*
die Fleischbrühe – *мясно́й бульо́н*
die Spargelcremesuppe –
суп-пюре́ из спа́ржи
die Champignoncremesuppe –
суп-пюре́ с шампиньо́нами
die Tomatencremesuppe –
тома́тный суп-пюре́

b) Fleischgerichte – *Мясны́е блю́да*

das Schweinefleisch – *свини́на*
das Rindfleisch – *говя́дина*
das Kalbfleisch – *теля́тина*
das Lammfleisch – *мя́со бара́шка*
das Hammelfleisch – *бара́нина*
das Pferdefleisch – *кони́на*
das Kalbs-/Schweine-Schnitzel –
теля́чий/свино́й шни́цель
das Kotelett – *отбивна́я*
das Steak – *бифште́кс*
das Filet – *филе́*
der Braten – *жарко́е*
die Frikadelle – *тефте́лька*
das Würstchen – *соси́ска*

Wild – *дичь*
das Reh – *косу́ля*
der Hirsch – *оле́нь*
das Wildschwein – *ди́кий каба́н*
der Hase – *за́яц*
das Kaninchen – *кро́лик*

Geflügel – *пти́ца*
das Huhn – *ку́рица*
die Ente – *у́тка*
die Gans – *гусь*
der Truthahn – *инде́йка*
der Fasan – *фаза́н*

Fisch – *ры́ба*
der Aal – *у́горь*
der Kabeljau – *треска́*
der Hering – *сельдь*
die Scholle – *ка́мбала*
die Forelle – *форе́ль*
der Lachs – *лосо́сь, сёмга*
die Seezunge – *морско́й язы́к*
der Thunfisch – *туне́ц*

Eigenschaften – *спо́соб приготовле́ния*

Speisen – *блю́да*
gekocht – *варёные*
gebraten – *жа́реные*
durch – *прожа́ренные*
medium – *сре́дней прожа́ренности*
kurz angebraten – *слегка́ поджа́ренные*
am Spieß – *на верте́ле*
in der Pfanne – *на сковоро́дке*
geräuchert – *копчёные*
gefüllt – *фарширо́ванные*
gewürzt – *припра́вленные пря́ностями*
eingelegt – *марино́ванные*
fritiert – *пожа́ренные во фритю́рнице*
roh – *сыры́е*
frisch – *све́жие*
süß – *сла́дкие*
sauer – *ки́слые*
salzig – *солёные*
fett – *жи́рные*
mager – *нежи́рные, по́стные*
zäh – *жёсткие, твёрдые*
zart – *мя́гкие*
saftig – *со́чные*
trocken – kalt – *холо́дные*
warm – *горя́чие*
pikant – *пика́нтные*
mild – *лёгкие*
hart – *чёрствый*
weich – *мя́гкий*

c) Beilagen – *Гарни́ры*

die Kartoffeln – *карто́фель*
der Kartoffelbrei – *карто́фельное пюре́*
der Kloß – *клёцка*
die Kroketten – *кроке́ты*
die Pommes frites – *карто́фель фри*
der Reis – *рис*
die Nudeln – *макаро́ны*
die Bohnen – *фасо́ль*
der Spargel – *спа́ржа*
der Rotkohl – *краснокача́нная капу́ста*
die Erbsen – *горо́х*
die Karotten – *морко́вь*
der Spinat – *шпина́т*
der Blumenkohl – *цветна́я капу́ста*
die Zwiebel – *лук*
die Pilze – *грибы́*
grüner Salat – *зелёный сала́т*
die Gurken – *огурцы́*
kleine Gewürzgurken – *ма́ленькие марино́ванные огу́рчики*

d) Süß– und Eierspeisen – *Сла́дкие блю́да и блю́да из яиц*

das Spiegelei – *яи́чница-глазу́нья*
das Rührei – *яи́чница-болту́нья*
das Omelette – *омле́т*
das weich gekochte Ei – *яйцо́ всмя́тку*
das hart gekochte Ei – *круто́е яйцо́*
der Pfannkuchen – *бли́нчик; ола́дья*
der Kuchen -*пиро́жное, пиро́г*
das Kompott – *компо́т*

e) Nachspeise – *Десéрт*

das Eis – *морóженое*
die Vanille – *ванúль*
die Erdbeere – *клубнúка*
die Schokolade – *шоколáд*
die Zitrone – *лимóн*
die Sahne – *слúвки*
der Pudding – *пýдинг*
das Gebäck – *печéнье*
der Obstsalat – *салáт из фрýктов*
der Käse – *сыр*
das Obst – *фрýкты*

f) Getränke – *Напúтки*

heiße Getränke – *Горя́чие напúтки*

der Kaffee – *кóфе*
Koffeinfreier Kaffee – *кóфе без кофеина*
der Tee – *чай*
Schwarzer Tee – *чёрный чай*
der Kräutertee - *чай из лекáрственных трав*
der Früchtetee – *фруктóвый чай*
die heiße Schokolade – *горя́чий шоколáд*
der Cappuccino – *каппучúно*
der Milchkaffee – *кóфе с молокóм*
der Espresso – *эспрéссо*

mit Milch – *с молокóм*
mit Sahne – *со слúвками*
mit Zitrone – *с лимóном*
mit Zucker – *с сáхаром*
mit Rum – *с рóмом*

alkoholfreie Getränke – *безалкогóльные напúтки*

das Mineralwasser (mit Kohlensäure) – *минерáльная водá (с гáзом)*
die Limonade – *лимонáд*
die Coca Cola – *кóка-кóла*
der Orangensaft – *апельсúновый сок*
der Apfelsaft – *я́блочный сок*
der Tomatensaft – *томáтный сок*
die Schorle – *винó с минерáльной водóй*

alkoholische Getränke – *алкогóльные напúтки*

der Wein – *винó*
rot – *крáсное*
weiß – *бéлое*
trocken – *сухóе*
süß – *слáдкое*
der Apfelwein – *я́блочное винó*
der Sekt – *шампáнское, шипýчее винó*
der Champagner – *шампáнское*
das Bier – *пúво*
hell – *свéтлое*
dunkel – *тёмное*
vom Faß – *бочковóе*
der Likör – *ликёр*
der Schnaps – *шнапс*
der Rum – *ром*
der Wodka – *вóдка*
der Whisky – *вúски*

2. 4 Beanstandungen – *Претéнзии*

Das Essen ist zu fett – *Едá слúшком жúрная*

versalzen – *пересолённая;* kalt – *холóдная;* nicht frisch – *не свéжая;* ungenießbar – *несъедóбная*

Hier fehlt ein Besteck/ein Glas – *Здесь не хватáет прибóра/бокáла*
Das habe ich nicht bestellt – *Я э́то не закáзывал*
Nehmen Sie das zurück, bitte! – *Отнесúте э́то обрáтно, пожáлуйста!*

2. 5 Die Rechnung – *Счёт*

Ich möchte bitte zahlen – *Я хоте́л бы рассчита́ться*
Alles zusammen/getrennt bitte – *Пожа́луйста, все вме́сте/по отде́льности*
Ist die Bedienung inklusive? – *Вхо́дит ли в счёт пла́та за обслу́живание?*

das Gedeck – *столо́вый прибо́р*

Die Rechnung stimmt nicht, ich hatte ...(genommen) – *Счёт неве́рен, я съел ...*
Der Rest ist für Sie – *Сда́чи не на́до!*
Stimmt so! -*Всё ве́рно!*

Wortliste – *Спи́сок сло́в*

das Frühstück – *за́втрак*
das Mittagessen – *обе́д*
das Abendessen – *у́жин*
das Speiselokal – *заку́сочная*
die Eisdiele – *кафе́-моро́женое*
die Kneipe/Bar – *пивна́я/бар*

Geschirr und Besteck – *Посу́да и столо́вые прибо́ры*

das Messer – *нож*
das Fischmesser – *нож для ры́бных блюд*
die Gabel – *ви́лка*
die Kuchengabel – *ви́лочка для пиро́жного*
der Löffel – *ло́жка*
der Teelöffel – *ча́йная ло́жка*
der Teller – *таре́лка*
der Suppenteller – *глубо́кая таре́лка*
das Glas – *стака́н*
die Tasse – *ча́шка*
der Krug – *кру́жка*
die Kaffeekanne – *кофе́йник*
die Teekanne – *ча́йник*
die Schüssel – *ми́ска*
die Serviette – *салфе́тка*

Gewürze – *Пря́ности*

der Zucker – *са́хар*
das Salz – *соль*
der Pfeffer – *пе́рец*
der Knoblauch – *чесно́к*
der Essig – *у́ксус*
das Öl – *ма́сло*

(Weitere Lebensmittel siehe "Einkauf", Kapitel III. 5.6) – *(О други́х проду́ктах пита́ния см. "Поку́пка", глава́* III. 5.6)

3. Sehenswürdigkeiten – *Достопримеча́тельности*

3. 1 Besichtigungen in der Stadt – *Осмо́тр достопримеча́тельностей в го́роде*

Kann man das Museum besichtigen? – *Мо́жно посети́ть (осмотре́ть) музе́й?*

die Kirche – *це́рковь;* das Schloß – *за́мок*

Wann ist ... geöffnet? – *Когда́ откры́т ...?*
Gibt es eine deutschsprachige Führung?
Прово́дятся ли экску́рсии на неме́цком языке́?

eine Stadtrundfahrt – *пое́здка по го́роду*

Wann beginnt ...? – *Когда́ начина́ется ...?*
Wann/Von wem wurde ... erbaut? – *Когда́/Кем был(а́)... постро́ен(а)?*
Darf man hier fotographieren? – *Мо́жно здесь фотографи́ровать?*

Wortliste – *Список слов*

die Abtei – *аббáтство*
der Altar – *алтáрь*
die Ausstellung – *вы́ставка*
die Burg – *крéпость*
das Denkmal – *пáмятник*
das Gemälde – *картúна*
die Kapelle – *часóвня*
der Palast – *дворéц*
das Theater – *теáтр*
der Tempel – *храм*
der Turm – *бáшня*
das Mittelalter – *средневекóвье*
das/der Barock – *барóкко*
die Gotik – *гóтика*

3.2 Landschaften – *Пейзáжи (ландшáфты, вúды)*

Ich möchte gern eine Reise an die Küste machen – *Мне хотелóсь бы поéхать к мóрю*

einen Ausflug ins Gebirge – *совершúть поéздку в гóры*

Es gibt Busfahrten nach Paris/Würzburg
Есть тáкже автóбусные экскýрсии в Парúж/Вю́рцбург

Rundfahrten – *ознакомúтельные поéздки;* Bootstouren – *экскýрсии на лóдках;* Wanderwege – *пешехóдные маршрýты*

Wortliste – *Список слов*

das Meer -*мóре*
die Küste – *морскóе побережье*
der Strand – *пляж*
die See – *мóре*
der Fluß – *рекá*
die Insel – *óстров*
das Gebirge – *гóры*
die Schlucht – *ущéлье*
die Grotte – *грот*
die Tropfsteinhöhle – *сталактúтовая пещéра*
der Berg – *горá*
die Seilbahn – *канáтная дорóга*

4. Unterhaltung/Kontakte – *Развлечéние/контáкты*

4.1 Theater/Kino/Konzerte: – *Теáтр/Кинó/Концéрты*

Was wird heute abend im Theater/Kino gespielt? – *Что идёт сегóдня в теáтре/кинó?*
Können Sie mir ein gutes Theaterstück empfehlen?
Вы мóжете порекомендовáть мне хорóший спектáкль?

ein gutes Konzert – *хорóший концéрт;* einen guten Film – *хорóший фильм*

Wo kann man Karten kaufen/vorbestellen? –
Где мóжно приобрестú/предварúтельно заказáть билéты?
Wieviel kostet eine Eintrittskarte? – *Скóлько стóит входнóй билéт?*
Bitte reservieren Sie zwei Plätze – *Забронúруйте, пожáлуйста, два мéста*
Wie lange dauert die Vorstellung? – *Как дóлго продолжáется представлéние?*

4.2 Sport/Freizeit – *Спорт/Свобóдное врéмя*

Welche Sportarten kann man hier betreiben? –
Какúми вúдами спóрта здесь мóжно занимáться?
Gibt es hier ein Schwimmbad – ***Есть здесь бассéйн?***

ein Hallenbad – ***закры́тый бассéйн;*** ein Freibad – ***откры́тый бассéйн;*** einen Tennisplatz – ***тéннисный корт;*** einen Golfplatz – ***площáдка для игры́ в гольф;*** einen Reitstall -***шкóла верховóй езды́;*** eine Surfschule – ***шкóла сёрфинга***

Kann man hier baden? –
Здесь мóжно купáться?

surfen – ***занимáться сёрфингом;*** tauchen – ***нырять;*** angeln – ***удúть ры́бу;*** wandern/ klettern – ***путешéствовать (пешкóм)/лáзать по горáм;*** ausreiten – ***совершáть прогýлку верхóм;*** Volleyball spielen – ***игрáть в волейбóл;*** Wasserski fahren – ***катáться на вóдных лы́жах***

Wo kann man Fahrräder ausleihen? – ***Где мóжно взять напрокáт велосипéд?***
Ich möchte ein Surfbrett leihen. – ***Я хотéл бы взять напрокáт сёрфинг.***

Tret-/Ruder-/Motorboot – ***педáльную/вёсельную/момóрную лóдку;*** (Wasser-)Skier – ***(вóдные) лы́жи***

Ich bin Anfänger/fortgeschritten ... – ***Я – начинáющий/имéю óпыт ...***
Ich spiele ... – ***Я игрáю ...***
Gibt es hier eine Discothek? – ***Здесь есть дискотéка?***

ein Tanzlokal – ***танцевáльный зал;*** eine Bar – ***бар;*** einen Nachtklub – ***ночнóй клуб***

4.3 Kontakte knüpfen – *Установлéние контáктов*

Ich würde Sie gerne kennenlernen – ***Я хотéл бы с Вáми познакóмиться***
Sie sind mir schon seit längerem aufgefallen – ***Я ужé давнó обратúл на Вас внимáние***
Wie heißen Sie? – ***Как Вас зовýт?***
Woher kommen Sie? – ***Откýда Вы (приéхали)?***
Sind Sie schon lange hier? – ***Вы здесь ужé давнó?***
Bleiben Sie noch länger hier? – ***Вы пробýдете здесь дóлго?***
Hätten Sie Lust, mit mir ins Kino zu gehen?
Не хотúте пойтú со мной в кинó?

ins Theater – ***в теáтр;*** auf ein Konzert – ***на концéрт;*** zu tanzen – ***на тáнцы;*** einen Spaziergang zu machen – ***погулять***

Möchten Sie etwas trinken? – ***Вы не хотúте (чтó-нибудь) вы́пить?***
Rauchen Sie? Stört es Sie, wenn ich rauche? – ***Вы кýрите? Ничегó, éсли я покурю́?***
Wollen wir (noch einmal) tanzen? – ***Давáйте (как-нибýдь) потанцýем?***
Sie sehen sehr gut aus – ***Вы óчень хорошó вы́глядите***
Sie sind sehr sympathisch – ***Вы óчень симпатúчны***
Wollen wir noch spazierengehen?
Давáйте немнóжко погуляем?

bei mir zu Hause noch etwas trinken – ***у меня дóма чегó-нибýдь вы́пьем***

Darf ich Sie nach Hause begleiten/fahren? –
Разреши́те проводи́ть Вас домо́й/довезти́ Вас до до́ма?
Ich würde Sie gerne wiedersehen – *Мне хоте́лось бы с Ва́ми вновь уви́деться*
Wollen wir uns morgen wieder treffen? – *Дава́йте встре́тимся с Ва́ми за́втра?*

5. Einkaufen – *Поку́пки*

5. 1 Fragen, Preise, Handel – *Вопро́сы, це́ны, торго́вля*

Ich suche ein Modegeschäft
Я ищу́ магази́н мо́дной оде́жды

ein Schmuckgeschäft – *магази́н украше́ний;* ein Schuhgeschäft – *обувно́й магази́н*

Können Sie mir ... empfehlen? – *Вы не могли́ бы мне посове́товать ...?*
Zeigen Sie mir bitte ... – *Покажи́те мне, пожа́луйста ...*
Wieviel kostet es? – *Ско́лько э́то сто́ит?*
Das ist zu teuer! Können Sie mir einen Rabatt gewähren? –
Э́то сли́шком до́рого! Вы мо́жете предоста́вить мне ски́дку?
Haben Sie noch etwas Anderes/Billigeres? –
У Вас есть что́-нибу́дь другое́/бо́лее дешёвое?
Ich nehme es. – *Я беру́ э́то.*
Kann ich mit DM bezahlen?
Я могу́ расплати́ться неме́цкими ма́рками?

Schecks – *че́ками;* Kreditkarte – *с по́мощью креди́тной ка́рточки*

5. 2 Mode – *Мо́да*

5. 2. 1 Bekleidung – *Оде́жда*

Ich suche	ein Kleid	in weiß	aus	Baumwolle
Я ищу́	*пла́тье*	*бе́лого цве́та*		*хлопчатобума́жное*
	einen Rock *ю́бку* eine Jeanshose *джи́нсы* einen Pullover *пуллове́р* eine Jacke *ку́ртку* einen Mantel *пальто́* eine Bluse *блу́зку* einen Badeanzug *купа́льник*	schwarz *чёрного цве́та* rot *кра́сного цве́та* blau *си́него цве́та* grün *зелёного цве́та* gelb *жёлтого цве́та* grau *се́рого цве́та* beige *цве́та беж*		Leinen *из льняно́й тка́ни* Wolle *шерстяны́е* Seide *шёлковый* Leder *ко́жаную*

Welche Konfektionsgröße haben Sie? – *Оде́жду како́го разме́ра Вы но́сите?*
Welches Muster wünschen Sie? Kariert. – *Како́й рису́нок Вам подобра́ть? В клё́точку.*

gestreift – *в поло́ску;* mit Punkten – *в горо́шек;* geblümt – *в цвето́чек*

Kann ich es anprobieren? – *Мóжно примéрить?*
Es ist zu eng – *Узковáто*

weit – *широковáто;* groß – *великовáто;* klein – *маловáто;* kurz – *коротковáто;* lang – *длинновáто*

Haben Sie noch etwas Moderneres?
Есть у Вас что-нибýдь бóлее совремéнное?

Eleganteres – *бóлее элегáнтное;* Preiswerteres – *бóлее дешёвое*

Es paßt. Ich nehme es. – *Подхóдит. Э́то я берý.*

5.2.2 Schuhe – *Óбувь*

Ich suche ein Paar bequeme Sandalen
Я ищý пáру удóбных сандáлей

robuste Halbschuhe – *прóчных полуботи́нок;* moderne Pumps – *совремéнных лóдочек;* elegante Stiefel – *изя́щных сапóг;* Turnschuhe – *гимнасти́ческих тáпочек;* Badeschuhe – *тáпочек для купáния;* Herrenschuhe – *мужски́х тýфель (боти́нок);* Damenschuhe – *жéнских тýфель;* Kinderschuhe – *детской обýви;* Gummistiefel – *рези́новых сапóг*

Ich habe Schuhgröße ... – *Я ношý тýфли (боти́нки) ... размéра*
Die Schuhe sind zu eng/weit/groß – *Тýфли (боти́нки) сли́шком тесны́/широки́/велики́*

5.3 Schmuck/Uhren – *Украшéния/часы́*

Ich hätte gerne einen Ring aus Gold
Я хотéл бы приобрести́ кольцó золотóе

ein	Armband *браслéт*	Silber *серéбряный*	
eine	Kette *ожерéлье*	Holz *из дéрева*	
eine	Brosche *брошь*	Perlen *из жéмчуга*	
	Ohrringe *сéрьги*	Weißgold *из плáтины*	
eine	Armbanduhr *нарýчные часы́*		

Meine Uhr gehr nicht mehr – *Мои́ часы́ останови́лись (не идýт бóльше)*
Kann man bei Ihnen ... reparieren lassen? – *Мóжно у Вас отремонти́ровать ...?*

Wortliste – *Спи́сок слов*

die Handarbeit – *ручнáя рабóта*
der Edelstein – *драгоцéнный кáмень*
der Türkis – *бирюзá*
die Plastik – *скульптýра, статуэ́тка*
echt/unecht – *чи́стый/ненастоя́щий*
der Modeschmuck – *мóдное украшéние*
die Koralle – *корáлл*
das Perlmutt – *перламýтр*
handgemacht – *ручнóй рабóты*

5.4 Fotogeschäft – *Фотомагази́н*

Ich hätte gerne einen Farbfilm [einen Schwarz-weiß-Film / einen Dia-Film] [mit 24 Bildern / mit 36 Bildern]
Я хоте́л бы приобрести́ цветну́ю плёнку [чёрно-бе́лую плёнку / ди́а-фильм] [на 24 сни́мка / на 36 сни́мков]

Bitte entwickeln Sie diesen Film – *Прояви́те, пожа́луйста, э́ту плёнку*
Wann sind die Bilder fertig? – *Когда́ бу́дут гото́вы фотогра́фии?*
Können Sie ... reparieren? – *Вы мо́жете отремонти́ровать ...?*
Ich hätte gerne vier Abzüge, bitte. – *Сде́лайте, пожа́луйста, четы́ре сни́мка.*

Wortliste – *Спи́сок слов*
das Negativ – *негати́в*
das Dia – *диапозити́в*
der Auslöser – *спускова́я кно́пка*
der Blitz – *вспы́шка*
der Abzug – *сни́мок, фо́то*
das Format – *форма́т*
die Batterie – *батаре́я*
matt/glänzend – *ма́товая/блестя́щая*

5.5 Im Tabakladen – *В магази́не таба́чных изде́лий*

Ich möchte ein Päckchen Zigaretten – *Да́йте па́чку сигаре́т*

[Zigarren – *сига́р;* Zigarettenpapier mit/ohne Filter – *сигаре́тную бума́гу с фи́льтром/без фи́льтра;* Tabak – *таба́к;* Streichhölzer – *спи́чки;* ein Feuerzeug – *зажига́лку*]

Haben Sie auch ausländische Zigaretten?
У Вас есть зарубе́жные сигаре́ты?

[Ansichtskarten – *видовы́е откры́тки;* Briefmarken – *почто́вые ма́рки;* Telefonkarten – *телефо́нные ка́рточки;* Stadtpläne – *городски́е пла́ны*]

5.6 Lebensmittel – *Проду́кты пита́ния*

Gibt es hier (in der Nähe) einen Supermarkt?
Есть здесь (побли́зости) суперма́ркет?

[einen Bäcker – *бу́лочная;* einen Metzger – *мясна́я ла́вка;* einen Obst-/Gemüseladen – *магази́н о́вощи-фру́кты;* einen Markt – *ры́нок*]

Bitte geben Sie mir ein Kilo ... von ...
Да́йте мне, пожа́луйста, килогра́мм ...

[ein [halbes] Dutzend – *полдю́жины;* ein Stück – *кусо́к;* eine Scheibe – *ло́мтик;* ein paar – *не́сколько*]

Wortliste Lebensmittel – *Спи́сок слов к разде́лу "Проду́кты пита́ния"*
das Brot – *хлеб*
das Brötchen – *бутербро́д*
die Butter – *ма́сло*
die Wurst – *колбаса́*
die Marmelade – *джем, варе́нье*
der Käse – *сыр*
die Salami – *саля́ми*
der Schinken – *ветчина́*
der Honig – *мёд*
der Kuchen – *пиро́жное*

der Yoghurt – *йо́гурт*
die Schokolade – *шокола́д*
die Kekse – *(сухо́е) пече́нье*
der Zucker – *са́хар*
das Salz – *соль*

die Äpfel – *я́блоки*
die Bananen – *бана́ны*
die Birnen – *гру́ши*
die Orangen – *апельси́ны*
die Weintrauben – *виногра́д*
die Pfirsiche – *пе́рсики*
der Salat – *сала́т*
die Tomaten – *помидо́ры*
die Gurken – *огурцы́*

das Mineralwasser – *минера́льная вода́*
die Orangenlimonde – *апельси́новый лимона́д*
die Milch – *молоко́*
der Kaffee – *ко́фе*
der Tee – *чай*
die Limonade -*лимона́д*
das Bier – *пи́во*
der Wein – *вино́*

Weitere Lebensmittel siehe "Speisen und Getränke" Kap. 3. 2. 3. ! – *Други́е проду́кты пита́ния см."Еда́ и напи́тки" гл. 3. 2. 3. !*

6. Beim Friseur – *В парикма́херской*

Können Sie mir einen Herrenfriseur/Damenfriseur empfehlen? –
Вы мо́жете порекомендова́ть мне мужско́го/да́мского ма́стера?
Brauche ich einen Termin? – *Я до́лжен прийти́ в назна́ченное вре́мя?*
Wann kann ich zu Ihnen kommen? – *Когда́ к Вам мо́жно прийти́?*
Waschen und legen. – *Мытьё и укла́дка воло́с.*

Ich möchte mir die Haare färben lassen –
Я хоте́ла бы покра́сить во́лосы
Ich möchte eine Dauerwelle – *Я хоте́ла бы сде́лать перманéнт*
Schneiden Sie die Haare vorne/hinten/oben/an den Seiten etwas kürzer –
Постриги́те во́лосы спе́реди/сза́ди/све́рху/с бо́ков
Schneiden Sie bitte nur die Spitzen – *Постриги́те, пожа́луйста, лишь ко́нчики (воло́с)*
Nicht zu kurz, bitte – *Пожа́луйста, не сли́шком ко́ротко*
Haareschneiden und Rasieren, bitte – *Постриги́те и побре́йте меня́, пожа́луйста*
Wieviel macht das? – *Ско́лько э́то сто́ит?*

Wortliste – *Спи́сок слов*

die Frisur – *причёска*
die Perücke – *пари́к*
der Fön – *фен*
die Bürste -*щётка*
der Lockenwickler – *бигуди́*
das Shampoo[n] – *шампу́нь*
der Haarschaum – *пе́на для воло́с*
die Pediküre – *педикю́р*
der Bart – *борода́*
der Scheitel (Mittel-, Seiten-) – *пробо́р (прямо́й пробо́р, боково́й пробо́р)*
der Kamm – *гре́бень, гребёнка, расчёска*
das Haarspray – *распыли́тель ла́ка для воло́с*
das Haargel – *гель для воло́с*
die Maniküre – *маникю́р*
das Make-up – *косме́тика, грим*

kurz/kürzer – *коро́ткий/коро́че*
lang/länger – *дли́нный/длинне́е*
glatt/lockig – *гла́дкий/кудря́вый*
rechts/links – *спра́ва/сле́ва*
legen – *укла́дывать*
waschen – *мыть*
fönen – *суши́ть*
schneiden – *стричь*
toupieren – *тупи́ровать, начёсывать*
rasieren – *брить*

7. POST/TELEFON – *Почта/Телефон*

7.1 Frage nach dem Weg – *Вопрос относительно пути следования*

Wo ist das Postamt? – *Где находится почтамт (почта)?*

eine Telefonzelle – *телефонная будка;* ein Briefkasten – *почтовый ящик*

Wann ist der Schalter geöffnet? – *Когда откроется окошко (на почте)?*

7.2 Am Schalter - *У окошка*

Aufträge – *Просьбы*

Ich möchte	ein Telegramm	aufgeben	nach	Deutschland
Я хотел бы послать	*телеграмму*		*в*	*Германию*
	einen (Eil-)Brief		nach	Österreich
	спешное письмо		*в*	*Австрию*
	ein Fax		in die	Schweiz
	факс		*в*	*Швейцарию*

Ich möchte telefonieren – *Мне надо позвонить*

ein Ferngespräch führen – *по междугородному телефону*

Informationen – *Информация*

Wieviel kostet das Porto für eine Karte nach...? – *Сколько стоит отправить открытку в ...?*
Wieviel kostet eine Briefmarke für einen Brief ins Ausland? –
Сколько стоит почтовая марка для письма заграницу?
Wieviel kostet es, ein Päckchen abzuschicken? –
Сколько стоит отправить небольшую посылку?

ein Paket – *посылку;* eine Drucksache – *бандероль*

Wieviel kostet ein Ferngespräch nach...? – *Сколько стоит междугородный разговор с ...?*
Wie lautet die Telefonnummer von ... – *Дайте мне номер телефона ...*

die Vorwahl – *код;* die Adresse – *адрес;* die Postleitzahl – *почтовый индекс*

Wortliste – *Список слов*

Mit Luftpost – *авиапочтой*
das Postsparbuch –
почтовая сберегательная книжка
das Postschließfach –
абонементный почтовый ящик
postlagernd – *до востребования*
der Postscheck – *почтовый чек*
die Postüberweisung – *почтовый перевод*
die Telefonauskunft – *справка по телефону*

Ich möchte diesen Brief abschicken – *Мне надо отослать это письмо*
Bitte senden Sie mir meine Post nach ... –
Перешлите мне, пожалуйста, мои почтовые поступления ...

8. BANK/Geld – *Банк/Де́ньги*

8.1 Frage nach dem Weg – *Как найти́ банк*

Wo ist hier eine Bank? – *Где здесь (нахо́дится) банк?*

eine Sparkasse – *сберка́сса;* eine Wechselstube – *обме́н валю́ты;* ein Geldautomat – *де́нежный автома́т*

8.2 Informationen/Geld umtauschen – *Информа́ция/Обме́н де́нег*

Wie steht der Kurs für Deutsche Mark? – *Како́в курс неме́цкой ма́рки?*

Österreichische Schillinge – *автри́йского ши́ллинга;* Schweizer Franken – *швейца́рского фра́нка*

Bitte tauschen Sie mir ... um – *Поменя́йте мне, пожа́луйста, ...*
Das ist zu wenig! – *Э́то сли́шком ма́ло!*
Nehmen Sie auch Schecks an? – *Че́ки Вы то́же принима́ете?*
Haben Sie eine Kurstabelle? – *Есть у Вас бюллете́нь ку́рса валю́т?*
Muß ich Gebühren zahlen? – *По́шлину ну́жно заплати́ть?*

8.3 Andere Bankoperationen - *Про́чие ба́нковские опера́ции*

Ich möchte Geld abheben –
Мне ну́жно снять де́ньги

Geld einzahlen – *внести́ де́ньги на счёт;* Geld umtauschen – *обменя́ть де́ньги;* Geld überweisen – *перевести́ де́ньги;* Geld deponieren – *вноси́ть де́ньги в депози́т;* ein Konto eröffnen – *откры́ть счёт;* ein Konto auflösen – *закры́ть счёт;* ein Konto sperren – *прекрати́ть вы́плату по теку́щему счёту;* einen (Reise-/Euro-)Scheck einlösen – *оплати́ть чек (за путёвку/Е́врочек);* einen Kredit aufnehmen – *взять креди́т;* eine Versicherung abschließen – *застрахова́ться*

Wortliste – *Спи́сок слов*

das Bankformular – *ба́нковский бланк*
das Girokonto – *жиросчёт*
die Zinsen (hoch/niedrig) – *проце́нты (высо́кие/ни́зкие)*
die Münze – *моне́та*
die Börse – *би́ржа*
die Überweisung – *перево́д, перечисле́ние (де́нег)*
einzahlen – *вноси́ть (де́ньги), де́лать (де́нежные) взно́сы*
abheben – *снима́ть (сре́дства) с ба́нковского счёта*
die Quittung – *квита́нция*
das Sparbuch – *сберега́тельная кни́жка*
die Prozente – *проце́нты*
die Banknote – *ба́нковский биле́т, банкно́та*
die Börsenkurse – *биржевы́е ку́рсы*
der Wechselkurs – *обме́нный курс*
die Unterschrift – *по́дпись*
auszahlen – *выпла́чивать, выдава́ть (де́ньги)*
wechseln – *меня́ть, обме́нивать*
unterschreiben – *подпи́сывать*

IV. Notfälle (Krankheit, Unfall u. Panne, Diebstahl) – *Э́кстренные ситуа́ции (Боле́знь, несча́стный слу́чай, ава́рия, кра́жа)*

1. Notfälle – Wichtigste Redewendungen – *Э́кстренные ситуа́ции –наибо́лее употреби́тельные выраже́ния*

Zu Hilfe! – *Помоги́те! Карау́л!*
Bitte helfen Sie uns! – *Помоги́те нам, пожа́луйста!*
Wir brauchen einen Arzt! – *Нам ну́жен врач!*
Schnell, einen Krankenwagen! – *Сро́чно ско́рую (по́мощь)!*
Ich bin verletzt! – *Я ра́нен!*
Wo ist das nächste Krankenhaus? – *Где ближа́йшая больни́ца?*
Holen Sie die Polizei! – *Вы́зовите поли́цию!*
Man hat mir ... gestohlen! – *У меня́ укра́ли ...!*
Wo kann ich telefonieren? – *Где мо́жно позвони́ть?*

2. Im Krankheitsfall – *На слу́чай боле́зни*

2.1 Nach Arzt/Krankenhaus fragen – *Вопро́сы относи́тельно врача́/больни́цы*

Bringen sie mich zu einem Zahnarzt – *Отведи́те (отвези́те) меня́ к зубно́му врачу́*
Wo finde ich einen Allgemeinarzt? –
Где здесь врач?

Kinderarzt – *де́тский врач;* Frauenarzt – *врач-гинеко́лог;* Notarzt – *дежу́рный врач;* Unfallarzt – *врач ско́рой по́мощи;* Internisten – *терапе́вт;* Psychiater – *психиа́тр*

Wo finde ich ein Krankenhaus?
Где здесь больни́ца?

eine Erste-Hilfe-Station – *пункт ско́рой по́мощи;* eine Apotheke – *апте́ка*

Wann ist Sprechstunde? – *Когда́ приёмные часы́?*

2.2 Anmeldung – *Регистра́ция*

Haben Sie eine Krankenversicherung?
У Вас есть медици́нская страхо́вка?

einen Krankenschein – *бюллете́нь;* eine Überweisung – *направле́ние;* einen Termin – *назна́ченный час приёма*

Sind sie ein Notfall? – *У Вас неотло́жный слу́чай?*
Gehen Sie bitte ins Wartezimmer/Sprechzimmer –
Подожди́те в приёмной/Заходи́те в кабине́т

2.3 Beim Arzt - *У врачá*

2.3.1 Beschwerden vortragen – *Изложéние недýга*

Ich habe Schmerzen/Ich bin krank – ***У меня́ боли́т/Я бóлен***
Ich leide an Durchfall.
У меня́ понóс.

Verstopfung – ***запóр;*** Übelkeit – ***меня́ тошни́т;*** Magenschmerzen – ***боли́т живóт;*** Herzschmerzen – ***бóли в сéрдце***

Ich habe Kopfschmerzen – ***У меня́ боли́т головá***
Ich leide an Schlaflosigkeit – ***Я страдáю бессóницей***

Seekrankheit – ***морскóй болéзнью***

Ich habe eine Erkältung – ***Я простуди́лся***
Ich habe Fieber –
У меня́ температýра

Husten – ***кáшель;*** Schnupfen – ***нáсморк;*** Schüttelfrost – ***ознóб;*** Halsschmerzen – ***боль в гóрле;*** Kopfschmerzen – ***головнáя боль;*** Zahnschmerzen – ***зубнáя боль;*** Ohrenschmerzen – ***ушнáя боль;*** Gliederschmerzen – ***боль в сустáвах***

Ich habe einen Sonnenbrand –
У меня́ сóлнечный ожóг

einen Sonnenstich – ***сóлнечный удáр;*** eine Verbrennung – ***ожóг;*** eine Vergiftung – ***отравлéние;*** eine Entzündung – ***воспалéние;*** eine Infektion – ***инфéкция;*** einen Ausschlag – ***сыпь;*** eine Allergie – ***аллерги́я;*** eine Schwellung – ***óпухоль;*** einen Hexenschuß – ***прострéл***

Ich habe	mir	das Bein/den Arm	gebrochen
Я сломáл		***нóгу/рýку***	
		den Fuß	geprellt
У меня́ уши́б		***ноги́***	
		den Knöchel	verstaucht
У меня́ вы́вих		***лоды́жки***	
		den Hals	
Я вы́вихнул		***шéю***	verrenkt
		den Arm	
		рýку	

Ich bin allergisch gegen ... – ***У меня́ аллерги́я прóтив ...***
Ich bin schwanger – ***Я берéменна***
Ich bin gestochen/gebissen worden von ... – ***Меня́ укуси́ла ...***

Ich brauche	eine Arznei	gegen	Durchfall
Мне нýжно	***лекáрство***	***от***	***понóса***
	Tabletten		Verstopfung
	таблéтки	***от***	***запóра***
	Tropfen		Kopfschmerzen
	кáпли	***от***	***головнóй бóли***
	eine Salbe		Sonnenbrand
	мазь	***от***	***сóлнечного ожóга***

Ich brauche eine Binde – *Мне нýжно бинт*

Verbandwatte – *перевя́зочную вáту;* ein Heftpflaster – *ли́пкий плáстырь;* ein Fieberthermometer – *термóметр;* Krücken – *костыли́*

2.3.2 Untersuchung – *Обслéдование*

Sie müssen untersucht werden –
Вам необходи́мо обслéдоваться

verbunden – *сдéлать перевя́зку;* geröntgt – *сдéлать рентгéн;* geimpft – *сдéлать приви́вку;* operiert – *сдéлать операцию*

Sie bekommen eine Spritze – *Вам сдéлают укóл*
Wir verbinden Ihnen die Hand/das Bein – *Мы перевя́жем Вам рýку/нóгу*

gipsen – *налóжим гипс*

Sie bekommen eine Narkose – *Вам сдéлают наркóз*
Sie bekommen ein Schmerz-/Beruhigungsmittel –
Вы полýчите болеутоля́ющее/успокáивающее срéдство
Sie bekommen eine Arznei – *Вам дадýт лекáрство*
Bitte machen Sie sich frei! – *Раздéньтесь, пожáлуйста!*
Tut das weh? – *Бóльно?*
Wo haben Sie Schmerzen? -*Где у Вас бóли?*
Seit wann haben Sie Schmerzen? – *С какóго врéмени у Вас бóли?*

2.3.3 Verordnungen – *Предписáния (врачá)*

Sie werden ins Krankenhaus überwiesen
Вы полýчите направлéние в больни́цу

in eine Spezialklinik – *в специáльную кли́нику;* zu einem Facharzt – *к врачý-специали́сту*

Sie müssen sich schonen
Вы должны́ берéчь себя́

im Bett bleiben – *не вставáть (с постéли);* Diät leben – *находи́ться на диéте;* weniger rauchen/trinken – *мéньше кури́ть/пить*

Nehmen sie	diese	Tabletten	dreimal täglich!
Принимáйте	*э́ти*	*таблéтки*	*три рáза в день!*
		Tropfen *кáпли*	morgens und abends *ýтром и вéчером*

3. Bei Unfällen und Pannen - *При несча́стных слу́чах и ава́риях*

Ich habe einen Unfall/eine Panne gehabt –
Со мной произошёл несча́стный случай/ попа́л в ава́рию
Mein Auto ist kaputt/muß abgeschleppt werden –
Моя́ автомаши́на сло́мана/Мою́ автомаши́ну ну́жно отбукси́ровать
Wo ist hier eine Notrufsäule/eine Werkstatt? –
Где здесь телефо́н сро́чного вы́зова/мастерска́я?
Der Abschleppdienst muß kommen – *Буксиро́вочная слу́жба прие́дет*
Holen sie die Polizei!
Вы́зовите поли́цию!

■

den Notarzt – *врача́ ско́рой по́мощи;* einen Krankenwagen – *ско́рую по́мощь;* die Feuerwehr – *пожа́рную кома́нду*

Gibt es Verletzte? – *Ра́неные есть?*
Achtung, Explosionsgefahr! – *Внима́ние, опа́сность взры́ва!*
Ich bin versichert – *Я застрахо́ван*
Es war meine Schuld – *В э́том я винова́т*
Es war Ihre Schuld – *Вы винова́ты*
Können sie mein Zeuge sein? – *Вы мо́жете быть мои́м свиде́телем?*

4. Diebstahl – *Кра́жа*

Ich bin bestohlen worden! – *Меня́ обокра́ли!*

4.1 Frage nach der Polizeistation – *Вопро́с относи́тельно полице́йского уча́стка*

Wo ist die Polizeistation?
Где здесь поли́ция?

■

ein Polizist – *полице́йский;* die deutsche Botschaft – *неме́цкое посо́льство;* das russische Konsulat – *ру́сское ко́нсульство*

4.2 Vorfall schildern – *Изложе́ние инциде́нта*

Mein(e) Papiere sind/ist gestohlen worden – *У меня́ укра́ли докуме́нт/докуме́нты*

■

Personalausweis – *удостовере́ние ли́чности;* Führerschein – *води́тельские права́;* Reisepaß – *загрáни́чный па́спорт;* Fotoapparat – *фотоаппара́т;* Visum – *ви́зу;* Reiseschecks – *доро́жные че́ки;* Tickets – *биле́ты;* Auto – *автомаши́ну;* Geld – *де́ньги;* Schmuck – *украше́ния;* Videokamera – *видеока́меру;* Kleider – *оде́жду;* Gepäck – *бага́ж;* Brieftasche – *бума́жник;* Handtasche – *су́мку;* Koffer – *чемода́н;* Rucksack – *рюкза́к*

Ich bin belästigt worden – *Ко мне пристава́ли*

■

bedroht – *мне́ угрожа́ли;* verprügelt – *меня́ изби́ли*

4. 3 Anzeige erstatten – *Подáча заявлéния*

Ich erstatte Anzeige wegen Diebstahls/Raubes
Я подаю́ заявлéние в связи́ с крáжей/ограблéнием

Körperverletzung – *нанесéнием телéсных поврежде́ний*

Ich brauche einen Anwalt
Мне ну́жен адвокáт

einen Dolmetscher – *перевóдчик;* Ersatzpapiere – *врéменные докумéнты*

Ich habe Zeugen/Beweise – *У меня́ есть свидéтели/доказáтельства*
Ich bin versichert/Meine Versicherung zahlt alles! – *Я застрахóван/За всё заплáтит страховáя компáния!*

V. Zeitangaben/Daten – *Врéмя/Дáты*

1. Uhrzeit – *Врéмя*

Wieviel Uhr ist es? – *Скóлько врéмени?*
Es ist 5 Uhr – *5 часóв*
5 Uhr 15 (viertel nach fünf) – *5 часóв 15 мину́т (чéтверть шестóго)*
5 Uhr 30 (halb sechs) – *5 часóв 30 мину́т (полови́на шестóго)*
5 Uhr 45 (viertel vor sechs) – *5 часóв 45 мину́т (три чéтверти шестóго)*
Mittag – *пóлдень*
Mitternacht – *пóлночь*

2. Allgemeine Zeitangaben – *Указáние врéмени*

um 5 Uhr – *в 5 часóв*
seit 5 Uhr – *с 5 часóв*
von 5 bis 6 Uhr – *с 5 до 6 часóв*
vor/nach 5 Uhr – *пéред 5 часáми/пóсле 5 часóв*
heute – *сегóдня*
gestern – *вчерá*
morgen – *зáвтра*
übermorgen – *послезáвтра*
am Wochenende – *в концé недéли*
morgens – *у́тром*
vormittags/ am Vormittag – *до полу́дня/ пéред обéдом*
mittags – *днём*
nachmittags – *во вторóй полови́не дня, пóсле обéда*
abends – *вéчером*
nachts – *нóчью*
am frühen Abend – *под вéчер*
am späten Abend – *пóздним вéчером*
vor 10 Minuten – *дéсять мину́т тому́ назáд*
vor einer Stunde – *час назáд*
letzte/nächste Woche – *послéднюю /слéдующую недéлю*
in einem Monat – *чéрез мéсяц*
in einem Jahr – *чéрез год*
zu früh/zu spät – *сли́шком рáно/сли́шком пóздно*

3. Wochentage – *Дни недéли*

Montag – montags – *понедéльник – по понедéльникам*
Dienstag – *втóрник*
Mittwoch – *средá*
Donnerstag – *четвéрг*
Freitag – *пя́тница*
Samstag – *суббóта*
Sonntag – *воскресéнье*

4. Monate – *Ме́сяцы*

Januar – ***янва́рь***
Februar – ***февра́ль***
März – ***март***
April – ***апре́ль***
Mai – ***май***
Juni – ***ию́нь***
Juli – ***ию́ль***
August – ***а́вгуст***
September – ***сентя́брь***
Oktober – ***октя́брь***
November – ***ноя́брь***
Dezember – ***дека́брь***

5. Jahreszeiten – *Времена́ го́да*

Frühling – ***весна́***
Sommer – ***ле́то***
Herbst – ***о́сень***
Winter – ***зима́***
im Frühling – ***весно́й***
im Sommer – ***ле́том***
im Herbst – ***о́сенью***
im Winter – ***зимо́й***

6. Daten – *Да́ты*

Den wievielten haben wir heute? – ***Како́е сего́дня число́?***
Den 09. November/17. Dezember – ***9 (девя́тое) ноября́/17 (семна́дцатое) декабря́***
Wann hast du Geburtstag? – ***Когда́ у тебя́ день рожде́ния?***
Am 16. September/15. November –
16 (шестна́дцатого) сентября́/15 (пятна́дцатого) ноя́бря

VI. Zahlen/Mengen – *Чи́сла/Едини́цы измере́ния*

1. Grundzahlen – *Основны́е чи́сла*

0 ***нуль***	11 ***оди́ннадцать***	22 ***два́дцать два***	101 ***сто оди́н***
1 ***оди́н, одна́, одно́***	12 ***двена́дцать***	23 ***два́дцать три***	110 ***сто де́сять***
2 ***два, две***	13 ***трина́дцать***	30 ***три́дцать***	120 ***сто два́дцать***
3 ***три***	14 ***четы́рнадцать***	31 ***три́дцать оди́н***	145 ***сто со́рок пять***
4 ***четы́ре***	15 ***пятна́дцать***	40 ***со́рок***	200 ***две́сти***
5 ***пять***	16 ***шестна́дцать***	50 ***пятьдеся́т***	300 ***три́ста***
6 ***шесть***	17 ***семна́дцать***	60 ***шестьдеся́т***	500 ***пятьсо́т***
7 ***семь***	18 ***восемна́дцать***	70 ***се́мьдесят***	900 ***девятьсо́т***
8 ***во́семь***	19 ***девятна́дцать***	80 ***во́семьдесят***	1000 ***ты́сяча***
9 ***де́вять***	20 ***два́дцать***	90 ***девяно́сто***	10 000 ***де́сять ты́сяч***
10 ***де́сять***	21 ***два́дцать оди́н***	100 ***сто***	1 000 000 ***миллио́н***

2. Ordnungszahlen – *Поря́дковые числи́тельные*

1. erste – *пе́рвый*
2. zweite – *второ́й*
3. dritte – *тре́тий*
4. vierte – *четвёртый*
5. fünfte – *пя́тый*
6. sechste – *шесто́й*
7. siebte – *седьмо́й*
8. achte – *восьмо́й*
9. neunte – *девя́тый*
10. zehnte – *деся́тый*
11. elfte – *оди́ннадцатый*
20. zwanzigste – *двадца́тый*
30. dreißigste – *тридца́тый*
40. vierzigste – *сороково́й*
50. fünfzigste – *пятидеся́тый*
60. sechzigste – *шестидеся́тый*
70. siebzigste – *семидеся́тый*
80. achtzigste – *восьмидеся́тый*
90. neunzigste – *девяно́стый*
100. hundertste – *со́тый*
101. hundertunderste – *сто пе́рвый*
1000. tausendste – *ты́сячный*

3. Bruchzahlen – *Дро́бные чи́сла*

1/2 – *одна́ втора́я*
1/3 – *одна́ треть*
1/4 – *одна́ че́тверть*
1/5 – *одна́ пя́тая*

4. Mengen – *Вес (ма́сса), коли́чество*

das Gramm – *грамм*
das Pfund – *фунт*
das Kilo – *килогра́мм*
der Liter – *литр*
das Dutzend – *дю́жина*